D1683950

Jan Roth
Insolvenzsteuerrecht

Insolvenz Steuerrecht

Insolvenzrechtliche Implikationen im Steuerrecht

von

Prof. Dr. Jan Roth

Rechtsanwalt,
Fachanwalt für Steuerrecht,
Fachanwalt für Insolvenzrecht
und Fachanwalt für Erbrecht
Honorarprofessor
an der
Christian-Albrechts-Universität
zu Kiel

3. Auflage

2021

otto**schmidt**

Zitierempfehlung:
Roth, Insolvenzsteuerrecht, 2. Aufl. 2021, Rz. ...

*Bibliografische Information
der Deutschen Nationalbibliothek*

Die Deutsche Nationalbibliothek verzeichnet diese
Publikation in der Deutschen Nationalbibliografie;
detaillierte bibliografische Daten sind im Internet
über http://dnb.d-nb.de abrufbar.

Verlag Dr. Otto Schmidt KG
Gustav-Heinemann-Ufer 58, 50968 Köln
Tel. 02 21/9 37 38-01, Fax 02 21/9 37 38-943
info@otto-schmidt.de
www.otto-schmidt.de

ISBN 978-3-504-20705-2

© 2021 by Verlag Dr. Otto Schmidt KG, Köln

Das Werk einschließlich aller seiner Teile ist
urheberrechtlich geschützt. Jede Verwertung, die nicht
ausdrücklich vom Urheberrechtsgesetz zugelassen ist,
bedarf der vorherigen Zustimmung des Verlages. Das
gilt insbesondere für Vervielfältigungen, Bearbeitungen,
Übersetzungen, Mikroverfilmungen und die Einspeiche-
rung und Verarbeitung in elektronischen Systemen.

Das verwendete Papier ist aus chlorfrei gebleichten
Rohstoffen hergestellt, holz- und säurefrei, alterungs-
beständig und umweltfreundlich.

Einbandgestaltung: Lichtenford, Mettmann
Satz: PMGi - Die Agentur der Print Media Group GmbH & Co. KG, Hamm
Druck und Verarbeitung: Kösel, Krugzell
Printed in Germany

Vorwort zur 3. Auflage

Rund fünf Jahre sind vergangen seit der 2. Auflage dieses Praxishandbuchs zum Insolvenzsteuerrecht – in dieser Materie eine Ewigkeit. Nach wie vor prallen die Materien des Insolvenzrechts und des Steuerrechts weitgehend ohne gesetzliche Regelungen und damit unabgestimmt aufeinander. Die Rechtsprechung hat in den vergangenen Jahren wieder eifrig eine Vielzahl von Entscheidungen getroffen. Es bilden sich rote Fäden heraus, was sehr zu begrüßen ist. Entscheidungen der Finanzgerichte und des Bundesfinanzhofes sind in den letzten Jahren vorhersehbarer geworden, was für eine gewisse Adoleszenz des Insolvenzsteuerrechts spricht. Allerdings sind nach wie vor viele Zweifelsfragen offen. Ich habe mich bemüht, diejenigen von ihnen, die ich erkannt habe oder die mir aus meiner eigenen Praxis bekannt sind, einer möglichst ausführlichen Würdigung zu unterziehen.

Es ist nicht Aufgabe des Autors eines Praxishandbuchs, Wünsche zu äußern. Es ist aber sein Recht, neben der Darstellung von Rechtsprechung und Literatur nicht nur zu konkreten Einzelfragen seine Auffassung zu äußern, sondern auch grundsätzlich zu mahnen, Insolvenzrechtler und Steuerrechtler mögen sich bemühen, wechselseitig Verständnis füreinander aufzubringen. Und insoweit erlaube ich mir doch, einen Wunsch an die Leser meines Werkes zu richten: Bitte sehen Sie nicht mit einem Auge, sondern betrachten Sie die Argumente der konfligierenden Rechtsgebiete als grundsätzlich gleichwertig und entscheiden Sie zwischen beiden mit verbundenen Augen.

Ich danke meiner Doktorandin Frau Christina Meyer im Hagen herzlich für ihre wertvolle Unterstützung bei der Erstellung der Aktualisierung des Manuskriptes und für die vielen anregenden Diskussionen, die wir in diesem Zusammenhang geführt haben. Ihnen, meine lieben Leserinnen und Leser, wünsche ich, dass Ihnen dieses Handbuch von großem Nutzen für Ihre tägliche Arbeit ist, und ich darf Sie einladen, mich jederzeit per E-Mail (jan.roth@wellensiek.de) anzuschreiben, wenn Sie Fragen oder Anregungen zu meinen Ausführungen im Speziellen oder zum Insolvenzsteuerrecht im Allgemeinen haben. Die Fortentwicklung eines solchen Praxishandbuchs ist ohne regen Kontakt zwischen Autor und „seinen" Lesern stets unvollkommen.

Köln, im November 2020   Prof. Dr. Jan Roth

Vorwort zur 2. Auflage

Mehr als 4 Jahre sind seit der ersten Auflage dieses Praxishandbuchs zum Insolvenzsteuerrecht vergangen. Die Rechtsentwicklung hat seitdem weiter Fahrt aufgenommen und dem Rechtsgebiet zunehmend Brisanz und neue Problembereiche beschert. Sowohl die Gesetzgebung im Insolvenzrecht als auch die Entwicklungen in der Rechtsprechung und nicht zuletzt das neue BMF-Schreiben vom 20.5.2015, das in diesem Werk erstmalig umfassend besprochen wird, geben Anlass genug für die vorliegende zweite Auflage des Handbuchs.

Noch immer treffen die Materien des Insolvenzrechts und des Steuerrechts im Widerstreit aufeinander. Die Rechtsprechung hat in den vergangenen Jahren eine Vielzahl von Entscheidungen zu fast allen Themengebieten des Handbuchs veröffentlicht. Diese haben aber leider allzu oft nur Einzelfallcharakter. Das vorliegende Werk berücksichtigt den gesamten Rechtsprechungskanon und stellt diesen in den Kontext der vom Verfasser vertretenen insolvenzrechtlichen Gleichbehandlungsmaxime. Die Berichtigungsrechtsprechung des V. Senats des Bundesfinanzhofs wird umfassend gewürdigt.

Auch der Gesetzgeber hat in den vergangenen Jahren punktuell Hand an das Insolvenzsteuerrecht gelegt. Zu erinnern ist beispielsweise an die Regelung in § 55 Abs. 4 InsO. Fiskalpolitisch motiviert riskiert die Norm, mit einem fundamentalen Grundsatz des Insolvenzrechts – der gleichmäßigen Gläubigerbefriedigung – zu brechen. Die Rechtsanwendungspraxis zeigt, dass die Norm, so wie sie formuliert ist, nur schwerlich zur Anwendung gebracht werden kann und ihrerseits viele Fragen offen lässt. Als nunmehr erstmals auch der Bundesfinanzhof Stellung zu der Norm bezogen hat, hat er seine Berichtigungsrechtsprechung auf den Zeitpunkt der Anordnung der vorläufigen Insolvenzverwaltung ausgedehnt, weshalb das Kapitel 4 C. zur Umsatzsteuer grundlegend überarbeitet und erweitert worden ist.

Am bewährten Konzept des Handbuchs wurde festgehalten, orientiert am Mandatsverlauf sowohl die Verfahrensstadien und Kernfragen des Insolvenzrechts als auch alle praktisch denkbaren Steuerrechtsprobleme im Zusammenhang mit dem Insolvenzfall auf aktuellem Stand zu behandeln. In den Anhang mit Gesetzes- und Verwaltungsvorschriften konnte zudem das neue BMF-Schreiben zu § 55 Abs. 4 InsO aufgenommen werden.

Es ist nicht Aufgabe des Autors eines Praxishandbuchs, Wünsche zu äußern, doch möchte er mahnen, das gegenseitige Verständnis der Insolvenzrechtler und Steuerrechtler füreinander nicht aus den Augen zu verlieren. Und insoweit erlaube ich mir doch, einen Wunsch an die Leser meines Werkes zu richten: Bitte schauen Sie nicht nur mit einem Auge hin, sondern betrachten Sie die Argumente der konfligierenden Rechtsgebiete als grundsätzlich gleichwertig und entscheiden Sie zwischen beiden mit dem neutralen Blick der Justitia.

Frankfurt am Main, im September 2015　　　　　　　　　　　　Prof. Dr. Jan Roth

Vorwort zur 1. Auflage

Man liebt es oder man hasst es, heißt es bei Juristen unterschiedlichster Couleur über das Steuerrecht. Gleiches gilt für das Insolvenzrecht. Nur wenige Juristen haben sich bisher gleichermaßen tief in beide Disziplinen eingearbeitet und leben Insolvenz- und Steuerrecht in einer Gedankenwelt. Diese Juristen sind zu Eiferern geworden in einer kleinen Welt des Rechts, die jeden Tag ein wenig größer wird. Dem Eiferer ist es eigen, dass er mitschreiben, mitsprechen, mitdiskutieren – und auch mitentscheiden will. Doch Letzteres ist ihm nur dann vergönnt, wenn er dazu berufen ist. Anderweitig bleiben ihm nur die ersteren Alternativen.

In diesem Sinne habe ich den Raum genutzt, den mir der Verlag Dr. Otto Schmidt für die intensive Befassung mit dem Insolvenzsteuerrecht zur Verfügung gestellt hat. In meinem Buch stelle ich nach dem aufgeworfenen Spannungsfeld zwischen Insolvenz- und Steuerrecht zunächst die insolvenzrechtlichen Grundlagen dar, die für die Beurteilung der Fragestellungen des Steuerrechts unerlässlich sind. Hieran schließt sich ein Kapitel über das Steuerverfahrensrecht im Insolvenzverfahren an, das insbesondere die Durchführung der Besteuerung, das Erhebungsverfahren, die Aufrechnung, Vollstreckung sowie das Rechtsbehelfs- und Rechtsmittelverfahren zum Gegenstand hat. Im Anschluss folgt das zentrale Kapitel mit eingehenden Erläuterungen zu den verschiedenen Steuerarten, von der Einkommensteuer bis zu den Zöllen mit Lösungsansätzen und Praxishinweisen. Wichtige Dokumente, die den Lesern nicht unbedingt zur Hand sein dürften, sind auszugsweise zitiert oder im Anhang abgedruckt. Die Änderungen durch das Haushaltsbegleitgesetz 2011 v. 9.12.2010 (BGBl. I 2010, 1885), insbesondere zu § 55 Abs. 4 InsO n.F., sind bereits eingearbeitet. Ferner konnten die im Entwurf eines Gesetzes zur weiteren Erleichterung der Sanierung von Unternehmen geplanten Änderungen der Insolvenzordnung noch an den betreffenden Stellen berücksichtigt werden.

Es war schön, alle Ecken der Materie mit dem nötigen Platz angehen, zu diskutieren und einem Lösungsvorschlag zuführen zu können. Dennoch wird der Praktiker an mancher Stelle feststellen: „Wieder ein Buch, das sich an der entscheidenden Stelle vor der Entscheidung drückt!" Seien Sie gewiss, diesen Gedanken hat der Autor an keiner Stelle dieses Werkes gehabt. Das Werk ist mein Versuch, alle relevanten Fragestellungen zu erkunden, den bisherigen Stand von Rechtsprechung und Literatur zu dokumentieren, zu diskutieren und meinen eigenen Standpunkt darzulegen. Auch war es Ziel, Felder zu erörtern, die bisher soweit ersichtlich nicht behandelt wurden, obwohl sie durchaus einer Erörterung bedürfen. Aber alles Recht wird nie abschließend durchdrungen und schon gar nicht abschließend aufgeschrieben sein. In diesem Sinne lassen Sie mir gerne einen Hinweis zukommen, sollten Sie Erläuterungen zu einzelnen Problembereichen vermissen. Ich verspreche, er wird nicht ungehört bleiben.

Ich möchte mit diesem Praxishandbuch Praktikern ein Nachschlagewerk und Hilfsmittel für die tägliche Arbeit an die Hand geben. Es ist viel zu tun in Punkto „Völ-

Vorwort zur 1. Auflage

kerverständigung" zwischen Steuer- und Insolvenzrechtlern, Insolvenzverwaltern und Steuerberatern, Finanzrichtern und Insolvenzpraktikern. Ich hoffe, einen kleinen Beitrag dazu leisten zu können. So habe ich mich bemüht, meine Ausführungen sowohl in Bezug auf die steuerrechtlichen als auf die insolvenzrechtlichen Hintergründe so auszugestalten, dass der Leser den ihn interessierenden Fragenkreis im relevanten Kontext der ihm ggf. nicht so geläufigen anderen Materie kurz und prägnant dargestellt erhält.

Der Raum für Danksagungen ist leider begrenzt. Dennoch möchte ich diese Gelegenheit nutzen, mich vor allem bei meiner Lebensgefährtin Snezana Rajter zu bedanken, die in der Zeit von Oktober 2009 bis September 2010 viel auf mich verzichtet hat und mir stets eine unschätzbare menschliche Stütze war, das Projekt voranzutreiben und zu verbessern. Ich bedanke mich weiter bei Herrn Dr. Wolfgang Lingemann, der das Werk auf Seiten des Verlags Dr. Otto Schmidt betreut und sich von der Konzeptionsphase bis zur Drucklegung gleichermaßen engagiert eingebracht hat. Danken möchte ich weiter meinem Kanzleisozius Rechtsanwalt Peter Jost, der mir für viele Diskussionsrunden zur Verfügung stand, sowie den wissenschaftlichen Mitarbeitern unserer Kanzlei, namentlich Frau Sibel Gerhardt, Herrn Martin Kaltwasser, Frau Frederike Stamm und Herrn Moritz Petersen, die mir bei der Literaturrecherche und den Korrekturgängen zum Manuskript eine wertvolle Hilfe waren.

Schließlich möchte ich nicht nur Dank sagen. Ich widme dieses Werk meinem verehrten, inzwischen leider verstorbenen Doktorvater, Herrn Prof. Dr. Manfred Wolf, der meine gesamte juristische Ausbildung in einzigartiger Weise geprägt hat. Er hat entscheidend dazu beigetragen, dass ich meine Begeisterung für das Insolvenzrecht finden konnte. Mehr noch: Er hat meine Begeisterung für die Juristerei geweckt. Seinen Leitspruch darf ich mir hier für dieses Werk zu Eigen machen:

„Es verbietet sich jede schematische Betrachtung, denn die Dinge sind komplexer als Sie denken!"

Frankfurt am Main, im Februar 2011   Dr. Jan Roth

Inhaltsübersicht

Detaillierte Inhaltsübersichten finden sich zu Beginn jedes Kapitels

	Seite
Vorwort zur 3. Auflage	V
Vorwort zur 2. Auflage	VI
Vorwort zur 1. Auflage	VII
Abkürzungsverzeichnis	XI
Gesamtliteraturverzeichnis	XVII

Kapitel 1
Grundlagen

	Rz.	Seite
A. Das Spannungsfeld von Insolvenz- und Steuerrecht	1.1	1
B. Erfahrungen der Insolvenz- und Finanzpraktiker	1.7	4

Kapitel 2
Insolvenzrecht

	Rz.	Seite
A. Einführung	2.1	9
B. Eröffnungsverfahren	2.2	10
C. Eröffnetes Verfahren	2.106	52
D. Insolvenz des Steuerberaters	2.364	141
E. Rechtsverhältnisse des Insolvenzverwalters zum Steuerberater des Schuldners	2.386	154

Kapitel 3
Steuerverfahrensrecht im Insolvenzverfahren

	Rz.	Seite
A. Durchführung der Besteuerung	3.1	165
B. Erhebungsverfahren	3.244	283
C. Aufrechnung	3.335	324
D. Vollstreckungsverfahren	3.366	338
E. Rechtsbehelfs- und Rechtsmittelverfahren	3.398	350

Kapitel 4
Materielles Steuerrecht in der Insolvenz

	Rz.	Seite
A. Einkommensteuer	4.1	366
B. Körperschaftsteuer	4.227	461
C. Umsatzsteuer	4.313	493
D. Gewerbesteuer	4.541	614
E. Kraftfahrzeugsteuer	4.560	623
F. Erbschaft- und Schenkungsteuer	4.598	634
G. Grunderwerbsteuer	4.614	642
H. Grundsteuer	4.636	650
I. Indirekte Verbrauchsteuern	4.656	661
J. Zölle	4.687	670
K. Sonstige Steuern	4.696	673

Anhang
Ausgewählte Gesetzesnormen und Verwaltungsvorschriften

I. Ausgewählte Gesetzesnormen und Normen in Verordnungen		677
II. Ausgewählte Verwaltungsanweisungen	1	726
Stichwortverzeichnis		793

Abkürzungsverzeichnis

a.A.	anderer Ansicht
a.a.O.	am angegebenen Ort
ABl. EG	Amtsblatt der Europäischen Gemeinschaften
Abs.	Absatz
a.F.	alter Fassung
AG	Aktiengesellschaft; Die Aktiengesellschaft (Zeitschrift)
AGB	Allgemeine Geschäftsbedingungen
AktG	Aktiengesetz
Alt.	Alternative
Anh.	Anhang
Anm.	Anmerkung
AO	Abgabenordnung
AO-StB	Der AO-Steuer-Berater (Zeitschrift)
Aufl.	Auflage
AW-Prax	Außenwirtschaftliche Praxis (Zeitschrift)
BAG	Bundesarbeitsgericht
BayObLG	Bayerisches Oberstes Landesgericht
BayVBl.	Bayerische Verwaltungsblätter (Zeitschrift)
BB	Betriebs-Berater (Zeitschrift)
BBKM	BeraterBrief Kanzleimanagement
Bdb.	Brandenburg
Beschl.	Beschluss
BFH	Bundesfinanzhof
BFH/NV	Sammlung der nicht veröffentlichten Entscheidungen des BFH
BGB	Bürgerliches Gesetzbuch
BGBl.	Bundesgesetzblatt
BGH	Bundesgerichtshof
BGHZ	Entscheidungen des Bundesgerichtshofs in Zivilsachen
BörsenG	Börsengesetz
BKR	Zeitschrift für Bank- und Kapitalmarktrecht
BMF	Bundesfinanzministerium
BRAO	Bundesrechtsanwaltsordnung
BT-Drucks.	Bundestagsdrucksache
BVerfG	Bundesverfassungsgericht
BVerwG	Bundesverwaltungsgericht
BW	Baden-Württemberg
DB	Der Betrieb (Zeitschrift)
DDZ	Der Deutsche Zollbeamte (Zeitschrift)

DGVZ	Deutsche Gerichtsvollzieher Zeitung
DepotG	Depotgesetz
DStR	Deutsches Steuerrecht (Zeitschrift)
d. Verf.	der Verfasser
DZWIR	Deutsche Zeitschrift für Wirtschafts- und Insolvenzrecht
EFG	Entscheidungen der Finanzgerichte (Zeitschrift)
EG	Europäische Gemeinschaften
Entsch.	Entscheidung
EStG	Einkommensteuergesetz
ESUG	Gesetz zur weiteren Erleichterung der Sanierung von Unternehmen
EuR	Europarecht (Zeitschrift)
EuZA	Europäische Zeitschrift für Arbeitsrecht
EwiR	Entscheidungen zum Wirtschaftsrecht (Zeitschrift)
f., ff.	folgende
FahrlG	Fahrlehrergesetz
FD-InsR	Fachdienst Insolvenzrecht (Zeitschrift)
FG	Finanzgericht
FGO	Finanzgerichtsordnung
FMStG	Finanzmarktstabilisierungsgesetz
Fn.	Fußnote
FN-IDW	Fachnachrichten des Instituts der Wirtschaftsprüfer
FÜR	Familie Partnerschaft und Recht (Zeitschrift)
FR	Finanz-Rundschau (Zeitschrift)
Frankfurter-Komm	Frankfurter Kommentar
FS	Festschrift
gem.	gemäß
GesO	Gesamtvollstreckungsordnung
GewA	Gewerbearchiv (Zeitschrift)
GewO	Gewerbeordnung
GG	Grundgesetz
GKG	Gerichtskostengesetz
GmbHG	Gesetz betreffend die Gesellschaften mit beschränkter Haftung
GmbHR	GmbH-Rundschau (Zeitschrift)
GmbH-StB	Der GmbH-Steuer-Berater (Zeitschrift)
GrS	Großer Senat
GVG	Gerichtsverfassungsgesetz

Hamburger-Komm	Hamburger Kommentar
Heidelberger-Komm	Heidelberger Kommentar
Hess.	Hessen
HFR	Höchstrichterliche Finanzrechtsprechung (Zeitschrift)
HGB	Handelsgesetzbuch
h.M.	herrschende Meinung
HRRS	Online-Zeitschrift für höchstrichterliche Rechtsprechung im Strafrecht
Hrsg.	Herausgeber
IBR	Immobilien & Baurecht (Zeitschrift)
i.E.	im Ergebnis
IFG NRW	Informationsfreiheitsgesetz Nordrhein-Westfalen
IFRS	International Financial Reporting Standards
INF	Information über Steuer und Wirtschaft (Zeitschrift)
InsbürO	Zeitschrift für das Insolvenzbüro
InsO	Insolvenzordnung
InsVV	Insolvenzrechtliche Vergütungsverordnung
InVO	Insolvenz und Vollstreckung (Zeitschrift)
i.S.d.	im Sinne des
i.V.m.	in Verbindung mit
JR	Juristische Rundschau (Zeitschrift)
JuS	Juristische Schulung (Zeitschrift)
JZ	Juristenzeitung
Kap.	Kapitel
KG	Kommanditgesellschaft; Kammergericht
KO	Konkursordnung
KÖSDI	Kölner Steuerdialog (Zeitschrift)
KStG	Körperschaftsteuergesetz
KStR	Körperschaftsteuer-Richtlinien
KStZ	Kommunale Steuerzeitschrift
KTS	Zeitschrift für Insolvenzrecht
LAG	Landesarbeitsgericht
LG	Landgericht
LKV	Landes- und Kommunalverwaltung (Zeitschrift)
LMK	Kommentierte BGH-Rechtsprechung Lindenmaier-Möhring

MBP	Mandant im Blickpunkt – Steuern, Buchführung, Bilanzen (Zeitschrift)
MDR	Monatsschrift für Deutsches Recht (Zeitschrift)
MünchKomm	Münchener Kommentar
MV	Mecklenburg-Vorpommern
m.w.N.	mit weiteren Nachweisen
MwStSystRL	Mehrwertsteuersystemrichtlinie
Nds.	Niedersachsen; Niedersächsisches
n.F.	neue Fassung
NJOZ	Neue Juristische Online-Zeitschrift
NJW	Neue Juristische Wochenzeitschrift
NJW-RR	Neue Juristische Wochenzeitschrift – Rechtsprechungs-Report
NotBZ	Zeitschrift für die notarielle Beratungs- und Beurkundungspraxis
nv	nicht veröffentlicht
NW	Nordrhein-Westfalen
NWB	Neue Wirtschafts-Briefe (Zeitschrift)
NZA	Neue Zeitschrift für Arbeits- und Sozialrecht
NZG	Neue Zeitschrift für Gesellschaftsrecht
NZI	Neue Zeitschrift für Insolvenz und Sanierung
NZS	Neue Zeitschrift für Sozialrecht
OFD	Oberfinanzdirektion
OLG	Oberlandesgericht
PiR	Praxis der Internationalen Rechnungslegung (Zeitschrift)
PIStB	Praxis Internationale Steuerberatung (Zeitschrift)
PStR	Praxis Steuerstrafrecht (Zeitschrift)
RGZ	Entscheidungen des Reichsgerichts in Zivilsachen
Rh.-Pf.	Rheinland-Pfalz
Rpfleger	Der Deutsche Rechtspfleger (Zeitschrift)
RpflStud	Rechtspfleger Studienhefte
RsDE	Beiträge zum Recht der sozialen Dienste und Einrichtungen
Rz.	Randziffer
s.	siehe
Sa.-Anh.	Sachsen-Anhalt
Saarl.	Saarland
Sachs.	Sachsen
SchiedsVZ	Zeitschrift für Schiedsverfahren
Schl.-Holst.	Schleswig-Holstein

SGB	Sozialgesetzbuch
Slg.	Sammlung
StB	Der Steuerberater (Zeitschrift)
StBerG	Steuerberatungsgesetz
Stbg	Die Steuerberatung (Zeitschrift)
SteuerStud	Steuer und Studium (Zeitschrift)
SteuK	Steuerrecht kurzgefasst (Zeitschrift)
StuB	Unternehmensteuern und Bilanzen (Zeitschrift)
StuW	Steuer und Wirtschaft (Zeitschrift)
StW	Steuer-Warte (Zeitschrift)
StWK	Steuer- und Wirtschafts-Kurzpost (Zeitschrift)
SVR	Straßenverkehrsrecht (Zeitschrift)
Thür.	Thüringen
UmwStG	Umwandlungssteuergesetz
Urt.	Urteil
UStAE	Umsatzsteuer-Anwendungserlass
UStG	Umsatzsteuergesetz
v.	vom
VG	Verwaltungsgericht
VGH	Verwaltungsgerichtshof
VIA	Verbraucherinsolvenz aktuell (Zeitschrift)
VO	Verordnung
VollstrA	Allgemeine Verwaltungsvorschrift über die Durchführung der Vollstreckung nach der Abgabenordnung
VR	Verwaltungsrundschau (Zeitschrift)
VwGO	Verwaltungsgerichtsordnung
VwVG	Verwaltungsvollstreckungsgesetz
WaffG	Waffengesetz
WEG	Wohnungseigentumsgesetz
wistra	Zeitschrift für Wirtschafts- und Steuerstrafrecht
WM	Zeitschrift für Wirtschaft- und Bankrecht
Wpg.	Die Wirschaftsprüfung (Zeitschrift)
WRV	Weimarer Reichsverfassung
WuM	Wohnungswirtschaft und Mietrecht (Zeitschrift)
z.B.	zum Beispiel
ZEuS	Zeitschrift für europarechtliche Studien
ZFSH SGB	Zeitschrift für die sozialgerichtliche Praxis
ZfZ	Zeitschrift für Zölle und Verbrauchsteuern
ZInsO	Zeitschrift für das gesamte Insolvenzrecht
ZIP	Zeitschrift für Wirtschaftsrecht

ZIS	Zeitschrift für Internationale Strafrechtsdogmatik
ZKF	Zeitschrift für Kommunalfinanzen
ZollkodexAnpG	Zollkodexanpassungsgesetz v. 22.12.2014, BGBl. I 2014, 2417
ZPO	Zivilprozessordnung
ZVG	Zwangsversteigerungsgesetz

Gesamtliteraturverzeichnis

Alvermann/Beckert/Bahns, Formularbuch Recht und Steuern, 9. Aufl. 2017
Andres/Leithaus, Kommentar zur Insolvenzordnung, 4. Aufl. 2018

Bauer, Die GmbH in der Krise: Rechts- und Haftungsfragen der Unternehmenssanierung, Insolvenzgesellschaftsrecht, 6. Aufl. 2020
Baumbach/Hopt, Kommentar zum Handelsgesetzbuch, 39. Aufl. 2020
Baumbach/Hueck, GmbH-Gesetz Kommentar, 22. Aufl. 2019
Beck/Depré, Praxis der Insolvenz, 3. Aufl. 2017
Beck'sches Steuer- und Bilanzrechtslexikon, 2020, Online-Ausgabe
von Betteray (Hrsg.), Festschrift für Friedrich Wilhelm Metzeler zum 70. Geburtstag, 2003
Biener/Berneke, Bilanzrichtlinien-Gesetz, Textausgabe des Bilanzrichtliniengesetzes vom 19.12.1985, 1986
Birk/Desens/Tappe, Steuerrecht, 22. Aufl. 2019
Blersch/Goetsch/Haas (Hrsg.), Berliner Kommentar Insolvenzrecht, Loseblatt
Blümich, Kommentar zum Einkommensteuergesetz, Körperschaftsteuergesetz, Gewerbesteuergesetz: EStG, KStG, GewStG, Loseblatt
Boochs/Dauernheim, Steuerrecht in der Insolvenz, 3. Aufl. 2007
Bork, Einführung in das Insolvenzrecht, 9. Aufl. 2019
Boruttau, Grunderwerbsteuergesetz, 19. Aufl. 2019
Braun (Hrsg.), Insolvenzordnung, Kommentar, 8. Aufl. 2020
Braun/Uhlenbruck, Unternehmensinsolvenz: Grundlagen, Gestaltungsmöglichkeiten, Sanierung mit der Insolvenzordnung, 1997
Braun, Steuerrechtliche Aspekte der Konkurseröffnung, 1987
Brox/Walker, Allgemeiner Teil des BGB, 43. Aufl. 2019
Bunjes, Kommentar zum Umsatzsteuergesetz, 19. Aufl. 2020
Buth/Hermanns, Restrukturierung, Sanierung, Insolvenz, 4. Aufl. 2014

Canaris, Handelsrecht, 24. Aufl. 2006
Canaris/Schilling/Ulmer, Staub Kommentar zum Handelsgesetzbuch, 4. Aufl. 2005
Creifelds/Weber (Hrsg.), Creifelds Rechtswörterbuch, 23. Aufl. 2019

Dauses/Ludwigs, Handbuch des EU-Wirtschaftsrechts, Loseblatt
Dinkelbach, Ertragsteuern, 8. Aufl. 2019
Droege, Gemeinnützigkeit im offenen Steuerstaat, 2010

Ebenroth/Boujong/Joost/Strohn (Hrsg.), Kommentar zum Handelsgesetzbuch, 4. Aufl. 2020
Eilers/Schwahn, Sanierungssteuerrecht, 2. Aufl. 2020

Farr, Die Besteuerung in der Insolvenz, 2005
Fehrenbacher, Steuerrecht, 7. Aufl. 2019
Foerste, Insolvenzrecht, 7. Aufl. 2018

Forster/Ertl, Umsatzsteuerrecht, 1995
Frege/Keller/Riedel, Insolvenzrecht, 8. Aufl. 2015
Freihalter (Hrsg.), Aus- und Absonderungsrechte in der Insolvenz, 1999
Frotscher, Besteuerung bei Insolvenz, 8. Aufl. 2014

Glanegger/Güroff, Kommentar zum Gewerbesteuergesetz, 9. Aufl. 2017
Gosch, Abgabenordnung und Finanzgerichtsordnung, Loseblatt
Gottwald (Hrsg.), Insolvenzrechts-Handbuch, 5. Aufl. 2015
Grabitz (Hrsg.), Vertrag über die Europäische Union, 3. Aufl. 1995
Grabitz/Hilf/Nettesheim, Das Recht der Europäischen Union, Loseblatt
Graf-Schlicker (Hrsg.), Kommentar zur Insolvenzordnung, 5. Aufl. 2020
Grunsky (Hrsg.), Festschrift für Fritz Baur, 1981
Gummert (Hrsg.), Münchener Anwaltshandbuch Personengesellschaftsrecht, 3. Aufl. 2019

Haarmeyer/Mock, Insolvenzrechtliche Vergütungsverordnung (InsVV), Kommentar, 6. Aufl. 2019
Haarmeyer/Wutzke/Förster, Handbuch zur Insolvenzordnung, 4. Aufl. 2010
Haarmeyer/Wutzke/Förster, PräsenzKommentar zur Insolvenzordnung, 2010
Häsemeyer, Insolvenzrecht, 4. Aufl. 2007
Halaczinsky, Die Haftung im Steuerrecht, 4. Aufl. 2013
Herrmann/Heuer/Raupach, Kommentar zum Einkommensteuergesetz und Körperschaftsteuergesetz, Loseblatt
Hess, Kommentar zur Konkursordnung, 6. Aufl. 1998
Hess (Hrsg.), Kölner Kommentar zur Insolvenzordnung, 2017
Hofmann, Kommentar zum Grunderwerbsteuergesetz, 11. Aufl. 2016
Hübschmann/Hepp/Spitaler, Kommentar zur Abgabenordnung und Finanzgerichtsordnung, Loseblatt
Hüttemann, Gemeinnützigkeit- und Spendenrecht, 4. Aufl. 2018

Jaeger, Kommentar zur Konkursordnung, 9. Aufl. 1997
Jaeger, Insolvenzordnung – Großkommentar, 2004–2016

Kahlert/Rühland, Sanierungs- und Insolvenzsteuerrecht, 2. Aufl. 2011
Kilger/Schmidt, Kurz-Kommentar zur Konkursordnung, 16. Aufl. 1993
Kilian/Heussen, Computerrechts-Handbuch, Loseblatt
Kindler/Nachmann/Bitzer, Handbuch Insolvenzrecht in Europa, Loseblatt
Kirchhof/Eidenmüller/Stürner (Hrsg.), Münchener Kommentar zur Insolvenzordnung, 4. Aufl. 2019/2020
Klein, Kommentar zur Abgabenordnung, 15. Aufl. 2020
Koenig, Abgabenordnung, Kommentar, 3. Aufl. 2014
Köhler, BGB AT kompakt, 6. Aufl. 2019
Kramer, Konkurs und Steuerverfahren, Diss., 1993
Kayser/Thole (Hrsg.), Heidelberger Kommentar zur Insolvenzordnung, 10. Aufl. 2020
Kropff, Aktiengesetz, Textausgabe vom 6.9.1965, 1965
Kübler/Prütting/Bork, Kommentar zur Insolvenzordnung, Loseblatt

Kühn/von Wedelstädt, Abgabenordnung und Finanzgerichtsordnung, Kommentar, 22. Aufl. 2018
Kuhn/Uhlenbruck, Kommentar zur Konkursordnung, 11. Aufl. 1994

Leipold, BGB I: Einführung und allgemeiner Teil, 10. Aufl. 2019
Lüdicke/Sistermann, Unternehmensteuerrecht, 2. Aufl. 2018

Maus, Steuern im Insolvenzverfahren, 2004
Mohrbutter/Ringstmeier (Hrsg.), Handbuch der Insolvenzverwaltung, 9. Aufl. 2015
Musielak/Voit, Grundkurs ZPO, 15. Aufl. 2020
Musielak/Voit (Hrsg.), Kommentar zur Zivilprozessordnung, 17. Aufl. 2020

Nerlich/Kreplin, Münchener Anwaltshandbuch Insolvenz und Sanierung, 3. Aufl. 2019
Nerlich/Römermann, Kommentar zur Insolvenzordnung, Loseblatt
Neuner, Allgemeiner Teil des Bürgerlichen Rechts, 12. Aufl. 2020

Onusseit/Kunz, Steuern in der Insolvenz, 2. Aufl. 1997

Pahlke, Grunderwerbsteuergesetz, 6. Aufl. 2017
Palandt, Kommentar zum Bürgerlichen Gesetzbuch, 79. Aufl. 2020
Pape/Uhlenbruck/Voigt-Salus, Insolvenzrecht, 2. Aufl. 2010
Paulus, Insolvenzrecht, 3. Aufl. 2017
Pelka/Petersen, Beck'sches Steuerberaterhandbuch 2019/2020, 17. Aufl. 2019
Picot/Aleth, Unternehmenskrise und Insolvenz, 1999
Piepenburg (Hrsg), Festschrift für Günter Greiner zum 70. Geburtstag am 19. März 2005, 2005
Pink, Insolvenzrechnungslegung: eine Analyse der konkurs-, handels- und steuerrechtlichen Rechnungslegungspflichten des Insolvenzverwalters, Diss., 1995

Rau/Dürrwächter/Flick/Geist (Hrsg.), Kommentar zum Umsatzsteuergesetz, Loseblatt
Rauscher/Krüger (Hrsg.), Münchener Kommentar zur Zivilprozessordnung mit Gerichtsverfassungsgesetz und Nebengesetzen, 5. Aufl. 2016 ff., 6. Aufl. 2020
Rechel, Die Aufsicht des Insolvenzgerichts über den Insolvenzverwalter: „Aufsicht" als Erkenntnisprozess – „Aufsichtsmaßnahme" als Vollzug, Diss., 2008
Reichert, Lehr- und Trainingsbuch Gewerbesteuer, 5. Aufl. 2011
Reuber/Brill/Kümpel, Die Besteuerung der Vereine, Loseblatt
Reul/Heckschen/Wienberg, Insolvenzrecht in der Kautelarpraxis, 2006
Roth/Altmeppen, Kommentar zum Gesetz betreffend die Gesellschaften mit beschränkter Haftung (GmbHG), 9. Aufl. 2019
Roth, Interessenwiderstreit im Insolvenzeröffnungsverfahren: eine Untersuchung des Insolvenzeröffnungsverfahrens unter verfahrens- und verfassungsrechtlichen Gesichtspunkten, Diss., 2004
Roth/Pfeuffer, Praxishandbuch für Nachlassinsolvenzverfahren, 2. Aufl. 2018
Ruhe, Steuern in der Insolvenz, 2003
Runkel (Hrsg.), Anwalts-Handbuch Insolvenzrecht, 3. Aufl. 2015

Säcker/Rixecker (Hrsg.), Münchener Kommentar zum Bürgerlichen Gesetzbuch, 7. Aufl. 2015 ff., 8. Aufl. 2018 ff.
Sauter/Schweyer/Waldner, Der eingetragene Verein, 20. Aufl. 2016
Schäfer, Insolvenzanfechtung anhand von Rechtsprechungsbeispielen, 4. Aufl. 2013
Schauhoff, Handbuch der Gemeinnützigkeit, 3. Aufl. 2010
Schick, Gemeinnützigkeits- und Steuerrecht, 2005
Schilken (Hrsg.), Festschrift für Hans Friedhelm Gaul zum 70. Geburtstag: 19. November 1997, 1997
Schilken (Hrsg.), Festschrift für Walter Gerhardt, 2004
Schlüter/Stolte, Stiftungsrecht, 3. Aufl. 2016
Schmidt, Andreas (Hrsg.), Hamburger Kommentar zum Insolvenzrecht, 7. Aufl. 2019
Schmidt, Karsten, Gesellschaftsrecht, 4. Aufl. 2002
Schmidt, Karsten (Hrsg.), Kommentar zu den Insolvenzgesetzen: KO/VglO/GesO, 17. Aufl. 1997
Schmidt, Karsten (Hrsg.), Münchener Kommentar zum Handelsgesetzbuch, 3. Aufl. 2010.
Schmidt, Ludwig (Hrsg.), Kommentar zum Einkommensteuergesetz, 39. Aufl. 2020
Schwarz/Pahlke, Kommentar zur Abgabenordnung, Loseblatt
Siebert, Soergel Kommentar zum Bürgerlichen Gesetzbuch, 13. Aufl. 1999–2012
Smid, Kommentar zur Insolvenzordnung mit Insolvenzrechtlicher Vergütungsverordnung, 2. Aufl. 2001
Smid, Praxishandbuch Insolvenzrecht, 5. Aufl. 2011
Sölch/Ringleb, Umsatzsteuergesetz, Kommentar, Loseblatt
Sonnleitner, Insolvenzsteuerrecht, 2017
Staudinger, Kommentar zum Bürgerlichen Gesetzbuch, 1993 ff.
Streck, Kommentar zum Körperschaftsteuergesetz, 9. Aufl. 2018

Tipke/Kruse, Kommentar zur Abgabenordnung und Finanzgerichtsordnung, Loseblatt
Tipke/Lang, Steuerrecht, 23. Aufl. 2018

Uhlenbruck (Hrsg.), Insolvenzordnung, Kommentar, 15. Aufl. 2019

Wabnitz/Janovsky/Schmitt (Hrsg.), Handbuch Wirtschafts- und Steuerstrafrecht, 5. Aufl. 2020
Walter (Hrsg.), Festschrift für Wolfram Henckel zum 70. Geburtstag am 21. April 1995, 1995
Waza/Uhländer/Schmittmann, Insolvenzen und Steuern, 12. Aufl. 2019
Weiß (Hrsg.), Steuer-Rechtsprechung in Karteiform
Werdan/Ott/Rauch, Das Steuerberatungsmandat in der Krise, Sanierung und Insolvenz, 2006
Wicke, Kommentar zum Gesetz betreffend die Gesellschaften mit beschränkter Haftung (GmbHG), 4. Auflage 2020
Wimmer (Hrsg.), Frankfurter Kommentar zur Insolvenzordnung, 9. Aufl. 2018
Wrobel-Sachs (Red.), Kölner Schrift zur Insolvenzordnung, 3. Aufl. 2009

Zeuner, Die Anfechtung in der Insolvenz, 2. Aufl. 2007

Kapitel 1
Grundlagen

A. Das Spannungsfeld von Insolvenz- und Steuerrecht 1.1

B. Erfahrungen der Insolvenz- und Finanzpraktiker 1.7

A. Das Spannungsfeld von Insolvenz- und Steuerrecht

Insolvenzsteuerrecht ist keine in sich geschlossene Rechtsmaterie. Der Begriff bezeichnet vielmehr das Schnittfeld von Insolvenz- und Steuerrecht. Maßgeblich sind hier bestimmte Teile des Insolvenzrechts, die mit bestimmten Teilen des Steuerrechts interagieren. Es findet eine wechselseitige Beeinflussung der beiden Rechtsgebiete statt, keine einseitige Überlagerung. Zwar liest man mitunter, Insolvenzrecht gehe vor Steuerrecht. Doch diese einseitige Betrachtung ist verfehlt. Tatsächlich bestimmt das Insolvenzrecht, welche Forderungen in welcher Weise gegen das Schuldnervermögen geltend gemacht und vollstreckt werden können. Ob aber eine Steuerforderung gegen das Schuldnervermögen überhaupt be- oder entsteht und in welcher Höhe, sind Fragen, die allein nach steuerrechtlichen Maßstäben zu beurteilen sind.   1.1

Im Grunde genommen könnten die im Insolvenzsteuerrecht relevanten Fragen nach diesem sehr einfachen System beantwortet werden. So ist es wohl außer Zweifel, dass eine Einkommensteuerforderung, die gegen den Insolvenzschuldner für vor der Insolvenzantragstellung liegende Veranlagungszeiträume bereits vor Insolvenzantragstellung bestandskräftig festgesetzt worden ist, im Insolvenzverfahren den Rang einer einfachen Insolvenzforderung (§ 38 InsO) einnimmt. Aber schon die in diesem Satz enthaltenden Einschränkungen lassen erkennen, dass die Komplexität steuerrechtlicher Ansprüche vielfältige Zweifelsfragen aufwerfen kann. Im Gegensatz zu der eben vorgenommenen Einordnung der Steuerforderung zu den Insolvenzforderungen fällt die Frage nach der Art und Weise der Geltendmachung der Forderung nach Insolvenzeröffnung nicht mehr ganz so leicht. Um es an dieser Stelle vorweg zu nehmen: Eine Festsetzung der Steuerforderung durch Bescheid nach abgabenrechtlichen Vorschriften darf es aus insolvenzrechtlichen Gründen nicht mehr geben.   1.2

Vollends angekommen im insolvenzsteuerrechtlichen Epizentrum ist derjenige, der nach der Zuordnung der Einkommensteuerschuld des Insolvenzschuldners für den Veranlagungszeitraum fragt, in den die Insolvenzeröffnung – bzw. seit Verabschiedung des Haushaltsbegleitgesetzes 2011 am 28.10.2010 die Anordnung der vorläufigen Insolvenzverwaltung – fällt: Zwar kann die Einkommensteuerschuld steuerrechtlich nur als einheitlicher Steueranspruch für den gesamten Veranlagungszeitraum entstehen, insolvenzrechtlich muss aber eine – in den Einzelheiten aus verständlichen Gründen höchst streitige – Zuordnung von Teilen dieses steuerrechtlich einheitlichen Anspruchs zu den insolvenzrechtlichen Forderungskategorien vor-   1.3

genommen werden, die – in Ermangelung spezieller gesetzlicher (insolvenzrechtlicher) Anordnungen – nur mehr oder weniger scharf vorgenommen werden kann.

1.4 Das eben vorgestellte Beispiel verdeutlicht die Probleme bei der Harmonisierung des Steuerrechts mit dem Insolvenzrecht. Während das Steuerrecht auf bestimmte Besteuerungszeiträume abstellt, schafft das Insolvenzrecht eigene Zäsuren durch die Insolvenzantragstellung, die Anordnung von Sicherungsmaßnahmen während des Eröffnungsverfahrens, die Insolvenzeröffnung und – nicht zuletzt – die Aufhebung des Insolvenzverfahrens. Diese Zäsuren bringen es mit sich, dass – dem Steuerrecht ansonsten vollkommen fremd – einheitliche Besteuerungszeiträume in davon abweichende Besteuerungsabschnitte zerlegt werden müssen. Dabei kommt es freilich zu Friktionen, die Anlass zu juristischer Diskussion bieten, sowohl in der Literatur als auch in der Rechtsprechung.

1.5 Für den Insolvenzrechtler schwer erträglich ist, dass das Insolvenzsteuerrecht nicht allzu selten fiskalpolitisch beeinflusst zu sein scheint. Das Insolvenzrecht wird – nach der endlich überwundenen Schieflage, die dem Konkursrecht noch immanent war – von einem obersten Grundsatz bestimmt: Dem **Grundsatz der Gläubigergleichbehandlung**. Wer die Gläubigergleichbehandlung abschafft oder auch nur einschränkt, der schafft das moderne Insolvenzrecht ab, das international hohes Ansehen genießt und Vorbildfunktion einnimmt, und fällt in die Tradition des überkommenen Konkursrechtes zurück. Solches muss durchweg vermieden werden. Deswegen kann und muss der Fiskus wie alle anderen Gläubiger auch mit gleicher Quote aus der Insolvenzmasse Befriedigung für bei Eröffnung des Insolvenzverfahrens bestehende Verbindlichkeiten erhalten. Eine Bevorzugung des Fiskus darf es nicht geben. Ob man sie, wenn der Gesetzgeber sich eines Tages aus haushaltspolitischen Gründen entschließen sollte, die konkursrechtlichen Rangvorrechte des Fiskus wieder einzuführen, überhaupt als verfassungskonform ansehen könnte, darf zu Recht bezweifelt werden, weil jeder Gläubiger durch die Insolvenzeröffnung eine grundrechtlich relevante Einschränkung seiner Eigentumsrechte an der ihm zustehenden Forderung erfährt und bei dieser Einschränkung Gleichbehandlung mit den übrigen Gläubigern verlangen kann. Eine Gläubigerbevorzugung in Form von Rangvorrechten ist daher nicht zu erwarten. Allerdings eignen sich auch Einschränkungen der Anfechtbarkeit von Befriedigungen oder besondere Aufrechnungsbefugnisse zur Bevorzugung einzelner Gläubiger. Auch hier greifen aber letztlich die eben angedeuteten verfassungsrechtlichen Bedenken. Deswegen ist auch hier äußerste Vorsicht geboten. Allerdings ist der Fiskus in einem rein tatsächlichen Punkt schon vom Grundsatz her nicht „gleich" den meisten anderen Gläubigern: Der Fiskus kann sich den Insolvenzschuldner nicht als Schuldner aussuchen und er kann ihn schon gar nicht ablehnen. Während die meisten Gläubiger sich ihren Schuldner aussuchen und frei entscheiden können, ob sie mit ihm in Rechtsbeziehungen eintreten oder nicht, wird der Fiskus regelmäßig ungewollt kraft Gesetzes Gläubiger oder Schuldner eines Steuerpflichtigen. Diese Sonderrolle kann punktuell Sonderrechte rechtfertigen. Und hier wird wieder das Spannungsverhältnis der beiden Rechtsmaterien offenbar: Diese Sonderrechte dürfen die insolvenzrechtlichen Grundpfeiler nicht umwerfen, sondern – wenn überhaupt – allenfalls die Last der Zwangsgläubigerschaft des Fiskus kompensieren. Es darf also nicht das bei Insolvenzeröffnung vorhandene, allen Gläubigern gemeinsam als Haftungssubstrat zugewiesene Vermögen zugunsten einer einseitigen Befriedigung des Fiskus geschmälert werden, sondern es dürfen nur die abgabenrechtlich zulässigen und insolvenzrechtlich für die jeweilige Forderungskategorie nicht ausgeschlossenen Durchsetzungsmöglichkeiten zugelassen werden. Deswegen ist die Vollstreckung einer Steuerforderung, die Masseverbindlichkeit ist, grundsätzlich nach abgabenrechtlichen Maßstäben zuzulassen.

Schwierigkeiten bringt auch die Rollenverteilung der am Insolvenzverfahren Beteiligten im Steuerverfahren mit sich. Auch im eröffneten Insolvenzverfahren bleibt der Insolvenzschuldner Beteiligter i.S.v. § 78 AO. Somit bleibt er auch zur Mitwirkung und zur Erteilung von Auskünften gegenüber der Finanzverwaltung verpflichtet. Zur Vorlage von Unterlagen ist er hingegen weder verpflichtet noch befugt, weil insoweit das alleinige Verfügungsrecht des Insolvenzverwalters besteht. Der Pflichtenkreis des Insolvenzverwalters hingegen umfasst alles, was ohne Insolvenzverfahren den Schuldner betroffen hätte, also insbesondere die Pflicht zur Mitwirkung bei der Ermittlung des Sachverhalts, die Auskunftspflicht und die Buchführungs- und Steuererklärungspflichten. Die Steuererklärungspflichten treffen den Insolvenzverwalter auf Grund der auf ihn übergegangenen Verwaltungs- und Verfügungsbefugnis über das schuldnerische Vermögen, die seine Stellung als Vermögensverwalter mit sich bringt, auch für Zeiträume, die vor der Insolvenzeröffnung liegen. Praktisch ist diese Pflicht für den Insolvenzverwalter in den allermeisten Insolvenzverfahren allerdings nicht befriedigend oder gar nicht erfüllbar, weil er auf eine geordnete Buchhaltung des Insolvenzschuldners und dessen Auskunftsfreudigkeit angewiesen wäre – schließlich war der Insolvenzverwalter vor seiner Stellung „noch nicht dabei". Soll ihm respektive dem Insolvenzgericht zugemutet werden, das insolvenzrechtlich theoretisch zulässige Instrumentarium zur Informationserlangung, bestehend aus gerichtlicher Vorführung, eidesstattlicher Versicherung und ggf. sogar Verhaftung des Schuldners zu exerzieren, nur um der öffentlich-rechtlichen Pflicht zur Abgabe ordnungsgemäßer Steuererklärungen nachkommen zu können? Aus steuerrechtlicher Sicht ist diese Frage klar zu beantworten und es ist schwer einsehbar, warum der Insolvenzverwalter hier anders behandelt werden soll, als ein „normaler" Steuerpflichtiger. Schließlich tritt er als Partei kraft Amtes vollumfänglich in die Rechtsstellung des Schuldners ein. Aus insolvenzrechtlicher Sicht hingegen muss einem solchen Aufwand hingegen eine klare Absage erteilt werden, denn solcher Aufwand bringt erhebliche Kosten mit sich, die die Insolvenzmasse zu tragen hat, wodurch die Befriedigungsquoten sinken und – nicht zuletzt – der Fiskus als Steuergläubiger ebenfalls Geld verliert. Was außerhalb von Insolvenzverfahren ordnungspolitisch geboten ist, kann im Insolvenzverfahren bloße Vernichtung von Steuermitteln sein. Augenmaß ist hier gefragt, mit den Unzulänglichkeiten der Eruptionen, die jedes Insolvenzverfahren mit sich bringt, pragmatisch umzugehen, gehört auf Seiten aller Beteiligter zum Geschäft.

B. Erfahrungen der Insolvenz- und Finanzpraktiker

1.7 Jede einseitige Betrachtung der insolvenzsteuerrechtlichen Materie verbietet sich. Man stößt bei der Befassung mit der Materie ständig an Punkte, an denen der insolvenzrechtlich vorgeprägte Jurist anders entscheiden möchte als der steuerrechtlich vorgeprägte. Ein funktionierendes, in sich schlüssiges Insolvenzsteuerrecht entsteht in diesem Spannungsfeld nur, wenn man sämtliche Facetten in den Blick nimmt – verfahrensrechtliche wie auch materiell-rechtliche – und die Einzelfragen im Zusammenhang jeweils folgerichtig entscheidet. Beide Gebiete dürfen dabei nicht in ihrem Kern, in ihren jeweiligen Grundstrukturen zerstört werden, nur um die jeweils andere Materie zur Geltung zu bringen.

1.8 Genau hier liegt das praktische Problem. Wenige Praktiker fühlen sich sowohl im Steuerrecht als auch im Insolvenzrecht gleichermaßen heimisch. Finanzrichter bewegen sich ständig in schwierigsten steuerrechtlichen Fragestellungen und bewältigen eine Sintflut aus Gesetzen, anderen Normen, Rechtsprechung und terra incognita. Die insolvenzrechtliche Komponente in einer steuerrechtlichen Fragestellung kommt nur in einem kleinen Teil des finanzgerichtlichen Rechtsprechungsgeschehens vor. Eine systematische Durchdringung des Insolvenzrechts und eine Inkorporation der insolvenzrechtlichen Maximen, insbesondere der nicht geschriebenen, ist bei peripherer Befassung mit der Materie kaum möglich. Es erfordert ein engagiertes und grundlegendes Studium des Insolvenzrechts, um nicht Fernwirkungen der Entscheidung einer zu entscheidenden Fragestellung zu übersehen. Der **Insolvenzpraktiker** ist gut beraten, in finanzgerichtlichen Auseinandersetzungen ein wenig „auszuholen" und insolvenzrechtliche Grundlagen, Hintergründe und Auswirkungen konkreter Streitfragen im finanzgerichtlichen Verfahren zu erhellen. Erfreulicher Weise zeigen viele Entscheidungen der vergangenen Monate, dass die Bereitschaft vieler FG und insbesondere des BFH stark ausgeprägt ist, sich des Insolvenzrechts anzunehmen. Reflektierte und gut durchdachte Entscheidungen sind die erfreuliche Folge.

1.9 Ebenfalls vor großen Herausforderungen insolvenzrechtlicher Natur stehen viele **Steuerberater**. Die Beratung von Mandanten in der Krise ist ein heikles Pflaster, nicht nur, weil der Steuerberater Gefahr läuft, dass die Zahlung seines Honorars von einem späteren Insolvenzverwalter angefochten wird und der Steuerberater somit für Gottes Lohn gearbeitet hat, sondern weil ein Steuerberater schnell in die persönliche Haftung wegen Beihilfe zur Insolvenzverschleppung geraten kann. Dieses Risikos scheinen sich bislang nur wenige Steuerberater bewusst zu sein, und Insolvenzverwalter erkennen dieses Terrain zunehmend. Ein interessantes Geschäftsfeld erschließen sich hingegen manche Steuerberater zunehmend: Die Steuerberatung für Insolvenzverwalter. Viele Insolvenzverwalter beauftragen die schuldnerische Finanz- und Lohnbuchhaltung für den Insolvenzschuldner an externe Steuerberater. Derzeit sind aber Steuerberater rar, die die insolvenzrechtlichen Grundsätze und insolvenzsteuerrechtliche Einzelfragen sicher beherrschen.

1.10 Umgekehrt sollte sichere Kenntnis der steuerrechtlichen Materie zum Repertoire jedes Insolvenzverwalters gehören. Viel Masse ist zu generieren, viel Masse ist zu verlieren, wenn sich der Insolvenzverwalter im Steuerrecht zu wenig auskennt. Freilich lassen sich Steuerangelegenheiten an externe Steuerberater beauftragen, aber eine routinemäßige Beauftragung externer Steuerberater ist bei manchen Insolvenzgerichten nicht gerne gesehen. Die Beauftragung eines externen Steuerberaters sollte daher nur dann erfolgen, wenn es im konkreten Verfahren einen besonderen Anlass dafür gibt. Und um diesen Anlass zu erkennen, muss der Insolvenzverwalter – oder zumindest sein internes Verwaltungsteam – über die nötige steuerrechtliche Sachkunde verfügen. Sicher ist: Die eingehende Befassung mit dem Steuerrecht lohnt sich für jeden Insolvenzverwalter.

Schließlich kommt auch der Insolvenzrichter nicht selten mit steuerrechtlichen Problemen in Berührung. Schon bei der Insolvenzantragstellung durch ein Finanzamt als Gläubiger des Antragsgegners können sich schwer zu beantwortende Fragen ergeben. Ist die Forderung des Antragstellers hinreichend glaubhaft gemacht, wenn gegen den entsprechenden Bescheid Einspruch eingelegt wurde? Was, wenn die Vollziehung ausgesetzt ist? Hat der Insolvenzrichter in Bezug auf Bestand und Fälligkeit der dem Antrag zugrunde liegenden Forderung eine eigene Prüfungskompetenz oder gar eine eigene materielle Prüfungspflicht? Mitunter wird der Insolvenzrichter in mächtigen Schriftverkehr eingebunden, insbesondere wenn es um Schätzungen seitens der Finanzverwaltung geht. Soll der Insolvenzrichter dann die Zulässigkeit der Schätzung oder gar die Schätzungsgrundlagen prüfen müssen? Unklar ist auch, ob und in wie weit der Insolvenzrichter sich mit einem vom Insolvenzschuldner behaupteten Erstattungsanspruch gegen die Finanzverwaltung auseinandersetzen muss, wenn von diesem die Überschuldung abhängt. Für die Frage der Verfahrenskostendeckung kann es darauf ankommen, ob und ggf. welche Teile der Umsatzsteuer aus der Vergütung für den (vorläufigen) Insolvenzverwalter an die Insolvenzmasse zurückerstattet werden. Die Prüfung der Vorsteuerabzugsberechtigung kann aber durchaus nicht trivial sein. Und last but not least kommt auch noch einstweiliger Rechtsschutz des Antragsgegners gegen den Insolvenzeröffnungsantrag vor den FG in Betracht, und es stellt sich die Frage, wie sich ein solcher Antrag zum laufenden Insolvenzantragsverfahren vor dem Insolvenzgericht verhält. Soll der Insolvenzrichter mit seiner Eröffnungsentscheidung bis zu einer Entscheidung des FG zuwarten müssen, um nicht dessen Entscheidung ins Leere gehen zu lassen? 1.11

Die täglichen praktischen Fragestellungen im Bereich des Insolvenzsteuerrechts sind oft nicht ohne weiteres einem kurzweiligen Studium des Standes der Rechtsentwicklung zugänglich. Finanzgerichtliche Entscheidungen hierzu sind zwar reichhaltig vorhanden, zuweilen aber zu knapp begründet, nicht veröffentlicht oder widersprechen sich sogar diametral – was wiederum mit fehlender Zugänglichkeit mancher vorangegangener Entscheidungen zu tun hat. Entscheidungen des BFH im Kontext des Insolvenzsteuerrechts sind zwar – insbesondere in jüngerer Zeit – zumeist ausführlich und erfreulich gewinnbringend begründet, aber leider doch nur punktuell vorhanden und geben deswegen kein lückenloses Gesamtbild von der Materie ab. Außerdem widersprechen sich manche Entscheidungen insbesondere bestimmter Senate in wichtigen Punkten derart, dass sie für den nicht ständig im Insolvenzsteuerrecht tätigen Praktiker ohne Sekundärliteratur von trügerischem Wert sind. In der Literatur sieht es nur bedingt besser aus. Die insolvenzrechtlichen Kommentare begnügen sich zum großen Teil mit einer Darstellung der insolvenz-, handels- und 1.12

steuerrechtlichen Rechnungslegungspflichten des Insolvenzverwalters. Fragen des materiellen Steuerrechts im Insolvenzverfahren und teilweise sogar steuerverfahrensrechtliche Fragestellungen behandeln sie nicht oder nur viel zu knapp. Die wenigen vorhandenen Praxishandbücher zum Insolvenzsteuerrecht sind teilweise zum Einen ebenfalls nicht ausführlich genug, um unterschiedliche Facetten und Fallgestaltungen darzustellen, was die Gefahr einer in der Sache verfehlten undifferenzierten Übertragung von Ausführungen des Autors auf andere Sachverhalte birgt, zum Anderen kommen sie der extrem schnell fortschreitenden Rechtsentwicklung in der Materie kaum nach. Dies lässt vermuten, dass es eine große Zahl an Zeitschriftenaufsätzen zur Thematik gibt. Das ist aber nicht der Fall. Fachaufsätze zu den Brennpunktthemen sind zwar veröffentlicht, aber weit verstreut, teilweise längst veraltet und nicht durch aktuellere Beiträge ergänzt und schließlich auch wiederum schwer zu finden. Daher bietet wohl das umfangreiche Praxishandbuch die beste Möglichkeit, schnell zu einer gerade interessierenden Fragestellung vorzudringen und den – zumindest im Zeitpunkt der Drucklegung – aktuellen Rechtsentwicklungsstand zu studieren.

Kapitel 2
Insolvenzrecht

- **A. Einführung** 2.1
- **B. Eröffnungsverfahren**
  - **I.** Struktur des Eröffnungsverfahrens und Verfahrensgrundsätze ... 2.2
  - **II. Gläubigerantragsverfahren**
    1. Zweck des Gläubigerantragsverfahrens 2.6
    2. Voraussetzungen 2.7
    3. Risiken der Antragstellung 2.9
    4. Antragsrücknahme und Erledigungserklärung 2.11
  - **III.** Eigenantragsverfahren 2.13
  - **IV. Insolvenzantrag der Finanzverwaltung**
    1. Darlegungserfordernisse: Darlegungserleichterungen? 2.17
    2. Rechtsschutz gegen Insolvenzanträge der Finanzverwaltung .. 2.27
    3. Besondere Anforderungen an die Insolvenzantragstellung öffentlich-rechtlicher Gläubiger 2.29
    4. Antragspflicht öffentlich-rechtlicher Gläubiger? 2.36
  - **V. Sicherungsmaßnahmen**
    1. Katalog des § 21 Abs. 2 InsO ... 2.38
    2. Vorläufiger Insolvenzverwalter ohne Verfügungsbefugnis 2.39
    3. Vorläufiger Insolvenzverwalter mit Verfügungsbefugnis 2.44
    4. Vorläufiger Insolvenzverwalter mit punktuellen Einzelermächtigungen 2.49
    5. Sachverständiger 2.52
    6. Postsperre 2.57
    7. Untersagung und Einstellung der Zwangsvollstreckung 2.59
    8. Sonstige Maßnahmen 2.61
    9. Aufhebung von Sicherungsmaßnahmen 2.63
  - **VI. Eröffnungsgründe**
    1. Erforderlichkeit der Überzeugung des Gerichts vom Vorliegen wenigstens eines Eröffnungsgrundes 2.64
    2. Zahlungsunfähigkeit (§ 17 InsO) 2.66
    3. Drohende Zahlungsunfähigkeit, § 18 InsO 2.74
    4. Überschuldung (§ 19 InsO)
       - a) Gesetzliche Definition 2.76
       - b) Überschuldungsprüfung nach früherem Recht 2.78
       - c) Änderungen durch Finanzmarktstabilisierungsgesetz ... 2.81
       - d) Beweislast 2.85
       - e) Praktische Bedeutung des Insolvenzgrundes der Überschuldung 2.86
  - **VII. Abschließende Entscheidung des Insolvenzgerichts**
    1. Entscheidung des Gerichts 2.87
    2. Eröffnungsbeschluss 2.88
    3. Abweisung mangels Masse
       - a) Voraussetzungen 2.95
       - b) Verfahrenskostenvorschuss .. 2.97
       - c) Rechtsschutz und Rechtsfolgen 2.101
       - d) Kosten 2.105
- **C. Eröffnetes Verfahren**
  - **I. Rechtsstellung des Insolvenzverwalters**
    1. Übergang der Verfügungsbefugnis des Schuldners auf den Insolvenzverwalter 2.106
    2. Auswahl des Insolvenzverwalters 2.107
    3. Zivilrechtliche Stellung des Insolvenzverwalters 2.110
    4. Pflichten des Insolvenzverwalters 2.112
    5. Überwachung des Insolvenzverwalters 2.117
    6. Beendigung des Amtes 2.119
  - **II.** Stellung des Insolvenzverwalters als Vermögensverwalter i.S.v. § 34 Abs. 3 AO 2.120
  - **III. Verwaltung und Verwertung der Insolvenzmasse**
    1. Legaldefinition der Insolvenzmasse 2.124
    2. Inbesitznahme 2.126

3. Insolvenzfreies Vermögen
   a) Reichweite des Insolvenz-
      beschlags 2.135
   b) Unpfändbare Vermögens-
      gegenstände
      aa) Grundlagen 2.136
      bb) Bewegliche Sachen 2.138
      cc) Forderungen und andere
          Vermögensrechte 2.140
      dd) Rückfall von insolvenzfrei-
          em Vermögen in die Mas-
          se 2.142
4. Freigabe durch den Insolvenzverwalter
   a) Echte Freigabe 2.143
   b) Unechte Freigabe 2.148
   c) Modifizierte Freigabe 2.150
5. Sonderfall: Freigabe eines Geschäftsbetriebes gem. § 35 Abs. 2,
   3 InsO
   a) Entstehungsgeschichte 2.151
   b) Rechtsfolgen 2.153
   c) Abgrenzung zu § 811 Abs. 1
      Ziff. 5 ZPO 2.157
   d) Stellungnahme 2.163
IV. Verwertung der Insolvenzmasse
1. Verwertungspflicht 2.170
2. Forderungseinzug 2.172
3. Unternehmensverkauf „en bloc" 2.173
4. Einzelverwertung 2.175
5. Insolvenzanfechtung
   a) Zielsetzung 2.178
   b) Allgemeine Voraussetzungen . 2.181
   c) Kongruente Deckung (§ 130
      InsO) 2.188
   d) Inkongruente Deckung (§ 131
      InsO) 2.191
   e) Unmittelbar nachteilige Rechts-
      handlungen (§ 132 InsO) 2.197
   f) Vorsätzliche Benachteiligung
      (§ 133 InsO) 2.198
   g) Unentgeltliche Leistung (§ 134
      InsO) 2.205
   h) Gesellschafterdarlehen (§ 135
      InsO) 2.206
**V. Fortführung des schuldneri-
    schen Geschäftsbetriebes**
1. Grundlagen 2.208
2. Beendigung von „ungünstigen"
   Verträgen 2.210

3. Insolvenzfestigkeit betriebsnotwendiger Verträge
   a) Kündigungssperre 2.215
   b) Lösungsklauseln 2.216
4. Insolvenzgeld 2.217
5. Personalanpassung 2.219
6. Nutzung von Absonderungsgut 2.222
7. Ausschluss der gesetzlichen Haf-
   tungsübernahme bei Betriebserwerb 2.223
8. Öffentlich-rechtliche Rahmenbedingungen 2.224
9. Insolvenzplanverfahren
   a) Grundlagen 2.227
   b) Darstellender Teil des Insol-
      venzplans 2.229
   c) Gestaltender Teil des Insol-
      venzplans 2.233
   d) Ablauf des Insolvenzplanver-
      fahrens 2.240
   e) Überwachung der Erfüllung
      des Plans 2.249
VI. Rechtsstellung des Schuldners . 2.253
VII. Rechtsstellung der Gläubiger
1. Insolvenzgläubiger 2.259
2. Nachrangige Insolvenzgläubiger 2.263
3. Massegläubiger 2.264
4. Massearmut und Masseunzulänglichkeit 2.274
5. Aussonderung
   a) Grundlagen 2.279
   b) Eigentum 2.284
   c) Sonstige dingliche Aussonde-
      rungsrechte 2.287
   d) Pensionsrückstellungen/Le-
      bensversicherungen 2.288
   e) Ersatzaussonderung 2.290
6. Abgesonderte Befriedigung
   a) Grundlagen 2.292
   b) Abgesonderte Befriedigung aus
      beweglichen Gegenständen .. 2.296
   c) Öffentlich-rechtliche Absonde-
      rungsrechte der Zoll- und Fi-
      nanzbehörden 2.309
   d) Abgesonderte Befriedigung aus
      Forderungen und Rechten ... 2.312
   e) Abgesonderte Befriedigung aus
      Immobilien 2.315
   f) Ersatzabsonderung 2.321

7. Aufrechnung im Insolvenzverfahren
   a) Grundlagen 2.322
   b) Massegläubiger 2.325
   c) Ab- und Aussonderungsberechtigte 2.328
   d) Neugläubiger 2.330
VIII. **Haftung des Insolvenzverwalters**
   1. Haftung nach § 60 InsO
      a) Anspruchsvoraussetzungen .. 2.332
      b) Haftung gegenüber dem Schuldner 2.338
      c) Haftung gegenüber Massegläubigern 2.340
      d) Haftung gegenüber Insolvenzgläubigern 2.341
      e) Haftung gegenüber Aus- und Absonderungsberechtigten ... 2.344
   2. Haftung nach § 61 InsO 2.345
IX. **Vergütung des Insolvenzverwalters** 2.349
X. **Abwicklung des schuldnerischen Rechtsträgers** 2.362
D. **Insolvenz des Steuerberaters**
I. **Besonderheiten bei Steuerberatern** 2.364
II. **Berufsrechtliche Konsequenzen**
   1. Vermögensverfall des Steuerberaters 2.366
   2. Gefährdung der Auftraggeberinteressen 2.370
   3. Verfahren bei Entziehung der Zulassung 2.373
   4. Zulassungsentzug und Berufsfreiheit 2.374
   5. Fortführung der Steuerberaterkanzlei im Rahmen des Insolvenzverfahrens 2.375
   6. Wiederbestellung des Steuerberaters nach Entziehung der Zulassung 2.377
III. **Veräußerung der Steuerberaterkanzlei durch den Insolvenzverwalter** 2.378
IV. **Verschwiegenheitspflicht des Steuerberaters im eröffneten Insolvenzverfahren** 2.379
V. **Kanzleiabwickler** 2.382
E. **Rechtsverhältnisse des Insolvenzverwalters zum Steuerberater des Schuldners**
I. **Verschwiegenheitspflicht des Steuerberaters** 2.386
II. **Honoraransprüche des Steuerberaters** 2.388
III. **Anfechtung von Steuerberaterhonoraren** 2.391
IV. **Herausgabeansprüche des Insolvenzverwalters**
   1. Grundlagen 2.396
   2. Zurückbehaltungsrecht des Steuerberaters 2.397
   3. Sonderproblem: DATEV-Daten   2.399

A. Einführung

Das Insolvenzrecht hat sich in den vergangenen zwanzig Jahren rasant fortentwickelt. Das bis zum 31.12.1998 geltende Konkursrecht hatte zu keiner Zeit eine derart überragende praktische Relevanz wie das seitdem geltende Insolvenzrecht. Das hängt sicher damit zusammen, dass durch zahlreiche Neuerungen, die die Insolvenzordnung mit sich gebracht hat, heute eine **wesentlich höhere Eröffnungsquote** verwirklicht werden kann als in Zeiten der Konkursordnung. Dadurch hat das wirtschaftliche Interesse der Gläubiger an einer Teilnahme am Insolvenzverfahren ihrer Schuldner zugenommen. Außerdem sind die mit dem Insolvenzverfahren in Zusammenhang stehenden rechtlichen Fragestellungen immer stärker in die juristische Fachdiskussion gerückt. Sie greifen heute in fast alle Rechtsbereiche über – nicht zuletzt auch in das Steuerrecht.

2.1

Kenner und Praktiker anderer Rechtsmaterien sind zunehmend gefordert, sich auch mit insolvenzrechtlichen Grundsätzen und Implikationen auseinander zu setzen. Soweit sie für die Befassung mit steuerrechtlichen Problemen maßgeblich sind, werden die insolvenzrechtlichen Grundlagen nachfolgend überblickartig dargestellt.

B. Eröffnungsverfahren

Literatur *Beth*, Amtsermittlung des Insolvenzgerichts im Eröffnungsverfahren, NZI 2014, 487; *Brinkmann*, Mobiliarsicherheiten im Insolvenzeröffnungsverfahren, BB 2019, 1474; *Brzoza*, Die Grundsätze des (insolvenzrechtlich) unzulässigen Druckantrags, NJW 2019, 335; *Büttner*, Akteneinsicht und Kontoauszug im Insolvenzeröffnungsverfahren natürlicher Personen?, ZVI 2017, 213; *Gehrlein*, Aktuelle Rechtsprechung im Insolvenzeröffnungsverfahren, ZInsO 2012, 2117; *Gehrlein*, Aktuelle Rechtsprechung des BGH zur Unternehmensinsolvenz: Eröffnungsverfahren und Verfügungsbeschränkungen, NZI 2009, 457; *Meyer*, Zurückweisung der Kündigung von Arbeitsverträgen im Eröffnungsverfahren, DZWIR 2004, 58; *Nunner-Krautgasser*, Insolvenzeröffnungsverfahren in Österreich aus rechtsvergleichender Perspektive, ZInsO 2019, 1602; *Pape*, Änderungen im Eröffnungsverfahren durch das Gesetz zur Vereinfachung des Insolvenzverfahrens, NZI 2007, 425; *Paulus*, Grundlagen des neuen Insolvenzrechts – Eröffnungsverfahren, Eröffnung und Beteiligung der Gläubiger, DStR 2003, 1709; *Reinhart*, Die Bedeutung der EuInsVO im Insolvenzeröffnungsverfahren – Besonderheiten paralleler Eröffnungsverfahren, NZI 2009, 201; *Schmidt*, Arbeitnehmerbeiträge zur Sozialversicherung im Insolvenzeröffnungsverfahren, ZIP 2017, 1357; *Schmidt/Gundlach*, Zwischenstand Insolvenzantragspflicht – aktuelle Rechtslage zum Pflichtenkreis der Geschäftsführung, DStR 2018, 198; *Schröder*, Hinzuziehung von Hilfspersonen im Insolvenzeröffnungsverfahren in Eigenverwaltung, ZInsO 2018, 2626; *Smid*, Gegen den Strom – Eröffnet das deutsche Insolvenzgericht durch Bestellung eines vorläufigen Insolvenzverwalters ein Hauptinsolvenzverfahren?, NZI 2009, 150; *Undritz*, Betriebsfortführung im Eröffnungsverfahren – Die Quadratur des Kreises?, NZI 2007, 65; *Wiester*, Zur Insolvenzfestigkeit von Zahlungszusagen im Eröffnungsverfahren, NZI 2003, 632; *Zipperer*, Treuepflichten im Insolvenzeröffnungsverfahren, NZI 2010, 281.

I. Struktur des Eröffnungsverfahrens und Verfahrensgrundsätze

2.2 Jedes Insolvenzverfahren setzt zwingend einen schriftlichen **Antrag** des Schuldners oder eines Gläubigers voraus, vgl. § 13 InsO (sog. Antragsprinzip). Dass das Insolvenzverfahren nur auf Antrag eröffnet wird, ist Ausfluss der das Eröffnungsverfahren beherrschenden Dispositionsmaxime, die den Gegensatz zum vor allem aus der Strafverfolgung und Teilen der Freiwilligen Gerichtsbarkeit bekannten Offizialprinzip bildet.[1] Neben dem Antragserfordernis kommt der Grundsatz der Parteiherrschaft insbesondere darin zum Ausdruck, dass der Antragsteller seinen Antrag bis zur gerichtlichen Entscheidung jederzeit zurücknehmen und so die Einstellung des Eröffnungsverfahrens erwirken kann. Als Prozesshandlung ist der Eröffnungsantrag bedingungs- und befristungsfeindlich.[2]

---

1 Grundlegend zur Dispositionsmaxime *Stürner* in FS Baur, 647 (650 ff.); *Vuia* in MünchKomm/InsO[4], § 13 Rz. 1f.; *Mönning* in Nerlich/Römermann, § 13 InsO Rz. 8f.
2 *Bork*, Einführung in das Insolvenzrecht[9], Rz. 94; *Vuia* in MünchKomm/InsO[4], § 13 Rz. 72; *Mönning* in Nerlich/Römermann, § 13 InsO Rz. 10.

Mit Zugang des Antrags bei Gericht beginnt das Insolvenzantragsverfahren (sog. „**Eröffnungsverfahren**"), dessen Ziel die Feststellung der formellen und materiellen Voraussetzungen für die Eröffnung des Insolvenzverfahrens sowie die Sicherung des schuldnerischen Vermögens ist.[1] Bevor das Insolvenzgericht in die Prüfung der materiellen Eröffnungsvoraussetzungen einsteigen kann, muss es zunächst in einem ersten Verfahrensabschnitt die Zulässigkeit des Insolvenzantrages einschließlich seiner eigenen örtlichen Zuständigkeit (§ 3 InsO) feststellen. Da die Prüfung der Zulässigkeit von Eigenanträgen des Schuldners in der Regel keine Probleme bereitet, weil das Gesetz diesbezüglich keine besonderen Anforderungen stellt, spielt das „Zulassungsverfahren" in diesem Bereich keine Rolle. Umso wichtiger ist es jedoch bei Fremdanträgen, die gem. § 14 InsO wesentlich höheren Anforderungen genügen müssen. Danach müssen Gläubiger insbesondere ihre Forderung und das Vorliegen eines Insolvenzgrundes glaubhaft machen. In diesem Stadium des Eröffnungsverfahrens gilt folglich der Beibringungsgrundsatz. Die nicht notwendig förmliche Zulassung des Antrages bildet in diesen Fällen die Voraussetzung für die Bestellung eines vorläufigen Insolvenzverwalters bzw. die Anordnung anderer Sicherungsmaßnahmen gem. §§ 21 ff. InsO, das Entstehen von Anhörungs- (§ 14 Abs. 2 InsO) und Auskunftspflichten (§ 20 Abs. 1 InsO) und auch für die bei Eigenanträgen logischerweise nicht erforderliche Zustellung des Antrages an den Schuldner.[2]

2.3

Ist der Antrag zulässig, beginnt das eigentliche Eröffnungsverfahren. In diesem Stadium prüft das Insolvenzgericht, ob nach Maßgabe der §§ 16 ff. InsO **Insolvenzgründe** gegeben sind und ggf. eine die Kosten des Insolvenzverfahrens (§ 54 InsO) deckende **Insolvenzmasse** vorhanden ist. Parallel ist zu klären, ob bis zur Sachentscheidung über den Insolvenzantrag eine nachteilige Veränderung der Vermögenslage des Schuldners droht und daher ein Bedürfnis für die Anordnung massesichernder Maßnahmen i.S.d. §§ 21 ff. InsO besteht.

2.4

Das Eröffnungsverfahren endet gem. §§ 26, 27 InsO mit der **Entscheidung des Insolvenzgerichts** über die Eröffnung des Insolvenzverfahrens. Ab diesem Zeitpunkt ist das Verfahren der Disposition des Antragstellers entzogen, eine Beendigung durch Rücknahme des Antrages also nicht mehr möglich.

2.5

II. Gläubigerantragsverfahren

1. Zweck des Gläubigerantragsverfahrens

Das Antragsrecht der Gläubiger (§ 13 Abs. 1 Satz 1 InsO) trägt dem Interesse des Rechtsverkehrs Rechnung, in einem geordneten Verfahren bestmögliche, **gleichmäßige Befriedigung** zu erhalten, sobald das Vermögen des Schuldners nicht mehr ausreicht, um sämtliche Verbindlichkeiten vollständig zu bedienen. Würde man Gläubiger in dieser Situation weiterhin ausschließlich auf die Einzelzwangsvollstreckung verweisen, drohte auf Grund des in diesem Bereich geltenden Prioritätsprin-

2.6

---

1 *Schmahl* in MünchKomm/InsO[4], § 13 Rz. 1; *Roth*, Interessenwiderstreit im Insolvenzeröffnungsverfahren, S. 38.
2 Vgl. *Schmahl* in MünchKomm/InsO[4], § 14 Rz. 98 f.

zips ein „Windhundrennen" um die letzten verbliebenen Vermögenswerte. Die Folge wäre neben oft zufälligen[1] Ergebnissen, dass betrieblich-organisatorische Sachgesamtheiten vorschnell zerschlagen und auseinandergerissen würden, obwohl diese in einem geordneten Verfahren unter Umständen deutlich besser „en bloc" verwertet werden oder gar zu einer erfolgreichen Sanierung des Unternehmens beitragen könnten.

2. Voraussetzungen

2.7 Der Insolvenzantrag eines Gläubigers setzt gem. § 14 InsO zunächst voraus, dass dieser ein **rechtliches Interesse** an der Eröffnung des Insolvenzverfahrens geltend machen kann. Daran fehlt es, wenn einfachere Rechtsschutzmöglichkeiten existieren oder wenn mit dem Eröffnungsantrag insolvenzfremde Zwecke verfolgt werden.[2] Letzteres ist insbesondere der Fall, wenn der Antrag einzig zu dem Zweck gestellt wird, Zahlungsdruck auf den Schuldner auszuüben. Unschädlich hingegen ist, dass dem Gläubiger nur eine verhältnismäßig geringe Forderung zusteht.[3] Auch ist er nicht verpflichtet, zunächst die Einzelzwangsvollstreckung zu betreiben.[4]

2.8 Darüber hinaus muss der Gläubiger gem. § 14 InsO seine **Forderung** und den **Eröffnungsgrund darlegen** und **glaubhaft machen** (§ 4 InsO i.V.m. § 294 ZPO). Ein Vollstreckungstitel ist hierfür ebenso wenig erforderlich wie eine Bescheinigung über einen fruchtlosen Pfändungsversuch.[5] Kann der Gläubiger dem Insolvenzgericht gleichwohl beides vorlegen, erleichtert und beschleunigt dies das Procedere erfahrungsgemäß jedoch erheblich. Ohne Titel und Fruchtlosigkeitsbescheinigung des Gerichtsvollziehers entsteht vor der förmlichen Zulassung des Antrages durch das Gericht nicht selten eine dem Erkenntnisverfahren des Zivilprozesses angenäherte, quasi-streitige Auseinandersetzung über das Bestehen von Forderung und ggf. auch Insolvenzgrund, wohingegen bei Vorlage von Titel und Fruchtlosigkeitsbescheinigung regelmäßig umgehend ein Sachverständiger oder vorläufiger Insolvenzverwalter eingesetzt und mit der amtswegigen Ermittlung der Eröffnungsvoraussetzungen begonnen wird.

---

1 Schließlich müssen sich Gläubiger ihre Forderung in der Zwangsvollstreckung in der Regel zunächst in einem gerichtlichen Erkenntnisverfahren, auf dessen Dauer sie wenig Einfluss nehmen können, titulieren lassen. Darüber hinaus kommen nicht beeinflussbare Verzögerungen bei der Bearbeitung ihres Vollstreckungsauftrags durch das Vollstreckungsorgan in Betracht.

2 *Vuia* in MünchKomm/InsO[4], § 13 Rz. 26; *Mönning* in Nerlich/Römermann, § 14 InsO Rz. 13; ausführlich: *Roth*, Interessenwiderstreit im Insolvenzeröffnungsverfahren, S. 50 ff.; *Bußhardt* in Braun[8], § 14 InsO Rz. 8.

3 BGH v. 20.3.1986 – III ZR 55/85, NJW-RR 1986, 1188 (1188); FG Sachs. v. 2.7.2013 – 6 K 813/13; *Vuia* in MünchKomm/InsO[4], § 13 Rz. 86.

4 BGH v. 5.2.2004 – IX ZB 29/03, ZIP 2004, 1466 = NZA-RR 2005, 91 (92); v. 11.4.2013 – IX ZB 256/11, ZIP 2013, 1086 = NZI 2013, 594 (595); v. 18.12.2014 – IX ZB 34/14, NJW 2015, 1388; FG Hamburg v. 2.7.2019 – 2 V 121/19, NZI 2019, 848; *Uhlenbruck* in Gottwald, Insolvenzrechts-Handbuch[5], § 4 Rz. 7.

5 *Bork*, Einführung in das Insolvenzrecht[9], Rz. 95; ausführlich zu dieser Thematik: *Roth*, Interessenwiderstreit im Insolvenzeröffnungsverfahren, S. 47.

3. Risiken der Antragstellung

Die Insolvenzantragstellung birgt für einen Gläubiger gewisse, allerdings überschaubare Risiken. Zum einen kann den Gläubiger nach allgemeinen Grundsätzen (§ 4 InsO i.V.m. § 91 ZPO) die **Kostentragungslast** in Bezug auf die Gerichtskosten und die Auslagen des Gerichts (zu denen auch die Vergütung eines gem. § 5 InsO hinzugezogenen Sachverständigen gehört) treffen, wenn der Antrag unzulässig oder unbegründet ist. Unzulässig sind insbesondere Druckanträge, mit denen Gläubiger in Wahrheit nicht die Eröffnung des Insolvenzverfahrens intendieren, sondern nur Druck auf den Schuldner ausüben, damit er die dem Antrag zugrunde liegende Forderung begleicht.[1] Wird die Forderung des Antragstellers auf einen solchen Druckantrag hin (teilweise) befriedigt und nimmt der Gläubiger seinen Antrag daraufhin zurück, riskiert er, dass er die erhaltene Zahlung später im Wege der insolvenzrechtlichen Vorsatzanfechtung (§ 133 InsO) an den Insolvenzverwalter herausgeben muss, wenn das Verfahren zu einem späteren Zeitpunkt auf einen anderen Insolvenzantrag hin doch eröffnet wird.

2.9

Bei leichtfertiger Insolvenzantragstellung in Fällen, in denen der Antragsgegner in Wahrheit weder zahlungsunfähig noch überschuldet ist, droht Gläubigern eine **weitergehende Schadensersatzhaftung**. Nach Ansicht des BGH verletzt ein fahrlässig gestellter, unbegründeter Eröffnungsantrag zwar nicht das Recht am eingerichteten und ausgeübten Gewerbebetrieb, so dass eine Schadensersatzpflicht nach § 823 Abs. 1 BGB in aller Regel ausscheidet.[2] In Betracht kommen ggf. aber Schadensersatzansprüche gegen den Antragsteller gem. § 824 Abs. 1 BGB oder § 823 Abs. 2 BGB i.V.m. § 186 StGB sowie gegebenenfalls § 826 BGB.[3] Stellt eine Finanzbehörde oder ein Sozialversicherungsträger vorsätzlich und pflichtwidrig Insolvenzantrag, so kann eine Haftung nach § 839 BGB jedenfalls dann in Betracht kommen, wenn hoheitliches Handeln vorgelegen hat.[4]

2.10

4. Antragsrücknahme und Erledigungserklärung

Der Gläubiger kann seinen Antrag bis zur Eröffnung des Insolvenzverfahrens oder der rechtskräftigen Abweisung jederzeit zurücknehmen, § 13 Abs. 2 InsO. Allerdings ist mit der **Rücknahme** des Antrags nach ganz überwiegender Auffassung wegen der in § 4 InsO enthaltenen Verweisung auf die Vorschriften der Zivilprozessordnung

2.11

---

1 *Vuia* in MünchKomm/InsO[4] § 14 Rz. 56.
2 BGH v. 3.10.1961 – VI ZR 242/60, BGHZ 36, 18 (21 f.); v. 15.2.1990 – III ZR 293/88, ZIP 1990, 805 = NJW 1990, 2675 (2675); VG Ansbach v. 22.10.2015 – AN 11 E 15.01794, NZI 2015, 994; *Smid*, Praxishandbuch Insolvenzrecht[5], § 3 Rz. 39; *Schillgalis*, Rechtsschutz des Schuldners bei fahrlässig unberechtigten Insolvenzanträgen, 2006, S. 113 ff.
3 *Vuia* in MünchKomm/InsO[4], § 14 Rz. 12 ff.; *Smid*, Praxishandbuch Insolvenzrecht[5], § 3 Rz. 39.
4 BGH v. 15.2.1990 – III ZR 293/88, ZIP 1990, 805 = NJW 1990, 2675 (2675); *Schillgalis*, Rechtsschutz des Schuldners bei fahrlässig unberechtigten Insolvenzanträgen, 2006, S. 206 ff.

die **Kostenfolge** des § 269 Abs. 3 Satz 2 ZPO verbunden, so dass der Antragsteller die Kosten des Verfahrens zu tragen hat.[1]

2.12 Anstelle der Antragsrücknahme kommt eine **Erledigungserklärung** in Betracht. Obwohl diese Möglichkeit in der Insolvenzordnung nicht ausdrücklich vorgesehen ist, ist die Erledigungserklärung im Insolvenzeröffnungsverfahren weitestgehend anerkannt.[2] Der Antrag erledigt sich in der Praxis häufig dadurch, dass der antragstellende Gläubiger befriedigt wird, so dass sein Antrag unzulässig wird. Die Erledigungserklärung führt anders als die Rücknahme des Insolvenzantrages in aller Regel zur Kostentragungspflicht auf Seiten des Schuldners. Nach h.M. ergibt sich die Kostenfolge aus § 91a ZPO.[3] Dem Schuldner sind die Kosten aufzuerlegen, wenn die Erledigungserklärung eines Gläubigers erfolgt, nachdem er hinsichtlich seiner dem Antrag zugrunde liegenden Forderung befriedigt wurde, sofern der Antrag zunächst zulässig und voraussichtlich auch begründet war. Die Erledigung des Antrages hat das Insolvenzgericht durch Beschluss festzustellen; etwaige Sicherungsanordnungen sind aufzuheben. Vor der Aufhebung von Sicherungsanordnungen hat das Insolvenzgericht einem vorläufigen Insolvenzverwalter allerdings gem. § 25 Abs. 2 InsO Gelegenheit zu geben, die Kosten des Verfahrens und die von ihm begründeten Verbindlichkeiten zu befriedigen. § 25 Abs. 2 InsO gilt nicht nur für den vorläufigen starken Insolvenzverwalter, sondern für den vorläufigen schwachen Insolvenzverwalter entsprechend.[4]

Hinweis:

Erledigung des Insolvenzantrages tritt allerdings nicht ein, wenn über das Vermögen des Schuldners Verfügungsbeschränkungen nach § 21 Abs. 2 Ziff. 1, 2 InsO (vorläufige Insolvenz-

---

1 *Vuia* in MünchKomm/InsO[4], § 13 Rz. 125; *Schmerbach* in FrankfurterKomm/InsO[9], § 13 Rz. 69; *Roth*, Interessenwiderstreit im Insolvenzeröffnungsverfahren, S. 168.
2 OLG Celle v. 2.11.2000 – 2 W 110/00, NZI 2001, 150 (150); LG Bonn v. 8.1.2001 – 2 T 58/00, ZIP 2001, 342 = NZI 2001, 488 (488); OLG Köln v. 28.3.2001 – 2 W 39/01, ZIP 2001, 1018 = NZI 2001, 318 (319); LG Düsseldorf v. 4.7.2019 – 25 T 374/19, BeckRS 2019, 19365; AG Köln v. 20.2.2018 – 73 IN 237/17, juris; *Uhlenbruck*, KTS 1986, 541 (545); *Mönning* in Nerlich/Römermann, § 13 InsO Rz. 112; a.A. AG Kleve v. 25.2.2000 – 34 IN 93/99, DZWiR 2000, 215 (215).
3 *Schmerbach* in FrankfurterKomm/InsO[9], § 13 Rz. 261; *Vuia* in MünchKomm/InsO[4], § 13 Rz. 127 ff.; wie bei *Roth*, Interessenwiderstreit im Insolvenzeröffnungsverfahren, S. 175 ff., ausführlich dargelegt, ist das Eröffnungsverfahren aus verfassungsrechtlichen Gründen als Verfahren der freiwilligen Gerichtsbarkeit zu verstehen. Dann ergibt sich die Kostenfolge aus § 81 Abs. 1 FamFG (§ 13a FGG a.F.). Der Unterschied einer Anwendung von § 91a ZPO und § 81 FamFG zeigt sich vor allem darin, dass nach § 91a ZPO nur der bisherige Sach- und Streitstand in die Ermessensentscheidung des Gerichts Eingang findet, während bei § 81 FamFG auch andere Aspekte wie etwa die individuelle Leistungsfähigkeit der Beteiligten Einfluss auf die Kostenentscheidung haben. Die beiden Auffassungen gelangen aber im Wesentlichen zu gleichen Ergebnissen.
4 Mit Einschränkungen: *Laroche* in HeidelbergerKomm/InsO[1010], § 25 Rz. 9; *Haarmeyer* in MünchKomm/InsO[4], § 25 Rz. 7; *Schmerbach* in FrankfurterKomm/InsO[9], § 25 Rz. 18; offen gelassen bei BGH v. 22.2.2007 – IX ZR 2/06, ZIP 2007, 827 = NZI 2007, 338 (339); für entsprechende Anwendung LG Frankenthal v. 17.5.2013 – 1 T 91/13, NZI 2013, 1030; a.A. *Schröder*, HamburgerKomm/InsO[7], § 25 Rz. 10.

verwaltung) angeordnet worden waren und der Schuldner aus diesem Vermögen der Verfügungsbeschränkung zuwider an den Gläubiger gezahlt hat. In einem solchen Fall ist nämlich keine Erfüllung der Forderung des Gläubigers eingetreten.[1] Ist dem Insolvenzgericht bei seiner Entscheidung bekannt, dass der Schuldner der Verfügungsbeschränkung zuwider an den Gläubiger gezahlt hat, ist eine Erledigungserklärung des Gläubigers in der Regel als Rücknahme des Insolvenzantrages auszulegen mit der Folge, dass dem Gläubiger die Kosten aufzuerlegen sind.

III. Eigenantragsverfahren

Gemäß § 13 Abs. 1 Satz 2 Alt. 2 InsO ist auch **der Schuldner** berechtigt, Antrag auf Eröffnung des Insolvenzverfahrens über sein Vermögen zu stellen. Da § 14 InsO nur für Fremdanträge gilt, ist die Glaubhaftmachung eines Insolvenzgrundes bei der Eigenantragstellung des Schuldners grundsätzlich nicht erforderlich. Etwas anderes kann aber gelten, wenn es sich bei dem Schuldner um eine juristische Person oder Gesellschaft ohne Rechtspersönlichkeit handelt, deren Geschäftsführungsorgan pluralistisch besetzt ist. Hier kann der Antrag gem. § 15 Abs. 1 InsO von jedem Mitglied des Vertretungsorgans, jedem persönlich haftenden Gesellschafter und jedem Abwickler gestellt werden.[2] Soweit der Antrag in diesen Fällen nicht von sämtlichen Mitgliedern des Gremiums gestellt wird, können Gerichte vom Antragsteller vor der Zulassung des Antrages durchaus verlangen, dass dieser das Vorliegen des Insolvenzgrundes glaubhaft macht.

2.13

Eine Antrags*pflicht* gibt es nur auf Schuldnerseite und lediglich für die Organe juristischer Personen und Gesellschaften, bei der kein persönlich haftender Gesellschafter eine natürliche Person ist (§ 15a Abs. 1, 2 InsO). Die früheren Regelungen in den Einzelgesetzen sind somit obsolet (vgl. §§ 42 Abs. 2 BGB, 130a Abs. 1 HGB, 99 GenG, 92 Abs. 2, 268 Abs. 2, 278 Abs. 3, 283 Ziff. 14 AktG, 64 Abs. 1, 71 Abs. 4 GmbHG).[3] Danach müssen die Mitglieder des betreffenden Vertretungsorgans ohne schuldhaftes Zögern, spätestens aber drei Wochen nach Eintritt der Zahlungsunfähigkeit oder Überschuldung, einen Insolvenzantrag stellen.

2.14

Nicht antragspflichtig sind natürliche Personen, Gesellschaften des bürgerlichen Rechts, und offene Handelsgesellschaften, sofern bei diesen Gesellschaften mindestens ein Gesellschafter eine natürliche Person ist.

2.15

Verletzen die Organe juristischer Personen ihre Antragspflicht, so haften sie für den dadurch entstandenen Schaden mit ihrem Privatvermögen (§ 823 Abs. 2 BGB i.V.m. § 15a InsO).[4] Darüber hinaus droht eine strafrechtliche Verantwortlichkeit nach § 15a Abs. 4 und 5 InsO.

2.16

---

1 *Hess* in Kölner Kommentar zur InsO, § 4 Rz. 123.
2 *Vuia* in MünchKomm/InsO[4], § 13 Rz. 20.
3 *Bork*, Einführung in das Insolvenzrecht[9], Rz. 98; *Mönning* in Nerlich/Römermann, § 13 InsO Rz. 58 ff.
4 BGH v. 30.3.1998 – II ZR 146/96, BGHZ 138, 211 (214) = ZIP 1998, 776; v. 6.6.1994 – II ZR 292/91, BGHZ 126, 181 (192 ff.) = ZIP 1993, 1543; v. 26.4.2018 – IX ZR 238/17, NZI 2018, 519; OLG München v. 25.7.2019 – 23 U 2916/17, juris; *Bork*, Einführung in das Insolvenzrecht[9], Rz. 98; *Mönning* in Nerlich/Römermann, § 13 InsO Rz. 87.

IV. Insolvenzantrag der Finanzverwaltung

Literatur *Bruns/Schaake*, Insolvenzanträge aus Sicht des Finanzamts – Rechtsschutz, Ermessen und Implikationen durch das ESUG, ZInsO 2011, 1581; *Flöther*, Das Insolvenzantragsrecht und die Insolvenzantragspflicht der Kommune bei der Eigengesellschaft, LKV 2014, 112; *Fu*, Rechtsschutz gegen Insolvenzanträge des Finanzamtes, DStR 2010, 1411; *Klene*, Sackgasse § 184 II InsO – Der nicht verfolgbare Widerspruch des Schuldners, NZI 2019, 145 *Jacobi*, Die Glaubhaftmachung des Insolvenzgrundes: Eine Tendenz in der Praxis der Finanzverwaltung, ZInsO 2011, 1094 ff.; *Marotzke*, Sinn und Unsinn einer insolvenzrechtlichen Privilegierung des Fiskus, ZInsO 2010, 2163; *Obermair*, Stundung, Vollstreckungsaufschub, Insolvenzantrag, BB 2006, 582; *Rein*, Schadensersatz bei unberechtigtem Insolvenzantrag, NJW-Spezial 2013, 213; *Schmahl*, Zur Darstellung und Glaubhaftmachung der Forderung eines öffentlich-rechtlichen Gläubigers im Insolvenzeröffnungsantrag – Ein Vorschlag zur Vereinfachung: Die substantiierte Vollstreckbarkeitsbestätigung, NZI 2007, 20; *Schmidberger*, Stellung der öffentlichen Gläubiger im Insolvenzverfahren, NZI 2012, 953; *Schmittmann*, Einstweiliger Rechtsschutz gegen Insolvenzanträge der Finanzverwaltung unter besonderer Berücksichtigung des Rechtswegs, in FS Haarmeyer, 2013, 289 ff.; *Schmittmann* in Waza/Uhländer/Schmittmann, Insolvenzen und Steuern, Rz. 192 ff.; *Schöler*, Existenzgefährdung durch den Fiskus – Rechtsschutz gegen Insolvenzanträge des Finanzamtes, Stbg 2012, 385; *Viertelhausen*, Das Finanzamt als Gläubiger im Insolvenzverfahren, InVo 2002, 45; *Wegener* in Uhlenbruck InsO § 14 Rz. 185 ff.; .

1. Darlegungserfordernisse: Darlegungserleichterungen?

2.17 Soweit ihr die Stellung eines Gläubigers zukommt, ist auch die **Finanzverwaltung** nach allgemeinen Grundsätzen zur Stellung eines Insolvenzantrages berechtigt. Für solche Anträge gelten jedoch gewisse Besonderheiten. Der Insolvenzantrag kann gemäß Abschn. 58 Abs. 3 VollstrA grundsätzlich von der Vollstreckungsbehörde gestellt werden, die die Vollstreckung betreibt. Damit liegt die Zuständigkeit bei Steuerforderungen bei den Finanzämtern. Einer Zustimmung der Oberfinanzdirektion bedarf es nicht.

2.18 Die Finanzverwaltung hat ein großes Interesse daran, bei nicht mehr leistungsfähigen Steuerpflichtigen das Auflaufen weiterer Steuerschulden dadurch zu verhindern, dass die unternehmerische Tätigkeit des Steuerpflichtigen eingestellt wird.[1] Dafür ist die Insolvenzantragstellung ein probates und zugleich legitimes Mittel.

2.19 Fraglich ist, ob an die Zulässigkeit von Insolvenzanträgen seitens der Finanzverwaltung in puncto Glaubhaftmachung von Forderung und Insolvenzgrund **geringere Anforderungen** gestellt werden können, als an solche privat-rechtlicher Gläubiger. Nach einem Urteil des BayObLG[2] soll zur Glaubhaftmachung genügen, dass die Finanzverwaltung eine schriftliche Erklärung vorlegt, wonach Maßnahmen zur Betreibung der Steuerschuld erfolglos geblieben sind.

2.20 In diesem Zusammenhang ist zunächst zu beachten, dass die Finanzverwaltungen nach den Grundsätzen der Verwaltungsvollstreckung zugleich Vollstreckungsbehörde sind. Als solche sind sie in der Lage, sich ihre Forderungen relativ problemlos,

---

[1] So auch *Schmittmann* in Waza/Uhländer/Schmittmann, Insolvenzen und Steuern¹², Rz. 192.
[2] BayObLG v. 3.4.2000 – 4Z BR 6/00, NZI 2000, 320 (320).

schnell und kostengünstig selbst zu titulieren und hieraus die Vollstreckung zu betreiben. Auf diese Weise kommen öffentlich-rechtliche Gläubiger wesentlich schneller in den Besitz von Titel und Fruchtlosigkeitsbescheinigung als private Gläubiger. Bei Finanzbehörden kommt hinzu, dass Rechtsbehelfe gegen Steuerbescheide grundsätzlich keine aufschiebende Wirkung haben. Dadurch kann es vorkommen, dass Insolvenzanträgen dieser Gläubiger **streitige Forderungen zugrunde** liegen, die bislang noch von keinem Gericht auf ihre materielle Rechtmäßigkeit hin überprüft wurden. Dies wirft die Frage auf, ob **allein die Vorlage eines Titels nebst Fruchtlosigkeitsbescheinigung** der gläubigereigenen Vollstreckungsabteilung automatisch zur Zulassung des betreffenden Insolvenzantrages führen kann. Hierdurch würden die Finanzverwaltungen gegenüber privaten Gläubigern faktisch erheblich privilegiert.

Für die Hinnahme einer solchen Besserstellung öffentlich-rechtlicher Gläubiger im Bereich der Glaubhaftmachung des Insolvenzgrundes wurde in der Vergangenheit[1] vorgebracht, dass Finanzämter angewiesen sind, vor Antragstellung die Zustimmung der zuständigen Oberfinanzdirektion einzuholen, was zu einer höheren Gewähr für die Rechtmäßigkeit des Eröffnungsantrages und zum Ausschluss von Ermessensfehlern führen sollte.[2] Allerdings handelte es sich dabei lediglich um einen verwaltungsinternen Vorgang und keine Rechtsnorm, so dass selbst die Zustimmung der Oberfinanzdirektion nach h.M. keine Auswirkungen auf die Prüfungsmaßstäbe hatte.[3] Trotz der besonderen Bindung der öffentlich-rechtlichen Gläubiger an das Gesetz folgt daraus nicht automatisch, dass diese ihr Antragsrecht immer verantwortungsbewusst ausüben und somit zu privilegieren sind.[4]

2.21

Aus § 251 Abs. 2 Satz 1 AO, wonach die Vorschriften der Insolvenzordnung unberührt bleiben, ergibt sich, dass der **Fiskus** als Insolvenzgläubiger **keine** grundsätzliche **Sonderstellung** gegenüber den anderen Insolvenzgläubigern einnimmt, sondern gewöhnlicher Insolvenzgläubiger nach § 38 InsO ist.[5] Anders als früher nach der Konkursordnung (vgl. § 61 Abs. 1 Ziff. 1 KO) ist der Fiskus folglich nicht mehr mit bestimmten Forderungen bevorrechtigt. Somit sind auch an die Glaubhaftmachung keine geringeren Maßstäbe anzulegen als sonst.[6]

2.22

Auch aus der Verpflichtung der Finanzverwaltung zur Wahrung des **Steuergeheimnisses** gem. § 30 AO kann nicht die Schlussfolgerung gezogen werden, dass die Anforderungen an die Glaubhaftmachung bei Anträgen von Steuergläubigern zu reduzieren sind.[7] Denn soweit die Offenbarung der Durchführung eines gerichtlichen

2.23

---

1 Genauer gesagt bis zur Aufhebung einer diesbezüglichen Verwaltungsvorschrift im Jahre 2001.
2 *Mönning* in Nerlich/Römermann, § 14 InsO Rz. 64.
3 *Vuia* in MünchKomm/InsO⁴, § 14 Rz. 108; *Mönning* in Nerlich/Römermann, § 14 InsO Rz. 64; *Hess* in Kölner Kommentar zur InsO, § 14 Rz. 128.
4 BGH v. 8.12.2005 – IX ZB 38/05, ZIP 2006, 141 = NZI 2006, 172 (172); *Vuia* in MünchKomm/InsO⁴, § 14 Rz. 108.
5 *Bartone*, GmbHR 2005, 865 (866).
6 *Vuia* in MünchKomm/InsO⁴, § 14 Rz. 102.
7 *Mönning* in Nerlich/Römermann, § 14 InsO Rz. 64; *Vuia* in MünchKomm/InsO⁴, § 14 Rz. 109; *Onusseit*, EWiR 2001, 69 (70); *Farr*, Die Besteuerung in der Insolvenz, Rz. 105.

Verfahrens in Steuersachen dient, ist sie nach § 30 Abs. 4 Ziff. 1, Abs. 2 Ziff. 1 AO zulässig. Zu den gerichtlichen Verfahren in diesem Sinne zählt auch das Verfahren vor dem Insolvenzgericht.[1] Je substantiierter der Steuerschuldner dem Vorbringen des antragstellenden Steuergläubigers entgegentritt, desto mehr muss und darf die Steuerbehörde ihre Kenntnis gegenüber dem Gericht offenbaren. Darüber hinaus hat der Schuldner bereits aufgrund seiner umfassenden Auskunftspflicht gegenüber dem Insolvenzgericht nach §§ 20 Abs. 1, 97 InsO kein schutzwürdiges Interesse an der Geheimhaltung durch den Steuergläubiger.

2.24 Im Ergebnis kann dem BayObLG[2] daher nicht gefolgt werden. Sind dem Eröffnungsantrag **erfolglose Einzelvollstreckungsmaßnahmen vorausgegangen**, ist ihr Ergebnis **im Einzelnen darzustellen** und durch nachvollziehbare Protokolle oder Berichte der Vollziehungsorgane zu belegen, **pauschale Erklärungen genügen diesen Anforderungen nicht**.[3]

2.25 Insbesondere ein **lediglich als Druckmittel** zur Abgabe einer Steuererklärung oder Steueranmeldung gestellter Eröffnungsantrag ist ermessensfehlerhaft.[4] Rechtsmissbräuchlich und somit unzulässig ist ein Insolvenzantrag des Finanzamtes nach Ansicht des BGH auch dann, wenn es dem Antragsteller um die Erreichung anderer Ziele als derjenigen der gemeinschaftlichen Befriedigung aller Gläubiger geht.[5]

2.26 Das LG Duisburg bestimmt die Anforderungen an eine Glaubhaftmachung des rechtlichen Interesses an der Eröffnung des Insolvenzverfahrens in seiner Entscheidung vom 25.3.2009[6] wie folgt:

„Eine amtliche Erklärung, es bestehe eine Forderung und die Stellung eines Insolvenzantrags reichen nicht zur Glaubhaftmachung einer Forderung aus. Hat die antragstellende Finanzbehörde jedoch einen amtlichen Erhebungsausdruck zur Akte gereicht, aus welchem hervorgeht, für welchen Zeitraum und in welcher Höhe rückständige Steuern geschuldet werden und wurden Säumniszuschläge gesondert kenntlich gemacht, ist dies zur Glaubhaftmachung ausreichend, wenn der Schuldner den dem Insolvenzantrag zugrunde liegenden Forderungen nicht substantiiert entgegentritt."

Problematisch sind **Insolvenzeröffnungsanträge der Finanzverwaltung**, denen lediglich eine **Aufstellung der angeblich offenen Steuerforderungen beigefügt** ist, nicht aber Ablichtungen der zugrunde liegenden Bescheide selbst. Diese Aufstellungen ermöglichen es dem Insolvenzrichter nämlich nicht, sich ein eigenes Bild von der inhaltlichen Richtigkeit der dem Insolvenzeröffnungsantrag zugrunde liegenden For-

---

1 *Vuia* in MünchKomm/InsO⁴, § 14 Rz. 109 f.
2 BayObLG v. 3.4.2000 – 4Z BR 6/00, NZI 2000, 320 (320).
3 *Vuia* in MünchKomm/InsO⁴, § 14 Rz. 104.
4 BFH v. 1.3.1990 – VII B 155/89, ZIP 1991, 457 (457); v. 1.2.2005 – VII B 180/04, BFH/NV 2005, 1002; FG Sa.-Anh. v. 24.9.2015 – 3 V 916/15, juris; *Schmittmann* in Waza/Uhländer/Schmittmann, Insolvenzen und Steuern¹², Rz. 202.
5 BGH v. 29.6.2006 – IX ZB 245/05, ZIP 2006, 1452 = ZInsO 2006, 824 (825); v. 19.5.2011 – IX ZB 214/10, ZIP 2011, 1161 = NZI 2011, 540 (541); AG Köln v. 30.1.2019 – 74 IN 238/18, NZI 2019, 617.
6 LG Duisburg v. 25.3.2009 – 7 T 256/08, juris.

derungen zu machen. Zwar hat der Insolvenzrichter auch zivilrechtliche Forderungen, die tituliert sind, nicht inhaltlich zu überprüfen. In Bezug auf titulierte Steuerforderungen sind insoweit aber andere Maßstäbe anzulegen, weil die Titel durch den Gläubiger selbst hergestellt worden sind. Dem **Insolvenzrichter** muss also mindestens eine **Plausibilitätskontrolle** ermöglicht werden. Dies ist anhand der in der Praxis oft den Insolvenzeröffnungsanträgen der Finanzverwaltung beigefügten Aufstellungen nicht möglich. Diesen Aufstellungen ist schon nicht zu entnehmen, ob es sich um Schätzungen (§ 162 AO) handelt oder nicht. Noch weniger ist ihnen zu entnehmen, ob und gegebenenfalls inwieweit Steuerforderungen streitig sind. Jedenfalls aber **muss der Insolvenzrichter positiv feststellen**, dass die dem Eröffnungsantrag zugrunde liegenden **Steuerbescheide nicht nichtig sind**. Dabei kommen viele unterschiedliche Nichtigkeitsgründe in Betracht; insbesondere bei Steuerpflichtigen, die ihre steuerlichen Angelegenheiten nicht mit letzter Akribie wahrnehmen, findet man in der Praxis häufig nichtige Steuerbescheide vor. Um nur einige Beispiele zu nennen:

Schriftliche Steuerbescheide müssen nach § 119 Abs. 1 AO inhaltlich **hinreichend bestimmt** sein. Danach muss der Regelungsinhalt dem Verwaltungsakt eindeutig entnommen werden können. Bleibt trotz Auslegung letztlich unklar, welche Sachverhalte von der Steuerfestsetzung erfasst werden sollten, ist der Bescheid wegen inhaltlicher Unbestimmtheit insgesamt nichtig.[1]

Besondere Prüfung ist bei Schätzungsbescheiden erforderlich: Nach § 125 Abs. 1 AO ist ein Verwaltungsakt – und damit auch ein Steuerbescheid – nichtig, soweit er an einem besonders schwerwiegenden Fehler leidet und dies außerdem bei verständiger Würdigung aller in Betracht kommenden Umstände offenkundig ist. Die Nichtigkeit eines Verwaltungsakts wird von der Rechtsprechung als Ausnahme von dem Grundsatz angesehen, dass ein Akt der staatlichen Gewalt die Vermutung seiner Gültigkeit in sich trägt.[2] In der Regel ist ein rechtswidriger Verwaltungsakt lediglich anfechtbar. Einen im vorstehenden Sinne besonders schwerwiegenden Fehler nimmt die Rechtsprechung an, wenn er die an eine ordnungsgemäße Verwaltung zu stellenden Anforderungen in einem so hohen Maße verletzt, dass von niemandem erwartet werden kann, den ergangenen Verwaltungsakt als verbindlich anzuerkennen.[3] Welche Fehler im Einzelnen als so schwerwiegend anzusehen sind, dass sie die Nichtigkeit des Verwaltungsaktes zur Folge haben, lässt sich nur von Fall zu Fall entscheiden und muss anhand der jeweiligen für das Verhalten der Behörde maßgebenden Rechtsvorschrift beurteilt werden.[4] In **§ 121 Abs. 1 AO ist bestimmt, dass ein schriftlicher Verwaltungsakt mit einer** Begründung

---
1 BFH v. 2.7.2004 – II R 74/01, BFH/NV 2004, 1411; vgl. auch FG Saarl. v. 30.8.2018 – 2 K 1282/15, MMR 2019, 203; BFH v. 23.8.2017 – I R 52/15, BFH/NV 2018, 401.
2 BFH v. 30.11.1987 – VIII B 3/87, BStBl. II 1988, 183; FG München v. 18.10.2018 – 7 K 2351/18, juris.
3 Vgl. BFH v. 26.7.2007 – VI B 41/07, BFH/NV 2007; 1813; v. 15.5.2002 – X R 33/99, BFH/NV 2002, 1415; v. 20.12.2000 – I R 50/00, BStBl. II 2001, 381; FG Nürnberg v. 4.10.2018 – 2 K 1723/16, LSK 2018, 30213.
4 BFH v. 17.11.2005 – III R 8/03, BStBl. II 2006, 287; v. 23.2.1995 – VII R 51/94, BFH/NV 1995, 862; v. 22.11.1988 – VII R 173/85, BStBl. II 1989, 220; v. 9.12.1998 – II R 6/97, BFH/NV 1999, 1091; v. 30.1.1980 – II R 90/75, BStBl. II 1980, 316; v. 11.4.2018 – X R 39/16, NZI 2018, 817; v. 31.5.2017 – I B 102/16, juris.

zu versehen ist, soweit dies zu seinem Verständnis erforderlich ist. Die Begründungspflicht dient der Verwirklichung des gem. Art. 19 Abs. 4 GG gewährleisteten Rechtsschutzes gegen öffentliche Hoheitsakte. Der Betroffene kann Rechtsschutz nur dann effektiv in Anspruch nehmen, wenn er weiß, wie die Behörde ihren Verwaltungsakt rechtfertigt und auf welche Rechtsgrundlagen sie ihn stützt. Die Finanzbehörde darf sich zwar u.U. in ihrer zum Verständnis des Verwaltungsakts erforderlichen Begründung darauf beschränken, die ihre Entscheidung maßgebend tragenden Erwägungen bekannt zu geben.[1] Diese Erleichterungen hinsichtlich der Begründungspflicht bedeuten aber nicht, dass die Behörde sich z.B. damit begnügen darf, lediglich festzustellen, dass die objektiven und subjektiven Voraussetzungen einer Steuerhinterziehung erfüllt seien oder der Steuerpflichtige seinen steuerlichen Mitwirkungs-, Anmeldungs- oder Erklärungspflichten nicht genügt habe und die Finanzverwaltung daher die Steuerforderung schätze. Vielmehr muss der Bescheid auch unter Berücksichtigung des durch § 121 Abs. 1 AO vorgegebenen Rahmens erkennen lassen, wie die Behörde ihren Verwaltungsakt rechtfertigt, insbesondere auf welchen Sachverhalt und welche Begründung sie ihn stützt.[2] **Das erfordert etwa bei Schätzungen, dass die Schätzungsgrundlagen in der Begründung angegeben werden – was in praxi häufig nicht der Fall ist.** Ferner sind etwa Schätzungsbescheide nichtig, wenn sich das Finanzamt nicht an den wahrscheinlichen Besteuerungsgrundlagen orientiert, sondern **bewusst zum Nachteil des Steuerpflichtigen schätzt**.[3] **Willkürlich und damit** nichtig ist nach der Rechtsprechung ein Schätzungsbescheid aber auch, wenn das Schätzungsergebnis trotz der vorhandenen Möglichkeiten, den Sachverhalt aufzuklären, **krass von den tatsächlichen Gegebenheiten abweicht**, wenn also ein objektiv willkürlicher Hoheitsakt vorliegt.[4] Diesen Fallkonstellationen ist die Sachverhaltsvariante gleich zu stellen, dass der **Schätzungsbescheid nicht erkennen lässt, dass überhaupt und gegebenenfalls welche Schätzungserwägungen angestellt wurden**.[5] Eine solche Schätzung steht nicht mehr mit der Rechtsordnung und den diese Ordnung tragenden Prinzipien in Einklang, denn die Behörde ist grundsätzlich gehalten, diejenigen Erkenntnismittel, die sie verwertet und ausgeschöpft hat, dem betroffenen Steuerbürger auch bekannt zu geben.

Auch einer Einkommensteuerfestsetzung zugrunde liegende Grundlagenbescheide können durch das Insolvenzgericht bei der Beurteilung der Zulässigkeit des

---

1 BFH v. 11.2.2004 – II R 5/02, BFH/NV 2004, 1062; v. 26.11.1991 – VII K 5/91, BFH/NV 1992, 355.
2 Instruktiv: FG Hamburg v. 28.2.2008 – 4 K 307/07, DStRE 2009, 954, aufgehoben und Klage abgewiesen durch BFH v. 17.3.2009 – VII R 40/08, BFH/NV 2009, 1287.
3 FG Hamburg v. 28.2.2008 – 4 K 307/07, DStRE 2009, 954, aufgehoben und Klage abgewiesen durch BFH v. 17.3.2009 – VII R 40/08, BFH/NV 2009, 1287; BFH v. 20.12.2000 – I R 50/00, BStBl. II 2001, 381; BFH v. 15.7.2014 – X R 42/12, BFH/NV 2015, 145; FG München v. 18.10.2018 – 7 K 2351/18, juris; BFH v. 6.8.2018 – X B 22/18, BFH/NV 2018, 1237.
4 BFH v. 15.5.2002 – X R 33/99, BFH/NV 2002, 1415; FG Nürnberg v. 4.10.2018 – 2 K 1723/16, juris.
5 FG Hamburg v. 28.2.2008 – 4 K 307/07, DStRE 2009, 954, aufgehoben und Klage abgewiesen durch BFH v. 17.3.2009 – VII R 40/08, BFH/NV 2009, 1287; ähnlich FG Münster v. 25.4.2006 – 11 K 1172/05 E, EFG 2006, 1130; FG Nds. v. 13.12.2005 – 13 K 327/05, NZB VIII B 199/06; FG Köln v. 22.5.2014 – 11 K 3056/11, juris.

Insolvenzantrages der Finanzverwaltung zu berücksichtigen sein: Nach § 175 Abs. 1 Satz 1 Nr. 1 AO ist ein Steuerbescheid zu ändern, soweit ein für ihn bindender Grundlagenbescheid (§ 171 Abs. 10 AO) erlassen, aufgehoben oder geändert wird. Aufgrund der Bindungswirkung des Grundlagenbescheids für den Folgebescheid ist das für den Erlass des Folgebescheids zuständige Finanzamt verpflichtet, die Folgerungen aus dem Grundlagenbescheid zu ziehen. Ein solches Verhältnis zwischen Grundlagen- und Folgebescheid besteht insbesondere in den Fällen, in denen die Besteuerungsgrundlagen – abweichend von § 157 Abs. 2 AO – durch Feststellungsbescheid gesondert festgestellt werden (§§ 179 ff. AO). Insoweit ist das Finanzamt, das die Steuern festsetzt, an den Bescheid über die Feststellung der Besteuerungsgrundlagen gebunden; es hat demgemäß die Folgerungen aus dem Feststellungsbescheid zu ziehen und einen bereits vorhandenen Steuerbescheid dem Erlass, der Aufhebung oder der Änderung des Feststellungsbescheids anzupassen. § 175 Abs. 1 Satz 1 Nr. 1 AO begründet eine „absolute Anpassungsverpflichtung".[1]

Kein taugliches Argument gegen eine amtswegige Prüfungspflicht des Insolvenzgerichts dahingehend, ob die dem Insolvenzeröffnungsantrag der Finanzverwaltung zugrunde liegenden Steuerforderungen bei summarischer Prüfung standhalten oder nicht, ist, dass das Insolvenzgericht fachfremd ist. Ein Insolvenzrichter wird vermutlich einen Insolvenzeröffnungsantrag, den ein Gläubiger auf eine zivilrechtliche Wettforderung stützt, ohne weiteres als unzulässig zurückweisen, weil er schnell erkennt, dass durch die Wette eine Verbindlichkeit nicht begründet worden ist (§ 762 BGB). Für die Frage, ob ein Insolvenzverfahren eröffnet wird oder nicht, kann es aber nicht darauf ankommen, ob der Insolvenzrichter die dem Insolvenzeröffnungsantrag des Gläubigers zugrunde liegende Forderung rechtlich beurteilen kann oder nicht. Freilich ist das Insolvenzgericht kein Prozessgericht und nicht dazu berufen, materiell darüber zu entscheiden, ob zwischen Gläubiger und Schuldner ein Anspruchsverhältnis besteht oder nicht. Die fehlende Durchsetzbarkeit einer Wettforderung und die fehlende Durchsetzbarkeit einer Steuerforderung unterscheiden sich indessen inhaltlich nicht erheblich. Genauso, wie der Insolvenzrichter einen auf eine Wettforderung gestützten Antrag eines Gläubigers zurückweisen muss, muss er dies auch bei einem auf einen nichtigen Steuerbescheid gestützten Antrag tun.

2. Rechtsschutz gegen Insolvenzanträge der Finanzverwaltung

Ein Antrag des Finanzamts auf Eröffnung des Verfahrens stellt eine Maßnahme des behördlichen Vollstreckungsverfahrens dar. Dabei handelt es sich nicht um einen hoheitlichen Akt, der vom Finanzamt in seiner Funktion als Träger öffentlicher Gewalt zu stellen ist, sondern um **„schlichtes Verwaltungshandeln"**.[2] Folglich kann gegen die Maßnahme nach allgemeinen Grundsätzen der Finanzrechtsweg eröffnet

---

[1] FG Schl.-Holst. v. 18.5.2010 – 2 K 146/06, EFG 2010, 1950; BFH v. 20.8.2014 – X R 15/10, NVwZ 2015, 163.
[2] FG Hess. v. 25.4.2013 – 1 V 495/13; BFH v. 31.8.2011 – VII B 59/11, BFH/NV 2011, 2105; FG Sa.-Anh. v. 24.9.2015 – 3 V 916/15, juris; *Trossen*, DStZ 2001, 877 (878); *Uhländer*, ZInsO 2005, 1192 (1193); *Schmittmann*, InsBüro 2006, 341 (341); *Schmittmann* in Waza/Uhländer/Schmittmann, Insolvenzen und Steuern[12], Rz. 194.

sein. Denkbar ist beispielsweise, dass der Schuldner den Amtsträger auf Rücknahme des Insolvenzantrages in Anspruch nimmt.[1] Dies geschieht ggf. durch allgemeine Leistungsklage gem. § 40 Abs. 1 Alt. 3 FGO[2] bzw. durch einstweiligen Rechtsschutz im Wege der vorläufigen Anordnung i.S.v. § 114 Abs. 1 FGO.[3]

Gemäß § 114 Abs. 1 Satz 2 FGO kann das FG auf Antrag eine einstweilige Anordnung zur Regelung eines vorläufigen Zustandes in Bezug auf ein streitiges Rechtsverhältnis treffen, wenn die Regelung zur Abwendung wesentlicher Nachteile, zur Verhinderung drohender Gewalt oder aus anderen Gründen nötig erscheint (Regelungsanordnung). Voraussetzung für einen erfolgreichen Antrag ist, dass der Antragsteller einen Grund für die zu treffende Regelung (Anordnungsgrund) und den Anspruch, aus dem er sein Begehren herleitet (Anordnungsanspruch), schlüssig darlegt und deren tatsächliche Voraussetzungen glaubhaft gemacht hat. Fehlt es an einer der beiden Voraussetzungen, kann die einstweilige Anordnung nicht ergehen (§ 114 Abs. 3 FGO, § 920 Abs. 2 ZPO). Der Anordnungsanspruch auf Rücknahme eines Antrages auf Eröffnung des Insolvenzverfahrens besteht, wenn ein Insolvenzgrund nicht vorliegt oder die Entscheidung über die Stellung des Insolvenzantrages trotz Bestehens eines Insolvenzgrundes ermessensfehlerhaft ist.[4]

Das Vorliegen eines Anordnungsgrundes erfordert grundsätzlich so schwerwiegende Gründe, dass sie den Erlass einer einstweiligen Anordnung unabweisbar machen. Insoweit setzen die ausdrücklich genannten Gründe „wesentliche Nachteile" und „drohende Gewalt" Maßstäbe auch für die „anderen Gründe" i.S.d. § 114 Abs. 1 Satz 2 FGO. Letztere rechtfertigen daher eine einstweilige Anordnung nur, wenn sie für die begehrte Regelungsanordnung ähnlich gewichtig und bedeutsam sind wie wesentliche Nachteile oder drohende Gewalt. Dies ist nur der Fall, wenn die wirtschaftliche oder persönliche Existenz des Betroffenen durch die Ablehnung der beantragten Maßnahme unmittelbar bedroht ist.[5] Dies gilt insbesondere, wenn nicht nur eine vorläufige Maßnahme begehrt wird, sondern die Vorwegnahme der Hauptsache. Ein solches Rechtsschutzziel widerspricht grundsätzlich der Funktion des vorläufigen Rechtsschutzes. Daher darf eine Regelungsanordnung nach ständiger Rechtsprechung des BFH grundsätzlich nur eine einstweilige Regelung enthalten und das Ergebnis des Hauptprozesses nicht vorwegnehmen oder diesem endgültig vorgreifen, es sei denn, es entstünden ohne vorläufigen Rechtsschutz schwere und unzumutbare,

---

1 *Sternal* in HeidelbergerKomm/InsO[10], § 14 Rz. 43; *Hess* in Kölner Kommentar zur InsO, § 14 InsO Rz. 154; *Schmittmann* in Waza/Uhländer/Schmittmann, Insolvenzen und Steuern[12], Rz. 195.
2 FG Hess. v. 25.4.2013 – 1 V 495/13; FG Hamburg v. 18.5.2017 – 2 V 117/17, ZInsO 2017, 2380.
3 BFH v. 28.2.2011 – VII B 224/10, ZIP 2011, 724; FG Hamburg v. 18.5.2017 – 2 V 117/17, ZInsO 2017, 2380; *Bartone*, GmbHR 2005, 865 (865); v. 26.4.1988 – VII B 176/87, ZIP 1989, 247 = BFH/NV 1988, 762 (763).
4 FG Hess. v. 25.4.2013 – 1 V 495/13; FG Sachs. v. 12.8.2011 – 6 V 915/11; FG Sa.-Anh. v. 24.9.2015 – 3 V 916/15, juris.
5 FG Hess. v. 25.4.2013 – 1 V 495/13; BFH v. 12.5.1992 – VII B 173/91, BFH/NV 1994, 103; v. 7.1.1999 – VII B 170/98, BFH/NV 1999, 818; v. 24.4.2012 – III B 180/11, BFH/NV 2012, 1303; FG Sa.-Anh. v. 24.9.2015 – 3 V 916/15, juris.

anders nicht abwendbare Nachteile, zu deren nachträglicher Beseitigung die Entscheidung der Hauptsache nicht mehr in der Lage wäre.[1] Derartige existenzbedrohende, wesentliche Gründe sind regelmäßig darin zu erblicken, dass die drohende Insolvenzeröffnung regelmäßig geeignet ist, den Schuldner um seine wirtschaftliche Existenz zu bringen. Dies könnte durch eine ihm günstige Entscheidung im Hauptsacheverfahren nicht mehr korrigiert werden.

Dem BFH[2] ist darin allerdings zuzustimmen, dass das primäre Ziel eines Insolvenzverfahrens nicht die Zerschlagung von Vermögenswerten ist, sondern die Schuldenbereinigung, so dass die bevorstehende Insolvenzeröffnung allein nicht zwingend geeignet ist, eine Zerstörung der wirtschaftlichen Existenz des Schuldners anzunehmen. Gleichwohl ist die Beendigung der wirtschaftlichen Tätigkeit von Insolvenzschuldnern in Folge der Insolvenzeröffnung die Regel, nicht die Ausnahme. Besonders betroffen sind Handelsunternehmen. Da diese auf Wareneinkauf angewiesen sind und im Insolvenzverfahren die Liquidität für die dann notwendige Vorfinanzierung des Wareneinkaufs regelmäßig nicht vorhanden ist, bleibt in aller Regel nur die Betriebseinstellung. Auch andere Branchen, in denen Schuldner in nicht unerheblichem Umfange auf Zulieferungen von Dritten angewiesen sind, sind typischerweise betroffen. Dem BFH ist deswegen nicht darin zuzustimmen, dass die Schuldenregulierung, die das Insolvenzverfahren intendiert, bezwecke, die unternehmerische Tätigkeit des Schuldners fortzusetzen. Das Insolvenzverfahren ist Teil des Vollstreckungsrechtes, dient also der Durchsetzung der Gläubigerforderungen. Diese gewinnen nach Insolvenzeröffnung sofort Oberhand; eine Fortführung der unternehmerischen Tätigkeit des Insolvenzschuldners ist nur in dem Rahmen möglich, in dem die Insolvenzgläubiger dies beschließen, um letzten Endes eine Veräußerung des schuldnerischen Geschäftsbetriebes mit dem Ziel einer Maximierung des eigenen Haftungssubstrates zu erreichen. Wenn also im Insolvenzverfahren die unternehmerische Tätigkeit des Insolvenzschuldners aufrechterhalten wird, dann nicht, um ihm die wirtschaftliche Existenz zu erhalten, sondern allein, um den Insolvenzgläubigern eine Maximierung des Haftungssubstrats zu ermöglichen.

Vor dem Hintergrund dieser Rechtsprechung dürfte zur Glaubhaftmachung des Anordnungsgrundes gehören, dass der Insolvenzschuldner vor dem FG im Einzelnen darlegt, wie sich eine Insolvenzeröffnung auf seinen Geschäftsbetrieb und seine wirtschaftliche Existenz voraussichtlich auswirken würde. Der pauschale Verweis darauf, dass die Insolvenzeröffnung den Insolvenzschuldner in seiner wirtschaftlichen Existenz vernichte, dürfte danach nicht mehr ausreichen.

Eine in diesem Sinne relevante Existenzvernichtung liegt aber nicht vor, wenn dem Steuerpflichtigen die Ausübung seines weiterhin betriebenen Gewerbes bereits zuvor bestandskräftig untersagt worden ist.[3]

---

[1] Vgl. BFH v. 7.1.1999 – VII B 170/98, BFH/NV 1999, 818; FG Düsseldorf v. 31.10.2018 – 13 V 2883/18 AE(KV), juris.
[2] BFH v. 28.2.2011 – VII B 224/10, ZIP 2011, 724 = BFH/NV 2011, 763; vgl. auch FG Hamburg v. 2.7.2019 – 2 V 121/19, NZI 2019, 848.
[3] FG München v. 29.8.2013 – 5 V 2425/13.

2.28 Nicht statthafte Klageart ist die Anfechtungsklage, da es sich bei dem Insolvenzantrag des Finanzamtes nicht um einen Verwaltungsakt i.S.v. § 118 AO handelt, weil durch diesen nicht bereits eine Regelung getroffen wird. Vielmehr soll durch die Stellung des Antrages eine Regelung, namentlich die Eröffnung des Insolvenzverfahrens durch das Insolvenzgericht, erreicht werden. Da das Insolvenzgericht jedoch bezüglich der Entscheidung über die Eröffnung eine selbständige Entscheidungskompetenz hat, liegt erst mit dessen Entscheidung eine Regelung vor[1] (Rz. 3.403 ff.).

Finanzgerichtlichem Rechtsschutz dahingehend, die Finanzbehörde zu verpflichten, den Insolvenzantrag zurückzunehmen, **steht nicht ein fehlendes Rechtsschutzbedürfnis des Insolvenzschuldners entgegen.**[2] Die finanzgerichtliche Entscheidung ist nicht etwa deswegen obsolet, weil das Insolvenzgericht die Voraussetzungen für die Eröffnung eines Insolvenzverfahrens zu prüfen hat. Dem Insolvenzgericht fehlt jede Kompetenz zur Überprüfung der Rechtmäßigkeit der Insolvenzantragstellung durch die Finanzverwaltung unter Verhältnismäßigkeitsgesichtspunkten und unter weiteren entscheidungserheblichen Umständen.[3] Eine unverhältnismäßige Insolvenzantragstellung ist ermessensfehlerhaft und deswegen rechtswidrig. Sie ist aber nicht nichtig oder in anderer Weise unwirksam. Abgesehen davon, dass den Insolvenzgerichten die Erfahrung und die Fachkompetenz fehlt, die Ermessensentscheidung der Finanzverwaltung inhaltlich zu überprüfen, sind sie dafür auch nicht zuständig. In diesem für den Insolvenzschuldner existenziellen Grundrechtsbereich (vor allem Kernbereiche von Art. 12 GG und Art. 14 GG, aber auch Persönlichkeitsrecht, Art. 10 GG, Art. 13 GG) kann eine inzidente Zweckmäßigkeitsüberprüfung durch ein für die Kontrolle des Verwaltungshandelns unzuständiges Gericht aus rechtsstaatlichen Gründen schlechterdings nicht erfolgen.

Eine ganz andere Frage ist es, **ob das Insolvenzgericht an eine Entscheidung des FG gem. § 114 FGO gebunden ist. Dieses ist zu verneinen.** Mit dieser Fragestellung hatte sich das AG Göttingen[4] zu befassen. Allerdings verkennt das AG Göttingen, dass in dem dort zu entscheidenden Fall die Problemkreise der Rechtswegzuständigkeit der FG und der Bindung der Insolvenzgerichte an eine finanzgerichtliche Entscheidung ineinandergriffen. Entgegen der Auffassung des AG Göttingen sind die FG für den einstweiligen Rechtsschutz des Insolvenzschuldners gegen die Insolvenzantragstellung durch das Finanzamt im Rahmen des § 114 FGO zuständig. Es fehlt auch nicht an einem Rechtsschutzbedürfnis für einen solchen Antrag. Allerdings bindet eine Entscheidung des FG nur die Finanzverwaltung, nicht aber das Insolvenzgericht. Verpflichtet das FG das Finanzamt, den Insolvenzeröffnungsantrag zurückzunehmen, so ist das Finanzamt daran gebunden. Solange aber das Finanzamt den Antrag nicht zurückgenommen hat, liegt bei dem Insolvenzgericht ein möglicherweise unter insolvenzrechtlichen Gesichtspunkten zulässiger Insolvenzeröff-

---

1 BFH v. 12.12.2005 – VII R 63/04, ZInsO 2006, 603 (603).
2 BFH v. 25.2.2011 – VII B 226/10; inzident ebenso FG München v. 29.8.2013 – 5 V 2425/13; FG Hess. v. 25.4.2013 – 1 V 495/13; FG Sachs. v. 12.8.2011 – 6 V 915/11; a.A. *Fu*, DStR 2010, 1411; FG Hamburg v. 2.7.2019 – 2 V 121/19, NZI 2019/848.
3 Zu Einzelheiten der Umstände, die nur durch die FG überprüft werden können vergleiche ausführlich BFH v. 25.2.2011 – VII B 226/10.
4 AG Göttingen v. 31.5.2011 – 74 IN 174/10.

nungsantrag vor, der zu einer rechtmäßigen Insolvenzeröffnung führen kann. Für die Beurteilung der Rechtmäßigkeit der Insolvenzeröffnung ist nämlich nicht maßgeblich, ob der Insolvenzeröffnungsantrag der Finanzverwaltung unter verwaltungsrechtlichen Gesichtspunkten ordnungsgemäß war oder nicht. Kommt das Finanzamt der Entscheidung des FG nicht nach, kann und muss das Insolvenzgericht über den bei ihm vorliegenden, möglicherweise zulässigen Insolvenzeröffnungsantrag entscheiden. Es hat keinen Raum, bei seiner insolvenzrechtlichen Entscheidung zu berücksichtigen, dass das antragstellende Finanzamt durch das FG verpflichtet worden ist, den Insolvenzantrag zurück zu nehmen, es sei denn, dass die dem Antrag zugrunde liegenden Steuerforderungen gar nicht bestehen, die Steuerbescheide nichtig sind oder sich sonst Gründe feststellen lassen, die gegen die dem Antrag zugrunde liegenden Steuerforderungen als solche sprechen. Solche durch das Insolvenzgericht aus insolvenzrechtlichen Gründen zu berücksichtigende Gründe können sich freilich auch aus der Entscheidung des FG ergeben; sie entstehen aber nicht durch die Entscheidung des FG. Kommt das Finanzamt der Entscheidung des FG also nicht nach, ist es Sache des Insolvenzschuldners, darauf nötigenfalls im Wege der Vollstreckung hinzuwirken; eine amtswegige Berücksichtigung der Entscheidung des FG durch das Insolvenzgericht kommt nicht in Betracht. In dem der Entscheidung des AG Göttingen zugrunde liegenden Fall war der Insolvenzeröffnungsantrag durch Finanzamt und Insolvenzschuldner übereinstimmend für erledigt erklärt worden – das Finanzamt hat also nicht wie durch das FG entschieden (aber durch den BFH aufgehoben) den Antrag zurückgenommen. Die Rücknahme des Insolvenzeröffnungsantrags hätte dem Insolvenzgericht die Entscheidungsbefugnis über die Sache genommen. Die Erledigungserklärung hingegen hat dem Insolvenzgericht die Möglichkeit belassen, über die Kosten gem. § 91a ZPO zu entscheiden. Im Rahmen dieser Entscheidung war das AG Göttingen – ungeachtet der inzwischen erfolgten Aufhebung der finanzgerichtlichen Entscheidung durch den BFH – nicht an die Entscheidung des Niedersächsischen FG gebunden.

3. Besondere Anforderungen an die Insolvenzantragstellung öffentlich-rechtlicher Gläubiger

Öffentlich-rechtliche Gläubiger unterliegen den gleichen Anforderungen an die Glaubhaftmachung sowohl der Forderung als auch des Eröffnungsgrundes wie privatrechtliche Gläubiger. Die Entscheidung der Finanzbehörde über die Stellung eines Insolvenzantrages ist gem. § 5 AO eine Ermessensentscheidung und stellt ein hoheitliches Handeln[1] dar. Dabei ist die Behörde gem. Art. 1 Abs. 3, Art. 20 Abs. 3 GG an **Recht und Gesetz** und speziell den **Grundsatz der Verhältnismäßigkeit** gebunden.[2] Bei der Abwägung sind nicht nur die gravierenden Rechtsfolgen für den Schuldner selbst, sondern auch jene für dessen Arbeitnehmer, Gläubiger und weitere Verfahrensbeteiligte zu berücksichtigen. Eine solche Maßnahme darf nur nach gründlicher Würdigung aller maßgeblichen Umstände, insbesondere auch der Höhe der Steuerforderung ergriffen werden. Der BGH verlangt ausdrücklich, dass die **Höhe des zu**

2.29

---
1 *Vuia* in MünchKomm/InsO⁴, § 14 Rz. 102.
2 FG Hess. v. 25.4.2013 – 1 V 495/13; FG Sa.-Anh. v. 24.9.2015 – 3 V 916/15, juris.

vollstreckenden Steueranspruchs in einem angemessenen Verhältnis zu den wirtschaftlichen Folgen der Eröffnung des Insolvenzverfahrens stehen muss.[1] Von mehreren in Betracht kommenden Maßnahmen ist stets diejenige zu wählen, die für den Schuldner den geringstmöglichen Eingriff darstellt.[2] So wäre es beispielsweise ermessensfehlerhaft, wenn die Behörde bei leicht überschaubaren Vermögensverhältnissen des Schuldners nicht vorab alle Möglichkeiten der Einzelzwangsvollstreckung ausgenutzt hätte.[3]

Eine Insolvenzantragstellung ist ermessensfehlerhaft, wenn die Finanzbehörde weiß, dass eine die Kosten des Insolvenzverfahrens deckende Masse nicht vorhanden ist und der Insolvenzantrag folglich **nur zur Existenzvernichtung des Steuerpflichtigen** führen würde.[4]

Umgekehrt müssen der Finanzbehörde vor Antragstellung nicht positiv Anhaltspunkte dafür vorliegen, dass eine die Kosten deckende Masse vorhanden ist.[5]

2.30 Ermessensfehlerfrei handelt die Behörde auch dann, wenn Grund zur Annahme besteht, dass der Steuerpflichtige bei seinen Zahlungen die Finanzbehörde zugunsten anderer Gläubiger benachteiligt.[6]

Die Stellung des Insolvenzantrages ist darüber hinaus nicht vom Erreichen einer bestimmten Schuldhöhe abhängig, soweit die gründliche Würdigung aller maßgeblichen Umstände zu dem Ergebnis führt, dass der beizutreibende Betrag nicht außer Verhältnis zu den wirtschaftlichen Folgen der Eröffnung des Insolvenzverfahrens steht.[7]

Ermessensfehlgebrauch liegt im Übrigen **nicht bereits deswegen** vor, weil die Vollstreckungsrückstände **noch nicht bestandskräftig** sind. Das gilt auch dann, wenn es sich hierbei um Schätzungsbescheide handelt.[8]

Ein sehr zügig nach Fälligkeit der Steuerschulden gestellter Antrag auf Eröffnung des Insolvenzverfahrens ist nicht zwangsläufig rechtsmissbräuchlich.[9] Entscheidend ist, ob noch erfolgversprechende Vollstreckungsmöglichkeiten bestehen. Ist dies der Fall, sind diese zuvor auszuschöpfen; ein Insolvenzeröffnungsantrag ist in diesem Fall er-

---

1 BGH v. 15.2.1990 – III ZR 293/88, ZIP 1990, 805 = NJW 1990, 2675 (2676); VG Ansbach v. 22.10.2015 – AN 11 E 15.01794, NZI 2015, 994.
2 Vgl. auch *Schmittmann* in Waza/Uhländer/Schmittmann, Insolvenzen und Steuern[12], Rz. 201.
3 FG Hess. v. 22.1.1982 – VI B 139/81, EFG 1982, 419 (420); FG Rh.-Pf. v. 3.9.1986 – 5 V 9/86, EFG 1987, 103 (104); FG Hamburg v. 18.5.2017 – 2 V 117/17, ZIP 2018, 890.
4 FG Düsseldorf v. 1.2.1993 – 17 V 7392/92, EFG 1993, 592 (593); FG Münster v. 14.4.1987 – III 1166/87 V, EFG 1987, 516 (517); FG München v. 24.7.2018 – 7 V 1728/18, juris.
5 *Uhländer*, ZInsO 2005, 1192 (1194).
6 BFH v. 23.7.1985 – VII B 29/85, BFH/NV 1986, 41 (43).
7 *Fritsch* in Pahlke[3], § 251 AO Rz. 22.
8 FG Hamburg v. 13.6.2014 – 6 V 76/14.
9 FG Hamburg v. 13.6.2014 – 6 V 76/14; FG Hamburg v. 18.5.2017 – 2 V 117/17, ZInsO 2017, 2380.

messensfehlerhaft.[1] Ob nach einer oder mehreren ergebnislosen Vollstreckungsmaßnahmen vor einem Insolvenzantrag noch weitere Vollstreckungsmaßnahmen ergriffen werden müssen, hängt von den Umständen des Einzelfalles ab. Das Finanzamt ist insoweit nicht in jedem Fall verpflichtet, vor Stellung eines Insolvenzantrages die Vorlage eines Vermögensverzeichnisses anzuordnen und den Schuldner zur Abgabe der eidesstattlichen Versicherung zu laden (§ 284 AO). Muss das Finanzamt auf Grund der Gesamtumstände annehmen, dass die Vorlage des Vermögensverzeichnisses oder weitere Vollstreckungsmaßnahmen ebenfalls fruchtlos verlaufen werden, handelt es nicht ermessensfehlerhaft, wenn es keine weiteren Vollstreckungsversuche vor Stellung des Insolvenzantrages mehr unternimmt.[2]

Die Stellung des Insolvenzantrages ist ermessensgerecht, wenn sie der Unterbindung des Anwachsens der Steuerrückstände und der weiteren Verschuldung des Steuerpflichtigen dient.[3]

Wird der Eröffnungsantrag auf eine öffentlich-rechtliche Forderung gestützt, so muss stets ein vollstreckbarer Leistungsbescheid oder eine ihm gleichstehende Urkunde vorliegen, in dem der Anspruch im Einzelnen festgesetzt ist, vgl. §§ 218 Abs. 1, 249 Abs. 1 AO, § 3 Abs. 2 VwVG.[4] Als gleichstehende Urkunden gelten dabei Selbstberechnungserklärungen des Schuldners, in denen er die Höhe seiner Schuld selbst vorläufig berechnet oder einschätzt, etwa Steueranmeldungen gem. §§ 167, 168 AO oder Beitragsnachweise des Arbeitgebers für die Gesamtsozialversicherungsbeiträge i.S.d. § 28f Abs. 3 SGB IV. Die Vollstreckbarkeit ist somit ein wichtiger Teil der vom Gläubiger darzulegenden Glaubhaftmachung der antragsbegründenden Forderung.[5]

2.31

Der Leistungsbescheid darf nicht nichtig, er braucht aber auf der anderen Seite noch nicht bestandskräftig zu sein.[6] Auch eine vorläufige oder unter dem Vorbehalt der Nachprüfung ergangene Steuerfestsetzung nach §§ 135, 164 AO ist nach der Rechtsprechung des BFH eine geeignete Grundlage für den Insolvenzantrag.[7]

2.32

Die Vollstreckbarkeit bestimmt sich dabei nach den allgemeinen gesetzlichen Voraussetzungen (Bekanntgabe, Fälligkeit, Frist), insbesondere darf die Vollziehung des Verwaltungsaktes nicht ausgesetzt sein. (vgl. vor allem §§ 254, 251 Abs. 1, 361 AO, § 80 Ziff. 2 VwGO)

2.33

Einwendungen gegen die dem Eröffnungsantrag zugrunde gelegte vollstreckbare öffentlich-rechtliche Forderung sind für das Insolvenzgericht dabei unerheblich, der Schuldner kann solche Einwendungen nur außerhalb des Insolvenzverfahrens mit

2.34

---

1 FG Hess. v. 25.4.2013 – 1 V 495/13; FG Hamburg v. 13.6.2014 – 6 V 76/14; FG Sa.-Anh. v. 24.9.2015 – 3 V 916/15, juris.
2 FG Hess. v. 25.4.2013 – 1 V 495/13; FG Sa.-Anh. v. 24.9.2015 – 3 V 916/15, juris.
3 FG München v. 29.8.2013 – 5 V 2425/13.
4 *Vuia* in MünchKomm/InsO⁴, § 14 Rz. 94.
5 *Vuia* in MünchKomm/InsO⁴, § 14 Rz. 94, 100.
6 *Vuia* in MünchKomm/InsO⁴, § 14 Rz. 97.
7 BFH v. 11.12.1990 – VII B 94/90, BFH/NV 1991, 787 (789); *Vuia* in MünchKomm/InsO⁴, § 14 Rz. 97.

den allgemein vorgesehenen Rechtsbehelfen verfolgen, d.h. insbesondere durch Einspruch (§ 347 AO) oder Widerspruch (§ 68 VwGO) gegen den Leistungsbescheid und einer anschließenden Anfechtungsklage.[1] Durch diese Rechtsbehelfe wird die Betreibung der vollstreckbaren Forderung jedoch nicht gehemmt (vgl. § 361 AO, § 80 Abs. 2 Ziff. 1 VwGO), die Vollstreckbarkeit entfällt nur, wenn die Vollziehung des zugrunde liegenden Verwaltungsaktes ausgesetzt ist oder die Vollstreckung aus einem anderen Grund eingestellt ist.

2.35 Ein leichtfertig gestellter, letztlich unbegründeter Antrag kann eine Amtspflichtverletzung i.S.d. § 839 BGB begründen.[2]

4. Antragspflicht öffentlich-rechtlicher Gläubiger?

2.36 Zu überlegen ist darüber hinaus, ob sich aus dem Grundsatz der Gleichmäßigkeit der Besteuerung unter Umständen sogar eine **Pflicht** der Finanzverwaltung ergibt, bei Kenntnis der Eröffnungsgründe Insolvenzanträge zu stellen, um im unternehmerischen Bereich Wettbewerbsverzerrungen zu verhindern.

2.37 Dies wird jedoch von der ganz herrschenden Meinung[3] zu Recht abgelehnt. Die Gegenmeinung,[4] welche eine Ermessensreduzierung auf null gegeben sieht, verkennt, dass der Finanzbehörde, wie bei allen in §§ 249 ff. AO geregelten Zwangsvollstreckungsmaßnahmen und entsprechend auch bei der Antragstellung kraft Gesetzes ein Ermessensspielraum zusteht, welcher auch bei größeren Steuerschulden nicht entfällt. Eine ausdrückliche Pflicht zur Antragstellung ist im Gesetz gerade nicht vorgesehen. Vielmehr hat die Behörde die Möglichkeit und im Rahmen des Verhältnismäßigkeitsgrundsatzes unter Umständen sogar die Pflicht, zunächst die Einzelzwangsvollstreckung oder andere Möglichkeiten der Eintreibung der Forderung zu suchen, selbst wenn Anhaltspunkte für das Bestehen eines Eröffnungsgrundes vorliegen. Auf das Risiko einer Amtshaftung nach § 839 BGB wegen eines grundlos gestellten Antrags muss sie sich nicht einlassen. Sie ist insofern wie ein gewöhnlicher privatrechtlicher Insolvenzgläubiger zu betrachten, der ebenfalls nicht zur Antragstellung verpflichtet ist. Anders als der Schuldner selber, welcher einen direkten Einblick in seine wirtschaftlichen Verhältnisse hat, wird die antragstellende Finanzbehörde regelmäßig lediglich Indizien für das Vorliegen eines Insolvenzgrundes haben, jedoch keine Gewissheit, so dass die Entscheidung über die Antragstellung einer **pflichtgemäßen Ermessensprüfung** bedarf. Zwar kann sich die Behörde durch eigene Ermittlungen von Amts wegen Einblick in die Vermögensverhältnisse verschaffen, diese werden in aller Regel jedoch nicht weitergehen als bei anderen Gläubigern und können somit ebenfalls keine Antragspflicht begründen.[5]

---

1 *Vuia* in MünchKomm/InsO⁴, § 14 Rz. 105.
2 BGH v. 15.2.1990 – III ZR 293/88, ZIP 1990, 805 = NJW 1990, 2675 (2675); *Loose* in Tipke/Kruse, § 251 AO Rz. 21.
3 *Loose* in Tipke/Kruse, § 251 AO Rz. 21; *Krämer*, Stbg 1994, 323; *Uhlenbruck*, BB 1972, 1266 (1268).
4 *Braun*, Steuerrechtliche Aspekte der Konkurseröffnung, S. 11.
5 *Vuia* in MünchKomm/InsO⁴, § 14 Rz. 104.

V. Sicherungsmaßnahmen

Literatur *Ampferl*, Der „starke" vorläufige Insolvenzverwalter in der Unternehmensinsolvenz, 2002; *Beck/Depré*, Praxis der Insolvenz, § 5 Sicherungsmaßnahmen und vorläufige Insolvenzverwaltung Rz. 1 ff.; *Blank/Möller*, Der gesetzestreue (vormals „starke" vorläufige) Insolvenzverwalter in der Bredouille?, ZInsO 2001, 780; *Bork*, Die Erfüllung von Sachleistungsansprüchen im vorläufigen Eigenverwaltungsverfahren, ZIP 2018, 1613; *Bultmann*, Kaufpreiszahlungen des Schuldners im Insolvenzeröffnungsverfahren ohne Zustimmung des vorläufigen Insolvenzverwalters, ZInsO 2016, 786; *Fritsche*, Entwicklungstendenzen der Zustimmungsverwaltung nach §§ 21 Abs. 2 Satz 1 Nr. 2 2. Alternative, 22 Abs. 2 InsO im Insolvenzeröffnungsverfahren, DZWIR 2005, 265; *Ganter*, Sicherungsmaßnahmen gegenüber Aus- und Absonderungsberechtigten im Insolvenzeröffnungsverfahren, NZI 2007, 549; *Gerhardt*, Verfügungsbeschränkungen in der Eröffnungsphase und nach Verfahrenseröffnung, in Kölner Schrift zur Insolvenzordnung, 2000, 193; *Greiner*, Ist eine isolierte vorläufige Postsperre als vorläufige Sicherungsmaßnahme zulässig?, ZInsO 2017, 262; *Gundlach/Frenzel/Schmidt*, Zur Postsperre des § 99 InsO, ZInsO 2001, 979; *Kirchhoff*, Zur Haftung des vorläufigen Insolvenzverwalters bei Unternehmensfortführung und zu Fragen der Masseschulden und Masseunzulänglichkeit, ZInsO 1999, 365; Die Rechtsstellung vorläufiger Insolvenzverwalter im Lastschriftverfahren, WM 2009, 337; *Kruth/Jakobs*, Geschäftsführung von Krisenunternehmen – Haftungsrisiken vor und nach Insolvenzantragstellung auf Basis aktueller Rechtsprechung, DStR 2019, 999; *Lenenbach*, Sicherungsmaßnahmen im Insolvenzeröffnungsverfahren, 2003; *Münzel/Böhm*, Postsperre für E-Mail?, ZInsO 1998, 363; *Nerlich/Kreplin*, Münchener Anwaltshandbuch Insolvenz und Sanierung, § 39 Rn. 22 ff.; *Prager/Thiemann*, Die Aufhebung der vorläufigen Verwaltung und sonstiger Sicherungsmaßnahmen, NZI 2001, 634; *Schillgalis*, Rechtsschutz des Schuldners bei fahrlässig unberechtigten Insolvenzanträgen – insbesondere bei Anordnung von Sicherungsmaßnahmen gem. § 21 InsO, Baden-Baden 2006; *Smid*, Kritische Anmerkungen zu § 21 II Nr. 1a InsO n.F., ZInsO 2012, 757; *Münzel/Böhm*, Postsperre für E-Mail?, ZInsO 1998, 363; Gesetzlich zulässige Reichweite der Entmachtung von Schuldner und schuldnerischen Gesellschaftsorganen und der Ermächtigung des vorläufigen Verwalters durch insolvenzgerichtliche Anordnung nach §§ 21, 22 InsO, DZWIR 2002, 444; *Steder*, Auswirkungen des Vollstreckungsverbots gem. § 21 II Nr. 3 InsO, ZIP 2002, 65; *Stephan*, Vorläufige Sicherungsmaßnahmen beim Eigenantrag in der Unternehmensinsolvenz (Das „Gutachtenmodell"), NZI 1999, 104; *Taras/Mies*, Der Anspruch des Sicherungsgläubigers auf Ersatzabsonderung, NJW-Spezial 2019, 405; *Vallender*, Aktuelle Tendenzen zum Unternehmensinsolvenzrecht, DStR 1999, 2034; Kostentragungspflicht bei Anordnung der Postsperre, NZI 2003, 244; *Voß*, Zu den Anforderungen an die Begründung einer Postsperre nach InsO § 99, EWiR 2009, 753; *Zipperer*, Sicherungsmaßnahmen gem. § 21 InsO – Neuer Wein in alten Schläuchen?, NZI 2004, 656.

1. Katalog des § 21 Abs. 2 InsO

Im Zeitraum zwischen Antragstellung und Entscheidung über die Eröffnung des Insolvenzverfahrens besteht häufig ein Bedürfnis, das von der Insolvenz betroffene Vermögen vor einer weiteren Aufzehrung durch den Schuldner oder einzelne Gläubiger zu bewahren. Zu diesem Zweck kann das Insolvenzgericht gem. §§ 21, 22 InsO nach pflichtgemäßem Ermessen **Sicherungsmaßnahmen** ergreifen. Dabei kann es alle Maßnahmen treffen, die erforderlich erscheinen, um nachteilige Veränderungen in der Vermögenslage des Schuldners zu verhindern. § 21 Abs. 2 InsO zählt zulässige Maßnahmen beispielhaft auf. Die dort benannten Maßnahmen sind jedoch nicht ab-

2.38

schließend und auch frei miteinander kombinierbar.[1] Im Laufe des Eröffnungsverfahrens können Maßnahmen ergänzend angeordnet oder bereits angeordnete Maßnahmen aufgehoben werden.[2]

2. Vorläufiger Insolvenzverwalter ohne Verfügungsbefugnis

2.39 Die in der Praxis häufigste und wichtigste Sicherungsmaßnahme des Insolvenzgerichts ist die Einsetzung eines vorläufigen Insolvenzverwalters nach § 21 Abs. 2 Ziff. 1 InsO. Ein vorläufiger Insolvenzverwalter hat vor allem das vorhandene Vermögen des Schuldners zu sichern. Üblicherweise bestellt das Insolvenzgericht einen vorläufigen Insolvenzverwalter, ohne zugleich gegen den Schuldner ein allgemeines Verfügungsverbot zu verhängen. In solchen Fällen kann der Schuldner gem. § 21 Abs. 2 Ziff. 2 Alt. 2 InsO fortan nur noch mit Zustimmung des vorläufigen Insolvenzverwalters wirksam über sein Vermögen verfügen. Man spricht in diesen Fällen von einem sog. „schwachen" vorläufigen **Insolvenzverwalter**. Der Schuldner bleibt zwar formal verfügungsbefugt, kann wirksame Verfügungen aber nur mit Zustimmung des vorläufigen Verwalters treffen. Verfügungen, die ohne Zustimmung des vorläufigen Insolvenzverwalters vorgenommen wurden, sind gem. § 24 Abs. 1 i.V.m. § 81 Abs. 1 Satz 1 InsO absolut unwirksam. Verfügung ist jedes Rechtsgeschäft, durch das ein Gegenstand auf einen Dritten übertragen, belastet, aufgehoben oder in seinem Inhalt verändert wird.[3] Trifft der Schuldner entgegen der Verfügungsbeschränkung eine Verfügung, so kann der vorläufige Insolvenzverwalter sie allerdings analog § 185 Abs. 2 BGB genehmigen.[4] Dies kommt insbesondere dann in Betracht, wenn die Verfügung zu einem Vorteil für die Insolvenzmasse führt.

2.40 Verpflichtungsgeschäfte werden von § 81 InsO nicht erfasst.[5] Geht der Schuldner ohne Zustimmung des schwachen vorläufigen Insolvenzverwalters Verpflichtungsgeschäfte ein, so sind diese uneingeschränkt wirksam. Dies führt allerdings nicht dazu, dass der Dritte durch die eingegangene Verpflichtung irgendeine besondere Befriedigungsmöglichkeit erhielte. Soweit zur Erfüllung der eingegangenen Verpflichtung nämlich wiederum eine Verfügung über Gegenstände erforderlich wäre, die zum schuldnerischen Vermögen gehören, ist hierfür die Zustimmung des vorläufigen Insolvenzverwalters nötig.

2.41 Die Tätigkeit des schwachen vorläufigen Insolvenzverwalters beschränkt sich in erste Linie auf die Wahrnehmung von Aufsichts- und Sicherungsfunktionen. Er ist weder prozessführungsbefugt, noch übernimmt er die Stellung des Arbeitgebers anstelle des Schuldners.[6] Ebenso wenig kann er Masseverbindlichkeiten begründen, solange er

---

1 *Smid*, Praxishandbuch Insolvenzrecht[5], § 4 Rz. 12.
2 *Mönning* in Nerlich/Römermann, § 22 InsO Rz. 228.
3 *Brox/Walker*, Allgemeiner Teil des BGB[43], § 5 Rz. 2.
4 *Windel* in Jaeger, § 81 InsO Rz. 30.
5 *Kuleisa* in HamburgerKomm/InsO[7], § 81 Rz. 5; *Hess* in Kölner Kommentar zur InsO, § 81 InsO Rz. 2; *Vuia* in MünchKomm/InsO[4], § 81 Rz. 5; *Mock* in Uhlenbruck[15], § 81 InsO Rz. 3; *Häsemeyer*, Insolvenzrecht[4], Rz. 10.02; *Kayser* in HeidelbergerKomm/InsO[10], § 81 Rz. 2; *Windel* in Jaeger, § 81 InsO Rz. 7, 8.
6 *Mönning* in Nerlich/Römermann, § 22 InsO Rz. 214 ff.

nicht vom Insolvenzgericht dazu ermächtigt wurde.¹ Der schwache vorläufige Insolvenzverwalter ist somit darauf beschränkt, Handlungen des Schuldners zu unterbinden oder ihnen zuzustimmen.²

Bezüglich der Auswahl eines vorläufigen Verwalters finden über § 21 Abs. 2 Ziff. 1 InsO die Vorschriften der §§ 56, 58 bis 66 InsO zur Auswahl des Insolvenzverwalters entsprechende Anwendung. Die Bestellung eines vorläufigen Insolvenzverwalters vollzieht sich grundsätzlich nach den gleichen Kriterien, die für den endgültigen Insolvenzverwalter gelten. Gemäß § 56 InsO hat es sich bei der zu bestellenden Person um eine für den jeweiligen Einzelfall geeignete, insbesondere geschäftskundige und von den Gläubigern sowie dem Schuldner unabhängige Person zu handeln. 2.42

Ein schwacher vorläufiger Insolvenzverwalter mit Zustimmungsvorbehalt ist weder Vermögensverwalter i.S.v. § 34 Abs. 3 AO, noch ist er Verfügungsberechtigter i.S.v. § 35 AO. Dies gilt selbst dann, wenn er die ihm vom Insolvenzgericht übertragenen Verwaltungsbefugnisse überschreitet und tatsächlich über Gelder des noch verfügungsberechtigten Schuldners verfügt.³ Somit bleibt der Schuldner während des Eröffnungsverfahrens persönlich zur Erfüllung seiner steuerlichen Pflichten verpflichtet. 2.43

Gemäß § 55 Abs. 4 InsO gelten Verbindlichkeiten des Insolvenzschuldners aus dem Steuerschuldverhältnis, die mit Zustimmung eines vorläufigen Insolvenzverwalters mit Zustimmungsvorbehalt begründet worden sind, nach Eröffnung des Insolvenzverfahrens als Masseverbindlichkeit. Die Vorschrift ist hochproblematisch und verursacht eine Vielzahl von Zweifelsfragen. Im Einzelnen s. dazu unten Rz. 4.340 ff.

3. Vorläufiger Insolvenzverwalter mit Verfügungsbefugnis

Daneben kommt als weitere wichtige Sicherungsmaßnahme die Anordnung eines **allgemeinen Verfügungsverbotes** gem. § 21 Abs. 2 Ziff. 2 Alt. 1 InsO in Betracht. Dieses Verbot bezieht sich auf das bei seiner Anordnung vorhandene Vermögen sowie diejenigen Vermögensgegenstände, die der Schuldner bis zur Entscheidung über den Eröffnungsantrag erwirbt und die im Falle der Eröffnung zur Insolvenzmasse gehören.⁴ Es stellt die rechtlich wirksamste Maßnahme zur Verhinderung manipulativer Eingriffe zum Nachteil der künftigen Insolvenzmasse dar.⁵ Ein allgemeines Verfügungsverbot hat zur Folge, dass Verfügungen des Schuldners absolut unwirksam sind, vgl. § 24 Abs. 1 i.V.m. §§ 81, 82 InsO.⁶ Wegen der besonders einschneidenden Auswirkungen 2.44

---

1 BGH v. 18.7.2002 – IX ZR 195/01, ZIP 2002, 1625 (356 ff.) = BGHZ 151, 354; v. 13.3.2003 – IX ZR 64/02, BGHZ 154, 191 (193); v. 9.12.2014 – X R 12/12, DStRE 2016, 1204; *Bork*, Einführung in das Insolvenzrecht⁹, Rz. 128.
2 *Mönning* in Nerlich/Römermann, § 22 InsO Rz. 219.
3 BFH v. 27.5.2009 – VII B 156/08, ZIP 2009, 2255 (2255).
4 *Bork*, Einführung in das Insolvenzrecht⁹, Rz. 129.
5 *Smid*, Praxishandbuch Insolvenzrecht⁵, § 4 Rz. 35.
6 *Smid*, Praxishandbuch Insolvenzrecht⁵, § 4 Rz. 35; *Laroche* in HeidelbergerKomm/InsO¹⁰, § 24 Rz. 4; *Uhlenbruck* in Gottwald, Insolvenzrechts-Handbuch⁵, § 14 Rz. 2; *Bork*, Einführung in das Insolvenzrecht⁹, Rz. 129.

auf die Rechtsstellung des Schuldners ist hierbei besonders auf den Verhältnismäßigkeitsgrundsatz zu achten. Die Anordnung eines allgemeinen Verfügungsverbotes kommt daher regelmäßig nur dann in Betracht, wenn die vorläufige Insolvenzverwaltung mit Zustimmungsvorbehalt sich als nicht ausreichend erwiesen hat oder erkennbar ist, dass die Gläubigerinteressen dadurch nicht hinreichend geschützt werden können, beispielsweise weil der Schuldner flüchtig ist und ohne ihn Maßnahmen zur Aufrechterhaltung seines Geschäftsbetriebes getroffen werden müssen.

2.45 Das allgemeine Verfügungsverbot kann grundsätzlich nicht als alleinstehende Sicherungsmaßnahme angeordnet werden, da es sonst niemanden gäbe, der über das Schuldnervermögen verfügen könnte.[1] Es ist daher mit der Bestellung eines vorläufigen Insolvenzverwalters zu verbinden, der dann an Stelle des Schuldners verfügungsberechtigt ist.[2] Man spricht in diesem Fall von einem **starken vorläufigen Insolvenzverwalter**. Seine Kompetenzen entsprechen weitgehend denen eines endgültigen Insolvenzverwalters.[3] Anders als beim endgültigen Insolvenzverwalter beziehen sich die Aufgaben des vorläufigen starken Insolvenzverwalters gem. § 22 Abs. 1 Satz 2 Ziff. 1 InsO jedoch in erster Linie auf die Sicherung des schuldnerischen Vermögens. Eine Verwertung von Vermögensgegenständen ist grundsätzlich nur in Notfällen möglich, etwa wenn es sich um verderbliche Ware handelt oder zur Überwindung einer Liquiditätskrise eine sofortige Veräußerung nötig ist, um die Fortführung des Unternehmens zu sichern.[4]

2.46 Zur **Insolvenzanfechtung** ist auch der starke vorläufige Insolvenzverwalter nicht berechtigt. Dazu kann ihn auch das Insolvenzgericht nicht ermächtigen.[5] Ein Unternehmen hat er bis zur Entscheidung über den Insolvenzantrag fortzuführen. Stilllegen kann er ein Unternehmen aufgrund der Entscheidungszuständigkeit der Gläubigerversammlung gem. § 22 Abs. 1 Satz 2 Ziff. 2 InsO nur mit Zustimmung des Gerichts, falls dies erforderlich sein sollte, um eine erhebliche Verminderung des Vermögens zu vermeiden.[6]

2.47 Verbindlichkeiten, die der starke Insolvenzverwalter eingeht, sind im eröffneten Verfahren von § 55 Abs. 4 InsO abgesehen anders als beim vorläufigen schwachen Insolvenzverwalter gem. § 55 Abs. 2 InsO als **Masseverbindlichkeiten** zu befriedigen. Die Norm findet beispielsweise Anwendung auf Massekredite, die der vorläufige Insolvenzverwalter aufnimmt, um ein Unternehmen fortzuführen bzw. zu sanieren.[7] Die zwingende Rechtsfolge des § 55 Abs. 2 InsO kann vom Insolvenzgericht nicht eingeschränkt werden.[8] Für die spätere Uneinbringlichkeit von Masseverbindlichkeiten

---

[1] *Bork*, Einführung in das Insolvenzrecht^9, Rz. 130.
[2] *Bork*, Einführung in das Insolvenzrecht^9, Rz. 130.
[3] *Bork*, Einführung in das Insolvenzrecht^9, Rz. 130; *Haarmeyer/Schildt* in MünchKomm/InsO^4, § 22 Rz. 23.
[4] *Drees/J. Schmidt* in Runkel, Anwalts-Handbuch Insolvenzrecht^3, § 7 Rz. 230b; *Laroche* in HeidelbergerKomm/InsO^{10}, § 22 Rz. 14.
[5] *Laroche* in HeidelbergerKomm/InsO^{10}, § 22 Rz. 3.
[6] *Laroche* in HeidelbergerKomm/InsO^{10}, § 22 Rz. 22.
[7] *Bork*, Einführung in das Insolvenzrecht^9, Rz. 127.
[8] *Laroche* in HeidelbergerKomm/InsO^{10}, § 22 Rz. 38.

haftet der Insolvenzverwalter unter Umständen gem. § 61 InsO. Im Hinblick auf dieses kaum kalkulierbare Risiko, das von den meisten Verwaltern nur ungern eingegangen wird, kommt es in der Praxis nur selten zur Anordnung eines allgemeinen Verfügungsverbotes.[1] Kommt es im Einzelfall doch dazu, sind den Beteiligten die Beschlüsse über die Anordnung des allgemeinen Verfügungsverbotes und die Bestellung des starken vorläufigen Verwalters gem. § 23 InsO zuzustellen, öffentlich bekannt zu machen und in die entsprechenden Register einzutragen.

Der starke vorläufige Verwalter ist Vermögensverwalter i.S.v. § 34 Abs. 3 AO. Somit hat er die steuerlichen Pflichten des Insolvenzschuldners an dessen Stelle zu erfüllen, § 34 Abs. 1 AO (Rz. 3.173 ff.). 2.48

4. Vorläufiger Insolvenzverwalter mit punktuellen Einzelermächtigungen

Ein in der Praxis häufig beschrittener Mittelweg liegt zwischen der Anordnung eines allgemeinen Verfügungsverbotes und der Anordnung des bloßen Zustimmungsvorbehaltes. Das Insolvenzgericht kann dem vorläufigen Insolvenzverwalter mit Zustimmungsvorbehalt nämlich gem. § 22 Abs. 2 Satz 1 InsO konkrete Ermächtigungen erteilen und Pflichten auferlegen. Die Konkretisierung erfolgt, indem Befugnisse in Bezug auf bestimmte Geschäfte bzw. Geschäftsarten erteilt werden, beispielsweise in Bezug auf den **Forderungseinzug oder die Führung des Bankverkehrs**. In diesem begrenzten Umfang erwirbt der schwache vorläufige Insolvenzverwalter dann Verfügungsmacht, während im Übrigen der Schuldner die Verfügungsbefugnis behält, die unter dem Vorbehalt der Zustimmung des vorläufigen Insolvenzverwalters steht. In Bezug auf solche vorläufige Insolvenzverwalter spricht man auch von „halbstarken" vorläufigen Insolvenzverwaltern. 2.49

Durch Einzelermächtigungen kann ein schwacher vorläufiger Insolvenzverwalter, der grundsätzlich nicht prozessbefugt ist, durch Beschluss des Insolvenzgerichts auch ermächtigt werden, Prozesse mit Wirkung für den Schuldner zu führen.[2] Die einem schwachen vorläufigen Insolvenzverwalter erteilten Einzelermächtigungen können zwar grundsätzlich alle Bereiche der Vermögenssphäre des Insolvenzschuldners bzw. alle seine rechtlichen Handlungsmöglichkeiten betreffen, dürfen jedoch im Ergebnis nicht über die Befugnisse eines starken vorläufigen Insolvenzverwalters, auf den die Verwaltungs- und Verfügungsbefugnis übergegangen ist, hinausgehen.[3] Es ist daher nicht möglich, den vorläufigen Insolvenzverwalter zu ermächtigen, Anfechtungsansprüche geltend zu machen, weil dazu auch ein starker vorläufiger Insolvenzverwalter nicht berechtigt wäre. 2.50

Der vorläufige Insolvenzverwalter mit punktuellen Einzelermächtigungen ist kein Vermögensverwalter i.S.v. § 34 Abs. 3 AO und auch nicht Verfügungsberechtigter i.S.v. § 35 AO. Entscheidend für die Stellung als Vermögensverwalter oder Verfügungsberechtigter ist nämlich die Befugnis, über ein bestimmtes Vermögen im 2.51

---

1 *Drees/J. Schmidt* in Runkel, Anwalts-Handbuch Insolvenzrecht[3], § 7 Rz. 230.
2 *Laroche* in HeidelbergerKomm/InsO[10], § 22 Rz. 61.
3 *Haarmeyer/Schildt* in MünchKomm/InsO[4], § 22 Rz. 28.

Ganzen verfügen zu können. Eine Ermächtigung, über einzelne Vermögensgegenstände verfügen zu können oder bestimmte Verbindlichkeiten zu Lasten eines Vermögens begründen zu dürfen, reicht dafür nicht aus.

```
Unterschied vorläufiger starker und vorläufiger schwacher Insolvenzverwalter:

Schwacher vorläufiger          →   Verfügungen des Schuld-
Verwalter = ohne                   ners bedürfen Zustim-
Verfügungsbefugnis                 mung des Insolvenzver-
                                   walters

                               →   Begründung von Masse-
                                   verbindlichkeiten nur
                                   mit Ermächtigung des
                                   Gerichts

Starker vorläufiger            →   Allgemeines Verfügungs-
Verwalter = mit                    verbot des Schuldners
Verfügungsbefugnis

                               →   Verwertungsbefugnis in
                                   Notfällen

                               →   Möglichkeit der Begrün-
                                   dung von Masseverbind-
                                   lichkeiten
```

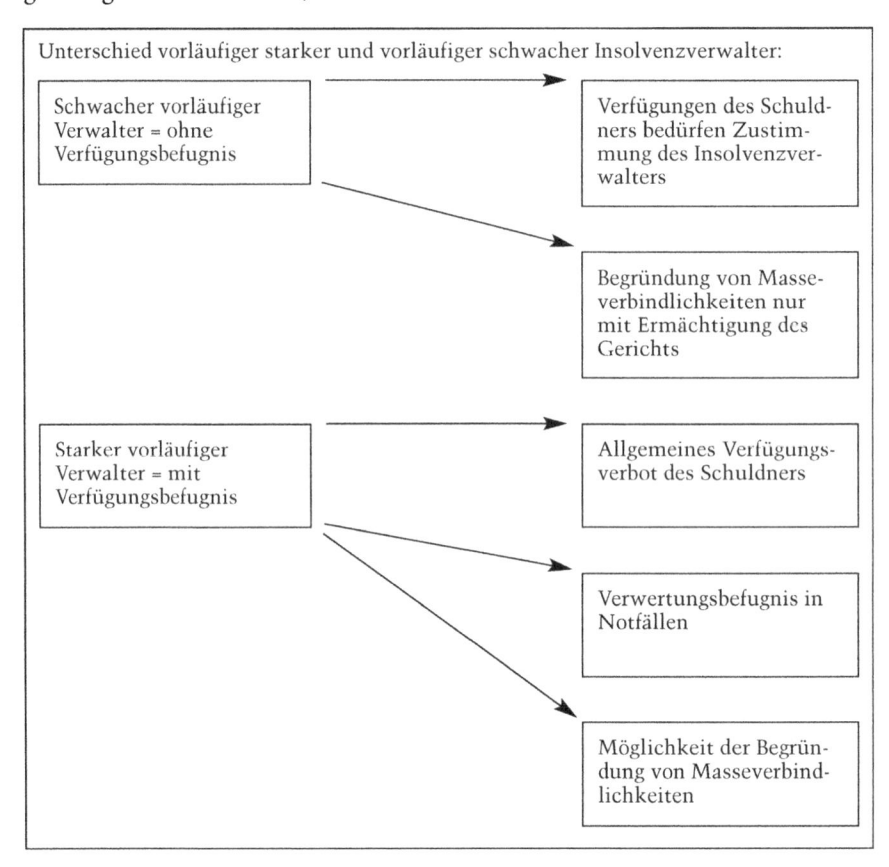

Abbildung 1: Unterschiede zwischen dem starken und dem schwachen Insolvenzverwalter

5. Sachverständiger

2.52 Das zentrale Ziel des Eröffnungsverfahrens ist die Feststellung der formellen und materiellen Voraussetzungen für die Eröffnung des Insolvenzverfahrens. Die dazu erforderliche Sachverhaltserforschung erfolgt dabei gemäß des Untersuchungsgrundsatzes (Inquisitionsmaxime) grundsätzlich von Amts wegen, insbesondere ist das Gericht an die Darlegungen im Insolvenzantrag nicht gebunden, sondern hat diese mit den ihm als geboten erscheinenden Mitteln auf ihre Richtigkeit zu prüfen.[1] Das Ge-

---

1 *Ganter/Bruns* in MünchKomm/InsO⁴, § 5 Rz. 11; § 22 Rz. 138; LG Mannheim v. 4.5.1999 – 1 T 50/99, NZI 2000, 490 (491); *Haarmeyer/Wutzke/Förster*, Handbuch zur InsO⁴, Kap. 3, Rz. 131 ff.

richt hat insbesondere festzustellen, ob ein Eröffnungsgrund vorliegt und eine die Kosten des Verfahrens deckende Masse vorhanden ist.

Mangels hinreichender betriebswirtschaftlicher Sachkunde und in Ermangelung eines eigenen Ermittlungsapparates ist es dem Gericht regelmäßig unmöglich, diese Feststellungen ohne Hinzuziehung externer Spezialisten zu treffen. Daher überträgt das Gericht die Ermittlung der Vermögensverhältnisse in aller Regel gem. § 5 Abs. 1 Satz 2 InsO auf einen **Sachverständigen**. Der Prüfungsauftrag eines solchen Sachverständigen orientiert sich dabei an § 22 Abs. 1 Satz 2 Ziff. 3 InsO. Je nach den regional unterschiedlichen Gepflogenheiten bestellt das Gericht den Sachverständigen zugleich zum vorläufigen Insolvenzverwalter. Als solchen trifft ihn dann die zusätzliche Pflicht, das Schuldnervermögen vor nachteiligen Änderungen bis zur Sachentscheidung über den Insolvenzantrag zu schützen und ein ggf. zum schuldnerischen Vermögen gehörendes Unternehmen unter Ausloten von Sanierungschancen einstweilen fortzuführen. Daneben bleibt der Betreffende verpflichtet, das Vorliegen von Insolvenzgründen und ggf. die Deckung der Verfahrenskosten gutachterlich festzustellen. 2.53

Die gleichzeitige Bestellung als Sachverständiger und vorläufiger Insolvenzverwalter ist fast immer zweckmäßig, weil das Insolvenzgericht einen Sachverständigen nicht mit Eingriffskompetenzen ausstatten kann. Außerdem würden die Rechtsinstitute der Sachverständigenbestellung und der Anordnung der vorläufigen Insolvenzverwaltung ansonsten in unzulässiger Weise vermischt.[1] Richtigerweise beschränkt sich die Auskunftspflicht des Schuldners im Eröffnungsverfahren gem. § 22 Abs. 3 Satz 3 InsO auf das Gericht und den vorläufigen Insolvenzverwalter, wohingegen ein Sachverständiger gegen den Willen des Schuldners weder dessen **Wohn- und Geschäftsräume** betreten, noch Bank- oder Geschäftsunterlagen einsehen darf.[2] Um den Sachverständigen mit derlei Kompetenzen ausstatten zu können, bedürfte es wegen Art. 10, 13 GG spezieller formell-rechtlicher Ermächtigungsgrundlagen. 2.54

Insbesondere in einfach gelagerten Fällen, in denen der Schuldner redlich und kooperativ ist und die Vermögensverhältnisse ohne weiteres überschaubar sind, kommt aber auch die isolierte Bestellung eines Sachverständigen ohne gleichzeitige Anordnung der vorläufigen Verwaltung in Betracht. 2.55

Zu beachten ist, dass der vom Gericht bestellte Sachverständige sowohl von dem Schuldner, als auch von dem antragstellenden Gläubiger wegen Befangenheit gem. § 4 InsO i.V.m. §§ 406 Abs. 1 Satz 1, 42 ZPO abgelehnt werden kann, beispielsweise weil der Sachverständige früher für den Schuldner oder einen Gläubiger tätig gewesen ist.[3] 2.56

---

1 *Ganter/Bruns* in MünchKomm/InsO[4], § 5 Rz. 36; *Laroche* in HeidelbergerKomm/InsO[10], § 22 Rz. 7.
2 *Laroche* in HeidelbergerKomm/InsO[10], § 22 Rz. 64 ff.; *Hauser* in Mohrbutter/Ringstmeier, Handbuch der Insolvenzverwaltung[9], § 4 Rz. 11.
3 *Ganter/Bruns* in MünchKomm/InsO[4], § 5 Rz. 34.

6. Postsperre

2.57 Um für die Gläubiger nachteilige Rechtshandlungen aufzuklären oder zu verhindern, kann das Insolvenzgericht gem. § 21 Abs. 2 Ziff. 4 InsO bereits im vorläufigen Insolvenzverfahren eine Postsperre anordnen, § 99 Abs. 1 InsO. Die Postsperre bewirkt, dass die in dem Beschluss benannten Postbeförderungsunternehmen demjenigen, gegen den sie verhängt wurde, keine Poststücke mehr zuleiten dürfen, sondern diese **dem vorläufigen Insolvenzverwalter** zu übergeben haben. Der vorläufige Insolvenzverwalter ist berechtigt, diese Poststücke zu öffnen und deren Inhalt zur Kenntnis zu nehmen, § 99 Abs. 2 InsO. Darin liegt ein Eingriff in das Grundrecht aus Art. 10 Abs. 1 GG. Das Zitiergebot ist durch § 102 InsO gewahrt. Verfassungsrechtliche Bedenken bestehen nicht.[1] Die Postsperre umfasst zwar regelmäßig nur Postsendungen; das Insolvenzgericht kann allerdings auch E-Mails in seine Anordnung mit einbeziehen.[2] Der Beschluss hat dann den Netzbetreiber und die Emailadresse zu enthalten, auf die sich die Postsperre beziehen soll.[3]

2.58 Die Anordnung einer Postsperre ist insbesondere angebracht, wenn der Schuldner die Arbeit des vorläufigen Insolvenzverwalters behindert oder unzureichende Angaben über seine Vermögensverhältnisse macht; eine Postsperre kommt vor allem in Betracht, wenn er Betriebsunterlagen verschwinden lässt.[4]

7. Untersagung und Einstellung der Zwangsvollstreckung

2.59 Nach § 21 Abs. 2 Ziff. 3 InsO können während des Eröffnungsverfahrens Maßnahmen der Zwangsvollstreckung in das **bewegliche Schuldnervermögen** untersagt bzw. einstweilen eingestellt werden. Die Einstellung erfolgt, wenn Zwangsvollstreckungsmaßnahmen bereits begonnen haben. Von der Untersagung sind Zwangsvollstreckungsmaßnahmen betroffen, die im Zeitpunkt der gerichtlichen Anordnung noch nicht begonnen haben. Untersagung und Einstellung von Zwangsvollstreckungsmaßnahmen haben vor allem den Zweck, das im Falle einer Eröffnung des Insolvenzverfahrens zur Masse gehörende Vermögen vorläufig zusammen zu halten, um die Zerschlagung betrieblich-organisatorischer Sachgesamtheiten zu verhindern und ggf. eine überlegte, günstigere Verwertungsmöglichkeit zu finden bzw. die Fortführung eines zum Schuldnervermögen gehörenden Unternehmens zu ermöglichen. Es soll verhindert werden, dass sich einzelne Gläubiger noch im Insolvenzeröffnungsverfahren rechtswirksam zwangsweise Befriedigung aus dem Schuldnervermögen verschaffen und die Haftungsmasse zum Nachteil der übrigen Gläubiger verkürzen.[5] Das Interesse der Gläubigergesamtheit an einer bestmöglichen gleichmäßigen Befriedigung (par conditio creditorum) geht insoweit dem Interesse eines einzel-

---

[1] BVerfG v. 6.11.2000 – 1 BvR 1746/00, ZIP 2000, 2311 = NZI 2001, 132 (133); *Schmidt* in HeidelbergerKomm/InsO[10], § 99 Rz. 3: verfassungsrechtlich unbedenklich, weil es den Grundrechten der Gläubiger auf effektive Justizgewährung angemessen Rechnung trägt; *Zipperer* in Uhlenbruck[15], § 99 InsO Rz. 2.
[2] Ausführlich hierzu: *Stephan* in MünchKomm/InsO[4], § 99 Rz. 20.
[3] *Schmidt* in HeidelbergerKomm/InsO[10], § 99 Rz. 8.
[4] *Laroche* in HeidelbergerKomm/InsO[10], § 21 Rz. 21.
[5] *Gerhardt* in Jaeger, § 21 InsO Rz. 4.

nen Gläubigers an der Durchführung von Zwangsvollstreckungsmaßnahmen vor. Durch diese gerichtliche Anordnung wird die im eröffneten Verfahren eintretende Vollstreckungssperre gem. § 89 InsO in das Eröffnungsverfahren vorverlagert.[1]

Auf Antrag des vorläufigen Insolvenzverwalters gem. § 30d Abs. 4 ZVG kann auch die einstweilige Einstellung von Maßnahmen der Zwangsvollstreckung in das **unbewegliche Vermögen** erfolgen.[2] Der Insolvenzverwalter muss dabei gem. § 30d Abs. 4 ZVG glaubhaft machen, dass mit der weiteren Fortführung des Versteigerungsverfahrens nachteilige Veränderungen in der Vermögenslage des Schuldners verbunden sind. Letzteres ist insbesondere der Fall, wenn Gegenstand der Immobiliarvollstreckung ein Betriebsgrundstück ist, das im Rahmen einer möglichen Sanierung des Schuldnerunternehmens benötigt wird. 2.60

8. Sonstige Maßnahmen

Da § 21 Abs. 2 InsO die denkbaren Sicherungsmaßnahmen nicht abschließend regelt, kann das Insolvenzgericht auch andere Maßnahmen anordnen, wenn es diese für erforderlich und verhältnismäßig hält. Diese Maßnahmen können beispielsweise umfassen: 2.61

– Beschlagnahme von Geschäftsräumen oder -unterlagen des Schuldners

– Kontosperre[3]

– Untersagung an die Banken, auf Schuldnerkonten Verrechnungen vorzunehmen[4]

– Befreiung vom Bankgeheimnis zugunsten des schwachen vorläufigen Insolvenzverwalters

– Befreiung vom Steuergeheimnis zugunsten des schwachen vorläufigen Insolvenzverwalters

– Befreiung eines Steuerberaters von der Pflicht zur Verschwiegenheit zugunsten des schwachen vorläufigen Insolvenzverwalters.

Die Regelung des § 21 Abs. 3 InsO erlaubt als ultima ratio sogar Beschränkungen gegenüber der Person des Schuldners. Ist zu befürchten, dass der Schuldner Handlungen vornimmt, die die Insolvenzmasse gefährden, kann er zwangsweise **vorgeführt** und in **Haft** genommen werden.[5] Dies gilt auch im Verbraucherinsolvenzverfahren und sogar bei einem Eigenantrag.[6] Die Haft stellt die einschneidendste Maßnahme dar, so dass sie nur zulässig ist, wenn weniger einschränkende Maßnahmen nicht mehr ausreichen, um den Insolvenzverfahrenszweck sicherzustellen. Au- 2.62

---

1 *Haarmeyer/Schildt* in MünchKomm/InsO[4], § 21 Rz. 71.
2 Vgl. hierzu ausführlich *Hintzen*, ZInsO 1998, 318 (319 ff.); *Jungmann*, NZI 1999, 352 (353).
3 *Foerste*, Insolvenzrecht[7], Rz. 105.
4 *Vallender* in Uhlenbruck[15], § 21 InsO Rz. 21.
5 *Gottwald* in Gottwald, Insolvenzrechts-Handbuch[5], § 130 Rz. 29.
6 *Laroche* in HeidelbergerKomm/InsO[10], § 21 Rz. 27.

ßerdem ist der Schuldner vor dieser Anordnung anzuhören.[1] Zur Sicherung der Erreichbarkeit des Schuldners und der Vermeidung einer Flucht ins Ausland ist auch der Entzug des Reisepasses oder der Eintrag eines Ausreiseverbots zulässig.[2]

9. Aufhebung von Sicherungsmaßnahmen

2.63 Die Sicherungsmaßnahmen sind aufzuheben, sobald sie nicht mehr erforderlich sind, so etwa, wenn der Insolvenzantrag mangels Masse abgewiesen wird.[3] Gemäß § 25 Abs. 1 InsO ist die Aufhebung öffentlich bekannt zu machen. Mit Eröffnung des Insolvenzverfahrens verlieren die Sicherungsmaßnahmen automatisch ihre Wirksamkeit, sie werden jedoch durch die materiell-rechtlichen Wirkungen der Verfahrenseröffnung (§§ 80 ff. InsO) adäquat ersetzt.[4]

VI. Eröffnungsgründe

Literatur *Altmeppen*, Zur Frage, ob eigenkapitalersetzende Gesellschafterleistungen im Überschuldungsstatus zu passivieren sind und zur Haftung des Geschäftsführers einer GmbH, ZIP 2001, 240; *Anton*, Fortführungsquoten im neuen Insolvenzrecht – Bewertung und Ausblick, ZInsO 2009, 506; *Burger/Schellberg*, Die Auslösetatbestände im neuen Insolvenzrecht, BB 1995, 261; *Dahl*, Die Änderung des Überschuldungsbegriffes durch Art. 5 des Finanzmarktstabilisierungsgesetzes, NZI 2008, 719; *Eckert/Happe*, Totgesagte leben länger – Die (vorübergehende) Rückkehr des zweistufigen Überschuldungsbegriffes, ZInsO 2008, 1098; *Fehst/Engels* in *Sonnleitner*, Insolvenzsteuerrecht, 2017, Kap. 2 Rn. 18 ff.; *Flöther/Wilke*, Auswirkungen des präventiven Restrukturierungsrahmens auf die Insolvenzantragstellung, NZI-Beilage 2019, 80; *Frystatzki*, Ungeklärte Probleme bei der Ermittlung der Zahlungsunfähigkeit und der neue IDW PS 800, NZI 2010, 389; *Ganter*, Die Rechtsprechung des BGH zum Insolvenzrecht im Jahr 2018, NZI 2019, 193; *Greil/Herden*, Die Eröffnungsgründe des Insolvenzverfahrens, ZJS 2010, 690; *Gruber*, Zur Frage, zu welchem Zeitpunkt die Gründe für die Eröffnung des Insolvenzverfahrens vorliegen müssen, DZWIR 2007, 154; *Henkel*, Die Prüfung des Eröffnungsgrundes durch das Insolvenzgericht bei Ableitung aus einer streitigen Verbindlichkeit, ZInsO 2011, 1237; *Laumen/Vallender*, Beweisführung und Beweislast im Insolvenzverfahren, NZI 2016, 609; *Nickert/Lamberti*, Überschuldungs- und Zahlungsunfähigkeitsprüfung, 3. Aufl. 2016; *Niesert*, Übersicht über die Rechtsprechung zu den Insolvenzgründen Zahlungsunfähigkeit und Überschuldung in 2001, ZInsO 2002, 35; *Nöll*, Das insolvenzrechtliche Stichtagsprinzip und die beschwerdegerichtliche Prüfung der materiellen Eröffnungsvoraussetzungen, ZInsO 2007, 249; *Pape*, Insolvenzgründe im Verbraucherinsolvenzverfahren, WM 1998, 2125; *Penzlin*, Kritische Anmerkungen zu den Insolvenzeröffnungsgründen der drohenden Zahlungsunfähigkeit und der Überschuldung (§§ 18 und 19 InsO), NZG 2000, 464; *Penzlin*, Kritische Anmerkungen zum Insolvenzeröffnungsgrund der Zahlungsunfähigkeit (§ 17 InsO), NZG 1999, 1203; *Piekenbrock*, Die Zukunft der Überschuldung als Insolvenzeröffnungsgrund und beim präventiven Restrukturierungsrahmen, NZI-Beilage 2019, 47; *Pohl*, Der Insolvenzgrund der Zahlungsunfähigkeit, 2010; *Roth*, Die Eröffnungsgründe im Nachlassinsolvenzverfahren, ZInsO 2009, 2265; *Rugullis*, Die Insolvenzgründe des Vereins, DZWIR 2008, 404; *Schmahl*, Zur Darstellung und Glaubhaftmachung der Forderung eines öffentlich-recht-

---

1 *Sietz* in Pape/Uhlenbruck/Voigt-Salus[2], Insolvenzrecht, Kap. 20, Rz. 17.
2 *Vallender* in Uhlenbruck[15], § 21 InsO Rz. 10; a.A. *Haarmeyer/Schildt* in MünchKomm/InsO[4], § 21 Rz. 93.
3 *Sternal* in Uhlenbruck[15], § 311 InsO Rz. 23.
4 *Kind* in Braun[8], § 25 InsO Rz. 7.

lichen Gläubigers im Insolvenzeröffnungsantrag, NZI 2007, 20; *Schmitz/Dahl*, Probleme von Überschuldung und Zahlungsunfähigkeit nach FMStG und MoMiG, NZG 2009, 567; *Tetzlaff*, Neues zum Insolvenzgrund der Zahlungsunfähigkeit, ZInsO 2007, 1334; *Trams*, Der Eröffnungsantrag, NJW-Spezial 2019, 533; *Uhlenbruck*, Der Insolvenzgrund im Verbraucherinsolvenzverfahren, NZI 2000, 15; *Zipperer*, Nichterweislichkeit des Insolvenzgrundes oder Abweisung mangels Masse – Zum Rechnen mit Unbekannten, NZI 2003, 590 ff.; Arbeitshinweise des AG Duisburg für Insolvenzsachverständige im Eröffnungsverfahren, NZI 1999, 308.

1. Erforderlichkeit der Überzeugung des Gerichts vom Vorliegen wenigstens eines Eröffnungsgrundes

Aufgrund der schwerwiegenden Eingriffe in die Rechte des Schuldners setzt § 16 InsO für die Eröffnung eines Insolvenzverfahrens zwingend das Vorliegen eines Insolvenzgrundes voraus.[1] Als Insolvenzgründe kommen gem. §§ 17 ff. InsO neben dem allgemeinen Insolvenzgrund der Zahlungsunfähigkeit, je nach Person des Antragstellers und Insolvenzsubjekts auch die drohende Zahlungsunfähigkeit und die Überschuldung in Betracht. Im Hinblick darauf hat das Insolvenzgericht den Sachverhalt im Rahmen seiner Prüfung der Begründetheit des Insolvenzantrages amtswegig zu ermitteln.[2] Das Gericht bedient sich dabei oft externer Hilfe, indem es einen Sachverständigen (§ 5 InsO) beauftragt. Das schriftliche Gutachten des Sachverständigen bildet später die Grundlage, auf der das Insolvenzgericht sachlich über die Frage der Verfahrenseröffnung entscheidet. Demgemäß hat der Sachverständige die rechtlichen und wirtschaftlichen Verhältnisse des Schuldners, die Ursachen der Krise und die aktuelle Situation umfassend zu ermitteln und anschaulich darzulegen.

2.64

Um das Insolvenzverfahren eröffnen zu können, muss das Vorliegen wenigstens eines Insolvenzeröffnungsgrundes zur Überzeugung des Gerichts feststehen.[3]

2.65

2. Zahlungsunfähigkeit (§ 17 InsO)

§ 17 InsO enthält den allgemeinen Eröffnungsgrund der Zahlungsunfähigkeit. Allgemeiner Eröffnungsgrund bedeutet, dass dieser Insolvenzgrund bei Schuldnern aller Art in Betracht kommt, unabhängig davon ob es sich um eine natürliche oder juristische Person oder eine Gesellschaft ohne Rechtspersönlichkeit handelt.[4] Die Zahlungsunfähigkeit ist in der Praxis der häufigste Insolvenzgrund.[5]

2.66

Als Zahlungsunfähigkeit wird ein Zustand bereits eingetretener Illiquidität bezeichnet, der durch eine vorhandene Liquiditätslücke gekennzeichnet ist.[6] Nach der Legaldefinition des § 17 Abs. 2 Satz 1 InsO liegt Zahlungsunfähigkeit vor, wenn der Schuldner zur Erfüllung seiner fälligen Zahlungspflichten nicht in der Lage ist. Aus

2.67

---

1 *Pape* in Pape/Uhlenbruck/Voigt-Salus[2], Insolvenzrecht, Kap. 17, Rz. 1.
2 *Bork*, Einführung in das Insolvenzrecht[9], Rz. 55, 101.
3 BGH v. 26.4.2007 – IX ZB 86/06, ZInsO 2007, 1275; *Frege/Keller/Riedel*, Insolvenzrecht[8], Rz. 300.
4 *Bork*, Einführung in das Insolvenzrecht[9], Rz. 102.
5 *Paulus*, Insolvenzrecht[3], S. 69.
6 *Schmittmann* in Waza/Uhländer/Schmittmann, Insolvenzen und Steuern[12], Rz. 212 ff.

dem Wortlaut lässt sich ableiten, dass die Begriffsbestimmung auf Basis rein objektiver Merkmale erfolgt.[1] Unter die Zahlungspflichten i.S.d. § 17 Abs. 2 Satz 1 InsO fallen alle persönlichen Verbindlichkeiten des Schuldners, die auf Zahlung von Geld gerichtet sind.[2] Grundsätzlich können jedoch auch nicht geleistete Sach- oder Dienstleistungen in dem Maß Berücksichtigung finden, wie sie Schadensersatzansprüche in Geld begründen, die von dem Schuldner nicht befriedigt werden können.[3] Die Verbindlichkeiten müssen einrede- und einwendungsfrei bestehen und fällig sein.[4] Die Voraussetzungen der Fälligkeit richten sich dabei zunächst nach den allgemeinen Vorschriften des § 271 BGB. Demnach steht eine wirksam vereinbarte Stundung der Fälligkeit der Zahlungspflicht entgegen, so dass gestundete Forderungen bei der Beurteilung der Zahlungsunfähigkeit nicht zu berücksichtigen sind.[5] Auf der anderen Seite setzt Fälligkeit nicht voraus, dass sich der Schuldner mit der betreffenden Zahlungspflicht bereits in Verzug befindet.[6]

2.68 Fälligkeit i.S.d. § 17 Abs. 2 InsO setzt zusätzlich zu den allgemeinen zivilrechtlichen Anforderungen voraus, dass der Gläubiger die Forderung auch „ernsthaft einfordert".[7] Entgegen zunächst anderslautender Literaturmeinungen[8] hält der BGH damit an seiner bereits zur Konkursordnung ergangenen Rechtsprechung fest. Danach ist zur Begründung insolvenzrechtlicher Fälligkeit grundsätzlich eine Zahlungsaufforderung, etwa in Form einer Rechnung, erforderlich. Ein ernsthaftes Einfordern liegt demgegenüber dann nicht vor, wenn der Gläubiger in eine spätere oder nachrangige Befriedigung einwilligt. Im konkreten Fall sah der BGH die Forderung eines Steuerberaters als nicht fällig an, weil dieser sich mit dem Schuldner darauf verständigt hatte, dass dieser die Forderung „im Rahmen seiner finanziellen Möglichkeiten" begleicht.

2.69 Der Schuldner ist zur Zahlung nicht in der Lage, wenn eine Liquiditätslücke zwischen den verfügbaren Zahlungsmitteln auf der einen und den fälligen Zahlungspflichten auf der anderen Seite besteht.[9] Das Unvermögen zur Leistung muss auf einem objektiven Mangel an auszugebenden Zahlungsmitteln beruhen.[10] Man bezeichnet die Zahlungsunfähigkeit deshalb auch als „Geldilliquidität".[11] Wann jedoch ein Unvermögen i.S.d. § 17 Abs. 2 Satz 1 InsO vorliegt, ist der Legaldefinition nicht zu entnehmen. Insbesondere bleibt unklar, wie lange die Liquiditätslücke des Schuldners anhalten darf, bis eine vorübergehende Zahlungsstockung in eine Zahlungsunfä-

---

1 *Eilenberger* in MünchKomm/InsO⁴, § 17 Rz. 6.
2 *Frege/Keller/Riedel*, Insolvenzrecht⁸, Rz. 302.
3 *Müller* in Jaeger, § 17 InsO Rz. 6.
4 *Eilenberger* in MünchKomm/InsO⁴, § 17 Rz. 7.
5 *Frege/Keller/Riedel*, Insolvenzrecht⁸, Rz. 304.
6 *Eilenberger* in MünchKomm/InsO³, § 17 Rz. 7.
7 BGH v. 19.7.2007 – IX ZB 36/07, ZIP 2007, 1666 = BGHZ 173, 286; v. 22.5.2014 – IX ZR 95/13, ZIP 2014, 1289; v. 18.7.2013 – IX ZR 143/12; v. 19.12.2017 – II ZR 88/16, NZI 2018, 204; v. 10.7.2018 – 1 StR 605/16, NStZ 2019, 83.
8 Vgl. *Uhlenbruck* in Uhlenbruck¹⁵, § 17 InsO Rz. 123.
9 *Müller* in Jaeger, § 17 InsO Rz. 19.
10 *Müller* in Jaeger, § 17 InsO Rz. 14.
11 *Uhlenbruck* in Gottwald, Insolvenzrechts-Handbuch⁵, § 6 Rz. 5.

higkeit umschlägt. Zum anderen stellt sich die Frage, ob jede noch so geringfügige Liquiditätslücke zur Annahme einer Zahlungsunfähigkeit ausreicht.[1]

Die Rechtsprechung hatte lange keine eindeutigen Kriterien entwickelt, wie der insolvenzrechtliche Zeitpunkt der Zahlungsunfähigkeit präzise zu definieren ist. Orientierungspunkt war in der Regel die frühere BGH-Rechtsprechung zur Konkurs- und Gesamtvollstreckungsordnung, nach der eine vorübergehende Zahlungsstockung jedenfalls dann nicht mehr vorlag, wenn der Schuldner in einem Zeitraum von vier Wochen seine fälligen Verbindlichkeiten bzw. 3/5 der fälligen Verbindlichkeiten nicht begleichen konnte.[2] Erst im Rahmen seines Grundsatzurteils vom 24.5.2005[3] hat der BGH dazu Stellung genommen, wie lange das Unvermögen des Schuldners zur Begleichung seiner Verbindlichkeiten anhalten darf, damit noch eine **vorübergehende Zahlungsstockung** vorliegt. Eine vorübergehende Zahlungsunterbrechung und damit eine unschädliche Zahlungsstockung liegt nach der BGH-Entscheidung nur dann vor, wenn sie voraussichtlich innerhalb eines Zeitraums von drei Wochen beseitigt werden kann. Dies entspricht dem Zeitraum, den eine kreditwürdige Person üblicherweise benötigt, um sich die benötigen Mittel bei seiner Bank bzw. am Geldmarkt zu verschaffen.[4] Eine Zahlungsstockung schlägt in Zahlungsunfähigkeit um, wenn nach Ablauf dieser dreiwöchigen Frist nicht alle Gläubiger befriedigt werden oder eine Befriedigung mit an Sicherheit grenzender Wahrscheinlichkeit in einem für die Gläubiger zumutbaren Zeitraum nicht zu erwarten ist.[5] Nach dem Willen des Gesetzgebers sollen jedoch quantitativ **geringfügige Liquiditätslücken** außer Acht bleiben.[6] Beträgt eine innerhalb von drei Wochen nicht zu beseitigende Liquiditätslücke des Schuldners weniger als 10 % seiner fälligen Gesamtverbindlichkeiten, ist regelmäßig von Zahlungsstockung auszugehen.[7] Werte von 10 % und mehr lassen widerlegbar das Vorliegen einer Zahlungsunfähigkeit vermuten, stellen jedoch keine starre Grenze dar.[8] Eine Zahlungsunfähigkeit liegt z.B. trotz einer Liquiditätslücke von 10 % und mehr ausnahmsweise dann nicht vor, wenn mit an Sicherheit grenzender Wahrscheinlichkeit zu erwarten ist, dass die Liquiditätslücke demnächst – in einem überschaubaren Zeitraum von mehr als drei Wochen – vollständig oder fast vollständig beseitigt wird und den Gläubigern ein Zuwarten nach den besonderen Umständen des Einzelfalles z.B. bei einer positiven Zukunftsprognose, zuzumuten ist.[9]

2.70

---

1 *Neumaier*, NJW 2005, 3041 (3042).
2 BGH v. 9.1.2003 – IX ZR 175/02, ZIP 2003, 410 = NJW-RR 2003, 697 (699).
3 BGH v. 24.5.2005 – IX ZR 123/04, NJW 2005, 3062 (3064); s. auch BGH v. 19.12.2017 – II ZR 88/16, NZI 2018, 204.
4 So auch: *Laroche* in HeidelbergerKomm/InsO[10], § 17 Rz. 18.
5 BGH v. 8.10.1998 – IX ZR 337, ZIP 1998, 2008; v. 10.7.2018 – 1 StR 605/16, NStZ 2019, 83; *Eilenberger* in MünchKomm/InsO[4], § 17 Rz. 5.
6 *Frege/Keller/Riedel*, Insolvenzrecht[8], Rz. 309.
7 BGH v. 9.10.2012 – II ZR 298/11, ZIP 2012, 2391; v. 24.5.2005 – IX ZR 123/04, NJW 2005, 3062 (3063); v. 10.7.2018 – 1 StR 605/16, NStZ 2019, 83; *Kirchhof* in HeidelbergerKomm/InsO[10], § 17 Rz. 118; *Schmerbach* in FrankfurterKomm/InsO[9], § 17 Rz. 28.
8 BGH v. 18.7.2013 – IX ZR 143/12, ZIP 2013, 2015 = NZI 2013, 932; OLG Bdb. V. 19.6.2019 – 7 U 15/18, juris; *Schmerbach* in FrankfurterKomm/InsO[9], § 17 Rz. 28.
9 *Neumaier*, NJW 2005, 3041 (3042).

2.71 Abzugrenzen ist die Zahlungsunfähigkeit von der bloßen **Zahlungsunwilligkeit**, die gesetzlich nicht geregelt ist.[1] Sie liegt vor, wenn der Schuldner trotz vorhandener Geldliquidität seine fälligen Verpflichtungen nicht begleicht, was einen Fall der Leistungsverweigerung darstellt. Im Gegensatz hierzu setzt die Zahlungsunfähigkeit gem. § 17 InsO den objektiven Mangel an Zahlungsmitteln voraus.[2] Auf subjektive Merkmale beim Schuldner kommt es nicht an.[3] Stehen dem Schuldner demnach ausreichende liquide Mittel zur Verfügung, und zahlt der Schuldner beispielsweise aufgrund von Einreden oder schlichter Böswilligkeit nicht, besteht keine insolvenzrechtliche Zahlungsunfähigkeit.[4] Der Gläubiger eines zahlungsunwilligen Schuldners wird sich daher vielmehr auf die Einzelzwangsvollstreckung verweisen lassen müssen.[5]

2.72 Da in der Praxis häufig eine Zahlungsunwilligkeit nur vorgeschoben wird, um eine tatsächlich schon bestehende Zahlungsunfähigkeit zu verheimlichen, muss hier eine sorgfältige Prüfung im Insolvenzantragsverfahren durch das Insolvenzgericht bzw. den dafür bestellten Sachverständigen erfolgen. Grundsätzlich trägt der Antragsteller die materielle Beweislast für die Zahlungsunfähigkeit.[6] Da der Nachweis der Zahlungsunfähigkeit für den antragstellenden Gläubiger jedoch nur schwer zu erbringen sein wird, begründet die Zahlungseinstellung des Schuldners gem. § 17 Abs. 2 Satz 2 InsO die **gesetzliche und widerlegbare Vermutung** für das Vorliegen von Zahlungsunfähigkeit.[7] Daneben können sich Indizien für eine Zahlungseinstellung auch beispielsweise aus der Schließung des schuldnerischen Geschäftslokals ohne ordnungsgemäße Abwicklung, der Verhaftung des Schuldners, Nichtbezahlung notwendiger Betriebskosten wie Miete oder Sozialversicherungsabgaben oder der Häufung von Pfändungen oder häufigen Wechselprotesten ergeben.[8]

2.73 Maßgeblicher **Zeitpunkt** für die Feststellung der Zahlungsunfähigkeit ist nach ganz überwiegender Meinung der Moment der **Entscheidung des Insolvenzgerichts**, wie er im Eröffnungsbeschluss mit Datum und Zeit beurkundet ist.[9] Zu diesem Zeitpunkt muss der Schuldner nach der Überzeugung des Gerichts zahlungsunfähig sein, also dauerhaft seine fälligen Verbindlichkeiten nicht mehr begleichen können. Nicht abzustellen ist hingegen auf den Zeitpunkt der Antragstellung.[10] Somit ist das Verfahren selbst dann zu eröffnen, wenn der Schuldner bei Antragstellung noch nicht

---

1 *Uhlenbruck* in Gottwald, Insolvenzrechts-Handbuch[5], § 6 Rz. 8.
2 *Müller* in Jaeger, § 17 InsO Rz. 13.
3 *Bußhardt* in Braun[8], § 17 InsO Rz. 35f.
4 *Mock* in Uhlenbruck[15], § 17 InsO Rz. 176 ff.
5 *Bußhardt* in Braun[8], § 17 InsO Rz. 35.
6 BGH v. 15.3.2012 – IX ZR 239/09, ZIP 2012, 735 = NZI 2012, 416; v. 12.9.2019 – IX ZR 342/18, NZI 2019, 850; *Eilenberger* in MünchKomm/InsO[4], § 17 Rz. 28.
7 *Bußhardt* in Braun[8], § 17 InsO Rz. 45; BGH v. 6.7.2017 – IX ZR 178/16, NZI 2017, 850; v. 12.9.2019 – IX ZR 342/18, NZI 2019, 850; v. 12.10.2017 – IX ZR 50/15, NJW 2018, 396.
8 *Frege/Keller/Riedel*, Insolvenzrecht[8], Rz. 324; *Foerste*, Insolvenzrecht[7], Rz. 110.
9 BGH v. 27.7.2006 – IX ZB 204/04, BGHZ 169, 17 = ZIP 2006, 1957; OLG München v. 28.2.2019 – 34 Wx 318/18, NZI 2019, 358; *Bork*, Einführung in das Insolvenzrecht[9], Rz. 104; *Vuia* in MünchKomm/InsO[4], § 16 Rz. 41; ausführlich zum Ganzen: *Nöll*, ZInsO 2007, 249 (249 ff.).
10 Vgl. *Mönning/Gutheil* in Nerlich/Römermann, § 17 InsO Rz. 32.

zahlungsunfähig war, es aber im Laufe des Eröffnungsverfahrens wurde.[1] Bei zwischenzeitlichem Wegfall der Zahlungsunfähigkeit ist der Antrag hingegen als unbegründet zurückzuweisen.

3. Drohende Zahlungsunfähigkeit, § 18 InsO

§ 18 InsO enthält den Insolvenzeröffnungsgrund der drohenden Zahlungsunfähigkeit. Während bei der drohenden Zahlungsunfähigkeit im Rahmen einer Zukunftsprognose auch alle derzeit noch nicht fälligen Zahlungspflichten, sowie alle bereits voraussehbaren aber noch nicht begründeten Verbindlichkeiten erfasst werden (z.B. Lohnansprüche), sind im Rahmen des § 17 Abs. 2 Satz 1 InsO lediglich alle bereits fällig gewordenen Zahlungspflichten zu berücksichtigen.[2] Im Falle der drohenden Zahlungsunfähigkeit ist der Schuldner nicht zur Antragstellung verpflichtet.[3] Einem Gläubiger steht bei bloß drohender Zahlungsunfähigkeit noch kein Antragsrecht zu.

2.74

Zweck dieses Eröffnungsgrundes ist es, eine Möglichkeit für den Schuldner zu schaffen, bei einer sich für die Zukunft abzeichnenden Insolvenz bereits frühzeitig verfahrensrechtliche Maßnahmen zu seiner Sanierung einzuleiten.[4] Der Prognosezeitraum wird in der Regel begrenzt durch das Fälligwerden der letzten gegenwärtig bestehenden Verbindlichkeit, wobei eine Prognose über einen längeren Zeitraum als ein bis zwei Jahre kaum zuverlässig sein wird.[5] In die Prognose muss die gesamte Entwicklung der Finanzlage des Schuldners mit einbezogen werden. Vorhandene Liquidität und zu erwartende Einnahmen sind denjenigen Verbindlichkeiten gegenüberzustellen, die in einem überschaubaren Zeitraum voraussichtlich fällig werden. Auf dieser Grundlage ist zu prüfen, ob der Eintritt der Zahlungsunfähigkeit wahrscheinlicher ist als deren Vermeidung, d.h. die Wahrscheinlichkeit des Eintritts der Zahlungsunfähigkeit muss über 50 % liegen.[6]

2.75

4. Überschuldung (§ 19 InsO)

a) Gesetzliche Definition

Bei juristischen Personen und diesen nach § 11 Abs. 1 Satz 2 InsO gleichgestellten nicht rechtsfähigen Vereinen kommt neben dem allgemeinen Eröffnungsgrund der Zahlungsunfähigkeit auch die Überschuldung als Eröffnungsgrund (§ 19 Abs. 1 InsO) in Betracht. Gleiches gilt gem. § 19 Abs. 3 InsO für Personengesellschaften, bei denen – wie bei der GmbH & Co. KG – keine natürliche Person persönlich haftet, und gem. § 320 InsO für Nachlässe.

2.76

---

1 *Laroche* in HeidelbergerKomm/InsO[10], § 16 Rz. 16.
2 *Bork*, Einführung in das Insolvenzrecht[9], Rz. 107.
3 *Schröder* in HamburgerKomm/InsO[7], § 18 Rz. 4.
4 *Laroche* in HeidelbergerKomm/InsO[10], § 18 Rz. 1; *Schröder* in HamburgerKomm/InsO[7], § 18 Rz. 1.
5 *Laroche* in HeidelbergerKomm/InsO[10], § 18 Rz. 7, 8.
6 *Spliedt* in Runkel, Anwalts-Handbuch Insolvenzrecht[3], § 1 Rz. 102; *Bork*, Einführung in das Insolvenzrecht[9], Rz. 107; ausführlich: Begr. RegE zu § 22 RegE in *Balz/Landfermann*, S. 91.

2.77 Überschuldung liegt nach der Legaldefinition des § 19 Abs. 2 InsO immer dann vor, wenn das Vermögen des Schuldners die bestehenden Verbindlichkeiten nicht mehr deckt. Maßgeblicher Bezugszeitpunkt für die Überschuldungsprüfung ist der Moment der Verfahrenseröffnung, in aller Regel also der Tag der insolvenzgerichtlichen Entscheidung über den Eröffnungsantrag.[1]

b) Überschuldungsprüfung nach früherem Recht

2.78 Die Ermittlung der Überschuldung erfolgte anhand des Schuldendeckungsprinzips mit Hilfe der Erstellung einer **Überschuldungsbilanz**.[2] In dieser waren Aktiva und Passiva einander wertmäßig gegenüber zu stellen.[3] Dabei waren die aufzunehmenden Gegenstände des Aktivvermögens zunächst mit Liquidationswerten anzusetzen, d.h. denjenigen Werten, die sich bei einer Einzelveräußerung im Zuge einer Zerschlagung des Unternehmens für jeden einzelnen Gegenstand erzielen ließen.[4] Ergab sich daraus rechnerisch eine Überschuldung, so war getreu dem Wortlaut des § 19 Abs. 2 InsO a.F. auf zweiter Stufe eine Fortführungsprognose zu erstellen (sog. mehrstufige Überschuldungsprüfung). Dabei war zu ermitteln, ob eine Fortführung überwiegend wahrscheinlich ist. Maßgebend für die Fortführungsprognose war, ob sich ein ordentlicher Geschäftsführer auf der Grundlage einer gewissenhaften, sachkundigen Prüfung aller am Stichtag erkennbaren wesentlichen Umstände für eine Fortführung des Unternehmens entscheiden würde.[5] Wurde diese Frage verneint, stand die Überschuldung fest. Wurde sie bejaht, war eine zweite Überschuldungsbilanz zu erstellen. In dieser waren die Aktiva mit ihren in der Regel höheren Fortführungswerten (sog. „Going-concern-Werte") anzusetzen.[6] Ergab auch diese Prüfung, dass die Aktiva die Verbindlichkeiten nicht voll abdeckten, lag der Eröffnungsgrund der Überschuldung vor. Anderenfalls war der Antrag als unbegründet abzuweisen.

2.79 Die Feststellung der Überschuldung erfolgt anhand einer **besonderen Berechnung**. Für diesen sog. Überschuldungsstatus gelten gänzlich andere Grundsätze als im Rahmen der handelsrechtlichen Bilanzierung nach §§ 253 ff. HGB. Eine handelsrechtliche Unterbilanz, die dadurch gekennzeichnet ist, dass das Reinvermögen die Eigenkapitalziffer nicht mehr erreicht, kann allenfalls indizielle Bedeutung für das Vorliegen einer Überschuldung haben und den Geschäftsführer verpflichten, eine Überschuldungsprüfung vorzunehmen. In der Überschuldungsbilanz ist das vorhandene Vermögen realistisch abzubilden. Abschreibungen auf Wirtschaftsgüter sind unerheblich. Alle stillen Reserven (einschließlich eines etwaigen „good-will") und Lasten der Bilanzwerte sind aufzulösen und die tatsächlich erzielbaren Marktpreise anzuset-

---

[1] *Schröder* in HamburgerKomm/InsO[7], § 19 Rz. 10, 15; ausführlich zum Ganzen *Nöll*, Z-InsO 2007, 249 (249). Danach hat sich auch eine denkbare beschwerdegerichtliche Überprüfung auf den Tag der insolvenzgerichtlichen Entscheidung (rück-)zu beziehen, d.h. etwaige zwischenzeitliche Entwicklungen außer Betracht zu belassen.
[2] Dazu ausführlich: *Harz*, ZInsO 2001, 193 (198 ff.).
[3] *Schröder* in HamburgerKomm/InsO[7], § 19 Rz. 14.
[4] *Schmerbach* in FrankfurterKomm/InsO[9], § 19 Rz. 12.
[5] *Schmerbach* in FrankfurterKomm/InsO[9], § 19 Rz. 35 ff.
[6] *Bork*, Einführung in das Insolvenzrecht[9], Rz. 110, 111.

zen. Bei der Bewertung eines Grundstückes kann bei Zugrundelegung von Fortführungswerten auf den nach der Ertragswertmethode zu bestimmenden objektiven Verkehrswert zurückgegriffen werden. Andernfalls wäre auf den gegenwärtig tatsächlich am Markt für vergleichbare Objekte zu erzielenden Preis abzustellen. Soweit bei der Ermittlung des Wertes von Roh-, Hilfs- und Betriebsstoffen sowie Halb- und Fertigerzeugnissen, Liquidationswerte anzusetzen wären, wäre der Zeitwert der Produkte maßgeblich. Wären Fortführungswerte zugrunde zu legen, wären demgegenüber die am Markt künftig durchsetzbaren Verkaufspreise der Endprodukte unter Abzug aller noch anfallenden Stückkosten anzusetzen. Bei der Verwertung der Außenstände (Debitoren) ist besonderes Augenmerk auf Verjährung und die Bonität der Schuldner zu richten. Im Überschuldungsstatus aktivierbar sind auch offene Einlageforderungen gegen Gesellschafter. Gleiches gilt theoretisch auch für gesellschaftsrechtliche Ansprüche gegen Gesellschafter und Geschäftsführer wegen fehlerhafter Kapitalaufbringung, Verstoßes gegen das Auszahlungsverbot der §§ 30 f. GmbHG oder der Abgabe einer Patronatserklärung. Voraussetzung ist, dass der jeweilige Anspruch nicht – wie dies beispielsweise bei dem Anspruch auf Ersatz von Insolvenzverschleppungsschäden gem. §§ 823 Abs. 2 BGB i.V.m. § 15a InsO der Fall ist – seinerseits die Eröffnung des Insolvenzverfahrens voraussetzt. Vorinsolvenzlich nicht aktivierbar und daher nicht in den Überschuldungsstatus aufzunehmen sind daher insbesondere insolvenzrechtliche Anfechtungsansprüche.

Auf der **Passivseite der Überschuldungsbilanz** sind sämtliche bestehenden Verbindlichkeiten zu berücksichtigen, die im Fall der Verfahrenseröffnung Insolvenzforderungen wären. Die zivilrechtliche Fälligkeit spielt in dem Zusammenhang keine Rolle, mit der Folge, dass auch gestundete Forderungen zu berücksichtigen wären. Der Ansatz von Verbindlichkeiten erfolgt grundsätzlich zum Nennwert. Durch Dritte gesicherte Verbindlichkeiten sind in den Überschuldungsstatus einzustellen, soweit der Dritte im Fall seiner Inanspruchnahme – wie es meist der Fall sein dürfte – einen Rückgriffsanspruch gegen den Schuldner hätte. Verbindlichkeiten aus schwebenden Geschäften sind bei positiver Fortführungsprognose mit dem Wert des zur Erbringung der schuldnerseits geschuldeten Leistung erforderlichen Aufwandes zu passivieren. Ist das Unternehmen aufgrund der wirtschaftlichen Schieflage nicht mehr in der Lage oder willens, schwebende Aufträge auszuführen, sind entsprechende Schadensersatzansprüche wegen Nichterfüllung zu berücksichtigen. Eventualverbindlichkeiten wie z.B. solche aus der Begebung von Wechseln, Bürgschaften oder Gewährleistungspflichten sind insoweit zu passivieren, wie mit einer Inanspruchnahme zu rechnen ist. Nicht zu passivieren sind **Eigenkapitalpositionen** sowie die Kosten des Insolvenzverfahrens gem. § 54 InsO. Fremdkapital, das dem Unternehmen von Gesellschafterseite zur Verfügung gestellt wurde, ist unabhängig von einem etwaigen eigenkapitalersetzenden Charakter immer zu passivieren. Etwas anderes gilt nur bei der Vereinbarung eines sog. qualifizierten Rangrücktritts. Hiervon spricht man, wenn der Gläubiger mit seiner Forderung hinter alle sonstigen Gläubiger zurücktritt und sich zugleich verpflichtet, seine Forderung gegenüber der Gesellschaft so lange nicht geltend zu machen wie deren Befriedigung zu einer Überschuldung führen würde.[1]

2.80

---

[1] S. hierzu die Grundsatzentscheidung des BGH v. 8.1.2001 – II ZR 88/88, NZI 2001, 196 (198).

c) Änderungen durch Finanzmarktstabilisierungsgesetz

2.81 Als Reaktion auf die globale Finanzkrise und die damit verbundenen Auswirkungen auf die Realwirtschaft wurde § 19 Abs. 2 InsO durch Art. 5 des Gesetzes zur Errichtung eines Finanzmarktstabilisierungsfonds vom 17.10.2008[1] geändert.[2]

2.82 Überschuldung liegt danach nur dann vor, „wenn das Vermögen des Schuldners die bestehenden Verbindlichkeiten nicht mehr deckt, es sei denn, die Fortführung des Unternehmens ist nach den Umständen überwiegend wahrscheinlich". Bei diesem neuen Überschuldungsbegriff stehen Schuldendeckungsprinzip und Fortführungsprognose somit zunächst nebeneinander, entscheidend ist jedoch die Fortführungsprognose. Man spricht von einer sog. zweistufigen modifizierten Überschuldungsprüfung.[3]

2.83 Einstweilen frei.

2.84 Für den Schuldner besteht eine positive Fortführungsprognose, wenn die Fortführung nach den Umständen überwiegend wahrscheinlich ist. Es geht hierbei um mehr als eine reine Liquiditätsprüfung. Die Fortführung muss nach den „gesamten Umständen" überwiegend wahrscheinlich sein, so dass neben der **Liquidität** auch das **Unternehmenskonzept** und die Ertragsfähigkeit eine gewichtige Rolle spielen.[4] Überwiegende Wahrscheinlichkeit der Fortführung bedeutet dabei, dass diese zu mehr als 50 % vorliegen muss.[5] Kriterien sind dabei der Fortführungswille des Schuldners bzw. seiner Organe sowie die objektive Überlebensfähigkeit des Unternehmens, welche aus einem aussagekräftigen Unternehmenskonzept mit entsprechender Ertrags- und Finanzplanung herzuleiten ist, aus der erkennbar ist, dass das Unternehmen mittelfristig Überschüsse erzielen wird, aus denen die gegenwärtigen und künftigen Verbindlichkeiten gedeckt werden können.[6] Ein fehlender Fortführungswille des Schuldners bzw. seiner Organe kann außer Betracht bleiben, wenn das Unternehmen zum Zweck der Fortführung veräußert werden kann.[7] Die Dauer des Prognosezeitraums ist nach h.M.[8] aus Praktikabilitätsgründen grundsätzlich auf

---

1 FMStG; BGBl. I 2008, 1982.
2 Siehe hierzu ausführlich: *Möhlmann-Mahlau/Schmitt*, Der „vorübergehende" Begriff der Überschuldung, NZI 2009, 19; *Wazlawik*, Die Überschuldung als Eröffnungsgrund, NZI 2012, 98.
3 *Schröder* in HamburgerKomm/InsO[7], § 19 Rz. 9 ff.
4 *Schröder* in HamburgerKomm/InsO[7], § 19 Rz. 18 ff.
5 *Laroche* in HeidelbergerKomm/InsO[10], § 19 Rz. 11.
6 BGH v. 9.10.2006 – II ZR 303/05, ZIP 2006, 2171 = ZInsO 2007, 36 (37); OLG Naumburg v. 20.8.2003 – 5 U 67/03, ZInsO 2004, 512 (513); LG Göttingen v. 3.11.2008 – 10 T 119/08, ZIP 2009, 382 = NZI 2008, 751 (752); OLG Hamburg v. 9.11.2018 – 11 U 136/17, ZInsO 2018, 2811; BGH v. 23.1.2018 – II ZR 246/15, NZG 2018, 427; *Schröder* in HamburgerKomm/InsO[7], § 19 Rz. 21.
7 *Mönning* in Nerlich/Römermann, § 19 InsO Rz. 19; *Laroche* in HeidelbergerKomm/InsO[10], § 19 Rz. 9.
8 *Laroche* in HeidelbergerKomm/InsO[10], § 19 Rz. 9; *Schmerbach* in FrankfurterKomm/InsO[9], § 19 Rz. 41; *Müller* in Jaeger, § 19 InsO Rz. 37; *Drukarczyk/Schüler* in MünchKomm/InsO[4], § 19 Rz. 96.

das laufende und folgende Geschäftsjahr beschränkt, wobei jedoch unter Berücksichtigung der Umstände des Einzelfalls durchaus ein längerer oder kürzerer Prognosezeitraum angebracht sein kann.[1]

d) Beweislast

Sowohl für die frühere Fassung des § 19 Abs. 2 InsO als auch bezüglich der Neufassung gilt, dass die Fortführung als gesetzlicher Ausnahmefall anzusehen ist („es sei denn"-Formulierung in § 19 Abs. 2 InsO), so dass **im Zweifel von einer rechtlichen Überschuldung auszugehen** ist. Wird die Geschäftsleitung wegen Insolvenzverschleppung in Anspruch genommen, so obliegt es ihr, die Umstände darzulegen und gegebenenfalls zu beweisen, aus denen sich eine positive Fortführungsprognose herleiten ließ.[2]

2.85

Hinweis:

Der Berater des Krisenunternehmens sollte deswegen die laufende Überschuldungsprüfung ständig – auch für Dritte nachvollziehbar – dokumentieren. Wenn es später trotz zunächst angenommener positiver Fortführungsprognose zur Insolvenzeröffnung kommt, könnten sonst Haftungsgefahren drohen, allein wegen der fehlenden Dokumentation.

e) Praktische Bedeutung des Insolvenzgrundes der Überschuldung

Zahlungsunfähigkeit und Überschuldung liegen häufig, aber nicht zwingend gleichzeitig vor. Es ist durchaus möglich, dass ein Schuldner trotz fehlender Überschuldung zahlungsunfähig ist, beispielsweise wenn werthaltige Aktiva gebunden sind und weder als Kreditmittel benutzt, noch veräußert werden können.[3] Umgekehrt kann trotz fehlender Zahlungsunfähigkeit Überschuldung gegeben sein, beispielsweise wenn eine überschuldete GmbH noch über eine offene Kreditlinie verfügt. Gerade in letzterem Beispiel kann der Eröffnungsgrund der Überschuldung den Insolvenzzeitpunkt häufig vorverlegen.[4] Allerdings ist die praktische Bedeutung des Insolvenzgrundes der Überschuldung nicht sehr hoch und spielt bei Antragstellungen eine untergeordnete Rolle. Insbesondere bei Gläubigeranträgen ist die Überschuldung für Außenstehende nur schwer glaubhaft zu machen.[5] Selbst in den Fällen, in denen der Antrag mit dem Eintritt der Überschuldung begründet wird, liegt regelmäßig auch Zahlungsunfähigkeit vor.[6]

2.86

---

1 *Schröder* in HamburgerKomm/InsO[7], § 19 Rz. 27.
2 *Müller* in Jaeger, § 19 InsO Rz. 41.
3 *Bork*, Einführung in das Insolvenzrecht[9], Rz. 112.
4 *Bork*, Einführung in das Insolvenzrecht[9], Rz. 112; vgl. ausführlich dazu auch *Drukarczyk/Schüler* in MünchKomm/InsO[4], § 19 Rz. 15 ff.
5 *Mönning* in Nerlich/Römermann, § 19 InsO Rz. 7; *Schmerbach* in FrankfurterKomm/InsO[9], § 19 Rz. 3; *Drukarczyk/Schüler* in MünchKomm/InsO[4], § 19 Rz. 138.
6 *Schmerbach* in FrankfurterKomm/InsO[9], § 19 Rz. 3.

VII. Abschließende Entscheidung des Insolvenzgerichts

1. Entscheidung des Gerichts

2.87 Kommt das Insolvenzgericht aufgrund des Sachverständigengutachtens oder kraft eigener Prüfung zu dem Ergebnis, dass ein Insolvenzgrund vorliegt, eröffnet es das Insolvenzverfahren gem. § 27 InsO, sofern eine zumindest die Verfahrenskosten deckende Insolvenzmasse vorhanden ist. Fehlt es an letzterer Voraussetzung, ist der Insolvenzantrag gem. § 26 InsO mangels Masse abzuweisen, sofern nicht der Antragsteller einen Verfahrenskostenvorschuss leistet. Bei unzulässigem Antrag oder Fehlen eines Insolvenzgrundes wird der Antrag als unzulässig bzw. unbegründet zurückgewiesen.

2. Eröffnungsbeschluss

2.88 Ist ein zulässiger Insolvenzeröffnungsantrag gestellt, so muss das Insolvenzgericht das Insolvenzverfahren eröffnen, wenn ein Insolvenzgrund vorliegt und eine die Verfahrenskosten deckende Masse vorhanden ist; ein Ermessensspielraum besteht in diesem Fall nicht.[1] Die Eröffnung darf jedoch u.U. hinausgezögert werden, um den Insolvenzgeldzeitraum auszuschöpfen.[2] Die Entscheidung ergeht durch Beschluss, gegen welchen dem Schuldner die sofortige Beschwerde nach § 34 InsO zusteht, wenn er nicht selbst Antragsteller war. Der Beschluss über die Eröffnung des Insolvenzverfahrens schließt das Eröffnungsverfahren formell ab und ist somit gleichzeitig die verfahrensmäßige Grenze für eine Antragsrücknahme gem. § 13 Abs. 2 InsO oder eine Erledigungserklärung des Antragstellers.[3]

2.89 Der Beschluss ist gem. § 30 Abs. 1 InsO öffentlich bekannt zu machen, und nach § 30 Abs. 2 InsO dem Schuldner, seinen Gläubigern und seinen Schuldnern zuzustellen. Die **öffentliche Bekanntmachung** erfolgt gem. § 30 Abs. 1 Satz 2 InsO durch auszugsweise Veröffentlichung des Beschlusses im Bundesanzeiger und/oder andere ortsübliche Bekanntmachung in einer Tageszeitung sowie zunehmend auch in elektronischen Informations- und Kommunikationssystemen (§ 9 Abs. 1 Satz 1 InsO). Die Bekanntmachung gilt zwei Tage nach der Veröffentlichung als bewirkt (§ 9 Abs. 1 Satz 3 InsO). Außerdem ist der Eröffnungsbeschluss dem zuständigen Registergericht zu übermitteln, falls der Schuldner im Handels-, Genossenschafts- oder Vereinsregister eingetragen ist (§ 31 InsO). Entsprechendes gilt gem. § 32 InsO für das Grundbuchamt, soweit der Schuldner im Grundbuch eingetragen ist.

2.90 Eine gesonderte **Anhörung** des Schuldners vor Verfahrenseröffnung ist grundsätzlich nicht erforderlich, beim Schuldnerantrag entspricht die Eröffnung dem gestellten Antrag.[4] Beim Gläubigerantrag wird der Schuldner gem. § 14 Abs. 2 InsO ange-

---

1 *Bork*, Einführung in das Insolvenzrecht[9], Rz. 136.
2 *Schmerbach* in FrankfurterKomm/InsO[9], § 27 Rz. 14; *Denkhaus* in HamburgerKomm/InsO[7], § 27 Rz. 9.
3 BGH v. 11.11.2004 – IX ZB 258/03, ZIP 2005, 91 = NJW-RR 2005, 418 (419); OLG Köln v. 1.9.1993 – 2 W 130/93, ZIP 1993, 1483 = NJW-RR 1994, 445 (445); BGH v. 26.6.2008 – IX ZB 238/07, juris.
4 *Denkhaus* in HamburgerKomm/InsO[7], § 27 Rz. 4.

hört, eine erneute Anhörung zum Ergebnis der Ermittlungen ist grundsätzlich nicht erforderlich, wenn der Schuldner dem Gläubigerantrag nicht substantiiert entgegengetreten ist.[1]

Der **Inhalt des Eröffnungsbeschlusses** ergibt sich aus §§ 27 ff. InsO. Darin ist der Zeitpunkt der Eröffnung möglichst genau anzugeben (§ 27 Abs. 2 Ziff. 3 InsO). Hilfsweise gilt die Mittagsstunde des Tages, an dem der Beschluss erlassen wurde, als Stunde der Eröffnung. Darüber hinaus ernennt das Insolvenzgericht im Eröffnungsbeschluss den Insolvenzverwalter, es sei denn, das Insolvenzgericht ordnet die Eigenverwaltung durch den Schuldner gem. § 27 Abs. 1 Satz 2 InsO an. Des Weiteren werden die Gläubiger gem. § 28 Abs. 1 Satz 1 InsO aufgefordert, ihre Rechte einschließlich der Sicherungsrechte beim Insolvenzverwalter anzumelden. Etwaige Schuldner des Schuldners werden aufgefordert, nur noch an den Verwalter zu leisten (§ 28 Abs. 3 InsO). Zuletzt werden nach § 29 InsO der **Berichts- und Prüfungstermin** festgelegt.

2.91

Handelt es sich um die Eröffnung eines Insolvenzverfahrens über das Vermögen einer natürlichen Person, so schreibt § 30 Abs. 3 InsO vor, dass der Schuldner auf die Möglichkeit hinzuweisen ist, nach Maßgabe der §§ 286 ff. InsO die Restschuldbefreiung zu beantragen.

2.92

Ist der Eröffnungsbeschluss fehlerhaft, so ist er gleichwohl wirksam, beispielsweise bei örtlicher Unzuständigkeit des Insolvenzgerichts[2] oder unzulässiger Vordatierung des Eröffnungsbeschlusses.[3] Ein fehlerhafter Eröffnungsbeschluss kann jedoch mit der **sofortigen Beschwerde** angefochten werden, allerdings gem. § 34 Abs. 2 InsO nur vom Schuldner. Gleichwohl setzt die Beschwerdebefugnis des Schuldners voraus, dass der Schuldner nicht selbst den Antrag gestellt hat, denn in der Stattgabe seines eigenen Antrags liegt keine Beschwerde.[4] Da die Beschwerde jedoch gem. § 4 InsO i.V.m. § 570 Abs. 1 ZPO keine aufschiebende Wirkung hat, treten die Wirkungen der Eröffnung zunächst einmal ein.

2.93

Hat die Beschwerde Erfolg, ist die Aufhebung des Verfahrens in derselben Weise bekannt zu machen wie der Eröffnungsbeschluss.[5] Die Aufhebung wird erst mit der Rechtskraft der Beschwerdeentscheidung wirksam, hat aber rückwirkende Kraft, eine Anfechtung der Beschwerdeentscheidung durch den Insolvenzverwalter ist nicht möglich.[6] Der Schuldner wird dann so behandelt, als wäre das Verfahren nie eröffnet worden. Gleichwohl bleiben im Interesse des Rechtsverkehrs zwischenzeitliche Handlungen des Insolvenzverwalters, insbesondere seine Verfügungen über das

2.94

---

1 AG Hamburg v. 11.2.2005 – 67c IN 6/05, ZInsO 2005, 669 (671); *Schmerbach* in FrankfurterKomm/InsO⁹, § 27 Rz. 16; *Busch* in MünchKomm/InsO⁴, §§ 27–29, Rz. 14.
2 BGH v. 22.1.1998 – IX ZR 99/97, ZIP 1998, 477 = NJW 1998, 1318 (1319); OLG München v. 28.2.2019 – 34 Wx 325/18, ZInsO 2019, 1538.
3 BGH v. 17.2.2004 – IX ZR 135/03, ZIP 2004, 766 = NZI 2004, 316 (316).
4 *Bork*, Einführung in das Insolvenzrecht⁹, Rz. 138.
5 *Bork*, Einführung in das Insolvenzrecht⁹, Rz. 138.
6 BGH v. 8.3.2007 – IX ZB 163/06, ZIP 2007, 792 = NZI 2007, 349 (349); AG Göttingen v. 14.8.2018 – 74 IN 96/18 GÖ, NZI 2018, 808.

Schuldnervermögen, nach § 34 Abs. 3 Satz 3 InsO wirksam. Von ihm begründete Verbindlichkeiten sind vom Schuldner zu erfüllen.

3. Abweisung mangels Masse

a) Voraussetzungen

2.95 Eine Abweisung mangels einer die Kosten des Verfahrens deckenden Masse erfolgt, wenn zwar ein Eröffnungsgrund vorliegt, das Vermögen des Schuldners voraussichtlich aber nicht ausreichen wird, um die Kosten des Verfahrens zu decken. Der Begriff des Vermögens des Schuldners ist in § 26 InsO weiter zu verstehen als in § 19 InsO. Er umfasst zusätzlich zu den im Rahmen der Überschuldungsprüfung zu berücksichtigenden Aktivpositionen des Schuldners auch den während des Verfahrens zu erwartenden Neuerwerb des Schuldners, Ansprüche aus Insolvenzanfechtung, sowie Haftungsansprüche, die dem Insolvenzverwalter gem. §§ 92, 93 InsO, 171 Abs. 2 HGB zugewiesen sind.[1] Das zur Verfahrenskostendeckung erforderliche Vermögen des Schuldners muss nicht schon am Anfang des Verfahrens, sondern erst in angemessener Zeit nach Verfahrenseröffnung liquide vorhanden sein.[2] Das Gesetz nennt für einen Prognosezeitraum keine feste zeitliche Grenze, nach Ansicht des BGH ist jedoch ein Zeitraum von einem Jahr nach Verfahrenseröffnung unbedenklich.[3]

2.96 Zu den Kosten des Verfahrens gehören nach § 54 InsO die Gerichtskosten, die Vergütungen und die Auslagen des vorläufigen Insolvenzverwalters, des Insolvenzverwalters und der Mitglieder des Gläubigerausschusses. Bei der Kostenprognose ist grundsätzlich gem. §§ 7, 10, 18 Abs. 2 InsVV auch die auf die Vergütungen des vorläufigen Insolvenzverwalters, des Insolvenzverwalters und des Gläubigerausschusses anfallende Umsatzsteuer mit anzusetzen. Anders ist dies nur, wenn die zukünftige Insolvenzmasse die Umsatzsteuer als Vorsteuer gem. § 15 UStG liquide zurückerhält, was grundsätzlich der Fall ist, wenn der Schuldner Unternehmer i.S.d. § 2 UStG ist.[4]

b) Verfahrenskostenvorschuss

2.97 Die Abweisung unterbleibt jedoch trotz nicht kostendeckender Masse gem. § 26 Abs. 1 Satz 2 InsO, wenn seitens des Schuldners, eines bzw. mehrerer Gläubiger oder eines Dritten ein ausreichender Geldbetrag vorgeschossen wird. Man spricht von einem Verfahrenskostenvorschuss. Sind die Kosten teilweise gedeckt, muss nur der Restbetrag vorgeschossen werden. Nach Eröffnung besteht keine weitere Nachschusspflicht mehr, ein Nachschuss kann jedoch zur Abwendung der Einstellung mangels Masse gem. § 207 InsO geboten sein.[5]

---

1 *Denkhaus* in HamburgerKomm/InsO[7], § 26 Rz. 10; *Haarmeyer/Schildt* in MünchKomm/InsO[4], § 26 Rz. 20.
2 BGH v. 17.6.2003 – IX ZB 476/02, ZIP 2003, 2171 = ZInsO 2003, 706 (707); vgl. auch LG Neuruppin v. 18.1.2016 – 2 T 3/16, NZI 2016, 367.
3 BGH v. 17.6.2003 – IX ZB 476/02, ZIP 2003, 2171 = ZInsO 2003, 706 (707).
4 *Denkhaus* in HamburgerKomm/InsO[7], § 26 Rz. 19, 20.
5 *Schmerbach* in FrankfurterKomm/InsO[9], § 26 Rz. 34.

Die Zahlung eines Verfahrenskostenvorschusses kann für **die Gläubiger** von Interesse sein, wenn die realistische Chance besteht, die Insolvenzmasse durch die Geltendmachung von Ansprüchen gegenüber Dritten anzureichern.[1] Zu denken ist dabei insbesondere an die nur im eröffneten Verfahren durchsetzbaren Ansprüche aus Insolvenzanfechtung nach den §§ 129 ff. InsO, aus der Geltendmachung von Haftungsansprüchen gem. § 93 InsO und aus der Einforderung nicht geleisteter Stammeinlagen. Der Gläubiger sollte allerdings bei seiner Entscheidung über die Leistung eines Verfahrenskostenvorschusses abwägen, ob für ihn eine realistische Befriedigungschance besteht.[2]

2.98

Vom Schuldner wird kein Vorschuss angefordert. Allerdings werden natürliche Personen vor Abweisung mangels Masse auf die Möglichkeit der Kostendeckung durch Stundung hingewiesen.[3] Ein Vorschuss wird jedoch regelmäßig von den antragstellenden Gläubigern angefordert.

2.99

Wer einen Verfahrenskostenvorschuss geleistet hat, kann gem. § 26 Abs. 3 InsO von jeder für den Schuldner insolvenzantragspflichtigen Person Erstattung des vorgeschossenen Betrages verlangen, wenn die Antragstellung pflichtwidrig und schuldhaft verspätet erfolgt ist. Es kommt dabei nicht darauf an, ob während des Verzögerungszeitraums eine Masseschmälerung eingetreten ist.[4] Ist streitig, ob die antragspflichtige Person pflichtwidrig und schuldhaft gehandelt hat, trägt diese die Beweislast.

2.100

c) Rechtsschutz und Rechtsfolgen

Wird der Insolvenzantrag mangels Masse abgewiesen, so steht dem Antragsteller grundsätzlich immer gem. § 34 InsO die Möglichkeit der sofortigen Beschwerde offen. Dies gilt auch für den Schuldner, der keinen Antrag gestellt hat.[5]

2.101

Im Falle der Abweisung mangels Masse werden AGs, die KGaAs und GmbHs mit Eintritt der Rechtskraft des Abweisungsbeschlusses aufgelöst (vgl. §§ 131 Abs. 1 Ziff. 3, Abs. 2 Ziff. 2 HGB, 262 Abs. 1 Ziff. 4 AktG, 60 Abs. 1 Ziff. 5 GmbHG, 81a Ziff. 1 GenG). Sie werden liquidiert und nach vollständiger Abwicklung im jeweiligen Register gelöscht.[6]

2.102

Im Falle der Abweisung eines gegen natürliche Personen gerichteten Eröffnungsantrags mangels Masse hat das Insolvenzgericht den Schuldner zur Warnung des Geschäftsverkehrs in ein **Schuldnerverzeichnis** gem. § 26 Abs. 2 Satz 1 InsO einzutragen. Die Löschfrist beträgt gem. § 26 Abs. 2 Satz 2 InsO fünf Jahre. Falls der Schuldner im Handels-, Genossenschafts- oder Vereinsregister eingetragen ist, wird der Be-

2.103

---

1 *Schmerbach* in FrankfurterKomm/InsO[9], § 26 Rz. 39.
2 *Schmerbach* in FrankfurterKomm/InsO[9], § 26 Rz. 39.
3 *Schmerbach* in FrankfurterKomm/InsO[9], § 26 Rz. 45.
4 *Spliedt* in Runkel, Anwalts-Handbuch Insolvenzrecht[3], § 2 Rz. 139.
5 *Schmittmann* in Waza/Uhländer/Schmittmann, Insolvenzen und Steuern[12], Rz. 191.
6 *Uhlenbruck*, ZIP 1996, 1641 (1645).

schluss über die Abweisung mangels Masse auch diesen Registern mitgeteilt, § 31 Ziff. 2 InsO.

2.104 Ein erneuter Insolvenzantrag über das Vermögen des Schuldners ist nur zulässig, wenn nach der Abweisung neues Vermögen ermittelt wird und das Verfahren somit nun finanzierbar ist.[1]

d) Kosten

2.105 Im Falle der Abweisung mangels Masse stellt sich die Frage, wer die bis dahin entstandenen Kosten zu tragen hat. Die Insolvenzordnung sieht für diese Frage keine ausdrückliche Regelung vor. In aller Regel sind bei der Abweisung eines Gläubigerantrags mangels Masse in entsprechender Anwendung von § 4 InsO i.V.m. § 91 ZPO dem Schuldner die Verfahrenskosten einschließlich der Auslagen aufzuerlegen.[2] Denn Grund für die Verhinderung der Eröffnung des Verfahrens ist die Unzulänglichkeit des schuldnerischen Vermögens als objektives Verfahrenshindernis. Insofern erfolgt die Abweisung des Antrags nicht deshalb, weil der Antrag unbegründet ist, sondern aus Gründen, die ausschließlich in der Person des Schuldners liegen. Bei zulässigem und begründetem Gläubigerantrag hat der Schuldner gerade Anlass zu der Einleitung des Insolvenzverfahrens gegeben, so dass die Kostenentscheidung in aller Regel gegen ihn zu ergehen hat.[3] Problematisch ist dabei jedoch, dass nach § 50 Abs. 1 GKG der Antragsteller bei Ausfall des Schuldners als Zweitschuldner haftet. Dies kann insbesondere aufgrund der damit verbundenen Haftung für Auslagen zu einer erheblichen Inanspruchnahme führen. Zwar zählt die Vergütung eines vorläufigen Verwalters nicht zu den Auslagen, da diese nicht im Kostenverzeichnis aufgeführt ist, umfasst sind jedoch die Sachverständigenkosten, bei denen es sich der Sache nach um gerichtliche Auslagen handelt.[4]

C. Eröffnetes Verfahren

I. Rechtsstellung des Insolvenzverwalters

Literatur Arbeitskreis der Insolvenzverwalter Deutschlands e.V., Verhaltenskodex der Mitglieder des Arbeitskreises der Insolvenzverwalter Deutschland e.V., NZI 2002, 23; *Bales*, Einflussmöglichkeiten von Banken bei der Auswahl des Insolvenzverwalters, BKR 2003, 967; *Blankenburg/Kramer/Noll/Sauer-Colberg*, Verwalterauswahl nach dem Hannoveraner Modell, ZInsO 2017, 1018; *Bork/Thole*, Die Verwalterauswahl, 2018; *Harder*, Der Sonderinsolvenzverwalter – ein Überblick, NJW-Spezial 2019, 469; *Busch*, Die Bestellung des Insolvenzverwalters nach dem „Detmolder Modell", DZWIR 2004, 353; *Degenhart/Borchers*, Das Anforderungsprofil des Insolvenzverwalters – Ergebnisse einer Befragung von Insolvenzgerichten und Kreditinstituten, ZInsO 2001, 337; *Frind*, Der Einfluss von Gläubigern bei der Auswahl des und

---

[1] BGH v. 5.8.2002 – IX ZB 51/02, ZIP 2002, 1695 = NZI 2002, 601 (601); AG Göttingen v. 12.4.2016 – 74 IN 164/15, ZInsO 2016, 1072.
[2] *Runkel* in Runkel, Anwalts-Handbuch Insolvenzrecht³, § 6 Rz. 132.
[3] *Runkel* in Runkel, Anwalts-Handbuch Insolvenzrecht³, § 6 Rz. 132.
[4] Vgl. LG Fulda v. 18.5.2001 – 3 T 105/01, NZI 2002, 61 (61).

der Aufsicht über den Insolvenzverwalter, FD-InsR 2007, 233549; *Frege,* Der Sonderinsolvenzverwalter, Köln 2008; *Förster,* Verwalterkontrolle durch „harte" Inhaltskriterien oder geht es um ein Problem der Justiz?, ZInsO 2006, 685; *Füchsl,* Bemerkungen zur Insolvenzverwalterbestellung, ZInsO 2002, 414 ff.; *Fülges,* Reform der Verwalterauswahl – ein Dauerthema? in NF *Wellensiek,* Heidelberg 2011, 279; *Gaier,* Verfassungsrechtliche Aspekte der Auswahl und Abwahl des Insolvenzverwalters, ZInsO 2006, 1177; *Graeber,* Die Aufgaben des Insolvenzverwalters im Spannungsfeld zwischen Delegationsbedürfnis und Höchstpersönlichkeit, NZI 2003, 569; Auswahl und Bestellung des Insolvenzverwalters, DZWIR 2005, 177; Die Auswahl des Insolvenzverwalters durch das Gericht, FPR 2006, 74; *Graeber/Pape,* Der Sonderinsolvenzverwalter im Insolvenzverfahren, ZIP 2007, 991; *Graf-Schlicker,* Die Auswahl des Insolvenzverwalters im Lichte der Dienstleistungsrichtlinie in Kölner Schrift zur Insolvenzordnung, 2009, S. 235 ff.; *Graf-Schlicker,* Die Entscheidung des Bundesverfassungsgerichts vom 3.8.2004 zur Auswahl des Insolvenzverwalters – Konsequenzen für die gerichtliche Praxis und die Gesetzgebung in FS für *Greiner,* 2005, S. 71 ff.; *Harder,* (Einkommen-)Steuerliche Überlegungen des Insolvenzverwalters, VIA 2016, 1; *Harder,* Steuerliche Wahlrechte in der Insolvenz – Kompetenzen des Insolvenzverwalters und des Schuldners, VIA 2017, 81; *Hensler,* Das Berufsbild des Insolvenzverwalters im Wandel der Zeit, ZIP 2002, 1053; *Hess/Ruppe,* Auswahl und Einsetzung des Insolvenzverwalters und die Justiziabilität des Nichtzugangs zur Insolvenzverwaltertätigkeit, NZI 2004, 641; *Jacoby,* Auswahlermessen auch im Insolvenzverwalter-Vorauswahlverfahren, ZIP 2009, 2081; *Kesseler,* Das Grundrecht auf Bestellung zum Insolvenzverwalter, ZInsO 2002, 201; *Kirchhof,* Die Rechtsstellung vorläufiger Insolvenzverwalter im Lastschriftverfahren, WM 2009, 337; *Kluth,* Die Rechtsstellung des Insolvenzverwalters oder die „Insolvenz" der Verwaltertheorien, NZI 2000, 351; *Kruth,* Die Qual der Vorauswahl – Feststellung der persönlichen und fachlichen Eignung von Insolvenzverwaltern durch das Insolvenzgericht, DStR 2017, 669; *Kunitzki-Neu,* Warum wird die Konkursverwaltung nicht Frauen übertragen?, KuT 1929, 5; *Kunz/Mundt,* Rechnungslegungspflichten in der Insolvenz (1), DStR 1997, 620; Rechnungslegungspflichten in der Insolvenz (2), DStR 1997, 664; *Lissner,* Die vorzeitige Beendigung des Verwalteramts – Auswirkungen auf den Vergütungsanspruch, ZInsO 2016, 953; *Marotzke,* Die Rechtsstellung des Insolvenzverwalters, ZInsO 2009, 1929; *Pape,* Vorauswahl und Bestellung von Insolvenzverwaltern im Lichte der Rechtsprechung des BGH, ZInsO 2017, 1341; *Prütting,* Die Unabhängigkeit des Insolvenzverwalters, ZIP 2002, 1965; *Pollmächer/Siemon,* Der Bundesinsolvenzverwalter für die InsO oder die unverbindliche Vorauswahlliste, NZI 2017, 93; *Riggert,* Die Unabhängigkeit des Insolvenzverwalters gegenüber Gläubigern, NZI 2002, 352; *Sabel/Wimmer,* Die Auswirkungen der europäischen Dienstleistungsrichtlinie auf Auswahl und Bestellung des Insolvenzverwalters, ZIP 2008, 2097; *Schmidt,* Privatinsolvenz, 3. Aufl. 2014, § 4: Regelinsolvenzverfahren Rz. 29–31; *Schaprian,* Das Zertifizierungsverfahren des DIAI für Unternehmensinsolvenzverwalter, ZVI 2007, 243; *Smid,* Auswahl und Bestellung des Insolvenzverwalters durch das Insolvenzgericht als Rechtsfrage betrachtet, DZWIR 2001, 485; *Smid,* Kritische Anmerkungen zur Diskussion um Verwalterauswahl und Insolvenzverwalterkammer, ZInsO 2018, 1825; *Uhlenbruck,* Zur Rechtsstellung des vorläufigen Insolvenzverwalters, NZI 2000, 289; Braucht der Markt neue Maßstäbe für die Auswahl von Insolvenzverwaltern?, BB 2007, 1; Uhlenbruck-Kommission, Empfehlungen zur Vorauswahl und Bestellung von InsolvenzverwalterInnen sowie Transparenz, Aufsicht und Kontrolle im Insolvenzverfahren, ZIP 2007, 1432; *Uhlenbruck/Wieland,* Die Bestellung des Insolvenzverwalters, ZIP 2007, 462; *Wellensiek,* Die Fachanwaltschaft für Insolvenzrecht, NZI 1999, 169; *Wolf,* Rechtsschutz des unterlegenen Bewerbers bei der Insolvenzverwalterbestellung, DStR 2006, 1769; *Vallender,* Steine statt Brot, NJW 2004, 3614; Rechtsschutz gegen die Bestellung eines Konkurrenten zum Insolvenzverwalter, NJW 2006, 2597.

1. Übergang der Verfügungsbefugnis des Schuldners auf den Insolvenzverwalter

2.106 Mit der Eröffnung des Insolvenzverfahrens geht das Recht des Schuldners, sein zur Insolvenzmasse gehörendes Vermögen zu verwalten und darüber zu verfügen, auf den Insolvenzverwalter über, § 80 InsO. Zu den Aufgaben des Insolvenzverwalters gehört neben der Verwaltung und Verwertung des Schuldnervermögens, die Feststellung der zu befriedigenden Ansprüche und die Erlösverteilung an die zu befriedigenden Gläubiger. Er ist somit die zentrale Gestalt des Insolvenzverfahrens.[1] Mit dem Übergang der Verwaltungs- und Verfügungsbefugnis auf den Insolvenzverwalter ist verbunden, dass die Prozessführungsbefugnis in Ansehung des schuldnerischen Vermögens ebenfalls auf den Insolvenzverwalter übergeht. Diese entfällt erst wieder mit der Beendigung des Insolvenzverfahrens.

2. Auswahl des Insolvenzverwalters

2.107 Die Ernennung des Insolvenzverwalters erfolgt im Eröffnungsbeschluss. Bezüglich der Kriterien zur Ernennung eines Insolvenzverwalters gilt gem. § 56 InsO, dass das Insolvenzgericht eine für den jeweiligen Einzelfall geeignete, insbesondere **geschäftskundige** und von dem Schuldner und Gläubiger **unabhängige natürliche Person** zu ernennen hat. Juristische Personen können demnach nicht zum Insolvenzverwalter ernannt werden. Hierauf hat der Gesetzgeber im Hinblick auf Aufsichts- und Haftungsprobleme, die bei juristischen Personen allein schon wegen der Austauschbarkeit des gesetzlichen Vertreters auftreten können, wie auch mit Rücksicht auf mögliche Interessenkollisionen bewusst verzichtet.[2]

2.108 In der Regel handelt es sich bei den bestellten Insolvenzverwaltern um in besonderer Weise wirtschaftsrechtlich geschulte und erfahrene Rechtsanwälte mit betriebswirtschaftlichem Know-how und einem auf die speziellen Bedürfnisse von Insolvenzverwaltungen zugeschnittenen Backoffice. Vertieftes insolvenzrechtliches Spezialwissen ist dabei nicht zuletzt mit Blick auf die beträchtlichen persönlichen Haftungsrisiken ebenfalls eine unabdingbare Voraussetzung für die Übernahme des Amtes. Daher kommt es nur in Ausnahmefällen zur Bestellung eines Wirtschaftsprüfers oder Steuerberaters als Insolvenzverwalter.

2.109 In der ersten Gläubigerversammlung, die auf die Bestellung des Insolvenzverwalters folgt, können die Gläubiger gem. § 57 Satz 1 InsO anstelle der vom Insolvenzgericht bestellten Person einen anderen Insolvenzverwalter wählen. Das Insolvenzgericht kann dann die Bestellung nur versagen, wenn dieser für die Übernahme des Amtes offensichtlich nicht geeignet ist, vgl. § 57 Satz 2 InsO. Nach der ersten Gläubigerversammlung kann das Insolvenzgericht den Insolvenzverwalter gem. § 59 Abs. 1 InsO nur noch aus wichtigem Grund entlassen. Ein wichtiger Grund ist beispielsweise die

---

1 *Runkel* in Runkel, Anwalts-Handbuch Insolvenzrecht[3], § 6 Rz. 167.
2 BGH v. 19.9.2013 – IX AR (VZ) 1/12, ZIP 2013, 2070 = NZI 2013, 1022; AGH Hessen v. 13.3.2017 – 1 AGH 9/16, NZI 2018, 181; BVerfG v. 12.1.2016 – 1 BvR 3102/13, NZI 2016, 163; *Runkel* in Runkel, Anwalts-Handbuch Insolvenzrecht[3], § 6 Rz. 157.

Nichtanzeige bestehender Interessenkollisionen oder die Bevorzugung einzelner Gläubiger oder Gruppen von Gläubigern.[1]

3. Zivilrechtliche Stellung des Insolvenzverwalters

In der Literatur umstritten ist die zivilrechtliche Stellung des Insolvenzverwalters. Vordergründig geht es dabei um die Frage, in welcher Beziehung der Verwalter zur Insolvenzmasse steht. Da dieser Streit in der Praxis jedoch kaum Auswirkungen hat, soll hier nur die sowohl von der Rechtsprechung[2] als auch der ganz herrschenden Meinung in der Literatur[3] vertretene sog. „Amtstheorie" kurz angerissen werden. Danach ist der Insolvenzverwalter ein unabhängiges Rechtspflegeorgan, das in den rechtlichen Auseinandersetzungen, die er für den Schuldner führt, als „Partei kraft Amtes" fungiert. Gesetzlichen Niederschlag findet diese Auffassung in § 116 Satz 1 Ziff. 1 ZPO. Außerdem passt sie am ehesten zu §§ 80 Abs. 1, 92, 93 InsO und bringt ohne Bruch mit der zivilrechtlichen Dogmatik zum Ausdruck, dass der **Insolvenzverwalter funktionsbezogen für ein Sondervermögen zuständig** ist, das er als **unabhängiges Organ der Rechtspflege** im allgemeinen Interesse zu verwalten und zu verwerten hat. Der Insolvenzverwalter übt seine Kompetenzen also nicht im eigenen Interesse, sondern treuhänderisch für andere aus.[4]

2.110

Der Insolvenzverwalter handelt demnach für die Insolvenzmasse **im eigenen Namen** als Inhaber eines privaten Amtes in Erfüllung der ihm auferlegten gesetzlichen Verpflichtungen. Prozesse führt er in gesetzlicher Prozessstandschaft für den Schuldner, dessen Rechte er kraft der ihm übertragenen Verfügungsbefugnis im eigenen Namen geltend machen kann.[5] Nach der herrschenden Amtstheorie ist nicht der vom Insolvenzverwalter vertretene Schuldner Partei, sondern der Insolvenzverwalter als solcher. Folglich hat er auch die Prozesskosten aus der Masse zu begleichen, falls er den Prozess verliert. Will er vollstrecken, benötigt er einen auf seinen Namen lautenden Titel. Hatte jedoch der Schuldner bereits einen auf seinen Namen lautenden Titel, so ist dieser auf den Insolvenzverwalter als Rechtsnachfolger (in die Verfügungsmacht) umzuschreiben. Werden Ansprüche gegen die Masse geltend gemacht, so ist nach Ansicht der Amtstheorie der Insolvenzverwalter als solcher, nicht jedoch der Schuldner zu verklagen, was vor allem auch im arbeitsrechtlichen Kündigungsschutzprozess gilt.[6]

2.111

---

1 OLG Zweibrücken v. 31.5.2000 – 3 W 94/00, NZI 2000, 373 (373); LG Göttingen v. 15.2.2019 – 10 T 4/19, NZI 2019, 281; BGH v. 4.5.2017 – IX ZB 102/15, NJW-RR 2017, 1132; v. 25.9.2014 – IX ZB 11/14, NZI 2015, 20.
2 Vgl. z.B. BGH v. 14.4.1987 – IX ZR 260/86, ZIP 1987, 650 = NJW 1987, 3133 (3135); v. 27.10.1983 – ARZ 334/83, BGHZ 88, 331 (334); v. 21.9.2017 – IX ZR 40/17, NZI 2017, 892.
3 Ganz herrschende Meinung, vgl. nur beispielhaft: *Vuia* in MünchKomm/InsO[4], § 80 Rz. 20 ff. m.w.N.; *Wittkowski/Kruth* in Nerlich/Römermann, § 80 InsO Rz. 40; *Smid*, Praxishandbuch Insolvenzrecht[5], § 9 Rz. 90.
4 *Vuia* in MünchKomm/InsO[4], § 80 Rz. 27.
5 *Bork*, Einführung in das Insolvenzrecht[9], Rz. 78.
6 BAG v. 21.9.2006 – 2 AZR 573/05, ZIP 2007, 1078 = NJW 2007, 458 (459); v. 17.1.2002 – 2 AZR 57/01, ZIP 2002, 1412 = NZA 2002, 999 (999).

4. Pflichten des Insolvenzverwalters

2.112 Gemäß § 148 InsO hat der Insolvenzverwalter nach der Eröffnung des Insolvenzverfahrens das gesamte zur Insolvenzmasse gehörende Vermögen in Besitz und Verwaltung zu nehmen. Notfalls kann er die Herausgabe gegen den Schuldner nach §§ 883 ff. ZPO unter Einschaltung eines Gerichtsvollziehers durchsetzen. Titel ist dabei gem. § 148 Abs. 2 InsO der Eröffnungsbeschluss, auch wenn dieser die Massegegenstände nicht einzeln aufführt. Um sich einen Überblick über die Aktiva und Passiva zu verschaffen, hat er ein Verzeichnis der einzelnen Gegenstände der Insolvenzmasse (§ 151 InsO), ein Gläubigerverzeichnis (§ 152 InsO) und eine Vermögensübersicht nach § 153 InsO aufzustellen.

2.113 Das Amt des Insolvenzverwalters ist höchstpersönlich. Besonders bedeutsame Rechtshandlungen muss der Insolvenzverwalter daher auch persönlich vornehmen. Insoweit kommt Bevollmächtigung eines grundsätzlich Dritten nicht in Frage, weder durch Erteilung einer Generalvollmacht noch durch beschränkte Vollmacht.[1] Solche verfahrenstypischen Tätigkeiten umfassen beispielsweise:

- Wahrnehmung der Gläubigerversammlung einschließlich Prüfungstermine und Schlusstermin, insbesondere die Abgabe der dort vorgesehenen Erklärungen
- Prüfung angemeldeter Forderungen,[2]
- Erfüllungswahl nach § 103 InsO,
- Ausübung des Insolvenzanfechtungsrechts,
- Entscheidung über die Aufnahme von Prozessen,
- Einreichung der Schlussrechnung und des Schlussverzeichnisses.

2.114 In dem Berichtstermin (§ 156 InsO) hat der Insolvenzverwalter die Gläubigerversammlung über die wirtschaftliche Lage des Schuldners und ihre Ursachen zu unterrichten. Um der Gläubigerversammlung eine ihrer wichtigsten Aufgaben, die Entscheidung über den Fortgang des Verfahrens gem. § 157 InsO, zu ermöglichen, muss der Verwalter darlegen, ob Aussichten bestehen, das Unternehmen ganz oder in Teilen zu erhalten, welche Möglichkeiten für einen Insolvenzplan bestehen und wie sich Sanierung bzw. Insolvenzplan auf die Befriedigung der Gläubiger auswirken würden, § 156 InsO. Im Anschluss an den Berichtstermin hat der Insolvenzverwalter unverzüglich mit der Verwertung der Insolvenzmasse zu beginnen, soweit nicht die Gläubigerversammlung etwas anderes beschlossen hat, vgl. § 159 InsO. Da an die Gläubiger nur Zahlungsmittel verteilt werden dürfen, müssen die zur Insolvenzmasse gehörenden werthaltigen Vermögensgegenstände zu Geld gemacht werden.[3] Dies geschieht in der Regel durch den Einzug von Forderungen und die Veräußerung aller Vermögensgegenstände, einschließlich solcher, an denen einzelne Gläubiger ein dingliches Recht haben, § 166 InsO. In der Wahl der konkreten Verwertungsart ist

---
1 *Runkel* in Runkel, Anwalts-Handbuch Insolvenzrecht[3], § 6 Rz. 193.
2 Vgl. dazu sehr ausführlich: *Smid*, Praxishandbuch Insolvenzrecht[5], § 9 Rz. 29 ff.
3 *Bork*, Einführung in das Insolvenzrecht[9], Rz. 63.

der Insolvenzverwalter im Grundsatz völlig frei. Er muss allerdings dafür sorgen, dass die Vermögensgegenstände bestmöglich verwertet werden.

Parallel muss der Insolvenzverwalter die auf seine Aufforderung hin angemeldeten Forderungen auf ihren rechtlichen Bestand hin überprüfen und ggf. zur Insolvenztabelle feststellen (Rz. 3.269 ff.). 2.115

Der Umfang der Rechtsmacht des Insolvenzverwalters wird durch den **Insolvenzzweck** bestimmt. Demzufolge sind Maßnahmen, welche dem Verfahrenszweck offenbar, d.h. für den Geschäftsgegner erkennbar, zuwiderlaufen, unwirksam.[1] Als diesbezügliches Abgrenzungskriterium können die von Rechtsprechung[2] und Literatur[3] entwickelten Grundsätze zum Missbrauch der Vertretungsmacht herangezogen werden, also insbesondere die Fallgruppen der Kollusion und Evidenz, etwa bei der Bevorzugung eines Gläubigers gegenüber anderen. 2.116

5. Überwachung des Insolvenzverwalters

Der Insolvenzverwalter unterliegt der Aufsicht des Insolvenzgerichts, das von ihm gem. § 58 InsO jederzeit Rechenschaft verlangen kann. Grundsätzlich ist der Insolvenzverwalter in seiner Amtsführung jedoch frei, was bedeutet, dass er auch bei wirtschaftlich einschneidenden Maßnahmen nicht der Zustimmung des Insolvenzgerichts bedarf, sondern nur gem. § 60 Abs. 1 Satz 2 InsO der **Sorgfalt eines ordentlichen und gewissenhaften Insolvenzverwalters** unterworfen ist. Somit ist etwa die Erteilung von Weisungen durch das Insolvenzgericht ausgeschlossen. Bei besonders schwerwiegenden Pflichtverletzungen kommt allerdings gem. § 59 InsO eine Entlassung des Verwalters in Betracht. Außerdem können gesetzliche Rechnungslegungs- und Berichtspflichten durch Androhung und Verhängung von Zwangsgeldern durchgesetzt werden (§ 58 Abs. 2 InsO).[4] 2.117

---

1 *Kayser* in HeidelbergerKomm/InsO[10], § 80 Rz. 35.
2 St. Rspr.; vgl. BGH v. 25.3.1968 – II ZR 208/64, RGZ 136, 356 (359); v. 25.3.1968 – II ZR 208/64, BGHZ 50, 112 (114) = NJW 1968, 1379 (1380, 1381); v. 15.12.1975 – II ZR 148/74, BGH WM 1976, 658 (659); v. 10.12.1980 – VIII ZR 186/79, WM 1981, 66, (67); v. 5.12.1983 – II ZR 56/82, ZIP 1984, 310 = NJW 1984, 1461 (1462); v. 18.5.1988 – IVa ZR 59/87, ZIP 1988, 847 = NJW 1988, 3012 (3013); v. 3.10.1989 – XI ZR 154/88, ZIP 1989, 1382 = NJW 1990, 384 (385); v. 31.1.1991 – VII ZR 291/88, BGHZ 113, 315 (320) = NJW 1991, 1812 (1813); v. 28.4.1992 – XI ZR 164/91, NJW-RR 1992, 1135 (1135, 1136); v. 9.5.2014 – V ZR 305/12, NJW 2014, 2790; v. 28.1.2014 – II ZR 371/12, NZG 2014, 389; v. 14.6.2016 – XI ZR 483/14, NJW-RR 2016, 1138.
3 *Leptien* in Soergel, § 177 BGB Rz. 15; *Schilken* in Staudinger, § 167 BGB Rz. 94; *Krebs* in MünchKomm/HGB, Vor § 48 Rz. 69, 71; *Joost* in Staub, § 50 HGB, Rz. 45, 51; *Canaris*, HandelsR, § 14 Rz. 40; *Köhler*, BGB AT, § 11 Rz. 63; *Larenz/Wolf*, BGB AT, § 46 Rz. 141; *Leipold*, BGB AT, Rz. 830; *Hopt* in Baumbach, § 50 HGB, Rz. 6.
4 Vgl. BGH v. 14.4.2005 – IX ZB 76/04, ZIP 2005, 865 = NZI 2005, 391 (391); LG Köln v. 20.12.2000 – 19 T 148/00, NZI 2001, 157 (158); BGH v. 11.12.2014 – IX ZB 42/14, NZI 2015, 366; LG Göttingen v. 15.2.2019 – 10 T 4/19, NZI 2019, 281; BGH v. 25.9.2014 – IX ZB 11/14, NZI 2015, 20.

2.118 Daneben sieht § 69 InsO eine **Überwachung des Insolvenzverwalters durch den Gläubigerausschuss** vor, sofern ein solcher im konkreten Verfahren bestellt ist. Für besonders bedeutsame Maßnahmen hat der Insolvenzverwalter gem. § 160 InsO die Zustimmung des Gläubigerausschusses, wenn ein solcher nicht bestellt ist, die Zustimmung der Gläubigerversammlung einzuholen. Eine ohne die erforderliche Zustimmung getroffene Maßnahme des Insolvenzverwalters ist allerdings gleichwohl gem. § 164 InsO wirksam. Der Gläubigerausschuss hat wie auch das Insolvenzgericht gegenüber dem Insolvenzverwalter kein Weisungsrecht, ist aber gehalten, sich über die Tätigkeit des Insolvenzverwalters zu informieren, ihn zu beraten und notfalls das Insolvenzgericht einzuschalten. Zu beachten ist, dass die Aufsichts- und Beteiligungsrechte nur dem Gremium als solchem, nicht aber einzelnen Gläubigern zustehen.[1]

6. Beendigung des Amtes

2.119 Die Insolvenzverwaltertätigkeit endet mit der Aufhebung oder endgültigen Einstellung des Verfahrens (§§ 200, 215 InsO), anderenfalls mit der Ernennung eines neuen Verwalters gem. § 57 InsO, dem Tode oder der Geschäftsunfähigkeit des Verwalters sowie mit seiner vorzeitigen Entlassung aus wichtigem Grund gem. § 59 InsO. Zuletzt ist eine Entlassung des Insolvenzverwalters auch auf eigenen Wunsch möglich.[2]

Mit Beendigung des Insolvenzverfahrens endet grundsätzlich auch die Prozessführungsbefugnis des Insolvenzverwalters in Ansehung der zur Insolvenzmasse gehörenden Gegenstände. Dies gilt auch dann, wenn er Adressat eines durch ihn angefochtenen Steuerbescheids geworden war.[3] Mit Aufhebung des Insolvenzverfahrens wird ein Einspruchsverfahren oder ein Rechtsstreit analog § 239 ZPO unterbrochen. Solange die Unterbrechung andauert, können in einem Rechtsstreit Prozesshandlungen nicht wirksam vorgenommen werden und in einem Einspruchsverfahren Einspruchsentscheidungen nicht wirksam bekannt gegeben werden. Deswegen kann während der Dauer der Unterbrechung auch eine Klagefrist nicht in Gang gesetzt werden.[4]

II. Stellung des Insolvenzverwalters als Vermögensverwalter i.S.v. § 34 Abs. 3 AO

2.120 Die Vorschriften des Steuerrechts werden durch das Insolvenzverfahren grundsätzlich nicht berührt.[5] Das Insolvenzrecht wirkt auf das Steuerrecht nur soweit ein, wie eine unveränderte Geltung der steuerrechtlichen Vorschriften mit dem Zweck des Insolvenzverfahrens unvereinbar wäre.[6]

---

1 BGH v. 5.2.2009 – IX ZB 187/08, ZIP 2009, 529 = NZI 2009, 238 (239); BGH v. 9.10.2014 – IX ZR 140/11, NZI 2015, 166.
2 *Bork*, Einführung in das Insolvenzrecht⁹, Rz. 72.
3 BFH v. 6.7.2011 – II R 34/10, NZI 2011, 911 = BFH/NV 2012, 10; FG Münster v. 4.9.2018 – 11 K 1108/17 E, ZInsO 2019, 120; BFH v. 20.9.2016 – VII R 10/15, ZInsO 2017, 564.
4 BFH v. 6.7.2011 – II R 34/10, NZI 2011, 911 = BFH/NV 2012, 10.
5 *Voigt-Salus* in Pape/Uhlenbruck/Voigt-Salus², Insolvenzrecht, Kap. 44, Rz. 1.
6 *Buth/Hermanns*, Restrukturierung, Sanierung, Insolvenz⁴, § 33 Rz. 2.

C. Eröffnetes Verfahren | Rz. 2.123 Kap. 2

Der Insolvenzverwalter muss nach § 34 Abs. 3 AO die steuerlichen Pflichten des Schuldners wahrnehmen, dem durch die Verfahrenseröffnung die Verwaltungs- und Verfügungsbefugnis entzogen worden ist.[1] **Der Insolvenzverwalter ist verfahrensrechtlich Vermögensverwalter** i.S.v. § 34 Abs. 3 AO.[2] Die Eröffnung des Insolvenzverfahrens lässt jedoch die steuerliche Rechtsstellung des Schuldners unberührt. Dieser bleibt auch während des Verfahrens für alle Steuerarten **Steuersubjekt** und daher auch **Steuerschuldner** i.S.v. § 43 AO und **Steuerpflichtiger** i.S.v. § 33 AO.[3] Allerdings hat der Insolvenzverwalter die steuerlichen Pflichten des Schuldners in Bezug auf das von ihm verwaltete Vermögen vollumfänglich zu erfüllen.[4]

2.121

Die steuerlichen Pflichten ergeben sich vor allem aus §§ 90, 93 ff., 137 ff., 140 ff., 149 ff. AO und bestehen insbesondere in

2.122

– der Steuererklärungspflicht,
– den Buchführungs- und Aufzeichnungspflichten und
– den Auskunfts-, Anzeige- und Nachweispflichten.[5]

Auskünfte zur Sachaufklärung darf die Finanzbehörde vom Insolvenzverwalter jedoch erst dann einfordern, wenn die Sachverhaltsaufklärung durch die Beteiligten i.S.d. § 78 AO nicht zum Ziel führt oder keinen Erfolg verspricht, § 93 Abs. 1 Satz 3 AO.[6] Die **handels- und steuerrechtlichen Pflichten zur Buchführung und Rechnungslegung** bestehen nach Eröffnung des Insolvenzverfahrens unverändert fort (§ 155 Abs. 1 Satz 1 InsO). Nach § 155 Abs. 1 Satz 2 InsO hat der Insolvenzverwalter diese Pflichten in Bezug auf die Insolvenzmasse zu erfüllen (Rz. 3.114 ff.). Die Pflicht des Insolvenzverwalters, die die Insolvenzmasse betreffenden **Steuererklärungen** abzugeben, folgt aus § 34 AO.[7] Die Bestimmung des § 34 Abs. 3 AO lässt die Abgabe von Steuererklärungen durch andere Personen auch dann nicht zu, wenn diese dazu willens wären. Selbst im Fall der Masseamut wird der Insolvenzverwalter nicht von den Steuererklärungspflichten frei (Rz. 2.274 ff., 3.179 f.). Der Insolvenzverwalter ist trotz Masseunzulänglichkeit grundsätzlich verpflichtet, Steuererklärungen selbst zu erstellen, wenn die Masse nicht ausreicht, ein Steuerberaterhonorar zu bezahlen (Rz. 3.179).[8]

2.123

---

1 *Olbrich*, ZInsO 2004, 1292 (1293).
2 *Onusseit*, ZInsO 2000, 363 (365); *Maus*, ZInsO 1999, 683 (686).
3 *Onusseit/Kunz*, Steuern in der Insolvenz[2], Rz. 2.1.
4 BGH v. 14.11.2013 – IX ZB 161/11, ZIP 2013, 2413 = NZI 2014, 21; FG Düsseldorf v. 28.8.2014 – 8 K 3677/13 E, VIA 2015, 31; vgl. auch BGH v. 10.8.2017 – 1 StR 573/16, VFH/NV 2018, 174; *Schmittmann*, Steuererklärungspflicht des Insolvenzverwalters bzw. Treuhänders, NZI 2014, 596; *Vuia* in MünchKomm/InsO[4], § 80 Rz. 131.
5 *Maus*, ZInsO 1999, 683 (686).
6 FG Bdb. v. 12.5.2004 – 1 K 2447/01, ZIP 2005, 41 (42).
7 *Frotscher*, Besteuerung bei Insolvenz[8], S. 33 ff.
8 BFH v. 23.8.1994 – VII R 143/92, BStBl. II 1995, 194 = ZIP 1994, 1969 = NJW 1995, 1696 (1696); FG Thüringen v. 18.11.2015 – 3 K 198/15, juris.

III. Verwaltung und Verwertung der Insolvenzmasse

Literatur *Ahrens*, Geschäftskonto bei einer Negativerklärung, NJW-Spezial 2019, 341; *Andres/Pape*, Die Freigabe des Neuerwerbs als Mittel zur Bewältigung der Probleme einer selbständigen Tätigkeit des Schuldners, NZI 2005, 141; *Bächer*, Kfz-Steuererstattungsansprüche bei unpfändbaren Fahrzeugen, ZInsO 2010, 939; Massekostenbeiträge bei der Immobiliarverwertung, ZInsO 2010, 1084; *Benne*, Einkommensteuerliche und steuerverfahrensrechtliche Probleme bei Insolvenzen im Zusammenhang mit Personengesellschaften, BB 2001, 1977; *Bergmann*, Die Verwaltungsbefugnis des Insolvenzverwalters über einen zur Insolvenzmasse gehörenden GmbH-Geschäftsanteil, ZInsO 2004, 225; *Brandt*, Softwarelizenzen in der Insolvenz, NZI 2001, 337; *Busch/Krankenberg*, Pfändung von Steuererstattungsansprüchen in der Insolvenz, NWB 12/2010, 893; *du Carrois*, Freigabe eines Grundstückes (Schuldner, was ist zu tun?), ZInsO 2005, 472; *Casse*, Einkommensteuer als Masseverbindlichkeit?, ZInsO 2008, 795; *Deppe/Schmittmann*, Körperschaftsteuerguthaben in der Insolvenz: Steuerliche und insolvenzrechtliche Aspekte, InsBüro 2008, 367; *Eisold/Schmidt*, Praxisfragen der externen Rechnungslegung in der Insolvenz, BB 2009, 654; *Elz*, Verarbeitungsklauseln in der Insolvenz des Vorbehaltskäufers – Aussonderung oder Absonderung?, ZInsO 2000, 478; *Elfring*, Die Verwertung verpfändeter und abgetretener Lebensversicherungsansprüche in der Insolvenz des Versicherungsnehmers, NJW 2005, 2192; *Ganter*, Betriebsfortführung durch den vorläufigen Verwalter trotz Globalzession?, NZI 2010, 551; *Gehrlein*, Freigabe der selbstständigen Tätigkeit – Königsweg zur Restschuldbefreiung? ZInsO 2017, 1352; *Gerhardt*, Verfügungsbeschränkungen in der Eröffnungsphase und nach Verfahrenseröffnung, Kölner Schrift zur Insolvenzordnung, 2. Aufl. 2000, S. 193; *Gleichenstein*, Der Steuererstattungsanspruch als Bestandteil der Insolvenzmasse?, NZI 2006, 624; *Gundlach/Frenzel/Jahn*, Die Inbesitznahme von Aussonderungsgut, DZWIR 2007, 320; *Gundlach/Frenzel*, Zu den Konsequenzen der Inbesitznahme des Sicherungsgutes vor Insolvenzeröffnung, DZWIR 2007, 458; *Gundlach/Frenzel/Jahn*, Die Inbesitznahme durch den vorläufigen schwachen Insolvenzverwalter mit Zustimmungsvorbehalt, ZInsO 2010, 122; Blick ins Insolvenzrecht, DStR 2010, 658; *Gundlach/Frenzel/Schmidt*, Die Haftung des Insolvenzverwalters gegenüber Aus- und Absonderungsberechtigten, NZI 2001, 350; *Gundlach/Schirrmeister*, Die aus- und absonderungsfähigen Gegenstände in der vorläufigen Verwaltung, NZI 2010, 176; *Haberzettl*, Die Freigabe im Insolvenzverfahren, NZI 2017, 474; *Hain*, Das Wohnraummietverhältnis des Insolvenzschuldners unter besonderer Berücksichtigung der Räumungs- und Herausgabeverpflichtung des Insolvenzverwalters/Treuhänders, ZInsO 2007, 192; *Harder*, Reichweite und Wirkungen der Freigabeerklärung nach § 35 II 1 InsO, NJW-Spezial 2019, 277; *Hartmann*, Kraftfahrzeugsteuer in der Insolvenz nach neuer BFH-Rechtsprechung, NZI 2012, 168; *Heubrich*, Steuerpflichten des Verwalters bei Neuerwerb des Schuldners?, ZInsO 2004, 1292; *Horner/Rand*, Kfz-Steuer: Massehaftung für insolvenzfreies Vermögen?, NZI 2011, 898; *Humbeck*, Kosten der Verwertung des Vorratsvermögens bei Unternehmensfortführung, § 171 Abs. 2 InsO, DZWIR 2003, 283; *Kranenberg*, Kraftfahrzeugsteuer in der Insolvenz – neuere Entwicklungen in der Rechtsprechung, NZI 2008, 81; Modifizierte Freigabe – Quo vadis?, NZI 2009, 156; *Mankowski*, Bestimmung der Insolvenzmasse und Pfändungsschutz unter der EuInsVO, NZI 2009, 785; *Mühlmann*, Neues aus dem Bereich Insolvenzverfahren und Gewerbeuntersagung bei „Freigabe" des Gewerbebetriebs, ZInsO 2011, 2023; *Nehrig*, Umsatzsteuerpflicht der Masse bei vorinsolvenzlicher Inbesitznahme des Sicherungsgutes durch den Sicherungsnehmer, DZWIR 2006, 141; *Obermair*, Der Neuerwerb – eine unendliche Geschichte – Anmerkung zum Urteil des BFH vom 7.4.2005, DStR 2005, 1561; *Obermüller*, Kostenbeiträge und Ausgleichsansprüche bei Verwertung von Mobiliarsicherheiten, NZI 2003, 416; Verwertung von Mobiliarsicherheiten im Insolvenzantragsverfahren, DZWIR 2000, 10; *Rein*, Insolvenzgeld bei Freigabe selbständiger Tätigkeit und Folgeinsolvenz, NJW-Spezial 2017, 661; *Ritter*, Das Schicksal von Mietverhältnissen nach der Freigabe durch den Insolvenzverwalter, ZVI 2016, 179; *Schlegel*, Der Verwalter als Zahlstelle nach § 166 InsO, NZI 2003, 17; *Smid*, Zahlung von

Lästigkeitsprämien aus der Insolvenzmasse, DZWIR 2008, 501; *de Weerth*, Zur Frage der Umsatzsteuerschuld bei der Anfechtung bei Inbesitznahme von sicherungsübereigneten Gegenständen durch Gläubiger vor und Verwertung nach Verfahrenseröffnung, NZI 2007, 396; *Wellensiek*, Die Aufgaben des Insolvenzverwalters nach der Insolvenzordnung, in Kölner Schrift zur Insolvenzordnung, S. 297; *Welsch/Cranshaw*, Freigabe von Konten als Problemfeld der Insolvenzverwaltung, DZWiR 2016, 53; *Wipperfürth*, Freigabe, Freigabe oder Freigabe?!, ZInsO 2019, 977; *Wischemeyer*, Maßnahmen der Sicherung, Verwaltung und Verwertung bei Mitberechtigung des Schuldners an Immobilien im Insolvenzverfahren, FD-InsR 2009, 275674; *Zimmer*, Eigentumsaufgabe und Aneignung nach § 928 BGB, NotBZ 2009, 397; *Zipperer*, Die Entscheidung des Insolvenzgerichts zur Unwirksamkeit der Freigabeerklärung – und dann?, ZIP 2019, 1741.

1. Legaldefinition der Insolvenzmasse

Die Verwaltung der Masse umfasst die Sichtung, Sammlung und Sicherung der Insolvenzmasse. Dabei beinhaltet „Sichten" nicht einzig das Feststellen körperlich vorhandener Vermögensgegenstände oder die Erfassung von Forderungen oder Rechten, sondern auch die Prüfung eines Unternehmens dergestalt, dass festgestellt werden muss, ob entsprechend der Intention des Gesetzgebers eine erfolgreiche Sanierung desselben in Betracht kommt.[1]

2.124

In § 35 InsO wird die Insolvenzmasse als das gesamte Vermögen definiert, das dem Schuldner zur Zeit der Eröffnung des Verfahrens gehört und das er während des Verfahrens erlangt.[2] Anders als etwa der Vermögensbegriff des § 1922 BGB umfasst jener des § 35 InsO lediglich die Gesamtheit des schuldnerischen Aktivvermögens. Hierunter fallen alle geldwerten körperlichen Gegenstände, Forderungen, einschließlich anfechtungsrechtlicher Rückgewähransprüche nach § 143 InsO, Unternehmensbeteiligungen und andere Finanzanlagen, sonstige Rechte sowie alle im Ausland[3] befindlichen Vermögensgegenstände. Die Grenzen der Beschlagswirkung bestimmt § 36 InsO. Danach fallen grundsätzlich nur solche Gegenstände in die Masse, die auch der Zwangsvollstreckung unterliegen.

2.125

2. Inbesitznahme

Gemäß §§ 148 ff. InsO hat der Insolvenzverwalter das gesamte zur Insolvenzmasse gehörende Vermögen nach der Eröffnung des Verfahrens in Besitz zu nehmen. Das von §§ 35 f. InsO umfasste Vermögen stellt aber regelmäßig nicht die Masse dar, die der Insolvenzverwalter nach seiner Bestellung beim Schuldner vorfindet. Man spricht in dem Zusammenhang daher auch von Sollmasse als der Summe der letztlich im Interesse der Gläubiger verwertbaren Vermögensgegenstände des Schuldners.[4] Die

2.126

---

1 Vgl. *Runkel* in Runkel, Anwalts-Handbuch Insolvenzrecht³, § 6 Rz. 171.
2 Zur Definition der Insolvenzmasse im Nachlassinsolvenzverfahren s.: *Roth* in Roth/Pfeuffer, Praxishandbuch Nachlassinsolvenzverfahren², S. 34 ff.
3 BGH v. 14.11.1996 – IX ZR 339/95, ZIP 1997, 39 = NJW 1997, 524 (524); BGH v. 20.7.2017 – IX ZB 63/16, NZI 2017, 816; vgl. auch OLG Hamburg v. 1.3.2018 – 6 U 242/15, BeckRS 2018 8679.
4 *Mohrbutter* in Mohrbutter/Ringstmeier, Handbuch der Insolvenzverwaltung⁹, § 6 Rz. 190.

Summe der Vermögensgegenstände, die der Insolvenzverwalter beim Schuldner vorfindet, ist demgegenüber die Istmasse. Diese ist vom Insolvenzverwalter in Besitz zu nehmen und im weiteren Verfahrensverlauf zur Sollmasse zu bereinigen, etwa indem schuldnerfremde Vermögensgegenstände durch Herausgabe an den Berechtigten ausgesondert werden.

2.127 Die Inbesitznahme erfolgt durch Begründung der tatsächlichen Sachherrschaft i.S.v. § 854 BGB. Ob die Vermögensgegenstände mit Rechten Dritter belastet sind, ist für die Inbesitznahme bedeutungslos. Sind die Gegenstände mit **Absonderungsrechten** i.S.v. § 50 ff. InsO belastet, ist der Insolvenzverwalter grundsätzlich zur Verwertung befugt (§ 166 Abs. 1 InsO). Hierzu muss er sie auch in Besitz nehmen dürfen. Sind **Aussonderungsansprüche** nicht abschließend geklärt, greift die Eigentumsvermutung des § 1006 BGB zugunsten der Masse. Daher können sich aus- und absonderungsberechtigte Dritte gegen die Inbesitznahme nicht wehren.[1] Haben allerdings die Ermittlungen im Eröffnungsverfahren ergeben, dass Aussonderungsrechte bestehen, so muss der Insolvenzverwalter diese Gegenstände nicht in Besitz nehmen.[2] Befinden sich bewegliche Gegenstände im Besitz des Schuldners und verweigert dieser die Herausgabe, kann der Insolvenzverwalter mit einer vollstreckbaren Ausfertigung des Eröffnungsbeschlusses die Herausgabevollstreckung betreiben.[3]

2.128 Der Insolvenzverwalter muss auch **Rechte in Besitz** nehmen. Soweit diese in einer Urkunde (Wertpapiere, Sparbücher, Grundpfandbriefe etc.) verkörpert sind, hat der Insolvenzverwalter Letztere in Besitz zu nehmen. Darüber hinaus muss er sicherstellen, dass die Rechte nicht durch Dritte beeinträchtigt werden.[4] Für die wirksame **Inbesitznahme von Forderungen** ist erforderlich, dass die Verfahrenseröffnung den Drittschuldnern angezeigt wird, jeweils verbunden mit dem Hinweis, dass erfüllungswirksam nurmehr an die Masse geleistet werden kann.

2.129 Die Insolvenzmasse umfasst auch die **Geschäftsbücher des Schuldners**, § 36 Abs. 2 Ziff. 1 InsO. Daher kann der Insolvenzverwalter diese von den Stellen, die diese in der Vergangenheit geführt haben, heraus verlangen.[5] Das gilt gleichermaßen für Unterlagen, die ein Steuerberater oder Buchhalter im Rahmen seiner Auftragsleistung für den Schuldner erstellt hat. Ausführlich zu den Rechtsverhältnissen des Insolvenzverwalters in Bezug auf den Steuerberater des Insolvenzschuldners (Rz. 2.386 ff.).[6]

2.130 Gehören Immobilien zur Insolvenzmasse, erfolgt deren Sicherung zugunsten der Masse mittels Eintragung des Insolvenzvermerkes in das Grundbuch, § 32 InsO. Soweit Immobilien vermietet sind, ist zusätzlich eine Anzeige gegenüber den Mietern als Drittschuldnern erforderlich.[7]

---

1 *Wegener* in FrankfurterKomm/InsO⁹, § 148 Rz. 4.
2 BGH v. 5.10.1994 – XII ZR 53/93, BGHZ 127, 156 (161) = ZIP 1994, 1700; *Jaffé* in MünchKomm/InsO⁴, § 148 Rz. 12.
3 *Runkel* in Runkel, Anwalts-Handbuch Insolvenzrecht³, § 6 Rz. 172.
4 *Wegener* in FrankfurterKomm/InsO⁹, § 148 Rz. 7.
5 *Jaffé* in MünchKomm/InsO⁴, § 148 Rz. 16.
6 OLG Hamm v. 4.8.1987 – 25 U 173/86, ZIP 1987, 1330 = EWiR 1987, 1121 (1121).
7 *Wegener* in FrankfurterKomm/InsO⁹, § 148 Rz. 9.

Komplexer gestaltet sich die Inbesitznahme bei der Übernahme des schuldnerischen Unternehmens. Hier hat der Insolvenzverwalter das gesamte Anlage- und Umlaufvermögen zu übernehmen. Darüber hinaus muss der Insolvenzverwalter unverzüglich Klarheit über die Fortführungsperspektiven herbeiführen. Die Fortführung kommt freilich nur bei einer positiven Zukunftsprognose in Betracht, die regelmäßig bereits im Rahmen des Eröffnungsverfahrens umfassend geprüft wird. 2.131

Wurde das **Unternehmen** nicht bereits im Eröffnungsverfahren im Rahmen einer vorläufigen Insolvenzverwaltung in Besitz genommen, muss die **Inbesitznahme** sofort nach Verfahrenseröffnung erfolgen.[1] Bei einer schuldhaften Verzögerung der Besitzergreifung sind Schadensersatzansprüche gegen den Verwalter nach § 60 InsO möglich.[2] Der Insolvenzverwalter bleibt während der gesamten Dauer des Verfahrens zur Inbesitznahme verpflichtet, muss also auch etwaigen **Neuerwerb** gem. § 35 Abs. 1 Alt. 2 InsO für die Masse in Beschlag nehmen.[3] Die Vorschrift ist vor allem in der Insolvenz natürlicher Personen von Bedeutung. Der Neuerwerb umfasst dort insbesondere die aufgrund rechtsgeschäftlichen Handelns des Schuldners während des Insolvenzverfahrens hinzuerworbenen Vermögensgegenstände.[4] Dazu gehört in erster Linie der Anspruch auf den nach § 36 Abs. 1 Satz 2 InsO pfändbaren Teil des Arbeitseinkommens des Schuldners. Der Anspruch auf Insolvenzgeld (§§ 183 ff. SGB III) ist nach § 189 SGB III wie Arbeitseinkommen pfändbar und daher, soweit er die Pfändungsfreigrenzen des § 850c ZPO übersteigt, auch Teil der Insolvenzmasse. Vermögen, das der Masse durch Handlungen des Insolvenzverwalters zufließt, ist kein Neuerwerb i.S.d. § 35 InsO, sondern Vermögen, das kraft Surrogation zur Masse gehört.[5] Denkbare Fälle von Neuerwerb bei juristischen Personen sind Gesellschafterleistungen in Form von Kapitalerhöhungen oder Nachschüssen,[6] Steuererstattungsansprüchen oder auch Erbschaften. 2.132

Die Besitzergreifung hat nach überwiegender Auffassung zur Folge, dass der **Insolvenzverwalter unmittelbarer Fremdbesitzer** (und der Schuldner mittelbarer Besitzer) wird mit der Konsequenz, dass ihm auch die Besitzschutzrechte unmittelbar zustehen.[7] 2.133

Aufgrund der Tatsache, dass die Inbesitznahme regelmäßig mit Kosten verbunden ist, prüft der Insolvenzverwalter regelmäßig, ob die Gegenstände bis zur Verwertung im Besitz des Schuldners oder eines Dritten verbleiben können. In diesen Fällen muss der Insolvenzverwalter sicherstellen, dass der unmittelbare Besitzer seinen Weisungen Folge leistet.[8] 2.134

---

1 *Jaffé* in MünchKomm/InsO[4], § 148 Rz. 24.
2 *Sinz* in Uhlenbruck[15], § 148 InsO Rz. 8.
3 *Häsemeyer*, Insolvenzrecht[4], Rz. 13.02.
4 *Häsemeyer*, Insolvenzrecht[4], Rz. 9.20, 9.28.
5 S. dazu BT-Drucks. 12/2442, 122, Rz. 472.
6 *Kuhn/Uhlenbruck*[11], § 1 KO Rz. 4a.
7 *Sinz* in Uhlenbruck[15], § 148 InsO Rz. 11.
8 *Wegener* in FrankfurterKomm/InsO[9], § 148 Rz. 17.

3. Insolvenzfreies Vermögen

a) Reichweite des Insolvenzbeschlags

2.135 Der Insolvenzbeschlag erfasst nicht notwendigerweise das gesamte Vermögen des insolventen Rechtsträgers. Insolvenzfreies Vermögen ist vor allem in Insolvenzverfahren über das Vermögen natürlicher Personen unter unterschiedlichen Gesichtspunkten denkbar.

b) Unpfändbare Vermögensgegenstände

aa) Grundlagen

2.136 Das Gesetz schränkt den Insolvenzbeschlag zunächst dergestalt ein, dass Gegenstände, die nicht der Zwangsvollstreckung unterliegen, auch nicht zur Insolvenzmasse gehören, § 36 InsO. Darin kommt zum Ausdruck, dass es sich beim Insolvenzverfahren um ein (Gesamt-)Vollstreckungsverfahren handelt, das als solches rechtsstaatlichen Grundsätzen genügen muss. Die Pfändungsschutzvorschriften der ZPO, auf welche in § 36 InsO verwiesen wird, sind Ausfluss des verfassungsimmanenten Sozialstaatsprinzips (Art. 20, 28 GG). Der Schutz vor andernfalls drohender Kahlpfändung stellt sicher, dass dem Schuldner auch in der Insolvenz die Möglichkeit verbleibt, seinen Lebensunterhalt aus eigener Kraft zu bestreiten, wodurch nicht zuletzt die Sozialkassen geschützt werden sollen. Angesichts dieses Normzwecks ist § 36 InsO auf das Insolvenzverfahren natürlicher Personen beschränkt.[1] Inwieweit Vermögensgegenstände der Zwangsvollstreckung und damit dem Insolvenzbeschlag entzogen sind, ist für das bewegliche Vermögen in §§ 808 ff. ZPO bzw. §§ 850 ff. ZPO geregelt.

2.137 Unbewegliches Vermögen des Schuldners ist grundsätzlich ohne Einschränkung der Zwangsvollstreckung und damit auch dem Insolvenzbeschlag unterworfen, vgl. §§ 864 bis 871 ZPO.[2]

bb) Bewegliche Sachen

2.138 Für die Frage der Pfändbarkeit beweglicher Sachen bildet § 811 ZPO die zentrale Schutznorm. Unpfändbar sind danach insbesondere Sachen, derer der Schuldner für seinen Haushalt und für seinen persönlichen Gebrauch einschließlich seiner Berufstätigkeit im Rahmen einer der Verschuldung angemessenen bescheidenen Lebens- und Haushaltsführung bedarf, wie Bett, Fernseher, Kleidung, Nahrungsmittel sowie die Kosten für Strom und Heizung, vgl. § 811 Abs. 1 Ziff. 1, 2 ZPO.

2.139 Schöpft der Schuldner seinen Erwerb aus einer selbständigen persönlichen (körperlichen oder geistigen) Tätigkeit, sind auch alle zur Fortsetzung dieser Tätigkeit erforderlichen Arbeitsmittel unpfändbar, vgl. § 811 Abs. 1 Ziff. 5 ZPO. Wesentliches Kriterium für die Anwendbarkeit des § 811 Abs. 1 Ziff. 5 ZPO ist, dass im Rahmen der

---

1 *Peters* in MünchKomm/InsO[4], § 36 Rz. 6; *Henckel* in Jaeger, § 35 InsO Rz. 145.
2 *Schumacher* in FrankfurterKomm/InsO[9], § 36 Rz. 4.

Erwerbstätigkeit bei natürlicher Betrachtungsweise die persönliche Leistung im Vordergrund steht. Dies ist nur der Fall, wenn den individuellen Fähigkeiten des Schuldners im Rahmen der Wertschöpfung mehr Bedeutung zukommt als der Ausnutzung der sächlichen Betriebsmittel.[1] Auf Handelsvertreter, Künstler, Architekten, Steuerberater und andere Freiberufler trifft dies regelmäßig zu.

cc) Forderungen und andere Vermögensrechte

Die Massezugehörigkeit von Forderungen und anderen Vermögensrechten richtet sich nach § 36 InsO i.V.m. §§ 850 ff. ZPO. Die Pfändbarkeit von Arbeitseinkommen oder an dessen Stelle tretende Bezüge ist in den §§ 850 bis 850i ZPO geregelt. Die Pfändbarkeit von anderen Forderungen und anderen Vermögensrechten richtet sich nach den §§ 851 bis 852 ZPO und den §§ 857 bis 863 ZPO.

2.140

Große praktische Bedeutung hat vor allem der Pfändungsschutz im Bereich des Arbeitseinkommens (§§ 850 ff. ZPO): Die Vorschriften bestimmen, dass der Schuldner über Einkünfte, die unterhalb der Pfändungsfreigrenze der ZPO liegen, auch während des Insolvenzverfahrens grundsätzlich frei verfügen kann. Die nach oben offene Staffelung der Pfändungsfreigrenzen schafft einen Anreiz für den Schuldner, seine Arbeitskraft im Interesse seiner Gläubiger bestmöglich und effizient einzusetzen.

2.141

dd) Rückfall von insolvenzfreiem Vermögen in die Masse

Bewegliche Sachen, die nach § 811 Abs. 1 Ziff. 5 ZPO unpfändbar und damit massefrei sind, können diese Qualität im Laufe des Insolvenzverfahrens einbüßen. Dies ist beispielsweise der Fall, wenn dem Schuldner die weitere Ausübung seiner selbständigen Tätigkeit durch Verwaltungsakt einer Behörde verboten wird. Da der Schuldner die Arbeitsmittel in der Folge objektiv nicht mehr benötigt, ist für § 811 Abs. 1 Ziff. 5 ZPO ab Eintritt der Bestands- oder Rechtskraft des Verbotes kein Raum mehr. Die Gegenstände sind dann wie Neuerwerb zu behandeln und als Teil der Sollmasse zu verwerten. Gleiches gilt, wenn der Schuldner seine selbständige Tätigkeit im eröffneten Insolvenzverfahren aus anderen Gründen nicht fortsetzen kann, etwa weil keine Geschäftsräume mehr zur Verfügung stehen und sich auch kein Vermieter findet, der bereit ist, mit dem Schuldner einen entsprechenden Miet- oder Pachtvertrag abzuschließen. Die beweglichen Arbeitsmittel unterfallen dann nicht mehr dem Pfändungsschutz des § 811 Abs. 1 Ziff. 5 ZPO, weil die bloße Möglichkeit künftiger Berufsausübung für eine Anwendung der Vorschrift nicht ausreicht.

2.142

---

1 LG Augsburg v. 2.12.1996 – 5 T 3697/96, DGVZ 1997, 27 (28); LG Hamburg v. 31.3.1983 – 2 T 32/83, DGVZ 1984, 26 (26); ausführlich zum Ganzen ferner *Smid*, DZWiR 2008, 133 (142).

4. Freigabe durch den Insolvenzverwalter

a) Echte Freigabe

2.143 Insolvenzfreies Vermögen ist ferner unter dem Gesichtspunkt denkbar, dass der Insolvenzverwalter Gegenstände der Insolvenzmasse aus dieser freigibt.

2.144 Freigabe bezeichnet die Herauslösung von Rechten und Vermögensgegenständen aus dem Insolvenzbeschlag durch einen rechtsgeschäftlichen Akt des Insolvenzverwalters mit der Rechtsfolge, dass der Schuldner wieder uneingeschränkt über sie verfügen kann.[1] Die Freigabebefugnis des Insolvenzverwalters ergibt sich aus seiner Verwaltungs- und Verfügungsbefugnis über das zur Insolvenzmasse gehörende Vermögen. Durch die Freigabeerklärung wird der bisher vom Insolvenzbeschlag umfasste Gegenstand wieder vollumfänglich der Verwaltungs- und Verfügungsbefugnis des Schuldners unterstellt. Dies hat zur Folge, dass der Gegenstand (wieder) insolvenzfreies Vermögen wird.[2] Die Freigabe erfolgt durch einseitige, an den Schuldner zu richtende, empfangsbedürftige Willenserklärung, die auch konkludent erfolgen kann.[3] Die Freigabeerklärung bezieht sich auf bestimmte massezugehörige Gegenstände[4] und muss einen Verzicht auf die Massezugehörigkeit enthalten.[5] Um der Rechtssicherheit in geeignetem Maße Rechnung zu tragen, ist die Freigabe unwiderruflich.[6] Sie ist jedoch nach bürgerlich-rechtlichen Vorschriften anfechtbar.[7] Die Freigabe kann sich auf bewegliche und unbewegliche Gegenstände sowie Forderungen und sonstige Rechte erstrecken. Eine gesetzliche Regelung der Freigabe gibt es in der Insolvenzordnung nicht, allerdings wird ihre Zulässigkeit vom Gesetzgeber vorausgesetzt (vgl. § 32 Abs. 3 Satz 1 InsO). Zulässigkeit und Wirksamkeit der Freigabe sind in Rechtsprechung und Schrifttum grundsätzlich anerkannt, auch in Bezug auf juristische Personen und Handelsgesellschaften.[8]

2.145 Der BGH hat sich zur Zulässigkeit der Freigabe und ihrer Notwendigkeit im Insolvenzverfahren unmissverständlich geäußert:

---

1 *Vuia* in MünchKomm/InsO[4], § 80 Rz. 65.
2 *Kalter*, KTS 1975, 1 (9); *Peters* in MünchKomm/InsO[4], § 35 Rz. 58.
3 *Hirte/Praß* in Uhlenbruck[15], § 35 InsO Rz. 73.
4 *Kalter*, KTS 1975, 1 (9).
5 *Peters* in MünchKomm/InsO[4], § 35 Rz. 114.
6 *Peters* in MünchKomm/InsO[4], § 35 Rz. 114; Vgl. *Höpfner*, ZIP 2000, 1517 (1520).
7 *Peters* in MünchKomm/InsO[4], § 35 Rz. 114.
8 BGH v. 21.4.2005 – IX ZR 281/03, ZIP 2004, 2024 = NJW 2005, 2015 (2015) = NZI 2005, 387 (387); v. 18.4.2002 – IX ZR 161/01, ZIP 2002, 1043 = NZI 2002, 425 (425) = VIZ 2002, 540 (540); BVerwG v. 23.9.2004 – 7 C 22/03, NZI 2005, 51 (51 ff.); v. 25.1.2018 – IX ZA 19/17, NZI 2018, 275; v. 6.6.2019 – IX ZR 272/17, NJW 2019, 2156; *Hirte* in Uhlenbruck[15], § 35 InsO Rz. 71 ff.; *Smid*[2], § 80 InsO Rz. 30; *Wittkowski* in Nerlich/Römermann, § 80 InsO Rz. 102 f.; *Andres* in Nerlich/Römermann, § 36 InsO Rz. 58; *Ries* in Heidelberger-Komm/InsO[10], § 35 Rz. 53; *Häsemeyer*, Insolvenzrecht[4], Rz. 13.14 ff.; *Kleine/Flöther*, NJW 2000, 405 (405 ff.); *Lwowski/Tetzlaff*, NZI 2004, 225 (229); ebenso schon zur KO: BGH v. 29.5.1961 – VII ZR 46/60, NJW 1961, 1528 (1528); v. 27.11.1981 – V ZR 144/80, ZIP 1982, 189 (189); v. 5.10.1994 – XII ZR 53/93, BGH NJW 1994, 3232 (3234); OLG Naumburg v. 1.3.2000 – 5 U 192/99, ZIP 2000, 976 (976 ff.); *Kuhn/Uhlenbruck*[11], § 6 KO Rz. 35; *Jaeger/Henckel*, § 6 KO Rz. 17.

"Das berechtigte Interesse der Gläubiger, aus der Masse eine Befriedigung ihrer Ansprüche zu erhalten und deshalb möglichst die Entstehung von Verbindlichkeiten zu vermeiden, die das zur Verteilung zur Verfügung stehende Vermögen schmälern, hat im Rahmen der insolvenzrechtlichen Abwicklung unbedingten Vorrang.

Ein rechtlich schutzwürdiges Bedürfnis, dem Verwalter die Möglichkeit der Freigabe einzuräumen, besteht regelmäßig dort, wo zur Masse Gegenstände gehören, die wertlos sind oder Kosten verursachen, welche den zu erwartenden Veräußerungserlös möglicherweise übersteigen. Dies hat insbesondere bei wertausschöpfend belasteten oder erheblich kontaminierten Grundstücken große praktische Bedeutung. Es wäre mit dem Zweck der Gläubigerbefriedigung nicht zu vereinbaren, wenn der Insolvenzverwalter in solchen Fällen gezwungen wäre, Gegenstände, die nur noch geeignet sind, das Schuldnervermögen zu schmälern, allein deshalb in der Masse zu behalten, um eine Vollbeendigung der Gesellschaft zu bewirken".[1]

Die Freigabe bietet sich an, um eine Belastung der Masse mit Realsteuern wie Grundsteuern zu verhindern. Gibt der Insolvenzverwalter ein zur Masse gehörendes Grundstück frei, so bilden die vor Eröffnung entstandenen Steueransprüche einfache Insolvenzforderungen im Rang von § 38 InsO. Die späteren Ansprüche bis zur Freigabe sind Masseverbindlichkeiten im Rang von § 55 InsO, während der Fiskus Steueransprüche für den Zeitraum ab der Freigabe gegenüber dem insolvenzfreien Vermögen des Schuldners geltend machen muss.[2]

2.146

Wird durch die Veräußerung des freigegebenen Gegenstandes durch den Schuldner ein Erlös erzielt, so fließt dieser nicht zur Masse, sondern wird ebenfalls insolvenzfreies Vermögen des Schuldners.[3] Die Freigabe stellt praktisch das „Gegenstück" zur Inbesitznahme dar.[4]

2.147

b) Unechte Freigabe

Im Fall der unechten Freigabe gibt der Insolvenzverwalter einen nicht dem Schuldner gehörenden und damit massefremden Gegenstand an den Berechtigten, den Aussonderungsberechtigten, heraus (§ 47 InsO). Der Freigabe kommt in diesem Fall lediglich deklaratorische Bedeutung zu, denn der Insolvenzverwalter handelt insoweit nur in Anerkennung der ohnehin gegebenen materiellen Rechtslage.[5]

2.148

Davon zu unterscheiden ist der Fall des § 170 Abs. 2 InsO. Hierbei gibt der Insolvenzverwalter einen Vermögensgegenstand an den Absonderungsberechtigten zur Verwertung heraus, zu den umsatzsteuerrechtlichen Auswirkungen Rz. 4.456 f. Allerdings bleibt der Gegenstand Teil der Insolvenzmasse. Der Gläubiger ist lediglich berechtigt, die Verwertung durchzuführen und sich aus dem Erlös zu befriedigen. Den Übererlös muss er an den Insolvenzverwalter abführen, was sich aus der Massezugehörigkeit des Gegenstandes ergibt. Der Fall ist nicht mit der unechten Freigabe identisch, da dort der herauszugebende Aussonderungsgegenstand zu keinem Zeit-

2.149

---

1 BGH v. 21.4.2005 – IX ZR 281/03, ZIP 2004, 2024 = JuS 2005, 846 (847 f.).
2 *Peters* in MünchKomm/InsO[4], § 35 Rz. 104.
3 *Peters* in MünchKomm/InsO[4], § 35 Rz. 104.
4 *Runkel* in Runkel, Anwalts-Handbuch Insolvenzrecht[3], § 6 Rz. 174.
5 *Bornemann* in FrankfurterKomm/InsO[9], § 35 Rz. 72.

punkt zur Insolvenzmasse gehört hat. Im zuletzt geschilderten Fall ändert selbst die Herausgabe des Gegenstandes an den Gläubiger nichts an dessen Massezugehörigkeit.[1]

c) Modifizierte Freigabe

2.150 Eine modifizierte Freigabe liegt vor, wenn der Insolvenzverwalter den Schuldner ermächtigt, ein Recht, das zur Insolvenzmasse gehört, gerichtlich geltend zu machen, um die Masse von dem Prozesskostenrisiko zu befreien.[2]

5. Sonderfall: Freigabe eines Geschäftsbetriebes gem. § 35 Abs. 2, 3 InsO

Literatur *Andres*, Die geplante Neuregelung des Neuerwerbs des selbständigen Schuldners in der Insolvenz, NZI 2006, 198; *Andres/Pape*, Die Freigabe des Neuerwerbs als Mittel zur Bewältigung der Probleme einer selbständigen Tätigkeit des Schuldners, NZI 2005, 141; *Böhme*, Die übererfüllte Abführungspflicht nach Freigabe des Geschäftsbetriebs, VIA 2017, 73; *Dahl*, Auswirkung der Freigabe des Geschäftsbetriebs auf Mietverhältnis, VIA 2010, 54; *Gundlach/Frenzel/Schirrmeister*, Das Gesetz zur Vereinfachung des Insolvenzverfahrens, DStR 2007, 1352; *Gortan*, Löschung des ins Handelsregister eingetragenen Insolvenzvermerks über die Eröffnung des Insolvenzverfahrens eines Kaufmanns gem. § 32 I 1 HGB analog, NZI 2016, 68; *Harder*, Reichweite und Wirkungen der Freigabeerklärung nach § 35 II 1 InsO, NJW-Spezial 2019, 277; *Kranenberg*, Modifizierte Freigabe – Quo vadis?, NZI 2009, 156; *Lindemann*, Arbeitsrechtliche Zusammenhänge bei der „Freigabe" des Geschäftsbetriebes des Schuldners in der Insolvenz, BB 2011, 2357; *Montag*, Auflagen an den Schuldner im freigegebenen Geschäftsbetrieb, ZVI 2014, 333; *Pape*, Änderungen im eröffneten Verfahren durch das Gesetz zur Vereinfachung des Insolvenzverfahrens, NZI 2007, 481; *Rein*, Aktuelle sozialrechtliche Fragen in Krise und Insolvenz, NZI 2018, 308; *Rein*, Insolvenzgeld bei Freigabe selbstständiger Tätigkeit und Folgeinsolvenz, NJW-Spezial 2017, 661; *Schmerbach*, Gewerbeuntersagung bei freigegebenem Geschäftsbetrieb, VIA 2011, 56; *Schulz*, Gewerberechtliche Fragen bei Fortführung des Gewerbebetriebes des Gemeinschuldners durch den Konkursverwalter, GewA 1959, 73; *Smid*, Freigabe des Neuerwerbs in der Insolvenz selbständig tätiger Schuldner, DZWIR 2008, 133; Freigabeerklärungen des Insolvenzverwalters/Treuhänders bei selbständiger Tätigkeit des Insolvenzschuldners? – Zugleich Bemerkungen zu den Änderungsvorschlägen zu § 35 InsO im Referentenentwurf eines Gesetzes zur Änderung der InsO, WM 2005, 625.

a) Entstehungsgeschichte

2.151 In den Fällen des § 36 InsO i.V.m. § 811 Abs. 1 Ziff. 5 ZPO (Rz. 2.139) stellte die Einbeziehung des Neuerwerbs in die Insolvenzmasse (§ 35 Abs. 1 Alt. 2 InsO) die Insolvenzpraxis vor erhebliche Probleme. Aufgrund der Neuregelung gehörten die Ansprüche, die der Schuldner im Rahmen einer selbständigen Tätigkeit unter Einsatz seiner persönlichen Arbeitskraft und der gem. § 811 Abs. 1 Ziff. 5 ZPO massefreien Betriebsmittel nach Verfahrenseröffnung ohne Mitwirkung des Insolvenzverwalters begründete, als Neuerwerb zur Insolvenzmasse. Problematisch daran war, dass die

---

1 Insoweit noch zutreffend: *Scholz* in HamburgerKomm/InsO⁷, § 170 Rz. 9. Der Schluss, es handle sich um eine unechte Freigabe, ist jedoch nicht zutreffend.
2 *Bornemann* in FrankfurterKomm/InsO⁹, § 35 Rz. 75.

vom Schuldner im Rahmen der Wertschöpfung begründeten Verbindlichkeiten nach allgemeinen Grundsätzen nicht am Verfahren teilnehmen durften. Vom Schuldner nach Verfahrenseröffnung begründete Verbindlichkeiten hatten angesichts des in § 38 InsO verankerten Stichtagsprinzips nämlich weder den Status von Insolvenzforderungen noch die Qualität von Masseverbindlichkeiten, da letztere in §§ 55, 100, 123 Abs. 2 Satz 1 oder § 324 InsO abschließend geregelt waren. Bei wortgetreuer Rechtsanwendung hätte der Schuldner seinen betrieblichen Kostenaufwand folglich ausschließlich aus seinem pfändungsfreien Vermögen bestreiten, auf der anderen Seite aber seine kompletten Umsatzerlöse an die Masse abführen müssen. Dass Betriebsfortführungen durch selbständige Schuldner, wie sie das Gesetz in § 811 Abs. 1 Ziff. 5 ZPO vorsieht, so nicht möglich sind, versteht sich von selbst, zumal sich auch kein verständiger Geschäftspartner darauf einlassen würde, mit seiner Forderung für die Dauer des Insolvenzverfahrens (und einer sich ggf. anschließenden Wohlverhaltensperiode) auf keinerlei pfändbares Vermögen zugreifen zu können. Die Praxis behalf sich zunächst damit, dass dem Insolvenzverwalter zugestanden wurde, den Neuerwerb selbständig tätiger Schuldner durch eine pauschale Erklärung insgesamt aus der Masse freigeben zu können. Dem trat der **BGH** in seiner „Psychologinnen-Entscheidung" jedoch entgegen. Danach sei der Insolvenzverwalter verpflichtet, sämtliche Einnahmen des Insolvenzschuldners aus der selbständigen Tätigkeit zur Masse zu ziehen und dem Schuldner im Gegenzug analog §§ 850 ff. ZPO die nötigen Mittel für die Ausübung der selbständigen Tätigkeit zu überlassen.[1] Die vom BGH vorgeschlagene Vorgehensweise erwies sich in der Folge als unpraktikabel. Außerdem blieb unklar, welche rechtliche Qualität die vom Insolvenzschuldner selbständig begründeten Verbindlichkeiten – allen voran etwaige Umsatzsteuerschulden – besaßen. Diesbezüglich ging der **BFH** davon aus, dass die Umsatzsteuerforderung der Finanzverwaltung jedenfalls dann keine Masseschuld gem. § 55 Abs. 1 Ziff. 1 InsO darstelle, wenn der Schuldner die steuerpflichtige Leistung durch seine Arbeit und mit Gegenständen erbracht hat, die, gem. § 811 Ziff. 5 ZPO unpfändbar sind.[2]

Der Gesetzgeber hat auf die anhaltende Kritik aus der Praxis reagiert und die von Verwalterseite favorisierte Lösung auf eine gesetzliche Grundlage gestellt. Nach § 35 Abs. 2, 3 InsO muss der Insolvenzverwalter in Insolvenzverfahren über das Vermögen Selbständiger fortan explizit wählen, ob Aktiva **und** Passiva, die aus einer künftigen selbständigen Tätigkeit des Schuldners erwachsen, massezugehörig sind oder nicht.

2.152

b) Rechtsfolgen

Erklärt der Insolvenzverwalter demgemäß – unter Beachtung der Formalia des § 35 Abs. 3 InsO – die Masseunzugehörigkeit der betreffenden Vermögensteile, ist der **gesamte spätere Neuerwerb** des Schuldners aus der betreffenden Tätigkeit **massefrei**. Andererseits können die von dem Schuldner im Rahmen der Betriebsführung be-

2.153

---

1 BGH v. 20.3.2003 – IX ZB 388/02, NJW 2003, 2167 (2167).
2 BFH v. 7.4.2005 – V R 5/04, BStBl. II 2005, 848 = ZIP 2005, 1376 = ZInsO 2005, 774 (774).

gründeten Verbindlichkeiten ggf. weder als Masseverbindlichkeiten noch als Insolvenzforderungen an dem laufenden Insolvenzverfahren teilnehmen. Die Freigabe führt mit anderen Worten dazu, dass den Neugläubigern selbständig tätiger Schuldner auch in Zukunft – so wie dies unter Geltung der Konkursordnung automatisch der Fall war – ausschließlich, aber dafür auch exklusiv, d.h. unter Ausschluss der Altgläubiger, die am Insolvenzverfahren teilnehmen, der Neuerwerb als Haftungsmasse zur Verfügung steht. Sie können gegen den Schuldner persönlich klagen, aber nur in das massefreie Vermögen vollstrecken. Über das massefreie Vermögen kann später unter Umständen ein zweites, paralleles Insolvenzverfahren eröffnet werden.[1] Gegenstand des Zweitinsolvenzverfahrens ist dann das nicht vom Insolvenzbeschlag des ersten Insolvenzverfahrens erfasste Vermögen. In Betracht kommen insoweit vor allem der Neuerwerb des Schuldners sowie Anfechtungsansprüche gegen Neugläubiger.

2.154 Angesichts der Anordnung der entsprechenden Geltung des § 295 Abs. 2 InsO in § 35 Abs. 2 Satz 2 InsO obliegt es dem Schuldner im Fall der Fortsetzung seiner selbständigen Tätigkeit allerdings, die Masse wirtschaftlich so zu stellen wie diese stünde, wenn er stattdessen in ein seinen Fähigkeiten angemessenes Dienstverhältnis eingetreten wäre.[2] Er muss also denjenigen Betrag an die Masse abführen, den er im Rahmen eines angemessenen Dienstverhältnisses unter Berücksichtigung der Pfändungsfreigrenzen an Beiträgen an die Insolvenzmasse abzuführen hätte.[3] Fraglich ist, ob es sich hierbei lediglich um eine Obliegenheit handelt mit der Folge, dass eine Verletzung keinen klagbaren Anspruch der Masse begründen, sondern allenfalls zur Versagung einer ggf. beantragten Restschuldbefreiung führen könnte.

2.155 Gibt der Insolvenzverwalter pflichtwidrig keine Erklärung ab und duldet er in der Folge die selbständige Ausübung einer selbständigen Tätigkeit durch den Schuldner, werden alle in dem Zusammenhang künftig von diesem begründeten Verpflichtungen – und damit auch Steuerschulden gegenüber dem Finanzamt – automatisch Masseverbindlichkeiten. Der Abgabe einer ausdrücklichen „Positiverklärung" bedarf es hierzu nicht. Sie hätte folglich allenfalls deklaratorische Bedeutung.

2.156 Nicht abschließend geklärt ist der in der Praxis keineswegs seltene Fall, dass der **Schuldner hinter dem Rücken des Insolvenzverwalters** agiert. Da der Insolvenzverwalter in solchen Fällen freilich keine (rechtzeitige) Negativerklärung nach § 35 Abs. 2 InsO abgeben kann, wäre es nicht sachgerecht, die Masse auch dann mit den vom Schuldner neu begründeten Verbindlichkeiten zu belasten. Streitig sind aber solche Fälle, in denen der Insolvenzverwalter zwar keine positive Kenntnis von dem Treiben des Schuldners hat, dieses aber ohne größere Schwierigkeiten hätte erkennen können. Nach einer in der Literatur vertretenen Ansicht setzt eine solche Duldung zwingend die positive Kenntnis des Insolvenzverwalters von der betreffenden Tätig-

---

[1] Vgl. AG Hamburg v. 18.6.2008 – 67g IN 37/08, ZIP 2009, 384 = ZInsO 2008, 680 (681); AG Göttingen v. 26.2.2008 – 74 IN 304/07, NZI 2008, 313 (314); BGH v. 9.6.2011 – IX ZB 175/10, NJW-RR 2011, 1615; AG Mannheim v. 18.7.2019 – 4 IN 1331/19, ZInsO 2019, 2325; *Peters* in MünchKomm/InsO[4], § 35 Rz. 89; *Holzer*, ZVI 2007, 289 (292 f.).
[2] *Schmerbach/Wegener*, ZInsO 2006, 400 (406).
[3] *Runkel* in Runkel, Anwalts-Handbuch Insolvenzrecht[3], § 17 Rz. 93.

keit voraus.¹ Nach anderer Auffassung soll bloße Erkennbarkeit ausreichen.² Nach vermittelnder und vorzugswürdiger Ansicht darf der Insolvenzverwalter jedenfalls nicht vor klaren Anzeichen die Augen verschließen. Daher muss er insbesondere Hinweisen des Finanzamtes nachgehen.³

c) Abgrenzung zu § 811 Abs. 1 Ziff. 5 ZPO

Der gegenständliche Anwendungsbereich des § 35 Abs. 2 und 3 InsO ist in Rechtsprechung und Literatur bislang ebenso ungeklärt wie das Verhältnis der Norm zu § 811 Abs. 1 Ziff. 5 ZPO. Beide Normen betreffen explizit das Betriebsvermögen selbständig tätiger Schuldner. Auf den ersten Blick scheinen sich die Anwendungsbereiche von §§ 36 InsO i.V.m. 811 Abs. 1 Ziff. 5 ZPO einerseits und § 35 Abs. 2 und 3 InsO andererseits auszuschließen. Schließlich ist es denklogisch unmöglich, Vermögen, das bereits gemäß der erstgenannten Bestimmungen massefrei ist, nochmals gemäß der zweitgenannten Vorschriften aus der Masse freizugeben. Auf den zweiten Blick wird indessen klar, dass § 811 Abs. 1 Ziff. 5 ZPO nur die sächlichen Betriebsmittel des Selbständigen, nicht aber die unter Einsatz derselben erzielten künftigen Einkünfte massefrei stellt. Jedenfalls was die letzteren angeht, ist daher Raum für § 35 Abs. 2 und 3 InsO. Dies entspricht zugleich dem originären Anwendungsbereich der Normen. Dass diese Regelungen nach der Vorstellung des Gesetzgebers von dem gesamten betrieblichen Aktivvermögen lediglich den Neuerwerb erfassen sollen, ergibt sich sowohl aus der systematischen Stellung der Norm im Kontext des § 35 Abs. 1 Alt. 2 InsO als auch aus der schwerfälligen Gesetzesformulierung.

2.157

Bei Lichte besehen verträgt sich die Einschätzung des Gesetzgebers, alles andere außer dem Neuerwerb sei in der Selbständigeninsolvenz ohnehin gem. § 36 InsO i.V.m. § 811 Abs. 1 Ziff. 5 ZPO massefrei, jedoch weder mit objektiv-teleologischen Zwecken des Insolvenzrechtes noch mit einer mit Rücksicht hierauf schon seit vielen Jahren in der insolvenzrechtlichen Literatur vertretenen Auffassung. Danach fallen freiberufliche Praxen entgegen §§ 36 InsO i.V.m. 811 Abs. 1 Ziff. 5 ZPO automatisch in die Insolvenzmasse.⁴ Hierfür wird insbesondere vorgebracht, dass alles andere einer unzulässigen und mit § 35 InsO nicht zu vereinbarenden Privilegierung von Freiberuflern gleichkäme.⁵ Die Vertreter dieser Ansicht sprechen § 811 Abs. 1 Ziff. 5 ZPO in der Insolvenz de facto jeden Anwendungsbereich ab.

2.158

Folgte man dem, hätte § 35 Abs. 2 und 3 InsO automatisch einen sehr viel größeren, potentiellen Anwendungsbereich. Insbesondere beträfe die Freigabe ggf. nicht mehr nur den Neuerwerb, sondern auch sämtliche Betriebsmittel des selbständig tätigen

2.159

---

1 *Holzer*, ZVI 2007, 289 (293); *Pape*, NZI 2007, 481 (482); *Andres*, NZI 2006, 198 (199).
2 *Windel* in Jaeger, § 80 InsO Rz. 33; *Berger*, ZInsO 2008, 1101 (1105).
3 Ebenso: *Schmerbach*, InsBüro 2007, 202 (210).
4 *Uhlenbruck*, FS Henckel 1995, 877; *W. Gerhardt*, FS Gaul 1997, 139 (145); *Andres* in Nerlich/Römermann, § 35 InsO Rz. 73; *Peters* in MünchKomm/InsO⁴, § 35 Rz. 576 ff.; *Kluth*, NJW 2002, 186 (186); *Klopp/Kluth* in Gottwald, Insolvenzrechts-Handbuch⁵, § 26 Rz. 7; *Vallender*, FS Metzeler 2003, 6.
5 *Hirte* in Uhlenbruck¹⁵, § 35 InsO Rz. 276 f.

Schuldners. Die Frage unter wessen Regie (Insolvenzverwalter/Schuldner) und in welchem rechtlichen Korsett (Insolvenzrecht/allgemeines Zivilrecht) der Betrieb künftig fortgeführt würde, stünde letztlich in allen Fällen im Ermessen des Insolvenzverwalters und die Frage drängte sich auf, welche Aspekte im Rahmen seiner Ermessensentscheidung maßgeblich wären.

2.160 Die Gegenansicht[1] lehnt die Zugehörigkeit freiberuflicher Praxen zur Masse unter Berufung auf § 36 InsO i.V.m. § 811 Abs. 1 Ziff. 5 ZPO ab. Danach könnten Freiberufler ihre selbständige Tätigkeit auch in der Insolvenz zumindest solange auch gegen den Willen des Insolvenzverwalters fortsetzen, wie öffentlich-rechtliche Vorschriften (z.B. §§ 13, 14 BRAO) dem nicht entgegenstünden.

2.161 Eine differenzierte Ansicht vertritt *Smid*. Ihm zufolge sollen zwar die sächlichen Betriebsmittel grundsätzlich gem. § 36 InsO i.V.m. § 811 Abs. 1 Ziff. 5 ZPO massefrei sein. Jedoch soll es dem Insolvenzverwalter ggf. unbenommen sein, sich für eine Betriebsfortführung im Rahmen des Insolvenzverfahrens oder aber für eine Betriebsschließung zu entscheiden. Hierdurch würden die Gegenstände ggf. „pfändungspfandrechtlich entwidmet" und könnten in der Folge vom Insolvenzverwalter genutzt bzw. entwertet werden. Etwas anderes würde ggf. nur gelten, wenn der Schuldner faktisch in der Lage sei, mit den Gegenständen andernorts selbständig weiter zu wirtschaften, was ihm aber regelmäßig nicht möglich sein werde.[2]

2.162 Ebenso ungeklärt wie die Frage des tatbestandlichen Anwendungsbereiches ist die Frage, in welchen Fällen Freigabeerklärungen ggf. pflichtgemäßer- bzw. zweckmäßigerweise zu erfolgen haben. Nach verbreiteter Meinung[3] sollen Insolvenzverwalter insbesondere dann verpflichtet sein, eine Negativerklärung abzugeben, wenn im Rahmen der Fortsetzung der Tätigkeit durch den Schuldner keine Überschüsse zu erwarten sind. In solchen Fällen sei die Abgabe einer Negativerklärung das einzige Instrument, die Haftung der Masse und eine Quotenschmälerung zu verhindern, zumal die Betriebsmittel möglicherweise ohnehin gem. §§ 36 InsO, 811 Abs. 1 Ziff. 5 und 7 ZPO massefrei seien und der Verwalter wegen Art. 12 GG dem Schuldner eine Fortsetzung der Tätigkeit nicht verbieten könne.[4]

d) Stellungnahme

2.163 Die bisherigen Versuche einer dogmatischen Einordnung des Verhältnisses von § 811 Abs. 1 Ziff. 5 ZPO und § 35 Abs. 2, 3 InsO begegnen durchweg erheblichen Bedenken.

2.164 Zunächst einmal ist zu beachten, dass § 35 Abs. 2 Satz 2 InsO für den Fall der Freigabe des Geschäftsbetriebes die entsprechende Geltung des § 295 Abs. 2 InsO anordnet. Danach hat der Schuldner die Masse ggf. so zu stellen wie diese stünde, wenn er

---

1 *Holzer* in Kübler/Prütting, § 35 InsO Rz. 74; *Breutigam* in BerlinerKomm/InsO, § 35 Rz. 18.
2 *Smid*, DZWiR 2008, 133 (133 ff.).
3 *Berger*, ZInsO 2008, 1101 (1102); *Smid*, WM 2006, 625 (627); *Tetzlaff*, ZInsO 2005, 393 (398); *Lüdtke* in HamburgerKomm/InsO[7], § 35 Rz. 281.
4 *Lüdtke* in HamburgerKomm/InsO[7], § 35 Rz. 281 ff.; *Berger*, ZInsO 2008, 1101 (1102); *Andres*, NZI 2006, 198 (198).

ein seiner Qualifikation entsprechendes Vollzeit-Dienstverhältnis eingegangen wäre und nach Maßgabe der §§ 850 ff. ZPO die pfändbaren Lohnteile abführen müsste. Der Gesetzgeber geht also offensichtlich davon aus, dass Negativerklärungen gerade (auch) dann statthaft sein sollen, wenn im Rahmen der Betriebsfortführung Überschüsse erwirtschaftet werden.

Nicht überzeugend ist ferner die Einschätzung, der Insolvenzverwalter habe aufgrund von Art. 12 GG keine Handhabe, dem Schuldner die Fortsetzung seiner verlustbringenden Tätigkeit zu verbieten. Bei solcher Argumentation wird übersehen, dass Unternehmungen, die bereits seit längerem keine Überschüsse abwerfen und die der Schuldner aus reiner Liebhaberei fortsetzen möchte, richtigerweise weder durch Art. 12 GG geschützt, noch steuerlich anerkannt und folglich auch nicht durch die genannte Pfändungsschutznorm geschützt werden können. Verfassungsrechtlich wird Liebhaberei nämlich nur unter dem Gesichtspunkt der allgemeinen Handlungsfreiheit des Art. 2 Abs. 1 GG und gerade nicht durch Art. 12 GG geschützt. Der Schutz des Art. 2 Abs. 1 GG muss aber bereits überall dort zurücktreten, wo andernfalls die Verletzung grundrechtlich oder auch nur einfach gesetzlich geschützter Rechte Dritter droht. Materiell insolvente, verlustbringende Unternehmen ohne nennenswertes Haftungskapital sind eine Gefahr für alle anderen Marktteilnehmer und drohen diese in ihrerseits durch Art. 14 GG und Art. 12 GG geschützten Positionen zu verletzen. Solche Unternehmen müssen daher in einem geordneten Verfahren von einem Insolvenzverwalter entweder saniert oder aber liquidiert werden.

2.165

Bereits vor diesem verfassungsrechtlichen Hintergrund wird deutlich, dass eine Fortführung von Unternehmen selbständiger Schuldner nach allgemeinen Grundsätzen auch im Rahmen des Insolvenzverfahrens, d.h. für Rechnung und auf Risiko der Insolvenzmasse möglich sein muss.[1]

2.166

Allerdings wäre es verfehlt, § 811 Abs. 1 Ziff. 5 ZPO mit Rücksicht darauf pauschal jeden Anwendungsbereich in der Insolvenz abzusprechen. Dies übersähe, dass § 35 Abs. 2, 3 InsO in seinem originären Anwendungsbereich gerade an die durch § 811 Abs. 1 Ziff. 5 ZPO geschaffene Rechtslage anknüpft, der Reformgesetzgeber also selbst von der grundsätzlichen Beachtlichkeit des § 811 Abs. 1 Ziff. 5 ZPO in der Insolvenz ausgeht. Tatsächlich wollte der Gesetzgeber Betriebsfortführungen durch den Schuldner außerhalb des Insolvenzverfahrens in den durch § 811 Abs. 1 Ziff. 5 ZPO vorgegebenen Fällen gerade erleichtern. Die damit einhergehende Privilegierung Selbständiger ist daher grundsätzlich hinzunehmen, allerdings mit der Einschränkung, dass hierdurch nicht gänzlich unträgliche, verfassungswidrige Zustände geschaffen werden dürfen.

2.167

Die Vertreter der Auffassung, der zufolge freiberufliche Praxen entgegen §§ 36 i.V.m. 811 Abs. 1 Ziff. 5 InsO automatisch massezugehörig sind,[2] übersehen, dass sich die-

2.168

---
1 Vgl. *Lüdtke* in HamburgerKomm/InsO[7], § 35 Rz. 284 ff.
2 *Uhlenbruck*, FS Henckel 1995, 877; *W. Gerhardt*, FS Gaul 1997, 139 (145); *Andres* in Nerlich/Römermann, § 35 InsO Rz. 73; *Peters* in MünchKomm/InsO[4], § 35 Rz. 576 ff.; *Kluth*, NJW 2002, 186 (186); *Klopp/Kluth* in Gottwald, Insolvenzrechts-Handbuch[5], § 26 Rz. 7; *Vallender*, FS Metzeler 2003, 6.

jenigen Betriebsfortführungen durch den Insolvenzverwalter, die sie mit ihren Theorien ermöglichen wollen, von einem selbständigen (Weiter-)Wirtschaften des Schuldners (wie es § 35 Abs. 2 und 3 InsO und auch § 811 Abs. 1 Ziff. 5 ZPO vorschwebt) grundlegend unterscheiden. Zwar wird dem Insolvenzverwalter eine Fortführung regelmäßig nur möglich sein, wenn der Schuldner daran aktiv mitwirkt. Unternehmer im Rechtssinne ist in Fällen einer Betriebsfortführung im Rahmen des Insolvenzverfahrens der Insolvenzverwalter. In diesen Fällen gehören die Betriebseinnahmen aber bereits als Surrogationserwerb zur Masse und die Ausgaben gem. § 55 Abs. 1 Ziff. 1 InsO zu den Masseverbindlichkeiten. Dementsprechend dürften diese Fälle nicht nur einer Anwendung des § 811 Abs. 1 Ziff. 5 ZPO, sondern auch einer solchen des § 35 Abs. 1 Alt. 2 InsO von vornherein entzogen sein. Das wirft die Frage auf, was als Anwendungsbereich für § 811 Abs. 1 Ziff. 5 ZPO einerseits und § 35 Abs. 1 Alt. 2, Abs. 2 u. 3 InsO andererseits überhaupt übrigbleibt.

2.169 Richtigerweise ist § 811 Abs. 1 Ziff. 5 ZPO in den Fällen verlustbringender selbständiger Tätigkeit des Insolvenzschuldners **tatbestandlich** schon **nicht anwendbar**. Die Norm setzt schließlich eine Tätigkeit voraus, aus der der Schuldner „seinen Erwerb zieht". Davon kann namentlich in solchen Fällen keine Rede (mehr) sein, in denen die Insolvenz ihre Ursache gerade in dem verlustbringenden Praxisbetrieb als solchem hat. § 811 Abs. 1 Ziff. 5 ZPO kann schon dem Gesetzeswortlaut nach nur greifen, wenn die Tätigkeit des Schuldners ohne weiteres, also ohne besondere Sanierungsmaßnahmen oder Interimsmanagement durch den Insolvenzverwalter, objektiv geeignet ist, dem Schuldner eine (auskömmliche) Erwerbsgrundlage zu bieten. Letzteres ist immer (aber auch nur) dann der Fall, wenn die Insolvenz außerbetriebliche Ursachen (z.B. übermäßiger privater Konsum, Krankheit oder eine vorausgegangene längere Arbeitslosigkeit) hat. Erzielt der Schuldner aus der betreffenden Tätigkeit demgegenüber schon längere Zeit keine Überschüsse, muss der gesamte Betrieb folglich in die Masse fallen.

IV. Verwertung der Insolvenzmasse

Literatur *App*, Die Gläubigeranfechtung in der Praxis der Finanzverwaltung und der Finanzrechtsprechung, KTS 1988; *Bähr/Smid*, Das Absonderungsrecht gem. § 76 AO im neuen Insolvenzverfahren, InVo 2000, 401; *von Bismarck/Schümann-Kleber*, Insolvenz eines deutschen Sicherungsgebers – Auswirkungen auf die Verwertung im Ausland belegener Kreditsicherheiten, NZI 2005, 89; *Bork*, Die Verbindung, Vermischung und Verarbeitung von Sicherungsgut durch den Insolvenzverwalter in FS Gaul, 1997, 71; *Bressler*, Distressed M&A-Transaktionen nach der Insolvenzanfechtungsreform, NZG 2018, 321; *Burmeister/Nohlen*, Insolvenzanfechtung des „Stehenlassens" einer Gesellschafterleistung in der Doppelinsolvenz – Fortgeltung der BGH-Rechtsprechung auch nach MoMiG?, NZI 2010, 41; *Büchler*, Eigentümergrundschuld in der Insolvenz, ZInsO 2011, 802, Befriedigung von Immobiliargläubigern, ZInsO 2011, 718; *Dahl/Schmitz*, Das neue Insolvenzanfechtungsrecht, NJW 2017, 1505; *Ehmann*, Vorsatzanfechtung bei marktüblichen Austauschgeschäften nach der Reform der Insolvenzanfechtung – Erläuterung der verbleibenden Risiken und Vorschläge zur Anfechtungsprophylaxe, GWR 2018, 81; *Elfring*, Die Verwertung verpfändeter und abgetretener Lebensversicherungsansprüche in der Insolvenz des Versicherungsnehmers, NJW 2005, 2192; *Fischer*, Aufrechnung und Verrechnung in der Insolvenz, WM 2008, 1; *Flöther/Bräuer*, Die Inthronisierung des Gläubigersouveräns – Zur Privilegierung von Fiskus und Sozialkassen durch Änderung des Insolvenzanfechtungsrechts, InVo 2005, 387; *Frege/Keller*, „Schornsteinhypothek" und Lästigkeitsprämie bei Verwertung von Immobiliarvermögen in der Insolvenz, NZI 2009, 11; *Förster*, Der Immobilienverkauf unter aufschiebender Bedingung – Verwalterhandeln in der Pattsituation, ZInsO 1998, 13 f.; *Fuchs*, Das Wiederaufleben von Forderungen nach einer Insolvenzanfechtung, NZI 2019, 653; *Fuchs/Bayer*, Untersagung und einstweilige Einstellung der Zwangsvollstreckung während der Dauer des gerichtlichen Schuldenbereinigungsverfahrens, ZInsO 2000, 429; *Furche*, Das Gesamtgrundpfandrecht in der Insolvenz, 2005; *Gehrlein*, Aktuelle Rechtsprechung zur Insolvenzanfechtung in systematischer Darstellung, WM 2009, Sonderbeilage Nr. 1, 40; *Ganter*, Zwischenbilanz zur Insolvenzanfechtungsreform 2017, NZI 2019, 481; *Ganter/Brünink*, Insolvenz und Umsatzsteuer aus zivilrechtlicher Sicht, NZI 2006, 257; *Gehrlein*, Aktuelle Rechtsprechung des BGH zur Insolvenzanfechtung, DB 2018, 428; *Geßler*, Zur Problematik bei kapitalersetzenden Gesellschafterdarlehen, ZIP 1981, 228; *Göcke*, Zur Anwendbarkeit des § 135 Abs. 3 InsO in der Doppelinsolvenz von Gesellschaft und Gesellschafter sowie bei Zwangsverwaltung, ZInsO 2009, 170; *Gundlach/Frenzel/Schmidt*, Die Fälligkeit von Absonderungsrechten mit Insolvenzeröffnung, DZWIR 2002, 367 ff.; *Haunschild*, Verwertungsrecht des Insolvenzverwalters und Kostenbeiträge der Gläubiger nach §§ 165 ff. InsO, DZWiR 1999, 60; *Haertlein*, Insolvenzanfechtung bei Kontoverfügung bei lediglich geduldeter Kontoüberziehung, LMK 2010, 298836; *Häfele/Wurzer*, Bewertung und Verwertung gewerblicher Schutzrechte im Insolvenzverfahren, DZWIR 2001, 282; *Hahne*, „Dreifach"-Besteuerung der Sicherheitenverwertung erst nach Erreichen der Verwertungsreife, BB 2009, 2746; *Henning*, Insolvenzanfechtung: Gläubigerbenachteiligung bei Zahlung aus einer bloß geduldeten Überziehung, NJW 2010, 1055; *Hirte*, Insolvenzanfechtung im Übergang, ZInsO 2001, 784; *Hölzle*, Existenzvernichtungshaftung, „Klimapflege" und Insolvenzanfechtung, ZIP 2003, 1376; *Huber*, Insolvenzanfechtung im Dreiecksverhältnis – vier Fallstudien für eine Erfolg versprechende Anfechtungsklage des Insolvenzverwalters nach Tilgung fremder Schuld, ZInsO 2010, 977; *Humbeck*, Kosten der Verwertung des Vorratsvermögens bei Unternehmensfortführung, § 171 Abs. 2 InsO, DZWIR 2003, 283; *Jensen*, Grundfragen des Rechts der Gläubiger- und Insolvenzanfechtung, 2008; *Kuder*, Insolvenzfestigkeit revolvierender Kreditsicherheiten, ZIP 2008, 289; *Kruth*, Eigenkapitalausschüttungen im Lichte des Insolvenzanfechtungsrechts, DStR 2017, 2126; *Leithaus*, Zur Insolvenzanfechtung von Kontokorrentverrechnungen, NZI 2002, 188; *Marotzke*, Freiwillige Forderungserfüllung, Zwangsvollstreckung und Vollstreckungsdruck im Fokus des Insolvenzanfechtungsrechts, DZWIR 2007, 265; *Maus*, Wechsel der Steuerschuldnerschaft und verschärfte Steuerhaftung als Ausgleich für den Fortfall des Fiskalvorrechts gem. § 61 Abs. 1 Nr. 2 KO, ZIP 2004, 1560; Umsatzsteuer bei Sicherheitenverwertung durch den Gläubiger im Insolvenzverfahren, ZInsO 2005, 82; *Günter Mayer*, Grundsteuer im Insolvenzverfahren, in der Zwangsversteigerung und der Zwangsverwaltung, Rpfleger 2000, 260; *Kindler/Bitzer*, Die Reform der Insolvenzanfechtung, NZI 2017, 369; *Michalski/Barth*, Umsatzsteuer bei der Immobiliarverwertung in der Insolvenz, NZI 2002, 534; *Mroß*, Sinnlose Zwangsvollstreckung durch Insolvenzanfechtung?, DGVZ 2010, 94; *Nitsch*, Sorgfaltspflichten bei der Verwertung von Leasingfahrzeugen, NZV 1999, 405; *Obermüller*, Kostenbeiträge und Ausgleichsansprüche bei Verwertung von Mobiliarsicherheiten, NZI 2003, 416; *Obermüller*, Verwertung von Drittsicherheiten im Insolvenzverfahren, NZI 2001, 225; *Obermüller*, Verwertung von Mobiliarsicherheiten im Insolvenzantragsverfahren, DZWIR 2000, 10; *Onusseit*, Die insolvenzrechtlichen Kostenbeiträge unter Berücksichtigung ihrer steuerrechtlichen Konsequenzen sowie Massebelastungen durch Grundstückseigentum, ZIP 2000, 777; *Pape*, Insolvenzrechtliche Anfechtung von Mieterleistungen, NZM 2015, 313; *Psaroudakis*, Globalzession und Insolvenzanfechtung, ZInsO 2009, 1039; *Riggert*, Neue Anforderungen an Raumsicherungsübereignungen?, NZI 2009, 137; Der Lieferantenpool im neuen Insolvenzrecht, NZI 2000, 525; *Schädlich*, Reform der Insolvenzanfechtung in Kraft getreten, NWB 2017, 1521; *Schulz*, Zur Frage der Wirksamkeit einer Insolvenzanfechtung von Zahlungen des Insolvenzschuldners aufgrund von Regressforderungen eines Dritten, WuB VI A § 134 InsO 2.10; *Stiller*, Das Ende von § 28e I 2 SGB IV bei der Insolvenzanfechtung von Arbeitnehmeranteilen am Gesamtsozialversicherungsbeitrag, NZI

2010, 250; *Stritz*, Zur Insolvenzanfechtung der Zahlung der Arbeitnehmeranteile zur Sozialversicherung durch den Arbeitgeber, DZWIR 2010, 84; *Tetzlaff*, Probleme bei der Verwertung von Grundpfandrechten und Grundstücken im Insolvenzverfahren, ZInsO 2004, 521; Lästigkeitsprämien für nachrangige Grundpfandgläubiger, ZInsO 2012, 726; Verwertung von Pfandrechten an Unternehmensbeteiligungen durch eine öffentliche Versteigerung und freihändige Veräußerung, ZInsO 2007, 478; *Thiele*, Erste Erfahrungen mit dem neuen Insolvenzanfechtungsrecht, GmbH-Stpr 2018, 74*Thiemann/Schulz*, Zur Feststellung der Zahlungsunfähigkeit und zur Insolvenzanfechtung wegen inkongruenter Deckung durch Hingabe von Kundenschecks, DZWIR 2010, 71; *Thole*, Die Insolvenzanfechtung in der Folgeinsolvenz, NZI 2017, 129; *Weigel*, Erfolglose Insolvenzanfechtung des Insolvenzverwalters über das Vermögen einer Organgesellschaft, die kurz vor Eröffnung des Insolvenzverfahrens eine Steuerschuld des Organträgers zahlte, AO-StB 2010, 75; *Vallender*, Verwertungsrecht des Treuhänders an mit Absonderungsrechten belasteten Immobilien, NZI 2000, 148 ff.; *Welzel*, Masseverwertung nach der InsO aus umsatzsteuerrechtlicher Sicht, ZIP 1998, 1823; *Wulf/von Lucius*, Verwerter und Verwertungsgesellschaften, ZUM 2008, 925; *Zeuner*, Die Anfechtung in der Insolvenz, 2. Aufl. 2007.

1. Verwertungspflicht

2.170 Unverzüglich nach dem Berichtstermin hat der Insolvenzverwalter nach § 159 InsO das zur Insolvenzmasse gehörende Vermögen zu verwerten. Dies gilt nicht bei entgegenstehenden Beschlüssen der Gläubigerversammlung. Der Gesetzgeber hatte hier vor allem an abweichende Regelungen im Zusammenhang mit einem Insolvenzplan oder an eine Unternehmensfortführung ohne Insolvenzplan gedacht. Eine gesetzliche Normierung der Verwertungsformen sieht die Insolvenzordnung nicht vor; daher hat der Insolvenzverwalter geeignete Maßnahmen zu treffen, um die von der Gläubigerversammlung gefassten Beschlüsse umzusetzen.[1] Ziel der Verwertung ist die Erlangung von Geldbeträgen, die später an die Gläubiger verteilt werden können.

2.171 Als Verwertungshandlungen kommen insbesondere in Betracht:

– Forderungseinzug,

– Unternehmensverkauf en bloc,

– Einzelveräußerung aller unbelasteten Assets,

– Verkauf oder Versteigerung von Absonderungsgut,

– Realisierung von Anfechtungsansprüchen und Gesamtschadensansprüchen,

– Verkauf von Rechten und Beteiligungen.

2. Forderungseinzug

2.172 Die Pflicht zum unverzüglichen Debitoreneinzug ist Teil der in § 148 InsO begründeten Pflicht zur sofortigen vollständigen Inbesitznahme der Insolvenzmasse. Die materiell-rechtliche Befugnis zum Einzug offener Debitorenpositionen ergibt sich aus dem Übergang der Verwaltungs- und Verfügungsbefugnis gem. § 80 Abs. 1 InsO

---

[1] *Smid*, Praxishandbuch Insolvenzrecht[5], § 24 Rz. 2.

auf den Insolvenzverwalter. Hierzu hat der Insolvenzverwalter den Drittschuldnern gem. § 30 Abs. 2 InsO den Eröffnungsbeschluss zuzustellen und diese darauf hinzuweisen, dass Leistungen mit schuldbefreiender Wirkung nur noch an den Insolvenzverwalter möglich sind. Werden die Ansprüche daraufhin nicht freiwillig erfüllt, sind diese notfalls gerichtlich durchzusetzen. Der Insolvenzverwalter ist im Prozess Partei kraft Amtes und kann sich dort von einem Rechtsanwalt vertreten lassen. Hatte der Schuldner bereits vor der Verfahrenseröffnung einen Titel gegen den säumigen Drittschuldner erwirkt, kann sich der Insolvenzverwalter diesen auf seinen Namen gem. § 727 ZPO analog umschreiben lassen.[1]

3. Unternehmensverkauf „en bloc"

Kommt eine Sanierung des Schuldners als Rechtsträger des massezugehörigen Unternehmens – etwa im Rahmen eines Insolvenzplanes – nicht in Betracht, bleibt dem Insolvenzverwalter mit Rücksicht auf seine Pflicht zur bestmöglichen Verwertung, oft nur der Verkauf des Unternehmens. Dabei werden die gesamten Aktiva eines Unternehmens im Wege eines „**Asset Deals**" en bloc an einen anderen Rechtsträger zum Zwecke der Betriebsfortführung übertragen, während die Verbindlichkeiten im Rahmen der Insolvenz abgewickelt werden.[2] Im Rahmen solcher „**übertragender Sanierungen**" lassen sich regelmäßig bessere Preise erzielen als bei einer Zerschlagung des Unternehmens durch Einzelveräußerung seiner verschiedenen Bestandteile. Dies gilt besonders in den nicht seltenen Fällen, in denen sich der Unternehmenswert vornehmlich aus immateriellen Vermögensbestandteilen wie Firmenwert, good-will, Arbeitnehmern, Know-how etc. zusammensetzt, was insbesondere der Fall ist, wenn das gegenständliche Anlage- und Umlaufvermögens – wie meist – weitgehend mit Sicherungsrechten Dritter belastet ist.

2.173

Neben den zivilrechtlichen Besonderheiten des Unternehmensverkaufs hat der Insolvenzverwalter ggf. auch den Zustimmungsvorbehalt der Gläubigerorgane gem. § 160 Abs. 2 Ziff. 1 InsO zu berücksichtigen.

2.174

4. Einzelverwertung

Kann der Betrieb als Ganzes nicht veräußert werden, muss eine Einzelverwertung sämtlicher liquidierbarer Gegenstände des gesamten Anlage- und Umlaufvermögens erfolgen. Dies kann auch parallel zu einer Betriebsveräußerung geschehen, sofern nur Teilbetriebe einer übertragenden Sanierung zugeführt werden können.[3] Der Insolvenzverwalter ist bei der Einzelverwertung grundsätzlich keinen Beschränkungen unterworfen und benötigt insbesondere nicht die Zustimmung eines Gläubigerausschusses.[4] Der Insolvenzverwalter ist kraft seiner Verfügungsbefugnis (§ 80 InsO) insbesondere berechtigt, die zum Schuldnervermögen gehörenden Gegenstände frei-

2.175

---

1 *Bork*, Einführung in das Insolvenzrecht[9], Rz. 232 ff.
2 *Wegener* in FrankfurterKomm/InsO[9], § 159 Rz. 19.
3 *Runkel* in Runkel, Anwalts-Handbuch Insolvenzrecht[3], § 6 Rz. 182.
4 *Runkel* in Runkel, Anwalts-Handbuch Insolvenzrecht[3], § 6 Rz. 182.

händig zu veräußern. Alternativ kommt in Betracht, die Gegenstände von einem spezialisierten Dienstleister bewerten und versteigern zu lassen.

2.176 Zu beachten ist, dass der Insolvenzverwalter grundsätzlich auch alle Gegenstände verwerten darf, die mit Absonderungsrechten (Pfandrechte, Sicherungseigentum etc.) belastet sind. Dadurch soll verhindert werden, dass betrieblich-organisatorische Einheiten des Unternehmens vorschnell auseinandergerissen werden. Hierdurch sollten insbesondere die Fortführungs- und Sanierungschancen gegenüber der für ihre Zerschlagungsautomatik bekannten früheren Rechtslage der Konkursordnung erhöht werden. § 166 InsO ist zwingendes Recht und kann daher nicht durch Vereinbarung zwischen Schuldner und Absonderungsberechtigtem abbedungen werden.[1]

2.177 Das Verfahren der Verwertung drittrechtsbelasteter beweglicher Sachen einschließlich der Erlösverteilung ist in den §§ 167 ff. InsO im Einzelnen geregelt. Die Verwertung dinglich belasteter Immobilien richtet sich gem. § 49 InsO nach den Vorschriften des ZVG, d.h. Grundpfandgläubiger können grundsätzlich parallel zum Insolvenzverfahren die Zwangsversteigerung oder Zwangsverwaltung betreiben.[2] Gemäß § 165 InsO hat daneben auch der Insolvenzverwalter die Möglichkeit, nach §§ 172 ff. ZVG die Zwangsvollstreckung zu betreiben.

5. Insolvenzanfechtung

a) Zielsetzung

2.178 Wichtiger Bestandteil der Massebildung im Insolvenzverfahren ist der Bereich des Insolvenzanfechtungsrechts der §§ 129 bis 147 InsO. Ziel der insolvenzrechtlichen Anfechtung ist es, ungerechtfertigte Vermögensveränderungen, die die spätere Masse zum Nachteil der Gläubiger verkürzt haben, rückgängig zu machen, wenn sie in zeitlicher Nähe zur Verfahrenseröffnung oder unter Bedingungen erfolgt sind, die eine Rückgewähr an die Masse und ein Zurückstehen der Rechtssicherheit und des Verkehrsschutzes als gerechtfertigt erscheinen lassen.[3] Hiermit soll die Geltung des Grundsatzes der „par conditio creditorum" d.h. der Gleichbehandlung aller Gläubiger auf Zeiträume ausgedehnt werden, in denen typischerweise bereits materielle Insolvenz vorlag.[4] Entsprechend dieser Zielsetzung betont der BGH regelmäßig die Bedeutung einer wirtschaftlichen Betrachtungsweise im Bereich des Anfechtungsrechts.[5]

---

1 OLG Rostock v. 15.5.2008 – 3 U 18/08, ZIP 2008, 1128 = NZI 2008, 431 (433).
2 Vgl. BGH v. 13.7.2006 – IX ZB 301/04, ZIP 2006, 1554 (340) = BGHZ 168, 339, vergleiche auch BGH v. 3.2.2011 – V ZB 54/10, ZIP 2011, 926 = NJW 2011, 1818; BGH v. 1.3.2018 – IX ZB 95/15, NZI 2018, 326.
3 *Dauernheim* in FrankfurterKomm/InsO⁹, § 129 Rz. 1.
4 *Dauernheim* in FrankfurterKomm/InsO⁹, § 129 Rz. 1.
5 BGH v. 19.4.2007 – IX ZR 59/06, ZIP 2007, 1120 = ZInsO 2007, 600 (601); v. 12.10.2017 – IX ZR 288/14, DNotZ 2018, 365; v. 28.1.2016 – IX ZR 185/13, NZI 2016, 262; v. 15.11.2018 – IX ZR 229/17, DStR 2019, 522; v. 18.7.2019 – IX ZR 258/18, DStR 2019, 2271.

Das Recht der Insolvenzanfechtung wird vom Insolvenzverwalter wahrgenommen. 2.179
Dabei wird die gläubigerbenachteiligende Wirkung angefochten, die durch eine
Rechtshandlung verursacht wird.[1] Allerdings dient die Insolvenzanfechtung nicht
dazu, der Masse Vorteile zu verschaffen, die sie ohne die angefochtene Rechtshandlung nicht erlangt hätte.[2]

Die Insolvenzanfechtung ist für den Insolvenzverwalter von enormer praktischer Relevanz.[3] Der Insolvenzverwalter ist zur Aufdeckung von anfechtungsrelevanten Sachverhalten verpflichtet, auch wenn dies zum Teil mit aufwendigen Nachforschungen und komplexen rechtlichen Prüfungen verbunden ist.[4] Aufgrund der hohen Komplexität der Rechtsmaterie gelangt eine verhältnismäßig große Zahl von Anfechtungsrechtsstreiten bis zum BGH, der seine Rechtsprechung zum Anfechtungsrecht stetig fortentwickelt und aktualisiert. 2.180

b) Allgemeine Voraussetzungen

Allgemeine Voraussetzung einer erfolgreichen Insolvenzanfechtung ist, dass eine vor 2.181
oder in den Fällen des § 147 InsO nach Eröffnung des Insolvenzverfahrens erfolgte
Rechtshandlung zu einer Benachteiligung der Insolvenzgläubiger führt, zwischen
Rechtshandlung und Benachteiligung ein Zurechnungszusammenhang besteht und
der Vorgang einen der in den §§ 130 bis 136 InsO genannten Tatbestände erfüllt,
§ 129 InsO. Der Begriff der Rechtshandlung i.S.v. § 129 InsO ist dabei weit auszulegen. Darunter ist grundsätzliche jede rechtsgeschäftliche oder rechtsgeschäftsähnliche Handlung zu verstehen, die – gewollt oder ungewollt – rechtliche Wirkung ausgelöst hat.[5] Der Gesetzgeber hat ausdrücklich bestimmt, dass ein Unterlassen ebenfalls eine Rechtshandlung darstellen kann, § 129 Abs. 2 InsO. Voraussetzung ist dabei aber, dass das Unterlassen wissentlich und willentlich geschieht.[6] Bei unbewusstem und fahrlässigem Handeln fehlt es an der notwendigen Willensbetätigung.[7]

Sofern nicht etwas anderes bestimmt ist (vgl. §§ 132 Abs. 1, 2; 133 Abs. 1 Satz 1, 2.182
Abs. 2; § 134 Abs. 1; 142 InsO), ist es nicht erforderlich, dass die Rechtshandlung
vom Schuldner selbst vorgenommen wurde; auch das Handeln eines Gläubigers

---

1 BGH v. 5.4.2001 – IX ZR 216/98, ZIP 2001, 885 = NJW 2001, 1940 (1941); OLG München v. 23.10.2015 – 5 U 4375/13, NJOZ 2016, 918; BGH v. 1.6.2017 – IX ZR 48/15, NZI 2017, 715.
2 *Frege/Keller/Riedel*, Insolvenzrecht[8], Rz. 1387a.
3 *Schäfer*, Insolvenzanfechtung anhand von Rechtsprechungsbeispielen, Rz. 16.
4 *Dauernheim* in FrankfurterKomm/InsO[9], § 129 Rz. 1.
5 BGH v. 12.2.2004 – IX ZR 98/03, ZIP 2004, 620 = NJW 2004, 1660 (1661); v. 9.6.2011 – IX ZR 179/08, ZInsO 2011, 1350; v. 29.9.2011 – IX ZR 74/09, NZI 2011, 855; v. 15.12.2011 – IX ZR 118/11, NZI 2012, 135; v. 7.5.2013 – IX ZR 191/12, NZI 2013, 694; v. 20.2.2014 – IX ZR 164/13, NZI 2014, 321; v. 28.1.2016 – IX ZR 185/13, NZI 2016, 262; v. 1.6.2017 – IX ZR 48/15, NZI 2017, 715.
6 BGH v. 10.2.2005 – IX ZR 211/02, BGHZ 162, 144 = ZIP 2005, 494 (154); v. 14.9.2017 – IX ZR 108/16, NZI 2017, 926; v. 1.6.2017 – IX ZR 48/15, NZI 2017, 715.
7 *Hirte/Ede* in Uhlenbruck[15], § 129 InsO Rz. 119.

kann eine Rechtshandlung i.S.v. § 129 InsO sein.[1] Als reine Gläubigerhandlungen kommen in erster Linie Vollstreckungshandlungen in Betracht.[2] Die Rechtshandlung gilt in dem Zeitpunkt als vorgenommen, in dem ihre rechtlichen Wirkungen eintreten, § 140 InsO.

2.183 Weitere Grundvoraussetzung jeder anfechtungsrelevanten Rechtshandlung ist eine durch sie verursachte objektive **Benachteiligung der Insolvenzgläubiger**.[3] Anders als unter Geltung der Konkursordnung genügt bereits eine Benachteiligung der nachrangigen (§ 39 InsO) Insolvenzgläubiger.[4] Gläubigerbenachteiligung liegt vor, wenn die Rechtshandlung entweder die Schuldenmasse vermehrt[5] oder die Aktivmasse verkürzt[6] und dadurch den Zugriff auf das Schuldnervermögen vereitelt, erschwert oder verzögert hat,[7] wenn sich also die Befriedigungsmöglichkeiten der Gläubiger ohne die Rechtshandlung bei wirtschaftlicher Betrachtungsweise[8] günstiger gestaltet hätten.[9] Dabei muss eine Benachteiligung der Insolvenzgläubiger (§ 38 InsO) in ihrer Gesamtheit vorliegen.[10] Die Beweislast für die Gläubigerbenachteiligung obliegt dem Verwalter.[11]

2.184 Die angefochtene Rechtshandlung muss zu der Verkürzung des den Gläubigern zu ihrer Befriedigung zur Verfügung stehenden Haftungssubstrats in einem ursächlichen Zusammenhang stehen.[12] Ausreichend ist es, wenn die Rechtshandlung im natürlichen Sinn eine Bedingung für die Gläubigerbenachteiligung darstellt.[13] Es muss daher geprüft werden, ob die Befriedigungsmöglichkeit der Gläubiger ohne die angefochtene Rechtshandlung günstiger gewesen wäre.

---

1 BGH v. 20.1.2000 – IX ZR 58/99, BGHZ 143, 332 = ZIP 2000, 364 (335); v. 4.2.2016 – IX ZR 42/14, NJW 2016, 1738; *Kayser/Freudenberg* in MünchKomm/InsO⁴, § 129 Rz. 35.
2 *Borries/Hirte* in Uhlenbruck¹⁵, § 129 InsO Rz. 100.
3 BGH v. 26.1.1983 – VIII ZR 254/81, BGHZ 86, 349 (354 f.); v. 12.11.1992 – IX ZR 237/91, ZIP 1993, 271 (273); v. 18.7.2019 – IX ZR 258/18, DStR 2019, 2271; v. 15.11.2018 – IX ZR 229/17, NZI 2019, 333; *Kilger/Schmidt*¹⁶, § 29 KO Rz. 13.
4 OLG München v. 23.11.2001 – 23 U 2639/01, ZIP 2002, 1210 = NZI 2002, 207 (209).
5 *Borries/Hirte* in Uhlenbruck¹⁵, § 129 InsO Rz. 162.
6 *Borries/Hirte* in Uhlenbruck¹⁵, § 129 InsO Rz. 162.
7 *Frege/Keller/Riedel*, Insolvenzrecht⁸, Rz. 1409.
8 BGH v. 3.3.1960 – VIII ZR 86/59, BB 1960, 380 (380); v. 12.10.2017 – IX ZR 288/14, DNotZ 2018, 365; v. 28.1.2016 – IX ZR 185/13, NZI 2016, 262; v. 15.11.2018 – IX ZR 229/17, DStR 2019, 522; v. 18.7.2019 – IX ZR 258/18, DStR 2019, 2271.
9 BGH v. 11.11.1993 – IX ZR 257/92, BGHZ 124, 76 (78 f.); v. 27.5.2003 – IX ZR 169/02, ZIP 2003, 1506 (1508); OLG Stuttgart v. 24.7.2002 – 3 U 14/02, ZIP 2002, 1900 (1902); BGH v. 1.6.2017 – IX ZR 48/15, NZI 2017, 715.
10 *Thole* in HeidelbergerKomm/InsO¹⁰, § 129 Rz. 44.
11 BGH v. 6.4.1995 – IX ZR 61/94, ZIP 1995, 1021 (1024); OLG Köln v. 14.3.2016 – 2 U 107/15, ZInsO 2016, 1105.
12 *Borries/Hirte* in Uhlenbruck¹⁵, § 129 InsO Rz. 228; *Rogge/Leptien* in HamburgerKomm/InsO⁷, § 129 Rz. 121.
13 BGH v. 9.12.1999 – IX ZR 102/97, ZIP 2000, 238 = BGHZ 143, 246 (253); LG Braunschweig v. 7.6.2019 – 8 O 5573/18, ZInsO 2019, 1432; vgl. auch BGH v. 15.11.2018 – IX ZR 229/17, NZI 2019, 333.

Die Anfechtung hat nicht die Nichtigkeit des angefochtenen Rechtsgeschäfts zur Folge, sondern führt zu einem verzinslichen Rückgewähranspruch zugunsten der Insolvenzmasse, § 143 Abs. 1 InsO. Dem Anfechtungsgegner sind etwaige von ihm erbrachte Leistungen an den Schuldner aus der Masse zurück zu gewähren, sofern sie noch unterscheidbar in der Insolvenzmasse vorhanden sind, § 143 Abs. 2 Satz 1 InsO. Sollte dies nicht der Fall sein und eine Bereicherung der Masse um den Wert der Leistung des Anfechtungsgegners nicht vorliegen, kann der Anfechtungsgegner seine Forderung auf Rückgewähr als Insolvenzforderung zur Tabelle anmelden, § 144 Abs. 2 Satz 1 und 2 InsO.

2.185

In den Fällen des § 142 InsO, des sog. Bargeschäftes, ist eine Anfechtung ausgeschlossen. Ein **Bargeschäft** liegt vor, wenn auf vertraglicher Grundlage wertäquivalente Leistungen ausgetauscht werden, die in einem unmittelbaren zeitlichen Zusammenhang stehen.[1] Hintergrund ist die Überlegung, dass ein in der Krise befindlicher Schuldner praktisch vom Geschäftsverkehr ausgeschlossen würde, wenn selbst die von ihm abgeschlossenen gleichwertigen Bargeschäfte der Anfechtung unterlägen.[2] Der BGH beschränkt Bargeschäfte auf kongruente Deckungsgeschäfte.[3] Bei einer inkongruenten Deckung nimmt die Rechtsprechung grundsätzlich keine Bargeschäfte an. Daher werden Anfechtungen nach § 131 InsO oder § 133 InsO nicht durch § 142 InsO ausgeschlossen.

2.186

Der Anfechtungsanspruch ist zivilrechtlicher Natur unabhängig davon, ob die angefochtene Rechtshandlung selbst dem Zivilrecht, Arbeitsrecht oder dem öffentlichen Recht zuzuordnen ist.[4] Daher sind die ordentlichen Gerichte gem. § 13 GVG zuständig. Allerdings ist in Fällen einer nach § 96 Abs. 1 Ziff. 3 InsO wegen anfechtbarer Herstellung der Aufrechnungslage unzulässigen Aufrechnung die Frage der Anfechtbarkeit nicht rechtswegbestimmend.[5]

2.187

Im Folgenden werden die in der Praxis bedeutsamsten Anfechtungstatbestände dargestellt:

c) Kongruente Deckung (§ 130 InsO)

§ 130 InsO regelt die Anfechtbarkeit einer dem Gläubiger gebührenden (kongruenten) Sicherung oder Befriedigung (Deckung).[6] Grundsätzlich ist dagegen nichts einzuwenden. Allerdings berechtigt eine kongruente Sicherung oder Befriedigung den

2.188

---

1 *Bork*, Einführung in das Insolvenzrecht[9], Rz. 253.
2 *Nerlich* in Nerlich/Römermann, § 142 InsO Rz. 2.
3 BGH v. 30.9.1993 – IX ZR 227/92, ZIP 1993, 1653 = BGHZ 123, 320 (320); v. 10.7.2014 – IX ZR 192/13, NZI 2014, 775; gegen Bargeschäft bei inkongruenten Sicherungen: BGH v. 8.3.2007 – IX ZR 127/05, ZIP 2007, 924 (926).
4 *Thole* in HeidelbergerKomm/InsO[10], § 129 Rz. 119.
5 BGH v. 2.6.2005 – IX ZB 235/04, ZIP 2005, 1335 (1335); vgl. auch KG v. 12.7.2018 – 2 AR 31/18, GWR 2018, 453.
6 *Bork*, Einführung in das Insolvenzrecht[9], Rz. 261; *Thole* in HeidelbergerKomm/InsO[10], § 130 Rz. 2; *Dauernheim* in FrankfurterKomm/InsO[9], § 130 Rz. 1; *Rogge/Leptien* in HamburgerKomm/InsO[7], § 130 Rz. 1.

Insolvenzverwalter nach § 130 Abs. 1 Ziff. 1 InsO dann zur Anfechtung, wenn die Rechtshandlung in den letzten drei Monaten vor dem Eröffnungsantrag vorgenommen worden ist, der Schuldner zu diesem Zeitpunkt bereits zahlungsunfähig war und der Gläubiger dies zum Zeitpunkt der Vornahme der Handlung wusste (oder Umstände kannte, die zwingend auf die Zahlungsunfähigkeit schließen lassen.)

2.189 Für die **Kenntnis von der Zahlungsunfähigkeit** genügt bereits die Kenntnis von der Zahlungseinstellung.[1] Bei einer zwischen Insolvenzeröffnungsantrag und Eröffnung des Insolvenzverfahrens vorgenommener Rechtshandlung genügt die Kenntnis des Gläubigers vom Insolvenzantrag, § 130 Abs. 1 Ziff. 2 InsO. Der Insolvenzverwalter muss diese Anspruchsvoraussetzungen beweisen. Lediglich bei Rechtshandlungen gegenüber nahestehenden Personen des Schuldners wird die Kenntnis vom Insolvenzeröffnungsantrag oder der Zahlungsunfähigkeit vermutet, § 130 Abs. 3 InsO.

2.190 Der Beweis der Kenntnis des Anfechtungsgegners von der Zahlungsunfähigkeit des Schuldners bereitet in der Praxis häufig Schwierigkeiten. Der BGH hat für verschiedene Konstellationen daher Kriterien aufgestellt, die eine **Beweislastumkehr** zugunsten des Verwalters bewirken. So gilt bei stockenden Zahlungen auf rückständige Steuerforderungen für die Kenntnis der Finanzverwaltung beispielsweise folgendes:[2]

„Leistet der Schuldner, der mit seinen laufenden steuerlichen Verbindlichkeiten seit mehreren Monaten zunehmend in Rückstand geraten ist, lediglich eine Teilzahlung und bestehen keine konkreten Anhaltspunkte dafür, dass er in Zukunft die fälligen Forderungen alsbald erfüllt, so kennt die Finanzverwaltung in der Regel Umstände, die zwingend auf die Zahlungsunfähigkeit des Schuldners schließen lassen."

d) Inkongruente Deckung (§ 131 InsO)

2.191 In § 131 InsO ist die Anfechtung einer Sicherung oder Befriedigung geregelt, die der Gläubiger nicht, nicht in der erfolgten Weise oder nicht zu dieser Zeit zu beanspruchen hatte. Aufgrund der Tatsache, dass sie dem Anspruch des Gläubigers nicht (voll) entspricht, wird sie als inkongruent bezeichnet.[3] Für die Inkongruenz ist von entscheidender Bedeutung, dass die konkrete Deckungshandlung vom Inhalt des zwischen Schuldner und Gläubiger bestehenden Schuldverhältnisses abweicht.[4]

---

1 BGH v. 19.2.2009 – IX ZR 62/08, ZIP 2009, 526 = NZI 2009, 228 (229); v. 21.6.2007 – IX ZR 231/04, ZIP 2007, 1469 = NZI 2007, 517 (519); v. 29.3.2012 – IX ZR 40/10; OLG Hamburg v. 18.4.2019 – 1 U 118/18, ZInsO 2019, 2273; BGH v. 12.9.2019 – IX ZR 264/18, NZI 2019, 851; v. 15.9.2016 – IX ZR 152/15, EnWZ 2017, 22; v. 12.10.2017 – IX ZR 50/15, NJW 2018, 396; v. 25.2.2016 – IX ZR 109/15, NJW 2016, 1168; v. 16.6.2016 – IX ZR 23/15, NZI 2016, 739.
2 BGH v. 9.1.2003 – IX ZR 175/02, ZIP 2003, 410 = WM 2003, 400 (400); KG v. 7.12.2018 – 14 U 132/17, ZInsO 2019, 898; BGH v. 8.9.2016 – IX ZR 151/14, NZI 2017, 71.
3 BGH v. 7.6.2001 – IX ZR 134/00, ZIP 2001, 1250 (1251); v. 12.9.2019 – IX ZR 262/18, ZInsO 2019, 2265; v. 12.9.2019 – IX ZR 16/18, NZG 2019, 1313; v. 9.11.2017 – IX ZR 319/16, NZI 2018, 267.
4 BGH v. 11.3.2004 – IX ZR 160/02, ZIP 2004, 1060 (1061); v. 12.9.2019 – IX ZR 262/18, ZInsO 2019, 2265; v. 12.9.2019 – IX ZR 16/18, NZG 2019, 1313; *Kayser/Freudenberg* in MünchKomm/InsO[4], § 131 Rz. 9.

Im Vergleich zu § 130 InsO stellt § 131 InsO niedrigere Voraussetzungen an die Anfechtbarkeit einer Rechtshandlung, weil der Anfechtungsgegner, der eine ihm nicht gebührende Deckung erlangt, weniger schutzwürdig ist. Wurde die inkongruente Rechtshandlung im letzten Monat vor dem Insolvenzantrag oder nach diesem vorgenommen, so ist sie ohne weiteres anfechtbar. Wenn sie im zweiten oder dritten Monat vor dem Antrag vorgenommen wurde, ist sie anfechtbar, wenn der Schuldner im Zeitpunkt der Vornahme der Rechtshandlung bereits zahlungsunfähig war (§ 131 Abs. 1 Ziff. 2 InsO). Hier wird die Kenntnis des Gläubigers von der Zahlungsunfähigkeit wegen der besonderen Umstände unwiderleglich vermutet.[1] Im zweiten oder dritten Monat vor dem Insolvenzantrag erlangte inkongruente Sicherungen oder Befriedigungen können angefochten werden, wenn der Gläubiger von der gläubigerbenachteiligenden Wirkung der Rechtshandlung wusste (§ 131 Abs. 1 Ziff. 3 InsO) oder Umstände kannte, die zwingend darauf schließen lassen (§ 131 Abs. 2 Satz 1 InsO).

2.192

Bei sog. **Druckzahlungen**, die der Abwendung eines Insolvenzantrags oder der Zwangsvollstreckung dienen, ist nach der Rechtsprechung des BGH automatisch von einer inkongruenten Deckung auszugehen:[2]

2.193

„Leistet der Schuldner zur Abwendung eines angekündigten Insolvenzantrags, den der Gläubiger zur Durchsetzung seiner Forderung angedroht hat, bewirkt dies eine inkongruente Deckung."

Das gilt auch bei Vollstreckungshandlungen von Gläubigern und auch für **Vollstreckungen von Finanzbehörden**.[3] Es entspricht der Rechtsprechung des BGH, dass eine während der „kritischen" Zeit im Wege der Zwangsvollstreckung erlangte Sicherung oder Befriedigung auch dann als inkongruent anzusehen ist, wenn die Vollstreckung auf einer spezialgesetzlichen Ermächtigungsgrundlage der Finanzbehörden beruht.[4] **Anfechtungsgegner** ist diejenige Finanzbehörde, die die anfechtbare Rechtshandlung vorgenommen bzw. der gegenüber der Schuldner die anfechtbare Rechtshandlung vorgenommen hat. Unerheblich ist es, wenn diese Finanzbehörde die erlangten Steuerbeträge an eine andere Finanzbehörde abführt oder bereits abgeführt hat.[5]

2.194

Auch in den Fällen von § 131 InsO liegt die Beweislast beim Insolvenzverwalter. Aufgrund der damit verbundenen Schwierigkeiten hat die Rechtsprechung die Anforderungen an die Darlegungslast allerdings vielfach eingeschränkt:[6]

2.195

---

1 *Bork*, Einführung in das Insolvenzrecht[9], Rz. 261.
2 BGH v. 18.12.2003 – IX ZR 199/02, BGHZ 157, 242 (242) = ZIP 2004, 319; vgl. auch: OLG Frankfurt v. 31.10.2018 – 15 U 134/14, ZInsO 2019, 26; BAG v. 20.9.2017 – 6 AZR 58/16, NJW 2018, 331.
3 BGH v. 11.10.2007 – IX ZR 87/06, ZIP 2007, 2228 = NZI 2006, 532 (533); v. 22.1.2004 – IX ZR 39/03, ZIP 2004, 513 = NZI 2004, 206 (206 ff.).
4 BGH v. 11.4.2002 – IX ZR 211/01, ZIP 2002, 1159 = NZI 2002, 378 (379); v. 9.1.2014 – IX ZR 209/11, NZI 2014, 262; v. 24.5.2012 – IX ZR 96/11, NZI 2012, 561; BAG v. 20.9.2017 – 6 AZR 58/16, NJW 2018, 331.
5 BGH v. 11.10.2007 – IX ZR 87/06, ZIP 2007, 2228 = NZI 2007, 721 (721); v. 12.9.2019 – IX ZR 264/18, NZI 2019, 851.
6 BGH v. 12.7.2007 – IX ZR 210/04, ZIP 2007, 1913 = NZI 2007, 722 (722); vgl. auch OLG Bdb. v. 19.6.2019 – 7 U 15/18, juris; OLG Köln v. 7.5.2018 – 2 U 12/18, BeckRS 2018, 14041.

> „Dem Insolvenzverwalter stehen häufig zur Begründung einer Anfechtungsklage über die aufgefundenen schriftlichen Unterlagen hinaus nur geringe Erkenntnismöglichkeiten zur Verfügung. Zu hohe Anforderungen an die Substantiierungslast würden daher häufig die Erfolgsaussichten einer Anfechtungsklage von vornherein vereiteln. Deshalb reicht ein Vortrag aus, der zwar in bestimmten Punkten lückenhaft ist, eine Ergänzung fehlender Tatsachen aber auf der Grundlage allgemeiner Erfahrungen und Gebräuche im Geschäftsverkehr zulässt (BGH, Urt. v. 8.10.1998 – IX ZR 337/97, ZIP 1998, 2008, 2010). Deshalb kann die Vorlage von Listen über die Verbindlichkeiten der Schuldnerin in Verbindung mit ergänzenden Anlagen, insbesondere den Rechnungen der Gläubiger, zur Substantiierung genügen, wenn sich hieraus die notwendigen Informationen über den jeweiligen Anspruch und seine Fälligkeit entnehmen lassen."

2.196 Eine Beweislastumkehr ist nur gegenüber nahestehenden Personen vorgesehen, § 131 Abs. 2 Satz 2 InsO.

e) Unmittelbar nachteilige Rechtshandlungen (§ 132 InsO)

2.197 In Ergänzung zu den Vorschriften der §§ 130, 131 InsO werden von § 132 InsO Rechtsgeschäfte (Abs. 1) und sonstige Rechtshandlungen (Abs. 2) des Schuldners erfasst, die nicht bereits als Deckungshandlungen anfechtbar sind. Hiervon sollen insbesondere Unterlassungen erfasst werden.[1]

f) Vorsätzliche Benachteiligung (§ 133 InsO)

2.198 Gemäß § 133 Abs. 1 InsO sind Rechtshandlungen des Schuldners, die dieser mit dem Vorsatz vorgenommen hat, seine Gläubiger zu benachteiligen, anfechtbar, wenn der Empfänger im Zeitpunkt der Handlung (§ 140 InsO)[2] diesen Vorsatz kannte und die Handlung innerhalb der letzten zehn Jahre vor dem Eröffnungsantrag (oder zwischen Antrag und Eröffnung) vorgenommen wurde. Der BGH führt zum Benachteiligungsvorsatz des Schuldners aus:[3]

> „Der Schuldner handelt mit Benachteiligungsvorsatz, wenn er die Benachteiligung der Gläubiger als Erfolg seiner Rechtshandlung will oder als mutmaßliche Folge erkennt und billigt (BGHZ 155, 75, 84; 162, 143, 153). Er muss also entweder wissen, dass er neben dem Anfechtungsgegner nicht alle Gläubiger innerhalb angemessener Zeit befriedigen kann, oder sich diese Folge zumindest als möglich vorgestellt und in Kauf genommen haben, ohne sich durch die Vorstellung dieser Möglichkeit von seinem Handeln abhalten zu lassen (BGH, Urt. v. 24.5.2007 – IX ZR 97/06, ZIP 2007, 1511 Rz. 8). Kennt der Schuldner seine Zahlungsunfähigkeit oder seine drohende Zahlungsunfähigkeit, kann daraus nach ständiger Rechtsprechung auf einen Benachteiligungsvorsatz geschlossen werden (BGHZ 155, 75, 83 f.; 167, 190, 195 Rz. 14; BGH, Urt. v. 24.5.2007, a.a.O., S. 1513 Rz. 19; Urt. v. 29.11.2007 – IX ZR 121/06, ZIP 2008, 190, 193 Rz. 32). In diesem Fall handelt der Schuldner nur dann nicht mit Benachteiligungsvorsatz, wenn er aufgrund kon-

---

[1] BT-Drucks. 12/7302, 55 f.
[2] BGH v. 11.12.2008 – IX ZR 194/07, ZIP 2009, 228 = NZI 2009, 165 (166); v. 4.5.2017 – IX ZR 285/16, NZI 2017, 620; v. 22.6.2017 – IX ZR 111/14, NZI 2017, 718; v. 1.6.2017 – IX ZR 48/15, NZI 2017, 715; v. 6.7.2017 – IX ZR 178/16, NZI 2017, 850; v. 24.9.2015 – IX ZR 308/14, NZI 2015, 941; v. 14.9.2017 – IX ZR 3/16, NZI 2018, 114; v. 21.1.2016 – IX ZR 84/13, NJW-RR 2016, 369; v. 9.6.2016 – IX ZR 174/15, EnWZ 2016, 561; v. 19.9.2019 – IX ZR 148/18, ZIP 2019, 2225.
[3] BGH v. 18.12.2008 – IX ZR 79/07, ZIP 2009, 573 = NZI 2009, 239 (240).

kreter Umstände – etwa der sicheren Aussicht, demnächst Kredit zu erhalten oder Forderungen realisieren zu können – mit einer baldigen Überwindung der Krise rechnen kann. Droht die Zahlungsunfähigkeit, bedarf es konkreter Umstände, die nahe legen, dass die Krise noch abgewendet werden kann (BGH, Urt. v. 24.5.2007, a.a.O., S. 1511 f. Rz. 8)".

Ferner muss der Anfechtungsgegner den Gläubigerbenachteiligungsvorsatz kennen, was **positive Kenntnis** voraussetzt – grob fahrlässige Unkenntnis genügt nicht.[1] Die Beweislast für alle Voraussetzungen obliegt auch in diesem Falle dem Insolvenzverwalter.[2] Allerdings hat der BGH Indizien und Beweisanzeichen zur Erleichterung der Beweisführung entwickelt. Als starkes Beweisanzeichen für das Vorliegen des Gläubigerbenachteiligungsvorsatzes und auch der entsprechenden Kenntnis des Anfechtungsgegners wird eine inkongruente Deckung angesehen, wenn der Anfechtungsgegner die Inkongruenz der Deckung kannte.[3] Dabei ist zu beachten, dass Zahlungen, die aufgrund eines zumindest angedrohten Insolvenzantrages erfolgten, auch außerhalb des Dreimonatszeitraums zu einer inkongruenten Deckung führen, da die Insolvenzantragsstellung niemals legitimes Mittel zur „Abpressung" von Geldern ist.[4] Die Zahlung aufgrund einer zumindest angedrohten Zwangsvollstreckung führt allerdings nur im Dreimonatszeitraum zur Inkongruenz, da nur in diesem Zeitraum keine Vorteile durch staatliche Zwangsmaßnahmen erlangt werden dürfen.[5]

2.199

Kann der Insolvenzverwalter beweisen, dass der Anfechtungsgegner wusste, dass die Zahlungsunfähigkeit des Schuldners drohte und die Handlung die Gläubiger benachteiligte, wird die **Kenntnis des Anfechtungsgegners vom Benachteiligungsvorsatz des Schuldners widerleglich vermutet**, § 133 Abs. 1 Satz 2 InsO.

2.200

„Der Kenntnis von der (drohenden) Zahlungsunfähigkeit steht auch im Rahmen des § 133 Abs. 1 InsO die Kenntnis von Umständen gleich, die zwingend auf eine drohende oder bereits eingetretene Zahlungsunfähigkeit hinweisen (BGH, Urt. v. 24.5.2007 – IX ZR 97/06, ZIP 2007, 1511, 1513 Rz. 25; v. 20.11.2008 – IX ZR 188/07, ZInsO 2009, 145, 146 Rz. 10 m.w.N.; v. 13.8.2009, a.a.O., S. 1910 Rz. 8; Ganter WM 2009, 1441, 1444 f. m.w.N.). Es genügt daher, dass der Anfechtungsgegner die tatsächlichen Umstände kennt, aus denen bei zutreffender rechtlicher Beurteilung die drohende Zahlungsunfähigkeit zweifelsfrei folgt (BGH, Urt. v. 19.2.2009 – IX ZR 62/08, ZInsO 2009, 515, 516 Rz. 13, z.V.b. in BGHZ 180, 63)."[6]

---

1 *Kayser/Freudenberg* in MünchKomm/InsO[4], § 133 Rz. 19; *Borries/Hirte* in Uhlenbruck[15], § 133 InsO Rz. 37.
2 BGH v. 18.12.2008 – IX ZR 79/07, ZIP 2009, 573 = NZI 2009, 239 (240); v. 10.1.2008 – IX ZR 33/07, ZIP 2008, 467 = NZI 2008, 233 (234); v. 19.9.2019 – IX ZR 148/18, ZIP 2019, 2225.
3 BGH v. 8.12.2005 – IX ZR 182/01, ZIP 2006, 290 = ZInsO 2006, 94 (96); vgl. auch BGH v. 18.7.2019 – IX ZR 258/18, NJW-RR 2019, 1263.
4 BGH v. 18.6.2009 – IX ZR 7/07, ZIP 2009, 1434 = ZInsO 2009, 1394 (1394); v. 18.12.2003 – IX ZR 199/02, DStR 2004, 737 (737); OLG Rostock v. 11.6.2014 – 6 U 17/13, ZInsO 2014, 1446; OLG Frankfurt v. 31.10.2018 – 15 U 134/14, ZInsO 2019, 26; LG Aachen v. 19.7.2018 – 9 O 16/18, ZInsO 2018, 2413; BAG v. 26.10.2017 – 6 AZR 511/16, ZIP 2018, 32.
5 BGH v. 17.7.2003 – IX ZR 215/02, ZIP 2003, 1900, (1902); LG Aachen v. 19.7.2018 – 9 O 16/18, ZInsO 2018, 2413.
6 BGH v. 8.10.2009 – IX ZR 173/07, ZIP 2009, 2253 = NZI 2009, 847 (848).

„Weiß der *Gläubiger, dass der Schuldner nicht in der Lage ist oder voraussichtlich nicht in der Lage sein wird, die bestehenden Zahlungspflichten im Zeitpunkt der Fälligkeit im Wesentlichen zu erfüllen, so weiß er in der Regel auch, dass dessen Rechtshandlung die Gläubiger benachteiligt.*"[1]

2.201 Daher ist in der Regel auf die Kenntnis von der drohenden Zahlungsunfähigkeit abzustellen.[2] Dies wurde vom BGH vor allem für **Dauerschuldverhältnisse** wie folgt formuliert:

„... ist eine Kenntnis des Gläubigers von drohender Zahlungsunfähigkeit des Schuldners und von einer Gläubigerbenachteiligung i.S.v. § 133 Abs. 1 Satz 2 InsO in der Regel anzunehmen, wenn die Verbindlichkeiten des Schuldners bei dem späteren Anfechtungsgegner über einen längeren Zeitraum hinweg ständig in beträchtlichem Umfang nicht ausgeglichen werden und diesem den Umständen nach bewusst ist, dass es noch weitere Gläubiger mit ungedeckten Ansprüchen gibt."[3]

2.202 Will der Anfechtungsgegner einer Inanspruchnahme entgehen, muss er konkrete Umstände darlegen und beweisen, die seine Unkenntnis *„naheliegend erscheinen lassen"*.[4]

2.203 Angesichts dieser neueren Rechtsprechung verwischen die Grenzen zwischen den §§ 130, 131 InsO einerseits und § 133 Abs. 1 InsO andererseits zusehends. Der BGH wendet § 133 Abs. 1 InsO zunehmend auf Fälle an, in denen die Beantragung des an sich längst gebotenen Insolvenzverfahrens offensichtlich so lange hinausgezögert wurde, dass die §§ 130 f. InsO wegen des zwischenzeitlichen Zeitablaufes leerlaufen. Für den Rechtsanwender bedeutet das zugleich Chance und (Prozess-)Risiko zugleich. Erforderlich ist in dem Zusammenhang jedenfalls stets eine Gesamtwürdigung aller Umstände des Einzelfalles. Wichtig außerdem: Das Bargeschäftsprivileg des § 142 InsO findet im Rahmen des § 133 Abs. 1 InsO nach BGH keine Anwendung.

2.204 In § 133 Abs. 2 InsO ist schließlich der Sonderfall geregelt, bei dem der Schuldner mit nahestehenden Personen entgeltliche Verträge abschließt, durch die die Gläubiger unmittelbar benachteiligt werden.

g) Unentgeltliche Leistung (§ 134 InsO)

2.205 Nach § 134 InsO sind unentgeltliche Leistungen des Schuldners anfechtbar, die innerhalb der letzten vier Jahre vor dem Insolvenzantrag vorgenommen wurden. Darunter fallen alle Leistungen des Schuldners, durch die zugunsten einer anderen Person ein schuldnerischer Vermögenswert aufgegeben wurde, ohne dass der Empfänger der Leistung einen entsprechenden Gegenwert an den Schuldner oder mit dessen

---

1 BGH v. 20.11.2008 – IX ZR 188/07, ZIP 2009, 189 = NZI 2009, 168 (168).
2 *Kayser/Freudenberg* in MünchKomm/InsO[4], § 133 Rz. 24d; BGH v. 18.7.2019 – IX ZR 258/18, NZG 2019, 1355.
3 BGH v. 13.8.2009 – IX ZR 159/06, ZIP 2009, 1966 = NZI 2009, 768 (769).
4 BGH v. 24.5.2007 – IX ZR 97/06, ZIP 2007, 1511 = NZI 2007, 512 (513).

Zustimmung auch an einen Dritten erbracht hat.¹ Erfasst werden auch sog. **gemischte Schenkungen**. Darunter versteht man Veräußerungsgeschäfte, die bewussterma-ßen erheblich unter Preis vorgenommen wurden. Der Insolvenzverwalter muss die Unentgeltlichkeit der Leistung des Schuldners beweisen.

h) Gesellschafterdarlehen (§ 135 InsO)

In § 135 InsO ist die Anfechtbarkeit von Rechtshandlungen geregelt, die zur Sicherung oder Befriedigung einer Forderung aus einem Gesellschafterdarlehen in den Fällen des § 39 Abs. 1 Ziff. 5 InsO geführt haben. Gemäß § 39 Abs. 1 Ziff. 5, Abs. 4 und 5 InsO sind Darlehensrückgewähransprüche von Gesellschaftern haftungsbeschränkter Gesellschaften nachrangig, soweit der Betreffende mit mehr als 10 Prozent am Haftkapital der Gesellschaft beteiligt ist und seine Gesellschaftsbeteiligung nicht zum Zwecke der Unternehmenssanierung erworben hat. Die Befriedigung solcher Darlehen ist ohne weiteres anfechtbar, wenn sie innerhalb der letzten 12 Monate vor der Insolvenzantragstellung erfolgt ist. Auf die Frage, ob die vorausgegangene Gesellschafterleistung eigenkapitalersetzenden Charakter hatte, kommt es damit künftig nicht mehr an. § 135 Abs. 2 InsO erweitert die Anfechtung in einer der Rechtsprechung zum Eigenkapitalersatzrecht entsprechenden Weise auf Rückzahlungen von Darlehen, die zwar nicht direkt von Gesellschaftern gestellt, aber von diesen besichert wurden. Dies ist sachgerecht, da in solchen Fällen bei wirtschaftlicher Betrachtung ein Darlehen des Gesellschafters vorliegt.

2.206

Handelsrechtlich sind Gesellschafterdarlehen ungeachtet ihrer insolvenzrechtlichen Nachrangigkeit als Verbindlichkeiten zu passivieren, auch wenn für sie mit dem Gesellschafter ein **Rangrücktritt** gem. § 39 Abs. 2 InsO vereinbart wurde. Dies gilt wegen des Maßgeblichkeitsprinzips (§ 5 Abs. 1 EStG) auch für die Steuerbilanz. Im **Überschuldungsstatus** sind Gesellschafterdarlehen und andere Verbindlichkeiten, für die ein Rangrücktritt erklärt wurde, allerdings nicht zu passivieren. Der Ausfall mit einem Gesellschafterdarlehen kann in Bezug auf die Beteiligung des Betroffenen zu nachträglichen Anschaffungskosten i.S.d. § 17 EStG führen.²

2.207

V. Fortführung des schuldnerischen Geschäftsbetriebes

Literatur *Adam*, Betriebsfortführung und Gleichbehandlung der Insolvenzgläubiger, DZWIR 2007, 357; *Anton*, Fortführungsquoten im neuen Insolvenzrecht – Bewertung und Ausblick, ZInsO 2009, 506; *Blank*, Zurückbehaltungsrecht des Arbeitnehmers an seiner Arbeitsleistung bei Betriebsfortführung durch den starken vorläufigen Insolvenzverwalter trotz Sicherstellung des Lohnanspruchs über das demnächst zu erwartende Insolvenzgeld (§ 273 BGB)?, ZInsO 2007, 426; *Braun*, Insolvenzgeldanspruch – neues Insolvenzereignis – Überwachung des Insolvenzplanverfahrens – Beendigung der Zahlungsunfähigkeit, SGb 2009, 437; *Curtze*, Der strategische Einsatz des Insolvenzplanverfahrens durch den Vorstand der Aktiengesellschaft,

---

1 BGH v. 5.6.2008 – IX ZR 17/07, ZIP 2008, 1291 = NStZ 2009, 521 (522); v. 13.3.2008 – IX ZR 117/07, ZIP 2008, 975 = NJW-RR 2008, 1006 (1006); v. 20.7.2006 – IX ZR 226/03, ZIP 2006, 1639 = NJW-RR 2006, 1555 (1556); v. 6.12.2018 – IX ZR 143/17, NJW 2019, 1446; v. 29.10.2015 – IX ZR 123/13, NZI 2016, 80; v. 27.6.2019 – IX ZR 167/18, NJW 2019, 293.
2 Ausführlich zum Letzteren: *Waclawik*, ZIP 2007, 1838 (1841 ff.).

2016; *Fahlbusch/Kremer*, Insolvenzgeld und Betriebsfortführung, ZInsO 2015, 837; *Fritzsche*, Die juristische Konstruktion des Insolvenzplans als Vertrag, 2017; *Ganter*, Betriebsfortführung durch den vorläufigen Verwalter trotz Globalzession?, NZI 2010, 551; *Gerster*, Insolvenzplan, „das unbekannte Wesen" oder „Maßanzug des Insolvenzrechts", ZInsO 2008, 437; *Grub*, Berücksichtigung von Kosten der Betriebsfortführung bei Wertfestsetzung für Gerichtsgebühren im Insolvenzverfahren, NZI 2017, 880; *Heidrich/Prager*, Keine Begründung von Masseverbindlichkeiten durch vorläufigen schwachen Verwalter – Kann ein Betrieb nur noch von vorläufigen starken Verwaltern fortgeführt werden?, NZI 2002, 653; *Hess*, Zur Vergütung des Insolvenzverwalters bei Betriebsfortführung, Hausverwaltung und bei Verletzung der Kooperationspflichten des Schuldners, WuB VI A § 63 InsO 4.08; *Hingerl*, Richterliche Begleitung des Insolvenzplans, ZInsO 2009, 759; *Hingerl*, Zwei fehlende Bausteine im System des Insolvenzplanverfahrens, ZInsO 2016, 2238; *Hintzen*, Betriebsfortführung in der Zwangsverwaltung, RpflStud 2002, 142; *Horstkotte/Martini*, Häufige Fehler bei der Aufstellung von Insolvenzplänen und der Durchführung von Insolvenzplanverfahren, ZInsO 2017, 1913; *Hunold*, Insolvenzgeld und Insolvenzgeldvorfinanzierung als Sanierungsinstrument, NZI 2015, 785; *Joachim/Schwarz*, Beschränkung der Aufrechnung des Insolvenzgläubigers nach einem bestätigten Insolvenzplan auf die Quote?, ZInsO 2009, 408; *Nielandt*, Der Konflikt von SGB III-Maßnahmen mit dem Europäischen Beihilfenrecht am Beispiel des Insolvenzgeldes, RsDE Nr. 62, 29–56 (2006); *Pape*, Die Betriebsfortführung in der Insolvenz natürlicher Personen, WM 2013, 1145; *Pape*, Erhalt der Insolvenzgeldvorfinanzierungsmöglichkeit im Insolvenzeröffnungsverfahren, ZInsO 2002, 1171; *Paul*, Rechtsprechungsübersicht zum Insolvenzplanverfahren, ZInsO 2006, 532; ZInsO 2007, 856; *Richter*, Weiche Landung auf Kosten Dritter bei der Vorfinanzierung des Insolvenzgelds, NJW 2018, 982; *Ricken*, Insolvenzgeld bei grenzübergreifenden Fällen, EuZA 2010, 109; *Roth*, Berechnung des Insolvenzgeldes – Berücksichtigung einer Jahressonderzahlung – Zuordnung – Fälligkeit – Insolvenzgeldzeitraum – Tarifvertrag – betriebliche Übung – Stundung, SGb 2001, 587; *Sasse/Stelzer*, Zwischen Betriebsstilllegung und Betriebsfortführung in der Insolvenz, ArbRB 2006, 114; *Schäfele*, Die gesellschaftsrechtlichen Grenzen des Insolvenzplanverfahrens, 2018; *Schlegel*, Eigentumsvorbehalt und Sicherungsübereignung – unüberwindbare Hindernisse einer Betriebsfortführung durch den vorläufigen Insolvenzverwalter?, DZWIR 2000, 94; *Schluck-Amend/Seibold*, Fortführungsvereinbarungen als Mittel der Unternehmensfortführung in der Insolvenz, ZIP 2010, 62; *Schmidt-Räntsch*, Betriebsfortführung in der Zwangsverwaltung, ZInsO 2006, 303; *Schmittmann*, Sanierung mittels Insolvenzplanverfahren, VR 2009, 289; *Schoor*, Gestaltungswahlrecht bei Betriebsfortführung einer Personengesellschaft durch einen Gesellschafter, StuB 2003, 743; *Schröder*, Zur Berechnung der Insolvenzverwaltervergütung bei Betriebsfortführung, EWiR 2008, 761; *Schweiger*, Die Ausschlussfrist beim Antrag auf Insolvenzgeld, NZS 2016, 774; *Seer*, Erbschaftsteuerliche Begünstigung der Betriebsfortführung – Analyse der parteiübergreifenden Gesetzentwürfe zur Sicherung der Unternehmensnachfolge vom 10.5. u. 30.5.2005, StuW 2005, 353; *Sonnleitner/Strotkemper/Krüsmann*, Insolvenzplan und Besteuerungsverfahren, ZInsO 2016, 1545; *Spies*, Insolvenzplan und Eigenverwaltung, ZInsO 2005, 1254; *Stadler*, Übergangsregelungen und Gestaltungsmöglichkeiten für Insolvenzplanverfahren nach den Entscheidungen des BFH zum Sanierungserlass, NZI 2018, 49; *Stapper/Jacobi*, Rechtliche Aspekte der Unternehmensfortführung in der Insolvenz, NJW 2009, 270; *Tan/Lambrecht*, Die Quotenvergleichsrechnung im Insolvenzplan als Instrument der Interessenverfolgung, NZI 2019, 249; *Undritz*, Betriebsfortführung im Eröffnungsverfahren – Die Quadratur des Kreises?, NZI 2007, 65; *Unterbusch*, Der vorläufige Insolvenzverwalter unter besonderer Berücksichtigung aktueller Probleme der Betriebsfortführung, Diss., 2006; *Wank*, Insolvenzgeld – tarifliche Jahressonderzahlung – Zuordnung zum Insolvenzgeldzeitraum – Fälligkeit – Verschiebung, EWiR 2006, 281; Insolvenzgeld, Beitragsbemessungsgrenze, betriebliche Altersversorgung, Entgeltumwandlung, Insolvenzgeldanspruch, EWiR 2007, 605–606; *Weßling*, Das Insolvenzplanverfahren unter besonderer Berücksichtigung der Berufszulassung als Freiberufler, DStR 2019, 644; *Windel*, Modelle der Unternehmensfortführung im Insolvenzeröffnungsverfahren, ZIP 2009, 101; *Wischemeyer*, Auswirkungen einer Betriebsfortführung im eröffneten Insolvenzverfahren auf die Vergütung des Insolvenzverwalters, NZI 2005, 534.

1. Grundlagen

Die Liquidation des schuldnerischen Unternehmens ist nicht das einzige Mittel der Gläubigerbefriedigung in der Insolvenz. Insbesondere in Fällen, in denen die Insolvenz rechtzeitig beantragt wurde, kommt auch eine Fortführung des Unternehmens zum Zwecke der Sanierung in Betracht. In § 1 Satz 1 InsO hat der Gesetzgeber den Erhalt des schuldnerischen Unternehmens ausdrücklich als gleichrangig neben der Gläubigerbefriedigung stehendes Verfahrensziel anerkannt. Vorteil dieser Verwertungsalternative sind ein zumindest partieller Erhalt der gefährdeten Arbeitsplätze sowie der Erhalt des (gesundeten) Marktteilnehmers für den Wettbewerb.[1] Doch auch für die Gläubiger stellt eine Sanierung oft die bessere Befriedigungsmöglichkeit dar – erhalten sie bei einer Fortführung doch regelmäßig höhere Quoten als bei einer Zerschlagung des Unternehmens in seine Einzelteile.

2.208

Auch das schuldnerische Unternehmen ist Gegenstand der Insolvenzmasse und daher auch von der Verwaltungs- und Verfügungsmacht des Insolvenzverwalters (§ 80 InsO) umfasst. Für den vorläufigen Insolvenzverwalter gilt § 22 Abs. 1 Satz 2 Ziff. 2 InsO. Nach Verfahrenseröffnung **entscheidet** nicht der Insolvenzverwalter, sondern **die Gläubigerversammlung** im Berichtstermin über die Stilllegung oder (vorläufige) Fortführung des Geschäftsbetriebes, § 157 Satz 1 InsO. Der Insolvenzverwalter ist bezüglich der Entscheidung, ob eine Unternehmensfortführung durchgeführt werden soll, an die Entscheidung der Gläubigerversammlung gebunden. Dabei muss er jederzeit prüfen, ob die Unternehmensfortführung den durch sie verursachten Aufwand erwirtschaftet, also die Masse nicht schmälert, andernfalls muss er nach § 75 Abs. 1 Ziff. 1 InsO beantragen, eine Gläubigerversammlung einzuberufen, die über die weitere Unternehmensfortführung beschließt.[2] Im Falle einer Fortführung hat der Verwalter sämtliche Pflichten zu erfüllen, die zuvor den Schuldner bzw. dessen organschaftliche Vertreter trafen.[3] Der Verwalter muss das gesamte Anlage- und Umlaufvermögen übernehmen und tritt im Rahmen der §§ 103 ff. InsO in die zivil- und öffentlich-rechtlichen Pflichten ein.[4]

2.209

2. Beendigung von „ungünstigen" Verträgen

Schwebende gegenseitige Verträge, die nicht den Spezialregelungen der §§ 108 ff. InsO unterfallen, kann der Verwalter nach § 103 InsO mit Wirkung auf den Zeitpunkt der Insolvenzeröffnung beenden. Voraussetzung für das Wahlrecht nach § 103 Abs. 1 InsO ist, dass ein synallagmatischer **(gegenseitiger) Vertrag** vorliegt,

2.210

---

1 *Bork*, Einführung in das Insolvenzrecht[9], Rz. 367.
2 *Hirte* in Uhlenbruck[15], § 11 InsO Rz. 14; vgl. auch BGH v. 22.6.2017 – IX ZB 82/16, NZI 2017, 758.
3 *Jarchow* in HamburgerKomm/InsO[7], § 148 Rz. 35.
4 *Wegener* in FrankfurterKomm/InsO[9], § 148 Rz. 12.

der vor Eröffnung geschlossen wurde und den beide Seiten nicht vollständig erfüllt haben. Das ist der Fall, wenn beide Seiten ihre Leistung noch nicht vollständig erbracht haben oder noch der Leistungserfolg aussteht (wie dies bei vereinbartem Eigentumsvorbehalt vor vollständiger Entgeltzahlung der Fall ist).[1]

2.211 Wählt der Insolvenzverwalter Erfüllung, kann er die dem Schuldner versprochene Leistung für die Masse beanspruchen und muss im Gegenzug die Forderung des Vertragspartners als Masseverbindlichkeit begleichen, § 55 Abs. 1 Ziff. 2 InsO. Handelt es sich um teilbare Verträge, gilt dies gem. § 105 InsO jedoch nur für die nach Verfahrenseröffnung erbrachten Teilleistungen.[2] Wählt der Insolvenzverwalter die Nichterfüllung, kann der Gläubiger Leistungen aus der Insolvenzmasse nicht mehr verlangen – dem Gläubiger steht lediglich ein Schadensersatzanspruch zu, der als einfache Insolvenzforderung im Rang von § 38 InsO zu behandeln ist. Der Vertragspartner kann den Insolvenzverwalter auffordern, sich zur Erfüllung des Vertrages zu äußern, mit der Folge, dass dieser keine Erfüllung mehr verlangen kann, sofern er sich nicht unverzüglich erklärt, § 103 Abs. 2 Satz 2 und 3 InsO.

2.212 Der Gesetzgeber hat demgegenüber die Vertragspartner aus **Miet- und Pachtverträgen über Immobilien** gegenüber sonstigen Vertragspartnern aus schwebenden Verträgen privilegiert, da diese Verträge zunächst mit Wirkung für und gegen die Masse fortbestehen (§§ 108 Abs. 1 Satz 1, 55 Abs. 1 Ziff. 1 InsO). Das kann zu einer erheblichen Belastung für die Insolvenzmasse führen, weil die Raumkosten regelmäßig den zweitgrößten Kostenblock nach den Personalkosten darstellen.[3] Diese Kosten während des Kündigungsauslaufs muss der Insolvenzverwalter unabhängig davon, ob er die Immobilie nutzt oder nicht, als Masseverbindlichkeiten befriedigen. Die aus der Zeit vor Eröffnung des Verfahrens rückständigen Forderungen der Vertragspartner bleiben Insolvenzforderungen, § 108 Abs. 2 InsO.

2.213 Bei **Schadensersatz-** und **Abwicklungspflichten** aus einem Schuldverhältnis gilt der Grundsatz, dass diese nur dann zu Masseverbindlichkeiten werden, wenn sie bei wirtschaftlicher Betrachtungsweise nicht bereits vor Insolvenzeröffnung angelegt waren.[4] Andernfalls sind diese Ansprüche lediglich Insolvenzforderungen, da sich mit der Insolvenz gerade das Risiko realisiert, welches die Vertragspartner mit einer Vorleistung oder ungesicherten Preisgabe von Rechten eingegangen sind. So entstehen bei Beendigung eines Miet- oder Pachtverhältnisses über unbewegliche Sachen und Räume Renovierungs-, Räumungs- und Rückbaupflichten als Masseverbindlichkeit nur insoweit, als sie auf der tatsächlichen Nutzung des Gegenstandes durch den Insolvenzverwalter beruhen.[5] Allerdings begünstigt das Insolvenzverfahren den Insol-

---

1 *Häsemeyer*, Insolvenzrecht[4], Rz. 20.14.
2 Vgl. BGH v. 27.2.1997 – IX ZR 5/96, BGHZ 135, 25 (27) = ZIP 1997, 688; BGH v. 16.5.2019 – IX ZR 44/18, NZI 2019, 587.
3 *Voigt-Salus* in Mohrbutter/Ringstmeier, Handbuch der Insolvenzverwaltung[9], § 22 Rz. 110.
4 *Homann* in Mohrbutter/Ringstmeier, Handbuch der Insolvenzverwaltung[9], § 7 Rz. 53.
5 BGH v. 5.7.2001 – IX ZR 327/99, ZIP 2001, 1469 = NJW 2001, 2966 (2966); v. 11.4.2019 – IX ZR 79/18, NZM 2019, 853; KG v. 25.2.2019 – 8 U 6/18, NZI 2019, 379.

venzverwalter dergestalt, dass er sich stets auf die gesetzlichen Kündigungsfristen des § 580a BGB berufen kann, § 109 Abs. 1 Satz 1 InsO, so dass eine zwischen Vermieter und Schuldner vereinbarte lange Vertragslaufzeit den Insolvenzverwalter nicht in gleichem Maße bindet.

Wurde unter **Eigentumsvorbehalt** gekauft, muss differenziert werden: In der Insolvenz des Käufers, bleibt es bei § 103 Abs. 1 InsO mit der Maßgabe, dass der Insolvenzverwalter die Erklärung nach § 103 Abs. 2 Satz 2 InsO erst unverzüglich nach dem Berichtstermin abgeben muss, vgl. § 107 Abs. 2 InsO. Lehnt der Insolvenzverwalter die Erfüllung ab, kann der Verkäufer vom Vertrag zurücktreten, die Sache aussondern und einen Schadensersatzanspruch wegen Nichterfüllung zur Tabelle anmelden.[1] Bei verlängertem oder erweitertem Eigentumsvorbehalt hat der Vorbehaltsverkäufer lediglich ein Absonderungsrecht (vgl. § 51 Abs. 1 Ziff. 1 InsO). In der Insolvenz des Vorbehaltsverkäufers ist das Wahlrecht des Insolvenzverwalters gem. § 107 Abs. 1 InsO ausgeschlossen. Das Anwartschaftsrecht des Käufers ist insolvenzfest. Solange er die geschuldeten Raten vereinbarungsgemäß bezahlt, wird er mit Zahlung der letzten Rate Eigentümer der Sache. Der Insolvenzverwalter muss den Käufer unmittelbar nach Verfahrenseröffnung auffordern, die weiteren Raten ausschließlich an die Insolvenzmasse zu zahlen. Kommt der Käufer in der Folge in Verzug, kann der Insolvenzverwalter nach den allgemeinen Regeln (§ 323 BGB) vom Vertrag zurücktreten und nach § 985 BGB Herausgabe der Sache verlangen.

3. Insolvenzfestigkeit betriebsnotwendiger Verträge
a) Kündigungssperre

Um eine Unternehmensfortführung zu ermöglichen, muss zudem verhindert werden, dass das Unternehmen durch die Beendigung betriebsnotwendiger Verträge weiter geschwächt wird. Diesem Ziel dient § 112 InsO. Die Norm enthält eine Kündigungssperre für **Miet- und Pachtverhältnisse**, die der Schuldner als Mieter oder Pächter eingegangen war. Nach Insolvenzantragsstellung ist eine Kündigung von Miet- oder Pachtverträgen wegen der bis zum Antrag aufgelaufenen Zahlungsrückstände oder der durch den Insolvenzantrag zum Ausdruck kommenden Verschlechterung der schuldnerischen Vermögensverhältnisse nicht möglich. Ist allerdings vor Antragstellung wirksam durch den Vermieter oder Verpächter gekündigt worden, ist es dem Insolvenzverwalter nicht möglich, die ausgelösten Rechtsfolgen einseitig abzuwenden.[2] In § 112 InsO ist daher der Gedanke des „fresh start" enthalten, da im Falle eines von nun an vertragstreuen Schuldners der Fortbestand des Vertrages gesichert ist.[3] Weitere Sperrwirkungen für gleichermaßen betriebsnotwendige Verträge sind in der Insolvenzordnung ausdrücklich nicht geregelt. Vereinzelt wird daher eine weite Auslegung des § 112 InsO bzw. eine mögliche analoge Anwendung der Norm in Betracht gezogen.[4]

---

1 *Ahrendt* in HamburgerKomm/InsO[7], § 107 Rz. 21.
2 Vgl. *Wegener* in Uhlenbruck[15], § 112 InsO Rz. 7.
3 *Voigt-Salus* in Mohrbutter/Ringstmeier, Handbuch der Insolvenzverwaltung[9], § 22 Rz. 111.
4 *Wegener* in Uhlenbruck[15], § 112 InsO Rz. 19; *Wegener* in FrankfurterKomm/InsO[9], § 112 Rz. 5.

b) Lösungsklauseln

2.216 Ein weiteres Hindernis für die Betriebsfortführung sind sog. Lösungsklauseln in Verträgen, die für den Fall eines Insolvenzereignisses (Insolvenzantrag, Anordnung der vorläufigen Insolvenzverwaltung, Insolvenzeröffnung oder allgemein: Vermögensverfall) eine automatische Vertragsbeendigung in Form einer auflösenden Bedingung oder zumindest ein Rücktrittsrecht des Vertragspartners vorsehen. Wurden derartige Klauseln unter Gültigkeit der Konkursordnung noch für zulässig erachtet, wird heute aufgrund der Schutzbestimmungen der §§ 112, 119 InsO weitestgehend deren Wirksamkeit abgelehnt. Grund dafür ist, dass derartige Lösungsklauseln dem Sinn und Zweck des insbesondere in § 103 InsO normierten Wahlrechts des Insolvenzverwalters zuwider laufen.[1]

4. Insolvenzgeld

2.217 Die bedeutendste Erleichterung der Unternehmensfortführung im Insolvenzverfahren dürfte in betriebswirtschaftlicher Hinsicht in der Möglichkeit der Inanspruchnahme von Insolvenzgeld (§§ 183 ff. SGB III) liegen.[2] Jedenfalls dann, wenn zum Zeitpunkt der Anordnung der vorläufigen Insolvenzverwaltung keine Lohnrückstände bestehen, kann durch Inanspruchnahme von Insolvenzgeld über einen Zeitraum von drei Monaten (§ 183 Abs. 1 SGB III) eine Betriebsfortführung ohne Personalkosten organisiert werden. Das Insolvenzgeld ist einkommensteuerfrei (§ 3 Ziff. 2 EStG). Allerdings entsteht der Anspruch auf Insolvenzgeld erst mit Eröffnung des Insolvenzverfahrens, § 183 Abs. 1 Ziff. 1 SGB III. Um zu verhindern, dass die Arbeitnehmer bis zu diesem Zeitpunkt von ihrem Zurückbehaltungsrecht hinsichtlich ihrer Arbeitsleistung Gebrauch machen, kann der vorläufige Insolvenzverwalter die Insolvenzgeldzahlungen vorfinanzieren. Dabei zahlt ein Kreditinstitut die Löhne der Arbeitnehmer bereits im Insolvenzeröffnungsverfahren bei Fälligkeit aus. Im Gegenzug treten die Arbeitnehmer im Rahmen eines Forderungskaufvertrages ihre Insolvenzgeldansprüche an die vorfinanzierende Bank ab, die wiederum nach Eröffnung von der Bundesagentur für Arbeit die Beträge erstattet verlangen kann. Die bei Finanzierung des Darlehens anfallenden Zinsen werden aus der Insolvenzmasse gezahlt.[3]

2.218 Eine **Insolvenzgeldvorfinanzierung** ist allerdings von der Zustimmung des zuständigen Arbeitsamtes abhängig, § 188 Abs. 4 SGB III. Die Zustimmung darf nur erteilt werden, wenn voraussichtlich ein erheblicher Teil der Arbeitsplätze dauerhaft erhalten bleibt. Daher ist die frühzeitige Erstellung eines erfolgversprechenden Sanierungskonzepts durch den Insolvenzverwalter unabdingbare Voraussetzung für eine positive Prognoseentscheidung der Bundesagentur. Zu den steuerlichen Aspekten des Insolvenzgeldes s. Rz. 4.111.

---

1 Für die Unwirksamkeit von Lösungsklauseln aufgrund einer teleologischen Reduktion des § 119 InsO v.a. *Prütting*, FS Gerhardt, 761 (771 f.); im Ergebnis ebenso: *Balthasar* in Nerlich/Römermann, § 119 InsO Rz. 15, mit Verweis auf das Wahlrecht in § 113 InsO.
2 *Voigt-Salus* in Mohrbutter/Ringstmeier, Handbuch der Insolvenzverwaltung⁹, § 22 Rz. 114.
3 *Voigt-Salus* in Mohrbutter/Ringstmeier, Handbuch der Insolvenzverwaltung⁹, § 22 Rz. 114.

5. Personalanpassung

Dienstverhältnisse des Schuldners bestehen gem. § 108 Abs. 1 InsO mit Wirkung für die Insolvenzmasse fort. Daher muss der Insolvenzverwalter die Arbeitnehmer zunächst weiterbeschäftigen und ihre Löhne und Gehälter aus der Masse bezahlen, § 55 Abs. 1 Ziff. 2 InsO. Lohnrückstände aus der Zeit vor der Eröffnung sind einfache Insolvenzforderungen, § 108 Abs. 3 InsO. Zur Kompensation dieser für den Arbeitnehmer nachteiligen Regelung dient das Insolvenzgeld.

2.219

Regelmäßig müssen im Rahmen einer Betriebsfortführung in der Insolvenz Maßnahmen der Personalkostenreduzierung durch den Abbau von Lohnzulagen oder Pensionszusagen vorgenommen werden. Da dies häufig jedoch nicht genügend Einsparungspotential mit sich bringt, ist ein Personalabbau häufig unausweichlich. Dabei setzt das Arbeitsrecht einer Änderung der Personalstruktur Grenzen. Im Bereich des Kündigungsrechts gelten allerdings insolvenzspezifische Erleichterungen. Der Insolvenzverwalter kann in zeitlicher Hinsicht wegen § 113 Satz 2 InsO in Durchbrechung längerer einzeltarifvertraglicher oder gesetzlicher Kündigungsfristen immer spätestens mit einer Frist von drei Monaten zum Monatsende kündigen. Nachteile des Arbeitnehmers wegen einer Verkürzung der Kündigungsfrist kann dieser als Insolvenzforderung geltend machen, § 113 Satz 3 InsO. Die gesetzlichen Kündigungshindernisse etwa nach §§ 85 ff. SGB IX für Schwerbehinderte, nach § 9 MutterschutzG für Schwangere oder nach § 15 KSchG für Betriebsratsmitglieder, bestehen aber auch in der Insolvenz fort.[1] Im Anwendungsbereich des Kündigungsschutzgesetzes müssen die gesetzlichen Kündigungsgründe vorliegen. Die Kündigung muss sozial gerechtfertigt sein, § 1 KSchG, was den Insolvenzverwalter zur Beachtung der Anforderungen an die Sozialauswahl und die betrieblichen Erfordernisse verpflichtet.

2.220

Erfolgt eine Veräußerung des Betriebes oder eines Betriebsteils, tritt der Erwerber gem. § 613a BGB in die Rechte und Pflichten aus bestehenden Arbeitsverhältnissen ein, was auch in der Insolvenz gilt.[2]

2.221

6. Nutzung von Absonderungsgut

Regelmäßig sind Gegenstände, die zur Insolvenzmasse gehören, umfassend mit Drittrechten belastet. Um die Möglichkeit einer Unternehmensfortführung zu gewährleisten, hat der Gesetzgeber dem Insolvenzverwalter mit § 30d ZVG die Möglichkeit gegeben, die einstweilige Einstellung eines Zwangsversteigerungsverfahrens zu erreichen sowie bewegliche Gegenstände der Insolvenzmasse, an denen Absonderungsrechte bestehen, weiter zu nutzen, § 172 Abs. 1 Satz 1 InsO. Diese Nutzungsmöglichkeit wird jedoch dadurch kompensiert, dass dem gesicherten Gläubiger Ausgleichsansprüche zustehen, die dem Rang nach Masseverbindlichkeiten sind, § 55 Abs. 1 Ziff. 1 InsO. Diese umfassen zunächst die Ausgleichspflicht für die Wertminderung des Absonderungsgutes im Rahmen der Betriebsfortführung (§§ 172 Abs. 1 Satz 1 InsO, 30e

2.222

---
1 *Bork*, Einführung in das Insolvenzrecht[9], Rz. 211.
2 Vgl. BAG v. 25.10.2007 – 8 AZR 917/06, ZInsO 2008, 572 (573); ArbG Berlin v. 19.7.2018 – 41 Ca 15666/17, ZIP 2019, 291.

Abs. 2 ZVG). Darüber hinaus stehen dem Gläubiger ab dem Berichtstermin die vertraglich geschuldeten Zinsen zu, § 169 Satz 1 InsO bzw. § 30e Abs. 1 ZVG. In Ermangelung einer individuellen Zinsabrede sind dies die nach §§ 288, 247 BGB geltenden Verzugszinsen i.H.v. 8 Prozentpunkten über dem Basiszinssatz.[1]

7. Ausschluss der gesetzlichen Haftungsübernahme bei Betriebserwerb

2.223 Die Übertragung eines Unternehmens aus der Insolvenz wird maßgeblich dadurch erleichtert, dass der Erwerber auch bei Fortführung unter der bisherigen Firma grundsätzlich **nicht für Altverbindlichkeiten** haftet.[2] § 25 Abs. 1 HGB ist nach allgemeiner Ansicht nicht anwendbar. Die Vorschrift bestimmt, dass der Erwerber das Unternehmen im Fall einer Fortführung unter Beibehaltung der bisherigen Firma mit allen Aktiva und Passiva übernimmt. Die bei einer übertragenden Sanierung außerhalb des Insolvenzverfahrens bestehenden Haftungsrisiken werden bei einer Unternehmensveräußerung im Rahmen des Insolvenzverfahrens daher deutlich gemildert.[3] Eine Haftung des Erwerbers widerspräche grundlegenden Prinzipien des Insolvenzrechts. Insbesondere ginge die Befriedigung der Unternehmensgläubiger durch den Erwerber zu Lasten der übrigen Gläubiger, weil der Erwerber die Belastung durch die Altverbindlichkeiten von dem Kaufpreis abzöge und den übrigen Gläubigern infolgedessen nur die um die Altverbindlichkeiten verringerte Masse zur Verfügung stünde.[4] Dass der Erwerber ggf. auch nicht für **bestehende Steuerverbindlichkeiten** haftet, ist explizit in § 75 Abs. 2 AO geregelt.

8. Öffentlich-rechtliche Rahmenbedingungen

2.224 Gehören kontaminierte Grundstücke zur Insolvenzmasse, droht dieser eine Belastung durch die Kosten, die im Rahmen einer Beseitigung der Verunreinigungen entstehen. Die Kosten dieser durch eine behördliche Ersatzvornahme durchgeführten Sanierung, werden als Masseverbindlichkeit behandelt.[5] Daher bedienen sich Insolvenzverwalter regelmäßig des Instrumentes der Freigabe (Rz. 2.143 ff.), um eine Masseschmälerung zu verhindern. Bei einer erfolgreichen Freigabe eines Grundstücks beseitigt der Insolvenzverwalter eine vorher bestehenden Zustandsverantwortlichkeit mit der Folge, dass die Behörde keine Ordnungsverfügungen mehr gegen ihn richten und folglich auch keine Ersatzvornahmekosten als Masseverbindlichkeit geltend machen kann.[6]

---

1 *Voigt-Salus* in Mohrbutter/Ringstmeier, Handbuch der Insolvenzverwaltung[9], § 22 Rz. 121.
2 Vgl. BGH v. 11.4.1988 – II ZR 313/87, ZIP 1988, 727 = NJW 1912 (1913); BAG v. 20.9.2006 – 6 AZR 215/06, ZIP 2007, 386 = BB 2007, 401 (402); BGH v. 23.10.2013 – VIII ZR 423/12, NZG 2014, 511; *Undritz* in Runkel, Anwalts-Handbuch Insolvenzrecht[3], § 15 Rz. 62; *Voigt-Salus* in Mohrbutter/Ringstmeier, Handbuch der Insolvenzverwaltung[9], § 22 Rz. 122.
3 *Picot/Aleth*, Unternehmenskrise und Insolvenz, Rz. 773.
4 *Ebenroth/Boujong/Joost/Strohn*[4], § 25 HGB Rz. 41 ff.; vgl. zum Ganzen ferner BGH v. 19.2.1976 – III ZR 75/74, BGHZ 66, 217 (228); v. 11.4.1988 – II ZR 313/87, ZIP 1988, 727 = BGHZ 104, 151 (153); OLG Düsseldorf v. 21.5.1999 – 22 U 259/98, NZI 2000, 24 (25); VG Regensburg v. 29.4.2014 – RO – 2 V 13.1436, juris; *Henckel* in Jaeger, § 35 InsO Rz. 30.
5 BVerwG v. 10.2.1999 – 11 C 9/97, NJW 1999, 2131 (2131); VG Augsburg v. 2.10.2018 – 8 K 18.633, NZI 2019, 165.
6 *Peters* in MünchKomm/InsO[4], § 35 Rz. 104.

Diese Praxis ist vereinzelt auf Kritik gestoßen,[1] die aber in Anbetracht der Grundsatzentscheidung des BGH[2] zur generellen Zulässigkeit der Freigabe zum Zwecke der bestmöglichen Gläubigerbefriedigung zurückzuweisen ist.

2.225

Die Möglichkeit der Freigabe besteht auch in Fällen, in denen es nicht um kontaminierten Grundbesitz geht, dieser aber wertausschöpfend mit Grundpfandrechten belastet ist. Öffentliche Lasten wie z.B. die **Grundsteuer** schmälern in Ermangelung einer besonderen, etwa im Rahmen einer Verwertungsvereinbarung mit dem Gläubiger geschlossenen Regelung grundsätzlich die Insolvenzmasse. Daher kann der Insolvenzverwalter das Grundstück ggf. freigeben. Dies hat zur Folge, dass künftig fällig werdende Lasten nicht mehr aus der Insolvenzmasse zu bedienen sind.[3]

2.226

9. Insolvenzplanverfahren

a) Grundlagen

In § 1 Satz 1 InsO wird der Insolvenzplan ausdrücklich als Instrumentarium der Unternehmenssanierung aufgeführt. Die Tatsache, dass in einem Insolvenzplan von den Regelungen der InsO abgewichen werden kann (vgl. § 217 InsO) zeigt, dass der Grundsatz der Gläubigerautonomie im gesamten Insolvenzverfahren Beachtung findet, soweit dies einer besseren Gläubigerbefriedigung zuträglich ist. Daher darf der Insolvenzplan auch nicht ausschließlich als Sanierungsinstrument angesehen werden. Je nach Verwertungsart kann man zwischen einem Sanierungsplan, einem Übertragungsplan und einem Liquidationsplan unterscheiden.[4] Der konkrete Inhalt des Insolvenzplans ist gesetzlich nicht geregelt, dies ist Aufgabe der Beteiligten. Der Gesetzgeber hat in den §§ 217 ff. InsO lediglich festgelegt, wie ein Insolvenzplan ausgestaltet sein muss, wie er zustande kommt und umgesetzt wird.

2.227

Gemäß § 219 Satz 1 InsO besteht ein Insolvenzplan aus darstellendem und gestaltendem Teil. Der gestaltende Teil des Plans enthält die Rechtsänderungen, die durch die Bestätigung des Plans konstitutiv verwirklicht werden sollen. Im darstellenden Teil des Plans hingegen wird der status quo beschrieben, das Plankonzept dargelegt und erläutert und anschließend dem Alternativszenario einer regelinsolvenzrechtlichen Abwicklung gegenübergestellt. Außerdem sind dem Plan bestimmte Anlagen beizufügen, vgl. § 219 Satz 2 InsO i.V.m. §§ 229 f. InsO.

2.228

b) Darstellender Teil des Insolvenzplans

Der darstellende Teil des Insolvenzplans dient der Information der Gläubiger und des Gerichts über die Tatsachen, die für eine Zustimmung zum Plan bzw. für dessen gerichtliche Bestätigung erforderlich sind. Nach § 220 Abs. 1 InsO ist insbesondere darzulegen, „welche Maßnahmen nach der Eröffnung des Insolvenzverfahrens getroffen worden sind oder noch getroffen werden sollen, um die Grundlagen für die

2.229

---

[1] OVG Greifswald v. 16.1.1997 – 3 L 94/96, ZIP 1997, 1460 = WM 1998, 1548 (1553).
[2] BGH v. 21.4.2005 – IX ZR 281/03, ZIP 2004, 2024 = NJW 2005, 2015 (2015).
[3] *Häsemeyer*, Insolvenzrecht[4], Rz. 13, 19.
[4] *Bork*, Einführung in das Insolvenzrecht[9], Rz. 367.

geplante Gestaltung der Rechte der Beteiligten zu schaffen". Des Weiteren soll der darstellende Teil „alle sonstigen Angaben zu den Grundlagen und den Auswirkungen des Plans enthalten, die für die Entscheidung der Gläubiger über die Zustimmung zum Plan und für dessen gerichtliche Bestätigung erheblich sind", § 220 Abs. 2 InsO.

2.230 Folglich muss sich der Plan zur Vermögens-, Finanz- und Ertragslage des Schuldners äußern[1] – dies ist zwar nicht ausdrücklich gesetzlich bestimmt, doch ist eine derartige **Bestandsaufnahme** elementare Grundlage einer sinnvollen Entscheidung über den Plan.[2] Entsprechendes gilt für die Art der Verwertung. Aus dem Plan muss ersichtlich sein, auf welche Weise das Vermögen verwertet werden soll, das an die Gläubiger verteilt wird. Soll dazu von den gesetzlichen Regelungen abgewichen werden, so sind deren Auswirkungen auf die Befriedigungsmöglichkeiten der Gläubiger aufzuzeigen und in einer Vergleichsrechnung den Befriedigungsmöglichkeiten der Gläubiger ohne einen Insolvenzplan gegenüber zu stellen.[3] Auch dies ist im Gesetz nicht ausdrücklich vorgesehen, aber zwingende Voraussetzung, da eine Schlechterstellung der Gläubiger eine Umsetzung des Insolvenzplans massiv erschwert.

2.231 Der Plan muss über während des Verfahrens getroffene oder noch zu treffende Maßnahmen informieren. Hierzu gehören Betriebsänderungen und andere organisatorische und personelle Maßnahmen innerhalb des Unternehmens, Sozialplanforderungen und eine für zukünftige Sozialpläne etwa getroffene Vereinbarung sowie Höhe und Bedingungen der Darlehen, die während des Verfahrens aufgenommen wurden oder aufgenommen werden sollen.[4]

2.232 Sofern der Insolvenzplan eine Sanierung des schuldnerischen Unternehmens zum Gegenstand hat, ist das Sanierungskonzept ausführlich darzulegen.[5] Der Plan muss in diesem Fall die Sanierungsfähigkeit des Unternehmens sowie das finanzwirtschaftliche und leistungswirtschaftliche Sanierungskonzept im Einzelnen darlegen und begründen. Soll der Schuldner selbst das sanierte Unternehmen fortführen, ist anzugeben, welche Änderungen der Rechtsform des Schuldners, des Gesellschaftsvertrages, der Satzung und der Beteiligungsverhältnisse vorgenommen wurden oder noch vorgenommen werden sollen.[6]

c) Gestaltender Teil des Insolvenzplans

2.233 Im gestaltenden Teil des Insolvenzplans wird festgelegt, wie die Rechtsstellung der Beteiligten durch den Plan geändert werden soll, § 221 InsO. „Beteiligte" i.S.v. § 221 InsO sind diejenigen, deren Rechte und Pflichten nach § 217 InsO abweichend von

---

1 Vgl. dazu im Einzelnen: *Bähr* in Mohrbutter/Ringstmeier, Handbuch der Insolvenzverwaltung[9], § 14 Rz. 17 ff.
2 *Bork*, Einführung in das Insolvenzrecht[9], Rz. 370.
3 *Bähr* in Mohrbutter/Ringstmeier, Handbuch der Insolvenzverwaltung[9], § 14 Rz. 19 ff.
4 *Haas* in HeidelbergerKomm/InsO[10], § 220 Rz. 3.
5 *Bork*, Einführung in das Insolvenzrecht[9], Rz. 373.
6 *Haas* in HeidelbergerKomm/InsO[10], § 220 Rz. 6.

den Vorschriften der Insolvenzordnung geändert werden können, demnach die Absonderungsberechtigten (§§ 49 bis 51 InsO), die Insolvenzgläubiger (§§ 38, 39, 52 InsO) und der Schuldner (§ 11 InsO). Folglich kann in die Rechtsstellung der Massegläubiger (§§ 53 bis 55 InsO)[1] und der Aussonderungsberechtigten (§§ 47, 48 InsO) durch einen Insolvenzplan nicht eingegriffen werden, es sei denn, sie stimmen einer entsprechenden Regelung zu.[2]

Bei der inhaltlichen Ausgestaltung des Insolvenzplans sind die Beteiligten grundsätzlich frei. Allerdings ist bei der Festlegung der Rechte der Beteiligten, die **Bildung von Gruppen** gesetzlich vorgeschrieben, soweit Gläubiger unterschiedlicher Rechtsstellung betroffen sind, § 222 InsO. Innerhalb der einzelnen Gruppen können, soweit sie sachgerecht voneinander abgegrenzt werden, weitere Untergruppen gebildet werden, in denen Gläubiger mit gleichartigen wirtschaftlichen Interessen zusammengefasst sind, § 222 Abs. 2 InsO.

2.234

Die Bildung von Gruppen hat zur Folge, dass Gleichbehandlungen der Gläubiger nur innerhalb der einzelnen Gruppe erforderlich sind (§ 226 Abs. 1 InsO) und dass die Abstimmung über den Insolvenzplan getrennt nach Gruppen erfolgt (§ 243 InsO). Dies eröffnet Planverfassern einen gewissen Spielraum, durch taktische Gruppenbildung die gem. §§ 244, 245 InsO erforderlichen Mehrheiten für die Zustimmung zu organisieren.

2.235

Ist in dem Insolvenzplan vorgesehen, dass in die **Rechte von Absonderungsberechtigten** eingegriffen wird, ist der Inhalt dieser Regelung im gestaltenden Teil des Insolvenzplans ausdrücklich zu erwähnen, § 223 Abs. 2 InsO. Als Eingriff in die Absonderungsrechte kommt beispielsweise in Betracht, dass die gesicherten Forderungen gekürzt oder gestundet werden oder die Verwertung des Sicherungsguts hinausgeschoben wird. Wird ein Gläubiger durch den Insolvenzplan schlechter gestellt, als er ohne den Plan stünde, kann er das Wirksamwerden des Planes verhindern, § 251 InsO. Daher wird häufig von Eingriffen in Absonderungsrechte abgesehen.

2.236

Hinweis:

Für gewöhnlich ist nur ein Teil der Absonderungsberechtigten derart gesichert, unabhängig vom Ausgang des Verfahrens eine Vollbefriedigung erwarten zu können. Sollte der Wert ihrer Sicherheiten im Falle einer Fortführung des Unternehmens größer sein als bei einer Einzelverwertung, sind diese Absonderungsberechtigten als „potentiell gesicherte Gläubiger" verständlicherweise an einer Fortführung interessiert und deshalb regelmäßig eher gewillt, bei einem Sanierungsplan Zugeständnisse zu gewähren.[3]

---

1 Ausgenommen nach h.M. bei Masseunzulänglichkeit, vgl. *Haas* in HeidelbergerKomm/InsO[10], § 217 Rz. 11; *Eidenmüller* in MünchKomm/InsO[4], § 217 Rz. 74; *Rühle* in Nerlich/Römermann, § 217 InsO Rz. 24 ff.; *Braun* in Gottwald, Insolvenzrechts-Handbuch[5], § 67 Rz. 22.
2 *Eidenmüller* in MünchKomm/InsO[4], § 217 Rz. 159; *Bähr* in Mohrbutter/Ringstmeier, Handbuch der Insolvenzverwaltung[9], § 14 Rz. 54.
3 *Bähr/Landry* in Mohrbutter/Ringstmeier, Handbuch der Insolvenzverwaltung[9], § 14 Rz. 51.

2.237 Der Insolvenzplan wird sich im Allgemeinen hauptsächlich zu den Rechten der nicht nachrangigen Insolvenzgläubiger äußern.[1] Gemäß § 224 InsO ist insbesondere anzugeben, um welchen Bruchteil die betreffenden Forderungen gekürzt oder wie lange sie gestundet werden. Sofern für die gestundete oder eine verbliebene Restforderung Sicherheit geleistet werden soll, kann das Sicherungsgeschäft zum Teil des Insolvenzplans gemacht werden, §§ 228, 254 Abs. 1 Satz 2 InsO. Zudem können mit den nicht nachrangigen Insolvenzgläubigern beispielsweise **Forderungsverzichte mit Besserungsschein**, **Rangrücktritte** oder **Umwandlungen von Fremd- in Eigenkapital (debt-to-equity-swap)** vereinbart werden.[2] Grundsätzlich bleiben die Anteilsrechte und Mitgliedschaftsrechte der am Schuldner beteiligten Personen vom Insolvenzplan unberührt. Anderslautende Bestimmungen sind aber gem. § 225a InsO zulässig.

Sind die Insolvenzgläubiger in Untergruppen zusammengefasst, ist eine unterschiedliche Behandlung dieser Gruppen möglich.

Hinweis:

Die Entscheidung der Finanzbehörden über die Zustimmung oder Ablehnung zu einem Insolvenzplan und einem darin enthaltenen Forderungserlass steht im pflichtgemäßen Ermessen der örtlichen Finanzämter.[3] Eine vor Antragstellung oder nach Eröffnung des Verfahrens von der Finanzbehörde geäußerte Ablehnung in Bezug auf einen möglichen Forderungserlass ist für eine Aufnahme eines Erlasses im gestaltenden Teil eines Insolvenzplans ohne Bedeutung.[4]

2.238 Sofern im Insolvenzplan nichts anderes bestimmt ist, gelten die Forderungen der nachrangigen Gläubiger als erlassen, § 225 Abs. 1 InsO. Diese Vermutung beruht auf dem Gedanken, dass bei einer Erlösverteilung im Regelfall nicht einmal die nicht nachrangigen Insolvenzgläubiger voll befriedigt werden können, mit der Folge, dass die nachrangigen Gläubiger nichts erhalten. Wenn die vollrangigen Gläubiger in einem Insolvenzplan Beschränkungen ihrer Rechte hinnehmen, kann nichts anderes gelten. Daher wird ein Insolvenzplan, der einen Erhalt der Forderungen der nachrangigen Gläubiger vorsieht, voraussichtlich am Widerspruch vollrangiger Gläubiger nach § 251 Abs. 1 Ziff. 2 InsO scheitern.

2.239 Der Schuldner wird mit der im gestaltenden Teil des Insolvenzplans vorgesehenen Befriedigung der Insolvenzgläubiger von seinen restlichen Verbindlichkeiten gegenüber diesen Gläubigern befreit, sofern im Insolvenzplan nichts anderes bestimmt ist (§ 227 Abs. 1 InsO). Andernfalls wäre ein mit dem Insolvenzplan für gewöhnlich bezweckter „fresh start" des Schuldners nicht möglich. Bei Gesellschaften ohne Rechtspersönlichkeit (§ 11 Abs. 2 Ziff. 1 InsO) und Kommanditgesellschaften auf Aktien (§ 278 AktG) kann dies in aller Regel nur gelingen, wenn die Planwirkungen sich auch auf die Haftung der persönlich haftenden Gesellschafter erstrecken, wes-

---

1 *Bork*, Einführung in das Insolvenzrecht[9], Rz. 381; *Bähr* in Mohrbutter/Ringstmeier, Handbuch der Insolvenzverwaltung[9], § 14 Rz. 75.
2 *Thies* in HamburgerKomm/InsO[7], § 224 Rz. 2; *Bähr* in Mohrbutter/Ringstmeier, Handbuch der Insolvenzverwaltung[9], § 14 Rz. 76.
3 *Werth* in Klein, § 251 AO Rz. 33.
4 *Bähr* in Mohrbutter/Ringstmeier, Handbuch der Insolvenzverwaltung[9], § 14 Rz. 144.

halb in § 227 Abs. 2 InsO auch eine Befreiung der persönlich haftenden Gesellschafter von ihrer persönlichen Haftung vorgesehen ist.

d) Ablauf des Insolvenzplanverfahrens

Das Insolvenzplanverfahren beginnt mit der Vorlage eines Insolvenzplans an das Insolvenzgericht. Nur Insolvenzverwalter oder Schuldner sind zur Vorlage eines Insolvenzplans berechtigt. Die in § 218 InsO enthaltene Aufzählung ist abschließend.[1] Die Gläubiger können jedoch den Insolvenzverwalter durch Beschluss der Gläubigerversammlung im Berichtstermin mit der Ausarbeitung eines Insolvenzplans beauftragen, § 157 Abs. 2 InsO. Zudem wirkt der Gläubigerausschuss bei der Aufstellung des Insolvenzplans mit, wenn der Insolvenzverwalter den Plan erstellen will oder damit beauftragt wird.[2] Die Vorlage kann bis zum Schlusstermin (197 InsO) erfolgen, § 218 Abs. 1 Satz 3 InsO.

2.240

Der Plan ist dabei von demjenigen zu formulieren, der ihn vorlegen möchte, also entweder vom Schuldner oder vom Insolvenzverwalter. Wird der Plan durch den Insolvenzverwalter erstellt, wirken neben dem Gläubigerausschuss zudem der Betriebsrat, der Sprecherausschuss der leitenden Angestellten sowie der Schuldner beratend mit, § 218 Abs. 3 InsO.

2.241

Das Insolvenzgericht prüft nach Eingang des Plans, ob es diesen nach § 231 InsO zurückweisen muss. Die Zurückweisung erfolgt durch Beschluss, der mit sofortiger Beschwerde anfechtbar ist, § 231 Abs. 3 InsO. Wird der Plan nicht zurückgewiesen, erfolgt eine Weiterleitung durch das Gericht zur Stellungnahme an den Gläubigerausschuss, den Betriebsrat, den Sprecherausschuss der leitenden Angestellten sowie den Insolvenzverwalter bzw. den Schuldner (soweit der Plan nicht durch letztere eigens vorgelegt wurde), § 232 Abs. 1 InsO.

2.242

Darüber hinaus wird der Plan zur Einsichtnahme in der Geschäftsstelle des Insolvenzgerichts ausgelegt, § 234 InsO.

2.243

Ist der Insolvenzplan mit seinen Anlagen und Stellungnahmen niedergelegt, muss eine Entscheidung über die Annahme oder Ablehnung des Plans herbeigeführt werden. Das Insolvenzgericht bestimmt daher einen **Erörterungs- und Abstimmungstermin** (also eine Gläubigerversammlung), in der Insolvenzplan und Stimmrechte der Gläubiger erörtert werden. Die Erörterung kann umfassende Änderungen des Plans durch den Vorlegenden nach sich ziehen, um die Wahrscheinlichkeit einer Planannahme zu erhöhen (vgl. § 240 InsO). Das Ergebnis der Erörterung und Festsetzung der Stimmrechte wird durch den Urkundsbeamten der Geschäftsstelle des Insolvenzgerichts in einem Verzeichnis, der „Stimmliste", festgehalten, § 239 InsO. In der folgenden Abstimmung über den Plan (noch im selben oder in einem gesonderten Termin, §§ 241, 242 InsO), die jeweils in den im gestaltenden Teil des Plans

2.244

---
1 *Thies* in HamburgerKomm/InsO[7], § 218 Rz. 2.
2 *Bork*, Einführung in das Insolvenzrecht[9], Rz. 387.

festgelegten Gruppen erfolgt. Alle dort aufgeführten Gläubiger, deren Forderungen durch den Plan beeinträchtigt werden, sind stimmberechtigt, §§ 237, 238 InsO.

2.245 Für eine erfolgreiche Annahme des Insolvenzplans ist die Zustimmung aller Gruppen durch Kopf- und Stimmenmehrheit innerhalb jeder einzelnen Gruppe erforderlich, § 244 InsO. Dabei wird die Zustimmung der Mehrheit aller abstimmenden Gläubiger innerhalb einer Gruppe als Kopfmehrheit und die Summe der Forderungen[1] der zustimmenden Gläubiger, sofern sie mehr als die Hälfte der Forderungen aller abstimmenden Gläubiger ausmachen, als Summenmehrheit bezeichnet.[2] Durch das in § 245 InsO normierte **Obstruktionsverbot** soll verhindert werden, dass einzelne Gläubiger einen wirtschaftlich sinnvollen Plan durch ihre Ablehnung scheitern lassen. Sofern das Werterhaltungsprinzip (keine Schlechterstellung durch den Plan) und die par conditio creditorum (Gleichbehandlungsgrundsatz) gewahrt sind, ist es möglich, dass ihre Zustimmung dennoch als erteilt gilt.

2.246 Der Schuldner muss gem. § 247 InsO dem Plan ebenfalls zustimmen. Erfolgt ein Widerspruch nicht spätestens im Abstimmungstermin, gilt die Zustimmung als erteilt, § 247 Abs. 1 InsO. Ein Widerspruch ist jedoch unbeachtlich, wenn der Schuldner durch den Plan nicht schlechter gestellt wird, als er ohne den Plan stünde, und wenn kein Gläubiger durch den Plan eine überbetragsmäßige Befriedigung erhält, § 247 Abs. 2 InsO.

2.247 Nach erfolgter Zustimmung von Gläubigern und Schuldner muss der Plan vom Insolvenzgericht bestätigt werden, § 248 Abs. 1 InsO. Vor seiner Entscheidung soll das Gericht den Insolvenzverwalter, den Gläubigerausschuss, sofern ein solcher bestellt ist, und den Schuldner hören, § 248 Abs. 2 InsO. Wenn keine Gründe nach §§ 249 bis 251 InsO entgegenstehen, muss das Gericht die **Bestätigung** aussprechen.[3] Der Gesetzgeber hat ganz bewusst die Verantwortungshoheit den am Planverfahren Beteiligten überlassen[4] und dem Insolvenzgericht eine bloße Rechtmäßigkeitskontrolle zugewiesen.[5]

2.248 Mit **rechtskräftigem Bestätigungsbeschluss** des Insolvenzgerichts treten die im gestaltenden Teil des Insolvenzplans festgelegten Wirkungen für und gegen alle Beteiligten ein, § 254 Abs. 1 Satz 1 InsO. Diejenigen Gläubiger, deren Forderungen durch den Insolvenzplan beeinträchtigt worden sind, behalten jedoch ihre Haftungsansprüche gegen Dritte in voller Höhe, § 254 Abs. 2 Satz 2 InsO. Der Insolvenzverwalter muss nach rechtskräftigem Bestätigungsbeschluss die unstreitigen Masseansprüche berichtigen und für die streitigen Sicherheit leisten, § 258 Abs. 2 InsO. Das Insolvenzgericht beschließt anschließend die Aufhebung des Verfahrens, § 258

---

1 Gemeint sind die Anspruchsbeträge, vgl. *Haas* in HeidelbergerKomm/InsO[10], § 244 Rz. 4, 5.
2 *Bork*, Einführung in das Insolvenzrecht[9], Rz. 394; *Bähr* in Mohrbutter/Ringstmeier, Handbuch der Insolvenzverwaltung[9], § 14 Rz. 205.
3 *Bähr* in Mohrbutter/Ringstmeier, Handbuch der Insolvenzverwaltung[9], § 14 Rz. 236.
4 BSG v. 21.11.2002 – B 11 AL 35/02 R, ZIP 2003, 445 (447).
5 Vgl. *Jaffé* in FrankfurterKomm/InsO[9], § 248 Rz. 5, 6.

Abs. 1 InsO. Dies hat zur Folge, dass die Ämter des Insolvenzverwalters und der Mitglieder des Gläubigerausschusses erlöschen und der Schuldner das Recht zurückerhält, über die Masse wieder frei zu verfügen, § 259 Abs. 1 InsO.

e) Überwachung der Erfüllung des Plans

Um sicherzustellen, dass der nun wieder verfügungsbefugte Schuldner seinen Verpflichtungen aus dem Plan nachkommt, ist in § 255 InsO eine sog. **Wiederauflebensklausel** vorgesehen. Kommt der Schuldner mit der Befriedigung einer gestundeten oder teilweise erlassenen Forderung erheblich in Rückstand, werden Stundung bzw. Erlass für diesen Gläubiger hinfällig, sofern er den Schuldner schriftlich gemahnt und eine mindestens zweiwöchige Nachfrist gesetzt hat, § 255 Abs. 1 InsO. Sollte ein neues Insolvenzverfahren über das Schuldnervermögen eröffnet werden, bevor der Plan vollständig erfüllt ist, so sind Stundungen und Erlasse für alle Gläubiger hinfällig, § 255 Abs. 2 InsO.

2.249

Unter bestimmten Umständen ist es möglich, dass die Erfüllung des Insolvenzplans überwacht wird, § 260 InsO. Dies kommt beispielsweise in Betracht, wenn ein Unternehmen durch den Schuldner fortgeführt wird und dieser die Gläubiger aus den Erträgen befriedigen soll. Die zur **Überwachung** anfallenden Kosten trägt der Schuldner, § 269 InsO. Ist im Plan nichts anderes bestimmt, ist der Insolvenzverwalter für die Überwachung zuständig, dessen Amt zu diesem Zwecke fortbesteht, § 261 InsO. Dem Insolvenzverwalter werden in dieser Phase allerdings lediglich die Rechte eines vorläufigen Insolvenzverwalters eingeräumt.[1] Seine Befugnisse sehen zunächst eine beobachtende Kontrolle vor – er prüft lediglich, ob der Schuldner den Plan ordnungsgemäß erfüllt. Andernfalls informiert der Insolvenzverwalter umgehend das Insolvenzgericht und den Gläubigerausschuss, damit diese über mögliche Folgen entscheiden können (Wiederaufleben der Forderungen, Aufhebung von Vollstreckungsbeschränkungen, Einleitung eines Folgeinsolvenzverfahrens).

2.250

Für eine erfolgreiche Sanierung ist häufig erforderlich, dass dem Schuldner nach der Bestätigung des Insolvenzplans und der Aufhebung des Insolvenzverfahrens wieder Kredite gewährt werden, mit deren Hilfe die schwierige Zeit nach dem Insolvenzverfahren bewerkstelligt werden kann. Um den Kreditinstituten zumindest eine gewisse Sicherheit zu geben, kann neben der Überwachung des Schuldners ein Kreditrahmen gem. §§ 264 ff. InsO im Insolvenzplan vorgegeben und angeordnet werden, dass die Insolvenzgläubiger für den Fall eines erneuten Insolvenzverfahrens während der Planüberwachungsphase bis zu einem bestimmten Betrag zurückstehen. Der Rangrücktritt erfolgt zugunsten derjenigen, die dem Schuldner während der Überwachung ein Darlehen oder sonstigen Kredit gewähren, § 264 Abs. 1 InsO. Die Privilegierung derartiger Kredite führt allerdings nicht dazu, dass sie in einem späteren Insolvenzverfahren als Masseverbindlichkeiten zu behandeln sind.[2]

2.251

---

1 *Jaffé* in FrankfurterKomm/InsO⁹, § 261 Rz. 6.
2 *Haas* in HeidelbergerKomm/InsO¹⁰, § 264 Rz. 9; *Braun* in Nerlich/Römermann, § 264 InsO Rz. 9; *Drukarczyk* in MünchKomm/InsO⁴, § 264 Rz. 4.

2.252 Die Überwachung ist gem. § 268 InsO aufzuheben, wenn der Plan erfüllt oder seine Erfüllung gewährleistet ist. Er ist ferner aufzuheben, wenn seit der Aufhebung des Insolvenzverfahrens drei Jahre vergangen sind und kein erneuter Antrag auf Eröffnung eines Insolvenzverfahrens vorliegt.

VI. Rechtsstellung des Schuldners

2.253 Mit der Eröffnung des Insolvenzverfahrens verliert der Schuldner zwar die Verwaltungs- und Verfügungsbefugnis hinsichtlich des dem Insolvenzbeschlag unterliegenden Vermögens, er bleibt jedoch weiterhin Eigentümer der Massegegenstände und Rechte.[1] Seine Verfügungen über Massebestandteile sind unwirksam, § 81 InsO. Die Rechtsfolgen des § 80 InsO beziehen sich ausschließlich auf das massezugehörige Vermögen, weshalb der Schuldner über das **insolvenzfreie Vermögen ungehindert verfügen** kann.

2.254 Der Schuldner bleibt **rechts- und geschäftsfähig**.[2] Allerdings erlöschen von ihm erteilte auf Massegegenstände bezogene Vollmachten (§ 117 InsO), sofern nicht das zugrunde liegende Rechtsgeschäft fortbesteht – eine erteilte Prokura oder Handlungsvollmacht erlischt ebenfalls.[3] Ferner bleibt der Schuldner scheck- und wechselfähig.[4] Wechselverpflichtungen nach Eröffnung sind weder Insolvenzforderungen noch Masseverbindlichkeiten – der Schuldner begründet eine Neuschuld und haftet daher nur mit seinem insolvenzfreien Vermögen.[5] Das gilt auch für den Scheck.[6]

2.255 Auch die Prozessfähigkeit des Schuldners wird von der Eröffnung des Verfahrens nicht berührt. Allerdings verliert er für das vom Insolvenzbeschlag betroffene Vermögen die Prozessführungsbefugnis.[7] Für bereits rechtshängige Verfahren gilt § 240 ZPO.

2.256 Rechtshandlungen des Insolvenzverwalters binden die Insolvenzmasse und den Schuldner.[8] Die Bindungswirkung geht über den Zeitpunkt der Beendigung des Verfahrens hinaus, als hätte der Schuldner die Rechtsgeschäfte selbst geschlossen.[9] Auch in Bezug auf die Rechtskraft von Urteilen, die Massegegenstände betreffen, gilt nichts anderes.

2.257 Gemäß § 97 Abs. 1 InsO ist der Schuldner verpflichtet, dem Insolvenzverwalter und dem Insolvenzgericht über alle das Verfahren betreffenden Verhältnisse umfassend

---

1 *Kroth* in Braun[8], § 80 InsO Rz. 11; *Kuleisa* in HamburgerKomm/InsO[7], § 80 Rz. 80.
2 *Vuia* in MünchKomm/InsO[4], § 80 Rz. 11; *Kayser* in HeidelbergerKomm/InsO[10], § 80 Rz. 19.
3 *Kayser* in HeidelbergerKomm/InsO[10], § 80 Rz. 4.
4 *Mock* in Uhlenbruck[15], § 80 InsO Rz. 16; *Hess* in Kölner Kommentar zur InsO, § 80 InsO Rz. 16.
5 *Kuleisa* in HamburgerKomm/InsO[7], § 80 Rz. 82.
6 *Mock* in Uhlenbruck[15], § 80 InsO Rz. 16.
7 *Kayser* in HeidelbergerKomm/InsO[10], § 80 Rz. 23.
8 *Kuleisa* in HamburgerKomm/InsO[7], § 80 Rz. 84.
9 *Kroth* in Braun[8], § 80 InsO Rz. 17.

Auskunft zu erteilen. Dies impliziert insbesondere zu Beginn des Verfahrens eine Pflicht zu jederzeitiger Erreichbarkeit.[1] Gemäß § 97 Abs. 2 InsO hat der Schuldner den Verwalter darüber hinaus bei der Erfüllung von dessen Aufgaben zu unterstützen. Dem Schuldner können danach grundsätzlich alle dem Insolvenzverwalter zweckmäßig erscheinenden **Unterstützungshandlungen** wie etwa die Anfertigung und Überlassung von Übersichten über Geschäftsabläufe, Organigramme, Vermögensverzeichnisse, Herausgabe von Schlüsseln, Angaben zur Systematik elektronischer Speichermedien etc. grundsätzlich entschädigungslos abverlangt werden. Die Arbeitskraft des Schuldners fällt allerdings nicht in die Masse. Dem Schuldner muss daher Gelegenheit verbleiben, einer ordentlichen Erwerbstätigkeit nachzugehen.[2] Ist der Insolvenzverwalter etwa im Rahmen einer Betriebsfortführung auf eine über die bloße Unterstützungstätigkeit hinausgehende Mitwirkung des Schuldners angewiesen, muss er den Schuldner hierzu unter Umständen besonders motivieren. Dies geschieht zumeist durch das Inaussichtstellen von Unterhaltszahlungen aus der Insolvenzmasse gem. § 100 InsO oder eine andere Form der Vergütung.

Begehrt der Schuldner Restschuldbefreiung, trifft ihn gem. § 295 Abs. 1 Ziff. 1 InsO die Obliegenheit, seine Arbeitskraft bestmöglich in den Dienst der Insolvenzmasse zu stellen. Auch dies ist ggf. aber nicht mit den Mitteln des § 98 InsO erzwingbar. Eine Verletzung der Obliegenheit kann ggf. nur zur Versagung der Restschuldbefreiung führen. 2.258

VII. Rechtsstellung der Gläubiger

Literatur *App*, Aufrechnungsbefugnis des Finanzamts nach Eröffnung eines Insolvenzverfahrens, SteuerStud 2001, 68; Gemeinden als Inhaber von Insolvenzforderungen (Insolvenzgläubiger) in einem Insolvenzverfahren – zur Terminologie des Gesetzes, KStZ 2010, 30; *Barnert*, Insolvenzspezifische Pflichten des Insolvenzverwalters gegenüber Aussonderungsberechtigten, KTS 2005, 431; *Bauer*, Ungleichbehandlung der Gläubiger im geltenden Insolvenzrecht, DZWIR 2007, 188; Insolvenzgläubiger als Einnahmequelle des Fiskus und der Sozialversicherungen?, ZInsO 2010, 1917; *Braun*, Aufrechnung mit im Insolvenzplan erlassenen Forderungen, NZI 2009, 409; *Bork/Jacoby*, Auskunftsansprüche des Schuldners und des persönlich haftenden Gesellschafters gegen den Insolvenzverwalter, ZInsO 2002, 398; *de Bruyn*, Der vorläufige Gläubigerausschuss im Insolvenzeröffnungsverfahren, 2015; *Eckardt*, Die Feststellung und Befriedigung des Insolvenzgläubigerrechts, Kölner Schrift zur Insolvenzordnung, 3. Aufl. 2010, 533; *Flöther/Wehner*, Insolvenzplanbedingter Forderungserlass und Aufrechnungsbefugnis, ZInsO 2009, 503; *Ganninger*, Neugläubigerforderungen aus Austauschverträgen des Schuldners in der Insolvenz natürlicher Personen, 2015; *Ganter*, Zweifelsfragen bei der Ersatzaussonderung und Ersatzabsonderung, NZI 2005, 1; Die Verwertung von Gegenständen mit Absonderungsrechten im Lichte der Rechtsprechung des IX. Zivilsenats des BGH, ZInsO 2007, 841; *Gerhardt*, Zur Insolvenzanfechtung eines Vergleichs i.S.d. § 779 BGB, KTS 2004, 195; *Göb/Schnieders/Mönig*, Praxishandbuch Gläubigerausschuss, 2016; *Groh*, Stimmvereinbarungen zwischen Gläubigern in der Insolvenz, 2016; *Gundlach/Frenzel/Schirrmeister*, Nochmals – die sog. zweite Ersatzaussonderung, KTS 2003, 69; *Gundlach/Frenzel/Schmidt*, Die Rechtsstellung des obligatorisch Aussonderungsberechtigten, DZWIR 2001, 95; Die Anwendbarkeit des § 48 InsO auf Veräußerungen durch den Insolvenzschuldner, DZWIR

---

[1] Vgl. *Stephan* in MünchKomm/InsO⁴, § 97 Rz. 33.
[2] Vgl. *Stephan* in MünchKomm/InsO⁴, § 97 Rz. 15.

2001, 441 ff.; Der Umfang der Ersatzaussonderung, InVo 2002, 81; *Gundlach/Schirrmeister*, Die aus- und absonderungsfähigen Gegenstände in der vorläufigen Verwaltung, NZI 2010, 176; *Hoffmann*, Prioritätsgrundsatz und Gläubigergleichbehandlung, 2016; *Holzmann*, Das Regressrisiko des Befreiungsgläubigers, 2016; *Jacobi*, Die Aufrechnungsbefugnis des Rechtsanwalts in der Insolvenz des Mandanten, NZI 2007, 495; *Kahlert*, „Wiedereinführung" des Fiskusvorrechts im Insolvenzverfahren? – Die Fiskusvorrechte sind schon lange da!, ZIP 2010, 1274; *Kayser*, Wirksame und unwirksame Aufrechnungen und Verrechnungen in der Insolvenz (§§ 94 bis 96 InsO), WM 2008, 1477; *Keller*, Zur Zweitschuldnerhaftung der Insolvenzmasse für gerichtliche Kosten einer abgesonderten Befriedigung, EWiR 2009, 483; *Loose*, Aufrechnungsbefugnis gegenüber einer Forderung des Insolvenzschuldners auf Grund einer neuen gewerblichen Tätigkeit, EFG 2007, 330; *Krumwiede/Gräbner*, Insolvenzrechtliches Aufrechnungsverbot – Aktuelle BFH-Rechtsprechung, BB 2019, 1499; *Mitlehner*, Zur Sicherung nachträglich entstandener Zinsansprüche durch das Recht auf abgesonderte Befriedigung, EWiR 2007, 569; *Moll/Müller*, Rechtsstellung der Bundesanstalt für Arbeit – Insolvenzgläubiger oder Massegläubiger im Falle von Insolvenzgeldzahlung nach Bestellung eines vorläufigen Insolvenzverwalters mit Verfügungsbefugnis gem. § 22 I InsO, KTS 2000, 587; *Onusseit*, Aufrechnung mit und gegen Steuerforderungen in der Insolvenz, in Kölner Schrift zur Insolvenzordnung, 3. Aufl. 2009, 1265; *Pape*, Zum Fortbestand von Absonderungsrechten bei einem Wahlrecht des Insolvenzverwalters und zur persönlichen Haftung des Verwalters bei Verletzung von Rechten des Absonderungsberechtigten, WuB VI C § 8 GesO 1.06; *Rendels*, Ist die Aufrechnungsbefugnis kraft einer Konzern-Netting-Abrede insolvenzfest?, ZIP 2003, 1583; *Reszel*, Zur Reichweite der Aufrechnungsbefugnisse des Abtretungsverbotsverwenders, FLF 2005, 277; *Richarz*, Insolvenzrechtliche Einordnung von Ansprüchen des Arbeitnehmers, 2016; *Ries*, Der Wunsch des Absonderungsgläubigers nach Eigenverwertung, ZInsO 2007, 62; *Sämisch*, Fiskalische Begehrlichkeiten: Insolvenzforderung oder Masseverbindlichkeit?, ZInsO 2010, 934; *Schnurr*, Einkommensteuer infolge abgesonderter Befriedigung – Zur Berücksichtigung und Durchsetzbarkeit des staatlichen Vermögensanspruchs, FS für Braun, 2007, 309; *Schur*, Zur Aufrechnungsbefugnis gemäß InsO § 94 bei rechtskräftigem Insolvenzplan, EWiR 2009, 119; *Scherer*, Zulässigkeit einer „zweiten Ersatzaussonderung"?, KTS 2002, 197; *Sengl*, Der vollstreckbare Tabellenauszug über eine Forderung aus vorsätzlicher unerlaubter Handlung als vollstreckbarer Schuldtitel nach § 184 II InsO, NZI 2009, 31; *Siegmann*, Zur Einbeziehung von Zinsen und Kosten in die abgesonderte Befriedigung im Rahmen der Insolvenz, WuB VI A § 39 InsO 1.09; *Schoppe*, Nachhaftung für Deliktforderungen im Anschluss an das Restschuldbefreiungsverfahren, ZVI 2004, 377; *Steinberg*, Insolvenzforderung oder Masseverbindlichkeit: die insolvenzrechtliche Einordnung von Steuern, Hamburg 2012; *Theewen*, Rechtsstellung der Insolvenzgläubiger, Berlin 2010; *Undritz*, Betriebsfortführung im Eröffnungsverfahren – Die Quadratur des Kreises?, NZI 2007, 65; *Ureta*, Kassenärztliche Vereinigung – Aufrechnungsbefugnis von Altschulden einer Einzelpraxis gegen Abschlagszahlungen einer neu betriebenen Gemeinschaftspraxis, GesR 2006, 508; *Vallender*, Auswirkungen des Schuldrechtsmodernisierungsgesetzes auf die Anmeldung von Forderungen im Insolvenzverfahren, ZInsO 2002, 110; *Viertelhausen*, Das Finanzamt als Gläubiger im Insolvenzverfahren, InVo 2002, 45; *Wagner*, Zur Aufrechnungsbefugnis des Schuldners gegenüber dem Zessionar bei Kenntnis der Vorausabtretung, WuB IV A § 406 BGB 1.01; *Wagner*, Zur Frage der Auslegung einer steuerlich motivierten Sicherungsabtretung von Ansprüchen aus kapitalbildenden Lebensversicherungen, WuB I F 4 Sicherungsabtretung 1.08; *Wazlawik*, Aufrechnungsbefugnis und Wirksamkeit der Zession nach Erfüllungswahl des Insolvenzverwalters, DB 2002, 2587; *Zuleger*, Verrechnung von Zahlungseingängen bei offener Kreditlinie, ZInsO 2002, 49.

1. Insolvenzgläubiger

Im Insolvenzverfahren sind verschiedene Gläubigergruppen zu unterscheiden. Die gesetzliche Formulierung „Gläubiger" meint dabei grundsätzlich die einfachen Insolvenzgläubiger.[1]

2.259

Das Gläubigerrecht des § 38 InsO ist dadurch gekennzeichnet, dass der Schuldner mit seinem gesamten Vermögen (bzw. Sondervermögen, § 333 InsO) für die Verbindlichkeiten einzustehen verpflichtet ist.[2] Insolvenzgläubiger sind jene Gläubiger, die bei der Eröffnung des Insolvenzverfahrens einen Vermögensanspruch gegen den Schuldner haben, § 38 InsO. Dabei muss es sich um persönliche, also nicht um dingliche Gläubiger handeln. Dabei ist zu beachten, dass ihre Forderungen Vermögensansprüche sein müssen, also Ansprüche, die auf Zahlung einer Geldsumme gerichtet sind oder in einen derartigen Zahlungsanspruch umgewandelt werden können, § 45 InsO. Der Gläubiger ist also selbst dafür verantwortlich, seine Forderung mit einem bestimmten Geldbetrag zu beziffern, um am Verfahren teilnehmen zu können.[3] Ferner müssen diese Vermögensansprüche bereits bei Eröffnung des Verfahrens begründet sein, also der Rechtsgrund ihrer Entstehung bei der Verfahrenseröffnung bereits gelegt sein.[4] Bereits entstandene, aber nicht fällige Forderungen gelten als fällig, § 41 InsO. Auflösend bedingte Forderungen werden behandelt wie unbedingte Forderungen, sofern die Bedingung nicht bereits eingetreten ist, § 42 InsO. Für aufschiebend bedingte Forderungen gilt Entsprechendes. Dies ist damit zu begründen, dass das bei Verfahrenseröffnung vorhandene Vermögen nur zur Befriedigung der Ansprüche derjenigen Gläubiger dienen soll, deren Ansprüche zu diesem Zeitpunkt wenigstens angelegt waren.[5] Die Eröffnung des Verfahrens bewirkt also eine Zäsur dergestalt, dass das Schuldnervermögen für die zu diesem Zeitpunkt berechtigten Gläubiger verwertet werden soll. Dies erfolgt durch anteilige (quotale) Befriedigung der Insolvenzgläubiger aus der Insolvenzmasse. Innerhalb der Insolvenzforderungen gibt es, im Gegensatz zu der Vorschrift des § 61 Abs. 1 Ziff. 1–6 KO, keine Vorrechte mehr. Die Forderungen aller Insolvenzgläubiger stehen im gleichen Rang und das Verhältnis untereinander ist von den jeweils angemeldeten Beträgen abhängig.

2.260

Insolvenzgläubiger können ihre Forderungen nur nach den Vorschriften der Insolvenzordnung verfolgen, § 87 InsO. Dies bedeutet vor allem, dass sie zur Insolvenztabelle **angemeldet** werden müssen. Die Anmeldung von Insolvenzforderungen ist in den §§ 174 ff. InsO geregelt. Die Anmeldung der Forderung ist Voraussetzung für die Teilnahme am Verfahren.[6] Die Anmeldung hat den Betrag und den Grund der Forderung zu enthalten.[7] Dabei sind Zinsforderungen auf die Hauptforderung gesondert auszuweisen mit Angabe des Verzinsungsbeginns und des Zinssatzes. Der zugrunde liegende Lebenssachverhalt ist dabei als Forderungsgrund anzugeben, eine

2.261

---

1 *Bork*, Einführung in das Insolvenzrecht[9], Rz. 81.
2 *Runkel* in Runkel, Anwalts-Handbuch Insolvenzrecht[3], § 6 Rz. 278.
3 *Runkel* in Runkel, Anwalts-Handbuch Insolvenzrecht[3], § 6 Rz. 278.
4 OLG Frankfurt v. 16.9.2004 – 3 U 205/03, ZIP 2005, 409 = NZI 2004, 667 (667).
5 *Bork*, Einführung in das Insolvenzrecht[9], Rz. 81.
6 *Runkel* in Runkel, Anwalts-Handbuch Insolvenzrecht[3], § 6 Rz. 282.
7 *Runkel* in Runkel, Anwalts-Handbuch Insolvenzrecht[3], § 6 Rz. 285.

lediglich rechtliche Würdigung genügt nicht. Förderlich ist die Beifügung von Beweisen, die die Forderung bestätigen, um einem Bestreiten des Anspruchs durch den Verwalter entgegenzuwirken (Rz. 3.246 f.).

2.262 Die Eintragung der angemeldeten Forderungen in die Insolvenztabelle obliegt gem. § 175 Satz 1 InsO dem Insolvenzverwalter. Dieser muss die Tabelle innerhalb der Frist des § 175 Satz 2 InsO bei der Geschäftsstelle des Insolvenzgerichts zur Einsicht der Beteiligten niederlegen (Rz. 3.269 ff.).

2. Nachrangige Insolvenzgläubiger

2.263 Neben den einfachen Insolvenzgläubigern im Rang von § 38 InsO gibt es noch die Gruppe der nachrangigen Insolvenzgläubiger, deren Ansprüche bei der Verteilung erst zuletzt zum Zuge kommen (§ 39 InsO). Befriedigung erhalten diese Gläubiger nur in dem seltenen Fall, dass nach Abzug der Verfahrenskosten und Befriedigung sämtlicher nicht nachrangiger Gläubiger noch ein Überschuss verbleibt. Dieser Gruppe zugehörig sind u.a. Gläubiger, deren Ansprüche auf Geldstrafen etc. (§ 39 Abs. 1 Ziff. 3 InsO), auf unentgeltliche Zuwendungen (§ 39 Abs. 1 Ziff. 4 InsO) und vor allem auf Rückzahlung von Gesellschafterdarlehen (§ 39 Abs. 1 Ziff. 5 InsO) gerichtet sind. Nachrangige Insolvenzforderungen sind insbesondere auch Zwangsgelder gem. § 328 AO (Rz. 3.240 f.).

3. Massegläubiger

2.264 Gemäß § 55 Abs. 1 Ziff. 1 InsO sind Masseverbindlichkeiten insbesondere solche Verbindlichkeiten, die durch Handlungen des Insolvenzverwalters oder in anderer Weise aus der Verwaltung, Verwertung und Verteilung der Insolvenzmasse begründet werden, ohne zu den Kosten gem. § 54 InsO zu gehören. Auch der Steuergläubiger kann Massegläubiger sein. Der Masseschuldcharakter einer Forderung setzt grundsätzlich voraus, dass es sich um eine Verbindlichkeit handelt, die nach Eröffnung des Insolvenzverfahrens begründet worden ist. Ob ein Gläubiger ein nach § 38 InsO zu behandelnder Insolvenzgläubiger oder ein nach § 53 InsO zu befriedigender Massegläubiger ist, bestimmt sich danach, ob sein vermögensrechtlicher Anspruch zum Zeitpunkt der Eröffnung begründet war. Ein vor Eröffnung begründeter Anspruch ist grundsätzlich Insolvenzforderung, während eine nach diesem Zeitpunkt begründete Forderung als Masseverbindlichkeit berücksichtigt wird.[1] Zur Verwirklichung der Voraussetzungen nach § 55 Abs. 1 Ziff. 1 Alt. 1 InsO muss eine Handlung des Insolvenzverwalters vorliegen, die er in seiner Eigenschaft als Insolvenzverwalter vorgenommen hat.[2] Unerheblich ist, ob es sich um rechtsgeschäftliche Handlungen oder Realakte handelt. Entscheidend kommt es darauf an, dass der Bezug zur Insolvenzmasse klar und eindeutig hervortritt. Zweifel gehen zu Lasten des Gläubigers, der sich auf die Einstandspflicht der Insolvenzmasse beruft.

---

[1] *Bernsau/Wimmer-Amend* in FrankfurterKomm/InsO[9], § 96 Rz. 22.
[2] *Smid*[2], § 55 InsO Rz. 1; *Jarchow* in HamburgerKomm/InsO[7], § 55 Rz. 4; *Hess* in Kölner Kommentar zur InsO, § 55 InsO Rz. 12.

Häufig entstehen Masseverbindlichkeiten durch Handlung des Insolvenzverwalters durch Verträge über die Veräußerung von Massegegenständen. Durch einen Kaufvertrag, den der Insolvenzverwalter über einen Massegegenstand schließt, erwirbt der Käufer einen gegen die Insolvenzmasse gerichteten Eigentumsverschaffungsanspruch. Auch Dienstverträge, die der Insolvenzverwalter mit Wirkung für und gegen die Masse mit Hilfskräften wie beispielsweise Steuerberatern, Verwertungsgesellschaften oder besonderen Sachverständigen schließt, führen zur Entstehung von Masseverbindlichkeiten. Kauft der Insolvenzverwalter im Rahmen einer Betriebsfortführung Waren und ggf. Dienstleistungen ein, erwerben die Lieferanten und Dienstleister ebenfalls unmittelbar Ansprüche gegen die Insolvenzmasse.

2.265

Auch kann der Insolvenzverwalter Dauerschuldverhältnisse begründen, beispielsweise Gegenstände anmieten oder Arbeitsverträge abschließen.

2.266

Masseverbindlichkeiten entstehen gem. § 55 Abs. 1 Ziff. 2 InsO auch aus bei Verfahrenseröffnung bereits bestehenden gegenseitigen Verträgen, wenn der Insolvenzverwalter deren Erfüllung wählt (§ 103 ff. InsO) oder die Erfüllung aus anderen Gründen auch nach Eröffnung des Insolvenzverfahrens erfolgen muss. Letzteres ist vor allem während des Kündigungsauslaufes bei Dauerschuldverhältnissen der Fall, die nicht automatisch mit Verfahrenseröffnung enden oder dem Wahlrecht des § 103 InsO unterfallen. Dies gilt vor allem gem. § 113 InsO während des Dreimonatszeitraums für Dienstverhältnisse, bei denen der Schuldner der Dienstberechtigte ist und gem. § 109 InsO für Miet- und Pachtverhältnisse, bei denen der Schuldner der Mieter oder Pächter ist. Selbst wenn der Insolvenzverwalter solche Dauerschuldverhältnisse unmittelbar nach Verfahrenseröffnung kündigt und die vertragliche Leistung nicht in Anspruch nimmt, bleibt der Entgeltanspruch des Vertragspartners Masseverbindlichkeit. Verbindlichkeiten aus Verträgen, die unter § 103 InsO fallen, sind nur dann und erst ab dem Zeitpunkt Masseverbindlichkeiten, wenn der Insolvenzverwalter die Erfüllung wählt.

2.267

Gemäß § 55 Abs. 1 Ziff. 3 InsO sind Masseverbindlichkeiten auch solche Verbindlichkeiten, die aus einer ungerechtfertigten Bereicherung der Insolvenzmasse resultieren. Es muss sich um Ansprüche i.S.v. §§ 812 ff. BGB handeln, die nach Eröffnung des Insolvenzverfahrens entstanden sind. Dies bedeutet, dass die Masse erst nach der Eröffnung des Insolvenzverfahrens bereichert worden sein darf.[1] Eine teleologische Extension auf Bereicherungsansprüche, die in der Zeit der vorläufigen Insolvenzverwaltung bereits entstanden sind, ist nicht geboten und verbietet sich.[2]

2.268

Steuerforderungen nehmen grundsätzlich dann den Rang einer Masseforderung ein, wenn sie durch Handlungen des Insolvenzverwalters zur Entstehung gebracht worden sind. Sofern sie im Zusammenhang mit zivilrechtlichen Ansprüchen der Insol-

2.269

---

1 BGH v. 24.6.2003 – IX ZR 228/02, ZIP 2003, 1554 = NZI 2003, 537 (539); v. 7.5.2009 – IX ZR 61/08, NZI 2009, 475; v. 29.1.2015 – IX ZR 258/12, NZG 2015, 521; v. 21.2.2019 – IX ZR 246/17, NZI 2019, 374; v. 24.1.2019 – IX ZR 110/17, BB 2019, 712.
2 *Henckel* in Jaeger, § 55 InsO Rz. 79; a.A. *Smid*², § 55 InsO Rz. 37; OLG Stuttgart v. 13.2.1981 – 2 U 132/80, ZIP 1981, 252 (253).

venzmasse stehen, teilen sie grundsätzlich die insolvenzrechtliche Forderungsqualität der zivilrechtlichen Forderung. Im Einzelnen ergeben sich hier jedoch diffizile Abgrenzungsfragen, die im Zusammenhang mit den Einzelsteuern behandelt werden (ausführlich zur Abgrenzung bei der Einkommensteuer Rz. 4.169 ff.; zur Körperschaftsteuer Rz. 4.287 ff.; zur Umsatzsteuer Rz. 4.327 ff.; zur Gewerbesteuer Rz. 4.548 ff.; zur Grundsteuer Rz. 4.640 ff.; zur Grunderwerbsteuer Rz. 4.624 ff.).

2.270 Ein **vorläufiger Insolvenzverwalter** begründet dann Masseverbindlichkeiten, wenn dem Schuldner ein allgemeines **Verfügungsverbot** auferlegt worden und die Verfügungsbefugnis gem. § 22 InsO auf den vorläufigen Insolvenzverwalter übergegangen ist oder aber soweit der schwache vorläufige Insolvenzverwalter durch **Einzelermächtigung** des Insolvenzgerichtes punktuell zur Begründung von Masseverbindlichkeiten ermächtigt worden ist, § 55 Abs. 2 InsO. Die vorstehenden Ausführungen bezüglich der Handlungen des Insolvenzverwalters gelten für den (partiell) mit Verfügungsbefugnis ausgestatteten vorläufigen Insolvenzverwalter entsprechend.

Seit Neueinführung von § 55 Abs. 4 InsO gelten Verbindlichkeiten des Insolvenzverwalters aus dem Steuerschuldverhältnis, die mit Zustimmung eines vorläufigen Insolvenzverwalters mit Zustimmungsvorbehalt (schwacher vorläufiger Insolvenzverwalter) begründet worden sind, nach Eröffnung des Insolvenzverfahrens als Masseverbindlichkeiten. Die Vorschrift ist im Einzelnen hoch problematisch. Siehe dazu im Einzelnen Rz. 4.340.

Im Schutzschirmverfahren nach § 270b InsO begründet der Insolvenzschuldner Masseverbindlichkeiten, wenn das Gericht dies auf seinen Antrag hin anordnet (§ 270b Abs. 3 Satz 1 InsO). Adressat der Ermächtigung ist der Schuldner selbst und nicht etwa der vorläufige Sachwalter.[1] Ist Eigenverwaltung beantragt, ohne dass ein Antrag nach § 270b InsO vorliegt, so ist die Einzelermächtigung, Masseverbindlichkeiten zu begründen, ebenfalls zugunsten des Schuldners zu erteilen.[2] In diesem Fall kann das Gericht die Begründung der Masseverbindlichkeit unter den Vorbehalt der Zustimmung des vorläufigen Sachwalters nach § 275 Abs. 1 Satz 1 InsO stellen.[3]

2.271 Abgesehen davon können Masseverbindlichkeiten noch im Rahmen von Sozialplänen (vgl. § 123 InsO) oder im Zusammenhang mit Unterhaltsgewährungen an den Schuldner (vgl. § 100 InsO) begründet werden. In **Nachlassinsolvenzverfahren** erweitert § 324 InsO mit Rücksicht auf dortige Besonderheiten den Kreis der Masseverbindlichkeiten.

2.272 Die gesetzlichen Regelungen der Masseverbindlichkeiten haben abschließenden Charakter.

2.273 Massegläubiger werden bei der Verteilung des Erlöses vor den Insolvenzgläubigern befriedigt, § 53 InsO. Vorrangig zu den Masseverbindlichkeiten sind nur die Verfah-

---

[1] AG Köln v. 26.3.2012 – 73 IN 125/12; OLG Karlsruhe v. 14.6.2016 – 8 U 44/15, NZI 2016, 685; BGH v. 24.3.2016 – IX ZR 157/14, NJW-RR 2016, 690.
[2] AG Köln v. 26.3.2012 – 73 IN 125/12; OLG Karlsruhe v. 14.6.2016 – 8 U 44/15, NZI 2016, 685; BGH v. 24.3.2016 – IX ZR 157/14, NJW-RR 2016, 690.
[3] Vergleiche AG Köln v. 26.3.2012 – 73 IN 125/12.

renskosten i.S.d. § 54 InsO. Der Insolvenzverwalter ist im Insolvenzverfahren grundsätzlich verpflichtet, alle Masseverbindlichkeiten zu bedienen. Massegläubiger sind im Gegensatz zu den Insolvenzgläubigern grundsätzlich nicht den Beschränkungen des Insolvenzverfahrens (§§ 87 ff. InsO) unterworfen, wenn sie ihre Forderungen geltend machen und durchsetzen wollen.[1] Ist der Anspruch nach den allgemeinen Vorschriften fällig, ist der Insolvenzverwalter zur Befriedigung aus der Masse verpflichtet. Massegläubiger können mit ihrer Forderung gegen Ansprüche des Insolvenzverwalters aufrechnen und auch die Zwangsvollstreckung in die Insolvenzmasse betreiben. Für Masseverbindlichkeiten, die nicht durch eine Rechtshandlung des Insolvenzverwalters begründet wurden (sog. „oktroyierte Masseverbindlichkeiten"), gilt dies wegen § 90 InsO jedoch nicht innerhalb der ersten sechs Monate des Verfahrens.

4. Massearmut und Masseunzulänglichkeit

Können nicht einmal die Massekosten, also die Gerichtskosten sowie Vergütung und Auslagen des Insolvenzverwalters und der Mitglieder des Gläubigerausschusses (§ 54 InsO) aus der Masse beglichen werden, so spricht man von **Massearmut** (Rz. 3.215 ff.). Das Insolvenzverfahren ist in solchen Fällen nach § 207 Abs. 1 InsO mangels Masse einzustellen, es sei denn, die weiteren Kosten werden vorgeschossen oder gestundet.[2] Die Pflicht des Insolvenzverwalters beschränkt sich dann darauf, mit den vorhandenen Barmitteln die Verfahrenskosten zu bezahlen.[3] Von den Gerichtskosten und den Vergütungen des Insolvenzverwalters und der Mitglieder des Gläubigerausschusses sind zunächst die Auslagen zu begleichen und danach – im Verhältnis ihrer übrigen Beträge quotal – die übrigen Kosten. Vorhandene Masse braucht der Insolvenzverwalter nicht mehr zu verwerten, § 207 Abs. 3 Satz 2 InsO. Da die Vergütung des Insolvenzverwalters nicht gesichert ist, kann ihm nicht zugemutet werden, die Verwertung weiter fortzusetzen.[4] Allerdings ist dem Insolvenzverwalter die Vornahme weiterer Verwertungshandlungen nicht verboten, sofern sich dadurch die zu verteilenden Barmittel vergrößern lassen.[5]

2.274

Genügt die Masse zwar zur Befriedigung der Massekosten, aber nicht für die sonstigen Masseverbindlichkeiten, spricht man von **Masseunzulänglichkeit**. Reicht die Masse nicht zur Befriedigung sämtlicher Masseverbindlichkeiten, hat der Verwalter dies dem Gericht zur Vermeidung einer persönlichen Haftung (vgl. § 61 InsO) unverzüglich anzuzeigen (§ 208 Abs. 1 Satz 1 InsO). Nach § 208 Abs. 1 Satz 2 InsO ist eine entsprechende Anzeige auch bei lediglich drohender Masseunzulänglichkeit möglich. Das Gericht hat die Anzeige der Masseunzulänglichkeit ggf. unverzüglich öffentlich bekannt zu machen und den Massegläubigern besonders mitzuteilen, vgl. § 208 Abs. 2 InsO. Die Anzeige der Masseunzulänglichkeit bewirkt, dass zwischen Massegläubigern, die ihre Ansprüche bereits erworben haben („Altmassegläubiger")

2.275

---

1 *Jarchow* in HamburgerKomm/InsO⁷, § 55 Rz. 25 ff.
2 *Bork*, Einführung in das neue Insolvenzrecht, Rz. 326.
3 *Kießner* in FrankfurterKomm/InsO⁹, § 207 Rz. 32.
4 BT-Drucks. 12/2443, 218.
5 *Kießner* in FrankfurterKomm/InsO⁹, § 207 Rz. 35.

und jenen, die ihre Ansprüche nach Anzeige der Masseunzulänglichkeit erwerben, sog. „Neumassegläubigern", differenziert wird.[1] Letztere sind vorab zu befriedigen, erstere demgegenüber nur quotal und gleichmäßig aus dem unzulänglichen Rest. Das Verhältnis von Alt- und Neumassegläubigern entspricht damit grundsätzlich jenem von Insolvenzgläubigern zu Massegläubigern vor Anzeige der Masseunzulänglichkeit.

2.276 Nach der Anzeige der Masseunzulänglichkeit bleibt der Insolvenzverwalter verpflichtet, die Masse zu verwalten und zu verwerten, um das vorhandene Vermögen wenigstens an die Massegläubiger verteilen zu können. In diesem Verfahrensabschnitt ist die gleichmäßige Befriedigung der Massegläubiger von großer Bedeutung. Daher ordnet § 210 InsO ein Vollstreckungsverbot für Altmassegläubiger an, um die Verschaffung etwaiger Sondervorteile zu verhindern.[2] Auch kommt eine Verurteilung des Insolvenzverwalters zur vollständigen Befriedigung eines Massegläubigers nicht mehr in Betracht – lediglich Feststellungsklagen sind zulässig.[3] Die Auswirkungen der Masseunzulänglichkeit auf die Steuerfestsetzung und die Vollstreckung wegen einer Steuerforderung wird unten ausführlich dargestellt (Rz. 3.215 ff.).

2.277 Aufrechnungen können nur erfolgen, wenn die Aufrechnungslage bereits vor Anzeige der Masseunzulänglichkeit entstanden war.[4] Das Verfahren kann erst eingestellt werden, wenn die Masse nach Maßgabe des § 209 InsO verteilt ist, § 211 InsO.

2.278 Bei der Verteilung der Masse sieht § 209 Abs. 1 InsO eine Rangordnung für Massegläubiger vor. Die Vorschrift unterscheidet drei Rangklassen, mit der Folge, dass die Masse zuerst auf die erste Rangklasse verteilt werden muss und weitere Rangklassen nur berücksichtigt werden können, wenn die in der vorrangigen Klasse platzierten Forderungen vollständig befriedigt worden sind. Kann eine Rangklasse nicht vollständig befriedigt werden, so findet innerhalb dieser Klasse eine quotale Befriedigung statt. Die Verfahrenskosten nach § 54 InsO bilden nach § 209 Abs. 1 Ziff. 1 InsO den ersten Rang. Die Ansprüche der Neumassegläubiger, die erst nach Anzeige der Masseunzulänglichkeit begründet worden sind, stehen im zweiten Rang, § 209 Abs. 1 Ziff. 2 InsO. Zuletzt werden im dritten Rang alle übrigen Masseverbindlichkeiten befriedigt, § 209 Abs. 1 Ziff. 3 InsO. Unter diesen gibt es keine weitere Rangabstufung, mit der Ausnahme, dass die Unterhaltsansprüche des Schuldners an letzter Stelle rangieren, § 209 Abs. 1 Ziff. 3 Halbs. 2 InsO.

---

1 Vgl. OLG Rostock v. 29.12.2004 – 3 U 164/04, ZIP 2005, 360 (360 f.).
2 Vgl. BGH v. 21.9.2006 – IX ZB 11/04, ZIP 2006, 1999 (1999, 2000); v. 2.5.2019 – IX ZB 67/18, NZI 2019, 505; BFH v. 29.3.2016 – VII E 10/15, NZI 2016, 655.
3 BGH v. 13.4.2006 – IX ZR 22/05, ZIP 2006, 1004 = BGHZ 167, 178 (182); vgl. auch BGH v. 14.12.2017 – IX ZR 118/17, NZI 2018, 154; v. 24.1.2019 – IX ZR 110/17, NJW 2019, 1940.
4 BGH v. 18.5.1995 – IX ZR 189/94, ZIP 1995, 1204 = BGHZ 130, 38 (44 ff.); s. dazu auch beim BFH anhängiges Verfahren BFH – VII R 31/18; BFH v. 28.11.2017 – VII R 1/16, Z-InsO 2017, 2274; FG Nürnberg v. 18.7.2018 – 2 K 1311/16, LSK 2018, 20094.

5. Aussonderung

a) Grundlagen

Mit der Aussonderung (§ 47 InsO) wird geltend gemacht, dass ein bestimmter Gegenstand nicht zur Insolvenzmasse gehört.[1] Aus der Sicht des Insolvenzverwalters wird mit der Aussonderung die sog. „Ist-Masse" zur sog. „Soll-Masse" bereinigt. Dabei werden alle Vermögensgegenstände, die der Insolvenzverwalter beim Schuldner vorfindet, als „Ist-Masse" bezeichnet, die verbleibende Insolvenzmasse i.S.v. § 35 InsO einschließlich der mit Absonderungsrechten belasteten Gegenstände als „Soll-Masse".[2]

2.279

Zunächst wird in § 47 InsO klargestellt, dass der Aussonderungsberechtigte seine Rechte gegenüber dem Insolvenzverwalter ungeachtet des Insolvenzverfahrens geltend machen kann. Aufgrund seiner materiellen Rechtsposition kann der Aussonderungsberechtigte Herausgabe bzw. Feststellung seines Rechts begehren oder sich gegen ein Herausgabeverlangen des Insolvenzverwalters verteidigen. Er muss darlegen, dass der betroffene Gegenstand nicht zum haftenden Schuldnervermögen gehört.[3] Zum anderen bestimmt § 47 Satz 1 InsO, dass der Aussonderungsberechtigte mit seinen Ansprüchen nicht Insolvenzgläubiger ist. Dies bedeutet, dass Aussonderungsberechtigte nicht wie Insolvenzgläubiger bei der Geltendmachung ihrer Rechte an die Beschränkungen des Insolvenzverfahrens gebunden sind. Damit kommt den Aussonderungsberechtigten die stärkste Stellung unter allen in der Insolvenzordnung genannten Gläubigern zu.

2.280

Hinweis:

Der Aussonderungsberechtigte kann seine Ansprüche gegenüber dem Insolvenzverwalter in gleicher Weise entsprechend den Vorschriften des BGB und der ZPO geltend machen, als sei der Schuldner nicht insolvent geworden.

Aussonderungsfähig i.S.v. § 47 InsO sind alle Gegenstände, also bewegliche und unbewegliche Sachen, dingliche und persönliche Rechte und Forderungen aller Art.[4] Allerdings muss das Aussonderungsobjekt individuell bestimmt oder bestimmbar sein.[5] Das ist bei vertretbaren Sachen nur dann der Fall, wenn sich diese unterscheidbar in der Masse befinden.[6] Liegt Unterscheidbarkeit wegen Vermischung oder Vermengung mit den schuldnerischen Gegenständen nicht vor, folgt die Abwicklung nach § 84 InsO. Der an sich Aussonderungsberechtigte hat ggf. nur ein Recht auf abgesonderte Befriedigung aus dem Verwertungserlös. Wesentliche Bestandteile (§§ 93, 94 BGB) werden zusammen mit der Sache ausgesondert.[7]

2.281

---

1 *Scholz* in HamburgerKomm/InsO[7], § 47 Rz. 1.
2 *Scholz* in HamburgerKomm/InsO[7], § 47 Rz. 1.
3 *Bork*, Einführung in das neue Insolvenzrecht, Rz. 282; *Scholz* in HamburgerKomm/InsO[7], § 47 Rz. 2.
4 Vgl. *Ganter* in MünchKomm/InsO[4], § 47 Rz. 16 ff.; *Scholz* in HamburgerKomm/InsO[7], § 47 Rz. 4.
5 BGH v. 8.3.1972 – VIII ZR 40/71, BGHZ 58, 257 (258).
6 *Imberger* in FrankfurterKomm/InsO[9], § 47 Rz. 7.
7 *Scholz* in HamburgerKomm/InsO[7], § 47 Rz. 6.

2.282 Der Aussonderungsberechtigte hat ohne Zustimmung des Insolvenzverwalters kein Recht, die Geschäftsräume des Gemeinschuldners zu betreten, um dort das Aussonderungsobjekt zu besichtigen, herauszusuchen oder mitzunehmen.[1] Betritt der Aussonderungsberechtigte ohne Zustimmung des Insolvenzverwalters zum Zwecke der Inbesitznahme des Aussonderungsgutes die schuldnerischen Räumlichkeiten, begeht er verbotene Eigenmacht, woran auch vorab vereinbarte Wegnahme- und Rücknahmeklauseln nichts ändern,[2] da diese in der Insolvenz wirkungslos sind.[3]

2.283 Erfolgt keine Geltendmachung von Aussonderungsrechten an Gegenständen, trifft den Verwalter keine Verpflichtung von sich aus die Fremdrechte zu ermitteln und die Aussonderungsberechtigten zu kontaktieren.[4] Sind allerdings Aussonderungsansprüche konkretisiert durch Unterlagen oder nähere Angaben erhoben, muss der Insolvenzverwalter das Vorliegen der Fremdrechte überprüfen, ob, in welchem Umfang und unter welchen Voraussetzungen die Aussonderung zu erfolgen hat.[5]

b) Eigentum

2.284 Zur Aussonderung berechtigt insbesondere das einem Dritten zustehende Eigentum an beweglichen und unbeweglichen Sachen, die der Verwalter beim Schuldner bei seiner Bestellung vorfindet. Die Durchsetzung des dem Eigentümer zustehenden Herausgabeanspruchs ist der Grundfall der Aussonderung. Die Gegenstände, die im Eigentum eines Dritten stehen, gehören nicht zum insolvenzbefangenen Vermögen des Schuldners und zählen daher nicht zur Insolvenzmasse. Ein Aussonderungsrecht besteht für den Eigentümer, wenn ihm zugleich auch ein fälliger, einwendungsfreier Anspruch auf Herausgabe z.B. nach § 985 BGB in Bezug auf den auszusondernden Gegenstand zukommt.[6]

2.285 Kein Aussonderungs-, sondern lediglich ein Absonderungsrecht gewährt das Sicherungseigentum, § 51 Ziff. 1 InsO.

2.286 Der **Eigentumsvorbehalt** hingegen berechtigt den Eigentumsvorbehaltsverkäufer zur Aussonderung.[7] Allerdings steht dem Insolvenzverwalter in der Insolvenz des Käufers das Wahlrecht des § 103 Abs. 2 InsO zu. Wählt dieser die Erfüllung, tritt mit seiner Leistung (§ 55 Abs. 1 Ziff. 2 InsO) die vertraglich vereinbarte Bedingung für den Eigentumsübergang ein; das auf den Schuldner übergehende Eigentum fällt mithin an die Masse.[8] Wählt der Insolvenzverwalter die Nichterfüllung, ist der Verkäufer aussonderungsberechtigt. Verlängerungs- und Erweiterungsformen des einfachen

---
1 OLG Köln v. 2.4.1987 – 12 U 169/86, ZIP 1987, 653 = NJW-RR 1987, 1012 (1013).
2 *Bäuerle* in Braun[8], § 47 InsO Rz. 8.
3 *Bäuerle* in Braun[8], § 47 InsO Rz. 8.
4 *Haarmeyer/Wutzke/Förster*, Handbuch zur InsO[4], Kap. 5, Rz. 396.
5 OLG Jena v. 27.10.2004 – 2 U 414/04, ZInsO 2005, 45 (47); FG Nürnberg v. 6.12.2018 – 4 K 268/17, LSK 2018, 43163.
6 *Brinkmann* in Uhlenbruck[15], § 47 InsO Rz. 9.
7 *Ganter* in MünchKomm/InsO[4], § 47 Rz. 62; *Brinkmann* in Uhlenbruck[15], § 47 InsO Rz. 19; *Imberger* in FrankfurterKomm/InsO[9], § 47 Rz. 19.
8 *Lohmann* in HeidelbergerKomm/InsO[10], § 47 Rz. 11.

Eigentumsvorbehalts berechtigen als Sicherungsvereinbarungen nur zur abgesonderten Befriedigung.[1] Das Aussonderungsrecht beim einfachen Eigentumsvorbehalt dient der Sicherung des Warenkreditgebers.[2] Überträgt dieser den Eigentumsvorbehalt an einen Geldkreditgeber, um dessen Darlehensforderung zu sichern, entspricht diese Sicherungsfunktion derjenigen einer Sicherungsübereignung. Der Geldkreditgeber erwirbt in diesen Fällen daher nur ein Absonderungsrecht an der Ware.[3]

c) Sonstige dingliche Aussonderungsrechte

Bestimmte dingliche Rechte gewähren ebenfalls Aussonderungsansprüche, z.B. das Erbbaurecht, der Nießbrauch, die Grunddienstbarkeit, beschränkt persönliche Dienstbarkeiten, dingliche Wohnrechte, das dingliche Vorkaufsrecht sowie das dingliche Wiederkaufsrecht.[4] Allerdings werden nur die dinglichen Rechte selbst ausgesondert, nicht die belasteten Sachen oder Rechte.[5] Die Geltendmachung des beschränkt dinglichen Rechts entspricht wirtschaftlich der Aussonderung der belasteten Sache, wenn das Recht auch ein Besitzrecht an der Sache verschafft (z.B. beim Erbbaurecht oder Nießbrauch an Sachen).[6] Daher führt das Pfandrecht, soweit seinetwegen Befriedigung aus einem zur Masse gehörenden Gegenstand gesucht wird, lediglich zu einem Recht auf abgesonderte Befriedigung aus dem pfandbelasteten Gegenstand gem. §§ 49 ff. InsO.

2.287

d) Pensionsrückstellungen/Lebensversicherungen

Vom insolventen Arbeitgeber zur Abdeckung von Pensionszusagen gebildete Bilanzrückstellungen begründen zugunsten der insoweit bedachten Arbeitnehmer keine Aussonderungsansprüche, da es sich hierbei um rechtlich unselbständige Bilanzposten handelt.[7]

2.288

Allerdings werden zur Erfüllung von Versorgungszusagen zugunsten der Arbeitnehmer häufig Versicherungsverträge abgeschlossen. Diese können – je nach Ausgestaltung der Widerruflichkeit des Bezugsrechts – Aus- oder Absonderungsrechte begründen. Bei widerruflichen Bezugsrechten (§ 159 VVG n.F.) hat der Versorgungszusageempfänger kein Aussonderungsrecht, wobei insoweit ausschließlich die Rege-

2.289

---

1 BGH v. 17.3.2011 – IX ZR 63/10, ZIP 2011, 773 = NZI 2011, 366; *Bork*, Einführung in das Insolvenzrecht[9], Rz. 283; *Scholz* in HamburgerKomm/InsO[7], § 47 Rz. 12; *Lohmann* in HeidelbergerKomm/InsO[10], § 47 Rz. 12; vgl. auch BGH v. 11.1.2018 – IX ZR 295/16, NZI 2018, 396; v. 24.1.2019 – IX ZR 110/17, NZI 2019, 274; v. 8.5.2014 – IX ZR 128/12, NJW 2014, 2358.
2 *Scholz* in HamburgerKomm/InsO[7], § 47 Rz. 17.
3 BGH v. 27.3.2008 – IX ZR 220/05, ZIP 2008, 842 = ZInsO 2008, 445 (445); a.A. OLG München v. 18.11.2014 – 5 U 1454/14, NJOZ 2015, 1443.
4 *Henckel* in Jaeger, § 47 InsO Rz. 110 ff.; *Ganter* in MünchKomm/InsO[4], § 47 Rz. 328 ff.; *Scholz* in HamburgerKomm/InsO[7], § 47 Rz. 8; vgl. auch BGH v. 12.10.2017 – IX ZR 288/14, NZI 2018, 22.
5 *Brinkmann* in Uhlenbruck[15], § 47 InsO Rz. 55.
6 *Scholz* in HamburgerKomm/InsO[7], § 47 Rz. 8.
7 *Gottwald* in Gottwald, Insolvenzrechts-Handbuch[5], § 40 Rz. 54 ff.

lungen des Versicherungsvertragsverhältnisses ausschlaggebend sind[1] und ein etwa im Arbeitsvertrag vereinbarter Ausschluss des Widerrufs bedeutungslos ist.[2] Dies gilt auch für den Fall, dass die Prämien aus einer Gehaltsumwandlung aufgebracht worden sind,[3] wenn insoweit nicht ausnahmsweise ein Treuhandverhältnis zwischen Arbeitgeber und Arbeitnehmer konstruiert werden kann.[4] Ferner ist unerheblich, ob die Versorgungsanwartschaft nach § 1 Abs. 2 BetrAVG bereits unverfallbar geworden ist.[5] Der Insolvenzverwalter kann vielmehr das Bezugsrecht gegenüber dem Versicherer widerrufen, die Versicherung kündigen bzw. nach § 103 InsO Nichterfüllung des Vertrages wählen und den Rückkaufswert zur Insolvenzmasse ziehen.[6] Ist das Bezugsrecht dagegen unwiderruflich, kann der Arbeitnehmer Aussonderung der Versicherung verlangen.[7]

e) Ersatzaussonderung

2.290 Wurde ein Gegenstand, dessen Aussonderung hätte verlangt werden können, vor Verfahrenseröffnung vom Schuldner oder nach Eröffnung durch den Verwalter unberechtigt veräußert, setzt sich das Aussonderungsrecht nach § 48 InsO an der Gegenleistung (bzw. bei Nichterbringung der Gegenleistung an dem auf die Gegenleistung gerichteten Anspruch) fort.[8] Dafür ist allerdings notwendige Voraussetzung, dass die Gegenleistung noch unterscheidbar in der Masse vorhanden ist.[9] Andernfalls ist das Aussonderungsrecht erloschen[10] und es kommen lediglich Bereicherungs- und Schadensersatzansprüche in Betracht.[11]

2.291 Veräußert der Insolvenzverwalter wiederum die der Ersatzaussonderung unterliegenden Gegenstände (die Gegenleistung), so ist § 48 InsO auf diesen Vorgang erneut anwendbar.[12]

---

1 BGH v. 4.3.1993 – IX ZR 169/92, ZIP 1993, 600 (601).
2 *Breutigam* in BerlinerKomm/InsO, § 47 Rz. 58.
3 BGH v. 18.7.2002 – IX ZR 264/01, ZIP 2002, 1696 = NZI 2002, 604 (604); BAG v. 21.3.2017 – 3 AZR 718/15, NZI 2017, 660; *Smid*[2], § 47 InsO Rz. 34.
4 OLG Karlsruhe v. 18.1.2007 – 12 U 185/06, ZIP 2007, 286 = NZI 2008, 188 (190); BAG v. 21.3.2017 – 3 AZR 718/15, NZI 2017, 660.
5 *Andres* in Nerlich/Römermann, § 47 InsO Rz. 43; *Gottwald* in Gottwald, Insolvenzrechts-Handbuch[5], § 40 Rz. 58.
6 LAG München v. 22.7.1987 – 4 Sa 60/87, ZIP 1988, 1070 (1071); *Ganter* in MünchKomm/InsO[4], § 47 Rz. 316.
7 BAG v. 26.9.1990 – 3 AZR 641/88, NJW 1991, 717 (717); BGH v. 22.1.2014 – IV ZR 127/12, juris; OLG München v. 22.6.2016 – 25 U 2210/16, juris; BGH v. 22.1.2014 – IV ZR 201/13, r+s 2014, 188.
8 *Bork*, Einführung in das Insolvenzrecht[9], Rz. 289.
9 *Scholz* in HamburgerKomm/InsO[7], § 48 Rz. 24.
10 *Bork*, Einführung in das Insolvenzrecht[9], Rz. 289.
11 Vgl. OLG Hamm v. 18.4.2000 – 27 U 125/99, NZI 2000, 477 (478, 479).
12 *Henckel*, JuS 1985, 836 (841); *Gundlach*, KTS 1997, 453 (456).

6. Abgesonderte Befriedigung

a) Grundlagen

Der Gesetzgeber differenziert innerhalb der Gruppe der zur Absonderung berechtigten Gläubiger danach, ob sich das Befriedigungsrecht auf unbewegliche Gegenstände bezieht, die der Immobiliarzwangsvollstreckung nach den §§ 864, 865 ZPO unterliegen (§ 49 InsO), oder ob es sich um Pfandrechte (§ 50 InsO) oder ihnen gleichgestellte Rechte an beweglichem Vermögen (§ 51 InsO) handelt, wobei nach dem Gesetz sowohl bewegliche Sachen als auch Forderungen umfasst sind. Das Absonderungsrecht muss grundsätzlich bereits zum Zeitpunkt der Verfahrenseröffnung bestehen, § 91 Abs. 1 InsO.[1]

2.292

Auch dem Steuergläubiger können Absonderungsrechte zustehen. Das ist insbesondere dann der Fall, wenn schuldnerische Gegenstände im Rahmen der Vollstreckung gepfändet worden sind (§ 281 AO), wenn Sicherungshypotheken an dem Schuldner gehörenden Grundstücken eingetragen worden sind (§ 322 Abs. 1 AO) oder bei der Sachhaftung (§ 76 AO), s. zur Sachhaftung und zur evtl. Anfechtbarkeit ausführlich Rz. 4.664 ff. Für die Rechtstellung des absonderungsberechtigten Steuergläubigers ergeben sich gegenüber dem privatrechtlichen Absonderungsberechtigten keine Besonderheiten, weil sich die Geltendmachung und die Ausübung der sich aus dem Absonderungsrecht ergebenden Rechte ausschließlich nach der Insolvenzordnung und nicht nach abgabenrechtlichen Vorschriften richten und diese keine Sonderregelungen für den Fiskus enthält.

2.293

Dem Gläubiger, der ein Sicherungsrecht an einem zum Vermögen des Schuldners gehörenden Gegenstand hat, gebührt grundsätzlich nicht die Sache selbst, sondern nur der in ihr verkörperte Wert bis zur Höhe der gesicherten Forderung.[2] Daher steht dem auf diese Weise gesicherten Gläubiger auch kein Aussonderungsrecht bezogen auf das Sicherungsgut in der Insolvenz des Schuldners zu – das Sicherungsgut gehört als solches zur Masse.[3] Der Absonderungsberechtigte kann lediglich verlangen, dass er vor allen anderen Gläubigern zur Befriedigung aus dem Sicherungsgut berechtigt ist, dass also der Verwertungserlös vorrangig zur Tilgung der besicherten Forderung verwendet wird.[4] Erzielt der Verwalter bei der Verwertung nach Abdeckung der Absonderungsrechte einen Überschuss, fließt dieser in die Masse[5] und steht zur Befriedigung der Insolvenzgläubiger zur Verfügung.

2.294

Die Absonderungsberechtigten sind am Verfahren beteiligt, unabhängig davon ob sie selbst (§ 173 InsO) oder der Insolvenzverwalter (§§ 165, 166 InsO) zur Verwertung befugt sind. Sie sind berechtigt, an Gläubigerversammlungen teilzunehmen (§ 74

2.295

---

1 Zur Entstehung nach Eröffnung vgl. *Drees/J. Schmidt* in Runkel, Anwalts-Handbuch Insolvenzrecht[3], § 7 Rz. 140a f.
2 *Bork*, Einführung in das Insolvenzrecht[9], Rz. 293.
3 BGH v. 29.3.2007 – IX ZR 27/06, ZIP 2007, 1126 = NZI 2007, 394 (394).
4 *Imberger* in FrankfurterKomm/InsO[9], vor §§ 49 bis 52 ff., Rz. 1; *Bork*, Einführung in das Insolvenzrecht[9], Rz. 293.
5 *Lohmann* in HeidelbergerKomm/InsO[10], § 49 Rz. 14.

Abs. 1 Satz 2 InsO). Die absonderungsberechtigten Gläubiger sind in der Gläubigerversammlung stimmberechtigt (§ 76 Abs. 2 InsO), und zwar unter Umständen auch dann, wenn das Absonderungsrecht bestritten ist (§ 77 Abs. 3 Ziff. 2 i.V.m. Abs. 2 InsO).[1] Nach § 76 Abs. 2 Halbs. 2 InsO tritt bei absonderungsberechtigten Gläubigern, denen der Schuldner nicht persönlich haftet, der Wert des Absonderungsrechts an die Stelle des Forderungsbetrags. Dieser Wert entspricht dem Betrag, der dem Gläubiger aus der Verwertung voraussichtlich zufließen wird. Gemäß § 67 Abs. 2 InsO sollen Absonderungsberechtigte im Gläubigerausschuss vertreten sein. Sie können ferner über die Annahme und Bestätigung eines Insolvenzplans abstimmen, allerdings nur, wenn durch den Plan in ihre Rechte eingriffen wird. In diesem Fall bilden sie eine eigene Abstimmungsgruppe, vgl. § 222 Abs. 1 Satz 2 Ziff. 1 InsO. Als Absonderungsberechtigte sind sie jedoch lediglich mit dem gesicherten Teil ihrer Forderung stimmberechtigt.[2]

b) Abgesonderte Befriedigung aus beweglichen Gegenständen

2.296 Gläubiger, denen an einem beweglichen Gegenstand der Insolvenzmasse ein Pfandrecht oder vergleichbare Sicherungsrechte zustehen, sind nach Maßgabe der §§ 166 bis 173 ff. InsO zur abgesonderten Befriedigung aus dem Pfandgegenstand berechtigt, vgl. §§ 50 f. InsO. Das Recht der abgesonderten Befriedigung dient dem Schutz der Kreditsicherungsmittel in der Insolvenz.

2.297 „Prototyp"[3] aller Absonderungsrechte ist das **Pfandrecht an beweglichen Vermögensgegenständen** gem. § 50 InsO, unabhängig davon, ob es sich dabei um ein rechtsgeschäftlich bestelltes, ein gesetzliches Pfandrecht oder ein Pfändungspfandrecht handelt.[4] In § 51 InsO werden andere Sicherungsmittel den Pfandrechten gleichgestellt. Den für die Praxis bedeutsamsten Fall stellt dabei die Sicherungsübereignung oder Sicherungsabtretung dar, § 51 Ziff. 1 InsO. Hier wird der Sicherungsnehmer zwar formal-rechtlich Eigentümer, das Recht, die Sache zu verwenden und auf selbige einzuwirken bleibt jedoch beim Sicherungsgeber. Die Rechtsstellung des Sicherungseigentümers entspricht insoweit derjenigen von Inhabern besitzloser Pfandrechte (Vermieter, Verpächter). Letztere haben in der Insolvenz ihres Vertragspartners ebenfalls ein Recht auf abgesonderte Befriedigung an den eingebrachten Gegenständen des Schuldners.

2.298 Abgesehen von Pfandrechten und Sicherungseigentum können auch bestimmte Zurückbehaltungsrechte zur Absonderung berechtigen. Besteht aufgrund werterhöhender Verwendungen oder nach den Vorschriften des HGB ein Zurückbehaltungsrecht, so ist die Befriedigung aus dem Gegenstand nach materiellem Recht möglich (vgl. §§ 1003 BGB, 371 HGB) und berechtigt folglich auch in der Insolvenz zur abgesonderten Befriedigung, § 51 Ziff. 2, 3 InsO. Dies gilt allerdings nur für bewegliche Sa-

---

1 *Ganter* in MünchKomm/InsO[4], vor §§ 49–52, Rz. 150.
2 *Ganter* in MünchKomm/InsO[4], vor §§ 49–52, Rz. 150.
3 *Gottwald* in Gottwald, Insolvenzrechts-Handbuch[5], § 42 Rz. 1.
4 *Bork*, Einführung in das Insolvenzrecht[9], Rz. 295.

chen.[1] Kein Absonderungsrecht gewährt das Zurückbehaltungsrecht des § 273 BGB, da es nicht zur Befriedigung berechtigt.[2]

Das Verfahren der **Verwertung drittrechtsbelasteter beweglicher Sachen** einschließlich der Erlösverteilung ist in den §§ 167 ff. InsO im Einzelnen geregelt. Die Vorschriften sorgen einerseits für einen angemessenen Interessenausgleich mit dem absonderungsberechtigten Gläubiger, indem diesem die Möglichkeit eingeräumt wird, selbst einen Kaufinteressenten zu bezeichnen oder indem der Zeitraum, in dem sich die Verwertung über den Berichtstermin hinaus verzögert, aus der Masse zu verzinsen ist. Andererseits sehen die §§ 170, 171 InsO vor, dass der Feststellungs- und Verwertungsaufwand des Insolvenzverwalters der Masse pauschal mit 4 % bzw. 5 % des Veräußerungserlöses vergütet wird. Die Verwertung von Absonderungsgut durch den Verwalter erleichtert damit nicht nur Betriebsfortführungen und Sanierungen, sondern stellt gerade in massearmen Verfahren oftmals ein probates Mittel zur Massegenerierung dar. 2.299

Das Verwertungsrecht des Verwalters in Bezug auf bewegliche Sachen setzt gem. § 166 Abs. 1 InsO voraus, dass sich der fragliche Gegenstand im **Besitz des Schuldners** befand. Bei juristischen Personen, Handelsgesellschaften und Gesellschaften bürgerlichen Rechts ist die Sachherrschaft des Geschäftsführers bzw. des geschäftsführenden Gesellschafters entscheidend.[3] Es genügt auch mittelbarer Besitz des Insolvenzverwalters oder des Schuldners, es sei denn, dass der Absonderungsberechtigte selbst unmittelbarer Besitzer ist.[4] Entscheidend ist grundsätzlich der Besitz des Verwalters bei Insolvenzeröffnung.[5] 2.300

Im Regelfall verwertet der Insolvenzverwalter durch **freihändigen Verkauf**. Das Verfahren ist in § 168 InsO geregelt. Danach hat der Insolvenzverwalter dem Absonderungsgläubiger auf dessen Verlangen Auskunft über den Zustand der Sache zu erteilen. Darüber hinaus muss er eine konkrete **Veräußerungsabsicht** vor der Veräußerung anzeigen. Er hat dem Gläubiger Gelegenheit zu geben, binnen einer Woche auf eine andere für den Gläubiger günstigere Möglichkeit der Verwertung des Gegenstandes hinzuweisen. Erfolgt ein entsprechender Hinweis, hat der Verwalter die vom Gläubiger genannte Verwertungsmöglichkeit wahrzunehmen oder den Gläubiger so zu stellen, als sei entsprechend der aufgezeigten Möglichkeit verwertet worden. Bei gepfändeten Sachen muss vor der Verwertung das Pfandsiegel durch den Gerichtsvollzieher entfernt werden.[6] Die Veräußerung führt zum lastenfreien Erwerb des Käufers. Die Rechte der Absonderungsberechtigten setzen sich am Erlös fort.[7] 2.301

---

1 BGH v. 23.5.2003 – V ZR 279/02, ZIP 2003, 1406 = ZInsO 2003, 767 (768).
2 BGH v. 7.3.2002 – IX ZR 457/99, BGHZ 150, 138 = ZIP 2002, 858 (144 ff.); v. 16.5.2019 – IX ZR 44/18, ZfBR 2019, 566.
3 *Scholz* in HamburgerKomm/InsO[7], § 166 Rz. 6.
4 BGH v. 16.2.2006 – IX ZR 26/05, ZIP 2006, 814 = ZInsO 2006, 433 (436); v. 16.11.2006 – IX ZR 135/05, ZIP 2006, 2390 = ZInsO 2006, 1320 (1320); v. 11.1.2018 – IX ZR 295/16, NZI 2018, 396.
5 *Scholz* in HamburgerKomm/InsO[7], § 166 Rz. 6.
6 Vgl. *Brinkmann* in Uhlenbruck[15], § 166 InsO Rz. 22.
7 *Scholz* in HamburgerKomm/InsO[7], § 166 Rz. 8.

2.302 Dem Gläubiger steht gegenüber dem Insolvenzverwalter ein Anspruch auf Auskunft über den Zustand des Absonderungsgutes zu, § 167 InsO. Der Insolvenzverwalter kann die Unterrichtungspflicht jedoch zu seiner Entlastung auf eine Besichtigung der Gegenstände, § 167 Abs. 1 Satz 1 InsO, und eine Einsichtnahme in die Geschäftsbücher, § 167 Abs. 2 Satz 2 InsO, beschränken. Auch hier ist die Auskunftsverpflichtung des Insolvenzverwalters an die Grenze des Zumutbaren gebunden.

2.303 Der Zeitpunkt der Verwertung wird vom Insolvenzverwalter bestimmt. Er muss den Gläubiger über die geplante Art der Verwertung benachrichtigen, § 168 InsO. Diese Mitteilung muss konkrete Angaben über den Zeitpunkt der Verwertung, die Höhe des erwarteten Erlöses und die Zahlungsbedingungen enthalten, damit der Zweck der Mitteilung gewahrt ist, dem Gläubiger die Möglichkeit zu geben, alternative Verwertungsmöglichkeiten mit der des Insolvenzverwalters wirtschaftlich zu vergleichen. Dabei hat er dem Gläubiger die Gelegenheit zu geben, ihn binnen einer Woche auf eine wirtschaftlich günstigere Verwertungsmöglichkeit hinzuweisen. Dabei ist eine Verwertungsmöglichkeit als günstiger anzusehen, wenn Kosten gespart oder ein höherer Erlös erzielt werden kann. Der Insolvenzverwalter muss jedoch die vom Gläubiger aufgezeigte Verwertungsmöglichkeit nicht wahrnehmen. Ist diese allerdings günstiger als die von ihm gewählte, hat er den Gläubiger so zu stellen, als hätte er dessen Hinweis befolgt, § 168 Abs. 2 InsO. Dabei trägt der Gläubiger die Beweislast für die günstigere Verwertungsmöglichkeit.[1]

2.304 Als eine günstigere Verwertungsmöglichkeit kann auch eine **Übernahme des Absonderungsguts** durch den Gläubiger gem. § 168 Abs. 3 InsO in Betracht kommen. Ein Anspruch darauf besteht freilich nicht, stellt die Übernahme doch nur eine besondere Verwertungsmöglichkeit i.S.d. § 168 Abs. 1 InsO dar. Der Gläubiger wird diese Möglichkeit vor allem dann in Erwägung ziehen, wenn er den Gegenstand im unmittelbaren Besitz hat oder ihn zu einem höheren Preis veräußern kann.[2] Dabei ist eine Verrechnung des Anspruchs des Gläubigers auf Erlösauskehr mit dem an die Masse zu zahlenden Preis möglich.

2.305 Die Gegenstände und Forderungen, an denen Absonderungsrechte bestehen, verursachen Kosten für die Feststellung der Sicherungsrechte, für die Erhaltung und die Verwahrung des Sicherungsgutes sowie für die Verwertung. Bedeutsam ist dies vor allem bei den besitzlosen Mobiliarsicherheiten. Bereits die Klärung, mit welchen Sicherungsrechten die Gegenstände belastet sind, hat regelmäßig nicht zu unterschätzende Bearbeitungskosten zur Folge. Die Verwertungskosten hingegen fallen nur dann an, wenn der Verwalter auch tatsächlich selbst verwertet. Daher wird in § 171 InsO zwischen Feststellungs- und Verwertungskosten einschließlich der Umsatzsteuer unterschieden. Nach der Verwertung werden die Kostenbeiträge vorweg aus dem Verwertungserlös für die Masse entnommen. Die Feststellungskosten betragen grundsätzlich 4 % des Bruttoverwertungserlöses, unabhängig von der tatsächlichen Höhe. Für die Verwertungskosten gilt entsprechendes, wobei sie mit 5 % des Verwertungserlöses zu berechnen sind. Bei einer erheblichen Abweichung der Pauschale

---
1 *Dithmar* in Braun[8], § 168 InsO Rz. 11; *Scholz* in HamburgerKomm/InsO[7], § 168 Rz. 12.
2 *Obermüller*, WM 1994, 1869 (1874).

von der tatsächlichen Höhe der Kosten, sind diese in Ansatz zu bringen, § 171 Abs. 2 Satz 2 InsO.

Der Insolvenzverwalter darf die Verwertung nicht unnötig herauszögern. Der Gläubiger hat gem. § 169 InsO einen Ausgleichsanspruch für den Zinsnachteil, der aufgrund der nicht vorgenommenen Verwertung entstanden ist, beginnend ab dem Berichtstermin. Auf diese Weise soll verhindert werden, dass dem Gläubiger durch eine Verzögerung der Verwertung aufgrund einer Betriebsfortführung oder Gesamtveräußerung ein Schaden entsteht. Der Zinsanspruch ist Masseverbindlichkeit und richtet sich, sofern nicht ein anderes vereinbart ist, nach §§ 288, 247 oder § 352 BGB. 2.306

Fehlt es am Besitz des Verwalters, steht das Verwertungsrecht dem Absonderungsberechtigten zu. Dies betrifft etwa Fälle, in denen der Schuldner die Sache vorinsolvenzlich verpfändet hat. Die Verwertungsart richtet sich dabei nach den gesetzlichen Regelungen, die für das jeweilige Absonderungsrecht maßgeblich sind oder nach Vereinbarungen mit dem Schuldner. Verletzt der Absonderungsberechtigte die Verwertungsvorschriften, steht dem Insolvenzverwalter ein Schadensersatzanspruch gegen den Absonderungsberechtigten zu, sofern er einen höheren Erlös im Falle ordnungsgemäßer Verwertung nachweisen kann. 2.307

Um die Verwertung durch den Absonderungsberechtigten zu beschleunigen, sieht § 173 Abs. 2 InsO vor, dass der Insolvenzverwalter den Gläubiger zur Verwertung zwingen kann. Verstreicht die gesetzte Frist fruchtlos, steht dem Verwalter das Verwertungsrecht zu. Zwar kann der Gläubiger dann die Verwertung selbst betreiben, jedoch bleibt er dem Insolvenzverwalter zur Herausgabe verpflichtet. 2.308

c) Öffentlich-rechtliche Absonderungsrechte der Zoll- und Finanzbehörden

Soweit zoll- und steuerpflichtige Waren nach gesetzlichen Vorschriften dem Bund, Ländern und Gemeinden oder Gemeindeverbänden als Sicherheit für bestimmte mit diesen in Zusammenhang stehende öffentliche Abgaben dienen, besteht hieran gem. § 51 Ziff. 4 InsO zugunsten des Abgabengläubigers ein Absonderungsrecht an den Gegenständen.[1] Praktische Bedeutung hat in dem Zusammenhang vor allem § 76 AO. Danach dienen verbrauchsteuer- und zollpflichtige Waren als Sicherheit für die mit ihnen verbundenen Abgabenlasten. Diese Sachhaftung verschafft dem Fiskus ein dem Pfandrecht vergleichbares dingliches Recht, das den öffentlich-rechtlichen Steueranspruch sichern soll. Anders als nach früherem Recht ist für die Wirksamkeit des Absonderungsrechtes nicht mehr erforderlich, dass sich die Sache in der Verfügungsgewalt der Finanzbehörden befindet. 2.309

Verbrauchsteuerpflichtige Erzeugnisse haften entsprechend der §§ 76 Abs. 2, 327 AO 1977 bereits ab Herstellung, zollpflichtige Waren ab Überschreitung der Zollgrenze für die auf ihnen lastende Steuer- oder Zollschuld.[2] Dieses Absonderungs- 2.310

---

1 *Brinkmann* in Uhlenbruck[15], § 51 InsO Rz. 57; *Bähr/Smid*, InVo 2000, 401 (402).
2 *Bähr/Smid*, InVo 2000, 401 (401).

recht geht dabei allen anderen vor.[1] Die Sachhaftung gem. § 76 Abs. 1 AO entsteht ohne Rücksicht auf mögliche Rechte Dritter an der verbrauchsteuerpflichtigen Ware.[2] Dabei steht die Rückschlagsperre des § 88 InsO der Entstehung der Sachhaftung nicht entgegen, da die gesetzliche Wirkung des § 76 Abs. 2 AO an einen rein tatsächlichen Vorgang anknüpft und einer Maßnahme der Zwangsvollstreckung nicht gleichsteht.[3] Zur Sachhaftung und Anfechtbarkeit von Pfandrechten s. Rz. 4.664 ff.

2.311 Wird der auf eine Steuerforderung geschuldete Betrag nach §§ 241, 242 AO hinterlegt, erwirbt die Finanzbehörde ein Pfandrecht an der Forderung auf Rückerstattung des hinterlegten Betrages.[4] Die wegen Steuerhinterziehung eingezogenen Sachen (§ 375 Abs. 2 AO) unterliegen nicht der Absonderung, sondern können sogar ausgesondert werden.[5]

d) Abgesonderte Befriedigung aus Forderungen und Rechten

2.312 Gemäß § 166 Abs. 2 InsO unterliegen auch sicherungszedierte Forderungen dem Verwertungsrecht des Insolvenzverwalters. Dabei kommt es nicht darauf an, dass die Abtretung zuvor offengelegt wurde.[6] Zugleich wird das Einziehungsrecht und daher auch die Prozessführungsbefugnis des Absonderungsberechtigten ausgeschlossen.[7] Mit Verfahrenseröffnung kann der Drittschuldner lediglich an den Insolvenzverwalter befreiend leisten.[8]

2.313 Die Verwertung erfolgt durch Verkauf oder Einzug der Forderung. Erkennt der Verwalter Einwendungen oder Einreden des Drittschuldners an, ist dies auch für den Absonderungsberechtigten bindend.[9] Werden sicherungsweise abgetretene Forderungen nach Eröffnung des Insolvenzverfahrens vom Absonderungsberechtigten eingezogen, so ist dieser verpflichtet, den Feststellungskostenbeitrag gem. §§ 170, 171 InsO an den Insolvenzverwalter abzuführen.[10]

2.314 Liegt die Verwertungsbefugnis hinsichtlich der sicherungsabgetretenen Forderungen nach § 166 Abs. 2 InsO beim Insolvenzverwalter, so kann es nach § 13c UStG zu

---

1 *Brinkmann* in Uhlenbruck[15], § 51 InsO Rz. 57.
2 BGH v. 9.7.2009 – IX ZR 86/08, ZIP 2009, 1674 = NJW-RR 2010, 118 (119).
3 BGH v. 9.7.2009 – IX ZR 86/08, ZIP 2009, 1674 = NJW-RR 2010, 118 (119); *Imberger* in FrankfurterKomm/InsO[9], § 51 Rz. 101; *Henckel* in Jaeger, § 51 InsO Rz. 62; *Ganter* in MünchKomm/InsO[4], § 51 Rz. 251.
4 *Ganter* in MünchKomm/InsO[4], § 51 Rz. 261.
5 *Ganter* in MünchKomm/InsO[4], § 51 Rz. 263.
6 *Leithaus* in Andres/Leithaus[4], § 166 InsO Rz. 12; a.A. *Schlegel*, NZI 2003, 17 (18).
7 OLG Dresden v. 10.8.2006 – 13 U 926/06, ZInsO 2006, 1168 (1169); LAG Düsseldorf v. 3.6.2016 – 3 Sa 27/15, juris.
8 KG v. 13.8.2001 – 12 U 5843/00, ZIP 2001, 2012 (2013); OLG Celle v. 27.3.2008 – 13 U 160/07, ZIP 2008, 749 = ZInsO 2008, 925 (926).
9 OLG Rostock v. 15.5.2008 – 3 U 18/08, ZIP 2008, 1128 = NZI 2008, 431 (433).
10 BGH v. 20.11.2003 – IX ZR 259/02, ZInsO 2003, 1137 (1137); v. 20.2.2003 – IX ZR 81/02, ZIP 2003, 632 = NJW 2003, 2240 (2241).

einer Haftung des Zessionars für die Umsatzsteuerschuld aus der zugrunde liegenden Lieferung kommen (Rz. 4.500 ff.).

e) Abgesonderte Befriedigung aus Immobilien

Die Verwertung unbeweglicher Gegenstände, die mit Absonderungsrechten belastet sind, richtet sich gem. §§ 49, 165 InsO grundsätzlich nach den Vorschriften des Gesetzes über die Zwangsversteigerung und Zwangsverwaltung. 2.315

Ein Absonderungsrecht nach den §§ 49, 165 InsO gewähren alle in § 10 ZVG erfassten Rechte und Ansprüche, da diesen in § 10 ZVG ein Recht auf Befriedigung zugeschrieben wird, und damit vor allem Hypotheken, Grund- und Rentenschuld, Reallasten und Registerpfandrechte bei eingetragenen Luftfahrzeugen und Schiffen. Die Rangfolge mehrerer Absonderungsberechtigter untereinander und welcher Inhalt dem einzelnen Absonderungsrecht zukommt, ist in §§ 10–14 ZVG geregelt. Der Umfang des Absonderungsrechts wird nach dem Inhalt des Sicherungsrechts des betreibenden Gläubigers bestimmt.[1] Das Sicherungsrecht bestimmt, aus welchen Gegenständen sich der Gläubiger vorzugsweise befriedigen darf. Bei der Vermögensverwertung im Wege der Zwangsvollstreckung muss der Gläubiger zwischen Zwangsversteigerung und Zwangsverwaltung wählen und dabei berücksichtigen, dass der Umfang der Beschlagnahme in beiden Fällen unterschiedlich ist. Der Insolvenzverwalter kann jedoch davon unabhängig gem. § 165 InsO die sog. Verwaltervollstreckung betreiben, für die in §§ 172 ff. ZVG Sonderregeln vorgesehen sind. 2.316

Besteht ein Absonderungsrecht an unbeweglichen Vermögensgegenständen, kann der Gläubiger parallel zum Insolvenzverfahren die Zwangsversteigerung oder Zwangsverwaltung nach den Vorschriften des ZVG betreiben, § 49 InsO.[2] Die Verwertung liegt daher grundsätzlich in seinem Zuständigkeitsbereich, wobei er den gegen den Schuldner gerichteten Titel gem. § 727 ZPO auf den Insolvenzverwalter umschreiben lassen muss.[3] Dem Interesse des Insolvenzverwalters an einem Zusammenhalt der Masse wird dadurch Rechnung getragen, dass ihm unter bestimmten Voraussetzungen das Recht eingeräumt wird, die einstweilige Einstellung der Zwangsversteigerung oder Zwangsverwaltung durch das Vollstreckungsgericht zu erwirken.[4] Im Gegenzug erhält der absonderungsberechtigte Gläubiger als Ausgleich für die Einstellung ab dem Berichtstermin die vertraglichen oder gesetzlichen Zinsen (§ 288 BGB, § 352 HGB) auf seine gesicherte Forderung sowie Ersatz für einen etwaigen zwischenzeitlichen Wertverlust als Masseforderung.[5] 2.317

---

[1] *Drees/J. Schmidt* in Runkel, Anwalts-Handbuch Insolvenzrecht[3], § 7 Rz. 145.
[2] Vgl. BGH v. 13.7.2006 – IX ZB 301/04, ZIP 2006, 1554 = NJW 2006, 3356 (3356); BGH v. 14.7.2016 – IX ZB 31/14, NZI 2016, 824.
[3] BGH v. 24.11.2005 – V ZB 84/05, Rpfleger 2006, 423 (423); *Kesseler*, ZInsO 2005, 918 (919); OLG München v. 10.1.2017 – 34 Wx 239/16, FGPrax 2017, 68.
[4] *Bork*, Einführung in das Insolvenzrecht[9], Rz. 299.
[5] *Kern* in MünchKomm/InsO[4], § 165 Rz. 108.

2.318 Gemäß § 165 InsO hat daneben auch der Insolvenzverwalter die Möglichkeit, nach §§ 172 ff. ZVG die Zwangsvollstreckung zu betreiben. Die zur Absonderung berechtigenden Grundpfandrechte bleiben in der Zwangsversteigerung bestehen, § 52 ZVG. Der Insolvenzverwalter kann allerdings anstelle der Zwangsvollstreckung die **freihändige Veräußerung des Grundstücks** betreiben, es also an einen Dritten veräußern oder es an den Schuldner freigeben.[1] Will der Insolvenzverwalter die Veräußerung eines belasteten Grundstücks vornehmen, so ist er allerdings auf eine Zusammenarbeit mit den Grundpfandgläubigern angewiesen. Denn von diesen muss er Löschungsbewilligungen beschaffen, da das Grundstück andernfalls erfahrungsgemäß praktisch nicht veräußerbar wäre.[2] Schließlich will der Erwerber das Grundstück im Regelfall lastenfrei erwerben.[3] Die freihändige Veräußerung von Grundbesitz bedarf der Zustimmung eines Gläubigerausschusses, § 160 Abs. 2 Ziff. 1 InsO. Ist ein Ausschuss nicht bestellt, ist die Zustimmung der Gläubigerversammlung erforderlich.[4] Die Art der Verwertung steht im pflichtgemäßen Ermessen des Insolvenzverwalters.[5] Bei einer vom Insolvenzverwalter betriebenen Zwangsversteigerung vereinigt dieser in seiner Person die Stellung eines betreibenden Gläubigers und die des Vollstreckungsschuldners.[6] Für die Verteilung des Erlöses sind die Regelungen der §§ 10 ff. ZVG maßgeblich.

2.319 Verständigt sich der Insolvenzverwalter mit dem Grundpfandgläubiger auf eine freihändige Verwertung im Rahmen des Insolvenzverfahrens, ist es ratsam, vorab im Rahmen einer besonderen Vereinbarung die Höhe der Verwertungskostenbeteiligung der Insolvenzmasse festzulegen.[7] Wurde nichts vereinbart, erwirbt die Masse ggf. keine Ansprüche. Die Regelungen des § 171 InsO sind nicht analog anwendbar.

2.320 Grundpfandgläubiger können grundsätzlich auch parallel zum Insolvenzverfahren die Zwangsverwaltung des Grundstücks beantragen. In diesem Fall erfolgt häufig die Freigabe des Grundstücks an den Schuldner, da der Insolvenzmasse durch die Zwangsverwaltung die laufenden Einnahmen verloren gehen und ein weiteres Halten des Gegenstandes in der Masse für diese keinen Nutzen mehr hätte und zudem mit Verwaltungsaufwand belastet wäre. Die Freigabe hätte ggf. zur Folge, dass die Absonderungsberechtigten die Verwertung fortan gegenüber dem Schuldner persönlich betreiben müssten. Dies würde die Rechtsverfolgung verkomplizieren, verzögern und nicht zuletzt auch verteuern. Daher einigen sich die Beteiligten stattdessen oftmals darauf, dass der Verwalter die Vermietung bzw. Verpachtung des Grundstücks im Rahmen des laufenden Insolvenzverfahrens organisiert und auf die Einleitung eines förmlichen Zwangsverwaltungsverfahrens verzichtet wird. Verwertungsvereinbarungen über die Aufteilung der Miet- bzw. Pachtzinsen zur Abwendung der Zwangsverwaltung werden als „kalte Zwangsverwaltung" bezeichnet. In diesen Fällen bewirt-

---

1 *Bork*, Einführung in das Insolvenzrecht[9], Rz. 300.
2 *Tetzlaff*, ZInsO 2004, 521 (529).
3 *Scholz* in HamburgerKomm/InsO[7], § 165 Rz. 12.
4 *Runkel* in Runkel, Anwalts-Handbuch Insolvenzrecht[3], § 6 Rz. 183.
5 *Kuhn/Uhlenbruck*[11], § 126 KO Rz. 1; *Tetzlaff*, ZInsO 2004, 521 (528 f.).
6 *Kuhn/Uhlenbruck*[11], § 126 KO Rz. 1a; *Wegener* in FrankfurterKomm/InsO[9], § 165 Rz. 21.
7 *Scholz* in HamburgerKomm/InsO[7], § 165 Rz. 12.

schaftet der Insolvenzverwalter für den Grundpfandgläubiger wie ein gerichtlich bestellter Zwangsverwalter die vermieteten bzw. verpachteten Immobilien und zieht die Miet- und Pachtzinsen ein.[1] Gleichzeitig verpflichtet sich der Verwalter, die laufenden Überschüsse nach Abzug der laufenden Kosten und Lasten sowie einer zu verhandelnden Massekostenbeteiligung an den bzw. die Grundpfandgläubiger abzuführen.[2]

Hinweis:

Grundpfandgläubigern stellt sich in der Insolvenz des Grundstückseigentümers daher die Frage nach der bestmöglichen Verwertung ihrer Absonderungsrechte. Ein Rückgriff auf die gesetzlich geregelten Instrumentarien der Zwangsversteigerung oder Zwangsverwaltung sind meist nur die zweitbeste Lösung.[3] Der freihändige Verkauf ist kostengünstiger und wird in der Regel schneller abgewickelt. Da sowohl Insolvenzverwalter als auch Grundpfandgläubiger an einer bestmöglichen Verwertung von mit Grundpfandrechten belasteten Immobilien interessiert sind, werden in der Praxis regelmäßig Verwertungsvereinbarungen getroffen, die z.B. eine freihändige Verwertung oder eine den Rechtsfolgen der gerichtlichen Zwangsverwaltung nachgebildete sog. „kalte Zwangsverwaltung" zum Gegenstand haben.[4]

f) Ersatzabsonderung

Bei einer unberechtigten Veräußerung eines mit einem Absonderungsrecht belasteten Vermögensgegenstandes findet die Vorschrift der Ersatzaussonderung des § 48 InsO auf die Ersatzabsonderung entsprechende Anwendung. Danach hat der Sicherungsnehmer einen Anspruch auf Ersatzabsonderung, wenn der Insolvenzschuldner vor Verfahrenseröffnung[5] oder der (vorläufige) Insolvenzverwalter einen mit einem Absonderungsrecht belasteten Gegenstand unberechtigt[6] veräußert.

2.321

7. Aufrechnung im Insolvenzverfahren

a) Grundlagen

In der Insolvenzordnung wird lediglich die Aufrechnungsbefugnis von Insolvenzgläubigern ausdrücklich geregelt. Das Recht zur Aufrechnung (§§ 387 ff. BGB) bleibt trotz Eröffnung eines Insolvenzverfahrens grundsätzlich bestehen. Hat ein Gläubiger einmal eine Aufrechnungsbefugnis erworben, ergibt sich daraus eine gesicherte Rechtsposition, die im Insolvenzverfahren ebenfalls beachtet wird.[7] Dem liegt der Gedanke zugrunde, dass es unbillig wäre, dass ein an sich aufrechnungsbefugter Insolvenzgläubiger die volle Leistung zur Masse erbringen müsste, mit der eigenen For-

2.322

---

1 *Kern* in MünchKomm/InsO[4], § 165 Rz. 188.
2 *Scholz* in HamburgerKomm/InsO[7], § 165 Rz. 16.
3 *Scholz* in HamburgerKomm/InsO[7], § 165 Rz. 22.
4 Ausführlich dazu: *Tetzlaff*, ZInsO 2004, 521 (528 f.).
5 BGH v. 19.1.2006 – IX ZR 154/03, ZIP 2006, 959 = ZInsO 2006, 493 (494); OLG Frankfurt v. 25.10.2018 – 4 U 30/18, NZI 2019, 429.
6 BGH v. 6.4.2006 – IX ZR 185/04, ZIP 2006, 1009 = ZInsO 2006, 544 (545); v. 19.1.2006 – IX ZR 154/03, ZIP 2006, 959 = ZInsO 2006, 493 (495); v. 24.1.2019 – IX ZR 110/17, NZI 2019, 274.
7 *Kroth* in Braun[8], § 94 InsO Rz. 1.

derung aber auf die Insolvenzquote verwiesen würde.[1] Bestand die Aufrechnungslage bereits bei Insolvenzeröffnung, gilt dieser Grundsatz uneingeschränkt, § 94 InsO. Bei einer nach Insolvenzeröffnung eingetretenen Aufrechnungslage sieht § 95 InsO bestimmte Voraussetzungen vor, unter denen eine Aufrechnung ausnahmsweise möglich ist. In den in § 96 InsO genannten Fällen ist eine Aufrechnung hingegen gänzlich ausgeschlossen.

2.323 Die in §§ 94–96 InsO genannten Regelungen gelten nicht für den Insolvenzverwalter – dieser kann nur nach den allgemeinen Regeln (§§ 387 ff. BGB) aufrechnen.[2]

2.324 Insolvenzrechtliche Sonderregelungen zur Aufrechnung finden sich in § 110 Abs. 3 InsO (Aufrechnungsbefugnis des Mieters/Pächters) sowie in § 114 Abs. 2 InsO (Aufrechnung gegen Bezüge aus Dienstverhältnis).

b) Massegläubiger

2.325 Dem Massegläubiger steht auf Grund seiner Rechtsstellung nach § 53 InsO ein wirtschaftlich vollwertiger Anspruch gegen die Insolvenzmasse zu.[3] Er kann gegenüber den Ansprüchen des Insolvenzverwalters mit seinem Masseanspruch zum Zwecke der Erfüllung aufrechnen, soweit die sonstigen Aufrechnungsvoraussetzungen nach den §§ 387 ff. BGB gegeben sind. Weiteren Einschränkungen unterliegen sie nicht, da die Vorschriften der §§ 95, 96 InsO nicht für Massegläubiger gelten,[4] sondern lediglich für Insolvenzgläubiger.[5]

2.326 Der Massegläubiger, der die Aufrechnung anstrebt, muss, ebenso wie ohne Insolvenz jeder andere Gläubiger, auf Pfändbarkeit der gegen ihn selbst gerichteten Forderung achten. Gemäß § 394 Satz 1 BGB darf er dem Schuldner nicht durch Aufrechnung den Gegenstand einer unpfändbaren Forderung entziehen. Das gilt gleichermaßen vor Eröffnung des Insolvenzverfahrens wie auch danach. Da die Grenze zwischen Pfändbarkeit und Unpfändbarkeit außerdem (im Wesentlichen) zugleich die Grenze zwischen Masse (§ 35 InsO) und beschlagfreiem Schuldnervermögen darstellt (§ 36 Abs. 1 Satz 1 InsO), ergibt sich auch, dass der Massegläubiger nach der Eröffnung nicht gegen eine Forderung aufzurechnen im Stande ist, die sich im freien Vermögen des Schuldners befindet.

2.327 Nach Anzeige der Masseunzulänglichkeit (§ 208 InsO) gilt für Altmasseverbindlichkeiten das Vollstreckungsverbot des § 210 InsO.

---

1 *Kroth* in Braun[8], § 94 InsO Rz. 1.
2 *Bernsau* in FrankfurterKomm/InsO[9], § 94 Rz. 4.
3 *Hefermehl* in MünchKomm/InsO[4], § 53 Rz. 52.
4 *Bernsau/Wimmer-Amend* in FrankfurterKomm/InsO[9], § 96 Rz. 22.
5 BGH v. 15.10.2003 – VIII ZR 358/02, ZIP 2003, 2166 = NJW-RR 2004, 50 (52); *Sinz* in Uhlenbruck[15], § 94 InsO Rz. 4.

c) Ab- und Aussonderungsberechtigte

Bei Gläubigern mit Aussonderungsrechten wird sich die Frage einer möglichen Aufrechnung in Anbetracht des Anspruchsinhalts kaum stellen. Eine Ausnahme ist allenfalls denkbar, wenn ein vor Insolvenzeröffnung begründeter Herausgabeanspruch auf eine (ausnahmsweise) körperlich abgrenzbare Geldmenge mit einer Geldschuld des Aussonderungsberechtigten zusammentrifft. Wird der Anspruch auf Herausgabe erst nach Eröffnung begründet, vermittelt dieser kein Aussonderungsrecht, sondern stellt eine Masseverbindlichkeit dar, deren Aufrechnung unter den oben genannten Voraussetzungen möglich ist. — 2.328

Auch bei Absonderungsgläubigern stellen aufrechnungsfähige Ansprüche eher eine Ausnahme dar. — 2.329

d) Neugläubiger

Die Eröffnung trennt das Vermögen des Schuldners zumindest bei natürlichen Personen in Masse und insolvenzfreies Vermögen (Rz. 2.135 ff.). Folglich können zu Lasten des insolvenzfreien Vermögens des Schuldners erneut Verbindlichkeiten entstehen. Diese Trennung der Vermögensmassen führt dazu, dass eine Aufrechnung einer Forderung der Masse gegen einen Anspruch, gerichtet auf das insolvenzfreie Vermögen des Schuldners, nicht möglich ist. Andernfalls partizipierte der Neugläubiger am Insolvenzverfahren, das der Befriedigung der Insolvenzgläubiger dient, ohne selbst Insolvenzgläubiger zu sein. Dieser Schutz der Gläubiger vor einer Durchbrechung der Vermögensmassen hat in dem Aufrechnungsverbot des § 96 Abs. 1 Ziff. 4 InsO für Neugläubiger, deren Anspruch im insolvenzfreien Vermögen des Schuldners entstanden ist, gesetzliche Beachtung gefunden. — 2.330

Eine ursprünglich vom Insolvenzbeschlag erfasste, aber vom Insolvenzverwalter freigegebene Forderung ist der Aufrechnung nicht entzogen. Auch das Verbot des § 394 BGB steht dem nicht entgegen. Die Aufrechnung mit Steuerforderungen wird bei den Ausführungen zu Rz. 3.338 ff. ausführlich behandelt. — 2.331

VIII. Haftung des Insolvenzverwalters

Literatur *Adam*, Die Haftung des Insolvenzverwalters aus § 61 InsO, DZWIR 2008, 14; *Amend*, Schadensersatzansprüche gegen den Insolvenzverwalter auf Grund eingetretenen Individualschadens, LMK 2004, 176; *Antoni*, Die Haftung des Insolvenzverwalters für unterlassene Sanierungsmaßnahme und gescheiterte Sanierungspläne, NZI 2013, 236; *App*, Zur Haftung eines vorläufigen Insolvenzverwalters, ZKF 2010, 131; *Bank*, Entwicklungen der Haftung des Zwangsverwalters unter besonderer Berücksichtigung aktueller ober- und höchstrichterlicher Rechtsprechung, ZfIR 2008, 781; *Bank/Weinbeer*, Insolvenzverwalterhaftung unter besonderer Berücksichtigung der aktuellen BGH-Rechtsprechung, NZI 2005, 478; *Barnert*, Insolvenzspezifische Pflichten des Insolvenzverwalters gegenüber Aussonderungsberechtigten, KTS 2005, 431; *Becker*, Annäherung der Insolvenzverwalterhaftung an die Organhaftung, NZI 2017, 435; *Bernsau*, Haftung des Insolvenzverwalters nach BGB § 826 für Schäden des Prozessgegners, LMK 2003, 136; *Bork*, Verfolgungspflichten – Muss der Insolvenzverwalter alle Forderungen einziehen?, ZIP 2005, 1120; *van Bühren*, Die Berufshaftpflichtversicherung des Insolvenzverwalters, NZI 2003, 465; *Deimel*, Schadensersatzpflicht des Insolvenzverwalters gegenüber Massegläubigern, ZInsO 2004, 783; *Drasdo*, Haftung des Insolvenzverwalters für Wohngeldverbindlichkeiten nach §§ 60, 61 InsO, NZI 2007, 52; *Eckert*, Zur Haftung des vorläufigen Insolvenzverwalters bei unrichtiger Auskunftserteilung, EWiR 2008, 309; *Fischer*, Die Haftung des Insolvenzverwalters nach neuem Recht, WM 2004, 2185; Haftungsrisiken für Insolvenzverwalter bei unterlassener Inanspruchnahme gewerblicher Prozessfinanzierung, NZI 2014, 241; *Fölsing*, Zur Haftung des vorläufigen Insolvenzverwalters aus einem Garantieversprechen, EWiR 2009, 617; *Franke/Böhme*, Zur Haftung des Insolvenzverwalters nach InsO § 61 (negatives Interesse) und wegen Pflichtverletzung (unterlassene Kündigung eines vermieterseits gekündigten Mietverhältnisses), DZWIR 2004, 427; *Gehrlein*, Haftung des Insolvenzverwalters und eigenverwaltender Organe, ZInsO 2018, 2234; *Gundlach/Frenzel/Schmidt*, Die Haftung des Insolvenzverwalters gegenüber Aus- und Absonderungsberechtigten, NZI 2001, 350; *Holzer*, Die Haftung des Insolvenzverwalters für Verschulden von Beauftragten, NZI 2016, 903; *Kaufmann*, Die Verschärfung der Haftung nach § 61 InsO durch die Rechtsprechung, InVo 2004, 128; Zur Frage der Voraussetzungen und der Reichweite der Haftung des Insolvenzverwalters nach § 61 InsO, NZI 2004, 439; *Kexel*, Zur persönlichen Haftung des Insolvenzverwalters, EWiR 2010, 253; *Laukemann*, Gesamtschuldnerische Haftung nach Verfahrensaufhebung, ZInsO 2006, 415; *Laws*, Insolvenzverwalter-Haftung wegen Nichterfüllung von Masseverbindlichkeiten nach § 61 InsO, MDR 2003, 787; Keine Haftung des Insolvenzverwalters für aus § 61 InsO für ungerechtfertigte Bereicherungen der Masse und USt-Masseverbindlichkeiten, ZInsO 2009, 996; *Leibner*, Die Haftung nach § 60 InsO – Stand und Entwicklungsperspektiven, KTS 2005, 75; *Leibner/Pump, Beckmann*, Neuere finanzgerichtliche Rechtsprechung zur Haftung § 69 AO, DB 2007, 994; *Looff*, Die Haftung des Treuhänders im Restschuldbefreiungsverfahren, ZVI 2009, 9; *Lüke*, Haftungsrecht überdacht – Überlegungen zur Systematik der Insolvenzverwalterhaftung, ZIP 2005, 1113; Persönliche Haftung des Verwalters in der Insolvenz, 4. Aufl. 2011; *Maus*, Die steuerrechtliche Haftung des Insolvenzverwalters, ZInsO 2003, 965; *Meyer/Schulteis*, Die Haftung des Insolvenzverwalters gem. §§ 60, 61 InsO bei der Fortführung von Unternehmen, DZWIR 2004, 319; *Münzel*, Pflichtverletzung gegenüber dem Insolvenzgläubiger durch Feststellung seiner Haftpflichtforderung?, NZI 2007, 441; *Nöll*, Die „strengen" Anforderungen des OLG Celle an persönliche Schuldübernahmen – neue Haftungsfalle für Insolvenzverwalter, ZInsO 2004, 1058; *Olshausen*, Die Haftung des Insolvenzverwalters für die Nichterfüllung von Masseverbindlichkeiten und das Gesetz zur Modernisierung des Schuldrechts (§ 311a Abs. 2 BGB nF), ZIP 2002, 237; *Onusseit*, Einige umsatzsteuerliche Aspekte in der Insolvenz insbesondere steuerliche Risiken bei der Betriebsfortführung, KTS 2004, 537; *Pape*, Insolvenzverwalter mit beschränkter Haftung Ade, ZInsO 2016, 428; *Pape*, Zur Haftung des Insolvenzverwalters nach InsO § 61, EWiR 2005, 679, Qualität durch Haftung? – Die Haftung des rechtsanwaltlichen Insolvenzverwalters, ZInsO 2005, 953, Keine Verschärfung der Haftung aus § 61 InsO bei fehlerhafter Verteilung der Masse durch den Insolvenzverwalter (Anm. zu BGH, Urt. v. 6.5.2004 – IX ZR 48/03, ZInsO 2004, 609 ff.), ZInsO 2004, 605; *Pape/Graeber*, Handbuch der Insolvenzverwalterhaftung, 2009; *Runkel*, Zur Haftung des Insolvenzverwalters bei Nichterfüllung von Masseverbindlichkeiten, EWiR 2005, 229; *Schmehl/Mohr*, Umsatzsteuer auf die Insolvenzverwalterhaftung nach § 61 InsO, NZI 2006, 276; *Karsten Schmidt*, „Altlasten in der Insolvenz" – unendliche Geschichte oder ausgeschriebenes Drama?, ZIP 2000, 1913; *Schmitt/Heil*, Neue Haftungsfallen für Insolvenzverwalter durch die Datenschutz-Grundverordnung, NZI 2018, 865; *Smid*, Die Haftung des Insolvenzverwalters in der Insolvenzordnung in Kölner Schrift zur Insolvenzordnung, 265; *Schreiner/Hellenkemper*, Persönliche Haftung des Insolvenzverwalters bei Kündigungsschutzprozessen, ZInsO 2013,0538; *Thole/Pogoda*, Die Haftung des Insolvenzverwalters nach § 61 InsO bei Sekundäransprüchen infolge von Vertragsstörungen, NZI 2018, 377; *Trams*, Die Haftung des Insolvenzverwalters, NJW-Spezial 2019, 149; *Trams*, Haftung von Sach- und Insolvenzverwalter im Vergleich, NJW-Spezial 2015, 597; *Uhlenbruck*, Die Haftung des vorläufigen Insolvenzverwalters als gerichtlicher Sachverständiger, ZInsO 2002, 809; *Vallender*, Zur Haftung des Insolvenzverwalters nach InsO § 61, EWiR 2004, 765;

Wallner/Neuenhahn, Ein Zwischenbericht zur Haftung des (vorläufigen) Insolvenzverwalters – Gratwanderung zwischen Fortführungs- und Einstandspflicht, NZI 2004, 63; *Webel*, Haftung des Insolvenzverwalters aus § 61 InsO für ungerechtfertigte Bereicherungen der Masse und USt-Masseverbindlichkeiten, ZInsO 2009, 363; *Weinbeer*, Die Insolvenzverwalterhaftung gem. §§ 60 ff. InsO, AnwBl. 2004, 48; *Weisemann/Nisters*, Die Haftungsrisiken der Insolvenzverwalter und die Möglichkeiten einer versicherungsmäßigen Lösung, DZWiR 1999, 138; *Weitzmann*, Zur Haftung des Insolvenzverwalters nach InsO § 60, EWiR 2006, 723; *Wellensiek*, Die Aufgaben des Insolvenzverwalters nach der Insolvenzordnung in Kölner Schrift zur Insolvenzordnung, 208.

1. Haftung nach § 60 InsO
a) Anspruchsvoraussetzungen

Verletzt der Insolvenzverwalter die ihm nach der Insolvenzordnung obliegenden Pflichten schuldhaft, so ist er nach § 60 Abs. 1 Satz 1 InsO allen Beteiligten gegenüber zum Schadensersatz verpflichtet. Die wichtigsten Fallgruppen der Verletzung insolvenzspezifischer Pflichten sind Fehler bei der Verwaltung und Verwertung der Masse. Bei der Inbesitznahme läuft der Verwalter regelmäßig Gefahr, durch ein Unterlassen eine Pflichtverletzung zu begehen. Zu denken ist hierbei vor allem an übersehene Ansprüche, das Verjährenlassen von Forderungen, Nichtbeachtung einer Geschäftsführer- oder Gesellschafterhaftung oder das Unterlassen bzw. die nicht rechtzeitige Erhebung von Anfechtungsklagen. In Bezug auf die Erhaltung der Masse stehen vor allem nicht gesicherte oder versicherte Sachen im Mittelpunkt. Nicht selten kommt es auch zu pflichtwidrigen Fehlbeurteilungen in Bezug auf den Rang einer Verbindlichkeit. Zahlt der Insolvenzverwalter auf die Forderung eines Gläubigers aus der Masse, obwohl die Forderung nicht Masseforderung, sondern vielmehr nur Insolvenzforderung im Rang des § 38 InsO war, so ist damit eine Schmälerung der Masse und zugleich eine Verringerung der Quote verbunden, die den Schadensersatzanspruch nach § 60 InsO auslöst, wenn von dem Gläubiger Rückzahlung zur Masse nicht erreicht werden kann. Dies ist im Zusammenhang mit Steuerforderungen nicht selten der Fall, weil bei ihnen besonders häufig der Charakter der Forderung rechtlich problematisch ist. Bei der Verwertung der Masse können durch eine falsche Verwertungsart oder ein zu langes Zögern Schäden entstehen. Den häufigsten Fall der Masseschädigungen bilden allerdings unzweckmäßige Betriebsfortführungen.[1]

2.332

Unter **Beteiligten** i.S.v. § 60 InsO versteht man alle Personen, denen gegenüber der Insolvenzverwalter insolvenzrechtliche Pflichten zu erfüllen hat, auch wenn sie – wie beispielsweise die Gesellschafter des Schuldners – nicht selbst unmittelbar am Verfahren teilnehmen.[2] Voraussetzung für die Haftung ist die Verletzung einer insolvenzrechtlichen Pflicht und darüber hinaus, dass diese verletzte Norm auch den geschädigten Anspruchsteller schützen will. Schadet die Verletzung der insolvenzspezifischen Pflicht der Masse und damit der Gemeinschaft der ungesicherten Gläubiger als solcher, so spricht man von einem Gesamtschaden.[3]

2.333

---
1 *Drees/J. Schmidt* in Runkel, Anwalts-Handbuch Insolvenzrecht³, § 6 Rz. 209.
2 Vgl. *Rein* in Nerlich/Römermann, § 60 InsO Rz. 13 ff.
3 *Runkel* in Runkel, Anwalts-Handbuch Insolvenzrecht³, § 6 Rz. 208.

2.334 Für eine Haftung des Insolvenzverwalters ist Voraussetzung, dass der den Beteiligten entstandene Schaden adäquat kausal aus einer Verletzung der ihm obliegenden Pflichten resultiert. Zudem muss der Insolvenzverwalter die ihm obliegende insolvenzspezifische Pflicht auch schuldhaft verletzt haben. Dabei gilt gem. § 60 Abs. 1 Satz 2 InsO die „Sorgfalt eines ordentlichen und gewissenhaften Insolvenzverwalters" als Maßstab. Bei der Bestimmung des Maßstabs für die Sorgfalt eines ordentlichen und gewissenhaften Insolvenzverwalters müssen die jeweiligen, insolvenzverfahrensspezifischen Erschwernisse berücksichtigt werden. Häufig hat der Insolvenzverwalter nicht alle relevanten Informationen zur Hand, um sich objektiv fehlerfrei verhalten zu können, beispielsweise, weil die Buchhaltung und Geschäftsunterlagen des Schuldners unvollständig sind oder der Schuldner ihm bestimmte Informationen bewusst vorenthält. Für eigene Hilfskräfte hat der Verwalter nach § 278 BGB einzustehen.[1] Für den in der Praxis häufigen Fall, dass sich der Insolvenzverwalter der Hilfe von Angestellten des Schuldners wegen deren unverzichtbaren Kenntnissen über den Schuldnerbetrieb bedient, haftet er gem. § 60 Abs. 2 InsO – sofern die Angestellten nicht völlig ungeeignet sind – für deren Fehler nur, wenn er diese nicht ordentlich überwacht und wichtige Entscheidungen nicht selbst trifft.

2.335 Im Falle eines **Rechtsirrtums** ist der Insolvenzverwalter nur dann entschuldigt, wenn dieser bei sorgfältiger juristischer Überprüfung ggf. auch durch einen besonders spezialisierten Juristen nicht vermeidbar war.[2] Bei höchstrichterlich ungeklärten Rechtsfragen kann ein Verschulden dann nicht angenommen werden, wenn sich der Verwalter einer in der Literatur vertretenen Meinung anschließt.[3] Dies muss auch für die Fälle gelten, in denen der Insolvenzverwalter neue Rechtsauffassungen zu gänzlich unbehandelten Fragestellungen entwickelt, da andernfalls eine praxisbezogene Rechtsfortbildung massiv behindert würde. Daher kann eine Haftung des Insolvenzverwalters im Falle von Rechtsirrtümern wohl nur im Nichtbeachten höchstrichterlicher Rechtsprechung oder bei grob abwegigen Rechtsauffassungen in Betracht gezogen werden.

2.336 Ein **Verschulden** des Insolvenzverwalters scheidet in den Fällen aus, in denen der Gläubigerversammlung eine eigenständige Entschließungskompetenz zukommt und die Gläubigerversammlung von dieser Gebrauch gemacht hat. Die Amtspflicht des Insolvenzverwalters besteht in diesen Fällen nämlich darin, die Beschlüsse der Gläubigerversammlung umzusetzen. Die Gläubigerversammlung kann grundsätzlich auch Entscheidungen treffen, die für die Masse und die Befriedigungsaussichten der Gläubiger nachteilig sind. Es ist dem Insolvenzverwalter verwehrt, solche aus seiner Sicht nachteiligen Beschlüsse zu korrigieren. Die entsprechende Entscheidungsbefugnis der Gläubigerversammlung ist Ausfluss der das Insolvenzverfahren beherrschenden Gläubigerautonomie. Wenn die Gläubigerversammlung beispielsweise gem.

---

1 BGH v. 19.7.2001 – IX ZR 62/00, ZIP 2001, 1507 = NJW 2001, 3190 (3190); v. 3.3.2016 – IX ZR 119/15, NJW-RR 2016, 686; *Runkel* in Runkel, Anwalts-Handbuch Insolvenzrecht[3], § 6 Rz. 214.
2 *Lohmann* in HeidelbergerKomm/InsO[10], § 60 Rz. 31.
3 Vgl. BGH v. 9.6.1994 – IX ZR 191/93, ZIP 1994, 1118 = NJW 1994, 2286 (2287); OLG Koblenz v. 21.6.2016 – 3 U 974/15, BeckRS 2016, 132267.

§ 157 InsO eine Betriebsfortführung beschließt, können dem Insolvenzverwalter die aus der Fortführung resultierenden Verluste nicht vorgeworfen werden, es sei denn, er hätte die Gläubigerversammlung unzutreffend über die Fortführungsperspektiven informiert.

Der Schadensersatzanspruch gem. § 60 InsO ist regelmäßig auf das negative Interesse gerichtet und unterliegt gem. § 62 InsO einer dreijährigen Verjährungsfrist, die mit **Kenntnis von dem Schaden und von den die Ersatzpflicht des Insolvenzverwalters begründenden Umständen**, spätestens aber mit Aufhebung oder rechtskräftiger Einstellung des Insolvenzverfahrens beginnt. 2.337

In Bezug auf Steuerforderungen bzw. Steuerbescheide trifft den Insolvenzverwalter die insolvenzspezifische Pflicht, diese auf ihre formelle und materielle Richtigkeit zu überprüfen. In Bezug auf Einspruchsentscheidungen des Finanzamtes hat er unter Heranziehung aller ihm zur Verfügung stehenden Unterlagen und verfügbaren Informationen die Erfolgsaussichten einer Klage zu prüfen.[1] Dafür muss sich der Insolvenzverwalter nach Zugang von Einspruchsentscheidungen innerhalb offener Einspruchsfrist darum bemühen, sich eine Entscheidungsgrundlage zu schaffen, die eine angemessene Beurteilung der Erfolgsaussichten einer Klage ermöglicht. Regelmäßig werden dafür zumindest Ablichtungen der zugrunde liegenden Bescheide, der Einsprüche und Einspruchsbegründungen und etwaiger Änderungsanträge der Schuldnerin herbeigezogen werden müssen.[2] Auch in Bezug auf solche Steuersachverhalte genügt für eine Haftung nach § 60 InsO einfache Fahrlässigkeit; nicht anwendbar ist der Haftungsmaßstab des § 69 AO (grobe Fahrlässigkeit).[3]

b) Haftung gegenüber dem Schuldner

Dem Schuldner können Ansprüche insbesondere dann erwachsen, wenn der Insolvenzverwalter auf Vermögensgegenstände zugreift und diese ggf. 2.338

veräußert, die gar nicht Bestandteil der Insolvenzmasse, sondern des sonstigen (insolvenzfreien) Schuldnervermögens waren. Dies gilt insbesondere für die nach § 36 InsO unpfändbaren Gegenstände.

Aus einer ungünstigen Masseverwertung können dem Schuldner hingegen nur in seltenen Fällen Ansprüche gegen den Insolvenzverwalter erwachsen. Typischerweise erleiden ggf. nur die Gläubiger einen Schaden, da sich eine geminderte Teilungsmasse automatisch negativ auf ihre Quote auswirkt. Für den Schuldner besteht demgegenüber grundsätzlich unabhängig von der Höhe der im Insolvenzverfahren unbefriedigt gebliebenen Verbindlichkeiten die Möglichkeit der Restschuldbefreiung gem. §§ 286 ff. InsO. Haftungsansprüche des Schuldners sind vor diesem Hintergrund nur denkbar, wenn bei pflichtgemäßer Verwertung ein (größerer) Überschuss erzielt worden wäre, der gem. § 199 InsO dem Schuldner gebührt hätte. 2.339

---

1 LG Düsseldorf v. 10.1.2011 – 7 O 193/09.
2 LG Düsseldorf v. 10.1.2011 – 7 O 193/09.
3 LG Düsseldorf v. 10.1.2011 – 7 O 193/09.

c) Haftung gegenüber Massegläubigern

2.340 Gegenüber Massegläubigern können Schadensersatzansprüche nach § 60 InsO grundsätzlich nur entstehen, wenn ihre Forderungen nicht (vollständig) aus der Masse beglichen werden können, also namentlich in Fällen von Masseunzulänglichkeit, § 208 InsO (Rz. 2.274 ff.). Die Vorschrift hat insbesondere Bedeutung für die Gläubiger sog. oktroyierter Masseverbindlichkeiten, also solcher, auf deren Entstehung der Insolvenzverwalter keinen Einfluss nehmen konnte. Für Masseverbindlichkeiten, die durch eine Rechtshandlung des Insolvenzverwalters begründet wurden, enthält § 61 InsO demgegenüber eine Spezialregelung.

d) Haftung gegenüber Insolvenzgläubigern

2.341 Pflichtverletzungen, die einen Schaden bei den Insolvenzgläubigern verursachen, begründen in der Regel einen **Gesamtschaden**. Hierhin gehören alle pflichtwidrigen Schmälerungen der zur Verteilung zur Verfügung stehenden Insolvenzmasse sowie alle pflichtwidrigen Mehrungen der Passivmasse, beispielsweise durch unberechtigte Feststellung von Forderungen zur Insolvenztabelle. Der Anspruch auf Ersatz eines Gesamtschadens gehört zur Insolvenzmasse. Während des Insolvenzverfahrens können Ansprüche gegen den Insolvenzverwalter nur von einem neu bestellten Insolvenzverwalter oder einem Sonderinsolvenzverwalter geltend gemacht werden.[1] Die durch Minderung der Masse mittelbar geschädigten Gläubiger können den jeweiligen auf sie entfallenden Quotenschaden erst nach Abschluss des Insolvenzverfahrens gegen den Insolvenzverwalter persönlich geltend machen (§ 92 InsO).

2.342 Aber auch **Einzelschäden** sind denkbar, beispielsweise bei einer Nichtaufnahme einer angemeldeten Forderung zur Tabelle bzw. in das Verteilungsverzeichnis, bei unterlassener Hinterlegung gem. § 189 Abs. 2 InsO oder §§ 190 Abs. 2 Satz 2, 191 Abs. 1 Satz 2, 198 InsO.[2] Auch die Nichtaufnahme nachrangiger Forderungen trotz Feststellung in das Schlussverzeichnis, weil sie ohnehin keine Zuteilung erlangen können, ist eine Pflichtverletzung, da die nicht aufgenommenen Gläubiger bei einer Nachtragsverteilung trotz vorhandener Masse präkludiert sind, § 205 InsO.

2.343 Ist der Fiskus als Steuergläubiger durch eine pflichtwidrige Handlung des Insolvenzverwalters geschädigt, muss zwischen der Verletzung insolvenzspezifischer oder steuerrechtlicher Pflichten differenziert werden. Bei einer Verletzung steuerrechtlicher Pflichten ist ein Haftungsbescheid nach § 69 AO zu erlassen. Einer Klage der Finanzverwaltung gegen den Insolvenzverwalter auf Ersatz des Einzelschadens vor den Zivilgerichten fehlt aus diesem Grund das Rechtsschutzbedürfnis.[3] Siehe ausführlich zur Haftungsinanspruchnahme des (vorläufigen) Insolvenzverwalters nach § 69 AO Rz. 3.84 ff.

---

[1] BGH v. v. 5.10.1989 – IX ZR 233/87, ZIP 1989, 1407 = NJW-RR 1990, 45 (46); OLG Karlsruhe v. 6.6.2018 – 15 U 6/18, ZInsO 2019, 2315.
[2] *Lohmann* in HeidelbergerKomm/InsO¹⁰, § 60 Rz. 19 ff.
[3] OLG Frankfurt v. 5.11.1986 – 13 U 186/85, ZIP 1987, 456 (456).

e) Haftung gegenüber Aus- und Absonderungsberechtigten

Eine Haftung gegenüber Aus- und Absonderungsberechtigten kann nur begründet werden, wenn der Insolvenzverwalter deren Sicherungsrechte vereitelt.[1] Voraussetzung für eine Inanspruchnahme ist, dass die Drittrechte ihm eindeutig bekannt sind bzw. nachgewiesen werden. Der gesicherte Gläubiger muss die Eigentumsvermutung des § 1006 BGB widerlegen.[2] Den Insolvenzverwalter trifft dabei keine eigene Nachforschungs- und Ermittlungspflicht.[3] Mögliche Pflichtverletzungen können sich aber aus der Verschleuderung von Zubehör oder der Nichtabführung[4] oder verspäteten Abführung von Verwertungserlösen ergeben. Auch eine Verletzung von Auskunfts- oder Benachrichtigungspflichten nach §§ 167–169 InsO, sowie die Verletzung der Ausgleichspflicht nach § 172 InsO, stellen eine Pflichtverletzung des Insolvenzverwalters i.S.v. § 60 InsO dar, die dem Aus- oder Absonderungsberechtigten einen Schadensersatzanspruch erwachsen lassen kann.

2.344

2. Haftung nach § 61 InsO

Gemäß § 61 Satz 2 InsO haftet der Insolvenzverwalter persönlich auf Schadensersatz, soweit Masseverbindlichkeiten, die er selbst begründet hat, später nicht oder nicht vollständig aus der Insolvenzmasse erfüllt werden können. Die Haftung entfällt gem. § 61 Satz 2 InsO, wenn der Insolvenzverwalter darlegen und beweisen kann, dass er die spätere Masseunzulänglichkeit bei Vornahme der Rechtshandlung nicht erkennen konnte.[5]

2.345

Voraussetzung der Haftung ist, dass der Insolvenzverwalter die Masseverbindlichkeit durch eine **eigene Rechtshandlung** begründet hat. Entsprechend ist eine Haftung nach § 61 InsO für die Nichterfüllung von Masseverbindlichkeiten ausgeschlossen, die ohne seine Beteiligung zustande gekommen sind. Die Haftung wegen Nichterfüllung solcher „oktroyierter" Masseverbindlichkeiten richtet sich ggf. nach § 60 InsO.

2.346

Der Insolvenzverwalter haftet im Fall des § 61 InsO auf das negative Interesse.[6] Der Insolvenzverwalter muss den geschädigten Beteiligten so stellen, als hätte er die Masseverbindlichkeit nicht begründet.[7] Dabei muss der Gläubiger seinen Ausfallschaden darlegen und beweisen.[8]

2.347

---

1 *Lohmann* in HeidelbergerKomm/InsO[10], § 60 Rz. 22.
2 Vgl. OLG Hamburg v. 12.10.1983 – 8 U 52/83, ZIP 1984, 348 (349).
3 BGH v. 9.5.1996 – IX ZR 244/95, ZIP 1996, 1181 = NJW 1996, 2233 (2235); OLG Köln v. 14.7.1982 – 2 U 20/82, ZIP 1982, 1107 (1107).
4 Vgl. BGH v. 2.12.1993 – IX ZR 241/92, ZIP 1994, 140 (140); vgl. auch OLG Düsseldorf v. 27.4.2017 – 12 U 42/15, ZInsO 2018, 34.
5 *Klopp/Kuth* in Gottwald, Insolvenzrechts-Handbuch[5], § 23 Rz. 24.
6 BGH v. 6.5.2004 – IX ZR 48/03, ZIP 2004, 1107 = BGHZ 159, 104; v. 17.12.2004 – IX ZR 185/03, ZIP 2005, 311 = ZInsO 2005, 205 (206); BAG v. 19.1.2006 – 6 AZR 600/04, ZIP 2006, 1058 (1058); v. 11.1.2018 – IX ZR 37/17, NZI 2018, 258.
7 BGH v. 6.5.2004 – IX ZR 48/03, BGHZ 159, 104 = ZIP 2004, 1107 (117 ff.); BAG v. 19.1.2006 – 6 AZR 600/04, NZI 2006, 719 (720); Trams, NJW-Spezial 2019, 149.
8 *Weitzmann* in HamburgerKomm/InsO[7], § 61 Rz. 12.

2.348 Als ungeschriebenes Tatbestandsmerkmal ist zudem ein **Verschulden** des Insolvenzverwalters erforderlich.[1] § 61 Satz 2 InsO statuiert insoweit eine **Beweislastumkehr**. Der Insolvenzverwalter kann sich nach allgemeiner Auffassung auf zweierlei Art entlasten. Die Haftung entfällt, wenn objektiv von einer hinreichenden Masse zur Erfüllung der Masseverbindlichkeiten auszugehen war, oder wenn der Verwalter nicht erkennen konnte, dass dies nicht der Fall war.[2] Die Beweislast trägt insoweit der Insolvenzverwalter.[3] Die Exkulpation wird dem Insolvenzverwalter regelmäßig nur gelingen, wenn er zu Dokumentationszwecken auf eine zu Beginn der Betriebsfortführung zum Zwecke der Liquiditätssteuerung aufgestellte Finanzplanung zurückgreifen kann, die in der Folge ständig überwacht und aktualisiert wurde. Der Beweis scheitert, wenn aus der objektiven Sicht eines ordentlichen Insolvenzverwalters der Eintritt der Masseunzulänglichkeit wahrscheinlicher war, als deren Nichteintritt.[4]

IX. Vergütung des Insolvenzverwalters

Literatur *Ahrens*, Wenn das Geld verloren geht – Zur Verwirkung der Insolvenzverwaltervergütung, NJW 2019, 890; *Andres*, Die Vergütung des vorläufigen Insolvenzverwalters, Rpfleger 2006, 517; *Becker*, Die „kalte Zwangsverwaltung" im Vergütungssystem der InsVV, ZInsO 2013, 2532; *Bergner/Berg*, Die Insolvenzverwaltervergütung im Internet: Theorie und Praxis, ZIP 2018, 858; *Blersch*, Die Änderung der insolvenzrechtlichen Vergütungsverordnung, ZIP 2004, 2311; *Cranshaw*, Bemerkungen zu der Leistung der Insolvenzverwaltervergütung und zu der Erstattung von „Überzahlungen", ZInsO 2017, 989; *Ganter*, Aktuelle Entwicklungen im Recht der Insolvenzverwaltervergütung, NZI 2016, 377; *Ganter*, Der Beruf des Insolvenzverwalters zwischen allen Stühlen?, NZI 2018, 137; *Graeber*, Die Bemessung der besonderen Insolvenzverwaltervergütung für die Geltendmachung von Ansprüchen nah §§ 92, 93 InsO, NZI 2016, 860; *Graeber*, Die Vergütung des Verfahrenskoordinators im Koordinationsverfahren gem. §§ 269a ff. InsO entsprechend dem aktuellen Rechtsstand, NZI 2018, 385; *Graeber*, Rückzahlung und Verzinsung zuviel entnommener Verwaltervergütung, NZI 2014, 147; *Graeber*, Vergütungsrecht in der Insolvenzpraxis: Vergütung des Sonderinsolvenzverwalters – Zukünftig pro bono?, ZInsO 2008, 847; Die Einbeziehung von Forderungen und Betriebsausgaben des Insolvenzschuldners in die Berechnungsgrundlage des vorläufigen Insolvenzverwalters, NZI 2007, 492; *Graeber/Graeber*, Die Behandlung verjährter Vergütungsansprüche des vorläufigen Insolvenzverwalters im gerichtlichen Festsetzungsverfahren, ZInsO 2010, 465; Die Vergleichsrechnung bei mehreren masseerhöhenden Zuschlagsgründen in der Insolvenzverwaltervergütung, NZI 2012, 355; *Haarmeyer*, Zwischenruf: Schuldner, kommst du nach Dessau, lass alle Hoffnung fahren oder terra incognita, ZInsO 2010, 324; Der (vergütungsrechtliche) Normalfall der Insolvenz ist die Abwesenheit jedweder Normalität, oder „Wenn Du entdeckst, dass Du ein totes Pferd reitest, steig ab.", ZInsO 2014, 1237; Berücksichtigung von Aus- und Absonderungsrechten bei der Vergütungsberechnung des vorläufigen Insolvenzverwalters, NZI 2006, 271; *Harder*, Der Sonderinsolvenzverwalter – ein Überblick, NJW-Spezial 2019, 469; *Holzer*, Der Diskussionsentwurf eines Gesetzes zur Insolvenzrechtlichen Vergütung, NZI 2015, 145; *Holzer*, Die Reform der InsVV, NZI 2013, 1049; *Holzer*, Die Vergütung des Insolvenzverwalters für Nachtragsverteilungen, NZI 2019, 521; *Keller*, Advs. haereses – Glaubenskampf um die Berechnungsgrundlage der Vergütung

---

1 Vergleiche BGH v. 22.1.1985 – VI ZR 131/83, ZIP 1985, 423; *Blersch* in BerlinerKomm/InsO, § 61 Rz. 5.
2 BGH v. 6.5.2004 – IX ZR 48/03, ZIP 2004, 1107 = DStR 2004, 1220 (1223).
3 BGH v. 6.5.2004 – IX ZR 48/03, ZIP 2004, 1107 = DStR 2004, 1220 (1224).
4 *Sinz* in Uhlenbruck[15], § 61 InsO Rz. 25.

des vorläufigen Insolvenzverwalters, ZIP 2008, 1615; Berechnungsformeln zur Vergütung des Insolvenzverwalters, NZI 2005, 23; Die Vergütung des Insolvenzverwalters bei Unternehmensfortführung, DZWIR 2009, 231; Zur Berechnungsgrundlage für die Vergütung des Insolvenzverwalters, insbesondere zur Berücksichtigung der auf seine Vergütung gezahlten und erstatteten Umsatzsteuer, DZWIR 2009, 350; Zur Geltendmachung der Verjährung des Vergütungsanspruchs des vorläufigen Insolvenzverwalters, EWiR 2009, 783; *Kolbe*, Die Gewinnrealisierung der Vergütung des bilanzierenden Insolvenzverwalters, StuB 2019, 263; *Küpper/Heinze*, Die Verfassungswidrigkeit der Abänderungsbefugnis nach § 11 Abs. 2 Satz 2 InsVV, ZInsO 2007,231; *Lauer*, Keine steuerliche Abziehbarkeit der Vergütung des Insolvenzverwalters als Betriebsausgabe oder außergewöhnliche Belastung, GWR 2018, 478; *Lissner*, Die Vergütung des Sonderinsolvenzverwalters und des Gläubigerausschusses sowie Novellierungen beim Treuhänder, JurBüro2014, 458; *Lissner*, Die Verzinsung der insolvenzrechtlichen Vergütung, AGS 2015, 1; *Lissner*, Kontrollmechanismen bei der Insolvenzverwaltervergütung, ZInsO 2016, 2283; *Looff*, Die Vergütung des Sonderinsolvenzverwalters, DZWIR 2009, 14; *Lüke/Scherz*, Zur Vergütung des Sonderinsolvenzverwalters, WuB VI A 3 § 63 InsO 1.09; *Lütcke*, Einbeziehung von Anfechtungsansprüchen in die Berechnungsgrundlage der Verwaltervergütung bei vorzeitiger Verfahrensbeendigung, NZI 2019, 367; *Mitlehner*, Zur Festsetzung der Vergütung des vorläufigen Insolvenzverwalters bei Nichteröffnung des Verfahrens, EWiR 2010, 195; *Nicht/Schildt*, Der Vorschussanspruch des Insolvenzverwalters – Rechtsgrundlage, Festsetzung und Rechtsmittel des Insolvenzverwalters, NZI 2010, 466; *Onusseit*, Zur Einbeziehung der Vorsteuer in die Berechnungsgrundlage, ZInsO 2009, 2285; *Prasser*, Zur Reduzierung der Insolvenzverwaltervergütung bei vorhergehender Tätigkeit als Sachverständiger, EWiR 2010, 65; *Rauschenbusch*, Zur Zuschlagsberechnung bei einer Betriebsfortführung, ZInsO 2011, 1730; *Reck*, Der gläserne Insolvenzverwalter oder: Vergütungsbeschlüsse als Wartezimmerlektüre, ZVI 2018, 87; *Riewe*, Festsetzung der Vergütung des vorläufigen Insolvenzverwalters bei fehlender Eröffnung des Insolvenzverfahrens, NZI 2010, 131; *Schildt*, Der Vorschussanspruch des Insolvenzverwalters – Rechtsgrundlage, Festsetzung und Rechtsmittel des Insolvenzverwalters, NZI 2010, 466; *Smid*, Sofortige Beschwerde des nach § 57 InsO neugewählten Insolvenzverwalters gegen den unter Verletzung von Amtsermittlungspflichten erlassenen Beschluss über die Vergütung des abgewählten Verwalters, ZInsO 2009, 65; *Smid*, Titulierung des Vergütungsanspruchs des Insolvenzverwalters und des vorläufigen Verwalters, ZIP 2014, 17140; *Stapper/Häußner*, Reform der Mindestvergütung des vorläufigen Insolvenzverwalters, ZInsO 2014, 2349; *Stephan*, Neue Rechtsprechung zur Vergütung des Insolvenzverwalters im Verbraucherinsolvenzverfahren, VIA 2018, 49; *Stiller*, Ansprüche der Insolvenzverwalterkanzlei gegen den angestellten Insolvenzverwalter auf Auskunft und Teilhabe an der erwirtschafteten Insolvenzverwaltervergütung nach Beendigung des Arbeitsverhältnisses, ZInsO 2017, 2037; *Uhlenbruck*, Ablehnung einer Entscheidung über die Kosten des vorläufigen Insolvenzverwalters – ein Fall der Rechtsschutzverweigerung?, NZI 2010, 161; *Vill*, Die Vergütung des vorläufigen Insolvenzverwalters – Zur Neufassung des § 11 InsVV durch die zweite Änderungsverordnung zur InsVV, FS Fischer 2008, 547; *Vallender*, Die Beschlüsse des BGH zur Vergütung des vorläufigen Insolvenzverwalters – eine Gefahr für den Insolvenzstandort Deutschland?, NJW 2006, 2956; *Vortmann*, Zur Vergütung des Sonderinsolvenzverwalters, KTS 2009, 234; *Wischemeyer*, Auswirkungen einer Betriebsfortführung im eröffneten Insolvenzverfahren auf die Vergütung des Insolvenzverwalters, NZI 2005, 534.

Der Insolvenzverwalter hat nach § 63 InsO einen Anspruch auf Vergütung für seine Geschäftsführung und Erstattung seiner Auslagen, welche gem. § 64 InsO durch das Insolvenzgericht festgesetzt werden. Die Höhe richtet sich dabei nach der Insolvenzrechtlichen Vergütungsverordnung (InsVV). 2.349

Ausgangspunkt für die Festsetzung der Insolvenzverwaltervergütung ist die **Berechnungsgrundlage** (§ 1 InsVV). Diese richtet sich nach dem Wert der Insolvenzmasse, 2.350

auf die sich die Schlussrechnung bezieht. Die Schlussrechnung (§ 66 InsO) stellt die Summe aller vom Insolvenzverwalter erzielten Einnahmen bzw. Verwertungserlöse dar. Fallen nach Schlussrechnungslegung weitere Beträge an, die der Insolvenzmasse zufließen, so sind diese nachträglich zu berücksichtigen. Dies gilt insbesondere für Steuererstattungsansprüche und insbesondere die **Vorsteuererstattung auf die Insolvenzverwaltervergütung**.[1] Hinzuzusetzen sind zudem gem. § 1 Abs. 2 Ziff. 1 InsVV Gegenstände, die mit **Absonderungsrechten** belastet waren, wenn sie durch den Insolvenzverwalter verwertet wurden. Allerdings ist der Mehrbetrag der Vergütung, der sich durch Berücksichtigung von Absonderungsgegenständen ergibt, auf 50 % des an die Masse als Feststellungskosten geflossenen Betrages (gem. § 171 Abs. 1 InsO 4 % des Verwertungserlöses) begrenzt, § 1 Abs. 2 Ziff. 1 Satz 2 InsVV. Die Kappung erfordert bei der Berücksichtigung von Absonderungsrechten eine Vergleichsrechnung, durch die festgestellt wird, wie hoch die Vergütung bei Außerachtlassung der Absonderungsgegenstände und bei voller Berücksichtigung ihres Wertes wäre, um sodann die Deckelung zu ermitteln.[2] Von der als Berechnungsgrundlage zu berücksichtigenden Masse sind die Kosten des Insolvenzverfahrens und die sonstigen Masseverbindlichkeiten grundsätzlich nicht abzusetzen (§ 1 Abs. 2 Ziff. 4 InsVV). Ausnahmen hiervon gelten lediglich für solche Beträge, die der Verwalter nach § 5 InsVV für den Einsatz besonderer Sachkunde erhalten hat und für die im Rahmen einer Betriebsfortführung angefallenen Masseverbindlichkeiten. Ansonsten sind Masseverbindlichkeiten nicht von der Berechnungsgrundlage abzusetzen, auch wenn sie einen erheblichen Umfang ausmachen.

2.351 Die Höhe der Regelvergütung richtet sich nach § 2 InsVV. Unabhängig von der Höhe der Insolvenzmasse insgesamt erhält der Insolvenzverwalter von den ersten Euro 25 000 der Insolvenzmasse 40 %, von dem Mehrbetrag bis zu Euro 50 000 25 %, von dem Mehrbetrag bis zu Euro 250 000 7 %, von dem Mehrbetrag zu Euro 500 000 3 %, von dem Mehrbetrag bis Euro 25 000 000 2 % und von dem Mehrbetrag bis zu Euro 50 000 000 1 % und von dem darüber hinausgehenden Betrag 0,5 %. Die Mindestvergütung beträgt gem. § 2 Abs. 2 InsVV Euro 1000,00. Auch hierbei handelt es sich um eine Regelmindestvergütung. Gemäß § 3 InsVV können Zu- und Abschläge zu der Regelvergütung festgesetzt werden. Die häufigsten Fälle von Zuschlägen sind besonders aufwendige Bearbeitung von Aus- und Absonderungsrechten, die Unternehmensfortführung und die Abwicklung von Arbeitsverhältnissen, insbesondere das Ausstellen von Insolvenzgeldbescheinigungen und die Insolvenzgeldvorfinanzierung. Das System der Zu- und Abschläge gem. § 3 InsVV stellt ein flexibles System zur Findung einer angemessen Vergütung in jedem Einzelfall dar. Keinesfalls sind die katalogartig aufgeführten Fälle von Zu- und Abschlägen in § 3 InsVV abschließend:[3] Rechtsprechung und Literatur haben eine Vielzahl weiterer Kriterien entwickelt, anhand derer Zu- und Abschläge im Einzelfall vorgenommen werden können. Entscheidend ist lediglich, dass das konkrete Insolvenzverfahren außergewöhnliche Umstände aufweist, die von dem Durchschnitt der Insolvenzverfahren abweichen.[4]

---

1 *Blümle* in Braun[8], § 63 InsO Rz. 7 ff.
2 Vgl. hierzu das sehr hilfreiche Berechnungsbeispiel von *Lorenz* in FrankfurterKomm/InsO[9], § 1 InsVV, Rz. 26.
3 *Riedel* in MünchKomm/InsO[4], § 3 InsVV, Rz. 1 ff.
4 Vgl. dazu BGH v. 21.7.2016 – IX ZB 70/14, NZI 2016, 796.

Zuschläge sind demnach je nach den Gegebenheiten des Einzelfalles insbesondere 2.352
für folgende Umstände zu gewähren:

– Arbeitnehmerangelegenheiten, unbeschadet der Erhöhungen für Insolvenzgeld und Sanierungsmaßnahmen (bis zu 25 %)[1]

– Auffanggesellschaft (5 % bis 10 %)[2]

– Auslandsberührung (bis zu 50 %)[3]

– Beschäftigungs- und Qualifizierungsgesellschaft (5 % bis 10 %)[4]

– Beteiligungen an anderen Unternehmen (5 % bis 20 % je Unternehmensbeteiligung zumindest dann, wenn diesbezüglich Gesellschafterrechte aktiv wahrgenommen und Verwertungsbemühungen unternommen worden sind)[5]

– Betriebsfortführung (30 % bis 100 %)[6]

– Betriebsstätten (bei mehreren Betriebsstätten je zusätzlicher Betriebsstätte bis zu 50 %, wobei die Höhe des jeweiligen Zuschlags an der organisatorischen Selbstän-

---

1 LG Bielefeld v. 15.7.2004 – 28 T 280/04, ZInsO 2004, 1250 (1252): Erhöhung um 10 %; AG Bonn v. 9.7.1999 – 98 IN 23/99, ZIP 1999, 2167 = ZInsO 2000, 55 (55): Bei 50 Arbeitnehmern und 150 Gläubigern Erhöhung um 25 %; LG Hannover v. 17.12.2018 – 11 T 8/18, ZInsO 2019, 1027: 5 %; s. auch LG Münster v. 7.11.2018 – 5 T 496/18, NZI 2019, 439, wonach der Zuschlag nicht allein an der Anzahl der Arbeitnehmer gemessen werden darf, sondern auf die durch die Arbeitnehmer konkret verursachten Angelegenheiten und den Arbeitsaufwand abzustellen ist.
2 LG Neubrandenburg v. 26.11.2002 – 4 T 257/02, ZInsO 2003, 26(28): Erhöhung um 5 %.
3 LG Braunschweig v. 29.1.2001 – 8 T 947/00 (588), ZInsO 2001, 552 (554): Erhöhung wegen erschwerter Verwaltung um ca. 6 %; LG Hannover v. 17.12.2018 – 11 T 8/18, ZInsO 2019, 1027.
4 LG Neubrandenburg v. 26.11.2002 – 4 T 257/02, ZInsO 2003, 26 (28): 5 %; vgl. auch LG Aurich v. 29.10.2013 – 4 O 206/10, ZInsO 2013, 2388.
5 LG Baden-Baden v. 21.12.1998 – 3 T 43/97, ZIP 1999, 1138 = ZIP 2000, 1138 = NZI 1999, 159 (161 ff.): Bei sechs Tochtergesellschaften Erhöhung um 100 %; vgl. auch LG Münster v. 1.6.2017 – 5 T 557/16, ZInsO 2017, 2033.
6 BGH v. 14.12.2000 – IX ZB 105/00, ZIP 2001, 296 = NJW 2001, 1496 (1499): Erhöhung um 15 % nicht zu beanstanden; LG Traunstein v. 13.4.2004 – 4 T 3690/03, ZIP 2004, 1657 (1659): Erhöhung um 65 % bei 138 Arbeitnehmern und zwei Monaten Betriebsfortführung; AG Chemnitz v. 16.3.2001 – 128 IN 1617/99, ZIP 2001, 1473 (1474): Erhöhung um 100 % bei Betriebsfortführung über 2,5 Monate mit 120 Arbeitnehmern und 2 Betriebsstätten; LG Bielefeld v. 15.7.2004 – 28 T 280/04, ZInsO 2004, 1250 (1252): Erhöhung um 75 % bei Betriebsfortführung über drei Monate mit 60 Arbeitnehmern; AG Dresden v. 12.11.2004 – 558 IN 163/99, ZIP 2005, 88 (88): Bei Betriebsfortführung eines Restaurants mit drei Arbeitnehmern über zwei Monate Erhöhung um 10 %; LG Trier v. 17.7.2018 – 5 T 20/18, BeckRS 2018, 48037: bei Betriebsfortführung mit 42 Arbeitnehmern 30 %; LG Hannover v. 17.12.2018 – 11 T 8/18, ZInsO 2019, 1027: bei Betriebsfortführung von acht Monaten mit 26 Mitarbeitern, wobei die Tätigkeit des Insolvenzverwalters in den auf die Betriebseinstellung folgenden zwei Monaten nur begleitender Natur war: 40 %.

digkeit der Betriebsstätte zu orientieren ist, weil mit steigender Selbständigkeit der Betriebsstätte der Organisationsaufwand des Insolvenzverwalters steigt)[1]

– Buchhaltung (bei unvollständiger Finanz- oder Personalbuchhaltung 30 % bis 50 %)[2]

– Destruktiver/obstruierender/nicht zur vollständigen Auskunft fähiger Schuldner bzw. Erbe, Nachlassverwalter, Nachlasspfleger oder Testamentsvollstrecker (25 % bis 50 %)[3]

– Besonders große Gläubigerzahl (bis zu 20 %)[4]

– Immobilienverwaltung bei vermieteten Immobilien (Zuschlag kann an den Zwangsverwaltervergütungssätzen nach § 152a ZVG orientiert werden;[5] grundsätzlich dürfte es angemessen sein, je Gewerbe- oder Wohneinheit einen Zuschlag von 3 % zu gewähren, wenn die Mieteinnahmen in der Masse verbleiben; verbleiben die Mieteinnahmen etwa wegen Vereinbarung einer „kalten Zwangsverwaltung" nur zu einem geringen Teil in der Insolvenzmasse, weil sie zu einem großen Teil an den Grundpfandrechtsinhaber ausgekehrt werden müssen, so sind Zuschläge von 5 % bis 10 % je Einheit angemessen, da der Verwaltungsaufwand des Insolvenzverwalters hoch ist, ohne dass die Berechnungsgrundlage entsprechend erhöht wird)[6]

– Insolvenzgeldvorfinanzierung (5 % bis 10 %)[7]

---

[1] LG Neubrandenburg v. 26.11.2002 – 4 T 257/02, ZInsO 2003, 26 (28): Erhöhung um 20 % bei 12 Filialen; LG Braunschweig v. 29.1.2001 – 8 T 947/00 (588), ZInsO 2001, 552 (554): Erhöhung um 62,5 % wegen zweiter Betriebsstätte; AG Berlin-Charlottenburg v. 1.3.2019 – 36a IN 4295/17, ZInsO 2019, 641: Erhöhung von bis zu 75 % für Organisation und Fortführung von mehreren Betriebsstätten, auch im Ausland.

[2] BGH v. 23.9.2004 – IX ZB 215/03, BGH NZI 2004, 665 (665): Erhöhung um 50 %; BGH v. 12.9.2019 – IX ZB 28/18, NZI 2019, 867: Erhöhung um 10 %.

[3] LG Mönchengladbach v. 5.7.2001 – 5 T 109/01, ZInsO 2001, 750 (751): Erhöhung bei bloßer Auskunftsverweigerung um 10 %; AG Göttingen v. 3.1.2018 – 74 IN 160/16, LSK 2018, 560: Erhöhung bei mangelnder Auskunftsbereitschaft um bis zu 25 %.

[4] AG Göttingen v. 2.7.1999 – 71/74 IN 49/99, ZInsO 1999, 482 (482): Bei 350 Gläubigern Erhöhung um 5 %; AG Bonn v. 9.7.1999 – 98 IN 23/99, ZIP 1999, 2167 = ZInsO 2000, 55 (55): Bei 150 Gläubigern Erhöhung um 25 %.

[5] So auch Lorenz in FrankfurterKomm/InsO[9], § 3 InsVV, Rz. 34.

[6] BGH v. 4.11.2004 – IX ZB 52/04, ZIP 2004, 2448 = ZInsO 2004, 1350 (1350): Erhöhung um mehr als 15 % bei 103 Objekten; LG Neubrandenburg v. 26.11.2002 – 4 T 257/02, ZInsO 2003, 26 (28): Erhöhung um 10 %; LG Hannover v. 17.12.2018 – 11 T 8/18, ZInsO 2019, 1027: Erhöhung um 40 % wegen Verhandlungen mit 16 Interessenten und aufwendigen Verwertungsmaßnahmen, Hausverwaltung und umfangreiche Reparaturmaßnahmen; LG Frankfurt/O. v. 24.5.2017 – 13 T 20/16, ZInsO 2017, 2399: Erhöhung um 10 % für die Verwaltung von mehr als 30 Mietverhältnissen auf fünf Grundstücken über insgesamt 64 Monate.

[7] LG Traunstein v. 26.8.2004 – 4 T 885/04, ZInsO 2004, 1198 (1200): Erhöhung um 10 %; LG Traunstein v. 13.4.2004 – 4 T 3690/03, ZIP 2004, 1657 (1659): Erhöhung um 25 % bei 138 Arbeitnehmern; BGH v. 4.11.2004 – IX ZB 52/04, ZIP 2004, 2448 = ZInsO 2004, 1350 (1351): Erhöhung um 5 %; BGH v. 14.12.2000 – IX ZB 105/00, ZIP 2001, 296 = ZInsO 2001, 165 (169): Erhöhung um 5 %; BGH v. 22.2.2007 – IX ZB 120/06, NZI 2007, 343: Zuschlag ist davon abhängig, dass mehr als 20 Arbeitnehmer betroffen sind; BGH v. 17.10.2019 – IX ZB 5/18, juris: Erhöhung um 25 %.

- Insolvenzplan (bei Erarbeitung eines Insolvenzplanes durch den Insolvenzverwalter bis zu 50 %; bei Prüfung eines Insolvenzplanes, der durch einen anderen Beteiligten vorgelegt worden ist bis zu 10 %)
- Masse (bei besonders großer Masse bis zu 50 %)[1]
- Poolvereinbarung (20 % bis 50 %)[2]
- Rechnungswesen, desolates (10 %)[3]
- Sanierung (30 % bis 80 %)[4]
- Sanierungsbemühungen ohne tatsächlichen Sanierungserfolg (20 % bis 40 %)
- Sozialplan (10 % bis 25 %)[5]
- Verhandlungen mit Gläubigerbanken (bis zu 10 %)[6]
- Verhandlungen mit Interessenten/Übernehmern (5 % bis 20 %)[7]

Anerkannte Abschläge: 2.353

- Ungewöhnlich kurze Dauer des Verfahrens[8]
- Vorzeitige Beendigung[9]

---

[1] LG Braunschweig v. 29.1.2001 – 8 T 947/00 (588), ZInsO 2001, 552 (555); Bei mehr als 50 Mio. DM Erhöhung um 50 %.

[2] LG Bielefeld v. 15.7.2004 – 28 T 280/04, ZInsO 2004, 1250 (1252): Erhöhung um 25 % bei 800 Gläubigern; LG Braunschweig v. 29.1.2001 – 8 T 947/00 (588), ZInsO 2001, 552 (553): Erhöhung um 50 %.

[3] Vgl.: LG Bonn v. 20.9.2002 – 2 T 12/02, ZInsO 2002, 1030 (1030).

[4] LG Bielefeld v. 15.7.2004 – 28 T 280/04, ZInsO 2004, 1250 (1252): Bei unattraktivem Unternehmen und hohem Zeitaufwand Erhöhung um 20 %; AG Bergisch Gladbach v. 11.1.2000 – 33 N 68/98, ZIP 2000, 283 = ZInsO 2000, 172 (172): Bei 53 Arbeitnehmern und Erstellung eines Sanierungskonzeptes Erhöhung um 200 %.; LG Hannover v. 17.12.2018 – 11 T 8/18, ZInsO 2019, 1027: Erhöhung um 100 %.

[5] AG Bielefeld v. 18.5.2000 – 43 IN 466/99, ZInsO 2000, 350 (350): Erhöhung um 25 %.

[6] BGH v. 4.11.2004 – IX ZB 52/04, ZIP 2004, 2448 = ZInsO 2004, 1350 (1351): Bei Verhandlung bezüglich der Verwertung von belastetem Immobilienvermögen Erhöhung um 5 %.

[7] LG Traunstein v. 26.8.2004 – 4 T 885/04, ZInsO 2004, 1198 (1200): Erhöhung um 5 %; LG Bielefeld v. 15.7.2004 – 28 T 280/04, ZInsO 2004, 1250 (1252): Erhöhung um 20 %.

[8] OLG Celle v. 25.9.2001 – 2 W 92/01, NZI 2001, 650 (652); OLG Köln v. 19.12.2001 – 2 W 218/01, ZInsO 2002, 873 (873 f.): Dauer von nur 1 Monat und 5 Tagen führt zu einem Abschlag von 10 %; LG Göttingen v. 25.11.2002 – 10 T 62/02, ZInsO 2003, 25 (26): Dauer von 2,5 Wochen führt bei nur geringfügiger Tätigkeit zu einem Abschlag von 15 %; OLG Celle v. 17.9.2001 – 2 W 53/01, NZI 2001, 653 (653): Bei Dauer von nur 2 Monaten ist kein Abschlag vorzunehmen; vgl. auch AG Köln v. 4.1.2017 – 72 IN 310/16, NZI 2017, 324 bei besonders kurzer Amtsdauer von 17 Tagen des vorläufigen Insolvenzverwalters.

[9] BGH v. 16.12.2004 – IX ZB 301/03, ZIP 2005, 180 = ZInsO 2005, 85 (85): Berücksichtigung durch Reduzierung der Regelsätze; BGH v. 11.6.2015 – IX ZB 18/13, NZI 2015, 821; v. 14.2.2019 – IX ZB 25/17, NZI 2019, 392.

2.354 Die Vergütung nach §§ 2, 3 InsVV deckt grundsätzlich sämtliche Verwaltungskosten des Insolvenzverwalters ab (§ 4 InsVV). Zu dem Verwaltungsaufwand gehören neben seinen **allgemeinen Bürokosten** wie Miete, Kosten der Ausstattung, Strom und Ähnliches insbesondere seine Personalkosten. Dessen ungeachtet können jedoch bestimmte Leistungen, die der Insolvenzverwalter unmittelbar für die Masse in Anspruch nimmt, auf Kosten und Rechnung der Masse ausgeführt werden. Es haben sich bestimmte Bereiche entwickelt, in denen der Insolvenzverwalter grundsätzlich ganz oder teilweise auf aus der Masse bezahlte Hilfskräfte zurückgreifen darf. Im Einzelnen sind insbesondere folgende Bereiche hervorgetreten:

2.355 **Buchhaltung und Bilanzierung:** Sofern ein Insolvenzverfahren eine Buchhaltung und Bilanzierung erfordert, kann der Insolvenzverwalter diese Tätigkeitsbereiche grundsätzlich auf Kosten der Masse von Externen bearbeiten lassen. Dies gilt insbesondere dann, wenn der Schuldner zuvor diese Tätigkeiten bereits von einem Drittunternehmen hatte ausführen lassen. Zur Buchhaltung und Bilanzierung gehört es auch, die Buchhaltung aus der Zeit vor der Eröffnung des Insolvenzverfahrens durch geschultes Personal sichten und ggf. berichtigen zu lassen. Führt der Insolvenzverwalter diese Tätigkeiten mit eigenem Personal aus, so ist dies jedenfalls vergütungserhöhend zu berücksichtigen.

2.356 **Steuerangelegenheiten:** Die Erstellung von Steuererklärungen, die Durchführung von Einspruchs- und Klageverfahren und sonstige Steuerangelegenheiten sind grundsätzlich solche Tätigkeiten, die der Insolvenzverwalter durch externe Dritte auf Kosten der Masse durchführen lassen kann. Führt der Insolvenzverwalter solche Tätigkeiten selbst mit Hilfe eigenen Personals durch, so sind diese Tätigkeiten vergütungserhöhend zu berücksichtigen.

2.357 **Beitreibung von Forderungen:** Die Beitreibung von Forderungen gehört grundsätzlich zur originären Tätigkeit des Insolvenzverwalters. Da das Insolvenzgericht bei der Auswahl des Insolvenzverwalters regelmäßig eine geschäftserfahrene Person auswählen wird, die über die Möglichkeiten des Einzugs von Forderungen verfügt, kann dieser Tätigkeitsbereich weder auf Dritte übertragen werden, noch führt die Selbstausführung durch den Insolvenzverwalter zu einer Vergütungserhöhung. Anderes gilt lediglich dann, wenn der Forderungseinzug in einem bestimmten Verfahren einen außergewöhnlichen Umfang annimmt oder auf außergewöhnliche Schwierigkeiten trifft. Dies kann beispielsweise dann der Fall sein, wenn kurz nach Eröffnung des Insolvenzverfahrens in einer Vielzahl von Forderungen, die ihrem Grunde nach noch überprüft werden müssen (z.B. Bauforderungen) Verjährung einzutreten droht. Auch wenn die Forderungen streitig sind und die Einschaltung eines Rechtsanwaltes erforderlich ist, der die Forderungen gerichtlich geltend macht, darf der Verwalter Externe einschalten. Dies führt dann nicht zu einem Abschlag von seiner Vergütung. Ebenfalls kann eine Übertragung auf Dritte erfolgen, wenn Vollstreckungen im Ausland durchzuführen sind, da der Insolvenzverwalter über derartige personelle Kapazitäten grundsätzlich nicht zu verfügen braucht.

2.358 **Verwertung von Massegegenständen:** Die Verwertung von Massegegenständen darf der Insolvenzverwalter regelmäßig durch externe Verwertungsgesellschaften durchführen lassen. Er muss hierfür auch keine Abschläge von seiner Vergütung hinnehmen. Der Insolvenzverwalter verfügt regelmäßig nicht über die speziellen Kenntnisse des Immobilienmarktes, des Gebrauchtmaschinenmarktes, des Gebrauchtautomobilmarktes oder Ähnlicher, so dass es hier regelmäßig der Einschaltung eines externen Dritten bedarf.

Haftpflichtversicherung: § 4 Abs. 3 InsVV ermöglicht es ausdrücklich, dass der Insolvenzverwalter zur Abdeckung besonderer Risiken eines Insolvenzverfahrens eine Individualhaftpflichtversicherung abschließt. Der Abschluss dieser Versicherung darf grundsätzlich auf Kosten der Masse erfolgen, wenn in dem Insolvenzverfahren besondere, verfahrensspezifische Risiken zu entstehen drohen. Überdurchschnittliche Risiken ergeben sich insbesondere bei Betriebsfortführungen, bei der Beurteilung gesellschaftsrechtlicher Verhältnisse oder bei der Beurteilung gewerblicher Schutzrechte. Auch im Grundstücksbereich können besondere Risiken entstehen. 2.359

Über die Vergütung hinausgehende, besondere Honorare erhält der Insolvenzverwalter, wenn er als Rechtsanwalt zugelassen ist und Tätigkeiten ausführt, für die ein nicht als Rechtsanwalt zugelassener Insolvenzverwalter üblicherweise einen Rechtsanwalt einschalten würde (§ 5 InsVV). Gleiches gilt für Wirtschaftsprüfer oder Steuerberater in Ansehung von ihnen ausgeführter Buchhaltungs- oder Bilanzierungstätigkeiten. Die besonderen Honorare sind für sämtliche Angelegenheiten jeweils einzeln nach den für die Vergütung von Rechtsanwälten, Wirtschaftsprüfern oder Steuerberatern geltenden gesetzlichen Vorschriften zu bemessen. Die Erstattungsfähigkeit von Honoraren eines Rechtsanwaltes ist nicht auf Zivilrechtstreite beschränkt, sondern gilt auch für Arbeits-, Verwaltungs-, Finanz- und Sozialgerichtsstreitigkeiten. Ein gesondertes Honorar steht dem Rechtsanwalt aber auch dann zu, wenn nicht eine prozessuale Auseinandersetzung entstanden ist, sondern der Rechtsanwalt im Bereich der Verhandlung oder Bearbeitung komplizierter Verträge tätig geworden ist. 2.360

Zusätzlich zur Vergütung und zur Erstattung von Auslagen erhält der Insolvenzverwalter die gesetzliche Umsatzsteuer festgesetzt (§ 7 InsVV). Schließlich erhält der Insolvenzverwalter Ersatz seiner Auslagen (§ 8 Abs. 1, 3 InsVV). Der Insolvenzverwalter kann wählen, ob er die ihm tatsächlich entstandenen Auslagen gesondert aufzählen und deren Festsetzung beantragen möchte, oder ob er gem. § 8 Abs. 3 InsVV einen Pauschalsatz verlangt. Dieser beträgt im ersten Jahr 15 %, danach 10 % der Regelvergütung, höchstens jedoch Euro 250 je angefangenen Monat der Dauer der Tätigkeit des Insolvenzverwalters. Der Pauschalsatz darf insgesamt 30 % der Regelvergütung nicht überschreiten. Die Pauschalsätze sind zwingend. Weder dem Insolvenzverwalter noch dem Insolvenzgericht steht ein Ermessen bei der Bestimmung der Pauschalsätze zu. Die Begrenzung auf 30 % der Regelvergütung ist absolut. Auch sie ist nicht veränderbar. 2.361

X. Abwicklung des schuldnerischen Rechtsträgers

In der Literatur ist nach wie vor umstritten, ob die Pflichten des Insolvenzverwalters auch die Aufgabe umfassen, die Schuldnergesellschaft gänzlich im Insolvenzverfah- 2.362

ren abzuwickeln – eine gesellschaftsrechtliche Liquidation wäre damit hinfällig.[1] Dies hätte zur Folge, dass die Freigabe von Gegenständen nicht mehr möglich und der Insolvenzverwalter zudem verpflichtet wäre, originäre gesellschaftsrechtliche Pflichten zur Abwicklung der Gesellschaft zu erledigen. Die daraus anfallenden Kosten fielen der Masse und damit der Gläubigergemeinschaft zur Last. Das auf Gesamtvollstreckung ausgerichtete Insolvenzverfahren würde damit um die Sicherstellung der Erfüllung nichtvermögensrechtlicher Pflichten des Schuldners erweitert. Der BGH hat zu der aufgeworfenen Problematik Stellung bezogen, indem er den von der Vorinstanz[2] vertretenen Grundsatz der Vollbeendigung ausdrücklich abgelehnt hat:[3]

„Das Insolvenzverfahren dient vorrangig dazu, die Gläubiger des Schuldners gemeinschaftlich zu befriedigen, indem dessen Vermögen verwertet und der Erlös verteilt wird (§ 1 Satz 1 InsO). ... Daraus folgt, dass das Ziel einer Vollbeendigung der Gesellschaft im Insolvenzverfahren jedenfalls dort zurücktreten muss, wo es in Widerspruch zu den Belangen der Gläubigergesamtheit gerät. Das berechtigte Interesse der Gläubiger, aus der Masse eine Befriedigung ihrer Ansprüche zu erhalten und deshalb möglichst die Entstehung von Verbindlichkeiten zu vermeiden, die das zur Verteilung zur Verfügung stehende Vermögen schmälern, hat im Rahmen der insolvenzrechtlichen Abwicklung unbedingten Vorrang ...

... Ein rechtlich schutzwürdiges Bedürfnis, dem Verwalter die Möglichkeit der Freigabe einzuräumen, besteht regelmäßig dort, wo zur Masse Gegenstände gehören, die wertlos sind oder Kosten verursachen, welche den zu erwartenden Veräußerungserlös möglicherweise übersteigen. Dies hat insbesondere bei wertausschöpfend belasteten oder erheblich kontaminierten Grundstücken große praktische Bedeutung. Es wäre mit dem Zweck der Gläubigerbefriedigung nicht zu vereinbaren, wenn der Insolvenzverwalter in solchen Fällen gezwungen wäre, Gegenstände, die nur noch geeignet sind, das Schuldnervermögen zu schmälern, allein deshalb in der Masse zu behalten, um eine Vollbeendigung der Gesellschaft zu bewirken."[4]

2.363 Der BGH hat damit den Umfang der insolvenzrechtlichen Abwicklungspflichten des Insolvenzverwalters für alle Schuldner einheitlich auf den vermögensrechtlichen Bereich beschränkt. Daher gilt für die Liquidation von Gesellschaften, dass im Falle einer vollständigen Abwicklung des Gesellschaftsvermögens im Insolvenzverfahren, bei der es außer der Löschung im Handelsregister keiner zusätzlichen gesellschaftsrechtlichen Maßnahmen zur Abwicklung mehr bedarf, kein Nachtragsliquidator bestellt werden muss, da die Löschung von Amts wegen erfolgt. Der Insolvenzverwalter kann einen etwaigen Überschuss direkt an die Gesellschafter herausgeben, § 199 Satz 2 InsO. Wurde das Gesellschaftsvermögen hingegen nicht vollständig abgewickelt, weil beispielsweise Gegenstände freigegeben wurden oder sind weitere gesellschaftsrechtliche Maßnahmen erforderlich, verbleibt dies in der Zuständigkeit und Pflicht der Gesellschaft selbst.

---

1 *Bork*, Einführung in das Insolvenzrecht[9], Rz. 159; *Müller* in Jaeger, § 35 InsO Rz. 146.
2 OLG Karlsruhe v. 25.7.2003 – 14 U 207/01, ZIP 2003, 1510 (1511, 1512).
3 Gegen eine Pflicht zur Vollbeendigung auch: *Vuia* in MünchKomm/InsO[4], § 80 Rz. 69, 114, 142 m.w.N.
4 BGH v. 21.4.2005 – IX ZR 281/03, ZIP 2004, 2024 = NJW 2005, 2015 (2016); a.A. *Bork*, Einführung in das Insolvenzrecht[9], Rz. 161.

D. Insolvenz des Steuerberaters

I. Besonderheiten bei Steuerberatern

Der Steuerberater ist als unabhängiges Organ der Steuerrechtspflege verpflichtet, seine persönliche und wirtschaftliche Unabhängigkeit gegenüber jedermann zu wahren (§ 2 Abs. 1, 3 BOStB). Vor diesem Hintergrund wirft die Zahlungsunfähigkeit bzw. der Vermögensverfall eines Steuerberaters Probleme auf. Gemäß §§ 286 ff. InsO haben aber auch Steuerberater die Möglichkeit, sich im Rahmen der Restschuldbefreiung von ihren Verbindlichkeiten zu befreien.

2.364

Einstweilen frei.

2.365

II. Berufsrechtliche Konsequenzen

1. Vermögensverfall des Steuerberaters

Dem Steuerberater ist gem. § 46 Abs. 2 Ziff. 4 StBerG die Zulassung zu entziehen, wenn er in Vermögensverfall geraten ist, es sei denn, dass dadurch die Interessen der Auftraggeber nicht gefährdet sind. Daraus lässt sich entnehmen, dass allein der Vermögensverfall des Steuerberaters nicht ausreicht, um den Entzug der Zulassung zu rechtfertigen. Kann er glaubhaft darlegen, dass die Interessen seiner Auftraggeber nicht gefährdet sind, so ist ihm die Zulassung zu belassen.[1]

2.366

Die Eröffnung des Insolvenzverfahrens über das Vermögen des Steuerberaters oder die Eintragung in das vom Insolvenzgericht nach § 26 Abs. 2 InsO bzw. das vom Vollstreckungsgericht gem. § 915 ZPO zu führende Verzeichnis begründet die gesetzliche Vermutung des Vermögensverfalls des Steuerberaters.[2] Trotz der gesetzlichen Vermutung des Vermögensverfalls des Steuerberaters durch die Eintragung in das Schuldnerverzeichnis besteht die Möglichkeit, diese Vermutung zu widerlegen, beispielsweise durch Vorlage eines Vermögensverzeichnisses oder Darlegung eines geordneten Zahlungsverhaltens.

2.367

Nach der Rechtsprechung des BFH wird Vermögensverfall eines Steuerberaters ferner angenommen, wenn dieser in **ungeordnete, schlechte finanzielle Verhältnisse** geraten ist, die er in absehbarer Zeit nicht ordnen kann, und er außerstande ist, seinen Verpflichtungen nachzukommen.[3] Ungeordnete wirtschaftliche Verhältnisse sind zu vermuten, wenn der Steuerberater seinen elementaren finanziellen Verpflich-

2.368

---

[1] BFH v. 22.9.1992 – VII R 43/92, BStBl. II 1993, 203 = DStR 1993, 1044 (1044); vgl. auch BFH v. 17.8.2016 – VII B 59/16, DStRE 2016, 1214; v. 25.6.2014 – VII B 183/13, LSK 2014, 490396.

[2] BFH v. 17.12.2009 – VII B 71/09, DStR 2010, 776 (776); v. 3.3.2009 – VII B 126/08; FG Nds. v. 27.11.2008 – 6 K 416/07, DStRE 2009, 1281 (1281); BFH v. 25.6.2014 – VII B 183/13, LSK 2014, 490396; v. 17.8.2016 – VII B 59/16, DStRE 2016, 1214.

[3] BFH v. 3.11.1992 – VII R 95/91, BFH/NV 1993, 624 (624); v. 9.4.2009 – VII B 113/08, BFH/NV 2009, 1282 (1282); FG Rh.-Pf. v. 9.4.2008 – 2 K 1796/07, juris; FG Hamburg v. 27.9.2017 – 6 K 53/17, juris; FG Nds. v. 20.1.2016 – 6 K 165/15, BeckRS 2016, 94276; BFH v. 18.3.2014 – VII R 14/13, NV, DStRE 2014, 1527.

tungen, wie die Leistung der Haftpflichtversicherung[1] oder die Zahlung der Arbeitnehmerentgelte, nicht nachkommt. Hierbei ist der Grund für die Nichtleistung des Schuldners völlig unerheblich.[2] Die Annahme nicht geordneter wirtschaftlicher Verhältnisse lässt sich aber nicht allein mit der Verschuldung des Steuerberaters begründen, wenn die Möglichkeit besteht, dass der Steuerberater seine Schulden durch sein Einkommen in einem überschaubaren Zeitraum tilgen kann bzw. der Schuldendienst gesichert ist.[3] Kann der verschuldete Steuerberater die Verbindlichkeiten aber nicht mit seinen laufenden Einnahmen decken und ist der Ausgang eines Schuldenbereinigungsverfahrens ungewiss, so sind ungeordnete, schlechte finanzielle Verhältnisse anzunehmen und damit auch der Vermögensverfall des Steuerberaters zu bejahen.[4]

2.369 Will der Steuerberater die Vermutung des Vermögensverfalls widerlegen, so muss er seine Einkommens- und Vermögensverhältnisse vollständig und lückenlos offenlegen, indem er eine Aufstellung seiner Gläubiger nebst der Höhe der jeweiligen Verbindlichkeiten vornimmt und darlegt, welche Forderungen bereits beglichen sind und wie er gedenkt, die noch offenen Verbindlichkeiten zu tilgen.[5] Zur Widerlegung der Vermutung des Vermögensverfalls genügt das Vorbringen des Steuerberaters nicht, er habe seine schlechte wirtschaftliche Lage nicht selbst verschuldet oder es handele sich bei seinen Gläubigern nicht um seine Mandanten.[6]

Der Eintritt eines Vermögensverfalls ist nach § 46 Abs. 2 Nr. 4 StBerG auch dann zu vermuten, wenn das Insolvenzverfahren über das Vermögen des Steuerberaters oder Steuerbevollmächtigten nicht in Deutschland, sondern in einem anderen Mitgliedstaat der EU nach dessen Recht eröffnet worden ist.[7]

2. Gefährdung der Auftraggeberinteressen

2.370 Nach § 46 Abs. 2 Ziff. 4 StBerG kann von der Entziehung der Zulassung des Steuerberaters trotz Vermögensverfalls abgesehen werden, wenn für die Interessen der Auftraggeber keine Gefahr besteht. **Grundsätzlich** ist aber **von der Gefährdung der Auftraggeberinteressen** im Falle des Vermögensverfalls eines Steuerberaters **auszugehen**. Die Ausnahme kommt nur zur Anwendung, wenn der Steuerberater den

---

1 FG BW v. 7.3.2001 – 4 K 288/00, juris.
2 *Schmittmann*, NJW 2002, 182 (183).
3 BFH v. 22.8.1995 – VII R 63/94, BStBl. II 1995, 909 = NJW 1996, 2598 (2599); v. 4.12.2007 – VII R 64/06, BStBl. II 2008, 401 = ZIP 2008, 657 = DStR 2008, 995 (996); FG Hamburg v. 14.2.2018 – 6 K 199/17, DStRE 2019, 261.
4 BFH v. 4.12.2007 – VII R 64/06, BStBl. II 2008, 401 = ZIP 2008, 657 = DStR 2008, 995 (996); FG Hamburg v. 14.2.2018 – 6 K 199/17, DStRE 2019, 261.
5 FG Berlin-Bdb. v. 25.11.2009 – 12 K 12120/09, EFG 2010, 672 (672 ff.); *Schmittmann*, NJW 2002, 182 (182); FG Düsseldorf v. 28.9.1994 – 2 K 4418/93, DStR 1995, 155 (155); FG Hamburg v. 14.2.2018 – 6 K 199/17, DStRE 2019, 261.
6 BFH v. 4.12.2007 – VII R 64/06, BStBl. II 2008, 401 = ZIP 2008, 657 = DStR 2008, 995 (996); vgl. auch FG Hamburg v. 14.2.2018 – 6 K 199/17, DStRE 2019, 261; FG Nds. v. 20.1.2016 – 6 K 165/15, BeckRS 2016, 94276.
7 BFH v. 17.8.2016 – VII B 59/16, juris.

Vermögensverfall widerlegen kann.[1] Der Steuerberater trägt die Darlegungs- und Feststellungslast für den in § 46 Abs. 2 Ziff. 4 StBerG gesetzlich normierten Ausnahmetatbestand.[2] Dabei hat der Schuldner glaubhaft darzulegen bzw. einen Nachweis darüber zu erbringen, dass eine Gefährdung der Interessen seiner Auftraggeber durch seine desolate Vermögenslage nicht vorliegt und auch für die Zukunft ausgeschlossen ist.[3] An diesen Nachweis sind hohe Anforderungen zu stellen. Tilgungsvereinbarungen mit allen Gläubigern, die nach substantiierter Darlegung durch den Steuerberater auch eingehalten werden können[4] oder die vollständige Unterbindung des Zugriffs des Steuerberaters auf Mandantengelder können aber ausreichen, um eine Gefährdung der Interessen der Auftraggeber für die Zukunft auszuschließen.[5] Die Rechtsprechung lässt aber bereits eine potentielle(abstrakte) Gefährdung der Auftraggeberinteressen ausreichen, um den Ausnahmetatbestand abzulehnen.[6] Daher ist eine Gefährdung der Auftraggeberinteressen nicht schon dadurch ausgeschlossen, dass der Steuerberater in einem Angestelltenverhältnis tätig ist;[7] immerhin steht ihm jederzeit die Möglichkeit offen, selbständig tätig zu werden.[8] Vielmehr muss im Wege von strengen Überwachungsmaßnahmen sichergestellt sein, dass der in Vermögensverfall geratene Steuerberater keinerlei Zugriff auf Mandantengelder hat.[9] Die Überwachungsmaßnahmen können im Falle eines Anstellungsverhältnisses durch den Arbeitgeber erfolgen, indem der Steuerberater lediglich ein festes Gehalt bezieht und keine Kontovollmachten eingeräumt bekommt.

Im Insolvenzverfahren über das Vermögen des Steuerberaters kann der **Insolvenzverwalter sicherstellen**, dass eine Gefährdung für die Auftraggeberinteressen nicht fortbesteht. Der Insolvenzverwalter hat – wie in jedem Insolvenzverfahren – sicherzustellen, dass der Schuldner nicht mehr über sein Vermögen verfügen kann. Er hat einen geordneten Zahlungsverkehr herzustellen und aus der vorhandenen Insolvenzmasse nur noch die Masseverbindlichkeiten (§§ 53, 55 InsO) vorab zu befriedigen. Eine Gefährdung der Auftraggeberinteressen könnte im eröffneten Insolvenzverfahren lediglich noch dann anzunehmen sein, wenn die Gefahr bestünde, dass Auftraggeber des Steuerberaters mit Forderungen ausfallen, die sie nach der Eröffnung des Insolvenzverfahrens gegen die Insolvenzmasse erworben haben. Das aber ist kein Re-

2.371

---

1 Vgl. ausführlich dazu FG Hamburg v. 30.6.2014 – 1 K 149/13; FG Nds. v. 10.6.2015 – 6 K 48/15, BeckRS 2015, 95738.
2 BFH v. 4.12.2007 – VII R 64/06, BStBl. II 2008, 401 = ZIP 2008, 657 = DStR 2008, 995 (996); v. 3.7.2009 – VII B 258/08, BFH/NV 2009, 1846 (1847); FG Düsseldorf v. 24.10.2012 – 2 K 2530/11 StB, BeckRS 2015, 95445; FG Hamburg v. 14.2.2018 – 6 K 199/17, DStRE 2019, 261; FG Nds. v. 20.1.2016 – 6 K 165/15, BeckRS 2016, 94276.
3 BFH v. 4.3.2004 – VII R 21/02, BFH/NV 2004, 895 (895 ff.); *Jatzke*, DStR 2008, 424 (425); FG Hamburg v. 14.2.2018 – 6 K 199/17, DStRE 2019, 261; FG Nds. v. 20.1.2016 – 6 K 165/15, BeckRS 2016, 94276.
4 FG Berlin-Bdb. v. 25.11.2009 – 12 K 12120/09, EFG 2010, 672 (673).
5 Offen lassend BFH v. 15.11.1994 – VII R 48/94, DStR 1995, 622 (623).
6 *Schmittmann*, NJW 2002, 182 (182); BFH v. 2.5.1991 – VII R 81/90, HFR 1992, 254 (254).
7 FG Berlin-Bdb. v. 25.11.2009 – 12 K 12120/09, EFG 2010, 672 (672 ff.).
8 FG Düsseldorf v. 30.11.2000 – 2 K 2886/00, juris; BFH v. 4.3.2004 – VII R 21/02, DStRE 2004, 733 (735); vgl. auch BGH v. 20.6.2016 – AnwZ (Brfg) 38/15, DStR 2017, 463.
9 *Ehlers*, NJW 2008, 1480 (1481).

gelfall, so dass eine dementsprechende Vermutung nicht Platz greift. Einen solchen Fall könnte man beispielsweise ausnahmsweise dann annehmen, wenn in größerem Maße Masseverbindlichkeiten entstehen, die nicht in der Fortführung der Kanzlei des Steuerberaters wurzeln (z.B. laufende Lasten für im Eigentum des Steuerberaters stehende Immobilien) und die Gefahr besteht, dass die Überschüsse aus der beruflichen Tätigkeit des Steuerberaters zu deren Deckung nicht ausreichen. Soweit im Zusammenhang mit der Ausübung der freiberuflichen Tätigkeit des Steuerberaters während des Insolvenzverfahrens die Notwendigkeit besteht, Mandantengelder treuhänderisch zu verwalten, ist es geboten, dass der Insolvenzverwalter dafür ein besonderes Mandantengeld-Anderkonto einrichtet, das von der übrigen Insolvenzmasse getrennt bleibt und als echtes Fremdgeld selbst im Fall der Masseunzulänglichkeit nicht den wirtschaftlich an diesem Geld berechtigten Mandanten verloren geht. Es ist nicht zu beanstanden, wenn der Steuerberater über dieses Mandantengeld-Anderkonto nicht verfügen kann; insoweit ist – um eine Gefährdung der Auftraggeberinteressen auszuschließen – allein eine Verfügungsmacht des Insolvenzverwalters tolerabel. Da die treuhänderische Verwaltung von Fremdgeld eine Vertrauenssache ist, muss der Insolvenzverwalter den betreffenden Mandanten offenlegen, dass nicht der Steuerberater die Treuhandschaft bezüglich der verwalteten Gelder wahrnimmt, sondern der Insolvenzverwalter.

2.372 Ist im Regelinsolvenzverfahren ein **Insolvenzplan angenommen** und bestätigt (§§ 235 ff. InsO) ist davon auszugehen, dass der Schuldner sich von den Verbindlichkeiten lösen kann.[1] In solchen Fällen ist regelmäßig davon auszugehen, dass eine Gefährdung der Auftraggeberinteressen nicht (mehr) vorliegt. Gleiches gilt, wenn die Restschuldbefreiung angekündigt und das Insolvenzverfahren aufgehoben sind.[2] Mit Aufhebung des Insolvenzverfahrens entfällt die Vermutung des Vermögensverfalls (§ 46 Abs. 2 Ziff. 4 Halbs. 2 StBerG). Erst recht kann eine Gefährdung der Auftraggeberinteressen nicht angenommen werden, wenn die Restschuldbefreiung erteilt worden ist, es sei denn, der Steuerberater hätte nach Eröffnung des Insolvenzverfahrens im insolvenzfreien Bereich derart viele Neuverbindlichkeiten begründet, dass er (erneut) nicht in der Lage sein wird, diese im Rahmen eines geordneten Zahlungsverkehrs zu bedienen. Allein der Umstand, dass ein Steuerberater früher einmal in wirtschaftliche Schieflage geraten war, rechtfertigt keinesfalls die Annahme, seine Zulassung als Steuerberater bedeute eine Gefährdung von Auftraggeberinteressen.

3. Verfahren bei Entziehung der Zulassung

2.373 Der Entzug der Zulassung eines Steuerberaters erfolgt im Wege eines Widerrufs der Bestellung zum Steuerberater durch die zuständige Steuerberaterkammer. Dem Steuerberater steht gegen den Widerruf der Bestellung die Klage zu, für die das FG zuständig ist (§ 164a StBerG).

---

1 BFH v. 12.9.2005 – VII B 240/04, BFH/NV 2006, 135 (135 ff.); FG Hessen v. 28.1.2019 – 9 K 1943/17, LSK 2019, 3970; vgl. auch BGH v. 5.4.2019 – A nwZ (Brfg) 38/15, DStR 2017, 463.
2 FG Rh.-Pf. v. 16.12.2008 – 2 K 2084/08, DStR 2009, 876 (876).

4. Zulassungsentzug und Berufsfreiheit

Der Widerruf der Bestellung eines Steuerberaters, der in Vermögensverfall geraten ist und den Ausschluss der Gefährdung der Interessen seiner Auftraggeber nicht dargelegt hat (§ 46 Abs. 2 Ziff. 4 StBerG), greift zwar in das Grundrecht der Berufsfreiheit (Art. 12 Abs. 1 GG) ein, ist aber verhältnismäßig und damit mit Art. 12 GG vereinbar.[1] Der BFH sieht das Prinzip der Verhältnismäßigkeit als gewahrt an, weil die Steuerberatung ein wichtiges Gemeinschaftsgut darstellt, welches nur durch die ordnungsgemäße Berufsausübung des Steuerberaters gewährleistet ist.[2] Das Allgemeininteresse, das in einer Vermeidung der Gefährdung der Auftraggeberinteressen liegt, steht im Verhältnis zum Interesse des Steuerberaters an seiner Berufsausübung höher, da die Ordnung seiner Vermögensverhältnisse und der Erhalt dieser Ordnung einzig seinem Verantwortungsbereich unterliegt.[3] Allerdings ist im Hinblick auf die Schwere des Grundrechtseingriffs eine sorgfältige Prüfung geboten, ob im Einzelfall Umstände vorliegen, die die Widerlegung der Vermutung des Vermögensverfalls ergeben.[4]

2.374

5. Fortführung der Steuerberaterkanzlei im Rahmen des Insolvenzverfahrens

Der Insolvenzverwalter kann eine Steuerberaterkanzlei oder eine Steuerberatungsgesellschaft im Insolvenzverfahren fortführen. Voraussetzung ist nur, dass dem Insolvenzschuldner die Bestellung zum Steuerberater nicht widerrufen worden ist. Einschränkungen hinsichtlich der Verwaltung von Mandantengeldern oder von Treuhandkonten beeinträchtigen den Steuerberater in seiner beratenden Tätigkeit nicht, so dass der Insolvenzverwalter die Arbeitskraft des Steuerberaters sinnvoll zur Bewältigung des Arbeitsaufwandes nutzen kann. Die Fortführung einer Steuerberaterkanzlei kann zur Anreicherung der Insolvenzmasse und damit zum Zwecke optimaler Gläubigerbefriedigung durchaus geboten sein, weil der Kanzleiwert zumeist auf der Vertrauensbasis zwischen Auftraggeber und Steuerberater beruht, so dass eine Veräußerung problematisch ist und durch die Fortsetzung der Beratungstätigkeit durch den Steuerberater auch eine Verletzung der Verschwiegenheitspflicht vermieden werden kann.[5] Nach § 35 Abs. 2 InsO hat der Insolvenzverwalter dem selbständig tätigen Schuldner zu erklären, ob das durch die selbständige Tätigkeit des Schuldners erwirtschaftete Vermögen zur Insolvenzmasse gehört und ob daraus im Insolvenzverfahren Ansprüche geltend gemacht werden können. Erklärt sich der Insolvenzverwalter dahingehend, dass die Verbindlichkeiten aus der selbständigen Tätigkeit des Steuerberaters im Insolvenzverfahren geltend gemacht werden können, dann fallen auch sämtliche Einnahmen aus dieser selbständigen Tätigkeit des Insolvenzschuld-

2.375

---

1 FG Nds. v. 19.9.2013 – 6 K 85/13; BFH v. 4.7.2000 – VII R 103/99, HFR 2001, 61 (61); v. 11.8.2009 – VII B 247/08, juris; v. 23.2.2009 – VII B 201/08, juris; Vgl. auch BVerfG v. 31.8.2005 – 1 BvR 912/04, NJW 2005, 3057 (3057); BFH v. 5.6.2015 – VII B 181/14, juris.
2 BFH v. 16.9.2009 – VII B 75/09, juris; FG Düsseldorf v. 25.11.2010 – 2 K 4730/09 StB, juris.
3 BFH v. 4.7.2000 – VII R 103/99, HFR 2001, 61 (61); v. 17.11.1987 – VII R 120/86, BStBl. II 1988, 81 = StB 1988, 304 (304); FG Düsseldorf v. 25.11.2010 – 2 K 4730/09 StB, juris.
4 BVerfG v. 31.8.2005 – 1 BvR 912/04, NJW 2005, 3057 (3058).
5 *Hess/Röpke*, NZI 2003, 233 (234).

ners in die Insolvenzmasse. Der Insolvenzverwalter zahlt dem Insolvenzschuldner als Abgeltung für seinen Arbeitseinsatz dann in der Regel einen „Unternehmerlohn" aus der Insolvenzmasse; der Insolvenzschuldner braucht auf diesen Unternehmerlohn nicht (nochmals) Einkommensteuer zu entrichten, weil die einkommensteuerrechtliche Erfassung der Einkünfte des Insolvenzschuldners bei der Insolvenzmasse erfolgt und die Insolvenzmasse die Einkommensteuer auf diese Einkünfte als Masseverbindlichkeit (§ 55 InsO) trägt. Nur wenn der Insolvenzverwalter sich gem. § 35 Abs. 2 InsO dahingehend erklärt, dass Verbindlichkeiten aus der selbständigen Tätigkeit des Insolvenzschuldners nicht im Insolvenzverfahren geltend gemacht werden können, hat der Insolvenzverwalter keinen Zugriff auf die Einnahmen aus dieser Tätigkeit. In diesem Fall ist der Steuerberater in Bezug auf seine Geschäftstätigkeit allein verantwortlich.

2.376 Ist die Zulassung des Steuerberaters widerrufen, so kann der Insolvenzverwalter ihn gleichwohl **als einfachen Angestellten** mit besonderen berufsspezifischen Qualifikationen in der Kanzlei beschäftigen und auch hier einen „Unternehmerlohn" zahlen. Auf diese Weise kann er die berufliche Kompetenz des ehemaligen Steuerberaters zur Fortführung der Steuerberaterkanzlei zugunsten der Insolvenzmasse nutzen. Auch dient die Weiterbeschäftigung des ehemaligen Steuerberaters auch als einfacher Angestellter dem Schutz des Vertrauens der Mandanten, da er weiterhin als Ansprechpartner der Mandanten zur Verfügung steht. Sofern der Steuerberater seine Kanzlei in Form einer Freiberuflerpraxis alleine betrieben hatte, bestehen keine Bedenken dagegen, dass der Insolvenzverwalter, der selbst über die Berufsqualifikation des Steuerberaters oder auch des Rechtsanwaltes verfügt, die Kanzlei fortführt, ohne auf Rechnung der Insolvenzmasse einen Steuerberater zu beschäftigen, denn auch der Rechtsanwalt ist gem. § 3 Ziff. 1 StBerG zur Wahrnehmung steuerlicher Angelegenheiten befugt.[1] Hat der Steuerberater seinen Beruf allerdings im Rahmen einer Steuerberatungsgesellschaft ausgeübt und sind andere Steuerberater nicht Mitglieder des Vorstands oder der Geschäftsführung, so muss für die Steuerberatungsgesellschaft ein Steuerberater zum Vorstand oder Geschäftsführer bestellt werden. Der Insolvenzverwalter kann selbst zum Geschäftsführer oder Vorstand bestellt werden, wenn er über die Berufsqualifikation als Steuerberater verfügt. Das gilt nicht, wenn er nicht Steuerberater ist, sondern Rechtsanwalt, weil eine Gesellschaft, in der nur ein Rechtsanwalt Geschäftsführer ist, die Voraussetzungen für die Anerkennung als Steuerberatungsgesellschaft nicht erfüllt.[2] Aus dem eindeutigen Wortlaut des § 50 Abs. 2 und § 50 Abs. 4 StBerG, der besagt, dass die Zahl der Geschäftsführer einer Gesellschaft, die nicht Steuerberater sind, im Falle der Steuerberatungsgesellschaft die Zahl der Steuerberater unter den Geschäftsführern nicht überschreiten darf, und des § 32 Abs. 3 Satz 2 StBerG, nach dem die Steuerberatungsgesellschaft verantwortlich von Steuerberatern geführt werden muss, folgt dies ohne weiteres. Fallen die Geschäftsanteile an der Steuerberatungsgesellschaft in die Insolvenzmasse des über das Vermögen des ehemaligen Steuerberaters durchgeführten Insolvenzverfahrens, ist es

---

[1] Vgl. OLG Rostock v. 29.11.2005 – 6 W 12/05, NJW-Spezial 2006, 239 (239).
[2] BFH v. 21.11.2002 – VII B 230/02, BFH/NV 2003, 209 (209); FG München v. 23.3.2015 – 4 K 1636/14, DStRE 2016, 379.

unter dem Gesichtspunkt bestmöglicher Masseschonung geboten, dass der Insolvenzverwalter einen Steuerberater aus seiner eigenen Kanzlei zum Geschäftsführer dieser Steuerberatungsgesellschaft bestellt, um die Belastung der Steuerberatungsgesellschaft mit Ausgaben für die Geschäftsführertätigkeit so gering wie möglich zu halten und auch im Übrigen eine Vertragsgestaltung in Bezug auf den Geschäftsführeranstellungsvertrag verwirklichen zu können, die für die Steuerberatungsgesellschaft günstigere als marktübliche Konditionen darstellen. So wird sich beispielsweise am freien Markt kaum ein Steuerberater finden lassen, der sich auf einen Geschäftsführervertrag einlässt, kraft dessen seine Geschäftsführerbestellung endet, wenn der Insolvenzschuldner seine Bestellung zum Steuerberater zurückerhält. Da dies im Interesse der Insolvenzmasse aber geboten sein kann, spricht vieles dafür, auf eigene Mitarbeiter zurück zu greifen.

Auch für den Steuerberater, dessen Bestellung zum Steuerberater von der Steuerberaterkammer widerrufen worden ist, ist die Fortführung seiner Kanzlei durch den Insolvenzverwalter von Vorteil, da ihm bei Wiederherstellung geordneter wirtschaftlicher Verhältnisse die Wiederbestellung zum Steuerberater zusteht[1] und er seine Kanzlei sodann wieder unter eigener Leitung betreiben kann.

6. Wiederbestellung des Steuerberaters nach Entziehung der Zulassung

Mit Aufhebung des Insolvenzverfahrens entfällt die Vermutung des Vermögensverfalls (§ 46 Abs. 2 Ziff. 4 Halbs. 2 StBerG).[2] Ebenso wie für Rechtsanwälte[3] gilt für Steuerberater, dass ein Schuldner, der ein Insolvenzverfahren und anschließend mit Erfolg ein Restschuldbefreiungsverfahren durchlaufen hat – auch ohne dass die Gläubiger befriedigt worden sind – keine durchsetzbaren Verbindlichkeit mehr hat. Dies genügt zur (Wieder-) Herstellung geordneter Vermögensverhältnisse.[4] Der BGH hat dies im ersten Leitsatz des Urteils wie folgt formuliert: „Ist über das Vermögen eines früheren Rechtsanwalts ein Insolvenzverfahren durchgeführt und mit dessen Aufhebung dem Schuldner die Restschuldbefreiung angekündigt worden, kann während der sog. Wohlverhaltensphase ein Antrag auf Wiederzulassung zur Rechtsanwaltschaft grundsätzlich nicht mit der Begründung abgelehnt werden, es seien geordnete Vermögensverhältnisse noch nicht wiederhergestellt."

Das FG Rheinland-Pfalz hat sich dem unter Aufgabe seiner bisherigen Rechtsprechung für den Bereich der Steuerberater angeschlossen.[5] Durch die bloße Ankündigung habe sich die spätere Möglichkeit der Restschuldbefreiung im Sinne einer konkreten Aussicht derart verdichtet, dass bereits mit dieser von einer Konsolidierung der wirtschaftlichen Verhältnisse tatsächlich auszugehen ist.

2.377

---

1 FG Hamburg v. 27.8.2003 – V 234/02, DStRE 2004, 667 (670).
2 FG Hessen v. 28.1.2019 – 9 K 1943/17.
3 BGH v. 7.12.2004 – AnwZ (B) 40/04, NJW 2005, 1271; v. 20.11.2017 – AnwZ (BrfG) 46/17, juris; BGH v. 21.2.2018 – AnwZ (Brfg) 72/17, NZI 2018, 422.
4 FG Hessen v. 28.1.2019 – 9 K 1943/17, juris.
5 FG Rh.-Pf. v. 16.12.2008 – 2 K 2084/08, EFG 2009, 687.

§ 48 Abs. 1 Ziff. 1 StBerG gewährt einen Rechtsanspruch auf Wiederbestellung zum Steuerberater. Während der Wohlverhaltensphase eines Insolvenzverfahrens kann ein Antrag auf Wiederzulassung grundsätzlich somit nicht deshalb abgelehnt werden, weil geordnete Vermögensverhältnisse noch nicht wiederhergestellt sind.[1]

Etwas anderes gilt, wenn es sich bei einem Großteil der zur Tabelle angemeldeten Forderungen um solche aus unerlaubter Handlung handelt, die bei entsprechender gerichtlicher Feststellung auf Antrag der Gläubiger an der Restschuldbefreiung nach § 302 Nr. 1 InsO nicht teilnehmen.[2] Die theoretische Möglichkeit der Gläubiger, entsprechende Feststellungsklagen zu erheben, reicht dazu nach Ablauf eines längeren Zeitraumes allerdings nicht aus.[3] Ist Restschuldbefreiung weder erteilt worden noch angekündigt, so begründet die Aufhebung oder Einstellung des Insolvenzverfahrens freilich keinen Anspruch auf Wiederbestellung des Steuerberaters.[4] Gerade wenn Steuerverbindlichkeiten des Steuerberaters über die Beendigung des Insolvenzverfahrens hinaus fortbestehen, ist seine Zuverlässigkeit fortdauernd beeinträchtigt. Die Darlegungs- und Beweislast, dass ein Vermögensverfall die Interessen potentieller Mandanten nicht gefährdet, liegt in jedem Fall bei dem Steuerberater.[5]

Eine Widerlegung der gesetzlichen Vermutung kann nur eintreten, wenn die Vermögensverhältnisse des Steuerberaters wieder als geordnet anzusehen sind. Dies war nach der Rechtslage vor dem 1.7.2014 dann der Fall, wenn dem Schuldner durch Beschluss des Insolvenzgerichts die Restschuldbefreiung angekündigt wurde (§ 291 InsO a.F.) oder ein von dem Insolvenzgericht bestätigter Insolvenzplan (§ 248 InsO) oder ein angenommener Schuldenbereinigungsplan (§ 308 InsO) vorlag, bei dessen Erfüllung der Schuldner von seinen Verbindlichkeiten befreit wurde. Die Widerlegung der Vermutung des Vermögensverfalls bei Ankündigung der Restschuldbefreiung nach § 291 InsO a.F. war darin begründet, dass die Restschuldbefreiung, die während des Insolvenzverfahrens lediglich eine abstrakte Möglichkeit darstellte, nach dessen Aufhebung und nach der Ankündigung der Restschuldbefreiung sich zu einer konkreten Aussicht verdichtete.[6] Während der anschließenden Wohlverhaltensphase waren die Vermögensverhältnisse des Schuldners in vergleichbarer Weise geordnet wie im Fall eines angenommenen Schuldenbereinigungsplans. Der Beschluss über die Ankündigung der Restschuldbefreiung nach § 291 InsO a.F. war insofern als Ordnungsfaktor nicht geringer zu schätzen als ein Schuldenbereinigungsplan oder eine außergerichtliche Tilgungsvereinbarung. Nach neuer Gesetzeslage ist jedoch mit der „vorgezogenen" Ankündigung der Restschuldbefreiung des § 287a InsO die gesetzliche Vermutung des Vermögensverfalls nicht widerlegt. Mit dem Beschluss nach § 287a InsO erfolgt, insofern anders als bei der Ankündigung der Restschuldbefreiung nach § 291 InsO a.F., keine Prüfung von Versagungsgründen i.S.v. § 290 InsO.[7] Erst in der Insolvenzphase findet eine Ordnung der Vermögensverhält-

---

1 FG Hessen v. 28.1.2019 – 9 K 1943/17, juris.
2 FG Hamburg v. 21.1.2020 – 6 K 232/19, NZI 2020, 523.
3 FG Hess. v. 7.10.2010 – 13 K 716/09, DStRE 2011, 787.
4 FG Köln v. 5.10.2016 – 2 K 1461/16, juris.
5 FG Köln v. 5.10.2016 – 2 K 1461/16, juris.
6 FG Hamburg v. 21.1.2020 – 6 K 232/19, NZI 2020, 523.
7 FG Hamburg v. 21.1.2020 – 6 K 232/19, NZI 2020, 523.

nisse statt. Erforderlich hierfür ist indes, dass zu erwarten ist, dass eine Restschuldbefreiung für die wesentlichen Insolvenzforderungen erfolgt.

Die achtjährige Sperrfrist des § 48 Abs. 1 Ziff. 1 StBerG ist auf Fälle insolvenzbedingter Entziehung der Zulassung nicht anwendbar.[1] Besondere Bedeutung kommt in der Insolvenz des Steuerberaters dem Insolvenzplanverfahren zu, denn durch dieses Verfahren kann eine besonders schnelle effektive Verfahrensbeendigung und Schuldbefreiung herbeigeführt werden.[2]

III. Veräußerung der Steuerberaterkanzlei durch den Insolvenzverwalter

Allgemein anerkannt ist, dass eine Steuerberaterkanzlei mit allen ihr zugrunde liegenden Vermögenswerten, wie Räumlichkeiten, Einrichtungen und bestehenden Rechtsbeziehungen, zur Insolvenzmasse i.S.v. § 35 Abs. 1 InsO gehört und damit grundsätzlich veräußerbar ist.[3] Ebenso veräußerbar ist der sog. „good will" einer Steuerberaterkanzlei. Der „good will" einer Steuerberaterkanzlei zeichnet sich durch die vom Steuerberater bereits erbrachte Arbeitsleistung und seine dadurch gewonnene Mandantenkartei aus.[4] Im Gegensatz dazu herrscht Uneinigkeit darüber, ob der Schuldner bei Veräußerung der Steuerberaterkanzlei durch den Insolvenzverwalter ein Mitspracherecht hat. Teilweise wird die Auffassung vertreten, für die Veräußerung der Kanzlei durch den Insolvenzverwalter sei die Zustimmung des Schuldners erforderlich. Zur Begründung wird angeführt, dass dem Schuldner die Möglichkeit gegeben werden soll, seine Kanzlei selbst fortzuführen und zum Anderen wird auf das persönliche Vertrauen der Mandanten gegenüber dem Steuerberater abgestellt.[5] Nach der Gegenansicht besteht kein Zustimmungserfordernis des Schuldners zur Kanzleiveräußerung, weil dies eine effektive Verwertung der Insolvenzmasse verhindern könnte.[6] Letzterer Auffassung ist der Vorzug zu geben. In der Insolvenzordnung ist an keiner Stelle ein Mitspracherecht des Schuldners bei der Verwertung der Insolvenzmasse vorgesehen; es kann daher auch hier nicht anerkannt werden.

2.378

IV. Verschwiegenheitspflicht des Steuerberaters im eröffneten Insolvenzverfahren

Nach § 57 Abs. 1 StBerG i.V.m. § 9 BOStB sind Steuerberater zur Verschwiegenheit verpflichtet. Daneben stellt § 203 Abs. 1 Ziff. 3 StGB den Verstoß gegen die Verschwiegenheitspflicht des Steuerberaters unter Strafe, wenn dieser die ihm im Rahmen seiner Berufsausübung anvertrauten Geheimnisse seiner Mandanten unbefugt offenbart. Unter das Tatbestandsmerkmal des Geheimnisses fallen alle Angelegenheiten, welche ausschließlich einem beschränkten Personenkreis zugänglich sind. Die

2.379

---

1 FG Hess. v. 7.10.2010 – 13 K 716/09, DStRE 2011, 787.
2 Ausführlich dazu *Kruth*, DStR 2016, 2989.
3 *Peters* in MünchKomm/InsO[4], § 35 Rz. 576 ff., 170 ff.; *Hess/Röpke*, NZI 2003, 233 (234).
4 *Haas* in Staudinger[11], § 2311 BGB Rz. 84.
5 *Peters* in MünchKomm/InsO[4], § 35 Rz. 577 ff., 170 ff.; *Hess/Röpke*, NZI 2003, 233 (237).
6 *Kluth*, NJW 2002, 186 (187); *Hess/Röpke*, NZI 2003, 233 (237).

Geheimhaltungspflicht über den Inhalt von Mandantenakten gilt für den Steuerberater auch über das Auftragsverhältnis hinaus.[1]

2.380 Die Verschwiegenheitspflicht des insolventen Steuerberaters gilt grundsätzlich auch gegenüber dem Insolvenzverwalter. Der **Verkauf der Steuerberaterkanzlei** an einen kanzleifremden Erwerber verletzt das Recht auf informationelle Selbstbestimmung (Art. 2 Abs. 1 GG i.V.m. Art. 1 Abs. 1 GG) der durch die Übergabe von Akten betroffenen Mandanten, sofern nicht vor Vertragsschluss die Zustimmung der Mandanten eingeholt wurde.[2] Gleiches gilt aber auch im Rahmen der Fortführung der Steuerberaterkanzlei durch den Insolvenzverwalter. Die Zustimmung der Mandanten zur Offenlegung ihrer Akten bzw. die Entbindung des Steuerberaters von seiner Verschwiegenheitsverpflichtung ist nur wirksam, wenn den Mandanten der Grund und der Umfang der Offenbarung eingehend erläutert werden und diese sich über eventuelle Auswirkungen bewusst sind.[3] Insoweit geht die Berufsverschwiegenheit der Insolvenzordnung vor.[4] Ebenso bedarf es der Zustimmung der jeweiligen Mandanten im Fall der Abtretung von Honorarforderungen, auch wenn es sich bei dem Abtretungsempfänger um einen Rechtsanwalt handelt, welcher ebenfalls aufgrund seines Berufsstandes zur Verschwiegenheit verpflichtet ist.[5] Daraus ergibt sich aber nicht, dass es einen Verstoß gegen die Verschwiegenheitspflicht des Steuerberaters darstellt, wenn er im Rahmen des über sein Vermögen geführten Insolvenzverfahrens gegenüber dem Insolvenzverwalter offenlegt, welche **Honorarforderungen** ihm gegen welche Mandanten zustehen. Das gilt jedenfalls dann, wenn der Insolvenzverwalter seinerseits zur Berufsverschwiegenheit beispielsweise als Rechtsanwalt verpflichtet ist, weil der Steuerberater auch ohne Verletzung seiner Verschwiegenheitspflicht mit der Beitreibung seiner Honorarforderungen einen Rechtsanwalt beauftragen dürfte.[6] Der Steuerberater ist im Rahmen seiner **Mitwirkungspflichten** (§§ 97, 98 InsO) sogar zur entsprechenden Offenbarung gegenüber dem Insolvenzverwalter verpflichtet. Diese Verpflichtung gilt auch bereits im vorläufigen Insolvenzverfahren (§ 22 Abs. 3 InsO) und ggf. auch kraft besonderer insolvenzgerichtlicher Anordnung gegenüber dem nach § 5 InsO bestellten Sachverständigen, der damit beauftragt ist, die Vermögensverhältnisse des Insolvenzschuldners zu ermitteln.

2.381 Die **Veräußerung der Steuerberaterkanzlei** einschließlich der Mandantenakten an einen Mitarbeiter des insolventen Steuerberaters verstößt nicht gegen die in § 203 Abs. 1 Ziff. 3 StGB normierte Pflicht zur Verschwiegenheit. Dem Steuerberater ist es gestattet, sachkundige Mitarbeiter bei der Bearbeitung ihm erteilter Mandate heranzuziehen, ohne dabei seine Verschwiegenheitsverpflichtung zu verletzen. Bei Steuerberatern beschäftigte Mitarbeiter unterliegen nach § 203 Abs. 3 Satz 2 StGB einer

---

1 *Schramm*, DStR 2003, 1316 (1316, 1317).
2 OLG München v. 5.5.2000 – 23 U 6086/99, NJW 2000, 2592 (2594); BGH v. 22.5.1996 – VIII ZR 194/95, NJW 1996, 2087 (2088); OLG Sa.-Anh. v. 25.3.2002 – 1 U 137/01, DStRE 2003, 126 (127); OLG Rostock v. 23.9.2005 – 8 U 91/04, NJOZ 2006, 1263 (1267).
3 *Schramm*, DStR 2003, 1316 (1317).
4 *Schick*, NJW 1990, 2359 (2360 f.); *Peters* in MünchKomm/InsO[4], § 35 Rz. 171.
5 *Huffer*, NJW 2002, 1382 (1382).
6 *Wimmer*, DStR 1996, 440 (441).

eigenen Schweigepflicht, indem die berufsmäßig tätigen Gehilfen und Personen denen in § 203 Abs. 1 Satz 1 StGB gleichstehen. Hierbei kommt es darauf an, dass der Mitarbeiter vor der Veräußerung der Kanzlei an ihn bereits umfassend Kenntnis von dem Inhalt der Mandantenakten nehmen konnte, ohne dass die Einsichtnahme zum Zwecke der Vorbereitung der Kanzleiveräußerung erfolgt. In einem solchen Fall gehört der Mitarbeiter „zum Kreis der zum Wissen Berufenen".[1] Zudem wird eine stillschweigende oder mutmaßliche Einwilligung des Mandanten hinsichtlich der Offenbarung von Geheimnissen gegenüber sachgerecht eingesetzten Hilfskräften angenommen, da sich der Steuerberater ebenso wie der Rechtsanwalt selbstverständlich zur Bewältigung der Aufgaben seines Personals bedient.[2]

V. Kanzleiabwickler

Nach § 70 Abs. 1 Satz 1, 2 StBerG hat die zuständige Steuerberaterkammer einen anderen Steuerberater oder Steuerbevollmächtigten als Abwickler einer Steuerberaterkanzlei zu bestellen, wenn die Bestellung des früheren Steuerberaters zurückgenommen, erloschen oder widerrufen wurde und **keine andere Alternative** gegeben ist, die bestehenden Mandate abzuwickeln oder fortzuführen. Eine solche andere Alternative fehlt, wenn es sich um die Angelegenheiten einer Ein-Mann-Steuerberaterkanzlei handelt, so dass die Fortführung der Kanzlei nicht durch Sozien gewährleistet ist.[3] Der von der Kammer bestellte Kanzleiabwickler hat nach § 70 Abs. 3 StBerG einerseits die schwebenden Angelegenheiten des ehemaligen Steuerberaters abzuwickeln und andererseits die laufenden Aufträge fortzuführen, wobei ihm dabei im Rahmen seiner eigenen beruflichen Qualifikation die gleichen Befugnisse zustehen, die auch der frühere Steuerberater innehatte (§ 70 Abs. 3 Satz 3, Abs. 5, § 69 Abs. 2 StBerG).[4] Aus § 70 Abs. 5 StBerG i.V.m. § 69 Abs. 4 StBerG ergibt sich die Berechtigung des Abwicklers, die Räumlichkeiten des ehemaligen Steuerberaters zu betreten, das Praxisinventar und die Handakten in Besitz zu nehmen, von Dritten herauszuverlangen und darüber zu verfügen. Der Abwickler ist als Angehöriger des steuerberatenden Berufsstandes der Schweigepflicht unterworfen.[5] Die Bestellung eines Kanzleiabwicklers dient der Erhaltung des Vertrauensschutzes der Mandanten des Steuerberaters, nachdem diesem die Zulassung entzogen wurde. Hierdurch wird eine ordentliche Verwaltung der Handakten des ehemaligen Steuerberaters gewährleistet.[6] Neben dem Schutz der Mandanten soll die Bestellung eines Kanzleiabwicklers dazu dienen, den Erhalt des Ansehens der steuer- und rechtsberatenden Berufe zu gewährleisten.[7] Der Abwickler ist nach § 70 Abs. 3 Satz 2 StBerG berechtigt, innerhalb der

2.382

---

[1] OLG Rostock v. 23.9.2005 – 8 U 91/04, NJOZ 2006, 1263 (1267).
[2] BGH v. 10.8.1995 – IX ZR 220/94, ZIP 1995, 1678 = NJW 1995, 2915 (2916); vgl. auch BGH v. 29.1.2018 – AnwZ (Brfg) 32/17, DStRE 2018, 1397.
[3] *Ueberfeldt*, DStR 2008, 2386 (2386).
[4] KG v. 25.1.2005 – 27 U 80/04, DStRE 2005, 423 (423); vgl. auch BGH v. 7.2.2019 – IX ZR 5/18, juris.
[5] *Knodel*, ZRP 2006, 263 (264).
[6] KG v. 25.1.2005 – 27 U 80/04, DStRE 2005, 423 (423); vgl. auch BGH v. 7.2.2019 – IX ZR 5/18, juris; *Knodel*, ZRP 2006, 263 (264).
[7] *Ueberfeldt*, DStR 2008, 2386 (2386).

ersten sechs Monate nach seiner Bestellung neue Aufträge anzunehmen. Nach Beendigung seiner Tätigkeit hat der Abwickler die Handakten an die betreffenden Mandanten herauszugeben. Sind die betreffenden Mandanten nicht auffindbar, so hat der Abwickler die Akten selbst zu verwahren.

2.383 Zwischen den Aufgaben und Funktionen des **Kanzleiabwicklers** und des über das Vermögen des (ehemaligen) Steuerberaters bestellten **Insolvenzverwalters** ergeben sich Überschneidungen, mitunter auch **Spannungsfelder**. Auf der einen Seite stehen dem Abwickler bis zur Beendigung seiner Tätigkeit sämtliche noch offene Honorarforderungen des ehemaligen Steuerberaters zu, um die laufenden Betriebskosten sowie seine Vergütung zu sichern; diese Zuweisung der Honorare an den Abwickler bezweckt die ordnungsgemäße Abwicklung der laufenden Mandate.[1] Auf der anderen Seite fallen Forderungen des Insolvenzschuldners im Insolvenzverfahren in die Insolvenzmasse (§ 35 InsO), um später an die Gesamtheit aller Gläubiger des Insolvenzschuldners – also nicht nur der Gläubiger, deren Forderungen im Zusammenhang mit dem Betrieb der Steuerberatungskanzlei stehen – verteilt zu werden. Auch Forderungen, die der Insolvenzschuldner im Verlaufe des eröffneten Insolvenzverfahrens erwirbt, fallen grundsätzlich gem. § 35 InsO in die Insolvenzmasse (sog. Neuerwerb).

2.384 Gleichwohl geht die Verwaltungs- und Verfügungsbefugnis des Abwicklers in Bezug auf die zum Betrieb der Steuerberatungskanzlei gehörenden Rechtsverhältnisse und Vermögensgegenstände derjenigen des Insolvenzverwalters aus § 80 InsO vor.[2] Der Insolvenzverwalter hat gegenüber dem Abwickler kein Weisungsrecht und darf diesen auch nicht in seiner Tätigkeit beeinträchtigen.[3] Der Abwickler hat alle Honorarforderungen des ehemaligen Steuerberaters in eigenem Namen geltend zu machen und einzuziehen. Vereinnahmt der Insolvenzverwalter Beträge, die Honorarforderungen der abzuwickelnden Kanzlei darstellen, so hat er diese grundsätzlich an den Kanzleiabwickler herauszugeben.[4] Es ist hinzunehmen, dass der Kanzleiabwickler somit eine von der Insolvenzmasse getrennte Sondermasse verwaltet und nicht an die insolvenzrechtlichen Befriedigungsgrundsätze gebunden ist. Deswegen handelt der Abwickler nicht pflichtwidrig, wenn er eine Forderung eines Gläubigers aus dem von ihm verwalteten Sondervermögen bezahlt, obwohl diese im Insolvenzverfahren über das Vermögen des Steuerberaters nur den Rang einer einfachen Insolvenzforderung i.S.v. § 38 InsO einnehmen würde. Die Bildung dieser **Sondermasse** wird aus dem Schutzbedürfnis des Rechtsverkehrs in Bezug auf die Zuverlässigkeit der Steuerrechtspflege abgeleitet.[5] Nach Beendigung des Abwicklungsverhältnisses hat der Ab-

---

1 OLG Köln v. 4.11.2009 – 17 U 40/09, ZIP 2009, 2395 = DStR 2010, 718 (718); vgl. auch AGH NW v. 1.9.2017 – 1 AGH 27/14, NJOZ 2018, 1317.
2 LG Aachen v. 27.3.2009 – 8 O 480/08, ZInsO 2009, 875 (875); OLG Köln v. 4.11.2009 – 17 U 40/09, ZIP 2009, 2395 = DStR 2010, 718 (718); vgl. auch BGH v. 7.2.2019 – IX ZR 5/18, DStR 2019, 1111.
3 *Ueberfeldt*, DStR 2008, 2386 (2388).
4 LG Aachen v. 27.3.2009 – 8 O 480/08, ZInsO 2009, 875 (875); a.A. OLG Naumburg v. 3.4.2014 – 2 U 62/13, DStR 2015, 1079.
5 Vgl. LG Aachen v. 27.3.2009 – 8 O 480/08, ZInsO 2009, 875 (875).

wickler das während der Abwicklungszeit Erwirtschaftete abzgl. seiner Vergütung gem. § 667 BGB an den Insolvenzverwalter herauszugeben, da dieser im laufenden Insolvenzverfahren gem. § 80 Abs. 1 InsO das Verwaltungs- und Verfügungsrecht über das Vermögen des Schuldners hat.[1] Der Insolvenzverwalter hat vor Beendigung der Tätigkeit des Abwicklers demzufolge nicht die Möglichkeit, auf die vom Abwickler erwirtschafteten Einnahmen zuzugreifen. Die Rechtsprechung hält eine Abgrenzung zwischen laufenden und beendeten Mandaten hinsichtlich einer etwaigen Verpflichtung des Abwicklers, nach jedem beendeten Mandat das jeweils erzielte Honorar an den Verwalter herauszugeben, für sachfremd, da dem Abwickler die Möglichkeit belassen werden muss, die Kanzlei im Ganzen zu betreuen. Zudem würde eine solche Verfahrensweise dem Sinn und Zweck des Abwicklungsverfahrens widersprechen.[2] Der BGH sieht allenfalls einen möglichen Anspruch des Insolvenzverwalters gegen den Abwickler im laufenden Abwicklungsverfahren auf Herausgabe des Erwirtschafteten durch § 271 Abs. 1 Fall 2 BGB begründet, soweit es sich dabei um Überschüsse handelt, welche offensichtlich für die weitere ordnungsgemäße Tätigkeit des Abwicklers nicht mehr benötigt werden.[3] Jedweder wirtschaftliche Nutzen aus der Kanzlei, der Verwendung des Mandantenstammes und sonstiger immaterieller Rechte steht ausschließlich der Insolvenzmasse zu, soweit nicht eine Mittelverwendung zur Abwicklung der Kanzlei notwendig ist. Der Abwickler hat dem Insolvenzverwalter auch die nötige Unterstützung zu geben, wenn dieser die Kanzlei insgesamt an einen Dritten veräußern möchte. Der Insolvenzverwalter ist nicht auf eine Zustimmung des Abwicklers zur Veräußerung der Kanzlei im Ganzen angewiesen.[4]

Der Abwickler einer Steuerberaterkanzlei ist Vermögensverwalter gem. § 34 Abs. 3 AO, soweit von ihm Vermögen verwaltet wird, das zu der abzuwickelnden Kanzlei gehört. Er ist deswegen in Bezug auf das Kanzleivermögen verpflichtet, die steuerlichen Pflichten des Inhabers zu erfüllen.[5] Die **steuerlichen Pflichten** des Abwicklers zur Einreichung von Umsatzsteuervoranmeldungen und Umsatzsteuererklärungen sind aber auf die für die Abwicklungszeit selbst einzureichenden Voranmeldungen und Erklärungen beschränkt. Für Zeiträume, die vor dem Beginn seiner Abwicklertätigkeit liegen, hat der Abwickler hingegen keine Erklärungspflichten.[6]

Da die vom Kanzleiabwickler verwaltete Masse eine von der Insolvenzmasse zu trennende **Sondermasse** darstellt, müssen sowohl für die Insolvenzmasse als auch für das Abwicklungsvermögen **separate Steuernummern** vergeben werden. Das gilt auch dann, wenn der Insolvenzverwalter zugleich zum Abwickler der Kanzlei des Steuerberaters bestellt ist, weil die Funktionsverschiedenheit der beiden Bestellungen

---

1 BGH v. 23.6.2005 – IX ZR 139/04, ZInsO 2005, 929 (929, 930); OLG Rostock v. 14.6.2004 – 3 U 37/03, ZIP 2004, 1857 = ZInsO 2004, 748 (748); *Ueberfeldt*, DStR 2008, 2386 (2388).
2 LG Aachen v. 27.3.2009 – 8 O 480/08, ZInsO 2009, 875 (875); OLG Köln v. 4.11.2009 – 17 U 40/09, ZIP 2009, 2395 = DStR 2010, 718 (718).
3 BGH v. 23.6.2005 – IX ZR 139/04, NZI 2005, 681 (682); LG Aachen v. 27.3.2009 – 8 O 480/08, ZInsO 2009, 875 (875).
4 *Peters* in MünchKomm/InsO[4], § 35 Rz. 576; 170.
5 FG Berlin-Bdb. v. 17.1.2013 – 7 K 7141/09, EFG 2013, 660; v. 26.6.2019 – 7 K 7092/18, juris.
6 FG Berlin-Bdb. v. 17.1.2013 – 7 K 7141/09, EFG 2013, 660.

eine Vermischung der Vermögensmassen auch in diesem Fall verbietet. Steuerforderungen müssen den Vermögensmassen zugeordnet werden. Soweit der Abwickler Umsatzsteuerbeträge vereinnahmt, muss er die entsprechenden Beträge aus dem von ihm verwalteten Abwicklungsvermögen begleichen. **Vorsteuererstattungsansprüche** stehen ihm zu. Soweit der Insolvenzverwalter umsatzsteuerpflichtige Umsätze in der Insolvenzmasse ausführt, die nicht das Kanzleivermögen des Steuerberaters betreffen (etwa weil der Insolvenzschuldner neben seiner Kanzlei noch ein nicht freiberufliches Einzelunternehmen betrieben hat), treffen Umsatzsteuerforderungen die Insolvenzmasse. Für die Ermittlung der Einkommensteuer haben der Abwickler und der Insolvenzverwalter **getrennte Gewinnermittlungen** vorzunehmen, da beide jeweils für den von ihnen verwalteten Vermögensbereich des Insolvenzschuldners Vermögensverwalter i.S.v. § 34 Abs. 3 AO sind. Einkommensteuerforderungen sind zwischen dem Abwickler und dem Insolvenzverwalter aufzuteilen, wobei das Verhältnis der **Teileinkünfte** zueinander den Aufteilungsmaßstab für die einheitlich zu ermittelnde Jahressteuerschuld bildet. Soweit Verbindlichkeiten des Abwicklungsvermögens aus dem Abwicklungsvermögen nicht befriedigt werden können, nehmen sie nach Beendigung der Abwicklung, Rechnungslegung durch den Abwickler und Herausgabe des Abwicklungsvermögens an den Insolvenzverwalter im Insolvenzverfahren den Rang von Masseverbindlichkeiten ein, soweit sie nach der Eröffnung des Insolvenzverfahrens begründet worden sind, weil insoweit eine Verwaltung der Insolvenzmasse in anderer Weise i.S.v. § 55 Abs. 1 Ziff. 1 Alt. 2 InsO vorliegt.

Dem Kanzleiabwickler steht ein Anspruch auf Akteneinsicht in die bei dem Finanzamt geführten Steuerakten des insolventen Steuerberaters nicht zu.[1] Ihm steht insoweit lediglich ein Anspruch auf ermessensfehlerfreie Entscheidung zu.

E. Rechtsverhältnisse des Insolvenzverwalters zum Steuerberater des Schuldners

Literatur *Biegelsack*, Zulässigkeit der Zahlung von Erfolgschancen durch Verwalter an Steuerberater, NZI 2008, 153; *Desch/Schmidt*, Haftung von Steuerberatern für Insolvenzverschleppungsschäden, VersR 2017, 799; *Ehlers*, Ein Plädoyer für eine begrenzte Haftung der Steuerberater, DStR 2010, 2154; *Fahlbusch*, Steuerberater, Insolvenzverwalter, SStR 2008, 893; Sanierungsberatung und Insolvenzverwaltung durch den Steuerberater – Eine risikoanalytische Skizze, Stbg 2008, 123; *Gräfe*, Haftung des Steuerberaters bei Unternehmenskrise und Insolvenzverschleppung des Mandanten, MDR 2017, 549; *Grürmann*, „Erfolg durch Qualität" aus der Sicht des Steuerberaters, DStR 2006, 2331; *Heidbrink*, Beraterhonorare in der Insolvenz des Auftraggebers – aktuelle Entwicklungen, BB 2008, 958; *Hölzle*, Steuerberater, Insolvenz, Zurückbehaltungsrecht, DStR 2003, 2075; *Kamps/Wollweber*, Formen der Berufsausübung für Steuerberater – Steuerberatungs-GmbH und Partnerschaftsgesellschaft, DStR 2009, 1870; *Lange*, Schadensersatzpflicht des Steuerberaters wegen Beihilfe zur Insolvenzverschleppung eines GmbH-Geschäftsführers, DStR 2007, 954; *Meixner*, Haftung des GmbH-Geschäftsführers und des Steuerberaters für Insolvenzverschleppungsschäden (Teil I), DStR 2018, 966; *Meixner*, Haftung des GmbH-Geschäftsführers und des Steuerberaters für Insolvenzverschleppungsschäden (Teil II), DStR 2018, 1025; *Mielke*, Verschärfung der Insolvenzverschleppungshaftung von Steu-

---
1 FG Münster v. 28.3.2012 – 6 K 4441/10, EFG 2012, 1414.

erberatern und Maßnahmen zur Haftungsvermeidung, DStR 2017, 1060; *Olbing*, Das Zurückbehaltungsrecht des Steuerberaters, DStR 2009, 2700; *Pape*, Hinweis- und Warnpflichten des Steuerberaters bei Insolvenzreife des Mandanten, NZI 2019, 260; *Scheffler/Beigel*, Der Steuerberater als Insolvenzberater, DStR 2000, 1277; *Schmittmann*, Steuerberater im Visier von Insolvenzverwalters: Hinweise zur Haftungsvermeidung, StuB 2009, 696; *Sundermeier/Gruber*, Die Haftung des Steuerberaters in der wirtschaftlichen Krise des Mandanten, DStR 2000, 929; *Wagner*, Der Steuerberater in der Zwickmühle – Die Wahl zwischen Mandatsniederlegung oder Beihilfe zur Insolvenzverschleppung, ZInsO 2009, 449; *Wagner*, Praktische Konsequenzen der Hinweise der Bundessteuerberaterkammer (BStBK) zur Haftungsvermeidung von Insolvenzschäden, ZInsO 2018, 1492; *Wollweber*, Honorarsicherung in der wirtschaftlichen Krise des Mandanten, DStR 2010, 1801; Das Zurückbehaltungsrecht des Steuerberaters, DStR 2009, 2700; *Zugehör*, Haftung des Steuerberaters für Insolvenzverschleppungsschäden, NZI 2008, 652.

I. Verschwiegenheitspflicht des Steuerberaters

Literatur *Bamberg*, Steuerberatung, EDV und Verschwiegenheit, DStR 2006, 2052; *Bächer*, Steuergeheimnis bei Zusammenveranlagung?, ZInsO 2009, 1147; *Beck*, Mediation und Vertraulichkeit, Diss. 2009; *Beukelmann*, Die Entbindung von der Schweigepflicht bei juristischen Personen, NJW-Spezial 2017, 120; *Christ*, Zeugnisverweigerungsrechte und Schweigepflicht der steuerberatenden Berufe, StWK Gruppe 24, 21 (3/2003); *Cremer*, Das Berufsrecht des Steuerberaters, SteuerStud 2009, 219; *Diversy*, Der Steuerberater im Spannungsfeld zwischen Schweigepflicht und Zeugenpflicht im Insolvenzstrafverfahren, ZInsO 2004, 96; *Erkis*, Die neuen steuerlichen Datenschutzrechte im Besteuerungsverfahren, DStR 2018, 1610; *Gilgan*, Beratungspflichten in der Krise des Mandanten, BBKM 2007, 294; *Gräfe*, Zur Abtretung von Gebührenforderungen des Steuerberaters, EWiR 2006, 731; *Hentschel*, Freiberufler zwischen Skylla und Charybdis – Mitwirkungspflichten im Besteuerungsverfahren und berufliche Schweigepflicht, NJW 2009, 810; *Hölzle*, Das Steuerberatungsmandat in der Insolvenz des Mandanten – Mandatsfragen im Vorfeld der Insolvenz, im vorläufigen und im eröffneten Insolvenzverfahren, DStR 2003, 2075; *Jörißen*, Umfang und Grenzen des Steuergeheimnisses im Insolvenzverfahren, AO-StB 2008, 46; *Kiethe*, Prozessuale Zeugnisverweigerungsrechte in der Insolvenz, NZI 2006, 267; *Köllner/Mück*, Die Schweigepflichtentbindung des Unternehmensbeistands durch den Insolvenzverwalter, NZI 2018, 341; *Marx*, Paradigmenwechsel beim Steuergeheimnis? – Die Einführung eines § 31b AO durch das 4. Finanzmarktförderungsgesetz zur Bekämpfung der Geldwäsche, DStR 2002, 1467; *Mutschler*, Betriebsprüfung bei Berufsgeheimnisträgern – Vorlagepflicht, DStR 2010, 951; Betriebsprüfungen bei Steuerberatern und die Pflicht zur Verschwiegenheit, DStR 2008, 2087; *Reck*, Berichtspflicht von Steuerberatern über die Überschuldung und Zahlungsunfähigkeit von Unternehmen, StuB 2002, 154; *Singer*, Die Entbindung von der Schweigepflicht bei juristischen Personen: Der StB/WP zwischen den Stühlen? StuB 2017, 864; *Späth*, Neues zur Verschwiegenheitspflicht der Steuerberater und Steuerbevollmächtigter, DStZ 1994, 78; *Uhlenbruck*, Auskunfts- und Mitwirkungspflichten des Schuldners und seiner organschaftlichen Vertreter im Insolvenzverfahren, NZI 2002, 401.

In der Insolvenz des Schuldners sieht sich der Insolvenzverwalter häufig mit der Situation konfrontiert, dass er vom Schuldner nur völlig unzureichende Informationen über dessen Vermögensverhältnisse erlangt. Zwar trifft den Schuldner gem. §§ 20, 97, 98, 101 InsO eine umfassende Auskunftspflicht. Diese führt jedoch in der Praxis oft nicht sehr weit, weil der Schuldner nur über unvollständige Unterlagen verfügt und viele Zusammenhänge seiner geschäftlichen und insbesondere steuerlichen Verhältnisse gar nicht kennt.[1] Daher ist es für den Insolvenzverwalter von gesteigertem

2.386

---
1 *Leibner*, INF 2003, 718.

Interesse, auf die **Fachkunde des Steuerberaters des Insolvenzschuldners** und die bei diesem vorhandenen Unterlagen des Insolvenzschuldners zugreifen zu können. Der Steuerberater des Schuldners gehört aber nicht zu dem von §§ 20, 97, 98, 101 InsO umfassten Personenkreis,[1] so dass er ihn nicht nach insolvenzrechtlichen Regeln zur Auskunftserteilung oder Mitwirkung heranziehen kann. Auskunftspflichten gegenüber dem Steuerberater können sich daher nur aus den allgemeinen Regeln ergeben. Etwas anderes gilt nur dann, wenn der Steuerberater gegenüber dem Schuldner faktisch „das Sagen" hat und damit zu einem faktischen Geschäftsführer des Schuldners geworden ist.[2] Im Regelfall geht der Einfluss des Steuerberaters aber nicht so weit, so dass auf die allgemeinen Regeln zurückgegriffen werden muss. Der Vertrag, durch den einem steuerlichen Berater allgemein die Wahrnehmung aller steuerlichen Interessen des Auftraggebers übertragen wird, ist regelmäßig ein Dienstvertrag, der eine Geschäftsbesorgung zum Gegenstand hat.[3] Worin diese Geschäftsbesorgung liegt, ist gesetzlich nicht geregelt, sondern richtet sich nach dem Inhalt des Mandats.[4] Aus dem Beratervertrag ergibt sich schließlich auch die Auskunftspflicht des Steuerberaters gegenüber seinem Mandanten. Sie resultiert folglich aus §§ 666, 675 BGB.

2.387 Dadurch, dass sich die **Auskunftsverpflichtung des Steuerberaters** ausschließlich nach allgemeinen bürgerlich-rechtlichen Regeln richtet, entsteht ein Konflikt. Das Auskunftsbegehren des Insolvenzverwalters kollidiert vordergründig betrachtet mit der Verschwiegenheitspflicht des Steuerberaters, die sich aus § 57 Abs. 1 StBerG, § 9 BOStB ergibt. Sie umfasst alles, was dem Steuerberater in Ausübung des Berufs oder bei Gelegenheit der Berufstätigkeit anvertraut worden oder bekannt geworden ist. Eine Auskunftspflicht des Steuerberaters kann sich folglich nur ergeben, wenn er von seiner Verschwiegenheitspflicht entbunden wird. Eine Befugnis dahingehend steht grundsätzlich dem Mandanten des Steuerberaters zu. Mit der Insolvenzeröffnung geht diese Befugnis auf den Insolvenzverwalter über; dem Insolvenzverwalter gegenüber kommt daher keine Verschwiegenheitsverpflichtung zur Anwendung. Im Insolvenzeröffnungsverfahren ist dies nur der Fall, wenn ein starker vorläufiger Verwalter bestellt wird, auf den die Verwaltungs- und Verfügungsbefugnis bezüglich des schuldnerischen Vermögens übergeht. Anders ist dies, soweit lediglich ein vorläufiger schwacher Insolvenzverwalter mit Zustimmungsvorbehalt bestellt wird; diesem gegenüber besteht zwar die Verschwiegenheitsverpflichtung des Steuerberaters, der Schuldner muss den Steuerberater aber im Rahmen seiner Mitwirkungspflichten von der Verschwiegenheitsverpflichtung gegenüber dem vorläufigen schwachen Insolvenzverwalter befreien.[5]

---

[1] *Böhm* in Braun[8], § 20 InsO Rz. 6; *Laroche* in HeidelbergerKomm/InsO[10], § 20 Rz. 7.
[2] *Leibner*, INF 2003, 718.
[3] *Olbig/Wollweber*, DStR 2009, 2700 (2700); BGH v. 4.6.1970 – VII ZR 187/68, NJW 1970, 1596 (1597); v. 1.7.1971 – VII ZR 295/69, WM 1971, 1206 ff.; v. 17.2.1988 – IVa ZR 262/86, NJW 1988, 2608 (2608); *Thomas* in Palandt[79], Vorbemerkung zu § 631 Rz. 18; *Heermann* in MünchKomm/BGB[8], § 675 Rz. 41; LG Bochum v. 29.5.2019 – I-4 O 32/15, LSK 2019, 27904.
[4] BGH v. 6.12.1979 – VII ZR 19/79, WM 1980, 308 (309).
[5] *Mönning* in Nerlich/Römermann, § 20 InsO Rz. 34; *Hölzle*, DStR 2003, 2075 (2078).

II. Honoraransprüche des Steuerberaters

Literatur *Arens*, Das Steuerberatungsmandat in der Insolvenz, sj 2006, 42; *Best/Ende*, Fallstrick: § 46 Abs. 4 AO – Abtretung von Steuererstattungsansprüchen an Steuerberater, DStR 2007, 595; *Ehlers* Notwendige Haftungsprävention für Steuerberater (Teil II), DStR 208, 636; *Goetz*, Die Neuregelung des Steuerberatungsrechts durch das 8. StBerÄnd, DB 2008, 971; *Hässel/Hengsberger*, Katalog von Rechtsdienstleistungen für Steuerberater, BB 2009, 135; *Juretzek*, Zur Frage des Gerichtsstands für Honorarklagen von Steuerberatern, DStR 2007, 1100; *Klaeren*, Möglichkeiten zur Absicherung des Steuerberaterhonorars, StW 2003, 877; *Lange*, Schadensersatzpflicht des Steuerberaters wegen Beihilfe zur Insolvenzverschleppung eines GmbH-Geschäftsführers, DStR 2007, 954; *Look*, Offenlegung nach EHUG – Auftragsübernahme durch den Steuerberater, DStR 2007, 2231; *Lotz*, Die Vergütung von Steuerberatern – Praktische Hinweise zur Gestaltung von Vergütungsvereinbarungen, DStR 2009, 1716; *Michels/Laufenberg*, Private Vermögensplanung als neues Tätigkeitsfeld des Steuerberaters, DStR 2000, 929; *Müller*, Der Pflichtenkatalog für Steuerberater und andere Freiberufler nach dem Geldwäschebekämpfungsgesetz, DStR 2004, 1313; *Olbing/Wollweber*, Das Zurückbehaltungsrecht des Steuerberaters, DStR 2009, 2700; *Schöllhorn/Gläser*, Vergütungsvereinbarungen in der Steuerberatung, SteuK 2015, 177; *Späth*, Beratungspflicht des Steuerberaters ohne sicheren adäquaten Gebührenanspruch?, DStR 2003, 1590; Voraussetzungen eines wirksamen Honoraranspruchs eines Steuerberaters – Beweislast, DStR 1990, 286; *Sundermeier/Gruber*, Die Haftung des Steuerberaters in der wirtschaftlichen Krise des Mandanten, DStR 2000, 929; *Weitze-Scholl/Jendrzok*, Vergütungsvereinbarungen rechtssicher gestalten, DStR 2017, 65; *Wilk/Beyer-Petz*, Änderungen der Steuerberatervergütungsordnung, DStR 2016, 1885; *Wolf*, Steuerberatung und Erfolgshonorar – zur zulässigen Vereinbarung im Ausnahmefall, DStR 2008, 1257.

Mit dem Eröffnungsantrag erlöschen gem. §§ 115, 116 und 117 InsO alle Aufträge, Geschäftsbesorgungsverträge und Vollmachten, die einen Bezug zur Insolvenzmasse aufweisen. Der Beratervertrag ist als Geschäftsbesorgungsvertrag einzuordnen. Somit endet das Mandatsverhältnis kraft Gesetz mit Verfahrenseröffnung;[1] einer Kündigung bedarf es nicht.[2] Im Wege der Notgeschäftsführung nach § 115 Abs. 1 Satz 1 InsO kann der Steuerberater jedoch angehalten sein, die Geschäftsbesorgung so lange fortzuführen, bis der Insolvenzverwalter entsprechende Maßnahmen ergriffen hat, um Gefahren von der Masse abzuwenden.[3] In diesem Fall gilt der Vertrag ausnahmsweise gem. § 115 Abs. 2 Satz 2 InsO als fortbestehend. Ansprüche des Beraters aus Notgeschäftsführung sind gem. § 115 Abs. 2 Satz 3 InsO Masseforderungen.

2.388

Honoraransprüche, die aus der Zeit vor der Eröffnung des Verfahrens stammen, sind einfache **Insolvenzforderungen** im Rang von § 38 InsO. Etwas anderes ergibt sich nur in den seltenen Fällen, in denen eine starke vorläufige Verwaltung angeordnet wurde und der Steuerberater im Auftrag des vorläufigen Insolvenzverwalters tätig wurde.[4] Die im Auftrage des vorläufigen starken Insolvenzverwalters erbrachten Leistungen begründen Masseverbindlichkeiten.

2.389

---
1 BGH v. 30.11.1989 – III ZR 112/88, ZIP 1990, 48 = NJW 1990, 510 (510); v. 17.5.2018 – IX ZR 243/17, DStRE 2019, 1101.
2 *Olbig*, DStR 2009, 2700 (2704); Waza/Uhländer/Schmittmann, Insolvenzen und Steuern[12], Rz. 617; LG Cottbus v. 2.5.2001 – 1 S 42/01, DStRE 2002, 63 (63).
3 BGH v. 6.7.2006 – IX ZR 121/05, ZIP 2006, 1781 = NZI 2006, 637 (637).
4 *Schmittmann* in Waza/Uhländer/Schmittmann, Insolvenzen und Steuern[12], Rz. 3022.

2.390 Schließt der Insolvenzverwalter nach Eröffnung einen **neuen Steuerberatervertrag** mit dem Steuerberater ab, so entstehen hieraus **Masseverbindlichkeiten** i.S.d. § 55 InsO, welche vorrangig zu befriedigen sind. In der Regel überträgt der Insolvenzverwalter die Geschäftsbesorgung auf einen in insolvenzrechtlichen Angelegenheiten erfahrenen Steuerberater seines Vertrauens.

III. Anfechtung von Steuerberaterhonoraren

Literatur *Fuhst*, Neue Anfechtungsrisiken für Steuerberater – ein Praxisleitfaden, DStR 2013, 782; *Grönwoldt*, Abtretung von Steuererstattungsansprüchen – Alternativen insbesondere im Licht des Insolvenzrechts, DStR 2007, 1058; *Heidbrink*, Beraterhonorare in der Insolvenz des Auftraggebers – aktuelle Entwicklungen, BB 2008, 958; *Kröll*, Die schiedsrechtliche Rechtsprechung 2007 (Teil 2), SchiedsVZ 2008, 112; *Meyer*, Zur Anfechtbarkeit von Beraterhonoraren und der Reichweite der Barausnahme des § 142 InsO bei Geschäftsbesorgungen, DZWIR 2003, 6; *Möhlenkamp*, Insolvenzanfechtung – Neues für die (steuerliche) Beratungspraxis und für Honoraransprüche, DStR 2017, 987; *Plathner*, Risiken des steuerlichen Beraters bei insolvenzgefährdeten Mandanten, DStR 2013, 1349; *Schmittmann*, Hinweise zur Vermeidung der insolvenzrechtlichen Anfechtung der Zahlung von Steuerberaterhonoraren, StuB 2017, 716; *Stefanink*, Vorsatzanfechtung von Rechtsanwalts- und Steuerberaterhonoraren bei der Beratung von Unternehmen in der Krise, ZIP 2019, 1557; *Sundermeier/Gruber*, Die Haftung des Steuerberaters in der wirtschaftlichen Krise des Mandanten, DStR 2000, 929; *Weiß/Joannidis*, Verteidigung von Steuerberater und Mandant gegen Anfechtungsansprüche des Insolvenzverwalters, NWB 2019, 1608.

2.391 Nicht selten hat der Insolvenzschuldner an seinen Steuerberater Honorare in anfechtbarer Weise gezahlt. Da der Steuerberater nicht nur die Jahresabschlüsse seiner Mandanten erstellt, sondern üblicherweise auch mit der laufenden Buchhaltung beauftragt ist, hat er einen permanenten Einblick in die Geschäftsentwicklung seiner Mandanten. Dies gilt insbesondere, wenn er monatliche betriebswirtschaftliche Auswertungen erstellt.[1] Dann hat er regelmäßig einen tiefgreifenden Einblick in die Finanzen und wird somit zwingend Kenntnis von der Zahlungsunfähigkeit bzw. Überschuldung seines Mandanten haben oder zumindest Kenntnis von Umständen, die auf dessen Zahlungsunfähigkeit schließen lassen.[2] Bezüglich der Kenntnis des Steuerberaters von der Zahlungsunfähigkeit kommt es somit nicht darauf an, ob er vom Schuldner über seine wirtschaftliche Schieflage unterrichtet wurde.[3]

2.392 Anfechtbar sind gem. § 130 Abs. 1 InsO auch Zahlungen des Schuldners auf Honorarforderungen des Steuerberaters, die in dieser Höhe und zu diesem Zeitpunkt tatsächlich bestanden, wenn diese Zahlungen in den letzten drei Monaten vor dem Antrag auf Eröffnung des Insolvenzverfahrens geleistet wurden und der Steuerberater

---

1 Siehe: LG Essen v. 8.3.2006 – 13 S 213/05, DStRE 2007, 935 (936); AG Hattingen v. 25.11.2005 – 7 C 147/05, DStRE 2006, 192 (192); OLG Bdb. v. 19.6.2019 – 7 U 15/18, juris; *Heidbrink*, BB 2008, 958 (960); *Bauer*, Die GmbH in der Krise, Rz. 397.
2 LG Essen v. 8.3.2006 – 13 S 213/05, DStRE 2007, 935 (936); LG Stuttgart v. 18.5.2005 – 13 S 34/05, BeckRS 2005, 05882; AG Osnabrück v. 21.6.2001 – 42 C 49/01, ZInsO 2001, 1021 ff. bezüglich der Kenntnis eines Steuerberaters, der auf Grund eines geplatzten Wechsels selbst zur Stellung eines Insolvenzantrags rät; OLG Bdb. v. 19.6.2019 – 7 U 15/18, juris.
3 LG Essen v. 8.3.2006 – 13 S 213/05, DStRE 2007, 935 (936).

zu dieser Zeit wusste, dass der Schuldner zahlungsunfähig war. Zwar ist der Steuerberater nach Rechtsprechung des BGH[1] keine nahestehende Person i.S.v. § 138 Abs. 2 Ziff. 2 InsO, so dass die Vermutungsregel des § 130 Abs. 3 InsO zu seinen Lasten nicht gilt. Wegen der üblicherweise gegebenen Einblicke des Steuerberaters in die Vermögensverhältnisse des Schuldners ist jedoch gleichfalls in aller Regel von einer Kenntnis des Steuerberaters von der Zahlungsunfähigkeit auszugehen. Das gilt vor allem dann, wenn der Steuerberater – wie es zunehmend üblich ist – **Lesezugriff auf die Bankkonten des Insolvenzschuldners** hat, weil er die Buchungen auf diesen Bankkonten im automatisierten Verfahren in die Finanzbuchhaltung des Schuldners – etwa per DATEV – einliest. Gepaart mit der Kenntnis des Steuerberaters von Ein- und Ausgangsrechnungen des Mandanten, die der Steuerberater jedenfalls bei Mandanten, die nach vereinbarten Entgelten besteuert werden, in aller Regel zeitnah vorliegen hat, ergibt sich ein ausgezeichneter Überblick über die Liquiditätslage des Mandanten. Somit sind Honorarzahlungen, die der Insolvenzschuldner in den letzten drei Monaten vor dem Insolvenzantrag geleistet hat, in der Praxis nahezu durchgehend anfechtbar. Gleiches gilt auch für Sicherheiten, die der Steuerberater in diesem Zeitraum für seine offenen Honorarforderungen erhalten hat.

Allerdings kommt in Ansehung der Steuerberaterhonorare oft auch über den Dreimonats-Zeitraum hinaus die Anfechtung nach § 133 InsO in Betracht. Der Anfechtungszeitraum beträgt hier in der Regel vier Jahre und kann den Steuerberater daher sehr empfindlich treffen. Tatbestandlich muss hier zwar hinzukommen, dass der Insolvenzschuldner bei der Honorarzahlung an den Steuerberater mit dem Vorsatz gehandelt hat, seine übrigen Gläubiger zu benachteiligen und dass der Steuerberater diesen Vorsatz im Zeitpunkt des Empfangs der Zahlung bereits kannte. Nach § 133 Abs. 1 Satz 2 InsO wird diese Kenntnis jedoch vermutet, wenn der Steuerberater wusste, dass die Zahlungsunfähigkeit des Schuldners drohte oder gar bereits eingetreten war. Diese Kenntnis wird sich auf Grund der eben dargelegten tiefen Einblicke des Steuerberaters in aller Regel darlegen lassen.[2]

2.393

Eine Einschränkung erfährt die Insolvenzanfechtung jedoch durch § 142 InsO. Damit der Schuldner in der Krise noch in gewissem Umfang am Wirtschaftsleben teilnehmen kann, ist ein sog. **Bargeschäft** nicht anfechtbar. Aus der Formulierung „unmittelbar" ergibt sich, dass ein Bargeschäft nur vorliegen kann, wenn ein gewisser zeitlicher Zusammenhang vorliegt. Ein solcher wird üblicherweise nach Ablauf von drei Wochen verneint.[3] Leistung und Gegenleistung müssen durch Parteiverein-

2.394

---

1 BGH v. 11.12.1997 – IX ZR 278/96, ZIP 1998, 247 = VIZ 1998, 164 (165); v. 15.11.2012 – IX ZR 205/11, ZIP 2012, 2449 = NJW 2013, 694; s. auch OLG Köln v. 29.3.2017 – 2 U 45/16, ZInsO 2018, 792.
2 BGH v. 17.7.2003 – IX ZR 272/02, ZIP 2003, 1799 = NZI 2003, 597 (598), vergleiche auch: BGH v. 15.11.2012 – IX ZR 205/11, ZIP 2012, 2449 = NJW 2013, 694; LG Köln v. 20.11.2018 – 16 O 75/18, BeckRS 2018, 44884; OLG Naumburg v. 18.10.2017 – 5 U 68/17, ZInsO 2018, 2482; *Schmittmann* in Waza/Uhländer/Schmittmann, Insolvenzen und Steuern[12], Rz. 2992.
3 BGH v. 25.1.2001 – IX ZR 6/00, ZIP 2001, 524 (526); v. 10.7.2014 – IX ZR 192/13, NZI 2014, 775.

barung miteinander verknüpft sein.[1] Gewährt der Schuldner eine andere Leistung als die geschuldete, so ist diese inkongruent und fällt nicht mehr unter § 142 InsO.[2]

2.395 Das Honorar des Steuerberaters im Rahmen eines Sanierungsversuchs, das in angemessener Höhe zeitnah gezahlt wird, ist Bargeschäft, wenn der Sanierungsversuch nicht von Anfang an objektiv ungeeignet ist, sondern davon auszugehen ist, dass ausreichende Chancen für einen erfolgreichen Abschluss bestehen.[3]

IV. Herausgabeansprüche des Insolvenzverwalters

1. Grundlagen

2.396 Gemäß §§ 115, 116 und 117 InsO erlöschen mit der Insolvenzeröffnung alle Aufträge und somit auch der Beratervertrag zwischen Steuerberater und seinem Mandanten. Trotz Beendigung des Vertragsverhältnisses besteht der Herausgabeanspruch des Mandanten nach §§ 675 Abs. 1, 667 BGB fort. Hiernach muss der Beauftragte dem Auftraggeber alles, was er zur Ausführung des Auftrags erhält oder was er aus der Geschäftsbesorgung erlangt hat, herausgeben. Zur Ausführung seines Auftrags erhält der Steuerberater regelmäßig umfangreiche Unterlagen und Informationen, aus welchen er ein Arbeitsergebnis erstellt.[4] Zu diesen gehören sämtliche Unterlagen, alle vom Schuldner oder einem Dritten zur Verfügung gestellten Belege aber auch alle in schriftlicher, elektronisch oder sonstiger Form erbrachten Erzeugnisse der geschuldeten Vertragsleistung. Aus der Geschäftsbesorgung erlangt ist alles, was der Beauftragte auf Grund eines inneren Zusammenhangs mit dem geführten Geschäft erhalten hat. Somit sind auch die von Beauftragten erstellten Akten, sonstigen Unterlagen und Dateien von diesem Anspruch erfasst, solange sie nicht als private Aufzeichnungen einzustufen sind.[5] Dieser Herausgabeanspruch wird mit Erledigung des einzelnen Auftrags oder mit Beendigung des Auftragsverhältnisses, also durch Eröffnung des Insolvenzverfahrens, fällig.[6] Der Herausgabeanspruch ist Holschuld; der Steuerberater muss die Unterlagen lediglich zur Abholung in seinen Örtlichkeiten bereitstellen.[7] Der Herausgabeanspruch steht im Insolvenzverfahren dem Insolvenzverwalter zu, nicht dem Insolvenzschuldner.[8]

---

1 BT-Drucks. 12/2443, 167 zu § 161.
2 *Hölzle*, DStR 2003, 2075 (2077); BGH v. 21.12.1977 – VIII ZR 255/76, NJW 1978, 758 (759); zum ungeschriebenen Tatbestandsmerkmal der kongruenten Deckung bei § 142 InsO zuletzt: BGH v. 13.4.2006 – IX ZR 158/05, ZIP 2006, 1261 (1264); v. 17.7.2014 – IX ZR 240/13, DNotZ 2014, 906.
3 *Leibner*, GmbHR 2004, 405 (406).
4 LG Hannover v. 4.3.2009 – 44 StL 19/06, NZI 2010, 119 (120).
5 BGH v. 11.3.2004 – IX ZR 178/03, ZIP 2004, 1267 = DStR 2004, 1397 (1398); LG Bochum v. 29.5.2019 – I-4 O 32/15, LSK 2019, 27904.
6 LG Cottbus v. 2.5.2001 – 1 S 42/01, DStRE 2002, 63 (63).
7 *Olbig/Wollweber*, DStR 2009, 2700 (2700).
8 LG Hannover v. 4.3.2009 – 44 StL 19/06, NZI 2010, 119 (119).

2. Zurückbehaltungsrecht des Steuerberaters

Dem Steuerberater steht gem. § 66 Abs. 2 StBerG ein Zurückbehaltungsrecht an der **Handakte des Mandanten** zu, wenn dieser seine Honorarforderungen nicht begleicht. Zudem kann er sich auf das allgemeine Zurückbehaltungsrecht nach § 273 BGB sowie die Einrede des nicht erfüllten Vertrags nach § 320 BGB berufen. Das Zurückbehaltungsrecht aus § 66 Abs. 2 StBerG geht als lex specialis dem des § 273 BGB vor. Es ist als Sonderrecht weiter gefasst und soll dem Steuerberater ermöglichen, seine Ansprüche privilegiert außergerichtlich durchzusetzen.[1] Damit soll ihm ein wirkungsvolles Druckmittel an die Hand gegeben werden.[2] Zulässig ist die Berufung auf das Zurückbehaltungsrecht jedoch nur, wenn der Steuerberater damit nicht gegen den Grundsatz von Treu und Glauben verstößt. Dies ist insbesondere der Fall, wenn der Honoraranspruch unverhältnismäßig niedrig ist[3] oder in einer Art und Weise streitig ist, dass dessen Klärung einen hohen Zeitaufwand bedeuten würde.[4] Umfasst ist von diesem Recht jedoch nur die Handakte, § 66 Abs. 2 Satz 1 StBerG. Aus Zwecken der Rechtsklarheit ist die Handakte in § 66 Abs. 3 StBerG legaldefiniert: Handakten sind demnach nur die Schriftstücke, die der Steuerberater oder Steuerbevollmächtigte aus Anlass seiner beruflichen Tätigkeit von dem Auftraggeber oder für ihn erhalten hat. Dazu gehören insbesondere Kontoauszüge, Rechnungen und sonstige Buchführungsunterlagen, Bescheinigungen, Belege und auch alle Schriftstücke, die er für den Mandanten erhalten hat wie beispielsweise Steuerbescheide oder Urteile.[5] Mit umfasst sind auch Vermerke und Notizen des Steuerberaters sowie ein vom Steuerberater bereits gefertigtes Arbeitsergebnis, soweit es noch nicht an den Mandanten übersandt ist und damit unter § 66 Abs. 1 Satz 2 StBerG fällt.[6]

2.397

Im Insolvenzverfahren ist das Zurückbehaltungsrecht des Steuerberaters aus § 66 Abs. 2 StBerG jedoch **eingeschränkt** (wie auch alle anderen außerinsolvenzrechtlichen Zurückbehaltungsrechte). § 51 Ziff. 2 InsO regelt abschließend, welche Arten des Zurückbehaltungsrechts insolvenzfest gegenüber dem Insolvenzverwalter geltend gemacht werden können. Die Regelung ist dahin zu verstehen, dass der Gesetzgeber regeln wollte, welche Rechte der Insolvenzverwalter sich entgegenhalten lassen muss

2.398

---

1 BGH v. 3.7.1997 – IX ZR 244/96, NJW 1997, 2944 (2945) zum vergleichbaren § 50 BRAO; vgl. dazu OLG München v. 15.2.2017 – 20 U 3317/16, NJOZ 2018, 1342.
2 BGH v. 3.7.1997 – IX ZR 244/96, NJW 1997, 2944 (2945); OLG München v. 15.2.2017 – 20 U 3317/16, NJOZ 2018, 1342; LG München v. 17.2.2017 – 4 O 9827/16, BeckRS 2017, 134941.
3 BGH v. 17.2.1988 – IVa ZR 262/86, ZIP 1988, 442 = NJW 1988, 2607 (2808); v. 13.7.1970 – VII ZR 176/68, NJW 1970, 2019 (2012); OLG Düsseldorf v. 21.12.2004 – 23 U 36/04, NJW 2005, 1131 (1131); LG München v. 17.2.2017 – 4 O 9827/16, BeckRS 2017, 134941.
4 BGH v. 11.4.1984 – VIII ZR 302/82, NJW 1984, 2151 (2154).
5 OLG Düsseldorf v. 21.12.2004 – 23 U 36/04, NJW 2005, 1131 (1131); *Olbing/Wollweber*, DStR 2009, 2700 (2700); LG Heidelberg v. 29.9.1997 – 4 O 53/97, NJW-RR 1998, 1072 (1072).
6 LG Heidelberg v. 29.9.1997 – 4 O 53/97, NJW-RR 1998, 1072 (1072); vgl. auch BGH v. 17.5.2018 – IX ZR 243/17, NJW 2018, 2319.

und dass bei allen anderen Rechten der Gläubiger auf die Quote zu verweisen sei.[1] Das allgemeine schuldrechtliche Zurückbehaltungsrecht ist daher auf Grund der Spezialregelung des § 51 InsO gegenüber dem Insolvenzverwalter ausgeschlossen.[2] Der Ausschluss gilt auch für das dem § 273 BGB nachempfundene Zurückbehaltungsrecht aus § 66 Abs. 2 StBerG.[3] Auch das auf § 66 Abs. 4 StBerG gestützte Zurückbehaltungsrecht kann daher gegenüber dem Insolvenzverwalter nicht durchgreifen, wenn die geltend zu machenden Honorarforderungen nicht den Rang von Masseverbindlichkeiten, sondern nur den von Insolvenzforderungen (§ 38 InsO) einnehmen, weil die geltend gemachten Honorarforderungen dann nicht (mehr) im Gegenseitigkeitsverhältnis zum Herausgabeanspruch des Insolvenzverwalters stehen.[4]

3. Sonderproblem: DATEV-Daten

2.399 Oft entbrennt der eigentliche Streit über die Herausgabe der Steuerunterlagen des Insolvenzschuldners vom Steuerberater an den Insolvenzverwalter an den gespeicherten DATEV-Daten. Grundsätzlich umfasst der in § 66 Abs. 3 StBerG legaldefinierte Begriff der Handakte gem. § 66 Abs. 4 Satz 1 StBerG auch die bei einem Rechenzentrum gespeicherten DATEV-Stammdaten.[5] Bezüglich des Herausgabeanspruchs besteht kein Unterschied dahingehend, ob die Unterlagen körperlich übergeben werden oder elektronisch abgespeichert werden.[6] Somit bestehen auch keine Bedenken dagegen, die Zustimmung zur Datenübertragung auf den Insolvenzverwalter als Inhalt der Verpflichtung zur Herausgabe der vom Steuerberater bei einem Dritten abgespeicherten Daten anzusehen.[7]

2.400 Eine Herausgabepflicht des Steuerberaters ist also zu bejahen. Kommt er seiner Verpflichtung nicht nach, so kann der Insolvenzverwalter den Anspruch auf Herausgabe der Steuerdaten im Wege der einstweiligen Verfügung gem. § 935 ZPO durchsetzen. Der Verfügungsgrund i.S.d. § 935 ZPO ergibt sich daraus, dass der Insolvenzverwalter ohne diese Daten seinen Verwalterpflichten nicht ordnungsgemäß nachkommen kann.[8]

---

1 LG Cottbus v. 2.5.2001 – 1 S 42/01, DStRE 2002, 63 (64).
2 *Kuhn/Uhlenbruck*[11], § 49 KO Rz. 24, m.w.N.
3 *Olbing/Wollweber*, DStR 2009, 2700 (2704).
4 LG Cottbus v. 2.5.2001 – 1 S 42/01, DStRE 2002, 63 (64); so i.E. auch *Schmittmann* in Waza/Uhländer/Schmittmann, Insolvenzen und Steuern[12], Rz. 3035 ff.; LG Hannover v. 4.3.2009 – 44 StL 19/06, NZI 2010, 119 (119).
5 LG Hannover v. 4.3.2009 – 44 StL 19/06, NZI 2010, 119 (119).
6 LG Hannover v. 4.3.2009 – 44 StL 19/06, NZI 2010, 119 (120).
7 BGH v. 11.3.2004 – IX ZR 178/03, ZIP 2004, 1267 = DStR 2004, 1397 (1398); vgl. auch LG Stuttgart v. 16.1.2019 – 27 O 272/18, DStRE 2019, 852 sowie FG Schl.-Holst. v. 12.10.2015 – 2 V 95/15, LSK 2016, 031405.
8 LG Berlin v. 3.3.2006 – 28 O 92/06, ZIP 2006, 962 ff.

# Kapitel 3
Steuerverfahrensrecht im Insolvenzverfahren

A. Durchführung der Besteuerung	
I. Grundsätzlicher Fortbestand der Rechtsfähigkeit	3.1
II. Zuständigkeiten der Finanzbehörde	3.2
III. Steuergeheimnis	
1. Grundlagen	3.9
2. Steuergeheimnis während des Insolvenzverfahrens	3.12
3. Zusammenfassung	3.25
IV. Auskunftsanspruch des Insolvenzverwalters	
1. Grundlagen	3.26
2. Kriterien der Ermessensentscheidung	3.30
3. Geltendmachung des Auskunftsanspruchs und Entscheidung der Behörde	3.38
4. Rechtsbehelfe gegen die Ablehnung des Auskunftsgesuchs	3.39
5. Auskunftsanspruch nach den Informationsfreiheitsgesetzen	3.40
6. Zivilrechtliche Auskunftsansprüche	
V. Steuerbegünstigte Zweckverfolgung des Insolvenzschuldners	
1. Grundlagen	3.41
2. Voraussetzungen der Gemeinnützigkeit im Einzelnen	3.53
3. Auswirkungen der Gemeinnützigkeit auf die Besteuerung	3.65
4. Ende der Gemeinnützigkeit	3.66
5. Gemeinnützigkeit des Insolvenzschuldners während des Insolvenzverfahrens	3.68
6. Sphärentrennung im Insolvenzverfahren	3.82
7. Satzungsänderungen nach Insolvenzverfahrenseröffnung	3.83
VI. Abgabenrechtliche Haftung für Steuerschulden	
1. Grundlagen	3.84
2. Persönlicher Anwendungsbereich	
a) Personen i.S.d. §§ 34, 35 AO .	3.88
b) Mehrere Geschäftsführer	3.90
c) Faktischer Geschäftsführer . . .	3.91
d) Formeller Geschäftsführer . . .	3.92
3. Anspruchsvoraussetzungen	3.93
4. Haftungsumfang	3.97
5. Mitwirkung des Haftungsschuldners bei der Ermittlung der Haftungsquote	3.102
6. Haftungsinanspruchnahme persönlich haftender Gesellschafter	3.103
7. Haftungsinanspruchnahme trotz Insolvenzplan	3.106
8. Haftung des Eigentümers von Gegenständen nach § 74 AO	3.107
VII. Ermittlung der Steueransprüche	
1. Grundsätze	3.108
2. Rechnungslegung des Insolvenzverwalters	
a) Insolvenzrecht – Handelsrecht – Steuerrecht	3.112
b) Insolvenzrechtliche Rechnungslegung	
aa) Katalog der Verzeichnisse und Berichte	3.114
bb) Verzeichnis der Massegegenstände	3.115
cc) Gläubigerverzeichnis	3.116
dd) Vermögensübersicht	3.117
ee) Sachstandsberichte	3.118
ff) Schlussrechnung und Schlussberichterstattung .	3.120
c) Handelsrechtliche Rechnungslegung	
aa) Geltung der §§ 238 ff. HGB	3.128
bb) Schluss- und Eröffnungsbilanzen	3.129
cc) Laufende Rechnungslegung während des Insolvenzverfahrens	
(1) Laufende Rechnungslegung bei eingestelltem Geschäftsbetrieb	3.135

(2) Laufende Rechnungslegung
bei Betriebsfortführung .. 3.144
dd) Rechnungslegung bei Betriebseinstellung während
des Insolvenzverfahrens . 3.154
ee) Rechnungslegung am
Schluss des Insolvenzverfahrens 3.155
d) Steuerrechtliche Rechnungslegung im Insolvenzverfahren 3.157
VIII. **Steuererklärungspflichten** 3.173
IX. **Steuerfestsetzung**
1. Steuerbescheid 3.185
2. Festsetzungen im vorläufigen Insolvenzverfahren 3.186
3. Festsetzung von Insolvenzforderungen durch Steuerbescheid . . . 3.187
4. Berechnungsmitteilung bzgl. Insolvenzforderungen 3.190
5. Festsetzung von Masseforderungen durch Steuerbescheid 3.191
6. Festsetzung von Steuern gegen
das insolvenzfreie Vermögen des
Insolvenzschuldners 3.195
7. Festsetzung von Erstattungen
oder einer Steuer von Null Euro
durch Steuerbescheid 3.197
8. Abweichende Festsetzung von
Steuern aus Billigkeitsgründen
(§ 163 AO) 3.199
9. Rückforderung angefochtener
Steuerzahlungen durch Bescheid? 3.204
10. Festsetzung durch Bescheid nach
Beendigung des Insolvenzverfahrens 3.205
X. **Feststellung von Besteuerungsgrundlagen und Festsetzung von Steuermessbeträgen** 3.207
XI. **Haftungs- und Duldungsbescheide** 3.209
XII. **Außenprüfung** 3.212
XIII. **Masseunzulänglichkeit und Massearmut** 3.215
XIV. **Nebenforderungen**
1. Säumniszuschläge 3.224
2. Verspätungszuschläge 3.230
3. Zinsen 3.236
4. Vollstreckungskosten 3.239
5. Zwangs- und Ordnungsgelder . . 3.240

6. Geldbußen und Geldstrafen 3.242
B. **Erhebungsverfahren**
I. **Grundlagen** 3.244
II. **Forderungsanmeldung zur Insolvenztabelle**
1. Anzumeldende Forderungen . . . 3.246
2. Anmeldungsfrist 3.250
3. Form der Anmeldung zur Tabelle 3.251
4. Inhalt der Forderungsanmeldung 3.253
5. Rechtsnatur der Forderungsanmeldung 3.257
6. Rechtsmittel gegen die Forderungsanmeldung 3.258
III. **Berichtstermin** 3.259
IV. **Forderungsprüfung**
1. Prüfungstermin 3.269
2. Wirkung der Tabellenfeststellung 3.274
3. Widerspruch gegen angemeldete
Forderungen 3.280
4. Wirkungen des Schuldnerwiderspruchs 3.284
5. Wirkungen des Widerspruchs eines Insolvenzgläubigers oder des
Insolvenzverwalters
a) Fallsituationen 3.290
b) Widerspruch gegen nicht titulierte Forderungen 3.291
c) Widerspruch gegen titulierte
Forderungen
aa) Grundsituation 3.297
bb) Vorinsolvenzlicher Steuerbescheid in offener Rechtsbehelfsfrist 3.298
cc) Angefochtener vorinsolvenzlicher Steuerbescheid 3.300
dd) Mehrere Bestreitende . . . 3.305
ee) Unanfechtbarer Steuerbescheid 3.308
ff) Unterlassene Verfolgung
des Widerspruchs 3.309
6. Abrechnungsbescheid 3.310
7. Erlass 3.314
V. **Schlussrechnung und Schlusstermin** 3.324
VI. **Verteilung** 3.332
C. **Aufrechnung**
I. **Grundlagen** 3.335

II. Aufrechnung mit Steuerforderungen
1. Rechtsprechung des BFH 3.340
2. Fälligkeit der Gegenforderung .. 3.347
3. Hauptforderung 3.356
4. Saldierung nach § 16 UStG 3.360
III. Aufrechnung nach Aufhebung des Insolvenzverfahrens 3.361
IV. Aufrechnung während der Wohlverhaltensperiode 3.362
V. Aufrechnung gegen Forderungen aus dem insolvenzfreien Bereich während des eröffneten Insolvenzverfahrens 3.363
VI. Aufrechnung mit Steuerforderungen aus Berichtigungen 3.364
VII. Aufrechnung trotz Insolvenzplan 3.365
D. Vollstreckungsverfahren
I. Ausgangslage 3.366
II. Vollstreckung einer Insolvenzforderung 3.367
III. Vollstreckung einer Masseverbindlichkeit 3.371
IV. Vollstreckung bei Masseunzulänglichkeit 3.377
V. Vollstreckung in das insolvenzfreie Vermögen des Insolvenzschuldners 3.384
VI. Vollstreckung nach Aufhebung des Insolvenzverfahrens 3.387
VII. Vollstreckungen wegen Handlungen, Duldungen oder Unterlassungen während des Insolvenzverfahrens 3.394
E. Rechtsbehelfs- und Rechtsmittelverfahren
I. Auswirkungen des Insolvenzverfahrens auf laufende Rechtsbehelfs- und Rechtsmittelverfahren 3.398
II. Finanzgerichtlicher Rechtsschutz gegen Insolvenzanträge der Finanzverwaltung
1. Statthafter Rechtsbehelf 3.403
2. Einstweilige Anordnung auf Rücknahme des Insolvenzantrages ... 3.404
3. Allgemeine Leistungsklage 3.412
III. Beendigung des Insolvenzverfahrens 3.413

A. Durchführung der Besteuerung

Literatur *Bartone*, Auswirkungen des Insolvenzverfahrens auf das Besteuerungsverfahren, AO-StB 2002, 22; Der Erlass und die Änderung von Steuerverwaltungsakten im Zusammenhang mit dem Insolvenzverfahren über das Vermögen des Steuerpflichtigen, AO-StB 2007, 308; *Bartone*, Feststellung von Steuerforderungen zur Insolvenztabelle und ihre Auswirkung auf das Besteuerungsverfahren, DStR 2017, 1743; *Bauer*, Ungleichbehandlung der Gläubiger im geltenden Insolvenzrecht, DZWIR 2007, 188; Unzulässigkeit der Wiedereinführung des Fiskusvorrechts im Insolvenzverfahren, ZInsO 2010, 1432; *Becker*, Die Anmeldung und Prüfung von Steuerforderungen im Insolvenzverfahren, DStR 2016, 919; *Benne*, Einkommensteuerliche und steuerverfahrensrechtliche Probleme bei Insolvenzen im Zusammenhang mit Personengesellschaften, BB 2001, 1977; *Busch/Kranenberg*, Abtretung von Steuererstattungsansprüchen in der Insolvenz, NWM 11/2010, 824; *Crezelius*, Aktuelle Steuerrechtsfragen in Krise und Insolvenz, NZI 2019, 742; *Demleitner*, Aktuelle Fragen zur Besteuerung von Unternehmen in der Krise und Insolvenz, SteuK 2016, 521; *Eidenmüller*, Forschungsperspektiven im Unternehmensrecht, ZGR 2007, 484; *Geerlin/Hartmann*, Der BFH verwirft den Sanierungserlass, DStR 2017, 752; *Haas*, Der Gewinn aus der Restschuldbefreiung – eine Steuerfalle, DStR 2018, 2129; *Hagen*, Bekanntgabe von Feststellungsbescheiden im Insolvenzverfahren, NWB Nr. 46 v. 13.11.2006, Fach 2, 9063; *Harder*, (Einkommen-)Steuerliche Überlegungen des Insolvenzverwalters, VIA 2016, 1; *Heese*, Forderungsbewertung und Wertermittlungspflichten im Insolvenzfall, DStR 2008, 150; *Hölzle*, Das Steuerberatungsmandat in der Insolvenz des Mandanten – Mandatsfragen im Vorfeld der Insolvenz, im vorläufigen und im eröffneten Insolvenzverfahren, DStR 2003, 2075; *Jäger*, Eröffnung eines Insolvenzverfahrens während eines Finanzgerichtsverfahrens, DStR 2008, 1272; *Kahlert*, Ertragsbesteuerung in Krise und Insolvenz, FR 2014, 731; *Krüger*, Insolvenzsteuerrecht Update 2016, ZInsO 2016, 561; *Krumm*, Steuervollzug und formelle Insolvenz, Frankfurt/M., 2009; *Linn*, Die Anwendung des Beihilfeverbots im Unternehmensteuerrecht, IStR 2008, 601 *Kruth*, Leitlinien des BFH zur Sollbesteuerung im Insolvenzantragsverfahren – zugleich Besprechung des BFH-Urteils vom 24.9.2014 – V R 48/13, MwStR 2015, 77; *Maus*, Die Besteuerung von Sanierungsgewinnen als Problem in der Unternehmensinsolvenz, NZI 2000, 449; *Mayer/Betzinger*, Verbindlichkeiten in der Liquidation, DStR 2014, 1573; *Nicht/Frege/Berger*, Unternehmerische Ermessensentscheidungen im Insolvenzverfahren – Entscheidungsfindung, Kontrolle und persönliche Haftung, NZI 2010, 321; *Onusseit*, Die steuerrechtlichen Rechte und Pflichten des Insolvenzverwalters in den verschiedenen Verfahrensarten nach der InsO, ZInsO 2000, 363; *Onusseit*, Neues zum Insolvenzsteuerrecht vom Bundesfinanzhof, ZInsO 2014, 59 *Perleberg-Kölbel*, Das Veranlagungswahlrecht von Ehegatten im Insolvenzfall, NZFam 2014, 1080; *Pflaum*, Steuerbescheide in der Insolvenz, StW 2009, 244; *Roth*, Insolvenzeröffnungsbedingte Berichtigungen und Aufrechnungsfragen, DStR 2017, 1766; *Rüsken*, Die Rechtsprechung des VII. Senats des BGH zum steuerlichen Insolvenzverfahrensrecht und zur Aufrechnung im Insolvenzverfahren, NZI 2006, 330; Aufrechnung von Steuern im Insolvenzverfahren in der neueren Rechtsprechung des BFH, ZIP 2007, 2053; *Sämisch/Adam*, Fiskalische Begehrlichkeiten: Insolvenzforderungen oder Masseverbindlichkeiten?, ZInsO 2010, 934; *Scherer*, Die Unterbrechung des Steuerfestsetzungsverfahrens in der Insolvenz – Kritische Überlegungen zur Rechtsprechung des BFH, DStR 2017, 296; *Schmidt-De Caluwe*, Vorläufige Verwaltungsakte im Arbeitsförderungsrecht, NZS 2001, 240; *Schmittmann*, Aktuelle Rechtsprechung des BFH zu verfahrens- und ertragsteuerlichen Fragen in der Insolvenz natürlicher Personen, VIA 2016, 65; *Schmittmann*, Auskunftsansprüche des Insolvenzverwalters gegen die Finanzverwaltung anhand der aktuellen Rechtsprechung, ZInsO 2010, 1469; *Seer*, Abstimmungsprobleme zwischen Umsatzsteuer- und Insolvenzrecht, DStR 2016, 1289; *Sonnleitner/Strotkemper/Krüsmann*, Insolvenzplan und Besteuerungsverfahren, ZInsO 2016, 1545; *Steinhauff*, Die Treuhand im Ertragsteuerrecht, SteuK 2010, 249; *Sterzinger*, Probleme bei der Auszahlung des Körperschaftsteuerguthabens im Insolvenzverfahren, BB 2008, 1480; *Uhländer*, Aktuelle Besteuerungsprobleme in der Insolvenz, DB 2015, 1620; *Uhländer*, Aktuelle Zweifelsfragen zum Steuerverfahren in der Insolvenz, AO-StB 2002, 83; *Uhlenbruck*, Auskunfts- und Mitwirkungspflichten des Schuldners und seiner organschaftlichen Vertreter im Insolvenzverfahren, NZI 2002, 401; *Waltenberger*, Die insolvenzrechtliche Unterbrechung des Verfahrens nach § 240 ZPO, NZI 2018, 505; *Waza*, Steuerverfahrensrechtliche Problemfelder in der Insolvenz, NWB Nr. 43 v. 20.10.2003, Fach 2, 8237; *Werth*, Insolvenzaufrechnung von Forderungen aus dem Steuerschuldverhältnis – aktuelle Entwicklungen auf Grund der neueren Rechtsprechung des BGH, DStZ 2010, 572; *Wollweber*, Honorarsicherung in der wirtschaftlichen Krise des Mandanten, DStR 2010, 1801.

I. Grundsätzlicher Fortbestand der Rechtsfähigkeit

3.1 Der Insolvenzschuldner bleibt auch nach Insolvenzeröffnung weiter rechtsfähig und Steuerrechtssubjekt. Für natürliche Personen versteht sich dies von selbst (§ 1 BGB). Aber auch juristische Personen behalten während des Insolvenzverfahrens ihre Rechtsfähigkeit und ihre Steuersubjektfähigkeit. Die Rechtsfähigkeit der juristischen Person endet nämlich erst mit Eintritt der Vermögenslosigkeit und der Löschung im Handelsregister.[1] Die Löschung allein bewirkt keine Vollbeendigung der Körper-

---

1 *Haas* in Baumbach/Hueck[22], § 60 GmbHG, Rz. 6; OLG Stuttgart v. 28.2.1986 – 2 U 148/85, ZIP 1986, 647; OLG Koblenz v. 14.3.2016 – 14 W 115/16, NJW-RR 2016, 867.

schaft. Da die juristische Person, über deren Vermögen das Insolvenzverfahren eröffnet ist, auch während des Insolvenzverfahrens Träger der zur Insolvenzmasse gehörenden Vermögensgegenstände und Verbindlichkeiten (sowohl Insolvenzforderungen als auch Masseverbindlichkeiten) ist, kann Vollbeendigung erst dann eintreten, wenn die gesamte Insolvenzmasse an die Gläubiger verteilt ist, denn vor diesem Zeitpunkt ist die juristische Person noch Vermögensträger. Wird die Gesellschaft trotz vorhandenen Vermögens gelöscht, berührt dies ihre Rechtsfähigkeit nicht. Auch steuerrechtlich tritt durch die Löschung im Handelsregister nicht die Beendigung der Körperschaft ein. Nach ständiger Rechtsprechung des BFH besteht eine juristische Person trotz ihrer Löschung im Handelsregister steuerrechtlich fort, solange sie noch steuerrechtliche Pflichten zu erfüllen hat oder gegen sie ergangene Steuerbescheide angreift.[1] Dies gilt auch für ausländische Kapitalgesellschaften.[2] Daher ist auch während des Insolvenzverfahrens die Besteuerung von Insolvenzschuldnern durchzuführen, die juristische Personen sind.

II. Zuständigkeiten der Finanzbehörde

Die sachliche Zuständigkeit der Finanzbehörden richtet sich gem. § 16 AO nach dem Gesetz über die Finanzverwaltung (FVG), soweit keine besonderen Regelungen getroffen sind. Solche besonderen Regelungen finden sich beispielsweise in §§ 249 Abs. 1, 328 Abs. 1, 386 Abs. 1 AO. Sachliche Zuständigkeit bedeutet die Verteilung behördlicher Aufgaben auf verschiedene Verwaltungsträger. Unterarten der sachlichen Zuständigkeit sind die funktionelle und die verbandsmäßige Zuständigkeit. Gegenstand der funktionellen Zuständigkeit sind diejenigen Regelungen, die festlegen, welche Aufgaben auf welcher Hierarchieebene (Unter-, Mittel- und Oberbehörden) wahrgenommen werden. Verbandsmäßige Zuständigkeit meint die Abgrenzung der Zuständigkeiten verschiedener Rechtsträger zueinander. So sind beispielsweise die Gemeinden gem. § 4 Abs. 1 GewStG in Ansehung der Gewerbesteuer verbandsmäßig zuständig. Verwaltungsakte, die von einer sachlich unzuständigen Behörde erlassen worden sind, sind nichtig (§ 125 Abs. 1 AO), wenn der Fehler offensichtlich ist, sonst zumindest rechtswidrig. Fehlt der erlassenden Behörde die erforderliche Sachkunde für den Erlass eines bestimmten Verwaltungsaktes, so ist grundsätzlich von Nichtigkeit auszugehen.

Die örtliche Zuständigkeit der Finanzbehörden richtet sich nach §§ 17 ff. AO. Für die örtliche Zuständigkeit sind die Verhältnisse im Zeitpunkt des Verwaltungshandelns maßgeblich.[3] Für natürliche Personen richtet sich die örtliche Zuständigkeit

---
1 BFH v. 15.2.2006 – I B 38/05, BFH/NV 2006, 1049 ff.; v. 28.1.2004 – I B 210/03, BFH/NV 2004, 670 ff.; OLG Koblenz v. 14.3.2016 – 14 W 115/16, NJW-RR 2016, 867; kritisch Koenig in Koenig[3], § 33 AO Rz. 10. Fehl geht insoweit FG Nds. v. 15.9.2005 – 6 K 609/00, EFG 2006, 1195 ff., wonach eine Stiftung durch Eröffnung des Konkursverfahrens ihre Rechtsfähigkeit verlieren soll. Das soll sich aus §§ 86, 42 Abs. 1 BGB ergeben. § 42 Abs. 1 BGB bestimmt indessen nur die Auflösung, nicht aber die Beendigung der Rechtsfähigkeit.
2 BFH v. 28.1.2004 – I B 210/03, BFH/NV 2004, 670 ff.; FG Berlin-Bdb. v. 31.7.2018 – 10 V 10006/18, juris; FG Köln v. 8.10.2015 – 13 K 2932/14, DStRE 2016, 694.
3 BFH v. 22.9.1989 – III R 227/84, BFH/NV 1990, 568.

der Finanzbehörde nach § 19 AO, also nach dem Ort, an dem die Person ihren Wohnsitz hat. Soweit gesonderte Feststellungen von Besteuerungsgrundlagen erforderlich sind, wie vor allem bei Personengesellschaften, richtet sich die örtliche Zuständigkeit nach § 18 Abs. 1 AO i.V.m. § 180 Abs. 1 AO. Die **örtliche Zuständigkeit der Finanzbehörde für Körperschaften** bestimmt sich gem. § 20 Abs. 1 AO nach ihrem Geschäftssitz. Ein Zuständigkeitswechsel tritt gem. § 26 AO dann ein, wenn sich die Umstände, die die Zuständigkeit begründen, ändern und eine der beiden Finanzbehörden hiervon erfährt. Während des Insolvenzantragsverfahrens und während eines eröffneten Insolvenzverfahrens tritt allerdings gem. § 26 Satz 3 AO kein Zuständigkeitswechsel ein, auch wenn der Insolvenzverwalter die Geschäfte des insolvenzschuldnerischen Unternehmens von einem anderen als dem bisherigen Geschäftssitz aus führt, beispielsweise von seinen Kanzleiräumlichkeiten. § 26 Satz 3 AO gilt sowohl für das Regelinsolvenzverfahren (§§ 11 ff. InsO), als auch für das Verbraucherinsolvenzverfahren (§§ 304 ff. InsO).

3.4 In den Fällen, in denen eine natürliche Person während des eröffneten Insolvenzverfahrens in einem anderen Finanzamtsbezirk eine neue gewerbliche oder selbständige Tätigkeit i.S.d. § 35 Abs. 2 InsO aufnimmt, gilt Folgendes[1]:

3.5 Ist der Steuerpflichtige bereits bisher ertrag- und betriebssteuerlich geführt worden, verbleibt es für diese Steuerarten gem. § 26 Satz 3 AO bei der bisherigen Zuständigkeit.

3.6 Handelt es sich hingegen um die erstmalige Aufnahme einer unternehmerischen Tätigkeit, wird hinsichtlich der Betriebssteuern erstmals eine Zuständigkeit begründet und mithin dies mangels eines Zuständigkeitswechsels nicht von § 26 Satz 3 AO erfasst. Die örtliche Zuständigkeit für die Betriebssteuern liegt damit bei dem Finanzamt, von dessen Bezirk der Unternehmer das Unternehmen ganz oder vorwiegend betreibt.

3.7 Wechselt der Schuldner während der Wohlverhaltensphase (§ 287 Abs. 2 Satz 1 InsO) seinen Wohnsitz in den Bezirk eines anderen Finanzamts, so ist die Besteuerung von dem für den neuen Wohnsitz zuständigen Finanzamt durchzuführen, weil die Wohlverhaltensphase erst an das bereits eingestellte oder aufgehobene Insolvenzverfahren anschließt.[2]

3.8 Sofern die örtlich **unzuständige Behörde** einen Verwaltungsakt erlassen hat, so ist dieser gem. § 125 Abs. 3 Ziff. 1 AO **nicht bereits deswegen nichtig**. Sofern keine andere Entscheidung in der Sache hätte ergehen können, kann die Aufhebung des Verwaltungsaktes wegen § 127 AO nicht verlangt werden. Gleichwohl ist der durch die örtlich unzuständige Behörde erlassene Verwaltungsakt rechtswidrig; er ist aufzuheben, wenn in der Sache materiell-rechtlich eine andere Entscheidung hätte ergehen können.

---

[1] OFD Hannover v. 23.12.2008 – S 0127 – 36 – StO 142, DStR 2009, 588 (588) Verfügung betr. örtliche Zuständigkeit in Insolvenz- und Liquidationsfällen.

[2] OFD Hannover v. 23.12.2008 – S 0127 – 36 – StO 142, DStR 2009, 588 (588) Verfügung betr. örtliche Zuständigkeit in Insolvenz- und Liquidationsfällen.

Zuständig für den Erlass eines Abrechnungsbescheids ist die nach den allgemeinen Zuständigkeitsregelungen der §§ 16 ff. AO zuständige Finanzbehörde[1]. Der BFH hat damit seine frühere Rechtsprechung[2], nach der für den Erlass eines Abrechnungsbescheides diejenige Finanzbehörde zuständig sei, die den Anspruch aus dem Steuerschuldverhältnis, um dessen Verwirklichung gestritten wird, festgesetzt hat, ausdrücklich aufgegeben.

III. Steuergeheimnis

Literatur *Bamberg*, Steuerberatung, EDV und Verschwiegenheit, DStR 2006, 2052; *Bächer*, Steuergeheimnis bei Zusammenveranlagung?, ZInsO 2009, 1147; *Beck*, Mediation und Vertraulichkeit, Diss. 2009; *Beth*, Zulässigkeit eines Auskunftsersuchens des Insolvenzgerichts beim Bundeszentralamt für Steuern (BZSt), NZI 2016, 109; *Christ*, Zeugnisverweigerungsrechte und Schweigepflicht der steuerberatenden Berufe, StWK Gruppe 24, 21 (3/2003); *Cremer*, Das Berufsrecht des Steuerberaters, SteuerStud 2009, 219; *Crezelius*, Aktuelle Steuerrechtsfragen in Krise und Insolvenz, NZI 2018, 740; *Diversy*, der Steuerberater im Spannungsfeld zwischen Schweigepflicht und Zeugenpflicht im Insolvenzstrafverfahren, ZInsO 2004, 960; *Drüen*, Die Zukunft des Steuerverfahrens, Zukunftsfragen des deutschen Steuerrechts, 2009, 1; *Eich*, Grenzüberschreitende Amtshilfe in Steuersachen, KÖSDI 2010, 17041; *Erkis*, Die neuen steuerlichen Datenschutzrechte im Besteuerungsverfahren, DStR 2018, 161; *Gilgan*, Beratungspflichten in der Krise des Mandanten, BBKM 2007, 294; *Gräfe*, Zur Abtretung von Gebührenforderungen des Steuerberaters, EWiR 2006, 731; *Haarmann/Suttorp*, Zustimmung des Kabinetts zum Steuerhinterziehungsbekämpfungsgesetz, BB 2009, 1275; *Hagen*, Steuergeheimnis im Verfahren nach der Insolvenzordnung, StW 2009, 16; *Hentschel*, Freiberufler zwischen Skylla und Charybdis – Mitwirkungspflichten im Besteuerungsverfahren und berufliche Schweigepflicht, NJW 2009, 810; *Höll*, Die Mitteilungspflichten bei Korruptionssachverhalten im Regelungsgefüge des Steuergeheimnisses, ZIS 2010, 309; *Hölzle*, Das Steuerberatungsmandat in der Insolvenz des Mandanten – Mandatsfragen im Vorfeld der Insolvenz, im vorläufigen und im eröffneten Insolvenzverfahren, DStR 2003, 2075; *Jacobsen/Peters*, Schwarzmalerei in Strafsachen, wistra 2009, 458; *Jehke/Haselmann*, Der Schutz des Steuergeheimnisses nach einer Selbstanzeige, DStR 2015, 1036; *Jörißen*, Umfang und Grenzen des Steuergeheimnisses im Insolvenzverfahren, AO-StB 2008, 46; *König*, Grundwissen zur Zumessung der Geldstrafe, JA 2009, 809; *Kiethe*, Prozessuale Zeugnisverweigerungsrechte in der Insolvenz, NZI 2006, 267; *Kranenberg*, Anfechtung von Geldzahlungen im Strafverfahren – Wer hat Kenntnis wovon?, NZI 2014, 987; *Leitner*, Aufforderung zur Vorlage der Buchhaltungsdaten einer Bank auf Datenträger während einer Außenprüfung, EFG 2010, 98; *Loose*, Anspruch des Insolvenzverwalters auf Auskunft des Finanzamtes, EFG 2009, 639; *Matthes*, Kein uneingeschränktes Recht auf Akteneinsicht im Besteuerungsverfahren wegen einer anonymen Anzeige, EFG 2010, 611; *Marx*, Paradigmenwechsel beim Steuergeheimnis? – Die Einführung eines § 31b AO durch das 4. Finanzmarktförderungsgesetz zur Bekämpfung der Geldwäsche, DStR 2002, 1467; *Micker*, Die Anwendung des Steuergeheimnisses auf freiwillige und verpflichtete Anzeigeerstatter, AO-StB 2010, 92; *Mutschler*, Betriebsprüfung bei Berufsgeheimnisträgern – Vorlagepflicht, DStR 2010, 951; Betriebsprüfungen bei Steuerberatern und die Pflicht zur Verschwiegenheit, DStR 2008, 2087; *Nitschke*, Auskunftsersuchen des Insolvenzverwalters und Informationsfreiheit, DÖV 2014, 1049; *Poschenrieder*, Ein Recht aus Auskunft begründet kein Recht auf Akteneinsicht – Grenzen von Art. 15 DSGVO im Besteuerungsverfahren, DStR 2020, 21; *Ranker*, Einmal zur Verschwiegenheit verpflichtet – immer zur Ver-

---

1 BFH v. 19.3.2019 – VII R 27/17, DStR 2019, 1208.
2 BFH v. 12.7.2011 – VII R 69/10, BFH/NV 2011, 431.

schwiegenheit verpflichtet?!, DStR 2015, 778; *Reck*, Berichtspflicht von Steuerberatern über die Überschuldung und Zahlungsunfähigkeit von Unternehmen, StuB 2002, 154; *Schwedhelm*, Praxiserfahrungen in der Steuerstrafverteidigung, BB 2010, 731; *Schmittmann*, Auskunftsansprüche des Insolvenzverwalters gegen die Finanzverwaltung auf Grundlage der Landesinformationsfreiheitsgesetze, NZI 2015, 594; *Späth*, Neues zur Verschwiegenheitspflicht der Steuerberater und Steuerbevollmächtigten, DStZ 1994, 78; *Uhlenbruck*, Auskunfts- und Mitwirkungspflichten des Schuldners und seiner organschaftlichen Vertreter im Insolvenzverfahren, NZI 2002, 401; *Veil*, Die Datenschutz-Grundverordnung: des Kaisers neue Kleider, NVwZ 2018, 686; *Wagner*, Möglichkeiten und Schranken bei der Fertigung von Kontrollmitteilungen anlässlich von Außenprüfungen bei Kreditinstituten, DStZ 2010, 69; *von Wedelstädt*, Die Änderungen und Ergänzungen im Anwendungserlass zur Abgabenordnung durch das BMF-Schreiben v. 2.1.2009, DB 2009, 254; Die Änderungen und Ergänzungen im AEAO durch das BMF-Schreiben v. 22.12.2009, DB 2010, 189; *Wegber*, Investitionszulagen; Welche strafrechtlichen Risiken drohen dem steuerlichen Berater?, PStR 2009, 233; *Weiß*, Selbstbezichtigungsfreiheit und vollstreckungsrechtliche Vermögensauskunft, NJW 2014, 503; *Weitemeyer*, Reformbedarf für den Dritten Sektor?, NJW 2018, 2775; *Winner*, Der Kampf gegen „Steueroasen": Eine ökonomische Betrachtung, StuW 2010, 101.

1. Grundlagen

3.9   Das Steuergeheimnis ist in § 30 AO statuiert. Es soll den Steuerpflichtigen vor der Weitergabe von ihn betreffenden Informationen schützen und somit auch dafür Sorge tragen, dass der einzelne Bürger wahrheitsgemäße Auskünfte erteilt.[1] Außerdem soll die Gleichmäßigkeit der Besteuerung gesichert werden.[2] Im Ergebnis werden dadurch also sowohl private, als auch öffentliche Interessen geschützt. Dieses Interesse geht aber nicht weiter, als es der Schutz des Steuerpflichtigen erfordert.[3]

3.10 Dem Steuergeheimnis verpflichtet sind **Amtsträger** i.S.v. § 7 AO. Dazu zählen u.a. auch Angestellte des Finanzamts. **Verhältnisse** i.S.v. § 30 Abs. 2 AO sind alle persönlichen und wirtschaftlichen Umstände, welche mit einer anderen Person in Zusammenhang stehen.[4] Der Begriff ist weit auszulegen.[5] Darunter fallen z.B. geschäftliche und berufliche Aktivitäten des Steuerpflichtigen, Grundlagen von schon abgegeben Steuererklärungen, aber auch Daten zur Religionszugehörigkeit, dem Familienstand oder dem Gesundheitszustand. Offenbart werden können Steuergeheimnisse durch jede Handlung, die zur Kenntnisnahme durch andere Personen führen kann. Eine Offenbarung liegt jedoch nur dann vor, wenn die betreffenden Informationen nicht schon vor der Auskunft durch den Verpflichteten bekannt waren.[6] Gegenüber dem Geschützten gilt das Steuergeheimnis nicht. Dies bedeutet, dass der Steuerpflichtige

---

1 *Intemann* in Koenig[3], § 30 AO Rz. 1.
2 BFH v. 8.2.1994 – VII R 88/92, BStBl. II 1994, 552 = DStR 1994, 1081 (1081); OVG NW v. 24.11.2015 – 8 A 1073/14, NZI 2016, 182.
3 BFH v. 25.4.1967 – VII 151/60, NJW 1967, 2228 (2228); vgl. auch BVerwG v. 4.7.2019 – 7 C 31.17, NZI 2019, 826.
4 *Intemann* in Koenig[3], § 30 AO Rz. 41.
5 *Tipke/Lang*, Steuerrecht[23], § 21 Rz. 20.
6 BFH v. 29.4.1993 – IV R 107/92, BStBl. II 1993, 666; FG Köln v. 7.9.2015 – 2 V 1375/15, IStR 2015, 835; BVerwG v. 26.4.2018 – 7 C 3.16, 7 C 4.16, 7 C 5.16, 7 C 6.16; DStR 2018, 2441.

selbst Auskünfte über seine Verhältnisse verlangen kann, ohne dass dadurch eine Verletzung des § 30 AO vorliegt. Sofern es einen befugten Vertreter des Steuerpflichtigen gibt, ist dieser insoweit zur Einholung von Auskünften berechtigt, wie seine Vertretungsmacht reicht.[1]

Sofern das Steuergeheimnis verletzt wird, liegt darin eine Straftat nach § 355 StGB, welche für den handelnden Amtsträger auch disziplinarrechtliche Konsequenzen haben kann. Der betroffene Steuerpflichtige kann bei Verletzungen des ihn betreffenden Steuergeheimnisses Schadensersatzansprüche geltend machen. Mögliche Anspruchsgrundlagen sind § 839 BGB i.V.m. Art. 34 GG; §§ 823 Abs. 2, 831 BGB i.V.m. § 30 AO oder §§ 823 Abs. 2, 31, 89 BGB i.V.m. § 30 AO. Ferner kann der Betroffene im Wege des Unterlassungsanspruchs nach § 1004 BGB analog i.V.m. § 30 AO oder über § 114 Abs. 1 FGO (einstweilige Anordnung) gegen eine Auskunft über ihn vorgehen. Die Ansprüche des Betroffenen ergeben sich daraus, dass § 30 AO ein subjektiv-öffentliches Recht darstellt. 3.11

2. Steuergeheimnis während des Insolvenzverfahrens

Auch während des Insolvenzverfahrens ist das Steuergeheimnis grundsätzlich zu wahren.[2] 3.12

Die Erteilung von Auskünften über den steuerpflichtigen Insolvenzschuldner an das Insolvenzgericht oder an den Insolvenzverwalter führt aber nicht zu einer Verletzung des Steuergeheimnisses.[3] Vielmehr kann die Auskunftserteilung durch § 30 Abs. 4 AO gerechtfertigt sein. Abs. 4 rechtfertigt die Weitergabe von Informationen, wenn diese zur Durchführung von Verwaltungsverfahren, Rechnungsprüfungsverfahren, gerichtlichen Verfahren in Steuersachen, Strafverfahren oder Bußgeldverfahren benötigt werden. Zulässig ist die Weitergabe auch, soweit sie ausdrücklich durch Gesetz gestattet ist, der Betroffene zustimmt oder ein besonderes öffentliches Interesse besteht. 3.13

Da die Durchführung eines Insolvenzverfahrens die **Durchführung eines Verwaltungsverfahrens in Steuersachen** darstellt, darf die Finanzverwaltung zum Zwecke der Durchführung eines Insolvenzverfahrens gem. § 30 Abs. 4 Ziff. 1 AO jedenfalls folgende Informationen an das Insolvenzgericht und auch einen (vorläufigen) Insolvenzverwalter weitergeben:[4] 3.14

- die in einem Insolvenzeröffnungsantrag des Finanzamtes zur Glaubhaftmachung eines Eröffnungsgrundes notwendigen Angaben,
- die Anmeldung der Abgabenforderungen zur Insolvenztabelle,
- die genaue Bezeichnung der Steueransprüche dem Grund und der Höhe nach.

---

1 *Intemann* in Koenig[3], § 30 AO Rz. 47.
2 FG Rh.-Pf. v. 24.11.2009 – 1 K 1752/07, ZIP 2010, 892 (894); OVG NW v. 24.11.2015 – 8 A 1126/14, BeckRS 2015, 55787; OVG NW v. 24.11.2015 – 8 A 1073/14, NZI 2016, 182.
3 BVerwG v. 26.4.2018 – 7 C 3.16, 7 C 4.16, 7 C 5.16, 7 C 6.16.
4 Zutr. OFD Frankfurt/M. v. 15.3.2001 – 115 – St II 42, DStR 2001, 1077 (1077).

3.15 Darüber hinaus ist eine Weitergabe von Informationen durch das Finanzamt an den Insolvenzverwalter zwecks Anreicherung der Masse und Erreichung einer höheren Quote für die Finanzverwaltung ebenfalls gem. § 30 Abs. 4 Ziff. 1 AO zulässig, da auch diese Informationsweitergabe der erfolgreichen Durchführung des Besteuerungsverfahrens dient.[1] Auch die Offenbarung von persönlichen und wirtschaftlichen Verhältnissen des Steuerpflichtigen, welche die Tabellenforderungen des Finanzamtes in tatsächlicher und rechtlicher Hinsicht begründen und stützen, verletzt nicht das Steuergeheimnis.[2]

3.16 Außerdem kann die Auskunftserteilung an den Insolvenzverwalter notwendig sein, damit dieser seinen steuerlichen Pflichten nachkommen kann. Im Insolvenzverfahren ist nicht mehr der Insolvenzschuldner zur Erfüllung seiner steuerlichen Pflichten verpflichtet, sondern der Insolvenzverwalter, weil er gem. § 34 Abs. 3 AO Vermögensverwalter des Insolvenzschuldners ist. Dies bedeutet, dass er sowohl die Buchführungs- und Rechnungslegungspflichten als auch die Pflicht zur Abgabe und Berichtigung der Steuererklärungen zu erfüllen hat.[3] Die Nichterfüllung der steuerlichen Pflichten durch den Insolvenzverwalter kann Verspätungszuschläge (§ 152 AO) oder die Anordnung von Zwangsmitteln (§ 328 ff. AO) nach sich ziehen. Damit ihm die Erfüllung seiner Pflichten überhaupt möglich ist, benötigt der Insolvenzverwalter alle diesbezüglichen Informationen. Sofern der Schuldner selbst keinen ausreichenden Überblick mehr über seine wirtschaftlichen (und steuerlichen) Verhältnisse hat oder nicht bereit ist, umfassend Auskunft zu erteilen, muss dem Insolvenzverwalter der Zugang zu den erforderlichen Grundlagen für die Erfüllung seiner Pflichten gewährt werden. Deswegen hat der Insolvenzverwalter, der im Besteuerungsverfahren die Erteilung eines Kontoauszugs für den Insolvenzschuldner beantragt, Anspruch darauf, dass das Finanzamt darüber nach pflichtgemäßem Ermessen entscheidet. Im Rahmen der **Ermessensentscheidung** hat das Finanzamt das Interesse des Insolvenzverwalters an der Auskunft und den steuerrechtlichen Charakter dieser Auskunft, also den unmittelbaren Zusammenhang mit der Erfüllung steuerlicher Pflichten oder mit der Prüfung der vom Finanzamt angemeldeten Insolvenzforderungen zu berücksichtigen[4].

Soweit die Finanzverwaltung daher Auskünfte an den Insolvenzverwalter erteilt, kann sie das Steuergeheimnis nicht verletzen.

3.17 Dies gilt auch für zusammen veranlagte Ehegatten,[5] und zwar in dem Ausmaß, in dem die Auskunft bei Getrenntveranlagung zu geben wäre. Der BFH hat diesbezüglich festgestellt:[6]

---

1 OFD Frankfurt/M. v. 15.3.2001 – 115 – St II 42, DStR 2001, 1077 (1077).
2 OFD Frankfurt/M. v. 15.3.2001 – 115 – St II 42, DStR 2001, 1077 (1077).
3 *Frege/Keller/Riedel*, Insolvenzrecht[8], Teil 3, Rz. 1130 ff.; *Fritsch* in Koenig[3], § 251 AO Rz. 37 ff.
4 BFH v. 19.3.2013 – II R 17/11.
5 So auch BFH v. 15.6.2000 – IX B 13/00, BStBl. II 2000, 431 = ZIP 2000, 1262 = DStRE 2000, 945 (946); vgl. auch VG Münster v. 27.6.2014 – 1 K 101/14, ZInsO 2014, 1957; VG Aachen v. 12.2.2014 – 8 K 2198/12, ZInsO 2014, 674; BFH v. 5.12.2016 – VI B 37/16, ZInsO 2017, 780.
6 BFH v. 28.3.2007 – III B 10/07, BFH/NV 2007, 1182.

„*Soweit das Verwaltungs- und Verfügungsrecht reicht, kann der Insolvenzverwalter als Rechts-* 3.18
nachfolger des Beschwerdeführers (Gemeinschuldners) Auskunft über dessen steuerliche Ver-
hältnisse auch dann verlangen, wenn dadurch zugleich die steuerlichen Verhältnisse des ande-
ren Gesamtschuldners – im Streitfall der mit dem Beschwerdeführer zusammen veranlagten
Klägerin – offenbart werden (Tipke/Kruse, Abgabenordnung, Finanzgerichtsordnung, § 30 AO
Rz. 22)."

Auch das FG Düsseldorf, das FG Rheinland-Pfalz und das FG des Saarlands gehen 3.19
in ihren Entscheidungen davon aus, dass der Insolvenzverwalter grundsätzlich ohne
Verletzung des Steuergeheimnisses Auskünfte über den Schuldner erhalten kann.[1]

Bei der Erteilung von Auskünften an einen vorläufigen Insolvenzverwalter ist zwi- 3.20
schen dem schwachen vorläufigen Insolvenzverwalter, der nur mit **Zustimmungsvorbehalt** ausgestattet ist und dem starken vorläufigen Insolvenzverwalter zu unterscheiden, auf den die Verfügungsbefugnis über das schuldnerische Vermögen übergegangen ist.

Der **starke vorläufige Insolvenzverwalter** ist Verpflichteter i.S.d. § 34 Abs. 3 AO 3.21
und demnach auch Verpflichteter bezüglich der steuerlichen Pflichten des Schuldners.[2] Somit wird der starke vorläufige Insolvenzverwalter auch Beteiligter i.S.d. § 78
AO. Deshalb ist ihm auch grundsätzlich Auskunft zu geben.[3]

Der schwache vorläufige Insolvenzverwalter ist nicht als Vermögensverwalter i.S.d. 3.22
§ 34 Abs. 3 AO anzusehen und hat demnach auch nicht die steuerlichen Pflichten
des Schuldners wahrzunehmen. Er hat lediglich eine vermögenssichernde Funktion.
Daraus ergibt sich, dass dem schwachen vorläufigen Insolvenzverwalter gegenüber
das Steuergeheimnis zu wahren ist. Eine Auskunftserteilung ohne Zustimmung des
Schuldners würde demnach zur Verletzung des Steuergeheimnisses führen. Allerdings ist eine insolvenzgerichtliche Anordnung möglich, nach der u.a. die Finanzbehörden dem vorläufigen schwachen Insolvenzverwalter diejenigen Auskünfte zu erteilen haben, die auch dem Schuldner zu erteilen wären. Zwar kann das Insolvenzgericht keine vollstreckbaren Anordnungen gegenüber Dritten erlassen. Eine solche
Anordnung ist jedoch wie eine Zustimmung des Schuldners zur Offenbarung von
Informationen durch die Finanzverwaltung anzusehen. Der Insolvenzschuldner ist
nämlich im Rahmen des Insolvenzeröffnungsverfahrens bereits ebenso wie im Rahmen des eröffneten Insolvenzverfahrens zur Auskunftserteilung und Mitwirkung
verpflichtet (§§ 20, 97, 98, 101 InsO). Im Rahmen seiner Mitwirkungspflichten muss
der Schuldner auch Dritte von ihrer Verschwiegenheitsverpflichtung gegenüber dem
Insolvenzverwalter befreien, wenn nur dadurch alle für das Insolvenzverfahren rele-

---

[1] FG Düsseldorf v. 14.5.2008 – 4 K 242/07 AO, ZInsO 2009, 681 (682); FG Rh.-Pf. v. 24.11.2009 – 1 K 1752/07, ZIP 2010, 892 (893); FG Saarl. v. 17.12.2009 – 1 K 1598/08, ZInsO 2010, 484 (485).
[2] BFH v. 29.4.1986 – VII R 184/83, BStBl. II 1986, 586 = ZIP 1986, 849 = BFH/NV 2007, 1182; vgl. auch FG Köln v. 25.2.2014 – 10 K 2954/10, DStRE 2015, 945.
[3] BMF v. 17.12.2008 – IV A 3 - S 0030/08/10001, BStBl. I 2009, 6 = DStR 2009, 274 (274); VG Greifswald v. 23.8.2017 – 6 A 1248/14, ZD 2017, 589; OVG NW v. 24.11.2015 – 8 A 1032/14, NVwZ-RR 2016, 603.

vanten Informationen gewonnen werden können.[1] Es wäre ein überflüssiger Formalismus, wenn man annehmen wollte, das Insolvenzgericht müsse den Insolvenzschuldner zur Not durch Haftanordnung dazu zwingen, die Befreiung von der Verschwiegenheitsverpflichtung zu erteilen. Stattdessen ist es als zulässig anzusehen, wenn das Insolvenzgericht – das schließlich auch jederzeit die vorläufige starke Insolvenzverwaltung anordnen könnte, wodurch die Verschwiegenheitspflicht Dritter gegenüber dem Insolvenzverwalter jedenfalls entfiele – auf diese Weise die Befreiung durch den Schuldner ersetzt. Ist eine solche Anordnung erlassen, kann die Finanzverwaltung dem vorläufigen schwachen Insolvenzverwalter jedwede Information erteilen.

3.23 Der **Sachverständige** hat im Insolvenzeröffnungsverfahren die Aufgabe, die relevanten Tatsachen festzustellen und gutachterlich zu ermitteln, ob die Eröffnungsgründe gegeben sind und eine die Verfahrenskosten deckende Masse vorhanden ist. Mitunter hat er auch zu prüfen, ob die Möglichkeit der Unternehmensfortführung besteht.[2] Er hat somit nicht die Aufgabe, die steuerlichen Pflichten des Schuldners wahrzunehmen. Folglich **besteht ihm gegenüber das Steuergeheimnis des Insolvenzschuldners** fort. Auskünfte über die Verhältnisse des Schuldners würden demnach das Steuergeheimnis verletzen und sind somit nicht zulässig. In der Praxis findet sich mitunter eine **insolvenzgerichtliche Anordnung**, nach der u.a. die Finanzbehörden dem Sachverständigen diejenigen Auskünfte zu erteilen haben, die auch dem Schuldner zu erteilen wären. Eine solche Anordnung ist als insolvenzgerichtliche Ersetzung der Zustimmung des Schuldners zur Offenbarung von Informationen durch die Finanzverwaltung anzusehen. In der Literatur wird eine solche Befreiung zugunsten eines Sachverständigen kritisch gesehen.[3] **Zweifel an der Zulässigkeit einer solchen Anordnung bzw. wirksamen Befreiung der Finanzverwaltung vom Steuergeheimnis sind jedoch nicht angebracht**. Es ist wohl unstreitig, dass die Anordnung eines allgemeinen Verfügungsverbotes zur Befreiung vom Steuergeheimnis führt. Das Insolvenzgericht kann diese Anordnung während des laufenden Insolvenzantragsverfahrens jederzeit treffen, wenn es sie für angemessen hält. Dabei bewirkt die Anordnung eines allgemeinen Verfügungsverbotes einen außerordentlich schwerwiegenden Eingriff in grundrechtlich geschützte Rechtspositionen des Insolvenzschuldners und wird im Übrigen öffentlich bekannt gemacht. Es ist nicht zielführend anzunehmen, dass das Insolvenzgericht die vorläufige Insolvenzverwaltung anordnen muss, um die Erkenntnisquelle der Auskunftserteilung von Finanzbehörden (oder anderen Dritten wie etwa Steuerberatern oder Banken) zu erschließen. Als den Schuldner schonende Minusmaßnahme gegenüber der Anordnung der vorläufigen Insolvenzverwaltung wird kaum etwas gegen eine entsprechende insolvenzgerichtliche Befreiung vom Steuergeheimnis auch zugunsten eines Sachverständigen einzuwenden sein.

3.24 Ohne besondere Befreiung vom Steuergeheimnis ist auch eine Auskunftserteilung an einen **Sachwalter** im Rahmen der Eigenverwaltung nicht zulässig. Die Rechtsstellung

---

[1] *Zipperer* in Uhlenbruck[15], § 20 InsO Rz. 25.
[2] *Beck* in Beck/Depré, Praxis der Insolvenz[3], § 1 Rz. 35.
[3] *Gerhardt* in Jaeger[9], § 5 InsO Rz. 15.

des Sachwalters richtet sich nach den §§ 270 ff. InsO. Der Sachwalter hat zwar eine insolvenzverwalterähnliche Stellung inne, ist in seinen Befugnissen und Pflichten diesem jedoch nicht gleich zu stellen.[1] Zu seinen Aufgaben und Befugnissen zählt es zum Beispiel, die wirtschaftliche Lage des Schuldners zu prüfen, sowie die Ausgaben des Schuldners zu überwachen (§ 274 Abs. 2 InsO). Um diese Aufgaben ordnungsgemäß zu erfüllen, darf der Sachwalter die Geschäftsräume des Schuldners betreten, Einsicht in die Bücher nehmen und Nachforschungen anstellen.[2] Ferner hat der Schuldner dem Sachwalter alle erforderlichen Auskünfte zu erteilen.[3] Er hat aber nicht die steuerlichen Pflichten des Schuldners zu erfüllen.

3. Zusammenfassung

Erteilung von Auskünften ist **zulässig**

- an den Steuerpflichtigen selbst,
- an das Insolvenzgericht zwecks Antragstellung,
- an den vorläufigen „starken" Insolvenzverwalter,
- an den vorläufigen „schwachen" Insolvenzverwalter mit zusätzlicher Anordnung durch das Insolvenzgericht,
- an den Sachverständigen mit besonderer gerichtlicher Anordnung,
- an den Insolvenzverwalter.

Erteilung von Auskünften ist **unzulässig**,

- an den Sachverständigen im Eröffnungsverfahren, soweit keine besondere insolvenzgerichtliche Anordnung getroffen ist,
- an den vorläufigen „schwachen" Insolvenzverwalter ohne besondere Anordnung durch das Insolvenzgericht,
- an den Sachwalter.

IV. Auskunftsanspruch des Insolvenzverwalters

Literatur *Beck*, Auskunftsanspruch des Insolvenzverwalters gegenüber der Finanzverwaltung, ZIP 2006, 2009; *Blank*, Auskunftsanspruch des Insolvenzverwalters gegen Sozialversicherungsträger nach IFG § 1 Abs. 1 S 1, EWiR 2009, 719; *Blank/Blank*, Der Auskunftsanspruch des Insolvenzverwalters nach IFG bei fiskalischem Handeln der Behörde zur Vorbereitung einer insolvenzrechtlichen Anfechtung, ZInsO 2009, 1881; *Bruns*, Keine Auskunftsansprüche für Insolvenzverwalter gegenüber der Finanzverwaltung in Hamburg, ZInsO 2016, 312; *Claßen*, Anspruch des Insolvenzverwalters auf Auskunftserteilung, EFG 2010, 70; *Ghadban*, Der Auskunftsanspruch des Insolvenzverwalters nach den Informationsfreiheitsgesetzen im Zivilprozess, NZI 2015, 537; *Gundlach/Flöther*, Neue Auskunftsansprüche des Insolvenzverwalters gegen bestimmte Anfechtungsgegner, NZI 2009, 719; *Jungmann*, Zum Schicksal selbständiger

---
1 *Haas* in Gottwald, Insolvenzrechts-Handbuch[5], § 89 Rz. 28 ff.
2 *Haas* in Gottwald, Insolvenzrechts-Handbuch[5], § 89 Rz. 30.
3 *Haas* in Gottwald, Insolvenzrechts-Handbuch[5], § 89 Rz. 30.

und unselbständiger Auskunftsansprüche in der Insolvenz, WUB VI A § 38 InsO 1.05; *Loose*, Anspruch des Insolvenzverwalters auf Auskunft des Finanzamtes, EFG 2009, 639; *Onusseit*, Die steuerrechtlichen Rechte und Pflichten des Insolvenzverwalters in den verschiedenen Verfahrensarten nach der InsO, ZInsO 2000, 363; *Schmittmann*, Auskunftsansprüche des Insolvenzverwalters gegen die Finanzverwaltung anhand der aktuellen Rechtsprechung, ZInsO 2010, 1469; *Schmittmann*, Auskunftsansprüche des Insolvenzverwalters gegen die Finanzverwaltung auf Grundlage der Landesinformationsfreiheitsgesetze, NZI 2015, 594; *Schmittmann*, Der Auskunftsanspruch des Insolvenzverwalters gegenüber der Finanzverwaltung: Luxembourg hat das letzte Wort, DSB 2019, 183; *Schmittmann*, Informationsfreiheit für Insolvenzverwalter gegenüber der Finanzverwaltung zur Vorbereitung der Geltendmachung von insolvenzanfechtungsrechtlichen Rückgewähransprüchen, ZInsO 2019, 1501; *Trams*, Die Auskunftsansprüche des Insolvenzverwalters, NJW-Spezial 2016, 149.

1. Grundlagen

3.26 Eine andere Frage ist es, ob die Finanzverwaltung gegenüber dem Insolvenzverwalter verpflichtet ist, diejenigen Auskünfte zu erteilen, die der Insolvenzverwalter anfordert.

Die Finanzverwaltung lehnt einen Auskunftsanspruch des Insolvenzverwalters ab. Auskünfte werden nur nach Ermessen der Finanzbehörde erteilt, wenn der um Auskunft Ersuchende ein berechtigtes Interesse an der Auskunftserteilung hat. In dem insoweit maßgeblichen Schreiben des BMF vom 17.12.2008 heißt es dazu:[1]

„1. Beteiligten (§§ 78, 359 AO) ist – unabhängig von ihrer Rechtsform – auf Antrag Auskunft über die zu ihrer Person gespeicherten Daten zu erteilen, wenn sie ein berechtigtes Interesse darlegen und keine Gründe für eine Auskunftsverweigerung vorliegen.

2. Ein berechtigtes Interesse ist z.B. bei einem Beraterwechsel oder in einem Erbfall gegeben, wenn der Antragsteller durch die Auskunft in die Lage versetzt werden will, zutreffende und vollständige Steuererklärungen abzugeben. Hinsichtlich solcher Daten, die ohne Beteiligung und ohne Wissen des Beteiligten erhoben wurden, liegt ein berechtigtes Interesse vor.

3. Ein berechtigtes Interesse liegt nicht vor, soweit der Beteiligte bereits in anderer Weise über zu seiner Person gespeicherten Daten informiert wurde, der Finanzbehörde nur Daten vorliegen, die ihr vom Beteiligten übermittelt wurden, oder die spätere Information des Beteiligten in rechtlich gesicherter Weise vorgesehen ist. Ein berechtigtes Interesse ist namentlich nicht gegeben, wenn die Auskunft dazu dienen kann, zivilrechtliche Ansprüche gegen den Bund oder ein Land durchzusetzen und Bund oder Land zivilrechtlich nicht verpflichtet sind Auskunft zu erteilen (z.B. Amtshaftungssachen, Insolvenzanfechtung).

4. Für Daten, die nur deshalb gespeichert sind, weil sie auf Grund gesetzlicher, satzungsmäßiger oder vertraglicher Aufbewahrungsvorschriften nicht gelöscht werden dürfen, oder die ausschließlich Zwecken der Datensicherung oder der Datenschutzkontrolle dienen, gilt Nr. 1 nicht, wenn eine Auskunftserteilung einen unverhältnismäßigen Aufwand erfordern würde.

5. In dem Antrag sind die Art der Daten, über die Auskunft erteilt werden soll, näher zu bezeichnen und hinreichend präzise Angaben zu machen, die das Auffinden der Daten ermöglichen.

---

[1] BMF v. 17.12.2008 – IV A 3 - S 0030/08/10001, BStBl. I 2009, 6 = DStR 2009, 274 (274); vgl. auch BVerwG v. 26.4.2018 – 7 C 3/16, NVwZ-RR 2018, 916.

6. Die Finanzbehörde bestimmt das Verfahren, insbesondere die Form der Auskunftserteilung nach pflichtgemäßem Ermessen. Die Auskunft kann schriftlich, elektronisch oder mündlich, aber auch durch Gewährung von Akteneinsicht erteilt werden. Akteneinsicht ist nur an Amtsstelle zu gewähren.

...

11. Die Ablehnung eines Antrags auf Auskunftserteilung ist mit dem Einspruch (§ 347 AO) anfechtbar."

Auch die Rechtsprechung lehnt einen Auskunftsanspruch bislang soweit ersichtlich durchweg ab.[1] Lediglich ein Anspruch auf **ermessensfehlerfreie Entscheidung** über ein Auskunftsersuchen besteht. Im Gegensatz etwa zum allgemeinen Verwaltungsverfahren nach dem Verwaltungsverfahrensgesetz (dort § 29 VwVfG) sieht die Abgabenordnung einen Auskunftsanspruch nicht vor. Nach der finanzgerichtlichen Rechtsprechung handelt es sich hierbei nicht um eine unbewusste Regelungslücke. Der Gesetzgeber hat vielmehr ausdrücklich und bewusst darauf verzichtet, dem Steuerpflichtigen ein Recht auf Akteneinsicht zu gewähren.[2] Ein **Akteneinsichtsrecht** des Steuerpflichtigen ergibt sich nach gefestigter finanzgerichtlicher Rechtsprechung auch weder aus dem Datenschutzgesetz oder aus dem Informationsfreiheitsgesetz des Bundes oder eines Landes[3] noch aus Art. 12 der Richtlinie RL 95/46/EG.[4] Insbesondere die seit dem 25.5.2018 anzuwendende **Datenschutzgrundverordnung**, die als unmittelbar anwendbare europäische Verordnung das bis dahin geltende nationale Datenschutzrecht verdrängt, begründet mit Art. 15 Abs. 1 DSGVO keinen Auskunftsanspruch des Insolvenzverwalters gegenüber der Finanzverwaltung. Das OVG Lüneburg[5] führt dazu aus, dass der Insolvenzverwalter insoweit nicht als „**Betroffener**" **i.S.v. Art. 15 Abs. 1 DSGVO** anzusehen sei:

3.27

„Die für die Geltendmachung eines Auskunftsanspruchs nach Art. 15 Abs. 1 DSGVO erforderlichen Voraussetzungen liegen in der Person des Klägers nicht vor, weil er nicht „Betroffener" im Sinne dieser Vorschrift ist. Nach der in Art. 4 Nr. 1 DSGVO enthaltenen Begriffsbestimmung ist eine „betroffene Person" diejenige identifizierte oder identifizierbare natürliche Person, auf die sich personenbezogene Daten beziehen. Die Bedeutung dieses Begriffs ergibt sich somit implizit aus der Begriffsbestimmung für personenbezogene Daten. (...) Danach ist die betroffene Person diejenige, die davor zu schützen ist, dass sie durch den Umgang mit ihren personenbezogenen Daten in ihrem Persönlichkeitsrecht beeinträchtigt wird. (...) Das Auskunftsrecht steht somit nur dem Betroffenen zu und beschränkt sich auf die zu seiner Person gespeicherten Daten. (...) Demgegenüber ist es nicht darauf ausgerichtet, dass potentielle „Dritte" (...) Informationen über

---

1 BFH v. 19.3.2013 – II R 17/11, BStBl. II 2013, 639 = ZIP 2013, 1133; v. 15.9.2010 – II B 4/10, BFH/NV 2011, 2; FG Düsseldorf v. 14.5.2008 – 4 K 242/07 AO, ZInsO 2009, 681 (681); FG Rh.-Pf. v. 24.11.2009 – 1 K 1752/07, ZIP 2010, 892 (893); FG Saarl. v. 17.12.2009 – 1 K 1598/08, ZInsO 2010, 484 (485); VG Gießen v. 23.10.2019 – 4 K 252/19.Gi, juris; OVG Lüneburg v. 26.6.2019 – 11 LA 274/18, NZI 2019, 689; OVG Lüneburg v. 20.6.2019 – 11 LC 121/17, ZD 2019, 473; BVerwG v. 15.11.2018 – 6 B 143.18, NZI 2019, 309.
2 Vgl. BFH v. 4.6.2003 – VII B 138/01, BStBl. II 2003, 790 = NJW 2004, 1760 (1760); FG Saarl. v. 17.12.2009 – 1 K 1598/08, ZInsO 2010, 484 (485); vgl. auch BVerwG v. 4.7.2019 – 7 C 31.17, NZI 2019, 826.
3 FG Münster v. 5.11.2002 – 1 K 7155/00 S, EFG 2003, 499 ff.
4 BFH v. 4.6.2003 – VII B 138/01, BStBl. II 2003, 790 = NJW 2004, 1760 (1760).
5 OVG Lüneburg v. 20.6.2019 – 11 LC 121/17, ZD 2019, 473.

die bei staatlichen Stellen vorhandenen Daten erlangen. (...) „Schutzsubjekt" i.S.v. Art. 15 Abs. 1 DSGVO ist vielmehr ausschließlich die betroffene Person und sind nicht potentielle „Dritte".

Betroffene Person sei also nicht der Insolvenzverwalter, denn die begehrten Informationen seien solche, die nur den Insolvenzschuldner betreffen.[1]

Im Vorabentscheidungsersuchen des BVerwG[2] an den EuGH zum Informationszugang von Insolvenzverwaltern zu steuerlichen Daten der Finanzbehörden heißt es dazu, dass das **Auskunftsrecht auch nicht durch die Eröffnung des Insolvenzverfahrens auf den Insolvenzverwalter übergeht:**

„Die datenschutzrechtliche Betroffenenstellung ist ein höchstpersönliches Recht, das nicht Teil der Insolvenzmasse wird und daher nicht vom Übergang der Verwaltungs- und Verfügungsbefugnis auf den Insolvenzverwalter nach § 80 Abs. 1 InsO erfasst wird."

Nach den Ausführungen des OVG Lüneburg[3] stehen der Schutz ideeller Interessen und damit die Personenbezogenheit aufgrund des Schutzzwecks, der Grundrechtsbezogenheit und der fundamentalen Bedeutung zur Durchsetzung des Rechts auf informationelle Selbstbestimmung des Auskunftsanspruchs aus Art. 15 Abs. 1 DSGVO als höchstpersönliches Recht des Betroffenen im Vordergrund, auch wenn der Auskunftsanspruch für den Insolvenzverwalter mittelbar auch vermögensrelevante Auswirkungen haben kann.

Gemäß § 2a AO finden die Vorschriften der Abgabenordnung keine Anwendung, soweit das Recht der EU, insbesondere die DSGVO, unmittelbare Geltung hat. Darüber hinaus ist § 32e Satz 1 AO zu beachten, wonach die Art. 12 bis 15 DSGVO i.V.m. §§ 32a bis 32d AO entsprechend gelten, soweit die betroffene Person nach dem Informationsfreiheitsgesetz des Bundes oder der Länder gegenüber der Finanzverwaltung einen Auskunftsanspruch hat. Weitergehende Informationsansprüche sind gem. § 32e Satz 2 AO ausgeschlossen. Damit soll sichergestellt werden, dass die Regelungen der DSGVO nicht durch die Informationsfreiheitsgesetze von Bund oder Ländern verdrängt oder umgangen werden können.[4]

3.28 Mit der Einführung der DSGVO soll nach teilweisem Verständnis auch der von der Rechtsprechung entwickelte, nicht einfachgesetzlich normierte und ermessensabhängige Auskunftsanspruch entfallen sein. Dieser wäre durch den unmittelbar geltenden Art. 15 Abs. 1 DSGVO ersetzt worden.[5]

Da der Anspruch aus Art. 15 Abs. 1 DSGVO allerdings lediglich beim Schuldner als Betroffenem verbleibt, muss der **Anspruch auf ermessensfehlerfreie Entscheidung** über das Auskunftsbegehren für den Insolvenzverwalter bestehen bleiben.[6]

---

1 OVG Lüneburg v. 20.6.2019 – 11 LC 121/17, ZD 2019, 473.
2 BVerwG v. 4.7.2019 – 7 C 31.17, NZI 2019, 826.
3 OVG Lüneburg v. 20.6.2019 – 11 LC 121/17, ZD 2019, 473.
4 BVerwG v. 4.7.2019 – 7 C 31.17, NZI 2019, 826; OVG Lüneburg v. 20.6.2019 – 11 LC 121/17, ZD 2019, 473.
5 So OVG Lüneburg v. 20.6.2019 – 11 LC 121/17, ZD 2019, 473; *Schmittmann*, NZI 2019, 826 (829).
6 So auch *Rätke* in Klein[15], § 91 AO Rz. 28.

Eintweilen frei. 3.29

2. Kriterien der Ermessensentscheidung

In die Ermessensentscheidung der Finanzverwaltung sind verschiedene Aspekte mit einzubeziehen. 3.30

Für die Gewährung von Akteneinsicht streitet es, wenn der Insolvenzverwalter durch die Auskunft in die Lage versetzt werden will, zutreffende und vollständige Steuererklärungen abzugeben[1] bzw. solche, die durch den Insolvenzschuldner abgegeben worden waren, auf ihre Richtigkeit hin zu überprüfen und ggf. zu berichtigen. Solche Umstände hat der Insolvenzverwalter – will er sie im Rahmen der zu begründenden Ermessensentscheidung des Finanzamtes einbezogen wissen – bereits in seinem Antrag auf Gewährung von Akteneinsicht dezidert darzulegen. Späterer Vortrag hierzu im finanzgerichtlichen Verfahren kann bei der gerichtlichen Beurteilung der Frage, ob die Ablehnung des Finanzamtes rechtmäßig war, nicht mehr berücksichtigt werden; entscheidend ist vielmehr die Sach- und Rechtslage im Zeitpunkt der letzten Verwaltungsentscheidung.[2]

Die Finanzverwaltung hat bei ihrer Ermessensentscheidung auch zu berücksichtigen, ob der Insolvenzverwalter andere Möglichkeiten zur Informationsbeschaffung in ausreichender Weise in Anspruch genommen hat, ob er z.B. versucht hat, sich die von ihm benötigten Informationen (z.B. Ablichtungen der Steuererklärungen bzw. Steuerbescheide) vom Schuldner selbst zu besorgen. Hat der Insolvenzverwalter alles Zumutbare unternommen, um sich die Informationen von Schuldnerseite oder dritter Seite zu beschaffen, so sollte er seine diesbezüglichen Bemühungen in der Begründung seines Antrags auf Akteneinsicht dezidert darlegen.[3] Hat der Insolvenzverwalter diesen Versuch nicht unternommen, kann es zulässig sein, ihn zunächst hierauf zu verweisen.

Eine Auskunft, die der Insolvenzverwalter vom Finanzamt begehrt, **um die vom Finanzamt angemeldeten Insolvenzforderungen überprüfen zu können**, hat einen hinreichenden Bezug zum Steuerrechtsverhältnis.[4] Denn das Verfahren nach der Anmeldung bestimmt sich im Falle des Bestreitens der angemeldeten Forderungen nach § 251 Abs. 3 AO. Die Auskunft kann also im Vorfeld dazu dienen, eine Feststellung von Insolvenzforderungen nach § 251 Abs. 3 AO entbehrlich zu machen; auch bei angemeldeten Forderungen, die nicht bestritten wurden, besteht eine Änderungsmöglichkeit nach § 130 AO,[5] so dass selbst nach Feststellung einer angemeldeten Forderung zum Zwecke deren nachträglicher Überprüfung bzw. den Aussichten ei-

---

1 BMF v. 17.12.2008 – IV A 3 - S 0030/08/10001, BStBl. I 2009, 6 = DStR 2009, 274 (274); BVerwG v. 15.11.2018 – 6 B 143.18, NZI 2019, 309.
2 BFH v. 19.3.2013 – II R 17/11, BStBl. II 2013, 639 = ZIP 2013, 1133; OVG Lüneburg v. 26.6.2019 – 11 LA 274/18, NZI 2019, 689.
3 BFH v. 19.3.2013 – II R 17/11 BStBl. II 2013, 639 = ZIP 2013, 1133.
4 BFH v. 19.3.2013 – II R 17/11 BStBl. II 2013, 639 = ZIP 2013, 1133; vgl. auch OVG Lüneburg v. 20.6.2019 – 11 LC 121/17, ZD 2019, 473.
5 BFH v. 19.3.2013 – II R 17/11 BStBl. II 2013, 639 = ZIP 2013, 1133.

nes Antrags auf Abänderung nach § 130 AO Akteneinsicht zu gewähren sein kann. In Fällen, in denen zwischen angemeldeter Forderung und den Beträgen, die dem Insolvenzverwalter auf Grund der ihm bekannten Bescheide als Forderungsbeträge zu erwarten gewesen wären, eine Diskrepanz vorliegt – etwa weil der Schuldner Teilbeträge gezahlt oder das Finanzamt auf die betreffenden Forderungsbeträge von irgendwo anders her Umbuchungen vorgenommen hat – ist eine Überprüfung der Berechnung des angemeldeten Betrages regelmäßig ohne Vorlage des Kontoauszugs des Steuerkontos bzw. Gewährung von Akteneinsicht nicht mit der hinreichenden Sicherheit möglich. In solchen Fällen ist die Versagung der Akteneinsicht bzw. die Versagung der Vorlage eines Kontoauszuges regelmäßig ermessensfehlerhaft.

3.31 In Bezug auf die **Geltendmachung von Anfechtungsansprüchen** nach den §§ 129 ff. InsO sind die neu eingeführten **§§ 32a ff. AO** zu beachten. Nach § 32a Abs. 1 Nr. 3 AO, der nach § 32e AO auch für Auskunftsansprüche nach einem Landesinformationsfreiheitsgesetz gilt, ist die Finanzbehörde dem Insolvenzverwalter gegenüber nicht zur Auskunft verpflichtet, wenn dieser Anfechtungsansprüche nach den §§ 129 ff. InsO gegenüber der Finanzverwaltung prüft.[1]

Das Recht auf Auskunft besteht danach nicht, wenn die Auskunftserteilung den Rechtsträger der Finanzbehörde in der **Geltendmachung, Ausübung oder Verteidigung zivilrechtlicher Ansprüche** oder in der Verteidigung gegen ihn geltend gemachter zivilrechtlicher Ansprüche i.S.d. Art. 23 Abs. 1 Buchst. j DSGVO beeinträchtigen würde. Damit sollte die bis zur Einführung der DSGVO „insolvenzverwalterfreundliche" Rechtsprechung der VG zum Informationszugangsbegehren nach den Informationsfreiheitsgesetzen des Bundes und der Länder korrigiert werden. Bis dahin erstreckte sich die Verwaltungs- und Verfügungsbefugnis des Insolvenzverwalters aus § 80 Abs. 1 InsO auch auf vom Steuergeheimnis geschützte Informationen, welche der Prüfung von Insolvenzanfechtungsansprüchen gem. §§ 129 ff. InsO gegen die Finanzbehörde dienen sollen. Die Insolvenzverwalter waren damit imstande dazu, steuerliche Daten des Insolvenzschuldners einzusehen, welche sie in die Lage versetzen konnten, Insolvenzanfechtungsansprüche gegen die Finanzbehörde zu prüfen und gegebenenfalls geltend zu machen. Den anderen Gläubigern gegenüber ist der Insolvenzverwalter dagegen auf zivilrechtliche Auskunftsansprüche beschränkt. Die zivilrechtlichen Auskunftsansprüche sind davon abhängig, dass ein Insolvenzanfechtungsgrund bereits dem Grunde nach feststeht und es nur noch um die nähere Bestimmung von Art und Umfang des Anspruchs geht. Zivilrechtliche Auskunftsansprüche lässt § 32c Abs. 1 Nr. 2 AO ausdrücklich unberührt.

Die Regelung soll damit sicherstellen, dass die Finanzbehörde in Bezug auf die Geltendmachung von zivilrechtlichen Forderungen nicht gegenüber anderen Gläubigern schlechter gestellt wird.[2]

Im Grundsatz zulässig ist die Erwägung, Akteneinsicht zu versagen, um den Insolvenzverwalter nicht in die Lage zu versetzen, **Anfechtungsansprüche** gegen die Fi-

---

1 *Rätke* in Klein[15], § 91 AO Rz. 30.
2 BVerwG v. 4.7.2019 – 7 C 31.17, NZI 2019, 826.

nanzverwaltung geltend zu machen. Allerdings darf die potentielle Möglichkeit, dass der Insolvenzverwalter durch die gewährte Akteneinsicht oder die Vorlage des Kontoauszuges auf anfechtbare Rechtshandlungen stoßen könnte, nicht dazu führen, dass Akteneinsicht schematisch abgelehnt wird. Vor allem haben Finanzverwaltung und FG **bei der Gewichtung dieses Abwägungsaspekts** auch zu berücksichtigen, dass es sich bei anfechtbaren Rechtshandlungen um solche handelt, die von der Rechtsordnung missbilligt werden.[1] Anfechtbaren Rechtshandlungen fehlt vom Zeitpunkt ihrer Vornahme an der rechtliche Bestand; sie schaffen auf Seiten des Empfängers keinen Behaltensgrund.[2] Es wäre daher **mit rechtsstaatlichen Anforderungen nicht vereinbar**, wenn die Finanzverwaltung, nur um im Besitz von Beträgen zu bleiben, deren Beitreibung von der Rechtsordnung missbilligt wird, Einsichtnahme in behördliche Akten verweigerte.

Einstweilen frei. 3.32

Zu berücksichtigen ist auch, dass es dem Insolvenzverwalter um ganz andere Aspekte gehen kann, als darum, die Finanzbehörde mit Anfechtungsansprüchen zu konfrontieren. Diese Aspekte können im spezifisch steuerlichen Bereich liegen, etwa wenn der Insolvenzverwalter in Erfahrung bringen will, ob und welche Verlustvorträge vorinsolvenzlich festgestellt worden sind, sie können aber auch darin liegen, Vermögensgegenstände, die zur Insolvenzmasse gehören, zu entdecken. Gerade dann, wenn der Insolvenzschuldner nicht auskunftsfähig oder auskunftswillig ist oder sogar Vermögen vorsätzlich beiseitegeschafft hat, kann der Insolvenzverwalter auf die **Erteilung von Auskünften durch Dritte** angewiesen sein. Nicht selten verheimlichen Insolvenzschuldner gegenüber dem Insolvenzverwalter Vermögensgegenstände oder – besonders oft – vorangegangene Vermögensübertragungen an Dritte. Es sind dann anhand der Steuerakten des Insolvenzschuldners Anfechtungsansprüche gegen Dritte festzustellen, z.B. die schenkweise Übertragung eines Mietshauses an Kinder (§ 134 InsO). Begehrt der Insolvenzverwalter z.B. die Auskunft, ob der Schuldner in den letzten 10 Jahren vor der Eröffnung des Insolvenzverfahrens Einkünfte aus Vermietung und Verpachtung oder ausländische Kapitaleinkünfte erzielt hat, kann die Finanzverwaltung ihm diese Auskünfte in der Regel unschwer erteilen und damit u.U. maßgeblich zur Quotenverbesserung beitragen. Zumindest in den Fällen, in denen die Finanzverwaltung auch Gläubigerin im Insolvenzverfahren ist, dient die Erteilung entsprechender Auskünfte an den Insolvenzverwalter (etwa die Übersendung von Steuerbescheiden oder Steuererklärungen aus vorinsolvenzlichen Veranlagungszeiträumen) sogar der **Verbesserung ihrer Befriedigungsaussichten**. All diese Aspekte hat die Finanzbehörde bei ihrer Ermessensentscheidung über ein Auskunftsbegehren des Insolvenzverwalters mit einzubeziehen. 3.33

Ferner darf das Finanzamt die Auskunft nicht deshalb verweigern, weil es sich um Informationen handelt, die der Behörde vom Schuldner übermittelt wurden. Das BMF führt hierzu zwar aus: 3.34

---

1 *Zeuner*, Die Anfechtung in der Insolvenz[2], § 2 Rz. 18.
2 *Henckel* in Jaeger[9], § 129 InsO Rz. 16.

„3. Ein berechtigtes Interesse liegt nicht vor, soweit der Beteiligte bereits in anderer Weise über zu seiner Person gespeicherte Daten informiert wurde, der Finanzbehörde nur Daten vorliegen, die ihr vom Beteiligten übermittelt wurden, oder die spätere Information des Beteiligten in rechtlich gesicherter Weise vorgesehen ist."[1]

3.35 Jedoch muss dies für den Fall der Insolvenz relativiert werden. Denn im Insolvenzverfahren ist es geradezu der Regelfall, dass die schuldnerischen Unterlagen lückenhaft sind und auch unter Zuhilfenahme des Schuldners nicht mehr festzustellen ist, welche Informationen der Schuldner der Behörde übergeben hat bzw. welche Erklärungen er abgegeben hat. Dem Insolvenzverwalter kann daher nicht zugerechnet werden, was der Insolvenzschuldner wissen müsste, wenn er ein gewissenhafter Steuerpflichtiger wäre.

3.36 Zulässig ist grundsätzlich auch die Berücksichtigung des **Aufwands**, den die Finanzbehörde zum Zwecke der Erfüllung des Auskunftsbegehrens leisten muss. Der Rechtsgedanke des § 31a Abs. 2 AO ist insofern zu übertragen, wonach eine Mitteilungspflicht nicht besteht, soweit deren Erfüllung mit einem unverhältnismäßigen Aufwand verbunden wäre. Unverhältnismäßig wäre der Aufwand dann, wenn der durch die Finanzbehörde zu leistende Aufwand außer Verhältnis zum Interesse des Insolvenzverwalters an der Aufklärung der steuerlichen, wirtschaftlichen und sonstigen Verhältnisse des Schuldners steht. Sofern sich das Begehren des Insolvenzverwalters nur auf Daten bezieht, die der Finanzverwaltung in irgendeiner Form ohnehin schon vorliegen, kann grundsätzlich nicht von Unverhältnismäßigkeit ausgegangen werden. Anders ist dies, wenn die Finanzverwaltung zum Zwecke der Auskunftserteilung selbst Ermittlungen anstellen oder Prüfungen durchführen müsste. Die bloße Bereitstellung der Steuerakten des Insolvenzschuldners zum Zwecke der Einsichtnahme durch den Insolvenzverwalter stellt jedoch keinen solch großen Aufwand dar, dass man ihn als unverhältnismäßig ansehen müsste. Das FG Köln führt dazu aus:[2]

3.37 „Abgesehen davon, dass in diesem Fall nur die Pflicht zur Mitteilung aufgehoben ist – so dass der Antragsgegner im Rahmen einer zu treffenden Ermessensentscheidung gleichwohl die Auskunft freiwillig erteilen könnte –, ist im Streitfall kein unverhältnismäßiger Aufwand beim Antragsgegner zu erkennen. Denn sowohl die Leistungsbezüge als auch die im Rahmen der Außenprüfung ohnehin ermittelten freiberuflichen Einkünfte des Antragstellers sind bekannt und erfordern keine weiteren Ermittlungsmaßnahmen seitens des Antragsgegners."

3. Geltendmachung des Auskunftsanspruchs und Entscheidung der Behörde

3.38 Geltend zu machen ist der Anspruch auf ermessensfehlerfreie Entscheidung als Antrag,[3] der an die Finanzverwaltung zu richten ist, die im Besitz der begehrten Unterlagen ist. Inhaltlich muss der Antrag die Art der Daten näher bezeichnen und hinreichend genaue Angaben enthalten, um die Daten auffinden zu können.[4] Sofern das Finanzamt den Antrag des Insolvenzverwalters ablehnt, ist die Entscheidung grund-

---

1 BMF v. 17.12.2008 – IV A 3 - S 0030/08/10001, BStBl. I 2009, 6 = DStR 2009, 274 (274).
2 FG Köln v. 11.5.2007 – 7 V 1438/07, EFG 2007, 1126 ff.
3 BMF v. 17.12.2008 – IV A 3 - S 0030/08/10001, BStBl. I 2009, 6 = DStR 2009, 274 (274).
4 BMF v. 17.12.2008 – IV A 3 - S 0030/08/10001, BStBl. I 2009, 6 = DStR 2009, 274 (274).

sätzlich zu begründen. Dabei ist auszuführen, welche Ermessenserwägungen die Behörde angestellt hat.

4. Rechtsbehelfe gegen die Ablehnung des Auskunftsgesuchs

Sofern die Finanzverwaltung den Antrag des Insolvenzverwalters auf Auskunftserteilung ablehnt, ist dagegen der Einspruch statthaft (§ 347 AO). Gegen den ablehnenden Einspruchsbescheid ist die Verpflichtungsklage zu den FG gegeben. Es besteht auch die Möglichkeit einer Regelungsanordnung gem. § 114 Abs. 1 Satz 2 FGO.[1]   3.39

Steht dem Insolvenzverwalter ein (zivilrechtlicher) Auskunftsanspruch aus § 143 InsO i.V.m. § 242 BGB zu, weil er zwar darlegen kann, dass jedenfalls ein Anfechtungsanspruch gegen die Finanzverwaltung besteht, aber Art und Umfang noch nicht genau bestimmt werden können, ist – anders als bei Geltendmachung des Anspruchs auf ermessensfehlerfreie Entscheidung über das Auskunftsersuchen – gegen eine Ablehnung nicht der Finanzrechtsweg, sondern der Zivilrechtsweg gegeben.[2] Eines Einspruchs gegen die ablehnende Entscheidung über das Auskunftsersuchen bedarf es vor Erhebung der Klage bei den ordentlichen Gerichten nicht.

5. Auskunftsanspruch nach den Informationsfreiheitsgesetzen

In den Informationsfreiheitsgesetzen mancher Bundesländer sind Vorschriften enthalten, nach denen der Insolvenzverwalter Auskünfte über bei Behörden gespeicherte Informationen verlangen kann. Nach Auffassung des BFH besteht aber im Finanzverwaltungsverfahren allenfalls ein Anspruch auf fehlerfreie Ermessensentscheidung über einen Antrag auf Akteneinsicht. Erst im finanzgerichtlichen Verfahren werde dem Steuerpflichtigen das Recht zugestanden, in die Gerichtsakten und die dem Gericht vorgelegten Akten Einsicht zu nehmen (§ 78 Abs. 1 FGO).[3]   3.40

Nach Auffassung des OVG Nordrhein-Westfalen kann ein Insolvenzverwalter nach § 4 Abs. 1 IFG NRW von der Finanzverwaltung **Auskünfte über Jahreskontoauszüge des Insolvenzschuldners** verlangen.[4] Dieser Informationszugangsanspruch wird nach Auffassung des OVG Nordrhein-Westfalen auch nicht dadurch ausgeschlossen, dass in der Abgabenordnung ein Akteneinsichtsrecht der am steuerlichen Verwaltungsverfahren Beteiligten nicht geregelt ist. Auch das Steuergeheimnis nach § 30 AO steht der Informationserteilung an den Insolvenzverwalter nicht entgegen.

Das BVerwG vertritt die Auffassung, dass der **Verwaltungsrechtsweg** für solche Rechtsstreitigkeiten eröffnet ist, welche auf das Informationsfreiheitsgesetz gestützte Auskünftsansprüche des Insolvenzverwalters auf Einsicht in die steuerlichen Daten des Schuldners betreffen. § 33 Abs. 1 FGO eröffnet den Finanzrechtsweg nur für öf-

---

[1] *Bächer*, ZInsO 2009, 1147 (1152).
[2] BGH v. 13.8.2009 – IX ZR 58/06, ZIP 2009, 1823 = NZI 2009, 722 (722).
[3] BFH v. 10.2.2011 – VII B 183/10, ZIP 2011, 883 = BFH/NV 2011, 992.
[4] OVG NW v. 15.6.2011 – 8 A 1150/10, ZIP 2011, 1426; v. 24.11.2015 – 8 A 1073/14, NZI 2016, 182.

fentliche-rechtliche Streitigkeiten über Abgabenangelegenheiten. Nach der Rechtsprechung des BVerwG handelt es sich bei der Gewährung von Einsicht in Steuerakten und Auskunft über die steuerlichen Daten dann um eine Abgabenangelegenheit i.S.d. § 33 Abs. 2 FGO, wenn über sie auf Grundlage steuerverfahrensrechtlicher Regelungen zu entscheiden ist oder wenn die betreffenden Begehren im Steuerrechtsverhältnis wurzeln und insoweit mit der Anwendung abgabenrechtlicher Vorschriften im Zusammenhang stehen.[1] Es wird davon ausgegangen, dass der auf das Informationsfreiheitsrecht gestützte Auskunftsanspruch eines Insolvenzverwalters grundsätzlich neben Ansprüchen der Abgabenordnung besteht und somit nicht zur Abgabenangelegenheit i.S.d. § 33 Abs. 2 FGO wird. Daran ändert sich auch nichts durch die neu eingeführten Vorschriften der §§ 32a ff. AO. Nach § 32e Satz 1 AO gelten die Art. 12 bis 15 DSGVO i.V.m. §§ 32a bis 32d AO entsprechend, soweit die betroffene Person oder ein Dritter nach dem IFG des Bundes oder eines Landes gegenüber der Finanzverwaltung einen Informationsanspruch hat.

Aus dem Umkehrschluss zu der Regelung des § 32i Abs. 2 AO soll sich ergeben, dass Ansprüche Dritter nach den Informationsfreiheitsgesetzen nicht zu den Abgabenangelegenheiten gehören – der Finanzrechtsweg wird nur für die Ansprüche der „betroffenen Personen" eröffnet – für Klagen Dritter fehlt eine entsprechende Regelung. Da sich die Anspruchsgrundlage aus den Informationsfreiheitsgesetzen ergibt, wurzelt der Anspruch auch nicht im Steuerrechtsverhältnis. Auch aus § 32i Abs. 2 AO i.V.m. § 33 Abs. 1 Nr. 4 FGO ergibt sich keine Zuweisung an die FG, da diese Regelung allein für Klagen der „betroffenen Personen" gilt. Der Insolvenzverwalter ist nach den dargelegten Ausführungen jedoch nicht als „betroffene Person" zu qualifizieren, soweit er Ansprüche nach dem Informationsfreiheitsgesetz geltend macht, so dass der Verwaltungsrechtsweg gegeben ist.[2]

6. Zivilrechtliche Auskunftsansprüche

3.40a Sofern der Insolvenzverwalter darlegen kann, dass **jedenfalls ein Anfechtungsanspruch gegen die Finanzbehörde** besteht, er aber Art und Umfang noch nicht genau bestimmen kann, kann er gegenüber der Finanzbehörde – wie jedem anderen Anfechtungsgegner gegenüber auch – einen zivilrechtlichen Auskunftsanspruch aus § 143 InsO i.V.m. § 242 BGB geltend machen.[3] Soweit ein solcher Auskunftsanspruch besteht, ist – anders als bei Geltendmachung des Anspruchs auf ermessensfehlerfreie Entscheidung über das Auskunftsersuchen – gegen eine Ablehnung nicht der Finanzrechtsweg, **sondern der Zivilrechtsweg gegeben**.[4]

---

[1] BVerwG v. 15.10.2012 – 7 B 2/12, NZI 2012, 1020; v. 17.9.2018 – 7 B 6/18, NVwZ 2019, 1854; v. 28.10.2019 – 10 B 21.19, NZI 2020, 34.
[2] BVerwG v. 28.10.2019 – 10 B 21.19, NZI 2020, 34; v. 4.7.2019 – 7 C 31.17, NZI 2019, 826.
[3] BGH v. 13.8.2009 – IX ZR 58/06, ZIP 2009, 1823 = NZI 2009, 722 (722).
[4] BGH v. 13.8.2009 – IX ZR 58/06, ZIP 2009, 1823 = NZI 2009, 722 (722).

V. Steuerbegünstigte Zweckverfolgung des Insolvenzschuldners

Literatur *Adrian/Engelsing*, Verlust der Gemeinnützigkeit bei Insolvenz oder Liquidation?, NWB 2019, 2709; *Arnold*, Gemeinnützigkeit von Vereinen und Beteiligung an Gesellschaften, DStR 2005, 581; *Balmes*, Wann führen Rechtsverstöße zum Verlust der Gemeinnützigkeit?, AO-StB 2011, 47; *Becker*, Der Wegfall des gemeinnützigkeitsrechtlichen Status, DStR 2010, 953; *Becker/Meining*, Auswirkungen des Scheiterns einer Körperschaft auf deren gemeinnützigkeitsrechtlichen Status, FR 2006, 686; *Campos Nave*, Steuerbegünstigte Abfindung bei Arbeitsreduzierung, BB 2010, 39; *Fischer/Ihle*, Satzungsgestaltung bei gemeinnützigen Stiftungen, DStR 2008, 1692; *Ganter*, Die Rechtsprechung des BGH zum Insolvenzrecht im Jahr 2009, NZI 2010, 361; *Gersch*, Die neue Definition der steuerbegünstigten Zwecke seit 2009 – unter Berücksichtigung von Spenden über die Grenze, AO-StB 2009, 141; *Hüttemann*, Der neue Anwendungserlass zum Abschnitt „Steuerbegünstigte Zwecke", DB 2012, 250; *Hüttemann/Schauhoff/Kirchhain*, Fördertätigkeiten gemeinnütziger Körperschaften und Konzerne, DStR 2016, 633; *Jäschke*, Verstöße gegen die Rechtsordnung und Extremismus im Gemeinnützigkeitsrecht – Zur neuen Regelung des § 51 Abs. 3 AO, DStR 2009, 1669; *Kirchhain*, Der neue Anwendungserlass zur AO: neue Herausforderungen für gemeinnützige Körperschaften, DStR 2016, 505; *Kirchhain/Schauhoff*, Was bringt der neue AO-Anwendungserlass für gemeinnützige Körperschaften?, DStR 2012, 261; *Kohlhepp*, Rechtsprechung zum Gemeinnützigkeitsrecht 2017/2018, DStR 2019, 129; *Köster*, Bindende Mustersatzung für gemeinnützige Körperschaften?, DStZ 2010, 166; *Kümpel*, Anforderungen an die tatsächliche Geschäftsführung bei steuerbegünstigten (gemeinnützigen) Körperschaften, DStR 1999, 93; *Möllmann*, Haftungsfalle Ehrenamt – Persönliche Haftung des ehrenamtlichen Vereinsvorstands für Steuerschulden des gemeinnützigen Vereins, DStR 2009, 2125; *Nolte*, Die gemeinnützige Körperschaft zwischen Umsatzsteuer- und Gemeinnützigkeitsrecht, DStR 2016, 19; *Orth*, Verluste gemeinnütziger Stiftungen aus Vermögensverwaltung, DStR 2009, 1397; *Osterkorn*, Zur Fassung des Satzungszwecks steuerbegünstigter Körperschaften, DStR 2002, 16; *Schauhoff*, Handbuch der Gemeinnützigkeit, 3. Aufl. 2010; *Schiffer*, Aktuelles Beratungs-Know-how Gemeinnützigkeit- und Stiftungsrecht, DStR 2002, 1206; *Schmidt/Fritz*, Änderungen des Gemeinnützigkeitssteuerrechts zu Fördervereinen, Werbebetrieben, Totalisatoren, Blutspendediensten und Lotterien, LSK 2002, 110344; *Schockenhoff*, Der wirtschaftlich tätige Idealverein, NZG 2017, 931; *Schröder*, Die Steuerpflichtige und steuerbegünstigte GmbH im Gemeinnützigkeitsrecht, DStR 2008, 1069; *Siebeck/Hesse*, Die gemeinnützige Stiftung im Zweckerfüllungsnotstand, npoR 2018, 253; *Sommer*, Das Steuerprivileg von Stiftungen im Insolvenzverfahren, ZInsO 2014, 1642; *Spitaler/Schröder*, Gemeinnützigkeitssteuerrecht: Neuerungen bei der zeitnahen Mittelverwendung und Rücklagenbildung (Teil I), DStR 2014, 2144; *Stahlschmidt*, Die Änderungen des Anwendungserlasses zur AO zum Gemeinnützigkeitsrecht, LSK 2003, 180108; *Weitemeyer/Klene*, Notwendige Weiterentwicklung des Gemeinnützigkeitsrechts, DStR 2016, 937; *Zimmermann/Raddatz*, Die Entwicklung des Stiftungsrechts 2018, NJW 2019, 485.

1. Grundlagen

Die Frage, ob und unter welchen Voraussetzungen Körperschaften in der Krise und ggf. im Insolvenzverfahren „ausschließlich und unmittelbar gemeinnützige, mildtätige oder kirchliche Zwecke" i.S.v. § 51 AO verfolgen und deswegen Steuerbefreiungen oder Steuervergünstigungen in Anspruch nehmen können, ist weitgehend unbearbeitetes rechtliches Neuland. Der BFH hat in seiner soweit ersichtlich einzigen Entscheidung[1]

---

[1] BFH v. 16.5.2007 – I R 14/06, BStBl. II 2007, 808 = ZIP 2007, 1570 = DStR 2007, 1438 (1438 f.).

die wichtigen Problemfelder der Gemeinnützigkeit während des Insolvenzverfahrens zwar angesprochen, konnte sie aber durchweg offen lassen. Die Auseinandersetzungen der Literatur mit dem Fragenkreis sind soweit erkennbar ebenfalls sehr dürftig. Daher soll hier eine etwas grundlegendere Betrachtung erfolgen:

3.42 Gemeinnützigkeit einer Körperschaft hat zur Folge, dass ihr verschiedene steuerrechtliche Vergünstigungen zukommen. Beispielhaft zu nennen sind Steuerbefreiungen im Körperschaftsteuergesetz oder verminderte Steuersätze im Umsatzsteuergesetz.

3.43 Gemeinnützige Körperschaften sind grundsätzlich in **vier Sphären** einzuteilen. Diese können, müssen jedoch nicht nebeneinander bestehen. Jede Sphäre unterliegt einer bestimmten Besteuerung und ist in der Bilanz der Körperschaft gesondert auszuweisen.

3.44 **Ideeller Bereich:** In diesem Bereich geht die Körperschaft ihrer gemeinnützigen/satzungsgemäßen Tätigkeit nach, ohne dafür finanzielle Gegenleistungen zu erhalten und ohne die Absicht, Gewinne zu erzielen.[1] Einnahmen aus diesem Bereich sind beispielsweise Spenden oder Mitgliedsbeiträge. Auch Erbschaften und Zuschüsse durch die öffentliche Hand können diesem Bereich unterfallen.[2] Der ideelle Bereich ist grundsätzlich steuerbefreit.[3] Einnahmen aus Spenden müssen für den in der Spendenquittung angegebenen – gemeinnützigen – Zweck verwendet werden. Gleiches gilt für Mitgliedsbeiträge.

3.45 **Wirtschaftlicher Geschäftsbetrieb:** Der wirtschaftliche Geschäftsbetrieb ist gem. § 14 AO der Bereich, in dem eine selbständige nachhaltige Tätigkeit verfolgt wird, durch die Einnahmen oder andere wirtschaftliche Vorteile erzielt werden. Dieser Bereich wird nach den gesetzlichen Bestimmungen ohne Begünstigungen besteuert.[4] Den § 64 AO und § 5 KStG ist zu entnehmen, dass wirtschaftliche Geschäftsbetriebe grundsätzlich auch im Rahmen einer gemeinnützigen Einrichtung bestehen dürfen, ohne dass sich dies auf die Anerkennung der Gemeinnützigkeit auswirkt. Dabei ist jedoch darauf zu achten, dass die den wirtschaftlichen Geschäftsbetrieb in den meisten Fällen beherrschende Gewinnerzielungsabsicht das Ziel gemeinnützigen Tätigwerdens nicht übersteigt. Zur Abgrenzung ist im Einzelfall auf die sog. Gepräjetheorie zu verweisen. Nach dieser kommt es entscheidend darauf an, ob die wirtschaftliche oder die gemeinnützige Tätigkeit das Gepräge der Körperschaft bildet. Indizien sind in diesem Zusammenhang z.B. der Umsatz des wirtschaftlichen Geschäftsbetriebs oder der Personaleinsatz in den verschiedenen Bereichen.[5] Einnahmen aus dem wirtschaftlichen Geschäftsbetrieb können z.B. Einnahmen eines Vereinslokals sein.

---

[1] Sauter/Schweyer/Waldner, Der eingetragene Verein[20], Rz. 491.
[2] Schauhoff, Handbuch der Gemeinnützigkeit[3], § 6 Rz. 36, 51.
[3] Schauhoff, Handbuch der Gemeinnützigkeit[3], Einleitung, Rz. 65 ff.
[4] von Twickel in Blümich, § 5 KStG Rz. 78.
[5] Schauhoff, Handbuch der Gemeinnützigkeit[3], § 6 Rz. 112.

Vermögensverwaltung: Vermögensverwaltung liegt gem. § 14 Satz 3 AO vor, wenn 3.46
Vermögen der Körperschaft zur Einnahmeerzielung genutzt wird, z.B. wenn unbewegliches Vermögen vermietet oder verpachtet wird oder wenn Kapitalvermögen gegen Entgelt einem Dritten überlassen wird. Auf den Umfang der verwaltenden Tätigkeit kommt es dabei nicht an.[1] Die in dieser Sphäre erwirtschafteten Einnahmen sind steuerbefreit.[2] Die Einnahmen aus der Vermögensverwaltung müssen aber strikt von dem wirtschaftlichen Bereich getrennt werden. Zur Abgrenzung hat der BFH ausgeführt:[3]

„Nach der Rechtsprechung des BFH wird der Bereich der Vermögensverwaltung überschritten, wenn nach dem Gesamtbild der Verhältnisse und unter Berücksichtigung der Verkehrsauffassung die Ausnutzung substantieller Vermögenswerte durch Umschichtung gegenüber der Nutzung von vorhandenem Vermögen i.S. einer Fruchtziehung aus den zu erhaltenden Substanzwerten in den Vordergrund tritt."

So liegt eine Vermögensverwaltung bei Vermietung von Vermögensgegenständen nicht mehr vor, wenn es zu einem ständigen Mieterwechsel kommt (z.B. Standplatzvermietung auf jährlichen Volksfesten).[4]

Zweckbetrieb: Innerhalb des Zweckbetriebs geht die Körperschaft, wie auch im ide- 3.47
ellen Bereich, ihren satzungsmäßig festgelegten Tätigkeiten nach, jedoch mit der Maßgabe, dass in diesem Bereich Entgelt für die Leistung der Körperschaft verlangt wird.[5] Die Voraussetzungen eines Zweckbetriebs sind in § 65 AO geregelt. Demnach ist ein Zweckbetrieb dem Grunde nach ein wirtschaftlicher Geschäftsbetrieb, der wegen seiner Ausrichtung auf die Erfüllung der gemeinnützigen Ziele steuerlich begünstigt wird. Im Einzelfall müssen Einnahmen des Zweckbetriebs gegen Einnahmen im ideellen Bereich und Einnahmen aus der Vermögensverwaltung abgegrenzt werden. Zum ideellen Bereich lässt sich der Bereich des Zweckbetriebs vor allem über das Merkmal der Gegenleistung abgrenzen, zur Vermögensverwaltung über das Merkmal der Teilnahme am wirtschaftlichen Verkehr. Bezüglich der Zweckbetriebe im Bereich der Wohlfahrtspflege, der Krankenhäuser, des Sports, der Bildungseinrichtungen und sonstiger Einrichtungen im Sinne der Vorschriften, finden sich nähere Bestimmungen in §§ 66–68 AO.

---

1 *Schauhoff*, Handbuch der Gemeinnützigkeit[3], § 6 Rz. 61.
2 *Schauhoff*, Handbuch der Gemeinnützigkeit[3], § 6 Rz. 61.
3 BFH v. 26.2.1992 – I R 149/90, BStBl. II 1992, 693 = BB 1992, 1702 (1703); vgl. dazu auch FG Düsseldorf v. 5.9.2017 – 6 K 2010/16 K G, DStRE 2018, 1322.
4 BFH v. 25.4.1968 – V 120/64, BStBl. II 1969, 94; FG Düsseldorf v. 5.9.2017 – 6 K 2010/16 K G, DStRE 2018, 1322.
5 *Schick*, Gemeinnützigkeits- und Steuerrecht, S. 47.

```
                        Körperschaft
┌─────────────┬──────────────────┬──────────────┬──────────────────┐
│ Ideeller    │ Wirtschaftlicher │ Zweckbetrieb:│ Vermögens-       │
│ Bereich:    │ Geschäftsbetrieb:│ Fußballtraining│ verwaltung:    │
│ Spenden,    │ Vereinsgaststätte│ gegen Entgelt│ Vermietung von   │
│ Mitglieds-  │                  │              │ Vereinsräumen    │
│ beiträge    │                  │              │                  │
└─────────────┴──────────────────┴──────────────┴──────────────────┘
```

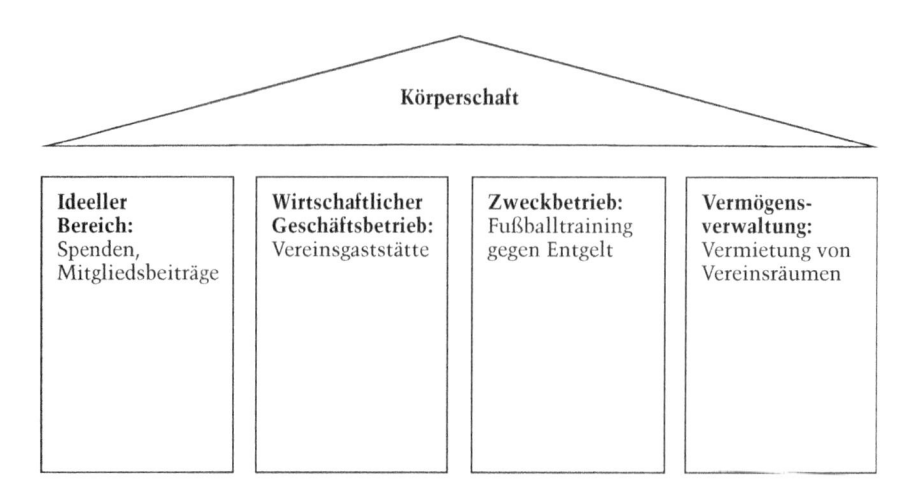

Abbildung 2: Die vier Sphären der gemeinnützigen Körperschaft

3.48 Diese vier genannten Bereiche sind zwar steuerrechtlich voneinander zu trennen, müssen aber alle als Teilbereiche ein und desselben Steuersubjekts verstanden werden. Die Bereiche des wirtschaftlichen Geschäftsbetriebs, der Vermögensverwaltung und des Zweckbetriebs werden in den meisten Fällen dazu dienen, die gemeinnützige Tätigkeit zu finanzieren. Eine Vermögensverschiebung aus diesen Bereichen in den ideellen Bereich ist demnach gewollt.

3.49 Der Verlustausgleich dieser Bereiche ist jedoch nicht uneingeschränkt möglich. Der Ausgleich von Verlusten aus dem wirtschaftlichen Geschäftsbetrieb durch Mittel aus der ideellen Sphäre, der Vermögensverwaltung oder des Zweckbetriebs führt grundsätzlich zur Aberkennung der Gemeinnützigkeit.[1] Nach der Rechtsprechung[2] und dem Anwendungserlass zur Abgabenordnung (AEAO), AEAO zu § 55 Abs. 1 Ziff. 1 AO, Tz. 4 ff. gelten jedoch folgende Einschränkungen:

3.50 *„Es ist grundsätzlich nicht zulässig, Mittel des ideellen Bereichs (insbesondere Mitgliedsbeiträge, Spenden, Zuschüsse, Rücklagen), Gewinne aus Zweckbetrieben, Erträge aus der Vermögensverwaltung und das entsprechende Vermögen für einen steuerpflichtigen wirtschaftlichen Geschäftsbetrieb zu verwenden, z.B. zum Ausgleich eines* **Verlustes***. Für das Vorliegen eines Verlustes ist das Ergebnis des einheitlichen steuerpflichtigen wirtschaftlichen Geschäftsbetriebs (§ 64 Abs. 2) maßgeblich. Eine Verwendung von Mitteln des ideellen Bereichs für den Ausgleich des Verlustes eines einzelnen wirtschaftlichen Geschäftsbetriebs liegt deshalb nicht vor, soweit der Verlust bereits im Entstehungsjahr mit Gewinnen anderer steuerpflichtiger wirtschaftlicher Geschäftsbetriebe verrechnet werden kann. Verbleibt danach ein Verlust, ist keine Verwendung von Mitteln des ideellen Bereichs für dessen Ausgleich anzunehmen, wenn dem ideellen Bereich in den sechs vorangegangenen Jahren Gewinne des einheitlichen steuerpflichtigen wirtschaftlichen Geschäftsbetriebs in mindestens gleicher Höhe zugeführt worden sind. Insoweit ist der Verlustausgleich im Entstehungsjahr als Rückgabe früherer, durch das Gemeinnützigkeitsrecht vorgeschriebener Gewinnabführungen anzusehen.*

---

1 BMF v. 19.10.1998 – IV C 6 - S 0171 – 10/98, BStBl. I 1998, 1423.
2 BFH v. 13.11.1996 – I R 152/93, BStBl. II 1998, 711 = NJW 1997, 1462 (1463) m.w.N.

5. Ein nach ertragsteuerlichen Grundsätzen ermittelter Verlust eines steuerpflichtigen wirtschaftlichen Geschäftsbetriebs ist unschädlich für die Steuerbegünstigung der Körperschaft, wenn er ausschließlich durch die Berücksichtigung von anteiligen Abschreibungen auf gemischt genutzte Wirtschaftsgüter entstanden ist und wenn die folgenden Voraussetzungen erfüllt sind:

– Das Wirtschaftsgut wurde für den ideellen Bereich angeschafft oder hergestellt und wird nur zur besseren Kapazitätsauslastung und Mittelbeschaffung teil- oder zeitweise für den steuerpflichtigen wirtschaftlichen Geschäftsbetrieb genutzt. Die Körperschaft darf nicht schon im Hinblick auf eine zeit- oder teilweise Nutzung für den steuerpflichtigen wirtschaftlichen Geschäftsbetrieb ein größeres Wirtschaftsgut angeschafft oder hergestellt haben, als es für die ideelle Tätigkeit notwendig war.

– Die Körperschaft verlangt für die Leistungen des steuerpflichtigen wirtschaftlichen Geschäftsbetriebs marktübliche Preise.

– Der Steuerpflichtige wirtschaftliche Geschäftsbetrieb bildet keinen eigenständigen Sektor eines Gebäudes (z.B. Gaststättenbetrieb einer Sporthalle).

Diese Grundsätze gelten entsprechend für die Berücksichtigung anderer gemischter Aufwendungen (z.B. zeitweiser Einsatz von Personal des ideellen Bereichs in einem steuerpflichtigen wirtschaftlichen Geschäftsbetrieb) bei der gemeinnützigkeitsrechtlichen Beurteilung von Verlusten.

6. Der Ausgleich des Verlustes eines steuerpflichtigen wirtschaftlichen Geschäftsbetriebs mit Mitteln des ideellen Bereichs ist außerdem unschädlich für die Steuerbegünstigung, wenn

– der Verlust auf einer Fehlkalkulation beruht,

– die Körperschaft innerhalb von zwölf Monaten nach Ende des Wirtschaftsjahres, in dem der Verlust entstanden ist, dem ideellen Tätigkeitsbereich wieder Mittel in entsprechender Höhe zuführt und

– die zugeführten Mittel nicht aus Zweckbetrieben, aus dem Bereich der steuerbegünstigten Vermögensverwaltung, aus Beiträgen oder aus anderen Zuwendungen, die zur Förderung der steuerbegünstigten Zwecke der Körperschaft bestimmt sind, stammen (BFH, Urt. v. 13.11.1996, BStBl. II 1998, 711).

– Die Zuführungen zu dem ideellen Bereich können demnach aus dem Gewinn des (einheitlichen) steuerpflichtigen wirtschaftlichen Geschäftsbetriebs, der in dem Jahr nach der Entstehung des Verlustes erzielt wird, geleistet werden. Außerdem dürfen für den Ausgleich des Verlustes Umlagen und Zuschüsse, die dafür bestimmt sind, verwendet werden. Derartige Zuwendungen sind jedoch keine steuerbegünstigten Spenden."

2. Voraussetzungen der Gemeinnützigkeit im Einzelnen

Die Voraussetzungen der Gemeinnützigkeit ergeben sich aus §§ 51 ff. AO, insbesondere § 52 AO. Eine Körperschaft verfolgt danach gemeinnützige Zwecke, wenn ihre Tätigkeit darauf gerichtet ist, die Allgemeinheit auf materiellem, geistigem oder sittlichem Gebiet selbstlos zu fördern.

Eine Förderung der Allgemeinheit ist nicht gegeben, wenn der Kreis der Personen, dem die Förderung zugutekommt, fest abgeschlossen ist. Die Allgemeinheit wird auf jeden Fall dann gefördert, wenn die Tätigkeit dem Gemeinwohl nützt.[1] Die Förderung kleiner Gruppen kann sich als Förderung der Allgemeinheit darstellen, wenn

---

[1] *Koenig* in Koenig³, § 52 AO Rz. 18.

die Gruppe als Ausschnitt der Allgemeinheit anzusehen ist.[1] Bei zahlenmäßiger Begrenzung auf z.B. Vereinsmitglieder scheidet eine Förderung der Allgemeinheit nicht generell aus.[2] Eine Förderung der Allgemeinheit ist aber dann zu verneinen, wenn die Aufnahmegebühren für eine Mitgliedschaft so hoch sind, dass schon auf Grund der Höhe die Allgemeinheit den Betrag nicht zu entrichten vermag.[3]

3.55 Förderung bedeutet, „dass etwas vorangebracht, vervollkommnet oder verbessert wird".[4] Dies kann z.B. durch Informationsverbreitung, Vorträge oder Preisverleihungen geschehen.

3.56 Die Körperschaft muss ihren Zweck zudem selbstlos verfolgen. Das Prinzip der Selbstlosigkeit ist § 55 AO zu entnehmen. Danach darf die Körperschaft nicht in erster Linie mit Gewinnerzielungsabsicht handeln. Gewinne schaden aber an sich nicht.[5] Auch die Mittelverwendung für Mitgliederwerbung steht dem Merkmal der Selbstlosigkeit nicht zwangsläufig entgegen.[6] Der BFH führt hierzu aus:[7]

„Die satzungsmäßigen Zwecke einer Körperschaft können vielmehr auch durch mittelbar unterstützende Maßnahmen gefördert werden. Daher entfällt das Merkmal der Selbstlosigkeit nicht bereits deshalb, weil Mittel der Körperschaft für Verwaltung, Mitgliederwerbung oder Öffentlichkeitsarbeit verwendet werden, wenn derartige Ausgaben zur Begründung und Erhaltung der Funktionsfähigkeit und damit auch zur Verfolgung des satzungsgemäßen Zwecks erforderlich sind."

3.57 Eine durch § 55 Abs. 1 Ziff. 1 AO ausgeschlossene Begünstigung von Mitgliedern liegt allein nicht deshalb vor, weil diese für ihre Tätigkeit angemessen vergütet werden oder angemessene Aufmerksamkeiten erhalten.[8] Etwas anderes kann auch nicht für die Vergütung von Geschäftsführern gelten. Ausnahmen von diesem Grundsatz sind § 58 AO zu entnehmen.

3.58 Darüber hinaus muss die Tätigkeit der gemeinnützigen Körperschaft Inlandsbezug aufweisen. **Inlandsbezug** ist gegeben, wenn natürliche Personen, die ihren Wohnsitz bzw. ihren gewöhnlichen Aufenthalt in Deutschland haben, gefördert werden oder wenn die Körperschaft durch ihre Tätigkeit das Ansehen der BRD im Ausland verbessern kann.[9]

---

1 BFH v. 13.12.1978 – I R 39/78, BFHE 127, 330; v. 15.11.2017 – I R 39/15, IStR 2018, 321; v. 17.5.2017 – V R 52/15, DStR 2017, 1749.
2 BFH v. 13.12.1978 – I R 64/77, BFHE 127, 342; v. 15.11.2017 – I R 39/15, IStR 2018, 321; v. 17.5.2017 – V R 52/15, DStR 2017, 1749.
3 *von Twickel* in Blümich, § 5 KStG Rz. 117.
4 BFH v. 23.11.1988 – I R 11/88, BStBl. II 1989, 391; v. 10.1.2019 – V R 60/17, DStRE 2019, 439; v. 20.3.2017 – X R 13/15, DStR 2017, 1754.
5 *Schick*, Gemeinnützigkeits- und Steuerrecht, S. 35.
6 BFH v. 18.12.2002 – I R 60/01, BFH/NV 2003, 1025 ff.; vgl. Auch BFH v. 24.5.2016 – V B 123/15, BFH/NV 2016, 1253.
7 BFH v. 18.12.2002 – I R 60/01, BFH/NV 2003, 1025 ff.
8 *Schick*, Gemeinnützigkeits- und Steuerrecht, S. 37.
9 Beck'sches Steuer- und Bilanzrechtslexikon, Gemeinnützigkeit, Rz. 8.

Des Weiteren muss der **Grundsatz der Vermögensbindung** gewahrt sein (§ 55 Abs. 1 Ziff. 4 AO). Dieser besagt, dass auch bei Auflösung oder sonstigen Beendigung der Körperschaft oder bei Wegfall des gemeinnützigen Zwecks das Vermögen der Körperschaft (sofern es den Kapitalanteil oder den Wert der Sacheinlage übersteigt) nur für steuerbegünstigte Zwecke verwendet werden darf. Es muss also eine Übertragung des Restvermögens an eine oder mehrere ebenfalls als gemeinnützig anerkannte Körperschaften gewährleistet sein.[1] Durch die Vermögensbindung soll verhindert werden, dass die Gemeinnützigkeit für die Gewinnung von wirtschaftlichen Vorteilen missbraucht wird und nur als „Deckmantel" zur Erlangung von Steuervergünstigungen verwendet wird. Mit „Vermögen" im Sinne der Vorschrift ist das gesamte Vermögen der Körperschaft, also auch zeitnah zu verwendende Mittel, das nutzungsgebundene Vermögen, sowie stille Reserven gemeint.[2] Von den sich aus dem Grundsatz der Vermögensbindung ergebenden Beschränkungen ist jedoch nur das Vermögen erfasst, das während der Zeit, für die Steuerbegünstigungen in Anspruch genommen wurden, gebildet wurde.[3] Der Grundsatz der Vermögensbindung steht jedoch der „Rückzahlung" von Einlagen an Gesellschafter nicht im Wege. Es ist daher zulässig, wenn satzungsmäßig festgelegt wird, dass Vermögen, welches zur Vermögensausstattung verwendet wurde, im Fall der Auflösung oder Zweckänderung zurückgefordert werden kann. Außerdem steht es dem Grundsatz nicht entgegen, wenn die Körperschaft vor Auflösung ihre Verbindlichkeiten begleicht.[4]

3.59

Der **Grundsatz der Ausschließlichkeit** ergibt sich aus § 51 AO i.V.m. § 56 AO und bezieht sich nur auf die ideelle Sphäre der Körperschaft.[5] Dieser Grundsatz besagt, dass eine steuerbegünstigte Körperschaft (grundsätzlich) **nur** ihre steuerbegünstigten satzungsmäßigen Zwecke verfolgen darf. Dieser Grundsatz besagt zwar nicht, dass jede Tätigkeit der Organe ausschließlich gemeinnützig sein muss, aber er verlangt, dass alle Tätigkeiten zumindest geeignet sind den gemeinnützigen Zweck zu fördern.[6] Ausdruck findet der Grundsatz der Ausschließlichkeit z.B. in dem Verbot des uneingeschränkten Verlustausgleichs zwischen den verschiedenen Sphären (Rz. 3.49 ff.).

3.60

Der **Grundsatz der Unmittelbarkeit** ist § 57 AO zu entnehmen. Er besagt, dass die Körperschaft die steuerbegünstigten satzungsgemäßen Zwecke selbst verwirklichen muss und sich hierzu Hilfspersonen bedienen darf. Diese Hilfspersonen müssen jedoch den Weisungen der Organe der Körperschaft unterliegen[7] und das Wirken muss sich für Dritte als Wirken der Körperschaft selbst darstellen.[8] Bestimmte Ausnahmen sind nach § 58 AO zulässig.

3.61

---

1 *Schauhoff*, Handbuch der Gemeinnützigkeit[3], § 5 Rz. 105.
2 *Hüttemann*, Gemeinnützigkeit und Spendenrecht[4], Kap. 5 Rz. 5.177, 5.179.
3 *Schauhoff*, Handbuch der Gemeinnützigkeit[3], § 5 Rz. 103.
4 *Koenig* in Koenig[3], § 55 AO Rz. 27.
5 *Droege*, Gemeinnützigkeit im offenen Steuerstaat, S. 158.
6 BFH v. 23.10.1991 – I R 19/91, DStR 1992, 392 (393); vgl. Auch BFH v. 20.3.2017 – XR 13/15, DStR 2017, 1754.
7 *Schick*, Gemeinnützigkeits- und Steuerrecht, S. 43.
8 *Schauhoff*, Handbuch der Gemeinnützigkeit[3], § 8 Rz. 5.

3.62 Die Körperschaft muss gem. §§ 55, 56 AO die ihr für die Verfolgung gemeinnütziger Zwecke zur Verfügung stehenden Mittel auch **zeitnah verwenden**. Zeitnah ist die Verwendung von Mitteln dann, wenn sie spätestens in dem auf den Zufluss folgenden Kalender- oder Wirtschaftsjahr für die steuerbegünstigten satzungsmäßigen Zwecke verwendet werden.[1] Dafür trägt die Körperschaft die Beweislast.[2] Dem Grundsatz der zeitnahen Mittelverwendung steht es nicht entgegen, wenn die Mittel so angelegt werden, dass die daraus erzielten Gewinne wieder für gemeinnützige Tätigkeiten eingesetzt werden,[3] es genügt also auch eine Umschichtung der Mittel in einen steuerbegünstigten Bereich.[4]

3.63 Die Einhaltung der dargestellten Voraussetzungen und Grundsätze muss sich gem. §§ 59 ff. AO aus der **Satzung der Körperschaft** ergeben (sog. Satzungsbindung). Gemäß § 60 Abs. 2 AO muss die Satzung den vorgeschriebenen Erfordernissen bei der Körperschaftsteuer und bei der Gewerbesteuer während des ganzen Veranlagungs- oder Bemessungszeitraums, bei den anderen Steuern im Zeitpunkt der Entstehung der Steuer entsprechen. Auch die Einhaltung der Erfordernisse der Vermögensbindung muss sich gem. § 61 AO anhand der Satzung feststellen lassen. Sofern in der Satzung festgelegt wird, dass das Vermögen nach Auflösung der Körperschaft einer anderen Körperschaft zugewiesen werden soll, so muss diese auch gemeinnützig sein bzw. deren Gemeinnützigkeit anerkannt sein.[5] Bezüglich des Grundsatzes der Ausschließlichkeit genügt es, wenn in der Satzung keine anderen zu verfolgenden Zwecke als die gemeinnützigen Zwecke vorgesehen sind.[6] Der Grundsatz der Unmittelbarkeit ist auch dann bzw. gemäß den Anforderungen des § 59 AO aus der Satzung ersichtlich, wenn aus der Satzung nicht ausdrücklich hervorgeht, dass die Körperschaft sich Hilfspersonen bedient.[7]

3.64 Gemäß § 63 AO muss schließlich die **tatsächliche Geschäftsführung** der Körperschaft auf die Erfüllung des steuerbegünstigten Zwecks gerichtet sein. Dies bedeutet, dass die Geschäftsführung der Körperschaft sich nicht anders als den Zwecksetzungen der Satzung entsprechend verhalten soll und nicht gar nicht tätig sein soll.[8] Demnach darf die Körperschaft auch nicht den satzungsmäßigen Zweck faktisch ändern oder einen anderen zusätzlichen Zweck verfolgen.[9] Dem Erfordernis des § 63 AO schadet es jedoch nicht, wenn die Körperschaft kurzzeitig die gemeinnützige Tätigkeit nur unvollständig ausübt, so z.B. in der Gründungsphase.[10]

---

1 Beck'sches Steuer- und Bilanzrechtslexikon, Gemeinnützigkeit, Rz. 16.
2 *Schauhoff*, Handbuch der Gemeinnützigkeit³, § 6 Rz. 12.
3 *Schauhoff*, Handbuch der Gemeinnützigkeit³, § 6 Rz. 12.
4 *Kümpel*, DStR 2001, 152 (153).
5 *Schauhoff*, Handbuch der Gemeinnützigkeit³, § 5 Rz. 102.
6 *Schauhoff*, Handbuch der Gemeinnützigkeit³, § 5 Rz. 101.
7 *Schauhoff*, Handbuch der Gemeinnützigkeit³, § 5 Rz. 101.
8 *Koenig* in Koenig³, § 63 AO Rz. 2.
9 BFH v. 16.5.2007 – I R 14/06, BStBl. II 2007, 808 = ZIP 2007, 1570 = DStR 2007, 1438 (1439).
10 BFH v. 23.7.2003 – I R 29/02, BStBl. II 2003, 930 = DStRE 2004, 31 (32).

3. Auswirkungen der Gemeinnützigkeit auf die Besteuerung

Verfolgt eine Körperschaft ausschließlich und unmittelbar gemeinnützige, mildtätige oder kirchliche Zwecke, so erfährt sie eine Reihe von Steuervergünstigungen: 3.65

- Gemäß § 5 Abs. 1 Ziff. 9 Satz 1 KStG ist eine gemeinnützige Körperschaft grundsätzlich von der **Körperschaftsteuer** befreit.
- Die Befreiung von der **Gewerbesteuer** ergibt sich aus § 3 Ziff. 6 GewStG.
- Für die **Umsatzsteuer** ergeben sich die folgenden Befreiungen und Vergünstigungen:
  - Umsätze der gemeinnützigen Körperschaften können nach § 4 Ziff. 16, 18, 20, 22, 24, 25, 27 UStG steuerfrei sein. Auf die Steuerfreiheit kann die Körperschaft gem. § 9 UStG für dort genannte Umsätze verzichten.
  - Gemäß § 12 Abs. 2 Ziff. 8a) UStG beträgt der Steuersatz für Leistungen gemeinnütziger Einrichtungen nur 7 %, statt 19 %, sofern nicht bereits Steuerfreiheit besteht.
  - Nach § 4a Abs. 1 wird Körperschaften, die ausschließlich und unmittelbar gemeinnützige, mildtätige oder kirchliche Zwecke verfolgen, auf Antrag eine Steuervergütung zum Ausgleich der Steuer gewährt, die auf der an sie bewirkten Lieferung eines Gegenstands, seiner Einfuhr oder seinem innergemeinschaftlichen Erwerb lastet, wenn die weiteren dort bestimmten Voraussetzungen erfüllt sind.
  - Der Vorsteuerabzug ist für den von der Umsatzsteuer befreiten Bereich ausgeschlossen. Für den nicht befreiten Bereich bleibt das Recht zum Vorsteuerabzug hingegen unberührt.
- Von der **Grunderwerbsteuer** kann zwar gem. §§ 3, 4 GrEStG befreit werden, jedoch haben diese Befreiungstatbestände nicht die Gemeinnützigkeit zur Voraussetzung.
- Gemäß § 3 Ziff. 5 und 5a KfzStG kommen Befreiungen von der **Kraftfahrzeugsteuer** in Betracht.
- Von der **Grundsteuer** ist der Grundbesitz einer gemeinnützigen Körperschaft gem. § 3 Abs. 1 Ziff. 3b GrStG steuerbefreit, soweit er unmittelbar und ausschließlich zu gemeinnützigen Zwecken genutzt wird. Dies ist der Fall, sofern die Nutzung im ideellen Bereich, in der Vermögensverwaltung oder im Zweckbetrieb erfolgt.[1] Sofern nur ein räumlich abgrenzbarer Teil dieses Grundstücks zu gemeinnützigen Zwecken genutzt wird ist auch nur dieser von der Steuer befreit.[2] Sofern sich die Nutzung nicht räumlich abgrenzen lässt, wird die Körperschaft nur von der Steuer befreit, wenn der gemeinnützige Zweck überwiegt.[3]

---

1 *Kümpel* in Reuber/Brill/Kümpel, Die Besteuerung der Vereine, Grundsteuer, Rz. 16.
2 *Tipke/Lang*, Steuerrecht[23], § 16 Rz. 19.
3 *Tipke/Lang*, Steuerrecht[23], § 16 Rz. 19.

– Zuwendungen an gemeinnützige Körperschaften sind unter den Voraussetzungen des § 13 Abs. 1 Ziff. 16b ErbStG von der **Erbschaft- und Schenkungsteuer** befreit.

4. Ende der Gemeinnützigkeit

3.66 Die Steuervergünstigungen enden, sobald die Voraussetzungen der §§ 51 ff. AO nicht mehr vorliegen. Wird die Bestimmung über die Vermögensbindung nachträglich so geändert, dass sie den Anforderungen des § 55 Abs. 1 Ziff. 4 AO nicht mehr entspricht, so gilt sie sogar als von Anfang an als steuerlich nicht ausreichend (§ 61 Abs. 3 Satz 1 AO), woraus sich das Problem der Zuordnung etwa daraus resultierender Steuerforderungen zu den insolvenzrechtlichen Forderungskategorien ergibt. In anderen Fällen der Beendigung der Voraussetzungen für die Steuerbegünstigungen nach § 51 ff. AO ist die Körperschaft ab dem Veranlagungszeitraum, in dem die Gemeinnützigkeit entfällt, wieder nach den allgemeinen Vorschriften zu besteuern.[1]

3.67 Insolvenzantragstellung und auch Insolvenzeröffnung führen aber nicht zwingend zur Beendigung der Voraussetzungen nach §§ 51 ff. AO, wie im Folgenden darzulegen ist.

5. Gemeinnützigkeit des Insolvenzschuldners während des Insolvenzverfahrens

3.68 Denkbar sind folgende Fallkonstellationen:

– Der Insolvenzschuldner hat die gemeinnützige Tätigkeit bereits vor Insolvenzeröffnung vollständig eingestellt.
– Der Insolvenzschuldner verfolgt seine gemeinnützige Tätigkeit im Zeitpunkt der Insolvenzeröffnung tatsächlich noch und
  – der Insolvenzverwalter stellt sie sofort ein,
  – der Insolvenzverwalter führt die gemeinnützige Tätigkeit noch einige Zeit lang fort, während er aber schon die Insolvenzmasse verwertet und stellt die gemeinnützige Tätigkeit dann ein, um die Schlussverteilung vorzunehmen,
  – der Insolvenzverwalter veräußert den schuldnerischen Tätigkeitsbereich mitsamt der gemeinnützigen Tätigkeit,
  – es kommt zur Annahme eines Insolvenzplanes oder
  – das Insolvenzverfahren endet wegen Wegfalls des Eröffnungsgrundes (§ 212 InsO) oder mit Zustimmung der Insolvenzgläubiger (§ 213 InsO).

3.69 Hat der Insolvenzschuldner die gemeinnützige Tätigkeit bereits vor Insolvenzeröffnung vollständig eingestellt, so ist jedenfalls der Grundsatz der Ausschließlichkeit verletzt, denn der Insolvenzverwalter verfolgt nur noch das Ziel, das schuldnerische Vermögen zu verwerten und zu verteilen; der gemeinnützige Zweck wird hingegen gar nicht mehr verfolgt. Dem kann auch nicht entgegen gehalten werden, bei

---
1 *Schauhoff*, Handbuch der Gemeinnützigkeit[3], § 8 Rz. 35.

dem Insolvenzverwalter handele es sich gar nicht um die tatsächliche Geschäftsführung und demnach könne der Grundsatz der Ausschließlichkeit nicht durch ihn verletzt werden, denn es ist auch derjenige wie ein Organ zu behandeln, der selbständig für die Körperschaft repräsentierende Aufgaben wahrnimmt.[1] Auch der BFH geht in einem seiner neueren Urteile[2] davon aus, dass sich der Insolvenzverwalter im Fall der Insolvenz als die „tatsächliche Geschäftsführung" darstellt. Es kommt für den Fortbestand der sich aus der (früheren) gemeinnützigen Tätigkeit des Insolvenzschuldners ergebenden Steuervergünstigungen daher in diesem Fall entscheidend darauf an, ob eine **steuerlich begünstigte Abwicklungsphase** im Insolvenzverfahren anerkannt wird. Die Anerkennung einer steuerbegünstigten Abwicklungsphase würde dazu führen, dass eine Körperschaft trotz Einstellung der steuervergünstigten Tätigkeit noch gleich einer gemeinnützig tätigen Körperschaft besteuert würde, solange die Abwicklung des Vermögens andauert.[3] Der BFH hatte in seinem Urteil vom 16.5.2007[4] keinen Anlass, zu der für die Praxis überaus relevanten Frage, ob eine steuerbegünstigte Abwicklungsphase anzuerkennen ist, Stellung zu nehmen.

Für die Anerkennung einer steuerbegünstigten Abwicklungsphase sprechen aber gewichtige Gründe. Insoweit kann auf die Vorentscheidung des Niedersächsischen FG verwiesen werden, in der es heißt:[5] **3.70**

„Allerdings zieht das Gericht für die rechtliche Beurteilung das Urteil des BFH vom 23.7.2003 I. S. eines Umkehrschlusses auf den hier zu entscheidenden Fall heran. Der BFH billigt einer neu gegründeten Körperschaft eine Anlaufphase zu, in der satzungsgemäße Ziele noch nicht verwirklicht sein müssen, weil sich die Körperschaft nur auf die Durchführung von vorbereitenden Handlungen beschränkt. Die Körperschaft darf sich in der Anlaufphase auf die Einleitung von Geschäften und die Ansammlung von Vermögen beschränken. Für den Zeitraum dieser Anlaufphase will der BFH schon die Steuerbegünstigung annehmen. Der hier zum Ausdruck kommende Rechtsgedanke ist auch auf eine Auslaufphase einer steuerbegünstigten Körperschaft anzuwenden. Hier greift der Gedanke, dass einer aufgelösten oder sonst beendeten Körperschaft oder einer in Konkurs gefallenen Körperschaft eine gewisse Übergangszeit eingeräumt werden muss, um ihre Geschäfte abzuwickeln oder ihr Restvermögen zu verteilen oder zu übertragen. Das gilt insbesondere in den Fällen, in denen innerhalb eines Veranlagungszeitraums die ideelle Tätigkeit aus welchen Gründen auch immer endgültig eingestellt wird. Vom Sinn und Zweck der Vorschriften des Gemeinnützigkeitsrechts vermag es nicht einzuleuchten, einer steuerbegünstigten Körperschaft für den ganzen Veranlagungszeitraum, in dem der Beschluss zur endgültigen Zweckaufgabe gefasst wird, die Gemeinnützigkeit zu versagen. So lag es auch bei der Stiftung. Im ... 01 stellte sie den Antrag auf Eröffnung des Vergleichsverfahrens. Erst Ende 01 konnte sie ihre ideelle Tätigkeit endgültig aufgeben. Dies deutet darauf hin und ist vom Gericht auch nachvollziehbar, dass die Abwicklung der Geschäfte und die Übertragung der ideellen Tätigkeit auf andere Träger eine gewisse Zeitdauer beanspruchte. **3.71**

---

1 BGH v. 30.10.1967 – VII ZR 82/65, NJW 1968, 391 (392).
2 BFH v. 16.5.2007 – I R 14/06, BStBl. II 2007, 808 = ZIP 2007, 1570 = DStR 2007, 1438 (1439).
3 Für die Anerkennung einer steuerbegünstigten Abwicklungsphase auch: *Kahlert/Eversberg*, ZIP 2010, 260 (260); FG Nds. v. 15.9.2005 – 6 K 609/00, EFG 2006, 1195; auch bejahend für eine steuerbegünstigte Abwicklungsphase: FG Sachsen v. 19.3.2013 – 3 K 1143/09, juris.
4 BFH v. 16.5.2007 – I R 14/06, BStBl. II 2007, 808 = ZIP 2007, 1570 = DStR 2007, 1438 (1439).
5 FG Nds. v. 15.9.2005 – 6 K 609/00, EFG 2006, 1195 ff.

3.72 *Die Länge der Auslaufphase richtet sich nach den Besonderheiten des Einzelfalles. Es ist z.B. zu berücksichtigen, ob die Körperschaft noch umfangreiches Vermögen zu verwerten und Verbindlichkeiten zu begleichen hat. Die Art der ideellen Tätigkeit mag eine kürzere oder längere Auslaufphase erfordern. Im Fall der Stiftung braucht das Gericht die Auslaufphase nicht zeitlich zu bestimmen. Die Stiftung hat ihre steuerbegünstigte Tätigkeit Ende des Jahres 01 endgültig aufgegeben. Es ist noch Grundvermögen zu verwerten. Es ist zwischen den Beteiligten streitig, ob der Verkauf des Grundstücks in 02 hätte durchgeführt werden können. Der Kläger bezeichnet die Weigerung der dinglich Berechtigten als Grund dafür, dass das Grundstück der Stiftung bis heute nicht veräußert oder sonst verwertet wurde. Das Gericht braucht den Gründen für das lange Andauern des Konkursverfahrens nicht nachzugehen, denn wegen der erforderlichen Verwertung von Grundvermögen, die erfahrungsgemäß nicht immer kurzfristig erfolgen kann, ist das Jahr 02 noch als Auslaufphase anzusehen. Jedenfalls hat die Vermögensverwaltung im Jahre 02 noch einen engen zeitlichen Bezug zu der ideellen Betätigung der Stiftung und steht wegen der Verwendung der Erträge zur Schuldentilgung inhaltlich mit ihr im Zusammenhang.*

3.73 *Obwohl die Stiftung im Streitjahr keine aktive steuerbegünstigte Tätigkeit mehr verfolgte, ist ihr für die Auslaufphase im Jahr 02 die Anerkennung als gemeinnützigen und mildtätigen Zwecken dienend und damit die Steuerbefreiung zu gewähren. Der angegriffene Steuerbescheid ist aufzuheben."*

3.74 Außerdem ist zu bedenken, dass Zuwendungen Dritter an gemeinnützige Körperschaften mit der Intention erfolgen, den gemeinnützigen Zweck der Körperschaft zu unterstützen. Es besteht also ein Vertrauen des Zuwendenden in die Gemeinnützigkeit. Der Spender darf auch grundsätzlich davon ausgehen, dass sein Geld – auch im Fall der Auflösung der Körperschaft – zu einem gemeinnützigen Zweck verwendet wird (Grundsatz der Vermögensbindung).

3.75 Sofern man eine steuerbegünstigte Abwicklungsphase nicht anerkennt, findet die Besteuerung während des Insolvenzverfahrens nach allgemeinen Maßstäben statt. Die sich aus der Beendigung der Gemeinnützigkeit ergebenden Steuerforderungen, insbesondere auch solche nach § 61 Abs. 3 Satz 1 AO, sind dann Insolvenzforderungen im Rang von § 38 InsO, weil der Rechtsgrund für ihre Entstehung vor der Insolvenzeröffnung gelegt worden ist (vgl. zur Abgrenzung von Insolvenzforderungen zu den Masseverbindlichkeiten bei vor Insolvenzeröffnung bereits angelegten Verbindlichkeiten des Insolvenzschuldners ausführlich Rz. 4.288 ff.). Theoretisch denkbar ist der Fall, dass der Insolvenzverwalter die steuerbegünstigte Tätigkeit des Insolvenzschuldners wieder aufnimmt; dann sind ihm – wie in dem nachfolgend erläuterten Fall, dass die gemeinnützige Tätigkeit über den Eröffnungszeitpunkt hinaus andauert – u.U. entsprechende Steuervergünstigungen zu gewähren.

3.76 Übt der Insolvenzschuldner die gemeinnützige Tätigkeit im Zeitpunkt der Eröffnung des Insolvenzverfahrens tatsächlich noch aus, stellt sie der Insolvenzverwalter aber unmittelbar nach der Eröffnung des Insolvenzverfahrens ein, ist die Lage nicht anders zu beurteilen, als wenn der Insolvenzschuldner selbst die gemeinnützige Tätigkeit bereits vor der Insolvenzeröffnung eingestellt hat. Es kommt entscheidend darauf an, ob man im Insolvenzverfahren eine steuerbegünstigte Abwicklungsphase anerkennt oder nicht. Erkennt man sie nicht an, findet die Besteuerung von Umsätzen und Erträgen der Insolvenzmasse nach allgemeinen Maßstäben statt; soweit sich Steuerforderungen aus der Beendigung der Gemeinnützigkeit ergeben (vgl. insbesondere § 61 Abs. 3 Satz 1 AO), nehmen diese den Rang von Insolvenzforderungen (§ 38

InsO) ein, weil der Rechtsgrund für ihre Entstehung vor der Insolvenzeröffnung gelegt worden ist. Die Abgrenzung von Insolvenzforderungen zu den Masseverbindlichkeiten bei vor Insolvenzeröffnung bereits angelegten Verbindlichkeiten des Insolvenzschuldners wird ausführlich bei Rz. 4.327 ff. behandelt.

Übt der Insolvenzschuldner die gemeinnützige Tätigkeit im Zeitpunkt des Insolvenzeröffnungsverfahrens tatsächlich noch aus und wird diese auch während des gesamten Insolvenzverfahrens beibehalten und schließlich der Insolvenzschuldner saniert aus dem Insolvenzverfahren wieder entlassen, so ist die Sachlage von den beiden zuvor beschriebenen Fällen grundverschieden. Paradefälle einer solchen gelungenen Sanierung könnten ein erfolgreiches Insolvenzplanverfahren, die Einstellung des Insolvenzverfahrens wegen Wegfalls des Eröffnungsgrundes (§ 212 InsO) oder die Einstellung des Insolvenzverfahrens mit Zustimmung der Insolvenzgläubiger (§ 213 InsO) sein. Der Sanierungserfolg drohte ernsthaft in Gefahr zu geraten, wenn es nicht gelänge, die Steuervergünstigungen gem. §§ 51 ff. AO i.V.m. den Einzelsteuergesetzen auch im Insolvenzverfahren zu erhalten. Eine nähere Betrachtung der Voraussetzungen für diese Steuervergünstigungen zeigt, dass diese auch im Insolvenzverfahren durchaus eingehalten werden können. 3.77

Zunächst muss es nicht zu einer Verletzung des **Grundsatzes der Vermögensbindung** kommen, denn weder das Verteilen der Insolvenzmasse an die Gläubiger, noch die Deckung der Kosten des Insolvenzverfahrens stehen dem Grundsatz der Vermögensbindung entgegen. Bezüglich der Insolvenzforderungen ergibt sich das daraus, dass auch sie Verbindlichkeiten sind, die zumindest auch durch die gemeinnützige Tätigkeit des Insolvenzschuldners veranlasst sind. Daran ändert auch die Tatsache nichts, dass die Verfahrenskosten nicht „freiwillig" zustande gekommen sind, sondern vielmehr kraft Gesetzes entstehen. Der Grundsatz der Vermögensbindung lässt es ohne weiteres zu, dass eine Körperschaft – auch und gerade im Zusammenhang mit ihrer Auflösung – ihre **Verbindlichkeiten befriedigt**.[1] Nichts Anderes kann im Insolvenzverfahren gelten. Dem kann auch nicht entgegengehalten werden, es handele sich bei den Verfahrenskosten, soweit sie an den Insolvenzverwalter zur Auszahlung gelangen, um eine überhöhte Vergütung des Organs einer Körperschaft, die deswegen den Grundsatz der Vermögensbindung verletzt. Denn es ist insoweit zu berücksichtigen, dass der Insolvenzverwalter nicht bloß wie ein sonst für eine gemeinnützige Körperschaft geschäftsführend Tätiger tätig wird, sondern daneben eine Vielzahl von Aufgaben und Funktionen wahrzunehmen hat, wofür er im Übrigen eine gesetzlich festgelegte, angemessene Vergütung erhält. Schädlich ist auch nicht zwingend (zu Einschränkungen, die sich aus der Sphärentrennung der Tätigkeitsbereiche gemeinnütziger Körperschaften ergeben, Rz. 3.82 ff.) die Befriedigung der während des Insolvenzverfahrens entstandenen Masseverbindlichkeiten; Gleiches gilt auch für die Befriedigung der Insolvenzforderungen. Die Gläubigerbefriedigung im Insolvenzverfahren ist mit der Befriedigung der Gläubiger zwischen Auflösung und Abwicklung im Liquidationsverfahren nach § 11 Abs. 1 bis 6 KStG vergleichbar, denn durch § 11 Abs. 7 KStG wird die Insolvenzabwicklung der Abwicklung im Sin- 3.78

---

1 *Koenig* in Koenig³, § 55 AO Rz. 27.

ne der Liquidation gleich gestellt.¹ Zusätzlich ist für den Fall außerhalb des Insolvenzverfahrens auch anerkannt, dass der Grundsatz der Vermögensbindung durch die Begleichung der offenen Verbindlichkeiten vor Auflösung nicht verletzt ist.² Etwas anderes findet dem Grunde nach durch die Befriedigung der Gläubiger im Insolvenzverfahren auch nicht statt, denn auch in diesem Fall werden schlicht die offenen Verbindlichkeiten beglichen. Der einzige Unterschied ist im Fall der Insolvenz die zeitliche Verschiebung und die Bündelung der Verbindlichkeiten. Dies ist jedoch in Bezug auf die Vermögensbindung nicht ausschlaggebend. Auch der Sinn und Zweck des Grundsatzes der Vermögensbindung steht dem nicht entgegen, denn dieser liegt darin, zu verhindern, dass Vermögen, welches sich auf Grund der Steuerbegünstigung gebildet hat, später zu nicht begünstigten Zwecken verwendet wird.³ Eine solche sinnwidrige Verwendung droht jedoch durch die Gläubigerbefriedigung nicht.

3.79 Auch der **Grundsatz der Ausschließlichkeit** wird durch die Verteilung des Vermögens an die Gläubiger nicht unbedingt verletzt. Eine Verletzung liegt vor, wenn der Insolvenzverwalter über einen erheblichen Zeitraum die gemeinnützige Tätigkeit komplett eingestellt hat und sich auf Verwertungshandlungen beschränkt, selbst wenn er die gemeinnützige Tätigkeit anschließend wieder aufnimmt. Anders ist dies, wenn die gemeinnützigen Zwecke während des gesamten Insolvenzverfahrens – auch mit verminderter Intensität – verfolgt werden.⁴ Der Insolvenzverfahrenszweck der Gläubigerbefriedigung (§ 1 InsO) verbietet eine solche gemeinnützige Tätigkeit des Insolvenzschuldners während des Insolvenzverfahrens auch nicht. Zwar werden zum Zwecke der Förderung des gemeinnützigen Zwecks u.U. Massemittel verwendet werden müssen, ohne dass der Insolvenzmasse daraus eine adäquate Gegenleistung zufließt. Vorteile für die Insolvenzmasse und damit auch für die Insolvenzgläubiger können sich aber gleichwohl aus der Aufrechterhaltung der gemeinnützigen Tätigkeiten ergeben, etwa wenn nur dadurch ein Mitgliederstamm gehalten werden kann, durch den Einnahmen von Mitgliedsbeiträgen erzielt werden können oder um die Entstehung von (zusätzlichen) Verbindlichkeiten zu vermeiden, die die Beendigung der gemeinnützigen Tätigkeit mit sich bringen könnte. Sicherheitshalber sollte der Insolvenzverwalter solche Ausgaben aber durch die Gläubigerversammlung genehmigen lassen.

3.80 Auch der **satzungsmäßige Zweck der gemeinnützigen Körperschaft** wird durch das Insolvenzverfahren nicht in schädlicher Weise geändert. Der BFH führt zur Änderung des Zwecks einer Körperschaft im Insolvenzverfahren zwar Folgendes aus:⁵

„Denn hierdurch [gemeint ist: die Insolvenzeröffnung] ändert sich der Zweck der Körperschaft. Statt den in § 53 AO genannten Personenkreis selbstlos zu unterstützen oder die Allgemeinheit auf materiellem, geistigem oder sittlichem Gebiet selbstlos zu fördern (§ 52 AO), zielt sie nur

---

1 *Pfirrmann* in Blümich, § 11 KStG Rz. 90.
2 *Koenig* in Koenig³, § 55 AO Rz. 27.
3 *Koenig* in Koenig³, § 55 AO Rz. 27.
4 Dies wurde zumindest für die Anlaufphase anerkannt, BFH v. 23.7.2003 – I R 29/02, BStBl. II 2003, 930 = DStRE 2004, 31 (31), und muss demnach auch hier gelten; vgl. dazu auch FG Sachs. v. 19.3.2013 – 3 K 1143/09, EFG 2014, 584.
5 BFH v. 16.5.2007 – I R 14/06, BStBl. II 2007, 808 = ZIP 2007, 1570 = DStR 2007, 1438 (1439).

noch darauf ab, alle Gläubiger durch Verwertung ihres Vermögens zu befriedigen (§ 3 der Konkursordnung -KO-; § 1 der Insolvenzordnung). Zwar gehört zur steuerbegünstigten Tätigkeit auch die Begleichung von Schulden aus laufenden Geschäften der ideellen Tätigkeit (Becker/Meining, FR 2006, 686); wie aus § 63 AO ersichtlich, gilt dies jedoch nur, wenn die Tätigkeit daneben noch auf die Verwirklichung steuerbegünstigter Zwecke gerichtet ist und die Befriedigung der Gläubiger nicht ausschließlicher Zweck der Körperschaft wird."

In dieser Allgemeinheit kann dem BFH jedoch nicht gefolgt werden,[1] wenn die Entscheidung dahingehend zu verstehen sein sollte, dass der Zweck der Körperschaft sich in der genannten Weise allein durch die Eröffnung des Insolvenzverfahrens ändere und nicht kumulativ durch die faktische Einstellung der gemeinnützigen Tätigkeit. Denn es ist zwar zutreffend, dass der Insolvenzverwalter Gläubiger durch Verwertung und Verteilung des Vermögens der Körperschaft befriedigt; es ist aber zu kurz gegriffen, wenn hieraus gefolgert werden sollte, dass damit die Verfolgung der steuerbegünstigten Zwecke nicht mehr möglich sein sollte oder eine Satzungsänderung in für die Anerkennung der Gemeinnützigkeit schädlicher Weise eintreten sollte. Insoweit gilt für das Insolvenzverfahren nichts Anderes als für das Liquidationsverfahren, das auch mit einer Satzungsänderung einhergeht, durch die der Zweck der Körperschaft (zumindest zunächst) nicht mehr auf dauerhafte Fortsetzung der bisherigen Tätigkeit, sondern auf Abwicklung gerichtet ist; insoweit ist anerkannt, dass der Unternehmenszweck bestehen bleibt und dieser lediglich durch den Zweck der Liquidation überlagert wird.[2]

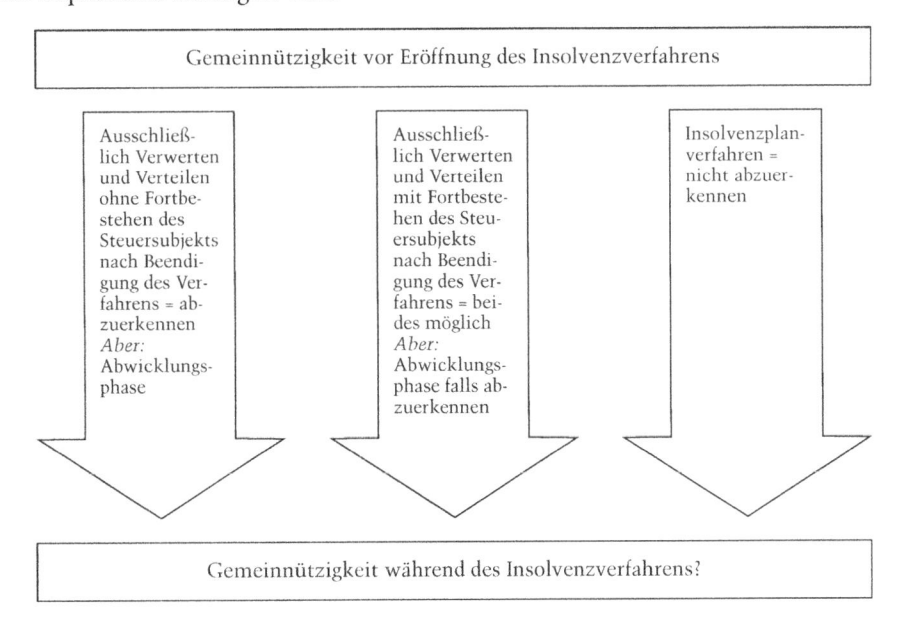

3.81

```
┌─────────────────────────────────────────────────────────────────┐
│        Gemeinnützigkeit vor Eröffnung des Insolvenzverfahrens    │
└─────────────────────────────────────────────────────────────────┘

┌──────────────────┐  ┌──────────────────┐  ┌──────────────────┐
│ Ausschließ-      │  │ Ausschließ-      │  │ Insolvenzplan-   │
│ lich Verwerten   │  │ lich Verwerten   │  │ verfahren =      │
│ und Verteilen    │  │ und Verteilen    │  │ nicht abzuer-    │
│ ohne Fortbe-     │  │ mit Fortbeste-   │  │ kennen           │
│ stehen des       │  │ hen des Steu-    │  │                  │
│ Steuersubjekts   │  │ ersubjekts       │  │                  │
│ nach Beendi-     │  │ nach Beendi-     │  │                  │
│ gung des Ver-    │  │ gung des Ver-    │  │                  │
│ fahrens = ab-    │  │ fahrens = bei-   │  │                  │
│ zuerkennen       │  │ des möglich      │  │                  │
│ Aber:            │  │ Aber:            │  │                  │
│ Abwicklungs-     │  │ Abwicklungs-     │  │                  │
│ phase            │  │ phase falls ab-  │  │                  │
│                  │  │ zuerkennen       │  │                  │
│        ↓         │  │        ↓         │  │        ↓         │
└──────────────────┘  └──────────────────┘  └──────────────────┘

┌─────────────────────────────────────────────────────────────────┐
│        Gemeinnützigkeit während des Insolvenzverfahrens?        │
└─────────────────────────────────────────────────────────────────┘
```

Abbildung 3: Gemeinnützigkeit während des Insolvenzverfahrens

---

[1] So auch *Kahlert/Eversberg*, ZIP 2010, 260 (261).
[2] *Pfirrmann* in Blümich, § 11 KStG Rz. 30.

6. Sphärentrennung im Insolvenzverfahren

3.82 Während des Insolvenzverfahrens sind die Sphären der gemeinnützigen Körperschaft (wirtschaftlicher Geschäftsbetrieb, Vermögensverwaltung, Zweckbetrieb, ideeller Bereich) weiterhin zu trennen. Dies ist auch während des Insolvenzverfahrens ohne weiteres möglich, weil die Tätigkeit aller Bereiche aufrechterhalten werden kann. So ist es auch während des Insolvenzverfahrens möglich, sowohl den ideellen Bereich (z.B. Fußballtraining für Kinder) neben einem wirtschaftlichen Geschäftsbetrieb (z.B. Vereinsgaststätte) zu betreiben. Es ist nicht ersichtlich, warum dem Insolvenzverwalter die Trennung der Vermögensmassen dieser Bereiche nicht gestattet sein sollte. Dies bedeutet, dass die unterschiedlichen Bereiche getrennt buchhalterisch erfasst und auch getrennt besteuert werden müssen. Die Beschränkungen für den **Verlustausgleich** (Rz. 3.53 ff.) gelten auch während des Insolvenzverfahrens, können aber ohne Verstoß gegen insolvenzrechtliche Gebote, insbesondere den Grundsatz der Gläubigergleichbehandlung, eingehalten werden. Soweit während des Insolvenzverfahrens Verluste eines wirtschaftlichen Geschäftsbetriebs mit Mitteln des ideellen Bereichs (insbesondere Mitgliedsbeiträge, Spenden, Zuschüsse, Rücklagen), Gewinnen aus Zweckbetrieben oder Erträge aus der Vermögensverwaltung ausgeglichen werden müssen, ist dieser Ausgleich unschädlich, soweit der Verlust bereits im Entstehungsjahr mit Gewinnen anderer steuerpflichtiger wirtschaftlicher Geschäftsbetriebe verrechnet werden kann oder wenn dem ideellen Bereich in den sechs vorangegangenen Jahren Gewinne des einheitlichen steuerpflichtigen wirtschaftlichen Geschäftsbetriebs in mindestens gleicher Höhe zugeführt worden sind (AEAO zu § 55 Abs. 1 Ziff. 1 AO, Tz. 4 ff.). Für die Sechs-Jahresregel kommt es nicht darauf an, ob die Zuführung von Gewinnen aus dem wirtschaftlichen Geschäftsbetrieb in den ideellen Bereich vor oder nach Insolvenzeröffnung erfolgt ist; die Insolvenzeröffnung bildet insoweit keine Zäsur, sondern ist schlicht unbeachtlich.

7. Satzungsänderungen nach Insolvenzverfahrenseröffnung

3.83 Gemäß § 80 InsO geht mit Eröffnung des Insolvenzvermögens die Verwaltungs- und Verfügungsbefugnis bezüglich des zur Insolvenzmasse gehörenden Vermögens auf den Insolvenzverwalter über. Die **Satzungsgewalt** der Organe des Insolvenzschuldners bleibt jedoch unberührt.[1] Somit sind Satzungsänderungen trotz eröffneten Insolvenzverfahrens grundsätzlich möglich, was gerade bei Körperschaften, die satzungsgemäß gemeinnützige, mildtätige oder kirchliche Zwecke verfolgen, immense Auswirkungen auf die Durchführung des Insolvenzverfahrens haben kann. Bei **Satzungsänderungen** sind die Organe im Einzelfall jedoch insofern beschränkt, als die Satzung nur geändert werden darf, wenn es durch die Änderung nicht zu einer Beeinträchtigung der Insolvenzmasse kommt, bzw. der **Insolvenzzweck nicht gefährdet** wird.[2] Eine für die Insolvenzmasse nachteilige Satzungsänderung ist mit Geneh-

---

[1] OLG Karlsruhe v. 8.1.1993 – 4 W 28/92, ZIP 1993, 133 = NJW 1993, 1931 (1931); OLG Hamm v. 21.12.2017 – 27 W 144/17, ZInsO 2018, 1171; KG v. 10.7.2017 – 22 W 47/17, NZI 2017, 813.

[2] *Wicke*[4], § 64 GmbHG Rz. 10; so auch OLG Karlsruhe v. 8.1.1993 – 4 W 28/92, ZIP 1993, 133 = NJW 1993, 1931 (1931), bezüglich der KO.

migung des Insolvenzverwalters aber möglich.[1] Sofern die Satzung wirksam in der Weise geändert werden würde, dass die Voraussetzungen der Gemeinnützigkeit nicht mehr vorliegen, so würde sich dies nachteilig auf die Insolvenzmasse auswirken, weil ihr Steuervergünstigen entgehen und sich die Passivmasse der zur Tabelle angemeldeten Forderungen erhöhen könnten. Solche masseschädigenden Satzungsänderungen wie etwa die Änderung des Zwecks oder die Zerstörung der satzungsmäßigen Vermögensbindung sind daher unwirksam.[2] Es spielt dabei keine Rolle, ob sich Nachteile bei den Massegläubigern oder bei den Insolvenzgläubigern einstellen.

VI. Abgabenrechtliche Haftung für Steuerschulden

1. Grundlagen

§§ 69 ff. AO normieren abgabenrechtliche Haftungstatbestände. Haftung in diesem Sinne bedeutet das Einstehen des Haftenden für eine fremde Schuld.[3] Daraus ergibt sich, dass der Steuerschuldner selbst nicht in Haftung genommen werden kann.[4] Zweck der Vorschriften ist es, das Steueraufkommen zu sichern.[5] Die praktisch wichtigste Haftungsnorm ist § 69 AO.

Die Haftungsschuld ist stets akzessorisch zur Steuerschuld. Besteht kein materiell-rechtlicher Anspruch gegen den Steuerpflichtigen, so kann es auch keinen Haftungsanspruch gegen den Vertreter geben. Die Haftungsschuld teilt somit das rechtliche Schicksal der Steuerschuld. Erlischt der Steueranspruch durch Zahlung oder ist dieser verjährt, so besteht auch der Haftungsanspruch nicht mehr fort.[6] § 69 AO bewirkt, dass für den Anspruchsgegner ein eigenständiges Steuerverhältnis gegenüber der Finanzbehörde begründet wird.[7]

Die Haftung aus § 69 AO setzt eine schuldhafte Pflichtverletzung voraus und hat Schadensersatzcharakter.[8] Dies bedeutet, dass sie im Umfang auf den Betrag beschränkt ist, der in Folge einer vorsätzlichen oder grob fahrlässigen Pflichtverletzung nicht entrichtet worden ist.[9] Sie begründet eine Sonderverbindlichkeit gegenüber dem Fiskus, welche auch nach Eröffnung des Insolvenzverfahrens nur vom Finanz-

---

1 OLG Karlsruhe v. 8.1.1993 – 4 W 28/92, ZIP 1993, 133 = NJW 1993, 1931 (1931); vgl. auch KG v. 3.3.2014 – 12 W 145/13, FGPrax 2014, 171.
2 OLG Karlsruhe v. 8.1.1993 – 4 W 28/92, ZIP 1993, 133 = NJW 1993, 1931 (1931).
3 BFH v. 12.10.1999 – VII R 98/98, BStBl. II 2000, 486 = DStRE 2000, 213 (213); v. 22.4.2015 – XI R 43/11, DStRE 2015, 941.
4 BFH v. 2.5.1984 – VIII R 239/82, BStBl. II 1984, 695.
5 *Müller*, GmbHR 2003, 389 (389).
6 *Intemann* in Koenig[3], § 69 AO Rz. 2.
7 *Gundlach/Frenzel/Schmidt*, DStR 2002, 1095 (1096).
8 Ständige Rechtsprechung, s. nur BFH v. 1.8.2000 – V II R 110/99, BStBl. II 2001, 271 = DStR 2000, 1954 (1954) m.w.N.
9 BFH v. 31.3.2000 – VII B 187/99, GmbHR 2000, 1211 (1213); v. 29.8.2018 – XI R 57/17, NZI 2019, 89; FG Köln v. 19.7.2018 – 13 K 3142/13, juris; FG Hamburg v. 26.1.2017 – 6 K 132/16, juris.

amt und nicht vom Insolvenzverwalter geltend gemacht werden kann. Da dieser Anspruch öffentlich-rechtlicher Natur ist, ist er auf zivilrechtlichem Wege nicht abdingbar; vereinbarte Haftungsausschlüsse sind unwirksam.[1]

3.87 Nach § 69 AO haften insbesondere Geschäftsführer von Gesellschaften oder Vermögensmassen ohne Rechtspersönlichkeit, unter den bestimmten Voraussetzungen des § 34 Abs. 2 AO auch die Gesellschafter einer nichtrechtsfähigen Personenvereinigung, wenn Ansprüche aus dem Steuerschuldverhältnis infolge vorsätzlicher oder grob fahrlässiger Verletzung der ihnen auferlegten Pflichten nicht oder nicht rechtzeitig erfüllt bzw. festgesetzt wurden.

2. Persönlicher Anwendungsbereich

a) Personen i.S.d. §§ 34, 35 AO

3.88 Der persönliche Anwendungsbereich des § 69 AO ist durch die §§ 34, 35 AO abschließend geregelt. Eine Haftung kommt daher nur für die nachstehenden Personen in Frage:

– gesetzliche Vertreter natürlicher und juristischer Personen (insbesondere Geschäftsführer von Kapitalgesellschaften),
– Geschäftsführer nichtrechtsfähiger Personenvereinigungen und Vermögensmassen,
– Mitglieder oder Gesellschafter nichtrechtsfähiger Personenvereinigungen, wenn es an einem Geschäftsführer fehlt, § 34 Abs. 2 AO,
– bei nichtrechtsfähigen Vermögensmassen diejenigen, denen das Vermögen zusteht, wenn es an einem Geschäftsführer fehlt,
– Vermögensverwalter i.S.d. § 34 Abs. 3 AO (insbesondere Insolvenzverwalter, starke vorläufige Insolvenzverwalter, Nachlassverwalter, Zwangsverwalter und Testamentsvollstrecker),
– Verfügungsberechtigte i.S.d. § 35 AO (insbesondere Prokuristen, faktische Geschäftsführer).

3.89 Hierbei ist unerheblich, ob und in welchem Umfang der in Anspruch Genommene diese Tätigkeit tatsächlich ausführt; es ist ausreichend, dass er die entsprechende Stellung innehat.

b) Mehrere Geschäftsführer

3.90 Sind mehrere Geschäftsführer bestellt, so kann sich keiner von ihnen dadurch entlasten, dass er auf die Verantwortlichkeit des anderen verweist. Es trifft jeden Geschäftsführer die Pflicht zur Geschäftsführung und grundsätzlich auch die Verantwortung

---

[1] *Intemann* in Koenig[3], § 69 AO Rz. 4.

für die Geschäftsführung im Ganzen.[1] Das ergibt sich aus dem Grundsatz der Gesamtverantwortung aller Geschäftsführer. Diese ist zwar im Wege der Verteilung der Geschäfte beschränkbar, kann aber nicht vollständig aufgehoben werden. An eine ressortmäßige Geschäftsverteilung stellt der BFH hohe Anforderungen. Voraussetzung ist, dass die Zuständigkeit für die steuerlichen Angelegenheiten innerhalb der Geschäftsleitung wirksam durch Gesellschaftsvertrag, förmlichen Gesellschafterbeschluss oder durch eine Geschäftsordnung, die auf einem Gesellschafterbeschluss beruht, auf einen bestimmten Geschäftsführer übertragen wurde.[2] Selbst wenn ein Geschäftsführer auf solcher Grundlage von der Wahrnehmung steuerlicher Pflichten befreit ist, obliegt es ihm jedoch, seine Mitgeschäftsführer dahingehend zu kontrollieren, ob sie der Wahrnehmung ihrer steuerlichen Pflichten ordnungsgemäß nachkommen.[3] Zeichnet sich die nahende Zahlungsunfähigkeit oder Überschuldung der Gesellschaft ab, so ist jeder einzelne Geschäftsführer im Rahmen einer solidarischen Verantwortlichkeit und Haftung[4] verpflichtet, sich um die Gesamtbelange der Gesellschaft zu kümmern.[5]

c) Faktischer Geschäftsführer

Die Rechtsfigur des faktischen Geschäftsführers ist gesetzlich nicht normiert. Sie wurde vom BGH erstmals im Jahr 1952 anerkannt[6] und seither weiter entwickelt; sie umfasst zweierlei Konstellationen. Zum einen ist damit der Gesellschafter oder ein Dritter gemeint, der fehlerhaft zum Geschäftsführer bestellt wurde, zum anderen beschreibt sie einen Gesellschafter oder Dritten, der – ohne dazu überhaupt bestimmt worden zu sein – wie ein Geschäftsführer im Rechtsverkehr auftritt. Als faktischer Geschäftsführer kann eine Person nur dann qualifiziert werden, wenn sie nachhaltig auf sämtliche Belange der Geschäftsführung Einfluss nimmt und sowohl betriebsintern als auch nach außen als dispositionsbefugt auftritt.[7] Der faktische Geschäftsführer ist kein gesetzlicher Vertreter nach § 34 AO,[8] ist aber als Verfügungsberechtigter i.S.v. § 35 AO anzusehen.[9]

3.91

---

1 BFH v. 26.4.1984 – V R 128/79, BStBl. II 1984, 776 = ZIP 1984, 1345 = ZKF 1985, 161 (161); vgl. auch FG Schl.-Holst. v. 11.3.2019 – 1 K 42/16, juris; BGH v. 6.11.2018 – II ZR 11/17, NZG 2019, 225.
2 BFH v. 26.4.1984 – V R 128/79, BStBl. II 1984, 776 = ZIP 1984, 1345 = ZKF 1985, 161 (161); BGH v. 6.11.2018 – II ZR 11/17, NZG 2019, 225.
3 *Blesinger/Viertelhausen* in Kühn/von Wedelstädt[22], § 69 AO Rz. 8.
4 OFD Magdeburg v. 23.11.1994 – S 0190 14 St 311, GmbHR 1995, 244 (456).
5 BFH v. 26.4.1984 – V R 128/79, BStBl. II 1984, 776 = ZIP 1984, 1345 = ZKF 1985, 161 (161); BGH v. 6.11.2018 – II ZR 11/17, NZG 2019, 225.
6 BGH v. 24.6.1952 – 1 StR 153/52, BGHSt 3, 32 (37).
7 Kritisch zum Merkmal des Auftretens nach außen: *Haas*, NZI 2006, 494 (494).
8 *Loose* in Tipke/Kruse, § 34 AO Rz. 8.
9 BFH v. 21.2.1989 – VII R 165/85, BStBl. II 1989, 491 = RIW 1989, 588 (588); FG Berlin-Bdb. v. 6.7.2016 – 9 K 9267/12, DStRE 2017, 997; FG Münster v. 30.4.2019 – 12 K 620/15, EFG 2019, 1257; FG Hamburg v. 29.3.2017 – 3 K 183/15, juris.

d) Formeller Geschäftsführer

3.92 Neben der Inanspruchnahme des faktischen Geschäftsführers ist auch eine Haftung des formellen Geschäftsführers nicht nur möglich;[1] sie kann unter Umständen sogar ermessensgerecht sein.[2] Eine nur formell zum Geschäftsführer bestellte Person kann sich nicht mit der Argumentation der Haftung entziehen, dass ihr innerhalb der Gesellschaft nicht die Möglichkeit gegeben wurde, die Pflichten eines Geschäftsführers wahrzunehmen. Eine Ausnahme lässt der BFH nur dann zu, wenn der formelle Geschäftsführer durch den auf ihn ausgeübten Druck tatsächlich nicht in der Lage war, seine Funktion als Geschäftsführer zu erfüllen. Dann allerdings ist er dazu verpflichtet, von seinem Amt zurückzutreten.[3] Daher kann auch einen „Strohmann" die Haftung aus § 69 AO treffen.[4]

3. Anspruchsvoraussetzungen

3.93 Die in § 69 AO aufgeführten Personen müssen eine steuerliche Pflicht verletzt haben. Eine rein handelsrechtliche Pflichtverletzung reicht ebenso wenig aus[5] wie eine insolvenzrechtliche.[6] Die Pflichtverletzung muss zur Amtszeit des Vertreters begangen worden sein.[7] Da die abgabenrechtliche Haftung Schadensersatzcharakter hat, muss durch die Pflichtverletzung kausal ein Schaden beim Steuergläubiger entstanden sein.[8] Gefordert ist hierbei Kausalität im Sinne der Adäquanzlehre. Danach ist jede Pflichtverletzung ursächlich, die allgemein oder erfahrungsgemäß geeignet ist, den eingetretenen Erfolg herbeizuführen. An dieser fehlt es beispielsweise, wenn der Steuerschuldner mangels Liquidität auch bei fristgerechter Erklärung die Steuerschuld nicht hätte begleichen können.[9]

3.94 Ein für den Haftungstatbestand relevanter **Schaden** kann darin bestehen, dass Steuern nicht oder nicht rechtzeitig festgesetzt oder erfüllt werden, aber auch darin, dass dem Steuerschuldner Steuervergütungen oder -erstattungen ohne rechtlichen Grund gezahlt wurden.[10]

---

1 BFH v. 22.7.1997 – I B 44/97, BFH/NV 1998, 11 (11); VG Schleswig v. 4.6.2019 – 4 B 37/19, juris; FG Hamburg v. 6.2.2018 – 2 V 324/17, juris.
2 Vgl. BFH v. 11.3.2004 – VII R 52/02, BStBl. II 2004, 579 = DStR 2004, 907 (907 ff.); VG Schleswig v. 4.6.2019 – 4 B 37/19, juris; FG Hamburg v. 6.2.2018 – 2 V 324/17, juris.
3 BFH v. 22.7.1997 – I B 44/97, BFH/NV 1998, 11 (11); v. 5.3.1985 – VII B 52/84, BFH/NV 1987, 459 (459 ff.).
4 BFH v. 11.3.2004 – VII R 52/02, BStBl. II 2004, 579 = DStR 2004, 907 (908); zum berühmten Fall der 1915 geborenen „Strohfrau"; VG Schleswig v. 4.6.2019 – 4 B 37/19, juris; VG München v. 25.10.2018 – M 10 S 18.4681, juris.
5 *Intemann* in Koenig[3], § 69 AO Rz. 32.
6 BFH v. 2.2.1988 – VII R 90/86, BFH/NV 1988, 487 (487) zur verspäteten Stellung eines Konkursantrags durch einen Geschäftsführer.
7 *Intemann* in Koenig[3], § 69 AO Rz. 33.
8 BFH v. 29.11.2006 – I R 103/05, Beck RS 2006 25011410; v. 11.8.2005 – VII B 244/04, ZIP 2005, 1797 = StW 2005, 881 (881); v. 29.8.2018 – XI R 57/17, NZI 2019, 89; VG Schleswig v. 25.9.2019 – 4 A 531/17, juris; VG München v. 25.10.2018 – M – 10 S 18.4681.
9 *Boochs/Dauernheim*, Steuerrecht in der Insolvenz[3], Rz. 250.
10 *Intemann* in Koenig[3], § 69 AO Rz. 41; BFH v. 29.8.2018 – XI R 57/17, NZI 2019, 89; FG Münster v. 16.7.2019 – 5 K 2887/16, juris.

A. Durchführung der Besteuerung | Rz. 3.96 **Kap. 3**

Die Pflichtverletzung muss vom Vertreter **schuldhaft** begangen worden sein. Der 3.95
Verschuldensmaßstab ist auf Vorsatz und grobe Fahrlässigkeit beschränkt und muss
sich auf die Pflichtverletzung beziehen, nicht auf den entstandenen Schaden.[1] Es
muss sich also mindestens um eine schwerwiegende, bereits ohne erhöhte Anforderungen an die Gewissenhaftigkeit vermeidbare Außerachtlassung der Sorgfaltspflicht handeln.[2] Grundsätzlich ist der Haftungsmaßstab demnach großzügig, dieser
wird jedoch von der Rechtsprechung des BFH wieder eingeschränkt. Danach darf
ein Geschäftsführer nur dann sein Amt antreten, wenn er über die erforderlichen
steuerrechtlichen Kenntnisse verfügt. Wer ohne diese Kenntnisse die Geschäftsführung übernimmt, handelt bereits dadurch grob fahrlässig.[3] Eine Einarbeitungszeit
wird dem Handelnden dabei nicht gewährt,[4] in Zweifelsfällen muss er sich eines
sachkundigen Beraters bedienen.[5] Im Ergebnis wird folglich durch die objektive
Pflichtverletzung der Schuldvorwurf indiziert.[6] Bei einer vorsätzlichen Pflichtverletzung kann zudem der Haftungstatbestand des § 71 AO erfüllt sein. Ist dies der Fall,
steht es dem Finanzamt frei, ob es den Haftungsbescheid neben § 69 AO zusätzlich
auf § 71 AO stützt.[7]

War die drohende Zahlungsunfähigkeit oder die Überschuldung des Steuerschuld- 3.96
ners für die Finanzbehörde deutlich vorhersehbar, so ist denkbar, dass sie den Insolvenzverschleppungsschaden durch einen Gläubigerantrag hätte vermindern oder gar
verhindern können. In diesem Zusammenhang stellt sich die Frage, ob eine Kürzung
des Anspruchs nach § 69 AO wegen Mitverschuldens des Finanzamtes gem. § 254
BGB in Betracht kommt. Der BFH[8] hat dies abgelehnt. Auf öffentlich-rechtliche
Steueransprüche ist § 254 BGB danach nicht entsprechend anwendbar. Ein **Mitverschulden der Finanzbehörde** am Entstehen eines Steuerausfalls kann allenfalls die
Inanspruchnahme des Steuerschuldners nach § 191 AO ermessensfehlerhaft machen.
Dies gilt aber auch nur unter den engen Voraussetzungen, dass dessen eigenes Verschulden gering ist und das Verhalten der Finanzbehörde als grob fahrlässig oder sogar vorsätzlich zu bewerten ist. Diese Rechtsprechung ist in der Literatur zu Recht
auf Kritik gestoßen: Die Haftung nach § 69 AO ist als Schadensersatzanspruch ausgelegt. Diese Auffassung teilt auch der BFH.[9] § 254 BGB ist als allgemeiner Rechtsgedanke im Rahmen jeder Schadensersatzhaftung zu berücksichtigen, also auch auf

---

1 *Halaczinsky*, Die Haftung im Steuerrecht[4], Rz. 111.
2 *Blesinger/Viertelhausen* in Kühn/von Wedelstädt[22], § 69 AO Rz. 11.
3 BFH v. 31.3.2000 – VII B 187/99, GmbHR 2000, 1211 (1213); FG Hamburg v. 26.1.2017 –
 6 K 132/16, juris.
4 BFH v. 31.3.2000 – VII B 187/99, GmbHR 2000, 1211 (1213) mit kritischer Anmerkung
 Neusel.
5 BFH v. 9.1.1996 – VII B 189/95, GmbHR 1996, 139 (139 ff.); FG Hamburg v. 26.1.2017 –
 6 K 132/16, juris.
6 *Intemann* in Koenig[3], § 69 AO Rz. 66.
7 *Blesinger/Viertelhausen* in Kühn/von Wedelstädt[22], § 69 AO Rz. 9.
8 BFH v. 2.7.2001 – VII B 345/00, BFH/NV 2002, 4 (4 ff.).
9 BFH v. 26.7.1988 – VII R 83/87, DStR 1988, 714 (714); v. 5.3.1991 – VII R 93/88, BStBl. II
 1991, 678 = ZIP 1991, 1008 = HFR 1991, 570 (570); v. 26.1.2016 – VII R 3/15, juris; v.
 29.8.2018 – XI R 57/17, NZI 2019, 89.

die abgabenrechtliche nach § 69 AO. Folgerichtig kann ein Mitverschulden des Finanzamtes schon auf Tatbestandsebene die Haftung ganz oder zum Teil entfallen lassen und ist nicht erst im Rahmen der Ermessenausübung auf Rechtsfolgenseite zu berücksichtigen.[1] Ein mitwirkendes Mitverschulden des Finanzamts darf allerdings nur dann berücksichtigt werden, wenn es zumindest als grob fahrlässig anzusehen ist und im Vergleich zum Verschulden des Haftungsschuldners entscheidend ins Gewicht fällt.[2]

4. Haftungsumfang

3.97 Die Haftung aus § 69 AO ist umfassend, sie erstreckt sich auf alle Ansprüche aus dem Steuerverhältnis. Die Haftung umfasst nicht nur die Haftung für Steuern, sondern auch die für steuerliche Nebenleistungen. Durch die Einführung von § 69 Satz 1 AO wurde auch der Streit, ob ohne Rechtsgrund gezahlte Steuervergütungen oder Steuererstattungen von der Haftung umfasst sind, beigelegt und positiv entschieden. Steuerliche Nebenleistungen sind vor allem Säumnis- und Verspätungszuschläge sowie Zinsen und Zwangsgelder.[3] Erfasst werden nur solche Steuern und steuerlichen Nebenleistungen, die während der Tätigkeit des Vertreters entstanden sind. Eine Ausnahme von diesem Grundsatz macht § 69 Satz 2 AO, indem dieser auch Säumniszuschläge, die nach Beendigung der Tätigkeit anfallen, in die Haftung mit einbezieht.[4]

3.98 Der BFH hat für die Krise des Steuerschuldners den Grundsatz der anteiligen Tilgung entwickelt;[5] die Literatur ist weitgehend gefolgt.[6] Nach diesem Grundsatz ist der Steuerschuldner verpflichtet, bei unzureichendem Vermögen Steuerforderungen mindestens mit der gleichen Quote zu bedienen, wie auch die Ansprüche anderer Gläubiger bedient werden. Liegt die Quote, mit der Forderungen der Finanzverwaltung bedient werden, niedriger, kann der Vertreter oder Verfügungsberechtigte des Steuerschuldners in Höhe der Differenz als Haftungsschuldner in Anspruch genommen werden, die sich zwischen dem tatsächlich an die Finanzverwaltung abgeführten Betrag und dem Betrag ergibt, der abgeführt worden wäre, wenn die Finanzverwaltung dieselbe Quote auf ihre Ansprüche erhalten hätte, die auch andere Gläubiger erhalten haben.

3.99 Unter anderen Gläubigern, die eine Quote erhalten haben, sind Gläubiger gemeint, deren Forderungen ähnlich betagt sind, wie die der Finanzverwaltung im jeweiligen Zahlungszeitpunkt.

---

[1] *Müller*, GmbHR 2003, 389 (393); *Blesinger/Viertelhausen* in Kühn/von Wedelstädt[22], § 69 AO Rz. 18.
[2] *Blesinger/Viertelhausen* in Kühn/von Wedelstädt[22], § 69 AO Rz. 18.
[3] *Intemann* in Koenig[3], § 69 AO Rz. 122.
[4] BFH v. 24.1.1989 – VII B 188/88, BStBl. II 1989, 315 = ZIP 1989, 720 = juris; FG München v. 22.5.2012 – 2 K 3459/09, juris.
[5] BFH v. 26.4.1984 – V R 128/79, BStBl. II 1984, 776 = ZIP 1984, 1345 = ZKF 1985, 161 (161); v. 12.6.1986 – VII R 192/83, BStBl. II 1986, 657 = DStR 1986, 723 (723).
[6] Vgl. statt Vieler *Intemann* in Koenig[3], § 69 AO Rz. 109.

Beispiel 1:

Hat eine GmbH am 1.2. eine mehrere Monate alte Umsatzsteuerschuld i.H.v. 1 000 € und eine ebenfalls mehrere Monate alte Werklohnschuld bei einem Subunternehmer i.H.v. ebenfalls 1 000 € und zahlt der Geschäftsführer am 1.2. an den Subunternehmer 1 000 €, aber nichts an das Finanzamt, so haftet er nach § 69 AO gegenüber dem Finanzamt auf 1 000 €.

Anders ist die Situation zu beurteilen, wenn der Geschäftsführer lediglich Ausgaben tätigt, die für die Aufrechterhaltung des Unternehmens zwingend erforderlich sind. Insoweit können die Maßstäbe herangezogen werden, die für § 142 InsO, vor allem aber § 64 GmbHG entwickelt worden sind. Dort ist jeweils anerkannt, dass der Geschäftsführer nicht für Ausgaben haftet, die nach Eintritt der materiellen Krise der Gesellschaft getätigt wurden, wenn diese notwendig waren, um den Geschäftsbetrieb aufrecht zu erhalten (§ 64 GmbHG) bzw. Leistungen an einen Gläubiger nicht der Insolvenzanfechtung unterliegen, wenn diese in einem unmittelbaren Austauschverhältnis standen. In gleicher Weise kommt es auch für eine Haftung nach § 69 AO darauf an, ob der Geschäftsführer betagte Verbindlichkeiten von Gläubigern mit den letzten Mitteln der Gesellschaft bedient hat. Nur wenn das der Fall ist, entsteht seine quotale Haftung gegenüber der Finanzverwaltung. Das gilt aber nicht, wenn er die letzten liquiden Mittel der Gesellschaft verwendet, um im unmittelbaren Austausch wertäquivalente Leistungen durch den Dritten zu erhalten, die zur Aufrechterhaltung des Betriebs zwingend notwendig sind, wie etwa nicht aufschiebbare Warenlieferungen.

3.100

Der Grundsatz der anteiligen Tilgung wurde zwar von der Rechtsprechung für die Umsatzsteuer entwickelt, gilt aber ebenso für Körperschaft-[1] und Gewerbesteuer[2] sowie alle diesbezüglich festgesetzten Verspätungs- und Säumniszuschläge. Keine Geltung erfährt der Grundsatz der anteiligen Tilgung bei Ansprüchen aus **Lohnsteuerforderungen**, soweit es sich nicht um Verspätungs- und Säumniszuschläge handelt. Die vom Arbeitgeber aus dem Bruttolohn zu entrichtende Lohnsteuer soll nach Rechtsprechung des BFH vorrangig an das Finanzamt abzuführen sein.[3] Reichen wegen Illiquidität die Mittel der Gesellschaft nicht aus, um die Lohnsteuer zu entrichten, so muss der Geschäftsführer die Löhne kürzen und als Vorschuss oder Teilbetrag auszahlen.[4] Aus den dabei übrig gebliebenen Mitteln muss dann die Lohnsteuer an das Finanzamt abgeführt werden. Reichen die Mittel nur für die Auszahlung des Nettogehalts, muss dieses als Bruttogehalt behandelt werden, so dass die Lohnsteuer aus diesem „neuen" Bruttobetrag abgeführt wird.[5] Begründet wird diese

3.101

---

1 BFH v. 11.6.1996 – I B 60/95, BFH/NV 1997, 7 (9); vgl. auch FG Münster v. 16.1.2014 – 9 K 2879/10 L; FG Köln v. 19.7.2018 – 13 K 3142/13, juris.

2 BFH v. 3.5.1990 – VII R 108/88, BStBl. II 1990, 767 = HFR 1990, 605 (605); FG Köln v. 19.7.2018 – 13 K 3142/13, juris.

3 Ständige Rechtsprechung: BFH v. 11.5.1962 – VI 165/60, BB 1960, 1276 (1276); v. 6.3.1990 – VII R 63/87, BFH/NV 1990, 756 (756); v. 21.12.1998 – VII B 175/98, BFH/NV 1999, 745 (745 ff.); v. 1.8.2000 – VII R 110/99, BStBl. II 2001, 271 = GmbHR 2000, 1215 (1218); v. 14.6.2016 – VII R 21/14, BFH/NV 2016, 1674; v. 14.6.2016 – VII R 20/14, BFH/NV 2016, 1672.

4 *Boochs/Dauernheim*, Steuerrecht in der Insolvenz³, Rz. 254.

5 *Neusel*, Anmerkung zu BFH v. 1.8.2000 – VII R 110/99, BStBl. II 2001, 271 in GmbHR 2000, 1218 (1218 ff.).

Ausnahme vom Grundsatz der anteiligen Tilgung damit, dass die abzuführende Lohnsteuer ein Teil des geschuldeten Arbeitsentgelts ist, den der Arbeitgeber als Treuhänder für den Arbeitnehmer und Steuergläubiger einzieht,[1] so dass die Lohnsteuer als für den Arbeitgeber fremdes Geld bewertet wird.[2]

Diese Sonderbehandlung der Lohnsteuer ist in der Literatur auf Kritik gestoßen. Zu Recht wird eingewandt, dass die Lohnsteuer für den Arbeitgeber nicht „fremdes Geld" ist.[3] Der Arbeitnehmer selbst erlangt zu keinem Zeitpunkt Eigentum an den Lohnsteuerbeiträgen. Der Arbeitgeber hingegen ist lediglich verpflichtet, die Lohnsteuer aus seinem Vermögen an das Finanzamt abzuführen; bis dahin steht das entsprechende Geld im Eigentum des Arbeitgebers. Der Arbeitgeber kann frei über diese Beträge verfügen; zudem können Gläubiger auf diese bis zur endgültigen Abführen an den Fiskus im Wege der Pfändung zugreifen, ohne dass der Arbeitnehmer oder das Finanzamt dagegen einschreiten könnten.[4]

5. Mitwirkung des Haftungsschuldners bei der Ermittlung der Haftungsquote

3.102 Den Haftungsschuldner trifft gem. § 90 Abs. 1 AO eine Mitwirkungspflicht hinsichtlich der Ermittlung der Haftungsquote.[5] Verletzt der Haftungsschuldner seine Mitwirkungspflichten, können sich daraus für ihn nachteilige Folgen ergeben. Er hat insbesondere sämtliche Auskünfte zu erteilen, die in seinen Wissensbereich fallen.

Wird der Geschäftsführer einer GmbH als Haftungsschuldner in Anspruch genommen, ist er abgabenrechtlich verpflichtet und zugleich in aller Regel auch gesellschaftsrechtlich berechtigt, der Finanzverwaltung sämtliche Auskünfte über die Vermögensverhältnisse der GmbH zu erteilen, die erforderlich sind, um seine persönliche Haftung als Haftungsschuldner zu reduzieren. Insoweit nimmt er berechtigtermaßen eigene Interessen wahr.

Bei der Bemessung der Haftungsquote hat sich das Finanzamt auf der Grundlage ihm bekannter Tatsachen an Wahrscheinlichkeitsüberlegungen zu orientieren. Der BFH hat zuletzt offen gelassen, ob eine Haftung zu 100 % gerechtfertigt sein kann.[6] Dies dürfte indessen regelmäßig ausscheiden, da die fehlende Befriedigung von Steuerverbindlichkeiten in insolvenznaher Zeit in der Regel auf das Fehlen von Zahlungsmitteln zurückzuführen ist, so dass es sehr unwahrscheinlich ist, dass das Finanzamt zum entsprechenden Zahlungszeitpunkt noch 100 % seiner Forderungen hätte durchsetzen können. Eine Quote von 90 % hat der BFH – in Ermangelung irgendwelcher tatsächlicher Anhaltspunkte und bei vollkommen fehlender Mitwirkung des Haftungsschuldners – hingegen zu Recht nicht beanstandet.[7]

---

1 BFH v. 1.8.2000 – VII R 110/99, BStBl. II 2001, 271 = GmbHR 2000, 1215 (1218).
2 *Schmittmann* in Waza/Uhländer/Schmittmann, Insolvenzen und Steuern[12], Rz. 1277.
3 *Müller*, GmbHR 2003, 389 (390).
4 *Loose* in Tipke/Kruse, § 69 AO Rz. 41; *Müller*, GmbHR 2003, 389 (390); *Schmittmann* in Waza/Uhländer/Schmittmann, Insolvenzen und Steuern[12], Rz. 1277.
5 BFH v. 19.11.2012 – VII B 126/12, BFH/NV 2013, 504; FG Berlin-Bdb. v. 21.2.2017 – 9 K 9259/13, EFG 2017, 881; s. auch anhängiges Verfahren beim BFH – VII R 23/19.
6 BFH v. 19.11.2012 – VII B 126/12, BFH/NV 2013, 504.
7 BFH v. 19.11.2012 – VII B 126/12, BFH/NV 2013, 504.

6. Haftungsinanspruchnahme persönlich haftender Gesellschafter

Bei Personengesellschaften gibt es persönlich haftende Gesellschafter, die mit ihrem eigenen Vermögen für die Verbindlichkeiten der Gesellschaft einzustehen haben (§ 128 HGB). Bei der Haftungsinanspruchnahme solcher Personen für Steuerverbindlichkeiten im Insolvenzverfahren ergeben sich wichtige Besonderheiten. 3.103

Maßgeblich ist hier § 93 InsO. Die Norm hat eine Doppelfunktion. Einerseits entfaltet sie eine Sperrwirkung bezüglich der Inanspruchnahme des persönlich haftenden Gesellschafters durch einzelne Gläubiger, andererseits wird die Einziehungsbefugnis des Insolvenzverwalters statuiert. Die Gesellschaftsgläubiger werden daran gehindert, ihre Ansprüche direkt gegen den Gesellschafter geltend zu machen, diese Befugnis geht für die Dauer des Insolvenzverfahrens auf den Insolvenzverwalter über. § 93 InsO ist für alle Gesellschaften ohne Rechtspersönlichkeit und die Kommanditgesellschaft auf Aktien einschlägig. Gemäß § 11 Abs. 2 Ziff. 1 InsO sind Gesellschaften ohne Rechtspersönlichkeit die Gesellschaft bürgerlichen Rechts, die offene Handelsgesellschaft, die Kommanditgesellschaft, die Partenreederei, die Europäische Wirtschaftliche Interessenvereinigung und die Partnerschaftsgesellschaft. Ebenso wird der Kommanditist erfasst, der nach § 176 HGB unbeschränkt haftet.[1] Die Vor-GmbH fällt nach der Rechtsprechung des BGH[2] mangels Außenhaftung nicht unter den Anwendungsbereich des § 93 InsO. Hinter § 93 InsO steht die gesetzgeberische Intention, im Interesse der gleichmäßigen Gläubigerbefriedigung zu verhindern, dass sich einzelne Gläubiger durch einen schnellen Zugriff auf den persönlich haftenden Gesellschafter Sondervorteile verschaffen.[3] Somit kommt § 93 InsO der Gesamtheit der Gläubiger zu Gute. 3.104

In Literatur und Rechtsprechung herrscht seit langer Zeit Streit darüber, ob § 93 InsO auch in den Fällen, in denen § 69 AO einschlägig ist, anwendbar ist. Anspruchsgrundlage der Finanzverwaltung ist nämlich nicht nur die (gesellschaftsrechtliche) persönliche Haftung des Gesellschafters für alle Verbindlichkeiten der Gesellschaft (vor allem § 128 HGB), sondern vielmehr ein außerhalb des Gesellschaftsrechts liegender, gesonderter Haftungstatbestand, der dem Steuerrecht zuzuordnen ist und dem Steuergläubiger gegenüber anderen Gläubigern ein Privileg einräumt. 3.105

Die in der Rechtsprechung und Literatur vorherrschende Ansicht[4] sieht die Sperrwirkung des § 93 InsO begrenzt auf den Bereich der gesetzlichen akzessorischen Haf-

---
1 *Gehrlein* in MünchKomm/InsO⁴, § 93 Rz. 3.
2 BGH v. 27.1.1997 – II ZR 123/94, ZIP 1996, 590 = NJW 1997, 1507 (1510).
3 BT-Drucks. 14/2443, 140.
4 BFH v. 15.11.2012 – VII B 105/12; v. 2.11.2001 – VII B 155/01, ZIP 2002, 179 = BB 2002, 447 (448); FG Schl.-Holst. v. 28.6.2001 – V 65/01, EFG 2002, 1177 (1177 ff.); VG Arnsberg v. 1.12.2016 – 5 K 4079/15, NZI 2017, 173; *Blersch* in BerlinerKomm/InsO, § 93 Rz. 7; *Lüke* in Kübler/Prütting/Bork, § 93 Rz. 18; *Gehrlein* in MünchKomm/InsO⁴, § 93 Rz. 24 ff.; *Beyer* in Hess, § 93 Rz. 17; *Intemann* in Koenig³, § 69 AO Rz. 24; *Haas/Müller*, NZI 2002, 366 (366 f.); *Bunke*, NZI 2002, 591 (593, 594); *Schmittmann* in Waza/Uhländer/Schmittmann, Insolvenzen und Steuern¹², Rz. 1288; *Wimmer-Amend* in FrankfurterKomm/InsO⁹, § 93 Rz. 3, 18; *Boochs/Dauernheim*, Steuerrecht in der Insolvenz³, Rz. 248; zuletzt BFH v. 11.3.2008 – VII B 214/06, BFH/NV 2008, 1291.

tung des Gesellschafters für gegen die Gesellschaft gerichtete Ansprüche.[1] Darunter fallen nur Ansprüche aus §§ 161 Abs. 2, 128 ff., 176 HGB. Individualansprüche einzelner Gläubiger, die eine persönliche Mithaftung des Gesellschafters für Gesellschaftsschulden begründen, sollen der Sperrwirkung nicht unterliegen. Dabei wird insbesondere auf den Wortlaut abgestellt. Die Formulierung in § 93 InsO („die persönliche Haftung eines Gesellschafters für die Verbindlichkeiten der Gesellschaft") verweise auf die allein akzessorische Haftung.[2] Es werde eindeutig von der Haftung für Verbindlichkeiten der Gesellschaft gesprochen, eine persönliche Haftung für eigene Verbindlichkeiten werde nicht erwähnt und könne somit auch nicht von der Norm erfasst sein. Dieser Auffassung ist zuzustimmen. Auch eine analoge Anwendung von § 93 InsO kommt nicht in Betracht. Die Erweiterung der Einziehungsbefugnis des Insolvenzverwalters auf Forderungen aus Bürgschaften und vergleichbaren persönlichen Verpflichtungen der Gesellschafter wurde im Gesetzgebungsverfahren erörtert, aber fallen gelassen.[3] Auch die Kommission für Insolvenzrecht hat sich mit derselben Frage befasst und im Ergebnis ausgeführt, dass Ansprüche einzelner Gläubiger lediglich die Funktion hätten, Verluste des jeweiligen Anspruchsinhabers gegenüber dem Gesellschafter auszugleichen und somit nicht in die Insolvenzmasse fließen dürfen.[4] Aus der Tatsache, dass dem Gesetzgeber die Problematik bekannt war, kann geschlossen werden, dass eine planwidrige Lücke nicht vorliegt. Zudem gilt § 93 InsO nur für die Haftung als Gesellschafter,[5] wodurch er in seinem Anwendungsbereich schon ausgeschlossen ist, denn § 69 AO betrifft die Haftung des Geschäftsführers.[6] Dass beide Stellungen unter Umständen (§§ 161 Abs. 2, 114 Abs. 1, 170 HGB) zusammenfallen, ändert daran nichts.

Die Gegenauffassung[7] vermag hingegen nicht zu überzeugen. Die Vertreter der Gegenauffassung verweisen vor allem darauf, dass die gesetzgeberische Intention bei Schaffung des § 93 InsO darin liegt, den Grundsatz der Gläubigergleichbehandlung zu wahren. Ein Wettlauf der Gesellschaftsgläubiger um die Inanspruchnahme des persönlich haftenden Gesellschafters sollte unterbunden werden. Diesen Wettlauf würde das Finanzamt im vorliegenden Fall gewinnen, da es selbst einen Titel schaffen und aus diesem vollstrecken kann. Der Insolvenzverwalter hingegen muss u.U. zunächst das gerichtliche Klageverfahren einleiten, um dann die Forderung gegen den persönlich haftenden Gesellschafter vollstrecken. Dieser Zeitvorsprung des Finanzamtes würde zu einer Ungleichbehandlung der Gläubiger führen. *Wessel* bezeichnet dies als eine „Hintertür", durch die „das Fiskusprivileg nach § 61 Abs. 1

---

[1] BFH v. 2.11.2001 – VII B 155/01, ZIP 2002, 179 = NZI 2002, 308 (308); VG Arnsberg v. 1.12.2016 – 5 K 4079/15, NZI 2017, 173.
[2] LG Bayreuth 30.5.2000 – 33 O 244/00, ZIP 2001, 1782 = ZInsO 2002, 40 (40 ff.).
[3] *Schmidt*, JZ 1985, 301 (303).
[4] BMJ, Erster Bericht der Kommission für Insolvenzrecht, 1985, Begründung zu LS 6.2, S. 446 ff.
[5] *Kroth* in Braun[8], § 93 InsO Rz. 13.
[6] FG Schl.-Holst. v. 28.6.2001 – V 65/01, juris.
[7] *Bork*, NZI 2002, 362 (366); *Wessel*, DZWiR 2002, 53 (53 ff.); OLG Schl.-Holst. v. 21.9.2001 – 12 O 41/00, DZWiR 2002, 213 (213 ff.).

Satz 2 KO wieder eingeführt wird";[1] *Abenheimer* spricht in seiner Besprechung des Urteils des BFH vom 11.3.2008 von einem „Windhundprinzip", bei dem das Finanzamt nur gewinnen kann.[2] Gleichwohl verbietet es die Gesetzesgenese, hier eine Extension von § 93 InsO vorzunehmen, wenn der Gesetzgeber bewusst von einer entsprechenden Regelung Abstand genommen hat.

7. Haftungsinanspruchnahme trotz Insolvenzplan

Nach zutreffender Auffassung des BFH steht es der Haftungsinanspruchnahme eines Dritten nicht entgegen, dass Steuerforderungen gegen den eigentlichen Steuerschuldner im Rahmen eines Insolvenzplanes, dem das Finanzamt zugestimmt hat, ihre Durchsetzbarkeit verloren haben.[3] Der Insolvenzplan führt nämlich grundsätzlich nicht zu einem Erlöschen der Steuerforderung. Zulässig ist es aber, eine davon abweichende, einen Erlass beinhaltende Regelung im Insolvenzplan zu treffen. 3.106

8. Haftung des Eigentümers von Gegenständen nach § 74 AO

Nach § 74 AO haftet der Eigentümer der Gegenstände, die einem Unternehmen dienen, mit diesen für diejenigen Steuern des Unternehmens, bei denen sich die Steuerpflicht (wie z.B. bei der Umsatzsteuer) auf den Betrieb des Unternehmens gründet, wenn er an dem Unternehmen wesentlich beteiligt ist. Die Haftung erstreckt sich jedoch nur auf die Steuern, die während des Bestehens der wesentlichen Beteiligung entstanden sind. Die Haftung des an einem Unternehmen wesentlich beteiligten Eigentümers nach § 74 AO erstreckt sich nicht nur auf die dem Unternehmen überlassenen und diesem dienenden Gegenstände, sondern sie erfasst nach zutreffender Auffassung des BFH[4] in Fällen der Weggabe oder des Verlustes von Gegenständen nach der Haftungsinanspruchnahme auch die **Surrogate**, wie z.B. Veräußerungserlöse oder Schadenersatzzahlungen. 3.107

VII. Ermittlung der Steueransprüche

1. Grundsätze

Die Finanzbehörde hat gem. § 88 Abs. 1 AO alle für die Besteuerung maßgeblichen Sachverhalte von Amts wegen zu ermitteln. Dabei hat sie nicht nur steuererhöhende Tatsachen festzustellen, sondern auch steuermindernde, § 88 Abs. 2 AO. Im Besteuerungsverfahren gibt es im Grundsatz keine subjektive Beweislastverteilung mit der Pflicht des Beteiligten, einen Sachverhalt darzulegen und zu beweisen. Die Finanzbehörde muss daher jede mögliche, verhältnismäßige und zumutbare Maßnahme zur Sachaufklärung ergreifen. Der **Untersuchungsgrundsatz** gilt jedoch insoweit nicht, als nach Vorschriften des Verfahrens- oder des materiellen Rechts ausnahmsweise 3.108

---

1 *Wessel*, DZWiR 2002, 53 (54).
2 *Abenheimer*, FD-InsR 2008, 263208.
3 BFH v. 15.5.2013 – VII R 2/12, ZIP 2013, 1732 = BFH/NV 2013, 1543; vgl. auch BFH v. 22.10.2014 – I R 39/13, DStRE 2015, 297; v. 15.11.2018 – XI B 49/18, NZI 2019, 239.
4 BFH v. 22.11.2011 – VII R 63/10, BStBl. II 2012, 223; v. 28.1.2014 – VII R 34/12, DStR 2014, 1057.

der Beteiligte einen Sachverhalt darlegen und beweisen muss (**Beibringungsgrundsatz**).

3.109 Die Finanzbehörde hat alle Erkenntnisquellen zu nutzen, die zur Verfügung stehen. Sie darf eigene Ermittlungen anstellen, das ihr vorliegende Datenmaterial anderer Behörden (z.B. Kontrollmitteilungen) und die Beweismittel des § 92 AO nutzen. Die Finanzbehörde entscheidet nach pflichtgemäßem Ermessen (§ 5 AO) über Art und Umfang der Sachverhaltsaufklärung; gesetzliche Vorgaben für die Ermessensausübung sind allein die Umstände des Einzelfalls.[1] So soll z.B. gem. § 97 Abs. 2 Satz 1 AO die Vorlage von Büchern, Aufzeichnungen, Geschäftspapieren und anderen Urkunden erst dann verlangt werden, wenn der Beteiligte keine Auskunft erteilt hat.

3.110 Da die Finanzbehörde bei ihren Ermittlungen den Verhältnismäßigkeitsgrundsatz zu beachten hat, sind unverhältnismäßige Ermittlungen zu unterlassen. Ist ein Sachverhalt mit den gebotenen angemessenen Mitteln nicht oder nicht vollständig zu ermitteln, hat die Finanzbehörde die Besteuerungsgrundlagen zu schätzen (§ 162 AO). Sie darf mit dem Beteiligten auch eine tatsächliche Verständigung über die der Besteuerung zugrunde zu legenden Tatsachen treffen. Im Einzelfall ist nach der objektiven Beweislast (Feststellungslast) zu entscheiden. Danach tragen die Finanzbehörden für steuerbegründende und steuererhöhende Tatsachen (z.B. Betriebseinnahmen) und der Beteiligte für steuerverneinende und steuermindernde Tatsachen (z.B. Werbungskosten) die Beweislast. Die Nichterweislichkeit geht jeweils zu Lasten der Finanzbehörde oder des Beteiligten.

3.111 Auch im eröffneten Insolvenzverfahren bleibt der **Insolvenzschuldner** zwar Beteiligter i.S.v. § 78 AO.[2] Der Insolvenzschuldner bleibt zur Mitwirkung und auch zur Erteilung von Auskünften gegenüber der Finanzverwaltung verpflichtet. Seine Pflicht endet aber dort, wo er Unterlagen vorlegen müsste (§ 93 Abs. 3 Satz 2 AO), weil insoweit das alleinige Verfügungsrecht des Insolvenzverwalters unbeschnitten bleiben muss. Rechtlich wirksame Verfahrenshandlungen (§ 79 AO) kann der Insolvenzschuldner bezogen auf die Insolvenzmasse nach der Eröffnung nicht mehr wahrnehmen, weil die Verwaltungs- und Verfügungsbefugnis bzgl. seines Vermögens gem. § 80 InsO auf den Insolvenzverwalter übergegangen ist. Der **Pflichtenkreis des Insolvenzverwalters** umfasst danach alles, was ohne Insolvenzverfahren den Schuldner betroffen hätte, also insbesondere die Pflicht zur Mitwirkung bei der Ermittlung des Sachverhalts (§ 90 AO), die Auskunftspflicht (§ 93 AO) und die Buchführungs- und Steuererklärungspflichten.

2. Rechnungslegung des Insolvenzverwalters

Literatur *Bange*, Die Rückforderung von Gewinnausschüttungen durch den Insolvenzverwalter bei nichtigen Jahresabschlüssen, ZInsO 2006, 519; *Bucher*, Die Archivierung von Geschäftsunterlagen, ZInsO 2007, 1031; *Deffland*, Unternehmen in der Krise – Sanierung, Insolvenz und Abwicklung, StB 2005, 292; *Diars*, Beurteilung der Fortführung der Unternehmenstätigkeit und Folgen einer Abkehr von der Going-concern-Prämisse, INF 2005,

---

1 *Wünsch* in Koenig[3], § 88 AO Rz. 17.
2 *Uhländer* in Waza/Uhländer/Schmittmann, Insolvenzen und Steuern[12], Rz. 514.

957; *Eickes*, Zum Fortführungsgrundsatz der handelsrechtlichen Rechnungslegung in der Insolvenz, DB 2015, 933; *Eisolt/Schmidt*, Praxisfragen der externen Rechnungslegung in der Insolvenz, BB 2009, 998; *Fischer-Böhnlein/Körner*, Rechnungslegung von Kapitalgesellschaften im Insolvenzverfahren, BB 2001, 191; *Frystatzki*, Die Hinweise des Instituts der Wirtschaftsprüfer zur Rechnungslegung in der Insolvenz, NZI 2009, 581; *Frystatzki*, Going-Concern-Bilanzierung bei Vorliegen von Insolvenzgründen, DStR 2017, 1494; *Förschle/Weisang*, Rechnungslegung im Insolvenzverfahren in Budde/Förschle/Winkeljohann, Sonderbilanzen, 4. Aufl., 737; *Freidank*, Einflüsse insolvenzauslösender Ereignisse auf die Rechnungslegung und Prüfung börsennotierter Unternehmen, StB 2019, 293; *Fuhrmann*, Liquidation der GmbH im Zivil- und Steuerrecht, KÖSDI 2005, 14906; *Gerke/Sietz*, Reichweite des Auslagenbegriffs gem. § 54 InsO und steuerrechtliche Pflichten des Verwalters in massearmen Verfahren, NZI 2005, 379; *Grashoff*, Die handelsrechtliche Rechnungslegung durch den Insolvenzverwalter nach Inkrafttreten des EHUG, NZI 2008, 65; *Haarmeyer*, Insolvenzrechnungslegung, ZInsO 2010, 412; *Heese*, Forderungsbewertung und Wertermittlungspflichten im Insolvenzfall, DStR 2008, 150; *Heni*, Rechnungslegung im Insolvenzverfahren – Zahlenfriedhöfe auf Kosten der Gläubiger?, ZInsO 1999, 609; Umgliederung in Liquidations- und Insolvenzbilanzen, ZInsO 2009, 998; *Hennrichs/Schulze-Osterloh*, Das Fortführungsprinzip gemäß § 252 Abs. 1 Nr. 2 HGB im Lichte der EU-Bilanz-Richtlinie, DStR 2018, 1731; *Hess/Weis*, Die Schlussrechnung des Insolvenzverwalters, NZI 1999, 260; *Hölzle*, Besteuerung der Unternehmenssanierung – Die steuerlichen Folgen gängiger Sanierungsinstrumente, FR 2004, 1193; *Hillebrand*, Rechnungslegung in der Eigenverwaltung, ZInsO 2018, 1650; *Hillebrand/Moll*, Externe (handelsrechtliche) Rechnungslegung im Insolvenzverfahren, ZInsO 2016, 136; *Hoffmann/Lüdenbach*, Bilanzielle Sanierungsmaßnahmen im IFRS-Abschluss im Vergleich zum deutschen Handelsbilanz- und Steuerbilanzrecht, BB 2005, 1671; IDW Rechnungslegungshinweis: Externe (handelsrechtliche) Rechnungslegung im Insolvenzverfahren (IDW RH HFA 1.012), ZInsO 2015, 2568 (ohne Verfasser); *Klein*, Handelsrechtliche Rechnungslegung im Insolvenzverfahren, Diss., Hagen, Düsseldorf 2004; *Klein*, Handelsrechtliche Rechnungslegung im Insolvenzverfahren, Düsseldorf 2004; *Kunz/Mundt*, Rechnungslegungspflichten in der Insolvenz, DStR 1997, 620, 664; *Lammbrecht*, „Sie können nicht einmal Bilanzen lesen" – Zur Bestellung von Juristen als Insolvenzverwalter, DZWIR 2010, 22; *Leibner*, Sanierungsmöglichkeiten einer GmbH und die steuerlichen Konsequenzen, DStZ 2002, 679; *Leibner/Pump*, Die steuerlichen Pflichten des Liquidators einer GmbH, GmbHR 2003, 996; *Mader/Seitz*, Unternehmensfortführung („Going concern") – Prämisse, Prinzip oder Prognose?, DStR 2018, 1933; *Moxter*, Zum Verhältnis von Handelsbilanz und Steuerbilanz, BB 1997, 195; *Olbrich*, Zur Besteuerung und Rechnungslegung der Kapitalgesellschaft bei Auflösung, DStR 2001, 1090; *Palm/Kußmaul*, Pflicht zur Verlustanzeige und Rechnungslegung in der Insolvenz als Sonderbilanztatbestände, StB 2015, 104; *Schmittmann*, Rechnungslegung in der Insolvenz, StuB 2019, 360; *Uhlenbruck*, Die Rechnungslegungspflicht des vorläufigen Insolvenzverwalters, NZI 1999, 289 ff.; *Weisang*, Zur Rechnungslegung nach der neuen Insolvenzordnung, BB 1998, 1149.

a) Insolvenzrecht – Handelsrecht – Steuerrecht

In Bezug auf die Rechnungslegungspflichten des Insolvenzverwalters ist zwischen der insolvenzrechtlichen, handelsrechtlichen und steuerrechtlichen Rechnungslegung zu unterscheiden. Diese Rechnungslegungspflichten bestehen zwar grundsätzlich nebeneinander, interagieren aber in vielen Bereichen. Teilweise werden verschiedene Rechnungslegungspflichten nur wechselseitig beeinflusst, in anderen Teilen sogar völlig verdrängt. Die bedeutsame Wechselwirkung zwischen steuer- und handelsrechtlicher Rechnungslegung normiert § 140 AO. Die sich hieraus ergebende abge-

3.112

leitete Buchführungspflicht bestimmt, dass die außersteuerlichen Buchführungspflichten auch für steuerliche Zwecke gelten. Fehlt es an handelsrechtlichen Vorschriften, so statuiert § 141 AO eine originäre Buchführungspflicht für das Steuerrecht. Zusätzliche Bedeutung hat die originäre steuerrechtliche Buchführungspflicht durch die handelsrechtliche Befreiung von der Buchführungspflicht für Einzelkaufleute nach § 241a HGB n.F. erhalten, denn diese bleibt trotz Wegfalls handelsrechtlicher Buchführungspflichten bestehen.

3.113 Hilfreich sind für die Rechnungslegung in der Insolvenz auch die Hinweise und Prüfungsstandards des Instituts der Wirtschaftsprüfer (IDW). In diesem Zusammenhang sind insbesondere zu nennen:

– **IDW RS HFA 17**, vom 11.7.2018:
  – Auswirkungen einer Abkehr von der Going Concern-Prämisse auf den handelsrechtlichen Jahresabschluss,[1]
– **IDW RH HFA 1 012**, vom 6.12.2018:
  – Externe (handelsrechtliche) Rechnungslegung im Insolvenzverfahren,[2]
– **IDW PS 800**, vom 6.3.2009:
  – Beurteilung eingetretener oder drohender Zahlungsunfähigkeit bei Unternehmen,[3]
– **IDW RH HFA 1 010**, vom 13.6.2008:
  – Bestandsaufnahme im Insolvenzverfahren,[4]
– **IDW RH HFA 1 011**, vom 13.6.2008:
  – Insolvenzspezifische Rechnungslegung im Insolvenzverfahren.[5]

b) Insolvenzrechtliche Rechnungslegung

Literatur *Albrecht/Stein*, Die Verantwortlichkeit von Insolvenzverwalter und Organen einer insolventen börsennotierten Aktiengesellschaft – Teil I, ZInsO 2009, 1886; *Bange*, Die Rückforderung von Gewinnausschüttungen durch den Insolvenzverwalter bei nichtigen Jahresabschlüssen, ZInsO 2006, 519; *Braun/Frank*, Auslaufmodell anwaltlicher Insolvenzverwalter?, NZI 2020, 1; *Bucher*, Die Archivierung von Geschäftsunterlagen, ZInsO 2007, 1031; *Eisolt/Schmidt*, Praxisfragen der externen Rechnungslegung in der Insolvenz, BB 2009, 654; *Fischer-Böhnlein/Körner*, Rechnungslegung von Kapitalgesellschaften im Insolvenzverfahren, BB 2001, 191; *Franke/Goth/Firmenich*, Die (gerichtliche) Schlussrechnung im Insolvenzverfahren – zwischen Legalitäts- und Legitimitätskontrolle, ZInsO 2009, 123; *Frystatzki*, Die Hinweise des Instituts der Wirtschaftsprüfung zur Rechnungslegung in der Insolvenz, NZI 2009, 581; *Haarmeywe/Hillebrand*, Insolvenzrechnungslegung, ZInsO 2010, 702; Insolvenzrechnungs-

---

1 WPg 1–2/2016, 1035, FN-IDW 2018, 777.
2 WPg Supplement 4/2015, 48, FN-IDW 6102019/2015, 74.
3 WPg Supplement 2/2009, 42 ff., FN-IDW 4/2009, 161 ff.
4 WPg Supplement 3/2008, 37 ff., FN-IDW 8/2008, 309 ff.
5 WPg Supplement 3/2008, 49 ff., FN-IDW 8/2008, 321 ff.

legung – Diskrepanz zwischen gesetzlichem Anspruch und Wirklichkeit – Teil I, ZInsO 2010, 412; *Hartmann*, Die Krise und ihre Auswirkungen auf das Gesellschafts-, Steuer- und Insolvenzrecht, NZG 2010, 211; *Hess/Weis*, Die interne Rechnungslegung des Insolvenzverwalters aus Anlass der Eröffnung des Insolvenzverfahrens, NZI 1999, 482; -215; *Heyrath*, Die Prüfung der Schlussrechnung (Teil 2), ZInsO 2006, 1196; *Heyrath/Ebeling/Reck*, Schlussrechnungsprüfung im Insolvenzverfahren, 2008; *Hickethier*, Bilanzrechtsmodernisierungsgesetz und Unternehmenskrise, NWB 2009, 1502; *Hillebrand*, Rechnungslegung in der Eigenverwaltung, ZInsO 2018, 1650; *Keller*, Voraussetzungen und Umfang der Sachverständigenbeauftragung zur Schlussrechnungsprüfung im Insolvenzverfahren, Rpfleger 2011, 66; *Kloos*, Zur Standardisierung insolvenzrechtlicher Rechnungslegung, NZI 2009, 586–591; *Küpper/Heinze*, Neuers zu den Betriebsausgaben im Rahmen der Schlussrechnung des Insolvenzverwalters, ZInsO 2010, 214; *Lampe/Breuer/Hotze*, Erfahrungen mi § 3a EStG im Rahmen eines Insolvenzplanverfahrens unter Einholung einer verbindlichen Auskunft, DStR 2018, 173; *Lièvre/Stahl/Ems*, Anforderungen an die Aufstellung und die Prüfung der Schlussrechnung im Insolvenzverfahren, KTS 1999, 1; *Madaus*, Grundlage und Grenzen der Bestellung von Sachverständigen in der gerichtlichen Schlussrechnungsprüfung, NZI 2012, 119; *Mader/Seitz*, Hinweispflichten bei der Jahresabschlusserstellung – Bilanzrichtlinie(n) und „Fortführungsprognose", DStR-Beih 2018, 1; *Mader/Seitz*, Unternehmensfortführung („Going concern") – Prämisse, Prinzip oder Prognose?, DStR 2018, 1933; *Mäusezahl*, Schlussrechnungsprüfung – Perspektiven für die gerichtliche Praxis, ZInsO 2006, 580; *Metoja*, Externe Prüfung der insolvenzrechtlichen Rechnungslegung – ein Nutzen für die Verfahrensbeteiligten? ZInsO 2016, 992; *Möhlmann*, Die Ausgestaltung der Masse- und Gläubigerverzeichnisse nach neuem Insolvenzrecht, DStR 1999, 163; *Moll/Hillebrand/Haarmeyer*: ZEFIS-Projekt Schlussrechnung: „Ja" zur Standardisierung der Schlussrechnungslegung, ZInsO 2017, 1309; *Pflüger*, Neues zur Beendigung einer KG durch Insolvenz, Gestaltende Steuerberatung 2/2007, 43; *Rechel*, Die Aufsicht nach § 58 InsO als Risikomanagementprozess, ZInsO 2009, 1665; *Reck*, Inhalte und Grundsätze der Schlussrechnungsprüfung, ZInsO 2008, 495; *Schmittmann*, Rechnungslegung in der Insolvenz, StuB 2019, 360; *Uhlenbruck*, Rechnungslegungspflicht des vorläufigen Insolvenzverwalters, NZI 1999, 28; *Weitzmann*, Rechnungslegung und Schlussrechnungsprüfung, ZInsO 2007, 449; Insolvenzverwalter kein Adressat von Offenlegungspflichten, ZInsO 2008, 662; *Vierhaus*, Zur Verfassungswidrigkeit der Übertragung von Rechtspflegeraufgaben auf Private, ZInsO 2008, 521; *Wellensiek*, Die Aufgaben des Insolvenzverwalters nach der Insolvenzordnung, Kölner Schrift zur Insolvenzordnung. Das neue Insolvenzrecht in der Praxis, 2. Aufl. 2008; *Zimmer*, Schlussrechnung des ausgeschiedenen Insolvenzverwalters, ZInsO 2010, 2203.

aa) Katalog der Verzeichnisse und Berichte

Der Insolvenzverwalter ist als Amtstreuhänder verpflichtet, über seine Tätigkeit umfassend und möglichst transparent Rechnung zu legen. Die Insolvenzordnung sieht dafür insbesondere folgende Verzeichnisse und Berichte vor: 3.114

- Verzeichnis der Massegegenstände (§ 151 InsO),
- Gläubigerverzeichnis (§ 152 InsO),
- Vermögensübersicht (§ 153 InsO),
- Sachstandsberichte (§ 58 InsO),
- Schlussrechnung (§ 66 InsO).

bb) Verzeichnis der Massegegenstände

3.115 Im Verzeichnis der Massegegenstände sind alle Vermögenswerte aufzulisten, die sich bei Verfahrenseröffnung im Besitz des Schuldners befinden oder die während des Verfahrens in sein Vermögen gelangen, ohne insolvenzfrei zu sein (nicht aufzunehmen sind daher etwa pfändungsfreie Gegenstände). Maßgeblich ist insoweit, was nach § 35 InsO zur Insolvenzmasse gehört. Die Aufstellung unterliegt dem Vollständigkeits- und Einzelerfassungsgebot.[1] Grundlage des Masseverzeichnisses kann das Inventar gem. § 240 HGB sein. Allerdings sind in das Verzeichnis auch solche Gegenstände aufzunehmen, die handelsrechtlich nicht inventarpflichtig sind, weil sie entweder nicht aktivierungspflichtig oder nicht aktivierungsfähig sind, so ihnen ein Vermögenswert im Insolvenzverfahren zugemessen werden kann.[2] Deshalb sind alle Vermögensgegenstände aufzunehmen, die die Aktiva der Masse bilden, also auch **immaterielle Vermögensgegenstände sowie Ansprüche und Rechte des Schuldners**, die ggf. nur aufgrund des Insolvenzverfahrens vom Insolvenzverwalter geltend gemacht werden können. Hierzu zählen auch Anfechtungsansprüche, Ansprüche aus eigenkapitalersetzenden Darlehen, Haftungsansprüche nach § 64 GmbHG und Gesamtschadensansprüche.[3] Zweifelhafte Forderungen sind mit dem geschätzten Wert anzusetzen.[4] Alle Positionen sind auf den Zeitpunkt der Eröffnung des Insolvenzverfahrens zu bewerten. Sofern ein zur Insolvenzmasse gehörendes Unternehmen fortgeführt wird und im Zeitpunkt der Eröffnung des Insolvenzverfahrens noch nicht sicher feststeht, dass es unverzüglich stillzulegen ist, sind im Verzeichnis der Massegegenstände nach § 151 Abs. 2 InsO sowohl ein Zerschlagungs- als auch ein Fortführungswert aufzuführen. Die Differenzierung kann schwierig sein. Vor allem aber lassen sich Fortführungswerte für einzelne Gegenstände kaum sinnvoll bestimmen, weil ihr Mehrbetrag gegenüber den Zerschlagungswerten gerade darin liegt, dass eben keine Veräußerung einzelner Gegenstände stattfindet, sondern das Unternehmen als Ganzes erhalten, meist verkauft werden kann. Der Käufer wird dann einen Gesamtkaufpreis zahlen und nicht Preise für einzelne Gegenstände. U.U. hat der Insolvenzverwalter einen externen Sachverständigen herbeizuziehen, um die Bewertung der einzelnen Gegenstände vornehmen zu lassen. Eine bestimmte Form ist für das Verzeichnis der Massegegenstände nicht vorgeschrieben. Sinnvoll ist eine tabellarische Aufstellung, die sich an § 266 HGB orientiert. Das Insolvenzgericht kann den Insolvenzverwalter gem. § 151 Abs. 3 InsO auf begründeten Antrag hin von der Pflicht zur Aufstellung eines Verzeichnisses der Massegegenstände entbinden.

cc) Gläubigerverzeichnis

3.116 Im Gläubigerverzeichnis (§ 152 InsO) sind die Gläubiger des Insolvenzschuldners einzeln unter Angabe der jeweiligen Forderungen aufzulisten. Sinn und Zweck des Gläubigerverzeichnisses ist es, dem Insolvenzgericht und den Gläubigern die Verbindlichkeiten und Belastungen der zur Insolvenzmasse gehörenden Gegenstände of-

---

1 *Haffa/Leichtle* in Braun[8], § 151 InsO Rz. 2.
2 *Haffa/Leichtle* in Braun[8], § 151 InsO Rz. 2.
3 *Haffa/Leichtle* in Braun[8], § 151 InsO Rz. 2.
4 *Haffa/Leichtle* in Braun[8], § 151 InsO Rz. 2.

fenzulegen. Anzugeben sind nicht nur der Name des Gläubigers, sondern auch Anschrift sowie Grund und Höhe der Forderungen. Außerdem sind gem. § 152 Abs. 2 InsO gesonderte Angaben zu Absonderungsrechten und besonderen Rangklassen vorzunehmen. Bestehende Aufrechnungslagen sind gem. § 152 Abs. 3 Satz 1 InsO gesondert aufzunehmen. Darzustellen sind auch die vorhandenen Aufrechnungsmöglichkeiten der Insolvenzgläubiger mit Gegenansprüchen des Schuldners. Das Gläubigerverzeichnis ist von der Insolvenztabelle (§ 175 InsO) zu unterscheiden, in die der Insolvenzverwalter die angemeldeten Forderungen der Insolvenzgläubiger einträgt. Das Gläubigerverzeichnis beruht im Gegensatz zur Tabelle nicht auf den Forderungsanmeldungen der Gläubiger, sondern auf den vom Insolvenzverwalter aus den Büchern und Geschäftspapieren des Insolvenzschuldners, durch sonstige Angaben des Insolvenzschuldners, durch bereits eingegangene Forderungsanmeldungen oder auf in anderer Weise gewonnenen Erkenntnissen.[1] Das Gläubigerverzeichnis ist daher stets vorläufig und wird im Laufe des Verfahrens von der Tabelle abgelöst. An der späteren Verteilung nehmen nur die angemeldeten und festgestellten Forderungen teil.

dd) Vermögensübersicht

Zudem hat der Insolvenzverwalter in der Vermögensübersicht (§ 153 InsO) die zur Insolvenzmasse gehörenden Gegenstände den vorhandenen Verbindlichkeiten gegenüber zu stellen. Maßgeblich ist der Zeitpunkt der Eröffnung des Insolvenzverfahrens. Im Grunde genommen ist die Vermögensübersicht eine Zusammensetzung aus Verzeichnis der Massegegenstände und des Gläubigerverzeichnisses. Die dortigen Maßgaben für Bewertung und Gliederung gelten für die Vermögensübersicht entsprechend. Die Vermögensübersicht ist wie die Handelsbilanz nach § 242 HGB in Kontoform aufzustellen.

3.117

ee) Sachstandsberichte

Der Insolvenzverwalter untersteht gem. § 58 InsO der Rechtsaufsicht des Insolvenzgerichtes.[2] Das Insolvenzgericht ist jederzeit berechtigt, von dem Insolvenzverwalter Auskunft über seine Geschäftsführung zu verlangen, Bücher einzusehen und sich Belege vorlegen zu lassen sowie den Kassenstand zu prüfen.[3] In der Praxis üben die meisten Insolvenzgerichte ihre Aufsicht dadurch aus, dass sie nicht konkrete Auskünfte bei dem Insolvenzverwalter einholen, sondern sich regelmäßig Berichte über den bisherigen Verfahrensverlauf und die noch ausstehenden Verwaltungs- und Verwertungshandlungen bzw. über anhängige Rechtsstreite der Insolvenzmasse erteilen lassen. Eingebürgert hat sich ein Berichtsturnus von sechs bis zwölf Monaten. Ergeben sich aufgrund dieser Sachstandsberichte Unklarheiten, so ist das Insolvenzge-

3.118

---

1 *Haffa/Leichtle* in Braun[8], § 152 InsO Rz. 2.
2 Umfassend: *Rechel*, Die Aufsicht des Insolvenzgerichts über den Insolvenzverwalter, S. 174 ff.
3 *Graeber* in MünchKomm/InsO[4], § 58 Rz. 22; *Rechel*, Die Aufsicht des Insolvenzgerichts über den Insolvenzverwalter, S. 174 ff.

richt gehalten, bei dem Insolvenzverwalter nachzufragen und ggf. weitere Auskünfte zu verlangen.

3.119 Zudem stehen Gläubigern und anderen Verfahrensbeteiligten während des laufenden Insolvenzverfahrens gegenüber dem Insolvenzverwalter Informations- und Auskunftsrechte zu. Diese können die Verfahrensbeteiligten in der *Gläubigerversammlung*, im *Gläubigerausschuss* oder durch *Einsichtnahme* in bestimmte Unterlagen (§§ 66, 153, 175 InsO) bzw. durch *Akteneinsicht* nach § 299 ZPO ausüben.[1]

ff) Schlussrechnung und Schlussberichterstattung

3.120 Zentraler Bestandteil der insolvenzrechtlichen Rechnungslegung ist die Schlussrechnung (§ 66 InsO), die der Insolvenzverwalter zusammen mit einem Schlussbericht bei Abschluss des Insolvenzverfahrens zu erstellen hat. Eine der Schlussrechnung inhaltlich vergleichbare Rechnungslegung hat auch zu erfolgen, wenn das Amt des Insolvenzverwalters vor Abschlussreife des Insolvenzverfahrens endet, beispielsweise durch Entlassung oder Wahl eines anderen Insolvenzverwalters.

3.121 Die Schlussrechnung unterliegt keinem zwingend vorgeschriebenen Aufbau. In der Praxis unterscheiden sich die von Insolvenzverwaltern vorgelegten Schlussrechnungen zwar recht stark. Entscheidend ist dabei aber stets, dass die gesamte Tätigkeit des Insolvenzverwalters berichtet und dokumentiert wird. Es reicht nicht aus, wenn der Insolvenzverwalter lediglich die Einnahmen und Ausgaben auf seinem Hinterlegungskonto erläutert und die auf die Insolvenzgläubiger entfallende Quote mitteilt.

3.122 Eine Schlussrechnung i.S.v. § 66 InsO hat vielmehr zwei Elemente zu enthalten:

1. einen rechnerischen Teil, in dem Einnahmen und Ausgaben gegenübergestellt werden
2. einen darstellenden Teil, in dem die gesamte Tätigkeit des Insolvenzverwalters textlich dargestellt wird.[2]

Der Insolvenzverwalter hat insbesondere ausführlich zu berichten,

– welche Maßnahmen er zum Zwecke der Ermittlung und Inbesitznahme der Insolvenzmasse getroffen hat,

– welche Verwaltungs- und Verwertungsmaßnahmen er unternommen hat,

– ob es außergewöhnliche Besonderheiten bei der Verfahrensabwicklung gab oder nicht,

– ob Absonderungs- und Aussonderungsgut vorhanden war und wie mit diesem umgegangen wurde und

---

1 *Graeber* in MünchKomm/InsO⁴, § 58 Rz. 23.
2 *Schmitt* in FrankfurterKomm/InsO⁹, § 66 Rz. 9 f, 12.

– ob zur Zeit der Beendigung des Insolvenzverfahrens noch Massegegenstände vorhanden sein werden, über deren Schicksal eine Gläubigerversammlung zu entscheiden hat.

Mit der Schlussrechnung hat der Insolvenzverwalter dem Insolvenzgericht ein **Schlussverzeichnis** (§ 188 InsO), die **Kontoauszüge** seines Hinterlegungskontos, ein ggf. existierendes **Kassenbuch** sowie die zu den Buchungen gehörenden Belege zu übergeben. Dem Insolvenzgericht kommt als Ausfluss seiner Aufsichtspflichten (§ 58 InsO) die Aufgabe zu, die durch den Insolvenzverwalter erstellte Schlussrechnung zu prüfen. Die Prüfung erfolgt in formeller und materieller Hinsicht.[1] Die formelle Prüfung durch das Insolvenzgericht bezieht sich darauf, festzustellen, ob sämtliche Belege vorhanden sind und der Bericht des Insolvenzverwalters Inhalt und Umfang seiner Verwaltungstätigkeit erschöpfend wiedergibt. Die materielle Prüfung beinhaltet die Prüfung der Rechtmäßigkeit des Verwalterhandelns. Dazu gehört es, festzustellen, ob der Insolvenzverwalter die gebotenen Maßnahmen zur Ermittlung und Inbesitznahme der Insolvenzmasse ergriffen, ob er sämtliche zur Verfügung stehenden Ermittlungsmöglichkeiten ausgeschöpft und ob er zeitnah und ohne verschwenderische Ausgaben zu verursachen die Verwertung betrieben hat. 3.123

Eine **Prüfung der Zweckmäßigkeit** bestimmter Handlungen des Insolvenzverwalters gehört hingegen nicht zur Prüfungskompetenz des Insolvenzgerichts. Das Insolvenzgericht hat also nicht zu prüfen, ob der Insolvenzverwalter bestmöglich verwertet hat oder ob sich ihm auch nur günstigere Verwertungsmöglichkeiten hätten bieten können. Lediglich dann, wenn beispielsweise erkennbar ist, dass der Insolvenzverwalter ohne ersichtlichen Grund von mehreren ihm bekannten Verwertungsmöglichkeiten nicht die beste Verwertungsalternative gewählt hat, kann der Bereich der materiell fehlerhaften Verfahrensführung betroffen sein. 3.124

Ist ein Gläubigerausschuss bestellt, so ist diesem die Schlussrechnung zum Zwecke der Prüfung zuzuleiten, § 66 Abs. 2 Satz 2 InsO. 3.125

Kann das Insolvenzgericht die Schlussrechnung des Insolvenzverwalters aufgrund ihrer Komplexität nicht selbst prüfen, so darf es mit der Prüfung gem. § 5 InsO einen Sachverständigen beauftragen.[2] Die Beauftragung von Sachverständigen darf jedoch keinesfalls routinemäßig in jedem Verfahren oder aufgrund allgemeiner Arbeitsüberlastung des Insolvenzgerichtes erfolgen, weil die Insolvenzmasse durch die Beauftragung eines Sachverständigen mit zusätzlichen Kosten (§ 54 InsO) belastet wird, wodurch die Befriedigungschancen der Insolvenzgläubiger abnehmen und im äußersten Fall sogar die Vergütung des Insolvenzverwalters gefährdet werden kann.[3] Die Beauftragung des Sachverständigen ist wegen der damit verbundenen zusätzlichen Kosten nur dann zulässig, wenn die Prüfung des rechnerischen Teils der Schlussrechnung 3.126

---
1 *Blümle* in Braun[8], § 66 InsO Rz. 17.
2 *Schmitt* in FrankfurterKomm/InsO[9], § 66 Rz. 20; *Eckardt* in Jaeger[9], § 66 InsO Rz. 39.
3 Vgl. zu der heftigen Diskussion um die Recht- und Verfassungsmäßigkeit der Bestellung eines Sachverständigen zum Zwecke der Schlussrechnungsprüfung vgl. statt Vieler *Vierhaus*, ZInsO 2008, 521 (521 ff.).

eine fachliche Kompetenz voraussetzt, die bei dem Insolvenzgericht nicht vorhanden sein kann, sondern über die beispielsweise nur Wirtschaftsprüfer oder ggf. andere Insolvenzverwalter verfügen. Die Prüfung des textlichen Teils einschließlich der Prüfung der Rechtmäßigkeit der Verwaltertätigkeit hat in jedem Fall dem Insolvenzgericht vorbehalten zu bleiben,[1] weil die Einholung von Gutachten zur Beurteilung von Rechtsfragen durch das Gericht kaum erforderlich sein dürfte.

3.127 Gelangt das Insolvenzgericht zu dem Ergebnis, dass Schlussrechnung und Verwaltertätigkeit vollumfänglich ordnungsgemäß sind, bringt es einen entsprechenden **Vermerk** auf der Schlussrechnung an und legt die Schlussrechnung sodann unter Beifügung der Belege zur Einsichtnahme der Beteiligten aus, § 66 Abs. 2 InsO. Das Insolvenzgericht beraumt eine Gläubigerversammlung an, in der die Schlussrechnung erörtert wird. Diese darf frühestens drei Wochen nach der Auslegung der Schlussrechnung zur Einsicht der Beteiligten stattfinden. Im Rahmen ihres Schlusstermins (§ 197 InsO) erörtert die Gläubigerversammlung die Schlussrechnung des Insolvenzverwalters. Der Insolvenzverwalter ist verpflichtet, den Verfahrensgang und die Verwertungserfolge sowie die voraussichtliche Befriedigungsquote auch mündlich zu erläutern und Nachfragen der Insolvenzgläubiger zu beantworten.[2] Die Insolvenzgläubiger können darüber hinaus Einwendungen gegen das Schlussverzeichnis erheben, § 197 Abs. 1 Ziff. 2 InsO. Über die Einwendung entscheidet das Insolvenzgericht im Schlusstermin durch Beschluss, gegen den die sofortige Beschwerde statthaft ist (§ 197 Abs. 3 i.V.m. § 194 Abs. 3 Satz 2 InsO).

c) Handelsrechtliche Rechnungslegung

Literatur *Bähner/Berger/K. H. Braun*, Die Schlussrechnung des Konkursverwalters, ZIP 1993, 1283; *E. Braun*, Handelsbilanz contra Schlussrechnung – Der entmündigte Rechtspfleger?, ZIP 1997, 1013; *Dues/Koch*, Auswirkungen des Bilanzmodernisierungsgesetzes (BilMoG) auf die Rechnungslegung von Krankenhäusern, WPg. 2010, 515; *Eickes*, Zum Fortführungsgrundsatz der handelsrechtlichen Rechnungslegung in der Insolvenz, DB 2015, 933; *Fischer-Böhnlein/Körner*, Rechnungslegung von Kapitalgesellschaften im Insolvenzverfahren, BB 2001, 191; *Förschle/Weisang*, Rechnungslegung im Insolvenzverfahren in Budde/Förschle/Winkeljohann, Sonderbilanzen, 4. Aufl. 2008; *Freidank*, Einflüsse insolvenzauslösender Ereignisse auf die Rechnungslegung und Prüfung börsennotierter Unternehmen, StB 2019, 293; *Frystatzki*, Going-Concern-Bilanzierung bei Vorliegen von Insolvenzgründen, DStR 2017, 1494; *Gelhausen/Frey/Kirsch*, Übergang auf die Rechnungslegungsvorschriften des Bilanzmodernisierungsgesetzes, WPg 2010, 65; *Grashoff*, Die handelsrechtliche Rechnungslegung durch den Insolvenzverwalter nach Inkrafttreten des EHUG, NZI 2008, 65; *Hillebrand/Moll*, Externe (handelsrechtliche) Rechnungslegung im Insolvenzverfahren, ZInsO 2016, 136; *Hillebrand*, Rechnungslegung in der Eigenverwaltung, ZInsO 2018, 1650; *Husemann*, Abschreibung eines Vermögengegenstands entsprechend der Nutzungsdauer wesentlicher Komponenten, WPg 2010, 507; *Kessler*, Abschlussanalyse nach IFRS und HGB, PiR 2010, 33; IDW Rechnungslegungshinweis: Externe (handelsrechtliche) Rechnungslegung im Insolvenzverfahren (IDW RH HFA 1.012), ZInsO 2015, 2568 (ohne Verfasser); *Kilger/Nitze*, Die Buchführungs- und Bilanzierungspflicht des Konkursverwalters, ZIP 1988, 957; *Klasmeyer/Kübler*,

---

1 *Schmitt* in FrankfurterKomm/InsO[9], § 66 Rz. 20; *Eckhardt* in Jaeger[9], § 66 InsO Rz. 40.
2 *Smid*, Praxishandbuch Insolvenzrecht[5], § 9 Rz. 29.

Buchführungs-, Bilanzierungs- und Steuererklärungspflichten des Konkursverwalters sowie Sanktionen im Fall ihrer Verletzung, BB 1978, 369; *Klein*, Handelsrechtliche Rechnungslegung im Insolvenzverfahren, Diss. 2004; *König*, Gesonderte oder harmonisierte Rechnungslegung des Konkursverwalters im Unternehmenskonkurs?, ZIP 1988, 1003; *Kuntz/Mundt*, Rechnungslegungspflichten in der Insolvenz, DStR 1997, 620; *Mader/Seitz*, Unternehmensfortführung („Going concern") – Prämisse, Prinzip oder Prognose?, DStR 2018, 1933; *Mujkanovic*, Die Bilanzierung des derivativen Geschäfts- oder Firmenwerts, StuB 2010, 167; *Niemann/Bruckner*, Qualitätssicherung bei der Konzernabschlussprüfung, DStR 2010, 345; *Niethammer*, Rechnungslegung im Insolvenzverfahren – Anmerkungen zum Beitrag von *Heni*, Wirtschaftsprüfung 1990, 202; *Petersen/Zwirner/Busch*, Forschung und Entwicklung in der Rechnungslegungspraxis, PiR 2010, 7; *Pink*, Rechnungslegungspflichten in der Insolvenz der Kapitalgesellschaft, ZIP 1997, 177; Insolvenzrechnungslegung, 1995; *Schmittmann*, Rechnungslegung in der Insolvenz, StuB 2019, 360; *Staffen*, Der Fortführungswert im Vermögensstatus nach § 153 InsO als Ausfluss des Fortführungskonzepts, ZInsO 2003, 106; *Weisang*, Zur Rechnungslegung nach der neuen Insolvenzordnung, BB 1998, 1149; *Withus*, Standardisierungsrat überarbeitet Rechnungslegungsstandards zum Konzernlagebericht, DB 2010, 68.

aa) Geltung der §§ 238 ff. HGB

Gemäß § 155 Abs. 1 Satz 2 InsO hat der Insolvenzverwalter in Bezug auf die Insolvenzmasse auch die handels- und steuerrechtlichen Pflichten des Schuldners zur Buchführung und Rechnungslegung zu erfüllen. Die handelsrechtlichen Rechnungslegungspflichten bestimmen sich im Wesentlichen nach §§ 238 ff. HGB. Grundvoraussetzung ist, dass das zur Insolvenzmasse gehörende Unternehmen einen in kaufmännischer Weise eingerichteten Geschäftsbetrieb erfordert (§ 1 HGB) oder eine Handelsgesellschaft nach § 6 HGB gegeben ist. Erfordert ein vormals unter § 1 HGB fallendes Unternehmen ab der Eröffnung des Insolvenzverfahrens einen in kaufmännischer Weise eingerichteten Geschäftsbetrieb nicht mehr, so entfallen die Vorschriften der §§ 238 ff. HGB für das Insolvenzverfahren.[1]

3.128

bb) Schluss- und Eröffnungsbilanzen

Mit der Eröffnung des Insolvenzverfahrens beginnt ein neues Geschäftsjahr (§ 155 Abs. 2 Satz 1 InsO). Höchst umstritten ist, ob hieraus zu entnehmen ist, dass der Insolvenzverwalter eine Schluss- und eine Eröffnungsbilanz zu erstellen habe. Die Auffassungen reichen von obligatorischer Erstellung einer Schluss- und Eröffnungsbilanz[2] über lediglich obligatorische Erstellung einer Schlussbilanz[3] bis hin zu völliger Wahlfreiheit, überhaupt ein Rumpfwirtschaftsjahr zu bilden.[4]

3.129

Kern des Streits ist die Frage, ob nach § 270 AktG ein **Wahlrecht** dahingehend besteht, trotz des Insolvenzereignisses ein einheitliches Geschäftsjahr beizubehalten. Wird eine Aktiengesellschaft aufgelöst, so haben die Abwickler gem. § 270 AktG eine

3.130

---

1 *Waza* in Waza/Uhländer/Schmittmann, Insolvenzen und Steuern[12], Rz. 943.
2 *Haffa/Leichtle* in Braun[8], § 155 InsO Rz. 8.
3 *Jaffé* in MünchKomm/InsO[4], § 155 Rz. 5, 8.
4 *Kunz/Mundt*, DStR 1997, 664 (665); in diese Richtung wohl auch *Waza* in Waza/Uhländer/Schmittmann, Insolvenzen und Steuern[12], Rz. 947 ff.

Eröffnungsbilanz aufzustellen. Im Unterschied zur Abwicklung im Rahmen eines Liquidationsverfahrens kann im Rahmen eines Insolvenzverfahrens auch auf Dauer eine Fortführung des Unternehmens geplant sein, beispielsweise durch ein Insolvenzplanverfahren. Sogar für den Fall der Abwicklung nach aktienrechtlichen Vorschriften ist entgegen der insoweit unklaren Vorschrift des § 270 AktG ein Wahlrecht anzuerkennen, Schluss- und Eröffnungsbilanzen auf den Beginn der Liquidation aufzustellen oder ein einheitliches Geschäftsjahr beizubehalten. Die Vorgängervorschrift von § 270 AktG, nämlich § 211 Abs. 1 Halbs. 2 AktG (1937) lautete:

„Die Abwickler haben für den Beginn der Abwicklung eine Bilanz (Erfolgsbilanz) und weiterhin für den Schluss jeden Jahres einen Jahresabschluss und einen Geschäftsbericht aufzustellen; das bisherige Geschäftsjahr der Gesellschaft kann beibehalten werden."

Bei der Novellierung von § 211 AktG (1937) durch § 270 AktG (1965) wurde der vorstehend zitierte Halbs. 2 des § 211 Abs. 1 AktG (1937) mit folgender Begründung gestrichen:[1]

„Dass die Gesellschaft das bisherige Geschäftsjahr beibehalten kann, versteht sich von selbst und braucht nicht ausdrücklich bestimmt zu werden. Der Entwurf übernimmt deshalb nicht den zweiten Halbsatz des § 211 Abs. 1 AktG (1937)."

Zu weitgehend erscheint es allerdings, im Hinblick auf das aktienrechtliche Wahlrecht zu unterstellen, der Gesetzgeber habe bei Einführung von § 155 Abs. 2 Satz 1 InsO nicht das

„als selbstverständlich geltende Wahlrecht betreffend der Beibehaltung des bisherigen Geschäftsjahres streichen wollen", und wenn er es gewollt hätte, dann *„hätte es im Hinblick auf die Begründung der Streichung von § 211 Abs. 1 Halbs. 2 AktG (1937) einer expliziten gesetzlichen Regelung bedurft."*[2]

Es trifft zwar zu, dass das Wahlrecht im Wortlaut von § 270 AktG keinen Anhaltspunkt mehr findet, obwohl es anzuerkennen ist. Es geht allerdings zu weit, eine entsprechende Anerkennung auch für den vom aktienrechtlichen Liquidationsverfahren verschiedenen Fall des Insolvenzverfahrens annehmen zu wollen, obwohl es in § 155 InsO und auch in der Gesetzesbegründung hierzu keine Erwähnung findet.[3] Auch für den Fall der Fortführung des Unternehmens im Einzelfall lässt sich § 155 Abs. 2 InsO nicht entsprechend teleologisch reduzieren. Soweit es für die Erstellung einer Schlussbilanz im Einzelfall keinerlei praktisches Bedürfnis gibt, erscheint es vertretbar, dass der Insolvenzverwalter sie gleichwohl nicht erstellt;[4] einen generellen Wegfall des Erfordernisses aus Kostengründen annehmen zu wollen, ist hingegen dogmatisch nicht überzeugend.[5]

3.131 Wird das Unternehmen über den Zeitpunkt der Verfahrenseröffnung hinaus fortgeführt (§ 157 Satz 1 InsO), ist die Schlussbilanz nach den normalen Gliederungs-, Ansatz- und Bewertungsvorschriften zu erstellen, wenn von einer dauerhaften Fort-

---

1 *Kropff*, Aktiengesetz 1965, Regierungsbegründung zu § 270 AktG, S. 360.
2 So aber *Kunz/Mundt*, DStR 1997, 664 (666).
3 So auch *Jaffé* in MünchKomm/InsO[4], § 155 Rz. 5; *Weisang*, BB 1998, 1149 (1151).
4 So auch *Waza* in Waza/Uhländer/Schmittmann, Insolvenzen und Steuern[12], Rz. 948.
5 So aber *Waza* in Waza/Uhländer/Schmittmann, Insolvenzen und Steuern[12], Rz. 948.

führung des Unternehmens auszugehen ist, sei es in Folge eines Insolvenzplanes, sei es durch übertragende Sanierung.

Ist nach Auffassung des Insolvenzverwalters innerhalb eines Zwölf-Monatszeitraums keine Unternehmensfortführung mehr anzunehmen, ist generell von der Going-Concern-Prämisse abzukehren. Hinsichtlich des Zeitpunkts dieser Beurteilung ist grundsätzlich auf den Zeitpunkt der Aufstellung des Jahresabschlusses abzustellen.[1] Dies gilt freilich erst recht, wenn das Unternehmen im Eröffnungszeitpunkt bereits eingestellt ist. Unter diesen Voraussetzungen gilt für die Bewertung die Fortführungsprämisse des § 252 Abs. 1 Ziff. 2 HGB nicht mehr, weil tatsächliche Gegebenheiten – schon vor dem Bilanzstichtag – entgegenstehen und damit das Prinzip der Bewertungsstetigkeit durchbrochen werden muss.[2] Das Anlagevermögen ist grundsätzlich in Umlaufvermögen umzugliedern, soweit die Veräußerung innerhalb eines übersehbaren Zeitraumes beabsichtigt ist (§§ 247 Abs. 2 HGB, 270 Abs. 2 Satz 3 AktG, 71 Abs. 2 Satz 3 GmbHG).[3] Es kommt das strenge Niederstwertprinzip nach § 253 Abs. 3 Satz 3 HGB zur Anwendung. Im Einzelnen gilt dabei Folgendes:

– In Bezug auf die Gliederung der Bilanz bleibt es bei § 266 HGB.

– Bei der Bewertung des abnutzbaren Anlagevermögens sind die Abschreibungszeiträume zu modifizieren; maßgeblich sind nun nur noch die voraussichtlich bis zur endgültigen Abwicklung verbleibenden Jahre, wenn das Anlagevermögen nicht bereits in Umlaufvermögen umzugliedern ist.[4]

– Bei der Bewertung von Umlaufvermögen ist auf den kurzfristigen Abverkauf, also auf gängige Marktpreise abzustellen. Freilich bilden die ursprünglichen Anschaffungs- und Herstellungskosten die Wertobergrenze.

– Die mit der insolvenzrechtlichen Abwicklung verbundenen Verbindlichkeiten (etwa Abfindungszahlungen an ausscheidende Arbeitnehmer) sowie Rückstellungen sind zu passivieren.

– Selbst erstellte immaterielle Vermögensgegenstände des Anlagevermögens bleiben weiterhin nicht aktivierungsfähig. Selbst erstellte immaterielle Vermögenswerte, Firmenwert usw. sind demgegenüber im Rahmen der insolvenzrechtlichen Rechnungslegung im Verzeichnis der Massegegenstände aufzunehmen (Rz. 3.117).

– Rechnungsabgrenzungsposten, die auf dem Abschluss gegenseitiger Verträge basieren, sind erfolgswirksam aufzulösen. Dies gilt auch dann, wenn der Insolvenzverwalter grundsätzlich die Möglichkeit einer Erfüllungswahl gem. § 103 InsO

---

1 *Grashoff*, NZI 2008, 65 (66).
2 *Jaffé* in MünchKomm/InsO[4], § 155 Rz. 7.
3 *Kunz/Mundt*, DStR 1997, 664 (667); *Waza* in Waza/Uhländer/Schmittmann, Insolvenzen und Steuern[12], Rz. 951 ff.; a.A. *Grashoff*, NZI 2008, 65 (68), der eine Umgliederung von Anlage- in Umlaufvermögen nicht vornehmen will, weil dies zu Informationsverlusten und damit zu einem Verstoß gegen den Grundsatz der Bilanzklarheit führen würde; allerdings soll die Bewertung nach den gleichen Maßstäben erfolgen wie bei einer Umgliederung.
4 *Waza* in Waza/Uhländer/Schmittmann, Insolvenzen und Steuern[12], Rz. 956.

hat, denn so lange die Erfüllung nicht gewählt ist, darf von Erfüllung nicht ausgegangen werden.

- Als Rückstellungen sind Abfindungen für Mitarbeiter, etwaige Vertragsstrafen, Rückbau- und Abbruchverpflichtungen mit ihren Nominalbeträgen und Verpflichtungen aus der Beseitigung von Altlasten einzustellen.[1]
- Bisher nicht passivierte Pensionsrückstellungen sind mit dem Barwert zu erfassen.[2]
- Forderungen sind mit ihrem voraussichtlichen Realisierungswert zu bewerten; bisher nicht aktivierte Forderungen (beispielsweise Ansprüche aus Geschäftsführerhaftung, Eigenkapitalersatz etc.) sind grundsätzlich mit ihrem Nominalwert zu aktivieren, sofern nicht Anhaltspunkte für fehlende Werthaltigkeit gegeben sind.
- Alle Verbindlichkeiten sind mit ihrem Nominalwert zu passivieren, unabhängig davon, dass im Insolvenzverfahren mit ihrer vollständigen Befriedigung nicht mehr gerechnet werden kann.
- Soweit die Passivseite die Aktiva übersteigt, ist ein nicht durch Eigenkapital gedeckter Fehlbetrag zu passivieren.

3.133 Die Bedeutung des **Wechsels von der Going-Concern-Prämisse zu Abwicklungswertansätzen** zeigt sich vor allem im **Steuerrecht**. Durch die Zuweisung der aus einer Neubewertung entstehenden Gewinne (Aufdeckung stiller Reserven) zu dem mit der Insolvenzeröffnung ablaufenden Rumpfwirtschaftsjahr sind die darauf beruhenden Steueransprüche bereits im Zeitpunkt der Insolvenzeröffnung begründet und damit Insolvenzforderungen i.S.v. § 38 InsO, auch wenn der Steueranspruch erst mit Ablauf des Veranlagungszeitraums und damit nach Insolvenzeröffnung entsteht (§§ 48 Ziff. c, 49 Abs. 1 KStG, 25 Abs. 1 EStG). Die gegen die Berücksichtigung der Neubewertung im Rahmen der Schlussbilanz für den Bereich der Liquidationsrechnungslegung erhobenen Bedenken gelten für die Schlussbilanz im Rahmen des Insolvenzverfahrens nicht.[3]

3.134 Aus dem Beginn eines neuen Geschäftsjahres (§ 155 Abs. 2 Satz 1 InsO) wird teilweise gefolgert, der Insolvenzverwalter müsse auf den Eröffnungszeitpunkt eine **Eröffnungsbilanz** (§ 154 HGB, § 270 Abs. 1 AktG, § 71 Abs. 1 GmbHG) erstellen.[4] Diese Auffassung ist allerdings abzulehnen.[5] Der Beginn eines neuen Geschäftsjahres erfordert nämlich keine handelsrechtliche Eröffnungsbilanz. § 242 Abs. 1 Satz 1 HGB schreibt die Aufstellung einer Eröffnungsbilanz nur für den Beginn eines Handelsgewerbes vor. Auch aus § 155 Abs. 2 Satz 2 InsO lässt sich nicht mehr schließen, als dass der Insolvenzverwalter Jahresabschlüsse zu erstellen hat. Der Jahresabschluss besteht nach § 242 Abs. 3 HGB aus Bilanz und Gewinn- und Verlustrechnung, erfor-

---

1 *Grashoff*, NZI 2008, 65 (68).
2 *Grashoff*, NZI 2008, 65 (68).
3 Hierzu ausführlich *Jaffé* in MünchKomm/InsO[4], § 155 Rz. 7.
4 *Fritsch* in Koenig[3], § 251 AO Rz. 38; *Loose* in Tipke/Kruse, § 251 AO Rz. 37.
5 *Jaffé* in MünchKomm/InsO[4], § 155 Rz. 8; *Waza* in Waza/Uhländer/Schmittmann, Insolvenzen und Steuern[12], Rz. 945; *Kunz/Mundt*, DStR 1997, 664 (665).

dert aber keine Eröffnungsbilanz. Die Pflicht zur Aufstellung einer Eröffnungsbilanz könnte sich daher allein aus einer Analogie zur Liquidationsrechnungslegung ergeben (für Personenhandelsgesellschaften § 154 HGB, für Kapitalgesellschaften §§ 270 AktG, 71 GmbHG). Eine vergleichbare Situation, die eine Analogie rechtfertigen könnte, liegt aber im Insolvenzfall regelmäßig nicht vor, obwohl die Insolvenzeröffnung freilich die Auflösung von Kapitalgesellschaften bewirkt (§§ 262 Abs. 1 Ziff. 3 AktG, 60 Abs. 1 Ziff. 4 GmbHG). Vielmehr ist zwischen Betriebseinstellung und Unternehmensfortführung zu differenzieren.[1] Die Vorschriften der §§ 270 AktG, 71 GmbHG sind von dem Gedanken der Unternehmenskontinuität geprägt. Der Liquidationsbeschluss führt nämlich nur in Ausnahmefällen zu einer sofortigen Einstellung des Geschäftsbetriebes. Hieraus rechtfertigt sich die Angleichung an die Rechnungslegung der werbenden Gesellschaft.[2] Nur soweit diese für das Liquidationsverfahren typische Lage im Insolvenzfall gegeben ist, ist eine Analogie zulässig, weil nur dann Vergleichbarkeit gegeben ist. Im Fall der Unternehmensfortführung ist aber die Eröffnungsbilanz ohnehin mit der Schlussbilanz identisch (§ 252 Abs. 1 Nr. 1 HGB). Bei sofortiger Zerschlagung ist mangels Vergleichbarkeit eine Analogie zu den Liquidationsrechnungslegungsvorschriften abzulehnen und eine Eröffnungsbilanz daher entbehrlich.[3] Gleichwohl ist der Insolvenzverwalter natürlich darin frei, eine Eröffnungsbilanz auf den Tag der Eröffnung des Insolvenzverfahrens aufzustellen.

cc) Laufende Rechnungslegung während des Insolvenzverfahrens
(1) Laufende Rechnungslegung bei eingestelltem Geschäftsbetrieb

Ist der Geschäftsbetrieb des Insolvenzschuldners bei Verfahrenseröffnung bereits vollständig und endgültig eingestellt, so entfallen die laufenden Buchführungs- und Bilanzierungspflichten. 3.135

Ein Kaufmann **verliert** durch die Geschäftseinstellung **die Kaufmannseigenschaft** aus § 1 Abs. 1 HGB, weil es dann an dem Erfordernis eines in kaufmännischer Weise eingerichteten und ausgeübten Gewerbebetriebes fehlt (§ 1 Abs. 2 HGB). Selbst wenn der Einzelkaufmann im Handelsregister eingetragen ist, ändert sich hieran nichts, weil mangels *dauernder* Gewinnerzielungsabsicht kein Gewerbe mehr vorliegt.[4] Unerheblich ist dabei, dass der Insolvenzverwalter freilich eine möglichst optimale Verwertung der Insolvenzmasse herbeizuführen hat und in diesem Zusammenhang auch massezugehörige Gegenstände aus dem ehemaligen Geschäftsbetrieb des Schuldners veräußert.[5] Denn selbst wenn nicht nur Inventar, sondern auch Waren und Vorräte im Rahmen der Verwertung abverkauft werden, so ändert das nichts daran, dass es an einem Gewerbe fehlt, das auf Dauer zur Gewinnerzielung betrieben 3.136

---

1 So zu Recht *Jaffé* in MünchKomm/InsO[4], § 155 Rz. 8.
2 Begr. zu § 270 AktG, Art. 2, Nr. 60 des RegE eines Bilanzrichtliniengesetzes, abgedruckt bei *Biener/Berneke*, Bilanzrichtliniengesetz, 1986, 527.
3 *Jaffé* in MünchKomm/InsO[4], § 155 Rz. 8.
4 So zutr. *Jaffé* in MünchKomm/InsO[4], § 155 Rz. 9; *Grashoff*, NZI 2008, 65 (66); a.A. *Boochs/Dauernheim*, Steuerrecht in der Insolvenz[3], S. 242.
5 *Jaffé* in MünchKomm/InsO[4], § 155 Rz. 9.

wird und geeignet ist. Zu einem solchen Gewerbe ist nämlich mehr erforderlich als ein Abverkauf von Gegenständen; es ist vielmehr ein lebender Organismus vonnöten, der auch die Herstellungs- oder Beschaffungsseite abdeckt. Aus diesem Grund kann anderslautenden Auffassungen[1] nicht gefolgt werden. Für Personenhandelsgesellschaften ergibt sich das gleiche Ergebnis aus analoger Anwendung der §§ 154, 161 Abs. 2 HGB.[2]

3.137 Bei **Kapitalgesellschaften** soll die Buchführungs- und Bilanzierungspflicht hingegen nach verbreiteter Auffassung auch dann **fortbestehen**, wenn der Geschäftsbetrieb des Schuldners bereits bei Verfahrenseröffnung eingestellt war.[3] Nach zustimmungswürdiger Auffassung hingegen entfällt die Buchführungs- und Bilanzierungspflicht bei kleineren und mittleren Kapitalgesellschaften in solchen Fällen.[4] In Bezug auf die Größenklassen ist § 267 HGB analog heranzuziehen.[5] Dies entspricht zwar einer durchaus vielerorts gelebten Praxis,[6] sollte sich aber auch nunmehr theoretisch durchsetzen.

3.138 Insoweit sind die §§ 238 ff. HGB teleologisch zu reduzieren. Im Insolvenzverfahren lässt sich kein vernünftiger Sinn einer Buchführung und Bilanzierung für eine Kapitalgesellschaft finden, die zu keinem Zeitpunkt während des Insolvenzverfahrens gewerblich tätig war. Außerhalb des Insolvenzverfahrens haben die Buchführungs- und Bilanzierungspflichten vor allem die Aufgaben,

– den Kaufmann über die Ertragslage seines Unternehmens zu informieren,

– den Gesellschaftern Informationen zur Kontrolle der Organe zur Verfügung zu stellen und ihnen die Gewinnverteilung zu ermöglichen,

– Fremdkapitalgeber im Hinblick auf die Ertragslage und das vorhandene Vermögen zu informieren und

– dem Fiskus eine Grundlage für die steuerliche Gewinnermittlung zu bieten.

3.139 Soweit diese Zielsetzungen im Insolvenzverfahren bei eingestellten Geschäftsbetrieben überhaupt einen Sinn ergeben, werden sie **vollständig** durch die **insolvenzrechtliche Rechnungslegung** ersetzt. Es braucht niemand mehr über die Ertragslage des schuldnerischen Unternehmens informiert zu werden, weder die Organe der insolvenzschuldnerischen Kapitalgesellschaft, noch der Insolvenzverwalter, denn die Ertragskraft ist nach der Einstellung gleich Null. Die Gesellschafter brauchen die Geschäftsführung nicht mehr zu kontrollieren, weil die Geschäftsführung keine Vermögensverwaltungsbefugnis mehr hat (§ 80 InsO). Die Frage nach Gewinnverteilung

---

1 *Klasmeyer/Kübler*, BB 1978, 369 (370); *Boochs/Nickel* in FrankfurterKomm/InsO[9], § 155 Rz. 23.
2 *Jaffé* in MünchKomm/InsO[4], § 155 Rz. 10.
3 LG Frankfurt/O. v. 4.9.2006 – 32 T 12/05, NZI 2007, 294 (295); *Klasmeyer/Kübler*, BB 1978, 369 (370); *Boochs/Nickel* in FrankfurterKomm/InsO[9], § 155 Rz. 23.
4 *Jaffé* in MünchKomm/InsO[4], § 155 Rz. 11; *Frege/Keller/Riedel*, Insolvenzrecht[8], Rz. 1121; *Kuntz/Mundt*, DStR 1997, 664, (669 ff.); *Heni*, WPg 1990, 92 (98 ff.).
5 *Jaffé* in MünchKomm/InsO[4], § 155 Rz. 11.
6 *Förster*, ZIP 1997, 344 (344); *Jaffé* in MünchKomm/InsO[4], § 155 Rz. 11.

stellt sich ebenfalls nicht mehr, weil sie zwar noch Gewinnverwendungsbeschlüsse fassen könnten (insoweit ist die Organkompetenz der Gesellschafterorgane durch die Insolvenzeröffnung nicht derogiert), aber zu einer Gewinnausschüttung könnte es nicht mehr kommen, weil das Vermögen der Kapitalgesellschaft vollständig der Haftungsverwirklichung der Insolvenzgläubiger zugewiesen ist und Gesellschafter nur nachrangig bedient werden können (§§ 38, 39 InsO). Kreditgewährungen kommen im Insolvenzverfahren allenfalls bei operativ tätigen Insolvenzschuldnern beispielsweise zur Überbrückung von Liquiditätslücken bei aufwendiger Produktion in Frage, nicht aber dann, wenn der Geschäftsbetrieb vollständig eingestellt ist. Einer Information von Fremdkapitalgebern bedarf es mithin nicht mehr. Auch denjenigen Personen, die mit dem Insolvenzverwalter kontrahieren und Masseforderungen i.S.v. § 55 InsO erlangen, nutzt eine handelsrechtliche Buchführung und Bilanzierung nichts, wenn sie sich ein Bild darüber verschaffen wollen, ob denn gute Aussicht besteht, dass die Insolvenzmasse auch zur Begleichung der Masseverbindlichkeiten ausreichen und nicht alsbald Masseunzulänglichkeit (§ 208 InsO) eintreten wird. Masseunzulänglichkeit ergibt sich nämlich oft sehr kurzfristig; auch besteht sie vielmals nur in einer Liquiditätsunterdeckung. Jährliche Bilanzierung hilft hier wenig. Der um seine Masseforderung besorgte Gläubiger wird daher den Insolvenzverwalter über die Vermögens- und Liquiditätslage der Insolvenzmasse befragen und dabei stichhaltige und zuverlässige Informationen darüber erhalten, ob er bei Begründung einer Forderung gegen die Masse ein Risiko eingeht oder nicht. Ertragsteuerlich ist das Liquidationsanfangs- mit dem Liquidationsendvermögen zu vergleichen (§ 11 Abs. 2 und 7 KStG, 7 GewStG, 16 GewStDV). Eine jährliche Gewinnermittlung entfällt also. Umsatzsteuervoranmeldungen können auch auf der Grundlage der insolvenzrechtlichen Einnahmen-/Ausgabenrechnung erstellt werden.

Die handelsrechtliche Rechnungslegung wird also zumindest bei **kleineren** und **mittleren Kapitalgesellschaften** vollständig durch die insolvenzrechtliche Rechnungslegung (Rz. 3.139) ersetzt, wenn der schuldnerische Geschäftsbetrieb bereits bei Insolvenzverfahrenseröffnung eingestellt war. *Füchsl/Weishäupl* weisen zu Recht darauf hin, dass die zusätzliche handelsrechtliche Buchführungs- und Bilanzierungsverpflichtung sogar insolvenzzweckwidrig wäre, weil sie eine „Arbeitsbeschaffungsmaßnahme für Wirtschaftsprüfer und Steuerberater" darstellt, erhebliche Kosten verursacht, die die Quote der Insolvenzgläubiger verringert,[1] ohne ihnen einen Mehrwert gegenüber der insolvenzrechtlichen Rechnungslegung zu bringen und sich für den Insolvenzrechtspfleger ein unnötiger zusätzlicher Prüfungsaufwand ergibt.[2] Der Hinweis von *Uhländer*, die „theoretischen Erörterungen" um die Frage nach einer Einschränkung der handels- und steuerrechtlichen Buchführungspflichten im In-

3.140

---

1 Auch *Waza/Uhländer/Schmittmann*, Insolvenzen und Steuern[12], Rz. 1004 räumt ein, dass die Rechnungslegungskosten ein Argument seien, das für die einschränkende Auslegung der Rechnungslegungspflichten spricht; *Uhländer* gelangt dann aber aufgrund „öffentlicher Interessen" zu der Auffassung, jedenfalls für nicht massearmen Verfahren komme eine Einschränkung der handelsrechtlichen Rechnungslegungspflichten nicht in Betracht.
2 *Jaffé* in MünchKomm/InsO[4], § 155 Rz. 14 bzw. *Füchsl* in der Vorauflage: MünchKomm/InsO[3], § 155 Rz. 14.

solvenzverfahren „gehen an der Wirklichkeit vorbei, wenn die Masse die Kosten für die Rechnungslegung gar nicht tragen kann oder sich dadurch erschöpft", verstellt das Problem solch kleiner Verfahren. Gerade hier zeigt sich die Insolvenzzzweckwidrigkeit offenkundig: Müsste der Insolvenzverwalter die handelsrechtlichen Buchführungspflichten im allgemeinen Umfange erfüllen, so müssten Verfahren mit einer Masse um Euro 5 000 herum nahezu regelmäßig nach § 211 InsO oder gar mangels Masse nach § 207 InsO eingestellt werden bzw. könnten erst gar nicht eröffnet werden. Der Intention des Insolvenzrechtsgesetzgebers entspricht es, u.a. die niedrige Eröffnungsquote des Konkursrechts zu erhöhen.[1] Dies ist auch gelungen. Während unter der Geltung der Konkursordnung etwa 75 % der Konkursanträge mangels Masse abgewiesen werden mussten,[2] liegt die Abweisungsquote heute unter 30 %.[3] Dies ist u.a. darauf zurückzuführen, dass viele Insolvenzverfahren, für die eine Insolvenzmasse von etwa Euro 3 500 im Eröffnungsverfahren prognostiziert wird, eröffnet werden können. Dieser Betrag reicht in der Regel aus, um die Mindestverfahrenskosten (bestehend aus der Vergütung und den Auslagen des vorläufigen Insolvenzverwalters und des Insolvenzverwalters im eröffneten Verfahren sowie die Gerichts- und Veröffentlichungskosten) zu decken. Die Erfahrung zeigt, dass in vielen solcher Insolvenzverfahren, die mit derart knapp kalkulierter Verfahrenskostendeckung eröffnet wurden, im Laufe eines Insolvenzverfahrens durchaus noch nicht unerhebliche Vermögensgegenstände auftauchen können, die freilich nur in Folge der Eröffnung des Insolvenzverfahrens den Gläubigern zugeführt werden können. Sähe man den Insolvenzverwalter allerdings auch bei kleinen Kapitalgesellschaften, deren Geschäftsbetrieb bereits bei Verfahrenseröffnung vollständig eingestellt ist, als zur uneingeschränkten handelsrechtlichen Buchführung und Bilanzierung verpflichtet an, so müsste von vornherein mit Steuerberatungskosten i.H.v. mindestens Euro 1 500 gerechnet werden. Diese wären zwar vom Grundsatz her nicht Verfahrenskosten i.S.v. §§ 54, 26 InsO, sondern lediglich Masseverbindlichkeiten. Sie müssten aber faktisch wie Verfahrenskosten behandelt werden, denn es könnte wohl kaum angehen, dass der Insolvenzverwalter einem Steuerberater, wenn die Masse zur Deckung seines Honorars nicht ausreicht, den Auftrag zu Buchführung und Jahresabschlusserstellung erteilen muss, um dann die Masseunzulänglichkeit anzuzeigen und ihn mit seinem Honoraranspruch ausfallen zu lassen.[4] In Folge dessen würde man den Insolvenzverwalter in solchen Konstellationen als berechtigt ansehen müssen, den Steuerberater selbst zu beauftragen und die entstehenden Kosten als Auslagen des Insolvenzverwalters nach § 8 InsVV gegen die Masse geltend zu machen. Wollte man den Insolvenzverwalter in solchen Konstellationen stattdessen als verpflichtet ansehen, die Kosten eines Steuerberaters einzusparen und die handelsrechtlichen Buchführungs-

---

[1] *Mönning* in Nerlich/Römermann, Vorbemerkung vor §§ 11 bis 34 InsO Rz. 4.
[2] *Buth/Hermanns*, Restrukturierung, Sanierung, Insolvenz[4], § 27 Rz. 6.
[3] *Kraemer* in Beck/Depré, Praxis der Insolvenz[3], § 13 Rz. 4 ff.
[4] Siehe hierzu auch OLG Koblenz v. 9.4.1992 – 5 U 471/91, ZIP 1993, 52 = DStR 1993, 71 (71) wonach der Verwalter nicht pflichtwidrig handelt, wenn er in massearmen Verfahren keine Buchführungsarbeiten vergibt, die zweifellos nur zu einer Schmälerung der Masse führen.

pflichten selbst zu erfüllen bzw. durch eigenes Personal erfüllen zu lassen,[1] so stünde ihm dafür ein Zuschlag zu seiner Vergütung gem. § 3 InsVV zu,[2] dessen Höhe sich wiederum an den Steuerberaterkosten zu orientieren hätte.[3] Somit wären die Steuerberatungskosten Verfahrenskosten i.S.v. §§ 54, 26 InsO mit der Folge, dass Verfahren mit einer prognostizierten Masse unter Euro 5000 praktisch nicht eröffnet werden könnten. Das geht nicht nur am Ziel des Insolvenzrechtsgesetzgebers vorbei, sondern läuft auch dem berechtigten Interesse der Insolvenzgläubiger an einer geordneten Vermögensabwicklung und Verteilung des Restvermögens zuwider.

Für den Insolvenzverwalter stellt sich allerdings in der Praxis ein nicht zu unterschätzendes Dilemma: Solange die Frage des Umfangs handelsrechtlicher Rechnungslegungspflichten nicht höchstrichterlich geklärt ist, muss er damit rechnen, dass eine Nichterfüllung der Rechnungslegungspflichten zu einer **Steuerschätzung** der Finanzverwaltung führen kann.[4] Daraus kann dem Insolvenzverwalter eine persönliche **Haftung gem. § 60 InsO** drohen, weil die Insolvenzmasse pflichtwidrig geschmälert wird. Außerdem kann der Insolvenzverwalter möglicherweise sogar nach § 69 AO persönlich in Haftung genommen werden, wenn in Folge unterbliebener Rechnungslegung Steueransprüche nicht oder nicht rechtzeitig festgesetzt oder erfüllt werden können.[5]

3.141

Nach der Auffassung des LG Frankfurt/O. kommt gem. §§ 325, 325a, 335 HGB die Festsetzung eines Ordnungsgeldes gegen den Insolvenzverwalter in Betracht, wenn er den Jahresabschluss für die insolvente Kapitalgesellschaft nicht offenlegt.[6] Dazu muss er ihn freilich erstellen bzw. erstellen lassen, wozu das LG Frankfurt/O. ihn auch als verpflichtet ansieht.[7] Das LG Frankfurt/O. übersieht dabei allerdings, dass der Insolvenzverwalter zwar grundsätzlich die handelsrechtlichen Buchführungspflichten der Schuldnerin übernimmt (§ 155 InsO), dadurch aber nicht zum gesetzlichen Vertreter der Insolvenzschuldnerin wird. Daher bleiben, wie das LG Bonn nunmehr zutreffend entschieden hat,[8] Geschäftsführer bzw. Vorstände einer in Insolvenz befindlichen Kapitalgesellschaft zur Offenlegung des Jahresabschlusses trotz Insolvenzeröffnung verpflichtet. Die Offenlegungspflicht trifft hingegen nicht den Insol-

3.142

---

1 So die in diesem Zusammenhang mitunter zitierten Entscheidungen des BFH v. 8.8.1995 – VII R 25/94, ZIP 1996, 430 = BFH/NV 1996, 13 ff. und BFH v. 23.8.1994 – VII R 143/92, BStBl. II 1995, 194 = ZIP 1994, 1969 = DStR 1995, 18 (19); v. 19.11.2007 – VII B 104/07, BFH/NV 2008, 334 ff., die allerdings nicht danach differenzieren, ob der Geschäftsbetrieb des Insolvenzschuldners bei Verfahrenseröffnung bereits eingestellt war oder nicht und auch nicht danach, ob der Geschäftsbetrieb bei Eintritt der Massearmut noch fortgeführt wurde oder nicht.
2 *Jaffé* in MünchKomm/InsO[4], § 155 Rz. 40; *Haarmeyer/Mock*, InsVV[6], § 3 Rz. 100.
3 *Jaffé* in MünchKomm/InsO[4], § 155 Rz. 40; *Förster*, ZInsO 2000, 444 (445).
4 Hierzu *Uhländer* in Waza/Uhländer/Schmittmann, Insolvenzen und Steuern[12], Rz. 1006.
5 *Uhländer* in Waza/Uhländer/Schmittmann, Insolvenzen und Steuern[12], Rz. 1005.
6 LG Frankfurt/O. v. 4.9.2006 – 32 T 12/05, NZI 2007, 294 (295).
7 LG Frankfurt/O. v. 4.9.2006 – 32 T 12/05, NZI 2007, 294 (295).
8 LG Bonn v. 16.9.2009 – 30 T 366/09, ZIP 2009, 2107 = NZI 2009, 781 (781).

venzverwalter.[1] Gegen die gesetzlichen Vertreter kann allerdings in der Regel kein **Ordnungsgeld** festgesetzt werden, wenn sie ihrer fortbestehenden Verpflichtung zur **Offenlegung von Jahresabschlüssen** nicht nachkommen. Die Festsetzung eines Ordnungsgeldes nach § 335 Abs. 3 Satz 4 HGB setzt **Verschulden** voraus, weil sie das Unterlassen der rechtzeitigen Offenlegung der Jahresabschlussunterlagen nachträglich sanktioniert.[2] Die gesetzlichen Vertreter der insolventen Kapitalgesellschaft können auf das Vermögen der Kapitalgesellschaft nach Insolvenzeröffnung nicht mehr zugreifen, um die Kosten der Offenlegung des Jahresabschlusses zu finanzieren, weil die Verwaltungs- und Verfügungsbefugnis bezüglich des Vermögens gem. § 80 InsO auf den Insolvenzverwalter übergegangen ist. Dies gilt lediglich dann nicht, wenn in Folge einer Freigabe von Vermögensgegenständen aus der Insolvenzmasse durch den Insolvenzverwalter insolvenzfreies Vermögen geschaffen worden ist, über das die gesetzlichen Vertreter die Verfügungsbefugnis zurückerhalten haben.[3] Fehlt es daran (wie im Regelfall), so haben die gesetzlichen Vertreter keinen Zugriff auf finanzielle Mittel der Kapitalgesellschaft. Bei der Offenlegungspflicht aus § 325 HGB handelt es sich nicht um eine originäre (private) Pflicht der gesetzlichen Vertreter, sondern um eine auf Grund ihrer Vertreterstellung von der Kapitalgesellschaft abgeleitete Pflicht.[4] Sofern sie die Kosten für die Offenlegung aus Mitteln der Kapitalgesellschaft in Folge der Eröffnung des Insolvenzverfahrens nicht mehr aufbringen können, trifft sie hieran kein Verschulden. Sie hätten insoweit nicht einmal Rücklagen vorhalten können, weil diese ebenfalls unter den Vermögensbeschlag des § 80 InsO fallen würden. Zur Aufwendung der nötigen Kosten aus ihrem Privatvermögen sind die gesetzlichen Vertreter auch nicht verpflichtet.[5]

3.143 Andererseits kann die Beauftragung eines Steuerberaters mit der handelsrechtlichen Rechnungslegung ebenfalls Schadensersatzansprüche gegen den Insolvenzverwalter gem. § 60 InsO auslösen, wenn man ihn zur handelsrechtlichen Rechnungslegung nicht verpflichtet ansieht, weil er dann die mit der Beauftragung des Steuerberaters verbundenen Kosten nicht hätte aufwenden dürfen und die Masse hierdurch insolvenzzweckwidrig geschmälert hat.

(2) Laufende Rechnungslegung bei Betriebsfortführung

3.144 **Geschäftsjahr:** Wird ein zur Insolvenzmasse gehörendes Unternehmen nach Eröffnung des Insolvenzverfahrens (wenn auch nur zeitweilig) fortgeführt, so sind im

---

1 Dies entspricht inzwischen weit überwiegender Auffassung, vgl. nur *Grashoff*, NZI 2008, 65 (69); *Holzer*, ZVI 2007, 401 (405); LG Frankfurt/M. v. 1.10.2007 – 3-16 T 30/07, ZIP 2007, 2325 ff.
2 LG Bonn v. 30.6.2008 – 11 T 48/07, juris; BVerfG v. 11.3.193009 – 1 BvR 3413/08, NJW 2009, 2588 (2589) = NZG 2009, 874 (875); LG Bonn v. 2.4.2015 – 33 T 611/14, juris; LG Bonn v. 16.3.2015 – 37 T 171/15, juris.
3 LG Bonn v. 16.9.2009 – 30 T 366/09, ZIP 2009, 2107 = NZI 2009, 781 (782).
4 LG Bonn v. 16.9.2009 – 30 T 366/09, ZIP 2009, 2107 = NZI 2009, 781 (782).
5 LG Bonn v. 16.9.2009 – 30 T 366/09, ZIP 2009, 2107 = NZI 2009, 781 (782); OLG Köln v. 14.7.2016 – 28 Wx 6/16, juris.

Grundsatz die handelsrechtlichen Rechnungslegungsvorschriften nach § 238 HGB i.V.m. § 155 InsO zu beachten.

Mit der Eröffnung des Insolvenzverfahrens beginnt ein neues Geschäftsjahr, § 155 Abs. 2 Satz 1 InsO. Der Insolvenzverwalter kann allerdings stattdessen zum bisherigen Geschäftsjahr zurückkehren. Wird das bisherige Geschäftsjahr beibehalten, ist ein weiteres Rumpfgeschäftsjahr zwischen dem Tag der Insolvenzeröffnung und dem regulären Ende des vor der Verfahrenseröffnung beginnenden Geschäftsjahres zu bilden.[1] Es ist hierfür bei Kapitalgesellschaften kein Hauptversammlungs- oder Gesellschafterbeschluss erforderlich, weil das in der Satzung oder im Gesellschaftsvertrag festgelegte Geschäftsjahr beibehalten wird (§§ 179 Abs. 1 AktG, 53 Abs. 1 GmbHG) und damit keine Satzungsänderung vorliegt.[2] Will der Insolvenzverwalter hingegen im Falle einer in ein laufendes Geschäftsjahr fallenden Insolvenzeröffnung ein neues, volle zwölf Monate umfassendes Geschäftsjahr beginnen, so ist hierzu eine Satzungsänderung erforderlich. Gemäß § 155 Abs. 2 Satz 2 InsO werden die gesetzlichen Fristen für Aufstellung und Offenlegung des Jahresabschlusses um die Zeit zwischen der Eröffnung des Insolvenzverfahrens und dem Berichtstermin verlängert. Zum dreijährigen Liquidationszeitraum s. Rz. 3.161.

3.145

Jahresabschlüsse: Für Einzelkaufleute und Personenhandelsgesellschaften ergibt sich die Pflicht, Jahresabschlüsse aufzustellen, aus §§ 238 ff. HGB, für Kapitalgesellschaften aus §§ 270 AktG, 71 GmbHG. Die Pflicht zur Aufstellung dieser Abschlüsse obliegt während des Insolvenzverfahrens dem Insolvenzverwalter, § 155 InsO. Für die Bewertung der Bilanzposten gelten die für die Schlussbilanz der werbenden Gesellschaft anzuwendenden Maßstäbe entsprechend (Rz. 3.131).

3.146

Gewinn- und Verlustrechnung: Auch für die nach Insolvenzeröffnung liegenden Geschäftsjahre ist eine Gewinn- und Verlustrechnung aufzustellen. Dafür gelten die gleichen Regeln wie für werbende Gesellschaften (§§ 242 ff., 265, 275, 277 HGB). Allerdings sind Besonderheiten zu berücksichtigen, die sich daraus ergeben, dass neben die Betriebsfortführung in aller Regel zumindest auch Verwertungsmaßnahmen treten, die nicht den gewöhnlichen Geschäftsgang des Unternehmens betreffen und bestimmte Geschäfte und Erlöse Zeiträume vor Insolvenzeröffnung betreffen, andere originäre Vorgänge aus der Fortführung im Rahmen des Insolvenzverfahrens sind. Jedenfalls Erträge aus Verwertungen (insbesondere des Anlagevermögens) und sonstige Erträge (beispielsweise aus insolvenzbedingter Auflösung einer Steuerrückstellung) müssen gesondert ausgewiesen werden.[3] Bei den Aufwendungen sollten die typischerweise mit Abwicklungsmaßnahmen zusammenhängenden Kosten separiert ausgewiesen werden, also etwa Gutachter- und Verwertungskosten. Außerdem sollten die Erträge und Aufwendungen aus der Abwicklung des vorinsolvenzlichen Vermögensbestandes und der originären Betriebsfortführungstätigkeit des Insolvenzverwalters separat ausgewiesen werden. Nur so kann der wirtschaftliche Wert einer Betriebsfortführung durch den Insolvenzverwalter einigermaßen objektiv dargestellt

3.147

---
1 *Jaffé* in MünchKomm/InsO[4], § 155 Rz. 18.
2 *Jaffé* in MünchKomm/InsO[4], § 155 Rz. 18.
3 *Uhländer* in Waza/Uhländer/Schmittmann, Insolvenzen und Steuern[12], Rz. 959.

werden. Sofern also angearbeitete Aufträge bei Insolvenzeröffnung vorhanden waren und der Insolvenzverwalter insoweit die Erfüllung des Vertrages gem. § 103 InsO wählt, so ist der nach Insolvenzeröffnung von dem Kunden bezahlte Kaufpreis aufzuteilen in Ertrag aus Verwertung (des angearbeiteten Werkstücks) und Ertrag aus der Betriebsfortführung, denn nur so gelingt eine objektive Gegenüberstellung insbesondere mit den Kosten, die der Insolvenzverwalter etwa für Materialeinkauf zur Fertigstellung des angearbeiteten Werkstücks aufgewendet hat.

3.148 **Anhang:** Der Jahresabschluss muss einen Anhang enthalten, § 284 Abs. 2 Ziff. 1 HGB, in dem vor allem eine Erläuterung der Bilanzierungs- und Bewertungsmethoden erfolgt. Dabei ist insbesondere dazu Stellung zu nehmen, in wie weit in Bezug auf Bilanzierungs- und Bewertungsmethoden Abweichungen zu vorangehenden Jahresabschlüssen gegeben sind.

3.149 **Lagebericht:** Für mittelgroße und große Kapitalgesellschaften hat der Insolvenzverwalter einen Lagebericht gem. § 289 HGB aufzustellen (§ 264 Abs. 1 Satz 1 HGB i.V.m. § 155 Abs. 1 Satz 1 InsO). Für kleine Kapitalgesellschaften i.S.v. § 267 Abs. 1 HGB gilt diese Pflicht nicht (§ 264 Abs. 1 Satz 4 HGB). Die vom Insolvenzverwalter im Rahmen der laufenden insolvenzrechtlichen Berichterstattung gegenüber dem Insolvenzgericht, vgl. § 58 InsO und Rz. 3.112, erteilten Sachstandsberichte dürften in aller Regel die Anforderungen des § 289 Abs. 1 HGB erfüllen, so dass ein doppelter Aufwand vermeidbar ist.[1] Da Einzelkaufleute und Personenhandelsgesellschaften, bei denen mindestens ein persönlich haftender Gesellschafter eine natürliche Person ist, handelsrechtlich nicht verpflichtet sind, einen Lagebericht aufzustellen, ist auch der über ihr Vermögen bestellte Insolvenzverwalter nicht verpflichtet, einen solchen aufzustellen.

3.150 **Abschlussprüfung und Offenlegung:** Die Abschlüsse von Einzelkaufleuten und Personenhandelsgesellschaften sind grundsätzlich nicht prüfungs- und offenlegungspflichtig.[2] Bei mittelgroßen und großen Kapitalgesellschaften i.S.v. § 267 Abs. 1 HGB ist der Jahresabschluss hingegen durch einen Abschlussprüfer zu prüfen (§§ 316 ff. HGB i.V.m. § 155 Abs. 1 InsO).

Hinweis:

Eine Befreiung von der Prüfungspflicht kommt entsprechend §§ 270 Abs. 3 AktG, 71 Abs. 3 GmbHG in Betracht, wenn die Verhältnisse so überschaubar sind, dass eine Prüfung der Verhältnisse im Gläubiger- und Aktionärs- bzw. Gesellschafterinteresse nicht geboten ist.[3] Dies ist insbesondere dann anzunehmen, wenn der Geschäftsbetrieb des Insolvenzschuldners während des gesamten Zeitraumes, auf den sich der Jahresabschluss bezieht, eingestellt war. Für die Befreiung ist wie auch außerhalb eines Insolvenzverfahrens das Registergericht zuständig,[4]

---

1 So auch *Uhländer* in Waza/Uhländer/Schmittmann, Insolvenzen und Steuern[12], Rz. 964.
2 Ausnahmen bestehen für große Einzelkaufleute und Personenhandelsgesellschaften nach § 9 Abs. 2 Publizitätsgesetz (PublG).
3 *Jaffé* in MünchKomm/InsO[4], § 155 Rz. 21; *Boochs/Dauernheim*, Steuerrecht in der Insolvenz[3], S. 276.
4 *Uhländer* in Waza/Uhländer/Schmittmann, Insolvenzen und Steuern[12], Rz. 974; *Boochs/Dauernheim*, Steuerrecht in der Insolvenz[3], S. 276.

nicht das Insolvenzgericht.¹ Das Registergericht wird dem Antrag in aller Regel stattgeben, weil die Prüfung des Jahresabschlusses neben der ohnehin vorzunehmenden Prüfung der insolvenzrechtlichen Rechnungslegung durch Gläubigerausschuss und Insolvenzgericht ihren Zweck verliert, die Gläubigerinteressen zu wahren.² Eine Befreiung von der Prüfungspflicht für Geschäftsjahre vor der Insolvenzeröffnung kommt allerdings grundsätzlich nicht in Betracht,³ auch nicht für den letzten Jahresabschluss der werbenden Gesellschaft.

Eine Befreiung von der Prüfungspflicht kann auch dadurch eintreten, dass die Gesellschaft auf einen kleingewerblichen Umfang gem. § 1 Abs. 2 HGB herabsinkt, wodurch sie zur kleinen Kapitalgesellschaft i.S.v. § 267 Abs. 1 HGB wird.

Streitig ist, **durch wen der Abschlussprüfer gem. § 318 Abs. 1 Satz 1 HGB im Insolvenzverfahren gewählt wird.** Einerseits wird vertreten, das Wahlrecht gehe auf die Gläubigerversammlung über, weil die Gesellschafterversammlung ihre Entscheidungsbefugnis über die Insolvenzmasse verloren habe.⁴ Andererseits wird vertreten, das Wahlrecht stehe auch in der Insolvenz der Gesellschafterversammlung zu.⁵ Dabei ist letzterer Auffassung zu folgen. Im Insolvenzverfahren bleibt es nämlich bei der allgemeinen gesellschaftsrechtlichen Kompetenzzuordnung und damit bei den gesellschaftsrechtlichen Organzuständigkeiten.⁶ Lediglich die Verwaltungs- und Verfügungsbefugnis bezüglich des Vermögens des Insolvenzschuldners geht auf den Insolvenzverwalter gem. § 80 InsO über. Damit ist im Wesentlichen die Verfügungsmacht des Vorstands bzw. Geschäftsführers beschnitten, nicht aber die Kompetenz der Gesellschafterversammlung. Diese ist nach wie vor voll funktionsfähig: Sie kann beispielsweise trotz Insolvenzeröffnung einen Geschäftsführer abberufen und einen neuen bestellen (der allerdings freilich auch keine Verfügungsbefugnis hätte, was aber in Fällen durchaus relevant werden kann, in denen der Insolvenzverwalter Massegegenstände aus der Insolvenzmasse freigegeben hat), sie kann Kapitalerhöhungen beschließen (beispielsweise um die Grundlage für einen Insolvenzplan zu schaffen), sie kann Geschäftsführern Entlastung erteilen usw. Die Gesellschafterversammlung braucht auch keine „Entscheidungsbefugnis über die Insolvenzmasse", um zur Wahl des Abschlussprüfers berufen zu sein. Erstens hat sie eine Entscheidungsbefugnis über das Vermögen einer Kapitalgesellschaft auch außerhalb des Insolvenzverfahrens auch nur höchst mittelbar durch Einflussnahme auf den zur Verfügung über das Vermögen der Gesellschaft berufenen Geschäftsführer (bei Aktiengesellschaften, deren Vorstand von Weisungen der Hauptversammlung frei ist, wohl eher gar nicht). Zweitens ist eine solche Entscheidungsbefugnis auch gar nicht erforderlich, weil es um eine ordnungsgemäße Abbildung der Ertrags- und Vermögenslage der Gesellschaft geht (also nicht nur der Aktiva, die zur Insolvenzmasse gehören), und nicht um eine Einflussnahme auf zur Insolvenzmasse gehörende Gegenstände. Demnach

3.151

---

1 So aber *Kunz/Mundt*, DStR 1997, 664, (668).
2 *Uhländer* in Waza/Uhländer/Schmittmann, Insolvenzen und Steuern¹², Rz. 974.
3 OLG München v. 10.8.2005 – 31 Wx 61/05, 31 Wx 061/05, DB 2005, 2013.
4 *Uhländer* in Waza/Uhländer/Schmittmann, Insolvenzen und Steuern¹², Rz. 973; so auch *Kunz/Mundt*, DStR 1997, 664, (668).
5 *Boochs/Dauernheim*, Steuerrecht in der Insolvenz³, S. 275; *Boochs/Nickel* in Frankfurter-Komm/InsO⁹, § 155 Rz. 244.
6 *Jenal* in Beck/Depré, Praxis der Insolvenz³, § 31 Rz. 87.

bleibt es auch im Insolvenzverfahren dabei, dass das Wahlrecht gem. § 318 Abs. 1 Satz 1 HGB grundsätzlich der Gesellschafterversammlung zusteht. Sieht der Gesellschaftsvertrag vor, dass das Wahlrecht dem Geschäftsführer zusteht, so geht es im Insolvenzverfahren auf den Insolvenzverwalter über.[1] Ausgeschlossen ist dabei, dass sich der Insolvenzverwalter selbst zum Abschlussprüfer wählt, selbst wenn er über die Berufszulassung als Wirtschaftsprüfer verfügt.[2]

3.152 Die **Auftragserteilung an den Abschlussprüfer** erfolgt entsprechend § 318 Abs. 1 Satz 4 HGB durch den Insolvenzverwalter.

3.153 Auch im Insolvenzverfahren besteht die **Offenlegungspflicht** aus § 325 HGB. Die Offenlegungspflicht gilt grundsätzlich nicht für die Abschlüsse von Einzelunternehmen und Personenhandelsgesellschaften. Anders als die Prüfungspflicht besteht die Offenlegungspflicht auch für kleine Kapitalgesellschaften i.S.v. § 267 Abs. 1 HGB, allerdings mit der Möglichkeit der Inanspruchnahme von Erleichterungen gem. § 326 HGB. Die Offenlegungspflicht trifft allerdings nicht den Insolvenzverwalter, weil er nicht zum gesetzlichen Vertreter der insolventen Gesellschaft wird, sondern bleibt weiterhin bei den zur Vertretung berufenen Geschäftsführern bzw. Vorständen.[3] Zustimmungswürdig ist diejenige Auffassung, die eine Befreiungsmöglichkeit für die Offenlegungspflicht analog §§ 270 Abs. 3 AktG, 71 Abs. 3 GmbHG annimmt.[4] Gegen die gesetzlichen Vertreter kann allerdings in der Regel kein Ordnungsgeld festgesetzt werden, wenn sie ihrer Verpflichtung zur Offenlegung von Jahresabschlüssen nicht nachkommen, weil sie mangels Verfügungsbefugnis über das Vermögen der insolventen Gesellschaft kein Verschulden an der Unterlassung einer Offenlegung trifft.[5]

dd) Rechnungslegung bei Betriebseinstellung während des Insolvenzverfahrens

3.154 Wird der Geschäftsbetrieb des Insolvenzschuldners während des eröffneten Insolvenzverfahrens eingestellt, so ergeben sich handelsrechtlich keine Besonderheiten. Insbesondere ist keine Schlussbilanz erforderlich.[6]

ee) Rechnungslegung am Schluss des Insolvenzverfahrens

3.155 Grundsätzlich muss bei Beendigung des Insolvenzverfahrens keine Schlussbilanz aufgestellt werden. Das Abwicklungsergebnis ist allein im Rahmen der insolvenzrechtlichen Schlussrechnungslegung darzustellen (Rz. 3.120). Endet das Insolvenzverfah-

---

1 Ebenso *Boochs/Dauernheim*, Steuerrecht in der Insolvenz³, S. 275; *Boochs/Nickel* in FrankfurterKomm/InsO⁹, § 155 Rz. 244.
2 *Boochs/Dauernheim*, Steuerrecht in der Insolvenz³, S. 275; *Boochs/Nickel* in FrankfurterKomm/InsO⁹, § 155 Rz. 244.
3 LG Bonn v. 16.9.2009 – 30 T 366/09, ZIP 2009, 2107 = NZI 2009, 781 (781).
4 *Kunz/Mundt*, DStR 1997, 664 (668).
5 LG Bonn v. 16.9.2009 – 30 T 366/09, ZIP 2009, 2107 = NZI 2009, 781 (781); s. ausführlich Rz. 3.142.
6 *Jaffé* in MünchKomm/InsO⁴, § 155 Rz. 23; a.A. *Kunz/Mundt*, DStR 1997, 664 (671).

ren allerdings ausnahmsweise, ohne dass der Geschäftsbetrieb des Insolvenzschuldners eingestellt bzw. veräußert worden ist, so endet mit der Aufhebung des Insolvenzverfahrens analog § 155 Abs. 2 Satz 2 InsO auch das Geschäftsjahr.[1] Dies betrifft insbesondere diejenigen Fälle, in denen ein Insolvenzplanverfahren durchgeführt worden ist. Bilanzstichtag ist der Tag der Aufhebung (insbesondere § 258 InsO) oder Einstellung des Insolvenzverfahrens (§§ 212, 213 InsO),[2] nicht der Vollzug der Schlussverteilung,[3] weil die Befugnisse des Insolvenzverwalters durch die Aufhebung bzw. Einstellung enden (§§ 215 Abs. 2 Satz 1, 259 Abs. 1 InsO), nicht durch den Vollzug der Schlussverteilung. Die Aufstellung der Schlussbilanz obliegt in den Fällen der Einstellung nach §§ 212, 213 InsO dem Insolvenzschuldner.[4] Für den Fall der Aufhebung des Insolvenzverfahrens nach § 258 InsO in Folge eines Insolvenzplanes gilt dies nicht. Hier obliegt die Aufstellung der Schlussbilanz dem Insolvenzverwalter und nicht dem reorganisierten Insolvenzschuldner, auch wenn der Insolvenzverwalter infolge der Verfahrensaufhebung oder -einstellung seine Verwaltungs- und Verfügungsbefugnis (§ 80 InsO) verloren hat. Die Aufstellung der Schlussbilanz kann nämlich steuerliche Folgen haben, die sich nachteilig auf die Insolvenzmasse auswirken können. Da der Insolvenzverwalter sicherzustellen hat, dass er vor der Aufhebung des Insolvenzverfahrens alle durch ihn begründeten bzw. während seiner Verwaltung angelegten Masseverbindlichkeiten vor der Aufhebung des Insolvenzverfahrens berichtigt (§ 258 Abs. 2 InsO), selbst wenn diese erst nach der Bestätigung des Insolvenzplanes entstehen sollten[5] und der Insolvenzverwalter persönlich nach § 61 InsO haftet, wenn solche Verbindlichkeiten später durch den Insolvenzschuldner nicht voll befriedigt werden sollten,[6] muss es der Insolvenzverwalter allein in der Hand haben, beispielsweise notwendige Abschreibungen vorzunehmen. Daher kann die Aufstellung der Schlussbilanz nicht dem Insolvenzschuldner überlassen werden.

Mit der Aufhebung bzw. Einstellung des Insolvenzverfahrens beginnt ein neues Geschäftsjahr. Sofern dieser Beginn nicht mit dem satzungsmäßigen Beginn eines Geschäftsjahres zusammenfällt, hat der frühere Insolvenzschuldner die Wahl, ob er ein Rumpfgeschäftsjahr bildet, um den satzungsmäßigen Turnus wiederherzustellen, oder ob er die Satzung entsprechend ändert.

3.156

d) Steuerrechtliche Rechnungslegung im Insolvenzverfahren

Literatur *App*, Handelsrechtliche, steuerrechtliche und insolvenzrechtliche Rechnungslegungspflichten eines insolventen Unternehmens, StW 2005, 139; *Deffland*, Unternehmen in der Krise – Sanierung, Insolvenz und Abwicklung, StB 2005, 292; *Leibner/Pump*, Die steuerlichen Pflichten eines Liquidators einer GmbH, GmbHR 2003, 996; *Mader/Seitz*, Hinweispflichten bei der Jahresabschlusserstellung – Bilanzrichtlinie(n) und „Fortführungsprognose", DStR-Beih. 2018, 1; *Olbrich*, Zur Besteuerung und Rechnungslegung der Kapitalgesellschaft

---

1 *Jaffé* in MünchKomm/InsO[4], § 155 Rz. 24.
2 Zutr. *Jaffé* in MünchKomm/InsO[4], § 155 Rz. 24.
3 So aber *Kübler* in Kübler/Prütting/Bork, § 155 InsO Rz. 51.
4 Wohl auch *Jaffé* in MünchKomm/InsO[4], § 155 Rz. 24.
5 *Huber/Madaus* in MünchKomm/InsO[4], § 258 Rz. 11.
6 *Huber/Madaus* in MünchKomm/InsO[4], § 258 Rz. 11.

bei Auflösung, DStR 2001, 1090 ff; *Schmittmann*, Rechnungslegung in der Insolvenz, StuB 2019, 360.

3.157 Die steuerlichen Rechnungslegungspflichten ergeben sich aus den Vorschriften der Abgabenordnung, insbesondere §§ 140 ff. AO. Den Insolvenzverwalter treffen auch die Aufbewahrungsvorschriften aus § 147 AO. Dies gilt sowohl für diejenigen Unterlagen, die Zeiträume nach Eröffnung des Insolvenzverfahrens betreffen, als auch diejenigen aus der Zeit vor der Eröffnung des Insolvenzverfahrens.

3.158 § 140 AO normiert die abgeleitete Buchführungspflicht. Danach werden die außersteuerlichen Buchführungs- und Aufzeichnungspflichten in das Steuerrecht transformiert. Wer nach anderen deutschen[1] Gesetzen als den Steuergesetzen Bücher und Aufzeichnungen zu führen hat, die für die Besteuerung von Bedeutung sind, hat die Verpflichtungen, die ihm nach den anderen Gesetzen obliegen, auch für die Besteuerung zu erfüllen. Der Begriff der Bücher umfasst die Handelsbücher i.S.v. §§ 238 ff. HGB und die den Handelsbüchern entsprechenden Aufzeichnungen von Nichtkaufleuten. Aufzeichnungen sind alle übrigen Erfassungen, die besondere Vorfälle oder Geschäftsvorgänge dokumentieren. Dadurch erübrigen sich umfangreiche steuerrechtliche Buchführungs- und Bilanzierungsvorschriften. Insoweit wird insbesondere auf die handelsrechtlichen Vorschriften zurückgegriffen. Daneben hat auch der Insolvenzverwalter insbesondere folgende außersteuerliche Aufzeichnungen für steuerliche Zwecke anzufertigen:

- **Altenheime**, Altenwohnheime und Pflegeheime (§ 13 HeimG),
- **Apotheken** (Herstellungs- und Prüfungsbücher, § 22 ApothekenbetriebsO),
- **Auskunfteien und Detekteien** (Auftragsbücher, § 38 Abs. 3 GewO),
- **Bewachungsbetriebe** (Auftragsbücher, § 21 BewachV v. 3.5.2019 i.V.m. § 34a Abs. 2 Ziff. 2 GewO),
- **Bezirksschornsteinfegermeister** (Kehrbücher, § 19 Schornsteinfeger-Handwerksgesetz),
- **Effektenverwahrer** (Verwahrungsbücher, § 14 Abs. 1 DepotG),
- **Fahrschulen** (§ 18 Abs. 1, 2 FahrlG),
- **Heimarbeit** (Beschäftigungslisten und Entgeltsbücher, §§ 6 Satz 1, 8 Abs. 1 Satz 9 HeimarbeitsG i.V.m. §§ 9 ff. der 1. DurchführungsVO),
- **Krankenhäuser** (§ 3 KrankenhausbuchführungVO i.V.m. § 16 Ziff. 7 KHG),
- **Kreditinstitute** (Verordnung über die Rechnungslegung der Kredit- und Finanzdienstleistungsinstitute und Identifizierungs- und Aufzeichnungspflichten gem. §§ 2, 9 GeldwäscheG),
- **Kursmakler** (Tagebücher, § 33 Abs. 1 BörsenG),

---

[1] FG Köln v. 14.10.1981 – I (VII) 565/79 G, EFG 1982, 422; *Görke* in Hübschmann/Hepp/Spitaler, § 140 AO Rz. 4.ff.; *Schwarz/Pahlke*, § 140 AO Rz. 2; a.A. *Drüen* in Tipke/Kruse, § 140 AO Rz. 7; offengelassen BFH v. 14.9.1994 – I R 116/93, BStBl. II 1995, 238.

– **Lohnsteuerhilfevereine** (Aufzeichnungen über Einnahmen, Ausgaben und Vermögenswerte nach § 21 StBerG),

– **Makler** (§ 10 MaBV i.V.m. § 34c Abs. 3 Ziff. 6 GewO),

– **Milch- und Fettwirtschaftsbetriebe** (Geschäftsbücher, § 25 MilchFettG),

– **Pfandleiher** (Pfandleihgeschäfte und ihre Abwicklung, § 3 PfandlVO),

– **Reisebüros** (§ 38 Abs. 3 GewO),

– **Saatguterzeuger** (§§ 13 Abs. 3, 19 Abs. 2 SaatgutverkehrsG),

– **Schusswaffen- und Munitionshersteller** (Waffenherstellungsbücher, Waffenhandelsbücher und Munitionshandelsbücher gem. §§ 23 ff. WaffG i.V.m. §§ 14–18 der 1. Verordnung zum WaffG),

– **Tierärzte**, soweit sie eine Apotheke betreiben (§§ 5 Abs. 2, 13 Verordnung über tierärztliche Hausapotheken),

– **WEG-Verwalter** (Wirtschaftspläne, Abrechnungen und Rechnungslegungen gem. § 28 WEG).

Allerdings unterscheiden sich die **Zielsetzungen** der steuerrechtlichen und der außersteuerlichen Rechnungslegung. So soll im Steuerrecht die Erfassung des richtigen Gewinns gewährleistet sein, während beispielsweise die Buchführungs- und Aufzeichnungspflichten im Handelsrecht (§§ 238 ff. HGB) der Dokumentation der Geschäftsvorfälle des Kaufmanns sowie dem Schutz der Gläubiger und im Gewerberecht dem Schutz des Publikums dienen.[1] § 140 AO wird im Bereich der Ertragsteuern (Einkommensteuer und Körperschaftsteuer) durch § 5 Abs. 1 Satz 1 EStG ergänzt. Allerdings ist die Ausübung steuerlicher Wahlrechte nach § 5 Abs. 1 Satz 1 Halbs. 2 EStG n.F. nicht mehr an die handelsrechtliche Abbildung gebunden. Nach § 140 AO werden außersteuerliche Buchführungs- und Aufzeichnungspflichten nur dann in eine steuerliche Pflicht transformiert, wenn sie für die Besteuerung von Bedeutung sind. Dies ist dann der Fall, wenn die Bücher und Aufzeichnungen Sachverhalte festhalten, die geeignet sind, den Tatbestand eines Steuergesetzes zu erfüllen oder aus denen möglicherweise Folgerungen für die Besteuerung gezogen werden können.[2]

3.159

Neben den außersteuerlichen Buchführungs- und Aufzeichnungspflichten bestehen auch **besondere steuerrechtliche Aufzeichnungspflichten**, insbesondere §§ 22 UStG, 63 UStDV. Auch diese bleiben von der Eröffnung des Insolvenzverfahrens unberührt, § 155 Abs. 1 Satz 1 InsO.

3.160

§ 11 KStG enthält für Auflösung und Abwicklung von Kapitalgesellschaften steuerliche **Erleichterungen**. Grundsätzlich ist nach § 11 Abs. 1 Satz 1 KStG der Gewinn der gesamten Abwicklung der Besteuerung zugrunde zu legen, wobei der Besteuerungszeitraum nicht mehr als drei Jahre betragen soll, § 11 Abs. 1 Satz 2 KStG. Die-

3.161

---

1 *Cöster* in Koenig[3], § 140 AO Rz. 2.
2 *Cöster* in Koenig[3], § 140 AO Rz. 14.

ser dreijährige Besteuerungszeitraum ersetzt grundsätzlich den Veranlagungszeitraum. Während des Liquidationsbesteuerungszeitraumes besteht deshalb keine Verpflichtung zur Bilanzierung. Gleiches gilt auch für die Gewerbeertragsteuer gem. §§ 7 GewStG, 16 GewStDV. Zur Ermittlung des Abwicklungsgewinns ist das Abwicklungs-Endvermögen dem Abwicklungs-Anfangsvermögen gegenüberzustellen (§ 11 Abs. 2 KStG). § 11 KStG ist allerdings nicht anzuwenden, wenn das Unternehmen des Insolvenzschuldners nach Insolvenzeröffnung fortgeführt wird, auch wenn dies im Wortlaut des § 11 Abs. 7 KStG nicht eindeutig zum Ausdruck kommt.[1] Die aus § 11 KStG resultierenden Vorteile sind nämlich nur dann gerechtfertigt, wenn ein Unternehmen auch tatsächlich abgewickelt wird. Im Falle der Betriebsfortführung sind also jährlich Jahresabschlüsse zu erstellen. Wird das Unternehmen nach der Eröffnung des Insolvenzverfahrens eingestellt, richten sich Besteuerung und Buchführungspflichten nach § 11 KStG. Fällt der Zeitpunkt der Betriebseinstellung nicht mit dem Ende des Wirtschaftsjahres zusammen, kann das Abwicklungsanfangsvermögen (§ 11 Abs. 4 KStG) sowohl auf der Grundlage der Schlussbilanz des letzten ordentlichen Geschäftsjahres (also Einbeziehung des Gewinns aus der letzten Fortführungsperiode in die Liquidationsbesteuerung) als auch auf der Grundlage einer „Betriebseinstellungsbilanz" ermittelt werden.[2]

3.162 Kommt der Insolvenzverwalter seinen steuerrechtlichen Aufzeichnungs- und Buchführungspflichten nicht ordnungsgemäß nach, so kann dies erhebliche nachteilige Auswirkungen auf die Insolvenzmasse haben oder gar die persönliche Haftung des Insolvenzverwalters aus § 60 InsO zur Folge haben. Gemäß § 162 Abs. 1 Satz 1 AO hat die Finanzbehörde eine **Schätzung der Besteuerungsgrundlagen** (§§ 157 Abs. 2, 199 Abs. 1 AO) vorzunehmen, soweit sie sie nicht ermitteln oder berechnen kann. Darunter fallen vor allem die tatsächlichen und rechtlichen Verhältnisse, die für die Steuerpflicht und für die Bemessung der Steuer maßgebend sind. Darüber hinaus erfasst der Begriff der Besteuerungsgrundlagen auch alle rechtlichen Schlussfolgerungen aus diesen Verhältnissen.[3] Die Schätzung umfasst neben den Ergebnissen der Sachverhaltsermittlung auch Ergebnisse der Rechtsanwendung; so z.B. bei der Gewinnschätzung auf der Grundlage eines Betriebsvergleichs oder einer Vermögenszuwachsrechnung.[4] Außerdem zählen zu den ggf. zu schätzenden Besteuerungsgrundlagen nicht nur Werte und Beträge wie etwa die Höhe der Einkünfte, Betriebsausgaben, Werbungskosten, Sonderausgaben oder dem Wert eines Bilanzpostens, sondern auch sog. Grundsachverhalte. Dazu zählen beispielsweise die Annahme, dass überhaupt steuerpflichtige Einkünfte erzielt wurden oder dass einem bestimmten Steuerpflichtigen bestimmte Einkünfte zuzurechnen sind.[5]

3.163 Zu schätzen ist insbesondere dann, wenn der Insolvenzverwalter keine den Rechnungslegungspflichten genügenden Angaben machen kann, seine Mitwirkungs-

---

1 *Jaffé* in MünchKomm/InsO[4], § 155 Rz. 26; *Streck*[9], § 11 KStG Anm. 15; *Pink*, Insolvenzrechnungslegung, S. 209.
2 *Jaffé* in MünchKomm/InsO[4], § 155 Rz. 27.
3 *Cöster* in Koenig[3], § 162 AO Rz. 33.
4 *Cöster* in Koenig[3], § 162 AO Rz. 33.
5 Ausführlich: *Cöster* in Koenig[3], § 162 AO Rz. 33.

pflichten nach § 90 Abs. 2 AO verletzt oder wenn tatsächliche Anhaltspunkte für die Unrichtigkeit oder Unvollständigkeit der vom Insolvenzverwalter gemachten Angaben zu steuerpflichtigen Einnahmen oder Betriebsvermögensmehrungen des Insolvenzschuldners bestehen.[1] In den Fällen der Verletzung der Mitwirkungspflichten oder der Vorlage von im Wesentlichen unverwertbaren oder nicht zeitnah erstellten Aufzeichnungen wird widerlegbar vermutet, dass steuerpflichtige Einkünfte vorhanden bzw. höher als die erklärten Einkünfte sind. Schätzungen dürfen für die Insolvenzmasse in der Weise nachteilig sein, dass sie am oberen Rand der in Betracht kommenden Einkünfte orientiert werden. Zudem ist gem. § 162 Abs. 4 AO bei Sachverhalten mit Auslandsbezug ein Zuschlag i.H.v. mindestens 5 000 € festzusetzen, wenn der Insolvenzverwalter Aufzeichnungen i.S.v. § 90 Abs. 3 AO nicht vorlegt oder die vorgelegten Aufzeichnungen im Wesentlichen unverwertbar sind. Eine Schätzung ist auch dann zulässig, wenn der Insolvenzverwalter seiner Pflicht zur Abgabe einer Steuererklärung nicht nachkommt.[2] Allerdings darf die Finanzbehörde Schätzungen erst dann vornehmen, wenn eine sichere Feststellung der Besteuerungsgrundlagen trotz ernsthaften Bemühens um Aufklärung nicht möglich oder nicht zumutbar ist.[3] Sie ist das äußerste Mittel der Finanzbehörde; § 162 AO ermöglicht keine Besteuerung auf bloßen Verdacht.[4]

Die Schätzung erfolgt anhand von **Wahrscheinlichkeitsüberlegungen**. Dabei sind alle erkennbaren tatsächlichen Verhältnisse zu berücksichtigen. Dies gilt sowohl für Aspekte, die zugunsten des Steuerpflichtigen streiten, als auch für solche, zu Ungunsten des Steuerpflichtigen sprechen (vgl. § 162 Abs. 1 Satz 2 AO). Die Wahrscheinlichkeit, dass eine Schätzung zutreffend ist, wird umso größer sein, je umfangreicher der zugrunde gelegte gewisse Sachverhalt und je zuverlässiger die angewandte Schätzungsmethode ist.[5] Das Finanzamt muss die Besteuerungsgrundlagen grundsätzlich so weit wie zumutbarer Weise möglich ermitteln, auch wenn erkennbar ist, dass dies nicht vollständig gelingen wird. Dies gilt auch dann, wenn eine Überprüfung von Angaben des Steuerpflichtigen weitere Ermittlungen erforderlich macht.[6] Bei der Vornahme der Schätzung sind alle erreichbaren Unterlagen, Belege und Auskünfte des Steuerpflichtigen zu berücksichtigen, soweit gegen ihre Beweiskraft keine Bedenken bestehen.[7] Buchführungsunterlagen sind selbst dann für die Schätzung von Bedeutung, wenn die Buchführung nicht den Grundsätzen ordnungsmäßiger Buchfüh-

3.164

---

1 BFH v. 19.1.1993 – VIII R 128/84, BStBl. II 1993, 594 = BB 1993, 1926 (1927).
2 BFH v. 20.10.1993 – II R 59/91, BFH/NV 1994, 176.
3 BFH v. 12.6.1986 – V R 75/78, BStBl. II 1986, 721; v. 18.12.1984 – VIII R 195/82, BStBl. II 1986, 226; v. 19.2.1987 – IV R 143/84, BStBl. II 1987, 412; vgl. auch BFH v. 6.8.2018 – X B 22/18, LSK 2018, 24874; BFH v. 12.12.2017 – VIII R 5/14, LSK 2017, 145114.
4 Cöster in Koenig[3], § 162 AO Rz. 1.
5 BFH v. 18.12.1984 – VIII R 195/82, BStBl. II 1986, 226; v. 6.8.2018 – X B 22/18, LSK 2018, 24874; FG Hamburg v. 13.8.2018 – 2 V 216/17, juris; FG Rh.-Pf. v. 9.5.2018 – 2 K 2014/17.
6 BFH v. 18.8.1960 – IV 299/58 U, BStBl. II 1960, 451 (451); v. 17.5.1990 – IV R 36/89, BFH/NV 1991, 646 (647); v. 14.9.1993 – VII R 84–85/92, BFH/NV 1994, 683 (683).
7 BFH v. 14.9.1993 – VII R 84–85/92, BFH/NV 1994, 683 (684).

rung entspricht.¹ Schätzungsergebnisse müssen insgesamt schlüssig, wirtschaftlich möglich und vernünftig sein.² Sie dürfen nicht den Denkgesetzen und allgemeinen Erfahrungssätzen widersprechen.³ Da es im Insolvenzverfahren den Regelfall darstellt, dass sich selbst bei Betriebsfortführung die Einkünfte im Vergleich zu den vorinsolvenzlichen Zeiträumen erheblich reduzieren, muss dieser Umstand bei Schätzungen berücksichtigt werden, wenn nicht offensichtliche Anhaltspunkte dagegen sprechen. Die Praxis hat unterschiedliche durch den BFH gebilligte Schätzungsmethoden entwickelt.⁴ Dabei ist die Finanzverwaltung grundsätzlich in der Wahl der Schätzungsmethode frei, wenn diese geeignet ist, ein vernünftiges und der Wirklichkeit entsprechendes Ergebnis zu erzielen.⁵ Der Steuerpflichtige hat keinen Anspruch auf die Anwendung einer bestimmten Schätzungsmethode.⁶ Das Finanzamt ist auch grundsätzlich nicht verpflichtet, das aufgrund der von ihm gewählten Schätzungsmethode erzielte Ergebnis noch durch die Anwendung einer weiteren Schätzungsmethode zu überprüfen oder zu untermauern.⁷

3.165 Die Schätzung ist kein Zwangsmittel. Beide Maßnahmen stehen gleichgeordnet nebeneinander, so dass die Finanzbehörde je nach Lage des Falles die angemessene Maßnahme auswählen kann.⁸ Die Finanzbehörde ist nicht verpflichtet, vor dem Erlass eines Schätzungsbescheids wegen Nichtabgabe der Steuererklärung zunächst die Abgabe der Steuererklärung nach § 328 ff. AO zu erzwingen.⁹ Die Pflicht zur Abgabe einer Steuererklärung wird gem. § 149 Abs. 1 Satz 4 AO durch die Schätzung nicht berührt. Auch kann die Abgabe der Steuererklärung auch nach Erlass eines Schätzungsbescheids weiterhin nach §§ 328 ff. AO erzwungen werden.

3.166 Der Schätzungsbescheid ist gem. § 121 Abs. 1 AO **zu begründen**. Die Schätzungsergebnisse müssen schlüssig und nachvollziehbar dargelegt werden.¹⁰ Das rechneri-

---

1 BFH v. 19.1.1993 – VIII R 128/84, BStBl. II 1993, 594; FG Rh.-Pf. v. 9.5.2018 – 2 K 2014/17, juris.
2 BFH v. 18.12.1984 – VIII R 195/82, BStBl. II 1986, 226; v. 13.10.2003 – IV B 85/02, NJW 2004, 1064 (1064); v. 29.5.2008 – VI R 11/07, DStR 2008, 1526 (1528) = BFH/NV 2008, 1600; v. 6.8.2018 – X B 22/18, LSK 2018, 24874; v. 28.3.2017 – III B 7/16, LSK 2017, 94763.
3 BFH v. 4.6.1997 – X R 12/94, BStBl. II 1997, 740 = DStRE 1997, 922 (923); FG Nds. v. 19.1.2016 – 15 K 155/12, DStRE 2017, 912.
4 Ausführlich zu unterschiedlichen Schätzungsmethoden s. *Cöster* in Koenig³, § 162 AO Rz. 104.
5 BFH v. 3.9.1998 – XI B 209/95, BFH/NV 1999, 290 ff.; v. 24.11.1988 – IV R 150/86, BFH/NV 1989, 416; v. 25.3.2015 – X R 20/13, NZWiSt 2015, 295; v. 8.8.2019 – X B 117/18, juris.
6 BFH v. 3.9.1998 – XI B 209/95, BFH/NV 1999, 290 ff.
7 BFH v. 3.9.1998 – XI B 209/95, BFH/NV 1999, 290 ff.
8 *Cöster* in Koenig³, § 162 AO Rz. 29; *Schwarz/Pahlke*, § 162 AO Rz. 13; *Seer* in Tipke/Kruse, § 162 AO Rz. 13; a.A. *Rößler*, DStZ 1988, 199 (199), der einen Vorrang des Erzwingungsverfahrens nach §§ 328 ff. annimmt.
9 BFH v. 12.1.1966 – I 269/63, BStBl. II 1966, 230.
10 BFH v. 8.11.1989 – X R 178/87, BStBl. II 1990, 268; FG Köln v. 21.3.1995 – 13 K 6492/94, HaufeIndex 940306; FG Hamburg v. 4.9.2019 – 6 K 14/19, juris; FG Düsseldorf v. 24.11.2017 – 13 K 3811/15 F, LSK 2017, 139977; FG Köln v. 9.5.2017 – 5 K 727/15, juris.

sche Ergebnis einer Nachkalkulation ist offen zu legen und auf Verlangen sind auch die Ermittlungen bekannt zu geben, die zu diesem Ergebnis geführt haben.[1] Gegen den Schätzungsbescheid kann Einspruch eingelegt werden. Ein Schätzungsbescheid kann nach § 164 Abs. 2 AO jederzeit sowohl zugunsten als auch zu Ungunsten des Steuerpflichtigen geändert werden, wenn er nach § 164 Abs. 1 AO unter dem Vorbehalt der Nachprüfung ergangen und der Vorbehalt noch wirksam ist.[2] Im Übrigen kann ein bestandskräftiger Schätzungsbescheid unter den Voraussetzungen des § 173 Abs. 1 AO geändert werden, wenn dem Finanzamt bei Erlass des Schätzungsbescheids bereits existierende Tatsachen nachträglich bekannt werden. Die Schätzung als solche ist keine Tatsache.

Hinweis:

Eine Alternative zur Schätzung stellt die sog. tatsächliche Verständigung dar. Unter einer tatsächlichen Verständigung ist eine Einigung zwischen einem Steuerpflichtigen und der Finanzbehörde über Besteuerungsgrundlagen zu verstehen. Eine tatsächliche Verständigung kommt regelmäßig bei schwierig zu ermittelnden tatsächlichen Umständen in Betracht. Gerade dann, wenn der Insolvenzverwalter bei der Erfüllung seiner steuerlichen Pflichten auf die Mitwirkung des Schuldners angewiesen ist, dieser aber „am Insolvenzverwalter vorbei" wirtschaftet, kann es angezeigt sein, bei der Finanzverwaltung eine tatsächliche Verständigung anzuregen. Man denke beispielsweise an den Fall, dass der Insolvenzschuldner ohne Wissen des Insolvenzverwalters Einnahmen erzielt, die er nicht angibt, was z.B. bei Gaststätten nicht selten der Fall sein dürfte. Die tatsächliche Verständigung bindet die Beteiligten und auch das FG.

Außerdem können auch gegen den Insolvenzverwalter **Zwangsmaßnahmen** gem. §§ 328 ff. AO angewendet werden, um ihn zur Erfüllung seiner steuerlichen Pflichten zu zwingen. Auch können dem Insolvenzverwalter Ordnungswidrigkeiten oder Straftaten angelastet werden. In Betracht kommen insbesondere die Steuerhinterziehung nach § 370 AO und die leichtfertige Steuerverkürzung nach § 378 AO. Ein Verstoß gegen außersteuerliche Buchführungs- und Aufzeichnungspflichten kann eine Ordnungswidrigkeit nach § 379 AO darstellen; in Betracht kommt auch eine Verbrauchsteuergefährdung gem. § 381 AO. Die Begehung der Straftatbestände aus §§ 283, 283a bzw. 283b StGB wegen Verletzung der handelsrechtlichen Buchführungspflichten scheidet hingegen aus.

3.167

Hinweis:

Der Insolvenzverwalter kann bereits unmittelbar nach Insolvenzeröffnung das Einverständnis der Finanzverwaltung zu Buchführungserleichterungen nach § 148 AO einholen.[3] § 148 AO erlaubt es der Finanzbehörde, unter bestimmten Voraussetzungen Erleichterungen von den durch die Steuergesetze begründeten Buchführungs-, Aufzeichnungs- und Aufbewahrungspflichten zu bewilligen. Die Finanzbehörde kann zwar keine Erleichterung für handelsrechtliche Buchführungs- und Bilanzierungspflichten gewähren, aber zumindest die steuerrechtlichen Folgen können vermieden werden. Buchführungserleichterungen können bis zur Befreiung von der Buchführungspflicht gehen (Rz. 3.169).

---

1 BFH v. 11.2.1999 – V R 40/98, BStBl. II 1999, 382 = DStR 1999, 798 (799); v. 17.11.1981 – VIII R 174/77, BStBl. II 1982, 430.
2 *Cöster* in Koenig[3], § 162 AO Rz. 143.
3 Diese Empfehlung gibt auch *Uhländer* in Waza/Uhländer/Schmittmann, Insolvenzen und Steuern[12], Rz. 1007.

3.168 § 148 AO gestattet es der Finanzbehörde, **Erleichterungen** zu bewilligen, wenn die Einhaltung der durch die Steuergesetze begründeten Buchführungs-, Aufzeichnungs- und Aufbewahrungspflichten Härten mit sich bringt und die Besteuerung durch die Erleichterung nicht beeinträchtigt wird. § 148 AO ist eine spezielle Billigkeitsvorschrift, die der Milderung von Härten dient, die sich aufgrund der Steuerpflicht ergeben.[1] Wann ein Härtefall vorliegt, ist unter Rückgriff auf die zu §§ 163, 227 AO entwickelten Grundsätze zu beantworten. Danach ist es ausgeschlossen, Belastungen zu mildern, die mit der Buchführungs- und Aufzeichnungspflicht als solcher für jedermann verbunden sind.

3.169 Erleichterungen können sowohl in dem Verzicht auf die Führung bestimmter Bücher und Aufzeichnungen sowie auf die Aufbewahrung bestimmter Belege oder Unterlagen bestehen, als auch in einer vollständigen, vorübergehenden oder dauerhaften Befreiung von der Erfüllung der Buchführungs-, Aufzeichnungs- oder Aufbewahrungspflichten.[2] Voraussetzung für diese größtmögliche Erleichterung ist jedoch, dass die Belastung des Steuerpflichtigen besonders hart ist und nur durch eine vollständige Freistellung abgemildert werden kann.[3] Möglich ist auch die Bewilligung von Buchführungserleichterungen unter einer Befristung (§ 120 Abs. 2 Ziff. 1 AO). Zulässig ist auch die mehrfache jeweils befristete Bewilligung von Buchführungserleichterungen; die Annahme eines Vertrauensschutzes in die weitere Gewährung von Buchführungserleichterungen von § 148 AO scheidet jedoch aus. Für materielle Regelungen der Gewinnermittlung und des Bilanzsteuerrechtes können nach § 148 AO keine Erleichterungen gewährt werden.[4]

3.170 Zwar gehört die Buchführungspflicht zu den wichtigsten Pflichten, die von dem Steuerpflichtigen im Interesse einer geordneten und gleichmäßigen Besteuerung erfüllt werden müssen. Im Insolvenzverfahren liegt eine vom Allgemeinen abweichende Härte aber jedenfalls stets dann vor, wenn die Kosten für die ordnungsgemäße und vollständige Erfüllung der Buchführungs-, Aufzeichnungs- und Aufbewahrungspflichten von der Insolvenzmasse nicht getragen werden können. Dann nämlich müsste das Insolvenzverfahren nach § 211 InsO oder gar § 207 InsO eingestellt werden, nur um die Verletzung steuerlicher Pflichten zu vermeiden. Soweit dieses Resultat bereits vor der Eröffnung des Insolvenzverfahrens erkennbar ist, müsste von vornherein die Abweisung mangels Masse gem. § 26 InsO erfolgen (Rz. 3.140). Da das Insolvenzverfahren jedoch neben der Gläubigerbefriedigung auch der ordentlichen Abwicklung von Unternehmen und Rechtsträgern dient und damit ebenso eine wichtige Aufgabe im allgemeinen Interesse zu erfüllen hat wie die Buchführungspflichten selbst, dürfte es regelmäßig ermessensfehlerhaft sein, gerade in solch kleinen Insolvenzverfahren umfassende Erleichterungen von der Buchführungspflicht

---

[1] FG Saarl. v. 18.12.1996 – 1 K 55/96, HaufeIndex 929115.
[2] BFH v. 17.9.1987 – IV R 31/87, BStBl. II 1988, 20; *Trzaskalik* in Hübschmann/Hepp/Spitaler, § 148 AO Rz. 7; *Kulosa* in Schmidt³⁹, § 13 EStG Rz. 143; *Cöster* in Koenig³, § 148 AO Rz. 5; a.A. FG Saarl. v. 18.12.1996 – 1 K 55/96, HaufeIndex 929115; *Drüen* in Tipke/Kruse, § 148 AO Rz. 1.
[3] *Cöster* in Koenig³, § 148 AO Rz. 5.
[4] FG Bdb. v. 22.10.2003 – 2 K 618/02, EFG 2005, 1005 ff.

bis hin zur vollständigen Befreiung nicht zu erteilen, zumal mit dem Insolvenzverwalter eine zuverlässige Person zur Verfügung steht.

Da durch die Bewilligung von Buchführungserleichterungen allerdings nur (sachliche) Härten beseitigt werden sollen, die mit der Erfüllung der Buchführungspflicht als solcher verbunden sind, darf die Besteuerung selbst hierdurch jedoch nicht beeinträchtigt werden. Das bedeutet, dass das steuerliche Ergebnis, das sich bei der Bewilligung von Buchführungserleichterungen ergibt, im Wesentlichen dem entsprechen muss, was auch ohne die Gewährung der Bewilligung einträte.[1] Der Insolvenzverwalter hat also anfallende Steuern ungeachtet einer gewährten Erleichterung abzuführen. 3.171

Eine Bewilligung nach § 148 AO kann rückwirkend erteilt werden. Der Widerruf mit Wirkung für die Zukunft ist möglich (§ 131 Abs. 2 Ziff. 1 AO). Die Rücknahme einer Bewilligung kann nach § 130 Abs. 2 AO unter den dort genannten Voraussetzungen auch mit Wirkung für die Vergangenheit erfolgen. Gegen die Ablehnung eines Antrags auf Bewilligung von Erleichterungen sind der Einspruch (§ 347 AO) und ggf. die Verpflichtungsklage (§ 40 Abs. 1 FGO) gegeben. Vorläufiger Rechtsschutz kann durch eine einstweilige Anordnung (§ 114 FGO) gewährt werden. 3.172

VIII. Steuererklärungspflichten

Literatur *Bartone*, Feststellung von Steuerforderungen zur Insolvenztabelle und ihre Auswirkung auf das Besteuerungsverfahren, DStR 2017, 1743; *Bartone*, Steuererklärungspflicht des Insolvenzverwalters, jurisPR SteuerR 11/2008 Anm. 1; *Beck*, Verpflichtung zur Abgabe einer Einkommensteuererklärung in Insolvenzverfahren, insbesondere bei der Antragsveranlagung, NZI 2012, 991; *Burchard/Hechtner/Musil*, Verfahrensrechtliche Fragen der elektronischen Steuererklärung im Rahmen des Projektes ELSTER, DStR 2007, 2290; *Busch/Winkens*, Verpflichtung zur Abgabe von Steuererklärungen, Veranlagungswahlrecht und eigenhändige Unterschrift des Insolvenzverwalters bzw. des Treuhänders, ZInsO 2009, 2173; *Drasdo*, Rechte und Pflichten des Zwangsverwalters, NJW 2016, 1770; *Drasdo*, Schreiben des BMF zu einkommensteuerlichen Pflichten des Zwangsverwalters, NZI 2017, 889; *Eichhorn*, Zur Rechtmäßigkeit der Vorabforderung von Steuererklärungen, DStR 2009, 1887; *Frystatzki*, Steuerpflicht bei selbständiger Tätigkeit des Insolvenzschuldners – In wessen Namen werden die Steuererklärungen abgegeben?, EStB 2005, 232; *Gerke/Sietz*, Reichweite des Auslagenbegriffs gem. § 54 InsO und steuerrechtliche Pflichten des Verwalters in masseaarmen Verfahren, NZI 2005, 373; *Harder*, (Einkommen-)Steuerliche Überlegungen des Insolvenzverwalters, VIA 2016, 1; *Harder*, Steuerliche Wahlrechte in der Insolvenz – Kompetenzen des Insolvenzverwalters und des Schuldners, VIA 2017, 81; *Hidien/Masuch*, Neue Steuererklärungspflichten im Binnenmarkt ab 1.1.2010, StBW 2010, 31; *Klusmeier*, Wenn das Finanzamt „mauert" ..., ZInsO 2019, 1050; *Lorenz*, Die steuerlichen Rechte und Pflichten des Insolvenzverwalters, StW 2003, 164 ff.; *Onusseit*, Die steuerrechtlichen Rechte und Pflichten des Insolvenzverwalters in den verschiedenen Verfahrensarten nach der InsO, ZInsO 2000, 363; *Roth*, Keine einkommensteuerlichen Erklärungs- und Mitwirkungspflichten des Nachlassinsolvenzverwalters, ZVI 2014, 45; *Rübenstahl/Bittmann*, Steuerstrafrechtliche Risiken des Insolvenzverwalters und Risikominimierung durch Nacherklärung (§ 153 AO) und Selbstanzeige (§ 371 AO), ZInsO 2017, 1991; *Schmittmann*, Ansprüche des Insolvenzverwalters gegen die Finanzverwal-

---

1 FG Saarl. v. 18.12.1996 – 1 K 55/96, Haufe-Index 929115.

tung aus dem Informationsfreiheitsrecht, NZI 2012, 633; Steuererklärungspflicht des Insolvenzverwalters bzw. Treuhänders, NZI 2014, 596; *Uhländer*, Steuerliche Mitwirkungspflichten des Insolvenzverwalters – „Lohnt" sich die Abgabe von ausstehenden Steuererklärungen?, AO-StB 2003, 279; *de Weerth*, Praxisfragen zur Einkommensteuererklärung bei Zwangsversteigerung und -verwaltung, NZI 2015, 643.

3.173 Soweit die Verwaltung des Insolvenzverwalters reicht, hat er nach § 34 Abs. 3 i.V.m. Abs. 1 AO dieselben steuerlichen Pflichten zu erfüllen wie die gesetzlichen Vertreter natürlicher und juristischer Personen sowie die Geschäftsführer von nicht rechtsfähigen Personenvereinigungen und Vermögensmassen; ihn treffen daher alle Pflichten, die dem Insolvenzschuldner oblägen, wenn über sein Vermögen nicht das Insolvenzverfahren eröffnet worden wäre. Dazu gehört auch die Steuererklärungspflicht gem. § 149 Abs. 1 AO; das gilt **auch** für **Steuerabschnitte**, die **vor** der **Insolvenzeröffnung** liegen.[1] Da die höchstrichterliche Rechtsprechung insoweit klar ist, sind Ansätze in der Literatur, die steuerrechtliche Regelung zur Abgabepflicht von Steuererklärungen gem. § 149 Abs. 1 Satz 1 AO insolvenzsteuerrechtlich durch § 155 Abs. 1 Satz 2 InsO zu modifizieren,[2] gegenwärtig nicht von praktischer Relevanz, obwohl nicht zu leugnen ist, dass § 34 Abs. 3 AO diese Interpretation nahelegt, da er die Pflichten des Insolvenzverwalters auf den Umfang der Verwaltung beschränkt und die steuerlich relevanten Vorgänge aus der Zeit vor der Eröffnung des Insolvenzverfahrens eben nicht im Rahmen der Verwaltung durch den Insolvenzverwalter stattgefunden haben.

3.174 Schwierigkeiten bereitet die **Steuererklärungspflicht für Zeiträume vor der Eröffnung des Insolvenzverfahrens** in der Praxis dort, wo dem Insolvenzverwalter die zur Erstellung der erforderlichen Erklärungen notwendigen Unterlagen nicht zur Verfügung stehen. Freilich ist der Insolvenzschuldner verpflichtet, dem Insolvenzverwalter alle erforderlichen Unterlagen zur Verfügung zu stellen (§ 97 InsO). Er hat den Insolvenzverwalter sogar bei der Erstellung der notwendigen Erklärungen zu unterstützen. Das aber ist bei den meisten einzelkaufmännischen und auch kleineren Kapitalgesellschaften graue Theorie. Der **Regelfall** kleinerer Unternehmensinsolvenzverfahren sind vollkommen **unvollständige Buchhaltungen**. Hinzu kommt, dass meist für zumindest mehrere Monate vor Insolvenzantragstellung jedwede Ordnung fehlt („Waschkorbbuchhaltung"). Diese Tatsache entbindet den Insolvenzverwalter aber grundsätzlich nicht von seiner Erklärungspflicht, weil diese nicht an den Besitz der Buchhaltung anknüpft, sondern an seine Funktion als Vermögensverwalter.[3] Allerdings können in solchen Fällen keine Zwangsmittel gegen den Insolvenzverwalter angewendet werden, weil von ihm schlechterdings nicht verlangt werden kann, dass er auf der Grundlage wahrscheinlich unvollständiger Buchhaltungsunterlagen Erklärungen unterschreibt und abgibt. Zwangsmittel dürfen nämlich dort nicht

---

1 BFH v. 19.11.2007 – VII B 104/07, BFH/NV 2008, 334 ff.; v. 23.8.1994 – VII R 143/92, BStBl. II 1995, 194 = ZIP 1994, 1969; v. 11.4.2018 – X R 39/16, NZI 2018, 817; *Schüppen/Schlösser* in MünchKomm/InsO[4], Insolvenzsteuerrecht, Rz. 13 f.; *Uhländer* in Waza/Uhländer/Schmittmann, Insolvenzen und Steuern[12], Rz. 501.
2 *Frotscher*, Besteuerung bei Insolvenz[8], S. 54 ff. (58).
3 *Uhländer* in Waza/Uhländer/Schmittmann, Insolvenzen und Steuern[12], Rz. 503.

angewendet werden, wo der mit ihnen verfolgte Zweck nicht erreicht werden kann.[1] Der Zweck kann nicht in der Abgabe einer – bewussstermaßen – unvollständigen und damit falschen Erklärung liegen, sondern muss darin gesehen werden, dass eine Erklärung korrekt erstellt und abgegeben wird, wenn sie korrekt erstellbar ist. Zustimmungswürdig ist der Vorschlag von *Uhländer*, in solchen Fällen eine **Schätzung** nach § 162 AO durch die Finanzbehörde vorzunehmen,[2] weil die sich aus § 34 Abs. 3 AO ergebenden Mitwirkungspflichten des Insolvenzverwalters unter dem Primat des Verhältnismäßigkeitsgrundsatzes stehen. Der Insolvenzverwalter hat im Rahmen seiner Verhältnismäßigkeitsprüfung abzuwägen, wie hoch der der Insolvenzmasse für die Aufarbeitung der Buchhaltung entstehende Kostenaufwand anzusetzen ist (denn für Buchhaltungs- und steuerliche Angelegenheiten kann der Insolvenzverwalter auf Kosten der Masse einen Steuerberater hinzuziehen, § 55 InsO) und wie hoch der Schaden sein könnte, den die Insolvenzgläubiger durch eine Quotenverringerung erleiden könnten, die dadurch eintritt, dass das Finanzamt eine zu hohe Schätzung zur Insolvenztabelle anmeldet. Ergibt sich dabei, dass die Kosten für die Aufarbeitung der Buchhaltung unverhältnismäßig sind, so hat er auf eine Schätzung durch die Finanzbehörde hinzuwirken.

Der Insolvenzschuldner selbst braucht nach Insolvenzeröffnung keine Steuererklärungen mehr abzugeben. Er hat dem Insolvenzverwalter im Rahmen seiner Mitwirkungspflichten gem. § 97 InsO alle Unterlagen in geordneter Form zur Verfügung zu stellen, die dieser benötigt, um die erforderlichen Erklärungen zu erstellen und abzugeben. Eine Verletzung dieser Mitwirkungspflichten kann gem. § 98 InsO Zwangsmaßnahmen nach sich ziehen. Der Insolvenzverwalter kann sich seiner originären Verpflichtung zur Abfassung der das Schuldnervermögen betreffenden Steuererklärungen aber nicht durch eine entsprechende **Aufforderung an den Schuldner** entledigen und darf auch nicht auf Zusagen des Schuldners vertrauen, die Steuererklärung selbst bei dem Finanzamt einzureichen.[3] Unterlässt es der Schuldner allerdings, entgegen seiner Zusicherung die erforderlichen Erklärungen bei dem Finanzamt einzureichen und versetzt er den Insolvenzverwalter durch Vorenthaltung der erforderlichen Unterlagen auch nicht in die Lage, die Erklärungen selbst erstellen zu können, so kann dies die Versagung der Restschuldbefreiung zur Folge haben.[4]

3.175

Die Steuererklärungen und Anträge, die das zur Insolvenzmasse gehörende Vermögen betreffen, sind eigenhändig vom Insolvenzverwalter zu unterzeichnen,[5] die alleinige Unterschrift des Insolvenzschuldners genügt nicht.[6]

3.176

---

1 BFH v. 11.9.1996 – VII B 176/94, BFH/NV 1997, 166 ff.; FG Rh.-Pf. v. 15.11.2017 – 1 K 1763/17, DStRE 2019, 318; *Lemaire* in Kühn/von Wedelstädt[22], § 328 AO Rz. 2.
2 *Uhländer* in Waza/Uhländer/Schmittmann, Insolvenzen und Steuern[12], Rz. 511.
3 BGH v. 18.12.2008 – IX ZB 197/07, NZI 2009, 327 (328); vgl. auch LG Duisburg v. 9.2.2017 – 7 T 10/17, VIA 2017, 45.
4 BGH v. 18.12.2008 – IX ZB 197/07, NZI 2009, 327 (328); vgl. auch BGH v. 8.9.2016 – IX ZB 72/15, NJW 2016, 3726.
5 *Schüppen/Schlösser* in MünchKomm/InsO[4], Insolvenzsteuerrecht, Rz. 14.
6 OFD Magdeburg v. 26.8.2004 – S 0321 – 3 – St 251, BeckVerw 058995.

3.177 Bei Personengesellschaften trifft den Insolvenzverwalter zwar die allgemeine Buchführungs- und Bilanzierungspflicht, nicht aber auch die Pflicht, eine Erklärung zur einheitlichen und gesonderten Gewinnfeststellung abzugeben. Die einheitliche und gesonderte Gewinnfeststellung ist ausschließlich Sache der Gesellschafter,[1] denn die Folgen der Gewinnfeststellung berühren nicht die in dem Insolvenzverfahren, dessen Natur ein Gesamtvollstreckungsverfahren ist, abzuwickelnde Vermögenssphäre der Personengesellschaft, sondern sie betreffen die Gesellschafter persönlich.[2] Daraus wird zu Recht gefolgert, dass der Insolvenzverwalter nicht zur **Abgabe von Erklärungen zur einheitlichen und gesonderten Gewinnfeststellung** für eine in Insolvenz befindliche Personengesellschaft verpflichtet ist. Er ist hierzu nicht einmal berechtigt, weil seine Verwaltungs- und Verfügungsbefugnis gem. § 80 InsO nur das zur Insolvenzmasse gehörende Vermögen umfasst. Seine steuerlichen Pflichten gehen nur so weit, wie seine Verwaltung reicht (§ 34 Abs. 3 AO). Hinsichtlich der Abwicklung der außerhalb der Verwertung des der Personengesellschaft gehörenden Vermögens bleibt es bei der durch die sonstigen Gesetze, hier insbesondere das bürgerliche und das Handelsrecht, bestimmten Kompetenzordnung. Dies steht im Einklang mit der Formulierung in § 181 Abs. 2 Ziff. 1 AO. Danach hat eine Erklärung zur gesonderten Feststellung abzugeben, wem der Gegenstand der Feststellung ganz oder teilweise zuzurechnen ist; erklärungspflichtig sind bei einer Kommanditgesellschaft insbesondere die Feststellungsbeteiligten, denen ein Anteil an den einkommensteuerpflichtigen Einkünften zuzurechnen ist. Damit hat der Gesetzgeber klargestellt, dass nicht die Gesellschaft als solche erklärungspflichtig ist. Zwar sind nach § 181 Abs. 2 Ziff. 4 AO für die Gewinnfeststellung von Personengesellschaften auch die in § 34 AO bezeichneten Personen erklärungspflichtig. Damit sind aber die in § 34 Abs. 1 AO genannten Geschäftsführer der Gesellschaft gemeint. Der BFH vertritt zu Recht die Auffassung, für den Sonderfall der in Insolvenz befindlichen Personengesellschaft könne daraus nicht die Erklärungspflicht des Insolvenzverwalters hergeleitet werden, weil dessen Verwaltungs- und Verfügungsbefugnis nicht so weit reicht.[3] Auch der Umstand, dass sich die Buchführungsunterlagen bzw. Geschäftsbücher der Personengesellschaft im Besitz des Insolvenzverwalters befinden, rechtfertigt es nicht, von diesem die Abgabe der gesonderten Gewinnfeststellungserklärung zu verlangen.

3.178 Der BFH hat zum früheren Konkursrecht erkannt, an der Steuererklärungspflicht des Konkursverwalters ändere sich nichts dadurch, dass die vorhandene Konkursmasse nicht ausreicht, um die für die Beauftragung eines Steuerberaters anfallenden Kosten zu decken, denn der Gesichtspunkt der Entstehung weiterer Kosten entbinde

---

1 BFH v. 11.10.2007 – IV R 52/04, DStR 2008, 237 (238); v. 2.4.1998 – IX ZR 187/97, NJW-RR 1998, 1125 (1125); v. 20.12.2018 – IV R 2/16, DStRE 2019, 1029; *Schüppen/Schlösser* in MünchKomm/InsO[4], Insolvenzsteuerrecht, Rz. 17; a.A. *Uhländer* in Waza/Uhländer/Schmittmann, Insolvenzen und Steuern[12], Rz. 500; *Lohkemper*, BB 1998, 2030 (2030).
2 BFH v. 23.8.1994 – VII R 143/92, BStBl. II 1995, 194 = ZIP 1994, 1969 = BB 1995, 394 (394); v. 21.6.1979 – IV R 131/74, BStBl. II 1979, 780 = ZIP 1980, 53 = BFHE 128, 322; *Schüppen/Schlösser* in MünchKomm/InsO[4], Insolvenzsteuerrecht, Rz. 17.
3 BFH v. 23.8.1994 – VII R 143/92, BStBl. II 1995, 194 = ZIP 1994, 1969 = DStR 1995, 18 (19).

den Konkursverwalter – ebenso wie den Steuerpflichtigen selbst – nicht von der Wahrnehmung seiner öffentlich-rechtlichen Pflichten, die ihm durch die Steuergesetze i.V.m. § 34 Abs. 3 AO auferlegt worden sind.[1] Die Steuererklärungspflicht dient nach der Rechtsprechung des BFH der ordnungsgemäßen Abwicklung des Besteuerungsverfahrens und nicht nur dem fiskalischen Interesse der Finanzverwaltung als Gläubiger. Es könne deshalb nicht darauf abgestellt werden, ob ihre Erfüllung dem generellen Zweck des Konkursverfahrens, der gemeinschaftlichen Befriedigung der Konkursgläubiger aus der Konkursmasse, diene oder ob die Konkursmasse mit Kosten belastet werde, denen keine vermögensmäßigen Vorteile gegenüberstehen.

Auch die Anzeige der **Masseunzulänglichkeit** gem. § 208 InsO soll an der Erklärungspflicht nichts ändern.[2] Erst dann, wenn das Insolvenzverfahren gem. § 207 Abs. 1 InsO mangels **Masse eingestellt wird**, sollen die Erklärungspflichten entfallen.[3] Die Begründung hierfür soll allerdings nicht etwa sein, dass im Fall der Massearmut nicht einmal mehr die Vergütung des Insolvenzverwalters vollumfänglich beglichen werden kann und deswegen auch die insolvenzrechtlichen Pflichten, allen voran die Verwertung der Insolvenzmasse, endet (§ 207 Abs. 3 Satz 2 InsO). Die Begründung soll vielmehr darin liegen, dass der Insolvenzschuldner in Folge der Einstellung das Recht zurückerhält, über sein Vermögen zu verfügen, wodurch das Verwaltungs- und Verfügungsrecht des Insolvenzverwalters über das zur Insolvenzmasse gehörige Vermögen und damit seine Verpflichtung zur Erfüllung der steuerlichen Pflichten des Insolvenzschuldners ende.

3.179

Der BFH hat seine zum früheren Konkursrecht vertretene Rechtsauffassung – unreflektiert – bestätigt, wonach es in masseunzulänglichen, aber nicht massearmen Verfahren bei der Steuererklärungspflicht des Verwalters bleiben soll.[4] Allerdings hatte der BFH dabei über eine Nichtzulassungsbeschwerde zu entscheiden, nicht eine Revision. Soweit eine Rechtsfrage durch die Rechtsprechung des BFH geklärt ist, bedarf es nach ständiger Rechtsprechung des BFH der **Darlegung** beachtlicher Gründe, die in Rechtsprechung oder Literatur gegen die bisherige Rechtsprechung vorgebracht worden sind oder zumindest, welche Einwände der BFH bisher nicht geprüft hat. Fehlt es an solchen Darlegungen, so ist die Nichtzulassungsbeschwerde unzulässig und daher abzuweisen; es ist nicht Aufgabe des BFH, im Rahmen jeder Nichtzulassungsbeschwerde von Neuem Literatur und Instanzgerichtsrechtsprechung daraufhin zu untersuchen, ob es gewichtige Einwände gegen die bisherige Rechtsprechung gibt. Solche sind aber tatsächlich vorhanden. Gegen die Steuererklärungspflicht in Verfahren, in denen die Insolvenzmasse zwar ausreicht, um die Verfahrenskosten zu

3.180

---

1 BFH v. 23.8.1994 – VII R 143/92, BStBl. II 1995, 194 = ZIP 1994, 1969 = DStR 1995, 18 (19); bestätigend BFH v. 19.11.2007 – VII B 104/07, BFH/NV 2008, 334 ff.; Einschränkungen befürwortend: Ott in Werdan/Ott/Rauch, Das Steuerberatungsmandat in der Krise, Sanierung und Insolvenz, S. 309 ff.; Schüppen/Schlösser in MünchKomm/InsO[4], Insolvenzsteuerrecht, Rz. 10f.
2 Uhländer in Waza/Uhländer/Schmittmann, Insolvenzen und Steuern[12], Rz. 502; Welzel, DStZ 1999, 559 (559); Wienberg/Voigt, ZIP 1999, 1662 (1664).
3 BFH v. 8.8.1995 – VII R 25/94, ZIP 1996, 430 = BFH/NV 1996, 13 (13).
4 BFH v. 19.11.2007 – VII B 104/07, BFH/NV 2008, 334 (334).

decken, nicht aber, um weitere Masseverbindlichkeiten in Form von Steuerberaterhonoraren zu begründen, hat sich mit im Wesentlichen durchgreifenden Gründen das AG Duisburg gewendet:

„Unter dem Blickwinkel des neuen Insolvenzrechts, insbesondere angesichts der gesetzlichen Normierung des Verfahrens nach Eintritt der Masseunzulänglichkeit (§§ 208 bis 211 InsO), erscheint es zwingend, dass allein eine Weiterentwicklung der dargestellten Tendenz der BFH-Rechtsprechung mit dem geltenden Recht vereinbar ist (vgl. Onusseit, ZIP 1995, 1798 [1802 ff.]; ferner LG München I, ZIP 2001, 2291; Runkel, EWiR 2002, 257 f.). Die förmliche Anzeige und öffentliche Bekanntmachung der Masseunzulänglichkeit ist nunmehr vorgeschrieben (§ 208 II InsO). Ebenso bestimmt das Gesetz, dass der Verwalter nach Anzeige der Masseunzulänglichkeit die sonstigen Masseverbindlichkeiten, also auch die Kosten eines beauftragten Steuerberaters (§ 55 I Nr. 1 InsO, § 4 I 3, § 5 InsVV), nur mit Nachrang gegenüber den Verfahrenskosten und nur nach Maßgabe des § 209 InsO berichtigen darf. Unter diesen Umständen wird sich in Verfahren mit unzulänglicher Masse schwerlich noch ein Steuerberater bereitfinden, für den Verwalter ohne gesicherte Aussicht auf Zahlung der Vergütung tätig zu werden. Ist die Einschaltung eines Steuerfachmanns wegen des Umfangs und der Schwierigkeit der steuerlichen Angelegenheiten erforderlich, so kann deshalb schon auf der Grundlage der dargestellten bisherigen Rechtsprechung des BFH dem Verwalter nach Anzeige der Masseunzulänglichkeit nicht zugemutet werden, eigene Mittel einzusetzen. Entsprechende Zwangsmaßnahmen der Finanzbehörden wären rechtswidrig. Doch auch in den Fällen, in denen nach Auffassung des BFH der Verwalter persönlich oder mit eigenem Hilfspersonal die Steuererklärungspflicht wahrzunehmen hat, ist der Verwalter nach neuer Rechtslage nicht verpflichtet, seine eigene besondere Sachkunde einzusetzen, wenn feststeht, dass die besondere Vergütung nach § 5 InsVV, die ihm angesichts des Umfangs oder der Schwierigkeit der Tätigkeit hierfür zusteht, wegen ihres Nachrangs gegenüber den Kosten des Verfahrens (§§ 54, 55 I Nr. 1, 209 InsO) nicht mehr aus der Masse gedeckt werden kann (ebenso Onusseit, ZIP 1995, 1798 [1804 f.]). Aus der gesetzlichen Pflicht des Verwalters, die Masse auch nach Anzeige der Masseunzulänglichkeit zu verwalten (§ 208 III InsO), ergibt sich nichts anderes. Sie erzeugt nicht die Verpflichtung, neue Kosten zu verursachen, die ersichtlich aus der Masse nicht zu decken sind (§ 61 InsO). Der Verwalter hat vielmehr nach dem Willen des Gesetzes in dieser Lage alles daran zu setzen, dass das Verfahren möglichst zügig eingestellt wird (§ 211 InsO)."

3.181 Tatsächlich hat der BFH in seiner Entscheidung vom 23.8.1994[1] maßgebliche Einschränkungen gemacht. Er hat dort ausdrücklich **offengelassen**, ob es für einen Rechtsanwalt als Konkursverwalter auch dann zumutbar ist, die Steuererklärungen des Gemeinschuldners selbst zu erstellen, wenn dies mit umfangreichen Buchführungs- und Abschlussarbeiten verbunden ist und die Kosten für die Beauftragung eines Steuerfachmanns aus der Konkursmasse nicht gedeckt werden können. Er hat ferner die Einschränkung angedeutet, dass die Erfüllung der Steuererklärungspflicht des Konkursverwalters möglicherweise dann nicht mehr mit Zwangsmitteln durchgesetzt werden könne, wenn der Verwalter die Masseunzulänglichkeit förmlich öffentlich bekannt gemacht habe (was nach altem Recht nicht ausdrücklich vorgeschrieben war, vgl. § 60 KO), ein von ihm beauftragter Steuerberater es daraufhin angesichts der Rangverhältnisse des § 60 KO ablehne, für die Konkursmasse tätig zu werden und der Verwalter persönlich nicht zur Erfüllung der Pflicht und zu den dazu erforderlichen umfangreichen Vorarbeiten in der Lage sei. In einer solchen Si-

---

[1] BFH v. 23.8.1994 – VII R 143/92, BStBl. II 1995, 19 = ZIP 1994, 1969 = BFHE 175, 309.

tuation könne die Androhung und Festsetzung eines Zwangsgelds ermessensfehlerhaft sein.[1]

Der BGH hat die Einwände des AG Duisburg als „gute Gründe" für eine einschränkende Auslegung von § 34 Abs. 3 AO für die Fälle der Masseunzulänglichkeit bezeichnet,[2] konnte diese Frage aber „derzeit" dahin stehen lassen, weil es in der dort zu entscheidenden Rechtssache darum ging, ob ein Insolvenzverwalter seine Auslagen ersetzt verlangen konnte, die er im Hinblick auf die bestehende Rechtsprechung des BFH und die Auffassung der Finanzverwaltung in einem masseunzulänglichen Verfahren für einen Steuerberater aufgewendet hatte. Dies bejahte der BGH letztlich aus Vertrauensschutzgesichtspunkten heraus.

3.182

Zusätzlich verdienen zwei weitere Aspekte Beachtung: Erstens tritt das Insolvenzverfahren an die Stelle des Einzelzwangsvollstreckungsverfahrens. Es beendet die Möglichkeit des einzelnen Gläubigers, seine berechtigten (und immerhin von Art. 14 Abs. 1 GG geschützten) Rechte gegen seinen Schuldner individuell durchzusetzen.[3] Dieser Eingriff in die Gläubigergrundrechte rechtfertigt sich nicht aus Gemeinwohlinteressen heraus, sondern daraus, dass das allen Gläubigern gemeinsam zur Verfügung stehende Haftungssubstrat nicht mehr ausreicht, um allen Gläubigern volle Befriedigung zu verschaffen. Alle Gläubiger müssen daher die durch die Insolvenzeröffnung eintretende Beschränkung ihrer individuellen Vollstreckungsrechtsmacht hinnehmen, um sodann gemeinsam und gleichmäßig an dem Haftungssubstrat zu partizipieren. Für die Aufladung des Insolvenzverfahrens mit außerhalb der Haftungsverwirklichung liegenden Zwecken, Aufgaben und Funktionen ist daher nur solange und soweit Raum, wie dies die Haftungsverwirklichung nicht beeinträchtigt, also die Insolvenzmasse nichts kostet. Zweitens läge in der Aufrechterhaltung der Steuererklärungspflicht über den Zeitpunkt der Anzeige der Masseunzulänglichkeit hinaus eine unangemessene Durchbrechung der von § 209 Abs. 1, 2 InsO angeordneten Befriedigungsreihenfolge. Die Altmassegläubiger im Rang des § 209 Abs. 1 Ziff. 3 InsO haben im Zeitpunkt der Begründung ihrer gegen die Insolvenzmasse gerichteten Forderungen darauf vertrauen dürfen, dass die Insolvenzmasse ausreichen würde, um ihre Forderungen schlussendlich zu befriedigen; immerhin haftet der Insolvenzverwalter u.U. persönlich für die Nichtbegleichung von Masseverbindlichkeiten, § 61 InsO. Ergeben sich im Verlauf des Verfahrens Umstände, die die Begleichung der Masseverbindlichkeiten unmöglich werden lassen, so muss dieses Vertrauen besonders geschützt werden. Der Gesetzgeber hat diesen Gläubigern Vorrang vor den Insolvenzgläubigern im Rang des § 38 InsO eingeräumt und lediglich den Verfahrenskosten (§ 54 InsO) und den Neumassegläubigern (§ 209 Abs. 1 Ziff. 2 InsO) Vorrang gegeben. Die **Bevorrechtigung der Verfahrenskosten und der Neumassegläubiger** hat ihren Grund darin, dass ein geordneter Abschluss des Insolvenzverfahrens ermöglicht werden soll. Es verbietet sich jedoch, Belange, die den Zeiträumen vor der Anzeige der Masseunzulänglichkeit zuzuordnen sind, vor den Rang des

3.183

---

1 BFH v. 23.8.1994 – VII R 143/92, BStBl. II 1995, 19 = ZIP 1994, 1969 = BFHE 175, 309.
2 BGH v. 22.7.2004 – IX ZB 161/03, ZIP 2004, 1717 = NJW 2004, 2976 (2977).
3 Ausführlich zu verfassungsrechtlichen und vollstreckungsrechtlich-systematischen Aspekten *Roth*, Interessenwiderstreit im Insolvenzeröffnungsverfahren, S. 89 ff.

§ 209 Abs. 1 Ziff. 2 InsO zu ziehen. Besonders deutlich zeigt sich der gesetzgeberische Wille am Umgang mit Dauerschuldverhältnissen: Die (Neu-)Insolvenzmasse wird nur insoweit mit Kosten aus dem Dauerschuldverhältnis belastet, als der Verwalter nach der Anzeige der Masseunzulänglichkeit für die Insolvenzmasse die Gegenleistung in Anspruch genommen hat (§ 209 Abs. 2 Ziff. 3 InsO) bzw. für die Zeit nach dem ersten Termin, zu dem der Verwalter nach der Anzeige der Masseunzulänglichkeit kündigen konnte (§ 209 Abs. 2 Ziff. 3 InsO). Diese Befriedigungsreihenfolge würde unangemessen durchbrochen, wenn der Insolvenzverwalter nach der Anzeige der Masseunzulänglichkeit die (Neu-)Masse mit Kosten für einen Steuerberater insoweit belasten würde, als er sich mit Vorgängen aus der Zeit vor der Anzeige der Masseunzulänglichkeit befassen würde. Die Steuererklärungspflicht des Insolvenzverwalters muss sich daher nach Anzeige der Masseunzulänglichkeit auf die Zeit nach der Anzeige beschränken.

3.184 Jedenfalls aber kann gegen den Insolvenzverwalter wegen der Verletzung seiner Pflicht zur Offenlegung des Jahresabschlusses (§ 325 HGB) **kein Ordnungsgeld** festgesetzt werden, wenn die Masse die Kosten für die Erstellung des Jahresabschlusses in Folge der Masseunzulänglichkeit nicht decken kann.[1]

IX. Steuerfestsetzung

Literatur *Bartone*, Der Erlass und die Änderung von Steuerverwaltungsakten im Zusammenhang mit dem Insolvenzverfahren über das Vermögen des Steuerpflichtigen, AO-StB 2008, 132; *Bartone*, Feststellung von Steuerforderungen zur Insolvenztabelle und ihre Auswirkung auf das Besteuerungsverfahren, DStR 2017, 1743; *Becker*, Die Anmeldung und Prüfung von Steuerforderungen im Insolvenzverfahren, DStR 2016, 919; *Behrens*, Ernstliche Zweifel an der Additionsregelung des § 8a Abs. 3 Satz 1 KStG, BB 2010, 1132; *Dißars*, Verfahrensrechtliche Besonderheiten bei Ehegatten, StB 97, 340; *Frotscher*, Besteuerung bei Insolvenz, 7. Aufl. 2010; *Diebold*, Der Bausteuerabzug – ein „Steuer"-Abzug ohne Steuer?, DStZ 2002, 252; *Gebel*, Zusammenfassung mehrerer Zuwendungen bei der Steuerberechnung und der Steuerfestsetzung, ZEV 2001, 213; *Gundlach/Frenzel/Schirrmeister* Die Grenzen des abgabenrechtlichen Feststellungsbescheids in der Insolvenz, DStR 2002, 406; Der Feststellungsbescheid in der Insolvenz, DZWIR 2005, 189; *Guth*, Die Arten der Steuerfestsetzung und ihre verfahrensrechtliche Behandlung, DStZ 1987, 483; *Jäger*, Eröffnung eines Insolvenzverfahrens während eines Finanzgerichtsverfahrens, DStR 2008, 1272; *Kahlert*, Widerspruchslose Anerkennung einer Steuerforderung zur Insolvenztabelle, NWB 2016, 409; *Kohlhaas*, Grundlagenbescheid und Folgebescheid. Neue Probleme durch die §§ 155 Abs. 2, 162 Abs. 3 AO, FR 1984, 305; *Kreft*, Zweifel an der Verfassungsmäßigkeit des Solidaritätszuschlag, GStB 2010, 4; *Krumm*, Zur materiellen Bestandskraft im Verhältnis zwischen Steuerfestsetzungs- und Feststellungsverfahren, DStR 2005, 631; *Lieber*, Neues BMF-Schreiben v. 16.4.2010, IWB 2010, 351; *Lampe/Breuer/Hotze*, Erfahrungen mit § 3a EStG im Rahmen eines Insolvenzplanverfahrens unter Einholung einer verbindlichen Auskunft, DStR 2018, 173; *Martin/Bergan*, Vorläufige Steuerfestsetzung – Änderungsnorm für materielle Fehler?, DStR 2007, 658; *Schmittmann*, Aktuelle Rechtsprechung des BFH zu verfahrens- und ertragsteuerlichen Fragen in der Insolvenz natürlicher Personen, VIA 2016, 65; *Reuß*, Das Verhältnis zwischen Einkommensteuerfestsetzung und Kindergeldfestsetzung, EFG 2010, 888; *Scherer*, Die Unterbrechung des Steuerfestsetzungsverfahrens in der Insolvenz – Kritische Überlegungen zur Rechtsprechung des BFH,

---
1 LG Hagen v. 11.5.2007 – 24 T 2/07, NZI 2008, 112 (113).

DStR 2017, 296; *Steinhauff*, Mitunternehmerische Betriebsaufspaltung: Widerstreitende Steuerfestsetzung bei Gewinnfeststellungsbescheiden, SteuerR 21/2010 Anm. 2; *Vallender*, Aktuelle Entwicklungen des Regelinsolvenzverfahrens im Jahr 2018, NJW 2019, 1351; *Welzel*, Steuerverfahrensrechtliche Besonderheiten während der Insolvenz des Steuerpflichtigen, DStZ 1999, 559; *Witt*, Widerstreitende Steuerfestsetzung bei Gewinnfeststellungsbescheiden, DStRE 2010, 563.

1. Steuerbescheid

Gemäß § 155 Abs. 1 AO erfolgt die Steuerfestsetzung durch Bescheid. Der Bescheid ist ein Verwaltungsakt i.S.v. § 118 AO, mit dem über das Bestehen oder Nichtbestehen eines Steueranspruchs nach den jeweiligen materiellen Steuergesetzen entschieden wird. Steuerbescheide sind gem. § 157 Abs. 1 AO schriftlich zu erteilen, soweit nichts anderes bestimmt ist. Schriftliche Steuerbescheide müssen die festgesetzte Steuer nach Art und Betrag bezeichnen und angeben, wer die Steuer schuldet. Die Finanzbehörde ist grundsätzlich zur Steuerfestsetzung von Amts wegen verpflichtet, da sie die Steuern nach Maßgabe der Gesetze gleichmäßig festzusetzen hat (vgl. § 85 AO). Es liegt nicht in ihrem pflichtgemäßen Ermessen (§ 5 AO), von einer Entscheidung im Steuerfestsetzungsverfahren abzusehen. Von der Pflicht zur Steuerfestsetzung bestehen allerdings Ausnahmen: Eine Steuerfestsetzung ist nicht mehr zulässig, wenn die Festsetzungsfrist abgelaufen ist (§ 169 Abs. 1 Satz 1 AO) oder wenn die Festsetzung gegen Treu und Glauben verstößt.[1] In einigen Fällen besteht ausnahmsweise ein gesetzlich eingeräumter Ermessensspielraum, ob eine Steuer festzusetzen ist, z.B. bei einem Absehen von der Steuerfestsetzung bei Kleinstbeträgen (§ 156 Abs. 1 AO).

3.185

2. Festsetzungen im vorläufigen Insolvenzverfahren

Ist in der Zeit zwischen der Insolvenzantragstellung und der Eröffnung des Insolvenzverfahrens ein vorläufiger Insolvenzverwalter nach §§ 21, 22 InsO bestellt, so kann eine Steuerfestsetzung nach wie vor durch Steuerbescheid erfolgen. Ist die Verwaltungs- und Verfügungsbefugnis noch nicht auf den vorläufigen Insolvenzverwalter übergegangen, sondern nur ein Zustimmungsvorbehalt gem. § 21 Abs. 2 Ziff. 2 Alt. 2 InsO angeordnet, so erfolgt die Bekanntgabe an den Insolvenzschuldner.[2] Ist dem gegenüber ein allgemeines Verfügungsverbot gem. §§ 21 Abs. 2 Ziff. 2 Alt. 1, 22 Abs. 1 InsO angeordnet, wird das Steuerfestsetzungsverfahren analog § 240 Satz 2 ZPO unterbrochen; soweit Bescheide bekannt zu geben sind, sind sie an den vorläufigen Insolvenzverwalter bekannt zu geben. Dabei ist der vorläufige Insolvenzverwalter namentlich zu nennen mit dem Zusatz, dass der Bescheid an ihn in seiner Eigenschaft als vorläufiger Insolvenzverwalter über das Vermögen des (ebenfalls namentlich benannten) Insolvenzschuldners ergeht. Fehlt der Zusatz des Insolvenzschuldners, ist der **Bescheid rechtswidrig**, weil er sich dann gegen den vorläufigen Insolvenzverwalter persönlich richtet.

3.186

---

1 Zu Ausnahmen s. *Cöster* in Koenig[3], § 155 AO Rz. 23.
2 Ziff. 2.9.3. des Anwendungserlasses zur Abgabenordnung (AEAO).

3. Festsetzung von Insolvenzforderungen durch Steuerbescheid

3.187 Weder im Steuerrecht noch im Insolvenzrecht finden sich spezielle Vorschriften über die Steuerfestsetzung im Rahmen des Insolvenzverfahrens. Daher muss auf die allgemeinen Vorschriften zurückgegriffen werden. Das bedeutet, dass der Fiskus als Steuer- und Insolvenzgläubiger sich in die Reihe der Insolvenzgläubiger einreihen muss und die Geltendmachung seiner Forderungen sich nach insolvenzrechtlichen Vorschriften richtet[1] (vor allem §§ 87, 55 InsO), weil § 87 InsO über die Verweisung in § 251 Abs. 2 AO auch im Steuerrecht zu beachten ist. Daraus leitet der BFH in ständiger Rechtsprechung ab, dass **Steuerbescheide nach Eröffnung des Insolvenzverfahrens nicht mehr ergehen dürfen,** wenn darin **Insolvenzforderungen** festgesetzt werden.[2] Der Steuergläubiger ist gehalten, Ansprüche aus dem Steuerschuldverhältnis nach den Maßgaben des Insolvenzrechts zur Tabelle anzumelden (§§ 38, 174 Abs. 1 Satz 1 InsO; § 251 Abs. 3 AO), um an der gemeinschaftlichen Befriedigung im Insolvenzverfahren teilzunehmen (Rz. 3.246). Ein förmlicher Steuerbescheid über einen Steueranspruch, der eine Insolvenzforderung betrifft, ist unwirksam.[3] Unwirksam sind dabei insbesondere mit einem Leistungsgebot versehene Festsetzungen, die zu einer – zur Insolvenztabelle anzumeldenden – Rest- oder Nachforderung führen.[4] Unwirksam ist eine Festsetzung selbst dann, wenn nach einer Anrechnung bereits geleisteter Zahlungen eine konkrete Zahlungsverpflichtung (zunächst) nicht mehr besteht, da ansonsten bei einem späteren Streit über die Höhe der Anrechnung eine durch diesen (evtl. bestandskräftigen) Steuerbescheid titulierte Insolvenzforderung entstehen könnte.[5] Die Höhe einer Steuer richtet sich nach den allgemeinen steuerrechtlichen Vorschriften.

3.188 Soweit bei Insolvenzeröffnung ein Steuerfestsetzungsverfahren läuft, betrifft dieses notwendiger Weise Steuern, die nach Eröffnung des Insolvenzverfahrens Insolvenz-

---

1 *Bartone,* AO-StB 2008, 132 (132).
2 BFH v. 13.5.2009 – XI R 63/07, BStBl. II 2010, 11 = ZIP 2009, 1631; vgl. auch FG Düsseldorf v. 4.10.2018 – 11 K 1921/16 E, NZI 2019, 181; s. auch anhängiges Verfahren beim BFH – IX R 27/18.
3 BFH v. 10.12.2008 – I R 41/07; v. 18.12.2002 – I R 33/01, BStBl. II 2003, 630 = BFHE 201, 392; v. 24.8.2004 – VIII R 14/02, BStBl. II 2005, 246 = BFHE 207, 10, zu II.3.c bb aaa; v. 5.4.2017 – II R 30/15, DStR 2017, 1703; FG München v. 23.11.2005 – 10 K 4333/03, EFG 2006, 589 ff.; FG Bdb. v. 14.9.2006 – 3 K 2728/03, EFG 2007, 708 ff.; FG Münster v. 12.3.2019 – 15 K 1535/18 U, NZI 2019, 547; FG Düsseldorf v. 4.10.2018 – 11 K 1921/16 E, NZI 2019, 181; *Loose* in Tipke/Kruse, § 251 AO Rz. 44; *Neumann* in Gosch, § 251 AO Rz. 50; *Werth* in Klein[15], § 251 AO Rz. 23 ff.; *Beermann* in Hübschmann/Hepp/Spitaler, § 251 AO Rz. 405; *Boochs/Dauernheim,* Steuerrecht in der Insolvenz[3], Rz. 82; *Uhländer* in Waza/Uhländer/Schmittmann, Insolvenzen und Steuern[12], Rz. 516; *Schüppen/Schlösser* in MünchKomm/InsO[4], Insolvenzsteuerrecht, Rz. 30; *Gundlach/Frenzel/Schirrmeister,* DStR 2004, 318 (319).
4 BFH v. 10.12.2008 – I R 41/07, BFH/NV 2009, 719 ff.; FG Düsseldorf v. 4.10.2018 – 11 K 1921/16 E, NZI 2019, 181; *Welzel,* DStZ 1999, 559 (560); *Uhländer* in Waza/Uhländer/Schmittmann, Insolvenzen und Steuern[12], Rz. 528.
5 BFH v. 10.12.2008 – I R 41/07, BFH/NV 2009, 719 ff.; *Welzel,* DStZ 1999, 559 (560); a.A. FG Düsseldorf v. 4.10.2018 – 11 K 1921/16 E, NZI 2019, 181; s. auch anhängiges Verfahren beim BFH – IX R 27/18.

forderungen (§ 38 InsO) sind; ein solches **Steuerfestsetzungsverfahren wird analog § 240 Abs. 1 ZPO unterbrochen**, es sei denn, aus einem Bescheid ergibt sich keine Zahllast[1] bzw. es ergeht eine Festsetzung auf 0 €.[2]

Auch Änderungsbescheide nach §§ 164 Abs. 2, 172 ff. AO, die zu einer Zahllast führen, können nach Insolvenzeröffnung nicht mehr ergehen.[3] Anders als ein trotz Unterbrechung gem. § 240 Abs. 1 ZPO ergangenes Urteil ist ein Steuerbescheid, der ungeachtet der **Unterbrechungswirkung** von § 240 Abs. 1 ZPO analog ergeht, gem. § 125 AO nichtig.[4] Die Finanzbehörde hat die **Nichtigkeit** auf Antrag des Insolvenzverwalters gem. § 125 Abs. 5 AO durch Bescheid festzustellen, da der Insolvenzverwalter regelmäßig ein berechtigtes Interesse an der Beseitigung des durch den nichtigen Steuerbescheid geschaffenen Rechtsscheins hat. Die Nichtigkeitsfeststellung kann die Finanzbehörde auch ohne expliziten Antrag nach § 125 Abs. 5 AO beispielsweise auf den Einspruch des Insolvenzverwalters hin treffen. Alternativ kann die Finanzbehörde den Steuerbescheid auch gem. § 130 Abs. 1 AO zurücknehmen. Beseitigt die Finanzbehörde den Steuerbescheid nicht, steht dem Insolvenzverwalter gem. § 41 Abs. 1 FGO die Feststellungsklage zum FG offen. Eines vorangegangenen Verfahrens nach § 125 Abs. 5 AO bedarf es nicht unbedingt. Statt der Feststellungsklage kann der Insolvenzverwalter auch die Anfechtungsklage gegen den nichtigen Steuerbescheid erheben. In diesem Fall ist der Steuerbescheid gem. § 100 Abs. 1 Satz 1 FGO aufzuheben.[5]

3.189

4. Berechnungsmitteilung bzgl. Insolvenzforderungen

Da die Finanzbehörde nach Eröffnung des Insolvenzverfahrens keinen Bescheid über eine Steuer mehr erlassen darf, die Insolvenzforderung ist (Rz. 3.187), ergeht regelmäßig eine formlose, informatorische Berechnungsmitteilung. Eine solche Berechnungsmitteilung ist kein Verwaltungsakt und hat keine Regelungswirkung.[6] Die Berechnungsmitteilung erläutert, wie sich der zur Insolvenztabelle angemeldete oder anzumeldende Betrag zusammensetzt. Da Forderungen gem. § 174 Abs. 1, 2 InsO unter Angabe von Grund und Betrag sowie der Beifügung von Urkunden, aus denen sich die Forderung ergibt, anzumelden sind, ist die Berechnungsmitteilung von Ausnahmefällen abgesehen zwingend notwendiger Bestandteil einer Forderungsanmeldung (Rz. 3.246). Da Grund und Betrag der angemeldeten Forderung gemäß dem Wortlaut von § 174 Abs. 2 InsO *bei der Anmeldung* anzugeben sind, muss die Berechnungsmitteilung mit der Forderungsanmeldung dem Insolvenzverwalter übersandt werden. Eine Anmeldung, die ohne entsprechende Berechnungsmitteilung beim Insolvenzverwalter eingeht, ist nicht hinreichend begründet und kann zum Wi-

3.190

---

1 BFH v. 13.5.2009 – XI R 63/07, BStBl. II 2010, 11 = ZIP 2009, 1631; FG München v. 15.5.2019 – 3 K 2244/16; FG Düsseldorf v. 4.10.2018 – 11 K 1921/16 E, NZI 2019, 181.
2 BFH v. 10.12.2008 – I R 41/07, BFH/NV 2009, 719 ff.
3 BFH v. 7.3.1968 – IV R 278/66, BStBl. II 1968, 496.
4 *Loose*, StuW 1999, 20 (25); *Loose* in Tipke/Kruse, § 251 AO Rz. 44; *Frotscher*, Besteuerung bei Insolvenz[8], S. 248.
5 BFH v. 7.8.1985 – I R 309/82, BStBl. II 1986, 42; v. 11.4.2018 – X R 39/16, NZI 2018, 817.
6 *Loose* in Tipke/Kruse, § 251 AO Rz. 45.

5. Festsetzung von Masseforderungen durch Steuerbescheid

3.191 Das Finanzamt hat die nach Insolvenzeröffnung als Masseverbindlichkeit entstehenden Steuerforderungen gegenüber dem Insolvenzverwalter im Grundsatz geltend zu machen wie außerhalb eines Insolvenzverfahrens gegenüber jedem anderen Steuerpflichtigen auch, nämlich mittels Bescheids.[1] Zu den Masseverbindlichkeiten gehören auch solche Verbindlichkeiten, die durch einen vorläufigen Insolvenzverwalter begründet worden sind, § 55 Abs. 2, 4 InsO.

3.192 Die **Bekanntgabe** solcher Bescheide, die die Insolvenzmasse betreffen, hat an den Insolvenzverwalter zu erfolgen, nicht an den Insolvenzschuldner.[2] Durch Bekanntgabe an den Schuldner wird Wirksamkeit nicht herbeigeführt. Hatte der Insolvenzschuldner bis zur Eröffnung des Insolvenzverfahrens einen Bevollmächtigten (§ 80 AO), so erlöschen mit Insolvenzeröffnung dessen Auftrag (§ 115 InsO) und Vollmacht (§ 117 AO). Damit endet auch seine Empfangszuständigkeit, so dass eine Bekanntgabe auch an den ehemals Bevollmächtigten des Insolvenzschuldners nach Insolvenzeröffnung nicht mehr erfolgen kann. Dabei ist der Insolvenzverwalter namentlich zu nennen mit dem Zusatz, dass der Bescheid an ihn in seiner Eigenschaft als Insolvenzverwalter über das Vermögen des (ebenfalls namentlich benannten) Insolvenzschuldners ergeht. Fehlt der Zusatz des Insolvenzschuldners, ist der Bescheid rechtswidrig, weil er sich dann gegen den Insolvenzverwalter persönlich richtet. Zu den schwierigen Abgrenzungsfragen, wann eine Masseverbindlichkeit vorliegt und wann eine Verbindlichkeit des insolvenzfreien Vermögens des Insolvenzschuldners (Rz. 4.169 ff.).

3.193 Steuerbescheide wegen einer Masseforderung sind auch bei Jahressteuern auf den Zeitraum nach der Insolvenzeröffnung zu beschränken. Dabei handelt es sich nicht um eine (unzulässige) Besteuerung für einen im Gesetz nicht vorgesehenen abgekürzten Besteuerungszeitraum, sondern um die (zulässige) Kenntlichmachung, dass sich der Steuerbescheid auf Masseansprüche beschränkt.[3]

3.194 Die Festsetzung einer Masseforderung erfolgt auch dann durch Bescheid, wenn in dem Insolvenzverfahren zwischenzeitlich gem. § 208 InsO Masseunzulänglichkeit angezeigt worden ist und die Forderung den Rang einer Altmasseforderung einnimmt, so dass ihre Vollstreckung gem. § 210 InsO unzulässig ist (Rz. 3.216).

---

[1] *Bartone*, AO-StB 2008, 132 (134 ff.); vgl. BFH v. 21.7.1994 – V R 114/91, BStBl. II 1994, 878 = ZIP 1994, 1705; FG Münster v. 29.3.2011 – 10 K 230/10 E, EFG 2011, 1806.
[2] FG Münster v. 29.3.2011 – 10 K 230/10 E, EFG 2011, 1806; vgl. auch BFH v. 2.4.2019 – IX R 21/17, NZI 2019, 674; v. 11.4.2018 – X R 39/16, NZI 2018, 817.
[3] BFH v. 16.7.1987 – V R 2/81, BStBl. II 1988, 190 = ZIP 1987, 1194.

6. Festsetzung von Steuern gegen das insolvenzfreie Vermögen des Insolvenzschuldners

Der Insolvenzschuldner kann neben dem vom Insolvenzbeschlag umfassten Vermögen (§§ 80, 35 InsO) Rechtsträger auch insolvenzbeschlagsfreien Vermögens sein, auf das sich die Verwaltungs- und Verfügungsbefugnis des Insolvenzverwalters nicht erstreckt. Dies ist beispielsweise in Ansehung der unpfändbaren Gegenstände nach § 811 ZPO i.V.m. § 36 InsO der Fall, aber auch nach Freigabe bestimmter Gegenstände durch den Insolvenzverwalter aus der Insolvenzmasse oder im Fall der nach Insolvenzeröffnung durch den Insolvenzschuldner neu aufgenommenen gewerblichen Tätigkeit, wenn sie der Insolvenzverwalter nicht zur Masse zieht, ausführlich zu insolvenzfreiem Neuvermögen s. Rz. 2.135.

3.195

Soweit in dieser insolvenzfreien Vermögenssphäre des Insolvenzschuldners steuerlich relevante Sachverhalte entstehen, sind die daraus resultierenden Steuerschulden keine Verbindlichkeiten der Insolvenzmasse gem. § 55 InsO, sondern originäre Steuerschulden des Insolvenzschuldners, die dieser aus seinem insolvenzfreien Vermögen zu befriedigen hat.[1] Insoweit erfolgt die Festsetzung durch Steuerbescheid, der dem Insolvenzschuldner bekannt zu geben ist.[2] Wird ein Bescheid wegen einer das insolvenzfreie Vermögen des Insolvenzschuldners betreffenden Steuerschuld gegen den Insolvenzverwalter gerichtet, ist der falsche Adressat angesprochen; der Bescheid ist rechtswidrig[3] und kann mit dem Einspruch und nötigenfalls der Klage angefochten werden.

3.196

7. Festsetzung von Erstattungen oder einer Steuer von Null Euro durch Steuerbescheid

Die Festsetzung von Erstattungen durch Steuerbescheid ist auch nach Insolvenzeröffnung für Zeiträume zulässig, die vor der Eröffnung liegen.[4] Gleiches gilt für Steuerfestsetzungen auf null Euro.[5] Insoweit wird ein Steuerfestsetzungsverfahren nicht analog § 240 Abs. 1 ZPO unterbrochen.[6] Die Finanzverwaltung kann also mit Regelungswirkung durch Bescheid auch für Zeiträume vor der Eröffnung des Insolvenzverfahrens Erstattungsbeträge oder Festsetzungen auf null Euro vornehmen. Da-

3.197

---

1 FG Münster v. 29.3.2011 – 10 K 230/10 E, EFG 2011, 1806; FG Rh. -Pf. v. 14.3.2019 – 4 K 1005/18, NZI 2019, 604; FG Thür. v. 18.11.2015 – 3 K 198/15, juris; vgl. auch BFH v. 31.10.2018 – III B 77/18, NZI 2019, 300.
2 FG Münster v. 29.3.2011 – 10 K 230/10 E, EFG 2011, 1806; BFH v. 11.4.2018 – X R 39/16, NZI 2018, 817.
3 FG Münster v. 29.3.2011 – 10 K 230/10 E, EFG 2011, 1806.
4 BFH v. 13.5.2009 – XI R 63/07, BStBl. II 2010, 11 = ZIP 2009, 1631; vgl. auch FG Düsseldorf v. 4.10.2018 – 11 K 1921/16 E, NZI 2019, 181 sowie *Schüppen/Schlösser* in MünchKomm/InsO[4], Insolvenzsteuerrecht, Rz. 34, wonach eine Festsetzung auch dann zulässig sein soll, wenn die Möglichkeit einer Änderung der Anrechnungsverfügung besteht, weil bei Abstellen auf das nach einem Anrechnungsüberhang negative Leistungsgebot das darin festgesetzte Guthaben nicht der gleichmäßigen Gläubigerbefriedigung widerspräche.
5 BFH v. 10.12.2008 – I R 41/07, BFH/NV 2009, 719 (719).
6 FG München v. 5.11.2009 – 7 K 1237/08, EFG 2010, 379 ff.

durch entstehen zwar keine Verbindlichkeiten des Insolvenzschuldners, aber der Insolvenzverwalter droht durch eine solche Festsetzung eines (noch höheren) Erstattungsbetrages verlustig zu gehen. Dies sieht auch der BFH, lässt aber die Regelung durch Bescheid in dogmatisch zutreffender Weise zu, wenn keine Zahllast festgesetzt wird, weil dann keine „Verfolgung einer Insolvenzforderung" i.S.v. § 87 InsO vorliegt.[1]

Ergibt sich aufgrund einer Änderung der Anrechnungsverfügung oder einer Insolvenzanfechtung, dass die Steuerfestsetzung nicht zu einem Erstattungsanspruch, sondern einer anzumeldenden Insolvenzforderung führt, so wird die Bestandskraft der Steuerfestsetzung entweder nach § 175 Abs. 1 Satz 1 Nr. 2 AO oder § 124 Abs. 2 AO durchbrochen.[2]

Hinweis:

Der Insolvenzverwalter kommt dadurch in Zugzwang, in kurzer Zeit prüfen zu müssen, ob der Masse nicht ggf. (höhere) Erstattungsansprüche zustehen, wenn der Bescheid nicht gem. § 164 AO unter dem Vorbehalt der Nachprüfung ergeht (durch den Vorbehalt der Nachprüfung wird der Bescheid nur formell, nicht aber materiell bestandskräftig, so dass eine Änderung der Festsetzung jederzeit erfolgen kann). Geringen Zeitgewinn kann der Insolvenzverwalter durch den Einspruch gegen den Bescheid erreichen. Gelangt er zu derartigen Erkenntnissen allerdings erst, wenn der Bescheid bereits materiell bestandskräftig ist, kann er u.U. die *Aufhebung des Steuerbescheids* gem. § 173 Abs. 1 Ziff. 2 AO erreichen. Voraussetzung dafür ist, dass der Finanzbehörde nachträglich Tatsachen oder Beweismittel bekannt werden, die zu einer niedrigeren Steuer führen als festgesetzt und den Steuerpflichtigen kein grobes Verschulden daran trifft, dass die Tatsachen oder Beweismittel erst nachträglich bekannt werden. In Bezug auf das Verschulden des Steuerpflichtigen ist im Insolvenzverfahren auf den Insolvenzverwalter abzustellen, dem das Verhalten des Insolvenzschuldners selbst nicht zugerechnet werden kann. Enthält der Insolvenzschuldner dem Insolvenzverwalter beispielsweise maßgebliche Informationen oder Beweismittel vor, die der Insolvenzverwalter zur Geltendmachung des Erstattungsanspruchs bzw. zur Begründung eines Einspruchs gegen den Steuerbescheid benötigt hätte, fehlt es am groben Verschulden des Steuerpflichtigen i.S.v. § 173 Abs. 1 Ziff. 2 AO, wenn der Insolvenzverwalter diese Tatsachen oder Beweismittel erst dann der Finanzbehörde zur Kenntnis bringt, wenn er sie selbst erlangt. Gleiches gilt, wenn das Insolvenzverfahren bzw. die relevanten Geschäftsunterlagen des Insolvenzschuldners derart komplex oder ungeordnet sind, dass sich der Insolvenzverwalter bis zum Ablauf der Einspruchsfrist keinen umfassenden Überblick verschaffen kann.

Hinweis:

Hat das Finanzamt nach Eröffnung des Insolvenzverfahrens geschätzte Steuerbescheide mit einer Steuerfestsetzung von jeweils Null Euro gegen den Schuldner festgesetzt und die Festsetzungsbescheide dem Insolvenzverwalter bekannt gegeben, so sind die vom Insolvenzverwalter hiergegen erhobenen Einsprüche mangels Beschwer unzulässig. Dies gilt auch dann, wenn der Insolvenzverwalter geltend macht, bei Nachreichung von Steuererklärungen würden sich nicht wie vom Finanzamt geschätzt Gewinne, sondern Verluste und somit Verlustvorträge für die Zukunft errechnen.[3]

---

1 BFH v. 10.12.2008 – I R 41/07, BFH/NV 2009, 719 (719).
2 FG Düsseldorf v. 4.10.2018 – 11 K 1921/16 E, NZI 2019, 181.
3 FG München v. 5.11.2009 – 7 K 1237/08, EFG 2010, 379 ff.

Die Beschwer durch einen Steuerbescheid ergibt sich grundsätzlich aus der Steuerfestsetzung und gem. § 157 Abs. 2 AO nicht aus den einzelnen Besteuerungsgrundlagen, die lediglich einen mit Rechtsbehelfen nicht selbständig anfechtbaren Teil des Steuerbescheides bilden. Die Anfechtung eines Steuerbescheides, der eine Steuer von Null Euro festsetzt, ist daher grundsätzlich unzulässig.[1] Eine anzuerkennende Ausnahme von diesem Grundsatz[2] liegt nicht darin, dass sich voraussichtlich nach Erstellung der Steuerbilanzen ein Verlust des Insolvenzschuldners ergeben wird. Der Einkommensteuerbescheid ist nämlich kein Grundlagenbescheid für den Verlustfeststellungsbescheid. Unter Aufgabe seiner früheren Rechtsprechung hat der BFH entschieden,[3] dass das Verfahren der gesonderten Feststellung nach § 10d Abs. 4 EStG gegenüber dem Festsetzungsverfahren selbständig ist. Der verbleibende Verlustabzug ist – unabhängig von einer bestandskräftigen Einkommensteuerveranlagung – so zu berechnen, wie er sich bei zutreffender Ermittlung der Besteuerungsgrundlagen und des Verlustrücktrags- und -vortrags nach § 10d Abs. 1 und 2 EStG ergeben hätte.[4] Ist ein solcher Verlustfeststellungsbescheid noch nicht erlassen worden und der verbleibende Verlustabzug mithin nach § 10d Abs. 4 Satz 1 EStG erstmals gesondert festzustellen, hat das Finanzamt den bei der Ermittlung des Gesamtbetrags der Einkünfte nicht ausgeglichenen Verlust nach den materiell-rechtlichen Regelungen in § 10d Abs. 4 Satz 2 EStG zu bestimmen. Die Verlustfeststellung entfällt, wenn der Einkommensteuerbescheid des betroffenen Veranlagungszeitraums nicht mehr änderbar ist.[5] Ist der Steuerbescheid dieses Veranlagungszeitraums bestandskräftig und berücksichtigt er keinen Verlust, kommt eine Verlustfeststellung daher nur noch in Betracht, wenn der Steuerbescheid des Verlustentstehungsjahres nach den Vorschriften der Abgabenordnung änderbar ist. Nach § 10d Abs. 4 Satz 5 EStG dürfen die Besteuerungsgrundlagen bei der Feststellung des gesonderten Verlustvortrags nur insoweit abweichend von der Einkommensteuerfestsetzung des Verlustentstehungsjahrs berücksichtigt werden, wie die Aufhebung, Änderung oder Berichtigung der Steuerbescheide ausschließlich mangels Auswirkung auf die Höhe der festzusetzenden Steuer unterbleibt. Ist eine Änderung des Einkommensteuerbescheids unabhängig von der fehlenden betragsmäßigen Auswirkung auch verfahrensrechtlich nicht möglich, bleibt es bei der in § 10d Abs. 4 Satz 4 EStG angeordneten Bindungswirkung.[6]

Die Finanzbehörde kann auch einen **Abrechnungsbescheid** nach § 218 Abs. 2 AO erlassen, in dem ein Erstattungsanspruch als Differenz der Gegenüberstellung des Steueranspruchs und der Zahlungen ermittelt wird (Rz. 3.310 ff.). Der Abrechnungsbescheid ist dem Erhebungs- nicht dem Steuerfestsetzungsverfahren zuzurechnen. Der Abrechnungsbescheid ist zulässig, weil er kein Leistungsgebot enthält und daher § 87 InsO nicht verletzt wird.[7]

3.198

---

1 BFH v. 15.2.2001 – III R 10/99, BFH/NV 2001, 1125; FG Hamburg v. 26.4.2019 – 2 K 220/17, juris.
2 Vgl. dazu ausführlich *Seer* in Tipke/Kruse, § 40 FGO Rz. 41 ff., mit umfangreichen Nachweisen.
3 BFH v. 17.9.2008 – IX R 70/06, BStBl. II 2009, 897 = BFHE 223, 50 = BFH/NV 2009, 65; v. 14.7.2009 – IX R 52/08, BStBl. II 2011, 26 = BFHE 225, 453 = BFH/NV 2009, 1885.
4 FG München v. 5.11.2009 – 7 K 1237/08, EFG 2010, 379 ff.
5 BFH v. 10.2.2015 – IX R 6/14.
6 BFH v. 10.2.2015 – IX R 6/14.
7 *Uhländer* in Waza/Uhländer/Schmittmann, Insolvenzen und Steuern[12], Rz. 533.

8. Abweichende Festsetzung von Steuern aus Billigkeitsgründen (§ 163 AO)

3.199 § 163 AO erlaubt es der Finanzbehörde ausnahmsweise, unter bestimmten Voraussetzungen Steuern aufgrund sachlicher oder persönlicher Besonderheiten des Einzelfalls abweichend von der gesetzlichen Regelung niedriger festzusetzen. § 163 AO betrifft das Festsetzungsverfahren; für den Billigkeitserlass im Erhebungsverfahren steht § 227 AO zur Verfügung. Die tatbestandsmäßigen Voraussetzungen beider Vorschriften sind trotz unterschiedlicher Rechtsfolgen identisch.[1] § 163 AO dient der Einzelfallgerechtigkeit. Unbillige Härten sollen im Einzelfall ausgeglichen werden. § 163 AO gilt nur für Steuern i.S.v. § 3 Abs. 1 Satz 1 AO, während § 227 AO alle Ansprüche aus dem Steuerschuldverhältnis (§ 37 AO) zum Gegenstand hat.

3.200 Voraussetzung einer Billigkeitsmaßnahme nach § 163 AO ist, dass die Erhebung der Steuer nach Lage des einzelnen Falles unbillig wäre. Die Unbilligkeit der Steuererhebung kann sich aus sachlichen und bzw. oder persönlichen Gründen ergeben.[2] Sachliche Billigkeitsgründe sind gegeben, wenn nach dem erklärten oder mutmaßlichen Willen des Gesetzgebers angenommen werden kann, dass er die im Billigkeitswege zu entscheidende Frage – hätte er sie geregelt – im Sinne der beabsichtigten Billigkeitsmaßnahme entschieden hätte[3] oder wenn angenommen werden kann, dass die Einziehung den Wertungen des Gesetzes zuwiderläuft.[4] Insbesondere im Zusammenhang mit Insolvenzverfahren, also im vorinsolvenzlichen Krisenstadium, häufig ist der Erlass aus persönlichen Gründen. Ein Erlass aus persönlichen Gründen erfordert Erlassbedürftigkeit und Erlasswürdigkeit.[5]

3.201 **Persönliche Unbilligkeit** liegt nach ständiger Rechtsprechung vor, wenn die Steuererhebung die wirtschaftliche oder persönliche Existenz des Steuerpflichtigen vernichten oder ernstlich gefährden würde.[6] Die wirtschaftliche Existenz ist gefährdet, wenn ohne Billigkeitsmaßnahmen der notwendige Lebensunterhalt vorübergehend oder dauernd nicht mehr bestritten werden kann.[7] Auch Unterhaltsleistungen für die mit dem Steuerpflichtigen in Hausgemeinschaft lebenden Angehörigen, soweit sie von ihm unterhalten werden müssen, rechnen dazu; das gilt u.U. auch für den Un-

---

[1] BFH v. 26.10.1994 – X R 104/92, BStBl. II 1995, 297; vgl. auch FG Münster v. 15.5.2019 – 13 K 2520/16, DStRE 2019, 1353.
[2] BFH v. 26.5.1994 – IV R 51/93, BStBl. II 1994, 833; FG München v. 25.4.2019 – 4 K 1057/18, BeckRS 2019, 8158.
[3] BFH v. 26.10.1972 – I R 125/70, BStBl. II 1973, 271; BVerfG v. 5.4.1978 – 1 BvR 117/73, BStBl. II 1978, 441; BFH v. 22.11.2018 – VI R 50/16, DStR 2019, 435; v. 28.11.2016 – GrS 1/15, DStR 2017, 305.
[4] BFH v. 29.8.1991 – V R 78/86, BStBl. II 1991, 906; FG Münster v. 10.10.2019 – 5 K 1382/16 AO, juris; BFH v. 8.11.2018 – III R 31/17, juris; v. 18.9.2018 – XI R 36/16, DStRE 2019, 235.
[5] *Loose* in Tipke/Kruse, § 227 AO Rz. 86; BFH v. 18.8.1988 – V B 71/88, BFH/NV 1990, 137.
[6] BFH v. 26.2.1987 – IV R 298/84, BStBl. II 1987, 612; FG Münster v. 10.10.2019 – 5 K 1382/16 AO, juris.
[7] BFH v. 26.2.1987 – IV R 298/84, BStBl. II 1987, 612; FG München v. 25.7.2018 – 4 K 1028/18, juris.

terhalt von erwachsenen Kindern.¹ Für die Frage, ob die Existenz des Steuerpflichtigen gefährdet ist, spielt außer seinen Einkommensverhältnissen auch seine Vermögenslage eine entscheidende Rolle. Grundsätzlich ist der Steuerpflichtige gehalten, zur Zahlung seiner Steuerschulden alle verfügbaren Mittel einzusetzen und auch seine Vermögenssubstanz anzugreifen. Das gilt allerdings nicht in den Fällen, in denen die Verwertung der Vermögenssubstanz den Ruin des Steuerpflichtigen bedeuten würde.² Ist der Insolvenzfall bereits eingetreten, so liegt zwar vordergründig bereits der Ruin des Steuerpflichtigen vor. Bemüht er sich aber gerade um eine Ordnung seiner wirtschaftlichen Verhältnisse und hängt z.B. die Wiederaufnahme der beruflichen Tätigkeit des Schuldners wegen besonderer Anforderungen an geordnete persönliche Vermögensverhältnisse ab, so sind die von der Rechtsprechung aufgestellten Anforderungen gleichfalls erfüllt.

Ein **Antrag** des Steuerpflichtigen ist für eine Billigkeitsmaßnahme nach § 163 AO zwar nicht erforderlich. Gleichwohl finden Billigkeitsmaßnahmen jedoch in der Praxis nahezu ausnahmslos ausschließlich auf Antrag statt. Hinsichtlich der **Antragsberechtigung** ist zu differenzieren. Soweit sich die Billigkeitsmaßnahme auf Steuerforderungen bezieht, die den Rang von Masseverbindlichkeiten einnehmen (§ 55 InsO), steht das Antragsrecht ausschließlich dem Insolvenzverwalter zu. Soweit Steuerforderungen betroffen sind, die im Rang von § 38 InsO stehen, hat die Rechtsprechung ebenfalls – stillschweigend – die Antragsberechtigung des Insolvenzverwalters angenommen.³ Unabhängig davon, dass in Bezug auf Steuerforderungen im Rang des § 38 InsO eine Festsetzung durch Bescheid nach Insolvenzeröffnung nicht mehr in Betracht kommt, so dass sich ein Antrag nach § 163 AO auf eine „abweichende Berechnung von Steuern aufgrund von Billigkeitsgründen" bezieht, ist es keineswegs unproblematisch, dem Insolvenzverwalter ein Antragsrecht einzuräumen. Zwar tritt der Insolvenzverwalter als Vermögensverwalter (§ 34 Abs. 3 AO) vom Grundsatz her in alle steuerlichen Rechte und Pflichten des Schuldners ein. Seine Befugnisse reichen allerdings nur so weit, wie seine Verwaltungs- und Verfügungsmacht (§ 80 InsO) geht. Dem Insolvenzverwalter steht danach die Befugnis zu, über zur Insolvenzmasse gehörende Gegenstände Verfügungen zu treffen. Dies gilt sowohl in Ansehung der Aktiva als auch der Passiva. Die Insolvenzforderungen im Rang von § 38 InsO sind allerdings nicht Gegenstand seiner Verfügungsmacht. Der Insolvenzverwalter darf beispielsweise keine Insolvenzforderungen in den Rang von Masseverbindlichkeiten erheben, unberechtigte Insolvenzforderungen anerkennen oder sich über Insolvenzforderungen mit dem Insolvenzgläubiger vergleichen, weil solche Maßnahmen insolvenzzweckwidrig sind.⁴ Insolvenzzweckwidrige Maßnahmen sind

---

1 BFH v. 29.4.1981 – IV R 23/78, BStBl. II 1981, 726 = BFHE 133, 489; vgl. auch FG Bremen v. 11.4.2018 – 2 K 22/18 1, juris; FG Nds. v. 13.6.2017 – 8 K 167/16, juris.
2 BFH v. 26.2.1987 – IV R 298/84, BStBl. II 1987, 612; FG Münster v. 10.10.2019 – 5 K 1382/16 AO, juris; FG Bremen v. 11.4.2018 – 2 K 22/18 1, juris; FG München v. 2.8.2016 – 2 K 2532/14, juris.
3 BFH v. 9.7.2003 – V R 57/02, BStBl. II 2003, 901 = ZIP 2003, 2036.
4 *Vuia* in MünchKomm/InsO⁴, § 80 Rz. 62; RG v. 16.12.1902 – III 437/02, RGZ 53, 190; BGH v. 8.12.1954 – VI ZR 189/53, JZ 1955, 337; OLG Stuttgart v. 19.9.2017 – 12 U 8/17, juris; *Mock* in Uhlenbruck¹⁵, § 80 InsO Rz. 88.

in aller Regel sogar unwirksam.[1] Bei der Anerkennung einer unberechtigten Insolvenzforderung ergibt sich die Insolvenzzweckwidrigkeit daraus, dass dadurch der Gleichbehandlungsgrundsatz der Gläubiger durchbrochen und die Verteilungsordnung gestört wird. Der Insolvenzverwalter hat in Ansehung der Insolvenzforderungen daher lediglich die eingehenden Anmeldungen in die Tabelle aufzunehmen, sie zu prüfen und schließlich die Masse an die Insolvenzgläubiger quotal auszukehren. Er ist hingegen nicht dazu berufen, Gläubiger dazu zu bewegen, auf ihre Forderungen zu verzichten, mit einzelnen Gläubigern Vorabbefriedigungen zu vereinbaren oder in ähnlicher Weise, etwa durch Vergleich, auf den materiell-rechtlichen Bestand der Insolvenzforderungen gestaltend Einfluss zu nehmen. Dies ist auch während des Insolvenzverfahrens dem Schuldner vorbehalten. Dies gilt sowohl bei natürlichen Personen als auch bei Insolvenzschuldnern, die Gesellschaften sind. Denn auch bei Gesellschaften bleiben die organschaftlichen Vertreter während des Insolvenzverfahrens im Amt und können beispielsweise Insolvenzpläne ausarbeiten oder Zustimmungen nach § 213 InsO verhandeln und besorgen. Schließlich zeigt sich an § 213 InsO, dass dem Schuldner das Antragsrecht nach § 163 AO zustehen muss: Da der Schuldner dafür verantwortlich ist, die Zustimmungen der Gläubiger zur Einstellung des Insolvenzverfahrens beizubringen, die letztlich zumeist mit einem Erlass verbunden sind, muss der Schuldner auch berechtigt sein, mit diesem Ansinnen an die Finanzverwaltung heranzutreten. Aus diesem Grund ist zumindest auch dem Insolvenzschuldner in Ansehung von Steuerforderungen im Rang von § 38 InsO ein Antragsrecht nach § 163 AO einzuräumen.

3.203 Über die tatbestandlichen Voraussetzungen des § 163 AO entscheidet die Finanzbehörde nach pflichtgemäßem Ermessen gem. § 5 AO.

Hinsichtlich einer etwaigen abweichenden Festsetzung der Umsatzsteuer aus Billigkeitsgründen gem. § 163 AO hat der XI. Senat des BFH noch am 14.3.2012 entschieden, es sei weder systemwidrig noch widerspreche es grundlegenden Wertungen des UStG, wenn ein Finanzamt die von einer Organgesellschaft bis zur Insolvenzeröffnung verursachte Umsatzsteuer gegenüber dem Organträger festsetzt, obwohl dieser von der Organgesellschaft keine Mittel erhalten hat, um die Steuer zu entrichten. Das Bedürfnis für eine abweichende Festsetzung aus Billigkeitsgründen hat sich aber durch die jüngere Entscheidung des V. Senats des BFH vom 8.8.2013[2] für die Praxis weitestgehend erledigt. Nach dieser neueren Rechtsprechung endet die umsatzsteuerliche Organschaft nämlich bereits dann, wenn über das Vermögen der Organgesellschaft die vorläufige Insolvenzverwaltung mit Zustimmungsvorbehalt angeordnet wird. Dadurch kann es nicht mehr zu der früher eintretenden Situation kommen, dass der vorläufige Insolvenzverwalter über das Vermögen der Organgesellschaft dort Umsatzsteuerbeträge aus Ausgangsleistungen der Schuldnerin vereinnahmt und der Organträger dafür – ohne Abführung aus der Organgesellschaft erhalten zu können – Steuerschuldner wird.

---

[1] *Vuia* in MünchKomm/InsO[4], § 80 Rz. 62; RG v. 16.12.1902 – III 437/02, RGZ 53, 190; BGH v. 8.12.1954 – VI ZR 189/53, JZ 1955, 337; *Mock* in Uhlenbruck[15], § 80 InsO Rz. 91.
[2] BFH v. 8.8.2013 – V R 18/13, BFH/NV 2013, 1747.

9. Rückforderung angefochtener Steuerzahlungen durch Bescheid?

Der BFH hat es als ernstlich zweifelhaft bezeichnet, ob das Finanzamt Beträge, die der Insolvenzverwalter aufgrund eines Anfechtungsanspruchs – zu Recht oder zu Unrecht – erstattet bekommen hat, mittels eines hoheitlich ergehenden Bescheides zurückfordern darf.[1] Als Anspruchsgrundlage hatte das Finanzamt im Streitfall § 37 Abs. 2 AO angesehen und darauf einen Rückforderungsbescheid gestützt. Da es sich aber bei dem Anfechtungsanspruch selbst nicht um einen Anspruch aus dem Steuerschuldverhältnis[2] i.S.d. § 37 Abs. 1 AO handelt, sondern um einen bürgerlich-rechtlichen Anspruch, kann das auf einen solchen Anspruch Geleistete nicht mittels hoheitlich ergehenden Bescheides zurückgefordert werden.

3.204

Über einen solchen Rückforderungsanspruch kann auch nicht durch Abrechnungsbescheid (§ 218 Abs. 1 AO) entschieden werden.[3]

10. Festsetzung durch Bescheid nach Beendigung des Insolvenzverfahrens

Mit der Beendigung des Insolvenzverfahrens, die durch Aufhebung oder Einstellung eintreten kann (Rz. 3.330 ff.), entfällt die Verwaltungsbefugnis des Insolvenzverwalters bezüglich des zur Insolvenzmasse gehörenden Vermögens, und der Schuldner ist wieder allein verwaltungs- und verfügungsbefugt. Gläubiger können ihre Forderungen, soweit sie im Rahmen des Insolvenzverfahrens nicht befriedigt worden sind, grundsätzlich gem. § 201 InsO unbeschränkt gegen den Schuldner geltend machen. Dies gilt in Ansehung von Insolvenzforderungen aber dann nicht, wenn dem Schuldner Restschuldbefreiung (§ 300 Abs. 1 InsO) erteilt wurde oder die Forderungen der Gläubiger auf Grund eines Insolvenzplanes erlassen oder in der Durchsetzung beschränkt sind. War eine Steuerforderung vor der Eröffnung des Insolvenzverfahrens nicht durch Bescheid festgesetzt und ist auch keine Anmeldung zur Insolvenztabelle erfolgt, so kann die Forderung somit gegen den Schuldner durch Bescheid festgesetzt werden, wenn dem nicht Restschuldbefreiung oder ein Insolvenzplan entgegenstehen. Sofern die allgemeine Festsetzungsfrist gem. §§ 169 ff. AO bereits abgelaufen ist, greift die **Ablaufhemmung** des § 171 Abs. 13 AO, wenn die Forderung vor Eintritt der Festsetzungsverjährung zur Insolvenztabelle angemeldet worden ist; die Ablaufhemmung dauert drei Monate nach Beendigung des Insolvenzverfahrens.

3.205

Die Festsetzung durch Bescheid scheidet aus, wenn die Forderung im Insolvenzverfahren zur Tabelle festgestellt worden war, weil die **Feststellung zur Tabelle** einen selbständigen Vollstreckungstitel schafft, aus dem vollstreckt werden kann, § 201 Abs. 2 InsO. Ein gleichwohl erlassener Bescheid ist rechtswidrig[4] und muss auf den Einspruch oder die Klage des Schuldners hin aufgehoben werden.

---

1 BFH v. 27.9.2012 – VII B 190/11, BStBl. II 2013, 109 = ZIP 2012, 2451; anders noch BFH v. 23.9.2009 – VII R 43/08, BStBl. II 2010, 215 = ZIP 2009, 2455.
2 BFH v. 5.9.2012 – VII B 95/12, BStBl. II 2012, 854 = ZIP 2012, 2073.
3 BFH v. 5.9.2012 – VII B 95/12, BStBl. II 2012, 854 = ZIP 2012, 2073; vgl. dazu auch FG Nds. v. 11.7.2019 – 11 K 12119/17, LSK 2019, 21019.
4 *Schüppen/Schlösser* in MünchKomm/InsO[4], Insolvenzsteuerrecht, Rz. 52.

3.206 Sind während des Insolvenzverfahrens **Masseverbindlichkeiten** entstanden, die vor der Beendigung des Insolvenzverfahrens nicht aus der Masse berichtigt worden sind, so sind diese nach Aufhebung des Insolvenzverfahrens grundsätzlich gegen den Schuldner geltend zu machen.[1] Das hat seinen Grund darin, dass der Schuldner aufgrund der Aufhebung des Insolvenzverfahrens ohne Anordnung einer Nachtragsverteilung (§ 200 Abs. 1 InsO) die volle Verwaltungs- und Verfügungsbefugnis über sein Vermögen zurückerhalten hat. Er ist damit sowohl Inhalts- als auch Bekanntgabeadressat. Ist bei Aufhebung des Insolvenzverfahrens wegen solcher Steuerforderungen, die Masseverbindlichkeiten wurden, ein Einspruchs- oder Klageverfahren anhängig, dann wird durch die Aufhebung des Insolvenzverfahrens der Schuldner prozessführungsbefugt auch im Hinblick auf Steuerbescheide, die die Insolvenzmasse und die Zuordnung der Einkommensteuern als Masseverbindlichkeiten betreffen. Die Prozessführungsbefugnis des Insolvenzverwalters entfällt auch dann, wenn er Adressat des angefochtenen Steuerbescheids war.[2]

Der unbefriedigte Massegläubiger kann sowohl in Gegenstände vollstrecken, die bis zur Beendigung des Insolvenzverfahrens zur Insolvenzmasse gehörten und dem Schuldner im Zusammenhang mit der Beendigung zugefallen sind, als auch in solche, die während des eröffneten Insolvenzverfahrens dem insolvenzfreien Vermögen angehörten.

Soweit während des Insolvenzverfahrens Steuererstattungsansprüche begründet worden sind und insoweit bei Aufhebung des Insolvenzverfahrens die Nachtragsverteilung vorbehalten worden ist (§ 203 InsO), bleibt auch nach Aufhebung des Insolvenzverfahrens der Insolvenzverwalter Inhaltsadressat und Bekanntgabeadressat. Steuerbescheide, die solche Erstattungsansprüche ausweisen, sind auch nach Aufhebung des Insolvenzverfahrens an den Insolvenzverwalter zu richten, weil der Insolvenzbeschlag diese Ansprüche weiterhin erfasst.[3]

X. Feststellung von Besteuerungsgrundlagen und Festsetzung von Steuermessbeträgen

3.207 Die analog § 240 Abs. 1 ZPO durch die Insolvenzeröffnung bewirkte Unterbrechung des Verfahrens bezieht sich nach ständiger BFH-Rechtsprechung nicht nur auf das eigentliche Steuerfestsetzungsverfahren, sondern auch auf andere Verfahren, die wie insbesondere das gesonderte Feststellungsverfahren (§§ 10a GewStG, 10d EStG i.V.m. §§ 179 ff. AO) auf der Grundlage des § 182 Abs. 1 AO Auswirkungen auf die nach § 174 InsO zur Tabelle anzumeldenden Steuerforderungen haben können.[4] Auch Bescheide über die gesonderte Feststellung von Einheitswerten nach Maßgabe des Bewertungsgesetzes, Gewerbesteuermessbescheide und Bescheide zur einheitlichen und gesonderten Feststellung des Gewinns nach §§ 179 Abs. 2 Satz 2, 180 Abs. 1

---

1 BFH v. 3.8.2016 – X R 25/14.
2 BFH v. 6.7.2011 – II R 34/10.
3 BFH v. 28.2.2012 – VII R 36/11, DStRE 2012, 829; v. 6.7.2011 – II R 34/10; FG Köln v. 30.8.2017 – 13 K 2257/15, LSK 2017, 126625.
4 BFH v. 10.12.2008 – I R 41/07, BFH/NV 2009, 719 (720); Ziff. 2.9.1. des Anwendungserlasses zur Abgabenordnung (AEAO).

Ziff. 2a AO[1] können nicht mehr ergehen. Der sich aus § 87 InsO ergebende Vorrang des Insolvenzverfahrens gegenüber dem Festsetzungs- und Feststellungsverfahren nach der Abgabenordnung würde nämlich unterlaufen, wenn die Finanzbehörden nach Eröffnung des Insolvenzverfahrens und vor Abschluss der Prüfungen gem. §§ 176, 177 InsO noch mit Bindungswirkung Bescheide über die Feststellung oder Festsetzung von Besteuerungsgrundlagen erlassen dürften, die sich auf die Höhe der als Insolvenzforderung zur Eintragung in die Tabelle anzumeldenden Ansprüche aus dem Steuerschuldverhältnis auswirken könnten. Dabei ist unerheblich, ob sich die festgestellten Besteuerungsgrundlagen tatsächlich auf anzumeldende Steuerforderungen auswirken oder nicht. Entscheidend ist, ob die festgestellten Besteuerungsgrundlagen abstrakt geeignet sind, sich auf möglicherweise als Insolvenzforderungen anzumeldende Steueransprüche auszuwirken.[2] Nur in besonderen Konstellationen, z.B. wenn die Feststellung als Grundlage einer Erstattungsforderung ausdrücklich beantragt wurde, können Feststellungen erfolgen.[3]

Nicht betroffen ist von einer einheitlichen und gesonderten Gewinnfeststellung nach §§ 179 Abs. 2 Satz 2, 180 Abs. 1 Ziff. 2a AO bei einer Personengesellschaft die Insolvenzmasse der Personengesellschaft selbst. Die Regelungswirkungen eines solchen Feststellungsbescheides betreffen nämlich die Gesellschafter. Soweit diese nicht in Insolvenz sind, kann daher ein Feststellungsbescheid ergehen. Dieser ist den Gesellschaftern bekannt zu geben, nicht dem Insolvenzverwalter.

3.208

XI. Haftungs- und Duldungsbescheide

Literatur *Balmes/Ambroziak*, Abwehrmaßnahmen gegen Haftungsbescheide, AO-StB 2009, 244; *Bartone*, Der Erlass und die Änderung von Steuerverwaltungsakten im Zusammenhang mit dem Insolvenzverfahren über das Vermögen des Steuerpflichtigen, AO-StB 2007, 308; *Bröder*, Die Haftung im Steuerrecht, SteuerStud Beilage 2005, Nr. 2, 1–48; *Busch/Brey/App*, Behandlung der Kraftfahrzeugsteuer im Insolvenzverfahren und im Insolvenzeröffnungsverfahren, SVR 2010, 166; *Thomas Carlé*, Der Duldungsbescheid, AO-StB 2002, 302; *Claßen*, Gegenstand des Klageverfahrens bei der Ersetzung eines aufgehobenen Haftungsbescheids durch einen neuen Haftungsbescheid, EFG 2009, 1718; *Crezelius*, Aktuelle Steuerrechtsfragen in Krise und Insolvenz, NZI 2019, 270; *Crezelius*, Aktuelle Steuerrechtsfragen in Krise und Insolvenz, NZI 2019, 453; *Diebold*, Haftung für den Bausteuerabzug, Zur Dogmatik der Haftung im Steuerrecht, DStR 2002, 1336; *Drüen*, Zum Wahlrecht der Finanzbehörde zwischen Steuerschätzung und Haftungsbescheid bei unterbliebener Steueranmeldung, DB 2005, 299; *Eppers*, Haftungsbescheid gegen einen als Nachtragsliquidator handelnden Rechtsanwalt, EFG 2009, 891; *Fuchs*, Aktuelles Prozessrecht für Insolvenzverwalter, NZI 2019, 880; *Fuchs*, Der Insolvenzanfechtungsprozess vor den Finanzgerichten – Erkenntnis- und Vollstreckungsverfahren, VIA 2019, 73; *Fuchs*, Die Haftung des organschaftlichen Vertreters für Steuerverbindlichkeiten nach § 69 AO, NZI 2018, 97; *Jäger*, Eröffnung eines Insolvenzverfahrens während eines Finanzgerichtsverfahrens, DStR 2008, 1272; *Jatzke*, Die umsatzsteuerrechtliche Haftung nach § 13c UStG unter besonderer Berücksichtigung des Unionsrechts und der Rechtspre-

---

1 BFH v. 24.8.2004 – VIII R 14/02, BStBl. II 2005, 246 = ZIP 2004, 2392; FG Rh.-Pf. v. 15.6.2018 – 3 K 1568/15, juris.
2 BFH v. 10.12.2008 – I R 41/07, BFH/NV 2009, 719 (720).
3 BFH v. 18.12.2002 – I R 33/01, BStBl. II 2003, 630 = ZIP 2003, 1212; v. 24.8.2004 – VIII R 14/02, BStBl. II 2005, 246 = ZIP 2004, 2392.

chung des BFH, DStR 2018, 2111; *Loose*, Anforderungen an einen Haftungsbescheid, EFG 2008, 999; *Mende*, Umsatzsteuerrechtliche Haftungsvorschriften, NWB Fach 7, 6339 (35/2004) ; *Mertzbach*, Die Behandlung der Sanierungskosten im Rahmen des sog. Sanierungserlasses – Ermessensgerechte Auslegung oder Ermessensfehlgebrauch der Finanzverwaltung? DStR 2014, 172; *Müller*, Haftung im Steuerrecht, SteuerStud 2004, 429; *Nacke*, Änderung von Haftungsbescheiden im Klageverfahren, AO-StB 2007, 106; *Pump*, Die Vermeidung von Einsprüchen und Klagen gegen Steuer- und Haftungsbescheide durch koordinierte Straf- und Besteuerungsverfahren, StW 2007, 171; *Pump/Leibner*, Der Duldungsbescheid als Alternative zum Haftungsbescheid, AO-StB 2005, 346; *Rose*, Haftung im Steuerrecht – Keine Drittwirkung der Steuerfestsetzung nach § 166 AO im Haftungsverfahren, wenn ein Vorbehalt der Nachprüfung besteht?, DStR 2016, 1152; *Schmidt/Gundlach*, Blick ins Insolvenzrecht, DStR 2018, 681; *Siebert*, Der Testamentsvollstrecker und das Steuerrecht, ZEV 2010, 121.

3.209 Ein **Haftungsbescheid** nach § 191 AO ergeht bei Steuerhaftungsschulden z.B. gegenüber dem Geschäftsführer einer GmbH, dem Arbeitgeber aber auch dem gesetzlichen Vertreter i.S.v. § 34 AO. Ein Haftungsbescheid gegen einen in Insolvenz gefallenen Rechtsträger darf jedoch nach der Verfahrenseröffnung wegen der Unterbrechung des Besteuerungsverfahrens (§ 240 Satz 1 ZPO) nicht mehr ergehen.[1] Soweit ein in Insolvenz befindlicher Rechtsträger Haftungsschuldner ist, hat das Finanzamt eine nicht rechtsmittelfähige Haftungsberechnung zu erlassen; die sich daraus ergebende Haftungsschuld kann als Ausfallforderung zur Tabelle angemeldet werden.[2] Zwar wird eine Haftungsschuld nach § 220 Abs. 2 AO erst mit ihrer Festsetzung fällig. Das aber spielt für die Forderungsanmeldung zur Insolvenztabelle keine Rolle, weil nicht fällige Forderungen gem. § 41 Abs. 1 InsO als fällig gelten. Soweit ein Haftungsbescheid kurze Zeit nach Insolvenzeröffnung hätte ergehen können, wenn das Insolvenzverfahren nicht eröffnet und dadurch das Besteuerungsverfahren unterbrochen worden wäre, erübrigt sich die Abzinsungspflicht nach § 41 Abs. 2 InsO. Die Aufrechnung mit einer Haftungsforderung ist allerdings nicht ausgeschlossen: Das Finanzamt kann in einem Insolvenzverfahren mit Haftungsforderungen aufrechnen, die vor der Eröffnung des Verfahrens entstanden sind; des vorherigen Erlasses eines Haftungsbescheides oder der Feststellung der Haftungsforderung zur Tabelle bedarf es nicht.[3] Nach inzwischen etwas älterer Rechtsprechung des BFH soll nicht einmal die Anmeldung der Forderung zur Insolvenztabelle erforderlich sein[4]; gegen diese Rechtsprechung bestehen allerdings durchgreifende Bedenken (Rz. 3.355 f.).

Richtet das Finanzamt einen Haftungsbescheid gegen den Insolvenzschuldner selbst (und nicht gegen den über sein Vermögen bestellten Insolvenzverwalter), so ist dieser gegen das insolvenzfreie Vermögen des Insolvenzschuldners gerichtet. Der BFH hat es als ernstlich zweifelhaft bezeichnet, ob § 80 Abs. 1 InsO einer Klage des Insolvenzschuldners entgegensteht, mit der dieser geltend macht, das Finanzamt habe

---

1 BFH v. 31.1.2012 – I S 15/11, ZIP 2012, 1099; *Schüppen/Schlösser* in MünchKomm/InsO[4], Insolvenzsteuerrecht, Rz. 63.
2 Vgl. BFH v. 14.3.1989 – VII R 152/85, BStBl. II 1990, 363 = ZIP 1989, 869.
3 FG München v. 15.5.2019 – 3 K 2244/16; BFH v. 10.5.2007 – VII R 18/05, BStBl. II 2007, 914 = ZIP 2007, 1514; v. 4.5.2004 – VII R 45/03, BStBl. II 2004, 815 = ZIP 2004, 1423; anders noch die Vorauflage.
4 BFH v. 10.5.2007 – VII R 18/05, BStBl. II 2007, 914 = ZIP 2007, 1514; v. 4.5.2004 – VII R 45/03, BStBl. II 2004, 815 = ZIP 2004, 1423.

rechtswidrig nach Eröffnung des Insolvenzverfahrens einen Haftungsbescheid gegen ihn erlassen.¹ In der Tat ist der Insolvenzschuldner insoweit selbst prozessführungsbefugt, weil die Prozessführungsbefugnis bezüglich des insolvenzfreien Vermögens nicht auf den Insolvenzverwalter übergeht.

Der als Haftungsschuldner vor Insolvenzeröffnung in Anspruch genommene Insolvenzschuldner ist nach Eröffnung des Insolvenzverfahrens nicht mehr prozessführungsbefugt für eine Klage gegen den vor der Eröffnung des Insolvenzverfahrens erlassenen Haftungsbescheid. Der Insolvenzschuldner bleibt allerdings auch nach Eröffnung des Insolvenzverfahrens prozessführungsbefugt für eine Klage, die auf die Beseitigung des Rechtsscheins gerichtet ist, der von einem nach Eröffnung des Insolvenzverfahrens erlassenen unwirksamen Haftungs- oder Widerspruchsbescheid ausgeht.² 3.209a

Durch die unwidersprochene Feststellung der Haftungsforderung zur Insolvenztabelle erledigt sich ein vor Eröffnung des Insolvenzverfahrens erlassener Haftungsbescheid.³

Dem BFH ist darin zuzustimmen, dass ein Tabelleneintrag im Insolvenzverfahren gem. § 178 Abs. 3 InsO auch im Haftungsverfahren Bindungswirkung entfaltet.⁴ Die Eintragung in die Tabelle ersetzt im Insolvenzverfahren den Steuerbescheid und wirkt gegenüber allen Insolvenzgläubigern gem. § 178 Abs. 3 InsO für die festgestellte Forderung wie ein rechtskräftiges Urteil. Alle Personen bzw. Behörden, denen gegenüber Bindungswirkung besteht, müssen die Festsetzung gegen sich gelten lassen. Soweit keine Änderungsnorm eingreift, können sie eine erneute Entscheidung in derselben Sache nicht verlangen, da über denselben Gegenstand nur einmal entschieden werden kann. Könnten Insolvenzforderungen von den am Verfahren beteiligten Insolvenzgläubigern in einem Rechtsstreit nochmals nach Beendigung des Insolvenzverfahrens bestritten werden, müsste praktisch die Forderungsfeststellung des Insolvenzverfahrens wiederholt werden, was dem Sinn und Zweck des Verfahrens widerspräche, denn Einwendungen gegen angemeldete Insolvenzforderungen sollen im Prüfungstermin vorgebracht werden, damit diese im Interesse der Rechtssicherheit, des Rechtsfriedens und der Verfahrensökonomie gegenüber allen am Verfahren beteiligten Insolvenzgläubigern einheitlich festgestellt werden können. Diese Wirkung des Tabelleneintrags ist nicht auf das Insolvenzverfahren oder den Insolvenzschuldner beschränkt. Für eine derartige Einschränkung findet sich weder in § 178 Abs. 3 InsO noch sonst ein Anhaltspunkt. Vielmehr regelt § 178 Abs. 3 InsO ausdrücklich, dass der Tabelleneintrag allen Insolvenzgläubigern gegenüber für die festgestellte Forderung nach Betrag und Rang wie ein rechtskräftiges Urteil wirkt. Das gilt unabhängig davon, ob sie an dem Prüfungstermin gem. § 176 Satz 1 InsO teilgenommen haben oder nicht, und unabhängig davon, ob die Forderung mangels Widerspruchs 3.209b

---

1 BFH v. 31.1.2012 – I S 15/11, ZIP 2012, 1099.
2 OVG NW v. 15.4.2019 – 14 E 132/19.
3 OVG NW v. 15.4.2019 – 14 E 132/19.
4 BFH v. 17.9.2019 – VII R 5/18.

gem. § 178 Abs. 1 Satz 1 InsO als festgestellt gilt oder ob die Wirkung des Widerspruchs zunächst gem. §§ 179, 180 Abs. 1, 183 Abs. 2 InsO beseitigt werden muss.

Besonderheiten des Einzelfalls, die eine Bindungswirkung gem. § 178 Abs. 3 InsO dennoch – insbesondere im Hinblick auf die Rechtsweggarantie des Art. 19 Abs. 4 GG – als grob unbillig erscheinen lassen, können und müssen gegebenenfalls im Rahmen der Ermessensausübung berücksichtigt werden.[1]

3.210 Unberührt ist freilich der Erlass von Haftungsbescheiden gegenüber Personen, die Haftungsschuldner für Steuern sind, die der in Insolvenz befindliche Rechtsträger schuldet. Daher ist ein Haftungsbescheid gegen den nicht in Insolvenz befindlichen Geschäftsführer einer in Insolvenz befindlichen GmbH ohne weiteres zulässig.

Nach § 191 Abs. 3 Satz 4 AO endet die Festsetzungsfrist für einen Haftungsbescheid nicht vor Ablauf der für die Steuerfestsetzung geltenden Festsetzungsfrist.

3.210a Die Präklusionswirkung einer im Insolvenzplan festgelegten Ausschlussfrist für „Nachzügler" gilt – auch wenn die Ausschlussklausel materiell-rechtlich nichtig sein sollte – nach rechtskräftiger Bestätigung des Insolvenzplans durch das Insolvenzgericht gegenüber allen Gläubigern,[2] und zwar auch solchen, die ihre Forderung nicht rechtzeitig angemeldet haben. Das gilt auch zu Lasten des Fiskus.[3]

3.211 Wer kraft Gesetzes verpflichtet ist, die Vollstreckung zu dulden, kann gem. § 191 Abs. 1 AO durch **Duldungsbescheid** in Anspruch genommen werden. Wegen der Unterbrechung des Steuerfestsetzungsverfahrens analog § 240 Satz 1 ZPO kann gegen den Insolvenzschuldner nach Eröffnung des Insolvenzverfahrens aber kein Duldungsbescheid mehr ergehen, der zu einem Zugriff des Finanzamtes auf zum Schuldnervermögen gehörende Gegenstände führen würde. Insoweit gelten §§ 87, 89 InsO. Soweit das Finanzamt als Gläubiger des Schuldners gegen einen Dritten, der eine anfechtbare Leistung von dem Insolvenzschuldner erlangt hatte, einen Duldungsbescheid erlassen hat, wird ein insoweit bei Insolvenzeröffnung etwa noch andauerndes Verfahren (z.B. Einspruchsverfahren) analog § 17 Abs. 1 AnfechtG unterbrochen. Eine Aufnahme durch den Insolvenzverwalter kommt allerdings nicht in Betracht,[4] weil hoheitliches Handeln Behörden vorbehalten ist. Der Insolvenzverwalter ist auf den zivilrechtlichen Klageweg gegen den Dritten angewiesen.

Mit Eröffnung des Insolvenzverfahrens geht die Anfechtungskompetenz aus § 4, § 11 AnfG auf den Insolvenzverwalter über.[5] Der Rechtsstreit gegen den Duldungsbescheid des Finanzamtes wandelt sich in eine Leistungsklage gegen den mit dem Duldungsbescheid in Anspruch genommenen bisherigen Kläger. Der Insolvenzverwalter übernimmt die Rolle des Klägers. Die zunächst als Anfechtungsklage gegen

---

1 BFH v. 17.9.2019 – VII R 5/18.
2 FG Köln v. 25.6.2019 – 1 K 2623/15.
3 FG Köln v. 25.6.2019 – 1 K 2623/15.
4 FG Nds. v. 20.9.1994 – XV 377/91, EFG 1994, 1066; BFH v. 24.7.2019 – VII B 65/19, DStRE 2019, 1359.
5 BFH v. 18.9.2012 – VII R 14/11, BStBl. II 2013, 128 = ZIP 2013, 1046; v. 24.7.2019 – VII B 65/19, DStRE 2019, 1359.

den Duldungsbescheid erhobene, dem Finanzrechtsweg zugewiesene Klage, ist auch nach Übernahme durch den Insolvenzverwalter vom FG zu entscheiden.[1] Eine Verweisung kommt nicht in Betracht.

XII. Außenprüfung

Literatur *App*, Außenprüfung nach Eröffnung eines Insolvenzverfahrens, StBp 1999, 63; *Becker*, Ort und Zuständigkeit für die Außenprüfung in Insolvenzfällen, InVo 2005, 169 ff.; *Buse*, Der Umfang der Außenprüfung nach § 194 AO (Teil 1), AO-StB 2008, 274; Der Umfang der Außenprüfung nach § 194 AO (Teil 2), AO-StB 2008, 341; *Erkis*, Die neuen steuerlichen Datenschutzrechte im Besteuerungsverfahren, DStR 2018, 161; *Groß/Kampffmeyer/Eller*, Klärungsbedarf in der praktischen Umsetzung des Rechts auf Datenzugriff im Rahmen steuerlicher Außenprüfungen, DStR 2005, 1214; *Intemann/Cöster*, Rechte und Pflichten bei der digitalen Außenprüfung – zugleich Besprechung des sog. Frage-Antwort-Katalogs des BMF, DStR 2004, 1981; *Jahn/Bergan*, Keine Durchbrechung der Änderungssperre nach § 173 Abs. 2 AO trotz Subventionsbetrugs bei nach einer Außenprüfung ergangenen Investitionszulagenbescheiden?, DStR 2015, 2054; *Klaproth*, Ort einer Außenprüfung nach § 200 Abs. 2 AO auf Antrag des Steuerpflichtigen beim Steuerberater?, DStR 2003, 1912; *Peters*, Aktuelles aus der digitalen Außenprüfung, DStR 2017, 1953; *Rischar*, Abgrenzung zwischen dem Beginn einer ernsthaften Außenprüfung und der sog. Scheinhandlung, DStR 2001, 382; *Ritzrow*, Die Bekanntgabe der Prüfungsanordnung – Überblick über die Rechtsprechung des BFH, StBp 2006, 205; *Wargowske/Greil*, Digitale steuerliche Außenprüfung, FR 2019, 608.

Bei Steuerpflichtigen, die einen gewerblichen oder land- und forstwirtschaftlichen Betrieb unterhalten, die freiberuflich tätig sind und bei Steuerpflichtigen i.S.d. § 147a AO ist gem. § 193 Abs. 1 AO eine Außenprüfung zulässig. Die Außenprüfung dient gem. § 194 Abs. 1 AO der Ermittlung der steuerlichen Verhältnisse des Steuerpflichtigen. Sie kann eine oder mehrere Steuerarten, einen oder mehrere Besteuerungszeiträume umfassen oder sich auf bestimmte Sachverhalte beschränken. Außenprüfungen werden häufig als Sonderprüfungen zur Feststellung von Umsatz- und Lohnsteuerforderungen oder zur Prüfung der Erfüllung steuerlicher Pflichten des (vorläufigen) Insolvenzverwalters angeordnet. Über den Umfang der Außenprüfung hat die Finanzbehörde gem. § 196 AO eine schriftliche Prüfungsanordnung zu erlassen. Gemäß § 197 Abs. 1 Satz 1 AO sind die Prüfungsanordnung selbst sowie der voraussichtliche Prüfungsbeginn und die Namen der Prüfer dem Steuerpflichtigen, bei dem die Außenprüfung durchgeführt werden soll, angemessene Zeit vor Beginn der Prüfung bekannt zu geben. Im Rahmen der Außenprüfung hat der Außenprüfer gem. § 199 Abs. 1 AO die tatsächlichen und rechtlichen Verhältnisse, die für die Steuerpflicht und für die Bemessung der Steuer maßgebend sind (Besteuerungsgrundlagen), zugunsten wie zuungunsten des Steuerpflichtigen zu prüfen. Nach § 200 Abs. 1 AO hat der Steuerpflichtige bei der Feststellung der Sachverhalte, die für die Besteuerung erheblich sein können, mitzuwirken. Er hat insbesondere Auskünfte zu erteilen, Aufzeichnungen, Bücher, Geschäftspapiere und andere Urkunden zur Einsicht und Prüfung vorzulegen und die zum Verständnis der Aufzeichnungen erforderlichen Erläuterungen zu geben. Über das Ergebnis der Außenprüfung ergeht gem. § 202 Abs. 1 AO ein schriftlicher Bericht (Prüfungsbericht). In diesem Prüfungs-

3.212

---

1 BFH v. 18.9.2012 – VII R 14/11, BStBl. II 2013, 128 = ZIP 2013, 1046; v. 24.7.2019 – VII B 65/19, DStRE 2019, 1359.

bericht sind die für die Besteuerung erheblichen Prüfungsfeststellungen in tatsächlicher und rechtlicher Hinsicht sowie die Änderungen der Besteuerungsgrundlagen darzustellen.

3.213 Findet bei dem Insolvenzschuldner im Zeitpunkt der Eröffnung des Insolvenzverfahrens gerade eine Außenprüfung statt, so wird diese **nicht unterbrochen**.[1] Eine erneute Prüfungsanordnung, die dem Insolvenzverwalter bekannt zu geben wäre, ist nicht erforderlich, weil der Insolvenzverwalter als Vermögensverwalter i.S.v. § 34 Abs. 3 AO in die Rechtsstellung des Insolvenzschuldners eintritt. Die Finanzbehörde ist auch befugt, erst nach der Eröffnung eines Insolvenzverfahrens eine Prüfungsanordnung zu erlassen und mit einer Außenprüfung zu beginnen, selbst wenn sie Zeiträume vor der Eröffnung erfasst. Allerdings sollte die Finanzbehörde den mit der Durchführung der Außenprüfung verbundenen Aufwand bei Prüfer, Veranlagungs- und Vollstreckungsstelle des Finanzamtes und Insolvenzverwalter bedenken, zumal das sich aus der Außenprüfung ergebende Steuerergebnis zur Insolvenztabelle anzumelden ist und sich ein tatsächliches Mehrergebnis insofern regelmäßig nur in geringem Umfange ergeben wird. Es bietet sich daher statt der Durchführung einer Außenprüfung grundsätzlich an, Besteuerungsgrundlagen zu schätzen oder mit dem Insolvenzverwalter eine tatsächliche Verständigung zu erzielen. Dies gilt freilich dann nicht, wenn die sich aus einer Außenprüfung ergebenden Mehrsteuern anderen Personen als dem Insolvenzschuldner auferlegt werden können oder müssen (z.B. Haftungsschuldner) oder Steuerforderungen aus der Tätigkeit des (vorläufigen) Insolvenzverwalters zu prüfen sind.

3.214 Der Insolvenzschuldner sollte über die Prüfungsanordnung informiert werden, weil er trotz Eröffnung des Insolvenzverfahrens gem. § 200 AO zur Mitwirkung verpflichtet bleibt und in vielen Fällen eher Auskünfte erteilen kann als der Insolvenzverwalter selbst. Der Prüfungsbericht ist allerdings nur dem Insolvenzverwalter bekannt zu geben, nicht dem Insolvenzschuldner.

XIII. Masseunzulänglichkeit und Massearmut

Literatur *Ahrendt/Struck*, Kein Anfechtungsrecht des Verwalters bei Masseunzulänglichkeit?, ZInsO 2000, 264; *Bograkos*, Insolvenzanfechtung in masseunzulänglichen Verfahren – Zum Verständnis der Benachteiligung der Insolvenzgläubiger, DZWIR 2002, 139; *Commandeur/Römer*, Aktuelle Entwicklungen im Insolvenzrecht, NZG 2017, 776; *Eisolt*, Verwendung des Körperschaftsteuerguthabens eines Schuldners bei Masseunzulänglichkeit und Nachtragsverteilung, ZInsO 2014, 1095; *Froehner*, Die Verjährung von Masseverbindlichkeiten bei Masseunzulänglichkeit, GWR 2018, 53; *Ganter*, Die „erneute Masseunzulänglichkeit", NZI 2019, 7; *Gerke/Sietz*, Reichweite des Auslagenbegriffs gem. § 54 InsO und steuerrechtliche Pflichten des Verwalters in massearmen Verfahren, NZI 2005, 373; *Gundlach/Frenzel/Schmidt*, Die Insolvenzanfechtung nach Anzeige einer nicht kostendeckenden Masse durch den Insolvenzverwalter, NZI 2004, 184; *Haarmeyer/Wutzke/Förster*, Insolvenzrechtliche Vergütung, Masseunzulänglichkeit; *Heck*, Die Gläubigerversammlung nach Anzeige der Masseunzulänglichkeit, NZI 2005, 65; *Huber*, Absoluter Vorrang der Berichtigung der Kosten des Insolvenzverfahrens bei eingetretener Masseunzulänglichkeit – Anmerkung zur Entscheidung des BGH vom

---

[1] *Farr*, Die Besteuerung in der Insolvenz, Rz. 128.

19.11.2009, LMK 2010, 300685; *Kaufmann*, Die Unzulässigkeit der Berücksichtigung sonstiger Masseverbindlichkeiten bei der Verfahrenskostendeckungsprüfung, ZInsO 2006, 961; *Keller*, Die Befriedigung von Masseverbindlichkeiten nach Anzeige der Masseunzulänglichkeit im Insolvenzverfahren, Rpfleger 2008, 1; *Keller*, Die Befriedigung von Masseverbindlichkeiten nach Anzeige der Masseunzulänglichkeit im Insolvenzverfahren, Rpfleger 2008, 1; *Kluth*, Das Verfahren bei unzulänglicher Insolvenzmasse oder ein „Himmelfahrtskommando" für den Insolvenzverwalter, ZInsO 2000, 177; *Kröplein*, Aktuelle Probleme der Masseunzulänglichkeit – Wieder die Unzulässigkeit von Leistungsklagen und zur Verfahrensabwicklung bei Neumasseverbindlichkeiten, ZIP 2003, 2341; *Kübler*, Die Behandlung massearmer Insolvenzverfahren nach neuem Recht, Kölner Schrift zur Insolvenzordnung, 2. Aufl. 2000, S. 967; *Mäusezahl*, Die Abwicklung masseunzulänglicher Verfahren, ZVI 2003, 617; *Röger/Stütze*, „Fight or Flight"? Arbeitsrechtlicher Handlungsbedarf bei Masseunzulänglichkeit, ZInsO 2019, 368; *Rose*, Haftung des Insolvenzverwalters nach § 69 AO bei Masseunzulänglichkeit, ZIP 2016, 1520; *Runkel/Schnurbusch*, Rechtsfolgen der Masseunzulänglichkeit, NZI 2000, 49; *Schnurbusch*, Rechtsfolgen der Masseunzulänglichkeit, NZI 2000, 49; *Siemon*, Zum Erlass eines Kostenfestsetzungsbeschlusses bei fortdauernder Masseunzulänglichkeit, EWiR 2009, 57; *Schröder*, Die Abwicklung des masseunzulänglichen Verfahrens (2010); *Smid*, Die Abwicklung masseunzulänglicher Insolvenzverfahren nach neuem Recht, WM 1998, 1313; *Smid*, Pläne bei Masseunzulänglichkeit, ZInsO 2017, 2085; *Spiekermann*, Die Verjährung von Masseverbindlichkeiten bei Masseunzulänglichkeit, NZI 2019, 446; *Thole*, Die rechtliche Behandlung der „erneuen Masseunzulänglichkeit", ZIP 2018, 2241; *Uhlenbruck*, Gesetzesunzulänglichkeit bei Masseunzulänglichkeit, NZI 2001, 408; *Weber/Irschlinger/Wirth*, Verfahren bei Masseunzulänglichkeit, KTS 1979, 133; *von Websky*, Betriebsfortführung und Masseunzulänglichkeit, ZInsO 2014, 1468; *Wenner/Jauch*, Die Verjährung von Masseverbindlichkeiten im Insolvenzverfahren bei Masseunzulänglichkeit, ZIP 2009, 1894; *Wienberg/Voigt*, Aufwendungen für Steuerberaterkosten bei masseunzulänglichen Insolvenzverfahren als Auslagen des Verwalters gem. § 54 Nr. 2 InsO, ZIP 1999, 1662; *Zwanziger*, Materiell-rechtliche und prozessuale Fragen in Zusammenhang mit Masseunzulänglichkeit, NZA 2015, 577.

Im Verlauf des Insolvenzverfahrens kann sich herausstellen, dass die Insolvenzmasse nicht ausreicht, um die Masseverbindlichkeiten zu tilgen. Man spricht dann von Masseunzulänglichkeit. Die zentralen Vorschriften für das masseunzulängliche Verfahren finden sich in §§ 208–211 InsO. 3.215

Ist die Insolvenzmasse unzulänglich, so hat der Insolvenzverwalter gegenüber dem Insolvenzgericht die Masseunzulänglichkeit gem. § 208 Abs. 1 InsO anzuzeigen. Die Masseunzulänglichkeit hat der Insolvenzverwalter anzuzeigen, sobald sie eingetreten ist; er ist zur Anzeige aber auch schon dann berechtigt, wenn die Masseunzulänglichkeit erst einzutreten droht.[1] Ihm bleibt somit ein gewisser Zeitraum. Die Anzeige der Masseunzulänglichkeit wird öffentlich bekannt gemacht, § 208 Abs. 2 InsO. Der Insolvenzverwalter bleibt zur Verwaltung und Verwertung der Insolvenzmasse verpflichtet. Dem Insolvenzgericht steht keine Überprüfungspflicht oder -möglichkeit zu. Die Anzeige der Masseunzulänglichkeit bewirkt eine **Änderung der Befriedigungsreihenfolge**. Diese wird durch § 209 Abs. 1 InsO festgelegt. An erster Stelle stehen die Verfahrenskosten; danach folgen diejenigen Masseverbindlichkeiten, die nach der Anzeige der Masseunzulänglichkeit erst begründet werden (sog. Neumasseverbindlichkeiten), schließlich folgen die übrigen Masseverbindlichkeiten also solche, die bereits vor Anzeige der Masseunzulänglichkeit begründet worden waren (sog. 3.216

---

1 *Kübler* in Kölner Schrift zur InsO, S. 974; *Ries* in Uhlenbruck[15], § 208 InsO Rz. 3.

Altmasseverbindlichkeiten). Verbindlichkeiten der Insolvenzmasse aus Dauerschuldverhältnissen sind gem. § 209 Abs. 2 Ziff. 2 InsO Neumasseverbindlichkeiten für die Zeit nach dem ersten Termin, zu dem der Insolvenzverwalter nach der Anzeige der Masseunzulänglichkeit kündigen konnte bzw. soweit er die Gegenleistung in Anspruch genommen hat, § 209 Abs. 2 Ziff. 2 InsO. Die Vollstreckung in die Insolvenzmasse ist wegen einer Altmasseverbindlichkeit nach Anzeige der Masseunzulänglichkeit gem. § 210 InsO unzulässig. Eine Leistungsklage gegen den Insolvenzverwalter ist nicht mehr möglich; ihr fehlt das Rechtsschutzbedürfnis.[1] Forderungen i.S.d. § 209 Abs. 1 Nr. 3 InsO können zivilrechtlich nur noch durch Feststellungsklage verfolgt werden. Für Neumasseverbindlichkeiten i.S.v. § 209 Abs. 1 Nr. 2 InsO gelten diese Einschränkungen grundsätzlich nicht. Sie können regelmäßig gegen die Masse vollstreckt werden und in diesem Umfang auch Gegenstand einer zulässigen Leistungsklage sein. Wenn allerdings nach Anzeige der Masseunzulänglichkeit auch die neu zu erwirtschaftende Insolvenzmasse wiederum nicht ausreicht, um alle fälligen Neumasseverbindlichkeiten zu decken, ist auf entsprechende Einwendung des Insolvenzverwalters hin nur noch die Feststellungsklage zulässig. Die Frage der Zuordnung von Verbindlichkeiten zu den Alt- oder Neumasseverbindlichkeiten beantwortet sich nach den zu § 55 InsO entwickelten Grundsätzen.[2]

3.217 Nach verbreiteter Literaturmeinung soll die Anzeige der Masseunzulänglichkeit bewirken, dass Steuern, die Altmasseverbindlichkeiten darstellen, nicht mehr durch Steuerbescheid festgesetzt werden können.[3] Insoweit sollen die „für Insolvenzforderungen geltenden Grundsätze" anzuwenden sein.[4] Es soll statt der Festsetzung durch Bescheid eine Anmeldung beim Insolvenzverwalter vorzunehmen sein. Dabei kann es sich jedoch nicht um eine Anmeldung nach § 174 InsO handeln, denn bezüglich der Masseverbindlichkeiten führt der Insolvenzverwalter keine der Insolvenztabelle entsprechende Tabelle. Daher kann dieser Auffassung nicht gefolgt werden. Für die Kraftfahrzeugsteuer hat der BFH zu Recht entschieden, dass auch Altmasseverbindlichkeiten nach Anzeige der Masseunzulänglichkeit noch durch Steuerbescheid festgesetzt werden können.[5] Dies gilt auch für andere Steuerarten.[6] Die Anzeige der Masseunzulänglichkeit bewirkt nach § 210 InsO nämlich nur die **Unzulässigkeit der Vollstreckung wegen einer Altmasseverbindlichkeit**.

3.218 Der BFH wendet die zivilrechtlichen Grundsätze des masseunzulänglichen Verfahrens im Steuerrecht konsequent an. Für die Kraftfahrzeugsteuer bedeutet dies zunächst, dass die nach der Eröffnung des Insolvenzverfahrens bis zur Anzeige der

---

1 *Siegmann/Scheuing* in MünchKomm/InsO[4], § 324 Rz. 13; BGH v. 3.4.2003 – IX ZR 101/02, ZIP 2003, 914 (363) = BGHZ 154, 358; v. 14.12.2017 – IX ZR 118/17, NZI 2018, 154.
2 BGH v. 13.4.2006 – IX ZR 22/05, ZIP 2006, 1004 = WM 2006, 970 ff.; v. 3.4.2002 – IX ZR 101/02, BGHZ 154, 358 (363).
3 *Waza* in Waza/Uhländer/Schmittmann, Insolvenzen und Steuern[12], Rz. 793; *Schüppen/Schlösser* in MünchKomm/InsO[4], Insolvenzsteuerrecht, Rz. 41; *Frotscher*, Besteuerung bei Insolvenz[8], S. 265.
4 *Waza* in Waza/Uhländer/Schmittmann, Insolvenzen und Steuern[12], Rz. 793.
5 BFH v. 29.8.2007 – IX R 58/06, BStBl. II 2008, 322 = ZIP 2007, 2083.
6 FG Düsseldorf v. 6.5.2020 – 5 V 2487/19 A (Tz. 56) zur Umsatzsteuer.

Masseunzulänglichkeit entstandene Kraftfahrzeugsteuer den Altmasseverbindlichkeiten, die nach der Anzeige bis zum Ende der Steuerpflicht entstandene Steuer den Neumasseverbindlichkeiten zuzuordnen ist. Unabhängig von dieser zeitlichen Zuordnung stehen §§ 208 ff. InsO einer Festsetzung der Kraftfahrzeugsteuer als Masseverbindlichkeit im Wege des Steuerbescheids nicht entgegen, gleichgültig, ob sie als Alt- oder Neumasseverbindlichkeit zu beurteilen ist.[1] Dies ergibt sich aus der Systematik des Steuerverfahrensrechts im Allgemeinen und im Besonderen aus der Rechtsnatur des Steuerbescheids nach § 155 Abs. 1 AO. Dem Vollstreckungsverbot des § 210 InsO ist in einem **Rechtsbehelfsverfahren gegen das Leistungsgebot**, spätestens aber im **Vollstreckungsverfahren** gegen die Insolvenzmasse Rechnung zu tragen. Der Steuerbescheid entspricht nämlich nicht einem zivilprozessualen Leistungs-, sondern einem Feststellungstitel. Der Steuerbescheid dient der Durchsetzung des materiellen Steueranspruchs i.S.d. § 38 AO durch Entscheidung über den Steueranspruch. In ihm wird verbindlich festgesetzt, wie hoch eine Steuer ist, die ein bestimmter Steuerschuldner schuldet. Der Rechtsnatur nach handelt es sich um einen rechtsfeststellenden Verwaltungsakt.[2] Aus dieser Steuerfestsetzung allein kann eine Vollstreckung jedoch nicht erfolgen. Der Bescheid bildet zwar die Grundlage der Vollstreckung (§ 249 AO). Deren Beginn hängt aber von einem weiteren, gesonderten Verwaltungsakt ab, dem Leistungsgebot i.S.d. § 254 Abs. 1 AO. Dieser Verwaltungsakt ist der Steuererhebung, der Steuerbescheid dagegen dem Besteuerungsverfahren zuzuordnen. Hierbei handelt es sich um getrennt zu beurteilende Verfahren. Ein Leistungsgebot darf für Altmasseverbindlichkeiten nach der Anzeige der Masseunzulänglichkeit nicht mehr ergehen.[3] Ein hiergegen gerichteter Einspruch muss Erfolg haben; andernfalls ist Klage zum FG geboten.

Säumniszuschläge entstehen fortlaufend weiter, wenn Steuerforderungen im Rang von Masseverbindlichkeiten nicht entrichtet werden. Das gilt auch dann, wenn Masseunzulänglichkeit eintritt und diese Steuerforderungen im Rang von Altmasseverbindlichkeiten deswegen nicht entrichtet werden (können).[4] Die Anzeige der Masseunzulänglichkeit gem. § 208 Abs. 1 InsO führt nämlich gem. § 209 Abs. 1 InsO lediglich dazu, dass sich die Rangfolge der Forderungen ändert. Die Vorschrift verbietet es dem Insolvenzverwalter jedoch nicht, sonstige Masseforderungen i.S.d. § 53 InsO zu erfüllen, sondern regelt im Gegenteil, in welcher Reihenfolge sie zu berichtigen sind, also – soweit möglich – erfüllt werden müssen. Die Änderung der Rangfolge wird durch § 210 InsO abgesichert, wonach Altmassegläubigern die Vollstreckung wegen einer Masseverbindlichkeit i.S.d. § 209 Abs. 1 Nr. 3 InsO untersagt ist. Hierdurch sollen die Fortsetzung der Verwaltung und Verwertung der Masse trotz Masseunzulänglichkeit ermöglicht und der Insolvenzverwalter geschützt werden, dessen Pflicht zur Verwaltung und Verwertung der Masse fortbesteht (§ 208 Abs. 3 InsO) und dem dies nicht ohne Aussicht auf eine Entlohnung zugemutet werden kann. Diese Regelung dient einer geordneten Vermögensverwertung während der Zeit der

3.218a

---

1 FG Münster v. 16.6.2006 – 13 K 3960/04 Kfz, EFG 2006, 1704 ff.
2 *Tipke* in Tipke/Kruse, § 155 AO Rz. 14; *Söhn* in Hübschmann/Hepp/Spitaler, § 118 AO Rz. 297 ff.
3 FG Münster v. 16.6.2006 – 13 K 3960/04 Kfz, EFG 2006, 1704 ff.
4 BFH v. 17.9.2019 – VII R 31/18.

Masseunzulänglichkeit mit dem Ziel einer Schuldentilgung bzw. Zahlung (soweit trotz Masseunzulänglichkeit möglich), bezweckt also das Gegenteil eines Zahlungsverbots. Der Anfall der Säumniszuschläge kann allerdings – worauf der BFH ausdrücklich hingewiesen hat[1] – im Erlassverfahren zu korrigieren sein.

3.219 Das FG Münster hat zudem zu Recht anerkannt, dass ein Leistungsgebot bzw. eine Vollstreckung wegen einer Neumasseverbindlichkeit dann rechtswidrig ist, wenn die Neumasse erneut unzulänglich geworden ist.[2] Da die Insolvenzordnung eine weitere Anzeige der Masseunzulänglichkeit allerdings nicht gesetzlich regelt, kann die Unzulänglichkeit der Neumasse nur einredeweise durch den Insolvenzverwalter geltend gemacht und muss auch im Einzelnen dargelegt werden. Eine mit konstitutiver Wirkung feststellende Anzeige der Unzulänglichkeit der Neumasse beim Insolvenzgericht gibt es nicht.

3.220 **Steuerforderungen, die im Zusammenhang mit sog. aufgedrängten Dauerschuldverhältnissen stehen**, wie es bei Arbeitsverhältnissen oder auch Mietverhältnissen der Fall ist, nehmen den gleichen Rang ein wie die zivilrechtlichen Forderungen aus diesen Dauerschuldverhältnissen selbst.[3] Sie sind also als Neumasseschulden anzusehen, soweit sie im Zusammenhang mit einem Dauerschuldverhältnis stehen und Zeiträume nach dem ersten Termin betreffen, zu dem der Insolvenzverwalter das Dauerschuldverhältnis kündigen konnte (§ 209 Abs. 2 Ziff. 2 InsO) oder der Insolvenzverwalter die Leistung des Gläubigers aus dem Dauerschuldverhältnis in Anspruch genommen hat (§ 209 Abs. 2 Ziff. 3 InsO). Die Anzeige der Masseunzulänglichkeit gewährt allerdings kein außerordentliches Kündigungsrecht.[4]

3.221 Weder dem Insolvenzgericht noch einem Prozessgericht[5] noch dem Finanzamt steht eine **Kompetenz** zu, **zu prüfen**, ob die Masseunzulänglichkeit tatsächlich vorliegt oder nicht.[6] Dies ergibt sich klar aus der Entstehungsgeschichte von § 208 InsO.[7] Es ist das ausschließliche und alleinige Recht des Insolvenzverwalters, durch die Anzeige der Masseunzulänglichkeit die Änderung der Befriedigungssystematik und die die Masse schützenden Mechanismen von §§ 209, 210 InsO zur Anwendung zu bringen. Der Gesetzgeber hielt die alleinige Kompetenz des Insolvenzverwalters zur Prüfung und Anzeige der Masseunzulänglichkeit und den Ausschluss jeglicher Überprüfungs-

---

1 BFH v. 17.9.2019 – VII R 31/18 Tz. 28.
2 FG Münster v. 16.6.2006 – 13 K 3960/04 Kfz, EFG 2006, 1704 ff.
3 *Schüppen/Schlösser* in MünchKomm/InsO[4], Insolvenzsteuerrecht, Rz. 42.
4 *Kraemer* in Beck/Dépré, Praxis der Insolvenz[3], § 13 Rz. 120.
5 BGH v. 3.4.2003 – IX ZR 101/02, ZIP 2003, 914 = NZI 2003, 369; BAG v. 11.12.2001 – 9 AZR 459/00, ZIP 2002, 628 = NZI 2003, 273 (275).
6 Allgemeine Meinung, s. statt vieler BGH v. 3.4.2003 – IX ZR 101/02, ZIP 2003, 914 = NZI 2003, 369; *Hefermehl* in MünchKomm/InsO[4], § 208 Rz. 10 f. und Rz. 17 bei Fn. 2; *Ries* in Uhlenbruck[15], § 208 InsO Rz. 3; *Ludwig* in Braun[8], § 208 InsO Rz. 25, 27; offenbar a.A. *Waza* in Waza/Uhländer/Schmittmann, Insolvenzen und Steuern[12], Rz. 796, der eine Überprüfungsmöglichkeit durch die Finanzverwaltung annimmt; *Boochs/Dauernheim*, Steuerrecht in der Insolvenz[3], Rz. 125 nehmen ohne jede Begründung sogar eine Prüfungskompetenz des Insolvenzgerichts an.
7 §§ 318 ff. RegE-InsO und Begründung zu §§ 318 ff. RegE-InsO.

möglichkeit der Masseunzulänglichkeitsanzeige für gerechtfertigt im Hinblick auf die den Verwalter nach § 61 InsO treffende persönliche Haftung für nicht erfüllbare Masseverbindlichkeiten. Die Haftung trifft den Insolvenzverwalter dann, wenn er fällige Masseverbindlichkeiten wegen Masseunzulänglichkeit nicht befriedigen kann, obgleich deren Eintritt bei Begründung der Verbindlichkeit für ihn vorhersehbar war. Zur Vermeidung seiner Haftung muss der Verwalter die Masseunzulänglichkeit daher rechtzeitig anzeigen, um die bereits bestehenden Masseverbindlichkeiten in den Rang der Altmasseverbindlichkeiten zurück zu setzen, damit die nachfolgend von ihm begründeten Masseverbindlichkeiten als Neumasseverbindlichkeiten jedenfalls voll bedient werden können. Die Haftung aus § 61 InsO trifft den Insolvenzverwalter bereits dann, wenn er bei Begründung der Masseverbindlichkeit hätte erkennen können, dass die Masse zur Deckung der eingegangenen Verbindlichkeiten voraussichtlich nicht ausreichen wird. Er kann sich gem. § 61 Satz 2 InsO nur durch den Nachweis entlasten, dass entweder objektiv von einer ausreichenden Masse auszugehen oder die Unzulänglichkeit für ihn nicht erkennbar war. Daher ist der Insolvenzverwalter zur Anzeige der Masseunzulänglichkeit bereits dann berechtigt, wenn er ernsthafte Zweifel daran hat, dass alle Masseverbindlichkeiten befriedigt werden können. Man spricht in solchen Fällen von drohender Masseunzulänglichkeit; ihre Anzeige ist der Anzeige der Masseunzulänglichkeit von den Wirkungen her gleichgestellt.[1] Die Anzeige der drohenden Masseunzulänglichkeit ist nicht pflichtwidrig. Sie kommt auch dann in Betracht, wenn die Masse zwar absolut betrachtet ausreichen wird, um alle Masseverbindlichkeiten zu befriedigen, derzeit aber nicht genügend Liquidität vorhanden ist,[2] um alle Masseverbindlichkeiten bei Fälligkeit zu bedienen, so dass es des Vollstreckungsschutzes aus § 210 InsO bedarf, um dem Insolvenzverwalter seine Handlungsfähigkeit zu erhalten. Andererseits droht dem Insolvenzverwalter die persönliche Haftung nach § 60 InsO, wenn er die Masseunzulänglichkeit anzeigt, obwohl nicht einmal die Voraussetzungen für drohende Masseunzulänglichkeit vorlagen.[3] In diesen Fällen wird sich der Schaden der Massegläubiger allerdings stets nur auf den Verspätungsschaden beschränken, den sie dadurch erleiden, dass ihre Forderungen erst zu einem späteren Zeitpunkt befriedigt worden sind.

Der Insolvenzverwalter ist weder gegenüber dem Insolvenzgericht noch gegenüber Gläubigern zur Begründung seiner Masseunzulänglichkeitsanzeige verpflichtet.[4] Dies gilt auch für den Steuergläubiger. Der Insolvenzverwalter ist daher auch nicht gegenüber der Finanzbehörde gem. §§ 249 Abs. 2, 93 Abs. 1, 34 Abs. 3 AO zur Mitwirkung bei der Überprüfung der Masseunzulänglichkeit verpflichtet,[5] zumal eine Forderung wegen des Verspätungsschadens nach § 60 InsO stets eine zivilrechtliche ist, gegen den Insolvenzverwalter persönlich und nicht gegen die Insolvenzmasse gerichtet ist und daher auch nicht nach § 249 AO vollstreckt werden kann. Der Gläubiger – auch der Steuergläubiger – ist in jeder Hinsicht auf den Prozessweg angewiesen: Will er

---

1 *Hefermehl* in MünchKomm/InsO[4], § 208 Rz. 21.
2 *Hefermehl* in MünchKomm/InsO[4], § 208 Rz. 24.
3 *Hefermehl* in MünchKomm/InsO[4], § 208 Rz. 74, 77 ff.
4 *Ludwig* in Braun[8], § 208 InsO Rz. 25.
5 **A.A.** *Waza* in Waza/Uhländer/Schmittmann, Insolvenzen und Steuern[12], Rz. 796.

den Insolvenzverwalter wegen – von ihm für unberechtigt gehaltener – Anzeige der Masseunzulänglichkeit nach § 60 InsO in Anspruch nehmen, so sind dafür die Zivilgerichte zuständig; die Klage kann dann allerdings nur in Höhe des Verspätungsschadens Erfolg haben, weil bereits nach dem eigenen Vortrag des Gläubigers mit seiner vollständigen Befriedigung aus der Masse zu rechnen ist. Will der Gläubiger den Insolvenzverwalter nach § 61 InsO in Anspruch nehmen, weil er in Folge der Anzeige der Masseunzulänglichkeit mit einer Altmasseforderung ausfällt, so bringt er den Insolvenzverwalter im Prozess in die Lage, sich nach § 61 Satz 2 InsO exkulpieren zu müssen.

3.223 Reicht die Masse nicht einmal aus, um die Kosten des Insolvenzverfahrens (§ 54 InsO) zu decken, so spricht man von **Massearmut**. Liegt Massearmut vor, so ist das Insolvenzverfahren gem. § 207 InsO einzustellen.[1] Die vorhandene Insolvenzmasse ist in diesem Falle gem. § 207 Abs. 3 InsO zu verteilen. Der Insolvenzverwalter ist zur Verwertung der Insolvenzmasse nicht mehr verpflichtet, weil mangels Kostendeckung noch nicht einmal seine Vergütung gedeckt werden kann. Auch zur Verwaltung anderer Gegenstände als Barmittel ist er nicht mehr verpflichtet. Die Einstellung unterbleibt lediglich dann, wenn ein ausreichender Verfahrenskostenzuschuss vorgeschossen wird, § 207 Abs. 1 Satz 2 InsO, oder die Verfahrenskosten gem. § 4a InsO gestundet sind. Wird das Verfahren eingestellt, so wird das unverwertete Vermögen an den Insolvenzschuldner zurückgegeben.[2] Rechtsstreite, die in Folge der Eröffnung des Insolvenzverfahrens gem. § 240 ZPO unterbrochen worden waren, werden fortgesetzt, weil die Unterbrechung mit der Einstellung endet. Aktivrechtsstreite, die der Insolvenzverwalter selbst rechtshängig gemacht hat, werden durch die Einstellung gem. §§ 239, 242 InsO unterbrochen, weil die Prozessführungsbefugnis entfällt.[3]

XIV. Nebenforderungen

1. Säumniszuschläge

3.224 Gemäß § 240 Abs. 1 AO ist für jeden angefangenen Monat der Säumnis mit der Entrichtung einer Steuer ein Säumniszuschlag von 1 Prozent des abgerundeten rückständigen Steuerbetrags zu entrichten, wenn eine Steuer nicht bis zum Ablauf des Fälligkeitstages entrichtet wird. Das Gleiche gilt für zurückzuzahlende Steuervergütungen und Haftungsschulden, soweit sich die Haftung auf Steuern und zurückzuzahlende Steuervergütungen erstreckt. Lediglich bei einer Säumnis von bis zu drei Tagen wird ein Säumniszuschlag gem. § 240 Abs. 3 Satz 1 AO nicht erhoben. Der Säumniszuschlag entsteht allein durch Zeitablauf kraft Gesetzes. Für die Verwirkung ist weder ein Verschulden des Steuerpflichtigen noch eine Festsetzung oder Ermessensausübung durch die Finanzbehörde erforderlich.[4]

---

1 *Kübler* in Kölner Schrift zur InsO, S. 971; *Ries* in Uhlenbruck[15], § 207 InsO Rz. 1.
2 Vgl. *Marotzke* in Staudinger, § 1986 BGB Rz. 2.
3 *Kießner* in FrankfurterKomm/InsO[9], § 207 Rz. 46.
4 BFH v. 17.7.1985 – I R 172/79, BStBl. II 1986, 122; v. 2.3.2017 – II B 33/16, DStRE 2017, 693.

Wann eine Steuer fällig wird, ist grundsätzlich insbesondere den Einzelsteuergesetzen zu entnehmen, § 220 Abs. 1 AO. Soweit Teilansprüche aus dem Steuerschuldverhältnis gesondert fällig werden, ist diese Fälligkeit auch für die Berechnung von Säumniszuschlägen gesondert maßgeblich. Ist durch ein Leistungsgebot gem. § 254 AO eine Zahlungsfrist bestimmt, so bestimmt sich die Fälligkeit nach dieser Zahlungsfrist, § 220 Abs. 2 Satz 1 AO. Soweit eine Steuer durch Verwaltungsakt festgesetzt wird, tritt die Fälligkeit der festgesetzten Steuer jedoch nicht vor der Bekanntgabe des Verwaltungsaktes ein, § 220 Abs. 2 Satz 1 AO. Gemäß § 221 Abs. 1 AO kann die Finanzbehörde die Fälligkeit für die Entrichtung einer Verbrauchsteuer oder der Umsatzsteuer auf einen Zeitpunkt vor Eintritt der gesetzlichen Fälligkeit vorverlegen, wenn der Steuerpflichtige diese Steuern mehrfach nicht rechtzeitig entrichtet hat. Gleiches gilt, wenn die Annahme begründet ist, dass der Eingang einer Verbrauchsteuer oder der Umsatzsteuer gefährdet ist. Die **Stundung** gem. § 222 AO hingegen bewirkt ein Hinausschieben der Fälligkeit. Die Finanzbehörde kann eine Stundung gewähren, wenn die Einziehung der Steuer bei Fälligkeit eine erhebliche Härte für den Steuerschuldner bedeuten würde und der Anspruch durch die Stundung nicht gefährdet erscheint. Gleiches gilt für den Zahlungsaufschub nach § 223 AO für die Entrichtung von Einfuhr- und Ausfuhrabgaben und Verbrauchsteuern. Während eines Zeitraumes, für den die Vollziehung eines Bescheides ausgesetzt ist, entstehen keine Säumniszuschläge, und zwar unabhängig davon,[1] ob die **Aussetzung der Vollziehung** zu Recht oder zu Unrecht gewährt worden ist. Die Aussetzung der Vollziehung wird allerdings nicht rückwirkend gewährt, so dass für die Zeit zwischen dem Fälligkeitseintritt und der Aussetzung der Vollziehung Säumniszuschläge verwirkt werden.

3.225

Säumniszuschläge haben eine Doppelfunktion. Einerseits stellen sie ein Druckmittel eigener Art dar, das den Steuerschuldner zur rechtzeitigen Zahlung anhalten soll, andererseits soll der Fiskus vom Steuerschuldner eine Gegenleistung für das Hinausschieben der Zahlung fälliger Steuern und die Verwaltungsaufwendungen abgegolten erhalten, die infolge der unterbliebenen oder nicht fristgerechten Zahlung entstehen.[2] Wegen dieser Doppelfunktion ist die Erhebung von Säumniszuschlägen sachlich unbillig, wenn dem Steuerpflichtigen die rechtzeitige Zahlung einer Steuer wegen Überschuldung und/oder Zahlungsunfähigkeit unmöglich ist und deshalb die Ausübung von Druck zur Zahlung ihren Sinn verliert. In solchen Fällen hat das Finanzamt auf Antrag regelmäßig die Hälfte der verwirkten Säumniszuschläge zu erlassen.[3] Ein festgesetzter Säumniszuschlag kann allerdings nicht auf den Einspruch hin beseitigt werden. Vielmehr ist ein auf **Erlass** gerichteter Antrag erforderlich (Rz. 3.313 ff.). Die

3.226

---

1 BFH v. 31.8.1995 – VII R 58/94, BStBl. II 1996, 55.
2 BFH v. 16.11.2004 – VII R 8/04, GmbHR 2005, 501 (501); v. 16.7.1997 – XI R 32/96, BStBl. II 1998, 7 = ZIP 1998, 340; v. 9.7.2003 – V R 57/02, BStBl. II 2003, 901 = ZIP 2003, 2036 = BFHE 203, 8; FG Nürnberg v. 18.7.2018 – 2 K 1311/16, juris; *Mitlehner*, NZI 2003, 189 (190).
3 BFH v. 16.7.1997 – XI R 32/96, BStBl. II 1998, 7 = ZIP 1998, 340; v. 9.7.2003 – V R 57/02, BStBl. II 2003, 901 = ZIP 2003, 2036; FG Köln v. 9.12.2016 – 7 K 3210/15, juris; vgl. auch FG München v. 13.8.2018 – 14 V 736/18, juris; BFH v. 10.3.2016 – III R 2/15, DStR 2016, 1158.

Antragsberechtigung ist problematisch. In Bezug auf Säumniszuschläge, die den Rang von Masseverbindlichkeiten einnehmen, liegt die Antragsberechtigung in den Händen des Insolvenzverwalters. In Bezug auf Säumniszuschläge im Rang von § 38 InsO hat die Rechtsprechung zwar stillschweigend die Antragsberechtigung des Insolvenzverwalters angenommen.[1] Dem gegenüber ist zumindest auch die Antragsberechtigung des Insolvenzschuldners anzunehmen (Rz. 3.202). Meldet das Finanzamt festgesetzte und nicht erlassene Säumniszuschläge zur Insolvenztabelle an, so kann der Insolvenzverwalter diese zwar bestreiten. Solange aber kein expliziter Antrag auf Erlass der Säumniszuschläge gestellt ist, kann die Finanzverwaltung die Säumniszuschläge berechtigter Weise durch Verwaltungsakt gem. § 251 Abs. 3 AO feststellen. Dieser Verwaltungsakt ist so lange rechtmäßig, wie ein Erlassantrag nicht gestellt und infolgedessen ein Erlass nicht erfolgt ist. Verweigert die Finanzbehörde den **Erlass der Hälfte** der nach Eintritt der Zahlungsunfähigkeit und/oder Überschuldung des Insolvenzschuldners entstandenen Säumniszuschläge, so ist diese Entscheidung in aller Regel ermessensfehlerhaft. Da insoweit allerdings eine Ermessensentscheidung der Finanzbehörde zu treffen ist, kann das FG auf die Klage des Insolvenzverwalters hin nicht selbst einen (Teil-)Erlass aussprechen; vielmehr ist das Finanzamt zu verpflichten, erneut ermessensfehlerfrei zu entscheiden.

3.227 Soweit der Insolvenzschuldner vor Insolvenzeröffnung Säumniszuschläge verwirkt hat, nehmen diese im Insolvenzverfahren den **Rang** einfacher Insolvenzforderungen gem. § 38 InsO ein.[2] Sie sind insbesondere nicht gem. § 39 Abs. 1 Ziff. 3 InsO nachrangig, weil sie keine Zwangsmittel darstellen und somit nicht mit Zwangsgeldern gleichgesetzt werden können.[3] Auch nach der Eröffnung des Insolvenzverfahrens entstehen kraft Gesetzes weiterhin Säumniszuschläge wegen der zur Insolvenztabelle anzumeldenden, nicht entrichteten Steuerforderungen im Rang von § 38 InsO. Diese nehmen den Rang nachrangiger Insolvenzforderungen ein (§ 39 Abs. 1 Ziff. 1 InsO). Sie können daher so lange nicht zur Insolvenztabelle angemeldet werden, bis das Insolvenzgericht gem. § 174 Abs. 3 Satz 1 InsO zur Anmeldung nachrangiger Forderungen auffordert. Werden solche nachrangigen Forderungen gleichwohl beim Insolvenzverwalter zur Insolvenztabelle angemeldet, hat der Insolvenzverwalter sie zu bestreiten.

3.228 Fallen während des Insolvenzverfahrens Säumniszuschläge an, weil der Insolvenzverwalter Steuern, die Masseverbindlichkeiten (§ 55 InsO) darstellen, nicht bei Fälligkeit entrichtet, sind auch die hieraus resultierenden Säumniszuschläge Masseverbindlichkeiten.[4]

3.229 Tritt während des Insolvenzverfahrens **Masseunzulänglichkeit** (§ 208 InsO) ein, so nehmen bis zu diesem Zeitpunkt nicht bezahlte Steuern den Rang von Altmasseverbindlichkeiten im Rang von § 209 Abs. 1 Ziff. 3 InsO ein. Säumniszuschläge entstehen diesbezüglich kraft Gesetzes fortwährend, so lange der Zustand der Nichtent-

---

1 BFH v. 9.7.2003 – V R 57/02, BStBl. II 2003, 901 = ZIP 2003, 2036.
2 BFH v. 19.1.2005 – VII B 286/04, ZIP 2005, 1035 = ZInsO 2005, 494 (494).
3 BFH v. 19.1.2005 – VII B 286/04, ZIP 2005, 1035 = ZInsO 2005, 494 (494).
4 *Mitlehner*, NZI 2003, 189 (191).

richtung der Steuerbeträge andauert, und zwar auch nach Anzeige der Masseunzulänglichkeit.[1] Allerdings nehmen auch diese den Rang von Altmasseverbindlichkeiten (§ 209 Abs. 1 Ziff. 3 InsO) ein, und zwar unabhängig davon, ob die Zeiträume, für die sie anfallen, vor oder nach der Anzeige der Masseunzulänglichkeit liegen. Auch für die Säumniszuschläge, die nach der Anzeige der Masseunzulänglichkeit anfallen, ist nicht § 209 Abs. 1 Ziff. 2 InsO anwendbar, sondern § 209 Abs. 1 Ziff. 3 InsO einschlägig.[2]. Dem steht nicht entgegen, dass die Säumniszuschläge erst mit jedem Monat überfälliger Entrichtung der Steuer entstehen. Selbst wenn somit steuerrechtlich eine Entstehung nach der Anzeige der Masseunzulänglichkeit liegt, teilt die „Nebenforderung Säumniszuschlag" den insolvenzrechtlichen Rang der Hauptforderung. „Begründet" i.S.v. § 209 Abs. 1 Ziff. 2 InsO ist eine Masseverbindlichkeit nach Anzeige der Masseunzulänglichkeit nämlich nur dann, wenn der Insolvenzverwalter auch tatsächlich nach Anzeige der Masseunzulänglichkeit durch selbstbestimmtes Handeln den Rechtsgrund für die Entstehung der Verbindlichkeit gelegt hat.[3] Dies ist nicht der Fall, wenn das dem Anspruch zugrunde liegende Schuldverhältnis bereits vor der Anzeige der Masseunzulänglichkeit bestanden hat.[4] Auch kann nicht i.S.v. § 209 Abs. 2 Ziff. 3 InsO eine „Gegenleistung" der Finanzverwaltung, die der Insolvenzverwalter nach der Anzeige der Masseunzulänglichkeit für die Insolvenzmasse in Anspruch genommen hat, darin erblickt werden, dass der Insolvenzmasse ein „Geldnutzungs-" bzw. Zinsvorteil zufließt, denn die Zahlung auf die Hauptforderung als Altmasseverbindlichkeit ist rechtlich unzulässig geworden. Im Übrigen ist hier die entsprechende Wertung von § 39 Abs. 1 Ziff. 1 InsO zu berücksichtigen, die das Schicksal der Säumniszuschläge ebenfalls dem der Hauptforderung anpasst. Zudem sind die somit zu den Altmasseverbindlichkeiten zählenden Säumniszuschläge auf Antrag des Insolvenzverwalters zur Hälfte zu erlassen, weil ihre Begleichung rechtlich unzulässig geworden ist, so dass ihr (Teil-)Zweck, Druck auszuüben, fehlgeht.[5] Insoweit gelten obige Ausführungen zum Erlass von vorinsolvenzlich angefallenen Säumniszuschlägen entsprechend (Rz. 3.224).

Seit dem Inkrafttreten der Neufassung des § 302 Ziff. 1 InsO zum 1.7.2014 werden Säumniszuschläge von der Erteilung der Restschuldbefreiung nicht berührt, sofern der Schuldner im Zusammenhang damit wegen einer Steuerstraftat nach den §§ 370, 373 oder § 374 AO rechtskräftig verurteilt worden ist. Zu der berechtigten rechtspolitischen Kritik an der Neuregelung vergleiche unten Rz. 3.237.

---

[1] BFH v. 17.9.2019 – VII R 31/18.
[2] Zur Frage des Rangs der Säumniszuschläge hatte der BFH in BFH v. 17.9.2019 – VII R 31/18 nicht Stellung zu nehmen, da dort die Masseunzulänglichkeit entfallen war, so dass es lediglich auf die Frage der fortlaufenden Entstehung der Säumniszuschläge ankam, nicht aber auf den Rang.
[3] BGH v. 3.4.2003 – IX ZR 101/02, ZIP 2003, 914 = NJW 2003, 2454 (2455); BAG v. 15.6.2004 – 9 AZR 431/03, ZIP 2004, 1660 = NZA 2005, 354 ff.; BAG v. 14.3.2019 – 6 AZR 4/18, NZI 2019, 385; *Hefermehl* in MünchKomm/InsO⁴, § 209 Rz. 24.
[4] BAG v. 15.6.2004 – 9 AZR 431/03, ZIP 2004, 1660 = NZA 2005, 354 ff.; v. 14.3.2019 – 6 AZR 4/18, NZI 2019, 385; *Hefermehl* in MünchKomm/InsO⁴, § 209 Rz. 24.
[5] *Mitlehner*, NZI 2003, 189 (191).

2. Verspätungszuschläge

3.230 Ein Verspätungszuschlag kann gem. § 152 Abs. 1 AO gegen einen Steuerpflichtigen festgesetzt werden, der seiner Verpflichtung zur Abgabe einer Steuererklärung nicht oder nicht fristgemäß nachkommt. Der Verspätungszuschlag darf gem. § 152 Abs. 1 Satz 1 AO 10 Prozent der festgesetzten Steuer oder des festgesetzten Messbetrags nicht übersteigen und höchstens 25 000 € betragen. Der Verspätungszuschlag ist ein besonderes Druckmittel der Steuerverwaltung zur Sicherung eines ordnungsgemäßen Veranlagungsverfahrens.[1]

3.231 § 152 Abs. 2 Satz 2 AO bestimmt den Zweck des Verspätungszuschlages ausdrücklich. Dieser besteht darin, den Steuerpflichtigen zur rechtzeitigen Abgabe der Steuererklärung anzuhalten und die aus der verspäteten Abgabe der Steuererklärung gezogenen Vorteile abzuschöpfen.[2] Ähnlich wie die Säumniszuschläge haben somit auch Verspätungszuschläge eine Doppelfunktion. Anders als Säumniszuschläge entstehen Verspätungszuschläge allerdings nicht kraft Gesetzes durch Zeitablauf, sondern setzen eine entsprechende Ermessensentscheidung der Finanzbehörde voraus.[3] Verspätungs- und **Säumniszuschlag** (§ 240 AO) schließen sich gegenseitig nicht aus, da beide Zuschläge an verschiedene Tatbestände anknüpfen.[4] Die Festsetzung des Verspätungszuschlags bezieht sich auf die verzögerte Fälligstellung des Steueranspruchs, während Säumniszuschläge gem. § 240 Abs. 1 Satz 1 AO erst ab Fälligkeit des Steueranspruchs entstehen.

3.232 Da Verspätungszuschläge keine Zwangsmittel sind,[5] sind sie im Insolvenzverfahren einfache Insolvenzforderungen im Rang von § 38 InsO und gehören nicht zu den nachrangigen Insolvenzforderungen i.S.v. § 39 Abs. 1 Ziff. 3 InsO.[6]

3.233 Soweit Verspätungszuschläge nach der Eröffnung des Insolvenzverfahrens anfallen, weil der Insolvenzverwalter seiner Steuererklärungspflicht nicht oder nicht fristgemäß nachkommt, entstehen Masseverbindlichkeiten i.S.v. § 55 InsO. Die Festsetzung von Verspätungszuschlägen gegen die Insolvenzmasse ist allerdings **ermessensfehlerhaft**, wenn dem Insolvenzverwalter als Vermögensverwalter (§ 34 Abs. 3 AO) die rechtzeitige Abgabe der Steuererklärung **nicht möglich** war. Dies ist vor allem dann der Fall, wenn der Insolvenzschuldner mit dem Insolvenzverwalter nicht gehörig zusammenarbeitet und dem Insolvenzverwalter notwendige Unterlagen oder Auskünfte vorenthält, denn von dem Insolvenzverwalter darf nicht die Abgabe einer Steuererklärung verlangt werden, deren Richtigkeit er selbst ernstlich bezweifeln muss. Zu bedenken ist dabei auch, dass dem Insolvenzverwalter nur begrenzte Mög-

---

1 BFH v. 22.1.1993 – III R 92/89, BFH/NV 1993, 455; v. 18.8.1988 – V R 19/83, BStBl. II 1988, 929 = BFHE 154, 23; v. 20.2.2019 – X R 32/17, juris.
2 *Cöster* in Koenig[3], § 152 AO Rz. 8 m.w.N.
3 *Schüppen/Schlösser* in MünchKomm/InsO[4], Insolvenzsteuerrecht, Rz. 502; *Cöster* in Koenig[3], § 152 AO Rz. 41.
4 *Cöster* in Koenig[3], § 152 AO Rz. 18.
5 *Seer* in Tipke/Kruse, § 152 AO Rz. 2; *Heuermann* in Hübschmann/Hepp/Spitaler, § 152 AO Rz. 5.
6 BFH v. 19.1.2005 – VII B 286/04, ZIP 2005, 1035 (1035).

lichkeiten zur Verfügung stehen, um einen unkooperativen Schuldner zur umfassenden Auskunftserteilung zu bewegen, denn die Anwendung von Zwangsmitteln nach § 98 InsO unterliegt einem strengen Verhältnismäßigkeitsgebot[1] und dauert überdies oft lange Zeit. Außerdem kann der Insolvenzverwalter Zwangsmittel nur beim Insolvenzgericht anregen; ob das Insolvenzgericht der Anregung folgt oder nicht, liegt nicht in seiner Macht. Der Insolvenzverwalter hat insoweit auch kein Beschwerderecht.

Tritt im Laufe des Insolvenzverfahrens Masseunzulänglichkeit (§ 208 InsO) ein, so nehmen zu diesem Zeitpunkt bereits festgesetzte Verspätungszuschläge den Rang einer Altmasseverbindlichkeit gem. § 209 Abs. 1 Ziff. 3 InsO ein (Rz. 3.215). Auch nach dem Eintritt der Masseunzulänglichkeit bleibt der Insolvenzverwalter zur Erstellung und Abgabe der Steuererklärungen verpflichtet. Kommt er nach der Anzeige der Masseunzulänglichkeit seiner Steuererklärungspflicht nicht oder nicht rechtzeitig nach, kann ein Verspätungszuschlag festgesetzt werden, es sei denn, dem Insolvenzverwalter wäre aus eben beschriebenen Gründen die Abgabe einer Steuererklärung nicht möglich. Kommt es nach der Anzeige der Masseunzulänglichkeit zu einer nicht zu entschuldigenden Verspätung bei der Abgabe einer Steuererklärung, so nimmt ein deswegen festgesetzter Verspätungszuschlag den Rang einer Neumasseverbindlichkeit gem. § 209 Abs. 1 Ziff. 2 InsO ein. 3.234

Während Säumniszuschläge in der Regel zur Hälfte zu erlassen sind, wenn der Schuldner aufgrund von Zahlungsunfähigkeit und/oder Überschuldung zur rechtzeitigen Zahlung einer Steuer nicht in der Lage war (Rz. 3.224), führt die finanzielle Leistungsunfähigkeit des Schuldners nicht unbedingt zum **Erlass** von Verspätungszuschlägen. Ein (Teil-)Erlass hat bei Verspätungszuschlägen dann zu erfolgen, wenn ihr spezieller Zweck nicht erreicht werden kann bzw. die Festsetzung aus sachlichen oder persönlichen Gründen unbillig ist. Dies ist beispielsweise dann der Fall, wenn dem Steuerpflichtigen die Abgabe einer Steuererklärung unmöglich war. Nach Eröffnung des Insolvenzverfahrens kann ein Erlassantrag nicht mehr vom Insolvenzschuldner, sondern nur noch vom Insolvenzverwalter gestellt werden. 3.235

Seit dem Inkrafttreten der Neufassung des § 302 Ziff. 1 InsO zum 1.7.2014 werden Verspätungszuschläge von der Erteilung der Restschuldbefreiung nicht berührt, sofern der Schuldner im Zusammenhang damit wegen einer Steuerstraftat nach den §§ 370, 373 oder § 374 AO rechtskräftig verurteilt worden ist. Zu der berechtigten rechtspolitischen Kritik an der Neuregelung vergleiche unten Rz. 3.237.

3. Zinsen

Führt die Festsetzung von Einkommen-, Körperschaft-, Vermögen-, Umsatz- oder Gewerbesteuer zu einem Unterschiedsbetrag i.S.v. § 233a Abs. 3 AO, so ist dieser zu verzinsen. Auch für die gewährte Stundung von Ansprüchen aus dem Steuerschuldverhältnis werden gem. § 234 Abs. 1 Satz 1 AO Zinsen erhoben. Hinterzogene Steuern sind gem. § 235 Abs. 1 Satz 1 AO zu verzinsen. Soweit die Vollziehung ausgesetzt 3.236

---

1 *Stephan* in MünchKomm/InsO[4], § 98 Rz. 23 m.w.N.

wurde, Rechtsmittel des Steuerpflichtigen jedoch endgültig erfolglos geblieben sind, sind gem. § 237 AO Aussetzungszinsen zu entrichten. Die Zinsen betragen gem. § 238 Abs. 1 Satz 1 AO für jeden Monat ein halbes Prozent. Die Zinsen werden durch schriftlichen Verwaltungsakt festgesetzt (§ 155 Abs. 1 AO). Der Zinsbescheid muss gem. § 157 Abs. 1 Satz 2 AO die festgesetzten Zinsen nach Art und Betrag bezeichnen und den Zinsschuldner angeben.[1]

3.237 Sind vor Insolvenzeröffnung Zinsen bereits festgesetzt, so sind diese im Insolvenzverfahren Insolvenzforderungen im **Rang** von § 38 InsO. Sie können durch die Finanzverwaltung beim Insolvenzverwalter zur Insolvenztabelle angemeldet werden und nehmen somit an der quotalen Befriedigung der Insolvenzgläubiger teil. Zinsen auf Steuerforderungen im Rang von § 38 InsO, die nach der Eröffnung des Insolvenzverfahrens erst entstehen, sind gem. § 39 Abs. 1 Ziff. 1 InsO nachrangig. Sie können daher nur angemeldet werden, wenn das Insolvenzgericht zur Anmeldung gem. § 174 Abs. 3 InsO besonders auffordert. Erfolgt die Anmeldung, ohne dass die Aufforderung ergangen ist, hat der Insolvenzverwalter sie zu bestreiten. Entstehen während des Insolvenzverfahrens Zinsen, die aus Masseverbindlichkeiten resultieren, so sind die Zinsen ebenfalls Masseverbindlichkeiten und müssen aus der Insolvenzmasse bedient werden. Mit der Einschränkung von § 90 Abs. 1 InsO können sie auch in die Insolvenzmasse vollstreckt werden. Erfolgt allerdings die Anzeige der **Masseunzulänglichkeit** (§ 208 InsO), so treten die Zinsforderungen in den Rang der Altmasseverbindlichkeiten (§ 209 Abs. 1 Ziff. 3 InsO) zurück (Rz. 3.215 ff.). Dies gilt auch für Zinsen, die erst nach der Anzeige der Masseunzulänglichkeit entstehen, wenn sie auf Steuerforderungen beruhen, die den Rang von Altmasseverbindlichkeiten einnehmen. Insoweit gelten obige Ausführungen zu Säumniszuschlägen im Fall der Masseunzulänglichkeit (Rz. 3.229) entsprechend.

Hinterziehungszinsen sind keine Verbindlichkeiten aus einer vorsätzlich begangenen unerlaubten Handlung i.S.d. bis zum 30.6.2014 geltenden Fassung des § 302 Ziff. 1 InsO.[2] Sie sind deshalb nach der bis zum 30.6.2014 geltenden Rechtslage nicht von der Restschuldbefreiung ausgeschlossen.[3] § 302 Ziff. 1 InsO a.F. beruhte auf dem vollstreckungsrechtlichen Gedanken, dass der Schuldner, gegen den Forderungen aus unerlaubten Handlungen bestehen, wegen dieser Forderungen weniger schutzwürdig ist. Deshalb ist dem Insolvenzschuldner für Forderungen aus unerlaubten Handlungen die Restschuldbefreiung zu versagen. Ebenso wie der auf einer Steuerhinterziehung beruhende Steueranspruch resultieren jedoch auch die Hinterziehungszinsen nicht auf einer unerlaubten Handlung. Sie entstehen nur, wenn die auf einem Steuertatbestand – und nicht auf einer unerlaubten Handlung – beruhende Hauptforderung entstanden ist. Ähnlich wie der in § 71 AO geregelte Haftungsanspruch hängt der Zinsanspruch nach § 235 AO somit vom Entstehen des auf einer Steuerhinterziehung beruhenden Steueranspruchs ab. Der Zinsanspruch knüpft damit an die auf einer Steuerhinterziehung beruhenden Steuerschulden an, die – wegen

---
1 BFH v. 28.11.1991 – IV R 96/90, BFH/NV 1992, 506; s. dazu auch BFH v. 4.7.2019 – VIII B 128/18, juris.
2 BFH v. 20.3.2012 – VII R 12/11, BStBl. II 2012, 491.
3 BFH v. 20.3.2012 – VII R 12/11, BStBl. II 2012, 491.

der Akzessorietät des Zinsanspruchs – entstanden sein müssen. Dieses zusätzliche Erfordernis muss ein bloßer Deliktsanspruch nicht erfüllen. Deshalb teilt die Zinsforderung das Schicksal der Hauptforderung und kann nicht als aus einer unerlaubten Handlung resultierender Anspruch angesehen werden.[1] Auf diese zutreffende Rechtsprechung des BFH hat der Gesetzgeber reagiert. Seit dem 1.7.2014 gilt nun § 302 Ziff. 1 InsO n.F., wonach Verbindlichkeiten des Schuldners aus einem Steuerschuldverhältnis von der Restschuldbefreiung nicht berührt werden, sofern der Schuldner im Zusammenhang damit wegen einer Steuerstraftat nach §§ 370, 373 oder § 374 AO rechtskräftig verurteilt worden ist. Steuer- und Haftungsansprüche sind eigenständige öffentlich-rechtliche Ansprüche aus einem Steuerschuldverhältnis. Da sie sich bei der Entstehung und ihrer Durchsetzung von den zivilrechtlichen Deliktsansprüchen nicht unterscheiden und deshalb auch keine Schadensersatzansprüche darstellen, ist ihre Privilegierung durch die derzeitige Gesetzesfassung rechtspolitisch verfehlt, weil dadurch der Gläubiger Gleichbehandlungsgrundsatz in einer sachlich nicht zu rechtfertigenden Weise durchbrochen wird.[2]

Zu den Verbindlichkeiten aus einem Steuerschuldverhältnis gehören nicht nur der Steueranspruch, sondern auch alle steuerlichen Nebenleistungen wie Verspätungszuschläge, Säumniszuschläge, Zwangsgelder und Zinsen (§§ 37, 3 AO)

Zinsen können gem. § 227 AO erlassen werden, wenn deren Einziehung nach Lage des einzelnen Falls unbillig wäre. Die Unbilligkeit kann entweder in der Sache oder in der Person des Abgabeschuldners begründet sein. Sachliche Billigkeitsgründe sind gegeben, wenn nach dem erklärten oder mutmaßlichen Willen des Gesetzgebers angenommen werden kann, dass er die im Billigkeitswege zu entscheidende Frage – hätte er sie geregelt – i.S.d. beabsichtigten Billigkeitsmaßnahme entschieden hätte[3] oder wenn angenommen werden kann, dass die Einziehung den Wertungen des Gesetzes zuwiderläuft.[4] Ein Erlass aus persönlichen Gründen erfordert das Vorliegen sowohl der Erlassbedürftigkeit als auch der -würdigkeit. Nach Insolvenzeröffnung ist nur noch der Insolvenzverwalter berechtigt, einen Erlassantrag zu stellen, nicht mehr der Insolvenzschuldner.

3.238

4. Vollstreckungskosten

Im Vollstreckungsverfahren fallen gem. § 337 Abs. 1 AO Gebühren und Auslagen an. Schuldner dieser Kosten ist der Vollstreckungsschuldner. Soweit die Vollstreckungskosten vor der Insolvenzeröffnung entstanden sind, nehmen die daraus resultierenden Forderungen der Finanzverwaltung im Insolvenzverfahren den Rang von § 38 InsO ein. Soweit die Vollstreckung einer Masseverbindlichkeit Kosten verursacht, haben diese ebenfalls den Rang einer Masseverbindlichkeit.

3.239

---
1 BFH v. 20.3.2012 – VII R 12/11, BStBl. II 2012, 491.
2 Ebenfalls kritisch *Stephan* in MünchKomm/InsO[4], § 302 Rz. 10; *Grote/Pape* ZInsO 2013, 1433 (1444); *Ahrens* ZVI 2012, 122 (126).
3 BFH v. 26.10.1972 – I R 125/70, BStBl. II 1973, 271; BVerfG v. 5.4.1978 – 1 BvR 117/73, BStBl. II 1978, 441; BFH v. 26.9.2019 – V R 13/18, DStR 2019, 2531.
4 BFH v. 29.8.1991 – V R 78/86, BStBl. II 1991, 906; FG Nürnberg v. 11.10.2017 – 5 K 1535/16, juris.

5. Zwangs- und Ordnungsgelder

3.240 Ein Verwaltungsakt, der auf Vornahme einer Handlung oder auf Duldung oder Unterlassung gerichtet ist, kann gem. § 328 Abs. 1 AO mit Zwangsmitteln, insbesondere einer Zwangsgeldfestsetzung, durchgesetzt werden. Das Zwangsgeld dient sowohl der Erzwingung vertretbarer als auch unvertretbarer Handlungen. Die Durchsetzung von Zwangsgeldern erfolgt nach den Vorschriften über die Vollstreckung wegen Geldforderungen (§§ 259–327 AO). Ist ein Zwangsgeld nicht beitreibbar, kann es unter den Voraussetzungen des § 334 AO in Ersatzzwangshaft umgewandelt werden. Der Vollzug eines Zwangsmittels ist einzustellen, wenn der Handlungs- oder Leistungspflichtige seine Verpflichtung erfüllt, § 335 AO. Der Wortlaut des § 335 AO ist insofern zu eng gefasst, als die Verpflichtung, das weitere Zwangsverfahren einzustellen, nicht nur nach Festsetzung des Zwangsmittels, sondern in jeder Phase des Zwangsverfahrens gilt, wenn der Pflichtige die Verpflichtung erfüllt.[1] Dementsprechend darf das Zwangsmittel nach Erfüllung nicht mehr angedroht, festgesetzt oder vollzogen werden. Werden nach der Einstellung Zwangsgelder gezahlt oder beigetrieben, so sind sie zu erstatten.[2] Vor der Erfüllung beigetriebene Zwangsgelder werden allerdings nicht erstattet.

3.241 Soweit im Zeitpunkt der Insolvenzeröffnung Zwangsgelder bereits festgesetzt sind, sind diese in aller Regel aufzuheben,[3] weil ihr Vollzug gem. § 335 AO einzustellen ist. Der Insolvenzschuldner kann seinen steuerlichen Pflichten nicht mehr nachkommen. Daher ist der Vollzug gegen ihn nicht mehr zulässig. Der Insolvenzverwalter hingegen wird die steuerlichen Pflichten in aller Regel ordnungsgemäß erfüllen. Sobald die Erfüllung erfolgt ist, darf auch keine Anmeldung des Zwangsgeldes zur Insolvenztabelle mehr erfolgen. Dies würde § 335 AO zuwiderlaufen. Im Übrigen nehmen Zwangsgelder stets nur den Rang von § 39 Abs. 1 Ziff. 3 InsO ein und sind damit nachrangige Insolvenzforderungen. Nicht nur der Insolvenzverwalter, sondern auch der Insolvenzschuldner sollte sich allerdings beizeiten um eine Aufhebung festgesetzter Zwangsgelder bemühen, weil diese gem. § 302 Ziff. 2 InsO nicht von der Restschuldbefreiung umfasst sind und daher nach Aufhebung des Insolvenzverfahrens gem. § 201 InsO ungehindert gegen den Schuldner vollstreckt werden können.

6. Geldbußen und Geldstrafen

3.242 Mit einer Geldbuße werden gem. § 377 Abs. 1 AO Zuwiderhandlungen geahndet, die Ordnungswidrigkeiten darstellen. Steuerordnungswidrigkeiten sind insbesondere die leichtfertige Steuerverkürzung gem. § 378 AO und die Steuergefährdung, § 379 ff. AO. Geldstrafe kann in den Fällen der Steuerhinterziehung (§ 370 AO) verhängt werden.

3.243 Geldbußen und Geldstrafen, die der Insolvenzschuldner vor Insolvenzeröffnung verwirkt hat, nehmen im Insolvenzverfahren den Rang des § 39 Abs. 1 Ziff. 3 InsO ein

---

[1] *Zöllner* in Koenig[3], § 335 AO Rz. 4.
[2] *Werth* in Klein[15], § 335 AO Rz. 2; *Kruse* in Tipke/Kruse, § 335 AO Rz. 6; *Hohrmann* in Hübschmann/Hepp/Spitaler, § 335 AO Rz. 6; *App*, StBp 1991, 49 (52).
[3] *Schmittmann* in Waza/Uhländer/Schmittmann, Insolvenzen und Steuern[12], Rz. 2631.

und sind damit gegenüber den allgemeinen Insolvenzforderungen nachrangig. Allerdings nehmen Geldstrafen und Geldbußen gem. § 302 Ziff. 2 InsO bei natürlichen Personen nicht an der Restschuldbefreiung teil, so dass sie gem. § 201 Abs. 1 InsO ungehindert gegen den Insolvenzschuldner durchgesetzt werden können.

B. Erhebungsverfahren

I. Grundlagen

Die Abgabenordnung differenziert zwischen dem Festsetzungsverfahren einerseits und dem Erhebungsverfahren andererseits.[1] § 218 AO stellt das maßgebliche Bindeglied zwischen dem Festsetzungs- und dem Erhebungsverfahren dar. Grundlage für die Verwirklichung von Ansprüchen aus dem Steuerschuldverhältnis, d.h. für ihre Erfüllung im Erhebungsverfahren, ist nach § 218 Abs. 1 AO ein entsprechender im Steuerfestsetzungsverfahren ergangener Bescheid. Es ist nicht ausreichend, dass der Steueranspruch durch Erfüllung der gesetzlichen Tatbestandsmerkmale gem. § 38 AO materiell entstanden ist. Der Finanzbehörde steht somit ein Recht auf Verwirklichung eines auf Grund der materiellen Steuergesetze bereits entstandenen Steueranspruchs nur zu, wenn er formell wirksam festgesetzt wurde. An diesen Grundsätzen ändert sich auch im Insolvenzverfahren nichts. Ab dem Zeitpunkt der Anordnung einer Sicherungsmaßnahme im vorläufigen Insolvenzverfahren (insbesondere nach § 21 Abs. 2 Ziff. 3 InsO) bzw. spätestens mit Insolvenzeröffnung wird diese steuerverfahrensrechtliche Situation durch insolvenzrechtliche Vorschriften ergänzt.

3.244

Spätestens durch die Insolvenzeröffnung (u.U. aber auch bereits im vorläufigen Insolvenzverfahren durch Anordnung eines allgemeinen Verfügungsverbotes nach § 21 Abs. 2 Ziff. 2 Alt. 1 InsO) verliert der Schuldner das Recht, das zur Insolvenzmasse gehörende Vermögen zu verwalten und darüber zu verfügen. Die Verwaltungs- und Verfügungsbefugnis geht auf den Insolvenzverwalter über (§ 80 InsO). Bei der Insolvenz einer juristischen Person oder einer Personengesellschaft endet die Geschäftsführungs- und Vertretungsbefugnis der Geschäftsführer bzw. der Organe (§ 11 Abs. 1, Abs. 2 InsO). Rechtshandlungen des Insolvenzverwalters wirken sich für und gegen den Schuldner bzw. sein Vermögen aus. Der Schuldner ist aber rechts- und geschäftsfähig und bleibt Eigentümer der zur Masse gehörenden Gegenstände, Gläubiger der zur Masse gehörenden Forderungen und Schuldner der gegen die Insolvenzmasse gerichteten Forderungen. Daher ist dem Schuldner als wirtschaftlichem Eigentümer unverändert sämtliches Vermögen steuerrechtlich zuzurechnen. Die Pflicht zur Entrichtung von Steuern trifft allerdings grundsätzlich nicht mehr den Schuldner selbst, sondern den über sein Vermögen bestellten Insolvenzverwalter. In Folge der Eröffnung des Insolvenzverfahrens dürfen allerdings Insolvenzforderungen im Rang von § 38 InsO und nachrangige Forderungen nicht mehr nach anderen Vorschriften als denen der Insolvenzordnung verfolgt werden, § 87 InsO. § 87 InsO überlagert damit die steuerverfahrensrechtlichen Vorschriften, ohne sie allerdings zu beseitigen. Auch im Insolvenzverfahren kann die Verwirklichung von Steueransprü-

3.245

---
1 *Alber* in Hübschmann/Hepp/Spitaler, § 218 AO Rz. 3.

chen durch die Finanzverwaltung stets überhaupt nur dann erfolgen, wenn eine den Anforderungen von § 218 AO genügende Festsetzung erfolgt ist. Ist dies der Fall, richtet sich das zulässige weitere Vorgehen nach den insolvenzrechtlichen Vorschriften. Nur soweit Ansprüche gegen die Insolvenzmasse gerichtet sind, kann die Finanzverwaltung ggf. auch mit der Vollstreckung vorgehen. In Bezug auf einfache Insolvenzforderungen im Rang von § 38 InsO kommt nur die Anmeldung zur Insolvenztabelle nach § 174 InsO in Betracht.

II. Forderungsanmeldung zur Insolvenztabelle

Literatur *Ahrens*, Insolvenztabelle als qualifizierter Forderungsnachweis, NJW-Spezial 2018, 725; *Ahrens*, Keine Anmeldung als privilegierte Forderung ohne Restschuldbefreiungsantrag, NZI 2016, 121; *Bartone*, Feststellung von Steuerforderungen zur Insolvenztabelle und ihre Auswirkung auf das Besteuerungsverfahren, DStR 2017, 1743; *Becker*, Die Anmeldung und Prüfung von Steuerforderungen im Insolvenzverfahren, DStR 2016, 919; *Dahl/Engels*, Die Rechtskraftwirkung der widerspruchslos erfolgten Feststellung von Forderungen zur Insolvenztabelle, NZI 2018, 435; *Behr*, Durchsetzung von Deliktsforderungen bei der Forderungspfändung und im Insolvenzverfahren, Rpfleger 2003, 389; *Deger*, Die Durchsetzung von Forderungen des Bauunternehmers gegen insolvente Auftraggeber, InVo 2005, 301; *Eisner*, Der isolierte Widerspruch des Schuldners gegen eine Forderung aus unerlaubter Handlung, NZI 2003, 480; *Eckardt*, Die Feststellung und Befriedigung des Insolvenzgläubigerrechts, Kölner Schrift zur Insolvenzordnung, 3. Aufl. 2009, 533; *Fuchs*, Grenzüberschreitende Forderungsanmeldungen im Insolvenzverfahren, NZI 2018, 9; *Fuchs/Masarwah*, Einmal Rechtskraft, immer Rechtskraft? Die Bedeutung des Tabelleneintrags nach § 178 III InsO für Folgeprozesse, NZI 2019, 401; *Ganter*, Die Feststellungslast gemäß § 179 II InsO, NZI 2017, 49; *Gaul*, Zwangsvollstreckungserweiterung nach vorsätzlich begangener unerlaubter Handlung – Kein Nachweis durch Vollstreckungsbescheid, NJW 2005, 2894; *Gehrlein*, Aktuelle Rechtsprechung des BGH zur Unternehmensinsolvenz: Insolvenzmasse, Forderungsanmeldung und Insolvenzanfechtung, NZI 2009, 497; *Gundlach/Frenzel/Schirrmeister*, Blick ins Insolvenzrecht, DStR 2005, 1147; *Gundlach/Frenzel/Schirrmeister*, Der Feststellungsbescheid in der Insolvenz, DZWIR 2005, 189; *Hain*, Die unerlaubte Handlung im Insolvenzverfahren – Geklärte und ungeklärte Rechtsfragen, ZInsO 2011, 1193; *Hattwig*, Ungewissheit für Schuldner deliktischer Forderungen – Überlegungen zu § 184 InsO, ZInsO 2004, 636; *Heinze*, Behandlung von Forderungen aus Vorsatzdelikt im Insolvenzverfahren über das Vermögen natürlicher Personen, DZWIR 2002, 369; *Hermreck*, Die von der Restschuldbefreiung ausgenommenen Forderungen, NJW-Spezial 2016, 533; *Kahlert*, Beseitigung des Widerspruchs des Schuldners gegen den Haftungsgrund der vorsätzlichen unerlaubten Handlung im Insolvenzverfahren, ZInsO 2006, 409; *Kehe/Meyer/Schmerbach*, Anmeldung und Feststellung einer Forderung aus vorsätzlich begangener unerlaubter Handlung - Teil 1, ZInsO 2002, 615; Teil 2, ZInsO 2002, 660; *Keller*, Die Gewährung von Unterhalt im Insolvenzverfahren in Verbraucherinsolvenz und Restschuldbefreiung, NZI 2007, 316; *Knauth*, Privilegierte Zwangsvollstreckung wegen einer Forderung aus vorsätzlich begangener unerlaubter Handlung aus der Insolvenztabelle, ZInsO 2018, 2185; *Otte/Wiester*, Nachmeldungen im Planverfahren, NZI 2005, 70; *Pape*, Vorzeitige Erteilung der Restschuldbefreiung bei fehlenden Forderungsanmeldungen, NZI 2004, 1; *Riedel*, Deliktische Ansprüche in der Restschuldbefreiung, NZI 2002, 414; *Roth/Schütz*, Die Wirkung des § 178 Abs. 3 InsO bei widerspruchslos zur Tabelle festgestellten Steuerforderungen, ZInsO 2008, 186; *B. Schmidt*, Das Prüfungsrecht des Insolvenzverwalters zum Forderungsgrund der unerlaubten Handlung, ZInsO 2006, 523; *Schmidt/Jungmann*, Anmeldung von Insolvenzforderungen mit Rechnungslegungslast des Schuldners, NZI 2002, 65; *Schmidt/Jungmann*, Anmeldung von Insolvenzforderungen mit Rechnungslegungslast des Schuldners, NZI 2002, 65; *Schreiber/Birnbreier*, Die Berichtigung der Insolvenztabelle bei Rechtsnachfolge, Z-

InsO 2009, 237; *Smid*, Voraussetzung der Berücksichtigung von Absonderungsrechten in dem über das Vermögen des Sicherungsgebers eröffneten Insolvenzverfahren, NZI 2009, 669; *Smid*, Zur verfahrensrechtlichen Lage nach der Zession der vom Zedenten zur Tabelle angemeldeten Insolvenzforderung, ZInsO 2016, 1838; *Willmer/Berner*, Die Änderung von Insolvenztabelle und Schlussverzeichnis, NZI 2015, 877; *Zeuner*, Durchsetzung von Gläubigerinteressen im Insolvenzverfahren, NJW 2007, 2952;.

1. Anzumeldende Forderungen

Entgegen der insoweit unklaren Gesetzesformulierung besteht keine Pflicht der Insolvenzgläubiger zur Anmeldung zur Tabelle. Die Anmeldung ist ihnen vielmehr **freigestellt**. Die Anmeldung ist allerdings Voraussetzung dafür, dass der Insolvenzgläubiger an der Verteilung der Insolvenzmasse teilnehmen und damit zumindest eine quotale Befriedigung seiner Forderung erhalten kann. 3.246

Anzumelden sind nur Forderungen, die als Insolvenzforderungen den Rang des § 38 InsO einnehmen. Aussonderungsrechte (§ 47 InsO) können nicht zur Insolvenztabelle angemeldet werden, weil die Aussonderung durch Herausgabe des Aussonderungsgutes erfolgt. Angemeldete Forderungen müssen nicht unbedingt fällig oder bereits festgesetzt sein. Entscheidend für eine Feststellung zur Insolvenztabelle ist vielmehr nur ihr materiell-rechtlicher Bestand. Zu den relevanten Insolvenzforderungen des Fiskus zählen auch der bei Insolvenzeröffnung begründete, aus einer rechtsgrundlosen Rückzahlung einer Steuer i.S.v. § 37 AO bestehende Erstattungsanspruch sowie steuerliche Nebenleistungen.[1] 3.247

Nachrangige Forderungen, die nicht den Rang des § 38 InsO, sondern z.B. den Rang von § 39 InsO einnehmen, können erst dann angemeldet werden, wenn das Insolvenzgericht hierzu besonders auffordert, § 174 Abs. 3 InsO. Nachrangig sind insbesondere die ab der Eröffnung des Insolvenzverfahrens laufenden Zinsen und Säumniszuschläge auf Insolvenzforderungen, § 39 Abs. 1 Ziff. 1 InsO (Rz. 3.224 ff.). Geht die Anmeldung einer nachrangigen Forderung beim Insolvenzverwalter ein, ohne dass ein Hinweis auf die Nachrangigkeit in der Anmeldung enthalten ist, so ist die Forderung in die Insolvenztabelle aufzunehmen und zu bestreiten. Geht eine als nachrangige Forderung bezeichnete Anmeldung bei dem Insolvenzverwalter ein, obwohl es an einer Aufforderung nach § 174 Abs. 3 InsO an die nachrangigen Gläubiger fehlt, so kann die Forderung gar nicht in die Tabelle aufgenommen werden.[2] Nicht anmeldungsfähig sind auch Masseverbindlichkeiten (§§ 53, 55 InsO). Diese sind gegenüber dem Insolvenzverwalter geltend zu machen und in vollem Umfange, also nicht nur mit der Quote, zu befriedigen. Auch im Fall der Masseunzulänglichkeit erfolgt keine Forderungsanmeldung durch Massegläubiger. 3.248

Unschädlich ist für die Anmeldung, dass eine Insolvenzforderung im Zeitpunkt der Insolvenzeröffnung auflösend bedingt ist (§ 43 InsO). Auch aufschiebend bedingte Forderungen werden zumindest im Prüfungsverfahren wie unbedingte Forderungen behandelt. Unerheblich ist es auch, wenn neben der Insolvenzmasse Dritte als Ge- 3.249

---

1 *Schüppen/Schlösser* in MünchKomm/InsO[4], Insolvenzsteuerrecht, Rz. 59.
2 *Kießner* in FrankfurterKomm/InsO[9], § 174 Rz. 52.

samtschuldner gegenüber einem Insolvenzgläubiger haften. Solange und soweit der Insolvenzgläubiger nicht befriedigt ist, kann er den vollen Forderungsbetrag auch zur Insolvenztabelle anmelden und festgestellt erhalten.

2. Anmeldungsfrist

3.250 Im Eröffnungsbeschluss wird eine **Frist bestimmt, binnen derer Insolvenzgläubiger ihre Forderungen anmelden sollen** (§ 28 Abs. 1 InsO). Die Anmeldungsfrist ist jedoch keine Ausschlussfrist. Für Anmeldungen, die nach der Anmeldungsfrist erst bei dem Insolvenzverwalter eingehen, gilt § 177 InsO. Dem Insolvenzgläubiger droht bei verspäteter Anmeldung lediglich, mit einer Gerichtsgebühr i.H.v. Euro 15 (Nr. 2340 KV) in Anspruch genommen zu werden, wenn dieserhalb ein besonderer Prüfungstermin anberaumt werden muss.

3. Form der Anmeldung zur Tabelle

3.251 Die Forderungsanmeldung muss eine genaue Bezeichnung des Insolvenzverfahrens beinhalten, in dem die Forderung angemeldet werden soll. Zweifel gehen zu Lasten des anmeldenden Gläubigers. Die Anmeldung muss **schriftlich** erfolgen, § 174 Abs. 1 Satz 1 InsO. Dem Schriftformerfordernis genügt eine Anmeldung per Telefax. Eine Anmeldung beim Insolvenzgericht ist nicht zulässig. Formularzwang besteht für die Anmeldung nicht.

3.252 Die Anmeldung mittels eines elektronischen Dokuments, wozu auch eine **Email** gehört, ist nur dann zulässig, wenn der Insolvenzverwalter dieser Form der Übermittlung ausdrücklich zugestimmt hat, § 174 Abs. 4 InsO. Fehlt es an der ausdrücklichen Zustimmung des Insolvenzverwalters, so ist die Anmeldung schlicht unbeachtlich und darf nicht in die Insolvenztabelle aufgenommen werden. Eine Anmeldung beim Insolvenzgericht ist nicht zulässig. Formularzwang besteht für die Anmeldung nicht.

4. Inhalt der Forderungsanmeldung

3.253 In der Forderungsanmeldung sind Grund und Betrag der anzumeldenden Forderung derart schlüssig darzulegen, dass eine Prüfung des geltend gemachten materiell-rechtlichen Anspruches ohne weiteres, insbesondere ohne weitere Nachforschungen des Insolvenzverwalters erfolgen kann. Der Gläubiger ist allerdings nicht verpflichtet, Rechtsausführungen zum Bestand seiner Forderung vorzubringen; es genügt, wenn er die den Anspruch begründenden Umstände substantiiert darlegt.

3.254 Der Anmeldung **sind Urkunden in Ablichtung beizufügen (§ 174 Abs. 1 Satz 2 InsO)**, wenn sich aus ihnen die Forderung ergibt. Da die Finanzbehörde nach Eröffnung des Insolvenzverfahrens keinen Bescheid über eine Steuer mehr erlassen darf, die Insolvenzforderung ist, ergeht regelmäßig eine formlose, informatorische Berechnungsmitteilung. Die Berechnungsmitteilung erläutert, wie sich der zur Insolvenztabelle angemeldete oder anzumeldende Betrag zusammensetzt (Rz. 3.190 ff.).

3.255 Der Insolvenzverwalter ist nicht verpflichtet, einen Gläubiger, dessen Forderung er nicht festzustellen vermag, vor dem Prüfungstermin auf diesen Umstand hinzuweisen oder ihn gar aufzufordern, ergänzende Unterlagen vorzulegen.[1] **Erst recht ist der Insolvenzverwalter nicht verpflichtet, die Buchhaltung oder gar die sonstigen Geschäftsunterlagen des Schuldners zu durchforsten, um die angemeldete Forderung zu verifizieren.** Die Prüfung hat allein anhand der durch den Gläubiger selbst eingereichten Unterlagen zu erfolgen.

Der Betrag der angemeldeten Forderung ist in Euro anzugeben. Dem Gläubiger steht es innerhalb der Anmeldungsfrist frei, seine Anmeldung zu ergänzen und näher zu erläutern. Eine **Ergänzung** stellt allerdings soweit die Ergänzung reicht (und nicht bloß eine Erläuterung der bisher angemeldeten Forderung vorliegt) eine **Neuanmeldung** dar, die in einem Prüfungstermin geprüft werden muss und hinsichtlich derer die anfängliche Forderungsanmeldung auch die Verjährung nicht gehemmt hat.[2]

Die Mitteilung der für die Anmeldung von Steuerforderungen erforderlichen Tatsachen, Begründungen und sonstigen Umstände führt nicht zu einer Verletzung des Steuergeheimnisses (§ 30 AO), auch wenn die Forderungsanmeldungen gem. § 175 Abs. 1 Satz 2 InsO für alle Beteiligten zur Einsicht in der Geschäftsstelle des Insolvenzgerichts niedergelegt werden (Rz. 2.261 f.).

Neben der abgabenrechtlich erforderlichen Begründung eines Steuerbescheids wie auch einer Berechnungsmitteilung, die als Grundlage für die Tabellenanmeldung dienen soll, sind auch die inzwischen strengen, durch die zivilgerichtliche Rechtsprechung aufgestellten Anforderungen an die Begründung der insolvenzrechtlichen Tabellenanmeldung zu berücksichtigen. Regelmäßig enthält eine Forderungsanmeldung des Finanzamtes keine über die zugrundeliegenden Steuerbescheide (oder Berechnungsmitteilungen) hinausgehenden Begründungen oder Erläuterungen des angemeldeten Steueranspruchs. Solche Anmeldungen genügen regelmäßig nicht mehr den durch die zivilgerichtliche Rechtsprechung an eine ordnungsgemäße Tabellenanmeldung gestellten Anforderungen.

Zu berücksichtigen ist für die Tabellen**anmeldung**, dass die zivilgerichtliche Rechtsprechung inzwischen sehr hohe Anforderungen an die exakte Bezeichnung des Grundes eines zur Tabelle angemeldeten Anspruchs in rechtlicher und tatsächlicher Hinsicht aufgestellt hat.[3] So hat es beispielsweise der BGH nicht ausreichen lassen, dass eine dem Betrag nach genau bezeichnete Forderung als Darlehensforderung angemeldet worden war, obwohl der Darlehensvertrag nichtig und dem Gläubiger deswegen ein bereicherungsrechtlicher Rückgewähranspruch zustand.[4] Eine Forderung ist nach dieser Rechtsprechung nur dann ordnungsgemäß zur Insolvenztabelle angemeldet, wenn auch der rechtliche Grund, der zum Bestehen der Forderung führt (also der Lebenssachverhalt), durch den Gläubiger *schlüssig dargelegt* wird.[5] Es genügt

---

1 OLG Stuttgart v. 29.4.2008 – 10 W 21/08, ZIP 2008, 1781 = ZInsO 2008, 627; *Kießner* in FrankfurterKomm/InsO⁹, § 174 Rz. 19.
2 BGH v. 22.1.2009 – IX ZR 3/08, ZIP 2009, 483; v. 5.7.2018 – IX ZR 167/15, NZI 2018, 743.
3 BGH v. 21.2.2013 – IX ZR 92/12, ZIP 2013, 680; s. dazu auch OLG München v. 1.10.2015 – 23 U 1767/15, juris; OLG München v. 22.12.2017 – 13 U 927/15, juris.
4 BGH v. 5.7.2007 – IX ZR 221/05, ZIP 2013, 680.
5 BGH v. 22.1.2009 – IX ZR 3/08, ZIP 2009, 483; v. 5.7.2018 – IX ZR 167/15, NZI 2018, 743.

also nicht etwa der Hinweis auf bei dem Schuldner oder dem Insolvenzverwalter vorhandene Unterlagen oder dortiges Wissen; vielmehr wird vom Gläubiger eine Darlegung in der Anmeldung verlangt. Diese durch die insoweit zuständigen Zivilgerichte aufgestellten Anforderungen an Forderungsanmeldungen zur Insolvenztabelle gelten nicht nur für zivilrechtliche Forderungen, sondern müssen schon aus Gründen der gebotenen Gleichbehandlung der Gläubiger auch für und gegen den Steuergläubiger gelten (Art. 3 Abs. 1 GG). **Deswegen reicht es für eine Forderungsanmeldung des Finanzamtes nicht aus, wenn lediglich Auflistungen mit Forderungsbeträgen übergeben werden, aus denen lediglich Steuerart, Veranlagungszeitraum und Betrag zu entnehmen sind.** Vielmehr muss der Tabellenanmeldung selbst (ein Verweis auf bei dem Schuldner oder Insolvenzverwalter vorhandene Unterlagen oder Ähnliches ist danach der zivilgerichtlichen Rechtsprechung ebenfalls unzureichend) mindestens die Grundlage für die Berechnung der Steuer zu entnehmen sein, was typischerweise durch die Übersendung der zugrundeliegenden Bescheide erfolgt. Bei Steuerbeträgen, die auf Schätzungen beruhen, müssen die Schätzungsgrundlagen und die Ermessenserwägungen genau und **für jeden außenstehenden Dritten aus sich selbst heraus und ohne Rückgriff auf andere Unterlagen nachprüfbar** angegeben werden.[1]

Zu Recht hat der V. Senat des BFH einschränkend entschieden, dass die wirksame Anmeldung einer nicht titulierten Umsatzsteuerforderung zur Insolvenztabelle allerdings nicht erfordert, dass das Finanzamt jeden einzelnen umsatzsteuerrechtlich erheblichen Sachverhalt auflistet und im Einzelnen beschreibt „(z.B. Umsatzsteuer aus Verkauf bestimmter Waren zu einem bestimmten Preis)".[2] Es sei „ausreichend, aber auch erforderlich", dass der Inhalt der Anmeldung die für die „Erörterung der einzelnen Forderungen im Prüfungstermin notwendige Individualisierung einzelner Sachverhalte"[3] ermöglicht, so dass „sichergestellt" ist, dass nur bestimmte in der Anmeldung durch die Angabe einer Summe begrenzte Sachverhalte erfasst sind.[4] **Danach genügt es eindeutig nicht, wenn das Finanzamt lediglich Steuerart, Betrag und Veranlagungszeitraum in Form einer Auflistung als Forderungsanmeldung über-**

---

1 BGH v. 22.1.2009 – IX ZR 3/08, ZIP 2009, 483, verlangt, dass in der Forderungsanmeldung eine „Individualisierung" der einzelnen angemeldeten Forderung erfolgt: „Die Individualisierung der Forderung dient daneben dem Zweck, den Verwalter und die übrigen Insolvenzgläubiger in den Stand zu versetzen, den geltend gemachten Schuldgrund einer Prüfung zu unterziehen." Dies beschreibt, wie detailliert die Sachverhaltsangaben in der Forderungsanmeldung sein müssen.
2 BFH v. 24.8.2011 – V R 53/09, BStBl. II 2012, 256 = ZIP 2011, 2421; ebenso FG Hess. v. 12.3.2013 – 6 K 1700/10.
3 BFH v. 24.8.2011 – V R 53/09, BStBl. II 2012, 256 = ZIP 2011, 2421.
4 BFH v. 24.8.2011 – V R 53/09, BStBl. II 2012, 256 = ZIP 2011, 2421; diese Anforderungen hat FG Hess. v. 12.3.2013 – 6 K 1700/10 völlig verkannt, indem es den bei BFH v. 24.8.2011 – V R 53/09 ebenfalls zu findenden Satz: „Dies [gemeint ist durch den Inhalt der Anmeldung sichergestellt ist, dass nur bestimmte Sachverhalte erfasst sind, die zur Verwirklichung der gesetzlichen Tatbestände des UStG geführt haben, auf denen die Umsatzsteuerforderungen beruhen] ist bei einer durch Betrag und Zeitraum ... bezeichneten Umsatzsteuerforderung regelmäßig der Fall." zur maßgeblichen Maxime gemacht hat, ohne die tatsächlich durch den BFH statuierten Anforderungen zu prüfen.

gibt. Wenn bei nicht titulierten Umsatzsteuerforderungen die Höhe der in die Berechnung eingeschlossenen Umsätze mitgeteilt wird, ist zumindest zu verlangen, dass in nachprüfbarer Weise individualisierbar (d.h. **im Einzelnen konkret nachprüfbar**)[1] mit der Anmeldung zusammen mitgeteilt wird, wie sich dieser Gesamtbetrag zusammensetzen soll. Eine genaue Aufschlüsselung darüber, wie sich der Gesamtbetrag zusammensetzt, ist schon allein deswegen unabdingbar, weil inzwischen bei vielen Insolvenzschuldnern steuerliche Sachverhalte nicht nur in der Insolvenzmasse verwirklicht werden, sondern auch dem insolvenzfreien Bereich. Fehlt es an einer Aufschlüsselung der Beträge, die das Finanzamt gegen die Insolvenzmasse geltend machen will, ist eine Nachprüfbarkeit dahingehend, dass in einem Gesamtbetrag auch tatsächlich nur Beträge enthalten sind, die die Insolvenzmasse betreffen, oft nicht möglich. Hinzu kommt, dass die Zuordnung von Steuerforderungen zu den Masseverbindlichkeiten oder den Insolvenzforderungen inzwischen derart komplex und schwierig geworden ist, dass selbst Spezialisten der insolvenzsteuerrechtlichen Materie über einzelne Sachverhaltsgestaltungen lange streiten können. Die **Aufschlüsselung** des durch das Finanzamt beanspruchten **Gesamtbetrages** muss in Ansehung der Insolvenzforderungen so weit gehen, dass eine „**Erörterung**"[2] der durch die Finanzverwaltung erhobenen Ansprüche **im Prüfungstermin durch alle Gläubiger** erfolgen kann. Eine „Erörterung" ist eine sachlich und rechtlich ins Detail gehende Diskussion der Forderung. Dies durch den Grad an Detailliertheit zu ermöglichen, ist notwendiger Bestandteil einer Forderungsanmeldung. Die konkrete Herstellung eines Bezugs zwischen Verkauf einer bestimmten Ware, einem bestimmten Preis und der sich daraus ergebenden Umsatzsteuer allerdings wiederum ist nicht erforderlich.

Eine Individualisierbarkeit in dem von der zivilgerichtlichen Rechtsprechung geforderten Sinne fehlt jedenfalls dann, wenn die zur Tabelle angemeldeten Steuerforderungen betragsmäßig nicht mit den aus den Steuerbescheiden hervorgehenden festgesetzten Beträgen übereinstimmen. Hat der Insolvenzschuldner auf die festgesetzten Beträge bereits teilweise Zahlung geleistet, so hat das Finanzamt – wie im Übrigen jeder andere Gläubiger auch – eine nachvollziehbare Berechnung in der Forderungsanmeldung vorzunehmen, aus der sich ergibt, wie sich der angemeldete und also durch den Steuergläubiger beanspruchte Betrag ergibt. Dabei müssen Zahlungen auf die Steuerschuld so genau dargelegt werden, dass es dem Insolvenzverwalter und den übrigen Insolvenzgläubigern möglich ist, die von der Finanzverwaltung vom ursprünglichen Forderungsbetrag abgesetzten Zahlungen auf Vollständigkeit zu überprüfen. Die Praxis zeigt nämlich, dass Zahlungen gerade in der Krise nicht mehr in genau den Beträgen und zu den Zeitpunkten vorgenommen werden, in denen sie geschuldet sind. Finanzämter verbuchen in solchen Fällen Zahlungen von Schuldnern in der Krise oft mehr oder weniger „wild" auf Abgabenforderungen, Säumniszuschläge, Verspätungszuschläge oder Zinsen. Zudem ergeben sich regelmäßig in einigen Veranlagungszeiträumen Erstattungsansprüche für einzelne Steuerarten, die

3.256

---

1 BGH v. 22.1.2009 – IX ZR 3/08, ZIP 2009, 483; v. 5.7.2018 – IX ZR 167/15, NZI 2018, 743.
2 BGH v. 22.1.2009 – IX ZR 3/08, ZIP 2009, 483.

dann wiederum mehr oder weniger „wild" auf andere Veranlagungszeiträume, andere Steuerarten oder Nebenforderungen umgebucht werden. Der Steuergläubiger muss diese Vorgänge im Rahmen seiner Forderungsanmeldung – wie jeder andere Gläubiger auch – detailliert und nachvollziehbar darlegen. Wie bei Gläubigern zivilrechtlicher Forderungen eine „Sammelanmeldung" den Anforderungen an eine ordnungsgemäße Forderungsanmeldung nur dann genügt, wenn in Bezug auf jede einzelne darin enthaltene Forderung der Lebenssachverhalt hinreichend klar bestimmt und eine nachvollziehbare Summenbildung vorgenommen wird,[1] muss die Ermittlung des Forderungsbetrages des Finanzamtes in gleicher detaillierter Weise erfolgen. Dem kann das Finanzamt regelmäßig durch Beifügung des Kontoauszuges des Steuerkontos des Insolvenzschuldners zur Forderungsanmeldung genügen. Aus dem Kontoauszug sind nämlich nicht nur die zum Soll gestellten Beträge, sondern auch Tilgungen, Umbuchungen und Erlasse ersichtlich.

Schätzungen sind freilich auch im Rahmen von Forderungsanmeldungen zulässig. Nach § 162 Abs. 1 Satz 1 AO hat die Finanzbehörde die Besteuerungsgrundlagen zu schätzen, wenn es diese nicht ermitteln oder berechnen kann. Nach Satz 2 sind dabei alle Umstände zu berücksichtigen, die für die Schätzung von Bedeutung sind. Die Schätzung ist ein Verfahren, mit Hilfe von Wahrscheinlichkeitsüberlegungen die Besteuerungsgrundlagen zu ermitteln, wenn eine sichere Feststellung trotz des Bemühens um eine Aufklärung nicht möglich ist. Die so ermittelte Besteuerungsgrundlage enthält einen Unsicherheitsbereich, der vom Wahrscheinlichkeitsgrad der Schätzung abhängig ist.[2] Die Wahrscheinlichkeit, dass eine Schätzung zutreffend ist, wird umso größer sein, je umfangreicher der zugrunde gelegte gewisse Sachverhalt (Ausgangssachverhalt) ist und je zuverlässiger die angewandte Schätzungsmethode ist. Eine genaue Bestimmung der Besteuerungsgrundlage kann allerdings im Schätzungsweg trotz Bemühens um Zuverlässigkeit allenfalls zufällig erreicht werden. Diese Unschärfe, die jeder Schätzung anhaftet, kann im Allgemeinen vernachlässigt werden. Soweit sie sich zu Ungunsten des Steuerpflichtigen auswirkt, muss er sie hinnehmen, zumal wenn er den Anlass für die Schätzung gegeben hat. Zu verlangen ist aber auch im Rahmen der Forderungsanmeldung, dass insbesondere die Schätzungsgrundlagen angegeben werden, um eine Überprüfung der vorgenommenen Schätzung zu ermöglichen.

Genügt die Anmeldung einer Forderung nicht den zu beachtenden Mindestanforderungen oder wird der Forderungsgrund nach der Anmeldung ausgetauscht, hat der Insolvenzverwalter sie zu bestreiten. Eine diesen Anforderungen **nicht genügende Forderungsanmeldung unterbricht auch die Festsetzungsverjährung nicht**.[3] Eine erforderlich werdende Neuanmeldung erfordert die Durchführung eines hierauf bezogenen Prüfungstermins.[4] Ein Nachschieben von Gründen im Rahmen laufender An-

---

[1] BGH v. 22.1.2009 – IX ZR 3/08, ZIP 2009, 483; v. 5.7.2018 – IX ZR 167/15, NZI 2018, 743.
[2] FG Hess. v. 12.3.2013 – 6 K 1700/10.
[3] BGH v. 5.7.2007 – IX ZR 221/05, ZIP 2007, 1760; v. 11.4.2019 – IX ZR 79/18, NZI 2019, 536; vgl. auch OLG München v. 22.12.2017 – 13 U 1785/15, LSK 2015, 123640.
[4] BGH v. 22.1.2009 – IX ZR 3/08, ZIP 2009, 483; v. 5.7.2018 – IX ZR 167/15, NZI 2018, 743; OLG München v. 22.12.2017 – 13 U 1785/15, LSK 2015, 123640; v. 22.12.2017 – 13 U 927/15, LSK 2017, 136542.

meldung genügt nicht. Das Fehlen der Mindestanforderungen an die Tabellenanmeldung kann nur durch Neuanmeldung – in unverjährter Zeit – beseitigt werden.[1]

5. Rechtsnatur der Forderungsanmeldung

Die **Forderungsanmeldung des Finanzamtes** ist weder ein Steuerbescheid noch ein sonstiger Verwaltungsakt, denn es fehlt ihr an der Regelungswirkung. Jede angemeldete Forderung wird gem. § 175 Abs. 1 InsO vom Insolvenzverwalter in die Insolvenztabelle eingetragen. Die Prüfung der angemeldeten Forderungen findet im Prüfungstermin bei Gericht statt (§ 176 InsO). Dem Insolvenzverwalter kommt dabei die zentrale Rolle zu. Er kennt die Anmeldung nebst den mit ihr eingereichten die Forderung erläuternden Unterlagen und Erklärungen des Gläubigers. Sieht er rechtliche Einwände gegen Grund oder Höhe der Forderung, so hat er sie ganz oder teilweise zu bestreiten. Die Anmeldung selbst ist daher nur die bloße Bekundung des Gläubigers, sich mit einer Forderung am Insolvenzverfahren beteiligen zu wollen; es handelt sich um eine besondere Form der Geltendmachung einer Steuerforderung, die ohne hoheitliche Befugnisse ausgeübt wird.

3.257

6. Rechtsmittel gegen die Forderungsanmeldung

Entgegen mancher zweifelnder Literaturstimmen[2] ist dem BFH[3] darin zuzustimmen, dass ein **Antrag des Insolvenzschuldners nach § 114 FGO** auf einstweilige Anordnung mit dem Ziel statthaft ist, der Finanzbehörde die Anmeldung eines Steueranspruchs zur Insolvenztabelle wegen eines beantragten Billigkeitserlasses als Maßnahme nach § 258 AO zu untersagen.

3.258

Nach § 258 AO kann die Vollstreckungsbehörde die Vollstreckung einstellen oder beschränken, soweit im Einzelfall die Vollstreckung unbillig ist. Dem Steuerpflichtigen steht ein Anspruch auf ermessensfehlerfreie Entscheidung zu. Ist der Erlass (§ 227 AO) oder die abweichende Festsetzung von Steuern (§ 163 AO) aus Billigkeitsgründen beantragt, so kommt eine Einstellung nach § 258 AO regelmäßig in Betracht.[4] In der Literatur wird bezweifelt, dass die Anmeldung zur Tabelle eine Maßnahme sei, die in den Kreis derjenigen fällt, die nach § 258 AO einzustellen oder zu beschränken sein können, weil es ihr an einer „konkreten Wirkung (Wegnahme von Vermögen)"[5] fehle. Das trifft aber nicht zu. Die Forderungsanmeldung kann für den Insolvenzschuldner erheblich nachteilige Folgen haben, deren Eintritt er anders nicht hindern kann. Die Forderungsanmeldung hat nämlich zur Folge, dass die angemeldete Forde-

---

1 BGH v. 22.1.2009 – IX ZR 3/08, ZIP 2009, 483; v. 5.7.2018 – IX ZR 167/15, NZI 2018, 743; OLG München v. 22.12.2017 – 13 U 1785/15, LSK 2015, 123640; v. 22.12.2017 – 13 U 927/15, LSK 2017, 136542.
2 Urteilsanmerkung zu BFH v. 12.3.1990 – V B 169/89, UR 1990, 377 von *Weiss* in UR 1990, 378; *Waza* in Waza/Uhländer/Schmittmann, Insolvenzen und Steuern[12], Rz. 724.
3 BFH v. 12.3.1990 – V B 169/89, UR 1990, 377.
4 BFH v. 12.3.1990 – V B 169/89, UR 1990, 377; v. 11.4.1989 – VII B 202/88, BFH/NV 1989, 766; v. 4.11.1986 – VII B 108/86, BFH/NV 1987, 555.
5 Urteilsanmerkung zu BFH v. 12.3.1990 – V B 169/89, UR 1990, 377 von *Weiss* in UR 1990, 378; *Waza* in Waza/Uhländer/Schmittmann, Insolvenzen und Steuern[12], Rz. 724.

rung in die Insolvenztabelle eingetragen werden muss. Sie muss auch im Prüfungstermin geprüft werden. Zwar kann der Insolvenzschuldner der Feststellung der Forderung gem. § 178 Abs. 1 Satz 2 InsO widersprechen. Dies hindert aber gem. § 178 Abs. 1 Satz 2 InsO die Feststellung der Forderung nicht. Diese Wirkung kommt nämlich nur dem Widerspruch des Insolvenzverwalters oder eines Insolvenzgläubigers zu (§ 179 Abs. 1 Satz 1 InsO). Zwar kann der Insolvenzschuldner versuchen, den Insolvenzverwalter oder einen Insolvenzgläubiger zum Widerspruch zu bewegen, doch hat er hierauf letztlich keinen Einfluss und es können die Interessen von Insolvenzverwalter und manchem Insolvenzgläubiger dem sogar entgegenstehen. Die Wirkung eines Widerspruchs des Insolvenzschuldners beschränkt sich darauf, dass aus Forderungen, die er bestritten hatte, nach Aufhebung des Insolvenzverfahrens gem. § 201 Abs. 2 InsO nicht gegen ihn vollstreckt werden kann. Gleichwohl nehmen solche Forderungen aber an der Verteilung im Rahmen des Insolvenzverfahrens teil und gewähren dem betreffenden Gläubiger vollwertige Mitwirkungs- und Stimmrechte in der Gläubigerversammlung. Dies kann Rechte des Insolvenzschuldners beeinträchtigen, beispielsweise wenn er die Durchführung eines Insolvenzplanverfahrens beabsichtigt oder zur Einstellung nach §§ 212, 213 InsO gelangen möchte. Wollte man dem Insolvenzschuldner den Rechtsschutz nach § 114 FGO i.V.m. § 258 AO versagen, so liefe dies letztlich darauf hinaus, dass die Finanzverwaltung den Antrag auf Erlass aus Billigkeitsgründen faktisch ins Leere laufen lassen könnte, indem sie vor der Entscheidung über den Erlassantrag die Steuerforderung zur Insolvenztabelle anmeldet. Ist die Forderung nämlich im Prüfungstermin festgestellt, so begründet die Feststellung die besagten Gläubigerrechte und wirkt wie ein rechtskräftiges Urteil, § 178 Abs. 3 InsO. Die Feststellung kann auch durch den Insolvenzverwalter oder einen Insolvenzgläubiger nur noch unter hohen Anforderungen beseitigt werden, nämlich durch Vollstreckungsgegenklage (§ 767 Abs. 1 ZPO), Wiederaufnahmeklage (§§ 578 ff. ZPO) und die Arglistklage nach § 826 BGB. Aber selbst diese Rechtsbehelfe stehen nicht dem Insolvenzschuldner, sondern nur dem Insolvenzverwalter und den Insolvenzgläubigern zu.[1] Wegen der Rechtskraftwirkung der Feststellung zur Insolvenztabelle (§ 178 Abs. 3 InsO) kann selbst der Gläubiger die Forderungsanmeldung nicht mehr zurücknehmen, nachdem sie festgestellt worden ist, selbst wenn ein Erlass der angemeldeten Forderung erfolgen sollte.[2] Dies gilt nach zwar streitiger, aber überwiegender und zutreffender Meinung und vor allem offenbar der Auffassung des BFH zufolge auch für die Feststellung einer Steuerforderung[3] (Rz. 3.275). Eine nachträgli-

---

[1] *Schumacher* in MünchKomm/InsO[4], § 178 Rz. 85.
[2] *Riedel* in MünchKomm/InsO[4], § 174 Rz. 43; RG v. 8.1.1926 – II 282/25, RGZ 112, 297 (299); v. 19.2.1909 – II 401/08, RGZ 70, 296 (297); *Weber* in Jaeger[9], § 139 KO Rz. 18, 21; *Kilger/K. Schmidt*[16], § 139 KO Anm. 2; *Kuhn/Uhlenbruck*[11], § 139 KO Rz. 11; *Eickmann* in Gottwald, Insolvenzrechts-Handbuch[5], § 63 Rz. 39.
[3] BFH v. 30.6.1997 – V R 59/95, BFH/NV 1998, 42; v. 26.4.1988 – VII R 97/87, BStBl. II 1988, 865 = ZIP 1988, 1266 = BFHE 153, 490; v. 13.7.2006 – V B 70/06, DStRE 2006, 1294; v. 24.11.2011 – VR 13/11, NZI 2012, 96; vgl. auch BFH v. 5.7.2018 – XI B 17/18, NZI 2018, 855; v. 29.8.2018 – XI R 57/17, NZI 2019, 89; v. 5.7.2018 – XI B 18/18, NZI 2018, 858; *Beermann* in Hübschmann/Hepp/Spitaler, § 251 AO Rz. 422; *Kramer*, Konkurs und Steuerverfahren, S. 275; *Roth/Schütz*, ZInsO 2008, 186 (189); a.A. *Schumacher* in MünchKomm/InsO[4], § 178 Rz. 88.

che Aufhebung i.S.v. § 258 AO scheidet daher aus. Die einzige Möglichkeit, einen etwaigen Erlass insolvenzverfahrenstechnisch berücksichtigen zu können, liegt also darin, die Forderungsanmeldung bis zur Entscheidung über den Erlassantrag aufzuschieben. Da der Insolvenzschuldner hieran ein berechtigtes Interesse haben kann, ist sein Antrag auf einstweilige Anordnung nach § 114 FGO bei beantragtem Billigkeitserlass statthaft.

III. Berichtstermin

In der Regel findet vor dem Insolvenzgericht ein Berichtstermin (§ 156 InsO) statt. Dies gilt nicht, wenn gem. § 5 Abs. 3 InsO das schriftliche Verfahren angeordnet ist. Der Berichtstermin soll gem. § 29 InsO nicht mehr als sechs Wochen nach der Eröffnung des Insolvenzverfahrens liegen; er darf nicht später als drei Monate nach der Eröffnung anberaumt werden. 3.259

Die Einberufung einer Gläubigerversammlung zur Durchführung des Berichtstermins erfolgt durch das Insolvenzgericht im Wege öffentlicher Bekanntmachung. Die Terminsbestimmung wird den Insolvenzgläubigern, den Schuldnern des Schuldners und dem Schuldner selbst gem. § 30 Abs. 2 InsO gesondert zugestellt. Neben Ort und Zeit des Termins hat das Insolvenzgericht die Tagesordnung des Berichtstermins zu veröffentlichen. Alle sachdienlichen Beschlüsse des konkreten Verfahrens sollten auf die Tagesordnung gesetzt werden. Die Tagesordnung kann bis zum Termin innerhalb der Ladungsfrist von drei Tagen (§ 217 ZPO) geändert und ergänzt werden.[1] 3.260

Der Berichtstermin ist nicht öffentlich. Zur Teilnahme sind nur das Gericht, der Insolvenzverwalter, die Insolvenzgläubiger, die Mitglieder des Gläubigerausschusses, der Schuldner, die Mitglieder des Betriebsrates, die Mitglieder des Sprecherausschusses der leitenden Angestellten und ggf. berufsständische Vertreter berechtigt. Die Presse kann ohne ausdrücklichen Beschluss der Gläubigerversammlung nicht zugelassen werden; § 175 Abs. 2 GVG ist nicht anwendbar.[2] Im Berichtstermin hat der Insolvenzverwalter persönlich über die wirtschaftliche Lage des Schuldners und ihre Ursache zu berichten. Er hat zu erläutern, welchen Umfang die Insolvenzmasse hat, welche Gegenstände er bereits in Besitz genommen hat bzw. in Besitz nehmen wird, welche Verwertungshandlungen er vorzunehmen gedenkt und ob und ggf. wie ein in der Insolvenzmasse befindliches Unternehmen fortzuführen oder stillzulegen ist. Dabei hat er vor allem die Fortführungschancen zu erörtern, ein betriebswirtschaftlich tragfähiges Konzept für eine von ihm beabsichtigte Fortführung vorzulegen und die Möglichkeiten eines Insolvenzplanes darzulegen. Darüber hinaus hat der Insolvenzverwalter über alle für das konkrete Insolvenzverfahren maßgeblichen Besonderheiten zu berichten, die für die Gläubiger von Bedeutung sein können. Er hat auch zu etwa von ihm angestellten Ermittlungen im Ausland, Anfechtungsansprüchen und sogar strafrechtlich relevanten Sachverhalten Bericht zu erstatten, wenn dies im Ein- 3.261

---

1 *Wegener* in FrankfurterKomm/InsO⁹, § 156 Rz. 3; *Janssen* in MünchKomm/InsO⁴, § 156 Rz. 10 ff.
2 *Wegener* in FrankfurterKomm/InsO⁹, § 156 Rz. 4.

zelfall der Sache nach angemessen erscheint. Schließlich soll der Insolvenzverwalter eine Prognose zu den Befriedigungsaussichten der Insolvenzgläubiger abgeben.

3.262 Den Gläubigern ist im Rahmen des Berichtstermins die Gelegenheit zu geben, ergänzende Fragen an den Insolvenzverwalter zu stellen. Der Insolvenzverwalter ist verpflichtet, den Gläubigern entsprechende Auskünfte zu erteilen.[1]

3.263 Im Anschluss an den Bericht und die ergänzenden Auskünfte des Insolvenzverwalters fasst die Gläubigerversammlung die verfahrensleitenden Beschlüsse. Die Gläubigerversammlung bestimmt zunächst über die Person des Insolvenzverwalters (§ 57 InsO). Zwar hat der Insolvenzrichter bereits bei Eröffnung des Insolvenzverfahrens eine Person zum Insolvenzverwalter bestellt. Da aber im Insolvenzverfahren Gläubigerautonomie herrscht, steht es den Gläubigern frei, an dessen Stelle eine andere Person zum Insolvenzverwalter zu wählen. Dafür ist allerdings über die Summenmehrheit nach § 76 Abs. 2 InsO hinaus die Mehrheit an Köpfen gem. § 57 InsO erforderlich.

3.264 Des Weiteren beschließt die Gläubigerversammlung im Berichtstermin darüber, ob ein Gläubigerausschuss eingesetzt werden soll oder nicht und bestimmt ggf. dessen Mitglieder (§ 68 InsO). Häufig ist auch über Anträge des Insolvenzverwalters zu befinden, ihm zu gestatten, besonders bedeutsame Rechtshandlungen i.S.v. §§ 160–163 InsO vorzunehmen. Auch die Beschlussfassung darüber, ob das Unternehmen des Insolvenzschuldners fortzuführen, freizugeben oder stillzulegen ist, obliegt der Gläubigerversammlung. Dem Insolvenzverwalter steht dabei lediglich die Möglichkeit offen, der Gläubigerversammlung eine Empfehlung zu geben. Folgt die Gläubigerversammlung seiner Empfehlung nicht, so hat er sich dem Willen der Gläubigerversammlung zu beugen und deren Beschluss Folge zu leisten. Allerdings folgt aus einem Stilllegungsbeschluss nicht unbedingt, dass die Stilllegung sofort und ohne Ausproduktion zu erfolgen hat. Ein solcher Beschluss ist vielmehr als Richtungsweiser der Gläubigerversammlung zu verstehen und gegen eine dauerhafte Betriebsfortführung, übertragende Sanierung und einen Insolvenzplan gerichtet.

3.265 Schließlich entscheidet die Gläubigerversammlung darüber, ob dem Schuldner Unterhalt gem. § 100 InsO aus der Insolvenzmasse gewährt werden soll.

3.266 Liegt im Berichtstermin ein Insolvenzplan vor, so entscheidet die Gläubigerversammlung auch über diesen.

3.267 Der Berichtstermin ist, abgesehen von der Möglichkeit einer Akteneinsicht bei Gericht, die einzige Möglichkeit für die Insolvenzgläubiger, Informationen über den Sachstand des Insolvenzverfahrens zu erlangen. Der Insolvenzverwalter ist nur dem Insolvenzgericht, der Gläubigerversammlung und dem Gläubigerausschuss gegenüber auskunftspflichtig, nicht aber gegenüber einem einzelnen Gläubiger.[2] Sachstandsanfragen einzelner Gläubiger darf der Insolvenzverwalter unbeantwortet lassen.

---

1 *Wegener* in FrankfurterKomm/InsO⁹, § 156 Rz. 13; *Zipperer* in Uhlenbruck¹⁵, § 156 InsO Rz. 14.
2 BGH v. 29.11.1973 – VII ZR 2/73, BGHZ 62, 1 (3).

In der Praxis wird der Berichtstermin häufig mit dem Prüfungstermin (§ 176 InsO) 3.268
verbunden. Es werden dann zunächst der Berichtstermin abgehalten und die eben
genannten Beschlüsse gefasst. Anschließend findet die Forderungsprüfung statt.

IV. Forderungsprüfung

1. Prüfungstermin

Von den Fällen des schriftlichen Verfahrens (§ 5 Abs. 2 InsO) abgesehen findet vor 3.269
dem Insolvenzgericht ein Termin statt, in dem die von Insolvenzgläubigern angemeldeten Forderungen geprüft werden (§ 176 InsO). Der Prüfungstermin soll gem. § 29
Abs. 1 Ziff. 2 InsO so bestimmt werden, dass zwischen dem Ende der Anmeldefrist
und dem Prüfungstermin mindestens eine Woche und höchstens zwei Monate liegen.

Vor dem Prüfungstermin ist die Insolvenztabelle, in die der Insolvenzverwalter die 3.270
angemeldeten Forderungen eingetragen hat, in der Geschäftsstelle des Insolvenzgerichtes niederzulegen, § 175 Abs. 1 InsO. Die Beteiligten des Insolvenzverfahrens haben dann die Möglichkeit, in die Tabelle, die Forderungsanmeldungen und die beigefügten Urkunden Einsicht zu nehmen. Dies verletzt das Steuergeheimnis (§ 30
AO) nicht (Rz. 3.9 ff.).

Der Prüfungstermin ist **nicht öffentlich**. Teilnahmeberechtigt sind das Insolvenzge- 3.271
richt, der Insolvenzverwalter, der Schuldner sowie die Insolvenzgläubiger. Der Insolvenzverwalter muss am Prüfungstermin teilnehmen; ist er nicht anwesend, kann die
Forderungsprüfung nicht durchgeführt werden. Die Forderungsprüfung kann nur
im Prüfungstermin stattfinden; sie gehört zu den höchstpersönlichen Verwaltertätigkeiten. Eine Vertretung des Insolvenzverwalters ist nicht zulässig.[1]

Im Prüfungstermin werden die angemeldeten Forderungen sowohl in materiell- 3.272
rechtlicher als auch in formellrechtlicher Hinsicht geprüft. Die Prüfung erstreckt sich
auch auf den Rang der Forderung, also insbesondere darauf, ob der Forderung der
Rang des § 38 InsO zukommt, oder ob sie nachrangig ist. Soweit eine Forderung unbegründet oder durch den Gläubiger nicht in ausreichender Weise substantiiert dargelegt worden ist, hat der Insolvenzverwalter sie zur Vermeidung seiner eigenen Haftung zu bestreiten. Dies gilt für jedweden Durchsetzbarkeitsmangel, der in Ansehung
einer Forderung besteht. Auch Forderungen, die zur Zeit der Anmeldung bereits verjährt waren, muss der Insolvenzverwalter bestreiten.

Erst nach Ablauf der Anmeldefrist bei dem Insolvenzverwalter eingegangene Anmel- 3.273
dungen können im Prüfungstermin mitgeprüft werden. Dies gilt dann nicht, wenn
der Insolvenzverwalter oder ein Insolvenzgläubiger der Prüfung insoweit widerspricht, § 177 Abs. 1 Satz 2 InsO. Dabei steht es dem Insolvenzverwalter und den
Insolvenzgläubigern frei, der Prüfung aller oder auch nur einzelner nachträglich angemeldeter Forderungen zu widersprechen. Liegt ein entsprechender Widerspruch

---
[1] So zu Recht *Kießner* in FrankfurterKomm/InsO[9], § 176 Rz. 5; *Depré* in HeidelbergerKomm/InsO[10], § 176 Rz. 2.

vor, so hat das Insolvenzgericht einen besonderen Prüfungstermin zu bestimmen, in dem die Prüfung dann erfolgt.

2. Wirkung der Tabellenfeststellung

3.274 **Widerspricht im Prüfungstermin niemand** der Feststellung einer Forderung, so ist der Feststellungsvermerk vom Insolvenzgericht gem. § 178 Abs. 2 Satz 1 InsO in die Insolvenztabelle einzutragen. Handelt es sich bei der festgestellten Forderung um eine Steuerforderung, so sind alle wegen dieser Forderung noch anhängigen Verwaltungsverfahren (Einspruchsverfahren etc.) einzustellen, denn die Tabellenfeststellung wirkt wie ein rechtskräftiges Urteil, § 178 Abs. 3 InsO (Rz. 3.275). Wird eine Steuerforderung, wegen der ein Einspruchsverfahren oder ein Klageverfahren anhängig und durch Insolvenzeröffnung unterbrochen ist, widerspruchslos zur Insolvenztabelle festgestellt, so tritt Erledigung des Einspruchsverfahrens bzw. Finanzrechtsstreits in der Hauptsache ein (§ 138 Abs. 1 FGO). Diese Erledigung beendet aber nicht zugleich die Unterbrechung des finanzgerichtlichen Verfahrens.[1]

3.275 In Bezug auf zur Tabelle festgestellte Steuerforderungen bestand Streit darüber, ob die Feststellung gem. § 178 Abs. 3 InsO wie ein rechtskräftiges Urteil wirkt oder nicht. Die wohl überwiegende Auffassung ging zunächst davon aus, dass die Feststellung einer Steuerforderung zur Insolvenztabelle tatsächlich die Wirkung eines rechtskräftigen Urteils habe.[2] Dies führte in Bezug auf die Abänderungsmöglichkeiten dazu, dass eine Änderung der Tabellenfeststellung nur unter den engen Voraussetzungen einer Wiederaufnahmeklage (§§ 578 ff. ZPO), einer Vollstreckungsgegenklage (§ 767 Abs. 1 ZPO) oder der Arglistklage (§ 826 BGB) erfolgen konnte.

Der BFH hat sich allerdings entgegen dieser Auffassung für eine einschränkende Auslegung von § 178 Abs. 3 InsO dahingehend entschieden, dass der Eintragung zur Insolvenztabelle bei Ansprüchen aus dem Steuerschuldverhältnis dieselbe Wirkung wie der beim Bestreiten vorzunehmenden Feststellung gem. § 185 InsO i.V.m. § 251 Abs. 3 AO zukommt und die Feststellung zur Insolvenztabelle deswegen wie der Feststellungsbescheid selbst unter den Voraussetzungen des § 130 AO geändert werden kann.[3]

---

[1] BFH v. 14.5.2013 – X B 134/12, DStRE 2013, 883; v. 29.8.2018 – XI R 57/17, NZI 2019, 89; v. 27.9.2017 – XI R 9/16, DStRE 2018, 47; v. 21.9.2017 – VIII R 59/14, NZI 2018, 120.

[2] BFH v. 30.6.1997 – V R 59/95, BFH/NV 1998, 42; v. 26.4.1988 – VII R 97/87, BStBl. II 1988, 865 = ZIP 1988, 1266 = BFHE 153, 490; FG Nürnberg v. 29.5.2002 – III 65/1999, EFG 2002, 1274 ff.; *Bartone*, AO-StB 2008, 132 (133); *Beermann* in Hübschmann/Hepp/Spitaler, § 251 AO Rz. 422; *Kramer*, Konkurs und Steuerverfahren, S. 275; *David/Roth/Schütz*, ZInsO 2008, 186 (189); zweifelnd *Waza* in Waza/Uhländer/Schmittmann, Insolvenzen und Steuern[12], Rz. 741.

[3] BFH v. 24.11.2011 – V R 13/11, BStBl. II 2012, 298 = ZIP 2011, 2481; v. 24.11.2011 – V R 20/10, BFH/NV 2012, 711; v. 11.12.2013 – XI R 22/11, MwStR 2014, 244; v. 22.10.2014 – I R 39/13, NZI 2015, 292; v. 5.7.2018 – XI B 18/18, NZI 2018, 858; v. 5.7.2018 – XI B 17/18, NZI 2018, 855.

Praxisrelevant wird die Reichweite der Feststellung der Forderung zur Insolvenztabelle ganz besonders dann, **wenn Dritte betroffen sind**. Dies kann beispielsweise der Fall sein, wenn der (spätere) Insolvenzschuldner einen **Vorsteuererstattungsanspruch** an einen Dritten abgetreten hatte und eine nach Insolvenzeröffnung erforderlich werdende Umsatzsteuerberichtigung (§ 17 UStG) dazu führt, dass der Finanzverwaltung eine Insolvenzforderung zusteht (Rz. 4.327 ff.). Der V. Senat des BFH hat es als ernstlich zweifelhaft angesehen, ob die Eintragung in die Tabelle nach § 178 Abs. 3 InsO eine (rückwirkende) Änderung einer Steuerfestsetzung bewirken könnte und gegenüber Dritten Wirkung erlangt.[1] § 178 Abs. 3 InsO beschränkt die Wirkung nämlich auf den Betrag und den Rang und trifft keine Aussage darüber, ob die Eintragung wie eine Steuerfestsetzung auch Wirkung gegenüber am Insolvenzverfahren nicht Beteiligten haben kann. In Abtretungsfällen ist zu beachten, dass der Zessionar und der Zedent (Insolvenzschuldner) hinsichtlich des Rückzahlungsanspruchs des Finanzamtes nach § 37 Abs. 2 Satz 3 AO i.V.m. § 44 Abs. 1 AO Gesamtschuldner sind, der Zessionar aber am Insolvenzverfahren nicht beteiligt ist, so dass zweifelhaft ist, ob ihm gegenüber Rechtswirkungen aus der Eintragung in die Tabelle abgeleitet werden können.[2]

3.276

Der VII. Senat des BFH[3] hat dem gegenüber entschieden, die Feststellung zur Insolvenztabelle habe grundsätzlich die gleichen Rechtswirkungen wie ein entsprechender Steuerbescheid, denn das Finanzamt sei nach Eröffnung des Insolvenzverfahrens gehindert, einen Steuerbescheid wirksam zu erlassen. Danach stellt die Feststellung der Forderung in der Insolvenztabelle das insolvenzrechtliche Äquivalent zur Steuerfestsetzung durch Verwaltungsakt dar. Bezogen auf die Berichtigung des Vorsteueranspruchs nach § 17 Abs. 1 Satz 3 i.V.m. Abs. 2 Ziff. 3 UStG bedeutet dies, dass die Eintragung der angemeldeten Umsatzsteuer in die Insolvenztabelle die gleiche Wirkung hat, die eine inhaltsgleiche förmliche Berichtigung nach dieser Vorschrift gehabt hätte.

3.277

Aus der Tabellenfeststellung kann der Gläubiger – von den Fällen der Restschuldbefreiung abgesehen – **nach der Aufhebung des Insolvenzverfahrens gegen den Schuldner unbeschränkt vollstrecken**, § 201 Abs. 1 InsO. Der Tabellenauszug bildet die Grundlage für die nachinsolvenzrechtliche Vollstreckung gegen den Schuldner.[4] Die Vollstreckung selbst richtet sich dann wieder nach den Regeln der Abgabenordnung, auch die Verjährung festgestellter Forderungen richtet sich nach der Beendigung des Verfahrens nach den öffentlichen-rechtlichen Vorschriften, bei Steuern insbesondere nach § 228 AO.[5] Die Anmeldung zur Insolvenztabelle unterbricht gem. § 231 Abs. 1 AO die Verjährung. Mit Ablauf des Kalenderjahres, in das die Aufhebung des Insolvenzverfahrens fällt, beginnt die Verjährungsfrist daher gem. § 231

3.278

---

1 BFH v. 13.7.2006 – V B 70/06, BStBl. II 2007, 415 = ZIP 2006, 1779.
2 BFH v. 13.7.2006 – V B 70/06, BStBl. II 2007, 415 = ZIP 2006, 1779.
3 BFH v. 19.8.2008 – VII R 36/07.
4 BFH v. 26.4.1988 – VII R 97/87, BStBl. II 1988, 865 = ZIP 1988, 1266; *Hintzen* in MünchKomm/InsO[4], § 201 Rz. 21.
5 BFH v. 26.4.1988 – VII R 97/87, BStBl. II 1988, 865 = ZIP 1988, 1266; *Hintzen* in MünchKomm/InsO[4], § 201 Rz. 21.

Abs. 3 AO neu zu laufen. War der Anspruch bereits vor Eröffnung des Insolvenzverfahrens durch Steuerbescheid tituliert, tritt an dessen Stelle nunmehr der vollstreckbare Tabellenauszug, nur er allein ist für die weitere Vollstreckung im Rahmen der Nachhaftung maßgeblich.[1]

3.279 Im Falle der **Zusammenveranlagung wirkt die Rechtskraft der Tabellenfeststellung** allerdings nur für und gegen den im Insolvenzverfahren befindlichen Ehegatten. Der andere Ehegatte kann gegen die ihn betreffende Steuerfestsetzung weiterhin das Einspruchsverfahren und ggf. das Klageverfahren betreiben. Auch eine Bescheidänderung nach §§ 164, 172 ff. AO und eine Aufteilung der Steuerschuld sind und bleiben möglich.[2]

Auch das **Veranlagungswahlrecht** bleibt dem nicht insolventen Ehegatten erhalten. Auch wenn seine nachträgliche Wahl der getrennten Veranlagung dazu führt, dass die bei ihm einbehaltene Lohnsteuer zu erstatten ist, während die sich bei dem insolventen anderen Ehegatten nach Anrechnung von Vorauszahlungen ergebende Zahllast nicht mehr beigetrieben werden kann, so ist die Wahl der getrennten Veranlagung nicht bereits aus diesem Grund rechtsmissbräuchlich i.S.d. § 42 AO.[3]

3. Widerspruch gegen angemeldete Forderungen

3.280 Neben dem Insolvenzverwalter ist jeder Insolvenzgläubiger berechtigt, den von den übrigen Insolvenzgläubigern angemeldeten Forderungen zu widersprechen. Ein Insolvenzgläubiger ist auch dann berechtigt, Widerspruch gegen angemeldete Forderungen anderer Insolvenzgläubiger zu erheben, wenn die von ihm selbst angemeldete Forderung bestritten ist, es sei denn, das Nichtbestehen seiner Forderung ist rechtskräftig festgestellt. **Der Widerspruch des Insolvenzverwalters oder eines Insolvenzgläubigers hindert die Feststellung der Forderung zur Tabelle.** Wird der Widerspruch nicht rechtzeitig beseitigt, so wird die Forderung bei der Verteilung der Insolvenzmasse nicht berücksichtigt.

3.281 **Auch der Schuldner ist berechtigt, angemeldeten Forderungen zu widersprechen.** Die Wirkung eines Widerspruchs durch den Insolvenzschuldner unterscheidet sich jedoch erheblich von derjenigen des Widerspruchs des Insolvenzverwalters oder eines Insolvenzgläubigers. Trotz seines Widerspruchs nimmt die Forderung nämlich an der Verteilung teil, wenn nicht zugleich auch der Insolvenzverwalter oder ein Insolvenzgläubiger Widerspruch erhoben habt. Die Wirkung des schuldnerseitigen Widerspruchs zeigt sich erst nach der Aufhebung des Insolvenzverfahrens. Ist der Widerspruch nicht vorher beseitigt worden, kann der Gläubiger nicht aus der Tabelle vollstrecken; der Eintragung in die Insolvenztabelle kommt durch den Widerspruch keine Titelfunktion zu, § 201 Abs. 2 InsO.

---

1 *Hintzen* in MünchKomm/InsO[4], § 201 Rz. 21.
2 Zutr. *Waza* in Waza/Uhländer/Schmittmann, Insolvenzen und Steuern[12], Rz. 742.
3 BFH v. 30.8.2012 – III R 40/10, BFH/NV 2013, 193; vgl. auch BFH v. 15.3.2017 – III R 12/16, DStRE 2018, 2.

Widersprüche gegen die angemeldeten Forderungen können, abgesehen von den Fällen des schriftlichen Verfahrens (§ 5 Abs. 2 InsO), nur mündlich im Termin erhoben werden. Schriftliche Einreichungen vor oder in dem Prüfungstermin sind unbeachtlich.[1] 3.282

Das Insolvenzgericht ist nicht zum Widerspruch berechtigt. 3.283

4. Wirkungen des Schuldnerwiderspruchs

Der Widerspruch des Schuldners hindert nicht die Teilnahme der Forderung an der Verteilung. Er wirkt sich vielmehr lediglich nachinsolvenzlich aus, indem er die Vollstreckung des Gläubigers aus der Tabelleneintragung gem. § 201 Abs. 2 InsO verhindert. Gläubiger sind allerdings nicht daran gehindert, ihre Forderungen gleichwohl weiter gegen den Schuldner zu betreiben, soweit ihm nicht Restschuldbefreiung erteilt worden ist und sie nicht im Rahmen der Verteilung befriedigt worden sind und soweit dem nicht ein Insolvenzplan entgegensteht. Dies gilt auch für den Steuergläubiger. Im Einzelnen ist jedoch zu differenzieren: 3.284

War die Forderung vor Eröffnung des Insolvenzverfahrens noch nicht festgesetzt worden, so kommt ein Feststellungsbescheid nach § 251 Abs. 3 AO gegen den Schuldner nicht in Betracht. Es muss vielmehr das durch die Insolvenzeröffnung analog § 240 ZPO unterbrochene Steuerfestsetzungsverfahren nach Beendigung des Insolvenzverfahrens durch Erlass eines Steuerbescheids abgeschlossen werden.[2] Sofern bei Beendigung des Insolvenzverfahrens die allgemeine Festsetzungsfrist gem. §§ 169 ff. AO bereits abgelaufen ist, greift die Ablaufhemmung des § 171 Abs. 13 AO. Das Finanzamt kann den Steuerbescheid somit innerhalb von drei Monaten nach Verfahrensbeendigung erlassen, wenn die Forderung vor Ablauf der Festsetzungsfrist zur Tabelle angemeldet worden war. 3.285

War vor der Eröffnung des Insolvenzverfahrens ein Steuerbescheid zwar bereits an den Schuldner bekannt gegeben, im Zeitpunkt der Eröffnung des Insolvenzverfahrens aber noch keine Bestandskraft eingetreten, kann das Finanzamt ebenfalls einen Feststellungsbescheid nach § 251 Abs. 3 AO gegen den Schuldner erlassen, wenn er der zur Tabelle angemeldeten Forderung widersprochen hat. Der Schuldner kann gegen den Feststellungsbescheid mit dem Einspruch und nötigenfalls mit der Klage zum FG vorgehen. Hat sein Vorgehen gegen den Feststellungsbescheid Erfolg, verhindert dies jedoch nur, dass der Finanzverwaltung aus der Insolvenztabelle ein vollstreckbarer Titel (§ 201 Abs. 2 InsO) erwächst. Der Schuldner muss allerdings zusätzlich den Steuerbescheid beseitigen, um zu verhindern, dass dieser bestandskräftig wird. Die Finanzverwaltung ist nämlich nicht gezwungen, von sich aus den Steuerbescheid aufzuheben, wenn der Schuldner Erfolg gegen den Feststellungsbescheid hatte. Solange das Insolvenzverfahren andauert, kann die Bestandskraft des Steuer- 3.286

---

1 *Depré* in HeidelbergerKomm/InsO[10], § 176 Rz. 7; *Kießner* in FrankfurterKomm/InsO[9], § 176 Rz. 12; a.A. *Becker* in Nerlich/Römermann, § 176 InsO Rz. 22.
2 *Schüppen/Schlösser* in MünchKomm/InsO[4], Insolvenzsteuerrecht, Rz. 52; *Frotscher*, Besteuerung bei Insolvenz[8], S. 274 f.

bescheids nicht eintreten, weil die Rechtsbehelfsfristen analog § 240 ZPO unterbrochen sind.[1] Solange das Insolvenzverfahren nicht beendet ist, kann der Schuldner gegen den Steuerbescheid nicht Einspruch einlegen oder Klage erheben;[2] insoweit liegt die Antragsberechtigung ausschließlich beim Insolvenzverwalter bzw. einem bestreitenden Gläubiger (Rz. 3.298).

Die Unterbrechung endet jedoch mit der Beendigung des Insolvenzverfahrens; es beginnt eine neue, volle Rechtsbehelfsfrist zu laufen (§ 249 Abs. 1 ZPO analog). Versäumt der Schuldner die Erhebung des Einspruchs, wird der Bescheid bestandskräftig; die Finanzverwaltung kann aus ihm in das insolvenzfreie Schuldnervermögen vollstrecken. Dem Schuldner ist es während des Insolvenzverfahrens unbenommen, Rücknahme (§ 130 AO) oder Aufhebung des Bescheids (§ 172 AO) zu beantragen.

3.287 Wenn ein Steuerbescheid vor Insolvenzeröffnung bereits erlassen war, der Schuldner dagegen aber Einspruch eingelegt oder Klage erhoben hatte, so ist das Einspruchs- oder Gerichtsverfahren nach § 240 ZPO durch die Insolvenzeröffnung unterbrochen. Ein Einspruchsverfahren ist einzustellen, wenn im Prüfungstermin niemand – auch nicht der Schuldner – der Forderungsfeststellung widerspricht, denn dann ist die Tabellenfeststellung neue Vollstreckungsgrundlage. Ein anhängiges Finanzgerichtsverfahren ist dann in der Hauptsache erledigt.

Hat der Schuldner hingegen widersprochen, kann das Finanzamt den durch die Eröffnung des Insolvenzverfahrens unterbrochenen Rechtsstreit nach § 184 Abs. 1 Satz 2 InsO gegenüber dem widersprechenden Schuldner aufnehmen.[3] Der Insolvenzverwalter ist zur Aufnahme eines solchen Rechtsstreits nicht berechtigt; insoweit müssten die Voraussetzungen von § 86 InsO vorliegen, was regelmäßig nicht der Fall sein dürfte. Der Schuldner ist zur Aufnahme auch nicht berechtigt. Nimmt hingegen das Finanzamt nach § 184 Abs. 1 Satz 2 InsO den Rechtsstreit auf, so ist anders als im ersten Rechtsgang Streitgegenstand nunmehr die Beseitigung des Widerspruchs durch Feststellung der im Prüfungstermin geltend gemachten Forderung zur Tabelle. Das ursprüngliche Anfechtungsverfahren hat sich in ein Insolvenzfeststellungsverfahren gewandelt, wodurch sich auch die Parteirollen der Beteiligten geändert haben. Nicht der Schuldner, sondern das Finanzamt tritt als Klagepartei des von ihm erhobenen Feststellungsantrags auf.[4] Vom Schuldner wird nicht mehr das Anfechtungsverfahren gegen den Haftungsbescheid betrieben, sondern sein Widerspruch soll mit dem Ziel der Feststellung der bestrittenen Forderung zur Tabelle beseitigt werden. Das für die Zulässigkeit der Feststellungsklage erforderliche Feststellungsinteresse ist gegeben, und zwar auch dann, wenn der Schuldner Restschuldbefreiung beantragt

---

1 So ist wohl auch BFH v. 3.5.1978 – II R 148/75, BStBl. II 1978, 472 zu verstehen; ebenso *Uhländer* in Waza/Uhländer/Schmittmann, Insolvenzen und Steuern[12], Rz. 561.
2 *Mock* in Uhlenbruck[15], § 87 InsO Rz. 36.
3 BFH v. 13.11.2007 – VII R 61/06, BStBl. II 2008, 790 = ZIP 2008, 1745; v. 7.3.2006 – VII R 11/05, BFHE 212, 11 = BStBl. II 2006, 573 = ZIP 2006, 968; v. 27.9.2017 – XI R 9/16, DStRE 2018, 47.
4 BFH v. 13.11.2007 – VII R 61/06, BStBl. II 2008, 790 = ZIP 2008, 1745; FG Köln v. 10.8.2017 – 13 K 1849/13, juris.

hat¹ und davon auszugehen ist, dass ihm diese gewährt werden wird. Das Finanzamt kann nicht statt der Aufnahme des Rechtsstreits einen Feststellungsbescheid nach § 251 Abs. 3 AO erlassen; insoweit ist § 184 Abs. 1 Satz 2 InsO vorrangig. Ein Feststellungsbescheid ist rechtswidrig, wenn wegen der Forderung ein Rechtsstreit anhängig und unterbrochen ist, den die Finanzverwaltung aufnehmen könnte. Ein solcher rechtswidriger Feststellungsbescheid kann mit dem Einspruch und nötigenfalls der Klage zum FG angefochten werden.

Entgegen einer älteren BFH-Entscheidung² muss allerdings auch die Befugnis des Schuldners angenommen werden, ein solches Einspruchs- oder Gerichtsverfahren nach der Aufhebung des Insolvenzverfahrens aufzunehmen, wenn das Finanzamt nicht nach § 184 Abs. 1 InsO noch während des Insolvenzverfahrens gegen den Schuldner vorgegangen ist.³ Der BFH hatte damals angenommen, dem Schuldner fehle für die Aufnahme das Rechtsschutzbedürfnis. Habe er nämlich der Feststellung zur Tabelle widersprochen, dann habe die Fortsetzung des Verfahrens für ihn kein Interesse mehr, denn die mit der Feststellung der Forderung für das Insolvenzverfahren verbundenen Wirkungen könnten mit der Verfolgung des anhängigen Gerichtsverfahrens ohnehin nicht mehr beseitigt werden. Habe der Schuldner dagegen seine Bestreitungsbefugnis nicht ausgeübt, so könne er zwar an der Fortsetzung des finanzgerichtlichen Verfahrens ein Interesse haben, um durch eine erfolgreiche Abwehr des gegen ihn geltend gemachten Steueranspruchs der Möglichkeit einer Vollstreckung aus der Tabelle nach Aufhebung des Insolvenzverfahrens zu begegnen. Einer Aufnahme durch ihn fehle jedoch auch in diesem Fall das Rechtsschutzbedürfnis, weil er den denkbaren Erfolg eines solchen Verfahrens (nämlich Vermeidung einer Vollstreckung der Steuerforderung nach Beendigung des Insolvenzverfahrens) auf einfachere Weise durch Ausübung der Bestreitungsbefugnis (notfalls im Wege der Nachholung nach § 186 InsO) erreichen kann. Diese Überlegungen berücksichtigen indessen die Vollstreckungssystematik nach Aufhebung des Insolvenzverfahrens nicht umfassend. Hat der Schuldner der Feststellung widersprochen und will er ein wegen der angemeldeten Steuerforderung vorinsolvenzlich anhängiges Einspruchs- oder Gerichtsverfahren aufnehmen, so geht es ihm nicht darum, *die mit der Feststellung der Forderung für das Insolvenzverfahren verbundenen Wirkungen* (wie Stimmrechte, Teilnahme an der Verteilung etc.) zu beseitigen. Dafür würde in der Tat das Rechtsschutzbedürfnis fehlen, weil die Verteilung der Masse der Autonomie der Gläubiger unterliegt und es nicht Sache des Schuldners ist, darüber zu befinden, welcher Gläubiger in welcher Weise am Insolvenzverfahren teilnimmt. Ihm geht es aber um etwas ganz Anderes: Er will die **Bestandskraft eines Bescheids verhindern**, der in sein nachinsolvenzliches, also nicht mehr den Gläubigern als Haftungssubstrat zugewiesenes Vermögen vollstreckt werden könnte. Sein Widerspruch gegen die Tabellenfeststellung hindert nämlich nur die Vollstreckung aus der Tabelleneintragung, nicht aber, dass ein zuvor ergangener Steuerbescheid nach der Aufhebung des Insol-

3.288

---
1 BFH v. 13.11.2007 – VII R 61/06, BStBl. II 2008, 790 = ZIP 2008, 1745; v. 27.9.2017 – XI R 9/16, DStRE 2018, 47.
2 BFH v. 17.11.1977 – IV R 131–134/77, BStBl. II 1978, 165.
3 Zu diesem Ergebnis gelangt man jetzt auch mit BFH v. 20.11.2019 – XI R 51/17; ebenso *Waza* in Waza/Uhländer/Schmittmann, Insolvenzen und Steuern¹², Rz. 745.

venzverfahrens bestandskräftig wird und hieraus vollstreckt werden kann. Hat der Schuldner der Feststellung zur Tabelle allerdings nicht widersprochen, so kommt eine Aufnahme des bei Insolvenzeröffnung in Ansehung des Steuerbescheids anhängigen Einspruchs- oder Gerichtsverfahrens deswegen nicht mehr in Betracht, weil der Steuerbescheid dann durch die Tabellenfeststellung aufgezehrt worden ist[1] und eine Vollstreckung nicht mehr aus dem Steuerbescheid erfolgen kann, sondern aus der Tabellenfeststellung. Gegen die Tabellenfeststellung bleibt in der Tat nur die Möglichkeit der Wiedereinsetzung in den vorigen Stand nach § 186 InsO. Das Bestreiten der Forderungsfeststellung ist somit keine „einfachere Weise" zur Erreichung des Schutzes vor Vollstreckung, sondern es ist der einzig taugliche Weg.

3.289 Soweit die Finanzbehörde bereits vor der Eröffnung des Insolvenzverfahrens einen Steuerbescheid erlassen hatte, der bestandskräftig geworden war, kann sie nach Aufhebung des Insolvenzverfahrens aus ihm trotz des Schuldnerwiderspruchs gegen die Tabellenanmeldung gegen den Schuldner vollstrecken. Dem Schuldner bleiben hiergegen nur die Möglichkeiten einer Wiedereinsetzung (§ 110 AO, § 56 FGO) oder des Änderungsantrages (§§ 172 ff. AO). Ein Feststellungsbescheid nach § 251 Abs. 3 AO kommt nicht in Betracht, da die Forderung bereits bestandskräftig beschieden ist. Ein solcher wäre rechtswidrig. Hinsichtlich der Zahlungsverjährung ist § 231 Abs. 1 AO zu beachten. Danach tritt durch die Anmeldung der Forderung zur Insolvenztabelle Unterbrechung der Verjährung ein. Die Unterbrechung endet gem. § 231 Abs. 2 AO mit der Beendigung des Insolvenzverfahrens. Gemäß § 231 Abs. 3 AO beginnt mit Ablauf des Kalenderjahres, in dem das Insolvenzverfahren beendet wurde, eine neue Verjährungsfrist zu laufen. Diese beträgt gem. § 228 AO fünf Jahre.

5. Wirkungen des Widerspruchs eines Insolvenzgläubigers oder des Insolvenzverwalters

a) Fallsituationen

3.290 Hat der Insolvenzverwalter oder ein Insolvenzgläubiger eine zur Tabelle angemeldete Forderung bestritten, so kann grundsätzlich der Gläubiger gem. § 179 Abs. 1 InsO die Feststellung betreiben, sofern er **noch nicht im Besitz eines vollstreckbaren Schuldtitels** oder eines Endurteiles ist. Auch ein „vorläufiges Bestreiten" des Insolvenzverwalters erfüllt die Voraussetzung des Bestrittenseins i.S.v. § 179 Abs. 1 InsO.[2]

Liegt bereits ein **vollstreckbarer Schuldtitel oder ein Endurteil** über die angemeldete Forderung vor, so obliegt es im Grundsatz gem. § 179 Abs. 2 InsO dem Bestreitenden, den Widerspruch zu verfolgen.

---

1 RG v. 21.6.1918 – VII 140/18, RGZ 93, 209 (213); v. 8.1.1926 – II 282/25, RGZ 112, 297 (300); v. 16.3.1931 – VIII 545/30, RGZ 132, 113 (115).
2 BGH v. 9.2.2006 – IX ZB 160/04, ZIP 2006, 576 = NZI 2006, 295 (295); OLG Düsseldorf v. 28.6.2018 – 5 U 92/17, BeckRS 2018, 28408; *Kießner* in FrankfurterKomm/InsO[9], § 179 Rz. 10.

b) Widerspruch gegen nicht titulierte Forderungen

Liegt über eine im Prüfungstermin vom Insolvenzverwalter oder einem Insolvenzgläubiger bestrittene Forderung **kein vollstreckbarer Titel** (also insbesondere keine durch Bescheid festgesetzte Steuerforderung) vor, so obliegt es dem Gläubiger, die Feststellung der Forderung zu betreiben. Das „Betreiben der Feststellung" i.S.v. § 179 Abs. 1 InsO erfolgt im Allgemeinen gem. § 180 Abs. 1 Satz 1 InsO im Wege der Klage auf Feststellung der Forderung gegen denjenigen, der den Widerspruch erhoben hat. Haben mehrere Beteiligte der angemeldeten Forderung widersprochen, so muss der Gläubiger den Widerspruch aller Bestreitenden beseitigen und dafür notfalls alle Beteiligten verklagen.[1] Alle Bestreitenden sind wegen der Rechtskrafterstreckung gem. § 183 InsO notwendige Streitgenossen i.S.v. § 62 Abs. 1 Alt. 1 ZPO.[2] Dies gilt aber nicht für Steuerforderungen.

3.291

Der Finanzbehörde steht mit dem **Feststellungsbescheid nach § 251 Abs. 3 AO** jedoch ein **besonderes Instrument** zur Verfügung, **das die Klageerhebung bei Steuerforderungen ersetzt**.[3] § 185 Satz 1 InsO lässt die Feststellung durch die Finanzbehörde anstelle der Klageerhebung nach § 180 Abs. 1 InsO ausdrücklich zu. Der Feststellungsbescheid ist mangels Festsetzung einer Steuer kein Steuerbescheid i.S.v. § 155 AO, sondern ein **sonstiger Verwaltungsakt**.[4] Richtiger Adressat ist derjenige, dessen Widerspruch beseitigt werden soll.

3.292

Der Feststellungsbescheid hat sich **inhaltlich** an den Erfordernissen eines Feststellungsurteils zu orientieren.[5] Deshalb gleicht er in Bezug auf Form und Inhalt im Wesentlichen einer Einspruchsentscheidung, denn er ist verwaltungsverfahrensrechtliches Gegenstück des zivilrechtlichen Feststellungsurteils nach § 180 Abs. 1 InsO.[6]

Der **Tenor des Feststellungsbescheides** hat dahingehend zu lauten, dass durch den Bescheid festgestellt werde, ob und in welchem Betrag eine konkret zu bezeichnende Abgabenforderung besteht. Der Feststellungsbescheid muss insbesondere gem. § 119 AO inhaltlich hinreichend bestimmt sein und gem. § 121 AO ausreichend begründet sein. Sind diese Voraussetzungen nicht erfüllt, kann er gem. § 125 AO nichtig sein. Die hier anzuwendenden Maßstäbe haben zu berücksichtigen, dass den am insolvenzrechtlichen Feststellungsverfahren Beteiligten Gläubigern und auch dem Insolvenzverwalter oft nicht die gleichen Sachverhaltskenntnisse zur Verfügung stehen, wie einem Steuerschuldner im Übrigen. Aus diesem Grund ist für einen Feststellungsbescheid zu verlangen, dass die Behörde nicht etwa nur Veranlagungszeitraum und Steuerart genau bezeichnet, sondern dass sie auch eine Berechnung der Steuer vornimmt. **Zu berücksichtigen ist, dass die widersprechenden Gläubiger und ein**

---

1 *Kießner* in FrankfurterKomm/InsO⁹, § 179 Rz. 12.
2 *Kießner* in FrankfurterKomm/InsO⁹, § 179 Rz. 12.
3 *Fritsch* in Koenig³, § 251 AO Rz. 51; BMF v. 17.12.1998 – IV A 4 - S 0550 – 28/98, BStBl. I 1998, 1500 (1502) Rz. 6; OFD Magdeburg v. 28.11.2003 – S 0550 - 419 – St 252, AO-Kartei § 251 Karte 1; BFH v. 26.11.1987 – V R 133/81, BStBl. II 1988, 199.
4 *Bartone*, AO-StB 2008, 132 (134).
5 RFH v. 4.7.1939 – V A 1014/29, RFHE 27, 40 (40); *Loose* in Tipke/Kruse, § 251 AO Rz. 69; *Fritsch* in Koenig³, § 251 AO Rz. 54.
6 Zutreffend *Waza* in Waza/Uhländer/Schmittmann, Insolvenzen und Steuern¹², Rz. 752.

widersprechender Insolvenzverwalter allein auf Grundlage der Begründung des Feststellungsbescheides in der Lage sein müssen, zu beurteilen, ob ein nötigenfalls gerichtliches Vorgehen gegen den Bescheid aussichtsreich ist oder nicht. Aus Gründen des Rechtsstaatsprinzips und Wahrung effektiver Rechtsschutzmöglichkeiten darf die Behörde mit ihrem im Verhältnis zu Gläubigern und möglicherweise auch dem Insolvenzverwalter überlegenen Wissen nicht in der Weise „taktieren", dass sie wesentliche Tatsachen, deren Kenntnis zur Begründung der festgestellten Forderungen erforderlich ist, im Stadium des Erlasses des Feststellungsbescheides verschweigt – und sie erst später den Finanzgerichtsprozess vorbringt. Deswegen muss ein Feststellungsbescheid, der für einen Dritten nicht aus sich heraus auch der Höhe nach nachvollziehbar ist, als nicht ausreichend begründet angesehen werden. Dies gilt insbesondere für Schätzungsfälle (§ 162 AO).

Der Feststellungsbescheid hat auch festzustellen, dass Wiedereinsetzungsgründe fehlen und die Voraussetzungen der Berichtigungsvorschriften der Abgabenordnung nicht vorliegen.[1]

Neben der abgabenrechtlich erforderlichen Begründung des Feststellungsbescheides sind auch die durch die zivilgerichtliche Rechtsprechung aufgestellten Anforderungen an die Begründung der insolvenzrechtlichen Tabellenanmeldung zu berücksichtigen. Regelmäßig enthält eine Forderungsanmeldung des Finanzamtes keine über die zugrundeliegenden Steuerbescheide (oder Berechnungsmitteilungen) hinausgehenden Begründungen oder Erläuterungen des angemeldeten Steueranspruchs. Solche Anmeldungen genügen regelmäßig nicht mehr den durch die zivilgerichtliche Rechtsprechung an eine ordnungsgemäße Tabellenanmeldung gestellten Anforderungen (**s. dazu ausführlich oben** Rz. 3.255). Genügt bereits die Tabellenanmeldung nicht den durch die Zivilgerichte bestimmten insolvenzrechtlichen Anforderungen an eine ordnungsgemäße Tabellenanmeldung, so ist ein Feststellungsbescheid, durch den eine dieser Art angemeldete Forderung festgestellt werden soll, in Ermangelung einer ordnungsgemäßen Forderungsanmeldung offensichtlich rechtswidrig.

Keinesfalls darf ein Feststellungsbescheid ein Leistungsgebot enthalten. Solches ist insbesondere dann der Fall, wenn im Zeitpunkt der Insolvenzeröffnung bereits ein Steuerbescheid gegen den Insolvenzschuldner ergangen war, gegen den der Insolvenzschuldner vor Insolvenzeröffnung Einspruch eingelegt hatte und das Finanzamt zur Überwindung der **Unterbrechungswirkung des § 240 ZPO** die Forderung aus dem Steuerbescheid durch Feststellungsbescheid gem. § 251 Abs. 3 AO feststellt. Tenoriert das Finanzamt einen solchen Bescheid dahingehend, dass der **Einspruch zurückgewiesen** werde, ist der Bescheid gleich **unter zwei erheblichen Gesichtspunkten rechtswidrig**: Erstens ist und bleibt das Einspruchsverfahren so lange unterbrochen, bis es sich entweder durch Feststellung der Forderung zur Insolvenztabelle erledigt oder nach Aufhebung des Insolvenzverfahrens fortgeführt wird. Eine während der Unterbrechung ergehende Entscheidung in dem unterbrochenen Einspruchsverfahren ist unwirksam. Zweitens aktualisiert die Finanzbehörde durch die Zurückwei-

---

[1] *Waza* in Waza/Uhländer/Schmittmann, Insolvenzen und Steuern[12], Rz. 761.

sung des Einspruchs auch das Leistungsgebot aus dem Steuerbescheid, was gegen § 89 InsO verstößt. § 89 InsO wird zu Recht dem Insolvenzverfahren dahingehend verstanden, dass er Festsetzungen von Insolvenzforderungen durch Bescheid verbietet.

Die angemeldete und die festgestellte Forderung müssen hinsichtlich Rang (§§ 38, 39 InsO), Steuerschuld, Steuerart und steuerbaren Tatbeständen identisch sein (§ 181 InsO).[1] Der festgestellte Anspruch aus dem Steuerschuldverhältnis kann nicht gegen einen anderen ausgetauscht werden.[2] Die Forderungsidentität ist daher im Feststellungsbescheid kenntlich zu machen.[3]

Der Erlass eines Feststellungsbescheides steht **nicht im Ermessen der Finanzbehörde**. Er ist auch dann zu erlassen, wenn es ungewiss oder unwahrscheinlich ist, dass eine Quote auf die Steuerforderung entfällt.[4] Lediglich in Ausnahmefällen kann gem. § 156 Abs. 2 AO vom Erlass eines Feststellungsbescheids abgesehen werden, wenn die Kosten der Einziehung einschließlich der Festsetzung außer Verhältnis zu dem Betrag stehen, den die Finanzverwaltung auf Grund der Anmeldung zur Insolvenztabelle zu erwarten hat. Eine Aussetzung der Vollziehung (§ 361 AO; § 69 FGO) ist mangels Vollziehbarkeit nicht möglich.[5]

Durch den Feststellungsbescheid wird der zur Tabelle angemeldete Betrag dem Grund, der Höhe und dem Rang nach mit Wirkung gegenüber allen Adressaten entsprechend § 183 Abs. 1 InsO festgestellt (§ 185 Satz 2 InsO). Die Verweisung in § 185 Satz 2 InsO auf § 183 Abs. 1 InsO, der einer *rechtskräftigen Entscheidung* die Feststellungswirkung zuschreibt, ist insoweit missglückt, als der **Feststellungsbescheid der Behörde freilich nicht einer rechtskräftigen Entscheidung gleichgesetzt** werden darf.

Gegen den Feststellungsbescheid stehen den Adressaten **Einspruch**[6] (§ 347 Abs. 1 Satz 1 Ziff. 1 AO) **und notfalls Klage zum FG** offen.[7]

Erst nach Eintritt der Bestandskraft des Feststellungsbescheides kommt ihm die Wirkung einer rechtskräftigen Entscheidung i.S.v. § 183 Abs. 1 InsO zu. Der Feststellungsbescheid ist rechtswidrig, wenn auch nur eine einzige getroffene Feststellung fehlerhaft ist. Insbesondere ist der Feststellungsbescheid rechtswidrig, wenn keine vollständige Identität der angemeldeten, im Prüfungstermin geprüften Forderung mit der festgestellten Forderung besteht, es an einer vorangehenden Anmeldung zur Insolvenztabelle oder an einem Widerspruch im Prüfungstermin fehlt, der materiell-

---

1 *Fritsch* in Koenig[3], § 251 AO Rz. 51.
2 BFH v. 26.2.1987 – V R 114/79, BStBl. II 1987, 471.
3 BFH v. 17.5.1984 – V R 80/77, BStBl. II 1984, 545 = ZIP 1984, 1004; *Fritsch* in Koenig[3], § 251 AO Rz. 51.
4 *Fritsch* in Koenig[3], § 251 AO Rz. 53; *Frotscher*, Besteuerung bei Insolvenz[8], S. 254, 255; BFH v. 30.11.2004 – VII R 78/03, ZIP 2005, 954 = BFH/NV 2005, 1095.
5 *Fritsch* in Koenig[3], § 251 AO Rz. 55; *Loose* in Tipke/Kruse, § 251 AO Rz. 69.
6 BFH v. 19.3.2013 – II R 17/11, NZI 2013, 706;
7 *Bartone*, AO-StB 2008, 132 (134); BFH v. 30.11.2004 – VII R 78/03, ZIP 2005, 954 = BFH/NV 2005, 1095.

rechtliche Anspruch dem Grund oder der Höhe nach nicht gegeben ist oder ein unzutreffender Rang (§§ 38, 39 InsO) festgestellt wird.

Nachrangige Forderungen nach § 39 InsO dürfen nur dann durch Feststellungsbescheid festgestellt werden, wenn das Insolvenzgericht gem. § 174 Abs. 3 InsO gesondert zur Anmeldung nachrangiger Forderungen aufgefordert hat. Fehlt es an einer solchen Aufforderung, so ist ein Feststellungsbescheid selbst dann rechtswidrig, wenn die Finanzbehörde in ihm den Nachrang angibt, denn eine nachrangige Forderung kann bis zur Aufforderung nach § 174 Abs. 3 InsO nicht in die Tabelle eingetragen werden.

3.294 Ist der **Feststellungsbescheid bestandskräftig geworden, so ist er nur nach §§ 130, 131 AO abänderbar**,[1] und dies auch nur, bis auf Grund des Feststellungsbescheids nicht die Feststellung der Forderung zur Insolvenztabelle erfolgt ist. Nach der Feststellung zur Tabelle liegt gem. § 178 Abs. 3 InsO ein nicht mehr nach §§ 130, 131 AO änderbarer Titel vor (Rz. 3.275).

3.295 Nach Eintritt der Bestandskraft obliegt es gem. § 183 Abs. 2 InsO der Finanzbehörde, beim Insolvenzgericht die **Berichtigung der Insolvenztabelle** zu beantragen. Da die Zuständigkeit für die Tabellenführung nach dem Prüfungstermin in Ansehung bereits geprüfter Forderungen vom Insolvenzverwalter auf das Insolvenzgericht übergeht,[2] gehen Aufforderungen oder Anträge auf Abänderung des Prüfungsvermerkes, die beim Insolvenzverwalter eingehen, ins Leere und sind schlicht unbeachtlich. Die Berichtigung ist unbedingt erforderlich, weil die Tabelleneintragung Grundlage des Verteilungsverzeichnisses ist und ein Gläubiger nur insoweit bei der Verteilung berücksichtigt werden kann, wie er mit einer festgestellten Forderung in der Insolvenztabelle steht.

Da dem Feststellungsbescheid gem. § 251 Abs. 3 AO die Vollziehbarkeit fehlt, ist ein Aussetzungsantrag gem. § 361 AO, § 69 FGO oder ein auf einstweilige Anordnung gerichtetes Begehren mangels Rechtsschutzinteresse unzulässig.[3]

3.296 War zur Zeit der Eröffnung des Insolvenzverfahrens zwischen dem Schuldner und dem Gläubiger ein durch die Eröffnung gem. § 240 ZPO **unterbrochener Rechtsstreit** anhängig, so ist in Ansehung einer Steuerforderung auch ein Bescheid im Raum, der einen Titel darstellt, so dass die nachfolgenden Ausführungen gelten.

---

1 BFH v. 24.11.2011 – V R 13/11, BStBl. II 2012, 298 = ZIP 2011, 2481; v. 5.7.2018 – XI B 18/18, NZI 2018, 858; FG Berlin-Bdb. v. 26.6.2019 – 7 K 7088/12, juris; *Waza* in Waza/Uhländer/Schmittmann, Insolvenzen und Steuern[12], Rz. 755; *Fritsch* in Koenig[3], § 251 AO Rz. 54; *Loose* in Tipke/Kruse, § 251 AO Rz. 68; FG BW v. 2.4.1993 – 9 K 403/91, EFG 1993, 763.
2 *Kießner* in FrankfurterKomm/InsO[9], § 183 Rz. 5.
3 *Waza* in Waza/Uhländer/Schmittmann, Insolvenzen und Steuern[12], Rz. 757.

c) Widerspruch gegen titulierte Forderungen
aa) Grundsituation

Liegt für eine angemeldete und im Prüfungstermin durch den Insolvenzverwalter oder einen Gläubiger bestrittene Forderung eines Gläubigers bereits ein **vollstreckbarer Schuldtitel oder ein Endurteil vor, so obliegt es gem. § 179 Abs. 2 InsO dem Bestreitenden, den Widerspruch zu verfolgen.**

3.297

Als **vollstreckbarer Schuldtitel** in diesem Sinne ist auch ein **Steuerbescheid** anzusehen,[1] da Rechtsbehelfe gegen Steuerbescheide grundsätzlich ihre Durchsetzung nicht hindern. Die Verfolgung des Widerspruchs erfordert die Beseitigung des Titels oder zumindest eine durchgreifende Einwendung gegen den Rang der Forderung als Insolvenzforderung im angemeldeten Rang.

Dafür stehen dem Bestreitenden alle rechtlichen Möglichkeiten zur Verfügung, die der Schuldner *in diesem Verfahrensstadium* im Zeitpunkt der Anordnung der starken vorläufigen Insolvenzverwaltung oder Eröffnung des Insolvenzverfahrens noch hätte ergreifen können.[2]

Problematisch ist, dass das insolvenzrechtliche Forderungsanmeldungsverfahren und das sich anschließende Tabellenprüfungsverfahren von der Rollenverteilung hier auf zivilrechtliche Forderungen zugeschnitten sind. Die Regelungen passen deswegen unmittelbar nur auf solche Forderungen, bei denen der Gläubiger notfalls in einem gerichtlichen Verfahren in die Klägerrolle einrücken muss, um sich einen Vollstreckungstitel zu verschaffen. Für den umgekehrten Fall, der in Bezug auf Steuerforderungen vorliegt, passen die Vorschriften nicht unmittelbar und verursachen somit erhebliche Schwierigkeiten.

bb) Vorinsolvenzlicher Steuerbescheid in offener Rechtsbehelfsfrist

Ist vor der Eröffnung des Insolvenzverfahrens ein Steuerbescheid ergangen, gegen den im Zeitpunkt der Eröffnung bzw. der Anordnung einer starken vorläufigen Insolvenzverwaltung **noch Rechtsbehelfe fristgemäß eingelegt werden konnten** (aber noch nicht eingelegt waren; zu dem Fall, dass Rechtsbehelfe bereits eingelegt waren s. sogleich unten), **so müsste man dem Wortlaut des § 179 Abs. 2 InsO folgend davon ausgehen, dass es dem Bestreitenden obliegt, seinen Widerspruch zu verfolgen.**

3.298

Dementsprechend wird zutreffend überwiegend angenommen, dass der Widersprechende den Rechtsbehelf einlegen kann, den der Insolvenzschuldner im Zeitpunkt

---
1 BFH v. 23.2.2010 – VII R 48/07, BStBl. II 2010, 562 = ZIP 2010, 844 m. Anm. *Kahlert*; FG Hamburg v. 4.2.2015 – 2 K 11/14, juris; *Bartone*, AO-StB 2008, 132 (133); *Waza* in Waza/Uhländer/Schmittmann, Insolvenzen und Steuern[12], Rz. 748; *Braun/Uhlenbruck*, Unternehmensinsolvenz, S. 140; BFH v. 26.9.2006 – X S 4/06, BStBl. II 2007, 55 = ZIP 2006, 2284; OLG Karlsruhe v. 12.5.1997 – 1 W 19/97, OLGR Karlsruhe 1997, 26; *Kilger/K. Schmidt*[16], § 146 KO Anm. 3; *Becker* in Nerlich/Römermann, § 179 InsO Rz. 25, § 185 InsO Rz. 17; *Smid*[2], § 185 InsO Rz. 4.
2 *Schumacher* in MünchKomm/InsO[4], § 185 Rz. 12.

der Anordnung der vorläufigen starken Verwaltung bzw. der Eröffnung des Insolvenzverfahrens noch hätte einlegen können. Dies wird zu Recht damit begründet, dass die Frist für die Einlegung des Rechtsbehelfs analog § 240 ZPO unterbrochen wird[1] weil die Unterbrechung sich auf das Besteuerungsverfahren insgesamt bezieht[2]

Der Insolvenzverwalter oder ein bestreitender Gläubiger kann also, um seinen Widerspruch zu verfolgen, Einspruch gegen einen Steuerbescheid einlegen, wenn dieser vor Insolvenzeröffnung ergangen war und die Einspruchsfrist im Zeitpunkt der Insolvenzeröffnung bzw. Anordnung der starken vorläufigen Insolvenzverwaltung noch nicht abgelaufen war bzw. Klage zum FG erheben, wenn bereits eine Einspruchsentscheidung vor Insolvenzeröffnung ergangen war und im Zeitpunkt der Eröffnung bzw. der Anordnung der starken vorläufigen Insolvenzverwaltung die Klagefrist noch nicht abgelaufen war. In diesem Einspruchs- oder Klageverfahren können alle **Einwendungen** geltend gemacht werden, die einer Feststellung der Forderung zur Insolvenztabelle entgegenstehen könnten, also insbesondere solche gegen den Grund der angemeldeten Forderung, ihre Höhe oder ihre Durchsetzbarkeit (z.B. Verjährung). Der Insolvenzverwalter kann den Widerspruch außerdem auf die **Insolvenzanfechtung** stützen (§§ 129 ff. InsO). Der bestreitende Gläubiger kann dies nur dann, wenn sich der Verwalter zuvor mindestens außergerichtlich auf die Anfechtung berufen hat. Außerdem kann als Einwendung auch geltend gemacht werden, die angemeldete Forderung sei nicht als Insolvenzforderung zu verfolgen, sondern außerhalb des Insolvenzverfahrens oder als Masseverbindlichkeit oder sie sei **nachrangig** (§§ 39, 327 InsO). Der Einspruch bzw. die Klage des Widersprechenden ist im Falle von Einwendungen gegen den Rang begründet, wenn die von der Finanzverwaltung angemeldete Forderung nachrangig ist und es an einer gesonderten Aufforderung des Insolvenzgerichts gem. § 174 Abs. 3 InsO fehlt.

3.299 Die Klage des Widersprechenden gegen den Gläubiger gem. §§ 179 Abs. 2, 180 Abs. 1 Satz 1 InsO ist eine **negative Feststellungsklage** i.S.v. § 256 ZPO.[3] Der Klageantrag ist darauf zu richten festzustellen, dass dem Gläubiger für die angemeldete Forderung ein Insolvenzgläubigerrecht nicht zusteht. Entsprechend ist ein Klageantrag auszulegen, der den Ausspruch begehrt, der Widerspruch sei begründet.

Problematisch ist aber, wenn der bestreitende Insolvenzverwalter einen solchen **Einspruch gegen einen Steuerbescheid nicht erhebt**. Die Aufnahme des unterbrochenen Besteuerungsverfahrens durch die Finanzbehörde kommt nicht in Betracht, weil die Finanzbehörde in diesen Fällen bereits vor der Eröffnung des Insolvenzverfahrens zulässigerweise einen Bescheid gegen den Insolvenzschuldner erlassen hat und es danach ausschließlich und alleine Sache des Steuerpflichtigen ist, darüber zu entscheiden, ob er Einspruch einlegt oder nicht. Die Finanzbehörde hat keine Möglichkeit, den Lauf der Rechtsbehelfsfrist gegen den Insolvenzverwalter in Gang zu brin-

---

[1] So ist wohl auch BFH v. 3.5.1978 – II R 148/75, BStBl. II 1978, 472 zu verstehen; ebenso *Uhländer* in Waza/Uhländer/Schmittmann, Insolvenzen und Steuern[12], Rz. 561; *Farr*, Besteuerung bei Insolvenz, Rz. 309; vgl. auch *Gerhardt* in Gottwald, Insolvenzrechts-Handbuch[5], § 32 Rz. 12 ff.
[2] *Farr*, Besteuerung bei Insolvenz, Rz. 126 ff.
[3] *Schumacher* in MünchKomm/InsO[4], § 179 Rz. 36.

gen. Anstelle dessen meldet die Finanzbehörde ihre Forderung im Rahmen des insolvenzrechtlichen Forderungsfeststellungsverfahrens zur Insolvenztabelle an. Die Anmeldung führt zur Aufnahme der Forderung in die Insolvenztabelle. Die Forderungsprüfung erfolgt im Prüfungstermin oder im schriftlichen Verfahren (§ 177 InsO). Insolvenzrechtlich ist nun – ungeachtet der Tatsache, dass über die Forderung bereits ein Bescheid besteht – jeder Insolvenzgläubiger und der Insolvenzverwalter berechtigt, Widerspruch zu erheben. Gemäß § 179 Abs. 2 InsO obliegt es nun dem Bestreitenden, seinen Widerspruch zu verfolgen. Damit liegt die Betreibungslast zwar bei dem Bestreitenden. Für Gläubiger zivilrechtlicher Forderungen, die über einen vollstreckbaren Schuldtitel verfügen, bedeutet dies aber, dass sie trotz dieser Betreibungslastverteilung selbst Feststellungsklage gegen den Bestreitenden erheben müssen, wenn der Bestreitende seiner Betreibungslast nicht nachkommt und der Gläubiger deswegen eine Feststellung seiner Forderung zur Insolvenztabelle nicht erlangt.[1] Denn durch die Regelungen in § 179 Abs. 2 InsO wird nicht ausgesprochen, dass ein Titel automatisch zur Teilnahme an der Verteilung berechtigt.[2] Dem Finanzamt als Vollstreckungsgläubiger muss die Möglichkeit verbleiben, die durch das Bestreiten verursachte Ungewissheit über sein Recht zu beenden.[3] Die **Finanzbehörde muss** an dieser Stelle statt einer Feststellungsklage einen **Feststellungsbescheid gem. § 251 Abs. 3 AO gegen den Bestreitenden** erlassen[4] (vergleiche dazu ausführlich **oben** Rz. 3.286 und Rz. 3.292). Die Lage ist für die Finanzverwaltung damit faktisch identisch mit derjenigen, die bestehen würde, wenn vorinsolvenzlich gar kein Bescheid ergangen wäre.

cc) Angefochtener vorinsolvenzlicher Steuerbescheid

War gegen einen Steuerbescheid im Zeitpunkt der Anordnung der vorläufigen starken Insolvenzverwaltung bzw. der Eröffnung des Insolvenzverfahrens bereits durch den Schuldner Einspruch eingelegt bzw. Klage zum FG erhoben, so ist das Einspruchsverfahren bzw. der Rechtsstreit nach § 240 ZPO unterbrochen.

3.300

Hier wird das Problem virulent, dass das insolvenzrechtliche Forderungsanmeldungsverfahren und das sich anschließende Tabellenprüfungsverfahren von der Rollenverteilung her auf zivilrechtliche Forderungen zugeschnitten sind und für Steuerforderungen, bei denen sich der Gläubiger seine Forderung selbst tituliert, nicht passen (vgl. dazu oben Rz. 3.291 ff.). Deswegen passt auch § 180 Abs. 2 InsO nicht auf Steuerforderungen, weil die Vorschrift direkt nur auf den Gläubiger einer Forderung anzuwenden ist, der einen Rechtsstreit führen muss, um seine Forderung gegen den Schuldner durchzusetzen (Wortlaut: „ist die *Feststellung* durch Aufnahme des

---

1 *Schumacher* in MünchKomm/InsO[4], § 179 Rz. 30.
2 BFH v. 23.2.2010 – VII R 48/07, BStBl. II 2010, 562 = ZIP 2010, 844; FG Hamburg v. 4.2.2015 – 2 K 11/14, juris.
3 BFH v. 23.2.2010 – VII R 48/07, BStBl. II 2010, 562 = ZIP 2010, 844; FG Hamburg v. 4.2.2015 – 2 K 11/14, juris.
4 BFH v. 23.2.2010 – VII R 48/07, BStBl. II 2010, 562 = ZIP 2010, 844; FG Hamburg v. 4.2.2015 – 2 K 11/14, juris.

Rechtsstreits zu betreiben". Die Vorschrift bezieht sich damit auf Rechtsstreite, bei denen der Schuldner auf Beklagtenseite steht.

3.301 Man mag den Bestreitenden dennoch gemäß oder analog § 180 Abs. 2 InsO als berechtigt ansehen, das Einspruchs- bzw. Klageverfahren aufnehmen, um seinen Widerspruch zu verfolgen.[1] Die **Aufnahme** erfolgt dann durch einfache Erklärung gegenüber der Finanzbehörde bzw. dem FG. Ab dem Zeitpunkt der Aufnahmeerklärung ist der Bestreitende dann Einspruchsführer bzw. Kläger. Durch die Aufnahmeerklärung endet die Unterbrechung und etwaige Fristen beginnen gem. § 249 Abs. 1 ZPO neu zu laufen. Stellt das Finanzamt seinen bisherigen Klageabweisungsantrag auf einen Antrag auf Feststellung der Forderung zur Insolvenztabelle um, so ist dieser wegen des aus § 179 Abs. 2 InsO folgenden Wechsels der Betreibungslast als Klageabweisungsantrag auszulegen. Das Finanzamt kann in diesem Fall nicht in die Klägerrolle wechseln.

3.302 Nimmt der Bestreitende das unterbrochene Einspruchsverfahren oder Klageverfahren hingegen nicht auf, so muss das Finanzamt als berechtigt angesehen werden, die von ihm zur Insolvenztabelle angemeldete Forderung nach Grund, Höhe und Rang durch Feststellungsbescheid gem. § 251 Abs. 3 AO festzustellen. Die anders lautende Auffassung des BFH[2] hingegen verkennt, dass der notwendige Regelungsgehalt, der für eine Feststellung der Forderung zur Insolvenztabelle erforderlich ist, wesentlich weiter geht, als der Streitgegenstand des unterbrochenen Einspruchs- bzw. Klageverfahrens.

Gegenstand des Einspruchsverfahrens bzw. Klageverfahrens ist nämlich schlicht die Anfechtung des betreffenden Steuerbescheids. Mit dieser Anfechtung wandte sich der Einspruchsführer bzw. Kläger gegen die Rechtmäßigkeit der Steuerfestsetzung – nicht mehr.

Für die Feststellung der Forderung des Finanzamts zur Insolvenztabelle bedarf es allerdings erheblich mehr als lediglich der abschließenden Beurteilung der Rechtmäßigkeit der Steuerfestsetzung. Es bedarf insbesondere einer Prüfung und Feststellung, dass die Forderung durch das Finanzamt in einer den insolvenzrechtlichen Erfordernissen genügenden ordnungsgemäßen Form angemeldet worden ist und dass darüber hinaus derjenige Rang für die Forderung besteht, den das Finanzamt in der Forderungsanmeldung der Forderung beigemessen hat. Diese zu der Steuerfestsetzung hinzutretenden Umstände können nicht in einem aufgenommenen Einspruchsverfahren mit Verwaltungsaktsqualität geregelt werden. Eine derartige Ausweitung des entsprechenden Anfechtungsverfahrens ist nicht möglich.[3]

Soweit in der Literatur das Bedürfnis nach dem Erlass eines Feststellungsbescheides in diesem Zusammenhang nur dann angenommen wird, wenn sich der Widerspruch des Bestreitenden ausdrücklich auch auf den Rang der Forderung bezieht,[4] so ist die-

---

1 *Sinz* in Uhlenbruck[15], § 185 InsO Rz. 10 ff.
2 BFH v. 23.2.2005 – VII R 63/03, BStBl. II 2005, 591 = ZIP 2005, 1184; v. 18.8.2015 – V R 39/14, NZI 2016, 92; ebenso noch *der Verfasser* in der 1. Aufl., Rz. 3.302 ff.
3 So zu Recht die h.M.: *Schumacher* in MünchKomm/InsO[4], § 185 Rz. 13 m.w.N.
4 *Schumacher* in MünchKomm/InsO[4], § 185 Rz. 13.

se Einschränkung abzulehnen. Im insolvenzrechtlichen Forderungsfeststellungsverfahren bezieht sich das Bestreiten des Gläubigers bzw. des Insolvenzverwalters immer auf die durch einen Gläubiger angemeldete Forderung in allen Teilbereichen, die von der Forderungsanmeldung angegeben sind. Das betrifft sowohl den Grund, als auch die Höhe und den Rang einer Forderung. Ein teilweises Bestreiten, das sich etwa nur auf den Rang einer Forderung bezieht, ist dem Insolvenzrecht fremd. Es kommt deswegen nicht in Betracht, dass das Finanzamt diejenigen Elemente, die sich auf die Festsetzung der Steuerforderung beziehen (insbesondere Grund und Höhe der Forderung), durch Aufnahme des Einspruchsverfahrens verfolgen müsste und die darüber hinausgehenden, für die Feststellung der Forderung zur Insolvenztabelle erforderlichen Elemente (insbesondere Ordnungsgemäßheit der Forderungsanmeldung unter zivilrechtlichen Gesichtspunkten[1] und Rang der Forderung) hingegen durch Feststellungsbescheid feststellen müsste.

Durch den Erlass eines entsprechenden Feststellungsbescheides erledigt sich das unterbrochene Einspruchsverfahren. Der Regelungsinhalt des Feststellungsbescheides erfasst sämtliche durch den angegriffenen Steuerbescheid geregelten Elemente.

Außerdem sei der Hinweis gestattet, dass die Gegenauffassung, nach der die Aufnahme eines Einspruchsverfahrens oder Klageverfahrens durch das Finanzamt möglich sein soll, soweit ersichtlich durchweg jede dogmatische Begründung schuldig bleibt, nach welcher Vorschrift dies möglich sein soll – und stattdessen allein mit **angeblichen Praktikabilitätserwägungen** argumentiert, dies wie oben aufgezeigt noch nicht einmal gebieten, die Aufnahme durch das Finanzamt zuzulassen. Fest steht, dass das gesamte Forderungsfeststellungsverfahren der §§ 174 ff. InsO auf Gläubigerforderungen zugeschnitten ist, die erst in einem gerichtlichen Verfahren tituliert werden. Gläubiger solcher Forderungen müssen bei nicht titulierten Forderungen im ordentlichen Verfahren Klage erheben (§ 180 Abs. 1 InsO), um einen Widerspruch zu beseitigen. Soweit über deren gegen den Schuldner gerichtete Forderung zur Zeit der Eröffnung des Insolvenzverfahrens ein Rechtsstreit anhängig ist, so hat der Gläubiger gem. § 180 Abs. 2 InsO diesen aufzunehmen und in diesem Rechtsstreit die Feststellung zur Insolvenztabelle zu betreiben. All das passt nicht für Steuerforderungen, weil der Steuergläubiger wegen der (systematisch nachstehenden, also spezielleren) Sondervorschrift des § 185 InsO i.V.m. § 251 Abs. 3 InsO weder Klage erheben muss noch – systematisch folgerichtig – einen Rechtsstreit mit dem Ziel der Feststellung zur Tabelle aufnehmen muss. Eine solche Aufnahme passt im Übrigen auch nicht zu den Vorschriften der §§ 85, 86 InsO: Eine Aufnahme nach § 85 InsO kommt schon deswegen nicht in Betracht, weil es sich nicht um einen Streit wegen eines positiven Vermögensgegenstandes des Schuldnervermögens handelt. Es handelt sich bei einem Einspruchsverfahren gegen eine Steuerfestsetzung vielmehr aus Sicht des Schuldners um einen Passivprozess. Solche können aber gem. § 86 InsO nur unter bestimmten engen Voraussetzungen aufgenommen werden, die hier sämtlich nicht einschlägig sind. Nur nach dieser Vorschrift wäre auch eine Aufnahme durch den Gegner, also das Finanzamt möglich. Diese wiederum aber würde voraussetzen, dass der Insol-

---
1 BGH v. 22.1.2009 – IX ZR 3/08, ZIP 2009, 483; v. 5.7.2018 – IX ZR 167/15, NZI 2018, 743; vgl. dazu auch oben Rz. 3.255 ff.

venzverwalter von einer ihm nach dieser Vorschrift zustehenden Aufnahmemöglichkeit keinen Gebrauch macht, die es aber nicht gibt. Also kommt Aufnahme nach § 86 InsO durch das Finanzamt nicht in Betracht.

3.304 Die hier vertretene Auffassung **löst auch das Tenorierungsproblem**: Es ließe sich für ein durch das Finanzamt aufgenommenes Einspruchsverfahren schon keine zutreffende und damit rechtmäßige Tenorierung finden. **Die Tenorierung dürfte sicher nicht lauten, dass der Einspruch zurückgewiesen werde.** Damit würde das Finanzamt nämlich auch das in dem Steuerbescheid enthaltene Leistungsgebot aktualisieren und damit entgegen dem Vollstreckungsverbot des § 89 InsO eine Steuerfestsetzung hinsichtlich einer Insolvenzforderung gegen die Insolvenzmasse vornehmen. Eine derart tenorierte Einspruchsentscheidung wäre rechtswidrig. Andererseits dürfte der Tenor nicht dahin lauten, dass festgestellt werde, dass die durch den einspruchsbehafteten Bescheid festgesetzte Steuerforderung als Insolvenzforderung festgestellt werde. Damit ginge das Finanzamt nämlich über das mit dem Einspruch erhobene Anfechtungsbegehren hinaus und erstreckte den Regelungsgehalt der Einspruchsentscheidung zu Lasten des Steuerpflichtigen über den von diesem erhobenen Einspruch hinaus auch auf den Rang der Insolvenzforderung. Letzteres aber würde dazu führen, dass der Rangstreit nunmehr unmittelbar in einem finanzgerichtlichen Verfahren geführt werden müsste, obwohl eine Regelung dieses Inhalts erstmalig durch die Behörde getroffen worden ist. Damit wäre die Möglichkeit eines Einspruchs, der gegen einen Feststellungsbescheid i.S.v. § 251 Abs. 3 AO gegeben wäre, unzulässigerweise abgeschnitten.

Diese Ausführungen zeigen, dass die Fortsetzung des unterbrochenen Einspruchsverfahrens unzureichend ist, so dass ein Feststellungsbescheid „**erforderlich**" ist, um dem Finanzamt zu seinem Ziel, nämlich der Feststellung der Forderung zur Insolvenztabelle, zu verhelfen. **Nicht umsonst verwendet der Wortlaut des § 251 Abs. 3 AO deswegen den Begriff „erforderlichenfalls".**

dd) Mehrere Bestreitende

3.305 Haben **mehrere Beteiligte** die Forderung des Finanzamtes im Prüfungstermin bestritten, können sie ihren Widerspruch gemeinsam oder unabhängig voneinander verfolgen.[1] Es ist daher zulässig, dass sie unabhängig voneinander einen im Zeitpunkt der Unterbrechung nach § 240 ZPO noch nicht verfristeten Rechtsbehelf einlegen. Einspruchs- bzw. Klageverfahren sind in diesem Fall unabhängig voneinander zu führen.

3.306 U.U. kann es dadurch auch zu divergierenden Entscheidungen kommen. Wird die Klage eines widersprechenden Gläubigers gegen das Finanzamt rechtskräftig abgewiesen, so hat dies für Einspruchs- oder Klageverfahren, mit denen andere Bestreitende ihren Widerspruch verfolgen, keine Auswirkung. Umgekehrt führt das endgültige Obsiegen eines Bestreitenden gegen das Finanzamt zur Erledigung aller anderen Verfahren, weil bereits ein begründeter Widerspruch ausreicht, um die Feststellung

---

[1] *Schumacher* in MünchKomm/InsO⁴, § 179 Rz. 41.

der Forderung zur Tabelle und damit die Teilnahme des Gläubigers an der Verteilung zu verhindern. Nimmt (zunächst) nur ein Bestreitender ein unterbrochenes Einspruchs- oder Klageverfahren auf, so werden etwaige Fristen gem. § 249 Abs. 1 ZPO nur ihm gegenüber in Gang gesetzt. Andere Bestreitende können diesem Verfahren jederzeit beitreten oder aber unabhängig von diesem Verfahren ein selbständiges Verfahren anstrengen. Gehen die Bestreitenden gemeinsam vor und nehmen sie gemeinsam einen anhängigen Rechtsstreit auf, so sind sie notwendige Streitgenossen i.S.v. § 62 Abs. 1 Alt. 1 ZPO. Beteiligte, die selbst der angemeldeten Forderung im Prüfungstermin nicht widersprochen haben, können dem seinen Widerspruch verfolgenden Gläubiger oder Insolvenzverwalter als Streithelfer beitreten.[1] Dasselbe gilt für einen Schuldner, der rechtzeitig der Forderung widersprochen hat.

Will das Finanzamt **Widersprüche mehrerer Beteiligter** beseitigen, die ihre Widersprüche bisher nicht binnen angemessener Zeit durch Aufnahme eines unterbrochenen Verfahrens oder Klageerhebung verfolgt haben, kann es ein unterbrochenes Verfahren gegen alle Bestreitenden gemeinsam aufnehmen. Der Klageantrag ist auf die Feststellung der genau zu bezeichnenden Forderung zur Insolvenztabelle zu richten.

3.307

ee) Unanfechtbarer Steuerbescheid

War ein **Steuerbescheid bei Eröffnung** des Insolvenzverfahrens bzw. Anordnung der vorläufigen starken Insolvenzverwaltung **unanfechtbar**, so kann der Bestreitende seinen Widerspruch nur noch sehr eingeschränkt verfolgen. Möglich sind dann noch:

3.308

– Antrag auf Wiedereinsetzung nach §§ 110 AO, 56 FGO,

– Antrag auf Änderung des bestandskräftigen Bescheids nach §§ 129 ff., 172 ff. AO.

– Antrag auf Erteilung eines Abrechnungsbescheides (§ 218 Abs. 2 AO), in den auf der Grundlage von § 47 AO beispielsweise ein zusätzlich zu beantragender Erlass (§ 227) einbezogen werden kann,

– Wiederaufnahmeklage nach § 134 FGO (Nichtigkeitsklage, § 579 ZPO oder Restitutionsklage, § 580 ZPO).

ff) Unterlassene Verfolgung des Widerspruchs

Verfolgt der Gläubiger oder Insolvenzverwalter, der einer angemeldeten Forderung im Prüfungstermin widersprochen hat, seinen Widerspruch nicht in der vorstehend beschriebenen Weise, so nimmt die Forderung trotz des Widerspruchs an der Verteilung nach § 188 InsO teil.[2]

3.309

---

1 *Schumacher* in MünchKomm/InsO[4], § 179 Rz. 42.
2 *Kießner* in FrankfurterKomm/InsO[9], § 188 Rz. 8.

6. Abrechnungsbescheid

Literatur *Bartone*, Der Abrechnungsbescheid, AO-StB 2003, 340; *Eich*, Der Abrechnungsbescheid, AO-StB 2004, 133; *Beckert*, Abrechnungsbescheid, Formularbuch Recht und Steuern, 2019; *Flies*, Abrechnungsverfügung und Abrechnungsbescheid, DStR 1998, 153, 760; *Fuchs*, Das Wiederaufleben von Forderungen nach einer Insolvenzanfechtung, NZI 2019, 653; *Gosch*, Verhältnis von Anrechnung und Abrechnung, StBp 97, 271; *Haunhorst*, Abrechnung, Anrechnung, Änderung, Anfechtung und so manch andere Frage ... – Anmerkung zum Beschluss des BFH vom 13.1.2005, VII B 147/04, BStBl. II 2005, 457, DStZ 2005, 706; *Müller*, Aussetzung der Vollziehung eines Abrechnungsbescheids, EFG 2007, 1396; *Pump*, Ist der Abrechnungsbescheid ein vollziehbarer Verwaltungsakt?, INF 1989, 30; *Rispen*, Abrechnungsbescheid als Mittel der Streitschlichtung, NWB Fach 2, 8181–8186 (24/2003); *Schuhmann*, Der Abrechnungsbescheid, BB 1988, 739; *Schumann*, Die prozessuale Behandlung der Aufrechnung mit einer rechtswegfremden Forderung, DStR 2015, 700; *Schwebel*, Der Abrechnungsbescheid nach § 218 Abs. 2 AO, DB 1992, 9; *Sedemund*, Ist die Änderung der Anrechnungsverfügung ohne Bindung an Zahlungs- und Festsetzungsverjährung möglich?, DStZ 2002, 560; *Siegert*, Das Verhältnis An- und Abrechnungsteil und Leistungsgebot zum Abrechnungsbescheid, DB 1997, 2398; *Streck/Schwedhelm*, Zur sachlichen Reichweite des Abrechnungsbescheides, Stbg 1996, 166; *Valentin*, Verhältnis zwischen Abrechnungsbescheid und Anrechnungsverfügung, EFG 2006, 1877; *Völlmeke*, Probleme bei der Anrechnung von Lohnsteuer, DB 1994, 1746; *Wenzler*, Zahlungsverjährung – Unterbrechung der Frist durch Abrechnungsbescheid?, AO-StB 2009, 145; *Wüllenkemper*, Einstweiliger Rechtsschutz beim Abrechnungsbescheid, EFG 2004, 1277.

3.310 Nach § 218 Abs. 2 AO entscheidet die Finanzbehörde mit einem Abrechnungsbescheid über Streitigkeiten, die die Verwirklichung der Ansprüche i.S.d. § 218 Abs. 1 AO betreffen. Nach dieser Vorschrift sind Steuerbescheide, Steuervergütungsbescheide, Haftungsbescheide und Verwaltungsakte, durch die steuerliche Nebenleistungen festgesetzt werden, die Grundlage für die Verwirklichung von Ansprüchen aus dem Steuerschuldverhältnis. Der Abrechnungsbescheid entscheidet also, inwieweit die mit den vorgenannten Bescheiden festgestellten Ansprüche aus dem Steuerschuldverhältnis noch bestehen oder inzwischen ganz oder teilweise erloschen sind.[1] Voraussetzung für den Erlass eines Abrechnungsbescheides ist eine Meinungsverschiedenheit zwischen der Finanzverwaltung und dem Insolvenzverwalter über das Bestehen konkreter Ansprüche aus dem Steuerschuldverhältnis.[2] Der Abrechnungsbescheid ist dem Erhebungsverfahren zuzurechnen, nicht dem Steuerfestsetzungsverfahren.[3]

3.311 Der **Abrechnungsbescheid muss die streitigen Steueransprüche im Einzelnen bezeichnen**.[4] Die Steueransprüche müssen nach Steuerart, Zeitraum und Höhe genau benannt werden.[5] Es ist nicht ausreichend, wenn die Finanzbehörde darauf hinweist,

---

1 BFH v. 16.12.2008 – VII R 17/08, BStBl. II 2010, 91 = ZIP 2009, 1290; FG München v. 15.5.2019 – 3 K 2244/16, juris.
2 *Intemann* in Koenig[3], § 218 AO Rz. 21; BFH v. 5.9.2012 – VII B 95/12.
3 BFH v. 15.6.1999 – VII R 3/97, BStBl. II 2000, 46; v. 17.1.1995 – VII R 28/94, BFH/NV 1995, 580; FG Münster v. 23.7.2015 – 6 K 208/13 AO, juris.
4 BFH v. 18.10.1994 – VII S 16/94, BFH/NV 1995, 474; v. 10.3.2016 – VII R 26/13, juris.
5 BFH v. 5.7.1988 – VII R 142/84, BFH/NV 1990, 69 (69); v. 1.8.1979 – VII R 155/76, v. 1.8.1979 – VII R 115/76, BStBl. II 1979, 714 (714); v. 19.3.2019 – VII R 27/17, DStR 2019, 1208.

dass die strittigen Steueransprüche der jeweiligen Steuerfestsetzung entnommen werden können.[1] Soweit es für das Verständnis des Abrechnungsbescheids notwendig ist, sind die Beträge und Ansprüche einzeln aufzugliedern.[2] Dem Abrechnungsbescheid muss zweifelsfrei entnommen werden können, ob und ggf. wodurch die streitige Zahlungsverpflichtung verwirklicht wurde.[3] Der Insolvenzverwalter muss dem Abrechnungsbescheid entnehmen können, welche Steuerforderung durch welche Tilgungshandlung erloschen ist bzw. mangels Tilgungshandlung noch besteht. Soweit Streit über den Erlöschensgrund (Zahlung, Aufrechnung, Erlass etc.) besteht, hat die Finanzbehörde den ihrer Meinung nach zutreffenden Erlöschensgrund durch Abrechnungsbescheid festzustellen.[4] Ist die Verjährung eines Steueranspruchs im Streit, hat die Finanzbehörde hierüber eine eindeutige Feststellung zu treffen.[5]

Ein Abrechnungsbescheid kann auch nach Eröffnung des Insolvenzverfahrens erlassen werden und dennoch Zeiträume vor der Eröffnung des Insolvenzverfahrens umfassen.[6] Dabei ist allerdings der Rang der vom Abrechnungsbescheid umfassten Forderungen zu berücksichtigen. Gegen einen nach Insolvenzeröffnung ergehenden Abrechnungsbescheid kann der Insolvenzverwalter Einspruch und im Fall der erfolglosen Durchführung des Einspruchsverfahrens auch Klage zum FG erheben. Da der Abrechnungsbescheid allerdings dem Erhebungsverfahren und nicht dem Steuerfestsetzungsverfahren zuzurechnen ist, können Einwendungen gegen Grund und Höhe der Steuerfestsetzung im Verfahren über den Abrechnungsbescheid nicht mehr erhoben werden.[7] Die Rechtmäßigkeit der dem Abrechnungsbescheid zugrunde liegenden Steuerbescheide ist nicht zu prüfen. Der Insolvenzverwalter kann im Einspruchs- und Klageverfahren gegen den Abrechnungsbescheid nur Einwendungen, die die Verwirklichung des verbeschiedenen Steueranspruchs betreffen, geltend machen. Der Abrechnungsbescheid entscheidet allein über die Frage, ob der bereits festgesetzte Steueranspruch erloschen (§ 47 AO) ist.[8] Er stellt bindend fest, ob der Steueranspruch durch Zahlung, Aufrechnung, Erlass oder Verjährung untergegangen ist.[9]

3.312

Der Abrechnungsbescheid kann nicht nur von Amts wegen ergehen. Der Insolvenzverwalter kann jederzeit den **Erlass eines Abrechnungsbescheides beantragen**,

3.313

---

1 *Intemann* in Koenig[3], § 218 AO Rz. 38; BFH v. 1.8.1979 – VII R 155/76, BStBl. II 1979, 714 (714); *Loose* in Tipke/Kruse, § 218 AO Rz. 26.
2 *Intemann* in Koenig[3], § 218 AO Rz. 38.
3 *Intemann* in Koenig[3], § 218 AO Rz. 39; BFH v. 5.7.1988 – VII R 142/84, BFH/NV 1990, 69; v. 27.3.1968 – VII 306/64, BStBl. II 1968, 501; v. 19.3.2019 – VII R 27/17, DStR 2019, 1208.
4 BFH v. 18.10.1994 – VII S 16/94, BFH/NV 1995, 474 (475).
5 BFH v. 5.7.1988 – VII R 142/84, BFH/NV 1990, 69; 19.3.2019 – VII R 27/17, DStR 2019, 1208.
6 *Uhländer* in Waza/Uhländer/Schmittmann, Insolvenzen und Steuern[12], Rz. 533.
7 BFH v. 15.6.1999 – VII R 3/97, BStBl. II 2000, 46; v. 17.1.1995 – VII R 28/94, BFH/NV 1995, 580; FG Münster v. 23.7.2015 – 6 K 208/13 AO, juris.
8 *Intemann* in Koenig[3], § 218 AO Rz. 18; BFH v. 23.8.2001 – VII R 94/99, BStBl. II 2002, 330; v. 12.8.1999 – VII R 92/98, BStBl. II 1999, 751; v. 28.4.1992 – VII R 33/91, BStBl. II 1992, 781; v. 19.3.2019 – VII R 27/17, DStR 2019, 1208.
9 *Intemann* in Koenig[3], § 218 AO Rz. 39; BFH v. 18.4.2006 – VII R 77/04, BStBl. II 2006, 578; v. 19.3.2019 – VII R 27/17, DStR 2019, 1208.

wenn Streit über die Verwirklichung von Steueransprüchen besteht.[1] Voraussetzung ist eine Meinungsverschiedenheit über das Bestehen konkreter Ansprüche aus dem Steuerschuldverhältnis.[2] Trägt er hingegen lediglich Gründe vor, die sich gegen die Rechtmäßigkeit der Steuerfestsetzung richten, muss ein Abrechnungsbescheid nicht erteilt werden, weil Einwendungen gegen die Steuerfestsetzung nicht Gegenstand des Abrechnungsbescheids sind. Eine Besonderheit gilt für Säumniszuschläge, weil sie nach § 240 AO allein durch Verwirklichung des gesetzlichen Tatbestands entstehen und nicht ausdrücklich festgesetzt werden. Daher wird mit dem Abrechnungsbescheid auch über das Entstehen von Säumniszuschlägen entschieden.[3] Somit kann der Insolvenzverwalter die Entstehung und einen etwaigen Erlass (§ 227 AO) von Säumniszuschlägen mit Hilfe des Abrechnungsbescheids überprüfen lassen.[4]

3.313a Der gegen das Finanzamt gerichtete Anspruch des Insolvenzverwalters auf Rückgewähr insolvenzrechtlich angefochtener Leistungen (§ 143 Abs. 1 Satz 1 InsO) ist kein Anspruch aus dem Steuerschuldverhältnis, über dessen Bestehen dem Grund oder der Höhe nach durch Abrechnungsbescheid entschieden werden kann.[5] Bei einem Anfechtungsanspruch handelt es sich insbesondere nicht um einen aus dem Steuerschuldverhältnis herrührenden Erstattungsanspruch i.S.d. § 37 Abs. 2 AO, über dessen Bestehen dem Grunde oder der Höhe nach im Wege eines Abrechnungsbescheids verbindlich entschieden werden könnte.

Hinweis:

Der Insolvenzverwalter ist oft im Unklaren darüber, wann welche Steuerforderung entstanden ist, ob und wie sie erloschen ist (insbesondere Zahlungsbeträge, Zahlungszeitpunkte, Aufrechnung etc.) oder ob sie noch besteht. Anhand der Buchhaltung des Insolvenzschuldners sollte sich dies eigentlich ohne weiteres ermitteln lassen, doch zeigt die Praxis, dass dies in der weit überwiegenden Zahl der Insolvenzverfahren nicht der Fall ist. Meldet die Finanzverwaltung dann auch noch eine Forderung zur Insolvenztabelle an, tappt der Insolvenzverwalter regelmäßig vollkommen im Dunkeln, weil er zur Prüfung der angemeldeten Forderung wissen müsste, welche Zahlungen der Insolvenzschuldner in der Vergangenheit geleistet hat, auf welche Forderungen diese Leistungen erbracht worden sind und ob es ggf. Aufrechnungen gegeben hat. In solchen Fällen bietet sich der Antrag auf Erlass eines Abrechnungsbescheides an, um Klarheit über die ausstehenden Steuerforderungen zu erhalten.

7. Erlass

Literatur *App*, Zinsverzicht bei und nach Steuerstundung, StB 2000, 17; *Bartone*, Der Erlass und die Änderung von Steuerverwaltungsakten im Zusammenhang mit dem Insolvenzverfahren über das Vermögen des Steuerpflichtigen, AO-StB 2008, 132; Der Erlass von Ansprüchen aus dem Steuerschuldverhältnis, AO-StB 2004, 356; *Bodden*, Steuergerechtigkeit im Billig-

---

1 Vgl. BFH v. 28.4.1993 – I R 123/91, BStBl. II 1994, 147; *Intemann* in Koenig[3], § 218 AO Rz. 30.
2 *Intemann* in Koenig[3], § 218 AO Rz. 21.
3 BFH v. 8.11.1989 – I R 30/84, BFH/NV 1990, 546; v. 19.3.2019 – VII R 27/17, DStR 2019, 1208.
4 Vgl. BFH v. 18.4.2006 – VII R 77/04, BStBl. II 2006, 578; v. 12.8.1999 – VII R 92/98, BStBl. II 1999, 751.
5 BFH v. 5.9.2012 – VII B 95/12.

keitsverfahren nach § 163 AO, DStR 2016, 1714; *Brühl/Süß*, Die neuen §§ 163 und 89 AO: Alte Probleme beseitigt – neue geschaffen?, DStR 2016, 2617; DAV, Stellungnahme zur Entscheidung des Großen Senats des BFH vom 28.11.2016 – GrS 1/15 – Steuererlass aus Billigkeitsgründen nach dem so genannten Sanierungserlass des BMF, NZG 2017, 336; *Ebbinghaus/Hinz*, Der Erlass der Umsatzsteuer bei Sanierungsgewinnen, BB 2013, 479; *Eich*, Erlass von Steuern und Nebenleistungen aus Billigkeitsgründen, KÖSDI 2012, 18033; *Eilers/Beutel*, Das Ende des Sanierungserlasses – Zeitenwende für die deutsche Sanierungspraxis, FR 2017, 266; *Farr*, Steuererlass als Beitrag zur Entschuldung privater Haushalte, BB 2002, 1989; *Günther*, Erlass von Ansprüchen aus dem Steuerschuldverhältnis, AO-StB 2009, 311; *Hollatz*, Erlass von Ansprüchen aus dem Steuerschuldverhältnis, NWB F. 2 S. 8197; *Hölzle/Kahlert*, Der sog. Sanierungserlass ist tot – Es lebe die Ausgliederung, ZIP 2017, 510; *Kohlhaas*, Vollständiger Erlass von Säumniszuschlägen bei erfolgreichem Rechtsbehelfsverfahren?, DStR 2010, 2387; *Krüsmann*, Abwicklung des Sanierungserlasses durch den Großen Senat des BFH, Z-InsO 2017, 522; *Lenger*, Sanierungserlass gekippt – Praxisfolgen und aktuelle Lösungsansätze für Insolvenzplanverfahren, NZI 2017, 290; *Levedag*, Steuererlass aus Billigkeitsgründen nach dem sog. Sanierungserlass des BMF, jM 2017, 254; *Märtens*, Problematik von Nichtanwendungserlassen zulasten des Fiskus am Beispiel der rechts(prechungs)brechenden Anwendung des Sanierungserlasses, DStR 2018, 2301; *Meincke*, Erlass von Erbschaftsteuer aus Billigkeitsgründen, DStR 2004, 573; *Nieland*, Die Unbilligkeit beim Steuererlass, AO-StB 2004, 284; *Obermair*, Insolvenz als Erlassgrund?, StB 2005, 212; *Roth*, Sanierungsgewinne: Finanzgerichtliche einstweilige Anordnung (§ 114 FGO) auf Erlass (§ 227 AO)?, FR 2018, 1; *Rüberg*, Endlich: Die Steuerfreiheit von Sanierungsgewinnen ist zurück, NJW-Spezial 2019, 207; *Petersen*, Der Beschluss des Großen Senats des BFH zum Sanierungserlass, Stbg 2017, 149; *Schöngart*, Der Erlass nach der AO unter dem besonderen Blickwinkel der persönlichen Billigkeit, AO-StB 2011, 93; *Seer*, Der sog Sanierungserlass vom 27.3.2003 als Rechtsgrundlage für Maßnahmen aus sachlichen Billigkeitsgründen, FR 2010, 306; *Stadler*, Übergangsregelungen und Gestaltungsmöglichkeiten für Insolvenzplanverfahren nach den Entscheidungen des BFH zum Sanierungserlass, NZI 2018, 49; *Weinreuter*, Stundung, Erlass und Vollstreckungsaufschub nach der Abgabenordnung, DStZ 1999, 1953.

Gemäß § 227 AO können die Finanzbehörden Ansprüche aus dem Steuerschuldverhältnis ganz oder zum Teil erlassen, wenn deren Einziehung nach Lage des einzelnen Falls unbillig wäre. § 227 AO ist im Zusammenhang mit § 163 AO zu sehen (Rz. 3.199). § 163 AO betrifft die abweichende Festsetzung von Steuern, während § 227 AO im Erhebungsverfahren verortet ist und somit den Erlass (unanfechtbar festgesetzter) Ansprüche betrifft. § 163 AO gilt nur für Steuern i.S.v. § 3 Abs. 1 Satz 1 AO, während § 227 AO alle Ansprüche aus dem Steuerschuldverhältnis (§ 37 AO) zum Gegenstand hat. § 227 AO ist somit auf Steueransprüche, Haftungsansprüche und auf steuerliche Nebenleistungen (§ 3 Abs. 4 AO) wie z.B. Säumniszuschläge anwendbar.[1] Die tatbestandsmäßigen Voraussetzungen von § 163 AO und § 227 AO sind trotz unterschiedlicher Rechtsfolgen identisch.[2] § 227 AO ermächtigt die zuständige Finanzbehörde, im Einzelfall aus Billigkeitsgründen ganz oder teilweise von der Erhebung einer festgesetzten Steuer abzusehen. Durch den Erlass erlöschen die Ansprüche aus dem Steuerschuldverhältnis (§ 47 AO).

3.314

---

1 BFH v. 19.12.2000 – VII R 63/99, BStBl. II 2001, 217 = ZIP 2001, 427; FG Hamburg v. 29.3.2017 – 3 K 183/15, juris; VG Würzburg v. 20.4.2016 – W – 2 K 14.652.
2 BFH v. 26.10.1994 – X R 104/92, BStBl. II 1995, 297; v. 30.8.1999 – X B 67/99, BFH/NV 2000, 301; vgl. auch FG Münster v. 15.5.2019 – 13 K 2520/16 AO, DStRE 2019, 1353.

3.315 Tatbestandliche Voraussetzung des Erlasses ist die Unbilligkeit der Einziehung einer Steuer. Diese Unbilligkeit kann entweder in der Sache oder in der Person des Abgabeschuldners begründet sein. Deshalb können für Billigkeitsmaßnahmen nach § 227 AO sachliche oder persönliche Gründe in Betracht kommen.

3.316 **Sachliche Billigkeitsgründe** sind gegeben, wenn nach dem erklärten oder mutmaßlichen Willen des Gesetzgebers angenommen werden kann, dass er die im Billigkeitswege zu entscheidende Frage – hätte er sie geregelt – i.S.d. beabsichtigten Billigkeitsmaßnahme entschieden hätte,[1] oder wenn angenommen werden kann, dass die Einziehung den Wertungen des Gesetzes zuwiderläuft.[2] Dagegen rechtfertigen Härten, die der Gesetzgeber bei der Ausgestaltung des gesetzlichen Tatbestands einer steuerrechtlichen Vorschrift bewusst in Kauf genommen hat, keinen Erlass aus sachlichen Billigkeitsgründen.[3] Für das Vorliegen sachlicher Unbilligkeit haben sich Fallgruppen herausgebildet. Danach ist sachliche Unbilligkeit insbesondere gegeben bei:

3.317 **Zweckverfehlung.** Zweckverfehlung ist gegeben, wenn die Einziehung eines Anspruchs aus dem Steuerschuldverhältnis ausnahmsweise im Einzelfall dem Besteuerungszweck selbst widerspricht.[4] Besondere Bedeutung hat die sachliche Unbilligkeit der Einziehung wegen Zweckverfehlung im Insolvenzverfahren in Bezug auf **Säumniszuschläge**. Eine Zweckverfehlung ist gegeben, wenn sich die Einziehung von Säumniszuschlägen deshalb als sinnlos erweist, weil dem Steuerschuldner die rechtzeitige Begleichung der zugrundeliegenden Steuerschuld infolge Überschuldung und/oder Zahlungsunfähigkeit unmöglich war. Da Säumniszuschläge zumindest auch ein Druckmittel sind, geht ihr Zweck insoweit ins Leere, so dass sie auf Antrag in der Regel zur Hälfte zu erlassen sind.[5] Antragsberechtigt ist im Insolvenzverfahren nur der Insolvenzverwalter (Rz. 3.226).

3.318 **Fehlverhalten der Finanzbehörde**. Es ist wegen Verstoßes gegen Grundsatz von Treu und Glauben sachlich unbillig, wenn die Finanzbehörde einen Anspruch aus dem Steuerschuldverhältnis durchsetzt, der letztlich auf ihr eigenes Fehlverhalten zurückzuführen ist. Dies ist z.B. der Fall, wenn die Entstehung der Steuer auf einer falschen Auskunft der Finanzbehörde beruht,[6] oder wenn die Finanzbehörde den Steuerpflichtigen von der rechtzeitigen Einlegung eines aussichtsreichen Rechtsbehelfs abgehalten hat.[7]

---

1 *Fritsch* in Koenig³, § 227 AO Rz. 13; BFH v. 26.10.1972 – I R 125/70, BStBl. II 1973, 271; BVerfG v. 5.4.1978 – 1 BvR 117/73, BStBl. II 1978, 441; FG München v. 25.7.2018 – 4 K 1028/18, juris.
2 BFH v. 29.8.1991 – V R 78/86, BStBl. II 1991, 906; v. 18.9.2018 – XI R 36/16, DStRE 2019, 235.
3 *Fritsch* in Koenig³, § 227 AO Rz. 13.
4 Ausführlich *Fritsch* in Koenig³, § 227 AO Rz. 18.
5 BFH v. 16.7.1997 – XI R 32/96, BStBl. II 1998, 7 = ZIP 1998, 340; v. 9.7.2003 – V R 57/02, BStBl. II 2003, 901 = ZIP 2003, 2036; v. 10.3.2016 – III R 2/15, DStR 2016, 1159; FG Bremen v. 27.11.2018 – 2 K 164/18 1, juris; FG Köln v. 9.12.2016 – 7 K 3210/15, juris.
6 *von Groll* in Hübschmann/Hepp/Spitaler, § 227 AO Rz. 271.
7 BFH v. 8.4.1987 – X R 14/81, BFH/NV 1988, 214.

Vertrauensschutz. Hat ein Steuerpflichtiger im Vertrauen auf die Weitergeltung von Gesetzen, von Verwaltungsanweisungen oder einer bestimmten ständigen Rechtsprechung Dispositionen getroffen, die er nicht mehr rückgängig machen kann, so kann ein Erlass in Betracht kommen.[1] Der Vertrauensschutzgesichtspunkt liegt auch der gesetzlichen Vorschrift in § 176 AO zugrunde. Gerade im nach wie vor stark im Fluss befindlichen Insolvenzsteuerrecht tritt öfter die Situation ein, dass FG oder gar der BFH von der bisherigen Rechtsprechung abrücken oder Fallkonstellationen zu entscheiden haben, die bislang kaum oder nur in der Literatur erörtert worden sind. In solchen Fällen kann es beispielsweise zur Einordnung einer bisher als Insolvenzforderung beurteilten Steuerforderung als Masseverbindlichkeit kommen, die den Fortgang des Insolvenzverfahrens im Ganzen gefährden und ggf. die Masseunzulänglichkeit herbeiführen kann.

3.319

Fehlerhafte Steuerfestsetzung. Allein die Einwendung, die bestandskräftige Steuerfestsetzung sei materiell-rechtlich falsch, rechtjertigt noch nicht die Annahme einer sachlichen Härte. Nach der Rechtsprechung des BFH wird vielmehr eine sachliche Überprüfung bestandskräftiger Steuerfestsetzungen im Billigkeitsverfahren lediglich dann zugelassen, wenn die Steuerfestsetzung offensichtlich und eindeutig falsch ist und wenn es dem Steuerpflichtigen nicht möglich und nicht zumutbar war, sich gegen die Fehlerhaftigkeit rechtzeitig zu wehren.[2]

3.320

Persönliche Unbilligkeit setzt Erlassbedürftigkeit und Erlasswürdigkeit voraus. Erlassbedürftigkeit liegt vor, wenn die Steuererhebung die wirtschaftliche oder persönliche Existenz des Steuerpflichtigen vernichten oder ernstlich gefährden würde.[3]

3.321

Verfehlt ist die Auffassung des VII. Senats des BFH, der drohende Widerruf der Rechtsanwaltszulassung begründe die Erlassbedürftigkeit nicht. Im Streitfall hatte die Klägerin – eine Rechtsanwältin – einen Erlass gem. § 227 AO angestrebt, weil die für ihre Zulassung zuständige Rechtsanwaltskammer infolge von Steuerverbindlichkeiten bereits ein Verfahren zum Entzug der Zulassung eröffnet hatte und nur noch die Entscheidung über einen insolvenzrechtlichen Schuldenbereinigungsplan abwartete. Die Steuerverbindlichkeiten resultierten im Wesentlichen aus einer Haftungsinanspruchnahme für Steuerverbindlichkeiten einer Unternehmung des Vaters der Klägerin, in der diese die Geschäftsführung auf Bitten des Vaters übernommen hatte. Den insolvenzrechtlichen Schuldenbereinigungsplan hatte das an der Streitsache beteiligte Finanzamt bereits abgelehnt. Das FG war erstinstanzlich noch der Auffassung gewesen, dass dem Finanzamt nach § 227 AO eingeräumte Ermessen sei im Streitfall auf null reduziert und deswegen müsse das Finanzamt der Klägerin ihre Steuerschulden erlassen. Der BFH hingegen war der Auffassung, eine Ermessensreduktion auf

---
1 *Fritsch* in Koenig³, § 227 AO Rz. 22; *Stöcker* in Gosch, § 227 AO Rz. 84; BVerfG v. 28.1.1970 – 1 BvL 4/67, BVerfGE 27, 375 (385); GmS-OGB v. 19.10.1971 – GmS-OGB 3/70, BStBl. II 1972, 603; BFH v. 23.11.1994 – X R 124/92, BStBl. II 1995, 824.
2 Vgl. z.B. BFH v. 30.4.1981 – VI R 169/78, BFHE 133, 255 = BStBl. II 1981, 611; v. 15.7.1992 – II R 59/90, BFHE 168, 310 = BStBl. II 1993, 613; v. 27.2.2019 – VII R 34/17, DStRE 2019, 775.
3 Vgl. BFH v. 26.2.1987 – IV R 298/84, BStBl. II 1987, 612; FG Münster v. 10.10.2019 – 5 K 1382/16 AO, juris; FG München v. 2.8.2016 – 2 K 2532/14, juris.

null komme nicht in Betracht. Die Begründung überzeugt allerdings in keiner Weise. Der BFH ist der Auffassung, die Rechtsanwaltszulassung sei nicht bereits durch die Ablehnung des Erlasses durch das Finanzamt unmittelbar zu besorgen; vielmehr führe erst ein Insolvenzantrag – dessen Stellung nicht zwingend sei – zu einer notwendigen Rücknahme der Zulassung gem. § 14 Abs. 2 Ziff. 7 BRAO. Diese Sichtweise berücksichtigt nicht, dass Steuerschulden, die ein Rechtsanwalt nicht begleichen kann, auch ohne Insolvenzantragsverfahren zu einem maßgeblichen Vermögensverfall führen, der üblicherweise zur Zurücknahme der Anwaltszulassung führt. Der BFH ist weiter der – insoweit zutreffenden – Auffassung, dass der Rechtsanwalt angesichts seiner juristischen Qualifikation eine große Bandbreite möglicher Berufe habe und deswegen auf die Anwaltszulassung nicht angewiesen sei, um für seinen Lebensunterhalt zu sorgen. Auch zutreffend ist, dass selbst Tätigkeiten ohne juristische Qualifikationsanforderungen einem Abgabenschuldner grundsätzlich zumutbar sind, um seine Abgabenschuld zu begleichen. Diese Sichtweise verkennt aber die Realität: Ein Rechtsanwalt wird ohne Berufszulassung in aller Regel kaum auch nur annähernd entsprechende Einkünfte zur Tilgung seiner Abgabenschuld erzielen können, wie er sie mit Anwaltszulassung erzielen kann. Ein Rechtsanwalt baut im Laufe seines Berufslebens einen Mandantenstamm und Ruf auf, der es ihm ermöglicht, Einkünfte zu erzielen, die er ohne diese Zulassung nicht erzielen kann. Wird dem Rechtsanwalt die Zulassung – wenn auch nur vorübergehend – entzogen, so sind diese Mandantenbeziehungen aller Wahrscheinlichkeit nach endgültig zerstört. Diese wieder aufzubauen, wäre nach einer Wiedererlangung der Anwaltszulassung mindestens schwierig, dürfte aber regelmäßig unmöglich sein. Daher ist entgegen der Auffassung des BFH Art. 12 Abs. 1 GG sehr wohl ernst betroffen. Diese Betroffenheit wird auch nicht erst durch die Widerrufsentscheidung der Rechtsanwaltskammer herbeigeführt. Für die durch die Rechtsanwaltskammer zu treffende Entscheidung ist nämlich eine Abwägung zwischen der Berufsfreiheit des Rechtsanwalts und dem Schutz der Vermögensinteressen der Mandanten maßgeblich, wobei dem öffentlichen Interesse an einem Schutz des Vermögens von Mandanten üblicherweise der Vorrang zu geben ist. Die Abwägungsentscheidung, die die Finanzbehörde im Rahmen eines Erlasses von Steuerschulden zu treffen hat, ist aber eine Abwägungsentscheidung zwischen dem fiskalischen Interesse an der Durchsetzung einer bestimmten Steuerschuld und dem Interesse des Rechtsanwalts an der Aufrechterhaltung seines Berufs – wenn zwar auch nur mittelbar, weil noch die Entscheidung der Rechtsanwaltskammer hinzutreten muss, aber doch mehr oder weniger zwangsläufig. Hier hat regelmäßig das fiskalische Interesse zurückzutreten, wenn ohne den Erlass der Verlust der Anwaltszulassung höchst wahrscheinlich ist.

In **Bezug auf Masseverbindlichkeiten** ergibt sich eine Parallele dahingehend, dass **Erlassbedürftigkeit** anzunehmen ist, wenn durch die Einziehung der Forderung Masseunzulänglichkeit (§ 208 InsO) eintreten würde, denn die **Masseunzulänglichkeit** bedeutet gleichsam den „Konkurs im Konkurs".[1] Infolge der Masseunzulänglichkeit können nicht mehr alle Masseansprüche bedient werden, so dass Massegläu-

---

[1] Zum Begriff ausführlich: *Braun* in Nerlich/Römermann, vor §§ 217 bis 269 InsO Rz. 24 ff.; *Hefermehl* in MünchKomm/InsO⁴, § 208 Rz. 8.

biger ausfallen. Sofern ein laufender Geschäftsbetrieb in der Insolvenzmasse vorhanden ist, gefährdet der Eintritt der Masseunzulänglichkeit den Bestand des Unternehmens ernsthaft, weil Zulieferer, die im Rahmen der Betriebsfortführung benötigt werden, in ihrem Vertrauen in die Werthaltigkeit des Masseanspruchs enttäuscht werden und zu einer Fortsetzung der Geschäftsbeziehung nach Anzeige der Masseunzulänglichkeit kaum bewogen werden können. Diese **Situation ist daher der Vernichtung der wirtschaftlichen Existenz eines Steuerpflichtigen außerhalb eines Insolvenzverfahrens gleichzusetzen.**

Etwas anderes ist die Frage der **Erlasswürdigkeit**. Erlasswürdigkeit setzt ein Verhalten voraus, das nicht in eindeutiger Weise gegen die Interessen der Allgemeinheit verstößt und bei dem die mangelnde Leistungsfähigkeit nicht auf einem Verhalten des Steuerpflichtigen selbst beruht.[1] Bei der **Prüfung der Erlasswürdigkeit soll nicht kleinlich verfahren werden**.[2] Allgemeingültige Aussagen hinsichtlich der Erlasswürdigkeit gibt es nicht. Ob sie vorliegt, hängt vielmehr von der Gesamtwürdigung aller Umstände des Einzelfalls ab.[3] Dabei ist insbesondere bei laufendem Geschäftsbetrieb im Insolvenzverfahren die mögliche Gefährdung der Fortführung des Unternehmens zu berücksichtigen. Andererseits braucht sich die Finanzverwaltung mit berechtigten und für den Insolvenzverwalter erkennbar und kalkulierbar entstehenden Masseansprüchen auch nicht hinter die übrigen Massegläubiger anzustellen, nur um die Erhaltung des Betriebs zu ermöglichen.

Ein **Antrag** des Steuerpflichtigen ist für den Erlass zwar nicht erforderlich. Gleichwohl finden Billigkeitsmaßnahmen jedoch in der Praxis nahezu ausnahmslos ausschließlich auf Antrag statt. Hinsichtlich der **Antragsberechtigung** ist zu differenzieren. Soweit sich die Billigkeitsmaßnahme auf Steuerforderungen bezieht, die den Rang von Masseverbindlichkeiten einnehmen (§ 55 InsO), steht das Antragsrecht ausschließlich dem Insolvenzverwalter zu. Soweit Steuerforderungen betroffen sind, die im Rang von § 38 InsO stehen, hat die Rechtsprechung stillschweigend ebenfalls die Antragsberechtigung des Insolvenzverwalters angenommen.[4] Dem gegenüber ist zumindest auch die Antragsberechtigung des Schuldners anzuerkennen (Rz. 3.202).

3.322

Über den Erlass entscheidet die Finanzbehörde nach ihrem Ermessen gem. § 5 AO.

3.323

V. Schlussrechnung und Schlusstermin

Der Insolvenzverwalter hat das Insolvenzverfahren in einem nach Größe und Umfang des Verfahrens angemessenen Zeitraum zum Abschluss zu bringen. Regelmäßig sollte dies nach zwei bis drei Jahren Verfahrensdauer der Fall sein können. Dies gilt

3.324

---

1 *Fritsch* in Koenig[3], § 227 AO Rz. 36; BFH v. 14.11.1957 – IV 418/56 U, BStBl. III 1958, 153; v. 30.9.1996 – X B 131/96, BFH/NV 1997, 326; v. 17.7.2019 – III R 64/18, juris; krit. *von Groll* in Hübschmann/Hepp/Spitaler, § 227 AO Rz. 134.
2 *Fritsch* in Koenig[3], § 227 AO Rz. 36; *Loose* in Tipke/Kruse, § 227 AO Rz. 104.
3 BFH v. 29.4.1981 – IV R 23/78, BStBl. II 1981, 726 (728); FG Köln v. 1.2.2018 – 11 V 3169/17, juris; zu Gründen, die die Erlassunwürdigkeit begründen, vgl. *Fritsch* in Koenig[3], § 227 AO Rz. 38 ff.
4 BFH v. 9.7.2003 – V R 57/02, BStBl. II 2003, 901 = ZIP 2003, 2036.

lediglich dann nicht, wenn es sachliche Gründe dafür gibt, dass eine Verfahrensbeendigung noch nicht erfolgen kann, beispielsweise weil der Insolvenzverwalter Rechtsstreite führen muss, die trotz aller ihm möglichen Beschleunigung nicht zum Ende gelangen.

3.325 Ist das Insolvenzverfahren abschlussreif, so legt der Insolvenzverwalter Schlussrechnung (§ 66 InsO). Eine der Schlussrechnung inhaltlich vergleichbare Rechnungslegung hat auch zu erfolgen, wenn das Amt des Insolvenzverwalters vor Abschlussreife des Insolvenzverfahrens endet, beispielsweise durch Entlassung oder Wahl eines anderen Insolvenzverwalters.

3.326 Die Schlussrechnung unterliegt keinem zwingend vorgeschriebenen Aufbau. Entscheidend ist dabei aber, dass die gesamte Tätigkeit des Insolvenzverwalters berichtet und dokumentiert wird. Es reicht nicht aus, wenn der Insolvenzverwalter lediglich die Einnahmen und Ausgaben auf seinem Hinterlegungskonto erläutert und die auf die Insolvenzgläubiger entfallende Quote mitteilt. Eine Schlussrechnung i.S.v. § 66 InsO hat vielmehr zwei Elemente zu enthalten: einen rechnerischen Teil, in dem Einnahmen und Ausgaben gegenübergestellt werden und einen darstellenden Teil, in dem die gesamte Tätigkeit des Insolvenzverwalters textlich dargestellt wird.[1]

3.327 Mit der Schlussrechnung hat der Insolvenzverwalter dem Insolvenzgericht ein Schlussverzeichnis (§ 188 InsO) und die Kontoauszüge seines Hinterlegungskontos sowie die zu den Buchungen gehörenden Belege zu übergeben. Dem Insolvenzgericht kommt als Ausfluss seiner Aufsichtspflichten (§ 58 InsO) die Aufgabe zu, die durch den Insolvenzverwalter erstellte Schlussrechnung zu prüfen. Die **Prüfung erfolgt in formeller und materieller Hinsicht**. Eine Prüfung der **Zweckmäßigkeit** bestimmter Handlungen des Insolvenzverwalters gehört hingegen nicht zur Prüfungskompetenz des Insolvenzgerichts. Das Insolvenzgericht hat also nicht zu prüfen, ob der Insolvenzverwalter bestmöglich verwertet hat oder ob sich ihm auch nur günstigere Verwertungsmöglichkeiten hätten bieten können. Lediglich dann, wenn beispielsweise erkennbar ist, dass der Insolvenzverwalter ohne ersichtlichen Grund von mehreren ihm bekannten Verwertungsmöglichkeiten nicht die beste Verwertungsalternative gewählt hat, kann der Bereich der materiell fehlerhaften Verfahrensführung betroffen sein.

3.328 Ist ein **Gläubigerausschuss** bestellt, so ist diesem die Schlussrechnung zum Zwecke der Prüfung zuzuleiten, § 66 Abs. 2 Satz 2 InsO.

3.329 Kann das Insolvenzgericht die Schlussrechnung des Insolvenzverwalters aufgrund ihrer Komplexität nicht selbst prüfen, so darf es mit der Prüfung gem. § 5 InsO einen **Sachverständigen** beauftragen.[2] Die Beauftragung von Sachverständigen darf jedoch keinesfalls routinemäßig in jedem Verfahren oder aufgrund allgemeiner Arbeitsüberlastung des Insolvenzgerichtes erfolgen, weil die Insolvenzmasse durch die Beauftragung eines Sachverständigen mit zusätzlichen Kosten (§ 54 InsO) belastet wird, wo-

---

[1] *Schmitt* in FrankfurterKomm/InsO⁹, § 66 Rz. 9 ff.
[2] *Schmitt* in FrankfurterKomm/InsO⁹, § 66 Rz. 20; *Eckardt* in Jaeger⁹, § 66 InsO Rz. 39.

durch die Befriedigungschancen der Insolvenzgläubiger abnehmen und im äußersten Fall sogar die Vergütung des Insolvenzverwalters gefährdet werden kann.[1] Die Beauftragung des Sachverständigen ist wegen der damit verbundenen zusätzlichen Kosten nur dann zulässig, wenn die Prüfung des rechnerischen Teils der Schlussrechnung eine fachliche Kompetenz voraussetzt, die bei dem Insolvenzgericht nicht vorhanden sein kann, sondern über die beispielsweise nur Wirtschaftsprüfer oder ggf. andere Insolvenzverwalter verfügen.

Gelangt das Insolvenzgericht zu dem Ergebnis, dass Schlussrechnung und Verwaltertätigkeit vollumfänglich ordnungsgemäß sind, bringt es einen entsprechenden Vermerk auf der Schlussrechnung an und legt die Schlussrechnung sodann unter Beifügung der Belege zur Einsichtnahme der Beteiligten aus, § 66 Abs. 2 InsO. Das Insolvenzgericht beraumt eine Gläubigerversammlung an, in der die Schlussrechnung erörtert wird. Diese darf frühestens drei Wochen nach der Auslegung der Schlussrechnung zur Einsicht der Beteiligten stattfinden. Im Rahmen ihres Schlusstermins (§ 197 InsO) erörtert die Gläubigerversammlung die Schlussrechnung des Insolvenzverwalters. Der Insolvenzverwalter ist verpflichtet, den Verfahrensgang und die Verwertungserfolge sowie die voraussichtliche Befriedigungsquote auch mündlich zu erläutern und Nachfragen der Insolvenzgläubiger zu beantworten. Die Insolvenzgläubiger können darüber hinaus Einwendungen gegen das Schlussverzeichnis erheben, § 197 Abs. 1 Ziff. 2 InsO. Solche Einwendungen sind nur beachtlich, wenn sie mündlich in der Gläubigerversammlung erhoben werden; schriftliche Einwendungen hingegen sind unerheblich. Zur Erhebung von **Einwendungen** sind alle Insolvenzgläubiger berechtigt, die Forderungen zur Insolvenztabelle angemeldet haben. Eine Anmeldung von Forderungen erst im **Schlusstermin** ist allerdings grundsätzlich zulässig.[2] Über die Einwendung entscheidet das Insolvenzgericht im Schlusstermin durch Beschluss, gegen den die sofortige Beschwerde statthaft ist (§ 197 Abs. 3 i.V.m. § 194 Abs. 3 Satz 2 InsO).

3.330

Schließlich entscheidet die Gläubigerversammlung im Schlusstermin darüber, wie mit massezugehörigen aber unverwertbaren Gegenständen verfahren werden soll. Da der Insolvenzverwalter wertlose Gegenstände in der Regel bereits vor dem Schlusstermin freigegeben hat, sind zum Zeitpunkt des Schlusstermins allerdings in der Regel keine unverwertbaren Gegenstände mehr vorhanden. Unverwertbar in diesem Sinne sind aber auch Gegenstände, die zur Zeit des Schlusstermins noch nicht verwertbar sind, deren Verwertbarkeit allerdings später eintreten wird, wie dies beispielsweise bei nicht fälligen und nicht veräußerbaren Forderungen der Fall ist. Insoweit kommt die Nachtragsverteilung in Betracht.[3]

3.331

---

1 Vgl. zu der heftigen Diskussion um die Recht- und Verfassungsmäßigkeit der Bestellung eines Sachverständigen zum Zwecke der Schlussrechnungsprüfung, vgl. statt Vieler *Vierhaus*, ZInsO 2008, 521.
2 *Kießner* in FrankfurterKomm/InsO[9], § 197 Rz. 18; *Kebekus/Schwarzer* in MünchKomm/InsO[4], § 197 Rz. 4.
3 *Smid*, Praxishandbuch Insolvenzrecht[5], § 27 Rz. 7.

VI. Verteilung

3.332 Verteilungen an die Insolvenzgläubiger erfolgen auf der Grundlage eines Verteilungsverzeichnisses (§ 188 InsO). Zur Verteilung gelangen die in der Insolvenzmasse befindlichen Barmittel, die nach der Befriedigung der Masseverbindlichkeiten und der Kosten (§ 54 InsO) noch verblieben sind. Wenn auch Verteilungen an die Gläubiger so oft stattfinden können, wie hinreichende Barmittel in der Insolvenzmasse vorhanden sind (§ 187 Abs. 2 InsO), findet in der Praxis regelmäßig nur eine einzige Verteilung statt, die Schlussverteilung. Diese schließt sich an den Schlusstermin an. Grundlage für die Schlussverteilung ist das Schlussverzeichnis (§ 188 InsO).

3.333 In das Verteilungsverzeichnis können nur Forderungen aufgenommen werden, die in einem Prüfungstermin geprüft worden sind. Nachträglich angemeldete Forderungen müssen daher vor der Verteilung in einem gesonderten Prüfungstermin oder im schriftlichen Verfahren (§ 177 InsO) geprüft werden. Bestrittene, nicht titulierte Forderungen im Rang von § 38 InsO sind in das Verteilungsverzeichnis nur dann aufzunehmen, wenn der Gläubiger binnen der zweiwöchigen Ausschlussfrist des § 189 Abs. 1 InsO nachweist, dass er die Feststellung seiner Forderung betreibt. Die Ausschlussfrist beginnt mit der Bekanntmachung gem. § 9 Abs. 1 InsO. Erfolgt der Nachweis erst nach Ablauf der Ausschlussfrist, kann die Forderung nicht mehr berücksichtigt werden (§ 189 Abs. 3 InsO). Bestrittene, titulierte Forderungen werden in das Verteilungsverzeichnis aufgenommen. Die Forderung nimmt jedoch so lange nicht an der Verteilung teil, wie der Widerspruch nicht beseitigt ist.[1] Zur Beseitigung eines Widerspruchs (Rz. 3.297). Notfalls muss der Insolvenzverwalter auf eine solche Forderung entfallende Beträge hinterlegen.

3.334 Nach der Schlussverteilung wird das Insolvenzverfahren gem. § 200 Abs. 1 InsO aufgehoben.

C. Aufrechnung

Literatur *Adam*, Die Aufrechnung im Rahmen der Insolvenzordnung, WM 1998, 801; *Becker*, Begünstigen und Zurückdrängen der Aufrechnung unter laufendem Insolvenzverfahren, DZWIR 2005, 221; *Billing*, Aufrechnung und Erledigung der Hauptsache – BGH, NJW 2003, 3134, JuS 2004, 186; *de Bra*, Die Anfechtbarkeit der Verrechnung von Zahlungseingängen auf debitorischen Girokonten in dem letzten Monat vor dem Antrag auf Eröffnung des Insolvenzverfahrens, NZI 1999, 249; *Braun*, Aufrechnung mit im Insolvenzplan erlassenen Forderungen, NZI 2009, 409; *Dahl/Kortleben/Michels*, Der Anwendungsbereich der lex fori concursus sowie die Abgrenzung zwischen Immobiliar-, Anfechtungs- und Aufrechnungsstatut, NZI 2018, 683; *Dobmeier*, Die Aufrechnung durch den Insolvenzverwalter, ZInsO 2007, 1208; *Eckert*, Aufrechnung im Mieterinsolvenzverfahren, NZM 2005, 330; Zur Aufrechnungsbefugnis des Konkursverwalters, ZIP 1995, 257; *Fischer*, Aus der Praxis: Vollstreckungsgegenklage bei Aufrechnung mit rechtswegfremder Forderung, JuS 2007, 921; Aufrechnung und Verrechnung in der Insolvenz, WM 2008, 1; *Fricke*, Unzulässigkeit der Aufrechnung gem. § 55 Abs. 1 Nr. 2 KO nach Rückerwerb der vor Konkurseröffnung zur Sicherheit abgetretenen (Gegen-)

---
[1] *Westphal* in Nerlich/Römermann, § 189 InsO Rz. 14.

Forderung, NJW 1974, 2118; *Ganter*, Aufrechnungsverbote nach §§ 96 Abs. 1 Nr. 2 und 3 InsO bei Sicherungsabtretungen, FS Kirchhof, 2003, S. 105; *Grönwoldt*, Insolvenzrechtliche Aufrechnung – Aktuelle BFH-Rechtsprechung und kohärente BGH-Rechtsprechung, DStR 2008, 18; *Grub/Smid*, Aufrechnung mit Forderungen aus Schuldverschreibung in der Insolvenz des Schuldverschreibungsschuldners, DZWIR 2003, 265; *Gundlach/Frenzel/Schirrmeister*, Die Aufrechnung gegen Steuererstattungsansprüche in der Insolvenz – Am Beispiel des Kfz-Steuer-Erstattungsanspruchs, DStR 2005, 1412; *Haase*, Aufrechnung von Masse-/Insolvenzforderungen im Insolvenzverfahren (auch Änderung der bisherigen Rechtsprechung), ZInsO 2014, 1796; *von Hall*, Aufrechnungsverträge in der Insolvenz, KTS 2011, 34; *Häsemeyer*, Die Aufrechnung nach der Insolvenzordnung in Kölner Schrift zur Insolvenzordnung, 489; *Henckel*, Die Verjährung der Hauptforderung des Insolvenzschuldners bei Unzulässigkeit der Aufrechnung nach § 96 I Nr. 3 InsO, NZI 2007, 84; *Heublein*, Gutschriften in der Krise – insolvenzfester Glücksfall oder anfechtbare Scheindeckung?, ZIP 2000, 161; *Höhn/Kaufmann*, Die Aufrechnung in der Insolvenz, JuS 2003, 751; *Jacobi*, Sanierung durch Insolvenzplan vs. unbegrenzte Aufrechnung, NZI 2009, 351; Die Aufrechnungsbefugnis des Rechtsanwalts in der Insolvenz des Mandanten, NZI 2007, 495; *Jäger*, Anfechtung und Aufrechnung bei Insolvenz des Abgabenschuldners in der Rechtsprechung des BFH, ZInsO 2014, 1353; *Kayser*, Wirksame und unwirksame Aufrechnungen in der Insolvenz, Teil I, WM 2008, 1477, Teil II, WM 2008, 1525; *Kothes/Rein*, Aktuelle sozialrechtliche Fragen in Krise und Insolvenz, NZI 2019, 795; *Lackmann*, Auf- und Verrechnung von Sozialleistungen im Insolvenzverfahren – ein Update, VIA 2019, 41; *Ladiges*, Der Auszahlungsanspruch nach § 37 Abs. 5 KStG – Probleme bei Aufrechnung und Insolvenz, DStR 2008, 2041; *Lippock*, Auf- bzw. Verrechnung der Sozialversicherung nach Restschuldbefreiung in einem Insolvenzverfahren, RVAktuell 2019, 19; *Marotzke*, Sinn und Unsinn einer insolvenzrechtlichen Privilegierung des Fiskus, ZInsO 2010, 2163; *v. Olshausen*, Die Aufrechnung mit dem Regressanspruch eines Bürgen oder Wechseleinlösers in der Insolvenz des Hauptschuldners oder des Akzeptanten nach der InsO – alles wie gehabt?, KTS 2000, 1; *Onusseit*, Aufrechnung mit und gegen Steuerforderungen in der Insolvenz, zu Kölner Schrift zur Insolvenzordnung, 3. Aufl. 2009, 1265, Umsatzsteuerrechtliche Aufrechnungslagen und Vorsteuer in der Insolvenz, ZIP 2002, 22; *Rafiqpoor/Wilmes*, Wechselseitige Erfüllung als insolvenzanfechtungsrechtliche Alternative zur Aufrechnung, NZI 2009, 91; *Reher*, Insolvenzfestigkeit von Konzernverrechnungsklauseln, ZInsO 2004, 900; *Rein*, Aufrechnung durch Sozialleistungsträger nach Restschuldbefreiung, NJW-Spezial 2018, 661; *Rüsken*, Die Rechtsprechung des VII. Senats des BFH zum steuerlichen Insolvenzverfahrensrechts und zur Aufrechnung im Insolvenzverfahren, NZI 2006; *Roth*, Insolvenzeröffnungsbedingte Berichtigungen und Aufrechnungsfragen, DStR 2017, 1766; *Scherer*, Die Unterbrechung des Steuerfestsetzungsverfahrens in der Insolvenz – Kritische Überlegungen zur Rechtsprechung des BFH, DStR 2017, 296; *K. Schmidt*, Keine Insolvenzfestigkeit von Konzernverrechnungsklauseln: Es bleibt dabei!, NZI 2005, 138; *Schmittmann*, Verjährungsunterbrechung, Aufrechnungsverbot, Energiesteuer und Investitionszulage an der Schnittstelle von Insolvenz- und Steuerrecht, StuB 2015, 879; *Schwarz/Lehre*, Aufrechnung mit einer Forderung trotz Insolvenzplan – Stärkung des Fiskusprivilegs, ZInsO 2011, 1540; *Spliedt*, Aufrechnung und Anfechtung während des Eröffnungsverfahrens erwirtschafteter Ansprüche, DZWIR 2000, 418; *Vallender*, Aktuelle Entwicklungen des Regelinsolvenzverfahrens im Jahr 2018, NJW 2019, 1351; *Viertelhausen*, Verrechnung von Vorsteuer aus der vorläufigen Insolvenzverwaltung, UR 2008, 873; Das Finanzamt als Gläubiger im Insolvenzverfahren, InVo 2002, 45; *Vollkommer*, Aufrechnung nach Abstandnahme vom Urkundenprozess in der Berufungsinstanz, NJW 2000, 1682; *Werth*, Die Aufrechnung von steuerlichen Erstattungsansprüchen im Insolvenzverfahren, AO-Stb 2007, 70; *Wilmowsky*, Aufrechnung in der Insolvenz, NZG 1998, 481; *Zenker*, Zur Frage der Rückwirkung des § 96 Abs. 1 Nr. 3 InsO, NZI 2006, 16; *Zuleger*, Verrechnung von Zahlungseingängen bei offener Kreditlinie, ZInsO 2002, 49.

I. Grundlagen

3.335 Die Aufrechnung dient der wechselseitigen Tilgung zweier sich gegenüberstehender Forderungen, welche ihrem Gegenstand nach gleichartig sein müssen. Die allgemeinen Voraussetzungen sind den §§ 387 ff. BGB zu entnehmen. Gemäß § 389 BGB hat die wirksame Aufrechnung zur Folge, dass die Forderungen, soweit sie sich decken, als in dem Zeitpunkt erloschen gelten, in welchem sie zur Aufrechnung geeignet einander gegenübergetreten sind. Sofern die Aufrechnung im Insolvenzverfahren möglich ist, muss der Insolvenzgläubiger seine Forderung nicht zur Tabelle anmelden und ist demnach auch nicht auf die Insolvenzquote beschränkt, sondern erhält, soweit sofern sich die Beträge der Forderungen decken, volle Befriedigung. Einen nicht durch Aufrechnung erloschenen Teil einer Insolvenzforderung kann der Gläubiger schließlich zur Tabelle anmelden.

3.336 Für das Insolvenzverfahren werden die **allgemeinen Vorschriften durch die §§ 94 ff. InsO ergänzt**. Das Insolvenzverfahren hindert die Aufrechnung nicht per se, es schränkt die Aufrechnungsmöglichkeiten nur für bestimmte Situationen ein. Nach § 94 InsO verliert derjenige, der zum Zeitpunkt der Verfahrenseröffnung schon zur Aufrechnung berechtigt war, diese Berechtigung nicht durch die Eröffnung des Insolvenzverfahrens. § 95 InsO bestimmt die Voraussetzungen, unter denen die Aufrechnung auch noch möglich ist, wenn die Aufrechnungslage erst nach Verfahrenseröffnung eintritt. Danach ist die Aufrechnung mit einer bedingten und noch nicht fälligen Steuerforderung möglich, sofern der Anspruch schon begründet ist und kein Hindernis i.S.d. § 95 Abs. 1 Satz 3 InsO entgegensteht. § 96 InsO normiert besondere Fälle, in denen die Aufrechnung im Insolvenzverfahren ausgeschlossen ist. Dies ist insbesondere der Fall, wenn ein Insolvenzgläubiger erst nach der Eröffnung etwas zur Masse schuldig wird. Die in § 96 InsO enthaltenen Aufrechnungsverbote sind Ausfluss des das Insolvenzverfahren beherrschenden Gläubigergleichbehandlungsgebots; sie sollen gewährleisten, dass Ansprüche, die originär im Rahmen der Insolvenzverwaltung für die Masse entstehen, nicht durch vorinsolvenzliche Individualansprüche einzelner Gläubiger entwertet, sondern der Gesamtgläubigerschaft zur Verfügung stehen.

3.337 Für **Massegläubiger** ergibt sich keine Einschränkung ihrer Aufrechnungsmöglichkeiten, denn Massegläubigern steht nach § 53 InsO ein vollwertiger Anspruch gegen die Masse zu, so dass §§ 95, 96 InsO nur auf Insolvenzgläubiger anwendbar sind.[1] Eine Aufrechnung ist Massegläubigern allerdings nur gegen Forderungen möglich, die der Insolvenzmasse zustehen; eine Aufrechnung gegen Forderungen, die dem Schuldner im insolvenzfreien Bereich (Rz. 2.135 ff.) zustehen, ist nicht zulässig.

3.338 Voraussetzungen der Aufrechnung für Insolvenzgläubiger:

– die Forderungen müssen gleichartig sein,
– die Forderungen müssen im Gegenseitigkeitsverhältnis stehen,

---

[1] *Bernsau/Wimmer-Amend* in FrankfurterKomm/InsO⁹, § 96 Rz. 22; *Sinz* in Uhlenbruck¹⁵, § 94 InsO Rz. 3; BGH v. 15.10.2003 – VIII ZR 358/02, ZIP 2003, 2166 = NJW-RR 2004, 50 (52).

– der Anspruch des Schuldners muss erfüllbar sein,

– die Gegenforderung des Insolvenzgläubigers muss fällig sein,

– es darf kein gesetzliches Aufrechnungsverbot bestehen (§§ 393 ff. BGB oder § 96 InsO).

Im Insolvenzverfahren ist eine Aufrechnungserklärung gegenüber dem Insolvenzverwalter abzugeben. Für die Aufrechnung gegen Steuererstattungsansprüche reicht zwar an sich auch eine formlose Erklärung, doch ergeht in der Regel ein **Abrechnungsbescheid** nach § 218 Abs. 2 AO. Gegen den Abrechnungsbescheid ist der Einspruch statthaft (§ 347 AO). Sofern sich der Insolvenzverwalter gegen eine Aufrechnung zur Wehr setzen möchte, die nicht durch rechtsmittelfähigen Bescheid, sondern durch einfache Aufrechnungserklärung erfolgt ist, ist ihm auf Antrag ein Abrechnungsbescheid zu erteilen.

3.339

II. Aufrechnung mit Steuerforderungen

Literatur *App*, Zur Aufrechnung mit Steuerforderungen im Insolvenzverfahren, EWiR 2004, 1063; *Benzel*, Unzulässigkeit der Aufrechnung vor Eröffnung eines Insolvenzverfahrens, NWB 2011, 981; *Crezelius*, Aktuelle Steuerrechtsfragen in Krise und Insolvenz, NZI 2019, 453; *Ebenroth*, Zur Aufrechnung des Finanzamts mit Steuerforderungen im Konkurs der KG, JZ 1985, 322; *Grönwoldt*, Insolvenzrechtliche Aufrechnung – aktuelle BFH-Rechtsprechung und kohäre BGH-Rechtsprechung, DStR 2008, 16; *Jäger*, Anfechtung und Aufrechnung bei Insolvenz des Abgabenschuldners in der Rechtsprechung des BFH, ZInsO 2014, 1353; *Kahlert*, Restschuldbefreiung des Unternehmers von Steuerschulden nach der Richtlinie betreffend die zweite Chance, DStR 2019, 719; *Klusmeier*, Wann ist ein Steuererstattungsanspruch der Masse zuzurechnen, wann handelt es sich um einen aufrechenbaren Anspruch, ZInsO 2017, 1359; *Krumwiede/Gräbner*, Insolvenzrechtliches Aufrechnungsverbot – Aktuelle BFH-Rechtsprechung, BB 2019, 1499; *Kahlert*, Insolvenzrechtliche Aufrechnungsverbote im Umsatzsteuerrecht, ZIP 2013, 22; *Lechner/Johann*, Qualifiziert die umsatzsteuerliche Leistungserbringung als Rechtshandlung i.S.d. insolvenzrechtlichen Anfechtungsvorschriften, BB 2011, 1131; *Marschal*, Aufrechnung mit Umsatzsteuerforderungen in der Insolvenz, BB 2013, 22; *Obermair*, Die Aufrechnung mit Steuerforderungen in der Insolvenz, BB 2004, 2610; *Onusseit*, Zur Aufrechnung des Finanzamts mit Steuerforderungen in der Insolvenz, EWiR 2005, 477; *Reiß*, Der Besitz der Rechnung als formelle Bedingung für die Ausübung des Vorsteuerabzugsrechts für den Besteuerungszeitraum der Entstehung der Steuerschuld, MwStR 2018, 867; *Ries*, Zur Aufrechnung des Finanzamts gegenüber Ansprüchen der Masse, EWIR 2013, 17; *Roth*, Insolvenzeröffnungsbedingte Berichtigungen und Aufrechnungsfragen, DStR 2017, 1766; *Rüsken*, Aufrechnung mit Umsatzsteuerforderung gegen Vorsteuervergütung im Insolvenzverfahren, KFR F 2 AO, § 226, 2/05, S. 213–214 (H 6/2005); *Sauerland*, Aufrechnung des FA mit Steuerforderungen gegen Erstattungsansprüche des anderen Ehegatten?, AO-StB 2009, 378; *Schmidt*, Die Geister, die der BFH rief: Unternehmensteile und die Berücksichtigung von Vorsteuerübergängen bei § 55 IV InsO, NZI 2017, 384; *von Streit/Streit*, Anmerkungen zum Rechnungserfordernis beim Vorsteuerabzug unter Berücksichtigung der jüngsten Rechtsprechung, MwStR 2019, 13; *Schmittmann*, Aktuelle Rechtsprechung des BFH zu verfahrens- und ertragsteuerlichen Fragen in der Insolvenz natürlicher Personen, VIA 2016, 65; *Viertelhausen*, Verrechnung von Vorsteuer aus der vorläufigen Insolvenzverwaltung, UR 2008, 873; *Werth*, Die Aufrechnung von steuerlichen Erstattungsansprüchen im Insolvenzverfahren, AO-StB 2007, 70.

1. Rechtsprechung des BFH

3.340 Sofern mit Steuerforderungen aufgerechnet werden soll, so ist die Hauptforderung, gegen die das Finanzamt mit seinem Steueranspruch (Gegenforderung) aufrechnen will, zumeist ein Steuererstattungsanspruch des Schuldners (Hauptforderung). Die Aufrechnung ist sowohl innerhalb von Steuerarten, als auch Steuerarten übergreifend möglich. Von besonderer Bedeutung ist im Zusammenhang mit der Aufrechnung von Steuerforderungen die Frage nach der „Begründung" der aufzurechnenden Forderungen. Sofern der Anspruch vor Verfahrenseröffnung begründet wurde, handelt es sich um eine Insolvenzforderung, wenn der Anspruch nach Eröffnung begründet wurde, ist er Masseforderung.

3.341 Bezüglich der Frage, auf welchen Zeitpunkt bei der Beurteilung der Begründetheit des Anspruchs des Finanzamts abzustellen ist, standen sich jahrelang im Wesentlichen zwei Rechtsauffassungen gegenüber. Eine Auffassung hielt dafür, für die Abgrenzung zwischen Insolvenzforderungen und Masseverbindlichkeiten sei in Bezug auf Steuerforderungen des Finanzamtes darauf abzustellen, ob der zugrunde liegende Lebenssachverhalt vor oder nach Insolvenzeröffnung verwirklicht worden ist.[1] Davon wich der V. Senat des BFH ab.

3.342 Der V. Senat führte hierzu aus:[2]

„Ob es sich bei einem Steueranspruch um eine Insolvenzforderung oder um eine Masseverbindlichkeit handelt, bestimmt sich nach dem Zeitpunkt, zu dem der den Umsatzsteueranspruch begründende Tatbestand **vollständig verwirklicht und damit abgeschlossen** *ist (...). Unerheblich ist dem gegenüber der Zeitpunkt der Steuerentstehung (...). Welche Anforderungen im Einzelnen an die somit erforderliche vollständige Tatbestandsverwirklichung im Zeitpunkt der Insolvenzeröffnung zu stellen sind, richtet sich nach den jeweiligen Vorschriften des Steuerrechts, nicht aber nach dem Insolvenzrecht (...). Kommt es zur vollständigen Tatbestandsverwirklichung bereits vor Verfahrenseröffnung, handelt es sich um eine Insolvenzforderung, erfolgt die vollständige Tatbestandsverwirklichung erst nach Verfahrenseröffnung, liegt unter den Voraussetzungen des § 55 InsO eine Masseverbindlichkeit vor."*

3.343 Dieser Auffassung hat sich der VII. Senat des BFH zur Wahrung der Einheitlichkeit der Rechtsprechung angeschlossen.[3] Dies hat entscheidende Bedeutung für die Aufrechnung: Für die Anwendung des § 96 Abs. 1 Ziff. 1 InsO ist entscheidend, wann

---

1 BFH v. 6.10.2005 – VII B 309/04, BFH/NV 2006, 369; v. 5.10.2004 – VII R 69/03, BStBl. II 2005, 195; v. 1.4.2008 – X B 201/07, ZIP 2008, 1780 (1780); *Onusseit*, ZInsO 2006, 516 (516); *Frotscher*, Steuern und Insolvenz, S. 174, *Waza* in Waza/Uhländer/Schmittmann, Insolvenzen und Steuern[12], Rz. 1967; *Farr*, Die Besteuerung in der Insolvenz, Rz. 369; *Maus*, Steuern im Insolvenzverfahren, Rz. 30; *Onusseit* in Kübler/Prütting/Bork, InsSteuerR II F, Rz. 155; *Zeeck*, KTS 2006, 407 (422); *Radeisen*, INF 2005, 658 (659); *Ehricke/Behme* in MünchKomm/InsO[4], § 38 Rz. 31; *Sinz* in Uhlenbruck[15], § 38 InsO Rz. 67; *Ruhe*, Steuern in der Insolvenz, S. 117; *Birk*, ZInsO 2007, 743 (746); *Onusseit/Kunz*, Steuern in der Insolvenz[2], Rz. 290 ff.; *Kuhn/Uhlenbruck*[11], § 3 KO Rz. 11; *Jaeger/Henckel*, § 38 KO Rz. 126; *Endres*, UR 1988, 333 (334).
2 BFH v. 9.12.2010 – V R 22/10, NZI, 2011, 336.
3 BFH v. 25.7.2012 – VII R 29/11, BStBl. II 2013, 36 = ZIP 2012, 2217; s. auch BFH v. 11.7.2013 – XI B 41/13, NZI 2013, 992; v. 16.5.2013 – IV R 23/11, BStBl. II 2013, 759.

der materiell-rechtliche Berichtigungstatbestand des § 17 Abs. 2 UStG verwirklicht wird.[1] Nicht entscheidend ist, wann die zu berichtigende Steuerforderung begründet worden ist. Ohne Bedeutung ist – ebenso wie der Zeitpunkt der Abgabe einer Steueranmeldung oder des Erlasses eines Steuerbescheids, in dem der Berichtigungsfall erfasst wird –, ob der Voranmeldungs- oder Besteuerungszeitraum erst während des Insolvenzverfahrens abläuft[2]

Wird ein Berichtigungstatbestand des § 17 Abs. 2 UStG vor Eröffnung des Insolvenzverfahrens verwirklicht, insbesondere etwa dadurch, dass der Unternehmer zahlungsunfähig wird (wie es in der Regel ohne weiteres aus der Eröffnung eines Insolvenzverfahrens – außer in den Fällen des § 18 InsO – geschlossen werden kann), greift das Aufrechnungsverbot des § 96 Abs. 1 Ziff. 1 InsO allerdings auch dann nicht ein, wenn der betreffende Voranmeldungs- oder Besteuerungszeitraum erst während des Insolvenzverfahrens endet und mithin die Steuer i.S.d. § 13 UStG erst nach Eröffnung des Insolvenzverfahrens entsteht.

Einstweilen frei.   3.344 – 3.346

2. Fälligkeit der Gegenforderung

Für die Fälligkeit der Gegenforderung, also der Forderung des Finanzamts, ist die **Fälligkeit** nach steuerrechtlichen Gesichtspunkten zu beurteilen. Die Vorschrift des § 41 InsO findet keine Anwendung.[3] Grundsätzlich richtet sich die Fälligkeit einer Steuerforderung gem. § 220 Abs. 1 AO nach den Vorschriften der Einzelsteuergesetze, tritt also zumeist mit Festsetzung ein (§ 18 UStG, § 37 EStG). Steuerforderungen werden nur dann, wenn solche Bestimmungen fehlen, gem. § 220 Abs. 2 Satz 1 AO mit Entstehung fällig. § 220 Abs. 2 Satz 1 AO wird durch § 220 Abs. 2 Satz 2 AO dahingehend eingeschränkt, dass die Fälligkeit nicht vor Bekanntgabe der Festsetzung eintritt, wenn sich der Anspruch in den Fällen des Satzes 1 aus der Festsetzung von Ansprüchen aus dem Steuerschuldverhältnis ergibt. 3.347

Im Insolvenzverfahren ergibt sich für die Finanzverwaltung das Problem, dass nach der Eröffnung des Insolvenzverfahrens aber **wegen § 87 InsO keine Steuerbescheide mehr für Steuerforderungen ergehen dürfen**, die den Rang von Insolvenzforderungen einnehmen.[4] Das führt zu der Frage, wie und wann das Finanzamt die Fälligkeit solcher Forderungen herbeiführen kann, wenn die Fälligkeit bei Insolvenzeröffnung noch nicht gegeben war. Nach Auffassung des BFH[5] soll in solchen Fällen auf die Vorschrift des § 220 Abs. 2 Satz 1 AO zurück zu greifen sein: 3.348

---

1 BFH v. 25.7.2012 – VII R 29/11, BStBl. II 2013, 36 = ZIP 2012, 2217; v. 15.1.2019 – VII R 23/17, DStRE 2019, 577; v. 12.6.2018 – VII R 19/16, DStR 2018, 1819; v. 8.11.2016 – VII R 34/15, BStBl. II 2017, 496.
2 BFH v. 25.7.2012 – VII R 29/11, BStBl. II 2013, 36 = ZIP 2012, 2217.
3 *Henckel* in Jaeger[9], § 41 InsO Rz. 9.
4 BFH v. 4.5.2004 – VII R 45/03, BStBl. II 2004, 815 = ZIP 2004, 1423 = DStR 2004, 1172.
5 BFH v. 4.5.2004 – VII R 45/03, BStBl. II 2004, 815 = ZIP 2004, 1423 = DStR 2004, 1172; vgl. auch BFH v. 10.5.2007 – VII R 18/05, BStBl. II 2007, 914; FG Thür. v. 16.3.2017 – 1 K 512/15, juris.

3.349 *„Nach § 220 Abs. 1 AO 1977 richtet sich die Fälligkeit von Ansprüchen aus einem Steuerschuldverhältnis wie dem zwischen dem FA und der Gemeinschuldnerin bestehenden in erster Linie nach den Vorschriften der Steuergesetze ... .*

3.350 *Greifen spezielle steuergesetzliche Fälligkeitsbestimmungen i.S.d. § 220 Abs. 1 AO 1977 nicht ein, wird ein Anspruch aus dem Steuerschuldverhältnis nach § 220 Abs. 2 Satz 1 AO 1977 – von dem hier nicht gegebenen Fall eines abweichenden Leistungsgebots abgesehen – grundsätzlich mit seiner Entstehung fällig. ...*

3.351 *Diesen Grundsatz schränkt allerdings § 220 Abs. 2 Satz 2 AO 1977 (in praktisch weitreichendem Umfang) ein. Danach tritt die Fälligkeit erst mit der Bekanntgabe der Steuerfestsetzung ein, wenn sich in den Fällen des § 220 Abs. 2 Satz 1 AO 1977, also bei Steuern, für die keine spezialgesetzliche Fälligkeitsbestimmung getroffen ist, der betreffende Anspruch aus der Festsetzung der Steuer ergibt. ...*

3.352 *Bestand aber im Zeitpunkt der Aufrechnung weder die Notwendigkeit noch die Möglichkeit, die Forderung durch Steuerfestsetzungsbescheid geltend zu machen (und ist dementsprechend ein solcher Bescheid auch nicht ergangen), so fehlt es für die Anwendung des § 220 Abs. 2 Satz 2 AO 1977 ersichtlich an den Voraussetzungen und richtet sich die Fälligkeit der Forderung des FA vielmehr nach § 220 Abs. 2 Satz 1 AO 1977. ...*

3.353 *§ 220 Abs. 2 Satz 2 AO 1977 ist nicht sinngemäß dahingehend erweiternd auszulegen, dass die Fälligkeit etwa generell erst mit Titulierung der Forderung des FA einträte, die allerdings im Falle eines Insolvenzverfahrens erst durch die widerspruchslose Feststellung der Forderung zur Tabelle (§ 178 Abs. 1 InsO) oder durch Feststellungsbescheid nach § 251 Abs. 3 AO 1977 erfolgt. ... Dass die Umsatzsteuervorauszahlungsforderung des FA unter anderen Umständen, nämlich wenn und solange ein Insolvenzverfahren nicht stattfindet, einer Festsetzung durch Steuerbescheid bedurft hätte (§ 218 Abs. 1 AO 1977) und in diesem Fall § 220 Abs. 2 Satz 2 AO 1977 eingegriffen hätte, kann für die Beurteilung des Streitfalls nicht entscheidend sein. Die Aufrechnung mit einer Gegenforderung verlangt im Übrigen deren vorherige steuerverfahrensrechtliche Festsetzung oder eine Anmeldung zur Tabelle auch nicht deshalb, weil die genaue Darstellung der rechtlichen und tatsächlichen Grundlagen der Gegenforderung Voraussetzung einer wirksamen Aufrechnung wäre.*

3.354 *Wird über das Vermögen des Steuerschuldners ein Insolvenzverfahren eröffnet, so werden also – vorbehaltlich spezieller steuergesetzlicher Fälligkeitsbestimmungen – die in diesem Zeitpunkt entstandenen Steuerforderungen des FA fällig, ohne dass es dafür ihrer Festsetzung oder Feststellung durch Verwaltungsakt oder einer Anmeldung der Forderung zur Tabelle bedürfte."*

3.355 **Gegen diese Rechtsprechung bestehen durchgreifende Bedenken** und es dürfte auch im Hinblick auf neuere Entscheidungen des BFH[1] in anderen Zusammenhängen, die aber konstruktiv für die hier in Rede stehende Rechtsfrage Entscheidendes enthalten, davon auszugehen sein, dass der BFH an dieser Rechtsprechung jedenfalls so nicht mehr festhalten würde. Der Sinn des § 220 Abs. 2 Satz 2 AO liegt darin, die Fälligkeit einer Forderung so lange aufzuschieben, bis dem Steuerpflichtigen der Anspruch – hinreichend bezeichnet – bekannt gemacht ist. Es soll also in den von der Norm erfassten Fällen nicht fällige Steuerforderungen geben können, von denen der Steuerpflichtige keine Kenntnis hat. Das Bedürfnis nach solcher Kenntnis besteht auch im Insolvenzverfahren auf Seiten des Insolvenzverwalters. Es kann auch keineswegs unterstellt werden, der Gesetzgeber habe Fälligkeit von Steuerforderungen im

---

1 BFH v. 17.9.2019 – VII R 5/18; v. 17.9.2019 – VII R 5/18; v. 19.8.2008 – VII R 36/07.

Insolvenzverfahren in der Weise verstanden haben wollen, wie sie der BFH nun annimmt;[1] dafür gibt es keine Anhaltspunkte im Gesetzgebungsverfahren. Zweifelsohne kann das Ergebnis aber nicht sein, dass das Finanzamt nach Insolvenzeröffnung keine Möglichkeit mehr hat, entstandene Steuerforderungen noch fällig zu stellen, nur weil eine Festsetzung wegen § 87 InsO ausgeschlossen ist. Aus Gründen der Transparenz und Erkennbarkeit steuerrechtlicher Ansprüche muss aber für die Fälle, für die nach § 220 Abs. 2 Satz 2 AO für die Fälligkeit die Bekanntgabe der Festsetzung erforderlich ist, das **insolvenzrechtlich noch zulässige Äquivalent der Festsetzung** eintreten, das den Zweck der Bekanntgabe der Festsetzung erfüllt. Das ist die Forderungsanmeldung zur Insolvenztabelle (§ 174 InsO). Es gibt keinen Grund dafür, warum die Fälligkeit unabhängig von der Forderungsanmeldung eintreten sollte. Die Forderungsanmeldung ist vielmehr eine der Bekanntgabe einer Festsetzung vergleichbare Willensäußerung der Finanzbehörde, eine bestimmte Forderung geltend machen und fällig stellen zu wollen. Auch der BFH hat inzwischen ausdrücklich diesen Rechtsstandpunkt eingenommen:[2] „Die Feststellung der Forderung in der Insolvenztabelle stellt das insolvenzrechtliche Äquivalent zur Steuerfestsetzung durch Verwaltungsakt dar; sie hat grundsätzlich die gleichen Rechtswirkungen wie ein entsprechender Steuerbescheid." Zudem hat der BFH ausdrücklich den Rechtsstandpunkt eingenommen, dass im Insolvenzverfahren „die Steuerfestsetzung durch die Eintragung in die Tabelle ersetzt"[3] wird. Das ist auch richtig, macht aber ebenso deutlich, dass es nicht richtig sein kann, bei für den Eintritt der Fälligkeit einer Steuerforderung notwendigen Festsetzung, die im Insolvenzverfahren „durch die Eintragung in die Tabelle *ersetzt*" wird, eben auf genau diese Eintragung zu verzichten und stattdessen schlicht nichts zu ersetzen.

Tritt die Fälligkeit eines Anspruchs aus dem Steuerschuldverhältnis also grundsätzlich erst mit der Bekanntgabe der Festsetzung ein, dann tritt sie im Insolvenzverfahren erst mit der Anmeldung der Forderung zur Insolvenztabelle ein.

Zur Aufrechnung gegen Körperschaftsteuerguthaben vgl. ausführlich unten Rz. 4.292.

3. Hauptforderung

Die Aufrechnung kann erst dann erfolgen, wenn die Hauptforderung (also im Falle der Aufrechnung durch das Finanzamt die Forderung des Steuerpflichtigen *gegen* das Finanzamt) begründet und erfüllbar ist.

3.356

---

[1] So aber BFH v. 4.5.2004 – VII R 45/03, BStBl. II 2004, 815 = ZIP 2004, 1423 = DStR 2004, 1172.

[2] BFH v. 5.7.2018 – XI B 17/18; grundlegend: BFH v. 19.8.2008 – VII R 36/07: „Die Feststellung zur Insolvenztabelle hat grundsätzlich die gleichen Rechtswirkungen wie ein entsprechender Steuerbescheid. Denn das FA ist nach Eröffnung des Insolvenzverfahrens gehindert, einen Steuerbescheid wirksam zu erlassen, die Feststellung der Forderung in der Insolvenztabelle stellt das insolvenzrechtliche Äquivalent zur Steuerfestsetzung durch Verwaltungsakt dar."

[3] BFH v. 17.9.2019 – VII R 5/18.

3.357 Gegen eine Hauptforderung, die erst nach der Eröffnung des Insolvenzverfahrens begründet worden ist, ist die Aufrechnung nur mit Gegenforderungen zulässig, die ebenfalls nach Insolvenzeröffnung begründet worden sind und somit den Rang von Masseverbindlichkeiten (§ 55 InsO) einnehmen. Nach nunmehr einheitlicher Rechtsprechung aller Senate des BFH[1] entscheidet die Frage, ob es sich bei einem Steueranspruch um eine Insolvenzforderung oder um eine Masseverbindlichkeit handelt, der Zeitpunkt, zu dem der den Steueranspruch begründende Tatbestand vollständig verwirklicht und damit abgeschlossen ist. Unerheblich ist dem gegenüber der Zeitpunkt der Steuerentstehung. Welche Anforderungen im Einzelnen an die somit erforderliche vollständige Tatbestandsverwirklichung im Zeitpunkt der Insolvenzeröffnung zu stellen sind, richtet sich nach den jeweiligen Vorschriften des Steuerrechts, nicht aber nach dem Insolvenzrecht. Kommt es zur vollständigen Tatbestandsverwirklichung bereits vor Verfahrenseröffnung, handelt es sich um eine Insolvenzforderung, erfolgt die vollständige Tatbestandsverwirklichung erst nach Verfahrenseröffnung, liegt unter den Voraussetzungen des § 55 InsO eine Masseverbindlichkeit vor.

3.358 Erfüllbar ist ein Anspruch dann, wenn der Schuldner die „ihm obliegende Leistung bewirken kann."[2] Erfüllbarkeit setzt also voraus, dass der Anspruch, gegen den aufgerechnet wird, rechtswirksam bestehen muss. Nach § 38 AO entstehen die Ansprüche aus dem Steuerschuldverhältnis, sobald der Tatbestand verwirklicht ist, an den das Gesetz die Leistungspflicht knüpft.[3]

3.358a Wichtig ist, bei allen Aufrechnungsfragen genau auf die vermögensrechtlichen Sphären zu achten, denen Haupt- und Gegenforderung zugehören. Vom Grundsatz her besteht eine Aufrechnungslage immer nur dann, wenn beide derselben insolvenzrechtlichen Vermögenssphäre des Schuldners angehören. Der BFH hat diesen Grundsatz entwickelt und in einer Reihe von Entscheidungen in erfreulicher Klarheit und konsequent ausgeformt.

Somit kann die Aufrechnung mit einer Insolvenzforderung durch das Finanzamt nur dann erfolgen, wenn die dem Insolvenzschuldner bzw. dem Insolvenzverwalter zustehende Gegenforderung vorinsolvenzlich begründet worden ist. Für dieses Begründetsein kommt es nach gegenwärtiger Rechtsprechung des BFH allein darauf an, ob der Tatbestand, der den betreffenden Anspruch begründet, nach den steuerrechtlichen Vorschriften bereits vor oder erst nach Insolvenzeröffnung vollständig verwirklicht und damit abgeschlossen ist. Entscheidend ist, ob sämtliche materiellrechtlichen Tatbestandsvoraussetzungen für die Entstehung eines Erstattungsanspruchs im Zeitpunkt der Eröffnung des Insolvenzverfahrens bereits erfüllt waren.[4] Treten die Tatbestandsvoraussetzungen des Erstattungsanspruchs erst nach Er-

---

1 Vgl. zu der Rechtsprechung der Senate im Einzelnen die Nachweise bei BFH v. 25.7.2012 – VII R 29/11, BStBl. II 2013, 36 = ZIP 2012, 2217; sowie zu jüngeren Entscheidungen BFH v. 15.1.2019 – VII R 23/17, DStRE 2019, 577.
2 *Lohmann/Reichelt* in MünchKomm/InsO[4], § 94 Rz. 45.
3 FG Sa.-Anh. v. 11.3.2003 – 4 K 30542/00 (NV), juris.
4 BFH v. 15.1.2019 – VII R 23/17.

öffnung des Insolvenzverfahrens ein, wie etwa im Fall der Nichterfüllungswahl des Insolvenzverwalters in Ansehung eines durch den Schuldner vor Verfahrenseröffnung gekauften Grundstücks, wodurch es zu einem Erstattungsanspruch in Ansehung bereits entrichteter Grunderwerbsteuer kommt, dann ist die Aufrechnung mit einer Insolvenzforderung wegen § 96 Abs. 1 Ziff. 1 InsO unzulässig, denn der Erstattungsanspruch ist in der Vermögenssphäre Insolvenzmasse entstanden.[1]

Nach Eröffnung des Insolvenzverfahrens an das Finanzamt entrichtete Beträge, die nicht aus freigegebenen Vermögen, sondern aus der Insolvenzmasse stammen, können gem. § 36 Abs. 2 Ziff. 1 EStG nur auf Steuerschulden angerechnet werden, die zu den Masseverbindlichkeiten gehören. In Höhe eines nach Anrechnung der Zahlungen auf nachinsolvenzlich begründete Steuerschulden verbliebenen Überschusses entsteht ein Erstattungsanspruch zugunsten der Masse gem. § 36 Abs. 4 Satz 2 EStG. Einer Aufrechnung gegen diesen Erstattungsanspruch mit Insolvenzforderungen des Finanzamts steht das Aufrechnungsverbot des § 96 Abs. 1 Ziff. 1 InsO entgegen.[2]

Hat der Insolvenzverwalter dem Insolvenzschuldner eine gewerbliche Tätigkeit durch Freigabe aus dem Insolvenzbeschlag ermöglicht, fällt ein durch diese Tätigkeit erworbener Umsatzsteuervergütungsanspruch nicht in die Insolvenzmasse und kann vom Finanzamt mit vorinsolvenzlichen Steuerschulden verrechnet werden.[3] Zwischen dem vorinsolvenzlichen Bereich und dem insolvenzfreien Vermögensbereich während des ansonsten noch eröffneten Insolvenzverfahrens besteht somit eine Art Klammerbeziehung. Die entsprechende Rechtsprechung des BFH ist zustimmungswürdig, wenn auch das Ergebnis für den Insolvenzschuldner praktisch sehr problematisch ist. Ist nämlich der Umsatzsteuervergütungsanspruch im insolvenzfreien Bereich entstanden, dann ist das Finanzamt ihn nicht zur Masse schuldig, und also kann § 96 Abs. 1 Ziff. 1 InsO nicht eingreifen. Aus § 294 Abs. 1 InsO, der Zwangsvollstreckungen in das Vermögen des Schuldners verbietet, ergibt sich kein Aufrechnungsverbot.[4]

Steuerschulden, die als Masseverbindlichkeiten entstanden sind, können nach Abschluss des Insolvenzverfahrens mit Erstattungsansprüchen des ehemaligen Insolvenzschuldners verrechnet werden. Der Verrechnung stehen eine dem Insolvenzverfahren immanente Haftungsbeschränkung bzw. eine Einrede der beschränkten Haftung des Insolvenzschuldners nicht entgegen.[5] Im Übrigen werden (ehemalige) Masseverbindlichkeiten auch von einer Restschuldbefreiung nicht erfasst.

Zusammenfassung: 3.359

– Eintritt der vollständigen Verwirklichung des Lebenssachverhaltes, der zur Begründung der Gegenforderung (des Finanzamtes) führt nach Insolvenzeröffnung
– Fälligkeit der Gegenforderung

---

[1] BFH v. 15.1.2019 – VII R 23/17.
[2] BFH v. 24.2.2015 – VII R 27/14.
[3] BFH v. 1.9.2010 – VII R 35/08; BFH v. 23.8.2011 – VII B 8/11.
[4] BFH v. 21.11.2006 – VII R 1/06.
[5] BFH v. 28.11.2017 – VII R 1/16.

– Vollständige Verwirklichung des Lebenssachverhalts, der zur Begründung der Hauptforderung führt
– Erfüllbarkeit der Hauptforderung

4. Saldierung nach § 16 UStG

3.360 Keinen Fall der Aufrechnung stellt die Saldierung gem. § 16 UStG dar.[1] Bei der Saldierung handelt es sich um eine Besonderheit des Umsatzsteuerrechts, die darin besteht, dass unselbständige Einzelpositionen in ihrer Gesamtheit einen saldierten Anspruch ergeben. Der insolvenzrechtlichen Aufrechnung hingegen sind nur selbständige und gegenseitige Ansprüche zugänglich. Die umsatzsteuerliche Saldierung findet somit auf einer rechtstechnischen Ebene statt, die vor der Entstehung der einer Aufrechnung zugänglichen Ansprüche liegt.

Können wegen Eröffnung eines Insolvenzverfahrens positive Umsatzsteuerbeträge und negative Berichtigungsbeträge (§ 16 Abs. 2 UStG) im Rahmen einer Steuerfestsetzung nicht mehr durch Bescheid saldiert werden, ergibt sich nichts anderes. Einer Aufrechnungserklärung bedarf es nicht. Spätestens mit Ablauf des Veranlagungszeitraums tritt die Saldierung automatisch ein: Nach der Rechtsprechung des BFH ist der Jahressteuerbescheid vom Zeitpunkt seines Ergehens an alleinige Grundlage für die Verwirklichung des Anspruchs auf die mit Ablauf des Veranlagungszeitraums entstandene Steuer sowie für die Einbehaltung der als Vorauszahlung für den Veranlagungszeitraum entrichteten bzw. für die Vergütung der die positiven Umsatzsteuern übersteigenden (Vorsteuer-)Beträge. Das materielle Ergebnis der in dem Kalenderjahr positiv oder negativ entstandenen Umsatzsteuer wird für die Zukunft ausschließlich in dem Jahressteuerbescheid festgestellt. Damit erledigen sich die den Veranlagungszeitraum betreffenden Vorauszahlungsbescheide i.S.d. § 124 Abs. 2 AO auf andere Weise und verlieren ihre Wirksamkeit; deren Regelungen nimmt der Jahressteuerbescheid in sich auf.[2] Entsprechendes gilt für gem. § 168 AO mit Festsetzungswirkung ausgestattete Anmeldungen.[3]

Kann aus insolvenzverfahrensrechtlichen Gründen eine Jahressteuerfestsetzung nicht ergehen, sondern ist lediglich die Steuer zu berechnen und im Insolvenzverfahren zur Tabelle anzumelden, ändert sich daran nichts: Für das Steuerschuldverhältnis ist auch in diesem Fall die nach Maßgabe der Regelungen des UStG zu berechnende Jahressteuer maßgeblich, sobald die Jahressteuer entstanden ist und berechnet werden kann. Bei der Festsetzung bzw. dieser Berechnung sind nach § 16 Abs. 2 UStG die in den betreffenden Besteuerungszeitraum fallenden abziehbaren Vorsteuerbeträge abzusetzen. Kann dies nicht durch den gem. § 218 Abs. 1 AO grundsätzlich zu erlassenden Steuerfestsetzungsbescheid geschehen, weil wegen der Eröffnung eines

---
[1] BFH v. 24.11.2011 – V R 13/11, BStBl. II 2012, 298 = ZIP 2011, 2481; vgl. auch BFH v. 25.7.2012 – VII R 44/10, BStBl. 2013, 33 = ZIP 2012, 2220; FG BW v. 29.5.2015 – 9 K 76/14, NZI 2015, 867; OLG Düsseldorf v. 12.4.2018 – 12 W 1/18, NZI 2018, 583.
[2] BFH v. 15.6.1999 – VII R 3/97, BStBl. II 2000, 46; vgl. auch FG Nürnberg v. 18.7.2018 – 2 K 1311/16, juris.
[3] BFH v. 25.7.2012 – VII R 44/10, BStBl. 2013, 33 = ZIP 2012, 2220.

Insolvenzverfahrens eine (positive) Steuer nicht mehr festgesetzt werden kann, verwirklicht sich die in § 16 Abs. 2 UStG angeordnete Rechtsfolge also gleichsam automatisch, weil die für den Inhalt des Steuerschuldverhältnisses jetzt maßgebliche Jahressteuer nur insoweit besteht, als nicht der berechneten Steuer (§ 16 Abs. 1 UStG) abziehbare Vorsteuerbeträge gegenüberstehen.[1]

Deswegen erledigt sich der Streit um die Wirksamkeit einer vom Finanzamt abgegebenen Aufrechnungserklärung, über den ein Abrechnungsbescheid ergangen ist, sobald die Steuer für das mit Insolvenzeröffnung endende (Rumpf-)Steuerjahr berechnet werden kann und nicht ausnahmsweise von der Aufrechnungserklärung als solcher fortbestehende Rechtswirkungen ausgehen, welche die Rechte des Schuldners berühren.[2] Da ein über die Wirksamkeit der Aufrechnung ergangener Abrechnungsbescheid in der Regel die Feststellung enthält, dass aufgrund der Berichtigung entstehende Vergütungs- oder Erstattungsbeträge nicht auszukehren sind, bleibt eine Klage gegen den Abrechnungsbescheid zulässig. Ist der Berichtigungstatbestand vor Eröffnung des Insolvenzverfahrens eingetreten, ist der Abrechnungsbescheid aufgrund des § 16 UStG ungeachtet des § 96 Abs. 1 InsO als rechtmäßig zu bestätigen.[3]

III. Aufrechnung nach Aufhebung des Insolvenzverfahrens

Gemäß § 201 InsO können die Insolvenzgläubiger nach der Aufhebung des Insolvenzverfahrens ihre restlichen Forderungen gegen den Schuldner unbeschränkt geltend machen, soweit nicht ein Restschuldbefreiungsverfahren läuft oder Restschuldbefreiung erteilt ist. Die Aufrechnungsverbote der §§ 94 ff. InsO sind ab Aufhebung des Verfahrens grundsätzlich nicht mehr anzuwenden.[4] Dies ergibt sich daraus, dass der Schuldner ab dem Zeitpunkt der Aufhebung wieder frei über sein Vermögen verfügen kann.

3.361

Etwas anderes ergibt sich aber dann, wenn während der Dauer des Insolvenzverfahrens Steuererstattungsansprüche bereits begründet worden sind und diese weiterhin dem Insolvenzbeschlag unterliegen, weil bei Aufhebung des Insolvenzverfahrens insoweit die Nachtragsverteilung vorbehalten worden ist (§ 203 InsO).[5] Für diese auch nach Aufhebung des Insolvenzverfahrens weiterhin dem Insolvenzbeschlag unterliegenden Ansprüche gelten die insolvenzrechtlichen Aufrechnungsverbote fort.[6]

---

1 BFH v. 25.7.2012 – VII R 44/10, BStBl. 2013, 33 = ZIP 2012, 2220.
2 BFH v. 25.7.2012 – VII R 44/10, BStBl. 2013, 33 = ZIP 2012, 2220.
3 BFH v. 25.7.2012 – VII R 44/10, BStBl. 2013, 33 = ZIP 2012, 2220.
4 *Kroth* in Braun[8], § 96 InsO Rz. 20.
5 BFH v. 28.2.2012 – VII R 36/11, BStBl. II 2012, 451 = ZIP 2012, 933; v. 28.11.2017 – NZI 2018, 461, VIA 2018, 46; v. 20.9.2016 – VII R 10/15, juris; *Waza* in Waza/Uhländer/Schmittmann, Insolvenzen und Steuern[12], Rz. 856.
6 BFH v. 28.2.2012 – VII R 36/11, BStBl. II 2012, 451 = ZIP 2012, 933; v. 28.11.2017 – NZI 2018, 461, VIA 2018, 46.

IV. Aufrechnung während der Wohlverhaltensperiode

Literatur *Farr*, Der Fiskus als Steuer- und Insolvenzgläubiger im Restschuldbefreiungsverfahren, BB 2003, 2324; *Kayser*, Wirksame und unwirksame Aufrechnungen und Verrechnungen in der Insolvenz (§§ 94 bis 96 InsO) – Teil I, WM 2008, 1477; *Kupka*, Die Stellung des Schuldners zwischen Ankündigung und Erteilung der Restschuldbefreiung, ZInsO 2010, 113; *Lessing*, Kann das Finanzamt in der Wohlverhaltensperiode mit Erstattungsansprüchen auf Lohn- und Einkommensteuer aufrechnen?, LMK 2005, II, 95; *Roth*, Insolvenzeröffnungsbedingte Berichtigungen und Aufrechnungsfragen, DStR 2017, 1766; *Loose*, Aufrechnung mit Steuererstattungsansprüchen während der sog. Wohlverhaltensperiode, EFG 2005, 1827; *Pape*, Die Entwicklung des Verbraucherinsolvenzverfahrens in den Jahren 2015/2016, NJW 2017, 28; *Rein*, Aufrechnung durch Sozialleistungsträger nach Restschuldbefreiung, NJW-Spezial 2018, 661; *Scheiper/Farr*, Steuererstattung im Jahr der Insolvenzbeendigung, NZO 2009, 761; *Sternal*, Die Rechtsprechung zum Verbraucherinsolvenz- und Restschuldbefreiungsverfahren im Jahre 2018, NZI 2019, 313.

3.362 Während der Wohlverhaltensperiode des Schuldners finden die §§ 94 ff. InsO keine Anwendung mehr,[1] so dass die Aufrechnung sich nur nach den allgemeinen Vorschriften zu richten hat. Zweifelhaft ist die Frage, ob die Aufrechnung des Finanzamtes gegen Steuererstattungsansprüche aus einer während der Wohlverhaltensphase durch den Schuldner betriebenen selbständigen Tätigkeit mit Steuerrückständen aus der Zeit vor der Eröffnung des Insolvenzverfahrens (etwa Umsatzsteuerrückständen aus dem vor Insolvenzeröffnung vom Schuldner betriebenen Einzelunternehmen) während der Laufzeit der Abtretungserklärung möglich ist. Die FG vertreten die Auffassung, das Finanzamt sei nicht gehindert, ihm aus einer vom Schuldner während der Wohlverhaltensphase betriebenen selbständigen Tätigkeit des Insolvenzschuldners zustehende Umsatzsteuer-Erstattungsansprüche gegen alte, im Insolvenzverfahren zur Tabelle angemeldete Steuerrückstände aufzurechnen.[2] Dies ist zutreffend.

V. Aufrechnung gegen Forderungen aus dem insolvenzfreien Bereich während des eröffneten Insolvenzverfahrens

3.363 Grundsätzlich können Insolvenzforderungen oder Masseverbindlichkeiten nicht gegen Forderungen aus dem insolvenzfreien Bereich aufgerechnet werden. Da bereits die Verrechnung von Vorsteuererstattungsbeträgen gegen Umsatzsteuerschulden aus dem insolvenzfreien Bereich nach § 16 UStG nicht zulässig ist,[3] ist es die Aufrechnung ebenfalls nicht. Steuerguthaben aus insolvenzfreier Tätigkeit stehen dem Schuldner mit seinem insolvenzfreien Vermögen zu.

Entstehen im insolvenzfreien Bereich Umsatzsteuervergütungsansprüche, so ist das Finanzamt nicht daran gehindert, gegen diese mit Insolvenzforderungen aufzurech-

---

1 BGH v. 21.7.2005 – IX ZR 115/04, NJW 2005, 2988.
2 FG Thür. v. 10.4.2008 – 1 K 757/07, EFG 2008, 1485 – Rev. VII R 35/08; FG Hannover v. 16.10.2009 – 16 K 250/09, DStRE 2010, 634 (634) m. zust. Anmerkung *Roth*, jurisPR-InsR 5/2010 Anm. 5.
3 BFH v. 28.6.2000 – V R 87/99, BStBl. II 2000, 639 = ZIP 2000, 1778 = DStR 2000, 1689; FG Münster v. 26.1.2017 – 5 K 3730/14 U, DStRE 2018, 668; v. 12.6.2019 – 5 K 166/19 U, NZI 2019, 677.

nen.¹ Weder steht dem das insolvenzrechtliche Aufrechnungsverbot des § 96 Ziff. 1 InsO entgegen, noch handelt es sich bei der Aufrechnung um eine unzulässige Vollstreckung i.S.v. § 89 InsO.²

VI. Aufrechnung mit Steuerforderungen aus Berichtigungen

Ob und unter welchen Voraussetzungen mit oder gegen Forderungen aufgerechnet werden kann, die sich aus Umsatzsteuerberichtigungen (§§ 15a, 17 UStG) ergeben, war zwischen dem V. und dem VII. Senat des BFH umstritten. Maßgeblich ist dabei nicht nur, ob es für die insolvenzrechtliche Begründung eines Anspruchs auf die vollständige Tatbestandsverwirklichung ankommt oder ob die Verwirklichung des Kerns des Lebenssachverhaltes, der zur Steuerentstehung führt, ausreicht, sondern es kommt auch darauf an, ob eine Umsatzsteuerberichtigung gem. § 17 Abs. 1 Ziff. 3 UStG zur Änderung der ursprünglichen Steuerfestsetzung führt, mit der Folge, dass der Rechtsgrund für die Auszahlung des Vorsteuerüberschusses nachträglich entfällt. Während der V. Senat – in insolvenzrechtlichem Kontext – schon 2006 entschieden hat,³ dass die Berichtigung des Umsatzsteuerbetrags bzw. des Vorsteuerabzugs nach § 17 Abs. 1 UStG in dem Jahr zu erfolgen hat, in dem der zugrunde liegende Tatbestand verwirklicht wird – also nicht auf das Jahr der Entstehung des Umsatzes zurückwirkt – hatte der VII. Senat (ebenfalls in insolvenzrechtlichem Kontext und sogar in derselben Streitsache) entschieden,⁴ dass die Berichtigung der Bemessungsgrundlage nach § 17 Abs. 1 Abs. 2 Ziff. 3 i.V.m. Abs. 1 Satz 3 UStG 1 zu einer rückwirkenden Änderung der ursprünglichen Steuerfestsetzung führt.

3.364

Sodann hat sich allerdings der VII. Senat des BFH zur Wahrung der Einheitlichkeit der Rechtsprechung des V. Senats angeschlossen.⁵ Für die Beurteilung der insolvenzrechtlichen Forderungsqualität einer Steuerforderung kommt es nunmehr nach übereinstimmender Auffassung beider Senate darauf an, ob der Lebenssachverhalt, der den Steueranspruch begründet, seine vollständige Verwirklichung vor oder nach Insolvenzeröffnung bzw. nach Anordnung der vorläufigen Insolvenzverwaltung (vergleiche § 55 Abs. 4 InsO) erfahren hat. Für die Anwendung des § 96 Abs. 1 Ziff. 1 InsO ist konsequenterweise entscheidend, wann der materiell-rechtliche Berichtigungstatbestand des § 17 Abs. 2 UStG verwirklicht wird.⁶ Nicht entscheidend ist, wann die zu berichtigende Steuerforderung begründet worden ist.

---

1 BFH v. 23.8.2011 – VII B 8/11, ZIP 2011, 2067; v. 1.9.2010 – VII R 35/08, BStBl. II 2011, 336 = ZIP 2010, 2359; FG BW v. 15.7.2015 – 1 K 732/14, juris.
2 BFH v. 23.8.2011 – VII B 8/11, ZIP 2011, 2067; v. 1.9.2010 – VII R 35/08, BStBl. II 2011, 336 = ZIP 2010, 2359.
3 BFH v. 13.7.2006 – V B 70/06, BStBl. II 2007, 415 = ZIP 2006, 1779.
4 BFH v. 27.10.2009 – VII R 4/08, BStBl. II 2010, 257; v. 19.8.2008 – VII R 36/07, BStBl. II 2009, 90 = ZIP 2009, 39.
5 BFH v. 25.7.2012 – VII R 29/11, BStBl. II 2013, 36 = ZIP 2012, 2217; v. 15.1.2019 – VII R 23/17, DStRE 2019, 577; v. 12.6.2018 – VII R 19/16, DStR 2018, 1819; v. 8.11.2016 – VII R 34/15, BStBl. II 2017.
6 BFH v. 25.7.2012 – VII R 29/11, BStBl. II 2013, 36; v. 15.1.2019 – VII R 23/17, DStRE 2019, 577; v. 12.6.2018 – VII R 19/16, DStR 2018, 1819; v. 8.11.2016 – VII R 34/15, BStBl. II 2017.

Wird ein Berichtigungstatbestand des § 17 Abs. 2 UStG vor Eröffnung des Insolvenzverfahrens verwirklicht, greift das Aufrechnungsverbot des § 96 Abs. 1 Ziff. 1 InsO auch dann nicht ein, wenn der betreffende Voranmeldungs- oder Besteuerungszeitraum erst während des Insolvenzverfahrens endet und mithin die Steuer i.S.d. § 13 UStG erst nach Eröffnung des Insolvenzverfahrens entsteht.[1]

VII. Aufrechnung trotz Insolvenzplan

3.365 Besteht im Zeitpunkt der Eröffnung des Insolvenzverfahrens ein Aufrechnungsrecht des Fiskus, so bleibt dieses nicht nur während des eröffneten Insolvenzverfahrens erhalten (§ 94 InsO), sondern selbst dann, wenn die Gegenforderung, mit der das Finanzamt aufrechnen möchte, durch einen rechtskräftig bestätigten Insolvenzplan als erlassen gilt.[2] Dies ergibt sich daraus, dass gegen den Insolvenzschuldner gerichtete Forderungen durch den Insolvenzplan nicht erlöschen, sondern lediglich ihre rechtliche Durchsetzbarkeit verlieren und somit zu unvollkommenen Verbindlichkeiten werden. Auch unvollkommene Forderungen sind grundsätzlich aufrechenbar. Dem Gesetzeswortlaut ist nicht eindeutig zu entnehmen, ob sich die Aufrechnungsbefugnis gegenüber der gestaltenden Wirkung eines Insolvenzplans (§ 254 Abs. 1 InsO) durchsetzt. Dem BGH ist aber darin zuzustimmen, dass die Zulassung der Aufrechnung gem. § 94 InsO auch nach rechtskräftiger Bestätigung eines Insolvenzplans nicht zu unbilligen Ergebnissen führt. Insbesondere – auch darin ist dem BGH zuzustimmen – steht dem nichts entgegen, die fortbestehende Aufrechnungsmöglichkeit bei der Gestaltung des Insolvenzplans mit einzubeziehen.

D. Vollstreckungsverfahren

Literatur *App*, Verwaltungsvollstreckung wegen Geldleistungen, JuS 87, 203; *Bartone*, Feststellung von Steuerforderungen zur Insolvenztabelle und ihre Auswirkung auf das Besteuerungsverfahren, DStR 2017, 1743; *Bartone*, Vollstreckungsrecht und Insolvenzrecht im Spannungsverhältnis, AO-StB 2004, 194; Auswirkungen des Insolvenzverfahrens auf das Zwangsvollstreckungsverfahren nach der AO, AO-StB 2002, 66; *Becker*, Die Anmeldung und Prüfung von Steuerforderungen im Insolvenzverfahren, DStR 2016, 919; *Becker-Eberhard*, Abschied von der Zwangsvollstreckung – Gütliche Erledigung (jetzt auch) der „Königsweg" im Vollstreckungsverfahren?, DGVZ 2016, 163; *Bruschke*, Ermittlung von Vollstreckungsmöglichkeiten – Liquiditätsprüfung als adäquates Mittel?, DStZ 2005, 731; *Carlé*, Liquiditätsprüfung durch die Finanzverwaltung – Grenzen der Ausforschung der Vermögensverhältnisse, AO-StB 03, 133; *Fischer*, Vollstreckungstitel von Insolvenzgläubigern nach Eröffnung des Verbraucherinsolvenzverfahrens, ZInsO 2005, 69; *Fuchs*, Der Insolvenzanfechtungsprozess vor den Finanzgerichten – Erkenntnis- und Vollstreckungsverfahren, VIA 2019, 73; *Giers*, Übergangsrecht im Vollstreckungsrecht, FPR 2010, 74; *Hub*, Die Neuregelung der Anerkennung und Vollstreckung in Zivil- und Handelssachen und das familienrechtliche Anerkennungs- und Vollstreckungsverfahren, NJW 2001, 3145; *Kannowski/Distler*, Der Erfüllungseinwand im Vollstreckungsverfahren nach § 887 ZPO, NJW 2005, 865; *Koritz*,

---

[1] BFH v. 25.7.2012 – VII R 29/11, BStBl. II 2013, 36.
[2] BGH v. 19.5.2011 – IX ZR 222/08; vgl. auch VG Stuttgart v. 27.2.2017 – 10 K 2902/16, NZI 2016, 30.

Zwangsvollstreckung und Anwaltsbeiordnung oder die Voraussetzungen des § 121 ZPO, FPR 2007, 447; *Kuleisa*, Zwangsvollstreckung in der Insolvenz, ZVI 2014, 121; *Lissner*, Insolvenz und Vollstreckung – eine Kurzbetrachtung, DGVZ 2015, 157; *Loschelder*, Wenn die Vollstreckung wegen Steuerschulden droht, AO-StB 2001, 281; *Peglau*, Der Opferschutz im Vollstreckungsverfahren, ZRP 2004, 39; *Pump*, Die Vorlage von Geschäftsbüchern und anderen für die Vollstreckung bedeutsamen Unterlagen, StWA 2003, 133; *Rein*, Vollstreckungsschutz nach § 765a ZPO im Insolvenzverfahren, NJW-Spezial 2019, 213; *Schneider*, Probleme der „neuen" Umsatzsteuer im Mahn- und Vollstreckungsverfahren, NJW 2007, 1035; *Schulz/Niedermaier*, Unwirksame Schiedsklausel in Franchiseverträgen durch Wahl des Tagungsortes im Ausland? – Besprechung von drei OLG-Entscheidungen in Anerkennungs- und Vollstreckungsverfahren, SchiedsVZ 2009, 196; *Vallender*, Aktuelle Entwicklung des Regelinsolvenzverfahrens im Jahr 2018, NJW 2019, 1351; *Wedel/Kraemer*, Erweiterung der Auskunftsrechte der Gerichtsvollzieher, ZRP 2019, 148.

I. Ausgangslage

Die Vollstreckung von abgabenrechtlichen Verwaltungsakten richtet sich nach den §§ 249 ff. AO. Diese Vorschriften schließen die Anwendung des zivilrechtlichen Vollstreckungsrechts auf das steuerliche Beitreibungsverfahren aus, soweit im Abgabenrecht eigene Regelungen getroffen worden sind.[1]

3.366

Nach § 251 Abs. 2 Satz 1 AO bleiben die Vorschriften der Insolvenzordnung unberührt. Dies bedeutet, dass nach Insolvenzeröffnung für die Geltendmachung aller Steuerforderungen gegen die Insolvenzmasse die Vorschriften der Insolvenzordnung maßgeblich sind.[2] Danach ist eine abgabenrechtliche Vollstreckung unzulässig, sofern ihr das Insolvenzrecht entgegensteht.

II. Vollstreckung einer Insolvenzforderung

Die Vollstreckung wegen einer Insolvenzforderung im Rang von §§ 38, 39, 327 InsO ist gem. § 89 Abs. 1 InsO während der Dauer des Insolvenzverfahrens weder in die Insolvenzmasse noch in das sonstige Vermögen des Schuldners zulässig. Wegen des Vollstreckungsverbots aus § 89 InsO ist das gesamte Verfahren der Anmeldung einer Insolvenzforderung zur Insolvenztabelle und der Prüfung der Forderung systematisch dem Erhebungs- und nicht dem Vollstreckungsverfahren zuzuordnen. Das gilt auch für den Feststellungsbescheid nach § 251 Abs. 3 AO, obwohl dieser im sechsten Teil, der das Vollstreckungsverfahren betrifft, geregelt ist.

3.367

Das **Vollstreckungsverbot** erfasst **alle in Betracht kommenden Vollstreckungshandlungen**, insbesondere die Pfändung von Sachen oder Forderungen. Ebenfalls unzulässig ist die Vollstreckung in das unbewegliche Vermögen. Für bereits eingeleitete Maßnahmen der Immobiliarvollstreckung enthalten die §§ 30d ff. ZVG Sonderregelungen. Auf Antrag des Insolvenzverwalters (§ 30d Abs. 1, 3 ZVG) oder des Schuldners (§ 30d Abs. 2 ZVG) ist die Zwangsversteigerung bei Vorliegen der ent-

3.368

---

[1] BFH v. 23.7.1996 – VII R 88/94, BStBl. II 1996, 511 = ZIP 1996, 1838; vgl. auch BSG v. 28.5.2015 – B 12 R 16/13 R, NZI 2016, 27.
[2] BFH v. 23.7.1996 – VII R 88/94, BStBl. II 1996, 511 = ZIP 1996, 1838; v. 26.11.1987 – V R 130/82, BStBl. II 1988, 124.

sprechenden Voraussetzungen einstweilen einzustellen. Zwangshypotheken an Grundstücken dürfen zur Sicherung von Insolvenzforderungen nach Eröffnung des Insolvenzverfahrens bzw. einer Anordnung nach § 21 Abs. 2 Ziff. 3 InsO im vorläufigen Insolvenzverfahren nicht mehr eingetragen werden. Die **Aussetzung der Vollziehung** gem. § 361 AO, § 69 FGO kann für einen vor Verfahrenseröffnung ergangenen Bescheid nicht mehr angeordnet werden.[1] Das Vollstreckungsverbot des § 89 InsO gilt auch dann, wenn die Finanzbehörde hinsichtlich der Steuerforderung auf die Verfahrensteilnahme verzichtet.[2] Ebenfalls von § 89 InsO erfasst werden Beschlagnahmen nach § 111c StPO und Zurückgewinnungshilfen nach § 111g StPO.[3]

3.369 Ausgeschlossen ist wegen § 89 Abs. 1 InsO auch die **Gläubigeranfechtung** nach dem Anfechtungsgesetz wegen einer Insolvenzforderung. Ein bereits bei Verfahrenseröffnung rechtshängiges Verfahren wird durch die Insolvenzeröffnung unterbrochen und kann vom Insolvenzverwalter aufgenommen werden (§ 17 Abs. 1 AnfG).

3.370 Das **Vollstreckungsverbot erfasst die gesamte Insolvenzmasse** i.S.v. § 35 InsO und das sonstige Vermögen des Insolvenzschuldners. Die Insolvenzmasse besteht gem. § 35 InsO zum einen aus dem gesamten Vermögen, das dem Schuldner zur Zeit der Eröffnung des Verfahrens gehört und zudem aus dem Vermögen, das der Schuldner während des Verfahrens erwirbt (sog. Neuerwerb). Freilich gehört zur Insolvenzmasse auch all das, was der Insolvenzmasseverwalter in Ausübung seiner Verwaltungs- und Verwertungstätigkeit für die Insolvenzmasse erwirbt. Unter dem sonstigen Vermögen ist das **insolvenzfreie Vermögen** des Insolvenzschuldners zu verstehen. Zum insolvenzfreien Vermögen zählen die in § 36 Abs. 3 InsO genannten Gegenstände, ferner Gegenstände, die nicht der Zwangsvollstreckung unterliegen (§ 36 Abs. 1 InsO) und Gegenstände, die der Insolvenzverwalter an den Insolvenzschuldner aus der Insolvenzmasse freigegeben hat.

III. Vollstreckung einer Masseverbindlichkeit

3.371 Masseverbindlichkeiten (§ 55 InsO) sind grundsätzlich in voller Höhe aus der Insolvenzmasse zu befriedigen. Der Massegläubiger kann seine Befriedigung zu jeder Zeit verlangen, wenn seine Forderung fällig ist. In Bezug auf Masseforderungen sind weder das Steuerfestsetzungs- noch das Erhebungs- noch das Vollstreckungsverfahren nach abgabenrechtlichen Vorschriften durch insolvenzrechtliche Normen ausgeschlossen. Zum Steuerfestsetzungsverfahren bei Masseverbindlichkeiten s. Rz. 3.191.

3.372 Adressat einer Vollstreckungsmaßnahme wegen einer Masseforderung ist der Insolvenzverwalter, nicht der Insolvenzschuldner. Haftendes Vermögen ist ausschließlich die Insolvenzmasse und nicht das insolvenzfreie Vermögen des Insolvenzschuldners oder gar das persönliche Vermögen des Insolvenzverwalters. Als Vollstreckungsobjekte kommen alle zur Insolvenzmasse gehörenden Vermögensgegenstände in Be-

---

1 *Breuer/Flöther* in MünchKomm/InsO⁴, § 89 Rz. 36.
2 *Breuer/Flöther* in MünchKomm/InsO⁴, § 89 Rz. 36.
3 *Breuer/Flöther* in MünchKomm/InsO⁴, § 89 Rz. 35.

tracht, auch das durch den Insolvenzverwalter bei einer Bank für die Masse eingerichtete Treuhandkonto.

Eine Einschränkung der Vollstreckung wegen einer Masseforderung enthält § 90 InsO, der wegen § 251 Abs. 2 AO abgabenrechtlichen Vollstreckungsvorschriften vorgeht. Danach sind Vollstreckungsmaßnahmen wegen sog. aufoktroyierten Masseverbindlichkeiten während eines Zeitraumes von sechs Monaten nach der Eröffnung des Insolvenzverfahrens unzulässig. Aufoktroyiert sind solche Masseverbindlichkeiten, deren Entstehung der Insolvenzverwalter nicht durch eigene Rechtshandlung herbeigeführt hat. Einige dieser nicht aufoktroyierten Masseverbindlichkeiten beschreibt § 90 Abs. 2 InsO. Für die dort genannten Masseforderungen ist die Vollstreckung ohne zeitliche Einschränkung nach § 90 Abs. 1 InsO zulässig. Steuerforderungen unterfallen jedoch regelmäßig dem Vollstreckungsverbot nach § 90 Abs. 1 InsO,[1] weil sie nicht gewillkürt durch eine Rechtshandlung des Insolvenzverwalters zur Entstehung gelangen, sondern kraft Gesetzes Folge dieser Rechtshandlung sind. Sie sind somit den Masseverbindlichkeiten nach § 55 Abs. 1 Ziff. 1 Alt. 2 InsO zuzuordnen, also den „in anderer Weise durch die Verwaltung, Verwertung oder Verteilung der Insolvenzmasse" begründeten Verbindlichkeiten. Das Vollstreckungsverbot ist von Amts wegen zu beachten. Eine gegen das Vollstreckungsverbot verstoßende Vollstreckungsmaßnahme ist allerdings nicht nichtig, sondern nur rechtswidrig[2] und muss ggf. aufgehoben werden. Ein Pfändungspfandrecht und damit ein materielles Befriedigungsrecht des Massegläubigers entsteht allerdings nach der heute vorherrschend vertretenen gemischt öffentlich-rechtlich/privatrechtlichen Theorie nicht.[3]

3.373

Ein Feststellungsbescheid entsprechend § 251 Abs. 3 AO kommt für Masseverbindlichkeiten nicht in Betracht.[4] Dies gilt auch dann, wenn der Rang der Forderung als Masseforderung bestritten wird.[5] Für Masseforderungen kann ein Bescheid mit Leistungsgebot gegen den Insolvenzverwalter ergehen. Es ist dann dem Insolvenzverwalter überlassen, sich gegen das Leistungsgebot mit dem Einspruch und ggf. der Klage zur Wehr zu setzen. Dabei bleibt kein Raum für einen Feststellungsbescheid.

3.374

Gegen eine rechtswidrige Vollstreckungsmaßnahme steht dem Insolvenzverwalter die Vollstreckungserinnerung nach § 766 ZPO zu,[6] im Fall der Eigenverwaltung auch dem Insolvenzschuldner. Ist eine Anhörung des Insolvenzverwalters erfolgt, kommt die sofortige Beschwerde in Betracht (§ 11 RPflG, § 793 ZPO).[7] Im Falle einer Pfändung steht dem Drittschuldner die Vollstreckungserinnerung nach § 766 ZPO zu. Die Zuständigkeit für alle Einwendungen gegen die Vollstreckung in die In-

3.375

---

1 *Waza* in Waza/Uhländer/Schmittmann, Insolvenzen und Steuern[12], Rz. 785; *App*, DStR 1995, 1678 (1678).
2 *Breuer/Flöther* in MünchKomm/InsO[4], § 90 Rz. 19.
3 *Breuer/Flöther* in MünchKomm/InsO[4], § 90 Rz. 19.
4 *Schüppen/Schlösser* in MünchKomm/InsO[4], Insolvenzsteuerrecht, Rz. 38; BFH v. 23.8.1978 – II R 16/76, BFHE 126, 122.
5 BFH v. 23.8.1978 – II R 16/76, BFHE 126, 122.
6 *Breuer/Flöther* in MünchKomm/InsO[4], § 90 Rz. 23.
7 *Breuer/Flöther* in MünchKomm/InsO[4], § 90 Rz. 23.

solvenzmasse liegt entsprechend § 89 Abs. 3 Satz 1 InsO beim Insolvenzgericht.[1] Dies gilt sowohl für die Mobiliar- als auch für die Immobiliarvollstreckung. Funktionell zuständig ist der Richter (§ 20 Ziff. 17 Satz 2 RPflG). Ist die Vollstreckungsmaßnahme rechtswidrig, so stellt das Insolvenzgericht dies fest und hebt die Vollstreckungsmaßnahme auf. Soweit eine Vollstreckung in die Insolvenzmasse erst bevorsteht, kann das Insolvenzgericht die Vollstreckung in die Insolvenzmasse gegen oder ohne Sicherheitsleistung einstweilen einstellen. Ist streitig, ob eine bestimmte Forderung Insolvenz- oder Masseforderung ist, ist die Zuständigkeit des Insolvenzgerichts in gleicher Weise gegeben.

Hinweis:

Die FG nehmen ihre Zuständigkeit für die Aussetzung der Vollziehung nach § 69 Abs. 3 FGO an, wenn Streit über die Rechtmäßigkeit der Vollstreckung in die Insolvenzmasse besteht.[2]

Dadurch entsteht eine Parallelität der Rechtsschutzmöglichkeiten, die dem Insolvenzverwalter gegen eine Vollstreckung in die Insolvenzmasse zusteht. Dies ist nicht zu beanstanden, sondern sogar sachdienlich. Die Zuständigkeiten, insbesondere im Bereich des Eilrechtsschutzes, sind nach Sachnähe zu beurteilen.[3] Da bei der Vollstreckung einer Steuerforderung in die Masse sowohl komplexe insolvenzrechtliche Fragen (beispielsweise der Masseschuldcharakter einer Forderung) zu beantworten sind, als auch u.U. schwierige steuerrechtliche Fragen, die im sich anschließenden Klageverfahren ohnehin zu beantworten sind, ist die ihre Zuständigkeit bejahende Haltung beider Gerichtsbarkeiten zu begrüßen. Das LG Darmstadt hat die Parallelität der Rechtsschutzmöglichkeiten ausdrücklich bestätigt und dahin gehend konkretisiert, das FG prüfe die (steuerrechtliche) Rechtmäßigkeit des Steuer- bzw. Haftungsbescheids, während das Insolvenzgericht über die Zulässigkeit der Vollstreckung zu entscheiden habe.[4] Das schließt es freilich nicht aus, dass das FG die Vollziehung aussetzt, weil es ernsthafte Zweifel am (insolvenzrechtlichen) Masseschuldcharakter der zu vollstreckenden Forderung hat.[5] Dem Vollstreckungsschutzantrag beim Insolvenzgericht fehlt nicht einmal dann das Rechtsschutzbedürfnis, wenn das FG die Vollziehung des Bescheids bereits nach § 69 Abs. 3 FGO ausgesetzt hat, denn die Aussetzung der Vollziehung ist ggf. zeitlich begrenzt.[6]

---

1 AG Darmstadt v. 28.1.2008 – 9 IN 1086/05 (NV); LG Darmstadt v. 10.3.2008 – 19 T 49/08 (NV); *Lüke* in Kübler/Prütting/Bork, § 90 InsO Rz. 21; *Behr*, JurBüro 1999, 66 (68); AG Köln v. 25.8.2004 – 71 IN 149/00, NZI 2004, 592.
2 FG Rh.-Pf. v. 20.2.2007 – 5 V 2721/07, EFG 2008, 918 ff.; FG Berlin-Bdb. v. 19.6.2008 – 7 V 7032/08, EFG 2008, 1586 ff.; BFH v. 1.4.2008 – X B 201/07, ZIP 2008, 1780; FG Nds. v. 9.9.2003 – 14 V 103/03, ZVI 2003, 479 ff.; FG Berlin v. 14.7.2003 – 7 B 7184/03, EFG 2003, 1520 ff.
3 Dies führt beispielsweise auch zur Zuständigkeit der Insolvenzgerichte analog § 89 Abs. 3 InsO, die die Zuständigkeit der Vollstreckungsgerichte verdrängt, *Breuer/Flöther* in MünchKomm/InsO[4], § 90 Rz. 23.
4 LG Darmstadt v. 10.3.2008 – 19 T 49/08 (NV); auch das FG Rh.-Pf. hat die Parallelität des Rechtsschutzes inzident anerkannt, denn sein Beschl. v. 20.2.2007 – 5 V 2721/07, EFG 2008, 918 ff. erging in Ansehung desselben Haftungsbescheids, der auch der vorgenannten Entscheidung des LG Darmstadt zugrunde liegt in Kenntnis der Einstellungsentscheidung des AG Darmstadt v. 28.1.2008 – IN 1086/05 (NV).
5 FG Rh.-Pf. v. 20.2.2007 – 5 V 2721/07, EFG 2008, 918 ff.
6 LG Darmstadt v. 10.3.2008 – 19 T 49/08 (NV).

Der Insolvenzverwalter sollte sich daher ggf. sowohl mit einem Antrag auf Einstellung der Vollstreckung an das Insolvenzgericht, als auch mit einem Antrag auf Aussetzung der Vollziehung an das FG wenden.

Es steht dem Rechtsschutzbedürfnis für einen Antrag auf Aussetzung der Vollziehung nicht entgegen, dass das Vollstreckungsverbot des § 90 Abs. 1 InsO besteht.[1]

3.376

IV. Vollstreckung bei Masseunzulänglichkeit

Literatur *App*, Das Rechtsbehelfsverfahren gegen Vollstreckungsmaßnahmen nach Eröffnung des Insolvenzverfahrens, NZI 1999, 138; *Busch*, Behandlung der Kraftfahrzeugsteuer im Insolvenzverfahren und im Insolvenzeröffnungsverfahren, SVR 2010, 166; *Ganter*, Die „erneute Masseunzulänglichkeit", NZI 2019, 7; *Gerhardt*, Geltendmachung der Unzulässigkeit einer Vollstreckung durch das Finanzamt bei Masseunzulänglichkeit durch Anfechtungsklage – Darlegung- und Beweislast des Konkursverwalters, EWiR 1996, 1041; *Kröpelin*, Aktuelle Probleme der Masseunzulänglichkeit: Wider die Unzulässigkeit von Leistungsklagen und zur Verfahrensabwicklung bei Neumasseunzulänglichkeit, ZIP 2003, 2341; *Runkel/Schnurbusch*, Rechtsfolgen der Masseunzulänglichkeit, NZI 2000, 49; *Urban*, Kostenfeststellungs- statt Kostenfestsetzungsbeschluss nach Anzeige der Masseunzulänglichkeit?, ZVI 2004, 233; *Pape*, Unzulässigkeit der Vollstreckung des Finanzamts bei Masseinsuffizienz, KTS 1997, 49; *Spiekermann*, Die Verjährung von Masseverbindlichkeiten bei Masseunzulänglichkeit, NZI 2019, 446; *Zwanziger*, Materiell-rechtliche und prozessuale Fragen in Zusammenhang mit Masseunzulänglichkeit, NZA 2015, 577.

Im Fall der Masseunzulänglichkeit (Rz. 3.215) greift gem. § 210 InsO ein Vollstreckungsverbot für Masseverbindlichkeiten im Rang von § 209 Abs. 1 Ziff. 3 InsO ein. Das Vollstreckungsverbot aus § 210 InsO greift wegen § 251 Abs. 2 AO auch für die abgabenrechtliche Vollstreckung, berührt aber nicht die Steuerfestsetzung durch Bescheid, sondern ausschließlich die Vollstreckung.[2] Der Bescheid bildet nämlich nur die Grundlage der Vollstreckung. Ihr Beginn hängt aber von einem weiteren, gesonderten Verwaltungsakt ab, dem Leistungsgebot i.S.d. § 254 Abs. 1 AO. Steuerbescheid und Leistungsgebot sind getrennt zu beurteilen. Ein Leistungsgebot darf für Altmasseverbindlichkeiten nach der Anzeige der Masseunzulänglichkeit nicht mehr ergehen.[3] Ein hiergegen gerichteter Einspruch muss Erfolg haben; andernfalls ist Klage zum FG geboten.

3.377

Das Vollstreckungsverbot greift ein, sobald der Insolvenzverwalter dem Insolvenzgericht die Masseunzulänglichkeit nach § 208 InsO angezeigt hat. Maßgebender Zeitpunkt ist der Eingang der Anzeige beim Insolvenzgericht. Das Vollstreckungsverbot erfasst auch bereits laufende Vollstreckungsmaßnahmen. Hatte der Massegläubiger allerdings vor dem Wirksamwerden des Vollstreckungsverbotes im Wege der Vollstreckung für seine titulierte Forderung aus der Insolvenzmasse bereits ein Pfändungspfandrecht erlangt, so bleibt dieses wirksam.[4] Insoweit darf sich der Massegläu-

3.378

---

1 FG Berlin v. 14.7.2003 – 7 B 7184/03, EFG 2003, 1520 (1520).
2 BFH v. 29.8.2007 – IX R 58/06, BStBl. II 2008, 322 = ZIP 2007, 2083; v. 1.6.2016 – X R 26/14, DStR 2016, 1986; a.A. *Waza* in Waza/Uhländer/Schmittmann, Insolvenzen und Steuern[12], Rz. 793; *Schüppen/Schlösser* in MünchKomm/InsO[4], Insolvenzsteuerrecht, Rz. 41.
3 FG Münster v. 16.6.2006 – 13 K 3960/04 Kfz, EFG 2006, 1704 ff.
4 *Hefermehl* in MünchKomm/InsO[4], § 210 Rz. 10.

biger auch nach Eintritt des Vollstreckungsverbots nach § 210 InsO durch Einziehung der Forderung befriedigen. Neumasseverbindlichkeiten i.S.v. § 209 Abs. 1 Ziff. 2 InsO, die nach Anzeige der Masseunzulänglichkeit begründet wurden, werden vom Vollstreckungsverbot des § 210 InsO nicht erfasst.

3.379 Ist streitig, ob eine Forderung den Rang einer Neumasseforderung nach § 209 Abs. 1 Ziff. 2 InsO oder einer Altmasseverbindlichkeit nach § 209 Abs. 1 Ziff. 3 InsO einnimmt, so ist der Gläubiger einer zivilrechtlichen Forderung in der Regel auf eine Klage gegen den Insolvenzverwalter angewiesen. Für den Steuergläubiger wird vertreten, die Finanzverwaltung könne einen Feststellungsbescheid entsprechend § 251 Abs. 3 AO erlassen, wenn der Rang einer Neumasseverbindlichkeit bestritten wird.[1] Dem kann nicht gefolgt werden. § 251 Abs. 3 InsO bezieht sich schon dem Wortlaut nach nur auf Insolvenzforderungen, nicht auf Masseansprüche. Der Feststellungsbescheid entfaltet seine Wirkung überhaupt nur im Rahmen des Prüfungsverfahrens gem. § 185 InsO, weil die festgestellte Forderung vom Bestreitenden bekämpft werden muss und dem Gläubiger die Betreibungslast aus § 179 Abs. 1 InsO abgenommen wird. Ein solches Verfahren gibt es in Bezug auf Masseforderungen nicht. Sie werden nicht angemeldet. Im Übrigen übersieht diese Auffassung, dass trotz Anzeige der Masseunzulänglichkeit eine Steuerfestsetzung durch Steuerbescheid möglich ist (was für Insolvenzforderungen ausscheidet), so dass allein die Bekanntgabe eines Steuerbescheids an den Insolvenzverwalter klarstellt, dass der Rang einer Masseverbindlichkeit beansprucht wird. Soweit der Rang einer Altmasseverbindlichkeit beansprucht wird, ergeht kein Leistungsgebot. Wenn die Finanzverwaltung der Auffassung ist, eine bestimmte Forderung sei Neumasseforderung, erlässt sie einen Bescheid mit Leistungsgebot gegen den Insolvenzverwalter. Es ist dann dem Insolvenzverwalter überlassen, sich gegen das Leistungsgebot mit dem Einspruch und ggf. der Klage zur Wehr zu setzen. Dabei bleibt kein Raum für einen Feststellungsbescheid. Der von der Finanzverwaltung beanspruchte Rang ergibt sich allein aus dem nach Anzeige der Masseunzulänglichkeit erlassenen Leistungsgebot.

3.380 **Das Vollstreckungsverbot des § 210 InsO ist von Amts wegen zu beachten.** Eine gegen § 210 InsO verstoßende Vollstreckungsmaßnahme ist allerdings nur rechtswidrig, nicht nichtig. Daher tritt ungeachtet des Verbots aus § 210 InsO eine wirksame Verstrickung ein. Der Insolvenzverwalter ist daher gehalten, sich gegen eine rechtswidrige Vollstreckungsmaßnahme zur Wehr zu setzen. Als Rechtsbehelf steht ihm die **Vollstreckungserinnerung nach § 766 ZPO** zu. Statthaft ist die Erinnerung auch für den Drittschuldner. Zuständig für die Erinnerung ist analog § 89 Abs. 3 InsO das Insolvenzgericht. Es ist auf Grund der Sachnähe geboten, analog § 89 Abs. 3 InsO die Zuständigkeit der Insolvenzgerichte und nicht der Vollstreckungsgerichte anzunehmen, auch wenn der Gesetzgeber für den Fall des § 210 InsO keine ausdrückliche Regelung getroffen hat.[2] Funktionell zuständig ist der Richter (§ 20 Ziff. 17 Satz 2 RPflG). Allerdings können die **FG** dessen ungeachtet die Vollziehung eines

---

[1] *Waza* in Waza/Uhländer/Schmittmann, Insolvenzen und Steuern[12], Rz. 791.
[2] LG Darmstadt v. 10.3.2008 – 19 T 49/08 (NV); *Hefermehl* in MünchKomm/InsO[4], § 210 Rz. 15.

Bescheids aussetzen (Rz. 3.375). Nicht zu folgen ist der Auffassung, nach der ein Antrag auf Aussetzung der Vollziehung von Leistungsbescheiden unzulässig sein soll, weil die Vollziehung „nicht mehr möglich" ist.[1] Gerade diese Unzulässigkeit der Vollziehung muss der Insolvenzverwalter schließlich gerichtlich geltend machen können, wenn die Finanzverwaltung zur Vollstreckung in die Neumasse ansetzt. Etwas anderes gilt nur für ein Leistungsgebot, das vor der Anzeige der Masseunzulänglichkeit ergangen ist, wenn die Finanzbehörde nach der Anzeige der Masseunzulänglichkeit nicht mehr zu erkennen gibt, dass sie an dem Vollzug festzuhalten gedenkt. Dann fehlt einem Antrag auf Aussetzung der Vollziehung das Rechtsschutzbedürfnis.

Hat der Altmassegläubiger vor der Anzeige der Masseunzulänglichkeit Befriedigung erlangt (sei es durch Zahlung durch den Insolvenzverwalter oder im Wege der Vollstreckung), so bleibt es dabei. Ein Rückforderungsanspruch des Insolvenzverwalters scheidet aus. Dies gilt auch dann, wenn die Masseunzulänglichkeit durch den Insolvenzverwalter verspätet angezeigt worden ist und tatsächlich im Zeitpunkt der Zahlung oder Vollstreckungsmaßnahme schon bestanden hatte. Hat die Finanzverwaltung allerdings ungeachtet der bereits angezeigten Masseunzulänglichkeit Sicherung oder Befriedigung erlangt, ist diese an die Insolvenzmasse herauszugeben. 3.381

Das FG Münster hat zudem zu Recht anerkannt, dass ein Leistungsgebot bzw. eine Vollstreckung wegen einer Neumasseverbindlichkeit dann rechtswidrig ist, wenn die **Neumasse erneut unzulänglich** geworden ist.[2] Da eine weitere, konstitutiv wirkende Anzeige der Masseunzulänglichkeit gesetzlich nicht vorgesehen ist, kann die Unzulänglichkeit der Neumasse allerdings nur einredeweise durch den Insolvenzverwalter geltend gemacht und muss dazu im Einzelnen dargelegt werden. Unzulänglichkeit der Neumasse liegt entsprechend der Beurteilung der (normalen) Masseunzulänglichkeit nicht nur dann vor, wenn die Insolvenzmasse insgesamt wertmäßig nicht ausreicht, sondern auch dann, wenn zumindest derzeit nicht hinreichende liquide Mittel in der Masse vorhanden sind, um die Verfahrenskosten und die Neumasseverbindlichkeiten vollständig zu begleichen.[3] Denn auch dann, wenn zu erwarten ist, dass nach Abschluss sämtlicher Verwertungshandlungen eine ausreichend große Masse vorhanden sein wird, um alle Masseverbindlichkeiten zu befriedigen, stört die Vollstreckung in die Masse die geordnete Insolvenzabwicklung derart, dass dem Gläubiger zugemutet wird, zuzuwarten, bis der Insolvenzverwalter die Verwertung abgeschlossen hat und die Verteilung der Insolvenzmasse an die Gläubiger in der insolvenzrechtlichen Befriedigungsreihenfolge durchführt. Zur Abwendung der Vollstreckung in die Neumasse hat der Insolvenzverwalter daher folgende Aufstellung vorzunehmen und die einzelnen Positionen zu begründen: 3.382

---

1 So aber *Waza* in Waza/Uhländer/Schmittmann, Insolvenzen und Steuern[12], Rz. 795.
2 FG Münster v. 16.6.2006 – 13 K 3960/04 Kfz, EFG 2006, 1704 ff.; ebenso *Hefermehl* in MünchKomm/InsO[4], § 210 Rz. 20.
3 *Hefermehl* in MünchKomm/InsO[4], § 210 InsO Rz. 23; *Ries* in Uhlenbruck[15], § 210 InsO Rz. 9.

Bestand der liquiden Insolvenzmasse

./. Vergütung und Auslagen für den vorläufigen Insolvenzverwalter

./. Vergütung und Auslagen für den Insolvenzverwalter

./. Umsatzsteuer auf Vergütungen und Auslagen, soweit keine Vorsteuerabzugsberechtigung

./. Gerichtskosten und Auslagen des Gerichts

Ergibt: Freie Masse für die Befriedigung der Neumassegläubiger

Summe der Neumasseverbindlichkeiten

3.383 Wenn bei dieser Gegenüberstellung die Summe der Neumasseverbindlichkeiten die für die Befriedigung der Neumassegläubiger zur Zeit zur Verfügung stehende liquide Masse übersteigt, ist die Vollstreckung in die Insolvenzmasse rechtswidrig.

V. Vollstreckung in das insolvenzfreie Vermögen des Insolvenzschuldners

3.384 Während der Dauer des Insolvenzverfahrens darf gem. § 89 Abs. 1 InsO wegen einer Insolvenzforderung keine Vollstreckung in das „sonstige Vermögen des Schuldners" erfolgen. Mit dem sonstigen Vermögen ist das Vermögen des Insolvenzschuldners gemeint, das nicht Insolvenzmasse i.S.v. § 35 InsO ist. Zum insolvenzfreien Vermögen gehört der gewöhnliche Hausrat nach § 36 Abs. 3 InsO, Gegenstände, die nicht der Zwangsvollstreckung unterliegen (§ 36 Abs. 1 InsO) und Gegenstände, die der Insolvenzverwalter an den Insolvenzschuldner aus der Insolvenzmasse freigegeben hat. Dazu gehört auch ein Geschäftsbetrieb, den der Insolvenzverwalter gem. § 35 Abs. 2 InsO aus der Insolvenzmasse freigegeben hat.

3.385 Auch die Vollstreckung wegen einer Masseverbindlichkeit (§ 55 InsO) ist während der Dauer des Insolvenzverfahrens in das insolvenzfreie Vermögen des Insolvenzschuldners unzulässig.

3.386 Zulässig ist hingegen die Vollstreckung wegen einer Forderung, die gegen das insolvenzfreie Vermögen des Schuldners gerichtet ist (Rz. 2.135 ff.). Zur Festsetzung von Steuern durch Bescheid gegen das insolvenzfreie Vermögen s. Rz. 3.195. Die Vollstreckung richtet sich dann ohne insolvenzrechtliche Besonderheiten nach §§ 249 ff. AO und kann insbesondere auch während und trotz des laufenden Insolvenzverfahrens durchgeführt werden.

VI. Vollstreckung nach Aufhebung des Insolvenzverfahrens

3.387 Vom Grundsatz her können Gläubiger, die im Insolvenzverfahren nicht befriedigt worden sind, ihre restlichen Forderungen auch nach der Beendigung des Insolvenzverfahrens (Aufhebung oder Einstellung) gegen den Schuldner geltend machen, § 201 Abs. 1 InsO, und zu diesem Zweck freilich auch vollstrecken. Dies gilt auch für den Steuergläubiger.

D. Vollstreckungsverfahren | Rz. 3.388 Kap. 3

Allerdings ist bei der Vollstreckung eine Reihe von besonderen Konstellationen zu beachten: 3.388

– Die Vollstreckung erfolgt aus der **Tabellenfeststellung**, wenn der Schuldner im Prüfungstermin nicht widersprochen hat. Die Tabellenfeststellung ist dann nach § 201 Abs. 2 InsO Vollstreckungstitel. Eine Vollstreckung aus dem der Anmeldung zugrundeliegenden Bescheid kann nicht erfolgen, selbst wenn dieser bereits vor Insolvenzeröffnung bestandskräftig geworden war.

– Hat der Schuldner im Prüfungstermin Widerspruch gegen die angemeldete Forderung erhoben, war aber der Bescheid schon vor der Eröffnung des Insolvenzverfahrens bestandskräftig geworden, kann die Finanzverwaltung aus dem Bescheid gegen den Schuldner vollstrecken. Der Widerspruch des Schuldners entfaltet somit keine praktische Wirkung.

– War eine Forderung der Finanzverwaltung **vor Eröffnung des Insolvenzverfahrens noch nicht festgesetzt** und ist eine Tabellenfeststellung nicht erfolgt, fehlt es an einem vollstreckbaren Titel; es muss zunächst eine Festsetzung erfolgen (Rz. 3.204).

– Sind während des Insolvenzverfahrens **Masseverbindlichkeiten** entstanden, die vor der Beendigung des Insolvenzverfahrens nicht aus der Masse berichtigt worden sind, so sind diese nach Aufhebung des Insolvenzverfahrens grundsätzlich gegen den Schuldner geltend zu machen.[1]

– Hat das Insolvenzverfahren durch einen **Insolvenzplan** seinen Abschluss gefunden, bestimmt der Insolvenzplan über das rechtliche Schicksal der Forderungen der Gläubiger. Regelmäßig wird der Insolvenzschuldner gem. § 227 Abs. 1 InsO mit der im gestaltenden Teil vorgesehenen Befriedigung der Gläubiger von seinen restlichen Verbindlichkeiten befreit. Die Befreiung tritt mit der Rechtskraft des Bestätigungsbeschlusses (§ 254 Abs. 1 Satz 1 InsO) ein, nicht erst mit der tatsächlichen Erfüllung der im Plan vorgesehenen Verpflichtungen des Schuldners.[2] Kommt der Schuldner diesen nicht nach, entfällt die Befreiung erst unter den Voraussetzungen des § 255 InsO. Die Vollstreckung ist wegen der nicht erlassenen Forderungen aus dem Insolvenzplan in Verbindung mit der Eintragung in die Tabelle gem. § 257 Abs. 1 InsO zu betreiben. In Ansehung der erlassenen Forderungen ist jede Vollstreckung unzulässig. Auch die Festsetzung einer nicht vor Eröffnung des Insolvenzverfahrens festgesetzten Steuerforderung durch Bescheid gegenüber dem Schuldner kommt nicht in Betracht.

– Wurde dem Schuldner gem. § 300 Abs. 1 InsO **Restschuldbefreiung** erteilt, so kann wegen einer Forderung, die bereits bei Eröffnung des Insolvenzverfahrens bestanden hatte, nicht mehr gegen den Schuldner vollstreckt werden, es sei denn, es handelte sich bei der Forderung um eine solche aus vorsätzlich begangener unerlaubter Handlung, sofern die Finanzbehörde die entsprechende Forderung unter

---
[1] BFH v. 3.8.2016 – X R 25/14.
[2] *Breuer* in MünchKomm/InsO⁴, § 227 Rz. 8.

Angabe dieses Rechtsgrundes zur Insolvenztabelle angemeldet hatte (§ 302 Ziff. 1 InsO) und ein Widerspruch gegen den Rechtsgrund der unerlaubten Handlung seitens des Schuldners nicht erhoben worden ist.[1]

3.389 Hat der Schuldner dem **Rechtsgrund der vorsätzlich begangenen unerlaubten Handlung** widersprochen, kommt es für das weitere Vorgehen darauf an, ob die Forderung vor der Eröffnung des Insolvenzverfahrens bereits durch Bescheid festgesetzt war oder nicht. Ist dies der Fall, kann die Finanzbehörde gegen den Schuldner einen Feststellungsbescheid gem. § 251 Abs. 3 AO erlassen und damit den Widerspruch gegen den Rechtsgrund beseitigen. War die Forderung vorinsolvenzlich nicht durch Bescheid festgesetzt, muss zunächst eine Festsetzung erfolgen, die aber erst nach der Beendigung des Insolvenzverfahrens erfolgen kann. Die Festsetzung ist ungeachtet der Erteilung der Restschuldbefreiung zulässig. Ein Leistungsgebot darf allerdings nicht ergehen, weil der Widerspruch des Schuldners gegen den Rechtsgrund der vorsätzlich unerlaubten Handlung – solange er nicht beseitigt ist – die Durchsetzung der Forderung hindert. Nachdem die Festsetzung erfolgt ist, kann ein Feststellungsbescheid gem. § 251 Abs. 3 AO ergehen, der feststellt, dass der Rechtsgrund der vorsätzlich begangenen unerlaubten Handlung vorliegt. Gegen den Feststellungsbescheid steht dem Schuldner der Einspruch und ggf. Klage zum FG zu. Bleibt der Schuldner endgültig erfolglos und wird der Feststellungsbescheid bestandskräftig, ist der Widerspruch des Schuldners gegen den Rechtsgrund der vorsätzlich begangenen unerlaubten Handlung beseitigt, so dass die Vollstreckung aus der Tabellenfeststellung (§ 201 Abs. 2 InsO), nicht aus dem Steuerbescheid, erfolgen kann.

3.390 Für Forderungen aus vorsätzlich begangener Handlung i.S.d. § 302 Ziff. 1 Alt. 1 InsO hat der BGH bereits mehrfach entschieden, dass ein isolierter Widerspruch gegen den Rechtsgrund möglich ist.[2] Dies ist auf die Fälle der Steuerstraftaten nach § 302 Nr. 1 Alt. 3 InsO zu übertragen[3]. Hat der Schuldner eine Forderung bestritten, kann der Gläubiger nach § 184 Abs. 1 Satz 1 InsO Klage auf Feststellung der Forderung erheben. Ist für die Feststellung der Forderung der Rechtsweg zu den ordentlichen Gerichten nicht gegeben, kann das Finanzamt die Feststellung selbst vornehmen (§ 251 Abs. 3 AO). Für die Verbindlichkeiten aus einem Steuerschuldverhältnis (§ 37 Abs. 1 AO) sind die ordentlichen Gerichte nicht zuständig (§ 33 Abs. 1 Nr. 1 FGO). Wenn auch der Streit um die rechtliche Einordnung der angemeldeten Forderung als Forderung aus vorsätzlich begangener unerlaubter Handlung vor den Zivilgerichten zu führen ist,[4] ist dies nicht auf § 302 Ziff. 1 Alt. 3 InsO zu übertragen, weil es dort nicht um die Feststellung einer Steuerstraftat, sondern um die Feststellung einer rechtskräftigen Verurteilung geht.[5] Die Tilgung der Eintragung im Bundeszentralregister (§ 12 Abs. 2 Satz 2 BZRG) beseitigt nicht die Verurteilung nach § 302 Nr. 1

---

1 *Stephan* in MünchKomm/InsO[4], § 302 Rz. 19.
2 BGH v. 18.5.2006 – IX ZR 187/04, NJW 2006, 2922; v. 18.1.2007 – IX ZR 176/05, NJW-RR 2007, 991.
3 BFH v. 7.8.2018 – VII R 24/17, VII R 25/17.
4 BGH v. 2.12.2010 – IX ZB 271/09, ZInsO 2011, 44.
5 BFH v. 7.8.2018 – VII R 24/17, VII R 25/17.

Alt. 3 InsO. Auch unter dem Gesichtspunkt der Verhältnismäßigkeit kommt es auf die Tilgung nicht an.[1]

Auch Zinsen fallen unter § 302 Ziff. 1 Alt. 3 InsO. Das ergibt sich bereits aus dem Wortlaut des Gesetzes. Zu den Verbindlichkeiten aus einem Steuerschuldverhältnis gehören nach § 37 Abs. 1, § 3 Abs. 4 AO nicht nur der Steueranspruch selbst, sondern auch die steuerlichen Nebenleistungen wie Verzögerungsgelder, Säumniszuschläge, Zwangsgelder und Zinsen. Durch die Formulierung „sofern der Schuldner in Zusammenhang damit wegen einer Steuerstraftat ... rechtskräftig verurteilt worden ist" sollen auch Nebenleistungen berücksichtigt werden.[2]

3.391

Säumniszuschläge sind keine Zwangsmittel und können daher nicht den Geldstrafen nach § 302 Ziff. 2 InsO gleichgesetzt werden.[3] Sie werden somit auch von der Restschuldbefreiung erfasst.

3.392

Soweit die Vollstreckung nach oben genannten Maßgaben zulässig ist, richtet sie sich nach abgabenrechtlichen Vorschriften. Insolvenzrechtliche Besonderheiten sind bei der Durchführung der Vollstreckung dann nicht mehr zu beachten.

3.393

VII. Vollstreckungen wegen Handlungen, Duldungen oder Unterlassungen während des Insolvenzverfahrens

Soweit Handlungen, Duldungen oder Unterlassungen durchgesetzt werden sollen, sind die Vollstreckungsvorschriften der §§ 328 ff. AO zu beachten. Zweck der §§ 328 ff. AO ist es, den Pflichtigen dazu zu bewegen, eine ihm auferlegte Pflicht zu erfüllen. Dementsprechend sind die Zwangsmittel grundsätzlich Beugemittel und haben keinen Strafcharakter.[4] Die in § 328 Abs. 1 Satz 1 AO enthaltene Aufzählung (Zwangsgeld, Ersatzvornahme, unmittelbarer Zwang) ist abschließend; andere Zwangsmaßnahmen sind nicht zulässig. Die Handlungspflicht muss zunächst durch eine Anordnungsverfügung festgelegt worden sein, bevor Zwangsmittel angewendet werden dürfen; eine gesetzlich angeordnete Handlungspflicht reicht allein nicht aus. Mit Hilfe von Zwangsmitteln sind insbesondere erzwingbar:

3.394

– Mitwirkungspflichten §§ 90, 93, 97, 135, 200 AO,

– Anzeigepflichten gem. §§ 137 bis 139 AO,

– Buchführungspflichten nach §§ 140 ff. AO,

– Abgabepflicht von Steuererklärungen gem. § 149 Abs. 1 AO i.V.m. den Einzelsteuergesetzen,

– Beantwortung des Fragebogens zur Haftungsinanspruchnahme,

– Abgabe der Drittschuldnererklärung gem. § 316 Abs. 2 Satz 3 AO.

---

1 BFH v. 7.8.2018 – VII R 24/17, VII R 25/17.
2 BFH v. 7.8.2018 – VII R 24/17, VII R 25/17.
3 BFH v. 19.1.2005 – VII B 286/04, ZIP 2005, 1035 = ZInsO 2005, 494 (494).
4 BFH v. 29.4.1980 – VII R 4/79, BStBl. II 1981, 110; vgl. auch FG Schl.-Holst. v. 8.3.2017 – 1 K 149/15, juris.

3.395 Bevor Zwangsmittel durchgesetzt werden können, sind sie gem. § 332 AO anzudrohen. Die Anwendung der Zwangsmittel setzt des Weiteren voraus, dass der Pflichtige das von ihm geforderte Verhalten nicht vorgenommen hat.

3.396 Zwangsmittel sind im Insolvenzverfahren gegen den **Insolvenzverwalter in seiner Eigenschaft als Partei kraft Amtes** für ein bestimmtes schuldnerisches Vermögen zu richten. Nur in dieser Funktion kann der Insolvenzverwalter eine bestimmte, die Insolvenzmasse betreffende Handlung vornehmen. Seine Befugnisse sind durch seine Amtsstellung definiert und begrenzt. Er wird nicht gesetzlicher Vertreter des Schuldners; der Schuldner behält seine Prozess- und Parteifähigkeit und auch seine Organe behalten ihre Organstellung inne. Alle Rechte und Pflichten aus der Tätigkeit des Insolvenzverwalters treffen ausschließlich die Insolvenzmasse; das persönliche Vermögen des Insolvenzverwalters kann nur über die speziellen insolvenzrechtlichen Haftungstatbestände (§§ 60, 61 InsO) betroffen werden. Die Amtsstellung des Insolvenzverwalters ist daher nicht zu vergleichen mit der Stellung eines gesetzlichen Vertreters. In Bezug auf gesetzliche Vertreter hat der BFH – in Ausnahmefällen – eine Zwangsgeldfestsetzung zwar auch gegen den gesetzlichen Vertreter einer Kapitalgesellschaft zugelassen;[1] diese Rechtsprechung kann wegen der Verschiedenheit von gesetzlichen Vertretern und einer Partei kraft Amtes jedoch nicht auf den Insolvenzverwalter übertragen werden. **Daher kann eine Zwangsgeldfestsetzung nicht das persönliche Vermögen des Insolvenzverwalters betreffen, sondern die betreffende Insolvenzmasse.**[2] Eine Zwangsgeldandrohung oder -festsetzung, die nicht ausdrücklich den Zusatz „in seiner Eigenschaft als Insolvenzverwalter über das Vermögen der [Insolvenzschuldnerin]" trägt, bezeichnet das persönliche Vermögen des Insolvenzverwalters und ist damit rechtswidrig.

3.397 Die Anordnung von Ersatzzwangshaft wegen Uneinbringlichkeit eines Zwangsgeldes kommt gegen den Insolvenzverwalter nicht in Betracht, weil die Zwangsgeldfestsetzung nicht gegen ihn als natürliche Person, sondern gegen ihn in seiner Funktion als Partei kraft Amtes ergeht und somit der Festsetzung gegen eine juristische Person gleichzustellen ist, gegen die die Anordnung von Ersatzzwangshaft ebenfalls ausscheidet.[3]

E. Rechtsbehelfs- und Rechtsmittelverfahren

I. Auswirkungen des Insolvenzverfahrens auf laufende Rechtsbehelfs- und Rechtsmittelverfahren

3.398 Durch die Eröffnung des Insolvenzverfahrens werden **alle anhängigen Rechtsbehelfs- und Rechtsmittelverfahren analog § 240 Satz 1 ZPO unterbrochen**. Gegen welche Art von Bescheiden sich das Rechtsbehelfsverfahren richtet, ist unbeachtlich.

---

1 BFH v. 6.5.2008 – I B 14/08, BFH/NV 2008, 1872 ff.; v. 12.12.1990 – I R 92/88, BStBl. II 1991, 384.
2 Vgl. auch BFH v. 23.8.1994 – VII R 143/92, ZIP 1994, 1969 = ZIP 1995, 1798 = BStBl. II 1995.
3 BFH v. 27.10.1981 – VII R 2/80, BFHE 134, 231. = BStBl. II 1982, 141.

Somit sind auch Rechtsbehelfsverfahren gegen Haftungsbescheide oder Bescheide zur Feststellung von Besteuerungsgrundlagen erfasst. Von der Unterbrechungswirkung sind nach § 155 FGO i.V.m. § 240 Abs. 1 ZPO auch finanzgerichtliche Klageverfahren betroffen,[1] unabhängig von der Instanz, in der sie sich befinden. Gleiches gilt für Prozesskostenhilfe-Antragsverfahren vor den FG,[2] Nichtzulassungsbeschwerdeverfahren am BFH[3] und für Verfahren über Anträge auf Aussetzung der Vollziehung oder Erlass einer einstweiligen Anordnung nach § 114 FGO.

Eine **trotz Unterbrechung ergehende Entscheidung ist unwirksam** (§ 249 Abs. 2 ZPO) und muss aus Gründen der Rechtsklarheit aufgehoben werden.[4]

Soweit bei Eröffnung des Insolvenzverfahrens ein Rechtsbehelfs- oder Rechtsmittelverfahren noch nicht eingeleitet worden ist, die **Rechtsbehelfs- bzw. Rechtsmittelfristen aber noch laufen**, werden diese Fristen ebenfalls analog § 240 Satz 1 ZPO unterbrochen (Rz. 3.296).

3.399

Die Unterbrechungswirkung tritt bereits vor der Eröffnung des Insolvenzverfahrens ein, wenn ein **starker vorläufiger Insolvenzverwalter** mit Verfügungsbefugnis über das schuldnerische Vermögen bestellt wird.[5] Für den **schwachen vorläufigen Insolvenzverwalter**, der nur mit Zustimmungsvorbehalt ausgestattet ist, gilt dies nicht,[6] und zwar auch dann nicht, wenn das Insolvenzgericht punktuelle Verfügungsbefugnisse des vorläufigen Insolvenzverwalters angeordnet hat.

3.400

Wird eine Steuerforderung, wegen der ein Einspruchsverfahren oder ein Klageverfahren anhängig und durch Insolvenzeröffnung unterbrochen ist, widerspruchslos zur Insolvenztabelle festgestellt, so tritt Erledigung des Einspruchsverfahrens bzw. Finanzrechtsstreit in der Hauptsache ein. Diese Erledigung beendet aber nicht zugleich die Unterbrechung des finanzgerichtlichen Verfahrens.[7]

In der **Insolvenz einer Personenhandelsgesellschaft** erfasst die Unterbrechungswirkung aber nicht ein Einspruchs-, Klage- oder Revisionsverfahren bezüglich der gesonderten und einheitlichen Gewinnfeststellung, da seine steuerlichen Folgen nur die Gesellschafter persönlich und nicht den im Rahmen des Insolvenzverfahrens abzuwi-

3.401

---

1 BFH v. 14.5.2013 – X B 134/12, BStBl. II 2013, 585 = ZIP 2013, 1789; v. 29.8.2018 – XI R 57/17, NZI 2019, 89; v. 21.9.2017 – VIII R 59/14, NZI 2018, 120.
2 BFH v. 27.9.2006 – IV S 11/05 (PKH), BStBl. II 2007, 130; v. 23.6.2008 – VIII S 2/08 (PKH), (NV).
3 BFH v. 10.12.2008 – I B 130/08 (NV).
4 BFH v. 27.11.2003 – VII B 236/02, BFH/NV 2004, 366; v. 21.4.2004 – XI B 17/01, BFH/NV 2004, 1285; v. 10.12.2008 – I B 130/08 (NV); vgl. auch BGH v. 20.12.2018 – IX ZR 82/16, LSK 2018, 35318, sowie BGH v. 20.12.2018 – IX ZR 81/16, NZI 2019, 191.
5 BFH v. 8.8.2013 – II B 3/13, BFH/NV 2013, 1805; v. 26.11.2004 – VIII B 77/03, BFH/NV 2005, 331; *Beck/Wimmer* in Beck/Depré³, § 5 Rz. 53.
6 BFH v. 8.8.2013 – II B 3/13, BFH/NV 2013, 1805; v. 26.11.2004 – VIII B 77/03, BFH/NV 2005, 331; v. 18.5.2017 – XI B 1/17, juris.
7 BFH v. 14.5.2013 – X B 134/12, BStBl. II 2013, 585 = ZIP 2013, 1789; vgl. auch BFH v. 29.8.2018 – XI R 57/17, NZI 2019, 89; v. 27.9.2017 – XI R 9/16, NZI 2018, 122; v. 21.9.2017 – VIII R 59/14, NZI 2018, 120.

ckelnden Vermögensbereich der Personengesellschaft betreffen.[1] Davon unabhängig ist die Frage, ob gegen die Gesellschafter noch Feststellungsbescheide ergehen können, oder ob auch in Ansehung ihrer Person in Folge eines über ihr Vermögen laufenden Insolvenzverfahrens Unterbrechung eingetreten ist. Nach Eröffnung des Insolvenzverfahrens bzw. der Anordnung der starken vorläufigen Insolvenzverwaltung darf das Finanzamt nämlich Feststellungsbescheide nicht mehr erlassen, in denen Besteuerungsgrundlagen mit Auswirkung für das Vermögen des Schuldners festgestellt werden.[2]

3.402 **Ausführlich zur Wiederaufnahme bzw. anderweitigen Fortsetzung und Erledigung unterbrochener Verfahren** (Rz. 3.298).

II. Finanzgerichtlicher Rechtsschutz gegen Insolvenzanträge der Finanzverwaltung

Literatur *Bruns/Schaake*, Insolvenzanträge aus Sicht des Finanzamts – Rechtsschutz, Ermessen und Implikationen durch das ESUG, ZInsO 2011, 1581; *Carlé*, Einleitung des Insolvenzverfahrens durch die Finanzverwaltung, AO-StB 2002, 428; *Flöther*, Das Insolvenzantragsrecht und die Insolvenzantragspflicht der Kommune bei der Eigengesellschaft, LKV 2014, 112; *Fritsche*, Die Zulässigkeit des Insolvenzantrags, DZWIR 2003, 234; *Fu*, Rechtsschutz gegen Insolvenzanträge des Finanzamts, DStR 2010, 1411; *Hantke/Schmittmann*, Insolvenzantragstellung durch öffentlich-rechtliche Gläubiger, VR 2002, 335; *Jacobi*, Die Glaubhaftmachung des Insolvenzgrundes: Eine Tendenz in der Praxis der Finanzverwaltung, ZInsO 2011, 1094; *Klene*, Sackgasse § 184 II InsO – Der nicht verfolgbare Widerspruch des Schuldners, NZI 2019, 145; *Marotzke*, Sinn und Unsinn einer insolvenzrechtlichen Privilegierung des Fiskus, ZInsO 2010, 2163; *Obermair*, Stundung, Vollstreckungsaufschub, Insolvenzantrag, BB 2006, 582; *Rein*, Schadensersatz bei unberechtigtem Insolvenzantrag, NJW-Spezial 2013, 213; *Schmahl*, Zur Darstellung und Glaubhaftmachung der Forderung eines öffentlich-rechtlichen Gläubigers im Insolvenzeröffnungsantrag – Ein Vorschlag zur Vereinfachung: Die substantiierte Vollstreckbarkeitsbestätigung, NZI 2007, 20; *Schmidberger*, Stellung der öffentlichen Gläubiger im Insolvenzverfahren, NZI 2012, 953; *Schmittmann*, Einstweiliger Rechtsschutz gegen Insolvenzanträge der Finanzverwaltung unter besonderer Berücksichtigung des Rechtswegs in FS Haarmeyer, 2013, 289; *Schöler*, Existenzgefährdung durch den Fiskus – Rechtsschutz gegen Insolvenzanträge des Finanzamtes, Stbg 2012, 385; *Siebert*, Anforderungen an Gläubigeranträge unter Berücksichtigung der Besonderheiten der Finanzverwaltung, VIA 2015, 17; *Smid*, Rechtsschutz gegen Insolvenzrichter, DZWIR 2004, 359; *Viertelhausen*, Das Finanzamt als Gläubiger im Insolvenzverfahren, InVo 2002, 45; *Werth*, Rechtsschutz gegen Insolvenzanträge des Finanzamts, AO-StB 2007, 210.

1. Statthafter Rechtsbehelf

3.403 Die Finanzverwaltung ist als Steuergläubiger zur Insolvenzantragstellung berechtigt (Rz. 2.17 ff.). Dem Schuldner stehen gegen einen Insolvenzantrag der Finanzverwaltung finanzgerichtliche Rechtsschutzmöglichkeiten offen, denn der Insolvenzantrag

---

[1] BFH v. 11.10.2007 – IV R 52/04, BStBl. II 2009, 705; v. 24.7.1990 – VIII R 194/84, BStBl. II 1992, 508; v. 2.4.1998 – IX ZR 187/97, DStR 1998, 947; BGH v. 7.6.2018 – IV R 11/16, juris; v. 20.12.2018 – IV R 2/16, DStRE 2019, 1029.
[2] BFH v. 24.8.2004 – VIII R 14/02, BStBl. II 2005, 246 = ZIP 2004, 2392; vgl. auch FG Rh.-Pf. v. 15.6.2018 – 3 K 1568/15, juris, sowie BFH v. 1.6.2016 – X R 26/14, DStR 2016, 1986.

ist eine Vollstreckungshandlung des Finanzamts auf dem Gebiet des Abgabenrechts (§ 33 Abs. 1 Nr. 1 FGO).[1] Der Antrag auf Eröffnung des Insolvenzverfahrens ist kein Verwaltungsakt, denn durch ihn wird keine Regelung getroffen, sondern eine gerichtliche Entscheidung, nämlich die Eröffnung des Insolvenzverfahrens, angestrebt.[2] Dies gilt unabhängig davon, dass gegen den Eröffnungsbeschluss und gegen die Abweisung des Insolvenzantrags mangels Masse Rechtsmittel zu den ordentlichen Gerichten gegeben sind (§§ 34 Abs. 2, 6 und 7 InsO).[3] Somit kommen vor dem FG die allgemeine Leistungsklage bzw. die **einstweilige Anordnung nach § 114 FGO** in Betracht, wobei in aller Regel aufgrund der extremen Eilbedürftigkeit nur die einstweilige Anordnung effektiven Rechtsschutz bringen kann, da der Schuldner in der Regel bereits durch die Anordnung vorläufiger Sicherungsmaßnahmen durch das Insolvenzgericht schwerwiegend und nachhaltig in seinen geschäftlichen Entfaltungsmöglichkeiten beeinträchtigt wird. Im Rahmen des finanzgerichtlichen Rechtsschutzes prüft das Gericht vor allem, ob das Finanzamt im Rahmen der Entscheidung über die Insolvenzantragstellung von seinem Ermessen fehlerfreien Gebrauch gemacht hat.[4]

2. Einstweilige Anordnung auf Rücknahme des Insolvenzantrages

Begehrt der Schuldner einstweiligen Rechtsschutz, hat er den Antrag zu stellen, dem Finanzamt aufzugeben, den Insolvenzeröffnungsantrag zurückzunehmen. Der Erlass der entsprechenden einstweiligen Anordnung setzt voraus, dass der Schuldner das Vorliegen eines Anordnungsanspruchs und eines Anordnungsgrundes darlegt und glaubhaft macht (§ 114 Abs. 3 FGO).[5] Die Glaubhaftmachung des Anordnungsanspruchs setzt die Darlegung voraus, dass der in das pflichtgemäße Ermessen der Finanzbehörde gestellten Vollstreckungsmaßnahme (also hier dem Insolvenzantrag) ein Ermessensfehler (§ 102 FGO) anhaftet, sei es, dass für den Antrag die gesetzlichen Voraussetzungen nicht gegeben sind oder dass der Antrag auf sachfremden Erwägungen oder unter missbräuchlicher Ausnutzung einer Rechtsstellung gestellt wurde.[6]

3.404

Ein **Anordnungsanspruch** ist insbesondere gegeben, wenn

3.405

- ein Insolvenzeröffnungsgrund nicht vorliegt,
- es vom Kenntnishorizont der Finanzverwaltung aus betrachtet keine klaren Anhaltspunkte für das Vorliegen von Insolvenzeröffnungsgründen gibt (z.B. Zah-

---

1 FG Nds. v. 10.1.2006 – 15 V 503/05, PStR 2006, 245.
2 *Werth*, AO-StB 2007, 210 ff.; BFH v. 19.12.1989 – VII R 30/89, ZIP 1991, 458 = BFH/NV 1990, 710; vgl. auch VG Ansbach v. 22.10.2015 – AN 11 E 15.01794, NZI 2015, 994; BFH v. 27.1.2016 – VII B 119/15, juris.
3 FG Nds. v. 10.1.2006 – 15 V 503/05, PStR 2006, 245.
4 BFH v. 26.4.1988 – VII B 176/87, ZIP 1989, 247 = BFH/NV 1988, 762.
5 FG München v. 23.7.2009 – 14 V 1869/09, ZInsO 2009, 2348 ff.; BFH v. 26.4.1988 – VII B 176/87, ZIP 1989, 247 = BFH/NV 1988, 762.
6 BFH v. 25.2.2011 – VII B 226/10, BFH/NV 2011, 1017; OVG Lüneburg v. 17.10.2018 – 9 M.E. 106/18, NZI 2019, 35; BFH v. 27.1.2016 – VII B 119/15, NZI 2016, 929; VG Ansbach v. 22.10.2015 – AN 11 E 15.01794, NZI 2015, 994; FG München v. 24.7.2018 – 7 V 1728/18, juris.

lungsunwilligkeit statt Zahlungsunfähigkeit Grund für die Nichtbegleichung einer Steuerschuld sein kann),

– das Finanzamt von seinem Ermessen keinen Gebrauch gemacht hat,

– das Finanzamt mit dem Insolvenzantrag insolvenzzweckwidrige Ziele verfolgt,[1] beispielsweise wenn der Antrag lediglich als „Druckmittel" für die Abgabe von Steuererklärungen oder -anmeldungen dient,[2]

– das Finanzamt ohne plausible Gründe von dem Schuldner angebotene Sicherheiten nicht angenommen hat,[3]

– der Insolvenzantrag unter missbräuchlicher Ausnutzung der Rechtsstellung des Steuergläubigers oder aus sachfremden Erwägungen gestellt worden ist, z.B. weil damit nicht die Befriedigung wegen der Steuerforderungen, sondern die Vernichtung der wirtschaftlichen Existenz des Schuldners bezweckt wird,[4]

– wenn für das Finanzamt feststeht, dass eine die Kosten der Durchführung eines Insolvenzverfahrens (§ 54 InsO) deckende Masse nicht vorhanden ist,[5]

– der Antrag unverhältnismäßig ist: Aus dem Grundsatz der **Verhältnismäßigkeit** folgt, dass ein Insolvenzantrag als die für den Schuldner am meisten einschneidende und gefährlichste Maßnahme der Zwangsvollstreckung erst in Betracht kommt, wenn weniger belastende Maßnahmen der Einzelvollstreckung ausgeschöpft sind oder keine Aussicht auf Erfolg versprechen.[6] Ob andere Möglichkeiten der Einzelvollstreckung ausgeschöpft sind, kann regelmäßig erst nach Einsicht in das Vermögensverzeichnis beantwortet werden.[7] Die Finanzbehörde ist allerdings nicht in jedem Fall zwingend verpflichtet, vor Stellung eines Antrages auf Eröffnung des Insolvenzverfahrens über das Vermögen des Schuldners, diesen gem. § 284 Abs. 1 AO zur Vorlage eines Vermögensverzeichnisses aufzufordern.[8] Dies gilt auch für das Verlangen der Abgabe der eidesstattlichen Versicherung nach § 284 Abs. 3 AO, das voraussetzt, dass der Schuldner gegenüber der Finanzbehörde entsprechende Angaben gemacht hat, deren Richtigkeit und Vollständigkeit er versichern

---

1 BFH v. 11.12.1990 – VII B 94/90, BFH/NV 1991, 787; LG Köln v. 21.6.2012 – 13 T 83/12, VIA 2012, 62.
2 BFH v. 1.3.1990 – VII B 155/89, ZIP 1991, 457 = BFH/NV 1990, 787; LG Köln v. 21.6.2012 – 13 T 83/12, VIA 2012, 62.
3 BFH v. 26.4.1988 – VII B 176/87, ZIP 1989, 247 = BFH/NV 1988, 762.
4 BFH v. 12.12.2005 – VII R 63/04, ZInsO 2006, 603 (604); v. 23.7.1985 – VII B 29/85, BFH/NV 1986, 41 ff.; vgl. auch FG Hamburg v. 18.5.2017 – 2 V 117/17, juris.
5 BFH v. 12.12.2005 – VII R 63/04, ZInsO 2006, 603 (604); vgl. auch FG Hamburg v. 18.5.2017 – 2 V 117/17, juris.
6 FG Nds. v. 10.1.2006 – 15 V 503/05, PStR 2006, 245; AG Göttingen v. 1.11.2006 – 74 IN 117/06, ZIP 2007, 295 = ZInsO 2007, 48; FG Münster v. 15.3.193000 – 12 V 1054/00, FG Münster v. 15.3.2000 – 12 V 1054/00 AO, EFG 2000, 634 ff.; FG München v. 24.7.2018 – 7 V 1728/18, juris; FG Sa.-Anh. v. 24.9.2015 – 3 V 916/15, juris; OVG Lüneburg v. 17.10.2018 – 9 M.E. 106/18, NZI 2019, 35.
7 BFH v. 11.12.1990 – VII B 94/90, BFH/NV 1991, 787; FG Nds. v. 10.1.2006 – 15 V 503/05, PStR 2006, 245; VG Ansbach v. 22.10.2015 – AN 11 E 15.01794, NZI 2015, 994.
8 BFH v. 26.2.2007 – VII B 98/06; v. 12.12.2005 – VII R 63/04, BFH/NV 2006, 900.

soll. Hat sich der Vollstreckungsschuldner der Abgabe der eidesstattlichen Versicherung mehrmals entzogen, kann ein Antrag auf Eröffnung des Insolvenzverfahrens auch ohne vorherige Aufforderung zur Vorlage eines Vermögensverzeichnisses ermessensfehlerfrei gestellt werden.[1] Eine derartige Verweigerung ist aber nicht gegeben, wenn der Vollstreckungsschuldner lediglich von seinem Recht Gebrauch macht, die Anordnung mit einem zulässigen Rechtsmittel auf ihre Rechtmäßigkeit hin zu überprüfen.[2] Somit liegt einem Antrag auf Eröffnung des Insolvenzverfahrens nicht von vornherein ein Ermessensfehler zugrunde, wenn die Finanzbehörde zuvor an den Steuerschuldner keine Aufforderung zur Abgabe der eidesstattlichen Versicherung gerichtet hat. Vielmehr kommt es auf die Umstände des jeweiligen Einzelfalls an, ob eine Vorgehensweise nach § 284 Abs. 1 i.V.m. Abs. 2 AO vor Antragstellung erforderlich ist und ob sich ein Absehen von der Durchführung solcher Vollstreckungsmaßnahmen als ermessensfehlerhaft darstellen würde,[3]

– das Finanzamt von seinem Ermessen auf sonstige Weise fehlerhaft Gebrauch gemacht hat.

Ein Anordnungsanspruch liegt nicht allein deshalb vor, weil 3.406

– die Forderungen des Finanzamtes noch nicht bestandskräftig festgesetzt sind,[4]

– die Forderung des Finanzamtes sehr gering ist (deswegen allein fehlt es nicht an der Verhältnismäßigkeit),

– das Finanzamt keine Anhaltspunkte dafür hat, dass eine die Kosten der Durchführung eines Insolvenzverfahrens (§ 54 InsO) deckende Masse vorhanden ist, solange das Finanzamt nicht sicher weiß, dass eine solche nicht vorhanden ist,[5]

– die Steuerfestsetzungen unter dem Vorbehalt der Nachprüfung stehen (§ 164 AO),[6]

– das Finanzamt auf ein Ratenzahlungsangebot des Schuldners nicht eingegangen ist, das Ratenzahlungen zum Gegenstand hatte, die nicht in absehbarer Zeit zu einer Begleichung der Schuld hätten führen können,[7]

– der Schuldner beim Finanzamt einen Antrag auf Vollstreckungsaufschub,[8] Ratenzahlung oder Erlass[9] gestellt und das Finanzamt darüber noch nicht entschieden hat,

---

1 FG Köln v. 19.3.2009 – 15 V 111/09, EFG 2009, 1128 ff.
2 FG Köln v. 19.3.2009 – 15 V 111/09, EFG 2009, 1128 ff.
3 BFH v. 26.2.2007 – VII B 98/06, BFH/NV 2007, 1270 ff.
4 BFH v. 11.12.1990 – VII B 94/90, BFH/NV 1991, 787.
5 BFH v. 12.12.2005 – VII R 63/04, BFH/NV 2006, 900 ff.; FG Hamburg v. 18.5.2017 – 2 V 117/17, juris.
6 BFH v. 11.12.1990 – VII B 94/90, BFH/NV 1991, 787.
7 BFH v. 12.12.2005 – VII R 63/04, BFH/NV 2006, 900 ff.; FG Bremen v. 27.11.2018 – 2 K 164/18 1, juris; FG Hamburg v. 30.11.2017 – 2 V 293/17, juris.
8 BFH v. 12.12.2005 – VII R 63/04, BFH/NV 2006, 900 ff.; FG Bremen v. 27.11.2018 – 2 K 164/18 1, juris; FG Hamburg v. 30.11.2017 – 2 V 293/17, juris.
9 BFH v. 11.12.1990 – VII B 94/90, BFH/NV 1991, 787.

– der Schuldner zusichert, die dem Insolvenzantrag zugrundeliegenden Forderungen kurzfristig auszugleichen. Zum einen sind solche Zahlungen nämlich ohnehin regelmäßig der Insolvenzanfechtung unterworfen, zum anderen zeigt die Praxis, dass solche **Zahlungsbeteuerungen** an der Tagesordnung sind, während kaum einmal tatsächlich ein Ausgleich der Forderungen erfolgt.

3.407 Der BFH hat es in seiner Rechtsprechung bisher offen gelassen, ob es wegen der einschneidenden Folgen einer Insolvenz für den Schuldner der Glaubhaftmachung eines **Anordnungsgrundes** für die erstrebte einstweilige Regelung überhaupt bedarf.[1] Man wird dies jedoch bejahen müssen, ohne allerdings zu strenge Anforderungen zu stellen und ohne die Eilsituation des Insolvenzantragsverfahrens aus dem Blick zu verlieren. Die in § 114 Abs. 1 Satz 2 FGO genannten Anordnungsgründe („wesentliche Nachteile" und „drohende Gewalt") setzen Maßstäbe für die Beurteilung der Frage, ob „andere Gründe" für den Erlass einer einstweiligen Anordnung vorliegen.[2] Diese Parallele zeigt, dass nicht unbedingt die wirtschaftliche oder persönliche Existenz des Schuldners unmittelbar bedroht sein muss.[3] Die den Anordnungsgrund rechtfertigenden Umstände müssen aber über die Nachteile hinausgehen, die im Regelfall bei der Einzelvollstreckung zu erwarten sind.[4] Zu bedenken ist, dass in Folge der Insolvenzantragstellung in kurzer Zeit eine ganze Reihe von Maßnahmen durch das Insolvenzgericht getroffen werden (müssen), die den Schuldner nicht nur wirtschaftlich schwerwiegend beeinträchtigen, sondern vor allem auch seine Zuverlässigkeit im Geschäftsverkehr in Frage stellen und ihn in Wirtschaftskreisen diskreditieren können. Die Praxis zeigt sehr deutlich, dass die Anordnung der vorläufigen Insolvenzverwaltung (die auch öffentlich bekannt gemacht wird, § 23 Abs. 1 Satz 1 InsO) Schockwellen bei allen mit dem Schuldner in Geschäftsbeziehung stehenden Personen auslöst. Lieferanten stellen oft per sofort ihre Lieferungen ein, Arbeitnehmer erkundigen sich bei der Arbeitsagentur nach Insolvenzgeld, Banken sperren unverzüglich Konten und Dispositionslinien, Kunden leisten keine Vorauskasse mehr und suchen sich oft sogar sehr schnell neue Bezugsquellen. Alle diese Reflexe der Anordnung von Sicherungsmaßnahmen können kaum aufgehalten werden. Zwar gelingt es vorläufigen Insolvenzverwaltern in der Regel, zumindest einen großen Teil der Kunden, Lieferanten und Arbeitnehmer „bei der Stange" zu halten. Gleichwohl sind zumeist herbe Verluste zu verzeichnen. Zudem entsteht ein fataler Imageverlust, der auch durch eine Aufhebung der Sicherungsmaßnahmen nicht wieder völlig beseitigt werden kann. Die vorläufige Insolvenzverwaltung löst einen Vertrauensverlust aus, den der Schuldner nur über längere Zeit wieder wettmachen kann. Da das Insolvenzgericht nicht die Rechtmäßigkeit (insbesondere fehlerfreie Ermessensausübung durch die Finanzverwaltung) des Insolvenzantrages des Finanzamtes prüfen darf

---

1 Wohl bejahend BFH v. 28.2.2011 – VII B 224/10, ZIP 2011, 724; sowie BFH v. 27.1.2016 – VII B 119/15, NZI 2016, 929; offengelassen in BFH v. 11.12.1990 – VII B 94/90, BFH/NV 1991, 787 m.w.N.
2 FG Nds. v. 10.1.2006 – 15 V 503/05, PStR 2006, 245.
3 So streng aber FG Nds. v. 10.1.2006 – 15 V 503/05, PStR 2006, 245.
4 So zu Recht FG Nds. v. 10.1.2006 – 15 V 503/05, PStR 2006, 245; zu weitgehend *Werth*, AO-StB 2007, 210, die offenbar Nachteile fordert, die sogar „über die Insolvenzeröffnung als solche hinausgehen".

und manche Insolvenzgerichte – zu Recht – auf einen Gläubigerantrag hin innerhalb weniger Tage mit der Anordnung der vorläufigen Insolvenzverwaltung reagieren, wenn der Schuldner einen Geschäftsbetrieb unterhält, sind äußerst kurzfristige Entscheidungen der FG über Anträge auf einstweilige Anordnung erforderlich.

Im Hinblick auf die einschneidenden Folgen eines Insolvenzantragsverfahrens dürfen keine überhöhten Anforderungen an den **Umfang der Darlegungen** und deren **Glaubhaftmachung** gestellt werden. Insbesondere kann nicht verlangt werden, der Schuldner müsse darlegen, dass das Insolvenzgericht alsbald Sicherungsmaßnahmen anordnen wird. Da deren Anordnung im pflichtgemäßen Ermessen des Insolvenzrichters liegt, kann das FG ohne weiteres antizipieren, ob mit der Anordnung von Sicherungsmaßnahmen zu rechnen ist oder nicht. Ist dies der Fall, so ist vom Bestehen des Anordnungsgrundes (und auch einer genügenden Darlegung) auszugehen. 3.408

Sind **Sicherungsmaßnahmen bereits angeordnet**, liegt in deren **Aufrechterhaltung** in der Regel ebenfalls ein Anordnungsgrund, denn die Tatsache, dass der Schuldner über sein Vermögen nicht verfügen kann, schränkt ihn in seiner wirtschaftlichen und gewerblichen Tätigkeit stark ein. Ein geordneter Zahlungsverkehr ist nicht möglich, weil der vorläufige Insolvenzverwalter der Befriedigung von Insolvenzforderungen nicht zustimmen darf und auch Arbeitnehmer nicht aus dem schuldnerischen Vermögen bezahlt werden dürfen, sondern diese Ansprüche auf Insolvenzgeld geltend machen müssen. Je länger die Sicherungsmaßnahmen andauern, desto mehr verfestigt sich bei Vertragspartnern des Schuldners somit der Eindruck, man müsse sich nach Alternativen umschauen. Ist ein vorläufiger Insolvenzverwalter bereits bestellt, so ist er gem. § 60 Abs. 1 Satz 1 FGO von Amts wegen beizuladen. Er ist zwar nicht in seiner persönlichen Rechtsstellung betroffen. Seine Beiladung dient aber der Wahrnehmung der rechtlichen Interessen der Insolvenzgläubiger, zu deren gemeinsamer Interessenwahrnehmung die Anordnung der Sicherungsmaßnahmen erfolgt ist, und die vom FG kaum alle einzeln beigeladen werden können. 3.409

Der BFH hat bisher offengelassen, ob der Erlass einer einstweiligen Anordnung nach § 114 FGO, durch die das Finanzamt zur Rücknahme eines Insolvenzeröffnungsantrages verpflichtet wird, eine unzulässige **Vorwegnahme der Hauptsache** darstellt.[1] Das ist jedoch zu verneinen.[2] Ein Rechtsschutzziel, das die Hauptsache vorwegnimmt, widerspricht zwar grundsätzlich der Funktion des vorläufigen Rechtsschutzes. Eine Regelungsanordnung darf nach ständiger Rechtsprechung grundsätzlich nur eine einstweilige Regelung enthalten und das Ergebnis der Entscheidung in der Hauptsache nicht vorwegnehmen oder diesem endgültig vorgreifen.[3] Anderes 3.410

---

1 BFH v. 11.12.1990 – VII B 94/90, BFH/NV 1991, 787; allerdings wohl inzident verneinend in BFH v. 28.2.2011 – VII B 224/10, BFH/NV 2011, 763 = ZIP 2011, 724; ebenso FG Düsseldorf v. 31.10.2018 – 13 V 2883/18 AE KV, juris und FG Sa.-Anh. v. 24.9.2015 – 3 V 916/15, juris.
2 So zu Recht FG Köln v. 19.3.2009 – 15 V 111/09, EFG 2009, 1128 ff.; FG Düsseldorf v. 31.10.2018 – 13 V 2883/18 AE KV, juris; FG Sa.-Anh. v. 24.9.2015 – 3 V 916/15, juris.
3 BFH v. 22.8.1995 – VII B 153/95, VII B 154/95, VII B 167/95, VII B 172/95, BStBl. II 1995, 645, m.w.N.; FG Düsseldorf v. 31.10.2018 – 13 V 2883/18 AE KV, juris und FG Sa.-Anh. v. 24.9.2015 – 3 V 916/15, juris.

gilt aber im Hinblick auf das Gebot effektiven Rechtsschutzes (Art. 19 Abs. 4 des Grundgesetzes) dann, wenn ohne vorläufigen Rechtsschutz schwere und unzumutbare, anders nicht abwendbare Nachteile entstünden, zu deren nachträglicher Beseitigung die Entscheidung der Hauptsache nicht mehr in der Lage wäre.[1] Dies ist im Insolvenzantragsverfahren regelmäßig der Fall, denn nach Ergehen des Eröffnungsbeschlusses sind vollendete Tatsachen geschaffen, die in einem Hauptsacheverfahren nicht korrigierbar und im Hinblick auf ihre einschneidenden Folgen ohne effektiven Rechtsschutz nicht hinnehmbar wären.[2] Nach § 13 Abs. 2 InsO kann der Antrag auf Eröffnung des Insolvenzverfahrens nämlich nur zurückgenommen werden, bis das Insolvenzverfahren eröffnet oder der Antrag rechtskräftig abgewiesen ist. Nach Eröffnung des Insolvenzverfahrens soll nach dem Willen des Gesetzgebers im Interesse der Rechtssicherheit die Eröffnung des Verfahrens wegen ihrer Wirkungen gegenüber Dritten durch eine Rücknahme des Antrages nicht mehr in Frage gestellt werden können; nicht erforderlich ist, dass der Beschluss über die Verfahrenseröffnung rechtskräftig ist. Die Möglichkeit der Rücknahme entfällt daher mit dem Wirksamwerden des Eröffnungsbeschlusses.[3] Auch kann keine taugliche Alternative zur Antragsrücknahme in der nach Eröffnung des Insolvenzverfahrens möglichen Einstellung nach §§ 212, 213 InsO gesehen werden, weil dazu die in diesen Normen enthaltenen besonderen Voraussetzungen gegeben sein müssten, die keineswegs vorliegen müssen, wenn die Stellung des Insolvenzantrages rechtswidrig war.

Ergänzend s. auch ausführlich oben Rz. 2.27.

Hinweis:

In der Praxis stellen Schuldner oft nicht den Antrag auf Erlass einer einstweiligen Anordnung nach § 114 FGO, sondern sie beantragen Aussetzung der Vollziehung des dem Insolvenzantrag zugrundeliegenden Bescheids (§§ 361 AO, 69 Abs. 3 FGO).

Dieses kann, muss aber nicht den gewünschten Erfolg haben, dass die Finanzverwaltung ihren Insolvenzantrag zurücknimmt oder jedenfalls, dass es nicht zur Anordnung von Sicherungsmaßnahmen durch das Insolvenzgericht kommt.

Wird Aussetzung der Vollziehung gewährt, darf der materielle Regelungsinhalt des nach wie vor wirksamen Bescheids bis auf weiteres nicht mehr verwirklicht werden, so dass rechtliche und tatsächliche Folgerungen aus dem Bescheid nicht gezogen werden dürfen.[4] Der Finanzbehörde ist nach der Aussetzung der Vollziehung jegliches Gebrauchmachen von den Wirkungen des Bescheids untersagt. Bei bereits durchgeführten Vollziehungsmaßnahmen kommt deren Rückgängigmachung durch Aufhebung der Vollziehung (§ 361 Abs. 2 Satz 3 AO) in Betracht. Somit darf die Finanzbehörde auf der Grundlage eines Bescheids, dessen Vollziehung ausgesetzt ist, keinen Insolvenzantrag stellen und ist auch verpflichtet, einen bereits gestellten Insolvenzantrag zurückzunehmen. Stellt sie aber dennoch einen Insolvenzantrag bzw. nimmt sie einen bereits gestellten Insolvenzantrag nicht zurück, so hilft dem Schuldner gegen dieses rechtswidrige Vorgehen nur der Antrag auf Erlass einer einstweiligen Anordnung nach

---

1 BFH v. 7.1.1999 – VII B 170/98, BFH/NV 1999, 818; FG Düsseldorf v. 31.10.2018 – 13 V 2883/18 AE KV, juris und FG Sa. -Anh. v. 24.9.2015 – 3 V 916/15, juris.
2 FG Nds. v. 10.1.2006 – 15 V 503/05, PStR 2006, 245; FG Düsseldorf v. 31.10.2018 – 13 V 2883/18 AE KV, juris und FG Sa. -Anh. v. 24.9.2015 – 3 V 916/15, juris.
3 LG Göttingen v. 23.3.1998 – 10 T 10/98, ZIP 1998, 571 = NZI 1998, 92 (92).
4 BFH v. 3.7.1995 – GrS 3/93, BStBl. II 1995, 730; FG Köln v. 12.10.2016 – 3 V 593/16, juris.

§ 114 FGO. Für das Tätigwerden des Insolvenzgerichts ist nämlich ein zulässiger Insolvenzantrag maßgeblich. An der (insolvenzverfahrensrechtlichen) Zulässigkeit des Insolvenzantrages ändert die fehlende Vollziehbarkeit des Bescheides nichts, weil es hier auf die Glaubhaftmachung einer fälligen Forderung des Antragstellers ankommt. Die Aussetzung der Vollziehung hebt jedoch weder den der Insolvenzantragstellung zugrundeliegenden Bescheid auf, noch schiebt sie die Fälligkeit der festgesetzten Beträge hinaus. Das Insolvenzgericht kann zwar aus der Aussetzung der Vollziehung einen Rückschluss auf materielle Rechtswidrigkeit des Bescheids ziehen und den Bescheid in Folge dessen als für die Glaubhaftmachung einer Forderung unzureichend erachten, muss dies aber nicht. Ist die Vollziehung beispielsweise nicht aufgrund eines Zweifels an der materiellen Rechtmäßigkeit des Bescheids ausgesetzt, sondern weil die Vollziehung für den Schuldner eine unbillige, nicht durch überwiegende öffentliche Interessen gebotene Härte zur Folge hätte (§ 361 Abs. 2 Satz 2 Halbs. 2 AO), so hat das Insolvenzgericht von einer bestehenden und fälligen Steuerschuld des Schuldners auszugehen und – wenn auch die übrigen für die Glaubhaftmachung des Steueranspruchs der Finanzverwaltung erforderlichen Unterlagen (Rz. 2.31 ff.) beigebracht werden – nach pflichtgemäßem Ermessen Sicherungsmaßnahmen anzuordnen. Das Insolvenzgericht kann dabei nicht den Umstand berücksichtigen, dass die Finanzverwaltung auf der Grundlage des Bescheids, dessen Vollziehung ausgesetzt ist, gar nicht (abgabenrechtlich) zur Stellung des Insolvenzantrages berechtigt wäre und insoweit rechtswidrig handelt.

Nach § 128 Abs. 3 FGO steht dem Schuldner die **Beschwerde gegen die Entscheidung des FG** über eine einstweilige Anordnung nach § 114 Abs. 1 FGO nur zu, wenn sie in der Entscheidung zugelassen worden ist. Eine Beschwerdezulassung durch den BFH findet auch dann nicht statt, wenn die Verletzung rechtlichen Gehörs gerügt wird.[1]

3.411

3. Allgemeine Leistungsklage

Statthaft ist auch die Leistungsklage auf Rücknahme des Insolvenzantrags.[2] Es bedarf keines Vorverfahrens. Mit der Eröffnung des Insolvenzverfahrens wird die Klage wegen fehlenden Rechtsschutzbedürfnisses unzulässig, da der Insolvenzantrag nach der Eröffnung gem. § 13 Abs. 2 InsO nicht mehr zurückgenommen werden kann. Der Kläger kann dann nur noch durch Klageänderung nach § 67 FGO von der allgemeinen Leistungsklage zur Feststellungsklage wechseln. Stellt das FG fest, dass der Insolvenzantrag rechtswidrig war, entfaltet sein Urteil Bindungswirkung für einen zivilgerichtlichen Schadensersatzprozess, in dem der Insolvenzschuldner seinen Schadensersatzanspruch aus Amtspflichtverletzung gem. Art. 34 GG i.V.m. § 839 BGB geltend machen kann.[3]

3.412

III. Beendigung des Insolvenzverfahrens

Mit Beendigung des Insolvenzverfahrens entfällt die Prozessführungsbefugnis des Insolvenzverwalters hinsichtlich sämtlicher Gegenstände, die zu dem schuldnerischen Vermögen gehören. Die Prozessführungsbefugnis entfällt auch dann, wenn der Insolvenzverwalter Adressat des angefochtenen Steuerbescheids war.[4]

3.413

---

1 BFH v. 3.5.2007 – VII B 50/07 (NV).
2 BFH v. 26.4.1988 – VII B 176/87, ZIP 1989, 247 = BFH/NV 1988, 762.
3 *Werth*, AO-StB 2007, 210 (213).
4 BFH v. 6.7.2011 – II R 34/10, BFH/NV 2012, 10; v. 20.9.2016 – VII R 10/15, juris.

Ist zur Zeit der Aufhebung des Insolvenzverfahrens ein die Insolvenzmasse betreffendes Einspruchsverfahren oder ein finanzgerichtliches Klageverfahren anhängig, so wird dieses analog § 239 ZPO unterbrochen.[1] Während der Verfahrensunterbrechung kann eine Einspruchsentscheidung dem Insolvenzschuldner nicht wirksam bekannt gegeben werden. Eine Klagefrist kann nicht zu laufen beginnen. Eine gerichtliche Entscheidung kann nicht wirksam ergehen.

---

1 BFH v. 6.7.2011 – II R 34/10, BFH/NV 2012, 10.

Kapitel 4
Materielles Steuerrecht in der Insolvenz

A. Einkommensteuer
I. Grundlagen 4.1
II. Praktische Bedeutung der Einkommensteuer im Insolvenzverfahren 4.7
III. Ermittlung des zu versteuernden Einkommens während des Insolvenzverfahrens 4.10
IV. Versteuerung stiller Reserven 4.13
V. Behandlung von Sanierungsgewinnen 4.20
VI. Steuerliche Auswirkungen des Wegfalls von Verbindlichkeiten im Rahmen der Restschuldbefreiung 4.33
VII. Verwertung von Absonderungsgegenständen 4.36
VIII. Verlustabzug und Verlustausgleich 4.43
IX. Zusammenveranlagung mit dem Ehegatten des Schuldners
  1. Ausübung des Wahlrechts 4.51
  2. Durchführung der Zusammenveranlagung 4.54
  3. Getrennte Veranlagung 4.63
X. Anrechnungen auf die Steuerschuld
  1. Regime des Insolvenzrechts ... 4.64
  2. Vorauszahlungen 4.66
  3. Einkünfte aus Kapitalvermögen 4.71
  4. Lohnsteuer
    a) Grundlagen 4.74
    b) Insolvenz des Arbeitnehmers
      aa) Lohnsteuerabzug 4.82
      bb) Wahl der Steuerklasse ... 4.87
    c) Insolvenz des Arbeitgebers
      aa) Lohnsteuerabzug 4.102
      bb) Haftung für den Lohnsteuerabzug 4.104
      cc) Arbeitnehmerdarlehen ... 4.106
      dd) Besonderheiten im vorläufigen Insolvenzverfahren . 4.107
    d) Besteuerung von Insolvenzgeld 4.111
  5. Steuerabzug bei Bauleistungen
    a) Grundlagen 4.113
    b) Freistellungsbescheinigung ... 4.115
    c) Steuerabzug nach Eröffnung des Insolvenzverfahrens über das Vermögen des Auftragnehmers
      aa) Bei Insolvenzeröffnung bestehende Werklohnforderungen 4.118
      bb) Nach Insolvenzeröffnung entstehende Werklohnforderungen 4.127
      cc) Steuerabzug während des Insolvenzeröffnungsverfahrens 4.128
      dd) Steuerabzug im masseunzulänglichen Insolvenzverfahren 4.131
      ee) Haftung des Auftraggebers 4.132
    d) Steuerabzug im Insolvenzverfahren über das Vermögen des Leistungsempfängers 4.133
XI. Auswirkungen der Insolvenz von Gesellschaften auf die Einkommensteuer der Gesellschafter
  1. Insolvente Kapitalgesellschaften 4.135
  2. Insolvente Personengesellschaften
    a) Grundlagen 4.141
    b) Steuerabzug (insb. Bauabzugsteuer und Kapitalertragsteuer) 4.147
    c) Betriebsvermögen 4.160
XII. Besonderheiten im Nachlassinsolvenzverfahren 4.161
XIII. Zuordnung der Einkommensteuerschuld zu den Insolvenzforderungen, Masseverbindlichkeiten oder Forderungen gegen das insolvenzfreie Vermögen
  1. Einkommensteuer
    a) Grundlagen der Zuordnung .. 4.169

b) Veranlagungszeitraum der Insolvenzeröffnung 4.177
c) Zuordnung während des Insolvenzverfahrens 4.194
d) Dreiteilung der Einkommensteuerschuld 4.204
e) Veranlagungszeitraum der Aufhebung oder Einstellung des Insolvenzverfahrens 4.206
f) Zuordnung der Steuerschuld aus Gewinnanteilen an Personengesellschaften 4.210
2. Lohnsteuer
a) Insolvenz des Arbeitnehmers . 4.219
b) Insolvenz des Arbeitgebers ... 4.223
XIV. **Auswirkungen der Anzeige der Masseunzulänglichkeit**
1. Einkommensteuer 4.224
2. Lohnsteuerabzug 4.226

B. **Körperschaftsteuer**
I. **Grundlagen** 4.227
II. **Praktische Bedeutung der Körperschaftsteuer im Insolvenzverfahren** 4.244
III. **Umfang der Körperschaftsteuerpflicht**
1. Unterscheidung der Steuerpflicht 4.245
2. Unbeschränkte Körperschaftsteuerpflicht 4.246
3. Beschränkte Körperschaftsteuerpflicht 4.247
IV. **Beginn und Ende der Körperschaftsteuerpflicht, Steuerbefreiungen**
1. Beginn der Körperschaftsteuerpflicht
a) Unbeschränkte Körperschaftsteuerpflicht
aa) Phase der Vorgründung . 4.249
bb) Phase der Vorgesellschaft 4.253
cc) Im Handelsregister eingetragene Körperschaft 4.255
b) Beschränkte Körperschaftsteuerpflicht 4.256
2. Ende der Körperschaftsteuerpflicht 4.257
3. Steuerbefreiungen 4.259
V. **Ermittlung der Körperschaftsteuer-Bemessungsgrundlage**

1. Das zu versteuernde Einkommen als Bemessungsgrundlage der Körperschaftsteuer 4.260
2. Verdeckte Gewinnausschüttungen als wichtigste Form der außerbilanziellen Hinzurechnung (vGA) 4.262
VI. **Steuersatz und Steuerbescheid** 4.266
VII. **Verhältnis von Körperschaftsteuer zur Einkommensteuer der Anteilseigner** 4.268
VIII. **Auswirkung der Insolvenzeröffnung auf die Körperschaftsteuer**
1. Fortbestand der Steuerrechtsfähigkeit 4.273
2. Verlängerter Besteuerungszeitraum 4.276
3. Abwicklungsgewinn 4.280
4. Besteuerung des Abwicklungsgewinns 4.286
IX. **Insolvenzrechtliche Qualität der Körperschaftsteuerschuld** 4.287
X. **Vorauszahlungen** 4.289
XI. **Erstattungsansprüche** 4.291
XII. **Körperschaftsteuerguthaben (§ 37 Abs. 5 KStG)** 4.292
XIII. **Stille Reserven** 4.293
XIV. **Körperschaftsteuerliche Organschaft**
1. Grundlagen 4.295
2. Organschaft in der Insolvenz
a) Insolvenz des Organträgers .. 4.299
b) Insolvenz der Organgesellschaft 4.305
c) Insolvenz von Organträger und Organgesellschaft 4.307
XV. **Sanierungsgewinne** 4.309
XVI. **Berücksichtigung der Insolvenzverfahrenskosten als Betriebsausgaben/Werbungskosten** 4.310
XVII. **Auswirkungen der Anzeige der Masseunzulänglichkeit** 4.311

C. **Umsatzsteuer**
I. **Grundlagen** 4.313
II. **Praktische Bedeutung der Umsatzsteuer im Insolvenzverfahren** 4.323

III. **Insolvenzrechtliche Qualität der Umsatzsteuerschuld**
1. Rechtsprechungsvereinheitlichung bei der Abgrenzung zwischen Insolvenzforderungen und Masseverbindlichkeiten .. 4.327
2. Istbesteuerung 4.329
3. Sollbesteuerung 4.330
4. Dogmatischer Hintergrund: Uneinbringlichkeit der Aktivforderungen 4.331
5. Verfassungswidrigkeit der richterrechtlich geschaffenen Bevorrechtigung des Fiskus 4.332
6. Europarechtswidrigkeit der Annahme von Uneinbringlichkeit im Zeitpunkt der Insolvenzeröffnung 4.334
7. Auffassung der Finanzverwaltung, zeitliche Anwendung der Rechtsprechung 4.335

IV. **Besonderheiten der vorläufigen Insolvenz**
1. Schwacher vorläufiger Insolvenzverwalter (Zustimmungsvorbehalt) 4.340
2. Starker vorläufiger Insolvenzverwalter (allgemeines Verfügungsverbot) 4.346
3. Vorläufiger Insolvenzverwalter mit Einzelermächtigungen 4.347

V. **Fallübersicht** 4.351

VI. **Voranmeldungsverfahren** 4.369

VII. **Insolvenzfreie unternehmerische Tätigkeit des Insolvenzschuldners** 4.371

VIII. **Umsatzsteuerliche Organschaft**
1. Begriff und Voraussetzungen der Organschaft 4.374
2. Insolvenz der Organgesellschaft
   a) Eröffnung des Insolvenzverfahrens 4.379
   b) Eröffnungsverfahren mit allgemeinem Verfügungsverbot . 4.380
   c) Eröffnungsverfahren mit vorläufiger Insolvenzverwaltung und Zustimmungsvorbehalt .. 4.381
   d) Abweisung des Insolvenzantrages mangels Masse 4.384
3. Insolvenz des Organträgers ... 4.385
4. Insolvenz von Organgesellschaft und Organträger 4.388
5. Rechtsfolgen der Beendigung der Organschaft 4.390
6. Unerkannte Organschaft 4.397

IX. **Vorsteuer im Insolvenzverfahren**
1. Vorsteuerabzug
   a) Grundlagen 4.399
   b) Vorsteuerberichtigung gem. § 17 Abs. 2 UStG
      aa) Uneinbringlichkeit von Forderungen 4.404
      bb) Berichtigung infolge von Insolvenzanfechtung 4.409
      cc) Berichtigung wegen nicht vollständig erbrachter Leistungen
         (1) Nicht ausgeführte Lieferung oder sonstige Leistung 4.410
         (2) Insolvenz des Leistungserbringers 4.411
         (3) Insolvenz des Leistungsempfängers 4.429
   c) Vorsteuerberichtigung bei Rückgängigmachung einer Leistung 4.434
2. Vorsteuerberichtigung bei Änderung der Verhältnisse (§ 15a UStG) 4.440

X. **Verwertung von Sicherungsgut**
1. Grundlagen 4.446
2. Verwertung von beweglichem Vermögen
   a) Ausgangslage 4.450
   b) Verwertung außerhalb eines Insolvenzverfahrens 4.456
   c) Insolvenzeröffnungsverfahren
      aa) Veräußerung durch den vorläufigen Insolvenzverwalter 4.460
      bb) Veräußerung durch den Sicherungsnehmer 4.463
   d) Eröffnetes Insolvenzverfahren
      aa) Verwertung durch den Insolvenzverwalter 4.464
      bb) Verwertung durch den Sicherungsnehmer

(1) Keine Verwertungsbefugnis des Sicherungsnehmers 4.469
(2) Überlassung zur Verwertung durch den Insolvenzverwalter 4.470
(3) Verwertung von Gegenständen im Besitz des Sicherungsnehmers 4.472
(4) Selbsterwerb des Sicherungsnehmers 4.475
(5) Verwertung durch den Insolvenzverwalter für Rechnung des Sicherungsnehmers 4.477
cc) Freigabe an und Verwertung durch den Schuldner 4.478
3. Verwertung von unbeweglichem Vermögen
a) Grundsatz 4.482
b) Zwangsversteigerung 4.483
c) Zwangsverwaltung 4.487
d) Freihändiger Verkauf 4.491
4. Verwertung von Forderungen 4.494
XI. „Kalte Zwangsverwaltung" von Grundstücken durch den Insolvenzverwalter 4.497
XII. Geschäftsveräußerung im Ganzen 4.499
XIII. Kleinunternehmerregelung § 19 UStG 4.505
XIV. Umsatzsteuerliche Folgen erfolgreicher Insolvenzanfechtung 4.506
XV. Steuerhaftung des Abtretungsempfängers gem. § 13c UStG
1. Grundlagen 4.509
2. Voraussetzungen der Haftung 4.510
3. Verwertung zedierter Forderungen im Insolvenzverfahren ... 4.511
4. Teleologische Reduktion des Anwendungsbereichs 4.512
5. Grenzen der Haftung 4.513
6. Verhältnis von Insolvenzanfechtung und Haftung nach § 13c UStG 4.515
XVI. Haftung des Unternehmers gem. § 25d UStG beim Karussellgeschäft 4.516

XVII. Besonderheiten im Nachlassinsolvenzverfahren 4.525
XVIII. Aufrechnungsbefugnisse der Finanzverwaltung
1. Grundlagen 4.526
2. Besonderheiten bei der Umsatzsteuer 4.527
3. Aufrechnung gegen Erstattungsansprüche aus eröffnungsbedingten Berichtigungen nach § 17 UStG 4.529
XIX. Umsatzsteuerpflicht des Verzichts auf Ansprüche der Insolvenzmasse 4.530
XX. Vorsteuerabzug aus der Vergütungsrechnung des Insolvenzverwalters 4.531
XXI. Vorsteuerabzug aus der Vergütungsrechnung des vorläufigen Insolvenzverwalters ... 4.536
XXII. Auswirkungen der Anzeige der Masseunzulänglichkeit 4.539
D. Gewerbesteuer
I. Grundlagen 4.541
II. Praktische Bedeutung der Gewerbesteuer im Insolvenzverfahren 4.545
III. Insolvenzrechtliche Qualität der Gewerbesteuerschuld 4.547
IV. Gewerbeertrag in der Insolvenz 4.550
V. Dauer der Gewerbesteuerpflicht 4.552
VI. Aufrechnung durch die Gemeinde 4.557
VII. Auswirkungen der Anzeige der Masseunzulänglichkeit 4.558
E. Kraftfahrzeugsteuer
I. Grundlagen 4.560
II. Praktische Bedeutung der Kraftfahrzeugsteuer im Insolvenzverfahren 4.564
III. Insolvenzrechtliche Qualität der Kraftfahrzeugsteuerschuld 4.566
IV. Steuerschuld für massezugehörige Kraftfahrzeuge für das Jahr der Insolvenzeröffnung . 4.569

V. Steuerschuld für massezugehöriges Kraftfahrzeug ist bei Insolvenzeröffnung im Voraus entrichtet 4.571
VI. Kraftfahrzeugsteuerschuld bei Freigabe von (zunächst) massezugehörigen Kraftfahrzeugen 4.573
VII. Kraftfahrzeugsteuer bei unpfändbaren Kraftfahrzeugen . 4.580
VIII. Möglichkeit zur Beendigung der Kraftfahrzeugsteuerschuld der Insolvenzmasse 4.584
  1. Außerbetriebsetzung 4.585
  2. Veräußerungsanzeige 4.586
  3. Freigabe und deren Anzeige .. 4.587
IX. Kraftfahrzeuge mit Absonderungsrechten
  1. Sicherungsübereignung 4.588
  2. Unpfändbare Kraftfahrzeuge mit Sicherungsrechten 4.590
  3. Freigabe bei Kraftfahrzeugen mit Absonderungsrechten 4.591
  4. Veräußerung bzw. Abmeldung bei Kraftfahrzeugen mit Absonderungsrechten 4.593
X. Kraftfahrzeug als insolvenzfreier Neuerwerb 4.595
XI. Auswirkungen der Anzeige der Masseunzulänglichkeit 4.596
XII. Kraftfahrzeugsteuer bei parallel bestehender Zwangsverwaltung 4.597
F. Erbschaft- und Schenkungsteuer
  I. Grundlagen 4.598
  II. Praktische Bedeutung der Erbschaftsteuer im Insolvenzverfahren 4.600
  III. Insolvenzrechtliche Qualität der Erbschaftsteuerforderungen 4.601
  IV. Auswirkungen der Anzeige der Masseunzulänglichkeit 4.613
G. Grunderwerbsteuer
  I. Grundlagen 4.614
  II. Praktische Bedeutung der Grunderwerbsteuer im Insolvenzverfahren 4.623

III. Insolvenzrechtliche Qualität der Grunderwerbsteuerforderungen 4.624
IV. Unbedenklichkeitsbescheinigung 4.632
V. Erstattung der Grunderwerbsteuer 4.633
VI. Auswirkungen der Anzeige der Masseunzulänglichkeit 4.635
H. Grundsteuer
  I. Grundlagen 4.636
  II. Praktische Bedeutung der Grundsteuer im Insolvenzverfahren 4.639
  III. Insolvenzrechtliche Qualität der Grundsteuerforderungen 4.640
  IV. Bekanntgabe von Einheitswertbescheiden und Grundsteuermessbescheiden während des Insolvenzverfahrens 4.646
  V. Grundsteuer als Absonderungsrecht 4.648
  VI. Erlass der Grundsteuer 4.649
  VII. Inanspruchnahme des Grundstückserwerbers 4.653
  VIII. Auswirkungen der Anzeige der Masseunzulänglichkeit 4.654
  IX. Grundsteuer bei zeitgleich bestehender Zwangsverwaltung 4.655
I. Indirekte Verbrauchsteuern
  I. Grundlagen 4.656
  II. Praktische Bedeutung der indirekten Verbrauchsteuern im Insolvenzverfahren 4.659
  III. Insolvenzrechtliche Qualität der Steuerforderungen 4.660
  IV. Sachhaftung gem. § 76 AO
    1. Grundlagen 4.664
    2. Insolvenzanfechtung der Sachhaftung 4.675
    3. Auswirkungen der Anzeige der Masseunzulänglichkeit 4.685
  V. Steuerentlastung bei Zahlungsausfall nach § 60 EnergieStG . 4.686
J. Zölle
  I. Grundlagen 4.687
  II. Praktische Bedeutung der Zölle im Insolvenzverfahren 4.692

III. Insolvenzrechtliche Qualität der Zölle 4.693	I. Hundesteuer 4.696
K. Sonstige Steuern	II. Kirchensteuer 4.700

A. Einkommensteuer

Literatur *Beck*, Ertragsteuerliches Fiskusprivileg im vorläufigen Insolvenzverfahren – mögliche Auswirkungen des neuen § 55 Abs. 4 InsO, ZIP 2011, 551; *Blöchle/Menninger*, Die Thesaurierungsbegünstigung nach § 34a EStG, DStR 2016, 1974; *Boochs*, Steuerliche Auswirkungen des RegE-ESUG, BB 2011, 857; *Bron*, Die erstmalige Anwendung des § 50d Abs. 11 EStG unter der Lupe der Finanzverwaltung, IStR 2018, 711; *Bunte/von Kaufmann*, Gesetz zur weiteren Erleichterung der Sanierung von Unternehmen (ESUG): Konträre Positionen im Gesetzgebungsverfahren, DZWIR 2011, 359; *Carlé/Urbach*, Betriebsaufspaltung – Gestaltungschancen und Gestaltungsrisiken, KÖSDI 2012, 18093; *Crezelius*, Aktuelle Steuerrechtsfragen in Krise und Insolvenz, NZI 2019, 70; NZI 2019, 270; NZI 2019, 453; NZI 2019, 928; NZI 2019, 614; NZI 2019, 742; NZI 2018, 596; NZI 2018, 58; NZI 2018, 254; NZI 2018, 740; NZI 2018, 930; NZI 2017, 602; NZI 2017, 923; NZI 2017, 256; NZI 2009, 837; NZI 2010, 88; NZI 2010, 252; NZI 2010, 435; NZI 2011, 581; NZI 2012, 72; NZI 2012, 267; NZI 2012, 446; NZI 2012, 606; NZI 2012, 750; NZI 2013, 76; *Dahm/Hoffmann*, Die neue Beschränkung der Verlustverrechnung nach § 20 Abs. 6 Satz 5 und 6 EStG – Schlimmer geht immer!, DStR 2020, 81; *Demuth/Helms*, Gesellschafterforderungen und Nutzungsüberlassung in der InsO – steuerliche Fernwirkung zivilrechtlicher Bestimmungen, KÖSDI 2012, 18066; *Deutschländer*, Realisierung eines insolvenzbedingten Auflösungsverlusts nach § 17 IV EStG, NWB 2016, 1917; *Eisolt*, Erteilung einer Freistellungsbescheinigung nach § 48b EStG an den Insolvenzverwalter, ZInsO 2013, 1564; *Farr*, Der Fiskus als Steuer- und Insolvenzgläubiger im Restschuldbefreiungsverfahren, BB 2003, 2324; *Fichtelmann*, Einkommensteuer und Insolvenz, EFG 2005, 255; *Eickermann/Wischemeyer*, Die Einkommensteuer des Insolvenzschuldners unter Berücksichtigung von Einkünften der Insolvenzmasse, ZVI 2018, 131; *Fuhrmann*, Gesellschafterfremdfinanzierung von Personen- und Kapitalgesellschaften, KÖSDI 2012, 17977; *Gundlach/Rautmann*, Änderungen der Insolvenzordnung durch das Haushaltsbegleitgesetz 2011, DStR 2011, 82; *Haas*, Der Gewinn aus der Restschuldbefreiung – eine Steuerfalle, DStR 2018, 2129; *Hackemann/Momen*, Sanierungsklausel (§ 8c Abs. 1a KStG) – Analyse der Entscheidungsbegründung der EU-Kommission, BB 2011, 2135; *Harder*, Steuerliche Wahlrechte in der Insolvenz – Kompetenzen des Insolvenzverwalters und des Schuldners, VIA 2017, 81; *Herzig*, Ertragsteuerliche Begleitmaßnahmen zur Modernisierung des Insolvenzrechts, WPg 2011, Sonderheft, 27; *Janssen*, Erlass von Steuern auf Sanierungsgewinne, DStR 2003, 1055; *Kahlert*, Fiktive Masseverbindlichkeiten im Insolvenzverfahren: Wie funktioniert § 55 Abs. 4 InsO?, ZIP 2011, 401; Kalte Zwangsverwaltung von Grundstücken im Insolvenzverfahren und Einkommensteuer, DStR 2013, 97; *Kahlert*, Neuausrichtung nachträglicher Anschaffungskosten bei § 17 EStG durch den BFH, DStR 2017, 2305; *Kammeter*, Einkommensteuer für Lohneinkünfte nach Insolvenzeröffnung keine (vorrangig zu befriedigende) Masseverbindlichkeit, HFR 2011, 664; *Klaas/Zimmer*, Zeitpunkt der Anzeige der Masseunzulänglichkeit als taugliches Qualitätsmerkmal des Insolvenzverwalters?, ZInsO 2011, 666; *Krüger*, Insolvenzsteuerrecht Update 2010, ZInsO 2010, 164; *Lampe/Breuer/Hotze*, Erfahrungen mit § 3a EStG im Rahmen eines Insolvenzplanverfahrens unter Einholung einer verbindlichen Auskunft, DStR 2018, 173; *Ley*, Neuere Entwicklungen und Praxiserkenntnisse zu § 15a EStG, KÖSDI 2004, 14374; *Loose*, Nach Insolvenzeröffnung durch nichtselbständige Tätigkeit begründete Einkommensteuerschulden keine Masseverbindlichkeiten, EFG 2010, 885; *Nawroth*, Der neue § 55 Abs. 4 InsO – die Gedanken sind frei ..., ZInsO 2011, 107; *Onusseit*, Zur Neuregelung des

§ 55 Abs. 4 InsO, ZInsO 2011, 641; *Noack*, Steuerliche Geltendmachung von Auflösungsverlusten im Rahmen des § 17 EStG nach Auflösungsbeschluss oder Insolvenz der Kapitalgesellschaft, Stbg 2015, 348; *Reichle*, Die Betriebsaufspaltung als Finanzierungsinstrument des (vorläufigen) Insolvenzverwalters – Eine Haftungsfalle für Steuerberater, NWB 2013, 2074; *Roth*, Aufdeckung stiller Reserven im Insolvenzverfahren, FR 2013, 441; Umwandlungsrechtliche Spaltungsvorgänge und Insolvenzanfechtung, ZInsO 2013, 1709; *Roth*, Einkommensteuer als sonstige Masseverbindlichkeit bei Veräußerung von mit Absonderungsrechten belasteten Wirtschaftsgütern des Betriebsvermögens durch den Insolvenzverwalter, Kommentierung zu BFH, IV R 23/11, FR 2014, 243; *Rukaber*, Anrechnung von Einkommensteuervorauszahlungen bei Ehegatten, NWB 2016, 250; *Schmittmann*, Die wichtigsten Entscheidungen 2018 an der Schnittstelle von Insolvenz- und Steuerrecht, StuB 2019, 163; *Schmittmann*, Vernichtung virtueller Insolvenzmassen von Amts wegen: Ein Trauerspiel in drei Akten, ZInsO 2011, 105; *Schmittmann* in Schmidt, Insolvenzordnung 18. Aufl., München 2013, § 155 InsO; Anhang Steuerrecht Rz. 92 ff.; *Schöler*, Verlustvortrag und Zusammenveranlagung in der Insolvenz eines Ehegatten, DStR 2013, 1453; *Trottner*, Wiedereinführung des Fiskusprivilegs? § 55 Abs. 4 InsO in der Fassung des HBeglG 2011, NWB 4/2011, 309; *Uhländer*, Steuern als Masseverbindlichkeiten i.S.d. § 55 Abs. 4 InsO – Überblick zur Neuregelung ab dem 1.1.2011, AO-StB 2011, 84; Der Steuerberater als Lotse in der Krise des Mandanten!, Gast-Editorial, NWB 26/2012, 2113; *Zimmer*, Keine Haftung der Gesellschafter für Masseverbindlichkeiten in der Insolvenz einschließlich § 55 Abs. 4 InsO?, ZInsO 2011, 1081.

I. Grundlagen

Natürliche Personen, die in Deutschland einen Wohnsitz oder ihren gewöhnlichen Aufenthalt haben, sind unbeschränkt einkommensteuerpflichtig (§ 1 Abs. 1 Satz 1 EStG). Daneben können deutsche Staatsangehörige auch unter den Voraussetzungen gem. § 1 Abs. 2 EStG einkommensteuerpflichtig sein. Der Wohnsitz einer Person liegt gem. § 8 AO dort, wo diese Person eine Wohnung unter Umständen innehat, die darauf schließen lassen, dass er die Wohnung beibehalten oder benutzen wird. Es ist unerheblich, ob die Person weitere Wohnsitze innehat, die im Ausland liegen. Der gewöhnliche Aufenthalt einer Person ist gem. § 9 Satz 1 AO dort, wo sich jemand unter Umständen aufhält, die erkennen lassen, dass er an diesem Ort oder in diesem Gebiet nicht nur vorübergehend verweilt.

4.1

Der Einkommensteuer unterliegen gem. § 2 Abs. 1 EStG Einkünfte aus sieben Einkunftsarten:

4.2

– Einkünfte aus Land- und Forstwirtschaft,

– Einkünfte aus Gewerbebetrieb,

– Einkünfte aus selbständiger Arbeit,

– Einkünfte aus nichtselbständiger Arbeit,

– Einkünfte aus Kapitalvermögen,

– Einkünfte aus Vermietung und Verpachtung,

– Sonstige Einkünfte i.S.d. § 22 EStG.

Die Art und Weise der Einkünfteermittlung ist nicht bei allen Einkunftsarten einheitlich. Bei Einkünften aus Land und Forstwirtschaft, Gewerbebetrieb und selbstän-

4.3

diger Arbeit sind Einkünfte der Gewinn (§ 2 Abs. 2 Ziff. 1 EStG); man spricht deshalb bei diesen Einkunftsarten von Gewinneinkünften (zum Gewinnbegriff s. § 4 EStG). Bei den übrigen Einkunftsarten spricht man von Überschusseinkünften (zur Ermittlung des Überschusses s. §§ 8, 9 EStG), weil sich hier die Einkünfte aus dem Überschuss der Einkünfte über die Werbungskosten ergeben (§ 2 Abs. 2 Ziff. 2 EStG). Für bestimmte Einkunftsarten sind besondere Steuererhebungsarten vorgesehen, z.B. für die Einkünfte aus nichtselbständiger Arbeit das Lohnsteuerabzugsverfahren (Rz. 4.82 ff.) und für Kapitalerträge der Abzug vom Kapitalertrag (Rz. 4.71 ff.). Für die einzelnen Einkunftsarten finden sich jeweils in den §§ 15 bis 22 EStG ausführliche Sondervorschriften.

4.4 **Steuersubjekt** ist diejenige natürliche Person, die die Einkünfte erzielt. Bemessungsgrundlage für die Einkommensteuer ist das zu versteuernde Einkommen (§ 2 Abs. 5 EStG). Das zu versteuernde Einkommen ergibt sich aus der Summe der Einkünfte, vermindert bestimmte Entlastungs- und Abzugsbeträge sowie Sonderausgaben (vgl. § 2 Abs. 3 bis 5 EStG). Der tatsächlich zu entrichtende Steuerbetrag ergibt sich durch Anwendung des Einkommensteuertarifs (§ 32a Abs. 1, 5 EStG) auf das zu versteuernde Einkommen. Dieser Steuerbetrag wird auch als tarifliche Einkommensteuer bezeichnet. Mit gewissen Modifikationen (§ 2 Abs. 6 EStG) entspricht die tarifliche Einkommensteuer der durch Steuerbescheid festzusetzenden Einkommensteuer. Die festzusetzende Einkommensteuer ist nicht nur der Betrag, den der Steuerpflichtige gegenüber dem Fiskus schuldet; dieser Betrag ist zugleich Maßstab für die Bemessung des Solidaritätszuschlags und der Kirchensteuer (Rz. 4.700 f.).

4.5 Besteuerungszeitraum ist das Kalenderjahr (§ 2 Abs. 7 EStG). Bei einer solchen Jahressteuer werden nicht die einzelnen Geschäftsvorfälle, die Einkünfte auslösen, separat erfasst, sondern es wird der Einkommenserfolg des gesamten Kalenderjahres saldiert und der Besteuerung unterworfen. Die Einkommensteuerschuld entsteht am Ende des Kalenderjahres (§ 36 Abs. 1 EStG). Davon ist die Fälligkeit des Steueranspruchs zu unterscheiden. Diese richtet sich nach § 36 Abs. 4 Satz 1 EStG. Die Norm bildet eine Sondervorschrift zu § 220 Abs. 2 AO.

4.6 Der Steuerpflichtige hat gem. § 25 Abs. 3 EStG nach Ablauf eines Veranlagungszeitraumes eine Steuererklärung abzugeben. Die Pflicht zur Abgabe einer Steuererklärung besteht somit unabhängig von einer Aufforderung durch die Finanzverwaltung. Hat der Steuerpflichtige einen Vermögensverwalter (§ 34 Abs. 3 AO), wie etwa im Insolvenzverfahren den Insolvenzverwalter, so ist dieser Vermögensverwalter zur Abgabe der Steuererklärung verpflichtet (Rz. 2.106 ff.). Ehegatten, die zusammenveranlagt werden (§ 26b EStG), haben eine gemeinsame Einkommensteuererklärung abzugeben (§ 26 Abs. 2 Satz 3 EStG). Auf der Grundlage der Einkommensteuererklärung erfolgt die Veranlagung durch Festsetzung der Steuer mittels Steuerbescheid gem. §§ 155, 157 AO. Die Veranlagung erfolgt von Amts wegen. Dem Steuerpflichtigen steht aber auch ein Anspruch auf die Veranlagung zu.

II. Praktische Bedeutung der Einkommensteuer im Insolvenzverfahren

Im Insolvenzverfahren über das Vermögen einer natürlichen Person ist regelmäßig Einkommensteuerpflicht des Insolvenzschuldners gegeben. Zwar sind die Voraussetzungen für die Einkommensteuerpflicht und die Durchführung eines Insolvenzverfahrens nicht deckungsgleich: Für die Einkommensteuerpflicht ist nur die Innehabung einer **Wohnung** unter Umständen, die darauf schließen lassen, dass die betreffende Person sie beibehalten oder benutzen wird, erforderlich, während für die Durchführung eines Insolvenzverfahrens der Ort maßgeblich ist, an dem der Schuldner im Zeitpunkt des Insolvenzantrages seinen allgemeinen Gerichtsstand hat (§ 3 Abs. 1 Satz 1 InsO). Der allgemeine Gerichtsstand liegt gem. § 13 ZPO an dem Ort, an dem jemand seinen Wohnsitz hat. Als Wohnsitz wird nicht lediglich eine Wohnung angesehen, die jemand innehat; vielmehr ist ein Wohnsitz nur dort gegeben, wo der räumliche Mittelpunkt der gesamten Lebensverhältnisse einer Person liegt.[1] Späterer Wegzug ist unmaßgeblich. Die Praxis zeigt aber, dass es nur in seltenen Fällen zur Durchführung eines Insolvenzverfahrens über das Vermögen einer Person kommt, die in Deutschland keine Wohnung innehat.

4.7

Einkommensteuerrechtliche Fragen stellen sich daher in vielen Insolvenzverfahren. Einige Probleme werden seit längerer Zeit in der Literatur diskutiert und von der Rechtsprechung behandelt, ohne dass es bislang durchweg abschließende und überzeugende Lösungen gibt. So werden beispielsweise zur **Aufteilung** der Einkommensteuerschuld des Veranlagungszeitraumes, in den die Insolvenzeröffnung fällt, **in Insolvenzforderungen** und **Masseverbindlichkeiten** im Wesentlichen zwei Modelle vorgeschlagen, die aber beide im Ergebnis zu unstimmigen Ergebnissen führen. Hier wird ein anderes Modell vorgestellt, das zu insolvenzrechtlich überzeugenderen und steuerrechtlich weniger aufwendigen Ergebnissen führt (Rz. 4.177 ff.). Manche Fragen wie etwa die des Bausteuerabzugs im Insolvenzverfahren sind bislang wenig erörtert, so dass zu vielen Detailfragen Antworten noch fehlen (Rz. 4.113 ff.). Von hoher praktischer Relevanz ist auch der Umgang mit Erstattungsbeträgen, die sich aus zu viel geleisteten Vorauszahlungen ergeben. Hier steht oft die Aufrechenbarkeit in Frage.

4.8

Besondere Schwierigkeiten ergeben sich im Insolvenzverfahren über das Vermögen natürlicher Personen dann, wenn diese während des Insolvenzverfahrens sowohl insolvenzverhaftete Einkünfte erzielen, als auch solche, die dem insolvenzfreien Bereich des Schuldners (Rz. 2.135 ff.) zuzuordnen sind, so dass sie nicht in die Insolvenzmasse fallen. Auch in diesen Fällen ist eine **Aufteilung** der einheitlichen Einkommensteuerjahresschuld in eine **Verbindlichkeit der Insolvenzmasse** und eine **Verbindlichkeit des Insolvenzschuldners selbst** vorzunehmen, für das er ausschließlich mit seinem insolvenzfreien Vermögen haftet. Der Aufteilungsmaßstab ist dabei nicht abschließend geklärt (Rz. 4.177 ff.); im Einzelfall können sich schwierige Abgrenzungen ergeben.

4.9

---

1 *Patzina* in MünchKomm/ZPO⁶, § 13 Rz. 6.

III. Ermittlung des zu versteuernden Einkommens während des Insolvenzverfahrens

4.10 Durch die Eröffnung des Insolvenzverfahrens ändert sich nichts daran, dass die Einkünfte des Insolvenzschuldners weiterhin steuerrechtlich diesem zugerechnet werden. Der **Schuldner bleibt** Träger der Einkünfte und auch **Steuerschuldner**; keinesfalls kann der Insolvenzverwalter als Steuerschuldner angesehen werden. Dies gilt unabhängig davon, ob die Einkünfte in das insolvenzfreie Vermögen des Schuldners fließen oder in die Insolvenzmasse.[1] Daran ändert auch nichts, dass durch die Insolvenzeröffnung ein neues Wirtschaftsjahr beginnt (§ 155 Abs. 2 InsO); die Einkommensteuer bleibt eine Jahressteuer, § 2 Abs. 7 EStG; der Veranlagungszeitraum wird durch die Insolvenzeröffnung – und auch die Aufhebung oder Einstellung des Insolvenzverfahrens – nicht geteilt. Die Einkommensteuerschuld des Insolvenzschuldners entsteht als einheitlicher Steueranspruch nach steuerrechtlichen Grundsätzen. Lediglich die Geltendmachung des Steueranspruchs wird insolvenzrechtlich determiniert.

4.11 Für die Ermittlung des zu versteuernden Einkommens bedeutet dies, dass im Grundsatz **alle Einkünfte**, egal ob vor Insolvenzeröffnung oder nach Insolvenzeröffnung, ob als Massebestandteil oder im insolvenzfreien Vermögen des Schuldners, positiv oder negativ, **zu erfassen** sind. Unerheblich ist, ob der Schuldner die Einkünfte selbst, etwa durch eigene Arbeit erzielt, oder ob sie der Insolvenzverwalter durch Veräußerung der zur Insolvenzmasse gehörenden Gegenstände erzielt. Gewinne und Verluste, die sich aus den einzelnen Einkommensarten ergeben, sind, soweit nach §§ 2a, 15a und 15b EStG zulässig, innerhalb der Einkunftsarten und auch zwischen diesen zu saldieren.[2] In die Veranlagung sind auch die Einkünfte eines zusammenveranlagten Ehegatten aufzunehmen.

4.12 **Steuererklärungen** können, solange das Insolvenzverfahren eröffnet und nicht eingestellt oder aufgehoben ist, nur durch den Insolvenzverwalter abgegeben werden. Er ist hierzu nach §§ 80 InsO, 34 Abs. 3 AO verpflichtet, da er als Verwalter des schuldnerischen Vermögens anzusehen ist.

IV. Versteuerung stiller Reserven

Literatur *von Campenhausen*, Steuersubjekt- und objektgebundene stille Reserven bei Ergänzungsbilanzen nach § 6 Abs. 5 Satz 3 EStG und § 24 UmwStG, DB 2004, 1282; *Hoffmann*, Steuerlatenz bei Ent- und Verstrickung von stillen Reserven des Anlagevermögens, PiR 2007, 88; *Hübner/Friz/Grünwald*, Erbschaftsteuerliches Stichtagsprinzip und latente Ertragsteuern auf stille Reserven, ZEV 2019, 390; *Roth*, Aufdeckung stiller Reserven im Insolvenzverfahren, FR 2013, 441; *Roth*, Notwendige steuerrechtliche Rahmenbedingungen für das vorinsolvenzliche Restrukturierungsverfahren, NZI-Beilage 2019, 51; *Wessel*, Das Aufdecken stiller Reserven – Haftungsfalle für den Insolvenzverwalter?, DZWIR 2009, 112; *Wienands*, Stille Reserven noch vor der Steuerverstrickung steuerfrei aufdecken, GStB 2001, 132.

---

[1] BFH v. 7.11.1963 – IV 210/62 S, BStBl. III 1964, 70; v. 31.10.2018 – III B 77/18, NZI 2019, 300.

[2] *Schüppen/Schlösser* in MünchKomm/InsO[4], Insolvenzsteuerrecht, Rz. 114.

Durch die Verwertung der Insolvenzmasse kann es zur Aufdeckung stiller Reserven 4.13
kommen. Als stille Reserve bezeichnet man die aus der Unternehmensbilanz nicht
erkennbare Differenz zwischen dem Buchwert und einem über dem Buchwert liegenden Marktwert einzelner Bilanzpositionen. Wird ein Aktivposten, in dem stille Reserven enthalten sind, verkauft, so muss die Differenz zwischen dem Bilanzwert und
dem Verkaufspreis als außerordentlicher Gewinn versteuert werden. Das gilt auch in
der Insolvenz. Verwertungshandlungen des Insolvenzverwalters führen dieselben
steuerlichen Folgen herbei wie Veräußerungshandlungen eines Unternehmers außerhalb des Insolvenzverfahrens.

Sehr problematisch ist die insolvenzrechtliche Zuordnung der Veräußerungsgewinne 4.14
zu den Insolvenzforderungen im Rang von § 38 InsO bzw. zu den Masseverbindlichkeiten im Rang von § 55 InsO. Der BFH hatte zu dieser Fragestellung bereits unter
der Konkursordnung im Jahre 1993 Stellung bezogen.[1] Er hat damals die aus der
Aufdeckung stiller Reserven nach Eröffnung des Insolvenzverfahrens resultierenden
Steuerbeträge zu den Masseverbindlichkeiten gezählt. Als Begründung führt der
BFH dort aus:

*„Die Einkommensteuerschuld entsteht zwar gem. § 36 Abs. 1 EStG am Ende des Veranlagungszeitraums. Sie wird aber i.S.v. § 3 Abs. 1 KO regelmäßig dadurch begründet, dass im Laufe des
Veranlagungszeitraums die einzelnen für die Höhe des Jahreseinkommens maßgebenden Besteuerungsmerkmale erfüllt werden. Für die konkursrechtliche Betrachtung ist danach grundsätzlich entscheidend, ob die Besteuerungsmerkmale vor oder nach Konkurseröffnung verwirklicht werden. ... Dies hat zur Folge, dass auch jene Einkommensteuer, die auf
Verwertungsmaßnahmen des Konkursverwalters i.S.d. § 117 Abs. 1 KO entfällt, stets als nachkonkursliche Massekosten zu beurteilen ist. Die Besteuerung von stillen Reserven, die in betrieblichen Wirtschaftsgütern enthalten sind, kann erst durch entsprechende Verwertungshandlungen ausgelöst werden. Das Ansammeln und Halten stiller Reserven ist hingegen
einkommensteuerrechtlich irrelevant; ihre Erfassung in diesem Stadium der betrieblichen Vermögensbildung widerspräche sowohl dem Realisations- als auch dem Leistungsfähigkeitsprinzip.
Dies ist auch für die konkursrechtliche Beurteilung ausschlaggebend. Die mit der Versilberung
der Konkursmasse in Zusammenhang stehende Einkommensteuerschuld stellt deshalb grundsätzlich eine Masseschuld dar; eine Konkursforderung kann darin nicht gesehen werden. Der
Senat folgt auch insoweit der bisherigen ständigen Rechtsprechung des BFH und verweist zur
Vermeidung von Wiederholungen auf die Urteile in BFHE 78, 172; BStBl. III 1964, 70, und in
BFHE 141, 2; BStBl. II 1984, 602."*

Daran ist in der Folgezeit seitens der Literatur viel Kritik geübt worden.[2] Die Kritik 4.15
ist berechtigt (dazu s. sogleich unten). Der IV. Senat des BFH hat hingegen an der
früheren Rechtsprechung des BFH festgehalten und hat sogar die bisher durch den
IV. Senat des BFH angenommene Einschränkung aufgegeben, nach der die Einkommensteuerschuld nur in derjenigen Höhe Masseverbindlichkeit werden konnte, in

---

1 BFH v. 11.11.1993 – XI R 73/92, ZIP 1994, 1286 = BFH/NV 1994, 477 ff.; vgl. auch v.
16.5.2013 – IV R 23/11, DStR 2013, 1584.
2 *Roth*, FR 2013, 441; *Boochs/Dauernheim*, Steuerrecht in der Insolvenz[3], S. 93; *Uhländer* in
Waza/Uhländer/Schmittmann, Insolvenzen und Steuern[12], Rz. 1467 ff.; *Frotscher*, Besteuerung bei Insolvenz[8], S. 119 ff.; *Braun/Uhlenbruck*, Unternehmensinsolvenz, S. 142; *Onusseit/Kunz*, Steuern in der Insolvenz[2], Rz. 523.

der das verwerteten Wirtschaftsgut nicht mit Absonderungsrechten belastet ist, sondern der Verwertungserlös zur Insolvenzmasse geflossen ist.[1] Dem ist nun auch der X. Senat gefolgt.[2]

4.16 Die Rechtsprechung des BFH knüpft ausschließlich an den **Entstehungszeitpunkt** der aus der Aufdeckung der stillen Reserven resultierenden Steuerforderungen an.[3] Diese verkürzte Sichtweise widerspricht aber zum einen dem insolvenzrechtlichen Befriedigungssystem[4] und ist zum anderen in anderen Zusammenhängen inzwischen auch überwunden. Zutreffend ist, dass die Gewinne aus stillen Reserven erst in dem Zeitpunkt realisiert werden, wenn die Veräußerung stattfindet. Zutreffend ist auch, dass der Aufdeckung der stillen Reserven durch Veräußerung des Insolvenzverwalters eine Handlung des Insolvenzverwalters bzw. eine Verwertungshandlung nach § 55 Abs. 1 Ziff. 1 InsO zugrunde liegt. Gleichwohl ist die Annahme einer Masseverbindlichkeit in solcher Fallkonstellation mit dem tragenden insolvenzrechtlichen Prinzip der Gläubigergleichbehandlung (also der gleichmäßigen, quotalen Verteilung der bei Insolvenzeröffnung vorhandenen Masse an die in diesem Zeitpunkt bereits vorhandenen Gläubiger) nicht in Einklang zu bringen und beschneidet den Vorrang des insolvenzrechtlichen Befriedungssystems vor dem Steuerrecht in seinem Kern. Für die Annahme einer Masseverbindlichkeit, die nicht willentlich durch den Insolvenzverwalter eingegangen wird, muss zur Einhaltung dieses Systems verlangt werden, dass es eine ausdrückliche gesetzliche Regelung für „aufoktroyierte" Masseverbindlichkeiten gibt (wie etwa §§ 109, 113 InsO). Solche Vorschriften, die Masseverbindlichkeiten entstehen lassen, ohne dass der Insolvenzverwalter sie willentlich begründet, durchbrechen die insolvenzrechtliche Befriedigungssystematik, da sie bestimmten Gläubigern aufgrund vor Insolvenzeröffnung erworbenen Rechtspositionen ein Recht auf Befriedigung aus der Insolvenzmasse einräumen. Nach dem Grundsatz des Vorrangs des insolvenzrechtlichen Befriedigungssystems vor dem Steuerrecht müssen solche Vorschriften im Insolvenzrecht verankert sein und dürfen nicht dem Steuerrecht entnommen werden.

4.17 Die mit der Bildung der stillen Reserven verbundenen **Steuervorteile sind vorinsolvenzlich entstanden**.[5] Es ist dadurch im Vermögen des Insolvenzschuldners zu einer latenten Steuerschuld gekommen, die erst bei Realisierung der stillen Reserve zur steuerrechtlichen Entstehung einer Schuld führt. Der wirtschaftliche Vorteil, den der Steuerpflichtige dadurch erlangt, dass die Ertragsbesteuerung auf einen späteren Zeitpunkt nachverlagert wird, wirkt wirtschaftlich betrachtet wie eine Kreditierung, die der Fiskus zugunsten des Steuerpflichtigen vornimmt. Zu bedenken ist, dass aus verfassungsrechtlichen Gründen[6] bei der Ertragsbesteuerung eine Besteuerung nach

---

1 BFH v. 16.5.2013 – IV R 23/11, BStBl. II 2013, 759 = ZIP 2013, 1481 = DStR 2013, 1584; s. dazu *Roth*, Kommentierung zu BFH, IV R 23/11, BStBl. II 2013, 759 = ZIP 2013, 1481 = FR 2014, 243.
2 BFH v 18.12.2014 – X B 89/14, ZIP 2015, 389 = BFH/NV 2015, 470; vgl. auch BFH v. 10.7.2019 – X R 31/16, BFH/NV 2020, 152.
3 BFH v 18.12.2014 – X B 89/14, ZIP 2015, 389 = BFH/NV 2015, 470.
4 Ausführlich, auch zu verfassungsrechtlichen Bedenken, *Roth*, FR 2013, 441-447.
5 Ausführlich *Roth*, FR 2013, 441.
6 Siehe ausführlich dazu *Roth*, FR 2013, 441.

der wirtschaftlichen Leistungsfähigkeit zu erfolgen hat. Werden im Vermögen des Steuerpflichtigen stille Reserven aufgebaut, so ist damit im betreffenden Zeitpunkt eine Steigerung der wirtschaftlichen Leistungsfähigkeit verbunden. Dabei ist es unerheblich, ob eine stille Reserve dadurch entsteht, dass die Verkehrswerte von Wirtschaftsgütern bei gleichbleibenden oder gar sinkenden Buchwerten steigen oder ob die Buchwerte durch Abschreibungen stärker sinken als die Verkehrswerte. Jedenfalls führt die Entstehung einer stillen Reserve dazu, dass der Steuerpflichtige einen geringeren Ertrag versteuert, als es seiner wirtschaftlichen Leistungsfähigkeit entspreche. Dies ist aus verfassungsrechtlicher Sicht hinzunehmen, weil die Durchbrechung der Besteuerung nach der wirtschaftlichen Leistungsfähigkeit aus Verwaltungsvereinfachungsgründen punktuell hingenommen werden muss und deswegen das Realisationsprinzip verfassungsrechtlich nicht zu beanstanden ist. **Meines Erachtens verfassungswidrig** wird die uneingeschränkte Umsetzung des Realisationsprinzips in der Insolvenz aber dadurch, dass aus dieser aus bloßen Verwaltungsvereinfachungsgründen verfassungsrechtlich tolerierten Ausnahme zum Gebot der gleichmäßigen Besteuerung nach der wirtschaftlichen Leistungsfähigkeit ein manifester, definitiver wirtschaftlicher Vorteil in materieller Hinsicht geschaffen wird[1]: Nur in Anwendung dieses Systems ist es nämlich möglich, dass der Fiskus seine Besserstellung gegenüber sonst in jeder Hinsicht gleichen Forderungen zivilrechtlicher Gläubiger erlangt.

Außerdem ist die Rechtsprechung des **BFH nicht bis zu Ende gedacht** und ergibt im Ergebnis auch keinen wirklichen Sinn. Dies sei *an folgendem Beispiel*, das in der Praxis geradezu den Regelfall darstellen dürfte, veranschaulicht:

R ist Insolvenzverwalter über das Vermögen des I. I ist natürliche Person und einzelunternehmerisch tätig. Zu seinem Vermögen gehört das Eigentum an einem Grundstück, das er betrieblich nutzt. Das Grundstück hat einen Buchwert von Euro 1,00. Der Verkehrswert des Grundstücks beträgt Euro 1 000 000. Das Grundstück ist mit einer Grundschuld zugunsten der örtlichen Sparkasse i.H.v. nominal Euro 700 000 belastet. Die Grundschuld valutiert voll.

4.18

Veräußert der Insolvenzverwalter dieses Grundstück nach Insolvenzeröffnung, so führt dies – in Ermangelung von Verlustvorträgen – zu einer Einkommensteuerschuld i.H.v. überschlägig Euro 500 000. Da der Insolvenzverwalter das Grundstück nur lastenfrei stellen kann, wenn er der Sparkasse Euro 700 000 aus dem Veräußerungserlös zahlt, würde eine Veräußerung zu einer Belastung der Insolvenzmasse führen, die über den Verwertungserlös hinausgeht. Nachdem nun der IV. Senat seine Begrenzung der Masseverbindlichkeiten auf die Höhe des Veräußerungserlöses aufgegeben hat, muss der Insolvenzverwalter nach dieser Rechtsprechung diesen Grundbesitz aus der Insolvenzmasse freigeben – und das, obwohl darin eine freie Insolvenzmasse von Euro 300 000 liegt. Dass es auch in solchen Konstellationen „vermehrt zur Freigabe der mit Absonderungsrechten belasteten Gegenstände kommen" könnte, hat auch der IV. Senat gesehen.[2] Der IV. Senat meint aber, dieses Ergebnis hinnehmen zu können, weil die Einkommensteuerschuld aus der Aufdeckung der stillen Reserve dann eben das insolvenzfreie Vermögen treffe. Dahinter scheint der

---

1 Ausführlich *Roth*, FR 2013, 441.
2 BFH v. 16.5.2013 – IV R 23/11, BStBl. II 2013, 759 = ZIP 2013, 1481 (Tz. 37) = DStR 2013, 1584.

Gedanke zu stecken, dass die Steuerforderung des Fiskus so jedenfalls nicht verloren wäre (wie in dem Fall, dass man die Forderung als Insolvenzforderung qualifiziert – wobei die Forderung als Insolvenzforderung gar nicht ganz so wertlos wäre, weil der Insolvenzverwalter, wenn er nicht zur Freigabe gezwungen würde, den freien Wert des Gegenstandes zur Masse ziehen und das Finanzamt quotal an diesem Wert partizipieren lassen würde) und der Insolvenzschuldner immerhin die Möglichkeit eines Zweitinsolvenzverfahrens[1] hätte, wenn es in Folge dessen zu einer ineffizienten Restschuldbefreiung kommt, weil der Insolvenzschuldner durch die Einkommensteuerbelastung aus der Aufdeckung der stillen Reserve sogleich wieder insolvent wird. Man muss aber dieses Szenario bis zu Ende denken: Erfolgt in obigem Fall die Freigabe durch den Insolvenzverwalter, so kann der Fall im Wesentlichen auf 3 verschiedene Arten weitergehen:

Fortsetzung Variante 1: Der Insolvenzschuldner veräußert das freigegebene Grundstück alsbald zu einem Kaufpreis i.H.v. Euro 1 000 000. Er wird aus diesem Kaufpreis Euro 700 000 an die Sparkasse zahlen, um das Grundstück lastenfrei zu stellen und hält danach Euro 300 000 flüssige Mittel in seiner Hand. Am Jahresende (!) entsteht eine Einkommensteuerschuld i.H.v. Euro 500 000, die der Schuldner rund ein weiteres Jahr später durch seine Einkommensteuererklärung dem Finanzamt zu erkennen gibt. Aller Voraussicht nach wird das Finanzamt den Einkommensteueranspruch i.H.v. Euro 500 000 dann nicht realisieren können und es ist Glücksache, ob das Finanzamt noch Euro 300 000 realisieren kann. Ein Zweitinsolvenzverfahren dürfte unausweichlich sein.

Fortsetzung Variante 2: Der Insolvenzschuldner veräußert das freigegebene Grundstück nicht. In dem über sein Vermögen eröffneten Insolvenzverfahren erhalten die Insolvenzgläubiger durch Feststellung ihrer Forderungen zur Insolvenztabelle Vollstreckungstitel gegen den Insolvenzschuldner (§ 178 Abs. 3 InsO). Irgendwann wird das Insolvenzverfahren aufgehoben werden müssen. Durch die Aufhebung entfällt das Vollstreckungsverbot des § 89 Abs. 1 InsO. Spätestens nach sechs Jahren endet auch das Vollstreckungsverbot des § 294 Abs. 1 InsO. Den Insolvenzgläubigern steht es ab diesem Zeitpunkt frei, aus ihren Vollstreckungstiteln Zwangssicherungshypotheken in den noch unbelasteten Teil des Grundstücks auszubringen. Dabei ist es freilich Glücksache, welcher Gläubiger am schnellsten ist und somit den besten Rang ergattert. Das „Windhundrennen", das durch die Insolvenzeröffnung gerade beendet werden und durch eine geordnete und gleichmäßige Gläubigerbefriedigung ersetzt werden sollte, wird geradezu systematisch wiedereröffnet. Bedenklich ist das vor allen Dingen deswegen, weil jeder Gläubiger einen verfassungsrechtlich geschützten Anspruch gegen den Staat hat, dass dieser seine Forderungen mit den übrigen Gläubigern im Vollstreckungswege quotal gleichmäßig befriedigt.[2] Irgendwann wird einer dieser Gläubiger aus seinem dinglichen Recht die Zwangsversteigerung betreiben. Bis dorthin haben die übrigen Gläubiger vermutlich ebenfalls dingliche Rechte erworben, so dass das Grundstück wertausschöpfend dinglich belastet ist. Durch die Zwangsversteigerung wird nun der Veräußerungsgewinn realisiert, mit der Folge, dass eine Einkommensteuerschuld i.H.v. Euro 500 000 entsteht. Der Fiskus wird allerdings leer ausgehen, weil diese Einkommensteuerforderung gegen das insolvenzfreie Vermögen gerichtet ist, in dem nun nichts mehr „ankommt", weil der Versteigerungserlös an die inzwischen dinglich gesicherten Gläubiger verteilt wird.

---

1 BGH v. 9.6.2011 – IX ZB 175/10, ZIP 2011, 1326 = NJW-RR 2011, 1615; v. 6.6.2019 – IX ZR 272/17, NZI 2019, 745.
2 Ausführlich *Roth*, Interessenwiderstreit im Insolvenzeröffnungsverfahren, S. 91 f. m.w.N. und S. 89 ff.; *Jarass* in Jarass/Pieroth[16], Art. 3 GG Rz. 17 ff.; *Baur/Stürner/Bruns*[13], Zwangsvollstreckungsrecht, § 6 Rz. 6.27.

Fortsetzung Variante 3: Die bedenklichste Variante ist allerdings die folgende: Der Insolvenzschuldner veräußert das freigegebene Grundstück zunächst nicht. In seinem insolvenzfreien Vermögen entstehen neue Verbindlichkeiten (etwa aus dem privaten Wohnraummietverhältnis, aus einem freigegebenen Geschäftsbetrieb oder aus sonstigen Rechtsgeschäften, die nicht die Insolvenzmasse betreffen). Diese Neugläubiger unterliegen nicht dem Vollstreckungsverbot des § 89 InsO. Sie können also auch während des eröffneten Insolvenzverfahrens gegen den Insolvenzschuldner mit seinem insolvenzfreien Vermögen klagen und auch gegen das insolvenzfreie Vermögen Titel erwirken. Mithilfe dieser Titel erwirken Sie nun Zwangssicherungshypotheken in den bisher nicht dinglich belasteten Teil des freigegebenen Grundstücks. **Das Ergebnis ist fatal:** Obwohl das Grundstück zivilrechtlich werthaltig war und einen freien Wert von Euro 300 000 hatte und obwohl dieser Wert vollstreckungsrechtlich zugunsten der zu diesem Zeitpunkt vorhandenen Gläubiger bereits durch die Insolvenzeröffnung in Vollstreckungsbeschlag gelangt war, haben nun ganz andere Gläubiger, die weit weniger schutzwürdig und schutzbedürftig sind, dinglichen Zugriff auf das Haftungssubstrat. Dass dies mit der effektiven Vollstreckung, die der Staat aufgrund des von ihm in Anspruch genommenen Gewaltmonopols verfassungsrechtlich jedem Gläubiger schuldet,[1] nicht mehr vereinbar ist, ist offensichtlich.

Nicht selten stellt der Insolvenzverwalter einen Betrieb des Insolvenzschuldners ein oder veräußert ihn im Rahmen eines **asset deals** im Ganzen. Insoweit stellt sich allerdings auch das zuvor beschriebene Problem, ob die **Gewinne aus der Betriebsaufgabe bzw. -veräußerung** tatsächlich als Masseverbindlichkeiten angesehen werden können. In diesen Fällen kommt eine Anwendung der §§ 16, 34 EStG in Betracht, also die Gewährung eines Freibetrages (§ 16 Abs. 4 EStG) und eine Steuertarifvergünstigung für Betriebsaufgabe- und -veräußerungsgewinne. Ob eine Betriebsaufgabe oder eine tarifvergünstigte Betriebsveräußerung vorliegt, richtet sich nach allgemeinen steuerrechtlichen Grundsätzen. Die Insolvenzeröffnung selbst stellt keine Betriebsaufgabe dar. Entscheidend ist, dass der Betrieb in Folge eines einheitlichen Aufgabevorganges innerhalb kurzer Zeit abgewickelt wird. Einheitliche Vorgaben dafür, wie lang dieser Zeitraum sein darf, gibt es nicht. Die Bestimmung des Zeitraumes erfolgt einzelfallbezogen.[2] Die Finanzverwaltung nimmt im Regelfall ein halbes Jahr an. Der Zeitraum beginnt nicht bereits mit der Insolvenzeröffnung, sondern in dem Zeitpunkt, in dem die Gläubigerversammlung den Beschluss fasst, den schuldnerischen Geschäftsbetrieb einzustellen.

4.19

V. Behandlung von Sanierungsgewinnen

Literatur *Bareis*, Mindestbesteuerung im Liquidationszeitraum, DB 2013, 1265; *Becker*, Die steuerliche Behandlung von Sanierungsgewinnen, DStR 2003, 1602; *Bergmann*, Einheitlicher Besteuerungszeitraum und Zwischenveranlagungen in Liquidation und Insolvenz, GmbHR 2012, 943; *Bethmann/Mammen/Sassen*, Analyse gesetzlicher Ausnahmetatbestände zum Erhalt körperschaftsteuerlicher Verlustvorträge, StB 2012, 148; *Blumenberg/Haisch*, Die unions-

---

1 Dies ergibt sich aus dem Gebot effektiver Vollstreckung und der darauf abzielenden staatlichen Schutzpflicht; ausführlich dazu *Roth*, Interessenwiderstreit im Insolvenzverfahren, S. 90 ff.; BVerfG v. 23.4.1974 – 1 BvR 2270/73, BVerfGE 37, 132, 148; v. 9.4.1975 – 1 BvR 352/74, BVerfGE 39, 276, 294; *Baur/Stürner/Bruns*[13], Zwangsvollstreckungsrecht, § 7 Rz. 7.1.
2 *Uhländer* in Waza/Uhländer/Schmittmann, Insolvenzen und Steuern[12], Rz. 1383.

rechtliche Beihilfeproblematik der Sanierungsklausel nach § 8c Abs. 1a KStG, FR 2012, 12; *Braun/Geist,* Zur Steuerfreiheit von Sanierungsgewinnen – Bestandsaufnahme und Empfehlungen, BB 2009, 2508; Forderungsverzichte im „Bermudadreieck" von Sanierungsgewinn, Verlustverrechnung und Mindestbesteuerung, BB 2013, 351; *Bruschke,* Der steuerfreie Sanierungsgewinn, DStZ 2009, 166; Steuerliche Vergünstigungen bei Sanierungsgewinnen, ZSteu 2009, 298; *Cahn/Simon/Theiselmann,* Nennwertanrechnung beim Debt Equity Swap!, DB 2012, 501; *Drüen/Schmitz,* Zur Unionsrechtskonformität des Verlustuntergangs bei Körperschaften, GmbHR 2012, 485; *Ebbinghaus/Neu,* Der Sanierungsgewinn bei Einstellung der Geschäftstätigkeit, DB 2012, 2831; *Ebbinghaus/Osenroth/Hinz,* Schuldübernahme durch Gesellschafter als Sanierungsinstrument unter Berücksichtigung der Schenkungsteuer, BB 2013, 1374; *Ekkenga,* Neuerliche Vorschläge zur Nennwertanrechnung beim Debt-Equity-Swap – Erkenntnisfortschritt oder Wiederbelebungsversuche am untauglichen Objekt?, DB 2012, 331; *Farle,* Verbindlichkeiten in der Liquidation – Überprüfung verbindlicher Auskünfte, DStR 2012, 1590; *Fromm,* Der Debt-Equity-Swap als Sanierungsbeitrag im Zeitpunkt der Überschuldung, ZInsO 2012, 1253; *Geerling/Hartmann,* Der BFH verwirft den Sanierungserlass, DStR 2017, 752; *Geist,* Die Besteuerung von Sanierungsgewinnen – Zur Anwendbarkeit, Systematik und Auslegung des BMF-Schreibens v. 27.3.2003, BB 2008, 2658; Die ordentliche Liquidation einer GmbH unter dem Einfluss von Mindestbesteuerung und steuerfreiem Sanierungsgewinn, GmbHR 2008, 969; *Gondert/Büttner,* Steuerbefreiung von Sanierungsgewinnen – Anmerkungen zum Urteil des FG München v. 12.12.2007, DStR 2008, 1676; *Haase/Dorn,* Forderungsverzicht als zwingende Folge der Liquidation einer verbundenen Unternehmung?, BB 2011, 2907; *Harder,* Sanierung ohne Sanierungserlass – Was kommt nun?, NJW-Spezial 2017, 277; *Herzig,* Ertragsteuerliche Begleitmaßnahmen zur Modernisierung des Insolvenzrechts, WPg 2011, Sonderheft, 27; *Hoffmann,* Billigkeitsregelung zur Steuerbefreiung von Sanierungsgewinnen unwirksam, EFG 2008, 616; Der Debt-Mezzanine-Swap, StuB 2012, 417; *Hölzle/Kahlert,* Der sog. Sanierungserlass ist tot – Es lebe die Ausgliederung, ZIP 2017, 510; *Horst,* Überblick über Entscheidungsinstrumente und ihre bilanz- und steuerrechtlichen Auswirkungen, DB 2013, 656; *Janssen,* Erlass von Steuern auf Sanierungsgewinne, DStR 2003, 1055; *Kahlert,* Ein Plädoyer für eine gesetzliche Regelung der Steuerfreiheit des Sanierungsgewinns, ZIP 2009, 643; Passivierung eines Rangrücktritts in der Steuerbilanz, NWB 26/2012, 2141; *Kahlert/Schmidt,* Die neue Steuerfreiheit des Sanierungsertrags – Fragen und Antworten, DStR 2017, 1897; *Kahlert/Schmidt,* Löst ein Forderungsverzicht zu Sanierungszwecken nach § 7 Abs. 8 ErbStG Schenkungsteuer aus?, DStR 2012, 1208; *Karl,* Verfassungswidrigkeit oder teleologische Reduktion des § 8c KStG bei mittelbarer Anteilsübertragung von Verlustgesellschaften, BB 2012, 92; *Kerz,* Sanierungsbescheinigungen als neues Tätigkeitsfeld, DStR 2012, 204; *Khan/Adam,* Die Besteuerung von Sanierungsgewinnen aus steuerrechtlicher, insolvenzrechtlicher und europarechtlicher Sicht, ZInsO 2008, 899; *Klusmeier,* Richtige Formulierung des qualifizierten Rangrücktritts – aus steuerlicher Sicht, ZInsO 2012, 965; *Kroener/Momen,* Debt-Mezzanine-Swap – Die OFD Rheinland auf dem Irrweg?, DB 2012, 829; *Kroninger/Korb,* Die Handhabung von Sanierungsgewinnen vor und nach dem Urteil des FG München v. 12.12.2007, BB 2008, 2656; *Linse,* Ertragsteuerliche Behandlung von Sanierungsgewinnen, ZInsO 2003, 934; *Lenger,* Sanierungserlass – encore une fois! – Nichtanwendungserlass des BMF, NZI 2018, 347; *Lenger,* Sanierungserlass gekippt – Praxisfolgen und aktuelle Lösungsansätze für Insolvenzplanverfahren, NZI 2017, 290; *Maile,* SchenkSt beim Forderungsverzicht im Sanierungsfall?, DB 2012, 1952; *Mertzbach,* Aktuelle steuerliche Probleme im Insolvenzplanverfahren von Kapitalgesellschaften, GmbHR 2013, 75; *Nolte,* Ertragsteuerliche Behandlung von Sanierungsgewinnen, NWB Nr. 46 v. 14.11.2005, Fach 3, 13735; *Pöschke,* Bilanzierung und Besteuerung von Forderungserlass und Rangrücktritt zur Sanierung von Kapitalgesellschaften, NZG 2017, 1408; *Rauber,* Erlass der Gewerbesteuer für Sanierungsgewinne?, Gemeindehaushalt 2010, 83; *Richter/Pluta,* Bescheinigung zum Schutzschirmverfahren gem. § 270b InsO nach IDW ES 9 im Praxistest, BB 2012, 1591; *Ritzer/Stangl,* Ertragsteuerliche Behandlung von Sanierungsgewinnen, Information StW 2003, 547; *Roth,* Aufdeckung stiller Reserven im Insolvenzverfahren, FR 2013, 441; *Roth* in Hess/Groß/Reill-Ruppe/Roth, Insolvenzplan, Sanierungsgewinn, Restschuldbefreiung und Verbraucherinsolvenz, 4. Aufl. 2014, S. 267 ff. ; *Roth*, Notwendige steuerrechtliche Rahmenbedingungen für das vorinsolvenzliche Restrukturierungsverfahren, NZI-Beilage 2019, 51; *Schmid*, Der erfolgswirksame Rangrücktritt – Die BFH-Entscheidung des I. Senats v. 30.11.2011 – I R 100/10, FR 2012, 837; *Schmittmann* in Schmidt, Insolvenzordnung 18. Aufl., München 2013, § 155 InsO, Anhang Steuerrecht Rz. 147 ff.; *Sedlitz*, Das Ping-Pong um den Sanierungserlass, DStR 2017, 2785; *Schneider/Höpfner*, Die Sanierung von Konzernen durch Eigenverwaltung und Insolvenzplan, BB 2012, 87; *Stadler*, Übergangsregelungen und Gestaltungsmöglichkeiten für Insolvenzplanverfahren nach den Entscheidungen des BFH zum Sanierungserlass, NZI 2018, 49; *Steinbach/Claußen*, Die Bilanzierung latenter Steuern in der Liquidations-Rechnungslegung nach HGB, ZInsO 2013, 1109; *Tietze*, Sanierungsgewinn und Gewerbesteuer, DStR 2016, 1306; *Uhländer*, Der Steuerberater als Lotse in der Krise des Mandanten!, Gast-Editorial, NWB 26/2012, 2113; *Weitnauer*, Der Rangrücktritt – Welche Anforderungen gelten nach aktueller Rechtslage?, GWR 2012, 193; *Willeke*, Klare Anforderungen an Sanierungskonzepte, StuB 2013, 144.

Findet im Rahmen eines Insolvenzverfahrens eine Fortführung des schuldnerischen Unternehmens mit Sanierung (vor allem im Rahmen eines Insolvenzplanverfahrens) statt, so ist damit regelmäßig ein zumindest teilweiser Verzicht auf Forderungen seitens der Gläubiger verbunden. Dadurch entstehen Betriebsvermögensmehrungen, die den Gewinn des schuldnerischen Unternehmens erhöhen. Nach § 3 Ziff. 66 EStG a.F. waren Erhöhungen des Betriebsvermögens, die dadurch entstanden, dass Schulden zum Zweck der Sanierung ganz oder teilweise erlassen wurden, von der Einkommensteuer befreit. Nach ständiger höchstrichterlicher Rechtsprechung sind unter einer Sanierung Maßnahmen zu verstehen, die geeignet sind, ein Unternehmen vor dem Zusammenbruch zu bewahren und wieder ertragsfähig zu machen.[1] Die Steuerfreiheit des Sanierungsgewinns setzte nach dieser gesetzlichen Regelung voraus, dass das Unternehmen sanierungsbedürftig war, die Gläubiger in Sanierungsabsicht handelten und der Schulderlass sanierungsgeeignet war. Fehlte nur eine dieser Voraussetzungen, war das Vorliegen eines steuerfreien Sanierungsgewinns zu verneinen.[2]   4.20

Nach der Abschaffung des **§ 3 Ziff. 66 EStG**[3] und dem darauffolgenden Erlass der Verwaltungsvorschrift des BMF vom 27.3.2003[4] (sog. Sanierungserlass)[5] entschied der Große Senat des BFH am 28.11.2016,[6] dass die Verwaltungspraxis des Sanierungserlasses gegen den Grundsatz der Gesetzesmäßigkeit der Verwaltung verstoße und damit unzulässig sei. Als Reaktion des Gesetzgebers wurden mit dem „Gesetz gegen schädliche Steuerpraktiken im Zusammenhang mit Rechteüberlassungen"[7] vom 27.6.2017 die **§§ 3a, 3c Abs. 4 EStG** geschaffen, welche eine gesetzliche Grundlage für die Steuerbefreiung von Sanierungsgewinnen darstellen. Die steuerliche Frei-   4.21

---

1 BFH v. 10.4.2003 – IV R 63/01, BStBl. II 2004, 9.
2 Vgl. z.B. BFH v. 16.5.2002 – IV R 11/01, BStBl. II 2002, 854, m.w.N.
3 Art. 1 Ziff. 1 des Gesetzes v. 29.10.1997, BGBl. I 1997, 2590.
4 BMF v. 27.3.2003 – IV A 6 - S 2140 – 8/03, BStBl. I 2003, 240.
5 Zur Vertiefung der Historie wird auf die Vorauflage verwiesen.
6 BFH v. 28.11.2016 – GrS 1/15, DStR 2017, 305.
7 BGBl. I 2017, 2074.

stellung von Sanierungsgewinnen wird damit nach § 3a EStG wie auch schon unter § 3 Nr. 66 EStG a.F. umgesetzt.[1]

4.22 Gemäß § 3a Abs. 2 EStG liegt eine **unternehmensbezogene Sanierung** vor, wenn der Steuerpflichtige für den Zeitpunkt des Schuldenerlasses die Sanierungsbedürftigkeit und die Sanierungsfähigkeit des Unternehmens, die Sanierungseignung des betrieblich begründeten Schuldenerlasses und die Sanierungsabsicht der Gläubiger nachweist. § 3a Abs. 1 Satz 1 EStG stellt den **Sanierungsertrag insgesamt steuerfrei**. Die Freistellung wird somit nicht mehr durch eine Billigkeitsmaßnahme im Erhebungsverfahren wie unter dem Sanierungserlass, sondern im Wege einer **materiell-rechtlichen Steuerbefreiung** umgesetzt.[2] Allerdings sollten diese Neuregelungen aus beihilferechtlichen Bedenken erst dann rückwirkende Geltung erlangen, wenn die EU-Kommission die beihilferechtliche Unbedenklichkeit der neuen Steuerbefreiungstatbestände festgestellt hat.

Dies ist schließlich im sog. „**Comfort Letter**" vom 20.7.2018 geschehen.[3] Danach besteht für die Steuerbefreiung von Sanierungsgewinnen keine Notifizierungspflicht, da es sich – angenommen es würde sich um eine Beihilfe handeln – jedenfalls um eine Bestandsschutz genießende **sog. Altbeihilfe** handele.[4] Bis die Neuregelungen in Kraft treten konnten, hat das BMF mit Schreiben vom 27.3.2017 entschieden, für Altfälle **Vertrauensschutz** und für Neufälle abweichende Steuerfestsetzungen und Stundungen unter Widerrufsvorbehalt zu gewähren.[5]

Gemäß **§ 52 Abs. 4a Satz 1 EStG** ist die Regelung des § 3a EStG rückwirkend auf alle Fälle anzuwenden, in denen die Schulden ganz oder teilweise nach dem 8.2.2017 erlassen worden sind. Für Altfälle, in denen Schulden insgesamt vor dem 9.2.2017 erlassen worden sind, finden auf Antrag des Steuerpflichtigen die Regelungen des § 3a EStG i.V.m. § 52 Abs. 4a Satz 3 EStG Anwendung.[6]

4.23 Ein **Sanierungsgewinn** ist nach § 3a Abs. 1 Satz 1 EStG die **Erhöhung des Betriebsvermögens**, die dadurch entsteht, dass Schulden zum Zweck der Sanierung ganz oder teilweise erlassen werden. Voraussetzungen für die Annahme eines begünstigten Sanierungsgewinns sind Sanierungsbedürftigkeit und Sanierungsfähigkeit des Unternehmens, die **Sanierungseignung des Schulderlasses** und die **Sanierungsabsicht der Gläubiger**.[7]

Ein **Schuldenerlass** kann durch Erlassvertrag gem. § 379 Abs. 1 BGB oder durch ein **negatives Schuldanerkenntnis** gem. § 397 Abs. 2 BGB erfolgen. Auch Maßnahmen eines Insolvenzplanverfahrens gem. §§ 217 ff. InsO können begünstigt sein, sofern es

---

1 *Eilers/Schwahn*, Sanierungssteuerrecht², Rz. 2.36.
2 *Eilers/Schwahn*, Sanierungssteuerrecht², Rz. 2.65.
3 Art. 19 des Gesetzes zur Vermeidung von Umsatzsteuerausfällen beim Handel mit Waren im Internet und zur Änderung weiterer steuerlicher Vorschriften v. 11.12.2018, BGBl. I 2018, 2338.
4 *Eilers/Schwahn*, Sanierungssteuerrecht², Rz. 2.37.
5 *Krumm* in Blümich, § 3a EStG Rz. 4.
6 *Krumm* in Blümich, § 3a EStG Rz. 3–4.
7 *Eilers/Schwahn*, Sanierungssteuerrecht², Rz. 2.46.

dabei nicht um die Zerschlagung des Unternehmens geht. Der **Forderungsverzicht in einem Insolvenzplan** führt zwar nicht zum Untergang einer Forderung, sondern bewirkt lediglich ihre Nichtdurchsetzbarkeit, dadurch entsteht aber eine Naturalobligation, die ebenso zu einer Betriebsvermögensmehrung führt.[1]

Darüber hinaus führt auch der Forderungsverzicht eines Gläubigers gegen Besserungsschein unter den vorgenannten Voraussetzungen zu einem begünstigten Sanierungsgewinn, vgl. § 3c Abs. 4 Satz 3 EStG.[2] Tritt der **Besserungsfall** ein, so dass der Schuldner die in der Besserungsvereinbarung festgelegten Zahlungen an den Gläubiger leisten muss, ist der Abzug dieser Aufwendungen als Betriebsausgaben gem. § 3c Abs. 4 Satz 3 i.V.m. Abs. 1 EStG ausgeschlossen. Insoweit verringert sich allerdings nachträglich der Sanierungsgewinn. Die vor Eintritt des Besserungsfalls auf den nach Verlustverrechnungen verbleibenden Sanierungsgewinn entfallende Steuer ist zunächst über den für den Eintritt des Besserungsfalls maßgeblichen Zeitpunkt hinaus zu stunden.

Der Ertrag aus der Einlage einer Forderung oder der Verzicht auf dieselbe gegen die Gewährung von Gesellschaftsrechten, sog. **Debt-Equity-Swap**, wird ebenfalls als Ertrag aus einem Schuldenerlass verstanden und entsprechend gem. § 3a EStG steuerfrei gestellt.[3] Ein durch **Rangrücktritt** erzielter Buchgewinn kann ebenfalls als begünstigter Schuldenerlass eingeordnet werden, sofern die Verbindlichkeit ertragswirksam aus der Steuerbilanz ausgebucht wird und dadurch die wirtschaftliche Belastung des Schuldners entfällt.[4] Entscheidend ist – bilanzsteuerrechtlich betrachtet – die Entlastung der Passivseite, weil es infolge der Sanierungsmaßnahme an einer wirtschaftlichen Belastung fehlt.[5]

4.24

Keinen Schuldenerlass stellt nach der Gesetzesbegründung des Bundesrats[6] und der Rechtsprechung des BFH[7] das Erlöschen von Verbindlichkeiten aufgrund von **Konfusion** dar, wenn also Gläubiger und Schuldner personenidentisch sind.

Es werden gem. § 3a Abs. 2 EStG nur **betrieblich veranlasste** Schuldenerlasse begünstigt. Privat veranlasste Schuldenerlasse sind somit nicht erfasst, ebenso sind solche Schuldenerlasse auszugrenzen, die bei Körperschaften durch das Gesellschaftsverhältnis veranlasst sind.[8] Letzteres ist rechtspolitisch verfehlt, denn gerade Sanierungsbeiträge der Gesellschafter, die im Zusammenhang mit einer Unternehmenssanierung schlussendlich ein saniertes Unternehmen ihr Eigen nennen wollen, sind nicht nur aus deren Sicht wirtschaftlich sinnvoll, sondern sie sind oft auch notwendig, um Gläubiger zu Forderungsverzichten zu bewegen, denn letzteren ist es regelmäßig nicht vermittelbar, dass sie Verzicht üben sollen, während die Gesellschafter

---

1 *Krumm* in Blümich, § 3a EStG Rz. 20.
2 *Eilers/Schwahn*, Sanierungssteuerrecht², Rz. 2.40.
3 *Eilers/Schwahn*, Sanierungssteuerrecht², Rz. 2.42.
4 *Eilers/Schwahn*, Sanierungssteuerrecht², Rz. 2.43; *Krumm* in Blümich, § 3a EStG Rz. 20.
5 *Krumm* in Blümich, § 3a EStG Rz. 20.
6 BR-Drucks. 59/17, 15.
7 BFH v. 14.10.1987 – I R 381/83, BFH/NV 1989, 141.
8 *Krumm* in Blümich, § 3a EStG Rz. 27.

sich nicht am wirtschaftlichen Wiedererstarken des Unternehmens beteiligen. Diese rechtpolitische Verfehlung lässt sich aber entgegen aller in diese Richtung denkbaren methodischen oder sonstigen Bemühungen nicht auf Rechtsanwendungsebene korrigieren.

4.25 Es sind nur solche Sanierungen von § 3a EStG begünstigt, die **unternehmensbezogen** sind.

Eine unternehmensbezogene Sanierung liegt gem. § 3a Abs. 2 EStG vor, wenn der Steuerpflichtige für den Zeitpunkt des Schuldenerlasses die Sanierungsbedürftigkeit und die Sanierungsfähigkeit des Unternehmens, die Sanierungseignung des betrieblich begründeten Schuldenerlasses und die Sanierungsabsicht der Gläubiger nachweist. Unternehmensbezogene Sanierungen sind von unternehmerbezogenen Sanierungen abzugrenzen, welche Maßnahmen darstellen, die dem Unternehmer oder einem Beteiligten einen schuldenfreien Übergang in das Privatleben oder den Aufbau einer neuen Existenz ermöglichen sollen. Unternehmerbezogene Sanierungen sind nicht durch § 3a EStG begünstigt.[1]

4.26 **Sanierungsbedürftigkeit** des Unternehmens liegt vor, wenn es ohne die Sanierung nicht fortgeführt werden kann.[2] Nach der Rechtsprechung und Finanzverwaltung ist Sanierungsbedürftigkeit jedenfalls dann gegeben, wenn das Unternehmen in Folge von Zahlungsunfähigkeit von der Insolvenz bedroht ist.[3] Die Finanzverwaltung zieht die folgenden Kriterien zur Beurteilung der Sanierungsbedürftigkeit heran: Die Ertragslage, die Höhe des Betriebsvermögens vor und nach der Sanierung, die Kapitalverzinsung durch die Erträge des Unternehmens, die Möglichkeiten des Bezahlens von Steuern und sonstigen Schulden, die Gesamtleistungsfähigkeit des Unternehmens und mit Einschränkungen die Höhe des Privatvermögens.[4]

Alleine die Überschuldung des Unternehmens reicht noch nicht aus, um die Sanierungsbedürftigkeit zu begründen, solange die übrigen Umstände eine Unternehmensfortführung nicht ausschließen.[5] Die drohende Zahlungsunfähigkeit kann dagegen bereits zum Vorliegen der Sanierungsbedürftigkeit führen.[6]

4.27 Die **Sanierungsfähigkeit** eines Unternehmens bedeutet, dass dieses nach der Sanierung wieder ertragsfähig werden kann. Sie ist Grundvoraussetzung und Rechtfertigung für die steuerliche Privilegierung des Schuldenerlasses.[7] Für die Beurteilung der Sanierungsfähigkeit wurden von der Finanzverwaltung beispielhafte Kriterien genannt, wie die Höhe der Verschuldung, die Höhe des Erlasses, die Gründe, welche die Notlage bewirkt haben und die allgemeinen Ertragsaussichten.[8] Es handelt sich

---

1 *Eilers/Schwahn*, Sanierungssteuerrecht², Rz. 2.46; *Krumm* in Blümich, § 3a EStG Rz. 22.
2 *Krumm* in Blümich, § 3a EStG Rz. 24.
3 BFH v. 20.2.1986 – IV R 172/84, BFH/NV 1987, 493; OFD Nds. v. 12.7.2017 – S 2140-8-St 244.
4 OFD Nds. v. 12.7.2017 – S 2140-8-St 244.
5 *Eilers/Schwahn*, Sanierungssteuerrecht², Rz. 2.48.
6 *Krumm* in Blümich EStG § 3a Rz. 24.
7 BFH v. 25.2.1972 – VIII R 30/66, BStBl. II 1972, 531.
8 OFD Nds. v. 12.7.2017 – S 2140-8-St 244.

letztlich um eine Prognoseentscheidung, bei der den Gesellschaftern ein gewisser Beurteilungsspielraum zugebilligt werden muss.[1]

Die **Sanierungseignung** des Schuldenerlasses setzt voraus, dass der Schuldenerlass ein unverzichtbarer Teilbetrag zur Verhinderung des Zusammenbruchs des Unternehmens und zur Wiederherstellung seiner (dauerhaften) Ertragsfähigkeit ist.[2] Dabei ist ausreichend, dass der Schuldenerlass seine Eignung erst im Zusammenspiel mit weiteren Maßnahmen erlangt. Insbesondere muss dargelegt werden können, dass die verbliebenen Zins- und Tilgungsleistungen durch die zukünftige Geschäftstätigkeit des Unternehmens geleistet werden können.[3]

Die **Sanierungsabsicht** der Gläubiger wird vermutet, wenn der Schuldner sanierungsbedürftig und der Erlass sanierungsgeeignet war. Das gilt insbesondere, wenn sich mehrere Gläubiger an einem Schuldenerlass beteiligen. Unerheblich für die Sanierungsabsicht ist es, dass die Gläubiger mit dem Forderungserlass meist eigene Motive verfolgen und der Schuldenerlass insoweit nur das Mittel zum Zweck ist, um einen Teil seiner Restforderung oder eine Geschäftsverbindung zu retten.[4] Auch bei dem Verzicht eines einzelnen Gläubigers ist die Sanierungsabsicht nicht von vornherein ausgeschlossen, sondern anhand weiterer Maßnahmen zu prüfen.[5]

Grundsätzlich nicht von § 3a EStG begünstigt sind unternehmerbezogene Sanierungen. Allerdings erklärt § 3a Abs. 5 EStG die Steuerfreiheit für entsprechend anwendbar, wenn die Betriebsvermögensmehrung durch den Schuldenerlass aufgrund einer **Restschuldbefreiung**, eines außergerichtlichen oder eines gerichtlichen Schuldenbereinigungsplans anlässlich eines Verbraucherinsolvenzverfahrens beruht. 4.28

Nicht in § 3a Abs. 5 EStG geregelt ist der nicht unbedeutende Fall des **Insolvenzplans, der nur auf die Entschuldung des Unternehmens abzielt**. Es ist davon auszugehen, dass es sich dabei um einen Redaktionsfehler handelt und der Gesetzgeber diesen Fall schlichtweg übersehen hat. Der Insolvenzplan im Falle der Liquidation substituiert im Grunde genommen die in § 3a Abs. 5 EStG genannte Restschuldbefreiung. Es ist nicht ersichtlich, warum der ausschließlich auf Entschuldung gerichtete Insolvenzplan nicht von der Steuerfreiheit erfasst werden soll und daher bewusst ausgeklammert worden wäre. Insoweit empfiehlt sich eine **analoge Anwendung** von § 3a Abs. 5 EStG auf derartige Konstellationen.[6]

Bei Vorliegen der Tatbestandsvoraussetzungen des § 3a EStG wird der Sanierungsertrag im Wege der materiell-rechtlichen Steuerbefreiung insgesamt steuerfrei gestellt. 4.29

---

1 *Eilers/Schwahn*, Sanierungssteuerrecht[2], Rz. 2.53.
2 BFH v. 31.1.1991 – IV R 84/89, BFH/NV 1991, 821; v. 17.11.2004 – I R 11/04, BFH/NV 2005, 1027; *Krumm* in Blümich EStG § 3a Rz. 25.
3 BFH v. 17.2.1999 – IV B 153/97, BFH/NV 1999, 929.
4 *Krumm* in Blümich EStG § 3a Rz. 26.
5 BFH v. 16.5.2002 – IV R 11/01, BStBl. II 2002, 854; v. 12.10.2005 – X R 20/03, BFH/NV 2006, 713.
6 So auch: *Krumm* in Blümich EStG § 3a Rz. 29a.

Die **Rechtsfolgen** des § 3a EStG treten kraft Gesetzes ein und sind nicht an ein Antragserfordernis gebunden.

Gemäß § 3a Abs. 1 Satz 2 EStG sind **steuerliche Wahlrechte** in dem Jahr, in dem der Sanierungsertrag erzielt wird, und im Folgejahr zwingend gewinnmindernd auszuüben. Als Beispiel für derartige Wahlrechte wird in § 3a Abs. 1 Satz 3 EStG das Recht zum Ansatz des niedrigeren Teilwerts in der Steuerbilanz nach § 6 Abs. 1 Nr. 1 Satz 2 und Nr. 2 Satz 2 EStG genannt, aber auch weitere steuerliche Wahlreche sind von der Vorschrift erfasst. Dadurch soll sichergestellt werden, dass Verluste größtmöglich genutzt werden.[1] Die Pflicht soll auf den „geminderten Sanierungsertrag" i.S.d. § 3a Abs. 3 Satz 1 EStG begrenzt sein. Diese Einschränkung folgt aus dem Telos der Norm, von der sowohl innerhalb als auch außerhalb der Steuerbilanz wirkende Wahlrechte erfasst werden. Eine Verlustverrechnung nach § 3a Abs. 3 Satz 2 EStG ist ebenfalls auf den geminderten Sanierungsertrag begrenzt. Kommt der Steuerpflichtige seiner Verpflichtung nicht nach, ist beispielsweise der Verlustuntergang rechtswidrig zu niedrig erfolgt.[2]

Zu den gewinnmindernd auszuübenden Wahlrechten zählen nach allgemeiner Auffassung die bilanziellen Ansatz- und Bewertungswahlrechte nach § 5 Abs. 1 Satz 2 EStG und die außerbilanziellen Wahlrechte.[3] Ebenfalls erfasst ist die Wahl der AfA-Methode gem. § 7 EStG, die Sofortabschreibung gem. § 6 Abs. 2 EStG sowie die Poolabschreibungen gem. § 6 Abs. 2a EStG.[4]

4.30 Uneinigkeit herrscht darüber, ob auch **Teilwert-Abschreibungen** erfasst sind, die sich nicht auf das steuerliche Ergebnis auswirken. Die Teilwert-Abschreibung der Beteiligung an einer Kapitalgesellschaft ist beispielsweise gem. § 8b Abs. 3 Satz 3 KStG nicht bei der Ermittlung des Einkommens zu berücksichtigen, wird also außerbilanziell wieder hinzugerechnet. Die Abschreibung wirkt sich damit nicht auf das körperschaftsteuerpflichtige Einkommen aus. Nach überwiegender und zustimmungswürdiger Auffassung in der Literatur sind nur Teilwertabschreibungen mit Einkommenswirkung von § 3a Abs. EStG erfasst. Dies ist mit dem Telos der Norm zu begründen, wonach das zu verrechnende Verlustausgleichsvermögen zu maximieren ist.[5]

Unklarheit besteht weiterhin beim Gewinnabzug oder der Bildung einer Rücklage nach § 6b Abs. 1, 3 EStG sowie der Bildung einer Investitionsrücklage nach § 7g EStG.[6]

---

1 BT-Drucks. 18/12128, 31.
2 *Eilers/Schwahn*, Sanierungssteuerrecht[2], Rz. 2.70; *Krumm* in Blümich EStG § 3a Rz. 34.
3 *Eilers/Schwahn*, Sanierungssteuerrecht[2], Rz. 2.71; *Förster/Hechtner* in: DB 2017, 1536, 1542; *Kölbl/Neumann* in: Ubg 2018, 273, 284; *Desens* in: FR 2017, 981, 989.
4 *Eilers/Schwahn*, Sanierungssteuerrecht[2] Rz. 2.71; *Förster/Hechtner* in: DB 2017, 1536, 1542; *Kölbl/Neumann* in: Ubg 2018, 273, 284.
5 Vgl. *Eilers/Schwahn*, Sanierungssteuerrecht[2], Rz. 2.71; *Hallerbach* in Herrmann/Heuer/Raupach, § 3a EStG Rz. 17; *Kahlert/Schmidt* in: DStR 2017, 1897, 1902; *Weiss* in: StuB 2017, 581, 584; a.A.: *Krumm* in Blümich EStG § 3a Rz. 34.
6 Dazu näher: *Eilers/Schwahn*, Sanierungssteuerrecht[2], Rz. 2.71; *Krumm* in Blümich EStG § 3a Rz. 34.

4.31 Zur Vermeidung einer **ungerechtfertigten Doppelbegünstigung** des Steuerpflichtigen normiert § 3a Abs. 3 Satz 2 in den Nr. 1 bis 13 EStG als weitere Rechtsfolge der Steuerfreiheit den **Untergang der dort aufgeführten Steuerminderungspotentiale** beim Steuerpflichtigen sowie nach § 3a Abs. 3 Satz 3 EStG bei „nahestehenden Personen". Die Verrechnung erfolgt nacheinander bis zur Höhe des Betrags, um den der Sanierungsertrag die nicht abziehbaren Sanierungsaufwendungen i.S.d. § 3c Abs. 4 EStG aus dem Sanierungsjahr und dem Vorjahr übersteigt, § 3a Abs. 3 Satz 1 EStG. Sodann gibt § 3a Abs. 3 in den Nr. 1 bis 13 EStG vor, in welcher Reihenfolge die Steuerminderungspotentiale bis zum vollständigen Verbrauch der Rechengröße untergehen.

Nach § 3a Abs. 3 Satz 2 Nr. 9 und 10 EStG geht der ausgleichsfähige Verlust aus allen Einkunftsarten des Veranlagungszeitraums, in dem das Sanierungsjahr endet, unter. Nach der Gesetzesbegründung des § 3a EStG wird deutlich, dass vor Verrechnung mit dem geminderten Sanierungsertrag ein **horizontaler Verlustausgleich** durchgeführt wird.[1] Nach wohl überwiegender Meinung ergibt sich aus dem Wortlaut der Regelung, der den „Verlust" untergehen lässt und nicht „die Verluste", dass auch ein **vertikaler Verlustausgleich** zu erfolgen hat, bevor der **entstehende Verlustsaldo untergeht**.[2]

4.32 Die Rechtsfolge des § 3a Abs. 3 Satz 5 EStG tritt unter bestimmten Voraussetzung nicht nur beim durch die Steuerfreiheit begünstigten Steuerpflichten, sondern auch bei **Dritten** ein. Sofern der Sanierungsertrag höher als das Steuerminderungspotential beim Steuerpflichtigen war, tritt die Rechtsfolge des Verlustuntergangs auch bei einer dem Steuerpflichtigen nahestehenden Person ein. Voraussetzung dafür ist, dass diese Person die erlassenen Schulden innerhalb eines Zeitraums von fünf Jahren vor dem Schuldenerlass auf das zu sanierende Unternehmen übertragen hat und soweit der entsprechend verteilte abziehbare Aufwand, die Verluste, negativen Einkünfte, Zinsvorträge oder EBITDA-Vorträge zum Ablauf des Wirtschaftsjahres der Übertragung bereits entstanden waren.[3] Für die Übertragung muss es zu einem Wechsel der persönlichen Zurechnung der Schulden gekommen sein. Die zivilrechtliche Identität der übertragenen und später erlassenen Schulden ist nicht erforderlich; es sind auch Surrogate miteinzubeziehen.[4]

Das Erfordernis einer „nahestehende Person" verlangt eine familien-, gesellschafts-, schuldrechtlich- oder rein tatsächliche Beziehung zum Steuerpflichtigen.[5]

Auch die Verlustminderungspotentiale des Ehegatten sind im Falle der Zusammenveranlagung gem. § 3a Abs. 3 EStG miteinzubeziehen.

---

1 BT-Drucks. 18/12128, 32.
2 *Eilers/Schwahn*, Sanierungssteuerrecht[2], Rz. 2.80; *Hallerbach* in Herrmann/Heuer/Raupach, § 3a EStG Rz. 37; *Krumm* in Blümich EStG § 3a Rz. 44; *Desens* in: FR 2017, 981, 987; *Kanzler* in: NWB 2017, 2260, 2270.
3 *Krumm* in Blümich EStG § 3a Rz. 50.
4 *Krumm* in Blümich EStG § 3a Rz. 50a.
5 BT-Drucks. 18/12128, 32.

VI. Steuerliche Auswirkungen des Wegfalls von Verbindlichkeiten im Rahmen der Restschuldbefreiung

4.33 Restschuldbefreiung kann natürlichen Personen auf Antrag erteilt werden, die ein Insolvenzverfahren durchlaufen und eine sechsjährige Wohlverhaltensphase (§ 287 InsO) durchlaufen haben. Wird die Restschuldbefreiung erteilt, so sind Insolvenzforderungen im Rang von § 38 InsO gegen den Schuldner nicht mehr durchsetzbar, § 301 Abs. 1 InsO. Von der Restschuldbefreiung sind auch Forderungen des Steuergläubigers erfasst.

4.34 Durch die Erteilung der Restschuldbefreiung tritt also faktisch ein Forderungsverzicht der Gläubiger ein, der bei einem Schuldner, der vorinsolvenzlich einen Geschäftsbetrieb geführt hat, in Ansehung der zum Betrieb gehörenden Verbindlichkeiten zu einer Betriebsvermögensmehrung führt, die an sich einen außerordentlichen Ertrag darstellt.

Die Neuregelung des § 3a EStG erklärt in Abs. 5 die Steuerfreiheit nebst Verlustuntergang für anwendbar, wenn die Betriebsvermögensmehrung aus dem Erlass der Verbindlichkeiten aufgrund einer Restschuldbefreiung gem. §§ 286 ff. InsO beruht.

4.35 Die Restschuldbefreiung stellt insoweit ein rückwirkendes Ereignis nach § 175 Abs. 1 Satz 1 Ziff. 2 AO dar. Folgt man der insolvenzrechtlichen Befriedigungssystematik konsequent, so nehmen **Steuerforderungen, die aus der Erteilung der Restschuldbefreiung resultieren, stets den Rang von § 38 InsO** ein und werden somit auch von der Restschuldbefreiung erfasst. Dies gilt unabhängig davon, ob sie bei Erteilung der Restschuldbefreiung bereits festgesetzt sind oder nicht. Zu diesem Ergebnis gelangt man, wenn man nicht auf den Zeitpunkt der Betriebsaufgabe oder -veräußerung abstellt, sondern zutreffender Weise auf den Zeitpunkt, in dem erstmalig ein insolvenzbedingtes Durchsetzungshindernis eintritt. Dies ist gem. §§ 87, 89 InsO der Zeitpunkt der Insolvenzeröffnung. Ab diesem Zeitpunkt können Gläubiger ihre Forderungen nur noch nach den Vorschriften der Insolvenzordnung verfolgen und nicht mehr vollstrecken. Allerdings ist diese Durchsetzbarkeitsschranke noch nicht unbedingt endgültig. Es ist also zumindest dann, wenn der Insolvenzverwalter einen schuldnerischen Betrieb noch nach Eröffnung des Insolvenzverfahrens fortführt, nicht bereits im Zeitpunkt der Insolvenzeröffnung eine dem Verzicht aller Gläubiger auf ihre Forderungen entsprechende Gewinnerhöhung anzunehmen. Die Durchsetzbarkeitsschranke, die durch §§ 87, 89 InsO mit der Insolvenzeröffnung eintritt, wird aber endgültig, wenn die Restschuldbefreiung erteilt wird. Da der Insolvenzverwalter während des eröffneten Insolvenzverfahrens nicht verpflichtet, ja – von quotalen Verteilungen abgesehen – nicht einmal berechtigt ist, auf solche in ihrer Durchsetzbarkeit gehinderten Forderungen zu leisten, tritt die Gewinnerhöhung auch nicht mit Wirkung für und gegen die Insolvenzmasse ein. Es entsteht somit ein auf den Zeitpunkt der Insolvenzeröffnung zurückwirkendes Ereignis i.S.v. § 175 Abs. 1 Satz 1 Ziff. 2 AO. Die Lage ist ähnlich, wie diejenige bei der Besteuerung stiller Reserven (Rz. 4.13). Auch wertungsmäßig passen die aus dem restschuldbefreiungsbedingten Forderungserlass resultierenden Gewinnerhöhungen nur in den Bereich der Insolvenzforderungen und nicht in den Bereich der Masseforderungen, denn die aus den Schulden des Schuldners resultierenden Steuervorteile sind vorinsolvenzlich bereits eingetreten; die Insolvenzmasse hat durch sie in der Regel keine Vorteile erlangt. Es käme daher zu einer systemwidrigen Bevorzugung des Fiskus, wenn man die vorinsolvenzlich gezogenen Steuervorteile durch die Begründung von Masseverbindlichkeiten kompensieren würde (Rz. 4.17).[1]

VII. Verwertung von Absonderungsgegenständen

Literatur *Berger*, Die Verwertung von Absonderungsgut, KTS 2007, 433; *Graeber*, Zur Vergütung des vorläufigen Insolvenzverwalters bei Veräußerung von Absonderungsgut, DZWIR 2000, 167; *Gundlach*, Zu den Verwertungsrechten am Absonderungsgut beim Verbraucherinsolvenzverfahren, DZWIR 2000, 217; *Mitlehner*, Das Konto des Insolvenzverwalters nach § 149 InsO, NZI 2019, 961; *Smid*, Zur Verwertung von Absonderungsgut im Rahmen einer übertragenden Sanierung, DZWIR 2003, 392; *Uhlenbruck*, Zur Verwertung von Absonderungsgut durch den Insolvenzverwalter – Anmerkung, KTS 2008, 91; *Wipperfürth*, Fahrzeuge im Insolvenzverfahren, SVR 2015, 321; *Zenker*, Zur Anfechtung der Verwertung des Absonderungsguts durch den Gläubiger, weil der Masse die Feststellungskostenpauschale entgeht, WuB VI A § 129 InsO 2.05.

Der Insolvenzverwalter ist zur Verwertung von Gegenständen berechtigt, die im Eigentum des Schuldners stehen, auch wenn Dritten daran Absonderungsrechte zustehen (§ 166 InsO). Absonderungsrechte gewähren vor allem dingliche Sicherungsrechte wie das Pfandrecht, aber auch das Sicherungseigentum (Rz. 2.292 ff.). Die Verwertung von Absonderungsgegenständen erfolgt in der Regel durch freihändige Veräußerung, kann aber auch insbesondere bei Grundbesitz durch Zwangsversteigerung erfolgen. Der Erlös aus der Verwertung eines Absonderungsgegenstandes ist von der Insolvenzmasse – u.U. nach Abzug von Feststellungs- und Verwertungskosten nach §§ 170, 171 InsO – an den absonderungsberechtigten Gläubiger herauszugeben. Dadurch tritt eine individuelle Befriedigung dieses Gläubigers außerhalb der Verteilung der Insolvenzmasse an die Insolvenzgläubiger im Rang von § 38 InsO ein. 4.36

Einkünfte aus der Veräußerung des Absonderungsgutes sind dem Insolvenzschuldner einkommensteuerrechtlich zuzuordnen, nicht dem absonderungsberechtigten Gläubiger.[2] Positive Einkünfte ergeben sich dann, wenn der Buchwert eines Absonderungsgegenstandes niedriger ist als der Veräußerungserlös, in dem Absonderungsgut also stille Reserven enthalten waren. Sofern man die aus der **Aufdeckung der stillen Reserven** resultierenden Ertragsteuern – mit der derzeitigen Rechtsprechung (dazu ausführlich oben Rz. 4.13 ff.) – als Masseverbindlichkeiten im Rang von § 55 InsO behandelt, kann der Fall eintreten, dass die Insolvenzmasse mit Steuern belastet wird, die sogar höher sind als der an Feststellungs- und Verwertungskosten zur Masse fließende Erlös. Dem kann der Insolvenzverwalter noch nicht einmal dadurch entgehen, dass er den Absonderungsgegenstand dem Absonderungsgläubiger zur Verwertung überlässt, denn selbst dann fallen Ertragsteuern beim Schuldnervermögen an. Nur die Freigabe an den Schuldner verhindert nach gegenwärtiger Rechtspre- 4.37

---

1 Siehe hierzu BFH v. 17.4.2007 – VII R 27/06, BStBl. II 2009, 589 = ZIP 2007, 1166; vgl. auch BFH v. 13.12.2016 – X R 4/15, DStR 2017, 1156.
2 *Uhländer* in Waza/Uhländer/Schmittmann, Insolvenzen und Steuern[12], Rz. 1488.

chung die Entstehung einer Masseschuld (zu den Folgeproblemen s. oben Rz. 4.13 ff.).

4.38 – 4.42 Einstweilen frei.

VIII. Verlustabzug und Verlustausgleich

4.43 Verluste i.S.v. § 2 Abs. 1 EStG sind gem. § 2 Abs. 3 EStG grundsätzlich im Veranlagungszeitraum des Entstehens mit positiven Einkünften (sowohl innerhalb der Einkunftsarten als auch einkunftsartenübergreifend) zu verrechnen. Soweit dies nicht möglich ist, ermöglicht § 10d EStG deren zumindest teilweisen Abzug im vorangegangenen Veranlagungszeitraum (Verlustrücktrag, § 10d Abs. 1 EStG) bzw. einen der Höhe nach begrenzten Vortrag in zukünftige Veranlagungszeiträume (Verlustvortrag, § 10d Abs. 2 EStG). Bestandskräftige Steuerbescheide des Rücktragsjahres können nach § 10d Abs. 1 Sätze 3 und 4 EStG geändert werden. Ein verbleibender Verlustabzug, der auf künftige Veranlagungszeiträume vorzutragen ist, ist gesondert durch Feststellungsbescheid festzustellen (§ 10d Abs. 4 Satz 1 EStG).

4.44 Diese Grundsätze gelten auch im Insolvenzverfahren. Die Insolvenzeröffnung steht weder dem Verlustabzug nach § 10d EStG entgegen noch einer gesonderten Verlustfeststellung nach § 10d Abs. 4 Satz 1 EStG. Auch kommt es für den Verlustabzug nicht darauf an, ob der Insolvenzschuldner die den Verlusten zugrunde liegenden Forderungen der Gläubiger tatsächlich befriedigt oder nicht, weil sie beispielsweise von einer Restschuldbefreiung erfasst werden.[1] Das gilt bei der **Zusammenveranlagung** von Ehegatten auch dann, wenn die Einkünfte, auf die sich die Verluste auswirken, allein von dem anderen Ehegatten erzielt worden sind.[2]

Hinweis:

Im Insolvenzverfahren kann der Insolvenzverwalter bestehende Verlustvorträge nutzen, um Einkünfte des Insolvenzschuldners, die für die Masse während des eröffneten Insolvenzverfahrens erzielt werden, im Ergebnis steuerfrei zur Masse zu ziehen.

Unter Umständen können sich sogar durch Verlustrückträge in ein Vorjahr Erstattungsansprüche ergeben, die zur Masse gezogen werden können.

4.45 Besonderheiten ergeben sich für den **Verlustabzug nach einem Erbfall**. Der Erbe ist Gesamtrechtsnachfolger des Erblassers. Gemäß § 45 Abs. 1 AO gehen die Forderungen und Schulden aus dem Steuerschuldverhältnis auf den Gesamtrechtsnachfolger über. Grundsätzlich geht demzufolge das Recht des Erblassers, Verluste der Vorjahre wie Sonderausgaben von positiven Einkünften in den Folgejahren abzuziehen, auf den Erben über.[3] Der BFH judizierte zunächst, der Erbe könne Verluste des Erblassers dann abziehen, wenn er durch sie wirtschaftlich belastet sei.[4] Dabei komme es nicht darauf an, dass eine rechtliche Inanspruchnahme des Erben möglich ist, son-

---

1 BFH v. 4.9.1969 – IV R 288/66, BStBl. II 1969, 726.
2 BFH v. 4.9.1969 – IV R 288/66, BStBl. II 1969, 726.
3 BFH v. 13.11.1979 – VIII R 193/77, BStBl. II 1980, 188, m.w.N.; zweifelnd aber BFH v. 5.5.1999 – XI R 1/97, BStBl. II 1999, 653.
4 BFH v. 5.5.1999 – XI R 1/97, BStBl. II 1999, 653.

dern es sei für die wirtschaftliche Belastung des Erben erforderlich, dass er die Verbindlichkeiten, die mit den Verlusten des Erblassers in Zusammenhang stehen, tatsächlich ausgleicht.¹ Es könne nicht davon ausgegangen werden, dass die Beeinträchtigung der Leistungsfähigkeit des Erblassers über die Gesamtrechtsnachfolge beim Erben fortwirkt, da die Einkommensteuer eine Personensteuer sei und Erbe bzw. Erblasser verschiedene Rechtssubjekte seien, die jeder für sich zur Einkommensteuer veranlagt werden. Dem ist der Große Senat des BFH entgegengetreten.² Der Große Senat führt aus:

„Die Einkommensteuer ist eine Personensteuer. Sie erfasst die im Einkommen zu Tage tretende Leistungsfähigkeit der einzelnen natürlichen Person. Sie wird daher vom Grundsatz der Individualbesteuerung und vom Prinzip der Besteuerung nach der individuellen Leistungsfähigkeit beherrscht. Die personale Anknüpfung der Einkommensteuer garantiert die Verwirklichung des verfassungsrechtlich fundierten Gebots der Besteuerung nach der wirtschaftlichen Leistungsfähigkeit (...). Die einzelne natürliche Person ist das Zurechnungssubjekt der von ihr erzielten Einkünfte (§ 2 Abs. 1 EStG). ... Erblasser und Erbe sind verschiedene Rechtssubjekte, die jeweils für sich zur Einkommensteuer herangezogen werden und deren Einkünfte getrennt ermittelt und dem jeweiligen Einkommensteuerrechtssubjekt zugerechnet werden.   4.46

a) Diese Grundsätze sprechen dagegen, die beim Erblasser bis zu seinem Tod nicht aufgezehrten Verlustvorträge auf ein anderes Einkommensteuerrechtssubjekt – und sei es auch nur auf seinen Erben (Gesamtrechtsnachfolger) – zu übertragen und diesem zu gestatten, die „Verluste" mit eigenen – positiven – Einkünften zu verrechnen. ... Es entspricht demnach allgemeinen Grundsätzen des Einkommensteuerrechts, dass ein Steuerpflichtiger Aufwendungen und Verluste eines Dritten nicht abziehen kann. ... Auf eine nach diesen Maßstäben unzulässige Abziehbarkeit von Drittaufwand liefe es indessen im wirtschaftlichen Ergebnis hinaus, wenn der Erbe die aus Aufwandsüberschüssen des Erblassers resultierenden Verlustvorträge bei der Ermittlung seiner eigenen Einkünfte abziehen könnte."

Damit haben sich für die Zukunft alle früheren Überlegungen erledigt, ob und ggf. wie die Verlustvorträge des Erblassers für den Erben fruchtbar gemacht werden können. Lediglich für diejenigen Erbfälle, die bis zum Ablauf des Tages der Veröffentlichung des Beschlusses des Großen Senats eingetreten sind, ist die bisherige gegenteilige Rechtsprechung des BFH aus Gründen des Vertrauensschutzes weiterhin anzuwenden.³   4.47

Einstweilen frei.   4.48 – 4.50

IX. Zusammenveranlagung mit dem Ehegatten des Schuldners

Literatur *Farr*, Insolvenzbehaftete Zusammenveranlagung – Ein Hauen und Stechen?, BB 2006, 1302; *Harder*, Steuerliche Wahlrechte in der Insolvenz – Kompetenzen des Insolvenzverwalters und des Schuldners, VIA 2017, 81; *Kahlert*, Zum Anspruch auf Zustimmung zur Zusammenveranlagung in der Insolvenz des Ehegatten, EWiR 2008, 47; *Kahlert/Rühland*, Getrennte Veranlagung oder Zusammenveranlagung – Wem steht das Wahlrecht in der Insol-

---

1 BFH v. 5.5.1999 – XI R 1/97, BStBl. II 1999, 653.
2 BFH v. 17.12.2007 – GrS 2/04, BStBl. II 2008, 608; vgl. auch FG Bremen v. 16.7.2015 – 1 K 32/13, DStRE 2016, 909.
3 So ausdrücklich BFH v. 17.12.2007 – GrS 2/04, BStBl. II 2008, 608; deswegen BFH v. 14.6.2016 – IX R 30/15.

venz eines Ehegatten zu?, ZVI 2006, 101; *von Spiessen,* Zur Pflicht des Insolvenzverwalters, auf Verlangen des Ehegatten des Schuldners der Zusammenveranlagung zuzustimmen, EWiR 2009, 749.

1. Ausübung des Wahlrechts

4.51 Die Einkommensteuer von Ehegatten wird auch dann nach allgemeinen einkommensteuerrechtlichen Regeln ermittelt, wenn über das Vermögen eines oder beider Ehegatten das Insolvenzverfahren eröffnet worden ist. Insbesondere besteht das Recht weiter, gem. §§ 26–26c EStG zwischen verschiedenen Veranlagungsformen zu wählen. Die Wahl der Veranlagung kann allerdings nur einheitlich getroffen werden, weil Veranlagungszeitraum das Kalenderjahr bleibt.

4.52 Ist über das Vermögen eines Ehegatten das Insolvenzverfahren eröffnet, so nimmt der über sein Vermögen bestellte Insolvenzverwalter oder Treuhänder dessen Wahlrecht hinsichtlich der Getrennt- oder Zusammenveranlagung zur Einkommensteuer wahr.[1] Davon unberührt bleibt freilich das Veranlagungswahlrecht des nicht in Insolvenz befindlichen anderen Ehegatten, der sein Wahlrecht frei und unabhängig wahrnehmen kann. Der Einordnung des Veranlagungswahlrechts als höchstpersönliches Recht (wodurch die Ausübung dem Insolvenzverwalter verwehrt wäre) steht entgegen, dass es zwar an die bestehende Ehe anknüpft, sich aber nur vermögensrechtlich auf diese auswirkt.[2] Auch der verfassungsrechtliche Grundsatz, wonach es sich bei der Zusammenveranlagung um eine am Schutzgebot des Art. 6 Abs. 1 GG und der wirtschaftlichen Leistungsfähigkeit der Ehepaare orientierte sachgerechte Besteuerung handelt, erfordern ein höchstpersönliches Wahlrecht nicht.[3] Auch steht der Ausübung des Wahlrechtes durch den Insolvenzverwalter nicht entgegen, dass er gem. §§ 80, 35 InsO in seiner Verwaltungs- und Verfügungsbefugnis auf das zur Insolvenzmasse gehörende Vermögen beschränkt ist. Das Veranlagungswahlrecht selbst ist kein Vermögensgegenstand, sondern ein Verwaltungsrecht, welches lediglich einen vermögensrechtlichen Bezug aufweist. Der vom Veranlagungsergebnis abhängige Lohn- oder Einkommensteuererstattungsanspruch ist nach § 46 Abs. 1 AO pfändbar und gehört zur Insolvenzmasse.[4] Das gilt auch, soweit der Erstattungsanspruch Veranlagungszeiträume vor Eröffnung des Insolvenzverfahrens betrifft.[5]

4.53 Da die Art der Veranlagung aber auch Auswirkungen auf die Besteuerung etwaiger insolvenzfreier Einkünfte des Schuldners hat, wenn er solche erzielt, muss neben dem Veranlagungswahlrecht des Insolvenzverwalters ein (zusätzliches) Wahlrecht des Schuldners selbst anerkannt werden, sofern insolvenzfreie Einkünfte vorhanden

---

[1] BFH v. 22.3.2011 – III B 114/09, BFH/NV 2011, 1142; v. 24.5.2007 – IX ZR 8/06, ZIP 2007, 1917 = DZWiR 2007, 469 (470); v. 15.3.2017 – III R 12/16, DStRE 2018, 2.
[2] BGH v. 24.5.2007 – IX ZR 8/06, ZIP 2007, 1917 = DZWiR 2007, 469 (470); BFH v. 15.3.2017 – III R 12/16, DStRE 2018, 2.
[3] BGH v. 24.5.2007 – IX ZR 8/06, ZIP 2007, 1917 = DZWiR 2007, 469 (470).
[4] BFH v. 18.8.1998 – VII R 114/97, BStBl. II 1999, 84 = NJW 1999, 1056; v. 12.12.2003 – IXa ZB 115/03, NJW 2004, 954; v. 15.3.2017 – III R 12/16, VIA 2018, 14.
[5] BGH v. 24.5.2007 – IX ZR 8/06, ZIP 2007, 1917 = NJW 2007, 2556 (2557); BFH v. 15.3.2017 – III R 12/16, VIA 2018, 14.

sind.¹ Es kommt daher nur dann zu einer Zusammenveranlagung, wenn Insolvenzverwalter, Schuldner und Ehegatte die Zusammenveranlagung wählen. Widerspricht einer von ihnen der Zusammenveranlagung, kommt es zur getrennten Veranlagung.²

Die (nachträgliche) Wahl der getrennten Veranlagung ist nicht bereits dann rechtsmissbräuchlich i.S.d. § 42 AO, wenn dies bei dem einen Ehegatten zur Erstattung von einbehaltener Lohnsteuer führt, während sich bei dem anderen Ehegatten nach Anrechnung von Vorauszahlungen ergebende Zahllasten nicht mehr beigetrieben werden können.³

Zu den Auswirkungen einer (nachträglichen) Wahl der getrennten Veranlagung im Insolvenzverfahren vgl. im Einzelnen ausführlich unten Rz. 4.63.

2. Durchführung der Zusammenveranlagung

Bei der Zusammenveranlagung von Ehegatten werden die Einkünfte, die die Ehegatten erzielt haben, gem. § 26b EStG zusammengerechnet, den Ehegatten gemeinsam zugerechnet und, soweit nichts anderes vorgeschrieben ist, die Ehegatten sodann gemeinsam als ein Steuerpflichtiger behandelt. § 26b EStG ist Zurechnungsnorm für die Festsetzung der gemeinsamen Einkommensteuer. Maßgeblich sind auch im Insolvenzverfahren eines oder beider Ehegatten für die Zusammenveranlagung steuerrechtliche Regelungen. Die Besteuerungsgrundlagen, die aus der Insolvenzmasse entstehen, werden mit den Besteuerungsgrundlagen aus dem insolvenzfreien Vermögen des Schuldners sowie mit denen des Ehegatten zusammengerechnet.⁴ Die Ehegatten gelten zur Ermittlung der festzusetzenden Einkommensteuer, nicht aber steuerschuldrechtlich als Einheit. Dies bewirkt, soweit nichts anderes vorgeschrieben ist, dass ein gemeinsamer Gesamtbetrag der Einkünfte (§ 2 Abs. 3 EStG), ein gemeinsames Einkommen (§ 2 Abs. 4 EStG), ein zu versteuerndes Einkommen (§ 2 Abs. 5 EStG) und eine tarifliche und eine festzusetzende Einkommensteuer (§ 2 Abs. 5, 6 EStG) vorliegen. Der **Verlustabzug** nach § 10d EStG erfolgt in gleicher Weise mit Wirkung für beide Ehegatten, auch wenn der Verlust bei nur einem Ehegatten entstanden war. Somit kommt ein Verlustvortrag des einen Ehegatten auch dem anderen zugute, wenn Zusammenveranlagung erfolgt.

4.54

Hinweis:

Da bei einem Insolvenzschuldner in der Regel Verlustvorträge vorhanden sind, ist es für einen nicht in Insolvenz befindlichen Ehegatten, der positive Einkünfte erzielt, u.U. sehr attraktiv, mit dem insolventen Ehegatten zusammen veranlagt zu werden.

Sonderausgaben sind bei der Zusammenveranlagung vom gemeinsamen Gesamtbetrag der Einkünfte abziehbar. Dies gilt unabhängig davon, welcher der Ehegatten

4.55

---

1 So zu Recht *Frotscher* in Gottwald, Insolvenzrechts-Handbuch⁵, § 122 Rz. 44.
2 *Frotscher* in Gottwald, Insolvenzrechts-Handbuch⁵, § 122 Rz. 44.
3 BFH v. 30.8.2012 – III R 40/10, BFH/NV 2013, 193; vgl. auch v. 14.6.2018 – III R 20/17, DStR 2018, 2269; v. 15.3.2017 – III R 12/16, DStRE 2018, 2.
4 *Frotscher* in Gottwald, Insolvenzrechts-Handbuch⁵, § 122 Rz. 45.

die Aufwendungen getragen hat. Auch außergewöhnliche Belastungen sind unabhängig davon, welcher Ehegatte sie tatsächlich getragen hat, vom Gesamtbetrag der Einkünfte abzuziehen.

4.56 Zusammen veranlagte Ehegatten sind gem. § 44 AO **Gesamtschuldner** für die Steuerschuld. Das darf jedoch nicht darüber hinwegtäuschen, dass Steuerschuldner i.S.v. § 157 Abs. 1 Satz 2 AO und Adressat des Einkommensteuerbescheids (§ 124 Abs. 1 AO) jeder Ehegatte für sich ist. Das Finanzamt richtet grundsätzlich gegen jeden der zusammen veranlagten Ehegatten einen einzelnen Einkommensteuerbescheid. Allerdings darf das Finanzamt auch in der Insolvenz eines Ehegatten gem. § 155 Abs. 3 Satz 1 AO zusammengefasste Einkommensteuerbescheide erlassen.

4.57 Insolvenzverfahrensrechtlich ist für die Gesamtschuld § 43 InsO maßgeblich. Danach darf die Finanzverwaltung die von beiden Ehegatten gemeinsam geschuldeten Steuerbeträge in voller Höhe im Insolvenzverfahren über das Vermögen eines Ehegatten geltend machen. Es ist dann Sache des Insolvenzverwalters, zu verhindern, dass die Insolvenzmasse mit Steuerschulden belastet wird, die bei getrennter Veranlagung den anderen Ehegatten treffen würden. Dem Insolvenzverwalter steht das Recht zu, gem. §§ 268 ff. AO die **Aufteilung der sich aus der Zusammenveranlagung ergebenden einheitlichen Steuerschuld** zwischen den Ehegatten zu beantragen. Dies gilt nicht nur dann, wenn die Finanzverwaltung die Ehegatten gemeinsam betreffende Steuerbeträge als Masseschuld festgesetzt hat, sondern auch dann, wenn sie solche Steuerschuldbeträge zur Insolvenztabelle anmeldet. Eine solche Forderung muss der Insolvenzverwalter bis zur Erteilung des Aufteilungsbescheides (§ 279 AO) bestreiten. Die Aufteilung beseitigt zwar nicht die Gesamtschuldnerschaft der Ehegatten (§ 44 Abs. 2 Satz 4 AO). Im Vollstreckungsverfahren und somit auch im Insolvenzverfahren werden die Gesamtschuldner aber wie Teilschuldner behandelt, so dass die Finanzverwaltung gegen jeden Gesamtschuldner nur noch den auf ihn entfallenden Teilbetrag durchsetzen kann.[1]

4.58 Der durch den Übergang von der Zusammenveranlagung auf die getrennte Veranlagung begründete Steuererstattungsanspruch ist zwischen den Eheleuten – unabhängig vom Güterstand – nach Köpfen aufzuteilen. Dies gilt auch dann, wenn mit der Wahl der getrennten Veranlagung allein der Zweck verfolgt wird, eine Steuererstattung zu erreichen und der korrespondierende Nachzahlungsanspruch aufgrund der Insolvenz des anderen Ehegatten nicht durchsetzbar ist.[2]

Hinweis:

Unter Massebildungsgesichtspunkten kann die Aufteilung der Steuerschuld auch im Hinblick auf etwaige Vorauszahlungen sehr interessant sein.

Die Aufteilungsvorschriften führen nämlich über ihren Wortlaut hinaus nicht nur zu einer Vollstreckungsbeschränkung. Sie haben vielmehr auch zur Folge, dass jede Verwirklichung

---

[1] BFH v. 12.1.1988 – VII R 66/87, BStBl. II 1988, 406; v. 2.10.2018 – VII R 17/17, BFH/NV 2019, 4.
[2] FG BW v. 11.6.2008 – 2 K 73/06, EFG 2008, 1511 (1511); FG Münster v. 4.10.2012 – 6 K 3016/10 E, DStRE 2014, 348.

der Gesamtschuld – insbesondere durch Aufrechnung – über den auf den jeweiligen Ehegatten entfallenden Aufteilungsbetrag hinaus ausgeschlossen ist.[1]

Im Rahmen der Aufteilung sind auch Vorauszahlungen, die tatsächlich geleistet wurden, aufzuteilen. Fehlen klare Anhaltspunkte oder Angaben des zahlenden Ehegatten dazu, auf wessen Schuld die Vorauszahlungen geleistet wurden, ist im Zweifel anzunehmen, dass der die Vorauszahlung leistende Ehegatte die Steuerschuld für Rechnung beider Ehegatten begleichen will. Vorauszahlungsbeträge sind daher in Ermangelung anderer Tilgungsbestimmungen des Zahlenden nach Köpfen aufzuteilen.[2]

Ergibt sich bei späterer Aufteilung der Steuern, dass auf einen der Ehegatten gar keine Steuerschuld entfällt, so steht ihm in Ansehung der (ggf. von dem anderen Ehegatten) geleisteten Vorauszahlungen ein hälftiger Erstattungsanspruch zu (§ 37 Abs. 2 AO).[3] Diesen kann der Insolvenzverwalter zur Insolvenzmasse ziehen.[4] Insoweit ist der Finanzverwaltung die Aufrechnung mit der Schuld des anderen Ehegatten versagt.[5]

Ein Ehegatte braucht der einkommensteuerrechtlichen Zusammenveranlagung grundsätzlich nur Zug um Zug gegen eine bindende Zusage des anderen Teils zuzustimmen, seine **gegenüber einer Getrenntveranlagung entstehenden steuerlichen Nachteile auszugleichen**.[6] Wenn eine solche Zusage besteht, kann auch der Insolvenzverwalter verurteilt werden, seine Zustimmung zur Zusammenveranlagung zu erteilen, auch wenn dadurch die dem Insolvenzschuldner zustehenden Verlustvorträge geschmälert werden.[7] Liegt die Zusage im Zeitpunkt der letzten mündlichen Verhandlung nicht vor, kommt nur eine Zug-um-Zug-Verurteilung in Betracht.[8] Ist der die Zustimmung begehrende Ehegatte womöglich auf Grund seiner Vermögenslage nicht im Stande, dem anderen Ehegatten die Verluste auszugleichen, so muss der andere Ehegatte die Zustimmungserklärung grundsätzlich nur Zug um Zug gegen entsprechende Sicherheit für den geschuldeten **Nachteilsausgleich** abgeben.[9] Daher braucht der Insolvenzverwalter eines Schuldners die Zustimmungserklärung zur Zusammenveranlagung auf Begehren des sich in der Wohlverhaltensphase befindlichen anderen Ehegatten ohne entsprechende **Sicherheitsleistung** in der Regel nicht zu erteilen, wenn dadurch eine Verbindlichkeit der von ihm verwalteten Insolvenzmasse entsteht.[10] Die Eheleute können allerdings eine von der gesetzlichen Regel abweichende interne Aufteilung ihrer Einkommensteuerschulden vereinbart haben. Ist danach bei der Zusammenveranlagung zur Einkommensteuer der gegenüber der Ge-

4.59

---

1 FG München v. 24.5.2006 – 1 K 3658/04, (NV).
2 BFH v. 30.9.2008 – VII R 18/08, BStBl. II 2009, 38; v. 18.2.1997 – VII R 117/95, DStRE 1997, 658 (659); vgl. auch BFH v. 20.2.2017 – VII R 22/15, BFH/NV 2017, 906.
3 BFH v. 18.2.1997 – VII R 117/95, DStRE 1997, 658 (659); v. 20.2.2017 – VII R 22/15, BFH/NV 2017, 906.
4 BFH v. 30.9.2008 – VII R 18/08, BStBl. II 2009, 38; v. 20.2.2017 – VII R 22/15, BFH/NV 2017, 906.
5 FG München v. 24.5.2006 – 1 K 3658/04, (NV).
6 BGH v. 24.5.2007 – IX ZR 8/06, ZIP 2007, 1917 = BGHZ 155, 249; v. 18.11.2010 – IX ZR 240/07.
7 BGH v. 18.11.2010 – IX ZR 240/07; BGH v. 18.5.2011 – XII ZR 67/09.
8 BGH v. 18.11.2010 – IX ZR 240/07; BGH v. 18.5.2011 – XII ZR 67/09.
9 BGH v. 24.5.2007 – IX ZR 8/06, ZIP 2007, 1917 = BGHZ 155, 249.
10 BGH v. 24.5.2007 – IX ZR 8/06, ZIP 2007, 1917 = BGHZ 155, 249.

trenntveranlagung für einen von ihnen entstehende Nachteil nicht auszugleichen, kann die Zustimmung zur Zusammenveranlagung auch nicht von einer (vereinbarungswidrigen) Zusage abhängig gemacht werden.[1] Eine solche Vereinbarung abweichender Aufteilung der Einkommensteuerlast kann bereits durch konkludentes Handeln zustande kommen und somit bei Insolvenzeröffnung bereits vorliegen. Ausgleichsansprüche, die sich aus derartigen Vereinbarungen der Ehegatten untereinander ergeben, sind in der Insolvenz eines Ehegatten Insolvenzforderungen im Rang von § 38 InsO.

4.60 Einstweilen frei.

4.61 Durch die Zusammenveranlagung erhält der Insolvenzverwalter über das Vermögen eines Ehegatten zwangsläufig Kenntnis von den Einkünften des anderen Ehegatten. Die damit verbundene **Einschränkung des Steuergeheimnisses** ist durch § 30 Abs. 2 Ziff. 1a, Abs. 4 Ziff. 1 AO gerechtfertigt. Der Insolvenzverwalter kann **Auskunft** über die steuerlichen Verhältnisse des Insolvenzschuldners auch dann verlangen, wenn dadurch zugleich die steuerlichen Verhältnisse des anderen Ehegatten offenbart werden.[2] Dies gilt sogar bereits vor dessen Erklärung, ob er einen anhängigen Rechtsstreit oder ein anhängiges Beschwerdeverfahren aufnimmt oder nicht.[3]

4.62 Fällt nur einer der zusammen veranlagten und gegen den Einkommensteuerbescheid gemeinsam klagenden Ehegatten in Insolvenz, so ist die Abtrennung des vom anderen Ehegatten fortgeführten (Beschwerde-)Verfahrens zulässig und zweckmäßig.[4]

3. Getrennte Veranlagung

4.63 Bei der getrennten Veranlagung werden jedem Ehegatten diejenigen Einkünfte, die er selbst erzielt hat, zugerechnet (§ 26a EStG). Verlustausgleich und Verlustabzug (§ 10d EStG) zwischen den Einkünften der Ehegatten finden nicht statt. Der Verlustabzug nach § 10d EStG kann nach § 62d Abs. 1 EStDV nur von demjenigen Ehegatten geltend gemacht werden, der den Verlust erlitten hat. Die Ehegatten haben somit weder ein einheitliches Einkommen, noch eine einheitliche Steuerschuld. Sonderausgaben nach § 9c EStG, das sind erwerbsbedingte Kinderbetreuungskosten, und außergewöhnliche Belastungen (§§ 33–33b EStG) werden gem. § 26a Abs. 2 EStG in Höhe des bei einer Zusammenveranlagung in Betracht kommenden Betrags bei beiden Veranlagungen jeweils zur Hälfte abgezogen, wenn die Ehegatten nicht gemeinsam eine andere Aufteilung beantragen. Befindet sich einer der Ehegatten im Insolvenzverfahren, so ist für eine andere Aufteilung die Zustimmung des Insolvenzverwalters erforderlich. Die nach § 33b Abs. 5 EStG übertragbaren Pauschbeträge stehen den Ehegatten insgesamt nur einmal zu; sie werden jedem Ehegatten zur Hälfte gewährt.

---

1 BGH v. 24.5.2007 – IX ZR 8/06, ZIP 2007, 1917 = BGHZ 155, 249.
2 *Drüen* in Tipke/Kruse, § 30 AO Rz. 22; BFH v. 28.3.2007 – III B 10/07, BFH/NV 2007, 1182.
3 BFH v. 28.3.2007 – III B 10/07, BFH/NV 2007, 1182.
4 BFH v. 23.8.2007 – X B 130/06, BFH/NV 2007, 2320.

Die (nachträgliche) Wahl der getrennten Veranlagung ist nicht bereits dann rechtsmissbräuchlich i.S.d. § 42 AO, wenn dies bei dem einen Ehegatten zur Erstattung von einbehaltener Lohnsteuer führt, während bei dem anderen Ehegatten nach Anrechnung von Vorauszahlungen ergebende Zahllasten nicht mehr beigetrieben werden können.[1]

Wird im Insolvenzverfahren durch den Insolvenzverwalter oder den nicht im Insolvenzverfahren befindlichen anderen Ehegatten **(nachträglich) die getrennte Veranlagung gewählt**, so sind bisher ergangene **Steuerbescheide mit Zusammenveranlagung aufzuheben**. Für den nicht in Insolvenz befindlichen Ehegatten sind sodann **Steuerbescheide** zu erlassen. Für den **insolventen Ehegatten können keine Steuerbescheide mit einer Zahllast mehr ergehen**,[2] stattdessen sind für die auf ihn entfallende Steuerschuld Berechnungsmitteilungen zu erstellen, die Grundlage für die Anmeldung der betreffenden Steuerforderung zur Insolvenztabelle bilden. **Vorsicht ist geboten**, wenn das Finanzamt einen Steuerbescheid, mit dem die Ehegatten zusammen veranlagt worden sind, wegen einer nachträglichen getrennten Veranlagungswahl **aufhebt** und die auf den insolventen Ehegatten entfallende Steuerschuld in einem Bescheid mit getrennter Veranlagung **auf null festsetzt**. Eine **Festsetzung auf null kann und darf nämlich** auch während des eröffneten Insolvenzverfahrens für den insolventen Ehegatten erfolgen – und kann deswegen bestandskräftig werden.[3] Eine solche Festsetzung ist geeignet, einen sich aus der nunmehr getrennten Veranlagung ergebenden, auf den insolventen Ehegatten entfallenden **Erstattungsanspruch zu Fall zu bringen**, weil die Festsetzung auf null in Bestandskraft erwachen kann. Umgekehrt kann aber die Finanzbehörde nach Eintritt einer solchen Bestandskraft auch **nicht mehr später** eine Forderung zur Insolvenztabelle **festgestellt** erhalten, wenn nicht die Voraussetzungen des § 173 AO vorliegen, **weil auch dem die Bestandskraft der Festsetzung auf null entgegensteht.**

X. Anrechnungen auf die Steuerschuld

1. Regime des Insolvenzrechts

Welcher Einkommensteuerbetrag tatsächlich zu zahlen ist, ergibt sich erst nach Berücksichtigung maßgeblicher Anrechnungen. Anrechnungsbeträge ergeben sich auf Grund von Vorauszahlungen und Steuerabzügen.

Auch bei der Berücksichtigung der Anrechnungsbeträge muss die insolvenzrechtliche Rangordnung beachtet werden. Anrechnungen dürfen grundsätzlich nur insoweit erfolgen, als Steuerschuld und anzurechnender Betrag denselben insolvenzrechtlichen Rang einnehmen.

---

1 BFH v. 30.8.2012 – III R 40/10, BFH/NV 2013, 193; v. 15.3.2017 – III R 12/16, DStRE 2018, 2.
2 BFH v. 13.5.2009 – XI R 63/07, BStBl. II 2010, 11 = ZIP 2009, 1631.
3 Ganz überwiegende Meinung, vgl. statt Vieler BFH v. 13.5.2009 – XI R 63/07, BStBl. II 2010, 11 = ZIP 2009, 1631.

2. Vorauszahlungen

4.66 Nach § 37 Abs. 1 und 3 EStG hat ein Steuerpflichtiger auf die von ihm voraussichtlich geschuldete Einkommensteuer vierteljährliche Vorauszahlungen zu entrichten. Die Vorauszahlungsschulden entstehen jeweils mit Beginn des Kalendervierteljahrs (§ 37 Abs. 1 Satz 2 EStG). Das Finanzamt hat die Vorauszahlungen durch Vorauszahlungsbescheid festzusetzen. Hierbei handelt es sich um eine gebundene Entscheidung, ein Ermessensspielraum steht der Behörde nicht zu.[1] Die Vorauszahlungen bemessen sich grundsätzlich nach der Einkommensteuer, die sich bei der letzten Veranlagung ergeben hat (§ 37 Abs. 3 Satz 2 EStG). Eine Anpassung an die voraussichtlich entstehende Einkommensteuer ist aber möglich (§ 37 Abs. 3 Satz 3 EStG). Auf die Art der Einkünfte kommt es nach § 37 EStG nicht an.

4.67 Im Insolvenzverfahren können **Vorauszahlungen** sowohl **gegen die Insolvenzmasse** als auch **gegen den Insolvenzschuldner** festgesetzt werden. Grundlage für die Festsetzung von Vorauszahlungen gegen die Insolvenzmasse ist die Einkommensteuer, die sich bei der letzten Veranlagung als Masseverbindlichkeit ergeben hat. Ist das Insolvenzverfahren jedoch noch nicht von so hinreichend langer Dauer, dass es bereits einen Veranlagungszeitraum gegeben hat, für den gegen die Insolvenzmasse Einkommensteuer festgesetzt worden ist, kann als Grundlage für die Festsetzung von Vorauszahlungen gegen die Insolvenzmasse die voraussichtlich von dieser zu zahlende Einkommensteuer herangezogen werden.[2] Gegen den Insolvenzschuldner selbst können Vorauszahlungen auch während des eröffneten Insolvenzverfahrens festgesetzt werden, wenn zu erwarten ist, dass er Einkünfte erzielt, die nicht zur Insolvenzmasse, sondern zu seinem insolvenzfreien Vermögen gelangen (Rz. 2.135 ff.). Grundlage für die Festsetzung ist grundsätzlich die Einkommensteuer, die sich bei der letzten Veranlagung im insolvenzfreien Vermögenskreis des Insolvenzschuldners ergeben hat. Hat bei der letzten Veranlagung noch keine Trennung zwischen insolvenzverhaftetem und insolvenzfreiem Vermögen stattgefunden, weil das Insolvenzverfahren noch nicht eröffnet war, können die voraussichtlich im insolvenzfreien Vermögen anfallenden Einkünfte als Grundlage herangezogen werden.[3] Eine Festsetzung von Vorauszahlungen gegen das insolvenzfreie Vermögen kommt insbesondere in Betracht, wenn der Insolvenzverwalter einen vom Insolvenzschuldner geführten Geschäftsbetrieb gem. § 35 Abs. 2 InsO aus der Insolvenzmasse freigegeben hat. Dann ist nämlich regelmäßig mit insolvenzfreien Einkünften des Schuldners zu rechnen. Eine Festsetzung von Vorauszahlungen als Insolvenzforderungen im Rang von § 38 InsO kommt nach Insolvenzeröffnung nicht mehr in Betracht. Die als Insolvenzforderung entstandene Einkommensteuerschuld ist (notfalls geschätzt) zur Insolvenztabelle anzumelden (Rz. 3.246).

4.68 Vorauszahlungen, die auf Masseverbindlichkeiten geleistet wurden, dürfen nur auf die gegen die Masse festzusetzende Einkommensteuer angerechnet werden; Voraus-

---
1 BFH v. 20.12.2004 – VI R 182/97, BStBl. II 2005, 358.
2 BFH v. 29.3.1984 – IV R 271/83, BStBl. II 1984, 602 = ZIP 1984, 853; vgl. dazu auch BFH v. 24.2.2015 – VII R 27/14, DStRE 2015, 754.
3 BFH v. 29.3.1984 – IV R 271/83, BStBl. II 1984, 602 = ZIP 1984, 853.

zahlungen, die auf Einkommensteuerschulden geleistet wurden, für die das insolvenzfreie Vermögen des Insolvenzschuldners haftet, dürfen nur auf die gegen das insolvenzfreie Vermögen festzusetzende Einkommensteuer angerechnet werden; Vorauszahlungen, die (vor Insolvenzeröffnung) auf Einkommensteuern gezahlt wurden, die im Insolvenzverfahren den Rang einfacher Insolvenzforderungen nach § 38 InsO einnehmen, dürfen nur auf Insolvenzforderungen angerechnet werden. Soweit sich bei letzterer Anrechnung ein Erstattungsbetrag ergibt, ist dieser an die Insolvenzmasse auszuzahlen. Er darf auch nicht etwa mit einer Einkommensteuerschuld des insolvenzfreien Vermögens des Schuldners verrechnet werden. Zur Aufrechnung eines der Masse zustehenden Erstattungsbetrages mit Steuerschulden, die den Rang von Masseverbindlichkeiten einnehmen s. Rz. 3.340 ff.

Ergibt sich in Bezug auf das insolvenzfreie Vermögen nach der (isoliert hierauf vorgenommenen) Anrechnung ein Erstattungsbetrag, so ist dieser an den Insolvenzschuldner in dessen insolvenzfreies Vermögen zu erstatten. Eine Massezugehörigkeit scheidet aus, weil dem Schuldner sonst in der (ggf. sogar vom Insolvenzverwalter freigegebenen) insolvenzfreien betrieblichen Sphäre vernünftiges Wirtschaften unmöglich würde. 4.69

Die **strikte Einhaltung der o.g. Anrechnungsbeschränkungen** ist zwingende Voraussetzung für die Einhaltung der insolvenzrechtlichen Befriedigungssystematik, weil sich der Fiskus sonst gegenüber den übrigen Gläubigern **insolvenzzweckwidrige Sondervorteile** verschaffen und die Aufrechnungsvorschriften (§§ 94 ff. InsO) unterminiert würden.[1] 4.70

3. Einkünfte aus Kapitalvermögen

Für Einkünfte aus Kapitalvermögen galt nach § 43a Abs. 1 Ziff. 3 EStG bis zum 31.12.2008 grundsätzlich eine 30%ige Zinsabschlagsteuer; Bankinstitute mussten die Zinsabschlagsteuer einbehalten und an die Finanzverwaltung abführen. 4.71

Kapitalerträge, die nach dem 31.12.2008 erzielt werden, sind bei Privatpersonen der 25%igen Abgeltungsteuer unterworfen; für Kapitalerträge im Betriebsvermögen bzw. dem Anwendungsbereich von § 17 EStG gilt das Teileinkünfteverfahren. Die in § 43 Abs. 1 Ziff. 7 EStG genannten Kapitalerträge unterliegen dem Steuerabzug an der Quelle. Steuerabzüge sind Erhebungsformen der Einkommensteuer, vgl. zu Grundlagen, Systematik und Behandlung von Steuerabzugsbeträgen im Insolvenzverfahren die entsprechenden Ausführungen zum Steuerabzug bei Bauleistungen Rz. 4.113. Steuerabzüge haben den Charakter **pauschaler Vorauszahlungen auf die endgültig festgesetzte Jahressteuer**, die im Rahmen der Einkommensteuer auf die Steuerschuld angerechnet werden. Die Finanzbehörden sind an der Steuererhebung nicht unmittelbar beteiligt. Sie erlegt vor allem dem Schuldner der Kapitalerträge bzw. der die Kapitalerträge auszahlenden Stelle steuerrechtliche Pflichten auf, da diese zum 4.72

---

1 *Schüppen/Schlösser* in MünchKomm/InsO, Insolvenzsteuerrecht, Rz. 78; *Uhländer* in Waza/Uhländer/Schmittmann, Insolvenzen und Steuern[12], Rz. 1536; s. auch BFH v. 29.3.1984 – IV R 271/83, ZIP 1984, 853 = BStBl. II 1984, 602.

Einbehalt, zur Anmeldung und zur Abführung der einbehaltenen Kapitalertragsteuer verpflichtet sind (§§ 44, 45a EStG). Insolvenzrechtlich gelten im Wesentlichen die allgemeinen Grundsätze der Steuervorauszahlungen; der Steuerabzug ist unabhängig von der Insolvenzeröffnung vorzunehmen,[1] auch wenn die Insolvenzmasse Kapitalerträge erzielt.

4.73 Zur Kapitalertragsteuer bei **Kapitalerträgen von in Insolvenz befindlichen Personengesellschaften** oder bei Nachlassinsolvenzverfahren s. Rz. 4.147 ff.

4. Lohnsteuer

Literatur *Becker*, Berechnung des Arbeitslosengeldes – Bemessungsentgelt – Lohnsteuerabzug – Nettolohn – Vereinbarung – Nichtvorlage der Lohnsteuerkarte – eingetragene Lohnsteuerklasse III – Nichtberücksichtigung der Lohnsteuerklasse VI, SGb 2003, 297; *Bergkemper*, Gegenseitiger Ausschluss von Nachforderung pauschalierter Lohnsteuer und Haftung für die Lohnsteuer, FR 2009, 624; Lohnsteuer-Merkblatt 2010, DB Beilage 2010, Nr. 2, 1–72; *Bissels/Fuchs*, Aktuelles Arbeitsrecht in Krise und Insolvenz, NZI 2019, 843; *Drenseck*, Möglichkeiten der Arbeitnehmer zur Einsparung von Lohnsteuer, DB Beilage 2008, Nr. 3, 1; *Drenseck/Bergkemper*, Möglichkeiten der Arbeitnehmer zur Einsparung von Lohnsteuer, DB Beilage 2009, Nr. 3, 1; *Hartmann*, Neuregelungen im Bereich der Lohnsteuer zum Jahreswechsel 2009, DStR 2009, 79; *Hilbert*, Der Kommentar zur Verwaltungsanweisung über die lohnsteuerliche Behandlung der Überlassung von Vermögensbeteiligungen ab 2009, NWB 2010, 89; *Kaponig/Thönnes*, Neuerungen bei der Lohnsteuerklassenwahl ab 2010, SteuerStud 2010, 4; *Lühn*, Lohnsteuererstattungsanspruch des Arbeitnehmers bei abkommenswidrigem Lohnsteuerabzug, BB 2010, 1008; *Nacke*, Ermessensfehler bei der Lohnsteuerhaftung: In folgenden Fällen sollten Sie sich wehren, GStB 2006, 446; Keine Haftung des Insolvenzverwalters fürs Lohnsteuer der GmbH, NWB 2010, 432; *Plenker*, Aktuelle Entwicklungen im lohnsteuerlichen Verfahrensrecht, DB 2010, 192.

a) Grundlagen

4.74 Unter dem Begriff Lohnsteuer versteht man keine eigenständige Steuerart, sondern vielmehr nur die in §§ 38 ff. EStG geregelte besondere Erhebungsform der Einkommensteuer.[2] Bei den Einkünften aus nichtselbständiger Arbeit wird die Einkommensteuer als Lohnsteuer in der Form des Quellenabzugs erhoben. Inhaltlich handelt es sich bei den Lohnsteuer-Abzugsbeträgen um Vorauszahlungen auf die erst zum Jahresende entstehende Jahreseinkommensteuerschuld des Arbeitnehmers.[3] Die Lohnsteuer entsteht in dem Zeitpunkt, in dem der Arbeitslohn dem Arbeitnehmer zufließt. Anders als Einkommensteuervorauszahlungen (§ 37 EStG; Rz. 4.66 ff.) nimmt der Arbeitgeber bei Auszahlung des Lohns an seinen Arbeitnehmer bereits einen Lohnsteuerabzug vor und führt den Lohnsteuerbetrag unmittelbar an die Finanzverwaltung ab (§ 38 Abs. 3 Satz 1 EStG). Der Arbeitgeber ist für die korrekte Ermittlung

---

1 *Schüppen/Schlösser* in MünchKomm/InsO, Insolvenzsteuerrecht, Rz. 78.
2 BVerfG v. 26.1.1977 – 1 BvL 7/76, BStBl. II 1977, 297; FG Köln v. 5.3.2004 – 15 K 6011/03, EFG 2004, 1124 (1125).
3 BFH v. 20.12.2004 – VI R 182/97, BStBl. II 2005, 358; v. 29.4.1992 – VI B 152/91, BStBl. II 1992, 752.

der Lohnsteuer (§§ 38a ff. EStG) verantwortlich, wobei er Besonderheiten des einzelnen Arbeitnehmers wie etwa Freibeträge zu berücksichtigen hat. Die Höhe der Jahreslohnsteuer richtet sich nach den für die Einkommensteuer maßgeblichen Regelungen (§ 38a Abs. 2 EStG). Auch für die Lohnsteuer gilt damit der in § 32a EStG geregelte Einkommensteuertarif.

Steuerschuldner ist bei der Lohnsteuer nicht der Arbeitgeber, sondern – von den Fällen der Pauschalierung der Lohnsteuer abgesehen – der Arbeitnehmer (§ 38 Abs. 2 Satz 1 EStG). 4.75

Hat der Arbeitgeber zu viel Lohnsteuer an die Finanzverwaltung abgeführt, so kann der Arbeitnehmer auch während des laufenden Kalenderjahres Erstattung der überzahlten Beträge verlangen.[1] Der Erstattungsanspruch entsteht bereits im Zeitpunkt der Vornahme des Lohnsteuerabzugs durch den Arbeitgeber. 4.76

Ist zu wenig Lohnsteuer einbehalten bzw. zu wenig Lohnsteuer abgeführt, so hat das Finanzamt die zu wenig gezahlten Beträge grundsätzlich beim Arbeitnehmer nachzufordern (§§ 42d Abs. 3, 41c Abs. 4 Satz 2, 38 Abs. 4 Satz 4, 39 Abs. 5a Satz 4 EStG). Behält der Arbeitgeber Lohnsteuer nicht vorschriftsmäßig ein, sondern zahlt den ungekürzten Arbeitslohn an den Arbeitnehmer aus, so haftet er nach § 42d Abs. 1 Ziff. 1 AO gegenüber der Finanzverwaltung. Der Arbeitgeber wird dadurch **Haftungsschuldner**, nicht aber Steuerschuldner. Soweit die Haftung des Arbeitgebers reicht, sind der Arbeitgeber und der Arbeitnehmer Gesamtschuldner. Das Betriebsstättenfinanzamt kann die Steuerschuld oder Haftungsschuld nach pflichtgemäßem Ermessen gegenüber jedem Gesamtschuldner geltend machen. Die Einzelheiten der Rechtsverhältnisse zwischen Arbeitgeber, Arbeitnehmer und Finanzamt und ihre jeweilige Rechtsstellung im Lohnsteuerabzugsverfahren sind umstritten.[2] Der **Arbeitnehmer** kann aber jedenfalls im Rahmen der Gesamtschuldnerschaft gem. § 42d Abs. 3 Satz 4 EStG nur in Anspruch genommen werden, 4.77

– wenn der Arbeitgeber die Lohnsteuer nicht vorschriftsmäßig vom Arbeitslohn einbehalten (also an den Arbeitnehmer ausgezahlt) hat, oder 4.78

– wenn der Arbeitnehmer weiß, dass der Arbeitgeber die einbehaltene Lohnsteuer nicht vorschriftsmäßig angemeldet hat und der Arbeitnehmer dies nicht unverzüglich dem Finanzamt mitgeteilt hat. 4.79

Liegen die Voraussetzungen für die Haftung des Arbeitgebers vor, so hat die Finanzbehörde zu prüfen, ob nicht vorrangig der Arbeitnehmer in Anspruch zu nehmen ist, weil er schließlich Steuerschuldner der Lohn- bzw. Einkommensteuer ist. Einen entsprechenden Grundsatz gibt es allerdings nicht. Es ist vielmehr nach den jeweiligen Umständen des Einzelfalls zu entscheiden.[3] Wird der Arbeitgeber als Haftungsschuldner in Anspruch genommen, so kann er im Innenverhältnis bei seinem Ar- 4.80

---
1 *Thürmer* in Blümich, § 38 EStG Rz. 41 m.w.N.
2 Siehe hierzu ausführlich und mit weiteren Nachweisen *Wagner* in Blümich, § 42d EStG Rz. 19 ff., 28 ff.
3 *Wagner* in Blümich, § 42d EStG Rz. 108.

beitnehmer Rückgriff nehmen. Maßgeblich sind hierfür die Grundsätze von § 426 BGB. Im Ergebnis hat der Arbeitnehmer die Lohnsteuer allein zu tragen, weil er Steuerschuldner ist.

4.81 Gemäß § 46 Abs. 4 EStG gilt die Einkommensteuer, die auf die Einkünfte aus nichtselbständiger Arbeit entfällt, durch den Lohnsteuerabzug als abgegolten, wenn eine Veranlagung nicht in Betracht kommt. Nach § 46 Abs. 2 Ziff. 5 EStG ist eine Einkommensteuerveranlagung durchzuführen, wenn die Lohnsteuer für einen sonstigen Bezug i.S.d. § 34 Abs. 1 und 2 Ziff. 2 EStG nach § 39b Abs. 3 Satz 9 EStG ermittelt wurde.

b) Insolvenz des Arbeitnehmers

Literatur *Bissels/Fuchs*, Aktuelles Arbeitsrecht in Krise und Insolvenz, NZI 2019, 843*Foerster*, Einführung der elektronischen Lohnsteuerabzugsmerkmale, StuB 2008, 232; JStG 2010: Aktualisierung im Bereich der elektronischen Lohnsteuerabzugsmerkmale (ELStAM), StBW 2010, 366; *Harder-Buschner/Jungblut*, Vorsorgeaufwendungen im Lohnsteuerabzugsverfahren ab 2010, NWB 2009, 2636; *Kreft*, Lohnsteuerabzug beim Wechsel der Einkommensteuerpflicht, PIStB 2009, 6; *Merker*, Die Vorsorgepauschale beim Lohnsteuerabzugsverfahren, StW 2010, 27; Der Lohnsteuerabzug beim Faktorverfahren, StW 2010, 75; *Paetsch*, Lohnsteuerabzug bei Vorteilsgewährungen innerhalb einer Versicherungsgruppe, HFR 2007, 981; *Pfützenreuter*, Rechtsweg für die Klage eines Arbeitnehmers auf Abschluss des Lohnsteuer-Abzugs, EFG 2007, 1708; *Riehle/Dusolt*, Lohnsteuerabzug bei nach Deutschland einpendelnden Grenzgängern aus der Schweiz, PIStB 2010, 143.

aa) Lohnsteuerabzug

4.82 Wird über das Vermögen eines Arbeitnehmers ein Regel- oder Verbraucherinsolvenzverfahren eröffnet, so ändert dies am grundsätzlichen Lohnsteuerabzug von seinem Arbeitseinkommen nichts. Der Arbeitgeber hat die Lohnsteuer ungeachtet der Insolvenzeröffnung einzubehalten und an das zuständige Finanzamt abzuführen.

Kommt der Arbeitgeber seiner Pflicht zur Abführung der Lohnsteuer nicht nach, so ist zu differenzieren:

4.83 Hat der Arbeitgeber die Lohnsteuer nicht einbehalten, sondern an den über das Vermögen des Arbeitnehmers bestellten Insolvenzverwalter ausgezahlt, so kann die Finanzbehörde den Arbeitgeber gem. § 42d Abs. 1 EStG als Haftungsschuldner in Anspruch nehmen. Die Finanzbehörde kann aber auch den Insolvenzverwalter als Steuerschuldner in Anspruch nehmen; es handelt sich um einen Masseanspruch i.S.v. § 55 InsO, soweit der Lohnsteueranspruch nach der Eröffnung des Insolvenzverfahrens entstanden ist. Wird der Arbeitgeber als Haftungsschuldner in Anspruch genommen, hat er als Massegläubiger einen Rückgriffsanspruch gegen den Insolvenzverwalter.

4.84 **Hat der Arbeitgeber die Lohnsteuer nicht einbehalten, sondern an den Arbeitnehmer ausgezahlt**, obwohl über dessen Vermögen das Insolvenzverfahren eröffnet war, so kann die Finanzbehörde ebenfalls den Arbeitgeber gem. § 42d Abs. 1 EStG als Haftungsschuldner in Anspruch nehmen. Die Finanzbehörde kann auch in diesem Fall den Insolvenzverwalter als Steuerschuldner in Anspruch nehmen, soweit der Lohnsteueranspruch nach der Eröffnung des Insolvenzverfahrens entstanden ist, denn die Einkommensteuer ist insoweit Masseverbindlichkeit i.S.v. § 55 InsO. Der Insolvenzmasse steht dann aber gegen den Arbeitgeber ein Schadensersatzanspruch zu, den man wohl aus einer Verletzung arbeitsvertraglicher Nebenpflichten herleiten wird. Der Arbeitgeber seinerseits hat dann gegen das insolvenzfreie Vermögen des Insolvenzschuldners einen Bereicherungsanspruch, weil der Arbeitgeber weder eine Pflicht hatte, in Ansehung der Lohnsteuer in das insolvenzfreie Vermögen zu leisten, noch gegenüber dem Insolvenzverwalter als allein verfügungsberechtigtem (§ 80 InsO) Vermögensverwalter (§ 34 Abs. 3 AO) des Lohnsteuerschuldners berechtigt war, in dieses Vermögen zu leisten, so dass in Bezug auf den Bruttolohnanspruch keine Erfüllungswirkung eintreten kann (§ 82 Satz 1 i.V.m. § 9 Abs. 1 Satz 3 InsO). Stattdessen könnte man daran denken, die Auszahlung des Steuerbetrages an den Insolvenzschuldner als nicht unpfändbaren Neuerwerb i.S.v. § 35 Abs. 1 InsO anzusehen und dem Insolvenzverwalter somit einen direkten Zugriff auf den entsprechenden Betrag zu geben. Das aber würde erstens die erforderliche konsequente Trennung der Vermögensmassen der Insolvenzmasse und des insolvenzfreien Vermögens des Schuldners durchbrechen, zweitens das aus der pflichtwidrigen Zahlung des Arbeitgebers in das dem Zugriff des Insolvenzverwalters unzugängliche (weil möglicherweise freigegebene Gehaltskonto) Vermögen des Schuldners resultierende Risiko unberechtigter Weise auf die Insolvenzgläubiger verlagern und drittens gegen § 82 Satz 1 InsO verstoßen.

Hat der Arbeitgeber die Lohnsteuer einbehalten, aber nicht abgeführt, haftet der Arbeitgeber gem. § 42d Abs. 1 EStG für die abzuführende Lohnsteuer. Eine Inanspruchnahme des Insolvenzschuldners durch die Finanzverwaltung nach § 42d Abs. 3 Satz 4 Ziff. 1 EStG kommt nicht in Betracht. Aber auch eine Inanspruchnahme der Insolvenzmasse nach § 42d Abs. 3 Satz 4 Ziff. 1 EStG scheidet aus, obwohl die Insolvenzmasse die Einkommensteuerschuld des Insolvenzschuldners aus der Zeit nach der Eröffnung des Insolvenzverfahrens als Masseverbindlichkeit (§ 55 InsO) zu tragen hat. Durch den Einbehalt muss nämlich bereits eine Anrechnung der (vom Arbeitgeber einbehaltenen, wenn auch nicht abgeführten) Lohnsteuer auf die Lohnsteuerschuld des Insolvenzschuldners erfolgen. Gemäß § 36 Abs. 2 Ziff. 2 EStG wird die durch Steuerabzug erhobene Einkommensteuer nämlich auf die Jahreseinkommensteuer angerechnet, soweit sie auf die bei der Veranlagung erfassten Einkünfte entfällt.[1] „Erhoben" i.S.d. § 36 Abs. 2 Ziff. 2 EStG ist eine Abzugsteuer dann, wenn sie vom Abzugspflichtigen einbehalten worden ist.[2] Lohnsteuer ist nach ständiger Rechtsprechung des BFH immer dann anzurechnen, wenn sie als vom Arbeitnehmer entrichtet gelten muss, weil sie aus seiner Sicht vorschriftsmäßig einbehalten worden ist. Voraussetzung hierfür ist, dass entweder der Arbeitgeber die Lohnsteuer bei Auszahlung des dem Arbeitnehmer zustehenden Lohnes tatsächlich und vorschriftsmäßig einbehalten (oder sie im Rahmen einer sog. Nettolohnvereinbarung) übernommen

4.85

---
1 BFH v. 1.4.1999 – VII R 51/98, DStRE 1999, 864 (865); vgl. auch LAG Berlin-Bdb. v. 17.4.2015 – 6 Sa 1689/14, juris.
2 BFH v. 18.6.1993 – VI R 67/90, BStBl. II 1994, 182.

hat.[1] Hat der Arbeitgeber die Lohnsteuer also einbehalten, so hat er den Lohnsteueranspruch des Fiskus gegen den Arbeitnehmer erfüllt; die Lohnsteuerschuld des Arbeitnehmers ist somit nach § 47 AO erloschen, und zwar unabhängig davon, ob sie an das Finanzamt abgeführt wurde.[2] Allerdings kann eine Inanspruchnahme der Insolvenzmasse nach § 42d Abs. 3 Satz 4 Ziff. 2 EStG in Betracht kommen. Hiernach kann der Arbeitnehmer trotz vorschriftsmäßigen Lohnsteuereinbehalts in Anspruch genommen werden, wenn er weiß, dass der Arbeitgeber die einbehaltene Lohnsteuer nicht vorschriftsmäßig angemeldet hat. Weil die Lohnsteuerschuld des Arbeitnehmers mit dem korrekten Lohnsteuereinbehalt bereits erfüllt ist, begründet die Vorschrift eine Haftung des Arbeitnehmers für die Anmeldungs- und Abführungspflicht des Arbeitgebers gem. § 41a Abs. 1 EStG.[3] Hintergrund für diese Einstandspflicht ist, dass Arbeitnehmer und Arbeitgeber gleichermaßen für die korrekte Ermittlung der einzubehaltenden Lohnsteuer verantwortlich sind. Da im Insolvenzverfahren über das Vermögen des Arbeitnehmers der hier bestellte Insolvenzverwalter dessen steuerliche Pflichten wahrzunehmen hat, kommt diese Pflicht ihm und nicht dem Insolvenzschuldner zu; daher ist im Rahmen von § 42d Abs. 3 Satz 4 Ziff. 2 EStG auf die Kenntnis des Insolvenzverwalters abzustellen. Wissen bedeutet Gewissheit, d.h. positive Kenntnis, dass für die einbehaltene Lohnsteuer keine vorschriftsmäßige Anmeldung abgegeben wurde; dahingehende Vermutungen und selbst eine grob fahrlässige Unkenntnis reichen nicht aus.[4] Der Nachweis, dass der Arbeitnehmer die Nichtanmeldung der Lohnsteuer gekannt hat, obliegt der Finanzbehörde.[5] Die Inanspruchnahme des Insolvenzschuldners nach § 42d Abs. 3 Satz 4 Ziff. 2 EStG scheidet stets aus, selbst wenn er positive Kenntnis davon hat, dass für die einbehaltene Lohnsteuer keine vorschriftsmäßige Anmeldung abgegeben wurde. Die steuerlichen Handlungspflichten obliegen nämlich allein dem Insolvenzverwalter.

4.86 Zur **Zuordnung von Lohnsteuerschulden** zu den Insolvenzforderungen (§ 38 InsO), Masseverbindlichkeiten (§ 55 InsO) oder insolvenzfreiem Vermögen des Insolvenzschuldners s. Rz. 4.169).

bb) Wahl der Steuerklasse

4.87 Für die Durchführung des Lohnsteuerabzugs werden unbeschränkt einkommensteuerpflichtige Arbeitnehmer gem. § 38b EStG in Steuerklassen eingereiht. Je nach Besteuerungsmerkmalen werden Arbeitnehmer in sechs Steuerklassen eingruppiert.

---

1 BFH v. 18.6.1993 – VI R 67/90, BStBl. II 1994, 182; vgl. dazu BFH v. 8.11.1985 – VI R 238/80, BStBl. II 1986, 186; v. 6.12.1991 – VI R 122/89, BStBl. II 1992, 441; v. 18.2.1992 – VI R 146/87, BStBl. II 1992, 733, m.w.N.
2 BFH v. 1.4.1999 – VII R 51/98, DStRE 1999, 864 (865); LAG Berlin-Bdb. v. 17.4.2015 – 6 Sa 1689/14, juris; *Wagner* in Blümich, § 42d EStG Rz. 88.
3 *Wagner* in Blümich, § 42d EStG Rz. 95.
4 BFH v. 1.4.1999 – VII R 51/98, FR 1999, 1187 (1189); *Starke* in Herrmann/Heuer/Raupach, § 42d EStG Anm. 145; *Schmidt/Krüger*, § 42d EStG Rz. 19; vgl. auch LAG Berlin-Bdb. v. 17.4.2015 – 6 Sa 1689/14, juris.
5 BFH v. 1.4.1999 – VII R 51/98, FR 1999, 1187 (1189).

Sind bei Ehepaaren beide Ehegatten berufstätig, können sie entweder beide der Steuerklasse IV angehören oder ein Ehegatte erhält die Steuerklasse III, während der andere der Steuerklasse V angehört. Der Steuerklasse V liegt ein sog. Aufholtarif zugrunde. Die Steuerbeträge sind so errechnet, als wäre der in die Steuerklasse V eingereihte Arbeitnehmer am Gesamteinkommen der Ehegatten mit 40 % beteiligt, der andere Ehegatte, der dann automatisch zur Steuerklasse III gehört, mit 60 %. Trifft diese Prämisse zu, ergibt sich – zusammen mit der vom Arbeitslohn des anderen Ehegatten nach der Steuerklasse III einbehaltenen Lohnsteuer – die zutreffende Jahreslohnsteuer der Ehegatten.[1] Unterjährige Über- oder Unterzahlungen können also weitgehend vermieden werden, wenn die Einkommensverhältnisse der Ehegatten in diesem Verhältnis zueinander stehen und die Ehegatten auch die entsprechenden Steuerklassen wählen – und nicht umgekehrt, was ebenfalls grundsätzlich zulässig ist.

4.88

Ist einer der Ehegatten Vollstreckungszugriffen seiner Gläubiger ausgesetzt, so versucht er in der Praxis nicht selten, den pfändbaren Teil seines Arbeitseinkommens dadurch zu reduzieren, dass er für sich die ungünstige Steuerklasse V wählt und seinem Ehegatten die günstige Steuerklasse III. Dadurch tritt nicht nur eine zeitlich verschobene Benachteiligung der Gläubiger ein, sondern eine endgültige, weil die auf den Schuldner bezogenen Lohnsteuerüberzahlungen mit den auf dessen Ehegatten bezogenen Unterzahlungen verrechnet werden.

4.89

Für den Bereich der Einzelzwangsvollstreckung hat der BGH dem einen Riegel vorgeschoben:[2]

4.90

„Grundsätzlich kann in der Zwangsvollstreckung nur auf Arbeitseinkommen des Schuldners Zugriff genommen werden, das dieser tatsächlich bezieht. § 850h Abs. 1 ZPO ermöglicht davon abweichend unter den dort genannten weiteren Voraussetzungen auch auf Einkommen Zugriff zu nehmen, das tatsächlich einem Dritten zufließt. Darüber hinaus gilt gem. Abs. 2 dieser Vorschrift für Leistungen, die der Schuldner tatsächlich unentgeltlich oder gegen eine unverhältnismäßig geringe Vergütung erbringt, im Verhältnis zum Gläubiger eine angemessene Vergütung als geschuldet. § 850h ZPO dient damit dem Gläubigerschutz; es soll verhindert werden, dass durch unlautere Manipulationen Schuldnereinkommen dem Gläubigerzugriff entzogen wird.

4.91

[9] b) Eine solche Manipulation kann auch gegeben sein, wenn der Schuldner durch Wahl einer für ihn ungünstigen Steuerklasse ohne sachlichen Grund sein zur Auszahlung kommendes und der Pfändung unterliegendes Nettoarbeitseinkommen verkürzt. In entsprechender Anwendung des § 850h ZPO kommt in einem solchen Fall eine Anordnung dahingehend in Betracht, dass der Arbeitgeber bei der Berechnung des pfändbaren Teils des Arbeitsentgelts das sich unter Berücksichtigung der günstigeren Steuerklasse ergebende Nettoeinkommen zugrunde zu legen hat (Schuschke/Walker, ZPO, 3. Aufl., § 850h Rz. 11).

4.92

[10] c) Umstritten ist, ob erst die nach der Pfändung erfolgte Wahl der ungünstigen Steuerklasse eine solche Anordnung rechtfertigt, oder ob dies auch gilt, wenn diese Wahl bereits vorab erfolgte.

4.93

[11] Zum einen wird vertreten, der Gläubiger müsse die vor der Pfändung getroffene Wahl der Steuerklasse im laufenden Jahr in gleicher Weise gegen sich gelten lassen, wie er eine vor der

4.94

---

1 *Thürmer* in Blümich, § 38b EStG Rz. 26.
2 BGH v. 4.10.2005 – VII ZB 26/05, DStR 2005, 2096.

Pfändung wirksam gewordene Abtretung des pfändbaren Teils der Lohnansprüche des Schuldners hinzunehmen hätte (...). Erst für das Folgejahr könne eine entsprechende Anordnung erfolgen.

4.95 *[12] Nach anderer Ansicht ist die entsprechende Anordnung auch möglich, wenn die Wahl der ungünstigen Steuerklasse bereits vor erfolgter Pfändung vorgenommen wurde (...).*

4.96 *[13] d) Der Senat schließt sich für einen Fall, in dem der Schuldner vor der Pfändung nachweislich die Wahl der ungünstigeren Steuerklasse in Gläubigerbenachteiligungsabsicht vorgenommen hat, der letzteren Auffassung an. Der Schuldner ist dann bei der Berechnung des pfändungsfreien Betrags auch schon im Jahre der Pfändung so zu behandeln, als sei sein Arbeitseinkommen gemäß der günstigeren Steuerklasse, hier also Steuerklasse IV, zu versteuern."*

4.97 **Diesen Gedanken übertragen Rechtsprechung und Literatur in den Bereich des Insolvenzverfahrens.** Die Problematik wird in den Bereich der **Mitwirkungspflichten** des Insolvenzschuldners und der **Verfahrenskostenstundung** nach §§ 4a ff. InsO verlegt. Der Schuldner ist nach der Rechtsprechung des BGH im Hinblick auf die Subsidiarität der Stundung der Verfahrenskosten verpflichtet, seine Steuerklasse so zu wählen, dass sein pfändbares Einkommen nicht zum Nachteil der Gläubiger und der Staatskasse reduziert wird. Dort heißt es:

„Hat er [lies: der Schuldner] ... ohne einen sachlichen Grund [Anmerkung: der nicht in der bloßen Schlechterstellung seiner Gläubiger, sondern in anderen, anerkennenswerten Gründen liegen müsste] die Steuerklasse V gewählt, um seinem nicht insolventen Ehegatten die Vorteile der Steuerklasse III zukommen zu lassen, ist ihm in Hinblick auf die Verfahrenskostenstundung zuzumuten, in die Steuerklasse IV zu wechseln, um sein liquides Einkommen zu erhöhen. Dies entspricht allgemeiner, auch vom Senat geteilter Auffassung (vgl. AG Kaiserslautern, ZVI 2002, 378 [380]; Ernst, ZVI 2003, 107 [109]; Braun/Lang, InsO, 3. Aufl., § 290 Rz. 23; Graf-Schlicker/Kexel, InsO, § 4a Rz. 28; Kirchhof in Heidelberger Komm. z. InsO, 4. Aufl., § 4a Rz. 17; Jaeger/Eckardt, InsO, § 4a Rz. 26; Wenzel in Kübler/Prütting, InsO, § 4a Rz. 33a; Pape in Mohrbutter/Ringstmeier, Hdb. d. Insolvenzverwaltung, 8. Aufl., § 18 Rz. 14). Ob der Ehegatte bereit ist, dabei mitzuwirken, ist unbeachtlich, zumal dem Schuldner gegen diesen ein Anspruch auf Verfahrenskostenvorschuss zusteht (vgl. Ganter in MünchKomm/InsO, 2. Aufl., § 4a Rz. 13). Entsprechend den Grundsätzen der Individualzwangsvollstreckung, nach denen analog § 850h Abs. 2 ZPO eine missbräuchliche Steuerklassenwahl den Gläubigern gegenüber unbeachtlich ist (...), muss sich auch der Schuldner bei der Verfahrenskostenstundung so behandeln lassen, als hätte er keine die Staatskasse benachteiligende Steuerklassenwahl getroffen."

4.98 Wechselt der Schuldner nicht in die Steuerklasse IV, so hat er demzufolge die Differenz der pfändbaren Beträge bei Zugrundelegung der Steuerklasse IV zu den pfändbaren Beträgen bei Zugrundelegung der Steuerklasse V an die Insolvenzmasse zu zahlen. Kommt er der Zahlungsaufforderung nicht nach, kann die Verfahrenskostenstundung nach § 4c Ziff. 5 InsO aufgehoben werden.[1] Wählt der verheiratete Schuldner ohne einen sachlichen Grund die Steuerklasse V, kann dies einen Verstoß gegen die Erwerbsobliegenheit darstellen, was zur Versagung der Restschuldbefreiung führen kann.[2]

---

[1] BGH v. 3.7.2008 – IX ZB 65/07, ZIP 2008, 2132 = ZInsO 2008, 976.
[2] BGH v. 5.3.2009 – IX ZB 2/07.

Zutreffend dürfte es demgegenüber sein, dass es einer Zustimmung des anderen Ehegatten zum Wechsel der Steuerklasse von V nach IV gar nicht bedarf und das Wahlrecht durch den Insolvenzverwalter auszuüben ist.¹ Jedenfalls aber stünde dem Insolvenzverwalter ein Schadensersatzanspruch gegen den Ehegatten des Schuldners zu, wenn dieser seine Zustimmung verweigern sollte, so sie denn überhaupt erforderlich wäre.

4.99

Für die **Änderung der Lohnsteuerklasse** ist § 39 Abs. 5 EStG maßgeblich. Nach § 39 Abs. 5 EStG können Ehegatten, die beide in einem Dienstverhältnis stehen, im Laufe des Kalenderjahres einmal, spätestens bis zum 30. November, bei der Gemeinde beantragen, die auf ihren Lohnsteuerkarten eingetragenen Steuerklassen in andere nach § 38b Satz 2 Ziff. 3–5 EStG in Betracht kommende Steuerklassen zu ändern. Dieser Wortlaut legt zunächst nahe, dass es zum Wechsel der Steuerklasse eines gemeinsamen Antrages der Eheleute bedarf, weil sich der Wechsel eines Ehegatten von der Steuerklasse V in die Steuerklasse IV automatisch bei dem anderen Ehegatten dergestalt auswirkt, dass diesem nunmehr Steuerklasse III zuteilwird. Das Gesetz regelt den Fall nicht, dass der mit Steuerklasse V benachteiligte Ehegatte ohne Zutun des anderen Ehegatten in die – ihm an sich gebührende – Steuerklasse IV wechseln will. Er muss diesen Zustand ohne Einwilligung seines Ehegatten beenden können. Das LG Bonn hat zutreffend festgestellt, die Wahl der für die Ehegatten günstigsten Steuerklasse sei vergleichbar mit der Zustimmung der Ehegatten zur gemeinsamen Veranlagung.² In der Tat zeigen sich hier sehr deutliche Parallelen. Für Zusammenveranlagung bestimmt § 26 Abs. 2 EStG, dass die Ehegatten getrennt veranlagt werden, wenn einer der Ehegatten die getrennte Veranlagung wählt. Es kann weder bei der Frage der Zusammenveranlagung noch bei der Frage der Steuerklassenwahl angehen, dass ein Ehegatte zugunsten des anderen Ehegatten daran festgehalten wird, steuerliche Nachteile in Kauf zu nehmen. Für die Wahl der Steuerklasse bedeutet das, dass ein Ehegatte nur so lange der Steuerklasse V angehört, wie er seine Zustimmung zu dieser Eingruppierung nicht widerruft. Tut er dies, gilt für beide Ehegatten automatisch Steuerklasse IV. Genauso wie das Wahlrecht bezüglich der Zusammenveranlagung im Insolvenzverfahren ausschließlich dem Insolvenzverwalter und nicht dem Insolvenzschuldner zusteht (Rz. 4.51),³ steht das **Wahlrecht bzw. das Recht zum Widerruf der Zustimmung zu Steuerklasse V dem Insolvenzverwalter** bzw. dem im Verbraucherinsolvenzverfahren bestellten Treuhänder zu.⁴ Schließlich ist die Steuerklassenwahl eine Entscheidung mit vermögensrechtlicher Auswirkung; Entscheidungen, die das Vermögen (Insolvenzmasse (!), § 35 InsO) des Schuldners betreffen, stehen nämlich nach Insolvenzeröffnung dem Insolvenzverwalter zu (§ 80 InsO).

4.100

---

1 A.A. BFH v. 27.7.2011 – VI R 9/11.
2 LG Bonn v. 5.11.1998 – 8 T 168/98, NJWE-FER 1999, 220 (220).
3 BFH v. 22.3.2011 – III B 114/09, BFH/NV 2011, 1142; v. 15.3.2017 – III R 12/16, DStRE 2018, 2; BGH v. 24.5.2007 – IX ZR 8/06, ZIP 2007, 1917 = ZInsO 2007, 656 (656).
4 Anders ohne inhaltliche Begründung BFH v. 27.7.2011 – VI R 9/11, ZIP 2011, 2118 = BFH/NV 2011, 2111.

4.101 Wollte man dem nicht zustimmen, stünde dem Insolvenzverwalter gegen den Ehegatten jedenfalls ein Anspruch auf Zustimmung zum Wechsel der Steuerklasse zu. Sollte der Ehegatte seine Zustimmung verweigern, steht dem Insolvenzverwalter ein Anspruch auf Schadensersatz, i.E. Ausgleich der durch die Steuerklasse V des Insolvenzschuldners geringer ausfallenden Pfändungsbeträge zu. Jedenfalls insoweit ist die jüngste Rechtsprechung zur Wahl der Veranlagung auf die Wahl der Steuerklasse anzuwenden.[1]

c) Insolvenz des Arbeitgebers
aa) Lohnsteuerabzug

4.102 In der Insolvenz des Arbeitgebers ändert sich an den Grundsätzen des Lohnsteuerabzugs nach § 38 EStG nichts (Rz. 4.74). Führt der Insolvenzverwalter das Unternehmen des Arbeitgebers fort und beschäftigt er Arbeitnehmer auf Rechnung der Insolvenzmasse, so hat er für diese Lohnsteuer einzubehalten und abzuführen, wie jeder andere Arbeitgeber auch, weil er Vermögensverwalter des Arbeitgebers ist (§ 34 Abs. 3 AO). Der Insolvenzverwalter hat auch Lohnsteueranmeldungen abzugeben. Steuerschuldner der Lohnsteuer bleibt – von den Fällen der Pauschalierung der Lohnsteuer (§§ 40 Abs. 3, 37b Abs. 3, 40a Abs. 5, 40b Abs. 5 EStG) abgesehen – der Arbeitnehmer.

4.103 Zur **Zuordnung** der Verbindlichkeiten aus Lohnsteuer zu den **Insolvenzforderungen oder Masseverbindlichkeiten** s. Rz. 4.223.

bb) Haftung für den Lohnsteuerabzug

4.104 Kommt der Insolvenzverwalter seinen lohnsteuerrechtlichen Pflichten, insbesondere Einbehaltung und Abführung der Lohnsteuerbeträge, nicht ordnungsgemäß nach, entsteht gegen ihn ein **Haftungsanspruch nach § 42d Abs. 1 EStG**. Der Anspruch ist allerdings nicht gegen den Insolvenzverwalter persönlich gerichtet, sondern richtet sich gegen die Insolvenzmasse. Ein etwaiger Haftungsbescheid, der auf § 42d Abs. 1 EStG gestützt wird, muss daher an den „Insolvenzverwalter über das Vermögen des ..." gerichtet sein und darf nicht lediglich den Insolvenzverwalter namentlich benennen. Zuständig ist für den Erlass des Haftungsbescheids nach § 42d Abs. 3 Satz 2 EStG das Betriebsstättenfinanzamt. Das Finanzamt kann den Insolvenzverwalter in einem Haftungsbescheid für die Lohnsteuer mehrerer Arbeitnehmer in Anspruch nehmen und damit verschiedene selbständige Haftungsansprüche gleichzeitig in einem Bescheid geltend machen.[2] Der Bestimmtheitsgrundsatz verlangt nicht, den Haftungsbescheid nach einzelnen Abführungs-, Lohnzahlungszeiträumen oder nach Kalenderjahren aufzugliedern.[3] Soweit neben einer Haftung der Insolvenzmasse auch

---
[1] BGH v. 18.11.2009 – XII ZR 173/06, DStR 2010, 266 ff.; vgl. auch OLG Celle v. 2.4.2019 – 21 UF 119/18, NJOZ 2019, 1628; OLG Koblenz v. 12.6.2019 – 13 UF 617/18, juris.
[2] BFH v. 4.7.1986 – VI R 182/80, BStBl. II 1986, 921.
[3] BFH v. 8.3.1988 – VII R 6/87, BStBl. II 1988, 480 oder nach den einzelnen Arbeitnehmern aufzuschlüsseln BFH v. 17.1.1989 – VII B 96–97/88, BFH/NV 1989, 424.

eine Inanspruchnahme des Arbeitnehmers in Betracht kommt, hat das Finanzamt gem. § 42d Abs. 3 EStG eine Ermessensentscheidung zu treffen, wen es für die nicht abgeführte Lohnsteuer in Anspruch nimmt. Für die Haftungsinanspruchnahme der Insolvenzmasse gelten dieselben Ermessenserwägungen, die auch außerhalb eines Insolvenzverfahrens für die Inanspruchnahme von Arbeitnehmer als Steuerschuldner bzw. Arbeitgeber als Haftungsschuldner gelten.[1] Die Ermessensentscheidung kann allerdings um insolvenzspezifische Facetten zu ergänzen sein. Beispielsweise wird man es zugunsten eines Insolvenzverwalters zu berücksichtigen haben, wenn die fehlerhafte Einbehaltung der Lohnsteuer auf Unzulänglichkeiten in der Lohnbuchhaltung des Insolvenzschuldners zurückzuführen ist und dem Insolvenzverwalter seit seiner Bestellung noch keine genügende Einarbeitungszeit zur Verfügung gestanden hat, um diese zu beseitigen. Wird die Insolvenzmasse ermessensfehlerfrei als Haftungsschuldner in Anspruch genommen, so steht ihr gegen den Arbeitnehmer gem. § 426 BGB ein Rückgriffsanspruch zu, wenn Lohnsteuerbeträge an den Arbeitnehmer ausgezahlt worden sind, weil im Rechtsverhältnis zwischen Insolvenzmasse und Arbeitnehmer allein letzterer Schuldner der Steuerforderung ist.[2] Gelingt der Rückgriff nicht, kommt eine Haftung des Insolvenzverwalters persönlich für den der Insolvenzmasse entstandenen Schaden nach § 60 InsO in Betracht, weil es zu den insolvenzspezifischen Pflichten des Insolvenzverwalters gehört, die lohnsteuerrechtlichen Pflichten des in Insolvenz befindlichen Arbeitgebers ordnungsgemäß wahrzunehmen, ausführlich zur Haftung des Insolvenzverwalters nach § 60 InsO s. Rz. 2.332 ff.).

Neben der Haftung der Insolvenzmasse aus § 42d Abs. 1 EStG kommt auch eine persönliche Haftung des Insolvenzverwalters gegenüber dem Finanzamt aus § 34 Abs. 3 i.V.m. **§ 69 AO** in Betracht (ausführlich zur abgabenrechtlichen Haftung für Steuerschulden s. Rz. 3.84 ff.). Nach §§ 34 Abs. 1, 3, 69 Satz 1 und 191 Abs. 1 Satz 1 AO kann durch **Haftungsbescheid** in Anspruch genommen werden, wer durch grob fahrlässige Verletzung der ihm als Vermögensverwalter einer anderen Person auferlegten Pflicht, für die Erfüllung der steuerlicher Pflichten zu sorgen, bewirkt, dass Ansprüche aus dem Steuerschuldverhältnis nicht rechtzeitig festgesetzt oder erfüllt werden. Diese Haftung hat Schadensersatzcharakter und ist daher an Vorsatz bzw. grobe Fahrlässigkeit gebunden.[3] Liquiditätsprobleme der Insolvenzmasse lassen Vorsatz bzw. grobe Fahrlässigkeit jedoch nicht entfallen. Können die Bruttolöhne nicht voll einschließlich der abzuführenden Lohnsteuer aus der Insolvenzmasse gezahlt werden, muss der Insolvenzverwalter Masseunzulänglichkeit nach § 208 InsO anzeigen. Vor der Inanspruchnahme muss das Finanzamt gem. § 219 Satz 2 AO nicht zunächst versuchen, in das bewegliche Vermögen der Insolvenzmasse zu vollstrecken. Eine Haftungsinanspruchnahme des Geschäftsführers des insolventen Arbeitgebers nach § 69 AO scheidet im Insolvenzverfahren jedoch aus, weil dieser in Bezug auf das zur Insolvenzmasse gehörende Vermögen gem. § 80 InsO keine Verwal-

4.105

---

1 Siehe hierzu ausführlich *Wagner* in Blümich, § 42d EStG Rz. 97 ff.
2 BAG v. 16.6.2004 – 5 AZR 521/03, ZIP 2004, 1867 = NJW 2004, 3588 (3588); v. 14.11.2018 – 5 AZR 301/17, NZA 2019, 250; v. 17.10.2018 – 5 AZ 538/17, NJW 2019, 695.
3 BFH v. 21.6.1994 – VII R 34/92, BStBl. II 1995, 230 = ZIP 1995, 229; vgl. auch FG Nürnberg v. 6.12.2018 – 4 K 268/17, LSK 2018, 43163.

tungs- und Verfügungsmacht mehr besitzt. Zu den Besonderheiten der Haftung des vorläufigen Insolvenzverwalters für nicht abgeführte Lohnsteuerbeträge s. Rz. 4.108.

cc) Arbeitnehmerdarlehen

4.106 Gewährt ein Arbeitnehmer seinem Arbeitgeber ein verzinsliches Darlehen (**Arbeitnehmerdarlehen**), so ist auch bei der Vereinbarung einer normalen Zinshöhe der (wirtschaftliche) Verlust der Darlehensforderung dann als Werbungskosten bei den Einkünften aus nichtselbständiger Arbeit zu berücksichtigen, wenn der Arbeitnehmer das Risiko des Darlehensverlustes aus beruflichen Gründen bewusst auf sich genommen hat.[1] Berufliche Gründe können dann angenommen werden, wenn ein Außenstehender wie etwa eine Bank mit Rücksicht auf die Gefährdung der Darlehensforderung das Darlehen nicht gewährt hätte. Wenn nämlich ein fremder Dritter kein Darlehen mehr gewährt hätte, bleiben als Gründe für die Gewährung nur eine private Beziehung oder das Gesellschafts- bzw. das Arbeitsverhältnis. Dass der Einsatz des Kapitals durch das Arbeitsverhaltnis veranlasst ist, kann auch dann noch angenommen werden, wenn zwar eine Bank neben den Arbeitnehmern Kredite gibt, jedoch nur so weit, als ihr Sicherheiten gewährt werden, während die Kredite der Arbeitnehmer ungesichert bleiben oder die eingeräumten Sicherheiten so nachrangig sind, dass die Bank sie nicht mehr als ausreichend akzeptiert hätte.[2]

dd) Besonderheiten im vorläufigen Insolvenzverfahren

4.107 Wird der Geschäftsbetrieb des Insolvenzschuldners während des vorläufigen Insolvenzverfahrens fortgeführt, kommt es regelmäßig zur Auszahlung von Insolvenzgeld durch die Bundesagentur für Arbeit. Der Insolvenzschuldner leistet dann zumeist während eines bis zu drei Monate langen Zeitraumes keinen Arbeitslohn an seine Arbeitnehmer; vielmehr zahlt die Bundesagentur für Arbeit den Arbeitnehmern das nach § 3 Ziff. 2 EStG steuerfreie Insolvenzgeld aus und meldet den Auszahlungsbetrag im Insolvenzverfahren zur Insolvenztabelle an (§ 174 InsO).

4.108 Kommt es während des vorläufigen Insolvenzverfahrens gleichwohl zur Auszahlung von Arbeitsentgelt von dem insolventen Arbeitgeber an die Arbeitnehmer, entsteht der Lohnsteueranspruch der Finanzverwaltung. Eine solche Auszahlung von Arbeitsentgelt aus dem Schuldnervermögen ist auch während des vorläufigen Insolvenzverfahrens keineswegs ausgeschlossen oder unzulässig: Dauert das vorläufige Insolvenzverfahren aus welchen Gründen auch immer so lange an, dass der Insolvenzgeldzeitraum von drei Monaten überschritten wird, ohne dass das Insolvenzereignis (Eröffnung des Insolvenzverfahrens oder Abweisung des Insolvenzantrages mangels einer die Verfahrenskosten deckenden Masse, § 26 InsO) eintreten kann, beispielsweise weil die Prüfung der Vermögensverhältnisse des Insolvenzschuldners durch den Sachverständigen (§ 5 InsO) noch nicht abgeschlossen werden konnte, ist es ohne

---
1 BFH v. 7.5.1993 – VI R 38/91, BStBl. II 1993, 663 unter ausdrücklicher Aufgabe von BFH v. 19.10.1982 – VIII R 97/79, BStBl. II 1983, 295.
2 BFH v. 7.5.1993 – VI R 38/91, BStBl. II 1993, 663.

weiteres zulässig, dass der Insolvenzschuldner bzw. der Geschäftsführer des Insolvenzschuldners Lohnzahlungen an die Arbeitnehmer für die am längsten zurück liegenden Perioden veranlasst und der vorläufige schwache Insolvenzverwalter diesen Zahlungen aus dem Schuldnervermögen zustimmt. Das verstößt nicht gegen seine Massesicherungspflicht, weil die Pflicht zur Sicherung der vorhandenen Insolvenzmasse nicht absolut ist, sondern vernünftiges Wirtschaften erlaubt. Zahlt der Insolvenzschuldner mit Zustimmung des vorläufigen Insolvenzverwalters an die Arbeitnehmer Nettolöhne aus, entsteht der Finanzverwaltung der korrespondierende Lohnsteueranspruch. Dieser Anspruch besteht gegenüber dem insolventen Arbeitgeber, nicht gegenüber dem Arbeitnehmer. Dieser Steueranspruch nimmt im Insolvenzverfahren den Rang einer einfachen Insolvenzforderung (§ 38 InsO) ein, weil der vorläufige schwache Insolvenzverwalter keine Masseverbindlichkeiten begründen kann. Eine **Haftungsinanspruchnahme des Geschäftsführers** oder **des vorläufigen Insolvenzverwalters nach § 69 AO** für den Steuerausfall **kommt nicht in Betracht**. Der schwache vorläufige Insolvenzverwalter kann schon deswegen nicht in die Haftung genommen werden, weil er weder Vermögensverwalter i.S.v. § 34 Abs. 3 AO ist, noch Verfügungsberechtigter i.S.v. § 35 AO. Im Übrigen handelt er nicht schuldhaft, wenn er zwar die Zahlung der Nettolöhne zulässt, nicht aber die Zahlung der Lohnsteuer, weil der Insolvenzmasse für die Zahlung der Nettolöhne eine adäquate Gegenleistung in Form der Arbeitsleistung zu Gute kommt, so dass er durch diese Zahlung die Insolvenzmasse nicht entgegen seinem Massesicherungsauftrag vermindert, während für die Leistung der Lohnsteuer keine Gegenleistung in die Masse gelänge, so dass er gegen seine Massesicherungsaufgabe verstieße, wenn er der Lohnsteuerzahlung zustimmen würde, so dass dann seine Haftung aus § 60 InsO gegeben wäre.

Aber auch der Geschäftsführer haftet nicht für nicht abgeführte Lohnsteuer, wenn der vorläufige Insolvenzverwalter mit Zustimmungsvorbehalt eine Kontosperrung veranlasst hat und er deswegen nicht in der Lage ist, die auf die Lohnzahlungen entfallende Lohnsteuerschuld zu bedienen.[1] Allerdings muss der Geschäftsführer alles in seiner Macht Stehende tun, um die Lohnsteuer zu entrichten. Insbesondere ist von ihm zu verlangen, dass er den vorläufigen Insolvenzverwalter ersucht, der Zahlung zuzustimmen. Der Geschäftsführer kann sich nicht allein mit der Behauptung entlasten, er habe angenommen, der vorläufige Insolvenzverwalter werde seine Zustimmung zur Abgabentilgung verweigern; hypothetische Kausalverläufe sind nicht zu berücksichtigen.[2] Wegen der erhöhten Anforderungen an den Geschäftsführer in der Krise der GmbH ist im Regelfall eine solche Anfrage an den vorläufigen Insolvenzverwalter erforderlich, deren Nachweis dem Geschäftsführer obliegt. Nur bei konkreten und eindeutigen objektiven Anhaltspunkten für die Sinnlosigkeit dieser Anfrage kann auf diese verzichtet werden.[3]

4.109

Wird der vom Geschäftsführer einer GmbH gestellte Antrag auf Eröffnung des Insolvenzverfahrens abgelehnt, so kann dieser sich im Rahmen seiner Haftung für Lohn-

4.110

---
1 BFH v. 5.6.2007 – VII R 19/06, DStRE 2008, 44 (44); vgl. FG Berlin-Bdb. v. 31.5.2018 – 9 K 9247/15, DStRE 2019, 643 mit Revisionsentscheidung BFH v. 22.10.2019 – VII R 30/18.
2 BFH v. 22.10.2019 – VII R 30/18.
3 BFH v. 22.10.2019 – VII R 30/18.

steuer der Gesellschaft nicht darauf berufen, dass der Schaden wegen der bestehenden Anfechtungsmöglichkeit des Insolvenzverwalters (§ 130 Abs. 1 Satz 1 InsO) auch bei pflichtgemäßem Verhalten (rechtzeitiger Zahlung) nicht hätte verhindert werden können.[1]

d) Besteuerung von Insolvenzgeld

4.111 Arbeitnehmer haben im Fall der Insolvenz ihres Arbeitgebers nach Maßgabe der §§ 183 ff. SGB III für die letzten drei Monate vor dem Insolvenzereignis (Eröffnung des Insolvenzverfahrens, Abweisung eines Insolvenzantrages mangels Masse oder vollständiger Beendigung der Betriebstätigkeit des Arbeitgebers im Inland, wenn ein Insolvenzantrag nicht gestellt ist und mangels Masse offensichtlich nicht in Betracht kommt) Anspruch auf Insolvenzgeld von der Bundesagentur für Arbeit. Mit Auszahlung des in Höhe des Nettoarbeitslohns bemessenen Insolvenzgeldes an die Arbeitnehmer gehen die Lohnforderungen auf die Bundesagentur für Arbeit über (§ 187 Satz 1 SGB III). Befriedigt der Insolvenzverwalter die daraus resultierenden Ansprüche (insbesondere im Rahmen der Verteilung der Insolvenzmasse), so hat er keine Lohnsteuer an das Finanzamt abzuführen, weil **diese Leistungen steuerfrei** sind (R 3.2. LStR 2015).

4.112 Hat ein Arbeitnehmer während eines Veranlagungszeitraumes Insolvenzgeld bezogen, so ist gem. § 32b Abs. 1 Ziff. 1 Buchst. a EStG auf das nach § 32a Abs. 1 EStG zu versteuernde Einkommen ein **besonderer Steuersatz** anzuwenden. Der besondere Steuersatz ist nach § 32b Abs. 2 Ziff. 1 EStG der Steuersatz, der sich ergibt, wenn bei der Berechnung der Einkommensteuer das nach § 32a Abs. 1 EStG zu versteuernde Einkommen vermehrt oder vermindert wird um die Summe der Leistungen nach § 32b Abs. 1 Ziff. 1 EStG nach Abzug des Arbeitnehmer-Pauschbetrags, soweit dieser nicht bei der Ermittlung der Einkünfte aus nichtselbständiger Arbeit abziehbar ist. Die Summe der Lohnersatzleistungen kann allein um den Arbeitnehmer-Pauschbetrag gekürzt werden, sofern jener nicht bereits bei den Einkünften aus nichtselbständiger Arbeit Berücksichtigung gefunden hat; in diesem Falle ist die Summe der Lohnersatzleistungen ungekürzt in Ansatz zu bringen.[2]

5. Steuerabzug bei Bauleistungen

Literatur *Apitz*, Steuerabzug für Bauleistungen im Blickpunkt der Betriebsprüfung, StBp 2002, 322; Steuerabzug für Bauleistungen, FR 2002, 10; *Balmes/Ambroziak*, Vorschriften zum Steuerabzug bei Bauleistungen mit der Dienstleistungsfreiheit vereinbar?, BB 2009, 706; *Bruschke*, Steuerabzug bei Bauleistungen, StB 2002, 130; *Dörn*, Steuerabzug bei Bauleistungen – Freistellungsbescheinigung, BuW 2002, 331; *Ebling*, Das neue BMF-Schreiben v. 27.12.2002 zum Steuerabzug von Vergütungen für im Inland erbrachte Bauleistungen, DStR 2003, 402; *Fuhrmann*, Neuer Steuerabzug für Bauleistungen, KÖSDI 2001, 13093; *Gerhardt*, §13b UStG im Insolvenzverfahren – Bewältigung der Bauträgerfälle, Diss. 2020; *Günther*, Aktuelle Einzelfragen zum Steuerabzug bei Bauleistungen, GStB 2002, 176; *Hentschel*, Straf- und bußgeld-

---

1 FG Hess. v. 2.9.2005 – 12 K 286/00, BeckRS 2005, 26019110.
2 BFH v. 5.3.2009 – VI R 78/06, BFH/NV 2009, 1110 (1111); FG Rh.-Pf. v. 24.3.2015 – 3 K 1443/13, DStRE 2016, 1347.

rechtliche Fragen im Zusammenhang mit dem neuen Steuerabzug bei Bauleistungen, Information StW 2002, 6; *Mertes*, Steuerabzug von Vergütungen für Bauleistungen, LSW Gruppe 14, 471 (4/2003); *Mitlehner*, Der Steuerabzug bei Bauleistungen im Insolvenzverfahren, NZI 2002, 143; *Schaller*, Gesetz zur Eindämmung illegaler Betätigung im Baugewerbe, FiWi 2002, 128; *Singer*, Neue Verwaltungsanweisung zum Steuerabzug bei Bauleistungen, ZAP Fach 5, 151.

a) Grundlagen

Erbringt jemand im Inland eine Bauleistung[1] (Leistender) an einen Unternehmer (Leistungsempfänger), so ist der Leistungsempfänger nach § 48 Abs. 1 EStG verpflichtet, von der Gegenleistung einen Steuerabzug i.H.v. 15 Prozent für Rechnung des Leistenden vorzunehmen, wenn die Freigrenzen des § 48 Abs. 2 EStG nicht überschritten werden oder der Leistende eine Freistellungsbescheinigung (§ 48b EStG) vorlegt. Der Leistungsempfänger hat den Steuerabzugsbetrag gem. § 48a EStG zu berechnen, anzumelden und an das für den Leistenden zuständige Finanzamt abzuführen. Gemäß § 48c EStG erfolgt eine Anrechnung des Abzugsbetrages auf vom Leistenden zu entrichtende Steuern. Nimmt der Leistungsempfänger keinen oder einen zu niedrigen Abzug vor bzw. führt er den Abzugsbetrag nicht ordnungsgemäß an die Finanzverwaltung ab, so haftet er gem. § 48a Abs. 3 EStG für den zu niedrigen Abzugsbetrag. Die Haftung entfällt durch Zahlung, sei es seitens des Leistenden oder des Leistungsempfängers.   4.113

Mit der in § 48 Abs. 1 EStG geregelten Abzugsverpflichtung tritt in Höhe des Abzugsbetrags für den Leistungsempfänger neben seine zivilrechtliche Leistungsverpflichtung gegenüber dem Leistenden eine öffentlich-rechtliche Zahlungsverpflichtung und Haftung gegenüber dem Finanzamt des Leistenden. Das zivilrechtliche Vertragsverhältnis wird durch die gesetzliche Abzugsverpflichtung abgabenrechtlich überlagert.[2] Sofern der Leistungsempfänger seiner bestehenden Zahlungspflicht gegenüber dem Finanzamt des Leistenden zur Vermeidung einer Haftung nach § 48a Abs. 3 Satz 1 EStG nachkommt, verhält er sich im Verhältnis zum Leistenden nicht vertragswidrig. Der Leistungsempfänger erfüllt in Höhe des Abzugsbetrags seine zivilrechtliche Leistungspflicht, indem er der ihm abgabenrechtlich auferlegten Abzugsverpflichtung gegenüber dem Finanzamt des Leistenden nachkommt.[3]   4.114

b) Freistellungsbescheinigung

Literatur *Brandis*, Streitwert für Klage des Insolvenzverwalters auf Erteilung einer Freistellungsbescheinigung nach § 48b EStG, EFG 2004, 61; *Eisolt*, Erteilung einer Freistellungsbescheinigung nach § 48b EStG an den Insolvenzverwalter, ZInsO 2013, 1564; *Holthaus*, Erteilung einer Freistellungsbescheinigung von der Bauabzugsteuer nach § 48b EStG, Information StW 2003, 579; *Hufer*, Bauabzugsteuer: Wann muss gültige Freistellungsbescheinigung vorliegen?, IBR 2004, 191; *Nöcker*, Die Freistellungsbescheinigung bei der Bauabzugs-

---
1 Zum Begriff der Bauleistung s. *Ebling*, DStR 2003, 402 ff.
2 BGH v. 12.5.2005 – VII ZR 97/04, NJW-RR 2005, 1261 (1262); vgl. auch FG Düsseldorf v. 10.10.2017 – 10 K 1513/14 E, DStRE 2018, 1488.
3 BGH v. 12.5.2005 – VII ZR 97/04, NJW-RR 2005, 1261 (1262).

steuer – Ein Erfahrungsbericht aus der Praxis, StuB 2003, 494; *Schröder/Spönemann*, Zur Rechtmäßigkeit des Widerrufs einer Freistellungsbescheinigung gem. § 48b EStG im Falle der Insolvenz des Bauauftragnehmers, NZI 2003, 130.

4.115 Der Leistungsempfänger hat keinen Steuerabzug vorzunehmen, wenn ihm der Leistende eine gültige Freistellungsbescheinigung vorlegt. Die Freistellungsbescheinigung hat das Finanzamt gem. § 48b Abs. 1 EStG auf Antrag des Leistenden zu erteilen, wenn der zu sichernde Steueranspruch nicht gefährdet erscheint. Die Gefährdung des Steueranspruchs i.S.d. § 48b Abs. 1 Satz 1 EStG ist im Gesetz nicht definiert. § 48b Abs. 1 Satz 2 EStG enthält lediglich eine beispielhafte Aufzählung von Fallgestaltungen (im Wesentlichen die Verletzung von Anzeige- und Mitwirkungspflichten), in denen eine solche Gefährdung in Betracht kommt. Diese Aufzählung ist jedoch nicht abschließend; über die im Gesetz selbst genannten Gestaltungen hinaus können auch andere Anzeichen auf eine Gefährdung des zu sichernden Steueranspruchs hindeuten. Entscheidend ist, ob nach dem Gesamtbild der Verhältnisse die Befürchtung gerechtfertigt erscheint, dass die rechtzeitige und vollständige Erfüllung des durch das Abzugsverfahren gesicherten Steueranspruchs durch die Erteilung der Freistellungsbescheinigung gefährdet werden könnte.[1] Eine Gefährdung kann sich auch daraus ergeben, dass der Leistende Steuerbeträge nicht vollständig oder nicht rechtzeitig anmeldet und abführt oder Steuererklärungen nicht vollständig oder nicht rechtzeitig abgibt.[2] Hat der Leistende diese Pflichten in der Vergangenheit nachhaltig verletzt, so gibt dies Anlass zu der Prognose, dass künftige, zu sichernde Steueransprüche gefährdet erscheinen. Je größer die Steuerrückstände sind und je länger sie bestehen, umso mehr spricht dies grundsätzlich für eine mögliche Gefährdung des Steueranspruchs.[3] Demgegenüber kann bei nur vorübergehenden Steuerrückständen und im Wesentlichen ordnungsgemäßer Erfüllung der Steuererklärungspflichten nicht angenommen werden, dass der zu sichernde Steueranspruch gefährdet erscheint.[4]

4.116 **Nachlässiges Vorverhalten des Insolvenzschuldners** geht dabei aber nicht zu Lasten des Insolvenzverwalters. Von einem Insolvenzverwalter ist zu erwarten, dass er seinen steuerlichen Pflichten ordnungsgemäß nachkommt, so dass in Ermangelung konkreter anderweitiger Anhaltspunkte auf seinen Antrag hin grundsätzlich eine Freistellungsbescheinigung zu erteilen ist.[5] Dies gilt auch für einen vorläufigen starken Insolvenzverwalter, auf den die Verwaltungs- und Verfügungsbefugnis über das schuldnerische Vermögen übergegangen ist. Im Hinblick auf dessen Verpflichtung, gem. § 25 Abs. 2 InsO, vor Aufhebung seiner Bestellung von ihm begründete Masseverbindlichkeiten zu befriedigen, kann die Erteilung der Freistellungsbescheinigung

---

1 BFH v. 13.11.2002 – I B 147/02, BStBl. II 2003, 716 = ZIP 2003, 173 = NV 2003, 262; FG Hamburg v. 15.9.2003 – II 293/03; FG Hamburg v. 30.3.2010 – 6 K 243/09, juris.
2 FG Düsseldorf v. 4.3.2002 – 10 V 1007/02 AE (E), EFG 2002, 688; v. 3.7.2002 – 18 V 1183/02 AE (KV), EFG 2003, 99; v. 22.8.2002 -14 K 1418 E, EFG 2002, 1604; FG Nds. v. 13.1.2016 – 9 K 95/13, juris.
3 FG Hamburg v. 15.9.2003 – II 293/03, BeckRS 2003, 26015643.
4 FG Düsseldorf v. 4.3.2002 – 10 V 1007/02 AE (E), EFG 2002, 688; v. 3.7.2002 – 18 V 1183/02 AE (KV), EFG 2003, 99; v. 22.8.2002 – 14 K 1418 E, EFG 2002, 1604.
5 BFH v. 13.11.2002 – I B 147/02, BStBl. II 2003, 716 = ZIP 2003, 173.

auch nicht von der Prognose abhängig gemacht werden, ob das Insolvenzverfahren eröffnet werden wird.¹

Erteilt die Finanzbehörde dem Insolvenzverwalter bzw. dem starken vorläufigen Insolvenzverwalter die Freistellungsbescheinigung auf seinen Antrag hin nicht, kann er nach § 114 Abs. 1 Satz 2 FGO bei dem FG den **Erlass einer einstweiligen Anordnung auf Erteilung der Freistellungsbescheinigung** beantragen. Der Anordnungsanspruch des Insolvenzverwalters ergibt sich regelmäßig aus § 48b Abs. 1 EStG.² Der Anordnungsgrund ergibt sich daraus, dass die Finanzverwaltung mit ihrer Weigerung, die Freistellungsbescheinigung auszustellen, zu erkennen gibt, dass sie von einem Vorrang des Steuerabzugsverfahrens vor dem Insolvenzrecht ausgeht und dass in diesem Zusammenhang u.U. gerichtliche Auseinandersetzungen mit der Finanzverwaltung über eine Erstattung geführt werden müssten, wodurch sich das Insolvenzverfahren übergebührlich verzögern könnte.³ Unter diesen Umständen steht auch der Grundsatz, dass im Eilverfahren nur in besonderen Ausnahmefällen die Entscheidung in der Hauptsache vorweggenommen werden darf, dem Erlass einer einstweiligen Anordnung nicht entgegen.⁴

4.117

c) Steuerabzug nach Eröffnung des Insolvenzverfahrens über das Vermögen des Auftragnehmers

aa) Bei Insolvenzeröffnung bestehende Werklohnforderungen

Soweit einem Bauauftragnehmer, dem keine Freistellungsbescheinigung erteilt war, bei Eröffnung des Insolvenzverfahrens über sein Vermögen Forderungen gegen seinen Auftraggeber zustehen, fallen diese in vollem Umfange in die Insolvenzmasse. Die insolvenzrechtliche Verstrickung erfasst den gesamten Anspruch und überlagert die grundsätzliche abgabenrechtliche Pflicht des Leistungsempfängers zur Abführung des Steuerabzugsbetrages, weil dessen Abführung insolvenzzweckwidrig wäre. Außerdem entsteht der Anspruch der Finanzverwaltung auf den Steuerabzugsbetrag erst, wenn der Leistungsempfänger an den Leistenden zahlt.⁵

4.118

Der Bausteuerabzug ist selbst **keine Steuer**,⁶ sondern er ist ein **Sicherungsmittel für bestimmte Steuern**.⁷ Da nach Eröffnung des Insolvenzverfahrens an Gegenständen, die zur Insolvenzmasse gehören, keine Rechte Dritter (insbesondere auch keine Sicherungsrechte) mehr entstehen können (§ 91 Abs. 1 InsO), kann auch kein Anspruch der Finanzverwaltung auf den Steuerabzugsbetrag mehr entstehen. Ein abstraktes Sicherungsbedürfnis mag zwar in Bezug auf später entstehende Steuerschulden, die den Rang von Masseverbindlichkeiten einnehmen, bestehen; die Sicherungs-

4.119

---

1 **A.A.** *Uhländer* in Waza/Uhländer/Schmittmann, Insolvenzen und Steuern¹², Rz. 1596.
2 BFH v. 13.11.2002 – I B 147/02, BStBl. II 2003, 716 = ZIP 2003, 173.
3 BFH v. 13.11.2002 – I B 147/02, BStBl. II 2003, 716 = ZIP 2003, 173.
4 BFH v. 13.11.2002 – I B 147/02, BStBl. II 2003, 716 = ZIP 2003, 173.
5 *Ebling* in Blümich, § 48 EStG Rz. 165 ff.
6 *Diebold*, DStR 2002, 1336 (1138).
7 Dieses Verständnis ergibt sich aus § 48b Abs. 1 EStG: „... *der zu sichernde Steueranspruch* ...".

mittel dürfen dann allerdings nur dem nach Insolvenzeröffnung entstehenden Massebestand (also etwa im Wege des Steuerabzugs auf nach Insolvenzeröffnung erst entstehende Werklohnforderungen, Rz. 4.127) entnommen werden, um nicht die Zäsur der Insolvenzeröffnung, die für und gegen alle Gläubiger gleich den vorhandenen Massebestand sichern soll, insolvenzzweckwidrig zu durchlöchern. **Der Leistungsempfänger ist zum Steuerabzug nach Insolvenzeröffnung somit weder berechtigt, noch verpflichtet.**[1] Es ergäbe im Übrigen auch gar keinen Sinn, die Pflicht zum Steuerabzug zwar nach Insolvenzeröffnung grundsätzlich bestehen lassen zu wollen, der Finanzverwaltung aber andererseits jedwede Verwendung des Abzugsbetrages (insbesondere die Aufrechnung) zu verweigern;[2] die Finanzbehörde wäre dann reine Zahlstelle, die den Abzugsbetrag entgegennehmen und an den Insolvenzverwalter auskehren müsste. Dies gilt in Bezug auf Werklohnforderungen des insolventen Bauauftragnehmers, die vor der Eröffnung des Insolvenzverfahrens bereits entstanden waren, unabhängig davon, ob der Insolvenzverwalter über eine Freistellungsbescheinigung verfügt oder nicht, weil der zivilrechtliche Bauwerklohnanspruch der Insolvenzmasse nur noch mit schuldbefreiender Wirkung an den Insolvenzverwalter erfüllt werden kann, während eine Befriedigung von Insolvenzforderungen des Steuergläubigers stets insolvenzzweckwidrig ist.

4.120 Führt der Leistungsempfänger dennoch den Steuerabzugsbetrag an die Finanzverwaltung ab, so ist die **Finanzverwaltung zur Aufrechnung mit Steuerforderungen aus der Zeit vor der Eröffnung des Insolvenzverfahrens nicht berechtigt.**[3] Der BFH führt hierzu aus:

4.121 „aaa) *In welchem Umfang Steuerforderungen gegen einen insolvent gewordenen Steuerschuldner befriedigt werden müssen, wird allein durch die Regelungen des Insolvenzrechts bestimmt. Danach ist der Steuergläubiger mit Forderungen, die schon bei Eröffnung des Insolvenzverfahrens bestanden haben, in der Regel Insolvenzgläubiger (§ 38 InsO). Seine Steuerforderungen sind zur Insolvenztabelle anzumelden (§ 174 Abs. 1 InsO) und werden nach Maßgabe der Gleichbehandlung der Insolvenzgläubiger aus der Insolvenzmasse getilgt (§§ 187 ff. InsO). Die Befriedigung des Steuergläubigers wird hierdurch auf die Verteilungsquote beschränkt, die sich aus dem Verhältnis zwischen dem Umfang des verteilbaren Vermögens einerseits und der Gesamthöhe aller Insolvenzforderungen andererseits ergibt.*

4.122 *bbb) Diese insolvenzrechtlichen Vorgaben gelten auch für Steuerforderungen, die durch den Bausteuerabzug abgesichert werden. Das steuerrechtliche Abzugsverfahren dient ausschließlich dem Ziel, Steuerausfälle zu vermeiden oder zu vermindern, die durch ein pflichtwidriges Verhalten des Steuerschuldners verursacht werden können (...). Dass durch ihn darüber hinaus die insolvenzrechtliche Stellung des Steuergläubigers verbessert werden soll, lässt sich weder dem Gesetzeswortlaut noch der Gesetzesbegründung entnehmen. Deshalb steht dem Steuergläubiger*

---

1 Das FG München v. 24.9.2009 – 7 K 1238/08, EFG 2010, 147 ff. hat dem gegenüber entschieden, die Pflicht zum Steuerabzug bestehe für den Leistungsempfänger trotz Insolvenzeröffnung über das Vermögen des Bauauftragnehmers; die Frage war dort allerdings nur ein obiter dictum, denn der streitgegenständliche Haftungsbescheid betraf Verstöße gegen die Pflicht zur Abführung des Steuerabzugsbetrages vor der Eröffnung des Insolvenzverfahrens.
2 So BFH v. 13.11.2002 – I B 147/02, BStBl. II 2003, 716 = ZIP 2003, 173.
3 BFH v. 13.11.2002 – I B 147/02, BStBl. II 2003, 716 = ZIP 2003, 173.

auch für Forderungen, die im Wege des Abzugsverfahrens beglichen werden, insolvenzrechtlich nur die allgemeine Verteilungsquote zu.

ccc) Aus insolvenzrechtlicher Sicht folgt hieraus, dass eine gem. § 48a Abs. 1 Satz 2 EStG geleistete Abführung entweder unwirksam ist (§ 81 Abs. 1 Satz 1, § 91 Abs. 1 InsO) oder vom Insolvenzverwalter angefochten werden kann (§§ 129 ff. InsO).... Jedenfalls handelt es sich bei Abführung des Steuerbetrags durch den Leistungsempfänger um eine Leistung für Rechnung des Steuerschuldners (§ 48 Abs. 1 Satz 1 EStG), die insolvenzrechtlich genau so zu behandeln ist wie eine entsprechende Leistung des Schuldners selbst (...). Hätte aber der Insolvenzschuldner selbst den betreffenden Steuerbetrag nach Eröffnung des Insolvenzverfahrens an das FA gezahlt, so müsste dieses den so erlangten Betrag an die Insolvenzmasse auskehren und sich seinerseits auf die Verteilungsquote verweisen lassen. Bei der Zahlung durch einen Abzugsverpflichteten kann deshalb nichts anderes gelten."

4.123

Der BFH hatte in der zitierten Entscheidung keine Veranlassung, zu klären, wer bei einem zu Unrecht vorgenommenen Steuerabzug bzw. zu Unrecht erfolgter Abführung des Abzugsbetrages **Anspruchsinhaber** und wer **Anspruchsgegner des Erstattungsanspruchs** ist. Die vom BFH angedachte Variante eines Anfechtungsanspruchs scheidet aber jedenfalls aus, wenn der Leistungsempfänger den Abzugsbetrag erst nach Insolvenzeröffnung an die Finanzverwaltung gezahlt hat, denn nach Insolvenzeröffnung erfolgende Rechtshandlungen können schon nach dem Wortlaut des § 129 InsO nicht der Anfechtung unterliegen. Eine solche Abführung ist vielmehr nach § 81 Abs. 1 Satz 1 i.V.m. § 91 Abs. 1 InsO unwirksam.

4.124

Dem Wortlaut von § 362 Abs. 1 BGB folgend müsste man daher davon ausgehen, dass die Zahlung des Leistungsempfängers an die Finanzverwaltung deswegen keine schuldbefreiende Wirkung gegenüber dem Insolvenzverwalter haben kann, so dass der Anspruch des Insolvenzverwalters gegen den Leistungsempfänger unverändert bestehen bliebe. Da die Zahlung des Leistungsempfängers an die Finanzverwaltung ohne (wirklich bestehenden) Rechtsgrund erfolgt ist, kommt es nicht zu einer Anrechnung gem. § 48c EStG und somit auch nicht zu einem Erstattungsanspruch der Insolvenzmasse nach § 48c Abs. 2 EStG. Der Erstattungsanspruch stünde vielmehr dem Leistungsempfänger zu. Diese Rechtslage würde jedoch zum einen dem Leistungsempfänger alleine die mitunter schwierig zu beurteilende Frage, ob er zum Steuerabzug verpflichtet ist oder nicht, auferlegen, zum anderen müssten die Zivilgerichte inzident die Frage beantworten, ob eine Pflicht zum Steuerabzug bestand, wenn der Bauauftragnehmer seinen restlichen Werklohn dort gerichtlich geltend macht. Der BGH hat aus diesen Gründen entschieden, dass hinsichtlich der Werklohnforderung des Bauauftragnehmers bei unklarer steuerrechtlicher Lage hinsichtlich der Abzugsverpflichtung stets dann Erfüllungswirkung eintritt, wenn ein Leistungsempfänger den Steuerabzug vornimmt und den Abzugsbetrag an das Finanzamt abführt, es sei denn, für den Leistungsempfänger war auf Grund der ihm zum Zeitpunkt der Zahlung bekannten Umstände eindeutig erkennbar, dass eine Verpflichtung zum Steuerabzug nicht bestand.[1] Wenn die Zahlung des Leistungsempfängers an die Finanzverwaltung aber den zivilrechtlichen Werklohnanspruch des Bauauftragnehmers zum Erlöschen bringt, dann muss der gegen die Finanzverwal-

4.125

---
1 BGH v. 12.5.2005 – VII ZR 97/04, NJW-RR 2005, 1261 (1261).

tung gerichtete **Erstattungsanspruch dem Bauauftragnehmer zustehen**. Zumindest gegenwärtig ist in der Insolvenz des Bauauftragnehmers von einer unklaren Steuerrechtslage im Sinne der zitierten BGH-Rechtsprechung auszugehen, die durch die Abführung des Steuerabzugsbetrages Erfüllungswirkung hinsichtlich der Werklohnforderung eintreten lässt und in der Hand des Bauauftragnehmers den korrespondierenden Erstattungsanspruch zur Entstehung bringt.

Hinweis:

Sollte die Finanzverwaltung zur Erstattung gegenüber dem Insolvenzverwalter mit der Begründung nicht bereit sein, der Leistungsempfänger habe erkennen können, dass eine Pflicht zum Steuerabzug nicht bestand, so dass der Erstattungsanspruch dem Leistungsempfänger zustehe, so kann der über das Vermögen des Bauauftragnehmers bestellte Insolvenzverwalter die Zahlung des Leistungsempfängers an die Finanzverwaltung nach § 362 Abs. 2 BGB i.V.m. § 185 BGB genehmigen. Die Genehmigung hat die Folge, dass der Zahlung an den Fiskus Erfüllungswirkung zukommt. Jedenfalls dann ist der Insolvenzverwalter Inhaber des Erstattungsanspruchs gegen die Finanzbehörde.

4.126 Hat der Bauauftragnehmer seine **Werklohnforderung vor Insolvenzeröffnung an einen Dritten abgetreten**, so umfasst die Abtretung nur den Werklohnanspruch unter Abzug des Steuerabzugsbetrages. Soweit der Steuerabzugsbetrag von dem Leistungsempfänger an die Finanzverwaltung abgeführt ist, steht ein Erstattungsanspruch dem über das Vermögen des Bauauftragnehmers bestellten Insolvenzverwalter zu, weil der Steuerabzug stets zur Sicherung etwaiger Steuerschulden des Auftragnehmers und nicht solcher des Zessionars erfolgt.[1]

bb) Nach Insolvenzeröffnung entstehende Werklohnforderungen

4.127 Soweit nach Eröffnung des Insolvenzverfahrens über das Vermögen des Bauauftragnehmers Werklohnforderungen entstehen, weil der Insolvenzverwalter den schuldnerischen Geschäftsbetrieb fortführt, hat der Steuerabzug nach den allgemeinen Grundsätzen der §§ 48 ff. EStG stattzufinden (Rz. 4.113). Ist dem Insolvenzverwalter eine Freistellungsbescheinigung nach § 48b EStG erteilt und legt der Insolvenzverwalter diese dem Leistungsempfänger vor, so unterbleibt der Steuerabzug. Eine dem Schuldner vor Insolvenzeröffnung erteilte Freistellungsbescheinigung gilt auch zugunsten des Insolvenzverwalters, wenn sie nicht wirksam widerrufen worden ist. Die Finanzbehörde muss dem Insolvenzverwalter regelmäßig eine Freistellungsbescheinigung erteilen, weil davon auszugehen ist, dass er seinen steuerlichen Pflichten ordnungsgemäß nachkommt (Rz. 4.115). Die Steuerabzugsbeträge, die an die Finanzverwaltung abgeführt werden, dürfen nach Maßgabe von § 48c EStG auf Lohn- und Einkommen- bzw. Körperschaftsteuerschulden, die den Rang von Masseverbindlichkeiten (§ 55 InsO) einnehmen, angerechnet werden. Soweit die abgeführten Beträge die Masseschulden übersteigen, ist die Finanzverwaltung zur Erstattung an die Insolvenzmasse verpflichtet. Eine Anrechnung auf Steuerforderungen, die nur den Rang von Insolvenzforderungen einnehmen, ist unzulässig.[2]

---

1 *Mitlehner*, NZI 2002, 143 (144).
2 BFH v. 13.11.2002 – I B 147/02, BStBl. II 2003, 716 = ZIP 2003, 173.

cc) Steuerabzug während des Insolvenzeröffnungsverfahrens

Die Pflicht zur Abführung des Abzugsbetrages wird gem. § 48a EStG durch die Erbringung der Gegenleistung begründet, also durch die Zahlung des Leistungsempfängers an den Leistenden.[1] Die Anmeldung des Abzugsbetrages steht einer Steueranmeldung und damit einer Steuerfestsetzung unter Vorbehalt der Nachprüfung gleich (§ 48a Abs. 1 Satz 3 EStG, § 168 AO). Durch die Abführung des angemeldeten Abzugsbetrages erhält die Finanzverwaltung ein Sicherungsmittel für bestimmte Steuerschulden des Leistenden (Rz. 4.118). Der Erwerb von Sicherungsmöglichkeiten an zum schuldnerischen Vermögen gehörenden Gegenständen (hier der Werklohnforderung des Insolvenzschuldners) wird insolvenzrechtlich durch § 91 Abs. 1 InsO ausgeschlossen. Dieser greift jedoch erst ab der Insolvenzeröffnung. Die Norm gilt nicht für das Eröffnungsverfahren.[2] Somit darf sich die Finanzverwaltung auch während des Eröffnungsverfahrens Sicherungsrechte verschaffen; der Leistungsempfänger bleibt also zu Einbehalt und Abführung des Steuerabzugsbetrages verpflichtet. Kommt er dieser Verpflichtung nicht nach, kann gegen ihn ein Haftungsbescheid ergehen (Rz. 4.132).

4.128

Allerdings ist die durch die Abführung des Abzugsbetrages eintretende **Sicherung der Finanzverwaltung** bzw. die dadurch entstehende Aufrechnungslage der **Insolvenzanfechtung** nach §§ 129 ff. InsO unterworfen. Nach § 96 Abs. 1 Ziff. 3 InsO ist eine Aufrechnung ausgeschlossen, wenn ein Insolvenzgläubiger die Möglichkeit dazu durch eine anfechtbare Rechtshandlung erlangt hat. Der Begriff der Rechtshandlung ist im Anfechtungsrecht weit auszulegen. Rechtshandlung ist jedes von einem Willen getragene Handeln, das rechtliche Wirkungen auslöst und das Vermögen des Schuldners zum Nachteil der Insolvenzgläubiger verändern kann.[3] Zu § 96 Abs. 1 Ziff. 3 InsO ist anerkannt, dass die gläubigerbenachteiligende Wirkung, die mit der *Herstellung einer Aufrechnungslage* eintritt, selbständig angefochten werden kann.[4] Eine sichernde und die spätere Erfüllung einer Forderung vorbereitende Rechtshandlung kann unter den in §§ 129 ff. InsO bestimmten Voraussetzungen angefochten werden.[5] Ob die Begründung der Aufrechnungslage zu einer kongruenten (§ 130 InsO) oder einer inkongruenten (§ 131 InsO) Deckung führt, richtet sich nach gefestigter Rechtsprechung des BGH danach, ob der Aufrechnende einen Anspruch auf den Eintritt der Aufrechnungslage hatte oder ob dies nicht der Fall war.[6] Die Vorschrift des § 131 InsO bezeichnet jede Rechtshandlung als inkongruent, die dem Insolvenzgläubiger eine Befriedigung gewährt, auf die er keinen Anspruch hatte. Deshalb ist die Herstellung einer Aufrechnungslage inkongruent, soweit die Aufrech-

4.129

---

1 *Ebling* in Blümich, § 48 EStG Rz. 161.
2 *Mock* in Uhlenbruck[15], § 91 InsO Rz. 2.
3 BGH v. 22.10.2009 – IX ZR 147/06, ZIP 2010, 90 = DStR 2010, 1145 (1145); v. 24.9.2015 – IX ZR 55/15, NJW 2016, 403.
4 BGH v. 22.10.2009 – IX ZR 147/06, ZIP 2010, 90 = DStR 2010, 1145 (1145); v. 29.6.2004 – IX ZR 195/03, ZIP 2004, 1558 = BB 2004, 1872 (1874); v. 24.9.2015 – IX ZR 55/15, NJW 2016, 403.
5 BGH v. 5.4.2001 – IX ZR 441/99, BGHZ 147, 233 (236); v. 29.6.2005 – IX ZR 195/03, BGHZ 159, 388 (393).
6 Vgl. BGH v. 9.2.2006 – IX ZR 121/03, ZIP 2006, 818 ff. m.w.N.

nungsbefugnis sich nicht aus einem zwischen dem Schuldner und dem Gläubiger bereits bestehenden Rechtsverhältnis ergibt.[1]

4.130 Die Finanzverwaltung hat jedoch keinen Anspruch darauf, dass der Leistungsempfänger den bestehenden Werklohnanspruch des Leistenden befriedigt. Dieser Anspruch steht nämlich allein dem Leistenden zu. Er allein kann bis zur Befriedigung über den Anspruch verfügen, ihn stunden oder auf ihn verzichten. **Die Befriedigung des Werklohnanspruchs ist daher eine anfechtbare Rechtshandlung**, die auf Seiten der Finanzverwaltung eine Aufrechnungslage entstehen lässt, soweit sie Abführungsbeträge erhält. In Folge der Anfechtung ist die Finanzverwaltung zur Anrechnung nach § 48c EStG auf Steuerforderungen, die den Rang von Insolvenzforderungen (§ 38 InsO) einnehmen, nicht berechtigt und muss den **Abführungsbetrag an den Insolvenzverwalter erstatten**. Gleiches gilt freilich auch für eine Befriedigung, die noch vor Insolvenzantragstellung erfolgt ist, soweit die übrigen Voraussetzungen der §§ 130, 131 InsO vorliegen.

dd) Steuerabzug im masseunzulänglichen Insolvenzverfahren

4.131 Die Anzeige der Masseunzulänglichkeit (§ 208 InsO, Rz. 3.213 ff.) bewirkt eine ähnliche Zäsur wie die Insolvenzeröffnung und bringt eine Änderung der Befriedigungsreihenfolge mit sich. Diese wird durch § 209 Abs. 1 InsO festgelegt. An erster Stelle stehen die Verfahrenskosten; danach folgen diejenigen Masseverbindlichkeiten, die nach der Anzeige der Masseunzulänglichkeit erst begründet werden (sog. Neumasseverbindlichkeiten), schließlich folgen die übrigen Masseverbindlichkeiten, also solche, die bereits vor Anzeige der Masseunzulänglichkeit begründet worden waren (sog. Altmasseverbindlichkeiten). Aus insolvenzrechtlicher Sicht ist für das masseunzulängliche Verfahren wichtig, dass kein Altmassegläubiger – also ein Gläubiger, der vor Anzeige der Masseunzulänglichkeit – einen Anspruch gegen die Insolvenzmasse erworben hat, Gegenstände aus der Insolvenzmasse erhält, solange nicht die Neumassegläubiger befriedigt sind und soweit nicht die übrigen Altmassegläubiger mit gleicher Quote Befriedigung aus der Masse erhalten. Hier gelten die obigen Ausführungen zu bei Insolvenzeröffnung bereits bestehenden Werklohnforderungen entsprechend (Rz. 4.118). Auch § 91 Abs. 1 InsO ist analog anzuwenden. Somit hat der Leistungsempfänger nach Anzeige der Masseunzulänglichkeit keinen Steuerabzug mehr vorzunehmen, soweit die Werklohnforderung des insolventen Bauauftragnehmers vor Anzeige der Masseunzulänglichkeit bereits entstanden war. Führt der Leistungsempfänger dennoch den Steuerabzugsbetrag an die Finanzverwaltung ab, so ist die **Finanzverwaltung zur Aufrechnung mit Steuerforderungen, für die der Rechtsgrund bereits vor Anzeige der Masseunzulänglichkeit gelegt war, nicht berechtigt**.[2] Sie ist dann zur Erstattung des abgeführten Betrages an den Insolvenzverwalter verpflichtet.

---

1 BGH v. 9.2.2006 – IX ZR 121/03, ZIP 2006, 818 (819).
2 Vgl. BFH v. 13.11.2002 – I B 147/02, BStBl. II 2003, 716 = ZIP 2003, 173.

ee) Haftung des Auftraggebers

Ist der Leistungsempfänger vor der Eröffnung des Insolvenzverfahrens über das Vermögen des Bauauftragnehmers seiner Pflicht zur Abführung des Steuerabzugsbetrages nicht nachgekommen, kann gegen ihn auch nach Eröffnung des Insolvenzverfahrens über das Vermögen des Bauauftragnehmers ein **Haftungsbescheid** erlassen werden.[1] Bei der Entscheidung über die Inanspruchnahme eines Haftungsschuldners hat das Finanzamt neben den tatbestandlichen Voraussetzungen auch zu überprüfen, ob es einen Haftungsbescheid erlassen und wen es als Haftenden in Anspruch nehmen will (§ 191 Abs. 1 Satz 1 AO). Diese Ermessensentscheidung ist gerichtlich nur im Rahmen in des § 102 FGO auf Ermessensfehler zu überprüfen. Um eine fehlerfreie Ermessensausübung treffen zu können, ist es erforderlich, dass die Behörde den Sachverhalt umfassend und einwandfrei ermittelt. Im Rahmen der Ermessensentscheidung hat die Finanzbehörde auch den Gesichtspunkt zu berücksichtigen, inwieweit nach den Umständen des Einzelfalles Steueransprüche gegen den Leistenden bestehen oder entstehen können. Dies ergibt sich aus dem mit dem Bausteuerabzug verfolgten Sicherungszweck, der bei einem unterbliebenen Abzug gefährdet sein kann.[2] Daher kann nach Insolvenzeröffnung kein Haftungsbescheid mehr für Abzugsbeträge ergehen, für die vor Insolvenzeröffnung keine Pflicht zur Abführung entstanden war (weil z.B. die Gegenleistung noch nicht an den Auftragnehmer erbracht wurde), denn insoweit kann keine zu sichernde Steuerschuld mehr entstehen und dürften abgeführte Abzugsbeträge nicht mehr durch die Finanzverwaltung aufgerechnet werden. Ergeht ein Haftungsbescheid gegen den Leistungsempfänger jedoch wegen eines vor der Insolvenzeröffnung liegenden Verstoßes gegen die Abführungspflicht und zahlt der Leistungsempfänger auf seine Haftungsschuld an die Finanzverwaltung, so darf die Finanzverwaltung den Haftungsbetrag auf die Steuerschulden des Insolvenzschuldners anrechnen. Darin liegt keine insolvenzzweckwidrige Bevorzugung des Steuergläubigers gegenüber anderen Insolvenzgläubigern. Ein **Erstattungsanspruch des Insolvenzverwalters kommt insoweit nicht in Betracht**, weil die Haftung nach § 48a EStG ein außerinsolvenzliches Sicherungsmittel ist, das ausschließlich die Steueransprüche des Fiskus sichern soll. Der Haftungstatbestand des § 48a Abs. 3 EStG hat Schadensersatzcharakter.[3]

4.132

d) Steuerabzug im Insolvenzverfahren über das Vermögen des Leistungsempfängers

Wird über das Vermögen des Leistungsempfängers das Insolvenzverfahren eröffnet, so bleibt dieser nach den allgemeinen steuerrechtlichen Vorschriften zum Steuerabzug nach §§ 48 ff. EStG verpflichtet. Der Insolvenzverwalter muss also, wenn er aus der Masse Zahlungen auf die Werklohnforderung des Bauauftragnehmers leistet, nach den Vorschriften der §§ 48 ff. EStG Abzugsbeträge einbehalten, anmelden und abführen. Dies gilt unabhängig davon, ob er selbst einen Werkauftrag erteilt oder ob

4.133

---
1 Zutr. FG München v. 24.9.2009 – 7 K 1238/08, EFG 2010, 147 (147).
2 FG München v. 24.9.2009 – 7 K 1238/08, EFG 2010, 147 (148); FG Sachsen v. 15.6.2016 – 8 K 1685/16, juris.
3 BFH v. 29.10.2008 – I B 160/08, BB 2009, 703 (705).

er in Ansehung eines bereits bestehenden Vertrages nach § 103 InsO die Erfüllung wählt. Der Insolvenzverwalter hat den Steuerabzug auch dann vorzunehmen, wenn an den Bauauftragnehmer im Rahmen der (Schluss-)Verteilung Zahlungen erfolgen.[1]

4.134 Soweit der Insolvenzschuldner vor Insolvenzeröffnung den §§ 48 ff. EStG zuwider Abzugsbeträge nicht einbehalten oder nicht abgeführt hat, sind daraus resultierende Haftungsforderungen (§ 48a Abs. 3 Satz 1 EStG) der Finanzverwaltung Insolvenzforderungen im Rang von § 38 InsO. Ist allerdings auch die Bauwerklohnforderung nicht befriedigt worden, hat die Finanzverwaltung auch keinen Haftungsanspruch,[2] so dass eine Feststellung des Abzugsbetrages zur Insolvenztabelle nicht erfolgen darf.

XI. Auswirkungen der Insolvenz von Gesellschaften auf die Einkommensteuer der Gesellschafter

1. Insolvente Kapitalgesellschaften

4.135 Nach § 17 Abs. 1 und Abs. 4 EStG gehört zu den Einkünften aus Gewerbebetrieb auch der Gewinn aus der Auflösung von Kapitalgesellschaften, wenn der Gesellschafter innerhalb der letzten fünf Jahre am Kapital der Gesellschaft wesentlich beteiligt war und er die Beteiligung in seinem Privatvermögen hält. Entsprechendes gilt für die aus der Auflösung einer Kapitalgesellschaft entstehenden Verluste.[3] Auflösungsverlust i.S.v. § 17 Abs. 1, 2 und 4 EStG ist der Betrag, um den die im Zusammenhang mit der Auflösung der Gesellschaft vom Steuerpflichtigen persönlich getragenen Kosten (entsprechend den Veräußerungskosten nach § 17 Abs. 2 Satz 1 EStG) sowie seine Anschaffungskosten den gemeinen Wert des dem Steuerpflichtigen zugeteilten oder zurückgezahlten Vermögens der Kapitalgesellschaft übersteigen.[4] Anschaffungskosten sind nach § 255 Abs. 1 Satz 1 HGB Aufwendungen, die geleistet werden, um einen Vermögensgegenstand zu erwerben; dazu gehören nach § 255 Abs. 1 Satz 2 HGB auch die nachträglichen Anschaffungskosten. Zu den nachträglichen Anschaffungskosten einer Beteiligung zählen neben (verdeckten) Einlagen auch nachträgliche Aufwendungen auf die Beteiligung, wenn sie durch das Gesellschaftsverhältnis veranlasst sind und weder Werbungskosten bei den Einkünften aus Kapitalvermögen noch Veräußerungskosten sind.

4.136 Die Entstehung des Auflösungsgewinnes oder -verlustes bei Steuerpflichtigen setzt bei der Kapitalgesellschaft zunächst deren Auflösung voraus. Die Eröffnung des Insolvenzverfahrens bewirkt zwar die Auflösung der Gesellschaft (vgl. §§ 60 Abs. 1 Ziff. 4, 63 f. GmbHG). Für die Entstehung des Auflösungsverlustes ist aber zudem erforderlich, dass der wesentlich beteiligte Gesellschafter nicht mehr mit Zuteilungen und Rückzahlungen aus dem Gesellschaftsvermögen rechnen kann und dass feststeht, ob und in welcher Höhe noch nachträgliche Anschaffungskosten oder sonstige

---

[1] *Mitlehner*, NZI 2002, 143 (145).
[2] *Mitlehner*, NZI 2002, 143 (145).
[3] BFH v. 25.1.2000 – VIII R 63/98, BStBl. II 2000, 343; v. 4.11.1997 – VIII R 18/94, BStBl. II 1999, 344; FG Düsseldorf v. 29.1.2019 – 13 K 1070/17 E, juris.
[4] BFH v. 25.2.2009 – IX R 28/08, BFH/NV 2009, 1416; v. 2.4.2008 – IX R 76/06, BStBl. II 2008, 706 = ZIP 2008, 1587, m.w.N.

im Rahmen des § 17 Abs. 2 EStG zu berücksichtigende Veräußerungs- oder Aufgabekosten anfallen werden.[1] Diese Voraussetzungen sind im Fall der Auflösung der Gesellschaft mit anschließender Liquidation regelmäßig erst im Zeitpunkt des Abschlusses der Liquidation erfüllt. Ausnahmsweise kann der Zeitpunkt, in dem der Auflösungsverlust realisiert ist, schon vor Abschluss der Liquidation liegen, wenn mit einer wesentlichen Änderung des bereits festgestellten Verlustes nicht mehr zu rechnen ist.[2] Im Fall der Eröffnung des Insolvenzverfahrens kann nach der Rechtsprechung des BFH regelmäßig nicht sogleich eine Feststellung dahingehend getroffen werden, ob und in welchem Umfange der wesentlich beteiligte Gesellschafter noch mit Rückzahlungen rechnen darf:[3]

„aa) Der Senat hat ... in nunmehr ständiger Rechtsprechung entschieden, dass der Auflösungsgewinn oder -verlust nach den Grundsätzen ordnungsmäßiger Buchführung zu ermitteln ist, soweit die Eigenart der Gewinnermittlung nach § 17 EStG keine Abweichungen von diesem Grundsatz erfordert. Danach ist insbesondere das Realisationsprinzip zu beachten. ... Die stillen Reserven sind bei Veräußerungsgeschäften erst dann realisiert, wenn der Veräußerer seine Sachleistung erbracht hat (...). Davon ist auch im Konkursfall auszugehen; der Veräußerungsgewinn oder -verlust ist erst realisiert, wenn der Konkursverwalter die einzelnen Wirtschaftsgüter des Gesellschaftsvermögens oder das Unternehmen im Ganzen veräußert und mit dem letzten Geschäftsvorfall die Grundlage für die Schlussverteilung geschaffen hat. Die Dauer eines Konkursverfahrens ist nicht abzuschätzen, wenn – wie auch im Streitfall – erhebliches Betriebsvermögen abzuwickeln ist (...). In dieser Zeit können sich die Marktwerte der Wirtschaftsgüter erheblich verändern (...). Eine strenge Beachtung des Realisationsprinzips ist auch deshalb geboten, weil damit der oft erhebliche Aufwand einer Ermittlung und Bewertung des Gesellschaftsvermögens durch die Beteiligten und Prognosen über den vermutlichen Ausgang des Konkursverfahrens vermieden werden."

4.137

In einer späteren Entscheidung präzisiert der BFH die Voraussetzungen, unter denen im Fall der Eröffnung eines Insolvenzverfahrens über eine Kapitalgesellschaft davon auszugehen ist, dass es zu einer Rückzahlung von Restvermögen der überschuldeten Gesellschaft an den Gesellschafter nicht mehr kommt, wie folgt:[4]

4.138

„Entscheidend für diese Beurteilung ist, wie sich die Vermögenslage auf der Ebene der Gesellschaft darstellt und wie sie sich in dem für die Gesellschaft günstigsten Fall entwickeln wird. Ist danach eine Auskehrung vom Gesellschaftsvermögen ausgeschlossen, liegt auch der Zeitpunkt der Entstehung des Auflösungsverlustes fest, wenn folgende Voraussetzungen erfüllt sind:

4.139

– *Bei einer Auflösung der Gesellschaft wegen Eröffnung des Konkursverfahrens über ihr Vermögen muss die Möglichkeit ausgeschlossen sein, dass die Gesellschaft nach Abschluss eines Zwangsvergleichs fortgeführt wird ... . Solange diese Möglichkeit besteht, ist auch nach Konkurseröffnung das zukünftige Schicksal der Gesellschaft noch ungewiss.*

---

1 FG Rh.-Pf. v. 25.9.2008 – 5 K 1225/06, juris; BFH v. 10.5.2016 – IX R 16/15, juris; v. 13.10.2015 – IX R 41/14, BFH/NV 2016, 385.
2 FG Rh.-Pf. v. 25.9.2008 – 5 K 1225/06, juris; BFH v. 25.1.2000 – VIII R 63/98, BStBl. II 2000, 343; v. 10.5.2016 – IX R 16/15, juris.
3 BFH v. 25.1.2000 – VIII R 63/98, BStBl. II 2000, 343; *Webel* in Graf-Schlicker[5], InsO § 80 InsO Rz. 56.
4 BFH v. 25.3.2003 – VIII R 24/02, DStRE 2003, 1025 ff.; vgl. auch BFH v. 10.5.2016 – IX R 16/15, BFH/NV 2016, 1681.

– *Es muss absehbar sein, ob und in welcher Höhe den Gesellschaftern noch nachträgliche Anschaffungskosten oder sonstige im Rahmen des § 17 Abs. 2 EStG zu berücksichtigende Veräußerungs- oder Aufgabekosten anfallen werden; insofern dürfen keine wesentlichen Änderungen mehr eintreten (...). Zu der Beurteilung der Vermögenslage auf der Ebene der Gesellschaft muss also die Beurteilung der Vermögenslage auf der Ebene des Gesellschafters hinzutreten."*

Hinweis:

Diese Rechtsprechung hindert freilich nicht daran, dass im Einzelfall durchaus direkt bei Insolvenzeröffnung feststehen kann, dass der wesentlich beteiligte Gesellschafter mit keiner Rückzahlung von Vermögen aus der insolventen Gesellschaft mehr rechnen kann.

Nachdem sich auch unter der Geltung der Insolvenzordnung nur in seltenen Fällen Befriedigungsquoten für die Insolvenzgläubiger eingestellt haben, die über 20 % ihrer Forderungen liegen und es Sensationswert hat, wenn es einmal zu einer 100 %-Quote oder einer Sanierung durch Insolvenzplanverfahren kommt, ist eher ein Erfahrungssatz dahingehend anzunehmen, dass der Gesellschafter aus einer in Insolvenz geratenen Gesellschaft keine Auszahlung von Restvermögen mehr erhält. Kommt es dem Gesellschafter darauf an, den Auflösungsverlust bereits in der Veranlagungszeitraum geltend machen zu können, in den die Insolvenzeröffnung fällt, sollte er die Vermögenslage der insolventen Gesellschaft möglichst detailliert dokumentieren und auch darlegen, ob und in wie weit noch mit der Aufdeckung stiller Reserven aus der Veräußerung von Wirtschaftsgütern durch den Insolvenzverwalter gerechnet werden kann. Zudem muss dargelegt werden, in welcher Höhe bereits Forderungen zur Insolvenztabelle angemeldet sind, denn es melden regelmäßig nicht alle Gläubiger ihre Forderungen zur Insolvenztabelle an, so dass allein die Tatsache der Überschuldung noch nichts darüber aussagt, ob es zu einer Restvermögensauskehrung an den Gesellschafter kommen kann. Das kann sich erst ergeben, wenn feststeht, dass mehr Gläubigerforderungen am Verfahren teilnehmen, als im günstigen Fall Masse gebildet werden kann. Zudem muss der Gesellschafter sichere Feststellungen darüber ermöglichen, ob und inwieweit es noch zu nachträglichen Anschaffungskosten kommen kann.

4.140 Der Auflösungsverlust steht dann fest, wenn ein Antrag auf Eröffnung des Insolvenzverfahrens gegen die Kapitalgesellschaft mangels einer die Verfahrenskosten (§ 54 InsO) deckenden Masse abgewiesen worden ist (§ 26 InsO).[1]

Verzichtet ein Gesellschafter-Geschäftsführer gegenüber der Gesellschaft auf bestehende oder künftige **Entgeltansprüche**, so fließen ihm insoweit keine Einnahmen aus nichtselbständiger Arbeit zu, als er dadurch eine tatsächliche Vermögenseinbuße erleidet.[2]

2. Insolvente Personengesellschaften

a) Grundlagen

4.141 Die Einkommensteuer ist eine Personensteuer. Natürliche Personen sind einkommensteuerpflichtig (§ 1 EStG), Personengesellschaften als solche dagegen nicht. Man bezeichnet Personengesellschaften daher als ertragsteuerrechtlich transparent, weil die Besteuerung der von ihnen erzielten Gewinne auf der Ebene ihrer Gesellschafter erfolgt.

---

1 BFH v. 25.1.2000 – VIII R 63/98, BStBl. II 2000, 343; FG Rh.-Pf. v. 25.9.2008 – 5 K 1225/06, BeckRS 2008 26027439; BFH v. 27.11.1995 – VIII B 16/95, BFH/NV 1996, 406; v. 10.5.2016 – IX R 16/15, BFH/NV 2016, 1681.
2 BFH v. 3.2.2011 – VI R 4/10, BStBl. II 2014, 493 = ZIP 2011, 1060 = BFH/NV 2011, 904.

Dessen ungeachtet ist die Personengesellschaft aber „*insoweit Steuerrechtssubjekt, als* 4.142
sie in der Einheit der Gesellschaft Merkmale eines Besteuerungstatbestandes verwirklicht, welche den Gesellschaftern für deren Besteuerung zuzurechnen sind. Solche Merkmale sind insbesondere die Verwirklichung oder Nichtverwirklichung des Tatbestands einer bestimmten Einkunftsart und das Erzielen von Gewinn oder Überschuss im Rahmen dieser Einkunftsart".[1] Das Ergebnis dieser Tätigkeit wird den Gesellschaftern als Anteil am Gewinn oder Überschuss zugerechnet. Dazu bedarf es keiner Zurechnung der einzelnen Geschäftsvorfälle der Gesellschaft an die Gesellschafter. Die Gesellschaft wird deshalb, soweit sie ein gewerbliches Unternehmen betreibt, als „Subjekt der Gewinnerzielung" bezeichnet. Die Personengesellschaft ist Steuerrechtssubjekt bei der Feststellung der Einkunftsart und der Einkünfteermittlung. Die Eigenschaft der Personengesellschaften als Steuerrechtssubjekt lässt die Grundentscheidung der §§ 1 und 2 EStG jedoch unberührt, da Subjekte der Einkommensteuer allein die einzelnen Gesellschafter sind. Bei gewerblichen Einkünften i.S.v. § 15 Abs. 1 Ziff. 2 EStG sind Träger des Gewerbebetriebs einer Personengesellschaft deren Gesellschafter, sofern sie Mitunternehmerrisiko tragen und Mitunternehmerinitiative entfalten können. Weil die Gesellschafter die Mitunternehmer des Betriebes sind und der Betrieb auf ihre Rechnung und Gefahr geführt wird, werden ihnen die Ergebnisse (Gewinn und Verlust) der gemeinschaftlichen Tätigkeit anteilig als originäre Einkünfte zugerechnet.[2]

Auf einer Vorstufe der Einkünfteermittlung ist zu prüfen, welche Gewinne oder 4.143
Überschüsse die Personengesellschaft erzielt hat und welcher Einkunftsart die gemeinsame Betätigung zuzuordnen ist. In einem weiteren Schritt ist der von der Gesellschaft erwirtschaftete Gewinn auf die Gesellschafter zu verteilen. Dieser Gewinnanteil bildet den Ausgangspunkt für die Ermittlung der Einkünfte des Gesellschafters aus seiner Beteiligung. Einzubeziehen sind dabei auch Einkünfte, die der Gesellschafter außerhalb der Einheit der Gesellschaft, indes im Rahmen der Beteiligung, erzielt hat, wie z.B. bei den Einkünften aus Gewerbebetrieb die in § 15 Abs. 1 Ziff. 2 EStG genannten Vergütungen, Gewinne aus der Veräußerung seines Gesellschaftsanteils (§ 16 EStG) oder ihm gehörender, der Gesellschaft zur Nutzung überlassener Wirtschaftsgüter. Subjekt der Einkünfteerzielung ist auch bei gemeinschaftlich erzielten Gewinnen oder Überschüssen immer der einzelne Gesellschafter.[3]

An diesen steuerrechtlichen Grundsätzen ändert sich auch dann nichts, wenn über 4.144
das Vermögen der Personengesellschaft das Insolvenzverfahren eröffnet wird.[4] In

---

1 BFH v. 3.7.1995 – GrS 1/93, BStBl. II 1995, 617; v. 25.6.1984 – GrS 4/82, BStBl. II 1984, 751, unter C. III. 3. a; vgl. ferner BFH v. 19.8.1986 – IX S 5/83, BStBl. II 1987, 212; v. 7.4.1987 – IX R 103/85, BStBl. II 1987, 707; v. 20.11.1990 – VIII R 15/87, BStBl. II 1991, 345; v. 25.9.2018 – IX R 35/17, DStR 2019, 94.
2 BFH v. 3.7.1995 – GrS 1/93, BStBl. II 1995, 617; v. 28.10.2015 – X R 22/13, MittBayNot 2016, 554; v. 6.6.2019 – IV R 30/16, DStR 2019, 1630.
3 BFH v. 3.7.1995 – GrS 1/93, BStBl. II 1995, 617.
4 BFH v 18.12.2014 – X B 89/14, ZIP 2015, 389 = BFH/NV 2015, 470; BFH v. 5.3.2008 – X R 60/04, BStBl. II 2008, 787 = ZIP 2008, 1643; FG Rh.-Pf. v. 15.6.2018 – 3 K 1568/15, Z-InsO 2018, 2103; *Farr*, Die Besteuerung in der Insolvenz, Rz. 314 ff.

der Beurteilung durch die Rechtsprechung in Bezug auf den Steuerabzug bei insolventen Personengesellschaften ist ein Wandel eingetreten (Rz. 4.156). Personengesellschaften sind nach § 11 Abs. 1 InsO insolvenzfähig. Durch die Eröffnung des Insolvenzverfahrens über das Vermögen einer Personengesellschaft werden die Vermögenskreise der Personengesellschaft und der Gesellschafter voneinander getrennt; über das zur Insolvenzmasse der Personengesellschaft gehörende Vermögen verfügt nur noch und alleine der Insolvenzverwalter (§ 80 InsO). Dieses Vermögen wird zum Zwecke der Verteilung an die Gläubiger der Personengesellschaft im Rahmen des Insolvenzverfahrens verwertet. Diese insolvenzrechtliche Trennung von Gesellschafts- und Gesellschaftervermögen bei gleichzeitiger **steuerrechtlicher Zuordnung von Gewinnen und Verlusten** der Personengesellschaft zu den einkommensteuerrechtlich relevanten Einkünften der Gesellschafter bringt es mit sich, dass sich etwa eine Betriebsfortführung oder Verwertungshandlungen im Rahmen des Insolvenzverfahrens über das Vermögen der Personengesellschaft nicht hier, sondern auf der einkommensteuerlichen Ebene der Gesellschafter auswirken.[1] Dadurch kann es durchaus zu Härten kommen, wenn nämlich im Rahmen des Insolvenzverfahrens hohe Gewinne erzielt werden, an denen nicht die Gesellschafter, sondern nur die Gesellschaftsgläubiger partizipieren, während die Ertragsteuern von den Gesellschaftern zu tragen sind. Das führt aber nicht zu einem Verstoß gegen das Prinzip der Besteuerung nach der wirtschaftlichen Leistungsfähigkeit.[2] Der Gesetzgeber ist auch bei der Einkommensteuer nicht von Verfassungs wegen zur lückenlosen Verwirklichung des Prinzips der Besteuerung nach der Leistungsfähigkeit verpflichtet.[3] Für den Regelfall dürfte aber davon auszugehen sein, dass eine in Insolvenz gefallene Personengesellschaft vor der Insolvenzeröffnung Verluste erwirtschaftet hat, die auf Seiten der Gesellschafter einkommensteuerrechtlich berücksichtigt worden sind. Bei einer wirtschaftlichen Gesamtbetrachtung sind somit vorinsolvenzlich auf Seiten der Gesellschafter einkommensteuerlich relevante Verluste zu Lasten der Gläubiger der Personengesellschaft entstanden, die ohne Verstoß gegen das Gebot der Besteuerung nach der wirtschaftlichen Leistungsfähigkeit dadurch kompensiert werden dürfen, dass nachinsolvenzlich entstehende Gewinne der Personengesellschaft zur Tilgung der Forderungen der Gläubiger der Personengesellschaft verwendet werden, die darauf anfallende Ertragsteuer allerdings von den Gesellschaftern getragen werden muss. Insolvenzrechtliche Zuordnungsfragen ergeben sich dabei dann, wenn nicht nur über das Vermögen der Personengesellschaft das Insolvenzverfahren eröffnet wird, sondern zugleich auch noch über das Vermögen des oder der Gesellschafter (Rz. 4.210).

4.145 Soweit vorinsolvenzlich bei den Gesellschaftern nicht Verluste der Personengesellschaft ertragsteuerlich relevant geworden sind oder zumindest Gewinnminderungen, wie etwa die Bildung von Rückstellungen, zu steuerlichen Vorteilen bei den Gesellschaftern geführt haben, ist der die Steuer erhöhende Gewinnanteil aus sachlichen

---

[1] BFH v 18.12.2014 – X B 89/14, ZIP 2015, 389 = BFH/NV 2015, 470.
[2] Vgl. hierzu BFH v. 23.8.1999 – GrS 2/97, BStBl. II 1999, 782; v. 22.7.1988 – III R 175/85, BStBl. II 1988, 995; BVerfG v. 23.11.1976 – 1 BvR 150/75, NJW 1977, 241 (241); *Kahlert*, Anmerkung zu BFH v. 5.3.2008 – X R 60/04, BStBl. II 2008, 787, ZIP 2008, 1645.
[3] BVerfG v. 2.10.1969 – 1 BvL 12/68, BStBl. II 1970, 140.

Billigkeitsgründen bei der Festsetzung der Einkommensteuer des Gesellschafters nach § 163 AO nicht zu berücksichtigen oder zumindest nach § 227 AO auf Antrag zu erlassen.[1]

Ist **nach Verwertung und Verteilung der Masse** im Insolvenzverfahren einer Personengesellschaft **kein Überschuss** vorhanden, so haben die Gesellschafter, deren Kapitalkonten positiv sind, einen schuldrechtlichen Ausgleichsanspruch gegen diejenigen Mitgesellschafter, deren Kapitalkonten negativ sind.[2] Soweit dieser Ausgleichsanspruch eines Gesellschafters wertlos ist, erzielt der zum Ausgleich berechtigte Gesellschafter einen persönlichen Verlust in Höhe der Summe der Guthaben auf dem festen und dem beweglichen Kapitalkonto. Der **Verlust ist einkommensteuerrechtlich in dem Zeitpunkt realisiert**, in dem die Gesellschaft ihren Gewerbebetrieb aufgibt, also mit Veräußerung der wesentlichen Betriebsgrundlagen durch den Insolvenzverwalter.[3]

4.146

Im Fall der **Doppelinsolvenz**, wenn also nicht nur die Personengesellschaft selbst in Insolvenz gefallen ist, sondern auch über das Vermögen der Gesellschafter das Insolvenzverfahren eröffnet ist, bilden die auf den jeweiligen Gesellschafter entfallenden Einkünfte im dortigen Insolvenzverfahren grundsätzlich **Masseverbindlichkeiten** gem. § 55 Abs. 1 Ziff. 1 InsO.[4] Dies gilt allerdings nur insoweit, als die Gewinnanteile (aus der Tätigkeit der Personengesellschaft) aus der Zeit nach Eröffnung des Insolvenzverfahrens über das Vermögen des Gesellschafters herrühren[5] (ausführlich dazu unten Rz. 4.220 ff.). **Gibt** der über das Vermögen des Gesellschafters bestellte **Insolvenzverwalter** die Beteiligung des Gesellschafters aus der von ihm verwalteten Insolvenzmasse **frei**, so betreffen Einkommensteuerschulden, die aus der Beteiligung resultieren, fortan das insolvenzfreie Vermögen des Insolvenzschuldners. Entscheidend ist für die Zuordnung der Einkommensteuerschuld zur Insolvenzmasse oder zum insolvenzfreien Vermögen darauf abzustellen, ob **im Zeitpunkt der Entstehung der Einkommensteuerschuld**, also mit Ablauf des Kalenderjahres, die Beteiligung zur Insolvenzmasse gehört oder nicht.

Wird bei einer **zweigliedrigen Personengesellschaft** ohne einen von den Vorgaben des § 131 Abs. 3 Satz 1 Nr. 2 HGB abweichenden Gesellschaftsvertrag das Insolvenzverfahren sowohl über das Vermögen der KG als auch das ihrer geschäftsführenden GmbH eröffnet, so scheidet die geschäftsführende und allein vollhaftende GmbH aus der Personengesellschaft aus (§ 131 Abs. 3 Satz 1 Nr. 2 HGB). Durch das Ausscheiden des vorletzten Gesellschafters wird die Personengesellschaft ohne Liquidation vollbeendet. Eine derartige **vollbeendete Personengesellschaft kann nicht Beteiligte eines finanzgerichtlichen Verfahrens** zur gesonderten und einheitlichen Feststellung der Einkünfte sein, denn sie ist dann nicht mehr i.S.d. § 48 Abs. 1 Nr. 1 FGO

---

1 Vgl. *Farr*, Die Besteuerung in der Insolvenz, Rz. 316 ff.; *Frotscher*, Besteuerung bei Insolvenz[8], S. 137 ff.
2 *Farr*, Die Besteuerung in der Insolvenz, Rz. 319.
3 *Farr*, Die Besteuerung in der Insolvenz, Rz. 319.
4 BFH v. 18.12.2014 – X B 89/14, ZIP 2015, 389 = BFH/NV 2015, 470.
5 So zu Recht auch Thüringer FG v. 30.11.2011 – 3 K 581/09, EFG 2013, 317 = ZIP 2013, 790, nachfolgend BFH v. 9.12.2014 – X R 12/12, DStRE 2016, 1204.

als Prozessstandschafterin für die Gesellschafter prozessführungsbefugt. Deshalb kann sie auch nicht mehr notwendig beigeladen werden.[1]

b) Steuerabzug (insb. Bauabzugsteuer und Kapitalertragsteuer)

4.147 Besondere Probleme bereitet die Frage, ob und unter welchen Voraussetzungen ein Steuerabzug zulässig ist, wenn dieser zu einer Belastung der Insolvenzmasse einer Personengesellschaft oder eines Nachlasses führt. Sowohl Personengesellschaft als auch Nachlass sind nämlich insolvenzrechtlich insolvenzfähig, ohne zugleich Einkommensteuersubjekt zu sein. Steht einem Nachlass oder einer Personengesellschaft, über deren Vermögen das Insolvenzverfahren eröffnet ist, eine **Forderung aus Bauleistungen** zu oder **erzielt sie Kapitalerträge**, so stellt sich die Frage, ob der Leistungsempfänger oder die die Kapitalerträge auszahlende Stelle **zum Steuerabzug verpflichtet ist oder nicht**. Das Problem stellt sich, weil Schuldner der Einkommensteuer nicht die Personengesellschaft ist, sondern ihre Gesellschafter, gleichzeitig aber die Forderungen aus Bauleistungen bzw. Kapitalerträge zum Vermögen der Personengesellschaft gehören. Soweit der Steuerabzug vorzunehmen ist, gelangen die Abzugsbeträge nicht in die Insolvenzmasse des Nachlasses oder der Personengesellschaft, sondern entfalten ihre Wirkungen (zunächst) nur im Vermögenskreis der Gesellschafter bzw. Erben. Dort aber dürfen die Wirkungen aus insolvenzrechtlicher Sicht nicht eintreten.

4.148 Der BFH hat die auf Kapitalerträge einer in Insolvenz befindlichen Personengesellschaft anfallende Zinsabschlagsteuer zunächst zu den Masseverbindlichkeiten im Insolvenzverfahren über das Vermögen der Personengesellschaft gezählt.[2] Dem lagen folgende Erwägungen zugrunde:

4.149 *„Nach ständiger BFH-Rechtsprechung sind Einkommensteuerforderungen aufgrund der nach der Konkurseröffnung vom Gemeinschuldner erzielten Einkünfte Massekosten, wenn die Einkünfte aus der Verwertung der Konkursmasse resultieren und die entsprechenden Vermögensmehrungen zur Konkursmasse gelangen ... Als Verwertung der Konkursmasse sieht der erkennende Senat auch die ertragbringende Nutzung der zur Konkursmasse gehörenden Vermögensgegenstände an. Diese Nutzung – z.B. die zinsbringende Anlage der vom Konkursverwalter eingezogenen Forderungen – ist im weitesten Sinne Teil der Verwertung der Masse."*[3]

4.150 *„Es ist insoweit ohne Bedeutung, dass die Zinserträge einkommensteuerlich den Gesellschaftern der KG und nicht der KG als der zivilrechtlichen Gläubigerin der Zinsforderung zuzurechnen sind. Die Abzugspflicht des § 43 Abs. 1 Nr. 7 Buchst. b EStG knüpft nicht an den steuerrechtlichen oder zivilrechtlichen Anspruchsberechtigten an, sondern an die Art der Kapitalerträge. Die Abzugspflicht entfällt auch nicht dadurch, dass die im Rahmen einer Mitunternehmerschaft erzielten Zinserträge auch nach Konkurseröffnung gewerbliche Einkünfte der Gesellschafter bleiben."*[4]

---

1 BFH v. 30.8.2012 – IV R 44/10, BFH/NV 2013, 376; vgl. auch BFH v. 5.6.2019 – IV R 17/16, NZI 2019, 907; v. 20.11.2018 – IV B 44/18, BFH/NV 2019, 120.
2 BFH v. 9.11.1994 – I R 5/94, BStBl. II 1995, 255 = ZIP 1995, 661; v. 15.3.1995 – I R 82/93, BFHE 177, 257 = ZIP 1995, 1275; s. auch BGH v. 5.4.2016 – II ZR 62/15, DStR 2016, 1273.
3 BFH v. 15.3.1995 – I R 82/93, BFHE 177, 257 = ZIP 1995, 1275.
4 BFH v. 9.11.1994 – I R 5/94, BStBl. II 1995, 255 = ZIP 1995, 661.

Diese Betrachtung ist indessen rein insolvenzrechtlicher Natur und führt zu einer 4.151
unnötigen Verdrängung des steuerrechtlichen Grundsatzes, dass Personengesellschaften keine einkommensteuerrechtlichen Steuersubjekte sind. Es liegt hierin der Versuch, eine Besteuerung der Erträge in der Vermögensmasse vorzunehmen, der sie (haftungsrechtlich) zuzuordnen sind. Das kann nur in Bezug auf Entscheidungen einzelner Streitfragen zu sachgerecht erscheinenden Ergebnissen führen, nicht aber zu einem stimmigen Gesamtkonzept der Besteuerung im Zusammenhang mit insolventen Personengesellschaften (oder Nachlässen), das durchgehend überzeugende Ergebnisse liefert. Ein solches Gesamtkonzept setzt voraus, dass die **steuerrechtlichen Grundsätze beibehalten** und nicht aufgrund von Überlegungen in Zusammenhang mit speziellen Konstellationen oder Einzelfällen durchbrochen werden. Im Ergebnis führt diese offensichtlich insolvenzrechtlich ausgerichtete Entscheidung sogar in manchen Konstellationen zu insolvenzrechtlich unangemessenen Ergebnissen, so dass es geboten ist, den Gesamtkontext in den Blick zu nehmen.

Mitlehner ist der eben zitierten Rechtsprechung des BFH entschieden entgegengetreten.[1] Auch bei Durchführung eines Insolvenzverfahrens über das Vermögen einer Personengesellschaft sei nicht diese, sondern ausschließlich die Gesellschafter Schuldner der Einkommensteuer. Hierzu sei es unerheblich, ob die Einkommensteuer beim Steuerschuldner oder im Wege der Quellenbesteuerung am Ort der Einkünfte erhoben werde. Eine Korrektur der durch das Postulat der Steuerabzugspflicht bei Bauleistungen eintretenden Verringerung der Insolvenzmasse der Personengesellschaft sei weder durch einkommensteuerrechtliche Vorschriften noch über den Weg eines Bereicherungsanspruchs des Insolvenzverwalters gegen den Fiskus möglich. Die Finanzverwaltung sei nämlich im Verhältnis zum Insolvenzverwalter nicht ungerechtfertigt bereichert, weil sie „*von dem zur Einbehaltung und Abführung zuständigen – persönlich für die Steuer haftenden – Schuldner der Baulohnzahlung die Abzugszahlung als Leistung auf eine gegenüber dem Steuerschuldner [i.e. der Leistende!] bestehende Steuerforderung*" erhalten hat. Allerdings sei der Gesellschafter auf Kosten der Insolvenzmasse bereichert, so dass der Insolvenzmasse ein Bereicherungsanspruch gegen den Gesellschafter zustehen könne.[2] 4.152

Wenn sich auch die Auffassung von *Mitlehner* im Ergebnis als richtig erweist, so ist 4.153
die Begründung gleichwohl angreifbar. Sie übersieht nämlich den Vorrang der Leistungskondiktion vor der Eingriffskondiktion. Bereicherungsrechtliche Ansprüche sind grundsätzlich im Leistungsverhältnis rückabzuwickeln.[3] Soweit eine **Steuerschuld der Insolvenzmasse gar nicht bestehen kann**, leistet der Leistungsempfänger der Bauleistung bzw. die die Kapitalerträge auszahlende Stelle auf **eine für die Insolvenzmasse fremde Schuld** an den Fiskus. Somit griffen der Fiskus und der Gesellschafter in das Gesellschaftsvermögen ein, ohne dass ihnen der Insolvenzmasse gegenüber ein Recht dazu zustünde. Gleichwohl haben sie eine **Leistung durch den Leistungsempfänger bzw. die die Kapitalerträge auszahlende Stelle erhalten und nicht (mittelbar) eine Leistung der insolventen Personengesellschaft**. Im Verhält-

---
[1] *Mitlehner*, NZI 2002, 143 (144).
[2] *Mitlehner*, NZI 2002, 143 (145).
[3] *Sprau* in Palandt[79], § 812 BGB Rz. 2.

nis zum Leistenden haben aber weder der Fiskus noch der Gesellschafter einen Behaltens- bzw. Rechtsgrund, weil die Bauwerklohnforderung bzw. die Kapitalerträge nicht dem Gesellschafter zustanden und der Leistungsempfänger bzw. die die Kapitalerträge auszahlende Stelle nicht *Steuerschuldner*, sondern nur theoretisch *Haftungsschuldner* werden könnte. Die Haftungsschuld setzt aber eine Abführungspflicht voraus, die wiederum nur dann anzunehmen ist, wenn die Personengesellschaft Schuldner der Einkommensteuer auf die Kapitalerträge bzw. die Bauwerklohnforderung wäre. Das ergibt einen circulus vitiosus.

4.154 Zu stimmigen Ergebnissen gelangt man, wenn man die **Steuerschuldnerschaft der Gesellschafter** (§ 43 Abs. 1 EStG, wonach die Kapitalertragsteuer durch Abzug vom Kapitalertrag „erhoben" wird, ergibt nämlich nicht etwa eine Steuerschuldnerschaft derjenigen Vermögensmasse, der die Kapitalerträge zustehen, sondern **ordnet lediglich eine besondere Form der Erhebung einer Steuer an**, **ohne** gleichzeitig in **materiell-rechtlicher** Hinsicht **die Schuld einer bestimmten Vermögensmasse zu normieren**) konsequent umsetzt und die durch die Insolvenzeröffnung eintretende haftungsrechtliche Trennung von Gesellschafter- und Gesellschaftsvermögen einbezieht.

4.155 Ohne die frühere Rechtsprechung ausdrücklich aufzugeben, ist der BFH nunmehr der Auffassung, die Einkommensteuer einer Mitunternehmerin könne nicht im Insolvenzverfahren über das Vermögen der Mitunternehmerschaft geltend gemacht werden.[1] Die Entscheidung enthält zwar keine Aussagen darüber, wie mit dem Steuerabzug umzugehen ist, sie legt jedoch nahe, dass ein Steuerabzug von zur Insolvenzmasse einer Personengesellschaft gehörenden Gegenständen nicht stattfindet. Der BFH führt aus:

4.156 *„Der im Streitfall erlassene Leistungsbescheid [i.e. ein Leistungsbescheid für Einkommensteuer, die auf Erträgen der Personengesellschaft beruhten] kann – ebenso wenig wie ein regulärer Einkommensteuerbescheid – nicht gegen die Masse der Mitunternehmerschaft selbst (der OHG) gerichtet werden. Insoweit ist der Systematik des Einkommensteuerrechts Rechnung zu tragen; die Personengesellschaft als Mitunternehmerschaft ist einkommensteuerrechtlich lediglich Gewinnerzielungssubjekt, nicht aber Steuersubjekt (vgl. statt vieler Schmidt/Wacker, EStG, 27. Aufl., § 15 Rz. 164). Die steuerliche Zuordnung und Erfassung von Einkünften wird durch die Vorschriften der Konkursordnung und der Insolvenzordnung nicht verändert, weder bei einem Konkurs über das Vermögen der Mitunternehmerschaft noch bei einem Konkurs über das Vermögen eines Mitunternehmers noch in dem Fall, in dem - wie im Streitfall - sowohl über das Vermögen der Mitunternehmerschaft als auch über das des Mitunternehmers Konkurs eröffnet worden ist (Frotscher, a.a.O., S. 133).*

4.157 *Diese steuerrechtliche Zurechnung hat zur Folge, dass von der im Konkurs befindlichen Personengesellschaft erwirtschaftete Gewinne den Masse- und Konkursgläubigern zur Verfügung stehen, während steuerrechtlich diese Gewinne den Gesellschaftern zugerechnet werden. Diese Unabgestimmtheit von Insolvenzrecht und Steuerrecht (...) führt zu unbefriedigenden Ergebnissen. Das Problem ist auf der Grundlage steuerlicher Grundsätze zu lösen. Bei unbeschränkt haftenden Gesellschaftern - wie den gem. § 128 des Handelsgesetzbuchs unbeschränkt haftenden Gesellschaftern einer OHG - kommen die auf der Ebene der im Konkurs befindlichen OHG*

---

[1] BFH v. 5.3.2008 – X R 60/04, BStBl. II 2008, 787 = ZIP 2008, 1643; vgl. auch BFH v. 3.8.2016 – X R 25/14, NZI 2017, 218 sowie v. 1.6.2016 – X R 26/14, DStR 2016, 1986.

*erzielten Gewinne dem Gesellschafter haftungsmindernd zugute. Dies rechtfertigt es, dass der Gesellschafter die auf seinen Gewinnanteil entfallende Einkommensteuer selbst zu zahlen hat (...). Eine Inanspruchnahme des Konkursverwalters der insolventen OHG wegen der aus dem Gewinnanteil des Gesellschafters resultierenden Einkommensteuerschulden als Massekosten kommt daneben nicht mehr in Betracht. ... **Entgegen der Auffassung des FA kann Einkommensteuer auf Gewinne aus der Bewirtschaftung der Konkursmasse einer Mitunternehmerschaft nicht gegen diese Konkursmasse bzw. deren Konkursverwalter geltend gemacht werden** [Hervorhebung durch den Verfasser]."*

Dies bedeutet eine Kehrtwende gegenüber obigen Ausführungen des BFH, wonach „die zinsbringende Anlage ... der Forderungen" ungeachtet der Tatsache, dass Insolvenzgesellschaft eine Personengesellschaft war, in Ansehung der Einkommensteuer eine Masseschuld begründen sollte.

4.158

In diesen Zusammenhang einzubeziehen ist übrigens auch **§ 91 Abs. 1 InsO**. Danach können Rechte an zur Insolvenzmasse gehörenden Gegenständen nach der Eröffnung des Insolvenzverfahrens nicht wirksam erworben werden. Soweit der Insolvenzmasse im Insolvenzverfahren über das Vermögen einer Personengesellschaft oder einen Nachlass Bauwerklohnforderungen oder Kapitalerträge zustehen, handelt es sich bei den betreffenden Ansprüchen auf den Bauwerklohnforderungen oder auf die Zinsgutschrift um zur Insolvenzmasse gehörende Gegenstände. **Kein Dritter – weder der Leistungsempfänger, noch die die Kapitalerträge auszahlende Stelle noch das Finanzamt – können wegen § 91 Abs. 1 InsO an diesen zur Insolvenzmasse gehörenden Gegenständen Rechte erwerben.** Greift also etwa eine Bank, indem sie eine Zinsgutschrift um die abgeführte Kapitalertragsteuer kürzt, in die Insolvenzmasse ein, so verletzt sie den Insolvenzbeschlag.

Nimmt der Leistungsempfänger oder die die Kapitalerträge auszahlende Stelle zu Unrecht den Steuerabzug vor und führt die Abzugsbeträge an das Finanzamt ab, steht dem Insolvenzverwalter somit ein **Erstattungsanspruch gem. § 37 Abs. 2 AO** gegen das Finanzamt zu.[1] Dieser ist gegen dasjenige Finanzamt gerichtet, das für den Leistungsempfänger bzw. die die Kapitalerträge auszahlende Stelle zuständig ist. Der Erstattungsanspruch steht auch nicht etwa dem wahren Einkommensteuersubjekt, also den Gesellschaftern der Personengesellschaft bzw. den Erben zu, sondern vielmehr der Insolvenzmasse im Insolvenzverfahren über das Vermögen der Personengesellschaft bzw. den Nachlass. Zwar steht ein Erstattungsanspruch in Fällen des Kapitalertragsteuerabzugs grundsätzlich demjenigen zu, auf dessen Rechnung die Zahlung bewirkt wurde. Dieses ist – in Ermangelung der Einkommensteuersubjektqualität von Personengesellschaft oder Nachlass – zwar der Gesellschafter der Personengesellschaft bzw. der Erbe. Diese Annahme verbietet sich aber im hier interessierenden Fall, weil sie widersinnig wäre. Es soll durch den Erstattungsanspruch **schließlich gerade eine materiell-rechtlich unberechtigte Zahlung aus einem nicht die Steuerschulden den Vermögen rückgängig gemacht werden**.

Unerheblich ist schließlich, dass dem Insolvenzverwalter eine **Nichtveranlagungsbescheinigung** nach § 44a Abs. 1 Satz 4 i.V.m. Abs. 2 Satz 1 Ziff. 2, Abs. 6 EStG nicht

---

[1] Diese Rechtsfrage wird in dem bei dem BFH anhängigen Revisionsverfahren BFH – VIII R 23/18 zu entscheiden sein.

erteilt werden kann. Auch das Fehlen einer Nichtveranlagungsbescheinigung ergibt nämlich keine materiell-rechtliche Schuldnerschaft der Insolvenzmasse für die Steuerschuld der Gesellschafter bzw. Erben, sondern bewirkt lediglich, dass die die Kapitalerträge auszahlende Stelle im Verhältnis zum Finanzamt verpflichtet ist, den Steuerabzug vorzunehmen und abzuführen. Ein Behaltensgrund im Verhältnis zwischen der die Steuer materiell-rechtlich nicht schuldenden Insolvenzmasse und dem Finanzamt ergibt sich für das Finanzamt daraus aber nicht.

4.159 **Daraus ergibt sich zusammenfassend:** Kommt die Personengesellschaft nicht als Steuerschuldner und damit nicht als Haftungssubstrat für die auf Bauwerklohnforderungen oder Kapitalerträge anfallende Einkommensteuer in Betracht, so kann es auch **keine zu sichernde Steuerschuld** dieser Personengesellschaft geben. Somit ist ein zu Lasten der Insolvenzmasse einer Personengesellschaft gehender Steuerabzug nicht hinzunehmen. Der Leistungsempfänger bzw. die die Kapitalerträge auszahlende Stelle hat der Insolvenzmasse daher die Bauwerklohnforderung bzw. die Kapitalerträge **ungeschmälert auszuzahlen**. Die Finanzverwaltung hat die darauf entfallende Einkommensteuer gegen die Gesellschafter zu verfolgen, ggf. in einem Insolvenzverfahren über deren Vermögen.[1] Hat der Leistungsempfänger bzw. die die Kapitalerträge auszahlende Stelle gleichwohl – materiell-rechtlich – zu Unrecht aus der Insolvenzmasse an das Finanzamt gezahlt, ist das Finanzamt im Verhältnis zur Insolvenzmasse rechtsgrundlos bereichert, so dass dem Insolvenzverwalter gegen das Finanzamt gem. § 37 Abs. 2 AO ein Erstattungsanspruch zusteht. Dieser ist gegen das Finanzamt zu richten, das für den Steuerpflichtigen zuständig ist, der den Steuerabzug vorgenommen hat.

c) Betriebsvermögen

4.160 Betriebsvermögen einer Personengesellschaft bleibt auch im über das Vermögen der Personengesellschaft eröffneten Insolvenzverfahren steuerlich betrachtet Betriebsvermögen der Personengesellschaft. Das bezieht sich sowohl auf das Gesamthandsvermögen als auch auf das Sonderbetriebsvermögen.

Gewinne aus der Veräußerung eines Wirtschaftsgutes, welches vor Insolvenzeröffnung im Sonderbetriebsvermögen eines Gesellschafters bilanziert war und vom Insolvenzverwalter aus der Insolvenzmasse freigegeben wurde, sind gesondert und einheitlich gegenüber dem Gesellschafter festzustellen.[2] Ein zum notwendigen Sonderbetriebsvermögen gehörendes Wirtschaftsgut, das die Eigenschaft als „notwendiges" Sonderbetriebsvermögen verliert, aber nicht zu notwendigem Privatvermögen wird, scheidet nicht ohne eine eindeutige Entnahmehandlung aus dem Betriebsvermögen aus, sondern bleibt weiterhin „geduldetes" Betriebsvermögen.[3] Eine Entnahme kann so lange nicht angenommen werden, wie ein Steuerpflichtiger das Wirtschaftsgut weiterhin in seiner Bilanz als Betriebsvermögen ausweist und objektive Merkmale

---

1 Vgl. auch zu diesem Fall der Doppelinsolvenz BFH v. 5.3.2008 – X R 60/04, BStBl. II 2008, 787 = ZIP 2008, 1643 = DStR 2008, 1478 ff.
2 FG Münster v. 14.5.2013 – 11 K 1015/11 F, EFG 2013, 1350.
3 FG Münster v. 14.5.2013 – 11 K 1015/11 F, EFG 2013, 1350.

fehlen, die darauf schließen lassen, dass eine spätere Verwendung zu betrieblichen Zwecken ausgeschlossen erscheint.

In Insolvenzfällen scheidet ein Wirtschaftsgut des notwendigen Sonderbetriebsvermögens weder durch Eröffnung des Insolvenzverfahrens über das Vermögen der Personengesellschaft, noch durch Abweisung des Antrags auf Eröffnung des Insolvenzverfahrens über das Vermögen der Personengesellschaft mangels Masse (§ 26 InsO) noch durch Eröffnung des Insolvenzverfahrens über das Vermögen des Gesellschafters automatisch aus dem Sonderbetriebsvermögen des Gesellschafters aus.[1] Auch eine Freigabe bewirkt kein Ausscheiden des Gegenstandes aus dem Sonderbetriebsvermögen. Nach ständiger Rechtsprechung des BFH erfordert eine Entnahme eine von einem Entnahmewillen getragene Entnahmehandlung, aus welcher nach außen erkennbar wird, dass die Verknüpfung des Wirtschaftsguts mit dem Betriebsvermögen gelöst wird und das Wirtschaftsgut nur noch für private Zwecke genutzt werden soll.[2] Eine solche Handlung stellt die Freigabe des Insolvenzverwalters gegenüber dem Gesellschafter nicht dar.[3]

Der Insolvenzverwalter wird durch die Eröffnung des Insolvenzverfahrens nicht selbst Feststellungsbeteiligter i.S.d. § 179 Abs. 2 Satz 2 AO, sondern bleibt lediglich Vermögensverwalter i.S.d. § 34 Abs. 3 AO.

XII. Besonderheiten im Nachlassinsolvenzverfahren

Mit dem Erbfall wird der Erbe als solcher gem. §§ 1922, 1967 BGB Rechtsträger des gesamten Nachlasses. Damit wird er nach allgemeinen steuerrechtlichen Prinzipien zugleich Einkommensteuerschuldner in Bezug auf Einkünfte, die aus der Veräußerung von Nachlassgegenständen resultieren oder im Rahmen der Fortführung eines nachlasszugehörigen Unternehmens generiert werden. Wird ein im Wege der Erbfolge erworbener Betrieb nachfolgend von dem Erben veräußert bzw. aufgegeben, so verwirklicht der Erbe den Gewinnrealisierungstatbestand des § 16 Abs. 1 Ziff. 1 bzw. Abs. 3 EStG. Der Erbe wird mit dem Erbfall automatisch Gewerbetreibender bzw. Unternehmer mit der Folge, dass ihm die bis zur Weiterveräußerung anfallenden betrieblichen Einkünfte als seine eigenen gewerblichen Einkünfte zuzurechnen sind.[4] Alle Geschäftsvorfälle nach dem Tode des Erblassers bis zur Veräußerung des Betriebs wie auch die Veräußerung selbst bzw. die Betriebsaufgabe gehen auf den Erben zurück, der als Rechtsnachfolger des Erblassers den Einkunftstatbestand in seiner Person selbst verwirklicht. Entsprechendes gilt für die Veräußerung des Anteils eines Gesellschafters, der als Mitunternehmer des Betriebs i.S.d. § 15 Abs. 1 Ziff. 2 EStG anzusehen ist (§ 16 Abs. 1 Ziff. 2 EStG). Als Steuerschuldner ist der Erbe auch zutreffender Adressat des entsprechenden Einkommensteuerbescheids im Festsetzungsverfahren.

4.161

---
1 FG Münster v. 14.5.2013 – 11 K 1015/11 F, EFG 2013, 1350.
2 BFH v. 16.3.1983 – IV R 36/79, BStBl. II 1983, 459; v. 25.6.2003 – X R 72/98, BStBl. II 2004, 403.
3 FG Münster v. 14.5.2013 – 11 K 1015/11 F, EFG 2013, 1350.
4 BFH v. 14.7.2016 – IX B 142/15.

4.162 Wird das **Unternehmen** nach Eröffnung des Nachlassinsolvenzverfahrens von einem Insolvenzverwalter **fortgeführt**, bleibt es bei der formalen Steuerschuldnerschaft des Erben. Der Übergang der Verwaltungs- und Verfügungsbefugnis auf den Insolvenzverwalter nach § 80 InsO ändert daran nichts. Der Insolvenzverwalter ist zwar für die Umsatzsteuer und Gewerbesteuer erklärungspflichtig, nicht aber für die Einkommensteuer, denn insoweit ist er nicht Vermögensverwalter i.S.v. § 34 Abs. 3 AO (dafür müsste er nämlich zum Vermögensverwalter über das Vermögen des Einkommensteuersubjektes „Erbe" bestellt sein).

4.163 Die formale Steuerschuldnerschaft des Erben sagt nichts darüber aus, **mit welchem Vermögen** dieser im Fall einer späteren Nachlassinsolvenz für die zwischenzeitlich aufgelaufenen **Steuerschulden einzustehen** hat. Zwar gehört die Steuerschuld in Ansehung der erst nach dem Tode des Erblassers verwirklichten Besteuerungsgrundlagen grundsätzlich nicht zum Nachlass (es sei denn, es handelte sich um sog. Nachlassverwaltungsschulden oder Nachlasserbenschulden), weil der Erbe originärer Steuerschuldner wird. Das schließt aber nicht aus, dass der Erbe seine Haftung für die Einkommensteuerschuld auf den Nachlass beschränken kann (§ 1975 BGB).[1] Maßgeblich hierfür ist die Rechtsnatur, die der Einkommensteuerschuld beizumessen ist. Der BFH differenziert dabei danach, ob die nach Eröffnung des Nachlassinsolvenzverfahrens entstandene Einkommensteuerschuld durch Handlung des Erben oder Insolvenzverwalters oder ohne deren Zutun angefallen ist.[2] Ist die Entstehung der Steuerschuld bereits durch den Erblasser zu dessen Lebzeiten unvermeidlich in Gang gesetzt worden und daher ohne jedes Zutun des Erben oder des Insolvenzverwalters nach dem Tod entstanden, liegt danach eine (reine) Nachlassverbindlichkeit und nicht zugleich eine Eigenschuld des Erben vor. Folglich kann der Erbe in solchen Fällen nach allgemeinen Grundsätzen seine Haftung auf den Nachlass beschränken. Abgesehen von den Fällen einer unbeschränkten Erbenhaftung (§ 2013 BGB) haftet er im Fall der Eröffnung des Nachlassinsolvenzverfahrens (§ 1975 BGB) für solchermaßen entstandene Einkommensteuerschulden also nicht mit seinem Eigenvermögen.

Offen gelassen hat der BFH hingegen, wie mit Einkommensteuerschulden umzugehen ist, die durch Handlungen des Insolvenzverwalters ausgelöst werden.[3]

4.164 Nach der früheren Rechtsprechung des BFH[4] gehörte die Einkommensteuer aufgrund von Einkünften, die der Erbe nach dem Tode des Erblassers mit Mitteln des Nachlasses erzielte, weder zu den Erblasser-, noch zu den Erbfallschulden. Da der Erbe den Tatbestand der Einkünfteerzielung als nunmehriger Rechtsträger des Nachlasses in eigener Person verwirklichte und dementsprechend selbst als Steuerschuld-

---

1 Vgl. bzgl. der Erbschaftsteuer BFH v. 20.1.2016 – II R 34/14 (Tz. 22); so zuvor bereits Hess. FG v. 9.4.2009 – 1 V 115/09.
2 BFH v. 11.8.1998 – VII R 118/95, BStBl. II 1998, 705 = DStRE 1998, 816 (818 ff.); v. 20.1.2016 – II R 34/14, DStRE 2016, 671; v. 10.11.2015 – VII R 35/13, DStRE 2016, 562.
3 BFH v. 11.8.1998 – VII R 118/95, BStBl. II 1998, 705 = DStRE 1998, 816 (818 ff.).
4 BFH v. 5.6.1991 – XI R 26/89, BStBl. II 1991, 820 = DStR 1991, 1313 (1313); v. 28.4.1992 – VII R 33/91, BStBl. II 1992, 781 = NJW 1993, 350 (350); v. 11.8.1998 – VII R 118/95, BStBl. II 1998, 705 = DStRE 1998, 816 (817).

ner anzusehen war, wurden die betreffenden Steuerschulden entweder als reine Eigenschuld des Erben oder als sog. „Nachlasserbenschuld" angesehen. Der Nachlasserbenschuld wird nach herrschender Meinung eine Doppelstellung (doppelter Haftungsgrund) beigemessen. Sie ist danach zugleich Nachlassverbindlichkeit und Eigenschuld des Erben.[1] Nachlasserbenschulden entstehen aus Rechtshandlungen des Erben anlässlich des Erbfalls. Hierzu zählen vor allem Verbindlichkeiten, die im Rahmen der Verwaltung des Nachlasses wie insbesondere der Fortführung eines zum Nachlass gehörenden Unternehmens begründet wurden.[2] Unabhängig von der exakten Einordnung der betreffenden Einkommensteuerschuld war die Haftung des Erben – nach dieser früheren Rechtsprechung – hinsichtlich der Eigenschuld nicht beschränkbar. Es lag nämlich jedenfalls keine reine Nachlassverbindlichkeit vor.

Diese Rechtsprechung ist in der Literatur auf Kritik gestoßen.[3] Danach ist die Frage, welches Haftungssubstrat für Verbindlichkeiten des Erblassers bzw. Verbindlichkeiten aus der späteren Verwaltung des Nachlass bzw. im Zusammenhang damit entstehen, zur Verfügung steht, zivilrechtlicher und nicht steuerrechtlicher Natur.[4] Demgemäß kann sie auch nur zivilrechtlich und nicht unter Heranziehung steuerrechtlicher Argumente wie jenem der formalen Steuerschuldnerschaft des Erben entschieden werden. Die zivilrechtliche Beurteilung ist indessen kaum anders denkbar, als dass es sich um Nachlasserbenschulden/Nachlassverwaltungsschulden handelt. Denn unter diese Kategorie der Nachlassverbindlichkeiten, die eine Doppelnatur als Nachlassschuld und Eigenschuld des Erben einnehmen, fallen alle Verbindlichkeiten, die im Zusammenhang mit der Verwaltung von zum Nachlass gehörenden Gegenständen entstehen. Da im Nachlassinsolvenzverfahren zur Insolvenzmasse nur solche Gegenstände gehören, die zum Nachlass gehören, können hier durch Handlungen des

4.165

---

1 Nachlasserbenschulden können entweder gegen den Erben als Träger seines Eigenvermögens mit der Folge geltend gemacht werden, dass aus einem Titel ggf. in das gesamte (Eigen-) Vermögen des Erben vollstreckt werden kann. Alternativ kann sie aber auch gegen den Erben als solchen, d.h. als Rechtsträger des Nachlasses, durchgesetzt werden. Vollstreckungsobjekt ist ggf. jedoch allein der Nachlass. Letztere Variante ist vor allem dann zweckmäßig, wenn der Erbe als Träger seines Eigenvermögens insolvent ist, der Nachlass jedoch zureichend. Seine Stellung als Nachlassgläubiger ermöglicht dem Gläubiger einer Nachlasserbenschuld, hier die Beantragung der Nachlassverwaltung gem. § 1981 Abs. 2 BGB. Die Anordnung der Nachlassverwaltung führt ggf. zur Separation des Nachlasses und damit zum Ausschluss der Eigengläubiger vom Nachlass bis zur vollständigen Befriedigung sämtlicher Nachlassgläubiger. Und bei gleichzeitiger Insolvenz von Nachlass und Erbe hat die Rechtsstellung als Nachlasserbengläubiger den weiteren Vorteil, – entgegen § 331 Abs. 1 InsO – in beiden Verfahren bis zur vollständigen Befriedigung jeweils den vollen Betrag seiner Forderung anmelden zu können, § 43 InsO, vgl. zum Letzteren: *Marotzke* in HeidelbergerKomm/InsO[10], § 331 Rz. 6.
2 Grundlegend zu Rechtsfigur und Erscheinungsformen der Nachlasserbenschuld *Marotzke* in Staudinger (2015), § 1967 BGB Rz. 5 ff., 21, 33, 42, 47, 51 ff., 61 ff.
3 Vor allem *Siegmann*, Steuerrechtsprechung in Karteiform, Anmerkungen, AO 1977, § 45, Rechtsspruch 8, S. 1 ff.; *Siegmann/Siegmann*, StVj 1993, 337 (344); *Depping*, DStR 1993, 1246 (1246).
4 Vgl. *Siegmann*, Steuerrechtsprechung in Karteiform, Anmerkungen, AO 1977, § 45, Rechtsspruch 8, S. 2; *Siegmann/Siegmann*, StVj 1993, 337, (344 f.).

Nachlassinsolvenzverwalters kaum Verbindlichkeiten entstehen, die nicht im Zusammenhang mit der Verwaltung von Nachlassgegenständen stehen. Man wird also Einkommensteuerschulden, die wegen einer Verwaltung oder Veräußerung von Nachlassgegenständen entstehen, immer als Nachlassverbindlichkeiten i.S.v. § 325 InsO anzusehen haben und sie damit auch der Haftungsbeschränkung auf den Nachlass gem. § 1975 BGB unterwerfen müssen.

4.166 Für die Ansicht der Literatur spricht nicht zuletzt auch § 45 Abs. 2 Satz 1 AO. Die Norm verweist in Bezug auf die im Erbgang befindlichen Steuerschulden ausdrücklich auf die zivilrechtlichen Vorschriften über die Haftung für Nachlassverbindlichkeiten. Nach § 45 Abs. 2 Satz 2 AO sollen hiervon erkennbar allein die Vorschriften über die Erbschaftsteuer unberührt bleiben.

4.167 Eine ganz andere Frage ist diejenige, ob der **Nachlassinsolvenzverwalter in Bezug auf die Einkommensteuer Mitwirkungs- oder Erklärungspflichten hat. Diese Frage ist zu verneinen.**[1] Dies ergibt sich vor allem daraus, dass er nicht Verwalter eines Vermögens eines Einkommensteuersubjektes ist, aber auch aus der Rechtsnatur des Insolvenzverfahrens über einen Nachlass und die damit einhergehende Rechtsstellung des Nachlassinsolvenzverwalters. Diese unterscheidet sich in maßgeblichen Punkten von der Rechtsstellung eines über das Vermögen einer juristischen oder natürlichen Person bestellten Insolvenzverwalters. Daneben ergibt sich diese Rechtslage aus einer ganzen Reihe von abgabenrechtlichen, insolvenzrechtlichen und erbrechtlichen Gründen. Der Nachlass ist kein in sich geschlossenes Vermögen eines Einkommensteuersubjektes, sondern eine Ansammlung von Gegenständen, die nur gemeinsam haben, dass sie früher einmal – in Zusammenhang mit anderen, jetzt nicht mehr vorhandenen Gegenständen – das Vermögen eines Einkommensteuersubjektes gebildet haben. Die weit überwiegende Auffassung vertritt daher zu Recht den Standpunkt, dass der maßgebliche Zeitpunkt zur Bestimmung des Umfangs der Insolvenzmasse auch im Nachlassinsolvenzverfahren der Tag der Verfahrenseröffnung ist.[2] Das Nachlassinsolvenzverfahren keinesfalls ein Insolvenzverfahren über das Vermögen des Erblassers, sondern ein Sondermasseinsolvenzverfahren, in dem aus rein vollstreckungsrechtlichen Gründen bestimmte Einzelgegenstände, die inzwischen im Eigentum und damit Vermögen des Erben als Rechtsnachfolger stehen, einer einheitlichen Verwertung zugeführt werden.[3] Genau genommen ist das Nachlassinsolvenzverfahren sogar ein **Insolvenzverfahren ohne Schuldner.**[4] Allgemein anerkannt ist, dass die **Auskunfts- und Mitwirkungspflichten der §§ 97, 98 InsO im Nach-**

---

[1] Ausführlich dazu *Roth*, ZVI 2014, 45 ff.
[2] *Bauch* in Braun[8], § 315 InsO Rz. 5; *Riering* in Nerlich/Römermann, § 315 InsO Rz. 23; *Smid*, Grundzüge des Insolvenzrechts[4], § 28 Rz. 6; *Frege/Keller/Riedel*, Insolvenzrecht[8], Rz. 2393; *Döberein* in Gottwald, Insolvenzrechts-Handbuch[5], § 113 Rz. 1; *Siegmann/Scheuing* in MünchKomm/InsO[4], Anhang zu § 315 Rz. 29; *Lüer/Weidmüller* in Uhlenbruck[15], § 315 InsO Rz. 7; *Busch*, Die Haftung des Erben, S. 64; *Roth* in Roth/Pfeuffer, Praxishandbuch für Nachlassinsolvenzverfahren[2], S. 25 ff.
[3] Ausführlich dazu *Roth*, ZVI 2014, 46.
[4] Ausführlich dazu *Roth*, ZVI 2014, 46.

lassinsolvenzverfahren den Erben treffen.[1] Ist ein Nachlassverwalter, Nachlasspfleger oder Testamentsvollstrecker bestellt, so treffen diesen diese Pflichten daneben und zusätzlich analog § 101 InsO.[2] Auf Grund der Auskunfts- und Mitwirkungspflichten ist es Sache des Erben bzw. der Nachlasspfleger, Nachlassverwalter und Testamentsvollstrecker, selbst alle nötigen Ermittlungen anzustellen, um alle Auskünfte lückenlos erteilen zu können, auf die sich die Auskunfts- und Mitwirkungspflichten erstrecken. Das sind alle Umstände, die für die zur Insolvenzmasse gehörenden Gegenstände von Bedeutung sein können. Die Auskunftspflicht beschränkt sich dabei nicht auf das unmittelbar *präsente Wissen* des Schuldners bzw. hier des Erben bzw. Nachlasspflegers, Nachlassverwalters oder Testamentsvollstreckers.[3] Dieser hat vielmehr alles zu unternehmen, um die von der Auskunft umfassten Umstände zu ermitteln und notfalls entsprechende *Vorarbeiten* zu erbringen. All diese Personen – mit Ausnahme des Nachlassverwalters – behalten auch im eröffneten Insolvenzverfahren ihre Ämter und erbrechtlichen Funktionen – und haben Pflichten, die sie wahrzunehmen haben. Der Nachlass ist kein Einkommensteuersubjekt, weil er keine lebende Person ist. Er ist übrigens auch nicht Rechtsträger, weil er im bürgerlich-rechtlichen Sinne keine Rechtsträgerqualität hat. Der Erblasser kann auch nicht mehr Rechtsträger sein, denn die Rechtsträgereigenschaft endet mit dem Tod. Die **einkommensteuerrechtlichen Erklärungs- und Mitwirkungspflichten (§§ 90, 93, 97, 149, 153 AO) gehen mit dem Erbfall auf den Erben über.**[4] Ab diesem Zeitpunkt trifft den Erben allein die Steuerschuldnerschaft für sämtliches zum Nachlass gehörendes Vermögen und es trifft ihn damit verbunden freilich auch die alleinige Steuererklärungspflicht in Bezug auf dieses Vermögen. Das gilt übrigens auch für **einkommensteuerrechtlich relevante Vorgänge, die zu Lebzeiten des Erblassers verwirklicht** worden sind, weil der **Nachlassinsolvenzverwalter nie über dessen Vermögen zum Vermögensverwalter bestellt** worden ist, sondern **nur über das Sammelsurium von Einzelgegenständen**, die zu einem weit nach dem Tod des Erblassers zufälligerweise noch unterscheidbar im Erbenvermögen vorhandenen Gegenstände.[5] Abgesehen davon ist die Frage der einkommensteuerlichen Mitwirkungs- und Erklärungspflichten in der vergleichbaren Konstellation eines Insolvenzverfahrens über das Vermögen einer Personengesellschaft (die schließlich auch kein Einkommensteuersubjekt ist) ebenfalls nach soweit ersichtlich allgemeiner Auffassung

---

1 AG Montabaur v. 16.5.2012 – 14 IN 170/11, unveröffentlicht; *Hess* in Hess, Kommentar zum Insolvenzrecht, Band II, 2. Aufl. 2013, § 315 Rz. 36; *Roth* in Roth/Pfeuffer, Praxishandbuch für Nachlassinsolvenzverfahren², S. 62 f.
2 Ausführlich dazu *Roth* in Roth/Pfeuffer, Praxishandbuch für Nachlassinsolvenzverfahren², S. 62 ff.; im Ergebnis ebenso *Stephan* in MünchKomm/InsO⁴, § 101 Rz. 14; *Schilken* in Jaeger, § 101 InsO Rz. 12; *Herchen/Morgen* in Hamburger Kommentar zur InsO⁷, § 20 Rz. 11.
3 BGH v. 19.1.2006 – IX ZB 14/03 m.w.N.; *Schilken* in Jaeger, § 97 InsO Rz. 20.
4 FG Rh.-Pf. v. 20.1.2005 – 4 K 1213/02, EFG 2005, 438; BFH v. 21.6.2007 – III R 59/06, BStBl. II 2007, 770; *Buciek* in Beermann, Steuerliches Verfahrensrecht, § 45 AO Rz. 36, Stichwort: „Erklärungs- und Mitwirkungspflichten"; Schwarz in Schwarz/Pahlke, § 45 AO Rz. 14 ff.; ausführlich dazu *Roth*, ZVI 2014, S. 47 f.
5 Zum Umfang der Insolvenzmasse im Nachlassinsolvenzverfahren ausführlich *Roth* in Roth/Pfeuffer, Praxishandbuch für Nachlassinsolvenzverfahren², S. 25 ff., 33.

dahingehend zu beantworten, dass den Insolvenzverwalter keine für die Einkommensteuer relevanten Pflichten treffen.[1] Der Insolvenzverwalter über das Vermögen einer Personengesellschaft ist nicht einmal zur einheitlichen und gesonderten Gewinnfeststellung berechtigt, weil seine Verwaltungs- und Verfügungsbefugnis gem. § 80 InsO nur das zur Insolvenzmasse gehörende Vermögen umfasst, sich aber die steuerlichen Folgen im Vermögen der Gesellschafter abspielen.[2] In der parallelen Fallgestaltung der Zwangsverwaltung (auch der Zwangsverwalter verwaltet nur einzelne Gegenstände aus dem Gesamtvermögen eines Einkommensteuersubjektes)[3] wird dies mittlerweile anders beurteilt. Mit Urteil vom 10.2.2015[4] hat der BFH seine Rechtsprechung dahingehend geändert, dass der Zwangsverwalter nun erklärungs- und entrichtungspflichtig für die anteilige Einkommensteuer ist, welche auf die von ihm verwalteten Vermögensteile des Schuldnervermögens entfällt. Diese Rechtsprechungsänderung bringt viele Unklarheiten und Fragen mit sich, insbesondere durch die sich daraus ergebende Problematik von Teilsteuererklärungen und Teilsteuerfestsetzungen, sowie der anschließenden Bekanntgabe der anteiligen Steuer, die nach wie vor einer Klärung bedürfen.

Für den Bereich der Nachlassinsolvenz bleibt dennoch insgesamt **festzuhalten, dass der Insolvenzverwalter über einen Nachlass in keiner Weise einkommensteuerliche Erklärungs- oder Mitwirkungspflichten hat**, egal, ob einkommensteuerlich relevante Vorgänge zu Lebzeiten des Erblassers oder nach seinem Ableben in Bezug auf Nachlassgegenstände stattgefunden haben.

4.168 Die **Beschränkung der Erbenhaftung** ist vom Erben nicht notwendig bereits im Steuerfestsetzungsverfahren geltend zu machen. Ausreichend ist, wenn der Einwand im **Zwangsvollstreckungsverfahren** erhoben wird, vgl. § 265 AO i.V.m. § 781 ZPO.[5] Wie dies im Einzelnen zu geschehen hat, ist für die Verwaltungsvollstreckung nicht ausdrücklich geregelt. Da weder § 780 ZPO noch § 785 ZPO entsprechende Anwendung finden (vgl. § 265

AO) und andere Rechtsbehelfe nicht vorgesehen sind, dürfte zur Geltendmachung der Einrede eine formlose Erklärung des Vollstreckungsschuldners gegenüber der Vollstreckungsbehörde genügen.[6] Jedenfalls reicht es aus, wenn der Erbe einen

---

1 BFH v. 23.8.1994 – VII R 143/92, BStBl. II 1995, 194 = ZIP 1994, 1969 = ZIP 1995, 1798; v. 11.10.2007 – IV R 52/04, DStR 2008, 237, 238; BGH v. 2.4.1998 – IX ZR 187/97, ZIP 1998, 1076 = NJW-RR 1998, 1125; ausführlich dazu *Roth*, ZVI 2014, S. 47 f.
2 BGH v. 2.4 1998 – IX ZR 187/97, ZIP 1998, 1076; BFH, v. 23.8.1994 – VII R 143/92, BStBl. II 1995, 194 = ZIP 1994, 1969 = ZIP 1995, 1798; v. 11.10.2007 – IV R 52/04, DStR 2008, 237, 238.
3 Ausführlich zur Parallelität mit der hier gegebenen Fallkonstellation *Roth*, ZVI 2014, S. 49 f.
4 BFH v. 10.2.2015 – IX R 23/14, NZI 2015, 672.
5 BFH v. 24.6.1981 – I B 18/81, BStBl. II 1981, 729 = NJW 1981, 2600 (2600); v. 11.8.1998 – VII R 118/95, BStBl. II 1998, 705 = NJW 1998, 816 (819); v. 25.1.2017 – X R 59/14, NJW 2017, 2140.
6 BFH v. 11.8.1998 – VII R 118/95, BStBl. II 1998, 705 = NJW 1998, 816 (819); *Müller-Eiselt* in Hübschmann/Hepp/Spitaler, § 265 AO Rz. 23, m.w.N.

Rechtsbehelf gegen die Zwangsvollstreckungsmaßnahme einlegt und sich dabei auf die Beschränkung seiner Haftung beruft.[1]

XIII. Zuordnung der Einkommensteuerschuld zu den Insolvenzforderungen, Masseverbindlichkeiten oder Forderungen gegen das insolvenzfreie Vermögen

1. Einkommensteuer

a) Grundlagen der Zuordnung

Die Eröffnung des Insolvenzverfahrens führt steuerrechtlich nicht zu Steuerfestsetzungen für einen Besteuerungszeitraum vor und nach Insolvenzeröffnung, denn die Einkommensteuer ist nach § 2 Abs. 7 Satz 1 EStG eine Jahressteuer. Die Grundlagen für die Festsetzung sind für das jeweilige Kalenderjahr zu ermitteln (§ 2 Abs. 7 Satz 2 EStG). Der Veranlagungszeitraum für die Festsetzung der Einkommensteuer ist ebenfalls das Kalenderjahr (§ 25 Abs. 1 EStG).

4.169

Auch in der Insolvenz ist daher für den jeweiligen Besteuerungszeitraum eine grundsätzlich einheitliche Veranlagung durchzuführen, in die sämtliche Einkünfte einzubeziehen sind, die der Insolvenzschuldner in dem Veranlagungszeitraum bezogen hat. Die steuerlichen Rechtsfolgen der Tatbestandsverwirklichung, also der Grund und die Höhe des Einkommensteueranspruchs, richten sich allein nach dem Steuerrecht.[2]

4.170

Im Falle einer Insolvenz ist diese einheitlich ermittelte Einkommensteuer verschiedenen insolvenzrechtlichen Forderungskategorien zuzuordnen.[3] Forderungskategorien sind vor allem Insolvenzforderungen im Rang von § 38 InsO, Masseverbindlichkeiten im Rang von § 55 InsO und Forderungen gegen das insolvenzfreie Vermögen des Insolvenzschuldners (Rz. 2.135 ff.). Daneben gibt es noch die Verfahrenskosten im Rang von § 54 InsO und nachrangige Forderungen im Rang von § 39 InsO, bzw. im Nachlassinsolvenzverfahren Masseverbindlichkeiten im Rang von § 324 InsO bzw. nachrangige Insolvenzforderungen im Rang von § 327 InsO. (Zu den Forderungskategorien Alt- bzw. Neumasseverbindlichkeiten im masseunzulänglichen Verfahren s. Rz. 2.274 ff.; 3.215 ff.) Die hier zu erörternden zentralen Zuordnungsfragen spielen sich aber im Zusammenhang mit der Abgrenzung von Insolvenzforderungen im Rang von § 38 InsO, Masseverbindlichkeiten nach § 55 InsO bzw. dem insolvenzfreien Vermögen des Insolvenzschuldners ab. Die Zuordnung der Steuerforderung zu den verschiedenen insolvenzrechtlichen Forderungskategorien bestimmt sich nicht nach dem Steuerrecht, sondern nach dem Insolvenzrecht.[4]

4.171

---
1 BFH v. 11.8.1998 – VII R 118/95, BStBl. II 1998, 705 = NJW 1998, 816 (819).
2 FG Nds. v. 28.10.2008 – 13 K 457/07, DStRE 2009, 841 (842); BFH v. 7.3.2017 – 13 K 178/15, ZInsO 2017, 1636; v. 7.11.1963 – IV 210/62 S, BStBl. III 1964, 70.
3 Vgl. statt vieler FG Münster v. 29.3.2011 – 10 K 230/10, EFG 2011, 1806; FG München v. 21.7.2010 – 10 K 3005/07, ZInsO 2011, 1311.
4 FG Nds. v. 28.10.2008 – 13 K 457/07, DStRE 2009, 841 (842); BFH v. 14.2.1978 – VIII R 28/73, BStBl. II 1978, 356; v. 11.11.1993 – XI R 73/92, ZIP 1994, 1286 = BFH/NV 1994, 477; v. 25.7.1995 – VIII R 61/94, BFH/NV 1996, 117; v. 31.10.2018 – III B 77/18, NZI 2019, 300; v. 10.7.2019 – X R 31/16, BFH/NV 2020, 152.

Maßgeblich ist der Zeitpunkt des Begründetseins des gegen den Insolvenzschuldner gerichteten Anspruchs. Auf die Entstehung des Steueranspruchs i.S.d. § 38 AO kommt es nicht an.[1] Sind in einem **Veranlagungszeitraum mehrere insolvenzrechtliche Forderungskategorien betroffen**, so ist die einheitlich ermittelte Einkommensteuerschuld aufzuteilen.[2]

4.172 Die Steuerforderung stellt eine **Insolvenzforderung** dar, soweit es sich um einen **vor der Eröffnung** des Insolvenzverfahrens begründeten Vermögensanspruch handelt (vgl. § 38 InsO), es sei denn, dieser ist mit Zustimmung eines vorläufigen schwachen Insolvenzverwalters begründet worden (§ 55 Abs. 4 InsO) oder durch Rechtshandlung eines starken vorläufigen Insolvenzverwalters (§ 55 Abs. 2 InsO). Eine als Insolvenzforderung zu qualifizierende Steuerforderung kann nur durch Anmeldung zur Insolvenztabelle gem. §§ 174 ff. InsO durchgesetzt werden. Sie nimmt an dem insolvenzrechtlichen Masseverteilungsverfahren teil.

4.173 Wird die Steuerforderung dagegen **nach der Eröffnung** durch die Verwaltung, Verwertung und Verteilung der Masse begründet (oder durch einen vorläufigen Insolvenzverwalter, auf den durch insolvenzgerichtlichen Beschluss die Verwaltungs- und Verfügungsbefugnis über das schuldnerische Vermögen übergegangen ist (dann § 55 Abs. 2 InsO) oder mit Zustimmung eines vorläufigen schwachen Insolvenzverwalters, dann (§ 55 Abs. 4 InsO)), so handelt es sich um eine **sonstige Masseverbindlichkeit** i.S.v. § 55 Abs. 1 Ziff. 1 InsO.[3] Eine als Masseverbindlichkeit zu qualifizierende Steuerforderung ist nach § 53 InsO vorweg aus der Insolvenzmasse zu berichtigen. Sie wird mittels Einkommensteuerbescheid gegenüber dem Insolvenzverwalter geltend gemacht (Rz. 3.185 ff.).

Für das **insolvenzrechtliche Begründetsein** einer Einkommensteuerforderung kommt es entscheidend darauf an, ob der **einzelne (unselbständige) zur Besteuerung führende Tatbestand** – insbesondere die Einkünfte nach § 2 Abs. 1 EStG – vor oder nach der Insolvenzeröffnung bzw. vor oder nach Anordnung der vorläufigen Insolvenzverwaltung verwirklicht worden sind.[4] Insoweit sind allerdings Ausnahmen von diesem Grundsatz für die Fälle der Aufdeckung stiller Reserven zuzulassen (vergleiche dazu oben Rz. 4.13 ff.).

4.174 Von dem Problem der Aufteilung der einheitlichen Jahressteuer im Veranlagungszeitraum, in den die Eröffnung des Insolvenzverfahrens fällt (Rz. 4.177), abgesehen, rich-

---

[1] FG Nds. v. 28.10.2008 – 13 K 457/07, DStRE 2009, 841 (842); BFH v. 1.4.2008 – X B 201/07, ZIP 2008, 1780 = BFH/NV 2008, 925; v. 3.8.2016 – X R 25/14, NZI 2017, 218; v. 9.12.2014 – X R 12/12, BFHE 253, 482; v. 10.7.2019 – X R 31/16, BFH/NV 2020, 152.

[2] BFH v. 25.7.1995 – VIII R 61/94, BFH/NV 1996, 117; v. 5.3.2008 – X R 60/04, BStBl. II 2008, 787 = ZIP 2008, 1643 = BFH/NV 2008, 1569; v. 10.7.2019 – X R 31/16, BFH/NV 2020, 152; FG Münster v. 29.3.2011 – 10 K 230/10, EFG 2011, 1806.

[3] BFH v. 11.11.1993 – XI R 73/92, ZIP 1994, 1286 = BFH/NV 1994, 477; v. 10.7.2019 – X R 31/16, BFH/NV 2020, 152.

[4] BFH v. 16.5.2013 – IV R 23/11, BStBl. II 2013, 759 = ZIP 2013, 1481 = BFH/NV 2013, 1503; v. 10.7.2019 – X R 31/16, BFH/NV 2020, 152; v. 31.10.2018 – III B 77/18, NZI 2019, 300.

tet sich die Frage, ob der Steueranspruch vor oder nach der Insolvenzeröffnung begründet wurde, danach, ob der Lebenssachverhalt, der (später) zur Entstehung einer Einkommensteuerschuld geführt hat, vor oder nach Insolvenzeröffnung verwirklicht worden ist. Zwar entsteht die Einkommensteuerschuld nach § 36 Abs. 1 EStG steuerrechtlich erst mit Ablauf des Veranlagungszeitraums. Sie wird aber für die insolvenzrechtliche Zuordnungsentscheidung schon dann „**begründet**", wenn im Laufe des Veranlagungszeitraums die einzelnen für die Höhe des Jahreseinkommens maßgebenden Besteuerungsmerkmale verwirklicht werden. Der Tatbestand, der die Grundlage für den Steueranspruch bildet, muss vollständig abgeschlossen sein. Für die insolvenzrechtliche Betrachtung ist es daher entscheidend, ob die die Steuer auslösenden Besteuerungsmerkmale vor oder nach der Insolvenzeröffnung verwirklicht worden sind.[1]

Schließlich kann die **Steuerforderung auf dem insolvenzfreien Vermögen des Insolvenzschuldners beruhen**. Hierbei handelt es sich nach § 36 Abs. 1 Satz 1 InsO um Gegenstände, die nicht der Zwangsvollstreckung unterliegen, also um das pfändungsfreie Vermögen. Soweit die Steuerforderung durch das insolvenzfreie Vermögen des Insolvenzschuldners entstanden ist, ist sie gegenüber dem Insolvenzschuldner festzusetzen.[2] Übt der Insolvenzschuldner ohne Wissen und Billigung des Insolvenzverwalters eine eigene selbständige Tätigkeit aus, so sind die daraus resultierenden Steuerschulden gegen das insolvenzfreie Vermögen des Insolvenzschuldners gerichtet und nicht Masseverbindlichkeiten, wenn die Erträge aus dieser Tätigkeit nicht zur Insolvenzmasse gelangt sind.[3] Gleiches gilt auch, wenn eine selbständige Tätigkeit des Insolvenzschuldners durch den Insolvenzverwalter nach § 35 Abs. 2 Satz 1 InsO aus der Insolvenzmasse freigegeben und sodann Einkünfte erzielt worden sind.[4] Zu dem insolvenzfreien Vermögenskreis des Insolvenzschuldners gehört auch sein **Kindergeldanspruch** bzw. ein gegen ihn gerichteter Rückforderungsanspruch bezüglich ausgezahlten Kindergeldes. Zutreffend hat das FG München erkannt:[5]

4.175

„*1. Der Kindergeldanspruch des Insolvenzschuldners gehört zum insolvenzfreien Vermögen und fällt nicht in die Insolvenzmasse. Die Festsetzung hat auch während eines laufenden Insolvenzverfahrens gegenüber dem Insolvenzschuldner zu erfolgen.*

4.176

Ein Rückforderungsanspruch wegen zu Unrecht ausgezahlten Kindergelds stellt keine Insolvenzforderung dar, wenn der Insolvenzschuldner das streitige Kindergeld für einen nach der Eröffnung des Insolvenzverfahrens liegenden Zeitraum bezogen hat.

Von einer Leistung des Kindergeldes in die Insolvenzmasse kann nur dann ausgegangen werden, wenn die Leistung der Familienkasse aufgrund einer an den Insolvenzverwalter adressierten Festsetzung erfolgt. Andernfalls erfolgt die Leistung in das insolvenzfreie Vermögen.

---

1 FG Nds. v. 28.10.2008 – 13 K 457/07, DStRE 2009, 841 (842); BFH v. 29.3.1984 – IV R 271/83, ZIP 1984, 853 = BStBl. II 1984, 602; v. 1.4.2008 – X B 201/07, ZIP 2008, 1780 = BFH/NV 2008, 925; v. 10.7.2019 – X R 31/16, BFH/NV 2020, 152.
2 FG Nds. v. 28.10.2008 – 13 K 457/07, DStRE 2009, 841 (842); BFH v. 16.7.2016 – III R 32/13, DStRE 2016, 109; v. 11.4.2018 – X R 39/16, NZI 2018, 817.
3 BFH v. 18.9.2012 – VIII R 47/09, BFH/NV 2013, 411; v. 6.6.2019 – V R 51/17, MwStR 2020, 146; v. 16.4.2015 – III R 21/11, NZG 2016, 236.
4 FG Nds. v. 1.10.2009 – 15 K 110/09, DStRE 2010, 632 (632).
5 FG München v. 19.9.2007 – 9 K 4047/06, EFG 2008, 462 ff.; so auch: BFH v. 28.4.2016 – III R 45/13, juris.

Ist der Rückforderungsanspruch weder Insolvenzforderung noch Masseverbindlichkeit, sondern gegen das insolvenzfreie Vermögen gerichtet, so ist der Rückforderungsbescheid an den Insolvenzschuldner und nicht an den Insolvenzverwalter zu richten."

b) Veranlagungszeitraum der Insolvenzeröffnung

4.177 Die Einkommensteuerschuld, die für den Veranlagungszeitraum entsteht, in den die Insolvenzeröffnung fällt, ist in einen **vorinsolvenzlichen und einen nachinsolvenzlichen Teil aufzuteilen.** Der vorinsolvenzliche Teil der Einkommensteuerschuld gehört zu den Insolvenzforderungen, der nach Insolvenzeröffnung angefallene Teil gehört zu den Masseverbindlichkeiten, ggf. auch zum insolvenzfreien Vermögen des Insolvenzschuldners. Seit Inkrafttreten des Haushaltsbegleitgesetzes 2011 muss hier allerdings eine weitere Facette angefügt werden: Wegen § 55 Abs. 4 InsO muss die Aufteilung für denjenigen Veranlagungszeitraum vorgenommen werden, in den die Anordnung der vorläufigen Insolvenzverwaltung fällt, es sei denn, der vorläufige Insolvenzverwalter hat keine Steuerverbindlichkeiten begründet. Soweit die nachfolgenden Ausführungen auf den Eröffnungszeitpunkt für die Aufteilung abstellen, wird davon ausgegangen, dass ein Insolvenzverfahren ohne vorangegangene vorläufige Insolvenzverwaltung eröffnet worden ist. **Soweit eine vorläufige Insolvenzverwaltung der Eröffnung vorangegangen ist, gelten die Ausführungen entsprechend für den Zeitpunkt der Anordnung der vorläufigen Insolvenzverwaltung.**

4.178 Nach Auffassung des BFH ist der **Maßstab für die Aufteilung der Jahressteuerschuld** das Verhältnis der Teileinkünfte zueinander. Der BFH hat die Jahreseinkommensteuerschuld in zwei – etwas älteren – Entscheidungen[1] unabhängig von dem Zeitpunkt, in dem die Zu- bzw. Abflüsse erfolgt sind bzw. die Erfolgswirksamkeit eingetreten ist, zeitanteilig auf die vor bzw. nach der Eröffnung des Insolvenzverfahrens liegenden Zeitabschnitte verteilt. Um die Jahreseinkommensteuerschuld in Insolvenzforderungen und Masseverbindlichkeiten aufzuteilen, ist danach der Gesamtbetrag der Einkünfte, der vor Insolvenzeröffnung erzielt worden ist, ins Verhältnis zu dem Gesamtbetrag der nach Insolvenzeröffnung erzielten Einkünfte zu setzen; die Jahreseinkommensteuerschuld ist sodann im gleichen Verhältnis in Insolvenzforderungen und Masseverbindlichkeiten aufzuteilen.[2] Der BFH begründet seine Auffassung damit, alle Einkommensteile hätten unabhängig von ihrem zeitlichen Anfall ununterscheidbar zur Jahreseinkommensteuerschuld beigetragen.[3]

4.179 Die bloße Zugrundelegung des Verhältnisses der Teileinkünfte kann jedoch zu unangemessenen Ergebnissen führen, weil dabei die Progression der Einkommensteuer nicht berücksichtigt wird.

---

[1] BFH v. 29.3.1984 – IV R 271/83, ZIP 1984, 853 = BStBl. II 1984, 602; v. 11.11.1993 – XI R 73/92, ZIP 1994, 1286 = BFH/NV 1994, 477; aktuell nun BFH v. 10.7.2019 – X R 31/16, BFH/NV 2020, 152.

[2] Zu Fallbeispielen vergleiche *Farr*, Die Besteuerung in der Insolvenz, Rz. 294.

[3] BFH v. 11.11.1993 – XI R 73/92, ZIP 1994, 1286 (1287); v. 29.3.1984 – IV R 271/83, BStBl. II 1984, 602; v. 10.7.2019 – X R 31/16, BFH/NV 2020, 152.

Zur Verdeutlichung dient folgendes 4.180

Beispiel 2:

(Für dieses Beispiel werden zu Vereinfachungszwecken Gesamtbetrag der Einkünfte und zu versteuerndes Einkommen gleichgesetzt, es wird also davon ausgegangen, dass keine Vorsorgeaufwendungen, außergewöhnliche Belastungen, Freibeträge u.Ä. zu berücksichtigen sind; insolvenzfreie Einkünfte sind nicht erzielt worden.)

Bei einem zu versteuernden Jahreseinkommen 2010 entsteht für einen Steuerpflichtigen der Steuerklasse I eine Einkommensteuerschuld i.H.v. 42 228 €. Das entspricht einem Durchschnittssteuersatz von 35,19 %.

Wird über das Vermögen des Steuerpflichtigen am 1.7.2010 das Insolvenzverfahren eröffnet und hat er vor wie auch nach der Eröffnung des Insolvenzverfahrens einen Gesamtbetrag der Einkünfte von jeweils 60 000 € erzielt, führt die Aufteilung nach Teileinkünften zum insolvenzrechtlich richtigen Ergebnis: Die Jahressteuerschuld ist hälftig aufzuteilen; es entsteht eine Insolvenzforderung i.H.v. 21 114 € sowie eine Masseverbindlichkeit i.H.v. 21 114 €.

Wird über das Vermögen des Steuerpflichtigen im Laufe des Jahres 2010 das Insolvenzverfahren eröffnet, hat er aber vor der Eröffnung des Insolvenzverfahrens einen Gesamtbetrag der Einkünfte von 100 000 € erzielt, nach Insolvenzeröffnung aber nur 20 000 €, so führt die Aufteilung nach Teileinkünften zu einem insolvenzrechtlich ungenauen Ergebnis, wenn das Insolvenzverfahren nicht genau am 1.11.2010 eröffnet wurde: Die (mit 42 228 € gleich bleibende) Jahressteuerschuld ist im Verhältnis 5/6 Insolvenzforderung und 1/6 Masseverbindlichkeit aufzuteilen, so dass sich eine Insolvenzforderung i.H.v. 35 190 € und eine Masseverbindlichkeit i.H.v. 7 038 € ergibt. Ist der Eröffnungszeitpunkt der 1.11.2010, dann entspricht der Zeitanteil dem Verhältnis der Teileinkünfte, so dass die Progression auf beiden Seiten gleich zu Buche schlägt. Ist die Eröffnung jedoch am 1.3.2010 erfolgt, so ist die Aufteilung nach Teileinkünften zu Lasten der Masse unangemessen: Auf Rechnung der Insolvenzmasse wurden dann nämlich innerhalb von 10 Monaten 20 000 € Gesamtbetrag der Einkünfte erzielt, was auf 12 Monate hochgerechnet 24 000 € ergibt, worauf aber nur eine Einkommensteuerschuld i.H.v. 3 815 € entfällt, so dass – um nicht eine insolvenzzweckwidrige Privilegierung des Fiskus in Ansehung seiner Insolvenzforderungen herbeizuführen – nur 20/24 hieraus, also 3 179 € Masseverbindlichkeiten sein dürften – also weniger als die Hälfte des Betrages i.H.v. 7 038 €, der sich aus der reinen Berücksichtigung des Verhältnisses der Teileinkünfte ergibt. Die Progression wirkt sich in diesem Fall bei bloßer Berücksichtigung des Verhältnisses der Teileinkünfte klar zu Lasten der Insolvenzmasse und damit der einfachen Insolvenzgläubiger aus. Aber auch der umgekehrte Fall ist denkbar: Ist der Eröffnungstag der 1.11.2010 und hat der Insolvenzschuldner bis zu diesem Zeitpunkt nur einen Gesamtbetrag der Einkünfte i.H.v. 20 000 € erzielt, nach Eröffnung aber bis Jahresende 100 000 €, dann müssten die eben berechneten 3 179 € aus insolvenzrechtlicher Sicht Insolvenzforderungen und zur Tabelle anzumelden sein, die restliche Einkommensteuerschuld i.H.v. 39 049 € müsste Masseverbindlichkeit sein.

Die Literatur hat daher eine **Aufteilungsmethode** entwickelt, die **auf §§ 268 ff. AO basiert**.[1] Danach sind die Besteuerungsgrundlagen zur Durchführung fiktiver getrennter Veranlagungen aufzuteilen. Ausgangspunkt ist auch hier die für die sowohl den Zeitraum vor als auch den Zeitraum nach Insolvenzeröffnung insgesamt entstandene Jahressteuerschuld. Diese ist in fünf Schritten aufzuteilen: 4.181

---

[1] *Farr*, Die Besteuerung in der Insolvenz, Rz. 295 ff.; *Uhländer* in Waza/Uhländer/Schmittmann, Insolvenzen und Steuern[12], Rz. 1461; *Weiß*, FR 1992, 255 (261); *Frotscher*, Besteuerung bei Insolvenz[8], 108 ff.

4.182 Im ersten Schritt ist für den vor bzw. nach Insolvenzeröffnung liegenden Zeitraum jeweils der Gesamtbetrag der Einkünfte zu ermitteln. Entscheidend ist für bilanzierende Steuerpflichtige der Zeitpunkt der Erfolgswirksamkeit, ansonsten der Zeitpunkt des Zu- bzw. Abflusses (Werbungskosten, Betriebsausgaben).[1]

4.183 In einem zweiten Schritt sind die Sonderausgaben und außergewöhnlichen Belastungen zuzuordnen. Sie sind jeweils von dem vor- bzw. nachinsolvenzlichen Gesamtbetrag der Einkünfte abzuziehen, je nachdem, ob sie vor Insolvenzeröffnung von dem schuldnerischen Vermögen abgeflossen sind oder aus der Insolvenzmasse gezahlt worden sind (soweit sie aus dem insolvenzfreien Vermögen des Insolvenzschuldners nach Insolvenzeröffnung gezahlt worden sind, ergibt sich u.U. eine dreiteilige fiktive Veranlagung, Rz. 4.204).

4.184 In einem dritten Schritt sind Pauschbeträge abzusetzen. Hierfür kommt mangels konkreter Vermögensabflüsse nur eine zeitanteilige Berücksichtigung in Betracht.[2]

4.185 In einem vierten Schritt sind Verlustvor- und rückträge zuzuordnen. Da Verlustvorträge meistens aus vorinsolvenzlicher Tätigkeit des Insolvenzschuldners resultieren, sind sie regelmäßig zunächst von den vorinsolvenzlichen Einkünften und erst dann von den vom Insolvenzverwalter erzielten Einkünften abzuziehen.[3] Negative Einkünfte, die der Insolvenzverwalter auf Rechnung der Insolvenzmasse in dem auf die Eröffnung des Insolvenzverfahrens folgenden Veranlagungszeitraum erzielt, sind im Wege des Verlustrücktrages (§ 10d Abs. 1 EStG) ausschließlich von positiven Einkünften der Insolvenzmasse abzuziehen, wenn wegen der vorinsolvenzlichen Einkünfte Insolvenzforderungen bestehen (Rz. 4.200). Es kommt auch kein Abzug von insolvenzfreien Einkünften des Insolvenzschuldners in Betracht.

4.186 Im letzten Schritt ist die einheitlich ermittelte Jahressteuerschuld wie folgt aufzuteilen:

4.187 *Farr*[4] und *Uhländer*[5] schlagen vor, die **Aufteilung** in der Weise vorzunehmen, dass für die in den Schritten zwei bis vier bereinigten Gesamtbeträge der Einkünfte Schattenveranlagungen durchgeführt werden, aus denen sich jeweils Steuerbeträge ergeben. Im Rahmen dieser Schattenveranlagungen wird der sich aus den bereinigten Gesamtbeträgen der Einkünfte ergebende Steuerbetrag ermittelt und die Jahressteuer sodann in dem Verhältnis der sich aus den Schattenveranlagungen ergebenden Steuerbeträge aufgeteilt.

---

1 *Uhländer* in Waza/Uhländer/Schmittmann, Insolvenzen und Steuern[12], Rz. 1461.
2 *Farr*, Die Besteuerung in der Insolvenz, Rz. 296; *Uhländer* in Waza/Uhländer/Schmittmann, Insolvenzen und Steuern[12], Rz. 1461; *Schüppen/Schlösser* in MünchKomm/InsO[4], Insolvenzsteuerrecht, Rz. 142; *Weiß*, FR 1992, 255 (261); *Frotscher*, Besteuerung bei Insolvenz[8], 108 ff.
3 *Farr*, Die Besteuerung in der Insolvenz, Rz. 296.
4 *Farr*, Die Besteuerung in der Insolvenz, Rz. 296.
5 *Uhländer* in Waza/Uhländer/Schmittmann, Insolvenzen und Steuern[12], Rz. 1461; dem folgend *Schüppen/Schlösser* in MünchKomm/InsO[4], Insolvenzsteuerrecht, Rz. 142.

Beispiel 3: 4.188

Die Insolvenzeröffnung fällt in den Veranlagungszeitraum 2009. Der bereinigte Gesamtbetrag der vor Insolvenzeröffnung erzielten Einkünfte beträgt 20 000 €; der bereinigte Gesamtbetrag der nach Insolvenzeröffnung erzielten, zur Insolvenzmasse gehörenden Einkünfte beträgt 10 000 €. Insolvenzfreie Einkünfte sind nach Insolvenzeröffnung nicht angefallen.

Daraus ergeben sich im Rahmen der Schattenveranlagungen nach der Grundtabelle für die vorinsolvenzlichen Einkünfte ein Steuerbetrag i.H.v. 2 759 € und für die nachinsolvenzlichen Einkünfte ein Steuerbetrag i.H.v. 347 €. Das Verhältnis hieraus ist 88,83 % vorinsolvenzliche Einkünfte und 11,17 % nachinsolvenzliche Einkünfte. Die gesamte Jahressteuer, die wegen der Progression nicht schlicht der Summe der sich aus den Schattenveranlagungen ergebenden Steuerbeträge entspricht, sondern höher liegen muss, beträgt nach der Grundtabelle 5 698 €. Dieser Betrag ist sodann zu 88,83 %, also 5 062 €, als Insolvenzforderung anzumelden und zu 11,17 % (somit 636 €) Masseverbindlichkeit. (Zum Vergleich: Die vom BFH gebilligte Aufteilung nach Teileinkünften (Rz. 4.178) würde dazu führen, dass der Jahressteuerbetrag von 5 698 € im Verhältnis 2/3 zu 1/3 aufzuteilen wäre, also 3 799 € Insolvenzforderungen sind und 1 899 € als Masseverbindlichkeiten zu behandeln sind.)

Wenn in einem Veranlagungszeitraum sogar drei insolvenzrechtliche Forderungskategorien vorliegen, weil auch noch insolvenzfreie Einkünfte erzielt worden sind (Rz. 4.204 ff.), dann müssen sogar drei Schattenveranlagungen durchgeführt, das Verhältnis der sich aus allen drei Schattenveranlagungen ergebenden Steuerbeträge ermittelt und die Jahressteuer dann nach diesem Verhältnis aufgeteilt werden.[1] Dieses Vorgehen berücksichtigt aber zum einen die Progression nicht hinreichend, weil sie die Länge der Zeiträume, während deren vor- bzw. nachinsolvenzliche Einkünfte angefallen sind, unberücksichtigt lässt, zum anderen ist sie sehr aufwendig. Daher konstatiert *Uhländer*[2]: 4.189

„Um eine annähernd genaue Aufteilung vornehmen zu können, wird man letztlich nicht umhinkommen, ... Schattenveranlagungen durchzuführen. ... Grundlage der Aufteilung ... sind ... die Steuerbeträge, bei denen zumindest das Progressionselement mit eingeflossen ist."

Farr stellt fest, es sei offenkundig, dass diese sehr arbeitsintensive Aufteilungsmethode nur im Ausnahmefall angewendet werde.[3]

Vor allem aber ist gegen diese Methode der Durchführung von Schattenveranlagungen einzuwenden, dass auch sie nicht zu insolvenzrechtlich stimmigen Ergebnissen führt. Die Zuordnung von Schulden des Insolvenzschuldners zu den Forderungskategorien richtet sich ausschließlich nach insolvenzrechtlichen Maßstäben. Daher verbieten sich steuerrechtliche Schematisierungen, die die insolvenzrechtlich getrennten Vermögenssphären des Insolvenzschuldners verschwimmen lassen, so dass die Ermittlung des auf den massezugehörigen Einkünften lastenden Steuerbetrages isoliert aus der Betrachtung der Einkünfte, die zur Insolvenzmasse zu zählen sind, ermittelt werden. Liegen die nach der Insolvenzeröffnung pro Tag (oder zur Vereinfachung pro Monat, wenn die Eröffnung auf einen Monatsersten fällt) durchschnitt- 4.190

---
1 Ein Berechnungsbeispiel hierfür und eine Berechnungsformel finden sich bei *Farr*, Die Besteuerung in der Insolvenz, Rz. 296.
2 *Uhländer* in Waza/Uhländer/Schmittmann, Insolvenzen und Steuern[12], Rz. 1461.
3 *Farr*, Die Besteuerung in der Insolvenz, Rz. 296.

lich erzielten Einkünfte niedriger als diejenigen, die pro Tag vor der Insolvenzeröffnung erzielt worden sind, dann wird die Progression bzw. der Durchschnittssteuersatz auf die nach Insolvenzeröffnung erzielte Einkünfte auf Grund der vor der Eröffnung erzielten Einkünfte zu Lasten der Masse erhöht. Das darf aber nicht sein, weil dadurch eine Durchlöcherung der insolvenzrechtlichen Zäsur der Verfahrenseröffnung eintritt. Den Insolvenzgläubigern muss das bei Insolvenzeröffnung vorhandene Vermögen des Insolvenzschuldners zur gleichmäßigen Befriedigung zur Verfügung gestellt werden; die Belastung der Insolvenzgläubiger auf Grund von vor der Insolvenzeröffnung liegenden Ereignissen – hier den von dem Insolvenzschuldner und nicht der Insolvenzmasse vereinnahmten Einkünften – ist insolvenzzweckwidrig und kann daher nicht gebilligt werden. Die Insolvenzmasse – i.e. das den Insolvenzgläubigern zustehende Haftungssubstrat – muss daher genau mit derjenigen Progression bzw. mit demjenigen Durchschnittssteuersatz belastet werden, die den von ihr vereinnahmten[1] Einkünften entspricht. Welche Progression bzw. welcher Durchschnittssteuersatz das ist, lässt sich dadurch ermitteln, dass man den nachinsolvenzlich angefallenen (gemäß den in obigem Beispiel in den Schritten zwei bis vier um Sonderausgaben, außergewöhnliche Belastungen, anteilige Pauschbeträge, Verlustvor- bzw. -rückträge u.Ä. bereinigten) Gesamtbetrag der Einkünfte auf ein gesamtes Kalenderjahr hochrechnet und auf dieser Basis eine fiktive Veranlagung durchführt. Der sich dabei ergebende Durchschnittssteuersatz ist auf den von der Insolvenzmasse bereinigten Gesamtbetrag der Einkünfte anzuwenden. Der sich hieraus ergebende Steuerbetrag ist Masseverbindlichkeit (zur Kappungsgrenze s. Rz. 4.192). Diese Vorgehensweise ist nicht nur wesentlich weniger arbeitsaufwendig als die Durchführung mehrerer Schattenveranlagungen, die hinterher ins Verhältnis gesetzt und dann auf die Jahressteuer verteilt werden müssen, sondern sie berücksichtigt das Zeitmoment und belastet die zur Insolvenzmasse gelangten Einkünfte genau mit derjenigen Steuerbelastung, die auch ihrer Höhe entspricht. Hierzu sei obiges Beispiel (Rz. 4.188) fortgeführt:

4.191 **Beispiel 4:**

Variante 1:

Die Insolvenzeröffnung erfolgt **am 1.2.2009**. Der bereinigte Gesamtbetrag der vor Insolvenzeröffnung erzielten Einkünfte beträgt 20 000 €; der bereinigte Gesamtbetrag der nach Insolvenzeröffnung erzielten Einkünfte beträgt 10 000 €.

Nach Insolvenzeröffnung liegen 11 Monate. Hochgerechnet auf ein volles Kalenderjahr wären somit 10 909 € erzielt worden. Dies ergibt nach der Grundtabelle einen Steuerbetrag i.H.v. 519 € und entspricht einem Durchschnittssteuersatz von 4,75 %. Die Höhe der Masseverbindlichkeiten kann auf zwei Wegen ermittelt werden: Entweder man nimmt die tatsächlich von der Masse erzielten Einkünfte und multipliziert sie mit dem Durchschnittssteuersatz, ergibt 475 €, oder man nimmt 11/12 von dem Jahressteuerbetrag, ergibt ebenfalls 475 €. Dieser Betrag i.H.v. 475 € entspricht demjenigen Betrag, mit dem die von der Masse erzielten Einkünfte durchschnittlich zu besteuern sind und vermeidet eine Belastung dieser den Insolvenzgläubigern in ihrer Gesamtheit gebührenden Masse durch vorinsolvenzliche Ereignisse.

---

[1] Vgl. BFH v. 29.3.1984 – IV R 271/83, ZIP 1984, 853 = BStBl. II 1984, 602.

Der Jahressteuerbetrag bleibt wie im Beispiel oben (Rz. 4.188) freilich gleich bei 5 698 €. Davon sind 475 € Masseverbindlichkeit und 5 223 € sind Insolvenzforderungen.

Variante 2:

Die Insolvenzeröffnung erfolgt **am 1.12.2009**. Der bereinigte Gesamtbetrag der vor Insolvenzeröffnung erzielten Einkünfte beträgt 10 000 €; der bereinigte Gesamtbetrag der nach Insolvenzeröffnung erzielten Einkünfte beträgt 20 000 €.

Nach Insolvenzeröffnung liegt ein Monat. Hochgerechnet auf ein volles Kalenderjahr wären somit 240 000 € Einkünfte erzielt worden. Dies ergibt nach der Grundtabelle einen Steuerbetrag i.H.v. 92 736 € und entspricht einem Durchschnittssteuersatz von 38,64 %. Die (maximale) Höhe der Masseverbindlichkeiten kann auf zwei Wegen ermittelt werden: Entweder man nimmt die tatsächlich von der Masse erzielten Einkünfte und multipliziert sie mit dem Durchschnittssteuersatz, ergibt 7 728 €, oder man nimmt 11/12 von dem Jahressteuerbetrag, ergibt ebenfalls 7 728 €. Der Jahressteuerbetrag bleibt allerdings wie im Beispiel oben (Rz. 4.188) freilich gleich bei 5 698 €.

Hieran zeigt sich, dass die auf diese Weise ermittelte Höhe der Masseverbindlichkeit eine **Kappungsgrenze erfahren muss:** Es kann freilich keine höhere Einkommensteuerschuld als Masseverbindlichkeit entstehen, als tatsächlich die Jahressteuer ausmacht. Oberste Grenze bildet daher die Jahressteuer. Gleichwohl ist eine **Kappungsgrenze für die Höhe der Masseverbindlichkeiten** in solchen Fällen, in denen die vorinsolvenzlich pro Zeiteinheit erzielten Einkünfte durchschnittlich niedriger sind als die nachinsolvenzlich durchschnittlich pro Zeiteinheit erzielten Einkünfte, auf der Basis der vom BFH gebilligten Aufteilung nach dem Verhältnis der Teileinkünfte zu finden. Die Aufteilung nach Teileinkünften führt in Variante 2 des obigen Beispiels dazu, dass der Jahressteuerbetrag von 5 698 € im Verhältnis 2/3 zu 1/3 aufzuteilen ist, also 3 799 € Masseverbindlichkeiten und 1 899 € als Insolvenzforderungen zu behandeln sind. Die Kappungsgrenze bildet also der im Verhältnis der Teileinkünfte aufgeteilte Steuerbetrag. In der Annahme dieser Kappungsgrenze für die Masseverbindlichkeiten ist kein Widerspruch zu der bei Variante 1 vorgenommenen Berechnung der Masseverbindlichkeiten und der dort abgelehnten Aufteilung der Steuerschuld im Verhältnis der Teileinkünfte zu sehen. Anders als in Variante 1 kommt es nämlich in Variante 2 bei Aufteilung der Jahressteuer im Verhältnis der Teileinkünfte nicht zu einer auf Grund vorinsolvenzlicher Ereignisse eintretenden Schmälerung des den im Zeitpunkt der Insolvenzeröffnung vorhandenen Gläubigern haftenden Vermögenssubstrates. Wollte man hier nicht eine Aufteilung des Jahressteuerbetrages im Verhältnis der Teileinkünfte als Kappungsgrenze für die Bemessung der Masseverbindlichkeiten annehmen, sondern etwa die in Variante 1 für die Ermittlung der Masseverbindlichkeiten dargestellte Berechnungsweise umkehren und auf diesem Weg die Höhe der Insolvenzforderung berechnen und nur den Restbetrag der Masse zuweisen, dann würde dies faktisch eine „Anwartschaft des Fiskus auf gleichbleibend niedrige Einkünfte" bedeuten, die es freilich nicht gibt. Wie hoch die durchschnittliche Steuerbelastung der vor Insolvenzeröffnung erzielten Einkünfte ist, steht eben erst am Ende des Veranlagungszeitraumes fest; die dann auf die vorinsolvenzlichen Einkünfte entfallenden Einkommensteuerschulden sind Insolvenzforderungen. Die Zäsur der Insolvenzeröffnung wirkt nicht zugunsten des Fiskus als einzelnem Gläubiger, sondern nur – wie im Fall Variante 1 – zugunsten der Insolvenzgläubigergemeinschaft.

4.192

Hinweis:

Angesichts der in der Literatur entwickelten, von der bisherigen Rechtsprechungslinie abweichenden Aufteilungsmodelle erscheint es wünschenswert, dass der BFH alsbald Gelegenheit erhält, sich zu dieser grundsätzlichen Frage, die in einer großen Vielzahl von Insolvenzverfahren eine – wenn auch zumeist wirtschaftlich nicht außerordentlich große, aber doch wichtige – Rolle spielt, äußern kann.

Dem gegen die schlichte Aufteilung der Jahressteuerschuld im Verhältnis der Teileinkünfte klagenden Insolvenzverwalter ist zu empfehlen, die Berechnung der Höhe der Masseverbindlichkeit nach den in der Literatur favorisierten Aufteilungsmodellen selbst vorzunehmen, um veranschaulichen zu können, in welchem Maße die Insolvenzgläubigergemeinschaft im konkreten Fall durch vor Insolvenzeröffnung liegende Ereignisse – die Zuflüsse beim Insolvenzschuldner – zu Unrecht belastet wird, wenn es bei der schlichten Aufteilung der Jahressteuerschuld im Verhältnis der Teileinkünfte bleibt.

4.193 Für die Aufteilung der Jahreseinkommensteuerschuld in dem Veranlagungszeitraum, in den die Insolvenzeröffnung fällt, ist daher Folgendes festzuhalten:

- Es ist zuerst die Jahreseinkommensteuerschuld für die gesamten (also vorinsolvenzlichen plus nachinsolvenzlichen) Einkünfte des Insolvenzschuldners zu ermitteln.

- Sodann ist der Gesamtbetrag der nach Insolvenzeröffnung zur Insolvenzmasse geflossenen Einkünfte zu ermitteln und um hier zuzuordnende Sonderausgaben, außergewöhnliche Belastungen, anteilige Pauschbeträge, Verlustvor- bzw. -rückträge u.Ä. zu bereinigen.

- Dieser bereinigte Gesamtbetrag der Einkünfte der Insolvenzmasse ist auf ein volles Kalenderjahr hochzurechnen; auf der Basis dieser fiktiven Einkünfte ist eine fiktive Veranlagung durchzuführen. Dabei ist der Durchschnittssteuersatz festzustellen.

- Dieser Durchschnittssteuersatz ist mit dem von der Insolvenzmasse erzielten bereinigten Gesamtbetrag der Einkünfte zu multiplizieren. Das Ergebnis ist die (maximale) Höhe der Masseverbindlichkeiten.

- Schließlich ist zu prüfen, ob die Masseverbindlichkeit nicht auf Grund Eingreifens der Kappungsgrenze niedriger ist: Die Kappungsgrenze ergibt sich aus der Aufteilung des Jahressteuerbetrages im Verhältnis der vor bzw. nach Insolvenzeröffnung angefallenen Teileinkünfte.

Mit der **Problematik der Aufteilung** der Einkommensteuerschuld im Veranlagungszeitraum, in den die Insolvenzeröffnung fällt, hat sich das FG Düsseldorf[1] beschäftigt. Dabei hat das **FG Düsseldorf** zwar die hier vertretene Auffassung wiedergegeben, kommt aber bedauerlicherweise zu dem unzutreffenden Schluss, diese stimme mit der Rechtsprechung des BFH überein. Dies ist wie oben ausführlich dargestellt nicht der Fall. Auch Praktikabilitätsgesichtspunkte streiten nicht für die Auffassung

---

[1] FG Düsseldorf v. 19.8.2011 – 11 K 4201/10, DStRE 2012, 996, die zunächst eingelegte Revision wurde zurückgenommen, BFH v. 9.8.2013 – IX R 17/12.

c) Zuordnung während des Insolvenzverfahrens

Auch in **Veranlagungszeiträumen, die vollständig in die Zeit des eröffneten Insolvenzverfahrens** fallen, kann es notwendig sein, die einheitlich zu ermittelnde **Jahreseinkommensteuerschuld aufzuteilen**. Dies resultiert daraus, dass u.U. nicht alle einkommensteuerlich relevanten Einkünfte zur Insolvenzmasse gehören, sondern es auch sog. **insolvenzfreies Vermögen** des Insolvenzschuldners gibt, in dem auch – dann ebenfalls – insolvenzfreie Einkünfte anfallen können. Soweit der Schuldner mit einem aus dem Insolvenzbeschlag gem. § 35 Abs. 2 InsO **freigegebenen Geschäftsbetrieb** Einkünfte erzielt, sind diese dem insolvenzfreien Vermögensbereich zuzurechnen.[1] Einkommensteuerschulden, die aus einer **freiberuflichen oder gewerblichen Tätigkeit** des Insolvenzschuldners resultieren, die dieser ohne Wissen des Insolvenzverwalters oder **mit bloßer Duldung oder Kenntnis des Insolvenzverwalters** selbst – also nicht auf Rechnung der Insolvenzmasse[2] – betreibt, betreffen ebenfalls nicht die Insolvenzmasse, sondern das insolvenzfreie Vermögen.[3] Dies gilt sogar dann, wenn der Insolvenzschuldner zur Ausübung dieser Tätigkeit in **untergeordneter Weise Gegenstände nutzt, die zur Insolvenzmasse gehören**. Auch den insolvenzfreien Bereich treffen Einkommensteuerschulden, die aus der **Veräußerung** von aus der Insolvenzmasse **freigegebenen Gegenständen** resultieren (vgl. oben Rz. 4.13 ff.). Ausführlich zum insolvenzfreien Vermögen vergleiche oben Rz. 2.135 ff.). Schließlich sind **Einkommensteuernachzahlungen**, die ein nichtselbständig tätiger Schuldner für die von ihm erzielten Einkünfte aus nichtselbständiger Arbeit schuldet, **Verbindlichkeiten des insolvenzfreien Vermögens; das gilt sogar dann, wenn pfändbarer Arbeitslohn zur Insolvenzmasse gelangt ist**.[4]

4.194

Für die Ermittlung des Jahreseinkommensteuerbetrages sind zunächst alle dem Schuldner zuzurechnenden Einkünfte eines Kalenderjahres (§ 2 Abs. 7 Satz 2 EStG) zu ermitteln und solche aus der insolvenzfreien mit denen aus dem insolvenzverhafteten Vermögensbereich zusammenzurechnen. Es ist eine **einheitliche Veranlagung** durchzuführen, in die sämtliche Einkünfte einzubeziehen sind, die der Insolvenzschuldner in dem Veranlagungszeitraum bezogen hat. Es sind also nicht etwa getrennte Veranlagungen für das zur Insolvenzmasse gehörende und das insolvenzfreie Vermögen vorzunehmen, weil dadurch weder eine dem Steuerrecht folgende korrekte Berücksichtigung von Freibeträgen erfolgen, noch es zu einer richtigen Anwen-

4.195

---

1 BFH v. 18.9.2012 – VIII R 47/09, BFH/NV 2013, 411; vgl. auch BFH v. 10.2.2015 – IX R 23/14, DStR 2015, 1307.
2 Zur Abgrenzung s. BFH v. 16.4.2015 – III R 21/11, DB 2015, 2242; v. 10.7.2019 – X R 31/16, DStRE 2020, 170.
3 BFH v. 18.9.2012 – VIII R 47/09, BFH/NV 2013, 411; v. 16.7.2015 – III R 32/13, DStRE 2016, 109; vgl. auch BFH v. 6.6.2019 – V R 51/17, VIA 2020, 14.
4 BFH v. 27.7.2011 – VI R 9/11, ZIP 2011, 2118 = BFH/NV 2011, 2111; FG München v. 27.9.2018 – 11 K 2862/16, juris.

dung der Progression kommen könnte. Die Höhe des Einkommensteueranspruchs richtet sich indessen allein nach dem Steuerrecht.¹

4.196 Der BFH hat in zwei – etwas älteren – Entscheidungen die Auffassung vertreten, **Maßstab für die Aufteilung der Jahressteuerschuld** sei das Verhältnis der Teileinkünfte zueinander.² Um die Jahreseinkommensteuerschuld in eine den Masseverbindlichkeiten zuzuordnende Einkommensteuerschuld der Insolvenzmasse und einen gegen das insolvenzfreie Vermögen des Insolvenzschuldners gerichteten Einkommensteueranspruch der Finanzverwaltung aufzuteilen, ist danach der Gesamtbetrag der Einkünfte, den der Insolvenzverwalter auf Rechnung der Masse erzielt hat (vgl. § 35 InsO), ins Verhältnis zu dem Gesamtbetrag der nach Insolvenzeröffnung durch den Insolvenzschuldner im insolvenzfreien Bereich erzielten Einkünfte zu setzen; die Jahreseinkommensteuerschuld ist sodann im gleichen Verhältnis in Masseverbindlichkeiten und Forderungen gegen das insolvenzfreie Vermögen aufzuteilen.³

4.197 Einige Vertreter in der Literatur widmen sich im Zusammenhang mit der Aufteilung der einheitlichen Steuerschuld nicht gesondert dem Problem der **Aufteilung zwischen Masseverbindlichkeiten und Forderungen gegen das insolvenzfreie Vermögen** – offenbar, weil es im Hinblick darauf, dass der Neuerwerb des Insolvenzschuldners nach § 35 Abs. 1 InsO grundsätzlich zur Insolvenzmasse gehört, in der Vergangenheit oft nicht zu relevanten insolvenzfreien Einkünften des Insolvenzschuldners gekommen ist. Letzteres dürfte sich allerdings im Hinblick auf die nunmehr gem. § 35 Abs. 2 InsO mögliche Freigabe eines Geschäftsbetriebes des Insolvenzschuldners zukünftig ändern. Das Aufteilungsproblem wird sich daher häufiger stellen. Andererseits wird in der Literatur dagegen auch für Zwecke der Aufteilung der einheitlichen Jahressteuerschuld auf Masseverbindlichkeiten bzw. Forderungen gegen das insolvenzfreie Vermögen auf die Durchführung von Schattenveranlagungen für den jeweiligen Gesamtbetrag der Einkünfte und die Verteilung der Jahressteuer im Verhältnis der sich aus den Schattenveranlagungen ergebenden Steuerbeträge vorgeschlagen (Rz. 4.181 f.).⁴ Durch diese Methode wird das Progressionselement bei der Aufteilung zumindest mitberücksichtigt. Dabei bleibt allerdings ein wesentlicher Unterschied zwischen der Aufteilung der einheitlichen Jahressteuerschuld in Insolvenzforderungen und Masseverbindlichkeiten einerseits sowie Masseverbindlichkeiten und Forderungen gegen das insolvenzfreie Vermögen andererseits unberücksichtigt. Dieser Unterschied liegt darin, dass die Insolvenzeröffnung eine strikte Zäsur bewirkt, die ohne gesetzliche Ausnahmeregelung keine Durchbrechung erfährt, während das – insolvenzbefangene und insolvenzfreie – Vermögen des Insolvenzschuldners nach der Verfahrenseröffnung ein dynamisches ist und es zwischen diesen beiden Vermögenssphären durchaus Wechselwirkungen und Übergänge gibt.

---
1 FG Nds. v. 28.10.2008 – 13 K 457/07, EFG 2009, 486; v. 7.3.2017 – 13 K 178/15, juris; BFH v. 29.3.1984 – IV R 271/83, ZIP 1984, 853 = BStBl. II 1984, 602; v. 7.11.1963 BStBl. III 1964, 70.
2 BFH v. 29.3.1984 – IV R 271/83, ZIP 1984, 853 = BStBl. II 1984, 602; v. 11.11.1993 – XI R 73/92, ZIP 1994, 1286 = BFH/NV 1994, 477 (477).
3 Zu Fallbeispielen vgl. *Farr*, Die Besteuerung in der Insolvenz, Rz. 294.
4 *Farr*, Die Besteuerung in der Insolvenz, Rz. 296.

Die durch die Insolvenzeröffnung eintretende Zäsur ist zwingend erforderlich, um die Gleichbehandlung aller Gläubiger, die bis zu einem bestimmten Zeitpunkt – nämlich der Eröffnungsstunde – Forderungen gegen den Schuldner erlangt haben, zu gewährleisten. Deutlich zeigt sich das Regel-/Ausnahmeverhältnis hier an §§ 103 ff. InsO: Gläubiger können ihre Forderungen aus beiderseits unerfüllten Rechtsverhältnissen nicht durchsetzen, es sei denn, der Insolvenzverwalter wählt die Erfüllung oder die nachfolgenden Normen ordnen ausdrücklich Anderes an. Kein Verfahrensbeteiligter, auch nicht der Insolvenzverwalter, darf Insolvenzforderungen in den Rang von Masseverbindlichkeiten erheben und dem Gläubiger somit ein Vorrecht einräumen.[1] Dass es hingegen **zwischen dem insolvenzbefangenen und dem insolvenzfreien Vermögen des Insolvenzschuldners Wechselbeziehungen** gibt, zeigt sich deutlich an der Möglichkeit der Freigabe, insbesondere auch an der Freigabe gegen Zahlung eines Ausgleichsbetrages aus dem insolvenzfreien Vermögen an die Insolvenzmasse. Der Insolvenzverwalter kann hier mit dem Insolvenzschuldner „Geschäfte machen", insbesondere Vereinbarungen treffen.[2] Vor allem aber bewirken Wechselbeziehungen zwischen dem insolvenzbefangenen und dem insolvenzfreien Vermögen des Insolvenzschuldners keine Durchbrechung des zentralen Grundsatzes der gleichmäßigen Insolvenzgläubigerbefriedigung (§ 1 InsO), weil es, wenn hierdurch Belastungen der Insolvenzmasse eintreten, zu einer sich zu Lasten aller Insolvenzgläubiger gleichermaßen auswirkenden Belastung kommt. Aus diesem Grund bedarf es keines Ausgleichs der Progressionsbelastung, die sich aus den Einkünften des insolvenzfreien und des insolvenzbefangenen Vermögens in einer der Vermögenssphären ergibt. Insoweit schmiedet das Steuerrecht ein Band um die insolvenzbefangenen und die insolvenzfreien Einkünfte des Insolvenzschuldners. Alle diese Einkünfte sind mit einem einheitlichen Durchschnittssteuersatz belastet. Da die Aufteilung der Vermögensmassen in zur Befriedigung der Gläubiger heranzuziehendes Vermögen und dem Schuldner haftungsfrei zur Verfügung stehendes Vermögen allein durch das Insolvenzrecht determiniert wird, ist es **nicht geboten, in beiden Bereichen Progressionselemente unterzubringen**. Es kann schlicht dabei bleiben, dass alle Einkünfte mit dem nach dem Steuerrecht bemessenen gleichen Durchschnittssteuersatz belastet sind und der sich daraus ergebende Steuerbetrag jeweils aus der Vermögensmasse gezahlt wird, der die Einkünfte insolvenzrechtlich zugeordnet sind. Dieses Ergebnis wird durch die Aufteilung der einheitlichen Jahressteuerschuld im Verhältnis der Teileinkünfte zueinander erreicht, die der BFH bisher vertreten hat. Für die Aufteilung der einheitlichen Jahreseinkommensteuerschuld zwischen Masseverbindlichkeiten und Forderungen gegen das insolvenzfreie Vermögen (nicht aber für die Aufteilung zwischen Insolvenzforderungen und Masseverbindlichkeiten, hierzu Rz. 4.190) ist daher dem BFH zu folgen.

Soweit allerdings in einer der Vermögenssphären insolvenzbefangenes bzw. insolvenzfreies Vermögen in einem Veranlagungszeitraum Verluste entstehen, dürfen diese nicht mit Gewinnen der jeweils anderen Vermögenssphäre verrechnet werden. Der **Verlustabzug** (§ 10d EStG) muss derjenigen Vermögensmasse zugutekommen,

4.198

---

1 *Mock* in Uhlenbruck[15], § 80 InsO Rz. 92 ff.
2 *Smid*, Praxishandbuch Insolvenzrecht[5], § 7 Rz. 51.

in der der Verlust angefallen ist. Verlustvorträge (§ 10d Abs. 2 EStG) aus der Zeit vor der Eröffnung des Insolvenzverfahrens sind zuerst bei den vorinsolvenzlichen Einkünften abzuziehen, die den Rang von Insolvenzforderungen einnehmen. Soweit hier Verlustvorträge verbleiben, sind diese von den Einkünften abzuziehen, die die Insolvenzmasse erzielt, weil die Verlustvorträge in der Regel eine Art Spiegelbild zu den Verbindlichkeiten darstellen, die vor der Insolvenzeröffnung entstanden sind und deren Befriedigung die Insolvenzgläubiger im Insolvenzverfahren suchen. In ihnen ist eine Art Anwartschaft auf steuerfreie Einkünfteerzielung während des Insolvenzverfahrens beinhaltet, die zugunsten der Insolvenzgläubigerschaft zu erschließen ist. Ein Abzug vorinsolvenzlicher Verlustvorträge von den insolvenzfreien Einkünften des Insolvenzschuldners kommt daher so lange nicht in Betracht, wie das Insolvenzverfahren nicht aufgehoben oder eingestellt worden ist.[1] Soweit die Verlustvorträge nicht von Einkünften der Insolvenzmasse aufgezehrt werden, sind sie gem. § 10d Abs. 4 EStG jeweils gesondert festzustellen. Der Verlustfeststellungsbescheid ist an den Insolvenzverwalter zu richten. Der Verlustabzug ist zeitlich unbegrenzt zulässig, so dass die Insolvenzmasse von den Verlustvorträgen u.U. während der gesamten Dauer des Insolvenzverfahrens profitieren kann.

4.199 **Entstehen während des Insolvenzverfahrens** in dem zur Insolvenzmasse gehörenden Vermögensbereich relevante **Verluste**, sind diese ebenfalls nur zugunsten der Insolvenzmasse abzuziehen, nicht zugunsten des insolvenzfreien Vermögens des Insolvenzschuldners. Soweit der Abzug mangels Einkünften der Insolvenzmasse nicht möglich ist, sind sie nach § 10d Abs. 4 EStG durch **Verlustfeststellungsbescheid**, der an den Insolvenzverwalter zu ergehen hat, gesondert festzustellen. Entstehen in Veranlagungszeiträumen, die nach dem Veranlagungszeitraum liegen, in den die Insolvenzeröffnung fällt, nicht ausgeglichene vortragsfähige Verluste, so müssen diese umgekehrt auch allein der insolvenzfreien Vermögenssphäre des Insolvenzschuldners zugutekommen, weil ihm sonst ein geordnetes Wirtschaften (beispielsweise im Rahmen einer von dem Insolvenzverwalter nach § 35 Abs. 2 InsO freigegebenen selbständigen Tätigkeit) gar nicht möglich wäre. Soweit der Abzug mangels insolvenzfreier Einkünfte des Insolvenzschuldners nicht möglich ist, sind sie § 10d Abs. 4 EStG durch Verlustfeststellungsbescheid gesondert festzustellen, der an den Insolvenzschuldner zu richten ist.

4.200 **Erwirtschaftet der Insolvenzverwalter auf Rechnung der Insolvenzmasse Verluste**, die einen **Verlustrücktrag (§ 10d Abs. 1 EStG)** ermöglichen, so sind diese Verluste ausschließlich von positiven Einkünften der Insolvenzmasse abzuziehen. Es kommt weder ein Abzug von insolvenzfreien Einkünften des Insolvenzschuldners noch ein Abzug von den vorinsolvenzlichen Einkünften des Insolvenzschuldners in Betracht, die zu Insolvenzforderungen geführt haben. Soweit ein Abzug von den durch die In-

---

[1] Vgl. aber *Uhländer* in Waza/Uhländer/Schmittmann, Insolvenzen und Steuern[12], Rz. 1462, wonach diese Verlustvorträge zuerst von den insolvenzbefangenen Einkünften, der Rest beim insolvenzfreien Vermögen abzuziehen sein sollen, und *Farr*, Die Besteuerung in der Insolvenz, Rz. 296, wonach diese Verlustvorträge zu gleichen Teilen von den insolvenzbefangenen und den insolvenzfreien Einkünften abzuziehen sein sollen; vgl. auch *Frotscher*, Besteuerung bei Insolvenz[8], 112 ff.

solvenzmasse im vorangegangenen Veranlagungszeitraum erzielten Einkünften nicht möglich ist, kommt auch nicht darüber hinausgehend ein Abzug von den vorinsolvenzlichen Einkünften in Frage, wenn daraus resultierende Insolvenzforderungen der Finanzverwaltung bestehen. In solchen Fällen muss ein verbleibender Verlustvortrag gem. § 10d Abs. 4 EStG festgestellt werden.

Beispiel 5: 4.201

Das Insolvenzverfahren über das Vermögen des Schuldners wird am 1.7.2008 eröffnet. Der Gesamtbetrag der Einkünfte aus der Zeit vor der Insolvenzeröffnung beträgt 100 000 €, der Gesamtbetrag der in der Zeit nach der Insolvenzeröffnung auf Rechnung der Insolvenzmasse erzielten Einkünfte beträgt ebenfalls 100 000 €. Insolvenzfreie Einkünfte wurden im Veranlagungszeitraum 2008 nicht erzielt. Nach der Grundtabelle ergibt sich ein Steuerbetrag i.H.v. 76 086 €, wovon jeweils die Hälfte, also 38 043 € auf Insolvenzforderungen und Masseverbindlichkeiten entfallen. Im Veranlagungszeitraum 2009 wurden negative Einkünfte i.H.v. 120 000 € auf Rechnung der Insolvenzmasse erzielt. Insolvenzfreie Einkünfte gibt es auch im Veranlagungszeitraum 2009 nicht.

Von den auf Rechnung der Insolvenzmasse in 2009 erzielten negativen Einkünfte sind 100 000 € auf die von der Insolvenzmasse in 2008 erzielten Einkünfte anzurechnen; 20 000 € sind als Verlustvortrag gem. § 10d Abs. 4 EStG gesondert festzustellen.

Diese **Beschränkung des Verlustrücktrags** ist insolvenzrechtlich unbedingt erforderlich, um zu verhindern, dass eine Vermögensminderung aus dem eröffneten Insolvenzverfahren, die letztlich die Gesamtgläubigerschaft belastet, zu einer Verminderung – und damit faktischen Befriedigung – einer Forderung eines Insolvenzgläubigers führt. 4.202

Soweit allerdings aus den vor Insolvenzeröffnung erzielten Einkünften des Insolvenzschuldners **keine Steuerforderungen als Insolvenzforderungen** bestehen, können die durch die Insolvenzmasse erzielten negativen Einkünfte auch in die Zeit vor der Insolvenzeröffnung zurückgetragen werden; ein etwaiger **Erstattungsanspruch** steht der Insolvenzmasse zu. 4.203

d) Dreiteilung der Einkommensteuerschuld

Liegen in dem Veranlagungszeitraum, in den die Eröffnung des Insolvenzverfahrens fällt, nicht nur vor Insolvenzeröffnung erzielte Einkünfte des Insolvenzschuldners, sondern auch auf Rechnung der Insolvenzmasse angefallene Einkünfte vor, sondern zudem auch noch Einkünfte des Insolvenzschuldners, die seiner insolvenzbeschlagsfreien Vermögenssphäre zuzurechnen sind, so ergibt sich eine Dreiteilung der einheitlich zu ermittelnden Jahreseinkommensteuerschuld.[1] Anders als nach der von anderen Autoren vertretenen Aufteilung der Jahreseinkommensteuerschuld im Verhältnis der sich aus drei Schattenveranlagungen ergebenden Steuerbeträge ergibt sich nach der hier vertretenen Auffassung (Rz. 4.190; Rz. 4.194 ff.) eine verhältnismäßig unkomplizierte Aufteilung. Zunächst sind danach die auf die vorinsolvenzlichen Einkünfte des Insolvenzschuldners entfallenden Steuerschulden von den nach Insolvenz- 4.204

---

1 Vgl. *Farr*, Die Besteuerung in der Insolvenz, Rz. 296.

eröffnung entstandenen Steuern (gleich, ob auf Rechnung der Masse oder im insolvenzfreien Vermögen angefallen) zu trennen, weil insoweit der Grundsatz der Gläubigergleichbehandlung unangegriffene Geltung beansprucht und eine Durchsetzung solcher Forderungen weder gegen das zur Insolvenzmasse gehörende Vermögen, noch in das insolvenzfreie Vermögen zulässig ist (§§ 87, 89 InsO). Die Aufteilung erfolgt nach obigen Erläuterungen (Rz. 4.190 ff.). Daraus ergibt sich der Betrag, der als Insolvenzforderung zur Insolvenztabelle anzumelden ist. Der sich aus dieser Aufteilung ergebende übrige Betrag ist in einen gegen die Insolvenzmasse gerichteten Teil und einen gegen das insolvenzfreie Vermögen gerichteten Teil aufzuteilen. Diese Aufteilung erfolgt im Verhältnis der Teileinkünfte zueinander (Rz. 4.194).

Hinweis:

4.205 Zu einer Vierteilung der einheitlichen Jahressteuerschuld kommt es selbst dann nicht, wenn Eröffnung und Aufhebung des Insolvenzverfahrens in denselben Veranlagungszeitraum fallen. Die insolvenzfreien Einkünfte und die nach der Aufhebung des Insolvenzverfahrens erzielten Einkünfte betreffen dieselbe Vermögensmasse, so dass sie zusammen gegen den Insolvenzschuldner festzusetzen sind.

e) Veranlagungszeitraum der Aufhebung oder Einstellung des Insolvenzverfahrens

4.206 Wird das Insolvenzverfahren aufgehoben oder eingestellt, so erzielt der Insolvenzschuldner in der Folgezeit wieder ausschließlich insolvenzfreie Einkünfte. Es kommt zu einer ähnlichen Aufteilung der auch hier einheitlich zu ermittelnden Jahreseinkommensteuerschuld wie in dem Veranlagungszeitraum, in den die Insolvenzeröffnung fällt. Auch hier ist eine Ermittlung der auf die von der Insolvenzmasse erzielten Einkünfte vorzunehmen, die sowohl den Zeitanteil des Insolvenzverfahrens am gesamten Veranlagungszeitraum als auch die entsprechende Progression bzw. der entsprechende auf die während dieser Zeit erzielten Einkünfte (pro rata temporis) Durchschnittssteuersatz zu ermitteln und der Besteuerung der Insolvenzmasse zugrunde zu legen (Rz. 4.190).

4.207 **Beispiel 6:**

Die Aufhebung des Insolvenzverfahrens erfolgt **am 1.2.2009**. Der bereinigte Gesamtbetrag (Rz. 4.187) der vor der Aufhebung des Insolvenzverfahrens auf Rechnung der Insolvenzmasse erzielten Einkünfte beträgt 10 000 €; der bereinigte Gesamtbetrag der nach der Aufhebung bis zum Ende des Kalenderjahres erzielten Einkünfte beträgt 20 000 €. Während des Insolvenzverfahrens hat der Schuldner keine insolvenzfreien Einkünfte erzielt.

Vor der Aufhebung des Insolvenzverfahrens liegt ein Kalendermonat. Hochgerechnet auf ein volles Kalenderjahr wären somit 120 000 € erzielt worden. Dies ergibt nach der Grundtabelle einen Steuerbetrag i.H.v. 42 336 € und entspricht einem Durchschnittssteuersatz von 35,28 %. Die Höhe der Masseverbindlichkeiten kann auf zwei Wegen ermittelt werden: Entweder man nimmt die tatsächlich von der Masse erzielten Einkünfte und multipliziert sie mit dem Durchschnittssteuersatz, ergibt 3 528 €, oder man nimmt 1/12 von dem Jahressteuerbetrag, ergibt ebenfalls 3 528 €. Dieser Betrag i.H.v. 3 528 € entspricht demjenigen Betrag, mit dem die von der Masse erzielten Einkünfte durchschnittlich zu besteuern sind und vermeidet eine Belastung der den Insolvenzgläubigern in ihrer Gesamtheit gebührenden Masse durch nach Aufhebung des Insolvenzverfahrens eingetretene Ereignisse.

Auch hier kann es zu einer Kappungsgrenze kommen (Rz. 4.192). 4.208

Soweit bei **Aufhebung oder Einstellung des Insolvenzverfahrens Verlustvorträge** 4.209
verbleiben, kommen diese anschließend dem Insolvenzschuldner zugute. Nach der
Aufhebung des Insolvenzverfahrens kann in Ansehung der von der Insolvenzmasse
nicht verbrauchten Verlustvorträge sogar ein Verlustrücktrag (§ 10d Abs. 1 EStG) in
den vor der Aufhebung oder Einstellung des Insolvenzverfahrens liegenden Veranlagungszeitraum in Betracht kommen, wenn der Insolvenzschuldner dort positive insolvenzfreie Einkünfte erzielt hat.

f) Zuordnung der Steuerschuld aus Gewinnanteilen an Personengesellschaften

Die oben (Rz. 4.169 ff.) dargelegten Grundsätze gelten auch, wenn eine nicht insol- 4.210
vente Personengesellschaft Gewinne erzielt, die steuerrechtlich einem Gesellschafter
zuzurechnen sind, über dessen Vermögen das Insolvenzverfahren eröffnet ist. Auch
in diesem Fall wird die Einkommensteuer des Gesellschafters nach steuerrechtlichen
Grundsätzen ermittelt. Die Personengesellschaft ist selbst kein Ertragsteuersubjekt,
so dass die von ihr erzielten Gewinne bei ihren Gesellschaftern einkommensteuerlich
erfasst werden müssen (§ 15 Abs. 1 Ziff. 2 EStG). Man bezeichnet Personengesellschaften daher als ertragsteuerrechtlich transparent.

Ist über das Vermögen eines Gesellschafters einer Personengesellschaft das Insol- 4.211
venzverfahren eröffnet, so müssen Steuerforderungen, die sich im Zusammenhang
mit Gewinnanteilen des Gesellschafters ergeben, zu den verschiedenen insolvenzrechtlichen Forderungskategorien nach insolvenzrechtlichen Kriterien zugeordnet
werden.

Dem Niedersächsischen FG ist darin zuzustimmen, dass die **Zuordnungsfrage nicht** 4.212
im Rahmen der einheitlichen und gesonderten Gewinnfeststellung nach §§ 179
Abs. 2 Satz 2, 180 Abs. 2 Buchst. a AO auf der Ebene der Gesellschaft zu entscheiden
ist.[1] Die in der Literatur vertretene Gegenauffassung nutzt zwar den Umstand für
sich, dass das für die einheitliche und gesonderte Gewinnfeststellung zuständige Betriebsfinanzamt regelmäßig die genaueren Kenntnisse über die einzelnen Vorgänge
in der Gesellschaft hat.[2] Dies würde dem rein steuerrechtlichen Zwecken dienenden
Grundlagenbescheid, nämlich die Zuordnung von Gewinnen und Verlusten zu ertragsteuerrechtsfähigen Steuersubjekten, einen zusätzlichen Regelungsgehalt insolvenzrechtlicher Natur beilegen. Außerdem kann sich die insolvenzrechtliche Zuordnungsfrage immer nur auf Steuerforderungen beziehen. Auf der Ebene der Gewinnfeststellung existiert aber noch keine festgesetzte Steuerforderung. Es ist auf dieser
Ebene auch nicht absehbar, ob eine Einkommensteuerforderung entstehen wird und
wie hoch sie sein wird. Daher kann die insolvenzrechtliche Zuordnungsentscheidung

---

1 FG Nds. v. 28.10.2008 – 13 K 457/07, ZInsO 2009, 288 (288); BFH v. 16.7.2015 – III R 32/
   13, DStRE 2016, 109.
2 *Benne*, BB 2001, 1977 (1987 ff.).

nur auf der Ebene der Einkommensteuerfestsetzung beim Gesellschafter getroffen werden.[1]

4.213 Die Einkommensteuerschulden, die aus der Verwaltung eines zur Masse gehörenden Gesellschaftsanteils entstehen, der entweder nach der Insolvenzeröffnung fortgeführt oder durch den Insolvenzverwalter neu begründet und nicht vom Insolvenzverwalter freigegeben worden ist, stellen Masseverbindlichkeiten dar.[2]

4.214 Soweit im Insolvenzverfahren über das Vermögen der Gesellschaft **stille Reserven realisiert oder Rückstellungen aufgelöst** werden, ist die insolvenzrechtliche Zuordnung daraus resultierender Ertragsteuern auf der Gesellschafterebene ähnlich wie bei der Besteuerung der aus der Aufdeckung stiller Reserven oder der Auflösung von Rückstellungen resultierenden Erträge bei Kapitalgesellschaften und Einzelunternehmern (Rz. 4.13 ff.). Der BFH ist der Auffassung, die aus der Aufdeckung stiller Reserven nach Eröffnung des Insolvenzverfahrens resultierende Ertragsteuer sei Masseverbindlichkeit.[3] An dieser Judikatur ist seitens der Literatur viel Kritik geübt worden.[4] Die Kritik ist berechtigt (ausführlich dazu s. oben Rz. 4.16 f.). Wie auch bei der Aufdeckung stiller Reserven oder der Auflösung von Rückstellungen im Vermögen des insolventen Rechtsträgers selbst wirkt sich die Auflösung stiller Reserven oder die Auflösung von Rückstellungen in einer Personengesellschaft, an der ein insolventer Gesellschafter beteiligt ist, steuerlich in dem Zeitpunkt aus, in dem diese Vorgänge stattfinden. Es darf für die **insolvenzrechtliche Einordnung** der aus diesen Vorgängen resultierenden Steuerforderungen aber nicht ausschließlich an den **Entstehungszeitpunkt** der Steuerforderungen angeknüpft werden. Eine solche rein zeitliche Sichtweise widerspräche zum einen dem insolvenzrechtlichen Befriedigungssystem und ist zum anderen in anderen Zusammenhängen inzwischen auch überwunden. Zutreffend ist, dass die Gewinne aus stillen Reserven erst in dem Zeitpunkt realisiert werden, in dem die Veräußerung stattfindet. Gleichwohl ist die Annahme einer Masseverbindlichkeit in solcher Fallkonstellation mit dem tragenden insolvenzrechtlichen Prinzip der Gläubigergleichbehandlung (also der gleichmäßigen, quotalen Verteilung der bei Insolvenzeröffnung vorhandenen Masse an die in diesem Zeitpunkt bereits vorhandenen Gläubiger) nicht in Einklang zu bringen und beschneidet den Vorrang des insolvenzrechtlichen Befriedigungssystems vor dem Steuerrecht in seinem Kern. Für die Annahme einer Masseverbindlichkeit, die nicht willentlich durch den Insolvenzverwalter (hier des Gesellschafters!) eingegangen wird, muss zur Einhaltung des insolvenzrechtlichen Gleichbehandlungsgrundsatzes verlangt werden,

---

1 Zutr. FG Nds. v. 28.10.2008 – 13 K 457/07, ZInsO 2009, 288 (288); BFH v. 16.7.2015 – III R 32/13, DStRE 2016, 109; v. 1.6.2016 – X R 26/14.
2 BFH v. 1.6.2016 – X R 26/14; v. 10.7.2019 – X R 31/16.
3 BFH v. 16.5.2013 – IV R 23/11, BStBl. II 2013, 759 = ZIP 2013, 1481 = DStR 2013, 1584; s. dazu *Roth*, Kommentierung zu BFH, IV R 23/11, FR 2014, 243; v. 27.10.2016 – IV B 119/15, NZI 2017, 115.
4 Vor allem *Boochs/Dauernheim*, Steuerrecht in der Insolvenz[3], 93; *Uhländer* in Waza/Uhländer/Schmittmann, Insolvenzen und Steuern[12], Rz. 1467 ff.; *Frotscher*, Besteuerung bei Insolvenz[8], S. 119 ff.; *Braun/Uhlenbruck*, Unternehmensinsolvenz, S. 142; *Onusseit/Kunz*, Steuern in der Insolvenz[2], Rz. 523.

dass es eine ausdrückliche gesetzliche Regelung für „aufoktroyierte" Masseverbindlichkeiten gibt (wie etwa §§ 109, 113 InsO), weil diese das allen Insolvenzgläubigern zur Verfügung stehende Haftungssubstrat zugunsten eines einzelnen Gläubigers verringern. Nach dem Grundsatz des Vorrangs des insolvenzrechtlichen Befriedigungssystems vor dem Steuerrecht müssen solche Vorschriften im Insolvenzrecht verankert sein und dürfen nicht dem Steuerrecht entnommen werden.

Die mit der Bildung der stillen Reserven oder der Bildung von Rückstellungen in der Personengesellschaft verbundenen **Steuervorteile** sind bei dem Gesellschafter **vorinsolvenzlich entstanden**. Es ist dadurch im Vermögen des Insolvenzschuldners zu einer latenten Steuerschuld gekommen, die erst bei Realisierung der stillen Reserven bzw. der Auflösung von Rückstellungen steuerrechtlich zur Entstehung einer Schuld führt. Gleichwohl ist der die Schuld auslösende Vorgang bereits vorinsolvenzlich erfolgt, so dass ein maßgeblicher Akt, ohne den die Steuer nicht entstehen könnte, vor Insolvenzeröffnung liegt. Im Zusammenhang mit der Berichtigung eines vor Insolvenzeröffnung erfolgten, und nach Insolvenzeröffnung berichtigten Vorsteuerabzugs hat der BFH nunmehr folgendes ausgeführt:[1]

4.215

„Entsprechendes muss im Übrigen in dem umgekehrten Fall gelten, dass der Steuerpflichtige vor Eröffnung des Insolvenzverfahrens einen Steuervorteil erhalten hat – z.B. eine Investitionszulage oder das Recht zum Vorsteuerabzug –, aufgrund eines nach Eröffnung des Verfahrens eintretenden Ereignisses er aber die betreffende Steuervergütung zurückzahlen (z.B. wegen Aufgabe der betrieblichen Nutzung eines Wirtschaftsgutes vor Ablauf der Drei-Jahres-Frist im Investitionszulagerecht;...) oder in anderer Weise den ihm seinerzeit gewährten Steuervorteil zurückführen muss (wie z.B. wegen der Berichtigung des Vorsteuerabzugs nach § 15a UStG; anders aber offenbar BFH, Urt. v. 6.6.1991 – V R 115/87, BFHE 165, 113 = BStBl. II 1991, 817). Der diesbezügliche Anspruch der Finanzbehörde ist dann keine Masseforderung, sondern als vor Eröffnung des Insolvenzverfahrens entstanden und mithin als Insolvenzforderung anzusehen."

Dieses Verständnis der insolvenzrechtlichen Befriedigungssystematik zeigt sich an einer größeren **Zahl neuerer Entscheidungen des BFH**. Das muss dann auch für stille Reserven oder Rückstellungen von Personengesellschaften gelten, an denen ein insolventer Gesellschafter beteiligt ist. Die daraus resultierenden Steuerlasten des Gesellschafters nehmen deswegen in der Insolvenz des Gesellschafters stets den Rang **bloßer Insolvenzforderungen** im Rang von § 38 InsO ein, wenn die Bildung der Rückstellungen oder der stillen Reserven vor der Eröffnung des Insolvenzverfahrens über sein persönliches Vermögen liegt.[2]

4.216

Soweit Ertragsteuerforderungen gegen einen insolventen Gesellschafter einer Personengesellschaft aus **Erträgen des operativen Geschäfts** und nicht Auflösung vorinsolvenzlich gebildeter stiller Reserven oder Rückstellungen resultieren, die die Personengesellschaft nach Eröffnung des Insolvenzverfahrens über das Vermögen des Gesellschafters erzielt hat, nehmen diese im Insolvenzverfahren über das Vermögen des Gesellschafters den Rang von **Masseverbindlichkeiten** ein,[3] solange der Insol-

4.217

---
1 BFH v. 17.4.2007 – VII R 27/06, BStBl. II 2009, 589 = ZIP 2007, 1166.
2 So auch *Keller*, Anmerkung zu BFH v. 5.3.2008 – X R 60/04, BStBl. II 2008, 787 = ZIP 2008, 1643 = BB 2008, 2781 ff.
3 *Farr*, Die Besteuerung in der Insolvenz, 2005, Rz. 318.

venzverwalter die Beteiligung an der Personengesellschaft nicht aus der Insolvenzmasse des Gesellschafters freigegeben hat. Der Rang von Insolvenzforderungen (§ 38 InsO) scheidet in diesem Fall aus, weil die Erträge in keiner Weise vorinsolvenzlich angelegt sind, so dass kein Anknüpfungspunkt für die Entstehung der Ertragsteuer vor der Insolvenzeröffnung liegt. Eine Besteuerung der Personengesellschaft selbst scheidet auch hier aus, weil die Personengesellschaft kein Ertragsteuersubjekt ist. Allerdings ist der die Einkommensteuer des Gesellschafters erhöhende Gewinnanteil aus sachlichen Billigkeitsgründen bei der Festsetzung der Einkommensteuer des Gesellschafters nach § 163 AO nicht zu berücksichtigen oder zumindest nach § 227 AO auf Antrag des über das Vermögen des Gesellschafters bestellten Insolvenzverwalters zu erlassen.[1] Eine Billigkeitsmaßnahme dürfte hier zwingend sein, weil die Unabgestimmtheit zwischen Steuerrecht und Insolvenzrecht sonst eine Friktion mit sich brächte, die die insolvenzrechtliche Befriedigungssystematik in dem Insolvenzverfahren über das Vermögen des Gesellschafters völlig zunichtemachte.

4.218 Gehört die Beteiligung des insolventen Gesellschafters an einer Personengesellschaft (gleich, ob diese selbst auch in Insolvenz befindlich ist oder nicht) während des gesamten Veranlagungszeitraumes zu seinem insolvenzfreien Vermögen (etwa weil der Insolvenzverwalter die Beteiligung bereits im vorangegangenen Veranlagungszeitraum freigegeben hat), so gehört die aus dem Gewinnanteil der Personengesellschaft resultierende Einkommensteuerforderung zu den gegen das insolvenzfreie Vermögen des Insolvenzschuldners gerichteten Forderungen. Der Einkommensteuerbescheid ist insoweit gegen den Schuldner und nicht gegen den Insolvenzverwalter zu richten. Auch hier ist der die Einkommensteuer des Gesellschafters erhöhende Gewinnanteil in der Regel aus sachlichen Billigkeitsgründen bei der Festsetzung der Einkommensteuer des Gesellschafters nach § 163 AO nicht zu berücksichtigen oder zumindest nach § 227 AO auf Antrag des Insolvenzschuldners zu erlassen.[2]

2. Lohnsteuer

a) Insolvenz des Arbeitnehmers

4.219 Die Lohnsteuerforderung gegen den Arbeitnehmer stellt im Insolvenzverfahren über das Vermögen des Arbeitnehmers eine Insolvenzforderung, eine Masseverbindlichkeit oder eine gegen das insolvenzfreie Vermögen gerichtete Forderung dar, je nachdem, wann die Forderung insolvenzsteuerrechtlich begründet war.[3] Dieser Zeitpunkt fällt mit dem der Lohnanspruchsbegründung zusammen.[4] Insolvenzrechtlich ist die Lohnsteuerforderung des Finanzamts dann begründet, wenn die arbeitsvertraglich geschuldete Arbeitsleistung erbracht wurde.[5] Auf das Zufließen des Arbeitslohns kommt es nicht an. Ist die Arbeitsleistung, für die der Lohnanspruch besteht, vor der

---

[1] Vgl. *Farr*, Die Besteuerung in der Insolvenz, 2005, Rz. 316 ff.; *Frotscher*, Besteuerung bei Insolvenz[8], S. 137 ff.

[2] Vgl. *Farr*, Die Besteuerung in der Insolvenz, 2005, Rz. 316 ff.; *Frotscher*, Besteuerung bei Insolvenz[8], S. 137 ff.

[3] *Schüppen/Schlösser* in MünchKomm/InsO[4], Insolvenzsteuerrecht, Rz. 190.

[4] *Schüppen/Schlösser* in MünchKomm/InsO[4], Insolvenzsteuerrecht, Rz. 190.

[5] *Schüppen/Schlösser* in MünchKomm/InsO[4], Insolvenzsteuerrecht, Rz. 190.

Eröffnung des Insolvenzverfahrens erbracht worden, so handelt es sich um eine Insolvenzforderung.

Ist die Arbeitsleistung, für die der Lohnanspruch besteht, nach Insolvenzeröffnung erbracht worden, kommen als Forderungskategorien Masseverbindlichkeiten oder Verbindlichkeiten des insolvenzfreien Vermögens in Betracht. Soweit der Lohnanspruch unpfändbar ist, handelt es sich gem. § 36 Abs. 1 InsO um insolvenzfreien Neuerwerb. Die hierauf entfallende Steuerforderung ist eine gegen das insolvenzfreie Vermögen des Arbeitnehmers gerichtete Forderung.[1]

4.220

Das gilt aber nach neuer Rechtsprechung des BFH auch dann, wenn Teile des Neuerwerbs pfändbar sind und in die Insolvenzmasse fallen (§ 35 Abs. 1 InsO). Allein die Zugehörigkeit des pfändbaren Lohnanteils zur Insolvenzmasse stellt nämlich keine durch die Verwaltung, Verwertung und Verteilung der Insolvenzmasse begründete Verbindlichkeit dar.[2]

4.221

Beschäftigt der Insolvenzverwalter den Insolvenzschuldner auf Rechnung der Insolvenzmasse nach Eröffnung des Insolvenzverfahrens zum Zwecke einer Betriebsfortführung weiter, so ist hierfür keine Lohnsteuer abzuführen. Es fehlt nämlich bereits an Einkünften aus nichtselbständiger Arbeit i.S.v. §§ 38 Abs. 1 Satz 1, 19 EStG. Der Insolvenzverwalter wird dann nicht Arbeitgeber des Insolvenzschuldners und der Insolvenzschuldner wird kein Arbeitnehmer.[3] Bei dem „Unternehmerlohn", den der Insolvenzverwalter dem Schuldner aus der Masse für die Erbringung seiner Arbeitsleistung im Rahmen der Betriebsfortführung auszahlt, handelt es sich insolvenzrechtlich entweder um Unterhalt i.S.v. § 100 InsO (was regelmäßig abzulehnen ist, weil Unterhalt nicht Gegenwert für erbrachte Leistungen ist), oder es handelt sich um schlichte Freigabe (Rz. 2.143 ff.) von Massegegenständen zugunsten des Insolvenzschuldners. Im Insolvenzverfahren gibt es zwar zwei Vermögenssphären des Insolvenzschuldners, nämlich die von der Verwaltungs- und Verfügungsmacht des Insolvenzverwalters gem. § 80 InsO erfasste und die insolvenzfreie Vermögensmasse, über die der Schuldner alleine verfügen kann. Rechtsträger beider Vermögensmassen ist aber der Insolvenzschuldner, so dass die Überführung von Vermögensgegenständen aus dem zur Insolvenzmasse gehörenden Vermögen in das insolvenzfreie Vermögen schlicht insolvenz- bzw. vollstreckungsrechtliche Wirkungen hat, nicht aber steuerrechtliche.

4.222

---

1 BFH v. 27.7.2011 – VI R 9/11, ZIP 2011, 2118 = BFH/NV 2011, 2111; v. 24.2.2011 – VI R 21/10, BStBl. II 2011, 520 = ZIP 2011, 873 = DStR 2011, 804; FG Thür. v. 30.11.2011 – 3 K 581/09, EFG 2013, 317 – Rev. X R 12/12; FG München v. 27.9.2018 – 11 K 2862/16, juris; vgl. auch BFH v. 15.3.2017 – III R 12/16, DStRE 2018, 2.
2 BFH v. 24.2.2011 – VI R 21/10, BStBl. II 2011, 520 = ZIP 2011, 873 = DStR 2011, 804; FG Thüringen v. 30.11.2011 – 3 K 581/09, EFG 2013, 317; BFH v. 9.12.2014 – X R 12/12, DStRE 2016, 1204; v. 15.3.2017 – III R 12/16, DStRE 2018, 2.
3 Anders noch das frühere konkursrechtliche Verständnis: BFH v. 21.1.1977 – III R 107/73, DB 1977, 896.

b) Insolvenz des Arbeitgebers

4.223 Zu den Insolvenzforderungen im Rang von § 38 InsO zählen alle Ansprüche der Finanzverwaltung, für die bis zum Zeitpunkt der Eröffnung des Insolvenzverfahrens der maßgebliche Rechtsgrund gelegt ist.[1] Schuldner der Lohnsteuer ist aber von den Fällen der Pauschalierung (§§ 40 Abs. 3, 37b Abs. 3, 40a Abs. 5, 40b Abs. 5 EStG) abgesehen der Arbeitnehmer; auch der grundsätzlich durch den Arbeitgeber an den Fiskus abzuführende Teil des Bruttoarbeitslohnes ist zivilrechtlich betrachtet eine materiell-rechtliche Schuld des Arbeitgebers gegenüber seinem Arbeitnehmer. Für den Arbeitnehmer entsteht die Lohnsteuerschuld im Zeitpunkt des Zuflusses des Arbeitsentgeltes. Ob und auf welche Weise die Finanzbehörde Lohnsteuerforderungen im Insolvenzverfahren geltend machen kann, ist differenziert zu betrachten:

- Kommt es in Folge der Insolvenzeröffnung **gar nicht zu einer Zahlung des für die vor Insolvenzeröffnung geleistete Arbeit geschuldeten Arbeitslohnes an den Arbeitnehmer** (also weder vor Eröffnung des Insolvenzverfahrens durch den Insolvenzschuldner, noch nach Insolvenzeröffnung durch den Insolvenzverwalter), so entsteht mangels Zufluss beim Arbeitnehmer auch kein Lohnsteueranspruch der Finanzverwaltung. Der Arbeitnehmer kann seinen ausstehenden Lohn als Insolvenzforderung zur Insolvenztabelle anmelden. Erst wenn er hieraus eine Quote erhält, entsteht ein Lohnsteueranspruch des Fiskus. Der Insolvenzverwalter darf in solchen Fällen die Quote nur unter Beachtung des Lohnsteuerabzugs an den Arbeitnehmer auszahlen.

- Hat der Arbeitnehmer seinen **Nettolohn vor Insolvenzeröffnung nicht erhalten, zahlt der Insolvenzverwalter ihn aber nach Insolvenzeröffnung dennoch aus** (beispielsweise, um den Arbeitnehmer für eine Betriebsfortführung nicht zu verlieren), so verstößt der Insolvenzverwalter dadurch gegen die insolvenzrechtliche Befriedigungssystematik, denn er begleicht eine Insolvenzforderung mit Mitteln der Masse. Dadurch gerät er gegenüber den Insolvenzgläubigern in die Haftung nach § 60 InsO. Dessen ungeachtet findet beim Arbeitnehmer ein Zufluss von Arbeitslohn statt, wodurch er Schuldner der Lohnsteuer wird. Der Insolvenzverwalter ist bei Auszahlung dieses Lohnes zur Einbehaltung und Abführung der Lohnsteuer verpflichtet. Führt der Insolvenzverwalter die Lohnsteuer nicht an die Finanzverwaltung ab, entsteht eine Haftungsschuld der Insolvenzmasse nach § 42d EStG, und zwar als Masseverbindlichkeit im Rang von § 55 InsO. Auch insoweit entsteht den Insolvenzgläubigern ein Anspruch nach § 60 InsO gegen den Insolvenzverwalter. Im Übrigen haftet er auch nach §§ 69, 34 Abs. 3 AO gegenüber der Finanzverwaltung auf die Lohnsteuer, weil es für die Pflicht zur Abführung der Lohnsteuer nicht darauf ankommt, ob dem Arbeitnehmer gegen das Vermögen, das seinen Lohnanspruch befriedigt, tatsächlich ein durchsetzbarer Anspruch zusteht oder nicht.[2]

---

[1] Vgl. BFH v. 22.5.1979 – VIII R 58/77, BFHE 128, 146; v. 24.2.2015 – VII R 27/14, DStRE 2015, 754; v. 3.8.2016 – X R 25/14, NZI 2017, 218.

[2] BFH v. 22.11.2005 – VII R 21/05, BStBl. II 2006, 397 = ZIP 2006, 1203.

– Hat der Arbeitnehmer **vor Insolvenzeröffnung seinen Nettolohn erhalten**, der nun im Insolvenzverfahren befindliche Arbeitgeber aber die Lohnsteuer einbehalten und nicht abgeführt, so nimmt der Haftungsanspruch der Finanzverwaltung den Rang einer einfachen Insolvenzforderung (§ 38 InsO) ein.[1] Dies gilt unabhängig davon, ob bei Insolvenzeröffnung ein Haftungsbescheid bereits erlassen ist oder nicht. Nach Insolvenzeröffnung darf ein solcher nicht mehr ergehen, weil Insolvenzforderungen nicht durch Bescheid gegen die Insolvenzmasse festgesetzt werden dürfen (Rz. 3.209).

– Wird der **Arbeitnehmer nach Insolvenzeröffnung weiter beschäftigt** (oder neu eingestellt), so erwirbt er für die nach Eröffnung des Insolvenzverfahrens erbrachte Arbeit einen Masseanspruch im Rang von § 55 InsO. Er hat Anspruch darauf, dass ihm der Insolvenzverwalter seinen Lohn aus der Masse auszahlt und die Lohnsteuer an die Finanzverwaltung abführt. Die Lohnsteuer ist ebenfalls Masseverbindlichkeit. Führt der Insolvenzverwalter die Lohnsteuer nicht an die Finanzverwaltung ab, entsteht eine Haftungsschuld der Insolvenzmasse nach § 42d EStG, und zwar als Masseverbindlichkeit im Rang von § 55 InsO. Daneben kann eine persönliche Haftung des Insolvenzverwalters nach §§ 34 Abs. 3, 69 AO bestehen.

– Für die Zuordnung der **pauschalen Lohnsteuer** ist umstritten, ob sie zu den Insolvenzforderungen im Rang von § 38 InsO[2] oder zu dem Masseverbindlichkeiten im Rang von § 55 InsO[3] gehört, wenn die Leistung des Arbeitnehmers vor Eröffnung des Insolvenzverfahrens erbracht ist, die Entscheidung für die Pauschalierung aber erst nach Eröffnung erfolgt. Zuzustimmen ist ersterer Auffassung. Bei der pauschalierten Lohnsteuer handelt es sich zwar um eine vom Arbeitnehmer abgeleitete Steuer, gleichwohl wird sie vom Arbeitgeber übernommen und verfahrenstechnisch vom Arbeitgeber erhoben; der Arbeitgeber ist in formeller Hinsicht alleiniger Steuerschuldner.[4] Das Einkommensteuergesetz enthält für die pauschale Lohnsteuer keine Vorschrift, die ausdrücklich bestimmt, in welchem Zeitpunkt sie entsteht. Vielmehr ist in §§ 40, 40a EStG lediglich geregelt, dass der Arbeitgeber die Lohnsteuer mit einem Pauschsteuersatz „erheben" kann bzw. dass die Lohnsteuer mit einem Pauschsteuersatz „erhoben" wird. § 40 Abs. 3 EStG – auf den auch in § 40a Abs. 5 EStG verwiesen wird – bestimmt, dass der Arbeitgeber die pauschale Lohnsteuer zu übernehmen hat. Das Fehlen einer eigenständigen Vorschrift über die Entstehung der pauschalen Lohnsteuer in Verbindung mit der Regelung, dass der Arbeitgeber die pauschale Lohnsteuer zu übernehmen hat, spricht für die Annahme, dass der Gesetzgeber eine Regelung über die Entstehung der pauschalen Lohnsteuer deswegen nicht für erforderlich gehalten hat, weil er sie ihrem Wesensgehalt nach als eine übernommene und somit bereits entstandene

---

1 BFH v. 16.5.1975 – VI R 101/71, BStBl. II 1975, 621.
2 So zutr. *Frotscher*, Besteuerung bei Insolvenz[8], S. 162.
3 *Uhländer* in Waza/Uhländer/Schmittmann, Insolvenzen und Steuern[12], Rz. 1586; *Fichtelmann*, DStZ 1993, 332 (333).
4 BFH v. 20.3.2006 – VII B 230/05, BFH/NV 2006, 1292 (1292); v. 28.4.2016 – VI R 18/15, DStR 2016, 2093.

Steuerschuld beurteilt hat.[1] Die pauschale Lohnsteuer entsteht somit aufgrund einer *Tatbestandsverwirklichung durch den Arbeitnehmer*.[2] Die Tatbestandsverwirklichung durch den Arbeitnehmer besteht gem. § 38 Abs. 2 Satz 2 EStG darin, dass diesem Lohn zugeflossen ist.[3] Allerdings hängt die Erhebung pauschaler Lohnsteuer bei Vorliegen der übrigen gesetzlichen Tatbestandsmerkmale des § 40 EStG zusätzlich von der Ausübung eines Wahlrechts durch den Arbeitgeber (Antrag) und einer „Zulassung" durch das Betriebsstättenfinanzamt ab. Dem BFH ist aber darin zuzustimmen, dass die Erklärung des Arbeitgebers, die pauschale Lohnsteuer übernehmen zu wollen, neben der Schuldübernahme lediglich bewirkt, dass die im Zeitpunkt des Zuflusses des Arbeitslohns dem Grunde nach bereits entstandene Entrichtungsschuld abweichend berechnet wird.[4] Somit ist bei Erbringung der Leistung vor Eröffnung des Insolvenzverfahrens nicht nur der Rechtsgrund für den gegen den Insolvenzschuldner gerichteten Lohnanspruch (und somit auch der Rechtsgrund für die abzuführende Lohnsteuer) im insolvenzrechtlichen Sinne gelegt (Rz. 4.219), sondern der Lohnsteueranspruch ist sogar ungeachtet der Wahl der Pauschalierung bereits steuerrechtlich vor Insolvenzeröffnung entstanden. Es muss sich somit auch dann um eine Insolvenzforderung handeln, wenn die Wahl der Pauschalierung erst nach Insolvenzeröffnung erfolgt.

XIV. Auswirkungen der Anzeige der Masseunzulänglichkeit

1. Einkommensteuer

4.224 Die Anzeige der Masseunzulänglichkeit gem. § 208 InsO bei dem Insolvenzgericht bewirkt den **Eintritt einer geänderten Befriedigungssystematik**. Danach werden an erster Stelle die Kosten für das Insolvenzverfahren beglichen, danach die nach der Anzeige der Masseunzulänglichkeit begründeten Masseverbindlichkeiten, welche nicht als Verfahrenskosten gelten (sog. Neumasseverbindlichkeiten), und schließlich die übrigen Masseverbindlichkeiten (sog. Altmasseverbindlichkeiten). Die Pflicht des Insolvenzverwalters, für den Insolvenzschuldner Einkommensteuererklärungen abzugeben, bleibt auch nach der Anzeige der Masseunzulänglichkeit bestehen. Diese Pflicht entfällt nur bei Einstellung des Verfahrens mangels Masse gem. §§ 207, 211 InsO.[5] So lange aber das Verfahren „nur" masseunzulänglich ist, bleibt es bei der Erklärungspflicht des Insolvenzverwalters.

4.225 Die Einkommensteuerschuld des Veranlagungszeitraumes, in den die Anzeige der Masseunzulänglichkeit fällt, ist in Altmasseverbindlichkeiten und Neumasseverbind-

---

1 BFH v. 6.5.1994 – VI R 47/93, BStBl. II 1994, 715; v. 30.11.1989 – I R 14/87, BStBl. II 1990, 993.
2 BFH v. 30.11.1989 – I R 14/87, BStBl. II 1990, 993; v. 3.7.2019 – VI R 36/17, NJW 2019, 3103; v. 28.4.2016 – VI R 18/15, DStR 2016, 2093.
3 BFH v. 20.3.2006 – VII B 230/05, BFH/NV 2006, 1292 (1292); v. 6.5.1994 – VI R 47/93, BStBl. II 1994, 715.
4 BFH v. 6.5.1994 – VI R 47/93, BStBl. II 1994, 715; v. 28.4.2016 – VI R 18/15, DStR 2016, 2093.
5 *Nerlich/Kreplin*, Münchener Anwaltshandbuch Sanierung und Insolvenz[3], § 28 Rz. 16; *Uhländer* in Waza/Uhländer/Schmittmann, Insolvenzen und Steuern[12], Rz. 502.

lichkeiten aufzuteilen. Die Aufteilung ist in der **gleichen Weise vorzunehmen wie auch die Aufteilung der einheitlichen Einkommensteuerjahresschuld des Veranlagungszeitraumes, in den die Insolvenzeröffnung fällt** (vgl. dazu ausführlich oben Rz. 4.177 ff.). Dort erfolgt die Aufteilung in Insolvenzforderungen und Masseverbindlichkeiten, hier erfolgt die Aufteilung in Altmasseverbindlichkeiten und Neumasseverbindlichkeiten. Für das **insolvenzrechtliche Begründetsein** einer Einkommensteuerforderung kommt es auch hier entscheidend darauf an, ob der **einzelne (unselbständige) zur Besteuerung führende Tatbestand** – insbesondere die Einkünfte nach § 2 Abs. 1 EStG – vor oder nach Eintritt der Masseunzulänglichkeit verwirklicht worden sind.[1] Insoweit sind allerdings wiederum Ausnahmen von diesem Grundsatz für die Fälle der Aufdeckung stiller Reserven zuzulassen (vergleiche dazu oben Rz. 4.12 ff.).

Da die Aufteilung der einheitlichen Jahreseinkommensteuerschuld im Verhältnis der Teileinkünfte zueinander und die Durchführung von Schattenveranlagungen nach dem bisher in der Literatur vorgeschlagenen Modell zu unsachgemäßen Ergebnissen führt, ist auch für die Aufteilung der Steuerschuld in Alt- und Neumasseverbindlichkeiten das Modell der Anwendung des Durchschnittssteuersatzes (Rz. 4.169 ff.) zu favorisieren. Danach ist folgende Aufteilung vorzunehmen:

– Es ist zuerst die Jahreseinkommensteuerschuld für die gesamten (also vor und nach Anzeige der Masseunzulänglichkeit) auf Rechnung der Insolvenzmasse (also nicht dem insolvenzfreien Vermögen des Insolvenzschuldners) erzielten Einkünfte zu berechnen.

– Sodann ist der Gesamtbetrag der nach Anzeige der Masseunzulänglichkeit zur Insolvenzmasse geflossenen Einkünfte zu ermitteln und um hier zuzuordnende Sonderausgaben, außergewöhnliche Belastungen, anteilige Pauschbeträge, Verlustvor- bzw. -rückträge u.Ä. zu bereinigen.

– Dieser bereinigte Gesamtbetrag der nach Anzeige der Masseunzulänglichkeit erzielten Einkünfte der Insolvenzmasse ist auf ein volles Kalenderjahr hochzurechnen; auf der Basis dieser fiktiven Einkünfte ist

  eine fiktive Veranlagung durchzuführen. Dabei ist der **Durchschnittssteuersatz** festzustellen.

– Dieser Durchschnittssteuersatz ist mit dem von der Insolvenzmasse nach Anzeige der Masseunzulänglichkeit erzielten bereinigten Gesamtbetrag der Einkünfte zu multiplizieren. Das Ergebnis ist die (maximale) Höhe der Neumasseverbindlichkeiten.

– Schließlich ist zu prüfen, ob die Neumasseverbindlichkeit nicht auf Grund Eingreifens der Kappungsgrenze niedriger ist: Die Kappungsgrenze ergibt sich aus der Aufteilung des Jahressteuerbetrages im Verhältnis der vor bzw. nach Anzeige der Masseunzulänglichkeit angefallenen Teileinkünfte.

---

[1] Vgl. BFH v. 16.5.2013 – IV R 23/11, BStBl. II 2013, 759 = ZIP 2013, 1481 = BFH/NV 2013, 1503.

2. Lohnsteuerabzug

4.226 Führt der Insolvenzverwalter das Unternehmen des Arbeitgebers fort und beschäftigt er Arbeitnehmer auf Rechnung der Insolvenzmasse, so hat er für diese Lohnsteuer einzubehalten und aus Mitteln der Insolvenzmasse abzuführen. Tritt während des Insolvenzverfahrens **Masseunzulänglichkeit** ein, so darf der Insolvenzverwalter ab der Anzeige der Masseunzulänglichkeit Lohnsteuer nur noch insoweit abführen, als der Lohnsteueranspruch des Finanzamts nicht bereits vor Anzeige der Masseunzulänglichkeit „angelegt" war. Steuerrechtlich entsteht der **Lohnsteueranspruch** zwar erst in dem Zeitpunkt, in dem dem Arbeitnehmer der Arbeitslohn zufließt, also regelmäßig am Ende eines Monats für die während des Monats erbrachte Arbeitsleistung. Im insolvenzrechtlichen Sinne „angelegt" sind die Lohnsteueransprüche demgegenüber aber bereits dann, wenn der Rechtsgrund gelegt,[1] also die Arbeitsleistung erbracht wird, und zwar ungeachtet dessen, wann dem Arbeitnehmer ein Arbeitslohnanspruch arbeitsrechtlich zusteht und wann er fällig wird. Der Zeitpunkt des Zuflusses ist insolvenzrechtlich unerheblich.[2] Diese für die Zuordnung bestimmter Lohnsteuerforderungen zu den Insolvenzforderungen bzw. Masseverbindlichkeiten anerkannten[3] Grundsätze gelten auch für die Zuordnung zu den Alt- bzw. Neumasseverbindlichkeiten i.S.v. § 209 Abs. 1 InsO. Der Insolvenzverwalter darf daher nach Anzeige der Masseunzulänglichkeit nur noch diejenige Lohnsteuer an die Finanzverwaltung abführen, die auf die nach der Anzeige der Masseunzulänglichkeit entrichtete Arbeit entfällt – genau so, wie er auch nur noch diese Arbeit gegenüber dem Arbeitnehmer entlohnen darf, weil dieser mit dem vor der Anzeige der Masseunzulänglichkeit erwirtschafteten Lohnanspruch Altmassegläubiger im Rang von § 209 Abs. 1 Ziff. 3 InsO ist. Zahlt der Insolvenzverwalter dem zuwider den Nettolohn an den Arbeitnehmer auch für die vor Anzeige der Masseunzulänglichkeit entrichtete Arbeit aus, so begründet dies nicht nur insoweit einen Schadensersatzanspruch der Neumassegläubiger gegen den Insolvenzverwalter persönlich, sondern die Finanzverwaltung kann den Insolvenzverwalter persönlich nach §§ 34 Abs. 3, 69 AO für die abzuführende Lohnsteuer in Haftung nehmen. Der Insolvenzverwalter kann sich dann nicht darauf berufen, die Lohnsteuer sei schließlich Altmasseverbindlichkeit gewesen, so dass der Arbeitnehmer sie nicht gegen die (Neu-)Masse habe durchsetzen können. Es trifft zwar zu, dass Schuldner der Lohnsteuer allein der Arbeitnehmer ist und der Lohnsteuerbetrag im Grunde einen Teil des Arbeitseinkommens des Arbeitnehmers darstellt, den der Arbeitgeber grundsätzlich lediglich auf fremde (nämlich des Arbeitnehmers) Schuld an die Finanzverwaltung leistet. Wer aber Nettolohn auszahlt, kann für die darauf zu entrichtende Lohnsteuer mittels Haftungsbescheids nach §§ 34, 69 AO unabhängig davon in Anspruch genommen werden, aus welchem Vermögen der Nettolohn gezahlt wird und ob dem Arbeitnehmer ein Anspruch gegen diese Vermögensmasse zustand oder nicht.[4]

---

1 Vgl. BFH v. 22.5.1979 – VIII R 58/77, BFHE 128, 146; v. 12.1.2006 – IX ZB 239/04, NJW 2006, 246.
2 *Schüppen/Schlösser* in MünchKomm/InsO[4], Insolvenzsteuerrecht, Rz. 207.
3 *Schüppen/Schlösser* in MünchKomm/InsO[4], Insolvenzsteuerrecht, Rz. 207; *Uhländer* in Waza/Uhländer/Schmittmann, Insolvenzen und Steuern[12], Rz. 1590.
4 BFH v. 22.11.2005 – VII R 21/05, BStBl. II 2006, 397 = ZIP 2006, 1203.

B. Körperschaftsteuer

Literatur *App*, Liquidation und Löschung von KapG, NWB Nr. 51 v. 15.12.2003, Fach 18, 4033 ff.; *Arbeitskreis „Steuerliche Beratungshinweise des IDW"*, Unternehmen in der Krise, Beiheft zu FN-IDW 12/2009; *Bareis*, Mindestbesteuerung und Liquidationszeitraum, DB 2013, 1265; *Beck*, Ertragsteuerliches Fiskusprivileg im vorläufigen Insolvenzverfahren – mögliche Auswirkungen des neuen § 55 Abs. 4 InsO, ZIP 2011, 551; *Becker/Pape/Wobbe*, Forderungsverzicht mit Besserungsschein – ein vermehrt genutztes Instrument zur Überwindung der Krise, DStR 2010, 506; *Bergmann*, Einheitlicher Besteuerungszeitraum und Zwischenveranlagungen in Liquidation und Insolvenz, GmbHR 2012, 943; *Bethmann/Mammen/Sassen*, Analyse gesetzlicher Ausnahmetatbestände zum Erhalt körperschaftsteuerlicher Verlustvorträge, StB 2012, 148; *Blumenberg/Haisch*, Die unionsrechtliche Beihilfeproblematik der Sanierungsklausel nach § 8c Abs. 1a KStG, FR 2012, 12; *Boochs*, Steuerliche Auswirkungen des RegE-ESUG, BB 2011, 857; *Boor*, Gewinnabführungs- und Beherrschungsverträge in der notariellen Praxis, RNotZ 2017, 65; *Braun/Geist*, Forderungsverzichte im „Bermudadreieck" von Sanierungsgewinn, Verlustverrechnung und Mindestbesteuerung, BB 2013, 351; *Bretz/Gude*, Beurteilung des neuen Überschuldungsbegriffs in der InsO anhand von Bilanzinformationen, ZInsO 2010, 515; *Bultmann*, Der Gewinnabführungsvertrag in der Insolvenz, ZInsO 2007, 785; *Bunte/von Kaufmann*, Gesetz zur weiteren Erleichterung der Sanierung von Unternehmen (ESUG): Konträre Positionen im Gesetzgebungsverfahren, DZWIR 2011, 359; *Buth/Hermanns*, Anforderungen an die Erstellung von Sanierungskonzepten nach dem neuen IDW S 6, DStR 2010, 288; *Cahn/Simon/Theiselmann*, Nennwertanrechnung beim Debt Equity Swap!, DB 2012, 501; *Carlé/Urbach*, Betriebsaufspaltung – Gestaltungschancen und Gestaltungsrisiken, KÖSDI 2012, 18093; Beratung in der Krise: Steuerliche und zivilrechtliche Hinweise, KÖSDI 2010, 16896; *Crezelius*, Aktuelle Steuerrechtsfragen in Krise und Insolvenz, NZI 2019, 270; *Crezelius*, Aktuelle Steuerrechtsfragen in der Krise und Insolvenz, NZI 2011, 581; *Demuth/Helms*, Gesellschafterforderungen und Nutzungsüberlassung in der InsO – steuerliche Fernwirkung zivilrechtlicher Bestimmungen, KÖSDI 2012, 18066; *Deilmann*, Die Beendigung des Beherrschungs- und/oder Gewinnabführungsvertrags in der M&A-Transaktion, NZG 2015, 460; *Dietrich/Weber*, Ein Ende ohne Schrecken? – Einkommensteuerneutrale Behandlung von Gesellschafterdarlehen im Rahmen der Liquidation und Beendigung von Kapitalgesellschaften, DStR 2019, 966; *Drüen*, Verfassungsrechtliche Positionen zur Mindestbesteuerung, FR 2013, 393; Die Sanierungsklausel des § 8c KStG als europarechtswidrige Beihilfe, DStR 2011, 289; *Drüen/Schmitz*, Zur Unionrechtskonformität des Verlustuntergangs bei Körperschaften, GmbHR 2012, 485; *Ebbinghaus/Osenroth/Hinz*, Schuldübernahme durch Gesellschafter als Sanierungsinstrument unter Berücksichtigung der Schenkungsteuer, BB 2013, 1374; *Ehlers*, Sanierung mit oder ohne Insolvenz, ZInsO 2010, 257; *Ehlers/Meimberg*, Die steuerrechtlichen Konsequenzen der Betriebsaufgabe einer GmbH in der Krise, ZInsO 2010, 1726; *Ekkenga*, Neuerliche Vorschläge zur Nennwertanrechnung beim Debt-Equity-Swap – Erkenntnisfortschritt oder Wiederbelebungsversuche am untauglichen Objekt?, DB 2012, 331; *Endres*, Zinsabschlagsteuern und Insolvenzrechnungslegung, ZInsO 2011, 258; *Farle*, Verbindlichkeiten in der Liquidation – Überprüfung verbindlicher Auskünfte, DStR 2012, 1590; *Fichtelmann*, Die Beendigung des Gewinnabführungsvertrags und ihre Auswirkungen auf die Organschaft, GmbHR 2010, 576; *Fromm*, Der Debt-Equity-Swap als Sanierungsbeitrag im Zeitpunkt der Überschuldung, ZInsO 2012, 1253; *Früchtl/Proschka*, Die einkommensteuerliche Behandlung von Erlösen aus der Liquidation von Kapitalgesellschaften nach dem SEStEG, BB 2007, 2147; *Fuhrmann*, Gesellschafterfremdfinanzierung von Personen- und Kapitalgesellschaften, KÖSDI 2012, 17977; Liquidation der GmbH im Zivil- und Steuerrecht, KÖSDI 2005, 14906; *Giltz/Kuth*, Mindestbesteuerung – Situation im Insolvenzverfahren, DStR 2005, 184; *Grashoff/Kleinmanns*, Vorsicht Falle: Die Abtretung von Körperschaftsteuerguthaben in der Insolvenz, ZInsO 2008, 609; *Grögler/Urban*, Die „Befreiung" einer Kapitalgesellschaft von lästig gewordenen Pensionsverpflichtungen, DStR 2006, 1389; *Grüttner*, Zur Anrechnung der Körperschaftsteuer bei Insolvenz der ausschüttenden Gesellschaft, BB 2000, 1220; *Gundlach/Rautmann*, Aufrechnung des Finanzamts mit dem Erstattungsanspruch gem. § 37 Abs. 5 KStG, DStR 2011, 1404; *Haarmeyer*, Insolvenzrechnungslegung, ZInsO 2010, 412; *Haase/Dorn*, Forderungsverzicht als zwingende Folge der Liquidation einer verbundenen Unternehmung?, BB 2011, 2907; *Hackemann/Momen*, Sanierungsklausel (§ 8c Abs. 1a KStG) – Analyse der Entscheidungsbegründung der EU-Kommission, BB 2011, 2135; *Hans/Engelen*, Wegfall der Mantelkaufregelung durch das Unternehmensteuerreformgesetz, NWB Nr. 24 v. 11.6.2007, 1981; *Heinstein*, Realisierung des Guthabens aus Körperschaftsteuer und Solidaritätszuschlag (!) nach § 37 Abs. 5 KStG, DStR 2008, 381; *Helm/Krinninger*, Steuerrechtliche Folgen des Gesellschafter-Verzichts auf Forderungen gegenüber einer Kapitalgesellschaft, DB 2005, 1989; *Herzig*, Ertragsteuerliche Begleitmaßnahmen zur Modernisierung des Insolvenzrechts, WPg 2011, Sonderheft, 27; *Hoffmann*, Der Debt-Mezzanine-Swap, StuB 2012, 417; Beteiligungen an Kapitalgesellschaften als Sanierungsobjekte in der Steuerbilanz, DStR 2002, 1233; *Horst*, Überblick über Entschuldungsinstrumente und ihre bilanz- und steuerrechtlichen Auswirkungen, DB 2013, 656; *Janssen*, Sanierungserlass nach Abschluss eines Insolvenzverfahrens, NWB 23/2010, 1854; Die verdeckte Gewinnausschüttung bei der Ltd., Ltd. & Co. KG und der Ltd. & Still, GStB 5/2007, 178; *Jochum*, Systemfragen zu Mantelkauf und Sanierungsklausel, FR 2011, 497; *Kahlert*, Passivierung eines Rangrücktritts in der Steuerbilanz, NWB 26/2012, 2141; *Kahlert*, Liquidationsbesteuerung der GmbH: Keine Auflösung einer nicht befriedigten Verbindlichkeit, DStR 2016, 2262; *Kahlert/Eversberg*, Insolvenz und Gemeinnützigkeit, ZIP 2010, 260; *Kahlert/Gehrke*, Der Rangrücktritt nach MoMiG im GmbH-Recht: Insolvenz- und steuerrechtliche Aspekte, DStR 2010, 227; *Kahlert/Schmidt*, Löst ein Forderungsverzicht zu Sanierungszwecken nach § 7 Abs. 8 ErbStG Schenkungsteuer aus?, DStR 2012, 1208; *Kaluza/Baum*, Örtliche Zuständigkeit bei doppelt ansässigen Kapitalgesellschaften – Änderung des Anwendungserlasses zu §§ 20a, 21 und 27 AO, NWB Nr. 48 v. 27.11.2006, Fach 2, 9070; *Karl*, Verfassungswidrigkeit oder teleologische Reduktion des § 8c KStG bei mittelbarer Anteilsübertragung von Verlustgesellschaften, BB 2012, 92; *Kerz*, Sanierungsbescheinigungen als neues Tätigkeitsfeld, DStR 2012, 204; *Kessler/Eicke*, Die Limited – Fluch oder Segen für die Steuerberatung?, DStR 2005, 2102; *Klent*, Richtungsentscheidung für Kompetenzen in Europa – lässt das Beihilferecht die Sanierungsklausel in § 8c Abs. 1a KStG zu?, DStR 2013, 1057; *Klusmeier*, Richtige Formulierung des qualifizierten Rangrücktritts – aus steuerlicher Sicht, ZInsO 2012, 965; *Kroener/Momen*, Debt-Mezzanine-Swap – Die OFD Rheinland auf dem Irrweg?, DB 2012, 829; *Krüger*, Kommt die Kehrtwende bei der Aufrechnung von Körperschaftsteuerguthaben im Insolvenzverfahren?, ZInsO 2010, 1732; *Krumm/Wolf*, Der Unternehmenserwerb aus der Insolvenzmasse, NWB 43/2010, 3465; *Küster*, Die Nachtragsliquidation von Kapitalgesellschaften unter dem Blickwinkel des § 11 Abs. 1 Satz 2 KStG, DStR 2006, 209; *Lambrecht*, „Sie können nicht einmal Bilanzen lesen" – Zur Bestellung von Juristen als Insolvenzverwalter, DZWIR 2010, 22; *Leibner/Pump*, Die steuerlichen Pflichten des Liquidators einer GmbH, GmbHR 2003, 996; *Lampe/Breuer/Hotze*, Erfahrungen mit § 3a EStG im Rahmen eines Insolvenzplanverfahrens unter Einholung einer verbindlichen Auskunft, DStR 2018, 173; *Ley*, Ertragsbrennpunkte bei der Liquidation einer GmbH & Co. KG, KÖSDI 2005, 14815; *Lohmann/Bascopé*, Liquidationsbesteuerung von Körperschaften: Ermittlung des Abwicklungsgewinns bei Vornahme von Zwischenveranlagungen, GmbHR 2006, 1313; *Lornsen-Veit/Behrendt*, Forderungsverzicht mit Besserungsschein nach dem SEStEG – weiterhin Direktzugriff auf das Einlagekonto, FR 2007, 179; *Maile*, SchenkSt beim Forderungsverzicht im Sanierungsfall?, DB 2012, 1952; *Matzke*, Der steuerbefreiende Gemeinnützigkeitsstatus in der Insolvenz, ZInsO 2010, 2314; *Mayer/Wagner*, Bilanzierung von Verbindlichkeiten bei Rangrücktritt in der Liquidationsschlussbilanz – Finanzverwaltung schafft doppelt Klarheit, DStR 2017, 2025; *Mertzbach*, Aktuelle steuerliche Probleme im Insolvenzplanverfahren von Kapitalgesellschaften, GmbHR 2013, 75; *Nayel*, Aufrechterhaltung der Beschlagnahmewirkung im Schlusstermin am Beispiel von Steuererstattungsansprüchen, Z-

InsO 2011, 153; *Nodoushani*, Die zivil- und steuerrechtlichen Voraussetzungen für die Kündigung eines Ergebnisabführungsvertrages aus wichtigem Grund, DStR 2017, 399; *Olbrich*, Zur Besteuerung und Rechnungslegung der Kapitalgesellschaft bei Auflösung, DStR 2001, 1090; *Ortmann-Babel/Bolik*, Praxisprobleme des SEStEG bei der Auszahlung des KSt-Guthabens nach § 37 KStG n.F., BB 2007, 73; *Ott*, Gesetzliche Zwangsbesteuerung des Alt-EK 02 nach den Änderungen durch das JStG 2008, DStZ 2008, 274; *Paulus*, Durchbrechung der Grundsätze der eingeschränkten Erwerberhaftung beim Asset Deal für Insolvenzforderungen aufgrund von § 25 HGB, ZInsO 2011, 162; *Pöhlmann/Fölsing*, Das Steuerprivileg von Stiftungen im Insolvenzverfahren, ZInsO 2010, 612; *Pöschke*, Bilanzierung und Besteuerung von Forderungserlass und Rangrücktritt zur Sanierung von Kapitalgesellschaften, NZG 2017, 1408; *Pyszka/Hahn*, Ausgleichsansprüche bei verunglückter umsatzsteuerrechtlicher Organschaft, GmbHR 2010, 689; *Richter/Pluta*, Bescheinigung zum Schutzschirmverfahren gem. § 270b InsO nach IDW ES 9 im Praxistest, BB 2012, 1591; *Risthaus*, Verdeckte Einlage durch Verzicht eines Gesellschafter-Geschäftsführers auf den „future-service" seiner Pensionszusage, DStZ 2010, 212; *Röder*, Der neue § 8d KStG und die Fortführung des Geschäftsbetriebs: Verlustnutzung mit unternehmerischer Entwicklung vereinbar – auch in Sanierungsfällen, DStR 2017, 1737; *Roth*, Aufdeckung stiller Reserven im Insolvenzverfahren, FR 2013, 441; *Sämisch/Adam*, Gläubigerschutz in der Insolvenz von abhängigen Konzerngesellschaften, ZInsO 2007, 520; *Schlagheck*, Ertragsteuerliche Organschaft und Verlustnutzung, StuB 2004, 401; *Schmid*; Der erfolgswirksame Rangrücktritt – Die BFH-Entscheidung des I. Senats v. 30.11.2011 – I R 100/10, FR 2012, 837; *Schmittmann* in Schmidt, Insolvenzordnung 18. Aufl., München 2013, § 155 InsO, Anhang Steuerrecht Rz. 170 ff.; Überlegungen zur Haftung des Sanierungsberaters, ZInsO 2011, 545; Nochmals: Körperschaftsteuerguthaben im Insolvenzverfahren, ZInsO 2008, 502 ff.; Körperschaftsteuerguthaben nach dem Jahressteuergesetz 2008: Konsequenzen für laufende Insolvenzverfahren, StuB 2008, 83; Anm. zu OFD, Verf. v. 20.4.2007 (KSt-Guthaben gem. § 37 KStG Insolvenz), ZInsO 2007, 706; *Schneider/Höpfner*, Die Sanierung von Konzernen durch Eigenverwaltung und Insolvenzplan, BB 2012, 87; *Schönhaar*, Grundzüge des Ablaufs der Liquidation einer GmbH, GWR 2020, 1; *Schwenker/Fischer*, Restrukturierungsmaßnahmen in der Krise der GmbH, DStR 2010, 1117; *Steinbach/Claußen*, Die Bilanzierung latenter Steuern in der Liquidations-Rechnungslegung nach HGB, ZInsO 2013, 1109; *Teiche*, Maßgeblichkeit bei Umwandlungen – trotz SEStEG?, DStR 2008, 1757 ff.; *Uhländer*, Der Steuerberater als Lotse in der Krise des Mandanten!, Gast-Editorial, NWB 26/2012, 2113; Steuern als Masseverbindlichkeiten i.S.d. § 55 Abs. 4 InsO – Überblick zur Neuregelung ab dem 1.1.2011, AO-StB 2011, 84; Aktuelle Entwicklungen im Insolvenzsteuerrecht 2010, AO-StB 2010, 81; *von Craushaar/Holdt*, Keine Aufrechnung gegen ein Körperschaftsteuerguthaben im Insolvenzverfahren, BB 2011, 1703; *Wacker*, Aktuelle Überlegungen zur Unternehmensteuerreform – Aspekte aus rechtspraktischer Sicht, DStR 2019, 585; *Weitnauer*, Der Rangrücktritt – Welche Anforderungen gelten nach aktueller Rechtslage?, GWR 2012, 193; *Wiese*, Der Untergang des Verlust- und Zinsvortrags bei Körperschaften, DStR 2007, 741; *Willeke*, Klare Anforderungen an Sanierungskonzepte, StuB 2013, 144; *Wohltmann*, Körperschaftsteuer und Gewebesteuer in der Liquidation, NWB Nr. 13 v. 23.3.2009, 950; *Wollweber*, Honorarsicherung in der wirtschaftlichen Krise des Mandanten, DStR 2010, 1801.

I. Grundlagen

Die Körperschaftsteuer ist eine direkte Steuer, da Steuerzahler (derjenige, der die Körperschaftsteuer entrichtet) und Steuerträger (derjenige, der damit wirtschaftlich belastet wird) identisch sind. Sie ist Ertragsteuer, weil sie den Ertrag von Körperschaften besteuert. Auf die Körperschaftsteuer finden viele Vorschriften aus dem Einkommensteuerrecht Anwendung. Dies gilt vor allem für die Durchführung der Besteuerung einschließlich der Anrechnung, Entrichtung und Vergütung der Kör-

4.227

perschaftsteuer sowie die Festsetzung und Erhebung von Steuern, die nach der veranlagten Körperschaftsteuer bemessen werden (Zuschlagsteuern), soweit das Körperschaftsteuergesetz nichts anderes bestimmt (§ 31 Abs. 1 KStG).

4.228 Der unbeschränkten Körperschaftsteuerpflicht unterliegen die in § 1 Abs. 1 Ziff. 1–6 KStG genannten Rechtsgebilde. Das Körperschaftsteuergesetz stellt dabei allein auf die Rechtsform ab. Es sind dies im Einzelnen:

4.229

Rechtsfähige Gebilde			
Kapitalgesellschaften	Genossenschaften einschließlich der Europäischen Genossenschaften	Versicherungsvereine auf Gegenseitigkeit (VVaG) und Pensionsfonds	Sonstige juristische Personen des privaten Rechts

Nichtrechtsfähige Gebilde	
Nichtrechtsfähige Vereine, Anstalten, Stiftungen u.a. Zweckvermögen des privaten Rechts	Betriebe gewerblicher Art von juristischen Personen des öffentlichen Rechts

Abbildung 4: Der Körperschaftsteuer unterliegende Rechtsgebilde

4.230 Der Katalog des § 1 KStG ist abschließend (R2 Abs. 1 KStR).

4.231 Kapitalgesellschaften nach § 1 Abs. 1 Ziff. 1 KStG sind SE (Societas Europaea = Europäische AG), AG, GmbH und KGaA. Hat eine Kapitalgesellschaft ihren Sitz im Ausland und ihre Geschäftsleitung im Inland, sind auch andere Rechtsformen hierunter zu fassen, wenn sie den deutschen Rechtsformen entsprechen, z.B. entspricht die britische Ltd. der GmbH. Auf die wirtschaftliche Betrachtungsweise kommt es nicht an. Daher ist z.B. eine GmbH & Co KG, deren alleiniger persönlich haftender Gesellschafter eine GmbH ist, keine Kapitalgesellschaft i.S.d. § 1 Abs. 1 Ziffer KStG.

4.232 Die Rechtsverhältnisse der in § 1 Abs. 1 Ziff. 2 KStG genannten **Genossenschaften** regelt das Genossenschaftsgesetz. Nach § 17 Abs. 2 GenG gelten Genossenschaften als Kaufleute im Sinne des HGB, soweit im Genossenschaftsgesetz nichts anderes vorgeschrieben ist. Unter § 1 Abs. 1 Ziff. 2 KStG fallen auch die Europäischen Genossenschaften.

4.233 Die Rechtsverhältnisse des **Versicherungsvereins auf Gegenseitigkeit (VVaG)** nach § 1 Abs. 1 Ziff. 3 KStG regelt § 15 VAG (zu Pensionsfonds s. § 113 VAG). Danach ist der VVaG ein rechtsfähiger Verein. Für VVaG gelten weitgehend die Rechnungslegungsvorschriften des HGB (§ 16 VAG).

4.234 Zu den **sonstigen juristischen Personen** nach § 1 Abs. 1 Ziff. 4 KStG gehören die **rechtsfähigen Vereine**, deren Zweck nicht auf einen wirtschaftlichen Geschäftsbetrieb gerichtet ist und die ihre Rechtsfähigkeit durch Eintragung in das Vereinsregister des zuständigen AG erlangen (eingetragene Vereine, e.V.) sowie die **rechtsfähigen Stiftungen**. Bei ihnen handelt es sich um rechtsfähige Gebilde mit der Aufgabe, ein ihnen vom Stifter gewidmetes Vermögen zu bestimmten Zwecken dauernd zu verwenden, §§ 80 ff. BGB.

Nichtrechtsfähige Rechtsgebilde i.S.d. § 1 Abs. 1 Ziff. 5 KStG sind die **nichtrechtsfähigen Vereine** (nicht in das Vereinsregister eingetragene Vereine, § 54 BGB) und die **nichtrechtsfähigen Stiftungen**. Bei letzteren handelt es sich um die Zuwendung eines Vermögens an einen anderen mit der Vorschrift, es für einen dauernden bestimmten Zweck zu verwenden, R 1.1 Abs. 5 KStR 2015. 4.235

Betriebe gewerblicher Art nach § 1 Abs. 1 Ziff. 6 KStG sind nur diejenigen, die von inländischen juristischen Personen des öffentlichen Rechts unterhalten werden. Ausländische juristische Personen fallen grundsätzlich unter § 2 Ziff. 1 KStG. 4.236

Die Rechtsform allein ist allerdings nur eine Voraussetzung für die Steuerpflicht. Hinzutreten muss noch ein steuerpflichtiger Tatbestand, dessen Umfang sich nach der Art der Steuerpflicht richtet. Unterschieden werden die unbeschränkte und die beschränkte Steuerpflicht. Eine erweiterte beschränkte Steuerpflicht (wie im AStG) gibt es im KStG nicht. 4.237

Juristische Personen sind Steuersubjekt der Körperschaftsteuer, während die an Gesellschaft beteiligten Gesellschafter ihrerseits der Einkommensteuer oder Körperschaftsteuer unterliegen, je nachdem, ob es sich bei den Gesellschaftern um natürliche Personen oder ebenfalls um Kapitalgesellschaften (Körperschaften) handelt. Daher ist bei der Besteuerung stets zwischen der Besteuerungsebene der Kapitalgesellschaft und der Besteuerungsebene ihrer Gesellschafter zu unterscheiden (sog. **Trennungsprinzip**). Die Besteuerungsebene der Gesellschafter wird erst dann berührt, wenn die Kapitalgesellschaft ihre Gewinne an die Gesellschafter ausschüttet. 4.238

Beispiel 7: 4.239

An der AB-GmbH sind die natürlichen Personen A und B zu jeweils 50 % beteiligt. Im Jahr 13 wird der Gewinn des Vorjahres an die Gesellschafter ausgeschüttet.

Lösung: Der Gewinn des Vorjahres unterliegt zunächst im Jahr 12 bei der GmbH der Körperschaftsteuer. Erst mit Ausschüttung des Gewinns in 13 erzielen die Gesellschafter Einkünfte, die bei ihnen der Einkommensteuer unterliegen.

Durch die strikte Trennung der Gesellschafts- und der Gesellschafterebene unterscheidet sich die Besteuerung der Kapitalgesellschaften insbesondere von der Besteuerung von Personengesellschaften bzw. Einzelunternehmen. Bei diesen ist nicht die Personengesellschaft bzw. das Einzelunternehmen selbst, sondern ausschließlich die Personengesellschafter bzw. der Inhaber des Einzelunternehmens Steuersubjekt der Einkommensteuer oder Körperschaftsteuer (sog. **Transparenzprinzip**). 4.240

Nach dem Prinzip der **Abschnittsbesteuerung** hat die Kapitalgesellschaft die Körperschaftsteuer jeweils für einen zeitlich begrenzten Zeitraum zu entrichten. Dieser Zeitraum ist das Kalenderjahr, weil es sich bei der Körperschaftsteuer gem. § 7 Abs. 3 Satz 1 KStG um eine Jahressteuer handelt. **Veranlagungszeitraum** und Bemessungszeitraum für die Körperschaftsteuer ist somit stets das Kalenderjahr (§§ 31 Abs. 1 KStG, 25 Abs. 1 EStG). Vom Veranlagungszeitraum zu trennen ist der **Gewinn-** 4.241

ermittlungszeitraum, d.h. der Zeitraum, für den die Körperschaft ihre Gewinne zu ermitteln hat. Soweit die Pflicht zur Führung von Büchern nach den Vorschriften des Handelsgesetzbuchs besteht, ist der Gewinn nach dem Wirtschaftsjahr zu ermitteln, für das regelmäßig Abschlüsse erstellt werden (§ 7 Abs. 4 KStG). Weicht dabei das Wirtschaftsjahr, für das regelmäßig Abschlüsse erstellt werden, vom Kalenderjahr ab, so gilt der Gewinn aus Gewerbebetrieb als in dem Kalenderjahr bezogen, in dem das Wirtschaftsjahr endet. Mit der Eröffnung des Insolvenzverfahrens über das Vermögen einer Körperschaft beginnt zwar ein neues Wirtschaftsjahr (§ 155 Abs. 2 InsO); das ändert aber nichts daran, dass die Körperschaftsteuer eine Jahressteuer bleibt.

4.242 **Bemessungsgrundlage** der Körperschaftsteuer ist weder der handelsrechtliche noch der steuerliche Gewinn der Körperschaft, sondern das **zu versteuernde Einkommen** (§ 7 Abs. 1 KStG). Dieses ist auf der Basis des handels- bzw. steuerrechtlichen Gewinns zu ermitteln. Bei der Ermittlung des zu versteuernden Einkommens sind nach § 8 Abs. 1 KStG sowohl die Vorschriften des EStG als auch des KStG zu beachten. Kapitalgesellschaften erzielen gem. § 8 Abs. 2 KStG dabei stets und **ausschließlich Einkünfte aus Gewerbebetrieb**. Einer Trennung in eine betriebliche und eine außerbetriebliche Sphäre bedarf es bei Kapitalgesellschaften somit nicht.[1] Eine Einordnung der Tätigkeiten einer Kapitalgesellschaft als **Liebhaberei**, d.h. als Tätigkeiten, die nicht mit Gewinnerzielungsabsicht verfolgt werden, scheidet damit aus, denn ein Gewerbebetrieb wird kraft gesetzlicher Definition stets mit Gewinnerzielungsabsicht betrieben.

4.243 Auf das zu versteuernde Einkommen wird der seit dem Jahr 2008 geltende einheitliche **Körperschaftsteuertarif** i.H.v. **15 %** angewendet (§ 23 Abs. 1 KStG). Zusätzlich schuldet die GmbH den **Solidaritätszuschlag** i.H.v. **5,5 %** der veranlagten Körperschaftsteuer (§ 1 Abs. 1, 2 Ziff. 3, § 3 Abs. 1 Ziff. 1 SolZG).

II. Praktische Bedeutung der Körperschaftsteuer im Insolvenzverfahren

4.244 Die Körperschaftsteuer stellt neben der Umsatzsteuer die wichtigste Steuerart in der Insolvenz von Unternehmen dar. Zwar sind manche Problemfelder deckungsgleich mit denen bei der Einkommensteuer, z.B. bei der Besteuerung von Sanierungsgewinnen, s. Rz. 4.20 ff. Das aber macht die rechtlichen Fragestellungen nicht minder komplex. Die wirtschaftliche Bedeutung körperschaftsteuerrechtlicher Probleme in der Insolvenz ist nicht zu unterschätzen. In unterschiedlichen Zusammenhängen kann ungewollt eine Masseverbindlichkeit entstehen, die die Insolvenzmasse und damit auch die Befriedigungsaussichten der Insolvenzgläubiger erheblich nachteilig beeinflussen kann. Besonderes Augenmerk ist auf die Körperschaftsteuer dann zu legen, wenn vor Insolvenzeröffnung eine körperschaftsteuerliche Organschaft bestan-

---

[1] BFH v. 4.12.1996 – I R 54/95, BFHE 182, 123; vgl. auch BFH v. 6.7.2000 – I B 34/00, BStBl. II 2002, 490; v. 8.8.2001 – I R 106/99, BStBl. II 2003, 487; v. 31.3.2004 – I R 83/03, ZIP 2004, 2000 = BFH/NV 2004, 1482; v. 17.11.2004 – I R 56/03, BFH/NV 2005, 793; v. 6.12.2016 – I R 50/16, DStR 2017, 319; v. 27.7.2016 – I R 12/15, DStRE 2017, 35; v. 13.3.2019 – I R 18/19, DStR 2019, 2296; v. 13.3.2019 – I R 66/16, juris.

den hat (Rz. 4.295 ff.). Außerdem ist es für den Insolvenzverwalter von besonderem Interesse, wie die Auszahlungsansprüche nach § 37 Abs. 5 KStG zu behandeln sind und vor allem, ob gegen diese aufgerechnet werden kann (Rz. 4.292 ff.).

III. Umfang der Körperschaftsteuerpflicht
1. Unterscheidung der Steuerpflicht

Zur Bestimmung des Umfangs, in dem eine Körperschaft persönlich körperschaftsteuerpflichtig ist, unterscheidet das Gesetz die unbeschränkte Körperschaftsteuerpflicht (§ 1 KStG) und die beschränkte Körperschaftsteuerpflicht (§ 2 KStG). Während im Rahmen der unbeschränkten Steuerpflicht sämtliche Einkünfte der Körperschaft in die Besteuerung einbezogen werden, unterliegen bei der beschränkten Steuerpflicht nur ganz bestimmte Einkünfte der deutschen Besteuerung. Die Unterscheidung spielt außerdem für die Form der Erhebung der Körperschaftsteuer eine wichtige Rolle. Bei der unbeschränkten Steuerpflicht wird die Körperschaftsteuer stets im Wege der Veranlagung der Körperschaft erhoben, während bei der beschränkten Steuerpflicht in bestimmten Fällen ausschließlich ein Steuerabzug vorgenommen wird.

4.245

2. Unbeschränkte Körperschaftsteuerpflicht

Körperschaften sind gem. § 1 Abs. 1 Ziff. 1 KStG unbeschränkt körperschaftsteuerpflichtig, wenn sie ihre Geschäftsleitung oder ihren Sitz im Inland haben. Die unbeschränkte Steuerpflicht verlangt also, dass ein besonderer Bezug zum Gebiet der Bundesrepublik Deutschland besteht. Aufgrund der alternativen Anknüpfung an die Geschäftsleitung oder den Sitz ist es ausreichend, wenn eines dieser beiden Merkmale erfüllt ist. Im Regelfall unschwer zu bestimmen ist der Sitz einer Körperschaft. Ihren Sitz hat eine Körperschaft an dem Ort, der durch den Gesellschaftsvertrag oder die Satzung bestimmt wird (§ 11 AO). Maßgeblich ist somit der **statutarische Sitz** (auch: Satzungssitz) der Gesellschaft, der auch im Handelsregister einzutragen ist (s. § 10 Abs. 1 GmbHG). Ob an diesem Ort auch ein tatsächlicher Sitz im Sinne eines Verwaltungssitzes o. Ä., gegeben ist, ist für die Bestimmung des Sitzes i.S.v. § 11 AO irrelevant. Hat die Körperschaft ihren statutarischen Sitz nicht im Inland, ist sie dennoch unbeschränkt körperschaftsteuerpflichtig, wenn sich ihre **Geschäftsleitung** im Inland befindet. Der Begriff der Geschäftsleitung ist in § 10 AO definiert als „Mittelpunkt der geschäftlichen Oberleitung".

4.246

3. Beschränkte Körperschaftsteuerpflicht

Der beschränkten Körperschaftsteuerpflicht unterliegen Körperschaften, die **weder** ihren **Sitz noch** ihre **Geschäftsleitung im Inland** haben (§ 2 Ziff. 1 KStG). Der Anknüpfungspunkt an das Inland beschränkt sich bei der beschränkten Steuerpflicht darauf, dass Gegenstand der Besteuerung ausschließlich die inländischen Einkünfte i.S.d. § 49 EStG der Körperschaft sind (sog. Territorialitätsprinzip). Eine Gesellschaft, die weder ihren Sitz noch ihre Geschäftsleitung im Inland hat, kann aber nur dann in Deutschland beschränkt körperschaftsteuerpflichtig sein, wenn es sich bei der ausländischen Gesellschaft um eine einer inländischen Kapitalgesellschaft vergleichbare

4.247

Rechtsform handelt. Die Entscheidung ist nach den leitenden Gedanken des Einkommensteuer- und Körperschaftsteuerrechts zu treffen.[1] Die Feststellung der Vergleichbarkeit hat – wie bei der unbeschränkten Steuerpflicht – nach Maßgabe des sog. **Typenvergleichs** zu erfolgen.[2] Ist die ausländische Gesellschaft nach ihren gesellschaftsrechtlichen Kriterien nicht einer deutschen Körperschaft vergleichbar, kommt keine Besteuerung nach dem Körperschaftsteuergesetz, sondern nur eine Besteuerung als Mitunternehmerschaft nach den Vorschriften des Einkommensteuergesetzes (§ 15 Abs. 1 Ziff. 2 EStG) in Betracht. Welche Einkünfte nach § 2 Ziff. 1 KStG als **inländische Einkünfte** anzusehen sind, ergibt sich im Einzelnen aus § 49 EStG (s. § 8 Abs. 1 KStG). Die Vorschrift enthält eine abschließende Definition der inländischen Einkünfte. Welche dieser Einkünfte von einer ausländischen Gesellschaft erzielt werden können, zeigt die nachfolgende Aufstellung:

Inlandseinkünfte i.S.d. § 49 EStG		
Norm	Einkunftsart	Inlandsbezug
§ 49 Abs. 1 Nr. 1 EStG	Einkünfte aus Land- und Forstwirtschaft (§§ 13, 14 EStG)	im Inland betrieben
§ 49 Abs. 1 Nr. 2 EStG	Einkünfte aus Gewerbebetrieb (§§ 15–17 EStG)	inländische Betriebsstätte oder inländischer Vertreter
§ 49 Abs. 1 Nr. 3 EStG	Einkünfte aus selbständiger Arbeit (§ 18 EStG)	Ausübung oder Verwertung im Inland; Inländische feste Einrichtung oder Betriebsstätte
§ 49 Abs. 1 Nr. 5 EStG	Einkünfte aus Kapitalvermögen (§ 20 EStG)	z.B. bei Dividenden: Schuldner hat Wohnsitz, Geschäftsleitung oder Sitz im Inland; bei Zinsen: inländische Besicherung
§ 49 Abs. 1 Nr. 6 EStG	Einkünfte aus Vermietung und Verpachtung (§ 21 EStG)	im Inland belegen; in inländisches Register eingetragen; in inländischer Betriebsstätte verwertet
§ 49 Abs. 1 Nr. 8, 9 EStG	Sonstige Einkünfte (§ 22 Nr. 2, 3 EStG)	Private Veräußerungsgeschäfte inländischer Grundstücke, Rechte, Kapitalgesellschaft-Anteile: Nutzung im Inland

Abbildung 5: Inländische Einkünfte i.S.v. §§ 49 EStG, 8 Abs. 1, 2 Nr. 1 KStG

4.248 Bei der Ermittlung, ob inländische Einkünfte i.S.d. § 49 Abs. 1 EStG vorliegen, bleiben im Ausland gegebene Besteuerungsmerkmale unberücksichtigt, soweit bei ihrer Beachtung keine inländischen Einkünfte angenommen werden könnten (§ 49 Abs. 2 EStG).

---

[1] BFH v. 3.2.1988 – I R 134/84, BStBl. II 1988, 588; v. 8.2.2017 – I R 55/14, juris.
[2] Siehe BMF v. 24.12.1999 – IV B 4 - S 1300 - 111/99, BStBl. I 1999, 1076, Tabellen 1 und 2.

IV. Beginn und Ende der Körperschaftsteuerpflicht, Steuerbefreiungen

1. Beginn der Körperschaftsteuerpflicht

a) Unbeschränkte Körperschaftsteuerpflicht

aa) Phase der Vorgründung

Ab welchem Zeitpunkt eine neu gegründete oder zugezogene Körperschaft körperschaftsteuerpflichtig ist, regelt das Körperschaftsteuergesetz nicht. Der Beginn der Körperschaftsteuerpflicht richtet sich daher bei einer Neugründung nach den zivilrechtlichen Vorgaben. Wird eine Gesellschaft anderer Rechtsform in eine GmbH umgewandelt, sind spezialgesetzliche Vorschriften des UmwStG für den Beginn der Körperschaftsteuerpflicht zu beachten.

4.249

Eine Kapitalgesellschaft entsteht mit ihrer Eintragung im Handelsregister (vgl. §§ 7 Abs. 1, 11 Abs. 1 GmbHG). Der Eintragung in das Handelsregister kommt **konstitutive** Wirkung zu. Entsprechend den zivilrechtlichen Vorschriften sind bei der Neugründung einer Kapitalgesellschaft auch steuerlich **drei Gründungsphasen** zu unterscheiden.

4.250

Die Zeit zwischen dem Entschluss der künftigen Gesellschafter zur Gründung einer Kapitalgesellschaft und dem Abschluss eines notariellen Gesellschaftsvertrages wird als Vorgründungsphase bezeichnet. Während dieser Zeit besteht eine sog. **Vorgründungsgesellschaft**.[1] Die künftigen Gesellschafter vereinbaren hier zunächst nur im Rahmen eines (formlosen) Vorvertrages, eine Kapitalgesellschaft zu gründen. Die Vorgründungsgesellschaft ist weder mit der Vorgesellschaft noch mit der später entstehenden Kapitalgesellschaft rechtlich identisch. Je nachdem, ob und in welchem Umfang die Vorgründungsgesellschaft bereits geschäftlich tätig wird, handelt es sich bei ihr entweder um eine Gesellschaft bürgerlichen Rechts (§§ 705 ff. BGB) oder um eine offene Handelsgesellschaft (§§ 105 ff. HGB). Eine OHG liegt dann vor, wenn die Gesellschaft bereits ihren Geschäftsbetrieb aufnimmt und ein Handelsgewerbe betreibt (§ 105 Abs. 1 HGB). Als Personengesellschaft (GbR oder OHG) unterliegt die Vorgründungsgesellschaft nicht der Körperschaftsteuer. Sie wird vielmehr nach dem Mitunternehmerkonzept i.S.v. § 15 Abs. 1 Ziff. 2 EStG besteuert. Im Ergebnis unterliegen damit die zukünftigen GmbH-Gesellschafter mit den aus der Vorgründungsgesellschaft erzielten Einkünften der **Einkommensteuer**. Die Einkünfte sind auf Ebene der Vorgründungsgesellschaft zu ermitteln (sog. Gewinnermittlungssubjekt) und im Rahmen einer einheitlichen und gesonderten Einkünftefeststellung (s. § 180 Abs. 1 Ziff. 2 AO) den Gesellschaftern zuzurechnen. Die Vorgründungsgesellschaft ist insolvenzfähig (§ 11 Abs. 2 Ziff. 1 InsO).

4.251

Kommt es zum Abschluss eines notariellen Gesellschaftsvertrages, endet die Vorgründungsphase. Aufgrund der fehlenden Identität der Vorgründungsgesellschaft mit der nachfolgenden Gesellschaft gehen die Rechte und Verbindlichkeiten der Vorgründungsgesellschaft nicht automatisch auf die nachfolgende Gesellschaft über. Die Rechte und Verbindlichkeiten müssen vielmehr einzeln übertragen bzw. über-

4.252

---

1 BFH v. 8.11.1989 – I R 174/86, BStBl. II 1990, 91.

nommen werden.[1] Eine steuerliche Verrechnung der Gewinne oder Verluste der Vorgründungsgesellschaft mit späteren Gewinnen oder Verlusten der Gesellschaft ist nicht möglich.

bb) Phase der Vorgesellschaft

4.253 Mit dem Abschluss des notariellen Gesellschaftsvertrages entsteht die sog. **Vorgesellschaft**.[2] Diese besteht grundsätzlich so lange, bis die Gesellschaft in das Handelsregister eingetragen wird und dadurch zivilrechtlich wirksam errichtet ist (vgl. § 11 Abs. 1 GmbHG). Auf die Vorgesellschaft sind bereits die Vorschriften der jeweiligen Kapitalgesellschaft anzuwenden, soweit die einzelnen Vorschriften nicht explizit das Bestehen der Kapitalgesellschaft voraussetzen. Die Vorgesellschaft hat nach außen den Firmenzusatz „in Gründung" („i. Gr.") zu verwenden. Die Vorgesellschaft ist eine Kapitalgesellschaft im Gründungsstadium, die mit der später durch Handelsregistereintragung entstehenden Kapitalgesellschaft als wirtschaftlich und rechtlich identisch beurteilt wird.[3] Dieser **Identitätstheorie** schließt sich das Steuerrecht an und behandelt bereits die Vorgesellschaft als Körperschaftsteuersubjekt.[4] Folglich tritt schon in dieser Phase eine steuerliche Trennung zwischen Gesellschafts- und Gesellschafterebene ein, und zwar unabhängig davon, ob die Vorgesellschaft nach außen operativ tätig ist. Eine Vorverlagerung des Beginns der Körperschaftsteuerpflicht durch Rückbezug der Gründung auf einen Zeitpunkt vor Abschluss des notariellen Gesellschaftsvertrages ist nach der Rechtsprechung des BFH nicht möglich.[5]

4.254 Die Behandlung der Vorgesellschaft als körperschaftsteuerpflichtiges Gebilde hängt allerdings von der einschränkenden Bedingung ab, dass die Vorgesellschaft später auch tatsächlich in das Handelsregister eingetragen wird.[6] Bestehen bei der Vorgesellschaft hingegen Eintragungshindernisse und scheitert aufgrund dessen eine Handelsregistereintragung, scheidet auch eine Körperschaftsteuerpflicht insgesamt aus. Eine Besteuerung erfolgt dann auf Ebene der Gesellschafter, die nach den für Personengesellschafter maßgebenden zivilrechtlichen Vorschriften außerdem unmittelbar und unbeschränkt haften.[7]

cc) Im Handelsregister eingetragene Körperschaft

4.255 Die in das Handelsregister eingetragene Körperschaft erfüllt als zivilrechtlich wirksam gegründete Kapitalgesellschaft alle Voraussetzungen der unbeschränkten Körperschaftsteuerpflicht i.S.v. § 1 Abs. 1 Ziff. 1 KStG. Eine eingetragene Kapitalgesellschaft ist damit stets **Steuersubjekt der Körperschaftsteuer**. Mit der Eintragung der

---

1 BGH v. 13.12.1982 – II ZR 282/81, ZIP 1983, 158 = BGHZ 86, 122; FG München v. 13.3.2017 – 7 K 55/16, EFG 2017, 1826.
2 Vgl. *Wicke*[4], § 11 GmbHG Rz. 3.
3 BGH v. 9.3.1981 – II ZR 54/80, ZIP 1981, 394 = BGHZ 80, 129.
4 BFH v. 14.10.1992 – I R 17/92, BStBl. II 1993, 352.
5 BFH v. 20.10.1982 – I R 118/78, BStBl. II 1983, 247.
6 BFH v. 14.10.1992 – I R 17/92, BStBl. II 1993, 352.
7 BFH v. 16.12.1986 – VII R 154/84, BFH/NV 1987, 687.

Kapitalgesellschaft in das Handelsregister gehen sämtliche Rechte und Pflichten der Vorgesellschaft automatisch auf die dann errichtete Kapitalgesellschaft über. Gesonderter Übertragungsakte bedarf es hierbei nicht. Außerdem erlangt die Kapitalgesellschaft mit der Eintragung die volle Rechtsfähigkeit (§§ 11, 13 Abs. 1 GmbHG).

Gesellschaft(sform)	Zeitraum bzw. Zeitpunkt	Steuerpflicht
Vorgründungsgesellschaft	Abschluss eines Vorvertrages zur Errichtung einer GmbH durch die Gründungsgesellschafter bis Abschluss eines notariellen Gesellschaftsvertrages	Keine Körperschaftsteuerpflicht Besteuerung als Mitunternehmerschaft (GbR oder OHG) gem. § 15 Abs. 1 Nr. 2 EStG bei gewerblichen Einkünften
Vorgesellschaft	Abschluss eines notariellen Gesellschaftsvertrages bis Eintragung der GmbH ins HR	Körperschaftsteuerpflicht Identität der Vor-GmbH mit der durch Eintragung entstehenden GmbH
Eingetragene GmbH	Ab dem Zeitpunkt der Eintragung der GmbH ins Handelsregister	Körperschaftsteuerpflicht

Abbildung 6: Steuerpflicht während der Gründungsphasen einer GmbH

b) Beschränkte Körperschaftsteuerpflicht

Zum Beginn der beschränkten Körperschaftsteuerpflicht nach § 2 Ziff. 1 KStG trifft das Gesetz keine ausdrückliche Aussage. Es werden lediglich die Voraussetzungen der beschränkten Steuerpflicht genannt. Diese bestehen darin, dass eine Körperschaft weder ihren Sitz noch ihre Geschäftsleitung im Inland hat, aber inländische Einkünfte bezieht. Nach R 2 Abs. 1 KStR 2015 beginnt die beschränkte Körperschaftsteuerpflicht, **sobald inländische Einkünfte** i.S.d. § 49 EStG vorliegen.

4.256

2. Ende der Körperschaftsteuerpflicht

Ebenso wie der Beginn der unbeschränkten Körperschaftsteuerpflicht an die zivilrechtlichen Gründungsphasen einer Kapitalgesellschaft anknüpft, endet die Steuerpflicht auch nicht, bevor die Kapitalgesellschaft als zivilrechtlich beendet gilt.[1] Umgekehrt kann die unbeschränkte Körperschaftsteuerpflicht jedoch über die zivilrechtliche Beendigung der Körperschaft durch Löschung aus dem Handelsregister hinaus reichen (vgl. R 11 Abs. 2 Satz 4 KStR 2015). Das Ende der unbeschränkten Körperschaftsteuerpflicht tritt grundsätzlich erst dann ein, wenn die Körperschaft ihre Geschäftstätigkeit eingestellt und sämtliches Vermögen verteilt hat. Zudem besteht die Körperschaftsteuerpflicht solange fort, bis auch **alle steuerlichen Pflichten erfüllt** und alle Streitigkeiten betreffend gegen die Körperschaft ergangener Steuerbescheide entschieden sind.[2]

4.257

---
[1] BFH v. 13.12.1989 – I R 98/86, I R 99/86, BStBl. II 1990, 468.
[2] BFH v. 28.1.2004 – I B 210/03, BFH/NV 2004, 670; vgl. auch FG Berlin-Bdb. v. 31.7.2018 – 10 V 10006/18, juris.

4.258 Soweit nicht ein Insolvenzverfahren über das Vermögen einer Kapitalgesellschaft durchgeführt wird, geht der Löschung aus dem Handelsregister regelmäßig ein **Liquidationsverfahren** voraus, dessen Zeitraum (genauer: Besteuerungszeitraum) drei Zeitjahre nicht übersteigen soll (vgl. § 11 Abs. 1 Satz 2 KStG). Während dieses Abwicklungszeitraums gilt die Körperschaft zivilrechtlich bereits als aufgelöst. Ihre Rechtsfähigkeit besteht jedoch noch bis zu ihrem Erlöschen, d.h. der Löschung aus dem Handelsregister, fort. Die Körperschaftsteuerpflicht endet frühestens mit dem rechtsgültigen Abschluss der Liquidation. Dazu gehört auch der Ablauf des **Sperrjahres** (vgl. § 73 GmbHG). Während des Sperrjahres beenden weder die vollständige Ausschüttung des Vermögens noch die Löschung aus dem Handelsregister die unbeschränkte Körperschaftsteuerpflicht.

3. Steuerbefreiungen

4.259 Der in § 5 Abs. 1 KStG enthaltene Katalog zählt abschließend diejenigen inländischen Körperschaften auf, die entweder persönlich oder sachlich von der Körperschaftsteuer befreit sind. Die Befreiungen verfolgen den Zweck der **Förderung des Gemeinwohls**. Die Steuerbefreiungen sind ausschließlich bei unbeschränkt körperschaftsteuerpflichtigen Gesellschaften, d.h. Gesellschaften, die entweder ihren Satzungssitz oder ihren Ort der Geschäftsleitung im Inland haben, anwendbar (vgl. § 5 Abs. 2 Ziff. 2 KStG).

V. Ermittlung der Körperschaftsteuer-Bemessungsgrundlage

1. Das zu versteuernde Einkommen als Bemessungsgrundlage der Körperschaftsteuer

4.260 Das Körperschaftsteuerrecht unterscheidet zwischen

- den Einkünften (vgl. z.B. § 8 Abs. 2 KStG),
- der Summe der Einkünfte (§ 26 Abs. 6 KStG i.V.m. § 34c Abs. 1 Satz 2 EStG),
- dem Gesamtbetrag der Einkünfte und
- dem (zu versteuernden) **Einkommen.**

4.261 Nach R 7.1 KStR 2015 gilt folgendes Schema zur Ermittlung des zu versteuernden Einkommens:

Erster Schritt

1		Gewinn/Verlust lt. Steuerbilanz bzw. nach § 60 Abs. 2 EStDV korrigierter Jahresüberschuss/Jahresfehlbetrag lt. Handelsbilanz unter Berücksichtigung der besonderen Gewinnermittlung bei Handelsschiffen nach § 5a EStG

Zweiter Schritt

2	+	Hinzurechnung von vGA (§ 8 Abs. 3 Satz 2 KStG)
3	./.	Abzug von Gewinnerhöhungen im Zusammenhang mit bereits in vorangegangenen Veranlagungszeitraum versteuerten vGA
4	./.	Berichtigungsbetrag nach § 1 AStG
5	./.	Einlagen (§ 4 Abs. 1 Satz 5 EStG)

6	+	Nichtabziehbare Aufwendungen (z.B. § 10 KStG, § 4 Abs. 5 EStG, § 160 AO)
7	+	Gesamtbetrag der Zuwendungen nach § 9 Abs. 1 Nr. 2 KStG
8	+/./.	Kürzungen/Hinzurechnungen nach § 8b KStG und § 3c Abs. 1 EStG
9	./.	sonstige inländische steuerfreie Einnahmen (z.B. Investitionszulagen)
10	+/./.	Korrekturen bei Organschaft i.S.d. §§ 14, 17 und 18 KStG (z.B. gebuchte Gewinnabführung, Verlustübernahme, Ausgleichszahlungen i.S.d. § 16 KStG)
11	+/./.	Hinzurechnungen und Kürzungen bei ausländischen Einkünften u.a.

- Korrektur um nach DBA steuerfreie Einkünfte unter Berücksichtigung des § 3c Abs. 1 EStG,
- Hinzurechnung nach § 52 Abs. 3 EStG i.V.m. § 2a Abs. 3 und 4 EStG 1997,
- Abzug ausländischer Steuern nach § 26 Abs. 6 KStG oder § 12 Abs. 3 AStG i.V.m. § 34c Abs. 2, 3 und 6 EStG,
- Hinzurechnungsbetrag nach § 10 AStG einschl. Aufstockungsbetrag nach § 12 Abs. 1 und 3 AStG,

Hinzurechnungen und Kürzungen von nicht nach einem DBA steuerfreien negativen Einkünften nach § 2a Abs. 1 EStG

| 12 | +/./. | Hinzurechnungen und Kürzungen bei Umwandlung u.a. |

- nach § 4 Abs. 6 und 7 bzw. § 12 Abs. 2 Satz 1 UmwStG nicht zu berücksichtigender Übernahmeverlust oder -gewinn,

Hinzurechnungsbetrag nach § 12 Abs. 2 Satz 2 und 3 UmwStG

| 13 | +/./. | sonstige Hinzurechnungen und Kürzungen u.a. |

- nach § 52 Abs. 59 EStG i.V.m. § 50c EStG i.d.F. des Gesetzes vom 24.3.1999 (BGBl. I 1999, 402) nicht zu berücksichtigende Gewinnminderungen,
- nicht ausgleichsfähige Verluste nach § 8 Abs. 4 Satz 4 und nach § 13 Abs. 3 KStG sowie nach §§ 2b, 15 Abs. 4, 15a Abs. 1 EStG,

Hinzurechnungen nach § 15a Abs. 3 EStG, § 13 Abs. 3 Satz 10 KStG,

- Kürzungen nach § 2b Satz 4, § 15 Abs. 4 Satz 2, 3 und 6, § 15a Abs. 2, Abs. 3 Satz 4 EStG, § 13 Abs. 3 Satz 7 KStG,

Gewinnzuschlag nach § 6b Abs. 7 und 8, § 7g Abs. 5 EStG

14	=	Steuerlicher Gewinn (Summe der Einkünfte in den Fällen des R 19 Abs. 2 Satz 1 KStR 2004; Einkommen i.S.d. § 9 Abs. 2 Satz 1 KStG)
15	./.	abzugsfähige Zuwendungen nach § 9 Abs. 1 Nr. 2 KStG
16	+/./.	bei OT:

- Zurechnung des Einkommens von OG (§§ 14, 17 und 18 KStG),
- Kürzungen/Hinzurechnungen nach § 8b KStG, § 3c Abs. 1 EStG und § 4 Abs. 7 UmwStG bezogen auf das dem OT zugerechnete Einkommen von OG (§ 15 Nr. 2 KStG)

bei OG:
Abzug des dem OT zuzurechnenden Einkommens (§§ 14, 17 und 18 KStG)

| 17 | = | Gesamtbetrag der Einkünfte i.S.d. § 10d EStG |

18	./.	bei der übernehmenden Körperschaft im Jahr des Vermögensübergangs zu berücksichtigender Verlust nach § 12 Abs. 3 Satz 2 bzw. § 15 Abs. 4 UmwStG
19	./.	Verlustabzug nach § 10d EStG
20	=	Einkommen
21	./.	Freibetrag für bestimmte Körperschaften (§ 24 KStG)
22	./.	Freibetrag für Erwerbs- und Wirtschaftsgenossenschaften sowie Vereine, die Land- und Forstwirtschaft betreiben (§ 25 KStG)
23	=	zu versteuerndes Einkommen

Abbildung 7: Schema zur Ermittlung des zu versteuernden Einkommens

2. Verdeckte Gewinnausschüttungen als wichtigste Form der außerbilanziellen Hinzurechnung (vGA)

4.262 Verdeckte Gewinnausschüttungen sind gesetzlich nicht definiert, sondern werden von § 8 Abs. 3 Satz 2 KStG vorausgesetzt. Der Begriff der verdeckten Gewinnausschüttung ist daher in der Rechtsprechung des BFH entwickelt worden.[1]

4.263 Eine verdeckte Gewinnausschüttung liegt im Körperschaftsteuerrecht dann vor, wenn

– bei einer Kapitalgesellschaft eine Vermögensminderung bzw. verhinderte Vermögensmehrung vorliegt,

– die durch das Gesellschaftsverhältnis veranlasst ist und

– sich auf die Höhe des Unterschiedsbetrags i.S.d. § 4 Abs. 1 Satz 1 EStG der Kapitalgesellschaft auswirkt[2] und

– (gleichzeitig) in keinem Zusammenhang mit einer offenen Gewinnausschüttung steht.

4.264 Zwischen dem Begriff der verdeckten Gewinnausschüttung im Körperschaftsteuerrecht und dem gleichen Terminus im Einkommensteuerrecht (§ 20 Abs. 1 Ziff. 1 Satz 2 EStG) besteht ein wichtiger **Unterschied:** Im Einkommensteuerrecht kommt es nur dann zu einem steuerpflichtigen Tatbestand seitens des Gesellschafters, wenn der Vermögensnachteil der Kapitalgesellschaft tatsächlich beim Gesellschafter als Vermögensvorteil ankommt. Dieses Erfordernis besteht im Körperschaftsteuerrecht nicht. Diese Unterscheidung ist **steuertechnisch für die zeitliche Erfassung einer verdeckten Gewinnausschüttung** von Bedeutung (Beispiel: ein Vermögensnachteil bei der Kapitalgesellschaft muss sich nicht im gleichen Veranlagungszeitraum als

---

[1] BFH v. 20.1.2015 – X R 49/13, BFH/NV 2015, 704; vgl. BFH v. 22.2.1989 – I R 44/85, BStBl. II 1989, 475; vgl. auch R 36 Abs. 1 KStR 2004.
[2] BFH v. 7.8.2002 – I R 2/02, BStBl. II 2004, 131; v. 13.3.2019 – I R 18/19, DStR 2019, 2296; v. 13.3.2019 – I R 66/16, juris; v. 24.10.2018 – I R 78/16, DStR 2019, 787; v. 12.9.2018 – I R 77/16, juris.

Vermögensvorteil beim Gesellschafter bemerkbar gemacht haben, z.B. überhöhte Pensions-Rückstellungen).

Von der verdeckten Gewinnausschüttung sind im Ergebnis betroffen: 4.265

– Die Einkommens(erzielungs)ebene der Kapitalgesellschaft: nach § 8 Abs. 3 Satz 2 KStG wird die verdeckte Gewinnausschüttung beim zu versteuernden Einkommen der Kapitalgesellschaft berücksichtigt (hinzugerechnet);

– die Einkommensverwendungsebene der Kapitalgesellschaft: bei der Kapitalgesellschaft geht auch bei der verdeckten Gewinnausschüttung ausschüttbares Einkommen verloren;

– die Einkommensebene des Gesellschafters: grundsätzliche Gleichbehandlung mit einer offenen Gewinnausschüttung gem. § 20 Abs. 1 Ziff. 1 EStG.

VI. Steuersatz und Steuerbescheid

Der Steuersatz beträgt gem. § 23 KStG 15 % des zu versteuernden Einkommens. Bei 4.266
der Körperschaftsteuer wird, anders als bei der Einkommensteuer, kein „Existenzminimum" (vgl. § 32a Abs. 1 Satz 2 Ziff. 1 EStG) berücksichtigt.

Der Steuerbescheid ergeht grundsätzlich an den Steuerschuldner. Im Fall der Insolvenz 4.267
ist zu differenzieren. Sofern es sich um Steuerforderungen handelt, die nach Insolvenzeröffnung entstanden sind, ist der Steuerbescheid über die entstandenen Masseverbindlichkeiten an den Insolvenzverwalter zu richten.[1] Für Steuerschulden, die in der Zeit vor Eröffnung entstanden sind, darf ein Steuerbescheid nicht mehr ergehen. Vielmehr sind solche Forderungen zur Insolvenztabelle anzumelden (§ 251 Abs. 2 Satz 1 AO i.V.m. § 87 InsO).[2] Anderes gilt nur für die Festsetzung eines Erstattungsbetrages, eine Masseverbindlichkeit gem. § 55 Abs. 4 InsO (s. dazu ausführlich oben Rz. 2.43 und unten Rz. 4.340 ff.) oder eine Steuerfestsetzung auf null Euro (Rz. 3.188 f.).

VII. Verhältnis von Körperschaftsteuer zur Einkommensteuer der Anteilseigner

Das System der Körperschaftsteuer in Verbindung mit der Einkommensteuer, welche sich auf das Einkommen der natürlichen Person bezieht, stellt sich als System der Doppelbelastung dar.[3] Die Doppelbelastung ergibt sich daraus, dass Erträge der Körperschaft zunächst mit der Körperschaftsteuer belastet werden und die durch die Körperschaft erfolgenden Ausschüttungen dann als Einkommen der natürlichen Person versteuert werden. 4.268

Von 1977 bis 2001 wurde das Problem der Doppelbelastung durch die *Vollanrechnung* der Körperschaftsteuer auf den ausgeschütteten Gewinn beseitigt.[4] Das System der Vollanrechnung stellte sich wie folgt dar: 4.269

---
1 *Vuia* in MünchKomm/InsO[4], § 80 Rz. 133.
2 *Vuia* in MünchKomm/InsO[4], § 80 Rz. 133.
3 *Roth* in Roth/Altmeppen, Kommentar zum GmbHG, 8. Aufl. 2015, Einleitung, Rz. 40.
4 *Uhländer* in Waza/Uhländer/Schmittmann, Insolvenzen und Steuern[12], Rz. 1674.

Wenn die Gewinnausschüttung einer Körperschaft beim Ausschüttungsempfänger der Einkommensteuer unterlag, so wurde die von der Körperschaft zu zahlende Körperschaftsteuer auf die Einkommensteuer der natürlichen Person angerechnet (§ 36 Abs. 2 Ziff. 3 EStG in der bis 2000 geltenden Fassung).

Beispiel 8:

Gewinn der Körperschaft:	100
Zu entrichtende Körperschaftsteuer (gemäß der a.F.):	30
Ausschüttung:	70
Einkünfte Ausschüttungsempfänger:	100
Einkommensteuer Ausschüttungsempfänger (gemäß der a.F.):	44
Anrechnung der KSt auf die ESt:	30
Einkommensteuerschuld:	14

Für die Berücksichtigung von Minderungen oder Erhöhungen gab es Sonderregelungen.

4.270 Von 2001 bis 2009 galt das **Halbeinkünfteverfahren**.[1] Dieses stellte sich wie folgt dar:

Die Körperschaftsteuer betrug einheitlich 25 % (bzw. seit 2008 15 %). Diese Besteuerung war nicht anrechenbar.[2] Der Ausschüttungsempfänger hatte den Betrag der Ausschüttung dann nur zur Hälfte bei der Bemessungsgrundlage für die Einkommensteuer anzusetzen.

Beispiel 9:

Gewinn der Körperschaft:	100
Zu entrichtende Körperschaftsteuer (gemäß a.F.).	25
Ausschüttung:	75
Zu versteuerndes Einkommen des Ausschüttungsempfängers:	37,5

4.271 Seit 2009 wurde das System durch ein **duales System** ersetzt. Die Ausschüttung unterliegt in diesem System entweder einer Abgeltungsteuer von 25 % (bei Beteiligung im Privatvermögen) oder dem **Teileinkünfteverfahren** (bei Beteiligung im Betriebsvermögen).[3]

4.272 In Bezug auf das Verhältnis der Körperschaftsteuer zur Einkommensteuer des Anteilseigners ist § 32a KStG zu beachten. Diese Norm soll auf eine korrespondierende Besteuerung von verdeckten Gewinnausschüttungen hinwirken und ist auf die Kongruenz der Besteuerung der Ebene der Gesellschafter angelegt.[4] Sie ermöglicht die

---

1 *Uhländer* in Waza/Uhländer/Schmittmann, Insolvenzen und Steuern[12], Rz. 1674.
2 *Birk/Desens/Tappe*, Steuerrecht[22], Rz. 1305.
3 *Teufel* in Lüdicke/Sistermann, Unternehmensteuerrecht[2], § 2 Rz. 78.
4 BFH v. 20.3.2009 – VIII B 170/08, BFHE 224, 439 = DStR 2009, 795; vgl. auch BFH v. 11.9.2018 – I R 59/16, DStRE 2019, 356.

B. Körperschaftsteuer | Rz. 4.274 Kap. 4

Änderung eines Einkommensteuerbescheids, wenn der mit diesem in Verbindung stehende Körperschaftsteuerbescheid geändert wurde. Der BFH hat diesbezüglich ausgeführt:[1]

*„das der Finanzverwaltung eingeräumte Ermessen in den Fällen des § 32a KStG regelmäßig **auf null reduziert** wird, wenn die Steuerfestsetzung für den Gesellschafter ohne die Änderung sachlich unrichtig wäre und daher jede andere Entscheidung als die der Änderung der unrichtigen Steuerfestsetzung als ermessenswidrig beurteilt werden müsste ... Wenn sich aber im Insolvenz-Feststellungsverfahren die Beteiligten über eine Verminderung der ursprünglich angesetzten vGA einigen, das FA seine Anmeldungen zur Insolvenztabelle entsprechend vermindert und die Beteiligten den Rechtsstreit in der Körperschaftsteuersache dann in der Hauptsache für erledigt erklären, spricht das dafür, dass die geänderten Körperschaftsteuerberechnungen, die zu einer Verminderung der angemeldeten Körperschaftsteuerforderungen geführt haben, jedenfalls im Ergebnis einer Änderung der Körperschaftsteuerbescheide gleichkommen. Eine sinngemäße Anwendung des § 32a Abs. 1 KStG auf derartige Fälle liegt bei der im AdV-Verfahren gebotenen summarischen Betrachtungsweise daher nahe."*

VIII. Auswirkung der Insolvenzeröffnung auf die Körperschaftsteuer

1. Fortbestand der Steuerrechtsfähigkeit

Durch die Eröffnung des Insolvenzverfahrens ändert sich nichts daran, dass die Einkünfte einer Körperschaft weiterhin steuerrechtlich dieser zugerechnet werden. Die insolvenzschuldnerische Körperschaft bleibt Träger der Einkünfte und auch Steuerschuldner; keinesfalls kann der Insolvenzverwalter als Steuerschuldner angesehen werden. Daran ändert auch nichts, dass durch die Insolvenzeröffnung ein neues Wirtschaftsjahr beginnt (§ 155 Abs. 2 InsO); die Körperschaftsteuer bleibt eine **Jahressteuer**; der **Veranlagungszeitraum** wird durch die Insolvenzeröffnung – und auch durch die Aufhebung oder Einstellung des Insolvenzverfahrens – **nicht geteilt**.[2] Die Körperschaftsteuerschuld des Insolvenzschuldners entsteht als einheitlicher Steueranspruch nach steuerrechtlichen Grundsätzen. Lediglich die Geltendmachung des Steueranspruchs wird insolvenzrechtlich determiniert. 4.273

Besonderheiten ergeben sich bezüglich der **Einkommensermittlung** bzw. dem Veranlagungszeitraum der Körperschaftsteuer für den **Zeitraum der Liquidation** der Körperschaft. Dies ergibt sich aus § 11 KStG. Diese von der normalen Gewinnermittlung im Insolvenzverfahren abweichende Vorschrift ist jedoch nur auf die Insolvenz von Kapitalgesellschaften, Genossenschaften und Versicherungs- und Pensionsfondvereinen auf Gegenseitigkeit anwendbar (§ 11 Abs. 7 i.V.m. § 1 Abs. 1 Ziff. 1–3 KStG). Liquidation bezeichnet dabei nicht den Zeitpunkt der Eröffnung des Insolvenzverfahrens, sondern vielmehr den Zeitpunkt, in dem jegliche werbende Tätigkeit der Körperschaft eingestellt wird und die Tätigkeit des Insolvenzverwalters nur noch auf das Verwerten und Verteilen der Insolvenzmasse gerichtet ist.[3] Aus § 22 Abs. 1 Ziff. 2 InsO ergibt sich die Fortführungspflicht im Insolvenzantragsverfahren. Gemäß § 158 InsO hat der Insolvenzverwalter das Unternehmen des Insolvenzschuld- 4.274

---
1 BFH v. 20.3.2009 – VIII B 170/08, BFHE 224, 439 = DStR 2009, 795.
2 *Uhländer* in Waza/Uhländer/Schmittmann, Insolvenzen und Steuern[12], Rz. 1633.
3 *Farr*, Die Besteuerung in der Insolvenz, Rz. 331.

ners über die Eröffnung des Insolvenzverfahrens hinaus bis zum Berichtstermin fortzuführen. Im Berichtstermin fällt dann die Entscheidung, ob der Geschäftsbetrieb des Insolvenzschuldners fortgeführt oder stillgelegt werden soll. Sofern es zur Fortführung kommt, kann es demnach auch nicht zum Beginn einer „Liquidationsphase" kommen. Sofern im Berichtstermin die Entscheidung für die Stilllegung getroffen wird, so beginnt die „Liquidationsphase" i.S.d. § 11 KStG in dem Zeitpunkt, in dem die Tätigkeit des Insolvenzverwalters nur noch auf das Verwerten und Verteilen der Insolvenzmasse gerichtet ist, nicht hingegen schon in dem Zeitpunkt, in dem die Entscheidung im Berichtstermin getroffen wird.[1] Im Ergebnis kann die „Liquidationsphase" also grundsätzlich nicht vor dem Berichtstermin beginnen und nur für den Fall entstehen, dass im Berichtstermin die Entscheidung für die Stilllegung der Körperschaft getroffen wird.

4.275 **Steuererklärungen** können, solange das Insolvenzverfahren eröffnet und nicht eingestellt oder aufgehoben ist, nur durch den Insolvenzverwalter abgegeben werden. Er ist hierzu nach §§ 80 InsO, 34 Abs. 3 AO verpflichtet, da er als Verwalter des schuldnerischen Vermögens anzusehen ist.

2. Verlängerter Besteuerungszeitraum

4.276 § 11 KStG ordnet ab dem Zeitpunkt der Liquidation an, dass das Einkommen für einen von dem normalen Veranlagungszeitraum abweichenden Zeitraum ermittelt werden soll. Die Liquidationsgrundsätze der Abs. 1 bis 6 gelten gem. § 11 Abs. 7 KStG sinngemäß für die Liquidation im Insolvenzverfahren. Besteuerungszeitraum ist dann nicht mehr das Kalenderjahr, sondern der Liquidationszeitraum. Es handelt sich dabei um einen verlängerten Besteuerungszeitraum, der gem. § 11 Abs. 1 KStG drei Jahre nicht übersteigen soll. Sofern das Insolvenzverfahren auch nach drei Jahren noch nicht beendet ist, so kann die Finanzverwaltung den Besteuerungszeitraum der „Liquidationsphase" auf Antrag nochmals verlängern.[2] Dies ist möglich, da es sich bei § 11 Abs. 1 Satz 2 KStG um eine Sollvorschrift handelt.

4.277 Innerhalb des verlängerten Besteuerungszeitraums ist der Gewinn durch den **Vergleich des Abwicklungs-Endvermögens mit dem Abwicklungs-Anfangsvermögen** zu ermitteln (§ 11 Abs. 2 KStG). Der Gewinn wird also nicht je Wirtschaftsjahr, sondern bezogen auf den kompletten Abwicklungszeitraum ermittelt.

4.278 Für den Fall der Liquidation außerhalb des Insolvenzfalls beginnt der verlängerte Besteuerungszeitraum gem. § 11 Abs. 4 KStG grundsätzlich am Schluss des letzten Wirtschaftsjahres vor dem Zeitpunkt, in dem die Liquidation erfolgt. Für den Fall der Insolvenz ergibt sich diesbezüglich aber eine Besonderheit. Gemäß § 155 Abs. 2 InsO beginnt mit Eröffnung des Insolvenzverfahrens ein neues Geschäftsjahr, und somit auch ein neues Wirtschaftsjahr.[3] Es kommt also zur Bildung eines Rumpfwirt-

---

[1] *Pfirrmann* in Blümich, § 11 KStG Rz. 90 ff.
[2] *Farr*, Die Besteuerung in der Insolvenz, Rz. 332.
[3] *Jaffé* in MünchKomm/InsO[4], § 155 Rz. 34.

schaftsjahres zwischen dem letzten vollen Wirtschaftsjahr und dem Beginn des neuen Wirtschaftsjahres, welches durch Insolvenzeröffnung entsteht.[1]

Während des Liquidationsbesteuerungszeitraumes besteht keine Verpflichtung zur Bilanzierung. Zur Ermittlung des Abwicklungsgewinns ist das Abwicklungs-Endvermögen dem Abwicklungs-Anfangsvermögen gegenüberzustellen (§ 11 Abs. 2 KStG). § 11 KStG ist allerdings nicht anzuwenden, wenn das Unternehmen des Insolvenzschuldners nach Insolvenzeröffnung fortgeführt wird, auch wenn dies im Wortlaut des § 11 Abs. 7 KStG nicht eindeutig zum Ausdruck kommt.[2] Die aus § 11 KStG resultierenden Vorteile sind nämlich nur dann gerechtfertigt, wenn ein Unternehmen auch tatsächlich abgewickelt wird. Fällt der Zeitpunkt der Betriebseinstellung nicht mit dem Ende des Wirtschaftsjahres zusammen, kann das Abwicklungsanfangsvermögen (§ 11 Abs. 4 KStG) sowohl auf der Grundlage der Schlussbilanz des letzten ordentlichen Geschäftsjahres (also Einbeziehung des Gewinns aus der letzten Fortführungsperiode in die Liquidationsbesteuerung) als auch auf der Grundlage einer „Betriebseinstellungsbilanz" ermittelt werden.[3] Dem Insolvenzverwalter steht das Wahlrecht zu.

3. Abwicklungsgewinn

Das **Abwicklungs-Anfangsvermögen** muss – je nachdem, für welche Variante sich der Insolvenzverwalter entscheidet – auf den Zeitpunkt des Endes des letzten vollen Wirtschaftsjahres oder auf den Zeitpunkt des Endes des Rumpfwirtschaftsjahres ermittelt werden. Es ist das Betriebsvermögen, welches zum maßgeblichen Zeitpunkt vorhanden ist. Maßgeblich für dessen Ermittlung sind die Buchwerte der Steuerbilanz des letzten vollen Wirtschaftsjahres bzw. des Rumpfwirtschaftsjahres.[4] Durch die Bezugnahme auf den Buchwert wird sichergestellt, dass die Gewinne aus der Aufdeckung stiller Reserven berücksichtigt werden. Wenn es an einer Steuerbilanz fehlt, weil Insolvenzschuldner in der Vergangenheit nicht zur Körperschaftsteuer veranlagt wurde, ist eine hypothetische Veranlagung durchzuführen bzw. der Betrag zu schätzen (§ 11 Abs. 4 KStG). Sofern zum maßgeblichen Zeitpunkt noch gar kein Betriebsvermögen vorhanden war, so ist gem. § 11 Abs. 5 KStG die Summe der geleisteten Einlagen anzusetzen. Gemäß § 11 Abs. 4 Satz 3 KStG ist das Abwicklungs-Anfangsvermögen um den Gewinn des vorangegangenen Wirtschaftsjahres zu kürzen, der während des Abwicklungszeitraums ausgeschüttet wird.

Das **Abwicklungs-Endvermögen** ist gem. § 11 Abs. 3 KStG das zur Verteilung kommende Vermögen. Im Fall der Insolvenz ist dies das Vermögen, das bei Beendigung des Insolvenzverfahrens als freie Masse zur Verfügung steht, also das Vermögen, das zur Befriedigung der Verfahrenskosten und zur Befriedigung der Insolvenzgläubiger dient.

4.279

4.280

4.281

---

1 *Frotscher* in Gottwald, Insolvenzrechts-Handbuch[5], § 96 Rz. 8.
2 *Jaffé* in MünchKomm/InsO[4], § 155 Rz. 26; *Olgemüller* in Streck[9], § 11 KStG Rz. 25; *Pink*, Insolvenzrechnungslegung, S. 209.
3 *Jaffé* in MünchKomm/InsO[4], § 155 Rz. 27.
4 *Pfirrmann* in Blümich, § 11 KStG Rz. 60.

4.282 Der **Abwicklungsgewinn** ergibt sich, wenn man den wie eben dargestellten Wert des Abwicklungs-Anfangsvermögens von dem Wert des Abwicklungs-Endvermögens abzieht. Von dem so ermittelten Gewinn sind vor allem folgende Positionen zuzurechnen bzw. abzuziehen (§ 11 Abs. 6 KStG):

4.283 – der Betrag, der an persönlich haftende Gesellschafter verteilt wurde (vgl. § 9 Abs. 1 Ziff. 1 KStG),

4.284 – die Spenden i.S.d. § 9 Abs. 1 Ziff. 2 KStG, die im Abwicklungszeitraum geleistet wurden,

4.285 – ein Verlustvortrag nach §§ 10d EStG i.V.m. § 8 Abs. 4 KStG.

4. Besteuerung des Abwicklungsgewinns

4.286 Der Abwicklungsgewinn unterliegt dem gleichen Steuersatz, wie der außerhalb eines Insolvenzverfahrens oder einer Liquidation ermittelte Gewinn einer Körperschaft und richtet sich nach § 23 KStG. Wenn sich während des Besteuerungszeitraums der Steuersatz ändert, so ist für die Besteuerung grundsätzlich der Steuersatz anzuwenden, der bei Ablauf des Besteuerungszeitraums gilt.[1] Auch im Abwicklungszeitraum sind Vorauszahlungen zu leisten, sofern Gewinne entstehen.

IX. Insolvenzrechtliche Qualität der Körperschaftsteuerschuld

4.287 Nach Eröffnung des Insolvenzverfahrens können Gläubiger des Schuldners ihre zur Zeit der Eröffnung des Insolvenzverfahrens gegen den Schuldner „begründeten" Vermögensansprüche nur grundsätzlich noch nach den Vorschriften über das Insolvenzverfahren verfolgen (§ 87 InsO; Ausnahme von diesem Grundsatz sind die besonderen Masseverbindlichkeiten gem. § 55 Abs. 2 und 4 InsO, vgl. dazu ausführlich oben 4.340 ff.). Diese zur Zeit der Eröffnung des Insolvenzverfahrens bereits begründeten, nicht von § 55 Abs. 2 oder Abs. 4 InsO erfassten Forderungen werden Insolvenzforderungen genannt (§ 38 InsO), die betreffenden Gläubiger Insolvenzgläubiger. Ansprüche aus einem Steuerschuldverhältnis, die gem. § 174 InsO als Insolvenzforderung zur Eintragung in die Tabelle anzumelden sind, dürfen deshalb nach Eröffnung des Insolvenzverfahrens von den Finanzämtern nicht mehr durch Steuerbescheid festgesetzt, sondern nur erforderlichenfalls durch Verwaltungsakt festgestellt werden (Rz. 3.191). Verbindlichkeiten des Insolvenzschuldners, die nicht bereits zur Zeit der Eröffnung des Insolvenzverfahrens bestehen, sind Masseverbindlichkeiten nach § 55 InsO, wenn die besonderen, in § 55 InsO genannten Voraussetzungen erfüllt sind. Masseverbindlichkeiten können auch nach der Eröffnung des Insolvenzverfahrens durch Steuerbescheid gegenüber dem Insolvenzverwalter geltend gemacht werden. Der Insolvenzverwalter hat sie nach § 34 Abs. 3 i.V.m. Abs. 1 AO aus der Insolvenzmasse zu bezahlen (Rz. 3.192 f.).[2]

---

[1] BFH v. 18.9.2007 – I R 44/06, BStBl. II 2008, 319.
[2] FG BW v. 27.5.2009 – 1 K 105/06, EFG 2009, 1585; BFH v. 29.8.2007 – IX R 4/07, ZIP 2007, 2081 = BStBl. II 2010, 145 = BFHE 218, 435 = BFH/NV 2007, 2429.

Soweit bei Insolvenzeröffnung Körperschaftsteuerschulden aus bereits abgeschlossenen Veranlagungszeiträumen vorliegen, nehmen diese stets den Rang von einfachen Insolvenzforderungen ein. Soweit nach der Insolvenzeröffnung ein Veranlagungszeitraum beginnt und auch noch während des eröffneten Insolvenzverfahrens abgeschlossen wird, nehmen die Körperschaftsteuerforderungen der Finanzverwaltung regelmäßig den Rang von Masseverbindlichkeiten ein. Besonderheiten können sich bei der Aufdeckung stiller Reserven ergeben (Rz. 4.13; 4.293 ff.). Für den Veranlagungszeitraum, in den die Insolvenzeröffnung fällt, ist eine Aufteilung der Körperschaftsteuerschuld in Insolvenzforderungen und Masseverbindlichkeiten vorzunehmen. Für die Aufteilung der Körperschaftsteuerschuld gelten die gleichen Grundsätze wie für die Aufteilung von Einkommensteuerschulden (Rz. 4.169 ff.).

4.288

X. Vorauszahlungen

Vorauszahlungen entstehen gem. § 30 Ziff. 2 KStG grundsätzlich mit Beginn des Kalendervierteljahres, in dem die Vorauszahlungen zu entrichten sind oder mit Begründung der Steuerpflicht. Bezüglich der Bemessung der Höhe der Körperschaftsteuervorauszahlungen gelten die gleichen Maßstäbe wie für die Bemessung der Einkommensteuervorauszahlungen (Rz. 4.66 ff.). Eine Festsetzung von Vorauszahlungen als Insolvenzforderungen im Rang von § 38 InsO kommt nach Insolvenzeröffnung nicht mehr in Betracht. Die als Insolvenzforderung entstandene Körperschaftsteuerschuld ist (notfalls geschätzt) zur Insolvenztabelle anzumelden[1] (Rz. 3.246). **Vorauszahlungen, die auf Körperschaftsteuerschulden, die den Rang von Masseverbindlichkeiten einnehmen, geleistet wurden, dürfen nur auf die gegen die Masse festzusetzende Körperschaftsteuer angerechnet werden**; Vorauszahlungen, die (vor Insolvenzeröffnung) auf Körperschaftsteuerschulden gezahlt wurden, die im Insolvenzverfahren den Rang einfacher Insolvenzforderungen nach § 38 InsO einnehmen, dürfen nur auf Insolvenzforderungen angerechnet werden. Soweit sich bei letzterer Anrechnung ein Erstattungsbetrag ergibt, ist dieser an die Insolvenzmasse auszuzahlen. Zur Verrechnung eines der Masse zustehenden Erstattungsbetrages mit Steuerschulden, die den Rang von Masseverbindlichkeiten einnehmen s. Rz. 3.340 ff.

4.289

Die **strikte Einhaltung der o.g. Anrechnungsbeschränkungen** ist zwingende Voraussetzung für die Einhaltung der insolvenzrechtlichen Befriedigungssystematik, weil sich der Fiskus sonst gegenüber den übrigen Gläubigern **insolvenzzweckwidrige Sondervorteile** verschaffen und die Aufrechnungsvorschriften (§§ 94 ff. InsO) unterminiert würden.[2]

4.290

XI. Erstattungsansprüche

Ein Erstattungsanspruch entsteht gem. § 37 Abs. 2 AO, wenn Steuern ohne rechtlichen Grund gezahlt wurden. Dieser Fall ist gegeben, wenn die Jahreskörperschaft-

4.291

---
1 So auch *Farr*, Besteuerung der Insolvenz, Rz. 297 bezüglich der ESt-Vorauszahlung.
2 *Schüppen/Schlösser* in MünchKomm/InsO[4], Insolvenzsteuerrecht, Rz. 77; *Uhländer* in Waza/Uhländer/Schmittmann, Insolvenzen und Steuern[12], Rz. 1536; s. auch BFH v. 29.3.1984 – IV R 271/83, ZIP 1984, 853 = BStBl. II 1984, 602.

steuerschuld die Summe der geleisteten Vorauszahlungen unterschreitet. Vorauszahlungen führen also zu einem Erstattungsanspruch, der dadurch aufschiebend bedingt ist, dass die Jahressteuerschuld in der entsprechenden Höhe tatsächlich entsteht. Erst wenn die Jahressteuerschuld feststeht und sie die Summe der Vorauszahlungen unterschreitet, erstarkt der bisher aufschiebend bedingte Erstattungsanspruch zu einem durchsetzbaren Anspruch auf Erstattung. Liegt der Bedingungseintritt nach der Insolvenzeröffnung, muss eine Erstattung an die Insolvenzmasse erfolgen, soweit nicht eine Aufrechnung mit Steuerschulden möglich ist, die den Rang von Masseverbindlichkeiten einnehmen. Eine Aufrechnung gegen Insolvenzforderungen ist nicht möglich.[1]

XII. Körperschaftsteuerguthaben (§ 37 Abs. 5 KStG)

4.292 Von Erstattungsansprüchen gem. § 37 Abs. 2 AO sind die Auszahlungsansprüche gem. § 37 Abs. 5 KStG zu unterscheiden. § 37 Abs. 5 KStG wurde aus Anlass der Umstellung des Anrechnungs- auf das Halbeinkünfteverfahren eingeführt. Die Norm bewirkt, dass noch bestehende Körperschaftsteuerguthaben an die Körperschaft auszuzahlen sind. Der Anspruch auf Auszahlung entstand steuerrechtlich mit Ablauf des Jahres 2006 (§ 37 Abs. 5 KStG). Die Auszahlung soll in zehn gleichen Jahresbeträgen von 2008 bis 2017 erfolgen. Im Ergebnis führt die Regelung dazu, **dass dem Fiskus die Auszahlungspflicht gestundet wird.** Nach § 37 Abs. 5 Satz 9 KStG gelten § 10d Abs. 4 Sätze 4 und 5 EStG sinngemäß, so dass ein Bescheid über die Festsetzung des Körperschaftsteuerguthabens zu erlassen, aufzuheben oder zu ändern ist, wenn sich die Grundlagen für die Ermittlung des Körperschaftsteuerguthabens ändern.

Hinweis:

Der Anspruch auf Auszahlung des Körperschaftsteuerguthabens ist abtretbar. Da § 46 Abs. 4 AO gem. § 37 Abs. 5 Satz 10 KStG auf die Abtretung des Körperschaftsteuerguthabens nicht anzuwenden ist, kann eine Abtretung an gewerbsmäßig handelnde Unternehmen erfolgen. Dies ermöglicht eine Verwertung von Körperschaftsteuerguthaben im Insolvenzverfahren, so dass in Folge einer Verwertung eine Beendigung des Insolvenzverfahrens auch vor Ende 2017 erfolgen kann.

Das Finanzamt kann gegen die Auszahlungsansprüche des Insolvenzverwalters aus dem Körperschaftsteuerguthaben nicht mit Insolvenzforderungen im Rang von § 38 InsO **aufrechnen.** Für vor dem 31.12.2006 eröffnete Insolvenzverfahren hat der BFH ausdrücklich entschieden, dass der Aufrechnung des Finanzamtes gegen einen Anspruch auf Auszahlung des Körperschaftsteuerguthabens das Aufrechnungsverbot des § 96 Abs. 1 Ziff. 1 InsO entgegensteht.[2] Aber auch für nach dem 31.12.2006 eröffnete Insolvenzverfahren ergibt sich dieselbe Rechtslage. Dazu liegt eine höchstrichterliche Entscheidung soweit ersichtlich bisher nicht vor; insbesondere hat der BFH dazu in den beiden eben genannten Entscheidungen nicht Stellung

---

1 *Uhländer* in Waza/Uhländer/Schmittmann, Insolvenzen und Steuern[12], Rz. 1636.
2 BFH v. 23.2.2011 – I R 38/10, BFH/NV 2011, 1298; v. 23.2.2011 – I R 20/10, DStR 2011, 1029, bestätigt durch BFH v. 16.6.2015 – VII S 35/14, juris; vgl. auch BFH v. 13.12.2016 – VII R 1/15, DStRE 2017, 762.

genommen. Der Umkehrschluss zu diesen Entscheidungen ist jedenfalls unzulässig. Zwar ist der Auszahlungsanspruch in nach dem Stichtag eröffneten Insolvenzverfahren für den Zeitraum von zehn Jahren (2008 bis 2017) unbedingt entstanden (§ 37 Abs. 5 Satz 1 KStG). Dieser Anspruch ist auch von keinen weiteren Voraussetzungen abhängig, insbesondere nicht von einem Gewinnausschüttungsbeschluss der Körperschaft. Die **Aufrechnung scheitert aber an § 96 Abs. 1 Ziff. 1 InsO**, denn zum „*Schuldigwerden*" im Sinne dieser Norm gehört auch das *Fälligsein* des gegen den Insolvenzgläubiger gerichteten Anspruchs.[1] Wollte man die Norm nämlich anders verstehen dahingehend, dass sie die Aufrechnung nur dann hindert, wenn der Anspruch der Masse nach Eröffnung des Insolvenzverfahrens *entsteht*, dann wäre sie völlig überflüssig, denn die Aufrechnung eines Insolvenzgläubigers gegen solche Ansprüche könnte ohnehin nie zulässig sein, denn dann wäre schon die „Generalnorm" des § 94 InsO nicht einschlägig. Dass somit für Insolvenzfälle ein Aufrechnungsverbot besteht, ist letztlich „der Preis", den die Finanzverwaltung dafür zahlen muss, dass der Gesetzgeber die Körperschaftsteuerguthaben nicht sofort in 2007 zur Auszahlung an die Steuerpflichtigen fällig gestellt, sondern die den Steuerpflichtigen zustehenden Erstattungsbeträge zugunsten des Fiskus gestundet hat. Diese Stundung führt in Insolvenzfällen eben zur Vorrangigkeit der Gläubigergleichbehandlung gegenüber dem an einer Aufrechnung interessierten Einzelgläubiger.

XIII. Stille Reserven

Durch die Verwertung der Insolvenzmasse kann es zur Aufdeckung stiller Reserven kommen. Als stille Reserve bezeichnet man die aus der Unternehmensbilanz nicht erkennbare Differenz zwischen dem Buchwert und einem über dem Buchwert liegenden Marktwert einzelner Bilanzpositionen. Wird ein Aktivposten, in dem stille Reserven enthalten sind, verkauft, so muss die Differenz zwischen dem Bilanzwert und dem Verkaufspreis als außerordentlicher Gewinn versteuert werden. Das gilt auch in der Insolvenz. Verwertungshandlungen des Insolvenzverwalters führen dieselben steuerlichen Folgen herbei, wie Veräußerungshandlungen eines Unternehmers außerhalb des Insolvenzverfahrens.

4.293

Sehr problematisch ist die insolvenzrechtliche Zuordnung der Veräußerungsgewinne zu den Insolvenzforderungen im Rang von § 38 InsO bzw. zu den Masseverbindlichkeiten im Rang von § 55 InsO (ausführlich zum Meinungsstand s. obige Ausführungen bei der Einkommensteuer, die für die Körperschaftsteuer entsprechend gelten, Rz. 4.13 ff.). Soweit vor Insolvenzeröffnung stille Reserven gebildet worden sind, sind die damit verbundenen Steuervorteile vorinsolvenzlich entstanden. Es ist dadurch im Vermögen des Insolvenzschuldners zu einer latenten Steuerschuld gekommen, die erst bei Realisierung der stillen Reserve zur steuerrechtlichen Entstehung einer Schuld führt. Gleichwohl ist der die Schuld auslösende Vorgang bereits vorinsolvenzlich erfolgt, so dass ein maßgeblicher Akt, ohne den die Steuer nicht entstehen könnte, vor Insolvenzeröffnung liegt. Deswegen nehmen Körperschaftsteuerforderungen

4.294

---
[1] Übersehen in BFH v. 16.6.2015 – VII S 35/14, juris.

insoweit den Rang von Insolvenzforderungen ein, wie sie auf der Aufdeckung stiller Reserven basieren, die bereits vor der Insolvenzeröffnung gebildet worden sind.

XIV. Körperschaftsteuerliche Organschaft

Literatur *Baltromejus*, Die körperschaftsteuerliche Organschaft unter Berücksichtigung einer stillen Gesellschaft, StuB 2015, 817; *Geeb*, Körperschaftsteuerliche Organschaft bei Ringbeteiligungen i.S.d. § 19 III AktG und im GmbH-Konzern, StuB 2019, 547; *Gockeln*, Mindestvertragslaufzeit bei körperschaftsteuerlicher Organschaft – Was sind fünf Jahre?, NWB 2010, 1312; *Kowanda*, Körperschaftsteuerliche Organschaft bei Neuaufnahme eines Gesellschafters im Rahmen einer Barkapitalerhöhung, GmbH-StB 2017, 351; *Krau*, Tatsächliche Durchführung des Gewinnabführungsvertrages bei körperschaftsteuerlicher Organschaft, StBp 2010, 65; *Maack/Kersten*, Finale Verluste von EU-Tochtergesellschaften: Der GAV als unüberwindbare Hürde für die grenzüberschreitende körperschaftsteuerliche Organschaft?, DStR 2019, 2281; *Neu*, Anerkennung eines körperschaftsteuerlichen Organschaftsverhältnisses, EFG 2007, 1108; *Prinz/Witt*, Steuerliche Organschaft, 2. Aufl. 2019; *Pohl*, Die KStR 2015 – Wichtige Neuregelungen im Hinblick auf die körperschaftsteuerliche Organschaft, NWB 2016, 2424; *Rieß/Herbst*, Der Hinzurechnungsbetrag und nachlaufende Dividenden in der Organschaft, IStR 2018, 779; *Scheidle/Koch*, Zweifelsfragen bei der körperschaftsteuerlichen Organschaft aufgrund mittelbarer Beteiligung, DB 2005, 2656; *Sistermann/Beutel*, Unternehmenssanierungen nach der Grundsatzentscheidung des Großen Senats des BFH, DStR 2017, 1065; *Suchanek*, Körperschaftsteuerliche Organschaft und atypisch stille Gesellschaft, GmbHR 2015, 1031; *Weiss*, Neuere Entwicklung in der Rechtsprechung zur körperschaftsteuerlichen Organschaft (I), GmbH-StB 2018, 58; *Weiss*, § 15 FAO Selbststudium Neuere Entwicklungen in der Rechtsprechung zur körperschaftsteuerlichen Organschaft (II), GmbH-StB 2018, 86.

1. Grundlagen

4.295 Als Organschaft wird die steuerrechtliche Eingliederung einer eigenständigen juristischen Person in ein davon unabhängiges Unternehmen bezeichnet.[1] Um eine Organschaft zu bilden, sind ein Organträger, eine Organgesellschaft, sowie die finanzielle Eingliederung der Organgesellschaft in den Organträger erforderlich.[2] Organträger können Unternehmen mit Sitz oder Geschäftsleitung im Inland oder Zweigniederlassungen ausländischer Unternehmen mit Sitz im Inland sein (§§ 14 Abs. 1, 18 KStG). Sie können entweder als Kapitalgesellschaft, ein anderes in § 1 KStG genanntes Steuersubjekt, Personengesellschaft oder unbeschränkt steuerpflichtige Personen organisiert sein. Sofern es sich bei dem Organträger um eine unbeschränkt steuerpflichtige Person handelt, so muss diese ein gewerbliches Unternehmen betreiben, damit die Voraussetzungen für die Organschaft erfüllt werden. Als Organgesellschaft kommen die europäische Gesellschaft, die Aktiengesellschaft, die Kommanditgesellschaft auf Aktien (§ 14 Abs. 1 KStG) oder eine andere Kapitalgesellschaft wie z.B. die GmbH in Betracht (§ 17 KStG). Diese muss Geschäftsleitung und Sitz im Inland haben. Lebens- und Krankenversicherungsunternehmen können seit dem Veranlagungszeitraum 2002 keine Organgesellschaft mehr sein (§ 14 Abs. 2 KStG).

---

1 *Leicht* in Beck'sches Steuer- und Bilanzrechtslexikon, Organschaft, Rz. 1.
2 *Krumm* in Blümich, § 14 KStG Rz. 1 ff.

Bis zum Veranlagungszeitraum 2000 musste die Organgesellschaft nicht nur finanziell, sondern auch wirtschaftlich und organisatorisch in das Unternehmen des Organträgers eingegliedert sein. Seit dem Veranlagungszeitraum 2000 genügt die finanzielle Eingliederung. **Finanziell eingegliedert** ist die Organgesellschaft dann, wenn der Organträger in einem solchen Maße an der Organgesellschaft beteiligt ist, dass dem Organträger die Mehrheit der Stimmrechte (also mehr als 50 %) aus den Anteilen der Organgesellschaft zusteht (§ 14 Abs. 1 Ziff. 1 KStG). Mittelbare Beteiligungen sind zu berücksichtigen (§ 14 Abs. 1 Ziff. 1 Satz 2 KStG). Somit ist eine finanzielle Eingliederung beispielsweise auch dann gegeben, wenn die Muttergesellschaft nur 40 % der Tochtergesellschaft (TG 1) hält, aber 100 % einer anderen Tochtergesellschaft (TG 2) hält, die an TG 1 mit 60 % beteiligt ist. Die finanzielle Eingliederung muss bereits zu Beginn des Wirtschaftsjahres vorliegen und darf nicht im Laufe des Wirtschaftsjahres unterbrochen werden.

4.296

Zwischen der Organgesellschaft und dem Organträger muss ein **Ergebnisabführungsvertrag** vorliegen (§§ 291 Abs. 1, 301 AktG). Der Vertrag muss für mindestens fünf Jahre abgeschlossen sein und während seiner Geltungsdauer auch tatsächlich durchgeführt werden.[1] § 14 Abs. 1 KStG fordert für die steuerliche Anerkennung von Gewinnabführungsverträgen keine fünfjährige finanzielle Eingliederung, sondern eine fünfjährige Mindestdauer des Gewinnabführungsvertrages.[2] Wesentlicher Inhalt eines Ergebnisabführungsvertrages ist die Verpflichtung der Organgesellschaft, ihren gesamten Gewinn an den Organträger abzuführen und die Verpflichtung des Organträgers, Verluste der Organgesellschaft auszugleichen (§ 302 AktG). Zur Durchführung eines Gewinn-/Ergebnisabführungsvertrages gehört die bilanzielle Ermittlung bei der Organgesellschaft, die bilanzielle Erfassung beim Organträger und die tatsächliche Erfüllung der Verbindlichkeit durch die Organgesellschaft.[3] Die fünfjährige Mindestdauer gem. § 14 Abs. 1 Ziff. 3 Satz 1 KStG ist ein auf tatsächliche Umstände abstellendes Tatbestandsmerkmal, das einer fiktiven Rückbeziehung nicht zugänglich ist.[4]

4.297

Der Ergebnisabführungsvertrag wird in der Praxis nicht selten mit einem Beherrschungsvertrag kombiniert. Ein solcher Vertrag wird dann als „Organschaftsvertrag" bezeichnet.[5] Durch den Beherrschungsvertrag unterstellt sich eine abhängige Gesellschaft der Leitung durch eine Obergesellschaft.[6] Obergesellschaft ist der Organträger.

---

[1] FG Hamburg v. 19.5.2015 – 6 K 236/12, NV – NZB. I B 77/15; nachfolgend BFH v. 26.4.2016 – I B 77/15, juris; BFH v. 10.5.2017 – I R 19/15, DStR 2017, 2112; v. 10.5.2017 – I R 51/15, DStR 2017, 2109.

[2] FG Düsseldorf v. 3.3.2015 – 6 K 4332/12, NZG 2015, 608.

[3] FG Hamburg v. 19.5.2015 – 6 K 236/12, NV – NZB. I B 77/15; nachfolgend BFH v. 26.4.2016 – I B 77/15, juris; BFH v. 10.5.2017 – I R 19/15, DStR 2017, 2112; v. 10.5.2017 – I R 51/15, DStR 2017, 2109.

[4] FG Hamburg v. 19.5.2015 – 6 K 236/12, NV – NZB. I B 77/15; nachfolgend BFH v. 26.4.2016 – I B 77/15, juris; v. 10.5.2017 – I R 51/15, DStR 2017, 2109; beachte aber BFH v. 10.5.2017 – I R 19/15, DStR 2017, 2112 zur umwandlungssteuerrechtlichen Rückwirkungsfiktion.

[5] *Bultmann*, ZInsO 2007, 785 ff.

[6] *K. Schmidt*, Gesellschaftsrecht⁴, § 17, S. 503.

Gemäß § 308 AktG wird das herrschende Unternehmen (Organträger) durch den Vertrag ermächtigt, dem Vorstand der abhängigen Gesellschaft (Organgesellschaft) Weisungen zu erteilen. Der Organschaftsvertrag hat jedoch an Bedeutung verloren, nachdem die Organschaft auch bereits allein durch die Herstellung einer finanziellen Eingliederung erreicht werden kann.

4.298 Das Einkommen der Organgesellschaft wird gem. § 14 Abs. 1 KStG dem Organträger zugerechnet. Ausgleichszahlungen i.S.d. § 16 KStG sind davon ausgenommen. Diese hat die Organgesellschaft selbst zu versteuern. Ferner ist ein Verlustabzug nach § 10d EStG gem. § 15 KStG bei der Organgesellschaft nicht möglich. Die Steuerbefreiungen nach § 8b KStG, sowie nach § 4 UmwStG sind auf die Organgesellschaft nicht anwendbar. Im Ergebnis führt dies dazu, dass Verluste der Organgesellschaft mit Gewinnen des Organträgers verrechnet werden können.

2. Organschaft in der Insolvenz

a) Insolvenz des Organträgers

4.299 Es ist zwischen der Insolvenz des Organträgers, der Insolvenz der Organgesellschaft und der gemeinsamen Insolvenz von Organgesellschaft und Organträger zu unterscheiden.

4.300 In der Insolvenz des Organträgers muss es nicht zwangsläufig zur Beendigung der Organschaft kommen, weil die Rechte des Mehrheitsgesellschafters auch in der Insolvenz des Organträgers von diesem – zwar in der Person des Insolvenzverwalters, aber immerhin dem Organträger zurechenbar – wahrgenommen werden können.

4.301 Diejenige Auffassung, die den Ergebnisabführungsvertrag als mit Eröffnung des Insolvenzverfahrens beendet betrachtet (sog. *„Beendigungslösung")*[1] ist abzulehnen.[2] Denn diese Auffassung verkennt, dass mit dem Wechsel von der KO zur InsO ein Paradigmenwechsel stattgefunden hat. Nunmehr ist die Fortführung des schuldnerischen Unternehmens der gesetzliche Regelfall, nicht mehr die Zerschlagung und Abwicklung. Zur Fortsetzung des betrieblichen Bestandes einer insolventen Obergesellschaft gehört aber auch die Fortsetzung der Unternehmensstrukturen mitsamt ihren Beteiligungen.

4.302 Auch die sog. *„Suspendierungslösung"*, welche den Ergebnisabführungsvertrag zwar weiterhin als bestehend ansehen will, ihn aber für eine gewisse Dauer suspendiert,[3] überzeugt nicht. Die Insolvenzordnung kennt nur den Fortbestand von Dauerschuldverhältnissen (z.B. § 108 InsO), ihre Beendigung (z.B. §§ 115, 116 InsO) oder das Wahlrecht des Insolvenzverwalters gem. § 103 InsO. Suspendierte Dauerschuld-

---

1 *Bultmann*, ZInsO 2007, 785 (786); noch zur Konkursordnung BGH v. 14.12.1987 – II ZR 170/87, BGHZ 103, 1 (6) = ZIP 1988, 229.
2 So auch *J. Wagner* in Prinz/Witt, Steuerliche Organschaft², Rz. 24.67; Rz. 24.69.
3 *Kirchhof/Lwowski/Stürner*, MünchKomm/InsO, 2. Aufl. 2008, Internationales Konzerninsolvenzrecht, Rz. 40.

B. Körperschaftsteuer | Rz. 4.306 Kap. 4

verhältnisse passen nicht in dieses System. Es müsste daher schon zwingende Gründe für eine derartige Annahme geben, die aber fehlen.

Auszugehen ist daher mangels spezialgesetzlicher Regelung von dem Grundsatz des § 103 InsO. Demgemäß hat der Insolvenzverwalter grundsätzlich die Möglichkeit der Erfüllungswahl. § 103 InsO soll für eine interessengerechten Ausgleich zwischen den Vertragsparteien bei beiderseits noch nicht vollständig erfüllten Verträgen führen.[1] So kann der Insolvenzverwalter bei für den insolventen Organträger günstigen Ergebnisabführungsverträgen (wenn also Gewinne der Organgesellschaft zu erwarten sind) die Erfüllung wählen, andernfalls die Nichterfüllung. Hat der Insolvenzverwalter allerdings die Erfüllung des Ergebnisabführungsvertrages nach § 103 InsO gewählt, so ist die korrespondierende Verpflichtung, Verluste der Organgesellschaft auszugleichen (§ 302 AktG) Masseverbindlichkeit.

4.303

Das gesetzliche Kündigungsrecht des § 297 Abs. 1 Satz 1 AktG steht, wenn überhaupt, nur der Organgesellschaft zu. Dies ergibt sich daraus, dass die Insolvenz des Organträgers nur für die Organgesellschaft einen wichtigen Grund darstellt, denn nur für diese kann bei kärglicher Masse Unsicherheit bestehen, ob der Organträger seinen Verpflichtungen – insbesondere dem Verlustausgleich – nachkommen kann.

4.304

b) Insolvenz der Organgesellschaft

Auf den ersten Blick erscheint es zwingend zu sein, dass die isolierte Insolvenz der Organgesellschaft nicht möglich ist, weil der Organträger zum Verlustausgleich verpflichtet ist.[2] § 302 AktG enthält jedoch keine generelle Verpflichtung zum Ausgleich jeglicher Verluste. Vielmehr bezieht sich die **Verlustausgleichspflicht** nur auf Verluste, die während der Vertragsdauer entstehen. Verluste, die bereits vor dem Inkrafttreten des Ergebnisabführungsvertrages entstanden sind, können also im Einzelfall dazu führen, dass es nur zur Insolvenz der Organgesellschaft kommt. Außerdem begründet die Verlustausgleichsverpflichtung keine Verpflichtung zur Liquiditätssicherung, so dass auch unterjährig eintretende Zahlungsunfähigkeit der Organgesellschaft unabhängig von der Verlustübernahmeverpflichtung der Obergesellschaft eintreten kann.

4.305

Obwohl die Rechtsfrage keineswegs eindeutig zu beantworten ist, ist in der Insolvenz der Organgesellschaft nicht von einer zwingenden Beendigung der finanziellen Eingliederung und damit von einer zwingenden Beendigung der körperschaftlichen Organschaft auszugehen.[3] Zwar geht die Verwaltungs- und Verfügungsbefugnis bezüglich des Vermögens der Organgesellschaft gem. § 80 InsO mit Insolvenzeröffnung auf den Insolvenzverwalter über. Der Organträger kann seine Stimmrechte aber nach wie vor ausüben. Unerheblich ist, dass er in bestimmter Hinsicht durch den

4.306

---

[1] *Balthasar* in Nerlich/Römermann, § 103 InsO Rz. 3.
[2] So auch *Schüppen/Schlösser* in MünchKomm/InsO[4], Insolvenzsteuerrecht, Rz. 229.
[3] So zu Recht *Uhländer* in Waza/Uhländer/Schmittmann, Insolvenzen und Steuern[12], Rz. 1656; anders *Frotscher*, Besteuerung bei Insolvenz[8], S. 151.

Übergang der Verwaltungs- und Verfügungsbefugnis auf den Insolvenzverwalter beschnitten ist.

Hinweis:

Es kann sich durchaus die Situation einstellen, dass der Insolvenzverwalter der Organgesellschaft ein Interesse daran hat, an dem Ergebnisabführungsvertrag festzuhalten und die Sanierung des Unternehmens zu betreiben.

Der Fortbestand des Ergebnisabführungsvertrages stellt bei hinreichender Solvenz der Organgesellschaft sicher, dass der Insolvenzverwalter Verluste, die sich aus der vorläufigen Fortführung des schuldnerischen Unternehmens und seiner Sanierung ergeben, ausgeglichen erhält. Vor diesem Hintergrund kann es durchaus aus Verwalter- und Gläubigersicht hingenommen werden, dass eine korrespondierende Verpflichtung besteht, während der Vertragsdauer anfallende Gewinne als Masseverbindlichkeit an die Organgesellschaft abzuführen. Ein schutzwürdiges Interesse des Organträgers an einer Beendigung des Ergebnisabführungsvertrages – ohne gesetzliche Grundlage – besteht nicht.

c) Insolvenz von Organträger und Organgesellschaft

4.307 Wird sowohl über das Vermögen der Organgesellschaft als auch des Organträgers das Insolvenzverfahren eröffnet, wird teilweise angenommen, die Organschaft ende ohne weiteres, weil die Vermögensabführung der Organgesellschaft an den Organträger dem Zweck des Insolvenzverfahrens widerspreche, so dass der Ergebnisabführungsvertrag „nicht mehr durchgeführt"[1] werden könne. In dieser Allgemeinheit kann dem nicht gefolgt werden.[2] Aus Sicht der Insolvenzgläubiger der Organgesellschaft kann es durchaus wirtschaftlich zweckmäßig erscheinen, einen Ergebnisabführungsvertrag auch mit der insolventen Organgesellschaft aufrecht zu erhalten. Das ist insbesondere dann der Fall, wenn sie Gewinne der Organgesellschaft erwarten. Um diese abgeführt zu erhalten, kann es durchaus sein, dass sie das Risiko in Kauf nehmen, mit Mitteln der Insolvenzmasse Verluste der Organgesellschaft ausgleichen zu müssen (§ 302 AktG). Auch kann das Kalkül bei einer großen Organträgergesellschaft durchaus dahin gehen, einen (vorübergehenden) Verlustausgleich bewusst in Kauf zu nehmen, um mit Mitteln der Insolvenzmasse des Organträgers zu einer Sanierung der Organgesellschaft beizutragen, um später die Beteiligung an der Organgesellschaft gewinnbringend veräußern zu können. Aus Sicht der Insolvenzgläubiger der Organgesellschaft kann umgekehrt ein Interesse daran bestehen, an dem Ergebnisabführungsvertrag festzuhalten und die Sanierung des Unternehmens zu betreiben – ggf. unter Inanspruchnahme der Verlustausgleichsverpflichtung des Organträgers. Vor diesem Hintergrund kann es durchaus aus Verwalter- und Gläubigersicht akzeptabel sein, dass eine korrespondierende Verpflichtung besteht, während der Vertragsdauer anfallende Gewinne als Masseverbindlichkeit an die Organgesellschaft abzuführen. Die Grundvoraussetzung einer körperschaftsteuerlichen Organschaft –

---

1 *Schüppen/Schlösser* in MünchKomm/InsO[4], Insolvenzsteuerrecht, Rz. 230.
2 So auch *J. Wagner* in Prinz/Witt, Steuerliche Organschaft[2], Rz. 24.64.

nämlich der Fortbestand des Ergebnisabführungsvertrages – kann also bei beiderseitiger Erfüllungswahl möglich sein.

Solange sich in der Insolvenzmasse des Organträgers hinreichend Anteile an der Organgesellschaft befinden, damit der Insolvenzverwalter des Organträgers die Mehrheit der Stimmrechte in der Organgesellschaft innehat, ist bei fortbestehenden Ergebnisabführungsvertrag auch von einem Fortbestand der körperschaftsteuerlichen Organschaft auszugehen.

4.308

XV. Sanierungsgewinne

Literatur *Balbinot*, § 8c Abs. 1a KStG (Sanierungsklausel) doch keine unionsrechtswidrige Beihilfe?, DStR 2018, 334; *Bareis*, Mindestbesteuerung und Liquidationszeitraum, DB 2013, 1265; *Bergmann*, Einheitlicher Besteuerungszeitraum und Zwischenveranlagungen in Liquidation und Insolvenz, GmbHR 2012, 943; *Bethmann/Mammen/Sassen*, Analyse gesetzlicher Ausnahmetatbestände zum Erhalt körperschaftsteuerlicher Verlustvorträge, StB 2012, 148; *Blumenberg/Haisch*, Die unionsrechtliche Beihilfeproblematik der Sanierungsklausel nach § 8c Abs. 1a KStG, FR 2012, 12; *Braun/Geist*, Forderungsverzichte im „Bermudadreieck" von Sanierungsgewinn, Verlustverrechnung und Mindestbesteuerung, BB 2013, 351; Zur Steuerfreiheit von Sanierungsgewinnen – Bestandsaufnahme und Empfehlungen, BB 2009, 2508; *Bruschke*, Der steuerfreie Sanierungsgewinn, DStZ 2009, 166; Steuerliche Vergünstigungen bei Sanierungsgewinnen, ZSteu 2009, 298; *Cahn/Simon/Theiselmann*, Nennwertanrechnung beim Debt Equity Swap!, DB 2012, 501; DAV, Stellungnahme zur Entscheidung des Großen Senats des BFH vom 28.11.2016 – GrS 1/15 – Steuererlass aus Billigkeitsgründen nach dem so genannten Sanierungserlass des BMF, NZG 2017, 336; *Demleitner*, Aktuelle Fragen zur Besteuerung von Unternehmen in der Krise und Insolvenz, SteuK 2016, 521; *Drüen/Schmitz*, Zur Unionrechtskonformität des Verlustuntergangs bei Körperschaften, GmbHR 2012, 485; *Düll/Fuhrmann/Eberhard*, Aktuelles Beratungs-Know-how mittelständischer Kapitalgesellschaften, DStR 2003, 862; *Ebbinghaus/Neu*, Der Sanierungsgewinn bei Einstellung der Geschäftstätigkeit, DB 2012, 2831; *Ebbinghaus/Osenroth/Hinz*, Schuldübernahme durch Gesellschafter als Sanierungsinstrument unter Berücksichtigung der Schenkungsteuer, BB 2013, 1374; *Ekkenga*, Neuerliche Vorschläge zur Nennwertanrechnung beim Debt-Equity-Swap – Erkenntnisfortschritt oder Wiederbelebungsversuche am untauglichen Objekt?, DB 2012, 331; *Farle*, Verbindlichkeiten in der Liquidation – Überprüfung verbindlicher Auskünfte, DStR 2012, 1590; *Fromm*, Der Debt-Equity-Swap als Sanierungsbeitrag im Zeitpunkt der Überschuldung, ZInsO 2012, 1253; *Geerling/Hartmann*, Der BFH verwirft den Sanierungserlass, DStR 2017, 752; *Geist*, Die Besteuerung von Sanierungsgewinnen – Zur Anwendbarkeit, Systematik und Auslegung des BMF-Schreibens vom 27.3.2003, BB 2008, 2658; Die ordentliche Liquidation einer GmbH unter dem Einfluss von Mindestbesteuerung und steuerfreiem Sanierungsgewinn, GmbHR 2008, 969; *Gondert/Büttner*, Steuerbefreiung von Sanierungsgewinnen – Anmerkungen zum Urteil des Finanzgerichts München v. 12.12.2007, DStR 2008, 1676; *Haase/Dorn*, Forderungsverzicht als zwingende Folge der Liquidation einer verbundenen Unternehmung?, BB 2011, 2907; *Herzig*, Ertragsteuerliche Begleitmaßnahmen zur Modernisierung des Insolvenzrechts, WPg 2011, Sonderheft, 27; *Hoffmann*, Der Debt-Mezzanine-Swap, StuB 2012, 417; Billigkeitsregelung zur Steuerbefreiung von Sanierungsgewinnen unwirksam, EFG 2008, 616; *Horst*, Überblick über Entschuldungsinstrumente und ihre bilanz- und steuerrechtlichen Auswirkungen, DB 2013, 656; *Ismer/Piotrowski*, Falsche Begründung – Richtiges Ergebnis? Zur beihilferechtlichen Argumentation im Vorlagebeschluss zum Sanierungserlass, DStR 2015, 1993; *Janjuah/Eisolt*, Welcome back Steuerbefreiung für Sanierungserträge, ZInsO 2018, 2790; *Janssen*, Sanierungserlass nach Abschluss eines Insolvenzverfahrens, NWB 23/2010, 1854; Steuererlass in Sanierungsfällen – faktisches Wiederaufleben des § 3 Nr. 66

EStG a.F.?, BB 2005, 1026; Erlass von Steuern auf Sanierungsgewinne, DStR 2003, 1055; *Kahlert*, Passivierung eines Rangrücktritts in der Steuerbilanz, NWB 26/2012, 2141; Ein Plädoyer für eine gesetzliche Regelung der Steuerfreiheit des Sanierungsgewinns, ZIP 2009, 643; *Kahlert/Schmidt*, Löst ein Forderungsverzicht zu Sanierungszwecken nach § 7 Abs. 8 ErbStG Schenkungsteuer aus?, DStR 2012, 1208; *Kahlert/Schmidt*, Die neue Steuerfreiheit des Sanierungsertrags – Fragen und Antworten, DStR 2017, 1897; *Karl*, Verfassungswidrigkeit oder teleologische Reduktion des § 8c KStG bei mittelbarer Anteilsübertragung von Verlustgesellschaften, BB 2012, 92; *Kerz*, Sanierungsbescheinigungen als neues Tätigkeitsfeld, DStR 2012, 204; *Khan/Adam*, Die Besteuerung von Sanierungsgewinnen aus steuerrechtlicher, insolvenzrechtlicher und europarechtlicher Sicht, ZInsO 2008, 899; *Klusmeier*, Richtige Formulierung des qualifizierten Rangrücktritts – aus steuerlicher Sicht, ZInsO 2012, 965; *Kroener/Momen*, Debt-Mezzanine-Swap – Die OFD Rheinland auf dem Irrweg?, DB 2012, 829; *Kroninger/Korb*, Die Handhabung von Sanierungsgewinnen vor und nach dem Urteil des Finanzgerichts München vom 12.12.2007, BB 2008, 2656; *Maile*, SchenkSt beim Forderungsverzicht im Sanierungsfall?, DB 2012, 1952; *Mertzbach*, Aktuelle steuerliche Probleme im Insolvenzplanverfahren von Kapitalgesellschaften, GmbHR 2013, 75; *Nolte*, Ertragsteuerliche Behandlung von Sanierungsgewinnen, NWB Nr. 46 v. 14.11.2005, Fach 3, 13735; *Pöschke*, Bilanzierung und Besteuerung von Forderungserlass und Rangrücktritt zur Sanierung von Kapitalgesellschaften, NZG 2017, 1408; *Rauber*, Erlass der Gewerbesteuer für Sanierungsgewinne?, Gemeindehaushalt 2010, 83; *Richter/Pluta*, Bescheinigung zum Schutzschirmverfahren gem. § 270b InsO nach IDW ES 9 im Praxistest, BB 2012, 1591; *Röder*, Der neue § 8d KStG und die Fortführung des Geschäftsbetriebs: Verlustnutzung mit unternehmerischer Entwicklung vereinbar – auch in Sanierungsfällen, DStR 2017, 1737; *Roth*, Aufdeckung stiller Reserven im Insolvenzverfahren, FR 2013, 441; *Schmid*; Der erfolgswirksame Rangrücktritt – Die BFH-Entscheidung des I. Senats v. 30.11.2011 – I R 100/10, FR 2012, 837; *Schmidt/Kahlert*, Der sog. Sanierungserlass ist tot – Wie geht es weiter?, ZIP 2017, 503; *Schmittmann* in Schmidt, Insolvenzordnung 18. Aufl., München 2013, § 155 InsO, Anhang Steuerrecht Rz. 147 ff.; *Schneider/Höpfner*, Die Sanierung von Konzernen durch Eigenverwaltung und Insolvenzplan, BB 2012, 87; *Steinbach/Claußen*, Die Bilanzierung latenter Steuern in der Liquidations-Rechnungslegung nach HGB, ZInsO 2013, 1109; *Strüber/von Donat*, Die ertragsteuerliche Freistellung von Sanierungsgewinnen durch das BMF, Schr. v. 27.3.2003, BB 2003, 2036; *Thouet*, Der Sanierungserlass des BMF – (k)eine Rechtswohltat contra legem, ZInsO 2008, 664; *Töben*, Keine Steuer auf Sanierungsgewinne: Ein Gebot der Stunde – kein Privileg!, DB 2010, Heft 18, M1; *Uhländer*, Der Steuerberater als Lotse in der Krise des Mandanten!, Gast-Editorial, NWB 26/2012, 2113; Aktuelles Insolvenzsteuerrecht 2010, 81 ff.; Erlass der Einkommensteuer auf den Sanierungsgewinn, ZInsO 2005, 76; *Wagner*, BB-Kommentar zum Urteil des FG Köln v. 24.4.2008, BB 2008, 2671; *Weitnauer*, Der Rangrücktritt – Welche Anforderungen gelten nach aktueller Rechtslage?, GWR 2012, 193; *Willeke*, Klare Anforderungen an Sanierungskonzepte, StuB 2013, 144.

4.309 Sanierungsgewinne sind „Erhöhungen des Betriebsvermögens, die dadurch eintreten, dass Schulden zum Zweck der Sanierung ganz oder teilweise erlassen werden".[1] Im Fall der Insolvenz kommt es oft dadurch zur Entstehung von Sanierungsgewinnen, dass Gläubiger im Wege eines Insolvenzplans (teilweise) auf ihre Forderungen verzichten. Die heutige Steuerfreiheit von Sanierungsgewinnen wurde durch das „Gesetz gegen schädliche Steuerpraktiken im Zusammenhang mit Rechteüberlassungen"[2] vom 27.6.2017 bewirkt. Nach der **Abschaffung des § 3 Ziff. 66 EStG**[3] und dem da-

---

1 BMF v. 27.3.2003 – IV A 6 - S 2140 – 8/03, DStR 2003, 690.
2 BGBl. I 2017, 2074.
3 Art. 1 Ziff. 1 des Gesetzes v. 29.10.1997, BGBl. I 1997, 2590.

rauffolgenden Erlass der Verwaltungsvorschrift des BMF vom 27.3.2003[1] (sog. Sanierungserlass)[2] entschied der Große Senat des BFH am 28.11.2016[3], dass die Verwaltungspraxis des Sanierungserlasses gegen den Grundsatz der Gesetzesmäßigkeit der Verwaltung verstoße und damit unzulässig sei. Als Reaktion des Gesetzgebers wurden mit dem „Gesetz gegen schädliche Steuerpraktiken im Zusammenhang mit Rechteüberlassungen"[4] vom 27.6.2017 die **§§ 3a, 3c Abs. 4 EStG** geschaffen, welche eine gesetzliche Grundlage für die Steuerbefreiung von Sanierungsgewinnen darstellen. Die steuerliche Freistellung von Sanierungsgewinnen wird damit nach § 3a EStG wie auch schon unter § 3 Nr. 66 EStG a.F. umgesetzt.[5]

§ 3a EStG gilt für die Einkommensteuer und die Körperschaftsteuer, §§ 7 Abs. 1, 8 Abs. 1 und 2 KStG.[6] Allerdings sollten diese Neuregelungen aus beihilferechtlichen Bedenken erst dann rückwirkende Geltung erlangen, wenn die EU-Kommission die beihilferechtliche Unbedenklichkeit der neuen Steuerbefreiungstatbestände festgestellt hat.

Dies ist schließlich im sog. **„Comfort Letter"** vom 20.7.2018 geschehen.[7] Danach besteht für die Steuerbefreiung von Sanierungsgewinnen keine Notifizierungspflicht, da es sich – angenommen es würde sich um eine Beihilfe handeln – jedenfalls um eine Bestandsschutz genießende sog. Altbeihilfe handele.[8]

Gemäß § 52 Abs. 4a Satz 1 EStG ist die Regelung des § 3a EStG rückwirkend auf alle Fälle anzuwenden, in denen die Schulden ganz oder teilweise nach dem 8.2.2017 erlassen worden sind. Für Altfälle, in denen Schulden insgesamt vor dem 9.2.2017 erlassen worden sind, finden auf Antrag des Steuerpflichtigen die Regelungen des § 3a EStG i.V.m. § 52 Abs. 4a Satz 3 EStG Anwendung.[9]

Voraussetzungen für die Annahme eines begünstigten Sanierungsgewinns sind gem. § 3a Abs. 2 EStG Sanierungsbedürftigkeit und Sanierungsfähigkeit des Unternehmens, die Sanierungseignung des Schulderlasses und die Sanierungsabsicht der Gläubiger; ausführlich zu Sanierungsgewinnen s. obige Ausführungen zur Einkommensteuer (Rz. 4.20 f.).

XVI. Berücksichtigung der Insolvenzverfahrenskosten als Betriebsausgaben/Werbungskosten

Ist der Schuldner natürliche Person, so kommt eine Berücksichtigung der Kosten für die Durchführung des Insolvenzverfahrens als Betriebsausgaben bzw. Werbungskos-   4.310

---

1 BMF v. 27.3.2003 – IV A 6 - S 2140 – 8/03, BStBl. I 2003, 240.
2 Zur Vertiefung der Historie wird auf die Vorauflage verwiesen.
3 BFH v. 28.11.2016 – GrS 1/15, DStR 2017, 305.
4 BGBl. I 2017, 2074.
5 *Eilers/Schwahn*, Sanierungssteuerrecht[2], Rz. 2.36.
6 *Krumm* in Blümich, § 3a EStG Rz. 14.
7 Art. 19 des Gesetzes zur Vermeidung von Umsatzsteuerausfällen beim Handel mit Waren im Internet und zur Änderung weiterer steuerlicher Vorschriften v. 11.12.2018, BGBl. I 2018, 2338.
8 *Eilers/Schwahn*, Sanierungssteuerrecht[2], Rz. 2.37.
9 *Krumm* in Blümich EStG § 3a Rz. 3–4.

ten grundsätzlich nicht in Betracht. Dies hat der BFH in überzeugender Weise klargestellt.[1] Nach § 9 Abs. 1 Satz 1 EStG sind Werbungskosten Aufwendungen zur Erwerbung, Sicherung und Erhaltung von Einnahmen. Zwischen den Aufwendungen und den steuerpflichtigen Einnahmen muss ein Veranlassungszusammenhang bestehen. Eine derartige Veranlassung liegt vor, wenn (objektiv) ein wirtschaftlicher Zusammenhang mit der auf Einkünfteerzielung gerichteten Tätigkeit besteht und (subjektiv) die Aufwendungen zur Förderung der Einkünfteerzielung getätigt werden. Maßgeblich ist, ob bei wertender Beurteilung das auslösende Moment für das Entstehen der Aufwendungen der einkommensteuerrechtlich relevanten Erwerbssphäre zuzuordnen ist. Die Durchführung eines Insolvenzverfahrens dient dazu, die Gläubiger eines Schuldners gemeinschaftlich zu befriedigen, indem das Vermögen des Schuldners verwertet und der Erlös verteilt wird (§ 1 InsO). Ferner erhält der redliche Schuldner die Chance, sich von seinen Schulden zu befreien (§ 1 i.V.m. §§ 287 Abs. 1, 305 InsO). Das Insolvenzverfahren über das Vermögen einer natürlichen Person betrifft damit die wirtschaftliche Stellung des Steuerpflichtigen als Person und mithin die private Lebensführung, indem es eine geordnete Befriedigung der Gläubiger für den Fall ermöglicht, dass das Einkommen und Vermögen nicht zu deren vollständiger Befriedigung ausreicht. Bei der erforderlichen wertenden Beurteilung kommt diesem privaten Umstand – die Schuldentilgung ist dem Vermögensbereich des Steuerpflichtigen zuzurechnen – das entscheidende Gewicht zu. Das gilt unabhängig davon, ob Restschuldbefreiung beantragt und zu erwarten ist oder nicht. Denn auch in Insolvenzverfahren über das Vermögen natürlicher Personen, in denen Restschuldbefreiung nicht beantragt ist, findet eine Reorganisation der Gesamtverbindlichkeiten statt. Zudem sind in solchen Insolvenzverfahren zunehmend Insolvenzplanverfahren zu finden, welche die Restschuldbefreiung ersetzen. Jedenfalls ist ein jedes Insolvenzverfahren über das Vermögen einer natürlichen Person einem solchen Schulden-Reorganisationsverfahren zugänglich. Somit sind die mit der Insolvenzverwaltung verbundenen Kosten in diesen Fällen insgesamt der Privatsphäre und nicht der einkommensteuerrechtlich relevanten Erwerbssphäre zuzuordnen.

Bei juristischen Personen sind die Insolvenzverfahrenskosten in Ermangelung einer zu reorganisierenden Privatvermögenssphäre Betriebsausgaben.

XVII. Auswirkungen der Anzeige der Masseunzulänglichkeit

4.311 Gemäß § 208 InsO kann der Insolvenzverwalter Masseunzulänglichkeit anzeigen, sofern die Kosten des Insolvenzverfahrens gedeckt sind, die Insolvenzmasse jedoch nicht ausreicht, um die fälligen sonstigen Masseverbindlichkeiten zu erfüllen bzw. voraussichtlich nicht ausreichen wird, um die sonstigen Masseverbindlichkeiten bei Fälligkeit zu erfüllen. Nach Anzeige der Masseunzulänglichkeit hat der Insolvenzverwalter eine geänderte Befriedigungsreihenfolge zu beachten (§ 209 InsO). Die Vollstreckung wegen einer Masseverbindlichkeit i.S.d. § 209 Abs. 1 Ziff. 3 InsO ist gem. § 210 InsO ab Anzeige der Masseunzulänglichkeit unzulässig. Bezogen auf die Kraft-

---

[1] BFH v. 4.8.2016 – VI R 47/13; s. auch FG Münster (11. Senat) v. 4.9.2018 – 11 K 1108/17; Revision anhängig BFH – VI R 41/18.

fahrzeugsteuer hat der BFH[1] entschieden, dass die Steuer zwar festgesetzt werden kann, es jedoch bei dem Vollstreckungsverbot bleibt. Dieser Grundsatz kann auf die Körperschaftsteuer übertragen werden, so dass auch diese nach Anzeige der Masseunzulänglichkeit festgesetzt werden kann. Eine Vollstreckung aber ist unzulässig.

Die Körperschaftsteuer, die auf den Veranlagungszeitraum entfällt, in dem die Masseunzulänglichkeit angezeigt wird, ist aufzuteilen. Der Teil der einheitlichen Jahressteuerschuld, der auf die Zeit vor der Anzeige der Masseunzulänglichkeit entfällt, ist Altmasseverbindlichkeit, der übrige Teil ist Neumasseverbindlichkeit. Insoweit gelten die obigen Ausführungen zur Einkommensteuer entsprechend, s. Rz. 4.224 f. 4.312

C. Umsatzsteuer

I. Grundlagen

Der Umsatzsteuer unterliegen gem. § 1 Abs. 1 Ziff. 1 UStG die Lieferungen und sonstigen Leistungen, die ein Unternehmer gegen Entgelt im Rahmen seines Unternehmens ausführt. Nach § 2 Abs. 1 Satz 1 UStG ist Unternehmer, wer eine gewerbliche oder berufliche Tätigkeit selbständig ausübt. Nichtselbständig tätig sind natürliche Personen nach § 2 Abs. 2 Ziff. 1 UStG, soweit sie in einem Unternehmen so eingegliedert sind, dass sie den Weisungen eines Unternehmers zu folgen verpflichtet sind. Die Frage, ob jemand eine Tätigkeit selbständig oder nichtselbständig ausübt, ist nach wirtschaftlichen Gesichtspunkten zu beurteilen.[2] Es müssen die für und gegen die Unternehmereigenschaft sprechenden Merkmale, die im Einzelfall unterschiedlich gewichtet werden können, gegeneinander abgewogen werden; maßgebend ist anhand einer Vielzahl in Betracht kommender Kriterien das Gesamtbild der Verhältnisse.[3] Für **Selbständigkeit** sprechen insbesondere die Selbständigkeit in Organisation und Durchführung der Tätigkeit, das Unternehmerrisiko (Vergütungsrisiko), die Unternehmerinitiative, die Bindung nur für bestimmte Tage an den Betrieb und geschäftliche Beziehungen zu mehreren Vertragspartnern.[4] Die sozial- und arbeitsrechtliche Einordnung der Tätigkeit als selbständig oder unselbständig ist für die umsatzsteuerliche Beurteilung ohne Bedeutung.[5] Mit **Subunternehmervertrag** beauftragte Auslieferungsfahrer, denen die Auslieferungsrouten vorgegeben sind und die über kein wesentliches Anlagevermögen verfügen, weil die Fahrzeuge gestellt werden, sind nach dem Gesamtbild der Verhältnisse beispielsweise nicht als umsatzsteuerpflichtige selbständige Unternehmer anzusehen, selbst wenn im Krankheits- und Urlaubsfall kein Lohnfortzahlungsanspruch besteht.[6] 4.313

---

1 BFH v. 29.8.2007 – IX R 58/06, ZIP 2007, 2083 = BStBl. II 2008, 322.
2 FG Nürnberg v. 11.8.2009 – 2 K 471/2009 (NV).
3 BFH v. 2.12.1998 – X R 83/96, BStBl. II 1999, 534; v. 20.12.2004 – VI B 137/03, BFH/NV 2005, 552; vgl. auch BFH v. 27.11.2019 – V R 23/19, DStR 2020, 279.
4 FG Nürnberg v. 11.8.2009 – 2 K 471/2009 (NV).
5 BFH v. 29.7.2003 – V B 22/03, BFH/NV 2003, 1615 (1616).
6 FG Hess. v. 28.10.2004 – 6 K 1405/99, EFG 2005, 573 (573).

4.314 Für die Besteuerung eines Unternehmers (§ 2 Abs. 1 UStG) als Steuerschuldner (§ 13 Abs. 2 Ziff. 1 UStG) ist maßgebend, ob und welche **Lieferungen oder sonstige Leistungen** von ihm erbracht werden. Für die Bestimmung der Leistungen und der Leistungsbeziehungen folgt das Umsatzsteuerrecht grundsätzlich dem Zivilrecht. Gemäß § 3 Abs. 1 UStG sind Lieferungen eines Unternehmers Leistungen, durch die er oder in seinem Auftrag ein Dritter den Abnehmer oder in dessen Auftrag einen Dritten befähigt, im eigenen Namen über einen Gegenstand zu verfügen (Verschaffung der Verfügungsmacht). Sonstige Leistungen sind gem. § 3 Abs. 9 UStG Leistungen, die keine Lieferungen sind. Nach § 3 Abs. 1b Satz 1 Ziff. 1 UStG wird einer Lieferung gegen Entgelt die Entnahme eines Gegenstandes durch einen Unternehmer aus seinem Unternehmen für Zwecke, die außerhalb des Unternehmens liegen, gleichgestellt. Bei § 3 Abs. 1b UStG handelt es sich um eine gegenüber § 3 Abs. 1 UStG eigenständige Regelung. So liegt eine Entnahme z.B. nach § 3 Abs. 1b Satz 1 Ziff. 1 UStG auch dann vor, wenn der Unternehmer einen Gegenstand für eigene nichtunternehmerische Zwecke entnimmt und somit keinem Abnehmer – wie von § 3 Abs. 1 UStG vorausgesetzt – Verfügungsmacht verschafft wird.[1] Ist eine Lieferung sowohl für den unternehmerischen Bereich als auch für den nichtunternehmerischen Bereich des Unternehmens vorgesehen (sog. gemischte Nutzung), hat der Unternehmer ein **Zuordnungswahlrecht**.[2] Er kann den Gegenstand insgesamt oder im Umfang der tatsächlichen unternehmerischen Verwendung seinem Unternehmen zuordnen oder ihn in vollem Umfang seinem nichtunternehmerischen Bereich zuordnen, wodurch er dem Mehrwertsteuersystem vollständig entzogen wird.[3] Die Zuordnungsentscheidung eines Gegenstandes zum Unternehmen erfordert eine durch Beweisanzeichen gestützte Zuordnungsentscheidung des Unternehmers bei der Anschaffung, Herstellung oder Einlage des Gegenstandes; dabei ist die Geltendmachung des Vorsteuerabzugs regelmäßig ein gewichtiges Indiz für, die Unterlassung des Vorsteuerabzugs ein ebenso gewichtiges Indiz gegen die Zuordnung eines Gegenstandes zum Unternehmen.[4] Die im Zeitpunkt des Leistungsbezugs zu treffende Zuordnungsentscheidung des Unternehmers ist in der Regel in der Umsatzsteuer-Voranmeldung des Voranmeldungszeitraums, in den der Leistungsbezug fällt, spätestens aber in der Umsatzsteuererklärung für das Jahr, in das der Leistungsbezug fällt, nach außen hin zu dokumentieren.[5]

4.315 Der Umsatz wird nach dem **Entgelt** bemessen (§ 10 Abs. 1 Satz 1 UStG). Entgelt ist alles, was der Leistungsempfänger aufwendet, um die Leistung zu erhalten, jedoch abzgl. der Umsatzsteuer (§ 10 Abs. 1 Satz 2 UStG).

---

[1] FG München v. 16.7.2009 – 14 K 4671/06, juris.
[2] BFH v. 26.6.2009 – V B 34/08, BFH/NV 2009, 2011 (2011); vgl. auch FG Sachsen v. 19.3.2018 – 5 K 249/18, juris.
[3] EuGH v. 21.4.2005 – C-25/03 – HE, Slg. 2005, I-3123 = BFH/NV Beilage 2005, 196, Rz. 46; vgl. auch BFH v. 18.9.2019 – XI R 7/19, DStR 2020, 220.
[4] BFH v. 26.6.2009 – V B 34/08, BFH/NV 2009, 2011 (2012); vgl. auch BFH v. 18.9.2019 – XI R 7/19, DStR 2020, 220; FG Köln v. 9.12.2015 – 3 K 2557/11, EFG 2016, 624.
[5] BFH v. 26.6.2009 – V B 34/08, BFH/NV 2009, 2011 (2012); FG Köln v. 9.12.2015 – 3 K 2557/11, EFG 2016, 624.

Die Umsatzsteuer ist grundsätzlich nach **vereinbarten Entgelten (Sollbesteuerung)** zu berechnen (§ 16 Abs. 1 UStG). Steuerberechnung nach vereinnahmten Entgelten (Ist-Besteuerung) ist bei Unternehmen mit einem Gesamtumsatz von nicht mehr 500 000 € im Vorjahr, Nichtbuchführungspflichtigen und Angehörigen freier Berufe möglich (§ 20 UStG). Die Umsatzsteuer beträgt seit 1.1.2007 für jeden steuerpflichtigen Umsatz 19 v.H. der Bemessungsgrundlage (§ 12 Abs. 1 UStG; vom 1.4.1998 bis 31.12.2006 16 v.H.); sie ermäßigt sich für verschiedene Umsätze auf 7 v.H. (§ 12 Abs. 2 UStG). Im Zuge der Corona-Hilfsregelungen wurde der Umsatzsteuersatz für die Zeit vom 1.7.2020 bis zum 31.12.2020 auf 16 % bzw. 5 % abgesenkt.[1]

4.316

Ein Unternehmer kann gem. § 15 Abs. 1 Satz 1 Ziff. 1 UStG die in Rechnungen i.S.d. § 14 UStG gesondert ausgewiesene Steuer für Lieferungen oder sonstige Leistungen, die von anderen Unternehmern für sein Unternehmen ausgeführt worden sind, abziehen. Der Vorsteuerabzug erfordert, dass der diesen geltend machende Unternehmer Leistungsempfänger der den Rechnungen zugrundeliegenden Lieferungen oder sonstigen Leistungen von anderen Unternehmern ist. Nach § 15 Abs. 2 Ziff. 1 UStG ist jedoch die Steuer für Leistungen, die der Unternehmer zwar gem. § 15 Abs. 1 UStG für sein Unternehmen bezieht, aber in dessen Rahmen zur Ausführung steuerfreier Umsätze verwendet, vom Vorsteuerabzug ausgeschlossen. Nach § 9 Abs. 1 UStG kann der Unternehmer allerdings bestimmte Umsätze, die nach § 4 UStG steuerfrei sind, als steuerpflichtig behandeln, wenn der Umsatz an einen anderen Unternehmer für dessen Unternehmen ausgeführt wird. Für die Voraussetzung des Vorsteuerabzugs ist der diesen begehrende Unternehmer darlegungs- und beweispflichtig.[2]

4.317

Wer in einer **Rechnung** einen Steuerbetrag ausweist, obwohl er zum gesonderten Ausweis der Steuer nicht berechtigt ist, schuldet den ausgewiesenen Betrag, § 14c Abs. 2 Satz 1 UStG. Die Vorschrift dient der Umsetzung des Art. 21 Abs. 1 Buchst. d der Sechsten Richtlinie 77/388/EWG (6. EG-Richtlinie; heute: Art. 203 der Richtlinie 2006/112/EG des Rates über das gemeinsame Mehrwertsteuersystem – Mehrwertsteuer-SystemRL), wonach Mehrwertsteuer von jeder Person geschuldet wird, die diese Steuer in einer Rechnung ausweist. Gleiches gilt, wenn jemand wie ein leistender Unternehmer abrechnet und einen Steuerbetrag ausweist, obwohl er eine Lieferung oder Leistung nicht ausgeführt hat (§ 14c Abs. 2 Satz 2 Alt. 2 UStG).[3]

4.318

Nach Berücksichtigung der abziehbaren Vorsteuer- und Kürzungsbeträge verbleibt eine Zahllast bzw. ein Steuererstattungsanspruch gegenüber dem Finanzamt, der im Wege der Umsatzsteuervorauszahlung oder -rückzahlung monatlich oder vierteljährlich beglichen wird.

4.319

---

1 BMF v. 30.6.2020 – III C 2 – S 7030/20/10009 :004, DStR 2020, 1441.
2 FG Nds. v. 26.8.2009 – 16 K 56/09, DStRE 2010, 169 (169); FG Münster v. 12.6.2019 – 5 K 2404/16 U, DStRE 2019, 1218; vgl. auch EuGH v. 15.9.2016 – C-516/14, DStR 2016, 2216; v 21.11.2018 – C-664/16, DStR 2016, 2524.
3 Vgl. hierzu FG Thür. v. 23.7.2009 – 2 K 184/07, EFG 2009, 1684 (1685).

4.320 Gemäß § 13 Abs. 1 Ziff. 1a) Satz 4 UStG **entsteht** die Umsatzsteuer mit Ablauf des Voranmeldungszeitraums, in dem das Entgelt oder das Teilentgelt vereinnahmt worden ist. Unabhängig von dieser steuerrechtlichen Entstehungsvoraussetzung des **Ablaufs des Voranmeldungszeitraumes** kommt es für die insolvenzrechtliche Qualifizierung der Forderungen auf die Verwirklichung des Lebenssachverhaltes an, auf dem die Steuerforderung beruht. Es ist die Begründetheit der Umsatzsteuer (§ 38 InsO) von ihrer Entstehung (§ 38 AO i.V.m. § 13 UStG) und ihrer Fälligkeit (§ 220 AO i.V.m. § 18 UStG) zu unterscheiden. Nur die Begründetheit ist für die Beurteilung der insolvenzrechtlichen Forderungsqualität der Umsatzsteuerschuld maßgeblich (Rz. 4.327). Die steuerrechtliche Entstehung ist insoweit nicht maßgeblich.[1]

4.321 Der Unternehmer hat für das Kalenderjahr oder ggf. einen kürzeren Besteuerungszeitraum eine **Steuererklärung** abzugeben (§ 18 Abs. 3 UStG). Im Vorgriff auf die Steuererklärung und die spätere Veranlagung hat der Unternehmer jeweils bis zum zehnten Tag nach Ablauf jedes Kalendervierteljahres bzw. Kalendermonats (Voranmeldungszeitraum) eine Voranmeldung abzugeben und eine **Umsatzsteuervorauszahlung** zu leisten (§ 18 Abs. 1 und 2 UStG). Bei Unternehmern, deren Steuer im vorangegangenen Kalenderjahr mehr als 7 500 € betragen hat, ist der Kalendermonat Voranmeldungszeitraum (§ 18 Abs. 2 UStG). Auf Antrag kann das Finanzamt die Fristen für die Abgabe der Voranmeldung und für die Entrichtung der Vorauszahlungen um einen Monat verlängern (sog. Dauerfristverlängerung). Beträgt die Steuer für das vorangegangene Kalenderjahr nicht mehr als 1 000 €, kann das Finanzamt von der Abgabe der Voranmeldung und der Vorauszahlung befreien.

4.322 Für die Umsatzsteuer mit Ausnahme der **Einfuhrumsatzsteuer** ist das Finanzamt zuständig, von dessen Bezirk aus der Unternehmer sein Unternehmen ganz oder vorwiegend betreibt (§ 21 Abs. 1 Satz 1 AO).

II. Praktische Bedeutung der Umsatzsteuer im Insolvenzverfahren

4.323 Die Umsatzsteuer ist der Höhe nach die nach der Lohnsteuer zweitgrößte Einnahmequelle des Staates. Das Aufkommen der Umsatzsteuer betrug in 2019 ca. 243,3 Mrd. Euro.[2] Damit liegt der Anteil der Umsatzsteuer am Gesamtsteueraufkommen der Bundesrepublik Deutschland bei ungefähr 30 Prozent. Auch im Insolvenzverfahren spielt die Umsatzsteuer von allen Steuerarten die wohl größte Rolle. Das hat nicht nur etwas mit der enormen wirtschaftlichen Bedeutung zu tun, die umsatzsteuerrechtliche Fragen in den allermeisten Insolvenzverfahren einnehmen und damit erheblichen Einfluss auf die Befriedigungsquoten der Insolvenzgläubiger haben, son-

---

[1] BFH v. 29.1.2009 – V R 64/07, BStBl. II 2009, 682 = ZIP 2009, 977; v. 13.11.1986 – V R 59/79, BStBl. II 1987, 226 = ZIP 1987, 119; v. 21.12.1988 – V R 29/86, BStBl. II 1989, 434 = ZIP 1989, 384; vgl. auch BFH v. 29.3.1984 – IV R 271/83, BStBl. II 1984 = ZIP 1984, 853, 602; v. 30.4.2007 – VII B 252/06, ZIP 2007, 1277 = BFH/NV 2007, 1395; v. 1.4.2008 – X B 201/07, ZIP 2008, 1780 = BFH/NV 2008, 925.

[2] Statistisches Bundesamt DESTATIS Internetveröffentlichung, abgerufen am 14.7.2020 unter https://www.destatis.de/DE/Themen/Staat/Steuern/Steuereinnahmen/steuereinnahmen.html.

dern es hat auch viel mit rechtlichen Problemen zu tun, die zum Teil heftig umstritten sind und bereits in den Grundlagen uneinheitlich gesehen werden.

In kleinen Insolvenzverfahren kann die Frage, ob der Insolvenzmasse die Vorsteuer aus der Vergütung und den Auslagen des (vorläufigen) Insolvenzverwalters als Vorsteuer erstattet wird, bereits für die Frage der Verfahrenskostendeckung (§ 54 InsO) entscheidend sein und damit den Ausschlag geben, ob ein Insolvenzverfahren überhaupt eröffnet werden kann. Die Mindestvergütung des Insolvenzverwalters beträgt für das eröffnete Insolvenzverfahren 1 000 € (§ 2 Abs. 2 InsVV), die Auslagen 150 € (§ 8 InsVV). Ist der Schuldner vorsteuerabzugsberechtigt, so müssen also für den Insolvenzverwalter im eröffneten Verfahren nur 1 150 € veranschlagt werden; ist der Schuldner hingegen nicht zum Vorsteuerabzug berechtigt, so muss die Umsatzsteuer zusätzlich aus der Insolvenzmasse getragen werden; die Kosten für den Insolvenzverwalter inklusive Auslagen belaufen sich dann bereits auf 1 368,50 €. Gleiches gilt freilich auch für die Vergütung und die Auslagen des vorläufigen Insolvenzverwalters und des Sachverständigen (§ 5 InsO), aber auch für Leistungen, die der Insolvenzverwalter im Rahmen der Verfahrensabwicklung von Dritten in Anspruch nehmen muss, wie etwa Steuerberaterleistungen oder Verwertungskosten. Daher wirkt sich die Frage der Vorsteuerabzugsberechtigung nicht nur auf die Frage der Verfahrenskostendeckung und damit auf die Frage aus, ob ein Insolvenzverfahren überhaupt eröffnet werden kann, sondern sie wirkt sich auch erheblich auf die Befriedigungsquoten der Insolvenzgläubiger aus.

4.324

Rechtlich sind im Hinblick auf die Umsatzsteuer im Insolvenzverfahren viele Fragen ungeklärt. Zwar hat die Rechtsprechung, allen Gerichten voran der BFH, in den vergangenen Jahren viele Fragestellungen geklärt. Viele Einzelfragen sind aber offen geblieben oder inzwischen sogar von verschiedenen FG entgegen der vorhandenen Rechtsprechung des BFH entschieden worden. Zwar haben sich der V. Senat und der VII. Senat des BFH bei der Frage, welche Voraussetzungen für die Einordnung eines Umsatzsteueranspruchs zu den Insolvenzforderungen oder Masseverbindlichkeiten gegeben sind, auf eine gemeinsame Linie verständigt. Welche Auswirkungen diese nunmehr gemeinsame Linie aber auf bestimmte Fragen der Aufrechnung oder Berichtigung hat, ist noch nicht abschließend geklärt.

4.325

Nicht zuletzt birgt die Verwertung von Sicherungsgut eine nahezu unendliche Fülle von Fallgestaltungen, die differenzierter umsatzsteuerlicher Betrachtung bedarf. Bei keiner anderen Steuerart kann der Insolvenzverwalter so viele, wichtige und gefahrträchtige Weichenstellungen zugunsten oder zu Ungunsten der Insolvenzmasse treffen, wie bei der Umsatzsteuer.

4.326

III. Insolvenzrechtliche Qualität der Umsatzsteuerschuld

1. Rechtsprechungsvereinheitlichung bei der Abgrenzung zwischen Insolvenzforderungen und Masseverbindlichkeiten

Nach Eröffnung des Insolvenzverfahrens können Insolvenzgläubiger ihre Insolvenzforderungen i.S.v. § 38 InsO und damit ihre zur Zeit der Eröffnung des Insolvenzverfahrens gegen den Schuldner „begründeten" Vermögensansprüche nur nach den

4.327

Vorschriften über das Insolvenzverfahren verfolgen (§ 87 InsO). Ansprüche aus einem Steuerschuldverhältnis, die gem. § 174 InsO als Insolvenzforderung zur Eintragung in die Tabelle anzumelden sind, dürfen deshalb nach Eröffnung des Insolvenzverfahrens von den Finanzämtern nicht mehr durch Steuerbescheid festgesetzt, sondern nur erforderlichenfalls durch Verwaltungsakt festgestellt werden (Rz. 3.187). Diese Einschränkungen gelten jedoch nicht für Masseverbindlichkeiten nach § 55 InsO, die durch Steuerbescheid gegenüber dem Insolvenzverwalter geltend zu machen sind und die der Insolvenzverwalter nach § 34 Abs. 3 i.V.m. Abs. 1 AO aus der Insolvenzmasse zu bezahlen hat (Rz. 3.191).[1] Zu den Masseverbindlichkeiten gehören gem. § 55 Abs. 1 Ziff. 1 InsO die Verbindlichkeiten, die durch Handlungen des Insolvenzverwalters oder in anderer Weise durch die Verwaltung, Verwertung und Verteilung der Insolvenzmasse begründet werden, ohne zu den Kosten des Insolvenzverfahrens zu gehören. Gleiches gilt nach § 55 Abs. 1 Ziff. 2 InsO für Verbindlichkeiten aus gegenseitigen Verträgen, soweit deren Erfüllung zur Insolvenzmasse verlangt wird oder für die Zeit nach der Eröffnung des Insolvenzverfahrens erfolgen muss und nach § 55 Abs. 4 InsO für Steuerverbindlichkeiten, die durch einen vorläufigen Insolvenzverwalter mit Zustimmungsvorbehalt begründet worden sind. Hinsichtlich der Verbindlichkeiten nach § 55 Abs. 4 InsO sind viele Streitfragen aufgetaucht, die noch offen sind (vgl. dazu ausführlich unten Rz. 4.340 ff.).

4.328 Nach nunmehr einheitlicher Rechtsprechung des V. und VII. Senats des BFH kommt es für die **Abgrenzung zwischen Insolvenzforderungen und Masseverbindlichkeiten** in Bezug auf Umsatzsteuerforderungen des Finanzamtes darauf an, ob der zugrunde liegende **Lebenssachverhalt** vor oder nach Insolvenzeröffnung tatbestandlich vollständig abgeschlossen worden ist.[2] Um diese Rechtsprechung mit einem kurzen Begriff zu beschreiben, bürgert sich die Begrifflichkeit der „**Theorie der vollständigen Tatbestandsverwirklichung**" ein. Der VII. Senat des BFH hatte zuvor die Auffassung vertreten, für die Einordnung der Umsatzsteuerforderungen zu den Insolvenzforderungen oder Masseverbindlichkeiten komme es entscheidend darauf an, wann die Steuerforderung „ihrem Kern nach" insolvenzrechtlich „angelegt" worden sei. Diese Rechtsprechung ist nunmehr überholt, weswegen an dieser Stelle nicht weiter darauf eingegangen wird.[3]

Dem jetzt bestehenden Konsens zwischen dem V. Senat des BFH und dem VII. Senat des BFH hat sich auch der XI. Senat des BFH angeschlossen. Er hat dazu ausgeführt: „Auch der VII. Senat des BFH ... folgt dem Verständnis des V. und XI. Senats darin, dass sich die „Begründung" steuerlicher Forderungen und damit die Abgrenzung

---

1 FG BW v. 27.5.2009 – 1 K 105/06, BStBl. II 1989, 434; BFH v. 29.8.2007 – IX R 4/07, BStBl. II 2010, 145 = ZIP 2007, 2081 = BFH/NV 2007, 2429 = BFHE 218, 435.
2 BFH v. 9.12.2010 – V R 22/10, BStBl. II 2011, 996 = ZIP 2011, 782 = ZInsO 2011, 823; v. 25.7.2012 – VII R 29/11, BStBl. II 2013, 36 = ZIP 2012, 2217 = NZI 2012, 1022 (ausdr. Aufgabe der früheren Rechtsprechung des VII. Senats); vgl. auch BFH v. 1.3.2016 – XI R 9/15, NV, MwStR 2016, 724; v. 1.3.2016 – XI R 21/14, DStR 2016, 1469; FG Münster v. 4.7.2019 – 5 K 2458/16 U, juris.
3 Zum früheren Meinungsstand vgl. aber die Erstauflage unter Rz. 4.328 ff.

zwischen Masseverbindlichkeiten und Insolvenzforderungen danach bestimmt, ob der den Umsatzsteueranspruch begründende Tatbestand nach den steuerrechtlichen Vorschriften bereits vor oder erst nach Insolvenzeröffnung „vollständig verwirklicht und damit abgeschlossen" ist; nicht maßgeblich ist lediglich der Zeitpunkt der Steuerentstehung nach § 13 UStG. ... Es liegt daher keine unterschiedliche oder widersprüchliche Rechtsprechung des *BFH* vor, die ernstliche Zweifel an der Rechtmäßigkeit des angefochtenen Umsatzsteuer-Vorauszahlungsbescheids begründen könnte."[1]

2. Istbesteuerung

Bei der **Berechnung nach vereinnahmten Entgelten** („Istbesteuerung") entsteht die Steuer nach § 13 Abs. 1 Ziff. 1 Buchst. b UStG für Lieferungen und sonstige Leistungen mit Ablauf des Voranmeldungszeitraums, in dem das Entgelt vereinnahmt wird. Dieser Zeitpunkt liegt in Fall 2 (Rz. 4.352) nach Insolvenzeröffnung. Daher hat der V. Senat des BFH in seinem Grundsatzurteil vom 29.1.2009[2] (V R 64/07) entschieden, dass es für die Abgrenzung von Insolvenzforderungen und Masseverbindlichkeiten auf die Vereinnahmung des Entgelts ankommt, weil nach seiner damaligen wie heutigen (damals aber von der Rechtsprechung des VII. Senats abweichenden Auffassung) die vollständige Verwirklichung aller für die Entstehung der Steuer relevanten Tatbestände vor Insolvenzeröffnung erfüllt worden sein müssen, um die Umsatzsteuerforderung den Insolvenzforderungen zuzuordnen. Zwingend erforderliches Merkmal für die Steuerentstehung ist bei der Istbesteuerung (§ 13 Abs. 1 Ziff. 1 Buchst. b UStG) aber die Vereinnahmung des Entgelts; die Leistungserbringung allein reicht nicht. Somit entsteht eine Masseverbindlichkeit gem. § 55 Abs. 1 InsO, wenn der Insolvenzverwalter in Fällen der Istbesteuerung nach Eröffnung des Insolvenzverfahrens das Entgelt für eine Leistung, die der Insolvenzschuldner vor Insolvenzeröffnung bereits erbracht hat, vereinnahmt.

4.329

3. Sollbesteuerung

Von **zentraler Bedeutung für die Einordnung von Umsatzsteuerforderungen zu den Insolvenzforderungen oder den Masseverbindlichkeiten** ist neben der Theorie der vollständigen Tatbestandsverwirklichung (s. dazu Rz. 4.328) die „Berichtigungsrechtsprechung" des V. Senats des BFH,[3] nach der in Fällen der Sollbesteuerung im Ergebnis die gleiche Einordnung der Umsatzsteuerforderung entsteht, wie es in Fällen der Istbesteuerung der Fall ist. Diese **Berichtigungsrechtsprechung** geht im Kern dahin, dass mit Insolvenzeröffnung ein neuer Unternehmensteil entstehen soll, der für umsatzsteuerliche Zwecke von dem vorinsolvenzlichen Unternehmensteil

4.330

---

1 BFH v. 11.7.2013 – XI B 41/13, ZIP 2013, 1680 = NZI 2013, 992.
2 BFH v. 29.1.2009 – V R 64/07, BStBl. II 2009, 682 = ZIP 2009, 977 = ZInsO 2009, 920; vgl. auch BFH v. 1.3.2016 – XI R 21/14, DStR 2016, 1469; v. 1.3.2016 – XI R 9/15, NV, MwStR 2016, 724; v. 6.9.2016 – V B 52/16, NZI 2017, 40.
3 BFH v. 9.12.2010 – V R 22/10, BStBl. II 2011, 996 = ZIP 2011, 782 = ZInsO 2011, 823; lesenswert dazu *Krüger*, ZInsO 2013, 2200; vgl. auch BFH v. 27.9.2018 – V R 45/16, DStR 2018, 2377.

verschieden ist.[1] Inzwischen hat der V. Senat des BFH diese Berichtigungsrechtsprechung **auf die Anordnung der vorläufigen schwachen Insolvenzverwaltung** erstreckt.[2] Das gilt im vorläufigen Insolvenzverfahren jedenfalls dann, wenn das Insolvenzgericht anordnet, dass der vorläufige Insolvenzverwalter berechtigt ist, Bankguthaben und sonstige Forderungen des Insolvenzschuldners einzuziehen sowie eingehende Gelder entgegenzunehmen und es zudem den Drittschuldnern verbietet an den Insolvenzschuldner zu zahlen – wie üblich. Nach dieser Berichtigungsrechtsprechung gilt im Wesentlichen folgendes:

Nach § 13 Abs. 1 Ziff. 1 Buchst. a UStG entsteht die Umsatzsteuer bei der Berechnung nach vereinbarten Entgelten (Sollbesteuerung, § 16 Abs. 1 Satz 1 UStG) mit **Ablauf des Voranmeldungszeitraums, in dem die Leistungen ausgeführt worden sind**.

Durch sein Grundsatzurteil vom 9.12.2010[3] (V R 22/10) hat der V. Senat eine Konstruktion geschaffen, die derzeit das gesamte Insolvenz-Umsatzsteuerrecht determiniert. Diese Konstruktion, die sogleich näher ausgeführt werden wird, ist nicht nur einfachgesetzlich mindestens kühn, sondern sie begegnet m.E. **durchgreifenden verfassungsrechtlichen und europarechtlichen Bedenken**. Letztere spielen in der Rechtsanwendungspraxis aber so lange keine flächendeckende Rolle, bis sie nicht Widerhall in gerichtlichen Entscheidungen gefunden haben. Gleichwohl sollen sie hier angesprochen werden, um in der weiteren Diskussion und Rechtsentwicklung ihrer großen Bedeutung entsprechend angemessen Berücksichtigung zu finden.

4. Dogmatischer Hintergrund: Uneinbringlichkeit der Aktivforderungen

4.331 Die angesprochene Konstruktion ist die folgende:

Im Fall der Sollbesteuerung beruht die Masseverbindlichkeit auf § 55 Abs. 1 Ziff. 1 InsO i.V.m. § 17 Abs. 2 Ziff. 1 Satz 2 UStG.

Ändert sich die Bemessungsgrundlage für einen steuerpflichtigen Umsatz, hat der Unternehmer, der diesen Umsatz ausgeführt hat, nach § 17 Abs. 1 Satz 1 UStG den dafür geschuldeten Steuerbetrag zu berichtigen. Diese Vorschrift gilt gem. § 17 Abs. 2 Ziff. 1 UStG sinngemäß, wenn das vereinbarte Entgelt für eine steuerpflichtige Leistung uneinbringlich geworden ist. Wird das Entgelt nachträglich vereinnahmt, sind Steuerbetrag und Vorsteuerabzug erneut zu berichtigen. Uneinbringlichkeit setzt nach ständiger BFH-Rechtsprechung voraus, dass der Anspruch auf Entrichtung des Entgelts nicht erfüllt wird und bei objektiver Betrachtung damit zu rechnen ist, dass der Leistende die Entgeltforderung (ganz oder teilweise) jedenfalls auf absehbare Zeit rechtlich oder tatsächlich nicht durchsetzen kann.[4] Zumindest im Sonderfall der Er-

---
1 BFH v. 9.12.2010 – V R 22/10, BStBl. II 2011, 996 = ZIP 2011, 782 = ZInsO 2011, 823; vgl. auch BFH v. 1.3.2016 – XI R 9/15, NV, MwStR 2016, 724.
2 BFH v. 24.9.2014 – V R 48/13, ZIP 2014, 2451 = ZInsO 2014, 2589; vgl. auch BFH v. 1.3.2016 – XI R 9/15, NV, MwStR 2016, 724.
3 BFH v. 9.12.2010 – V R 22/10, BStBl. II 2011, 996 = ZIP 2011, 782 = ZInsO 2011, 823.
4 Z.B. BFH v. 20.7.2006 – V R 13/04, BStBl. II 2007, 22 = BFHE 214, 471 = DStR 2006, 1699, Leitsatz 1; v. 13.2.2019 – XI R 19/16, NV, MwStR 2019, 790.

öffnung des Insolvenzverfahrens kann sich die fehlende Durchsetzbarkeit für den Leistenden aus Umständen ergeben, die in seiner Person oder in der Person des Leistungsempfängers begründet sind. Wird über das **Vermögen eines Unternehmers das Insolvenzverfahren eröffnet**, tritt daher hinsichtlich der noch **nicht entrichteten Leistungsentgelte Uneinbringlichkeit** ein. Unerheblich ist, ob es sich um ein Entgelt für eine vom Unternehmer bezogene oder erbrachte Leistung handelt: Hat der Unternehmer, über dessen Vermögen das Insolvenzverfahren eröffnet wird, eine Leistung vor Verfahrenseröffnung bezogen und das hierfür geschuldete Entgelt bis zu diesem Zeitpunkt nicht entrichtet, wird die der Umsatzsteuer unterliegende Entgeltforderung gegen ihn als Leistungsempfänger spätestens mit Verfahrenseröffnung unbeschadet einer möglichen Insolvenzquote in voller Höhe uneinbringlich; bei einer nachträglichen Zahlung auf das uneinbringlich gewordene Entgelt ist der Umsatzsteuerbetrag nach § 17 Abs. 2 Ziff. 1 Satz 2 UStG erneut zu berichtigen.[1] Maßgeblich ist hierfür, dass Entgeltforderungen gegen den Unternehmer mit der Eröffnung des Insolvenzverfahrens über sein Vermögen von Rechts wegen gegen ihn persönlich als Insolvenzschuldner nicht durchsetzbar sind, sondern nur zur Tabelle nach § 174 ff. InsO angemeldet werden können. Ohne Bedeutung ist dabei, ob den Vermögensansprüchen gegen den Leistungsempfänger, den Insolvenzschuldner, bei Eröffnung des Insolvenzverfahrens noch ein wirtschaftlicher Wert zukommt, so dass Uneinbringlichkeit selbst dann in vollem Umfang eintritt, wenn mit einer quotalen Befriedigung der Insolvenzforderungen zu rechnen ist.[2] Erbringt der Unternehmer, über dessen Vermögen das Insolvenzverfahren eröffnet wird, eine Leistung vor Verfahrenseröffnung, ohne das hierfür geschuldete Entgelt bis zu diesem Zeitpunkt zu vereinnahmen, tritt gleichfalls mit Eröffnung des Insolvenzverfahrens Uneinbringlichkeit ein. Der Grundsatz der Unternehmenseinheit hindert nicht die Trennung in mehrere Unternehmensteile nach Eröffnung des Insolvenzverfahrens (das allerdings ist hochproblematisch und findet im europäischen Mehrwertsteuerrecht keine Stütze). Zwar gilt auch nach Eröffnung des Insolvenzverfahrens der **Grundsatz der Unternehmenseinheit** (§ 2 Abs. 1 Satz 2 UStG), das Unternehmen besteht jedoch nach Verfahrenseröffnung aus mehreren Unternehmensteilen, zwischen denen einzelne umsatzsteuerrechtliche Berechtigungen und Verpflichtungen nach Auffassung des V. Senats des BFH nicht miteinander verrechnet werden können (obwohl im allgemeinen im Umsatzsteuerrecht der Grundsatz gilt, dass auch verschiedene Unternehmensteile nicht dazu führen, dass Verrechnungen über die Grenzen dieser Teile hinweg verhindert wären, da ein Unternehmer gem. § 2 Abs. 1 Satz 2 UStG stets nur ein umsatzsteuerlich relevantes Unternehmen betreiben kann)[3]. Durch die Eröffnung des Insolvenzverfahrens über das Vermögen des leistenden Unternehmers kommt es nach Auffassung des V. Senats des BFH zu einer **Aufspaltung des Unternehmens in mehrere Unternehmensteile**, bei denen es sich z.B. um die Insolvenzmasse und das vom Insolvenzverwalter freigegebene Vermögen handeln kann. Die bei Verfahrenseröffnung noch nicht vereinnahmten Entgelte aus vor Verfahrenseröffnung erbrach-

---

[1] Z.B. BFH v. 20.7.2006 – V R 13/04, BStBl. II 2007, 22 = BFHE 214, 471 = DStR 2006, 1699, Leitsatz 1; v. 13.2.2019 – XI R 19/16, NV, MwStR 2019, 790.
[2] BFH v. 13.11.1986 – V R 59/79, BStBl. II 1987, 226 = ZIP 1987, 119 = BFHE 148, 346.
[3] Ausführlich dazu *Nieskens*, BB 2015, 1303 ff.

ten Leistungen sollen im vorinsolvenzrechtlichen Unternehmensteil aus Rechtsgründen uneinbringlich werden, da der Entgeltanspruch ab der Eröffnung des Insolvenzverfahrens nicht mehr durch diesen Unternehmensteil vereinnahmt werden kann. Der Unternehmer ist somit aus rechtlichen Gründen nicht mehr in der Lage, rechtswirksam Entgeltforderungen in seinem vorinsolvenzrechtlichen Unternehmensteil selbst zu vereinnahmen, da diese in die Insolvenzmasse zu leisten sind.

Wird demnach die Entgeltforderung für vor Verfahrenseröffnung erbrachte Leistungen mit der Eröffnung des Insolvenzverfahrens uneinbringlich, begründet die spätere Entgeltvereinnahmung durch den Insolvenzverwalter eine **erneute Berichtigung** nach § 17 Abs. 2 Ziff. 1 Satz 2 UStG. Diese Berichtigung ist nach § 17 Abs. 2 i.V.m. Abs. 1 Satz 7 UStG erst im Zeitpunkt der Vereinnahmung vorzunehmen. Die erste Steuerberichtigung aufgrund der Uneinbringlichkeit im vorinsolvenzrechtlichen Unternehmensteil und die zweite Steuerberichtigung aufgrund der Vereinnahmung führen somit zu einer zutreffenden Besteuerung des Gesamtunternehmens.

5. Verfassungswidrigkeit der richterrechtlich geschaffenen Bevorrechtigung des Fiskus

4.332 Die Annahme der Uneinbringlichkeit von Forderungen des Insolvenzschuldners im Zeitpunkt der Insolvenzeröffnung gemäß der Entscheidung des V. Senats des BFH vom 9.12.2010[1] (V R 22/10) ist jedoch m.E. verfassungswidrig und darf deswegen nicht angewendet werden.[2]

Diese rechtsschöpferische Schaffung einer Zäsur innerhalb des Steuerschuldverhältnisses bewirkt nämlich auf zweierlei Weise **eine durch den Gesetzgeber nicht legitimierte Privilegierung des Fiskus gegenüber privaten Gläubigern**. Eine derartige Privilegierung des Fiskus greift damit in die Rechte der übrigen Gläubiger gem. **Art. 14 Abs. 1 GG** und damit auch in den **den anderen Gläubigern zuteilwerdenden Gleichbehandlungsgrundsatz des Art. 3 Abs. 1 GG ein**. Der Fiskus ist, wenn er im Gesamtvollstreckungsverfahren Insolvenzverfahren Forderungen durchsetzt, kein anderer Gläubiger, als andere Gläubiger auch und für ihn gelten in Ermangelung besonderer gesetzlich legitimierter Eingriffsnormen die gleichen Befriedigungsregeln, wie es auch für alle anderen Insolvenzgläubiger der Fall ist.

Maßgeblich sind insoweit zwei grundlegende Entscheidungen des BVerfG:

Das BVerfG hatte in seiner Entscheidung vom 5.11.1982[3] (1 BvR 796/81) zunächst darüber zu entscheiden, ob in der Konkursordnung gesetzlich geregelte Rangvorrechte der Sozialversicherung mit der Verfassung vereinbar seien, insbesondere mit Art. 3 Abs. 1, Art. 14 Abs. 1 Satz 1 und Art. 20 Abs. 1 GG. Maßgeblich war, dass es verfassungsrechtlich nicht zu beanstanden ist, wenn der Gesetzgeber bestimmte Gläubigerforderungen im Rahmen des Gesamtvollstreckungsverfahrens Insolvenzverfahren gegenüber anderen privilegiert. Solange der Gesetzgeber diese Privilegie-

---
1 BFH v. 9.12.2010 – V R 22/10, BStBl. II 2011, 996 = ZIP 2011, 782 = ZInsO 2011, 823.
2 In diese Richtung auch *Krüger*, ZInsO 2013, 2200 (2203).
3 BVerfG v. 5.11.1982 – 1 BvR 796/81, ZIP 1982, 1457.

rungen im Rahmen des Vollstreckungsverfahrens ausdrücklich und klar vornimmt, greift er damit in die ansonsten gleich zu behandelnden Rechte der übrigen Gläubiger ein, was seinem Gestaltungsspielraum überantwortet ist. Das BVerfG hat daher dort geurteilt, dass diese durch den Gesetzgeber geregelte Privilegierung die Grenzen einer zulässigen Inhaltsbestimmung des Eigentums nach Art. 14 Abs. 1 Satz 2 GG nicht überschreite, insbesondere auch sachlich gerechtfertigt sei.

Das BVerfG hat dann allerdings kurze Zeit später die Frage zu beantworten gehabt, ob ein **Rangvorrecht**, das nicht ausdrücklich gesetzlich geregelt ist, **durch richterrechtliche Rechtsfortbildung geschaffen werden darf**. Das BVerfG hat eine solche richterrechtliche Rechtsfortbildung als **Verstoß gegen das Rechtsstaatsprinzip und damit verfassungswidrig beurteilt**.[1] Wie dort die Regelung in § 61 KO die gesetzlich legitimierten Bevorrechtigungen statuiert hat, statuiert heute die Insolvenzordnung ein geschlossenes System an durch den Gesetzgeber legitimierten Bevorrechtigungen zu Lasten anderer Gläubiger. Eine Privilegierung des Fiskus ist dort nicht zu finden.

Eine **solche Privilegierung wird allerdings richterrechtlich durch die Entscheidung des V. Senates (V R 22/10) geschaffen.**

Dies geschieht auf zweierlei Weise:

Erstens werden Umsatzsteueransprüche des Fiskus für den Fall der Sollversteuerung von Insolvenzforderungen in den Rang von Masseverbindlichkeiten erhoben, wenn die Vereinnahmung des Entgeltes durch den Insolvenzverwalter nach Insolvenzeröffnung erfolgt.[2] Niemand wird leugnen wollen, dass bei der Sollversteuerung die entsprechenden Umsatzsteueransprüche der Finanzverwaltung steuerrechtlich bereits vor Insolvenzeröffnung entstanden waren, wenn dort die Lieferungen ausgeführt und ggf. sogar Rechnungen erteilt worden sind. Damit haben im Zeitpunkt der Insolvenzeröffnung die entsprechenden Umsatzsteueransprüche der Finanzverwaltung bestanden. Genau wie die Zahlungsansprüche jedes anderen Gläubigers sind sie damit Insolvenzforderungen im Rang von § 38 InsO. Bei der Sollbesteuerung entstehen steuerrechtliche Ansprüche aber nicht mehrfach, sondern sie entstehen einmal. Im Zusammenhang mit der Beurteilung einer Gleichbehandlung oder Ungleichbehandlung mit anderen Ansprüchen anderer Gläubiger muss es auf diesen Entstehungszeitpunkt ankommen. Ein anderer Gläubiger kann auch nicht seine Forderung dadurch von einer Insolvenzforderung in eine Masseverbindlichkeit umqualifizieren, dass er auf eine Insolvenzforderung verzichtet und sie sodann später wieder erhebt. Die Konstruktion des Uneinbringlichwerdens solcher Forderungen durch den allein für Zwecke der Schaffung eines Rangvorrechtes fiktiv gebildeten „vorinsolvenzlichen Unternehmensteil" ist **schon mit dem Wortlaut des § 17 Abs. 2 UStG nicht vereinbar**, weil diese Forderungen eben nicht uneinbringlich werden, nur weil das Insolvenzverfahren über das Vermögen des Schuldners eröffnet wird. **Die Grenze des Wortlautes der Norm ist damit übertreten.** Uneinbringlich ist eine Forderung dann, wenn sie nicht mehr eingetrieben werden kann, d.h. vom Schuldner **nicht**

---

[1] BVerfG v. 19.10.1983 – 2 BvR 485/80 und 2 BvR 486/80, BVerfGE 65, 182 = ZIP 1984, 539.
[2] Ebenso *Krüger*, ZInsO 2013, 2200 (2203).

mehr bezahlt wird. Ist aber die Grenze der Wortbedeutung übertreten, dann liegt **methodisch eine Analogiebildung** vor. Diese Analogiebildung dient erkennbar nur diesem einen Zweck, die Insolvenzforderungen in den Rang von Masseverbindlichkeiten umzuzonen.

Colorandi causa sei erwähnt, dass eine Privilegierung des Fiskus zumindest in Ansehung der Umsatzsteuer auch offen ausgesprochen die Zielsetzung dieser Rechtsprechung ist. Dem liegt der – nachvollziehbare – Gedanke zugrunde, dass die Umsatzsteuer für den Unternehmer und damit auch für den Insolvenzschuldner lediglich durchlaufender Posten sein darf. Der Unternehmer, der Steuervereinnahmer für den Fiskus ist, soll die von ihm vereinnahmte Umsatzsteuer nicht zugunsten der Gesamthaftungsmasse vereinnahmen können, sondern soll den Umsatzsteuerbetrag dem Fiskus zuführen. Dies drückt der V. Senat in seiner Entscheidung deutlich aus, es ist aber auch durch die VorsRiBFH *Schuster* ausdrücklich literarisch ausgeführt.[1] Der Gedanke ist sicherlich im Ansatz und für die große Vielzahl aller Fälle richtig, aber eben nicht in der Insolvenz. Für den Bereich der **Umsatzsteuer gibt es nämlich weder** ein durch den Gesetzgeber **legitimiertes Rangvorrecht**, noch gibt es ein **Aussonderungsrecht** oder sonst eine Sicherung für als Insolvenzforderungen ausfallende Umsatzsteueransprüche, auch dann, wenn die Umsatzsteuer nach Insolvenzeröffnung zufließt. Was hier teleologisch durch den BFH gewollt ist, ist, die zur Masse fließenden **Umsatzsteuerbeträge quasi dinglich zu separieren** und zu Lasten der Gesamtgläubigerschaft dem Fiskus (wie etwa, wenn ein Aussonderungsrecht bestünde) zuzuweisen. Da es aber eine Norm, die eine dingliche Separation des zur Masse fließenden Umsatzsteuerbetrages bewirken könnte, nicht gibt und deren Konstruktion noch offensichtlicher verfassungswidrig wäre, wird hier über diesen Kunstgriff versucht, der mit dem Wortlaut des § 17 Abs. 2 UStG nicht vereinbar ist, dieses Ergebnis auf der Ebene Insolvenzforderung/Masseverbindlichkeiten herbeizuführen. Es ist aber nun einmal dem **Wesen der Umsatzsteuer immanent, dass Umsatzsteuerbeträge in das Vermögen des Unternehmers fließen, dort dem Bonitätsrisiko des Unternehmers ausgesetzt sind und erst dann – mitunter zeitlich verspätet – an den Fiskus abgeführt werden**. Dass dies auch **europarechtlich** gar nicht anders machbar ist (dazu s. unten Rz. 4.334), müssen deutsche Gerichte auch zur Kenntnis nehmen.

Die mit dieser Intention einer gesetzlich nicht geschriebenen Rangbevorrechtigung des Fiskus vorgenommene, mit dem Wortlaut nicht mehr zu vereinbarende faktische Umzonung von Insolvenzforderungen in Masseverbindlichkeiten ist deswegen als richterrechtliches Rangvorrecht mit dem Rechtsstaatsprinzip nicht vereinbar, verstößt gegen den Gleichheitssatz gem. Art. **3 Abs. 1 GG** und ist somit verfassungswidrig.

4.333 Diese Rechtsprechung führt auch **auf eine zweite Weise** zu einer entsprechenden, deswegen ebenfalls verfassungswidrigen Rangbevorrechtigung des Fiskus. In Fällen wie dem hier zu entscheidenden Streitfall soll sie nämlich erreichen, dass ein nach Insolvenzeröffnung entstehender Erstattungsanspruch nicht zur Masse fließen muss,

---

1 *Schuster*, DStR 2013, 1509.

sondern als Aufrechnungssubstrat für vorinsolvenzliche Steuerforderungen fruchtbar gemacht werden kann. Dafür gilt das Gleiche, wie eben ausgeführt: Es ist eine richterrechtliche Privilegierung des Fiskus, die wegen des Verstoßes gegen das Rechtsstaatsprinzip und den Gleichbehandlungsgrundsatz verfassungswidrig ist. Wenn irgendein anderer **privater Gläubiger** nach Insolvenzeröffnung etwas zur Insolvenzmasse schuldig wird, also der Insolvenzmasse gegen ihn ein Erstattungs- oder Zahlungsanspruch erwächst, dann kann er diesen selbstverständlich **wegen § 96 Abs. 1 Ziff. 1 InsO nicht mit Insolvenzforderungen aufrechnen**. Das ist nach dem Willen des Gesetzgebers auch für Steuerforderungen so. Nur durch die mit dem Wortlaut nicht mehr vereinbare Überdehnung des Tatbestandsmerkmals der „Uneinbringlichkeit" und somit Annahme einer Uneinbringlichkeit im Zeitpunkt der Insolvenzeröffnung soll jedwedes Berichtigungspotential, das zu einer nach Insolvenzeröffnung liegenden Erstattung führen könnte, abgeschnitten und auf die Zeit vor Eröffnung des Insolvenzverfahrens vorverlagert werden. Nur dadurch kann für den Fiskus das Privileg gegenüber anderen Gläubigern geschaffen werden, gegen Zahlungsansprüche der Masse aufrechnen zu können, die aus vor Insolvenzeröffnung liegenden, später rechtsgrundlos werdenden Zahlungen resultieren. Ein zivilrechtlicher Gläubiger, der vor Insolvenzeröffnung durch den Schuldner eine Zahlung erhalten hat, könnte gegen einen Rückzahlungsanspruch des Schuldners dann nämlich nicht aufrechnen, wenn nach Insolvenzeröffnung der Rechtsgrund für die vor Insolvenzeröffnung geleistete Zahlung wegfällt, so dass nach Insolvenzeröffnung ein Bereicherungsanspruch gem. § 812 BGB entsteht. Dieser zivilrechtliche Gläubiger könnte sich dann auch nicht darauf berufen, dass der Rückzahlungsanspruch bereits vor Insolvenzeröffnung, d.h. im ursprünglichen Zahlungszeitpunkt „angelegt" worden sei und er könnte sich freilich auch nicht darauf berufen, dass der Rückzahlungsanspruch doch in der logischen Sekunde vor Insolvenzeröffnung entstanden sei, weil dieser vorinsolvenzliche Unternehmer, mit dem er kontrahiert hat, nach Insolvenzeröffnung eben nicht mehr existiert. So aber argumentiert der V. Senat des BFH, um die entsprechende Privilegierung für Steuerforderungen herbeizuführen.

6. Europarechtswidrigkeit der Annahme von Uneinbringlichkeit im Zeitpunkt der Insolvenzeröffnung

Im Übrigen ist die Aufspaltung des einheitlichen Unternehmens des Insolvenzschuldners in einen vorinsolvenzlichen und einen nachinsolvenzlichen Unternehmensteil europarechtlich nicht haltbar.[1] Unter welchen Voraussetzungen eine Berichtigung durchzuführen ist, ergibt sich aus Art. 90 Mehrwertsteuer-Systemrichtlinie.

4.334

Der Fall einer Insolvenzeröffnung ist dort nicht genannt. **Europarechtlich zwingend** ist allerdings, dass es umsatzsteuerrechtlich nur **ein Unternehmen** geben kann, nicht mehrere und dass das Unternehmen, das Steuerschuldner ist, auch das Unternehmen ist, das Ansprüche, die sich aus einer Berichtigung ergeben, geltend machen kann und muss und dass dieses Unternehmen auch Vorsteuererstattungsansprüche hat. **Europarechtlich ist hier kein Raum für eine Zäsur**, die sich aus nationalem Voll-

---
[1] So auch *Krüger*, ZInsO 2013, 2200 (2203).

streckungsrecht wie dem Insolvenzrecht ergibt. Für die Annahme umsatzsteuerrechtlich selbständiger Unternehmensteile gibt es im europäischen Mehrwertsteuerrecht keinerlei Rückhalt.

Der V. Senat des BFH[1] hat zu den unionsrechtlichen Bedenken gegen seine Berichtigungsrechtsprechung Stellung bezogen. Er hat dazu ausgeführt:

„*Nach Art. 90 Abs. 1 MwStSystRL ist die Steuerbemessungsgrundlage insbesondere im Fall der vollständigen oder teilweisen Nichtbezahlung unter den von den Mitgliedstaaten festgelegten Bedingungen zu vermindern. Die Bestimmung ist ohne inhaltliche Änderung an die Stelle von Art. 11 Teil C Abs. 1 Unterabs. 1 der Richtlinie des Rates vom 17.5.1977 zur Harmonisierung der Rechtsvorschriften der Mitgliedstaaten über die Umsatzsteuern 77/388/EWG getreten. Nach der hierzu ergangenen Rechtsprechung des EuGH lässt die Regelung einen „Gestaltungsspielraum bei der Festlegung der Maßnahmen zur Bestimmung des Betrags der Minderung" (EuGH v. 3.9.2014 – Rs. C-589/12, GMAC, DStR 2014, 1921, Rz. 32). Ohne dass es insoweit einer eigenständigen Regelung für den Insolvenzfall bedarf, gehört zu den Bedingungen i.S.v. Art. 90 Abs. 1 MwStSystRL auch § 17 Abs. 2 Nr. 1 UStG und die Anwendung dieser Vorschrift im Insolvenzeröffnungsverfahren unter Berücksichtigung der für den vorläufigen Insolvenzverwalter bestehenden Befugnisse. Zudem sind die Mitgliedstaaten nach Art. 273 MwStSystRL berechtigt, weitere Pflichten vorzusehen, um eine genaue Erhebung der Steuer und damit die zutreffende Berechnung der Mehrwertsteuer-Eigenmittel der EU nach Art. 3 der Verordnung (EWG) Nr. 1553/89 vom 29.5.1989 über die endgültige einheitliche Regelung für die Erhebung der Mehrwertsteuereigenmittel (ABl. EG Nr. L 155 v. 7.6.1989, 9) auch in Insolvenzfällen sicherzustellen.*"

Diese **Ausführungen entkräften allerdings** die **unionsrechtlichen Angriffe gegen die Berichtigungsrechtsprechung des V. Senats des BFH nicht:** Schon der durch den V. Senat des BFH zitierte Wortlaut des Art. 90 Abs. 1 Mehrwertsteuer-Systemrichtlinie, der ein „vollständiges oder teilweises Nichtbezahlen" voraussetzt, steht dieser Rechtsprechung entgegen. Es kann **mit dem Wortlaut nicht vereinbart werden**, diesem Tatbestand als erfüllt anzusehen, wenn einer Rechnung einen Tag vor Insolvenzeröffnung gestellt worden ist und einen Tag nach Insolvenzeröffnung gezahlt wird. Selbst wenn man aber diesem Tatbestand als erfüllt ansehen wollte, käme man dennoch nicht zu dem Ergebnis, dass es für die Berichtigungsrechtsprechung unionsrechtlichen Rückhalt gibt. Dem BFH ist noch darin zuzustimmen, dass nach der Rechtsprechung des EuGH einen Gestaltungsspielraum bei der Festlegung der Maßnahmen zur Bestimmung des Minderungsbetrages hinsichtlich der Bemessungsgrundlage für die Umsatzsteuerberechnung einräumt. Es geht hier allerdings offenkundig nicht um die Ausnutzung eines Gestaltungsspielraumes bei der Festlegung der Höhe des Minderungsbetrages, sondern es geht darum, ob die tatbestandlichen Voraussetzungen für die Eröffnung eines Gestaltungsspielraumes gegeben sind oder nicht. Insoweit lässt das **Unionsrecht keinen Gestaltungsspielraum** zu. Schon gar nicht besteht etwa ein Gestaltungsspielraum dahingehend, gegen den Wortlaut des Art. 90 Abs. 1 Mehrwertsteuer-Systemrichtlinie **Fallkonstellationen** auf nationaler Ebene einzuführen, in denen die **unionsrechtlich gebotene Unternehmenseinheit durchbrochen** und ein nach außen offenkundig einheitliches Unternehmen in mehrere – mehrwertsteuerrechtlich relevant getrennte – Unternehmensteile zerlegt werden können soll. Dass eine solche

---

[1] BFH v. 24.9.2014 – V R 48/13.

Zerlegung eines einheitlichen Unternehmens entgegen jeder unionsrechtlicher Grundlage in mehrere mehrwertsteuerrechtlich getrennt zu betrachtende Unternehmensteile dadurch möglich sein soll, dass „Gestaltungsspielräume bei der Bestimmung der Höhe von Minderungsbeträgen hinsichtlich der Berichtigung von Bemessungsgrundlagen" eingeräumt sind, ist nicht nachvollziehbar.

Auch das FG Berlin-Brandenburg hat dem V. Senat des BFH mit ähnlicher Begründung widersprochen.[1]

Ergänzend hat der BFH weiter Stellung zu der geäußerten Kritik genommen.[2]

Schließlich ist es europarechtlich zwingend, dass die Umsatzsteuer **ohne Sicherheit** für den Fiskus durch den leistenden Unternehmer vereinnahmt wird. Ausnahmen von diesem tragenden Prinzip sind unionsrechtlich (von Fällen des hier nicht vorliegenden Wechsels der Steuerschuldnerschaft abgesehen) nicht vorgesehen, also unionsrechtswidrig. Einer solchen Besicherung kommt die mit dem Wortlaut nicht zu vereinbarende Konstruktion zum Zweck der Herstellung einer Masseverbindlichkeit aber gleich. Das **Reverse-Charge-Verfahren ist für Insolvenzverfahren nicht statthaft**.

7. Auffassung der Finanzverwaltung, zeitliche Anwendung der Rechtsprechung

Die Finanzverwaltung hat ihre Auffassung im BMF-Schreiben vom 9.12.2011 dargelegt. Sie übernimmt darin die durch den BFH aufgestellten Grundsätze. Besondere Bedeutung hat das BMF-Schreiben allerdings für den zeitlichen Anwendungsbereich: Die Grundsätze des BMF-Schreibens sind ausdrücklich (nur) auf alle Insolvenzverfahren anzuwenden, die nach dem 31.12.2011 eröffnet wurden. Damit dürfte sich die **Finanzverwaltung dahingehend selbst gebunden haben**, dass diese Grundsätze für vorher eröffnete Insolvenzverfahren nicht zur Anwendung gelangen. **Für davor eröffnete Insolvenzverfahren sind die Finanzbehörden jedenfalls angewiesen, die frühere Rechtslage weiter anzuwenden.**   4.335

Die gleichen Grundsätze gelten auch für **Teilleistungen**. Teilleistungen liegen vor, wenn für bestimmte Teile einer wirtschaftlich teilbaren Leistung das Entgelt gesondert vereinbart wird. Soweit Teilleistungen vor Insolvenzeröffnung erbracht wurden, ist der auf diese Teilleistungen entfallende Teil der Umsatzsteuer Insolvenzforderung. Allein die Tatsache, dass der spätere Insolvenzschuldner bis zur Verfahrenseröffnung nur teilweise geleistet hat, rechtfertigt allerdings noch nicht die Annahme einer für die umsatzsteuerrechtliche Beurteilung als Teilleistung i.S.d. § 13 Abs. 1 Ziff. 1 Buchst. a Satz 3 UStG notwendige Entgeltvereinbarung für bestimmte Teile einer wirtschaftlich teilbaren Leistung.[3] Wird das Entgelt oder ein Teil des Entgelts   4.336

---

[1] FG Berlin-Bdb. v. 2.4.2014 – 7 K 7337/12, EFG 2014, 1427 – Rev. XI R 21/14 – aufgehoben durch BFH v. 1.3.2016 – XI R 21/14, DStR 2016, 1469; Bestätigung der BFH-Rechtsprechung durch BFH v. 6.9.2016 – V B 52/16, NZI 2017, 40.
[2] BFH v. 6.9.2016 – V B 52/16.
[3] BFH v. 30.4.2009 – V R 1/06, BStBl. II 2010, 138 = ZIP 2009, 1677; abl. *Fölsing*, NZI 2009, 794.

vereinnahmt, bevor die Leistung oder die Teilleistung ausgeführt worden ist, so entsteht die Steuer mit Ablauf des Voranmeldungszeitraums, in dem das Entgelt oder das Teilentgelt vereinnahmt worden ist.

4.337 Zu einer **Darstellung der unterschiedlichen möglichen Fallgestaltungen** vergleiche auch untenstehende **Fallübersicht Insolvenzfreies Vermögen**, Rz. 4.339.

4.338 Der BFH hat bereits früh das insolvenzfreie Vermögen des Insolvenzschuldners als eigenen Vermögensbereich anerkannt, in dem Steuertatbestände verwirklicht werden können, die nicht die Insolvenzmasse betreffen.

Zur **Zuordnung** einer Umsatzsteuerschuld bzw. eines Vorsteuerbetrages **zur Insolvenzmasse bzw. dem insolvenzfreien Neuvermögen des Insolvenzschuldners** (Rz. 2.135 ff.) hat der BFH[1] instruktiv ausgeführt:

„*Wird das Unternehmen des Gemeinschuldners zum Teil vom Konkursverwalter im Rahmen des ihm zustehenden Verwaltungs- und Verfügungsrechts und zum Teil vom Unternehmer (Gemeinschuldner) mit Mitteln betrieben, die nicht dem Verwaltungs- und Verfügungsrecht des Konkursverwalters unterliegen, so ist die Umsatzsteuer in zwei getrennten Umsatzsteuerbescheiden festzusetzen, von denen der eine an den Gemeinschuldner persönlich und der andere an den Konkursverwalter zu richten ist. ...*

Die Umsatzsteuer für Umsätze, die im Rahmen des dem Verwaltungs- und Verfügungsrecht des Konkursverwalters unterliegenden Unternehmensteils ausgeführt wurden, sind in dem an den Konkursverwalter zu richtenden Umsatzsteuerbescheid zu erfassen. Die Vorsteuerbeträge aus Leistungsbezügen für diesen Unternehmensteil sind in diesem Bescheid gem. § 16 Abs. 2 Satz 1 UStG abzusetzen. Sind im Rahmen dieses Unternehmensteils keine Umsätze ausgeführt worden und ist auch keine sonstige Steuer gem. § 16 Abs. 1 UStG zu berechnen, führen die Vorsteuerbeträge zu einem Vorsteuerüberschuss, der gegenüber dem Konkursverwalter festzusetzen ist.

Entsprechendes gilt für die Umsatzsteuer, die in dem an den Gemeinschuldner gerichteten Steuerbescheid festzusetzen ist.

Hieraus folgt notwendig, dass die Vorsteuer, die im Bereich der Konkursmasse angefallen ist, nicht gem. § 16 Abs. 2 Satz 1 UStG von der Steuer abgesetzt werden kann, die gem. § 16 Abs. 1 UStG für den konkursfreien Unternehmensteil anzusetzen ist.

Aus dem Grundsatz, dass der Gemeinschuldner umsatzsteuerrechtlich nur ein einziges Unternehmen hat (vgl. oben unter 1.), folgt nichts anderes. Aus ihm ergibt sich lediglich, dass die Summe der gegenüber dem Konkursverwalter und der gegenüber dem Gemeinschuldner festgesetzten Umsatzsteuer die nach den Vorschriften des Umsatzsteuergesetzes entstandene Jahresumsatzsteuer für das gesamte Unternehmen ergeben muss. Die Teilbeträge, die in dem an den Konkursverwalter und an den Gemeinschuldner gerichteten Steuerbescheiden festzusetzen sind, können sich nur danach richten, in welchem Unternehmensteil die einzelnen Steuertatbestände, die zur Jahressteuer führen, verwirklicht worden sind. Deshalb ist es auch möglich, dass in dem einen Steuerbescheid eine negative (Teil-)Umsatzsteuer für den einen Unternehmensteil und in dem anderen Steuerbescheid eine positive (Teil-)Umsatzsteuer für den anderen Unternehmensteil festgesetzt wird."

---

1 BFH v. 28.6.2000 – V R 87/99, BStBl. II 2000, 639 = ZIP 2000, 1778; vgl. auch FG Münster v. 26.1.2017 – 5 K 3730/14 U, DStRE 2018, 668.

Diese Rechtsprechung hat der BFH in der Zwischenzeit konsequent weiterverfolgt und fortentwickelt: 4.339

Bei einer unternehmerischen Tätigkeit des Schuldners nach Eröffnung des Insolvenzverfahrens ist die Umsatzsteuer auf die erbrachten Leistungen **nicht schon deshalb eine Masseverbindlichkeit, weil die Entgelte aus dieser Tätigkeit in die Insolvenzmasse fallen.**[1] Nutzt der Insolvenzschuldner **unberechtigt** einen zur Masse gehörenden Gegenstand für seine nach Insolvenzeröffnung aufgenommene Erwerbstätigkeit, ist die durch sonstige Leistungen des Insolvenzschuldners begründete Umsatzsteuer jedenfalls dann keine Masseverbindlichkeit, wenn die Umsätze im Wesentlichen auf dem Einsatz seiner persönlichen Arbeitskraft und nicht im Wesentlichen auf der Nutzung des Massegegenstandes beruhen.[2]

Hat der Insolvenzverwalter dem Insolvenzschuldner eine **gewerbliche Tätigkeit durch Freigabe aus dem Insolvenzbeschlag** ermöglicht, fällt ein durch diese Tätigkeit erworbener Umsatzsteuervergütungsanspruch nicht in die Insolvenzmasse (und kann vom Finanzamt mit vorinsolvenzlichen Steuerschulden verrechnet werden).[3] Gleichermaßen richten sich Umsatzsteuerforderungen, die aus Umsatzerlösen resultieren, die der Insolvenzschuldner mit seinem freigegebenen Gewerbebetrieb erwirtschaftet hat, gegen das insolvenzfreie Vermögen und nicht gegen die Insolvenzmasse, so dass sie auch nicht gegen den Insolvenzverwalter festgesetzt werden können, sondern gegen den Insolvenzschuldner festzusetzen sind. Dementsprechend ist in der Festsetzung ausdrücklich klarzustellen, dass das insolvenzfreie Vermögen betroffen sein soll.

Vom Insolvenzverwalter **aus der Insolvenzmasse freigegebene Umsatzsteuervergütungsansprüche** des Schuldners unterliegen weder insolvenzrechtlichen Aufrechnungsverboten, noch stehen der Aufrechnung gegen diese Forderungen Pfändungsschutzvorschriften der ZPO entgegen.[4]

Diese sicher richtige Erkenntnis leitet der BFH daraus ab, dass Erstattungsansprüche wegen überzahlter Einkommensteuer nicht Bestandteil des Arbeitseinkommens im Sinne der Pfändungsschutzbestimmungen des § 319 AO i.V.m. §§ 850 ff. ZPO sind und somit für das Finanzamt weder ein Pfändungs- noch ein Aufrechnungsverbot besteht. Der Schluss von Erstattungsansprüchen aus überzahlter Einkommensteuer auf Umsatzsteuervergütungsansprüche ist vor allen Dingen deswegen fern liegend, weil der Anspruch auf Erstattung von Einkommensteuerzahlungen dann zur Insolvenzmasse gehört, wenn der die Erstattungsforderung begründende Sachverhalt vor oder während des Insolvenzverfahrens verwirklicht worden ist.[5] Das gilt also auch für durch den Arbeitgeber des Insolvenzschuldners **abgeführte Lohnsteuerbeträge**, auf deren Grundlage am Ende des Kalenderjahrs Einkommensteuererstattungs-

---

1 BFH v. 8.9.2011 – V R 38/10, BStBl. II 2012, 270 = ZIP 2012, 88 = DStR 2012, 33.
2 BFH v. 8.9.2011 – V R 38/10, BStBl. II 2012, 270 = ZIP 2012, 88 = DStR 2012, 33; vgl. auch FG Köln v. 11.10.2017 – 9 K 3566/14, NZI 2018, 125.
3 BFH v. 1.9.2010 – VII R 35/08, BStBl. II 2011, 336 = ZIP 2010, 2359 = NZI 2011, 35.
4 BFH v. 22.1.2013 – VII S 35/12, BFH/NV 2013, 712.
5 BGH v. 12.1.2006 – IX ZB 239/04, ZIP 2006, 340 = NJW 2006, 1127.

ansprüche entstehen. Entscheidend für die Zuordnung von Umsatzsteuervergütungsansprüchen des Insolvenzschuldners zur Insolvenzmasse oder dem insolvenzfreien Vermögen ist daher vielmehr, ob es tatsächlich eine Freigabe dieser Umsatzsteuervergütungsansprüche durch den Insolvenzverwalter gibt oder nicht.

Dies führt zu der Frage, ob die Freigabe des Geschäftsbetriebes des Insolvenzschuldners gem. § 35 Abs. 2 InsO **ex tunc oder ex nunc** wirkt. Geht man von einer ex tunc Wirkung aus, dann erfasst eine Freigabe des Geschäftsbetriebes auch solche Umsatzsteuervergütungsansprüche, die in dem Geschäftsbetrieb vor der Freigabe entstanden sind. Geht man hingegen von einer ex nunc Wirkung aus, dann gehören Umsatzsteuervergütungsansprüche, die vor der Freigabeerklärung entstanden sind, auch nach der Freigabe des Geschäftsbetriebs zur Insolvenzmasse, wenn der Insolvenzverwalter sie nicht ausnahmsweise zusätzlich ausdrücklich aus der Insolvenzmasse freigegeben haben sollte. **Die Annahme einer ex tunc Wirkung ist jedoch abzulehnen,**[1] weil Gläubiger, die mit dem durch den Insolvenzverwalter verwalteten Vermögen des Insolvenzschuldners kontrahieren, sich darauf verlassen können müssen, dass ihre Forderungen den Rang von Masseverbindlichkeiten einnehmen und nicht rückwirkend diesen Schutz verlieren können. Wenn aber die gegen den Schuldner gerichteten Forderungen für die Zeit bis zur Freigabe den Rang von Masseverbindlichkeiten einnehmen, dann muss bei der Masse auch das bis zur Erklärung der Freigabe generierte Vermögen des Insolvenzschuldners, das aus diesem Geschäftsbetrieb heraus resultiert, bei der Masse bleiben. Somit sind von einer Freigabe des Geschäftsbetriebes auch solche Umsatzsteuervergütungsansprüche nicht erfasst, die aufgrund von Lebenssachverhalten entstanden sind, die vor der Freigabeerklärung des Insolvenzverwalters verwirklicht worden sind.[2]

IV. Besonderheiten der vorläufigen Insolvenz

1. Schwacher vorläufiger Insolvenzverwalter (Zustimmungsvorbehalt)

4.340 Im Zeitraum zwischen Insolvenzantragstellung und Eröffnung des Insolvenzverfahrens besteht in vielen Insolvenzverfahren bereits das Bedürfnis nach einer vorläufigen Sicherung des schuldnerischen Vermögens vor nachteiligen Vermögensabflüssen. In solchen Fällen wird gem. §§ 21, 22 InsO die vorläufige Insolvenzverwaltung angeordnet (Rz. 2.38 ff.). Zu unterscheiden sind zwei Arten der vorläufigen Insolvenzverwaltung: Die sog. schwache Verwaltung, bei der Verfügungen des Schuldners nur mit Zustimmung des vorläufigen Insolvenzverwalters wirksam sind und die sog. starke Verwaltung, bei der dem Schuldner ein allgemeines Verfügungsverbot auferlegt wird und der vorläufige Insolvenzverwalter allein über das Vermögen des Schuldners verfügen kann. Diese Unterscheidung ist auch für Fragen der Umsatzsteuer von großer Bedeutung.

4.341 Wird der vorläufige Insolvenzverwalter **ohne ein allgemeines Verfügungsverbot** und nur mit einem Zustimmungsvorbehalt bestellt, so gelten gem. § 55 Abs. 4 InsO

---

[1] BFH v. 18.12.2019 – XI R 10/19; *Uhlenbruck/Hirte/Praß*, § 35 InsO Rz. 99 m.w.N.
[2] Für eine bloße Wirkung der Freigabeerklärung für die Zukunft tritt auch *Peters*, MünchKomm/InsO, § 35 Rz. 103 ein.

Verbindlichkeiten aus dem Steuerschuldverhältnis, die durch ihn oder vom Schuldner mit Zustimmung dieses vorläufigen Insolvenzverwalters begründet worden sind, als Masseverbindlichkeiten.

Einstweilen frei. 4.342

Der **V. Senat des BFH** hat sich früh **zu der Thematik geäußert**.[1] Der Kern seiner Entscheidung besteht darin, dass die Berichtigungsrechtsprechung (vgl. oben Rz. 4.332 ff.) auf den Zeitpunkt der Anordnung der vorläufigen schwachen Insolvenzverwaltung übertragen wird, da man andernfalls zu einer verfassungsrechtlich nicht zu rechtfertigenden Ungleichbehandlung zwischen Handelsunternehmen und Dienstleistungsunternehmen gelange, weswegen die Norm des § 55 Abs. 4 InsO als verfassungswidrig angesehen werden müsste. Die Problematik unterschiedlicher Ergebnisse bei Handelsunternehmen und Dienstleistungsunternehmen resultiert daraus, dass bei Handelsunternehmen im Insolvenzeröffnungsverfahren Lieferungen des Insolvenzschuldners an seine Kunden sachenrechtlich wirksam nur mit Zustimmung eines vorläufigen schwachen Insolvenzverwalters möglich sind, so dass bei diesen der Wortlaut des § 55 Abs. 4 InsO durchaus dazu führen könnte, dass man Umsatzsteuerverbindlichkeiten, die aus solchen Lieferungen resultieren, nach Insolvenzeröffnung als Masseverbindlichkeiten gelten lässt, während man bei Dienstleistungsunternehmen, bei denen es keine Verfügungen gibt, sondern lediglich sonstige Leistungen, konstatieren müsste, dass diese ohne eine erforderliche Zustimmung eines vorläufigen Insolvenzverwalters erbracht werden könnten, so dass die daraus resultierenden Umsatzsteuerverbindlichkeiten nach Insolvenzeröffnung – jedenfalls dem Wortlaut nach – nicht als Masseverbindlichkeiten gelten könnten. Daraus leitet der V. Senat des BFH ab, dass dies im Hinblick auf eine mögliche Sanierungsfähigkeit eine Schlechterstellung der Handelsunternehmen gegenüber Dienstleistungsunternehmen mit sich bringen würde, weil bei Handelsunternehmen die nach Insolvenzeröffnung zur Verfügung stehende Masse, die letztlich für die Durchführung von Restrukturierungs- und Sanierungsmaßnahmen aufgewendet werden kann, geringer wäre, weil die Masse die Umsatzsteuer aus der vorläufigen Insolvenzverwaltung tragen müsste. 4.343

Nach dieser Rechtsprechung des BFH kommt es für die Anwendung von § 55 Abs. 4 InsO auf die rechtlichen Befugnisse an, die dem vorläufigen Insolvenzverwalter zustehen. Ist Zustimmungsvorbehalt angeordnet und ist der vorläufige Insolvenzverwalter – wie üblich – **zum Forderungseinzug berechtigt**, entsteht die Masseverbindlichkeit nach § 55 Abs. 4 InsO insoweit, als der vorläufige Insolvenzverwalter Entgelte aus **Leistungen des Unternehmers vereinnahmt**. Dabei sind vom vorläufigen Insolvenzverwalter veranlasste Zahlungen auf zum Vorsteuerabzug berechtigende Leistungsbezüge masseverbindlichkeitsmindernd zu berücksichtigen. Es ist im Insolvenzeröffnungsverfahren nicht zwischen den vor und nach der Verwalterbestellung erbrachten oder bezogenen Leistungen zu unterscheiden.

---

1 BFH v. 24.9.2014 – V R 48/13, ZIP 2014, 2451 = ZInsO 2014, 2532; s. auch *Wäger*, ZInsO 2014, 1121; vgl. auch BFH v. 1.3.2016 – XI R 9/15, NV, MwStR 2016, 724; v. 6.9.2016 – V B 52/16, NZI 2017, 40.

Zu diesem Ergebnis gelangt der BFH durch folgende **Übertragung seiner Berichtigungsrechtsprechung** auf den Zeitpunkt der Anordnung der vorläufigen schwachen Insolvenzverwaltung: Bestellt das Insolvenzgericht – wie im Streitfall – für einen Unternehmer einen vorläufigen Insolvenzverwalter mit allgemeinem Zustimmungsvorbehalt und mit Recht zum Forderungseinzug, sind Steuerbetrag und Vorsteuerabzug für die Leistungen, die der Unternehmer bis zur Verwalterbestellung erbracht und bezogen hat, nach § 17 Abs. 2 Ziff. 1 UStG zu berichtigen. Gleiches gilt für den Steuerbetrag und den Vorsteuerabzug aus Leistungen, die das Unternehmen danach bis zum Abschluss des Insolvenzeröffnungsverfahrens erbringt und bezieht. Ausstehende Entgelte für erbrachte Leistungen werden uneinbringlich. Denn auch im Insolvenzeröffnungsverfahren sei es, wenn das Insolvenzgericht den vorläufigen Insolvenzverwalter zum Forderungseinzug ermächtigt hat, dem Unternehmer aufgrund der auf den vorläufigen Insolvenzverwalter übergegangenen Einziehungsbefugnis nicht mehr möglich, das Entgelt für die zuvor entstandene Steuerschuld zu erlangen. Ob es zu einer Eröffnung des Insolvenzverfahrens kommt, sei als erst nachträglich eintretender Umstand für die steuerrechtliche Beurteilung unerheblich. Es soll also konstruktiv bereits bei Anordnung der vorläufigen schwachen Insolvenzverwaltung mit Recht zum Forderungseinzug für den vorläufigen schwachen Insolvenzverwalter eine Teilung in zwei Unternehmensteile eintreten, die nach der Berichtigungsrechtsprechung dafür verantwortlich ist, dass umsatzsteuerrechtlich bereits zwei Unternehmen vorliegen. Merkwürdig ist allerdings, dass diese Folge wiederum bedingt durch die spätere Insolvenzeröffnung ist, weil § 55 Abs. 4 InsO nämlich eine Fiktion enthält dahingehend, dass Verbindlichkeiten nach Insolvenzeröffnung als Masseverbindlichkeiten „gelten" (obwohl sie keine sind). Die Übertragung der Berichtigungsrechtsprechung auf den Zeitpunkt der Anordnung der vorläufigen Insolvenzverwaltung **erfordert somit ein rückwirkendes Ereignis**, denn die Aufteilung in zwei Unternehmensteile setzt – wenn sie für den Zeitpunkt der Anordnung der vorläufigen Insolvenzverwaltung angenommen werden soll – die Bedingung der Insolvenzeröffnung voraus – ohne dieses Ereignis ist nämlich der Anwendungsbereich der Norm gar nicht eröffnet. Nach Auffassung des BFH soll auch der Vorsteuerabzug zu berichtigen sein.

4.344 **Uneinbringlich** werden nach vorgenannter Rechtsprechung des BFH **auch die Entgelte** für die Leistungen, die der Unternehmer **nach Bestellung des vorläufigen Insolvenzverwalters** mit allgemeinem Zustimmungsvorbehalt und Recht zum Forderungseinzug bis zur Beendigung des Insolvenzeröffnungsverfahrens erbringt oder bezieht. Für eine differenzierende Betrachtung nach den Leistungen, die das Unternehmen vor der Bestellung des vorläufigen Insolvenzverwalters erbringt oder bezieht und den Leistungen, die das Unternehmen nach dessen Bestellung bis zur Beendigung des Insolvenzeröffnungsverfahrens erbringt oder bezieht, besteht nach Auffassung des BFH insbesondere unter Berücksichtigung der insolvenzrechtlichen Befugnisse des vorläufigen Insolvenzverwalters kein sachlicher Rechtfertigungsgrund. Erbringt der Unternehmer Leistungen, ist die Befugnis, die hierfür geschuldeten Entgelte zu vereinnahmen, in beiden Fällen auf den vorläufigen Insolvenzverwalter übergegangen. Anders als bei Leistungen, die durch einen verwaltungs- und verfügungsberechtigten vorläufigen Insolvenzverwalter oder nach Insolvenzeröffnung durch den Insolvenzverwalter erbracht werden, kommt es damit zu einer Trennung von Leistungserbringung und Entgeltvereinnahmung. Im Anschluss an die Uneinbringlichkeit **kommt es durch die Entgeltentrichtung gem. § 17 Abs. 2 Ziff. 1 Satz 2 UStG zu einer zweiten Berichtigung.** Vereinnahme der vorläufige Insolvenzverwalter mit Recht zum Forderungseinzug und allgemeinem Zustimmungsvorbehalt ein zuvor uneinbringlich gewordenes Entgelt aus einer Ausgangsleistung vor seiner Bestellung oder nach seiner Bestellung, führt die Entgeltvereinnahmung zu einer zweiten Berichtigung des Steuerbetrags nach § 17 Abs. 2 Ziff. 1 Satz 2, Abs. 1 Satz 1 UStG. Dem steht nicht entgegen, dass die erste Berichtigung aufgrund Uneinbringlichkeit und die zweite Berichtigung aufgrund nachfolgender Vereinnahmung ggf. im selben Voranmeldungs- oder Besteuerungszeitraum zusammentreffen (können). Die zweite Steuerberichtigung nach § 17 Abs. 2 Ziff. 1 Satz 2 UStG ist – im Gegensatz zur ersten Berichtigung – aufgrund einer späteren Eröffnung des Insolvenzverfahrens insolvenzrechtlich bei der Berechnung der sich für den Voranmeldungs- oder Besteuerungszeitraum ergebenden Masseverbindlichkeit nach § 55 Abs. 4 InsO zu berücksichtigen, da es hierfür auf die rechtlichen Befugnisse des vorläufigen Insolvenzverwalters und damit auf das ihm eingeräumte Recht zum Forderungseinzug und zur Entgeltvereinnahmung ankommt.

Ebenso führt die durch den vorläufigen Insolvenzverwalter – im Rahmen seines Zustimmungsvorbehalts – **veranlasste Zahlung von Entgelten** aus vor oder nach seiner Bestellung bezogenen Leistungen zu einer zweiten Berichtigung des Vorsteuerabzugs. Auch dies soll im selben Voranmeldungs- oder Besteuerungszeitraum zusammentreffen können.

Diese Rechtsprechung des V. Senats des BFH hat die Finanzverwaltung zum Anlass genommen, ihre Verwaltungsanweisung vom 17.1.2012[1] durch ihre neue **Verwaltungsanweisung vom 20.5.2015**[2] zu ersetzen. Nach der nunmehr geltenden Verwaltungsanweisung ist die Rechtsprechung des BFH „mit sofortiger Wirkung", d.h. auf alle offenen Besteuerungsfälle anzuwenden. Die Finanzverwaltung schließt sich der Rechtsprechung des BFH vollumfänglich an. Sie will die Rechtsprechung **über die Entscheidung des BFH hinaus jedoch** zusätzlich auch auf solche Fälle vorläufiger Insolvenzverwalter mit allgemeinem Zustimmungsvorbehalt anwenden, in denen ein ausdrückliches Recht des vorläufigen Insolvenzverwalters zum Forderungseinzug durch das Insolvenzgericht nicht angeordnet worden ist.[3] Die **Finanzverwaltung beruft** sich dafür auf die Rz. 13 und 14 der Entscheidung des **BFH, was allerdings fehlgeht**. Vielmehr hat der BFH die Übertragung seiner Berichtigungsrechtsprechung auf den Zeitpunkt der Anordnung der vorläufigen Insolvenzverwaltung in der genannten Entscheidung gerade darauf gestützt, dass das Insolvenzgericht nicht nur ei-

4.345

---
1 BMF v. 17.1.2012 – IV A 3 - S 0550/10/10020-05 – DOK 2012/0042691, BStBl. I 2012 120, Tz. 3 f.
2 BMF v. 20.5.2015 – IV A 3 - S 0550/10/10020-05 – DOK 2015/0416027, BStBl. I 2015, 476 = FR 2015, 668, abgedruckt im Anhang.
3 BMF v. 20.5.2015 – IV A 3 - S 0550/10/10020-05 – DOK 2015/0416027, BStBl. I 2015, 476 = FR 2015, 668, Tz. 15, abgedruckt im Anhang.

nen Zustimmungsvorbehalt angeordnet hatte, sondern zudem den vorläufigen Insolvenzverwalter auch zum Forderungseinzug ermächtigt hat.

Für Fälle der **Istversteuerung** gelangt man nach der neuen Rechtsprechung des BFH bei Vereinnahmung der Entgelte durch den schwachen vorläufigen Insolvenzverwalter im vorläufigen Insolvenzverfahren mit der Eröffnung des Insolvenzverfahrens ebenfalls zur Entstehung von Masseverbindlichkeiten gem. § 55 Abs. 4 InsO, denn hier entsteht der Steueranspruch insgesamt erst während der vorläufigen Insolvenzverwaltung.[1]

Vorsteuerberichtigungsansprüche aus nicht bezahlten Leistungsbezügen des Insolvenzschuldners nach § 17 Abs. 2 Ziff. 1 Satz 1, Abs. 1 Satz 2 UStG entstehen nach dieser Rechtsprechung bereits im Zeitpunkt der Anordnung der vorläufigen Insolvenzverwaltung mit Zustimmungsvorbehalt. Entsprechende Vorsteuerrückforderungsansprüche der Finanzverwaltung stellen somit Insolvenzforderungen dar.[2]

Die Wirkungen des § 55 Abs. 4 InsO beziehen sich auf sämtliche Steuerarten. Steuerliche Nebenleistungen zu den von § 55 Abs. 4 InsO erfassten Steuerarten teilen grundsätzlich das Schicksal der Hauptforderung (z.B. Säumniszuschläge auf als Masseverbindlichkeiten zu qualifizierende Steuern aus dem Eröffnungsverfahren). Die bis zur Festsetzung gegen den Insolvenzverwalter entstandenen Säumniszuschläge auf als Masseverbindlichkeiten nach § 55 Abs. 4 InsO zu qualifizierende Umsatz- und Lohnsteuerforderungen sind aber nach allgemeinen Grundsätzen als Insolvenzforderungen zur Insolvenztabelle anzumelden.[3]

Verspätungszuschläge, Zwangsgelder oder Verzögerungsgelder, die gegen den Insolvenzschuldner im Insolvenzeröffnungsverfahren festgesetzt worden sind, fallen nicht in den Anwendungsbereich des § 55 Abs. 4 InsO, da diese nicht vom schwachen vorläufigen Insolvenzverwalter bzw. durch seine Zustimmung begründet worden sind.[4]

2. Starker vorläufiger Insolvenzverwalter (allgemeines Verfügungsverbot)

4.346 Im Ergebnis ähnlich ist dies bei der **starken vorläufigen Insolvenzverwaltung**. Da hier Handlungen des vorläufigen Insolvenzverwalters gem. § 55 Abs. 2 InsO (spätere) Masseverbindlichkeiten auslösen, soweit sie zu Forderungen gegen den Insolvenzschuldner führen, sind auch die mit vom vorläufigen starken Insolvenzverwalter ausgeführten Umsätzen verbundenen Umsatzsteuerforderungen des Finanzamtes nach der Eröffnung des Insolvenzverfahrens Masseverbindlichkeiten.

---

1 So denn auch BMF v. 20.5.2015 – IV A 3 - S 0550/10/10020-05 – DOK 2015/0416027, BStBl. I 2015, 476 = FR 2015, 668, Tz. 19; *Wäger*, ZInsO 2014, 1121.
2 BMF v. 20.5.2015 – IV A 3 - S 0550/10/10020-05 – DOK 2015/0416027, BStBl. I 2015, 476 = FR 2015, 668, Tz. 20.
3 BMF v. 20.5.2015 – IV A 3 - S 0550/10/10020-05 – DOK 2015/0416027, BStBl. I 2015, 476 = FR 2015, 668, Tz. 7.
4 BMF v. 20.5.2015 – IV A 3 - S 0550/10/10020-05 – DOK 2015/0416027, BStBl. I 2015, 476 = FR 2015, 668, Tz. 8.

3. Vorläufiger Insolvenzverwalter mit Einzelermächtigungen

Als Zwischenform zwischen starker und schwacher vorläufiger Insolvenzverwaltung kann das Insolvenzgericht den schwachen vorläufigen Insolvenzverwalter auch punktuell mit **Einzelermächtigungen** versehen, bestimmte Verfügungen über das schuldnerische Vermögen zu treffen oder bestimmte Verbindlichkeiten einzugehen. Die gerichtliche Anordnung von Einzelermächtigungen muss inhaltlich zum Schutz der Verfahrensbeteiligten sowie aus Gründen der Rechtsklarheit so bestimmt sein, dass sie die damit begründbaren Masseverbindlichkeiten eindeutig bezeichnet.[1] Soweit § 55 Abs. 2 Satz 1 InsO auf (hinreichend bestimmte) Einzelermächtigungen des vorläufigen Insolvenzverwalters erweitert wird, kann dieser Masseverbindlichkeiten für das später eröffnete Insolvenzverfahren begründen. Umsatzsteuerforderungen, die aus Handlungen des vorläufigen Insolvenzverwalters im Rahmen seiner Einzelermächtigungen resultieren, nehmen im später eröffneten Insolvenzverfahren den Rang von Masseverbindlichkeiten ein. Eine über die jeweilige Einzelermächtigung hinausgehende entsprechende Anwendung des § 55 Abs. 2 Satz 1 InsO ist nicht zulässig.

4.347

Beispiel 11:

4.348

Das Insolvenzgericht F bestellt am 1.2.2020 Rechtsanwalt R zum vorläufigen Insolvenzverwalter über das Vermögen der I-GmbH. Es ordnet Zustimmungsvorbehalt an und ermächtigt den vorläufigen Insolvenzverwalter zugleich, ein der I-GmbH von dem Auftraggeber A in Auftrag gegebenes, fast fertig gebautes Schiff an A zu übereignen. Am 10.2.2020 liefert R das Schiff an A und stellt darüber eine Rechnung mit Umsatzsteuerausweis aus. Am 20.2.2020 zahlt A auf das von R eingerichtete Insolvenzsonderkonto. Am 1.3.2020 wird das Insolvenzverfahren eröffnet. Die Umsatzsteuerforderung des Finanzamtes ist in diesem Fall Masseverbindlichkeit gem. § 55 Abs. 2 InsO (nicht § 55 Abs. 4 InsO), weil sie unmittelbar mit der Ausführung der Lieferung des Schiffes an A zusammenhängt und die Einzelermächtigung den vorläufigen Insolvenzverwalter hierzu ermächtigte.

Entscheidend kommt es für die Qualifizierung der Umsatzsteuerforderung als Masseverbindlichkeit nach § 55 Abs. 2 InsO darauf an, dass sie durch die Ausnutzung der auf Grund der Einzelermächtigung bestehenden Verfügungsmacht des vorläufigen Insolvenzverwalters zur Entstehung gelangt. Dies ist nicht der Fall, wenn sich die durch die Einzelermächtigung eingeräumte Verfügungsmacht auf die Eingehung von Verbindlichkeiten beschränkt, die Umsatzsteuerforderung aber schließlich durch eine Lieferung ausgelöst wird, die der Schuldner selbst – wenn auch mit Zustimmung des vorläufigen Insolvenzverwalters – vorgenommen hat. Hierzu instruktiv das FG Baden-Württemberg:[2]

4.349

„In diesem Sinne hat das Insolvenzgericht der Schuldnerin den Abschluss von Verträgen mit Warenlieferanten und Dienstleistern untersagt und die Verwaltungs- und Verfügungsbefugnis insoweit auf den vorläufigen Insolvenzverwalter übergeleitet. Mit dieser Einzelanordnung war für die zur abschließenden Vertragserfüllung der Schuldnerin notwendigen Dienstleister ein Vertrauenstatbestand geschaffen, der ihnen auch in der Zeit der vorläufigen Insolvenzverwaltung die Bezahlung ihrer Rechnungen durch die Masse gewährleistete. Auf diesen sachlich und

---

1 FG BW v. 27.5.2009 – 1 K 105/06, ZInsO 2009, 1825 ff.
2 FG BW v. 27.5.2009 – 1 K 105/06, ZInsO 2009, 1825 ff.

persönlich begrenzten Vertrauensschutz kann sich das FA aber nicht zur Begründung seiner Umsatzsteuerforderung berufen. Der geltend gemachte Steueranspruch beruhte auf Ausgangsleistungen der Schuldnerin, die diese erst nach abschließender Erfüllung ihrer Aufträge in Rechnung stellen konnte. Für die der Besteuerung zugrundeliegenden Ausgangsleistungen war der Kläger aber nicht speziell ermächtigt worden. Die Vertragserfüllung geschah zwar mit Zustimmung des vorläufigen Insolvenzverwalters; sie war aber nicht Ausdruck einer übergegangen Verwaltungs- und Verfügungsbefugnis, wie es für § 55 Abs. 2 Satz 1 InsO auch im Rahmen seiner entsprechenden Anwendung erforderlich wäre. Das ergibt sich auch daraus, dass die festgesetzte Umsatzsteuer auf Leistungen beruht, welche die Schuldnerin zur Erfüllung bereits erteilter Aufträge vor Insolvenzeröffnung ausführte. Die Steuerforderung wurde daher nicht vom Kläger als vorläufigem Insolvenzverwalter begründet, was ebenfalls für eine entsprechende Anwendung des § 55 Abs. 2 Satz 1 InsO notwendig wäre."

4.350 Die **Ermächtigung** des vorläufigen Insolvenzverwalters, **Forderungen des Schuldners einzuziehen** und der Übergang der Verfügungsbefugnis über die **Außenstände** führen nach der Rechtsprechung des BFH zu Masseverbindlichkeiten nach § 55 Abs. 4 InsO (s. dazu ausführlich oben Rz. 4.339). Zu dem Problem der Beendigung einer **umsatzsteuerlichen Organschaft** während des Eröffnungsverfahrens s. Rz. 4.374 ff.

V. Fallübersicht

4.351 **Fall 1: Der Ausgangspunkt**

Die I-GmbH (spätere Insolvenzschuldnerin) erbringt in 2019 an ihren Kunden K Lieferungen und stellt in 2019 dafür eine Rechnung i.H.v. Euro 10000 zzgl. Euro 1900 USt. K hat in 2019 an I den Bruttobetrag gezahlt, I hat die USt. aber nicht an das Finanzamt abgeführt. Am 1.4.2020 wird die Eröffnung des Insolvenzverfahrens über das Vermögen der I beantragt; am 1.6.2020 wird das Insolvenzverfahren eröffnet.

Über diesen Fall dürfte allgemeine Einigkeit bestehen: Die Steuerforderung des Finanzamtes ist Insolvenzforderung im Rang von § 38 InsO, die gem. § 174 Abs. 1 InsO zur Insolvenztabelle angemeldet werden kann.[1]

4.352 **Fall 2: Leistung vor, aber Zahlung erst nach Insolvenzeröffnung**

Die I-GmbH (spätere Insolvenzschuldnerin) erbringt in 2019 an ihren Kunden K Lieferungen und stellt in 2019 dafür eine Rechnung i.H.v. Euro 10000 zzgl. Euro 1900 USt. Am 1.4.2020 wird die Eröffnung des Insolvenzverfahrens über das Vermögen der I beantragt; am 1.6.2020 wird das Insolvenzverfahren eröffnet. Zu diesem Zeitpunkt hat K noch nicht an I gezahlt. Erst auf die Zahlungsaufforderung des Insolvenzverwalters hin zahlt K an den Insolvenzverwalter den Bruttobetrag.

Vereinnahmt der Insolvenzverwalter eines Unternehmers das Entgelt für eine vor der Eröffnung des Insolvenzverfahrens ausgeführte Leistung nach der Eröffnung des Insolvenzverfahrens, begründet die Entgeltvereinnahmung nicht nur bei der Ist-,[2] sondern auch bei der Sollbesteuerung[3] nach Auffassung des BFH gemäß seiner Be-

---
[1] Vgl. statt Vieler BFH v. 11.7.2013 – XI B 41/13, ZIP 2013, 1680 = ZInsO 2013, 1739.
[2] BFH v. 29.1.2009 – V R 64/07, BStBl. II 2009, 682 = ZIP 2009, 977 = ZInsO 2009, 920 = BFHE 224, 24; vgl. auch FG Hamburg v. 18.1.2018 – 3 K 209/17, NZI 2018, 530.
[3] BFH v. 9.12.2010 – V R 22/10, BStBl. II 2011, 996 = ZIP 2011, 782; vgl. auch FG Hamburg v. 18.1.2018 – 3 K 209/17, NZI 2018, 530.

richtigungsrechtsprechung (dazu ausführlich oben Rz. 4.330 ff.) eine Masseverbindlichkeit i.S.v. § 55 Abs. 1 Ziff. 1 InsO.

Fall 3: Rechnungstellung und/oder (Abschlags-)Zahlung vor Insolvenzeröffnung, Lieferung nach Insolvenzeröffnung durch den Insolvenzverwalter 4.353

Die I-GmbH (spätere Insolvenzschuldnerin) erteilt in 2019 ihrem Kunden K eine (Abschlags-)Rechnung. K leistet in 2019 darauf wie vereinbart Vorkasse i.H.v. Euro 10 000 zzgl. Euro 1 900 USt., I führt die darin enthaltene Umsatzsteuer aber nicht an das Finanzamt ab. Am 1.4.2020 wird die Eröffnung des Insolvenzverfahrens über das Vermögen der I beantragt; am 1.6.2020 wird das Insolvenzverfahren eröffnet. Zu diesem Zeitpunkt hat I noch nicht an K geliefert. Die Lieferung erfolgt erst nach Insolvenzeröffnung auf Veranlassung des Insolvenzverwalters.

Die Umsatzsteuer entsteht grundsätzlich mit Ablauf des Voranmeldungszeitraums, in dem eine Lieferung oder Leistung ausgeführt worden ist (bei Versteuerung nach vereinbarten Entgelten, Sollbesteuerung, § 13 Abs. 1 Nr. 1 a Satz 1 UStG), es sei denn, der Unternehmer versteuert nach vereinnahmten Entgelten (bei Versteuerung nach vereinnahmten Entgelten, Istbesteuerung, § 13 Abs. 1 Nr. 1 Buchst. b UStG). Wird das Entgelt oder ein Teil des Entgeltes (§§ 10, 11, 13 Abs. 1 Nr. 1 Buchst. a Satz 4 UStG) jedoch vor Leistungsausführung vereinnahmt, entsteht die Umsatzsteuer mit Ablauf desjenigen Voranmeldungszeitraumes, in dem das Entgelt vereinnahmt wurde. Somit ist der Umsatzsteueranspruch des Finanzamtes hier mit Ablauf des Voranmeldungszeitraumes in 2019 entstanden, in dem das Entgelt vereinnahmt worden ist. Im Zeitpunkt der Insolvenzeröffnung liegt somit ein gegen den Schuldner gerichteter, begründeter und nicht beglichener Zahlungsanspruch des Finanzamtes vor, der alle Voraussetzungen des § 38 InsO erfüllt und somit eine Insolvenzforderung darstellt. Zu diesem Ergebnis gelangt auch eine Entscheidung des V. Senates aus 2009;[1] daran hat die neuere Rechtsprechung, insbesondere die Entscheidung BFH, Urt. v. 9.12.2010[2] (V R 22/10) nichts geändert. Maßgeblich dafür ist, dass die Entgeltforderung des Insolvenzschuldners nicht mehr uneinbringlich werden kann, nachdem sie bereits an ihn entrichtet worden ist. Man gelangt auch nicht zu einer Änderung der Bemessungsgrundlage gem. § 17 Abs. 1 UStG über § 17 Abs. 2 Nr. 2 UStG. Nach dieser Norm gilt § 17 Abs. 1 UStG sinngemäß, wenn für eine vereinbarte Lieferung oder sonstige Leistung ein Entgelt entrichtet, die Lieferung oder sonstige Leistung jedoch nicht ausgeführt worden ist. Zwar könnte man in der Zäsur der Insolvenzeröffnung einen Umstand sehen, durch den der vorinsolvenzliche Unternehmensteil ein Leistungsentgelt vereinnahmt, die Lieferung oder sonstige Leistung jedoch nicht mehr ausgeführt hat und der nachinsolvenzliche Teil die Lieferung oder sonstige Leistung ausführt. Diese Sichtweise wäre aber mit der zivilrechtlichen Konstruktion des Erfüllungswahlrechtes nach § 103 InsO nicht vereinbar, die der BGH seit der Aufgabe der Erlöschenstheorie vertritt.[3] Die Eröffnung des Insolvenzverfahrens bewirkt nach gegenwärtiger Rechtsprechung des BGH kein Erlöschen der Erfül-

---
1 BFH v. 30.4.2009 – V R 1/06, BStBl. II 2010, 138 = ZIP 2009, 1677.
2 BFH v. 9.12.2010 – V R 22/10, BStBl. II 2011, 996 = ZIP 2011, 782; bestätigt durch BFH v. 6.9.2016 – V B 52/16, NZI 2017, 40.
3 BGH v. 25.4.2002 – IX ZR 313/99, ZIP 2002, 1093 = BGHZ 150, 353.

lungsansprüche aus gegenseitigen Verträgen im Sinn einer materiell-rechtlichen Umgestaltung. Vielmehr verlieren die noch offenen Ansprüche im Insolvenzverfahren ihre Durchsetzbarkeit, soweit sie nicht auf die anteilige Gegenleistung für vor Verfahrenseröffnung erbrachte Leistungen gerichtet sind. Wählt der Verwalter Erfüllung, so erhalten die zunächst nicht durchsetzbaren Ansprüche die Rechtsqualität von originären Forderungen der und gegen die Masse. Durch die Erfüllungswahl nach § 103 InsO hebt der Insolvenzverwalter in Bezug auf das konkrete Vertragsverhältnis des Insolvenzschuldners die Eröffnungswirkungen auf. In Bezug auf dieses Vertragsverhältnis sind damit die wechselseitigen Ansprüche in gleicher Weise wechselseitig durchsetzbar, wie es auch ohne Insolvenzeröffnung der Fall gewesen wäre. Dadurch die Erfüllungswahl die Durchsetzbarkeit der dem Vertragspartner geschuldeten Leistung des Insolvenzschuldners uneingeschränkt wiederhergestellt wird, müsste man spätestens im Zeitpunkt der Erfüllungswahl, die der Insolvenzverwalter auch konkludent treffen kann, eine erneute Berichtigung i.S.v. § 17 Abs. 1 UStG vornehmen, wenn man davon ausgehen wollte, dass § 17 Abs. 2 Ziff. 2 UStG im Eröffnungszeitpunkt eine Berichtigung erfordern würde.

Ist **in Fall 3 nur ein Teil des gesamten Leistungsentgeltes vor Verfahrenseröffnung an I gezahlt worden**, so handelt es sich bei der Umsatzsteuer um eine Masseverbindlichkeit, soweit das vereinbarte Entgelt nach Verfahrenseröffnung durch den Insolvenzverwalter vereinnahmt wurde.[1]

Wird etwa die Leistung nach der Vereinnahmung von Anzahlungen ausgeführt, hat der Unternehmer die Leistung für den Voranmeldungszeitraum der Leistungsausführung nämlich nur insoweit zu versteuern, als die Steuer nicht schon auf Grund der zuvor vereinnahmten Anzahlungen entstanden ist. Die Besteuerung auf Grund der Leistungserbringung steht einerseits unter dem Vorbehalt, dass das Entgelt tatsächlich vereinnahmt und nicht uneinbringlich wird (§ 17 Abs. 2 Ziff. 1 UStG), andererseits steht die Steuererhebung auf Grund der Entgeltvereinnahmung unter der Bedingung erfolgt, dass die Leistung ausgeführt wird (§ 17 Abs. 1 Ziff. 1, Abs. 2 Ziff. 2 UStG).[2]

4.354 **Fall 4: Leistungserbringung und Entgeltvereinnahmung während der vorläufigen starken Insolvenzverwaltung**

Die I-GmbH stellt am 1.4.2019 den Antrag, das Insolvenzverfahren über ihr Vermögen zu eröffnen. Am 1.4.2019 wird ein vorläufiger Insolvenzverwalter (I) bestellt und der Schuldnerin zugleich ein allgemeines Verfügungsverbot auferlegt (starke vorläufige Insolvenzverwaltung). Am 10.4.2019 verkauft der vorläufige Insolvenzverwalter auf Rechnung der Insolvenzschuldnerin an K eine Maschine, liefert diese sofort an K aus und stellt K sogleich vereinbarungsgemäß eine ordnungsgemäße Rechnung aus über den Betrag i.H.v. Euro 10 000 zzgl. Euro 1 900 USt. K zahlt die vereinbarten Beträge am 20.4.2019 an I. Am 1.8.2019 wird das Insolvenzverfahren eröffnet. Zu diesem Zeitpunkt ist Umsatzsteuer i.H.v. Euro 1 900 aus dem Verkauf an K noch nicht an das Finanzamt abgeführt.

---

[1] BFH v. 30.4.2009 – V R 1/06, BStBl. II 2010, 138 = ZIP 2009, 1677.
[2] BFH v. 30.4.2009 – V R 1/06, BStBl. II 2010, 138 = ZIP 2009, 1677.

Die Umsatzsteuer stellt hier eine Masseverbindlichkeit gem. § 55 Abs. 2 InsO dar. Der Anspruch des Finanzamtes entsteht mit Ablauf des Voranmeldungszeitraums April. Auf § 55 Abs. 4 InsO kommt es nicht an, weil diese Vorschrift nur dann eingreift, wenn nicht bereits § 55 Abs. 2 InsO eingreift.

Fall 5: Leistungserbringung vor Anordnung der vorläufigen Insolvenzverwaltung und Entgeltvereinnahmung während der vorläufigen starken Insolvenzverwaltung 4.355

Am 1.3.2019 verkauft die I-GmbH (spätere Insolvenzschuldnerin) an K eine Maschine, liefert diese sofort aus und stellt K sogleich vereinbarungsgemäß eine ordnungsgemäße Rechnung aus über den Betrag i.H.v. Euro 10 000 zzgl. Euro 1 900 USt. Die I-GmbH stellt am 1.4.2019 den Antrag, das Insolvenzverfahren über ihr Vermögen zu eröffnen. Zu diesem Zeitpunkt hat K noch nicht an die I-GmbH gezahlt. Am 1.4.2019 wird ein vorläufiger Insolvenzverwalter (I) bestellt und der Schuldnerin zugleich ein allgemeines Verfügungsverbot auferlegt (starke vorläufige Insolvenzverwaltung). K zahlt die vereinbarten Beträge am 20.4.2019 an I. Am 1.8.2019 wird das Insolvenzverfahren eröffnet. Zu diesem Zeitpunkt ist Umsatzsteuer i.H.v. Euro 1 900 aus dem Verkauf an K noch nicht an das Finanzamt abgeführt.

Auch hier kommt nicht § 55 Abs. 4 InsO zur Anwendung, weil ein Fall der starken vorläufigen Insolvenzverwaltung vorliegt.

Für die Frage, ob die Umsatzsteuer Masseverbindlichkeit wird, ist deswegen § 55 Abs. 2 InsO maßgeblich. Voraussetzung ist nach dieser Vorschrift, dass es sich bei der Umsatzsteuer um eine Verbindlichkeit handeln müsste, die durch den vorläufigen Insolvenzverwalter begründet worden ist. Nachdem der V. Senat des BFH seine Berichtigungsrechtsprechung auf den Zeitpunkt der Anordnung der vorläufigen Insolvenzverwaltung vorverlagert hat,[1] ist auch für Fälle der starken vorläufigen Insolvenzverwaltung davon auszugehen, dass die bis zu diesem Zeitpunkt nicht vereinnahmten Leistungsentgelte des Insolvenzschuldners im Zeitpunkt der Anordnung der vorläufigen Insolvenzverwaltung gem. § 17 UStG zu berichtigen sind. In Fall 5 tritt dann am 20.4.2019 die zweite Berichtigung ein, weil der vorläufige starke Insolvenzverwalter das Entgelt zu diesem Zeitpunkt vereinnahmt. Diese weitere Berichtigung führt dann nach Auffassung des V. Senats dazu, dass die dadurch entstehende Umsatzsteuerschuld ab Eröffnung des Insolvenzverfahrens gem. § 55 Abs. 4 InsO Masseverbindlichkeit ist.

Fall 6: Leistungserbringung während der vorläufigen starken Insolvenzverwaltung, Entgeltvereinnahmung nach Eröffnung des Insolvenzverfahrens 4.356

Die I-GmbH stellt am 1.4.2019 den Antrag, das Insolvenzverfahren über ihr Vermögen zu eröffnen. Am 1.4.2019 wird ein vorläufiger Insolvenzverwalter (I) bestellt und der Schuldnerin zugleich ein allgemeines Verfügungsverbot auferlegt (starke vorläufige Insolvenzverwaltung). Am 10.4.2019 verkauft der vorläufige Insolvenzverwalter auf Rechnung der Insolvenzschuldnerin an K eine Maschine, die auch sofort ausgeliefert wird, und stellt K sogleich vereinbarungsgemäß eine ordnungsgemäße Rechnung aus über den Betrag i.H.v. Euro 10 000 zzgl.

---

1 BFH v. 24.9.2014 – V R 48/13, ZIP 2014, 2451 = ZInsO 2014, 2589; zur Kritik daran s. oben Rz. 4.343 ff.; ebenso nun BMF v. 20.5.2015 – IV A 3 - S 0550/10/10020-05 – DOK 2015/0416027, BStBl. I 2015, 476 = FR 2015, 668.

Euro 1 900 USt. Am 1.6.2019 wird das Insolvenzverfahren eröffnet. Zu diesem Zeitpunkt ist Umsatzsteuer i.H.v. Euro 1 900 aus dem Verkauf an K noch nicht an das Finanzamt abgeführt. K zahlt die vereinbarten Beträge am 20.8.2019 an I.

Der Umsatzsteueranspruch ist durch Rechtshandlung des vorläufigen Insolvenzverwalters entstanden. Da es sich um einen vorläufigen starken Insolvenzverwalter handelte, ist die Umsatzsteuerforderung Masseverbindlichkeit gem. § 55 Abs. 2 InsO. Auf § 55 Abs. 4 InsO kommt es nicht an.

Es sind auf der Basis der Grundsatzentscheidung BFH vom 9.12.2010[1] (V R 22/10) zwei Berichtigungen gem. § 17 UStG durchzuführen: Auch bei vorangegangener vorläufiger starker Verwaltung ist die Zäsur und die Aufteilung in mehrere Unternehmensteile vorzunehmen. Für die Konstruktion des BFH kommt es nicht darauf an, ob eine einzelne konkrete Forderung ihre Durchsetzbarkeit verliert oder ob sie sie nicht verliert. Es ist deswegen unmaßgeblich, dass die hier gem. § 55 Abs. 2 InsO entstandene Forderung nach Insolvenzeröffnung als Masseverbindlichkeit gelten würde – wenn sie denn steuerrechtlich noch bestehen würde. Allein maßgeblich ist, dass die Forderung bei Insolvenzeröffnung, als das zur Berichtigung führende Ereignis eintrat, als Forderung vorhanden war und dass der vorinsolvenzliche Unternehmensteil diese Entgeltforderung nicht mehr liquidieren kann, nachdem das Insolvenzverfahren eröffnet ist. Mit Insolvenzeröffnung geht also dieser Steueranspruch in Folge der Berichtigung der Bemessungsgrundlage steuerrechtlich unter.[2]

Durch das Uneinbringlichwerden der dem Insolvenzschuldner zustehenden Forderung gegen den K im Zeitpunkt der Insolvenzeröffnung hat die I-GmbH also insoweit eine Berichtigung nach § 17 UStG durchzuführen. Damit wird die Begründung der Masseverbindlichkeit durch § 55 Abs. 2 InsO wieder aufgehoben[3]: Da die Umsatzsteuerforderung durch die Berichtigung hinweggefallen ist und für die Durchsetzung von Steuerforderungen ihr steuerrechtliches Bestehen Voraussetzung ist, kann die Forderung so lange nicht erhoben werden, bis nicht das zur erneuten Berichtigung führende Ereignis der Entgeltvereinnahmung eingetreten ist. Für den Voranmeldungszeitraum August 2019 hat der Insolvenzverwalter daher eine erneute Berichtigung vorzunehmen. Die daraus resultierende Steuerforderung des Finanzamtes ist Masseverbindlichkeit. Anders hat das die Finanzverwaltung noch im BMF-Schreiben vom 9.12.2011[4] gesehen. Dort vertritt das BMF in Tz. 13 die Auffassung, für Steuerbeträge aus Umsätzen, die nach der Bestellung als sog. starker vorläufiger Insolvenzverwalter erbracht worden sind, komme ebenfalls keine Berichtigung des Umsatzsteuerbetrags nach § 17 Abs. 2 Ziff. 1 Satz 2 UStG in Betracht; diese Umsätze sollen mit der Eröffnung des Insolvenzverfahrens sonstige Masseverbindlichkeiten nach § 55 Abs. 2 Satz 1 InsO darstellen.

---

1 BFH v. 9.12.2010 – V R 22/10, BStBl. II 2011, 996 = ZIP 2011, 782.
2 So nun für diese Fallkonstellation ausdrücklich BFH v. 24.9.2014 – V R 48/13, ZIP 2014, 2451 Tz. 41 = ZInsO 2014, 2589; vgl. auch BFH v. 1.3.2016 – XI R 9/15, NV, MwStR 2016, 724.
3 So nun für diese Fallkonstellation ausdrücklich BFH v. 24.9.2014 – V R 48/13, ZIP 2014, 2451 Tz. 41 = ZInsO 2014, 2589.
4 BMF v. 9.12.2011 – IV D 2 - S 7330/09/10001:001 – DOK 2011/0992053, BStBl. I 2011, 1273.

Fall 7: Rechnungstellung und/oder (Abschlags-)Zahlung vor Anordnung der vorläufigen Insolvenzverwaltung und Leistungserbringung während der vorläufigen starken Insolvenzverwaltung

4.357

Am 1.3.2019 verkauft die I-GmbH (spätere Insolvenzschuldnerin) an K eine Maschine. Die Parteien vereinbaren Vorkasse. Die I-GmbH stellt K sogleich vereinbarungsgemäß eine ordnungsgemäße Rechnung aus über den Betrag i.H.v. Euro 10 000 zzgl. Euro 1 900 USt., die K auch sofort an die I-GmbH zahlt. Die I-GmbH stellt am 1.4.2019 den Antrag, das Insolvenzverfahren über ihr Vermögen zu eröffnen. Zu diesem Zeitpunkt hat die I-GmbH noch nicht an K geliefert. Am 1.4.2019 wird ein vorläufiger Insolvenzverwalter (I) bestellt und der Schuldnerin zugleich ein allgemeines Verfügungsverbot auferlegt (starke vorläufige Insolvenzverwaltung). I liefert die Maschine am 20.4.2019 an K. Am 1.8.2019 wird das Insolvenzverfahren eröffnet.

Wird das Entgelt oder ein Teil des Entgeltes (§§ 10, 11, 13 Abs. 1 Nr. 1 Buchst. a Satz 4 UStG) vor Leistungsausführung vereinnahmt, entsteht die Umsatzsteuerschuld mit Ablauf desjenigen Voranmeldungszeitraumes, in dem das Entgelt vereinnahmt wurde. Somit ist der Umsatzsteueranspruch des Finanzamtes hier mit Ablauf des Voranmeldungszeitraumes März 2019 entstanden. Es besteht somit eine Insolvenzforderung, die auch nicht durch die Lieferung während der vorläufigen Insolvenzverwaltung ihre insolvenzrechtliche Forderungsqualität verliert. Es ergeben sich insoweit hinsichtlich der Beurteilung keine Abweichungen gegenüber Fall 3 bzw. BFH, Urt. v. 30.4.2009[1] (V R 1/06). Eine Berichtigung i.S.v. § 17 UStG muss auf den Eröffnungszeitpunkt nicht vorgenommen werden, weil zu diesem Zeitpunkt eine Entgeltforderung der I-GmbH nicht mehr bestand, also auch nicht uneinbringlich werden konnte.

Fall 8: Entgeltvereinnahmung während der vorläufigen starken Insolvenzverwaltung, Leistungserbringung nach Eröffnung des Insolvenzverfahrens

4.358

Die I-GmbH stellt am 1.4.2019 den Antrag, das Insolvenzverfahren über ihr Vermögen zu eröffnen. Am 1.4.2019 wird ein vorläufiger Insolvenzverwalter (I) bestellt und der Schuldnerin zugleich ein allgemeines Verfügungsverbot auferlegt (starke vorläufige Insolvenzverwaltung). Am 10.4.2019 verkauft der vorläufige Insolvenzverwalter auf Rechnung der Insolvenzschuldnerin an K eine Maschine und stellt K sogleich vereinbarungsgemäß eine ordnungsgemäße Rechnung aus über den Betrag i.H.v. Euro 10 000 zzgl. Euro 1 900 USt. Es wird Vorkasse vereinbart; K zahlt am 10.4.2019 an I. Am 1.8.2019 wird das Insolvenzverfahren eröffnet. I liefert am 20.8.2019 an K.

Wird das Entgelt oder ein Teil des Entgeltes (§§ 10, 11, 13 Abs. 1 Nr. 1 Buchst. a Satz 4 UStG) vor Leistungsausführung vereinnahmt, entsteht die Umsatzsteuer mit Ablauf desjenigen Voranmeldungszeitraumes, in dem das Entgelt vereinnahmt wurde. Somit ist der Umsatzsteueranspruch des Finanzamtes hier mit Ablauf des Voranmeldungszeitraumes April 2019 entstanden. Da zu diesem Zeitpunkt bereits die vorläufige starke Insolvenzverwaltung angeordnet war, hat der Umsatzsteueranspruch gem. § 55 Abs. 2 InsO die Forderungsqualität einer Masseverbindlichkeit. Daran ändert die Eröffnung des Insolvenzverfahrens nichts: Die zivilrechtliche Forderung des K aus dem Kaufvertrag ist Masseverbindlichkeit und nach Eröffnung des

---

[1] BFH v. 30.4.2009 – V R 1/06, BStBl. II 2010, 138 = ZIP 2009, 1677.

Insolvenzverfahrens voll durchsetzbar. Eine zu berichtigende Entgeltforderung der I-GmbH hat im Eröffnungszeitpunkt nicht bestanden. Da der Umsatzsteueranspruch bereits Masseverbindlichkeit ist und hinsichtlich seines steuerrechtlichen Bestehens durch eine Berichtigung keine Änderungen eintreten, bleibt die Leistungserbringung nach Eröffnung des Insolvenzverfahrens ohne jede Auswirkung.

4.359 **Fall 9: Vereinnahmung des Entgelts in der vorläufigen Insolvenzverwaltung von bereits vor oder während der vorläufigen Insolvenzverwaltung nach § 17 Abs. 2 Nr. 1 Satz 1 UStG berichtigten Umsätzen**

Die I-GmbH hat offene Forderungen aus im April 2019 erfolgten umsatzsteuerpflichtigen Lieferungen i.H.v. Euro 119 000 inkl. USt. gegenüber dem Leistungsempfänger K. I hat diese Umsätze in dem Voranmeldungszeitraum April 2019 angemeldet. Über das Vermögen des K wird am 15.7.2019 das Insolvenzverfahren eröffnet. Mit Wirkung zum 15.8.2019 wird über das Vermögen der I-GmbH ein allgemeines Verfügungsverbot angeordnet und I zum vorläufigen (starken) Insolvenzverwalter mit Verwaltungs- und Verfügungsbefugnis bestellt. Am 15.9.2019 geht auf dem Geschäftskonto der I-GmbH der Rechnungsbetrag i.H.v. Euro 119 000 ein. Am 2.10.2019 wird das Insolvenzverfahren über das Vermögen der I-GmbH eröffnet.[1]

Die I-GmbH hatte nach BFH-Urteil vom 9.12.2010[2] (V R 22/10) die in den offenen Forderungen enthaltene Umsatzsteuer nach § 17 Abs. 2 Nr. 1 Satz 1 i.V.m. Abs. 1 Satz 1 UStG i.H.v. Euro 19 000 unbeschadet einer möglichen Insolvenzquote in voller Höhe spätestens im Zeitpunkt der Insolvenzeröffnung über das Vermögen des K zu berichtigen. Die Berichtigung ist für den Voranmeldungszeitraum Juli 2019 durchzuführen. Nach Vereinnahmung des Entgeltes im vorläufigen Insolvenzverfahren ist eine erneute Berichtigung der Steuerbeträge nach § 17 Abs. 2 Nr. 1 Satz 2 UStG durchzuführen. Die Berichtigung ist für den Voranmeldungszeitraum September 2019 vorzunehmen. Die hieraus resultierende Umsatzsteuer i.H.v. Euro 19 000 stellt mit Eröffnung des Insolvenzverfahrens eine sonstige Masseverbindlichkeit nach § 55 Abs. 2 InsO dar, da es sich insoweit um Verbindlichkeiten der I-GmbH aus dem Steuerschuldverhältnis handelt, die durch den starken vorläufigen Insolvenzverwalter begründet worden sind.

4.360 **Fall 10: Leistungserbringung und Entgeltvereinnahmung während der vorläufigen schwachen Insolvenzverwaltung**

Die I-GmbH stellt am 1.4.2019 den Antrag das Insolvenzverfahren über ihr Vermögen zu eröffnen. Am 1.4.2019 wird ein vorläufiger Insolvenzverwalter (I) mit Zustimmungsvorbehalt bestellt (schwache vorläufige Insolvenzverwaltung). Am 10.4.2019 verkauft die Schuldnerin an K eine Maschine und stellt K sogleich vereinbarungsgemäß eine ordnungsgemäße Rechnung aus über den Betrag i.H.v. Euro 10 000 zzgl. Euro 1 900 USt. Die Maschine wird mit Zustimmung des I auch sogleich an K geliefert. K zahlt die vereinbarten Beträge am 20.4.2019 an I. Am 1.8.2019 wird das Insolvenzverfahren eröffnet.

Nach § 55 Abs. 4 InsO gelten Verbindlichkeiten des Insolvenzschuldners aus dem Steuerschuldverhältnis, die von einem vorläufigen Insolvenzverwalter oder vom

---
1 Siehe dazu BMF v. 12.4.2013 – IV D 2 - S 7330/09/10001:001 – DOK 2013/0336253, BStBl. I 2013, 518.
2 BFH v. 9.12.2010 – V R 22/10, BStBl. II 2011, 996 = ZIP 2011, 782 = ZInsO 2011, 823.

Schuldner mit Zustimmung eines vorläufigen Insolvenzverwalters begründet worden sind, nach Eröffnung des Insolvenzverfahrens als Masseverbindlichkeiten. Es handelt sich insoweit um Verbindlichkeiten, die während der vorläufigen Insolvenzverwaltung begründet wurden. Die neue Regelung ist auf alle Insolvenzverfahren anzuwenden, deren Eröffnung nach dem 31.12.2010 beantragt wurde.

Dennoch hat der BFH Bedenken der Literatur hinsichtlich der Norm des § 55 Abs. 4 InsO im Ganzen abgelehnt. In Fall 10 entsteht der Umsatzsteueranspruch der Finanzverwaltung mit Ablauf des Voranmeldungszeitraums April 2019, weil die Lieferung in diesem Voranmeldungszeitraum erfolgt.[1] Auf die Entgeltvereinnahmung kommt es nur in Fällen der Istbesteuerung an. Soweit die Umsatzsteuerforderung im Zeitpunkt der Insolvenzeröffnung noch nicht beglichen ist, gilt die entsprechende Umsatzsteuerforderung ab Eröffnung des Insolvenzverfahrens als Masseverbindlichkeit gem. § 55 Abs. 4 InsO. Eine Besichtigung ist nicht durchzuführen, weil im Eröffnungszeitpunkt keine Entgeltforderung mehr vorhanden ist.

Fall 11: Leistungserbringung vor Anordnung der vorläufigen Insolvenzverwaltung und Entgeltvereinnahmung während der vorläufigen schwachen Insolvenzverwaltung 4.361

Am 1.3.2019 verkauft die I-GmbH (spätere Insolvenzschuldnerin) an K eine Maschine, liefert diese sofort aus und stellt K sogleich vereinbarungsgemäß eine ordnungsgemäße Rechnung aus über den Betrag i.H.v. Euro 10 000 zzgl. Euro 1 900 USt. Die I-GmbH stellt am 1.4.2019 den Antrag, das Insolvenzverfahren über ihr Vermögen zu eröffnen. Zu diesem Zeitpunkt hat K noch nicht an die I-GmbH gezahlt. Am 1.4.2019 wird ein vorläufiger Insolvenzverwalter (I) bestellt durch das Insolvenzgericht angeordnet, dass Verfügungen der I-GmbH nur noch mit Zustimmung des vorläufigen Insolvenzverwalters wirksam sind (schwache vorläufige Insolvenzverwaltung). K zahlt die vereinbarten Beträge am 20.4.2019 an I. Am 1.8.2019 wird das Insolvenzverfahren eröffnet.

Im Fall der **Istversteuerung** führt die Vereinnahmung der Entgelte durch den schwachen vorläufigen Insolvenzverwalter im vorläufigen Insolvenzverfahren mit der Eröffnung des Insolvenzverfahrens zur Entstehung von Masseverbindlichkeiten i.S.d. § 55 Abs. 4 InsO, weil bei der Istversteuerung der Steueranspruch der Finanzverwaltung erst in diesem Zeitpunkt entsteht.[2]

In Fällen der Sollbesteuerung gilt nach Rechtsprechung des V. Senats des BFH, dass die im Zeitpunkt der Anordnung der vorläufigen Insolvenzverwaltung noch nicht vereinnahmte Entgeltforderung des Insolvenzschuldners gem. § 17 UStG zu berichtigen ist.[3] Dadurch wird die Steuerforderung, die eigentlich bereits entstanden ist und

---

1 Siehe BFH v. 24.9.2014 – V R 48/13, ZIP 2014, 2451 = ZInsO 2014, 2589; zur Kritik daran s. oben Rz. 4.330 ff.; ebenso nun BMF v. 20.5.2015 – IV A 3 – S 0550/10/10020-05 – DOK 2015/0416027, BStBl. I 2015, 476 = FR 2015, 668.
2 Vgl. BFH v. 29.1.2009 – V R 64/07, BStBl. II 2009, 682 = ZIP 2009, 977; v. 1.3.2016 – XI R 9/15, NV, MwStR 2016, 724; v. 1.3.2016 – XI R 21/14, DStR 2016, 1469.
3 BFH v. 24.9.2014 – V R 48/13, ZIP 2014, 2451 = ZInsO 2014, 2589; zur Kritik daran s. oben Rz. 4.330 ff.; ebenso nun BMF v. 20.5.2015 – IV A 3 – S 0550/10/10020-05 – DOK 2015/0416027, BStBl. I 2015, 476 = FR 2015, 668; vgl. auch BFH v. 1.3.2016 – XI R 21/14, DStR 2016, 1469.

somit im eröffneten Insolvenzverfahren den Rang einer Insolvenzforderung gem. § 38 InsO einnehmen würde, steuerrechtlich auf null reduziert. Durch die Entgeltvereinnahmung des vorläufigen Insolvenzverwalters am 20.4.2019 wird ein erneuter Berichtigungstatbestand gem. § 17 UStG ausgelöst, so dass dann § 55 Abs. 4 InsO dahingehend eingreift, dass dieser neu begründete Umsatzsteueranspruch nach Eröffnung des Insolvenzverfahrens als Masseverbindlichkeit gilt.

4.362 **Fall 12: Leistungserbringung während der vorläufigen schwachen Insolvenzverwaltung, Entgeltvereinnahmung nach Eröffnung des Insolvenzverfahrens**

Die I-GmbH stellt am 1.4.2019 den Antrag, das Insolvenzverfahren über ihr Vermögen zu eröffnen. Am 1.4.2019 wird ein vorläufiger Insolvenzverwalter (I) mit Zustimmungsvorbehalt bestellt (schwache vorläufige Insolvenzverwaltung). Am 10.4.2019 verkauft die I-GmbH an K eine Maschine, die auch sofort ausgeliefert wird, und stellt K sogleich vereinbarungsgemäß eine ordnungsgemäße Rechnung aus über den Betrag i.H.v. Euro 10 000 zzgl. Euro 1 900 USt. Am 1.8.2019 wird das Insolvenzverfahren eröffnet. Zu diesem Zeitpunkt ist Umsatzsteuer i.H.v. Euro 1 900 aus dem Verkauf an K noch nicht an das Finanzamt abgeführt. K zahlt die vereinbarten Beträge am 20.8.2019 an I.

In diesem Fall ist § 55 Abs. 4 InsO einschlägig. Die Umsatzsteuerschuld ist nach Eröffnung des Insolvenzverfahrens Masseverbindlichkeit.

Unklar war bis zur Entscheidung des BFH vom 24.9.2014[1] (V R 48/13), ob gleichwohl im Zeitpunkt der Insolvenzeröffnung eine Berichtigung gem. § 17 UStG nach der Grundsatzentscheidung des BFH vom 9.12.2010[2] (V R 22/10) erfolgen muss.

Auch solche Entgeltforderungen, die durch einen vorläufigen schwachen Insolvenzverwalter begründet worden sind, werden mit Insolvenzeröffnung uneinbringlich i.S.v. § 17 UStG, wenn sie nicht vor der Eröffnung des Insolvenzverfahrens durch den vorläufigen Insolvenzverwalter auch vereinnahmt worden sind.[3] Damit wird das Vorhandensein einer **Masseverbindlichkeit nach § 55 Abs. 4 InsO zeitweilig wieder aufgehoben:** Da die Umsatzsteuerforderung steuerrechtlich durch die Berichtigung im Eröffnungszeitpunkt hinweggefallen ist und für die Durchsetzung von Steuerforderungen ihr steuerrechtliches Bestehen Voraussetzung ist, kann die Forderung so lange nicht erhoben werden, bis nicht das zur erneuten Berichtigung führende Ereignis der Entgeltvereinnahmung eingetreten ist. Dem Fiskus geht dadurch aber nichts verloren, weil bei Neuentstehung der Umsatzsteuerforderung sowohl kraft gesetzlicher Anordnung in § 55 Abs. 4 InsO als auch nach der Konstruktion des Uneinbringlichwerdens des V. Senats eine Masseverbindlichkeit entsteht. Für den Voranmeldungszeitraum August 2019 hat der Insolvenzverwalter daher eine erneute Berichtigung vorzunehmen.

Dieser „**Stundungseffekt**" kann für den Insolvenzverwalter insbesondere bei Betriebsfortführungen **außerordentlich wertvoll** sein.

---

1 BFH v. 24.9.2014 – V R 48/13, ZIP 2014, 2451 = ZInsO 2014, 2589.
2 BFH v. 9.12.2010 – V R 22/10, BStBl. II 2011, 996 = ZIP 2011, 782 = ZInsO 2011, 823.
3 BFH v. 24.9.2014 – V R 48/13, ZIP 2014, 2451 (Tz. 31) = ZInsO 2014, 2589; zur Kritik daran s. oben Rz. 4.330 ff.; vgl. auch BFH v. 1.3.2016 – XI R 9/15, NV, MwStR 2016, 724.

C. Umsatzsteuer | Rz. 4.363 Kap. 4

Fall 13: Verfahrensrechtliches – Umsatzsteuerfestsetzung von Umsatzsteuerforderungen gem. § 55 Abs. 4 InsO gegenüber dem Insolvenzverwalter 4.363

Am 7.6.2019 beantragte die I-GmbH die Eröffnung des Insolvenzverfahrens über ihr Vermögen. Ebenfalls am 7.6.2019 wurde I zum schwachen vorläufigen Insolvenzverwalter bestellt, Verfügungen der I-GmbH waren damit nur noch mit Zustimmung des vorläufigen Insolvenzverwalters wirksam. Die GmbH führte ihren Geschäftsbetrieb mit Einwilligung des vorläufigen Insolvenzverwalters zunächst fort. Für die Monate Juni, Juli und August 2019 reichte die I-GmbH Umsatzsteuer-Voranmeldungen beim Finanzamt ein, die jeweils mit einer Zahllast endeten. Zahlungen auf die Umsatzsteuer durch die I-GmbH erfolgten jedoch nicht. Am 1.9.2019 wurde das Insolvenzverfahren über das Vermögen der I-GmbH eröffnet und I zum Insolvenzverwalter bestellt. Am 5.10.2019 übersandte das Finanzamt dem I eine Vollstreckungsankündigung für die Umsatzsteuervorauszahlungen der Monate Juni bis August 2011. Mit Schreiben vom 10.11.2019 forderte das Finanzamt den I unter Hinweis auf § 55 Abs. 4 InsO zur Abgabe von Umsatzsteuer-Voranmeldungen für die Zeiträume Juni bis August 2019 auf. Dem kam I jedoch nicht nach. Am 5.12.2019 erließ das Finanzamt unter der Masse-Steuernummer der I-GmbH Umsatzsteuer-Vorauszahlungsbescheide für die Monate Juni bis August 2019 gegen I als Insolvenzverwalter und forderte diesen jeweils zur Zahlung der festgesetzten Umsatzsteuer auf. Die Höhe der festgesetzten Steuerforderungen entsprach jeweils der von der I-GmbH eingereichten Umsatzsteuer-Voranmeldung. Die Bescheide über die Festsetzung der Umsatzsteuer-Vorauszahlung trugen jeweils den handschriftlichen Vermerk: „Die Steuerfestsetzung betrifft die Festsetzung als sonstige Masseverbindlichkeit i.S.d. § 55 Abs. 4 InsO". Gegen die Umsatzsteuer-Vorauszahlungsbescheide vom 5.12.2019 legte I Einspruch ein und beantragte gleichzeitig erfolglos die Aussetzung der Vollziehung. I begehrte die Aussetzung der Vollziehung der Umsatzsteuer-Vorauszahlungsbescheide für die Monate Juni bis August 2019 nunmehr durch das FG Düsseldorf – mit Erfolg.[1]

Die Umsatzsteuervorauszahlungsbescheide sind rechtswidrig und auf den Einspruch des Insolvenzverwalters hin aufzuheben. Maßgeblich sind dafür folgende, durch das FG Düsseldorf in instruktiver Weise herausgearbeitete verfahrensrechtliche Aspekte:

Auch nach Eröffnung des Insolvenzverfahrens gilt der Grundsatz der Unternehmereinheit für den Insolvenzschuldner. Bedingt durch die Erfordernisse des Insolvenzrechtes besteht das Unternehmen nach Verfahrenseröffnung jedoch aus mehreren Unternehmensteilen. Zu unterscheiden sind der vorinsolvenzliche Unternehmensteil, gegen den Insolvenzforderungen zur Tabelle anzumelden sind (§ 38, 174 ff. InsO), der die Insolvenzmasse betreffende Unternehmensteil, gegen den die Masseverbindlichkeiten geltend zu machen sind (§ 55 InsO), sowie gegebenenfalls das vom Insolvenzverwalter freigegebene Vermögen. Für Insolvenzverfahren, die auf Grund eines nach dem 31.12.2010 gestellten Antrags eröffnet werden, kommen noch die vor Insolvenzeröffnung aufschiebend bedingt entstandenen Masseverbindlichkeiten des § 55 Abs. 4 InsO hinzu.

Soweit der Insolvenzschuldner im Rahmen des vorläufigen Insolvenzverfahrens mit Billigung des schwachen Insolvenzverwalters seinen Steuererklärungspflichten nachkommt und die Umsatzsteuer-Voranmeldungen gem. § 18 Abs. 1 UStG ordnungsgemäß einreicht, stehen diese gem. § 168 AO einer Steuerfestsetzung unter dem Vorbehalt der Nachprüfung gleich. Da die Umsatzsteuer-Voranmeldungen **in Fall 13**

---
[1] Siehe FG Düsseldorf v. 21.3.2012 – 1 V 152/12, ZInsO 2012, 1036.

mit einer Zahllast enden, stehen sie einer Steuerfestsetzung unter dem Vorbehalt der Nachprüfung gleich. Adressat dieser Steuerfestsetzung i.S.v. § 155 AO ist die I-GmbH.

Diese Steuerfestsetzungen für die Vorauszahlungszeiträume Juni, Juli und August 2019 werden durch die Eröffnung des Insolvenzverfahrens über das Vermögen der GmbH am 1.9.2019 nicht gegenstandslos. Lediglich die Möglichkeiten der Beitreibung der bereits festgesetzten Steuerforderungen richten sich nunmehr nach den Vorschriften des Insolvenzrechts.

Eine erneute Festsetzung der Umsatzsteuer-Vorauszahlungen der Monate Juni, Juli und August 2011 für die GmbH erfolgte gegenüber I **ohne Rechtsgrundlage**. Ausreichend für die vom Finanzamt wohl beabsichtigte Einziehung der bereits festgesetzten Umsatzsteuerverbindlichkeiten der I-GmbH als Masseforderung gem. § 55 Abs. 4 InsO wäre der Erlass eines schlichten Leistungsgebots gewesen (was aber auch nur dann zulässig ist, wenn das Entgelt durch die Schuldnerin entweder während der vorläufigen Insolvenzverwaltung bereits vereinnahmt worden ist oder die Vereinnahmung durch den Insolvenzverwalter im eröffneten Insolvenzverfahren bereits erfolgt ist, **vergleiche oben Fall 12, Rz. 4.362).**

Auch nach Auffassung der Finanzverwaltung ist jedoch – worauf das FG Düsseldorf zu Recht ausdrücklich hinweist – eine Steuerfestsetzung gegenüber dem Insolvenzverwalter nur dann möglich, wenn noch keine Steuerfestsetzung der nach Eröffnung des Insolvenzverfahrens nach § 55 Abs. 4 InsO als Masseverbindlichkeit geltenden Steuerverbindlichkeit vor der Eröffnung des Insolvenzverfahrens gegenüber dem Insolvenzschuldner erfolgt ist.[1] Die Geltendmachung erfolgt allein mittels eines Leistungsgebots. Da § 55 Abs. 4 InsO für die betreffenden Steuerverbindlichkeiten die Insolvenzmasse als in Anspruch zu nehmenden insolvenzrechtlichen Vermögensbereich bestimmt und gegenüber diesem Vermögensbereich noch kein Leistungsgebot erfolgt ist, ist insoweit an den Insolvenzverwalter ein Leistungsgebot mit der ursprünglichen Fälligkeit und unter Ausführung der bereits entstandenen Nebenleistungen zu erlassen.

Diesen Voraussetzungen entsprechen Umsatzsteuer-Vorauszahlungsbescheide mitunter nicht: Solche sind typischerweise ausdrücklich als Umsatzsteuer-Festsetzungen bezeichnet und fordern den Insolvenzverwalter zur Zahlung dieser nunmehr festgesetzten Umsatzsteuern ultimativ auf. Die Bescheide enthalten üblicherweise weder Angaben zur ursprünglichen Fälligkeit der Umsatzsteuer-Vorauszahlungen für die Zeit des vorläufigen Insolvenzverfahrens, noch führen sie bereits entstandene Nebenleistungen auf. Sie können regelmäßig auch nicht in ein schlichtes Leistungsgebot umgedeutet werden. Auch ein handschriftlicher Zusatz „Die Steuerfestsetzung betrifft die Festsetzung als sonstige Masseverbindlichkeit i.S.d. § 55 Abs. 4 InsO." ändert daran nichts.

---

[1] BMF v. 17.1.2012 – IV A 3 - S 0550/10/10020-05 – DOK 2012/0042691, BStBl. I 2012, 120, Tz. 36.

Fall 14: Rechnungstellung und/oder (Abschlags-)Zahlung vor Anordnung der vorläufigen Insolvenzverwaltung und Leistungserbringung während der vorläufigen schwachen Insolvenzverwaltung 4.364

Am 1.3.2019 verkauft die I-GmbH (spätere Insolvenzschuldnerin) an K eine Maschine. Die Parteien vereinbaren Vorkasse. Die I-GmbH stellt K sogleich vereinbarungsgemäß eine ordnungsgemäße Rechnung aus über den Betrag i.H.v. Euro 10 000 zzgl. Euro 1 900 USt., die K auch sofort an die I-GmbH zahlt. Die I-GmbH stellt am 1.4.2019 den Antrag, das Insolvenzverfahren über ihr Vermögen zu eröffnen. Zu diesem Zeitpunkt hat die I-GmbH noch nicht an K geliefert. Am 1.4.2019 wird ein vorläufiger Insolvenzverwalter (I) mit Zustimmungsvorbehalt bestellt (schwache vorläufige Insolvenzverwaltung). I liefert die Maschine am 20.4.2019 an K. Am 1.6.2019 wird das Insolvenzverfahren eröffnet.

Wird das Entgelt oder ein Teil des Entgeltes (§§ 10, 11, 13 Abs. 1 Ziff. 1 a) Satz 4 UStG) vor Leistungsausführung vereinnahmt, entsteht die Umsatzsteuer mit Ablauf desjenigen Voranmeldungszeitraumes, in dem das Entgelt vereinnahmt wurde. Somit ist der Umsatzsteueranspruch des Finanzamtes hier mit Ablauf des Voranmeldungszeitraumes März 2019 entstanden. Es besteht somit eine Insolvenzforderung, die auch nicht durch die Lieferung während der vorläufigen Insolvenzverwaltung ihre insolvenzrechtliche Forderungsqualität verliert. Es ergeben sich insoweit hinsichtlich der Beurteilung keine Abweichungen gegenüber Fall 3 bzw. BFH, Urt. v. 30.4.2009[1] (V R 1/06). Eine Berichtigung i.S.v. § 17 UStG muss auf den Eröffnungszeitpunkt nicht vorgenommen werden, weil zu diesem Zeitpunkt eine Entgeltforderung der I-GmbH nicht mehr bestand, also auch nicht uneinbringlich werden konnte.

Fall 15: Entgeltvereinnahmung während der vorläufigen schwachen Insolvenzverwaltung, Leistungserbringung nach Eröffnung des Insolvenzverfahrens 4.365

Die I-GmbH stellt am 1.4.2019 den Antrag, das Insolvenzverfahren über ihr Vermögen zu eröffnen. Am 1.4.2019 wird ein vorläufiger Insolvenzverwalter (I) mit Zustimmungsvorbehalt bestellt (schwache vorläufige Insolvenzverwaltung). Am 10.4.2019 verkauft die I-GmbH an K eine Maschine und stellt K sogleich vereinbarungsgemäß eine ordnungsgemäße Rechnung aus über den Betrag i.H.v. Euro 10 000 zzgl. Euro 1 900 USt. Es wird Vorkasse vereinbart; K zahlt am 10.4.2019 an I. Am 1.6.2019 wird das Insolvenzverfahren eröffnet. I liefert am 20.6.2019 an K.

Wird das Entgelt oder ein Teil des Entgeltes (§§ 10, 11, 13 Abs. 1 Nr. 1 Buchst. a Satz 4 UStG) vor Leistungsausführung vereinnahmt, entsteht die Umsatzsteuer mit Ablauf desjenigen Voranmeldungszeitraumes, in dem das Entgelt vereinnahmt wurde. Somit ist der Umsatzsteueranspruch des Finanzamtes hier mit Ablauf des Voranmeldungszeitraumes April 2019 entstanden. Da zu diesem Zeitpunkt bereits die vorläufige schwache Insolvenzverwaltung angeordnet war, hat der Umsatzsteueranspruch gem. § 55 Abs. 4 InsO jedenfalls dann die Forderungsqualität einer Masseverbindlichkeit, wenn man den bei **Fall 10** dargelegten Argumenten nicht folgt. Daran ändert die Eröffnung des Insolvenzverfahrens nichts: Eine zu berichtigende Entgeltforderung der I-GmbH hat im Eröffnungszeitpunkt nicht mehr bestanden. Da der Umsatzsteueranspruch bereits Masseverbindlichkeit ist und hinsichtlich seines

---

[1] BFH v. 30.4.2009 – V R 1/06, BStBl. II 2010, 138 = ZIP 2009, 1677.

steuerrechtlichen Bestehens durch eine Berichtigung keine Änderungen eintreten, bleibt die Leistungserbringung nach Eröffnung des Insolvenzverfahrens ohne jede Auswirkung.

4.366 **Fall 16: Aufrechnung des Finanzamtes gegen einen Erstattungsanspruch, der aus einer nach Insolvenzeröffnung eintretenden Berichtigung resultiert**

Die I-GmbH (spätere Insolvenzschuldnerin) führte in 2011 diverse Lieferungen an K aus. Sie stellte diese Lieferungen mit ordnungsgemäßen Rechnungen K in Rechnung. Am 1.11.2011 beantragte die I-GmbH die Eröffnung des Insolvenzverfahrens über ihr Vermögen. Dieser Antrag führte am 1.3.2012 zur Eröffnung des Insolvenzverfahrens und zur Bestellung des I zum Insolvenzverwalter. In 2013 wurden die der I-GmbH zustehenden Forderungen gegen K uneinbringlich i.S.v. § 17 UStG, weil auch über das Vermögen des K das Insolvenzverfahren eröffnet wurde. I berichtigte entsprechend die Anmeldungen für 2011 mit berichtigten Anmeldungen, die er in 2016 dem Finanzamt übermittelte. Diese Berichtigungen führten zu Erstattungsbeträgen, weil die Berichtigung der betreffenden Anmeldungen zu einer Verminderung der Zahllast-Beträge geführt hat. I begehrt deswegen deren Erstattung.

Das Finanzamt hat gegen diese Beträge indes die Aufrechnung mit seinen unbefriedigten Umsatzsteuerforderungen März, April und September 2011 erklärt und hierüber aufgrund des Widerspruchs des Klägers einen Abrechnungsbescheid vom 17.10.2016 erlassen. Dagegen wandte sich I mit der Klage zum FG.[1]

Entscheidend ist für Fall 16 die Frage, wann der Erstattungsanspruch aus der Berichtigung entsteht. Entsteht er – rückwirkend auf den Zeitpunkt der Steuerschuld – bereits in 2011, dann ist die Aufrechnung des Finanzamtes zulässig; entsteht er hingegen erst in dem Zeitpunkt, in dem der Lebenssachverhalt eintritt, der zur Berichtigung führt, dann greift das Aufrechnungsverbot des § 96 Abs. 1 Nr. 1 InsO ein.

Der VII. Senat hat den **Streitfall Az. VII R 29/11**[2] zum Anlass genommen, seine bisherige **Rechtsprechung diesbezüglich zu ändern** und sich konstruktiv in wichtigen Punkten der Rechtsprechung des V. Senats anzuschließen.

Bei steuerlichen Erstattungs- und Vergütungsforderungen hatte der VII. Senat bis zur Entscheidung der Streitsache VII R 29/11 verlangt, dass die Forderung „ihrem Kern nach" bereits vor der Eröffnung des Insolvenzverfahrens begründet ist. Er hatte dies angenommen, wenn der Sachverhalt, der zu der Entstehung des steuerlichen Anspruchs führte, vor Eröffnung des Insolvenzverfahrens verwirklicht worden sei.[3] So liege es in der Regel, wenn eine Steuer, die vor Eröffnung des Insolvenzverfahrens entstanden sei, zu erstatten oder zu vergüten oder in anderer Weise dem Steuerpflichtigen wieder gutzubringen sei. Ein diesbezüglicher Anspruch des Steuerpflichtigen werde dann nicht erst nach Eröffnung des Insolvenzverfahrens begründet, sondern stelle eine vor Eröffnung des Verfahrens aufschiebend bedingt begründete Forderung dar, gegen welche die Finanzbehörde gem. § 95 InsO im Verfahren aufrechnen könne, wenn das als aufschiebende Bedingung zu behandelnde, die Erstattung, Vergütung oder sonst die Rückführung der steuerlichen Belastung auslösende Ereig-

---

[1] Fall nach BFH v. 25.7.2012 – VII R 29/11, BStBl. II 2013, 36 = ZIP 2012, 2217.
[2] BFH v. 25.7.2012 – VII R 29/11, BStBl. II 2013, 36 = ZIP 2012, 2217.
[3] Vgl. statt aller BFH v. 17.4.2007 – VII R 27/06, BFHE 217, 8 = BStBl. II 2009, 589 = ZIP 2007, 1166 = DStRE 2007, 1057.

nis selbst – z.B. die Notwendigkeit einer Berichtigung der Umsatzsteuer gem. § 17 UStG[1] – nach Eröffnung des Verfahrens eintrete. Insbesondere in den Fällen des § 17 UStG entstehe zwar ein steuerverfahrensrechtlich selbständiger Anspruch, der jedoch kompensatorischen Charakter habe, indem er die ursprünglich vorgenommene Besteuerung ausgleiche und die damals für ein bestimmtes Ereignis erhobene Steuer aufgrund eines späteren, entgegengesetzten Ereignisses zurückführe. Das rechtfertige es, ihn als bereits mit der Verwirklichung des Besteuerungstatbestands insolvenzrechtlich begründet anzusehen.

Der für das Umsatzsteuerrecht zuständige V. Senat des BFH ist dem VII. Senat für die Einordnung von Steuerforderungen des Finanzamtes zu den Insolvenzforderungen oder Masseverbindlichkeiten jedoch konstruktiv entgegengetreten. Er hat entschieden, jedenfalls für das Festsetzungsverfahren sei § 38 InsO dahin auszulegen, dass sich die „Begründung" steuerlicher Forderungen und damit die Abgrenzung zwischen Masseverbindlichkeiten und Insolvenzforderungen danach bestimme, ob der den Umsatzsteueranspruch begründende Tatbestand nach den steuerrechtlichen Vorschriften bereits vor oder erst nach Insolvenzeröffnung „vollständig verwirklicht und damit abgeschlossen" ist.[2] Der VII. Senat hat dies zum Anlass genommen, seine Rechtsprechung zu überprüfen. Er hält nun nicht länger an seiner Rechtsansicht fest, dass eine aufgrund Berichtigung gem. § 17 Abs. 2 UStG entstehende steuerliche Forderung bereits mit Begründung der zu berichtigenden Steuerforderung im insolvenzrechtlichen Sinne des § 96 Abs. 1 Nr. 1 InsO begründet ist. Für die Anwendung des § 96 Abs. 1 Nr. 1 InsO ist danach als entscheidend anzusehen, wann der materiell-rechtliche Berichtigungstatbestand des § 17 Abs. 2 UStG verwirklicht wird, die in dieser Vorschrift aufgeführten Tatbestandsvoraussetzungen also eintreten.

Wird ein Berichtigungstatbestand des § 17 Abs. 2 UStG vor Eröffnung des Insolvenzverfahrens verwirklicht, greift das Aufrechnungsverbot des § 96 Abs. 1 Nr. 1 InsO nicht ein, und zwar unabhängig davon ob der betreffende Voranmeldungs- oder Besteuerungszeitraum erst während des Insolvenzverfahrens endet und mithin die Steuer i.S.d. § 13 UStG erst nach Eröffnung des Insolvenzverfahrens entsteht.[3] Auf den Zeitpunkt der Abgabe einer Steueranmeldung oder des Erlasses eines Steuerbescheids, in dem der Berichtigungsfall erfasst wird, kommt es in diesem Zusammenhang nicht an.

Tritt der Lebenssachverhalt, der die Berichtigung auslöst, allerdings erst nach Eröffnung des Insolvenzverfahrens ein, so ist das Finanzamt auch erst nach Eröffnung des Insolvenzverfahrens etwas zur Masse schuldig geworden, so dass das Finanzamt in **Fall 16** gem. § 96 Abs. 1 Nr. 1 InsO **nicht zur Aufrechnung berechtigt** ist.

Der Fall hat allerdings noch eine verfahrensrechtliche Finesse: Für den Fall noch nicht entrichteter Umsatzsteuer hat der V. Senat in seinem Urteil vom 9.12.2010[4] (V

---

1 Vgl. BFH v. 4.8.1987 – VII R 11/84, BFH/NV 1987, 707.
2 BFH v. 29.1.2009 – V R 64/07, BStBl. II 2009, 682 = ZIP 2009, 977 = ZInsO 2009, 920.
3 Insoweit beruft sich der VII. Senat auf BGH v. 19.7.2007 – IX ZR 81/06, ZIP 2007, 1612 = NJW-RR 2008, 206.
4 BFH v. 9.12.2010 – V R 22/10, BStBl. II 2011, 996 = ZIP 2011, 782 = ZInsO 2011, 823.

R 22/10) erkannt, erbringe ein Unternehmer, über dessen Vermögen das Insolvenzverfahren eröffnet wird, eine Leistung vor Verfahrenseröffnung, ohne das hierfür geschuldete Entgelt bis zu diesem Zeitpunkt zu vereinnahmen, trete mit Eröffnung des Insolvenzverfahrens aufgrund der wegfallenden Empfangszuständigkeit des Insolvenzschuldners Uneinbringlichkeit der an ihn noch nicht entrichteten Entgelte ein (vgl. dazu ausführlich Fall 2, Rz. 4.352). Mithin werde der Tatbestand des § 17 Abs. 2 Nr. 1 UStG verwirklicht und die Umsatzsteuer sei in einer logischen Sekunde vor Eröffnung des Insolvenzverfahrens zu berichtigen, um sie bei Vereinnahmung des Entgelts durch den Verwalter erneut entstehen lassen zu können. Danach hätten die Berichtigungen in Fall 16 eigentlich im Zeitpunkt der Insolvenzeröffnung erfolgen müssen und wären nach der ebenfalls als obiter dictum mitgeteilten Auffassung des VII. Senates in VII R 29/11,[1] BStBl. II 2013, 36 aufrechenbar gewesen, weil die sich aus den Berichtigungen ergebenden Erstattungsbeträge dann vor Insolvenzeröffnung entstanden sein sollen (was methodisch höchst zweifelhaft ist, weil dann ein Ereignis seine Rechtswirkungen vorverlagern würde). Aufgrund der Steueranmeldungen des I, denen das Finanzamt im Streitfall (= Fall 16) zugestimmt hat, stand gem. § 168 Satz 2 AO – wenn auch unter dem Vorbehalt der Nachprüfung – zwischen den Beteiligten fest, dass in dem Veranlagungszeitraum 2012 zugunsten der Schuldnerin negative Umsatzsteuerbeträge zu berücksichtigen sind, die den vom Finanzamt verrechneten Anspruch ausgelöst haben. Der für Fall den Streitfall – vorbehaltlich einer Änderung aufgrund des Nachprüfungsvorbehalts – **verbindlichen Rechtswirkung dieser Festsetzungen** steht auch nicht entgegen, dass bei Abgabe der betreffenden Anmeldungen bereits das Insolvenzverfahren eröffnet war und im Insolvenzverfahren grundsätzlich keine Steuerfestsetzungen ergehen können, vielmehr die Forderungen des Finanzamtes nach den Vorschriften der InsO geltend zu machen, nämlich zur Tabelle anzumelden, zu erörtern und zur Tabelle mangels Widerspruchs gegen die Anmeldung oder aufgrund eines Bescheids nach § 251 Abs. 3 AO festzustellen sind. Es geht hier nämlich nicht um die Festsetzung einer Steuer zu Lasten der Insolvenzmasse, sondern um die Berichtigung einer Steuerfestsetzung mit dem Ziel einer Verringerung der gegen I festgesetzten nachinsolvenzlichen Steuerschuld der Schuldnerin.

4.367 **Fall 17: Aufrechnungsverbot wegen inkongruenter Herstellung der Aufrechnungslage**

Die I-GmbH beantragt am 1.4.2019, das Insolvenzverfahren über ihr Vermögen zu eröffnen. Am gleichen Tage ordnet das Insolvenzgericht die vorläufige Insolvenzverwaltung mit Zustimmungsvorbehalt an. Am 1.6.2019 wird das Insolvenzverfahren eröffnet. Danach stellt der (ehemalige vorläufige) Insolvenzverwalter Antrag auf Festsetzung seiner Vergütung, erhält diese i.H.v. Euro 10 000 zzgl. Euro 1 900 USt. festgesetzt und stellt der Schuldnerin eine ordnungsgemäße Rechnung über diesen Betrag aus. Sodann begleicht er aus der Masse diese Rechnung brutto. In der Umsatzsteuervoranmeldung Juni 2019 meldet der Insolvenzverwalter einen Vorsteuerüberhang i.H.v. Euro 1 900 an und begehrt Erstattung der Vorsteuer an die Insolvenzmasse. Das Finanzamt will mit Steuerschulden der I-GmbH aus 2018 aufrechnen.

---

1 BFH v. 25.7.2012 – VII R 29/11, BStBl. II 2013, 36 = ZIP 2012, 2217.

Die Aufrechnung ist gem. **§ 96 Abs. 1 Nr. 3 InsO unzulässig:** Der VII. Senat hat dazu in einer bedeutsamen Grundsatzentscheidung[1] geurteilt, die Aufrechnung von Insolvenzforderungen des Finanzamts mit einem aus der Honorarzahlung an einen vorläufigen Insolvenzverwalter resultierenden Vorsteuervergütungsanspruch des Insolvenzschuldners sei, sofern bei Erbringung der Leistungen des vorläufigen Insolvenzverwalters die Voraussetzungen des § 130 InsO oder des § 131 InsO vorgelegen haben, unzulässig.

Damit hat der VII. Senat seine anderslautende frühere Rechtsprechung ausdrücklich aufgegeben. Der VII. Senat hatte in seinem Urteil vom 16.11.2004[2] erkannt, § 96 Abs. 1 Nr. 3 InsO hindere die Aufrechnung des Finanzamts mit Steuerforderungen aus der Zeit vor Eröffnung eines Insolvenzverfahrens gegen einen durch einen Vorsteuerüberhang ausgelösten Vergütungsanspruch des Insolvenzschuldners nicht, denn es fehle in einem solchen Fall an einer Rechtshandlung, weil die Verpflichtung des Schuldners zur Vergütung der Tätigkeit eines vorläufigen Insolvenzverwalters nicht auf einer vertraglichen Vereinbarung, sondern auf dessen Bestellung durch das Insolvenzgericht und der von diesem vorgenommenen Festsetzung seiner Vergütung beruhe, die vom vorläufigen Insolvenzverwalter für die Ausführung seiner Leistung zu entrichtende Umsatzsteuer – wie jede Steuer – kraft Gesetzes entstehe und das Gleiche für die damit korrespondierende Berechtigung des Leistungsempfängers (Insolvenzschuldner) zum Vorsteuerabzug nach § 15 UStG gelte. Demgegenüber hatte der BGH aber in seinem Urteil vom 22.10.2009[3] darauf hingewiesen, dass Steuertatbestände in der Regel an Rechtshandlungen des Steuerpflichtigen oder Dritter anknüpfen und hieraus die Steuerpflicht ableiten, so wie es auch bei umsatzsteuerpflichtigen Leistungen der Fall sei, die zum Entstehen einer Steuerforderung des Finanzamts führen. Das ändert aber nach Auffassung des BGH nichts daran, dass die betreffenden (umsatzsteuerpflichtigen) Leistungen, welche zum Entstehen der Steuerforderung führen, eine Rechtshandlung i.S.d. § 96 Abs. 1 Nr. 3 InsO darstellen.

Der VII. Senat ist nach erneuter rechtlicher Prüfung dieser Beurteilung des BGH gefolgt. Der in diesem Zusammenhang entscheidende Begriff „**Rechtshandlung**" ist in § 129 InsO als Handlung definiert, die vor Eröffnung des Insolvenzverfahrens vorgenommen worden ist und die Insolvenzgläubiger benachteiligt; er bezeichnet also ein von einem Willen getragenes Handeln, das rechtliche Wirkungen auslöst und das Vermögen des Schuldners zum Nachteil der Insolvenzgläubiger verändern kann. Umsatzsteuer – und damit auch zu vergütende Umsatzsteuer – entsteht zwar von Gesetzes wegen – sowohl die Steuerschuld des Leistenden wie der Anspruch des Leistungsempfängers auf Anrechnung der im an den Leistenden zu entrichtenden Entgelt enthaltenen sog. Vorsteuer –, das Entstehen von Umsatzsteuer bzw. Vorsteuer setzt jedoch voraus, dass eine Leistung erbracht wird. Diese Leistungserbringung

---

[1] BFH v. 2.11.2010 – VII R 6/10, BStBl. II 2011, 374 = ZIP 2011, 181 = DStRE 2011, 521, bestätigt in BFH v. 5.5.2015 – VII R 37/13, BFH/NV 2015, 1318.
[2] BFH v. 16.11.2004 – VII R 75/03, BStBl. II 2006, 193 = ZIP 2005, 628 = DStRE 2005, 479 = BFHE 208, 296.
[3] BGH v. 22.10.2009 – IX ZR 147/06, ZIP 2010, 90 = NZG 2010, 275 = NZI 2010, 17.

sieht der VII. Senat in Übereinstimmung mit dem BGH als eine Rechtshandlung i.S.d. § 129 InsO an.

Eine **Leistungserbringung** ist damit Rechtshandlung. i.S.v. § 129 Abs. 1 InsO. Dass die (unter den weiteren Voraussetzungen der § 130 ff. InsO anfechtbare) Rechtshandlung unmittelbar und unabhängig vom Hinzutreten etwaiger weiterer Umstände von dem (späteren) Insolvenzschuldner vorgenommen wird, setzen die §§ 129 und § 96 Abs. 1 Nr. 3 InsO ebenso wenig voraus, wie dass sie unmittelbar und unabhängig vom Hinzutreten etwaiger weiterer Umstände (hier insbesondere der späteren gerichtlichen Festsetzung der Vergütung des vorläufigen Insolvenzverwalters auf Grund der von diesem erstellten Rechnung sowie gegebenenfalls dem Fehlen verrechnungsfähiger positiver Umsatzsteuerbeträge in dem – insolvenzrechtlich – maßgeblichen Voranmeldungszeitraum) eine Aufrechnungslage zum Entstehen bringen müssten. § 96 Abs. 1 Ziff. 3 InsO verlangt lediglich, dass die Rechtshandlung vor Eröffnung des Insolvenzverfahrens vorgenommen worden ist – die Leistungen des vorläufigen Insolvenzverwalters wurden in diesem Zeitraum erbracht –, dass sie irgendeine Voraussetzung für die Aufrechnungsmöglichkeit des Insolvenzschuldners geschaffen hat und dass die Rechtshandlung die Insolvenzgläubiger benachteiligt. Wenn es an Letzterem auch im Hinblick auf die Leistungserbringung des vorläufigen Insolvenzverwalters als solcher fehlen mag – der Verpflichtung der Masse zur Zahlung des Entgelts für die der Schuldnerin erbrachten Leistungen des vorläufigen Insolvenzverwalters steht gegenüber, dass zugunsten der Insolvenzschuldnerin (mutmaßlich zumindest) gleichwertige Leistungen erbracht worden sind –, fehlt es daran nicht im Hinblick auf die durch die Leistungserbringung und den daraus folgenden Anspruch auf Anrechnung von Vorsteuer ausgelöste Möglichkeit des Finanzamts zur Aufrechnung seiner vorinsolvenzlich begründeten Forderungen.

Die Leistungserbringung zeitigte in **Fall 17** neben einem Anspruch auf das Leistungsentgelt u.a. das Entstehen einer Aufrechnungslage für das Finanzamt. Dadurch sind die übrigen Gläubiger des Schuldners benachteiligt. *Denn durch eine Aufrechnung erhält das Finanzamt nach Art einer abgesonderten Befriedigung vollständige Befriedigung für seine verrechneten Forderungen*, für die es sonst, weil es sich um Insolvenzforderungen handelt, nur mit einer Befriedigung nach Maßgabe der im Insolvenzverfahren errechneten Quote rechnen könnte.

Schließlich fehlt es für die Anwendung des § 96 Abs. 1 Nr. 3 InsO auch nicht daran, dass das Finanzamt – wie diese Vorschrift sinngemäß voraussetzt – infolge einer vor Eröffnung des Insolvenzverfahrens begangenen Rechtshandlung in den Genuss einer Aufrechnungsmöglichkeit gelangt ist.

Die als Anknüpfungspunkt der Anfechtung maßgebliche Rechtshandlung, das Erbringen der Leistung, ist im gleichsam natürlichen Sinne vor diesem Zeitpunkt vorgenommen worden. Durch sie ist der Vorsteuervergütungsanspruch zwar noch nicht steuer(verfahrens)rechtlich begründet worden, wohl aber als insolvenzrechtlicher Anspruch. Denn für das insolvenzrechtliche Begründetsein einer Forderung oder eines Anspruchs kommt es nach der ständigen Rechtsprechung des VII. Senats[1] nicht

---

[1] Vgl. dazu zusammenfassend *Rüsken*, ZIP 2007, 2053.

auf das Entstehen im steuer (verfahrens)rechtlichen Sinn, sondern auf die Verwirklichung des Lebenssachverhalts an, der die betreffenden steuerrechtlichen Folgen hat. Aber schon die tatsächliche Verwirklichung des Besteuerungstatbestands lässt den steuerlichen Anspruch aufschiebend bedingt durch das Eintreten der steuerverfahrensrechtlichen Voraussetzungen seiner Wirksamkeit entstehen.

Die Herstellung der Aufrechnungslage ist damit **zusammengefasst** anfechtbar: Da das Finanzamt nämlich keinen Anspruch auf die Bestellung eines vorläufigen Insolvenzverwalters hat, hat es auch keinen Anspruch darauf, dass der Schuldnerin gegen das Finanzamt ein Vorsteuererstattungsanspruch entsteht. Hat das Finanzamt keinen Anspruch darauf, dass der Schuldnerin ein Vorsteuererstattungsanspruch entsteht, dann ist die Entstehung des Vorsteuererstattungsanspruchs eine inkongruente Deckung für bereits vorhandene vorinsolvenzliche Steuerforderungen des Finanzamtes. Damit ist die Herstellung der Aufrechnungslage, die letztlich durch Anordnung der vorläufigen Insolvenzverwaltung und die damit verbundene Entgeltforderung des vorläufigen Insolvenzverwalters gegen die Insolvenzschuldnerin entsteht, anfechtbar, so dass § 96 Abs. 1 Nr. 3 InsO eingreift.

Interessant ist, dass man auch auf anderem Weg zum selben Ergebnis gelangt: Wendet man das BFH-Urteil vom 9.12.2010[1] (V R 22/10) konsequent an, dann ergibt sich Folgendes: Der vorläufige Insolvenzverwalter hat seine Leistung vor Insolvenzeröffnung erbracht. Er hat damit zwar eine Forderung gegen die Schuldnerin erworben, aber diese Forderung ist bis zur Insolvenzeröffnung nicht beglichen worden. Sie ist damit, weil mit Insolvenzeröffnung ein ganz anderer Unternehmensteil entsteht, der den vorangehenden ablöst, i.S.v. § 17 Abs. 2 Ziff. 1 UStG uneinbringlich geworden. Die Schuldnerin hätte also im vorinsolvenzlichen Bereich, wenn sie denn die Vergütung des vorläufigen Insolvenzverwalters passiviert hätte, dieselbe zu berichtigen, der Vergütungsanspruch entfiele. Nach Insolvenzeröffnung wird nun die Forderung des vorläufigen Insolvenzverwalters aus dem Vermögen der I-GmbH beglichen, weil es sich um eine bevorrechtigte Forderung nach § 54 InsO handelt. Durch die Befriedigung muss die zunächst uneinbringliche Forderung erneut berichtigt werden, woraus dann nach Eröffnung des Insolvenzverfahrens ein Vorsteuervergütungsanspruch entsteht. Das passt auch zum BFH-Urteil vom 25.7.2012[2] (VII R 29/11), wonach die Berichtigung nicht mehr – wie nach der früheren Rechtsprechung des VII. Senates – zurückwirkt, sondern zu einem Steueranspruch in dem Zeitpunkt führt, in dem das zur Berichtigung führende Ereignis stattfindet. Wenn dieses Ereignis darin besteht, dass die – bisher in Folge der Insolvenzeröffnung als uneinbringlich anzusehende Forderung des Insolvenzverwalters – doch beglichen wird, dann liegt dieses Ereignis nach Insolvenzeröffnung und führt zu einem nach dem BFH-Urteil vom 25.7.2012 (VII R 29/11) nicht mit vorinsolvenzlichen Forderungen aufrechenbaren, nach Insolvenzeröffnung entstehenden Erstattungsanspruch.

---

1 BFH v. 9.12.2010 – V R 22/10, BStBl. II 2011, 996 = ZIP 2011, 782 = ZInsO 2011, 823.
2 BFH v. 25.7.2012 – VII R 29/11, BStBl. II 2013, 36 = ZIP 2012, 2217.

4.368 Fall 18: Aufrechnungsverbot hinsichtlich des Erstattungsanspruchs aus der insolvenzeröffnungsbedingten Berichtigung gem. § 17 UStG

Die I-GmbH hat am 10.4.2019 an K eine umsatzsteuerpflichtige Lieferung zu einem Kaufpreis i.H.v. Euro 10 000 zzgl. USt. i.H.v. Euro 1 900 ausgeführt; die Lieferung ist tatsächlich erfolgt. Die I-GmbH hat am gleichen Tage an K eine ordnungsgemäße Rechnung erteilt. In der Voranmeldung für April 2019 meldet sie einen Umsatz i.H.v. Euro 10 000 an, weist eine Zahllast i.H.v. Euro 1 900 aus und entrichtet diesen Betrag ordnungsgemäß bei Fälligkeit. Im August 2019 beantragt die I-GmbH die Eröffnung des Insolvenzverfahrens über ihr Vermögen; das Insolvenzverfahren wird am 1.11.2019 eröffnet. Zu diesem Zeitpunkt hat K Zahlung an die I-GmbH noch nicht geleistet. Aus 2018 steht eine Umsatzsteuerschuld der I-GmbH i.H.v. Euro 5 000 offen.

Nach Auffassung des FG Rheinland-Pfalz[1] ist die Aufrechnung des Finanzamts zulässig. Seiner Auffassung nach werden Forderungen des Insolvenzschuldners in der juristischen Sekunde vor Eröffnung des Insolvenzverfahrens uneinbringlich i.S.d. § 17 Abs. 2 Nr. 1 UStG. Die Aufrechnung gegen sich hieraus ergebende Erstattungsansprüche durch die Finanzverwaltung sei damit nicht nach § 96 Abs. 1 Nr. 1 InsO unzulässig. Gegen diese Entscheidung ist die Nichtzulassungsbeschwerde beim BFH eingelegt worden;[2] inzwischen hat der BFH die Revision zugelassen.[3] Das FG Rheinland-Pfalz begnügt sich hinsichtlich des Aufrechnungsverbots aus § 96 Abs. 1 Ziff. 3 InsO leider mit dem Bemerken, die Aufrechnungslage könne nicht durch anfechtbare Rechtshandlung hergestellt worden sein, denn sie sei aufgrund gesetzlicher Bestimmungen eingetreten. Dieses Argument trägt aber nicht, weil seit BFH-Urteil vom 2.11.2010 – VII R 6/10 durch die Rechtsprechung des BFH anerkannt ist, dass das die Anfechtbarkeit gerade nicht hindert. Die Lage hier in Fall 18 ist hinsichtlich der Entstehung der Aufrechnungslage kaum anders zu beurteilen, als dies bei BFH-Urteil vom 2.11.2010 – VII R 6/10, bestätigt durch BFH v. 5.5.2015 – VII R 37/13, der Fall ist (**Fall 16** – Rz. 4.366). Die Herstellung der Aufrechnungslage ist also auch hier inkongruent. Soweit die Herstellung der Aufrechnungslage somit anfechtbar ist, greift § 96 Abs. 1 Ziff. 3 InsO ein, so dass der Erstattungsbetrag an den Insolvenzverwalter auszuzahlen ist.

VI. Voranmeldungsverfahren

4.369 Voranmeldungszeitraum ist gem. § 18 Abs. 2 Satz 1 UStG grundsätzlich das Kalendervierteljahr; beträgt die Steuer für das vorangegangene Kalenderjahr mehr als 7 500 €, ist der Kalendermonat Voranmeldungszeitraum.

Die Insolvenzeröffnung lässt den laufenden Umsatzsteuervoranmeldungszeitraum unberührt. Nach Eröffnung des Insolvenzverfahrens ist aber nicht mehr der Schuldner selbst zur Abgabe der Umsatzsteuervoranmeldungen verpflichtet, sondern der Insolvenzverwalter, weil die Verwaltungs- und Verfügungsbefugnis über das schuldnerische Vermögen gem. § 80 InsO auf ihn übergegangen ist und er somit Vermögensverwalter i.S.v. § 34 Abs. 3 AO ist. Den Insolvenzverwalter trifft nicht nur die

---

1 FG Rh.-Pf. v. 28.1.2019 – 5 K 2414/17.
2 BFH – VII B 23/19.
3 BFH – VII R 6/20.

Pflicht, die **Voranmeldungen** für die Zeit ab der Eröffnung des Insolvenzverfahrens abzugeben, sondern er muss auch die Anmeldungen für die Zeit vor der Eröffnung des Insolvenzverfahrens vornehmen, soweit ihm dies anhand der Buchhaltungsunterlagen des Schuldners möglich ist (Rz. 3.173 ff.).

Hinweis:

Es muss unbedingt darauf geachtet werden, dass die Voranmeldungen, die die Insolvenzmasse betreffen, unter einer neuen Masse-Steuernummer vorgenommen werden. Die alte Steuernummer des Insolvenzschuldners darf nur noch für solche Anmeldungen verwendet werden, die zu Insolvenzforderungen führen, weil sie vor der Insolvenzeröffnung im insolvenzrechtlichen Sinne „begründet" worden sind (Rz. 3.173 ff.). Für den Voranmeldungszeitraum, in den die Insolvenzeröffnung fällt, sind also zwei Umsatzsteuervoranmeldungen unter unterschiedlichen Steuernummern einzureichen, die denselben Voranmeldungszeitraum betreffen.

Kommt der Insolvenzverwalter seiner Voranmeldungspflicht nicht nach, kann die Finanzbehörde die Umsatzsteuer im Wege der Schätzung nach § 162 AO festsetzen.

Hinweis:

Zu beachten ist, dass eine etwaige insolvenzfreie Tätigkeit des Insolvenzschuldners (Rz. 2.143 ff.) weder unter der alten, vor Insolvenzeröffnung geltenden Steuernummer, noch unter der Masse-Steuernummer erfolgen darf, weil die daraus resultierende Steuer sich gegen das insolvenzfreie Vermögen des Schuldners richtet. Insoweit muss der Schuldner selbst eine eigene, neue Steuernummer erhalten, unter der er die Voranmeldungen für seine insolvenzfreie Tätigkeit vornimmt.

Wird das **Insolvenzverfahren aufgehoben oder eingestellt**, bleibt es beim laufenden Umsatzsteuervoranmeldungszeitraum. Nach der Beendigung des Insolvenzverfahrens ist wieder der Insolvenzschuldner allein zur Abgabe der Umsatzsteuervoranmeldungen verpflichtet. Das gilt auch, wenn noch das Restschuldbefreiungsverfahren läuft. Der Schuldner darf die Umsatzsteuervoranmeldungen aber nicht unter der Masse-Steuernummer abgeben. Sofern er bereits während des eröffneten Insolvenzverfahrens eine eigene Steuernummer für seine **insolvenzfreien Umsätze** zugeteilt erhalten hatte, kann diese für die Umsätze des Schuldners, die nach der Beendigung des Insolvenzverfahrens erfolgen, verwendet werden. Hatte der Schuldner eine solche insolvenzfreie Tätigkeit nicht ausgeübt und deswegen auch keine eigene Steuernummer, so ist ihm eine solche zu erteilen. Für den Voranmeldungszeitraum, in den die Beendigung des Insolvenzverfahrens fällt, sind regelmäßig zwei Voranmeldungen abzugeben, von denen die eine die Masse-Steuernummer betrifft und der die bis zur Beendigung des Insolvenzverfahrens auf Rechnung der Masse ausgeführten Umsätze zugrunde liegen, die andere die nach der Beendigung des Insolvenzverfahrens und somit die den insolvenzbeschlagsfreien Vermögensbereich des Schuldners betreffenden Umsätze.

4.370

VII. Insolvenzfreie unternehmerische Tätigkeit des Insolvenzschuldners

Das Insolvenzverfahren erfasst nicht unbedingt das gesamte Vermögen des Insolvenzschuldners. Der Vermögensbeschlag (§ 80 InsO) erstreckt sich nur auf das zur Insolvenzmasse (§ 35 InsO) gehörende Vermögen. Bei natürlichen Personen gibt es daneben regelmäßig eine der Zwangsvollstreckung und damit auch dem Insolvenz-

4.371

verfahren (§ 36 InsO) entzogene Vermögenssphäre, bezüglich derer der Insolvenzschuldner auch während des Insolvenzverfahrens verfügungsbefugt bleibt (Rz. 2.135 ff.). In Insolvenzverfahren, die nach dem 1.7.2007 eröffnet worden sind, hat der Insolvenzverwalter die Möglichkeit, zu erklären, dass Verbindlichkeiten aus der selbständigen Tätigkeit eines Schuldners nicht im Insolvenzverfahren geltend gemacht werden können (§ 35 Abs. 2 Satz 1 InsO). Gibt er die entsprechende Erklärung ab, so kann er zwar die Erträge aus der Selbständigkeit des Schuldners nicht für die Masse beanspruchen, die Insolvenzmasse trägt allerdings auch nicht das Risiko, mit Verbindlichkeiten aus dieser Tätigkeit belastet zu werden. Die gleiche Rechtsfolge konnte der Insolvenzverwalter aber bereits vor der am 1.7.2007 in Kraft getretenen Änderung von § 35 Abs. 2 InsO durch seine an den Schuldner adressierte Freigabeerklärung erreichen, denn aus den Materialen zur Gesetzesänderung ergibt sich, dass dem neu eingefügten Abs. 2 lediglich eine klarstellende Funktion zukommt.[1] Daher sind eventuelle Umsatzsteuerschulden aus einer solchen freigegebenen Tätigkeit auch nicht Verbindlichkeiten im Insolvenzverfahren; sie sind weder Masseverbindlichkeiten, noch können sie als Insolvenzforderungen im Rang von § 38 InsO zur Insolvenztabelle angemeldet werden. Die Finanzverwaltung muss sie vielmehr gegen den Schuldner selbst durchsetzen. Insoweit hat der Insolvenzschuldner – trotz und während des laufenden Insolvenzverfahrens – Voranmeldungen abzugeben und die entsprechende Umsatzsteuer abzuführen. Der Vorsteuerabzug, der mit dieser insolvenzfreien Tätigkeit des Insolvenzschuldners zusammenhängt, steht auch allein dem Insolvenzschuldner zu. Der Insolvenzverwalter hat hierauf keinen Zugriff.

4.372 Mitunter unterhält der Insolvenzschuldner **ohne Wissen und Billigung des Insolvenzverwalters** eine selbständige Tätigkeit. Eine solche Tätigkeit führt in der Regel nicht zu Masseverbindlichkeiten, weil die daraus nach der Eröffnung des Insolvenzverfahrens entstehenden Verbindlichkeiten weder solche sind, die durch Handlungen des Insolvenzverwalters begründet wurden, noch solche, die in anderer Weise durch die Verwaltung, Verwertung und Verteilung der Insolvenzmasse begründet wurden (§ 55 Abs. 1 InsO). Mangels konkreter Anhaltspunkte kann auch nicht von einer konkludenten Billigung des Insolvenzverwalters bzw. einer **stillschweigenden Genehmigung** der Eingehung bestimmter Verbindlichkeiten durch den Insolvenzschuldner ausgegangen werden. Der BFH stellt für die Frage, ob Umsatzsteuerforderungen, die aus einer solchen Tätigkeit des Schuldners resultieren, zu den Insolvenzforderungen oder Masseverbindlichkeiten gehören, entscheidend darauf ab, ob der Schuldner zur Ausübung dieser Tätigkeit Gegenstände verwendet, die zur Insolvenzmasse gehören (§ 35 InsO).[2] Diese Rechtsprechung ist insbesondere für diejenigen Fälle relevant, in denen der Insolvenzschuldner nach der Eröffnung des Insolvenzverfahrens eine selbständige Tätigkeit aufnimmt, zu der er keine besonderen Gerätschaften benötigt, er sich also beispielsweise im Beratungsgeschäft bewegt. Sofern der

---

1 Entwurf eines Gesetzes zur Änderung der Insolvenzordnung, des Kreditwesengesetzes und anderer Gesetze, NZI 2004, 549 (562); FG München v. 29.5.2008 – 14 K 3613/06, EFG 2008, 1483 ff., bestätigt durch BFH v. 17.3.2010 – XI R 30/08, ZIP 2010, 2211 = BFH/NV 2010, 2128.
2 BFH v. 7.4.2005 – V R 5/04, BStBl. II 2005, 848 = ZIP 2005, 1376.

Schuldner keine zur Masse gehörenden Gegenstände für seine Tätigkeit verwendet bzw. die von ihm verwendeten Gegenstände gem. § 811 Ziff. 5 ZPO unpfändbar und damit gem. § 36 InsO nicht Bestandteil der Insolvenzmasse sind, gehören Umsatzsteuerforderungen auch nicht zu den Masseverbindlichkeiten, sondern sind außerhalb des Insolvenzverfahrens gegen den Schuldner geltend zu machen, der dafür nur mit seinem insolvenzfreien Vermögen haftet. **Nutzt der Insolvenzschuldner unberechtigt** einen zur Masse gehörenden Gegenstand für seine nach Insolvenzeröffnung aufgenommene Erwerbstätigkeit, ist die durch sonstige Leistungen des Insolvenzschuldners begründete Umsatzsteuer jedenfalls dann keine Masseverbindlichkeit, wenn die Umsätze im Wesentlichen auf dem Einsatz seiner persönlichen Arbeitskraft und nicht im Wesentlichen auf der Nutzung des Massegegenstandes beruhen.[1] Siehe dazu auch ausführlich oben Rz. 4.339.

Unerheblich ist, ob die Pfändbarkeit derjenigen Gegenstände, mit denen der Insolvenzschuldner seiner selbständigen Tätigkeit nachgeht, bereits von vornherein kraft Gesetzes nicht gegeben ist, oder ob sie durch eine **Freigabe aus der Insolvenzmasse** (Rz. 2.143 ff.) eingetreten ist,[2] denn die Freigabe beendet die Massezugehörigkeit. Nach der Freigabe stehen die Gegenstände im selben Rechtsverhältnis zur Insolvenzmasse wie solche, die bereits ab Eröffnung unpfändbar waren: Sie sind massefremd. Es kann auch nicht etwa in der Freigabe dieser Gegenstände eine Verwaltungs- oder Verwertungshandlung i.S.v. § 55 Abs. 1 InsO gesehen werden, die dazu führt, dass anschließend mit Hilfe dieser Gegenstände getätigter Erwerb der Masse zuzurechnen wäre. Damit würde die Freigabe in ihrer Wirkung konterkariert. Hat der Insolvenzverwalter dem Insolvenzschuldner eine **gewerbliche Tätigkeit durch Freigabe aus dem Insolvenzbeschlag** ermöglicht, fällt ein durch diese Tätigkeit erworbener Umsatzsteuervergütungsanspruch nicht in die Insolvenzmasse (und kann vom Finanzamt mit vorinsolvenzlichen Steuerschulden verrechnet werden).[3] Gleichermaßen richten sich Umsatzsteuerforderungen, die aus Umsatzerlösen resultieren, die der Insolvenzschuldner mit seinem freigegebenen Gewerbebetrieb erwirtschaftet hat, gegen das insolvenzfreie Vermögen und nicht gegen die Insolvenzmasse, so dass sie auch nicht gegen den Insolvenzverwalter festgesetzt werden können, sondern gegen den Insolvenzschuldner festzusetzen sind. Dementsprechend ist in der Festsetzung ausdrücklich klarzustellen, dass das insolvenzfreie Vermögen betroffen sein soll.

4.373

Bei einer unternehmerischen Tätigkeit des Schuldners nach Eröffnung des Insolvenzverfahrens ist die Umsatzsteuer auf die erbrachten Leistungen **nicht schon deshalb eine Masseverbindlichkeit, weil die Entgelte aus dieser Tätigkeit in die Insolvenz-**

---
1 BFH v. 8.9.2011 – V R 38/10, BStBl. II 2012, 270 = ZIP 2012, 88 = DStR 2012, 33.
2 FG München v. 29.5.2008 – 14 K 3613/06, EFG 2008, 1483; bestätigt durch BFH v. 17.3.2010 – XI R 30/08, ZIP 2010, 2211 = BFH/NV 2010, 2128; anders das FG Nds. v. 6.12.2007 – 16 K 147/07, EFG 2008, 1485, das offenbar entscheidungserheblich darauf abstellt, dass keine Freigabe erfolgt sei, sondern „nur" eine unentgeltliche Nutzungsüberlassung bestimmter Gegenstände an den Insolvenzschuldner; bestätigt durch BFH v. 17.3.2010 – XI R 2/08, BStBl. II 2015, 196 = ZIP 2010, 1405 = DStRE 2010, 938 = UR 2010, 619.
3 BFH v. 1.9.2010 – VII R 35/08, BStBl. II 2011, 336 = ZIP 2010, 2359 = NZI 2011, 35.

masse fallen.[1] **Nutzt der Insolvenzschuldner unberechtigt** einen zur Masse gehörenden Gegenstand für seine nach Insolvenzeröffnung aufgenommene Erwerbstätigkeit, ist die durch sonstige Leistungen des Insolvenzschuldners begründete Umsatzsteuer jedenfalls dann keine Masseverbindlichkeit, wenn die Umsätze im Wesentlichen auf dem Einsatz seiner persönlichen Arbeitskraft und nicht im Wesentlichen auf der Nutzung des Massegegenstandes beruhen.[2] Es ist in solchen Fällen auf die tatsächliche Besitzergreifung der massezugehörigen Gegenstände durch den Insolvenzverwalter abzustellen; auf die bloße (theoretische) Pfändbarkeit der Gegenstände kommt es nicht an. Dies zeigt bereits der Wortlaut von § 55 Abs. 1 Ziff. 1 InsO, der für die Entstehung von Masseverbindlichkeiten verlangt, dass die Verbindlichkeit durch Handlung des Insolvenzverwalters oder in anderer Weise *durch die Verwaltung* der Insolvenzmasse begründet worden ist. Eine Verwaltung dem Insolvenzverwalter unbekannter Gegenstände durch ihn kann es denklogisch nicht geben; seine bloße Verwaltungs- und Verfügungs*befugnis* (§ 80 InsO) reicht für die tatsächliche Verwaltung allein nicht aus.

VIII. Umsatzsteuerliche Organschaft

Literatur *Hasbach*, Beendigung der umsatzsteuerlichen Organschaft mit Eröffnung des (vorläufigen) Eigenverwaltungsverfahrens, MwStR 2017, 262; *Hummel*, Begriff der juristischen Person im Rahmen der umsatzsteuerrechtlichen Organschaftsregelungen aus verfassungsrechtlicher Sicht, UR 2010, 207; *Jahn/Gierlich*, Umsatzsteuerliche Organschaft und Insolvenz – Steuerfallen und Chancen in Organkreisen unter besonderer Berücksichtigung neuer Finanzrechtsprechung, SAM 2010, 59; *Juretzek*, Zur Anfechtung der Tilgung von Umsatzsteuerverbindlichkeiten eines Organträgers durch die Organgesellschaft, NZI 2012, 138; *Kahlert*, Zur umsatzsteuerlichen Organschaft, EWiR 2010, 227; *Kußmaul/Ruiner/Pfeifer*, Vorsteuerberichtigungsansprüche aus uneinbringlichen Forderungen bei Insolvenz der Organgesellschaft, UbG 2012, 239; *Leonard*, Taugt die Organschaft noch als Gestaltungsinstrument bei steuerfreien Umsätzen?, DStR 2010, 721; *Maus*, Die umsatzsteuerrechtliche Organschaft in Liquidation und Insolvenz, GmbHR 2005, 859; *Neu/Ebbinghaus*, Erfordernis einer frühzeitigen Tax Due Diligence in Insolvenzverfahren, ZInsO 2016, 999; *Neu/Ebbinghaus*, Verunglückte umsatzsteuerliche Organschaf vor der Insolvenz, DB 2016, 1653; *Prinz/Witt*, Steuerliche Organschaft, 2015, Kap. 24; *Thole*, Steuerliche Organschaft und Insolvenzanfechtung, ZIP 2019, 1353; *Wagner/Marchal*, BMF-Schreiben v. 26.5.2017 zur umsatzsteuerlichen Organschaft und zum Vorsteuerabzug bei gesellschaftsrechtlichen Beteiligungen, DStR 2017, 2150; *Weber*, Umsatzsteuerliche Organschaft in der Insolvenz, NWB 2017, 2035; *Wagner*, Umsatzsteuerliche Organschaft: Zwingendes Ende der finanziellen Eingliederung durch Insolvenz einer Gesellschaft, BB 2017, 2202; *de Weerth*, Umsatzsteuerliche Organschaft und Insolvenz, DStR 2010, 590; *Weiß*, Zur Insolvenzanfechtung bei der umsatzsteuerlichen Organschaft, EWiR 2010, 367.

1. Begriff und Voraussetzungen der Organschaft

4.374 Eine umsatzsteuerliche Organschaft liegt gem. § 2 Abs. 2 Ziff. 2 UStG vor, wenn eine Organgesellschaft nach den tatsächlichen Verhältnissen wirtschaftlich, organisato-

---

[1] BFH v. 8.9.2011 – V R 38/10, BStBl. II 2012, 270 = ZIP 2012, 88 = DStR 2012, 33; vgl. auch FG Köln v. 11.10.2017 – 9 K 3566/14, NZI 2018, 125.
[2] BFH v. 8.9.2011 – V R 38/10, BStBl. II 2012, 270 = ZIP 2012, 88 = DStR 2012, 33; vgl. auch FG Köln v. 11.10.2017 – 9 K 3566/14, NZI 2018, 125.

risch und finanziell in das Unternehmen eines Organträgers eingegliedert ist. Die umsatzsteuerliche Organschaft führt dazu, dass nur der Organträger, nicht aber die Organgesellschaft Unternehmer im Sinne des UStG ist. Organträger kann jeder Unternehmer i.S.d. § 2 UStG sein, Organgesellschaften können nur juristische Personen sein. Leistungsbeziehungen zwischen Organträger und Organgesellschaft lösen keine Umsatzsteuer aus, sondern führen zu nichtsteuerbaren Innenumsätzen. Voraussetzung sind die finanzielle, wirtschaftliche und organisatorische Eingliederung der Organgesellschaft in das Unternehmen des Organträgers. Dabei ist nicht erforderlich, dass alle drei Eingliederungsmerkmale unbedingt gleich stark ausgeprägt sind. Eine Organschaft kann auch dann vorliegen, wenn die Eingliederung auf einem der Gebiete nicht vollkommen, dafür auf den anderen Gebieten umso eindeutiger ist.[1] Es reicht jedoch nicht aus, dass die Eingliederung nur hinsichtlich zwei der im Gesetz genannten drei Merkmale besteht.[2] Die Wirkungen der Organschaft treten unabhängig von der Kenntnis der Beteiligten ein. Zu den Folgen einer unerkannten umsatzsteuerlichen Organschaft s. Rz. 4.398 ff.).[3]

Finanzielle Eingliederung liegt vor, wenn ein Gesellschafter an der Organgesellschaft die entscheidende Anteilsmehrheit hält, die es ermöglicht, seinen Willen in der Organgesellschaft autonom durchzusetzen.[4] Entsprechen die Beteiligungsverhältnisse den Stimmrechtsverhältnissen, so ist die finanzielle Eingliederung gegeben, wenn die Beteiligung mehr als 50 % beträgt.[5]

4.375

Wirtschaftliche Eingliederung liegt vor, wenn die Organgesellschaft nach dem Willen des Organträgers wirtschaftlich tätig wird und als dessen Bestandteil erscheint.[6] Es muss eine einheitliche Gesamtkonzeption zwischen Mutter- und Tochtergesellschaft vorliegen, wobei ein vernünftiger wirtschaftlicher Zusammenhang im Sinne einer wirtschaftlichen Einheit, Kooperation oder Verflechtung genügt.[7] Die für die umsatzsteuerrechtliche Organschaft erforderliche wirtschaftliche Eingliederung kann bereits dann vorliegen, wenn zwischen dem Organträger und der Organgesellschaft aufgrund gegenseitiger Förderung und Ergänzung mehr als nur unerhebliche wirtschaftliche Beziehungen bestehen; insbesondere braucht die Organgesellschaft nicht wirtschaftlich

4.376

---

1 Vgl. BFH v. 20.2.1992 – V R 80/85, BFH/NV 1993, 133; v. 16.8.2001 – V R 34/01, BFH/NV 2002, 223 ff.; v. 15.12.2016 – V R 14/16, DStR 2017, 599; v. 12.10.2016 – XI R 30/14, DStR 2017, 198; *Foerster/Ertl*, Umsatzsteuerrecht, Rz. 378; *Hölzle*, DStR 2006, 1210 (1211); *Leicht* in Beck'sches Steuerlexikon, Rz. 41; *Maus*, GmbHR 2005, 859 (859).
2 BFH v. 29.7.1998 – II R 88/97, GmbHR 1998, 1097; *Hölzle*, DStR 2006, 1210 (1211); *Onusseit*, ZInsO 2004, 1182 (1182); *Korn* in Bunjes/Geist, § 2 UStG Rz. 114.
3 *Waza* in Waza/Uhländer/Schmittmann, Insolvenzen und Steuern[12], Rz. 1945; *Hölzle*, DStR 2006, 1210 (1211); *Leicht* in Beck'sches Steuerlexikon, Rz. 41; *Maus*, GmbHR 2005, 859 (859); *Walter/Stümper*, GmbHR 2006, 68 (69).
4 *Roth/Germer*, NWB 2005, Fach 7, 6540 (6541); *Onusseit*, ZInsO 2004, 1182 (1182); *Maus*, GmbHR 2005, 859 (860); *Leicht* in Beck'sches Steuerlexikon, Rz. 43.
5 *Maus*, GmbHR 2005, 860; *Onusseit*, ZInsO 2004, 1182 (1182); *Korn* in Bunjes/Geist, § 2 Rz. 117; *Leicht* in Beck'sches Steuerlexikon, Rz. 43.
6 *Onusseit*, ZInsO 2004, 1182 (1182); *Leicht* in Beck'sches Steuerlexikon, Rz. 44.
7 BFH v. 20.9.2006 – V B 138/05; *Maus*, GmbHR 2005, 859 (860); *Leicht* in Beck'sches Steuerlexikon, Rz. 44.

vom Organträger abhängig zu sein.[1] Für die umsatzsteuerrechtliche Organschaft kann eine den Betrieb der Untergesellschaft fördernde Tätigkeit der Obergesellschaft ausreichen.[2] In Betracht kommt dabei neben Lieferungen von Waren auch das Erbringen sonstiger Leistungen.[3] So genügt z.B. die Vermietung eines Betriebsgrundstückes, wenn dieses für die Organgesellschaft von nicht nur geringer Bedeutung ist, weil es die räumliche und funktionale Grundlage der Geschäftstätigkeit der Organgesellschaft bildet.[4] Die wirtschaftliche Eingliederung aufgrund der Vermietung eines Grundstücks, das die räumliche und funktionale Grundlage der Geschäftstätigkeit der Organgesellschaft bildet, entfällt aber dann, wenn für das Grundstück Zwangsverwaltung und Zwangsversteigerung angeordnet wird.[5] Auch die Überlassung wesentlicher Betriebsgrundlagen begründet die wirtschaftliche Eingliederung.[6] Die bloß unentgeltliche Bereitstellung von Material für die Untergesellschaft durch die Obergesellschaft reicht allerdings für die Annahme der wirtschaftlichen Eingliederung nicht aus.[7]

4.377 **Organisatorische Eingliederung** bedeutet, dass die mit der finanziellen Eingliederung verbundene Möglichkeit der Beherrschung der Organgesellschaft durch den Organträger in der laufenden Geschäftsführung der Organgesellschaft wirklich wahrgenommen wird.[8] Es kommt darauf an, dass der Organträger die Organgesellschaft durch die Art und Weise der Geschäftsführung beherrscht oder aber zumindest nach den zwischen Organträger und Organgesellschaft bestehenden Beziehungen sichergestellt ist, dass eine vom Willen des Organträgers abweichende Willensbildung bei der Organtochter nicht möglich ist.[9] Die organisatorische Eingliederung i.S.v. § 2 Abs. 2 Ziff. 2 UStG kann sich auch allein daraus ergeben, dass die Geschäftsführer der Organgesellschaft leitende Mitarbeiter des Organträgers sind.[10]

4.378 Sind alle vorstehenden Voraussetzungen erfüllt, so liegt umsatzsteuerlich betrachtet lediglich ein Unternehmen vor, einziger Steuerschuldner ist der Organträger.[11] Folg-

---

1 BFH v. 3.4.2003 – V R 63/01, BStBl. II 2004, 434; FG Berlin-Bdb. v. 15.11.2018 – 7 K 7123/16, juris; FG Sa.-Anh. v. 20.6.2018 – 3 K 660/14, juris.
2 BFH v. 3.4.2003 – V R 63/01, BStBl. II 2004, 434; v. 17.4.1969 – V 44/65, BFHE 95, 353 = BStBl. II 1969, 413, m.w.N.
3 BFH v. 3.4.2003 – V R 63/01, BStBl. II 2004, 434; v. 17.4.1969 – V R 123/68, BFHE 95, 558 = BStBl. II 1969, 505, zu 2. c.
4 BFH v. 3.4.2003 – V R 63/01, BStBl. II 2004, 434; v. 16.8.2001 – V R 34/01, BFH/NV 2002, 223; v. 25.4.2002 – V B 128/01, BFH/NV 2002, 1058, m.w.N.
5 BFH v. 29.1.2009 – V R 67/07, UR 2009, 554; dagegen allerdings Nichtanwendungserlass BMF v. 1.12.2009 – IV B 8 - S 7105/09/1003, DOK 2009/0793833, BStBl. I 2009, 1609.
6 *Hollatz*, DB 1994, 855 (855).
7 BFH v. 20.8.2009 – V R 30/06, BStBl. II 2010, 863 = BFHE 226, 465; vgl. auch v. 13.11.2019 – V R 30/18, DStR 2020, 111.
8 BFH v. 29.1.2009 – V R 67/07, BStBl. II 2009, 1029; v. 10.5.2017 – V R 7/16, DStR 2017, 1653.
9 BFH v. 29.1.2009 – V R 67/07, BStBl. II 2009, 1029; *Onusseit*, ZInsO 2004, 1182 (1182); *Maus*, GmbHR 2005, 859 (860); Leicht in Beck'sches Steuerlexikon, Rz. 45.
10 BFH v. 20.8.2009 – V R 30/06, BStBl. II 2010, 863 = BFHE 226, 465; FG Münster v. 18.6.2019 – 15 K 3739/16 U, MwStR 2019, 875, Rev. eingelegt, Az: BFH – XI R 16/19.
11 *Walter/Stümper*, GmbHR 2006, 68 (69).

lich ist die bis zur Beendigung der umsatzsteuerlichen Organschaft entstandene, auf die Aktivitäten der Organgesellschaft zurückzuführende Umsatzsteuer vom Organträger abzuführen. Letzterer hat einen zivilrechtlichen Erstattungsanspruch gegenüber der Organgesellschaft.[1]

2. Insolvenz der Organgesellschaft

a) Eröffnung des Insolvenzverfahrens

Spätestens mit der Eröffnung des Insolvenzverfahrens über das Vermögen der Organgesellschaft endet das Organschaftsverhältnis, da zu diesem Zeitpunkt das Verwaltungs- und Verfügungsrecht nach § 80 Abs. 1 InsO auf den Insolvenzverwalter übergeht und somit die organisatorische Eingliederung entfällt. Ab diesem Zeitpunkt ist nicht mehr gewährleistet, dass der Wille des Organträgers in der Organgesellschaft auch tatsächlich ausgeführt wird.[2]

4.379

Mit Beendigung der Organschaft ist die ehemalige Organgesellschaft als selbständiger Unternehmer i.S.d. § 2 Abs. 1 UStG zu beurteilen. Die Unternehmereigenschaft ist auch dann zu bejahen, wenn nach Beendigung des Organschaftsverhältnisses lediglich Verwertungshandlungen im geringen Umfang vorgenommen werden, so dass diese Tätigkeit für sich betrachtet nicht nachhaltig ist.[3] Die Organgesellschaft war jedoch zur Zeit der Organschaft ein Unternehmensteil, der lediglich nicht selbständig war, so dass auch die Tätigkeit vor Beendigung der Organschaft in die Beurteilung der Unternehmereigenschaft einzubeziehen ist. Die Unternehmereigenschaft endet nicht vor Abschluss der letzten Liquidationshandlungen.[4] Daher ist auf eine getrennte umsatzsteuerliche Erfassung der ehemaligen Organgesellschaft zu achten. Für die Frage der Besteuerungsform und des Voranmeldungszeitraums der ehemaligen Organgesellschaft sind grundsätzlich die Verhältnisse des Organkreises zu berücksichtigen.[5]

b) Eröffnungsverfahren mit allgemeinem Verfügungsverbot

Sofern ein vorläufiger Insolvenzverwalter bestellt und der Organgesellschaft ein allgemeines Verfügungsverbot auferlegt wird, geht die Verwaltungs- und Verfügungsbefugnis über das Vermögen der Organgesellschaft nach § 22 Abs. 1 InsO auf den

4.380

---

1 *Hölzle*, DStR 2006, 1120 (1211).
2 Vgl. BFH v. 13.3.1997 – V R 96/96, BStBl. II 1997, 580 = ZIP 1997, 1656 = DStR 1997, 1487; v. 15.12.2016 – V R 14/16, DStR 2017, 599; OFD Frankfurt/M. v. 20.7.2009 – S 7105 A – 21 – St 110, NZI 2009, 798 ff.; OFD Frankfurt/M. v. 12.7.2017 – S 7105 A – 21 – St 110, DStR 2017, 1828; *J. Wagner* in Prinz/Witt, Steuerliche Organschaft[2], 2015, Rz. 24.25.
3 OFD Frankfurt/M. v. 20.7.2009 – S 7105 A – 21 – St 110, NZI 2009, 798 ff.; vgl. auch OFD Frankfurt/M. v. 12.7.2017 – S 7105 A – 21 – St 110, DStR 2017, 1828.
4 OFD Frankfurt/M. v. 20.7.2009 – S 7105 A – 21 – St 110, NZI 2009, 798 ff.; BFH v. 9.12.1993 – V R 108/91, BStBl. II 1994, 483 = DStR 1994, 1457.
5 OFD Frankfurt/M. v. 20.7.2009 – S 7105 A – 21 – St 110, NZI 2009, 798 ff.; vgl. auch OFD Frankfurt/M. v. 12.7.2017 – S 7105 A – 21 – St 110, DStR 2017, 1828.

vorläufigen starken Insolvenzverwalter über. Das Organschaftsverhältnis endet insoweit bereits ab diesem Zeitpunkt.[1]

c) Eröffnungsverfahren mit vorläufiger Insolvenzverwaltung und Zustimmungsvorbehalt

4.381 Wird ein vorläufiger Insolvenzverwalter bestellt, ohne dass dem Schuldner ein allgemeines Verfügungsverbot auferlegt wird, sollte die Organschaft nach früherer Auffassung des BFH und der Finanzverwaltung regelmäßig bis zur Eröffnung des Insolvenzverfahrens bestehen bleiben.[2] Dies sollte auch dann gelten, wenn das Insolvenzgericht anordnete, dass Verfügungen des Schuldners nur mit Zustimmung des vorläufigen Insolvenzverwalters wirksam sind. Begründet wurde diese Auffassung vor allem damit, dass der vorläufige Insolvenzverwalter ohne allgemeines Verfügungsverbot nicht allein über das Vermögen des Schuldners verfügen kann. Daran ändere es auch nichts, dass der Schuldner ohne Zustimmung des vorläufigen Insolvenzverwalters keine Verfügungen mehr vornehmen könne und diese grundsätzlich unwirksam seien. Für die Annahme der umsatzsteuerlichen Organschaft sei es ausreichend, dass sich der Geschäftsführer des Schuldners und der vorläufige Insolvenzverwalter in einer „vergleichbar starken Stellung" gegenüberstehen, da zumindest eine vom Willen des Organträgers abweichende Willensbildung nicht möglich sei.[3] Die tatsächliche Amtsführung oder die etwaige Anmaßung dem vorläufigen Insolvenzverwalter nicht übertragener Rechte führte nach Ansicht des BFH indessen nicht zur Beendigung der Organschaft, maßgeblich sei allein die im Beschluss des Insolvenzgerichts niedergelegte Rechtsstellung des Insolvenzverwalters.[4]

Hinweis:

Diese Rechtsprechung hatte in der Praxis für den Organträger mitunter massive Folgen. Die von der Organgesellschaft während des vorläufigen Insolvenzverfahrens ausgeführten umsatzsteuerpflichtigen Umsätze führten nicht zu einer Umsatzsteuerschuld der insolventen Organgesellschaft, sondern zu einer Umsatzsteuerschuld des Organträgers. Die während des vorläufigen Insolvenzverfahrens anfallende Umsatzsteuerschuld war in aller Regel wesentlich höher als der Vorsteuerabzug, weil der vorläufige Insolvenzverwalter zur Liquiditätsschonung keine Lagerbestände aufbaut, sondern vielmehr üblicherweise – auch unter Inkaufnahme erheblicher Rabatte – Lagerbestände abverkauft oder sogar Warenverkäufe mit Abschlägen auf Ziel vornimmt, um zeitnah Liquidität zu generieren. Die Rechtsprechung des BFH führte in der Praxis überspitzt ausgedrückt dazu, dass der Organträger während des vorläufigen Insolvenzverfahrens die Umsätze der Organgesellschaft in Höhe der darauf entfallenden Umsatzsteuer zu subventionieren hatte, weil der vorläufige Insolvenzverwalter die Umsatzsteuerbeträge zwar vereinnahmen kann, sie aber nicht an die Finanzverwaltung abführt und den Organträger mit seinem zivilrechtlichen Erstattungsanspruch auf die Insolvenztabelle verweisen kann.

---

1 OFD Frankfurt/M. v. 20.7.2009 – S 7105 A – 21 – St 110, NZI 2009, 798 ff.
2 BFH v. 1.4.2004 – V R 24/03, BStBl. II 2004, 905 = ZIP 2004, 1269 = DStR 2004, 951 = BFHE 204, 520; OFD Frankfurt/M. v. 20.7.2009 – S 7105 A – 21 – St 110, NZI 2009, 798 ff.
3 BFH v. 1.4.2004 – V R 24/03, BStBl. II 2004, 905 = ZIP 2004, 1269 = DStR 2004, 951 (953); so auch *Böhm* in Braun[8], § 21 InsO Rz. 45.
4 BFH v. 13.6.2007 – V B 47/06, BFH/NV 2007, 1936 ff.; *Maus*, GmbHR 2005, 859 (862).

Diese Auffassung von BFH und Finanzverwaltung ist in der Literatur auf Kritik gestoßen.[1] Die Entscheidung wurde u.a. als „ausschließlich fiskalisch motiviert"[2] kritisiert. 4.382

Inzwischen hat der BFH seine frühere Rechtsprechung aufgegeben. Bestellt das Insolvenzgericht für die Organgesellschaft einen vorläufigen Insolvenzverwalter und ordnet es zugleich gem. § 21 Ziff. 2 Alt. 2 InsO an, dass Verfügungen nur noch mit Zustimmung des vorläufigen Insolvenzverwalters wirksam sind, so endet nach dieser neuen Rechtsprechung die organisatorische Eingliederung.[3] Der Vorsteuerberichtigungsanspruch nach § 17 Abs. 2 Ziff. 1 UStG entsteht mit der Bestellung des vorläufigen Insolvenzverwalters mit Zustimmungsvorbehalt. Endet zugleich die Organschaft, richtet sich der Vorsteuerberichtigungsanspruch für Leistungsbezüge der Organgesellschaft, die unbezahlt geblieben sind, gegen den bisherigen Organträger.[4] 4.383

d) Abweisung des Insolvenzantrages mangels Masse

Wird der Antrag der Organgesellschaft auf Eröffnung des Insolvenzverfahrens mangels Masse abgelehnt, so bleibt die vorher bestehende finanzielle, organisatorische und wirtschaftliche Eingliederung unberührt.[5] Die Organgesellschaft zählt so lange zum Unternehmen des Organträgers, bis die Liquidation abgeschlossen und das vorhandene Gesellschaftsvermögen veräußert ist.[6] 4.384

3. Insolvenz des Organträgers

Nach der Grundsatzentscheidung des BFH vom 15.12.2016[7] zur Organschaft in der Insolvenz endet die Organschaft, wenn über das Vermögen des Organträgers das Insolvenzverfahren eröffnet wird. Bis dahin vertraten die Finanzverwaltung und große Teile der Literatur die Auffassung, die Eröffnung des Insolvenzverfahrens über das Vermögen des Organträgers führe nicht zur Beendigung der Organschaft und habe 4.385

---

1 *Trinks*, UVR 2010, 12 (17); *Roth*, DZWiR 2009, 274 (274); *Mitlehner*, ZIP 2002, 1816 (1818); *Onusseit*, ZInsO 2004, 1182 ff.; *Roth/Germer*, NWB 2005, Fach 7, 6539 ff.; *Hölzle*, DStR 2006, 1210 ff.; *Maus*, GmbHR 2005, 859 ff.; *Waza/Uhländer/Schmittmann*, Insolvenzen und Steuern, 7. Aufl., Rz. 1561 brachten Zweifel an der Rechtsprechung an, verweisen nunmehr in 8. Aufl. allerdings nur noch auf die gefestigte Rechtsprechung des BFH, Rz. 1934; zweifelnd auch *Walter/Stümper*, GmbHR 2006, 68 (69).
2 *Hölzle*, DStR 2006, 1210 (1212).
3 BFH v. 8.8.2013 – V R 18/13, ZIP 2013, 1773 = DStR 2013, 1883; bestätigt durch BFH v. 24.8.2016 – V R 36/15, BStBl. II 2017, 595 und übernommen durch die Finanzverwaltung: BMF v. 26.5.2017 – III C 2 – S 7105/15/10002, BStBl. I 2017, 790; vgl. auch OFD Frankfurt/M. v. 12.7.2017 – S 7105 A – 21 – St 110, DStR 2017, 1828; *J. Wagner* in Prinz/Witt, Steuerliche Organschaft², 2015, Rz. 24.35.
4 BFH v. 8.8.2013 – V R 18/13, ZIP 2013, 1773 = DStR 2013, 1883; OFD Frankfurt/M. v. 12.7.2017 – S 7105 A – 21 – St 110, DStR 2017, 1828.
5 OFD Frankfurt/M. v. 20.7.2009 – S 7105 A – 21 – St 110, NZI 2009, 798.
6 Vgl. FG Münster v. 31.1.1991 – 5 K 3761/88 U, UR 1992, 378 m.w.N.; BFH v. 27.9.1991 – V B 78/91, BFH/NV 1992, 346.
7 BFH v. 15.12.2016 – V R 14/16, DStR 2017, 599.

auch keine grundlegenden Auswirkungen auf die finanzielle und wirtschaftliche Eingliederung.[1]

Bereits in seiner im Rahmen des vorläufigen Rechtsschutzes ergangenen Entscheidung gelangte der BFH zu dem Ergebnis, dass der Fortbestand der Organschaft bei der Insolvenz des Organträgers „ernstlich zweifelhaft" sei.[2]

Nun stellt der BFH[3] insoweit klar, dass es kein Konzerninsolvenzrecht gibt. Anders als das Umsatzsteuerrecht mit der Organschaft fasst das Insolvenzrecht die Verfahren mehrerer Personen nicht zusammen. Das Insolvenzrecht enthält keine Regelungen, die im Falle einer Konzerninsolvenz ein einheitliches Insolvenzverfahren für mehrere Konzerngesellschaften ermöglichen, so dass die verbundenen Unternehmen insolvenzrechtlich selbständig bleiben. Die Vermögensmassen insolvenzfähiger Gesellschaften und Personen sind daher trotz konzernmäßigen Verbundes getrennt abzuwickeln. Die Insolvenz erstreckt sich nur auf das Vermögen des Organträgers, nicht auf das der Tochtergesellschaft. Die insolvenzrechtliche Trennung bewirkt, dass nur die eigene Umsatztätigkeit des Organträgers und lediglich der dadurch entstehende Umsatzsteueranspruch des Organträgers zu Masseverbindlichkeiten führen. Die Umsatzsteuer für die Umsatztätigkeit der Organgesellschaft gehört nicht zur Verwaltung, Verwertung und Verteilung der Insolvenzmasse, die sich auf das Vermögen des Organträgers bezieht und sich nicht auf das Vermögen der Organgesellschaften erstreckt. Der Umsatzsteueranspruch, der aufgrund der Umsatztätigkeit der Tochtergesellschaft entsteht, richtet sich allein gegen die Organgesellschaft. Die Organschaft entfällt somit mit der Insolvenzeröffnung beim Organträger.

Die Finanzverwaltung hat sich der Auffassung des BFH angeschlossen.[4]

4.386 Einstweilen frei.

4.387 Die **Organgesellschaft haftet** in der Insolvenz des Organträgers nach § 73 AO für solche Steuern des Organträgers, für welche die Organschaft zwischen ihnen steuerlich von Bedeutung ist. Eine Haftung kommt nur für die Steuern in Betracht, die während des Bestehens der Organschaft entstanden sind, während es auf die Fälligkeit der Steuer nicht ankommt.[5] Die Organgesellschaft haftet nicht nur für die Steuern des Organträgers, die durch ihre eigene wirtschaftliche Tätigkeit verursacht wurden. Vielmehr hat sie nach überwiegender, wenn auch streitiger Auffassung auch für Steuern des Organträgers einzustehen, die durch die wirtschaftliche Tätigkeit einer anderen Tochtergesellschaft entstanden sind.[6] Die Organgesellschaft muss also für alle Steuern haften, die im Organkreis entstanden sind. Nach § 73 Satz 2 AO er-

---

1 So noch in der Vorauflage, Rz. 4.385, m.w.N.
2 BFH v. 19.3.2014 – V B 14/14, BFHE 244, 156.
3 Im Folgenden: BFH v. 15.12.2016 – V R 14/16, DStR 2017, 599.
4 BMF v. 26.5.2017 – III C 2 - S 7105/15/10002, BStBl. I 2017, 790.
5 *Intemann* in Koenig[3], § 73 AO Rz. 8.
6 *Intemann* in Koenig[3], § 73 AO Rz. 13; *Rüsken* in Klein, § 73 AO Rz. 7; *Boeker* in Hübschmann/Hepp/Spitaler, § 73 AO Rz. 15; *Loose* in Tipke/Kruse, § 73 AO Rz. 5; *Schwarz*, § 73 AO Rz. 7; a.A. Probst, BB 1987, 1992 ff.; *Reiß*, StuW 1979, 343 (344); *Sturm*, StuW 1992, 252 ff.; *Breuer*, AO-StB 2003, 342.

streckt sich die Haftung der Organgesellschaft auf die Erstattung von Steuervergütungen. Dies betrifft insbesondere zu Unrecht erstattete Vorsteuerbeträge, die der Organträger zurückzahlen muss.[1] Dagegen haftet die Organgesellschaft nicht für dem Organträger zu Unrecht erstattete Steuern, denn der auf § 37 Abs. 2 AO zu stützende Erstattungsanspruch der Finanzverwaltung ist kein Steueranspruch. Die Haftung nach § 73 AO ist durch Haftungsbescheid (§ 191 AO) geltend zu machen. Auch nach Beendigung des Organschaftsverhältnisses kann ein Bescheid noch erlassen werden, soweit es sich um Steuern handelt, die während des Bestehens der Organschaft entstanden sind.[2] Der Haftungsbescheid ist an die Organgesellschaft zu richten. Bei Insolvenz des Organträgers besteht für das Finanzamt insolvenzrechtlich allenfalls die Möglichkeit, einen auf die eigene Umsatztätigkeit des Organträgers beschränkten Steuerbescheid zu erlassen und die Organgesellschaft als Haftende gem. § 73 AO in Anspruch zu nehmen. Dies ist allerdings nach zutreffender Auffassung des BFH nicht mit dem umsatzsteuerrechtlichen Grundsatz der organschaftlichen Unternehmenseinheit und der mit der Organschaft bezweckten Verwaltungsvereinfachung zu vereinbaren.[3]

4. Insolvenz von Organgesellschaft und Organträger

Die Organschaft ist auch beendet, wenn sowohl über das Vermögen der Organgesellschaft als auch über das Vermögen des Organträgers das Insolvenzverfahren eröffnet wird.[4] Eine frühere Literaturmeinung, nach der die umsatzsteuerliche Organschaft fortbestehen sollte, wenn über das Vermögen des Organträgers und der Organgesellschaft dieselbe natürliche Person zum Insolvenzverwalter bestellt werde, ist nicht haltbar. Diese Auffassung ist damit nicht vereinbar, dass ein Insolvenzverwalter auch dann – im jeweiligen Insolvenzverfahren – ausschließlich die Interessen der dortigen Gläubiger zu wahren hat. Kennzeichen der organisatorischen Eingliederung ist es aber, dass der Organträger seinen Willen auch zu seinem alleinigen Vorteil in der Organgesellschaft durchsetzen kann. Auf den Fall der Doppelinsolvenz von Organgesellschaft und Organträger bezogen bedeutete dies, dass der Insolvenzverwalter eine Willensbetätigung zum Nutzen der Insolvenzgläubiger des Organträgers und zum Nachteil der Gläubiger der Organgesellschaft vornehmen müsste, woran er auf Grund seiner Fürsorgepflichten für die Insolvenzgläubiger der Organgesellschaft gehindert ist. Eine einheitliche Willensbetätigung innerhalb des Organkreises, wie sie für die organisatorische Eingliederung erforderlich ist, kann daher im Falle der Doppelinsolvenz nicht angenommen werden, selbst wenn – was den Ausnahmefall darstellen sollte – dieselbe natürliche Person in beiden Verfahren Insolvenzverwalter sein sollte.[5]

4.388

---

1 *Intemann* in Koenig[3], § 73 AO Rz. 16.
2 *Intemann* in Koenig[3], § 73 AO Rz. 17; BFH v. 8.9.1983 – V R 114/78, UR 1983, 222 (223).
3 BFH v. 15.12.2016 – V R 14/16, DStR 2017, 599.
4 BFH v. 19.3.2014 – V B 14/14, ZIP 2014, 889 = DStR 2014, 793; v. 15.12.2016 – V R 14/16, BStBl. II 2017, 600.
5 A.A. *Schüppen/Schlösser* in MünchKomm/InsO[4], Insolvenzsteuerrecht, Rz. 425.

4.389 Werden die Insolvenzverfahren über das Vermögen der Organgesellschaft und das Vermögen des Organträgers nicht gleichzeitig eröffnet, müssen die Umsatzsteuerschulden den insolvenzrechtlichen Forderungskategorien zugeordnet werden:

– Wird das Insolvenzverfahren über das Vermögen des Organträgers nach dem Insolvenzverfahren über das Vermögen der Organgesellschaft eröffnet, dann ist die gesamte Umsatzsteuerschuld Insolvenzforderung im Insolvenzverfahren über das Vermögen des Organträgers.

– Wird das Insolvenzverfahren über das Vermögen der Organgesellschaft nach dem Insolvenzverfahren über das Vermögen des Organträgers eröffnet, dann ist die Umsatzsteuerschuld aufzuteilen:

– Soweit die Umsatzsteuerschuld vor der Eröffnung des Insolvenzverfahrens über das Vermögen des Organträgers im insolvenzrechtlichen Sinne begründet (Rz. 4.327 ff.) worden ist, ist sie Insolvenzforderung im Insolvenzverfahren über das Vermögen des Organträgers.

– Soweit die Umsatzsteuerschuld nach der Eröffnung des Insolvenzverfahrens über das Vermögen des Organträgers im insolvenzrechtlichen Sinne begründet worden ist, ist sie im Insolvenzverfahren über das Vermögen des Organträgers Masseverbindlichkeit im Rang von § 55 InsO.

– Der zivilrechtliche Erstattungsanspruch des Organträgers ist in beiden Fällen im Insolvenzverfahren über das Vermögen der Organgesellschaft Insolvenzforderung im Rang von § 38 InsO.

– Etwaige Erstattungsansprüche stehen der Insolvenzmasse des Organträgers zu, wenn die Organschaft in dem Zeitpunkt, in dem die Erstattungsansprüche begründet worden sind, bestand. Dies gilt auch dann, wenn die Zahlungen, die die Erstattungsansprüche ausgelöst haben, von der Organgesellschaft an die Finanzverwaltung geleistet worden sind.

– Haftungsansprüche nach § 73 AO sind im Insolvenzverfahren der Organgesellschaft Insolvenzforderungen, wenn die Umsatzsteuerschuld des Organträgers bereits vor Eröffnung des Insolvenzverfahrens über sein Vermögen im insolvenzrechtlichen Sinne begründet war. Dafür kommt es nicht auf die Entstehung der Umsatzsteuerschuld im steuerrechtlichen Sinne an, sondern auf die Ausführung des Umsatzes durch die Organgesellschaft, weil diese den Umsatzsteueranspruch der Finanzverwaltung im insolvenzrechtlichen Sinne begründet. Soweit die Organgesellschaft nach der Eröffnung des Insolvenzverfahrens über das Vermögen des Organträgers noch Umsätze ausgeführt hat, ist der Haftungsanspruch der Finanzverwaltung Masseverbindlichkeit im Insolvenzverfahren über das Vermögen des Organträgers.

5. Rechtsfolgen der Beendigung der Organschaft

4.390 Ab dem Zeitpunkt der Beendigung der Organschaft handelt es sich beim Organträger und der Organgesellschaft wieder um zwei selbständige Unternehmer. Die während der Organschaft geltenden „Vereinfachungsregelungen" (Zusammenfassung der Umsätze des Organträgers und der Organgesellschaft in einer Erklärung, Behandlung der Umsätze zwischen dem Organträger und der Organgesellschaft als nicht steuerbare Innenumsätze etc.) können ab dem Zeitpunkt der Beendigung der Organschaft nicht mehr angewendet werden.[1]

Entscheidend für die Zurechnung von Umsätzen ist der **Zeitpunkt des Umsatzsteuer auslösenden Ereignisses**. Erbringt die Organgesellschaft Leistungen **vor Beendigung** der Organschaft, werden diese dem Organträger zugerechnet; liegt der Zeitpunkt der Leistungserbringung **nach Beendigung** der Organschaft, werden sie grundsätzlich der Organgesellschaft als eigenständiger Unternehmerin zugerechnet.[2] Unerheblich hierbei sind der Zeitpunkt der Rechnungserteilung sowie der Zeitpunkt der Entstehung der Steuer.[3] Endet die Organschaft, richtet sich der Vorsteuerberichtigungsanspruch für Leistungsbezüge der Organgesellschaft, die unbezahlt geblieben sind, gegen den bisherigen Organträger.[4]

4.391

Hat der Organträger An- und Vorauszahlungen auf Umsätze aus Leistungen der Organgesellschaft, die nach Beendigung der Organschaft erbracht wurden, bereits der Umsatzbesteuerung unterworfen, so sind diese bei der Steuerfestsetzung der ehemaligen Organgesellschaft steuermindernd zu berücksichtigen, weil die Regelung über die Entstehung der Steuer für vereinnahmte Anzahlungen nach § 13 Abs. 1 Ziff. 1 lit. a Satz 4 UStG einen selbständigen und abschließenden Steuerentstehungstatbestand enthält.[5]

4.392

Für die **Zurechnung des Vorsteueranspruchs** ist ebenfalls der Leistungsbezug als auslösendes Ereignis entscheidend. Vorsteuern aus Leistungen, die die Organgesellschaft vor Beendigung der Organschaft bezieht, stehen demnach dem Organträger zu,[6] unabhängig davon, ob sämtliche materiell-rechtlichen Voraussetzungen des § 15 UStG erfüllt sind.[7]

4.393

Vorsteuern aus Leistungen, die die Organgesellschaft erst nach Beendigung der Organschaft bezieht, können grundsätzlich nur von der Organgesellschaft abgezogen werden. Hat jedoch der Organträger vor Beendigung der Organschaft An- oder Vorauszahlungen auf diese Leistungen entrichtet und hieraus den (vorgezogenen) Vorsteuerabzug nach § 15 Abs. 1 Ziff. 1 Satz 2 UStG vorgenommen, so ist die Organgesellschaft lediglich zum Vorsteuerabzug aus dem im Zeitpunkt der Beendi-

4.394

---

1 OFD Frankfurt/M. v. 20.7.2009 – S 7105 A – 21 – St 110, NZI 2009, 798; OFD Frankfurt/M. v. 12.7.2017 – S 7105 A – 21 – St 110, DStR 2017, 1828.
2 OFD Frankfurt/M. v. 20.7.2009 – S 7105 A – 21 – St 110, NZI 2009, 798; OFD Frankfurt/M. v. 12.7.2017 – S 7105 A – 21 – St 110, DStR 2017, 1828.
3 FG Düsseldorf v. 23.4.1993 – 5 K 531/90 U, EFG 1993, 747.
4 BFH v. 8.8.2013 – V R 18/13, ZIP 2013, 1773 = DStR 2013, 1883; OFD Frankfurt/M. v. 12.7.2017 – S 7105 A – 21 – St 110, DStR 2017, 1828.
5 OFD Frankfurt/M. v. 20.7.2009 – S 7105 A – 21 – St 110, NZI 2009, 798; OFD Frankfurt/M. v. 12.7.2017 – S 7105 A – 21 – St 110, DStR 2017, 1828.
6 *Waza* in Waza/Uhländer/Schmittmann, Insolvenzen und Steuern[12], Rz. 1945.
7 Zutr. OFD Frankfurt/M. v. 20.7.2009 – S 7105 A – 21 – St 110, NZI 2009, 798; OFD Frankfurt/M. v. 12.7.2017 – S 7105 A – 21 – St 110, DStR 2017, 1828.

gung der Organschaft noch offenen Restpreis berechtigt.[1] Der *vorgezogene* Vorsteuerabzug aus den An- und Vorauszahlungen steht weiterhin dem Organträger zu. Von dem Organträger versteuerte Anzahlungen für Leistungen, die erst nach Beendigung der Organschaft abschließend erbracht werden, sind bei der Steuerfestsetzung gegenüber der vormaligen Organgesellschaft steuermindernd zu berücksichtigen.[2]

4.395 **Vorsteuerberichtigungsansprüche**, die Leistungsbezüge der Organgesellschaft vor Beendigung der Organschaft betreffen und bei denen das den Berichtigungsanspruch auslösende Ereignis vor Beendigung der Organschaft eintritt, richten sich gegen den Organträger.[3] Uneinbringlich i.S.d. § 17 Abs. 2 Ziff. 1 UStG ist eine Forderung, wenn der Anspruch auf Entrichtung des Entgelts nicht erfüllt wird und bei objektiver Betrachtung damit zu rechnen ist, dass der Leistende die Entgeltforderung (ganz oder teilweise) jedenfalls auf absehbare Zeit nicht durchsetzen kann.[4] Die Entgeltforderungen aus Lieferungen und sonstigen Leistungen werden spätestens im Augenblick der Insolvenzeröffnung unbeschadet einer möglichen Insolvenzquote an den späteren Schuldner in voller Höhe i.S.d. § 17 Abs. 2 Ziff. 1 UStG uneinbringlich. Spätestens zu diesem Zeitpunkt ist die Umsatzsteuer des leistenden Unternehmers und dementsprechend der Vorsteuerabzug des Leistungsempfängers nach § 17 Abs. 1 UStG zu berichtigen. Im Rahmen einer umsatzsteuerrechtlichen Organschaft nach § 2 Abs. 2 Ziff. 2 UStG hat die Vorsteuerberichtigung gegenüber dem (bisherigen) Organträger zu erfolgen, wenn die Uneinbringlichkeit vor der Organschaftsbeendigung eingetreten ist oder durch die Insolvenzeröffnung sowohl die Organschaftsbeendigung als auch die Uneinbringlichkeit gleichzeitig erfolgen.[5] Ob der Insolvenzverwalter die zunächst uneinbringlichen Forderungen später erfüllt, ändert an der vollständigen Berichtigungspflicht spätestens im Zeitpunkt der Insolvenzeröffnung nichts. Wird ein uneinbringlich gewordenes Entgelt nachträglich vereinnahmt, sind der Umsatzsteuerbetrag und der Vorsteuerabzug erneut zu berichtigen (§ 17 Abs. 2 Ziff. 1 Satz 2 UStG).[6] Das gilt auch für den Fall, dass der Insolvenzverwalter die durch die Eröffnung uneinbringlich gewordene Forderung erfüllt. Da bereits die Eröffnung des Insolvenzverfahrens zur Uneinbringlichkeit führt, ist die sich hieraus ergebende Änderung nach § 17 UStG aus Gründen der Rechtssicherheit und Rechtsklarheit bereits für den Voranmeldungszeitraum der Verfahrenseröffnung zu vollziehen und kann nicht von erst später eintretenden Umständen wie einer Erfüllungs-

---

1 Zutr. OFD Frankfurt/M. v. 20.7.2009 – S 7105 A – 21 – St 110, NZI 2009, 798; OFD Frankfurt/M. v. 12.7.2017 – S 7105 A – 21 – St 110, DStR 2017, 1828.
2 BFH v. 21.6.2001 – V R 68/00, BStBl. II 2002, 255 = DStR 2001,1838 (1838); OFD Frankfurt/M. v. 12.7.2017 – S 7105 A – 21 – St 110, DStR 2017, 1828.
3 BFH v. 22.10.2009 – V R 14/08, BStBl. II 2011, 988 = ZIP 2010, 383 = DStR 2010, 323 = BFH, BFH/NV 2002, 1352; OFD Frankfurt/M. v. 20.7.2009 – S 7105 A – 21 – St 110, NZI 2009, 798.
4 BFH v. 22.10.2009 – V R 14/08, ZIP 2010, 383 = DStR 2010, 323; v. 20.7.2006 – V R 13/04, BStBl. II 2007, 22; v. 22.4.2004 – V R 72/03, DStR 2004, 1214.
5 BFH v. 22.10.2009 – V R 14/08, BStBl. II 2011, 988 = ZIP 2010, 383 = DStR 2010, 323; OFD Frankfurt/M. v. 12.7.2017 – S 7105 A – 21 – St 110, DStR 2017, 1828.
6 BFH v. 22.10.2009 – V R 14/08, BStBl. II 2011, 988 = ZIP 2010, 383 = DStR 2010, 323; OFD Frankfurt/M. v. 12.7.2017 – S 7105 A – 21 – St 110, DStR 2017, 1828.

wahl durch den Insolvenzverwalter nach § 103 InsO abhängen.[1] Darüber hinaus spricht für die Uneinbringlichkeit bereits mit Verfahrenseröffnung auch im Anwendungsbereich des § 103 InsO, dass noch ausstehende Erfüllungsansprüche aufgrund der Verfahrenseröffnung nach neuerer Rechtsprechung des BGH lediglich ihre Durchsetzbarkeit verlieren, nicht aber erlöschen.[2]

Durch **Verwertungshandlungen** des Insolvenzverwalters über das Vermögen der (ehemaligen) Organgesellschaft kann eine **Vorsteuerberichtigung** nach § 15a UStG ausgelöst werden. Der Berichtigungsanspruch richtet sich als Masseanspruch gegen die (ehemalige) Organgesellschaft, auch wenn der erstmalige Vorsteueranspruch nach § 15 UStG dem Organträger zugestanden hatte. Die ehemalige Organgesellschaft führt die für § 15a UStG maßgebenden Verhältnisse fort.[3]

4.396

6. Unerkannte Organschaft

Die umsatzsteuerliche Organschaft entsteht kraft Gesetzes, wenn die wirtschaftliche, finanzielle und organisatorische Eingliederung einer Gesellschaft in das Unternehmen eines Unternehmers eintritt. Eines besonderen Vertrages oder einer anderen, auf die Begründung eines Organschaftsverhältnisses abzielenden Aktes bedarf es nicht. Die Rechtsfolgen der Organschaft können die Beteiligten auch ohne oder gar gegen ihren Willen treffen.[4]

4.397

Hinweis:

Hat die Organgesellschaft anstelle des Organträgers Umsatzsteuer an die Finanzverwaltung abgeführt, so steht ihr grundsätzlich ein Rückerstattungsanspruch (§ 37 Abs. 2 AO) zu. Dies gilt auch im Insolvenzverfahren der Organgesellschaft. Auf entsprechende Erklärungen bzw. Anmeldungen des Insolvenzverwalters hin sind unter dem Vorbehalt der Nachprüfung ergangene Steuerfestsetzungen und Steueranmeldungen bis zum Ablauf der Festsetzungsfrist (§ 164 Abs. 4 Satz 1 AO) zu korrigieren und die Steuer auf null Euro festzusetzen. Für bestandskräftige Festsetzungen kommt die Anfechtung nach § 134 InsO in Betracht.[5]

Gegen den **Erstattungsanspruch der Organgesellschaft** kann das Finanzamt mit einem Haftungsanspruch gegen die Organgesellschaft aus § 73 AO u.U. aufrechnen. Dem BFH[6] ist darin zuzustimmen, dass der Erstattungsanspruch der Organgesellschaft aus § 37 Abs. 2 AO bereits im Zeitpunkt der jeweiligen Zahlungen an das Finanzamt entsteht. Auf den Zeitpunkt des Erkennens der Organschaft oder der Festsetzung des Erstattungsanspruchs kommt es nicht an. Der Rechtsgrund für eine Erstattung von Umsatzsteuer wird somit auch dann im insolvenzrechtlichen Sinne bereits mit der Leistung der entsprechenden Vorauszahlungen gelegt, wenn diese im

4.398

---

1 BFH v. 22.10.2009 – V R 14/08, BStBl. II 2011, 988 = ZIP 2010, 383 = DStR 2010, 323.
2 BGH v. 25.4.2002 – IX ZR 313/99, BGHZ 150, 353 = ZIP 2002, 1093; v. 1.3.2007 – IX ZR 81/05, ZIP 2007, 778 = NJW 2007, 1594; v. 14.9.2017 – IX ZR 261/15, NZBau 2018, 214.
3 Zutr. OFD Frankfurt/M. v. 20.7.2009 – S 7105 A – 21 – St 110, NZI 2009, 798; OFD Frankfurt/M. v. 12.7.2017 – S 7105 A – 21 – St 110, DStR 2017, 1828.
4 *Treiber* in Prinz/Witt, Steuerliche Organschaft, Rz. 22.97.
5 *Nickert/Nickert*, ZInsO 2004, 479 ff., 596 ff.
6 BFH v. 15.10.2019 – VII R 31/17, juris.

Fall einer nicht erkannten Organschaft zunächst gegen die Organgesellschaft festgesetzt und von dieser auch entrichtet worden sind.[1] Das schafft vom Grundsatz her die Möglichkeit für die Finanzverwaltung, mit dem Haftungsanspruch aus § 73 AO gegen den Erstattungsanspruch aufzurechnen.[2] Allerdings ist zu verlangen, dass die Finanzbehörde den Haftungsanspruch gegenüber der Organgesellschaft geltend macht. Zwar kann ein Haftungsbescheid nach Eröffnung des Insolvenzverfahrens über das Vermögen der Organgesellschaft nicht mehr erlassen werden. Statt seiner kann aber die Haftungsforderung zur Insolvenztabelle angemeldet werden, was das insolvenzrechtlich zulässige Äquivalent zum Erlass eines Haftungsbescheides darstellt (s. oben Rz. 3.277 und Rz. 3.355). Nur die Forderungsanmeldung bringt die für die Haftungsinanspruchnahme erforderliche Ermessensentscheidung der Behörde zum Ausdruck und es ist nicht dafür erkennbar, warum die Tabellenanmeldung obsolet sein sollte (ausführlich s. oben Rz. 3.277 und Rz. 3.355). Sie bietet dem Insolvenzverwalter ähnliche Rechtsschutzmöglichkeiten wie der Haftungsbescheid dem nicht insolventen Haftungsschuldner. Insbesondere bietet ihm der Streit um die Tabellenfeststellung – nötigenfalls im Rahmen eines Streits über einen auf den Widerspruch ergehenden Feststellungsbescheid nach § 251 Abs. 3 AO – die Möglichkeit, auch die Ermessensentscheidung der Finanzbehörde gerichtlich überprüfen zu lassen. Wollte man all dies für unnötig erachten, täte sich eine entsprechende Rechtsschutzlücke auf. Im Streitfall des BFH-Urteils vom 15.10.2019 – VII R 31/17 war die Tabellenanmeldung erfolgt, so dass das Fehlen der Tabellenanmeldung nicht zu problematisieren war.

IX. Vorsteuer im Insolvenzverfahren

Literatur *Büchter-Hole*, Vorsteuerberichtigung aufgrund des tatsächlich nicht ausgeführten Umsatzes nach § 17 Abs. 2 Nr. 2 UStG, EFG 2009, 1165; Vorsteuerberichtigung nach § 17 UStG nur bei Rückgewähr des geleisteten Entgelts, EFG 2008, 1160; *Hahne*, Vorsteuerberichtigung gem. § 15a Abs. 3 und 4 UStG und ihre Vereinbarkeit mit den Vorgaben der MwSt-SystRL, BB 2008, 247; *Kraeusel*, Neuregelung der Vorsteuerberichtigung nach § 15a UStG, JbFfSt 2005/2006, 496; *Kremer*, Zur insolvenzrechtlichen Einordnung des Vorsteuerberichtigungsanspruchs, EWiR 2010, 219; *Krüger*, Bei Aufrechnung des Finanzamts gegen Vorsteuervergütungsanspruch des Insolvenzschuldners ist Aufrechnungsverbot des § 96 Abs. 1 Nr. 1 InsO zu beachten, HFR 2007, 315; *Leitner*, Zugehörigkeit des Vorsteuererstattungsanspruchs eines freiberuflich tätigen Schuldners zur Insolvenzmasse, EFG 2010, 835; *Martin*, Vorsteuerabzug bei Erwerb eines Sicherungsguts vom Sicherungsgeber, HFR 2006, 810; *Mayer*, Vorsteuerabzug aus verlorenen Anzahlungen: „Weil nicht sein kann, was nicht sein ... soll?", MwStR 2019, 400; *Meyer*, Vorsteuerberichtigungsanspruch als Masseverbindlichkeit, EFG 2008, 1587; *Reiß*, Der Besitz der Rechnung als formelle Bedingung für die Ausübung des Vorsteuerabzugsrechts für den Besteuerungszeitraum der Entstehung der Steuerschuld, MwStR 2018, 867; *Reiß*, Umsatzbesteuerung und Vorsteuerabzug/-vergütung ohne Umsätze und ohne Unternehmer, MwStR 2019, 392; *Reiß*, Vorsteuerabzug aus Anzahlungen auch bei Ausbleiben der Leistungserbringung, MwStR 2020, 63; *Roth*, Insolvenzeröffnungsbedingte Berichtigungen und Aufrechnungsfragen, DStR 2017, 1766; *Schmidt*, Die Geister, die der BFH rief: Unternehmensteile und die Berücksichtigung von Vorsteuerüberhängen bei § 55 IV InsO,

---

1 BFH v. 15.10.2019 – VII R 31/17, juris.
2 BFH v. 15.10.2019 – VII R 31/17, juris.

NZI 2017, 384; *Schmitz/Erdbrügger*, Vorsteuerberichtigung: Das BMF-Schreiben zu § 15a Abs. 3 und 4 UStG, BB 2008, 253; *Seer*, Abstimmungsprobleme zwischen Umsatzsteuer- und Insolvenzrecht, DStR 2016, 1289; *Wagner/Marchal*, BMF-Schreiben v. 26.5.2017 zur umsatzsteuerlichen Organschaft und zum Vorsteuerabzug bei gesellschaftsrechtlichen Beteiligungen, DStR 2017, 2150.

1. Vorsteuerabzug
a) Grundlagen

Vorsteuerbeträge sind die Umsatzsteuerbeträge, die einem Unternehmer für Lieferungen und sonstige Leistungen, die für sein Unternehmen ausgeführt worden sind, in einer nach den §§ 14, 14a UStG ausgestellten Rechnung gesondert ausgewiesen wurden. Nach §§ 15, 16 Abs. 2, 18 Abs. 1 und 3 UStG kann der Unternehmer seine eigene Umsatzsteuerschuld um die Vorsteuerbeträge mindern (sog. Vorsteuerabzug). Soweit die Vorsteuerbeträge die eigene Umsatzsteuerschuld des Unternehmers übersteigen, hat er gegen den Fiskus Anspruch auf Vergütung der Vorsteuerbeträge. Bei der Weiterlieferung einer erworbenen Ware braucht der Unternehmer die Vorsteuer aus der Vorlieferung nicht dem Verkaufspreis aufzuschlagen, um die Umsatzsteuerbelastung aus dieser Vorlieferung abzuwälzen; er erhält vom Finanzamt im Ergebnis den Betrag zurück, den er als Umsatzsteuer für die Vorlieferung an den Lieferer zahlen musste.[1] Dadurch wird das Grundprinzip auch des europarechtlichen Mehrwertsteuersystems verwirklicht, dass im Ergebnis nur der Endverbraucher mit der Umsatzsteuer belastet wird.

4.399

Aussteller der Rechnung, die den Vorsteuerbetrag ausweist und **leistender Unternehmer** müssen grundsätzlich identisch sein.[2] Regelmäßig ergibt sich aus den abgeschlossenen zivilrechtlichen Vereinbarungen, wer bei einem Umsatz als Leistender anzusehen ist. Leistender ist in der Regel derjenige, der die Lieferungen oder sonstigen Leistungen im eigenen Namen gegenüber einem anderen selbst oder durch einen Beauftragten ausführt. Ob eine Leistung dem Handelnden oder einem anderen zuzurechnen ist, hängt grundsätzlich davon ab, ob der Handelnde gegenüber Dritten im eigenen Namen oder berechtigterweise im Namen eines Anderen bei Ausführungen entgeltlicher Leistungen aufgetreten ist.[3]

4.400

Eine **Lieferung im umsatzsteuerrechtlichen Sinne** besteht in der Verschaffung der Verfügungsmacht zugunsten des Leistungsempfängers (§ 3 Abs. 1 UStG); das bedeutet, dass ihm Substanz, Wert und Ertrag an dem betreffenden Gegenstand übertragen werden. Dabei kann der **Lieferer** dem Abnehmer die Verfügungsmacht an dem Ge-

4.401

---

1 Vgl. *Oelmaier* in Sölch/Ringleb, § 15 UStG Rz. 31.
2 Ständige Rechtsprechung, z.B. BFH v. 31.1.2002 – V B 108/01, BStBl. II 2004, 622 = BFHE 198, 208; v. 5.4.2001 – V R 5/00, BFH/NV 2001, 1307 m.w.N.; v. 14.2.2019 – V R 47/16, NJW 2019, 1766.
3 BFH v. 28.1.1999 – V R 4/98, BStBl. II 1999, 628 = BFHE 188, 456; v. 30.9.1999 – V R 8/99, BFH/NV 2000, 353; v. 28.6.2000 – V R 70/99, BFH/NV 2001, 210; v. 14.2.2019 – V R 47/16, NJW 2019, 1766.

genstand auch dadurch verschaffen, dass er einen Dritten, der die Verfügungsmacht bislang innehat, mit dem Vollzug dieser Maßnahme beauftragt, mit der Folge, dass mit der Übergabe des Gegenstandes zugleich eine Lieferung des Dritten an den Lieferer und eine des Lieferers an seinen Abnehmer stattfindet. Ein solcher Sachverhalt liegt jedoch nur vor, wenn sich die Verschaffung der Verfügungsmacht an den Empfänger des Gegenstandes tatsächlich als Vollzug einer fremden – vertraglich vereinbarten – Leistungsbeziehung erweist.[1] Es kommt deshalb eine von den „vertraglichen Vereinbarungen" abweichende Bestimmung des Leistenden in Betracht, wenn nach den konkreten Umständen erkennbar eine eigene Lieferung des Handelnden vorliegt, weil dieser lediglich unter dem Namen eines Anderen tätig wurde und der Empfänger der Lieferung aber erkennbar keinen geschäftlichen Kontakt mit dem angeblichen Lieferanten hat, bzw. wenn nach den Umständen des Falles erkennbar ein Eigengeschäft des Handelnden und nicht des „Vertragspartners" vorliegt, der die Leistung auch nicht als eigene Leistung der Umsatzsteuer unterwirft, und bei denen der Leistungsempfänger typischerweise mit der Nichtbesteuerung durch den „Rechnungsaussteller" rechnet oder rechnen muss.[2] Zur **Bestimmung des Leistungsempfängers** gelten diese Grundsätze entsprechend.[3] Danach ist Leistungsempfänger grundsätzlich diejenige Person, die aus dem schuldrechtlichen Vertragsverhältnis, das dem Leistungsaustausch zugrunde liegt, berechtigt oder verpflichtet ist,[4] somit der Käufer eines Gegenstands, der geliefert wird. Die als Leistungsempfänger bestimmte Person muss in der Rechnung bezeichnet sein, mit der über die Leistung abgerechnet wird.[5] Dementsprechend müssen Lieferungen auch gegenüber dem Leistungsempfänger abgerechnet werden. Der Annahme eines Leistungsaustausches (§ 1 Abs. 1 Ziff. 1 Satz 1 UStG) steht nicht entgegen, dass der Leistende die gewollte, erwartete oder erwartbare Gegenleistung, das Entgelt, nicht oder nicht in dem erwarteten Umfang erhält, sei es, dass sich die begründete Entgeltserwartung nicht erfüllt, dass das Entgelt uneinbringlich wird oder dass es sich nachträglich mindert.[6] Hierdurch wird lediglich die Bemessungsgrundlage i.S.d. § 10 Abs. 1 UStG berührt.

4.402 Nach § 15 Abs. 1 UStG sind zum Vorsteuerabzug nur Unternehmer mit Ausnahme der Kleinunternehmer nach § 19 Abs. 1 Satz 4 UStG berechtigt. Maßgeblich ist der Unternehmerbegriff des § 2 i.V.m. § 1 Abs. 1 UStG. Wer keine Leistungen gegen

---

1 BFH v. 4.9.2003 – V R 10/02, BFH/NV 2004, 149.
2 BFH v. 4.9.2003 – V R 9, 10/02, BFH/NV 2004, 149; v. 5.4.2001 – V R 5/00, BFH/NV 2001, 1307; v. 9.11.1999 – V B 16/99, BFH/NV 2000, 611; v. 31.1.2002 – V B 108/01, BStBl. II 2004, 622 = BFHE 198, 208; v. 14.2.2019 – V R 47/16, NJW 2019, 1766.
3 BFH v. 13.9.1984 – V B 10/84, BStBl. II 1985, 21 = BFHE 142, 164.
4 BFH v. 4.4.2000 – V B 186/99, BFH/NV 2000, 1370; v. 13.9.1984 – V B 10/84, BStBl. II 1985, 21 = BFHE 142, 164; FG Düsseldorf v. 27.4.2015 – 1 K 3636/13 U, MwStR 2015, 778.
5 BFH v. 4.4.2000 – V B 186/99, BFH/NV 2000, 1370; v. 2.4.1997 – V B 26/96, BStBl. II 1997, 443 = BFHE 182, 430; v. 16.4.1997 – XI R 63/93, BStBl. II 1997, 582 = BFHE 182, 440; v. 14.2.2019 – V R 47/16, NJW 2019, 1766.
6 BFH v. 22.6.1989 – V R 37/84, BStBl. II 1989, 913; v. 2.8.2018 – V R 21/16, DStR 2018, 2628.

Entgelt – als nachhaltige, selbständige Tätigkeit zur Einnahmeerzielung – ausführt bzw. auszuführen beabsichtigt, ist kein zum Vorsteuerabzug berechtigter Steuerpflichtiger. Die Unternehmereigenschaft endet grundsätzlich mit der **Beendigung der unternehmerischen Tätigkeit**. Dies kann aber nicht bereits dann angenommen werden, wenn der Unternehmer vorübergehend keine Umsätze bewirkt, also keine auf Entgeltserzielung gerichteten Leistungen erbringt.[1] Es müssen vielmehr Anhaltspunkte vorliegen, dass der Unternehmer seine Tätigkeit endgültig aufgeben wollte. Nach der endgültigen Aufgabe der unternehmerischen Tätigkeit bleibt das Recht zum Vorsteuerabzug für den Liquidationszeitraum, d.h. bis zur vollständigen Abwicklung der mit der unternehmerischen Tätigkeit in Zusammenhang stehenden Vermögensgegenstände und Rechtsverhältnisse, erhalten,[2] soweit nicht rechtsmissbräuchliche Gestaltungen vorliegen. Die Eröffnung des Insolvenzverfahrens hat auf die Unternehmereigenschaft des Insolvenzschuldners (§ 2 Abs. 1 Satz 1 UStG) keinen Einfluss; sie ändert auch nichts daran, dass das Unternehmen die gesamte gewerbliche und berufliche Tätigkeit des Unternehmers erfasst.[3] Die Tätigkeit des Insolvenzverwalters ist dem Schuldner, dessen Unternehmereigenschaft und Steuerschuldnerschaft unberührt bleibt, voll zuzurechnen. Die durch den Insolvenzverwalter getätigten Umsätze bei der Masseverwertung oder Betriebsfortführung sind dem Schuldner weiterhin zuzurechnen. Die Besteuerungsart (Soll- oder Istbesteuerung) wird ebenfalls beibehalten.[4]

Die **Verrechnung** einzelner Vorsteuerbeträge mit Umsatzsteuern aus dem Besteuerungszeitraum gem. § 16 Abs. 2 UStG (insbesondere bei Umsatzsteuerfestsetzungen für das Massekonto) hat Vorrang vor einer Aufrechnung.[5] Zu berücksichtigen ist grundsätzlich, dass eine Aufrechnung als Teil des Erhebungsverfahrens erst erfolgen kann, wenn die Umsatzsteuer festgesetzt ist, und die Steuerfestsetzung, zu der im Umsatzsteuerrecht auch die Verrechnung gem. § 16 Abs. 2 Satz 1 UStG gehört, nicht beeinflussen kann. Hieran ändern die insolvenzrechtlichen Vorschriften nichts. Aus einer Umsatzsteuerfestsetzung für einen Besteuerungszeitraum nach Eröffnung des Insolvenzverfahrens können daher einzelne Vorsteuerbeträge aus Leistungen, die bereits vor Insolvenzeröffnung erbracht wurden, nicht ausgeschieden und durch Aufrechnung zum Erlöschen gebracht werden.[6] Der Verrechnungsvorrang des § 16 UStG gilt auch für die Umsatzsteuerberichtigungen wegen mit der Insolvenzeröffnung dauerhaft eingetretenen Forderungsausfalls.[7]

4.403

---

1 BFH v. 22.6.1989 – V R 37/84, BStBl. II 1989, 913; vgl. BFH v. 21.10.2015 – XI R 28/14, DStR 2016, 750.
2 EuGH v. 3.3.2005 – C-32/03, Slg. 2005, I-1599; BFH v. 11.9.1989 – VII B 129/89, BFH/NV 1990, 212.
3 BFH v. 28.6.2000 – V R 45/99, BStBl. II 2000, 703 = ZIP 2000, 2120; vgl. BFH v. 21.10.2015 – XI R 28/14, DStR 2016, 750.
4 *Schüppen/Schlösser* in MünchKomm/InsO[4], Insolvenzsteuerrecht, Rz. 257.
5 FG Berlin-Bdb. v. 17.6.2009 – 2 K 925/06, EFG 2009, 1690 (1690).
6 FG Berlin-Bdb. v. 17.6.2009 – 2 K 925/06, EFG 2009, 1690 (1690).
7 FG Berlin-Bdb. v. 17.6.2009 – 2 K 925/06, EFG 2009, 1690 (1690).

b) Vorsteuerberichtigung gem. § 17 Abs. 2 UStG

aa) Uneinbringlichkeit von Forderungen

4.404 Ist das vereinbarte Entgelt für eine steuerpflichtige Lieferung, sonstige Leistung oder einen steuerpflichtigen innergemeinschaftlichen Erwerb uneinbringlich geworden, so hat der Unternehmer, der diesen Umsatz ausgeführt hat, gem. § 17 Abs. 2 Ziff. 1 UStG den dafür geschuldeten Steuerbetrag zu berichtigen. Ebenfalls ist der Vorsteuerabzug bei dem Unternehmer, an den dieser Umsatz ausgeführt wurde, zu berichtigen. Uneinbringlich in diesem Sine ist eine Forderung nicht nur dann, wenn sie definitiv und endgültig keinen Wert mehr hat, sondern auch dann, wenn der Leistungsempfänger das Bestehen der Forderung substantiiert bestreitet[1] oder aber mit ganz überwiegender Wahrscheinlichkeit nicht mehr davon ausgegangen werden kann, dass der Leistungsempfänger noch eine Zahlung auf die Forderung erbringen wird. Uneinbringlich ist eine Forderung hingegen nicht schon dann, wenn der Leistungsempfänger die Zahlung nach Fälligkeit verzögert, sondern erst, wenn der Anspruch auf Entrichtung des Entgelts nicht erfüllt wird und bei objektiver Betrachtung damit zu rechnen ist, dass der Leistende die Entgeltforderung ganz oder teilweise jedenfalls auf absehbare Zeit nicht wird durchsetzen können.[2]

4.405 Der Umsatzsteuer unterliegende Entgeltforderungen aus Lieferungen und sonstigen Leistungen an den späteren Insolvenzschuldner werden spätestens im Augenblick der Insolvenzeröffnung **unbeschadet einer möglichen Insolvenzquote** in voller Höhe uneinbringlich.[3] Spätestens für den Voranmeldungszeitraum, in den die Verfahrenseröffnung fällt, ist die Umsatzsteuer des leistenden Unternehmers und dementsprechend der Vorsteuerabzug des Leistungsempfängers nach § 17 Abs. 1 UStG zu berichtigen. Es kommt dabei nicht darauf an, ob beispielsweise noch die Erfüllungswahl nach § 103 InsO durch den Insolvenzverwalter möglich ist.[4]

4.406 Das bedeutet aber nicht, dass Uneinbringlichkeit nicht auch bereits **vor Insolvenzeröffnung eintreten kann**[5] und deswegen bereits im Zeitpunkt der Insolvenzantragstellung anzunehmen sein kann, insbesondere, wenn der Insolvenzschuldner selbst den Insolvenzeröffnungsantrag stellt. Dem FG Köln ist darin zuzustimmen, dass von der Uneinbringlichkeit der Forderung gegen den Insolvenzschuldner regelmäßig dann auszugehen ist, wenn der Antrag auf Eröffnung des Insolvenzverfahrens durch den Insolvenzschuldners und der sachliche Insolvenzgrund der Zahlungsunfähigkeit gem. § 17 InsO oder der Überschuldung gem. § 19 InsO gegeben sind.[6] Bereits zu diesem Zeitpunkt, also vor Eröffnung des Insolvenzverfahrens, ist die Uneinbringlichkeit gegeben, da aller Wahrscheinlichkeit nach anderenfalls auch kein Antrag auf

---

1 *Schüppen/Schlösser* in MünchKomm/InsO[4], Insolvenzsteuerrecht, Rz. 307.
2 Ständige Rspr. des BFH, vgl. BFH v. 22.4.2004 – V R 72/03, BStBl. II 2004, 684; v. 20.7.2006 – V R 13/04, BStBl. II 2007, 22.
3 BFH v. 22.10.2009 – V R 14/08, BStBl. II 2011, 988 = ZIP 2010, 383 = DStR 2010, 323.
4 BFH v. 22.10.2009 – V R 14/08, BStBl. II 2011, 988 = ZIP 2010, 383 = DStR 2010, 323.
5 *Schüppen/Schlösser* in MünchKomm/InsO[4], Insolvenzsteuerrecht, Rz. 309; *Waza* in Waza/Uhländer/Schmittmann, Insolvenzen und Steuern[12], Rz. 2122.
6 FG Köln v. 20.2.2008 – 7 K 3972/02, DStRE 2008, 1011 (1014).

Eröffnung des Insolvenzverfahrens gestellt worden wäre. Beantragt daher der Schuldner die Eröffnung des Insolvenzverfahrens, so ist in diesem Fall die Uneinbringlichkeit i.S.d. § 17 Abs. 2 Ziff. 1 UStG gegeben. Es ist dann nämlich in absehbarer Zeit nicht mehr damit zu rechnen, dass der Schuldner die Forderungen erfüllen wird.

Zur Zuordnung von Ansprüchen des Finanzamtes, die sich aus der Vorsteuerberichtigung ergeben zu den Insolvenzforderungen bzw. den Masseverbindlichkeiten s. Rz. 4.327 ff. 4.407

Wird das uneinbringlich gewordene Entgelt **nachträglich doch noch vereinnahmt**, sind die Umsatzsteuer des leistenden Unternehmers und dementsprechend der Vorsteuerabzug des Leistungsempfängers **erneut zu berichtigen** (§ 17 Abs. 2 Ziff. 1 Satz 2 UStG). Das gilt auch für den Fall, dass der Insolvenzverwalter die durch die Eröffnung uneinbringlich gewordene Forderung erfüllt.[1] Somit ist auf Seiten des Insolvenzschuldners als Leistungsempfänger der Betrag der ursprünglichen Vorsteuerberichtigung schließlich um die Quote „zurück zu korrigieren". Dieser zweite Vorsteuerabzugsanspruch ist als vor Verfahrenseröffnung begründet anzusehen,[2] weil es für den Zeitpunkt des insolvenzrechtlichen Begründetseins eines Anspruchs auf den Zeitpunkt des zivilrechtlichen Leistungsaustausches ankommt. Der Berichtigungsbetrag kann also, wenn die Finanzverwaltung Umsatzsteuerforderungen zur Insolvenztabelle angemeldet hatte, wegen deren Möglichkeit zur Aufrechnung nicht zur Masse gezogen werden. 4.408

bb) Berichtigung infolge von Insolvenzanfechtung

Hat der Insolvenzschuldner vor der Eröffnung des Insolvenzverfahrens Zahlungen an den leistenden Gläubiger erbracht, so ist dieser zunächst befriedigt, so dass im Normalfall keine Uneinbringlichkeit des Entgelts i.S.v. § 17 Abs. 2 Ziff. 1 UStG vorliegt. 4.409

Der Anfechtungsanspruch ist unstreitig ein solcher, der rein insolvenzspezifisch ist und der ausschließlich durch die Eröffnung eines Insolvenzverfahrens entsteht.[3] Setzt der Insolvenzverwalter einen solchen Anspruch durch und zahlt der Gläubiger an die Insolvenzmasse auf diesen Anfechtungsanspruch, so wird das gesetzliche Schuldverhältnis, das durch den gesetzlichen Anfechtungsanspruch begründet wird, erfüllt. Es liegen somit **zwei unterschiedliche Rechtsverhältnisse** vor: Zum ersten liegt der **vorinsolvenzlich abgeschlossene Leistungsaustausch vor**, hinsichtlich dessen die Zahlungsforderung des Gläubigers durch Erfüllung seitens des Schuldners erloschen war. Zum Zweiten liegt ein **gesetzliches Schuldverhältnis** vor, das durch die Anfechtungsnorm begründet worden ist und nach Insolvenzeröffnung erst entstanden ist.

---
1 BFH v. 22.10.2009 – V R 14/08, BStBl. II 2011, 988 = ZIP 2010, 383 = DStR 2010, 323.
2 *Schüppen/Schlösser* in MünchKomm/InsO⁴, Insolvenzsteuerrecht, Rz. 311; *Waza* in Waza/Uhländer/Schmittmann, Insolvenzen und Steuern¹², Rz. 2124; BFH v. 12.8.2008 – VII B 213/07, BFH/NV 2008, 1819.
3 Ständige Rechtsprechung, vergleiche zuletzt BGH v. 20.11.2014 – IX ZR 275/13, NZI 2015, 178.

Dieses gesetzliche Schuldverhältnis, das durch den **Anfechtungsanspruch** mit Insolvenzeröffnung begründet wird, **stellt selbst aber keinen steuerbaren Umsatz** dar, weil dabei weder eine Lieferung noch eine sonstige Leistung erbracht wird. Es handelt sich auch nicht etwa um eine Rückabwicklung des ursprünglichen Umsatzgeschäftes, weil dieses von beiden Seiten vorinsolvenzlich abschließend erledigt und die wechselseitigen Ansprüche zur Erfüllung gebracht worden sind. Der insolvenzrechtliche Anfechtungsanspruch ist **nicht etwa so etwas wie ein Rücktrittsrecht**, das zu einer Rückabwicklung des Umsatzgeschäftes führen würde, sondern ein insolvenzrechtlicher und damit bürgerlich rechtlicher separater Anspruch.

Dem gegenüber ist der **BFH**[1] der Auffassung, eine Rückzahlung an den Insolvenzverwalter infolge einer Insolvenzanfechtung nach §§ 129 ff. InsO zu einer Berichtigung des Vorsteuerabzugs gem. § 17 Abs. 2 Ziff. 1 Satz 2 UStG führt und der sich hieraus ergebende Steueranspruch nach § 55 Abs. 1 Ziff. 1 InsO Teil der Masseverbindlichkeit für den Besteuerungszeitraum der Berichtigung ist. Diese Auffassung überzeugt allerdings nicht:[2]

Die insolvenzrechtliche Zielsetzung ist es, dem den Gläubigern haftenden Vermögen (also der Insolvenzmasse) wertmäßig genau das wieder zuzuführen, was in durch den Gesetzgeber nicht tolerierter Weise (also anfechtbar) wirtschaftlich aus dem Schuldnervermögen abgeflossen ist (denn dieser Abfluss ist wertmäßig genau das, was die Insolvenzgläubiger benachteiligt, § 129 Abs. 1 InsO). Die **gläubigerbenachteiligende Wirkung** der Zahlung auf die Forderung eines Gläubigers bezieht sich aber nicht nur auf die Zahlung des Nettoentgeltes für die Leistung, sondern auf den gesamten, aus dem Schuldnervermögen abgeflossenen Bruttobetrag.

Außerdem geht die Annahme einer Masseverbindlichkeit insofern nicht auf, als man den Fall konsequent zu Ende denken muss:

Wäre die Annahme zutreffend, dass aus der Insolvenzmasse die Vorsteuer berichtigt und abgeführt werden muss, die in dem angefochtenen Bruttobetrag enthalten ist, dann müsste spiegelbildlich auf Seiten des Gläubigers, der auf den Anfechtungsanspruch hin an die Insolvenzmasse gezahlt hat, ein Erstattungsanspruch entstehen. Der Gläubiger würde seine wiederaufgelebte Bruttoforderung (§ 144 Abs. 1 InsO) dann zur Insolvenztabelle anmelden, die aber gleich wieder als uneinbringlich i.S.v. § 17 UStG anzusehen ist. Hat der Insolvenzschuldner die Vorsteuer bereits vorinsolvenzlich geltend gemacht und durch die Finanzverwaltung ausgezahlt erhalten, dann wäre – wenn der Schuldner zu keinem Zeitpunkt Zahlung an den Gläubiger geleistet hätte – dieser Anspruch der Finanzverwaltung auf Erstattung der wegen eingetretener Uneinbringlichkeit zu berichtigenden Vorsteuerbeträge bloße Insolvenzforderung. Nun müsste nur dadurch, dass der Insolvenzschuldner in einer durch den Gesetzgeber missbilligten Weise – nämlich anfechtbar – an den Gläubiger gezahlt hat, ein für die Gläubiger in ihrer Gesamtheit nachteiliges Ergebnis eintreten, weil nämlich die Vorsteuererstattungsforderung des Finanzamtes nicht den Rang einer Insol-

---

[1] BFH v. 15.12.2016 – V R 26/16; ergänzt durch BFH v. 13.11.2018 – V B 60/18.
[2] Abl. auch *Sinz* in Uhlenbruck[15], § 38 InsO Rz. 85; *Mitlehner* EWiR 2017, 407.

venzforderung, sondern plötzlich den Rang einer Masseverbindlichkeit einnimmt. Das geht nicht zusammen. Siehe ausführlich noch unten Rz. 4.507.

cc) Berichtigung wegen nicht vollständig erbrachter Leistungen
(1) Nicht ausgeführte Lieferung oder sonstige Leistung

Ist für eine vereinbarte Lieferung oder sonstige Leistung ein Entgelt entrichtet, die Lieferung oder sonstige Leistung jedoch nicht ausgeführt worden, so hat der Unternehmer, der diesen Umsatz ausgeführt hat, gem. § 17 Abs. 2 Ziff. 2 UStG den dafür geschuldeten Steuerbetrag zu berichtigen. Ebenfalls ist der Vorsteuerabzug bei dem Unternehmer, an den dieser Umsatz ausgeführt wurde, zu berichtigen. Die Vorschrift ist Korrektiv zur Anzahlungsbesteuerung gem. § 13 Abs. 1 Ziff. 1 lit. a Satz 4 bzw. lit. b UStG, wonach die Steuer bei Voraus- bzw. Anzahlungen bereits vor Ausführung der Leistung entsteht, und zur Regelung des § 15 Abs. 1 Ziff. 1 Satz 2 UStG, wonach die Steuer, die auf eine Zahlung vor Ausführung der Leistung entfällt, als Vorsteuer bereits abziehbar ist, wenn die Zahlung geleistet ist. Kommt der Unternehmer seinen Pflichten aus § 17 UStG zur Berichtigung nicht nach, ist das Finanzamt berechtigt und verpflichtet, die Berichtigungen von Amts wegen durchzuführen.

4.410

(2) Insolvenz des Leistungserbringers

Hat der Leistungserbringer vor der Eröffnung des Insolvenzverfahrens über sein Vermögen für eine Lieferung oder eine sonstige Leistung von dem Leistungsempfänger ein Entgelt erhalten und hat sich bereits vor der Insolvenzeröffnung herausgestellt, dass der Leistungserbringer gleich aus welchen Gründen die Lieferung oder sonstige Leistung an den Leistungsempfänger endgültig nicht vollständig erbringen wird, dann führt das auf Seiten des Leistungserbringers zu einer Umsatzsteuerberichtigung (§ 17 Abs. 1 i.V.m. Abs. 2 Ziff. 2 UStG) vor Insolvenzeröffnung. Der entsprechende Erstattungsanspruch des Leistungserbringers ist dann vorinsolvenzlich begründet und kann seitens der Finanzverwaltung auch nach Insolvenzeröffnung mit Insolvenzforderungen im Rang von § 38 InsO aufgerechnet werden. Das gilt auch dann, wenn er im Zeitpunkt der Insolvenzeröffnung steuerrechtlich noch nicht entstanden war.

4.411

Hat der Insolvenzverwalter nach Eröffnung des Insolvenzverfahrens über das Vermögen des Leistungserbringers den gesamten, zur Umsatzsteuerberichtigung führenden Sachverhalt verwirklicht, dann ist der für die Insolvenzmasse aus der Umsatzsteuerberichtigung resultierende Erstattungsanspruch ungeschmälert durch die Insolvenzmasse zu realisieren; eine **Aufrechnung** der Finanzverwaltung mit Insolvenzforderungen kommt gegen einen solchen Anspruch der Insolvenzmasse **nicht in Betracht**. Voraussetzung dafür ist aber, dass der Insolvenzverwalter die Umsatzsteuer zunächst aus der Insolvenzmasse abgeführt hat. Das ist beispielsweise dann der Fall, wenn der Insolvenzverwalter im Rahmen der Fortführung des schuldnerischen Geschäftsbetriebes Lieferungen ausführt.

4.412

Schwieriger sind Fallkonstellationen zu beurteilen, bei denen **ein Teil des Tatbestandes vor Insolvenzeröffnung verwirklicht worden ist, ein anderer danach**. Das ist

4.413

insbesondere bei den im Zeitpunkt der Insolvenzeröffnung beiderseits unerfüllten Vertragsverhältnissen des Schuldners der Fall. In der Insolvenz des Leistungserbringers steht dem Insolvenzverwalter nämlich in Ansehung dieser Vertragsverhältnisse gem. **§ 103 InsO ein Wahlrecht** zu, ob er die Erfüllung des Vertragsverhältnisses wählt, oder ob er die Erfüllung ablehnt. Wählt er die Erfüllung, so kann er die von dem Vertragspartner des Schuldners geschuldete Leistung voll zur Masse verlangen, soweit diese noch nicht vor Insolvenzeröffnung erbracht worden war; er muss dann seinerseits aber auch mit Mitteln der Insolvenzmasse (also als Masseverbindlichkeit, § 55 InsO) die von dem Insolvenzschuldner vertraglich geschuldete Gegenleistung an den Vertragspartner erbringen. Lehnt der Insolvenzverwalter die Erfüllung hingegen ab, stehen der Insolvenzmasse gegen den Vertragspartner des Insolvenzschuldners keine Erfüllungsansprüche zu; der Vertragspartner kann seinerseits Ansprüche wegen Nichterfüllung als Schadensersatzansprüche nur als Insolvenzgläubiger im Rang von § 38 InsO verfolgen.

4.414 Die **Wahl der Nichterfüllung** führt dazu, dass die Leistung, die der Insolvenzschuldner hätte erbringen sollen, entgegen der vormals getroffenen zivilrechtlichen Vereinbarung nun nicht mehr erbracht wird. Hat der Leistungsempfänger bereits eine Anzahlung an den späteren Insolvenzschuldner geleistet, dann muss er den daraus resultierenden Vorsteuerabzug nach § 17 Abs. 2 Ziff. 2 UStG berichtigen. Entscheidend für die Anwendung des § 17 Abs. 2 Ziff. 2 UStG ist ausschließlich, dass kein Umsatz erfolgt ist und auch nicht mehr erfolgen wird. Nach dem Wortlaut der Norm ist die zivilrechtliche Rückabwicklung des Kaufvertrages ohne Belang.[1] Denn die Vorschrift stellt nicht darauf ab, ob das Entgelt zurückgewährt worden ist. Mit der (zu Lasten des Leistungsempfängers gehenden) Berichtigung des Vorsteuerabzugs korrespondiert die Berichtigung der Umsatzsteuer auf Seiten des Leistungserbringers. Um der misslichen Lage des Leistungsempfängers, der nicht nur eine wertlos gewordene Anzahlung geleistet hat, sondern auch noch die Vorsteuer nicht abziehen darf, abzuhelfen, wird erwogen, dem Leistungsempfänger den Erstattungsanspruch gegen das Finanzamt zuzubilligen und somit die Vorsteuerberichtigung entfallen zu lassen, wenn der Leistungserbringer die von dem Leistungsempfänger erhaltenen Umsatzsteuerbeträge an das Finanzamt abgeführt hat.[2] Diese Überlegungen sind jedoch insolvenzrechtlich verfehlt, weil ein solcher Erstattungsanspruch wegen (zu berichtigender) Umsatzsteuer des Leistungserbringers der Insolvenzmasse des Insolvenzschuldners zusteht. Dies hat das FG Rheinland-Pfalz in einer äußerst lesenswerten Entscheidung festgestellt.[3] Auszugsweise führt das FG Rheinland-Pfalz dort aus:

4.415 *„Wählt der Insolvenzverwalter die Nichterfüllung eines Vertrages nach § 103 Abs. 2 InsO, so liegt ein Fall des § 17 Abs. 2 Nr. 3 UStG vor; die Umsatzsteuer ist zu berichtigen. ... Für den Streitfall bedeutet dies, dass die Versteuerung der erhaltenen Anzahlungen rückgängig zu machen war. Nach § 17 Abs. 1 Satz 7 UStG war die Berichtigung in dem Voranmeldungszeitraum*

---

1 FG Hamburg v. 23.3.2009 – 6 K 80/08, DStRE 2009, 1209 (1210); FG Nürnberg v. 25.11.2008 – II 19/2006, juris.
2 FG Hamburg v. 23.3.2009 – 6 K 80/08, DStRE 2009, 1209 (1210); *Waza* in Waza/Uhländer/Schmittmann, Insolvenzen und Steuern[12], Rz. 2137.
3 FG Rh.-Pf. v. 25.6.2009 – 6 K 2636/08, EFG 2009, 1793 – Rev. V R 33/09, aufgehoben durch BFH v. 25.7.2012 – VII R 56/09, BFH/NV 2013, 413.

vorzunehmen, in dem der Insolvenzverwalter die Nichterfüllung der Verträge wählte, also Dezember 2001. Die Berichtigung erfolgte somit gem. § 17 Abs. 1 Satz 7 UStG nach Insolvenzeröffnung.

...

1.3. Die Zulässigkeit der Aufrechnung von aus Berichtigungen gem. § 17 Abs. 2 Nr. 3 UStG resultierenden Erstattungsansprüchen mit Insolvenzforderungen des Fiskus richtet sich nach §§ 94–96 InsO. Nach § 96 Abs. 1 Nr. 1 InsO ist die Aufrechnung unzulässig, wenn das Finanzamt erst nach der Eröffnung des Insolvenzverfahrens den Erstattungsanspruch zur Insolvenzmasse schuldig wurde. Entscheidend ist danach, ob der Erstattungsanspruch des Klägers, mit dem aufgerechnet werden soll, im insolvenzrechtlichen Sinne (§ 38 InsO) bereits vor Eröffnung des Insolvenzverfahrens begründet war. 4.416

Der BFH hatte mit Urt. v. 16.7.1987 – V R 2/81 (BStBl. II 1988, 190) auch entschieden, dass der Anspruch aus der Vorsteuerberichtigung Konkursforderung ist, folglich also dem Zeitpunkt vor Konkurseröffnung zuzuordnen ist. Da für die Vorsteuerberichtigung der Eintritt der Zahlungsunfähigkeit maßgeblich ist, mithin keine Rechtshandlung des Insolvenzverwalters, lässt sich hieraus für den Streitfall nichts ableiten. 4.417

Der VII. Senat des BFH (Urt. v. 4.2.2005 – VII R 20/04, BFHE 209, 13; v. 17.4.2007 – VII R 27/06, BFHE 217, 8, BFH/NV 2007, 1391) bejaht die Zulässigkeit der Aufrechnung mit der Begründung, die die ursprüngliche Steuerpflicht auslösenden Ereignisse (hier die Leistung der Anzahlungen) hätten vor der Eröffnung des Insolvenzverfahrens stattgefunden. Mithin sei der Steueranspruch vorher entstanden. Der aus der Berichtigung gem. § 17 UStG resultierende Erstattungsanspruch sei bereits im Zeitpunkt der Entstehung des Steueranspruchs latent vorhanden gewesen; nicht entscheidend sei, dass das die Berichtigung auslösende Ereignis erst nach Eröffnung des Insolvenzverfahrens stattgefunden habe. Ebenso wenig komme es darauf an, ob nach § 175 Abs. 2 Nr. 2 AO ein rückwirkendes Ereignis anzunehmen sei, oder ob wie im Falle des § 17 UStG die Berichtigung erst in dem Besteuerungszeitraum vorzunehmen sei, in den das Ereignis falle. 4.418

Der V. Senat des BFH hat im Beschl. v. 13.7.2006 – V B 70/06 (BStBl. II 2007, 415) Zweifel daran geäußert, ob er sich dieser Rechtsauffassung anschließen kann. Er begründet diese damit, dass § 17 UStG nicht die ursprüngliche Besteuerung zurückwirkend ändert, sondern einen eigenen Besteuerungstatbestand in einem anderen Veranlagungszeitraum darstellt. Nach der Auffassung des V. Senats richtet sich die insolvenzrechtliche Einordnung von Berichtigungsansprüchen nach § 17 UStG nach dem Zeitpunkt der Änderung der Bemessungsgrundlage ... 4.419

Der BGH hatte mit Urt. v. 29.6.2004 – IX ZR 147/03 ... entschieden, dass gem. § 95 Abs. 1 InsO nach Eintritt der Aufrechnungslage nicht nur aufgerechnet werden kann, wenn die aufzurechnenden Forderungen oder eine von ihnen zunächst bedingt oder betagt waren, sondern auch in Fällen, in denen eine rechtliche Voraussetzung für das Entstehen der einen oder anderen Forderung fehlte. Eine derartige Rechtsbedingung liegt nach dieser Entscheidung jedoch nicht vor, wenn der Eintritt der Aufrechnungslage von rechtsgeschäftlichen Erklärungen abhängt. 4.420

Der Erstattungsanspruch aufgrund einer Berichtigung gem. § 17 UStG entsteht zwar kraft Gesetzes, sofern der gesetzliche Tatbestand erfüllt ist. Gleichwohl bedarf es allerdings zur Erfüllung des gesetzlichen Tatbestandes einer Erklärung des Insolvenzverwalters gem. § 103 Abs. 2 InsO, die Verträge nicht zu erfüllen. 4.421

...

Mit Urt. v. 19.8.2008 – VII R 36/07 (BStBl. II 2009, 90) hatte der VII. Senat erneut über die Frage zu entscheiden, ob eine spätere Berichtigung des Vorsteuerabzugs insolvenzrechtlich auf den Zeitpunkt des Vorsteuerabzugs zurückwirkt. Der VII. Senat hält an seiner Rechtsauffassung 4.422

fest und begründet dies damit, dass immer dann, wenn eine Lieferung, für die der Vorsteuerabzug in Anspruch genommen worden ist, rückgängig gemacht und dadurch die Berichtigungspflicht des Unternehmers nach § 17 Abs. 2 Nr. 3 i.V.m. Abs. 1 Satz 3 UStG 1999 ausgelöst wird, die vom Finanzamt vollzogene Berichtigung die (Teil-)Erledigung der vorangegangenen (negativen) Umsatzsteuerfestsetzung bewirkt und der Rückforderungsanspruch des Fiskus im Umfang der zu hoch ausgezahlten Steuervergütung entsteht. Er hebt hervor, dass es sich bei der Regelung des § 17 Abs. 1 Satz 3 UStG – zumindest auch – um eine verfahrensrechtliche Sonderregelung, um eine Spezialvorschrift zu den Änderungsvorschriften der AO handelt, die der umsatzsteuerrechtlichen Systematik und Praktikabilität Rechnung trägt, ohne die materiellen umsatzsteuerrechtlichen Grundsätze über das Beanspruchen und Behaltendürfen zu modifizieren. Diese Einschätzung untermauert er damit, dass es in dem umsatzsteuerlich allein interessierenden Verhältnis zwischen dem steuerpflichtigen Unternehmer und dem Fiskus keinen Unterschied macht, ob die umsatzsteuerlichen Folgen aus einer rückgängig gemachten Lieferung durch rückwirkende Änderung der früheren Voranmeldung oder durch Berichtigung in dem Voranmeldungszeitraum, in dem die Änderung der Bemessungsgrundlage eingetreten ist, gezogen werden. Zwischen den Steuerpflichtigen und dem Fiskus ist jedenfalls sichergestellt, dass im Ergebnis nur die Vorsteuer vergütet wird, die auf die tatsächlich erbrachte Gegenleistung entfällt ...

4.423 *Das Urteil des BFH v. 29.1.2009 – V R 64/07 erging zwar zur Ist-Besteuerung im Rahmen des § 13 Abs. 1 Nr. 1b UStG und ist insofern für den Streitfall nicht einschlägig. Allgemein führt der BFH aber aus, dass die Abgrenzung danach erfolgt, ob der betreffende Steuertatbestand vor oder nach Insolvenzeröffnung vollständig verwirklicht wurde. Die Anforderungen an die vollständige Tatbestandverwirklichung richten sich dabei nach dem Steuerrecht, nicht dem Insolvenzrecht.*

Der Senat schließt sich der im Beschl. v. 13.7.2006 – V B 70/06 vertretenen Rechtsauffassung des V. Senats an.

...

4.424 *Der Senat sieht in der Sichtweise des VII. Senats des BFH auch dann einen Widerspruch zu dieser Rechtsprechung des BGH, wenn eine Rechtsfolge – wie im Falle des § 17 Abs. 2 Nr. 3 UStG zwar kraft Gesetzes eintritt, der die Rechtsfolge auslösende Sachverhalt aber die Abgabe einer rechtsgeschäftlichen Erklärung – hier die Wahl der Nichterfüllung von Verträgen gem. § 103 Abs. 2 InsO durch den Insolvenzverwalter – voraussetzt. Wenn man entscheidend darauf abstellt, ob es für den Eintritt der Aufrechnungslage noch der Abgabe einer rechtsgeschäftlichen Willenserklärung durch den Insolvenzverwalter oder einen Dritten bedarf, kann die Entscheidung des BGH nicht so interpretiert werden, dass sie für Korrekturansprüche aus dem Steuerschuldverhältnis nicht gelten soll.*

4.425 *Der Senat verkennt nicht, dass die Lösung des VII. Senats pragmatische Vorteile hat. So führt er aus, dass gerade wenn ein solches Ereignis wie in den Fällen des § 17 UStG nicht zu einer Korrektur der ursprünglichen Steuerfestsetzung, sondern zu einem dieser entgegen gesetzten selbständigen Anspruch bzw. zur Berücksichtigung zugunsten des Steuerpflichtigen in einem späteren Besteuerungszeitraum führt, es geboten ist, eine Aufrechnung der Finanzbehörde im Insolvenzverfahren zuzulassen, wie in dem Fall deutlich wird, dass die ursprünglich festgesetzte Steuer nicht bezahlt worden ist; es würde nämlich dann schwerlich gerechtfertigt sein, anzunehmen, die Finanzbehörde müsse eine (Umsatz-) Steuererstattung an die Insolvenzmasse leisten, könne aber ihre korrespondierende, unbefriedigte Steuerforderung lediglich als Insolvenzforderung geltend machen und müsse hinnehmen, mit ihr möglicherweise ganz oder teilweise auszufallen (VII R 27/06, a.a.O.).*

4.426 *Weiter hätte diese Sichtweise den pragmatischen Vorteil, dass im Falle von Vorsteuerberichtigungen es nicht darauf ankommt, ob diese von der Abgabe einer Willenserklärung durch den Insolvenzverwalter abhängen oder ihr Eintritt lediglich von einem Ereignis – Eintritt der Zah-*

lungsunfähigkeit – abhängt und dass alle Berichtigungen gem. § 17 UStG gleichbehandelt werden.

Andererseits hat der BGH jedoch überzeugend argumentiert, dass die Aufrechnungslage nicht angenommen werden kann, wenn die Entstehung der Gegenforderung noch von der Abgabe von Willenserklärungen abhängig ist. Das Abstellen auf die Besonderheit der Berichtigung gem. § 17 UStG im Voranmeldungszeitraum des Eintritts des die Berichtigung auslösenden Ereignisses und die insolvenzrechtliche Einordnung unter Berücksichtigung des Zeitpunkts der Änderung der Bemessungsgrundlage berücksichtigt diese Rechtsprechung und wahrt damit die Einheitlichkeit der Rechtsordnung. Der Senat gibt deshalb dieser Auffassung den Vorzug."   4.427

Siehe zur Zuordnung der sich aus der Berichtigung ergebenden Forderungen zu den Insolvenzforderungen bzw. den Masseverbindlichkeiten ausführlich Rz. 4.327 ff.   4.428

(3) Insolvenz des Leistungsempfängers

Hat der Leistungsempfänger vor der Eröffnung des Insolvenzverfahrens über sein Vermögen für eine Lieferung oder eine sonstige Leistung ein Entgelt an den Leistungserbringer entrichtet und hat sich bereits vor der Insolvenzeröffnung herausgestellt, dass der Leistungserbringer gleich aus welchen Gründen die Lieferung oder sonstige Leistung an den Leistungsempfänger endgültig nicht vollständig erbringen wird, dann führt das auf Seiten des Leistungsempfängers zu einer Berichtigung des Vorsteuerabzugs (§ 17 Abs. 1 i.V.m. Abs. 2 Ziff. 2 UStG). Der für die Finanzverwaltung daraus resultierende Anspruch ist im Insolvenzverfahren Insolvenzforderung im Rang von § 38 InsO. Das gilt auch dann, wenn er im Zeitpunkt der Insolvenzeröffnung steuerrechtlich noch nicht entstanden war.   4.429

Hat der Insolvenzverwalter nach Eröffnung des Insolvenzverfahrens über das Vermögen des Leistungsempfängers den gesamten zur Vorsteuerberichtigung führenden Sachverhalt verwirklicht, dann ist der für die Finanzverwaltung aus der Berichtigung des Vorsteuerabzugs resultierende Anspruch Masseverbindlichkeit im Rang von § 55 InsO. Voraussetzung dafür ist aber, dass der Insolvenzverwalter zunächst den Vorsteuerabzug zugunsten der Insolvenzmasse geltend gemacht hat. Das ist beispielsweise dann der Fall, wenn der Insolvenzverwalter im Rahmen der Fortführung des schuldnerischen Geschäftsbetriebes Waren bestellt. Leistet er hierauf Entgelte und stellt sich später heraus, dass der Leistungserbringer die vertraglich geschuldete Lieferung oder sonstige Leistung nicht vollständig an den Insolvenzverwalter erbringen wird, dann hat der Insolvenzverwalter den Vorsteuerabzug gem. § 17 Abs. 1 i.V.m. Abs. 2 Ziff. 2 UStG zu Lasten der Insolvenzmasse zu berichtigen.   4.430

Weniger eindeutig ist die Zuordnung des aus der Berichtigung resultierenden Anspruchs zu den Insolvenzforderungen bzw. den Masseverbindlichkeiten dann, wenn der Insolvenzschuldner das Entgelt an den Leistungserbringer noch vor Insolvenzeröffnung gezahlt hat, sich aber erst nach der Insolvenzeröffnung herausgestellt, dass der Leistungserbringer die Lieferung oder sonstige Leistung an den Insolvenzschuldner endgültig nicht vollständig erbringen wird. Es ist dann bei dem Insolvenzschuldner eine Vorsteuerberichtigung durchzuführen (§ 17 Abs. 1 i.V.m. Abs. 2 Ziff. 2 UStG). Der für die Finanzverwaltung daraus resultierende Anspruch ist im Insolvenzverfahren Insolvenzforderung im Rang von § 38 InsO, weil es auf den Zeitpunkt   4.431

der steuerrechtlichen Entstehung des Steueranspruchs im Hinblick auf die Zuordnung zu den insolvenzrechtlichen Forderungskategorien nicht ankommt.[1] Daher ist es auch unerheblich, ob der Voranmeldungszeitraum, in dem die Ereignisse eingetreten sind, die dazu geführt haben, dass der Leistungserbringer die Leistung an den Insolvenzschuldner dauerhaft nicht erbringen wird, bei Insolvenzeröffnung bereits abgelaufen war oder nicht.

4.432 Gleiches muss auch gelten, wenn der Umstand, dass der Leistungserbringer die Leistung an den Insolvenzschuldner dauerhaft nicht erbringen wird, darauf beruht, dass der Insolvenzverwalter gem. **§ 103 InsO die Nichterfüllung** eines im Zeitpunkt der Insolvenzeröffnung beiderseits nicht vollständig erfüllten Vertragsverhältnisses des Insolvenzschuldners wählt. Die anders lautende Entscheidung des V. Senats des BFH vom 24.8.1995[2] ist mit der später ergangenen Rechtsprechung des BGH[3] bezüglich der Rechtsnatur der Erfüllungswahl nach § 103 InsO nicht vereinbar. Die Literatur übernimmt die ältere Entscheidung des V. Senats mit der Begründung, dass der Berichtigungsanspruch im Fall der Wahl der Nichterfüllung durch eine Handlung des Insolvenzverwalters ausgelöst werde und damit erst i.S.v. § 38 InsO begründet sei, wenn das Vertragsverhältnis im Interesse der Insolvenzmasse beendet wurde.[4] **Diese Begründung trägt jedoch aus vier Gründen nicht:**

Erstens ist die Entscheidung des V. Senats des BFH vom 24.8.1995 nicht damit zu vereinbaren, dass die Eröffnung des Insolvenzverfahrens nach der neueren Dogmatik des BGH[5] kein Erlöschen der Erfüllungsansprüche aus gegenseitigen Verträgen im Sinn einer materiell-rechtlichen Umgestaltung bewirkt, sondern vielmehr die noch offenen Ansprüche durch die Insolvenzeröffnung lediglich ihre Durchsetzbarkeit verlieren, soweit sie nicht auf die anteilige Gegenleistung für vor Verfahrenseröffnung erbrachte Leistungen gerichtet sind. Wählt der Insolvenzverwalter Erfüllung, so erhalten die zunächst nicht durchsetzbaren Ansprüche die Rechtsqualität von originären Forderungen für und gegen die Masse. Damit tritt mit – und nicht nach – der Insolvenzeröffnung bereits ein dauerhaftes Hindernis für die Leistungserbringung ein, wenn der Insolvenzverwalter untätig bleibt. Es liegt also kein Leistungshindernis vor, das durch Rechtshandlung des Insolvenzverwalters bewirkt würde. Das

---

1 BFH v. 29.1.2009 – V R 64/07, BStBl. II 2009, 682 = ZIP 2009, 977 = ZInsO 2009, 920; v. 13.11.1986 – V R 59/79, BStBl. II 1987, 226 = ZIP 1987, 119 = BFHE 148, 346; v. 21.12.1988 – V R 29/86, BStBl. II 1989, 434 = ZIP 1989, 384 = BFHE 155, 475; v. 29.3.1984 – IV R 271/83, BStBl. II 1984, 602 = ZIP 1984, 853 = BFHE 141, 2; v. 30.4.2007 – VII B 252/06, ZIP 2007, 1277 = BFH/NV 2007 = BFHE 217, 212, 1395; v. 1.4.2008 – X B 201/07, ZIP 2008, 1780 = BFH/NV 2008, 925; v. 15.12.2016 – V R 26/16, NZI 2017, 270.
2 BFH v. 24.8.1995 – V R 55/94, BStBl. II 1995, 808 = ZIP 1996, 465; anders und zutreffend hingegen BFH v. 13.11.1986 – V R 59/79, BStBl. II 1987, 226 = ZIP 1987, 119.
3 BGH v. 25.4.2002 – IX ZR 313/99, ZIP 2002, 1093 = NJW 2002, 2783; vgl. auch BGH v. 16.5.2019 – IX ZR 44/18, ZfBR 2019, 566.
4 *Mohlitz* in Bork/Hölzle, Handbuch Insolvenzrecht[2], Kap. 23, Rz. 162; *Waza* in Waza/Uhländer/Schmittmann, Insolvenzen und Steuern[12], Rz. 2134; *Wäger* in Sölch/Ringleb, § 17 UStG Rz. 206.
5 BGH v. 25.4.2002 – IX ZR 313/99, ZIP 2002, 1093 = ZInsO 2002, 577 (577); vgl. auch BGH v. 16.5.2019 – IX ZR 44/18, ZfBR 2019, 566.

durch die Insolvenzeröffnung eintretende Leistungshindernis ist auch keines, das zu Masseverbindlichkeiten „in anderer Weise durch die Verwaltung, Verwertung und Verteilung der Insolvenzmasse" i.S.v. § 55 Abs. 1 Ziff. 1 Alt. 2 InsO eingetreten ist, denn die Insolvenzeröffnung ist kein durch die Verwaltung, Verwertung und Verteilung der Insolvenzmasse eintretendes Ereignis.

Zweitens kann die aus der Nichterfüllung gem. § 103 InsO resultierende Umsatzsteuerschuld auch vom Ergebnis her keine Masseverbindlichkeit sein: § 103 InsO gelangt nämlich nur zur Anwendung, wenn das Vertragsverhältnis im Zeitpunkt der Insolvenzeröffnung beiderseits nicht vollständig erfüllt ist. Hätte der Leistungserbringer an den Insolvenzschuldner die vollständige Lieferung oder sonstige Leistung bereits vor der Eröffnung des Insolvenzverfahrens erbracht, dann käme keine Erfüllungswahl des Insolvenzverwalters nach § 103 InsO mehr in Betracht. Soweit der Leistungsempfänger an den Leistungserbringer noch nicht gezahlt hat, wird das Entgelt für den Leistungserbringer im Zeitpunkt der Insolvenzeröffnung uneinbringlich, so dass er seinerseits eine Umsatzsteuerberichtigung nach § 17 Abs. 2 Ziff. 1 UStG vorzunehmen hat (Rz. 4.387), während der insolvente Leistungsempfänger insoweit den Vorsteuerabzug zu berichtigen hat. Die aus der Vorsteuerberichtigung resultierende Forderung der Finanzverwaltung ist Insolvenzforderung i.S.v. § 38 InsO.[1] Es wäre doch ein merkwürdiges Ergebnis, wenn der aus der Vorsteuerberichtigung resultierende Anspruch der Finanzverwaltung demgegenüber Masseverbindlichkeit werden sollte, wenn der Leistungserbringer noch nicht voll geleistet hat.

Drittens – das ist das Entscheidende – wäre die Entstehung einer Masseverbindlichkeit durch die Nichterfüllungswahl mit dem Sinn und Zweck von § 103 InsO nicht zu vereinbaren. Die Vorschrift hat gerade den Zweck, die Masse davor zu schützen, dass durch vorinsolvenzliche Verpflichtungen des Insolvenzschuldners wirtschaftliche Nachteile im Bereich der Insolvenzmasse eintreten, denen der Insolvenzverwalter sich nicht entziehen kann. Nur in den besonderen durch das Gesetz ausdrücklich geregelten Ausnahmefällen (§§ 106–113 InsO) nimmt der Gesetzgeber Nachteile für die Masse im dort näher geregelten Umfang in Kauf, im Wesentlichen, um dem Vertrauensschutz des Vertragspartners Geltung zu verschaffen. Wie wichtig dem Gesetzgeber die Verhinderung oktroyierter Nachteile ist, zeigt auch § 119 InsO.

Viertens ist der Rechtsgrund für die Berichtigung der Vorsteuer im insolvenzrechtlichen Sinne bereits mit der Inanspruchnahme des Vorsteuerabzugs gelegt, solange die damit in Zusammenhang stehende Leistung nicht erbracht ist.[2] Erst die Leistungserbringung macht den Vorsteuerabzug bei Vorauszahlungen grundsätzlich final, weil der Leistungsaustausch erst dann wechselseitig abgeschlossen ist.

Schließlich sind **Vorsteuerberichtigungen** in der eben genannten Fallkonstellation über § 17 Abs. 2 Ziff. 1 UStG zu lösen. Der V. Senat des BFH hat nämlich entschieden, dass der Umsatzsteuer unterliegende Entgeltforderungen aus Lieferungen und sonstigen Leistungen an den späteren Insolvenzschuldner spätestens im Augenblick

4.433

---

1 *Wäger* in Sölch/Ringleb, § 17 UStG Rz. 210; BGH v. 19.7.2007 – IX ZR 81/06, ZIP 2007, 1612 = UR 2007, 743.
2 Vgl. BFH v. 15.10.2019 – VII R 31/17, juris.

der Insolvenzeröffnung unbeschadet einer möglichen Insolvenzquote und unbeschadet einer möglichen Erfüllungswahl des Insolvenzverwalters in voller Höhe uneinbringlich werden.[1] Spätestens für den Voranmeldungszeitraum, in den die Verfahrenseröffnung fällt, ist die Umsatzsteuer des leistenden Unternehmers und dementsprechend der Vorsteuerabzug des Leistungsempfängers nach § 17 Abs. 1 UStG zu berichtigen. Der V. Senat betont dabei ausdrücklich, dass es dabei nicht darauf ankommt, ob beispielsweise noch die Erfüllungswahl nach § 103 InsO durch den Insolvenzverwalter möglich ist.[2] Diese im Zeitpunkt der Eröffnung des Insolvenzverfahrens erforderlich werdende Berichtigung des Vorsteuerabzugs auf Seiten des Leistungsempfängers führt aber jedenfalls zu Insolvenzforderungen.[3]

c) Vorsteuerberichtigung bei Rückgängigmachung einer Leistung

4.434 Wird eine Lieferung oder eine sonstige Leistung rückgängig gemacht, so hat der Unternehmer, der diesen Umsatz ausgeführt hat, gem. § 17 Abs. 2 Ziff. 3 UStG den dafür geschuldeten Steuerbetrag zu berichtigen. Ebenfalls ist der Vorsteuerabzug bei dem Unternehmer, an den dieser Umsatz ausgeführt wurde, zu berichtigen. Typischer Weise geht es hierbei um Fälle des Eigentumsvorbehaltskaufs. Die die Umsatzsteuer auslösende Lieferung ist beim Eigentumsvorbehaltsverkauf bereits mit der Übergabe der Kaufsache vom Verkäufer an den Käufer erfolgt; auf die vollständige Entrichtung des Kaufpreises bzw. den Eigentumsübergang kommt es nicht an.

4.435 Wird über das Vermögen des **Vorbehaltskäufers** das Insolvenzverfahren eröffnet und ist im Zeitpunkt der Eröffnung des Insolvenzverfahrens der Kaufpreis noch nicht vollständig entrichtet, so liegt ein beiderseits nicht vollständig erfüllter Vertrag i.S.v. § 103 InsO vor. Dem Insolvenzverwalter steht dann ein Erfüllungswahlrecht zu. Wählt er die Erfüllung, so muss er mit Mitteln der Insolvenzmasse (also als Masseverbindlichkeit, § 55 InsO) die von dem Insolvenzschuldner vertraglich geschuldete Gegenleistung an den Vertragspartner erbringen; im Gegenzug geht nach vollständiger Erfüllung das Eigentum an der Kaufsache auf den Insolvenzschuldner über und fällt damit in die Insolvenzmasse. Lehnt der Insolvenzverwalter die Erfüllung hingegen ab, stehen der Insolvenzmasse gegen den Vertragspartner des Insolvenzschuldners keine Erfüllungsansprüche zu; der Vertragspartner kann seinerseits Ansprüche wegen Nichterfüllung als Schadensersatzansprüche nur als Insolvenzgläubiger im Rang von § 38 InsO verfolgen und in Ansehung der Kaufsache Aussonderung nach § 47 InsO verlangen, weil er in Ermangelung eines Kaufvertrages nicht mehr zur Überlassung an den Insolvenzschuldner verpflichtet ist. Infolge der **Nichterfüllungswahl** kommt es also zur Herausgabe der Sache an den Leistungserbringer, also zu einer Rückgängigmachung der Lieferung i.S.v. § 17 Abs. 2 Ziff. 3 UStG. Soweit der Insolvenzschuldner den Vorsteuerabzug für die Lieferung in Anspruch genommen hat, ergibt sich aus der Berichtigung ein Anspruch des Finanzamtes. Dieser

---
1 BFH v. 22.10.2009 – V R 14/08, BStBl. II 2011, 988 = ZIP 2010, 383 = DStR 2010, 323.
2 BFH v. 22.10.2009 – V R 14/08, BStBl. II 2011, 988 = ZIP 2010, 383 = DStR 2010, 323.
3 BFH v. 13.11.1986 – V R 59/79, BStBl. II 1987, 226 = ZIP 1987, 119; *Klenk* in Sölch/Ringleb,§ 17 UStG Rz. 208; BGH v. 19.7.2007 – IX ZR 81/06, ZIP 2007, 1612 = UR 2007, 743.

C. Umsatzsteuer | Rz. 4.437 **Kap. 4**

nimmt im Insolvenzverfahren den Rang einer Insolvenzforderung (§ 38 InsO) ein,[1] weil bereits durch die Insolvenzeröffnung Uneinbringlichkeit des zivilrechtlichen Anspruchs des Leistungserbringers eingetreten war (§ 17 Abs. 2 Ziff. 1 UStG). Daran ändert die Nichterfüllungswahl des Insolvenzverwalters nichts mehr.[2]

Wählt der Insolvenzverwalter nach § 103 InsO die Erfüllung, so kommt es nicht zu einer Rückgängigmachung der Lieferung. Er muss dann seinerseits die Restforderung des Vertragspartners des Schuldners aus der Masse bezahlen. Soweit der Schuldner für die Restforderungen aber bereits den Vorsteuerabzug in Anspruch genommen hatte, muss der Insolvenzverwalter dies gegen sich gelten lassen und hat seinerseits keinen Anspruch auf Vorsteuerabzug zugunsten der Insolvenzmasse mehr. Zwar ist durch die Insolvenzeröffnung Uneinbringlichkeit der gegen den Schuldner gerichteten Restforderungen i.S.v. § 17 Abs. 2 Ziff. 1 UStG eingetreten, wodurch es zu einer Vorsteuerberichtigung kommt, die in Höhe des in Anspruch genommenen Vorsteuerabzugs auf Seiten des Finanzamtes lediglich zu einer Insolvenzforderung im Rang von § 38 InsO geführt hat.[3] Wird das uneinbringlich gewordene Entgelt nachträglich vereinnahmt, sind der Umsatzsteuerbetrag und der Vorsteuerabzug erneut zu berichtigen (§ 17 Abs. 2 Ziff. 1 Satz 2 UStG). Das gilt auch für den Fall, dass der Insolvenzverwalter die durch die Eröffnung uneinbringlich gewordene Forderung erfüllt.[4] Gleichwohl entsteht aber kein neuer Anspruch auf Vorsteuerabzug, weil durch die Erfüllungswahl des Insolvenzverwalters lediglich die Durchsetzbarkeit der beiderseitigen zivilrechtlichen Pflichten aus dem Vertragsverhältnis wieder hergestellt wird,[5] nicht aber ein eigenständiger, neuer Leistungsaustausch vereinbart wird. Die durchzuführende zweite Berichtigung des Vorsteuerabzugs[6] führt also nur zum Wegfall der zur Insolvenztabelle angemeldeten Forderung des Finanzamtes aus der infolge der zunächst gegebenen Uneinbringlichkeit durchgeführten ersten Vorsteuerberichtigung, nicht aber zu einem eigenständigen Vorsteuerabzug von Masseschulden.[7]

4.436

In der Praxis wird gelegentlich versucht, den Vorsteuerabzug zugunsten der Insolvenzmasse dennoch dadurch zu erlangen, dass zwischen dem Insolvenzverwalter und dem Vertragspartner des Schuldners ein **neues Vertragsverhältnis begründet** wird, dessen Gegenstand die Lieferung der Kaufsache an den Insolvenzschuldner ist. Die Finanzverwaltung erkennt solche Verträge in aller Regel jedoch nicht an, sondern sieht darin einen Gestaltungsmissbrauch nach § 42 AO.[8] Auch der BFH hat in einem derart gelagerten Fall berechtigte Einwände gegen den aus einem solchen Ver-

4.437

---

1 BFH v. 13.11.1986 – V R 59/79, BStBl. II 1987, 226 = ZIP 1987, 119; OFD Frankfurt/M. v. 25.5.2007 – S 7340 A 85 – St 11, Rz. 58.
2 Im Ergebnis ebenso *Waza* in Waza/Uhländer/Schmittmann, Insolvenzen und Steuern[12], Rz. 2142.
3 BFH v. 13.11.1986 – V R 59/79, BStBl. II 1987, 226 = ZIP 1987, 119; v. 22.10.2009 – V R 14/08, ZIP 2010, 383 = DStR 2010, 323.
4 BFH v. 22.10.2009 – V R 14/08, BStBl. II 2011, 988 = ZIP 2010, 383 = DStR 2010, 323.
5 BGH v. 25.4.2002 – IX ZR 313/99, ZIP 2002, 1093 = NJW 2002, 2783.
6 BFH v 22.10.2009 – V R 14/08, BStBl. II 2011, 988 = ZIP 2010, 383 = DStR 2010, 323.
7 Zutr. BFH v. 15.3.1994 – XI R 89/92, ZIP 1995, 483 = BFH/NV 1995, 74 (74).
8 OFD Frankfurt/M. v. 25.5.2007 – S 7340 A 85 – St 11, Rz. 59.

trag resultierenden Vorsteuerabzug erhoben, weil „keine neuen Verträge geschlossen worden" waren.¹ Der BFH hat es in dieser Entscheidung allerdings nicht generell ausgeschlossen, dass eine zivilrechtliche Gestaltung gefunden werden kann, die dem Insolvenzverwalter den Vorsteuerabzug sichert. Der BFH formuliert die (Mindest-) Voraussetzungen eines Vorsteuerabzugs aber recht deutlich:

4.438 *„Gemäß § 15 Abs. 1 Nr. 1 des Umsatzsteuergesetzes (UStG) 1980 kann der Unternehmer die in Rechnungen i.S.d. § 14 UStG 1980 gesondert ausgewiesene Steuer für Lieferungen oder sonstige Leistungen, die von anderen Unternehmern für sein Unternehmen ausgeführt worden sind, abziehen. Lieferungen eines Unternehmers sind gem. § 3 Abs. 1 UStG 1980 Leistungen, durch die er den Abnehmer befähigt, im eigenen Namen über einen Gegenstand zu verfügen (Verschaffung der Verfügungsmacht). Auch eine Lieferung unter Eigentumsvorbehalt erfüllt den Tatbestand des § 3 Abs. 1 UStG 1980 (...). Zu einer nochmaligen Lieferung der Materialien könnte es deshalb nur gekommen sein, wenn die Verfügungsmacht an den Materialien rückübertragen und sie dem Kläger erneut verschafft wurde. Das ist nicht der Fall.*

Das FG ist zu Unrecht davon ausgegangen, dass bereits die Anerkennung eines Aussonderungsrechts zu einer Rückübertragung führe. Den Lieferanten ist zu keinem Zeitpunkt erneut Verfügungsmacht an den Materialien verschafft worden, so dass sie in der Lage gewesen wären, mit den Gegenständen nach Belieben zu verfahren, insbesondere sie wie ein Eigentümer nutzen zu können. **Nur die Aussonderung als solche, nicht aber die Anerkennung eines Rechts zur Aussonderung, hätte zur Rückübertragung (Rückgabe, Rücklieferung) und anschließend zu einer erneuten Lieferung führen können** *(vgl. Reiß, a.a.O., S. 67; vgl. ferner Urteil des FG München vom 17.10.1984 III 195/80 U, Entscheidungen der Finanzgerichte – EFG – 1985, 204). Der Kläger selbst räumt ein, dass die Materialien nicht mehr „bewegt" worden seien. Auch den an die Lieferanten gerichteten Schreiben lässt sich nicht entnehmen, dass die Materialien rückübertragen werden sollten. Der Kläger kam dem Antrag der Lieferanten auf Aussonderung nicht nach. Insbesondere die Formulierung „Ihren Eigentumsvorbehalt an diesen Gegenständen räume ich durch Zahlung des Restkaufpreises aus" zeigt, dass die ursprünglichen Lieferungen Bestand haben sollten und dass lediglich der Eigentumsvorbehalt ausgeräumt werden sollte. Die vom Kläger gewählte Formulierung kann nicht in dem Sinne verstanden werden, dass die Waren zunächst aus der Verfügungsmacht des Klägers entfernt und diesem später wieder neu verschafft werden sollten. Entgegen der Auffassung des FG ist mit dem „Restkaufpreis" die Zahlung des Restkaufpreises aus den Altverträgen bezeichnet worden, auch wenn die offenen Kaufpreisforderungen aus diesen Verträgen jeweils höher als der Warenwert der sichergestellten Waren gewesen waren. Das FA weist zu Recht darauf hin, dass der Kläger nur für die sichergestellten Materialien, die er für die Abwicklung restlicher Aufträge benötigte, den Eigentumsvorbehalt aufgeben und nur den auf diese Materialien entfallenden Kaufpreis, den er als Restkaufpreis bezeichnete, zahlen wollte. Mit dieser Erklärung hat der Kläger die (teilweise) Erfüllung der bestehenden Verträge verlangt; neue Verträge wurden nicht abgeschlossen, entsprechend auch keine „Neulieferungen" vorgenommen. ...; bei der Beurteilung der Verschaffung der Verfügungsmacht sind der tatsächliche Ablauf und die tatsächlich vollzogenen Vereinbarungen maßgebend.*

4.439 *Dem Kläger kann nicht in der Ansicht gefolgt werden, dass diese Rechtsauffassung zu wirtschaftlich unvertretbaren Ergebnissen führe. Verbleibt die Ware in der Verfügungsmacht des Unternehmers, besteht kein Grund, einen erneuten Vorsteuerabzug zuzulassen. Die Auffassung des Senats beruht auf dem in § 3 Abs. 1 UStG 1980 bestimmten Begriff der Lieferung, der die Verschaffung der Verfügungsmacht erfordert. Eine erneute Lieferung desselben Gegenstandes an denselben Unternehmer kommt demnach nur in Betracht, wenn dieser zuvor die Verfügungsmacht verloren hatte. Ist das nicht der Fall, kann erneut in Rechnung gestellte Umsatz-*

---

1 BFH v. 15.3.1994 – XI R 89/92, ZIP 1995, 483 = BFH/NV 1995, 74 (74).

steuer nicht als Vorsteuer abgezogen werden, weil dieser Rechnung keine Lieferung zugrunde liegt." (Hervorhebung durch den Verfasser)

Hinweis:

Es kommt also darauf an, dass der Insolvenzverwalter zunächst ausdrücklich die Nichterfüllung des Vertrages wählt und die Kaufsache aussondert, d.h. die Verfügungsgewalt dem Vertragspartner tatsächlich wieder vollständig überträgt. Kommt es danach zum Abschluss eines Vertrages zwischen dem Insolvenzverwalter und dem Lieferanten dahingehend, dass die Sache wieder der Insolvenzmasse übertragen wird, dann ist ein solcher Vertrag auch vor dem Hintergrund des Vorsteuerabzugs anzuerkennen, selbst wenn als Kaufpreis nicht mehr als der offen gebliebene Restkaufpreis aus dem ursprünglichen Vertrag vereinbart wird.

2. Vorsteuerberichtigung bei Änderung der Verhältnisse (§ 15a UStG)

Ändern sich bei einem Wirtschaftsgut die Verhältnisse, die im Kalenderjahr der erstmaligen Verwendung für den Vorsteuerabzug maßgebend waren, innerhalb von fünf Jahren seit dem Beginn der Verwendung, so ist für jedes Kalenderjahr der Änderung ein Ausgleich durch eine Berichtigung des Abzugs der auf die Anschaffungs- oder Herstellungskosten entfallenden Vorsteuerbeträge vorzunehmen (§ 15a Abs. 1 Satz 1 UStG). Bei **Grundstücken** beträgt der Berichtigungszeitraum gem. § 15a Abs. 1 Satz 2 UStG zehn Jahre. Die Verhältnisse ändern sich im Sinne dieser Vorschrift, wenn der Unternehmer mit dem Wirtschaftsgut in den Folgejahren – innerhalb des Berichtigungszeitraums – Umsätze ausführt, die für den Vorsteuerabzug anders zu beurteilen sind als die Umsätze im Kalenderjahr der erstmaligen Verwendung,[1] sich also aufgrund von § 15 Abs. 2 und 3 UStG ein höherer oder niedrigerer Vorsteuerabzug ergäbe, als er ursprünglich zulässig war.

4.440

Die Umsätze in den Folgejahren müssen aus tatsächlichen oder rechtlichen Gründen für den Vorsteuerabzug anders als im Kalenderjahr der erstmaligen Verwendung zu qualifizieren sein. Die Änderung der maßgebenden Verhältnisse kann nach ständiger Rechtsprechung des BFH auch dadurch eintreten, dass bei tatsächlich gleichbleibenden Verwendungsumsätzen die rechtliche Beurteilung, die der Gewährung des Vorsteuerabzugs im Abzugsjahr zugrunde lag, sich in einem der Folgejahre als unzutreffend erweist, wobei allerdings Voraussetzung ist, dass die Steuerfestsetzung für das Abzugsjahr bestandskräftig und unabänderbar ist.[2] Zur Veranschaulichung der Berichtigung nach § 15a UStG s. folgende typische Fälle:

4.441

Beispiel 12:

Unternehmer U errichtet im Jahr 2006 ein Gebäude und vermietet es umsatzsteuerfrei an einen anderen Unternehmer (§ 4 Ziff. 12 UStG). Im Jahr 2008 verzichtet er auf die Steuerbefreiung (§ 9 UStG) und vermietet das Gebäude an einen anderen Unternehmer. U kann ab 2008 im Berichtigungswege pro Jahr 1/10 der Vorsteuerbeträge geltend machen.

---

[1] FG Nürnberg v. 12.5.2009 – II 262/2006, EFG 2009, 1688 ff.; vgl. auch BFH v. 19.10.2011 – XI R 16/09, DStRE 2012, 441.
[2] BFH V. 31.8.2007 – V B 193/06, BFH/NV 2007, 2366 (2366); v. 10.11.2003 – V B 134/02, BFH/NV 2004, 381 (381); v. 24.2.2000 – V R 33/97, BStBl. II 2000, 235 = BFH/NV 2000, 1144 (1144); v. 12.6.1997 – V R 36/95, BStBl. II 1997, 589; v. 9.2.1997 – XI R 51/93, BStBl. II 1997, 370 und BFH v. 16.12.1993 – V R 56/91, BFH/NV 1995, 444 (444).

Beispiel 13:

U errichtet im Jahr 2006 eine Einkaufspassage. Die einzelnen Ladenlokale wurden an verschiedene Mieter vermietet. Aus den Herstellungskosten zog U die in Rechnung gestellte Umsatzsteuer in Höhe der Quote der im Erstjahr 2006 erfolgten steuerpflichtigen Vermietung von 79 % als Vorsteuer ab. Durch Wechsel der Mieter bzw. Änderung der Mietverträge verringerte sich diese Quote im Jahr 2008 auf 75 %. Ab dem Jahr 2008 ist daher die Vorsteuer bis zum Ende des Berichtigungszeitraumes von 10 Jahren zu berichtigen.

4.442 Gerät der Unternehmer in Insolvenz und muss die Vorsteuer zu Lasten des Unternehmers berichtigt werden, muss die daraus resultierende Forderung der Finanzverwaltung den **insolvenzrechtlichen Forderungskategorien** zugeordnet werden. Dabei können zwei unterschiedliche Gestaltungen eintreten. Zum einen kann die Änderung der Verhältnisse bereits vor Insolvenzeröffnung eingetreten sein (also die Insolvenzeröffnung in obigem Beispiel 2 im Jahr 2009 erfolgt sein), zum anderen kann die Änderung der Verhältnisse aber auch nach Insolvenzeröffnung durch Rechtshandlung des Insolvenzverwalters eintreten (also die Insolvenzeröffnung in obigem Beispiel 2 im Jahr 2007 erfolgt sein).

4.443 Beruht die Berichtigung nach § 15a UStG auf einer steuerfreien Veräußerung durch den Insolvenzverwalter im Rahmen der Verwaltung und Verwertung der Masse, ist der Berichtigungsanspruch eine Masseverbindlichkeit i.S.v. § 55 Abs. 1 Ziff. 1 InsO.[1] Im Verhältnis zwischen Festsetzungs- und Erhebungsverfahren ist die im Festsetzungsverfahren vorgenommene Steuerfestsetzung für das Erhebungsverfahren vorgreiflich. Dies gilt auch für die Frage, ob Berichtigungen nach § 15a UStG zu Lasten oder zugunsten der Masse in einem an den Insolvenzverwalter gerichteten Steuerbescheid zu berücksichtigen sind.

4.444 Die Insolvenzeröffnung ist für die Berichtigung nach § 15a UStG ohne Bedeutung. Die Eröffnung des Insolvenzverfahrens bewirkt weder tatsächlich noch rechtlich eine Änderung in der Verwendung von Wirtschaftsgütern. Allein die Insolvenzeröffnung ändert die tatsächliche Verwendung nicht. Auch in rechtlicher Hinsicht wirkt sich – anders als bei dem von § 15a Abs. 7 UStG vorausgesetzten Übergang zum Kleinunternehmerstatus nach § 19 Abs. 1 UStG oder zur Pauschalbesteuerung nach § 24 UStG – die Insolvenzeröffnung nicht auf die für den Vorsteuerabzug maßgeblichen Verhältnisse aus; insbesondere enthält die InsO anders als z.B. §§ 19, 24 UStG keine materiell-rechtlichen Regelungen, die für den Vorsteuerabzug maßgeblich sind.

4.445 Der Berichtigungsanspruch nach § 15a UStG aufgrund der steuerfreien Veräußerung des Wirtschaftsguts durch einen Insolvenzverwalter ist eine Masseverbindlichkeit i.S.v. § 55 Abs. 1 Ziff. 1 InsO und in die Steuerberechnung (§ 16 Abs. 2 Satz 2 UStG) und Steuerfestsetzung für die Masse einzubeziehen. Die Abgrenzung zwischen Masseverbindlichkeiten und Insolvenzforderungen bestimmt sich nach ständiger Rechtsprechung der beiden Umsatzsteuersenate des BFH danach, ob der den Umsatzsteueranspruch begründende Tatbestand nach den steuerrechtlichen Vorschriften bereits vor oder erst nach Insolvenzeröffnung vollständig verwirklicht und damit abgeschlossen ist; nicht maßgeblich ist der Zeitpunkt der Steuerentstehung nach § 13 UStG.

---

1 BFH v. 8.3.2012 – V R 24/11, BStBl. II 2012, 466 = ZIP 2012, 684.

Veräußert der Insolvenzverwalter ein Wirtschaftsgut steuerpflichtig, das aufgrund einer zunächst beabsichtigten Verwendung für überwiegend steuerfreie Umsätze durch den Insolvenzschuldner nur teilweise mit Recht auf Vorsteuerabzug erworben wurde, ergibt sich für die Masse ein Berichtigungsanspruch aus § 15a UStG, der bei Fehlen anderer Umsatztatbestände für den Besteuerungszeitraum zu einem Steuervergütungsanspruch für die Masse führt.

X. Verwertung von Sicherungsgut

Literatur *App*, Zur Verwertung sicherungsabgetretener Forderungen nach Eröffnung eines Insolvenzverfahrens, KKZ 2010, 78; Zusätzliche Erfordernisse bei der Verwertung von in Wertpapieren verbrieften Forderungen und anderen Vermögensrechten, KKZ 2008, 248; *Bitter*, Das Verwertungsrecht des Insolvenzverwalters bei besitzlosen Rechten und bei einer (Doppel-)Treuhand am Sicherungsgut, ZIP 2015, 2249; *Fuisting/Weimann*, Verwertung von Sicherungsgut (Teil II), StB 2015, 118; *Ganter*, Die Verwertung von Gegenständen mit Absonderungsrechten im Lichte der Rechtsprechung des IX. Zivilsenats des BGH, ZInsO 2007, 841; *Ganter/Bitter*, Rechtsfolgen berechtigter und unberechtigter Verwertung von Gegenständen mit Absonderungsrechten durch den Insolvenzverwalter – Eine Analyse des Verhältnisses von § 48 zu § 170 InsO, ZIP 2005, 93; *Goldbach*, Zur unzulässigen Bevollmächtigung bei der Forderungsverwertung im Wege der Zwangsversteigerung, Rpfleger 2008, 325; *Heublein*, Zur Umsatzsteuerpflicht bei der Grundstücksverwertung durch den Insolvenzverwalter, EWiR 2005, 513; *Heuking*, Zur Insolvenzverwalterhaftung bei Verwertung des Sicherungsguts, EWiR 2009, 277; *Hiller/Weber*, Das Zusammenwirken von § 55 Abs. 4 InsO und § 13b Abs. Nr. 2 UStG bei der Verwertung von Sicherungsgut im vorläufigen Insolvenzverfahren, ZInsO 2014, 2555; *Hintzen*, Grundstücksverwertung durch den Treuhänder in der Verbraucherinsolvenz, ZInsO 2004, 713; *Jütten*, Verwertung von Sicherungsgut durch den Sicherungsgeber für Rechnung des Sicherungsnehmers, SteuerStud 2008, 199; *Klomfaß*, Zur freihändigen Grundstücksverwertung im Insolvenzverfahren, KKZ 2010, 121; *Kraatz/Weimann*, Verwertung von Sicherungsgut (Teil I), StB 2015, 82; *Kulke*, Zum Tilgungsbestimmungsrecht des Schuldners bei Verwertung einer sicherungshalber abgetretenen Forderung, EWiR 2008, 741; *Lwowski/Tetzlaff*, Verwertung unbeweglicher Gegenstände im Insolvenzverfahren, WM 1999, 2336; *Meyer*, Dreifachumsatz bei Verwertung von Sicherungsgut durch den Sicherungsgeber, EFG 2009, 698; *Mitlehner*, Zur Steuerschuld des Sicherungsnehmers nach Verwertung des Sicherungsguts, EWiR 2010, 225; *Taras*, Der Anspruch des Sicherungsgläubigers auf Ersatzabsonderung, NJW-Spezial 2019, 405; *Tetzlaff*, Probleme bei der Verwertung von Grundpfandrechten und Grundstücken im Insolvenzverfahren, ZInsO 2004, 521; *Wagner*, Verwertung beweglicher Sachen und Grundstücke durch Insolvenzverwalter als steuerbare sonstige Leistung?, FS für Reiß, 2008, 185; *de Weerth*, Die „neue Welt" zur Umsatzsteuer bei Insolvenz und insbesondere bei Sicherungsgutverwertung, NZI 2015, 884; *Zenker*, Zur Frage der Abdingbarkeit der Verwertungskompetenz des Insolvenzverwalters für sicherungszedierte Forderungen gem. § 166 Abs. 2 InsO durch eine Abrede zwischen Zessionar und Drittschuldner, NJ 2008, 415.

1. Grundlagen

In vielen Insolvenzverfahren spielt die Verwertung von Sicherungsgut eine große Rolle, so dass die umsatzsteuerrechtliche Behandlung dieser Verwertungshandlungen enorm praxisrelevant ist.

4.446

Die Verwertung von Gegenständen, an denen ein Absonderungsrecht besteht, regeln die §§ 165–173 InsO, welche als Ergänzung zu den §§ 49, 50 InsO zu verstehen sind.

4.447

Die Verwertungsbefugnis des Insolvenzverwalters generell ergibt sich aus dem Übergang der Verwaltungs- und Verfügungsbefugnis gem. § 80 Abs. 1 InsO. Danach unterliegen alle pfändbaren Gegenstände des Insolvenzschuldners dem Verwertungsrecht des Insolvenzverwalters. Im vereinfachten Verfahren ist der Treuhänder wegen § 313 Abs. 3 Satz 1 InsO nicht zur Verwertung befugt, das Verwertungsrecht steht vielmehr den Gläubigern zu. Das Gesetz unterscheidet zwischen der Verwertung von beweglichen und unbeweglichen Vermögensgegenständen.

4.448 § 165 InsO befasst sich mit der **Verwertung von unbeweglichem Vermögen.** Dieses umfasst Gegenstände, die der Zwangsvollstreckung in das unbewegliche Vermögen unterliegen[1] inklusive dem Zubehör nach § 1120 BGB, sowie grundstücksgleiche Rechte, Schiffe und Luftfahrzeuge.[2] Durch diese Vorschrift wird dem Insolvenzverwalter ermöglicht, unbewegliche Gegenstände aus der Insolvenzmasse zu verwerten, selbst wenn ein Gläubiger an diesen absonderungsberechtigt ist.[3] Die Verwertung kann im Wege der Zwangsversteigerung nach dem Zwangsversteigerungsgesetz (ZVG) oder der Zwangsverwaltung geschehen.[4] Zu dieser Form der Verwertung ist der Insolvenzverwalter jedoch nicht gezwungen. Er kann die Immobilie vielmehr grundsätzlich auch freihändig verwerten.[5] Alternativ kann er die betroffene Immobilie auch freigeben, was sich insbesondere dann anbietet, wenn diese hoch belastet ist, ausführlich zur Freigabe s. Rz. 2.143 ff. Voraussetzung für die Verwertung nach § 165 InsO ist zum einen, dass der betroffene unbewegliche Gegenstand zur Insolvenzmasse gehört. Dies ist gem. § 35 InsO der Fall, wenn er dem Schuldner zur Zeit der Verfahrenseröffnung gehört oder er ihn während des Verfahrens erwirbt und kein Fall der Unpfändbarkeit nach § 36 InsO vorliegt. Auf der anderen Seite muss der Insolvenzverwalter den Gegenstand i.S.d. § 148 Abs. 1 InsO tatsächlich übernommen haben.[6]

4.449 Die **Verwertung von beweglichem Vermögen** ist in den §§ 166 ff. InsO geregelt. § 166 InsO hindert den absonderungsberechtigten Gläubiger daran, den betroffenen Gegenstand nach der Eröffnung des Insolvenzverfahrens aus der Masse heraus zu verlangen und zu verwerten; die Norm beinhaltet demnach einen automatischen Verwertungsstopp[7] und stellt ein absolutes Verfügungshindernis dar. Verwertung i.S.d. §§ 166 ff. InsO meint Handlungen, die den Substanzwert des Gegenstands realisieren, also die Veräußerung oder auch den Verbrauch der Sache. Das Prozedere der Veräußerung ist in § 168 InsO geregelt.

---

1 *Brinkmann* in Uhlenbruck[15], § 165 InsO Rz. 14.
2 *Flöther* in Kübler/Prütting/Bork, § 165 InsO Rz. 3.
3 *Flöther* in Kübler/Prütting/Bork, § 165 InsO Rz. 2.
4 *Becker* in Nerlich/Römermann, § 165 InsO Rz. 1.
5 BFH v. 18.8.2005 – V R 31/04, ZIP 2005, 1289 = BB 2005, 2563 (2563); *d'Avoine*, NZI 2008, 17 (17).
6 *Flöther* in Kübler/Prütting/Bork, § 165 InsO Rz. 5.
7 BT-Drucks. 12/2443, 87.

2. Verwertung von beweglichem Vermögen

a) Ausgangslage

§ 166 InsO hindert den absonderungsberechtigten Gläubiger daran, nach Eröffnung des Insolvenzverfahrens den Gegenstand aus der Masse heraus zu verlangen und zu verwerten. § 166 Abs. 1 InsO betrifft mit Absonderungsrechten belastete Sachen, § 166 Abs. 2 InsO zur Sicherung abgetretene Forderungen. Jedoch unterliegen nicht alle Absonderungsrechte nach §§ 50 ff. InsO der Regelung des § 166 Abs. 1 InsO. Insbesondere das besitzlose Pfandrecht nach §§ 1204 ff. BGB wird nicht erfasst.[1] Hauptanwendungsfall sind die zur Absonderung berechtigenden Mobiliarsicherheiten wie das Sicherungseigentum gem. § 51 Ziff. 1 InsO mit all seinen Erweiterungs- und Verlängerungsformen, sowie die Varianten des Eigentumsvorbehalts, ausgenommen des einfachen Eigentumsvorbehalts, der ein Aussonderungsrecht i.S.d. § 47 InsO begründet.[2] Durch Abs. 3 wird das Verwertungsrecht des Insolvenzverwalters in speziellen Fällen ausgeschlossen.

4.450

Verwertung i.S.d. §§ 166 ff. InsO umfasst nur Handlungen, die den Substanzwert des Gegenstands realisieren, also die Veräußerung oder auch den Verbrauch. Nicht umfasst von diesen Vorschriften sind Handlungen, die auf Fruchtziehung abzielen, wie beispielsweise Vermietung oder Verpachtung.[3] Die Verwertungsbefugnis steht ab Verfahrenseröffnung dem **Insolvenzverwalter** zu. Nur in Ausnahmefällen (§ 173 InsO) bleibt der Sicherungsnehmer zur Verwertung befugt. Die Regelung des § 166 InsO ist zwingend, kann also nicht abbedungen werden.[4]

4.451

Der Verwalter muss die Absonderungsrechte beachten, gegebenenfalls die Absonderungsgegenstände sichern und nach den gesetzlichen Vorschriften entweder selbst verwerten oder den Berechtigten die Verwertung ermöglichen.[5] Der Sicherungsnehmer verliert durch die Verwertungshandlung sein Sicherungsrecht, u.U. sogar sein Eigentum; es wird ihm kein Ersatzabsonderungsrecht zugebilligt und auch kein Anspruch aus § 816 BGB, da der Verwalter als Berechtigter handelt. Ihm bleibt nur ein **Anspruch auf Anteil am Erlös nach den §§ 170, 171 InsO**.[6] Voraussetzung für die Verwertungsbefugnis ist der Besitz des Insolvenzverwalters an der beweglichen Sache. Streitig ist, ob unmittelbarer Besitz erforderlich ist oder auch mittelbarer Besitz ausreicht.[7] Richtigerweise muss entscheidend darauf abgestellt werden, ob der Insolvenzverwalter tatsächlich über die Sache verfügen kann. Hierfür spricht auch der

4.452

---

1 BT-Drucks. 12/2443, Begründung zu § 191 RegE, S. 178.
2 *Flöther* in Kübler/Prütting/Bork, § 166 InsO Rz. 12; *Dithmar* in Braun[8], § 166 InsO Rz. 7.
3 *Brinkmann* in Uhlenbruck[15], § 166 InsO Rz. 21.
4 BGH v. 24.3.2009 – IX ZR 112/08, ZIP 2009, 768 = DZWiR 2009, 348 ff.; *Scholz* in HamburgerKomm/InsO[7], § 166 Rz. 1.
5 *Häsemeyer*, Insolvenzrecht[4], Rz. 18.72.
6 *Gundlach/Frenzel/Schmidt*, NZI 2001, 119 ff. (120).
7 **Dafür:** *Linck* in HeidelbergerKomm/InsO[10], § 166 Rz. 17; *Scholz* in HamburgerKomm/InsO[7], § 166 Rz. 6; **dagegen:** *Becker* in Nerlich/Römermann, § 166 InsO Rz. 17; *Klasmeyer/Elsner/Ringstmeier* in Kölner Schrift zur InsO, Rz. 15; **differenzierend:** *Wegener* in FrankfurterKomm/InsO[9], § 166 Rz. 5; *Flöther* in Kübler/Prütting/Bork, § 166 InsO Rz. 8; *Dithmar* in Braun[8], § 166 InsO Rz. 9 ff.; *Brinkmann* in Uhlenbruck[15], § 166 InsO Rz. 14; **alternative Lösung:** *Gaul*, ZInsO 2000, 256 ff.

Wortlaut des § 166 InsO, der keinerlei Hinweise auf das Erfordernis des unmittelbaren Besitzes gibt.[1] So hat auch der BGH entschieden, dass der mittelbare Besitz in den Fällen ausreicht, in denen der Schuldner den Gegenstand einem Dritten im Wege der Miete oder der Pacht gewerblich zum Gebrauch überlassen hatte.[2] Die Formulierung des „Besitzes" des Insolvenzverwalters meint selbstverständlich Gegenstände, die der Schuldner bei Eröffnung in seinem Besitz hatte und die gem. § 148 Abs. 1 InsO durch Übernahme der Masse in den Besitz des Insolvenzverwalters übergegangen sind.[3] Zudem muss der Gläubiger wirksam ein Absonderungsrecht an dem Gegenstand erworben haben (§§ 50, 51 InsO). Der Bestand dieses Absonderungsrechts ist nach materiellem Recht zu beurteilen.

Hinweis:

Die Entstehung des Absonderungsrechts kann nach §§ 129 ff. InsO anfechtbar sein. Deswegen ist vorrangig stets die Anfechtbarkeit zu prüfen.[4]

4.453 § 166 InsO gilt auch im **Nachlassinsolvenzverfahren**.[5]

4.454 Im Rahmen des § 166 InsO ist der freihändige Verkauf der Regelfall. Die verschiedenen Verwertungsmöglichkeiten von beweglichem Vermögen zeigt nachfolgende Darstellung auf. Je nach Konstellation können sich umsatzsteuerrechtlich relevante Lieferungen i.S.d. § 1 Abs. 1 UStG ergeben; es kann sich hierbei um Einfach-, Doppel- und sogar Dreifachumsätze handeln.

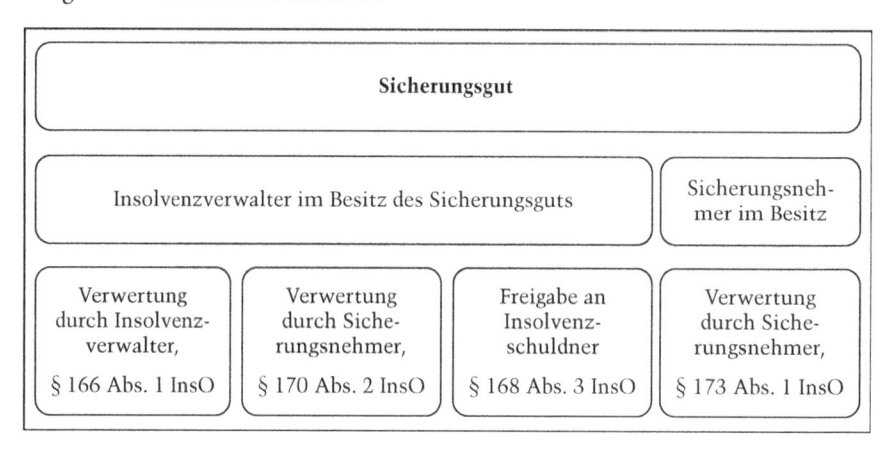

Sicherungsgut			
Insolvenzverwalter im Besitz des Sicherungsguts			Sicherungsnehmer im Besitz
Verwertung durch Insolvenzverwalter, § 166 Abs. 1 InsO	Verwertung durch Sicherungsnehmer, § 170 Abs. 2 InsO	Freigabe an Insolvenzschuldner, § 168 Abs. 3 InsO	Verwertung durch Sicherungsnehmer, § 173 Abs. 1 InsO

Abbildung 8: Verwertung von Sicherungsgut im Insolvenzverfahren

---

1 So auch: *Flöther* in Kübler/Prütting/Bork, § 166 InsO Rz. 8.
2 BGH v. 16.2.2006 – IX ZR 26/05, ZIP 2006, 814 = NZI 2006, 342 (342); bestätigt durch BGH v. 16.11.2006 – IX ZR 135/05, ZIP 2006, 2390 = NZI 2007, 95 ff. (96); sowie BGH v. 11.1.2018 – IX ZR 295/16, NJW 2018, 1471; v. 14.4.2016 – IX ZR 176/15, NZG 2016, 1390.
3 BGH v. 16.11.2006 – IX ZR 135/05, ZIP 2006, 2390 = DZWiR 2007, S. 162; *Brinkmann* in Uhlenbruck[15], § 166 InsO Rz. 14; *Linck* in HeidelbergerKomm/InsO[10], § 166 Rz. 17.
4 BGH v. 9.7.2009 – IX ZR 86/08, ZIP 2009, 1674 = NJW 2010, 118.
5 LG Berlin v. 25.5.2000 – 9 O 365/99, ZInsO 2000, 459 (459); BGH v. 14.4.2016 – IX ZR 176/15, NZG 2016, 1390.

Seit der Streichung von § 313 InsO findet § 166 InsO auch im **Verbraucherinsol-** 4.455
venzverfahren Anwendung.

b) Verwertung außerhalb eines Insolvenzverfahrens

Außerhalb des Insolvenzverfahrens herrscht Einigkeit darüber, dass es in den Fällen, 4.456
in denen ein Sicherungsnehmer nach Eintritt der Verwertungsreife sein Sicherungsgut verwertet, zu zwei umsatzsteuerlich relevanten Umsätzen kommt, sofern der Sicherungsgeber Unternehmer ist.[1]

Die rechtliche Begründung von Sicherungseigentum und die bloße Herausgabe des 4.457
sicherungsübereigneten Gegenstandes von dem Sicherungsgeber an den Sicherungsnehmer sind zunächst noch keine Lieferungen i.S.d. § 3 Abs. 1 UStG, da der Sicherungsnehmer hierdurch erst ein Recht zur abgesonderten Befriedigung erhält, nicht aber die tatsächliche Verfügungsgewalt.[2] Ein sog. Doppelumsatz entsteht aber bei der Veräußerung durch den Sicherungsnehmer dadurch, dass es dabei zu einer Lieferung vom Sicherungsgeber an den Sicherungsnehmer und danach zu einer weiteren Lieferung vom Sicherungsnehmer an den Erwerber kommt.[3] Umsatzsteuerrechtlich handelt es sich bei dieser Art der Lieferungen um ein sog. Reihengeschäft.[4] Ein solches liegt gem. § 3 Abs. 6 Satz 5 UStG immer dann vor, wenn mehrere Unternehmer über denselben Gegenstand Umsatzgeschäfte abschließen und der Gegenstand bei der Beförderung oder Versendung unmittelbar vom ersten Unternehmer in der Reihe an den letzten in der Reihe gelangt:

Sicherungsgeber → 1. Umsatz → Sicherungsnehmer → 2. Umsatz → Erwerber

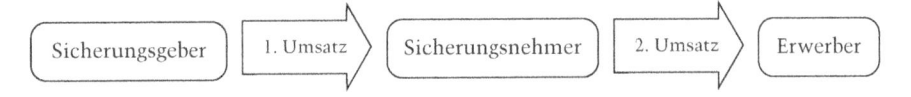

Abbildung 9: Doppelumsatz bei Verwertung außerhalb eines Insolvenzverfahrens

Sind diese beiden Lieferungen steuerbar und steuerpflichtig, so schuldet der Sicherungsnehmer für die Lieferung des Sicherungsgebers an ihn die Umsatzsteuer im 4.458
Wege nach § 13b Abs. 1 Ziff. 2 UStG, sowie für die Lieferung seinerseits an den Erwerber nach § 13a Abs. 1 Ziff. 1 UStG. Die für die Lieferung an ihn zu entrichtende Umsatzsteuer kann der Sicherungsnehmer im Wege des Vorsteuerabzugs geltend machen, so dass es im Ergebnis nur zu einer einfachen Steuerbelastung kommt.[5] Ist er nicht vorsteuerabzugsberechtigt, weil er z.B. Kleinunternehmer oder pauschalie-

---
1 Abschn. 2, Abs. 1 Satz 2 UStR 2008; *Nieskens* in Rau/Dürrwächter, § 3 UStG Rz. 860.
2 BFH v. 23.7.2009 – V R 27/07, BStBl. II 2010, 859 = ZIP 2009, 2285 = DStR 2009, 2193; v. 17.7.1980 – V R 124/75, BStBl. II 1980, 673 = ZIP 1980, 791 = UR 1980, 225 (225); *Boochs/Dauernheim*, Steuerrecht in der Insolvenz[3], Rz. 180; *Farr*, Die Besteuerung in der Insolvenz, Rz. 402; *Obermüller*, ZInsO 1999, 249 (249); *Bonertz*, UR 2007, 241; a.A. lediglich: *Knobbe-Keuk*, BB 1977, 757 (764).
3 BFH v. 30.3.2006 – V R 9/03, BStBl. II 2006, 933 = DStR 2006, 985.
4 OFD Frankfurt/M. v. 25.5.2007 – S 7100 A – 2/85 – St 11, DStR 2007, 1910 ff.; BGH v. 23.8.2017 – 1 StR 33/17, NZWiSt 2018, 498.
5 *Heuermann* in Sölch/Ringleb, § 13b UStG Rz. 21.

render Land- und Forstwirt ist oder nur steuerfreie Umsätze erbringt wie z.B. Ärzte, bleibt er mit der von ihm an das Finanzamt abzuführenden Umsatzsteuer belastet.[1]

4.459 Die durch Verwertungshandlungen vor Anordnung einer vorläufigen Insolvenzverwaltung bzw. vor Eröffnung des Insolvenzverfahrens entstandene Umsatzsteuerschuld stellt unter keinen Umständen Masseverbindlichkeit dar, sie ist vielmehr als Insolvenzforderung zur Tabelle anzumelden.

c) Insolvenzeröffnungsverfahren

aa) Veräußerung durch den vorläufigen Insolvenzverwalter

4.460 Das Verwertungsrecht des § 166 InsO entsteht erst mit Eröffnung des Insolvenzverfahrens. Dies ergibt sich aus der systematischen Stellung der Vorschrift im 4. Teil der InsO, welcher die Eröffnung des Verfahrens voraussetzt.[2] Eine Verwertungsbefugnis des vorläufigen Insolvenzverwalters (unabhängig davon, ob er als starker oder schwacher Verwalter bestellt wurde) kann sich daher nicht aus § 166 InsO ergeben.[3] Auch eine analoge Anwendung dieser Vorschrift scheidet aus, da der vorläufige Insolvenzverwalter vornehmlich die Aufgabe hat, das schuldnerische Vermögen zu erhalten und nicht, es zu verwerten.[4] Ein Vorgriff auf die spätere Verwertung im Eröffnungsverfahren darf schon deshalb nicht stattfinden, weil nicht feststeht, ob es überhaupt zur Eröffnung kommt oder nicht. Zunächst gilt also im Eröffnungsverfahren der Grundsatz, dass der vorläufige Insolvenzverwalter Schuldnervermögen nicht verwerten darf.[5]

4.461 Davon unberührt ist freilich die Veräußerung von schuldnerischen Vermögensgegenständen **im Rahmen des üblichen Geschäftsbetriebes**, also beispielsweise die Veräußerung von Erzeugnissen aus dem schuldnerischen Betrieb, die von einer Raumsicherungsübereignung erfasst sind. Umsatzsteuerrechtlich liegt ein Einfachumsatz vor, wenn die Veräußerung durch den Insolvenzschuldner mit Zustimmung des vorläufigen Insolvenzverwalters bzw. kraft gerichtlich angeordneter Verfügungsbefugnis durch den vorläufigen Insolvenzverwalter erfolgt.[6] Diese Ansicht teilt auch der EuGH.[7] Schuldner der Umsatzsteuer ist mithin der Insolvenzschuldner, nicht

---

1 *Heuermann* in Sölch/Ringleb, § 13b UStG Rz. 21.
2 *Klasmeyer/Elsner/Ringstmeier* in Kölner Schrift zur InsO, Rz. 15; *Hofmann* in Graf-Schlicker[5], Vorb. vor §§ 165–173 InsO Rz. 4.
3 BGH v. 14.12.2000 – IX ZB 105/00, ZIP 2001, 296 = ZInsO 2001, 165 (165).
4 *Klasmeyer/Elsner/Ringstmeier* in Kölner Schrift zur InsO, Rz. 52; *Gerhardt* in Jaeger, § 22 InsO Rz. 37; *Ahrendt/Struck*, ZInsO 1999, 450 (451).
5 Wohl h.M.: BGH v. 14.12.2000 – IX ZB 105/00, ZIP 2001, 296 = ZInsO 2001, 165 (167); *Kirchhof*, ZInsO 1999, 436 (436); *Kirchhof*, ZInsO 2001, 1 (2); *Laroche* in Heidelberger-Komm/InsO[10], § 22 Rz. 13; *Haarmeyer/Schildt* in MünchKomm/InsO[4], § 22 Rz. 76; *Schmerbach* in FrankfurterKomm/InsO[9], § 22 Rz. 39; *Schmidt*, InsbürO 2006, 322 ff. (333); *Kirchhof*, ZInsO 2001, 1 (3).
6 OFD Frankfurt/M. v. 25.5.2007 – S 7100 A – 2/85 – St 11, DStR 2007, 1910 (1911); *Scholz* in HamburgerKomm/InsO[7], § 171 Rz. 12.
7 EuGH v. 6.2.2003 – C-185/01, UR 2003, 137 (140).

der Sicherungsnehmer, weil der Sicherungsnehmer selbst keine Lieferung ausführt. § 13b Abs. 1 Ziff. 2 UStG ist nicht anwendbar. Dafür ist es unerheblich, ob die Veräußerung durch den vorläufigen Insolvenzverwalter bzw. durch den Schuldner mit Zustimmung des vorläufigen Insolvenzverwalters mit Zustimmung oder gegen den Willen des Sicherungsnehmers erfolgt ist. Der Wille des Sicherungsnehmers ist umsatzsteuerrechtlich unerheblich, solange die Veräußerung nicht als eine Lieferung durch den Sicherungsnehmer selbst, sondern als eine Handlung des Schuldners anzusehen ist.

Im Hinblick auf die **insolvenzrechtliche Qualität der Umsatzsteuerforderung** gilt folgendes: Seit der Einführung von § 55 Abs. 4 InsO kann auch eine Veräußerung während der vorläufigen schwachen Insolvenzverwaltung dazu führen, dass die daraus resultierende Umsatzsteuerschuld nach Eröffnung des Insolvenzverfahrens als Masseverbindlichkeit gilt (s. dazu ausführlich oben Rz. 4.342 ff.). Soweit in Bezug auf die Veräußerung des Sicherungsgegenstandes die Verfügungsbefugnis des vorläufigen Insolvenzverwalters gegeben ist (unerheblich ist dabei, ob sich diese auf Grund eines allgemeinen Verfügungsverbotes auf das gesamte schuldnerische Vermögen bezieht oder sich kraft insolvenzgerichtlicher Einzelermächtigung explizit auf den konkreten veräußerten Gegenstand bezieht), nimmt die aus der Veräußerung resultierende Umsatzsteuerforderung den Rang einer Masseverbindlichkeit gem. § 55 Abs. 2 InsO ein. § 13b Abs. 1 Ziff. 2 UStG ist nicht anwendbar.[1] Der starke vorläufige Insolvenzverwalter ist dann auch zur Abgabe der Umsatzsteuervoranmeldung verpflichtet.[2] Praktische Schwierigkeiten ergeben sich aus dieser Einordnung als Masseverbindlichkeit, weil sich hier frühzeitig eine Masseunzulänglichkeit ergeben kann, wenn die vorhandenen Mittel nicht ausreichen, die Umsatzsteuer am Fälligkeitstag zu entrichten. Dem kann abgeholfen werden, indem die Finanzverwaltung einer Stundung zustimmt.[3]

4.462

bb) Veräußerung durch den Sicherungsnehmer

Da § 166 InsO im Eröffnungsverfahren nicht greift, steht die Verwertung grundsätzlich dem absonderungsberechtigten Gläubiger zu. In der Regel ist er zur Verwertung zwar nicht in der Lage, wenn sich das Sicherungsgut im Besitz des Insolvenzschuldners befindet, insbesondere, wenn das Insolvenzgericht eine Anordnung nach § 21 Abs. 1 Ziff. 3 oder Ziff. 5 InsO trifft. Dann kann der Sicherungsnehmer seine Herausgabeansprüche nicht mehr durchsetzen und eine Verwertung nicht durchführen. Es kann aber vorkommen, dass der vorläufige Insolvenzverwalter dem Sicherungsnehmer einen Sicherungsgegenstand zur eigenen Verwertung bereits im Eröffnungsverfahren überlässt. In solchen Fällen liegt umsatzsteuerrechtlich ein Doppelumsatz vor, wenn der Sicherungsnehmer den Gegenstand veräußert.[4] Der Sicherungsnehmer ist

4.463

---

1 OFD Frankfurt/M. v. 25.5.2007 – S 7100 A – 2/85 – St 11, DStR 2007, 1910, abgedruckt Rz. 4.438 ff.
2 *Gerhardt* in Jaeger, § 22 InsO Rz. 263.
3 *Mönning* in Nerlich/Römermann, § 22 InsO Rz. 239.
4 BFH v. 30.3.2006 – V R 9/03, BStBl. II 2006, 933 = DStR 2006, 985; *Stadie* in Rau/Dürrwächter, § 13b UStG Rz. 69.

dann Steuerschuldner für die aus der Lieferung des Sicherungsgebers an ihn resultierende Umsatzsteuer nach § 13b Abs. 1 Ziff. 2 UStG, sowie für die Lieferung seinerseits an den Erwerber nach § 13a Abs. 1 Ziff. 1 UStG. Die für die Lieferung an ihn zu entrichtende Umsatzsteuer kann der Sicherungsnehmer im Wege des Vorsteuerabzugs geltend machen, wenn er vorsteuerabzugsberechtigt ist, so dass es im Ergebnis nur zu einer einfachen Steuerbelastung kommt.[1]

d) Eröffnetes Insolvenzverfahren
aa) Verwertung durch den Insolvenzverwalter

4.464 Nach der Eröffnung des Insolvenzverfahrens hat der Insolvenzverwalter gem. § 148 Abs. 1 InsO das gesamte massezugehörige Vermögen des Schuldners in Besitz und Verwaltung zu nehmen. Die Übernahme der Verfügungsbefugnis und die Inbesitznahme des Sicherungsguts durch den Insolvenzverwalter stellen hierbei noch keinen steuerlichen Umsatz dar; erst die Verwertungshandlung selbst ist als Leistung i.S.d. § 1 Abs. 1 Ziff. 1 UStG anzusehen.[2]

4.465 Hat der Insolvenzverwalter den zur Absonderung berechtigenden Gegenstand in seinem **Besitz**, so ist er gem. § 166 Abs. 1 InsO **zu dessen Verwertung befugt**. Dabei ist unerheblich, welche dinglichen Rechte der Sicherungsnehmer an dem Absonderungsgegenstand hat oder ob er gar Sicherungseigentümer ist. In einer Verwertungshandlung, durch die der Insolvenzverwalter einem Erwerber das Eigentum an dem Absonderungsgegenstand überträgt, ist umsatzsteuerrechtlich eine Lieferung des Insolvenzschuldners an den Erwerber zu sehen (sog. Erstumsatz).[3] Eine (zusätzliche) Lieferung vom Insolvenzverwalter an den Sicherungsnehmer liegt nicht vor, da der Sicherungsnehmer zu keinem Zeitpunkt die Verfügungsmacht an dem Gegenstand erhält.[4] Der Übergang von Gefahr, Nutzen und Lasten stellt die Lieferung des Insolvenzverwalters für den umsatzsteuerpflichtigen Gemeinschuldner an den Erwerber dar.[5] Die aus einer solchen Lieferung entstehende Umsatzsteuer ist Masseverbindlichkeit (§ 55 InsO), da sie aus einer Lieferung entsteht, die nach Eröffnung des Insolvenzverfahrens durch den Insolvenzverwalter ausgeführt wird.[6]

4.466 Aus dem aus der Verwertung erzielten Erlös muss der Insolvenzverwalter die Kosten für die Feststellung und die Verwertung vorweg für die Masse entnehmen. Die Kosten der Feststellung werden gem. § 171 Abs. 1 Satz 2 InsO pauschal mit 4 % des Verwertungserlöses beziffert, die Kosten der Verwertung gem. § 171 Abs. 2 Satz 1 InsO

---

1 *Heuermann* in Sölch/Ringleb, § 13b UStG Rz. 139.
2 *Bonertz*, UR 2007, 241 (242).
3 BFH v. 20.7.1978 – V R 2/75, DStR 1979, 46 (47); v. 9.3.1995 – V R 102/89, BStBl. II 1995, 564 = ZIP 1995, 1429; *Obermüller*, ZInsO 1999, 249 (250); *Scholz* in HamburgerKomm/InsO[7], § 171 Rz. 12; *Kling*, DStR 1998, 1813 (1816).
4 BFH v. 28.7.2011 – V R 28/09, BStBl. II 2014, 406 = ZIP 2011, 1923 = DStR 2011, 1853; *Freihalter*, Aus- und Absonderungsrechte in der Insolvenz, Rz. 686.
5 *de Weerth*, UR 2003, 161 (162).
6 BFH v. 20.7.1978 – V R 2/75, DStR 1979, 46 (46); OFD Frankfurt v. 1.10.1998 – S 7340 A – 85 – St IV 10, UR 1999, 297 (299).

mit pauschal 5 %, wenn die tatsächlichen Kosten nicht erheblich geringer oder höher liegen. Ist die Insolvenzmasse aus der Verwertung mit Umsatzsteuer belastet, so führt der Insolvenzverwalter nur den Nettoerlös, vermindert um die Feststellungs- und Verwertungskosten an den Absonderungsberechtigten ab. Die **Feststellungs- und Verwertungskostenpauschalen** sind nach zutreffender überwiegender Auffassung aus dem **Bruttoerlös** zu berechnen, nicht aus dem Nettoerlös.[1] Der verbleibende Betrag dient ausschließlich der Befriedigung des absonderungsberechtigten Gläubigers, er ist ihm gem. § 170 Abs. 1 Satz 2 InsO in Höhe der gesicherten Forderung auszukehren. Übersteigt der Erlös die gesicherte Forderung, so fließt dieser Überschuss der Masse zu.

Die Verwertungskostenpauschale gem. § 171 Abs. 2 InsO i.V.m. § 170 Abs. 1 InsO unterliegt der Umsatzsteuer. Zwar hatte der V. Senat noch in seiner Entscheidung vom 18.8.2005[2] entschieden, dass der Insolvenzverwalter bei der Veräußerung von beweglichen Gegenständen, an denen ein Absonderungsrecht besteht, trotz Vereinnahmung der Verwertungskostenpauschalen des § 171 Abs. 2 InsO keine entgeltliche Leistung an den Sicherungsnehmer erbringe. Diese Rechtsprechung hat der V. Senat aber inzwischen aufgegeben.[3] Nunmehr ist der V. Senat der Auffassung, dass der Insolvenzverwalter, der die einem Absonderungsrecht unterliegende Sache für die Masse verwertet, im Interesse des Sicherungsnehmers eine entgeltliche Leistung an diesen erbringt. **Es handelt sich dabei um eine Leistung aus einem Geschäftsbesorgungsvertrag**, wobei die Hauptleistungspflicht in der Besorgung eines Geschäftes für den Sicherungsnehmer, nämlich Durchführung einer Verwertungshandlung, besteht. Dabei ist es unschädlich, dass der Insolvenzverwalter sein Verwertungsrecht unmittelbar aus dem Gesetz, nämlich aus § 166 InsO ableitet und nicht aus dem Geschäftsbesorgungsvertrag selbst. Der Insolvenzverwalter ist nämlich zur freihändigen Verwertung nicht verpflichtet, sondern nur berechtigt.

4.467

Läge ausnahmsweise einmal der **Fall** vor, dass der Insolvenzverwalter Gegenstände, die er gem. § 166 InsO verwerten darf, **dem Sicherungsnehmer zur Verwertung überlässt** und **sodann gleichwohl im Namen des Sicherungsnehmers an einen Erwerber veräußert**, dann läge ein echter Fall eines Doppelumsatzes (Erstumsatz in Form der Lieferung von dem Insolvenzschuldner an den Sicherungsnehmer und Zweitumsatz von dem Sicherungsnehmer an den Enderwerber) vor, so dass dann freilich keine Geschäftsbesorgungsleistung auf Rechnung der Masse mehr erbracht würde, die eine umsatzsteuerbare Leistung darstellte.[4] Im Regelfall allerdings ist eine Verwertung des Absonderungsgegenstandes durch den Insolvenzverwalter eine Verwertung auf Rechnung der Insolvenzmasse, so dass dann die Verwertungskostenpauschale oder des anderweit vereinbarte Verwertungskostenentgelt Entgelt für eine

---
1 LG Düsseldorf v. 15.1.2004 – 21 S 156/03, ZInsO 2004, 1091 (1091); *Onusseit*, ZInsO 2007, 247 ff.; *Brinkmann* in Uhlenbruck[15], § 171 InsO Rz. 1, 3.
2 BFH v. 18.8.2005 – V R 31/04, ZIP 2005, 1289 = DStR 2005, 1477.
3 BFH v. 28.7.2011 – V R 28/09, BStBl. II 2014, 406 = ZIP 2011, 1923 = DStR 2011, 1853.
4 Einen solchen Fall meint BFH v. 28.7.2011 – V R 28/09, BStBl. II 2014, 406 = ZIP 2011, 1923 (Tz. 28), DStR 2011, 1853; BMF v. 30.4.2014 – IV D 2 - S 7100/07/10037, DStR 2014, 957, Tz. II. 1.

Leistung umsatzsteuerrechtlichen Sinne ist, **so dass der Insolvenzverwalter auf die Verwertungskostenpauschale Umsatzsteuer zu berechnen hat.** Er hat dem Sicherungsnehmer darüber eine ordnungsgemäße Rechnung auszustellen. Der Steueranteil ist Bestandteil der Insolvenzmasse, § 171 Abs. 2 Satz 3 InsO (und führt zur Erhöhung der Berechnungsgrundlage für die Vergütung des Insolvenzverwalters, obwohl eine Masseverbindlichkeit in gleicher Höhe entsteht). Dies gilt nicht für die **Feststellungskostenpauschale**, die nicht der Umsatzsteuer unterliegt, weil die Feststellungskostenpauschale stets kraft Gesetzes anfällt und nicht Entgelt für eine Leistung ist.

Kein Entgelt für die Verwertung liegt im Übrigen dann vor, wenn nicht eine Verwertungskostenpauschale bei der Masse bleibt, sondern ein über die besicherte Forderung hinausgehender **Übererlös**. Eine Übererlösverwertung löst mithin keine über die Umsatzsteuerpflicht des Erstumsatzes hinausgehenden umsatzsteuerlichen Folgen aus.

Diese Rechtsprechung des BFH verdient Zustimmung, weil sie überzeugend ist. In der Tat muss man von einem Geschäftsbesorgungsverhältnis zwischen dem Insolvenzverwalter und dem Sicherungsnehmer ausgehen, weil der Sicherungsnehmer durch die Tätigkeit des Insolvenzverwalters eigene Verwertungsbemühungen einspart. Gleichzeitig kann man aber nicht davon ausgehen, dass der Insolvenzverwalter, der einen Absonderungsgegenstand verwertet, rein fremdnützig, das heißt auf Rechnung des Sicherungsnehmers tätig werden wollte. Vielmehr verwertet er kraft seiner gesetzlichen Verwertungsbefugnis im Interesse der Insolvenzmasse, nämlich um den Massebestand zu vermehren.

4.468 **Abzulehnen** ist demgegenüber die **Auffassung der Finanzverwaltung**, nach der nicht 2 Umsätze (Erstumsatz in Form der Lieferung des Gegenstandes und Zweitumsatz in Form der Erbringung einer Geschäftsbesorgungsleistung) vorliegen sollen, sondern vielmehr ein **Dreifachumsatz** gegeben sein soll, in dem die Geschäftsbesorgungsleistung „aufgehen" soll. Die Finanzverwaltung hat sich wie folgt geäußert:[1]

„Verwertet hingegen der Insolvenzverwalter die einem Absonderungsrecht unterliegende bewegliche Sache für die Masse selbst, ist zwar, ebenso wie unter Abschnitt I zur Verwertung eines grundpfandrechtsbelasteten Grundstücks dargestellt, von einer Geschäftsbesorgungsleistung der Masse an den Sicherungsnehmer/Gläubiger auszugehen. Bei der Verwertung beweglicher Gegenstände findet jedoch ein Dreifachumsatz statt, in welchem die Geschäftsbesorgungsleistung aufgeht.

Da der Insolvenzverwalter bei der eigentlichen Lieferung des Sicherungsgutes an den Erwerber im Namen der Masse auftritt, ist diese Lieferung der Masse zuzurechnen. Der Insolvenzverwalter erbringt diesen Umsatz jedoch wie ein Kommissionär für Rechnung des Sicherungsnehmers/ Gläubigers, weil durch die Eröffnung des Insolvenzverfahrens Verwertungsreife eingetreten ist (...). Der Lieferung an den Erwerber ist deshalb über § 3 Abs. 3 UStG eine fiktive Lieferung des Sicherungsnehmers/Gläubigers als Kommittent an die Masse vorgeschaltet, in welcher die an sich vorliegende Geschäftsbesorgungsleistung aufgeht (...). Im Rahmen dieses Kommissionsgeschäfts sind die Kosten der Feststellung und Verwertung nach § 170 Abs. 1 i.V.m. § 171 InsO

---

1 BMF v. 30.4.2014 – IV D 2 - S 7100/07/10037, DStR 2014, 957, Tz. II. 2.

umsatzsteuerlich genauso zu behandeln wie die Provisionen des Kommissionärs bei einem üblichen Verkaufskommissionsgeschäft.

Der Sicherungsnehmer/Gläubiger kann das Sicherungsgut jedoch nur dann an die Masse liefern, wenn er selbst hieran Verfügungsmacht erhalten hat. Dies bedingt, dass die Sicherungsübereignung im Zeitpunkt der Verwertung zu einer Lieferung der Masse an den Sicherungsnehmer/Gläubiger geführt hat. Das Entgelt für diese Lieferung besteht in dem Betrag, um den die Masse von ihren Schulden gegenüber dem Sicherungsnehmer/Gläubiger befreit wird."

Die von der Finanzverwaltung vertretene Auffassung lässt sich mit der überzeugenden Auffassung des BFH[1] vom Bestehen eines Geschäftsbesorgungsverhältnisses zwischen dem Insolvenzverwalter und dem Sicherungsnehmer nicht vereinbaren. Dass dieses Geschäftsbesorgungsverhältnis in einer Lieferung des Sicherungsgutes von dem Sicherungsgeber „aufgehen" können soll, ist nicht nachvollziehbar. Die Lieferung des Gegenstandes zur Verschaffung der Verfügungsmacht an den Sicherungsnehmer ist nämlich etwas grundlegend anderes, als die durch den BFH dargelegte Geschäftsbesorgung für den Sicherungsnehmer.

Bezüglich des Verwertungserlöses ist der Insolvenzverwalter gegenüber den absonderungsberechtigten Gläubigern gem. § 259 BGB rechenschaftsverpflichtet.[2]

bb) Verwertung durch den Sicherungsnehmer

(1) Keine Verwertungsbefugnis des Sicherungsnehmers

Der Sicherungsnehmer ist nach § 166 InsO nach Eröffnung des Insolvenzverfahrens nicht mehr zur Verwertung solcher Gegenstände befugt, die sich im Besitz des Insolvenzverwalters befinden. Der Herausgabeanspruch des § 985 BGB steht ihm nicht mehr zu.[3] Veräußert der Sicherungsnehmer den absonderungsberechtigten Gegenstand unter Verstoß gegen § 166 InsO, so ist diese Veräußerung absolut unwirksam; es handelt sich um eine bewusste Kompetenzverletzung des Gläubigers. Sie kann jedoch durch Genehmigung des Insolvenzverwalters nach § 185 Abs. 2 BGB geheilt werden.[4] Eine berechtigte Verwertung durch den gesicherten Gläubiger kommt nach Verfahrenseröffnung nur noch in den gesetzlich geregelten Fällen in Betracht (§ 173 InsO) oder wenn der Sicherungsnehmer mit dem Insolvenzverwalter dahingehend eine Vereinbarung trifft, dass der Sicherungsnehmer die Verwertung selbst vornimmt (§ 170 Abs. 2 InsO).

4.469

(2) Überlassung zur Verwertung durch den Insolvenzverwalter

Hat der Insolvenzverwalter das Sicherungsgut in Besitz, so kann er dieses gem. § 170 Abs. 2 InsO dem Sicherungsnehmer zur Verwertung überlassen. Macht der Insolvenzverwalter von dieser Möglichkeit Gebrauch, so ist der Sicherungsnehmer zur

4.470

---

1 BFH v. 28.7.2011 – V R 28/09, BStBl. II 2014, 406 = ZIP 2011, 1923 = DStR 2011, 1853.
2 *de Weerth*, ZInsO 2003, 246 (248); *Waza* in Waza/Uhländer/Schmittmann, Insolvenzen und Steuern[12], Rz. 2212.
3 *Linck* in HeidelbergerKomm/InsO[10], § 166 Rz. 38.
4 *Becker* in Nerlich/Römermann, § 166 InsO Rz. 8, 20.

Verwertung des Absonderungsgutes befugt. Kommt es zur Verwertung, so liegen **zwei umsatzsteuerrechtlich relevante Lieferungen** vor.[1] Die Freigabe des Sicherungsgutes durch den Verwalter an den Sicherungsnehmer stellt den ersten steuerbaren Umsatz dar, die Verwertung durch den Sicherungsnehmer den anderen:

```
Sicherungsgeber  → 1. Umsatz →  Sicherungsnehmer  → 2. Umsatz →  Erwerber
```

Abbildung 10: Doppelumsatz im Falle des § 170 Abs. 2 InsO

4.471 Die aus der Überlassung an den Sicherungsnehmer resultierende Umsatzsteuer wird durch eine Rechtshandlung des Insolvenzverwalters begründet und ist somit Masseverbindlichkeit gem. § 55 Abs. 1 Ziff. 1 InsO.[2] Bemessungsgrundlage für die Umsatzsteuer ist in diesem Fall gem. § 10 Abs. 1 Satz 2 UStG alles, was der Leistungsempfänger aufwendet, um die Leistung zu erhalten, jedoch abzgl. der Umsatzsteuer und seiner Aufwendungen, mit denen er den Sicherungsgeber belasten darf. Der Sicherungsnehmer als Leistungsempfänger wendet in diesem Fall denjenigen Betrag auf, um den seine Forderung gegenüber dem Insolvenzschuldner durch die Überlassung des Gegenstandes zur Verwertung abnimmt. Dieser Betrag kann regelmäßig erst nach der Veräußerung des Gegenstandes durch den Sicherungsnehmer genau bestimmt werden. Bis zur Veräußerung durch den Sicherungsnehmer kann der voraussichtliche Tilgungsbetrag nur geschätzt werden. Zu erwartende Verwertungskosten, die der Sicherungsnehmer zu tragen hat, sind von dem Tilgungsbetrag abzusetzen, weil der Sicherungsnehmer im Verhältnis zum Sicherungsgeber berechtigt ist, sich in Ansehung seiner Verwertungskosten aus dem Erlös zu befriedigen. Zudem sind die Feststellungskosten gem. § 171 Abs. 1 InsO abzusetzen;[3] außerdem ist die Umsatzsteuer aus der Veräußerung abzuziehen. Steht der tatsächliche Tilgungsbetrag schließlich fest, nachdem der Sicherungsnehmer den Gegenstand veräußert hat und seine Verwertungskosten bekannt sind, ist die Umsatzsteuer ggf. gem. § 17 UStG zu berichtigen. Soweit die Insolvenzmasse mit Umsatzsteuer belastet wird, muss der Sicherungsnehmer den Umsatzsteuerbetrag aus seinem Verwertungserlös vorab an die Insolvenzmasse erstatten (§ 170 Abs. 2 InsO i.V.m. § 171 Abs. 2 Satz 3 InsO). Der Sicherungsnehmer hat dem Insolvenzverwalter eine Gutschrift gem. § 14 Abs. 5 UStG über die Lieferung des Insolvenzschuldners an den Sicherungsnehmer zu erteilen.

---

1 BFH v. 28.7.2011 – V R 28/09, ZIP 2011, 1923 (Tz. 28) = DStR 2011, 1853; v. 20.7.1978 – V R 2/75, DStR 1979, 46 (47); v. 4.6.1987 – V R 57/79, ZIP 1987, 1134 = BB 1987, 2010 (2010); v. 16.4.1997 – XI R 87/96, BStBl. II 1997, 585; so auch: *Leonard* in Bunjes/Geist[19], § 3 UStG Rz. 109; *Ruhe*, Steuern in der Insolvenz, S. 115; *de Weerth*, ZInsO 2003, 246 (249); *Frotscher*, Besteuerung bei Insolvenz[8], S. 217; *Farr*, Die Besteuerung in der Insolvenz, Rz. 409; *Schmidt*, InsbürO 2006, 322 (332); *Bonertz*, UR 2007, 241 (242).
2 BFH v. 28.11.1997 – V B 90/97, ZIP 1998, 2065 = UR 1998, 397 (398), so auch: *Frotscher*, Besteuerung bei Insolvenz[8], S. 219.
3 Str., a.A. *de Weerth*, BB 1999, 821; *Stadie* in Rau/Dürrwächter, § 18 UStG Rz. 846.

(3) Verwertung von Gegenständen im Besitz des Sicherungsnehmers

Ist der Insolvenzverwalter nicht im Besitz des Sicherungsgutes, so hat der Sicherungsnehmer auch nach der Eröffnung ein originäres Verwertungsrecht, gem. § 173 Abs. 1 InsO.

4.472

Veräußert der Sicherungsnehmer den Sicherungsgegenstand an einen Erwerber, so kommt es **umsatzsteuerrechtlich zu zwei Lieferungen**. Mit der Lieferung des Gegenstands an den Erwerber kommt es zugleich zu einer Lieferung des Insolvenzschuldners an den Sicherungsnehmer; es liegt demnach ein Doppelumsatz vor.[1] Daran ändert es nichts, dass der Insolvenzverwalter in Ansehung des Sicherungsgegenstandes gar kein Verfügungsrecht hatte. Entscheidend ist vielmehr, dass der Gegenstand – trotz fehlender Verfügungsmacht des Insolvenzverwalters – zum Schuldnervermögen und damit zur Insolvenzmasse (§ 35 InsO) gehört. Die Lieferungen stellen sich somit wie folgt dar:

4.473

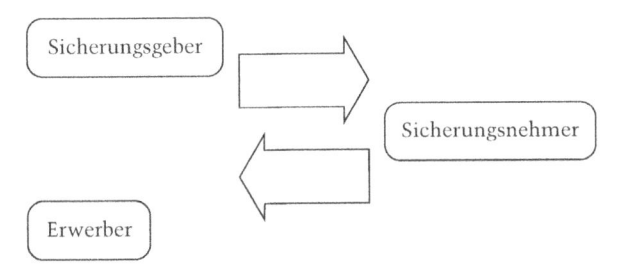

Abbildung 11: Doppelumsatz im Falle des § 173 Abs. 1 InsO

Die Lieferung des Insolvenzschuldners an den Sicherungsnehmer löst eine Umsatzsteuerschuld aus, die den Rang einer Masseverbindlichkeit einnimmt (§ 55 InsO).[2] Steuerschuldner für die Umsatzsteuer aus der Veräußerung an den Erwerber ist hingegen der Sicherungsnehmer. Der Sicherungsnehmer hat in Höhe der wegen der Lieferung des Sicherungsguts an ihn angefallenen Umsatzsteuerschuld **aus dem Verwertungserlös einen Betrag in dieser Höhe in analoger Anwendung von § 13b Abs. 1 Ziff. 2 UStG, §§ 170 Abs. 2, 171 Abs. 2 Satz 3 InsO an die Masse abzuführen**.[3] Bemessungsgrundlage für die die Insolvenzmasse belastende Umsatzsteuer ist gem. § 10 Abs. 1 Satz 2 UStG alles, was der Leistungsempfänger aufwendet, um die Leistung zu erhalten, jedoch abzgl. der Umsatzsteuer und derjenigen Aufwendungen, mit denen er den Sicherungsgeber belasten darf, insoweit gelten obige Ausführungen zur Überlassung des Insolvenzverwalters an den Sicherungsnehmer zum Zwecke der Verwertung entsprechend (Rz. 4.462 f.). Dieser durch den Insolvenzverwalter zur Masse gegenüber dem verwertenden Sicherungsnehmer geltend zu machende Umsatzsteuerbetrag erhöht die Berechnungsgrundlage für die Vergütung des Insolvenz-

4.474

---

1 BGH v. 29.3.2007 – IX ZR 27/06, ZIP 2007, 1126 = DB 2007, 1351 (1351); *Scholten*, ZInsO 1999, 81 (81); *Bonertz*, UR 2007, 241 ff. (243); *Waza* in Waza/Uhländer/Schmittmann, Insolvenzen und Steuern[12], Rz. 2236.
2 *de Weerth*, ZInsO 2003, 246 (250).
3 BGH v. 29.3.2007 – IX ZR 27/06, ZIP 2007, 1126 = BB 2007, 1294 (1294).

verwalters gem. § 1 InsVV, obwohl dem eine entsprechende Masseverbindlichkeit gegenüber dem Finanzamt in gleicher Höhe gegenübersteht, also letztlich daraus nichts bei der Masse verbleibt. Dass das aber richtig ist, ergibt sich schon daraus, dass die Masseverbindlichkeit gegenüber dem Finanzamt nicht entfällt, wenn der Insolvenzverwalter den zivilrechtlichen Anspruch gegenüber dem Sicherungsnehmer nicht geltend machen würde. Vielmehr geriete der Insolvenzverwalter dann in die Haftung gem. § 60 InsO, so dass er den zivilrechtlichen Anspruch zu verwalten und notfalls durchzufechten hat, weswegen die Erhöhung der Berechnungsgrundlage gerechtfertigt ist.

(4) Selbsterwerb des Sicherungsnehmers

4.475 Will der Insolvenzverwalter die Verwertung vornehmen, so hat er dem Gläubiger gem. § 168 Abs. 1 Satz 1 InsO mitzuteilen, auf welche Art er den Gegenstand veräußern will. Der Gläubiger erhält dann nach § 168 Abs. 1 Satz 2 InsO die Gelegenheit, den Verwalter auf eine günstigere Verwertungsmethode aufmerksam zu machen. Anstelle der Mitteilung einer besseren Verwertungsmöglichkeit kann der Gläubiger das Sicherungsgut nach § 168 Abs. 3 Satz 1 InsO auch selbst zu den vom Insolvenzverwalter mitgeteilten Bedingungen übernehmen. Infolge der Übernahme entsteht zugunsten der Insolvenzmasse ein Zahlungsanspruch gegenüber dem Sicherungsnehmer in Höhe des von dem Insolvenzverwalter als beabsichtigtem Veräußerungspreis genannten Betrages, weil auch der Selbsteintritt des Sicherungsnehmers eine Verwertung von Absonderungsgut durch den Insolvenzverwalter darstellt. Gleichzeitig steht dem Sicherungsnehmer aber der Erlösherausgabeanspruch (§ 170 Abs. 1 InsO) gegen die Insolvenzmasse zu. Der Sicherungsnehmer ist zur Aufrechnung berechtigt. Die Feststellungskosten und die Verwertungskosten muss der Sicherungsnehmer aber der Insolvenzmasse belassen. Der Gläubiger ist also nicht berechtigt, im Rahmen einer Verrechnung von Verwertungserlös und gesicherten Forderungen die Kostenbeiträge nach §§ 170, 171 InsO einzubehalten.[1] Man wird aber in diesen Fällen nicht annehmen können, dass der Insolvenzverwalter an den Sicherungsnehmer eine Geschäftsbesorgungsleistung[2] in Form einer Verwertungshandlung durchführt, die der Umsatzsteuer unterliegen könnte. In Fällen des Selbsterwerbs ist daher davon auszugehen, dass zwar bei der Insolvenzmasse 9 % aus dem fiktiven Veräußerungserlos verbleiben, nicht aber auf die Verwertungskostenpauschale Umsatzsteuer zu berechnen ist.

4.476 Übernimmt der Sicherungsnehmer das Sicherungsgut im Wege des Selbsterwerbs, so führt bereits die Übernahme des Sicherungsguts durch den Sicherungsnehmer und nicht erst die Weiterveräußerung an einen Dritten zu einem steuerbaren Umsatz, weil durch den Selbsterwerb eine Lieferung des Insolvenzschuldners an den Sicherungsnehmer zu sehen ist.[3] Die entstehende Umsatzsteuer ist Masseverbindlichkeit.[4]

---

1 *Kern* in MünchKomm/InsO[4], § 168 Rz. 55 m.w.N.
2 Vgl. dazu BFH v. 28.7.2011 – V R 28/09, BStBl. II 2014, 406 = ZIP 2011, 1923 = DStR 2011, 1853.
3 *Ganter/Rüsken*, NZI 2006, 257 (257).
4 *Freihalter*, Aus- und Absonderungsrechte in der Insolvenz, Rz. 691.

Der Sicherungsnehmer hat in Höhe der wegen der Lieferung des Sicherungsguts an ihn angefallenen Umsatzsteuerschuld einen entsprechenden Betrag in analoger Anwendung von § 13b Abs. 1 Ziff. 2 UStG, §§ 170 Abs. 2, 171 Abs. 2 Satz 3 InsO an die Masse abzuführen.[1] Bemessungsgrundlage für die die Insolvenzmasse belastende Umsatzsteuer ist der von dem Insolvenzverwalter als beabsichtigtem Veräußerungspreis genannte Betrag, abzgl. der Feststellungs- und Verwertungskosten und abzgl. der Umsatzsteuer.

(5) Verwertung durch den Insolvenzverwalter für Rechnung des Sicherungsnehmers

In seltenen Fällen kann es zu rechtlichen Gestaltungen kommen, in denen der Insolvenzverwalter im **Auftrage des Sicherungsnehmers, aber für Rechnung der Insolvenzmasse Sicherungsgut** verwertet. Selten sind diese Fälle deswegen, weil der Insolvenzverwalter grundsätzlich ein originäres Verwertungsrecht (§ 166 InsO) hat und sich ein Verwertungsrecht des Sicherungsnehmers regelmäßig nur daraus ergibt, dass der Insolvenzverwalter dem Sicherungsnehmer den Absonderungsgegenstand zur Verwertung überlässt (§ 170 Abs. 2 InsO). Läge ausnahmsweise einmal der Fall vor, dass der Insolvenzverwalter Gegenstände, die er gem. § 166 InsO verwerten darf, dem Sicherungsnehmer zur Verwertung überlässt und sodann gleichwohl im Namen des Sicherungsnehmers an einen Erwerber veräußert, dann läge der Fall eines Doppelumsatzes (Erstumsatz in Form der Lieferung von dem Insolvenzschuldner an den Sicherungsnehmer und Zweitumsatz von dem Sicherungsnehmer an den Enderwerber) vor, so dass dann freilich keine Geschäftsbesorgungsleistung auf Rechnung der Masse mehr erbracht würde, die eine umsatzsteuerbare Leistung darstellte.[2] In Betracht kann aber auch kommen, dass sich der Sicherungsnehmer und der Insolvenzverwalter auf eine „Rücknahme der Überlassung i.S.v. § 170 Abs. 2 InsO" verständigt haben mit der Folge, dass das **originäre Verwertungsrecht des Insolvenzverwalters aus § 166 InsO wieder auflebt** ist. Dann verbliebe es bei einem Erstumsatz in Form einer Lieferung von dem Insolvenzschuldner an den Erwerber nebst einer Geschäftsbesorgungsleistung des Insolvenzverwalters zugunsten des Sicherungsnehmers, die Umsatzsteuer auf das Verwertungsentgelt auslöst.[3]

4.477

cc) Freigabe an und Verwertung durch den Schuldner

Allgemein anerkannt ist, dass der Insolvenzverwalter zur Insolvenzmasse gehörende Gegenstände aus der Insolvenzmasse freigeben kann. Kurz gesprochen bewirkt die Freigabe nur, dass die Verwaltungs- und Verfügungsbefugnis des Insolvenzverwal-

4.478

---

1 Insoweit treffen die entsprechenden Erwägungen des BGH in seinem Urt. v. 29.3.2007 – IX ZR 27/06, ZIP 2007, 1126 = BB 2007, 1294 (1294) zur Bildung der Analogie ebenfalls zu.
2 Einen solchen Fall meint BFH v. 28.7.2011 – V R 28/09, BStBl. II 2014, 406 = ZIP 2011, 1923 (Tz. 28) = DStR 2011, 1853, BMF v. 30.4.2014 – IV D 2 - S 7100/07/10037, DStR 2014, 957, Tz. II. 1.
3 BFH v. 28.7.2011 – V R 28/09, BStBl. II 2014, 406 = ZIP 2011, 1923 (Tz. 28) = DStR 2011, 1853.

ters (§ 80 InsO) in Ansehung des betroffenen Gegenstandes endet und wieder auf den Insolvenzschuldner übergeht, ausführlich zur Freigabe s. Rz. 2.143 ff. In Bezug auf die Freigabe von Gegenständen, an denen Absonderungsrechte bestehen, werden in der Praxis häufig von Insolvenzverwaltern Erklärungen abgegeben, die rechtlich vollkommen unklaren Inhalt haben. Solche Freigabeerklärungen können folgende Erklärungsinhalte haben:

4.479 **Echte Freigabe**

Die Freigabe bewirkt, dass die Verwaltungs- und Verfügungsbefugnis des Insolvenzverwalters beendet wird und an den Insolvenzschuldner zurückfällt. Da der Insolvenzverwalter in diesem Fall nicht über das Sicherungsrecht des Absonderungsberechtigten verfügt, liegt keine Verwertung i.S.v. § 166 InsO vor. Es ist dies der Fall der echten Freigabe. Das Sicherungsrecht des Sicherungsnehmers bleibt unberührt; ein Massezufluss erfolgt nicht. Der Sicherungsnehmer muss sich in der Folge wegen der Verwertung des Sicherungsgegenstandes mit dem Insolvenzschuldner auseinandersetzen, der für die Erfüllung der Befriedigungsrechte des Sicherungsnehmers mit seinem insolvenzfreien Vermögen haftet. **Die Freigabe selbst stellt keine umsatzsteuerliche Lieferung dar.**[1] Gibt der Insolvenzschuldner den Sicherungsgegenstand an den Sicherungsnehmer in der Folge heraus, dann liegt darin eine umsatzsteuerrechtlich relevante Lieferung vom Insolvenzschuldner an den Sicherungsnehmer; wenn der Sicherungsnehmer später an einen Dritten veräußert, dann liegt darin ein zweiter steuerbarer Umsatz. Steuerschuldner der Umsatzsteuer ist bei einer Veräußerung durch den Insolvenzschuldner der Insolvenzschuldner, nicht der Sicherungsnehmer, weil der Insolvenzschuldner die Lieferung an den Erwerber ausführt. § 13b Abs. 1 Ziff. 2 UStG ist nicht anwendbar. Der BFH hat in einer etwas älteren Entscheidung angenommen, es komme insoweit zu einer Belastung der Insolvenzmasse mit der Umsatzsteuer, da eine Masseverbindlichkeit entstehe (§ 55 InsO).[2] Die Entscheidung leidet an einem entscheidenden gedanklichen Fehler. Der BFH hat damals ausgeführt:

„Der Senat beurteilt die Veräußerung eines zur Konkursmasse gehörenden Grundstücks als Verwertung für Rechnung der Konkursmasse, wenn ihr – wie im Streitfall – der Verwertungserlös zugutekommt. Unter diesen Voraussetzungen ist umsatzsteuerrechtlich unerheblich, dass der Gemeinschuldner die Grundstückslieferung ausgeführt hat, nachdem er vom Konkursverwalter dazu berechtigt worden war. Ebenso ist umsatzsteuerrechtlich nicht erheblich, ob konkursrechtlich eine „echte Freigabe" des Grundstücks oder lediglich eine sog. „modifizierte Freigabe" (...) vorlag.

Sowohl bei modifizierter als auch bei echter Freigabe führt die Veräußerung eines mit Grundpfandrechten der Konkursgläubiger belasteten zur Konkursmasse gehörenden Grundstücks durch den Gemeinschuldner zu einer die Konkursmasse betreffenden Verwertung, wenn der Erlös an die Stelle des belasteten Grundstücks tritt, vereinbarungsgemäß an die absonderungsberechtigten Konkursgläubiger (§ 47 KO) ausgekehrt wird und deshalb die Konkursmasse in dieser Höhe entlastet.

---

1 *Sinz* in Uhlenbruck[15], § 171 InsO Rz. 23.
2 BFH v. 16.8.2001 – V R 59/99, BStBl. II 2003, 208 = ZIP 2002, 230.

Der Konkursverwalter, der für die Konkursmasse den wirtschaftlichen Wert des konkursbefangenen Gegenstands erhalten will, weil der Verwertungserlös der Konkursmasse zugutekommen soll (...), trägt dadurch zum Verwertungserfolg bei, auch wenn der Gemeinschuldner an seiner Stelle im Ergebnis zugunsten der Konkursmasse die Verwertung durchführen soll."

Der gedankliche Fehler liegt darin, dass der Insolvenz- bzw. Konkursverwalter, der einen Massegegenstand im Wege der echten Freigabe freigibt, der Insolvenzmasse und damit den ungesicherten Insolvenzgläubigern nichts aus diesem Gegenstand erhalten will. Er will diese Gläubiger nur schlicht vor Lasten aus einem Gegenstand bewahren, der wertmäßig in vollem Umfange einem einzelnen Gläubiger zugutekommt. Deswegen tritt auch nicht der Erlös aus einer solchen, durch den Insolvenzschuldner außerhalb des Insolvenzverfahrens durchgeführten Veräußerung an die Stelle des belasteten Grundstücks. Dass sich die Forderung des Absonderungsberechtigten durch die Veräußerung reduziert, spielt sich außerhalb der Insolvenzmasse ab. Entscheidend aber dürfte sein, dass sich das Verständnis des insolvenzfreien Vermögens seit der genannten BFH-Entscheidung maßgeblich verändert hat. Es ist heute wohl allgemein anerkannt, dass es auch während des Insolvenzverfahrens eine insolvenzfreie Vermögenssphäre des Insolvenzschuldners gibt, in der dieser ohne Beteiligung des Insolvenzverwalters frei wirtschaften und auch Verbindlichkeiten begründen kann (Rz. 2.135 ff.). Von diesem heutigen Verständnis konnte der BFH bei seiner Entscheidung im Jahr 2001 noch nicht ausgehen. Es wäre damals nicht plausibel gewesen, dem Insolvenzschuldner selbst die Umsatzsteuerschuldnerschaft zuzuweisen. Das ist vom heutigen Verständnis her jedoch sicher anders zu beurteilen.

Modifizierte Freigabe 4.480

Die Freigabeerklärung des Insolvenzverwalters kann auch in der Weise modifiziert sein, dass der Insolvenzverwalter den Sicherungsgegenstand mit der Maßgabe an den Insolvenzschuldner freigibt, dass dieser den Gegenstand veräußern solle und der Verwertungserlös der Insolvenzmasse zugutekommen soll. Man spricht dann von modifizierter Freigabe.[1] Eine solche Freigabeerklärung kann zivilrechtlich zweierlei bedeuten:

– Entweder will der Insolvenzverwalter an seinem aus § 166 InsO fließenden Verwertungsrecht festhalten und lediglich die tatsächlichen Bemühungen und Vorgänge der Veräußerung dem Insolvenzschuldner (der unter Umständen die Branche, in der die Veräußerung stattfinden muss, wesentlich besser kennt) überlassen. Dann ist die Erklärung des Insolvenzverwalters zivilrechtlich nichts anderes als eine Beauftragung des Insolvenzschuldners mit der Verwertung, die insolvenzrechtlich dem Insolvenzverwalter zuzurechnen ist.

– Oder aber der Insolvenzverwalter hebt seine Verfügungsbefugnis in Bezug auf den freigegebenen Gegenstand auf und vereinbart mit dem Insolvenzschuldner, dass dieser den Gegenstand auf eigene Rechnung (also Rechnung des insolvenzfreien Vermögens) verwertet und den Erlös (abzgl. einer Aufwandsentschädigung für den Insolvenzschuldner) an die Insolvenzmasse herausgibt.

---

1 *Buth/Hermanns*, Restrukturierung, Sanierung, Insolvenz[4], § 33 Rz. 107.

In beiden Fällen können der Insolvenzverwalter und der Insolvenzschuldner aber nichts daran ändern, dass das Sicherungsrecht des Sicherungsnehmers an dem Gegenstand besteht. Im erstgenannten Fall bleibt der Herausgabeanspruch des Sicherungsnehmers aber gesperrt, weil das Verwertungsrecht des Insolvenzverwalters fortbesteht. Im zweiten Fall ist der Sicherungsnehmer berechtigt, vom Insolvenzschuldner Herausgabe des Gegenstandes zu verlangen, weil das Verwertungsrecht des Insolvenzverwalters erloschen ist und der Insolvenzschuldner nur noch bilateral schuldrechtlich zur Herausgabe des Verwertungserlöses verpflichtet ist; in diesem Fall geht die Erlösherausgabeverpflichtung des Insolvenzschuldners ins Leere, wenn der Sicherungsnehmer die Herausgabe des Gegenstandes verlangt und anschließend selbst verwertet; dann geht die Masse leer aus. Verwertet der Insolvenzschuldner im erstgenannten Fall, dann steht der Erlös der Insolvenzmasse zu; der Insolvenzverwalter hat dann den Erlös abzgl. Feststellungs- und Verwertungskosten und abzgl. etwa darin enthaltener Umsatzsteuer an den Sicherungsnehmer auszukehren. Leistender ist dann der Insolvenzverwalter; die Umsatzsteuerforderung ist Masseverbindlichkeit. Im zweitgenannten Fall ergeben sich schwierige zivilrechtliche Probleme: Der Insolvenzschuldner hat die Veräußerung dann im Verhältnis zum Sicherungsnehmer als Nichtberechtigter vorgenommen; ob der Insolvenzverwalter kraft seiner vormaligen Verfügungsbefugnis zu einer Genehmigung über den Zeitpunkt der Freigabe hinaus berechtigt ist, ist doch mehr als zweifelhaft. Der Sicherungsnehmer hat dann, wenn er die Verfügung des Insolvenzschuldners genehmigt, einen Erlösherausgabeanspruch nach § 816 BGB. Gleichzeitig bleibt der Schuldner gegenüber dem Insolvenzverwalter schuldrechtlich zur Erlösherausgabe berechtigt. Man wird diesen Fall nur über die Gesamtgläubigerschaft lösen können. Im Ergebnis müssen auch hier der Insolvenzmasse die Feststellungs- und Verwertungskosten sowie die Umsatzsteuerbeträge zufließen.

4.481 **Freigabe an den Absonderungsberechtigten**

Eine als Freigabe bezeichnete Erklärung des Insolvenzverwalters kann auch den Erklärungsinhalt haben, dass der Sicherungsgegenstand dem Absonderungsberechtigten zur Verwertung überlassen werden soll. Dann sind die oben zu § 170 Abs. 2 InsO ausgeführten Erläuterungen maßgeblich (Rz. 4.462 ff.).

3. Verwertung von unbeweglichem Vermögen

a) Grundsatz

4.482 Im Insolvenzverfahren steht dem Grundpfandgläubiger ein Absonderungsrecht nach § 49 InsO zu. In den Haftungsverband nach § 1120 BGB fallen neben dem Grundstück auch die bleibenden Erzeugnisse und die wesentlichen sowie nichtwesentlichen Bestandteile des Grundstücks i.S.d. §§ 93, 94, 99 BGB.[1] Dem Insolvenzverwalter stehen bezüglich der Verwertung von unbeweglichem Vermögen verschiedene Verwertungsmöglichkeiten zur Verfügung. Er kann auf die Mittel der Zwangsversteigerung oder -verwaltung zugreifen, die Immobilie freihändig veräußern oder aber auch sie an den Insolvenzschuldner freigeben.

---

1 *Waza* in Waza/Uhländer/Schmittmann, Insolvenzen und Steuern[12], Rz. 2289.

Die Veräußerung einer Immobilie kann eine umsatzsteuerlich relevante Lieferung i.S.d. § 1 Abs. 1 UStG darstellen.

b) Zwangsversteigerung

Gemäß § 165 InsO hat der Insolvenzverwalter das Recht, die Zwangsversteigerung in eine zur Insolvenzmasse gehörende Immobilie zu betreiben, unabhängig davon, ob ein Absonderungsrecht an dieser besteht oder nicht. Diese sog. Verwalterversteigerung[1] richtet sich nach den §§ 172 ff. ZVG. Das Recht eines jeden Absonderungsgläubigers, die Zwangsversteigerung selbst zu beantragen, bleibt unberührt. 4.483

Bei der Verwertung von unbeweglichem Vermögen durch den Insolvenzverwalter ergeben sich umsatzsteuerrechtliche Besonderheiten. Die Veräußerung eines zum Unternehmen des Insolvenzschuldners gehörigen Grundstücks führt grundsätzlich zu einer steuerbaren Lieferung nach § 1 Abs. 1 Ziff. 1 UStG. Für die Zwangsversteigerung eines Grundstücks hat der BFH[2] entschieden, dass das Grundstück unmittelbar vom Schuldner an den Ersteher „geliefert" wird. Dieser Auffassung hat sich auch der Gesetzgeber in § 18 Abs. 8 UStG angeschlossen. Die Lieferung ist aber steuerfrei, da sie unter das GrEStG fällt. Bei der Verwertung im Wege der Zwangsversteigerung (aber auch bei der freihändigen Veräußerung) fällt nach § 1 Abs. 1 Ziff. 4, § 8 Abs. 1, § 9 Abs. 1 Ziff. 4, § 13 Ziff. 4 GrEStG Grunderwerbsteuer an, wodurch der Grundstücksumsatz gem. § 4 Ziff. 9a UStG von der Umsatzsteuer befreit wird. Die Steuerfreiheit nach § 4 Ziff. 9a UStG erstreckt sich indes nicht auf Zubehör und Betriebseinrichtungen, da diese nicht unter das GrEStG fallen; ihre Veräußerung unterliegt somit stets der Umsatzsteuer.[3] Zu beachten ist im Übrigen die Steuerfreiheit der Geschäftsveräußerung im Ganzen (Rz. 4.494 ff.), weil eine Immobilie ein Betrieb oder Teilbetrieb sein kann.[4]

Der Insolvenzverwalter kann allerdings auch zur Umsatzsteuer optieren, wenn das Grundstück an einen Unternehmer veräußert wird, § 9 Abs. 1 UStG. Das **Optionsrecht** gehört zu den Rechten, die durch § 80 Abs. 1 InsO auf den Insolvenzverwalter übergehen.[5] Der Verzicht auf die Steuerbefreiung kann u.U. zum Schutze der Insolvenzmasse dringend geboten sein: Sofern das veräußerte Grundstück vor der Eröffnung des Insolvenzverfahrens zur Ausführung von steuerpflichtigen Umsätzen verwendet worden war, führt die steuerfreie Lieferung von Gebäuden, die nicht älter als zehn Jahre sind, nämlich regelmäßig zu einem Vorsteuerberichtigungsanspruch nach § 15a UStG, der zu Masseverbindlichkeiten führen kann (Rz. 4.425 f.).[6] Schuldner der Umsatzsteuer ist der Erwerber, § 13b Abs. 1 Ziff. 3, Abs. 2 UStG. Bei der Zwangsversteigerung ist das Meistgebot der Berechnung der Steuer als Nettobetrag zugrunde zu legen.[7] Im Meistgebot ist somit keine Umsatzsteuer enthalten; der Meistgebots- 4.484

---

1 *Scholz* in HamburgerKomm/InsO[7], § 165 Rz. 22.
2 BFH v. 19.12.1985 – V R 139/76, BStBl. II 1986, 500 = ZIP 1986, 991.
3 BFH v. 24.6.1992 – V R 130/89, KTS 1993, 143 (143).
4 *Depré/Dobler* in Beck/Depré, Praxis der Insolvenz, 2. Aufl. 2010, § 35 Rz. 34.
5 *Schmittmann*, ZInsO 2006, 1299 (1302).
6 *Stadie* in Rau/Dürrwächter, § 18 UStG Rz. 866; *Mitlehner*, NZI 2002, 534 (535).
7 *Schüler-Täsch* in Sölch/Ringleb, § 9 UStG Rz. 172.

betrag muss daher vollständig an das Vollstreckungsgericht abgeliefert werden.[1] Der Ersteigerer kann daher vom Vollstreckungsschuldner keine Rechnung mit gesondertem Ausweis der Steuer erhalten. Der Vorsteuerabzug ist auch mit einer Rechnung gem. § 14a Abs. 4 UStG ohne gesonderten Ausweis der Umsatzsteuer möglich.[2] Der Ersteher schuldet die Umsatzsteuer im Ergebnis zusätzlich zum Meistgebot gegenüber dem Finanzamt. Das Meistgebot bezüglich des Zubehörs ist ebenfalls immer ein Nettobetrag. Dies ergibt sich bereits daraus, dass hier gar keine Option möglich ist.[3] Bei der Zwangsversteigerung kann der Verzicht auf die Steuerbefreiung gem. § 9 Abs. 3 UStG nur bis zur Aufforderung der Abgabe von Geboten im Versteigerungstermin wirksam erklärt werden.

Hinweis:

Erklärt der Insolvenzverwalter den Verzicht auf die Steuerbefreiung nach § 9 Abs. 1 UStG und kommt es im Rahmen der Zwangsversteigerung zu einem Zuschlag an einen Ersteigerer, der nicht Unternehmer ist, so kommt auch dessen Steuerschuldnerschaft für die Umsatzsteuer nach § 13b Abs. 1 Ziff. 3, Abs. 2 UStG nicht in Betracht.

Teilweise wird vertreten, dass die Insolvenzmasse dann mit der Umsatzsteuer als Masseverbindlichkeit belastet werde und der Grundpfandgläubiger gleichwohl den Bruttobetrag erhalte und nicht etwa nur den um die Umsatzsteuer berichtigten Nettoerlös.[4] Zutreffend ist, dass weder § 171 Abs. 2 Satz 3 InsO noch § 10 Abs. 1 Nr. 1a ZVG analog angewendet werden können, weil die gesamte Regelungssystematik der Verwertung unbeweglicher Sachen eine andere ist als diejenige der Verwertung beweglicher Sachen, so dass eine Analogiebildung nicht möglich ist, ohne das jeweils andere System zu beeinträchtigen.

Es kann aber bereits rein umsatzsteuerrechtlich eine Belastung der Masse mit Umsatzsteuer – trotz vorangegangenem Verzicht auf die Steuerbefreiung – vermieden werden. Es ist nämlich anerkannt, dass der Veräußerer den Verzicht auf die Steuerbefreiung zurücknehmen kann.[5] Die Umsatzsteuer ist lediglich dann geschuldet, wenn der Insolvenzverwalter dem Ersteher eine die Umsatzsteuer ausweisende Rechnung ausgestellt hat, weil dann § 14c UStG greift. Der Insolvenzverwalter ist aber jederzeit berechtigt, eine berichtigte Rechnung zu erteilen. Die Berichtigung des Steuerbetrags muss gegenüber dem Leistungsempfänger erfolgen (§ 14 Abs. 2 Satz 2 UStG).[6] Voraussetzung dafür ist lediglich, dass dem Leistungsempfänger eine hinreichend bestimmte, schriftliche Berichtigung der Rechnung zugeht. Die Rückgabe der ursprünglichen Rechnung durch den Leistungsempfänger ist nicht erforderlich. Notwendig ist ferner eine „Berichtigung" der Rechnung, und zwar durch den Leistenden. Aus ihr muss – notfalls durch Auslegung – hervorgehen, dass der leistende Unternehmer über seine Leistung – statt, wie bisher, unter Ansatz des ursprünglich ausgewiesenen Steuerbetrags – nunmehr nur noch ohne Umsatzsteuer abrechnen will.[7]

---

1 Grundlegende Änderung durch BGH v. 3.4.2003 – IX ZR 93/02, ZIP 2003, 1109 = NZI 2003, 565 (566).
2 *Schüler-Täsch* in Sölch/Ringleb, § 9 UStG Rz. 172.
3 *Maus*, Steuern im Insolvenzverfahren, Rz. 296.
4 *Waza* in Waza/Uhländer/Schmittmann, Insolvenzen und Steuern[12], Rz. 2291.
5 *Klenk* in Sölch/Ringleb, § 9 UStG Rz. 89; *Heidner* in Bunjes/Geist[19], § 9 UStG Rz. 29.
6 BFH v. 11.10.2007 – V R 27/05, BStBl. II 2008, 438; vgl. auch BFH v. 16.5.2018 – XI R 28/16, NZI 2018, 813; v. 12.10.2016 – XI R 43/14, DStR 2017, 258.
7 BFH v. 11.10.2007 – V R 27/05, BStBl. II 2008, 438.

Bedenken gegen diese umsatzsteuerrechtlich zulässige Berichtigung ergeben sich auch nicht aus dem vom BGH zu Recht herausgestellten Bedürfnis nach der Klarheit und Verlässlichkeit des Zwangsversteigerungsverfahrens. Der BGH hat es für gegen dieses Gebot verstoßend angesehen, wenn man in dem Meistgebot einen Bruttobetrag erblicken wollte, weil dann im Rahmen des Versteigerungsverfahrens unklar sein kann, wer denn nun der Meistbietende sei: Da bei einem Unternehmer aus dem Gebot der Umsatzsteuerbetrag hinauszurechnen wäre, um den tatsächlichen Erlös feststellen zu können, bei einem Nichtunternehmer hingegen nicht, müssten u.U. schwierige umsatzsteuerrechtliche Fragen im Rahmen des Versteigerungsverfahrens geklärt werden. Nicht zuletzt um dieses Ergebnis zu vermeiden, hat der BGH das Meistgebot zu Recht als ein Nettogebot interpretiert. Das Versteigerungsverfahren bleibt allerdings vollkommen unberührt, wenn es nach Erteilung des Zuschlags doch nicht – wie zuvor auf Grund des Verzichts zur Umsatzsteuer anzunehmen war – zu einer Umsatzsteuerforderung kommt. Denn es ist für die Feststellung des Meistgebotes unerheblich, ob der Ersteigerer Unternehmer ist (und deswegen Umsatzsteuerschuldner nach § 13b Abs. 1 Ziff. 3, Abs. 2 UStG wird) oder ob der Ersteigerer Nichtunternehmer ist und es infolge der Rücknahme des Verzichts auf die Steuerbefreiung nicht zu einer Umsatzsteuerforderung kommt.

Bei der Verwertung von Immobilien im Rahmen der Zwangsversteigerung liegt nicht etwa eine Lieferung des Insolvenzschuldners an das jeweilige Bundesland, dem die Vollstreckungsorgane angehören und eine weitere Lieferung dieses Bundeslandes an den Erwerber vor, sondern vielmehr eine einzige Lieferung des Insolvenzschuldners unmittelbar an den Erwerber.[1] 4.485

Die Immobilie scheidet mit Erteilung des Zuschlags nach § 90 ZVG aus der Insolvenzmasse aus. Der Ersteher wird mit Erteilung des Zuschlags Eigentümer der Immobilie und zugleich gem. § 13 Ziff. 4 GrEStG Steuerschuldner. 4.486

c) Zwangsverwaltung

Ist über die Grundstücke eines Unternehmers die Zwangsverwaltung angeordnet, bleibt der Insolvenzschuldner als Unternehmer umsatzsteuerrechtlich Steuerschuldner nach § 43 AO und damit Steuerpflichtiger nach § 33 Abs. 1 AO.[2] Der Insolvenzverwalter nimmt als Vermögensverwalter i.S.v. § 34 Abs. 3 i.V.m. § 34 Abs. 1 AO die steuerlichen Pflichten des Insolvenzschuldners wahr. Jedes der Zwangsverwaltung unterliegende Grundstück bildet eine Sondermasse innerhalb der Insolvenzmasse.[3] Zwangsverwalter und Insolvenzverwalter werden parallel tätig, beide Verfahren existieren also nebeneinander. Deswegen ist auch der Zwangsverwalter in Ansehung jedes Grundstücks gem. § 34 Abs. 3 i.V.m. § 34 Abs. 1 AO Steuerpflichtiger (§ 33 Abs. 1 AO), soweit seine Verwaltung reicht.[4] Insoweit sind die Umsatzsteuerbescheide an den Zwangsverwalter zu richten. 4.487

---

1 BFH v. 16.4.1997 – XI R 87/96, BStBl. II 1997, 585; v. 19.12.1985 – V R 139/76, BStBl. II 1986, 500 = ZIP 1986, 991.
2 *Drüen* in Tipke/Kruse, § 33 AO Rz. 13.
3 *Flöther* in Kübler/Prütting/Bork, § 165 InsO Rz. 55.
4 BFH v. 28.6.2011 – XI B 18/11, ZIP 2011, 2018 = NZI 2011, 737; v. 18.10.2001 – V R 44/00, BStBl. II 2002, 171; v. 10.2.2015 – IX R 23/14, DStR 2015, 1307.

4.488 Unterliegen **mehrere Grundstücke der Zwangsverwaltung**, sind die Nutzungen des Grundstücks und die Ausgaben der Verwaltung gem. § 155 ZVG grundsätzlich für jedes Grundstück gesondert zu ermitteln.[1] Nach dieser Vorschrift sind aus den Nutzungen des Grundstücks die Ausgaben der Verwaltung und die übrigen in § 155 Abs. 1 ZVG genannten Kosten vorweg zu bestreiten; die Überschüsse werden auf die in § 10 Abs. 1 Ziff. 1 bis 5 ZVG bezeichneten Ansprüche verteilt. Da die Gläubiger dieser Ansprüche bei jedem Grundstück unterschiedliche Personen sein können und auch identischen Gläubigern die Nutzungen aus jedem Grundstück regelmäßig in unterschiedlicher Höhe gebühren, müssen die Nutzungen grundsätzlich für jedes Grundstück gesondert ermittelt werden. Die Umsatzsteuer ist deshalb ebenfalls für jedes Grundstück gesondert zu ermitteln und anzumelden.[2]

4.489 Führt der Insolvenzverwalter außerhalb des Unternehmensbereichs, auf den sich die Zwangsverwaltung erstreckt, Umsätze aus, ist die hieraus entstandene Umsatzsteuer – allein – durch einen an den Insolvenzverwalter zu richtenden Umsatzsteuerbescheid geltend zu machen.[3]

4.490 Anstelle einer gerichtlichen Zwangsverwaltung können sich Insolvenzverwalter und Gläubiger für eine sog. **„kalte Zwangsverwaltung"** entscheiden. Die „kalte Zwangsverwaltung" zeichnet sich dadurch aus, dass der Insolvenzverwalter das Grundstück für den absonderungsberechtigten Gläubiger bewirtschaftet, also die Miet- oder Pachtzinsen einzieht und die Lasten zahlt, den wesentlichen Teil des Überschusses aber nicht für die Insolvenzmasse vereinnahmt, sondern an den Grundpfandgläubiger herausgibt, der im Gegenzug auf die Zwangsverwaltung verzichtet. Ausführlich zur „kalten Zwangsverwaltung" s. Rz. 4.498 f.

d) Freihändiger Verkauf

4.491 Durch den Verkauf einer massezugehörigen Immobilie durch den Insolvenzverwalter kommt es zu einer steuerbaren, aber steuerfreien Grundstückslieferung, die durch Verzicht auf die Steuerbefreiung (§ 9 Abs. 1 UStG) der Umsatzsteuer unterworfen werden kann. Beim freihändigen Verkauf ist eine solche Optierung gem. § 9 Abs. 3 Satz 2 UStG nur durch einen notariell beurkundeten Kaufvertrag möglich.

4.492 Vereinbaren der absonderungsberechtigte Grundpfandgläubiger und der Insolvenzverwalter, dass der Insolvenzverwalter ein Grundstück veräußert und vom Veräußerungserlös einen bestimmten Betrag für die Masse einbehalten darf, führt der Insolvenzverwalter neben der Grundstückslieferung an den Erwerber nach Auffassung des BFH eine sonstige entgeltliche Leistung an den Grundpfandgläubiger aus.[4] Der

---

1 BFH v. 18.10.2001 – V R 44/00, BStBl. II 2002, 171; vgl. auch BFH v. 10.2.2015 – IX R 23/14, DStR 2015, 1307.
2 BFH v. 18.10.2001 – V R 44/00, BStBl. II 2002, 171; vgl. auch BFH v. 10.2.2015 – IX R 23/14, DStR 2015, 1307.
3 BFH v. 23.6.1988 – V R 203/83, BStBl. II 1988, 920 = ZIP 1989, 122 = BFHE 154, 181.
4 BFH v. 18.8.2005 – V R 31/04, ZIP 2005, 1289 = DZWIR 2005, 23 (24); abl. *Onusseit*, ZInsO 2005, 815 ff.; *Spliedt/Schacht*, EWiR 2005, 841 ff.; *Beck*, ZInsO 2006, 244 (246).

für die Masse einbehaltene Betrag sei in diesem Fall Entgelt für eine Leistung. Der Massekostenbeitrag ist Entgelt im Rahmen eines Geschäftsbesorgungsvertrags und somit nach § 1 Abs. 1 Ziff. 1 UStG umsatzsteuerpflichtig.[1] Das entgeltlich besorgte Geschäft ist hierbei die Veräußerung des Grundstücks für die Rechnung des Grundpfandgläubigers.

Der BFH hat nunmehr die vormals bestehende Ungleichbehandlung der umsatzsteuerlichen Lage im Hinblick auf die Verwertung von beweglichen Sachen, an denen Absonderungsrechte bestehen und unbeweglichen Sachen, an denen Absonderungsrechte bestehen, beseitigt.[2] In beiden Fällen geht der BFH nunmehr davon aus, dass der Insolvenzverwalter als Geschäftsbesorger für den Sicherungsnehmer tätig wird, wenn er einen zur Insolvenzmasse gehörenden Absonderungsgegenstand verwertet. Die frühere Differenzierung danach, ob der Insolvenzverwalter kraft seiner gesetzlichen Verwertungsbefugnis gem. § 166 InsO (bei beweglichen Sachen) verwertet oder ob er kraft einer Vereinbarung mit dem Absonderungsberechtigten (bei unbeweglichen Sachen) verwertet, war nicht überzeugend und ist nun aufgegeben worden.

4.493

4. Verwertung von Forderungen

Gemäß § 51 Ziff. 1 InsO sind auch solche Gläubiger absonderungsberechtigt, denen der Insolvenzschuldner zur Sicherung eines Anspruchs eine Forderung übertragen hat. Die Verwertung von Forderungen ist in § 166 Abs. 2 InsO geregelt. Sie erfolgt durch Forderungseinzug oder Verkauf, beziehungsweise Abtretung der Forderung.[3] § 170 Abs. 2 InsO berechtigt den Insolvenzverwalter auch, die Forderung dem Sicherungsnehmer zur Verwertung zu überlassen oder diese an den Insolvenzschuldner freizugeben.[4]

4.494

Die Verwertung einer zur Sicherheit abgetretenen Forderung erfolgt regelmäßig durch **Einziehung der Forderung**. Das Recht zum Einzug einer solchen Forderung ergibt sich aus § 166 Abs. 2 InsO. Der Sicherungsnehmer kann allerdings nach Eröffnung des Insolvenzverfahrens und Einziehung der Forderung durch den Insolvenzverwalter lediglich die Auskehrung des Nettoerlöses abzgl. der Feststellungskostenpauschale und abzgl. der Verwertungskostenpauschale gem. §§ 170, 171 InsO verlangen. Dies ergibt sich daraus, dass die dem Insolvenzschuldner zivilrechtlich zustehenden Forderungen gegen Dritte nach der derzeitigen – berechtigter Kritik ausgesetzten – Rechtsprechung des BFH[5] im Zeitpunkt der Insolvenzeröffnung umsatzsteuerrechtlich betrachtet gem. § 17 UStG uneinbringlich werden (s. dazu ausführlich oben Rz. 4.331 ff.). Dies führt im Ergebnis dazu, dass **infolge des Forde-**

4.495

---

[1] BFH v. 18.8.2005 – V R 31/04, ZIP 2005, 1289 = DZWIR 2005, 23 (24); vgl. auch FG Hamburg v. 16.11.2017 – 6 K 30/17, juris.
[2] BFH v. 28.7.2011 – V R 28/09, BStBl. II 2014, 406 = ZIP 2011, 1923 = DStR 2011, 1853.
[3] *Scholz* in HamburgerKomm/InsO[7], § 166 Rz. 25; *Brinkmann* in Uhlenbruck[15], § 166 InsO Rz. 26.
[4] *Kern* in MünchKomm/InsO[4], § 166 Rz. 55.
[5] BFH v. 9.12.2010 – V R 22/10, BStBl. II 2011, 996 = ZIP 2011, 782; v. 6.9.2016 – V B 52/16, NZI 2017, 40.

rungseinzugs des Insolvenzverwalters eine erneute Berichtigung gem. § 17 UStG durchzuführen ist, wodurch die in der eingezogenen Forderung enthaltene Umsatzsteuer als Masseverbindlichkeit an die Finanzverwaltung abzuführen ist. Somit verbleibt bei der Insolvenzmasse lediglich der Nettobetrag der Forderung, die Umsatzsteuer hingegen gehört zu den Verwertungskosten gem. § 171 Abs. 2 Satz 3 InsO.[1] Der Insolvenzverwalter hat somit den aus der Verwertung resultierenden Nettobetrag unter Abzug der Feststellungs- und Verwertungskosten gem. § 170 Abs. 1 InsO an den Zessionar auszuzahlen.[2] Die Finanzverwaltung ist demgegenüber der Auffassung, dass § 13c UStG eingreifen soll, wenn der Insolvenzverwalter die Forderung gem. § 166 Abs. 2 InsO einzieht.[3] Dies trifft dann zu, wenn der Abtretungsempfänger tatsächlich das Entgelt einschließlich der Umsatzsteuer erhält (also zur eigenen Verfügung zugewendet erhält),[4] nicht aber, wenn er nur das Entgelt ohne Umsatzsteuer enthält.[5] Dann nämlich ist die tatbestandliche Voraussetzung des § 13c Abs. 1 Satz 1 UStG nicht gegeben, dass der Sicherungszessionar den Umsatzsteuerbetrag vereinnahmt hat, denn kraft gesetzlicher Anordnung in § 171 Abs. 2 InsO gehört die Umsatzsteuer zu den Verwertungskosten.

Die **Einziehung der Forderung** selbst stellt **keinen steuerbaren Umsatz dar**.[6] Die Leistung, die der Forderung zugrunde liegt, hat der Schuldner seinem Vertragspartner gegenüber schon bewirkt. Auch die Befriedigung des Zessionars durch den aus der Verwertung resultierenden Betrag ist nicht als steuerbare Leistung anzusehen.[7] Gleiches gilt für den Einbehalt der Feststellungs- und Verwertungskosten. Die Verwertungskosten unterliegen allerdings ihrerseits der Umsatzsteuer (vgl. dazu ausführlich oben Rz. 4.468).

4.496 Ähnlich ist die Lage nach zutreffender Auffassung des FG Düsseldorf bei der Einziehung von verpfändeten Forderungen durch den Insolvenzverwalter kraft einer besonderen Einziehungsvereinbarung mit dem Pfändungsgläubiger zu beurteilen.[8] Dieser Fall tritt in praxi vor allem bei der sog. kalten Zwangsverwaltung von Immobilien in Erscheinung. Siehe hierzu ausführlich sogleich.

XI. „Kalte Zwangsverwaltung" von Grundstücken durch den Insolvenzverwalter

4.497 Anstelle einer gerichtlichen Zwangsverwaltung können sich Insolvenzverwalter und Gläubiger für eine sog. „kalte Zwangsverwaltung" entscheiden. Bei der „kalten Zwangsverwaltung" wird die Immobilie, die mit Grundpfandrechten belastet ist,

---

1 *Sinz* in Uhlenbruck[15], § 171 InsO Rz. 37.
2 *Sinz* in Uhlenbruck[15], § 171 InsO Rz. 37.
3 Abschn. 2.4 Abs. 8 UStAE.
4 BFH v. 20.3.2013 – XI R 11/12, ZIP 2013, 1289 = DStRE 2013, 1002.
5 So auch *Sinz* in Uhlenbruck[15], § 171 InsO Rz. 37; *Wäger*, WM 2012, 769, 776.
6 *Waza* in Waza/Uhländer/Schmittmann, Insolvenzen und Steuern[12], Rz. 2321 ff.; *Farr*, Die Besteuerung in der Insolvenz, Rz. 414; a.A. *Stadie* in Rau/Dürrwächter, § 18 UStG Rz. 858.
7 *Farr*, Die Besteuerung der Insolvenz, Rz. 414.
8 FG Düsseldorf v. 10.6.2009 – 5 K 3940/07 U, DStRE 2009, 1392 (1394).

durch den Insolvenzverwalter verwaltet. Grundpfandgläubiger und Insolvenzverwalter verzichten im Rahmen einer Verwertungsvereinbarung einvernehmlich auf die Durchführung einer Zwangsverwaltung nach den Vorschriften des ZVG. Gegenstand der Verwertungsvereinbarung ist, dass der Insolvenzverwalter wie ein Zwangsverwalter handelt, ohne dass dies gerichtlich angeordnet wird.[1] Für den Grundpfandgläubiger hat die Vereinbarung der „kalten Zwangsverwaltung" den Vorteil, dass ihm der mit der Anordnung der „echten" Zwangsverwaltung nach den Vorschriften des ZVG verbundene Aufwand erspart wird, vornehmlich aber darin, dass die Immobilie nicht mit dem „Makel der Zwangsverwaltung" behaftet wird, der für jedermann ersichtlich ist, weil die Zwangsverwaltung im Grundbuch eingetragen wird. Auf der anderen Seite eröffnet die „kalte Zwangsverwaltung" dem Insolvenzverwalter die Möglichkeit, einen Anteil an dem verteilungsfähigen Überschuss aus der Bewirtschaftung der Immobilie für die Insolvenzmasse zu verhandeln. Bei der „echten" Zwangsverwaltung erhält die Insolvenzmasse dagegen regelmäßig nichts. Allerdings ist die Vereinbarung der „kalten Zwangsverwaltung" für den Insolvenzverwalter mit höherem Aufwand verbunden, da er anstelle eines gerichtlich eingesetzten Zwangsverwalters die Mieten einziehen und das Grundstück verwalten muss. Auch trägt er ein höheres Haftungsrisiko.[2]

Hinweis:

Sinnvoller Weise sollten bei der „kalten Zwangsverwaltung" alle Eventualitäten in der Verwertungsvereinbarung geregelt werden, für die im Falle der gerichtlichen Zwangsverwaltung eine klare Risikoverteilung besteht. So kann beispielsweise im Übrigen, d.h. soweit in der Verwertungsvereinbarung nichts Abweichendes bestimmt ist, auf die Rechtslage bei der gerichtlichen Zwangsverwaltung verwiesen werden. So sollte beispielsweise geregelt werden, dass nicht die Insolvenzmasse, sondern der Grundpfandrechtsinhaber dafür einsteht, dass an einen Mieter der Immobilie eine Kaution herausgegeben werden muss, die nicht mehr vorhanden ist. Insoweit hat nämlich der BGH entschieden, dass der (gerichtliche) Zwangsverwalter im Falle der Kündigung eines Mieters verpflichtet ist, die Kaution herauszugeben, und zwar auch dann, wenn der Zwangsverwalter die Kaution bei Übernahme der Zwangsverwaltung gar nicht vereinnahmt hat. Da nicht ausgeschlossen werden kann, dass diese Rechtsprechung auch auf die „kalte Zwangsverwaltung" ausgeweitet wird, sollte ein Insolvenzverwalter eine entsprechende Vereinbarung mit den Gläubigern treffen.[3]

Bei der Vereinbarung einer „kalten Zwangsverwaltung" gegen Beteiligung der Insolvenzmasse an den eingezogenen Mietforderungen zwischen Insolvenzverwalter und Grundpfandgläubigern handelt es sich umsatzsteuerrechtlich um ein Leistungsaustauschverhältnis i.S.d. § 1 Abs. 1 Ziff. 1 UStG.[4] Dem ist der BFH zu Recht in der Revisionsentscheidung gefolgt.[5]

---

1 *Ringstmeier* in Beck/Depré, Praxis der Insolvenz³, § 22 Rz. 114.
2 *Leithaus* in Andres/Leithaus⁴, § 165 InsO Rz. 6.
3 *Tetzlaff*, ZInsO 2004, 521 (528).
4 FG Düsseldorf v. 10.6.2009 – 5 K 3940/07 U, DStRE 2009, 1392 (1394) – Rev. V R 28/09.
5 BFH v. 28.7.2011 – V R 28/09, BStBl. II 2014, 406 = ZIP 2011, 1923 = DStR 2011, 1853.

XII. Geschäftsveräußerung im Ganzen

Literatur *Baltromejus*, Die Geschäftsveräußerung im Ganzen vor dem Hintergrund aktueller Entwicklung, BB 2015, 2391; *Demuth/Kaiser*, Geschäftsveräußerung im Ganzen bei der Veräußerung eines nur teilweise vermieteten Vermietungsobjekts, BB 2010, 168; *Hidien*, Die Geschäftsveräußerung im Ganzen (§ 1 Abs. 1a UStG) – Überblick über neue rechtsanhängige Revisionsverfahren, UVR 2009, 11; *Hundt-Eßwein*, Das Rechtsinstitut der Geschäftsveräußerung im Ganzen nach § 1 Ia UStG – Teil II, UStB 2017, 123; *Hundt-Eßwein*, § 15 FAO Selbststudium – Das Rechtsinstitut der Geschäftsveräußerung im Ganzen nach § 1 Abs. 1a UStG – Teil 1, UStB 2017, 84; *Jansen*, Umsatzsteuerrechtliche Rechtsnachfolge bei der Geschäftsveräußerung, UR 2017, 409; *Korf*, Anteilsveräußerung als Geschäftsveräußerung im Ganzen, UVR 2010, 74; *Liebgott*, Geschäftsveräußerung im Ganzen, UR 2015, 379; *Meyer*, Veräußerung verpachteter Grundstücke als Geschäftsveräußerung im Ganzen, EFG 2009, 1601; *Nieskoven*, Zur Einordnung von Grundstücksübertragungen als „Geschäftsveräußerung im Ganzen", GStB 2009, 78; *Seifert*, Geschäftsveräußerung im Ganzen, StuB 2018, 185; *Slapio/Polok*, Ausgewählte umsatzsteuerrechtliche Aspekte der grenzüberschreitenden Geschäftsveräußerung im Ganzen, UR 2018, 703; *Stenert*, Die Realteilung im Umsatzsteuerrecht, DStR 2018, 765; *Stuber/Prätzler*, Geschäftsveräußerung im Ganzen bei Immobilien, StB 2015, 264; *Tehler*, Die nicht steuerbare Geschäftsveräußerung im Ganzen in der neueren Rechtsprechung, UVR 2016, 271; *Tehler*, Geschäftsveräußerung im Ganzen bei Ist-Besteuerung, UVR 2017, 343; *Wagner*, Geschäftsveräußerung im Ganzen, JbFfSt 2008/2009, 605.

4.499 Gemäß § 1 Abs. 1a Satz 1 UStG unterliegt eine Geschäftsveräußerung im Ganzen nicht der Umsatzsteuer. Wann eine solche Geschäftsveräußerung im Ganzen vorliegt, konkretisiert § 1 Abs. 1a Satz 2 UStG. Danach ist Voraussetzung, dass ein Unternehmen oder ein in der Gliederung eines Unternehmens gesondert geführter Betrieb im Ganzen entgeltlich oder unentgeltlich übereignet oder in eine Gesellschaft eingebracht werden muss. Abschn. 5 UStR verlangt weiter, dass die **wesentlichen Grundlagen** eines Unternehmens oder eines gesondert geführten Betriebs übertragen werden. Welches hierbei die wesentlichen Grundlagen sind, soll sich nach den tatsächlichen Verhältnissen im Zeitpunkt der Übereignung richten.

4.500 Veräußert der Insolvenzverwalter den schuldnerischen Geschäftsbetrieb im Rahmen eines asset deals, kann darin somit ein nicht der Umsatzsteuer unterliegender Umsatz zu sehen sein. Ob ein solcher vorliegt, ist in der Praxis häufig nicht zweifelsfrei festzustellen. Oft werden verschiedene Vermögensgegenstände, die bisher dem schuldnerischen Betrieb dienten, nicht mitverkauft (z.B. Forderungsbestände) oder es ist unklar, ob es sich bei dem veräußerten Unternehmensteil bereits in der Vergangenheit um einen gesondert geführten Betrieb handelte.[1] Eine nichtsteuerbare Geschäftsveräußerung i.S.d. § 1 Abs. 1a UStG setzt voraus, dass der Erwerber die wirtschaftliche Tätigkeit des Veräußerers fortführen kann.[2]

4.501 Dabei muss es dem Erwerber möglich sein, mit dem übertragenen Unternehmensteil die bisherige wirtschaftliche Tätigkeit fortzuführen. Dies muss jedoch nicht in derselben Art und Weise geschehen, in der der Veräußerer das Geschäft betrieben hat.

---

1 *Kammel*, NZI 2000, 100 (106).
2 BFH v. 24.2.2005 – V R 45/02, BStBl. II 2006, 61 = DStR 2005, 1226 (1226); v. 26.6.2019 – XI R 3/17, DStR 2019, 2135; v. 25.11.2015 – V R 66/14, DStR 2016, 311; v. 12.8.2015 – XI R 16/14, DStR 2016, 47.

Entscheidend ist, dass der Erwerber die Absicht hat, den Geschäftsbetrieb fortzuführen und diesen nicht sofort einzustellen und die Gegenstände zu versilbern beabsichtigt. Unschädlich ist, wenn der Erwerber geringfügige Veränderungen oder Modernisierungsmaßnahmen vornimmt.[1]

Der BFH hat weiterhin entschieden, dass wegen richtlinienkonformer Auslegung die Geschäftsveräußerung im Ganzen kein „lebendes Unternehmen" voraussetzt.[2] Nach der Rechtsprechung des EuGH[3] handelt bereits derjenige als steuerpflichtiger Unternehmer, der in der Absicht, eine wirtschaftliche Tätigkeit auszuüben, Investitionen für die Zwecke der beabsichtigten Umsätze tätigt. Die Aufnahme des tatsächlichen Betriebs seines Unternehmens braucht er nicht abzuwarten.[4]

4.502

Eine Geschäftsveräußerung kann auch dann gegeben sein, wenn nur ein Gegenstand übereignet wird, dieser aber die unternehmerische Tätigkeit ausmacht.[5] Insbesondere der Verkauf einer Immobilie, die der Vermietung oder Verpachtung dient, stellt eine Geschäftsveräußerung i.S.d. § 1 Abs. 1a UStG dar, wenn die entsprechenden Miet- oder Pachtverträge weitergeführt werden.[6]

4.503

Eine Geschäftsveräußerung beruht regelmäßig auf einer vertraglichen Vereinbarung. Diese setzt ein Rechtsgeschäft unter Lebenden voraus, so dass ein Erwerb von Todes wegen keine Geschäftsveräußerung im Sinne der Vorschrift sein kann. Es ergibt sich auch dann nichts anderes, wenn der Erwerb von Todes wegen auf einer letztwilligen Verfügung des Unternehmer-Erblassers oder auf einem Erbvertrag beruht.[7]

4.504

XIII. Kleinunternehmerreglung § 19 UStG

Nach Eröffnung des Insolvenzverfahrens steht die Befugnis, auf die Kleinunternehmerregelung zu verzichten, nach Auffassung des BFH allein dem Insolvenzverwalter zu.[8] Er übt dieses Recht für das gesamte Unternehmen des Insolvenzschuldners aus. Das ist vor allem deswegen problematisch, weil eine solche Wahl des Insolvenzverwalters sich auch auf das insolvenzfreie Vermögen des Insolvenzschuldners erstreckt. Hat beispielsweise der Insolvenzschuldner zwei Gewerbebetriebe im insolvenzrechtlichen Sinne, so ist es durchaus möglich, dass der Insolvenzverwalter den einen gem. § 35 Abs. 2 InsO aus der Insolvenzmasse freigibt, während er den anderen auf Rechnung der Insolvenzmasse weiterführt. An dieser Stelle wird die sonst durch den BFH so feinsinnig und präzise durchgeführte Trennung zwischen den Vermögensmassen im Insolvenzverfahren (s. dazu ausführlich oben Rz. 4.339 ff.) **nicht konsequent**

4.505

---

1 *Oelmaier* in Sölch/Ringleb, § 1 UStG Rz. 190.
2 BFH v. 8.3.2001 – V R 24/98, BStBl. II 2003, 430.
3 EuGH v. 27.11.2003 – C-497/01, UR 2004, 19 (19).
4 BFH v. 8.3.2001 – V R 24/98, DStR 2001, 700 (702).
5 BFH v. 18.11.1999 – V R 13/99, BStBl. II 2000, 153 = DStR 2000, 549 (549); vgl. auch BayLfSt v. 19.8.2016 – S 7100b.1.1-2/7 St33, MwStR 2016, 851.
6 BFH v. 1.4.2004 – V B 112/03, BStBl. II 2004, 802 = DStR 2004, 1126 ff. (1126); vgl. auch BFH v. 6.7.2016 – XI R 1/15, DStR 2016, 2207.
7 *Husmann* in Rau/Dürrwächter, § 1 UStG Rz. 1095.
8 BFH v. 20.12.2012 – V R 23/11, BStBl. II 2013, 334 = ZIP 2013, 469 = DStR 2013, 359.

vollzogen: Hier wirkt sich eine Entscheidung des Insolvenzverwalters in erheblicher Weise auf den insolvenzfreien Bereich des Insolvenzschuldners aus. Führt der Insolvenzschuldner mit seinem insolvenzfreien Bereich im Wesentlichen Umsätze an Verbraucher aus und würde ohne den auf Rechnung der Insolvenzmasse betriebenen Gewerbebetrieb in Ansehung dieser Umsätze im insolvenzfreien Bereich Umsatzsteuer gem. § 19 Abs. 1 InsO nicht erhoben, dann bedeutet die Ausübung des Verzichts gem. § 19 Abs. 2 InsO durch den Insolvenzverwalter wirtschaftlich betrachtet für den Insolvenzschuldner mit seinem insolvenzfreien Bereich im Ergebnis wirtschaftlich eine Schlechterstellung um 19 %, weil sich die Preise für seine Leistungen, die er gegenüber seinen Kunden durchsetzen kann, nicht danach unterscheiden, ob er Umsatzsteuer ausweisen kann oder nicht. Eine konsequente Trennung der Vermögensmassen im Insolvenzverfahren erfordert es, zu verhindern, dass sich die Wahl des Insolvenzverwalters auf den insolvenzfreien Bereich auswirkt.

Freilich können die Umsatzgrenzen i.H.v. Euro 17 500 bzw. Euro 50 000 nur einmal für das gesamte Unternehmen des Insolvenzschuldners, wenn auch bestehend aus mehreren Unternehmensteilen, gelten.[1] Es ist aber ohne Not möglich, die Umsätze aus dem einen Unternehmensteil der Umsatzsteuer zu unterwerfen und die Umsätze aus dem anderen Unternehmensteil nicht.[2] Das stört auch nicht den Grundsatz, dass der Unternehmer umsatzsteuerrechtlich betrachtet stets nur ein Unternehmen hat (zumal der BFH selbst diesen Grundsatz für das Insolvenzverfahren durch seine Berichtigungsrechtsprechung (dazu s. ausführlich oben Rz. 4.330 ff.) im Ergebnis aufgegeben hat). **Dem Insolvenzschuldner ist daher für seinen insolvenzfreien Bereich eine eigene Wahlmöglichkeit zuzugestehen.**

XIV. Umsatzsteuerliche Folgen erfolgreicher Insolvenzanfechtung

4.506 Der **BFH**[3] ist der Auffassung, dass eine Rückzahlung an den Insolvenzverwalter infolge einer Insolvenzanfechtung nach §§ 129 ff. InsO zu einer Berichtigung des Vorsteuerabzugs gem. § 17 Abs. 2 Ziff. 1 Satz 2 UStG führt und der sich hieraus ergebende Steueranspruch nach § 55 Abs. 1 Ziff. 1 InsO **Teil der Masseverbindlichkeit** für den Besteuerungszeitraum der Berichtigung ist.

4.507 Diese Auffassung **überzeugt allerdings nicht** (s. auch Rz. 4.410): Nach Rechtsprechung des BFH kommt es für die Abgrenzung zwischen Insolvenzforderungen und Masseverbindlichkeiten in Bezug auf Umsatzsteuerforderungen des Finanzamtes darauf an, ob der zugrunde liegende Lebenssachverhalt vor oder nach Insolvenzeröffnung tatbestandlich vollständig abgeschlossen worden ist.[4] Tatsächlich liegen Anfechtung und Rückzahlung des zunächst Erlangten nach Insolvenzeröffnung. Man

---

1 So noch zu Recht BFH v. 20.12.2012 – V R 23/11, BStBl. II 2013, 334 = ZIP 2013, 469 = DStR 2013, 359.
2 A.A. BFH v. 20.12.2012 – V R 23/11, BStBl. II 2013, 334 = ZIP 2013, 469 = DStR 2013, 359.
3 BFH v. 15.12.2016 – V R 26/16.
4 BFH v. 9.12.2010 – V R 22/10, BStBl. II 2011, 996 = ZIP 2011, 782 = ZInsO 2011, 823; v. 25.7.2012 – VII R 29/11, BStBl. II 2013, 36 = ZIP 2012, 2217 = NZI 2012, 1022 (ausdr. Aufgabe der früheren Rechtsprechung des VII. Senats).

könnte also annehmen wollen, dass dies den vollständigen Abschluss eines Lebenssachverhaltes darstellt, der dazu führt, dass das eingetretene umsatzsteuerliche Ergebnis (der Schuldner hat die Vorsteuer erstattet bekommen und nicht etwa die Bemessungsgrundlage für den Eingangsumsatz mit der Berichtigungsrechtsprechung des BFH (vgl. dazu ausführlich oben Rz. 4.330 ff.) bei Insolvenzeröffnung berichtigt) nicht mehr richtig ist – also ein Berichtigungstatbestand gegeben ist, der nach Insolvenzeröffnung liegt, so dass der in dem vom Gläubiger zurückgezahlten Rechnungsbetrag rechnerisch enthaltene Teil, der dem Umsatzsteuerbetrag entspricht, als Masseverbindlichkeit infolge einer Berichtigung gem. § 17 UStG abzuführen wäre.

Diese Überlegung ist aber nur vordergründig schlüssig. Bei genauerer Betrachtung ist hingegen festzustellen, dass die anfechtungsbedingte Rückzahlung keinen Berichtigungstatbestand gem. § 17 UStG erfüllt (s. auch Rz. 4.410). In Fällen, in denen der Insolvenzschuldner vor Insolvenzeröffnung auf eine Forderung seines Gläubigers hin Zahlung geleistet hat, liegt zunächst im Zeitpunkt der Insolvenzeröffnung Uneinbringlichkeit aus Rechtsgründen hinsichtlich der Gläubigerforderung nicht vor. Der **Anfechtungsanspruch** ist ein solcher, der **rein insolvenzspezifisch** ist und der ausschließlich durch die Eröffnung eines Insolvenzverfahrens entsteht.[1] Setzt der Insolvenzverwalter einen solchen Anspruch durch und zahlt der Gläubiger an die Insolvenzmasse auf diesen Anfechtungsanspruch, so wird das gesetzliche Schuldverhältnis, das durch den gesetzlichen Anfechtungsanspruch begründet wird, erfüllt. Es liegen somit **zwei unterschiedliche Rechtsverhältnisse** vor: Zum einen liegt der vorinsolvenzlich abgeschlossene Leistungsaustausch vor, hinsichtlich dessen die Zahlungsforderung des Gläubigers durch Erfüllung seitens des Schuldners erloschen war. Zum Zweiten liegt ein – danebenstehendes, unabhängiges – gesetzliches Schuldverhältnis vor, das durch die Anfechtungsnorm begründet worden und nach Insolvenzeröffnung erst entstanden ist. Dieses gesetzliche Schuldverhältnis, das durch den Anfechtungsanspruch mit Insolvenzeröffnung begründet wird, stellt selbst aber keinen steuerbaren Umsatz dar, weil dabei weder eine Lieferung noch eine sonstige Leistung erbracht wird. Es handelt sich auch nicht etwa um eine Rückabwicklung des ursprünglichen Umsatzgeschäftes, weil dieses von beiden Seiten vorinsolvenzlich abschließend erledigt und die wechselseitigen Ansprüche zur Erfüllung gebracht worden sind. Der insolvenzrechtliche Anfechtungsanspruch ist nicht etwa so etwas wie ein Rücktrittsrecht, das zu einer Rückabwicklung des Umsatzgeschäftes führen würde, sondern ein insolvenzrechtlicher und damit bürgerlich rechtlicher separater Anspruch (s. ausführlich oben Rz. 4.410).

4.508

XV. Steuerhaftung des Abtretungsempfängers gem. § 13c UStG

Literatur *Bantleon/Siebert*, Umsatzsteuerhaftung gem. § 13c UStG bei Einziehung einer abgetretenen Forderung, StuB 2005, 752; *Gehm*, Die Haftung gem. § 13c UStG bei Abtretung von Forderungen, StBp 2019, 31; *Hahne*, Fiktion der Vereinnahmung von Forderungen als Grundlage für eine Haftung gem. § 13c UStG, UR 2006, 433; Haftungsinanspruchnahme eines Factors für Umsatzsteuerschulden des Forderungsverkäufers nach § 13c UStG, UR 2007, 509;

---

[1] Ständige Rechtsprechung, vergleiche zuletzt BGH v. 20.11.2014 – IX ZR 275/13, NZI 2015, 178.

Hahne, Volle Umsatzsteuer-Haftung gem. § 13c UStG auch beim „echten" Factoring?, UR 2016, 897; *Jatzke*, Die umsatzsteuerrechtliche Haftung nach § 13c UStG unter besonderer Berücksichtigung des Unionsrechts und der Rechtsprechung des BFH, DStR 2018, 2111; *Molitor*, Insolvenzanfechtung und die Haftung des kontoführenden Instituts nach § 13c UStG, ZInsO 2006, 804); *Nacke*, Zu den Haftungstatbeständen der §§ 13c und 25d UStG, UR 2017, 830; *Rekers*, Zur Haftung des Abtretungsempfängers gem. § 13c UStG für Umsatzsteuer beim sog. echten Factoring, ZInsO 2016, 681; *Schrade*, Haftung des Abtretungsempfängers einer zahlungsgestörten Forderung nach § 13c UStG bei Insolvenz des Leistungserbringers, DB 2018, 2268; *Schuska*, Probleme bei der Haftung des Abtretungsempfängers gemäß § 13c UStG, MwStR 2016, 183; *Siebert*, Die Haftung gem. § 13c UStG bei Hinterlegung, UStB 2006, 333; *Sobotta*, Haftungsrisiken bei der Vereinnahmung abgetretener Forderungen, NWB Fach 7, 6589 (7/2006); *Viertelhausen*, Die Haftung nach § 13c UStG, InVo 2006, 85; *Wenzel*, Haftung für Umsatzsteuer in Insolvenzfällen, NWB Fach 7, 6937 (40/2007.

1. Grundlagen

4.509 Die Vorschrift des § 13c UStG wurde mit Wirkung zum 1.1.2004 eingeführt. Sie ist gem. § 27 Abs. 7 UStG auf alle Forderungen anzuwenden, die nach dem 7.11.2003 abgetreten, verpfändet oder gepfändet wurden. Hierbei ist der Zeitpunkt der Entstehung unerheblich. Eine Bank haftet nicht als Abtretungsempfängerin nach § 13c Abs. 1 Satz 1 UStG i.V.m. § 27 Abs. 7 Satz 1 UStG für die in der Forderung enthaltene Umsatzsteuer, wenn ihr die Forderung vor dem 8.11.2003 abgetreten worden ist.[1] Die Einführung des § 13c UStG erfolgte auf Empfehlung des Bundesrechnungshofs.[2] Durch diese Vorschrift wird eine Haftung des Abtretungsempfängers normiert, wenn der Unternehmer Kundenforderungen an einen anderen Unternehmer abtritt und der Abtretungsempfänger die Forderung einzieht oder an einen Dritten überträgt. Entrichtet der leistende Unternehmer die Umsatzsteuerforderung bei Fälligkeit nicht, so haftet der Abtretungsempfänger für die in der Forderung enthaltene Umsatzsteuer. Durch diese neu eingeführte Regelung wird den Kreditgläubigern die Möglichkeit genommen, sich Kreditsicherungsvolumen auf Kosten des Steuergläubigers und damit auf Kosten der Allgemeinheit um 19 % auszudehnen.[3] Das Insolvenzrisiko der Finanzverwaltung wird so auf den Abtretungsempfänger der Forderung verlagert.[4] Durch die Verlagerung werden Umsatzsteuerausfälle vermieden, die dadurch entstanden sind, dass Unternehmen im Vorfeld der Insolvenz ihre Kundenforderungen mittels Globalzession an Gläubiger sicherungsübereigneten und der abtretende Unternehmer finanziell nicht mehr in der Lage war, die Umsatzsteuer zu entrichten, weil der Abtretungsempfänger die Forderung bereits eingezogen hat.[5]

---

[1] BFH v. 3.6.2009 – XI R 57/07, BStBl. II 2010, 520 = BB 2010, 104 (104).
[2] Empfehlung des Bundesrechnungshofes v. 3.9.2003 über „Steuerausfälle bei der Umsatzsteuer durch Steuerbetrug und Steuervermeidung", BT-Drucks. 15/1495.
[3] *Waza* in Waza/Uhländer/Schmittmann, Insolvenzen und Steuern[12], Rz. 2342; *Stadie* in Rau/Dürrwächter, § 13c UStG Rz. 4.
[4] *Boochs/Dauernheim*, Steuerrecht in der Insolvenz[3], Rz. 204.
[5] BR-Drucks. 630/03, 78; *Hahne*, BB 2003, 2720 (2720).

2. Voraussetzungen der Haftung

Grundvoraussetzung der Haftung des Abtretungsempfängers ist eine Abtretung i.S.d. § 398 BGB. Die Rechtsnatur des der Abtretung zugrunde liegenden Verpflichtungsgeschäfts ist unerheblich. Ausreichend ist auch eine nur zum Teil abgetretene Forderung oder auch die Abtretung nur des Nettobetrags. Im Einzelnen ergeben sich folgende Haftungsvoraussetzungen: 4.510

– Die **Abtretung** muss **bereits vollzogen** sein, die bloße Abtretungsvereinbarung ist nicht ausreichend,[1]
– Die erfolgte Abtretung muss auf die **Gegenleistung für einen steuerpflichtigen Umsatz** gerichtet sein, wobei die Steuer gegenüber dem abtretenden Unternehmer festgesetzt sein muss,
– Die festgesetzte Steuer muss zum **Zeitpunkt der Fälligkeit nicht oder nicht vollständig an den Steuergläubiger entrichtet worden** sein. Bei einer Anmeldung zur Insolvenztabelle wird die Fälligkeit gem. § 41 Abs. 1 InsO fingiert,
– Zudem muss die **Forderung** durch den Abtretungsempfänger oder einen Dritten **vereinnahmt** worden sein.[2] Nach der Fiktion des § 13c Abs. 1 Satz 3 UStG gilt eine Forderung als durch den Zessionar vereinnahmt, wenn der Zessionar sie nicht selbst einnimmt, sondern sich an einen Dritten weiter abtritt. Der erste Abtretungsempfänger haftet also stets in voller Höhe, unabhängig davon, ob er oder der Dritte etwas auf die Forderung erhalten.[3] Die Finanzverwaltung vertritt eine weite Auslegung des § 13c UStG im Hinblick auf die Vereinnahmung.[4] Insbesondere dann, wenn die Forderungsbeträge auf einem beim Abtretungsempfänger geführten Konto des leistenden Unternehmers eingehen, soll eine Vereinnahmung durch den Zessionar anzunehmen sein. Die Vereinnahmung wird hierbei fingiert, wenn der Abtretende die Forderung zwar einzieht, aber nur der Abtretungsempfänger faktisch die Möglichkeit hat, darauf zuzugreifen.[5]

3. Verwertung zedierter Forderungen im Insolvenzverfahren

Abgetretene Forderungen begründen insolvenzrechtlich gem. §§ 49, 51 Ziff. 1 InsO ein Absonderungsrecht. Nach § 166 Abs. 2 InsO darf der Insolvenzverwalter abgetretene Forderungen einziehen oder auf sonstige Art verwerten. Der Zessionar kann von dem Insolvenzverwalter nur Auskehrung des Nettoerlöses (abzgl. der Feststellungs- und Verwertungskosten (auf die wiederum Umsatzsteuer zu berechnen ist), §§ 170, 171 InsO) verlangen. 4.511

Die Finanzverwaltung ist demgegenüber der Auffassung, dass § 13c UStG eingreifen soll, wenn der Insolvenzverwalter die Forderung gem. § 166 Abs. 2 InsO einzieht.[6]

---

1 *Marx/Salentin*, NZI 2005, 258 (259).
2 *Hahne*, BB 2003, 2720 (2720); *Leipold* in Sölch/Ringleb, § 13c UStG Rz. 38.
3 BT-Drucks. 15/1562, zu § 13c, S. 46.
4 BMF v. 30.1.2006 – IV A 5 - S 7279a – 2/06, BStBl. I 2006, 207 ff.
5 *Waza* in Waza/Uhländer/Schmittmann, Insolvenzen und Steuern[12], Rz. 2353.
6 Abschn. 2.4 Abs. 8 UStAE.

Dies trifft allenfalls dann zu, wenn der Abtretungsempfänger tatsächlich das Entgelt einschließlich der Umsatzsteuer erhält, nicht aber, wenn er nur das Entgelt ohne Umsatzsteuer enthält.[1] Dann nämlich ist die tatbestandliche Voraussetzung des § 13c Abs. 1 Satz 1 UStG nicht gegeben, dass der Sicherungszessionar den Umsatzsteuerbetrag vereinnahmt hat, denn kraft gesetzlicher Anordnung in § 171 Abs. 2 InsO gehört die Umsatzsteuer zu den Verwertungskosten.

Hatte der Drittschuldner bereits vor der Insolvenzeröffnung an den Schuldner oder einen vorläufigen schwachen Insolvenzverwalter gezahlt, so ist der Anspruch des Zessionars Insolvenzforderung im Rang von § 38 InsO.

4. Teleologische Reduktion des Anwendungsbereichs

4.512 In der Literatur wird teilweise kritisiert, dass § 13c UStG einen überschießenden Anwendungsbereich habe. Diese Problematik resultiert vor allem daraus, dass in § 13c Abs. 2 Satz 2 UStG abweichend von § 191 AO ein Ermessensausschluss normiert ist. Die Finanzverwaltung muss den Haftungsschuldner folglich bei Vorliegen der Normvoraussetzungen zwingend in Anspruch nehmen. Eine einzelfallgerechte Entscheidung durch Ausübung von Ermessen ist demnach von vornherein ausgeschlossen.[2]

5. Grenzen der Haftung

4.513 Nach dem Grundsatz der Akzessorietät der Haftung haftet der Zessionar insoweit, als zum Zeitpunkt der Fälligkeit die Steuer noch nicht beglichen ist und maximal in Höhe der in der abgetretenen Forderung enthaltenen Umsatzsteuer. Dies berücksichtigt auch die Empfehlung des BMF,[3] wonach § 13c UStG nicht anwendbar sein soll, wenn die Steuer innerhalb der Frist des § 240 Abs. 3 AO entrichtet wurde.[4]

Beispiel 14:

Unternehmer U liefert Waren an den Großhändler H für 100 000 € zzgl. Umsatzsteuer, also 119 000 €. U hat mit seiner Bank eine Globalzession vereinbart, die alle Forderungen aus Lieferungen und Leistungen umfasst. U zahlt die Umsatzsteuer nicht an das Finanzamt. Der Sicherungsfall tritt ein und die Bank zieht die komplette Forderung ein. Sie kann nun vom Finanzamt in Höhe der Umsatzsteuer, also 19 000 € nach § 13c UStG in Anspruch genommen werden. Kann die Bank – aus welchen Gründen auch immer – nur 59 500 € bei H einziehen, so haftet sie gem. § 13c Abs. 1 Satz 1 UStG nur anteilig, also soweit Umsatzsteuer in der eingezogenen Forderung enthalten ist – in diesem Fall also i.H.v. 9 500 €.

4.514 Soweit Umsatzsteuer durch den Zedenten bzw. den über das Vermögen des Zedenten bestellten Insolvenzverwalter tatsächlich abgeführt wird, erlischt die Haftung des Zessionars. Dies gilt auch für Zahlungen, die im Rahmen der Schlussverteilung auf eine Forderungsanmeldung des Finanzamtes hin an dieses geleistet werden. Soweit

---

1 So auch *Sinz* in Uhlenbruck[15], § 171 InsO Rz. 37; *Wäger*, WM 2012, 769, 776.
2 Zu Recht kritisch *Hahne*, DStR 2004, 210 (212).
3 BMF v. 24.5.2004 – IV B 7 - S 7279a – 17/04, IV B 7 - S 7279b – 2/04, DStR 2004, 1000 (1001), Tz. 20.
4 *Marx/Salentin*, NZI 2005, 258 (259).

im Zeitpunkt der Schlussverteilung noch ein Haftungsbescheid gegen den Zessionar im Raume steht, ist dieser in Höhe des Betrages zu widerrufen, den die Finanzverwaltung durch die Schlussverteilung aus der Insolvenzmasse erhalten hat. Soweit der Zessionar den Haftungsbetrag bereits an das Finanzamt gezahlt hat und das Finanzamt durch die Zahlung im Rahmen der Verteilung doppelt befriedigt ist, steht der Erstattungsanspruch dem Zessionar zu, weil der Insolvenzschuldner im Innenverhältnis zum Zessionar gem. § 426 Abs. 1 BGB zur alleinigen Zahlung der Umsatzsteuer verpflichtet war. Sofern es durch die Erstattung bei dem Zessionar zu einem Überschuss über die ihm gegen den Schuldner durch die Zession gesicherten Ansprüche kommt, muss eine **Erstattung** an die Insolvenzmasse bzw. eine Herausgabe des erstatteten Betrages vom Zessionar an den Insolvenzverwalter erfolgen; solche Beträge können nur im Wege der **Nachtragsverteilung** an die Gläubiger verteilt werden.

6. Verhältnis von Insolvenzanfechtung und Haftung nach § 13c UStG

Streitig war bisher, ob eine Haftung des Abtretungsempfängers gem. § 13c UStG auch dann gegeben sein sollte, wenn er eine Forderung einschließlich Umsatzsteuer zunächst vereinnahmt, dann aber infolge von Insolvenzanfechtung an den Insolvenzverwalter wieder herausgegeben hatte. Der BFH ist der Auffassung, auch unter Berücksichtigung des mit § 13c UStG verfolgten Normzwecks bestehe die Haftung nur insoweit, als Umsatzsteuer im tatsächlich vereinnahmten Betrag enthalten ist.[1] Bleibe die Vereinnahmung nicht bestehen, sondern erfolge eine Rückzahlung der vereinnahmten Beträge, scheide eine Haftung insoweit aus. Der BFH weist allerdings auch ausdrücklich darauf hin, dass die Haftung nicht bereits dadurch entfällt, dass der Insolvenzverwalter die Anfechtung erklärt. Auch eine angefochtene Rechtshandlung ist so lange nach § 41 Abs. 1 AO der Besteuerung zugrunde zu legen, wie das wirtschaftliche Ergebnis der angefochtenen Rechtshandlung besteht. Die Insolvenzanfechtung ist daher steuerrechtlich nur zu berücksichtigen, soweit gem. § 143 Abs. 1 InsO Rückgewähr zur Insolvenzmasse erfolgt ist.

4.515

XVI. Haftung des Unternehmers gem. § 25d UStG beim Karussellgeschäft

Literatur *Drüen*, Haftungsausschluss nach § 25d UStG nach Versagung des Vorsteuerabzuges bei betrugsbehafteten Umsätzen, UR 2016, 777; *Drüen*, Zur Konkurrenz gesetzlicher und richterrechtlicher Instrumente im Kampf gegen Umsatzsteuer-Karusselle, MwStR 2015, 841; *Gehm*, Die Haftung für schuldhaft nicht abgeführte Umsatzsteuer nach § 25d UStG, StBp 2019, 243; *Lohse*, Umsätze des späteren Insolvenzschuldners mit Zustimmung eines schwachen Insolvenzverwalters, UR 2008, 475; *Merkt*, Die Haftung beim Mehrwertsteuerbetrug, AO-StB 2009, 81; Mehrwertsteuerbetrug des innergemeinschaftlichen Erwerbers, UR 2008, 757; *Mirbach/Carlé*, Die Grenzen der Haftungsinanspruchnahme nach § 25d I UStG, UR 2018, 97; *Nacke*, Bekämpfung von Karussellgeschäften bei der Umsatzsteuer, NWB 2015, 3396; *Nacke*, Zu den Haftungstatbeständen der §§ 13c und 25d UStG, UR 2017, 830; *Nieskoven*, Vorsteuerrisiken durch unwissentliche Involvierung in Umsatzsteuerbetrug, GStB 2008, 289; *de Weerth*, Haftung für nicht abgeführte Umsatzsteuer nach UStG § 25d im Insolvenz-

---
1 BFH v. 21.11.2013 – V R 21/12, ZIP 2014, 737 = DStR 2014, 528.

verfahren, ZInsO 2008, 613; *Schuska*, Die gesamtschuldnerische Haftung nach § 25d UStG, MwStR 2015, 323.

4.516 Nach § 25d UStG haftet der Unternehmer für die Steuer aus einem vorangegangenen Umsatz, soweit diese in einer nach § 14 UStG ausgestellten Rechnung ausgewiesen wurde, der Aussteller der Rechnung entsprechend seiner vorgefassten Absicht die ausgewiesene Steuer nicht entrichtet oder sich vorsätzlich außer Stande gesetzt hat, die ausgewiesene Steuer zu entrichten und der Unternehmer bei Abschluss des Vertrages über seinen Eingangsumsatz davon Kenntnis hatte oder nach der Sorgfalt eines ordentlichen Kaufmanns hätte haben müssen.

4.517 Von der Kenntnis oder dem Kennenmüssen ist insbesondere auszugehen, wenn der Unternehmer für seinen Umsatz einen Preis in Rechnung stellt, der zum Zeitpunkt des Umsatzes unter dem marktüblichen Preis liegt (§ 25d Abs. 2 Satz 1 UStG).[1] Dasselbe gilt, wenn der ihm in Rechnung gestellte Preis unter dem marktüblichen Preis oder unter dem Preis liegt, der seinem Lieferanten oder anderen Lieferanten, die am Erwerb der Ware beteiligt waren, in Rechnung gestellt wurde (§ 25d Abs. 2 Satz 2 UStG). Weist der Unternehmer nach, dass die Preisgestaltung betriebswirtschaftlich begründet ist, finden die Sätze 1 und 2 keine Anwendung (§ 25d Abs. 2 Satz 3 UStG).

4.518 Die Vorschrift des § 25d UStG wurde geschaffen, um dem Umsatzsteuerbetrug durch sog. „Karussellgeschäfte" entgegenzutreten. Bei einem Karussellgeschäft handelt es sich um eine Form des organisierten Verbrechens, welche das System des Vorsteuerabzugs missbräuchlich ausnutzt.[2] Um diesem Missbrauch entgegenzuwirken, wurde eine Haftung des Leistungsempfängers für von dem Leistenden schuldhaft nicht abgeführte Umsatzsteuer statuiert. Der Leistungsempfänger haftet gem. § 25d UStG für die Umsatzsteuer, die sein Lieferant oder Leistungserbringer nicht an das Finanzamt abführt, wenn die Voraussetzungen der Vorschrift vorliegen:

– Die geschuldete Umsatzsteuer aus einem vorangegangenen Umsatz wurde nicht entrichtet,
– diese Umsatzsteuer wurde in einer Rechnung i.S.d. § 14 UStG ausgewiesen,
– die ausgewiesene Umsatzsteuer wurde vom Rechnungsaussteller absichtlich nicht entrichtet oder er hat sich vorsätzlich außer Stande gesetzt, sie zu entrichten,
– der Leistungsempfänger hatte bei Abschluss des Vertrags über seinen Eingangsumsatz Kenntnis vom vorsätzlichen Handeln des Rechnungsausstellers oder hätte nach der Sorgfalt eines ordentlichen Kaufmanns Kenntnis haben müssen.

4.519 Die bis 2003 geltende Fassung dieser Haftungsnorm lief weitestgehend ins Leere, da der Nachweis der Kenntnis des Leistungsempfängers in der Praxis kaum erbringbar war. Daher wurde ein neuer Abs. 2 eingeführt, welcher eine Fiktion bezüglich der Kenntnis begründet. Demnach reicht es heute aus, dass der Haftende nach der Sorgfalt eines ordentlichen Kaufmanns die erforderliche Kenntnis hätte haben müssen, dass ein Unter-

---

[1] Vgl. zum „Kennenmüssen" auch BFH v. 10.8.2017 – V R 2/17, NJW 2018, 112.
[2] *Nieskens* in Rau/Dürrwächter, § 25d UStG Rz. 8.

nehmer in der Leistungskette vor ihm die ausgewiesene Umsatzsteuer absichtlich nicht entrichtet oder sich vorsätzlich außer Stande gesetzt hat, sie zu entrichten.

Hierfür gelten folgende Kriterien: 4.520

– Der in Haftung zu nehmende Unternehmer hat für seinen Umsatz einen Preis in Rechnung gestellt, der zum Zeitpunkt des Umsatzes unter dem marktüblichen Preis liegt, oder

– der dem in Haftung zu nehmenden Unternehmer in Rechnung gestellte Preis liegt unter dem marktüblichen Preis, oder

– der dem in Haftung zu nehmenden Unternehmer in Rechnung gestellte Preis liegt unter dem Preis, der seinem Lieferanten oder anderen Lieferanten, die in der Kette beteiligt waren, in Rechnung gestellt wurde.

Marktüblich ist hierbei ein Preis, der im gewöhnlichen Geschäftsverkehr unter fremden Dritten unter Berücksichtigung der Handelsstufe üblicherweise realisiert wird.[1] Der Unternehmer hat nach § 25d Abs. 2 Satz 3 UStG die Möglichkeit, diese Vermutung zu widerlegen, wenn er nachweist, dass die Preisgestaltung betriebswirtschaftliche Gründe hatte; hierbei handelt es sich um ein Modell der Beweislastumkehr, welches sich in anderen europäischen Ländern bereits bewährt hat.[2] In dieser Beweislastumkehr wird jedoch in der Literatur eine Verletzung des Grundsatzes der Verhältnismäßigkeit gesehen, da durch die Formulierung der Norm über das gesetzgeberische Ziel hinausgeschossen wurde.[3] 4.521

Die Haftung nach § 25d UStG ist nicht allein auf die Umsatzsteuer beschränkt, die der Lieferant oder Leistungserbringer schuldet, sondern schließt auch die Umsatzsteuerschuld des Vorlieferanten oder Vorleistungserbringers mit ein, so dass die gesamte Leistungskette in die Haftung einbezogen ist.[4] Handelt es sich um mehrere Unternehmer, die nach § 25d UStG haftbar sind, so haften diese gem. § 25d Abs. 1 Satz 2 UStG als Gesamtschuldner. 4.522

§ 25d UStG stützt sich inhaltlich wie auch § 13c UStG auf Art. 21 der 6. EG-Richtlinie, welcher den Mitgliedstaaten das Recht gibt, neben dem Steuerschuldner eine andere Person die Steuer gesamtschuldnerisch entrichten zu lassen. Auch hier wird die Konformität mit Gemeinschaftsrecht diskutiert.[5] Der BFH[6] hat diese Frage bislang bewusst offen gelassen. Eine vergleichbare Norm aus England wurde jedoch durch den EuGH[7] als gemeinschaftskonform beurteilt. 4.523

---

1 *Farr*, DStR 2007, 206 (706).
2 *Nieskens* in Rau/Dürrwächter, § 25d UStG Rz. 16.3.
3 *Widmann*, DB 2002, 166 (166).
4 *Forster/Schorer*, UR 2002, 361 (361).
5 Für eine Konformität mit Gemeinschaftsrecht: *Nieskens* in Rau/Dürrwächter, § 25d UStG Rz. 13; dagegen: *Tehler* in Reiß/Kraeusel/Langer, § 25d UStG Rz. 22 ff.
6 BFH v. 28.2.2008 – V R 44/06, BStBl. II 2008, 586 = ZIP 2008, 932 = UR 2008, 471 (473).
7 EuGH v. 11.5.2006 – C-384/04 – Federation of Technological Industries, UR 2006, 410; vgl. auch EuGH v. 18.12.2014 – C-131/13, C-163/13 und C-164/13.

4.524 Ob § 25d UStG auch außerhalb von sog. **Umsatzsteuerkarussellen** Anwendung findet, ist bisher nicht einheitlich geklärt. Die Finanzverwaltung hat in einigen Bundesländern versucht, die Anwendbarkeit auf Verwertungshandlungen des schwachen vorläufigen Insolvenzverwalters zu erstrecken, um den durch die Nichtanwendbarkeit des § 55 InsO bedingten Steuerausfall zu kompensieren. Die Anwendbarkeit im (vorläufigen) Insolvenzverfahren wurde durch das FG Schleswig-Holstein[1] verneint. Der BFH hat diese Entscheidung zu Recht bestätigt,[2] weil in Insolvenzfällen jedenfalls nicht generell davon ausgegangen werden kann, dass der spätere Insolvenzschuldner (Rechnungsaussteller) die Absicht hat, die von ihm ausgewiesene Umsatzsteuer nicht zu entrichten.

XVII. Besonderheiten im Nachlassinsolvenzverfahren

4.525 Gehört im Nachlassinsolvenzverfahren ein Unternehmen zum Nachlass, so ist Unternehmer im umsatzsteuerlichen Sinne der Erbe.[3] Führt der Insolvenzverwalter über den Nachlass ein im Nachlass befindliches Unternehmen fort, so ist der Erbe als Umsatzsteuerschuldner i.S.v. § 13 UStG anzusehen. Durch den Übergang der Verwaltungs- und Verfügungsbefugnis auf den Insolvenzverwalter nach § 80 InsO ist es ab Insolvenzeröffnung aber ausschließlich die Pflicht des Insolvenzverwalters, Umsatzsteuererklärungen abzugeben (§ 34 Abs. 3 AO). Dies betrifft auch den Veranlagungszeitraum, in den die Insolvenzeröffnung fällt.[4] Der Insolvenzverwalter begründet insoweit Erbfallschulden. Gleichzeitig begründet der Insolvenzverwalter im Rahmen der Unternehmensfortführung in Ansehung der Umsatzsteuerschuld Masseverbindlichkeiten gem. § 55 Abs. 1 Ziff. 1 InsO.[5] Kommt der Insolvenzverwalter seiner Pflicht, die Umsatzsteuer aus der Insolvenzmasse abzuführen nicht nach, so kann die Finanzverwaltung grundsätzlich auf den Erben als Steuerschuldner zugreifen. Dieser kann sich allerdings im Vollstreckungsverfahren auf die Beschränkung seiner Erbenhaftung berufen (§ 1975 BGB) sofern er nicht unbeschränkt haftet, vgl. im Übrigen auch die Ausführungen zur vergleichbaren Problematik bezüglich der Einkommensteuer (Rz. 4.162 ff.).

XVIII. Aufrechnungsbefugnisse der Finanzverwaltung

1. Grundlagen

4.526 In der Insolvenz des Steuerpflichtigen hat die Finanzverwaltung oft ein Interesse daran, bestehende Aufrechnungsbefugnisse gegenüber dem Steuerschuldner zu prüfen und anschließend zu nutzen, weil dadurch u.U. Insolvenzforderungen unabhängig

---

1 FG Schl.-Holst. v. 3.8.2006 – 5 K 198/05, EFG 2006, 1869 ff.
2 BFH v. 28.2.2008 – V R 44/06, BStBl. II 2008, 586 = ZIP 2008, 932 = UR 2008, 471 mit abweichender Anmerkung von *Lohse*.
3 Im allgemeinen Regelinsolvenzverfahren über das Vermögen einer natürlichen Person der Schuldner: BFH v. 16.7.1987 – V R 80/82, BStBl. II 1987, 691 = DStZ/E 1987, 296 (296); v. 14.5.1998 – V R 74/97, NZI 1998, 48 (48); v. 28.6.2000 – VR 45/99, ZIP 2000, 2120 (2121).
4 *Schüppen/Schlösser* in MünchKomm/InsO[4], Insolvenzsteuerrecht, Rz. 267.
5 BFH v. 29.1.2009 – V R 64/07, BStBl. II 2009, 682 = ZIP 2009, 977 = ZInsO 2009, 920 = DZWiR 2009, 239 (239 ff.).

von der quotalen Verteilung reduziert werden können. Der Aufrechnung kommt daher im Insolvenzverfahren erhebliche praktische und wirtschaftliche Bedeutung zu. Nach § 226 Abs. 1 AO gelten für die Aufrechnung mit Ansprüchen aus dem Steuerschuldverhältnis sowie für die Aufrechnung gegen diese Ansprüche die Vorschriften des bürgerlichen Rechts sinngemäß, soweit nichts anderes bestimmt ist. § 387 BGB setzt für die Aufrechnung u.a. voraus, dass der Aufrechnende die ihm gebührende Leistung fordern und die ihm obliegende Leistung bewirken kann; es müssen sich also eine erfüllbare Hauptforderung und eine fällige Gegenforderung gegenüberstehen. Im Insolvenzverfahren sind zudem §§ 94 ff. InsO zu beachten, wodurch es zu insolvenzrechtlichen Modifikationen der bürgerlich-rechtlichen Aufrechnungsregeln kommt. § 94 InsO schützt den Gläubiger, der vor Insolvenzeröffnung hätte aufrechnen können, dadurch, dass eine vor Eröffnung des Insolvenzverfahrens bestehende Aufrechnungslage nach Eröffnung erhalten bleibt. Eine Aufrechnung mit nach Eröffnung begründeten Forderungen ist gem. § 96 Abs. 1 Ziff. 1 InsO unzulässig. Siehe weiterführend zur Aufrechnung im Allgemeinen Rz. 3.335 ff.

2. Besonderheiten bei der Umsatzsteuer

Bei der Umsatzsteuer ergibt sich durch § 16 UStG ein Spannungsverhältnis zwischen der umsatzsteuerrechtlichen **Zwangsverrechnung** von Vorsteuer- und Umsatzsteuerbeträgen und den insolvenzrechtlichen Aufrechnungsregeln. Auch während des Insolvenzverfahrens liegt ein einheitliches Unternehmen vor. Daher erfolgt nur eine Festsetzung der Umsatzsteuer. Diese einheitliche Umsatzsteuerschuld ist dann auf die insolvenzrechtlich unterschiedlichen Vermögensmassen aufzuteilen.[1] Umsatzsteuerforderungen aus einzelnen Umsätzen entstehen nicht als eigenständige Ansprüche, gleiches ergibt sich bei Vorsteueransprüchen des Steuerschuldners. Umsatzsteueransprüche und Vorsteuerbeträge werden vielmehr zwingend kraft Gesetz verrechnet, ohne dass es einer Aufrechnung bedarf;[2] es tritt eine Zwangsverrechnung nach § 16 Abs. 2 UStG ein. Sowohl der Besteuerungszeitraum als auch Voranmeldungszeitraum werden durch die Eröffnung des Insolvenzverfahrens nicht unterbrochen.

4.527

Auch wenn einzelne Vorsteuerbeträge umsatzsteuerrechtlich lediglich eine unselbständige Besteuerungsgrundlage darstellen, ist es aus insolvenzrechtlichen Gründen geboten, zum Zweck der Feststellung der Voraussetzungen des § 96 Abs. 1 Ziff. 1 InsO zu **differenzieren**, inwieweit ein festgesetzter Vorsteuerüberschuss auf vor oder nach der Insolvenzeröffnung erbrachten Unternehmerleistungen beruht. Das aus § 16 Abs. 2 Satz 1 UStG folgende umsatzsteuerrechtliche Erfordernis, wonach sämtliche in den Besteuerungszeitraum fallenden abziehbaren Vorsteuerbeträge mit der berechneten Umsatzsteuer zu saldieren sind, hat zwar Vorrang gegenüber einer Aufrechnung des Finanzamt mit anderen Ansprüchen, hindert jedoch ebenfalls aus insolvenzrechtlicher Sicht nicht, einen nach dieser umsatzsteuerrechtlichen Saldierung verbleibenden festgesetzten Vorsteuervergütungsanspruch daraufhin zu untersuchen,

4.528

---

1 *Damaschke* in Nerlich/Kreplin, Münchener Anwaltshandbuch Sanierung und Insolvenz[3], § 28 Rz. 70.
2 *Stadie* in Rau/Dürrwächter, § 18 UStG Rz. 945.

ob und inwieweit dieser bereits vor der Eröffnung des Insolvenzverfahrens begründet worden und damit nach §§ 95, 96 InsO aufrechenbar ist.[1]

Sofern sich für Zeiträume, die nach der Eröffnung des Insolvenzverfahrens liegen, Vorsteuervergütungsansprüche ergeben, die erst nach Insolvenzeröffnung durch vollständige Tatbestandsverwirklichung begründet worden sind, muss das Finanzamt, um dem **Aufrechnungsverbot** des § 96 Abs. 1 Ziff. 1 InsO Rechnung zu tragen, sicherstellen, dass der festgesetzte Vorsteuervergütungsanspruch des Schuldners, gegen den es die Aufrechnung mit eigenen Forderungen erklären will, ausschließlich auf vor der Eröffnung des Insolvenzverfahrens (insolvenzrechtlich) begründeten Vorsteuerbeträgen beruht.[2] Ist für den jeweiligen Besteuerungszeitraum keine berechnete Umsatzsteuer gem. § 16 Abs. 2 Satz 1 UStG zu verrechnen, ist derjenige Teil des Vergütungsanspruchs, der aus nach der Insolvenzeröffnung erbrachten Unternehmerleistungen resultiert, auszuzahlen und lediglich gegen die Restforderung die Aufrechnung zu erklären. Ist dagegen für den jeweiligen Besteuerungszeitraum auch Umsatzsteuer festzusetzen, ist die für den Besteuerungszeitraum berechnete Umsatzsteuer zunächst nach § 16 Abs. 2 Satz 1 UStG mit den Vorsteuerbeträgen dieses Zeitraums zu verrechnen, und zwar zunächst mit solchen, die vor Eröffnung des Insolvenzverfahrens begründet worden sind. Setzt sich in einem solchen Fall auch der ggf. noch verbleibende Vergütungsanspruch aus Vorsteuerbeträgen aus sowohl vor als auch nach der Insolvenzeröffnung ausgeführten Lieferungen und Leistungen zusammen, ist wiederum derjenige Teil des Vergütungsanspruchs, der aus nach der Insolvenzeröffnung erbrachten Unternehmerleistungen resultiert, vom Finanzamt auszuzahlen.[3] Auf diese Weise wird sichergestellt, dass bei der Aufrechnung gegen den dann noch verbleibenden Teil des Vorsteuervergütungsanspruchs des Schuldners das Aufrechnungsverbot des § 96 Abs. 1 Ziff. 1 InsO beachtet wird.

Zu Aufrechnungsproblemen im übrigen s. ausführlich oben Rz. 3.335 ff.

3. Aufrechnung gegen Erstattungsansprüche aus eröffnungsbedingten Berichtigungen nach § 17 UStG

4.529 Nach der „Berichtigungsrechtsprechung" des V. Senats des BFH[4] (s. dazu ausführlich oben Rz. 4.330 ff.) soll durch die Eröffnung des Insolvenzverfahrens bzw. auch durch Anordnung der vorläufigen Insolvenzverwaltung das schuldnerische Unternehmen in zwei Unternehmensteile geteilt werden, was dazu führen soll, dass für den vorinsolvenzlichen Unternehmensteil die hier bestehenden Forderungen gegenüber Dritten uneinbringlich i.S.v. § 17 UStG werden. Diese Berichtigung soll im Zeitpunkt

---

1 BFH v. 5.10.2004 – VII R 69/03, BStBl. II 2005, 195 = ZIP 2005, 266 = ZIP 2005, 266.
2 BFH v. 16.11.2004 – VII R 75/03, BStBl. II 2006, 193 = ZIP 2005, 628.
3 BFH v. 5.10.2004 – VII R 69/03, BStBl. II 2005, 195 = ZIP 2005, 266 = ZIP 2005, 266, allerdings offenlassend, ob auch andere Berechnungsmethoden zulässig sein können; in BFH v. 16.1.2007 – VII R 4/06, BStBl. II 2007, 747 = ZIP 2007, 829, erkennt der BFH auch ausdrücklich ein hiervon abweichendes Modell an.
4 BFH v. 9.12.2010 – V R 22/10, BStBl. II 2011, 996 = ZIP 2011, 782 = ZInsO 2011, 823; v. 1.3.2016 – XI R 21/14, DStR 2016, 1469; v. 1.3.2016 – XI R 9/15, MwStR 2016, 724; v. 6.9.2016 – V B 52/16, NZI 2017, 40.

unmittelbar vor Insolvenzeröffnung vorzunehmen sein, mit der Folge, dass es zu einer weiteren Berichtigung kommt, wenn das Entgelt später doch noch vereinnahmt werden kann – wodurch das Ergebnis eintritt, dass diese zweite Berichtigung nach Insolvenzeröffnung liegt und somit zur Entstehung von Masseverbindlichkeiten in Ansehung der mit dem Entgelt vereinnahmten Umsatzsteuerbeträge führt.

Bisher **nicht höchstrichterlich geklärt** ist aber, ob die Finanzverwaltung **gegen einen aus dieser Berichtigung resultierenden etwaigen Erstattungsanspruch des Insolvenzschuldners mit ihren Insolvenzforderungen im Rang von § 38 InsO aufrechnen darf**. Dies ist indessen nicht der Fall, weil dem ebenfalls nach höchstrichterlicher Rechtsprechung das Aufrechnungsverbot des § 96 Abs. 1 Ziff. 3 InsO entgegensteht. Dies ergibt sich aus folgender Rechtsprechung des VII. Senats des BFH:

Gemäß § 96 Abs. 1 Ziff. 3 InsO ist die Aufrechnung mit Insolvenzforderungen ausgeschlossen, wenn der Gläubiger die **Möglichkeit der Aufrechnung durch anfechtbare Handlung erlangt hat**. Der VII. Senat des BFH hat seine frühere Auffassung, wonach es bei der bloßen Steuerentstehung (kraft Gesetzes) an einer Rechtshandlung i.S.v. § 129 Abs. 1 InsO fehlen sollte, ausdrücklich aufgegeben und sich der Rechtsauffassung des BGH angeschlossen,[1] wonach die Steuerentstehung selbst, auch wenn sie kraft Gesetzes erfolgt, eine gläubigerbenachteiligende Rechtshandlung i.S.v. § 129 InsO ist. Dass die zugrunde liegende Rechtshandlung unmittelbar und unabhängig vom Hinzutreten etwaiger weiterer Umstände von dem Insolvenzschuldner vorgenommen wird, setzt § 129 Abs. 1 InsO danach nicht voraus. Entscheidend ist vielmehr, dass sie *irgendeine Voraussetzung* für eine gläubigerbenachteiligende Wirkung geschaffen hat. Dies gilt für den Bereich der Umsatzsteuer, weil die Erbringung einer Leistung Rechtshandlung in diesem Sinne ist, denn sie zeitigt eine Rechtswirkung.

Von diesem Verständnis des Anfechtungsrechtes ausgehend gelangt man zu dem Ergebnis, dass die Entstehung des Erstattungsanspruchs aus der Berichtigung eine anfechtbare Rechtshandlung in diesem Sinne ist. Genau dies hat der VII. Senat dort auch folgerichtig erkannt: Streitig war, ob die Finanzverwaltung gegen einen Vorsteuererstattungsanspruch aufrechnen konnte, der daraus resultierte, dass der vorläufige Insolvenzverwalter nach Insolvenzeröffnung seine Vergütungsrechnung gegenüber der Insolvenzmasse erteilte und daraus der brutto Vergütungsbetrag an ihn gezahlt worden war. In Ansehung der Entstehung dieses Aufrechnungssubstrates war das Vorliegen der Anfechtungsvoraussetzungen gem. § 131 Abs. 1 Ziff. 1 InsO zu bejahen, denn das Finanzamt konnte keinen Anspruch darauf haben, dass ein vorläufiger Insolvenzverwalter über das Vermögen des Schuldners bestellt würde, der dann einen Vergütungsanspruch erwerben würde, auf den Umsatzsteuer zu berechnen wäre und dass insoweit ein Vorsteuererstattungsanspruch des Insolvenzschuldners entstehen würde. Da insoweit aber kein Anspruch der Finanzverwaltung auf die Entstehung des Aufrechnungssubstrates bestand, war diese als solche inkongruent. Die Erbringung einer Leistung durch einen vorläufigen Insolvenzverwalter erfolgt notwendigerweise nach Insolvenzantragstellung. Somit sind die Anfechtungsvoraus-

---

[1] BFH v. 2.11.2010 – VII R 6/10, BStBl. II 2011, 374 = ZIP 2011, 181 = DStRE 2011, 521, bestätigt in BFH v. 5.5.2015 – VII R 37/13, ZIP 2015, 1598 = ZInsO 2015, 1675.

setzungen des § 131 Abs. 1 Ziff. 1 InsO insoweit zu bejahen. Genau das Gleiche gilt freilich aber auch für andere Leistungsbezüge, denn auch insoweit hat das Finanzamt keinen Anspruch auf die Entstehung von Erstattungsansprüchen. **Auch hat das Finanzamt keinen Anspruch darauf, dass ein Insolvenzverfahren über das Vermögen eines Insolvenzschuldners eröffnet wird** und somit fehlt es auch an einem **Anspruch darauf, infolge der Berichtigung, die dies mit sich bringt, Erstattungsansprüche auf Seiten des Steuerpflichtigen entstehen lassen zu können**. Klarzustellen ist, dass der Anfechtung nicht die Insolvenzeröffnung als solche unterliegt, sondern vielmehr nur die Wirkungen der Rechtshandlung. Deswegen ist der Erstattungsanspruch in anfechtbarer Weise erlangt, so dass im Einklang mit der Rechtsprechung des VII. Senats des **BFH das Aufrechnungsverbot des § 96 Abs. 1 Ziff. 3 InsO anzunehmen ist**. Der Insolvenzverwalter kann dieses Aufrechnungsverbot nur innerhalb dreijähriger Verjährungsfrist durchsetzen (analog § 146 Abs. 1 InsO i.V.m. §§ 195 ff. BGB). Die Verjährungsfrist beginnt frühestens mit Ablauf desjenigen Jahres, in dem der Vorsteuervergütungsanspruch steuerrechtlich entstanden ist.[1]

Diese Rechtslage hat das FG Rheinland-Pfalz[2] verkannt, weswegen die Frage nunmehr beim BFH zur Entscheidung ansteht. Nach Auffassung des FG Rheinland-Pfalz ist die Aufrechnung des Finanzamts zulässig. Seiner Auffassung nach werden Forderungen des Insolvenzschuldners in der juristischen Sekunde vor Eröffnung des Insolvenzverfahrens uneinbringlich i.S.d. § 17 Abs. 2 Nr. 1 UStG. Die Aufrechnung gegen sich hieraus ergebende Erstattungsansprüche durch die Finanzverwaltung sei damit nicht nach § 96 Abs. 1 Nr. 1 InsO unzulässig. Gegen diese Entscheidung ist die Nichtzulassungsbeschwerde beim BFH eingelegt worden;[3] inzwischen hat der BFH die Revision zugelassen.[4] Das FG Rheinland-Pfalz hatte sich hinsichtlich des Aufrechnungsverbotes aus § 96 Abs. 1 Ziff. 3 InsO mit dem Bemerken begnügt, die Aufrechnungslage könne nicht durch anfechtbare Rechtshandlung hergestellt worden sein, denn sie sei aufgrund gesetzlicher Bestimmungen eingetreten. Dieses Argument trägt aber nicht, weil wie eben ausgeführt seit BFH v. 2.11.2010 – VII R 6/10 durch die Rechtsprechung des BFH anerkannt ist, dass das die Anfechtbarkeit gerade nicht hindert.

XIX. Umsatzsteuerpflicht des Verzichts auf Ansprüche der Insolvenzmasse

4.530 Verzichtet der Insolvenzverwalter etwa im Rahmen eines Vergleichs auf Ansprüche, die der Insolvenzmasse zustehen, so liegt in dem Verzicht regelmäßig eine umsatzsteuerbare sonstige Leistung i.S.v. § 1 Abs. 1 Ziff. 1, § 3 Abs. 9 UStG.[5] Diese Rechtslage entspricht auch dem Unionsrecht.[6]

---

1 BFH v. 5.5.2015 – VII R 37/13, ZIP 2015, 1598 = ZInsO 2015, 1675.
2 FG Rh.-Pf. v. 28.1.2019 – 5 K 2414/17.
3 BFH – VII B 23/19.
4 BFH – VII R 6/20.
5 Ständige Rechtsprechung, vgl. z.B. BFH v. 7.7.2005 – V R 34/03, BStBl. II 2006, 66 = BFHE 211, 59; v. 30.3.2011 – XI R 5/09, BFH/NV 2011, 1724; v. 22.5.2019 – XI R 20/17, NZM 2019, 834; v. 13.12.2017 – XI R 3/16, DStR 2018, 860.
6 Ausführlich BFH v. 6.5.2004 – V R 40/02, BFHE 205, 535 = BStBl. II 2004, 854 unter II.2.b.

Dies ergibt sich daraus, dass ein entgeltlicher Verzicht auf eine Rechtsposition wie etwa das Anfechtungsrecht des Insolvenzverwalters als eine steuerbare sonstige Leistung zu beurteilen ist. Entscheidend für die Steuerbarkeit eines Verzichtes etwa im Rahmen eines Vergleiches ist es, ob der Verzicht selbst gegen Entgelt erbracht wird.

Ficht also ein Insolvenzverwalter etwa eine Rechtshandlung, die in der Zahlung eines Betrages i.H.v. Euro 10 000 bestanden hat, an und **vergleicht er sich danach mit dem Anfechtungsgegner dergestalt, dass der Anfechtungsgegner Euro 7 000 an die Insolvenzmasse zurückzahlt** und der Insolvenzverwalter im Rahmen dieses Vergleichs auf weitergehende Ansprüche **verzichtet**, so erbringt er gegen Entgelt eine Leistung i.H.v. Euro 3 000 an den Anfechtungsgegner, die der **Umsatzsteuer zu unterwerfen** ist.

Anders liegt der Fall, wenn der Insolvenzverwalter zwei Rechtshandlungen anficht, etwa eine, die in der Zahlung eines Betrages i.H.v. Euro 7 000 und eine weitere, die in der Zahlung eines Betrages i.H.v. Euro 3 000 bestanden hat und vergleicht er sich dergestalt, dass der Anfechtungsgegner den Anfechtungsanspruch wegen der ersten Rechtshandlung anerkennt und folglich Euro 7 000 an die Insolvenzmasse zahlt und wegen der weiteren Rechtshandlung **der Insolvenzverwalter anerkennt, dass ihm ein Anfechtungsanspruch nicht zusteht**, so liegt ein Verzicht nicht vor, weil in der Feststellung, dass ein Anspruch nicht besteht, keine steuerbare sonstige Leistung erkannt werden kann.

Schließlich ist auch ein **teilweiser Verzicht** auf einen Anspruch dann keine gegen Entgelt erbrachte umsatzsteuerbare sonstige Leistung, wenn der Insolvenzverwalter auf einen wertlosen Teil seines Anspruchs verzichtet. Dies ist etwa der Fall, wenn der Insolvenzverwalter die Zahlung eines Betrages i.H.v. Euro 10 000 durch den Schuldner anficht, der Anfechtungsgegner aber glaubhaft darlegt, dass er maximal Euro 7 000 zahlen kann, darüber hinaus aber **wirtschaftlich nicht leistungsfähig** ist. Vergleicht sich der Insolvenzverwalter in diesem Fall mit dem Anfechtungsgegner beispielsweise dergestalt, dass er auf den weitergehenden Anspruch i.H.v. Euro 3 000 verzichtet, falls der Anfechtungsgegner innerhalb einer bestimmten Frist den Vergleichsbetrag i.H.v. Euro 7 000 zahlt, so ist der **Verzicht keine umsatzsteuerbare Leistung**, weil der Insolvenzverwalter insoweit wirtschaftlich nichts aufgegeben hat.

XX. Vorsteuerabzug aus der Vergütungsrechnung des Insolvenzverwalters

Literatur *Fuchs*, Aktuelles Prozessrecht für Insolvenzverwalter, NZI 2019, 880; *Grashoff/Kleinmanns*, Umsatzsteuerpflicht der Leistung des Insolvenzverwalters in einer Sozietät, DB 2009, 1900; *Heuermann*, Vorsteuerabzug aus der Rechnung des Insolvenzverwalters, jM 2015, 384; *Lechleitner*, Zum Vorsteuerabzug der Insolvenzmasse aus der Vergütung des (vorläufigen) Insolvenzverwalters, ZInsO 2015, 1382; *Niedenführ*, Zur Frage der Berücksichtigung nachträglicher Umsatzsteuererstattung bei der Bemessung der Vergütung des Insolvenzverwalters, LMK 2008, 253737; *Onusseit*, Umsatzsteuerrechtliche Behandlung der Insolvenzverwalterleistung, ZInsO 2008, 1337; .

Soweit der Insolvenzverwalter der Insolvenzmasse seine Vergütung und seine Auslagen in Rechnung stellt, erteilt er der Insolvenzmasse eine Rechnung, in der die Umsatzsteuer gesondert ausgewiesen ist (§ 7 InsVV, § 14 UStG). Aus dieser Rechnung steht der Insolvenzmasse der Vorsteuerabzug zu, wenn der Insolvenzschuldner Un-

4.531

ternehmer war. Der Vorsteuerabzug ist zuzulassen, soweit die Vergütung und Auslagen des Insolvenzverwalters tatsächlich an diesen bezahlt werden (können), und nicht etwa eine Reduzierung des Zahlbetrages erforderlich ist, weil Massearmut eingetreten ist (§ 207 InsO). Im Fall der Massearmut ist der Vorsteuerabzug nur insoweit zulässig, wie in dem tatsächlich an den Insolvenzverwalter gezahlten Betrag Umsatzsteuer enthalten ist. Der Insolvenzschuldner bzw. die Insolvenzmasse darf die an den Insolvenzverwalter bezahlte Umsatzsteuer jedoch nicht abziehen, wenn weder der Insolvenzverwalter eine Rechnung mit ausgewiesener Umsatzsteuer ausgestellt hat, noch im Beschluss des Insolvenzgerichts über die Vergütung des Insolvenzverwalters die Umsatzsteuer gesondert ausgewiesen ist.[1] Der Insolvenzverwalter kann aber seine Rechnung ggf. berichtigen. Ist im Beschluss des Insolvenzgerichts die Umsatzsteuer nicht gesondert ausgewiesen, ist der Insolvenzverwalter gleichwohl zur Ausstellung einer Rechnung mit gesondertem Steuerausweis berechtigt.[2]

Ein nur **teilweiser Vorsteuerabzug** aus der Rechnung des Insolvenzverwalters ist gegeben, wenn die Tätigkeit des Insolvenzverwalters zu einem nicht zu vernachlässigenden Teil auf steuerfreie Umsätze entfällt. Vom Vorsteuerabzug ausgeschlossen sind nach § 15 Abs. 2 Ziff. 1 UStG nämlich die Umsatzsteuerbeträge, die der Unternehmer zur Ausführung bestimmter steuerfreier Umsätze verwendet. Solche umsatzsteuerfreien Umsätze sind u.a. die Umsätze, die unter das Grunderwerbsteuergesetz fallen (§ 4 Ziff. 9a UStG) und die Umsätze aus der Vermietung und Verpachtung von Grundstücken (§ 4 Ziff. 12a UStG), wenn nicht eine Option zur Umsatzsteuer nach § 9 Abs. 1 UStG erfolgt ist. Verwendet ein Unternehmer einen für sein Unternehmen gelieferten oder eingeführten Gegenstand oder eine von ihm in Anspruch genommene sonstige Leistung nur **zum Teil zur Ausführung von Umsätzen**, die den Vorsteuerabzug ausschließen, so ist der Teil der jeweiligen Vorsteuerbeträge nicht abziehbar, der den zum Ausschluss vom Vorsteuerabzug führenden Umsätzen wirtschaftlich zuzurechnen ist (§ 15 Abs. 4 UStG). Dieser Grundsatz kann auch auf die Vergütung und die Auslagen des Insolvenzverwalters anzuwenden sein.[3] Es ist aber wegen des durch die InsVV geregelten Vergütungssystems nicht möglich, aus der festgesetzten Vergütung des Insolvenzverwalters genau zu bestimmen, welche Vergütungsanteile auf die von dem Insolvenzverwalter durchgeführten umsatzsteuerfreien Umsätze und die nicht umsatzsteuerfreien Umsätze entfallen, wenn bei der Verfahrensabwicklung beide angefallen sind.[4] Daher ist nach § 15 Abs. 4 UStG eine **Aufteilung nach wirtschaftlicher Zurechnung** vorzunehmen. Der Insolvenzverwalter kann nach § 15 Abs. 4 Satz 1 UStG die nicht abziehbaren Teilbeträge im Wege einer sachgerechten Schätzung ermitteln. Die Schätzung kann – am einfachsten – durch die Ermittlung der Relation der steuerpflichtigen zu den steuerfreien Umsät-

---

1 BFH v. 7.4.2005 – V B 187/04, BFH/NV 2005, 1640; vgl. dazu auch FG Köln v. 3.2.2015 – 8 K 1817/14, EFG 2015, 1142.
2 BFH v. 7.4.2005 – V B 187/04, BFH/NV 2005, 1640; vgl. dazu auch FG Köln v. 3.2.2015 – 8 K 1817/14, EFG 2015, 1142.
3 FG Sachsen v. 5.8.2002 – 3 K 366/01, BeckRS 2002 26020713; dem folgend der abweisende Nichtzulassungsbeschwerdebeschluss des BFH v. 8.4.2003 – V B 197/02 (NV).
4 So zu Recht FG Sachsen v. 5.8.2002 – 3 K 366/01, BeckRS 2002, 26020713.

zen erfolgen.¹ **Diese Aufteilung wird jedoch in vielen Fällen nicht zu sachgerechten Ergebnissen führen.**

Das gilt vor allem deswegen, weil dabei außer Betracht bleibt, dass die Tätigkeit des Insolvenzverwalters zu einem nicht unerheblichen Teil auch darin besteht, Verwaltungsaufgaben wahrzunehmen, die gar nicht zu Umsätzen führen. Die Führung der Insolvenztabelle, die Prüfung der angemeldeten Forderungen und die Durchführung der Gläubigerversammlungen nehmen einen erheblichen Teil der Arbeitszeit des Insolvenzverwalters ein, die z.T. nicht einmal delegierbar sind – anders als die Verwertung von Massegegenständen. Es käme daher **zu unsachgemäßen Ergebnissen**, wenn der Insolvenzverwalter aus der wenig zeitintensiven Veräußerung der privaten Immobilie des Insolvenzschuldners einen großen Teil der späteren Teilungsmasse erwirtschaftet, er aber im Hinblick auf die Abwicklung des ehemaligen Geschäftsbetriebs des Insolvenzschuldners Hunderte von Forderungen zu prüfen, mehrere Gläubigerversammlungen durchzuführen, diverse Prozesse zu führen und vielleicht sogar auch noch Insolvenzgeldbescheinigungen zu erstellen und steuerliche Angelegenheiten wahrzunehmen hat. Da all diese Tätigkeiten der Abwicklung des Unternehmens des Insolvenzschuldners zuzuordnen sind, ist auf den Teil der Vergütung, der hierauf entfällt, der Vorsteuerabzug zu gewähren.

4.532

Als einzig tauglicher Aufteilungsmaßstab kommt daher der **Zeitaufwand** des Insolvenzverwalters in Betracht. Der Insolvenzverwalter sollte diesen daher sorgfältig dokumentieren oder zumindest im Nachhinein eine plausible Grundlage für eine Schätzung erstellen können. Sicher unzureichend ist dabei eine Bezugnahme auf die Berichte, die der Insolvenzverwalter im Rahmen des Insolvenzverfahrens gegenüber dem Insolvenzgericht erteilt hat oder die Bezugnahme auf die Schlussrechnung.

4.533

Der unternehmerischen Sphäre sind auch die Tätigkeiten zuzuordnen, die sowohl dem privaten als auch dem unternehmerischen Bereich des Insolvenzschuldners zuzuordnen sind, also beispielsweise die Verwertung einer Immobilie, die zugunsten eines Betriebsmittelkredits dinglich belastet war.²

4.534

Dient ein Insolvenzverfahren **sowohl der Befriedigung von Verbindlichkeiten des – zum Vorsteuerabzug berechtigten – Unternehmens wie auch der Befriedigung von Privatverbindlichkeiten des Unternehmers**, ist ebenfalls eine **Aufteilung** vorzunehmen. Nach Auffassung des BFH ist diese grundsätzlich im Verhältnis der unternehmerischen zu den privaten Verbindlichkeiten, die im Insolvenzverfahren jeweils als Insolvenzforderungen geltend gemacht werden, vorzunehmen.³ Der BFH hat jedoch ausdrücklich offen gelassen, ob in anderen Fällen auch eine andersartige sachgerechte Aufteilung zulässig sein kann. Tatsächlich ist dies der Fall: Die zur Insolvenztabelle angemeldeten Forderungen werden sogar regelmäßig kein angemessenes Verhältnis dafür abgeben, den Vorsteuerabzug aufzuteilen. Zu berücksichtigen

---

1 FG Sachsen v. 5.8.2002 – 3 K 366/01, BeckRS 2002 26020713; dem folgend der abweisende Nichtzulassungsbeschwerdebeschluss des BFH v. 8.4.2003 – V B 197/02 (NV).
2 Ebenso *Waza* in Waza/Uhländer/Schmittmann, Insolvenzen und Steuern¹², Rz. 2105.
3 BFH v. 15.4.2015 – V R 44/14, ZIP 2015, 1239 = ZInsO 2015, 1328.

ist nämlich, dass sich aus der Höhe der verwalteten Insolvenzmasse und aus der **Intensität der Arbeitsleistung** des Insolvenzverwalters die Höhe der Vergütung ergibt, die wiederum Bemessungsgrundlage für die entsprechende Umsatzsteuer ist. Dies zeigt, dass sich die Höhe des Umsatzsteuerbetrages insgesamt nicht danach richtet, wie viele und welche Forderungen zur Insolvenztabelle angemeldet sind, sondern allein danach, was der Verwalter verwaltet und verwertet hat. Wollte man allein auf die **Zusammensetzung der zur Insolvenztabelle angemeldeten Forderungen abstellen**, könnte sich beispielsweise eine Situation einstellen, in der ein Insolvenzverwalter mit hohem Aufwand im Rahmen einer lang andauernden Betriebsfortführung eine verhältnismäßig große Masse gebildet hat, die dann – weil betriebliche Gläubiger nur in untergeordnetem Umfange vorhanden waren – ganz überwiegend an private Gläubiger des Unternehmers verteilt werden würden. In solchem Fall wäre offensichtlich, dass ein recht hoher Umsatzsteuerbetrag daraus resultieren würde, dass eine große Masse gebildet, also eine große Berechnungsgrundlage vorhanden ist und erhebliche Zuschläge zur Verwaltervergütung infolge der lang andauernden Betriebsfortführung zu gewähren sind. Die Vorsteuererstattung dann aber zu versagen, mit dem Verweis darauf, das Verhältnis der Gläubiger sei ein anderes, ist nicht sachgerecht.

4.535 Eine **Aufrechnung der Finanzverwaltung gegen den Vorsteuervergütungsanspruch**, der sich aus der Rechnung des Insolvenzverwalters ergibt, ist mit Insolvenzforderungen im Rang von § 38 InsO nicht zulässig. Zu den Aufrechnungsbefugnissen der Finanzverwaltung s. Rz. 3.335 ff. Der Vorsteuerabzug zugunsten der Insolvenzmasse ist aber nur so lange möglich, wie das Insolvenzverfahren nicht aufgehoben oder eingestellt worden ist, es sei denn, die Nachtragsverteilung wäre wegen des zu erwartenden Erstattungsbetrages vorbehalten. Erfolgt die Aufhebung bzw. Einstellung des Insolvenzverfahrens, bevor die Erstattung erfolgt ist, kann die Finanzverwaltung mit diesem Erstattungsanspruch gegen Forderungen aufrechnen, die ihr gegen den (ehemaligen) Insolvenzschuldner aus dessen nach der Aufhebung des Insolvenzverfahrens ausgeübten Tätigkeit entstehen. Mit Insolvenzforderungen, die am Insolvenzverfahren teilgenommen hatten, ist eine Aufrechnung nicht möglich, wenn und soweit diese von einer Restschuldbefreiung erfasst waren.

XXI. Vorsteuerabzug aus der Vergütungsrechnung des vorläufigen Insolvenzverwalters

Literatur *Meyer*, Keine Aufrechnung einer Insolvenzforderung des FA gegen einen sich aus dem Vergütungsanspruch des vorläufigen Insolvenzverwalters ergebenden Vorsteuerabzugsanspruch möglich, EFG 2006, 1142; *Nickert*, Verrechnung des Vorsteuerabzugsanspruchs aus der Vergütung des vorläufigen Insolvenzverwalters, ZInsO 2006, 722; *Viertelhausen*, Verrechnung von Vorsteuer aus der vorläufigen Insolvenzverwaltung, UR 2008, 873; *Lechleitner*, Zum Vorsteuerabzug der Insolvenzmasse aus der Vergütung des (vorläufigen) Insolvenzverwalters, ZInsO 2015, 1382.

4.536 Der vorläufige Insolvenzverwalter stellt dem Insolvenzschuldner seine Vergütung und seine Auslagen in Rechnung. Darin ist Umsatzsteuer gesondert auszuweisen (§ 7 InsVV, § 14 UStG). Der Vorsteuerabzug steht dem Insolvenzschuldner zu, wenn das Insolvenzverfahren nicht zur Eröffnung gelangt. Ist das Insolvenzverfahren eröffnet, steht der Vorsteuerabzug dem Insolvenzverwalter für die Insolvenzmasse zu. Der Vorsteuerabzug ist aber generell ausgeschlossen, wenn der Insolvenzschuldner nicht Unternehmer ist. Soweit sich die Tätigkeit des vorläufigen Insolvenzverwalters zum Teil auf steuerfreie Umsätze und zum anderen Teil auf steuerpflichtige Umsätze bezieht, kann der Vorsteuerabzug ggf. entsprechend den für die **Aufteilung des Vorsteuerabzugs** bei dem endgültigen Insolvenzverwalter aufzuteilen sein (Rz. 4.531 ff.).

Auch im eröffneten Insolvenzverfahren kann die Finanzverwaltung grundsätzlich mit einem Vorsteuererstattungsanspruch gegen eine Insolvenzforderung im Rang von § 38 InsO aufrechnen. Dieser Grundsatz erfährt jedoch eine maßgebliche Einschränkung. Vor der Aufrechnung hat nämlich die Zwangsverrechnung des § 16 Abs. 1 und 2 UStG Vorrang. Der einzelne Vorsteuerbetrag, der sich aus der Rechnung des vorläufigen Insolvenzverwalters ergibt, begründet nämlich keinen eigenständigen Vergütungsanspruch, sondern ist lediglich unselbständige Besteuerungsgrundlage, die bei der Berechnung der Umsatzsteuer zu berücksichtigen ist und (zuvörderst) in die Festsetzung der Umsatzsteuer eingeht.[1] Aus einer Umsatzsteuer-Voranmeldung für einen Besteuerungszeitraum nach Eröffnung des Insolvenzverfahrens, die zu einer Steuerschuld führt, können daher einzelne Vorsteuerabzugsbeträge nicht ausgeschieden und durch Aufrechnung zum Erlöschen gebracht werden, selbst wenn die zugrunde liegenden Leistungen vor Insolvenzeröffnung erbracht worden sind.[2] Erst wenn sich nach der Saldierung der Vorsteuer- und Umsatzsteuerbeträge eines Voranmeldungszeitraumes ein Erstattungsanspruch zugunsten der Insolvenzmasse ergibt, kann die Finanzverwaltung dagegen aufrechnen. Die Aufrechnung ist dann mit Insolvenzforderungen (§ 38 InsO) insoweit zulässig, als der Erstattungsanspruch bereits vor Insolvenzeröffnung begründet ist (s. zur insolvenzrechtlichen Forderungsqualität und Theorie der vollständigen Tatbestandsverwirklichung oben ausführlich Rz. 4.328 ff.); im Übrigen ist eine Aufrechnung nur mit Masseverbindlichkeiten (§ 55 InsO) möglich.

4.537

Der Insolvenzschuldner bzw. die Insolvenzmasse darf die an den vorläufigen Insolvenzverwalter bezahlte Umsatzsteuer jedoch nicht abziehen, wenn weder der vorläufige Insolvenzverwalter eine Rechnung mit ausgewiesener Umsatzsteuer ausgestellt hat, noch im Beschluss des Insolvenzgerichts über die Vergütung des vorläufigen Insolvenzverwalters die Umsatzsteuer gesondert ausgewiesen ist.[3] Der vorläufige Insolvenzverwalter kann aber seine Rechnung ggf. berichtigen. Ist im Beschluss des Insolvenzgerichts die Umsatzsteuer nicht gesondert ausgewiesen, ist der vorläufige Insolvenzverwalter gleichwohl zur Ausstellung einer Rechnung mit gesondertem Steuerausweis berechtigt.[4]

4.538

---

1 BFH v. 16.1.2007 – VII R 4/06, BStBl. II 2007, 747 = ZIP 2007, 829.
2 BFH v. 16.1.2007 – VII R 4/06, BStBl. II 2007, 747 = ZIP 2007, 829.
3 BFH v. 7.4.2005 – V B 187/04, BFH/NV 2005, 1640; vgl. auch FG Köln v. 3.2.2015 – 8 K 1817/14, EFG 2015, 1142.
4 BFH v. 7.4.2005 – V B 187/04, BFH/NV 2005, 1640; vgl. auch FG Köln v. 3.2.2015 – 8 K 1817/14, EFG 2015, 1142.

Hinweis:

Sofern durch die Zahlung der Vergütung des vorläufigen Insolvenzverwalters auf Grund der in dem Zahlungsbetrag beinhalteten Umsatzsteuer ein Vorsteuervergütungsanspruch der Insolvenzmasse entsteht, ist die Finanzverwaltung dagegen zur Aufrechnung mit Insolvenzforderungen nicht berechtigt, weil das Aufrechnungsverbot des § 96 Abs. 1 Ziff. 3 InsO eingreift.[1] Die Entscheidung lässt sich i.Ü. auf alle anderen Fälle von Leistungsbezügen des Insolvenzschuldners während des vorläufigen Insolvenzverfahrens übertragen. Eine Aufrechnung mit Steuerforderungen, die nach Eröffnung des Insolvenzverfahrens als Masseverbindlichkeiten gelten (§ 55 Abs. 4 InsO) ist jedoch zulässig, soweit man § 55 Abs. 4 InsO nicht generell wegen der daran bestehenden Kritik einschränkt (vgl. dazu ausführlich oben Rz. 4.342 ff.).

XXII. Auswirkungen der Anzeige der Masseunzulänglichkeit

4.539 Gemäß § 208 InsO kann der Insolvenzverwalter Masseunzulänglichkeit anzeigen, wenn zwar die Kosten des Insolvenzverfahrens gedeckt sind, die Insolvenzmasse aber nicht ausreicht, um die fälligen sonstigen Masseverbindlichkeiten zu erfüllen bzw. voraussichtlich nicht ausreichen wird, um die sonstigen Masseverbindlichkeiten bei Fälligkeit zu erfüllen. Nach Anzeige der Masseunzulänglichkeit hat der Insolvenzverwalter eine geänderte Befriedigungsreihenfolge zu beachten (§ 209 InsO). Die Vollstreckung wegen einer Masseverbindlichkeit i.S.d. § 209 Abs. 1 Ziff. 3 InsO ist gem. § 210 InsO ab Anzeige der Masseunzulänglichkeit unzulässig (Rz. 2.274 ff.; Rz. 3.215 ff.)

4.540 Für die Abgrenzung von Altmasse- und Neumasseverbindlichkeiten kann auf die zur Abgrenzung von Insolvenzforderungen und Masseverbindlichkeiten entwickelten Grundsätze zurückgegriffen werden (Rz. 4.327 ff.). Es kommt auch hier entscheidend darauf an, wann der **Lebenssachverhalt** verwirklicht wurde, der zur Steuerschuld des Insolvenzschuldners geführt hat. Ist der maßgebliche Teil des Lebenssachverhalts vor der Anzeige der Masseunzulänglichkeit verwirklicht worden, liegt eine Altmasseverbindlichkeit vor, andernfalls eine Neumasseverbindlichkeit. Ist vor der Anzeige der Masseunzulänglichkeit eine Vorsteuererstattung erfolgt, die auf Grund nach der Anzeige der Masseunzulänglichkeit erfolgter Umsatzsteuerberichtigung zurück zu erstatten ist, nimmt der Rückzahlungsanspruch der Finanzverwaltung den Rang einer Altmasseverbindlichkeit ein.

D. Gewerbesteuer

Literatur *Arbeitskreis „Steuerliche Beratungshinweise des IDW"*, Unternehmen in der Krise, Beiheft zu FN-IDW 12/2009; *Bareis*, Mindestbesteuerung und Liquidationszeitraum, DB 2013, 1265; *Becker/Pape/Wobbe*, Forderungsverzicht mit Besserungsschein – ein vermehrt genutztes Instrument zur Überwindung der Krise, DStR 2010, 506; *Behrendt/Arjes/Jeziorski*, Gewerbesteuer auf Gewerbesteuer bei Veräußerung von Mitunternehmeranteilen nach der Unternehmensteuerreform, BB 2008, 1993; *Bergmann*, Einheitlicher Besteuerungszeitraum und Zwischenveranlagungen in Liquidation und Insolvenz, GmbHR 2012, 943; *Bethmann/Mam-*

---

1 BFH v. 2.11.2010 – VII R 6/10, BStBl. II 2011, 374 = ZIP 2011, 181 = DStRE 2011, 521; vgl. auch BFH v. 5.5.2015 – VII R 37/13, DStRE 2015, 1144.

men/Sassen, Analyse gesetzlicher Ausnahmetatbestände zum Erhalt körperschaftsteuerlicher Verlustvorträge, StB 2012, 148; *Blumenberg/Haisch*, Die unionsrechtliche Beihilfeproblematik der Sanierungsklausel nach § 8c Abs. 1a KStG, FR 2012, 12; *Bonertz*, Wer ist Schuldner der Gewerbesteuer nach § 7 Satz 2 GewStG n.F. bei gewerbesteuerpflichtigen Mitunternehmeranteilsveräußerungen?, DStR 2002, 795; *Boochs*, Steuerliche Auswirkungen des RegE-ESUG, BB 2011, 857; *Braun/Geist*, Forderungsverzichte im „Bermudadreieck" von Sanierungsgewinn, Verlustverrechnung und Mindestbesteuerung, BB 2013, 351; *Bretz/Gude*, Beurteilung des neuen Überschuldungsbegriffs in der InsO anhand von Bilanzinformationen, ZInsO 2010, 515; *Buth/Hermanns*, Anforderungen an die Erstellung von Sanierungskonzepten nach dem neuen IDW S 6, DStR 2010, 288; *Cahn/Simon/Theiselmann*, Nennwertanrechnung beim Debt Equity Swap!, DB 2012, 501; *Carlé/Urbach*, Beratung in der Krise: Steuerliche und zivilrechtliche Hinweise, KÖSDI 2010, 16896; *Crezelius*, Aktuelle Steuerrechtsfragen in Krise und Insolvenz, NZI 2019, 614; *Drüen*, Die Sanierungsklausel des § 8c KStG als europarechtswidrige Beihilfe, DStR 2011, 289; *Drüen/Schmitz*, Zur Unionrechtskonformität des Verlustuntergangs bei Körperschaften, GmbHR 2012, 485; *Ebbinghaus/Osenroth/Hinz*, Schuldübernahme durch Gesellschafter als Sanierungsinstrument unter Berücksichtigung der Schenkungsteuer, BB 2013, 1374; *Ehlers*, Sanierung mit oder ohne Insolvenz, ZInsO 2010, 257; *Ehlers/Meimberg*, Die steuerrechtlichen Konsequenzen der Betriebsaufgabe einer GmbH in der Krise, ZInsO 2010, 1726; *Ekkenga*, Neuerliche Vorschläge zur Nennwertanrechnung beim Debt-Equity-Swap – Erkenntnisfortschritt oder Wiederbelebungsversuche am untauglichen Objekt?, DB 2012, 331; *Endres*, Zinsabschlagsteuern und Insolvenzrechnungslegung, ZInsO 2011, 258; *Farle*, Verbindlichkeiten in der Liquidation – Überprüfung verbindlicher Auskünfte, DStR 2012, 1590; *Fichtelmann*, Die Beendigung des Gewinnabführungsvertrags und ihre Auswirkungen auf die Organschaft, GmbHR 2010, 576; *Fromm*, Der Debt-Equity-Swap als Sanierungsbeitrag im Zeitpunkt der Überschuldung, ZInsO 2012, 1253; *Fuhrmann*, Liquidation der GmbH im Zivil- und Steuerrecht, KÖSDI 2005, 14906; *Geist*, Die ordentliche Liquidation einer GmbH unter dem Einfluss von Mindestbesteuerung und steuerfreiem Sanierungsgewinn, GmbHR 2008, 969; *Giltz/Kuth*, Mindestbesteuerung – Situation im Insolvenzverfahren, DStR 2005, 184; *Haarmeyer*, Insolvenzrechnungslegung, ZInsO 2010, 412; *Haase/Dorn*, Forderungsverzicht als zwingende Folge der Liquidation einer verbundenen Unternehmung?, BB 2011, 2907; *Hans/Engelen*, Wegfall der Mantelkaufregelung durch das Unternehmensteuerreformgesetz, NWB Nr. 24 v. 11.6.2007, 1981; *Harder*, Gewerbesteuerliche Behandlung von Sanierungsgewinnen – Anmerkung zur Verfügung der OFD Magdeburg v. 21.3.2013, ZInsO 2013, 1070; *Herzig*, Ertragsteuerliche Begleitmaßnahmen zur Modernisierung des Insolvenzrechts, WPg 2011, Sonderheft, 27; *Hidien*, Staatliche Gewerbesteuerpflicht und gemeindliches Gewerbesteuerertragsrecht, ZKF 2004, 29; *Hoffmann*, Der Debt-Mezzanine-Swap, StuB 2012, 417; *Horst*, Überblick über Entschuldungsinstrumente und ihre bilanz- und steuerrechtlichen Auswirkungen, DB 2013, 656; *Janssen*, Sanierungserlass nach Abschluss eines Insolvenzverfahrens, NWB 23/2010, 1854; *Jochum*, Systemfragen zu Mantelkauf und Sanierungsklausel, FR 2011, 497; Das BVerfG als Hüter der Gewerbesteuer?, StB 2005, 254; *Kahlert*, Passivierung eines Rangrücktritts in der Steuerbilanz, NWB 26/2012, 2141; *Kahlert/Eversberg*, Insolvenz und Gemeinnützigkeit, ZIP 2010, 260; *Kahlert/Gehrke*, Der Rangrücktritt nach MoMiG im GmbH-Recht: Insolvenz- und steuerrechtliche Aspekte, DStR 2010, 227; *Kahlert/Schmidt*, Löst ein Forderungsverzicht zu Sanierungszwecken nach § 7 Abs. 8 ErbStG Schenkungsteuer aus?, DStR 2012, 1208; *Karl*, Verfassungswidrigkeit oder teleologische Reduktion des § 8c KStG bei mittelbarer Anteilsübertragung von Verlustgesellschaften, BB 2012, 92; *Klusmeier*, Richtige Formulierung des qualifizierten Rangrücktritts – aus steuerlicher Sicht, ZInsO 2012, 965; *Kollruss*, Abzug ausländischer Gewerbesteuer als Betriebsausgabe in Deutschland trotz Nichtabzugsfähigkeit deutscher Gewerbesteuer nach § 4 Abs. 5b EStG, BB 2008, 1373; *Kroener/Momen*, Debt-Mezzanine-Swap – Die OFD Rheinland auf dem Irrweg?, DB 2012, 829; *Krumm/Wolf*, Der Unternehmenserwerb aus der Insolvenzmasse, NWB 43/2010, 3465; *Lambrecht*, „Sie können nicht einmal Bilanzen lesen" – Zur Bestellung von Juristen als Insolvenzverwalter, DZWIR 2010, 22; *Ley*, Ertragsbrennpunkte bei der Liquidation einer GmbH & Co. KG, KÖSDI 2005, 14815; *Lindner*, Verfassungswidrigkeit der Gewerbeertragsteuer und der Abfärberegelung in § 15 Abs. 3 Nr. 1 EStG?, StuB 2004, 659; *Maile*, SchenkSt beim Forderungsverzicht im Sanierungsfall?, DB 2012, 1952; *Matzke*, Der steuerbefreiende Gemeinnützigkeitsstatus in der Insolvenz, ZInsO 2010, 2314; *Mertzbach*, Aktuelle steuerliche Probleme im Insolvenzplanverfahren von Kapitalgesellschaften, GmbHR 2013, 75; *Nayel*, Aufrechterhaltung der Beschlagnahmewirkung im Schlusstermin am Beispiel von Steuererstattungsansprüchen, ZInsO 2011, 153; *Paulus*, Durchbrechung der Grundsätze der eingeschränkten Erwerberhaftung beim Asset Deal für Insolvenzforderungen aufgrund von § 25 HGB, ZInsO 2011, 162; *Plewka/Herr*, Gewerbesteuerfalle: Verlängerung der fünfjährigen Gewerbesteuer-Sperrfrist bei Betriebseinbringungen zu Buchwerten nach Formwechsel?, BB 2009, 2736; *Pöhlmann/Fölsing*, Das Steuerprivileg von Stiftungen im Insolvenzverfahren, ZInsO 2010, 612; *Pyszka/Hahn*, Ausgleichsansprüche bei verunglückter umsatzsteuerrechtlicher Organschaft, GmbHR 2010, 689; *Risthaus*, Verdeckte Einlage durch Verzicht eines Gesellschafter-Geschäftsführers auf den „future-service" seiner Pensionszusage, DStZ 2010, 212; *Rödder*, Aktuelle gewerbesteuerliche Verschärfungen und Probleme der pauschalierten Gewerbesteueranrechnung, JbFfSt 2002/2003, 92; *Roth*, Aufdeckung stiller Reserven im Insolvenzverfahren, FR 2013, 441; *Rüberg*, Endlich: Die Steuerfreiheit von Sanierungsgewinnen ist zurück, NJW-Spezial 2019, 207; *Schlagheck*, Ertragsteuerliche Organschaft und Verlustnutzung, StuB 2004, 401; *Schmid*; Der erfolgswirksame Rangrücktritt – Die BFH-Entscheidung des I. Senats v. 30.11.2011 – I R 100/10, FR 2012, 837; *Schmittmann*, Überlegungen zur Haftung des Sanierungsberaters, ZInsO 2011, 545; *Schwenker/Fischer*, Restrukturierungsmaßnahmen in der Krise der GmbH, DStR 2010, 1117; *Skauradszun*, Die praktische Konkordanz bei der Steuerfreiheit von Sanierungserträgen anhand §§ 3a, 3c EStG, § 7b GewStG n.F., ZIP 2018, 1901; *Tetzlaff/Weichhaus*, Grundlagen der Gewerbesteuer, SteuerStud 2006, 576; *Tietze*, Sanierungsgewinn und Gewerbesteuer – Abweichende Festsetzung des Gewerbesteuermessbetrags in Sanierungsfällen=, DStR 2016, 1306; *Uhländer*, Der Steuerberater als Lotse in der Krise des Mandanten!, Gast-Editorial, NWB 26/2012, 2113; Steuern als Masseverbindlichkeiten i.S.d. § 55 Abs. 4 InsO – Überblick zur Neuregelung ab dem 1.1.2011, AO-StB 2011, 84; Aktuelle Entwicklungen im Insolvenzsteuerrecht 2010, AO-StB 2010, 81; *Weitnauer*, Der Rangrücktritt – Welche Anforderungen gelten nach aktueller Rechtslage?, GWR 2012, 193; *Wiese*, Der Untergang des Verlust- und Zinsvortrags bei Körperschaften, DStR 2007, 741; *Willeke*, Klare Anforderungen an Sanierungskonzepte, StuB 2013, 144; *Wohltmann*, Körperschaftsteuer und Gewebesteuer in der Liquidation, NWB Nr. 13 v. 23.3.2009, 950; *Wollweber*, Honorarsicherung in der wirtschaftlichen Krise des Mandanten, DStR 2010, 1801.

I. Grundlagen

4.541 Die Gewerbesteuer wird gem. § 1 GewStG als Gemeindesteuer erhoben.[1] § 1 GewStG beinhaltet seit dem 1.1.2004 nicht nur die Berechtigung der Gemeinden, sondern auch deren Verpflichtung zur Erhebung der Gewerbesteuer.[2] Ziel der Einführung der Verpflichtung zur Erhebung der Gewerbesteuer durch die Gemeinden ist die Auflösung der sog. „Gewerbesteuer-Oasen".[3] Historisch betrachtet, beruht die Einführung der Gewerbesteuer auf der Äquivalenztheorie. Den Gemeinden sollte die Möglichkeit gegeben werden, die Gewerbesteuer zur Kostendeckung für die Erhaltung

---

1 *Häsemeyer*, Insolvenzrecht[4], Rz. 23.52; *Güroff* in Glanegger/Güroff[9], § 1 GewStG Rz. 2.
2 *Montag* in Tipke/Lang, Steuerrecht[23], § 12 Rz. 1.
3 *Güroff* in Glanegger/Güroff[9], § 1 GewStG Rz. 16.

der Infrastruktur zu erheben, welche den Gemeinden durch die Ansiedlung und das Bestehen von Gewerbebetrieben entstehen.[1]

Bei der Gewerbesteuer handelt es sich um eine Objektsteuer, oder auch Realsteuer genannt,[2] die nicht an die persönliche Leistungsfähigkeit einer Person anknüpft,[3] sondern auf eine Sache, ein Grundstück oder einen Gewerbebetrieb erhoben wird.[4] Jeder im Inland bestehende und betriebene Gewerbebetrieb hat die Gewerbesteuer gem. § 2 Abs. 1 Satz 1 GewStG zu leisten.[5] Als Gewerbebetrieb wird ein gewerbliches Unternehmen i.S.d. Einkommensteuergesetzes verstanden (§ 2 Abs. 1 Satz 2 GewStG). Nach § 15 Abs. 2 EStG handelt es sich um einen Gewerbebetrieb, wenn eine selbständige nachhaltige Betätigung mit Gewinnerzielungsabsicht unternommen und diese Betätigung zur Teilnahme am allgemeinen Wirtschaftsverkehr ausgeübt wird. Dabei darf es sich nicht um eine Ausübung im Rahmen der Land- und Forstwirtschaft, eines freien Berufes oder einer anderen selbständigen Tätigkeit handeln. In einem solchen Fall liegt kein Gewerbebetrieb vor.

4.542

Gemäß § 5 Abs. 1 Satz 1, 2 GewStG ist der Unternehmer der Schuldner der Gewerbesteuer und damit das Steuersubjekt.[6] Unternehmer im Sinne dieser Vorschrift ist derjenige, für dessen Rechnung der Gewerbebetrieb ausgeübt wird.[7] Eine Gesellschaft schuldet die Gewerbesteuer gem. § 5 Abs. 1 Satz 3 GewStG, soweit es sich um eine Personengesellschaft handelt, welche ein eigenes gewerbliches Unternehmen i.S.v. § 2 Abs. 1 GewStG darstellt.[8] Dient das Unternehmen hinsichtlich der Einkommen- und Körperschaftsteuer einem der Gesellschafter als Betriebstätte, so ist nicht die Gesellschaft, sondern der Unternehmer selbst Steuerschuldner.[9]

4.543

Der Gewerbeertrag i.S.d. § 6 GewStG liegt der Gewerbesteuer als Besteuerungsgrundlage zugrunde.[10] Bis 1998 wurde als Besteuerungsgrundlage neben dem Ertrag auch das Gewerbekapital bei der Bemessung der Höhe der Gewerbesteuer berücksichtigt.[11] Der Berechnung des Gewerbeertrages liegt gem. § 7 Abs. 1 Satz 1 GewStG der einkommensteuerrechtliche oder der körperschaftsteuerrechtliche zu ermittelnde Gewinn eines Gewerbebetriebes zugrunde, welcher durch Hinzurechnungen i.S.d. § 8 GewStG und Kürzungen nach § 9 GewStG entsprechend angepasst wird, so dass das Ergebnis der Berechnung in der Regel die Ertragsfähigkeit eines Betriebes darstellt.[12]

4.544

---

1 *Dinkelbach*, Ertragsteuern[8], S. 474.
2 *Birk/Desens/Tappe*, Steuerrecht[22], Rz. 1326.
3 BFH v. 7.3.2007 – I R 60/06, BStBl. II 2007, 654; *Reichert*, Lehrbuch der Gewerbesteuer, Kap. 9, Rz. 2003.
4 *Schneider*, Finanz und Steuern, Band 16, Lexikon des Steuerrechts, S. 285.
5 *Drüen* in Blümich, § 2 GewStG Rz. 76 ff.
6 *Gosch* in Blümich, § 5 GewStG Rz. 17.
7 *Montag* in Tipke/Lang, Steuerrecht[23], § 12 Rz. 15; *Selder* in Glanegger/Güroff[9], § 5 GewStG Rz. 2.
8 *Birk/Desens/Tappe*, Steuerrecht[22], § 6 Rz. 1358.
9 *Montag* in Tipke/Lang, Steuerrecht[23], § 12 Rz. 15.
10 *Gosch* in Blümich, § 6 GewStG Rz. 4.
11 *Uhländer* in Waza/Uhländer/Schmittmann, Insolvenzen und Steuern[12], Rz. 1851.
12 *Birk/Desens/Tappe*, Steuerrecht[22], § 6 Rz. 1362.

Zum Gewerbeertrag zählt nach § 7 Abs. 1 Satz 2 GewStG auch der Gewinn, welcher sich aus der Veräußerung oder der Aufgabe des Gewerbebetriebes ergibt. Der Gewerbeertrag wird durch Gründungskosten oder durch den Erwerb eines Gewerbebetriebes nicht gemindert. Ebenso führen Finanzierungskosten für die Gründung oder den Erwerb eines Gewerbebetriebes nach § 8 Ziff. 1, 2 GewStG nicht zu einer Minderung des Gewerbeertrages.[1] Das Finanzamt stellt den Gewerbesteuermessbetrag nach §§ 11, 14 GewStG anhand des errechneten Gewerbeertrages fest und erlässt sodann den Gewerbesteuermessbescheid.[2] Daraufhin setzt die jeweilige Gemeinde unter Berücksichtigung ihres jeweiligen Hebesatzes die Gewerbesteuer gem. § 16 GewStG fest. Das Recht der Erhebung und der Festsetzung der Gewerbesteuer kommt ausschließlich den Gemeinden zu.[3] Die Höhe der Gewerbesteuer bemisst sich an dem Gewerbeertrag eines Gewerbebetriebes und wird für einen Bemessungszeitraum festgelegt. Zur Ermittlung der Höhe der Gewerbesteuer ist der Bemessungszeitraum zumeist das Kalenderjahr gem. § 10 Abs. 1, § 14 Satz 2 GewStG, so dass der Steuermessbetrag nach dem Ablauf des Erhebungszeitraumes festgesetzt wird.[4] Der Erhebungszeitraum bei Unternehmen, deren Wirtschaftsjahr, für das sie regelmäßig Abschlüsse machen, vom Kalenderjahr abweicht, ist nach § 10 Abs. 2 GewStG nicht das Kalenderjahr, sondern das unternehmensbedingte Wirtschaftsjahr.[5]

II. Praktische Bedeutung der Gewerbesteuer im Insolvenzverfahren

4.545 Die Eröffnung eines Insolvenzverfahrens über das Schuldnervermögen tangiert die Pflicht zur Leistung der Gewerbesteuer gem. § 4 Abs. 2 GewStDV nicht.[6] Nach § 4 Abs. 1 GewStDV bleibt der aufgegebene oder aufgelöste Gewerbebetrieb bis zur Beendigung der Aufgabe oder Abwicklung Steuergegenstand. Der im Zeitraum der Abwicklung entstandene Gewerbeertrag wird gem. § 16 GewStDV auf die Jahre des Abwicklungszeitraumes verteilt.[7] Allerdings bestehen gesetzliche Normierungen hinsichtlich der Auswirkung der Eröffnung eines Insolvenzverfahrens auf das formelle und materielle Steuerrecht nicht im Steuerrecht und auch nicht im Insolvenzrecht.[8] In der Literatur wie auch in der Rechtsprechung galt seit der Entscheidung des Reichsfinanzhofes vom 25.10.1926 der Vorrang des Insolvenzrechts vor dem Steuerrecht.[9] Diesem Grundsatz wird mittlerweile nicht mehr uneingeschränkt gefolgt. Unter den Oberbegriff des „Insolvenzsteuerrechts" fallen die Bereiche der Geltendmachung und Durchsetzung der bis zur Insolvenzverfahrenseröffnung entstandenen

---

1 BFH v. 7.3.2007 – I R 60/06, BStBl. II 2007, 654.
2 *Güroff* in Glanegger/Güroff[9], § 14 GewStG Rz. 2.
3 *Uhländer* in Waza/Uhländer/Schmittmann, Insolvenzen und Steuern[12], Rz. 1851.
4 *Montag* in Tipke/Lang, Steuerrecht[23], § 12 Rz. 17; *Selder* in Glanegger/Güroff[9], § 14 GewStG Rz. 9.
5 *Güroff* in Glanegger/Güroff[9], § 10 GewStG Rz. 3.
6 *Schüppen/Schlösser* in MünchKomm/InsO[4], Insolvenzsteuerrecht, Rz. 245.
7 *Uhländer* in Waza/Uhländer/Schmittmann, Insolvenzen und Steuern[12], Rz. 1867.
8 *Farr*, Die Besteuerung in der Insolvenz, Rz. 20.
9 *Farr*, Die Besteuerung in der Insolvenz, Rz. 20; RFH v. 25.10.1926 – GrS 1/26, RFHE 19, 355 ff.

D. Gewerbesteuer | Rz. 4.549 Kap. 4

Steuerforderungen und zum anderen die Steuerforderungsentstehung und das Verfahren im eröffneten und laufenden Insolvenzverfahren.[1]

Für die Ermittlung des Messbetrages im Jahr der Eröffnung des Insolvenzverfahrens wird das ganze Jahr als Bemessungsgrundlage für die Gewerbesteuer herangezogen, da der Veranlagungszeitraum durch die Eröffnung eines Insolvenzverfahrens nicht unterbrochen wird. Der Zeitpunkt der Eröffnung des Insolvenzverfahrens ist insoweit relevant, dass die von der jeweiligen Gemeinde zu erhebende Gewerbesteuer je nach ihrer zeitlichen Begründung entweder als Insolvenzforderung gem. § 38 InsO oder als Masseverbindlichkeit gem. § 55 InsO zu behandeln ist.[2]

4.546

III. Insolvenzrechtliche Qualität der Gewerbesteuerschuld

Bei der Gewerbesteuerschuld kann es sich entweder um eine Insolvenzforderung gem. § 38 InsO oder um eine Masseverbindlichkeit i.S.v. § 55 InsO handeln. Insolvenzforderungen sind Forderungen gegen den Insolvenzschuldner, die im Zeitpunkt der Eröffnung des Insolvenzverfahrens begründet sind; sie sind zum Zwecke ihrer Geltendmachung zur Insolvenztabelle anzumelden, § 174 InsO. Masseverbindlichkeiten sind solche Verbindlichkeiten, die unter den in § 55 InsO beschriebenen Voraussetzungen nach der Eröffnung des Insolvenzverfahrens begründet werden.

4.547

Die Gewerbesteuer ist als Insolvenzforderung nach § 38 InsO zu behandeln, wenn sie im Zeitpunkt der Eröffnung des Insolvenzverfahrens bereits begründet ist. Hinsichtlich der Begründung einer Forderung i.S.d. § 38 InsO besteht Uneinigkeit in Rechtsprechung und Literatur (Rz. 4.327 ff.). Zur Feststellung, wann eine Forderung im insolvenzrechtlichen Sinne begründet ist, kommt es auf die steuerrechtliche Entstehung des Anspruchs nicht an. Eine Steuerforderung ist nach zutreffender Ansicht als Insolvenzforderung zu behandeln, wenn der Kern des zivilrechtlichen Sachverhalts, auf welchem die Entstehung des Steueranspruchs basiert, vor der Eröffnung des Insolvenzverfahrens verwirklicht wurde. Handelt es sich um eine **Abschlusszahlung** der Gewerbesteuer, bei der der Zeitraum der Veranlagung vor der Insolvenzverfahrenseröffnung liegt und ist die Fälligkeit der Gewerbesteuerforderung zur Zeit der Verfahrenseröffnung noch nicht eingetreten, spricht man von einer „betagten Forderung", welche der Anmeldung zur Insolvenztabelle bedarf. Nach § 21 GewStG entstehen die **Vorauszahlungen** auf die Gewerbesteuer mit Beginn des Kalendervierteljahres, für welches die Vorauszahlungen zu leisten sind. Bei diesen Vorauszahlungen auf die Gewerbesteuer handelt es sich um Insolvenzforderungen, soweit die Eröffnung des Insolvenzverfahrens am ersten Tag des Kalendervierteljahres oder danach stattfindet.[3]

4.548

Als Masseforderung ist die Gewerbesteuer zu behandeln, wenn sie nach Eröffnung bzw. im laufenden Insolvenzverfahren begründet worden ist. Steuerschuldner bleibt der Unternehmer bzw. die Personengesellschaft oder Kapitalgesellschaft. Insolvenz-

4.549

---

1 *Buth/Hermanns*, Restrukturierung, Sanierung, Insolvenz[4], § 24 Rz. 2, 4.
2 *Uhländer* in Waza/Uhländer/Schmittmann, Insolvenzen und Steuern[12], Rz. 1852.
3 *Schüppen/Schlösser* in MünchKomm/InsO[4], *Insolvenzsteuerrecht*, Rz. 256.

schuldner und Steuerschuldner sind in diesem Fall personengleich.[1] Die Forderungen der Gemeinde als Massegläubiger sind dann nach § 53 InsO aus der Insolvenzmasse vor den Insolvenzgläubigern zu befriedigen.[2] Gewerbesteuerforderungen der hebeberechtigten Gemeinde sind insbesondere bei der Betriebsfortführung Masseverbindlichkeiten. Ebenso gelten nach § 55 Abs. 2 InsO durch einen vorläufigen Insolvenzverwalter nach Eröffnung des Insolvenzverfahrens begründete Steuerforderungen als Masseverbindlichkeiten, sofern die Verfügungsbefugnis über das Vermögen des Schuldners auf den vorläufigen Insolvenzverwalter übergegangen ist. Steht dem Insolvenzschuldner nach der Eröffnung des Insolvenzverfahrens ein Rückerstattungsanspruch aufgrund einer Vorauszahlung zu viel geleisteter Gewerbesteuer gegen die Gemeinde zu, so fällt dieser Anspruch in die Insolvenzmasse.[3]

IV. Gewerbeertrag in der Insolvenz

4.550 Der Gewerbeertrag dient gem. § 6 GewStG als Grundlage der Bemessung und Besteuerung der Gewerbesteuer. Nach § 7 Satz 1 GewStG ergibt sich der Gewerbeertrag aus dem nach den Vorschriften des Einkommensteuergesetzes und Körperschaftsteuergesetzes zu ermittelnden Gewinn aus dem Gewerbebetrieb, welcher bei der Ermittlung des Einkommens für den dem Erhebungszeitraum entsprechenden Veranlagungszeitraum zu berücksichtigen ist. Dieser Betrag wird dann durch Hinzurechnungen oder Kürzungen i.S.d. §§ 8, 9 GewStG entsprechend vermehrt oder vermindert.[4] Aufgrund des vom Finanzamt errechneten Gewerbeertrages setzt das Finanzamt den Gewerbesteuermessbetrag i.S.v. § 11 GewStG fest, woraufhin die hebeberechtigte Gemeinden ihren jeweiligen Hebesatz anwendet, um dann die endgültige Höhe der Gewerbesteuer zu erhalten.[5] Im Jahr der Eröffnung des Insolvenzverfahrens wird der Gewerbeertrag nach den allgemeinen gewerbesteuerrechtlichen Regelungen für das gesamte Veranlagungsjahr bestimmt.[6]

4.551 Nach § 16 Abs. 1 GewStDV wird der bei einem in der Abwicklung befindlichen Gewerbebetrieb im Zeitraum der Abwicklung entstandene Gewerbeertrag auf die Jahre des Abwicklungszeitraumes verteilt. Das gilt nach § 16 Abs. 2 GewStDV auch für Gewerbebetriebe, über deren Vermögen das Insolvenzverfahren eröffnet ist. Der Abwicklungszeitraum beginnt aber erst mit der Verwertung des Unternehmens und nicht bereits mit der Eröffnung des Insolvenzverfahrens. Das bedeutet für den Fall der Fortführung des Gewerbebetriebes durch den Insolvenzverwalter, dass der Abwicklungszeitraum in das Jahr fällt, in welchem mit der Abwicklung begonnen wird.[7] Die Steuerschuld wird auf die einzelnen Jahre des Insolvenzverfahrens verteilt. Die Verteilung erfolgt in der Weise, dass die Zahl der einzelnen steuerpflichtigen Monate der Jahre des Insolvenzverfahrens in Verhältnis zur Gesamtzahl der Monate gesetzt

---

1 *Buth/Hermanns*, Restrukturierung, Sanierung, Insolvenz[4], § 24 Rz. 50.
2 *Meyer/Verfürth*, BB 2007, 862 (863, 864).
3 *Buth/Hermanns*, Restrukturierung, Sanierung, Insolvenz[4], § 24 Rz. 51.
4 *Dinkelbach*, Ertragsteuern[8], S. 493.
5 *Birk/Desens/Tappe*, Steuerrecht[22], Rz. 1404.
6 *Uhländer* in Waza/Uhländer/Schmittmann, Insolvenzen und Steuern[12], Rz. 1866.
7 *Uhländer* in Waza/Uhländer/Schmittmann, Insolvenzen und Steuern[12], Rz. 1866.

wird. Nach Ablauf des Erhebungszeitraumes wird der Steuermessbetrag von dem zuständigen Finanzamt festgesetzt.[1] Bei der Festsetzung der Steuermessbeträge für den Gewerbeertrag muss die Zeit der Eröffnung des Insolvenzverfahrens in der Weise beachtet werden, dass eine Aufteilung des Messbetrages für die jeweiligen Zeiträume vor und nach der Eröffnung des Insolvenzverfahrens im Verhältnis des vor und nach Verfahrenseröffnung erzielten Gewinns steht.[2] Nach § 14 Satz 2 GewStG ist der Erhebungszeitraum das Kalenderjahr. Handelt es sich nicht um einen Einzelunternehmer oder eine Personengesellschaft, sondern um eine Kapitalgesellschaft, ist zu berücksichtigen, dass der Gewinn aus der Veräußerung oder Verwertung des Gewerbebetriebes in die Berechnung des Gewerbeertrages mit einfließen muss.[3] Hinsichtlich des Veranlagungszeitraumes bei Einzelunternehmern und Personengesellschaften muss beachtet werden, dass die Gewerbesteuerpflicht nicht zwangsläufig bis zum Ende des Abwicklungszeitraumes besteht, sondern bereits mit Beendigung der werbenden Tätigkeit erlischt.[4]

V. Dauer der Gewerbesteuerpflicht

Die Gewerbesteuerpflicht entsteht mit Erfüllung der Voraussetzungen des § 15 Abs. 2 EStG,[5] bei Personengesellschaften und Einzelunternehmen also mit der Aufnahme des Geschäftsbetriebes. Das bedeutet, dass alle Voraussetzungen für die Tätigkeitsausübung eines Gewerbes vorliegen müssen. Für die Entstehung der Gewerbesteuerpflicht reichen reine Vorbereitungshandlungen des Unternehmers, wie die Anmietung von Geschäftsräumen, nicht aus.[6] Handelt es sich um einen Gewerbebetrieb kraft Rechtsform, also kraft Eintragung in das entsprechende Handelsregister, entsteht die Gewerbesteuerpflicht mit der Eintragung in das jeweilige Register, da es in einem solchen Fall auf die Art und den Umfang der jeweiligen Tätigkeit nicht mehr ankommt.[7] Die Gewerbesteuerpflicht kann bei einer in das Handelsregister eingetragenen Gesellschaft auch schon vor der Eintragung entstehen, wenn diese bereits vor der Eintragung nach außen im Rahmen einer Vorgesellschaft in Erscheinung tritt und geschäftlich tätig wird.[8]

4.552

Die Rechtsform des Gewerbebetriebes ist ausschlaggebend für die Bestimmung der Dauer bzw. der Beendigung der Gewerbesteuerpflicht.[9]

4.553

Die Gewerbesteuerpflicht von **Einzelgewerbebetreibenden und Personengesellschaften** endet gem. § 4 Abs. 2 GewStDV, wenn der Betrieb endgültig eingestellt worden ist, insbesondere mit Beendigung der werbenden Tätigkeit. Es wird nicht

4.554

---

1 *Depré/Dobler* in Beck/Depré, Praxis der Insolvenz[3], § 35 Rz. 110.
2 *Buth/Hermanns*, Restrukturierung, Sanierung, Insolvenz[4], § 24 Rz. 90.
3 *Uhländer* in Waza/Uhländer/Schmittmann, Insolvenzen und Steuern[12], 1866.
4 *Schüppen/Schlösser* in MünchKomm/InsO[4], Insolvenzsteuerrecht, Rz. 246.
5 *Montag* in Tipke/Lang, Steuerrecht[23], § 12 Rz. 13.
6 *Dinkelbach*, Ertragsteuern[8], S. 488.
7 *Dinkelbach*, Ertragsteuern[8], S. 484.
8 *Dinkelbach*, Ertragsteuern[8], S. 489.
9 *Uhländer* in Waza/Uhländer/Schmittmann, Insolvenzen und Steuern[12], 1856.

mehr von einer Betriebstätigkeit gesprochen, wenn es lediglich noch um die Veräußerung des restlichen Inventars des Betriebes geht.[1] Der Insolvenzverwalter kann im Rahmen eines Insolvenzverfahrens den Betrieb fortführen oder eine „Ausproduktion" vornehmen. Diese Tätigkeiten des Insolvenzverwalters gehören zu den werbenden Tätigkeiten i.S.v. § 4 Abs. 2 GewStDV. Dagegen zählt die Veräußerung des Sachanlagevermögens von Unternehmern und Personengesellschaften in Form von Verwertung der Insolvenzmasse nicht mehr zu den werbenden Tätigkeiten des Insolvenzverwalters.[2] Ausschlaggebender Zeitpunkt für die Beendigung der Gewerbesteuerpflicht ist somit der Zeitpunkt, auf den der Beginn der Veräußerung der wesentlichen Grundlagen eines Gewerbebetriebes fällt. Ein zeitliches Zusammentreffen von Insolvenzeröffnung und Entfallen der Gewerbesteuerpflicht ist dabei nicht ausgeschlossen. Dies ist der Fall, wenn der Insolvenzverwalter von einer Betriebsfortführung aufgrund mangelnder Erfolgschancen absieht und lediglich die Veräußerung des Anlagevermögens vornimmt.[3] Ob die Betriebseinstellung mit oder ohne Zustimmung der Gläubigerversammlung erfolgt, ist unerheblich.

4.555 Die Gewerbesteuerpflicht von **Kapitalgesellschaften** und **sonstigen Gesellschaften** i.S.d. § 2 GewStG ist allerdings erst mit der vollständigen Auflösung der Gesellschaft, insbesondere mit der gesamten Verteilung des Gesellschaftsvermögens erloschen.[4] Die Gewinne, welche aus der Veräußerung des Gesellschaftsvermögens gezogen werden, sind im Unterschied zu der Veräußerung des Gewerbebetriebsvermögens von Einzelgewerbebetreibenden und Personengesellschaften gewerbesteuerpflichtig.[5] Die Tätigkeiten des Insolvenzverwalters im Rahmen der Insolvenzabwicklung werden demnach noch als gewerbliche Tätigkeiten behandelt.

4.556 Zur steuerlichen Auswirkung sog. **Sanierungsgewinne** s. Rz. 4.20 ff. § 3a EStG ist gem. § 7b GewStG auch für die Gewerbesteuer maßgeblich.

VI. Aufrechnung durch die Gemeinde

4.557 Die hebeberechtigte Gemeinde hat die Möglichkeit, mit Insolvenzforderungen gegenüber dem Insolvenzverwalter aufzurechnen, wenn der Insolvenzverwalter einen Anspruch gegen die Gemeinde auf teilweise Rückerstattung der aufgrund von Vorauszahlungsbescheiden zu viel geleisteten Gewerbesteuer hat. In einem solchen Fall ist die Aufrechnung der Gemeinde zulässig und verstößt nicht gegen § 96 Abs. 1 Ziff. 1 InsO, da der Erstattungsanspruch des Insolvenzverwalters aufschiebend bedingt mit Beendigung des Erhebungszeitraumes entsteht.[6] Für die jeweiligen gegeneinander aufzurechnenden Forderungen gelten die allgemeinen Regelungen der §§ 387 ff. BGB i.V.m. § 226 AO. Diesbezüglich müssen auch die insolvenzrechtlichen

---

1 *Buth/Hermanns*, Restrukturierung, Sanierung, Insolvenz[4], § 24 Rz. 88.
2 *Depré/Dobler* in Beck/Depré, Praxis der Insolvenz[3], § 35 Rz. 109.
3 *Waza* in Waza/Uhländer/Schmittmann, Insolvenzen und Steuern[12], Rz. 1857.
4 *Buth/Hermanns*, Restrukturierung, Sanierung, Insolvenz[4], § 24 Rz. 89.
5 *Depré/Dobler* in Beck/Depré, Praxis der Insolvenz[3], § 35 Rz. 109.
6 *Sinz* in Uhlenbruck[15], § 95 InsO Rz. 29.

Ausnahmen der §§ 94 bis 96 InsO berücksichtigt werden (Rz. 3.335 ff.). Nach § 94 InsO bleibt die Aufrechnungslage auch nach der Eröffnung des Insolvenzverfahrens bestehen. Die Aufrechnungserklärung hat gegenüber dem Insolvenzverwalter zu erfolgen und muss nicht zur Insolvenztabelle angemeldet werden.[1]

VII. Auswirkungen der Anzeige der Masseunzulänglichkeit

Der Insolvenzverwalter wird mit der Anzeige der Masseunzulänglichkeit (§ 208 InsO) nicht von der Pflicht zur Abgabe von Steuererklärungen für den Insolvenzschuldner befreit. Die Pflicht zur Abgabe von Steuererklärung entfällt nur bei Einstellung des Verfahrens mangels Masse gem. §§ 207, 211 InsO.[2]   4.558

Ist die Masseunzulänglichkeit i.S.d. § 208 InsO gegenüber dem Insolvenzgericht angezeigt, werden die Gläubiger in einer neuen Rangfolge i.S.v. § 209 Abs. 1 InsO befriedigt.[3] An erster Stelle werden die Kosten für das Insolvenzverfahren beglichen, danach die nach der Anzeige der Masseunzulänglichkeit begründeten Masseverbindlichkeiten, welche nicht als Verfahrenskosten gelten, und schließlich die übrigen Masseverbindlichkeiten. Gewerbesteuerrechtliche Besonderheiten ergeben sich nicht. Zum Zwecke der Abgrenzung der als Altmasseverbindlichkeiten anzusehenden Gewerbesteuerbeträge von den als Neumasseverbindlichkeiten anzusehenden Gewerbesteuerbeträgen wird der Gewerbeertrag nach den allgemeinen gewerbesteuerrechtlichen Regelungen für das gesamte Veranlagungsjahr, in das die Anzeige der Masseunzulänglichkeit fällt, bestimmt und die Gewerbesteuerschuld zeitanteilig aufgeteilt.   4.559

E. Kraftfahrzeugsteuer

Literatur *Busch/Hilbertz*, Aufrechnung von Kraftfahrzeugsteuer im eröffneten Insolvenzverfahren, ZInsO 2005, 195; *Busch/Winkens*, Insolvenzrecht, S. 34; *Farr*, Belastung der Masse mit Kraftfahrzeugsteuer, NZI 2008, 78.; Besteuerung in der Insolvenz, Rz. 432 ff.; *Hartmann*, Kraftfahrzeugsteuer in der Insolvenz nach neuer BFH-Rechtsprechung, NZI 2012, 168; *Horner/Rand*, Kfz-Steuer: Massehaftung für insolvenzfreies Vermögen?, NZI 2011, 898; *Kahlert/Rühland*, Sanierungs- und Insolvenzsteuerrecht, Rz. 2499 ff.; *Kling/Schüppen/Ruh*, MünchKomm/InsO, Insolvenzsteuerrecht, Rz. 228 ff.; *Looff*, Kraftfahrzeugsteuerschuld im Insolvenzverfahren nach neuester BFH-Rechtsprechung, ZInsO 2008, 75; *Maus*, Steuern im Insolvenzverfahren, Rz. 467 ff.; *Menn*, Kfz-Steuer im Insolvenzverfahren: Masseverbindlichkeit oder Forderung gegen das insolvenzfreie Vermögen des Schuldners?, ZInsO 2009, 1189; *Wohlers*, Die Kraftfahrzeugsteuer im Insolvenzverfahren – Insolvenzforderung oder Masseverbindlichkeit?, ZInsO 2002, 1074; *Zens*, Kraftfahrzeugsteuer als Masseverbindlichkeit im Insolvenzverfahren, NWB 2012, 2397.

---

1 *Buth/Hermanns*, Restrukturierung, Sanierung, Insolvenz[4], § 24 Rz. 52.
2 *Damaschke* in Nerlich/Kreplin, Münchener Anwaltshandbuch Sanierung und Insolvenz[3], § 28 Rz. 16; *Uhländer* in Waza/Uhländer/Schmittmann, Insolvenzen und Steuern[12], Rz. 502.
3 *Kern* in MünchKomm/InsO[4], § 285 Rz. 18.

I. Grundlagen

4.560 Die Kraftfahrzeugsteuer ist Verkehrssteuer[1] und dient dem Ausgleich für die Beanspruchung der öffentlichen Straßen.[2] Kraftfahrzeuge i.S.d. KraftStG sind neben Kraftfahrzeugen auch Anhänger. Die Höhe der zu entrichtenden Steuer wird gem. § 12 KraftStG i.V.m. § 17 Abs. 2 FVG vom zuständigen Finanzamt festgesetzt und kommt gem. Art. 106 Abs. 2 Ziff. 3 GG den Ländern zu Gute. Die Kraftfahrzeugsteuer entsteht gem. § 6 KraftStG mit Beginn des in der Regel ein Jahr betragenden Entrichtungszeitraumes (§ 11 Abs. 1 KraftStG), wird also üblicherweise im Voraus entrichtet. Sofern die Steuer halb- oder vierteljährlich entrichtet wird, erhebt die Behörde ein Aufgeld von 3 % bzw. 6 % (§ 11 Abs. 2 KraftStG). Die Steuerschuld endet grundsätzlich mit Abmeldung des Kraftfahrzeugs, bei Kraftfahrzeugen i.S.d. § 5 Abs. 1 Ziff. 4 KraftStG mit Ablauf der Berechtigung bzw. mit Beendigung der widerrechtlichen Nutzung oder bei ausländischen Kraftfahrzeugen nach Beendigung des Aufenthalts im Inland (§ 5 KraftStG). Subjekt der Kraftfahrzeugsteuer ist der Halter des Kraftfahrzeugs oder derjenige, der das Kraftfahrzeug widerrechtlich führt. Bei ausländischen Kraftfahrzeugen richtet sich die Steuer gegen den, der das Kraftfahrzeug im Inland führt und bei Saisonfahrzeugen gegen die Person, der das Kennzeichen zugeteilt ist (§ 7 KraftStG).

4.561 Die Kraftfahrzeugsteuer knüpft grundsätzlich an das Halten des Kraftfahrzeugs zum Verkehr auf öffentlichen Straßen an, so dass es diesbezüglich nicht auf das Eigentum am Kraftfahrzeug oder den Besitz daran ankommt. Im Fall der Insolvenz ist die Kenntnis des Insolvenzverwalters von der Existenz des Kraftfahrzeugs nicht erforderlich. Die Zulassung führt zu einer Haltervermutung, die auch im Insolvenzverfahren Bestand hat.[3]

4.562 Kein Steuerobjekt, weil von der Kraftfahrzeugsteuer befreit, sind die Kraftfahrzeuge, die den Anforderungen des §§ 3 ff. KraftStG genügen. Dazu zählen z.B. Fahrzeuge der öffentlichen Hand, Fahrzeuge für Schwerbeschädigte oder Elektrofahrzeuge für einen Zeitraum von fünf Jahren.

4.563 Bemessungsgrundlage für die Kraftfahrzeugsteuer ist gem. § 8 KraftStG der Hubraum, beziehungsweise die Schadstoff- und Kohlendioxidemissionen, das Gesamtgewicht und die Geräuschemissionen. Danach richtet sich der dem § 9 KraftStG zu entnehmende Steuersatz. Der so ermittelte Steuersatz kann jedoch auch ermäßigt werden, so z.B. bei Schwerbeschädigten, die nicht § 3a Abs. 1 KraftStG unterfallen (§ 3a Abs. 2 KraftStG).

II. Praktische Bedeutung der Kraftfahrzeugsteuer im Insolvenzverfahren

4.564 Praktische Bedeutung erlangt die Kraftfahrzeugsteuer zumeist im Verbraucherinsolvenzverfahren, da besonders in diesen Fällen die Pfändbarkeit nach § 811 ZPO oder

---

1 BFH v. 27.6.1973 – II R 179/71, BStBl. II 1973, 807.
2 *Englisch* in Tipke/Lang, Steuerrecht[23], § 18 Rz. 85.
3 BFH v. 29.8.2007 – IX R 4/07, BStBl. II 2010, 145 = ZIP 2007, 2081; vgl. auch BFH v. 21.3.2019 – III R 30/18, NJW 2019, 2343.

das Problem der Freigabe durch den Insolvenzverwalter von Bedeutung werden können. In diesem Zusammenhang ist vor allem § 811 Abs. 1 Ziff. 5 ZPO von Bedeutung, der die Unpfändbarkeit von Gegenständen anordnet, die der Schuldner zur Fortsetzung seiner Erwerbstätigkeit benötigt. Ein Kraftfahrzeug ist vor allem dann unpfändbar, wenn es benötigt wird, um die Arbeitsstätte zu erreichen, bzw. die Arbeit ordnungsgemäß durchzuführen.[1] Auch die Rechtsfolgen der Freigabe eines Kraftfahrzeugs an den Schuldner sind keineswegs trivial.

Bei Unternehmensinsolvenzen kommen immer wieder Fälle vor, in denen das schuldnerische Unternehmen eine Vielzahl von Kraftfahrzeugen unterhält, die teilweise geleast sind oder im Außendienst benötigt werden. Dann können kraftfahrzeugsteuerrechtliche Fragestellungen Gewicht bekommen, weil größere Steuerbeträge im Raume stehen können. Im Übrigen ist die wirtschaftliche Bedeutung der Kraftfahrzeugsteuer im Insolvenzverfahren eher gering; andererseits sind es aber viele Fälle, für die Fragen im Zusammenhang mit der Kraftfahrzeugsteuer relevant sind.

4.565

III. Insolvenzrechtliche Qualität der Kraftfahrzeugsteuerschuld

Literatur *Busch/App*, Behandlung der Kraftfahrzeugsteuer im Insolvenzverfahren und im Insolvenzeröffnungsverfahren, SVR 2010, 166; *Busch/Brey/App*, Behandlung der Kraftfahrzeugsteuer im Insolvenzverfahren und im Insolvenzeröffnungsverfahren, SVR 2010 Heft 5, 166; *Busch/Hilbertz*, Aufrechnung von Kraftfahrzeugsteuer im eröffneten Insolvenzverfahren, ZInsO, 2005, 195; *Busch/Winkens*, Insolvenzrecht, S. 34; *Farr*, Belastung der Masse mit Kraftfahrzeugsteuer, NZI 2008, 78; *Gundlach/Frenzel/Schirrmeister*, Die Aufrechnung gegen Steuererstattungsansprüche in der Insolvenz – Am Beispiel des Kfz-Steuer-Erstattungsanspruchs, DStR 2005, 1412; *Hartmann*, Kraftfahrzeugsteuer in der Insolvenz nach neuer BFH-Rechtsprechung, NZI 2012, 168; *Horner/Rand*, Kfz-Steuer: Massehaftung für insolvenzfreies Vermögen? – Neue Rechtsprechung und ein insolvenz-steuerverfahrensrechtliches Lehrstück, NZI 2011, 898; *Kahlert/Rühland*, Sanierungs- und Insolvenzsteuerrecht, Rz. 2499 ff.; *Klein/Humberg*, Die Behandlung der Kraftfahrzeugsteuer im Falle der Insolvenz, JR 2008, 224; *Kranenberg*, Kraftfahrzeugsteuer in der Insolvenz – neuere Entwicklungen in der Rechtsprechung, NZI 2008, 81; *Loof*, Kraftfahrzeugsteuerschuld im Insolvenzverfahren nach neuester BFH-Rechtsprechung, ZInsO 2008, 75; *Menn*, Kfz-Steuer im Insolvenzverfahren: Masseverbindlichkeit oder Forderung gegen das insolvenzfreie Vermögen des Schuldners?, ZInsO 2009, 1189; *Roth*, BFH zur Kraftfahrzeugsteuer: Masseverbindlichkeit trotz Freigabe, ZInsO 2008, 304; *Sterzinger*, Kraftfahrzeugsteuerpflicht im Insolvenzverfahren, DStR 2008, 1672; *Wipperfürth*, Fahrzeuge im Insolvenzverfahren, SVR 2015, 321; *Wohlers*, Die Kraftfahrzeugsteuer im Insolvenzverfahren – Insolvenzforderung oder Masseverbindlichkeit?, ZInsO 2002, 1074; *Zens*, Kraftfahrzeugsteuer als Masseverbindlichkeit im Insolvenzverfahren, NWB 2012, 2397.

Kraftfahrzeugsteuerschulden können im Insolvenzverfahren den Rang von Insolvenzforderungen (§ 38 InsO) oder von Masseverbindlichkeiten (§ 55 InsO) einnehmen. Außerdem können Kraftfahrzeugsteuerschulden das insolvenzfreie Vermögen des Insolvenzschuldners betreffen (Rz. 2.135 ff.); in solchen Fällen ist die Kraftfahrzeugsteuerschuld nicht im Insolvenzverfahren, sondern trotz laufenden Insolvenzverfahrens gegen den Schuldner geltend zu machen. Sofern es sich um eine Insolvenzforderung handelt, muss das Finanzamt seine Forderung zur Insolvenztabelle

4.566

---

1 *Flockenhaus* in Musielak[17], § 811 ZPO Rz. 20, 20a.

anmelden (§ 174 InsO) und wird anschließend bei der Verteilung des Verwertungserlöses berücksichtigt.[1] Handelt es sich um eine Masseverbindlichkeit, so wird diese gem. § 53 InsO vorrangig aus der Insolvenzmasse befriedigt.

4.567 Ist die Haltereigenschaft des Schuldners bei Insolvenzverfahrenseröffnung bereits beendet und sind dennoch Forderungen aus nicht entrichteter Kraftfahrzeugsteuer offen, so nehmen diese den Rang einfacher Insolvenzforderungen (§ 38 InsO) ein.

4.568 Bei Fällen, in denen der Insolvenzschuldner im Zeitpunkt der Insolvenzeröffnung Halter eines Kraftfahrzeuges ist, sind diverse Differenzierungen vorzunehmen.

IV. Steuerschuld für massezugehörige Kraftfahrzeuge für das Jahr der Insolvenzeröffnung

4.569 Soweit Kraftfahrzeugsteuer für einen Entrichtungszeitraum, der bei Insolvenzeröffnung bereits begonnen hat, nicht entrichtet ist, ist der Kraftfahrzeugsteuerbetrag aufzuteilen:[2] Der Teil der Kraftfahrzeugsteuerschuld, der auf die vor der Eröffnung des Insolvenzverfahrens im Entrichtungszeitraum bereits vergangenen Tage entfällt, ist stets Insolvenzforderung (§ 38 InsO); der Teil der nicht entrichteten Kraftfahrzeugsteuerschuld, der auf die Tage nach der Insolvenzeröffnung entfällt, nimmt – soweit das Kraftfahrzeug in die Insolvenzmasse (§ 35 InsO) fällt und die Haltereigenschaft des Insolvenzschuldners nicht vor Ablauf des Entrichtungszeitraumes endet – den Rang einer Masseverbindlichkeit i.S.d. § 55 InsO ein.[3] Unterliegt das Fahrzeug wegen seiner Zugehörigkeit zur Insolvenzmasse nach § 80 InsO der Verwaltungs- und Verfügungsbefugnis des Insolvenzverwalters, weist die Kraftfahrzeugsteuer, die aus dem Halten dieses Fahrzeugs resultiert, einen Bezug zur Insolvenzmasse auf, denn der Insolvenzverwalter kann über die Art und Weise seiner Verwendung oder Verwertung bestimmen und gegebenenfalls verhindern, dass weiterhin Kraftfahrzeugsteuer entsteht, indem er das Fahrzeug veräußert oder außer Betrieb setzt und der Zulassungsbehörde dies anzeigt.[4]

4.570 Die nach Insolvenzeröffnung entstandene Kraftfahrzeugsteuer **für ein zur Insolvenzmasse gehörendes Kraftfahrzeug** ist Masseverbindlichkeit i.S.v. **§ 55 Abs. 1 Ziff. 1 InsO, solange** die Steuerpflicht wegen der verkehrsrechtlichen Zulassung des Fahrzeugs auf den Schuldner noch andauert – **und das Fahrzeug massezugehörig, also insbesondere weder unpfändbar noch freigegeben ist** (vgl. Rz. 4.587). Unerheblich ist hingegen, ob es an einer tatsächlichen Nutzung des Kraftfahrzeuges zugunsten der Insolvenzmasse fehlt.[5] Die Masseverbindlichkeit stützt sich vielmehr auf

---

[1] *Bork*, Einführung in das Insolvenzrecht[9], Rz. 332.
[2] BFH v. 16.9.2014 – II B 52/14, BFH/NV 2015, 240; v. 21.3.2019 – III R 30/18, NJW 2019, 2343.
[3] BFH v. 16.11.2004 – VII R 62/03, BStBl. II 2005, 309 = ZIP 2005, 264; v. 21.3.2019 – III R 30/18, NJW 2019, 2343; *Schüppen/Schlösser* in MünchKomm/InsO[4], Insolvenzsteuerrecht, Rz. 486; *Schmittmann* in Waza/Uhländer/Schmittmann, Insolvenzen und Steuern[12], Rz. 2535.
[4] BFH v. 13.4.2011 – II R 49/09, BStBl. II 2011, 944; v. 21.3.2019 – III R 30/18, NJW 2019, 2343.
[5] BFH v. 29.8.2007 – IX R 4/07, BStBl. II 2010, 145 = ZIP 2007, 2081.

eine der Halterstellung unwiderlegbar innewohnende Vermutung, dass der Halter das Kraftfahrzeug auch nutzt. Auf die tatsächliche Nutzung kommt es nicht an; maßgeblich für die Beendigung der Haltereigenschaft ist der Zeitpunkt der Abmeldung, bzw. der Anzeige der Veräußerung oder der Freigabe.[1]

V. Steuerschuld für massezugehöriges Kraftfahrzeug ist bei Insolvenzeröffnung im Voraus entrichtet

In dem Fall, dass die Steuer bereits für den Entrichtungszeitraum vor Verfahrenseröffnung entrichtet worden ist, muss die auf die Tage nach Verfahrenseröffnung entfallende Steuer entweder gegen den Insolvenzverwalter oder gegen den Schuldner festgesetzt werden. Dies hat die Folge, dass der vor Verfahrenseröffnung vorausbezahlte Betrag vom Finanzamt der Masse zu erstatten ist, wobei das Finanzamt mit Insolvenzforderungen aufrechnet.[2] Sofern das Kraftfahrzeug nach Verfahrenseröffnung nicht im Rahmen der Verwaltung der Insolvenzmasse vom Insolvenzverwalter genutzt, sondern dem Schuldner freigegeben wird oder wegen Unpfändbarkeit kraft Gesetzes nicht Gegenstand des Insolvenzverfahrens ist (§ 36 Abs. 1 InsO), ist die Steuer von dem Schuldner aus dem insolvenzfreien Vermögen oder Erwerb zu tragen. Der im Voraus entrichtete Betrag ist gleichwohl an die Masse zu erstatten (und nicht etwa dem Schuldner in sein insolvenzfreies Vermögen) bzw. kann durch die Finanzverwaltung gegen Insolvenzforderungen aufgerechnet werden.[3]

4.571

Aber auch wenn der Insolvenzverwalter das Fahrzeug im Rahmen der Verwaltung der Insolvenzmasse nutzt und folglich aus derselben die Kraftfahrzeugsteuer als Masseforderung ungekürzt entrichten muss, erübrigt sich eine Festsetzung der während des Insolvenzverfahrens entstehenden Kraftfahrzeugsteuer und eine Erstattung der im Voraus entrichteten Kraftfahrzeugsteuer nicht (und bleibt folglich dem Finanzamt die Aufrechnungsmöglichkeit gegen Insolvenzforderungen erhalten).[4]

4.572

VI. Kraftfahrzeugsteuerschuld bei Freigabe von (zunächst) massezugehörigen Kraftfahrzeugen

Die Freigabe ist eine einseitig empfangsbedürftige Willenserklärung,[5] die bewirkt, dass der Insolvenzbeschlag des freigegebenen Gegenstands endet.[6] Die Erklärung ist weder widerruflich, noch kann der Schuldner ihr widersprechen,[7] ausführlich zur Freigabe s. Rz. 2.143 ff.

4.573

---

1 BFH v. 29.8.2007 – IX R 4/07, BStBl. II 2010, 145 = ZIP 2007, 2081.
2 BFH v. 16.9.2014 – II B 52/14, BFH/NV 2015, 240; v. 16.11.2004 – VII R 62/03, BStBl. II 2005, 309 = ZIP 2005, 264.
3 BFH v. 26.11.2013 – VII B 243/12, ZIP 2014, 979 m. Anm. *Kahlert* = BFH/NV 2014, 581; v. 16.11.2004 – VII R 62/03, BStBl. II 2005, 309 = ZIP 2005, 264.
4 BFH v. 16.11.2004 – VII R 62/03, BStBl. II 2005, 309 = ZIP 2005, 264.
5 *Smid*, Praxishandbuch Insolvenzrecht[5], § 7 Rz. 49.
6 *Mohrbutter* in Mohrbutter/Ringstmeier, Handbuch der Insolvenzverwaltung[9], § 6 Rz. 211.
7 *Mohrbutter* in Mohrbutter/Ringstmeier, Handbuch der Insolvenzverwaltung[9], § 6 Rz. 228, 229.

4.574 In den meisten Fällen wird im Insolvenzverfahren eine sog. echte Freigabe erfolgen, da sich für die Masse aus der Nutzung des Kraftfahrzeuges oder dessen Verwertung kein Vorteil erzielen lässt, sondern im Gegenteil die Masse mit Kosten belastet wird.[1] Voraussetzung einer Freigabe ist zwingend, dass das Kraftfahrzeug zum Zeitpunkt der Freigabe zur Masse gehört; es darf sich also nicht um ein nach § 811 Abs. 1 Ziff. 5 ZPO bereits unpfändbares Kraftfahrzeug handeln, das nach § 36 InsO nicht zur Insolvenzmasse gehört. Ein solches nicht massezugehöriges Kraftfahrzeug unterliegt nicht der Verfügungsbefugnis des Insolvenzverwalters, die sich aus § 80 Abs. 1 InsO ergibt, so dass es einer durch die Freigabe bewirkten Aufhebung der Verfügungsbefugnis auch gar nicht bedarf.[2] Die Freigabe der selbständigen Tätigkeit des Insolvenzschuldners nach § 35 Abs. 2 InsO durch den Insolvenzverwalter ist dabei für die Beurteilung der Kraftfahrzeugsteuer als Masseverbindlichkeit oder insolvenzfreie Verbindlichkeit ohne Belang.[3]

4.575 Der BFH hat seine Rechtsprechung dahingehend geändert dass Kraftfahrzeugsteuer nur dann und nur so lange Masseverbindlichkeit ist, wie das Kraftfahrzeug Massebestandteil ist.[4] Bei insolvenzfreien Fahrzeugen besteht kein Bezug der Kraftfahrzeugsteuer zur Insolvenzmasse. Dem Insolvenzverwalter ist es auch weder möglich noch besteht aus seiner Sicht ein Bedürfnis dafür, das Entstehen von Kraftfahrzeugsteuer für solche Fahrzeuge zu verhindern, da die Verwaltungs- und Verfügungsbefugnis des Insolvenzverwalters sich auf die zur Masse gehörenden Vermögensgegenstände beschränkt. Ebenso wenig ist Kraftfahrzeugsteuer allein deshalb als Masseverbindlichkeit zu beurteilen, weil das (insolvenzfreie) Fahrzeug für die Masse genutzt worden ist.

4.576 Nach der Freigabe ist die Kraftfahrzeugsteuer vom Insolvenzschuldner **mit seinem insolvenzfreien Vermögen geschuldet**. Kann der Schuldner die nach der Freigabe anfallenden Kraftfahrzeugsteuerschulden nicht bezahlen, kann die Finanzbehörde nach § 14 KraftStG vorgehen.[5]

4.577–4.579 Einstweilen frei.

VII. Kraftfahrzeugsteuer bei unpfändbaren Kraftfahrzeugen

4.580 Ein Kraftfahrzeug kann insbesondere gem. § 811 Abs. 1 Ziff. 5 ZPO unpfändbar sein.[6] Diese Vorschrift soll einen Ausgleich zwischen den Belangen des Schuldners

---

1 Vgl. dazu *Schmittmann* in Waza/Uhländer/Schmittmann, Insolvenzen und Steuern[12], Rz. 2540.
2 So auch *Schmittmann* in Waza/Uhländer/Schmittmann, Insolvenzen und Steuern[12], Rz. 2540.
3 BFH v. 8.9.2011 – II R 54/10, BStBl. II 2012, 149 = ZIP 2012, 42.
4 So auch FG Schl.-Holst. v. 8.3.2012 – 3 K 17/11, EFG 2012, 1382; BFH v. 21.3.2019 – III R 30/18, NZI 2020, 82.
5 So auch *Schmittmann* in Waza/Uhländer/Schmittmann, Insolvenzen und Steuern[12], Rz. 2555.
6 Vgl. auch *Schmittmann* in Waza/Uhländer/Schmittmann, Insolvenzen und Steuern[12], Rz. 2538 f.

und des Gläubigers schaffen¹ und vor allem dafür sorgen, dass der Schuldner seinen Lebensunterhalt weiter selbst erwirtschaften kann.² Ein Kraftfahrzeug kann dann Gegenstand i.S.d. Vorschrift sein, wenn es mittelbar oder unmittelbar zur Durchführung der Arbeit benötigt wird.³ Dies ist z.B. bei Kundenbesuchen oder Transporten der Fall. Die Vorschrift greift auch, wenn der Ehegatte das Kraftfahrzeug benötigt, jedoch nicht, wenn öffentliche Verkehrsmittel in zumutbarer Weise zur Verfügung stehen.⁴ Das Kraftfahrzeug muss also dazu dienen, den gegenwärtig bestehenden Arbeitsverpflichtungen nachzugehen bzw. es muss die hinreichend konkrete Möglichkeit bestehen, dass in naher Zukunft eine solche Verpflichtung besteht.⁵

Gemäß § 36 InsO gehören Gegenstände, die nicht der Zwangsvollstreckung unterliegen, nicht zur Insolvenzmasse. Die Rechtsposition des „Halters" eines Fahrzeugs fällt nicht unter das Vermögen i.S.v. § 35 InsO und gehört folglich nicht zur Insolvenzmasse.⁶ Maßgeblich ist allein, ob das Fahrzeug Teil der Insolvenzmasse ist.⁷   4.581

Zu den Masseverbindlichkeiten gehören nach § 55 Abs. 1 Ziff. 1 InsO solche Verbindlichkeiten, die sich aus der Verwaltung der Insolvenzmasse ergeben. Dies ist der Fall, wenn die Abgabenforderung selbst einen Bezug zur Insolvenzmasse aufweist und erst nach Eröffnung des Insolvenzverfahrens begründet wurde.⁸ Ein Kraftfahrzeug, das unter die Pfändungsschutzvorschriften des § 811 ZPO fällt und deswegen nicht der Zwangsvollstreckung unterliegt, gehört gem. § 36 InsO nicht zur Insolvenzmasse.⁹ Bei insolvenzfreien Fahrzeugen besteht kein Bezug der Kraftfahrzeugsteuer zur Insolvenzmasse. Dem Insolvenzverwalter ist es insbesondere nicht möglich, das Entstehen von Kraftfahrzeugsteuer für solche Fahrzeuge zu verhindern, denn die Verwaltungs- und Verfügungsbefugnis des Insolvenzverwalters erstreckt sich auf alle zur Masse gehörenden Vermögensgegenstände, beschränkt sich aber auch auf diese.   4.582

Die Kraftfahrzeugsteuer ist auch nicht allein deshalb als Masseverbindlichkeit zu beurteilen, weil das (insolvenzfreie) Fahrzeug für die Masse genutzt worden ist. Handelt es sich bei dem betroffenen Fahrzeug also um eine nach § 811 Abs. 1 Nr. 5 ZPO pfändungs- und somit insolvenzfreie Sache, ist die Kraftfahrzeugsteuer gegen den Schuldner festzusetzen.¹⁰   4.583

---

1 *Flockenhaus* in Musielak¹⁷, § 811 ZPO Rz. 1.
2 *Gruber* in MünchKomm/ZPO⁵, § 811 Rz. 34.
3 *Gruber* in MünchKomm/ZPO⁵, § 811 Rz. 40; *Flockenhaus* in Musielak¹⁷, § 811 ZPO Rz. 20a.
4 *Gruber* in MünchKomm/ZPO⁵, § 811 Rz. 39; *Flockenhaus* in Musielak¹⁷, § 811 ZPO Rz. 20a.
5 *Flockenhaus* in Musielak¹⁷, § 811 ZPO Rz. 20a, 17.
6 BFH v. 13.4.2011 – II R 49/09, BStBl. II 2011, 944; v. 8.9.2011 – II R 54/10, BStBl. II 2012, 149 = ZIP 2012, 42; v. 21.3.2019 – III R 30/18, NZI 2020, 82; *Schmittmann* in Waza/Uhländer/Schmittmann, Insolvenzen und Steuern¹², Rz. 2538.
7 BFH v. 8.9.2011 – II R 54/10, BStBl. II 2012, 149 = ZIP 2012, 42; v. 21.3.2019 – III R 30/18, NZI 2020, 82; FG Schl.-Holst. v. 8.3.2012 – 3 K 17/11, EFG 2012, 1382.
8 BVerwG v. 16.12.2009 – 8 C 9/09, NJW 2010, 2152 (2153); BFH v. 21.3.2019 – III R 30/18, NZI 2020, 82.
9 BFH v. 13.4.2011 – II R 49/09, BStBl. II 2011, 944.
10 BFH v. 13.4.2011 – II R 49/09, BStBl. II 2011, 944 m.w.N.

VIII. Möglichkeit zur Beendigung der Kraftfahrzeugsteuerschuld der Insolvenzmasse

4.584 Zur Beendigung der Kraftfahrzeugsteuerschuld der Insolvenzmasse gibt es mehrere Möglichkeiten:

1. Außerbetriebsetzung

4.585 Die Außerbetriebsetzung des Kraftfahrzeugs richtet sich nach § 14 FZV. Für diese muss der Halter – im Fall der Insolvenz der Insolvenzverwalter – die Zulassungsbescheinigung, die Anhängerverzeichnisse und die Kennzeichen vorlegen. Bei nicht zulassungs-, aber kennzeichenpflichtigen Fahrzeugen sind der Nachweis über die Zuteilung des Kennzeichens oder die Zulassungsbescheinigung Teil I sowie das Kennzeichen vorzulegen. Folge der Abmeldung ist die Beendigung der Halterstellung. Mit Beendigung der Halterstellung endet auch die Haltervermutung. Das hat zur Folge, dass das Kraftfahrzeug ab dem Tag der Abmeldung nicht mehr steuerpflichtig ist (§ 5 Abs. 1 Ziff. 1 KraftStG) und keine Steuerforderungen mehr gegen die Masse entstehen.

2. Veräußerungsanzeige

4.586 Die Veräußerungsanzeige gem. § 13 Abs. 4 FZV hat zur Folge, dass das Fahrzeugregister berichtigt wird. Tritt ein Wechsel in der Person des Halters ein, hat der bisherige Halter oder Eigentümer dies unverzüglich der Zulassungsbehörde zum Zwecke der Berichtigung der Fahrzeugregister mitzuteilen. Die Mitteilung muss das Kennzeichen des Fahrzeugs, Namen, Vornamen und vollständige Anschrift des Erwerbers sowie dessen Bestätigung enthalten, dass die Zulassungsbescheinigung und die Kennzeichenschilder übergeben wurden. Danach ist die Halterstellung des Veräußerers beendet; eine Haltervermutung besteht nicht mehr. Demzufolge entfällt ab diesem Zeitpunkt auch die an die Halterstellung anknüpfende Steuerschuld.

3. Freigabe und deren Anzeige

4.587 Die Anzeige der Freigabe hat die gleiche Wirkung wie die Anzeige der Veräußerung nach § 13 Abs. 4 FZV, nämlich die Beendigung der Halterstellung. Die Haltereigenschaft endet, wenn der Insolvenzverwalter die Freigabe des Kraftfahrzeugs der Zulassungsstelle unter Nennung des Kennzeichens und der Daten des Schuldners als neuem Halter anzeigt.[1]

Nach neuerer Rechtsprechung des BFH beendet allerdings schon die bloße Freigabe an sich die Entstehung von Masseverbindlichkeiten, weil dadurch der Bezug der Kraftfahrzeugsteuer zur Insolvenzmasse entfällt.[2] Auf eine der Bestätigung des Erwerbers gleichzusetzende Bestätigung des Schuldners kann verzichtet werden, da es

---

[1] BFH v. 10.3.2010 – II B 172/09, ZIP 2010, 1302 m. Anm. *Meyer* = NZI 2010, 497; so auch *Schmittmann* in Waza/Uhländer/Schmittmann, Insolvenzen und Steuern[12], Rz. 2548.
[2] BFH v. 8.9.2011 – II R 54/10, BStBl. II 2012, 149 = ZIP 2012, 42; v. 16.9.2014 – II B 52/14, NZI 2015, 41.

sich bei der Freigabe, anders als bei der Veräußerung, nicht um ein zweiseitiges Rechtsgeschäft handelt. Ebenso ist eine entsprechende Mitteilung an die Finanzbehörde zwar sinnvoll, aber nicht notwendig.

Gibt der Insolvenzverwalter hingegen ein fremdes Fahrzeug aus der Insolvenzmasse frei, erkennt er lediglich bestehende Eigentumsrechte an und gibt damit einen massefremden Gegenstand dem Aussonderungsberechtigten frei, ist er nicht verpflichtet, dem Finanzamt den Eigentümer eines Kfz zu nennen. Die Mitteilung, dass das Fahrzeug nicht im Eigentum der Insolvenzschuldnerin steht, reicht regelmäßig aus.[1]

IX. Kraftfahrzeuge mit Absonderungsrechten

1. Sicherungsübereignung

Nicht selten sind Kraftfahrzeuge mit Absonderungsrechten belastet (Rz. 2.292 ff.). Bei der Sicherungsübereignung wird der Sicherungsnehmer Eigentümer des Kraftfahrzeugs. Der sicherungsübereignende Schuldner ist dann nicht mehr Eigentümer, erhält das Kraftfahrzeug aber weiterhin zur Nutzung überlassen. Somit bleibt es auch bei der Sicherungsübereignung bei der Halterstellung des Schuldners. 4.588

Der Sicherungsnehmer ist gem. § 51 Ziff. 1 InsO absonderungsberechtigt. Dies hat zur Folge, dass das Kraftfahrzeug zwar zur Insolvenzmasse gehört, der Sicherungsnehmer aber vorzugsweise aus dem Kraftfahrzeug zu befriedigen ist. Die Verwertung obliegt im Regelinsolvenzverfahren gem. §§ 166, 168 InsO grundsätzlich dem Insolvenzverwalter. Der Erlös aus der Verwertung ist nach Abzug der Feststellungs- und Verwertungskostenpauschalen (§§ 170, 171 InsO) und ggf. der Umsatzsteuer an den Absonderungsberechtigten abzuführen (Rz. 2.292 ff.). Entsteht bei der Verwertung ein Überschuss über den gesicherten Anspruch des Absonderungsberechtigten, so steht dieser der Masse zu.[2] Soweit das Kraftfahrzeug im Regelinsolvenzverfahren zur Insolvenzmasse gehört und im Rahmen des Insolvenzverfahrens verwertet wird, ist auch die auf die Zeit nach der Insolvenzeröffnung entfallende Kraftfahrzeugsteuer ungeachtet etwaiger Absonderungsrechte Masseverbindlichkeit (§ 55 InsO). 4.589

2. Unpfändbare Kraftfahrzeuge mit Sicherungsrechten

Sofern Kraftfahrzeuge unpfändbar sind (§ 811 ZPO i.V.m. § 36 InsO; Rz. 2.153 ff.) fehlt die Massezugehörigkeit. Das gilt auch dann, wenn Sicherungsrechte wie Sicherungseigentum oder Pfandrechte Dritter an im Schuldnervermögen stehenden unpfändbaren Gegenständen bestehen. Es ist dann verfehlt, im Hinblick auf solche Sicherungsrechte von Absonderungsrechten zu sprechen, denn Absonderungsrechte können per definitionem nur an Gegenständen der Insolvenzmasse bestehen (vgl. § 50 InsO). In Bezug auf unpfändbare Kraftfahrzeuge fehlt es an der Halterstellung der Insolvenzmasse, so dass die Kraftfahrzeugsteuerschuld auch nicht die Insolvenzmasse, sondern das insolvenzfreie Vermögen des Schuldners trifft. Hier gilt Gleiches wie für unpfändbare Kraftfahrzeuge im Allgemeinen (Rz. 4.584). 4.590

---

1 FG Hamburg v. 12.12.2012 – 2 K 234/12, juris.
2 *Vortmann* in Mohrbutter/Ringstmeier, Handbuch der Insolvenzverwaltung[9], § 8 Rz. 91 ff.

3. Freigabe bei Kraftfahrzeugen mit Absonderungsrechten

4.591 Auch Kraftfahrzeuge, an denen Absonderungsrechte Dritter bestehen, kann der Insolvenzverwalter aus der Insolvenzmasse freigeben. Das gilt sogar in Bezug auf Gegenstände, bei denen das Absonderungsrecht im Sicherungseigentum eines Dritten besteht. Durch die Sicherungsübereignung erlangt der Sicherungsnehmer zwar Volleigentum im Sinne des BGB, gleichzeitig gehört der Gegenstand jedoch zur Insolvenzmasse und ist insolvenzrechtlich „nur" mit einem Absonderungsrecht des Sicherungseigentümers belegt.[1] Das nach BGB vollwertige Eigentum ist im Fall der Insolvenz also gerade kein vollwertiges Eigentum. Vielmehr hat der Insolvenzverwalter auf Grund der Massezugehörigkeit volle Verfügungsbefugnis über das Kraftfahrzeug. Er kann gem. §§ 166, 168 InsO auch freihändig verwerten, sofern er das Kraftfahrzeug in Besitz hat. Aus der Befugnis zur Verwertung ergibt sich auch die Befugnis zur Freigabe. Der Freigabe an den Schuldner steht auch nicht die Eigentümerstellung des Sicherungsnehmers entgegen,[2] denn die Zulässigkeit der Freigabe knüpft an den Insolvenzbeschlag und nicht an die Eigentümerstellung des Schuldners an. Dem Sicherungsnehmer wird durch die Freigabe sein Recht zur Befriedigung aus dem Gegenstand nicht genommen, denn dieses haftet dem Gegenstand an und besteht demnach auch nach der Freigabe unverändert fort.

4.592 Die Freigabe allein bewirkt allerdings nicht unmittelbar die Beendigung der Steuerpflicht der Insolvenzmasse (Rz. 4.574 f.). Auch die an die Zulassungsbehörde gerichtete Mitteilung des Insolvenzverwalters, dass die Freigabe erfolgt sei, reicht nach der jüngsten Judikatur des BFH nicht aus.[3]

Ein Insolvenzverwalter ist nicht verpflichtet, der Finanzbehörde den Eigentümer eines Kraftfahrzeuges zu nennen. Die Mitteilung, dass das Fahrzeug nicht im Eigentum des Insolvenzschuldners steht, reicht regelmäßig aus.[4]

4. Veräußerung bzw. Abmeldung bei Kraftfahrzeugen mit Absonderungsrechten

4.593 Auch soweit an Kraftfahrzeugen Rechte Dritter bestehen, ist der Insolvenzverwalter – zumindest im Regelinsolvenzverfahren – gem. §§ 166, 168 InsO zur Verwertung berechtigt und kann ein Kraftfahrzeug veräußern bzw. abmelden, soweit es nicht unpfändbar ist, zu unpfändbaren Kraftfahrzeugen s. Rz. 4.580 f. Die Steuerpflicht der Insolvenzmasse endet wie auch bei Kraftfahrzeugen, an denen keine Drittrechte bestehen, durch die Außerbetriebsetzung, die den Anforderungen des § 14 FZV[5] genügt bzw. durch die Veräußerungsanzeige, die den Anforderungen des § 13 FZV genügt (Rz. 4.586).

---

1 *Ganter* in MünchKomm/InsO⁴, § 47 Rz. 53.
2 *Vortmann* in Mohrbutter/Ringstmeier, Handbuch der Insolvenzverwaltung⁹, § 8 Rz. 213.
3 BFH v. 10.3.2010 – II B 172/09, ZIP 2010, 1302 m. Anm. *Meyer* = ZInsO 2010, 959 (959).
4 FG Hamburg v. 12.12.2012 – 2 K 234/12, Haufe-Index 3642408.
5 Vgl. BFH v. 10.3.2010 – II B 172/09, ZIP 2010, 1302 m. Anm. *Meyer* = ZInsO 2010, 959 (959).

Einstweilen frei. 4.594

X. Kraftfahrzeug als insolvenzfreier Neuerwerb

Der Insolvenzschuldner kann in seiner insolvenzfreien Vermögenssphäre (Rz. 2.143 ff.) sowohl ein Kraftfahrzeug anschaffen, als es auch unterhalten. Soweit die Haltereigenschaft des Insolvenzschuldners erst nach der Insolvenzeröffnung erfolgt, das Kraftfahrzeug nicht in die Insolvenzmasse fällt und auch nicht zum Nutzen der Insolvenzmasse verwendet wird, ist die Kraftfahrzeugsteuerschuld originäre Verbindlichkeit des Schuldners mit seinem insolvenzfreien Vermögen. Masseverbindlichkeiten können hieraus nicht erwachsen. 4.595

XI. Auswirkungen der Anzeige der Masseunzulänglichkeit

Die Anzeige der Masseunzulänglichkeit gem. § 208 InsO hat gem. § 210 InsO zur Folge, dass die Vollstreckung wegen Masseverbindlichkeiten i.S.d. § 209 Abs. 1 Ziff. 3 InsO unzulässig wird. Nach der Anzeige der Masseunzulänglichkeit ändert sich die Befriedigungsreihenfolge der Gläubiger. Vorrang haben nun die Kosten des Verfahrens; daran schließen sich die Masseverbindlichkeiten an, die nach der Anzeige der Masseunzulänglichkeit begründet werden bzw. dazu gehörende Verbindlichkeiten nach § 209 Abs. 2 InsO. Die Kraftfahrzeugsteuer, die nach der Eröffnung des Insolvenzverfahrens entstanden ist und zu den Masseverbindlichkeiten zählt, kann vollständig auch nach der Anzeige der Masseunzulänglichkeit gegen die Insolvenzmasse festgesetzt werden; die Vollstreckung ist aber nur noch wegen derjenigen Steuerbeträge möglich, die nach der Anzeige der Masseunzulänglichkeit entstanden sind.[1] 4.596

XII. Kraftfahrzeugsteuer bei parallel bestehender Zwangsverwaltung

Die nach Insolvenzeröffnung entstandene Kraftfahrzeugsteuer für ein **Fahrzeug, das als Zubehör bereits vor Insolvenzeröffnung durch Anordnung der Zwangsverwaltung über ein Grundstück beschlagnahmt** worden war, ist keine Masseverbindlichkeit i.S.v. § 55 Abs. 1 Nr. 1 InsO und daher nicht gegenüber dem Insolvenzverwalter, sondern gegenüber dem Zwangsverwalter festzusetzen.[2] Die Verwaltungs- und Nutzungsbefugnis des Zwangsverwalters über das von der Beschlagnahme eines Grundstücks erfasste Zubehör besteht grundsätzlich fort, wenn nach der Beschlagnahme das Insolvenzverfahren über das Vermögen des Insolvenzschuldners eröffnet wird. Zwar werden das Grundstück und dessen Zubehör aufgrund des fortgeltenden Eigentumsrechts des Vollstreckungsschuldners mit Eröffnung des Insolvenzverfahrens gem. § 35 Abs. 1 InsO Teil der Insolvenzmasse. Die Verwaltungs- und Verfügungsbefugnis über die im Wege der Zwangsverwaltung bereits beschlagnahmten Sachen geht jedoch nicht auf den Insolvenzverwalter über. 4.597

---

1 BFH v. 29.8.2007 – IX R 58/06, BStBl. II 2008, 322 = ZIP 2007, 2083.
2 BFH v. 1.8.2012 – II R 28/11, BStBl. II 2013, 131 = ZIP 2012, 2306; v. 10.2.2015 – IX R 23/14, DStR 2015, 1307.

Die Anordnung der Zwangsverwaltung lässt das Eigentumsrecht des Vollstreckungsschuldners an dem Grundstück unberührt. Die Beschlagnahme führt aber dazu, dass der unter Zwangsverwaltung stehende Grundbesitz von dem übrigen Vermögen des Schuldners getrennt wird und ein Sondervermögen bildet, welches den die Zwangsverwaltung betreibenden Vollstreckungsgläubigern zur Sicherung ihres Befriedigungsrechtes zur Verfügung steht.

Auch Zubehör eines Grundstücks, das im Alleineigentum nur eines von mehreren Grundstückseigentümern (Miteigentum oder Gesamthandseigentum) steht, fällt gem. § 1120 BGB in den Haftungsverband der Hypothek, da die Hypothek an einem Grundstück das ganze Grundstück belastet und jeder der Eigentümer für die ganze Forderung dinglich haftet. Zwar erfüllt auch nach der Beschlagnahme weiterhin der Insolvenzschuldner, auf den das Fahrzeug zugelassen ist, den steuerrechtlichen Tatbestand des Haltens eines Fahrzeugs i.S.v. § 1 Abs. 1 Nr. 1, § 7 Nr. 1 KraftStG, so dass er weiterhin Steuerschuldner und Steuerpflichtiger i.S.v. § 33 Abs. 1 AO ist. Der Zwangsverwalter tritt jedoch insoweit als Vermögensverwalter gem. § 34 Abs. 3 i.V.m. § 34 Abs. 1 AO neben den Insolvenzschuldner, der zugleich Vollstreckungsschuldner ist. Als Vermögensverwalter hat der Zwangsverwalter die steuerlichen Pflichten zu erfüllen, soweit die Zwangsverwaltung reicht, und daher die aus der Verwaltung des beschlagnahmten Vermögens resultierenden Steuern aus der Zwangsverwaltungsmasse heraus zu erfüllen. Er hat somit auch die Kraftfahrzeugsteuer für ein seiner Verwaltungs- und Nutzungsbefugnis unterliegendes Kraftfahrzeug zu entrichten.[1]

Dem ist zuzustimmen, da hinsichtlich der Kraftfahrzeugsteuer von einer Trennung der Vermögensmasse auszugehen ist. In diesem Zusammenhang bildet die Zwangsverwaltungsmasse eine Sondermasse. Die beschlagnahmten Gegenstände fallen nicht unter die Verwaltungs- und Verfügungsbefugnis des Insolvenzverwalters nach § 80 Abs. 1 InsO. Demensprechend sind die Verbindlichkeiten, welche aus der Verwaltung dieser Sondermasse resultieren, auch gehen den Zwangsverwalter festzusetzen.

F. Erbschaft- und Schenkungsteuer

I. Grundlagen

4.598 Der Erbschaftsteuer unterliegt vor allem der Erwerb von Todes wegen (§ 1 Abs. 1 Ziff. 1 ErbStG). Die Vorschriften des Erbschaftsteuergesetzes über die Erwerbe von Todes wegen gelten auch für Schenkungen, § 1 Abs. 2 ErbStG; insoweit spricht man von Schenkungsteuer. Die Steuerpflicht tritt gem. § 2 ErbStG ein, wenn der Erblasser zur Zeit seines Todes bzw. der Schenker zur Zeit der Ausführung der Schenkung oder der Erwerber zur Zeit der Entstehung der Steuer (§ 9 ErbStG) ein Inländer ist. Die nähere Bestimmung, wer Inländer in diesem Sinne ist, findet sich in § 2 Abs. 1 Satz 2 ErbStG. Welche Rechtsvorgänge als Erwerb von Todes wegen anzusehen sind,

---

[1] BFH v. 1.8.2012 – II R 28/11, BStBl. II 2013, 131 = ZIP 2012, 2306; v. 10.2.2015 – IX R 23/14, DStR 2015, 1307.

bestimmt § 3 ErbStG. Dies sind insbesondere der Erwerb durch Erbanfall (§ 1922 BGB), durch Vermächtnis (§§ 2147 ff. BGB) oder auf Grund eines geltend gemachten Pflichtteilsanspruchs (§§ 2303 ff. BGB). Die Steuer entsteht bei Erwerben von Todes wegen grundsätzlich mit dem Tode des Erblassers (vgl. im Einzelnen § 9 Abs. 1 ErbStG). Als steuerpflichtiger Erwerb gilt die Bereicherung des Erwerbers, soweit sie nicht steuerfrei ist (§ 10 Abs. 1 Satz 1 ErbStG). Für die Wertermittlung ist gem. § 11 ErbStG in Ermangelung ausdrücklicher anderslautender Bestimmungen der Zeitpunkt der Entstehung der Steuer maßgebend. Nach dem persönlichen Verhältnis des Erwerbers zum Erblasser oder Schenker werden die in § 15 ErbStG geregelten drei Steuerklassen unterschieden. Die Steuerklassen sind sowohl für die Freibeträge (§ 16 ErbStG) als auch für den Steuersatz (§ 19 ErbStG) entscheidend. Der Steuersatz reicht von 7 % für einen Wert des steuerpflichtigen Erwerbs bis zu 75 000 € bei der Steuerklasse I bis hin zu einem Steuersatz von 50 % bei einem Wert des steuerpflichtigen Erwerbs über 13 000 000 € in der Steuerklasse III. Steuerschuldner ist gem. § 20 ErbStG der Erwerber, bei einer Schenkung auch der Schenker. Der Nachlass haftet gem. § 20 Abs. 3 ErbStG bis zur Auseinandersetzung (§ 2042 BGB) für die Steuer der am Erbfall Beteiligten.

Das Finanzamt kann gem. § 31 Abs. 1 ErbStG von jedem an einem Erbfall oder an einer Schenkung Beteiligten die Abgabe einer Erklärung innerhalb einer von ihm zu bestimmenden Frist verlangen. Die Erklärung hat gem. § 31 Abs. 2 ErbStG ein Verzeichnis der zum Nachlass gehörenden Gegenstände und die sonstigen für die Feststellung des Gegenstands und des Werts des Erwerbs erforderlichen Angaben zu enthalten. Sind mehrere Erben vorhanden, sind sie berechtigt, die Steuererklärung gemeinsam abzugeben. In diesem Fall ist die Steuererklärung von allen Beteiligten zu unterschreiben.

4.599

II. Praktische Bedeutung der Erbschaftsteuer im Insolvenzverfahren

Erbschaftsteuerrechtliche Fragen spielen in den meisten Insolvenzverfahren keine Rolle. Stirbt der Schuldner im Laufe eines Insolvenzverfahrens, fällt in aller Regel keine Erbschaftsteuer an, da der Nachlass wertlos ist bzw. die Erbschaft mit Rücksicht auf das laufende Insolvenzverfahren kollektiv ausgeschlagen wird. Etwas anderes kann unter Umständen in Nachlassinsolvenzverfahren (§§ 315 ff. InsO) gelten. Letztere unterscheiden sich von dem vorbezeichneten Fall dadurch, dass die Eröffnung des Insolvenzverfahrens dem Erbfall hier zeitlich nachfolgt. Erbschaftsteuer fällt aber auch in dieser Situation nach allgemeinen Grundsätzen nur an, wenn der Wert der nachlasszugehörigen Aktiva die Summe der Verbindlichkeiten des Erblassers (über die jeweils gültigen Freibeträge hinaus) übersteigt. Ausnahmsweise kann diese Voraussetzung trotz Nachlassinsolvenz erfüllt sein. Seit der Insolvenzrechtsreform können Nachlassinsolvenzverfahren nämlich nicht mehr nur bei Überschuldung, sondern auch bei Zahlungsunfähigkeit eröffnet werden, vgl. § 320 InsO. Außerdem kann es passieren, dass der Nachlass anfänglich, d.h. im für die Besteuerung maßgeblichen Zeitpunkt des Todes (vgl. § 11 ErbStG i.V.m. § 9 Abs. 1 Ziff. 1 ErbStG), noch nicht überschuldet war, sondern erst aufgrund nachträglicher Entwicklungen, etwa einem Kurssturz am Aktienmarkt, überschuldet wurde. In beiden Fällen kann nach allgemeinen Grundsätzen Erbschaftsteuer anfallen. Dann stellt sich die Frage, ob der

4.600

Erbe seine Haftung auch in Bezug auf die Erbschaftsteuer gem. §§ 1975 BGB auf den Nachlass beschränken kann oder ob er zusätzlich mit seinem Eigenvermögen haftet.

III. Insolvenzrechtliche Qualität der Erbschaftsteuerforderungen

4.601 Steuerschuldner ist grundsätzlich der Erbe, vgl. § 20 Abs. 1 ErbStG. In einer Erbengemeinschaft haftet jeder einzelne Miterbe grundsätzlich nur für die auf seinen Erbteil entfallende Erbschaftsteuer. Allerdings haftet der Nachlass bis zur Auseinandersetzung (§ 2042 BGB) für die Verbindlichkeiten aller Beteiligten, vgl. § 20 Abs. 3 ErbStG.[1]

4.602 Die **Steuerschuldnerschaft** des Erben sagt unterdessen nichts darüber aus, mit welchem Vermögen für die Erfüllung der Erbschaftsteuerverbindlichkeiten gehaftet wird. Sollte es sich bei der Erbschaftsteuerschuld um (reine) Nachlassverbindlichkeiten i.S.d. § 1967 Abs. 2 BGB handeln, wäre die Haftung im Fall der Eröffnung des Nachlassinsolvenzverfahrens grundsätzlich gem. §§ 1975 ff. BGB auf den Nachlass beschränkt. Die Frage, ob die vom Erben geschuldete Erbschaftsteuer eine Nachlassverbindlichkeit darstellt oder als Eigenschuld des Erben zu qualifizieren ist, ist seit jeher in Rechtsprechung[2] und Literatur[3] umstritten.

4.603 Das Reichsgericht hat seinerzeit die Auffassung vertreten, bei der Erbschaftsteuer handele es sich um eine originäre Eigenschuld des Erben, die im Konkursverfahren keine Berücksichtigung finden könne.[4] Die Erbschaftsteuer sei keine eigentliche Nachlassverbindlichkeit, denn sie treffe den Erben persönlich mit seinem ganzen Vermögen. Der Erbe sei Schuldner und Haftender in einer Person. Die nach § 20 Abs. 3 ErbStG (§ 15 Abs. 3 ErbStG a.F.) angeordnete Haftung des Nachlasses stelle lediglich eine Sicherungsmaßnahme zugunsten des Fiskus dar. Das Reichsgericht bekräftigte seine Entscheidung mit dem Verweis auf §§ 2378 Abs. 1, 2379 Satz 3 BGB. Wäre die Erbschaftsteuer eine Nachlassverbindlichkeit, bedürfte es neben der Regelung des § 2378 Abs. 1 BGB nicht des gesonderten Hinweises in § 2379 Satz 3 BGB. Jahrzehnte später haben sich das OLG Hamm,[5] das OLG Düsseldorf,[6] das OLG

---

1 Zum nach § 13a Abs. 5 ErbStG erbschafts- und schenkungssteuerrechtlich begünstigten Erwerb von Betriebsvermögen, von Betrieben oder Land- und Forstwirtschaft und von Anteilen der Kapitalgesellschaften von Todes Wegen oder durch Schenkung unter Lebenden nach Betriebsaufgabe oder Insolvenz vgl. *Schmittmann* in Waza/Uhländer/Schmittmann, Insolvenzen und Steuern[12], Rz. 2691 ff.
2 BFH v. 18.6.1986 – II R 38/84, BStBl. II 1986, 704 = NJW 1987, 1039 (1040); v. 28.4.1992 – VII R 33/91, BStBl. II 1992, 781 = NJW 1993, 350 (350); v. 11.8.1998 – VII R 118/95, BStBl. II 1998, 705 = DStRE 1998, 816 (819); v. 20.1.2016 – II R 34/14, ZEV 2016, 343.
3 *Küpper* in MünchKomm/BGB[8], § 1967 Rz. 16; *Weidlich* in Palandt[79], § 1967 BGB Rz. 7; *Kuhn* in Uhlenbruck, 10. Aufl. 1986, § 226 KO Rz. 3; *Goetsch* in BerlinerKomm/InsO, § 325 Rz. 5; *Hausmann/Hohloch*, Handbuch des Erbrechts, S. 1492, Rz. 11; *Schönert*, BWNotZ 2008, 81 (84); *Graf*, ZEV 2000, 125 (126).
4 RG v. 15.11.1943 – III – 77/43, RStBl. 1944, 131 (131 ff.).
5 OLG Hamm v. 3.7.1990 – 15 W 493/89, MittBayNot 1990, 360 (360).
6 OLG Düsseldorf v. 18.12.1998 – 7 U 72/98, FamRZ 1999, 1465 (1465).

Frankfurt[1] und Teile der Literatur[2] dieser Auffassung angeschlossen. Dass der Erbe nicht für die Steuerschuld der anderen Erwerber von Todes wegen aufzukommen habe, sei Indiz dafür, dass der Nachlass nicht bereits mit der Erbschaftsteuer belastet auf diesen übergehe. Aus der Tatsache, dass die Erbschaftsteuer der Nachlassabwicklung auch nachfolgen könne, wie § 9 Abs. 1 Ziff. 1 Buchst. a–i ErbStG belegen, folge, dass sie zudem nicht zur Abwicklung des Nachlasses gehöre. Zudem wird darauf hingewiesen, dass die Regelung des § 20 Abs. 3 ErbStG unnötig sei, wenn die Erbschaftsteuer bereits originär Nachlassverbindlichkeit wäre. Weiter wird damit argumentiert, dass die Höhe der Erbschaftsteuerschuld vom Verwandtschaftsgrad des Erben zum Erblasser abhängig sei. Dies zeige, dass es sich um eine den Erben persönlich treffende Schuld handele. Schließlich wird noch auf die Regelung des § 2311 BGB verwiesen. Dort bleibt bei der Berechnung des pflichtteilsbezogenen Nachlasses die Erbschaftsteuer außer Ansatz.

Der vom Reichsgericht begründeten Ansicht sind **weite Teile der Literatur**[3] **schon frühzeitig entgegengetreten**. Danach handelt es sich bei der Erbschaftsteuer um eine **reine Nachlassverbindlichkeit**. Da die Erbschaftsteuer gem. § 9 Abs. 1 Ziff. 1 ErbStG bereits mit dem Tode des Erblassers entstehe und nicht erst im Steuerfestsetzungsverfahren, sei sie eine durch den Erbfall anfallende Verbindlichkeit, mithin eine Erbfallschuld und damit nach allgemeinen Grundsätzen auch automatisch eine Nachlassverbindlichkeit. Dieser Sichtweise haben sich in der Folge das OLG Köln,[4] das OLG Naumburg,[5] vor allem aber der BFH[6] und das Hessische FG[7] angeschlossen.

4.604

Auffällig ist, dass die **Entscheidungen des OLG Hamm**[8] **und des OLG Frankfurt**[9] **primär kostenrechtlich impliziert** sind. Sie lassen den systematischen Gesamtzusammenhang aus dem Blick. Das OLG Frankfurt gesteht denn auch offen ein, dass

4.605

---

1 OLG Frankfurt v. 13.2.2003 – 20 W 35/02.
2 *Siegmann/Scheuing* in MünchKomm/InsO[4], § 325 Rz. 8; *Küpper* in MünchKomm/BGB[8], § 1967 Rz. 16; *Schallenberg/Rafiqpoor* in FrankfurterKomm/InsO[9], § 325 Rz. 9; *Marotzke*, in Staudinger (2015), § 1967 BGB Rz. 33; *Hannes/Holtz* in Meincke/Hannes/Holtz[17], § 20 ErbStG Rz. 5.
3 *Schlüter* in Erman, 10. Aufl. 2000, § 1967 BGB Rz. 6; *Edenhofer* in Palandt, 49. Aufl. 1990, § 1967 BGB Rz. 7; *Stein* in Soergel, 12. Aufl. 1992, § 1967 BGB Rz. 7; *Goetsch* in BerlinerKomm/InsO, § 325 Rz. 5; *Hess* in Hess, 6. Aufl. 1998, § 325 Rz. 9; *Pahlke* in Pahlke/Koenig, 1. Aufl. 2004, § 45 AO Rz. 34; *Gebel* in Troll, 9. EL 4/89, § 20 ErbStG Rz. 50; *Hausmann/Hohloch*, Handbuch des Erbrechts, 1. Aufl. 2008, S. 1492, Rz. 11; *Lange/Kuchinke*, Lehrbuch des Erbrechts, 3. Aufl. 1989, § 47 III 2b, IV ä; *Schönert*, BWNotZ 2008, 81 (84); *Boeker* in Hübschmann/Hepp/Spitaler, § 45 AO Rz. 64; *Brox*, Erbrecht, 8. Aufl. 1983, Rz. 656.
4 OLG Köln v. 7.5.2001 – 2 Wx 6/01, MDR 2001, 1320 (1320).
5 OLG Naumburg v. 20.10.2006 – 10 U 33/06, ZEV 2007, 381 (381).
6 BFH v. 18.6.1986 – II R 38/84, BStBl. II 1986, 704 = NJW 1987, 1039 (1040); v. 28.4.1992 – VII R 33/91, BStBl. II 1992, 781 = NJW 1993, 350 (350); v. 11.8.1998 – VII R 118/95, BStBl. II 1998, 705 = DStRE 1998, 816 (818).
7 FG Hess. v. 9.4.2009 – 1 V 115/09 (NV).
8 OLG Hamm v. 3.7.1990 – 15 W 493/89, MittBayNot 1990, 360 (360 f.).
9 OLG Frankfurt v. 13.2.2003 – 20 W 35/02.

es zu unnötigen zeitlichen Verzögerungen und erheblichem Mehraufwand kommen würde, wenn sich das Kostenrecht[1] „[...] mit Rechtsfragen aus dem allgemein als schwierig angesehenen, unübersichtlichen und häufigen Änderungen unterliegenden Steuerrecht [...]" belastet sähe. Bezieht man den **Gesamtzusammenhang** ein, so muss festgestellt werden, dass § 20 ErbStG von dem Regelfall ausgeht, dass sich die Erbschaftsteuer betragsmäßig auf einen Bruchteil des Nachlasses (§ 19 Abs. 1 ErbStG) beläuft, mithin typischerweise vollständig aus diesem gedeckt werden kann. § 20 ErbStG regelt die Steuerschuldnerschaft. Es ist nicht verwunderlich, dass das Steuerrecht (für den Normalfall eines positiven Nachlasses) aus Gründen der Verwaltungsvereinfachung in Ansehung der Erbschaftsteuer sowohl das Eigenvermögen des Erwerbers als auch den Nachlass zum Zugriffsobjekt erklärt. In Fällen eines ungeteilten Nachlasses bei Erbengemeinschaft wäre der Fiskus ohne § 20 Abs. 1 ErbStG u.U. gezwungen, eine aufwendige und kostenintensive Vollstreckung in den Nachlass ausbringen zu müssen. Ohne eine besondere Vorschrift, die eine Steuerschuldnerschaft des Erben begründet, könnte die Vollstreckung der Erbschaftsteuer durch § 2059 Abs. 1 BGB darüber hinaus erheblich verzögert werden, beispielsweise bei im Ausland belegenem Nachlass.

4.606 **§ 20 Abs. 1 ErbStG hat folglich primär verfahrensökonomische, denn materiellrechtliche Bedeutung.** Keinesfalls wollte der Gesetzgeber mit der Regelung in den hier interessierenden atypischen Fällen, in denen trotz (später) unzureichendem Nachlass Erbschaftsteuer angefallen ist, über die zivilrechtlichen Haftungsvorschriften hinaus für den Steuergläubiger mit dem Eigenvermögen des Erben ein zusätzliches Haftungssubstrat erschließen. Tatsächlich hat er diesen Sonderfall im Gesetzgebungsverfahren gar nicht bedacht.

4.607 Der zustimmungswürdigen Entscheidung des **Hessischen FG vom 9.4.2009**[2] lag ein solcher Sonderfall zugrunde. Hier befanden sich **Unternehmensbeteiligungen in der Erbschaft**. Diese hatten im Zeitpunkt des Erbfalles einen relativ hohen Wert, so dass Erbschaftsteuer in nicht unerheblicher Größenordnung anfiel. Etwa zwei Jahre waren die Beteiligungen deutlich im Wert gefallen. Der Erlös reichte nicht aus, um die angefallene Erbschaftsteuer zu zahlen. Über den Nachlass wurde in der Folge das Insolvenzverfahren eröffnet.

4.608 Wie bei jedem Gläubiger hat sich auch die Haftungsverwirklichung der Finanzverwaltung in Ansehung der Erbschaftsteuer **nach zivilrechtlichen Grundsätzen** zu beurteilen. Daher kann § 20 Abs. 1 ErbStG keine vom Schicksal des Nachlasses losgelöste Haftung der Erben mit ihrem Eigenvermögen begründen. Da die Erbschaftsteuer durch den Tod des Erblassers ausgelöst worden ist und grundsätzlich einen Teil der (positiven) Erbschaft ausmacht, muss der **Nachlass als solcher** neben der Befriedigung der sonstigen Nachlassverbindlichkeiten **zur Befriedigung der Erbschaftsteuerschuld** verwendet werden; **nur der Überschuss** gebührt dem Erben. Wenn der Nachlass zwischen dem Erbfall und der späteren Befriedigung der Verbindlichkeiten, die vom Erblasser

---

[1] Dem Beschluss lag die Frage zugrunde, ob die Erbschaftsteuer im Rahmen des § 107 Abs. 2 Satz 1 KostO in Ansatz gebracht werden kann.
[2] FG Hess. v. 9.4.2009 – 1 V 115/09 (NV).

herrühren oder durch den Tod entstanden sind, unzulänglich wird, so gebietet es der fundamentale Grundsatz des Insolvenzverfahrens – nämlich der Grundsatz der Gläubigergleichbehandlung –, dass alle Gläubiger aus dem unzureichenden Haftungssubstrat gleichmäßig und anteilig befriedigt werden. Vorrechte sind nur dann anzuerkennen, wenn der Gesetzgeber diesen Grundsatz ausdrücklich durchbricht. Das ist in Ansehung der das Verfahren vereinfachenden Norm des § 20 ErbStG nicht der Fall. Dem Hessischen FG ist daher darin **zuzustimmen,** dass die Finanzverwaltung im dort zu entscheidenden Fall auf das Nachlassinsolvenzverfahren zu verweisen und die Erbschaftsteuer als Nachlassverbindlichkeit **ausschließlich im Nachlassinsolvenzverfahren** geltend zu machen war.[1] Nunmehr hat auch der **BFH** klargestellt, dass im Fall des eröffneten Nachlassinsolvenzverfahrens auch in Ansehung der (gegen den Erben gerichteten) Erbschaftsteuerforderung § 1975 BGB eingreift,[2] also die Erbschaftsteuerforderung nicht mehr in das sonstige Vermögen des Erben, das nicht aus dem Erbfall herrührt (sog. Eigenvermögen), vollstreckt werden kann.

Die **entgegenstehende Auffassung**, die das **FG Münster**[3] vertreten hat, ist deswegen **abzulehnen**.

Im Ergebnis kann der Erbe somit auch in Ansehung der Erbschaftsteuer seine Haftung auf den Nachlass beschränken.

Hat der Erbe den Wertverlust des Nachlasses zu vertreten, stellt das Zivilrecht in Form der §§ 1978 ff. BGB die dafür nötigen Sanktionen zur Verfügung. Bei schuldhafter Verschlechterung der zum Nachlass gehörenden Gegenstände kommt namentlich eine Haftung des Erben gem. §§ 1978 Abs. 1, 662 ff., 280 Abs. 1 BGB in Betracht.[4] Dieser Anspruch gehört ggf. gem. § 1978 Abs. 2 BGB zum Nachlass. Er fällt damit in die Insolvenzmasse und kommt der Gesamtgläubigerschaft zugute. Diese Wertung des Gesetzgebers würde unterlaufen, wenn man der Finanzverwaltung über § 20 ErbStG gestatten würde, außerhalb des Insolvenzverfahrens exklusiv Zugriff auf das Eigenvermögen des Erben zu nehmen.

4.609

Die Anwendung der nachlassinsolvenzspezifischen Haftungsinstrumentarien führt schließlich auch in Ansehung der Erbschaftsteuer zu sachgerechten Ergebnissen. Hat der Erbe den Wertverfall beispielsweise nicht erkennen können, ist es legitim, ihn von einer Haftung mit seinem Privatvermögen frei zu stellen, wenn der Nachlass in einem Nachlassinsolvenzverfahren zugunsten der Gesamtgläubigerschaft abgesondert wird. Ist unbeschränkte Erbenhaftung eingetreten, so ist diese während des Insolvenzverfahrens durch den Insolvenzverwalter zugunsten der Gläubigergesamtheit geltend zu machen.

4.610

---

1 FG Hess. v. 9.4.2009 – 1 V 115/09 (NV).
2 BFH v. 20.1.2016 – II R 34/14 (Tz. 22); so zuvor bereits Hessisches FG v. 9.4.2009 – Az. – 1 V 115/09.
3 FG Münster v. 30.4.2014 – 3 K 1915/12 Erb, juris – Rev. II R 34/14; aufgehoben durch BFH v. 20.1.2016 – II R 34/14, ZEV 2016, 343, wonach die Erbschaftsteuer Nachlassverbindlichkeit ist.
4 Eine vollständige Übersicht über die nachlassinsolvenzspezifischen Ansprüche findet sich bei *Roth/Pfeuffer*, Praxishandbuch für Nachlassinsolvenzverfahren[2], S. 349 ff.

4.611 In dem **Insolvenzverfahren über das Vermögen des Erben** ist die **Erbschaftsteuerschuld** des Erben Insolvenzforderung im Rang von § 38 InsO, wenn der **Erbfall vor der Eröffnung** des Insolvenzverfahrens angefallen ist.

Ist der **Erbfall nach der Eröffnung des Insolvenzverfahrens eingetreten**, tritt die Erbschaftsteuerforderung der Finanzverwaltung die Insolvenzmasse als Masseverbindlichkeit, weil die Erbschaft in die Insolvenzmasse fällt.[1] **Fehl geht die Auffassung des FG Düsseldorf**,[2] das meint, die Erbschaftsteuer könne keine Masseverbindlichkeit darstellen, weil sie nicht durch eine Handlung des Insolvenzverwalters begründet wird, sondern kraft Gesetzes durch den Erbfall entsteht. Zutreffend ist an dieser Entscheidung noch, dass in der Entscheidung über Annahme oder Ausschlagung der Erbschaft keine Rechtshandlung des Insolvenzverwalters liegt, weil diese Entscheidung höchstpersönlicher Natur ist und deswegen einzig und alleine durch den Insolvenzschuldner getroffen wird. Das **FG Düsseldorf übersieht** allerdings, dass es über die grundlegende Entscheidung über Annahme oder Ausschlagung der Erbschaft hinaus **einer eindeutigen Verwaltungsentscheidung des Insolvenzverwalters bedarf**: Der Insolvenzverwalter hat nämlich das ererbte Vermögen insgesamt auf Werthaltigkeit zu überprüfen und darüber zu entscheiden, ob er das gesamte ererbte Vermögen **zur Insolvenzmasse zieht** (und damit auch die dem Nachlass vorhandenen Verbindlichkeiten zu Masseverbindlichkeiten im Insolvenzverfahren macht) oder ob er Maßnahmen ergreift, um das Insolvenzverfahren von der Inanspruchnahme durch Gläubiger des Erblassers freizuhalten. Erkennt der Insolvenzverwalter beispielsweise, dass der Nachlass überschuldet ist, so hat er seinerseits die Eröffnung des Insolvenzverfahrens über den Nachlass zu beantragen, wodurch das ererbte Vermögen aus der von ihm verwalteten Insolvenzmasse auszusondern und im Rahmen **eines eigenen Nachlassinsolvenzverfahrens** abzuwickeln ist. Steht die Überschuldung des ererbten Nachlasses nicht fest, ist sie aber zu besorgen, hat der Insolvenzverwalter aus Vorsichtsgründen regelmäßig die Anordnung einer **Nachlassverwaltung gem. § 1981 BGB** zu beantragen.[3] Abgesehen davon bleibt das FG Düsseldorf die Antwort auf die Frage schuldig, welche insolvenzrechtliche Forderungsqualität die Erbschaftsteuerschuld denn haben sollte, wenn sie keine Masseverbindlichkeit wäre. Insolvenzforderung kann die Erbschaftsteuer im Fall eines nach Eröffnung des Insolvenzverfahrens über das Vermögen des (späteren) Erben eintretenden Erbfalls wohl kaum sein, da Insolvenzforderung in diesem Insolvenzverfahren nur eine Verbindlichkeit des Insolvenzschuldners (Erben) ist, die zur Zeit der Eröffnung des Insolvenzverfahrens über sein Vermögen bereits bestanden hat (§ 38 InsO). Eine Verbindlichkeit des insolvenzfreien Vermögens wird man auch kaum annehmen können: Es darf nicht aus dem Blick geraten, dass die Entscheidung des Erben darüber, ob er die Erbschaft annimmt oder ausschlägt eine höchstpersönliche ist, die nicht durch vermögensmäßige Aspekte vorgezeichnet werden darf, sondern

---

1 Zutreffend FG Niedersachsen v. 12.7.2013 – 3 K 436/12, EFG 2013, 1985; *Frotscher*, Besteuerung bei Insolvenz[8], S. 281 f.; *Windel* in Jaeger, InsO, § 83 Rz. 6 ff.; a.A. FG Düsseldorf v. 18.3.2015 – 4 K 3087/14 Erb, juris; BFH v. 5.4.2017 – II R 30/15, ZEV 2017, 666.
2 FG Düsseldorf v. 18.3.2015 – 4 K 3087/14 Erb, juris.
3 A.A. FG Düsseldorf v. 18.3.2015 – 4 K 3087/14 Erb, juris.

die der Erbe frei auf der Grundlage seiner persönlichen Beziehung zum Erblasser treffen können muss. Aus genau diesem Grund ist allgemein anerkannt, dass es sich um eine höchstpersönliche Entscheidung handelt. Diese persönliche Entscheidungsfreiheit nähme man dem Insolvenzschuldner, wenn man für den Fall seiner Entscheidung, die Erbschaft anzunehmen, annehmen wollte, dass das positive Vermögen aus der Erbschaft in die Insolvenzmasse fällt (Neuerwerb, § 35 InsO), die damit untrennbar zusammenhängende Erbschaftsteuerschuld hingegen das mehr oder weniger zwangsläufig unzureichende insolvenzfreie Vermögen des Insolvenzschuldners. Es kommt also letzten Endes auch unter wertungsmäßigen Gesichtspunkten nur die Annahme einer Masseverbindlichkeit in diesen Fallkonstellationen in Frage.

Tritt der **Erbfall nach der Aufhebung oder Einstellung des Insolvenzverfahrens, aber noch während der Wohlverhaltensphase** des Restschuldbefreiungsverfahrens ein, so ist die Erbschaftsteuerforderung der Finanzverwaltung gegen das insolvenzfreie Vermögen des Insolvenzschuldners gerichtet. Eine Masseverbindlichkeit kann in diesem Stadium nicht mehr entstehen. Der Insolvenzschuldner hat die Erbschaftsteuer in diesem Fall in voller Höhe aus seinem **insolvenzfreien Vermögen** zu begleichen, auch wenn er die Hälfte des (noch nicht um den auf den Erwerb entfallenden Steuerbetrag geminderten) Wertes des ererbten Vermögens an den Treuhänder zum Zwecke der Verteilung an die Insolvenzgläubiger herausgeben muss (§ 295 Abs. 1 Ziff. 2 InsO).

Im Insolvenzverfahren über den Nachlass des Erblassers nehmen die Erbschaftsteuerforderungen stets den Rang von Insolvenzforderungen ein, wenn die Eröffnung des Insolvenzverfahrens nach dem Erbfall erfolgt. War zur Zeit des Todes des Erblassers bereits das Insolvenzverfahren über sein Vermögen eröffnet und noch nicht beendet, so haftet sein Nachlass gem. § 20 Abs. 3 InsO für etwa anfallende Erbschaftsteuer. Sollte Erbschaftsteuer anfallen (was nur bei einem positiven Nachlass und damit einer reichhaltigen Insolvenzmasse überhaupt in Frage kommt), nimmt diese **im dann übergeleiteten Nachlassinsolvenzverfahren den Rang einer Masseverbindlichkeit** (§ 55 InsO) ein.

4.612

IV. Auswirkungen der Anzeige der Masseunzulänglichkeit

Die Anzeige der Masseunzulänglichkeit gem. § 208 InsO hat gem. § 210 InsO zur Folge, dass die Vollstreckung wegen Masseverbindlichkeiten i.S.d. § 209 Abs. 1 Ziff. 3 InsO unzulässig wird. Nach der Anzeige der Masseunzulänglichkeit ändert sich die Befriedigungsreihenfolge der Gläubiger. Vorrang haben nun die Kosten des Verfahrens; daran schließen sich die Masseverbindlichkeiten an, die nach der Anzeige der Masseunzulänglichkeit begründet werden bzw. dazu gehörende Verbindlichkeiten nach § 209 Abs. 2 InsO. Im Fall der Masseunzulänglichkeit (§ 208 InsO) ergeben sich in Bezug auf die Erbschaftsteuer keine Besonderheiten, s. Rz. 2.274 ff.; Rz. 3.215 ff.

4.613

G. Grunderwerbsteuer

Literatur *Adolf*, Kapitalgesellschaft als Grunderwerbsteuerschuldnerin bei Übertragungen nach § 1 Abs. 2a GrEStG, GmbHR 2007, 689; *Fuchs/Lieber*, Grunderwerbsteuer bei Organschaft – Inflation von Grunderwerbsteuertatbeständen?, DStR 2000, 1333; *Fumi*, Bei der Anteilsvereinigung entstandene Grunderwerbsteuer als Anschaffungsnebenkosten?, EFG 2010, 668; *Gottwald*, Ermittlung der Bemessungsgrundlage für Grunderwerbsteuer bzw. des grunderwerbsteuerfreien Teils bei Erwerb der Anteile der anderen Personengesellschafter durch einen Gesellschafter im Rahmen einer gemischten Schenkung, ZEV 2007, 44; Aktuelle Entwicklungen im Grunderwerbsteuerrecht in den Jahren 2008/2009, MittBayNot 2010, 1; *Jürging*, Anschaffungskosten in Form der Grunderwerbsteuer, die durch Anteilsvereinigungen ausgelöst wird, BB 2010, 1337; *Neitz/Lange*, Grunderwerbsteuer bei Umwandlungen – Neue Impulse durch das Wachstumsbeschleunigungsgesetz, Ubg 2010, 17; *Pahlke*, Grunderwerbsteuervergünstigung für Rechtsvorgänge im Konzern – Der neue § 6a GrEStG, MittBayNot 2010, 169; *Vettermann*, Möglichkeiten nachträglicher Anpassung der Grunderwerbsteuer in Immobilientransaktionen, DStR 2017, 1518; *Wälzholz*, Grunderwerbsteuerneutrale Umwandlungen nach § 6a GrEStG i.d.F. des WBeschG, GmbH-StB 2010, 108; *Wohltmann*, Der Grunderwerbsteuerbescheid im Korrektursystem der Abgabenordnung, UVR 2010, 108.

I. Grundlagen

4.614 Die Grunderwerbsteuer besteuert Grundstücksumsätze und stellt der Sache nach eine Sonderumsatzsteuer dar.[1] Im Gegensatz zur Umsatzsteuer erfasst die Grunderwerbsteuer jeden Grundstücksumsatz, sei es durch Unternehmer oder Nichtunternehmer.[2] Mit einem geschätzten Einkommen für 2019 i.H.v. 15,4 Mrd. Euro stellt die Grunderwerbsteuer die wichtigste Rechtsverkehrsteuer dar.[3] Verkehrssteuern knüpfen an einen Rechtsvorgang an und besteuern den durch bestimmte Rechtsgeschäfte ausgetauschten Wert.[4] Hierbei wird nicht die wirtschaftliche Leistungsfähigkeit berücksichtigt,[5] denn ein wirtschaftlicher Umsatz oder gar Zugewinn ist nicht erforderlich.[6] Es wird vielmehr auf die freiwillige Vermögensdisposition beim Erwerb eines Grundstückes abgestellt, in welcher bereits eine besondere steuerliche Leistungsfähigkeit gesehen wird.[7] Rechtsgrundlage stellt das in seiner ursprünglichen Fassung am 1.1.1983 in Kraft getretene Grunderwerbsteuergesetz (GrEStG) dar.[8]

4.615 Der Grunderwerbsteuertatbestand findet sich in § 1 GrEStG. Dort ist eine abschließende Aufzählung von Rechtsvorgängen aufgeführt, die der Grunderwerbsteuer unterliegen. Es sind dies insbesondere der Kaufvertrag und sonstige Verpflichtungsgeschäfte (§ 1 Abs. 1 Ziff. 1 GrEStG), der Eigentumsübergang ohne Verpflichtungsgeschäft (§ 1 Abs. 1 Ziff. 2–4 GrEStG), die Zwischengeschäfte und der Erwerb der

---

1 *Pelka/Hettler*, Beck'sches Steuerberater-Handbuch[17], G, Rz. 366.
2 *Englisch* in Tipke/Lang, Steuerrecht[23], § 18 Rz. 3.
3 *Birk/Desens/Tappe*, Steuerrecht[22], Rz. 1735.
4 *Fehrenbacher*, Steuerrecht[7], § 1 Rz. 22.
5 *Fehrenbacher*, Steuerrecht[7], § 1 Rz. 22.
6 *Birk/Desens/Tappe*, Steuerrecht[22], Rz. 1735.
7 *Fischer* in Boruttau[19], Vorbemerkung, Rz. 109.
8 *Pahlke* in Pahlke[6], Einleitung zum GrEStG, Rz. 1.

Verwertungsbefugnis (§ 1 Abs. 1 Ziff. 5–7, Abs. 2 GrEStG) sowie Anteilsübergänge und Anteilsvereinigungen bei Gesellschaften (§ 1 Abs. 2a GrEStG).

Eine Pflicht zur Entrichtung der Grunderwerbsteuer besteht, sofern keine Befreiungstatbestände (§§ 3 ff. GrEStG) vorliegen. 4.616

Grundsätzlich bemisst sich die Grunderwerbsteuer gem. §§ 8 Abs. 1, 9 GrEStG nach dem Wert der Gegenleistung. Als Gegenleistung wird jede Leistung verstanden, die der Erwerber als Entgelt für den Erwerb aufbringt und die der Veräußerer als Entgelt für die Veräußerung erhält,[1] wobei über den zivilrechtlichen Gegenleistungsbegriff hinaus auch Leistungen Dritter an den Veräußerer, die kausal wegen des Erwerbsvorganges erbracht werden, hinzuzurechnen sind.[2] Ist eine Gegenleistung ausnahmsweise nicht vorhanden oder lässt sie sich nicht ermitteln (§ 8 Abs. 2 Ziff. 1 GrEStG), so ist als Bemessungsgrundlage statt der Gegenleistung der Grundstückswert im Sinne des Bewertungsgesetzes §§ 138 ff. BewG heranzuziehen.[3] 4.617

Der Steuersatz beträgt gem. § 11 GrEStG 3,5 % und ist auf volle Euro nach unten abzurunden, wobei nach Maßgabe des § 12 GrEStG auch eine pauschale Besteuerung möglich ist. 4.618

Die Adressaten der Grunderwerbsteuerpflicht (**Steuerschuldner**, § 13 GrEStG) sind in der Regel die am Erwerbsvorgang beteiligten Vertragsteile, also Erwerber und Veräußerer, wobei grundsätzlich alle Rechtsträger vertraglicher Beziehungen, Rechtsträger des Eigentums oder der Verwertungsbefugnis an einem Grundstück, unabhängig von ihrer Rechtsform, als Steuerschuldner in Betracht kommen.[4] Bei mehreren Steuerschuldnern besteht eine gesamtschuldnerische Haftung, selbst wenn die Beteiligten vereinbaren, dass nur einer die Grunderwerbsteuer trägt. 4.619

Nach § 38 AO **entsteht der Steueranspruch**, sobald der Tatbestand verwirklicht ist, an den das Gesetz die Leistungspflicht knüpft. In § 14 GrEStG wird von dieser Regel abgewichen und eine auf Besonderheiten des Grunderwerbsteuerrechts abgestellte Sonderregelung getroffen. Nach § 15 Satz 1 GrEStG wird die Grunderwerbsteuer in der Regel einen Monat nach der Bekanntgabe des Steuerbescheids fällig. 4.620

Der Erwerber eines Grundstücks darf erst nach Vorlage der **Unbedenklichkeitsbescheinigung** als Eigentümer in das Grundbuch eingetragen werden.[5] Nach § 22 Abs. 2 Satz 1 GrEStG besteht ein Anspruch auf Erteilung einer Unbedenklichkeitsbescheinigung gegenüber dem Finanzamt, wenn die Grunderwerbsteuer entrichtet, sichergestellt oder gestundet worden ist oder wenn keine sachliche Steuerpflicht besteht. Darüber hinaus haben die Finanzbehörden nach § 22 Abs. 2 Satz 2 GrEStG auch in anderen Fällen die Möglichkeit, eine Unbedenklichkeitsbescheinigung zu erteilen, sofern nach ihrem Ermessen die Steuerforderung gesichert ist. Zur Pflicht der 4.621

---

1 *Pelka/Hettler*, Beck'sches Steuerberater-Handbuch[17], G. Rz. 373 a.
2 *Englisch* in Tipke/Lang, Steuerrecht[23], § 18 Rz. 55.
3 *Pelka/Hettler*, Beck'sches Steuerberater-Handbuch[17], G. Rz. 373.
4 *Englisch* in Tipke/Lang, Steuerrecht[23], § 15 Rz. 53.
5 *Heine*, ZInsO, 2004, 230 (230).

4.622 Wird ein **Erwerbsvorgang rückgängig** gemacht, bevor das Eigentum am Grundstück auf den Erwerber übergegangen ist, so wird auf Antrag die Steuer nicht festgesetzt oder die Steuerfestsetzung aufgehoben, wenn die Voraussetzungen von § 16 GrEStG gegeben sind. Die Grunderwerbsteuer ist auch dann nicht festzusetzen bzw. eine Festsetzung ist auch dann aufzuheben, wenn infolge erfolgreicher **Insolvenzanfechtung** gem. §§ 129 ff. InsO das durch die angefochtene Handlung aus dem Vermögen des Insolvenzschuldners veräußerte Grundstück an die Insolvenzmasse zurückgewährt werden muss. § 16 Abs. 2 Ziff. 2 GrEStG hat zur Folge, dass bei einem **Rückerwerb des Eigentums** an einem Grundstück die Steuer sowohl für den Rückerwerb als auch für den vorausgegangenen Erwerbsvorgang entfällt.[1] Seinem Wortlaut nach ist § 16 Abs. 2 Ziff. 2 GrEStG zwar nur auf die Anfechtung einer Willenserklärung nach §§ 119, 120, 123 BGB zugeschnitten, die die ursprüngliche Nichtigkeit des anfechtbaren Rechtsgeschäfts gem. § 142 Abs. 1 BGB bewirkt,[2] während die Insolvenzanfechtung nicht zur Nichtigkeit der angefochtenen Rechtshandlung, sondern nur zu einer relativen Unwirksamkeit des Rechtsgeschäfts führt.[3] Eine unmittelbare Anwendung von § 16 Abs. 2 Ziff. 2 GrEStG auf die Insolvenzanfechtung ist daher an sich nicht möglich.[4] **Der BFH wendet die Norm auf die Insolvenzanfechtung allerdings zu Recht gleichwohl an**, weil sich der Erwerber der Rückgängigmachung des Erwerbsvorganges bzw. einer Rückübertragung des Grundstücks aus Rechtsgründen nicht entziehen kann, also ein durchsetzbarer Anspruch auf Rückgängigmachung des Erwerbsvorgangs besteht.[5]

II. Praktische Bedeutung der Grunderwerbsteuer im Insolvenzverfahren

4.623 Nicht selten findet der Insolvenzverwalter bei Eröffnung des Insolvenzverfahrens über das Vermögen eines Insolvenzschuldners Grundbesitz in der Insolvenzmasse vor. Häufig wird dieser Grundbesitz im Insolvenzverfahren verwertet, so dass Grunderwerbsteuer anfällt. Die damit verbundenen insolvenzsteuerrechtlichen Fragen scheinen auf den ersten Blick unspektakulär zu sein. Freilich entsteht die Grunderwerbsteuer als Masseverbindlichkeit, wenn der Insolvenzverwalter ein massezugehöriges Grundstück freihändig verkauft. Keineswegs trivial sind allerdings Grundstücksgeschäfte des Insolvenzschuldners, die vor Insolvenzeröffnung bereits geschlossen worden sind und nach der Insolvenzeröffnung neue Wendungen erfahren, wie beispielsweise die Insolvenzanfechtung, den Rücktritt einer Vertragspartei oder zusätzliche Leistungen seitens einer der Parteien, die vor Insolvenzeröffnung noch nicht vereinbart waren. Nicht zu allen die Praxis interessierenden Fragestellungen liegen bislang höchstrichterliche Entscheidungen vor, so dass auch grunderwerbsteu-

---

1 Zum Rückerwerbsvorgang eines Erbbaurechts infolge von Insolvenzanfechtung vgl. KG v. 26.4.2012 – 1 W 96/12, ZIP 2012, 1722 = ZInsO 2012, 1170.
2 *Hofmann*[11], § 16 GrEStG Rz. 48.
3 *Loose* in Boruttau[19], § 16 GrEStG Rz. 166.
4 *Hofmann*[11], § 16 GrEStG Rz. 48.
5 BFH v. 6.2.1980 – II R 7/76, BStBl. II 1980, 363 = BFHE 130, 186.

errechtliche Fragestellungen im Insolvenzverfahren von wesentlicher Bedeutung sein können.

Zu beachten ist allerdings, dass der Übergang der Verwaltungs- und Verfügungsbefugnis auf den Insolvenzverwalter nach § 80 Abs. 1 InsO nicht eine Befugnis zur Verwertung auf eigene Rechnung durch Nutzung oder Veräußerung i.S.v. § 1 Abs. 2 GrEStG zur Folge hat, sondern lediglich der Ausschaltung der Einwirkungsmöglichkeiten des Schuldners auf das massezugehörige Vermögen im öffentlichen Interesse der gemeinschaftlichen Befriedigung der Gläubiger dient.[1]

III. Insolvenzrechtliche Qualität der Grunderwerbsteuerforderungen

Für die Beurteilung der insolvenzrechtlichen Forderungsqualität der Grunderwerbsteuerschuld kommt es grundsätzlich darauf an, ob der die Grunderwerbsteuer auslösende Lebenssachverhalt vor oder nach der Eröffnung des Insolvenzverfahrens stattgefunden hat. Die Grunderwerbsteuer ruht im Gegensatz zur Grundsteuer nicht als öffentliche Last auf dem Grundstück, weswegen eine abgesonderte Befriedigung des Steuergläubigers nach § 49 InsO ausscheidet.[2]

4.624

Da es sich bei der Grunderwerbsteuer um einen selbständigen gesetzlichen Steueranspruch handelt, der nicht aus dem Grundstückskaufvertrag als vertraglicher Anspruch abgeleitet werden kann, kommt die Annahme einer Masseschuld nach § 55 Abs. 1 Ziff. 2 InsO nicht in Betracht.[3] Eine Masseverbindlichkeit kann sich daher nur dann ergeben, wenn die Grunderwerbsteuer durch eine Handlung des Insolvenzverwalters bzw. sonst durch Verwaltung oder Verwertung der Insolvenzmasse zur Entstehung gelangt (§ 55 Abs. 1 Ziff. 2 InsO). Soweit der vollständige Erwerbsvorgang vor der Eröffnung des Insolvenzverfahrens stattgefunden hat, also insbesondere der Eigentumsübergang am Grundstück vor Insolvenzeröffnung erfolgt ist, nimmt die Grunderwerbsteuerforderung stets den Rang einer Insolvenzforderung (§ 38 InsO) ein; die Forderung kann dann nur zur Insolvenztabelle angemeldet werden (§ 174 InsO).

4.625

Differenziertere Beurteilungen der Forderungsqualität der Grunderwerbsteuerforderung sind erforderlich, wenn der Eigentumsübergang im Zeitpunkt der Insolvenzeröffnung noch nicht abschließend verwirklicht ist, etwa weil der Kaufvertrag noch unter einer Bedingung steht. Für die Zuordnung der Grunderwerbsteuerforderung zu den insolvenzrechtlichen Forderungskategorien ist zunächst der steuerrechtlich für die Entstehung der Steuer maßgebliche Zeitpunkt unerheblich, so dass § 14 GrEStG keine Rolle spielt.[4] Entscheidend ist vielmehr die insolvenzrechtliche „Begründung" der Steuer. Um die Beurteilung dieses Merkmals wird zurzeit viel diskutiert und heftig gestritten (Rz. 4.327 ff.). Die in anderen Zusammenhängen, namentlich im Bereich der Umsatzsteuer noch auszutragenden Streitstände haben auch für die Grunderwerbsteuer entsprechende Bedeutung. Der für die **Grunderwerbsteu-**

4.626

---

1 FG Münster v. 31.1.2011 – 8 V 3297/10 GrE, Rz. 22, juris.
2 *Schmittmann* in Waza/Uhländer/Schmittmann, Insolvenzen und Steuern[12], Rz. 2422.
3 *Frotscher*, Besteuerung bei Insolvenz[8], S. 230.
4 *Schüppen/Schlösser* in MünchKomm/InsO[4], Insolvenzsteuerrecht, Rz. 478.

er maßgeblicher Vorgang ist dabei grundsätzlich der Abschluss des Rechtsgeschäfts, kraft dessen der Eigentumsübergang erfolgen soll.[1] Damit nimmt auch eine Grunderwerbsteuerforderung, die gem. § 14 GrEStG nach der Eröffnung des Insolvenzverfahrens entsteht (weil der Eigentumsübergang vom Eintritt einer Bedingung abhängt oder genehmigungsbedürftig ist), im Insolvenzverfahren gleichwohl den Rang einer einfachen Insolvenzforderung (§ 38 InsO) ein, wenn das maßgebliche Rechtsgeschäft vor der Insolvenzeröffnung stattgefunden hat und ihre Entstehung nicht mehr von einer persönlichen Handlung des Schuldners abhängt.[2]

4.627 Ist ein **Grundstücksvertrag** zwischen dem Schuldner und dem anderen Teil vor Eröffnung des Insolvenzverfahrens zwar abgeschlossen, zur Zeit der Eröffnung des Insolvenzverfahrens jedoch nicht oder nicht vollständig erfüllt worden (§ 103 Abs. 1 InsO), so kann der Insolvenzverwalter die Erfüllung des Anspruchs aus dem Vertrag verlangen oder die Erfüllung ablehnen (§ 103 Abs. 2 InsO). Die Grunderwerbsteuer wird durch eine Erfüllungswahl aber nicht in den Rang einer Masseverbindlichkeit erhoben, da nicht das Erfüllungsverlangen des Insolvenzverwalters den Tatbestand der Grunderwerbsteuer nach § 1 GrEStG verwirklicht, sondern das vor Insolvenzeröffnung vorgenommene und im Anschluss genehmigte Rechtsgeschäft.[3] Dasselbe gilt für die Grunderwerbsteuer, wenn der andere Teil als Erwerber die Erfüllung wegen der Eintragung einer **Vormerkung** (§ 883 BGB) nach § 106 InsO verlangen kann.[4]

4.628 Anders ist die Forderungsqualität der Grunderwerbsteuerforderung zu beurteilen, wenn der Insolvenzverwalter während des Insolvenzverfahrens ein zur Insolvenzmasse gehörendes Grundstück verwertet, indem er es veräußert oder gar selbst für die Insolvenzmasse ein Grundstück erwirbt. In beiden Fällen wird der die Grunderwerbsteuerforderung auslösende Tatbestand erst nach der Insolvenzeröffnung verwirklicht; die anfallende Grunderwerbsteuer ist somit als Masseverbindlichkeit gem. § 55 Abs. 1 Ziff. 1 InsO zu qualifizieren.[5] Steuerforderungen, die als Masseverbindlichkeiten gem. § 55 Abs. 1 Ziff. 1 InsO einzuordnen sind, werden gegenüber der Insolvenzmasse geltend gemacht.

4.629 Im Falle der Veräußerung eines Grundstücks, an dem ein **Grundpfandgläubiger** im Insolvenzverfahren gem. § 49 InsO ein **Absonderungsrecht** hat, ist zu beachten, dass das **Zubehör** gem. §§ 1120, 1192 BGB zwar mithaftet, steuerrechtlich aber nur bezüglich des Grundstücks Grunderwerbsteuer anfällt, während die Veräußerung des Zubehörs **Umsatzsteuer** auslöst.[6]

---

1 *Maus*, Steuern im Insolvenzverfahren, Rz. 462.
2 *Boochs* in FrankfurterKomm/InsO[9], § 155 Rz. 427; *Viskorf* in Boruttau[19], § 14 GrEStG Rz. 88; *Schmittmann* in Waza/Uhländer/Schmittmann, Insolvenzen und Steuern[12], Rz. 2413.
3 *Farr*, Die Besteuerung in der Insolvenz, Rz. 428.
4 *Schmittmann* in Waza/Uhländer/Schmittmann, Insolvenzen und Steuern[12], Rz. 2415.
5 *Schmittmann* in Waza/Uhländer/Schmittmann, Insolvenzen und Steuern[12], Rz. 2417; *Schüppen/Schlösser* in MünchKomm/InsO[4], Insolvenzsteuerrecht, Rz. 482.
6 *Boochs* in FrankfurterKomm/InsO[9], § 155 InsO Rz. 429.

Unter Umständen können auch im Zusammenhang mit ein und demselben Erwerbsvorgang in Ansehung der Grunderwerbsteuer **sowohl Insolvenzforderungen als auch Masseverbindlichkeiten** entstehen. Das ist dann der Fall, wenn ein rechtsgeschäftlicher Erwerbsvorgang vor Insolvenzeröffnung Grunderwerbsteuer auslöst und nach der Insolvenzeröffnung ein davon unabhängiger, selbständiger Rechtsakt stattfindet, der eine **zusätzliche Leistung i.S.v. § 9 Abs. 2 Ziff. 1 GrEStG** zum Gegenstand hat. Als zusätzliche Leistung in diesem Sinne ist jede Leistung anzusehen, die der Erwerber als Entgelt für den Erwerb des Grundstücks gewährt und die nicht bereits von § 9 Abs. 1 GrEStG erfasst ist. Im Regelfall handelt es sich dabei um Leistungen, die vom Erwerber zusätzlich zu der beim Erwerbsvorgang selbst bereits vereinbarten Gegenleistung, also nachträglich, gewährt werden,[1] um sich das Eigentum am Grundstück zu verschaffen oder zu erhalten. Die nachträgliche Gegenleistung ist dann zwar mit dem Grundstückserwerb nicht mehr kausal verknüpft, zwischen ihr und dem Grundstückserwerb muss aber dennoch ein innerer rechtlicher Zusammenhang bestehen.[2] Ein solcher kann sich bei einem bereits abgewickelten Geschäft auch daraus ergeben, dass bestehende Zweifel an dessen Wirksamkeit vergleichsweise durch Zahlung eines zusätzlichen Entgelts ausgeräumt werden bzw. durch das zusätzliche Entgelt das Behaltendürfen des Grundstücks gesichert wird.[3] Eine solche zusätzliche Leistung ist somit auch dann anzunehmen, wenn der Insolvenzverwalter den vor Insolvenzeröffnung erfolgten Erwerbsvorgang zunächst anficht, sich dann aber zur Erledigung der Auseinandersetzung um die Anfechtbarkeit mit dem Vertragspartner des Schuldners auf eine Vergleichszahlung einigt und als Gegenleistung dem vorinsolvenzlichen Erwerbsvorgang zustimmt.[4] Der aus einer zusätzlichen Leistung i.S.v. § 9 Abs. 2 Ziff. 1 GrEStG resultierende Steuerbetrag kann in einem gesonderten Grunderwerbsteuerbescheid festgesetzt werden; einer Änderung des ursprünglichen Grunderwerbsteuerbescheids bedarf es nicht.[5]

4.630

Ist bei der Eröffnung des Insolvenzverfahrens eine Grunderwerbsteuer zwar bereits (im steuerrechtlichen Sinne gem. § 14 GrEStG) entstanden, aber noch nicht fällig, so wird nach § 41 InsO die Fälligkeit fingiert und die Steuerforderung kann als fällige Forderung zur Insolvenztabelle angemeldet werden.[6] Ein Grunderwerbsteuerbescheid darf nicht mehr ergehen (Rz. 3.189 ff.).

4.631

IV. Unbedenklichkeitsbescheinigung

Literatur *Heine*, Die grunderwerbsteuerliche Unbedenklichkeitsbescheinigung im Insolvenzverfahren, ZInsO 2004, 230; *Schuhmann*, Zur grunderwerbsteuerrechtlichen Unbedenklichkeitsbescheinigung, UVR 1996, 76; *Wälzholz*, Die Beantragung der Eigentumsumschreibung ohne Unbedenklichkeitsbescheinigung zur Minderung der Grunderwerbsteuerbelastung,

---

1 Vgl. BFH v. 24.2.1982 – II R 4/81, BStBl. II 1982, 625 = BFHE 136, 146.
2 BFH v. 13.4.1994 – II R 93/90, BStBl. II 1994, 817 = ZIP 1994, 1545; v. 12.12.1979 – II R 15/76, BStBl. II 1980, 162 (163) = BFHE 129, 280.
3 BFH v. 13.4.1994 – II R 93/90, BStBl. II 1994, 817 = ZIP 1994, 1545.
4 BFH v. 13.4.1994 – II R 93/90, BStBl. II 1994, 817 = ZIP 1994, 1545.
5 BFH v. 13.4.1994 – II R 93/90, BStBl. II 1994, 817 = ZIP 1994, 1545; *Schmittmann* in Waza/Uhländer/Schmittmann, Insolvenzen und Steuern[12], Rz. 2419.
6 *Depré/Dobler* in Beck/Depré, Praxis der Insolvenz[3], § 35 Rz. 113.

MittBayNot 2006, 365; *Wohltmann*, Die Erteilung der grunderwerbsteuerlichen Unbedenklichkeitsbescheinigung – Eine lästige Formalie?, UVR 2006, 154.

4.632 Nach § 22 Abs. 2 Satz 1 GrEStG besteht ein Anspruch auf Erteilung einer Unbedenklichkeitsbescheinigung gegenüber dem Finanzamt, wenn die Grunderwerbsteuer entrichtet, sichergestellt oder gestundet worden ist oder wenn keine sachliche Steuerpflicht besteht. Als sichergestellt in diesem Sinne ist die Entrichtung der Grundsteuer auch dann anzusehen, wenn sie zur Insolvenztabelle angemeldet worden ist und der Insolvenzverwalter sie festgestellt hat (§ 178 Abs. 1 InsO); ausführlich zu den Wirkungen der Tabellenfeststellung s. Rz. 3.272 ff. Daher besteht spätestens mit der Tabellenfeststellung ein Rechtsanspruch auf Erteilung einer grunderwerbsteuerlichen Unbedenklichkeitsbescheinigung.[1] Gleiches gilt auch dann, wenn die Finanzverwaltung die Grunderwerbsteuer nicht zeitnah zur Insolvenztabelle anmeldet, obwohl die Anmeldung ohne weiteres möglich wäre. Andernfalls könnte die Anmeldung übergebührlich verzögert und ein im Rahmen der Insolvenzabwicklung gebotener Vollzug eines Erwerbsvorganges gefährdet werden. Besonders relevant ist dieser Rechtsanspruch auf Erteilung der Unbedenklichkeitsbescheinigung, wenn eine krisenbehaftete Gesellschaft Grundvermögen an eine andere krisenbehaftete Gesellschaft überträgt und es zur Insolvenzeröffnung über das Vermögen sowohl von Käufer als auch Verkäufer kommt. Ist dann die Grunderwerbsteuer noch nicht entrichtet, steht in aller Regel fest, dass die Grunderwerbsteuer jedenfalls nicht vollständig entrichtet werden wird; gleichwohl muss die Unbedenklichkeitsbescheinigung erteilt werden.[2]

V. Erstattung der Grunderwerbsteuer

4.633 Ist vor der Insolvenzeröffnung durch den Insolvenzschuldner Grunderwerbsteuer entrichtet worden und wird das Grundstücksgeschäft später jedoch nicht endgültig vollzogen, so kann es zu Grunderwerbsteuererstattungen kommen.[3]

Gemäß § 16 Abs. 1 Nr. 2 GrEStG wird auf Antrag die Steuer nicht festgesetzt oder die Steuerfestsetzung aufgehoben, wenn die Vertragsbedingungen nicht erfüllt werden und der Erwerbsvorgang deshalb aufgrund eines Rechtsanspruchs rückgängig gemacht wird, bevor das Eigentum am Grundstück auf den Erwerber übergegangen ist. Der nach dieser Regelung entstehende Anspruch des Steuerpflichtigen auf Aufhebung eines bereits ergangenen Grunderwerbsteuerbescheids führt nach der Rechtsprechung des BFH nicht zum Erlöschen des einmal wirksam entstandenen ursprünglichen Steueranspruchs.[4] Der Anspruch nach § 16 GrEStG ist vielmehr ein weiterer (gegenläufiger), eigenständiger Anspruch aus dem Steuerschuldverhältnis

---

1 Im Ergebnis ebenso *Heine*, ZInsO, 2004, 230 (231), der allerdings einen Anspruch auf Erteilung der Unbedenklichkeitsbescheinigung aus § 22 Abs. 2 Satz 2 GrEStG annimmt, weil das Ermessen der Finanzbehörde auf null reduziert sei; ebenso *Schüppen/Schlösser* in MünchKomm/InsO[4], Insolvenzsteuerrecht, Rz. 484; *Kahlert/Rühland*, Sanierungs- und Insolvenzsteuerrecht[2], Rz. 2489.
2 *Boochs/Dauernheim*, Steuerrecht in der Insolvenz[3], Rz. 205.
3 Zur Erstattung der Grunderwerbsteuer im Nachlassinsolvenzverfahren vgl. BFH v. 7.5.2014 – II B 117/13, BFH/NV 2014, 1232; v. 18.11.2015 – II B 33/15, DNotZ 2016, 208.
4 BFH v. 15.1.2019 – VII R 23/17.

i.S.d. § 37 Abs. 1 AO, der selbständig neben den Steueranspruch tritt. Es handelt sich nicht um einen Erstattungsanspruch i.S.d. § 37 Abs. 2 AO. Dementsprechend lässt der Anspruch aus § 16 GrEStG die Rechtmäßigkeit der für den ursprünglichen Erwerbsvorgang vorgenommenen Besteuerung unberührt. Damit gewährt § 16 Abs. 1 GrEStG – ebenso wie § 14c Abs. 2 und § 17 Abs. 2 UStG – einen eigenständigen Berichtigungsanspruch. „Rückgängig gemacht" i.S.d. § 16 Abs. 1 GrEStG ist ein Erwerbsvorgang, wenn über die zivilrechtliche Aufhebung des den Steuertatbestand erfüllenden Rechtsgeschäfts hinaus die Vertragspartner sich derart aus ihren vertraglichen Bindungen entlassen haben, dass die Möglichkeit zur Verfügung über das Grundstück nicht beim Erwerber verbleibt, sondern der Veräußerer seine ursprüngliche Rechtsstellung wiedererlangt.[1] Der Anspruch auf Erstattung der Grunderwerbsteuer nach § 16 Abs. 1 Nr. 2 GrEStG für einen vor Insolvenzeröffnung geschlossenen Kaufvertrag entsteht im Fall der Ablehnung der Erfüllung gem. § 103 Abs. 2 InsO erst nach Eröffnung des Insolvenzverfahrens, so dass einer Aufrechnung des Finanzamtes mit Insolvenzforderungen im Rang von § 38 InsO das Aufrechnungsverbot des § 96 Abs. 1 Ziff. 1 InsO entgegensteht[2].

Hat der Insolvenzschuldner vor der Eröffnung des Insolvenzverfahrens einen Kaufvertrag über ein Grundstück geschlossen, in dem ein **Rücktrittsrecht** vorgesehen ist und hat der Insolvenzschuldner vor Insolvenzeröffnung Grunderwerbsteuer entrichtet, dann entsteht mit der Ausübung des Rücktrittsrechts ein Grunderwerbsteuererstattungsanspruch der Insolvenzmasse gegen die Finanzverwaltung, auch wenn das Rücktrittsrecht erst nach der Insolvenzeröffnung ausgeübt wird. Es ist dabei unerheblich, ob der Insolvenzverwalter ein dem Insolvenzschuldner vorbehaltenes Rücktrittsrecht ausübt, oder der andere Vertragsteil ein ihm vorbehaltenes. Der Aufrechnung des Finanzamtes mit Insolvenzforderungen im Rang von § 38 InsO steht das Aufrechnungsverbot des § 96 Abs. 1 Ziff. 1 InsO dann wie im Fall der Ablehnung der Erfüllung gem. § 103 InsO[3] entgegen.

Gleiches gilt auch für Rückerstattungsbeträge, die sich infolge einer Insolvenzanfechtung eines Grundstücksgeschäftes des Insolvenzschuldners ergeben.[4] Auch das Anfechtungsrecht ist ein originäres insolvenzrechtliches Gestaltungsrecht des Insolvenzverwalters, das erst mit der Insolvenzeröffnung entsteht und nicht bereits vor Insolvenzeröffnung im Vertragsverhältnis zwischen dem Schuldner und seinem Vertragspartner bereits angelegt war. Die Vorteile aus der Rückgängigmachung einer vom Insolvenzrechts-Gesetzgeber missbilligten und deswegen anfechtbaren Vermögensverschiebung des Insolvenzschuldners müssen dem insolvenzrechtlichen Gebot der Gläubigergleichbehandlung folgend der Gesamtgläubigerschaft zufließen und dürfen nicht auf dem Wege der Aufrechnung von einzelnen Insolvenzgläubigern der Gesamtheit entzogen werden. Insoweit ist im Übrigen auch § 96 Abs. 1 Ziff. 3 InsO anzuwenden.

4.634

---

1 BFH v. 5.9.2013 – II R 16/12.
2 BFH v. 15.1.2019 – VII R 23/17.
3 BFH v. 15.1.2019 – VII R 23/17.
4 Ebenso *Farr*, Die Besteuerung in der Insolvenz, Rz. 430.

Auch wenn ein Vertrag aufgehoben wird und der Insolvenzverwalter das Grundstück anschließend an eine gesellschafteridentische Schwestergesellschaft veräußert, verbleibt dem ursprünglichen Erwerber die Möglichkeit der Verwertung einer aus dem rückgängig gemachten Erwerbsvorgang herzuleitenden Rechtsposition, wenn Aufhebungs- und Weiterveräußerungsvertrag in einer einzigen Urkunde zusammengefasst worden sind.[1] Da sowohl der Aufhebungs-, als auch der neue Kaufvertrag jeweils durch die Genehmigungen der Vertragsparteien wirksam werden, kann der ursprüngliche Erwerber sicherstellen, dass das Grundstück an einen erwünschten neuen Erwerber (hier eine Tochtergesellschaft) veräußert wird. Demnach ist die Anwendung des § 16 Abs. 1 Nr. 1 GrEStG ausgeschlossen, denn der Ersterwerber verwertet die verbleibenden Rechtspositionen im eigenen wirtschaftlichen Interesse.

VI. Auswirkungen der Anzeige der Masseunzulänglichkeit

4.635 Die Anzeige der Masseunzulänglichkeit gem. § 208 InsO hat gem. § 210 InsO zur Folge, dass die Vollstreckung wegen Masseverbindlichkeiten i.S.d. § 209 Abs. 1 Ziff. 3 InsO unzulässig wird. Nach der Anzeige der Masseunzulänglichkeit ändert sich die Befriedigungsreihenfolge der Gläubiger. Vorrang haben nun die Kosten des Verfahrens; daran schließen sich die Masseverbindlichkeiten an, die nach der Anzeige der Masseunzulänglichkeit begründet werden bzw. dazu gehörende Verbindlichkeiten nach § 209 Abs. 2 InsO. Im Fall der Masseunzulänglichkeit (§ 208 InsO) ergeben sich in Bezug auf die Grunderwerbsteuer keine spezifischen Probleme. Daher kann auf die Ausführungen Rz. 3.215 ff. verwiesen werden.

H. Grundsteuer

Literatur *Balke*, Grundsteuer unter Verfassungsdruck, ZSteu 2005, 322; *Barent*, Grundsteuer – alles auf Anfang, DWW 2018, 211; *Beck*, Die Reform der Grundsteuer, DS 2019, 48; *Kirchhof*, Die grundgesetzlichen Grenzen der Grundsteuerreform, DStR 2018, 2661; *Becker*, Grundsteuererlass bei Wohnungsleerstand: Änderungen durch das JStG 2009, StWK Gruppe 11, 167 (4/2009); *Broer*, Verfassungsfeste Erhebung der Grundsteuer mittels Grundsteuererklärung, BB 2018, 919; *Depré/Lambert*, Aktuelle steuerliche Aspekte bei der Verwaltung und Verwertung von Immobilien in der Insolvenz, ZfIR 2012, 1; *Dieterich/Josten*, Freistellung der Gebäude von der Grundsteuer, WuM 1998, 531; *Droszdol*, Grundsteuer(teil-)Erlass für Grundstücke in eingemeindeten Ortsteilen – zur Problematik der Grundsteuer-Messzahlen in den neuen Ländern, KStZ 2005, 184; *Eisele*, Die Grundsteuer auf selbst genutzte Wohnimmobilien ist verfassungsgemäß, Gemeindehaushalt 2009, 206; *Eisele*, Update Reform der Grundsteuer (I), NWB 2019, 3060; *Eisele*, Update Reform der Grundsteuer (II), NWB 2019, 3291; Erlass der Grundsteuer bei wesentlicher Ertragsminderung, NWB 2009, 2231; *Freund*, Der Belastungsgrund der Grundsteuer – von Leistungsfähigkeit und Äquivalenz, FR 2019, 931; *Göppert*, Grundsteuerreform auf der Zielgeraden!?, FR 2019, 955; *Hartung*, Grundsteuer und weitere öffentliche Grundstückslasten in der Zwangsverwaltung, Rpfleger 2013, 661; *Heine*, Zur Festsetzung der Grundsteuer bei noch ausstehendem Grundsteuermessbescheid, KStZ 2004, 239; *Huschke/Hanisch/Wilms*, Der neue § 33 GrStG: Zu den Auswirkungen eines er-

---

[1] Vgl. BFH v. 25.8.2010 – II R 35/08, BFH/NV 2010, 2301 m. Anm. *Roth*, jurisPR-InsR 10/2011 Anm. 3; FG Berlin-Bdb. v. 16.6.2016 – 12 K 4041/12, DStRE 2017, 940.

schwerten Grundsteuererlasses und dem Reformbedarf im Grundsteuerrecht, DStR 2009, 2513; *Janssen*, Zur Verfassungswidrigkeit von Grundsteuer und Einheitsbewertung, Grundeigentum 2006, 100; *Leuchtenberg*, Grundsteuer im Brennpunkt des Verfassungsrechts, DStZ 2006, 36; *Löhr*, Entwurf zum Grundsteuer-Reformgesetz: Die große Unvollendete, DStR 2019, 1433; *Löhr/Kempny*, Zur Grundsteuerreform: Grundzüge eines Bodenwertsteuergesetzes, DStR 2019, 537; *Lutz/Maiterth*, Grundsteuerreform und Gleichmäßigkeit der Besteuerung, StuW 2019, 22; *Meier*, Erhöhung der Grundsteuer statt Erhebung von Straßenreinigungsgebühren – Grundüberlegungen zum Systemwechsel am Beispiel Nordrhein-Westfalen, ZKF 2008, 55; *Puhl*, Grundsteuererlass bei wesentlicher Ertragsminderung (§ 33 GrStG), KStZ 2010, 67; *Schmidberger*, Stellung der öffentlichen Gläubiger im Insolvenzverfahren, NZI 2012, 953; *Schmidt*, Reform der Grundsteuer, NWB 2019, 3719; *Schmidt*, Verfassungsrechtlicher Rahmen für die Öffnung der Grundsteuer, ZRP 2019, 146; *Stöckel*, Grundsteuer nach der Ersatzbemessungsgrundlage Wohn-/Nutzfläche (§ 42 GrStG) oder nach Einheitswert und Grundsteuermessbetrag (§ 132 BewG), DStZ 2001, 356; Grundsteuersparmodell Einheitswert, NWB Fach 11, 741 (51/2006); Kommt die Entscheidung des BFH zum Erlass der Grundsteuer nach § 33 Grundsteuergesetz bei strukturell bedingtem Leerstand die Städte und Gemeinden in den Flächenländern teuer zu stehen?, KStZ 2008, 141; Die Grundstücksbewertung von Wohngrundstücken – Für Zwecke der Grundsteuer, Grunderwerbsteuer und Erbschaftsteuer, NWB 2009, 3052; *Wengerofsky*, Die Reform der Grundsteuer, StuB 2017, 25; *Seer*, Reform der Grundsteuer nach dem Entwurf der Bundesregierung, FR 2019, 941.

I. Grundlagen

Steuergegenstand der Grundsteuer sind die land- und fortwirtschaftlichen Betriebe und Grundstücke (§ 2 GrStG). Dabei ist es unerheblich, ob Grundstücke zu privaten oder betrieblichen Zwecken verwendet werden.[1] Hebeberechtigt sind gem. § 1 GrStG die Gemeinden, denen das Grundsteueraufkommen zukommt. Steuerbefreiungen sind gem. § 3 GrStG für den Grundbesitz bestimmter Rechtsträger normiert. Schuldner der Grundsteuer ist derjenige, dem der Steuergegenstand bei der Feststellung des Einheitswerts zugerechnet ist (§ 10 Abs. 1 GrStG). Die Grundsteuer entsteht mit Beginn eines Kalenderjahres (§ 9 Abs. 2 GrStG) und wird für das gesamte Kalenderjahr im Voraus festgesetzt (§ 27 Abs. 1 GrStG); entscheidend für die Festsetzung sind die Verhältnisse zu Beginn des Kalenderjahres (§ 9 Abs. 1 GrStG). Die Festsetzung erfolgt auf der Grundlage eines Grundsteuermessbescheides, der wiederum auf einem durch das Lagefinanzamt erlassenen Einheitswertbescheides basiert. Der Grundsteuerbescheid bestimmt dann auf der Grundlage des Steuermessbetrages und unter Anwendung des Hebesatzes der betreffenden Gemeinde den Grundsteuerbetrag.

4.636

Die Grundsteuer wird grundsätzlich zu je einem Viertel ihres Jahresbetrags am 15. Februar, 15. Mai, 15. August und 15. November fällig (§ 28 Abs. 1 GrStG). Abweichungen davon sind gem. § 28 Abs. 2, 3 GrStG möglich. Das BVerfG hat jüngst die Vorschriften zur Einheitsbewertung für die Bemessung der Grundsteuer für verfassungswidrig erklärt.[2]

4.637

Einstweilen frei.

4.638

---
1 BFH v. 19.7.2006 – II R 81/05, BStBl. II 2006, 767.
2 BVerfG v. 10.4.2018 – 1 BvL 11/14, 1 BvL 12/14, 1 BvL 1/-15, 1 BvR 639/11, 1 BvR 889/12.

II. Praktische Bedeutung der Grundsteuer im Insolvenzverfahren

4.639 Oft findet der Insolvenzverwalter bei Eröffnung des Insolvenzverfahrens über das Vermögen eines Insolvenzschuldners Grundbesitz in der Insolvenzmasse vor. Regelmäßig fällt dann auch Grundsteuer an, wobei es durchaus nicht selten auch Streit um die insolvenzrechtliche Forderungsqualität der Grundsteuerschulden gibt. Die wirtschaftliche Bedeutung der Grundsteuer ist in den meisten Fällen zwar für das Insolvenzverfahren insgesamt nicht überragend, weil die Grundsteuerbeträge häufig im Verhältnis zur übrigen Masse recht niedrig liegen. In kleineren Insolvenzverfahren, namentlich in Verbraucherinsolvenzverfahren kann aber durch die Belastung der Insolvenzmasse mit Grundsteuer schnell Masseunzulänglichkeit (§ 208 InsO) eintreten, weil eine Masse überhaupt nur aus der Verwertung des Grundbesitzes des Insolvenzschuldners gebildet werden kann, daraus der Masse aber wegen der dinglichen Belastungen nur ein geringer Massekostenbeitrag zufließt und vorrangig vor der Grundsteuer die Verfahrenskosten (§ 54 InsO) befriedigt werden müssen.

III. Insolvenzrechtliche Qualität der Grundsteuerforderungen

Literatur *App*, Haftung des Insolvenzverwalters für nach Freigabe eines Grundstücks aus der Insolvenzmasse fällig werdende Grundsteuer, KKZ 2005, 50; Prüfung von Gewerbesteuer und Grundsteuer im Insolvenzfall, KKZ 2009, 25; *Dahl*, Zur Aufhebung eines Grundsteuerbescheides nach Insolvenzeröffnung über das Vermögen des Grundstücksveräußerers, EWiR 2007, 695; *Drasdo*, Rechte und Pflichten des Zwangsverwalters, NJW 2014, 1855; *Beck/Hackenberg*, Die Grundsteuer in der Insolvenz, ZfIR 2007, 264; *Hagen*, Erlass von Steuerverwaltungsakten im Insolvenzverfahren, StBp 2004, 217; *Hartung*, Grundsteuer und weitere öffentliche Grundstückslasten in der Zwangsverwaltung, Rpfleger 2013, 661; *Loose*, Zulässiger Erlass von EW- und Grundsteuermessbescheiden nach Eröffnung des Insolvenzverfahrens, EFG 2007, 710; *Maus*, Steuern im Insolvenzverfahren, Rz. 465 ff.; *Mayer*, Grundsteuer im Insolvenzverfahren, in der Zwangsversteigerung und der Zwangsverwaltung, Rpfleger 2000, 260; *Schmidberger*, Stellung der öffentlichen Gläubiger im Insolvenzverfahren, NZI 2012, 953; *Werth*, Die Aufrechnung von steuerlichen Erstattungsansprüchen im Insolvenzverfahren, AO-StB 2007, 70.

4.640 Grundsteuerschulden können im Insolvenzverfahren den Rang von Insolvenzforderungen (§ 38 InsO) oder von Masseverbindlichkeiten (§ 55 InsO) einnehmen.[1] Außerdem können Grundsteuerschulden das insolvenzfreie Vermögen des Insolvenzschuldners betreffen (Rz. 2.135 ff.); in solchen Fällen ist die Grundsteuerforderung nicht im Insolvenzverfahren, sondern trotz laufenden Insolvenzverfahrens gegen den Schuldner geltend zu machen. Sofern es sich um eine Insolvenzforderung handelt, kann das Finanzamt seine Forderung zur Insolvenztabelle anmelden (§ 174 InsO) und wird anschließend bei der Verteilung des Verwertungserlöses berücksichtigt, nicht aber Zahlung aus der Insolvenzmasse außerhalb der allgemeinen Verteilung verlangen. Handelt es sich um eine Masseverbindlichkeit, ist der Erlass eines Steuerbescheides zulässig und die zugrunde liegende Forderung wird gem. § 53 InsO vorrangig aus der Insolvenzmasse befriedigt.[2]

---

1 Zur Forderungskategorie von Jahresbenutzungsgebühren (hier Müllgebühren) vgl. VG Würzburg v. 14.12.2012 – W – 7 K 11.1053, ZVI 2013, 238.
2 OVG NW v. 10.1.2014 – 14 E 893/13, ZIP 2014, 693.

Soweit der Insolvenzschuldner bei Insolvenzeröffnung Grundsteuerschulden hat, die Verlangungszeiträume (also Kalenderjahre) betreffen, die bereits vor dem Kalenderjahr endeten, in das die Insolvenzeröffnung fällt, sind diese Grundsteuerschulden im Insolvenzverfahren stets einfache Insolvenzforderungen im Rang von § 38 InsO. 4.641

Zuordnungsprobleme ergeben sich aber dann, wenn **innerhalb eines Kalenderjahres Veränderungen der für die Grundsteuer maßgeblichen Verhältnisse eintreten**. So ist es streitig, ob die Grundsteuer für das Kalenderjahr, in das die Insolvenzeröffnung fällt, zeitanteilig aufzuteilen und die auf die Zeit vor der Insolvenzeröffnung entfallende Grundsteuer den Insolvenzforderungen und der auf die Zeit nach der Insolvenzeröffnung entfallende Teil den Masseverbindlichkeiten (§ 55 InsO) zuzuordnen sein soll,[1] oder ob der gesamte **Jahressteuerbetrag** den Insolvenzforderungen zuzuordnen ist.[2] Letztere Auffassung verdient den Vorzug, weil der Grundsteuertatbestand zu Beginn des Kalenderjahres vollständig verwirklicht wird; lediglich die Fälligkeit der Grundsteuerbeträge tritt vierteljährlich ein. Nach dem gesetzlichen System der Grundsteuer sind für die Steuerschuldnerschaft und die Festsetzung der Grundsteuer ausschließlich die Verhältnisse zu Beginn des Kalenderjahres maßgebend. So wirken sich auch außerhalb eines Insolvenzverfahrens Veränderungen wie etwa ein durch Veräußerung des Grundbesitzes eintretender Eigentumswechsel nicht auf die Grundsteuerschuld und Grundsteuerfestsetzung für das laufende Kalenderjahr, sondern erst für das auf die Veräußerung folgende Kalenderjahr aus. Das zeigt, dass die Grundsteuer nicht – wie etwa die Kraftfahrzeugsteuer (Rz. 4.561 ff.) – an das jeden Tag im Veranlagungszeitraum wiederkehrende Eigentums- oder Nutzungsverhältnis bezüglich des Steuergegenstandes anknüpft, **sondern es vielmehr zu einer einmal im Jahr im Sinne eines reinen Stichtagsprinzips eintretenden Steuerbelastung** kommt. Daher verbietet sich eine zeitanteilige Aufteilung der Grundsteuerschuld im Veranlagungszeitraum der Insolvenzeröffnung.[3] 4.642

Umgekehrt kommt es allerdings **auch nicht zu einer Aufteilung**, wenn der Grundbesitz sich zu Beginn eines Kalenderjahres in der Insolvenzmasse befindet und sodann während des Kalenderjahres Veränderungen eintreten. In diesem Fall ist der gesamte Jahressteuerbetrag Masseverbindlichkeit gem. § 55 Abs. 1 Ziff. 1 Alt. 2 InsO. 4.643

Dafür ist es unerheblich, welche Veränderung im Laufe des Kalenderjahres eintritt, ob also entweder eine Veräußerung an einen Dritten erfolgt, oder die Freigabe des Grundbesitzes an den Insolvenzschuldner (Rz. 2.143 f., insbesondere Rz. 2.146). 4.644

Soweit die Freigabe im Laufe eines Kalenderjahres erfolgt, entsteht die Grundsteuer zu Beginn des folgenden Kalenderjahres zu Lasten des insolvenzfreien Vermögens des Insolvenzschuldners. Ein Grundsteuerbescheid ist dann nicht mehr an den Insolvenzverwalter zu richten, sondern an den Insolvenzschuldner selbst. Ein an den In- 4.645

---
1 So *Frotscher*, Besteuerung bei Insolvenz[8], S. 232.
2 *Fritsch* in Koenig[3], § 251 AO Rz. 65; *Schmittmann* in Waza/Uhländer/Schmittmann, Insolvenzen und Steuern[12], Rz. 2442; *Loose* in Tipke/Kruse, § 251 AO Rz. 75; *Maus*, Steuern im Insolvenzverfahren, Rz. 465.
3 So auch *Schmittmann* in Waza/Uhländer/Schmittmann, Insolvenzen und Steuern[12], Rz. 2442.

IV. Bekanntgabe von Einheitswertbescheiden und Grundsteuermessbescheiden während des Insolvenzverfahrens

4.646 Grundsätzlich dürfen nach der Insolvenzeröffnung keine Grundlagenbescheide mehr erlassen werden, die die Insolvenzmasse betreffen, wenn dadurch Besteuerungsgrundlagen festgestellt oder festgesetzt werden, welche Auswirkungen auf nach § 174 InsO zur Tabelle anzumeldende Steuerforderungen haben können. Nach Eröffnung des Insolvenzverfahrens dürfen daher keine Bescheide mehr erlassen werden, in denen Besteuerungsgrundlagen festgestellt oder festgesetzt werden, welche die Höhe der zur Insolvenztabelle anzumeldenden Steuerforderungen beeinflussen könnten, denn andernfalls würde der sich aus § 87 InsO ergebende Vorrang des Insolvenzverfahrens gegenüber dem Festsetzungs- und Feststellungsverfahren nach der Abgabenordnung unterlaufen. Es ist unerheblich, dass Grundlagenbescheide nicht unmittelbar auf eine Befriedigung der Steuergläubiger gerichtet sind. Es genügt, dass die festgestellten oder festgesetzten Besteuerungsgrundlagen für das Insolvenzverfahren insoweit präjudiziell sind, als sie Steuern betreffen, die Insolvenzforderungen sein können.[1]

4.647 Diese **grundsätzliche Rechtslage bedarf aber für Grundsteuermessbescheide und Einheitswertbescheide einer Einschränkung**. Der II. Senat des BFH hat den Erlass eines Einheitswertbescheides auch nach der Eröffnung des Gesamtvollstreckungsverfahrens gegenüber dem Gesamtvollstreckungsverwalter zugelassen, weil im Einheitswertbescheid Besteuerungsgrundlagen nicht ausschließlich zu dem Zweck ermittelt und festgestellt werden, um Grundsteuerforderungen zur Insolvenztabelle anmelden zu können.[2] Dem Einheitswertbescheid kommt nämlich eine dingliche Wirkung zu, denn gem. § 182 Abs. 2 Satz 1 AO wirkt ein Feststellungsbescheid über einen Einheitswert auch gegenüber dem Rechtsnachfolger, auf den der Gegenstand der Feststellung nach dem Feststellungszeitpunkt mit steuerlicher Wirkung übergeht. Dem ist beizupflichten. Zwar wird hierdurch das insolvenzrechtliche Forderungsanmeldungs- und -prüfungsverfahren ebenso gestört wie in den Fällen von Gewerbesteuermessbescheiden, die nach der ebenfalls zustimmungswürdigen Rechtsprechung des I. Senats des BFH[3] nach der Eröffnung des Insolvenzverfahrens grundsätzlich nicht mehr gegen den Insolvenzverwalter erlassen werden dürfen, eben weil der sich aus § 87 InsO ergebende Vorrang des Insolvenzverfahrens gegenüber dem Festsetzungs- und Feststellungsverfahren nach der Abgabenordnung unterlaufen wird. Diese Störung des insolvenzrechtlichen Forderungsanmeldungs- und -prüfungsverfahrens

---
1 BFH v. 1.4.2003 – I R 51/02, BStBl. II 2003, 779; v. 18.12.2002 – I R 33/01, BStBl. II 2003, 630 = ZIP 2003, 1212.
2 BFH v. 24.7.2002 – II B 52/02, BFH/NV 2003, 8 ff.
3 BFH v. 2.7.1997 – I R 11/97, BStBl. II 1998, 428 = ZIP 1997, 2160; ebenso der I. Senat des BFH für Feststellungen gem. § 47 Abs. 2 KStG a.F. und Bescheide über die gesonderte Feststellung von Besteuerungsgrundlagen gem. § 47 Abs. 1 KStG a.F. und die verbleibenden Verlustabzüge zur Körperschaftsteuer, BFH v. 18.12.2002 – I R 33/01, BStBl. II 2003, 630 = ZIP 2003, 1212; vgl. auch BFH v. 1.4.2003 – I R 51/02, BStBl. II 2003, 779.

wirkt sich aber auf das Insolvenzverfahren jedenfalls im Ergebnis nicht nachteilig aus, so dass es zumindest dann zugelassen werden kann, einen Grundlagenbescheid gegenüber dem Insolvenzverwalter zu erlassen, wenn dadurch außerhalb des Insolvenzverfahrens liegende Regelungswirkungen herbeigeführt werden. Die Störung des insolvenzrechtlichen Forderungsanmeldungs- und -prüfungsverfahrens ist deshalb nicht besonders schwerwiegend, weil es nicht zu einer Verbesserung der insolvenzrechtlichen Forderungsqualität der Steuerforderung kommt und bei einem Streit über Grund und/oder Höhe der zur Insolvenztabelle angemeldeten Steuerforderung ohnehin die FG angerufen werden müssen und nicht etwa die Zivilgerichte. Wird eine angemeldete Steuerforderung im Prüfungstermin bestritten und liegt noch kein Grundlagen- bzw. Messbescheid vor, so ist dieser trotz der Insolvenzeröffnung unmittelbar gegenüber dem Insolvenzverwalter zu erlassen.[1] Selbst wenn ein Grundlagenbescheid bereits vorliegt, stellt die Finanzverwaltung einen zur Insolvenztabelle angemeldeten und bestrittenen Steueranspruch gem. § 251 Abs. 3 AO durch Verwaltungsakt fest. Gegen diesen Feststellungsbescheid ist der Einspruch (§ 347 AO) statthaft; gegen die Einspruchsentscheidung ist die Klage zum FG statthaft.[2] Es bedeutet im Ergebnis keine Schlechterstellung der Insolvenzmasse, wenn der Insolvenzverwalter sich statt dieses im Korsett des insolvenzrechtlichen Prüfungs- und Feststellungsverfahrens möglicherweise notwendigen finanzgerichtlichen Verfahrens bei Beanstandungen, die er gegenüber den Feststellungen in einem Grundlagenbescheid erheben will, notfalls an die FG wenden muss, um ein Präjudiz für die Tabellenfeststellung zu vermeiden.

In Anschluss an die eben dargestellte, zur Rechtmäßigkeit des Erlasses eines Einheitswertbescheides ergangenen Entscheidung des II. Senats des BFH[3] hat das FG Brandenburg zutreffend entschieden, dass Grundsteuermessbescheide jedenfalls dann trotz der zwischenzeitlich erfolgten Insolvenzeröffnung gegen den Insolvenzschuldner auf einen Stichtag vor der Insolvenzeröffnung ergehen dürfen, wenn sich daraus dingliche Wirkungen gegenüber Dritten, die am Insolvenzverfahren nicht beteiligt sind, ergeben.[4] Die Begründung stützt sich im Wesentlichen auf die gleichen Aspekte, die auch der II. Senat des BFH ausgeführt hat.

V. Grundsteuer als Absonderungsrecht

Die Grundsteuer berechtigt, unabhängig der jeweiligen Rangklasse i.S.v. § 10 Abs. 1 ZVG, den Steuergläubiger zur **abgesonderten Befriedigung nach § 49 InsO**, wenn es sich bei der betroffenen Forderung um eine Insolvenzforderung handelt.[5] Die in

4.648

---

1 BFH v. 2.7.1997 – I R 11/97, BStBl. II 1998, 428 = ZIP 1997, 2160; vgl. auch VG Leipzig v. 29.10.2019 – 6 K 125/17, juris.
2 BFH v. 30.11.2004 – VII R 78/03, ZIP 2005, 954 = BFH/NV 2006, 1095; *Fritsch* in Koenig[3], § 251 AO Rz. 55.
3 BFH v. 24.7.2002 – II B 52/02, BFH/NV 2003, 8 ff.
4 FG des Landes Bdb. v. 14.9.2006 – 3 K 2728/03, ZInsO 2006, 1339 (1341).
5 BGH v. 6.10.2011 – V ZB 18/11, ZIP 2012, 147 = NZI 2011, 939; OLG Bdb. v. 7.3.2007 – 7 U 105/06, juris; *Schüppen/Schlösser* in MünchKomm/InsO[4], Insolvenzsteuerrecht, Rz. 472; *Schmidberger*, NZI 2012, 953 (956).

§ 10 Abs. 1 ZVG genannten Rechte werden im Zeitpunkt der Eröffnung des Insolvenzverfahrens zu Absonderungsrechten an dem Grundstück. Dies ist nicht an die tatsächliche Durchführung einer Zwangsversteigerung gebunden.[1] Die Grundsteuer ruht nach § 12 GrStG stets als öffentliche Last auf dem Grundstück, nicht etwa erst und nur dann, wenn eine Zwangsversteigerung tatsächlich erfolgt.[2] Im Falle der Zwangsversteigerung gelten nach § 12 GrStG die Vorschriften des ZVG.

Dem voranzugehen hat allerdings ein Duldungsbescheid gegenüber dem Insolvenzverwalter. Dieser kann trotz § 89 InsO gegen den Insolvenzverwalter im laufenden Verfahren erlassen werden. Die Feststellung der Forderung zur Insolvenztabelle stellt dabei die Grundlage des Duldungstitels nach § 191 AO dar.[3] Wird das Grundstück hingegen freihändig veräußert, kann der Berechtigte kein Absonderungsrecht an dem Grundstück geltend machen.[4] Das Grundstück haftet vielmehr weiterhin für die rückständigen Grundsteuerforderungen. Die Haftung nach § 12 GrStG ist in diesem Falle im Wege des Duldungsbescheides gegenüber dem Grundstückserwerber geltend zu machen. Dies kann nicht im Wege der Vereinbarung durch die Vertragsparteien abbedungen werden.[5]

Masseverbindlichkeiten nach § 55 InsO können jedoch nicht im Wege der abgesonderten Befriedigung am Grundstück geltend gemacht werden. Solche Grundsteuerrückstände sind vielmehr vorab aus der Insolvenzmasse zu befriedigen.[6]

VI. Erlass der Grundsteuer

Literatur *Balzerkiewicz/Voigt*, Grundsteuererlass bei strukturellem Leerstand?, Grundeigentum 2006, 1457; *Barbier/Arbert*, Grundsteuererlass gem. § 33 GrStG bei strukturell bedingtem Leerstand, BB 2007, 1421; *Beck*, Grundsteuererlass bei strukturell bedingter Ertragsminderung, BTR 2008, 36; *Eich*, Grundsteuererlass nach der Rechtsprechungsänderung, KÖSDI 2008, Nr. 2, 15915; *Eisele*, Grundsteuererlass bei strukturellem Leerstand – eine unendliche Geschichte?, Gemeindehaushalt 2007, 106; *El-Tounsy/Kühnold/Rave*, Einheitswert – Grundsteuer – Erlass wegen Ertragsminderung, DStZ 2009, 798; *Englert/Alex*, Grundsteuererlass oder Wertfortschreibung im Falle dauerhaften Leerstands, DStR 2007, 95; *Feldner*, Die Befreiung von der Grundsteuer nach § 32 Abs. 1 Nr. 1 GrStG, DStR 2018, 1749; *Hoffmann*, Grundsteuererlass auch bei strukturell bedingten nicht nur vorübergehenden Ertragsminderungen?, StuB 2007, 274; *Hosser*, Chancen auf Grundsteuererlass wegen strukturellen Leerstands gestiegen, StB 2007, 264; *Jochum*, Gefangen in der Substanz? Grundsteuererlass auf Grund strukturell bedingter Ertragsminderung bei Einheitswertermittlung im Sachwertverfahren, DStZ

---

1 A.A. OLG Hamm v. 21.10.1993 – 27 U 125/93, NJW-RR 1994, 469.
2 BGH v. 18.2.2010 – IX ZR 101/09, ZIP 2010, 994 = NZI 2010, 482; v. 12.3.2015 – V ZB 41/14, NZI 2015, 668; OVG Sa.-Anh. v. 14.3.2006 – 4 L 328/05, WM 2007, 1622; a.A. *Schmittmann* in Waza/Uhländer/Schmittmann, Insolvenzen und Steuern[12], Rz. 2447.
3 OVG Saarlouis v. 12.10.2007 – 1 B 340/07, NJW 2008, 250; *Schmidberger* NZI 2012, 953 (956); *Glotzbach/Goldbach* Immobiliarvollstreckung aus Sicht der kommunalen Vollstreckungsbehörden Rz. 722.
4 BGH v. 18.2.2010 – IX ZR 101/09, ZIP 2010, 994 = NZI 2010, 482; BVerwG v. 13.2.1987 – 8 C 25/85, BVerwGE 77, 38; BVerwG v. 20.9.1974 – IV C 32/72, KStZ 1975, 10.
5 BGH v. 11.3.2010 – IX ZR 34/09, ZIP 2010, 791 = NZI 2010, 399.
6 *Hefermehl* in MünchKomm/InsO[4], § 55 Rz. 81; *Schmidberger*, NZI 2012, 953 (956).

2007, 635; *Kilches*, Grundsteuererlass trotz strukturell bedingter Ertragsminderung, BFH-PR 2008, 70; *Kühnold*, Zum Grundsteuererlass bei strukturellem Leerstand, ZKF 2007, 128; *Martini*, Der Grundsteuererlass nach § 33 GrStG bei auf Veränderungen der allgemeinen wirtschaftlichen Verhältnisse beruhenden Ertragsminderungen in der Rechtsprechung des BVerwG, BayVBl. 2006, 329; *Quambusch*, Grundsteuererlass wegen benachbarter Windkraftanlagen, VR 2007, 414; *Stöckel*, BVerwG schafft einheitliches Recht für den Grundsteuererlass, NWB Fach 11, 793 (43/2008); *Stöckel/Kühnold*, Grundsteuererlass nach § 33 GrStG, NWB Fach 11, 783 (13/2008).

Nach §§ 32, 33 GrStG kommt unter dort näher bestimmten Voraussetzungen ein Erlass der Grundsteuer in Frage. Der Erlass ist insbesondere für Betriebe der Land- und Forstwirtschaft, für bebaute Grundstücke und für eigengewerblich genutzte bebaute Grundstücke vorgesehen, wenn der **normale Rohertrag erheblich gemindert** wird und der Steuerschuldner die Minderung nicht zu vertreten hat. Normaler Rohertrag ist bei bebauten Grundstücken die nach den Verhältnissen zu Beginn des Erlasszeitraums – d.h. des Kalenderjahres, für das die jahresweise zu erhebende und ggf. zu erlassende Steuer festgesetzt worden ist – geschätzte übliche Jahresrohmiete. Jahresrohmiete ist gem. § 79 Abs. 1 BewG das Gesamtentgelt, das der Mieter für die Benutzung des Grundstücks aufgrund vertraglicher Vereinbarungen nach dem Stand im Feststellungszeitpunkt für ein Jahr zu entrichten hat. Ist das Grundstück oder sind Teile desselben eigengenutzt, ungenutzt – d.h. auch leer stehend[1] –, zu vorübergehendem Gebrauch oder unentgeltlich überlassen, gilt gem. § 79 Abs. 2 Satz 1 Ziff. 1 BewG als Jahresrohmiete die übliche Miete, die gem. Abs. 2 Satz 2 der Vorschrift in Anlehnung an die für Räume gleicher oder ähnlicher Art, Lage und Ausstattung regelmäßig gezahlte Jahresrohmiete zu schätzen ist. 4.649

Ein Grundsteuererlass gem. § 33 Abs. 1 GrStG kommt **entgegen der früheren Rechtsprechung des BVerwG** nicht nur bei atypischen und vorübergehenden Ertragsminderungen in Betracht, sondern auch bei strukturell bedingten Ertragsminderungen.[2] **Nunmehr sind alle Differenzierungen** 4.650

– nach typischen oder atypischen,

– nach strukturell bedingten oder nicht strukturell bedingten,

– nach vorübergehenden oder nicht vorübergehenden Ertragsminderungen und

– nach den verschiedenen Möglichkeiten, diese Merkmale zu kombinieren,

hinfällig.[3]

Daher kann **in vielen Insolvenzverfahren**, in denen leerstehende Immobilien zu verwalten sind, zumindest **eine Belastung mit Grundsteuer vermieden werden**. 4.651

---

1 BFH v. 24.10.2007 – II R 5/05, BStBl. II 2007, 469 = BFHE 218, 396.
2 GmS-OGB v. 24.4.2007 – 1/07, ZKF 2007, 211; BFH v. 24.10.2007 – II R 5/05, BStBl. II 2007, 469 = BFHE 218, 396; vgl. auch VG Bayreuth v. 29.6.2016 – B – 4 K 15.845, juris – nachfolgend VGH München v. 8.12.2016 – 4 ZB 16.1583, juris.
3 BFH v. 24.10.2007 – II R 5/05, BStBl. II 2007, 469 = BFHE 218, 396.

Hinweis:

Der Erlass wird nur auf Antrag gewährt (§ 34 Abs. 2 Satz 1 GrStG); antragsberechtigt ist im Insolvenzverfahren der Insolvenzverwalter.

Der Antrag kann bis zu dem auf den Erlasszeitraum folgenden 31. März gestellt werden (§ 34 Abs. 2 Satz 2 GrStG).

4.652 Die Erlassvorschrift des § 33 GrStG ist allerdings allein auf den Grundsteuerschuldner und die Erhaltung seiner wirtschaftlichen Existenz ausgerichtet.[1] Er soll im Interesse seiner weiteren wirtschaftlichen Existenz in den Genuss des Erlasses kommen. Die Erlassbedürftigkeit ist zu bejahen, wenn die Einziehung des Anspruchs aus dem Steuerschuldverhältnis in konkreter Art und Weise die Existenz des Steuerschuldners vernichten oder ernsthaft gefährden würde, so dass ohne Billigkeitsmaßnahmen der notwendige Lebensunterhalt vorübergehend oder dauernd nicht mehr bestritten werden kann.[2] Diesem gesetzlichen Zweck soll aber nicht mehr genügt werden können, wenn die **wirtschaftliche Existenz des Grundsteuerschuldners** schon vernichtet ist und ein Erlass wirtschaftlich damit nicht ihm, sondern in erster Linie seinen Gläubigern zugutekommen würde.[3] Dieser Auffassung kann nicht gefolgt werden, denn auch im Insolvenzverfahren ist generell nicht auszuschließen, dass der Erlass zumindest dazu beiträgt, die wirtschaftliche Situation des Insolvenzschuldners zu verbessern oder seine Sanierung zu ermöglichen. Es ist während des laufenden Insolvenzverfahrens kaum vorherzusehen, ob es später zu der Erteilung einer Restschuldbefreiung kommt oder ob der Schuldner nach Beendigung des Insolvenzverfahrens seine Verbindlichkeiten weiter schuldig bleibt (§ 201 InsO).[4] Dazu gehören auch die Verbindlichkeiten, die während des Insolvenzverfahrens zu den Masseverbindlichkeiten (§ 55 InsO) zählten, wenn sie im Insolvenzverfahren wegen Masseunzulänglichkeit (§ 208 InsO) nicht befriedigt werden konnten. Außerdem kann der Erlass dazu beitragen, ein Insolvenzplanverfahren zu ermöglichen, wodurch eine wirtschaftliche Sanierung des Insolvenzschuldners eintreten kann. Gerade wenn der Erlass der Beseitigung von Masseverbindlichkeiten dient, kann dadurch u.U. die für die Durchführung eines erfolgreichen Insolvenzplanverfahrens notwendige verteilungsfähige Masse zusammengehalten werden. Der Erlass von Grundsteuer kommt in jedem Fall zumindest mittelbar auch dem Insolvenzschuldner zugute, so dass es zu kurz gegriffen wäre, einen Vorteil allein bei den Gläubigern zu sehen.

Ist das betroffene Grundstück vom Insolvenzverwalter freigegeben worden und die Grundsteuerforderung daher nicht im Insolvenzverfahren, sondern gegen das insolvenzfreie Vermögen durchzusetzen, kommt ein Billigkeitserlass trotz Insolvenz aus-

---

1 OVG Sachsen v. 7.8.2012 – 5 A 298/09, Rz. 14 n.v.; VG Köln v. 18.6.2008 – 23 K 4903/07, ZInsO 2009, 192 (193).
2 OVG Sachsen v. 7.8.2012 – 5 A 298/09, Rz. 14 n.v.
3 VG München v. 14.6.2012 – M – 10 K 11.4717, Rz. 19, n.v.; *Schmittmann* in Waza/Uhländer/Schmittmann, Insolvenzen und Steuern[12], Rz. 2450.
4 A.A. OVG Sachsen v. 7.8.2012 – 5 A 298/09, Rz. 16 n.v., wonach ein Erlass nicht allein geboten ist, um eine komplette Schuldenfreiheit des Insolvenzschuldners nach Abschluss des Insolvenzverfahrens und Restschuldbefreiung zu erreichen, denn mit der Restschuldbefreiung sei ein gänzlich unbelasteter Neustart des Insolvenzschuldners nicht verbunden.

nahmsweise in Betracht, wenn die Steuerrückstände den Steuerpflichtigen hindern, eine neue (selbständige) Erwerbstätigkeit aufzunehmen und sich somit eine eigene, von Sozialhilfeleistungen unabhängige wirtschaftliche Existenz aufzubauen.[1]

Eine Ertragsminderung ist allerdings dann kein Erlassgrund, wenn sie für den Erlasszeitraum durch **Fortschreibung des Einheitswerts** berücksichtigt werden kann oder bei rechtzeitiger Stellung des Antrags auf Fortschreibung hätte berücksichtigt werden können (§ 33 Abs. 5 GrStG, § 22 BewG). Auch **Änderungen der allgemeinen wirtschaftlichen Verhältnisse** („Wertverhältnisse" i.S.d. § 27 BewG) können einen Grundsteuererlass nach § 33 GrStG nicht begründen.[2] Solche Umstände wirken sich auf die Erhebung der Grundsteuer nur über die Festsetzung der Steuermessbeträge im Hauptfeststellungszeitpunkt aus (Hauptveranlagung gem. § 16 GrStG) und werden erst bei der nächsten Hauptfeststellung (§ 21 BewG) erfasst, bleiben somit in der Zwischenzeit als im System berücksichtigter Regelfall auch im Rahmen des Grundsteuererlasses nach § 33 GrStG unberücksichtigt.[3]

Wirtschaftliche Überlegungen, die den Steuerschuldner hindern, ein für ein bestimmtes Gewerbe baulich besonders ausgestattetes Gewerbeobjekt mit einer anderen, weniger aufwendigen Nutzung zu einem geringeren Mietzins weiter zu vermieten und stattdessen **einen länger währenden Leerstand in Kauf zu nehmen**, betreffen dessen Risikosphäre, beruhen somit auf dessen eigenem Verhalten bzw. auf dessen persönlichen Umständen und sind somit i.S.d. § 33 Abs. 1 Satz 1 GrStG vom Steuerschuldner zu vertreten, so dass ein Erlass der Grundsteuer ausscheidet.[4]

VII. Inanspruchnahme des Grundstückserwerbers

Der Grundstückserwerber haftet kraft Gesetz nach §§ 191 Abs. 1 AO, 11 Abs. 2 Satz 1 GrStG neben den vormaligen Eigentümern für die auf den Steuergegenstand oder Teilen des Steuergegenstandes entfallene Grundsteuer, die für die seit dem Beginn des letzten vor der Übereignung liegenden Kalenderjahres zu entrichten ist, wenn ein Steuergegenstand ganz oder teilweise einer anderen Person übereignet wird.[5] Zwar ist nach § 219 AO ein Haftungsschuldner auf Zahlung nur dann in Anspruch zu nehmen, soweit die Vollstreckung in das bewegliche Vermögen des Schuldners ohne Erfolg geblieben und daher anzunehmen ist, dass eine Vollstreckung aussichtslos bleiben würde. Jedoch sind an die Aussichtslosigkeit der Vollstreckung, ausgehend von der ratio legis des § 11 Abs. 2 GrStG und der gesetzessystematischen Zweiteilung in Steuer- und Haftungsschuldner keine unangemessen hohen Anfor-

4.653

---

1 OVG Sachsen v. 7.8.2012 – 5 A 298/09, Rz. 15, n.v.; BFH v. 27.9.2001 – X R 134/98, BStBl. II 2002, 176.
2 VGH Mannheim v. 16.3.2006 – 2 S 1002/05, juris; vgl. auch VG Wiesbaden v. 30.6.2015 – 1 K 979/13.WI, juris.
3 VGH Mannheim v. 16.3.2006 – 2 S 1002/05, juris; VGH München v. 15.12.2005 – 4 B 04.1948, BayVBl. 2006, 349 ff.
4 VGH Mannheim v. 16.3.2006 – 2 S 1002/05, juris.
5 VG Gießen v. 14.6.2012 – 8 K 2454/10.GI, juris; VG Dresden 30.3.2010 – 2 K 351/08, juris.

derungen zu stellen.[1] Die Steuerbehörde muss demnach vor Inanspruchnahme des Grundstückserwerbes als Haftungsschuldner nicht alle in Betracht kommenden Vollstreckungsmöglichkeiten gegenüber dem Steuerschuldner ausschöpfen.

Der Grundstückserwerber hat die Zwangsvollstreckung in das Grundstück auch für Rückstände zu dulden, deren Erhebungszeitraum mehr als zwei Jahre vor dem Grundstückserwerb zurückliegt und die rückständige Grundsteuer nicht im Rahmen des Insolvenzverfahrens hätten geltend gemacht werden können.[2] Für Forderungen, die den Zeitraum des Insolvenzverfahrens betreffen, müssen die insolvenzrechtlichen Regelungen gewahrt werden. Ist die Forderung zur Insolvenztabelle angemeldet und vom Insolvenzverwalter festgestellt worden, liegt dem akzessorischen Duldungsbescheid ein fälliger und vollstreckbarer Grundsteueranspruch zugrunde.[3]

VIII. Auswirkungen der Anzeige der Masseunzulänglichkeit

4.654 Die Anzeige der Masseunzulänglichkeit gem. § 208 InsO hat gem. § 210 InsO zur Folge, dass die Vollstreckung wegen Masseverbindlichkeiten i.S.d. § 209 Abs. 1 Ziff. 3 InsO unzulässig wird. Nach der Anzeige der Masseunzulänglichkeit ändert sich die Befriedigungsreihenfolge der Gläubiger. Vorrang haben nun die Kosten des Verfahrens; daran schließen sich die Masseverbindlichkeiten an, die nach der Anzeige der Masseunzulänglichkeit begründet werden bzw. dazu gehörende Verbindlichkeiten nach § 209 Abs. 2 InsO. Im Fall der Masseunzulänglichkeit (§ 208 InsO) ergeben sich in Bezug auf die Grundsteuer keine Besonderheiten. Daher kann auf die Ausführungen Rz. 3.215 ff. verwiesen werden.

IX. Grundsteuer bei zeitgleich bestehender Zwangsverwaltung

4.655 Bei parallel zum Insolvenzverfahren bestehender Zwangsverwaltung oder angeordneter Zwangsversteigerung ist der Insolvenzverwalter nicht mehr zur Verwaltung des betroffenen Grundstückes befugt, so dass Grundsteuerforderungen nicht gegenüber der Insolvenzmasse geltend gemacht werden können.[4]

Der Zwangsverwalter hat die auf dem Grundstück ruhenden öffentlichen Lasten nach § 156 Abs. 1 Satz 1 ZVG vorab aus der Zwangsverwaltungsmasse zu begleichen. Daher trifft auch diesen die Pflicht, bei Vorliegen der Voraussetzungen und zur Vermeidung einer Haftung, den Erlass der Grundsteuer zu beantragen.[5]

Ein Erstattungsanspruch aus vorausgezahlter Grundsteuer fällt in die Insolvenzmasse, da der Insolvenzschuldner mit der Vorauszahlung eine Anwartschaft auf den am Ende des Veranlagungszeitraumes entstehenden Erstattungsanspruch hat, wenn der

---

1 VG Dresden v. 30.3.2010 – 2 K 351/08, juris.
2 VG Halle v. 22.1.2010 – 4 A 311/09, NZM 2011, 268; OVG Bautzen v. 8.1.2009 – 5 A 168/08, Bjuris.
3 OVG Sa.-Anh. v. 7.12.2011 – 4 L 70/10, NZI 2012, 254.
4 VG Düsseldorf v. 21.2.1985 – 11 K 2805/82, juris (Ls.) m. Anm. *Frotscher*, EWiR 1986, 389; *Maus* in Uhlenbruck, InsO, 13. Aufl. 2010, § 80 Rz. 64; *Röpke* in Hess, InsO, § 55 Rz. 493.
5 *Drasdo*, NJW 2014, 1855 (1856); *Hartung*, Rpfleger 2013, 661 (663).

den Anspruch begründende Sachverhalt vor Verfahrenseröffnung oder während des Insolvenzverfahrens verwirklicht worden ist.[1]

I. Indirekte Verbrauchsteuern

Literatur *Falthauser*, Die Harmonisierung der speziellen Verbrauchsteuern in der EG am Beispiel der Biersteuer, DStZ 1993, 17; *Jansen*, Verwendungsorientierung der Verbrauchsteuern bei der Auslegung von Steuerbegünstigungen, ZfZ 2009, 210; Versandhandel vor und nach dem 4. Gesetz zur Änderung der Verbrauchsteuergesetze, ZfZ 2010, 88; *Keß*, Ökologisierung von Abgaben – Möglichkeiten und Grenzen, SteuerStud 2004, 307; *Kirchhof*, Verbrauchsteuern im Lichte des Verfassungsrechts, BB 2015, 278; *Reiß*, Subjektive Elemente in verkehr – und verbrauchsteuerlichen Tatbeständen, Beihefter zu DStR 39 2007, 27; *Schaumburg*, Das Leistungsfähigkeitsprinzip im Verkehr- und Verbrauchsteuerrecht, FS für Reiß, 2008, 25; *Scheller*, Brexit und die Folgen für das Zollrecht und die indirekten Steuern, DStR 2016, 2196; *Thiele*, Das Europäische Steuerrecht – Eine Herausforderung für den nationalen Gesetzgeber, ZEuS 2006, 41; *Valta*, Verfassungs- und Abkommensrechtsfragen des Richtlinienentwurfs für eine Steuer auf digitale Dienstleistungen, IStR 2018, 765; *Wittuhn/Hamann*, Verwirrende Vorschriften im Verbrauchssteuerrecht, BB 2009, Heft 48, M1.

I. Grundlagen

Im deutschen Rechtssystem ist grundsätzlich zwischen Verbrauchs- und Verkehrsteuern zu unterscheiden. Verbrauchsteuern besteuern den Erwerb oder den Verbrauch von Gütern oder auch Dienstleistungen. Verkehrsteuern hingegen betreffen Vorgänge des Rechtsverkehrs und besteuern den wirtschaftlichen Leistungsaustausch. Verbrauchsteuern sind als indirekte Steuern ausgestaltet. Rechtstechnisch wird nicht der Verbrauch an sich besteuert, sondern der Unternehmer, der das Gut dem Rechtsverkehr zugeführt hat.[2] Dieser wälzt die Steuer dann auf den Verbraucher über, indem er den Steuerbetrag dem Preis aufschlägt. Bei indirekten Steuern fallen also Steuerträger und Steuerschuldner auseinander. 4.656

Folgende Güter sind von der indirekten Verbrauchsteuer betroffen: 4.657

– Energie, § 1 EnergieStG;

– Strom, § 1 StromStG;

– Kaffee, §§ 1, 2 KaffeeStG;

– Schaumweine wie Champagner, Qualitätsschaumwein, Obst- und Fruchtschaumweine sowie deren Zwischenerzeugnisse (beispielsweise Sherry, Portwein, Madeira), § 1 SchaumwZwStG;

– Alkohol und alkoholhaltige Waren, § 1 AlkStG;

---

1 LG Hannover v. 26.5.2006 – 4 O 15/16, ZInsO 2006, 1113; *Schmidberger*, NZI 2012, 953 (956).
2 *Englisch* in Tipke/Lang, Steuerrecht[23], § 18 Rz. 109.

– Tabak (Zigaretten, Zigarillos, Zigarren) sowie Tabakwaren gleichgestellte Erzeugnisse (beispielsweise Zigarettenhüllen und -papier, *Kau-* und Schnupftabak), § 1 Satz 1 i.V.m. §§ 2, 3 TabStG;

– Bier, § 1 BierStG

– Alkopops, § 1 AlkopopStG.

4.658 Die sog. kleinen Verbrauchsteuern auf Salz, Zucker, Leuchtmittel und Tee wurden zum 1.1.1993 abgeschafft.

II. Praktische Bedeutung der indirekten Verbrauchsteuern im Insolvenzverfahren

4.659 Die praktische Bedeutung der Verbrauchsteuern im Insolvenzverfahren ist recht gering. Wie aber der jüngst vom BGH entschiedene Fall bezüglich der Sachhaftung am Bier zeigt,[1] gibt es aber doch auch praktische Relevanz. Bedeutsam ist in diesem Zusammenhang insbesondere, ob und unter welchen Voraussetzungen Sachhaftung bestimmter Güter nach § 76 AO entsteht und wie und unter welchen Voraussetzungen sich die Finanzverwaltung trotz des Insolvenzverfahrens aus diesen Gütern befriedigen darf.

III. Insolvenzrechtliche Qualität der Steuerforderungen

4.660 Bei den Verbrauchsteuern stellt sich in der Insolvenz des Steuerschuldners zunächst die Frage der Begründetheit i.S.d. § 38 InsO. Hierbei ist grundsätzlich auf den Zeitpunkt der Herstellung oder Einfuhr der Waren abzustellen.[2] Sind die Steuerforderungen vor Eröffnung des Insolvenzverfahrens begründet, so handelt es sich bei ihnen um einfache Insolvenzforderungen. Sind sie erst nach Eröffnung begründet, so sind sie als Masseverbindlichkeiten i.S.d. § 55 Abs. 1 InsO vorrangig zu befriedigen. Die jeweilige Einordnung des Begründetseins der einzelnen Steuerforderungen richtet sich nach dem Lebenssachverhalt, dem diese Steuer unterliegt.[3] Bei der Kaffeesteuer wird gem. § 1 KaffeeStG die Einfuhr besteuert, also ist die Steuerforderung mit Einfuhr des Gutes auch begründet i.S.d. § 38 InsO. Die Energiesteuer besteuert nicht den Verbrauch der Energie, sondern das Entfernen des Energieerzeugnisses aus dem Steuerlager, ohne dass sich ein weiteres Verfahren anschließt, § 8 EnergieStG. Die §§ 20–23 EnergieStG regeln weitere Entstehungstatbestände. Diese Zeitpunkte bestimmen auch die Begründetheit i.S.d. § 38 InsO, weil weitere Tatbestände nicht verwirklicht werden müssen.

4.661 Die Stromsteuer entsteht gem. § 5 StromStG durch die Entnahme von Strom aus dem Versorgungsnetz entweder vom Endverbraucher oder vom Versorger zur Selbstnutzung.

4.662 Die Biersteuer entsteht gem. §§ 5 Abs. 2, 7 Abs. 2 BierStG mit der Herstellung und ist dann gem. § 9 BierStG sofort fällig. Bemessungsgrundlage für die Biersteuer ist

---

1 BGH v. 9.7.2009 – IX ZR 86/08, ZIP 2009, 1674 = DZWiR 2009, 515.
2 *Schüppen/Schlösser* in MünchKomm/InsO[4], Insolvenzsteuerrecht, Rz. 501.
3 *Frotscher*, Besteuerung bei Insolvenz[8], S. 235.

gem. § 2 Abs. 1 BierStG die Stammwürze, welche in Grad Plato gemessen und nach der sog. „Großen Billing'schen Formel" berechnet wird.

Bei der Tabaksteuer ist im Regelfall der Hersteller Steuerschuldner. Die Steuer entsteht gem. § 15 TabStG mit der Überführung des Tabakerzeugnisses in den steuerrechtlichen Verkehr, also in der Regel im Zeitpunkt der Entfernung des Tabakprodukts aus dem Herstellerbetrieb bzw. bei Verbrauch innerhalb des Betriebs, ohne dass sich ein Steuerfestsetzungsverfahren anschließt. Die Tabaksteuer ist die einzige Steuer, die nicht durch Zahlung des Steuerbetrags entrichtet wird, sondern gem. § 17 Abs. 1 TabStG durch das Verwenden von Steuerzeichen. Das geschieht durch Entwerten und Anbringen der Steuerzeichen an der Kleinverkaufspackung. Die Fälligkeit der Steuer richtet sich nach § 18 TabStG. 4.663

IV. Sachhaftung gem. § 76 AO

Literatur *Bröder*, Die Haftung im Steuerrecht, SteuerStud Beilage 2005, Nr. 2, 1; *Bähr/Smid*, Das Absonderungsrecht gem. § 76 AO im neuen Insolvenzverfahren, InVo 2000, 401; *Gehm*, Die Sachhaftung gem. § 76 AO, StBp 2018, 364; *Schumann*, Sachhaftung und verlängerter Eigentumsvorbehalt bei Energiesteuerlagern, NWB Fach 2, 9633 (52/2007); *Schmittmann*, Biersteuer, Anfechtung und Sachhaftung, ZInsO 2009, 1949; *Olgemöller*, Haftung für Zollschulden, ZfZ 2006, 74; *Kraus*, Sicherung von Einfuhrabgaben und Verbrauchsteuern, ZfZ 2008, 294; *Kock*, Die Sachhaftung nach § 76 AO, DDZ 1997, F 42-F 46.

1. Grundlagen

Von praktischer Bedeutung ist im Insolvenzverfahren besonders die abgabenrechtliche Sachhaftung gem. § 76 AO. Sie ist anwendbar bei den oben dargestellten Verbrauchsteuern. Eine analoge Anwendung auf die Umsatzsteuer ist nicht möglich.[1] 4.664

Die Sachhaftung schafft ein dingliches öffentlich-rechtliches Verwertungsrecht für die Finanzbehörde. Sie erstreckt sich auf Erzeugnisse und Waren für die auf ihnen ruhenden Zölle und Verbrauchsteuern.[2] Da die Haftung gem. § 76 Abs. 2 AO bereits mit Gewinnung oder mit Beginn des Herstellungsprozesses einsetzt, erstreckt sie sich nicht nur auf die fertig gestellte Ware als solche, sondern auch auf ihre Vorstufen im Produktionsverfahren.[3] 4.665

Die Sachhaftung besteht ohne Rücksicht auf Rechte Dritter wie beispielsweise Besitz, Eigentum, Pfandrecht oder Sicherungseigentum.[4] Auch die Möglichkeit eines gutgläubigen Erwerbs nach bürgerlich-rechtlichen Vorschriften ist ausgeschlossen.[5] Für 4.666

---

1 *Loose* in Tipke/Kruse, § 76 AO Rz. 1; *Halaczinsky*, Die Haftung im Steuerrecht[4], Rz. 381; *Ganter* in MünchKomm/InsO[4], § 51 Rz. 245.
2 *Halaczinsky*, Die Haftung im Steuerrecht[4], Rz. 381.
3 *Halaczinsky*, Die Haftung im Steuerrecht[4], Rz. 384.
4 Vgl. BFH v. 22.7.1980 – VII B 3/80, BStBl. II 1980, 592 = DStR 1980, 629; v. 9.7.2009 – IX ZR 86/08, DZWiR 2009, 515 (516); *Blesinger* in Kühn/von Wedelstädt[22], § 75 AO Rz. 1.
5 *Halaczinsky*, Die Haftung im Steuerrecht[4], Rz. 381; *Intemann* in Koenig[3], § 76 AO Rz. 9; *Blesinger* in Kühn/von Wedelstädt[22], § 76 AO Rz. 1.

die Entstehung der Sachhaftung ist unerheblich, ob die Steuer schon entstanden ist. Will die Finanzbehörde jedoch verwerten, um ihre Forderungen zu befriedigen, so entsteht dieses dingliche Verwertungsrecht erst mit der Festsetzung der Steuer.[1]

4.667 Dem Steuergläubiger wird durch § 76 AO das Recht gegeben,

– sich ohne Rücksicht auf Privatrechte irgendwelcher Art wegen der Steuer- und Zollschulden an die Waren und Erzeugnisse zu halten und die Bezahlung durch deren Zurückhaltung zu erzwingen oder sich durch Versteigerung der Waren und Erzeugnisse zu befriedigen und

– zur Sicherung dieses Rechts die tatsächliche Verfügung Dritter über die Waren und Erzeugnisse zu verhindern.[2]

4.668 Jede Ware löst für sich selbst eine Abgabenpflicht aus, daher haftet jede Ware grundsätzlich auch nur für die Steuern und Zölle, die auf ihr ruhen.[3] Eine Haftung für übrigen Ansprüche aus dem Steuerschuldverhältnis, insbesondere für die steuerlichen Nebenleistungen i.S.v. § 3 Abs. 3 AO, ist ausgeschlossen.[4] Ob die Behörde die Beschlagnahme oder Verwertung anordnet, ist gem. § 5 AO eine Ermessensentscheidung. Die Möglichkeit der **Beschlagnahme** soll die Sachhaftung sicherstellen und vor einer Beeinträchtigung schützen.[5] Beschlagnahme meint hierbei die tatsächliche Sicherstellung des Gegenstands;[6] sie ist rechtlich als Verwaltungsakt zu qualifizieren. Die Beschlagnahme ist schon vor Entstehung der Abgaben- oder Steuerschuld zulässig, nämlich dann, wenn die Haftung entstanden ist.[7] Gemäß § 76 Abs. 3 Satz 2 AO genügt zur Beschlagnahme auch ein Verbot an denjenigen, der die Erzeugnisse oder Waren in Gewahrsam hat, über diese zu verfügen. Alternativ kann die Finanzbehörde sich den Gewahrsam über die Waren verschaffen, z.B. durch Wegnahme, Einschließung oder Anbringung von Pfandsiegeln.

4.669 Die Beschlagnahme oder spätere Verwertung kann vom Steuerschuldner dadurch abgewendet werden, dass er die Abgaben- oder Steuerschuld begleicht und damit gem. § 76 Abs. 3 Satz 1 AO die Haftung zum Erlöschen bringt.[8]

4.670 Die Möglichkeit der Beschlagnahme bleibt – vorbehaltlich der Anfechtbarkeit – auch nach Eröffnung des Insolvenzverfahrens bestehen.[9] Da das Absonderungsrecht an

---

1 *Halaczinsky*, Die Haftung im Steuerrecht[4], Rz. 384.
2 So wörtlich bereits: RFH v. 23.2.1927 – IV A 3/27, RFHE 20, 255 (257); *Schmittmann* in Waza/Uhländer/Schmittmann, Insolvenzen und Steuern[12], Rz. 2477; *Loose* in Tipke/Kruse, § 76 AO Rz. 4.
3 *Intemann* in Koenig[3], § 76 AO Rz. 8.
4 *Halaczinsky*, Die Haftung im Steuerrecht[4], Rz. 393.
5 BFH v. 23.5.2006 – VII R 49/05, DStRE 2007, 39 (39).
6 *Blesinger* in Kühn/von Wedelstädt[22], § 76 AO Rz. 4.
7 RFH v. 23.2.1927 – IV A 3/27, RFHE 20, 255 (257); BFH v. 21.2.1989 – VII R 165/85, BStBl. II 1989, 491; *Loose* in Tipke/Kruse, § 76 AO Rz. 8.
8 *Loose* in Tipke/Kruse, § 76 AO Rz. 14.
9 *Andres* in Nerlich/Römermann, § 51 InsO Rz. 15; *Brinkmann* in Uhlenbruck[15], § 51 InsO Rz. 58; a.A. *Bähr/Smid*, InVo 2000, 401 (405).

die Sachhaftung anknüpft und diese nicht von einer Beschlagnahme abhängt, stehen die §§ 89, 91 InsO dem nicht entgegen.[1] Sofern die Sachhaftung aber nach Eröffnung geltend gemacht wird, um eine Verwertung des Gegenstands durch den Insolvenzverwalter nach § 166 InsO abzuwenden, stehen dem berechtigte Bedenken entgegen.[2] Das Recht zur Beschlagnahme soll der Finanzverwaltung nämlich kein Selbstverwertungsrecht im Insolvenzfall gewähren. Lässt man die Beschlagnahme in diesen Fällen nach Eröffnung nicht mehr zu, so entstehen der Finanzverwaltung auch keine finanziellen Nachteile. Der Insolvenzverwalter übernimmt dann die Aufgabe der Verwertung, so dass die Forderung mindestens in gleicher Weise, wenn nicht sogar deutlich besser, befriedigt wird.[3]

Außerhalb eines Insolvenzverfahrens befriedigt sich die Finanzbehörde an den der Sachhaftung unterliegenden Gegenständen durch deren **Verwertung** gem. § 327 Satz 1 AO, welcher auf die §§ 259–323 AO verweist, also im Rahmen einer öffentlichen Versteigerung. Voraussetzung hierfür ist, dass die Forderung bei Fälligkeit nicht erfüllt wurde und die Sachhaftung an dem Gegenstand fortbesteht. Zudem muss die Verwertungsabsicht vorher dem Schuldner bekannt gegeben werden.[4] Die vorherige Beschlagnahme ist hingegen grundsätzlich keine Voraussetzung des § 327 AO. Nötig ist sie jedoch immer dann, wenn die zu verwertende Ware nicht dem Zugriff der Finanzverwaltung unterliegt oder diese verhindern will, dass ihr der Zugriff zukünftig entzogen wird.

4.671

Insolvenzrechtlich betrachtet lässt § 76 Abs. 2 AO ein **Absonderungsrecht** an den verbrauchsteuerpflichtigen Waren entstehen. Dieses wird in § 51 Ziff. 4 InsO ausdrücklich normiert. Der absonderungsberechtigte Steuergläubiger kann gem. § 52 InsO seine Forderungen nur insoweit als Insolvenzforderung geltend machen, wie die abgesonderte Befriedigung die Steuerschuld nicht deckt.[5] Ist die Sachhaftung innerhalb von einem Monat vor Verfahrenseröffnung entstanden, so greift die **Rückschlagsperre** des § 88 InsO nicht ein. Dies liegt daran, dass die gesetzliche Wirkung des § 76 Abs. 2 AO an eine tatsächliche Handlung anknüpft und so mit einer Maßnahme der Zwangsvollstreckung nicht vergleichbar ist.[6]

4.672

Im Insolvenzverfahren hat die Finanzverwaltung nur dann ein originäres Verwertungsrecht, wenn sie im Besitz des Gegenstands ist, sonst steht dem Insolvenzverwalter gem. § 166 Abs. 1 InsO das Verwertungsrecht zu. Verwertet der Insolvenzverwalter, so hat er den Erlös der Finanzverwaltung auszukehren, diesen jedoch abzgl. der Umsatzsteuer und pauschalisierten Kosten für die Feststellung und Verwertung des Gegenstands gem. § 170 Abs. 1 i.V.m. § 171 Abs. 2 Satz 3 InsO.

4.673

---

1 *Ganter* in MünchKomm/InsO[4], § 51 Rz. 255.
2 So zu Recht *Ganter* in MünchKomm/InsO[4], § 51 Rz. 255.
3 *Ganter* in MünchKomm/InsO[4], § 51 Rz. 255.
4 Zum Amtshaftungsanspruch bei unterbliebener Benachrichtigung: BGH v. 3.3.2005 – III ZR 273/03, NJW 2005, 1865 ff.
5 *Frotscher*, Besteuerung bei Insolvenz[8], S. 236.
6 *Ganter* in MünchKomm/InsO[4], § 52 Rz. 18; *Frotscher*, Besteuerung bei Insolvenz[8], S. 69; a.A. *Bähr/Smid*, InVo 2000, 401 (403).

4.674 **Erlöschensgründe** für die Sachhaftung sind Zahlung gem. §§ 224, 225 AO, Aufrechnung gem. § 226 AO, Verjährung gem. §§ 228–232 AO und der Untergang der Ware. Der Tod des Steuerpflichtigen lässt die Sachhaftung nicht erlöschen, vielmehr geht diese gem. § 45 Abs. 1 Satz 1 AO auf den Rechtsnachfolger über.[1]

2. Insolvenzanfechtung der Sachhaftung

4.675 Der BGH hat im Jahre 2009 eine viel beachtete Entscheidung im Zusammenhang mit der Sachhaftung an Bier getroffen,[2] die in der Literatur auf uneingeschränkte Zustimmung, aber auch Erheiterung[3] gestoßen ist. In dieser Entscheidung macht der BGH grundlegende Ausführungen zur Anfechtbarkeit von Realakten. Eine vergleichbare Entscheidung wurde bezüglich der Entstehung eines Vermieterpfandrechts im Jahre 2006 getroffen.[4] Hier bestätigte der BGH seine Rechtsprechung aus Zeiten der Konkursordnung, wonach das gesetzliche Vermieterpfandrecht an eingebrachten pfändbaren Sachen des Mieters mit deren Einbringung entstehe, auch wenn damit künftig entstehende Forderungen aus dem Mietverhältnis abgesichert werden sollen. Eine Insolvenzanfechtung der Entstehung des Vermieterpfandrechts sei dann nicht möglich, wenn die vom Pfandrecht erfassten Gegenstände bereits vor Eröffnung eingebracht wurden.

4.676 Der BGH hatte über folgenden Sachverhalt zu entscheiden:

Der Kläger war zunächst vorläufiger Insolvenzverwalter mit Zustimmungsvorbehalt und wurde anschließend zum Insolvenzverwalter im Insolvenzverfahren über das Vermögen des Schuldners bestellt. Der Schuldner führte im Eröffnungsverfahren seine Gaststätte mit angeschlossener Brauerei fort. Durch das Bierbrauen entstand der BRD Biersteuer, welche vom Finanzamt mit fünf Bescheiden mit Datum jeweils vor Verfahrenseröffnung festgesetzt wurde. Zusätzlich wurde zur Sicherung der Forderungen die Beschlagnahme und ein Verfügungsverbot bezüglich des Bieres ausgesprochen. Da dem Schuldner die Betriebsfortführung ohne den Ausschank des Bieres nicht möglich war, zahlte der Schuldner mit Zustimmung des vorläufigen Insolvenzverwalters unter Vorbehalt der Insolvenzanfechtung die Biersteuer, um die Beschlagnahme zu verhindern. Der Insolvenzverwalter forderte dann nach der Eröffnung des Insolvenzverfahrens die Rückerstattung des gezahlten Betrags im Wege der Insolvenzanfechtung.

4.677 Zu entscheiden waren demnach zwei Fragestellungen:

– Ist Bierbrauen eine Rechtshandlung?
– Wenn ja, führt diese zu einer Gläubigerbenachteiligung und unterliegt sie damit der Anfechtung nach § 129 ff. InsO?

---

1 *Loose* in Tipke/Kruse, § 76 AO Rz. 7.
2 BGH v. 9.7.2009 – IX ZR 86/08, ZIP 2009, 1674 = DZWiR 2009, 515 ff.
3 Siehe: *Nasall*, jurisPR-BGHZivilR20/2009, Anm. 1; *LG*, FR 2009, 979.
4 BGH v. 14.12.2006 – IX ZR 102/03, ZIP 2007, 191 = DZWiR 2007, 240 ff.

Zunächst hat der BGH entschieden, dass das Brauen eine Rechtshandlung i.S.d. **4.678**
§ 129 InsO darstellt. Eine Rechtshandlung ist unumstritten jedes von einem Willen
getragene Handeln, das rechtliche Wirkungen auslöst und das Vermögen des
Schuldners zum Nachteil der Insolvenzgläubiger verändern kann.[1] Der Begriff der
Rechtshandlung ist dabei weit auszulegen, damit grundsätzlich alle Arten von gläubigerbenachteiligenden Maßnahmen Gegenstand der Anfechtung sein können.[2] Daher
sind unter diesen Begriff nicht nur Willenserklärungen zu fassen, die Bestandteil von
Rechtgeschäften aller Art und rechtsgeschäftsähnlichen Handlungen sind, sondern
auch Realakte, denen durch Gesetz Rechtswirkung beigemessen wird. Dies kann beispielsweise das Einbringen einer Sache sein, die zum Entstehen eines Vermieterpfandrechts führt[3] – oder das Brauen von Bier, das zur Entstehung einer Sachhaftung
nach § 76 Abs. 2 AO führt. Somit kommt als Rechtshandlung jedes Geschäft in Betracht, das zum (eventuell anfechtbaren) Erwerb einer Gläubiger- oder Schuldnerstellung führt.[4]

Durch das Brauen entsteht die Sachhaftung für die Biersteuer, wodurch das **4.679**
Schuldnervermögen belastet wird.[5] Daher ist das Brauen von Bier als Rechtshandlung anzusehen.

Des Weiteren stellte sich die Frage, ob diese Rechtshandlung auch zu einer Gläubigerbenachteiligung führt. Eine Gläubigerbenachteiligung liegt grundsätzlich immer **4.680**
dann vor, wenn die angefochtene Rechtshandlung entweder die Schuldenmasse vermehrt oder aber die Aktivmasse verkürzt,[6] d.h., wenn sich die Befriedigungsmöglichkeiten der Insolvenzgläubiger bei wirtschaftlicher Betrachtungsweise ohne die vorgenommene Rechtshandlung günstiger gestaltet hätte.[7] Die Vorinstanz hatte eine
solche abgelehnt, da das Bier bereits mit der Sachhaftung belastet entstanden sei, so
dass es im Schuldnervermögen nie von der Sachhaftung freies Bier gegeben habe.[8] Es
sei zwar wahrscheinlich, dass das Bier aus bereits im Vermögen des Schuldners vorhandenen Grundstoffen hergestellt wurde, welche durch den Brauvorgang als solche
untergegangen sind. Eine mittelbare Belastung von Teilen des Schuldnervermögens
mit der Sachhaftung sei daher möglich. Jedoch würde bei einer solchen Betrachtungsweise nicht berücksichtigt, dass das Produkt Bier einen wesentlich höheren
Wert aufweist als die benutzten Zutaten Hopfen, Malz und Wasser. Das Schuldnervermögen sei durch die Produktion daher gemehrt und nicht gemindert worden. Lediglich die Mehrung des Vermögens sei durch die Biersteuer geringer ausgefallen.

---
1 BGH v. 12.2.2004 – IX ZR 98/03, ZIP 2004, 620 = DZWiR 2004, 379 (379); v. 4.7.2013 –
IX ZR 229/12, BGHZ 198, 77; OLG Bdb. v. 19.6.2019 – 7 U 15/18, juris.
2 *Kayser/Freudenberg* in MünchKomm/InsO[4], § 129 Rz. 7.
3 BGH v. 14.12.2006 – IX ZR 102/03, ZIP 2007, 191 = DZWiR 2007, 240 (240).
4 BGH v. 11.12.2008 – IX ZR 195/07, ZIP 2009, 186 = BB 2009, 403 (404).
5 BGH v. 9.7.2009 – IX ZR 86/08, ZIP 2009, 1674 = NZI 2009, 644 (645).
6 BGH v. 6.4.2006 – IX ZR 185/04, ZIP 2006, 1009 = NJW-RR 2006, 1134 (1135) im Seitenumbruch; v. 12.10.2017 – IX ZR 288/14, NZI 2018, 22; v. 15.11.2018 – IX ZR 229/17,
NJW-RR 2019, 553; v. 12.9.2019 – IX ZR 264/18, NJW-RR 2020, 42.
7 *Thole* in HeidelbergerKomm/InsO[10], § 129 Rz. 44 m.w.N; BGH v. 15.11.2018 – IX ZR
229/17, NJW-RR 2019, 553; v. 12.9.2019 – IX ZR 264/18, NJW-RR 2020, 42.
8 LG Regensburg v. 6.5.2008 – 2 S 262/07, BeckRS 2009 22760.

4.681 Der BGH teilt diese Ansicht nicht. Durch das Brauen und die dadurch entstehende Sachhaftung für die Biersteuer sei das Schuldnervermögen mit einer dinglichen Haftung für eine einfache Insolvenzforderung belastet worden. Diese Belastung habe die Befriedigungsmöglichkeiten der anderen Gläubiger verschlechtert. Die Tatsache, dass durch dieselbe Handlung Aktivmasse gemehrt worden sei, sei unerheblich, da im Anfechtungsrecht eine Saldierung von Vor- und Nachteilen nicht stattfindet.[1] Wäre eine solche zugelassen, so wäre der Schutz der Insolvenzmasse nicht mehr gewährleistet. Es müsse vielmehr eine isolierte Betrachtung vorgenommen werden.[2] Die Rechtshandlung des Bierbrauens stellt demnach eine Gläubigerbenachteiligung dar und ist folglich anfechtbar.

4.682 Anfechtbar ist jedoch nicht die **Rechtshandlung** an sich, sondern lediglich deren gläubigerbenachteiligende Rechtswirkung.[3] Die Anfechtung ist keine Sanktion für ein ergangenes Handlungsunrecht. Um beurteilen zu können, ob eine Rechtshandlung anfechtbar ist, kommt es daher auf den konkreten Bestand der gläubigerbenachteiligenden Wirkung an.

4.683 Im Ergebnis ist festzustellen, dass das Entstehen der Sachhaftung nach § 76 AO anfechtbar ist.[4]

4.684 Praxisrelevanz hat auch die Feststellung des BGH, dass sich der Gläubiger nicht auf Vertrauensschutz berufen kann, wenn eine **Zahlung unter dem Vorbehalt der Insolvenzanfechtung** erfolgt.[5]

3. Auswirkungen der Anzeige der Masseunzulänglichkeit

4.685 Das Insolvenzverfahren wird durch Aufhebung nach §§ 200, 258 InsO oder Einstellung nach §§ 211 ff. InsO beendet. Wichtigster Einstellungsgrund ist hierbei die Masseunzulänglichkeit. Diese liegt gem. § 208 Abs. 1 InsO immer dann vor, wenn zwar die Kosten des Insolvenzverfahrens (§ 54 InsO) gedeckt sind, die Insolvenzmasse aber nicht ausreicht, um die sonstigen Masseverbindlichkeiten zu decken. Die Verwaltungs- und Verfügungsbefugnis bleibt nach Anzeige der Masseunzulänglichkeit beim Insolvenzverwalter. Verfahrensrechtlich ergibt sich durch die Anzeige jedoch eine Änderung des Verfahrenszwecks dahingehend, dass ab diesem Zeitpunkt eine zügige Restabwicklung ausschließlich im Interesse der Massegläubiger zu erfolgen hat.[6] Werden im masseunzulänglichen Verfahren noch Steuerforderungen begründet, so sind diese Neumasseverbindlichkeiten und gem. § 209 Abs. 1 Ziff. 2 InsO gleich nach den Kosten des Insolvenzverfahrens aus der Masse zu begleichen. Die im

---
1 *Schmittmann*, ZInsO 2009, 1949 (1950).
2 BGH v. 9.7.2009 – IX ZR 86/08, ZIP 2009, 1674 = NZI 2009, 644 (645).
3 BGH v. 5.4.2001 – IX ZR 216/98, ZIP 2001, 885 = NJW 2001, 1940 (1941); v. 12.10.2017 – IX ZR 288/14, NZI 2018, 22; *Henckel* in Kölner Schrift zur InsO, Rz. 76.
4 Anders: *Frotscher*, Besteuerung bei Insolvenz[8], S. 69.
5 *Riggert*, Anmerkung zu BGH v. 9.7.2009 – IX ZR 86/08, ZIP 2009, 1674 = FD-InsR 2009, 287565; zum Vertrauensschutz bei Handlungen des vorläufigen Insolvenzverwalters s. BGH v. 9.12.2004 – IX ZR 108/04, ZIP 2005, 314 = NJW 2005, 1118 ff.
6 *Kraemer* in Beck/Depré, Praxis der Insolvenz[3], § 13 Rz. 51.

Insolvenzverfahren begründeten Steuerforderungen werden dann zu nachrangigen Forderungen gem. § 209 Abs. 1 Ziff. 3 InsO.

Soweit während des eröffneten Insolvenzverfahrens auf Grund Sachhaftung Rechte der Finanzverwaltung gem. § 76 InsO an zur Insolvenzmasse gehörenden Gegenständen entstehen, lässt die Anzeige der Masseunzulänglichkeit einmal entstandene Rechte nicht mehr entfallen. Eine Insolvenzanfechtung einer Besicherung für eine Altmasseverbindlichkeit entsprechend §§ 129 ff. InsO, die ein Befriedigungsrecht der Finanzverwaltung nach Anzeige der Masseunzulänglichkeit entfallen lassen könnte, ist abzulehnen. Somit ist die Finanzverwaltung nach der Anzeige der Masseunzulänglichkeit auch zur Beschlagnahme und ggf. zur Befriedigung aus Gegenständen, die zur Insolvenzmasse berechtigt, soweit sie Forderungen geltend macht, die den Rang von Masseverbindlichkeiten einnehmen.

V. Steuerentlastung bei Zahlungsausfall nach § 60 EnergieStG

Dem Verkäufer von nachweislich nach § 2 Abs. 1 Nr. 1 bis 4 versteuerten Energieerzeugnissen wird auf Antrag unter Vorliegen der Voraussetzungen des § 60 EnergieStG eine Steuerentlastung für die im Verkaufspreis enthaltene Steuer gewährt, die beim Warenempfänger wegen Zahlungsunfähigkeit ausfällt.[1]

4.686

Zu beachten ist dabei insbesondere, dass nach § 60 Abs. 1 Nr. 3 EnergieStG eine Entlastung nur dann gewährt wird, wenn der Zahlungsausfall trotz vereinbarten Eigentumsvorbehalts, laufender Überwachung der Außenstände, rechtzeitiger Mahnung bei Zahlungsverzug unter Fristsetzung und gerichtlicher Verfolgung des Anspruchs nicht zu vermeiden war. Die genannten Voraussetzungen müssen kumulativ vorliegen, so dass der gesamte Anspruch mangels Vergütungsfähigkeit entfällt, sofern auch nur eine dieser Voraussetzungen durch den Verkäufer nicht erfüllt worden ist.[2] Ist über das Vermögen des Schuldners das Insolvenzverfahren eröffnet worden, hat der Verkäufer zur Wahrung der Voraussetzung der weiteren gerichtlichen Verfolgung die ausstehenden Forderungen innerhalb der Anmeldefrist des § 28 Abs. 1 InsO rechtzeitig zur Insolvenztabelle anzumelden, um die Chance einer zumindest anteiligen Berücksichtigung bei einer möglichen Verteilung der Masse zu erhalten.[3] Auch hat ein die Grundsätze ordnungsgemäßer kaufmännischer Geschäftsführung beachtender Mineralöllieferant bei ergebnislosen Vollstreckungsversuchen die nicht entfernt liegende Möglichkeit in Erwägung zu ziehen, dass über das Vermögen des Vertragspartners früher oder später das Insolvenzverfahren eröffnet werden wird und sämtliche zumutbare Anstrengungen wie etwa Einsicht in das Handels- oder Melderegister zu unternehmen. Entscheidend sind ein rechtzeitiges Tätigwerden des Lieferanten und

---

1 Vgl. *Schmittmann* in Waza/Uhländer/Schmittmann, Insolvenzen und Steuern[12], Rz. 2472 ff.
2 BFH v. 11.1.2011 – VII R 11/10, BFH/NV 2011, 1022; v. 22.5.2001 – VII R 33/00, BFHE 195, 78; v. 15.9.2015 – VII B 164/14, BFH/NV 2016, 45; zur gerichtlichen Verfolgung vgl. BFH v. 8.1.2003 – VII R 7/02, BFHE 200, 475; v. 17.12.1998 – VII R 148/97, BFHE 188, 199.
3 FG Hamburg v. 18.9.2014 – 4 K 195/13, juris, Nichtzulassungsbeschwerde eingelegt, zurückgewiesen durch BFH v. 15.9.2015 – VII B 164/14, BFH/NV 2016, 45.

die Vermeidung von Risiken, welche die Realisierung der Forderung gefährden könnten. Der Lieferant kann sich daher bei nicht rechtzeitiger Forderungsanmeldung zur Tabelle, also bis zum Prüfungstermin, nicht darauf berufen, dass die Säumnis aufgrund der hypothetischen Möglichkeit einer nachträglichen Berücksichtigung der Forderung nach § 192 InsO ohne nachteilige Folgen bleiben wird.[1]

J. Zölle

Literatur *Baumann*, Zölle auf Mobiltelefone?!, AW-Prax 2009, 329; *Dutta*, Keine zivilrechtliche Durchsetzung ausländischer Zölle und Steuern durch US-amerikanische Gerichte, IPRax 2004, 446; *Gellert*, Zölle, Externes Versandverfahren, Betrug, Entstehung und Erhebung der Zollschuld, ZfZ 2000, 33; *Glashoff*, Zölle und Verbrauchsteuern – eine Chance für den Steuerberater, Steuerberaterkongress-Report 1994, 371; *Hein*, Eintreibung europäischer Steuern und Zölle mit Hilfe US-amerikanischer Gerichte, RIW 2001, 249; *Lux*, 40 Jahre Zollunion – wie geht es weiter?, AW-Prax 2008, 283; *Möhlenkamp*, EEG-, Energie- und Stromsteuer-Ausnahmen (auch) für Unternehmen in Schwierigkeiten, DStR 2017, 816; *Möllenhoff*, Die Autonome Zollaussetzung und Zollkontingente, AW-Prax 2008, 206; *Möller*, Neue Dienstvorschrift Einfuhrumsatzsteuerrecht des BMF, UStB 2009, 136; Neue Dienstvorschrift für die Einfuhrumsatzsteuer, AW-Prax 2009, 81; *Möller/Weiß*, Zollmanagement – Finanzplanung mit Einfuhrabgaben, AW-Prax 2007, 38; *Musil*, Steuern und Zölle als Mittel zur Steuerung sozialer und wirtschaftlicher Prozesse im 20. Jahrhundert, Der Staat 46, 420; *Reuter*, Zollbefreiung für Sendungen geringen Wertes – ein Fall für Rechtsexperten?, AW-Prax 2008, 513; *Schön*, Der freie Warenverkehr, die Steuerhoheit der Mitgliedstaaten und der Systemgedanke im europäischen Steuerrecht, EuR 2001, 216.

I. Grundlagen

4.687 Zölle und zollgleiche Abgaben werden auf die Verbringung von Waren über Zollgrenzen hinaus erhoben, insbesondere auf den Warenverkehr zwischen der Europäischen Gemeinschaft und Drittländern. Nach Art. 4 Ziff. 13 ZK[2] ist eine Zollschuld die Verpflichtung einer Person zur Entrichtung eines Betrages in Höhe der vorgesehenen Einfuhr- und Ausfuhrabgaben für eine bestimmte Ware im Sinne der zollrechtlichen Vorschriften. Mit der „Person" ist eine natürliche oder juristische Person ebenso wie eine Personenvereinigung gem. Art. 4 Ziff. 4 ZK gemeint. Zollschuldner ist gem. Art. 4 Ziff. 12 ZK die zur Entrichtung der Zollschuld verpflichtete Person. Art. 4 Ziff. 18 ZK bezeichnet den Anmelder als die Person, welche eine Zollanmeldung im eigenen Namen vornimmt oder ein Vertreter, dessen Name in der Zollanmeldung angegeben wird. Der Anmelder der Zollschuld entspricht in diesem Fall der Person des Zollschuldners.[3] Nach Art. 51 ZK können auch mehrere Personen

---

[1] BFH v. 11.1.2011 – VII R 11/10, BFH/NV 2011, 1022; v. 15.9.2015 – VII B 164/14, BFH/NV 2016, 45.
[2] Verordnung (EG) Nr. 450/2008 des Europäischen Parlaments und des Rates vom 23.4.2008 zur Festlegung des Zollkodex der Gemeinschaft, Modernisierter Zollkodex, Verkündungsstand 13.4.2010.
[3] FG Hamburg v. 8.12.2001 – IV 235/01, BeckRS 2001 21009745; *Jatzke* in Sölch/Ringleb, § 21 UStG Rz. 63.

verpflichtet sein, die Zollschuld in Form eines entsprechenden Einfuhr- oder Ausfuhrabgabenbetrages zu entrichten. Diese Personen unterliegen dann einer gesamtschuldnerischen Haftung.

Zölle werden erhoben auf die Einfuhr, Ausfuhr und Durchfuhr von Waren in bzw. aus einem Zollgebiet. Innerhalb der Zollunion der EG werden an den Grenzen der Mitgliedstaaten keine Zölle erhoben. Die Erhebung von Zöllen erfolgt in Form von Gemeinschaftszöllen der Mitgliedstaaten an ihren Außengrenzen auf der Grundlage eines gemeinsamen Zolltarifs i.S.v. Art. 23 ff. EGV unter Zugrundelegung des gemeinschaftlichen Zollkodex, welcher eine Vereinheitlichung des Zollrechts innerhalb der EG darstellt.[1]

4.688

Der Einfuhrzoll ist die Pflicht zur Leistung von Abgaben auf die Einfuhr von Waren in die Gemeinschaft nach Art. 4 Ziff. 15 ZK. Die Einfuhrzollschuld entsteht im Zusammenhang mit der Überführung einer Ware in den freien Verkehr zu dem Zeitpunkt, zu dem die Zollanmeldung von der Zollbehörde angenommen und die ordnungsgemäße Überführung der betreffenden Ware in den freien Verkehr und somit eine ordnungsgemäße Änderung ihres Status erfolgt ist.[2] Die zollamtliche Überwachung dauert über den Zeitpunkt der Annahme der Zollanmeldung hinaus fort und endet gem. Art. 37 Abs. 2 ZK erst zu dem Zeitpunkt, zu dem es u.a. zu einem Wechsel des zollrechtlichen Status der Nichtgemeinschaftswaren kommt und diese zu Gemeinschaftswaren werden.

4.689

Das entsprechende Gegenstück zum Einfuhrzoll ist der Ausfuhrzoll, welcher auf die Ausfuhr von Gemeinschaftswaren aus dem gemeinschaftlichen Zollgebiet gem. Art. 4 Ziff. 16 ZK. Nach Art. 48 Abs. 1 ZK entsteht die Ausfuhrzollschuld mit der Überführung der ausfuhrabgabenpflichtigen Waren in das Ausfuhrverfahren oder alternativ mit dem Verfahren der passiven Veredelung. Ausschlaggebend für den Entstehungszeitpunkt der Zollschuld ist die Annahme der Zollanmeldung gem. Art. 48 Abs. 2 ZK durch die Zollbehörde.[3]

4.690

Bei dem Durchfuhrzoll handelt es sich um die Zollerhebung auf Waren, welche lediglich das Zollgebiet passieren, aber nicht in das Zollgebiet als Endstation verbracht werden sollen. Ebenso spricht man von dem Durchfuhrzoll, wenn die Waren zeitlich begrenzt in einem Zollgebiet verwahrt werden, weil z.B. die endgültige Bestimmung hinsichtlich des Zollrechts noch nicht feststeht. In diesen Fällen kann von der Zollerhebung unter bestimmten Voraussetzungen abgesehen werden.[4] Bei der Durchfuhr von Gemeinschaftswaren der Zollgemeinschaft der EU im Zollgebiet der Mitgliedstaaten ist die Erhebung von Durchfuhrabgaben verboten, so dass Durchfuhrfreiheit herrscht.[5]

4.691

---

1 *Küchenhoff* in Wabnitz/Janovsky/Schmidt, Handbuch des Wirtschafts- und Steuerstrafrechts[5], Kap. 23, Rz. 46.
2 EuGH v. 1.2.2001 – C-66/99, Slg. 2001, I-873 ff.
3 *Landry/Harings* in Kilian/Heussen, Computerrechts-Handbuch, 26, Teil 8, Rz. 116.
4 *Lux/Sack* in Dauses/Ludwigs, Handbuch des EU-Wirtschaftsrechts, C. II.1. a. Rz. 1.
5 EuGH v. 16.3.1983 – 266/81, Slg. 1983, 731; *Voß* in Grabitz/Hilf, EGV, Art. 23 Rz. 6.

II. Praktische Bedeutung der Zölle im Insolvenzverfahren

4.692 Zölle spielen in Insolvenzverfahren nur selten eine Rolle. Dies ist naturgemäß bei Insolvenzverfahren über das Vermögen von Import-Export-Gesellschaften eher der Fall oder aber bei Großinsolvenzverfahren. Wichtiger Aspekt ist dann vor allem die **Sachhaftung** von Gegenständen für Zollforderungen. Nach § 76 Abs. 1 AO dienen einfuhr- und ausfuhrabgabenpflichtige Waren dem Fiskus als Sicherheit für die darauf ruhenden Steuern, ohne dass die Rechte Dritter berücksichtigt werden müssen. Zudem ermächtigt § 76 Abs. 3 AO die Finanzbehörde zur Beschlagnahme der Waren, solange die Abgabenschuld nicht erfüllt wird. Insoweit gelten die Ausführungen zur Sachhaftung von Gegenständen zur Sicherung indirekter Verbrauchsteuern entsprechend (Rz. 4.664 ff.).

III. Insolvenzrechtliche Qualität der Zölle

4.693 Ebenso wie bei Steuerforderungen der Zeitpunkt der steuerrechtlichen Entstehung unmaßgeblich für die insolvenzrechtliche Zuordnung zu den Forderungskategorien ist (Rz. 4.327 ff.), ist die zollrechtliche Entstehung einer Zollschuld insolvenzrechtlich unerheblich.

4.694 Zölle sind als Insolvenzforderung im Rang von § 38 InsO anzusehen, wenn die Zollschuld vor der Eröffnung des Insolvenzverfahrens im insolvenzrechtlichen Sinne begründet worden ist. Auch in Bezug auf Zollforderungen ist der Auffassung des VII. Senats des BFH zu folgen,[1] wonach es für die Zuordnung einer Forderung zu den Insolvenzforderungen nicht erforderlich ist, dass alle für die steuerrechtliche Entstehung des Anspruchs maßgeblichen Tatbestandselemente vor Insolvenzeröffnung verwirklicht worden sind, sondern es ausreicht, wenn der der Steuerforderung zugrunde liegende **Lebenssachverhalt seinem Kern nach vor Insolvenzeröffnung stattgefunden** hat.

Die Einfuhrabgabenfestsetzung wird stets durch das Verbringen von Nichtgemeinschaftswaren in das Zollgebiet der Union ausgelöst. Auch wenn es zur Entstehung der Zollschuld weiterer Realakte und Rechtshandlungen wie Gestellung, Zollanmeldung und deren Annahme bedarf, wird eine Einfuhrabgabenforderungen auf in den zollrechtlich freien Verkehr überführt Ware bereits mit dem Verbringen der jeweiligen Ware in das Zollgebiet der Union als insolvenzrechtlich begründet.[2]

Ausführlich zur insolvenzrechtlichen Begründung von Forderungen s. Rz. 4.327; die dortigen Ausführungen zu Steuerforderungen gelten für Zollforderungen entsprechend. Wird der für die Entstehung der Zollschuld maßgebliche **Lebenssachverhalt** dagegen erst nach der Eröffnung des Insolvenzverfahrens durch Handlung des Insolvenzverwalters verwirklicht, handelt es sich bei den Zollschulden um Masseverbindlichkeiten i.S.v. § 55 Abs. 1 Ziff. 1 InsO.

---

1 BFH v. 16.11.2004 – VII R 75/03, ZIP 2005, 628 = DStR 2005, 479 (481).
2 BFH v. 19.4.2011 – VII B 234/10, BFH/NV 2011, 1202.

Im Eröffnungszeitpunkt noch **nicht fällige Zollschulden** sind nach § 41 Abs. 1 InsO als fällig zu behandeln. 4.695

K. Sonstige Steuern

I. Hundesteuer

Literatur *Finke/Kreuter*, Hundesteuer und die Legitimation ähnlicher Aufwandsteuern unter Berücksichtigung der intransparenten Rechtsprechung zur Beachtung aufwandsbezogener – beruflicher – Motive, LKV 2015, 49; *Gössl*, Erhöhte Hundesteuer bei Kampfhunden zulässig, BWGZ 2000, 535; *Jahn*, Zur Zulässigkeit kommunaler Kampfhundesteuern – BVerwG, NVwZ 2000, 929; *Kasper*, Die Hundesteuer, KStZ 2007, 1; KStZ 2007, 21; *Kellner*, Befreiungstatbestände in kommunalen (Kampf-)Hundesteuersatzungen, LKV 2003, 123; *Münch*, Der Hundesteueranspruch und seine Konkretisierung – Berichtigung eines bestandskräftigen Hundesteuerbescheides, KF 1994, 79; *Kosow*, Hundesteuer, KommunalPraxis BY 2004, 248; *Köster*, Die Besteuerung der Hundehaltung im Rahmen eines landwirtschaftlichen Betriebs, KStZ 2005, 67; *Meier*, Auskunftsmöglichkeiten des kommunalen Steueramtes zu hundesteuerrelevanten Tatbeständen gegenüber dem Sozialamt, KStZ 2000, 209; Kann ein Zuschlag zur Hundesteuer wegen fehlenden Nachweises der für die Haltung erforderlichen Sachkunde und Zuverlässigkeit rechtmäßig erhoben werden?, KStZ 2000, 141; Kommt für sog. Firmenhunde eine Steuerbefreiung bzw. Steuerermäßigung bei der Hundesteuer in Betracht?, KStZ 2002, 165; Ist eine Ungleichbehandlung von Tierschutzorganisationen bei der Veranlagung zur Hundesteuer mit Art. 3 I GG vereinbar?, KStZ 2004, 150; *Mohl/Fritz*, Probleme und Entwicklungen betreffend die Erhebung von Hundesteuern, KStZ 2003, 50; *Rhein/Zitzen*, Neues zur Kampfhundesteuer, KStZ 2009, 163; *Spranger*, Der praktische Fall – „Die erdrosselnde Kampfhundesteuer", VR 2001, 274.

Bei der Hundesteuer handelt es sich um eine direkte Aufwandsteuer. Solche Aufwandsteuern knüpfen an den Aufwand an, welcher durch bestimmte Wirtschaftsgüter oder bestimmte Verhaltensweisen hervorgerufen wird.[1] Die indirekten und direkten Aufwandsteuern stehen nach Art. 106 Abs. 6 GG den Gemeinden oder, wenn es die Landesgesetzgebung vorsieht, auch den Gemeindeverbänden zu. Die Hundesteuer besteuert die Hundehaltung im privaten Lebensbereich. In den Satzungen einiger Gemeinden sind jedoch Ausnahmen zur grundsätzlichen Hundesteuerpflicht vorgesehen, wie z.B. Steuerermäßigungen oder die Befreiung von der Hundesteuer in Fällen von Sozialhilfeempfängern oder bei Schwerbehinderten. Zu Verschärfungen bzw. Erhöhung der steuerlichen Abgaben kommt es hingegen, wenn es sich um sog. „Kampfhunde" handelt. Hierbei kommt es auf die Gefährlichkeit eines Tieres entweder im Einzelfall an oder darauf, welcher Rasse der Hund angehört.[2] Steuerobjekt der Hundesteuer ist demnach die Haltung eines Hundes zu privaten Zwecken. Das Steuersubjekt der Hundesteuer ist der Hund selbst.[3] 4.696

---

[1] *Englisch* in Tipke/Lang, Steuerrecht[23], § 18 Rz. 121.
[2] BVerwG v. 19.1.2000 – 11 C 8/99, BVerwGE 110, 265 ff.; VG München v. 7.12.2017 – M – 10 K 16.2735, BeckRS 2017, 143285; VG Lüneburg v. 9.3.2017 – 2 A 40/16, juris; *Englisch* in Tipke/Lang, Steuerrecht[23], § 18 Rz. 121.
[3] *Schmittmann* in Waza/Uhländer/Schmittmann, Insolvenzen und Steuern[12], Rz. 2670.

4.697 Schuldner der Hundesteuer ist in der Regel der Halter des Hundes. Im Falle einer nicht eindeutigen Zuweisung der Haltereigenschaft wird diese in der Art und Weise fingiert, dass der Besitzer des Hundes als Halter angesehen wird, solange dieser nicht nachweist, dass die Hundesteuer bereits von dem Eigentümer oder einer anderen Person in derselben Gemeinde oder in einer anderen Gemeinde bezahlt wird oder eine Steuerbefreiung für das Tier vorliegt.[1]

4.698 Hunde, welche ausschließlich als Haustiere gehalten werden, zählen in der Regel nicht zur Insolvenzmasse (§ 36 Abs. 1 Satz 1 InsO i.V.m. § 811c Abs. 1 ZPO). Danach sind Gegenstände, die nicht der Zwangsvollstreckung unterliegen, auch nicht der Insolvenzmasse zugehörig. § 811c Abs. 1 ZPO bestimmt, dass Haustiere, welche in keiner Weise zu gewerblichen Zwecken genutzt werden, nicht gepfändet werden dürfen. Eine Ausnahme hiervon sieht § 811c Abs. 2 ZPO vor, wonach Haustiere, deren Unpfändbarkeit aufgrund ihres hohen Wertes für den Gläubiger eine Härte darstellen würde, auf Antrag des Gläubigers durch das Vollstreckungsgericht als pfändbar erklärt werden, soweit die Belange des Tierschutzes i.S.v. Art. 20a GG und die berechtigten Interessen des Schuldners ausreichend gewürdigt werden und die Interessen des Gläubigers höher wiegen.[2] Unter hohem Wert ist nicht der ideelle Wert des Haustieres zu verstehen, sondern lediglich der materielle Wert, bei welchem der Erlös eines Haustieres den Betrag von 250 € bei weitem übersteigen muss.[3]

4.699 Soweit im Zeitpunkt der Insolvenzeröffnung Hundesteuerrückstände bestehen, nehmen diese im Insolvenzverfahren den Rang von einfachen Insolvenzforderungen nach § 38 InsO ein.[4] Ob nach Insolvenzeröffnung anfallende Hundesteuer eine Masseverbindlichkeit i.S.d. § 55 InsO darstellt oder eine gegen das insolvenzfreie Vermögen des Insolvenzschuldners gerichtete Forderung des Steuergläubigers ist, hängt davon ab, ob der Hund in die Insolvenzmasse fällt oder nicht. Ist der Hund unpfändbar und somit nicht Bestandteil der Insolvenzmasse, so entsteht die Hundesteuer auch nicht als Masseverbindlichkeit, sondern richtet sich ausschließlich gegen das insolvenzfreie Vermögen des Insolvenzschuldners (oder andere Steuerschuldner).[5] Gleiches gilt ab dem Zeitpunkt der Freigabe eines zunächst pfändbaren Hundes.

II. Kirchensteuer

Literatur *Anemüller*, § 15 FAO Selbststudium – Grundzüge der Erhebung von Kirchensteuer auf Kapitalerträge, EStB 2017, 368; *Drüen/Rüping*, Verfassungs- und Rechtsfragen der Kirchensteuer, StuW 2004, 178; *Eggesiecker/Ellerbeck*, Zeitliche Zuordnung von Kirchensteuererstattungen, FR 2008, 1087; *Gehm*, das deutsche Kirchensteuersystem, NWB 2019, 2210; *Hammer*, Zur Erhebung von Kirchensteuer bei pauschalierter Lohnsteuer und zur Kirchensteuerfestsetzung bei Ehegatten, die verschiedenen Konfessionen angehören, JZ 1996, 572; Aspekte der Sachgerechtigkeit der Kirchensteuer, DÖV 2008, 975; Zur Kirchlichkeit der

---

1 *Schmittmann* in Waza/Uhländer/Schmittmann, Insolvenzen und Steuern[12], Rz. 2660.
2 *Schmittmann* in Waza/Uhländer/Schmittmann, Insolvenzen und Steuern[12], Rz. 2657.
3 *Flockenhaus* in Musielak[17], § 811c ZPO Rz. 3; *Gruber* in MünchKomm/ZPO[5], § 811c Rz. 6; *Schmittmann* in Waza/Uhländer/Schmittmann, Insolvenzen und Steuern[12], Rz. 2657.
4 *Schmittmann* in Waza/Uhländer/Schmittmann, Insolvenzen und Steuern[12], Rz. 2651.
5 *Schmittmann* in Waza/Uhländer/Schmittmann, Insolvenzen und Steuern[12], Rz. 2654.

Kirchensteuer, StuW 2009, 120; *Homburg*, Das Halbeinkünfteverfahren und die Kirchensteuer, FR 2008, 153; Neues zur Kirchensteuer, DStR 2009, 2179; *Kronenthaler*, Kirchensteuerkappung und Kirchensteuerermäßigung in Erlassfällen, MBP 2005, 113; *Kühnen*, Nichtberücksichtigung von Verlustvorträgen bei der Bemessung der Kirchensteuer, EFG 2008, 1910; *Kußmaul/Meyering*, Abgeltungsteuer: Der Umgang mit der Kirchensteuer am Beispiel von Zinseinnahmen und Dividenden, DStR 2008, 2298; *Loose*, Keine sachliche Unbilligkeit durch fehlende Rücktragsfähigkeit für Kirchensteuernachzahlungen, EFG 2008, 522; *Müller/Rautmann*, Blick ins Insolvenzrecht, DStR 2016, 1476; *Oltmanns*, Endgültiger Verlust von Verlusten bei der Kirchensteuer? – Verfassungskonforme Auslegung von § 51a Abs. 2 EStG, BB 2009, 2014; *Pfützenreuter*, Kürzung der als Sonderausgabe berücksichtigten Kirchensteuer bei Erstattungsüberhang im Zweitfolgejahr, EFG 2008, 1874; *Rausch*, Die Kirchensteuer auf Kapitalertragsteuer, NWB 2009, 3725; *Rolletschke*, Kirchensteuerbetrug und Steuerhinterziehung durch Ehegatten bei Zusammenveranlagung, HRRS 2008, 383; *Schoppe*, Die Kirchensteuer vs. Trennung von Staat und Kirche, Diss., 2008; *Schützeberg*, Zur Hinterziehung von Kirchensteuer und zur verdeckten Gewinnausschüttung im strafrechtlichen Sinne, wistra 2009, 31; *Thouet*, Rechtswidrige Änderungsbescheide bei Kirchensteuer-Erstattungsüberhängen, DStR 2008, 29.

Die Berechtigung zur Steuererhebung der einzelnen Religionsgemeinschaften ergibt sich aus Art. 137 Abs. 6 WRV i.V.m. Art. 140 GG. Danach sind die Religionsgesellschaften als Körperschaften des öffentlichen Rechts auf Grund der bürgerlichen Steuerlisten nach Maßgabe der landesrechtlichen Bestimmungen zur Steuererhebung berechtigt.[1] Die Entstehung der Kirchensteuer ist davon abhängig, dass der Steuerschuldner einer zur Erhebung der Steuer berechtigten Kirche oder sonstige Religionsgemeinschaft als Mitglied angehört. Die Mitgliedschaft in einer solchen Religionsgemeinschaft ist freiwillig und höchstpersönliches Recht eines jeden Einzelnen und grundgesetzlich geschützt (Art. 4 Abs. 1 GG). Der Insolvenzverwalter hat keine Kompetenz, den Insolvenzschuldner zum Austritt aus einer Religionsgemeinschaft zu zwingen, um den Anfall von Kirchensteuer zu verhindern.[2] Im Rahmen des Insolvenzverfahrens dürfen dem Insolvenzschuldner aus seiner Zugehörigkeit zu einer Religionsgemeinschaft nicht deswegen Nachteile erwachsen, weil der Masse dadurch möglicherweise Beträge entgehen.

4.700

Nach Art. 140 GG i.V.m. Art. 137 Abs. 3 WRV ordnet und verwaltet jede Religionsgesellschaft ihre Angelegenheiten selbständig innerhalb der gesetzlichen Schranken.[3] Gemäß Art. 140 GG i.V.m. Art. 137 Abs. 6 WRV haben die Länder die Gesetzgebungshoheit, so dass der Steuersatz von der jeweiligen Regelung in den einzelnen Bundesländern abhängig ist und damit zwischen 8 % und 9 % der festgesetzten Einkommensteuer liegt.[4] Die Regelungen zur Kirchensteuer finden sich in den jeweiligen landesrechtlichen Kirchensteuergesetzen. Jede Religionsgemeinschaft hat eine eigene Kirchensteuerordnung oder einen Kirchensteuerbeschluss.[5]

4.701

---

1 *Seer* in Tipke/Lang, Steuerrecht[23], § 8 Rz. 956.
2 So auch *Schmittmann* in Waza/Uhländer/Schmittmann, Insolvenzen und Steuern[12], Rz. 2522.
3 *Seer* in Tipke/Lang, Steuerrecht[23], § 8 Rz. 962.
4 *Birk/Desens/Tappe*, Steuerrecht[22], § 1 Rz. 64.
5 *Schmittmann* in Waza/Uhländer/Schmittmann, Insolvenzen und Steuern[12], Rz. 2521.

4.702 Die Aufnahme einer natürlichen Person in die Kirche oder die Wohnsitzänderung in ein anderes Bundesland ebenso wie der gewöhnliche Aufenthalt im Gebiet einer zur Erhebung der Kirchensteuer berechtigten Religionsgemeinschaft sind ausschlaggebend für den Zeitpunkt des Beginns der Kirchensteuerpflicht. Am Monatsersten nach den zuvor aufgeführten Möglichkeiten beginnt die Pflicht zur Kirchensteuer und wird mit dem Tod, mit einer Wohnsitzaufhebung oder mit dem Austritt aus der Religionsgemeinschaft beendet.[1]

4.703 Die Höhe der Kirchensteuer ist einkommensabhängig.[2] Die Erhebung der Kirchensteuer erfolgt im Rahmen eines Zuschlages zur Einkommensteuer, so dass für die Erhebung der Kirchensteuer die Vorschriften des EStG entsprechend anzuwenden sind.[3] Dem entsprechend folgt die Zuordnung von Kirchensteuerforderungen in die insolvenzrechtlichen Forderungskategorien der jeweiligen Zuordnung der Einkommensteuerschuld. Soweit Kirchensteuer vor der Insolvenzeröffnung im insolvenzrechtlichen Sinne begründet worden ist, ist sie im Insolvenzverfahren einfache Insolvenzforderung im Rang von § 38 InsO. Soweit nach der Eröffnung des Insolvenzverfahrens Einkommensteuer zu den Masseverbindlichkeiten gehört, gehört auch der darauf entfallende Zuschlag in Form der Kirchensteuer zu den Masseverbindlichkeiten. Soweit die nach Insolvenzeröffnung anfallende Einkommensteuer sich gegen das insolvenzfreie Vermögen des Insolvenzschuldners richtet, ist auch die darauf anfallende Kirchensteuer nicht Masseverbindlichkeit, sondern gegen das insolvenzfreie Vermögen des Insolvenzschuldners gerichtet. Auch die Aufteilung für den Veranlagungszeitraum, in den die Insolvenzeröffnung fällt, ist entsprechend der Aufteilung der Einkommensteuerschuld vorzunehmen (Rz. 4.169 ff.).

---

1 *Seer* in Tipke/Lang, Steuerrecht[23], § 8 Rz. 959.
2 Zum Erlass von Kirchensteuer vgl. Hessischer Verwaltungsgerichtshof v. 12.10.2012 – 5 A 1082/12.Z, juris.
3 BAG v. 17.9.2014 – 10 AZB 4/14, ZIP 2014, 2309 = ZInsO 2014, 2456; s. beispielsweise § 5 Abs. 1 Satz 1 KiStG NW, § 2 Abs. 2 Satz 1 KiStG HE.

Anhang
Ausgewählte Gesetzesnormen und Verwaltungsvorschriften

Abdruck von Vorschriften, die vielleicht nicht immer unmittelbar zur Hand genommen werden können.

I. Ausgewählte Gesetzesnormen und Normen in Verordnungen

1. Abgabenordnung

§ 16 Sachliche Zuständigkeit

Die sachliche Zuständigkeit der Finanzbehörden richtet sich, soweit nichts anderes bestimmt ist, nach dem Gesetz über die Finanzverwaltung.

§ 30 Steuergeheimnis

(1) Amtsträger haben das Steuergeheimnis zu wahren.

(2) Ein Amtsträger verletzt das Steuergeheimnis, wenn er

1. Verhältnisse eines anderen, die ihm

   a) in einem Verwaltungsverfahren, einem Rechnungsprüfungsverfahren oder einem gerichtlichen Verfahren in Steuersachen,

   b) in einem Strafverfahren wegen einer Steuerstraftat oder einem Bußgeldverfahren wegen einer Steuerordnungswidrigkeit,

   c) aus anderem Anlass durch Mitteilung einer Finanzbehörde oder durch die gesetzlich vorgeschriebene Vorlage eines Steuerbescheids oder einer Bescheinigung über die bei der Besteuerung getroffenen Feststellungen

   bekannt geworden sind, oder

2. ein fremdes Betriebs- oder Geschäftsgeheimnis, das ihm in einem der in Nummer 1 genannten Verfahren bekannt geworden ist,

   unbefugt offenbart oder verwertet oder

3. nach Nummer 1 oder Nummer 2 geschützte Daten im automatisierten Verfahren unbefugt abruft, wenn sie für eines der in Nummer 1 genannten Verfahren in einer Datei gespeichert sind.

(3) Den Amtsträgern stehen gleich

1. die für den öffentlichen Dienst besonders Verpflichteten (§ 11 Abs. 1 Nr. 4 des Strafgesetzbuchs),

1a. die in § 193 Abs. 2 des Gerichtsverfassungsgesetzes genannten Personen,

2. amtlich zugezogene Sachverständige,

3. die Träger von Ämtern der Kirchen und anderen Religionsgemeinschaften, die Körperschaften des öffentlichen Rechts sind.

(4) Die Offenbarung der nach Absatz 2 erlangten Kenntnisse ist zulässig, soweit

1. sie der Durchführung eines Verfahrens im Sinne des Absatzes 2 Nr. 1 Buchstaben a und b dient,

2. sie durch Gesetz ausdrücklich zugelassen ist,

3. der Betroffene zustimmt,

4. sie der Durchführung eines Strafverfahrens wegen einer Tat dient, die keine Steuerstraftat ist, und die Kenntnisse

   a) in einem Verfahren wegen einer Steuerstraftat oder Steuerordnungswidrigkeit erlangt worden sind; dies gilt jedoch nicht für solche Tatsachen, die der Steuerpflichtige in Unkenntnis der Einleitung des Strafverfahrens oder des Bußgeldverfahrens offenbart hat oder die bereits vor Einleitung des Strafverfahrens oder des Bußgeldverfahrens im Besteuerungsverfahren bekannt geworden sind, oder

   b) ohne Bestehen einer steuerlichen Verpflichtung oder unter Verzicht auf ein Auskunftsverweigerungsrecht erlangt worden sind,

5. für sie ein zwingendes öffentliches Interesse besteht; ein zwingendes öffentliches Interesse ist namentlich gegeben, wenn

   a) Verbrechen und vorsätzliche schwere Vergehen gegen Leib und Leben oder gegen den Staat und seine Einrichtungen verfolgt werden oder verfolgt werden sollen,

   b) Wirtschaftsstraftaten verfolgt werden oder verfolgt werden sollen, die nach ihrer Begehungsweise oder wegen des Umfangs des durch sie verursachten Schadens geeignet sind, die wirtschaftliche Ordnung erheblich zu stören oder das Vertrauen der Allgemeinheit auf die Redlichkeit des geschäftlichen Verkehrs oder auf die ordnungsgemäße Arbeit der Behörden und der öffentlichen Einrichtungen erheblich zu erschüttern, oder

   c) die Offenbarung erforderlich ist zur Richtigstellung in der Öffentlichkeit verbreiteter unwahrer Tatsachen, die geeignet sind, das Vertrauen in die Verwaltung erheblich zu erschüttern; die Entscheidung trifft die zuständige oberste Finanzbehörde im Einvernehmen mit dem Bundesministerium der Finanzen; vor der Richtigstellung soll der Steuerpflichtige gehört werden.

(5) Vorsätzlich falsche Angaben des Betroffenen dürfen den Strafverfolgungsbehörden gegenüber offenbart werden.

(6) Der automatisierte Abruf von Daten, die für eines der in Absatz 2 Nr. 1 genannten Verfahren in einer Datei gespeichert sind, ist nur zulässig, soweit er der Durchführung eines Verfahrens im Sinne des Absatzes 2 Nr. 1 Buchstaben a und b oder

der zulässigen Weitergabe von Daten dient. Zur Wahrung des Steuergeheimnisses kann das Bundesministerium der Finanzen durch Rechtsverordnung mit Zustimmung des Bundesrates bestimmen, welche technischen und organisatorischen Maßnahmen gegen den unbefugten Abruf von Daten zu treffen sind. Insbesondere kann es nähere Regelungen treffen über die Art der Daten, deren Abruf zulässig ist, sowie über den Kreis der Amtsträger, die zum Abruf solcher Daten berechtigt sind. Die Rechtsverordnung bedarf nicht der Zustimmung des Bundesrates, soweit sie die Kraftfahrzeugsteuer, die Luftverkehrsteuer, die Versicherungsteuer sowie Einfuhr- und Ausfuhrabgaben und Verbrauchsteuern, mit Ausnahme der Biersteuer, betrifft.

(7) Werden dem Steuergeheimnis unterliegende Daten durch einen Amtsträger oder diesem nach Absatz 3 gleichgestellte Personen nach Maßgabe des § 87a Absatz 4 über De-Mail-Dienste im Sinne des § 1 des De-Mail-Gesetzes versendet, liegt keine unbefugte Offenbarung, Verwertung und kein unbefugter Abruf von dem Steuergeheimnis unterliegenden Daten vor, wenn beim Versenden eine kurzzeitige automatisierte Entschlüsselung durch den akkreditierten Diensteanbieter zum Zweck der Überprüfung auf Schadsoftware und zum Zweck der Weiterleitung an den Adressaten der De-Mail-Nachricht stattfindet.

§ 34 Pflichten der gesetzlichen Vertreter und der Vermögensverwalter

(1) Die gesetzlichen Vertreter natürlicher und juristischer Personen und die Geschäftsführer von nicht rechtsfähigen Personenvereinigungen und Vermögensmassen haben deren steuerliche Pflichten zu erfüllen. Sie haben insbesondere dafür zu sorgen, dass die Steuern aus den Mitteln entrichtet werden, die sie verwalten.

(2) Soweit nicht rechtsfähige Personenvereinigungen ohne Geschäftsführer sind, haben die Mitglieder oder Gesellschafter die Pflichten im Sinne des Absatzes 1 zu erfüllen. Die Finanzbehörde kann sich an jedes Mitglied oder jeden Gesellschafter halten. Für nicht rechtsfähige Vermögensmassen gelten die Sätze 1 und 2 mit der Maßgabe, dass diejenigen, denen das Vermögen zusteht, die steuerlichen Pflichten zu erfüllen haben.

(3) Steht eine Vermögensverwaltung anderen Personen als den Eigentümern des Vermögens oder deren gesetzlichen Vertretern zu, so haben die Vermögensverwalter die in Absatz 1 bezeichneten Pflichten, soweit ihre Verwaltung reicht.

§ 51 Allgemeines

(1) Gewährt das Gesetz eine Steuervergünstigung, weil eine Körperschaft ausschließlich und unmittelbar gemeinnützige, mildtätige oder kirchliche Zwecke (steuerbegünstigte Zwecke) verfolgt, so gelten die folgenden Vorschriften. Unter Körperschaften sind die Körperschaften, Personenvereinigungen und Vermögensmassen im Sinne des Körperschaftsteuergesetzes zu verstehen. Funktionale Untergliederungen (Abteilungen) von Körperschaften gelten nicht als selbstständige Steuersubjekte.

(2) Werden die steuerbegünstigten Zwecke im Ausland verwirklicht, setzt die Steuervergünstigung voraus, dass natürliche Personen, die ihren Wohnsitz oder ihren gewöhnlichen Aufenthalt im Geltungsbereich dieses Gesetzes haben, gefördert werden

oder die Tätigkeit der Körperschaft neben der Verwirklichung der steuerbegünstigten Zwecke auch zum Ansehen der Bundesrepublik Deutschland im Ausland beitragen kann.

(3) Eine Steuervergünstigung setzt zudem voraus, dass die Körperschaft nach ihrer Satzung und bei ihrer tatsächlichen Geschäftsführung keine Bestrebungen im Sinne des § 4 des Bundesverfassungsschutzgesetzes fördert und dem Gedanken der Völkerverständigung nicht zuwiderhandelt. Bei Körperschaften, die im Verfassungsschutzbericht des Bundes oder eines Landes als extremistische Organisation aufgeführt sind, ist widerlegbar davon auszugehen, dass die Voraussetzungen des Satzes 1 nicht erfüllt sind. Die Finanzbehörde teilt Tatsachen, die den Verdacht von Bestrebungen im Sinne des § 4 des Bundesverfassungsschutzgesetzes oder des Zuwiderhandelns gegen den Gedanken der Völkerverständigung begründen, der Verfassungsschutzbehörde mit.

§ 69 Haftung der Vertreter

Die in den §§ 34 und 35 bezeichneten Personen haften, soweit Ansprüche aus dem Steuerschuldverhältnis (§ 37) infolge vorsätzlicher oder grob fahrlässiger Verletzung der ihnen auferlegten Pflichten nicht oder nicht rechtzeitig festgesetzt oder erfüllt oder soweit infolgedessen Steuervergütungen oder Steuererstattungen ohne rechtlichen Grund gezahlt werden. Die Haftung umfasst auch die infolge der Pflichtverletzung zu zahlenden Säumniszuschläge.

§ 76 Sachhaftung

(1) Verbrauchsteuerpflichtige Waren und einfuhr- und ausfuhrabgabenpflichtige Waren dienen ohne Rücksicht auf die Rechte Dritter als Sicherheit für die darauf ruhenden Steuern (Sachhaftung).

(2) Die Sachhaftung entsteht bei einfuhr- und ausfuhrabgaben- oder verbrauchsteuerpflichtigen Waren, wenn nichts anderes vorgeschrieben ist, mit ihrem Verbringen in den Geltungsbereich dieses Gesetzes, bei verbrauchsteuerpflichtigen Waren auch mit Beginn ihrer Gewinnung oder Herstellung.

(3) Solange die Steuer nicht entrichtet ist, kann die Finanzbehörde die Waren mit Beschlag belegen. Als Beschlagnahme genügt das Verbot an den, der die Waren im Gewahrsam hat, über sie zu verfügen.

(4) Die Sachhaftung erlischt mit der Steuerschuld. Sie erlischt ferner mit der Aufhebung der Beschlagnahme oder dadurch, dass die Waren mit Zustimmung der Finanzbehörde in einen steuerlich nicht beschränkten Verkehr übergehen.

(5) Von der Geltendmachung der Sachhaftung wird abgesehen, wenn die Waren dem Verfügungsberechtigten abhanden gekommen sind und die verbrauchsteuerpflichtigen Waren in einen Herstellungsbetrieb aufgenommen oder die einfuhr- und ausfuhrabgabenpflichtigen Waren eine zollrechtliche Bestimmung erhalten.

§ 140 Buchführungs- und Aufzeichnungspflichten nach anderen Gesetzen

Wer nach anderen Gesetzen als den Steuergesetzen Bücher und Aufzeichnungen zu führen hat, die für die Besteuerung von Bedeutung sind, hat die Verpflichtungen, die ihm nach den anderen Gesetzen obliegen, auch für die Besteuerung zu erfüllen.

2. Erbschaft- und Schenkungsteuergesetz

§ 1 Steuerpflichtige Vorgänge

(1) Der Erbschaftsteuer (Schenkungsteuer) unterliegen

1. der Erwerb von Todes wegen;

2. die Schenkungen unter Lebenden;

3. die Zweckzuwendungen;

4. das Vermögen einer Stiftung, sofern sie wesentlich im Interesse einer Familie oder bestimmter Familien errichtet ist, und eines Vereins, dessen Zweck wesentlich im Interesse einer Familie oder bestimmter Familien auf die Bindung von Vermögen gerichtet ist, in Zeitabständen von je 30 Jahren seit dem in § 9 Abs. 1 Nr. 4 bestimmten Zeitpunkt.

(2) Soweit nichts anderes bestimmt ist, gelten die Vorschriften dieses Gesetzes über die Erwerbe von Todes wegen auch für Schenkungen und Zweckzuwendungen, die Vorschriften über Schenkungen auch für Zweckzuwendungen unter Lebenden.

§ 2 Persönliche Steuerpflicht

(1) Die Steuerpflicht tritt ein

1. in den Fällen des § 1 Abs. 1 Nr. 1 bis 3, wenn der Erblasser zur Zeit seines Todes, der Schenker zur Zeit der Ausführung der Schenkung oder der Erwerber zur Zeit der Entstehung der Steuer (§ 9) ein Inländer ist, für den gesamten Vermögensanfall. Als Inländer gelten

    a) natürliche Personen, die im Inland einen Wohnsitz oder ihren gewöhnlichen Aufenthalt haben,

    b) deutsche Staatsangehörige, die sich nicht länger als fünf Jahre dauernd im Ausland aufgehalten haben, ohne im Inland einen Wohnsitz zu haben,

    c) unabhängig von der Fünfjahresfrist nach Buchstabe b deutsche Staatsangehörige, die

        aa) im Inland weder einen Wohnsitz noch ihren gewöhnlichen Aufenthalt haben und

        bb) zu einer inländischen juristischen Person des öffentlichen Rechts in einem Dienstverhältnis stehen und dafür Arbeitslohn aus einer inländischen öffentlichen Kasse beziehen, sowie zu ihrem Haushalt gehörende Angehörige, die die deutsche Staatsangehörigkeit besitzen. Dies gilt nur für Personen, deren Nachlaß oder Erwerb in dem Staat, in dem sie ihren Wohnsitz oder ihren gewöhnlichen Aufenthalt haben, lediglich in einem der Steuerpflicht nach Nummer 3 ähnlichen Umfang zu einer Nachlaß- oder Erbanfallsteuer herangezogen wird,

d) Körperschaften, Personenvereinigungen und Vermögensmassen, die ihre Geschäftsleitung oder ihren Sitz im Inland haben;

2. in den Fällen des § 1 Abs. 1 Nr. 4, wenn die Stiftung oder der Verein die Geschäftsleitung oder den Sitz im Inland hat;

3. in allen anderen Fällen, vorbehaltlich des Absatzes 3, für den Vermögensanfall, der in Inlandsvermögen im Sinne des § 121 des Bewertungsgesetzes besteht (beschränkte Steuerpflicht). ²Bei Inlandsvermögen im Sinne des § 121 Nr. 4 des Bewertungsgesetzes ist es ausreichend, wenn der Erblasser zur Zeit seines Todes oder der Schenker zur Zeit der Ausführung der Schenkung entsprechend der Vorschrift am Grund- oder Stammkapital der inländischen Kapitalgesellschaft beteiligt ist. ³Wird nur ein Teil einer solchen Beteiligung durch Schenkung zugewendet, gelten die weiteren Erwerbe aus der Beteiligung, soweit die Voraussetzungen des § 14 erfüllt sind, auch dann als Erwerb von Inlandsvermögen, wenn im Zeitpunkt ihres Erwerbs die Beteiligung des Erblassers oder Schenkers weniger als ein Zehntel des Grund- oder Stammkapitals der Gesellschaft beträgt.

(2) Zum Inland im Sinne dieses Gesetzes gehört auch der der Bundesrepublik Deutschland zustehende Anteil am Festlandsockel, soweit dort Naturschätze des Meeresgrundes und des Meeresuntergrundes erforscht oder ausgebeutet werden.

(3) Auf Antrag des Erwerbers wird ein Vermögensanfall, zu dem Inlandsvermögen im Sinne des § 121 des Bewertungsgesetzes gehört (Absatz 1 Nummer 3), insgesamt als unbeschränkt steuerpflichtig behandelt, wenn der Erblasser zur Zeit seines Todes, der Schenker zur Zeit der Ausführung der Schenkung oder der Erwerber zur Zeit der Entstehung der Steuer (§ 9) seinen Wohnsitz in einem Mitgliedstaat der Europäischen Union oder einem Staat hat, auf den das Abkommen über den Europäischen Wirtschaftsraum anwendbar ist. In diesem Fall sind auch mehrere innerhalb von zehn Jahren vor dem Vermögensanfall und innerhalb von zehn Jahren nach dem Vermögensanfall von derselben Person anfallende Erwerbe als unbeschränkt steuerpflichtig zu behandeln und nach Maßgabe des § 14 zusammenzurechnen. Die Festsetzungsfrist für die Steuer endet im Fall des Satzes 2 Nummer 1 nicht vor Ablauf des vierten Jahres, nachdem die Finanzbehörde von dem Antrag Kenntnis erlangt.

§ 20 Steuerschuldner

(1) Steuerschuldner ist der Erwerber, bei einer Schenkung auch der Schenker, bei einer Zweckzuwendung der mit der Ausführung der Zuwendung Beschwerte und in den Fällen des § 1 Abs. 1 Nr. 4 die Stiftung oder der Verein. In den Fällen des § 3 Abs. 2 Nr. 1 Satz 2 und § 7 Abs. 1 Nr. 8 Satz 2 ist die Vermögensmasse Erwerber und Steuerschuldner, in den Fällen des § 7 Abs. 1 Nr. 8 Satz 2 ist Steuerschuldner auch derjenige, der die Vermögensmasse gebildet oder ausgestattet hat.

(2) Im Falle des § 4 sind die Abkömmlinge im Verhältnis der auf sie entfallenden Anteile, der überlebende Ehegatte oder der überlebende Lebenspartner für den gesamten Steuerbetrag Steuerschuldner.

(3) Der Nachlaß haftet bis zur Auseinandersetzung (§ 2042 des Bürgerlichen Gesetzbuchs) für die Steuer der am Erbfall Beteiligten.

(4) Der Vorerbe hat die durch die Vorerbschaft veranlaßte Steuer aus den Mitteln der Vorerbschaft zu entrichten.

(5) Hat der Steuerschuldner den Erwerb oder Teile desselben vor Entrichtung der Erbschaftsteuer einem anderen unentgeltlich zugewendet, haftet der andere in Höhe des Werts der Zuwendung persönlich für die Steuer.

(6) Versicherungsunternehmen, die vor Entrichtung oder Sicherstellung der Steuer die von ihnen zu zahlende Versicherungssumme oder Leibrente in ein Gebiet außerhalb des Geltungsbereichs dieses Gesetzes zahlen oder außerhalb des Geltungsbereichs dieses Gesetzes wohnhaften Berechtigten zur Verfügung stellen, haften in Höhe des ausgezahlten Betrags für die Steuer. Das gleiche gilt für Personen, in deren Gewahrsam sich Vermögen des Erblassers befindet, soweit sie das Vermögen vorsätzlich oder fahrlässig vor Entrichtung oder Sicherstellung der Steuer in ein Gebiet außerhalb des Geltungsbereichs dieses Gesetzes bringen oder außerhalb des Geltungsbereichs dieses Gesetzes wohnhaften Berechtigten zur Verfügung stellen.

(7) Die Haftung nach Absatz 6 ist nicht geltend zu machen, wenn der in einem Steuerfall in ein Gebiet außerhalb des Geltungsbereichs dieses Gesetzes gezahlte oder außerhalb des Geltungsbereichs dieses Gesetzes wohnhaften Berechtigten zur Verfügung gestellte Betrag 600 Euro nicht übersteigt.

3. Einkommensteuergesetz

§ 1 Steuerpflicht

(1) ¹Natürliche Personen, die im Inland einen Wohnsitz oder ihren gewöhnlichen Aufenthalt haben, sind unbeschränkt einkommensteuerpflichtig. ²Zum Inland im Sinne dieses Gesetzes gehört auch der der Bundesrepublik Deutschland zustehende Anteil

1. am Festlandsockel, soweit dort Naturschätze des Meeresgrundes und des Meeresuntergrundes erforscht oder ausgebeutet werden, und

2. an der ausschließlichen Wirtschaftszone, soweit dort Energieerzeugungsanlagen errichtet oder betrieben werden, die erneuerbare Energien nutzen.

(2) ¹Unbeschränkt einkommensteuerpflichtig sind auch deutsche Staatsangehörige, die

1. im Inland weder einen Wohnsitz noch ihren gewöhnlichen Aufenthalt haben und

2. zu einer inländischen juristischen Person des öffentlichen Rechts in einem Dienstverhältnis stehen und dafür Arbeitslohn aus einer inländischen öffentlichen Kasse beziehen,

sowie zu ihrem Haushalt gehörende Angehörige, die die deutsche Staatsangehörigkeit besitzen oder keine Einkünfte oder nur Einkünfte beziehen, die ausschließlich im Inland einkommensteuerpflichtig sind. [2]Dies gilt nur für natürliche Personen, die in dem Staat, in dem sie ihren Wohnsitz oder ihren gewöhnlichen Aufenthalt haben, lediglich in einem der beschränkten Einkommensteuerpflicht ähnlichen Umfang zu einer Steuer vom Einkommen herangezogen werden.

(3) [1]Auf Antrag werden auch natürliche Personen als unbeschränkt einkommensteuerpflichtig behandelt, die im Inland weder einen Wohnsitz noch ihren gewöhnlichen Aufenthalt haben, soweit sie inländische Einkünfte im Sinne des § 49 haben. [2]Dies gilt nur, wenn ihre Einkünfte im Kalenderjahr mindestens zu 90 Prozent der deutschen Einkommensteuer unterliegen oder die nicht der deutschen Einkommensteuer unterliegenden Einkünfte den Grundfreibetrag nach § 32a Absatz 1 Satz 2 Nummer 1 nicht übersteigen; dieser Betrag ist zu kürzen, soweit es nach den Verhältnissen im Wohnsitzstaat des Steuerpflichtigen notwendig und angemessen ist. [3]Inländische Einkünfte, die nach einem Abkommen zur Vermeidung der Doppelbesteuerung nur der Höhe nach beschränkt besteuert werden dürfen, gelten hierbei als nicht der deutschen Einkommensteuer unterliegend. [4]Unberücksichtigt bleiben bei der Ermittlung der Einkünfte nach Satz 2 nicht der deutschen Einkommensteuer unterliegende Einkünfte, die im Ausland nicht besteuert werden, soweit vergleichbare Einkünfte im Inland steuerfrei sind. [5]Weitere Voraussetzung ist, dass die Höhe der nicht der deutschen Einkommensteuer unterliegenden Einkünfte durch eine Bescheinigung der zuständigen ausländischen Steuerbehörde nachgewiesen wird. [6]Der Steuerabzug nach § 50a ist ungeachtet der Sätze 1 bis 4 vorzunehmen.

(4) Natürliche Personen, die im Inland weder einen Wohnsitz noch ihren gewöhnlichen Aufenthalt haben, sind vorbehaltlich der Absätze 2 und 3 und des § 1a beschränkt einkommensteuerpflichtig, wenn sie inländische Einkünfte im Sinne des § 49 haben.

§ 2 Umfang der Besteuerung, Begriffsbestimmungen

(1) [1]Der Einkommensteuer unterliegen

1. Einkünfte aus Land- und Forstwirtschaft,

2. Einkünfte aus Gewerbebetrieb,

3. Einkünfte aus selbständiger Arbeit,

4. Einkünfte aus nichtselbständiger Arbeit,

5. Einkünfte aus Kapitalvermögen,

6. Einkünfte aus Vermietung und Verpachtung,

7. sonstige Einkünfte im Sinne des § 22,

die der Steuerpflichtige während seiner unbeschränkten Einkommensteuerpflicht oder als inländische Einkünfte während seiner beschränkten Einkommensteuerpflicht erzielt. [2]Zu welcher Einkunftsart die Einkünfte im einzelnen Fall gehören, bestimmt sich nach den §§ 13 bis 24.

(2) ¹Einkünfte sind

1. bei Land- und Forstwirtschaft, Gewerbebetrieb und selbständiger Arbeit der Gewinn (§§ 4 bis 7k und 13a),

2. bei den anderen Einkunftsarten der Überschuss der Einnahmen über die Werbungskosten (§§ 8 bis 9a).

²Bei Einkünften aus Kapitalvermögen tritt § 20 Absatz 9 vorbehaltlich der Regelung in § 32d Absatz 2 an die Stelle der §§ 9 und 9a.

(3) Die Summe der Einkünfte, vermindert um den Altersentlastungsbetrag, den Entlastungsbetrag für Alleinerziehende und den Abzug nach § 13 Absatz 3, ist der Gesamtbetrag der Einkünfte.

(4) Der Gesamtbetrag der Einkünfte, vermindert um die Sonderausgaben und die außergewöhnlichen Belastungen, ist das Einkommen.

(5) ¹Das Einkommen, vermindert um die Freibeträge nach § 32 Absatz 6 und um die sonstigen vom Einkommen abzuziehenden Beträge, ist das zu versteuernde Einkommen; dieses bildet die Bemessungsgrundlage für die tarifliche Einkommensteuer. ²Knüpfen andere Gesetze an den Begriff des zu versteuernden Einkommens an, ist für deren Zweck das Einkommen in allen Fällen des § 32 um die Freibeträge nach § 32 Absatz 6 zu vermindern.

(5a) ¹Knüpfen außersteuerliche Rechtsnormen an die in den vorstehenden Absätzen definierten Begriffe (Einkünfte, Summe der Einkünfte, Gesamtbetrag der Einkünfte, Einkommen, zu versteuerndes Einkommen) an, erhöhen sich für deren Zwecke diese Größen um die nach § 32d Absatz 1 und nach § 43 Absatz 5 zu besteuernden Beträge sowie um die nach § 3 Nummer 40 steuerfreien Beträge und mindern sich um die nach § 3c Absatz 2 nicht abziehbaren Beträge. ²Knüpfen außersteuerliche Rechtsnormen an die in den Absätzen 1 bis 3 genannten Begriffe (Einkünfte, Summe der Einkünfte, Gesamtbetrag der Einkünfte) an, mindern sich für deren Zwecke diese Größen um die nach § 10 Absatz 1 Nummer 5 abziehbaren Kinderbetreuungskosten.

(5b) Soweit Rechtsnormen dieses Gesetzes an die in den vorstehenden Absätzen definierten Begriffe (Einkünfte, Summe der Einkünfte, Gesamtbetrag der Einkünfte, Einkommen, zu versteuerndes Einkommen) anknüpfen, sind Kapitalerträge nach § 32d Absatz 1 und § 43 Absatz 5 nicht einzubeziehen.

(6) ¹Die tarifliche Einkommensteuer, vermindert um die anzurechnenden ausländischen Steuern und die Steuerermäßigungen, vermehrt um die Steuer nach § 32d Absatz 3 und 4, die Steuer nach § 34c Absatz 5 und den Zuschlag nach § 3 Absatz 4 Satz 2 des Forstschäden-Ausgleichsgesetzes in der Fassung der Bekanntmachung vom 26.8.1985 (BGBl. I S. 1756), das zuletzt durch Artikel 18 des Gesetzes vom 19.12.2008 (BGBl. I S. 2794) geändert worden ist, in der jeweils geltenden Fassung, ist die festzusetzende Einkommensteuer. ²Wurde der Gesamtbetrag der Einkünfte in den Fällen des § 10a Absatz 2 um Sonderausgaben nach § 10a Absatz 1 gemindert, ist für die Ermittlung der festzusetzenden Einkommensteuer der Anspruch auf Zulage nach Abschnitt XI der tariflichen Einkommensteuer hinzuzurechnen; bei der Ermittlung der dem Steuerpflichtigen zustehenden Zulage bleibt die Erhöhung der

Grundzulage nach § 84 Satz 2 außer Betracht. ³Wird das Einkommen in den Fällen des § 31 um die Freibeträge nach § 32 Absatz 6 gemindert, ist der Anspruch auf Kindergeld nach Abschnitt X der tariflichen Einkommensteuer hinzuzurechnen.

(7)¹ Die Einkommensteuer ist eine Jahressteuer. ²Die Grundlagen für ihre Festsetzung sind jeweils für ein Kalenderjahr zu ermitteln. ³Besteht während eines Kalenderjahres sowohl unbeschränkte als auch beschränkte Einkommensteuerpflicht, so sind die während der beschränkten Einkommensteuerpflicht erzielten inländischen Einkünfte in eine Veranlagung zur unbeschränkten Einkommensteuerpflicht einzubeziehen.

(8) Die Regelungen dieses Gesetzes zu Ehegatten und Ehen sind auch auf Lebenspartner und Lebenspartnerschaften anzuwenden.

§ 26 Veranlagung von Ehegatten *(nach Maßgabe der Entscheidungsformel mit Art. 3 Abs. 1 GG unvereinbar gem. BVerfGE v. 7.5.2013 – 2 BvR 909/06, 2 BvR 1981/06, 2 BvR 288/07, BGBl. I 2013, 1647)*

(1) ¹Ehegatten können zwischen der Einzelveranlagung (§ 26a) und der Zusammenveranlagung (§ 26b) wählen, wenn

1. beide unbeschränkt einkommensteuerpflichtig im Sinne des § 1 Absatz 1 oder 2 oder des § 1a sind,

2. sie nicht dauernd getrennt leben und

3. bei ihnen die Voraussetzungen aus den Nummern 1 und 2 zu Beginn des Veranlagungszeitraums vorgelegen haben oder im Laufe des Veranlagungszeitraums eingetreten sind.

²Hat ein Ehegatte in dem Veranlagungszeitraum, in dem seine zuvor bestehende Ehe aufgelöst worden ist, eine neue Ehe geschlossen und liegen bei ihm und dem neuen Ehegatten die Voraussetzungen des Satzes 1 vor, bleibt die zuvor bestehende Ehe für die Anwendung des Satzes 1 unberücksichtigt.

(2) ¹Ehegatten werden einzeln veranlagt, wenn einer der Ehegatten die Einzelveranlagung wählt. ²Ehegatten werden zusammen veranlagt, wenn beide Ehegatten die Zusammenveranlagung wählen. ³Die Wahl wird für den betreffenden Veranlagungszeitraum durch Angabe in der Steuererklärung getroffen. ⁴Die Wahl der Veranlagungsart innerhalb eines Veranlagungszeitraums kann nach Eintritt der Unanfechtbarkeit des Steuerbescheids nur noch geändert werden, wenn

1. ein Steuerbescheid, der die Ehegatten betrifft, aufgehoben, geändert oder berichtigt wird und

2. die Änderung der Wahl der Veranlagungsart der zuständigen Finanzbehörde bis zum Eintritt der Unanfechtbarkeit des Änderungs- oder Berichtigungsbescheids schriftlich oder elektronisch mitgeteilt oder zur Niederschrift erklärt worden ist und

3. der Unterschiedsbetrag aus der Differenz der festgesetzten Einkommensteuer entsprechend der bisher gewählten Veranlagungsart und der festzusetzenden Einkommensteuer, die sich bei einer geänderten Ausübung der Wahl der Veranlagungsarten ergeben würde, positiv ist. ²Die Einkommensteuer der einzeln veranlagten Ehegatten ist hierbei zusammenzurechnen.

(3) Wird von dem Wahlrecht nach Absatz 2 nicht oder nicht wirksam Gebrauch gemacht, so ist eine Zusammenveranlagung durchzuführen.

§ 38 Erhebung der Lohnsteuer

(1) ¹Bei Einkünften aus nichtselbständiger Arbeit wird die Einkommensteuer durch Abzug vom Arbeitslohn erhoben (Lohnsteuer), soweit der Arbeitslohn von einem Arbeitgeber gezahlt wird, der

1. im Inland einen Wohnsitz, seinen gewöhnlichen Aufenthalt, seine Geschäftsleitung, seinen Sitz, eine Betriebsstätte oder einen ständigen Vertreter im Sinne der §§ 8 bis 13 der Abgabenordnung hat (inländischer Arbeitgeber) oder

2. einem Dritten (Entleiher) Arbeitnehmer gewerbsmäßig zur Arbeitsleistung im Inland überlässt, ohne inländischer Arbeitgeber zu sein (ausländischer Verleiher).

²Inländischer Arbeitgeber im Sinne des Satzes 1 ist in den Fällen der Arbeitnehmerentsendung auch das in Deutschland ansässige aufnehmende Unternehmen, das den Arbeitslohn für die ihm geleistete Arbeit wirtschaftlich trägt; Voraussetzung hierfür ist nicht, dass das Unternehmen dem Arbeitnehmer den Arbeitslohn im eigenen Namen und für eigene Rechnung auszahlt. ³Der Lohnsteuer unterliegt auch der im Rahmen des Dienstverhältnisses von einem Dritten gewährte Arbeitslohn, wenn der Arbeitgeber weiß oder erkennen kann, dass derartige Vergütungen erbracht werden; dies ist insbesondere anzunehmen, wenn Arbeitgeber und Dritter verbundene Unternehmen im Sinne von § 15 des Aktiengesetzes sind.

(2) ¹Der Arbeitnehmer ist Schuldner der Lohnsteuer. ²Die Lohnsteuer entsteht in dem Zeitpunkt, in dem der Arbeitslohn dem Arbeitnehmer zufließt.

(3) ¹Der Arbeitgeber hat die Lohnsteuer für Rechnung des Arbeitnehmers bei jeder Lohnzahlung vom Arbeitslohn einzubehalten. ²Bei juristischen Personen des öffentlichen Rechts hat die öffentliche Kasse, die den Arbeitslohn zahlt, die Pflichten des Arbeitgebers. ³In den Fällen der nach § 7f Absatz 1 Satz 1 Nummer 2 des Vierten Buches Sozialgesetzbuch an die Deutsche Rentenversicherung Bund übertragenen Wertguthaben hat die Deutsche Rentenversicherung Bund bei Inanspruchnahme des Wertguthabens die Pflichten des Arbeitgebers.

(3a) ¹Soweit sich aus einem Dienstverhältnis oder einem früheren Dienstverhältnis tarifvertragliche Ansprüche des Arbeitnehmers auf Arbeitslohn unmittelbar gegen einen Dritten mit Wohnsitz, Geschäftsleitung oder Sitz im Inland richten und von diesem durch die Zahlung von Geld erfüllt werden, hat der Dritte die Pflichten des Arbeitgebers. ²In anderen Fällen kann das Finanzamt zulassen, dass ein Dritter mit Wohnsitz, Geschäftsleitung oder Sitz im Inland die Pflichten des Arbeitgebers im eigenen Namen erfüllt. ³Voraussetzung ist, dass der Dritte

1. sich hierzu gegenüber dem Arbeitgeber verpflichtet hat,

2. den Lohn auszahlt oder er nur Arbeitgeberpflichten für von ihm vermittelte Arbeitnehmer übernimmt und

3. die Steuererhebung nicht beeinträchtigt wird.

[4]Die Zustimmung erteilt das Betriebsstättenfinanzamt des Dritten auf dessen Antrag im Einvernehmen mit dem Betriebsstättenfinanzamt des Arbeitgebers; sie darf mit Nebenbestimmungen versehen werden, die die ordnungsgemäße Steuererhebung sicherstellen und die Überprüfung des Lohnsteuerabzugs nach § 42f erleichtern sollen. [5]Die Zustimmung kann mit Wirkung für die Zukunft widerrufen werden. [6]In den Fällen der Sätze 1 und 2 sind die das Lohnsteuerverfahren betreffenden Vorschriften mit der Maßgabe anzuwenden, dass an die Stelle des Arbeitgebers der Dritte tritt; der Arbeitgeber ist von seinen Pflichten befreit, soweit der Dritte diese Pflichten erfüllt hat. [7]Erfüllt der Dritte die Pflichten des Arbeitgebers, kann er den Arbeitslohn, der einem Arbeitnehmer in demselben Lohnabrechnungszeitraum aus mehreren Dienstverhältnissen zufließt, für die Lohnsteuerermittlung und in der Lohnsteuerbescheinigung zusammenrechnen.

(4) [1]Wenn der vom Arbeitgeber geschuldete Barlohn zur Deckung der Lohnsteuer nicht ausreicht, hat der Arbeitnehmer dem Arbeitgeber den Fehlbetrag zur Verfügung zu stellen oder der Arbeitgeber einen entsprechenden Teil der anderen Bezüge des Arbeitnehmers zurückzubehalten. [2]Soweit der Arbeitnehmer seiner Verpflichtung nicht nachkommt und der Arbeitgeber den Fehlbetrag nicht durch Zurückbehaltung von anderen Bezügen des Arbeitnehmers aufbringen kann, hat der Arbeitgeber dies dem Betriebsstättenfinanzamt (§ 41a Absatz 1 Satz 1 Nummer 1) anzuzeigen. [3]Der Arbeitnehmer hat dem Arbeitgeber die von einem Dritten gewährten Bezüge (Absatz 1 Satz 3) am Ende des jeweiligen Lohnzahlungszeitraums anzugeben; wenn der Arbeitnehmer keine Angabe oder eine erkennbar unrichtige Angabe macht, hat der Arbeitgeber dies dem Betriebsstättenfinanzamt anzuzeigen. [4]Das Finanzamt hat die zu wenig erhobene Lohnsteuer vom Arbeitnehmer nachzufordern.

§ 48 Steuerabzug

(1) [1]Erbringt jemand im Inland eine Bauleistung (Leistender) an einen Unternehmer im Sinne des § 2 des Umsatzsteuergesetzes oder an eine juristische Person des öffentlichen Rechts (Leistungsempfänger), ist der Leistungsempfänger verpflichtet, von der Gegenleistung einen Steuerabzug in Höhe von 15 Prozent für Rechnung des Leistenden vorzunehmen. [2]Vermietet der Leistungsempfänger Wohnungen, so ist Satz 1 nicht auf Bauleistungen für diese Wohnungen anzuwenden, wenn er nicht mehr als zwei Wohnungen vermietet. [3]Bauleistungen sind alle Leistungen, die der Herstellung, Instandsetzung, Instandhaltung, Änderung oder Beseitigung von Bauwerken dienen. [4]Als Leistender gilt auch derjenige, der über eine Leistung abrechnet, ohne sie erbracht zu haben.

(2) [1]Der Steuerabzug muss nicht vorgenommen werden, wenn der Leistende dem Leistungsempfänger eine im Zeitpunkt der Gegenleistung gültige Freistellungsbe-

scheinigung nach § 48b Absatz 1 Satz 1 vorlegt oder die Gegenleistung im laufenden Kalenderjahr den folgenden Betrag voraussichtlich nicht übersteigen wird:

1. 15 000 Euro, wenn der Leistungsempfänger ausschließlich steuerfreie Umsätze nach § 4 Nummer 12 Satz 1 des Umsatzsteuergesetzes ausführt,
2. 5 000 Euro in den übrigen Fällen.

²Für die Ermittlung des Betrags sind die für denselben Leistungsempfänger erbrachten und voraussichtlich zu erbringenden Bauleistungen zusammenzurechnen.

(3) Gegenleistung im Sinne des Absatzes 1 ist das Entgelt zuzüglich Umsatzsteuer.

(4) Wenn der Leistungsempfänger den Steuerabzugsbetrag angemeldet und abgeführt hat,

1. ist § 160 Absatz 1 Satz 1 der Abgabenordnung nicht anzuwenden,
2. sind § 42d Absatz 6 und 8 und § 50a Absatz 7 nicht anzuwenden.

§ 48a Verfahren

(1) ¹Der Leistungsempfänger hat bis zum zehnten Tag nach Ablauf des Monats, in dem die Gegenleistung im Sinne des § 48 erbracht wird, eine Anmeldung nach amtlich vorgeschriebenem Vordruck abzugeben, in der er den Steuerabzug für den Anmeldungszeitraum selbst zu berechnen hat. ²Der Abzugsbetrag ist am zehnten Tag nach Ablauf des Anmeldungszeitraums fällig und an das für den Leistenden zuständige Finanzamt für Rechnung des Leistenden abzuführen. ³Die Anmeldung des Abzugsbetrags steht einer Steueranmeldung gleich.

(2) Der Leistungsempfänger hat mit dem Leistenden unter Angabe

1. des Namens und der Anschrift des Leistenden,
2. des Rechnungsbetrags, des Rechnungsdatums und des Zahlungstags,
3. der Höhe des Steuerabzugs und
4. des Finanzamts, bei dem der Abzugsbetrag angemeldet worden ist,

über den Steuerabzug abzurechnen.

(3) ¹Der Leistungsempfänger haftet für einen nicht oder zu niedrig abgeführten Abzugsbetrag. ²Der Leistungsempfänger haftet nicht, wenn ihm im Zeitpunkt der Gegenleistung eine Freistellungsbescheinigung (§ 48b) vorgelegen hat, auf deren Rechtmäßigkeit er vertrauen konnte. ³Er darf insbesondere dann nicht auf eine Freistellungsbescheinigung vertrauen, wenn diese durch unlautere Mittel oder durch falsche Angaben erwirkt wurde und ihm dies bekannt oder infolge grober Fahrlässigkeit nicht bekannt war. ⁴Den Haftungsbescheid erlässt das für den Leistenden zuständige Finanzamt.

(4) § 50b gilt entsprechend.

4. Gewerbesteuergesetz

§ 1 Steuerberechtigte

Die Gemeinden erheben eine Gewerbesteuer als Gemeindesteuer.

§ 5 Steuerschuldner

(1) ¹Steuerschuldner ist der Unternehmer. ²Als Unternehmer gilt der, für dessen Rechnung das Gewerbe betrieben wird. ³Ist die Tätigkeit einer Personengesellschaft Gewerbebetrieb, so ist Steuerschuldner die Gesellschaft. ⁴Wird das Gewerbe in der Rechtsform einer Europäischen wirtschaftlichen Interessenvereinigung mit Sitz im Geltungsbereich der Verordnung (EWG) Nr. 2137/85 des Rates vom 25.7.1985 über die Schaffung einer Europäischen wirtschaftlichen Interessenvereinigung (EWIV) – (ABl. L 199 vom 31.7.1985, S. 1) betrieben, sind abweichend von Satz 3 die Mitglieder Gesamtschuldner.

(2) ¹Geht ein Gewerbebetrieb im Ganzen auf einen anderen Unternehmer über (§ 2 Abs. 5), so ist der bisherige Unternehmer bis zum Zeitpunkt des Übergangs Steuerschuldner. ²Der andere Unternehmer ist von diesem Zeitpunkt an Steuerschuldner.

§ 6 Besteuerungsgrundlage

Besteuerungsgrundlage für die Gewerbesteuer ist der Gewerbeertrag.

5. Gesetz betreffend die Gesellschaften mit beschränkter Haftung

§ 11 Rechtszustand vor der Eintragung

(1) Vor der Eintragung in das Handelsregister des Sitzes der Gesellschaft besteht die Gesellschaft mit beschränkter Haftung als solche nicht.

(2) Ist vor der Eintragung im Namen der Gesellschaft gehandelt worden, so haften die Handelnden persönlich und solidarisch.

§ 64 Haftung für Zahlungen nach Zahlungsunfähigkeit oder Überschuldung

Die Geschäftsführer sind der Gesellschaft zum Ersatz von Zahlungen verpflichtet, die nach Eintritt der Zahlungsunfähigkeit der Gesellschaft oder nach Feststellung ihrer Überschuldung geleistet werden. Dies gilt nicht von Zahlungen, die auch nach diesem Zeitpunkt mit der Sorgfalt eines ordentlichen Geschäftsmanns vereinbar sind. Die gleiche Verpflichtung trifft die Geschäftsführer für Zahlungen an Gesellschafter, soweit diese zur Zahlungsunfähigkeit der Gesellschaft führen mussten, es sei denn, dies war auch bei Beachtung der in Satz 2 bezeichneten Sorgfalt nicht erkennbar. Auf den Ersatzanspruch finden die Bestimmungen in § 43 Abs. 3 und 4 entsprechende Anwendung.

6. Handelsgesetzbuch

§ 1 [Istkaufmann]

(1) Kaufmann im Sinne dieses Gesetzbuchs ist, wer ein Handelsgewerbe betreibt.

(2) Handelsgewerbe ist jeder Gewerbebetrieb, es sei denn, daß das Unternehmen nach Art oder Umfang einen in kaufmännischer Weise eingerichteten Geschäftsbetrieb nicht erfordert.

§ 128 [Persönliche Haftung der Gesellschafter]

Die Gesellschafter haften für die Verbindlichkeiten der Gesellschaft den Gläubigern als Gesamtschuldner persönlich. Eine entgegenstehende Vereinbarung ist Dritten gegenüber unwirksam.

§ 238 Buchführungspflicht

(1) Jeder Kaufmann ist verpflichtet, Bücher zu führen und in diesen seine Handelsgeschäfte und die Lage seines Vermögens nach den Grundsätzen ordnungsmäßiger Buchführung ersichtlich zu machen. Die Buchführung muß so beschaffen sein, daß sie einem sachverständigen Dritten innerhalb angemessener Zeit einen Überblick über die Geschäftsvorfälle und über die Lage des Unternehmens vermitteln kann. Die Geschäftsvorfälle müssen sich in ihrer Entstehung und Abwicklung verfolgen lassen.

(2) Der Kaufmann ist verpflichtet, eine mit der Urschrift übereinstimmende Wiedergabe der abgesandten Handelsbriefe (Kopie, Abdruck, Abschrift oder sonstige Wiedergabe des Wortlauts auf einem Schrift-, Bild- oder anderen Datenträger) zurückzubehalten.

7. Insolvenzordnung

§ 1 Ziele des Insolvenzverfahrens

Das Insolvenzverfahren dient dazu, die Gläubiger eines Schuldners gemeinschaftlich zu befriedigen, indem das Vermögen des Schuldners verwertet und der Erlös verteilt oder in einem Insolvenzplan eine abweichende Regelung insbesondere zum Erhalt des Unternehmens getroffen wird. Dem redlichen Schuldner wird Gelegenheit gegeben, sich von seinen restlichen Verbindlichkeiten zu befreien.

§ 4b Rückzahlung und Anpassung der gestundeten Beträge

(1) Ist der Schuldner nach Erteilung der Restschuldbefreiung nicht in der Lage, den gestundeten Betrag aus seinem Einkommen und seinem Vermögen zu zahlen, so kann das Gericht die Stundung verlängern und die zu zahlenden Monatsraten festsetzen. § 115 Abs. 1 bis 3 sowie § 120 Abs. 2 der Zivilprozessordnung gelten entsprechend.

(2) Das Gericht kann die Entscheidung über die Stundung und die Monatsraten jederzeit ändern, soweit sich die für sie maßgebenden persönlichen oder wirtschaftli-

chen Verhältnisse wesentlich geändert haben. Der Schuldner ist verpflichtet, dem Gericht eine wesentliche Änderung dieser Verhältnisse unverzüglich anzuzeigen. § 120a Absatz 1 Satz 2 und 3 der Zivilprozessordnung gilt entsprechend. Eine Änderung zum Nachteil des Schuldners ist ausgeschlossen, wenn seit der Beendigung des Verfahrens vier Jahre vergangen sind.

§ 11 Zulässigkeit des Insolvenzverfahrens

(1) Ein Insolvenzverfahren kann über das Vermögen jeder natürlichen und jeder juristischen Person eröffnet werden. Der nicht rechtsfähige Verein steht insoweit einer juristischen Person gleich.

(2) Ein Insolvenzverfahren kann ferner eröffnet werden:

1. über das Vermögen einer Gesellschaft ohne Rechtspersönlichkeit (offene Handelsgesellschaft, Kommanditgesellschaft, Partnerschaftsgesellschaft, Gesellschaft des Bürgerlichen Rechts, Partenreederei, Europäische wirtschaftliche Interessenvereinigung);

2. nach Maßgabe der §§ 315 bis 334 über einen Nachlaß, über das Gesamtgut einer fortgesetzten Gütergemeinschaft oder über das Gesamtgut einer Gütergemeinschaft, das von den Ehegatten gemeinschaftlich verwaltet wird.

(3) Nach Auflösung einer juristischen Person oder einer Gesellschaft ohne Rechtspersönlichkeit ist die Eröffnung des Insolvenzverfahrens zulässig, solange die Verteilung des Vermögens nicht vollzogen ist.

§ 14 Antrag eines Gläubigers

(1) Der Antrag eines Gläubigers ist zulässig, wenn der Gläubiger ein rechtliches Interesse an der Eröffnung des Insolvenzverfahrens hat und seine Forderung und den Eröffnungsgrund glaubhaft macht. War in einem Zeitraum von zwei Jahren vor der Antragstellung bereits ein Antrag auf Eröffnung eines Insolvenzverfahrens über das Vermögen des Schuldners gestellt worden, so wird der Antrag nicht allein dadurch unzulässig, dass die Forderung erfüllt wird. In diesem Fall hat der Gläubiger auch die vorherige Antragstellung glaubhaft zu machen.

(2) Ist der Antrag zulässig, so hat das Insolvenzgericht den Schuldner zu hören.

(3) Wird die Forderung des Gläubigers nach Antragstellung erfüllt, so hat der Schuldner die Kosten des Verfahrens zu tragen, wenn der Antrag als unbegründet abgewiesen wird.

§ 15 Antragsrecht bei juristischen Personen und Gesellschaften ohne Rechtspersönlichkeit

(1) Zum Antrag auf Eröffnung eines Insolvenzverfahrens über das Vermögen einer juristischen Person oder einer Gesellschaft ohne Rechtspersönlichkeit ist außer den Gläubigern jedes Mitglied des Vertretungsorgans, bei einer Gesellschaft ohne Rechtspersönlichkeit oder bei einer Kommanditgesellschaft auf Aktien jeder persönlich haf-

tende Gesellschafter, sowie jeder Abwickler berechtigt. Bei einer juristischen Person ist im Fall der Führungslosigkeit auch jeder Gesellschafter, bei einer Aktiengesellschaft oder einer Genossenschaft zudem auch jedes Mitglied des Aufsichtsrats zur Antragstellung berechtigt.

(2) Wird der Antrag nicht von allen Mitgliedern des Vertretungsorgans, allen persönlich haftenden Gesellschaftern, allen Gesellschaftern der juristischen Person, allen Mitgliedern des Aufsichtsrats oder allen Abwicklern gestellt, so ist er zulässig, wenn der Eröffnungsgrund glaubhaft gemacht wird. Zusätzlich ist bei Antragstellung durch Gesellschafter einer juristischen Person oder Mitglieder des Aufsichtsrats auch die Führungslosigkeit glaubhaft zu machen. Das Insolvenzgericht hat die übrigen Mitglieder des Vertretungsorgans, persönlich haftenden Gesellschafter, Gesellschafter der juristischen Person, Mitglieder des Aufsichtsrats oder Abwickler zu hören.

(3) Ist bei einer Gesellschaft ohne Rechtspersönlichkeit kein persönlich haftender Gesellschafter eine natürliche Person, so gelten die Absätze 1 und 2 entsprechend für die organschaftlichen Vertreter und die Abwickler der zur Vertretung der Gesellschaft ermächtigten Gesellschafter. Entsprechendes gilt, wenn sich die Verbindung von Gesellschaften in dieser Art fortsetzt.

§ 15a Antragspflicht bei juristischen Personen und Gesellschaften ohne Rechtspersönlichkeit

(1) Wird eine juristische Person zahlungsunfähig oder überschuldet, haben die Mitglieder des Vertretungsorgans oder die Abwickler ohne schuldhaftes Zögern, spätestens aber drei Wochen nach Eintritt der Zahlungsunfähigkeit oder Überschuldung, einen Insolvenzantrag zu stellen. Das Gleiche gilt für die organschaftlichen Vertreter der zur Vertretung der Gesellschaft ermächtigten Gesellschafter oder die Abwickler bei einer Gesellschaft ohne Rechtspersönlichkeit, bei der kein persönlich haftender Gesellschafter eine natürliche Person ist; dies gilt nicht, wenn zu den persönlich haftenden Gesellschaftern eine andere Gesellschaft gehört, bei der ein persönlich haftender Gesellschafter eine natürliche Person ist.

(2) Bei einer Gesellschaft im Sinne des Absatzes 1 Satz 2 gilt Absatz 1 sinngemäß, wenn die organschaftlichen Vertreter der zur Vertretung der Gesellschaft ermächtigten Gesellschafter ihrerseits Gesellschaften sind, bei denen kein persönlich haftender Gesellschafter eine natürliche Person ist, oder sich die Verbindung von Gesellschaften in dieser Art fortsetzt.

(3) Im Fall der Führungslosigkeit einer Gesellschaft mit beschränkter Haftung ist auch jeder Gesellschafter, im Fall der Führungslosigkeit einer Aktiengesellschaft oder einer Genossenschaft ist auch jedes Mitglied des Aufsichtsrats zur Stellung des Antrags verpflichtet, es sei denn, diese Person hat von der Zahlungsunfähigkeit und der Überschuldung oder der Führungslosigkeit keine Kenntnis.

(4) Mit Freiheitsstrafe bis zu drei Jahren oder mit Geldstrafe wird bestraft, wer entgegen Absatz 1 Satz 1, auch in Verbindung mit Satz 2 oder Absatz 2 oder Absatz 3, einen Eröffnungsantrag nicht, nicht richtig oder nicht rechtzeitig stellt.

(5) Handelt der Täter in den Fällen des Absatzes 4 fahrlässig, ist die Strafe Freiheitsstrafe bis zu einem Jahr oder Geldstrafe.

(6) Auf Vereine und Stiftungen, für die § 42 Absatz 2 des Bürgerlichen Gesetzbuchs gilt, sind die Absätze 1 bis 5 nicht anzuwenden.

§ 16 Eröffnungsgrund

Die Eröffnung des Insolvenzverfahrens setzt voraus, daß ein Eröffnungsgrund gegeben ist.

§ 17 Zahlungsunfähigkeit

(1) Allgemeiner Eröffnungsgrund ist die Zahlungsunfähigkeit.

(2) Der Schuldner ist zahlungsunfähig, wenn er nicht in der Lage ist, die fälligen Zahlungspflichten zu erfüllen. Zahlungsunfähigkeit ist in der Regel anzunehmen, wenn der Schuldner seine Zahlungen eingestellt hat.

§ 18 Drohende Zahlungsunfähigkeit

(1) Beantragt der Schuldner die Eröffnung des Insolvenzverfahrens, so ist auch die drohende Zahlungsunfähigkeit Eröffnungsgrund.

(2) Der Schuldner droht zahlungsunfähig zu werden, wenn er voraussichtlich nicht in der Lage sein wird, die bestehenden Zahlungspflichten im Zeitpunkt der Fälligkeit zu erfüllen.

(3) Wird bei einer juristischen Person oder einer Gesellschaft ohne Rechtspersönlichkeit der Antrag nicht von allen Mitgliedern des Vertretungsorgans, allen persönlich haftenden Gesellschaftern oder allen Abwicklern gestellt, so ist Absatz 1 nur anzuwenden, wenn der oder die Antragsteller zur Vertretung der juristischen Person oder der Gesellschaft berechtigt sind.

§ 19 Überschuldung

(1) Bei einer juristischen Person ist auch die Überschuldung Eröffnungsgrund.

(2) Überschuldung liegt vor, wenn das Vermögen des Schuldners die bestehenden Verbindlichkeiten nicht mehr deckt, es sei denn, die Fortführung des Unternehmens ist nach den Umständen überwiegend wahrscheinlich. Forderungen auf Rückgewähr von Gesellschafterdarlehen oder aus Rechtshandlungen, die einem solchen Darlehen wirtschaftlich entsprechen, für die gemäß § 39 Abs. 2 zwischen Gläubiger und Schuldner der Nachrang im Insolvenzverfahren hinter den in § 39 Abs. 1 Nr. 1 bis 5 bezeichneten Forderungen vereinbart worden ist, sind nicht bei den Verbindlichkeiten nach Satz 1 zu berücksichtigen.

(3) Ist bei einer Gesellschaft ohne Rechtspersönlichkeit kein persönlich haftender Gesellschafter eine natürliche Person, so gelten die Absätze 1 und 2 entsprechend. Dies gilt nicht, wenn zu den persönlich haftenden Gesellschaftern eine andere Gesellschaft gehört, bei der ein persönlich haftender Gesellschafter eine natürliche Person ist.

§ 20 Auskunfts- und Mitwirkungspflicht im Eröffnungsverfahren. Hinweis auf Restschuldbefreiung

(1) Ist der Antrag zulässig, so hat der Schuldner dem Insolvenzgericht die Auskünfte zu erteilen, die zur Entscheidung über den Antrag erforderlich sind, und es auch sonst bei der Erfüllung seiner Aufgaben zu unterstützen. Die §§ 97, 98, 101 Abs. 1 Satz 1, 2, Abs. 2 gelten entsprechend.

(2) Ist der Schuldner eine natürliche Person, so soll er darauf hingewiesen werden, dass er nach Maßgabe der §§ 286 bis 303 Restschuldbefreiung erlangen kann.

§ 21 Anordnung vorläufiger Maßnahmen

(1) Das Insolvenzgericht hat alle Maßnahmen zu treffen, die erforderlich erscheinen, um bis zur Entscheidung über den Antrag eine den Gläubigern nachteilige Veränderung in der Vermögenslage des Schuldners zu verhüten. Gegen die Anordnung der Maßnahme steht dem Schuldner die sofortige Beschwerde zu.

(2) Das Gericht kann insbesondere

1. einen vorläufigen Insolvenzverwalter bestellen, für den § 8 Abs. 3 und die §§ 56, 56a, 58 bis 66 entsprechend gelten;

1a. einen vorläufigen Gläubigerausschuss einsetzen, für den § 67 Absatz 2 und die §§ 69 bis 73 entsprechend gelten; zu Mitgliedern des Gläubigerausschusses können auch Personen bestellt werden, die erst mit Eröffnung des Verfahrens Gläubiger werden;

2. dem Schuldner ein allgemeines Verfügungsverbot auferlegen oder anordnen, daß Verfügungen des Schuldners nur mit Zustimmung des vorläufigen Insolvenzverwalters wirksam sind;

3. Maßnahmen der Zwangsvollstreckung gegen den Schuldner untersagen oder einstweilen einstellen, soweit nicht unbewegliche Gegenstände betroffen sind;

4. eine vorläufige Postsperre anordnen, für die die §§ 99, 101 Abs. 1 Satz 1 entsprechend gelten;

5. anordnen, dass Gegenstände, die im Falle der Eröffnung des Verfahrens von § 166 erfasst würden oder deren Aussonderung verlangt werden könnte, vom Gläubiger nicht verwertet oder eingezogen werden dürfen und dass solche Gegenstände zur Fortführung des Unternehmens des Schuldners eingesetzt werden können, soweit sie hierfür von erheblicher Bedeutung sind; § 169 Satz 2 und 3 gilt entsprechend; ein durch die Nutzung eingetretener Wertverlust ist durch laufende Zahlungen an den Gläubiger auszugleichen. ²Die Verpflichtung zu Ausgleichszahlungen besteht nur, soweit der durch die Nutzung entstehende Wertverlust die Sicherung des absonderungsberechtigten Gläubigers beeinträchtigt. ³Zieht der vorläufige Insolvenzverwalter eine zur Sicherung eines Anspruchs abgetretene Forderung anstelle des Gläubigers ein, so gelten die §§ 170, 171 entsprechend.

Die Anordnung von Sicherungsmaßnahmen berührt nicht die Wirksamkeit von Verfügungen über Finanzsicherheiten nach § 1 Abs. 17 des Kreditwesengesetzes und die Wirksamkeit der Verrechnung von Ansprüchen und Leistungen aus Zahlungsaufträgen, Aufträgen zwischen Zahlungsdienstleistern oder zwischengeschalteten Stellen oder Aufträgen zur Übertragung von Wertpapieren, die in Systeme nach § 1 Abs. 16 des Kreditwesengesetzes eingebracht wurden. ³Dies gilt auch dann, wenn ein solches Rechtsgeschäft des Schuldners am Tag der Anordnung getätigt und verrechnet oder eine Finanzsicherheit bestellt wird und der andere Teil nachweist, dass er die Anordnung weder kannte noch hätte kennen müssen; ist der andere Teil ein Systembetreiber oder Teilnehmer in dem System, bestimmt sich der Tag der Anordnung nach dem Geschäftstag im Sinne des § 1 Absatz 16b des Kreditwesengesetzes.

(3) Reichen andere Maßnahmen nicht aus, so kann das Gericht den Schuldner zwangsweise vorführen und nach Anhörung in Haft nehmen lassen. Ist der Schuldner keine natürliche Person, so gilt entsprechendes für seine organschaftlichen Vertreter. Für die Anordnung von Haft gilt § 98 Abs. 3 entsprechend.

§ 22 Rechtsstellung des vorläufigen Insolvenzverwalters

(1) Wird ein vorläufiger Insolvenzverwalter bestellt und dem Schuldner ein allgemeines Verfügungsverbot auferlegt, so geht die Verwaltungs- und Verfügungsbefugnis über das Vermögen des Schuldners auf den vorläufigen Insolvenzverwalter über. In diesem Fall hat der vorläufige Insolvenzverwalter:

1. das Vermögen des Schuldners zu sichern und zu erhalten;

2. ein Unternehmen, das der Schuldner betreibt, bis zur Entscheidung über die Eröffnung des Insolvenzverfahrens fortzuführen, soweit nicht das Insolvenzgericht einer Stillegung zustimmt, um eine erhebliche Verminderung des Vermögens zu vermeiden;

3. zu prüfen, ob das Vermögen des Schuldners die Kosten des Verfahrens decken wird; das Gericht kann ihn zusätzlich beauftragen, als Sachverständiger zu prüfen, ob ein Eröffnungsgrund vorliegt und welche Aussichten für eine Fortführung des Unternehmens des Schuldners bestehen.

(2) Wird ein vorläufiger Insolvenzverwalter bestellt, ohne daß dem Schuldner ein allgemeines Verfügungsverbot auferlegt wird, so bestimmt das Gericht die Pflichten des vorläufigen Insolvenzverwalters. Sie dürfen nicht über die Pflichten nach Absatz 1 Satz 2 hinausgehen.

(3) Der vorläufige Insolvenzverwalter ist berechtigt, die Geschäftsräume des Schuldners zu betreten und dort Nachforschungen anzustellen. Der Schuldner hat dem vorläufigen Insolvenzverwalter Einsicht in seine Bücher und Geschäftspapiere zu gestatten. Er hat ihm alle erforderlichen Auskünfte zu erteilen und ihn bei der Erfüllung seiner Aufgaben zu unterstützen; die §§ 97, 98, 101 Abs. 1 Satz 1, 2, Abs. 2 gelten entsprechend.

§ 26 Abweisung mangels Masse

(1) Das Insolvenzgericht weist den Antrag auf Eröffnung des Insolvenzverfahrens ab, wenn das Vermögen des Schuldners voraussichtlich nicht ausreichen wird, um die

Kosten des Verfahrens zu decken. Die Abweisung unterbleibt, wenn ein ausreichender Geldbetrag vorgeschossen wird oder die Kosten nach § 4a gestundet werden. Der Beschluss ist unverzüglich öffentlich bekannt zu machen.

(2) Das Gericht hat die Schuldner, bei denen der Eröffnungsantrag mangels Masse abgewiesen worden ist, in ein Verzeichnis einzutragen (Schuldnerverzeichnis). Die Vorschriften über das Schuldnerverzeichnis nach der Zivilprozeßordnung gelten entsprechend; jedoch beträgt die Löschungsfrist fünf Jahre.

(3) Wer nach Absatz 1 Satz 2 einen Vorschuß geleistet hat, kann die Erstattung des vorgeschossenen Betrages von jeder Person verlangen, die entgegen den Vorschriften des Insolvenz- oder Gesellschaftsrechts den Antrag auf Eröffnung des Insolvenzverfahrens pflichtwidrig und schuldhaft nicht gestellt hat. Ist streitig, ob die Person pflichtwidrig und schuldhaft gehandelt hat, so trifft sie die Beweislast.

(4) Zur Leistung eines Vorschusses nach Absatz 1 Satz 2 ist jede Person verpflichtet, die entgegen den Vorschriften des Insolvenz- oder Gesellschaftsrechts pflichtwidrig und schuldhaft keinen Antrag auf Eröffnung des Insolvenzverfahrens gestellt hat. Ist streitig, ob die Person pflichtwidrig und schuldhaft gehandelt hat, so trifft sie die Beweislast. Die Zahlung des Vorschusses kann der vorläufige Insolvenzverwalter sowie jede Person verlangen, die einen begründeten Vermögensanspruch gegen den Schuldner hat.

§ 35 Begriff der Insolvenzmasse

(1) Das Insolvenzverfahren erfaßt das gesamte Vermögen, das dem Schuldner zur Zeit der Eröffnung des Verfahrens gehört und das er während des Verfahrens erlangt (Insolvenzmasse).

(2) Übt der Schuldner eine selbstständige Tätigkeit aus oder beabsichtigt er, demnächst eine solche Tätigkeit auszuüben, hat der Insolvenzverwalter ihm gegenüber zu erklären, ob Vermögen aus der selbstständigen Tätigkeit zur Insolvenzmasse gehört und ob Ansprüche aus dieser Tätigkeit im Insolvenzverfahren geltend gemacht werden können. § 295 Absatz 3 gilt entsprechend. Auf Antrag des Gläubigerausschusses oder, wenn ein solcher nicht bestellt ist, der Gläubigerversammlung ordnet das Insolvenzgericht die Unwirksamkeit der Erklärung an.

(3) Die Erklärung des Insolvenzverwalters ist dem Gericht gegenüber anzuzeigen. Das Gericht hat die Erklärung und den Beschluss über ihre Unwirksamkeit öffentlich bekannt zu machen.

§ 36 Unpfändbare Gegenstände

(1) Gegenstände, die nicht der Zwangsvollstreckung unterliegen, gehören nicht zur Insolvenzmasse. Die §§ 850, 850a, 850c, 850e, 850f Abs. 1, §§ 850g bis 850l, 851c und 851d der Zivilprozessordnung gelten entsprechend.

(2) Zur Insolvenzmasse gehören jedoch

1. die Geschäftsbücher des Schuldners; gesetzliche Pflichten zur Aufbewahrung von Unterlagen bleiben unberührt;

2. die Sachen, die nach § 811 Abs. 1 Nr. 4 und 9 der Zivilprozeßordnung nicht der Zwangsvollstreckung unterliegen.

(3) Sachen, die zum gewöhnlichen Hausrat gehören und im Haushalt des Schuldners gebraucht werden, gehören nicht zur Insolvenzmasse, wenn ohne weiteres ersichtlich ist, daß durch ihre Verwertung nur ein Erlös erzielt werden würde, der zu dem Wert außer allem Verhältnis steht.

(4) Für Entscheidungen, ob eine Gegenstand nach den in Absatz 1 Satz 2 genannten Vorschriften der Zwangsvollstreckung unterliegt, ist das Insolvenzgericht zuständig. Anstelle eines Gläubigers ist der Insolvenzverwalter antragsberechtigt. Für das Eröffnungsverfahren gelten die Sätze 1 und 2 entsprechend.

§ 38 Begriff der Insolvenzgläubiger

Die Insolvenzmasse dient zur Befriedigung der persönlichen Gläubiger, die einen zur Zeit der Eröffnung des Insolvenzverfahrens begründeten Vermögensanspruch gegen den Schuldner haben (Insolvenzgläubiger).

§ 47 Aussonderung

Wer auf Grund eines dinglichen oder persönlichen Rechts geltend machen kann, daß ein Gegenstand nicht zur Insolvenzmasse gehört, ist kein Insolvenzgläubiger. Sein Anspruch auf Aussonderung des Gegenstands bestimmt sich nach den Gesetzen, die außerhalb des Insolvenzverfahrens gelten.

§ 49 Abgesonderte Befriedigung aus unbeweglichen Gegenständen

Gläubiger, denen ein Recht auf Befriedigung aus Gegenständen zusteht, die der Zwangsvollstreckung in das unbewegliche Vermögen unterliegen (unbewegliche Gegenstände), sind nach Maßgabe des Gesetzes über die Zwangsversteigerung und die Zwangsverwaltung zur abgesonderten Befriedigung berechtigt.

§ 53 Massegläubiger

Aus der Insolvenzmasse sind die Kosten des Insolvenzverfahrens und die sonstigen Masseverbindlichkeiten vorweg zu berichtigen.

§ 54 Kosten des Insolvenzverfahrens

Kosten des Insolvenzverfahrens sind:

1. die Gerichtskosten für das Insolvenzverfahren;

2. die Vergütungen und die Auslagen des vorläufigen Insolvenzverwalters, des Insolvenzverwalters und der Mitglieder des Gläubigerausschusses.

§ 55 Sonstige Masseverbindlichkeiten

(1) Masseverbindlichkeiten sind weiter die Verbindlichkeiten:

1. die durch Handlungen des Insolvenzverwalters oder in anderer Weise durch die Verwaltung, Verwertung und Verteilung der Insolvenzmasse begründet werden, ohne zu den Kosten des Insolvenzverfahrens zu gehören;
2. aus gegenseitigen Verträgen, soweit deren Erfüllung zur Insolvenzmasse verlangt wird oder für die Zeit nach der Eröffnung des Insolvenzverfahrens erfolgen muß;
3. aus einer ungerechtfertigten Bereicherung der Masse.

(2) Verbindlichkeiten, die von einem vorläufigen Insolvenzverwalter begründet worden sind, auf den die Verfügungsbefugnis über das Vermögen des Schuldners übergegangen ist, gelten nach der Eröffnung des Verfahrens als Masseverbindlichkeiten. Gleiches gilt für Verbindlichkeiten aus einem Dauerschuldverhältnis, soweit der vorläufige Insolvenzverwalter für das von ihm verwaltete Vermögen die Gegenleistung in Anspruch genommen hat.

(3) Gehen nach Absatz 2 begründete Ansprüche auf Arbeitsentgelt nach § 187 des Dritten Buches Sozialgesetzbuch auf die Bundesagentur für Arbeit über, so kann die Bundesagentur diese nur als Insolvenzgläubiger geltend machen. Satz 1 gilt entsprechend für die in § 175 Abs. 1 des Dritten Buches Sozialgesetzbuch bezeichneten Ansprüche, soweit diese gegenüber dem Schuldner bestehen bleiben.

(4) Verbindlichkeiten des Insolvenzschuldners aus dem Steuerschuldverhältnis, die von einem vorläufigen Insolvenzverwalter oder vom Schuldner mit Zustimmung eines vorläufigen Insolvenzverwalters begründet worden sind, gelten nach Eröffnung des Insolvenzverfahrens als Masseverbindlichkeit.

§ 60 Haftung des Insolvenzverwalters

(1) Der Insolvenzverwalter ist allen Beteiligten zum Schadenersatz verpflichtet, wenn er schuldhaft die Pflichten verletzt, die ihm nach diesem Gesetz obliegen. Er hat für die Sorgfalt eines ordentlichen und gewissenhaften Insolvenzverwalters einzustehen.

(2) Soweit er zur Erfüllung der ihm als Verwalter obliegenden Pflichten Angestellte des Schuldners im Rahmen ihrer bisherigen Tätigkeit einsetzen muß und diese Angestellten nicht offensichtlich ungeeignet sind, hat der Verwalter ein Verschulden dieser Personen nicht gemäß § 278 des Bürgerlichen Gesetzbuchs zu vertreten, sondern ist nur für deren Überwachung und für Entscheidungen von besonderer Bedeutung verantwortlich.

§ 80 Übergang des Verwaltungs- und Verfügungsrechts

(1) Durch die Eröffnung des Insolvenzverfahrens geht das Recht des Schuldners, das zur Insolvenzmasse gehörende Vermögen zu verwalten und über es zu verfügen, auf den Insolvenzverwalter über.

(2) Ein gegen den Schuldner bestehendes Veräußerungsverbot, das nur den Schutz bestimmter Personen bezweckt (§§ 135, 136 des Bürgerlichen Gesetzbuchs), hat im Verfahren keine Wirkung. Die Vorschriften über die Wirkungen einer Pfändung oder einer Beschlagnahme im Wege der Zwangsvollstreckung bleiben unberührt.

§ 88 Vollstreckung vor Verfahrenseröffnung

(1) Hat ein Insolvenzgläubiger im letzten Monat vor dem Antrag auf Eröffnung des Insolvenzverfahrens oder nach diesem Antrag durch Zwangsvollstreckung eine Sicherung an dem zur Insolvenzmasse gehörenden Vermögen des Schuldners erlangt, so wird diese Sicherung mit der Eröffnung des Verfahrens unwirksam.

(2) Die in Absatz 1 genannte Frist beträgt drei Monate, wenn ein Verbraucherinsolvenzverfahren nach § 304 eröffnet wird.

§ 89 Vollstreckungsverbot

(1) Zwangsvollstreckungen für einzelne Insolvenzgläubiger sind während der Dauer des Insolvenzverfahrens weder in die Insolvenzmasse noch in das sonstige Vermögen des Schuldners zulässig.

(2) Zwangsvollstreckungen in künftige Forderungen auf Bezüge aus einem Dienstverhältnis des Schuldners oder an deren Stelle tretende laufende Bezüge sind während der Dauer des Verfahrens auch für Gläubiger unzulässig, die keine Insolvenzgläubiger sind. Dies gilt nicht für die Zwangsvollstreckung wegen eines Unterhaltsanspruchs oder einer Forderung aus einer vorsätzlichen unerlaubten Handlung in den Teil der Bezüge, der für andere Gläubiger nicht pfändbar ist.

(3) Über Einwendungen, die auf Grund des Absatzes 1 oder 2 gegen die Zulässigkeit einer Zwangsvollstreckung erhoben werden, entscheidet das Insolvenzgericht. Das Gericht kann vor der Entscheidung eine einstweilige Anordnung erlassen; es kann insbesondere anordnen, daß die Zwangsvollstreckung gegen oder ohne Sicherheitsleistung einstweilen einzustellen oder nur gegen Sicherheitsleistung fortzusetzen sei.

§ 93 Persönliche Haftung der Gesellschafter

Ist das Insolvenzverfahren über das Vermögen einer Gesellschaft ohne Rechtspersönlichkeit oder einer Kommanditgesellschaft auf Aktien eröffnet, so kann die persönliche Haftung eines Gesellschafters für die Verbindlichkeiten der Gesellschaft während der Dauer des Insolvenzverfahrens nur vom Insolvenzverwalter geltend gemacht werden.

§ 96 Unzulässigkeit der Aufrechnung

(1) Die Aufrechnung ist unzulässig,

1. wenn ein Insolvenzgläubiger erst nach der Eröffnung des Insolvenzverfahrens etwas zur Insolvenzmasse schuldig geworden ist,

2. wenn ein Insolvenzgläubiger seine Forderung erst nach der Eröffnung des Verfahrens von einem anderen Gläubiger erworben hat,

3. wenn ein Insolvenzgläubiger die Möglichkeit der Aufrechnung durch eine anfechtbare Rechtshandlung erlangt hat,

4. wenn ein Gläubiger, dessen Forderung aus dem freien Vermögen des Schuldners zu erfüllen ist, etwas zur Insolvenzmasse schuldet.

(2) Absatz 1 sowie § 95 Abs. 1 Satz 3 stehen nicht der Verfügung über Finanzsicherheiten im Sinne des § 1 Abs. 17 des Kreditwesengesetzes oder der Verrechnung von Ansprüchen und Leistungen aus Zahlungsaufträgen, Aufträgen zwischen Zahlungsdienstleistern oder zwischengeschalteten Stellen oder Aufträgen zur Übertragung von Wertpapieren entgegen, die in ein System im Sinne des § 1 Abs. 16 des Kreditwesengesetzes eingebracht wurden, das der Ausführung solcher Verträge dient, sofern die Verrechnung spätestens am Tage der Eröffnung des Insolvenzverfahrens erfolgt.

§ 97 Auskunfts- und Mitwirkungspflichten des Schuldners

(1) Der Schuldner ist verpflichtet, dem Insolvenzgericht, dem Insolvenzverwalter, dem Gläubigerausschuß und auf Anordnung des Gerichts der Gläubigerversammlung über alle das Verfahren betreffenden Verhältnisse Auskunft zu geben. Er hat auch Tatsachen zu offenbaren, die geeignet sind, eine Verfolgung wegen einer Straftat oder einer Ordnungswidrigkeit herbeizuführen. Jedoch darf eine Auskunft, die der Schuldner gemäß seiner Verpflichtung nach Satz 1 erteilt, in einem Strafverfahren oder in einem Verfahren nach dem Gesetz über Ordnungswidrigkeiten gegen den Schuldner oder einen in § 52 Abs. 1 der Strafprozeßordnung bezeichneten Angehörigen des Schuldners nur mit Zustimmung des Schuldners verwendet werden.

(2) Der Schuldner hat den Verwalter bei der Erfüllung von dessen Aufgaben zu unterstützen.

(3) Der Schuldner ist verpflichtet, sich auf Anordnung des Gerichts jederzeit zur Verfügung zu stellen, um seine Auskunfts- und Mitwirkungspflichten zu erfüllen. Er hat alle Handlungen zu unterlassen, die der Erfüllung dieser Pflichten zuwiderlaufen.

§ 129 Grundsatz

(1) Rechtshandlungen, die vor der Eröffnung des Insolvenzverfahrens vorgenommen worden sind und die Insolvenzgläubiger benachteiligen, kann der Insolvenzverwalter nach Maßgabe der §§ 130 bis 146 anfechten.

(2) Eine Unterlassung steht einer Rechtshandlung gleich.

§ 155 Handels- und steuerrechtliche Rechnungslegung

(1) Handels- und steuerrechtliche Pflichten des Schuldners zur Buchführung und zur Rechnungslegung bleiben unberührt. In bezug auf die Insolvenzmasse hat der Insolvenzverwalter diese Pflichten zu erfüllen.

(2) Mit der Eröffnung des Insolvenzverfahrens beginnt ein neues Geschäftsjahr. Jedoch wird die Zeit bis zum Berichtstermin in gesetzliche Fristen für die Aufstellung oder die Offenlegung eines Jahresabschlusses nicht eingerechnet.

(3) Für die Bestellung des Abschlußprüfers im Insolvenzverfahren gilt § 318 des Handelsgesetzbuchs mit der Maßgabe, daß die Bestellung ausschließlich durch das Registergericht auf Antrag des Verwalters erfolgt. Ist für das Geschäftsjahr vor der Eröffnung des Verfahrens bereits ein Abschlußprüfer bestellt, so wird die Wirksamkeit dieser Bestellung durch die Eröffnung nicht berührt.

§ 174 Anmeldung der Forderungen

(1) Die Insolvenzgläubiger haben ihre Forderungen schriftlich beim Insolvenzverwalter anzumelden. Der Anmeldung sollen die Urkunden, aus denen sich die Forderung ergibt, in Abdruck beigefügt werden. Zur Vertretung des Gläubigers im Verfahren nach diesem Abschnitt sind auch Personen befugt, die Inkassodienstleistungen erbringen (registrierte Personen nach § 10 Abs. 1 Satz 1 Nr. 1 des Rechtsdienstleistungsgesetzes).

(2) Bei der Anmeldung sind der Grund und der Betrag der Forderung anzugeben sowie die Tatsachen, aus denen sich nach Einschätzung des Gläubigers ergibt, dass ihr eine vorsätzlich begangene unerlaubte Handlung des Schuldners zugrunde liegt.

(3) Die Forderungen nachrangiger Gläubiger sind nur anzumelden, soweit das Insolvenzgericht besonders zur Anmeldung dieser Forderungen auffordert. Bei der Anmeldung solcher Forderungen ist auf den Nachrang hinzuweisen und die dem Gläubiger zustehende Rangstelle zu bezeichnen.

(4) Die Anmeldung kann durch Übermittlung eines elektronischen Dokuments erfolgen, wenn der Insolvenzverwalter der Übermittlung elektronischer Dokumente ausdrücklich zugestimmt hat. In diesem Fall sollen die Urkunden, aus denen sich die Forderung ergibt, unverzüglich nachgereicht werden.

§ 207 Einstellung mangels Masse

(1) Stellt sich nach der Eröffnung des Insolvenzverfahrens heraus, daß die Insolvenzmasse nicht ausreicht, um die Kosten des Verfahrens zu decken, so stellt das Insolvenzgericht das Verfahren ein. Die Einstellung unterbleibt, wenn ein ausreichender Geldbetrag vorgeschossen wird oder die Kosten nach § 4a gestundet werden; § 26 Abs. 3 gilt entsprechend.

(2) Vor der Einstellung sind die Gläubigerversammlung, der Insolvenzverwalter und die Massegläubiger zu hören.

(3) Soweit Barmittel in der Masse vorhanden sind, hat der Verwalter vor der Einstellung die Kosten des Verfahrens, von diesen zuerst die Auslagen, nach dem Verhältnis ihrer Beträge zu berichtigen. Zur Verwertung von Massegegenständen ist er nicht mehr verpflichtet.

§ 208 Anzeige der Masseunzulänglichkeit

(1) Sind die Kosten des Insolvenzverfahrens gedeckt, reicht die Insolvenzmasse jedoch nicht aus, um die fälligen sonstigen Masseverbindlichkeiten zu erfüllen, so hat der Insolvenzverwalter dem Insolvenzgericht anzuzeigen, daß Masseunzulänglichkeit vorliegt. Gleiches gilt, wenn die Masse voraussichtlich nicht ausreichen wird, um die bestehenden sonstigen Masseverbindlichkeiten im Zeitpunkt der Fälligkeit zu erfüllen.

(2) Das Gericht hat die Anzeige der Masseunzulänglichkeit öffentlich bekanntzumachen. Den Massegläubigern ist sie besonders zuzustellen.

(3) Die Pflicht des Verwalters zur Verwaltung und zur Verwertung der Masse besteht auch nach der Anzeige der Masseunzulänglichkeit fort.

§ 304 Grundsatz

(1) Ist der Schuldner eine natürliche Person, die keine selbständige wirtschaftliche Tätigkeit ausübt oder ausgeübt hat, so gelten für das Verfahren die allgemeinen Vorschriften, soweit in diesem Teil nichts anderes bestimmt ist. Hat der Schuldner eine selbständige wirtschaftliche Tätigkeit ausgeübt, so findet Satz 1 Anwendung, wenn seine Vermögensverhältnisse überschaubar sind und gegen ihn keine Forderungen aus Arbeitsverhältnissen bestehen.

(2) Überschaubar sind die Vermögensverhältnisse im Sinne von Absatz 1 Satz 2 nur, wenn der Schuldner zu dem Zeitpunkt, zu dem der Antrag auf Eröffnung des Insolvenzverfahrens gestellt wird, weniger als 20 Gläubiger hat.

8. Insolvenzrechtliche Vergütungsverordnung

§ 1 Berechnungsgrundlage

(1) Die Vergütung des Insolvenzverwalters wird nach dem Wert der Insolvenzmasse berechnet, auf die sich die Schlußrechnung bezieht. Wird das Verfahren nach Bestätigung eines Insolvenzplans aufgehoben oder durch Einstellung vorzeitig beendet, so ist die Vergütung nach dem Schätzwert der Masse zur Zeit der Beendigung des Verfahrens zu berechnen.

(2) Die maßgebliche Masse ist im einzelnen wie folgt zu bestimmen:

1. Massegegenstände, die mit Absonderungsrechten belastet sind, werden berücksichtigt, wenn sie durch den Verwalter verwertet werden. Der Mehrbetrag der Vergütung, der auf diese Gegenstände entfällt, darf jedoch 50 vom Hundert des Betrages nicht übersteigen, der für die Kosten ihrer Feststellung in die Masse geflossen ist. Im übrigen werden die mit Absonderungsrechten belasteten Gegenstände nur insoweit berücksichtigt, als aus ihnen der Masse ein Überschuß zusteht.

2. Werden Aus- und Absonderungsrechte abgefunden, so wird die aus der Masse hierfür gewährte Leistung vom Sachwert der Gegenstände abgezogen, auf die sich diese Rechte erstreckten.

3. Steht einer Forderung eine Gegenforderung gegenüber, so wird lediglich der Überschuß berücksichtigt, der sich bei einer Verrechnung ergibt.

4. Die Kosten des Insolvenzverfahrens und die sonstigen Masseverbindlichkeiten werden nicht abgesetzt. Es gelten jedoch folgende Ausnahmen:

   a) Beträge, die der Verwalter nach § 5 als Vergütung für den Einsatz besonderer Sachkunde erhält, werden abgezogen.

   b) Wird das Unternehmen des Schuldners fortgeführt, so ist nur der Überschuß zu berücksichtigen, der sich nach Abzug der Ausgaben von den Einnahmen ergibt.

5. Ein Vorschuß, der von einer anderen Person als dem Schuldner zur Durchführung des Verfahrens geleistet worden ist, und ein Zuschuß, den ein Dritter zur Erfüllung eines Insolvenzplans geleistet hat, bleiben außer Betracht.

§ 2 Regelsätze

(1) Der Insolvenzverwalter erhält in der Regel

1. von den ersten 25 000 Euro der Insolvenzmasse 40 vom Hundert,

2. von dem Mehrbetrag bis zu 50 000 Euro 25 vom Hundert,

3. von dem Mehrbetrag bis zu 250 000 Euro 7 vom Hundert,

4. von dem Mehrbetrag bis zu 500 000 Euro 3 vom Hundert,

5. von dem Mehrbetrag bis zu 25 000 000 Euro 2 vom Hundert,

6. von dem Mehrbetrag bis zu 50 000 000 Euro 1 vom Hundert,

7. von dem darüber hinausgehenden Betrag 0,5 vom Hundert.

(2) Haben in dem Verfahren nicht mehr als 10 Gläubiger ihre Forderungen angemeldet, so soll die Vergütung in der Regel mindestens 1 000 Euro betragen. Von 11 bis zu 30 Gläubigern erhöht sich die Vergütung für je angefangene 5 Gläubiger um 150 Euro. Ab 31 Gläubiger erhöht sich die Vergütung je angefangene 5 Gläubiger um 100 Euro.

§ 3 Zu- und Abschläge

(1) Eine den Regelsatz übersteigende Vergütung ist insbesondere festzusetzen, wenn

a) die Bearbeitung von Aus- und Absonderungsrechten einen erheblichen Teil der Tätigkeit des Insolvenzverwalters ausgemacht hat, ohne daß ein entsprechender Mehrbetrag nach § 1 Abs. 2 Nr. 1 angefallen ist,

b) der Verwalter das Unternehmen fortgeführt oder Häuser verwaltet hat und die Masse nicht entsprechend größer geworden ist,

c) die Masse groß war und die Regelvergütung wegen der Degression der Regelsätze keine angemessene Gegenleistung dafür darstellt, daß der Verwalter mit erheblichem Arbeitsaufwand die Masse vermehrt oder zusätzliche Masse festgestellt hat,

d) arbeitsrechtliche Fragen zum Beispiel in bezug auf das Insolvenzgeld, den Kündigungsschutz oder einen Sozialplan den Verwalter erheblich in Anspruch genommen haben oder

e) der Verwalter einen Insolvenzplan ausgearbeitet hat.

(2) Ein Zurückbleiben hinter dem Regelsatz ist insbesondere gerechtfertigt, wenn

a) ein vorläufiger Insolvenzverwalter in Verfahren tätig war,

b) die Masse bereits zu einem wesentlichen Teil verwertet war, als der Verwalter das Amt übernahm,

c) das Insolvenzverfahren vorzeitig beendet wird oder das Amt des Verwalters vorzeitig endet, oder

d) die Masse groß war und die Geschäftsführung geringe Anforderungen an den Verwalter stellte.

§ 8 Festsetzung von Vergütung und Auslagen

(1) Die Vergütung und die Auslagen werden auf Antrag des Insolvenzverwalters vom Insolvenzgericht festgesetzt. Die Festsetzung erfolgt für Vergütung und Auslagen gesondert. Der Antrag soll gestellt werden, wenn die Schlußrechnung an das Gericht gesandt wird.

(2) In dem Antrag ist näher darzulegen, wie die nach § 1 Abs. 2 maßgebliche Insolvenzmasse berechnet worden ist und welche Dienst- oder Werkverträge für besondere Aufgaben im Rahmen der Insolvenzverwaltung abgeschlossen worden sind (§ 4 Abs. 1 Satz 3).

(3) Der Verwalter kann nach seiner Wahl anstelle der tatsächlich entstandenen Auslagen einen Pauschsatz fordern, der im ersten Jahr 15 vom Hundert, danach 10 vom Hundert der Regelvergütung, höchstens jedoch 250 Euro je angefangenen Monat der Dauer der Tätigkeit des Verwalters beträgt. Der Pauschsatz darf 30 vom Hundert der Regelvergütung nicht übersteigen.

§ 10 Grundsatz

Für die Vergütung des vorläufigen Insolvenzverwalters, des Sachwalters und des Insolvenzverwalters im Verbraucherinsolvenzverfahren gelten die Vorschriften des Ersten Abschnitts entsprechend, soweit in den §§ 11 bis 13 nichts anderes bestimmt ist.

§ 11 Vergütung des vorläufigen Insolvenzverwalters

(1) Für die Berechnung der Vergütung des vorläufigen Insolvenzverwalters ist das Vermögen zugrunde zu legen, auf das sich seine Tätigkeit während des Eröffnungs-

verfahrens erstreckt. Vermögensgegenstände, an denen bei Verfahrenseröffnung Aus- oder Absonderungsrechte bestehen, werden dem Vermögen nach Satz 1 hinzugerechnet, sofern sich der vorläufige Insolvenzverwalter in erheblichem Umfang mit ihnen befasst. Sie bleiben unberücksichtigt, sofern der Schuldner die Gegenstände lediglich auf Grund eines Besitzüberlassungsvertrages in Besitz hat.

(2) Wird die Festsetzung der Vergütung beantragt, bevor die von Absatz 1 Satz 1 erfassten Gegenstände veräußert wurden, ist das Insolvenzgericht spätestens mit Vorlage der Schlussrechnung auf eine Abweichung des tatsächlichen Werts von dem der Vergütung zugrunde liegenden Wert hinzuweisen, sofern die Wertdifferenz 20 vom Hundert bezogen auf die Gesamtheit dieser Gegenstände übersteigt.

(3) Art, Dauer und der Umfang der Tätigkeit des vorläufigen Insolvenzverwalters sind bei der Festsetzung der Vergütung zu berücksichtigen.

(4) Hat das Insolvenzgericht den vorläufigen Insolvenzverwalter als Sachverständigen beauftragt zu prüfen, ob ein Eröffnungsgrund vorliegt und welche Aussichten für eine Fortführung des Unternehmens des Schuldners bestehen, so erhält er gesondert eine Vergütung nach dem Justizvergütungs- und -entschädigungsgesetz.

9. Kraftfahrzeugsteuergesetz

§ 6 Entstehung der Steuer

Die Steuer entsteht mit Beginn der Steuerpflicht, bei fortlaufenden Entrichtungszeiträumen mit Beginn des jeweiligen Entrichtungszeitraums.

10. Körperschaftsteuergesetz

§ 1 Unbeschränkte Steuerpflicht

(1) Unbeschränkt körperschaftsteuerpflichtig sind die folgenden Körperschaften, Personenvereinigungen und Vermögensmassen, die ihre Geschäftsleitung oder ihren Sitz im Inland haben:

1. Kapitalgesellschaften (insbesondere Europäische Gesellschaften, Aktiengesellschaften, Kommanditgesellschaften auf Aktien, Gesellschaften mit beschränkter Haftung);

2. Genossenschaften einschließlich der Europäischen Genossenschaften;

3. Versicherungs- und Pensionsfondsvereine auf Gegenseitigkeit;

4. sonstige juristische Personen des privaten Rechts;

5. nichtrechtsfähige Vereine, Anstalten, Stiftungen und andere Zweckvermögen des privaten Rechts;

6. Betriebe gewerblicher Art von juristischen Personen des öffentlichen Rechts.

(2) Die unbeschränkte Körperschaftsteuerpflicht erstreckt sich auf sämtliche Einkünfte.

(3) Zum Inland im Sinne dieses Gesetzes gehört auch der der Bundesrepublik Deutschland zustehende Anteil

1. am Festlandsockel, soweit dort Naturschätze des Meeresgrundes und des Meeresuntergrundes erforscht oder ausgebeutet werden, und

2. an der ausschließlichen Wirtschaftszone, soweit dort Energieerzeugungsanlagen errichtet oder betrieben werden, die erneuerbare Energien nutzen.

§ 7 Grundlagen der Besteuerung

(1) Die Körperschaftsteuer bemisst sich nach dem zu versteuernden Einkommen.

(2) Zu versteuerndes Einkommen ist das Einkommen im Sinne des § 8 Abs. 1, vermindert um die Freibeträge der §§ 24 und 25.

(3) [1]Die Körperschaftsteuer ist eine Jahressteuer. Die Grundlagen für ihre Festsetzung sind jeweils für ein Kalenderjahr zu ermitteln. [2]Besteht die unbeschränkte oder beschränkte Steuerpflicht nicht während eines ganzen Kalenderjahrs, so tritt an die Stelle des Kalenderjahrs der Zeitraum der jeweiligen Steuerpflicht.

(4) [1]Bei Steuerpflichtigen, die verpflichtet sind, Bücher nach den Vorschriften des Handelsgesetzbuchs zu führen, ist der Gewinn nach dem Wirtschaftsjahr zu ermitteln, für das sie regelmäßig Abschlüsse machen. [2]Weicht bei diesen Steuerpflichtigen das Wirtschaftsjahr, für das sie regelmäßig Abschlüsse machen, vom Kalenderjahr ab, so gilt der Gewinn aus Gewerbebetrieb als in dem Kalenderjahr bezogen, in dem das Wirtschaftsjahr endet. [3]Die Umstellung des Wirtschaftsjahrs auf einen vom Kalenderjahr abweichenden Zeitraum ist steuerlich nur wirksam, wenn sie im Einvernehmen mit dem Finanzamt vorgenommen wird.

§ 8 Ermittlung des Einkommens

(1) [1]Was als Einkommen gilt und wie das Einkommen zu ermitteln ist, bestimmt sich nach den Vorschriften des Einkommensteuergesetzes und dieses Gesetzes. [2]Bei Betrieben gewerblicher Art im Sinne des § 4 sind die Absicht, Gewinn zu erzielen, und die Beteiligung am allgemeinen wirtschaftlichen Verkehr nicht erforderlich. [3]Bei den inländischen öffentlich-rechtlichen Rundfunkanstalten beträgt das Einkommen aus dem Geschäft der Veranstaltung von Werbesendungen 16 Prozent der Entgelte (§ 10 Abs. 1 des Umsatzsteuergesetzes) aus Werbesendungen.

(2) Bei unbeschränkt Steuerpflichtigen im Sinne des § 1 Abs. 1 Nr. 1 bis 3 sind alle Einkünfte als Einkünfte aus Gewerbebetrieb zu behandeln.

(3) [1]Für die Ermittlung des Einkommens ist es ohne Bedeutung, ob das Einkommen verteilt wird. [2]Auch verdeckte Gewinnausschüttungen sowie Ausschüttungen jeder Art auf Genussrechte, mit denen das Recht auf Beteiligung am Gewinn und am Liquidationserlös der Kapitalgesellschaft verbunden ist, mindern das Einkommen nicht. [3]Verdeckte Einlagen erhöhen das Einkommen nicht. [4]Das Einkommen erhöht sich, soweit eine verdeckte Einlage das Einkommen des Gesellschafters gemindert hat. [5]Satz 4 gilt auch für eine verdeckte Einlage, die auf einer verdeckten Gewinnaus-

schüttung einer dem Gesellschafter nahe stehenden Person beruht und bei der Besteuerung des Gesellschafters nicht berücksichtigt wurde, es sei denn, die verdeckte Gewinnausschüttung hat bei der leistenden Körperschaft das Einkommen nicht gemindert. [6]In den Fällen des Satzes 5 erhöht die verdeckte Einlage nicht die Anschaffungskosten der Beteiligung.

(4) (weggefallen)

(5) Bei Personenvereinigungen bleiben für die Ermittlung des Einkommens Beiträge, die auf Grund der Satzung von den Mitgliedern lediglich in ihrer Eigenschaft als Mitglieder erhoben werden, außer Ansatz.

(6) Besteht das Einkommen nur aus Einkünften, von denen lediglich ein Steuerabzug vorzunehmen ist, so ist ein Abzug von Betriebsausgaben oder Werbungskosten nicht zulässig.

(7) [1]Die Rechtsfolgen einer verdeckten Gewinnausschüttung im Sinne des Absatzes 3 Satz 2 sind

1. bei Betrieben gewerblicher Art im Sinne des § 4 nicht bereits deshalb zu ziehen, weil sie ein Dauerverlustgeschäft ausüben;

2. bei Kapitalgesellschaften nicht bereits deshalb zu ziehen, weil sie ein Dauerverlustgeschäft ausüben. [2]Satz 1 gilt nur bei Kapitalgesellschaften, bei denen die Mehrheit der Stimmrechte unmittelbar oder mittelbar auf juristische Personen des öffentlichen Rechts entfällt und nachweislich ausschließlich diese Gesellschafter die Verluste aus Dauerverlustgeschäften tragen.

[2]Ein Dauerverlustgeschäft liegt vor, soweit aus verkehrs-, umwelt-, sozial-, kultur-, bildungs- oder gesundheitspolitischen Gründen eine wirtschaftliche Betätigung ohne kostendeckendes Entgelt unterhalten wird oder in den Fällen von Satz 1 Nr. 2 das Geschäft Ausfluss einer Tätigkeit ist, die bei juristischen Personen des öffentlichen Rechts zu einem Hoheitsbetrieb gehört.

(8) [1]Werden Betriebe gewerblicher Art zusammengefasst, ist § 10d des Einkommensteuergesetzes auf den Betrieb gewerblicher Art anzuwenden, der sich durch die Zusammenfassung ergibt. [2]Nicht ausgeglichene negative Einkünfte der einzelnen Betriebe gewerblicher Art aus der Zeit vor der Zusammenfassung können nicht beim zusammengefassten Betrieb gewerblicher Art abgezogen werden. [3]Ein Rücktrag von Verlusten des zusammengefassten Betriebs gewerblicher Art auf die einzelnen Betriebe gewerblicher Art vor Zusammenfassung ist unzulässig. [4]Ein bei einem Betrieb gewerblicher Art vor der Zusammenfassung festgestellter Verlustvortrag kann nach Maßgabe des § 10d des Einkommensteuergesetzes vom Gesamtbetrag der Einkünfte abgezogen werden, den dieser Betrieb gewerblicher Art nach Beendigung der Zusammenfassung erzielt. [5]Die Einschränkungen der Sätze 2 bis 4 gelten nicht, wenn gleichartige Betriebe gewerblicher Art zusammengefasst oder getrennt werden.

(9) [1]Wenn für Kapitalgesellschaften Absatz 7 Satz 1 Nr. 2 zur Anwendung kommt, sind die einzelnen Tätigkeiten der Gesellschaft nach folgender Maßgabe Sparten zuzuordnen:

I. Ausgewählte Gesetzesnormen und Normen in Verordnungen | Anhang

1. Tätigkeiten, die als Dauerverlustgeschäfte Ausfluss einer Tätigkeit sind, die bei juristischen Personen des öffentlichen Rechts zu einem Hoheitsbetrieb gehören, sind jeweils gesonderten Sparten zuzuordnen;
2. Tätigkeiten, die nach § 4 Abs. 6 Satz 1 zusammenfassbar sind oder aus den übrigen, nicht in Nummer 1 bezeichneten Dauerverlustgeschäften stammen, sind jeweils gesonderten Sparten zuzuordnen, wobei zusammenfassbare Tätigkeiten jeweils eine einheitliche Sparte bilden;
3. alle übrigen Tätigkeiten sind einer einheitlichen Sparte zuzuordnen.

²Für jede sich hiernach ergebende Sparte ist der Gesamtbetrag der Einkünfte getrennt zu ermitteln. ³Die Aufnahme einer weiteren, nicht gleichartigen Tätigkeit führt zu einer neuen, gesonderten Sparte; Entsprechendes gilt für die Aufgabe einer solchen Tätigkeit. ⁴Ein negativer Gesamtbetrag der Einkünfte einer Sparte darf nicht mit einem positiven Gesamtbetrag der Einkünfte einer anderen Sparte ausgeglichen oder nach Maßgabe des § 10d des Einkommensteuergesetzes abgezogen werden. ⁵Er mindert jedoch nach Maßgabe des § 10d des Einkommensteuergesetzes die positiven Gesamtbeträge der Einkünfte, die sich in dem unmittelbar vorangegangenen und in den folgenden Veranlagungszeiträumen für dieselbe Sparte ergeben. ⁶Liegen die Voraussetzungen des Absatzes 7 Satz 1 Nr. 2 Satz 2 ab einem Zeitpunkt innerhalb eines Veranlagungszeitraums nicht mehr vor, sind die Sätze 1 bis 5 ab diesem Zeitpunkt nicht mehr anzuwenden; hiernach nicht ausgeglichene oder abgezogene negative Beträge sowie verbleibende Verlustvorträge aus den Sparten, in denen Dauerverlusttätigkeiten ausgeübt werden, entfallen. ⁷Liegen die Voraussetzungen des Absatzes 7 Satz 1 Nr. 2 Satz 2 erst ab einem bestimmten Zeitpunkt innerhalb eines Veranlagungszeitraums vor, sind die Sätze 1 bis 5 ab diesem Zeitpunkt anzuwenden; ein bis zum Eintritt der Voraussetzungen entstandener Verlust kann nach Maßgabe des § 10d des Einkommensteuergesetzes abgezogen werden; ein danach verbleibender Verlust ist der Sparte zuzuordnen, in denen keine Dauerverlustgeschäfte ausgeübt werden. ⁸Der am Schluss eines Veranlagungszeitraums verbleibende negative Gesamtbetrag der Einkünfte einer Sparte ist gesondert festzustellen; § 10d Absatz 4 des Einkommensteuergesetzes gilt entsprechend.

(10) ¹Bei Einkünften aus Kapitalvermögen ist § 2 Abs. 5b des Einkommensteuergesetzes nicht anzuwenden. ²§ 32d Abs. 2 Satz 1 Nr. 1 Satz 1 und Nr. 3 Satz 1 und Satz 3 bis 6 des Einkommensteuergesetzes ist entsprechend anzuwenden; in diesen Fällen ist § 20 Abs. 6 und 9 des Einkommensteuergesetzes nicht anzuwenden.

§ 14 Aktiengesellschaft oder Kommanditgesellschaft auf Aktien als Organgesellschaft

(1) ¹Verpflichtet sich eine Europäische Gesellschaft, Aktiengesellschaft oder Kommanditgesellschaft auf Aktien mit Geschäftsleitung im Inland und Sitz in einem Mitgliedstaat der Europäischen Union oder in einem Vertragsstaat des EWR-Abkommens (Organgesellschaft) durch einen Gewinnabführungsvertrag im Sinne des § 291 Abs. 1 des Aktiengesetzes, ihren ganzen Gewinn an ein einziges anderes gewerbliches Unternehmen abzuführen, ist das Einkommen der Organgesellschaft, soweit sich aus

§ 16 nichts anderes ergibt, dem Träger des Unternehmens (Organträger) zuzurechnen, wenn die folgenden Voraussetzungen erfüllt sind:

1. ¹Der Organträger muss an der Organgesellschaft vom Beginn ihres Wirtschaftsjahrs an ununterbrochen in einem solchen Maße beteiligt sein, dass ihm die Mehrheit der Stimmrechte aus den Anteilen an der Organgesellschaft zusteht (finanzielle Eingliederung). ²Mittelbare Beteiligungen sind zu berücksichtigen, wenn die Beteiligung an jeder vermittelnden Gesellschaft die Mehrheit der Stimmrechte gewährt.

2. ¹Organträger muss eine natürliche Person oder eine nicht von der Körperschaftsteuer befreite Körperschaft, Personenvereinigung oder Vermögensmasse sein. ²Organträger kann auch eine Personengesellschaft im Sinne des § 15 Absatz 1 Satz 1 Nummer 2 des Einkommensteuergesetzes sein, wenn sie eine Tätigkeit im Sinne des § 15 Absatz 1 Satz 1 Nummer 1 des Einkommensteuergesetzes ausübt. ³Die Voraussetzung der Nummer 1 muss im Verhältnis zur Personengesellschaft selbst erfüllt sein. ⁴Die Beteiligung im Sinne der Nummer 1 an der Organgesellschaft oder, bei mittelbarer Beteiligung an der Organgesellschaft, die Beteiligung im Sinne der Nummer 1 an der vermittelnden Gesellschaft, muss ununterbrochen während der gesamten Dauer der Organschaft einer inländischen Betriebsstätte im Sinne des § 12 der Abgabenordnung des Organträgers zuzuordnen sein. ⁵Ist der Organträger mittelbar über eine oder mehrere Personengesellschaften an der Organgesellschaft beteiligt, gilt Satz 4 sinngemäß. ⁶Das Einkommen der Organgesellschaft ist der inländischen Betriebsstätte des Organträgers zuzurechnen, der die Beteiligung im Sinne der Nummer 1 an der Organgesellschaft oder, bei mittelbarer Beteiligung an der Organgesellschaft, die Beteiligung im Sinne der Nummer 1 an der vermittelnden Gesellschaft zuzuordnen ist. ⁷Eine inländische Betriebsstätte im Sinne der vorstehenden Sätze ist nur gegeben, wenn die dieser Betriebsstätte zuzurechnenden Einkünfte sowohl nach innerstaatlichem Steuerrecht als auch nach einem anzuwendenden Abkommen zur Vermeidung der Doppelbesteuerung der inländischen Besteuerung unterliegen.

3. ¹Der Gewinnabführungsvertrag muss auf mindestens fünf Jahre abgeschlossen und während seiner gesamten Geltungsdauer durchgeführt werden. ²Eine vorzeitige Beendigung des Vertrags durch Kündigung ist unschädlich, wenn ein wichtiger Grund die Kündigung rechtfertigt. ³Die Kündigung oder Aufhebung des Gewinnabführungsvertrags auf einen Zeitpunkt während des Wirtschaftsjahrs der Organgesellschaft wirkt auf den Beginn dieses Wirtschaftsjahrs zurück. ⁴Der Gewinnabführungsvertrag gilt auch als durchgeführt, wenn der abgeführte Gewinn oder ausgeglichene Verlust auf einem Jahresabschluss beruht, der fehlerhafte Bilanzansätze enthält, sofern

   a) der Jahresabschluss wirksam festgestellt ist,

   b) die Fehlerhaftigkeit bei Erstellung des Jahresabschlusses unter Anwendung der Sorgfalt eines ordentlichen Kaufmanns nicht hätte erkannt werden müssen und

   c) ein von der Finanzverwaltung beanstandeter Fehler spätestens in dem nächsten nach dem Zeitpunkt der Beanstandung des Fehlers aufzustellenden Jahresabschluss der Organgesellschaft und des Organträgers korrigiert und das Ergebnis entsprechend abgeführt oder ausgeglichen wird, soweit es sich um einen Fehler handelt, der in der Handelsbilanz zu korrigieren ist.

⁵Die Voraussetzung des Satzes 4 Buchstabe b gilt bei Vorliegen eines uneingeschränkten Bestätigungsvermerks nach § 322 Absatz 3 des Handelsgesetzbuchs zum Jahresabschluss, zu einem Konzernabschluss, in den der handelsrechtliche Jahresabschluss einbezogen worden ist, oder über die freiwillige Prüfung des Jahresabschlusses oder der Bescheinigung eines Steuerberaters oder Wirtschaftsprüfers über die Erstellung eines Jahresabschlusses mit umfassenden Beurteilungen als erfüllt.

4. Die Organgesellschaft darf Beträge aus dem Jahresüberschuss nur insoweit in die Gewinnrücklagen (§ 272 Abs. 3 des Handelsgesetzbuchs) mit Ausnahme der gesetzlichen Rücklagen einstellen, als dies bei vernünftiger kaufmännischer Beurteilung wirtschaftlich begründet ist.

5. Negative Einkünfte des Organträgers oder der Organgesellschaft bleiben bei der inländischen Besteuerung unberücksichtigt, soweit sie in einem ausländischen Staat im Rahmen der Besteuerung des Organträgers, der Organgesellschaft oder einer anderen Person berücksichtigt werden.

²Das Einkommen der Organgesellschaft ist dem Organträger erstmals für das Kalenderjahr zuzurechnen, in dem das Wirtschaftsjahr der Organgesellschaft endet, in dem der Gewinnabführungsvertrag wirksam wird.

(2) (weggefallen)

(3) ¹Mehrabführungen, die ihre Ursache in vororganschaftlicher Zeit haben, gelten als Gewinnausschüttungen der Organgesellschaft an den Organträger. ²Minderabführungen, die ihre Ursache in vororganschaftlicher Zeit haben, sind als Einlage durch den Organträger in die Organgesellschaft zu behandeln. ³Mehrabführungen nach Satz 1 und Minderabführungen nach Satz 2 gelten in dem Zeitpunkt als erfolgt, in dem das Wirtschaftsjahr der Organgesellschaft endet. ⁴Der Teilwertansatz nach § 13 Abs. 3 Satz 1 ist der vororganschaftlichen Zeit zuzurechnen.

(4) ¹Für Minder- und Mehrabführungen, die ihre Ursache in organschaftlicher Zeit haben, ist in der Steuerbilanz des Organträgers ein besonderer aktiver oder passiver Ausgleichsposten in Höhe des Betrags zu bilden, der dem Verhältnis der Beteiligung des Organträgers am Nennkapital der Organgesellschaft entspricht. ²Im Zeitpunkt der Veräußerung der Organbeteiligung sind die besonderen Ausgleichsposten aufzulösen. ³Dadurch erhöht oder verringert sich das Einkommen des Organträgers. ⁴§ 3 Nr. 40, § 3c Abs. 2 des Einkommensteuergesetzes und § 8b dieses Gesetzes sind anzuwenden. ⁵Der Veräußerung gleichgestellt sind insbesondere die Umwandlung der Organgesellschaft auf eine Personengesellschaft oder eine natürliche Person, die verdeckte Einlage der Beteiligung an der Organgesellschaft und die Auflösung der Organgesellschaft. ⁶Minder- oder Mehrabführungen im Sinne des Satzes 1 liegen insbesondere vor, wenn der an den Organträger abgeführte Gewinn von dem Steuerbilanzgewinn der Organgesellschaft abweicht und diese Abweichung in organschaftlicher Zeit verursacht ist.

(5) ¹Das dem Organträger zuzurechnende Einkommen der Organgesellschaft und damit zusammenhängende andere Besteuerungsgrundlagen werden gegenüber dem Organträger und der Organgesellschaft gesondert und einheitlich festgestellt. ²Die Feststellungen nach Satz 1 sind für die Besteuerung des Einkommens des Organträgers und der Organgesellschaft bindend. ³Die Sätze 1 und 2 gelten entsprechend für von der Organgesellschaft geleistete Steuern, die auf die Steuer des Organträgers anzurechnen sind. ⁴Zuständig für diese Feststellungen ist das Finanzamt, das für die Besteuerung nach dem Einkommen der Organgesellschaft zuständig ist. ⁵Die Erklärung zu den gesonderten und einheitlichen Feststellungen nach den Sätzen 1 und 3 soll mit der Körperschaftsteuererklärung der Organgesellschaft verbunden werden.

§ 37 Körperschaftsteuerguthaben und Körperschaftsteuerminderung

(1) ¹Auf den Schluss des Wirtschaftsjahrs, das dem in § 36 Abs. 1 genannten Wirtschaftsjahr folgt, wird ein Körperschaftsteuerguthaben ermittelt. ²Das Körperschaftsteuerguthaben beträgt 1/6 des Endbestands des mit einer Körperschaftsteuer von 40 Prozent belasteten Teilbetrags.

(2) ¹Das Körperschaftsteuerguthaben mindert sich vorbehaltlich des Absatzes 2a um jeweils 1/6 der Gewinnausschüttungen, die in den folgenden Wirtschaftsjahren erfolgen und die auf einem den gesellschaftsrechtlichen Vorschriften entsprechenden Gewinnverteilungsbeschluss beruhen. ²Satz 1 gilt für Mehrabführungen im Sinne des § 14 Abs. 3 entsprechend. ³Die Körperschaftsteuer des Veranlagungszeitraums, in dem das Wirtschaftsjahr endet, in dem die Gewinnausschüttung erfolgt, mindert sich bis zum Verbrauch des Körperschaftsteuerguthabens um diesen Betrag, letztmalig in dem Veranlagungszeitraum, in dem das 18. Wirtschaftsjahr endet, das auf das Wirtschaftsjahr folgt, auf dessen Schluss nach Absatz 1 das Körperschaftsteuerguthaben ermittelt wird. ⁴Das verbleibende Körperschaftsteuerguthaben ist auf den Schluss der jeweiligen Wirtschaftsjahre, letztmals auf den Schluss des 17. Wirtschaftsjahrs, das auf das Wirtschaftsjahr folgt, auf dessen Schluss nach Absatz 1 das Körperschaftsteuerguthaben ermittelt wird, fortzuschreiben und gesondert festzustellen. ⁵§ 27 Abs. 2 gilt entsprechend.

(2a) Die Minderung ist begrenzt

1. für Gewinnausschüttungen, die nach dem 11.4.2003 und vor dem 1.1.2006 erfolgen, jeweils auf 0 Euro;

2. für Gewinnausschüttungen, die nach dem 31.12.2005 erfolgen auf den Betrag, der auf das Wirtschaftsjahr der Gewinnausschüttung entfällt, wenn das auf den Schluss des vorangegangenen Wirtschaftsjahrs festgestellte Körperschaftsteuerguthaben gleichmäßig auf die einschließlich des Wirtschaftsjahrs der Gewinnausschüttung verbleibenden Wirtschaftsjahre verteilt wird, für die nach Absatz 2 Satz 3 eine Körperschaftsteuerminderung in Betracht kommt.

(3) ¹Erhält eine unbeschränkt steuerpflichtige Körperschaft oder Personenvereinigung, deren Leistungen bei den Empfängern zu den Einnahmen im Sinne des § 20 Abs. 1 Nr. 1 oder 2 des Einkommensteuergesetzes in der Fassung des Artikels 1 des Gesetzes vom 20.12.2001 (BGBl. I S. 3858) gehören, Bezüge, die nach § 8b Abs. 1 bei

der Einkommensermittlung außer Ansatz bleiben, und die bei der leistenden Körperschaft zu einer Minderung der Körperschaftsteuer geführt haben, erhöht sich bei ihr die Körperschaftsteuer und das Körperschaftsteuerguthaben um den Betrag der Minderung der Körperschaftsteuer bei der leistenden Körperschaft. ²Satz 1 gilt auch, wenn der Körperschaft oder Personenvereinigung die entsprechenden Bezüge einer Organgesellschaft zugerechnet werden, weil sie entweder Organträger ist oder an einer Personengesellschaft beteiligt ist, die Organträger ist. ³Im Fall des § 4 des Umwandlungssteuergesetzes sind die Sätze 1 und 2 entsprechend anzuwenden. ⁴Die leistende Körperschaft hat der Empfängerin die folgenden Angaben nach amtlich vorgeschriebenem Muster zu bescheinigen:

1. den Namen und die Anschrift des Anteilseigners,

2. die Höhe des in Anspruch genommenen Körperschaftsteuerminderungsbetrags,

3. den Zahlungstag.

⁵§ 27 Abs. 3 Satz 2, Abs. 4 und 5 gilt entsprechend. ⁶Die Sätze 1 bis 4 gelten nicht für steuerbefreite Körperschaften und Personenvereinigungen im Sinne des § 5 Abs. 1 Nr. 9, soweit die Einnahmen in einem wirtschaftlichen Geschäftsbetrieb anfallen, für den die Steuerbefreiung ausgeschlossen ist.

(4) ¹Das Körperschaftsteuerguthaben wird letztmalig auf den 31.12.2006 ermittelt. ²Geht das Vermögen einer unbeschränkt steuerpflichtigen Körperschaft durch einen der in § 1 Abs. 1 des Umwandlungssteuergesetzes vom 7.12.2006 (BGBl. I S. 2782, 2791) in der jeweils geltenden Fassung genannten Vorgänge, bei denen die Anmeldung zur Eintragung in ein öffentliches Register nach dem 12.12.2006 erfolgt, ganz oder teilweise auf einen anderen Rechtsträger über, wird das Körperschaftsteuerguthaben bei der übertragenden Körperschaft letztmalig auf den vor dem 31.12.2006 liegenden steuerlichen Übertragungsstichtag ermittelt. ³Wird das Vermögen einer Körperschaft oder Personenvereinigung im Rahmen einer Liquidation im Sinne des § 11 nach dem 12.12.2006 und vor dem 1.1.2007 verteilt, wird das Körperschaftsteuerguthaben letztmalig auf den Stichtag ermittelt, auf den die Liquidationsschlussbilanz erstellt wird. ⁴Die Absätze 1 bis 3 sind letztmals auf Gewinnausschüttungen und als ausgeschüttet geltende Beträge anzuwenden, die vor dem 1.1.2007 oder bis zu dem nach Satz 2 maßgebenden Zeitpunkt erfolgt sind. ⁵In Fällen der Liquidation sind die Absätze 1 bis 3 auf Abschlagszahlungen anzuwenden, die bis zum Stichtag erfolgt sind, auf den das Körperschaftsteuerguthaben letztmalig ermittelt wird.

(5) ¹Die Körperschaft hat innerhalb eines Auszahlungszeitraums von 2008 bis 2017 einen Anspruch auf Auszahlung des Körperschaftsteuerguthabens in zehn gleichen Jahresbeträgen. ²Der Anspruch entsteht mit Ablauf des 31.12.2006 oder des nach Absatz 4 Satz 2 oder Satz 3 maßgebenden Tages. ³Der Anspruch wird für den gesamten Auszahlungszeitraum festgesetzt. ⁴Der Anspruch ist jeweils am 30. September auszuzahlen. ⁵Für das Jahr der Bekanntgabe des Bescheids und die vorangegangenen Jahre ist der Anspruch innerhalb eines Monats nach Bekanntgabe des Bescheids auszuzahlen, wenn die Bekanntgabe des Bescheids nach dem 31.8.2008 erfolgt. ⁶Abweichend von Satz 1 ist der festgesetzte Anspruch in einem Betrag auszuzahlen, wenn das festgesetzte Körperschaftsteuerguthaben nicht mehr als 1 000 Euro beträgt. ⁷Der

Anspruch ist nicht verzinslich. [8]Die Festsetzungsfrist für die Festsetzung des Anspruchs läuft nicht vor Ablauf des Jahres ab, in dem der letzte Jahresbetrag fällig geworden ist oder ohne Anwendung des Satzes 6 fällig geworden wäre. [9]§ 10d Abs. 4 Satz 4 und 5 des Einkommensteuergesetzes gilt sinngemäß. [10]Auf die Abtretung oder Verpfändung des Anspruchs ist § 46 Abs. 4 der Abgabenordnung nicht anzuwenden.

(6) [1]Wird der Bescheid über die Festsetzung des Anspruchs nach Absatz 5 aufgehoben oder geändert, wird der Betrag, um den der Anspruch, der sich aus dem geänderten Bescheid ergibt, die Summe der Auszahlungen, die bis zur Bekanntgabe des neuen Bescheids geleistet worden sind, übersteigt, auf die verbleibenden Fälligkeitstermine des Auszahlungszeitraums verteilt. [2]Abweichend von Satz 1 ist der übersteigende Betrag in einer Summe auszuzahlen, wenn er nicht mehr als 1 000 Euro beträgt und auf die vorangegangene Festsetzung Absatz 5 Satz 6 oder dieser Satz angewendet worden ist. [3]Ist die Summe der Auszahlungen, die bis zur Bekanntgabe des neuen Bescheids geleistet worden sind, größer als der Auszahlungsanspruch, der sich aus dem geänderten Bescheid ergibt, ist der Unterschiedsbetrag innerhalb eines Monats nach Bekanntgabe des Bescheids zu entrichten.

(7) [1]Erträge und Gewinnminderungen der Körperschaft, die sich aus der Anwendung des Absatzes 5 ergeben, gehören nicht zu den Einkünften im Sinne des Einkommensteuergesetzes. [2]Die Auszahlung ist aus den Einnahmen an Körperschaftsteuer zu leisten.

11. Sozialgesetzbuch III

§ 165 Anspruch

(1) Arbeitnehmerinnen und Arbeitnehmer haben Anspruch auf Insolvenzgeld, wenn sie im Inland beschäftigt waren und bei einem Insolvenzereignis für die vorausgegangenen drei Monate des Arbeitsverhältnisses noch Ansprüche auf Arbeitsentgelt haben. Als Insolvenzereignis gilt

1. die Eröffnung des Insolvenzverfahrens über das Vermögen des Arbeitgebers,
2. die Abweisung des Antrags auf Eröffnung des Insolvenzverfahrens mangels Masse oder
3. die vollständige Beendigung der Betriebstätigkeit im Inland, wenn ein Antrag auf Eröffnung des Insolvenzverfahrens nicht gestellt worden ist und ein Insolvenzverfahren offensichtlich mangels Masse nicht in Betracht kommt.

Auch bei einem ausländischen Insolvenzereignis haben im Inland beschäftigte Arbeitnehmerinnen und Arbeitnehmer einen Anspruch auf Insolvenzgeld.

(2) Zu den Ansprüchen auf Arbeitsentgelt gehören alle Ansprüche auf Bezüge aus dem Arbeitsverhältnis. Als Arbeitsentgelt für Zeiten, in denen auch während der Freistellung eine Beschäftigung gegen Arbeitsentgelt besteht (§ 7 Absatz 1a des Vierten Buches), gilt der Betrag, der auf Grund der schriftlichen Vereinbarung zur Bestreitung des Lebensunterhalts im jeweiligen Zeitraum bestimmt war. Hat die Arbeitnehmerin oder der Arbeitnehmer einen Teil ihres oder seines Arbeitsentgelts nach § 1 Absatz 2 Nummer 3 des Betriebsrentengesetzes umgewandelt und wird dieser

Entgeltteil in einem Pensionsfonds, in einer Pensionskasse oder in einer Direktversicherung angelegt, gilt die Entgeltumwandlung für die Berechnung des Insolvenzgeldes als nicht vereinbart, soweit der Arbeitgeber keine Beiträge an den Versorgungsträger abgeführt hat.

(3) Hat eine Arbeitnehmerin oder ein Arbeitnehmer in Unkenntnis eines Insolvenzereignisses weitergearbeitet oder die Arbeit aufgenommen, besteht der Anspruch auf Insolvenzgeld für die dem Tag der Kenntnisnahme vorausgegangenen drei Monate des Arbeitsverhältnisses.

(4) Anspruch auf Insolvenzgeld hat auch der Erbe der Arbeitnehmerin oder des Arbeitnehmers.

(5) Der Arbeitgeber ist verpflichtet, einen Beschluss des Insolvenzgerichts über die Abweisung des Antrags auf Insolvenzeröffnung mangels Masse dem Betriebsrat oder, wenn kein Betriebsrat besteht, den Arbeitnehmerinnen und Arbeitnehmern unverzüglich bekannt zu geben.

12. Steuerberatungsgesetz

§ 57 Allgemeine Berufspflichten

(1) Steuerberater und Steuerbevollmächtigte haben ihren Beruf unabhängig, eigenverantwortlich, gewissenhaft, verschwiegen und unter Verzicht auf berufswidrige Werbung auszuüben.

(2) Steuerberater und Steuerbevollmächtigte haben sich jeder Tätigkeit zu enthalten, die mit ihrem Beruf oder mit dem Ansehen des Berufs nicht vereinbar ist. Sie haben sich auch außerhalb der Berufstätigkeit des Vertrauens und der Achtung würdig zu erweisen, die ihr Beruf erfordert.

(2a) Steuerberater und Steuerbevollmächtigte sind verpflichtet, sich fortzubilden.

(3) Mit dem Beruf eines Steuerberaters oder eines Steuerbevollmächtigten sind insbesondere vereinbar

1. die Tätigkeit als Wirtschaftsprüfer, Rechtsanwalt, niedergelassener europäischer Rechtsanwalt oder vereidigter Buchprüfer;
2. eine freiberufliche Tätigkeit, die die Wahrnehmung fremder Interessen einschließlich der Beratung zum Gegenstand hat;
3. eine wirtschaftsberatende, gutachtliche oder treuhänderische Tätigkeit sowie die Erteilung von Bescheinigungen über die Beachtung steuerrechtlicher Vorschriften in Vermögensübersichten und Erfolgsrechnungen;
4. die Tätigkeit eines Lehrers an Hochschulen und wissenschaftlichen Instituten; dies gilt nicht für Lehrer an staatlichen verwaltungsinternen Fachhochschulen mit Ausbildungsgängen für den öffentlichen Dienst;
5. eine freie schriftstellerische Tätigkeit sowie eine freie Vortrags- und Lehrtätigkeit;

6. die Durchführung von Lehr- und Vortragsveranstaltungen zur Vorbereitung auf die Steuerberaterprüfung sowie die Prüfung als Wirtschaftsprüfer und vereidigter Buchprüfer und zur Fortbildung der Mitglieder der Steuerberaterkammern und deren Mitarbeiter.

(4) Als Tätigkeiten, die mit dem Beruf des Steuerberaters und des Steuerbevollmächtigten nicht vereinbar sind, gelten insbesondere

1. eine gewerbliche Tätigkeit; die zuständige Steuerberaterkammer kann von diesem Verbot Ausnahmen zulassen, soweit durch die Tätigkeit eine Verletzung von Berufspflichten nicht zu erwarten ist;

2. eine Tätigkeit als Arbeitnehmer mit Ausnahme der Fälle des Absatzes 3 Nr. 4 sowie der §§ 58 und 59. Eine Tätigkeit als Angestellter der Finanzverwaltung ist stets mit dem Beruf des Steuerberaters oder Steuerbevollmächtigten unvereinbar.

§ 66 Handakten

(1) Der Steuerberater oder Steuerbevollmächtigte hat die Handakten für die Dauer von zehn Jahren nach Beendigung des Auftrages aufzubewahren. Diese Verpflichtung erlischt mit der Übergabe der Handakten an den Auftraggeber, spätestens jedoch binnen sechs Monaten, nachdem der Auftraggeber die Aufforderung des Steuerberaters oder Steuerbevollmächtigten erhalten hat, die Handakten in Empfang zu nehmen.

(2) Der Steuerberater oder Steuerbevollmächtigte kann seinem Auftraggeber die Herausgabe der Handakten verweigern, bis er wegen seiner Gebühren und Auslagen befriedigt ist. Dies gilt nicht, soweit die Vorenthaltung der Handakten und der einzelnen Schriftstücke nach den Umständen unangemessen ist.

(3) Handakten im Sinne dieser Vorschrift sind nur die Schriftstücke, die der Steuerberater oder Steuerbevollmächtigte aus Anlass seiner beruflichen Tätigkeit von dem Auftraggeber oder für ihn erhalten hat, nicht aber der Briefwechsel zwischen dem Steuerberater oder Steuerbevollmächtigten und seinem Auftraggeber, die Schriftstücke, die dieser bereits in Urschrift oder Abschrift erhalten hat, sowie die zu internen Zwecken gefertigten Arbeitspapiere.

(4) Die Absätze 1 bis 3 gelten entsprechend, soweit sich der Steuerberater oder Steuerbevollmächtigte zum Führen von Handakten der elektronischen Datenverarbeitung bedient. Die in anderen Gesetzen getroffenen Regelungen über die Pflicht zur Aufbewahrung von Geschäftsunterlagen bleiben unberührt.

13. Umsatzsteuergesetz

§ 1 Steuerbare Umsätze

(1) Der Umsatzsteuer unterliegen die folgenden Umsätze:

1. die Lieferungen und sonstigen Leistungen, die ein Unternehmer im Inland gegen Entgelt im Rahmen seines Unternehmens ausführt. Die Steuerbarkeit entfällt nicht, wenn der Umsatz auf Grund gesetzlicher oder behördlicher Anordnung ausgeführt wird oder nach gesetzlicher Vorschrift als ausgeführt gilt;

2. (weggefallen)

3. (weggefallen)

4. die Einfuhr von Gegenständen im Inland oder in den österreichischen Gebieten Jungholz und Mittelberg (Einfuhrumsatzsteuer);

5. der innergemeinschaftliche Erwerb im Inland gegen Entgelt.

(1a) Die Umsätze im Rahmen einer Geschäftsveräußerung an einen anderen Unternehmer für dessen Unternehmen unterliegen nicht der Umsatzsteuer. Eine Geschäftsveräußerung liegt vor, wenn ein Unternehmen oder ein in der Gliederung eines Unternehmens gesondert geführter Betrieb im Ganzen entgeltlich oder unentgeltlich übereignet oder in eine Gesellschaft eingebracht wird. Der erwerbende Unternehmer tritt an die Stelle des Veräußerers.

(2) Inland im Sinne dieses Gesetzes ist das Gebiet der Bundesrepublik Deutschland mit Ausnahme des Gebiets von Büsingen, der Insel Helgoland, der Freizonen des Kontrolltyps I nach § 1 Abs. 1 Satz 1 des Zollverwaltungsgesetzes (Freihäfen), der Gewässer und Watten zwischen der Hoheitsgrenze und der jeweiligen Strandlinie sowie der deutschen Schiffe und der deutschen Luftfahrzeuge in Gebieten, die zu keinem Zollgebiet gehören. Ausland im Sinne dieses Gesetzes ist das Gebiet, das danach nicht Inland ist. Wird ein Umsatz im Inland ausgeführt, so kommt es für die Besteuerung nicht darauf an, ob der Unternehmer deutscher Staatsangehöriger ist, seinen Wohnsitz oder Sitz im Inland hat, im Inland eine Betriebsstätte unterhält, die Rechnung erteilt oder die Zahlung empfängt.

(2a) Das Gemeinschaftsgebiet im Sinne dieses Gesetzes umfasst das Inland im Sinne des Absatzes 2 Satz 1 und die Gebiete der übrigen Mitgliedstaaten der Europäischen Union, die nach dem Gemeinschaftsrecht als Inland dieser Mitgliedstaaten gelten (übriges Gemeinschaftsgebiet). Das Fürstentum Monaco gilt als Gebiet der Französischen Republik; die Insel Man gilt als Gebiet des Vereinigten Königreichs Großbritannien und Nordirland. Drittlandsgebiet im Sinne dieses Gesetzes ist das Gebiet, das nicht Gemeinschaftsgebiet ist.

(3) Folgende Umsätze, die in den Freihäfen und in den Gewässern und Watten zwischen der Hoheitsgrenze und der jeweiligen Strandlinie bewirkt werden, sind wie Umsätze im Inland zu behandeln:

1. die Lieferungen und die innergemeinschaftlichen Erwerbe von Gegenständen, die zum Gebrauch oder Verbrauch in den bezeichneten Gebieten oder zur Ausrüstung oder Versorgung eines Beförderungsmittels bestimmt sind, wenn die Gegenstände

   a) nicht für das Unternehmen des Abnehmers erworben werden, oder

   b) vom Abnehmer ausschließlich oder zum Teil für eine nach § 4 Nr. 8 bis 27 steuerfreie Tätigkeit verwendet werden;

2. die sonstigen Leistungen, die

   a) nicht für das Unternehmen des Leistungsempfängers ausgeführt werden, oder

   b) vom Leistungsempfänger ausschließlich oder zum Teil für eine nach § 4 Nr. 8 bis 27 steuerfreie Tätigkeit verwendet werden;

3. die Lieferungen im Sinne des § 3 Abs. 1b und die sonstigen Leistungen im Sinne des § 3 Abs. 9a;

4. die Lieferungen von Gegenständen, die sich im Zeitpunkt der Lieferung

   a) in einem zollamtlich bewilligten Freihafen-Veredelungsverkehr oder in einer zollamtlich besonders zugelassenen Freihafenlagerung oder

   b) einfuhrumsatzsteuerrechtlich im freien Verkehr befinden;

5. die sonstigen Leistungen, die im Rahmen eines Veredelungsverkehrs oder einer Lagerung im Sinne der Nummer 4 Buchstabe a ausgeführt werden;

6. (weggefallen)

7. der innergemeinschaftliche Erwerb eines neuen Fahrzeugs durch die in § 1a Abs. 3 und § 1b Abs. 1 genannten Erwerber.

Lieferungen und sonstige Leistungen an juristische Personen des öffentlichen Rechts sowie deren innergemeinschaftlicher Erwerb in den bezeichneten Gebieten sind als Umsätze im Sinne der Nummern 1 und 2 anzusehen, soweit der Unternehmer nicht anhand von Aufzeichnungen und Belegen das Gegenteil glaubhaft macht.

§ 2 Unternehmer, Unternehmen

(1) Unternehmer ist, wer eine gewerbliche oder berufliche Tätigkeit selbständig ausübt. Das Unternehmen umfasst die gesamte gewerbliche oder berufliche Tätigkeit des Unternehmers. Gewerblich oder beruflich ist jede nachhaltige Tätigkeit zur Erzielung von Einnahmen, auch wenn die Absicht, Gewinn zu erzielen, fehlt oder eine Personenvereinigung nur gegenüber ihren Mitgliedern tätig wird.

(2) Die gewerbliche oder berufliche Tätigkeit wird nicht selbständig ausgeübt,

1. soweit natürliche Personen, einzeln oder zusammengeschlossen, einem Unternehmen so eingegliedert sind, dass sie den Weisungen des Unternehmers zu folgen verpflichtet sind,

2. wenn eine juristische Person nach dem Gesamtbild der tatsächlichen Verhältnisse finanziell, wirtschaftlich und organisatorisch in das Unternehmen des Organträgers eingegliedert ist (Organschaft). Die Wirkungen der Organschaft sind auf Innenleistungen zwischen den im Inland gelegenen Unternehmensteilen beschränkt. Diese Unternehmensteile sind als ein Unternehmen zu behandeln. Hat der Organträger seine Geschäftsleitung im Ausland, gilt der wirtschaftlich bedeutendste Unternehmensteil im Inland als der Unternehmer.

(3) Die juristischen Personen des öffentlichen Rechts sind nur im Rahmen ihrer Betriebe gewerblicher Art (§ 1 Abs. 1 Nr. 6, § 4 des Körperschaftsteuergesetzes) und ihrer land- oder forstwirtschaftlichen Betriebe gewerblich oder beruflich tätig. Auch wenn die Voraussetzungen des Satzes 1 nicht gegeben sind, gelten als gewerbliche oder berufliche Tätigkeit im Sinne dieses Gesetzes

1. (weggefallen)

2. die Tätigkeit der Notare im Landesdienst und der Ratschreiber im Land Baden-Württemberg, soweit Leistungen ausgeführt werden, für die nach der Bundesnotarordnung die Notare zuständig sind;

3. die Abgabe von Brillen und Brillenteilen einschließlich der Reparaturarbeiten durch Selbstabgabestellen der gesetzlichen Träger der Sozialversicherung;

4. die Leistungen der Vermessungs- und Katasterbehörden bei der Wahrnehmung von Aufgaben der Landesvermessung und des Liegenschaftskatasters mit Ausnahme der Amtshilfe;

5. die Tätigkeit der Bundesanstalt für Landwirtschaft und Ernährung, soweit Aufgaben der Marktordnung, der Vorratshaltung und der Nahrungsmittelhilfe wahrgenommen werden.

§ 13 Entstehung der Steuer

(1) Die Steuer entsteht

1. für Lieferungen und sonstige Leistungen

    a) bei der Berechnung der Steuer nach vereinbarten Entgelten (§ 16 Abs. 1 Satz 1) mit Ablauf des Voranmeldungszeitraums, in dem die Leistungen ausgeführt worden sind. Das gilt auch für Teilleistungen. Sie liegen vor, wenn für bestimmte Teile einer wirtschaftlich teilbaren Leistung das Entgelt gesondert vereinbart wird. Wird das Entgelt oder ein Teil des Entgelts vereinnahmt, bevor die Leistung oder die Teilleistung ausgeführt worden ist, so entsteht insoweit die Steuer mit Ablauf des Voranmeldungszeitraums, in dem das Entgelt oder das Teilentgelt vereinnahmt worden ist,

    b) bei der Berechnung der Steuer nach vereinnahmten Entgelten (§ 20) mit Ablauf des Voranmeldungszeitraums, in dem die Entgelte vereinnahmt worden sind,

    c) in den Fällen der Beförderungseinzelbesteuerung nach § 16 Abs. 5 in dem Zeitpunkt, in dem der Kraftomnibus in das Inland gelangt,

    d) in den Fällen des § 18 Abs. 4c mit Ablauf des Besteuerungszeitraums nach § 16 Abs. 1a Satz 1, in dem die Leistungen ausgeführt worden sind;

    e) in den Fällen des § 18 Absatz 4e mit Ablauf des Besteuerungszeitraums nach § 16 Absatz 1b Satz 1, in dem die Leistungen ausgeführt worden sind;

2. für Leistungen im Sinne des § 3 Abs. 1b und 9a mit Ablauf des Voranmeldungszeitraums, in dem diese Leistungen ausgeführt worden sind;

3. im Fall des § 14c Abs. 1 in dem Zeitpunkt, in dem die Steuer für die Lieferung oder sonstige Leistung nach Nummer 1 Buchstabe a oder Buchstabe b entsteht, spätestens jedoch im Zeitpunkt der Ausgabe der Rechnung;

4. im Fall des § 14c Abs. 2 im Zeitpunkt der Ausgabe der Rechnung;

5. im Fall des § 17 Abs. 1 Satz 6 mit Ablauf des Voranmeldungszeitraums, in dem die Änderung der Bemessungsgrundlage eingetreten ist;

6. für den innergemeinschaftlichen Erwerb im Sinne des § 1a mit Ausstellung der Rechnung, spätestens jedoch mit Ablauf des dem Erwerb folgenden Kalendermonats;

7. für den innergemeinschaftlichen Erwerb von neuen Fahrzeugen im Sinne des § 1b am Tag des Erwerbs;

8. im Fall des § 6a Abs. 4 Satz 2 in dem Zeitpunkt, in dem die Lieferung ausgeführt wird;

9. im Fall des § 4 Nr. 4a Satz 1 Buchstabe a Satz 2 mit Ablauf des Voranmeldungszeitraums, in dem der Gegenstand aus einem Umsatzsteuerlager ausgelagert wird.

(2) Für die Einfuhrumsatzsteuer gilt § 21 Abs. 2.

(3) (weggefallen)

§ 13c Haftung bei Abtretung, Verpfändung oder Pfändung von Forderungen

(1) Soweit der leistende Unternehmer den Anspruch auf die Gegenleistung für einen steuerpflichtigen Umsatz im Sinne des § 1 Abs. 1 Nr. 1 an einen anderen Unternehmer abgetreten und die festgesetzte Steuer, bei deren Berechnung dieser Umsatz berücksichtigt worden ist, bei Fälligkeit nicht oder nicht vollständig entrichtet hat, haftet der Abtretungsempfänger nach Maßgabe des Absatzes 2 für die in der Forderung enthaltene Umsatzsteuer, soweit sie im vereinnahmten Betrag enthalten ist. Ist die Vollziehung der Steuerfestsetzung in Bezug auf die in der abgetretenen Forderung enthaltene Umsatzsteuer gegenüber dem leistenden Unternehmer ausgesetzt, gilt die Steuer insoweit als nicht fällig. Soweit der Abtretungsempfänger die Forderung an einen Dritten abgetreten hat, gilt sie in voller Höhe als vereinnahmt.

(2) Der Abtretungsempfänger ist ab dem Zeitpunkt in Anspruch zu nehmen, in dem die festgesetzte Steuer fällig wird, frühestens ab dem Zeitpunkt der Vereinnahmung der abgetretenen Forderung. Bei der Inanspruchnahme nach Satz 1 besteht abweichend von § 191 der Abgabenordnung kein Ermessen. Die Haftung ist der Höhe nach begrenzt auf die im Zeitpunkt der Fälligkeit nicht entrichtete Steuer. Soweit der Abtretungsempfänger auf die nach Absatz 1 Satz 1 festgesetzte Steuer Zahlungen im Sinne des § 48 der Abgabenordnung geleistet hat, haftet er nicht.

(3) Die Absätze 1 und 2 gelten bei der Verpfändung oder der Pfändung von Forderungen entsprechend. An die Stelle des Abtretungsempfängers tritt im Fall der Verpfändung der Pfandgläubiger und im Fall der Pfändung der Vollstreckungsgläubiger.

§ 15 Vorsteuerabzug

(1) Der Unternehmer kann die folgenden Vorsteuerbeträge abziehen:

1. die gesetzlich geschuldete Steuer für Lieferungen und sonstige Leistungen, die von einem anderen Unternehmer für sein Unternehmen ausgeführt worden sind. Die Ausübung des Vorsteuerabzugs setzt voraus, dass der Unternehmer eine nach den §§ 14, 14a ausgestellte Rechnung besitzt. Soweit der gesondert ausgewiesene Steu-

erbetrag auf eine Zahlung vor Ausführung dieser Umsätze entfällt, ist er bereits abziehbar, wenn die Rechnung vorliegt und die Zahlung geleistet worden ist;

2. die entstandene Einfuhrumsatzsteuer für Gegenstände, die für sein Unternehmen nach § 1 Absatz 1 Nummer 4 eingeführt worden sind;

3. die Steuer für den innergemeinschaftlichen Erwerb von Gegenständen für sein Unternehmen, wenn der innergemeinschaftliche Erwerb nach § 3d Satz 1 im Inland bewirkt wird;

4. die Steuer für Leistungen im Sinne des § 13b Absatz 1 und 2, die für sein Unternehmen ausgeführt worden sind. Soweit die Steuer auf eine Zahlung vor Ausführung dieser Leistungen entfällt, ist sie abziehbar, wenn die Zahlung geleistet worden ist;

5. die nach § 13a Abs. 1 Nr. 6 geschuldete Steuer für Umsätze, die für sein Unternehmen ausgeführt worden sind.

Nicht als für das Unternehmen ausgeführt gilt die Lieferung, die Einfuhr oder der innergemeinschaftliche Erwerb eines Gegenstands, den der Unternehmer zu weniger als 10 Prozent für sein Unternehmen nutzt.

(1a) Nicht abziehbar sind Vorsteuerbeträge, die auf Aufwendungen, für die das Abzugsverbot des § 4 Abs. 5 Satz 1 Nr. 1 bis 4, 7 oder des § 12 Nr. 1 des Einkommensteuergesetzes gilt, entfallen. Dies gilt nicht für Bewirtungsaufwendungen, soweit § 4 Abs. 5 Satz 1 Nr. 2 des Einkommensteuergesetzes einen Abzug angemessener und nachgewiesener Aufwendungen ausschließt.

(1b) Verwendet der Unternehmer ein Grundstück sowohl für Zwecke seines Unternehmens als auch für Zwecke, die außerhalb des Unternehmens liegen, oder für den privaten Bedarf seines Personals, ist die Steuer für die Lieferungen, die Einfuhr und den innergemeinschaftlichen Erwerb sowie für die sonstigen Leistungen im Zusammenhang mit diesem Grundstück vom Vorsteuerabzug ausgeschlossen, soweit sie nicht auf die Verwendung des Grundstücks für Zwecke des Unternehmens entfällt. Bei Berechtigungen, für die die Vorschriften des bürgerlichen Rechts über Grundstücke gelten, und bei Gebäuden auf fremdem Grund und Boden ist Satz 1 entsprechend anzuwenden.

(2) Vom Vorsteuerabzug ausgeschlossen ist die Steuer für die Lieferungen, die Einfuhr und den innergemeinschaftlichen Erwerb von Gegenständen sowie für die sonstigen Leistungen, die der Unternehmer zur Ausführung folgender Umsätze verwendet:

1. steuerfreie Umsätze;

2. Umsätze im Ausland, die steuerfrei wären, wenn sie im Inland ausgeführt würden.

Gegenstände oder sonstige Leistungen, die der Unternehmer zur Ausführung einer Einfuhr oder eines innergemeinschaftlichen Erwerbs verwendet, sind den Umsätzen zuzurechnen, für die der eingeführte oder innergemeinschaftlich erworbene Gegenstand verwendet wird.

(3) Der Ausschluss vom Vorsteuerabzug nach Absatz 2 tritt nicht ein, wenn die Umsätze

1. in den Fällen des Absatzes 2 Nr. 1

    a) nach § 4 Nr. 1 bis 7, § 25 Abs. 2 oder nach den in § 26 Abs. 5 bezeichneten Vorschriften steuerfrei sind oder

    b) nach § 4 Nummer 8 Buchstabe a bis g, Nummer 10 oder Nummer 11 steuerfrei sind und sich unmittelbar auf Gegenstände beziehen, die in das Drittlandsgebiet ausgeführt werden;

2. in den Fällen des Absatzes 2 Satz 1 Nr. 2

    a) nach § 4 Nr. 1 bis 7, § 25 Abs. 2 oder nach den in § 26 Abs. 5 bezeichneten Vorschriften steuerfrei wären oder

    b) nach § 4 Nummer 8 Buchstabe a bis g, Nummer 10 oder Nummer 11 steuerfrei wären und der Leistungsempfänger im Drittlandsgebiet ansässig ist oder diese Umsätze sich unmittelbar auf Gegenstände beziehen, die in das Drittlandsgebiet ausgeführt werden.

(4) Verwendet der Unternehmer einen für sein Unternehmen gelieferten, eingeführten oder innergemeinschaftlich erworbenen Gegenstand oder eine von ihm in Anspruch genommene sonstige Leistung nur zum Teil zur Ausführung von Umsätzen, die den Vorsteuerabzug ausschließen, so ist der Teil der jeweiligen Vorsteuerbeträge nicht abziehbar, der den zum Ausschluss vom Vorsteuerabzug führenden Umsätzen wirtschaftlich zuzurechnen ist. Der Unternehmer kann die nicht abziehbaren Teilbeträge im Wege einer sachgerechten Schätzung ermitteln. Eine Ermittlung des nicht abziehbaren Teils der Vorsteuerbeträge nach dem Verhältnis der Umsätze, die den Vorsteuerabzug ausschließen, zu den Umsätzen, die zum Vorsteuerabzug berechtigen, ist nur zulässig, wenn keine andere wirtschaftliche Zurechnung möglich ist. In den Fällen des Absatzes 1b gelten die Sätze 1 bis 3 entsprechend.

(4a) Für Fahrzeuglieferer (§ 2a) gelten folgende Einschränkungen des Vorsteuerabzugs:

1. Abziehbar ist nur die auf die Lieferung, die Einfuhr oder den innergemeinschaftlichen Erwerb des neuen Fahrzeugs entfallende Steuer.

2. Die Steuer kann nur bis zu dem Betrag abgezogen werden, der für die Lieferung des neuen Fahrzeugs geschuldet würde, wenn die Lieferung nicht steuerfrei wäre.

3. Die Steuer kann erst in dem Zeitpunkt abgezogen werden, in dem der Fahrzeuglieferer die innergemeinschaftliche Lieferung des neuen Fahrzeugs ausführt.

(4b) Für Unternehmer, die nicht im Gemeinschaftsgebiet ansässig sind und die nur Steuer nach § 13b Absatz 5 schulden, gelten die Einschränkungen des § 18 Abs. 9 Sätze 4 und 5 entsprechend.

(5) Das Bundesministerium der Finanzen kann mit Zustimmung des Bundesrates durch Rechtsverordnung nähere Bestimmungen darüber treffen,

1. in welchen Fällen und unter welchen Voraussetzungen zur Vereinfachung des Besteuerungsverfahrens für den Vorsteuerabzug auf eine Rechnung im Sinne des § 14 oder auf einzelne Angaben in der Rechnung verzichtet werden kann,

2. unter welchen Voraussetzungen, für welchen Besteuerungszeitraum und in welchem Umfang zur Vereinfachung oder zur Vermeidung von Härten in den Fällen, in denen ein anderer als der Leistungsempfänger ein Entgelt gewährt (§ 10 Abs. 1 Satz 3), der andere den Vorsteuerabzug in Anspruch nehmen kann, und

3. wann in Fällen von geringer steuerlicher Bedeutung zur Vereinfachung oder zur Vermeidung von Härten bei der Aufteilung der Vorsteuerbeträge (Absatz 4) Umsätze, die den Vorsteuerabzug ausschließen, unberücksichtigt bleiben können oder von der Zurechnung von Vorsteuerbeträgen zu diesen Umsätzen abgesehen werden kann.

§ 16 Steuerberechnung, Besteuerungszeitraum und Einzelbesteuerung

(1) Die Steuer ist, soweit nicht § 20 gilt, nach vereinbarten Entgelten zu berechnen. Besteuerungszeitraum ist das Kalenderjahr. Bei der Berechnung der Steuer ist von der Summe der Umsätze nach § 1 Abs. 1 Nr. 1 und 5 auszugehen, soweit für sie die Steuer in dem Besteuerungszeitraum entstanden und die Steuerschuldnerschaft gegeben ist. Der Steuer sind die nach § 6a Abs. 4 Satz 2, nach § 14c sowie nach § 17 Abs. 1 Satz 6 geschuldeten Steuerbeträge hinzuzurechnen.

(1a) Macht ein nicht im Gemeinschaftsgebiet ansässiger Unternehmer von § 18 Abs. 4c Gebrauch, ist Besteuerungszeitraum das Kalendervierteljahr. Bei der Berechnung der Steuer ist von der Summe der Umsätze nach § 3a Abs. 5 auszugehen, die im Gemeinschaftsgebiet steuerbar sind, soweit für sie in dem Besteuerungszeitraum die Steuer entstanden und die Steuerschuldnerschaft gegeben ist. Absatz 2 ist nicht anzuwenden.

(1b) Macht ein im übrigen Gemeinschaftsgebiet ansässiger Unternehmer (§ 13b Absatz 7 Satz 2) von § 18 Absatz 4e Gebrauch, ist Besteuerungszeitraum das Kalendervierteljahr. Bei der Berechnung der Steuer ist von der Summe der Umsätze nach § 3a Absatz 5 auszugehen, die im Inland steuerbar sind, soweit für sie in dem Besteuerungszeitraum die Steuer entstanden und die Steuerschuldnerschaft gegeben ist. Absatz 2 ist nicht anzuwenden.

(2) Von der nach Absatz 1 berechneten Steuer sind die in den Besteuerungszeitraum fallenden, nach § 15 abziehbaren Vorsteuerbeträge abzusetzen. § 15a ist zu berücksichtigen. Die Einfuhrumsatzsteuer ist von der Steuer für den Besteuerungszeitraum abzusetzen, in dem sie entrichtet worden ist. Die bis zum 16. Tag nach Ablauf des Besteuerungszeitraums zu entrichtende Einfuhrumsatzsteuer kann bereits von der Steuer für diesen Besteuerungszeitraum abgesetzt werden, wenn sie in ihm entstanden ist.

(3) Hat der Unternehmer seine gewerbliche oder berufliche Tätigkeit nur in einem Teil des Kalenderjahres ausgeübt, so tritt dieser Teil an die Stelle des Kalenderjahres.

(4) Abweichend von den Absätzen 1, 2 und 3 kann das Finanzamt einen kürzeren Besteuerungszeitraum bestimmen, wenn der Eingang der Steuer gefährdet erscheint oder der Unternehmer damit einverstanden ist.

(5) Bei Beförderungen von Personen im Gelegenheitsverkehr mit Kraftomnibussen, die nicht im Inland zugelassen sind, wird die Steuer, abweichend von Absatz 1, für jeden einzelnen steuerpflichtigen Umsatz durch die zuständige Zolldienststelle berechnet (Beförderungseinzelbesteuerung), wenn eine Grenze zum Drittlandsgebiet überschritten wird. Zuständige Zolldienststelle ist die Eingangszollstelle oder Ausgangszollstelle, bei der der Kraftomnibus in das Inland gelangt oder das Inland verlässt. Die zuständige Zolldienststelle handelt bei der Beförderungseinzelbesteuerung für das Finanzamt, in dessen Bezirk sie liegt (zuständiges Finanzamt). Absatz 2 und § 19 Abs. 1 sind bei der Beförderungseinzelbesteuerung nicht anzuwenden.

(5a) Beim innergemeinschaftlichen Erwerb neuer Fahrzeuge durch andere Erwerber als die in § 1a Abs. 1 Nr. 2 genannten Personen ist die Steuer abweichend von Absatz 1 für jeden einzelnen steuerpflichtigen Erwerb zu berechnen (Fahrzeugeinzelbesteuerung).

(5b) Auf Antrag des Unternehmers ist nach Ablauf des Besteuerungszeitraums an Stelle der Beförderungseinzelbesteuerung (Absatz 5) die Steuer nach den Absätzen 1 und 2 zu berechnen. Die Absätze 3 und 4 gelten entsprechend.

(6) Werte in fremder Währung sind zur Berechnung der Steuer und der abziehbaren Vorsteuerbeträge auf Euro nach den Durchschnittskursen umzurechnen, die das Bundesministerium der Finanzen für den Monat öffentlich bekanntgibt, in dem die Leistung ausgeführt oder das Entgelt oder ein Teil des Entgelts vor Ausführung der Leistung (§ 13 Abs. 1 Nr. 1 Buchstabe a Satz 4) vereinnahmt wird. Ist dem leistenden Unternehmer die Berechnung der Steuer nach vereinnahmten Entgelten gestattet (§ 20), so sind die Entgelte nach den Durchschnittskursen des Monats umzurechnen, in dem sie vereinnahmt werden. Das Finanzamt kann die Umrechnung nach dem Tageskurs, der durch Bankmitteilung oder Kurszettel nachzuweisen ist, gestatten. Macht ein nicht im Gemeinschaftsgebiet ansässiger Unternehmer von § 18 Absatz 4c Gebrauch, hat er zur Berechnung der Steuer Werte in fremder Währung nach den Kursen umzurechnen, die für den letzten Tag des Besteuerungszeitraums nach Absatz 1a Satz 1 von der Europäischen Zentralbank festgestellt worden sind; macht ein im übrigen Gemeinschaftsgebiet (§ 13b Absatz 7 Satz 2) ansässiger Unternehmer von § 18 Absatz 4e Gebrauch, hat er zur Berechnung der Steuer Werte in fremder Währung nach den Kursen umzurechnen, die für den letzten Tag des Besteuerungszeitraums nach Absatz 1b Satz 1 von der Europäischen Zentralbank festgestellt worden sind. Sind für die in Satz 4 genannten Tage keine Umrechnungskurse festgestellt worden, hat der Unternehmer die Steuer nach den für den nächsten Tag nach Ablauf des Besteuerungszeitraums nach Absatz 1a Satz 1 oder Absatz 1b Satz 1 von der Europäischen Zentralbank festgestellten Umrechnungskursen umzurechnen.

(7) Für die Einfuhrumsatzsteuer gelten § 11 Abs. 5 und § 21 Abs. 2.

§ 17 Änderung der Bemessungsgrundlage

(1) Hat sich die Bemessungsgrundlage für einen steuerpflichtigen Umsatz im Sinne des § 1 Abs. 1 Nr. 1 geändert, hat der Unternehmer, der diesen Umsatz ausgeführt hat, den dafür geschuldeten Steuerbetrag zu berichtigen. Ebenfalls ist der Vorsteuerabzug bei dem Unternehmer, an den dieser Umsatz ausgeführt wurde, zu berichtigen. Dies gilt nicht, soweit er durch die Änderung der Bemessungsgrundlage wirtschaftlich nicht begünstigt wird. Wird in diesen Fällen ein anderer Unternehmer durch die Änderung der Bemessungsgrundlage wirtschaftlich begünstigt, hat dieser Unternehmer seinen Vorsteuerabzug zu berichtigen. Die Sätze 1 bis 4 gelten in den Fällen des § 1 Abs. 1 Nr. 5 und des § 13b sinngemäß. Die Berichtigung des Vorsteuerabzugs kann unterbleiben, soweit ein dritter Unternehmer den auf die Minderung des Entgelts entfallenden Steuerbetrag an das Finanzamt entrichtet; in diesem Fall ist der dritte Unternehmer Schuldner der Steuer. Die Berichtigungen nach den Sätzen 1 und 2 sind für den Besteuerungszeitraum vorzunehmen, in dem die Änderung der Bemessungsgrundlage eingetreten ist. Die Berichtigung nach Satz 4 ist für den Besteuerungszeitraum vorzunehmen, in dem der andere Unternehmer wirtschaftlich begünstigt wird.

(2) Absatz 1 gilt sinngemäß, wenn

1. das vereinbarte Entgelt für eine steuerpflichtige Lieferung, sonstige Leistung oder einen steuerpflichtigen innergemeinschaftlichen Erwerb uneinbringlich geworden ist. Wird das Entgelt nachträglich vereinnahmt, sind Steuerbetrag und Vorsteuerabzug erneut zu berichtigen;
2. für eine vereinbarte Lieferung oder sonstige Leistung ein Entgelt entrichtet, die Lieferung oder sonstige Leistung jedoch nicht ausgeführt worden ist;
3. eine steuerpflichtige Lieferung, sonstige Leistung oder ein steuerpflichtiger innergemeinschaftlicher Erwerb rückgängig gemacht worden ist;
4. der Erwerber den Nachweis im Sinne des § 3d Satz 2 führt;
5. Aufwendungen im Sinne des § 15 Abs. 1a getätigt werden.

(3) Ist Einfuhrumsatzsteuer, die als Vorsteuer abgezogen worden ist, herabgesetzt, erlassen oder erstattet worden, so hat der Unternehmer den Vorsteuerabzug entsprechend zu berichtigen. Absatz 1 Satz 7 gilt sinngemäß.

(4) Werden die Entgelte für unterschiedlich besteuerte Lieferungen oder sonstige Leistungen eines bestimmten Zeitabschnitts gemeinsam geändert (z.B. Jahresboni, Jahresrückvergütungen), so hat der Unternehmer dem Leistungsempfänger einen Beleg zu erteilen, aus dem zu ersehen ist, wie sich die Änderung der Entgelte auf die unterschiedlich besteuerten Umsätze verteilt.

§ 25d Haftung für die schuldhaft nicht abgeführte Steuer

(1) Der Unternehmer haftet für die Steuer aus einem vorangegangenen Umsatz, soweit diese in einer nach § 14 ausgestellten Rechnung ausgewiesen wurde, der Aussteller der Rechnung entsprechend seiner vorgefassten Absicht die ausgewiesene

Steuer nicht entrichtet oder sich vorsätzlich außer Stande gesetzt hat, die ausgewiesene Steuer zu entrichten und der Unternehmer bei Abschluss des Vertrags über seinen Eingangsumsatz davon Kenntnis hatte oder nach der Sorgfalt eines ordentlichen Kaufmanns hätte haben müssen. Trifft dies auf mehrere Unternehmer zu, so haften diese als Gesamtschuldner.

(2) Von der Kenntnis oder dem Kennenmüssen ist insbesondere auszugehen, wenn der Unternehmer für seinen Umsatz einen Preis in Rechnung stellt, der zum Zeitpunkt des Umsatzes unter dem marktüblichen Preis liegt. Dasselbe gilt, wenn der ihm in Rechnung gestellte Preis unter dem marktüblichen Preis oder unter dem Preis liegt, der seinem Lieferanten oder anderen Lieferanten, die am Erwerb der Ware beteiligt waren, in Rechnung gestellt wurde. Weist der Unternehmer nach, dass die Preisgestaltung betriebswirtschaftlich begründet ist, finden die Sätze 1 und 2 keine Anwendung.

(3) Örtlich zuständig für den Erlass des Haftungsbescheides ist das Finanzamt, das für die Besteuerung des Unternehmers zuständig ist. Im Falle des Absatzes 1 Satz 2 ist jedes Finanzamt örtlich zuständig, bei dem der Vorsteueranspruch geltend gemacht wird.

(4) Das zuständige Finanzamt hat zu prüfen, ob die Voraussetzungen für den Erlass des Haftungsbescheides vorliegen. Bis zum Abschluss dieser Prüfung kann die Erteilung der Zustimmung im Sinne von § 168 Satz 2 der Abgabenordnung versagt werden. Satz 2 gilt entsprechend für die Festsetzung nach § 167 Abs. 1 Satz 1 der Abgabenordnung, wenn sie zu einer Erstattung führt.

(5) Für den Erlass des Haftungsbescheides gelten die allgemeinen Grundsätze, mit Ausnahme des § 219 der Abgabenordnung.

14. Zivilprozessordung

§ 240 Unterbrechung durch Insolvenzverfahren

Im Falle der Eröffnung des Insolvenzverfahrens über das Vermögen einer Partei wird das Verfahren, wenn es die Insolvenzmasse betrifft, unterbrochen, bis es nach den für das Insolvenzverfahren geltenden Vorschriften aufgenommen oder das Insolvenzverfahren beendet wird. Entsprechendes gilt, wenn die Verwaltungs- und Verfügungsbefugnis über das Vermögen des Schuldners auf einen vorläufigen Insolvenzverwalter übergeht.

II. Ausgewählte Verwaltungsanweisungen

1. Zur Erteilung von Auskünften über Daten, die zu einer Person im Besteuerungsverfahren gespeichert worden sind

BMF, Schr. v. 17.12.2008 – IV A 3 - S 0030/08/10001, BStBl. I 2009, 6 = Steuererlasse in Karteiform (StEK) AO 1977 § 30 Nr. 166 = DStR 2009, 274

Nach dem Ergebnis der Erörterungen mit den obersten Finanzbehörden der Länder gilt Folgendes:

1. Beteiligten, §§ 78, 359 AO, ist – unabhängig von ihrer Rechtsform – auf Antrag Auskunft über die zu ihrer Person gespeicherten Daten zu erteilen, wenn sie ein berechtigtes Interesse darlegen und keine Gründe für eine Auskunftsverweigerung vorliegen.

2. Ein berechtigtes Interesse ist zum Beispiel bei einem Beraterwechsel oder in einem Erbfall gegeben, wenn der Antragsteller durch die Auskunft in die Lage versetzt werden will, zutreffende und vollständige Steuererklärungen abzugeben. Hinsichtlich solcher Daten, die ohne Beteiligung und ohne Wissen des Beteiligten erhoben wurden, liegt ein berechtigtes Interesse vor.

3. Ein berechtigtes Interesse liegt nicht vor, soweit der Beteiligte bereits in anderer Weise über zu seiner Person gespeicherte Daten informiert wurde, der Finanzbehörde nur Daten vorliegen, die ihr vom Beteiligten übermittelt wurden, oder die spätere Information des Beteiligten in rechtlich gesicherter Weise vorgesehen ist. Ein berechtigtes Interesse ist namentlich nicht gegeben, wenn die Auskunft dazu dienen kann, zivilrechtliche Ansprüche gegen den Bund oder ein Land durchzusetzen, und Bund oder Land zivilrechtlich nicht verpflichtet sind, Auskunft zu erteilen, z.B. Amtshaftungssachen, Insolvenzanfechtung.

4. Für Daten, die nur deshalb gespeichert sind, weil sie auf Grund gesetzlicher, satzungsmäßiger oder vertraglicher Aufbewahrungsvorschriften nicht gelöscht werden dürfen, oder die ausschließlich Zwecken der Datensicherung oder der Datenschutzkontrolle dienen, gilt Nr. 1 nicht, wenn eine Auskunftserteilung einen unverhältnismäßigen Aufwand erfordern würde.

5. In dem Antrag sind die Art der Daten, über die Auskunft erteilt werden soll, näher zu bezeichnen und hinreichend präzise Angaben zu machen, die das Auffinden der Daten ermöglichen.

6. Die Finanzbehörde bestimmt das Verfahren, insbesondere die Form der Auskunftserteilung nach pflichtgemäßem Ermessen. Die Auskunft kann schriftlich, elektronisch oder mündlich, aber auch durch Gewährung von Akteneinsicht erteilt werden. Akteneinsicht ist nur an Amtsstelle zu gewähren.

7. Die Auskunftserteilung unterbleibt, soweit

a) die Auskunft die ordnungsgemäße Erfüllung der in der Zuständigkeit der verantwortlichen Stelle liegenden Aufgaben gefährden würde,

b) die Auskunft die öffentliche Sicherheit oder Ordnung gefährden oder sonst dem Wohle des Bundes oder eines Landes Nachteile bereiten würde oder

c) die Daten oder die Tatsache ihrer Speicherung nach einer Rechtsvorschrift oder ihrem Wesen nach, insbesondere wegen der überwiegenden berechtigten Interessen eines Dritten, geheim gehalten werden müssen

und deswegen das Interesse des Betroffenen an der Auskunftserteilung zurücktreten muss.

8. Eine Auskunftsverweigerung nach Nr. 7 Buchst. a) kommt insbesondere in Betracht, wenn der Antragsteller bei Erteilung der Auskunft Informationen erlangen würde, die ihn in die Lage versetzen könnten, Sachverhalte zu verschleiern oder Spuren zu verwischen. Eine Auskunftsverweigerung nach Nr. 7 Buchst. a) kommt auch vor Beginn des Steuerfestsetzungsverfahrens in Betracht, wenn die Auskunft dem Beteiligten offenbaren würde, über welche Besteuerungsgrundlagen die Finanzbehörde bereits informiert ist, wodurch der Beteiligte sein Erklärungsverhalten auf den Kenntnisstand der Finanzbehörde einstellen könnte. Vgl. auch BVerfG, Beschl. v. 10.3.2008 – 1 BvR 2388/03, HFR 2008, 623.

9. Eine Auskunftserteilung hat nach Nr. 7 Buchst. a) zu unterbleiben,

– solange eine Finanzbehörde durch die Zahl oder den Umfang gestellter Auskunftsanträge daran gehindert wäre, ihre gesetzlichen Aufgaben ordnungsgemäß zu erfüllen, oder

– wenn sichere Anhaltspunkte dafür vorliegen, dass es dem Antragsteller nicht auf die Erteilung der Auskunft, sondern allein darauf ankommt, die Arbeit der Finanzbehörde zu blockieren und sie an der zeitnahen, gesetzmäßigen und gleichmäßigen Festsetzung und Erhebung der Steuern zu hindern.

10. Eine Auskunftsverweigerung nach Nr. 7 Buchst. c kommt insbesondere in Betracht, soweit durch die Auskunft vom Steuergeheimnis geschützte Daten über Dritte bekannt würden. Eine Auskunftserteilung über Daten Dritter ist nur unter den Voraussetzungen des § 30 Abs. 4 AO zulässig. So kann z.B. die Identität eines Anzeigeerstatters gegenüber dem Steuerpflichtigen dem Steuergeheimnis unterliegen; im Einzelfall ist eine Abwägung vorzunehmen. Dabei kommt dem Informantenschutz regelmäßig ein höheres Gewicht gegenüber dem allgemeinen Persönlichkeitsrecht des Steuerpflichtigen zu, wenn sich die vertraulich mitgeteilten Informationen im Wesentlichen als zutreffend erweisen und zu Steuernachforderungen führen, BFH, Beschl. v. 7.12.2006 – V B 163/05, BStBl. II 2007, 275. Siehe auch Nr. 4.7 des AEAO, StEK AO 1977 Vor § 1 Nr. 68 Zu § 30, zur Auskunft über die Besteuerung Dritter bei Anwendung drittschützender Steuernormen.

11. Die Ablehnung eines Antrags auf Auskunftserteilung ist mit dem Einspruch, § 347 AO, anfechtbar. Die Ablehnung ist nicht zu begründen, wenn dadurch der mit der Auskunftsverweigerung verfolgte Zweck gefährdet würde. Gegen die Einspruchsentscheidung ist der Finanzrechtsweg gegeben.

12. Kann der Beteiligte infolge des Ausschlusses seines Auskunftsanspruchs die Richtigkeit der zu seiner Person gespeicherten Daten und die Rechtmäßigkeit ihrer fortdauernden Speicherung nicht zeitnah überprüfen lassen, sind ihm diese Daten spätestens dann mitzuteilen, wenn sie in einem konkreten steuerlichen Verfahren zu seinem Nachteil herangezogen werden.

2. Sog. „Sanierungserlass"

Steuern auf Sanierungsgewinne können aus sachlichen Billigkeitsgründen gestundet und erlassen werden. Voraussetzung ist die Sanierungsbedürftigkeit und Sanierungsfähigkeit des Unternehmens sowie die Sanierungseignung des Schulderlasses und die Sanierungsabsicht der Gläubiger. Beim Vorliegen eines Sanierungsplans kann vom Vorliegen dieser Voraussetzungen ausgegangen werden (nichtamtlicher Orientierungssatz).

BMF, Schr. v. 27.3.2003 – IV A 6 - S 2140 – 8/03, BStBl. I 2003, 240 = Steuererlasse in Karteiform (StEK) AO 1977 § 163 Nr. 247 = DStR 2003, 690

Im Einvernehmen mit den obersten Finanzbehörden der Länder nehme ich zur Frage der ertragsteuerlichen Behandlung von Sanierungsgewinnen wie folgt Stellung:

I. Sanierung

1. Begriff

[1] Eine Sanierung ist eine Maßnahme, die darauf gerichtet ist, ein Unternehmen oder einen Unternehmensträger (juristische oder natürliche Person) vor dem finanziellen Zusammenbruch zu bewahren und wieder ertragsfähig zu machen (= unternehmensbezogene Sanierung). Das gilt auch für außergerichtliche Sanierungen, bei denen sich die Gesellschaftsstruktur des in die Krise geratenen zu sanierenden Unternehmens (Personengesellschaft oder Kapitalgesellschaft) ändert, bei anderen gesellschaftsrechtlichen Umstrukturierungen im Rahmen der außergerichtlichen Sanierung von Kapitalgesellschaften sowie für Sanierungen im Rahmen eines Insolvenzverfahrens.

2. Einstellung des Unternehmens/Übertragende Sanierung

[2] Wird das Unternehmen nicht fortgeführt oder trotz der Sanierungsmaßnahme eingestellt, liegt eine Sanierung im Sinne dieser Regelung nur vor, wenn die Schulden aus betrieblichen Gründen (z.B. um einen Sozialplan zu Gunsten der Arbeitnehmer zu ermöglichen) erlassen werden. Keine begünstigte Sanierung ist gegeben, soweit die Schulden erlassen werden, um dem Steuerpflichtigen oder einem Beteiligten einen schuldenfreien Übergang in sein Privatleben oder den Aufbau einer anderen Existenzgrundlage zu ermöglichen. Im Fall der übertragenden Sanierung, vgl. BFH, Urt. v. 24.4.1986 – IV R 282/84, BStBl. II 1986, 672, ist von einem betrieblichen Interesse auch auszugehen, soweit der Schuldenerlass erforderlich ist, um das Nachfolgeunternehmen (Auffanggesellschaft) von der Inanspruchnahme für Schulden des Vorgängerunternehmens freizustellen, z.B. wegen § 25 Abs. 1 HGB.

II. Sanierungsgewinn

[3] Ein Sanierungsgewinn ist die Erhöhung des Betriebsvermögens, die dadurch entsteht, dass Schulden zum Zweck der Sanierung ganz oder teilweise erlassen werden. Schulden werden insbesondere erlassen

– durch eine vertragliche Vereinbarung zwischen dem Schuldner und dem Gläubiger, durch die der Gläubiger auf eine Forderung verzichtet, Erlassvertrag nach § 397 Abs. 1 BGB, oder

– durch ein Anerkenntnis, dass ein Schuldverhältnis nicht besteht, negatives Schuldanerkenntnis nach § 397 Abs. 2 BGB, BFH, Urt. v. 27.1.1998 – VIII R 64/96, BStBl. II 1998, 537.

[4] Voraussetzungen für die Annahme eines im Sinne dieses BMF-Schreibens begünstigten Sanierungsgewinns sind die Sanierungsbedürftigkeit und Sanierungsfähigkeit des Unternehmens, die Sanierungseignung des Schulderlasses und die Sanierungsabsicht der Gläubiger. Liegt ein Sanierungsplan vor, kann davon ausgegangen werden, dass diese Voraussetzungen erfüllt sind.

[5] Unter den in Rn. 4 genannten Voraussetzungen führt auch der Forderungsverzicht eines Gläubigers gegen Besserungsschein zu einem begünstigten Sanierungsgewinn. Tritt der Besserungsfall ein, so dass der Schuldner die in der Besserungsvereinbarung festgelegten Zahlungen an den Gläubiger leisten muss, ist der Abzug dieser Aufwendungen als Betriebsausgaben entsprechend den Rechtsgrundsätzen des § 3c Abs. 1 EStG ausgeschlossen. Insoweit verringert sich allerdings nachträglich der Sanierungsgewinn. Die vor Eintritt des Besserungsfalls auf den nach Verlustverrechnungen verbleibenden Sanierungsgewinn entfallende Steuer ist zunächst über den für den Eintritt des Besserungsfalles maßgeblichen Zeitpunkt hinaus zu stunden, vgl. Rn. 7 ff.

[6] Wird der Gewinn des zu sanierenden Unternehmens gesondert festgestellt, erfolgt die Ermittlung des Sanierungsgewinns im Sinne der Rn. 3 bis 5 durch das Betriebsfinanzamt. Das sich daran anschließende Stundungs- und Erlassverfahren (Rn. 7 ff.) erfolgt durch das jeweilige Wohnsitzfinanzamt. Auf Beispiel 2 in Rn. 8 wird hingewiesen.

III. Steuerstundung und Steuererlass aus sachlichen Billigkeitsgründen

[7] Zum 1.1.1999 ist die InsO v. 5.10.1994, BGBl. I 1994, 2866, zuletzt geändert durch das Gesetz zur Einführung des Euro in Rechtspflegegesetzen und in Gesetzen des Straf- und Ordnungswidrigkeitenrechts, zur Änderung der Mahnvordruckverordnungen sowie zur Änderung weiterer Gesetze v. 13.12.2001, BGBl. I 2001, 3574, in Kraft getreten. Die InsO hat die bisherige Konkurs- und Vergleichsordnung (alte Bundesländer) sowie die Gesamtvollstreckungsordnung (neue Bundesländer) abgelöst. Die InsO verfolgt als wesentliche Ziele die bessere Abstimmung von Liquidations- und Sanierungsverfahren, die innerdeutsche Vereinheitlichung des Insolvenzrechts, die Förderung der außergerichtlichen Sanierung, die Stärkung der Gläubigerautonomie sowie die Einführung einer gesetzlichen Schuldenbefreiung für den redlichen Schuldner. Die Besteuerung von Sanierungsgewinnen nach Streichung des § 3 Nr. 66 EStG, zuletzt idF der Bekanntmachung vom 16.4.1997, BGBl. I 1997, 821, ab dem 1.1.1998 steht mit der neuen InsO im Zielkonflikt.

[8] Die Erhebung der Steuer auf einen nach Ausschöpfen der ertragsteuerrechtlichen Verlustverrechnungsmöglichkeiten verbleibenden Sanierungsgewinn im Sinne der Rn. 3 bis 5 bedeutet für den Steuerpflichtigen aus sachlichen Billigkeitsgründen eine erhebliche Härte. Die entsprechende Steuer ist daher auf Antrag des Steuerpflichtigen nach § 163 AO abweichend festzusetzen (Satz 3 ff.) und nach § 222 AO mit dem Ziel des späteren Erlasses (§ 227 AO) zunächst unter Widerrufsvorbehalt ab Fälligkeit (AEAO, StEK AO 1977 Vor § 1 Nr. 42 Zu § 240 Nr. 6a) zu stunden, vgl. Rn. 9 bis 11. Zu diesem Zweck sind die Besteuerungsgrundlagen in der Weise zu ermitteln, dass Verluste/negative Einkünfte unbeschadet von Ausgleichs- und Verrechnungsbeschränkungen (insbesondere nach § 2 Abs. 3, § 2a, § 2b, § 10d, § 15 Abs. 4, § 15a, § 23 Abs. 3 EStG) für

die Anwendung dieses BMF-Schreibens im Steuerfestsetzungsverfahren bis zur Höhe des Sanierungsgewinns vorrangig mit dem Sanierungsgewinn verrechnet werden. Die Verluste/negativen Einkünfte sind insoweit aufgebraucht; sie gehen daher nicht in den nach § 10d Abs. 4 EStG festzustellenden verbleibenden Verlustvortrag oder den nach § 15a Abs. 4 und 5 EStG festzustellenden verrechenbaren Verlust ein. Das gilt auch bei späteren Änderungen der Besteuerungsgrundlagen, z.B. aufgrund einer Betriebsprüfung, sowie für später entstandene Verluste, die im Wege des Verlustrücktrags berücksichtigt werden können; insoweit besteht bei Verzicht auf Vornahme des Verlustrücktrags (§ 10d Abs. 1 Sätze 7 und 8 EStG) kein Anspruch auf die Gewährung der Billigkeitsmaßnahme. Die Festsetzung nach § 163 AO und die Stundung nach § 222 AO sind entsprechend anzupassen. Sollte der Steuerpflichtige sich gegen die vorgenommene Verlustverrechnung im Festsetzungsverfahren wenden und die Verrechnung mit anderen Einkünften oder die Feststellung eines verbleibenden Verlustvortrags (§ 10d Abs. 4 EStG) begehren, ist darin die Rücknahme seines Erlassantrags zu sehen mit der Folge, dass die Billigkeitsmaßnahme keine Anwendung findet.

Beispiel 1:

Einzelunternehmen; Gewinn aus Gewerbebetrieb		1 500 000 Euro
(darin enthalten: Verlust aus laufendem Geschäft	- 500 000 Euro	
Sanierungsgewinn	2 000 000 Euro)	
Verrechenbare Verluste/negative Einkünfte: Negative Einkünfte aus Vermietung und Verpachtung (V+V)		- 250 000 Euro
Verlustvortrag aus dem Vorjahr aus V+V		- 350 000 Euro
aus Gewerbebetrieb		- 600 000 Euro
aus einem Verlustzuweisungsmodell im Sinne des § 2b EStG		- 100 000 Euro

Der Unternehmer beantragt den Erlass der auf den Sanierungsgewinn entfallenden Steuern.

Es ergibt sich folgende Berechnung:

Sanierungsgewinn	2 000 000 Euro
./. Verlust aus laufendem Geschäft	- 500 000 Euro
./. Negative Einkünfte aus V+V	- 250 000 Euro
./. Verlustvortrag aus dem Vorjahr (insgesamt)	- 1 050 000 Euro
Nach Verrechnung mit den Verlusten/negativen Einkünften verbleibender zu versteuernder Sanierungsgewinn	200 000 Euro

Bei Vorliegen der in Rn. 3 bis 5 genannten Voraussetzungen ist die Steuer auf diesen verbleibenden Sanierungsgewinn unter Widerrufsvorbehalt ab Fälligkeit zu stunden.

Aus dem folgenden Verlanlagungszeitraum ergibt sich ein Verlustrücktrag, der sich wie folgt zusammensetzt:

Negative Einkünfte aus Gewerbebetrieb	- 80 000 Euro
Negative Einkünfte nach § 2b EStG	- 20 000 Euro
	- 100 000 Euro

Die Stundung ist entsprechend anzupassen.

Beispiel 2:

Die AB-KG (Komplementär A, Gewinn- und Verlustbeteiligung 75 %, Kommanditist B, Gewinn- und Verlustbeteiligung 25 %) erzielt im VZ 02 neben einem Verlust aus dem laufenden Geschäft i.H.v. 500 000 Euro einen Sanierungsgewinn i.H.v. 2 000 000 Euro. Aus der Beteiligung an der C-KG werden dem B negative Einkünfte i.S.d. § 2b EStG i.H.v. 100 000 Euro zugerechnet. B beantragt den Erlass der auf den Sanierungsgewinn entfallenden Steuern.

Gesonderte Feststellung des AB-KG:

Einkünfte aus Gewerbebetrieb (2 000 000 Euro – 500 000 Euro =)		1 500 000 Euro
davon B (25 %)		375 000 Euro
(nachrichtlich: Sanierungsgewinn	2 000 000 Euro	
davon B (25 %)	500 000 Euro)	

Das Betriebsfinanzamt stellt den Gewinn (1 500 000 Euro) gesondert fest und nimmt die Verteilung auf die einzelnen Gesellschafter vor. Zusätzlich teilt es nachrichtlich die Höhe des Sanierungsgewinns (2 000 000 Euro) sowie die entsprechend anteilige Verteilung auf die Gesellschafter mit. Darüber hinaus teilt es mit, dass es sich um einen Sanierungsgewinn im Sinne der Rn. 3 bis 5 dieses Schreibens handelt.

Einkommensteuerveranlagung des B:

Einkünfte aus Gewerbebetrieb aus dem Anteil an der AB-KG	375 000 Euro
darin enthalten: Sanierungsgewinn 500 000 Euro ./. negative Einkünfte im Sinne des § 2b EStG	- 100 000 Euro
Nach Verrechnung mit den Verlusten/negativen Einkünften verbleibender zu versteuernder Sanierungsgewinn	275 000 Euro

Das Wohnsitzfinanzamt stundet unter Widerrufsvorbehalt ab Fälligkeit die anteilig auf den verbleibenden zu versteuernden Sanierungsgewinn von 275 000 Euro entfallende Steuer. Soweit B in späteren Veranlagungszeiträumen positive Einkünfte aus der Beteiligung an der C-KG erzielt, sind diese bei der Veranlagung anzusetzen; eine Verrechnung mit den negativen Einkünften im Sinne des § 2b EStG aus Veranlagungszeitraum 02 ist nicht möglich, da diese bereits mit dem Sanierungsgewinn steuerwirksam verrechnet worden sind.

[9] Zahlungen auf den Besserungsschein nach Rn. 5 vermindern nachträglich den Sanierungsgewinn. Entsprechend verringert sich die zu stundende/zu erlassende Steuer.

Beispiel 3:

Veranlagungszeitraum 01

Gläubigerverzicht gegen Besserungsschein auf eine Forderung in Höhe von	1 500 000 Euro
Sanierungsgewinn nach Verlustverrechnungen	1 000 000 Euro
Laufender Gewinn	0 Euro

Bei einem angenommenen Steuersatz in Höhe von 25 v.H. ergibt sich eine zu stundende Steuer von 250 000 Euro.

Veranlagungszeitraum 02

Laufender Gewinn	300 000 Euro
Zahlung an den Gläubiger aufgrund Besserungsschein in Höhe von	100 000 Euro

ist keine Betriebsausgabe. Daher bleibt es bei einem zu versteuernden Gewinn in Höhe von 300 000 Euro.

Das Schreiben ist in allen Fällen anzuwenden, für die die Regelung des § 3 Nr. 66 EStG i.d.F. der Bekanntmachung v. 16.4.1997, BGBl. I 1997, 821, nicht mehr gilt. Eine Stundung oder ein Erlass aus persönlichen Billigkeitsgründen bleibt unberührt.

V. Aufhebung der Mitwirkungspflichten

[14] Die mit BMF, Schr. v. 2.1.2002 – IV D 2 - S 0457 – 1/02, BStBl. I 2002, 61 = StEK AO 1977 § 227 Nr. 161 vorgesehenen Mitwirkungspflichten des BMF gelten nicht für Fälle der Anwendung dieses BMF-Schreibens. Allerdings sind diese Fälle, soweit sie die im BMF, Schr. v. 2.1.2002 – IV D 2 - S 0457 – 1/02 genannten Betrags- oder Zeitgrenzen übersteigen, dem BMF mitzuteilen.

VI. Gewerbesteuerliche Auswirkungen

[15] Für Stundung und Erlass der Gewerbesteuer ist die jeweilige Gemeinde zuständig. Spricht die Gemeinde Billigkeitsmaßnahmen aus, ist die Steuerermäßigung bei Einkünften aus Gewerbebetrieb (§ 35 EStG) entsprechend zu mindern.

3. Allgemeine Verwaltungsvorschrift über die Durchführung der Vollstreckung nach der Abgabenordnung (VollstrA)

v. 13.3.1980, BStBl. I 1980, 112, geändert durch Verwaltungsvorschriften v. 19.3.1987, BStBl. I 1987, 370, v. 21.4.1992, BStBl. I 1992, 283, v. 5.7.1996, BStBl. I 1996, 1114, v. 18.9.2001, BStBl. I 2001, 605, v. 23.10.2003, BStBl. I 2003, 542, v. 22.1.2008, BStBl. I 2008, 274 und v. März 2011, BR-Drs. 826/10, Zustimmung des BR am 11.2.2011, BR-Drs. 826/10 (B).

Inhaltsübersicht

Erster Teil Allgemeine Vorschriften

Allgemeines

1. Anwendungsbereich
2. Vollstreckungsbehörden
3. Vollstreckungsschuldner

Vollstreckbarkeit von Verwaltungsakten

4. Vollstreckbarkeit von Verwaltungsakten

Einstellung, Beschränkung, Aufhebung und Unbilligkeit der Vollstreckung

5. Einstellung und Beschränkung der Vollstreckung
6. Aufhebung von Vollstreckungsmaßnahmen
7. Unbilligkeit der Vollstreckung

Vollstreckungsersuchen

8. Amtshilfe
9. Ausführung von Vollstreckungsersuchen
10. Zwischenstaatliche Vollstreckungshilfe

Einwendungen gegen die Vollstreckung, Rechtsbehelfe

11. Einwendungen gegen die Vollstreckung
12. Rechtsbehelfsverfahren
13. Rechte Dritter

Niederschlagung

14. Niederschlagung
15. Entscheidung über die Niederschlagung
16. Anzeige der Niederschlagung
17. Überwachung der Niederschlagung

Vollstreckung gegen juristische Personen des öffentlichen Rechts

18. Vollstreckung gegen juristische Personen des öffentlichen Rechts

Zweiter Teil Anordnung und Durchführung der Vollstreckung

Allgemeines

19. Voraussetzungen für den Beginn der Vollstreckung
20. Vorbereitung der Vollstreckung
21. Anfechtung außerhalb des Insolvenzverfahrens
22. Anordnung der Vollstreckung
23. Einleitung der Vollstreckung
24. Ausführung der Vollstreckung durch Vollziehungsbeamte
25. Ausführung der Vollstreckung durch die Vollstreckungsstelle
26. Vollstreckungs- und Insolvenzantrag

Vollstreckung gegen Ehegatten, Nießbraucher, Erben, nichtrechtsfähige Personenvereinigungen

27. Vollstreckung gegen Ehegatten
28. Vollstreckung in Nießbrauch an einem Vermögen
29. Vollstreckung in einen Nachlass und gegen Erben; Grundsatz
30. Vollstreckung in den Nachlass vor und nach Annahme der Erbschaft
31. Beschränkung der Haftung des Erben und des Vermächtnisnehmers
32. (weggefallen)
33. Vollstreckung gegen eine nichtrechtsfähige Personenvereinigung

Dritter Teil Vollstreckung in das bewegliche und unbewegliche Vermögen

Vollstreckung in Sachen

34. Vollstreckungsauftrag
35. Vollstreckung in bewegliche Sachen
36. Verwertung gepfändeter Sachen
37. Verwertung gepfändeter Wertpapiere
38. Verwertung von Kostbarkeiten
39. Besondere Verwertung
40. Aussetzung der Verwertung gepfändeter Sachen

Vollstreckung in Forderungen und andere Vermögensrechte

41. Pfändung und Einziehung einer Geldforderung
42. Pfändung und Einziehung eines Herausgabeanspruchs und anderer Vermögensrechte
43. Pfändung einer durch Hypothek gesicherten Forderung
44. Weiteres Verfahren bei der Pfändung von Forderungen

Vollstreckung in das unbewegliche Vermögen

45. Gegenstand und Voraussetzung der Vollstreckung in das unbewegliche Vermögen
46. Verfahren
47. Verfahren in Erbfällen
48. Verfahren bei nachfolgendem Eigentumswechsel

49. Rechtsmittel gegen Entscheidungen des Grundbuchamts und des Vollstreckungsgerichts
50. Behandlung öffentlicher Lasten bei der Zwangsversteigerung oder Zwangsverwaltung
51. Versteigerungstermin

Eidesstattliche Versicherung

52. Eidesstattliche Versicherung
53. Eidesstattliche Versicherung in anderen Fällen

Vierter Teil Arrest

54. Dinglicher Arrest
55. Vollziehung des Arrestes
56. Persönlicher Sicherheitsarrest

Fünfter Teil Insolvenzverfahren

57. Verfahrensarten
58. Eröffnungsantrag der Vollstreckungsbehörde
59. Kostenvorschuss
60. Steuerforderungen im Insolvenzverfahren
61. Insolvenzplan
62. Gläubigerausschuss
63. Verbraucherinsolvenzverfahren
64. Restschuldbefreiung

Sechster Teil Löschung, gewerbe- und berufsrechtliche Verfahren, Maßnahmen nach dem Pass- sowie Aufenthaltsgesetz, Abmeldung von Fahrzeugen von Amts wegen

65. Löschung im Handelsregister oder im Genossenschaftsregister
66. Gewerbe- und berufsrechtliche, pass- und ausländerrechtliche Maßnahmen
67. Abmeldung von Fahrzeugen von Amts wegen

Siebenter Teil Schlussvorschriften

68. Inkrafttreten

Erster Teil Allgemeine Vorschriften
Allgemeines

1. Anwendungsbereich

(1) ¹Die Vollstreckungsanweisung gilt für das Vollstreckungsverfahren der Bundes- und Landesfinanzbehörden. ²In gerichtlichen Vollstreckungsverfahren ist die Vollstreckungsanweisung nicht anzuwenden.

(2) ¹Die Vollstreckungsanweisung gilt namentlich für die Vollstreckung von

1. Steuern einschließlich Zöllen und Abschöpfungen (§ 3 Abs. 1 AO) sowie Steuervergütungen,

2. steuerlichen Nebenleistungen (§ 3 Abs. 4 AO),

3. vom Vollstreckungsschuldner zurückzuzahlenden Beträgen, die ihm ohne rechtlichen Grund erstattet oder vergütet worden sind (§ 37 Abs. 2 AO),

4. Geldbußen (§§ 377 bis 383, § 412 Abs. 2 AO),

5. Ordnungsgeldern und

6. Kosten des Bußgeldverfahrens (§ 412 Abs. 2 AO).

²Für die Vollstreckung der in Satz 1 Nr. 4 bis 6 bezeichneten Geldleistungen gelten die Vorschriften der Vollstreckungsanweisung nur, soweit sich aus dem Gesetz nichts anderes ergibt (vgl. §§ 89 bis 104 OWiG i.V.m. § 412 Abs. 2 AO; Art. 7, 8 und 9 Abs. 2 EGStGB).

(3) Über die Ausführung der Vollstreckung durch Vollziehungsbeamte enthält die allgemeine Verwaltungsvorschrift für Vollziehungsbeamte der Finanzverwaltung (Vollziehungsanweisung) nähere Bestimmungen.

2. Vollstreckungsbehörden

Vollstreckungsbehörden sind die Finanzämter und die Hauptzollämter (§ 249 Abs. 1 Satz 3 AO).

3. Vollstreckungsschuldner

(1) Als Vollstreckungsschuldner im Sinne dieser Bestimmungen gilt derjenige, gegen den sich ein Vollstreckungsverfahren tatsächlich richtet, unabhängig davon, ob seine Inanspruchnahme zu Recht erfolgt (§ 253 AO).

(2) ¹Das Vollstreckungsverfahren kann sich auch gegen denjenigen richten, der kraft Gesetzes, z.B. nach den §§ 69 bis 75 der Abgabenordnung, dem § 2382 des Bürgerlichen Gesetzbuches, den §§ 25, 128 des Handelsgesetzbuches oder nach den Einzelsteuergesetzen, für eine Steuer haftet und durch Haftungsbescheid in Anspruch genommen worden ist (§ 191 Abs. 1 AO). ²Wer sich auf Grund eines Vertrages verpflichtet hat, für die Steuer eines anderen einzustehen, kann nur nach den Vorschriften des bürgerlichen Rechts in Anspruch genommen werden (§ 192 AO).

(3) Vollstreckungsschuldner ist auch derjenige, der kraft Gesetzes verpflichtet ist, die Vollstreckung zu dulden und durch Duldungsbescheid in Anspruch genommen wor-

den ist (§§ 77, 191 Abs. 1 AO); z.B. Ehegatten (Abschnitt 27), Nießbraucher (Abschnitt 28), Erben (Abschnitte 29 bis 31) und Rechtsnachfolger i.S.d. § 323 der Abgabenordnung.

Vollstreckbarkeit von Verwaltungsakten

4. Vollstreckbarkeit von Verwaltungsakten

[1]Verwaltungsakte können vollstreckt werden, soweit nicht ihre Vollziehung ausgesetzt ist (§ 251 Abs. 1 AO). [2]In Insolvenzverfahren (Abschnitt 57 bis 64) ist § 251 Abs. 2, 3 der Abgabenordnung zu beachten.

Einstellung, Beschränkung, Aufhebung und Unbilligkeit der Vollstreckung

5. Einstellung und Beschränkung der Vollstreckung

(1) Die Vollstreckung ist nach § 257 der Abgabenordnung einzustellen oder zu beschränken, sobald

1. die Vollstreckbarkeitsvoraussetzung des § 251 Abs. 1 der Abgabenordnung weggefallen ist,

2. der Verwaltungsakt, aus dem vollstreckt wird, aufgehoben wird,

3. der Anspruch auf die Leistung erloschen ist, z.B. durch Zahlung, Aufrechnung, Erlass, Verjährung (§ 47 AO),

4. die Leistung gestundet worden ist (§ 222 AO).

(2) [1]In den Fällen des Abs. 1 Nr. 2 und 3 sind bereits getroffene Vollstreckungsmaßnahmen aufzuheben. [2]Ist der Verwaltungsakt durch eine gerichtliche Entscheidung aufgehoben worden, so gilt dies nur, soweit die Entscheidung unanfechtbar geworden ist und nicht auf Grund der Entscheidung ein neuer Verwaltungsakt zu erlassen ist. [3]Ist die Leistung gestundet oder die Vollziehung eines angefochtenen Verwaltungsaktes ausgesetzt worden, bleiben die Vollstreckungsmaßnahmen bestehen, soweit nicht ihre Aufhebung ausdrücklich angeordnet oder die Rückwirkung der Aufhebung der Vollziehung verfügt worden ist. [4]Bleiben Vollstreckungsmaßnahmen bestehen, unterbleiben für die Dauer einer Stundung oder Aussetzung der Vollziehung weitere Maßnahmen zur Durchführung der Vollstreckung, wie z.B. die Verwertung gepfändeter Sachen.

(3) [1]Ist die Aufteilung einer Gesamtschuld nach den §§ 268 bis 280 der Abgabenordnung beantragt worden, dürfen Vollstreckungsmaßnahmen, solange über den Antrag durch die für die Steuerfestsetzung zuständige Stelle nicht unanfechtbar entschieden worden ist, nur insoweit durchgeführt werden, als dies zur Sicherung des Anspruchs erforderlich ist. [2]Sicherungsmaßnahmen können gegen jeden der Schuldner wegen des Gesamtanspruchs ergriffen werden. [3]Nach der Aufteilung darf die Vollstreckung nur nach Maßgabe der auf die einzelnen Schuldner entfallenden Beträge durchgeführt werden (§ 278 Abs. 1 AO), soweit nicht nach § 278 Abs. 2 der Abgabenordnung eine weitergehende Inanspruchnahme möglich ist.

(4) ¹Hat der Vollstreckungsschuldner wegen Rückständen, die der Vollstreckungsstelle bereits mitgeteilt worden sind, Stundung (§ 222 AO), Erlass (§ 227 AO) oder Aussetzung der Vollziehung (§ 361 AO, § 69 Abs. 2 FGO) beantragt, soll über die Anträge unverzüglich entschieden werden. ²Die für die Entscheidung über den Antrag zuständige Stelle soll die Vollstreckungsstelle über das Vorliegen des Antrags unterrichten – soweit der Antrag der Vollstreckungsstelle nicht bereits bekannt ist – und sich zu den Erfolgsaussichten des Antrags äußern. ³Hat der Vollstreckungsschuldner bei Gericht Antrag auf vorläufigen Rechtsschutz gestellt (§ 69 Abs. 3, § 114 FGO), hat die Vollstreckungsstelle mit dem Gericht wegen des weiteren Vorgehens Verbindung aufzunehmen. ⁴Die Vollstreckungsstelle hat sodann zu entscheiden, ob Vollstreckungsmaßnahmen eingeleitet oder bereits begonnene Vollstreckungsverfahren eingestellt, beschränkt oder fortgeführt werden sollen. ⁵Das Vollstreckungsverfahren ist einzuleiten oder fortzuführen, wenn die Anträge aussichtslos erscheinen, wenn sie offensichtlich nur den Zweck verfolgen, das Vollstreckungsverfahren hinauszuschieben oder wenn Gefahr im Verzug besteht; entsprechendes gilt, wenn bei Gericht Antrag auf vorläufigen Rechtsschutz gestellt worden ist (§§ 69, 114 FGO).

6. Aufhebung von Vollstreckungsmaßnahmen

(1) Soweit nach Abschnitt 5 Abs. 2 bereits getroffene Vollstreckungsmaßnahmen aufzuheben sind, ist im einzelnen wie folgt zu verfahren:

1. Pfändungen (Sachpfändungen, Pfändungen von Forderungen und anderen Vermögensrechten) sind aufzuheben.

2. Ist dem Vollziehungsbeamten Vollstreckungsauftrag erteilt worden (vgl. Abschnitt 34), ist er anzuweisen, keine weiteren Vollstreckungsmaßnahmen mehr zu ergreifen.

3. Der Antrag auf Eintragung einer Sicherungshypothek (Abschnitte 45 bis 47) ist durch schriftliche Erklärung gegenüber dem Grundbuchamt zurückzunehmen, wenn die Sicherungshypothek noch nicht eingetragen ist (§§ 29, 31 GBO). Ist die Sicherungshypothek bereits eingetragen, bleibt es dem Grundstückseigentümer überlassen, das Grundbuch berichtigen zu lassen. Dem Vollstreckungsschuldner oder einem anderen Berechtigten, z.B. einem Dritten, auf den durch Entrichtung des beizutreibenden Betrages der Anspruch des Gläubigers gem. §§ 268, 1150 des Bürgerlichen Gesetzbuches übergegangen ist, ist eine Zahlungsbestätigung und löschungsfähige Quittung oder Löschungsbewilligung zu erteilen.

4. Der Antrag auf Zwangsversteigerung oder Zwangsverwaltung (Abschnitte 45 bis 48) ist durch schriftliche Erklärung gegenüber dem Vollstreckungsgericht, durch mündliche Erklärung im Versteigerungstermin (zur Aufnahme in die Sitzungsniederschrift) oder zu Protokoll des Urkundsbeamten des Vollstreckungsgerichts zurückzunehmen. Der Antrag auf Zwangsversteigerung kann bis zur Erteilung des Zuschlags, der Antrag auf Zwangsverwaltung kann jederzeit zurückgenommen werden. Der Insolvenzantrag (Abschnitt 58) ist – im Hinblick auf die Kostenfolge (§ 91a ZPO) – schriftlich gegenüber dem Insolvenzgericht für erledigt zu erklären. Der Insolvenzantrag kann nicht mehr für erledigt erklärt werden, wenn das Ge-

richt den Beschluss über die Eröffnung verkündet, einem Beteiligten zugestellt oder öffentlich bekannt gemacht hat.

(2) ¹Sind die Voraussetzungen für eine Aufhebung oder Beschränkung der Vollstreckung nur zum Teil gegeben, so sind die Vollstreckungsmaßnahmen entsprechend zu beschränken. ²In den Fällen des Abs. 1 Nr. 3 ist ein Eintragungsantrag immer zurückzunehmen, wenn der verbleibende Betrag siebenhundertfünfzig Euro nicht übersteigt (vgl. § 866 Abs. 3 ZPO).

7. Unbilligkeit der Vollstreckung

(1) ¹Soweit im Einzelfall die Vollstreckung unbillig ist, kann die Vollstreckungsbehörde die Vollstreckung über die in den Abschnitten 5, 6 gezogenen Grenzen hinaus einstweilen einstellen, beschränken oder eine Vollstreckungsmaßnahme aufheben (§ 258 AO). ²Die Entscheidung hierüber ist von der Vollstreckungsbehörde nach pflichtgemäßem Ermessen (§ 5 AO) zu treffen. ³Die Einstellung oder Beschränkung ist nicht von einem Antrag des Vollstreckungsschuldners abhängig.

(2) ¹Unbilligkeit i.S.d. Abs. 1 ist anzunehmen, wenn die Vollstreckung oder eine einzelne Vollstreckungsmaßnahme dem Vollstreckungsschuldner einen unangemessenen Nachteil bringen würde, der durch kurzfristiges Zuwarten oder durch eine andere Vollstreckungsmaßnahme vermieden werden könnte. ²Nachteile, die üblicherweise mit der Vollstreckung oder der einzelnen Vollstreckungsmaßnahme verbunden sind, begründen keine Unbilligkeit.

(3) ¹Bei Maßnahmen nach Abs. 1 Satz 1 sind grundsätzlich Säumniszuschläge weiter zu erheben. ²Wird die Maßnahme dem Vollstreckungsschuldner mitgeteilt, so ist er hierauf hinzuweisen.

Vollstreckungsersuchen

8. Amtshilfe

(1) ¹Wird die Ausführung von Vollstreckungsmaßnahmen außerhalb der örtlichen Zuständigkeit der Vollstreckungsbehörde erforderlich, so ist die örtlich zuständige Vollstreckungsbehörde um die Durchführung zu ersuchen. ²Das gleiche gilt für Maßnahmen, die nicht Vollstreckungshandlungen sind, aber mit der Vollstreckung im Zusammenhang stehen, z.B. die Vernehmung von Auskunftspersonen. ³Unberührt bleiben die Vorschriften der §§ 111 bis 115 der Abgabenordnung über die Rechts- und Amtshilfe sowie entsprechende bundes- und landesrechtliche Regelungen, soweit Geldleistungen, die nicht auf Grund von Steuergesetzen gefordert werden, von den Finanzämtern oder Hauptzollämtern als Vollstreckungsbehörden zu vollstrecken sind.

(2) ¹Amtshilfe kommt regelmäßig in Betracht, wenn in bewegliche Sachen außerhalb der örtlichen Zuständigkeit der Vollstreckungsbehörde vollstreckt werden soll. ²Bei der Vollstreckung in Forderungen, andere Vermögensrechte und in das unbewegliche Vermögen soll um Amtshilfe nur ersucht werden, wenn dies nach Sachlage geboten erscheint.

(3) ¹Bei Gefahr im Verzug kann die Vollstreckungsbehörde auch ohne Ersuchen tätig werden. ²Die örtlich zuständige Vollstreckungsbehörde ist hiervon unverzüglich zu unterrichten (§ 29 AO).

(4) ¹Das Ersuchen um Amtshilfe soll von der Vollstreckungsbehörde schriftlich gestellt werden. ²Bei Gefahr im Verzug kann das Ersuchen auch mündlich erfolgen. ³In diesem Fall ist das Ersuchen jedoch unverzüglich schriftlich zu bestätigen. ⁴Das Ersuchen kann auf eine bestimmte, genau zu bezeichnende Maßnahme beschränkt werden. ⁵Wird das Ersuchen lediglich aus Zweckmäßigkeitsgründen gestellt, ist dies besonders zu begründen. ⁶Im übrigen soll das Ersuchen die in Abschnitt 34 Abs. 2 Nr. 1 bis 8 und 11 genannten Angaben enthalten. ⁷Die Vollstreckbarkeit des Anspruchs ist zu bestätigen.

(5) Vollstreckungsersuchen der Vollstreckungsbehörden sollen nicht gestellt werden, wenn die Summe der rückständigen Beträge weniger als fünfundzwanzig Euro beträgt.

9. Ausführung von Vollstreckungsersuchen

(1) ¹Soweit eine Vollstreckungsbehörde auf Ersuchen einer anderen Vollstreckungsbehörde Vollstreckungsmaßnahmen ausführt, tritt sie an die Stelle der anderen Vollstreckungsbehörde. ²Die ersuchte Vollstreckungsbehörde hat die Vollstreckung im eigenen Namen zu betreiben. ³Pfändungspfandrechte werden von der Körperschaft erworben, der die ersuchte Vollstreckungsbehörde angehört. ⁴Für die Vollstreckbarkeit des Anspruchs bleibt die ersuchende Vollstreckungsbehörde verantwortlich (§ 250 Abs. 1 AO). ⁵Sind die Voraussetzungen für eine Einstellung oder Beschränkung der Vollstreckung nach Abschnitt 5 gegeben, ist dies der ersuchten Vollstreckungsbehörde unverzüglich mitzuteilen.

(2) ¹Hält sich die ersuchte Vollstreckungsbehörde für unzuständig oder hält sie die Handlung, um die sie ersucht worden ist, für unzulässig oder unzweckmäßig, teilt sie ihre Bedenken der ersuchenden Vollstreckungsbehörde mit. ²Kommt zwischen den Vollstreckungsbehörden eine Einigung nicht zustande, entscheidet die Aufsichtsbehörde der ersuchten Vollstreckungsbehörde (§ 250 Abs. 2 AO). ³Steht zweifelsfrei fest, dass für die Durchführung des Vollstreckungsersuchens eine andere als die ersuchte Vollstreckungsbehörde zuständig ist, ist das Vollstreckungsersuchen an die zuständige Vollstreckungsbehörde weiterzuleiten. ⁴Die ersuchende Vollstreckungsbehörde ist über die Abgabe zu unterrichten.

10. Zwischenstaatliche Vollstreckungshilfe

¹Die Erledigung zwischenstaatlicher Rechts- und Amtshilfeersuchen ist in § 117 der Abgabenordnung geregelt. ²Vollstreckungsersuchen anderer Staaten sind nach den Vorschriften der Abgabenordnung zu erledigen, soweit die Voraussetzungen für die Gewährung von Amtshilfe gegeben sind.

Einwendungen gegen die Vollstreckung, Rechtsbehelfe

11. Einwendungen gegen die Vollstreckung

(1) ¹Die Durchführung der Vollstreckung wird nicht dadurch gehindert, dass der Vollstreckungsschuldner Einwendungen gegen den zu vollstreckenden Verwaltungs-

akt, z.B. gegen die Steuerfestsetzung, erhebt. ²Einwendungen dieser Art sind außerhalb des Vollstreckungsverfahrens mit den hierfür zugelassenen Rechtsbehelfen zu verfolgen (§ 256 AO).

(2) ¹Bei Einwendungen gegen die Zulässigkeit der Vollstreckung selbst ist die Vollstreckung gegebenenfalls nach Maßgabe des Abschnitts 5 einzustellen oder zu beschränken, wenn die Voraussetzungen hierfür nachgewiesen werden. ²Kann der Nachweis nicht geführt werden, ist die Vollstreckung in der Regel fortzusetzen. ³Der Vollstreckungsschuldner kann gegebenenfalls außerhalb des Vollstreckungsverfahrens den Erlass eines Verwaltungsaktes nach § 218 Abs. 2 der Abgabenordnung beantragen.

(3) ¹Abs. 2 gilt entsprechend, wenn der Steuerpflichtige gegen den zu vollstreckenden Anspruch die Aufrechnung erklärt. ²Die Aufrechnung ist nur zulässig mit unbestrittenen oder rechtskräftig festgestellten fälligen Gegenansprüchen (§ 226 Abs. 3 AO). ³Das Erfordernis der Kassengleichheit (§ 395 BGB) findet keine Anwendung. ⁴Besteht keine Kassengleichheit, ist die Behörde, die den geschuldeten Betrag auszuzahlen hat, um Auskunft zu ersuchen, ob der Anspruch des Steuerpflichtigen unbestritten oder rechtskräftig festgestellt und fällig ist. ⁵Will der Steuerpflichtige mit einer noch nicht fälligen, aber in Kürze fällig werdenden Gegenforderung aufrechnen, ist in der Regel zu prüfen, ob die Vollstreckung einstweilen einzustellen oder zu beschränken ist (vgl. Abschnitt 7). ⁶Wegen der Aufrechnung gegenüber dem Steuerpflichtigen wird auf Abschnitt 22 Abs. 4 hingewiesen.

(4) Ist die Vollziehung des Verwaltungsaktes gegen Sicherheitsleistung ausgesetzt, ist die Vollstreckung in der Regel erst einzustellen oder zu beschränken, wenn die Leistung der Sicherheit nachgewiesen ist.

12. Rechtsbehelfsverfahren

(1) Bei Streitigkeiten wegen Vollstreckungsmaßnahmen sind die Rechtsbehelfe der Abgabenordnung und der Finanzgerichtsordnung gegeben, soweit nichts anderes bestimmt ist.

(2) ¹Rechtsbehelf gegen Maßnahmen der Vollstreckung ist vorbehaltlich des Abschnitts 13 der Einspruch (§ 347 AO). ²Er ist unzulässig vor Beginn und nach Beendigung der Vollstreckungsmaßnahme, gegen die er sich richtet. ³Auf die Bestimmungen der Abschnitte 22 Abs. 5 und 34 Abs. 5 Satz 2 wird hingewiesen.

(3) ¹Zur Einlegung des Einspruchs ist nur befugt, wer geltend macht, durch eine Vollstreckungsmaßnahme beschwert zu sein. ²Durch Einlegung des Einspruchs wird die Vollstreckung vorbehaltlich des Abschnitts 52 Abs. 3 Satz 1 Nr. 2 nicht gehemmt.

13. Rechte Dritter

(1) ¹Über Einwendungen Dritter nach §§ 262, 293 der Abgabenordnung hat die Vollstreckungsstelle unverzüglich zu entscheiden. ²Gibt die Vollstreckungsstelle den Einwendungen nicht statt, soll sie auf die Möglichkeit der Klage vor den ordentlichen Gerichten hinweisen.

(2) ¹Für die Klage ist ausschließlich das ordentliche Gericht zuständig, in dessen Bezirk die Vollstreckung erfolgt (§ 262 Abs. 3 AO). ²Bei der Pfändung einer Forderung oder eines sonstigen Vermögensrechts richtet sich die Zuständigkeit nach dem Sitz der pfändenden Vollstreckungsbehörde. ³Bei der Vollstreckung in das unbewegliche Vermögen ist das Gericht der belegenen Sache zuständig.

(3) ¹Die Vollstreckung wird durch Einwendungen und durch Klage nach Abs. 1 und 2 nicht gehemmt. ²Das Prozessgericht kann die Einstellung der Vollstreckung und die Aufhebung von Vollstreckungsmaßnahmen nach §§ 769, 770 der Zivilprozessordnung einstweilig anordnen (§ 262 Abs. 2 AO).

(4) ¹Besteht das Recht des Dritten in einem Pfand- oder Vorzugsrecht an einer Sache, die nicht in seinem Besitz ist, kann er der Pfändung nicht widersprechen, sondern lediglich vorzugsweise Befriedigung verlangen (§ 293 AO). ²Macht der Pfandberechtigte sein Recht gegenüber der Vollstreckungsstelle geltend, ist entsprechend Abs. 1 zu verfahren. ³Die Vollstreckung ist auch dann fortzusetzen, wenn der Dritte seinen Anspruch auf vorzugsweise Befriedigung im Wege der Klage geltend macht. ⁴Für die Klage auf vorzugsweise Befriedigung ist das ordentliche Gericht zuständig, in dessen Bezirk gepfändet worden ist (§ 293 Abs. 2 AO).

Niederschlagung

14. Niederschlagung

(1) ¹Ansprüche aus dem Steuerschuldverhältnis (§ 37 AO) sollen niedergeschlagen werden, wenn feststeht, dass die Einziehung keinen Erfolg haben wird, oder wenn die Kosten der Einziehung außer Verhältnis zu dem Betrag stehen (§ 261 AO). ²Dies gilt auch für Ordnungsgelder sowie für Kosten auf Grund von Bescheiden der Finanzbehörden im Bußgeldverfahren (§ 412 Abs. 2, 3 AO).

(2) ¹Die Niederschlagung ist eine verwaltungsinterne Maßnahme der Vollstreckungsbehörde; sie führt nicht zum Erlöschen der Ansprüche. ²Bis zum Erlöschen des Anspruchs (§ 47 AO) ist seine jederzeitige Geltendmachung möglich.

(3) ¹Die Niederschlagung soll dem Vollstreckungsschuldner nicht mitgeteilt werden. ²Wird sie dennoch mitgeteilt, soll zum Ausdruck gebracht werden, dass die Niederschlagung nicht die Wirkung einer Stundung oder eines Erlasses hat.

15. Entscheidung über die Niederschlagung

(1) ¹Ob die Kosten der Einziehung außer Verhältnis zum niederzuschlagenden Betrag stehen, ist nach den Verhältnissen des Einzelfalles zu entscheiden. ²Im Regelfall kann davon ausgegangen werden, dass die Kosten der Einziehung außer Verhältnis zu dem geschuldeten Betrag stehen, wenn

1. die Summe der rückständigen Beträge weniger als fünfundzwanzig Euro beträgt, es sei denn, der Vollstreckungsauftrag kann zusammen mit Vollstreckungsaufträgen gegen andere Vollstreckungsschuldner ohne übermäßigen Zeitaufwand ausgeführt werden,

2. die Summe der rückständigen Beträge weniger als zweihundertfünfzig Euro beträgt, die Vollstreckung in das bewegliche Vermögen durch den Vollziehungs-

beamten erfolglos verlaufen ist und andere Vollstreckungsmöglichkeiten, z.B. Lohn- oder Kontenpfändungen, auch nach Auswertung der Steuerakten, nicht ersichtlich sind,

3. die Summe der rückständigen Beträge weniger als zweihundertfünfzig Euro beträgt, der Vollstreckungsschuldner aber unbekannt verzogen ist, Aufenthaltsermittlungen bei den zuständigen Behörden erfolglos verlaufen sind und im übrigen auch keine Vollstreckungsmöglichkeiten nach Nr. 2 bestehen.

(2) [1]Erkennt die Vollstreckungsbehörde, dass die Einziehung keinen Erfolg haben wird, z.B. wegen Zahlungsunfähigkeit des Vollstreckungsschuldners oder weil der Vollstreckungsschuldner unbekannt verzogen ist und Aufenthaltsermittlungen erfolglos geblieben sind, soll die Prüfung, ob andere Personen den rückständigen Betrag schulden oder dafür haften, möglichst frühzeitig veranlasst werden. [2]Die Niederschlagung ist erst zu verfügen, wenn feststeht, dass die rückständigen Beträge weder vom Vollstreckungsschuldner noch von einem Dritten eingezogen werden können. [3]Nach der Eröffnung eines Verfahrens nach der Insolvenzordnung sind Abgabenforderungen, soweit es sich um Insolvenzforderungen handelt, mit Überwachung niederzuschlagen; die Prüfung der Inanspruchnahme Dritter bleibt unberührt.

(3) [1]Die Niederschlagung bedarf der Genehmigung der vorgesetzten Finanzbehörde, wenn der niedergeschlagene Betrag die von den obersten Finanzbehörden festgesetzte Grenze überschreitet oder die Genehmigung aus sonstigen Gründen der vorgesetzten Finanzbehörde vorbehalten ist. [2]Der Genehmigungsvorbehalt gilt nicht für Niederschlagungen i.S.d. Abs. 2 Satz 3.

(4) Der Grund für die Niederschlagung ist festzuhalten.

16. Anzeige der Niederschlagung

[1]Die Vollstreckungsstelle hat die Kasse, bei der die niedergeschlagenen Beträge zum Soll stehen, von der Niederschlagung zu unterrichten. [2]Im automatisierten Verfahren ist die Niederschlagung der Datenerfassungsstelle zur Datenerfassung mitzuteilen; diese Mitteilung entfällt, wenn der Rückstand in einem vereinfachten maschinellen Verfahren niedergeschlagen worden ist. [3]Die Veranlagungs- oder Festsetzungsstelle ist mit Ausnahme der Fälle des Abschnitts 15 Abs. 1 Satz 2 ebenfalls über die Niederschlagung in Kenntnis zu setzen. [4]Im Bereich der Zollverwaltung gilt die in Satz 3 enthaltene Ausnahmeregelung grundsätzlich nicht.

17. Überwachung der Niederschlagung

(1) [1]In Fällen der Niederschlagung wegen mangelnder Erfolgsaussicht der Vollstreckung hat die Vollstreckungsstelle – insbesondere bei größeren Rückständen – stichprobenweise vor dem Eintritt der Verjährung die Vermögens- und Einkommensverhältnisse des Vollstreckungsschuldners zu prüfen (Abschnitt 20 Abs. 2), gegebenenfalls die Verjährung durch Maßnahmen nach § 231 der Abgabenordnung zu unterbrechen und die Vollstreckung fortzusetzen. [2]Das Ergebnis der Prüfung ist in geeigneter Form festzuhalten. [3]Auf eine Überwachung kann verzichtet werden, sobald feststeht, dass mit einer künftigen Realisierung der Ansprüche mit Sicherheit nicht

mehr zu rechnen ist, z.B. im Falle des Nachlassinsolvenzverfahrens oder der aufgelösten Gesellschaft ohne Haftungsschuldner.

(2) Zahlungen auf niedergeschlagene Rückstände sollen auf der Rückstandsanzeige oder auf der Niederschlagungsverfügung vermerkt werden, sofern ihre Berücksichtigung nicht in anderer Form sichergestellt ist.

Vollstreckung gegen juristische Personen des öffentlichen Rechts

18. Vollstreckung gegen juristische Personen des öffentlichen Rechts

(1) Gegen den Bund oder ein Land ist die Vollstreckung nicht zulässig (§ 255 Abs. 1 Satz 1 AO).

(2) [1]Gegen juristische Personen des öffentlichen Rechts, die der Staatsaufsicht unterliegen, z.B. Gemeinden, Gemeindeverbände, Handels- und Handwerkskammern und Sozialversicherungsträger, ist die Vollstreckung nur mit Zustimmung der Aufsichtsbehörde des Vollstreckungsschuldners zulässig. [2]Die Aufsichtsbehörde bestimmt den Zeitpunkt der Vollstreckung und die Vermögensgegenstände, in die vollstreckt werden kann (§ 255 Abs. 1 Satz 2 und 3 AO).

(3) [1]Ist der Vollstreckungsstelle ein Rückstand angezeigt worden, der von einem der in Abs. 1 und Abs. 2 Satz 1 genannten Schuldner zu entrichten ist, wendet sich die Vollstreckungsstelle zunächst an die Stelle, der es obliegt, zur Zahlung des Rückstands Anweisung zu erteilen. [2]Wird dabei kein Einvernehmen erreicht, berichtet die Vollstreckungsstelle hierüber der vorgesetzten Finanzbehörde. [3]Diese versucht sodann, gegebenenfalls durch Einschaltung der obersten Finanzbehörde, zu einer Regelung der Angelegenheit zu gelangen.

(4) Gegenüber öffentlich-rechtlichen Kreditinstituten gelten die Beschränkungen der Abs. 2 und 3 nicht (§ 255 Abs. 2 AO).

Zweiter Teil Anordnung und Durchführung der Vollstreckung

Allgemeines

19. Voraussetzungen für den Beginn der Vollstreckung

(1) [1]Soweit nichts anderes bestimmt ist, darf die Vollstreckung nach § 254 Abs. 1 der Abgabenordnung erst beginnen, wenn die Leistung fällig ist, der Vollstreckungsschuldner zur Leistung aufgefordert worden (Leistungsangebot) und seit der Aufforderung mindestens eine Woche verstrichen ist. [2]Der Erlass des Leistungsgebotes ist keine Maßnahme der Vollstreckung; es wird regelmäßig mit dem zu vollstreckenden Verwaltungsakt verbunden. [3]Ein besonderes Leistungsgebot ist jedoch dann erforderlich, wenn der Verwaltungsakt gegen den Rechtsnachfolger wirkt, ohne ihm bekanntgegeben zu sein (§ 254 i.V.m. § 45 AO); dies gilt nicht im Fall der Vollstreckung nach Abschnitt 30 Abs. 2. [4]Hat der Vollstreckungsschuldner eine von ihm auf Grund einer Steueranmeldung geschuldete Leistung nicht erbracht, ist weder ein Leistungsgebot noch die Einhaltung der Wochenfrist erforderlich.

(2) Ein Leistungsgebot wegen der Säumniszuschläge, Zinsen und Vollstreckungskosten ist nicht erforderlich, wenn sie zusammen mit dem Hauptanspruch beigetrieben werden (§ 254 Abs. 2 AO).

(3) Vollstreckungsmaßnahmen sind nicht deshalb unzulässig, weil eine nach § 259 der Abgabenordnung gebotene Mahnung unterblieben oder vor Ablauf der Mahnfrist mit der Vollstreckung begonnen worden ist.

20. Vorbereitung der Vollstreckung

(1) Nach Eingang der Rückstandsanzeige prüft die Vollstreckungsstelle, ob und welche Vollstreckungsmaßnahmen ergriffen werden sollen.

(2) [1]Zur Vorbereitung der Vollstreckung können die Finanzbehörden die Vermögens- und Einkommensverhältnisse des Vollstreckungsschuldners ermitteln (§ 249 Abs. 2 Satz 1 AO); §§ 85 bis 107 und §§ 111 bis 117 der Abgabenordnung sind insoweit anwendbar. [2]Unter den Voraussetzungen des § 93 der Abgabenordnung können auch Dritte und Vorlagepflichtige zur Auskunft herangezogen werden. [3]Zur Ermittlung der Vermögens- und Einkommensverhältnisse kann die Vollstreckungsstelle auch die Durchführung einer Außenprüfung anregen (§§ 193 bis 203 AO) oder gegebenenfalls die Steuerfahndung oder Zollfahndung um Mitwirkung ersuchen (§ 208 Abs. 2 Nr. 1 AO).

(3) [1]Werden nichtsteuerliche Geldleistungen vollstreckt, darf die Finanzbehörde alle ihr bekanntgewordenen und nach § 30 der Abgabenordnung geschützten Daten verwenden (§ 249 Abs. 2 Satz 2 AO). [2]Soweit die Finanzbehörde zur Vorbereitung der Vollstreckung Ermittlungen auf Grund außersteuerlicher Rechtsvorschriften durchführt, stehen ihr die Ermittlungsbefugnisse nach Abs. 2 nicht zur Verfügung.

(4) [1]Die Vollstreckung soll nicht versucht werden, wenn sie nach den Vermögens- und Einkommensverhältnissen des Vollstreckungsschuldners aussichtslos erscheint. [2]Die Vollstreckungsstelle kann in geeigneten Fällen vom Vollstreckungsschuldner die Vorlage eines Vermögensverzeichnisses verlangen.

21. Anfechtung außerhalb des Insolvenzverfahrens

(1) [1]Erlangt die Finanzbehörde Kenntnis von Vermögensübertragungen durch den Steuerpflichtigen auf Dritte, so ist die Anfechtung der zugrunde liegenden Rechtshandlungen nach dem Gesetz über die Anfechtung von Rechtshandlungen eines Schuldners außerhalb des Insolvenzverfahrens (AnfG) zu prüfen. [2]Bestehen keine fälligen Ansprüche, ist zu prüfen, ob Leistungsgebote als Voraussetzung für das Anfechtungsverfahren zu erlassen sind.

(2) [1]Die Anfechtung wegen Ansprüchen aus dem Steuerschuldverhältnis erfolgt durch Duldungsbescheid (§ 191 AO in Verbindung mit den Vorschriften des Anfechtungsgesetzes), soweit sie nicht einredeweise (§ 9 AnfG) geltend zu machen ist. [2]Durch Duldungsbescheid kann auch Wertersatz gefordert werden (Hinweise auf §§ 812 ff. BGB), wenn der Dritte nicht in der Lage ist, der Vollstreckungsbehörde den erhaltenen Gegenstand zur Verfügung zu stellen.

22. Anordnung der Vollstreckung

(1) ¹Vor Anordnung der Vollstreckung hat die Vollstreckungsstelle, soweit dies nach dem Inhalt der Rückstandsanzeige oder des der Vollstreckungsstelle zugeleiteten Leistungsgebotes möglich ist, zu prüfen,

1. ob dem Vollstreckungsschuldner das Leistungsgebot bekanntgegeben und seit der Bekanntgabe mindestens eine Woche verstrichen ist,

2. ob die Leistung fällig und

3. ob der Vollstreckungsschuldner gemahnt oder vor Eintritt der Fälligkeit an die Zahlung erinnert worden ist.

²Bei der Vollstreckung von Geldbußen und Kosten des Bußgeldverfahrens (Abschnitt 1 Abs. 2 Nr. 4 und 6) ist außerdem zu prüfen, ob die Rechtskraft eingetreten ist. ³Führt die Prüfung zu Beanstandungen, hat sich die Vollstreckungsstelle mit der Kasse oder der für den Erlass des Leistungsgebotes zuständigen Stelle (Veranlagungsstelle, Festsetzungsstelle) in Verbindung zu setzen.

(2) ¹Stellt die Vollstreckungsstelle fest, dass ein nach Abschnitt 19 erforderliches Leistungsgebot dem Vollstreckungsschuldner nicht bekanntgegeben worden ist, holt sie die Bekanntgabe nach oder ersucht die Veranlagungs- oder Festsetzungsstelle um Bekanntgabe des Leistungsgebots. ²Ist die Mahnung unterblieben, soll die Vollstreckungsstelle sie nachholen, wenn zu erwarten ist, dass sich dadurch Vollstreckungsmaßnahmen erübrigen.

(3) ¹Ergibt die Prüfung nach Abs. 1, dass die Voraussetzungen für den Beginn der Vollstreckung gegeben sind, ordnet die Vollstreckungsstelle die Vollstreckung durch Erlass der Pfändungsverfügung, Erteilung des Vollstreckungsauftrages oder Einleitung sonstiger Vollstreckungsmaßnahmen an. ²Eine besondere Anordnungsverfügung wird in der Regel nicht erlassen.

(4) ¹Die Vollstreckung soll nicht angeordnet werden, wenn mit der zu vollstreckenden Forderung gegen Ansprüche des Vollstreckungsschuldners aufgerechnet werden kann; der Grundsatz der Kassengleichheit (§ 395 BGB) und das Erfordernis des Unbestrittenseins oder der rechtskräftigen Feststellung der Forderung des Vollstreckungsschuldners gilt insoweit nicht. ²Gegen Ansprüche des Vollstreckungsschuldners, die von der Kasse einer anderen Finanzbehörde oder von einer anderen öffentlichen Kasse zu begleichen sind, soll eine Aufrechnung nur erklärt werden, wenn die Kasse, die den geschuldeten Betrag auszuzahlen hat, nicht mit eigenen Gegenforderungen aufrechnen kann. ³Die Aufrechnung ist schriftlich zu erklären. ⁴In der Aufrechnungserklärung sind die Ansprüche, die gegeneinander aufgerechnet werden, nach Grund und Betrag genau zu bezeichnen. ⁵Je eine Ausfertigung der Aufrechnungserklärung ist dem Vollstreckungsschuldner und den beteiligten Kassen zu übersenden.

(5) ¹Die Anordnung der Vollstreckung ist eine verwaltungsinterne – nicht anfechtbare – Maßnahme, die dem Vollstreckungsschuldner nicht bekanntgegeben wird. ²Die Vollstreckungsstelle kann jedoch aus Gründen der Zweckmäßigkeit dem Vollstreckungsschuldner ankündigen, dass demnächst Vollstreckungsmaßnahmen ergrif-

fen werden, wenn damit zu rechnen ist, dass er daraufhin leisten wird; auch gegen diese Ankündigung ist kein förmlicher Rechtsbehelf gegeben.

23. Einleitung der Vollstreckung

(1) ¹Mit Einleitung der Vollstreckung hat die Vollstreckungsstelle zu entscheiden, welche Maßnahmen ergriffen werden sollen. ²In Betracht kommen folgende Möglichkeiten:

1. Die Vollstreckungsstelle führt die Vollstreckung selbst aus (Abschnitt 25; z.B. Vollstreckung in Forderungen und andere Vermögensrechte).

2. Die Vollstreckungsstelle beauftragt den Vollziehungsbeamten, die Vollstreckung auszuführen (Abschnitte 24, 34; z.B. Vollstreckung in bewegliche Sachen).

3. Die Vollstreckungsstelle stellt beim AG als Vollstreckungs- oder Insolvenzgericht oder beim Grundbuchamt den Antrag, Vollstreckungsmaßnahmen zu ergreifen (Abschnitte 26, 45 bis 51, 58; z.B. Antrag auf Zwangsversteigerung, Zwangsverwaltung oder Eintragung einer Sicherungshypothek).

4. Die Vollstreckungsstelle macht den Anspruch des Vollstreckungsgläubigers in einem Insolvenzverfahren geltend (Abschnitte 57 ff.; z.B. durch Anmeldung beim Insolvenzverwalter).

5. Die Vollstreckungsstelle ersucht eine andere Behörde, die Vollstreckung auszuführen (Abschnitte 8 bis 10; z.B. Vollstreckung im Bezirk einer anderen Vollstreckungsbehörde).

6. Die Vollstreckungsstelle nimmt einen Dritten nach dem Anfechtungsgesetz in Anspruch (Abschnitt 21; z.B. auf Grund eines Duldungsbescheides, § 191 AO i.V.m. den Vorschriften des Anfechtungsgesetzes).

(2) ¹Soweit die Zulässigkeit einzelner Vollstreckungsmaßnahmen nicht durch besondere Bestimmungen (Abschnitt 45 Abs. 3 Satz 1 und Abs. 4, Abschnitt 60 Abs. 1) eingeschränkt ist, entscheidet die Vollstreckungsstelle nach pflichtgemäßem Ermessen über die zu treffenden Vollstreckungsmaßnahmen. ²In erster Linie sollen solche Vollstreckungsmaßnahmen ergriffen werden, von denen nach den besonderen Umständen des Falles bei angemessener Berücksichtigung der Belange des Vollstreckungsschuldners am schnellsten und sichersten ein Erfolg zu erwarten ist. ³Die beabsichtigte Vollstreckungsmaßnahme muss in angemessenem Verhältnis zu dem erstrebten Erfolg stehen, die Höhe der Forderung den mit ihr verbundenen Verwaltungsaufwand rechtfertigen.

(3) ¹Mehrere Vollstreckungsmaßnahmen können gleichzeitig ergriffen werden, wenn es zur Deckung der Rückstände einschließlich der Kosten der Vollstreckung erforderlich ist. ²Besteht für den Anspruch des Vollstreckungsgläubigers ein Pfandrecht an einer beweglichen Sache des Vollstreckungsschuldners und hat der Vollstreckungsgläubiger das Pfand im Besitz (im unmittelbaren oder mittelbaren Besitz, im Alleinbesitz oder Mitbesitz), soll in das übrige Vermögen des Vollstreckungsschuldners oder in das Vermögen eines anderen Gesamtschuldners insoweit nicht vollstreckt werden, als der Anspruch des Vollstreckungsgläubigers durch den Wert des

Pfandes gedeckt ist. ³Haftet das Pfand noch für andere Ansprüche des Vollstreckungsgläubigers, gilt Satz 2 insoweit, als die anderen Ansprüche durch den Wert des Pfandes gedeckt sind. ⁴Außer einer derartigen Überpfändung ist auch jede andere Übersicherung, z.B. durch Sicherungsübereignung, zu vermeiden. ⁵Sätze 2 und 3 gelten nicht im Rahmen der Sachhaftung nach § 76 der Abgabenordnung. ⁶Inhaberpapiere und Orderpapiere gelten als bewegliche Sachen im Sinne der Sätze 2 und 3.

(4) Führen Vollstreckungsmaßnahmen nicht zum Erfolg oder erscheinen sie aussichtslos, ist zu prüfen, ob die Löschung im Handels- oder Genossenschaftsregister (Abschnitt 65), ein gewerbe- und berufsrechtliches Untersagungsverfahren, eine Maßnahme nach dem Pass- oder Aufenthaltsgesetz (Abschnitt 66) oder eine Abmeldung von Fahrzeugen von Amts wegen (Abschnitt 67) in Betracht kommt.

24. Ausführung der Vollstreckung durch Vollziehungsbeamte

(1) Mit der Ausführung der Vollstreckung kann die Vollstreckungsstelle einen Vollziehungsbeamten insbesondere in folgenden Fällen beauftragen:

1. Vollstreckung in bewegliche Sachen einschließlich der auf den Inhaber oder auf Namen lautenden Wertpapiere sowie der vom Boden noch nicht getrennten Früchte (§§ 285 bis 308 AO),
2. Pfändung von Forderungen aus Wechseln und anderen Papieren, die durch Indossament übertragen werden können, z.B. Wechsel, kaufmännische Orderpapiere (§ 312 AO),
3. Vollstreckung zur Herausgabe von Sachen (§ 310 Abs. 1 Satz 2, § 315 Abs. 2 Satz 2, § 321 Abs. 4 zweiter Halbsatz AO),
4. Entgegennahme und Verwertung von Sachen in den Fällen des § 318 Abs. 2 der Abgabenordnung,
5. Verwertung von Forderungen und anderen Vermögensrechten in den Fällen des § 317 der Abgabenordnung.

(2) Ein Vollziehungsbeamter kann auch beauftragt werden, zur Feststellung von Forderungen und anderen Vermögensrechten in die Geschäftsbücher Einsicht zu nehmen.

(3) Vollziehungsbeamte i.S.d. Abs. 1 sind Amtsträger, die zur Ausführung von Vollstreckungsmaßnahmen ständig eingesetzt oder mit der Ausführung solcher Vollstreckungsmaßnahmen in Einzelfällen beauftragt worden sind.

25. Ausführung der Vollstreckung durch die Vollstreckungsstelle

Der Vollstreckungsstelle obliegen namentlich folgende Maßnahmen:

1. Pfändung und Einziehung von Forderungen und anderen Vermögensrechten (Abschnitte 41 bis 44); dies gilt nicht, soweit die Vollstreckung in Forderungen, die in Wertpapieren verbrieft sind, durch den Vollziehungsbeamten auszuführen ist (Abschnitt 24 Abs. 1 Nr. 1, 2),

2. Antrag auf Eintragung einer Sicherungshypothek, auf Zwangsverwaltung oder Zwangsversteigerung (Abschnitte 45 bis 51),

3. Abnahme der eidesstattlichen Versicherung (Abschnitte 52, 53),

4. Anmeldung von Steuerforderungen im Insolvenzverfahren (Abschnitt 60, 63),

5. Antrag auf Eröffnung des Insolvenzverfahrens (Abschnitt 58).

26. Vollstreckungs- und Insolvenzantrag

(1) ¹Die Vollstreckungsstelle stellt bei der zuständigen Stelle die erforderlichen Anträge, wenn

1. in das unbewegliche Vermögen vollstreckt (§ 322 AO) oder

2. über das Vermögen des Vollstreckungsschuldners das Insolvenzverfahren eröffnet werden soll.

²Zuständig für die Entgegennahme von Anträgen auf Zwangsversteigerung, Zwangsverwaltung oder die Eröffnung des Insolvenzverfahrens ist das zuständige AG als Vollstreckungs- oder Insolvenzgericht, für die Entgegennahme von Anträgen auf Eintragung einer Sicherungshypothek das zuständige Grundbuchamt.

(2) ¹Der Antrag ist schriftlich zu stellen. ²Er soll die in Abschnitt 34 Abs. 2 Nr. 1 bis 7 und 11 erster Halbsatz bezeichneten Angaben enthalten. ³Bei der Vollstreckung in das unbewegliche Vermögen ist zu bestätigen, dass die gesetzlichen Voraussetzungen für die Vollstreckung vorliegen (§ 322 Abs. 3 Satz 2 AO).

(3) Die Frage, ob der zu vollstreckende Anspruch besteht und vollstreckbar ist, unterliegt nicht der Beurteilung der in Abs. 1 Satz 2 genannten Stellen (vgl. § 322 Abs. 3 Satz 3 AO).

(4) ¹Ein Antrag im vorstehenden Sinne liegt nicht vor, wenn die in Abs. 1 Satz 2 genannten Stellen um Mitwirkung bei Vollstreckungsmaßnahmen ersucht werden. ²Dies gilt namentlich für Ersuchen um

1. Eintragung in das Grundbuch, wenn die Vollstreckungsstelle eine Forderung, für die eine Hypothek besteht, oder eine Grundschuld, eine Rentenschuld oder eine Reallast pfändet (§ 310 Abs. 1 Satz 3, § 321 Abs. 6 AO, §§ 29, 30 GBO),

2. Bestellung eines Treuhänders in den Fällen des § 318 Abs. 3 der Abgabenordnung,

3. Einleitung des gerichtlichen Verteilungsverfahrens (§ 308 Abs. 4, § 320 AO),

4. Berichtigung des Grundbuchs (vgl. Abschnitt 46 Abs. 2 Satz 2 und Abs. 3 Satz 1).

³Ersuchen der in Nr. 1 und 4 bezeichneten Art sind an das Grundbuchamt und Ersuchen der in Nr. 2 und 3 genannten Art sind an das AG als Vollstreckungsgericht zu richten.

Vollstreckung gegen Ehegatten, Nießbraucher, Erben, nichtrechtsfähige Personenvereinigungen

27. Vollstreckung gegen Ehegatten

(1) Für die Vollstreckung gegen Ehegatten sind die Vorschriften der §§ 739, 740, 741, 743, 744a und 745 der Zivilprozessordnung entsprechend anzuwenden (§ 263 AO).

(2) ¹Zugunsten der Gläubiger eines Ehegatten wird vermutet, dass die im Besitz eines oder beider Ehegatten befindlichen beweglichen Sachen dem Schuldner gehören (§ 1362 BGB). ²Soweit die Eigentumsvermutung nach § 1362 des Bürgerlichen Gesetzbuches reicht, gilt, unbeschadet der Rechte Dritter, für die Durchführung der Vollstreckung nur der Schuldner als Gewahrsamsinhaber und Besitzer (§ 739 ZPO). ³Bei ausschließlich zum persönlichen Gebrauch eines Ehegatten bestimmten Sachen wird im Verhältnis der Ehegatten zueinander und zu den Gläubigern vermutet, dass sie dem Ehegatten gehören, für dessen Gebrauch sie bestimmt sind. ⁴Leben die Ehegatten getrennt, so gilt die Eigentumsvermutung nicht hinsichtlich der Sachen, die sich im Besitz des Ehegatten befinden, der nicht Schuldner ist. ⁵In diesem Fall ist davon auszugehen, dass der Schuldner nur an den Sachen Gewahrsam hat, die sich in seiner tatsächlichen Gewalt befinden.

(3) Die Vollstreckung gegen Ehegatten, die im Güterstand der Zugewinngemeinschaft (gesetzlicher Güterstand) oder in Gütertrennung leben, findet nur in das Vermögen des zur Leistung verpflichteten Ehegatten statt.

(4) ¹Leben die Ehegatten in Gütergemeinschaft (§§ 1415 bis 1518 BGB) und verwaltet einer von ihnen das Gesamtgut allein, ist zur Vollstreckung in das Gesamtgut ein Leistungsgebot (Haftungsbescheid/Duldungsbescheid) gegen diesen Ehegatten erforderlich und genügend. ²Verwalten die Ehegatten das Gesamtgut gemeinschaftlich, ist die Vollstreckung in das Gesamtgut nur zulässig, wenn gegen beide Ehegatten ein Leistungsgebot vorliegt (§ 740 ZPO). ³Betreibt ein Ehegatte, der das Gesamtgut nicht oder nicht allein verwaltet, selbständig ein Erwerbsgeschäft, so genügt zur Vollstreckung in das Gesamtgut ein Leistungsgebot gegen diesen Ehegatten, es sei denn, dass bei Bekanntgabe des Leistungsgebots ein Einspruch gegen den Betrieb des Erwerbsgeschäfts oder ein Widerruf der Einwilligung des anderen Ehegatten zu dessen Betrieb im Güterrechtsregister eingetragen war (§ 741 ZPO).

(5) ¹Nach Beendigung der Gütergemeinschaft ist vor der Auseinandersetzung die Vollstreckung in das Gesamtgut nur zulässig, wenn sich das Leistungsgebot gegen beide Ehegatten richtet oder der eine Ehegatte zur Leistung und der andere zur Duldung der Vollstreckung verpflichtet ist (§ 743 ZPO). ²Eine Duldungspflicht des anderen Ehegatten besteht in Ansehung des Gesamtgutes nur hinsichtlich einer Gesamtgutsverbindlichkeit (§ 1437 BGB). ³Wird eine Gesamtgutsverbindlichkeit in diesem Fall nicht vor der Auseinandersetzung berichtigt (§ 1475 BGB), so haftet der zuvor duldungspflichtige Ehegatte auch persönlich als Gesamtschuldner mit den zugeteilten Gegenständen (§ 1480 BGB).

(6) ¹Für Ehegatten, die bis zum Ablauf des 2.10.1990 im gesetzlichen Güterstand der Eigentums- und Vermögensgemeinschaft des Familiengesetzbuches der Deutschen

Demokratischen Republik gelebt haben, gelten mit Wirkung vom 3.10.1990 die Bestimmungen des Bürgerlichen Gesetzbuches über den gesetzlichen Güterstand der Zugewinngemeinschaft. ²Dies gilt nicht, wenn die Ehegatten vor der zuständigen Stelle in der vorgeschriebenen Form bis zum 2.10.1992 erklärt haben, dass der bisherige gesetzliche Güterstand weitergelten soll. ³Ist eine Erklärung nach Satz 2 nicht abgegeben worden, gilt die widerlegbare Vermutung, dass das gemeinschaftliche Eigentum der Ehegatten Bruchteilseigentum zu gleichen Bruchteilen geworden ist, sofern sich nicht aus dem Grundbuch andere Bruchteile ergeben oder im Güterrechtsregister des AG keine Eintragung über die Beibehaltung des alten Güterstands erfolgt ist (Art. 234 §§ 4, 4a EGBGB). ⁴Leben die Ehegatten im Güterstand der Eigentums- und Vermögensgemeinschaft, sind für die Vollstreckung in das Gesamtgut die Vorschriften der §§ 740 bis 744, 774 und 860 der Zivilprozessordnung entsprechend anzuwenden (§ 744a ZPO).

(7) ¹Im Falle der fortgesetzten Gütergemeinschaft ist zur Vollstreckung in das Gesamtgut ein gegen den überlebenden Ehegatten ergangenes Leistungsgebot erforderlich und genügend (§ 745 Abs. 1 ZPO). ²Ein vor Eintritt der fortgesetzten Gütergemeinschaft ergangenes Leistungsgebot ist zur Vollstreckung in das Gesamtgut nur dann hinreichend, wenn es gegen den überlebenden Ehegatten gerichtet war oder die Vollstreckung in das Gesamtgut bereits begonnen hatte. ³Andernfalls ist das Leistungsgebot dem überlebenden Ehegatten nochmals bekanntzugeben.

(8) Nach Beendigung der fortgesetzten Gütergemeinschaft gelten die Vorschriften des Abs. 5 mit der Maßgabe, dass an die Stelle des Ehegatten, der das Gesamtgut allein verwaltet, der überlebende Ehegatte und an die Stelle des anderen Ehegatten die anteilsberechtigten Abkömmlinge treten (§ 745 Abs. 2 ZPO).

28. Vollstreckung in Nießbrauch an einem Vermögen

(1) Für die Vollstreckung in Gegenstände, die dem Nießbrauch an einem Vermögen unterliegen, ist § 737 der Zivilprozessordnung entsprechend anzuwenden (§ 264 AO).

(2) ¹Aus Leistungsgeboten wegen Forderungen, die vor der Bestellung eines Nießbrauchs an einem Vermögen (§ 1085 BGB) gegen den Besteller entstanden sind, kann in Gegenstände des dem Nießbrauch unterliegenden Vermögens vollstreckt werden, wenn gegen den Nießbraucher ein vollstreckbares Leistungsgebot auf Duldung der Vollstreckung ergangen ist (§ 737 Abs. 1 ZPO; § 1086 BGB). ²Für die Dauer des Nießbrauchs haftet der Nießbraucher persönlich neben dem Besteller gesamtschuldnerisch für Zinsen solcher Forderungen gegen den Besteller, die vor Bestellung des Nießbrauchs an dem Vermögen entstanden und verzinslich waren, sowie unter den gleichen Voraussetzungen für diejenigen wiederkehrenden Leistungen, die bei ordnungsgemäßer Verwaltung aus den Einkünften des Vermögens bestritten werden (§ 1088 BGB). ³Die Haftung nach Satz 2 ist durch Haftungsbescheid geltend zu machen (§§ 191, 219 AO).

(3) Abs. 2 gilt bei dem Nießbrauch an einer Erbschaft für die Nachlassverbindlichkeiten entsprechend (§ 737 Abs. 2 ZPO).

29. Vollstreckung in einen Nachlass und gegen Erben; Grundsatz

¹Für die Vollstreckung gegen Erben sind die Vorschriften der §§ 1958, 1960 Abs. 3, § 1961 des Bürgerlichen Gesetzbuches sowie der §§ 747, 748, 778, 779, 781 bis 784 der Zivilprozessordnung entsprechend anzuwenden (§ 265 AO). ²Für die Vollstreckung gegen einen Vermächtnisnehmer sind § 781 der Zivilprozessordnung und § 2187 des Bürgerlichen Gesetzbuches entsprechend anzuwenden (§ 266 AO).

30. Vollstreckung in den Nachlass vor und nach Annahme der Erbschaft

(1) Solange der Erbe die Erbschaft nicht angenommen hat, ist eine Vollstreckung wegen eines Anspruchs, der sich gegen den Nachlass richtet, nur in den Nachlass zulässig (§ 778 Abs. 1 ZPO).

(2) ¹Eine Vollstreckung, die vor dem Tode des Schuldners bereits begonnen hatte, wird in seinen Nachlass fortgesetzt, ohne dass es eines weiteren Leistungsgebots oder dessen erneuter Bekanntgabe gegen den Erben, Nachlasspfleger oder ähnliche Personen bedarf. ²Die Vollstreckung kann auf alle Gegenstände ausgedehnt werden, die zum Nachlass gehören. ³Ist bei einer Vollstreckungshandlung die Zuziehung des Schuldners nötig, so hat, wenn die Erbschaft noch nicht angenommen oder der Erbe unbekannt oder es ungewiss ist, ob er die Erbschaft angenommen hat, die Vollstreckungsstelle bei dem AG, in dessen Bezirk die Vollstreckung ausgeführt werden soll, die Bestellung eines einstweiligen besonderen Vertreters zu beantragen. ⁴Die Bestellung hat zu unterbleiben, wenn ein Nachlasspfleger bestellt ist oder wenn die Verwaltung des Nachlasses einem Testamentsvollstrecker zusteht (§ 779 ZPO).

(3) ¹Hat die Vollstreckung zu Lebzeiten des Schuldners noch nicht begonnen, ist sie in den Nachlass vor Annahme der Erbschaft nur zulässig, wenn auf Antrag der Vollstreckungsbehörde ein Nachlasspfleger bestellt (§ 1961 BGB) und diesem das Leistungsgebot, aus dem vollstreckt werden soll, bekanntgegeben worden ist. ²Die Bestellung eines Nachlasspflegers ist nicht erforderlich, wenn ein verwaltungsbefugter Testamentsvollstrecker vorhanden ist (§ 2213 BGB). ³Der Testamentsvollstrecker tritt insoweit an die Stelle eines Nachlasspflegers. Steht dem Testamentsvollstrecker keine Verwaltungsbefugnis oder eine solche nur hinsichtlich einzelner Nachlassgegenstände zu, so bedarf es vor Annahme der Erbschaft durch den Erben der Bestellung eines Nachlasspflegers, dem das Leistungsgebot bekanntzugeben ist; zur Vollstreckung in die der Verwaltung des Testamentsvollstreckers unterliegenden Nachlassgegenstände ist das Leistungsgebot auch ihm bekanntzugeben.

(4) ¹Zur Vollstreckung in einen Nachlass wegen einer Forderung, die vor dem Tode des Erblassers begründet, jedoch diesem gegenüber noch nicht geltend gemacht worden ist, bedarf es eines Leistungsgebots gegen den Nachlasspfleger oder den verwaltungsbefugten Testamentsvollstrecker, solange der Erbe die Erbschaft noch nicht angenommen hat. ²Die Bestellung eines Nachlasspflegers ist gegebenenfalls zu beantragen. ³Abs. 2 Satz 4 gilt entsprechend.

(5) ¹Ist der Schuldner von mehreren Personen beerbt worden, ist zur Vollstreckung in den Nachlass ein gegen alle Erben ergangenes Leistungsgebot erforderlich (§ 747 ZPO). ²Im übrigen sind die Abs. 1 bis 4, 6 entsprechend anzuwenden.

(6) ¹Unterliegt ein Nachlass der Verwaltung eines Testamentsvollstreckers, so ist zur Vollstreckung in den Nachlass ein Leistungsgebot gegen den Testamentsvollstrecker auch dann erforderlich und genügend, wenn der Erbe die Erbschaft angenommen hat. ²Nach Annahme der Erbschaft durch den Erben ist zur Vollstreckung in den der Verwaltung eines Testamentsvollstreckers unterliegenden Nachlass ein auf Duldung gerichtetes Leistungsgebot gegen diesen genügend, wenn dem Erben das auf Zahlung gerichtete Leistungsgebot bekanntgegeben worden ist (§ 748 ZPO).

(7) Wegen eigener Verbindlichkeiten des Erben ist eine Vollstreckung in den Nachlass vor Annahme der Erbschaft nicht zulässig (§ 778 Abs. 2 ZPO).

(8) ¹Ein Leistungsgebot gegen den Erben wegen Steuerschulden des Erblassers ist vor Annahme der Erbschaft nicht zulässig (§ 1958 BGB). ²In diesen Fällen ist nach Abs. 3 zu verfahren (§§ 1960, 1961 BGB). ³Der Annahme der Erbschaft steht der Ablauf der Ausschlagungsfrist des § 1944 des Bürgerlichen Gesetzbuches gleich.

31. Beschränkung der Haftung des Erben und des Vermächtnisnehmers

(1) ¹Der Erbe kann auch nach Annahme der Erbschaft oder Ablauf der Ausschlagungsfrist die Haftung auf den Nachlass beschränken. ²Die Beschränkung der Erbenhaftung bleibt unberücksichtigt, bis auf Grund derselben von dem Erben Einwendungen gegen die Vollstreckung erhoben werden (§ 781 ZPO). ³Einwendungen dieser Art sind als Einspruch nach § 347 der Abgabenordnung zu behandeln und können sein:

1. die Dreimonatseinrede nach § 2014 des Bürgerlichen Gesetzbuches; danach ist der Erbe berechtigt, die Berichtigung einer Steuerschuld des Erblassers bis zum Ablauf der ersten drei Monate nach der Annahme der Erbschaft, jedoch nicht über die Errichtung des Inventars hinaus (Abs. 3 Nr. 1), zu verweigern,

2. die Aufgebotseinrede nach § 2015 des Bürgerlichen Gesetzbuches; danach ist der Erbe berechtigt, die Berichtigung einer Steuerschuld des Erblassers bis zur Beendigung des Aufgebotsverfahrens zu verweigern, wenn er innerhalb eines Jahres nach Annahme der Erbschaft Antrag auf Erlass des Aufgebots der Nachlassgläubiger gestellt hat und der Antrag zugelassen ist,

3. die Beschränkung der Haftung für Steuerschulden des Erblassers, wenn Nachlassverwaltung angeordnet oder Nachlassinsolvenzverfahren eröffnet ist (§ 1975 BGB),

4. die Ausschließungseinrede nach § 1973 des Bürgerlichen Gesetzbuches; danach kann der Erbe die Befriedigung eines im Aufgebotsverfahren ausgeschlossenen Steuergläubigers verweigern, soweit der Nachlass durch die Befriedigung der nicht ausgeschlossenen Gläubiger erschöpft wird,

5. die Verschweigungseinrede nach § 1974 des Bürgerlichen Gesetzbuches; danach kann der Erbe die Berichtigung einer Steuerschuld des Erblassers verweigern, wenn der Steuergläubiger seine Forderung später als fünf Jahre nach dem Erbfall dem Erben gegenüber geltend macht, soweit der Nachlass durch die Befriedigung der übrigen Nachlassgläubiger erschöpft wird, es sei denn, dass dem Erben die

Forderung vor Ablauf der fünf Jahre bekanntgeworden oder diese im Aufgebotsverfahren angemeldet worden ist,

6. die Erschöpfungseinrede nach § 1990 des Bürgerlichen Gesetzbuches; danach kann der Erbe die Berichtigung einer Steuerschuld des Erblassers insoweit verweigern, als der Nachlass hierzu nicht ausreicht,

7. die Auseinandersetzungseinrede nach § 2059 des Bürgerlichen Gesetzbuches; danach kann bei mehreren Miterben jeder Erbe bis zur Teilung des Nachlasses die Berichtigung von Steuerschulden des Erblassers aus seinem persönlichen Vermögen verweigern.

⁴Die Einreden des Erben nach Nr. 1 und 2 führen dazu, dass die Vollstreckung innerhalb der genannten Fristen auf solche Maßnahmen beschränkt wird, die zur Vollziehung eines Arrests zulässig sind (§ 782 ZPO). ⁵Die Einreden des Erben nach Nr. 3 schließen auch nach Beendigung der Nachlassverwaltung oder des Nachlassinsolvenzverfahrens die Vollstreckung in das persönliche Vermögen des Erben aus. Im Falle der Nr. 4 und 5 ist der Erbe weiterhin verpflichtet, einen Überschuss aus der Verwertung des Nachlasses nach den Vorschriften über die ungerechtfertigte Bereicherung herauszugeben. ⁶Pfandgläubiger und Gläubiger, die im Insolvenzverfahren Pfandgläubigern gleichstehen, sowie Gläubiger, für die dingliche Rechte an unbeweglichen Nachlassgegenständen bestehen, werden hinsichtlich dieser Gegenstände in ihrem Befriedigungsrecht nicht berührt. ⁷Unabhängig von der rechtlichen Wirkung der Einreden des Erben bleibt die Vollstreckung in den Nachlass nach Abschnitt 30 zulässig.

(2) ¹Hinsichtlich der Nachlassgegenstände kann der Erbe die Beschränkung der Vollstreckung nach Abs. 1 Nr. 1 und 2 auch wegen seiner persönlichen Steuerschulden verlangen, es sei denn, er haftet für die Nachlassverbindlichkeiten unbeschränkt (§ 783 ZPO). ²Soweit Nachlassverwaltung angeordnet oder ein Nachlassinsolvenzverfahren eröffnet ist, kann der Erbe verlangen, dass Vollstreckungsmaßnahmen wegen Steuerschulden des Erblassers in sein nicht zum Nachlass gehörendes Vermögen aufgehoben werden, es sei denn, dass er für die Nachlassverbindlichkeiten unbeschränkt haftet (§ 784 ZPO). ³Die Rechte aus den Sätzen 1 und 2 kann der Erbe mit dem Einspruch nach § 347 der Abgabenordnung geltend machen.

(3) ¹Der Erbe haftet unbeschränkt mit dem Nachlass und seinem eigenen Vermögen für Steuerschulden des Erblassers, wenn er

1. die nach § 1994 des Bürgerlichen Gesetzbuches auf Antrag des Gläubigers gesetzte Frist zur Inventarerrichtung versäumt hat,

2. Inventaruntreue i.S.d. § 2005 des Bürgerlichen Gesetzbuches begangen hat,

3. auf die Beschränkung der Erbenhaftung gegenüber den Nachlassgläubigern oder dem Verfahren betreibenden Gläubiger verzichtet hat.

²Die Vollstreckungsstelle hat gegebenenfalls auf die Errichtung eines Inventars hinzuwirken (§ 1994 BGB).

(4) Der Vermächtnisnehmer haftet bei geltend gemachter Erschöpfungseinrede (§ 2187 Abs. 3, § 1992 BGB) nur mit dem Wert des vermachten Gegenstandes. Im übrigen gilt Abs. 1 Nr. 6 entsprechend.

32. weggefallen

33. Vollstreckung gegen eine nichtrechtsfähige Personenvereinigung

(1) ¹Zur Vollstreckung in das Vermögen einer nichtrechtsfähigen Personenvereinigung, die als solche steuerpflichtig ist, ist ein Leistungsgebot gegen diese Personenvereinigung erforderlich. ²Das gleiche gilt für Zweckvermögen und sonstige einer juristischen Person ähnliche steuerpflichtige Gebilde (§ 267 AO).

(2) Die Vollstreckung in das Vermögen eines Gesellschafters oder eines Mitglieds einer Vereinigung i.S.d. Abs. 1 ist nur auf Grund eines gegen den einzelnen Gesellschafter oder das einzelne Mitglied gerichteten Haftungsbescheides und Leistungsgebotes möglich (§ 191 Abs. 1 und 4, § 249 Abs. 1 und § 254 Abs. 1 AO).

Dritter Teil **Vollstreckung in das bewegliche und unbewegliche Vermögen**

Vollstreckung in Sachen

34. Vollstreckungsauftrag

(1) Der Vollstreckungsauftrag ist schriftlich zu erteilen und dem Vollziehungsbeamten auszuhändigen.

(2) Der Vollstreckungsauftrag soll enthalten:

1. die Steuernummer oder Sollbuchnummer, unter der der Rückstand zum Soll steht. Steht der Rückstand bei einer anderen Kasse als der für die Vollstreckungsstelle zuständigen Kasse zum Soll, soll die andere Kasse in dem Vollstreckungsauftrag angegeben werden,

2. Familienname, Vornamen und Anschrift, gegebenenfalls auch Betriebsanschrift, des Vollstreckungsschuldners,

3. die Bezeichnung des beizutreibenden Geldbetrages und des Schuldgrundes, z.B. Steuerart, Entrichtungszeitraum (§ 260 AO),

4. die Angabe des Tages, bis zu dem die aufgeführten Säumniszuschläge berechnet worden sind,

5. den Betrag der Kosten für einen Postnachnahmeauftrag (§ 337 Abs. 2 Satz 2 AO),

6. den Betrag der Kosten der Vollstreckung, die vor Erteilung des Vollstreckungsauftrages entstanden sind,

7. die Feststellung, dass der Vollstreckungsschuldner die Leistung (Nr. 3) sowie die Kosten (Nr. 5, 6) schuldet,

8. die Bezeichnung der Vollstreckungsmaßnahmen, die getroffen werden sollen, z.B. die Pfändung beweglicher Sachen; richtet sich die Vollstreckung gegen die in Abschnitt 3 Abs. 3 bezeichneten Personen oder ist die Vollstreckung gegenständlich

zu beschränken, z.B. nach §§ 74, 75 der Abgabenordnung, ist auch das Vermögen, in das vollstreckt werden soll, aufzuführen,

9. die Anweisung an den Vollziehungsbeamten, den Auftrag innerhalb einer bestimmten Frist auszuführen,

10. den Hinweis, dass der Vollziehungsbeamte befugt ist, die geschuldete Leistung anzunehmen und über den Empfang Quittung zu erteilen,

11. die Unterschrift eines zuständigen Bediensteten der Vollstreckungsstelle; bei mit Hilfe automatischer Einrichtungen erstellten Vollstreckungsaufträgen kann die Unterschrift fehlen.

(3) Soweit die in Abs. 2 geforderten Angaben bereits in der Rückstandsanzeige oder dem Vollstreckungsersuchen enthalten sind, kann in dem Vollstreckungsauftrag, wenn er damit fest verbunden wird, darauf Bezug genommen werden.

(4) [1]Für die in einer Rückstandsanzeige zusammengefassten Rückstände wird nur ein Vollstreckungsauftrag erteilt. [2]Liegen für einen Vollstreckungsschuldner mehrere Rückstandsanzeigen vor, kann für sämtliche Rückstände ein gemeinsamer Vollstreckungsauftrag erteilt werden.

(5) [1]Der Vollstreckungsauftrag soll dem Vollziehungsbeamten nicht vor Ablauf der in Abschnitt 22 Abs. 1 Nr. 1 genannten Frist ausgehändigt werden. [2]Der Vollstreckungsauftrag ist nicht anfechtbar (vgl. Abschnitt 22 Abs. 5 Satz 1).

35. Vollstreckung in bewegliche Sachen

[1]Die Vollstreckung in bewegliche Sachen obliegt den Vollziehungsbeamten (§ 285 Abs. 1 AO). [2]Das Verfahren regelt die allgemeine Verwaltungsvorschrift für Vollziehungsbeamte der Finanzverwaltung. [3]Die Vollstreckungsstelle bestimmt den Einsatz und überwacht die Tätigkeit der Vollziehungsbeamten. [4]Die Überprüfung hat sich auch darauf zu erstrecken, dass von den Vollziehungsbeamten die Vorschriften über Kosten, Pfändungsverbote und -beschränkungen, Vorwegpfändungen, Austauschpfändungen, vorläufige Austauschpfändungen und Schätzung der Sachen (§ 295 AO, § 811 bis 812 und 813 Abs. 1 bis 3 ZPO) eingehalten werden und Niederschriften und andere öffentliche Urkunden (§§ 415 bis 418 ZPO) in ihrer Beweiskraft nicht durch Mängel (vgl. § 419 ZPO) beeinträchtigt sind.

36. Verwertung gepfändeter Sachen

(1) [1]Gepfändete Sachen und Sicherheiten (§ 327 AO) sind auf schriftliche Anordnung der Vollstreckungsstelle zu versteigern (§ 296 Abs. 1 AO). [2]In der Versteigerungsanordnung ist eine Frist zu bestimmen, innerhalb welcher die Versteigerung auszuführen ist. [3]Die gepfändeten Sachen dürfen nicht vor Ablauf einer Woche seit dem Tag der Pfändung versteigert werden, sofern sich nicht der Vollstreckungsschuldner mit einer früheren Versteigerung einverstanden erklärt oder diese erforderlich ist, um die Gefahr einer beträchtlichen Wertverringerung abzuwenden oder unverhältnismäßige Kosten längerer Aufbewahrung zu vermeiden (§ 298 Abs. 1 AO).

(2) ¹Die Versteigerung wird durch den Vollziehungsbeamten oder eine andere Person ausgeführt. ²Ist die andere Person Angehöriger der Vollstreckungsbehörde, sind die Vorschriften der Abschnitte 51 bis 55 der Vollziehungsanweisung zu beachten. Wird nach Maßgabe des § 305 der Abgabenordnung eine andere Person mit der Versteigerung beauftragt, ist in der Versteigerungsanordnung zu bestimmen, dass der Versteigerungserlös an die Kasse der Vollstreckungsbehörde abzuliefern ist.

37. Verwertung gepfändeter Wertpapiere

(1) ¹Gepfändete Wertpapiere, die einen Börsen- oder Marktpreis haben, sind von der Vollstreckungsstelle unverzüglich durch ein Kreditinstitut zum Tageskurs zu verkaufen. ²Wertpapiere ohne Börsen- oder Marktpreis sind nach Abschnitt 36 nach den allgemeinen Vorschriften zu versteigern, sofern keine besondere Verwertung (Abschnitt 39, § 305 AO) zweckmäßig ist.

(2) Lautet ein gepfändetes Wertpapier auf einen Namen, so ist die Vollstreckungsstelle berechtigt, die Umschreibung auf den Namen des Käufers oder, wenn es sich um ein auf einen Namen umgeschriebenes Inhaberpapier handelt, die Rückverwandlung in ein Inhaberpapier zu erwirken und die hierzu erforderlichen Erklärungen an Stelle des Vollstreckungsschuldners abzugeben (§ 303 AO).

(3) ¹Sind Forderungen aus Wechseln und anderen Papieren, die durch Indossament übertragen werden können, gepfändet worden (§ 312 AO), ordnet die Vollstreckungsstelle die Einziehung der Forderung durch besondere Verfügung an (§ 314 AO). ²Die Bestimmungen der Abschnitte 41 bis 44 gelten entsprechend.

38. Verwertung von Kostbarkeiten

¹Hat der Vollziehungsbeamte Kostbarkeiten gepfändet, lässt die Vollstreckungsstelle die Pfandsachen nach ihrem Verkaufswert, Gold- und Silbersachen auch nach ihrem Metallwert, durch einen Sachverständigen schätzen (§ 295 Satz 1 AO i.V.m. § 813 Abs. 1 Satz 2 ZPO). ²In der Versteigerungsanordnung ist anzugeben, wie hoch der Sachverständige den Verkaufswert, bei Gold- und Silbersachen auch den Metallwert, der Pfandsachen geschätzt hat. ³Der mit der Versteigerung Beauftragte darf Gold- oder Silbersachen nicht unter ihrem Metallwert zuschlagen (§ 300 Abs. 3 Satz 1 AO). ⁴Wird ein Gebot, das den Metallwert erreicht, nicht abgegeben, so lässt die Vollstreckungsstelle die Gold- oder Silbersachen aus freier Hand verkaufen. ⁵Der Verkaufspreis darf den Gold- oder Silberwert und die Hälfte des gewöhnlichen Verkaufswerts nicht unterschreiten.

39. Besondere Verwertung

¹Auf Antrag des Vollstreckungsschuldners oder aus besonderen Zweckmäßigkeitsgründen kann die Vollstreckungsstelle anordnen, dass eine gepfändete Sache in anderer Weise, als in den vorstehenden Abschnitten bestimmt ist, zu verwerten ist (§ 305 AO). ²Als andere Art der Verwertung kommt z.B. der freihändige Verkauf einer Pfandsache in Betracht. ³Besondere Zweckmäßigkeitsgründe für eine abweichende Verwertung liegen in der Regel vor, wenn durch sie der Zweck der Verwertung, die Erzielung eines möglichst hohen Erlöses – unter Vermeidung ungebührlicher Nachteile für den Vollstreckungsschuldner –, besser erreicht wird. ⁴Über einen

Antrag des Vollstreckungsschuldners hat die Vollstreckungsstelle nach pflichtgemäßem Ermessen zu entscheiden. ⁵Liegt kein Antrag des Vollstreckungsschuldners vor, soll der Vollstreckungsschuldner vor Anordnung der besonderen Verwertung angehört werden.

40. Aussetzung der Verwertung gepfändeter Sachen

¹Die Vollstreckungsstelle kann die Verwertung gepfändeter Sachen unter Anordnung von Zahlungsfristen zeitweilig aussetzen, wenn die alsbaldige Verwertung unbillig wäre (§ 297 AO). ²Neben dem Vorliegen von Billigkeitsgründen ist weitere Voraussetzung für eine Aussetzung der Verwertung, dass hinreichende Anhaltspunkte dafür vorliegen, dass der Vollstreckungsschuldner die in Aussicht genommenen Zahlungsfristen einhalten kann und will. ³Keine Billigkeitsgründe liegen vor, wenn der Vollstreckungsschuldner nur die Verwertung hinauszögern will.

Vollstreckung in Forderungen und andere Vermögensrechte

41. Pfändung und Einziehung einer Geldforderung

(1) ¹Soll eine Geldforderung, die dem Vollstreckungsschuldner gegen einen Dritten (Drittschuldner) zusteht, gepfändet und eingezogen werden, hat die Vollstreckungsstelle die Pfändung schriftlich zu verfügen und die Einziehung der gepfändeten Forderung anzuordnen (§ 309 Abs. 1, § 314 Abs. 1 AO). ²Hierbei sind Beschränkungen und Verbote, die nach §§ 850 bis 852 der Zivilprozessordnung und anderen gesetzlichen Bestimmungen für die Pfändung von Forderungen und Ansprüchen bestehen, zu beachten (§ 319 AO).

(2) Die Pfändungsverfügung muss enthalten:

1. Familienname, Vornamen, Anschrift des Vollstreckungsschuldners,

2. den beizutreibenden Geldbetrag und den Schuldgrund, z.B. Steuerart, Entrichtungszeitraum (§ 260 AO), wobei es genügt, wenn diese Angaben aus einer der Pfändungsverfügung beigefügten Anlage hervorgehen; in der an den Drittschuldner zuzustellenden Pfändungsverfügung ist der beizutreibende Geldbetrag nur in einer Summe, ohne Angabe der Steuerarten und der Zeiträume, für die er geschuldet wird, anzugeben (§ 309 Abs. 2 Satz 2 AO),

3. die Kosten für einen Postnachnahmeauftrag (§ 259 Satz 2, § 337 Abs. 2 Satz 2 AO), die Kosten für bisher ergriffene Vollstreckungsmaßnahmen und die Kosten für den Erlass der Pfändungsverfügung,

4. die Feststellung, dass der Vollstreckungsschuldner die in Nr. 2, 3 bezeichneten Beträge schuldet,

5. die Bezeichnung der Forderung, die dem Vollstreckungsschuldner gegen den Drittschuldner zusteht (Abs. 4), sowie den Ausspruch, dass wegen der in Nr. 2, 3 bezeichneten Beträge die Forderung gepfändet wird,

6. das an den Drittschuldner zu richtende Verbot, an den Vollstreckungsschuldner zu zahlen, sowie das an den Vollstreckungsschuldner zu richtende Gebot, sich jeder Verfügung über die Forderung, insbesondere ihrer Einziehung, zu enthalten,

7. die Unterschrift eines zuständigen Bediensteten der Vollstreckungsstelle.

(3) Die Pfändungsverfügung soll ferner die Aufforderung an den Drittschuldner enthalten, binnen zwei Wochen, von der Zustellung der Pfändungsverfügung an gerechnet, zu erklären:

1. ob und inwieweit er die Forderung als begründet anerkenne und bereit sei zu zahlen,

2. ob und welche Ansprüche andere Personen an die Forderung erheben,

3. ob und wegen welcher Ansprüche die Forderung bereits für andere Gläubiger gepfändet sei.

(4) ¹In der Pfändungsverfügung ist die Forderung, die gepfändet wird (Abs. 2 Nr. 5), so eindeutig zu bezeichnen, dass kein Zweifel am Gegenstand der Pfändung möglich ist. ²Dazu gehört die Angabe des Drittschuldners und des Schuldgrundes, z.B. Lohn, Darlehen, Mietzins, Pachtzins, Kaufpreis, Sparkasseneinlage. ³Bei Pfändung einer Forderung, für die eine Hypothek besteht, sind, soweit nicht nach § 310 Abs. 3 der Abgabenordnung zu verfahren ist, außer den Angaben, die zur Bezeichnung der Forderung dienen, eine Angabe über die Art der Hypothek, z.B. Briefhypothek oder Buchhypothek, und die Bezeichnung des belasteten Grundstücks in die Pfändungsverfügung aufzunehmen.

(5) ¹Die Anordnung der Einziehung (Einziehungsverfügung) soll regelmäßig mit der Pfändungsverfügung verbunden werden. ²Sie soll die Aufforderung an den Drittschuldner enthalten, in Höhe der Pfändung den von ihm geschuldeten Betrag bei Eintritt der Fälligkeit an die zuständige Kasse zu zahlen.

(6) ¹Eine Zahlungsaufforderung an den Drittschuldner (Abs. 5 Satz 2) ist in die Einziehungsverfügung nicht aufzunehmen, wenn der Drittschuldner nur gegen Aushändigung oder Vorlegung einer über die Forderung ausgestellten Urkunde, z.B. eines Sparkassenbuchs, zur Zahlung verpflichtet ist und die Urkunde dem Drittschuldner nicht zusammen mit der Einziehungsverfügung ausgehändigt werden kann. ²In diesem Fall muss die Vollstreckungsstelle zunächst die Einziehungsverfügung dem Drittschuldner zustellen und dies dem Vollstreckungsschuldner mitteilen, sich die Urkunde verschaffen (§ 315 Abs. 2 AO) und nach Eintritt der Fälligkeit gegen Aushändigung oder unter Vorlage der Urkunde die gepfändete Forderung bei dem Drittschuldner einziehen.

(7) ¹Die Pfändungsverfügung und die Einziehungsverfügung sind dem Drittschuldner in der Regel durch die Post mit Zustellungsurkunde zuzustellen. ²Richtet sich die gepfändete Forderung gegen mehrere Drittschuldner, z.B. gegen Miterben, ist die Zustellung an jeden erforderlich.

(8) Nach Zustellung der Pfändungsverfügung und Einziehungsverfügung an den Drittschuldner hat die Vollstreckungsstelle dem Vollstreckungsschuldner eine Abschrift der Pfändungsverfügung und Einziehungsverfügung zu übersenden und mitzuteilen, an welchem Tag die Zustellung an den Drittschuldner erfolgt ist.

42. Pfändung und Einziehung eines Herausgabeanspruchs und anderer Vermögensrechte

(1) ¹Für die Pfändung von Ansprüchen auf Herausgabe oder Leistung von Sachen, z.B. beweglichen Sachen, Liegenschaften, Schiffen, Luftfahrzeugen, die dem Vollstreckungsschuldner gegen einen Dritten – Drittschuldner – zustehen, gelten die Bestimmungen des Abschnitts 41 entsprechend. ²In der Einziehungsverfügung ordnet die Vollstreckungsstelle an, dass der Drittschuldner nach Eintritt der Fälligkeit

1. bewegliche Sachen an einen in der Einziehungsverfügung zu bezeichnenden Vollziehungsbeamten,
2. unbewegliche Sachen an einen vom AG als Vollstreckungsgericht zu bestellenden Treuhänder

herauszugeben hat (§ 318 Abs. 2 bis 4 AO).

(2) Die Vollstreckungsstelle hat

1. in den Fällen des Abs. 1 Nr. 1 den Vollziehungsbeamten mit der Entgegennahme der Sache zu beauftragen (Abschnitt 24 Nr. 4),
2. in den Fällen des Abs. 1 Nr. 2 bei dem zuständigen AG als Vollstreckungsgericht die Bestellung eines Treuhänders zu beantragen. Dem Antrag ist eine Ausfertigung der Pfändungsverfügung und Einziehungsverfügung beizufügen. Den Beschluss, durch den das AG als Vollstreckungsgericht den Treuhänder bestellt, lässt die Vollstreckungsstelle dem Drittschuldner und dem Vollstreckungsschuldner zustellen; dies kann zusammen mit der Zustellung der Pfändungsverfügung und Einziehungsverfügung geschehen.

(3) Die Pfändung in andere Vermögensrechte, die nicht Gegenstand der Vollstreckung in das unbewegliche Vermögen sind, z.B. Anteilsrechte an einer OHG, KG, GmbH, Urheberrechte, Patentrechte, richtet sich nach § 321 der Abgabenordnung.

43. Pfändung einer durch Hypothek gesicherten Forderung

(1) ¹Wird eine Forderung gepfändet, für die eine Buchhypothek (§ 1116 Abs. 2, § 1185 Abs. 1 BGB) besteht, ersucht die Vollstreckungsbehörde, soweit nicht § 1159 oder § 1187 des Bürgerlichen Gesetzbuches anzuwenden ist (vgl. § 310 Abs. 3 AO), das Grundbuchamt, die Pfändung in das Grundbuch einzutragen. ²Dem Ersuchen ist eine Ausfertigung der Pfändungsverfügung beizufügen (§§ 29, 30 GBO).

(2) ¹Wird eine Forderung gepfändet, für die eine Briefhypothek (§ 1116 Abs. 1 BGB) besteht, stellt die Vollstreckungsbehörde, soweit nicht § 1159 des Bürgerlichen Gesetzbuches anzuwenden ist (vgl. § 310 Abs. 3 AO), dem Vollstreckungsschuldner die Pfändungsverfügung mit der Aufforderung zu, den Hypothekenbrief unverzüglich an die Vollstreckungsbehörde herauszugeben. ²Wird mit der Zustellung ein Vollziehungsbeamter beauftragt, kann ihm gleichzeitig der Auftrag auf Wegnahme des Hypothekenbriefes erteilt werden (§ 310 Abs. 1 Satz 2, § 315 Abs. 2 Satz 2 AO).

(3) ¹Wird die Pfändungsverfügung und Einziehungsverfügung vor der Übergabe des Hypothekenbriefes oder der Eintragung der Pfändung in das Grundbuch dem Dritt-

schuldner zugestellt, so gilt die Pfändung diesem gegenüber mit der Zustellung als bewirkt (§ 310 Abs. 2 AO). ²In einer mit der Pfändungsverfügung verbundenen Einziehungsverfügung ist darauf hinzuweisen, dass die Einziehungsverfügung erst mit der Eintragung der Pfändung im Grundbuch oder der Übergabe des Hypothekenbriefes an die Vollstreckungsbehörde wirksam wird. ³Der Hinweis nach Satz 2 ist nicht erforderlich, wenn der Hypothekenbrief bereits vom Vollziehungsbeamten im Wege der Hilfspfändung in Besitz genommen worden ist. ⁴Sobald die Einziehungsverfügung wirksam geworden ist, hat die Vollstreckungsstelle den Drittschuldner hierüber unverzüglich zu unterrichten.

44. Weiteres Verfahren bei der Pfändung von Forderungen

(1) Hängt die Fälligkeit der vom Drittschuldner geschuldeten Leistung von einer Kündigung ab, ist die Vollstreckungsbehörde auf Grund der Einziehungsverfügung (§ 315 Abs. 1 AO) berechtigt, das dem Vollstreckungsschuldner zustehende Kündigungsrecht auszuüben.

(2) ¹Die Vollstreckungsstelle hat den Eingang der Drittschuldnererklärung zu überwachen. ²Sie kann ein Zwangsgeld festsetzen, wenn die Erklärung nicht abgegeben wird (§ 316 Abs. 2 Satz 3 AO).

(3) ¹Leistet der Drittschuldner nicht oder erhebt er unbegründete Einwendungen, soll die Vollstreckungsbehörde unverzüglich gegen ihn vorgehen (§ 316 Abs. 3 AO, § 842 ZPO). ²Klagt die Vollstreckungsbehörde gegen den Drittschuldner, ist dem Vollstreckungsschuldner der Streit zu verkünden (§ 316 Abs. 3 AO, § 841 ZPO). ³Erscheint es nicht angebracht, gegen den Drittschuldner vorzugehen, ist die Pfändung insoweit aufzuheben. ⁴Die Aufhebung ist dem Drittschuldner und dem Vollstreckungsschuldner mitzuteilen.

(4) ¹Die Vollstreckungsstelle soll dem Vollstreckungsschuldner eine Bescheinigung erteilen, dass seine Rückstände in Höhe der vom Drittschuldner geleisteten Zahlungen getilgt worden sind. ²Urkunden über die gepfändete Forderung sind, soweit sie nicht dem Drittschuldner auszuhändigen sind, dem Vollstreckungsschuldner zurückzugeben, sobald die Pfändung erledigt oder aufgehoben ist. ³Dies gilt auch für Gegenstände, die zur Sicherung der dem Vollstreckungsschuldner gegen den Drittschuldner zustehenden Forderung dienen. ⁴Ist die Pfändung einer Forderung, für die eine Hypothek besteht, in das Grundbuch eingetragen worden, bleibt nach Erledigung oder Aufhebung der Pfändung die Berichtigung des Grundbuchs dem Vollstreckungsschuldner überlassen. ⁵Dem Vollstreckungsschuldner ist eine Bescheinigung in grundbuchmäßiger Form (§ 29 GBO) zu erteilen.

Vollstreckung in das unbewegliche Vermögen

45. Gegenstand und Voraussetzung der Vollstreckung in das unbewegliche Vermögen

(1) ¹Der Vollstreckung in das unbewegliche Vermögen unterliegen außer den Grundstücken die Berechtigungen, für welche die sich auf Grundstücke beziehenden Vorschriften gelten (sog. grundstückgleiche Rechte, wie z.B. Erbbaurechte, Kohlenabbaugerechtigkeiten), die im Schiffsregister eingetragenen Schiffe, die Schiffsbau-

werke und Schwimmdocks, die im Schiffsbauregister eingetragen sind oder in dieses Register eingetragen werden können, sowie die Luftfahrzeuge, die in der Luftfahrzeugrolle eingetragen sind oder nach Löschung in der Luftfahrzeugrolle noch in dem Register für Pfandrechte an Luftfahrzeugen eingetragen sind (§ 322 Abs. 1 AO). ²Wegen der anzuwendenden Vorschriften wird auf § 322 Abs. 1 Satz 2, Abs. 2 der Abgabenordnung verwiesen.

(2) Soll in das unbewegliche Vermögen vollstreckt werden, hat die Vollstreckungsstelle zu entscheiden, ob die Eintragung einer Sicherungshypothek, Zwangsversteigerung, Zwangsverwaltung oder mehrere dieser Vollstreckungsmaßnahmen nebeneinander beantragt werden sollen.

(3) ¹Die Eintragung einer Sicherungshypothek darf nur beantragt werden, wenn der rückständige Betrag siebenhundertfünfzig Euro übersteigt; Zinsen (Abschnitt 1 Abs. 2 Nr. 2) bleiben dabei unberücksichtigt, soweit sie als Nebenforderungen geltend gemacht sind. ²Verschiedene Forderungen der Vollstreckungsbehörde werden bei der Berechnung der Wertgrenze zusammengerechnet (§ 866 Abs. 3 ZPO).

(4) Zwangsversteigerung oder Zwangsverwaltung soll nur beantragt werden, wenn festgestellt ist, dass der Geldbetrag durch Vollstreckung in das bewegliche Vermögen nicht beigetrieben werden kann (§ 322 Abs. 4 AO), oder wenn die Vollstreckung in das bewegliche Vermögen die Belange des Vollstreckungsschuldners in nicht vertretbarer Weise beeinträchtigen würde.

46. Verfahren

(1) ¹Die Eintragung einer Sicherungshypothek, die Zwangsversteigerung oder die Zwangsverwaltung eines Grundstücks kann beantragt werden, wenn der Vollstreckungsschuldner im Grundbuch als Eigentümer eingetragen ist (§ 39 Abs. 1 GBO; § 17 Abs. 1, § 146 Abs. 1 ZVG). ²Wegen eines Anspruchs aus einem im Grundbuch eingetragenen Rechte kann die Zwangsverwaltung eines dem Vollstreckungsschuldner gehörigen Grundstücks auch dann beantragt werden, wenn der Vollstreckungsschuldner zwar nicht als Eigentümer im Grundbuch eingetragen ist, aber das Grundstück im Eigenbesitz hat (§ 147 Abs. 1 ZVG).

(2) ¹Ist ein Grundstück, dessen Eigentümer der Vollstreckungsschuldner ist, im Grundbuch nicht auf seinen Namen eingetragen, kann die Eintragung einer Sicherungshypothek, die Zwangsversteigerung oder die Zwangsverwaltung unbeschadet Abschnitt 48 erst beantragt werden, nachdem seine Eintragung als Eigentümer des Grundstücks erfolgt ist. ²Die Vollstreckungsstelle kann die Berichtigung des Grundbuchs beantragen, wenn sie seine Unrichtigkeit durch öffentliche Urkunden (§ 415 ZPO) nachweisen kann (§§ 14, 22 Abs. 1, § 29 Abs. 1 Satz 2 GBO; vgl. § 792 ZPO). ³Kann die Vollstreckungsstelle diesen Nachweis nicht führen, kann sie den Anspruch auf Zustimmung zur Berichtigung des Grundbuchs, der dem Vollstreckungsschuldner gegen den im Grundbuch Eingetragenen zusteht, pfänden (§ 894 BGB; § 321 Abs. 1, 3 AO).

(3) ¹Bei gemeinschaftlichem Eigentum von Ehegatten ist die Berichtigung des Grundbuchs zu beantragen, wenn die Ehegatten keine Erklärung nach Art. 234 § 4 Abs. 2 Satz 1 des Einführungsgesetzes zum Bürgerlichen Gesetzbuch abgegeben ha-

ben und gemeinschaftliches Eigentum zu Eigentum zu gleichen Bruchteilen geworden ist (§ 14 GBBerG, § 14 GBO). ²Der für die Berichtigung des Grundbuchs erforderliche Nachweis, dass eine Erklärung nach Art. 234 § 4 Abs. 2 und 3 des Einführungsgesetzes zum Bürgerlichen Gesetzbuch nicht abgegeben wurde, kann durch Berufung auf die Vermutung nach Art. 234 § 4a Abs. 3 des Einführungsgesetzes zum Bürgerlichen Gesetzbuch, durch übereinstimmende Erklärung beider Ehegatten oder bei dem Ableben eines von ihnen durch Versicherung des überlebenden Ehegatten erbracht werden. ³Beim Ableben beider Ehegatten genügt eine entsprechende Versicherung der Erben. ⁴Die Erklärung, die Versicherung und der Antrag bedürfen nicht der in § 29 Grundbuchordnung vorgesehenen Form.

(4) ¹Der Antrag, der auf Eintragung einer Sicherungshypothek gerichtet ist, muss das zu belastende Grundstück übereinstimmend mit dem Grundbuch oder durch Hinweis auf das Grundbuchblatt bezeichnen (§ 28 Satz 1 GBO). ²Sollen mehrere Grundstücke des Vollstreckungsschuldners mit der Sicherungshypothek belastet werden, hat die Vollstreckungsstelle in dem Antrag zu bestimmen, wie der Geldbetrag auf die einzelnen Grundstücke verteilt werden soll (§ 867 Abs. 2 Satz 1 ZPO); die Mindestsumme von siebenhundertfünfzig Euro (§ 866 Abs. 3 Satz 1 ZPO) muss auch für die entsprechenden Teile jeweils eingehalten werden.

(5) ¹In dem Antrag auf Zwangsversteigerung oder auf Zwangsverwaltung eines Grundstücks ist das Grundstück, in das vollstreckt werden soll, zu bezeichnen (§ 16 Abs. 1, § 146 Abs. 1 ZVG). ²Dem Antrag ist eine Bescheinigung des Grundbuchamtes darüber beizufügen, wer als Eigentümer des Grundstücks im Grundbuch eingetragen ist. ³Gehören Vollstreckungsgericht und Grundbuchamt demselben AG an, kann die Beibringung durch Bezugnahme auf das Grundbuch ersetzt werden (§ 17 Abs. 2 Satz 2, § 146 Abs. 1 ZVG).

(6) ¹In dem Antrag auf Eintragung einer Sicherungshypothek, auf Zwangsversteigerung oder Zwangsverwaltung ist zu bestätigen, dass die gesetzlichen Voraussetzungen für die Vollstreckung vorliegen (§ 322 Abs. 3 Satz 2 AO). ²Der Antrag ist dem Vollstreckungsgericht oder Grundbuchamt – in der Regel gegen Empfangsbekenntnis – zuzustellen. ³Nach der Zustellung hat die Vollstreckungsstelle dem Vollstreckungsschuldner eine Durchschrift des Antrags zu übersenden.

47. Verfahren in Erbfällen

(1) ¹Wird bei Vollstreckung gegen einen Erben die Eintragung einer Sicherungshypothek auf ein Grundstück beantragt, das im Grundbuch noch auf den Namen des Erblassers eingetragen ist, ist zum Zwecke der vorherigen Umschreibung die Erbfolge durch öffentliche Urkunden nachzuweisen (§ 29 Abs. 1, § 35 GBO). ²Soweit die nach Satz 1 erforderlichen Urkunden bei den Akten des Grundbuchamts sind, soll die Vollstreckungsstelle in dem Antrag auf die Urkunden Bezug nehmen. ³Befinden sich die Urkunden bei den Akten eines anderen Grundbuchamts, hat die Vollstreckungsstelle die Urkunden zu beschaffen (vgl. § 792 ZPO) und sie mit dem Antrag dem Grundbuchamt vorzulegen. ⁴Abweichend von Satz 1 kann die Eintragung einer Sicherungshypothek für Rückstände des Erblassers, für die der Vollstreckungsschuldner als Gesamtrechtsnachfolger in Anspruch genommen wird, auch ohne vorherige

Umschreibung beantragt werden, wenn dem Erblasser bereits das Leistungsgebot bekanntgegeben worden war (vgl. § 40 Abs. 1 GBO).

(2) ¹Die Zwangsversteigerung oder Zwangsverwaltung eines ererbten Grundstücks kann auch dann beantragt werden, wenn anstelle des Vollstreckungsschuldners noch der Erblasser als Eigentümer eingetragen ist (§ 17 Abs. 1, § 146 Abs. 1 ZVG). ²Es genügt, wenn die Erbfolge durch Urkunden glaubhaft gemacht wird, sofern sie nicht bei dem AG als Vollstreckungsgericht offenkundig ist (§ 17 Abs. 3 ZVG).

(3) ¹Richtet sich die Vollstreckung gegen einen Nachlasspfleger oder Nachlassverwalter, kann die Eintragung einer Sicherungshypothek, die Zwangsversteigerung oder die Zwangsverwaltung auch in ein zum Nachlass gehöriges Grundstück beantragt werden, das im Grundbuch noch auf den Namen des Erblassers eingetragen ist, selbst wenn gegen den Erblasser kein Leistungsgebot ergangen war. ²Entsprechendes gilt, wenn gegen einen Testamentsvollstrecker in ein Grundstück vollstreckt werden soll, das seiner Verwaltung unterliegt (§ 40 GBO; § 17 Abs. 1, § 146 Abs. 1 ZVG). ³Die Erbfolge und die Bestellung zum Nachlasspfleger oder Nachlassverwalter bzw. die Befugnis des Testamentsvollstreckers, über das Grundstück zu verfügen, sind bei Eintragung einer Sicherungshypothek entsprechend Abs. 1 Sätze 1 bis 3 und bei Zwangsversteigerung oder Zwangsverwaltung entsprechend Abs. 2 Satz 2 darzulegen.

48. Verfahren bei nachfolgendem Eigentumswechsel

¹Ist nach Eintragung einer Sicherungshypothek, einer Schiffshypothek oder eines Registerpfandrechts an einem Luftfahrzeug ein Eigentumswechsel eingetreten, hat die Vollstreckungsstelle gegen den Rechtsnachfolger einen Duldungsbescheid zu erlassen (Abschnitte 3 Abs. 3, 19 Abs. 1), bevor sie die Zwangsversteigerung oder die Zwangsverwaltung aus diesem Recht beantragt (§ 323 AO). ²Ein Duldungsbescheid ist in den Fällen des Abschnitts 30 Abs. 2 Satz 1 nicht erforderlich.

49. Rechtsmittel gegen Entscheidungen des Grundbuchamts und des Vollstreckungsgerichts

(1) ¹Lehnt das Grundbuchamt einen Antrag auf Eintragung einer Sicherungshypothek ab, so steht der Vollstreckungsbehörde gegen die Entscheidung die Beschwerde zu (§§ 71 bis 81 GBO). ²Die Beschwerde kann durch Beschwerdeschrift beim Grundbuchamt oder beim Beschwerdegericht (LG) eingelegt werden (§ 73 GBO). ³Gegen die Entscheidung des Beschwerdegerichts ist die weitere Beschwerde gegeben, wenn die Entscheidung auf einer Verletzung des Rechts beruht (§ 78 GBO). ⁴Die weitere Beschwerde kann beim Grundbuchamt, LG oder OLG eingelegt werden (§ 80 GBO). ⁵Beschwerde und weitere Beschwerde sind unbefristet.

(2) ¹Gegen Entscheidungen des AG als Vollstreckungsgericht über einen Antrag auf Anordnung der Zwangsversteigerung oder der Zwangsverwaltung oder auf Zulassung des Beitritts zu einem Zwangsversteigerungs- oder Zwangsverwaltungsverfahren steht der Vollstreckungsbehörde der Rechtsbehelf der sofortigen Beschwerde zu. ²Die sofortige Beschwerde ist binnen einer Notfrist von zwei Wochen bei dem Gericht, dessen Entscheidung angefochten wird, oder bei dem Beschwerdegericht einzulegen; die Frist beginnt mit der Zustellung der Entscheidung, spätestens mit Ablauf

von fünf Monaten nach der Verkündung des Beschlusses (§ 96 ZVG, § 569 ZPO). ³Gegen die Entscheidung des Beschwerdegerichts über die sofortige Beschwerde ist die Rechtsbeschwerde gegeben, wenn sie im Beschluss zugelassen ist (§ 574 Abs. 1 Nr. 2 ZPO). ⁴Die Rechtsbeschwerde ist binnen einer Notfrist von einem Monat nach Zustellung des Beschlusses über die sofortige Beschwerde bei dem Rechtsbeschwerdegericht einzulegen (§ 575 ZPO).

50. Behandlung öffentlicher Lasten bei der Zwangsversteigerung oder Zwangsverwaltung

(1) ¹Ansprüche auf Entrichtung öffentlicher Lasten eines Grundstücks gewähren im Zwangsversteigerungsverfahren ein Recht auf Befriedigung aus dem Grundstück (§ 10 Abs. 1 Nr. 3, 7 ZVG). ²Im Zwangsverwaltungsverfahren werden laufende Beträge öffentlicher Lasten ohne weiteres Verfahren aus den Überschüssen gezahlt (§ 155 Abs. 2, § 156 Abs. 1 ZVG). ³Zu den öffentlichen Lasten des Grundstücks gehört eine Steuer dann, wenn das Bestehen und der Umfang der Steuerpflicht von dem Vorhandensein und von den Eigenschaften des Grundstücks abhängt, z.B. die Grundsteuer und Hypothekengewinnabgabe. ⁴Steuern, die an die persönlichen Verhältnisse des Steuerpflichtigen anknüpfen, sind auch insoweit keine öffentlichen Lasten des Grundstücks, als sie den Wert des Grundstücks oder das Einkommen aus dem Grundstück erfassen, z.B. Einkommensteuer, Körperschaftsteuer, Vermögensteuer.

(2) ¹Die in Abs. 1 Satz 1 bezeichneten Ansprüche werden – soweit sie nicht aus dem Grundbuch ersichtlich sind – bei der Verteilung des Versteigerungserlöses nur dann berücksichtigt, wenn sie spätestens in dem Termin, den das AG als Vollstreckungsgericht zur Verteilung des Versteigerungserlöses anberaumt hat, bei diesem angemeldet worden sind (§ 114 ZVG). ²Zwecks Rangwahrung sind die Ansprüche spätestens bis zum Versteigungstermin anzumelden (§ 37 Nr. 4, § 110 ZVG).

(3) ¹Verwaltet die Finanzbehörde Abgaben, die unter die Bestimmung des Abs. 1 Satz 1 fallen, hat die Vollstreckungsstelle, sobald sie von der Anordnung der Zwangsversteigerung oder Zwangsverwaltung Kenntnis erlangt, bei der Kasse und der Veranlagungs- oder Festsetzungsstelle festzustellen, inwieweit rückständige oder laufende Ansprüche beim AG als Vollstreckungsgericht anzumelden sind. ²Die Anmeldung hat schriftlich zu erfolgen. ³Sie soll die in Abschnitt 34 Abs. 2 Nr. 1 bis 7 und 11 erster Halbsatz genannten Angaben sowie die Bezeichnung des Grundstücks enthalten. ⁴Soweit nicht nur laufende, sondern auch rückständige Beträge angemeldet werden, sollen die Zeitpunkte, an denen die Beträge fällig geworden sind, in der Anmeldung angegeben werden.

51. Versteigerungstermin

(1) ¹Die Vollstreckungsbehörde soll in dem Versteigerungstermin vertreten sein. ²Wird das Mindestgebot nicht erreicht, so soll sie unter den Voraussetzungen des § 74a des Gesetzes über die Zwangsversteigerung und die Zwangsverwaltung die Versagung des Zuschlags beantragen, soweit der Zuschlag nicht bereits nach § 85a dieses Gesetzes zu versagen ist.

(2) ¹In geeigneten Fällen kann die Vollstreckungsbehörde mit vorheriger Zustimmung der vorgesetzten Finanzbehörde im Versteigerungstermin auch als Mitbietender auftreten. ²Die obersten Finanzbehörden des Bundes oder der Länder können das Verfahren im einzelnen in eigener Zuständigkeit und auch abweichend von Satz 1 regeln.

Eidesstattliche Versicherung

52. Eidesstattliche Versicherung

(1) ¹Die Vollstreckungsbehörde kann vom Vollstreckungsschuldner die Vorlage eines Vermögensverzeichnisses verlangen und ihn zur Abgabe der eidesstattlichen Versicherung (§ 284 AO) vorladen, wenn

1. die Vollstreckung in das bewegliche Vermögen nicht zur vollständigen Befriedigung geführt hat,

2. anzunehmen ist, dass durch die Vollstreckung in das bewegliche Vermögen eine vollständige Befriedigung nicht zu erlangen sein wird,

3. der Vollstreckungsschuldner die Durchsuchung (§ 287 AO) verweigert hat oder

4. der Vollziehungsbeamte den Vollstreckungsschuldner wiederholt in seinen Wohn- und Geschäftsräumen nicht angetroffen hat, nachdem er einmal die Vollstreckung mindestens zwei Wochen vorher angekündigt hatte; dies gilt nicht, wenn der Vollstreckungsschuldner seine Abwesenheit genügend entschuldigt und den Grund glaubhaft macht.

²Die Ladung zu dem Termin zur Abgabe der eidesstattlichen Versicherung ist dem Vollstreckungsschuldner selbst zuzustellen. ³Der Termin für die Ladung zur Abgabe der eidesstattlichen Versicherung ist auf einen Zeitpunkt nach Bestandskraft der Ladungsverfügung festzusetzen.

(2) Von der Abnahme der eidesstattlichen Versicherung soll Abstand genommen werden, wenn nach Überzeugung der Vollstreckungsstelle feststeht, dass das vom Vollstreckungsschuldner vorgelegte Vermögensverzeichnis vollständig und wahrheitsgemäß ist.

(3) ¹Die Abnahme der eidesstattlichen Versicherung ist unzulässig,

1. wenn die letzte Abgabe einer eidesstattlichen Versicherung durch den Vollstreckungsschuldner im Schuldnerverzeichnis noch nicht gelöscht ist und weniger als drei Jahre zurückliegt, es sei denn, es ist anzunehmen, dass er später Vermögen erworben hat oder dass ein bisher mit ihm bestehendes Arbeitsverhältnis aufgelöst worden ist (§ 284 Abs. 4 AO),

2. solange über einen gegen die Ladung zur Abgabe der eidesstattlichen Versicherung eingelegten Rechtsbehelf nicht unanfechtbar entschieden ist, es sei denn, dass in gleicher Sache frühere Einwendungen derselben Art bereits unanfechtbar zurückgewiesen worden sind; der Rechtsbehelf entfaltet nur dann aufschiebende Wirkung, wenn er begründet worden ist (§ 284 Abs. 6 Sätze 2 und 3 AO).

²Die Vollstreckungsstelle hat von Amts wegen festzustellen, ob im Schuldnerverzeichnis (Abs. 7) eine Eintragung darüber besteht, dass der Vollstreckungsschuldner innerhalb der letzten drei Jahre eine eidesstattliche Versicherung abgegeben hat.

(4) Die Abnahme der eidesstattlichen Versicherung darf nicht erzwungen werden, wenn der Vollstreckungsschuldner nicht bereit ist, die eidesstattliche Versicherung vor einer anderen als der für seinen Wohnsitz örtlich zuständigen Vollstreckungsbehörde abzugeben. In diesem Falle hat die Vollstreckungsbehörde die örtlich zuständige Vollstreckungsbehörde um Abnahme der eidesstattlichen Versicherung zu ersuchen.

(5) ¹Verweigert der Vollstreckungsschuldner ohne Grund die Vorlage des Vermögensverzeichnisses oder die Abgabe der eidesstattlichen Versicherung oder erscheint er ohne ausreichende Entschuldigung nicht zu dem anberaumten Termin vor der zuständigen Vollstreckungsbehörde (§ 284 Abs. 5 Satz 1 AO), kann die Vollstreckungsbehörde, die die Vollstreckung betreibt, das AG, in dessen Bezirk der Vollstreckungsschuldner seinen Wohnsitz oder in Ermangelung eines solchen seinen Aufenthaltsort hat (§ 899 Abs. 1 ZPO), um Anordnung der Erzwingungshaft ersuchen (§ 284 Abs. 8 AO). ²Im übrigen ist das Ersuchen unter den gleichen Voraussetzungen zulässig wie die Anordnung zur Abgabe der eidesstattlichen Versicherung. ³In dem Ersuchen ist zu bestätigen, dass der Vollstreckungsschuldner zur Abgabe der eidesstattlichen Versicherung verpflichtet ist und die Voraussetzungen zur Anordnung der Haft vorliegen. ⁴Dem Ersuchen sind beizufügen:

1. eine beglaubigte Abschrift der Anordnung über die Abgabe der eidesstattlichen Versicherung,
2. eine Zweitschrift des Ersuchens.

⁵Das Ersuchen ist dem AG zuzustellen, in der Regel gegen Empfangsbekenntnis. Gleichzeitig ist dem Vollstreckungsschuldner eine Durchschrift des Ersuchens zu übersenden. ⁶Lehnt das AG das Ersuchen der Vollstreckungsbehörde um Anordnung der Haft ab, ist gegen die Entscheidung die sofortige Beschwerde nach § 567 bis 573 ZPO gegeben (§ 284 Abs. 9 AO); gegen die Entscheidung des Beschwerdegerichts über die sofortige Beschwerde ist die Rechtsbeschwerde gegeben, wenn sie im Beschluss zugelassen ist (§ 574 Abs. 1 Nr. 2 ZPO). ⁷Die Vorschriften der §§ 901, 902, 904 bis 906, 909 Abs. 1 Satz 2, Abs. 2, §§ 910 und 913 bis 915h der Zivilprozessordnung sind sinngemäß anzuwenden. ⁸Für die Verhaftung des Vollstreckungsschuldners auf Grund der Haftanordnung des AG ist der Gerichtsvollzieher zuständig. ⁹Die Vollstreckungsbehörde hat dem Gerichtsvollzieher den geschuldeten Betrag sowie den Schuldgrund mitzuteilen und ihn zu ermächtigen, den geschuldeten Betrag anzunehmen und über den Empfang Quittung zu erteilen. ¹⁰Der Vollstreckungsschuldner kann die Verhaftung dadurch abwenden, dass er den geschuldeten Betrag in voller Höhe an den Gerichtsvollzieher zahlt oder nachweist, dass ihm eine Zahlungsfrist bewilligt worden oder die Schuld erloschen ist. ¹¹Die Verhaftung kann auch dadurch abgewendet werden, dass der Vollstreckungsschuldner dem Gerichtsvollzieher eine Entscheidung vorlegt, aus der sich die Unzulässigkeit der Maßnahme ergibt, oder eine Bankquittung vorlegt, aus der sich ergibt, dass er den geschuldeten Betrag eingezahlt hat. ¹²Ist der verhaftete Vollstreckungsschuldner zur Abgabe der eidesstatt-

lichen Versicherung bereit (§ 902 ZPO), hat ihn der Gerichtsvollzieher grundsätzlich der Vollstreckungsbehörde zur Abnahme der eidesstattlichen Versicherung vorzuführen. [13]Abweichend hiervon kann die eidesstattliche Versicherung von dem Gerichtsvollzieher abgenommen werden, wenn sich der Sitz der Vollstreckungsbehörde nicht im Bezirk des für den Gerichtsvollzieher zuständigen AG befindet oder die Abnahme der eidesstattlichen Versicherung durch die Vollstreckungsbehörde nicht möglich ist. [14]Der Gerichtsvollzieher kann unter den gleichen Voraussetzungen wie die Vollstreckungsbehörde von der Abnahme der eidesstattlichen Versicherung absehen.

(6) Ist der Vollstreckungsschuldner nicht selbst handlungsfähig (§ 79 AO), ist die eidesstattliche Versicherung vom Vertreter des Vollstreckungsschuldners abzugeben.

(7) Nach Abgabe der eidesstattlichen Versicherung hat die Vollstreckungsbehörde dem AG, in dessen Bezirk der Vollstreckungsschuldner seinen Wohnsitz oder in Ermangelung eines solchen seinen Aufenthaltsort hat (§ 899 Abs. 1 ZPO), Namen, Vornamen, Geburtstag und Anschrift des Vollstreckungsschuldners sowie den Tag der Abgabe der eidesstattlichen Versicherung zur Aufnahme in das Schuldnerverzeichnis mitzuteilen und eine beglaubigte Abschrift des Vermögensverzeichnisses zu übersenden.

(8) Hat ein Vollstreckungsschuldner in einer auf Betreiben der Vollstreckungsbehörde abgelegten eidesstattlichen Versicherung vorsätzlich unvollständige oder falsche Angaben gemacht (§ 156 StGB), darf nach § 30 Abs. 5 AO bei der Strafverfolgungsbehörde Strafanzeige erstattet werden.

53. Eidesstattliche Versicherung in anderen Fällen

[1]Die Abgabe einer eidesstattlichen Versicherung kann verlangt werden, wenn der Vollstreckungsschuldner die zur Geltendmachung einer von der Vollstreckungsbehörde gepfändeten Forderung nötige Auskunft verweigert. [2]Sie kann auch verlangt werden, wenn wegen Herausgabe einer Urkunde, die über eine gepfändete Forderung des Vollstreckungsschuldners besteht, die Vollstreckung gegen den Vollstreckungsschuldner versucht, die Urkunde aber nicht vorgefunden worden ist (§ 315 Abs. 2, 3 AO). [3]Die Vorschriften des Abschnitts 52 Abs. 1 bis 6 und 8 sind sinngemäß anzuwenden.

Vierter Teil Arrest

54. Dinglicher Arrest

(1) Gegen den Steuerschuldner und den Haftungsschuldner sowie gegen den Duldungspflichtigen kann die für die Steuerfestsetzung zuständige Finanzbehörde den dinglichen Arrest (§ 324 AO) anordnen, wenn folgende Voraussetzungen vorliegen:

1. Ein Arrestanspruch: Es muss glaubhaft sein, dass der Finanzbehörde ein Anspruch auf eine Geldleistung gegen den Schuldner oder Duldungspflichtigen zusteht. Es ist nicht erforderlich, dass der Anspruch zahlenmäßig feststeht; es genügt, dass er begründet ist, auch wenn er bedingt oder betagt ist.

2. Ein Arrestgrund: Es muss zu besorgen sein, dass ohne die Anordnung des Arrestes die Vollstreckung des Anspruchs vereitelt oder wesentlich erschwert würde. Liegt ein Leistungsgebot oder eine Steueranmeldung vor (Abschnitt 19), auf Grund deren vollstreckt werden kann, besteht kein Arrestgrund.

(2) ¹Der dingliche Arrest wird schriftlich angeordnet. ²Die Arrestanordnung muss enthalten:

1. Familienname, Vornamen, Wohnort und Wohnung des Arrestschuldners,

2. die Tatsachen, aus denen sich Bestehen und Höhe des Arrestanspruchs (Abs. 1 Nr. 1) ergeben. ¹Umfasst eine Arrestanordnung mehrere Ansprüche, sind die Beträge einzeln anzugeben,

3. die Tatsachen, aus denen sich der Arrestgrund (Abs. 1 Nr. 2) ergibt,

4. den Ausspruch, dass zur Sicherung des Arrestanspruchs der dingliche Arrest in das Vermögen des Arrestschuldners angeordnet wird. Die Arrestanordnung muss einen bestimmten Geldbetrag (Arrestsumme) bezeichnen, bis zu dessen Höhe der Arrest vollzogen werden kann. Ein Leistungsgebot (Abschnitt 19) darf in die Arrestanordnung nicht aufgenommen werden,

5. die Angabe des Geldbetrages, bei dessen Hinterlegung die Vollziehung des Arrestes gehemmt und der vollzogene Arrest aufzuheben ist (Hinterlegungssumme). Die Hinterlegungssumme ist so zu bemessen, dass Hauptanspruch und Nebenleistungen gedeckt sind,

6. die Unterschrift eines zuständigen Bediensteten und den Abdruck des Dienststempels der Finanzbehörde.

(3) ¹Die Arrestanordnung hat eine Rechtsbehelfsbelehrung zu enthalten. ²Als Rechtsbehelf ist sowohl der Einspruch nach § 347 Abs. 1 der Abgabenordnung als auch die Anfechtungsklage nach § 45 Abs. 4 der Finanzgerichtsordnung gegeben.

(4) ¹Die Arrestanordnung ist dem Arrestschuldner zuzustellen. ²Eine Ausfertigung der Arrestanordnung ist zum Zwecke der Vollziehung (Abschnitt 55) unverzüglich der Vollstreckungsstelle zuzuleiten.

(5) ¹Die Arrestanordnung ist aufzuheben, wenn nach ihrem Erlass Umstände bekanntwerden, die die Arrestanordnung nicht mehr gerechtfertigt erscheinen lassen (§ 325 AO). ²Abs. 2 Satz 1 und Abs. 4 Satz 2 finden entsprechende Anwendung. ³Die Aufhebung der Arrestanordnung ist dem Arrestschuldner mitzuteilen.

55. Vollziehung des Arrestes

(1) ¹Die Vollziehung einer Arrestanordnung obliegt der Vollstreckungsstelle. ²Die Vollziehung wird nicht dadurch gehemmt, dass der Arrestschuldner gegen die Arrestanordnung Einspruch einlegt oder Anfechtungsklage erhebt (§ 361 Abs. 1 AO, § 69 Abs. 1 FGO). ³Auf die Vollziehung des Arrestes sind die §§ 930 bis 932 der Zivilprozessordnung sowie § 99 Abs. 2 und § 106 Abs. 1, 3 und 5 des Gesetzes über Rechte an Luftfahrzeugen entsprechend anzuwenden; an die Stelle des Arrestgerichts und des Vollstreckungsgerichts tritt die Vollstreckungsbehörde, an die Stelle des Ge-

richtsvollziehers der Vollziehungsbeamte. ⁴Soweit auf die Vorschriften über die Pfändung verwiesen wird, sind die entsprechenden Vorschriften der Abgabenordnung anzuwenden. ⁵Gepfändete bewegliche Sachen dürfen grundsätzlich nicht verwertet werden. ⁶Bei der Pfändung von Forderungen und anderen Vermögensrechten darf grundsätzlich die Einziehung nicht angeordnet werden. ⁷Es kann jedoch verlangt werden, dass die geschuldete Leistung bei Fälligkeit der Schuld hinterlegt wird. ⁸Soll der Arrest in ein Grundstück vollzogen werden, kann nur Eintragung einer Sicherungshypothek (Arresthypothek) beantragt werden; Zwangsverwaltung oder Zwangsversteigerung sind nicht statthaft (§ 932 ZPO).

(2) ¹Die Vorschriften der §§ 254, 259 der Abgabenordnung gelten für die Arrestvollziehung nicht. ²Die Vollziehung der Arrestanordnung ist unzulässig, wenn seit dem Tag, an dem die Anordnung unterzeichnet worden ist, ein Monat verstrichen ist (§ 324 Abs. 3 AO). ³Die Vollziehung ist auch schon vor der Zustellung an den Arrestschuldner zulässig; sie ist jedoch ohne Wirkung, wenn die Zustellung nicht innerhalb einer Woche nach der Vollziehung und innerhalb eines Monats seit der Unterzeichnung erfolgt. ⁴Bei Zustellung im Ausland und öffentlicher Zustellung gilt § 169 Abs. 1 Satz 3 der Abgabenordnung entsprechend.

(3) ¹Auf Grund der Arrestanordnung kann der Arrestschuldner zur Leistung der eidesstattlichen Versicherung herangezogen werden, wenn ein Versuch, den Arrest in das bewegliche Vermögen des Arrestschuldners zu vollziehen oder nach Maßgabe des § 315 Abs. 2 Satz 2 der Abgabenordnung eine Urkunde, z.B. einen Hypotheken- oder Grundschuldbrief, zu erlangen, erfolglos geblieben ist. ²Die Vorschriften der §§ 284, 315 Abs. 3, 4 der Abgabenordnung und der Abschnitte 52, 53 sind entsprechend anzuwenden.

(4) ¹Hat der Arrestschuldner oder ein Dritter den Betrag der Hinterlegungssumme (Abschnitt 54 Abs. 2 Nr. 5 Satz 1) in Geld hinterlegt, hat die Vollstreckungsstelle von Maßnahmen der Arrestvollziehung Abstand zu nehmen. ²Das gleiche gilt, wenn mit Genehmigung der Vollstreckungsstelle in anderer Weise als durch Hinterlegung von Geld Sicherheit für den Betrag der Hinterlegungssumme geleistet wird (§§ 241, 246, 247 AO).

(5) ¹Wird der Anspruch, zu dessen Sicherung der dingliche Arrest angeordnet worden ist, nicht erfüllt, hat die Vollstreckungsbehörde, sobald für den Anspruch ein vollstreckbares Leistungsgebot vorliegt (§ 254 AO), Sicherheiten, die der Arrestschuldner zur Abwendung der Arrestvollziehung (Abs. 4) bestellt oder die Vollstreckungsbehörde durch Vollziehung des Arrestes erlangt hat, zu verwerten (vgl. § 327 AO). ²Die Verwertung der Sicherheiten obliegt der Vollstreckungsstelle. ³Mit der Verwertung darf erst begonnen werden, wenn dem Vollstreckungsschuldner die Verwertungsabsicht schriftlich bekanntgegeben und seit der Bekanntgabe mindestens eine Woche verstrichen ist. ⁴Ein Pfandrecht, das an einem Vermögensgegenstand des Vollstreckungsschuldners besteht, wird in gleicher Weise verwertet wie ein durch Vollstreckung erlangtes Pfandrecht. ⁵Bei der Pfändung von Forderungen und anderen Vermögensrechten ist die Einziehung anzuordnen, sofern nicht auf andere Art zu verwerten ist.

56. Persönlicher Sicherheitsarrest

(1) ¹Die für die Steuerfestsetzung zuständige Finanzbehörde kann bei dem AG, in dessen Bezirk die Finanzbehörde ihren Sitz hat oder sich der Pflichtige befindet, einen Antrag auf Anordnung eines persönlichen Sicherheitsarrestes (§ 326 AO) stellen, wenn ein Arrestanspruch und ein Arrestgrund (vgl. Abschnitt 54 Abs. 1 Nr. 1 und 2) vorliegen. ²Der Antrag ist nur zulässig, wenn andere Mittel zur Sicherung der Vollstreckung, namentlich der dingliche Arrest, ohne Erfolg waren oder voraussichtlich keinen Erfolg haben werden.

(2) In dem Antrag hat die Finanzbehörde den Anspruch nach Art und Höhe sowie die Tatsachen anzugeben, die den besonderen Arrestgrund für den persönlichen Sicherheitsarrest ergeben.

(3) ¹Die Finanzbehörde bedarf für den Antrag auf Anordnung des persönlichen Sicherheitsarrestes der Zustimmung der vorgesetzten Finanzbehörde. ²Die Zustimmung soll vor Absendung des Antrages eingeholt werden. ³Ist Gefahr im Verzug, darf der Antrag auch ohne vorherige Zustimmung gestellt werden. ⁴In diesem Falle ist die Genehmigung der vorgesetzten Finanzbehörde unverzüglich einzuholen. ⁵Wird diese versagt, ist der Antrag umgehend zurückzunehmen.

(4) Die Anordnung und Aufhebung des persönlichen Sicherheitsarrestes erfolgen durch das AG, in dessen Bezirk die Finanzbehörde ihren Sitz hat oder sich der Pflichtige befindet.

Fünfter Teil **Insolvenzverfahren**

57. Verfahrensarten

(1) ¹Das Insolvenzrecht unterscheidet zwischen dem Regelinsolvenzverfahren (§§ 1 bis 285 InsO), dem Verbraucherinsolvenzverfahren (§§ 304 bis 314 InsO) und besonderen Arten des Insolvenzverfahrens (§§ 315 bis 334 InsO; z.B. Nachlassinsolvenz).

(2) ¹Das Regelinsolvenzverfahren wird durchgeführt, soweit nicht ein Verbraucherinsolvenzverfahren (Abs. 3) oder ein Verfahren nach §§ 315 bis 334 der Insolvenzordnung in Betracht kommt. ²Im Regelinsolvenzverfahren wird die gemeinschaftliche Befriedigung der Gläubiger dadurch erreicht, dass entweder das Vermögen des Schuldners verwertet und der Erlös verteilt oder in einem Insolvenzplan eine abweichende Regelung getroffen wird (Abschnitte 60, 61).

(3) ¹Bei natürlichen Personen, die keine selbständige wirtschaftliche Tätigkeit ausüben oder ausgeübt haben (§ 304 Abs. 1 Satz 1 InsO), wird das Verbraucherinsolvenzverfahren durchgeführt (Abschnitt 63). ²Bei natürlichen Personen, die eine selbständige wirtschaftliche Tätigkeit ausgeübt haben, wird das Verbraucherinsolvenzverfahren durchgeführt, wenn ihre Vermögensverhältnisse überschaubar sind und gegen sie keine Forderungen aus Arbeitsverhältnissen bestehen (§ 304 Abs. 1 Satz 2 InsO).

(4) An das Regel- oder das Verbraucherinsolvenzverfahren schließt sich auf Antrag des Schuldners, wenn dieser eine natürliche Person ist, das Restschuldbefreiungsverfahren an (Abschnitt 64).

58. Eröffnungsantrag der Vollstreckungsbehörde

(1) Der Antrag, über das Vermögen des Vollstreckungsschuldners das Insolvenzverfahren zu eröffnen, kann gestellt werden, wenn dem Vollstreckungsgläubiger eine Geldforderung zusteht, bei der die Voraussetzungen für die Einzelvollstreckung vorliegen (Abschnitt 4, § 254 AO) und ein Insolvenzgrund (Abs. 2) glaubhaft gemacht werden kann (§ 14 InsO).

(2) ¹Die Eröffnung des Insolvenzverfahrens setzt die Zahlungsunfähigkeit des Vollstreckungsschuldners voraus, soweit nicht auch Überschuldung als Insolvenzgrund bestimmt ist. ²Zahlungsunfähigkeit liegt vor, wenn der Schuldner nicht in der Lage ist, seine fälligen Zahlungspflichten zu erfüllen. ³In der Regel ist Zahlungsunfähigkeit anzunehmen, wenn Zahlungseinstellung erfolgt ist (§ 17 Abs. 2 InsO). ⁴Für die Eröffnung des Insolvenzverfahrens über das Vermögen von juristischen Personen des Privatrechts, von Personengesellschaften (§ 11 Abs. 2 Nr. 1 InsO), wenn kein persönlich haftender Gesellschafter eine natürliche Person ist, oder eines nicht rechtsfähigen Vereins, der als Verein verklagt werden kann (§ 11 Abs. 1 Satz 2 InsO, § 54 BGB, § 50 Abs. 2 ZPO), oder einen Nachlass (§ 320 InsO) bildet sowohl die Zahlungsunfähigkeit als auch die Überschuldung einen Insolvenzgrund. ⁵Überschuldung liegt vor, wenn das Vermögen die bestehenden Verbindlichkeiten nicht mehr deckt (§ 19 Abs. 2 InsO). ⁶Für eingetragene Genossenschaften enthält § 98 Abs. 1 des Genossenschaftsgesetzes Sondervorschriften.

(3) ¹Ein Antrag auf Eröffnung des Insolvenzverfahrens obliegt grundsätzlich der Vollstreckungsbehörde, die die Vollstreckung betreibt. ²Er muss Angaben zu den geschuldeten Beträgen und zum Insolvenzgrund enthalten.

(4) ¹Lehnt das Insolvenzgericht (§ 3 InsO) einen Antrag auf Eröffnung des Insolvenzverfahrens ab, steht der Vollstreckungsbehörde gegen die Entscheidung das Rechtsmittel der sofortigen Beschwerde zu (§ 34 Abs. 1 InsO). ²Die Beschwerde ist binnen einer Notfrist von zwei Wochen bei dem Gericht, dessen Entscheidung angefochten wird (§ 3 InsO), oder bei dem Beschwerdegericht durch Beschwerdeschrift einzureichen (§§ 4 InsO, 569 ZPO). ³Die Frist beginnt mit der Verkündung der Entscheidung (§ 6 Abs. 2 InsO). ⁴Gegen die Entscheidung des Beschwerdegerichtes ist die Rechtsbeschwerde gegeben (§§ 7 InsO, 574 ZPO). ⁵Die Rechtsbeschwerde ist binnen einer Notfrist von einem Monat nach Zustellung des Beschlusses über die sofortige Beschwerde bei dem Rechtsbeschwerdegericht durch Beschwerdeschrift einzulegen (§ 575 ZPO).

59. Kostenvorschuss

(1) ¹Macht das Insolvenzgericht die Eröffnung des Insolvenzverfahrens von der Leistung eines Kostenvorschusses abhängig, so ist dieser in der Regel erst dann einzuzahlen, wenn sich aus den Ermittlungen des Insolvenzgerichts oder nach Aktenlage ergibt, dass voraussichtlich mit einer Insolvenzmasse zu rechnen ist, die eine nennenswerte Befriedigung erwarten lässt (z.B. durch Insolvenzanfechtung). ²Das kann der Fall sein, wenn durch weitere Sachverhaltsaufklärung, z.B. durch eidliche Vernehmung des Schuldners oder aufgrund der Auskunfts- und Mitwirkungspflichten des

Schuldners oder Dritter gem. §§ 5, 97 ff. InsO, mit Hinweisen auf verwertbares Vermögen gerechnet werden kann, oder Auslandsvermögen zu vermuten ist.

(2) Hat die Vollstreckungsbehörde einen Vorschuss geleistet, so kann dieser im Fall der nicht vollständigen Rückerstattung aus der Masse von Personen zurückverlangt werden, die eine rechtzeitige Antragstellung pflichtwidrig und schuldhaft unterlassen haben (§ 26 Abs. 3 InsO).

60. Steuerforderungen im Insolvenzverfahren

(1) [1]Die persönlichen Ansprüche des Vollstreckungsgläubigers gegen den Vollstreckungsschuldner (Abschnitt 3 Abs. 1, 2) sind, soweit sie zur Zeit der Eröffnung des Insolvenzverfahrens begründet sind, in der Regel Insolvenzforderungen (§ 38 InsO). [2]Dies gilt auch, wenn dem Vollstreckungsgläubiger neben dem persönlichen Anspruch ein Recht auf abgesonderte Befriedigung zusteht (§§ 49 bis 51, 165 bis 173 InsO). [3]Geldbußen, Ordnungsgelder, Zwangsgelder sowie ab Verfahrenseröffnung anfallende Zinsen und Säumniszuschläge sind nachrangige Insolvenzforderungen i.S.v. § 39 der Insolvenzordnung.

(2) [1]Ist über das Vermögen eines Vollstreckungsschuldners das Insolvenzverfahren eröffnet worden, können die Insolvenzgläubiger ihre Ansprüche während der Dauer des Verfahrens weder in das zum Zeitpunkt der Eröffnung vorhandene noch in das danach vom Schuldner erworbene Vermögen (sog. Neuerwerb) im Wege der Einzelzwangsvollstreckung verfolgen (§ 89 InsO). [2]Für die Geltendmachung der Abgabenforderungen sind grundsätzlich die Vorschriften der Insolvenzordnung maßgeblich (§ 251 Abs. 2 Satz 1 AO). [3]Während des Insolvenzverfahrens dürfen hinsichtlich der Insolvenzforderungen Verwaltungsakte über die Festsetzung und Anforderung von Ansprüchen aus dem Steuerschuldverhältnis nicht mehr ergehen. [4]Bescheide, die einen Erstattungsanspruch zugunsten der Insolvenzmasse festsetzen, können bekannt gegeben werden. [5]Durch die Eröffnung des Insolvenzverfahrens wird der Erlass von Steuermess- und Feststellungsbescheiden gehindert, soweit diese ausschließlich Besteuerungsgrundlagen feststellen, auf deren Grundlage Insolvenzforderungen anzumelden sind. [6]In Gewerbesteuerfällen teilt die Festsetzungsstelle der steuerberechtigten Körperschaft den berechneten Messbetrag formlos für Zwecke der Anmeldung im Insolvenzverfahren mit.

(3) [1]Sobald die Vollstreckungsstelle von der Eröffnung des Insolvenzverfahrens (§ 30 InsO) Kenntnis erlangt, sind alle in Betracht kommenden Festsetzungsstellen, evtl. auch Stellen anderer Finanzbehörden (z.B. der für die Festsetzung der Erbschaft- und Schenkungsteuer zuständigen Finanzbehörde), zu informieren. [2]Diese haben zu ermitteln, ob außer den bereits angezeigten Ansprüchen noch weitere Abgabenforderungen gegen den Schuldner bestehen. [3]Dazu gehören auch Forderungen, die noch nicht festgesetzt, aber im Zeitpunkt der Eröffnung bereits begründet sind.

(4) [1]Hat das Insolvenzgericht im Antragsverfahren zur Sicherung der Masse einen vorläufigen Insolvenzverwalter bestellt und dem Schuldner ein allgemeines Verfügungsverbot auferlegt (§ 21 Abs. 2, Nr. 1, 2 Alt. 1 InsO), ist Abs. 2 Sätze 2 bis 5 entsprechend anzuwenden. [2]Ab diesem Zeitpunkt begründete Abgabenansprüche gelten nach der Eröffnung des Verfahrens als sonstige Masseverbindlichkeiten (§ 55

Abs. 2 InsO). ³Nur die bis zum Zeitpunkt der Bestellung des vorläufigen Verwalters begründeten Abgabenforderungen sind Insolvenzforderungen. ⁴Wird das Verfahren nicht eröffnet, hat der vorläufige Insolvenzverwalter die von ihm begründeten Abgabenforderungen aus dem von ihm verwalteten Vermögen zu erfüllen (§ 25 Abs. 2 InsO).

(5) Hat das Insolvenzgericht im Eröffnungsbeschluss angeordnet, dass dem Verwalter vorab mitzuteilen ist, ob Sicherungsrechte an Sachen und Rechten des Schuldners in Anspruch genommen werden, sind die erforderlichen Angaben zu Pfändungspfand- und sonstigen Sicherungsrechten unverzüglich dem Insolvenzverwalter bekannt zu geben (§ 28 Abs. 2 InsO).

(6) ¹Die Abgabenforderungen sind innerhalb der gesetzten Frist schriftlich beim Insolvenzverwalter – im Fall der Eigenverwaltung beim Sachwalter – anzumelden (§§ 87, 27, 28 Abs. 1, § 174 Abs. 1, § 270 Abs. 3 InsO), soweit nicht die Möglichkeit einer Aufrechnung (§§ 94 bis 96 InsO) besteht. ²Dies gilt auch, soweit außer dem Schuldner noch ein anderer die Leistung schuldet oder dafür haftet. ³Die Anmeldung soll die in Abschnitt 34 Abs. 2 Nrn. 1 bis 7 und 11 erster Halbsatz bezeichneten Angaben sowie eine Erklärung darüber enthalten, ob für die Abgabenforderung abgesonderte Befriedigung begehrt wird (§§ 49 bis 52, 174 InsO). ⁴Die Anmeldung soll ferner einen Hinweis darauf enthalten, welche Forderungen vor der Eröffnung festgesetzt oder vorangemeldet und welche unanfechtbar sind. ⁵Nachrangige Abgabenforderungen i.S.v. § 39 der Insolvenzordnung sind nur anzumelden, soweit das Insolvenzgericht hierzu ausdrücklich auffordert (§ 174 Abs. 3 InsO); das Vollstreckungsverbot (§ 89 InsO) bleibt unberührt. ⁶Abgabenansprüche können auch nach Ablauf der Frist jederzeit nachgemeldet werden (§ 177 InsO).

(7) ¹Ist eine zur Tabelle angemeldete Abgabenforderung vom Verwalter oder einem Insolvenzgläubiger im Prüfungstermin bestritten worden, erteilt das Insolvenzgericht einen beglaubigten Auszug aus der Tabelle. ²Die Vollstreckungsbehörde hat den Anspruch zeitnah durch Erlass eines Feststellungsbescheides gem. § 251 Abs. 3 der Abgabenordnung selbst zu verfolgen, soweit die Eigenschaft als Insolvenzforderung bestritten wird oder der Schuldner vor Eröffnung des Insolvenzverfahrens weder einen Festsetzungsbescheid noch ein Leistungsgebot erhalten oder – wenn die Vollstreckbarkeit von einer Steueranmeldung (§§ 167, 168 AO) abhängt – keine Steueranmeldung abgegeben hat (nicht titulierte Forderungen, § 179 Abs. 1 InsO). ³Es bleibt jedoch der Vollstreckungsbehörde – insbesondere zur Erlangung des Stimmrechts (§ 77 InsO) – unbenommen, den Widerspruch auch dann zu verfolgen, wenn der Schuldner bereits vor der Eröffnung des Insolvenzverfahrens einen Festsetzungsbescheid bzw. ein Leistungsgebot erhalten oder eine Steueranmeldung abgegeben hat (titulierte Forderung, § 179 Abs. 2 InsO). ⁴Die Verfolgung der bestrittenen und im Zeitpunkt der Verfahrenseröffnung bereits bestandskräftigen titulierten Forderungen kann durch Feststellungsbescheid gem. § 251 Abs. 3 der Abgabenordnung geschehen; festzustellen ist lediglich, dass die angemeldete Forderung bestandskräftig festgesetzt ist und die Voraussetzungen für eine Wiedereinsetzung (§ 110 AO) oder eine Korrektur (§§ 129 ff., 164, 165, 172 ff. AO) nicht vorliegen. ⁵Eine durch die Verfahrenseröffnung oder die Bestellung eines vorläufigen Insolvenzverwalters mit Verwaltungs- und Verfügungsbefugnis (§ 22 Abs. 1 InsO) unterbrochene Rechtsbehelfsfrist wird

durch schriftliche Erklärung gegenüber dem Bestreitenden in Lauf gesetzt. [6]§ 240 Satz 1 und § 249 Abs. 1 ZPO sind entsprechend anzuwenden. [7]War zu diesem Zeitpunkt bereits ein Einspruch anhängig, ist das Steuerstreitverfahren aufzunehmen (§ 180 Abs. 2 InsO). [8]Die für eine Feststellung der bestrittenen Forderungen erforderlichen Maßnahmen werden auf Veranlassung der Vollstreckungsstelle von den Festsetzungsstellen oder den Rechtsbehelfsstellen betrieben. [9]Das Bestreiten der Abgabenforderungen durch den Schuldner hindert deren Feststellung nicht (§ 178 Abs. 1 InsO). [10]Verfolgt die Vollstreckungsbehörde den Anspruch gegenüber dem Schuldner, um nach Beendigung oder Aufhebung des Insolvenzverfahrens über einen vollstreckbaren Titel zu verfügen, sind während der Verfahrensdauer lediglich feststellende Verwaltungsakte zulässig.

61. Insolvenzplan

(1) [1]In einem Insolvenzplan, der nur vom Verwalter oder vom Schuldner eingebracht werden kann, können die Beteiligten – insbesondere mit dem Ziel der (Teil-) Sanierung – von den Regelungen der Insolvenzordnung abweichende Vereinbarungen treffen. [2]Die Regelungen des Insolvenzplans beinhalten ausschließlich Insolvenzforderungen i.S.d. §§ 38, 39 der Insolvenzordnung. [3]Masseforderungen werden durch die Wirkungen eines Insolvenzplans nicht berührt (§ 254 InsO). [4]Die Vollstreckungsbehörde kann im Rahmen der Gläubigerversammlung auf die Erstellung und den Inhalt eines Insolvenzplans einwirken (§§ 74 ff., 157 InsO).

(2) [1]Weist das Insolvenzgericht den Plan nicht gem. § 231 der Insolvenzordnung zurück, hat es diesen mit den Stellungnahmen der Beteiligten (§ 232 InsO) in der Geschäftsstelle zur Einsichtnahme niederzulegen (§ 234 InsO), einen Erörterungs- und Abstimmungstermin zu bestimmen (§ 235 Abs. 1 InsO) und die Insolvenzgläubiger unter Beifügung des Plans beziehungsweise einer Zusammenfassung des wesentlichen Inhalts zu laden (§ 235 Abs. 3 InsO). [2]Nach Eingang des Plans hat die Vollstreckungsstelle unter Einbindung der weiterhin beteiligten Dienststellen zu prüfen, ob sämtliche angemeldeten Ansprüche enthalten sind, der Planvorschlag nach den im Plan beziehungsweise in den Anlagen hierzu dargestellten wirtschaftlichen Verhältnissen und der voraussichtlichen Entwicklung der wirtschaftlichen Lage realisierbar ist und die Regelungen im gestaltenden Teil des Plans (Zahlungen, Verzichte) im Verhältnis zu den anderen Gläubigern angemessen sind. [3]Es ist insbesondere darauf zu achten, dass die Vollstreckungsbehörde durch den Plan nicht schlechter gestellt wird, als sie ohne den Plan stünde. [4]Soweit absehbar ist, dass z.B. infolge erheblicher Steuerforderungen oder der Beteiligung mehrerer Vollstreckungsbehörden eine zeitaufwendige Prüfung notwendig ist, sollte die Vollstreckungsstelle den Insolvenzplan und die von den Beteiligten eingegangenen Stellungnahmen auch vorab bei der Geschäftsstelle des Gerichts einsehen (§ 235 Abs. 2 InsO).

(3) Hat der Insolvenzverwalter oder ein stimmberechtigter Gläubiger angemeldete Forderungen oder Absonderungsrechte bestritten, ist das Feststellungsverfahren zeitnah zu betreiben (Abschnitt 60 Abs. 7), weil zunächst nur die bereits festgestellten Forderungen und Absonderungsrechte ein Stimmrecht gewähren (§§ 237, 238 i.V.m. § 77 Abs. 1 Satz 1, Abs. 2 und Abs. 3 Nr. 1 InsO).

(4) ¹Für die Zustimmung zum Insolvenzplan sind weitgehend wirtschaftliche Gesichtspunkte maßgeblich. ²Eine Zustimmung kommt regelmäßig dann nicht in Betracht, wenn – aufgrund des bisherigen Verhaltens nicht mit der ordnungsgemäßen Erfüllung steuerlicher Pflichten zu rechnen ist, – die Planvereinbarungen voraussichtlich nicht eingehalten werden oder – die Vollstreckungsbehörde durch den Insolvenzplan schlechter gestellt wäre, als sie bei Fortführung des Insolvenzverfahrens stünde. ³Neben der ausdrücklichen Ablehnung bei der Abstimmung hat die Vollstreckungsbehörde dem Insolvenzplan spätestens im Abstimmungstermin schriftlich oder zu Protokoll der Geschäftsstelle zu widersprechen (§ 251 InsO). ⁴Bei der Zustimmung zu einem Insolvenzplan hat die Vollstreckungsbehörde darauf zu achten, dass die Wiederauflebensklausel des § 255 der Insolvenzordnung nicht ausgeschlossen ist (Abs. 7).

(5) ¹Die Annahme des Insolvenzplans setzt voraus, dass die Gläubiger beziehungsweise – im Regelfall der Einteilung der Gläubiger in mehrere Gruppen (§ 222 InsO) – die einzelnen Gruppen mehrheitlich (Kopf- und Summenmehrheit) zugestimmt haben (§ 243 InsO) oder die fehlende Zustimmung einer Abstimmungsgruppe ersetzt worden ist (§ 245 InsO). ²Der Plan bedarf außerdem der Bestätigung durch das Insolvenzgericht (§ 248 InsO). ³Die gerichtliche Prüfung umfasst auf Antrag auch die Rechte der Vollstreckungsbehörde, die dem Plan aufgrund ihrer wirtschaftlichen Schlechterstellung nicht zugestimmt und spätestens im Abstimmungstermin widersprochen hat (Minderheitenschutz, § 251 InsO). ⁴Die Vollstreckungsbehörde hat die Voraussetzungen des Minderheitenschutzes im Antrag glaubhaft zu machen. ⁵Gegen die Entscheidung des Gerichts ist die sofortige Beschwerde zulässig (§ 253 InsO; vgl. Abschnitt 58 Abs. 4).

(6) ¹Die im bestätigten Insolvenzplan festgelegten Rechtswirkungen treten kraft Gesetzes ein (§ 254 Abs. 1 InsO). ²Soweit auf Abgabenforderungen verzichtet wurde, werden diese zu sog. unvollkommenen Forderungen, die gegenüber dem Schuldner nicht mehr geltend gemacht werden können (Vollstreckungs- und Aufrechnungsverbot). ³Etwaige Haftungsschuldner können aber weiterhin in Anspruch genommen werden, soweit nicht ein Haftungsausschluss nach § 227 Abs. 2 der Insolvenzordnung in Betracht kommt. ⁴§ 191 Abs. 5 Nr. 2 der Abgabenordnung ist insoweit nicht anwendbar.

(7) ¹Die Vollstreckungsstelle hat die Erfüllung des Plans zu überwachen. ²Hält der Schuldner die Zahlungsverpflichtungen gegenüber der Vollstreckungsbehörde nicht ein, ist er schriftlich zu mahnen und ihm eine Frist von mindestens zwei Wochen zur Nachentrichtung des Betrags zu setzen (§ 255 Abs. 1 Satz 2 InsO). ³Wird der Rückstand nicht beglichen, ist die Insolvenzplanstundung oder der Insolvenzplanerlass – vorbehaltlich anders lautender Regelungen im Insolvenzplan – gegenüber der Vollstreckungsbehörde hinfällig. ⁴In diesem Fall ist der Schuldner zur Zahlung des gesamten Rückstandes einschließlich der nach dem Plan als erlassen geltenden Beträge aufzufordern. ⁵Erforderlichenfalls ist die Vollstreckung wegen der Gesamtrückstände zu veranlassen. ⁶Aufgrund der Erkenntnisse aus dem bisherigen Verfahren kommt auch ein erneuter Insolvenzantrag in Betracht.

(8) Die Vollstreckungsstelle hat darauf zu achten, dass der Insolvenzverwalter die steuerlichen Masseansprüche pflichtgemäß erfüllt beziehungsweise Sicherheit leistet (§ 258 Abs. 2 InsO).

62. Gläubigerausschuss

(1) ¹Wird im Insolvenzverfahren ein Gläubigerausschuss bestellt (§§ 67 bis 73 InsO) und ist das Insolvenzverfahren für den Insolvenzgläubiger von besonderer Bedeutung, kann die Vollstreckungsbehörde darauf hinwirken, dass die erhebungsberechtigte Körperschaft – vertreten durch die Vollstreckungsbehörde – in den Gläubigerausschuss gewählt wird. ²Eine besondere Bedeutung kann sich namentlich daraus ergeben, dass erhebliche Abgabenforderungen bestehen und ein Insolvenzplan eingereicht wurde oder aufgestellt werden soll.

(2) Ist ein Gläubigerausschuss nicht bestellt und liegen Umstände nach Abs. 1 vor, die eine Bestellung als zweckmäßig erscheinen lassen, soll die Vollstreckungsbehörde gegebenenfalls die Bestellung eines Gläubigerausschusses anregen.

63. Verbraucherinsolvenzverfahren

(1) ¹Bevor der Schuldner einen Antrag auf Eröffnung des vereinfachten Insolvenzverfahrens stellen kann, muss er versuchen, eine außergerichtliche Einigung mit den Gläubigern über die Schuldenbereinigung herbeizuführen (§ 305 Abs. 1 Nr. 1 InsO). ²Der Versuch gilt als gescheitert, wenn ein Gläubiger die Zwangsvollstreckung betreibt, nachdem Verhandlungen über die außergerichtliche Schuldenbereinigung aufgenommen wurden (§ 305a InsO). ³Hat der Schuldner nach dem Scheitern eines außergerichtlichen Einigungsversuches einen Antrag auf Eröffnung des vereinfachten Insolvenzverfahrens unter Beifügung eines Schuldenbereinigungsplans gestellt (§ 305 InsO), ruht die Entscheidung über den Insolvenzantrag (§ 306 Abs. 1 InsO). ⁴Das Insolvenzgericht stellt den vom Schuldner eingereichten Schuldenbereinigungsplan sowie die Vermögensübersicht an die Gläubiger zu, sofern es nicht nach Anhörung des Schuldners zu der Überzeugung gelangt ist, dass der Schuldenbereinigungsplan voraussichtlich nicht angenommen wird (Abs. 4). ⁵Die übrigen in § 305 Abs. 1 Nr. 3 InsO genannten Verzeichnisse werden beim Insolvenzgericht zur Einsicht niedergelegt (§ 307 Abs. 1 InsO).

⁵Die Vollstreckungsstelle hat die vom Gericht zugestellte Vermögensübersicht und den Schuldenbereinigungsplan unter Beteiligung aller in Betracht kommenden Dienststellen unverzüglich daraufhin zu überprüfen, ob alle bis zum Ablauf der vom Gericht genannten Frist entstandenen Abgabenansprüche (z.B. entstandene, aber noch nicht festgesetzte Abgabenforderungen) aufgenommen worden sind. ⁶Gegebenenfalls hat die Vollstreckungsstelle die beim Gericht niedergelegten Verzeichnisse einzusehen. ⁷Insbesondere ist das Forderungsverzeichnis einzusehen, wenn sich dem Schuldenbereinigungsplan nicht zweifelsfrei entnehmen lässt, ob alle Abgabenansprüche berücksichtigt sind. ⁸Um Rechtsnachteile zu vermeiden (§ 308 InsO), sind Ergänzungen und die Stellungnahme zum Plan dem Gericht fristgerecht zuzuleiten. ⁹Will die Vollstreckungsbehörde dem Plan zustimmen, ist darauf hinzuwirken, dass in dem Plan das Wiederaufleben der gesamten Forderungen festgelegt ist, falls der Plan nicht erfüllt wird (Wiederauflebensklausel, § 304 Abs. 1, § 255 InsO). ¹⁰Wäh-

rend des gerichtlichen Schuldenbereinigungsverfahrens können weiter Verwaltungsakte über die Festsetzung von Abgabenansprüchen ergehen und Einzelvollstreckungsmaßnahmen durchgeführt werden, solange das Gericht keine entsprechenden Sicherungsmaßnahmen angeordnet hat (§ 306 Abs. 2, § 21 InsO).

(2) ¹Der angenommene Schuldenbereinigungsplan hat die Wirkung eines (Prozess-)Vergleichs i.S.d. § 794 Abs. 1 Nr. 1 der Zivilprozessordnung (§ 308 Abs. 1 Satz 2 InsO). ²Diese Rechtswirkung tritt kraft Gesetzes auch für Abgabenforderungen ein. ³Stehen der Vollstreckungsbehörde aus dem angenommenen Schuldenbereinigungsplan Zahlungsansprüche oder sonstige Rechte zu, hat sie die im Plan festgelegte Befriedigung zu überwachen. ⁴Abgabenansprüche, die nach Ablauf der Notfrist entstanden sind (Abs. 1), werden vom Schuldenbereinigungsplan nicht berührt und können uneingeschränkt geltend gemacht werden. ⁵Gleiches gilt, wenn der Vollstreckungsbehörde ein Schuldenbereinigungsplan nicht zugestellt wurde und daher keine Möglichkeit zur Mitwirkung bestand (§ 308 Abs. 3 InsO).

(3) Hat die Vollstreckungsbehörde dem Schuldenbereinigungsplan widersprochen und teilt das Insolvenzgericht mit, dass es beabsichtige, die Zustimmung der Vollstreckungsbehörde zum Schuldenbereinigungsplan zu ersetzen, hat diese die Gründe, die einer Zustimmungsersetzung entgegenstehen (§ 309 Abs. 1 Satz 2 und Abs. 3 InsO), dem Gericht vorzutragen und glaubhaft zu machen; gegen den Beschluss des Gerichts ist die sofortige Beschwerde zulässig (§ 309 Abs. 2 InsO; vgl. Abschnitt 58 Abs. 4).

(4) ¹Das Verfahren über den Eröffnungsantrag wird wieder aufgenommen, wenn das Insolvenzgericht nach Anhörung des Schuldners zu der Überzeugung gelangt, dass der Schuldenbereinigungsplan voraussichtlich nicht angenommen wird (§ 306 Abs. 1 Satz 3 InsO) oder Einwendungen gegen den Schuldenbereinigungsplan erhoben werden, die vom Gericht nicht gem. § 309 InsO durch gerichtliche Zustimmung ersetzt werden (§ 311 InsO). ²Für das vereinfachte Insolvenzverfahren finden grundsätzlich die allgemeinen Vorschriften Anwendung, soweit nicht die Vereinfachungsregelungen der §§ 312 bis 314 der Insolvenzordnung etwas anderes bestimmen. ³Abweichend von den Ausführungen in Abschnitt 60 Abs. 6 sind die Abgabenforderungen beim Treuhänder anzumelden (§ 313 InsO). ⁴Zur Verwertung von Gegenständen, an denen Absonderungsrechte bestehen, ist der Treuhänder nicht befugt (§ 313 Abs. 3 InsO); Anfechtungen von Rechtshandlungen (§§ 129 bis 147 InsO) kann er nur vornehmen, wenn er von der Gläubigerversammlung damit beauftragt wurde (§ 313 Abs. 2 InsO). ⁵Ein etwaiger Anfechtungsanspruch, der im Zivilrechtsweg zu verfolgen ist, kann daher gegebenenfalls auch durch die vertretungsberechtigte Behörde geltend gemacht werden. ⁶Die Vollstreckungsbehörde hat ferner die Verwertung von Sachen, an denen ihr Pfandrechte zustehen, selbst durchzuführen.

64. Restschuldbefreiung

(1) ¹Hat der Schuldner rechtzeitig einen Antrag auf Restschuldbefreiung gestellt (§ 287 InsO) und sind der Vollstreckungsbehörde Versagungsgründe nach § 290 der Insolvenzordnung bekannt, hat die Vollstreckungsbehörde im Schlusstermin die Versagung der Restschuldbefreiung zu beantragen (§ 289 Abs. 1 InsO). ²Wird dieser

Antrag vom Insolvenzgericht abgewiesen, kann sofortige Beschwerde erhoben werden (§ 289 Abs. 2 InsO; vgl. Abschnitt 58 Abs. 4).

(2) ¹Hat das Insolvenzgericht die Restschuldbefreiung angekündigt (§ 291 InsO), beginnt die sog. Wohlverhaltensphase mit Eröffnung des Insolvenzverfahrens (§ 287 Abs. 2 Satz 1 InsO). ²Während dieses Zeitraums sind Vollstreckungsmaßnahmen wegen der Insolvenzforderungen in das Vermögen des Schuldners unzulässig (§ 294 Abs. 1 InsO). ³Wird der Vollstreckungsstelle oder einer anderen beteiligten Dienststelle bekannt, dass der Schuldner Obliegenheiten verletzt und dadurch die Befriedigung der Insolvenzgläubiger beeinträchtigt, hat die Vollstreckungsbehörde beim Insolvenzgericht Antrag auf Versagung der Restschuldbefreiung zu stellen und ihre Angaben durch entsprechende Unterlagen glaubhaft zu machen (§ 296 InsO). ⁴Gegen die Entscheidung des Gerichts ist die sofortige Beschwerde gegeben.

(3) ¹Ist die Wohlverhaltensperiode abgelaufen, entscheidet das Gericht nach Anhörung der Gläubiger, des Treuhänders und des Schuldners über die Erteilung der Restschuldbefreiung (§ 300 InsO). ²Die Vollstreckungsbehörde hat erneut die Möglichkeit, etwaige Versagungsgründe vorzutragen. ³Wird die Restschuldbefreiung erteilt, wirkt sie gegen alle Insolvenzgläubiger, auch wenn diese ihre Forderungen nicht angemeldet haben (§ 301 InsO). ⁴Die Vollstreckungsbehörde kann deshalb die vom Verfahren betroffenen Abgabenforderungen nicht mehr gegen den Schuldner geltend machen. ⁵Haftungs- oder andere Gesamtschuldner können jedoch weiterhin in Anspruch genommen werden (§ 301 Abs. 2 InsO).

(4) ¹Von der Restschuldbefreiung werden u.a. Geldstrafen, Geldbußen, Zwangsgelder usw. nicht berührt (§ 302 InsO). ²Unter den Voraussetzungen des § 303 der Insolvenzordnung kann die Restschuldbefreiung widerrufen werden.

Sechster Teil Löschung, gewerbe- und berufsrechtliche Verfahren, Maßnahmen nach dem Pass- sowie Aufenthaltsgesetz, Abmeldung von Fahrzeugen von Amts wegen

65. Löschung im Handelsregister oder im Genossenschaftsregister

¹Während des Vollstreckungsverfahrens ist bei gegebenem Anlass zu prüfen, ob Tatbestände vorliegen, die zur Einleitung eines Verfahrens nach

1. §§ 141a bis 144a des Gesetzes über die Angelegenheiten der freiwilligen Gerichtsbarkeit führen können, soweit es sich um juristische Personen oder Personengesellschaften ohne natürliche Person als persönlich haftenden Gesellschafter handelt,

2. §§ 141 bis 144a des Gesetzes über die Angelegenheiten der freiwilligen Gerichtsbarkeit i.V.m. §§ 143, 131, 161 des Handelsgesetzbuches führen können, soweit es sich um eine offene Handelsgesellschaft oder eine Kommanditgesellschaft handelt, oder

3. §§ 141 bis 143 i.V.m. § 147 des Gesetzes über die Angelegenheiten der freiwilligen Gerichtsbarkeit führen können, soweit es sich um eine Genossenschaft handelt.

²Gegebenenfalls ist beim zuständigen Handelsregister die Löschung zu beantragen. ³Das Registergericht ist darauf hinzuweisen, dass die im Rahmen der Auskunftserteilung übersandten Unterlagen nicht der Akteneinsicht unterliegen (§ 125a Abs. 2 Satz 2 FGG).

66. Gewerbe- und berufsrechtliche, paß- und ausländerrechtliche Maßnahmen

(1) Ergibt sich aus der Art der zu vollstreckenden Rückstände, den Umständen ihres Entstehens, ihrer Höhe oder aus Eigenschaften der zur Vertretung berechtigten Person (vgl. § 45 GewO), dass Unzuverlässigkeit in gewerbe- oder berufsrechtlichem Sinne vorliegt, sind bei der zuständigen Behörde

1. die Untersagung der Ausübung eines Gewerbes oder

2. die Rücknahme oder der Widerruf einer gewerberechtlichen Erlaubnis oder ähnliche gewerberechtliche Maßnahmen oder

3. ein berufsrechtliches Verfahren

anzuregen.

(2) ¹Ist der Vollstreckungsschuldner eine ausländische natürliche Person, so ist, gegebenenfalls neben den Maßnahmen nach Abs. 1, die zuständige Ausländerbehörde nach § 87 Abs. 2 Nr. 3 des Aufenthaltsgesetzes über den Ausweisungsgrund (§ 55 Abs. 1 i.V.m. § 55 Abs. 2 Nr. 2 des Aufenthaltsgesetzes) zu unterrichten und zu bitten, die Möglichkeit einer Ausweisung zu prüfen. ²Die für eine Ausweisung nach dem Aufenthaltsgesetz erforderlichen Daten sind nach Maßgabe des § 88 Abs. 3 des Aufenthaltsgesetzes mitzuteilen.

(3) ¹Rechtfertigen Tatsachen die Annahme, dass eine natürliche Person versucht, sich durch Verlassen des Geltungsbereichs der Abgabenordnung Vollstreckungsmaßnahmen zu entziehen, oder ist dies bereits eingetreten, so ist die jeweils zuständige Behörde um Entziehung des Passes nach § 7 Abs. 1 Nr. 4 und § 8 des Passgesetzes, um die Anordnung nach § 2 Abs. 2 des Gesetzes über Personalausweise oder um Erlass eines Ausreiseverbots nach § 46 Abs. 2 i.V.m. § 88 Abs. 3 des Aufenthaltsgesetzes zu ersuchen. ²Hält sich der Vollstreckungsschuldner im Ausland auf, so kann die zuständige deutsche diplomatische Vertretung als Passbehörde ersucht werden, die Gültigkeit des Reisepasses des Vollstreckungsschuldners dahin zu beschränken, dass er nur für die Rückreise in die Bundesrepublik Deutschland gültig ist.

67. Abmeldung von Fahrzeugen von Amts wegen

¹Bei der Vollstreckung wegen Kraftfahrzeugsteuer kann die Abmeldung des Fahrzeuges nach § 14 des Kraftfahrzeugsteuergesetzes betrieben werden. ²Die Abmeldung soll in der Regel erst nach einem erfolglosen Vollstreckungsversuch erfolgen; abweichend hiervon kann das Abmeldungsverfahren bereits nach der ersten erfolglosen Mahnung eingeleitet werden, wenn der Vollstreckungsschuldner die Kraftfahrzeugsteuer wiederholt erst nach Beginn der Vollstreckung entrichtet hat oder feststeht, dass die Vollstreckung keinen Erfolg verspricht. ³Wird die Abmeldung durch das Finanzamt selbst vorgenommen (§ 14 Abs. 2 KraftStG) und vom Vollstreckungsschuldner nicht befolgt, kann der Vollziehungsbeamte mit der Durchsetzung der Abmeldung, insbesondere mit der Entstempelung des Kennzeichens, der Einziehung

des Fahrzeugscheins und der Berichtigung etwa ausgestellter Anhängerverzeichnisse, beauftragt werden.

Siebenter Teil **Schlussvorschriften**

68. Inkrafttreten

Diese allgemeine Verwaltungsvorschrift tritt am 1.3.1980 in Kraft.

4. Insolvenzordnung; Anwendungsfragen zu § 55 Abs. 4 InsO

BMF, Schr. v. 20.5.2015 – IV A 3 - S 0550/10/10020-05 – DOK 2015/0416027, BStBl. I 2015, 476 = FR 2015, 668

Unter Bezugnahme auf das Ergebnis der Erörterungen mit den obersten Finanzbehörden der Länder gilt Folgendes:

I. Allgemeines

1   Durch das Haushaltsbegleitgesetz 2011 wurde § 55 InsO um folgenden Abs. 4 erweitert:

„(4) Verbindlichkeiten des Insolvenzschuldners aus dem Steuerschuldverhältnis, die von einem vorläufigen Insolvenzverwalter oder vom Schuldner mit Zustimmung eines vorläufigen Insolvenzverwalters begründet worden sind, gelten nach Eröffnung des Insolvenzverfahrens als Masseverbindlichkeit."

Diese neue Regelung ist auf alle Insolvenzverfahren anzuwenden, deren Eröffnung ab dem 1.1.2011 beantragt wurde.

II. Anwendung

II.1 Betroffene Personen

2   § 55 Abs. 4 InsO findet Anwendung auf den vorläufigen Insolvenzverwalter, auf den die Verwaltungs- und Verfügungsbefugnis nicht nach § 22 Abs. 1 InsO übergegangen ist (sog. „schwacher" vorläufiger Insolvenzverwalter). Hierbei ist es unbeachtlich, ob der schwache vorläufige Insolvenzverwalter vom Gericht mit einem Zustimmungsvorbehalt ausgestattet wurde oder nicht. Auch ohne einen Zustimmungsvorbehalt i.S.d. § 21 Abs. 2 Nr. 2 InsO können entsprechende Steuerverbindlichkeiten durch den schwachen vorläufigen Insolvenzverwalter begründet werden, insbesondere wenn ihm zahlreiche Rechte durch das Insolvenzgericht eingeräumt oder Sicherungsmaßnahmen angeordnet werden.

3   Für den vorläufigen Insolvenzverwalter, auf den die Verwaltungs- und Verfügungsbefugnis nach § 22 Abs. 1 InsO übergegangen ist (sog. „starker" vorläufiger Insolvenzverwalter), ist § 55 Abs. 4 InsO nicht anwendbar, da insoweit sonstige Masseverbindlichkeiten bereits nach § 55 Abs. 2 InsO begründet werden.

11.2 Steuerrechtliche Stellung des vorläufigen Insolvenzverwalters

4   Die steuerrechtliche Stellung des schwachen vorläufigen Insolvenzverwalters wird durch die Regelung des § 55 Abs. 4 InsO nicht berührt. Der schwache vorläufige In-

solvenzverwalter ist kein Vermögensverwalter i.S.d. § 34 Abs. 3 AO, so dass er während des Insolvenzeröffnungsverfahrens weder die steuerlichen Pflichten des Insolvenzschuldners zu erfüllen hat noch diese erfüllen darf.

11.3 Verbindlichkeiten/Forderungen

Die Vorschrift ist lediglich auf Verbindlichkeiten des Insolvenzschuldners aus dem Steuerschuldverhältnis anwendbar. Steuererstattungsansprüche und Steuervergütungsansprüche werden von der Vorschrift nicht erfasst. Zur Ermittlung der Masseverbindlichkeit nach § 55 Abs. 4 InsO bei der Umsatzsteuer vgl. Rz. 33 und 34. 5

11.4 Betroffene Steuerarten und steuerliche Nebenleistungen

Der Anwendungsbereich des § 55 Abs. 4 InsO erstreckt sich auf alle Steuerarten. 6

Steuerliche Nebenleistungen zu den von § 55 Abs. 4 InsO erfassten Steuerarten teilen grundsätzlich das Schicksal der Hauptforderung (z.B. Säumniszuschläge auf als Masseverbindlichkeiten zu qualifizierende Steuern aus dem Eröffnungsverfahren). Die bis zur Festsetzung gegen den Insolvenzverwalter entstandenen Säumniszuschläge auf als Masseverbindlichkeiten nach § 55 Abs. 4 InsO zu qualifizierende Umsatz- und Lohnsteuerforderungen (vgl. Rz. 34 und 46) sind aber nach allgemeinen Grundsätzen als Insolvenzforderungen zur Insolvenztabelle anzumelden. 7

Verspätungszuschläge, Zwangsgelder oder Verzögerungsgelder, die gegen den Insolvenzschuldner im Insolvenzeröffnungsverfahren festgesetzt worden sind, fallen nicht unter den Anwendungsbereich des § 55 Abs. 4 InsO, da diese nicht vom schwachen vorläufigen Insolvenzverwalter bzw. durch seine Zustimmung begründet worden sind. 8

II.4.1 Umsatzsteuer

II.4.1.1 Umsatzsteuerverbindlichkeiten aufgrund ausgeführter Lieferungen und sonstiger Leistungen

Umsatzsteuerrechtliche Verbindlichkeiten aufgrund von Lieferungen und sonstigen Leistungen werden nach § 55 Abs. 4 InsO im Rahmen der für den schwachen vorläufigen Insolvenzverwalter bestehenden rechtlichen Befugnisse begründet. 9

Eine solche rechtliche Befugnis liegt insbesondere dann vor, wenn der schwache vorläufige Insolvenzverwalter durch das Insolvenzgericht zum Forderungseinzug ausdrücklich ermächtigt wurde (vgl. BFH, Urt. v. 24.9.2014 – V R 48/13, BStBl. II 2015, 506 = UR 2015, 192). Dabei ist auf die Entgeltvereinnahmung durch den schwachen vorläufigen Insolvenzverwalter sowie auf die Entgeltvereinnahmung durch den Schuldner mit Zustimmung des schwachen vorläufigen Insolvenzverwalters abzustellen.

Von einer Befugnis zur Entgeltvereinnahmung ist auch dann auszugehen, wenn der schwache vorläufige Insolvenzverwalter nur mit einem allgemeinen Zustimmungsvorbehalt ausgestattet wurde, denn der Drittschuldner kann schuldbefreiend nur noch mit Zustimmung des vorläufigen Insolvenzverwalters leisten (§ 24 Abs. 1 und 10

§ 82 InsO). Gleiches gilt, wenn der schwache vorläufige Insolvenzverwalter zur Kassenführung berechtigt ist.

11 Darüber hinaus können auch Handlungen des schwachen vorläufigen Insolvenzverwalters zur Entstehung von Masseverbindlichkeiten nach § 55 Abs. 4 InsO führen (z.B. Verwertung von Anlagevermögen durch den schwachen vorläufigen Insolvenzverwalter im Rahmen einer Einzelermächtigung, sofern nicht bereits § 55 Abs. 2 InsO einschlägig ist).

12 Entgelt ist alles, was der Leistungsempfänger aufwendet, um die Leistung zu erhalten. Daher führt auch der Erhalt einer Gegenleistung, z.B. beim Tausch oder bei tauschähnlichen Umsätzen, zu einer Masseverbindlichkeit nach § 55 Abs. 4 InsO.

Unentgeltliche Wertabgaben nach Bestellung des schwachen vorläufigen Insolvenzverwalters i.S.v. § 3 Abs. 1b und 9a UStG fallen ebenfalls in den Anwendungsbereich des § 55 Abs. 4 InsO.

11.4.1.2 Umsatzberichtigung wegen Uneinbringlichkeit aus Rechtsgründen (BFH, Urt. v. 24.9.2014 – V R 48/13)

13 Aufgrund der Bestellung eines schwachen vorläufigen Insolvenzverwalters mit allgemeinem Zustimmungsvorbehalt (§ 21 Abs. 2 Nr. 2 Alt. 2 InsO), mit Recht zum Forderungseinzug (§§ 22 Abs. 2, 23 InsO) oder mit Berechtigung zur Kassenführung werden bei der Besteuerung nach vereinbarten Entgelten die noch ausstehenden Entgelte für zuvor erbrachte Leistungen im Augenblick vor der Eröffnung des vorläufigen Insolvenzverfahrens aus Rechtsgründen uneinbringlich. Uneinbringlich werden auch die Entgelte für die Leistungen, die der Insolvenzschuldner nach Bestellung des schwachen vorläufigen Insolvenzverwalters mit allgemeinem Zustimmungsvorbehalt, mit Recht zum Forderungseinzug oder mit Berechtigung zur Kassenführung bis zur Beendigung des Insolvenzeröffnungsverfahrens (§§ 26, 27 InsO) erbringt.

14 Maßgeblich hierfür ist nach Auffassung des BFH, dass entsprechend § 80 Abs. 1 InsO die Empfangszuständigkeit für alle Leistungen, die auf die zur Insolvenzmasse gehörenden Forderungen erbracht werden, auf den schwachen vorläufigen Insolvenzverwalter mit Recht zum Forderungseinzug übergeht und dass der Insolvenzschuldner somit aus rechtlichen Gründen nicht mehr in der Lage ist, rechtswirksam Entgeltforderungen in seinem eigenen vorinsolvenzrechtlichen Unternehmensteil selbst zu vereinnahmen, da sie im Rahmen der Masseverwaltung und Masseverwertung zu vereinnahmen sind und damit zum Bereich der Masseverbindlichkeiten gehören. Die rechtlichen Auswirkungen des BFH-Urteils v. 9.12.2010 – V R 22/10 – BStBl. II 2011, 996 werden somit auf den Zeitpunkt der Bestellung des schwachen vorläufigen Insolvenzverwalters vorverlegt.

15 Die in den Rz. 13 und 14 dargelegten Ausführungen des BFH gelten auch bei der Bestellung eines schwachen vorläufigen Insolvenzverwalters mit allgemeinem Zustimmungsvorbehalt **ohne** ausdrücklichem Recht zum Forderungseinzug.

Nach § 17 Abs. 2 Nr. 1 Satz 1, Abs. 1 Satz 1 UStG ist der Steuerbetrag für steuerpflichtige Ausgangsleistungen des Unternehmens zu berichtigen, wenn das vereinbarte Entgelt uneinbringlich geworden ist.

Beispiel 1

Der Insolvenzschuldner hat Forderungen aus steuerpflichtigen Umsätzen, die er vor der Bestellung des schwachen vorläufigen Insolvenzverwalters erbracht hat, i.H.v. 11.900 €. Er hat diese Umsätze zwar angemeldet, die Entrichtung des Entgelts vom Leistungsempfänger steht aber noch aus. Durch die Bestellung des schwachen vorläufigen Insolvenzverwalters werden diese Forderungen aus rechtlichen Gründen uneinbringlich, da der Leistungsempfänger nicht mehr an den Insolvenzschuldner leisten kann. Die für diese Umsätze geschuldeten Steuerbeträge sind nach § 17 Abs. 2 Nr. 1 Satz 1, Abs. 1 Satz 1 UStG zu berichtigen.

Beispiel 2

Nach der Bestellung des schwachen vorläufigen Insolvenzverwalters erbringt der Insolvenzschuldner steuerpflichtige Umsätze i.H.v. 5.950 €. Diese Umsätze hat er im Voranmeldungszeitraum der Leistungserbringung grundsätzlich zu versteuern. Gleichzeitig sind die Steuerbeträge für diese Umsätze nach § 17 Abs. 2 Nr. 1 Satz 1, Abs. 1 Satz 1 UStG zu berichtigen, da die Forderung aus rechtlichen Gründen uneinbringlich wird.

11.4.1.3 Forderungseinzug bei der Besteuerung nach vereinbarten und nach vereinnahmten Entgelten im vorläufigen Insolvenzverfahren

Im Fall der Besteuerung nach vereinbarten Entgelten kommt es im Anschluss an die Uneinbringlichkeit durch die Vereinnahmung des Entgeltes gem. § 17 Abs. 2 Nr. 1 Satz 2 UStG zu einer zweiten Berichtigung. Dem steht nicht entgegen, dass die erste Berichtigung aufgrund Uneinbringlichkeit und die zweite Berichtigung aufgrund nachfolgender Vereinnahmung ggf. im selben Voranmeldungs- oder Besteuerungszeitraum zusammentreffen (BFH, Urt. v. 24.10.2013 – V R 31/12, BFHE 243, 451 = UR 2014, 238, unter II.2.d).

Beispiel 3

Von den berichtigten Umsätzen aus den vorherigen Beispielen vereinnahmt der schwache vorläufige Insolvenzverwalter 2.000 €. Durch die Vereinnahmung des Entgelts sind die darin enthaltenen Steuerbeträge für die Umsätze nach § 17 Abs. 2 Nr. 1 Satz 2 UStG insoweit ein zweites Mal zu berichtigen.

Diese zweite Steuerberichtigung nach § 17 Abs. 2 Nr. 1 Satz 2 UStG erfolgt im Gegensatz zur ersten Berichtigung nach § 17 Abs. 2 Nr. 1 Satz 1, Abs. 1 Satz 1 UStG im Unternehmensteil Insolvenzmasse und führt daher zu Masseverbindlichkeiten nach § 55 Abs. 4 InsO.

Dies gilt auch in Fällen der Vereinnahmung eines Entgelts, in denen das Entgelt bereits vor der Bestellung des schwachen vorläufigen Insolvenzverwalters aus tatsächlichen Gründen (z.B. wegen Zahlungsunfähigkeit des Entgeltschuldners) als uneinbringlich behandelt worden ist, und der darin enthaltene Steuerbetrag nach § 17 Abs. 2 Nr. 1 Satz 1, Abs. 1 Satz 1 UStG berichtigt wurde. Insoweit führt die aufgrund der Vereinnahmung erneut nach § 17 Abs. 2 Nr. 1 Satz 2 UStG durchzuführende Steuerberichtigung zur Entstehung von Masseverbindlichkeiten i.S.v. § 55 Abs. 4 InsO.

19 Im Fall der Istversteuerung führt die Vereinnahmung der Entgelte durch den schwachen vorläufigen Insolvenzverwalter im vorläufigen Insolvenzverfahren mit der Eröffnung des Insolvenzverfahrens zur Entstehung von Masseverbindlichkeiten i.S.d. § 55 Abs. 4 InsO (vgl. BFH, Urt. v. 29.1.2009 – V R 64/07, BStBl. II 2009, 682 = UR 2009, 388).

11.4.1.4 Vorsteuerrückforderungsansprüche nach § 17 UStG

20 Der Vorsteuerberichtigungsanspruch aus nicht bezahlten Leistungsbezügen nach § 17 Abs. 2 Nr. 1 Satz 1, Abs. 1 Satz 2 UStG entsteht mit der Bestellung des schwachen vorläufigen Insolvenzverwalters mit Zustimmungsvorbehalt. Der Gläubiger des Insolvenzschuldners kann nämlich seinen Entgeltanspruch zumindest für die Dauer des Eröffnungsverfahrens nicht mehr durchsetzen. Entsprechende Vorsteuerrückforderungsansprüche stellen Insolvenzforderungen dar.

Der Vorsteuerabzug aus Leistungen, die der Insolvenzschuldner im Insolvenzeröffnungsverfahren bezieht, ist ebenfalls aus rechtlichen Gründen uneinbringlich und entsprechend nach § 17 Abs. 2 Nr. 1 Satz 1, Abs. 1 Satz 2 UStG zu berichtigen. Dies gilt sowohl bei der Besteuerung nach vereinbarten als auch nach vereinnahmten Entgelten. Da dieser Berichtigungsanspruch regelmäßig mit dem ursprünglichen Vorsteueranspruch im gleichen Voranmeldungszeitraum zusammenfällt, ergeben sich grundsätzlich keine Steueransprüche, die als Insolvenzforderungen geltend zu machen wären (vgl. analog zum Beispiel 2 in Rz. 16).

21 Durch den schwachen vorläufigen Insolvenzverwalter veranlasste Zahlungen von Entgelten aus vor oder nach seiner Bestellung bezogenen Leistungen führen zu einer zweiten Berichtigung des Vorsteuerabzugs nach § 17 Abs. 1 Satz 2 UStG. Auch dies kann im selben Voranmeldungs- oder Besteuerungszeitraum zusammentreffen.

Die zweite Vorsteuerberichtigung nach § 17 Abs. 1 Satz 2 UStG mindert den Steueranspruch und ist im Fall einer nachfolgenden Insolvenzeröffnung bei der Berechnung der sich für den Voranmeldungs- oder Besteuerungszeitraum ergebenden Masseverbindlichkeit i.S.d. § 55 Abs. 4 InsO anspruchsmindernd zu berücksichtigen.

11.4.1.5 Berichtigung des Vorsteuerabzugs nach § 15a UStG

22 Ist während der vorläufigen Insolvenzverwaltung eine Vorsteuerberichtigung nach § 15a UStG durchzuführen, fällt diese in den Anwendungsbereich des § 55 Abs. 4 InsO, soweit die Änderung der Verhältnisse im Rahmen der Befugnisse des schwachen vorläufigen Insolvenzverwalters veranlasst wurde (z.B. Zustimmung zum Verkauf eines Grundstücks).

11.4.1.6 Verwertung von Sicherungsgut

23 Die Verwertung von Sicherungsgut begründet keine Umsatzsteuerverbindlichkeiten nach § 55 Abs. 4 InsO. Derartige Umsätze unterliegen weiterhin der Steuerschuldnerschaft des Leistungsempfängers nach § 13b Abs. 2 Nr. 2 UStG. Durch die Fiktion in § 55 Abs. 4 InsO werden diese Umsätze nicht zu Umsätzen „innerhalb" des Insolvenzverfahrens.

II.4.2 Einkommen-, Körperschaft- und Gewerbesteuer

Werden durch den schwachen vorläufigen Insolvenzverwalter oder durch den Insolvenzschuldner mit Zustimmung des schwachen vorläufigen Insolvenzverwalters Ertragsteuern begründet, stellen diese nach Eröffnung des Insolvenzverfahrens Masseverbindlichkeiten i.S.d. § 55 Abs. 4 InsO dar. 24

Die Zustimmung des schwachen vorläufigen Insolvenzverwalters kann aktiv (z.B. Veräußerung von Anlagevermögen mit Aufdeckung stiller Reserven) oder durch konkludentes Handeln (z.B. Tun, Dulden, Unterlassen) erfolgen. Soweit der schwache vorläufige Insolvenzverwalter der Handlung des Insolvenzschuldners widersprochen hat oder von der Tätigkeit des Insolvenzschuldners keine Kenntnis haben konnte, entstehen keine Masseverbindlichkeiten nach § 55 Abs. 4 InsO. 25

Im Fall des § 55 Abs. 4 InsO erfolgt die Zuordnung in Insolvenzforderungen und Masseverbindlichkeiten durch eine zeitliche Vorverlagerung der Wirkung des eröffneten Insolvenzverfahrens auf den Zeitpunkt der Bestellung des schwachen vorläufigen Insolvenzverwalters. In der Folge kann aber nur eine Verteilung des einheitlichen Jahresergebnisses erfolgen. 26

II.4.3 Lohnsteuer

Werden Löhne während des vorläufigen Insolvenzverfahrens an die Arbeitnehmer ausgezahlt, stellt die hierbei entstandene Lohnsteuer mit Verfahrenseröffnung eine Masseverbindlichkeit dar. Dies gilt nicht für Insolvenzgeldzahlungen; diese unterliegen als steuerfreie Einnahmen nach § 3 Nr. 2 EStG nicht dem Lohnsteuerabzug. 27

III. Verfahrensrechtliche Fragen

III.1 Steuererklärungspflichten

§ 55 Abs. 4 InsO ändert nicht den rechtlichen Status des schwachen vorläufigen Insolvenzverwalters und lässt das Steuerrechtsverhältnis unberührt. 28

Da der schwache vorläufige Insolvenzverwalter nicht Vermögensverwalter nach § 34 Abs. 3 AO ist, hat er keine Steuererklärungspflichten für den Insolvenzschuldner zu erfüllen. 29

Bis zur Eröffnung des Insolvenzverfahrens obliegen dem Steuerpflichtigen die Steuererklärungspflichten auch für die Besteuerungsgrundlagen, für die § 55 Abs. 4 InsO gilt.

§ 55 Abs. 4 InsO verlagert lediglich den Zeitpunkt der Zuordnung von Steuerverbindlichkeiten in Masseverbindlichkeiten und Insolvenzforderungen von der Eröffnung des Insolvenzverfahrens auf den Zeitpunkt der Bestellung des schwachen vorläufigen Insolvenzverwalters vor. 30

III.2 Entstehung der Masseverbindlichkeiten

Erst mit der Eröffnung des Insolvenzverfahrens gelten die nach Maßgabe des § 55 Abs. 4 InsO in der vorläufigen Insolvenzverwaltung begründeten Verbindlichkeiten als Masseverbindlichkeiten. 31

III.3.1 Berechnung und Verteilung von Masseverbindlichkeiten nach § 55 Abs. 4 InsO bei der Umsatzsteuer

32 Nach den Grundsätzen der BFH, Urt. v. 9.12.2010 – V R 22/10, BStBl. II 2011, 996 = UR 2011, 551 m. Anm. Widmann und BFH v. 24.11.2011 – V R 13/11, BStBl. II 2012, 298 = UR 2012, 403 sind die mit Insolvenzeröffnung entstehenden selbständigen umsatzsteuerrechtlichen Unternehmensteile „Insolvenzmasse" und „vorinsolvenzrechtlicher Unternehmensteil" bei allen Umsatzsteuersachverhalten im Insolvenzverfahren zu beachten. Bei der jeweiligen Steuerberechnung der einzelnen Unternehmensteile sind nur die Umsätze und die Vorsteuern der betreffenden Unternehmensteile zu berücksichtigen. Eine Vermischung der Besteuerungsgrundlagen der einzelnen Unternehmensteile untereinander ist nicht zulässig. Daher sind nach Eröffnung des Insolvenzverfahrens die Steuerbeträge und die Vorsteuern aller Besteuerungszeiträume des vorläufigen Insolvenzverfahrens, unabhängig davon, ob sich aus dem einzelnen Umsatzsteuervoranmeldungszeitraum insgesamt eine Zahllast oder ein Guthaben ergibt, auf die einzelnen selbständigen umsatzsteuerrechtlichen Unternehmensteile zu verteilen. Für Zwecke dieser Zuordnung gilt Folgendes:

33 Die in den betreffenden Voranmeldungszeiträumen des vorläufigen Insolvenzverfahrens von oder mit Zustimmung des schwachen vorläufigen Insolvenzverwalters begründeten Steuern aus Lieferungen und sonstigen Leistungen i.S.d. § 55 Abs. 4 InsO (vgl. Rz. 17, 18 und 22) sind um die mit Zustimmung des schwachen vorläufigen Insolvenzverwalters begründeten Vorsteuerbeträge (vgl. Rz. 21) zu mindern. Nur soweit sich aus der Summe der so ermittelten Ergebnisse aller Voranmeldungszeiträume des vorläufigen Insolvenzverfahrens eine Zahllast ergibt, liegt eine Masseverbindlichkeit i.S.d. § 55 Abs. 4 InsO vor.

Beispiel:

Nach den erforderlichen Berichtigungen gem. § 17 UStG (s. insb. Rz. 16 und 20) ergeben sich im vorläufigen Insolvenzverfahren für den Voranmeldungszeitraum 01 ein Erstattungsbetrag von 5.000 € und für die Voranmeldungszeiträume 02 und 03 jeweils eine Zahllast von 10.000 €. Die Umsätze und Vorsteuern setzen sich wie folgt zusammen:

	UStVA 01	UStVA 02	UStVA 03
Umsatzsteuer auf Umsätze gem. § 55 Abs. 4 InsO	3.000 €	16.000 €	13.000 €
Vorsteuern gem. § 55 Abs. 4 InsO	8.000 €	6.000 €	3.000 €
Summe	-5.000 €	10.000 €	10.000 €

Da sich aus der Summe der so ermittelten Ergebnisse der Umsatzsteuervoranmeldungszeiträume für den Zeitraum des vorläufigen Insolvenzverfahrens eine Zahllast ergibt (-5.000 € +10.000 € + 10.000 € = 15.000 €), liegen Masseverbindlichkeiten i.S.d. § 55 Abs. 4 InsO i.H.v. 15.000 € vor.

34 Die als Masseverbindlichkeiten i.S.d. § 55 Abs. 4 InsO geltenden Umsatzsteuerverbindlichkeiten (vgl. Rz. 33) sind nach Eröffnung des Insolvenzverfahrens für die einzelnen (Vor-)Anmeldungszeiträume des Insolvenzeröffnungsverfahrens gegenüber dem Insolvenzverwalter festzusetzen (vgl. BFH, Urt. v. 24.9.2014 – V R 48/13,

BStBl. II 2015, 506 = UR 2015, 192; Rz. 36 ff.). Einwendungen hiergegen können nach den allgemeinen Grundsätzen, insbesondere im Wege des Einspruchs nach § 347 AO, geltend gemacht werden.

Beispiel:

Im obigen Beispiel sind für den Umsatzsteuervoranmeldungszeitraum 01 ein Erstattungsbetrag, welcher sich aus den begründeten Steuern aus der Entgeltvereinnahmung des schwachen vorläufigen Insolvenzverwalters i.S.d. § 55 Abs. 4 InsO und den mit Zustimmung des schwachen vorläufigen Insolvenzverwalters begründeten Vorsteuerbeträgen ergibt, i.H.v. 5.000 € und für die Umsatzsteuervoranmeldungszeiträume 02 sowie 03 jeweils eine Masseverbindlichkeit i.S.d. § 55 Abs. 4 InsO i.H.v. 10.000 € gegen den Insolvenzverwalter festzusetzen. Der Erstattungsbetrag für den Umsatzsteuervoranmeldungszeitraum 01 kann mit den Masseverbindlichkeiten nach § 55 Abs. 4 InsO oder anderen Masseverbindlichkeiten verrechnet werden.

Nicht als Masseverbindlichkeit i.S.d. § 55 Abs. 4 InsO geltend zu machende Umsatzsteuerverbindlichkeiten sind als Insolvenzforderung zur Insolvenztabelle anzumelden. Dabei ist es zwar zulässig aber nicht erforderlich, zur Insolvenztabelle die einzelnen, ggf. vor Eröffnung des Insolvenzverfahrens noch angemeldeten bzw. festgesetzten Umsatzsteuerforderungen aus den einzelnen Voranmeldungszeiträumen anzumelden. Ausreichend ist die Anmeldung der noch nicht getilgten Jahressteuer des Insolvenzeröffnungsjahrs für den vorinsolvenzrechtlichen Unternehmensteil. 35

Die jahresbezogene Saldierung nach § 16 Abs. 2 UStG stellt keine Aufrechnung i.S.v. § 96 InsO dar und geht dieser somit vor (BFH, Urt. v. 25.7.2012 – VII R 44/10, BStBl. II 2013, 33 = UR 2012, 972).

Während des vorläufigen Insolvenzverfahrens hat der Unternehmer für jeden Voranmeldungszeitraum eine Umsatzsteuervoranmeldung einzureichen, die sämtliche unselbständigen Besteuerungsgrundlagen enthält. 36

III.3.2 Geltendmachung von Masseverbindlichkeiten nach § 55 Abs. 4 InsO bei der Umsatzsteuer

Nach Eröffnung des Insolvenzverfahrens sind die als Masseverbindlichkeiten i.S.d. § 55 Abs. 4 InsO geltenden Umsatzsteuerverbindlichkeiten (vgl. Rz. 32 und 33) für die Voranmeldungszeiträume des vorläufigen Insolvenzverfahrens gegenüber dem Insolvenzverwalter festzusetzen und bekannt zu geben. Hierbei ist es unbeachtlich, wenn für denselben Voranmeldungszeitraum bereits vor der Insolvenzeröffnung ein Vorauszahlungsbescheid vorlag, der sich gem. § 168 Satz 1 AO auch aus einer Steueranmeldung ergeben kann, die einer Steuerfestsetzung unter Vorbehalt der Nachprüfung gleichsteht (vgl. BFH, Urt. v. 24.9.2014 – V R 48/13, BStBl. II 2015, 506 = UR 2015, 192). Eventuell erfolgte Zahlungen auf die als Masseverbindlichkeiten i.S.d. § 55 Abs. 4 InsO geltenden Umsatzsteuerverbindlichkeiten sind im Abrechnungsteil der Festsetzung anzurechnen. 37

Für die Bekanntgabe der Festsetzungen gelten die allgemeinen Grundsätze zu § 122 AO und der Nrn. 4.3, 4.4, 6.1, 13.2 und 15.1 des AEAO zu § 251.

38 Die bisher gegen den Insolvenzschuldner (vorinsolvenzrechtlicher Unternehmensteil) für die Zeiträume des vorläufigen Insolvenzverfahrens festgesetzten Umsatzsteuern sind – korrespondierend zu den Festsetzungen gegen die Insolvenzmasse – in Form einer Steuerberechnung mit anschließender (gegebenenfalls berichtigter) Tabellenanmeldung zu ändern, soweit darin unselbständige Besteuerungsgrundlagen berücksichtigt sind, die wegen § 55 Abs. 4 InsO nach Insolvenzeröffnung als Masseverbindlichkeiten dem Unternehmensteil „Insolvenzmasse" zuzurechnen sind.

39 Der Insolvenzverwalter kann seiner Mitwirkungspflicht durch die schlichte Anzeige der unter § 55 Abs. 4 InsO fallenden Besteuerungsgrundlagen oder durch die Abgabe von Umsatzsteuervoranmeldungen entsprechen. Soweit der Insolvenzverwalter seiner Mitwirkungspflicht nicht nachkommt, sind die Besteuerungsgrundlagen zur Berechnung der Masseverbindlichkeiten sachgerecht zu schätzen.

40 In der Umsatzsteuerjahreserklärung sind die die Masseverbindlichkeiten i.S.d. § 55 Abs. 4 InsO begründenden unselbständigen Besteuerungsgrundlagen mit den die Masseverbindlichkeiten i.S.d. § 55 Abs. 1 und ggf. § 55 Abs. 2 InsO begründenden Besteuerungsgrundlagen in der (Teil-)Umsatzsteuerjahreserklärung des Unternehmensteiles Insolvenzmasse zu berücksichtigen.

111.4.1 Bekanntgabe

41 Es gelten die allgemeinen Grundsätze zu § 122 AO und der Nrn. 4.3, 4.4, 6.1, 13.2 und 15.1 des AEAO zu § 251. Der vorläufige Insolvenzverwalter ohne Verwaltungs- und Verfügungsbefugnis ist nicht Bekanntgabeadressat für Verwaltungsakte.

42 Soweit bereits vor der Eröffnung des Insolvenzverfahrens eine Steuerfestsetzung (Steueranmeldung) der nach Verfahrenseröffnung nach § 55 Abs. 4 InsO als Masseverbindlichkeiten geltenden Steuerverbindlichkeiten gegenüber dem Insolvenzschuldner erfolgt ist, wirkt diese gegenüber der Insolvenzmasse fort. Es ist keine erneute Bekanntgabe gegenüber dem Insolvenzverwalter vorzunehmen (zum Leistungsgebot vgl. Rz. 44 ff.).

43 Soweit noch keine Steuerfestsetzung der nach Eröffnung des Insolvenzverfahrens nach § 55 Abs. 4 InsO als Masseverbindlichkeit geltenden Steuerverbindlichkeit vor der Eröffnung des Insolvenzverfahrens gegenüber dem Insolvenzschuldner erfolgt ist, ist gegenüber dem Insolvenzverwalter die Steuer erstmalig festzusetzen.

111.4.2 Leistungsgebot

44 Die Geltendmachung der noch nicht beglichenen Masseverbindlichkeiten bei Ertragsteuern erfolgt mittels Leistungsgebot (Ausnahme für Lohnsteuern s. III. 4.3).

45 Da § 55 Abs. 4 InsO für die tatbestandlichen Steuerverbindlichkeiten die Insolvenzmasse als „haftenden" insolvenzrechtlichen Vermögensbereich bestimmt und gegenüber diesem Vermögensbereich noch kein Leistungsgebot erfolgt ist, ist insoweit an den Insolvenzverwalter ein Leistungsgebot mit der ursprünglichen Fälligkeit und unter Aufführung der bereits entstandenen Nebenleistungen zu erlassen.

III.4.3 Geltendmachung von Masseverbindlichkeiten nach § 55 Abs. 4 InsO bei der Lohnsteuer

Nach Eröffnung des Insolvenzverfahrens sind die als Masseverbindlichkeiten i.S.d. § 55 Abs. 4 InsO geltenden Lohnsteuerverbindlichkeiten (vgl. Rz. 27) für die Anmeldungszeiträume des vorläufigen Insolvenzverfahrens gegenüber dem Insolvenzverwalter festzusetzen und bekannt zu geben. Hierbei ist es unbeachtlich, wenn für denselben Anmeldungszeitraum bereits vor der Insolvenzeröffnung eine Lohnsteuerfestsetzung vorlag, die sich gem. § 168 Satz 1 AO auch aus einer Steueranmeldung ergeben kann, die einer Steuerfestsetzung unter Vorbehalt der Nachprüfung gleichsteht (vgl. BFH, Urt. v. 24.9.2014 – V R 48/13, BStBl. II 2015, 506 = UR 2015, 192). Eventuell erfolgte Zahlungen auf die als Masseverbindlichkeiten i.S.d. § 55 Abs. 4 InsO geltenden Lohnsteuerverbindlichkeiten sind im Abrechnungsteil der Festsetzung anzurechnen. 46

Die bisher gegen den Insolvenzschuldner für die Zeiträume des vorläufigen Insolvenzverfahrens festgesetzten Lohnsteuern sind – korrespondierend zu den Festsetzungen gegen die Insolvenzmasse – in Form einer Steuerberechnung mit anschließender (gegebenenfalls berichtigter) Tabellenanmeldung zu ändern, soweit darin unselbständige Besteuerungsgrundlagen berücksichtigt sind, die wegen § 55 Abs. 4 InsO nach Insolvenzeröffnung als Masseverbindlichkeiten gelten. 47

Der Insolvenzverwalter kann seiner Mitwirkungspflicht durch die schlichte Anzeige der unter § 55 Abs. 4 InsO fallenden Besteuerungsgrundlagen oder durch die Abgabe von Lohnsteueranmeldungen entsprechen. Soweit der Insolvenzverwalter seiner Mitwirkungspflicht nicht nachkommt, sind die Besteuerungsgrundlagen zur Berechnung der Masseverbindlichkeiten sachgerecht zu schätzen. 48

111.5 Einwendungen gegen die Zuordnung als Masseverbindlichkeit nach § 55 Abs. 4 InsO

Bei Streit über die Zuordnung anteiliger Beträge zur Insolvenzmasse kann der Insolvenzverwalter mit Verfahrenseröffnung die Rechte wahrnehmen, die dem Insolvenzschuldner zu diesem Zeitpunkt auch zugestanden hätten. Einwendungen gegen die Zuordnung können nach den allgemeinen Grundsätzen, insbesondere im Wege des Einspruchs gegen die Festsetzung bei der Umsatzsteuer sowie der Lohnsteuer und im Wege des Einspruchs gegen das Leistungsgebot bei den übrigen Ertragsteuern geltend gemacht werden. 49

111.6 Aufrechnung gegen Steuererstattungsansprüche

Vor Eröffnung des Insolvenzverfahrens sind Steuerforderungen und Steuererstattungen ohne Einschränkungen aufrechenbar, soweit die Aufrechnungsvoraussetzungen vorliegen. Der Umstand, dass bestimmte Steuerforderungen später (nach Insolvenzeröffnung) gem. § 55 Abs. 4 InsO zu Masseverbindlichkeiten werden, hindert die Aufrechnung nicht. 50

51 Nach Verfahrenseröffnung noch bestehende Steuererstattungsansprüche aus dem Zeitraum des Eröffnungsverfahrens sind vorbehaltlich des BFH-Urteils vom 2.11.2010 – VII R 6/10, BStBl. I 2011, 374, mit Insolvenzforderungen aufrechenbar.

52 Sofern § 96 Abs. 1 Nr. 3 InsO einer Aufrechnung mit Insolvenzforderungen entgegensteht, kann gegen diese Guthaben mit Masseverbindlichkeiten (insbesondere mit Masseverbindlichkeiten gem. § 55 Abs. 4 InsO) aufgerechnet werden. § 96 Abs. 1 Nr. 3 InsO gilt nicht für Massegläubiger, sondern nur für Insolvenzgläubiger.

IV. Anfechtung

53 Tatbestandlich ist § 55 Abs. 4 InsO im Zeitpunkt der Insolvenzeröffnung im Falle einer anfechtbar geleisteten Zahlung mangels bestehender Steuerverbindlichkeiten nicht erfüllt. Würde der Insolvenzverwalter nach der Insolvenzeröffnung die Anfechtung der Steuerzahlung erklären und das Finanzamt auf die Anfechtung hin zahlen, würde die ursprüngliche Steuerforderung nach § 144 Abs. 1 InsO unmittelbar, aber nunmehr als Masseforderung wieder aufleben. Das Finanzamt würde eine Zahlung leisten, die es sofort wieder zurückfordern könnte. Eine Zahlung auf den Anfechtungsanspruch kann daher wegen Rechtsmiss- bräuchlichkeit verweigert werden.

Dieses Schreiben tritt mit sofortiger Wirkung an die Stelle des BMF-Schreibens v. 17.1.2012 – IV A 3 - S 0550/10/10020 – 05. Es wird im BStBl. I veröffentlicht.

Stichwortverzeichnis

Die fetten Ziffern verweisen auf die Kapitel,
die mageren auf die Randziffern innerhalb der Kapitel.

Abgesonderte Befriedigung 2.292

Ablaufhemmung 3.205, 3.285

Abrechnungsbescheid 3.308, 3.310, 3.339
- Zuständige Finanzbehörde 3.8

Abschlussprüfer
- Wahl 3.151

Abschlussprüfung 3.150

Absonderungsberechtigte 4.450
- Insolvenzplan 2.236
- Veräußerung Sicherungsgut 4.463

Absonderungsgegenstände 2.222
- Einkommensteuer aus der Verwertung 4.36
- unbewegliche Gegenstände, Grundsteuer 4.648

Absonderungsrechte 2.350
- Freigabe 4.591
- Kraftfahrzeug, Kfz-Steuer 4.587
- Sachhaftung 4.672
- Verwertung 4.446

Abtretungsempfänger (§ 13c UStG) 4.509

Abweichende Festsetzung 3.199

Abweisung
- des Insolvenzantrages mangels Masse 2.95

Abwickler 2.382

Abwicklung
- des schuldnerischen Rechtsträgers 2.362

Abwicklungsgewinn 4.280, 4.286

Abwicklungsphase
- gemeinnütziger Körperschaft 3.69

Akteneinsichtsrecht 3.27

Alkoholsteuer 4.656

Alkopopsteuer 4.656

Allgemeines Verfügungsverbot 2.44; 3.23

Altlasten 2.224

Altmassegläubiger 2.275

Altmasseverbindlichkeiten 2.327; 3.218, 3.229
- Lohnsteuer 4.226, 4.539

Amtsermittlungspflicht 3.108

Amtspflichtverletzung 2.35

Amtstheorie 2.110

Änderungsbescheide
- Insolvenzforderungen 3.189

Anfechtung 2.178
- Abtretungsempfänger (§ 13c UStG), Verhältnis zur - 4.515
- Aufrechnungslage 4.129
- Berichtigung Vorsteuer 4.409
- Beweislastumkehr 2.190
- Gesellschafterdarlehen 2.206
- Haftung nach § 13c UStG 4.515
- inkongruente Deckung 2.191
- inkongruente Herstellung der Aufrechnungslage 4.367
- kongruente Deckung 2.188
- Sachhaftung 4.675
- Schenkung 2.205
- Steuerberaterhonorar 2.391
- umsatzsteuerliche Folgen 4.506
- unentgeltliche Leistung 2.205
- Vollstreckungshandlung 2.194
- vorläufiger starker Insolvenzverwalter 2.46

Anfechtungsansprüche
- Akteneinsicht 3.31

Anfechtungsgegner 2.194

Anfechtungsgesetz 3.369

Anhang
- zum Jahresabschluss 3.148

Anhörung
- des Schuldners 2.90

Anlagevermögen 3.132

Anmeldungsfrist
- Frist für die Forderungsanmeldung 3.250

Anordnungsanspruch 3.405

Anordnungsgrund 3.407

Anrechnungen auf die Steuerschuld 4.64

Anschaffungskosten
- nachträgliche 2.207

Antragsberechtigung
- Erlass 3.322

Antragspflicht 2.14, 2.36

Antragsprinzip 2.2

Antragsrücknahme 2.11

Antragsverfahren 2.1

Anwaltszulassung 3.321

Anzeigepflichten 3.394

Arbeitgeber
- Insolvenz 4.223

Arbeitgeberdarlehen 4.106

Arbeitnehmer
- Einkommensteuer 4.219
- Insolvenz 4.219

Arbeitnehmerdarlehen 4.106

Arbeitslohnanspruch
- insolvenzfreies Vermögen 4.219

Art der Verwertung 2.318

asset deal 2.173; 4.19

Aufdeckung stiller Reserven 3.133

Aufhebung
- des Insolvenzverfahrens 3.288, 3.361
- des Insolvenzverfahrens, Umsatzsteuervoranmeldungen 4.346
- des Insolvenzverfahrens, Veranlagungszeitraum 4.206
- des Insolvenzverfahrens, Vollstreckung 3.387

Auflösend bedingte Forderungen 2.260

Auflösungsverlust
- aus insolventer Kapitalgesellschaft 4.140

Aufnahme 3.288
- des unterbrochenen Rechtsstreits 3.303
- eines Einspruchsverfahrens 3.300
- eines Rechtsstreits 3.296, 3.301

Aufrechnung 2.322; 3.335; 4.526
- Fälligkeit der Gegenforderung 3.347
- gegen Erstattungsanspruch 4.366, 4.398
- gegen Erstattungsanspruch aus eröffnungsbedingter Berichtigung (§ 17 UStG) 4.366, 4.368, 4.529
- Gegenseitigkeit der Forderungen 3.335
- Gewerbesteuer 4.556
- Gleichartigkeit der Forderungen 3.335
- Hauptforderung 3.356
- inkongruente Herstellung der Aufrechnungslage 4.129, 4.367
- insolvenzfreies Vermögen 3.363
- Insolvenzplan 3.365
- Massegläubiger 2.325; 3.337
- mit Steuerforderungen 3.339
- mit Steuerforderungen aus Berichtigungen 3.364; 4.366, 4.529
- nach Aufhebung des Insolvenzverfahrens 3.361

– Neugläubiger 2.330
– Umsatzsteuer 4.403, 4.526
– Vorsteuer aus Vergütung des vorläufigen Verwalters 4.536
– Vorsteuer aus Verwaltervergütung 4.532
– Wohlverhaltensperiode 3.362

Aufrechnungserklärung 3.339

Aufrechnungslage, s. Aufrechnung
– Anfechtung 4.129

Aufrechnungsverbote, s. Aufrechnung 4.528

Aufschiebend bedingte Forderungen 2.260

Aufschiebende Wirkung 2.20

Aufsicht
– des Gerichts über den Insolvenzverwalter 2.117; 3.118

Aufsichtspflichten
– Insolvenzgericht gegenüber Insolvenzverwalter 3.327

Aufteilung
– der Steuerschuld 4.57
– Einkommensteuerschuld 4.171, 4.177, 4.197

Aufzeichnungspflichten 3.160

Ausgleichsansprüche
– des Absonderungsberechtigten 2.222

Auskunftsanspruch
– des Insolvenzverwalters gegenüber Finanzverwaltung 3.26
– nach Informationsfreiheitsgesetzen (IFG) 3.40

Auskunftserteilung
– an Sachverständigen 3.23
– an Sachwalter 3.24
– an vorläufigen Insolvenzverwalter 3.20

Auskunftspflicht 2.54
– des Insolvenzschuldners 2.257; 3.22
– des Steuerberaters 2.386
– Insolvenzverwalter gegenüber Finanzverwaltung 2.123

Auskunftsrecht
– des Insolvenzverwalters 4.61

Auslagen
– Insolvenzverwalter 2.361

Auslagenpauschale 2.361

Ausschließlichkeit 3.60, 3.69

Außenprüfung 3.212

Außerbetriebsetzung 4.585

Aussetzung der Vollziehung 3.225, 3.368, 3.375 f., 3.380, 3.410

Aussetzungszinsen 3.236

Aussonderung 2.279

Aussonderungsrechte 2.127

Auswahl
– Insolvenzverwalter 2.107

Bargeschäft 2.186, 2.394

Bauabzugsteuer 4.113
– Masseunzulänglichkeit 4.131

Bauauftraggeber
– Haftung 4.132

Bauforderung
– Entstehung nach Eröffnung 4.127

Bauleistungen 4.113

Bedeutsame Maßnahmen 2.118

Beendigung
– der Körperschaft 3.1

Beendigung des Insolvenzverfahrens 3.206
– Veranlagungszeitraum 4.206

Befreiungen
– Körperschaftsteuer 4.259

Beibringungsgrundsatz 3.108

Bekanntmachung 2.89

Belege
– bei Schlussrechnung 3.123

Bemessungsgrundlage
– Kraftfahrzeugsteuer 4.563
– Umsatzsteuer 4.399

Bemessungszeitraum
– Körperschaftsteuer 4.241

Berechnungsgrundlage 2.350

Berechnungsmitteilung 3.190

Bereicherung 2.268

Berichtigung
– Umsatzsteuer 4.330, 4.404
– Vorsteuer 4.404, 4.423
– Vorsteuer wegen nicht erbrachter Leistung 4.410

Berichtigungsrechtsprechung des BFH 4.330

Berichtstermin 3.259

Berufsfreiheit
– Steuerberater 2.374

Beschlagnahme 4.668

Beschwerde 2.93, 2.101
– Zurückweisung Insolvenzplan 2.242

Bestätigung
– des Insolvenzplans 2.247

Besteuerungsgrundlagen 4.643
– Ermittlung 3.164
– Feststellung 3.207

Besteuerungsverfahren
– Unterbrechung 3.298

Besteuerungszeitraum
– Einkommensteuer 4.5

Betriebsaufgabe 4.19

Betriebserwerb
– Haftung 2.223

Betriebsfortführung
– Haftung des Insolvenzverwalters 2.336
– Rechnungslegung 3.144
– schuldnerisches Unternehmen 2.208
– Vergütung des Insolvenzverwalters 2.350

Betriebsveräußerung 2.221; 4.19

Betriebsvermögen
– Beteiligung an Kapitalgesellschaft 4.270

Bevollmächtigte 3.192

Bewegliche Gegenstände
– Absonderungsrecht 2.296

Bewegliche Sachen 2.138, 2.142

Beweisanzeichen 2.199

Beweislast 2.195

Beweislastumkehr 2.348

Bewertungsstetigkeit 3.132

Bezugsrechte 2.289

Biersteuer 4.656

Billigkeitsentscheidung 3.199

Billigkeitsgründe 3.199, 3.202, 3.258, 3.314, 3.316; 4.145, 4.217 f., 4.309

Billigkeitsmaßnahmen 3.316
– Antragsberechtigung 3.202

Buchführungs- und Bilanzierungspflichten 3.135

Buchführungserleichterungen 3.167, 3.171

Buchführungspflicht 2.122; 3.142, 3.394
– abgeleitete 3.158
– bei Masseunzulänglichkeit 3.170

Buchhaltungskosten 2.355

Darlegungsanforderungen 2.18

Darlegungslast 2.195

Stichwortverzeichnis

Darlehen
- Arbeitnehmer an Arbeitnehmer 4.106

Darstellender Teil
- Insolvenzplan 2.229

Datenschutzgesetz 3.27

DATEV-Daten 2.399

Dauerschuldverhältnisse 2.201, 2.266; 3.220

Debitoreneinzug 2.172, 2.357

Dispositionsmaxime 2.4

Doppelinsolvenzverfahren 2.153

Doppelumsatz 4.448, 4.463, 4.469, 4.477

Drittschuldner 3.375

Druckantrag 2.24, 2.199

Druckmittel
- Säumniszuschlag 3.226
- Verspätungszuschlag 3.230

Druckzahlungen 2.193

Duldungen
- Vollstreckung 3.394

Duldungsbescheid 3.209

Ehegatten 4.51
- Steuergeheimnis 3.17

Eigenantrag 2.13

Eigenkapitalersatz 3.132

Eigenschuld des Erben 4.162

Eigentumsvermutung 2.127

Eigentumsvorbehalt 2.210, 2.214, 2.286

Eigenvermögen
- des Erben 4.608

Eigenverwaltung 3.375

Einfuhrumsatzsteuer 4.322

Eingliederung
- Organschaft 4.295
- umsatzsteuerliche Organschaft 4.374

Einheitswertbescheide 4.646

Einkommen
- des Insolvenzschuldners 4.10
- Körperschaft 4.241

Einkommensteuer 4.1
- Aufteilung 4.177
- der Gesellschafter insolventer Gesellschaften 4.135
- Insolvenzforderungen 4.169, 4.194
- insolvenzfreies Vermögen 4.169
- Masseverbindlichkeit 4.169, 4.194
- Nachlassinsolvenzverfahren 4.161
- Steuererklärung 4.12
- Vorauszahlungen 4.66
- Zuordnung zu Forderungskategorien 4.169

Einkommensteuerforderungen
- Aufteilung Insolvenzverwalter und Abwickler 2.385

Einkommensteuerpflicht 4.1

Einkommensteuerschuld
- Aufteilung Forderungskategorien 4.171
- Entstehung 4.5

Einkommensteuertarif 4.4
- Lohnsteuer 4.74

Einkünfteermittlung 4.3

Einkunftsarten 4.2

Einspruch
- gegen Ablehnung Auskunftsgesuch 3.39

Einspruchsverfahren
- unterbrochenes, durch Eröffnung 3.300

Einstellung
- des Insolvenzverfahrens, Umsatzsteuervoranmeldungen 4.346
- des Insolvenzverfahrens, Veranlagungszeitraum 4.206

Einstellung des Verfahrens 2.119

Einstellung mangels Masse
- Steuererklärungspflichten 3.179

Einstweilige Anordnung 2.27
- auf Erteilung einer Freistellungsbescheinigung 4.117
- gegen Forderungsanmeldung 3.257
- gegen Insolvenzantrag 3.403 f.

Einstweiliger Rechtsschutz 2.27; 3.403

Einzelermächtigungen 2.270
- Umsatzsteuer 4.346
- vorläufiger Insolvenzverwalter 2.49

Einzelschaden
- Insolvenzgläubiger 2.342

Einzelzwangsvollstreckung 2.29

Empfangszuständigkeit
- Steuerberater des Insolvenzschuldners 3.192

Energiesteuer 4.656

Entstehung
- Umsatzsteuer 4.320

Erbe
- Steuerschuldner 4.161
- Steuerschuldner der Erbschaftsteuer 4.600
- Umsatzsteuer 4.525
- Unternehmer 4.525
- Verlustabzug 4.45

Erbenhaftung 4.162

Erbfall 4.161

Erbschaftsteuer 4.598

Erbschaftsteuerforderungen 4.611 f.

Erfüllbarkeit
- Hauptforderung 3.359

Erfüllungswahl 3.132; 4.415, 4.436, 4.626, 4.634
- Umsatzsteuer 4.395

Erfüllungswahlrecht
- des Insolvenzverwalters 2.210, 2.267

Ergebnisabführungsvertrag 4.297

Erhebungsverfahren 3.244

Erinnerung 3.375
- gegen Vollstreckungsmaßnahme 3.380

Erlass 3.308, 3.314
- Antrag 3.322
- Einkommensteuer 4.146
- Gewerbesteuer 4.556
- Grundsteuer 4.647, 4.649
- Verspätungszuschläge 3.235
- von Säumniszuschlägen 3.226
- von Schulden 4.21, 4.309
- Zinsen 3.238

Erlassantrag Forderungsanmeldung
- Rechtsmittel 3.257

Erlassbedürftigkeit 3.238 f., 3.321

Erlasswürdigkeit 3.321

Erledigungserklärung 2.11

Erleichterungen
- Buchführungspflichten 3.168

Ermessensentscheidung
- Akteneinsicht 3.30

Ermittlung der Steueransprüche 3.108

Eröffnungsantrag 2.2
- des Schuldners 2.13
- durch die Finanzverwaltung 2.17

Eröffnungsbeschluss 2.88
- Titelfunktion 2.112, 2.127

Eröffnungsbilanz 3.129

Eröffnungsgrund 2.63

Stichwortverzeichnis

Eröffnungsverfahren 2.1
– Steuerabzug 4.128
– Umsatzsteuer 4.336

Eröffnungsvoraussetzungen 2.6

Ersatzabsonderung 2.321

Ersatzaussonderung 2.290

Ersatzvornahme 2.224; 3.394

Ersatzzwangshaft
– gegen Insolvenzverwalter 3.397

Erstattungen 3.197

Erstattungsanspruch 4.58, 4.291, 4.366
– Bauabzugsteuer 4.124, 4.132
– bei unerkannter Organschaft 4.398
– Grunderwerbsteuer 4.633

Erstattungsbetrag 4.69

Fälligkeit 3.347
– Einkommensteuer 4.5
– Steueranspruch 3.224

Fehlverhalten
– der Finanzbehörde 3.318

Festsetzung 3.191
– im vorläufigen Insolvenzverfahren 3.186
– Insolvenzforderungen 3.187
– Masseforderungen 3.194
– Steuerforderungen gegen insolvenzfreies Vermögen 3.195

Festsetzung auf null Euro 3.197
– Wirkung der Tabellenfeststellung 3.274

Feststellung einer Forderung 3.274

Feststellungs- und Verwertungskosten 2.305

Feststellungsbescheid 3.285, 3.289, 3.292, 3.298, 3.303, 3.374, 3.379, 3.389; 4.43
– Einheitswert 4.646
– Gewinnfeststellung 3.401

– Leistungsgebot 3.292
– Tenor 3.292

Feststellungsklage 3.290
– negative 3.299

Feststellungskosten 2.350; 4.457, 4.511

Feststellungsverfahren 3.207, 3.401
– Grundsteuer 4.645

Feststellungsvermerk 3.274

Finanzgericht 2.27

Finanzmarktstabilisierungsgesetz 2.81

Forderung
– Absonderungsrecht 4.494, 4.511
– Sicherungszession 4.511
– Umsatzsteuer bei Verwertung 4.495
– Verwertung 4.494

Förderung der Allgemeinheit 3.54

Forderungen 2.140
– bedingte 2.260
– Bewertung 3.132
– nachrangige 3.248
– Verwertung von, Umsatzsteuer 4.494
– zedierte, Verwertung 4.511
– zweifelhafte 3.115

Forderungsanmeldung 3.187
– Anmeldung zur Insolvenztabelle 3.246
– Bestreiten des Insolvenzverwalters 3.290
– Form 3.251
– Frist 3.250
– Inhalt 3.253
– mehrere Bestreitende 3.305
– Rechtsnatur 3.256
– Widerspruch 3.280, 3.284, 3.291, 3.297
– Widerspruch des Insolvenzverwalters 3.290
– Widerspruch eines Insolvenzgläubigers 3.290

Forderungseinzug 2.172, 2.357

799

Stichwortverzeichnis

Forderungskategorien
– Einkommensteuer 4.169, 4.194

Forderungsverzicht 4.20, 4.34

Forderungsverzichte mit Besserungsschein 2.237

Form der Forderungsanmeldung 3.251

Fortführung
– schuldnerisches Unternehmen 2.208

Fortführungsprognose 2.82

Fortführungswerte 3.115

Freigabe
– an Absonderungsberechtigten 4.481
– durch Insolvenzverwalter 2.143
– echte 2.144; 4.479
– Geschäftsbetrieb 2.151; 4.194, 4.347
– Kraftfahrzeug, Kraftfahrzeugsteuer 4.573
– modifizierte 2.150; 4.480
– Realsteuern 2.146
– selbständige Tätigkeit 2.151; 4.347
– Umsatzsteuer 4.478
– unechte 2.148

Freigabeerklärung 2.144

Freihändiger Verkauf 4.491

Freistellungsbescheinigung
– bei Bauleistungen 4.115

Fruchtlosigkeitsbescheinigung 2.24

Gefährdung Allgemeininteressen
– insolventer Steuerberater 2.366

Gegenforderung
– Fälligkeit 3.347

Gehälter 2.219

Gehaltsumwandlung 2.289

Geldbußen, Geldstrafen 3.242

Gemeinnützigkeit 3.41, 3.53
– Ende 3.66

Gesamtschaden 2.333, 2.341

Gesamtschadensansprüche 3.115

Gesamtschuldner 4.56
– Lohnsteuer 4.77

Geschäftsbesorgung 2.388

Geschäftsbetrieb
– Freigabe 2.151; 4.347

Geschäftsbücher
– des Insolvenzschuldners 2.129

Geschäftsführer
– faktischer 3.91
– formeller 3.92
– mehrere 3.90

Geschäftsführerhaftung 3.132

Geschäftsführung
– bei gemeinnütziger Körperschaft 3.64, 3.69

Geschäftsjahr 3.130, 3.145, 3.156

Geschäftsveräußerung
– im Ganzen 4.499

Gesellschafter
– Personengesellschaft, Einkommensteuer 4.141, 4.210

Gesellschafterdarlehen
– Anfechtung 2.206

Gesellschafterversammlung
– Wahl des Abschlussprüfers 3.151

Gesetzmäßigkeit der Verwaltung 2.28

Gestaltungsmissbrauch 4.437

Getrenntveranlagung 4.59, 4.63

Gewerbeertrag 4.544, 4.550

Gewerbesteuer 4.539
– Aufrechnung 4.557
– Erlass 4.556
– Messbescheid 4.544
– Sanierungsgewinne 4.556

Gewerbesteuerforderungen 4.549

Gewerbesteuermessbetrag 4.544

Gewerbesteuerpflicht 4.552
- Ende 4.554

Gewinn- und Verlustrechnung 3.147

Gewinnausschüttungen
- verdeckte 4.262

Gewinneinkünfte 4.3

Gewinnerzielungsabsicht 3.136

Gewinnfeststellung 3.177, 3.401
- Personengesellschaft 4.212

Gewinnverwendungsbeschlüsse 3.139

Glaubhaftmachung 2.18

Gläubigeranfechtung 3.369

Gläubigerantragsverfahren 2.6

Gläubigerausschuss 2.118; 3.328

Gläubigerbenachteiligung
- Rechtshandlung 2.183

Gläubigergleichbehandlung 2.178

Gläubigergruppen 2.259

Gläubigerversammlung 2.118, 2.336; 3.127, 3.264
- Absonderungsberechtigte 2.295
- Schlusstermin 3.330
- Wahl des Abschlussprüfers 3.151

Gläubigerverzeichnis 3.116

Gleichbehandlung
- aller Gläubiger 2.178, 2.245

Gleichmäßigkeit der Besteuerung 3.9

good will
- Veräußerung 2.378

Grunderwerbsteuer 4.614
- Erstattung 4.632
- Insolvenzanfechtung 4.621
- Masseunzulänglichkeit 4.634
- Masseverbindlichkeit 4.625
- Unbedenklichkeitsbescheinigung 4.632

- Vormerkung 4.627
- Zubehör 4.629

Grundlagenbescheid
- Grundsteuer 4.645

Grundpfandgläubiger 2.320

Grundsteuer 4.636
- Absonderungsrecht 4.648
- Einheitswertbescheide, Bekanntgabe 4.646
- Erlass 4.649
- Forderungsqualität 4.640
- Grundstückserwerber, Inanspruchnahme des 4.653
- Masseunzulänglichkeit 4.654
- Messbescheide, Bekanntgabe 4.646
- Steuerschuldner 4.636
- Zwangsverwaltung 4.655

Grundsteuermessbescheide 4.646

Grundstücksverwertung 4.491

Gruppen
- Insolvenzplan 2.235

Haftpflichtversicherung
- Kosten 2.359

Haftung
- Abtretungsempfänger (§ 13c UStG) 4.509
- Bauauftraggeber 4.132
- des Eigentümers von Gegenständen nach § 74 AO 3.107
- des Insolvenzverwalters 2.331; 3.141
- des Insolvenzverwalters für Lohnsteuer 4.104
- des Vertreters 3.85
- des vorläufigen Insolvenzverwalters 4.107
- Geschäftsführer 3.88
- infolge der Anfechtung 4.510
- Insolvenzplan 3.106
- Insolvenzverwalter für Masseverbindlichkeiten 2.345

- Insolvenzverwalter gegenüber Aus- und Absonderungsberechtigten 2.344
- Insolvenzverwalter gegenüber Insolvenzgläubigern 2.341
- Insolvenzverwalter gegenüber Massegläubigern 2.340
- Insolvenzverwalter gegenüber Schuldner 2.338
- Karussellgeschäft (§ 25d UStG) 4.516
- Lohnsteuer 4.82
- nach abgabenrechtlichen Vorschriften 3.84
- Organgesellschaft für Organträger 4.387
- persönlich haftende Gesellschafter 3.103
- Umfang 3.97

Haftungsbescheid 3.209; 4.105, 4.398
- Lohnsteuer 4.104

Haftungsbescheid, Duldungsbescheid 3.209

Haftungsschuld 3.85; 4.223

Haftungsschuldner
- Lohnsteuer 4.77, 4.84

Haftungsumfang 2.347

Halbeinkünfteverfahren 4.270

Halbstarker vorläufiger Insolvenzverwalter 2.49

Haltereigenschaft
- Kraftfahrzeugsteuer 4.567

Handelsrechtliche Pflichten
- des Insolvenzverwalters 3.128

Handelsregister
- Löschung 3.1

Handlungen
- Vollstreckung 3.394

Handlungsvollmacht 2.254

Herausgabe
- Sicherungsgegenstand 4.448

Herausgabeanspruch
- gegenüber Steuerberater des Insolvenzschuldners 2.396

Herausgabepflicht des Steuerberaters 2.400

Herausgabevollstreckung 2.127

Hinterlegung
- unterlassene 2.342

Honorar
- des Steuerberaters, Anfechtung 2.391

Honoraranspruch
- des Steuerberaters in der Insolvenz des Mandanten 2.387

Hundesteuer 4.696

Ideeller Bereich
- einer Körperschaft 3.44

Immaterielle Vermögensgegenstände 3.132

Immobiliarverwertung 4.472, 4.483

Immobiliarvollstreckung 3.368, 3.375

Immobilien 2.130, 2.212, 2.316

Inbesitznahme
- des schuldnerischen Unternehmens 2.132
- durch Insolvenzverwalter 2.126

Indirekte Verbrauchsteuern 4.656

Informationelle Selbstbestimmung
- Mandanten des Steuerberaters 2.380

Informationsfreiheitsgesetze (IFG) 3.27, 3.40

Inhalt der Forderungsanmeldung 3.253

Inkasso
- Kosten 2.357

Inkongruente Deckung 2.191

Inquisitionsmaxime 2.52

Insolvenzanfechtung, s. Anfechtung 2.178
- vorläufiger starker Insolvenzverwalter 2.46

Insolvenzantrag
- der Finanzverwaltung, Rechtsschutz 2.27; 3.403
- des Schuldners 2.13
- durch die Finanzverwaltung 2.17
- rechtsmissbräuchlich 2.24

Insolvenzantragspflicht 2.14, 2.36

Insolvenzantragsverfahren 2.1

Insolvenzbeschlag 2.135

Insolvenzeröffnungsgrund 2.63

Insolvenzeröffnungsgründe
- Überschuldung 2.76

Insolvenzforderungen 4.390
- Berechnungsmitteilung 3.190
- Einkommensteuer 4.169
- Grunderwerbsteuer 4.624
- Grundsteuer 4.640
- nachrangige 3.227
- Umsatzsteuer 4.327, 4.414
- Vollstreckung 3.367

Insolvenzfreies Vermögen 2.135, 2.142
- Aufrechnung 3.363
- Einkommensteuer 4.174, 4.197
- Kraftfahrzeug 4.595
- Steuerfestsetzung 3.196

Insolvenzgeld 2.217; 4.111
- Pfändbarkeit 2.132

Insolvenzgeldvorfinanzierung 2.218

Insolvenzgläubiger
- nachrangige 2.263
- Rechtsstellung 2.260

Insolvenzmasse 3.370
- Gesamtschaden 2.341
- Verwaltung und Verwertung 2.124

Insolvenzplan 2.227, 2.372; 3.266
- Haftung Dritter für Steuerschulden 3.107
- Vollstreckung 3.388

Insolvenzplanverfahren 2.227, 2.240

Insolvenzschuldner
- Rechtsstellung im Insolvenzverfahren 2.253

Insolvenzspezifische Pflichten 2.332

Insolvenztabelle
- Berichtigung 3.295
- Forderungsanmeldung 2.261

Insolvenzverwalter
- Aufsicht 2.117
- Auslagenerstattung 2.361
- Auswahlentscheidung 2.107
- Kontrolle 2.117
- Pflichten 2.112
- Pflichtverletzung 2.117
- Rechtsstellung 2.106
- Überwachung 2.117

Insolvenzverwalterhaftung 2.331

Insolvenzzweck 2.116

Istbesteuerung 4.334

Istmasse 2.126

Jahresabschluss 3.146
- Offenlegung 3.142, 3.184

Juristische Personen
- Körperschaftsteuer 4.229

Kaffeesteuer 4.656

Kalte Zwangsverwaltung 2.320; 4.497

Kanzleiabwickler 2.382

Kapitalerträge 4.71
- Kapitalertragsteuer 4.147
- Nichtveranlagungsbescheinigung 4.158

Kapitalgesellschaft
- insolvente, Einkommensteuer der Gesellschafter 4.135
- Körperschaftsteuer 4.230

Kapitalvermögen
- Einkünfte aus 4.71

Karussellgeschäft (§ 25d UStG) 4.516

Kassenbuch 3.123

Kaufmannseigenschaft 3.136

Kindergeld 4.175

Kirchensteuer 4.700

Kleinunternehmerregelung (§ 19 UStG) 4.402, 4.505

Kongruente Deckung 2.188

Körperschaft
- gemeinnützige 3.42

Körperschaftsteuer 4.227
- Guthaben 4.292
- Organschaft 4.295
- Steuererklärung 4.275
- Vorauszahlungen 4.289

Körperschaftsteuerguthaben (§ 37 Abs. 5 KStG) 4.292

Körperschaftsteuerpflicht
- beschränkte 4.247
- Ende 4.257
- Umfang 4.245
- unbeschränkte 4.249

Kostenbeiträge 2.305

Kostentragung
- bei Abweisung mangels Masse 2.105

Kraftfahrzeug
- Absonderungsrechte 4.588
- Insolvenzfreies Vermögen 4.595
- unpfändbares 4.580

Kraftfahrzeugsteuer 4.560
- Veräußerungsanzeige 4.585
- Zwangsverwaltung 4.597

Kündigungssperre 2.215

Lagebericht
- zum Jahresabschluss 3.149

Lebensversicherungen 2.288

Leistungsbescheid 2.31

Leistungsempfänger 4.383
- Insolvenz 4.412

Leistungserbringer
- Insolvenz 4.411

Leistungsgebot 3.377
- Insolvenzforderung 3.187

Leistungsklage 3.412

Lieferungen
- Umsatzsteuer 4.313

Liquidation
- des schuldnerischen Rechtsträgers 2.362

Liquidationsbesteuerungszeitraum 3.161; 4.276

Liquidationsrechnungslegung 3.133

Löhne 2.219

Lohnrückstände 2.219

Lohnsteuer
- Haftungsschuldner 4.77
- Insolvenz des Arbeitnehmers 4.219
- Nichtabführung im vorläufigen Insolvenzverfahren 4.107

Lohnsteuerabzug 4.82, 4.226
- Insolvenz des Arbeitgebers 4.102

Lohnsteuerhaftung 4.82

Lösungsklauseln 2.216

Mandantenakten 2.379

Mandantenkartei 2.378

Massearmut 2.123, 2.274; 3.223 f.
- Steuererklärungspflichten 3.179

Masseforderungen
- Festsetzung 3.191

804

Stichwortverzeichnis

Massegegenstände
- Bewertung 3.115
- Verzeichnis 3.115

Massegläubiger 2.264

Massekosten 2.275

Masseunzulänglichkeit 2.275; 3.215, 3.229
- Einkommensteuer 4.224
- Erbschaftsteuer 4.613
- Gewerbesteuer 4.558
- Grunderwerbsteuer 4.635
- Grundsteuer 4.654
- Kraftfahrzeugsteuer 4.596
- Lohnsteuerabzug 4.226
- Schenkungsteuer 4.631
- Steuerabzug 4.131
- Steuererklärungspflicht des Insolvenzverwalters 2.123
- Steuerfestsetzung 3.217
- Umsatzsteuer 4.539
- Verbrauchsteuern 4.685
- Verspätungszuschläge 3.234
- Vollstreckung 3.377

Masseverbindlichkeit 2.264; 3.229, 3.373
- Einkommensteuer 4.169
- Grunderwerbsteuer 4.624
- Lohnsteuer 4.86
- oktroyierte 2.346
- Umsatzsteuer 4.327, 4.346, 4.371
- Umsatzsteuer aus Verwertung von Sicherungsgut 4.456
- Vollstreckung 3.371
- Vollstreckung nach Aufhebung 3.388
- vorläufiger starker Insolvenzverwalter 2.47; 4.346, 4.354

Maßgeblichkeitsprinzip 2.207

Messbescheid
- Grundsteuer 4.646

Miet- und Pachtverträge 2.212, 2.215

Mitwirkungspflicht 3.394
- des Insolvenzschuldners 2.380; 3.22
- des Insolvenzverwalters 3.163, 3.174
- im Nachlassinsolvenzverfahren 4.166

Nachlasserbenschuld 4.164

Nachlassinsolvenz
- Verlustabzug 4.45

Nachlassinsolvenzverfahren 2.76; 4.444, 4.518
- Einkommensteuer 4.161
- Erklärungs- und Mitwirkungspflichten 4.166
- Masseverbindlichkeiten 2.271
- Umsatzsteuer im 4.525

Nachlassverbindlichkeit 4.163

Nachrangige Forderungen 3.248

Nachrangige Insolvenzgläubiger 2.263

Nachteilsausgleich 4.59

Nachweispflichten 2.122

Neuerwerb 3.370
- Inbesitznahme 2.132
- Kraftfahrzeug 4.595

Neumasse 3.382; 4.338

Neumassegläubiger 2.275

Neumasseverbindlichkeit
- Leistungsgebot 3.219
- Lohnsteuer 4.226
- Umsatzsteuer 4.338, 4.539

Nichterfüllungswahl 2.214; 4.413, 4.435
- Grundsteuer 4.634

Nichtigkeitsklage 3.308

Niederstwertprinzip 3.132

Notgeschäftsführung
- Steuerberater 2.388

Nutzungsrecht
- Absonderungsgegenstände 2.222

805

Obstruktionsverbot
– Insolvenzplanverfahren 2.245

Offenlegungspflicht
– Jahresabschluss 3.153, 3.184

Öffentliche Lasten 2.226

Optionsrecht
– Umsatzsteuer 4.476

Ordnungsgeld
– Offenlegung Jahresabschluss 3.184
– wegen Nichtveröffentlichung des Jahresabschlusses 3.142

Ordnungsgelder 3.240

Organgesellschaft 4.294, 4.379, 4.388

Organschaft
– Beendigung 4.390
– Erstattungsanspruch, Aufrechnungsverbot 4.398
– körperschaftsteuerliche 4.294
– umsatzsteuerliche 4.374
– unerkannte 4.397
– Vorsteuerberichtigungsansprüche 4.395

Organträger 4.294, 4.385

Partei kraft Amtes 2.110

Passivmasse
– Mehrung 2.341

Pauschalierung 4.223

Pensionsrückstellungen 3.132

Pensionszusagen 2.288

Personalkostenreduzierung 2.220

Personengesellschaft 3.103, 3.401
– Gewinnanteile, Zuordnung 4.210
– Gewinnfeststellung 4.213
– insolvente, Einkommensteuer der Gesellschafter 4.141
– Steuerabzug 4.147
– Steuererklärungspflichten 3.177

Persönlich haftende Gesellschafter 3.103

Pfändungsprotokoll 2.24

Pfändungsschutzvorschriften 4.219

Pflichtverletzung
– Haftung 3.86
– Insolvenzverwalter 2.117

Planerfüllung
– Überwachung 2.249

Planwirkungen 2.239

Postsperre 2.57

Prokura 2.254

Prozessfähigkeit
– des Insolvenzschuldners 2.255

Prozesskosten 2.111

Prozessstandschaft
– des Insolvenzverwalters 2.111

Prüfungsanordnung 3.212

Prüfungstermin 3.270

Rangrücktritt 2.207, 2.237

Rechenschaftspflichten
– des Insolvenzverwalters 2.117

Rechnung 4.400
– Vorsteuerabzug 4.317

Rechnungslegung
– handelsrechtliche 3.127
– insolvenzrechtliche 3.114, 3.325
– steuerrechtliche 3.157

Rechnungslegungspflichten
– des Insolvenzverwalters 3.112

Rechtsanwaltszulassung 3.321

Rechtsbehelfsfrist
– Unterbrechung 3.286, 3.298, 3.399

Rechtsbehelfsverfahren 3.398

Rechtsfähigkeit 3.1

Rechtsfolgen 4.29

Rechtshandlung 2.181

Rechtsmissbrauch 2.24

Rechtsmittel
- gegen Forderungsanmeldung 3.257

Rechtsmittelverfahren 3.399

Rechtsnachfolge 2.111

Rechtsnatur der Forderungsanmeldung 3.256

Rechtsschutz
- gegen Abweisung mangels Masse 2.101
- gegen Insolvenzantrag 3.404
- gegen Insolvenzantrag der Finanzverwaltung 2.27
- gegen Insolvenzantrag, Finanzgericht 3.403

Rechtsstellung
- Insolvenzgläubiger 2.259
- Insolvenzschuldner 2.253

Regelvergütung 2.351

Reihengeschäft 4.457

Restitutionsklage 3.308

Restschuldbefreiung 2.339; 4.33
- Sanierungsgewinn 4.33
- Säumniszuschläge 3.229
- Versagung mangels Mitwirkung 3.175
- Verspätungszuschläge 3.235
- Vollstreckung 3.388
- Zinsen 3.237

Rückgängigmachung einer Leistung
- Vorsteuerberichtigung 4.417

Rückgewähranspruch
- Anfechtung 2.185

Rücknahme
- des Eröffnungsantrages 2.11

Rücknahme des Insolvenzantrags 3.404, 3.412

Rückschlagsperre 4.672

Rückstellungen 3.132

Rumpfgeschäftsjahr 3.145, 3.156

Rumpfwirtschaftsjahr 3.133; 4.280

Sachaufklärungspflicht
- des Insolvenzverwalters 2.123

Sachentscheidungsvoraussetzungen 2.4

Sachhaftung 2.309; 4.664
- Anfechtung 4.674

Sachherrschaft 2.127

Sachkunde
- Einsatz besonderer 2.360

Sachstandsanfragen
- von Gläubigern 3.267

Sachstandsberichte 3.118

Sachverhaltsaufklärung 3.109

Sachverständiger 2.52

Sachwalter 3.24

Saldierung nach § 16 UStG 3.360; 4.403

Sanierung 2.227
- übertragende 2.173

Sanierungsabsicht der Gläubiger 4.27

Sanierungsbedürftigkeit 4.26

Sanierungseignung 4.27

Sanierungsfähigkeit 4.27

Sanierungsgewinne 4.20
- Einkommensteuer 4.20
- Gewerbesteuer 4.556
- Körperschaftsteuer 4.309

Satzungsänderungen
- gemeinnützige Körperschaften 3.83

Satzungsbindung
- gemeinnützige Körperschaft 3.63

Satzungsgewalt
- Organe des Insolvenzschuldners 3.83

807

Säumniszuschläge 3.224, 3.317, 3.392
- Erlass 3.226
- Restschuldbefreiung 3.229

Schätzung 3.141, 3.174
- von Besteuerungsgrundlagen 3.162

Schätzungsbescheid 3.166

Schenkungen 4.598

Schenkungsanfechtung 2.205

Schenkungsteuer 4.598

Schlussbericht 3.120

Schlussbilanz 3.129

Schlussrechnung 3.120, 3.325

Schlussrechnungslegung 3.155

Schlussrechnungsprüfer 3.126

Schlussverteilung 3.155

Schlussverzeichnis 3.123, 3.327
- Nichtaufnahme von Forderungen 2.342

Schulderlass 4.21, 4.308

Schuldner
- Rechtsstellung im Insolvenzverfahren 2.253

Schuldnerantrag 2.13

Schuldnerverzeichnis 2.103

Schwacher vorläufiger Insolvenzverwalter 2.40; 4.341

Selbständige Tätigkeit
- Einkommensteuer 4.169, 4.197
- Freigabe 4.347
- Umsatzsteuer 4.327

Selbsteintritt/Selbsterwerb
- des Sicherungsnehmers, Umsatzsteuer 4.475

Selbsteintrittsrecht
- des Absonderungsberechtigten 2.304

Sicherheitsleistung 4.59

Sicherungseigentum 2.298

Sicherungsgut
- Umsatzsteuer aus Verwertung 4.430
- Verwertung 4.430

Sicherungsmaßnahmen 2.37
- Aufhebung 2.63
- Aufhebung bei Erledigungserklärung 2.12

Sicherungsmittel 2.297

Sicherungsnehmer
- Veräußerung Sicherungsgut 4.454, 4.474

Sicherungszedierte Forderungen 2.312

Sitz
- einer Körperschaft 4.245

Sollbesteuerung 4.315, 4.330

Sollmasse 2.126

Sondermasse 2.384

Sphärentrennung
- bei gemeinnütziger Körperschaft 3.82

Starker vorläufiger Insolvenzverwalter 2.45; 4.346, 4.354

Steuerabzug
- bei Bauleistungen 4.113, 4.147
- bei Kapitalerträgen 4.147
- Eröffnungsverfahren 4.128
- Erstattungsanspruch des Insolvenzverwalters 4.158
- Masseunzulänglichkeit 4.131
- Nichtveranlagungsbescheinigung 4.158
- Personengesellschaft 4.147

Steuerabzüge 4.72

Steuerbefreiungen 3.41

Steuerbegünstigte Zwecke 3.41

Steuerberater
- Anfechtung des Honorars 2.391
- des Insolvenzschuldners, Verschwiegenheitspflicht 2.386

Stichwortverzeichnis

– Gefährdung Auftraggeberinteressen 2.370
– Herausgabepflicht 2.396
– Insolvenz des Steuerberaters 2.364
– Massekosten 2.356
– Vermögensverfall 2.367
– Verschwiegenheitspflicht 2.379
– Zurückbehaltungsrecht 2.397

Steuerberaterkammer
– Bestellung eines Abwicklers 2.382
– Widerruf der Bestellung zum Steuerberater 2.376

Steuerberaterkanzlei
– Veräußerung im Insolvenzverfahren 2.378

Steuerberatungskosten 3.140

Steuerbescheid 3.185
– Einkommensteuer 4.6
– Insolvenzforderungen 3.187
– Körperschaftsteuer 4.266
– unanfechtbarer 3.308

Steuerbetrag 4.4

Steuererklärung
– Einkommensteuer 4.6, 4.12
– Körperschaftsteuer 4.274
– Nachlassinsolvenzverfahren 4.166
– Nichtabgabe 3.235
– Umsatzsteuer 4.320

Steuererklärungspflicht
– des Insolvenzverwalters 2.122; 3.173
– Masseunzulänglichkeit 2.123; 3.178
– Nachlassinsolvenzverfahren 4.166

Steuerfestsetzung 3.185, 3.191, 3.364
– fehlerhafte 3.320
– im vorläufigen Insolvenzverfahren 3.186
– Insolvenzforderungen 3.187
– Insolvenzfreies Vermögen 3.195
– Masseunzulänglichkeit 3.217
– Masseverbindlichkeit 3.191

Steuerfestsetzungsverfahren
– Erbenhaftung, Beschränkung 4.168
– Unterbrechung 3.186, 3.188

Steuerforderung
– Fälligkeit 3.347

Steuerfreiheit des Sanierungsertrags 4.29

Steuergeheimnis 2.23; 3.9, 3.23; 4.61

Steuerhinterziehung 3.167, 3.390

Steuerklasse 4.87

Steuermessbescheide 3.207

Steuermessbeträge
– Festsetzung 3.207

Steuernummer 4.346

Steuerpflichtiger 4.54
– Insolvenzschuldner 2.121

Steuerrückstellung 3.147

Steuersatz
– Körperschaftsteuer 4.266

Steuerschuldner
– Erbe 4.162, 4.601
– Grunderwerbsteuer 4.619
– Insolvenzschuldner 2.121
– Lohnsteuer 4.75
– Umsatzsteuer 4.313

Steuersubjekt 4.4
– Insolvenzschuldner 2.121; 3.1

Steuervergünstigungen 3.41

Stiftung 4.234

Stille Reserven 4.13, 4.293
– Aufdeckung 3.133; 4.13, 4.293

Stilllegung
– des Unternehmens 2.46

Streitige Forderungen 2.20

Stromsteuer 4.656

Stundung 3.225

Suspensiveffekt 2.20

809

Tabaksteuer 4.656

Tatsächliche Verständigung 3.166

Teileinkünfteverfahren 4.270

Teilleistungen
- Umsatzsteuer 4.336

Transparenzprinzip
- Besteuerung der Gewinne von Personengesellschaften 4.240

Trennungsprinzip
- Besteuerung von Kapitalgesellschaften 4.238

Überlassung zur Verwertung 4.476

Übernahmerecht
- des Absonderungsberechtigten 2.304

Überschuldung 2.76

Überschuldungsbegriff 2.78

Überschuldungsstatus 2.207

Überschusseinkünfte 4.3

Übertragende Sanierung 2.173, 2.223

Überwachung
- Erfüllung des Insolvenzplans 2.249

Umgliederung
- Anlage- in Umlaufvermögen 3.132

Umlaufvermögen 3.132

Umsatzsteuer, s. auch Verwertung, Aufrechnung, Vorsteuerberichtigung 4.313
- Absonderungsgegenstände 4.430
- Aufrechnung 4.385, 4.526
- Berichtigung 4.330
- Berichtigung wegen Anfechtung 4.390, 4.506
- Betrug 4.511
- Doppelumsatz bei Verwertung 4.448
- Entstehung 4.319
- Eröffnungsverfahren 4.336
- Forderungskategorien 4.327
- Insolvenzforderungen 4.327

- insolvenzfreies Vermögen 4.327
- Istbesteuerung 4.334
- Karussellgeschäft (§ 25d UStG) 4.516
- Masseunzulänglichkeit 4.538
- Masseverbindlichkeiten 4.327
- Nachlassinsolvenzverfahren 4.525
- Organschaft 4.351
- Schuldner 4.476
- Sollbesteuerung 4.315
- Steuererklärung 4.320
- Teilleistungen 4.336
- Uneinbringlichkeit von Forderungen 4.404
- Vergleich/Verzicht 4.530
- Verrechnung 4.385, 4.403
- Verwaltervergütung, Erstattung 4.532
- Verwertung Absonderungsgut 4.441
- Verwertung durch Sicherungsnehmer 4.459
- Verwertung Sicherungsgut 4.430
- Voranmeldungen 4.344
- Voranmeldungszeitraum 4.320
- vorläufiges Insolvenzverfahren 4.340
- Vorsteuer 4.385

Umsatzsteuerberichtigungen 3.364; 4.330

Umsatzsteuerbetrug 4.511

Umsatzsteuererklärungen
- Erbe 4.518

Umsatzsteuerforderung
- Forderungskategorie 4.462

Umsatzsteuerkarusselle 4.516, 4.524
- Umsatzsteuerpflicht 4.402
- Verzichtsleistungen 4.530

Umsatzsteuervoranmeldungen 3.139; 4.344

Umsatzsteuervorauszahlung 4.320

Unanfechtbarer Steuerbescheid 3.308

Unbedenklichkeitsbescheinigung 4.621, 4.632

Unbefriedigte Massegläubiger 3.206

Stichwortverzeichnis

Unbewegliche Gegenstände 2.130, 2.315

Unbewegliches Vermögen
– Verwertung 4.482
– Zwangsversteigerung 4.483

Unbilligkeit
– persönliche 3.201

Uneinbringlichkeit 4.330, 4.395, 4.404

Unentgeltliche Leistung
– Anfechtbarkeit 2.205

Unerlaubte Handlung 3.389 f.

Ungerechtfertigte Bereicherung 2.268

Unmittelbarer Zwang 3.394

Unmittelbarkeitsgrundsatz
– gemeinnützige Körperschaft 3.61

Unpfändbare Gegenstände 2.125, 2.136, 2.157

Unterbrechung 3.286, 3.289, 3.398
– Außenprüfung 3.213
– Rechtsbehelfs- und Rechtsmittelverfahren 3.300, 3.398
– Rechtsbehelfsfrist 3.298
– Steuerfestsetzungsverfahren 3.189
– von Rechtsstreiten 3.296

Unterhalt
– für den Schuldner 3.265

Unterlassungen
– Vollstreckung 3.394

Unterlassungsanspruch
– bei Verstoß gegen Steuergeheimnis 3.11

Unternehmensbezogene Sanierung 4.25

Unternehmer
– bei Organschaft 4.351

Unternehmerbezogene Sanierung 4.28

Unternehmerlohn 2.375; 4.222

Untersuchungsgrundsatz 2.52; 3.108

Veranlagungsformen 4.51

Veranlagungswahlrecht 3.279; 4.52

Veranlagungszeitraum
– Aufhebung/Einstellung des Insolvenzverfahrens 4.206
– Einkommensteuer 4.6
– Insolvenzeröffnung 4.177
– Körperschaftsteuer 4.241, 4.276

Veräußerungsanzeige 4.585

Veräußerungsgewinne 4.14, 4.294

Verbindliche Auskunft 4.430

Verbraucherinsolvenzverfahren
– Absonderungsgegenstand 4.593
– Kraftfahrzeug 4.593
– Verwertung von Absonderungsgut 4.455

Verbrauchsteuern 4.656
– Forderungskategorie 4.660
– Sachhaftung 4.664

Verdeckte Gewinnausschüttungen 4.261

Verein
– rechtsfähiger 4.233

Verfahrensgrundsätze 2.2

Verfahrenskosten 2.273; 3.140

Verfahrenskostenvorschuss 2.97

Verfügungsbefugnis
– über schuldnerisches Vermögen 2.106

Verfügungsverbot 2.44, 2.270

Vergleich, Umsatzsteuerpflicht 4.530

Vergütung
– Abschläge von der Verwaltervergütung 2.352
– Absonderungsrechte in Berechnungsgrundlage 2.350
– Betriebsfortführung 2.350
– Insolvenzverwalter 2.349

811

- Vorsteuer/Umsatzsteuer 4.532, 4.536
- Zuschläge zur Verwaltervergütung 2.352

Verhältnismäßigkeit 2.374

Verhältnismäßigkeitsgrundsatz 2.28, 2.44

Verjährung
- Schadensersatzanspruch gegen Insolvenzverwalter 2.337

Verkauf
- des schuldnerischen Unternehmens 2.173

Verlustabzug 4.43, 4.198 f.

Verlustausgleich 3.82; 4.43
- bei gemeinnütziger Körperschaft 3.49

Verluste 4.43

Verlustrücktrag 4.43, 4.200, 4.209

Verlustverrechnung 4.31

Verlustvortrag 4.43, 4.198, 4.209, 4.285

Vermengung 2.281

Vermischung 2.281

Vermögensbindung 3.59
- im Insolvenzverfahren 3.78

Vermögenslosigkeit 3.1

Vermögensübersicht 3.117

Vermögensverfall
- Steuerberater 2.367

Vermögensverwalter
- Haftung 3.88
- Insolvenzverwalter als 2.120; 3.173
- schwacher vorläufiger Insolvenzverwalter 2.43; 3.22; 4.340
- vorläufiger Insolvenzverwalter mit Einzelermächtigungen 2.51; 4.347
- vorläufiger starker Insolvenzverwalter 2.48; 4.346

Vermögensverwaltung 3.46 f.

Vermutung
- Kenntnis vom Benachteiligungsvorsatz 2.200

Verrechnung Umsatzsteuer/Vorsteuer (§ 16 UStG)
- Umsatzsteuer 3.360; 4.403, 4.526

Verschulden 2.336, 2.348

Verschwiegenheitspflicht
- des insolventen Steuerberaters 2.379, 2.386

Verschwiegenheitsverpflichtung
- Entbindung durch Schuldner 3.22

Verspätungszuschlag 3.230
- Masseverbindlichkeit 3.233

Verteilungen 3.332

Verteilungsverzeichnis 3.332

Vertragsverhältnisse
- des Insolvenzschuldners 2.210
- des Schuldners 4.413, 4.432, 4.626, 4.634

Vertrauensschutz 3.319

Verwalterauswahl 2.107

Verwaltervergütung 2.349
- Vorsteuerabzug 4.528

Verwaltung
- Insolvenzmasse 2.124

Verwaltungs- und Verfügungsbefugnis 2.106, 2.144
- des Kanzleiabwicklers 2.384

Verwaltungsakt
- Steuerfestsetzung 3.185

Verwertung 2.170; 4.446
- außerhalb des Insolvenzverfahrens 4.456
- bewegliches Sicherungsgut 4.450
- bewegliches Vermögen, Umsatzsteuer 4.441, 4.450
- des Schuldnervermögens 2.106
- durch Schuldner nach Freigabe 4.478

- Eröffnungsverfahren 4.460
- Forderungen, zedierte, Umsatzsteuer 4.511
- Freihändiger Verkauf 4.491
- Insolvenzmasse 2.124
- Massegegenstände, Kosten 2.358
- Nachlassinsolvenzverfahren 4.454
- Sicherungsnehmer, Selbsterwerb des 4.475
- Sicherungsnehmer, Veräußerung durch 4.463
- unbewegliches Sicherungsgut 4.446
- von Forderungen, Umsatzsteuer 4.494
- Zwangsversteigerung 4.483

Verwertungskosten (§§ 170, 171 InsO) 2.305; 4.467, 4.502

Verzicht 4.20, 4.530

Vollbeendigung 3.1
- des schuldnerischen Rechtsträgers 2.362

Vollmacht 2.254; 3.192
- des Steuerberaters im Insolvenzverfahren des Mandanten 2.388

Vollstreckung 3.366
- aus Tabellenfeststellung 3.278
- bei Masseunzulänglichkeit 3.377
- einer Insolvenzforderung 3.367
- einer Masseverbindlichkeit 3.371
- für die Insolvenzmasse 2.111
- in das insolvenzfreie Vermögen 3.384
- nach Aufhebung des Insolvenzverfahrens 3.387

Vollstreckungsbeschränkungen 3.206

Vollstreckungserinnerung 3.375, 3.380

Vollstreckungshandlung
- Anfechtbarkeit 2.194

Vollstreckungstitel 3.277
- Umschreibung 2.111

Vollstreckungsverbot 2.327; 3.368, 3.377, 3.380

Vollziehung
- Aussetzung 3.225

Voranmeldung
- Umsatzsteuer 4.344

Voranmeldungszeitraum 4.320
- Umsatzsteuer 4.313

Vorauszahlung 4.392
- Einkommensteuer 4.66
- Körperschaftsteuer 4.288

Vorauszahlungsbescheid 4.66

Vorbehaltskäufer 4.418

Vorgesellschaft 4.253

Vorgründungsgesellschaft 4.251

Vorläufige Insolvenzverwaltung 2.39; 4.340

Vorläufiger Insolvenzverwalter
- Einzelermächtigung 2.49; 4.347
- Masseverbindlichkeiten 2.270
- mit Verfügungsbefugnis 2.44; 4.346
- ohne Verfügungsbefugnis 2.39; 4.340
- Vergütung, Umsatzsteuer 4.536

Vorläufiges Insolvenzverfahren
- Umsatzsteuer 4.336, 4.340, 4.536

Vormerkung 4.626

Vorrechte 2.260

Vorsätzliche Gläubigerbenachteiligung 2.198

Vorsteuerabzug 4.317, 4.391, 4.402
- Berechtigung 4.402
- Verwaltervergütung 4.532

Vorsteuerberichtigung 4.432
- im Eröffnungszeitpunkt 4.330
- Leistungsempfänger, Insolvenz 4.429
- Leistungserbringer, Insolvenz 4.411
- nach § 15a UStG (Änderung der wirtschaftl. Verhältnisse) 4.440
- nach § 17 Abs. 2 UStG 4.330, 4.404
- nicht erbrachte Lieferung oder sonstige Leistung 4.410

813

- Rückgängigmachung einer Leistung 4.434
- wegen Anfechtung 4.409, 4.506

Vorsteuerberichtigungsansprüche 4.395

Vorsteuerbeträge 4.399

Vorsteuererstattung
- Insolvenzverwaltervergütung 2.350

Vorsteuervergütungsanspruch 4.525

Vorwegnahme der Hauptsache 3.410

Wahl
- der Steuerklasse 4.87

Wahlrecht
- des Insolvenzverwalters bzgl. Steuerklasse 4.99
- Veranlagungsform 4.52

Werklohnforderung
- Bauabzugsteuer 4.118
- Entstehung nach Eröffnung 4.127

Werthaltigkeit 3.132

Wesentliche Bestandteile 2.281

Widerspruch
- Forderungsanmeldung 3.280

Widerspruch des Schuldners 3.281

Widerspruch gegen Tabellenanmeldung 3.291, 3.297
- durch den Insolvenzverwalter 3.290
- durch den Schuldner 3.284
- durch einen Gläubiger 3.290

Wiederaufnahmeklage 3.308

Wiedereinsetzung 3.308

Wirkung der Tabellenfeststellung 3.275

Wirtschaftlicher Geschäftsbetrieb 3.45

Wirtschaftsjahr 4.241

Wohlverhaltensperiode 3.362

Wohlverhaltensphase 4.33
- Wohnsitzwechsel 3.7

Zahlungsstockung 2.70

Zahlungsunfähigkeit 2.66

Zahlungsunwilligkeit 2.70

Zessionar 4.502

Zinsen 2.222; 3.236
- Restschuldbefreiung 3.237

Zölle 4.687

Zubehör 4.629

Zulassung des Rechtsanwalts 3.321

Zulassung des Steuerberaters
- Insolvenzverfahren 2.366

Zulassungsentziehung
- Steuerberater 2.373

Zuordnung
- Forderungskategorien 4.211

Zurückbehaltungsrecht
- des Steuerberaters 2.397

Zusammenveranlagung 3.279; 4.44, 4.51

Zuschläge
- Vergütung des Insolvenzverwalters 2.352

Zuständigkeit
- der Finanzbehörde 3.2

Zustandsverantwortlichkeit
- des Insolvenzverwalters 2.224

Zwangsgeld 3.240, 3.394
- gegen Insolvenzverwalter 2.117

Zwangsgeldfestsetzung
- gegen Insolvenzverwalter 3.396

Zwangsmittel 3.165, 3.240
- gegen Insolvenzschuldner 3.233
- gegen Insolvenzverwalter 3.174, 3.396

Zwangsverrechnung
- Umsatzsteuer 3.360; 4.403, 4.526

Zwangsversteigerung 4.483

Zwangsverwaltung 2.316; 4.487, 4.489
- Grundsteuer 4.655
- kalte 2.320; 4.497
- Kraftfahrzeuge 4.597

Zwangsvollstreckung 2.177
- Einstellung 2.59
- in die Insolvenzmasse 2.273
- unbewegliches Vermögen 4.448
- Untersagung 2.59

Zweckbetrieb 3.47

Zweckmäßigkeit 3.327

Zweckmäßigkeitsprüfung
- durch Insolvenzgericht 3.124

Zweckverfehlung 3.317

Zweitinsolvenzverfahren 2.153

Zwingende Ausübung steuerlicher Wahlrechte 4.29